2007年地方财政统计资料

（内部资料　注意保存）

财政部国库司　预算司　编

中国财政经济出版社

图书在版编目（CIP）数据

2007年地方财政统计资料/财政部国库司，财政部预算司编．—北京：中国财政经济出版社，2010.1

ISBN 978-7-5095-1948-6

Ⅰ.2…　Ⅱ.①财…②财…　Ⅲ.地方财政-统计资料-中国-2007　Ⅳ.F812.7-66

中国版本图书馆CIP数据核字（2009）第243886号

责任编辑：裴兰英　翁晓红　　　责任校对：陈可强
封面设计：邹海东　　　　　　　版式设计：苏　红

中国财政经济出版社出版

URL：http：//www.cfeph.cn
E-mail：cfeph@cfeph.cn

社址：北京市海淀区阜成路甲28号　邮政编码：100142
营销中心电话：010-88190406　北京财经书店电话：010-64033436
涿州市新华印刷有限公司印刷
787×1092毫米　16开　180.75印张　4 494 000字
2010年3月第1版　2010年3月第1次印刷
定价：125.00元
ISBN 978-7-5095-1948-6/F·1629
（图书出现印装问题，本社负责调换）
本社质量投诉电话：010-88190744

编 制 说 明

一、本书资料内容包括：地方财政综合资料、地方财政收支情况、地方财政一般预算执行情况、地方财政预算外收支情况、财政管理体制资料，共五部分。

二、本书资料中有关财政收支情况，根据2007年地方财政总决算和地方预算执行报表整理；企事业单位上划、下划情况，根据有关预算划转文件整理；综合资料部分，根据《中国统计年鉴2008》、《中国统计摘要2008》、2007年地方财政总决算编制整理。

三、预算科目变化情况

为完整、准确地反映政府收支活动，进一步规范预算管理、强化预算监督，自2007年1月1日起全面实施政府收支分类改革。《2007年政府收支分类科目》对政府收支进行集中统一分类，具体由收入分类、支出功能分类和支出经济分类三部分组成。收支涵盖范围除包括一般预算收支、基金预算收支、债务预算收支外，还包括了实行专户管理的财政预算外收支以及社会保险基金收支。根据预算管理的实际需要，对《2007年政府收支分类科目》主要作了以下修订：

（一）收入分类

1. 根据《中华人民共和国车船税暂行条例》（国务院令第482号），将101类“税收收入”14款“车船使用和牌照税”修改为“车船税”，其下分设项级科目1011401项“车船税”和1011420项“车船税税款滞纳金、罚款收入”。

2. 对103类“非税收入”04款“行政事业性收费收入”作如下调整：（1）将28项“科技行政事业性收费收入”01目“大型精密仪器协作共用费”目级科目代

码修改为51；（2）在42 项“交通行政事业性收费收入”下增加04 目“船舶电信业务岸台费”；（3）将44 项“农业行政事业性收费收入”60 目“农机产品测试检验费”目级科目代码修改为19；（4）将99 项“其他行政事业性收费收入”01 目“其他缴入国库的行政事业性收费”和02 目“其他缴入财政专户的行政事业性收费”目级科目代码分别修改为50 和99。

3. 在110 类“转移性收入”01 款“返还性收入”下增设99 项“其他税收返还收入”；将02 款“财力性转移支付收入”01 项“原体制补助收入”科目名称修改为“体制补助收入”。

（二）支出功能分类

1. 在201 类“一般公共服务”下各款（不包括“人口与计划生育事务”、“地震事务”、“档案事务”、“气象事务”、“彩票事务”、“国债事务”6 款）、202 类01 款“外交管理事务”、204 类“公共安全”下各款（不包括“武装警察”、“其他公共安全支出”款）、215 类04 款“电力”和11 款“金融业”下增设50 项“事业运行”；在201 类“一般公共服务”21 款“地震事务”下增加50 项“地震事业机构”；在213 类“农林水事务”05 款“扶贫”下增加50 项“扶贫事业机构”。

2. 删去203 类“国防”下的02 款“国防动员”及该款下的项级科目，相关支出列入229 类“其他支出”99 款“其他支出”。

3. 在212 类“城乡社区事务”08 款“国有土地使用权出让金支出”下增设07 项“廉租住房支出”科目。

4. 将213 类“农林水事务”01 款“农业”16 项“草原草场保护”说明中的“飞播牧场”修改为“飞播牧草”，删去该款10 项“执法监管”说明中的“农民负担监测”；在该类03 款“水利”下增设35 项“大中型水库移民后期扶持基金支出”。

5. 删去214 类“交通运输”01 款“公路水路运输”下19 项“车辆通行费支出”。

6. 在215类“工业商业金融等事务”下作如下调整：（1）在02款“制造业”下新增12项“石油加工、炼焦及核燃料加工业”、13项“化学原料及化学制品制造业”、14项“黑色金属冶炼及压延加工业”、15项“有色金属冶炼及压延加工业”4个项级科目，将10项“工业品及其他制造业”修改为“工艺品及其他制造业”；（2）在04款“电力”下增设17项“电力改革专项支出”；（3）在10款“物资储备”下增设15项“国家留成油串换国家储备油支出”，取消该款13项“医药储备”、14项“石油储备”，在09款“商业流通事务”下增设19项“医药储备”、20项“石油储备”；（4）在13款“安全生产”下增设06项“矿山应急救援支出”；（5）新增18款“石油价格改革财政补贴”，款下分设01项“渔业”、02项“林业”、03项“城市公交”、04项“农村道路客运”、05项“出租车”。

7. 在229类“其他支出”增设04款“其他政府性基金支出”。

8. 在230类“转移性支出”01款“返还性支出”下增设99项“其他税收返还支出”；将02款“财力转移支付”01项“原体制补助支出”科目名称修改为“体制补助支出”，09项“原体制上解支出”科目名称修改为“体制上解支出”。

四、财政收支变化情况

1. 经国务院批准，财政部会同国家税务总局下发了《关于调整证券（股票）交易印花税税率的通知》（财税［2007］84号），明确自2007年5月30日起，调整证券（股票）交易印花税税率，对买卖、继承、赠与所书立的A股、B股股权转让书据，由立据双方当事人分别按3‰的税率缴纳证券（股票）交易印花税。

2. 为贯彻落实《国务院办公厅关于进一步做好新时期广播电视村村通工作的通知》（国办发［2006］79号）精神，切实做好新时期广播电视村村通工作，财政部会同国家税务总局下发了《关于广播电视村村通税收政策的通知》（财税［2007］17号），明确自2007年1月1日起，对经营有线电视网络的单位从农村居民用户取得的有线电视收视费收入和安装费收入，3年内免征营业税；对经营有线电视网络的事业单位从农村居民用户取得的有线电视收视费收入和安装费收入，3年内不计征企业所得税；对经营有线电视网络的企业从农村居民用户取得的有线电视收视费收入和安装费收入，扣除相关成本费用后的所得，3 年内免征企业所得税。

3. 为更好地促进残疾人就业，进一步保障残疾人的切身利益，经国务院批准并商民政部、中国残疾人联合会同意，财政部会同国家税务总局下发了《关于促进残疾人就业税收优惠政策的通知》（财税［2007］92 号），明确自 2007 年 7 月 1 日起，在全国范围内对安置残疾人单位的增值税、营业税、企业所得税，残疾人个人就业的增值税、营业税、个人所得税统一实行新的促进残疾人就业的税收优惠政策。

4. 为公平税负，缓解制盐企业的经营困难，经国务院批准，财政部会同国家税务总局下发了《关于调整工业盐和食用盐增值税税率的通知》（财税［2007］101 号），明确自 2007 年 9 月 1 日起，盐适用增值税税率由 17% 统一调整为 13%。

五、本书中的各项全国“总计”、“合计”数字均未包含我国港、澳、台地区，人口数均不含港、澳、台地区人口和现役军人。

六、本书属内部资料，供财税系统和有关部门研究参考，请注意保存，勿对外引用。

财政部国库司　预算司

2008 年 10 月

总 目 录

目　录

一、综合资料

二、地方财政预算收支情况

目 录

三、地方财政一般预算执行情况

目　录

四、地方财政预算外收支情况

五、财政管理体制资料

一、综 合 资 料

2007年各省、自治区、直辖市行政区划基本情况表

1－1　　单位:个

地　　区	地级区划数	其中:地级市	县级区划数	其中:县级市	市辖区数	地级市和县级市个数	乡镇数
地方合计	**333**	**283**	**2859**	**368**	**856**	**651**	**40813**
北京市			18		16		317
天津市			18		15		244
河北省	11	11	172	22	36	33	2220
山西省	11	11	119	11	23	22	1396
内蒙古自治区	12	9	101	11	21	20	854
辽宁省	14	14	100	17	56	31	1498
吉林省	9	8	60	20	20	28	890
黑龙江省	13	12	128	18	64	30	1270
上海市			19		18		211
江苏省	13	13	106	27	54	40	1355
浙江省	11	11	90	22	32	33	1516
安徽省	17	17	105	5	44	22	1519
福建省	9	9	85	14	26	23	1101
江西省	11	11	99	10	19	21	1528
山东省	17	17	140	31	49	48	1869
河南省	17	17	159	21	50	38	2356
湖北省	13	12	102	24	38	36	1223
湖南省	14	13	122	16	34	29	2403
广东省	21	21	121	23	54	44	1580
广西壮族自治区	14	14	109	7	34	21	1230
海南省	2	2	20	6	4	8	222
重庆市			40		19		1026
四川省	21	18	181	14	43	32	4657
贵州省	9	4	88	9	10	13	1543
云南省	16	8	129	9	12	17	1370
西藏自治区	7	1	73	1	1	2	691
陕西省	10	10	107	3	24	13	1745
甘肃省	14	12	86	4	17	16	1343
青海省	8	1	43	2	4	3	396
宁夏回族自治区	5	5	21	2	8	7	231
新疆维吾尔自治区	14	2	98	19	11	21	1009

注:本表根据《中国统计年鉴2008》整理。

2007 年各省、自治区、直辖市县级单位基本情况表

1－2

单位:个

地　　区	县级单位个数	赤字县个数	亿元县个数
地　方　合　计	**2859**	**395**	**1206**
北京市	18		2
天津市	18		3
河北省	172	15	67
山西省	119	17	58
内蒙古自治区	101	16	44
辽宁省	100	12	42
吉林省	60		34
黑龙江省	128	5	21
上海市	19		1
江苏省	106		52
浙江省	90	16	58
安徽省	105	1	57
福建省	85	22	47
江西省	99	44	70
山东省	140		89
河南省	159	21	98
湖北省	102		46
湖南省	122	9	65
广东省	121		59
广西壮族自治区	109	19	44
海南省	20		8
重庆市	40	11	19
四川省	181		62
贵州省	88	10	35
云南省	129	3	56
西藏自治区	73		
陕西省	107	44	23
甘肃省	86	43	6
青海省	43	29	2
宁夏回族自治区	21		7
新疆维吾尔自治区	98	58	31

注:1. 县级单位数根据《中国统计年鉴 2008》整理。

2. 其他数字根据 2007 年财政总决算整理。

2007年各省、自治区、直辖市人口基本情况表

1-3

地区	总人口（万人）	城镇人口		乡村人口	
		人口数（万人）	比重（%）	人口数（万人）	比重（%）
地方合计	**129919**	**59496**	**45.79**	**70423**	**54.21**
北京市	1633	1380	84.50	253	15.50
天津市	1115	851	76.31	264	23.69
河北省	6943	2795	40.26	4148	59.74
山西省	3393	1494	44.03	1899	55.97
内蒙古自治区	2405	1206	50.15	1199	49.85
辽宁省	4298	2544	59.20	1754	40.80
吉林省	2730	1451	53.16	1279	46.84
黑龙江省	3824	2061	53.90	1763	46.10
上海市	1858	1648	88.70	210	11.30
江苏省	7625	4057	53.20	3569	46.80
浙江省	5060	2894	57.20	2166	42.80
安徽省	6118	2368	38.70	3750	61.30
福建省	3581	1744	48.70	1837	51.30
江西省	4368	1738	39.80	2630	60.20
山东省	9367	4379	46.75	4988	53.25
河南省	9360	3214	34.34	6146	65.66
湖北省	5699	2525	44.30	3174	55.70
湖南省	6355	2571	40.45	3784	59.55
广东省	9449	5966	63.14	3483	36.86
广西壮族自治区	4768	1728	36.24	3040	63.76
海南省	845	399	47.20	446	52.80
重庆市	2816	1361	48.34	1455	51.66
四川省	8127	2893	35.60	5234	64.40
贵州省	3762	1062	28.24	2700	71.76
云南省	4514	1426	31.60	3088	68.40
西藏自治区	284	80	28.30	204	71.70
陕西省	3748	1522	40.62	2226	59.38
甘肃省	2617	827	31.59	1790	68.41
青海省	552	221	40.07	331	59.93
宁夏回族自治区	610	269	44.02	341	55.98
新疆维吾尔自治区	2095	820	39.15	1275	60.85

注：1. 本表根据《中国统计年鉴2008》整理。

2. 各项人口数均不含我国港、澳、台地区人口及现役军人。

2007年各省、自治区、直辖市耕地面积基本情况表

1－4

单位：千公顷

地　　区	年末实有耕地面积	有效灌溉面　积	受灾面积	其　中：	
				水　灾	旱　灾
地　方　合　计	**121735.2**	**56518.3**	**48992**	**10463**	**29386**
北京市	232.2	173.6	76	5	47
天津市	443.7	349.3	106	5	67
河北省	6315.1	4579.0	2338	491	1298
山西省	4053.4	1255.7	2404	520	1434
内蒙古自治区	7146.3	2816.6	3399	59	3184
辽宁省	4085.2	1490.5	2393	43	2251
吉林省	5535.0	1640.6	3016	24	2889
黑龙江省	11838.4	2950.3	6653	69	6500
上海市	259.6	206.1	21		
江苏省	4763.8	3835.2	1642	719	70
浙江省	1917.5	1431.4	901	31	83
安徽省	5728.2	3403.2	1990	1470	11
福建省	1333.1	952.9	329	50	101
江西省	2826.7	1839.9	1320	126	1019
山东省	7507.1	4836.8	1865	632	531
河南省	7926.0	4955.8	2116	906	755
湖北省	4663.4	2095.4	2790	1348	831
湖南省	3789.0	2696.6	2178	504	1260
广东省	2847.7	1312.0	746	216	377
广西壮族自治区	4214.7	1522.3	1126	364	699
海南省	727.5	169.9	288	4	160
重庆市	2239.1	633.7	863	520	233
四川省	5950.1	2499.8	2490	890	1387
贵州省	4487.5	779.7	524	177	179
云南省	6072.4	1517.1	1448	450	703
西藏自治区	361.1	156.4	28	5	8
陕西省	4049.0	1287.4	1946	462	908
甘肃省	4659.8	1063.0	2284	195	1535
青海省	542.2	176.6	152	11	68
宁夏回族自治区	1106.3	426.2	611	37	341
新疆维吾尔自治区	4114.2	3465.4	950	131	459

注：本表根据《中国统计年鉴2008》整理。

2007年各省、自治区、直辖市主要经济指标情况表

1－5－1

地　　区	地区生产总值			规模以上工业企业工业增加值		
	数 额（亿元）	上年数（亿元）	比上年增长（%）	数 额（亿元）	上年数（亿元）	比上年增长（%）
地 方 合 计	**249529.9**	**211923.5**	**11.9**	**117048.4**		
北京市	9353.3	7861.0	13.3	2159.41		
天津市	5050.4	4344.3	15.2	2952.68		
河北省	13709.5	11515.8	12.8	4822.78		
山西省	5733.4	4715.0	14.4	2811.55		
内蒙古自治区	6091.1	4841.8	19.1	2534.09		
辽宁省	11023.5	9214.2	14.5	5393.76		
吉林省	5284.7	4275.1	16.1	2079.79		
黑龙江省	7065.0	6201.5	12.0	2854.68		
上海市	12188.9	10366.4	14.3	5494.1		
江苏省	25741.2	21645.1	14.9	12926.87		
浙江省	18780.4	15742.5	14.7	7571.32		
安徽省	7364.2	6131.1	13.9	2562.7		
福建省	9249.1	7584.4	15.2	3598.69		
江西省	5500.3	4670.5	13.0	1822.24		
山东省	25965.9	22077.4	14.3	14777.82		
河南省	15012.5	12362.8	14.6	7364.71		
湖北省	9230.7	7581.3	14.5	3262.36		
湖南省	9200.0	7508.9	14.5	2853.84		
广东省	31084.4	26159.5	14.7	14104.21		
广西壮族自治区	5955.7	4828.5	15.1	1519.33		
海南省	1223.3	1031.9	14.8	279.6		
重庆市	4122.5	3452.1	15.6	1385.75		
四川省	10505.3	8637.8	14.2	4019.31		
贵州省	2741.9	2270.9	13.7	890.48		
云南省	4741.3	3981.3	12.5	1566.1		
西藏自治区	342.2	291.0	14.0	23.46		
陕西省	5465.8	4520.1	14.6	2382.97		
甘肃省	2702.4	2276.7	12.3	921.94		
青海省	783.6	639.5	12.5	342.71		
宁夏回族自治区	889.2	710.8	12.7	372.48		
新疆维吾尔自治区	3523.2	3045.3	12.2	1396.68		

注：本表根据《中国统计年鉴2008》和《中国统计摘要2008》整理。

1－5－2

地　　区	农、林、牧、渔业总产值			社会消费品零售总额		
	数　额（亿元）	上年数（亿元）	比上年增长（%）	数　额（亿元）	上年数（亿元）	比上年增长（%）
地　方　合　计	**48893.0**	**40810.8**	**3.9**	**89210.0**	**76410.0**	**16.8**
北京市	272.3	270.0	0.8	3800.2	3275.2	16.0
天津市	240.7	271.0	1.5	1603.7	1356.8	18.2
河北省	3075.8	2771.8	3.9	3986.2	3397.4	17.3
山西省	498.4	512.4	0.1	1914.1	1613.4	18.6
内蒙古自治区	1276.4	1085.9	4.0	1904.1	1595.3	19.4
辽宁省	2128.0	1841.3	4.1	4030.1	3434.6	17.3
吉林省	1359.8	1155.5	1.2	1999.2	1675.8	19.3
黑龙江省	1700.6	1387.7	1.9	2331.1	1997.7	16.7
上海市	256.0	237.0	1.5	3847.8	3360.4	14.5
江苏省	3064.7	2707.1	3.1	7838.1	6623.2	18.3
浙江省	1597.2	1514.6	2.3	6214.0	5325.3	16.7
安徽省	2070.1	1779.9	3.8	2403.7	2029.4	18.4
福建省	1692.2	1496.4	4.2	3187.9	2704.2	17.9
江西省	1426.9	1228.3	4.2	1683.1	1428.0	17.9
山东省	4766.2	4056.6	3.3	8438.1	7122.5	18.5
河南省	3879.9	3589.7	3.9	4597.5	3880.5	18.5
湖北省	2296.8	1871.0	3.9	4028.5	3412.0	18.1
湖南省	2632.2	2131.9	4.9	3356.5	2834.2	18.4
广东省	2821.2	2678.3	3.3	10598.1	9118.1	16.2
广西壮族自治区	2026.2	1648.1	5.8	1897.9	1600.8	18.6
海南省	548.3	543.9	8.3	362.0	308.3	17.4
重庆市	720.7	637.2	9.5	1661.2	1403.6	18.4
四川省	3377.0	2602.1	3.5	4015.6	3421.6	17.4
贵州省	697.0	610.6	3.4	821.8	689.8	19.1
云南省	1331.7	1209.8	5.6	1394.5	1188.9	17.3
西藏自治区	79.8	70.0	4.8	112.0	89.7	24.9
陕西省	1002.9	818.7	6.3	1800.9	1522.0	18.3
甘肃省	686.1	561.4	4.3	833.3	717.5	16.1
青海省	121.3	100.6	8.2	208.3	180.1	15.7
宁夏回族自治区	182.9	152.2	7.0	233.3	199.0	17.3
新疆维吾尔自治区	1063.5	883.5	5.3	847.7	727.6	16.5

2007 年各省、自治区、直辖市财政收入完成预算情况表

1－6

地　　区	预算数（亿元）	决算数（亿元）	超、短收（＋、－）（亿元）	决算数为预算数百分比（%）
地　方　合　计	**21160.36**	**23572.62**	**2412.26**	**111.40**
北京市	1326.29	1492.64	166.35	112.54
天津市	491.60	540.44	48.84	109.93
河北省	769.29	789.12	19.83	102.58
山西省	503.44	597.89	94.45	118.76
内蒙古自治区	400.12	492.36	92.24	123.05
辽宁省	943.66	1082.69	139.04	114.73
其中：大连市	227.44	267.98	40.54	117.82
吉林省	268.82	320.69	51.87	119.29
黑龙江省	359.67	440.47	80.80	122.47
上海市	1721.80	2074.48	352.68	120.48
江苏省	2095.05	2237.73	142.67	106.81
浙江省	1453.45	1649.50	196.05	113.49
其中：宁波市	320.72	329.12	8.40	102.62
安徽省	497.11	543.70	46.59	109.37
福建省	666.49	699.46	32.97	104.95
其中：厦门市	183.65	186.53	2.87	101.57
江西省	354.01	389.85	35.84	110.12
山东省	1601.99	1675.40	73.41	104.58
其中：青岛市	245.74	292.80	47.06	119.15
河南省	769.08	862.08	93.00	112.09
湖北省	580.87	590.36	9.49	101.63
湖南省	572.89	606.55	33.66	105.88
广东省	2602.72	2785.80	183.08	107.03
其中：深圳市	606.86	658.06	51.19	108.44
广西壮族自治区	373.31	418.83	45.51	112.19
海南省	98.77	108.29	9.52	109.64
重庆市	367.80	442.70	74.90	120.36
四川省	670.90	850.86	179.96	126.82
贵州省	264.39	285.14	20.75	107.85
云南省	436.50	486.71	50.21	111.50
西藏自治区	20.14	20.14		100.00
陕西省	412.53	475.24	62.71	115.20
甘肃省	158.68	190.91	32.23	120.31
青海省	47.57	56.71	9.14	119.21
宁夏回族自治区	63.24	80.03	16.79	126.55
新疆维吾尔自治区	268.18	285.86	17.68	106.59

2007 年各省、自治区、直辖市财政支出完成预算情况表

1－7

地　　区	预算数（亿元）	决算数（亿元）	超、短支（＋、－）（亿元）	决算数为预算数百分比（%）
地　方　合　计	**44017.78**	**38339.29**	**－5678.49**	**87.10**
北京市	1740.33	1649.50	－90.83	94.78
天津市	782.45	674.33	－108.12	86.18
河北省	1648.88	1506.65	－142.23	91.37
山西省	1248.32	1049.92	－198.40	84.11
内蒙古自治区	1293.16	1082.31	－210.85	83.69
辽宁省	1966.34	1764.28	－202.06	89.72
其中：大连市	373.18	344.57	－28.61	92.33
吉林省	1032.85	883.76	－149.09	85.56
黑龙江省	1387.59	1187.27	－200.32	85.56
上海市	2322.12	2181.68	－140.45	93.95
江苏省	2861.91	2553.72	－308.19	89.23
浙江省	2321.10	1806.79	－514.31	77.84
其中：宁波市	402.30	371.04	－31.26	92.23
安徽省	1333.10	1243.83	－89.27	93.30
福建省	1080.85	910.64	－170.21	84.25
其中：厦门市	203.82	198.66	－5.17	97.47
江西省	1181.52	905.06	－276.46	76.60
山东省	2544.53	2261.85	－282.68	88.89
其中：青岛市	395.56	321.18	－74.38	81.20
河南省	1950.13	1870.61	－79.51	95.92
湖北省	1484.67	1277.33	－207.34	86.03
湖南省	1597.58	1357.03	－240.55	84.94
广东省	3873.31	3159.57	－713.74	81.57
其中：深圳市	737.85	727.97	－9.88	98.66
广西壮族自治区	1138.32	985.94	－152.38	86.61
海南省	285.58	245.20	－40.39	85.86
重庆市	965.27	768.39	－196.88	79.60
四川省	1973.09	1759.13	－213.96	89.16
贵州省	845.90	795.40	－50.50	94.03
云南省	1246.66	1135.22	－111.45	91.06
西藏自治区	362.29	275.37	－86.92	76.01
陕西省	1237.69	1053.97	－183.73	85.16
甘肃省	763.86	675.34	－88.52	88.41
青海省	347.00	282.20	－64.80	81.33
宁夏回族自治区	336.54	241.85	－94.69	71.86
新疆维吾尔自治区	864.84	795.15	－69.68	91.94

2007 年各省、自治区、直辖市人均财政收入情况表

1－8

地　　区	数　额 (亿元)	按总收入排序	人均财政收入 (元/人)	按人均排序
地　方　合　计	**23572.62**		**1814.39**	
北京市	1492.64	6	9140.47	2
天津市	540.44	16	4846.99	3
河北省	789.12	10	1136.57	19
山西省	597.89	13	1762.12	11
内蒙古自治区	492.36	17	2047.24	8
辽宁省	1082.69	7	2519.07	7
吉林省	320.69	24	1174.69	17
黑龙江省	440.47	21	1151.85	18
上海市	2074.48	3	11165.12	1
江苏省	2237.73	2	2934.72	6
浙江省	1649.50	5	3259.88	4
安徽省	543.70	15	888.68	27
福建省	699.46	11	1953.25	9
江西省	389.85	23	892.52	26
山东省	1675.40	4	1788.62	10
河南省	862.08	8	921.03	25
湖北省	590.36	14	1035.89	22
湖南省	606.55	12	954.45	24
广东省	2785.80	1	2948.25	5
广西壮族自治区	418.83	22	878.41	28
海南省	108.29	28	1281.58	15
重庆市	442.70	20	1572.09	12
四川省	850.86	9	1046.96	21
贵州省	285.14	26	757.94	29
云南省	486.71	18	1077.99	20
西藏自治区	20.14	31	709.20	31
陕西省	475.24	19	1267.98	16
甘肃省	190.91	27	729.50	30
青海省	56.71	30	1027.32	23
宁夏回族自治区	80.03	29	1311.99	14
新疆维吾尔自治区	285.86	25	1364.49	13

2007年各省、自治区、直辖市人均财政支出情况表

1-9

地　　区	数　额（亿元）	按总支出排序	人均财政支出（元/人）	按人均排序	人均教育支出（元/人）	人均医疗卫生支出（元/人）
地　方　合　计	**38339.29**		**2950.99**		**517.78**	**150.53**
北京市	1649.50	9	10101.06	2	1610.56	728.43
天津市	674.33	27	6047.77	4	986.77	296.83
河北省	1506.65	10	2170.02	24	408.17	112.50
山西省	1049.92	18	3094.38	15	534.09	153.54
内蒙古自治区	1082.31	16	4500.23	6	638.53	182.39
辽宁省	1764.28	7	4104.89	7	586.63	154.96
吉林省	883.76	22	3237.22	13	529.00	154.98
黑龙江省	1187.27	14	3104.79	14	522.37	150.47
上海市	2181.68	4	11742.08	1	1524.94	478.10
江苏省	2553.72	2	3349.14	11	646.42	151.20
浙江省	1806.79	6	3570.74	10	758.67	221.90
安徽省	1243.83	13	2033.07	30	348.10	106.92
福建省	910.64	20	2542.99	20	512.86	145.18
江西省	905.06	21	2072.02	28	397.91	132.95
山东省	2261.85	3	2414.70	22	483.99	106.38
河南省	1870.61	5	1998.52	31	391.16	105.53
湖北省	1277.33	12	2241.32	23	381.12	116.01
湖南省	1357.03	11	2135.38	26	359.59	93.15
广东省	3159.57	1	3343.81	12	609.48	148.98
广西壮族自治区	985.94	19	2067.83	29	397.20	106.45
海南省	245.20	30	2901.74	16	477.24	147.41
重庆市	768.39	25	2728.65	18	431.63	120.63
四川省	1759.13	8	2164.55	25	360.35	121.66
贵州省	795.40	23	2114.30	27	441.98	129.69
云南省	1135.22	15	2514.32	21	422.01	170.79
西藏自治区	275.37	29	9696.06	3	1182.04	604.31
陕西省	1053.97	17	2812.08	17	492.30	133.15
甘肃省	675.34	26	2580.58	19	473.69	156.79
青海省	282.20	28	5112.31	5	631.38	353.34
宁夏回族自治区	241.85	31	3964.83	8	775.52	187.17
新疆维吾尔自治区	795.15	24	3795.48	9	681.47	218.69

2007 年各省、自治区、直辖市财政收入比重情况表

1－10－1　　　　单位：百分比（%）

地区	收入合计	一、增值税	二、营业税	三、企业所得税	四、企业所得税退税	五、个人所得税
地方合计	**100.00**	**16.41**	**27.06**	**13.31**	**－0.02**	**5.40**
北京市	100.00	9.03	40.27	20.86	－0.13	9.06
天津市	100.00	17.54	27.09	14.19	－0.05	5.43
河北省	100.00	21.30	22.60	11.67		4.64
山西省	100.00	24.44	15.90	14.11		3.47
内蒙古自治区	100.00	16.02	23.40	8.51	－0.02	3.57
辽宁省	100.00	13.77	23.28	9.98		4.23
其中：大连市	100.00	11.72	30.94	11.14		5.02
吉林省	100.00	16.50	23.66	9.17		4.72
黑龙江省	100.00	24.05	19.49	7.01	0.00	4.62
上海市	100.00	15.11	34.45	20.53	－0.01	8.17
江苏省	100.00	18.49	25.65	14.13		4.96
浙江省	100.00	18.56	30.01	16.64	－0.02	6.21
其中：宁波市	100.00	21.90	27.95	18.52	－0.11	7.34
安徽省	100.00	15.15	25.13	10.28	－0.01	3.36
福建省	100.00	15.31	29.84	13.24		5.92
其中：厦门市	100.00	15.81	35.34	12.93		5.51
江西省	100.00	13.61	24.98	9.74	－0.04	3.80
山东省	100.00	17.36	20.28	11.85	－0.03	3.39
其中：青岛市	100.00	13.82	25.88	13.03		4.04
河南省	100.00	15.08	21.37	11.95	－0.02	3.51
湖北省	100.00	15.86	23.65	11.05	0.00	4.18
湖南省	100.00	14.24	24.51	7.15	－0.01	4.12
广东省	100.00	17.21	29.88	15.39		7.18
其中：深圳市	100.00	16.91	35.43	18.82		10.22
广西壮族自治区	100.00	14.05	24.62	7.17		4.59
海南省	100.00	12.13	35.77	7.61	0.00	4.73
重庆市	100.00	10.99	26.46	5.84	0.00	3.62
四川省	100.00	12.12	28.87	9.49	0.00	4.48
贵州省	100.00	16.11	23.94	10.48	－0.01	5.16
云南省	100.00	17.61	23.11	11.45	0.00	3.94
西藏自治区	100.00	10.36	31.98	6.22		2.88
陕西省	100.00	18.84	24.73	9.81	－0.01	3.71
甘肃省	100.00	21.14	22.73	9.41	－0.03	3.75
青海省	100.00	22.01	25.94	8.38	－0.01	3.77
宁夏回族自治区	100.00	17.74	28.80	5.72	－0.03	4.39
新疆维吾尔自治区	100.00	23.30	23.87	4.92	0.00	5.36

1-10-2

单位:百分比(%)

地　　区	六、 资源税	七、 固定资产投资 方向调节税	八、 城市维护 建设税	九、 房产税	十、 印花税	十一、 城镇土地 使用税
地　方　合　计	**1.11**	**0.00**	**4.87**	**2.44**	**1.34**	**1.64**
北京市	0.02	0.00	3.79	3.47	1.19	0.98
天津市	0.11	0.00	4.32	2.71	1.38	1.02
河北省	3.05	0.00	5.10	1.78	1.15	2.19
山西省	4.33	0.00	4.99	1.44	0.88	0.96
内蒙古自治区	3.39	0.01	4.79	2.18	1.14	3.14
辽宁省	2.24	0.05	4.76	2.76	1.17	4.56
其中:大连市	0.69		4.07	3.79	1.65	3.39
吉林省	1.08	0.00	5.84	2.93	0.92	1.87
黑龙江省	3.49		7.77	2.88	0.73	1.60
上海市			3.16	2.06	3.16	0.52
江苏省	0.19		4.87	2.42	1.22	2.50
浙江省	0.37	0.00	5.96	3.00	1.41	1.15
其中:宁波市	0.16		6.53	2.83	1.58	1.39
安徽省	1.37		5.59	1.78	0.90	1.35
福建省	0.62	0.00	4.14	3.04	1.32	1.27
其中:厦门市	0.01		4.34	3.73	1.69	1.00
江西省	1.38	0.00	4.36	1.48	0.82	1.13
山东省	1.73	0.01	5.52	2.65	0.95	3.94
其中:青岛市	0.15	0.07	4.35	2.88	1.04	3.82
河南省	2.47		4.97	1.82	0.90	2.11
湖北省	0.77	0.00	6.03	2.16	1.04	1.68
湖南省	0.47		5.83	1.83	0.82	0.68
广东省	0.21		3.38	2.86	1.87	0.66
其中:深圳市			0.99	2.40	4.26	0.01
广西壮族自治区	0.76	0.01	4.43	2.06	0.64	0.94
海南省	0.71		4.33	3.44	0.98	1.04
重庆市	0.96		4.49	1.62	0.89	1.91
四川省	0.92		4.69	1.96	0.91	1.10
贵州省	1.51	0.00	6.63	2.03	0.62	1.17
云南省	1.30	0.01	8.55	1.98	0.86	0.81
西藏自治区	2.49		2.90		0.63	
陕西省	3.06		6.77	1.94	1.02	1.02
甘肃省	2.20		7.04	3.01	1.15	1.44
青海省	4.77		6.08	1.80	0.93	0.43
宁夏回族自治区	1.57		5.85	1.82	1.05	2.29
新疆维吾尔自治区	3.31	0.00	8.02	2.74	0.86	0.68

1－10－3

单位:百分比(%)

地　　区	十二、土地增值税	十三、车船税	十四、耕地占用税	十五、契　税	十六、烟叶税	十七、其他税收收入
地方合计	**1.71**	**0.29**	**0.78**	**5.12**	**0.20**	**0.00**
北京市	1.63	0.55	0.09	5.38		
天津市	1.04	0.23	0.23	5.87		
河北省	0.98	0.35	0.53	3.00	0.01	0.00
山西省	0.19	0.05	0.30	0.93	0.01	
内蒙古自治区	1.48	0.27	0.76	1.98	0.04	0.00
辽宁省	1.68	0.28	0.55	5.98	0.04	
其中：大连市	2.61	0.25	0.50	6.76		
吉林省	0.97	0.30	1.02	4.91	0.11	0.01
黑龙江省	0.43	0.31	0.34	3.13	0.21	0.00
上海市	2.28	0.12	0.10	5.59		
江苏省	2.30	0.15	0.66	7.12		0.00
浙江省	2.07	0.22	0.93	6.55	0.00	0.00
其中：宁波市	1.36	0.18	0.66	5.69		0.00
安徽省	1.64	0.36	1.19	5.77	0.06	
福建省	2.82	0.27	0.93	5.82	0.39	
其中：厦门市	2.25	0.19	0.33	6.45		
江西省	2.60	0.22	1.30	6.71	0.19	
山东省	1.94	0.45	2.47	5.52	0.07	0.00
其中：青岛市	2.04	0.28	2.77	10.69	0.01	0.00
河南省	1.74	0.20	1.98	4.07	0.34	0.00
湖北省	1.24	0.32	0.65	4.59	0.27	0.00
湖南省	0.60	0.22	1.62	5.06	0.56	
广东省	1.74	0.41	0.42	5.47	0.03	0.00
其中：深圳市	1.06	0.11		4.42		
广西壮族自治区	2.51	0.21	0.95	4.40	0.16	0.00
海南省	4.38	0.25	0.80	5.08		0.00
重庆市	1.66	0.27	1.02	6.57	0.23	0.00
四川省	2.13	0.24	1.00	5.68	0.34	0.01
贵州省	1.06	0.21	0.98	2.22	2.19	0.00
云南省	0.77	0.44	0.65	2.18	4.15	0.00
西藏自治区	0.41		0.04			
陕西省	0.87	0.36	0.71	1.81	0.14	0.01
甘肃省	0.41	0.20	0.29	1.62	0.06	
青海省	0.26	0.16	0.35	1.45		
宁夏回族自治区	0.60	0.30	0.09	3.26	0.01	0.01
新疆维吾尔自治区	0.76	0.39	0.05	2.90	0.01	0.01

1-10-4

单位:百分比(%)

地　　区	十八、专项收入	十九、行政事业性收费收入	二十、罚没收入	二十一、国有资本经营收入	二十二、国有资源(资产)有偿使用收入	二十三、其他收入
地方合计	**4.62**	**6.55**	**3.44**	**2.00**	**1.07**	**0.65**
北京市	2.51	2.04	1.43	-2.68	0.43	0.09
天津市	2.49	13.36	1.46	0.25	0.53	0.79
河北省	6.07	6.43	5.39	2.48	0.80	0.48
山西省	16.07	6.20	4.22	0.04	0.88	0.59
内蒙古自治区	12.69	6.25	3.76	4.76	0.75	1.13
辽宁省	4.70	8.92	3.04	5.34	2.37	0.31
其中:大连市	2.53	6.79	1.39	5.07	1.32	0.37
吉林省	5.35	9.54	5.23	3.60	1.58	0.67
黑龙江省	7.65	5.52	3.85	5.30	0.61	1.02
上海市	1.96	1.66	1.19	-0.40	0.29	0.07
江苏省	3.43	5.32	3.21	2.93	0.36	0.08
浙江省	3.83	1.78	3.87	-3.08	0.48	0.03
其中:宁波市	3.41	1.33	2.69	-3.68	0.26	0.02
安徽省	4.39	12.48	4.12	1.99	2.54	0.56
福建省	3.05	5.27	3.94	1.45	0.95	0.41
其中:厦门市	2.50	2.68	1.63	2.67	0.79	0.15
江西省	4.24	10.94	6.90	2.53	1.28	1.81
山东省	4.36	8.62	3.70	3.24	1.36	0.64
其中:青岛市	2.48	6.03	1.60	2.45	2.18	0.39
河南省	6.37	9.72	5.56	3.68	1.21	0.97
湖北省	4.02	10.64	5.19	3.77	1.26	1.60
湖南省	4.82	12.69	6.06	1.22	3.52	3.99
广东省	2.65	4.90	2.68	1.32	1.03	0.70
其中:深圳市	1.94	1.57	1.01	0.09	0.53	0.24
广西壮族自治区	3.91	9.66	5.47	8.89	3.38	1.19
海南省	4.49	5.76	2.50	3.65	2.08	0.27
重庆市	4.13	18.34	2.24	6.87	1.25	0.66
四川省	4.29	11.91	3.51	3.71	1.67	0.99
贵州省	8.72	6.48	4.53	2.25	1.36	2.36
云南省	7.41	5.74	5.17	2.09	1.04	0.76
西藏自治区	5.27	6.19	5.25	2.45	6.52	16.38
陕西省	7.52	3.84	3.38	9.53	0.67	0.26
甘肃省	6.43	8.66	3.23	5.22	0.75	1.29
青海省	12.25	5.36	2.43	0.72	1.40	1.51
宁夏回族自治区	13.18	6.12	3.29	1.98	1.39	0.60
新疆维吾尔自治区	9.96	5.84	3.51	2.16	1.14	0.21

2007年各省、自治区、直辖市财政支出比重情况表

1－11－1 单位:百分比(%)

地　区	支出合计	一、一般公共服务	二、外交	三、国防	四、公共安全	五、教育	六、科学技术	七、文化体育与传媒
地方合计	**100.00**	**16.57**	**0.00**	**0.19**	**7.51**	**17.55**	**2.24**	**2.01**
北京市	100.00	10.89		0.15	8.11	15.94	5.50	3.25
天津市	100.00	10.72		0.15	7.99	16.32	3.31	2.37
河北省	100.00	17.88		0.18	7.23	18.81	1.16	1.38
山西省	100.00	20.01		0.17	6.73	17.26	1.50	2.55
内蒙古自治区	100.00	17.93	0.00	0.13	5.62	14.19	0.85	2.56
辽宁省	100.00	15.37		0.33	7.19	14.29	2.19	1.41
其中:大连市	100.00	18.52		0.64	5.13	11.55	3.45	1.43
吉林省	100.00	16.03		0.15	6.90	16.34	1.25	2.53
黑龙江省	100.00	14.15	0.00	0.21	6.73	16.82	1.47	1.71
上海市	100.00	8.37		0.05	6.16	12.99	4.85	1.99
江苏省	100.00	17.16		0.16	8.25	19.30	2.69	1.89
浙江省	100.00	18.20		0.24	9.62	21.25	3.96	2.73
其中:宁波市	100.00	17.08		0.23	8.35	15.92	4.11	3.19
安徽省	100.00	15.75		0.19	5.83	17.12	1.28	2.11
福建省	100.00	17.78		0.35	8.41	20.17	2.34	2.01
其中:厦门市	100.00	17.27		0.35	6.80	13.61	3.27	2.40
江西省	100.00	16.21		0.19	7.20	19.20	0.97	1.75
山东省	100.00	18.65		0.16	6.91	20.04	2.05	1.95
其中:青岛市	100.00	18.45		0.15	8.37	17.95	2.45	2.43
河南省	100.00	19.02		0.07	6.40	19.57	1.35	1.78
湖北省	100.00	17.32		0.08	8.57	17.00	1.47	1.95
湖南省	100.00	18.91	0.01	0.26	7.10	16.84	1.51	1.48
广东省	100.00	16.57	0.00	0.21	10.79	18.23	3.77	1.68
其中:深圳市	100.00	13.21	0.01	0.17	9.07	12.44	6.88	1.25
广西壮族自治区	100.00	19.61	0.00	0.35	8.36	19.21	1.34	2.17
海南省	100.00	18.41	0.03	0.30	7.68	16.45	1.14	1.86
重庆市	100.00	14.49		0.21	7.00	15.82	1.44	1.38
四川省	100.00	18.27		0.23	7.11	16.65	1.18	1.63
贵州省	100.00	18.73	0.00	0.22	7.19	20.90	1.25	1.97
云南省	100.00	16.47	0.04	0.27	7.45	16.78	1.15	1.75
西藏自治区	100.00	22.13	0.02	0.45	6.45	12.19	0.70	2.63
陕西省	100.00	18.10		0.17	6.09	17.51	1.26	2.06
甘肃省	100.00	16.45	0.01	0.12	5.63	18.36	1.08	2.26
青海省	100.00	20.53	0.00	0.11	5.66	12.35	0.89	2.46
宁夏回族自治区	100.00	15.87		0.13	6.09	19.56	1.98	2.92
新疆维吾尔自治区	100.00	18.66	0.06	0.23	6.85	17.95	1.61	2.94

1-11-2

单位:百分比(%)

地　　区	八、社会保障和就业	九、医疗卫生	十、环境保护	十一、城乡社区事务	十二、农林水事务	十三、交通运输	十四、工业、商业、金融等事务	十五、其他支出
地方合计	**13.31**	**5.10**	**2.32**	**8.45**	**8.06**	**2.96**	**7.53**	**6.20**
北京市	10.87	7.21	1.77	11.36	6.21	2.01	6.24	10.48
天津市	11.80	4.91	0.86	23.09	3.97	1.26	7.87	5.37
河北省	14.61	5.18	2.79	6.60	7.43	2.19	6.70	7.86
山西省	17.41	4.96	4.13	5.96	8.05	2.68	5.63	2.94
内蒙古自治区	14.05	4.05	5.64	11.27	10.03	4.48	6.65	2.56
辽宁省	22.84	3.77	1.59	9.74	6.90	1.53	8.51	4.33
其中:大连市	17.60	3.27	1.27	13.00	5.16	1.99	10.59	6.40
吉林省	17.47	4.79	2.72	5.22	9.06	2.66	13.57	1.31
黑龙江省	18.28	4.85	3.43	5.83	8.93	3.58	12.03	1.97
上海市	12.57	4.07	0.91	16.81	2.87	0.74	13.28	14.35
江苏省	8.32	4.51	1.78	12.19	7.58	3.10	7.26	5.80
浙江省	5.98	6.21	1.65	8.56	7.87	2.49	7.34	3.90
其中:宁波市	6.82	6.06	1.14	11.90	6.62	3.84	10.11	4.64
安徽省	16.60	5.26	2.01	7.23	8.32	3.98	10.32	4.00
福建省	9.95	5.71	0.96	6.76	6.75	2.92	6.65	9.25
其中:厦门市	7.30	4.64	0.65	12.03	2.94	3.71	8.83	16.20
江西省	13.94	6.42	1.47	5.69	11.44	3.42	7.87	4.23
山东省	11.13	4.41	1.29	11.80	7.21	1.19	8.71	4.50
其中:青岛市	8.12	2.82	0.90	16.12	5.19	1.35	6.96	8.73
河南省	15.03	5.28	2.29	5.95	8.15	2.15	8.28	4.67
湖北省	16.54	5.18	2.13	4.40	9.99	2.37	6.51	6.49
湖南省	16.28	4.36	2.14	6.64	9.28	3.59	6.99	4.61
广东省	8.97	4.46	0.84	7.61	5.46	1.81	4.10	15.52
其中:深圳市	3.45	3.50	0.47	7.12	1.47	0.92	3.35	36.69
广西壮族自治区	11.22	5.15	1.37	5.95	9.11	4.19	7.28	4.69
海南省	14.63	5.08	2.12	5.17	9.36	3.71	5.71	8.35
重庆市	18.09	4.42	4.98	11.85	7.28	4.70	6.64	1.70
四川省	15.47	5.62	3.96	6.18	9.99	4.15	7.18	2.39
贵州省	8.90	6.13	3.35	3.45	11.01	6.14	5.68	5.06
云南省	15.02	6.79	2.74	4.01	11.24	5.43	5.58	5.27
西藏自治区	6.28	6.23	1.73	2.51	14.64	11.78	3.96	8.30
陕西省	15.09	4.74	4.33	5.55	9.50	4.63	6.36	4.63
甘肃省	15.82	6.08	4.74	4.10	12.55	4.15	5.89	2.76
青海省	18.14	6.91	6.73	3.43	10.37	5.67	4.38	2.36
宁夏回族自治区	10.54	4.72	5.13	7.20	11.54	3.51	6.78	4.03
新疆维吾尔自治区	11.44	5.76	2.70	7.47	12.38	4.31	4.90	2.73

2007年各省、自治区、直辖市各部门基本数字表(行政部分)

1－12－1

地　　区	年末机构数(个)	年末人数(人)				
		合　计	在职人员	离休人员	退休人员	其他人员
地　方　合　计	**286735**	**13546851**	**9762419**	**288991**	**3115761**	**379680**
北京市	1974	297153	208694	6962	68333	13164
天津市	1449	136067	94209	3675	35779	2404
河北省	14094	694021	525682	19872	139455	9012
山西省	8203	469451	327863	18003	91740	31845
内蒙古自治区	7826	375823	251751	9216	108568	6288
辽宁省	8208	447512	299155	18658	128832	867
其中:大连市	770	55326	36216	2550	16296	264
吉林省	6865	339398	257661	8586	70267	2884
黑龙江省	9541	448597	310272	14757	120357	3211
上海市	1170	185814	118274	5837	54755	6948
江苏省	11028	600945	411175	18467	141735	29568
浙江省	7613	439482	314291	9737	104569	10885
其中:宁波市	1033	69859	50586	961	16164	2148
安徽省	8420	468402	326751	12433	108779	20439
福建省	10771	362389	261904	6262	89592	4631
其中:厦门市	492	20397	13892	398	5671	436
江西省	8298	381997	293290	4539	76667	7501
山东省	15623	816754	641619	22887	136971	15277
其中:青岛市	1273	74629	49459	3218	12467	9485
河南省	21560	1015647	755149	20731	232407	7360
湖北省	8918	588334	429600	9924	143788	5022
湖南省	21731	859447	658365	8378	180131	12573
广东省	15830	902431	670145	14556	172954	44776
其中:深圳市	534	52559	39491	256	4287	8525
广西壮族自治区	10251	409112	285039	5548	107323	11202
海南省	1771	97705	58766	1543	31197	6199
重庆市	4675	226809	152706	2787	71023	293
四川省	22281	664537	429712	7630	214786	12409
贵州省	12080	456607	306814	6430	103731	39632
云南省	14091	538194	385629	8580	107371	36614
西藏自治区	1020	87087	65151	432	17406	4098
陕西省	10570	446014	342809	9421	86844	6940
甘肃省	9637	313074	240007	4637	56541	11889
青海省	2938	98069	69282	1851	24601	2335
宁夏回族自治区	1639	75730	52805	1743	17333	3849
新疆维吾尔自治区	6660	304249	217849	4909	71926	9565

1－12－2

地　　区	其　中:				
	财政预算拨款开支人数(人)				
	合　计	在职人员	离休人员	退休人员	其他人员
地　方　合　计	**13333519**	**9621420**	**288681**	**3085162**	**338256**
北京市	290193	204203	6951	67509	11530
天津市	134951	93286	3664	35628	2373
河北省	672752	506341	19864	138889	7658
山西省	460788	321778	18002	91301	29707
内蒙古自治区	373992	250639	9215	108555	5583
辽宁省	447512	299155	18658	128832	867
其中:大连市	55326	36216	2550	16296	264
吉林省	337311	256506	8586	70103	2116
黑龙江省	443185	306032	14743	119766	2644
上海市	185453	118136	5837	54737	6743
江苏省	592181	405211	18440	140565	27965
浙江省	431896	310745	9698	103821	7632
其中:宁波市	68156	49952	954	15851	1399
安徽省	461979	322704	12422	108552	18301
福建省	358209	258919	6255	89278	3757
其中:厦门市	20167	13811	398	5671	287
江西省	371820	286442	4531	75735	5112
山东省	816754	641619	22887	136971	15277
其中:青岛市	74629	49459	3218	12467	9485
河南省	999056	740991	20722	231127	6216
湖北省	575212	422359	9911	142942	
湖南省	830849	634212	8363	178297	9977
广东省	869345	645824	14490	169285	39746
其中:深圳市	51321	38935	256	4232	7898
广西壮族自治区	405744	283820	5548	107104	9272
海南省	80141	58210	1482	15556	4893
重庆市	226809	152706	2787	71023	293
四川省	663063	429712	7629	214513	11209
贵州省	453827	305366	6429	103652	38380
云南省	537507	385318	8580	107371	36238
西藏自治区	87087	65151	432	17406	4098
陕西省	443473	341085	9420	86710	6258
甘肃省	308887	236989	4632	56293	10973
青海省	97669	69136	1851	24601	2081
宁夏回族自治区	74707	52619	1743	17325	3020
新疆维吾尔自治区	301167	216206	4909	71715	8337

1－12－3

地 区	其 中:					年末学生人数(人)
	自收自支单位人数(人)					
	合 计	在职人员	离休人员	退休人员	其他人员	
地 方 合 计	**213332**	**140999**	**310**	**30599**	**41424**	**6934976**
北京市	6960	4491	11	824	1634	44782
天津市	1116	923	11	151	31	
河北省	21269	19341	8	566	1354	131248
山西省	8663	6085	1	439	2138	4588
内蒙古自治区	1831	1112	1	13	705	13391
辽宁省						
其中:大连市						
吉林省	2087	1155		164	768	124025
黑龙江省	5412	4240	14	591	567	172574
上海市	361	138		18	205	118
江苏省	8764	5964	27	1170	1603	10440
浙江省	7586	3546	39	748	3253	140273
其中:宁波市	1703	634	7	313	749	140273
安徽省	6423	4047	11	227	2138	
福建省	4180	2985	7	314	874	58979
其中:厦门市	230	81			149	165
江西省	10177	6848	8	932	2389	172
山东省						
其中:青岛市						
河南省	16591	14158	9	1280	1144	2346131
湖北省	13122	7241	13	846	5022	14041
湖南省	28598	24153	15	1834	2596	406484
广东省	33086	24321	66	3669	5030	507544
其中:深圳市	1238	556		55	627	
广西壮族自治区	3368	1219		219	1930	158281
海南省	17564	556	61	15641	1306	
重庆市						3641
四川省	1474		1	273	1200	69076
贵州省	2780	1448	1	79	1252	884799
云南省	687	311			376	373506
西藏自治区						1300
陕西省	2541	1724	1	134	682	417151
甘肃省	4187	3018	5	248	916	287974
青海省	400	146			254	512
宁夏回族自治区	1023	186		8	829	117128
新疆维吾尔自治区	3082	1643		211	1228	646818

2007 年各省、自治区、直辖市各部门基本数字表(事业部分)

1－13－1

地　　区	年末机构数(个)	年末人数(人)				
		合　计	在职人员	离休人员	退休人员	其他人员
地　方　合　计	**497290**	**36277005**	**26240927**	**306105**	**8645494**	**1084479**
北京市	4907	790405	487615	14067	253039	35684
天津市	4283	439557	277101	4242	143871	14343
河北省	27818	1848281	1408709	23225	383057	33290
山西省	11902	1109150	817567	11048	210030	70505
内蒙古自治区	12378	993842	714850	7647	251534	19811
辽宁省	20490	1503033	1010394	23387	453030	16222
其中:大连市	1795	168985	104854	3973	58922	1236
吉林省	13536	1036585	767539	11093	245114	12839
黑龙江省	16184	1183129	820698	14735	329837	17859
上海市	6096	675369	392344	5974	248268	28783
江苏省	22820	1957821	1359040	18434	492322	88025
浙江省	14910	1173501	844808	7576	286273	34844
其中:宁波市	1661	126494	88672	651	32783	4388
安徽省	12957	1351412	955240	11965	346762	37445
福建省	14773	987567	723822	5530	234251	23964
其中:厦门市	796	56069	37512	352	13404	4801
江西省	20579	1324412	990670	6705	296451	30586
山东省	23163	2472437	1895735	41829	506078	28795
其中:青岛市	2458	199777	149861	3968	41256	4692
河南省	50211	2455456	1917504	23728	496071	18153
湖北省	15298	1510777	1127625	9076	358040	16036
湖南省	29122	1909210	1411472	9084	445544	43110
广东省	28104	2018449	1425865	10796	450856	130932
其中:深圳市	1335	127497	84153	115	12124	31105
广西壮族自治区	18835	1383281	1003340	4333	331047	44561
海南省	2482	212841	152073	542	41692	18534
重庆市	9479	681338	460971	2241	211949	6177
四川省	33066	1942031	1388650	5630	492535	55216
贵州省	14184	894949	608552	3560	169507	113330
云南省	17232	1136133	817384	8599	278741	31409
西藏自治区	563	85011	66677	110	15193	3031
陕西省	19642	1253762	947132	9717	251383	45530
甘肃省	14854	755061	585733	4402	140980	23946
青海省	3802	204895	145693	2354	52724	4124
宁夏回族自治区	2834	208627	153531	1532	44602	8962
新疆维吾尔自治区	10786	778683	562593	2944	184713	28433

1－13－2

地　　区	其中：财政预算补助开支人数（人）				
	合　计	在职人员	离休人员	退休人员	其他人员
地　方　合　计	**33909997**	**24648063**	**296045**	**8247280**	**718609**
北京市	739379	457377	13773	240231	27998
天津市	430650	271933	4193	142832	11692
河北省	1628399	1223390	22130	365800	17079
山西省	1051301	775700	10682	203832	61087
内蒙古自治区	964042	692427	7613	250088	13914
辽宁省	1399965	943414	22606	428620	5325
其中：大连市	165820	102300	3973	58417	1130
吉林省	992414	735693	10782	239479	6460
黑龙江省	1128417	777237	14499	323707	12974
上海市	647118	381062	5802	236432	23822
江苏省	1806635	1265784	17877	465658	57316
浙江省	1043137	754232	7268	270187	11450
其中：宁波市	117127	84677	633	29524	2293
安徽省	1268713	896828	11568	335337	24980
福建省	940530	699503	5442	224830	10755
其中：厦门市	50361	36188	349	13188	636
江西省	1235703	935419	6563	278177	15544
山东省	2309983	1764938	39666	487153	18226
其中：青岛市	179634	137564	2827	37133	2110
河南省	2303234	1784809	23246	485485	9694
湖北省	1411006	1057826	8668	344512	
湖南省	1767085	1309581	8797	422698	26009
广东省	1809448	1301263	10489	427005	70691
其中：深圳市	110641	76065	114	11914	22548
广西壮族自治区	1299856	957640	4152	313061	25003
海南省	150986	133521	428	2333	14704
重庆市	649144	441448	2151	202244	3301
四川省	1869085	1350845	5489	483070	29681
贵州省	856931	588145	3446	160488	104852
云南省	1079042	789628	8280	252565	28569
西藏自治区	84756	66447	110	15186	3013
陕西省	1194264	908351	9331	240001	36581
甘肃省	733430	569277	4370	140018	19765
青海省	192611	138317	2316	49487	2491
宁夏回族自治区	193127	142156	1500	42128	7343
新疆维吾尔自治区	729606	533872	2808	174636	18290

1－13－3

地　　区	其　中:					年末学生人　数（人）
	自收自支单位人数（人）					
	合　计	在职人员	离休人员	退休人员	其他人员	
地　方　合　计	**2367008**	**1592864**	**10060**	**398214**	**365870**	**215394329**
北京市	51026	30238	294	12808	7686	2290694
天津市	8907	5168	49	1039	2651	1685544
河北省	219882	185319	1095	17257	16211	11007416
山西省	57849	41867	366	6198	9418	6780143
内蒙古自治区	29800	22423	34	1446	5897	3725419
辽宁省	103068	66980	781	24410	10897	6083518
其中:大连市	3165	2554		505	106	778873
吉林省	44171	31846	311	5635	6379	3551468
黑龙江省	54712	43461	236	6130	4885	4416008
上海市	28251	11282	172	11836	4961	2091132
江苏省	151186	93256	557	26664	30709	11856425
浙江省	130364	90576	308	16086	23394	7271510
其中:宁波市	9367	3995	18	3259	2095	772324
安徽省	82699	58412	397	11425	12465	11391827
福建省	47037	24319	88	9421	13209	5925941
其中:厦门市	5708	1324	3	216	4165	313202
江西省	88709	55251	142	18274	15042	8302698
山东省	162454	130797	2163	18925	10569	13849615
其中:青岛市	20143	12297	1141	4123	2582	995542
河南省	152222	132695	482	10586	8459	16664682
湖北省	99771	69799	408	13528	16036	9824795
湖南省	142125	101891	287	22846	17101	9652694
广东省	209001	124602	307	23851	60241	17230701
其中:深圳市	16856	8088	1	210	8557	649239
广西壮族自治区	83425	45700	181	17986	19558	8523922
海南省	61855	18552	114	39359	3830	1513932
重庆市	32194	19523	90	9705	2876	5096597
四川省	72946	37805	141	9465	25535	14101256
贵州省	38018	20407	114	9019	8478	6975383
云南省	57091	27756	319	26176	2840	7951470
西藏自治区	255	230		7	18	539407
陕西省	59498	38781	386	11382	8949	6507888
甘肃省	21631	16456	32	962	4181	5420072
青海省	12284	7376	38	3237	1633	1009821
宁夏回族自治区	15500	11375	32	2474	1619	1099621
新疆维吾尔自治区	49077	28721	136	10077	10143	3052730

2007年各省、自治区、直辖市地区生产总值情况表

1-14-1

地　　区	地区生产总　值（亿元）	第一产业	第二产业		
				工　业	建筑业
北京市	9353.3	101.3	2509.4	2082.8	426.6
天津市	5050.4	110.2	2892.5	2661.9	230.7
河北省	13709.5	1804.7	7241.8	6555.2	686.6
山西省	5733.4	269.7	3438.6	3141.9	296.7
内蒙古自治区	6091.1	762.1	3154.6	2742.7	411.9
辽宁省	11023.5	1133.4	5853.1	5199.9	653.2
吉林省	5284.7	783.8	2475.5	2170.7	304.7
黑龙江省	7065.0	915.4	3695.6	3326.9	368.7
上海市	12188.9	101.8	5678.5	5298.1	380.4
江苏省	25741.2	1816.2	14306.4	13016.8	1289.6
浙江省	18780.4	986.0	10148.5	9095.7	1052.8
安徽省	7364.2	1200.2	3289.1	2752.1	537.0
福建省	9249.1	1002.1	4549.4	4018.4	531.0
江西省	5500.3	905.8	2840.9	2277.7	563.2
山东省	25965.9	2509.1	14776.5	13412.7	1363.8
河南省	15012.5	2217.7	8282.8	7508.3	774.5
湖北省	9230.7	1378.0	3966.7	3451.6	515.1
湖南省	9200.0	1626.5	3916.4	3375.9	540.6
广东省	31084.4	1695.6	15939.1	14910.0	1029.1
广西壮族自治区	5955.7	1241.4	2425.3	2090.1	335.2
海南省	1223.3	361.1	364.3	278.4	85.9
重庆市	4122.5	482.4	1892.1	1572.3	319.8
四川省	10505.3	2032.0	4641.3	3913.9	727.4
贵州省	2741.9	446.4	1148.3	1007.8	140.5
云南省	4741.3	837.4	2051.1	1711.8	339.3
西藏自治区	342.19	54.9	98.5	27.6	70.9
陕西省	5465.8	592.6	2964.6	2544.4	420.1
甘肃省	2702.4	386.0	1279.3	1063.8	215.5
青海省	783.6	83.4	417.8	344.5	73.3
宁夏回族自治区	889.2	97.9	451.8	380.2	71.6
新疆维吾尔自治区	3523.2	628.7	1647.6	1405.1	242.4

注:1. 本表根据《中国统计年鉴2008》整理。

2. 本表绝对数按当年价格计算,增长速度按可比价格计算。

3. 全国与各地区的国内生产总值系分别计算,故各地相加不等于全国数据。

1－14－2

地　　区	地区生产总值(亿元)			地区生产总值比上年增长率(%)	人均地区生产总值(元/人)
	第三产业	其中:交通运输、仓储和邮政业	其中:批发和零售业		
北京市	6742.7	502.6	879.4	13.3	58204
天津市	2047.7	294.1	498.6	15.2	46122
河北省	4663.0	1161.6	714.8	12.8	19877
山西省	2025.1	437.6	348.6	14.4	16945
内蒙古自治区	2174.5	510.4	458.4	19.1	25393
辽宁省	4037.0	642.8	1062.3	14.5	25729
吉林省	2025.4	275.8	486.0	16.1	19383
黑龙江省	2454.0	364.6	530.0	12.0	18478
上海市	6408.5	723.1	1077.8	14.3	66367
江苏省	9618.5	1039.5	2432.9	14.9	33928
浙江省	7646.0	739.4	1711.2	14.7	37411
安徽省	2874.9	483.0	525.7	13.9	12045
福建省	3697.6	650.3	809.2	15.2	25908
江西省	1753.6	337.6	362.7	13.0	12633
山东省	8680.2	1399.9	1958.2	14.3	27807
河南省	4512.0	866.7	765.8	14.6	16012
湖北省	3886.0	479.9	749.8	14.5	16206
湖南省	3657.0	477.3	650.9	14.5	14492
广东省	13449.7	1254.6	2805.2	14.7	33151
广西壮族自治区	2289.0	311.2	510.2	15.1	12555
海南省	498.0	86.4	121.1	14.8	14555
重庆市	1748.0	265.7	366.2	15.6	14660
四川省	3832.0	511.5	624.7	14.2	12893
贵州省	1147.3	164.4	174.3	13.7	6915
云南省	1852.9	196.1	354.3	12.5	10540
西藏自治区	188.8	20.5	29.0	14.0	12109
陕西省	1908.6	311.9	392.8	14.6	14607
甘肃省	1037.1	181.2	166.9	12.3	10346
青海省	282.4	40.9	44.8	12.5	14257
宁夏回族自治区	339.5	55.6	48.1	12.7	14649
新疆维吾尔自治区	1246.9	177.3	187.1	12.2	16999

2007 年各省、自治区、直辖市地区生产总值构成情况表

1－15

单位：百分比（%）

地 区	第一产业	第二产业	工 业	建筑业	第三产业	其中：交通运输、仓储和邮政业	其中：批发和零售业
北京市	1.1	26.8	22.3	4.6	72.1	5.4	9.4
天津市	2.2	57.3	52.7	4.6	40.5	5.8	9.9
河北省	13.2	52.8	47.8	5.0	34.0	8.5	5.2
山西省	4.7	60.0	54.8	5.2	35.3	7.6	6.1
内蒙古自治区	12.5	51.8	45.0	6.8	35.7	8.4	7.5
辽宁省	10.3	53.1	47.2	5.9	36.6	5.8	9.6
吉林省	14.8	46.8	41.1	5.8	38.3	5.2	9.2
黑龙江省	13.0	52.3	47.1	5.2	34.7	5.2	7.5
上海市	0.8	46.6	43.5	3.1	52.6	5.9	8.8
江苏省	7.1	55.6	50.6	5.0	37.4	4.0	9.5
浙江省	5.3	54.0	48.4	5.6	40.7	3.9	9.1
安徽省	16.3	44.7	37.4	7.3	39.0	6.6	7.1
福建省	10.8	49.2	43.4	5.7	40.0	7.0	8.7
江西省	16.5	51.7	41.4	10.2	31.9	6.1	6.6
山东省	9.7	56.9	51.7	5.3	33.4	5.4	7.5
河南省	14.8	55.2	50.0	5.2	30.1	5.8	5.1
湖北省	14.9	43.0	37.4	5.6	42.1	5.2	8.1
湖南省	17.7	42.6	36.7	5.9	39.8	5.2	7.1
广东省	5.5	51.3	48.0	3.3	43.3	4.0	9.0
广西壮族自治区	20.8	40.7	35.1	5.6	38.4	5.2	8.6
海南省	29.5	29.8	22.8	7.0	40.7	7.1	9.9
重庆市	11.7	45.9	38.1	7.8	42.4	6.4	8.9
四川省	19.3	44.2	37.3	6.9	36.5	4.9	5.9
贵州省	16.3	41.9	36.8	5.1	41.8	6.0	6.4
云南省	17.7	43.3	36.1	7.2	39.1	4.1	7.5
西藏自治区	16.040796	28.8	8.1	20.7	55.2	6.0	8.5
陕西省	10.8	54.2	46.6	7.7	34.9	5.7	7.2
甘肃省	14.3	47.3	39.4	8.0	38.4	6.7	6.2
青海省	10.6	53.3	44.0	9.3	36.0	5.2	5.7
宁夏回族自治区	11.0	50.8	42.8	8.1	38.2	6.2	5.4
新疆维吾尔自治区	17.8	46.8	39.9	6.9	35.4	5.0	5.3

注：1. 本表根据《中国统计年鉴 2008》整理。

2. 本表按当年价格计算；以地区生产总值为 100%。

1978～2007 年全国财政收支总额及指数情况表

1－16

年　　份	总收入(亿元)	总支出(亿元)	收支差额(亿元)	指数(上年＝100)	
				总收入	总支出
1978	1132.26	1122.09	10.17	129.50	133.00
1979	1146.38	1281.79	－135.41	101.20	114.20
1980	1159.93	1228.83	－68.90	101.20	95.90
1981	1175.79	1138.41	37.38	101.40	92.50
1982	1212.33	1229.98	－17.65	103.10	108.00
1983	1366.95	1409.52	－42.57	112.80	114.60
1984	1642.86	1701.02	－58.16	120.20	120.70
1985	2004.82	2004.25	0.57	122.00	117.80
1986	2122.01	2204.91	－82.90	105.80	110.00
1987	2199.35	2262.18	－62.83	103.60	102.60
1988	2357.24	2491.21	－133.97	107.20	110.10
1989	2664.90	2823.78	－158.88	113.10	113.30
1990	2937.10	3083.59	－146.49	110.20	109.20
1991	3149.48	3386.62	－237.14	107.20	109.80
1992	3483.37	3742.20	－258.83	110.60	110.50
1993	4348.45	4642.30	－293.85	124.80	124.10
1994	5218.10	5792.62	－574.52	120.00	124.80
1995	6242.20	6823.72	－581.52	119.60	117.80
1996	7407.99	7937.55	－529.56	118.70	116.30
1997	8651.14	9233.56	－582.42	116.80	116.30
1998	9875.95	10798.18	－922.23	114.20	116.90
1999	11444.08	13187.67	－1743.59	115.90	122.10
2000	13395.23	15886.50	－2491.27	117.00	120.50
2001	16386.04	18902.58	－2516.54	122.30	119.00
2002	18903.64	22053.15	－3149.51	115.40	116.70
2003	21715.25	24649.95	－2934.70	114.90	111.80
2004	26396.47	28486.89	－2090.42	121.60	115.60
2005	31649.29	33930.28	－2280.99	119.90	119.10
2006	38760.20	40422.73	－1662.53	122.50	119.10
2007	51321.78	49781.35	1540.43	132.40	123.20
“六五”时期	7402.75	7483.18	－80.43	111.60	110.30
“七五”时期	12280.60	12865.67	－585.07	107.90	109.00
“八五”时期	22442.10	24387.46	－1945.36	116.30	117.20
“九五”时期	50774.39	57043.46	－6269.07	116.50	118.40
“十五”时期	115050.69	128022.85	－12972.16	118.80	116.40

注：1. 本表根据《中国统计年鉴 2008》整理。

2. 本表不包括国内外债务收支。各计划时期指数为该时期平均发展速度。

3. 1985 年及以前价格补贴冲减财政收入，1985 年以后改列财政支出。为统一口径，本表对 1985 年及以前数字做了调整。

1978～2006年全国财政预算外收支总表

1－17　　　　　　　　　　　　　　　　　　　　　　单位:亿元

年　　份	国家财政预算外收入			国家财政预算外支出		
	合　计	中　央	地　方	合　计	中　央	地　方
1978	347.11					
1979	452.85					
1980	557.40					
1981	601.07					
1982	802.74	270.70	532.04	734.53	227.05	507.48
1983	967.68	359.90	607.78	875.81	300.38	575.43
1984	1188.48	470.54	717.94	1114.74	420.24	694.50
1985	1530.03	636.10	893.93	1375.03	562.05	812.98
1986	1737.31	716.63	1020.68	1578.37	640.94	937.43
1987	2028.80	828.03	1200.77	1840.75	741.61	1099.14
1988	2360.77	907.15	1453.62	2145.27	842.86	1302.41
1989	2658.83	1072.28	1586.55	2503.10	975.87	1527.23
1990	2708.64	1073.28	1635.36	2707.06	1037.69	1669.37
1991	3243.30	1381.10	1862.20	3092.26	1263.27	1828.99
1992	3854.92	1707.73	2147.19	3649.90	1592.81	2057.09
1993	1432.54	245.90	1186.64	1314.30	198.87	1115.43
1994	1862.53	283.32	1579.21	1710.39	225.02	1485.37
1995	2406.50	317.57	2088.93	2331.26	351.38	1979.88
1996	3893.34	947.66	2945.68	3838.32	1034.92	2803.40
1997	2826.00	145.08	2680.92	2685.54	143.91	2541.63
1998	3082.29	164.15	2918.14	2918.31	139.74	2778.57
1999	3385.17	230.45	3154.72	3139.14	164.82	2974.32
2000	3826.42	247.63	3578.79	3529.02	210.74	3318.28
2001	4300.00	347.00	3953.00	3850.00	258.13	3591.87
2002	4479.00	440.00	4039.00	3831.00	259.00	3572.00
2003	4566.80	379.37	4187.43	4156.36	329.32	3827.04
2004	4699.18	350.69	4348.49	4351.73	389.50	3962.23
2005	5544.16	402.58	5141.58	5242.48	458.34	4784.14
2006	6407.88	467.11	5940.77	5866.95	377.72	5489.23
"七五"时期	11494.35	4597.40	6897.00	10774.55	4238.97	6535.48
"八五"时期	12799.79	3935.60	8864.10	12098.11	3631.35	8466.76
"九五"时期	17013.22	1735.00	15278.20	16110.33	1694.13	14416.20
"十五"时期	23589.14	1919.64	21669.50	21431.57	1694.29	19737.28

注:本表根据《中国统计年鉴2008》整理。

二、地方财政预算收支情况

二、地方财政预算收支情况

2007年各省、自治区、直辖市财政收入分类情况表

2－1－1

单位:万元

地区	合计	一、税收收入				
		小计	增值税	营业税	企业所得税	企业所得税退税
地方合计	**235726181**	**192521159**	**38676217**	**63795064**	**31365053**	**－42166**
北京市	14926380	14356708	1348424	6010580	3113296	－19859
天津市	5404390	4383644	948117	1463822	767056	－2927
河北省	7891198	6182963	1680787	1783476	921078	
山西省	5978870	4305002	1461136	950788	843466	
内蒙古自治区	4923615	3479057	788928	1152259	419186	－1175
辽宁省	10826948	8156685	1491115	2520123	1080575	
其中:大连市	2679757	2211492	314137	829071	298536	
吉林省	3206892	2373862	529222	758638	294126	
黑龙江省	4404689	3349661	1059445	858457	308702	－134
上海市	20744792	19754796	3134205	7146039	4259424	－3099
江苏省	22377276	18947700	4138088	5740225	3162171	
浙江省	16494981	15353548	3062238	4950505	2745550	－3728
其中:宁波市	3291218	3158756	720632	919845	609537	－3651
安徽省	5436973	4018799	823766	1366197	559040	－525
福建省	6994577	5940236	1070785	2087305	925849	
其中:厦门市	1865262	1670949	294899	659131	241239	
江西省	3898510	2818573	530534	973988	379803	－1697
山东省	16753980	13083516	2907862	3397121	1985020	－4802
其中:青岛市	2928037	2485062	404539	757862	381528	
河南省	8620804	6250156	1299605	1842366	1030612	－1384
湖北省	5903552	4339759	936384	1395925	652415	－21
湖南省	6065508	4106600	863642	1486380	433601	－478
广东省	27858007	24154724	4795115	8323188	4286939	
其中:深圳市	6580555	6226027	1112545	2331429	1238350	
广西壮族自治区	4188265	2826809	588429	1031216	300304	
海南省	1082935	879935	131349	387380	82455	－2
重庆市	4427000	2944592	486387	1171243	258432	－124
四川省	8508606	6289529	1031014	2456712	807684	－362
贵州省	2851375	2118512	459414	682742	298814	－405
云南省	4867146	3786361	857223	1124655	557110	－6
西藏自治区	201412	116667	20874	64421	12529	
陕西省	4752398	3555047	895537	1175461	466198	－494
甘肃省	1909107	1420532	403624	434006	179740	－633
青海省	567083	432855	124811	147086	47526	－47
宁夏回族自治区	800312	587871	141997	230485	45767	－218
新疆维吾尔自治区	2858600	2206460	666160	682275	140585	－46

2－1－2

单位:万元

地区	一、税收收入					
	个人所得税	资源税	固定资产投资方向调节税	城市维护建设税	房产税	印花税
地方合计	**12737821**	**2611457**	**9539**	**11486986**	**5754590**	**3166024**
北京市	1351997	3146	3	566323	517527	177726
天津市	293615	5765	98	233306	146712	74510
河北省	366141	240888	67	402442	140653	90866
山西省	207426	258857	109	298619	85946	52408
内蒙古自治区	175951	166767	686	235883	107348	56054
辽宁省	457779	242627	5056	515751	298550	126599
其中:大连市	134411	18495		108978	101540	44181
吉林省	151219	34794	39	187390	94082	29418
黑龙江省	203395	153694		342113	126832	31953
上海市	1694351			655318	428292	655125
江苏省	1109503	43206		1089427	542621	273987
浙江省	1024993	61092	9	983666	494883	233113
其中:宁波市	241527	5397		215002	93232	52129
安徽省	182886	74296		303710	96943	49122
福建省	414223	43128	150	289389	212451	92309
其中:厦门市	102686	133		80954	69626	31582
江西省	148271	53694	13	170098	57824	31799
山东省	568145	289858	2191	924642	443522	159005
其中:青岛市	118242	4447	2155	127231	84412	30334
河南省	302578	213059		428733	156560	78004
湖北省	246788	45550	92	356182	127562	61502
湖南省	250040	28286		353798	111268	49527
广东省	2000756	59392		942307	796429	519662
其中:深圳市	672560			65035	157763	280239
广西壮族自治区	192112	31740	534	185412	86254	26670
海南省	51239	7705		46902	37223	10666
重庆市	160401	42711		198644	71509	39248
四川省	381490	78320		399326	166581	77363
贵州省	147230	43195	6	188938	57750	17756
云南省	191915	63030	446	416000	96449	41630
西藏自治区	5807	5012		5843		1261
陕西省	176297	145312		321814	92239	48510
甘肃省	71513	41972		134391	57447	21872
青海省	21406	27063		34507	10194	5296
宁夏回族自治区	35107	12557		46813	14558	8365
新疆维吾尔自治区	153247	94741	40	229299	78381	24698

二、地方财政预算收支情况

2－1－3 单位:万元

地区	一、税收收入						
	城镇土地使用税	土地增值税	车船税	耕地占用税	契税	烟叶税	其他税收收入
地方合计	**3854863**	**4030975**	**681635**	**1850376**	**12062460**	**478020**	**2245**
北京市	146499	243401	81650	13045	802950		
天津市	54990	56015	12639	12689	317237		
河北省	172635	77585	27665	41515	236519	628	18
山西省	57295	11311	3081	17933	55753	874	
内蒙古自治区	154449	72772	13097	37356	97385	2099	12
辽宁省	494187	182388	30246	59680	647395	4614	
其中:大连市	90805	69950	6777	13341	181270		
吉林省	60113	31126	9778	32771	157483	3485	178
黑龙江省	70432	19137	13483	14806	137785	9461	100
上海市	107061	473977	25038	20276	1158789		
江苏省	558464	513894	34360	147576	1594174		4
浙江省	189053	340815	36620	152882	1081197	646	14
其中:宁波市	45638	44835	5849	21638	187134		12
安徽省	73173	89167	19689	64702	313501	3132	
福建省	88823	197014	19167	65264	406880	27499	
其中:厦门市	18731	42028	3491	6093	120356		
江西省	44021	101421	8767	50805	261647	7585	
山东省	659581	325263	75274	413826	924584	12319	105
其中:青岛市	111807	59852	8189	81184	312939	236	105
河南省	182303	149975	17043	171054	350698	28947	3
湖北省	99165	73483	19144	38516	270874	16180	18
湖南省	41246	36338	13605	98497	307154	33696	
广东省	183858	483461	114966	115810	1523815	9012	14
其中:深圳市	360	69664	7081		291001		
广西壮族自治区	39211	105211	8734	39951	184189	6703	139
海南省	11299	47421	2673	8647	54973		5
重庆市	84565	73648	11749	44941	290834	10194	210
四川省	93494	180897	20157	84706	482939	28600	608
贵州省	33336	30121	5847	27885	63436	62403	44
云南省	39302	37275	21561	31693	106035	201804	239
西藏自治区		832		88			
陕西省	48633	41270	17193	33775	86178	6863	261
甘肃省	27473	7786	3838	5490	30957	1056	
青海省	2431	1454	909	2008	8211		
宁夏回族自治区	18306	4826	2411	699	26087	61	50
新疆维吾尔自治区	19465	21691	11251	1490	82801	159	223

2－1－4

单位:万元

地区	二、非税收入						
	小计	专项收入	行政事业性收费收入	罚没收入	国有资本经营收入	国有资源(资产)有偿使用收入	其他收入
地方合计	**43205022**	**10881574**	**15436908**	**8120095**	**4707412**	**2525248**	**1533785**
北京市	569672	374795	304527	213263	－400610	64504	13193
天津市	1020746	134613	722168	78833	13608	28750	42774
河北省	1708235	479234	507118	425015	195900	63419	37549
山西省	1673868	960966	370527	252054	2254	52793	35274
内蒙古自治区	1444558	624687	307863	185318	234394	36721	55575
辽宁省	2670263	508452	965376	329050	577905	256328	33152
其中:大连市	468265	67805	181856	37231	135924	35501	9948
吉林省	833030	171692	306079	167612	115496	50715	21436
黑龙江省	1055028	337144	243007	169420	233495	26831	45131
上海市	989996	405937	344476	247156	－82950	61136	14241
江苏省	3429576	768617	1190164	717628	654972	80901	17294
浙江省	1141433	632037	293740	638367	－507465	79899	4855
其中:宁波市	132462	112370	43818	88504	－121281	8488	563
安徽省	1418174	238569	678399	224079	108067	138346	30714
福建省	1054341	213206	368661	275598	101259	66782	28835
其中:厦门市	194313	46626	50075	30349	49738	14772	2753
江西省	1079937	165149	426512	268902	98825	50032	70517
山东省	3670464	729652	1444439	619683	542262	227407	107021
其中:青岛市	442975	72585	176445	46777	71872	63862	11434
河南省	2370648	548857	837913	479368	316818	103971	83721
湖北省	1563793	237615	628123	306158	222706	74473	94718
湖南省	1958908	292169	769610	367708	74264	213271	241886
广东省	3703283	738799	1365060	747273	368883	287319	195949
其中:深圳市	354528	127697	103573	66777	5833	35176	15472
广西壮族自治区	1361456	163642	404737	229299	372212	141731	49835
海南省	203000	48649	62424	27066	39504	22473	2884
重庆市	1482408	182646	812049	99143	304209	55264	29097
四川省	2219077	364914	1013607	298394	315981	141938	84243
贵州省	732863	248499	184804	129042	64214	38912	67392
云南省	1080785	360549	279138	251475	101937	50679	37007
西藏自治区	84745	10618	12471	10581	4944	13141	32990
陕西省	1197351	357529	182275	160416	453100	31660	12371
甘肃省	488575	122819	165394	61663	99697	14340	24662
青海省	134228	69465	30419	13754	4066	7938	8586
宁夏回族自治区	212441	105466	48954	26320	15825	11113	4763
新疆维吾尔自治区	652140	284588	166874	100457	61640	32461	6120

二、地方财政预算收支情况

2007年各省、自治区、直辖市财政收入明细表

2-2-1

单位:万元

地区	总计	税收收入				
		合计	增值税			
			小计	国有企业增值税	集体企业增值税	股份制企业增值税
地方合计	**235726181**	**192521159**	**38676217**	**4653517**	**1126121**	**14868717**
北京市	14926380	14356708	1348424	176019	38882	536257
天津市	5404390	4383644	948117	77330	35682	228028
河北省	7891198	6182963	1680787	197550	45129	703554
山西省	5978870	4305002	1461136	228749	110947	823656
内蒙古自治区	4923615	3479057	788928	73486	7078	484610
辽宁省	10826948	8156685	1491115	152947	67317	648193
其中:大连市	2679757	2211492	314137	16448	7131	76475
吉林省	3206892	2373862	529222	71589	9190	255995
黑龙江省	4404689	3349661	1059445	99384	19711	810060
上海市	20744792	19754796	3134205	223605	61900	678062
江苏省	22377276	18947700	4138088	388649	212424	880439
浙江省	16494981	15353548	3062238	291419	89872	914569
其中:宁波市	3291218	3158756	720632	61725	15566	170532
安徽省	5436973	4018799	823766	119177	25511	402399
福建省	6994577	5940236	1070785	138883	22968	223069
其中:厦门市	1865262	1670949	294899	28445	1205	47675
江西省	3898510	2818573	530534	87537	27128	262903
山东省	16753980	13083516	2907862	365885	70684	1234058
其中:青岛市	2928037	2485062	404539	53090	6529	92860
河南省	8620804	6250156	1299605	227439	50675	728199
湖北省	5903552	4339759	936384	209970	12936	436545
湖南省	6065508	4106600	863642	212243	28217	304662
广东省	27858007	24154724	4795115	222056	54756	1156569
其中:深圳市	6580555	6226027	1112545	51048	6699	119672
广西壮族自治区	4188265	2826809	588429	90884	14412	236979
海南省	1082935	879935	131349	15111	1020	59279
重庆市	4427000	2944592	486387	92987	12030	182520
四川省	8508606	6289529	1031014	161168	27763	567530
贵州省	2851375	2118512	459414	128930	7686	236133
云南省	4867146	3786361	857223	138109	23755	486323
西藏自治区	201412	116667	20874	5093	664	11102
陕西省	4752398	3555047	895537	232431	28965	439123
甘肃省	1909107	1420532	403624	103909	12713	245455
青海省	567083	432855	124811	16764	1385	103503
宁夏回族自治区	800312	587871	141997	25899	1342	82448
新疆维吾尔自治区	2858600	2206460	666160	78315	3379	506495

2-2-2

单位:万元

地区	税收收入					
	增值税					
	联营企业增值税	港澳台和外商投资企业增值税	私营企业增值税	其他增值税	增值税税款滞纳金、罚款收入	福利企业增值税退税
地方合计	**77513**	**7857864**	**5906152**	**1481019**	**90684**	**-752914**
北京市	2348	535841	126408	30500	1605	-13303
天津市	2077	308863	122595	9330	1314	-28869
河北省	1107	271459	362595	65365	4668	-28468
山西省	3572	77365	167094	38233	6467	-18127
内蒙古自治区	402	58425	136456	36675	1729	-20635
辽宁省	1075	232735	213664	63593	3142	-34577
其中:大连市	102	73621	56746	8757	993	-7138
吉林省	306	119632	58429	14219	1190	-10482
黑龙江省	513	51694	63557	29107	2023	-9559
上海市	8128	1167570	636421	10160	1770	-34818
江苏省	6268	1182116	914833	138270	11308	-150084
浙江省	2144	527160	736929	154243	11661	-71433
其中:宁波市	356	154118	173756	39394	2067	-11715
安徽省	364	106411	121471	19794	1438	-18800
福建省	3893	301978	146441	40229	2322	-8331
其中:厦门市	719	88495	16497	5465	322	-488
江西省	236	88684	61881	25966	981	-41250
山东省	2532	488215	399075	56570	7758	-40361
其中:青岛市	532	94793	48886	8326	864	-3554
河南省	1882	158492	59239	77507	3896	-39546
湖北省	1395	181925	56311	22357	1658	-10016
湖南省	188	65441	216313	60763	2927	-44779
广东省	31659	1435657	598922	292073	9459	-2803
其中:深圳市	29062	265317	228208	36561	2381	-104
广西壮族自治区	93	91862	103747	41182	1611	-8448
海南省	1535	41645	1297	7026	245	-90
重庆市	1098	109002	78936	18666	733	-12249
四川省	832	107591	143921	34634	2502	-23522
贵州省	1021	12969	65868	19368	1788	-12027
云南省	283	39631	200018	28453	1114	-56866
西藏自治区	19	1192	678	1964	158	
陕西省	1815	51573	21015	107896	2201	-3770
甘肃省	178	12374	19876	11334	750	-1378
青海省	37	11157	4560	2992	250	-1281
宁夏回族自治区	122	7997	18309	4355	725	-3634
新疆维吾尔自治区	391	11208	49293	18195	1291	-3408

2-2-3

单位:万元

地区	税收收入						
	增值税						
	软件集成电路增值税退税	“三线”搬迁增值税退税	民贸企业增值税退税	宣传文化单位增值税退税	森工综合利用增值税退税	其他增值税退税	免抵调增增值税
地方合计	**-232374**	**-55865**	**-170**	**-40302**	**-55595**	**-285199**	**4037049**
北京市	-76664	-34		-19193	-1101	-67591	78450
天津市	-506			-307	-25	-1196	193801
河北省	-1704	-1393	-2	-782	-2064	-4150	67923
山西省	-437	-418		-634	-103	-8727	33499
内蒙古自治区	-17		-19	-320	-873	-7792	19723
辽宁省	-3819	-270	-5	-927	-628	-5035	153710
其中:大连市	-1532	-17		-318		-1556	84425
吉林省	-723			-267	-2203	-1412	13759
黑龙江省	-1584			-256	-1439	-16864	13098
上海市	-14413	-38		-946		-2996	399800
江苏省	-40807	-27		-1312	-3389	-17437	616837
浙江省	-18521	-98		-788	-1746	-26048	452875
其中:宁波市	-768	-68		-13		-1818	117500
安徽省	-1950	-270		-1026	-2442	-2985	54674
福建省	-3012	-71		-517	-3656	-3913	210502
其中:厦门市	-35			-30		-396	107025
江西省	-190	-477		-828	-2945	-4217	25125
山东省	-4137	-52		-1763	-4491	-17962	351851
其中:青岛市	-1074			-291	-98	-1975	105651
河南省	-1762	-3250		-867	-1326	-7633	46660
湖北省	-1862	-3686		-1047	-3282	-3717	36897
湖南省	-2784	-4453		-1266	-10836	-2961	39967
广东省	-51504	-53		-979	-3735	-28119	1081157
其中:深圳市	-43344				-98	-21657	438800
广西壮族自治区	-160	-12	-7	-1197	-4746	-2290	24519
海南省	-6	-2	-11	-317	-213	-212	5042
重庆市	-676	-9866		-338	-227	-1477	15248
四川省	-3041	-11263		-906	-505	-13439	37749
贵州省	-107	-2917	-6	-309	-297	-2660	3974
云南省	-410	-3760	-21	-393	-1572	-7441	10000
西藏自治区							4
陕西省	-1362	-5180		-782	-957	-2898	25467
甘肃省	-182	-7182		-357	-180	-5112	11426
青海省		-38	-4	-68	-614	-15251	1419
宁夏回族自治区	-11	-924		-46		-1174	6589
新疆维吾尔自治区	-23	-131	-95	-1564		-2490	5304

2－2－4

单位:万元

地　　区	税收收入				
	营业税				
	小　计	金融保险业营业税(地方)	一般营业税	营业税税款滞纳金、罚款收入	营业税退税
地　方　合　计	**63795064**	**9464588**	**54223785**	**107067**	**－376**
北京市	6010580	849612	5151721	9247	
天津市	1463822	218315	1243496	2011	
河北省	1783476	275590	1505352	2534	
山西省	950788	162297	787365	1126	
内蒙古自治区	1152259	128267	1018138	5863	－9
辽宁省	2520123	352993	2164431	2860	－161
其中:大连市	829071	118747	709346	978	
吉林省	758638	130007	627465	1166	
黑龙江省	858457	133842	723237	1378	
上海市	7146039	1115172	6024300	6567	
江苏省	5740225	824764	4904689	10772	
浙江省	4950505	907777	4035575	7153	
其中:宁波市	919845	160872	758295	678	
安徽省	1366197	181065	1183952	1180	
福建省	2087305	287300	1795415	4590	
其中:厦门市	659131	60461	597527	1143	
江西省	973988	127351	845671	966	
山东省	3397121	623127	2761570	12424	
其中:青岛市	757862	118612	638027	1223	
河南省	1842366	293663	1544776	3927	
湖北省	1395925	200871	1193770	1368	－84
湖南省	1486380	189827	1295165	1388	
广东省	8323188	1242722	7060914	19570	－18
其中:深圳市	2331429	494590	1833702	3137	
广西壮族自治区	1031216	142134	887831	1251	
海南省	387380	33493	353650	237	
重庆市	1171243	151628	1018643	972	
四川省	2456712	311201	2143056	2455	
贵州省	682742	89746	591854	1143	－1
云南省	1124655	116399	1006771	1502	－17
西藏自治区	64421	5135	59160	126	
陕西省	1175461	170298	1004320	843	
甘肃省	434006	61011	372806	215	－26
青海省	147086	18155	128680	311	－60
宁夏回族自治区	230485	33261	196169	1055	
新疆维吾尔自治区	682275	87565	593843	867	

二、地方财政预算收支情况

2－2－5

单位:万元

地区	税收收入				
	企业所得税				
	小　计	国有冶金工业所得税	国有有色金属工业所得税	国有煤炭工业所得税	国有电力工业所得税
地方合计	**31365053**	**57113**	**50007**	**131415**	**349768**
北京市	3113296	31	67	12370	49260
天津市	767056	71			11353
河北省	921078	8668	1164	5746	44038
山西省	843466	2801		44813	19658
内蒙古自治区	419186			2610	1757
辽宁省	1080575	16644	2118	454	344
其中:大连市	298536	37			33
吉林省	294126	36	14	26	579
黑龙江省	308702	6		312	2600
上海市	4259424	463			34954
江苏省	3162171	3181	942	－36	39566
浙江省	2745550	237			34001
其中:宁波市	609537				
安徽省	559040	50		208	465
福建省	925849	1927	273	2959	17861
其中:厦门市	241239	12			247
江西省	379803	2566	3491	2385	8232
山东省	1985020	5563	757	35444	11597
其中:青岛市	381528	1250			－80
河南省	1030612	428	1180	22412	22373
湖北省	652415	2157		7	14101
湖南省	433601	6427	3317	292	3265
广东省	4286939	383	26	4	434
其中:深圳市	1238350	345	26	4	431
广西壮族自治区	300304	880	774	160	2625
海南省	82455	11	846		1
重庆市	258432	76	69	141	4452
四川省	807684	1322	490	27	1602
贵州省	298814	15	194	168	6626
云南省	557110	163	1795	84	3129
西藏自治区	12529	2			573
陕西省	466198	2	27199	276	4629
甘肃省	179740	2902	5159	185	2592
青海省	47526				798
宁夏回族自治区	45767		1	270	4174
新疆维吾尔自治区	140585	101	131	98	2129

2－2－6

单位:万元

地区	税收收入					
	企业所得税					
	国有石油和化学工业所得税	国有机械工业所得税	国有汽车工业所得税	国有核工业所得税	国有航空工业所得税	国有航天工业所得税
地方合计	**144689**	**14852**	**2569**	**1371**	**6950**	**3453**
北京市	78999	464	15	1347	841	1272
天津市	148	76				
河北省	1667	115	66		514	4
山西省	503	－2		7		186
内蒙古自治区						36
辽宁省	2398	143			1876	80
其中:大连市	1218	117				
吉林省	6938		267			
黑龙江省	1419	1541			25	3
上海市	7289		406	4	65	245
江苏省	8422	530	－4		533	7
浙江省	3749	551				
其中:宁波市	648					
安徽省	91	319			16	
福建省	1414	556			3	
其中:厦门市	52	390			3	
江西省	13		7		14	
山东省	8913	1177	14		27	
其中:青岛市	693	661	14		2	
河南省	4613	1611		－16	214	8
湖北省	14	573	963		1465	875
湖南省	1708	41	70			
广东省	191	173	76	25	23	10
其中:深圳市	17	2	76	24	23	10
广西壮族自治区	107	469	216			
海南省	1	9	469			
重庆市	1571	275				2
四川省	477	2717		3	851	407
贵州省	244	48	4		229	
云南省	2335	2				2
西藏自治区						
陕西省	8941	3353		1	254	316
甘肃省	524	10				
青海省						
宁夏回族自治区	168					
新疆维吾尔自治区	1832	101				

二、地方财政预算收支情况

2－2－7

单位:万元

地区	税收收入					
	企业所得税					
	国有电子工业所得税	国有兵器工业所得税	国有船舶工业所得税	国有建筑材料工业所得税	国有烟草企业所得税	国有纺织企业所得税
地方合计	**3329**	**2027**	**5801**	**5038**	**1469263**	**606**
北京市	182	1348	135	85	13388	18
天津市					－21	6
河北省	16			3	33312	31
山西省	10	5			15885	24
内蒙古自治区					25135	
辽宁省	18		766		30710	
其中:大连市	18		766		9830	
吉林省				2	15640	
黑龙江省				5	21353	
上海市	6	1	136	1497	123160	－30
江苏省	286	175	1	172	165268	6
浙江省	8	34	12	638	159913	1
其中:宁波市					39045	
安徽省	89		43	7	55766	19
福建省	1481	3	132	1489	76974	130
其中:厦门市	2	3		437	7975	1
江西省	900			78	33994	15
山东省	10			87	26881	379
其中:青岛市	10			8	5365	378
河南省	13		40	561	74686	
湖北省		8	3384	39	47762	26
湖南省				9	145278	
广东省	238		37	31	63160	2
其中:深圳市	237		23	31	8859	2
广西壮族自治区	40			45	25949	－21
海南省				196	2878	
重庆市		56	311	16	25324	
四川省	8			66	60770	
贵州省	10			8	43006	
云南省		325	36		121535	
西藏自治区						
陕西省	14	72	768	1	30717	
甘肃省					15483	
青海省					490	
宁夏回族自治区					3741	
新疆维吾尔自治区				3	11126	

2－2－8

单位:万元

地　　区	税收收入					
	企业所得税					
	国有铁道企业所得税	国有交通企业所得税	国有民航企业所得税	国有外贸企业所得税	国有银行所得税	国有非银行金融企业所得税
地方合计	**20022**	**110392**	**11742**	**74169**	**22300**	**67126**
北京市	4504	47252	4339	64602		3404
天津市			341		16	23
河北省	90	1		2186		1032
山西省	466	7021				48
内蒙古自治区	2273		1	7		385
辽宁省	1883	47	331	146	18246	1694
其中:大连市	10	47	331	146	28	1478
吉林省	357	37	99		225	228
黑龙江省	418	177		17		984
上海市	10	18547	946	532		1422
江苏省	100	1587		176	37	3771
浙江省	130	1065	21	322		19409
其中:宁波市		40		11		4959
安徽省	235	14994		90		79
福建省	65	3824	57	304		2774
其中:厦门市	27	1443	17			
江西省	350	7455		15		264
山东省	1898	2895	1978	1895	635	64
其中:青岛市	126	1077	1906	1038		
河南省	1020	1022		265		7492
湖北省	1057	745	1731	8	2461	10750
湖南省	226	259	2	16	560	
广东省	638	1118	302	2131		9338
其中:深圳市	73	877	82	291		6882
广西壮族自治区	297	479	19	186		408
海南省	3	326				11
重庆市	107	213		43	17	580
四川省	1669	85	610	1	21	1054
贵州省	630	253	637	21		
云南省	130	11	254	1205	82	3
西藏自治区						
陕西省	516	873	74	1		1910
甘肃省	312	27				
青海省	41	1				
宁夏回族自治区	22	2				
新疆维吾尔自治区	575	76				－1

二、地方财政预算收支情况

2－2－9

单位:万元

地区	税收收入					
	企业所得税					
	国有保险企业所得税	国有文教企业所得税	国有水产企业所得税	国有森林工业企业所得税	国有电信企业所得税	国有农垦企业所得税
地方合计	**18553**	**43338**	**45**	**126**	**226087**	**7103**
北京市	17814	26374		1	7757	
天津市	3	112			159	
河北省		453			67220	
山西省	11	704			555	
内蒙古自治区					2775	
辽宁省	29	375			682	
其中:大连市	9	341			2	
吉林省	1	61		9	3055	
黑龙江省		722			4232	7
上海市		2418			8578	
江苏省	419	253	1		11121	1
浙江省	－57	570	18		11389	
其中:宁波市		10			1346	
安徽省	2	－335			4945	
福建省		1095	5	41	7692	
其中:厦门市		168			717	
江西省		－1154			4147	
山东省	102	5236			472	
其中:青岛市	102	852			9	
河南省	7	2047			585	2
湖北省	28	381			6424	
湖南省		920		3	6209	
广东省	113	819	14		32495	
其中:深圳市	1	519	14		10071	
广西壮族自治区		65		6	3977	36
海南省					1184	17
重庆市		80	2		3291	
四川省	25	1654		5	7577	
贵州省	1	－173	5		4454	
云南省	4	193		61	6580	
西藏自治区					815	
陕西省		436			5191	1
甘肃省	2	47			4579	
青海省	2				1165	
宁夏回族自治区		2			1520	
新疆维吾尔自治区	47	－17			5262	7039

2-2-10

单位:万元

地区	税收收入					
	企业所得税					
	其他国有企业所得税	集体企业所得税	股份制企业所得税	联营企业所得税	港澳台和外商投资企业所得税	私营企业所得税
地方合计	**1709221**	**934608**	**14406035**	**119102**	**7217751**	**3374541**
北京市	178997	42838	1441232	1764	936908	116351
天津市	47167	21332	322590	4459	256970	96602
河北省	44830	35426	433838	297	119515	81365
山西省	53361	71689	549488	4583	43325	19258
内蒙古自治区	26960	3622	287003	183	26199	35302
辽宁省	40488	34433	570106	1042	205326	127868
其中:大连市	9400	5463	125098	92	78319	57846
吉林省	9227	3973	150691	145	74086	24687
黑龙江省	17759	8565	193899	27	42507	9381
上海市	97987	47131	1721376	10806	1240408	859046
江苏省	111233	74356	1171440	4752	863330	613948
浙江省	131510	166868	1325733	5296	437982	412148
其中:宁波市	31476	25760	256039	1409	85856	147207
安徽省	31890	8258	293336	565	88004	46070
福建省	48215	37063	284978	6787	264406	142376
其中:厦门市	11246	2218	97731	4681	95058	5386
江西省	23733	11357	185523	102	68598	22086
山东省	143857	77135	994164	1191	420911	186447
其中:青岛市	31390	12569	187856	325	67558	36266
河南省	52871	30723	567221	238	153057	47901
湖北省	67706	9520	310476	406	108264	37463
湖南省	28252	5029	111877	73	82089	30489
广东省	359612	180042	1704669	71865	1397067	336882
其中:深圳市	56928	22000	547547	63134	371221	99144
广西壮族自治区	15962	8867	140456	51	75388	13816
海南省	5444	484	39506	12	10169	128
重庆市	10254	3966	130426	387	42947	28531
四川省	47546	16433	486861	533	109267	29275
贵州省	19076	8009	182910	346	19673	5031
云南省	37619	7372	293383	165	44902	23196
西藏自治区	3338	1623	4991	11	628	23
陕西省	29503	8520	279972	1309	48207	10035
甘肃省	10435	6832	103917	853	13397	3919
青海省	3112	219	33880	800	1528	1074
宁夏回族自治区	1822	351	20858	16	7467	1660
新疆维吾尔自治区	9455	2572	69235	38	15226	12183

二、地方财政预算收支情况

2-2-11

单位:万元

地　　区	税收收入					
	企业所得税		企业所得税退税			
	其他企业所得税	企业所得税税款滞纳金、罚款收入	小　计	国有冶金工业所得税退税	国有有色金属工业所得税退税	国有煤炭工业所得税退税
地方合计	**653297**	**101244**	**-42166**	**-4624**	**-21**	**-1232**
北京市	54242	5095	-19859		-21	
天津市	4475	1174	-2927	-2927		
河北省	35766	3715				
山西省	4710	4357				
内蒙古自治区	3916	1022	-1175			-1175
辽宁省	18296	4032				
其中:大连市	6725	1182				
吉林省	2515	1228				
黑龙江省	1768	975	-134			
上海市	78230	3791	-3099			
江苏省	72725	13872				
浙江省	21461	12541	-3728			
其中:宁波市	13912	1819	-3651			
安徽省	11937	1897	-525			
福建省	18261	2704				
其中:厦门市	12720	705				
江西省	4311	1321	-1697	-1697		
山东省	42711	12580	-4802			
其中:青岛市	29633	2520				
河南省	34708	3330	-1384			
湖北省	21635	1986	-21			
湖南省	5860	1330	-478			
广东省	108742	16279				
其中:深圳市	43938	5518				
广西壮族自治区	7919	1128				
海南省	20457	303	-2			
重庆市	4458	837	-124			-57
四川省	34593	1735	-362			
贵州省	6407	982	-405			
云南省	12111	433	-6			
西藏自治区	376	149				
陕西省	2239	868	-494			
甘肃省	8209	356	-633			
青海省	4246	170	-47			
宁夏回族自治区	3411	282	-218			
新疆维吾尔自治区	2602	772	-46			

2－2－12

单位:万元

地 区	税收收入					
	企业所得税退税					
	国有电力工业所得税退税	国有石油和化学工业所得税退税	国有机械工业所得税退税	国有汽车工业所得税退税	国有核工业所得税退税	国有航空工业所得税退税
地方合计		**－1387**	**－279**			**－144**
北京市		－1387				
天津市						
河北省						
山西省						
内蒙古自治区						
辽宁省						
其中:大连市						
吉林省						
黑龙江省						
上海市						
江苏省						
浙江省			－77			
其中:宁波市						
安徽省						
福建省						
其中:厦门市						
江西省						
山东省						
其中:青岛市						
河南省			－70			
湖北省						
湖南省						
广东省						
其中:深圳市						
广西壮族自治区						
海南省						
重庆市						
四川省						
贵州省						
云南省						
西藏自治区						
陕西省			－132			－144
甘肃省						
青海省						
宁夏回族自治区						
新疆维吾尔自治区						

2－2－13

单位:万元

地　　区	税收收入					
	企业所得税退税					
	国有航天工业所得税退税	国有电子工业所得税退税	国有兵器工业所得税退税	国有船舶工业所得税退税	国有建筑材料工业所得税退税	国有烟草企业所得税退税
地　方　合　计		**－273**				
北京市		－61				
天津市						
河北省						
山西省						
内蒙古自治区						
辽宁省						
其中:大连市						
吉林省						
黑龙江省						
上海市						
江苏省						
浙江省						
其中:宁波市						
安徽省						
福建省						
其中:厦门市						
江西省						
山东省						
其中:青岛市						
河南省						
湖北省						
湖南省						
广东省						
其中:深圳市						
广西壮族自治区						
海南省						
重庆市						
四川省						
贵州省						
云南省						
西藏自治区						
陕西省		－212				
甘肃省						
青海省						
宁夏回族自治区						
新疆维吾尔自治区						

2－2－14

单位:万元

地　　区	税收收入					
	企业所得税退税					
	国有纺织企业所得税退税	国有铁道企业所得税退税	国有交通企业所得税退税	国有民航企业所得税退税	国有外贸企业所得税退税	国有银行所得税退税
地方合计						
北京市						
天津市						
河北省						
山西省						
内蒙古自治区						
辽宁省						
其中:大连市						
吉林省						
黑龙江省						
上海市						
江苏省						
浙江省						
其中:宁波市						
安徽省						
福建省						
其中:厦门市						
江西省						
山东省						
其中:青岛市						
河南省						
湖北省						
湖南省						
广东省						
其中:深圳市						
广西壮族自治区						
海南省						
重庆市						
四川省						
贵州省						
云南省						
西藏自治区						
陕西省						
甘肃省						
青海省						
宁夏回族自治区						
新疆维吾尔自治区						

2－2－15

单位:万元

地　　区	税收收入					
	企业所得税退税					
	国有非银行金融企业所得税退税	国有保险企业所得税退税	国有文教企业所得税退税	国有水产企业所得税退税	国有森林工业企业所得税退税	国有电信企业所得税退税
地方合计			**－367**			
北京市						
天津市						
河北省						
山西省						
内蒙古自治区						
辽宁省						
其中:大连市						
吉林省						
黑龙江省						
上海市						
江苏省						
浙江省						
其中:宁波市						
安徽省						
福建省						
其中:厦门市						
江西省						
山东省						
其中:青岛市						
河南省						
湖北省						
湖南省			－3			
广东省						
其中:深圳市						
广西壮族自治区						
海南省						
重庆市						
四川省						
贵州省			－21			
云南省						
西藏自治区						
陕西省						
甘肃省			－343			
青海省						
宁夏回族自治区						
新疆维吾尔自治区						

2-2-16

单位:万元

地区	税收收入					
	企业所得税退税					
	其他国有企业所得税退税	集体企业所得税退税	股份制企业所得税退税	联营企业所得税退税	私营企业所得税退税	其他企业所得税退税
地方合计	**-366**	**-123**	**-13382**	**-4**	**-5**	**-19959**
北京市	-264	-93	-1563			-16470
天津市						
河北省						
山西省						
内蒙古自治区						
辽宁省						
其中:大连市						
吉林省						
黑龙江省			-134			
上海市	-1					-3098
江苏省						
浙江省			-3651			
其中:宁波市			-3651			
安徽省	-16		-509			
福建省						
其中:厦门市						
江西省						
山东省			-4802			
其中:青岛市						
河南省			-1314			
湖北省			-21			
湖南省		-1	-472		-2	
广东省						
其中:深圳市						
广西壮族自治区						
海南省			-2			
重庆市	-67					
四川省			-362			
贵州省	-2	-7		-4	-1	-370
云南省			-5		-1	
西藏自治区						
陕西省	-6					
甘肃省	-8	-22	-239		-1	-20
青海省			-47			
宁夏回族自治区			-218			
新疆维吾尔自治区	-2		-43			-1

二、地方财政预算收支情况

2-2-17

单位:万元

地区	税收收入					
	个人所得税		资源税	固定资产投资方向调节税	城市维护建设税	房产税
	小计	其中:利息所得税				
地方合计	**12737821**	**2077450**	**2611457**	**9539**	**11486986**	**5754590**
北京市	1351997	119056	3146	3	566323	517527
天津市	293615	38369	5765	98	233306	146712
河北省	366141	108243	240888	67	402442	140653
山西省	207426	62344	258857	109	298619	85946
内蒙古自治区	175951	25823	166767	686	235883	107348
辽宁省	457779	106897	242627	5056	515751	298550
其中:大连市	134411	24059	18495		108978	101540
吉林省	151219	41336	34794	39	187390	94082
黑龙江省	203395	59407	153694		342113	126832
上海市	1694351	129835			655318	428292
江苏省	1109503	175529	43206		1089427	542621
浙江省	1024993	128433	61092	9	983666	494883
其中:宁波市	241527	22183	5397		215002	93232
安徽省	182886	52242	74296		303710	96943
福建省	414223	51969	43128	150	289389	212451
其中:厦门市	102686	7595	133		80954	69626
江西省	148271	38969	53694	13	170098	57824
山东省	568145	137429	289858	2191	924642	443522
其中:青岛市	118242	20467	4447	2155	127231	84412
河南省	302578	96978	213059		428733	156560
湖北省	246788	64371	45550	92	356182	127562
湖南省	250040	60157	28286		353798	111268
广东省	2000756	253068	59392		942307	796429
其中:深圳市	672560	38656			65035	157763
广西壮族自治区	192112	32839	31740	534	185412	86254
海南省	51239	9245	7705		46902	37223
重庆市	160401	37086	42711		198644	71509
四川省	381490	87390	78320		399326	166581
贵州省	147230	18025	43195	6	188938	57750
云南省	191915	33118	63030	446	416000	96449
西藏自治区	5807	1326	5012		5843	
陕西省	176297	48710	145312		321814	92239
甘肃省	71513	22131	41972		134391	57447
青海省	21406	5090	27063		34507	10194
宁夏回族自治区	35107	7237	12557		46813	14558
新疆维吾尔自治区	153247	24798	94741	40	229299	78381

2－2－18

单位:万元

地区	税收收入					
	印花税				城镇土地使用税	土地增值税
	小计	证券交易印花税	其他印花税	印花税税款滞纳金、罚款收入		
地方合计	**3166024**	**601595**	**2545418**	**19011**	**3854863**	**4030975**
北京市	177726		176978	748	146499	243401
天津市	74510		74113	397	54990	56015
河北省	90866	2	89745	1119	172635	77585
山西省	52408		51809	599	57295	11311
内蒙古自治区	56054		55842	212	154449	72772
辽宁省	126599		126223	376	494187	182388
其中:大连市	44181		44046	135	90805	69950
吉林省	29418		29354	64	60113	31126
黑龙江省	31953		31806	147	70432	19137
上海市	655125	399298	255185	642	107061	473977
江苏省	273987		271969	2018	558464	513894
浙江省	233113		231742	1371	189053	340815
其中:宁波市	52129		51990	139	45638	44835
安徽省	49122		48913	209	73173	89167
福建省	92309		91518	791	88823	197014
其中:厦门市	31582		31407	175	18731	42028
江西省	31799		31445	354	44021	101421
山东省	159005		155463	3542	659581	325263
其中:青岛市	30334		30046	288	111807	59852
河南省	78004		76975	1029	182303	149975
湖北省	61502		61269	233	99165	73483
湖南省	49527		48927	600	41246	36338
广东省	519662	202294	315462	1906	183858	483461
其中:深圳市	280239	202294	77737	208	360	69664
广西壮族自治区	26670		26538	132	39211	105211
海南省	10666		10617	49	11299	47421
重庆市	39248		39112	136	84565	73648
四川省	77363		76869	494	93494	180897
贵州省	17756		17651	105	33336	30121
云南省	41630		41424	206	39302	37275
西藏自治区	1261		1235	26		832
陕西省	48510		47470	1040	48633	41270
甘肃省	21872	1	21665	206	27473	7786
青海省	5296		5193	103	2431	1454
宁夏回族自治区	8365		8302	63	18306	4826
新疆维吾尔自治区	24698		24604	94	19465	21691

二、地方财政预算收支情况

2－2－19

单位:万元

地　　区	税收收入				
	车船税	耕地占用税	契　税	烟叶税	其他税收收入
地　方　合　计	**681635**	**1850376**	**12062460**	**478020**	**2245**
北京市	81650	13045	802950		
天津市	12639	12689	317237		
河北省	27665	41515	236519	628	18
山西省	3081	17933	55753	874	
内蒙古自治区	13097	37356	97385	2099	12
辽宁省	30246	59680	647395	4614	
其中:大连市	6777	13341	181270		
吉林省	9778	32771	157483	3485	178
黑龙江省	13483	14806	137785	9461	100
上海市	25038	20276	1158789		
江苏省	34360	147576	1594174		4
浙江省	36620	152882	1081197	646	14
其中:宁波市	5849	21638	187134		12
安徽省	19689	64702	313501	3132	
福建省	19167	65264	406880	27499	
其中:厦门市	3491	6093	120356		
江西省	8767	50805	261647	7585	
山东省	75274	413826	924584	12319	105
其中:青岛市	8189	81184	312939	236	105
河南省	17043	171054	350698	28947	3
湖北省	19144	38516	270874	16180	18
湖南省	13605	98497	307154	33696	
广东省	114966	115810	1523815	9012	14
其中:深圳市	7081		291001		
广西壮族自治区	8734	39951	184189	6703	139
海南省	2673	8647	54973		5
重庆市	11749	44941	290834	10194	210
四川省	20157	84706	482939	28600	608
贵州省	5847	27885	63436	62403	44
云南省	21561	31693	106035	201804	239
西藏自治区		88			
陕西省	17193	33775	86178	6863	261
甘肃省	3838	5490	30957	1056	
青海省	909	2008	8211		
宁夏回族自治区	2411	699	26087	61	50
新疆维吾尔自治区	11251	1490	82801	159	223

2－2－20　　　　单位:万元

地　　区	非税收入					
	合　计	专项收入				
		小　计	排污费收入	水资源费收入	教育费附加收入	矿产资源补偿费收入
地方合计	**43205022**	**10881574**	**1613798**	**555228**	**5529001**	**473832**
北京市	569672	374795	7797	95234	260553	2195
天津市	1020746	134613	22122	296	101542	3654
河北省	1708235	479234	96196	56484	221134	19163
山西省	1673868	960966	250861	25698	179862	36291
内蒙古自治区	1444558	624687	45993	7290	124131	33318
辽宁省	2670263	508452	86744	25814	234638	30594
其中:大连市	468265	67805	13758	1562	46285	94
吉林省	833030	171692	25197	12962	83137	4591
黑龙江省	1055028	337144	28312	11109	163431	67751
上海市	989996	405937	29878	7960	343291	282
江苏省	3429576	768617	154671	35647	501459	6156
浙江省	1141433	632037	98052	4474	458733	3576
其中:宁波市	132462	112370	13144		99034	192
安徽省	1418174	238569	39592	7508	138712	10935
福建省	1054341	213206	38356	5018	133522	3086
其中:厦门市	194313	46626	6886	80	35790	86
江西省	1079937	165149	31579	5071	88012	7992
山东省	3670464	729652	131288	53847	410712	78764
其中:青岛市	442975	72585	7428	5813	55028	33
河南省	2370648	548857	71059	26951	207371	18605
湖北省	1563793	237615	35521	17207	140522	2374
湖南省	1958908	292169	44312	6236	168852	1674
广东省	3703283	738799	93963	26771	521168	4564
其中:深圳市	354528	127697	8375		118919	403
广西壮族自治区	1361456	163642	26651	4902	93518	4394
海南省	203000	48649	3606	621	22240	2570
重庆市	1482408	182646	37431	8785	91021	6134
四川省	2219077	364914	48021	28588	193653	7160
贵州省	732863	248499	39935	9355	92048	7383
云南省	1080785	360549	26212	27109	207785	6287
西藏自治区	84745	10618	851	13	4311	25
陕西省	1197351	357529	36671	24717	137561	11274
甘肃省	488575	122819	20362	4147	65990	6355
青海省	134228	69465	2969	5043	17417	4402
宁夏回族自治区	212441	105466	17367	4626	20763	633
新疆维吾尔自治区	652140	284588	22229	5745	101912	81650

二、地方财政预算收支情况

2-2-21

单位:万元

地区	非税收入					
	专项收入					
	探矿权、采矿权使用费及价款收入	内河航道养护费收入	公路运输管理费收入	水路运输管理费收入	场外核应急准备收入	其他专项收入
地方合计	**1893042**	**170440**	**522366**	**66515**		**57352**
北京市	3445		5571			
天津市	245					6754
河北省	49268		36424	516		49
山西省	424581		43673			
内蒙古自治区	394307		19648			
辽宁省	110475	153	18653	1218		163
其中:大连市	1507		4116	483		
吉林省	27765		18034	3		3
黑龙江省	43274	35	23184	48		
上海市		5019	14826	4681		
江苏省	8366	45060	16676	396		186
浙江省	8597	28090	5789	24726		
其中:宁波市						
安徽省	5606	12541	8884	14791		
福建省	12420	69	18567	2168		
其中:厦门市	945		2285	554		
江西省	8419	12462	10327	1287		
山东省	28042	1757	23347	1895		
其中:青岛市			3840	443		
河南省	197557	29	24185	1052		2048
湖北省	6067	8803	26888			233
湖南省	27022	6395	32789	1736		3153
广东省	11090	34668	40968	4418		1189
其中:深圳市						
广西壮族自治区	11991	8480	9705	3242		759
海南省	19003			609		
重庆市	11230	5902	18706	3297		140
四川省	49995	934	36090	390		83
贵州省	91245		8150	9		374
云南省	29914	37	21000	13		42192
西藏自治区			5418			
陕西省	140850		6456			
甘肃省	15576	6	10364	19		
青海省	38435		1172	1		26
宁夏回族自治区	55485		6592			
新疆维吾尔自治区	62772		10280			

2－2－22

单位:万元

地　　区	非税收入					
	行政事业性收费收入					
	小　计	公安行政事业性收费收入	法院行政事业性收费收入	司法行政事业性收费收入	外交行政事业性收费收入	工商行政事业性收费收入
地　方　合　计	**15436908**	**2172349**	**1024293**	**51201**	**10623**	**1911832**
北京市	304527	49086	64620	94	74	13287
天津市	722168	32439	33756		82	4687
河北省	507118	134310	28426	1106	242	98439
山西省	370527	64161	20115	555	80	30723
内蒙古自治区	307863	48740	23533	615	5	46836
辽宁省	965376	77815	57279	5986	495	134024
其中:大连市	181856	10708	11345	41	174	15495
吉林省	306079	38697	22144	2996	766	49419
黑龙江省	243007	34229	21290	1595	332	69349
上海市	344476	52368	60265		2439	39630
江苏省	1190164	231362	109924	3770	781	126260
浙江省	293740	96245	42393	274	1579	62182
其中:宁波市	43818	14116	4490	255	53	10235
安徽省	678399	100958	24066	876	511	52882
福建省	368661	42678	21976	2926	89	39009
其中:厦门市	50075	7787	1980	2	46	7318
江西省	426512	94223	22730	1852		70061
山东省	1444439	175445	91720	7686	126	186242
其中:青岛市	176445	21246	17312	167	10	30396
河南省	837913	113833	48467	1582	88	58019
湖北省	628123	93537	28639	2594	29	74606
湖南省	769610	55963	28486	1709	142	94276
广东省	1365060	199952	97735	5881	1741	342653
其中:深圳市	103573	6796	12163	9	691	16299
广西壮族自治区	404737	79491	22181	962	42	55782
海南省	62424	8712	6007	29	70	16896
重庆市	812049	25900	24420	197	247	35082
四川省	1013607	102487	44701	3102	188	52549
贵州省	184804	35624	11239	798	33	21859
云南省	279138	66364	14334	518	85	33964
西藏自治区	12471	708	372		45	3515
陕西省	182275	47202	15803	1392	35	33154
甘肃省	165394	24490	10848	564	30	25595
青海省	30419	2943	2195	96	5	3615
宁夏回族自治区	48954	9926	6720	334	44	4807
新疆维吾尔自治区	166874	32461	17909	1112	198	32430

二、地方财政预算收支情况

2－2－23

单位:万元

地　　区	非税收入					
	行政事业性收费收入					
	商贸行政事业性收费收入	财政行政事业性收费收入	税务行政事业性收费收入	审计行政事业性收费收入	人口和计划生育行政事业性收费收入	人事部门行政事业性收费收入
地方合计	**22240**	**138723**	**131370**	**1606**	**975941**	**125880**
北京市		4573	10616	112	10909	15785
天津市		3176		37	3839	1554
河北省	6	2087	540		36496	5001
山西省	16076	2219	9	191	15210	4800
内蒙古自治区	8	1432		6	1944	756
辽宁省	307	10944	10385	69	3467	5704
其中:大连市	40	715	1700		594	1335
吉林省	52	1819	281	3	5711	4470
黑龙江省	63	1857	3165		2568	5317
上海市		1454	3084		3271	5711
江苏省		7689	3866	4	63808	6891
浙江省	57	4796	24	9	13259	333
其中:宁波市	40	3014	24		839	20
安徽省	89	10474	2327	304	46636	3135
福建省	19	2451	4861	3	55630	2855
其中:厦门市		403	1650		2108	440
江西省	77	7024	580		69715	1823
山东省	691	8129	13634	44	52148	9267
其中:青岛市		706	2226		1059	2231
河南省	145	6090	11378	119	144553	8821
湖北省	241	8310	2489	63	8436	2770
湖南省	357	5236	1410	37	35145	2340
广东省	931	22459	20883	91	71504	10499
其中:深圳市		42	1336		85	649
广西壮族自治区	2998	301	9530	8	98583	1834
海南省	3	699	556		1391	719
重庆市	3	2591	1393	7	120817	2354
四川省	91	12552	14352	294	76209	10017
贵州省		1143	1232		16217	1175
云南省	1	2652	8213	22	5940	3027
西藏自治区		320			1	
陕西省	4	2363	2153	171	1150	3421
甘肃省	2	1893	574	9	10375	2571
青海省		237	35	2	93	319
宁夏回族自治区	1	532	615		288	1198
新疆维吾尔自治区	18	1221	3185	1	628	1413

2－2－24

单位:万元

地　　区	非税收入					
	行政事业性收费收入					
	外专局行政事业性收费收入	保密行政事业性收费收入	质量监督检验检疫行政事业性收费收入	出版行政事业性收费收入	安全生产行政事业性收费收入	档案行政事业性收费收入
地方合计	**11**		**552301**	**632**	**43404**	**3266**
北京市			18366		90	185
天津市			8166			
河北省			30091		99	28
山西省			6947	72	26923	7
内蒙古自治区	1		9527			48
辽宁省			52651	63	5993	354
其中:大连市			11402		342	307
吉林省			19930	161	1100	114
黑龙江省			13636	23	154	100
上海市			13344	4		112
江苏省			107332	100	157	919
浙江省			10685	71	102	5
其中:宁波市			12	34	100	
安徽省			21935	2	190	120
福建省			8581		2	63
其中:厦门市			2696		2	4
江西省			13228		146	15
山东省			42567	38	1059	236
其中:青岛市			1136			3
河南省			20157	14	340	56
湖北省			28029	1	250	269
湖南省			6078	3	115	78
广东省			44502		369	24
其中:深圳市			1119		212	
广西壮族自治区			3		12	4
海南省			2208			16
重庆市			11905		561	122
四川省			17228	34	2348	230
贵州省			3739		350	4
云南省	10		8843		2214	36
西藏自治区			389			
陕西省			10150		803	114
甘肃省			7428		3	6
青海省			989	4	22	
宁夏回族自治区			2456	41		
新疆维吾尔自治区			11211	1	2	1

2-2-25

单位:万元

地区	非税收入					
	行政事业性收费收入					
	贸促会行政事业性收费收入	宗教行政事业性收费收入	人防办行政事业性收费收入	文化行政事业性收费收入	教育行政事业性收费收入	科技行政事业性收费收入
地方合计	**3159**	**13**	**771790**	**10620**	**272438**	**3981**
北京市			17794	56	103	
天津市			13037	24	56	
河北省	22	8	18695	53	1858	
山西省			5826	21	92	
内蒙古自治区			15953	33	6674	6
辽宁省	95		66541	1642	18404	23
其中:大连市	89		18966	839	4612	
吉林省			8888	325	16136	
黑龙江省			17176	39	2498	75
上海市			25165		944	
江苏省	665		149085	52	7333	308
浙江省	926		7084	3	988	
其中:宁波市	926		504	1	50	
安徽省	135		11499	308	18525	3261
福建省			25200	17	153	3
其中:厦门市			5526		49	3
江西省			27718	336	5206	
山东省	500		71110	42	8406	
其中:青岛市			8641		533	
河南省			36458	862	60379	3
湖北省	1		21453	1796	25422	233
湖南省	90		32924	500	12421	39
广东省	723		47718	243	63109	4
其中:深圳市	693		185		20016	
广西壮族自治区			27733	52	5892	
海南省				299	1539	
重庆市			46274	33	7651	
四川省			37815	61	1081	8
贵州省			6739	510	1957	
云南省	2		10308	3146	4463	
西藏自治区				46		
陕西省			6317	19	263	
甘肃省		5	2958	14	278	
青海省			1324	76	62	
宁夏回族自治区			3722	1	227	
新疆维吾尔自治区			9276	11	318	18

2－2－26

单位:万元

地区	非税收入				
	行政事业性收费收入				
	体育行政事业性收费收入	发展与改革(物价)行政事业性收费收入	统计行政事业性收费收入	国土资源行政事业性收费收入	建设行政事业性收费收入
地方合计	**475**	**29475**	**983**	**1839302**	**2319284**
北京市				64641	391
天津市		1	3	49051	266496
河北省	2	228	265	55129	23606
山西省	2	7132	39	39077	53548
内蒙古自治区	8	54	2	21619	60087
辽宁省	2	11840	202	97017	182424
其中:大连市		520	57	6598	29530
吉林省		332	4	41485	37272
黑龙江省		47	2	15361	19482
上海市			7	22705	45987
江苏省	50	355	10	63497	143592
浙江省	66	220	45	22627	5850
其中:宁波市	66	2	10	2919	395
安徽省	108	455	27	61834	76698
福建省		156	7	86538	39416
其中:厦门市		130	2	4705	10962
江西省		109	9	22804	34621
山东省	27	75	21	149175	116123
其中:青岛市	16		3	17048	8384
河南省	11	556	7	181622	28838
湖北省	31	1134	59	67399	24503
湖南省	129	398	34	100257	213109
广东省	17	475	36	133170	97318
其中:深圳市					1300
广西壮族自治区		217		21604	31106
海南省		24	11	5165	9017
重庆市		755	16	109829	378604
四川省	11	4378	99	203370	345032
贵州省		161	5	46229	17247
云南省	5	15	22	63934	21678
西藏自治区				1035	365
陕西省	6	122	4	8485	20388
甘肃省		137		57903	6072
青海省		43	3	5503	3217
宁夏回族自治区		15		7246	4068
新疆维吾尔自治区		41	44	13991	13129

2－2－27

单位:万元

地区	非税收入					
	行政事业性收费收入					
	知识产权行政事业性收费收入	环保行政事业性收费收入	旅游行政事业性收费收入	海洋行政事业性收费收入	测绘行政事业性收费收入	烟草行政事业性收费收入
地方合计	**135**	**149653**	**3930**	**3625**	**14727**	**125**
北京市	47	1303	359		235	
天津市		361		61		
河北省		5464			282	
山西省		12900	116		104	
内蒙古自治区	2	2385			225	
辽宁省		4052	229	1455	97	
其中:大连市		179		1412		
吉林省		2976	167	5	2562	
黑龙江省		2131	727		61	
上海市		3466	5		1678	
江苏省		10296	7	7	5234	
浙江省		469	17	133	190	
其中:宁波市						
安徽省		3163	271		190	7
福建省		2159		140	1539	5
其中:厦门市		267			812	
江西省		2335	24		90	
山东省	54	16297	3	667	159	1
其中:青岛市		625		8		1
河南省		6293	674		140	7
湖北省		39767	57		20	23
湖南省	1	3034	49			
广东省	26	8360	38	121	519	
其中:深圳市		522				
广西壮族自治区		4982	231	19	206	
海南省		36	31	1017		
重庆市		1812	89			52
四川省	1	7118	233		5	
贵州省	2	952	9		220	15
云南省	1	1946	270		299	1
西藏自治区			9			
陕西省		2746	169			13
甘肃省		1096	12			1
青海省		157	1		269	
宁夏回族自治区		286			28	
新疆维吾尔自治区	1	1311	133		375	

2－2－28

单位:万元

地　　区	非税收入					
	行政事业性收费收入					
	民航行政事业性收费收入	交通行政事业性收费收入	信息产业行政事业性收费收入	农业行政事业性收费收入	林业行政事业性收费收入	水利行政事业性收费收入
地方合计		**211905**	**24889**	**167205**	**65803**	**446957**
北京市		2981	636	305	28	79
天津市		3826	432	1660	1253	27502
河北省		1974	1410	6898	1225	21430
山西省		7174	400	1792	1295	17843
内蒙古自治区		916	545	6961	2492	20752
辽宁省		18944	1186	15296	1460	55404
其中:大连市		3970	220	4138	88	7070
吉林省		5143	540	4627	4275	3640
黑龙江省		3497	908	7042	1676	7542
上海市		7672	413	1573	194	6233
江苏省		21582	1936	9829	4387	8421
浙江省		42	2075	1974	1261	2755
其中:宁波市				110	280	11
安徽省		85540	1323	7577	5023	17477
福建省		2219	1284	5201	2053	4322
其中:厦门市		5	339	452	87	22
江西省		2845	783	2680	3110	13076
山东省		3322	844	19614	7040	92794
其中:青岛市		1002	67	2432	385	36710
河南省		2780	884	6660	5734	6621
湖北省		1157	835	3678	2435	61759
湖南省		4998	274	4158	3787	6824
广东省		18921	1771	8553	4127	22634
其中:深圳市		4557		8	22	43
广西壮族自治区		280	721	6121	2412	5583
海南省		727	245	1583	977	239
重庆市		2398	409	7347	620	9589
四川省		5711	962	17398	3309	12120
贵州省		159	544	2664	1037	2410
云南省		1011	739	3943	2130	8950
西藏自治区		107	283	5	42	43
陕西省		3785	203	550	719	2271
甘肃省		20	718	1781	560	2717
青海省		615	116	560	261	2405
宁夏回族自治区		942	301	603	303	501
新疆维吾尔自治区		617	1169	8572	578	3021

二、地方财政预算收支情况

2－2－29

单位:万元

地区	非税收入					
	行政事业性收费收入					
	卫生行政事业性收费收入	食品药品监督行政事业性收费收入	民政行政事业性收费收入	劳动保障行政事业性收费收入	电力市场监管行政事业性收费收入	仲裁委行政事业性收费收入
地方合计	**263290**	**31509**	**23525**	**63369**	**1244**	**716**
北京市	11707	3636	272	10480		
天津市	354	2843	81	884		
河北省	10394	298	789	546		
山西省	8161	545	414	1343		
内蒙古自治区	6271	585	632	111	1	
辽宁省	17034	2997	1267	1735		382
其中:大连市	2477	475	785	567		304
吉林省	11779	1125	761	4579		3
黑龙江省	6570	432	711	1412		
上海市	9665	502	152	10897		
江苏省	14752	5957	1900	2317		
浙江省	3722	697	304	2018		
其中:宁波市	68	87	8	18		
安徽省	4928	883	3656	1401		127
福建省	3531	358	723	393		
其中:厦门市	622	49	166	383		
江西省	8193	159	429	649		45
山东省	24862	619	2252	902		
其中:青岛市	3259	3	205			
河南省	15553	679	1043	1047	220	1
湖北省	4764	706	1380	2163		
湖南省	10944	916	811	2785	75	
广东省	27393	1212	1669	13403	868	19
其中:深圳市	300		3	1499		
广西壮族自治区	6680	292	730	315		
海南省	2447	360	206	67		
重庆市	9031	257	399	271		
四川省	18189	3121	1009	1831		12
贵州省	4142	423	302	54		
云南省	4020	1000	460	441		
西藏自治区	1992		5	1	80	
陕西省	3283	401	137	357		
甘肃省	3674	74	258	108		
青海省	982	32	24	25		95
宁夏回族自治区	1251	63	52	189		32
新疆维吾尔自治区	7022	337	697	645		

2－2－30

单位:万元

地区	非税收入						
	行政事业性收费收入						罚没收入
	编办行政事业性收费收入	党校行政事业性收费收入	监察行政事业性收费收入	外文局行政事业性收费收入	国资委行政事业性收费收入	其他行政事业性收费收入	
地方合计	**34**		**201**	**104**		**1546770**	**8120095**
北京市						1677	213263
天津市						266507	78833
河北省						19671	425015
山西省			25			24590	252054
内蒙古自治区						28098	185318
辽宁省			38			100074	329050
其中:大连市						44762	37231
吉林省			4			11788	167612
黑龙江省			12			1928	169420
上海市						25536	247156
江苏省						75729	717628
浙江省						8260	638367
其中:宁波市						5131	88504
安徽省			5			109473	224079
福建省				4		12097	275598
其中:厦门市				1		1057	30349
江西省			9			19808	268902
山东省						340498	619683
其中:青岛市						20631	46777
河南省			6			67173	479368
湖北省				100		116985	306158
湖南省			7			139671	367708
广东省						93389	747273
其中:深圳市						35024	66777
广西壮族自治区			24			17806	229299
海南省						1128	27066
重庆市						11014	99143
四川省						14351	298394
贵州省			53			5557	129042
云南省			3			4128	251475
西藏自治区			3			3105	10581
陕西省			2			14120	160416
甘肃省	3		7			2610	61663
青海省						4094	13754
宁夏回族自治区						2162	26320
新疆维吾尔自治区	31		3			3743	100457

二、地方财政预算收支情况

2－2－31

单位:万元

地区	非税收入					
	一般罚没收入					
	小计	公安罚没收入	检察院罚没收入	法院罚没收入	工商罚没收入	新闻出版罚没收入
地方合计	**8094200**	**2946088**	**459632**	**275454**	**627776**	**2322**
北京市	213262	118764	163	5919	16311	110
天津市	78835	42005	771	1588	936	13
河北省	425015	114489	25541	11825	40735	79
山西省	252656	72821	7158	5108	8868	13
内蒙古自治区	185195	69037	6610	2676	16173	4
辽宁省	329007	106267	15813	20498	26406	37
其中:大连市	37216	9227	208	1613	4584	
吉林省	166853	52112	30839	9398	12340	15
黑龙江省	169030	61966	19053	7450	8993	81
上海市	247156	101924	2295	8290	37818	13
江苏省	717775	320934	35168	27370	51436	166
浙江省	638917	270082	11358	21961	53115	325
其中:宁波市	88583	35825	666	2856	10160	7
安徽省	223887	78034	20945	10537	16227	49
福建省	275554	127619	11720	15488	13023	25
其中:厦门市	30349	9182	2648	1356	1275	
江西省	268902	91997	33643	9792	11791	178
山东省	619470	185334	32463	17160	67895	43
其中:青岛市	46777	21003	1112	1519	4665	
河南省	478040	117034	36548	10104	28945	133
湖北省	306156	105595	28705	6724	24971	81
湖南省	365882	100541	35563	13662	33111	73
广东省	745119	339299	30025	18359	69117	678
其中:深圳市	66777	27157	374	394	1534	
广西壮族自治区	227947	77235	11411	7695	9565	28
海南省	26835	11355	544	146	1650	
重庆市	99090	16760	4810	2670	8107	56
四川省	297259	79751	18279	18539	23615	84
贵州省	127381	42348	10770	5466	4450	4
云南省	237631	89480	10707	8889	22093	14
西藏自治区	10581	1801	156	102		
陕西省	160131	53429	7859	2452	9973	5
甘肃省	61158	26922	3048	1118	1843	3
青海省	13759	4488	670	541	787	
宁夏回族自治区	26315	12715	1123	1887	985	4
新疆维吾尔自治区	99402	53950	5874	2040	6497	8

2-2-32

单位:万元

地区	非税收入					
	一般罚没收入					
	技术监督罚没收入	税务部门罚没收入	海关罚没收入	食品药品监督罚没收入	卫生罚没收入	检验检疫罚没收入
地方合计	**246137**	**71589**	**41089**	**82627**	**36668**	**7878**
北京市	1547	1736	1514	360	1218	169
天津市	1888	722	1292	297	213	476
河北省	24766	2421	5	4503	2426	456
山西省	4694	2071	30	1865	390	1
内蒙古自治区	2146	3519	87	1078	855	115
辽宁省	5968	2523	399	2619	1370	120
其中:大连市	441	418	236	166	297	1
吉林省	4636	667	52	3254	844	6
黑龙江省	4740	2154	79	4832	1951	129
上海市	6482	2785	3422	4352	1387	355
江苏省	24380	866	6006	9754	3478	2559
浙江省	12466	20956	4159	4270	4670	820
其中:宁波市	1474	441	2721	617	660	372
安徽省	5153	2245	261	3626	1621	16
福建省	4433	1581	1741	1518	822	159
其中:厦门市	196	413	1544	53	144	60
江西省	13437	928	345	4947	1348	50
山东省	20037	2430	2092	5388	1615	324
其中:青岛市	735	346	729	58	608	33
河南省	6488	1279	17	2928	2442	138
湖北省	11202	1931	536	4079	717	41
湖南省	17500	2174	235	7686	1782	76
广东省	16394	10022	17548	3465	1494	1708
其中:深圳市		1690	2700			300
广西壮族自治区	6772	1237	74	2310	615	8
海南省	464	348	61	121	60	3
重庆市	8929	938	54	870	398	9
四川省	10758	1403	30	2060	1328	9
贵州省	2271	406	5	849	483	15
云南省	13184	375	104	2516	1106	41
西藏自治区	170	292	8	17	11	1
陕西省	7207	1983	236	1405	1131	13
甘肃省	2724	566	111	380	162	5
青海省	191	7	3	65	225	2
宁夏回族自治区	408	160	39	283	63	11
新疆维吾尔自治区	4702	864	544	930	443	43

二、地方财政预算收支情况

2－2－33

单位:万元

地区	非税收入						
	一般罚没收入						
	证监会罚没收入	保监会罚没收入	交通罚没收入	铁道罚没收入	审计罚没收入	渔政罚没收入	其他一般罚没收入
地方合计	**4**		**622359**	**1264**	**194033**	**7264**	**2472016**
北京市			16600		7	7	48837
天津市			12585		3288	5	12756
河北省			58417		9662	418	129272
山西省			25414	6	8594		115623
内蒙古自治区			9283		14117	2	59493
辽宁省			21483		12543	680	112281
其中:大连市			2458		461	336	16770
吉林省	4		5664	1	5716	3	41302
黑龙江省			10703		9688	33	37178
上海市			21717	1000	320	97	54899
江苏省			63386		10239	542	161491
浙江省			41477		4114	1272	187872
其中:宁波市			4984		946	161	26693
安徽省			17795		9755	27	57596
福建省			18770		7234	368	71053
其中:厦门市			1466		5140		6872
江西省			9930	2	13337	2	77175
山东省			59079		7005	921	217684
其中:青岛市			5561		230	9	10169
河南省			36765		15809	3	219407
湖北省			8218		4864	17	108475
湖南省			13848	4	12049	11	127567
广东省			35617		2352	1771	197270
其中:深圳市			4280				28348
广西壮族自治区			31707		3334	274	75682
海南省			3418		53	734	7878
重庆市			20731		1891	21	32846
四川省			24573		10417	3	106410
贵州省			5582		3795	4	50933
云南省			19536	215	5075	22	64274
西藏自治区			323		2492		5208
陕西省			13601	36	9722	1	51078
甘肃省			4599		3143		16534
青海省			2332		1277	14	3157
宁夏回族自治区			3762		484		4391
新疆维吾尔自治区			5444		1657	12	16394

2－2－34

单位:万元

地区	非税收入						
	缉毒罚没收入	罚没收入退库	国有资本经营收入				
			小计	国有资本投资收益	国有企业计划亏损补贴	产权转让收入	国有资本经营收益退库
地方合计	**27994**	**－2099**	**4707412**	**2241114**	**－1573809**	**4040107**	
北京市	1		－400610	19255	－424150	4285	
天津市		－2	13608	36518	－25000	2090	
河北省			195900	67270	－6470	135100	
山西省	598	－1200	2254	13279	－30721	19696	
内蒙古自治区	123		234394	25992	－3398	211800	
辽宁省	43		577905	146395	－43565	475075	
其中:大连市	15		135924	43349	－16589	109164	
吉林省	759		115496	28978	－60331	146849	
黑龙江省	390		233495	38352	－13222	208365	
上海市			－82950		－82950		
江苏省	66	－213	654972	242033	－99838	512777	
浙江省		－550	－507465	4627	－513092	1000	
其中:宁波市		－79	－121281	2506	－123787		
安徽省	192		108067	53060	－28514	83521	
福建省	44		101259	87477	－3464	17246	
其中:厦门市			49738	49518		220	
江西省			98825	21753	－1852	78924	
山东省	213		542262	294544	－39241	286959	
其中:青岛市			71872	111	－10000	81761	
河南省	1328		316818	71808	－14367	259377	
湖北省	2		222706	46290	－19488	195904	
湖南省	1865	－39	74264	20751	－27707	81220	
广东省	2154		368883	175741	－9097	202239	
其中:深圳市			5833	2833		3000	
广西壮族自治区	1354	－2	372212	67873	－5913	310252	
海南省	231		39504	19059		20445	
重庆市	53		304209	156489	－53965	201685	
四川省	1135		315981	55076	－25230	286135	
贵州省	1663	－2	64214	7670	－3209	59753	
云南省	13929	－85	101937	58273	－17470	61134	
西藏自治区			4944	7736	－3129	337	
陕西省	285		453100	441404	－9449	21145	
甘肃省	505		99697	14805	－8937	93829	
青海省		－5	4066	45	－40	4061	
宁夏回族自治区	5		15825	563		15262	
新疆维吾尔自治区	1056	－1	61640	17998		43642	

二、地方财政预算收支情况

2－2－35

单位：万元

地　区	非税收入					
	国有资源（资产）有偿使用收入					
	小　计	海域使用金收入	场地和矿区使用费收入	专项储备物资销售收入	利息收入	非经营性国有资产出租收入
地方合计	**2525248**	**153193**	**27445**	**29**	**1055598**	**124345**
北京市	64504		11323		41838	32
天津市	28750	11166	930		16651	
河北省	63419	4952	1636		41520	4483
山西省	52793				50700	439
内蒙古自治区	36721		181		26251	3013
辽宁省	256328	20325	2619		50164	8661
其中：大连市	35501	9635	128		14341	829
吉林省	50715		593		22399	5356
黑龙江省	26831		14		19751	898
上海市	61136				60909	
江苏省	80901	3813	803		72551	41
浙江省	79899	6324	559		66277	15
其中：宁波市	8488				8488	
安徽省	138346				28865	5054
福建省	66782	24889	105		29467	408
其中：厦门市	14772	4205	93		6349	99
江西省	50032		2		24021	1874
山东省	227407	37927	4796		42671	618
其中：青岛市	63862	12196	492		9852	347
河南省	103971		111		27760	3683
湖北省	74473		154		45012	5829
湖南省	213271		4		27517	13397
广东省	287319	24676	3113		139982	44541
其中：深圳市	35176				35176	
广西壮族自治区	141731	9966	1	29	23212	3968
海南省	22473	9155	92		10063	86
重庆市	55264		104		25626	3694
四川省	141938				40692	11118
贵州省	38912				14419	793
云南省	50679				31636	3151
西藏自治区	13141				5265	97
陕西省	31660		305		25174	1552
甘肃省	14340				11941	381
青海省	7938				5966	26
宁夏回族自治区	11113				8543	1000
新疆维吾尔自治区	32461				18755	137

2－2－36

单位:万元

地　　区	非税收入					
	国有资源(资产)有偿使用收入		其他收入			
	出租车经营权有偿出让和转让收入	其他国有资源(资产)有偿使用收入	小　计	捐赠收入	基本建设收入	其他收入
地方合计	**47096**	**1117542**	**1533785**	**84792**	**13896**	**1435097**
北京市		11311	13193		1215	11978
天津市		3	42774		1583	41191
河北省		10828	37549	884		36665
山西省	171	1483	35274	2284		32990
内蒙古自治区	103	7173	55575	4823		50752
辽宁省	1765	172794	33152	4029		29123
其中:大连市		10568	9948			9948
吉林省	5695	16672	21436	2917	135	18384
黑龙江省	3250	2918	45131	1470		43661
上海市		227	14241			14241
江苏省	597	3096	17294			17294
浙江省		6724	4855		20	4835
其中:宁波市			563			563
安徽省	100	104327	30714	1150		29564
福建省	438	11475	28835	211		28624
其中:厦门市		4026	2753			2753
江西省	2274	21861	70517	1305		69212
山东省		141395	107021	8528	2196	96297
其中:青岛市		40975	11434		2194	9240
河南省	1205	71212	83721	13861		69860
湖北省	2547	20931	94718	1366		93352
湖南省	12203	160150	241886	3024		238862
广东省		75007	195949	9388	2076	184485
其中:深圳市			15472			15472
广西壮族自治区	1800	102755	49835	3306	91	46438
海南省	11	3066	2884	508		2376
重庆市	156	25684	29097	4309	3445	21343
四川省	4339	85789	84243	6008	1388	76847
贵州省	4289	19411	67392	2101	301	64990
云南省		15892	37007	9040	553	27414
西藏自治区	160	7619	32990	123		32867
陕西省	1365	3264	12371	1784		10587
甘肃省	794	1224	24662	894		23768
青海省		1946	8586	307	91	8188
宁夏回族自治区		1570	4763	389		4374
新疆维吾尔自治区	3834	9735	6120	783	802	4535

二、地方财政预算收支情况

2007年各省、自治区、直辖市财政支出分类情况表

2－3－1　　单位:万元

地　区	合　计	一、一般公共服　务	二、外　交	三、国　防	四、公共安全	五、教　育	六、科学技术	七、文化体育与传媒
地　方　合　计	**383392909**	**63540730**	**14957**	**725878**	**28783267**	**67270585**	**8584403**	**7714251**
北京市	16495023	1795578		24756	1337950	2630041	907420	536194
天津市	6743262	723190		10148	538765	1100248	223384	159616
河北省	15066482	2694348		26426	1089217	2833938	174050	207547
山西省	10499228	2100764		18051	706119	1812182	157971	268075
内蒙古自治区	10823054	1940317	120	13560	608509	1535674	92228	277115
辽宁省	17642805	2711576		58909	1267721	2521317	386889	247967
其中:大连市	3445728	638051		21993	176858	398115	118943	49164
吉林省	8837597	1416557		13421	610183	1444160	110870	223293
黑龙江省	11872711	1679521	420	25354	799519	1997524	174743	203474
上海市	21816780	1826135		10120	1343324	2833335	1057666	434059
江苏省	25537217	4382727		41712	2107297	4928972	687266	481582
浙江省	18067928	3289148		42929	1737917	3838886	715442	493408
其中:宁波市	3710400	633679		8550	309701	590599	152430	118483
安徽省	12438342	1959490		23101	725247	2129665	159551	262580
福建省	9106446	1619087		32004	765591	1836550	212670	182941
其中:厦门市	1986559	343079		7027	135049	270357	64953	47649
江西省	9050582	1466833		17387	651465	1738076	87373	157990
山东省	22618495	4218172		36336	1562148	4533574	464073	441092
其中:青岛市	3211777	592630		4829	268921	576626	78716	77998
河南省	18706135	3557104		13169	1196850	3661231	252287	333802
湖北省	12773257	2212679		10513	1094211	2171988	187641	249202
湖南省	13570310	2565944	750	34655	963061	2285201	204932	201513
广东省	31595703	5233886	1389	64852	3407721	5758977	1192631	530343
其中:深圳市	7279677	961723	730	12175	660149	905646	500863	91236
广西壮族自治区	9859433	1933693	82	34323	824496	1893837	131873	214101
海南省	2451967	451484	720	7335	188237	403268	27904	45660
重庆市	7683886	1113710		16008	537942	1215466	110513	105811
四川省	17591304	3213725		39827	1250331	2928602	207763	285886
贵州省	7953990	1489521	200	17458	572217	1662714	99809	157071
云南省	11352175	1870110	4895	30449	846056	1905371	130596	198391
西藏自治区	2753682	609361	557	12319	177586	335699	19260	72304
陕西省	10539665	1907448		18327	641665	1845157	132972	217303
甘肃省	6753372	1111147	990	8109	380012	1239653	73129	152349
青海省	2821993	579441	8	3147	159854	348523	25239	69447
宁夏回族自治区	2418545	383921		3136	147180	473068	47857	70629
新疆维吾尔自治区	7951540	1484113	4826	18037	544876	1427688	128401	233506

2－3－2

单位:万元

地　　区	八、社会保障和就业	九、医疗卫生	十、环境保护	十一、城乡社区事务	十二、农林水事务	十三、交通运输	十四、工业商业金融等事务	十五、其他支出
地方合计	**51045296**	**19557472**	**8907005**	**32384917**	**30910061**	**11331270**	**28855741**	**23767076**
北京市	1792806	1189527	292728	1874300	1025106	330894	1029114	1728609
天津市	795714	330964	58013	1557246	267950	84864	530863	362297
河北省	2201343	781096	420129	993755	1119743	329879	1010153	1184858
山西省	1828223	520956	433796	625721	845355	281527	591516	308972
内蒙古自治区	1520235	438658	610133	1219317	1085176	484945	720189	276878
辽宁省	4029808	666000	280684	1717831	1218008	269157	1502164	764774
其中:大连市	606481	112807	43724	447788	177919	68411	365045	220429
吉林省	1543673	423106	240143	461155	800709	234909	1199439	115979
黑龙江省	2170582	575415	407099	691666	1060181	425630	1428148	233435
上海市	2742171	888313	198582	3667605	626016	162324	2896549	3130581
江苏省	2125341	1152882	453440	3112204	1936328	791508	1855000	1480958
浙江省	1079848	1122822	297530	1546345	1421494	450743	1326284	705132
其中:宁波市	253004	224949	42150	441354	245623	142597	375154	172127
安徽省	2064435	654132	249446	899646	1035161	495045	1283639	497204
福建省	905712	519887	87563	615597	614904	266274	605311	842355
其中:厦门市	144924	92202	12874	239065	58351	73744	175420	321865
江西省	1261449	580717	133386	515325	1035666	309884	712451	382580
山东省	2517774	996496	291676	2669508	1630130	270004	1968982	1018530
其中:青岛市	260711	90628	28897	517733	166542	43491	223637	280418
河南省	2812238	987788	429188	1112654	1525128	402964	1549053	872679
湖北省	2112158	661139	272070	562170	1275744	302094	832036	829612
湖南省	2209838	591970	291022	901604	1259175	487198	947924	625523
广东省	2834795	1407693	263879	2404053	1725289	571183	1295905	4903107
其中:深圳市	251242	254677	34260	518392	107102	67282	243548	2670652
广西壮族自治区	1106700	507547	135469	586447	898179	412666	717962	462058
海南省	358840	124560	51874	126756	229619	91013	139906	204791
重庆市	1389682	339705	382541	910845	559657	360848	510235	130923
四川省	2721240	988711	696576	1087799	1756535	730704	1263075	420530
贵州省	708014	487893	266733	274209	875347	488381	452071	402352
云南省	1704801	771123	310661	455513	1275982	616402	633187	598638
西藏自治区	173020	171623	47651	69174	403061	324333	109049	228685
陕西省	1590145	499056	455968	584991	1000870	487998	670282	487483
甘肃省	1068675	410319	320279	276638	847431	280512	397916	186213
青海省	511790	195046	189838	96861	292656	159886	123563	66694
宁夏回族自治区	254973	114174	123990	174252	279206	84780	163873	97506
新疆维吾尔自治区	909273	458154	214918	593730	984255	342721	389902	217140

二、地方财政预算收支情况

2007年各省、自治区、直辖市财政支出财政拨款数情况表

2－4－1　　　　单位:万元

地区	总计	一、一般公共服务				
		合计	人大事务			
			小计	行政运行	一般行政管理事务	机关服务
地方合计	**383392909**	**63540730**	**1604625**	**931555**	**216600**	**13953**
北京市	16495023	1795578	124782	11108	4872	364
天津市	6743262	723190	13945	10472	927	
河北省	15066482	2694348	63137	44279	4448	607
山西省	10499228	2100764	53476	31078	11386	404
内蒙古自治区	10823054	1940317	42563	29632	3244	741
辽宁省	17642805	2711576	57255	38007	8051	811
其中:大连市	3445728	638051	6795	3595	1824	
吉林省	8837597	1416557	30250	19575	5949	611
黑龙江省	11872711	1679521	39952	30867	6000	92
上海市	21816780	1826135	40422	16874	8733	366
江苏省	25537217	4382727	89872	61469	10622	511
浙江省	18067928	3289148	85711	48182	10935	344
其中:宁波市	3710400	633679	14089	8645	1304	12
安徽省	12438342	1959490	39761	26250	2662	940
福建省	9106446	1619087	41220	25017	6279	2
其中:厦门市	1986559	343079	6360	3386	936	2
江西省	9050582	1466833	36015	24458	3007	401
山东省	22618495	4218172	93465	64427	9806	567
其中:青岛市	3211777	592630	12233	8173	1209	
河南省	18706135	3557104	70709	42040	9383	854
湖北省	12773257	2212679	50094	33210	5484	171
湖南省	13570310	2565944	85484	42142	22300	543
广东省	31595703	5233886	87701	46320	14593	251
其中:深圳市	7279677	961723	9293	4075	1070	60
广西壮族自治区	9859433	1933693	48280	25363	10561	3185
海南省	2451967	451484	8676	5147	1345	1
重庆市	7683886	1113710	30685	16464	5069	132
四川省	17591304	3213725	83187	52394	15360	285
贵州省	7953990	1489521	43011	31949	4809	136
云南省	11352175	1870110	70941	34645	11568	203
西藏自治区	2753682	609361	22629	19785	792	
陕西省	10539665	1907448	53049	36831	4984	853
甘肃省	6753372	1111147	34344	24971	1469	200
青海省	2821993	579441	12872	10303	1125	106
宁夏回族自治区	2418545	383921	18242	6015	8613	24
新疆维吾尔自治区	7951540	1484113	32895	22281	2224	248

2－4－2

单位:万元

地区	一、一般公共服务						
	人大事务						
	人大会议	人大立法	人大监督	代表培训	代表工作	人大信访工作	事业运行
地方合计	**177508**	**8659**	**11165**	**9500**	**36770**	**1691**	**5753**
北京市	3453	816	228	644	1351	9	32
天津市	1030	100		46	310		
河北省	6473	878	1019	293	1071	45	129
山西省	7199	240	397	252	835	22	60
内蒙古自治区	5122	236	130	301	1062	31	59
辽宁省	6474	182	186	117	1537	36	267
其中:大连市	904	50		16	281		17
吉林省	2408	23	160	55	155		49
黑龙江省	1781	60	162	139	546	10	94
上海市	3875	750	250	197	905	34	710
江苏省	10859	140	526	689	2086	56	81
浙江省	15455	484	614	864	2834	34	175
其中:宁波市	2579	196	133	141	558		95
安徽省	6632	154	216	161	750	37	22
福建省	5524	421	108	93	1385	34	316
其中:厦门市	731	160	13	3	311		211
江西省	3924	79	144	130	938	16	15
山东省	11513	318	196	158	1811	47	78
其中:青岛市	906	150	20	29	325	5	6
河南省	9454	254	528	282	1899	121	157
湖北省	5804	423	966	323	1211	111	69
湖南省	11246	269	1133	262	1672	182	21
广东省	12220	641	1070	1044	5459	175	64
其中:深圳市	1646	151	216	384	398	47	
广西壮族自治区	4892	192	357	295	971	19	367
海南省	1121	12	408	47	218	19	96
重庆市	4333	121	311	387	819	107	2200
四川省	8912	235	828	524	2061	175	60
贵州省	2784	127	186	508	560	142	3
云南省	8632	546	176	809	2111	38	85
西藏自治区	655	50	72	5	174		18
陕西省	6006	542	364	428	769	136	40
甘肃省	2499	130	61	198	274	6	72
青海省	808	51	56	115	123		13
宁夏回族自治区	2016	90	196	24	168	31	2
新疆维吾尔自治区	4404	95	117	110	705	18	399

二、地方财政预算收支情况

2－4－3

单位:万元

地　　区	一、一般公共服务				
	人大事务	政协事务			
	其他人大事务支出	小　计	行政运行	一般行政管理事务	机关服务
地　方　合　计	**191471**	**1026531**	**650062**	**151182**	**9236**
北京市	101905	24641	8653	8247	364
天津市	1060	11970	8226	887	
河北省	3895	42201	31038	3500	207
山西省	1603	31308	20826	3273	262
内蒙古自治区	2005	32901	22320	2756	605
辽宁省	1587	38286	23258	5787	322
其中:大连市	108	5154	2417	1579	120
吉林省	1265	24321	13795	5637	1298
黑龙江省	201	26967	20892	4015	12
上海市	7728	22226	10842	4665	183
江苏省	2833	57167	39381	6242	773
浙江省	5790	56329	29326	9969	1239
其中:宁波市	426	9066	5333	1268	8
安徽省	1937	29269	18846	1762	102
福建省	2041	27395	16119	4133	18
其中:厦门市	607	4404	2005	601	
江西省	2903	26833	18161	4086	267
山东省	4544	65424	42625	7360	445
其中:青岛市	1410	8512	5309	1345	
河南省	5737	49376	30665	7619	426
湖北省	2322	39702	26480	6137	271
湖南省	5714	46618	28544	7479	650
广东省	5864	62384	33749	10598	185
其中:深圳市	1246	8350	4357	623	70
广西壮族自治区	2078	29256	17178	6328	159
海南省	262	4866	2827	1178	65
重庆市	742	17890	10406	3699	119
四川省	2353	62886	39511	13360	252
贵州省	1807	32942	22377	4280	73
云南省	12128	43365	23544	8557	58
西藏自治区	1078	15423	14502	37	
陕西省	2096	37194	25169	3654	198
甘肃省	4464	27120	21206	1954	629
青海省	172	9995	7997	1339	11
宁夏回族自治区	1063	7893	4517	1738	
新疆维吾尔自治区	2294	22383	17082	906	43

2－4－4

单位：万元

地区	一、一般公共服务				
	政协事务				
	政协会议	委员视察	参政议政	事业运行	其他政协事务支出
地方合计	**107311**	**20999**	**16203**	**3957**	**67581**
北京市	1872	810	1071	143	3481
天津市	778	240	57		1782
河北省	4172	636	388	93	2167
山西省	4520	521	165	237	1504
内蒙古自治区	3426	673	111	47	2963
辽宁省	4695	1008	1011	1231	974
其中：大连市	735	217	75	11	
吉林省	1889	124	99	73	1406
黑龙江省	1408	424	58	110	48
上海市	2503	238	851	456	2488
江苏省	6465	1004	686	58	2558
浙江省	9266	1853	1211	289	3176
其中：宁波市	1322	296	338	97	404
安徽省	4036	703	449	44	3327
福建省	3544	857	557	145	2022
其中：厦门市	777	77	240		704
江西省	2443	392	349	10	1125
山东省	7229	1077	436	103	6149
其中：青岛市	715	186	124	46	787
河南省	5359	1268	818	177	3044
湖北省	4059	747	1071	34	903
湖南省	5813	629	623	39	2841
广东省	6959	2483	2287	63	6060
其中：深圳市	916	263	738		1383
广西壮族自治区	2875	718	561	27	1410
海南省	415	195	63	3	120
重庆市	2001	526	738	18	383
四川省	5559	1453	745	45	1961
贵州省	1659	438	575	357	3183
云南省	4530	952	481	8	5235
西藏自治区	121	26	49		688
陕西省	3740	328	328	1	3776
甘肃省	1570	234	173	68	1286
青海省	496	96	10		46
宁夏回族自治区	1242	152	81	3	160
新疆维吾尔自治区	2667	194	101	75	1315

二、地方财政预算收支情况

2－4－5

单位:万元

地区	一、一般公共服务					
	政府办公厅(室)及相关机构事务					
	小计	行政运行	一般行政管理事务	机关服务	专项服务	专项业务活动
地方合计	**17673829**	**11623452**	**2497859**	**692800**	**70652**	**295735**
北京市	539132	315952	74943	23852		9998
天津市	219385	154317	12607	8793		3315
河北省	764340	566826	65394	36920	345	12695
山西省	476654	282737	40600	47764	29750	8752
内蒙古自治区	653717	399057	60833	35100	2890	4091
辽宁省	776937	517182	109801	51288	1306	15042
其中:大连市	174363	90000	31822	34436		2065
吉林省	469001	248681	98032	14641	2532	8897
黑龙江省	470311	355411	31862	18597	446	8404
上海市	502581	317491	91432	27179	2392	3512
江苏省	1382755	989329	117818	43467	1522	20908
浙江省	1027146	565946	232729	39447	2087	31273
其中:宁波市	216019	101637	64333	14770	1428	5189
安徽省	502953	342925	52692	10877	1061	5234
福建省	348642	212896	55946	13277	1488	11669
其中:厦门市	62363	21301	18213	4811	218	2876
江西省	392759	271425	59356	13476	565	2730
山东省	1270298	924625	144555	48679	2009	23121
其中:青岛市	181508	132662	18930	11047	459	1632
河南省	1070767	688614	162791	42916	9782	14378
湖北省	600013	449508	68176	10725	2565	14357
湖南省	709475	454662	137947	21160	3631	12511
广东省	1092945	595831	212317	61131	660	24313
其中:深圳市	90856	38449	10897	11379	141	5095
广西壮族自治区	523879	263255	118394	24131	628	5448
海南省	125995	54219	48371	4168	187	1078
重庆市	330512	229950	51905	8379	46	12574
四川省	874936	597110	158054	13000	692	6028
贵州省	448511	332999	41140	10337	971	12625
云南省	491491	319991	84586	4183	458	5979
西藏自治区	195850	176077	5696	3937	1429	967
陕西省	497455	363085	49288	13213	431	6945
甘肃省	282205	217652	13649	10713	274	1506
青海省	119026	87735	9407	8085	117	1550
宁夏回族自治区	82622	38082	28378	1415	54	828
新疆维吾尔自治区	431536	289882	59160	21950	334	5007

2－4－6

单位：万元

地　　区	一、一般公共服务					
	政府办公厅（室）及相关机构事务					
	政务公开审　　批	法制建设	信访事务	参事事务	事业运行	其他政府办公厅（室）及相关机构事务支出
地　方　合　计	**53044**	**25011**	**116421**	**11611**	**321031**	**1966213**
北京市	341	1088	3650	933	14516	93859
天津市	3049	160	713	648	8312	27471
河北省	2427	817	5215	68	16727	56906
山西省	2544	324	2245	374	16378	45186
内蒙古自治区	708	368	3500	159	13189	133822
辽宁省	1383	833	10459		35132	34511
其中：大连市	762	261	925		6152	7940
吉林省	1855	580	4449		12681	76653
黑龙江省	388	872	5696	447	13392	34796
上海市	566	55	1349		8720	49885
江苏省	4685	1906	10213	314	23620	168973
浙江省	7374	994	5707	690	30169	110730
其中：宁波市	1310	210	1397		10659	15086
安徽省	1188	787	3896	209	4638	79446
福建省	1980	328	1926	64	8759	40309
其中：厦门市	11		364		3151	11418
江西省	583	395	2311	356	3316	38246
山东省	3083	1272	3168	46	19017	100723
其中：青岛市	428	436	974		1385	13555
河南省	3621	1199	12235	260	16181	118790
湖北省	1200	993	3178	655	7372	41284
湖南省	2335	1498	6669	1933	2545	64584
广东省	4354	2706	5214	926	13755	171738
其中：深圳市	30	540	1825	20	2313	20167
广西壮族自治区	786	1349	1288	91	5460	103049
海南省	314	314	191		2543	14610
重庆市	1582	747	3025	36	1363	20905
四川省	3922	1274	6379	382	14155	73940
贵州省	721	594	1446	89	939	46650
云南省	91	661	1993	1911	2522	69116
西藏自治区		12	42	232	1010	6448
陕西省	571	862	5694	227	4264	52875
甘肃省	408	635	1449	306	731	34882
青海省	686	746	146	14	2155	8385
宁夏回族自治区	102	142	433	26	1890	11272
新疆维吾尔自治区	197	500	2542	215	15580	36169

二、地方财政预算收支情况

2－4－7

单位:万元

地区	一、一般公共服务					
	发展与改革事务					
	小计	行政运行	一般行政管理事务	机关服务	战略规划与实施	日常经济运行调节
地方合计	**1490779**	**756989**	**152783**	**8445**	**31732**	**9329**
北京市	48678	14179	5313	2159	1566	753
天津市	14568	8726	1034		5	
河北省	78908	38585	5907	163	3086	765
山西省	46720	22825	2912	277	515	169
内蒙古自治区	38908	19647	1993	598	1334	304
辽宁省	59971	35177	6390	428	171	1498
其中:大连市	9472	6819	888	21	53	9
吉林省	51614	20617	7863	212	124	5
黑龙江省	45460	31106	2702	367	111	
上海市	25940	10598	3871		75	59
江苏省	116053	70179	13800	31	1880	941
浙江省	96613	46924	11700	263	3280	100
其中:宁波市	20462	10792	2777	9	195	
安徽省	57916	27969	4244	375	2514	220
福建省	33148	12371	2382		1151	177
其中:厦门市	5568	2531	479		24	7
江西省	28626	13314	2389	156	42	30
山东省	98924	57300	7968	487	832	371
其中:青岛市	13047	7979	2157		2	14
河南省	75147	38808	6689	382	959	2049
湖北省	56554	29235	6247	368	418	517
湖南省	47005	23228	5557	140	294	76
广东省	78802	39522	8586	75	1218	137
其中:深圳市	7650	3820	1019		177	50
广西壮族自治区	34277	12668	3591	240	1268	39
海南省	6616	3141	1195		48	53
重庆市	25285	9277	4022	3	439	12
四川省	76610	37342	16892	285	3392	184
贵州省	39348	22311	2436	164	1177	133
云南省	55845	27958	6971	22	1545	225
西藏自治区	14751	12694	117	733	5	322
陕西省	44940	23316	1297	105	1537	150
甘肃省	32676	16916	465	86	1193	10
青海省	18758	7944	1107	38	197	
宁夏回族自治区	10745	4615	3326		214	
新疆维吾尔自治区	31373	18497	3817	288	1142	30

2－4－8

单位:万元

地　　区	一、一般公共服务				
	发展与改革事务				
	社会事业发展规划	经济体制改革研究	物价管理	事业运行	其他发展与改革事务支出
地 方 合 计	**30751**	**10770**	**184178**	**62890**	**242912**
北京市	937	918	1615	2949	18289
天津市	150	79	1587	850	2137
河北省	1940	137	13034	2439	12852
山西省	644	464	11905	968	6041
内蒙古自治区	1304	142	1732	540	11314
辽宁省	618	301	3013	5591	6784
其中:大连市	199	265	269	665	284
吉林省	191	435	4987	5126	12054
黑龙江省	113	139	7577	1590	1755
上海市	19	1053	4078	2885	3302
江苏省	564	246	14395	2582	11435
浙江省	781	2828	8406	6107	16224
其中:宁波市	140	2628	938	1721	1262
安徽省	538	243	7413	1021	13379
福建省	417	102	4847	4075	7626
其中:厦门市	64	20	773	1202	468
江西省	153	20	4417	2800	5305
山东省	816	461	9609	5978	15102
其中:青岛市	71	3	654	1111	1056
河南省	896	172	10626	3095	11471
湖北省	245	356	10816	1442	6910
湖南省	605	7	8898	146	8054
广东省	1221	526	14031	686	12800
其中:深圳市	509	240	874		961
广西壮族自治区	2361	127	5617	1722	6644
海南省	190	21	1312	199	457
重庆市	542	124	2784	679	7403
四川省	1129	607	10001	1922	4856
贵州省	2566	223	4706	2346	3286
云南省	2521	153	1954	1063	13433
西藏自治区		187	107		586
陕西省	2407	386	7148	2107	6487
甘肃省	959	153	4066	393	8435
青海省	4559	54	677	155	4027
宁夏回族自治区	3		848	627	1112
新疆维吾尔自治区	1362	106	1972	807	3352

二、地方财政预算收支情况

2－4－9

单位:万元

地区	一、一般公共服务						
	统计信息事务						
	小计	行政运行	一般行政管理事务	机关服务	信息事务	专项统计业务	统计管理
地方合计	**657674**	**304474**	**39296**	**2184**	**50049**	**56734**	**9058**
北京市	35271	11999	1729	363	4301	5973	1320
天津市	10813	5668	278		825	361	299
河北省	28187	16341	803	35	799	1620	227
山西省	23455	11028	476	21	1420	2093	230
内蒙古自治区	16974	9853	529	268	69	1105	59
辽宁省	27033	10996	1800	7	3303	2304	228
其中:大连市	5134	1671	999		1812	135	92
吉林省	14041	6306	2943		1787	164	188
黑龙江省	17188	10489	149		1414	1344	161
上海市	24011	6719	2101		5817	287	334
江苏省	39447	21451	1624	130	3043	2570	936
浙江省	43281	15882	2376	260	1024	5284	1031
其中:宁波市	7269	2802	300	21	245	990	42
安徽省	23583	9305	942	5	5089	1371	94
福建省	18536	6323	807	36	724	1678	512
其中:厦门市	2694	633	122	26	6	204	41
江西省	11821	6265	909	16	585	764	95
山东省	37050	19784	1962	104	1132	2130	348
其中:青岛市	5262	3176	545		74	124	39
河南省	35467	17998	1901	279	1536	2205	643
湖北省	22240	12465	3004	48	286	1811	32
湖南省	24489	11944	2891	22	1795	2029	201
广东省	54075	21419	3789	239	7543	4925	700
其中:深圳市	8768	3430	442	190	901	775	254
广西壮族自治区	16243	5893	1357	10	663	1773	73
海南省	5489	1815	355		214	1065	25
重庆市	10100	3824	656	50	55	3081	47
四川省	33793	14161	2409	176	1310	4440	337
贵州省	14015	7832	285		218	1474	197
云南省	20750	10196	1732		305	1722	364
西藏自治区	1544	1039				231	
陕西省	17629	9625	461	21	1208	1541	284
甘肃省	10444	6581	137	26	408	371	5
青海省	4833	3148	224		444	81	65
宁夏回族自治区	3920	2088	469		21	591	4
新疆维吾尔自治区	11952	6037	198	68	2711	346	19

2 - 4 - 10

单位:万元

地区	一、一般公共服务					
	统计信息事务				财政事务	
	专项普查活动	统计抽样调查	事业运行	其他统计信息事务支出	小计	行政运行
地方合计	**88391**	**36231**	**39832**	**31425**	**3647036**	**1692438**
北京市	4407	644	1235	3300	85133	22505
天津市	915	471	1553	443	36364	18795
河北省	4033	1236	2113	980	151710	84442
山西省	3228	1334	2393	1232	101240	47213
内蒙古自治区	1872	1423	685	1111	99817	44925
辽宁省	3860	325	3427	783	125110	55425
其中:大连市	139	31	210	45	13598	5725
吉林省	1252	290	457	654	92966	29809
黑龙江省	1906	493	1072	160	131539	67982
上海市	795	1493	3699	2766	59258	33088
江苏省	4641	2091	1663	1298	238531	111603
浙江省	5961	5356	4636	1471	218439	83125
其中:宁波市	1134	390	1240	105	32606	13622
安徽省	3188	958	1305	1326	106378	60954
福建省	2955	3235	1449	817	71649	26332
其中:厦门市	502	410	343	407	9643	2252
江西省	1606	501	528	552	109348	52860
山东省	4276	2372	3466	1476	187526	101467
其中:青岛市	499	295	252	258	27456	13492
河南省	4414	2235	2122	2134	208993	85299
湖北省	3046	750	86	712	198029	79957
湖南省	2927	1088	770	822	181414	91577
广东省	8711	2076	1121	3552	250916	110623
其中:深圳市	745	525	130	1376	16799	8125
广西壮族自治区	3182	1948	764	580	144179	46482
海南省	1381	230	192	212	37140	12172
重庆市	1638	360	153	236	66285	27135
四川省	6061	1298	896	2705	174508	82936
贵州省	2251	746	681	331	97347	58321
云南省	4353	1194	347	537	110691	58621
西藏自治区	80			194	22304	16201
陕西省	1888	1222	856	523	158850	84018
甘肃省	1953	166	546	251	62884	42961
青海省	461	218	178	14	21692	11491
宁夏回族自治区	336	260	43	108	18913	6891
新疆维吾尔自治区	814	218	1396	145	77883	37228

二、地方财政预算收支情况

2－4－11 单位:万元

地　　区	一、一般公共服务					
	财政事务					
	一般行政管理事务	机关服务	预算编制业务	财政国库业务	财政监察	信息化建设
地方合计	**469270**	**32201**	**19602**	**91124**	**13964**	**144948**
北京市	5154	3810	139	1680	20	16336
天津市	1658		81	898	120	561
河北省	16075	1433	468	1472	272	6633
山西省	14239	1155	445	2927	1075	4003
内蒙古自治区	13749	4421	132	2298	392	8392
辽宁省	13419	3059	665	1349	411	2657
其中:大连市	2040	246	75	70	23	706
吉林省	12391	1579	503	2066	878	3953
黑龙江省	18010	2306	145	9003	124	2358
上海市	4197	185	168	378		878
江苏省	24469	533	605	5204	1075	5017
浙江省	41150	1769	1341	1955	399	9242
其中:宁波市	9240	160	195	356	10	215
安徽省	12443	245	323	2715	219	1865
福建省	12096	467	664	1342	317	1202
其中:厦门市	787	224	30	234	25	245
江西省	8295	1108	199	1958	141	3215
山东省	21149	1359	840	3556	1056	2740
其中:青岛市	5185		320	252	28	669
河南省	27928	2173	796	2769	505	7716
湖北省	19005	1085	1367	5806	982	3185
湖南省	36361	297	836	6810	616	11429
广东省	41591	775	1204	6744	706	6454
其中:深圳市	2427	65	364	547	326	347
广西壮族自治区	20054	341	744	8792	730	11015
海南省	6384	915	527	1642	480	2007
重庆市	14271	386	488	1837	149	1322
四川省	25481	698	1456	5498	1030	9600
贵州省	8214	169	1352	2209	389	7180
云南省	19098	104	2352	3508	257	3031
西藏自治区	1012		82	5	15	722
陕西省	14186	550	382	1148	619	6434
甘肃省	2963	224	318	1107	358	1508
青海省	2413	483	113	604	117	738
宁夏回族自治区	3281		599	1964	108	535
新疆维吾尔自治区	8534	572	268	1880	404	3020

2007 年地方财政统计资料

2－4－12

单位:万元

地　　区	一、一般公共服务						
	财政事务			税收事务			
	财政委托业务支出	事业运行	其他财政事务支出	小　计	行政运行	一般行政管理事务	机关服务
地　方　合　计	**4568**	**335925**	**842996**	**6364738**	**2259205**	**1041527**	**22110**
北京市	13	5513	29963	218508	57492	12548	126
天津市		2456	11795	76372	29462	7102	
河北省	43	11764	29108	268292	146445	29831	6731
山西省	26	8995	21162	159248	58521	38510	1998
内蒙古自治区	104	5147	20257	179298	94185	17045	
辽宁省	619	26439	21067	281620	107409	40045	1549
其中:大连市		2774	1939	51408	16694	14489	
吉林省	437	12503	28847	101512	46017	13387	
黑龙江省		12458	19153	185508	99319	45442	59
上海市	228	9384	10752	306365	104714	7563	2072
江苏省		14463	75562	545971	209405	50650	2253
浙江省		19320	60138	360080	110352	97189	2273
其中:宁波市		5816	2992	70092	28654	19006	190
安徽省	2	8172	19440	208880	57347	41283	160
福建省	8	11707	17514	177685	37591	33770	4
其中:厦门市		3463	2383	30030	25	3408	
江西省	240	9830	31502	157205	72204	22866	319
山东省	484	16577	38298	368085	120888	81622	47
其中:青岛市		1431	6079	44725	10583	22828	
河南省	299	24334	57174	152698	68190	30283	170
湖北省	434	52239	33969	261134	115973	47250	335
湖南省	83	2335	31070	205938	74967	38227	57
广东省	537	7969	74313	822610	177171	207272	191
其中:深圳市		266	4332	80275	26406	68	
广西壮族自治区		19150	36871	166796	46677	18553	250
海南省		5945	7068	45496	20666	10580	191
重庆市	64	5344	15289	129925	37452	24958	1093
四川省	61	13043	34705	259522	79067	62583	546
贵州省	314	2864	16335	101492	58945	2204	
云南省		2281	21439	182836	51408	32509	
西藏自治区			4267	1151	252		
陕西省	46	15556	35911	182621	89338	14976	137
甘肃省		2745	10700	70675	9230	3230	226
青海省	507	644	4582	39604	11866	1875	
宁夏回族自治区		1551	3984	30313	6153	2837	
新疆维吾尔自治区	19	5197	20761	117298	60499	5337	1323

二、地方财政预算收支情况

2－4－13

单位:万元

地区	一、一般公共服务					
	税收事务					
	税务办案	税务登记证及发票管理	代扣代收代征税款手续费	税务宣传	协税护税	信息化建设
地方合计	**96313**	**125949**	**642151**	**37879**	**161302**	**142080**
北京市	1926	8700	53057	2716	4236	11647
天津市	6		25243		350	21
河北省	2271	1920	13951	2253	7261	5141
山西省	1019	180	12050	757	3120	5297
内蒙古自治区	1542	147	15797	103	2807	328
辽宁省	3169	9402	22270	371	3615	5869
其中:大连市	45	1329	7062	35	245	3288
吉林省	795	311	7565	1133	5275	3058
黑龙江省	561	2952	5415	37	7170	1498
上海市	9837	3569	38941	1633	2600	125
江苏省	2318	4251	63873	2481	20630	15673
浙江省	11343	3173	35307	3099	1949	5211
其中:宁波市	1174	2347	8775	515	370	1204
安徽省	614	2326	20855	2080	4959	4620
福建省	1622	4687	13941	883	15076	3898
其中:厦门市	526	1400	3907	5	2788	538
江西省	3320	1675	5774	2244	6044	629
山东省	5545	13959	33680	806	15619	15697
其中:青岛市		719	8970		341	86
河南省	4794	8300	12340	3597	5170	5768
湖北省	938	4416	11042	1315	4745	15476
湖南省	515	36	18214	343	4662	5953
广东省	23424	15494	76609	2508	5570	16164
其中:深圳市	39	2200	31400	20	119	
广西壮族自治区	5286	8050	15961	423	5806	3038
海南省	434	971	1608	245	629	1030
重庆市	2995	1792	10604	809	8860	1450
四川省	1775	15029	38067	833	4816	1487
贵州省	1176	971	13713	320	4374	588
云南省	5280	10772	21349	4562	7197	4834
西藏自治区				3	40	
陕西省	1519	2007	23544	721	4640	5297
甘肃省	1240	247	10748	357	786	1545
青海省	185	12	4590	20	127	63
宁夏回族自治区	3	600	8725	105	786	560
新疆维吾尔自治区	861		7318	1122	2383	115

2－4－14

单位:万元

地　　区	一、一般公共服务					
	税收事务		审计事务			
	事业运行	其他税收事务支出	小　计	行政运行	一般行政管理事务	机关服务
地　方　合　计	**41760**	**1794462**	**743800**	**448465**	**77578**	**3795**
北京市	192	65868	23482	11473	1616	303
天津市	73	14115	10598	8471	159	
河北省	1330	51158	28071	20447	1943	107
山西省		37796	22513	15127	1023	1
内蒙古自治区	872	46472	22146	14992	3189	340
辽宁省	1309	86612	27806	19657	2764	
其中:大连市	104	8117	3686	2652	323	
吉林省	2140	21831	19560	10252	1758	301
黑龙江省	17	23038	26385	18322	1720	
上海市	200	135111	19444	12866	1473	15
江苏省	96	174341	46898	29119	3035	6
浙江省	3815	86369	43220	22231	4164	24
其中:宁波市	107	7750	7912	4173	880	14
安徽省	1142	73494	23318	14260	2674	10
福建省	28	66185	14532	9539	931	
其中:厦门市		17433	2000	1531	109	
江西省	1085	41045	24515	13693	3495	72
山东省	1941	78281	44379	29014	3596	107
其中:青岛市		1198	7252	4376	892	
河南省	353	13733	41321	21774	3986	353
湖北省	1230	58414	33383	20196	2161	42
湖南省	605	62359	38599	20918	8367	350
广东省	1018	297189	56279	28722	14296	202
其中:深圳市		20023	9694	5434	311	52
广西壮族自治区	673	62079	19837	9847	2210	306
海南省	731	8411	4805	2464	735	19
重庆市		39912	11674	6441	997	44
四川省	2	55317	41309	22817	4702	259
贵州省		19201	14418	10155	1235	
云南省	25	44900	22441	12494	2210	19
西藏自治区		856	6656	3335	2	
陕西省	315	40127	20941	15047	986	721
甘肃省	22270	20796	11228	8446	280	123
青海省	78	20788	5210	3514	1076	9
宁夏回族自治区	220	10324	4508	2998	418	
新疆维吾尔自治区		38340	14324	9834	377	62

二、地方财政预算收支情况

2－4－15

单位:万元

地　　区	一、一般公共服务				
	审计事务				
	审计业务	审计管理	信息化建设	事业运行	其他审计事务支出
地　方　合　计	**118996**	**6306**	**22329**	**14766**	**51565**
北京市	3811	395	1440	519	3925
天津市	1078	52	195	186	457
河北省	2344	600	584	982	1064
山西省	3898	134	561	912	857
内蒙古自治区	2420	89	100	158	858
辽宁省	2869	123	508	528	1357
其中:大连市	525	5	28	46	107
吉林省	2614	83	553	793	3206
黑龙江省	4643	196	177	1197	130
上海市	2830	250	150	725	1135
江苏省	7900	452	1253	1795	3338
浙江省	11087	543	2186	1384	1601
其中:宁波市	1702	186	114	672	171
安徽省	3822	52	1419	333	748
福建省	2614	8	498	409	533
其中:厦门市	265			44	51
江西省	3512	162	759	240	2582
山东省	6652	116	1812	749	2333
其中:青岛市	1039	64	35	38	808
河南省	7016	265	751	2085	5091
湖北省	5604	521	672	449	3738
湖南省	3830	356	1474	78	3226
广东省	8392	643	570	164	3290
其中:深圳市	2668	172	61		996
广西壮族自治区	5142	73	897	143	1219
海南省	1300	61	32	79	115
重庆市	2977	24	766	122	303
四川省	9361	281	1383	214	2292
贵州省	2170	170	255	53	380
云南省	4449	309	1132	48	1780
西藏自治区	399				2920
陕西省	1316	61	679	29	2102
甘肃省	1162	222	701	105	189
青海省	402	5	157		47
宁夏回族自治区	849	51	73		119
新疆维吾尔自治区	2533	9	592	287	630

2－4－16

单位:万元

地区	一、一般公共服务					
	海关事务					
	小计	行政运行	一般行政管理事务	机关服务	收费业务	缉私办案
地方合计	**135196**	**17850**	**12071**		**350**	**28327**
北京市	2366		10			1336
天津市	2903	147	60			
河北省	119	44				
山西省	2406	88	118			100
内蒙古自治区	1589	76				
辽宁省	3193	400	819			421
其中:大连市	2051	400	359			112
吉林省	183		30			153
黑龙江省	1893	220	60			
上海市	4643		60			
江苏省	18768	1366	6485			2072
浙江省	7354	232	1178			1617
其中:宁波市	3517	162	158			
安徽省	1714	4	144			5
福建省	10101		7			389
其中:厦门市	8409					
江西省	1095					
山东省	3481	3	494			1507
其中:青岛市	1510		394			986
河南省	23					
湖北省	163	67				30
湖南省	3774	2001	10			
广东省	52590	13070	2245		100	18794
其中:深圳市	14227	3300				4631
广西壮族自治区	865	1	52			433
海南省	582		20			382
重庆市	507					
四川省	512	28	202			218
贵州省	25					25
云南省	2535	103	56			771
西藏自治区	250				250	
陕西省	217		6			
甘肃省	526					6
青海省	23					
宁夏回族自治区	83		15			68
新疆维吾尔自治区	10713					

二、地方财政预算收支情况

2－4－17

单位:万元

地区	一、一般公共服务					
	海关事务				人事事务	
	口岸电子执法系统建设与维护	信息化建设	事业运行	其他海关事务支出	小计	行政运行
地方合计	**955**	**3038**	**55**	**72550**	**1325257**	**449597**
北京市				1020	64211	6277
天津市				2696	18503	4938
河北省				75	58289	25547
山西省				2100	34938	14502
内蒙古自治区				1513	22481	14966
辽宁省	230			1323	60882	16396
其中:大连市				1180	20764	2226
吉林省					38196	9910
黑龙江省	19			1594	42260	14831
上海市				4583	49904	6473
江苏省			45	8800	84900	29231
浙江省				4327	57735	25940
其中:宁波市				3197	14676	4835
安徽省	109			1452	24366	12704
福建省	20	90		9595	34982	9429
其中:厦门市				8409	7842	1418
江西省				1095	20951	11687
山东省	100			1377	91405	28340
其中:青岛市				130	20998	5052
河南省				23	62538	25234
湖北省				66	37367	15235
湖南省			10	1753	31808	13318
广东省	477	2948		14956	90283	29373
其中:深圳市				6296	13941	4376
广西壮族自治区				379	29118	9542
海南省				180	12685	3979
重庆市				507	20200	6279
四川省				64	67390	24865
贵州省					26330	15299
云南省				1605	41736	19826
西藏自治区					35221	5174
陕西省				211	48493	19675
甘肃省				520	28006	9834
青海省				23	18608	5273
宁夏回族自治区					10458	3051
新疆维吾尔自治区				10713	61013	12469

2－4－18

单位:万元

地区	一、一般公共服务					
	人事事务					
	一般行政管理事务	机关服务	政府特殊津贴	资助留学回国人员	军队转业干部安置	博士后日常经费
地方合计	**140072**	**3870**	**6720**	**5404**	**408755**	**8100**
北京市	2244	31	15	624	28603	
天津市	1711				5301	15
河北省	3898	90	54		20168	22
山西省	2486	36	264	116	5961	178
内蒙古自治区	1126	245	165		2405	20
辽宁省	6044	937			27433	250
其中:大连市	2926				12877	
吉林省	2639	127	188		17279	124
黑龙江省	2092	19	108	75	15360	1524
上海市	10722		122	1699	3188	760
江苏省	7297	630	466	300	11792	1039
浙江省	9707	123	197	50	1351	209
其中:宁波市	4046				510	78
安徽省	3755	8	331		1446	
福建省	4759	9	122		12569	12
其中:厦门市	686		40		3502	
江西省	1522	73	95		565	
山东省	6814	114	1699	185	32337	98
其中:青岛市	1167		127		5465	
河南省	24965	311	23	140	2155	22
湖北省	3010	84	284		14559	269
湖南省	4526	29	55	35	9930	293
广东省	11176	203	1250	2036	18282	2792
其中:深圳市	1637	44	1	1666	947	1081
广西壮族自治区	2516	112		20	10232	32
海南省	1706	16			6134	
重庆市	2071	52	318	88	8537	8
四川省	7078	163	357	21	22195	200
贵州省	3235	53	44		4344	
云南省	2186	32			15430	55
西藏自治区	25	9			29959	
陕西省	3517	56	120		17649	20
甘肃省	775	169	30	15	10705	
青海省	397		146		10947	
宁夏回族自治区	3133		245		2329	35
新疆维吾尔自治区	2940	139	22		39610	123

二、地方财政预算收支情况

2－4－19

单位:万元

地　　区	一、一般公共服务					
	人事事务				纪检监察事务	
	引进人才费　用	公务员管理	事业运行	其他人事事务支出	小　计	行政运行
地　方　合　计	**50833**	**28121**	**53722**	**170063**	**873610**	**608303**
北京市	658	2297	4261	19201	14340	8316
天津市	3071	217	362	2888	11395	7377
河北省	1311	987	1504	4708	42406	33310
山西省	986	632	2795	6982	29844	21519
内蒙古自治区	375	215	970	1994	24503	18758
辽宁省	1140	550	5252	2880	34372	26988
其中:大连市	243	56	1947	489	4131	2942
吉林省	438	295	2234	4962	22655	15502
黑龙江省	1120	902	1673	4556	27252	22683
上海市	6116	242	5457	15125	17480	14225
江苏省	13688	1957	2209	16291	63477	43212
浙江省	2498	2086	3368	12206	46641	27854
其中:宁波市	889	638	1206	2474	8156	5036
安徽省	520	426	969	4207	27672	20985
福建省	3939	292	1160	2691	25807	18569
其中:厦门市	1441	75	235	445	3566	2531
江西省	138	173	572	6126	25451	17392
山东省	2671	1009	5391	12747	50061	35715
其中:青岛市	934	136	2839	5278	7019	4554
河南省	1160	1211	1903	5414	56401	33062
湖北省	561	536	467	2362	33800	23687
湖南省	413	782	179	2248	34755	22333
广东省	3544	8227	1471	11929	65676	43092
其中:深圳市	363	498	68	3260	12775	8159
广西壮族自治区	1413	545	923	3783	25878	13448
海南省	204	295	87	264	6716	4605
重庆市	398	249	120	2080	14103	8383
四川省	964	885	3244	7418	48397	31423
贵州省	395	557	699	1704	20324	16278
云南省	383	783	104	2937	30336	17825
西藏自治区		1		53	8819	7931
陕西省	966	1203	2298	2989	25197	20863
甘肃省	1300	268	102	4808	12751	10742
青海省	12	62	105	1666	5841	5094
宁夏回族自治区	307	73	985	300	4935	3553
新疆维吾尔自治区	144	164	2858	2544	16325	13579

2－4－20

单位:万元

地区	一、一般公共服务						
	纪检监察事务						
	一般行政管理事务	机关服务	大案要案查处	派驻派出机构	中央巡视	事业运行	其他纪检监察事务支出
地方合计	**134224**	**3760**	**40647**	**618**		**3813**	**82245**
北京市	4764	222	159	10		5	864
天津市	698		1			6	3313
河北省	5053	84	1166			8	2785
山西省	4409	154	653	15		216	2878
内蒙古自治区	3148	278	127			80	2112
辽宁省	3769	147	1087	8		32	2341
其中:大连市	981	100	95				13
吉林省	4030	5	2096	3		58	961
黑龙江省	2325	158	1537			301	248
上海市	2508		8				739
江苏省	6634	8	5309			104	8210
浙江省	11291	795	2626	60		411	3604
其中:宁波市	2548	42	138			101	291
安徽省	2576	1	1431	47		56	2576
福建省	4770	17	1040	10		91	1310
其中:厦门市	549	8	336			32	110
江西省	3268	300	1083			51	3357
山东省	5121	86	2351			52	6736
其中:青岛市	921		1081			25	438
河南省	9533	344	5429	2		457	7574
湖北省	4917	43	3068	30		5	2050
湖南省	8382	98	1081	58		15	2788
广东省	9793	21	2649	143		85	9893
其中:深圳市	2201		1394	12			1009
广西壮族自治区	7692	24	1265			16	3433
海南省	805	22	981	33		30	240
重庆市	3568	60	1475			16	601
四川省	11732	74	1862	109		44	3153
贵州省	2168		646			224	1008
云南省	5949		197	90		11	6264
西藏自治区	29		44				815
陕西省	1262	642	331			1137	962
甘肃省	501	79	855				574
青海省	659	8	33				47
宁夏回族自治区	1262						120
新疆维吾尔自治区	1608	90	57			302	689

二、地方财政预算收支情况

2-4-21　　　　单位:万元

地区	一、一般公共服务					
	人口与计划生育事务					
	小计	行政运行	一般行政管理事务	机关服务	人口规划与发展战略研究	计划生育家庭奖励
地方合计	**3450093**	**990137**	**200269**	**34584**	**6395**	**384720**
北京市	44369	4050	1102	18	616	4516
天津市	22552	4586	424		428	1923
河北省	165548	62628	6901	2496	169	18577
山西省	86200	21871	4078	844	182	7423
内蒙古自治区	66780	15792	1896	2428	322	6266
辽宁省	96661	21057	1801	1486	61	18910
其中:大连市	15567	4516	183	121	16	2946
吉林省	54559	13663	1206	886	12	4823
黑龙江省	64477	22241	767	725	35	10214
上海市	42854	7701	2747	37	273	10650
江苏省	178709	44070	4158	1480	263	15899
浙江省	146168	36700	8340	927	289	15223
其中:宁波市	24496	7287	1353	237	29	5646
安徽省	129769	45732	9361	580	98	7780
福建省	136212	32017	10668	1537	57	12016
其中:厦门市	14853	2690	1366	702		1207
江西省	116710	38139	14366	1117	123	2608
山东省	300410	145104	15635	2265	1127	37705
其中:青岛市	25680	8457	2170	57	121	3685
河南省	313809	85949	28344	5468	332	19990
湖北省	96722	22001	8023	187	141	8909
湖南省	145097	56169	14552	327	245	9754
广东省	257625	46940	22350	1545	329	22093
其中:深圳市	29025	4966	5299	446	77	326
广西壮族自治区	148505	24564	14187	4851	86	5933
海南省	16254	5562	1157	501	55	1094
重庆市	105382	26758	3047	1076	74	15462
四川省	204400	52228	6491	1214	420	46977
贵州省	129936	46657	5781	134	388	5180
云南省	85234	20162	3356	630	44	16165
西藏自治区	3808	1626	14			14
陕西省	97244	30988	3352	359	127	6866
甘肃省	81441	34257	3385	675	37	15066
青海省	14639	2586	533	492	3	1903
宁夏回族自治区	16094	4298	647		28	2496
新疆维吾尔自治区	81925	14041	1600	299	31	32285

2-4-22

单位:万元

地区	一、一般公共服务 人口与计划生育事务 人口和计划生育统计及抽样调查	人口和计划生育信息系统建设	计划生育、生殖健康促进工程	计划生育免费基本技术服务	人口出生性别比综合治理	人口和计划生育服务网络建设
地方合计	**13743**	**29102**	**43613**	**199977**	**6481**	**224005**
北京市	312	1394	1539	4180	23	362
天津市	916	41	357	716		2524
河北省	228	660	4313	7217	161	6755
山西省	423	1542	647	5860	267	10338
内蒙古自治区	348	587	902	3315	151	6895
辽宁省	62	1155	1577	8212	29	5844
其中:大连市		371	125	1046		1306
吉林省	374	240	1926	3543	35	8401
黑龙江省	87	366	779	7086	43	3079
上海市	163	442	400	1140	72	293
江苏省	744	1304	2607	10660	125	14456
浙江省	123	1082	1838	9905	186	7547
其中:宁波市	25	74	308	1765	45	1076
安徽省	559	567	685	6155	703	5624
福建省	226	1061	2126	7131	329	11622
其中:厦门市	27	97	169	974	12	1420
江西省	178	663	245	4456	199	6066
山东省	328	1211	1729	16985	88	7951
其中:青岛市	48	150	752	1185	15	1978
河南省	2057	5440	3104	13565	1438	16569
湖北省	821	1200	1216	10461	576	6707
湖南省	1699	598	639	4714	206	6029
广东省	359	2291	5026	17317	161	8944
其中:深圳市	122	112	307	1072	60	123
广西壮族自治区	514	392	657	8987	685	12878
海南省	262	41	86	680	16	381
重庆市	418	969	4220	5617	83	4789
四川省	552	2087	887	14481	214	18335
贵州省	533	1887	1800	4083	312	13351
云南省	325	95	2373	6672	16	12743
西藏自治区			4			
陕西省	978	478	1130	6679	324	8833
甘肃省	27	683	206	2665	8	8246
青海省	11	20	1	1348	8	1157
宁夏回族自治区	94	34	176	1168		1050
新疆维吾尔自治区	22	572	418	4979	23	6236

二、地方财政预算收支情况

2－4－23

单位:万元

地　　区	一、一般公共服务					
	人口与计划生育事务					商贸事务
	计划生育避孕药具经　费	人口和计划生育宣传教育经费	流动人口计划生育管理和服务	人口和计划生育目标责任制考核	其他人口与计划生育事务支出	小　计
地　方　合　计	**63163**	**124205**	**64216**	**67551**	**997932**	**1775199**
北京市	1996	6043	2686	581	14951	41493
天津市	1201	406	72	188	8770	28853
河北省	2526	2396	351	1317	48853	62129
山西省	1110	3819	1586	1197	25013	38749
内蒙古自治区	1254	3320	861	826	21617	28314
辽宁省	2629	7269	1268	1247	24054	68605
其中:大连市	434	1312	442	145	2604	7740
吉林省	1792	1866	295	605	14892	52258
黑龙江省	2279	2562	302	395	13517	55675
上海市	194	2340	698	368	15336	122419
江苏省	3294	3702	2247	1783	71917	191696
浙江省	2589	4119	5250	2459	49591	126482
其中:宁波市	434	674	1706	135	3702	34415
安徽省	3456	4166	1338	1194	41771	40298
福建省	1537	5594	5036	1658	43597	39413
其中:厦门市	242	291	1397	470	3789	12743
江西省	1579	1158	2451	893	42469	35230
山东省	4766	6327	1744	2542	54903	117934
其中:青岛市	490	416	438	251	5467	25498
河南省	4203	16325	4977	7210	98838	84111
湖北省	3030	3852	4447	1640	23511	51067
湖南省	3053	3386	1218	1869	40639	61142
广东省	2983	7812	13537	25100	80838	180867
其中:深圳市	405	1116	610	1883	12101	20919
广西壮族自治区	1891	4732	3588	1826	62734	49088
海南省	500	239	90	347	5243	5700
重庆市	2031	8964	795	2285	28794	20844
四川省	3442	7799	3355	2853	43065	87527
贵州省	2023	4357	2176	2656	38618	27069
云南省	1794	2341	1030	1689	15799	47144
西藏自治区	50	3	5		2092	5654
陕西省	2031	4193	2145	594	28167	33424
甘肃省	1261	1273	257	690	12705	19006
青海省	663	61	80	65	5708	7442
宁夏回族自治区	736	524	124	1102	3617	9070
新疆维吾尔自治区	1270	3257	207	372	16313	36496

2-4-24

单位:万元

地　　区	一、一般公共服务					
	商贸事务					
	行政运行	一般行政管理事务	机关服务	对外贸易管理	国际经济合作	外资管理
地　方　合　计	**706170**	**129606**	**7235**	**21006**	**3152**	**5710**
北京市	8931	6096	641	1203	66	64
天津市	12749	2028	124			
河北省	26161	3657	238	296	75	4
山西省	17792	2064	391	117	15	
内蒙古自治区	13539	2528	351	43	16	
辽宁省	30136	5306	713	116	85	296
其中:大连市	2905	1226	33			
吉林省	14492	4032	400		13	12
黑龙江省	30206	2855	213	2622	228	15
上海市	22887	6101	108	123	294	190
江苏省	75041	9857	499	2967	394	108
浙江省	52215	11532	323	1574	117	748
其中:宁波市	11614	1689		90	70	10
安徽省	15601	2662	119	263	36	79
福建省	18596	4358	20	553	49	115
其中:厦门市	3946	2163				52
江西省	14475	1735	135	859		26
山东省	50008	5706	338	3827	75	101
其中:青岛市	10988	835		429		3
河南省	23567	3707	346	440	167	2367
湖北省	23658	3155	198	592		283
湖南省	24589	3153	527	44	73	67
广东省	69247	17447	359	1934	393	637
其中:深圳市	8399	1248	201	387	346	388
广西壮族自治区	16804	4390	45	112	129	7
海南省	2561	703	15	44		5
重庆市	9819	3915	238	114	130	40
四川省	38376	10939	319	901	57	35
贵州省	18023	1555	20	39		
云南省	15896	3383	62	975	415	481
西藏自治区	5194	36		80	40	
陕西省	17566	1143	79	451	259	18
甘肃省	12647	979	150		1	2
青海省	2918	559	92	173	25	10
宁夏回族自治区	3038	1181	1			
新疆维吾尔自治区	19438	2844	171	544		

二、地方财政预算收支情况

2－4－25

单位:万元

地　　区	一、一般公共服务					
	商贸事务				知识产权事务	
	国内贸易管理	招商引资	事业运行	其他商贸事务支出	小　计	行政运行
地　方　合　计	**27734**	**535871**	**56982**	**281733**	**44442**	**11276**
北京市	1041	10842	2035	10574	6803	456
天津市		11865	219	1868	1305	342
河北省	1733	19078	3675	7212	427	176
山西省	449	12179	1594	4148	476	35
内蒙古自治区	200	8095	669	2873	111	1
辽宁省	468	21612	5464	4409	625	21
其中:大连市	33	1686	1514	343		
吉林省	218	21125	4245	7721	657	362
黑龙江省	56	11790	5461	2229	383	248
上海市	1089	20240	3095	68292	2780	681
江苏省	1934	80413	2654	17829	5596	958
浙江省	8445	21575	8043	21910	1367	116
其中:宁波市	7297	5333	1608	6704	160	60
安徽省	237	17325	366	3610	288	191
福建省	546	6849	2074	6253	185	33
其中:厦门市	29	2015	961	3577		
江西省	448	13036	628	3888	976	339
山东省	425	40644	4447	12363	3035	1719
其中:青岛市	15	4753	2163	6312	144	110
河南省	1476	41688	1707	8646	983	487
湖北省	520	11982	1436	9243	1835	662
湖南省	1396	21862	429	9002	2987	951
广东省	3490	50289	2571	34500	6551	1564
其中:深圳市	1063	2350	185	6352	1210	476
广西壮族自治区	325	13203	979	13094	15	15
海南省	13	1469	630	260	55	
重庆市	88	4979	468	1053	154	78
四川省	1649	22378	1764	11109	1774	541
贵州省	142	3995	210	3085	965	230
云南省	236	19040	209	6447	736	47
西藏自治区	25	167		112		
陕西省	984	8778	1154	2992	1565	221
甘肃省	83	3521	205	1418	495	217
青海省	10	1224	206	2225	140	100
宁夏回族自治区	3	4057	133	657	311	90
新疆维吾尔自治区	5	10571	212	2711	862	395

2 - 4 - 26

单位:万元

地　　区	一、一般公共服务					
	知识产权事务					
	一般行政管理事务	机关服务	专利审批	国家知识产权战略	专利试点和产业化推进	专利执法
地方合计	**2947**	**96**	**2850**	**2174**	**7770**	**1557**
北京市				130	337	193
天津市			100		750	65
河北省	4		31	15	130	25
山西省	45				300	
内蒙古自治区					30	
辽宁省	8		1			
其中:大连市						
吉林省	5	15	5		200	5
黑龙江省			2			
上海市				299	467	22
江苏省	47		2170	657	731	163
浙江省	4			10	1053	17
其中:宁波市				10	75	5
安徽省	10					34
福建省					119	3
其中:厦门市						
江西省	2		60	11	221	70
山东省	196		215		194	47
其中:青岛市	22					
河南省	209			5		44
湖北省	640	81	40	55	100	86
湖南省	65		9	417	806	64
广东省	967		174	35	870	637
其中:深圳市	118			35	64	50
广西壮族自治区						
海南省	26					
重庆市	31					
四川省	264		3		471	26
贵州省	60		5	330	150	36
云南省	179		14			
西藏自治区						
陕西省	106		20		501	
甘肃省				210		
青海省					30	
宁夏回族自治区	57					
新疆维吾尔自治区	22		1		310	20

二、地方财政预算收支情况

2-4-27

单位:万元

地区	一、一般公共服务					
	知识产权事务				工商行政管理事务	
	国际组织专项活动	知识产权宏观管理	事业运行	其他知识产权事务支出	小计	行政运行
地方合计	**354**	**1879**	**2106**	**11433**	**3400199**	**2159855**
北京市		503	355	4829	101649	56455
天津市			25	23	42155	30568
河北省	10	26		10	163048	90708
山西省			96		73740	40829
内蒙古自治区				80	75066	54920
辽宁省			266	329	164661	110181
其中:大连市					21782	17015
吉林省		10	35	20	78815	49901
黑龙江省			105	28	100835	73242
上海市	205	283	589	234	112316	92011
江苏省	50	140	2	678	205369	165168
浙江省	10			157	175871	105225
其中:宁波市	10				31460	18416
安徽省		10	13	30	125742	110771
福建省		10	7	13	73421	39850
其中:厦门市					13669	8974
江西省	10	105	58	100	98700	69953
山东省		58	221	385	267900	45202
其中:青岛市				12	34010	25575
河南省		12	31	195	129856	86548
湖北省	30	53	56	32	142788	114774
湖南省	12	47		616	183743	133649
广东省	1	351	137	1815	411258	254903
其中:深圳市		134		333	53593	28564
广西壮族自治区					79580	39718
海南省		10	19		22274	14977
重庆市		10	3	32	52757	25084
四川省		35	53	381	153658	92999
贵州省	26	16	19	93	59543	56006
云南省		95		401	75700	42763
西藏自治区					15885	8134
陕西省		7	16	694	78187	52546
甘肃省				68	49522	40900
青海省		10			15619	11266
宁夏回族自治区				164	16217	11015
新疆维吾尔自治区		88		26	54324	39589

2－4－28

单位:万元

地　　区	一、一般公共服务					
	工商行政管理事务					
	一般行政管理事务	机关服务	工商行政管理专项	执法办案专项	消费者权益保护	信息化建设
地　方　合　计	**270149**	**9092**	**229408**	**224677**	**44296**	**53131**
北京市	607		18236	8028	7172	4776
天津市	4293	40	144	10	11	137
河北省	35468	1165	9052	12846	2253	8575
山西省	567		17561	4341	155	2101
内蒙古自治区	8089	142	2730	4922	771	2701
辽宁省	3763	246	14212	16104	696	452
其中:大连市	320		2935	1500	10	
吉林省	5854		820	10670	41	614
黑龙江省	17632		5262	3086	551	405
上海市	6527	1300	2297	3088	2325	1110
江苏省	6543	111	12133	14115	924	2268
浙江省	15692	2211	16003	11888	5597	3463
其中:宁波市	1294		4592	2350	601	1069
安徽省	749		1234	5134	713	1889
福建省	8986	990	9768	4243	1464	2444
其中:厦门市	1059	985	1113	1040	142	
江西省	10586	44	4516	10911	302	1506
山东省	9632	133	6678	5055	36	164
其中:青岛市	51	60	3400	883	21	164
河南省	20699	45	2762	11134	1114	480
湖北省	14461		3722	4277	923	1374
湖南省	6773	15	32572	8318	296	150
广东省	38754	483	18671	32792	3163	6657
其中:深圳市	1687	62	6535	3441	1737	16
广西壮族自治区	14537	157	10123	9128	1941	2675
海南省	529		1254	1401	63	316
重庆市	8107	1585	8217	4130	1926	590
四川省	16362	345	11136	18513	9245	2540
贵州省	1048		1340	399	41	101
云南省	864		3661	10709	1299	1270
西藏自治区	5003			20		
陕西省	4503	28	8791	4095	683	2117
甘肃省	6	52	591	618	3	1032
青海省	1007		1591	410	120	510
宁夏回族自治区	154		2255	2373	20	400
新疆维吾尔自治区	2354		2076	1919	448	314

二、地方财政预算收支情况

2－4－29　　　　单位:万元

地　　区	一、一般公共服务					
	工商行政管理事务		食品和药品监督管理事务			
	事业运行	其他工商行政管理事务支出	小　计	行政运行	一般行政管理事务	机关服务
地　方　合　计	**28682**	**380909**	**763374**	**246906**	**83715**	**1126**
北京市	1824	4551	28897	6448	298	59
天津市	111	6841	12342	2787	1797	
河北省	766	2215	24141	9285	4237	
山西省	6364	1822	19960	5039	3038	31
内蒙古自治区	260	531	15688	3474	2423	69
辽宁省	5461	13546	26959	7815	2888	
其中:大连市		2	3951	1130	736	
吉林省	780	10135	20064	4620	1102	
黑龙江省	255	402	20297	12754	472	
上海市	1570	2088	46731	6415	2635	
江苏省		4107	53324	23758	6367	
浙江省	3558	12234	42739	15989	3977	166
其中:宁波市	1593	1545	7369	3052	850	
安徽省	2	5250	25449	4842	217	
福建省	333	5343	18315	4017	4131	
其中:厦门市		356	1742	286		
江西省	94	788	14944	4101	463	
山东省	1205	199795	46019	30355	778	99
其中:青岛市	1015	2841	4887	2252	385	
河南省	3972	3102	34952	9412	1512	73
湖北省	187	3070	24876	8348	4461	47
湖南省	223	1747	22790	12264	4559	
广东省	251	55584	64214	26220	9341	514
其中:深圳市	75	11476	6653	1832	351	369
广西壮族自治区	104	1197	23174	6909	2015	
海南省	21	3713	4315	1441	109	
重庆市	556	2562	11174	3303	587	
四川省	216	2302	43233	10317	4299	53
贵州省		608	14397	4497	1925	
云南省		15134	23104	6938	2810	
西藏自治区		2728	8629	1120	3801	2
陕西省	448	4976	27234	4366	6879	
甘肃省	117	6203	15780	2872	2153	13
青海省		715	6640	1431	1035	
宁夏回族自治区			5345	1285	1225	
新疆维吾尔自治区	4	7620	17648	4484	2181	

2－4－30

单位:万元

地区	一、一般公共服务				
	食品和药品监督管理事务				
	食品、药品及医疗器械检验	注册审评事务	标准事务	认证事务	食品药品评价
地方合计	**110110**	**1271**	**1519**	**6090**	**1398**
北京市	6346	537	200	140	155
天津市	4866			210	
河北省	1498				
山西省	3098	12		329	23
内蒙古自治区	1110		2	671	120
辽宁省	2019		338	117	
其中:大连市	677				
吉林省	4825	30		348	20
黑龙江省	1473			242	8
上海市	12564		42	1256	
江苏省	11477		7	445	10
浙江省	6572	350	3	481	407
其中:宁波市	1705				
安徽省	2593			76	30
福建省	1578			300	
其中:厦门市	576				
江西省	3929	20		24	
山东省	2837		595		10
其中:青岛市	271				
河南省	3860	50		478	80
湖北省	5037			8	62
湖南省	1767	10	5	89	25
广东省	8480	4	139	20	25
其中:深圳市	1370	4	139	20	
广西壮族自治区	3735	58	60	50	36
海南省	1203			210	2
重庆市	874	32	12	40	40
四川省	3636	93		392	25
贵州省	670				
云南省	2902				3
西藏自治区	156	5	36		
陕西省	2915			164	132
甘肃省	1338	70	80		175
青海省	1572				10
宁夏回族自治区	1301				
新疆维吾尔自治区	3879				

二、地方财政预算收支情况

2－4－31

单位:万元

地　　区	一、一般公共服务 食品和药品监督管理事务 药品保护	执法办案	食品药品安全	事业运行	其他食品和药品监督管理事务支出
地　方　合　计	**72**	**105357**	**57874**	**58350**	**89586**
北京市		5004	1697	3269	4744
天津市		400	40	2218	24
河北省		1318	3182	2212	2409
山西省		4529	858	1375	1628
内蒙古自治区		4983	943		1893
辽宁省		4629	2884	3180	3089
其中:大连市		165	859	360	24
吉林省		3556	1812	3302	449
黑龙江省	15	1660	349	2546	778
上海市		1229	109	3397	19084
江苏省		5755	4042	280	1183
浙江省	34	2190	5122	2091	5357
其中:宁波市	15	197	1237	3	310
安徽省		6459	4545	1852	4835
福建省	3	1594	2824	2263	1605
其中:厦门市			264	451	165
江西省		4214	358	189	1646
山东省		2012	1360	4574	3399
其中:青岛市		95	781	643	460
河南省		6613	5571	5198	2105
湖北省		1405	1993	1468	2047
湖南省		291	449	2259	1072
广东省		4486	2338	1289	11358
其中:深圳市		598	611		1359
广西壮族自治区		5310	1800	1825	1376
海南省		431	48		871
重庆市		1050	1124	753	3359
四川省		10263	6620	2988	4547
贵州省		4969	392	1651	293
云南省		5759	2558	1555	579
西藏自治区		2409	41		1059
陕西省		3495	563	3657	5063
甘肃省	20	2254	2249	1583	2973
青海省		1727	174		691
宁夏回族自治区		670	465	367	32
新疆维吾尔自治区		4693	1364	1009	38

2－4－32

单位:万元

地　　区	一、一般公共服务					
	质量技术监督与检验检疫事务					
	小　计	行政运行	一般行政管理事务	机关服务	出入境检验检疫行政执法和业务管理	出入境检验检疫技术支持
地方合计	**1451796**	**388771**	**90671**	**841**	**12210**	**9101**
北京市	43040	7851	2726			
天津市	19769	5546	40			
河北省	85018	20656	90			52
山西省	30093	7294	194			
内蒙古自治区	27149	11325	20	31	15	
辽宁省	81154	17953	912		3370	5464
其中:大连市	12266	2066	669		56	
吉林省	39616	8847	1552		4	
黑龙江省	41279	15173	3237		38	50
上海市	42124	14212	1913		224	7
江苏省	175718	38486	16408	274	2196	370
浙江省	78644	21351	11627	73	416	100
其中:宁波市	10590	3503	1791		101	
安徽省	49428	9312	11723			
福建省	31458	5467	331		203	40
其中:厦门市	6892	1095	189			
江西省	36319	9983	228	20	11	
山东省	90361	35771	9961	107	1916	2100
其中:青岛市	8985	3405	358		1396	2000
河南省	66715	18374	1506	28		
湖北省	60199	5108	744			
湖南省	39752	23597	3151	5	4	
广东省	129129	33364	1498		3498	573
其中:深圳市	16872	6466	378		1372	
广西壮族自治区	20352	6818	730	37	4	
海南省	5601	2097	67	2	1	
重庆市	34611	6866	10254	25		
四川省	54615	18579	2270	61	21	280
贵州省	18674	10425	666			
云南省	35907	7867	1793	39	200	
西藏自治区	5008	1760	1835			
陕西省	38136	6465	1971		63	5
甘肃省	21316	395	1110	19	1	
青海省	5748	2531	1244	10		
宁夏回族自治区	7157	2016	818		15	60
新疆维吾尔自治区	37706	13282	52	110	10	

二、地方财政预算收支情况

2－4－33

单位:万元

地区	一、一般公共服务						
	质量技术监督与检验检疫事务						
	质量技术监督行政执法及业务管理	质量技术监督技术支持	认证认可监督管理	标准化管理	信息化建设	事业运行	其他质量技术监督与检验检疫事务支出
地方合计	**305774**	**66373**	**2917**	**9603**	**9461**	**354434**	**201640**
北京市	14836	1553		50	110	14002	1912
天津市	6821	20				3105	4237
河北省	21311	11508	15	670	462	22115	8139
山西省	7736	1446	55	169	21	11515	1663
内蒙古自治区	6457	274		30	400	6169	2428
辽宁省	6868	367			5	39280	6935
其中:大连市	239					5024	4212
吉林省	23280	23		20		3577	2313
黑龙江省	2441	1676		24		6663	11977
上海市	9685	2033				9973	4077
江苏省	25837	5447	199	1634	944	62647	21276
浙江省	12867	3000	474	1010	957	13222	13547
其中:宁波市	2460		26	353	17	1623	716
安徽省	6091	5	5	2		17738	4552
福建省	14349	3147	1119	388		3869	2545
其中:厦门市	2051	1028		265		1803	461
江西省	2823			7	45	3960	19242
山东省	15756	458	53	335	326	21240	2338
其中:青岛市	105		5			851	865
河南省	15814	11948	25	25	149	17930	916
湖北省	10012	4322	60	489	191	32368	6905
湖南省	2584	581	2	23	17	6705	3083
广东省	27126	3698	227	1517	3384	1640	52604
其中:深圳市	2883	958	198	1164	29	104	3320
广西壮族自治区	4899	536	10	54	750	6302	212
海南省	1321	515	25	126	8	670	769
重庆市	11835	760	560	1231		2008	1072
四川省	9451	6186	23	626	505	12821	3792
贵州省	5534	1802		10		16	221
云南省	15257	5		692	15	2216	7823
西藏自治区	505	365				209	334
陕西省	8967	3563	20	417	598	11964	4103
甘肃省	3860	250	30	2	20	5802	9827
青海省	686	50	10		376		841
宁夏回族自治区	705	822		22	178	2500	21
新疆维吾尔自治区	10060	13	5	30		12208	1936

2－4－34

单位:万元

地　　区	一、一般公共服务					
	国土资源事务					
	小　计	行政运行	一般行政管理事务	机关服务	国土资源规划及管理	土地资源调　　查
地　方　合　计	**4532960**	**759556**	**149733**	**12584**	**99220**	**36966**
北京市	42968	7280	2118		274	503
天津市	47497	7628	250		4525	355
河北省	189825	40815	5706	545	3070	613
山西省	557239	32033	3258	926	2172	350
内蒙古自治区	255252	21380	9928	1388	2941	640
辽宁省	167639	25722	5004	255	1443	556
其中:大连市	11567	3291	1077	20	560	90
吉林省	57561	12368	2975	27	5160	1012
黑龙江省	127838	26546	1404	150	2243	820
上海市	45317	9768	11582	142	380	1595
江苏省	143610	33795	5044	977	2366	936
浙江省	81119	18948	3991	271	1486	1537
其中:宁波市	10723	3493	861		100	478
安徽省	163607	21870	4167	12	777	825
福建省	108857	15218	5120		3065	1555
其中:厦门市	13104	3167	3085		18	64
江西省	74597	25276	3283	986	1410	1208
山东省	288840	60200	10282	106	3355	1567
其中:青岛市	14271	5394	1358		298	160
河南省	405368	47245	11952	398	7643	2883
湖北省	147578	29228	7226	2015	2991	597
湖南省	200602	50069	12104	61	3351	1122
广东省	190566	68731	15424	820	34645	9985
其中:深圳市	38509	10947	2226		13830	1507
广西壮族自治区	80078	19089	4266	172	1199	904
海南省	21080	3463	808	140	100	222
重庆市	63164	9932	4268	805	605	125
四川省	286395	33709	6791	829	2229	1601
贵州省	72926	28376	1679	7	1958	335
云南省	99316	27459	5597	171	2289	1951
西藏自治区	35521	13813	11	122	298	201
陕西省	203269	21719	1639	239	3235	669
甘肃省	91911	18850	456	51	1176	656
青海省	82752	5490	268	358	424	183
宁夏回族自治区	55073	3784	825		455	117
新疆维吾尔自治区	145595	19752	2307	611	1955	1343

2－4－35

单位:万元

地区	一、一般公共服务					
	国土资源事务					
	土地资源利用与保护	国土资源社会公益服务	国土资源行业业务管理	国土资源大调查	国土整治	地质灾害防治
地方合计	**164159**	**35775**	**55621**	**47015**	**318565**	**65144**
北京市	239	157	37	269		1156
天津市			203	586	45	30
河北省	6879	19055	930	1353	3466	289
山西省	2909	283	1875	1233	8339	2492
内蒙古自治区	1301	2059	520	1075	2789	307
辽宁省	1005	25	997	1227	1388	238
其中:大连市	152	25	705		8	
吉林省	685		1965	1908	1165	220
黑龙江省	1048	6	1459	1976	245	260
上海市	20	2200	700			
江苏省	3097	6111	487	1293	1908	224
浙江省	2290	246	5237	1108	2711	2236
其中:宁波市	1658	20	744	650	50	74
安徽省	31840	446	903	1471	11146	554
福建省	716	3	700	1737	36940	6541
其中:厦门市	122					660
江西省	1038	58	1278	1630	692	465
山东省	13158	37	717	822	10643	150
其中:青岛市	37				2200	
河南省	21206	888	5702	1753	48490	246
湖北省	665	184	349	1597	24494	2480
湖南省	38353	20	26972	4353	921	2021
广东省	2841	687	554	1854	1413	5044
其中:深圳市		269				
广西壮族自治区	1030	66	200	1546	730	3048
海南省	660	6	10	454	216	140
重庆市	62		225		11429	3399
四川省	718	1995	920	3029	144249	18873
贵州省	217	85	293	1196	1403	2757
云南省	9900	117	351	2308	1523	5417
西藏自治区	574		25	2461	85	592
陕西省	404	324	996	2079	1554	3950
甘肃省	20280	20	85	1613	347	1077
青海省	90	663		2247	3	615
宁夏回族自治区	278		580	130		160
新疆维吾尔自治区	656	34	351	2707	231	163

2－4－36

单位:万元

地区	一、一般公共服务					
	国土资源事务					
	土地资源储备支出	地质及矿产资源调查	地质矿产资源利用与保护	地质转产项目财政贴息	国外风险勘查	矿产资源补偿费支出
地方合计	**117534**	**213237**	**12947**	**7580**	**6454**	**331504**
北京市	169	1138	412		1070	3443
天津市		130		284		3199
河北省	1922	5559	148	366	350	19708
山西省	161	13547	1100	10	490	37962
内蒙古自治区	15246	18928	290	173	150	18780
辽宁省	2775	3204	50	69		11286
其中:大连市	283	7	50			563
吉林省	1075	3033	149	10		3179
黑龙江省	50	3161	642	36	100	38011
上海市	123	1382				300
江苏省	4862	33166	204	544	170	4061
浙江省	416	2024	389	687		3554
其中:宁波市	92	10	107			13
安徽省	704	5038	737	306		15384
福建省	1316	2614	312	633	64	3464
其中:厦门市	1300					
江西省	309	4848	304	1044	220	6498
山东省	32109	10459	439	128	200	26773
其中:青岛市	113	41	45			2
河南省	1500	21000	461	10	1130	19913
湖北省	24031	5602	13	10		5826
湖南省	6342	515	140	699		4519
广东省	2709	1521	1946	194		4129
其中:深圳市	2322		1532			449
广西壮族自治区	6290	3633	612			6197
海南省	107	780	2412			263
重庆市	158	1930	50			5819
四川省	1560	8204	522	1347		5834
贵州省	529	2524	30		200	5406
云南省	6223	8340	570	727	1740	5932
西藏自治区		13815	29	23		1740
陕西省	1744	3696	256		200	8444
甘肃省	4191	2784	457	122	170	10532
青海省	165	21125	163			8873
宁夏回族自治区	404	84	30	158		1070
新疆维吾尔自治区	344	9453	80		200	41405

二、地方财政预算收支情况

2-4-37

单位:万元

地区	一、一般公共服务					
	国土资源事务			海洋管理事务		
	探矿权、采矿权使用费和价款支出	事业运行	其他国土资源事务支出	小计	行政运行	一般行政管理事务
地方合计	**1327070**	**343256**	**429040**	**135302**	**13850**	**1803**
北京市		19642	5061			
天津市		19201	11061	11894	318	48
河北省	57221	8320	13510	4699	162	6
山西省	436399	3019	8681			
内蒙古自治区	145102	3014	9241			
辽宁省	20788	31450	60157	18228	1608	267
其中:大连市	526	3944	266	15367	1196	262
吉林省	6022	6993	9615			
黑龙江省	14113	31789	3779			
上海市		6991	10134	4157		
江苏省	4335	11445	28585	8805	2045	84
浙江省	4449	12671	16868	6668	1111	249
其中:宁波市		1987	386	1648	424	137
安徽省	49975	4011	13441			
福建省	12839	7866	8154	24946	2442	550
其中:厦门市	544	2286	1858	8252	1203	500
江西省	12431	5608	6011			
山东省	39851	30529	47315	27808	1611	35
其中:青岛市	150	889	3584	7028	787	23
河南省	171169	7406	34373	18	18	
湖北省	12385	17086	10799			
湖南省	25931	5684	17425			
广东省	5033	5721	27315	13711	3395	418
其中:深圳市			5427	862		
广西壮族自治区	8485	8723	13888	9002	47	7
海南省	9745	179	1375	5366	1093	139
重庆市	6609	5659	12089			
四川省	32391	8723	12871			
贵州省	17304	2417	6210			
云南省	9352	1217	8132			
西藏自治区	1230	232	270			
陕西省	94104	33949	24068			
甘肃省	25206	846	2992			
青海省	41252	249	584			
宁夏回族自治区	43271	1301	2426			
新疆维吾尔自治区	20078	41315	2610			

2 -4 -38

单位:万元

地　　区	一、一般公共服务						
	海洋管理事务						
	机关服务	海域使用管理	海洋环境保护与监测	海洋调查评价	海洋权益维护	海洋执法监察	海洋防灾减灾
地方合计	**73**	**8040**	**4549**	**3067**	**19**	**6642**	**4015**
北京市							
天津市			70			163	
河北省		160	10		18	143	15
山西省							
内蒙古自治区							
辽宁省	66	856	440	205		1289	
其中:大连市	66	613	10			830	
吉林省							
黑龙江省							
上海市				10			
江苏省		1862	693	680		1051	57
浙江省		50	917	1180	1	604	183
其中:宁波市		30	292			414	5
安徽省							
福建省		1314	328	5		615	62
其中:厦门市		770	70			130	
江西省							
山东省	2	1720	612	320		204	3529
其中:青岛市		12	509			194	29
河南省							
湖北省							
湖南省							
广东省		1236	881	516		2185	108
其中:深圳市			656				
广西壮族自治区		783	155	151		185	
海南省	5	59	443			203	61
重庆市							
四川省							
贵州省							
云南省							
西藏自治区							
陕西省							
甘肃省							
青海省							
宁夏回族自治区							
新疆维吾尔自治区							

二、地方财政预算收支情况

2－4－39

单位:万元

地　　区	一、一般公共服务							
	海洋管理事务							
	海洋卫星	极地考察	海洋矿产资源勘探研究	海港航标维护	海域使用金支出	海水淡化	事业运行	其他海洋管理事务支出
地方合计				**52**	**74152**		**5454**	**13586**
北京市								
天津市					11076		113	106
河北省					4063		26	96
山西省								
内蒙古自治区								
辽宁省					7038		1838	4621
其中:大连市					6289		1599	4502
吉林省								
黑龙江省								
上海市								4147
江苏省					1865		33	435
浙江省				35	376		1316	646
其中:宁波市				35			194	117
安徽省								
福建省					17220		1509	901
其中:厦门市					4401		1123	55
江西省								
山东省				8	18624		425	718
其中:青岛市					5308		70	96
河南省								
湖北省								
湖南省								
广东省				6	3740		89	1137
其中:深圳市								206
广西壮族自治区					7532		105	37
海南省				3	2618			742
重庆市								
四川省								
贵州省								
云南省								
西藏自治区								
陕西省								
甘肃省								
青海省								
宁夏回族自治区								
新疆维吾尔自治区								

2－4－40

单位:万元

地　　区	一、一般公共服务						
	测绘事务						
	小　计	行政运行	一般行政管理事务	机关服务	基础测绘	航空摄影	测绘工程建　设
地　方　合　计	**112287**	**5924**	**2647**	**150**	**42307**	**1649**	**2924**
北京市	9696	208			3933	1376	
天津市							
河北省	2915	481	31		2219		30
山西省	3503	281	540	26	991		10
内蒙古自治区	3057				1633		
辽宁省	3410	150	20		1070		26
其中:大连市	162						1
吉林省	6849	403	272	82	1344		347
黑龙江省	2314	25			289		
上海市	5040				3361		
江苏省	11986	859	555		358		750
浙江省	7794	556	543		4517		
其中:宁波市	1286				1225		
安徽省	2849	218			1090		126
福建省	4400	214	70		1199		10
其中:厦门市	1403				300		10
江西省	5212	217			2275		
山东省	4698				3330		
其中:青岛市	61						
河南省	3100	361			1585		500
湖北省	4997	241	457		2127	113	400
湖南省	526	7			319		
广东省	4412	554	13				80
其中:深圳市							
广西壮族自治区	4805	174	90		751	160	250
海南省	593				507		
重庆市	1						
四川省	2711	3			2500		
贵州省	2270				2169		
云南省	2673	141	26	15	585		85
西藏自治区	826	59			475		
陕西省	600				500		
甘肃省	2649		10		900		
青海省	3178	182			1140		100
宁夏回族自治区	1903	266	18	18	732		
新疆维吾尔自治区	3320	324	2	9	408		210

二、地方财政预算收支情况

2－4－41

单位:万元

地区	一、一般公共服务							
	测绘事务		地震事务					
	事业运行	其他测绘事务支出	小计	行政运行	一般行政管理事务	机关服务	地震台站、台网	地震流动观测
地方合计	**30528**	**26158**	**146253**	**31914**	**7375**	**204**	**18420**	**680**
北京市	35	4144	6624	807	219		66	1
天津市			790	216			147	
河北省	64	90	5619	1607	56		1627	19
山西省	1570	85	5431	2059	528	18	508	78
内蒙古自治区		1424	2601	705	52	31	660	
辽宁省	2024	120	4720	1481	78		241	7
其中:大连市	161		618	320	36		73	
吉林省	2292	2109	2884	864	390		989	2
黑龙江省		2000	2264	1487	126	8	73	
上海市	53	1626	2005		1661			
江苏省	3593	5871	7244	3009	265	6	687	69
浙江省	1948	230	1683	613	150		454	34
其中:宁波市	61		242	49			39	34
安徽省	1282	133	2333	984	47	1	288	1
福建省	1623	1284	4429	400	378	10	1026	27
其中:厦门市	561	532	474	60	160		36	
江西省		2720	809	152	27	60	182	10
山东省	1337	31	8103	2312	253	7	3538	77
其中:青岛市	32	29	929	412	115	6	77	51
河南省	595	59	2541	1247	203	6	305	63
湖北省	718	941	1616	607	205		345	48
湖南省		200	2710	365	134	1	809	14
广东省	3566	199	6721	2804	999	54	414	55
其中:深圳市			1345	783	439		20	
广西壮族自治区	3275	105	5416	876	124	2	2234	48
海南省	36	50	2180	523	190		84	3
重庆市		1	256	23	5		42	20
四川省	200	8	4044	1742	198		714	7
贵州省		101	300	160	20		45	
云南省	1590	231	52642	2142	186		1927	63
西藏自治区	219	73	367	85	177		60	
陕西省		100	2690	1014	48		482	11
甘肃省	1479	260	3080	2041	138		155	4
青海省		1756	849	255	98		30	
宁夏回族自治区	869		1497	539	341		134	3
新疆维吾尔自治区	2160	207	1805	795	79		154	16

2－4－42

单位:万元

地区	一、一般公共服务					
	地震事务					
	地震信息传输及管理	震情跟踪	地震预报预测	地震灾害预防	地震应急救援	地震技术应用与培训
地方合计	**1572**	**528**	**5941**	**49572**	**5654**	**1579**
北京市	60	1	1024	132	28	7
天津市	25		46	5	30	
河北省	207	32	86	391	664	33
山西省	90	42	263	260	347	18
内蒙古自治区	101		151	278	88	
辽宁省	11	4	81	939	92	8
其中:大连市			4	44		5
吉林省	3	3	141	15	61	
黑龙江省			55		115	
上海市			102	19	27	1
江苏省	83	220	209	290	97	30
浙江省	22		8	54	113	21
其中:宁波市	22			47	10	21
安徽省	3	1	202	167	83	1
福建省	98		333	925	255	7
其中:厦门市	20			100	35	5
江西省	6			79		1
山东省	177	8	1118	86	33	1
其中:青岛市	50		16	18	15	1
河南省	107	41	44	109	59	19
湖北省	14		33	72	29	
湖南省			25	28	55	1154
广东省	43	10	898	707	365	14
其中:深圳市	10		10		16	
广西壮族自治区	143	6	253	334	886	14
海南省	51	9	39	686	120	3
重庆市	2		50	17	6	
四川省	5	82	199	118	289	7
贵州省			2			
云南省	63	28	276	43569	1258	239
西藏自治区		10	20	15		
陕西省	5		24	168	246	
甘肃省	253	31	201	14	83	
青海省			19			
宁夏回族自治区			17	82	180	1
新疆维吾尔自治区			22	13	45	

二、地方财政预算收支情况

2-4-43

单位:万元

地　区	一、一般公共服务						
	地震事务		气象事务				
	地震事业机　构	其他地震事务支出	小　计	行政运行	一般行政管理事务	机关服务	气象事业机　构
地　方　合　计	**10776**	**12038**	**206099**	**22947**	**9353**	**221**	**28068**
北京市	1727	2552	9798		10		355
天津市	321		1120	61			387
河北省	626	271	7404	1277	207		771
山西省	563	657	6771	393	235	20	1777
内蒙古自治区	403	132	7442	1257	70	4	754
辽宁省	771	1007	7384	449	590		1472
其中:大连市	102	34	1070	95	193		175
吉林省	331	85	2460	197	78		409
黑龙江省	95	305	5123	835	399		869
上海市	113	82	7157		4269		146
江苏省	272	2007	8999	504	146		785
浙江省	67	147	11579	2488	328	49	1808
其中:宁波市		20	1925	429	35	49	539
安徽省	383	172	4501	475	82		233
福建省	875	95	6901	665	39	1	1960
其中:厦门市	58		1047	123			161
江西省	112	180	4085	259	61	3	362
山东省	372	121	11440	1451	647		2496
其中:青岛市	144	24	1033	48	3		389
河南省	164	174	8619	980	119	30	717
湖北省	210	53	4187	660	118		578
湖南省	63	62	7977	1588	685	44	108
广东省	19	339	25475	3435	424	6	1919
其中:深圳市		67	2861	1234			38
广西壮族自治区	281	215	6404	149	51		3048
海南省	305	167	3886	446	7		1993
重庆市	35	56	3820	176	100		58
四川省	432	251	6602	769	188		1014
贵州省	73		7572	1846	76		414
云南省	901	1990	7346	1105	205	10	1224
西藏自治区			1239	47			115
陕西省	190	502	7035	381	18	32	489
甘肃省	129	31	4448	732	8		859
青海省	185	262	2897	20		11	2
宁夏回族自治区	120	80	1110	3	169	11	1
新疆维吾尔自治区	638	43	5318	299	24		945

2－4－44

单位:万元

地　　区	一、一般公共服务						
	气象事务						
	气象技术研究应用与培训	气象探测	气象信息传输及管理	气象预报预测	气象服务	气象装备保障维护	气象台站建设与维护
地方合计	**866**	**3933**	**4129**	**14359**	**48600**	**12849**	**19739**
北京市	330		239	6000	1797	687	26
天津市		15			493		87
河北省		36	88	236	1541	167	773
山西省	15	28	40	189	2683	111	78
内蒙古自治区		12		263	3828		655
辽宁省		259	160	211	3122	166	377
其中:大连市		188		81	223	54	6
吉林省		305	28		541	113	248
黑龙江省		18		250	1175	53	460
上海市			150	9	102	211	236
江苏省		20	60	556	2777	148	2160
浙江省	147	205	5	233	1376	636	1314
其中:宁波市		110		80	41		400
安徽省			64	150	1190	86	387
福建省		102	30	1521	1076	305	404
其中:厦门市		35		95	70	65	143
江西省		6		116	509	133	424
山东省		122	20	343	3517	415	1077
其中:青岛市		2		15	492	10	21
河南省	3	86	389	398	2050	993	1284
湖北省	2	116	90	699	903	96	271
湖南省		83	77	162	576	389	607
广东省	221	1580	1822	1306	1477	5833	3519
其中:深圳市	86	69	252	115	527	134	52
广西壮族自治区		66	62	185	704	704	723
海南省	9	660	118		140	36	302
重庆市			130	235	1073	489	511
四川省		31	96	170	900	317	866
贵州省	9	37	94	359	2025	122	508
云南省	20	44	6	384	1583	210	494
西藏自治区			2		883		
陕西省	22	100		203	3754	312	263
甘肃省	3	2	59	124	1005		1090
青海省	20			20	2349		200
宁夏回族自治区			300	2	444		54
新疆维吾尔自治区	65			35	3007	117	341

二、地方财政预算收支情况

2－4－45

单位:万元

地　　区	一、一般公共服务						
	气象事务			民族事务			
	气象卫星	气象法规与标准	其他气象事务支出	小　计	行政运行	一般行政管理事务	机关服务
地　方　合　计	**119**	**357**	**40559**	**180541**	**66846**	**10319**	**675**
北京市			354	3953	793	263	
天津市			77	1248	598	51	
河北省			2308	4095	2197	147	
山西省			1202	235	31	12	
内蒙古自治区			599	15675	6493	341	81
辽宁省			578	6413	2600	261	32
其中:大连市			55	501	170	35	
吉林省			541	4327	1978	644	49
黑龙江省			1064	4061	2300	71	
上海市			2034	2496	1307	242	
江苏省			1843	2870	2005	428	
浙江省			2990	3119	724	358	
其中:宁波市			242	214	15	11	
安徽省			1834	2028	1146	28	
福建省		20	778	2707	903	90	
其中:厦门市		20	335	326	15		
江西省			2212	683	310	1	
山东省		9	1343	4083	2488	420	8
其中:青岛市			53	120	57	2	8
河南省	15	3	1552	4817	2291	839	37
湖北省			654	12234	1958	604	
湖南省		16	3642	8510	2821	1546	233
广东省		295	3638	3790	1171	305	
其中:深圳市		295	59	104			
广西壮族自治区			712	9395	3528	554	6
海南省			175	1227	776	119	
重庆市			1048	2119	541	24	
四川省	104	14	2133	13442	3734	889	59
贵州省			2082	17890	5907	383	35
云南省			2061	27043	5698	752	48
西藏自治区			192	5262	4761		
陕西省			1461	1538	877	7	
甘肃省			566	3555	1759	13	47
青海省			275	2287	1716	310	1
宁夏回族自治区			126	1822	713	501	
新疆维吾尔自治区			485	7617	2722	116	39

2－4－46

单位:万元

地区	一、一般公共服务						
	民族事务			宗教事务			
	民族工作专项	事业运行	其他民族事务支出	小计	行政运行	一般行政管理事务	机关服务
地方合计	**66750**	**4436**	**31515**	**81716**	**32991**	**9162**	**256**
北京市	2448	141	308	3702	86	70	
天津市	541		58	1699	121	49	
河北省	1317		434	3801	1718	333	
山西省	192			2437	1375	188	
内蒙古自治区	4801	622	3337	1787	382	181	13
辽宁省	2830	139	551	626	36	277	
其中:大连市	145	13	138	4			
吉林省	678	364	614	693	222	39	
黑龙江省	1140	158	392	775	446	26	6
上海市	115		832	4493	1956	101	
江苏省	299	36	102	8302	3455	1838	2
浙江省	1138	6	893	4484	2499	321	
其中:宁波市	185		3	918	429	65	
安徽省	532	10	312	1761	929	157	
福建省	932	64	718	3043	1154	317	
其中:厦门市	2		309	754	279	129	
江西省	216		156	1591	928	87	52
山东省	499	20	648	2087	1248	100	
其中:青岛市	11		42	769	617	29	
河南省	1111	233	306	3139	1696	552	6
湖北省	6644	75	2953	3414	1361	140	
湖南省	2122	10	1778	2711	866	722	19
广东省	606	167	1541	3623	1476	358	57
其中:深圳市	89		15	202			
广西壮族自治区	2884	1060	1363	1575	213	275	
海南省	179		153	307	94	68	
重庆市	1197		357	1941	596	187	48
四川省	6357	136	2267	4756	2030	461	11
贵州省	10702	345	518	1278	203	4	
云南省	14449	253	5843	3888	1299	251	1
西藏自治区	141		360	3860	1298	1590	
陕西省	613		41	2023	614	114	6
甘肃省	925	326	485	1665	1021	133	
青海省	256		4	1135	838	18	33
宁夏回族自治区	538	20	50	942	492	143	
新疆维吾尔自治区	348	251	4141	4178	2339	62	2

二、地方财政预算收支情况

2-4-47

单位:万元

地区	一、一般公共服务							
	宗教事务			港澳台侨事务				
	宗教工作专项	事业运行	其他宗教事务支出	小计	行政运行	一般行政管理事务	机关服务	港澳事务
地方合计	**18937**	**2570**	**17800**	**153590**	**66884**	**18303**	**317**	**3368**
北京市	2036	605	905	3042	1021	91		
天津市	242		1287	1593	849	550		
河北省	1409	89	252	1293	594	60		30
山西省	602	76	196	1212	624	151		
内蒙古自治区	495	19	697	116	6		5	
辽宁省	97		216	2152	824	696		4
其中:大连市	4			1140	466	535		
吉林省	97	49	286	937	472	50		
黑龙江省	265		32	1322	843	337		
上海市	114	164	2158	6719	4071	1873		
江苏省	1255	62	1690	13424	8523	1672	30	6
浙江省	1318	79	267	12041	5400	953	124	181
其中:宁波市	314	31	79	2798	1395	144		73
安徽省	354	41	280	1837	1114	86		12
福建省	824	102	646	20583	4982	713	17	150
其中:厦门市	310	10	26	3466	917	357	12	
江西省	172	106	246	3357	1633	220		15
山东省	392	3	344	7096	4670	602	10	
其中:青岛市	119		4	1738	1035	34		
河南省	388	21	476	2717	1480	187	10	32
湖北省	952	189	772	4775	2420	290		322
湖南省	423	27	654	3297	1810	668	25	6
广东省	708	17	1007	38050	15827	6626	27	2520
其中:深圳市	182		20	7544	3325	1827		1096
广西壮族自治区	543		544	6858	2587	450	7	7
海南省	41	18	86	2983	911	188		21
重庆市	482	2	626	1166	522	199	18	49
四川省	1213	104	937	5258	2789	1212	44	7
贵州省	743	6	322	1263	689	74		1
云南省	1461	108	768	8284	888	77		
西藏自治区	365		607	4				
陕西省	784	70	435	839	464	39		5
甘肃省	42	35	434	215	98	11		
青海省	116		130	118	58	20		
宁夏回族自治区	196	59	52	246	161	80		
新疆维吾尔自治区	808	519	448	793	554	128		

2－4－48

单位:万元

地区	一、一般公共服务							
	港澳台侨事务				档案事务			
	台湾事务	华侨事务	事业运行	其他港澳台侨事务支出	小计	行政运行	一般行政管理事务	机关服务
地方合计	**16188**	**36987**	**1957**	**9586**	**336423**	**159628**	**24346**	**2159**
北京市	738	607	2	583	11784	3214	283	28
天津市	111	53		30	5629	2792	109	
河北省	238	272		99	12439	7229	382	46
山西省	224	164	26	23	8717	4510	496	4
内蒙古自治区		75	30		12429	4384	334	208
辽宁省	358	116	128	26	12283	5133	563	20
其中:大连市	7	4	128		2752	879	416	
吉林省	51	326	27	11	8793	4020	483	77
黑龙江省	34	104		4	12571	6435	212	27
上海市	143	253	344	35	19115	4705	5637	847
江苏省	2025	778	135	255	26753	14796	853	5
浙江省	2262	2446	108	567	25295	10353	2540	161
其中:宁波市	463	717		6	3902	2148	435	24
安徽省	318	252		55	7735	4704	298	
福建省	3244	9843	410	1224	6744	2823	391	55
其中:厦门市	745	1025	59	351	676	537	16	
江西省	442	760	36	251	7866	2348	439	20
山东省	876	319	124	495	15676	8802	740	2
其中:青岛市	452	61		156	3863	1594	185	
河南省	167	650	12	179	12949	6507	824	156
湖北省	1358	294		91	11475	6426	1167	49
湖南省	374	273	2	139	13117	6700	2461	45
广东省	1403	7196	261	4190	20675	10894	1857	42
其中:深圳市	321	290		685	2453	1251		
广西壮族自治区	233	2628	295	651	6189	3153	365	7
海南省	112	1607	5	139	2210	957	134	14
重庆市	241	135		2	4471	2480	303	
四川省	560	496	8	142	20234	8470	1254	81
贵州省	321	169		9	8002	5009	448	
云南省	241	6771	4	303	8448	4393	476	
西藏自治区		4			2567	1157	75	
陕西省	87	222		22	13055	5899	294	197
甘肃省	7	99			6740	4636	99	9
青海省	20	20			3042	1273	220	59
宁夏回族自治区		5			1915	996	224	
新疆维吾尔自治区		50		61	7505	4430	385	

二、地方财政预算收支情况

2-4-49

单位:万元

地区	一、一般公共服务							
	档案事务		共产党事务					
	档案馆	其他档案事务支出	小计	行政运行	一般行政管理事务	机关服务	专项服务	专项业务
地方合计	**120086**	**30204**	**6114604**	**3732767**	**1003614**	**62844**	**59671**	**546134**
北京市	6812	1447	132241	43146	38141	202	416	12623
天津市	2442	286	59761	40625	8247	119	390	1311
河北省	2207	2575	302359	212214	25256	3419	2437	28834
山西省	3025	682	216405	143804	22164	2022	1289	21798
内蒙古自治区	6866	637	192019	130196	9147	4448	1367	20976
辽宁省	5256	1311	199288	141829	26645	1329	7403	8543
其中:大连市	1156	301	25713	16742	6457		428	1283
吉林省	3189	1024	108575	62993	26159	2093	1014	5953
黑龙江省	3282	2615	156264	116761	26311	1171	1994	3702
上海市	6730	1196	141474	75540	30631	1024	1516	6068
江苏省	8185	2914	370442	248010	50448	2755	3450	33518
浙江省	10029	2212	286441	147490	50263	4522	3390	44674
其中:宁波市	1068	227	50711	30517	6708	55	260	7479
安徽省	1187	1546	157242	110343	13753	3075	1851	13968
福建省	2994	481	163850	100533	20301	1328	1863	16701
其中:厦门市	83	40	30306	11434	4373	410	990	3960
江西省	4827	232	141961	91955	17087	3378	1637	7199
山东省	5756	376	430274	280140	54725	3524	7262	33303
其中:青岛市	2002	82	53558	34131	7460	664	4	5302
河南省	3928	1534	347593	210709	57381	5378	2646	37832
湖北省	3064	769	195027	121455	27775	883	2043	24745
湖南省	3115	796	282764	156706	72375	5519	3151	26073
广东省	6677	1205	386338	189077	84607	1409	2853	51049
其中:深圳市	897	305	48069	17462	10023	6	399	11294
广西壮族自治区	2436	228	177064	94465	47413	1274	1638	13126
海南省	1069	36	47891	18422	18159	1597	261	2589
重庆市	1520	168	110059	60421	21659	986	321	23595
四川省	8040	2389	399367	230051	101798	2254	3772	27110
贵州省	1015	1530	200040	118104	24590	383	1461	13649
云南省	3127	452	219965	118417	53966	345	2200	20111
西藏自治区	1333	2	69560	52438	376	986	686	7421
陕西省	6181	484	207489	150096	19669	3331	120	11210
甘肃省	1426	570	127072	92241	6014	1523	632	9314
青海省	1277	213	47404	34798	7133	608	212	2292
宁夏回族自治区	587	108	46931	18647	22211	4	176	3656
新疆维吾尔自治区	2504	186	191444	121141	19210	1955	220	13191

2－4－50

单位:万元

地区	一、一般公共服务								
	共产党事务		民主党派及工商联事务						
	事业运行	其他共产党事务支出	小计	行政运行	一般行政管理事务	机关服务	参政议政	事业运行	其他民主党派及工商联事务支出
地方合计	**83702**	**625872**	**304955**	**211174**	**49246**	**1679**	**17782**	**662**	**24412**
北京市	2719	34994	8812	5002	1289	141	458	32	1890
天津市	233	8836	6255	4728	335	218	347		627
河北省	3190	27009	9580	6939	1481	104	308	23	725
山西省	5292	20036	8153	4923	2558		350	35	287
内蒙古自治区	3172	22713	6341	4812	668	100	356	9	396
辽宁省	5925	7614	13165	9860	2238	15	793	149	110
其中:大连市	118	685	2386	1523	679		109	64	11
吉林省	2954	7409	6325	4108	892	399	798	22	106
黑龙江省	1745	4580	10577	6126	1471	41	14		2925
上海市	12956	13739	13354	9906	2700		119		629
江苏省	2340	29921	21814	16263	3774	1	823	11	942
浙江省	6569	29533	22791	15611	4086	12	1741	13	1328
其中:宁波市	1313	4379	3365	2737	480		109		39
安徽省	899	13353	8383	6145	1188	2	281	6	761
福建省	4111	19013	11886	6954	1780	50	2572	77	453
其中:厦门市	1389	7750	2477	1605	646		79	21	126
江西省	959	19746	6939	5624	609	51	229	6	420
山东省	5031	46289	15445	10226	1184	92	1311	44	2588
其中:青岛市	1237	4760	2822	2144	112		329		237
河南省	4174	29473	8511	5846	1520	39	561	61	484
湖北省	1334	16792	12764	7702	2756	39	1026	7	1234
湖南省	1299	17641	14110	9563	3085	64	419	22	957
广东省	4458	52885	24463	15784	3256		2308	32	3083
其中:深圳市	438	8447	2844	1497	881		117		349
广西壮族自治区	910	18238	8687	6890	990	16	231	10	550
海南省	815	6048	2507	1806	423	29	65	17	167
重庆市	300	2777	6903	3415	2517	91	498		382
四川省	5248	29134	16857	12143	3117	111	537	32	917
贵州省	3148	38705	8410	6702	1125		422	2	159
云南省	229	24697	9489	6614	1830	1	145	19	880
西藏自治区		7653	1534	1444	28				62
陕西省	673	22390	8489	6401	769	33	476	17	793
甘肃省	764	16584	4019	3328	147	23	211	12	298
青海省	252	2109	1785	1356	344	7	48	4	26
宁夏回族自治区	694	1543	2500	1741	566		169		24
新疆维吾尔自治区	1309	34418	4107	3212	520		166		209

二、地方财政预算收支情况

2-4-51

单位:万元

地区	一、一般公共服务							
	群众团体事务							
	小计	行政运行	一般行政管理事务	机关服务	厂务公开	工会疗养休养	事业运行	其他群众团体事务支出
地方合计	**900563**	**511330**	**167931**	**2745**	**1287**	**5418**	**30646**	**181206**
北京市	32359	6300	12546		23	63	1093	12334
天津市	15303	9196	2088			70	2289	1660
河北省	31343	20012	5069	57	45	210	859	5091
山西省	32646	18492	4495	211	33	91	1235	8089
内蒙古自治区	19775	13547	2206	175	41	102	324	3380
辽宁省	38332	19969	4677	131	54	149	2107	11245
其中:大连市	3462	1750	1372				177	163
吉林省	13582	8742	1917	61	20	47	1413	1382
黑龙江省	30774	20977	3663	77	124	211	3114	2608
上海市	33799	16688	7715		3	352	327	8714
江苏省	65359	38950	13280	261	77	330	1018	11443
浙江省	58663	31426	14834	328	78	757	1818	9422
其中:宁波市	12803	6412	3596	58		275	287	2175
安徽省	22490	13691	4557	11	27	202	325	3677
福建省	25578	12978	6358	41	35	195	1297	4674
其中:厦门市	4380	1663	1135	36	3		533	1010
江西省	20460	11942	2598	89		75	192	5564
山东省	40706	24930	5279	248	97	76	1949	8127
其中:青岛市	5737	4050	1109				47	531
河南省	35765	20720	5373	197	31	174	1040	8230
湖北省	29689	18994	7658	139	16	156	126	2600
湖南省	29566	17544	7295	61	160	90	202	4214
广东省	82579	39178	16427	48	310	200	1786	24630
其中:深圳市	16414	5213	4589		6	74	391	6141
广西壮族自治区	24680	12396	5150	106	48	78	772	6130
海南省	7946	4603	1876	13	3	131	283	1037
重庆市	14634	7931	3779	42	19	40	459	2364
四川省	45446	28263	10019	172	6	89	1253	5644
贵州省	22613	14160	3625	46	7	109	718	3948
云南省	36019	18272	5178		10	737	365	11457
西藏自治区	14976	13215	225			69	41	1426
陕西省	20732	14238	3084	12		143	243	3012
甘肃省	15024	11166	1297	87			113	2361
青海省	8114	5356	1190	9		56	28	1475
宁夏回族自治区	7198	3028	2439	52		380	1087	212
新疆维吾尔自治区	24413	14426	2034	71	20	36	2770	5056

2－4－52

单位:万元

地区	一、一般公共服务							
	国债事务					其他一般公共服务支出		
	小计	国内债务付息	国外债务付息	国内外债务发行	补充还贷准备金	小计	国家赔偿费用支出	其他一般公共服务支出
地方合计	**1170216**	**591104**	**29457**	**62**	**549593**	**2737043**	**26721**	**2710322**
北京市	49			49		83755	835	82920
天津市						16609		16609
河北省	689	428	261			92316	117	92199
山西省	6939	1553	1064		4322	20056	63	19993
内蒙古自治区	17677	12198	1735	13	3731	58141	22	58119
辽宁省	247172	224030	9586		13556	59634	2	59632
其中:大连市	204986	204986				10461		10461
吉林省	80701	78484	142		2075	12602	42	12560
黑龙江省	752	610	142			27225	107	27118
上海市	9385				9385	90126		90126
江苏省	26032	32			26000	172836	129	172707
浙江省	27519	10317			17202	126132		126132
其中:宁波市	18075	9973			8102	12715		12715
安徽省	34238	7236	675		26327	133702	132	133570
福建省	12922	12798	4		120	119540	35	119505
其中:厦门市	9343	9343				74293		74293
江西省	6906	2005	601		4300	54869	10	54859
山东省	39787	32167	3053		4567	186372	80	186292
其中:青岛市	28140	25087	3053			43835	2	43833
河南省	93752	75146	1204		17402	174349	951	173398
湖北省	7524	4479	1020		2025	67433	828	66605
湖南省	13133	8454	1341		3338	122051	2287	119764
广东省	34591	7640	471		26480	634987	20224	614763
其中:深圳市	4799	4799				434817	20200	414617
广西壮族自治区	151015	14073	1128		135814	83203	57	83146
海南省	16803	15270	60		1473	23240	3	23237
重庆市	5846	433	413		5000	17242	24	17218
四川省	75397	22634	413		52350	64959	254	64705
贵州省	36823	13557	908		22358	21787	98	21689
云南省	3511	897	699		1915	50694	161	50533
西藏自治区						110063		110063
陕西省	28341	7225	1965		19151	48972	107	48865
甘肃省	41497	6268	2266		32963	48853	123	48730
青海省	113299	20576	3		92720	5891	17	5874
宁夏回族自治区	13817	8817			5000	2141	4	2137
新疆维吾尔自治区	24099	3777	303		20019	7263	9	7254

二、地方财政预算收支情况

2－4－53

单位:万元

地　　区	二、外交	三、国防				四、公共安全		
		合　计	预备役部　队	民　兵	其他国防支　出	合　计	武装警察	
							小　计	内　卫
地　方　合　计	**14957**	**725878**	**131319**	**289398**	**282253**	**28783267**	**1230084**	**240085**
北京市		24756	1822	2283	1779	1337950	57250	9276
天津市		10148	1864	6050	2234	538765	24119	1999
河北省		26426	4550	14124	7752	1089217	38166	10766
山西省		18051	2812	6152	9087	706119	35343	5822
内蒙古自治区	120	13560	463	7808	5289	608509	44990	9528
辽宁省		58909	7783	21871	29255	1267721	47771	11141
其中:大连市		21993	243	4427	17323	176858	5419	958
吉林省		13421	4854	6660	1907	610183	33696	4297
黑龙江省	420	25354	4008	7281	14065	799519	44139	3645
上海市		10120	1791	7342	987	1343324	8518	
江苏省		41712	7949	13797	16780	2107297	87795	20163
浙江省		42929	11016	17174	14739	1737917	84812	10309
其中:宁波市		8550	2586	4013	1951	309701	15067	1263
安徽省		23101	2989	8789	11323	725247	27361	7407
福建省		32004	6767	11667	13570	765591	49946	11926
其中:厦门市		7027	598	2562	3867	135049	6023	
江西省		17387	2860	5606	8921	651465	17507	3052
山东省		36336	4274	17101	14961	1562148	56216	10039
其中:青岛市		4829	626	540	3663	268921	9757	2418
河南省		13169	805	9794	2570	1196850	14193	943
湖北省		10513	1515	2858	6140	1094211	52179	9280
湖南省	750	34655	7263	11240	16152	963061	46808	10712
广东省	1389	64852	22726	11286	30840	3407721	168883	30911
其中:深圳市	730	12175	170	1432	10573	660149	16352	
广西壮族自治区	82	34323	2825	17823	13675	824496	30511	6740
海南省	720	7335	1678	2276	3381	188237	10763	1319
重庆市		16008	1780	7155	7073	537942	41889	7717
四川省		39827	3703	28002	8122	1250331	57945	19742
贵州省	200	17458	1504	6800	9154	572217	17217	3251
云南省	4895	30449	3096	19433	7070	846056	46168	8059
西藏自治区	557	12319	6611	2634	3074	177586	6983	1313
陕西省		18327	5905	4933	7489	641665	24014	8320
甘肃省	990	8109	1028	4643	2438	380012	14128	3968
青海省	8	3147	371	1519	1257	159854	6076	589
宁夏回族自治区		3136	215	1773	1148	147180	12060	2337
新疆维吾尔自治区	4826	18037	4492	3524	10021	544876	22638	5514

2－4－54

单位:万元

地　　区	四、公共安全							
	武装警察							
	边　防	消　防	警　卫	黄　金	森　林	水　电	交　通	其他武装警察支出
地　方　合　计	**130475**	**693852**	**53852**	**153**	**33349**	**19**	**2881**	**75418**
北京市		42484	2334					3156
天津市	500	20407					1150	63
河北省	2934	20749	2675		15		5	1022
山西省	337	25758	2128					1298
内蒙古自治区	2835	18789	2055	28	9013			2742
辽宁省	10617	22607	1190		29	16		2171
其中:大连市	2676	1365			29			391
吉林省	3004	19845	1705		3632			1213
黑龙江省	1887	22637	1882	64	6837			7187
上海市	27	8295						196
江苏省	9370	47328	3225				40	7669
浙江省	9940	56846	5848		106		122	1641
其中:宁波市	1979	11530	131					164
安徽省	1135	16507	1539				90	683
福建省	12024	23121	1036				16	1823
其中:厦门市	1452	4087	22				14	448
江西省	623	11621	1409		154		136	512
山东省	5726	32468	1821		61		19	6082
其中:青岛市	3079	3651	10					599
河南省	634	11605	104					907
湖北省	1683	21342	1591		43		420	17820
湖南省	1565	30739	1913		233		6	1640
广东省	38790	87382	4907		280		144	6469
其中:深圳市	13004	997					90	2261
广西壮族自治区	4281	15319	1565		73		57	2476
海南省	3819	4207	677				44	697
重庆市	509	31890	1062				353	358
四川省	1510	28394	1645		5959		203	492
贵州省	145	12504	484				14	819
云南省	8300	18995	4330	21	5972	3	48	440
西藏自治区	1313	2693	324		584			756
陕西省	2038	10739	1850	40				1027
甘肃省	374	8580	801		50		11	344
青海省	600	3684	1006					197
宁夏回族自治区	1175	6666	910					972
新疆维吾尔自治区	2780	9651	1836		308		3	2546

二、地方财政预算收支情况

2－4－55

单位:万元

地　　区	四、公共安全						
	公　安						
	小　计	行政运行	一般行政管理事务	机关服务	治安管理	国内安全保　卫	刑事侦查
地　方　合　计	**16950560**	**10279473**	**1515849**	**41512**	**735968**	**54760**	**214357**
北京市	834929	469498	47901	1067	46946	3835	8321
天津市	314964	224094	15791	666	7012	1562	3554
河北省	657578	360630	61580	1514	21718	1527	8132
山西省	413136	216638	55423	946	14225	1500	4162
内蒙古自治区	334427	170258	21641	3850	13435	2188	3974
辽宁省	727212	480612	54906	3194	26383	3422	10269
其中:大连市	116425	82696	13593		511		10
吉林省	313053	195840	26075	100	8940	702	7516
黑龙江省	416903	295686	19900	239	14244	1140	8393
上海市	870937	630505	102465		18049	5240	3797
江苏省	1290388	786322	93034	8565	92909	2481	31587
浙江省	1072820	598209	102639	5338	70586	3356	13964
其中:宁波市	218697	116324	21602	5193	27352	60	2619
安徽省	426546	250969	19827	46	14164	501	3117
福建省	437349	268037	49388	569	18803	2680	5456
其中:厦门市	82460	54936	232	118	5505	866	1238
江西省	391957	229177	61220	488	10790	852	4881
山东省	917108	550927	74708	702	31270	4334	4661
其中:青岛市	145512	103863	12680	9	8127	83	531
河南省	674736	397716	58461	1518	16927	1677	13610
湖北省	602177	410157	58453	311	10748	1354	6479
湖南省	522571	294853	84188	724	11832	1195	12787
广东省	2274210	1442000	165038	4994	139277	5981	18667
其中:深圳市	472395	318556	13673	1105	53797	2741	7280
广西壮族自治区	412304	222328	53611	2535	17740	1331	6335
海南省	97354	46814	9344	483	4456	877	2403
重庆市	296143	172539	44435	120	24900	765	4841
四川省	716734	401591	101034	338	35075	1690	8320
贵州省	311876	202943	20021	197	14627	406	2039
云南省	511857	286158	24799	97	16283	1836	4695
西藏自治区	94387	59970	8280		845	629	250
陕西省	371137	225187	22631	612	13109	619	5293
甘肃省	198051	122940	9729	1771	7662	33	2152
青海省	73701	43022	1232	153	1547	7	295
宁夏回族自治区	72913	36078	13337		2168	101	1873
新疆维吾尔自治区	301102	187775	34758	375	9298	939	2534

2－4－56

单位:万元

地　　区	四、公共安全						
	公　安						
	经济犯罪侦　查	出入境管理	行动技术管　理	防范和处理邪教犯罪	禁毒管理	道路交通管　理	网络侦控管　理
地方合计	**33054**	**78217**	**34392**	**12810**	**116626**	**1312388**	**35683**
北京市	347	4580	213	181	2032	66429	446
天津市	34		179	80	257	14773	190
河北省	1830	1205	3402	521	767	98755	958
山西省	573	2159	1130	223	1638	55566	1057
内蒙古自治区	778	22	280	320	1640	60465	311
辽宁省	1926	223	1770	823	2660	34782	2144
其中:大连市		6		198	153	7909	
吉林省	1007	36	386	98	2891	29048	439
黑龙江省	1223	1557	453	197	1289	26966	2318
上海市	608	258	1319	1295	166	3777	513
江苏省	2225	7453	1324	1465	1382	77601	1703
浙江省	2281	283	740	717	3705	142897	1902
其中:宁波市	47	40	129	40	262	21783	830
安徽省	621	1686	472	83	874	42006	140
福建省	637	5314	651	177	2527	26226	2341
其中:厦门市	54	2512	325	4	548	5425	22
江西省	781	1223	135	92	370	33784	133
山东省	1958	9665	4068	574	873	129978	4316
其中:青岛市	155	22		75	1	7770	720
河南省	2036	2519	906	606	2713	44825	1024
湖北省	2213	4738	1499	235	2295	33747	752
湖南省	1911	636	205	696	5536	58749	761
广东省	3187	27084	3928	1897	12445	63358	2569
其中:深圳市	907	321	1852	393	1879	5521	278
广西壮族自治区	958	478	1665	239	6417	45931	800
海南省	472	691	1067	77	1862	8753	281
重庆市	599	66	45	184	1601	8609	1537
四川省	2126	1727	3389	801	8644	67308	1508
贵州省	456	27	293	129	5545	19252	2678
云南省	735	1926	2806	416	35967	41432	1215
西藏自治区	157	67	256	65	1893	1188	1193
陕西省	615	1173	778	227	1654	42463	1407
甘肃省	408	362	330	98	3083	12879	306
青海省	45	55	341		28	3908	25
宁夏回族自治区	114	66		258	905	7669	110
新疆维吾尔自治区	193	938	362	36	2967	9264	606

二、地方财政预算收支情况

2－4－57

单位:万元

地　　区	四、公共安全							
	公　安							
	反恐怖	居民身份证管理	网络运行及维护	拘押收教场所管理	警犬繁育及训养	信息化建设	事业运行	其他公安支出
地　方　合　计	**30340**	**365815**	**77596**	**445629**	**9872**	**150608**	**38875**	**1366736**
北京市	4546	1221	14874	34134	1222	29387	21	97728
天津市	61	862	107	4231	12	81		41418
河北省	1155	22342	3066	18001	565	5820	1064	43026
山西省	58	17773	4927	14095	259	4150	1260	15374
内蒙古自治区	825	15443	2808	10660	99	777	770	23883
辽宁省	112	21585	1772	13495	942	4245	3515	58432
其中:大连市		338	224	971	291	1120		8405
吉林省	154	566	490	9313	160	3335	302	25655
黑龙江省	165	3850	249	10939	292	2874	1507	23422
上海市	1688	1912	1886	6270	147	6827	452	83763
江苏省	822	39666	2212	27937	198	11441	2145	97916
浙江省	415	3069	3575	28143	508	12328	11710	66455
其中:宁波市	125	181	1379	7275	43	2943	793	9677
安徽省	570	33074	3134	7327	410	3742		43783
福建省	1836	2901	1655	17863	38	4280	2553	23417
其中:厦门市	1267	165	616	2392		200		6035
江西省	23	8460	2041	6456	59	8561	1997	20434
山东省	957	7110	1789	13033	204	6526	2652	66803
其中:青岛市		1471	449	1263	12	1041		7240
河南省	394	33499	1855	16444	311	4489	1634	71572
湖北省	2531	21471	1410	10365	68	1780	387	31184
湖南省	349	10657	898	11256	196	3729	48	21365
广东省	3479	12337	11870	68675	1610	12437	968	272409
其中:深圳市	646	328	842	13843	621	52		47760
广西壮族自治区	1133	9954	1261	13953	225	3234	3045	19131
海南省	289	2513	310	7586	267	296		8513
重庆市		11277	920	7804	3	4453	56	11389
四川省	384	11113	9383	25230	154	3743	1108	32068
贵州省	315	9479	406	8717	488	2000	437	21421
云南省	4096	19600	1812	23623	463	1460	51	42387
西藏自治区	8	88	88	505	12	26		18867
陕西省	344	21683	1280	7498	164	2400	856	21144
甘肃省	367	13756	450	7072	5	1132		13516
青海省	20	2563	441	3401	5	2057		14556
宁夏回族自治区	76	2809	180	3636		1183	129	2221
新疆维吾尔自治区	3168	3182	447	7967	786	1815	208	33484

2－4－58

单位:万元

地　　区	四、公共安全						
	国家安全						
	小　计	行政运行	一般行政管理事务	机关服务	安全业务	事业运行	其他国家安全支出
地　方　合　计	**585014**	**409132**	**51403**	**935**	**70085**	**291**	**53168**
北京市	83015	53771	16358		441		12445
天津市	20558	17914	30		2459		155
河北省	12047	9264	144		2039		600
山西省	7298	4746	1863	103	376	15	195
内蒙古自治区	9652	8372	5		308		967
辽宁省	29188	22802	1480		2913		1993
其中:大连市	6687	5060	1475		152		
吉林省	13700	11566	753		964	47	370
黑龙江省	16352	14044	1607		701		
上海市	71525	29317	1750		35704	126	4628
江苏省	39426	20477	5795	59	3755		9340
浙江省	26955	18208	3633		4657		457
其中:宁波市	4440	3341	289		810		
安徽省	5640	4861	173		564		42
福建省	21225	16490	732	17	2689		1297
其中:厦门市	8418	6386	2	17	1176		837
江西省	7474	99	99		93		7183
山东省	29806	25481	1325	119	1105		1776
其中:青岛市	5858	5278	390		190		
河南省	8704	7066	318	59	363		898
湖北省	15743	12906	1899	160	572		206
湖南省	9982	9020	697		62	3	200
广东省	53379	43131	3107		1786	68	5287
其中:深圳市	8588	7815	10		600	68	95
广西壮族自治区	10519	8421	489	150	1389	31	39
海南省	6982	6021	767		185		9
重庆市	6001	3740	1330		828		103
四川省	14355	10023	1894	127	2150		161
贵州省	5858	4903	388		273		294
云南省	14248	10002	2488		904		854
西藏自治区	7742	5806	277		961		698
陕西省	10555	9166	14		1013		362
甘肃省	6003	4299	1066		246	1	391
青海省	3107	2421	270		180		236
宁夏回族自治区	2424	1916	378		130		
新疆维吾尔自治区	15551	12879	274	141	275		1982

2－4－59

单位:万元

地　　区	四、公共安全							
	检　察							
	小　计	行政运行	一般行政管理事务	机关服务	查办和预防职务犯罪	公诉和审判监督	侦查监督	执行监督
地　方　合　计	**2370770**	**1522809**	**275404**	**5769**	**79910**	**21961**	**19458**	**6284**
北京市	62472	33405	5663		2144	1532	812	284
天津市	32159	23434	1415		30	6		
河北省	111208	74572	13608	109	2401	341	398	43
山西省	68786	45244	9550	303	1913	451	97	173
内蒙古自治区	57491	32606	6018	328	882	351	106	68
辽宁省	106503	68174	11104	150	994	784	2087	97
其中:大连市	12053	8095	2582	132	10			
吉林省	70990	39579	8498	70	6672	108	478	43
黑龙江省	73127	58408	2893		1851	1775	1215	84
上海市	76725	65248	6248		273	26	32	11
江苏省	168468	112856	12454	131	5290	1300	1114	505
浙江省	109134	72580	17256	1151	3422	922	872	274
其中:宁波市	18100	13329	2266		448	60	47	26
安徽省	67898	41968	3761	90	1544	433	233	112
福建省	67758	46163	7398	273	1911	366	497	71
其中:厦门市	12951	6361	951		453	164	147	
江西省	70125	48343	5919	206	2157	496	180	126
山东省	139861	97432	17005	314	4227	1151	652	798
其中:青岛市	22456	12702	4637	6		6		30
河南省	153544	87957	20893	753	6796	2527	1311	291
湖北省	101177	71074	9242	352	5106	1705	1090	436
湖南省	101060	54099	27145	124	4185	610	1085	524
广东省	185461	111258	26152	511	7085	1465	2664	514
其中:深圳市	36066	20299	1508		3291	1265	692	345
广西壮族自治区	66579	36233	12853	31	2338	507	415	273
海南省	18157	9968	1552		1367	662	845	66
重庆市	39851	22424	4466	170	7576	1129	445	320
四川省	116346	67355	20317	21	3942	1516	1209	678
贵州省	48718	30949	3644		1805	129	128	13
云南省	63181	38108	7999	94	1014	191	458	179
西藏自治区	19886	17736	30	19			30	
陕西省	61032	37783	2701	247	1329	658	606	230
甘肃省	37428	27248	1564	296	1118	566	160	41
青海省	17092	10848	873	26	133	26	33	3
宁夏回族自治区	13312	7779	3329		125	90	53	14
新疆维吾尔自治区	45241	31978	3854		280	138	153	13

2－4－60 单位:万元

地区	四、公共安全							
	检察				法院			
	控告申诉	“两房”建设	事业运行	其他检察支出	小计	行政运行	一般行政管理事务	机关服务
地方合计	**4640**	**216599**	**2544**	**215392**	**3476260**	**2016487**	**438777**	**11393**
北京市	278	13806	100	4448	111160	47126	11546	38
天津市		260		7014	68534	32662	10580	
河北省	48	11434		8254	151557	93131	15443	522
山西省	59	8015	351	2630	87753	55302	17817	494
内蒙古自治区	58	5981	89	11004	81431	52105	5022	425
辽宁省	63	16274	127	6649	161940	93100	15668	256
其中:大连市		526		708	24013	13528	3523	
吉林省	90	3699	420	11333	80588	47044	11447	36
黑龙江省	147	2284		4470	99367	73127	11209	255
上海市	4	51		4832	142200	79757	44522	103
江苏省	218	17231	101	17268	272565	168093	23119	1379
浙江省	176	5666	509	6306	179661	97740	23454	1193
其中:宁波市	15	1630	26	253	27476	19977	3502	450
安徽省	192	12123		7442	94011	58576	5568	
福建省	149	6593	1	4336	88287	51944	10512	15
其中:厦门市	117	4096		662	15161	7518	1503	
江西省	84	4418	6	8190	84977	57976	8965	192
山东省	143	10007	163	7969	239970	128124	29900	1350
其中:青岛市	34	2500	71	2470	44782	20847	5863	138
河南省	365	14887	353	17411	181761	101682	18947	997
湖北省	446	6400	95	5231	138872	90069	15199	674
湖南省	242	7884		5162	123928	68554	23660	317
广东省	289	15801	18	19704	260639	152641	44319	1294
其中:深圳市	157	890		7619	39129	25535	4219	353
广西壮族自治区	290	8144	45	5450	93960	50209	13700	46
海南省	60	1600		2037	25138	11952	2422	168
重庆市	416	2017	65	823	76081	31744	12015	138
四川省	454	14075	60	6719	166481	92522	33678	486
贵州省	24	4747	5	7274	74880	42247	5192	
云南省	65	4537		10536	91773	48150	10305	58
西藏自治区				2071	25500	19090	31	6
陕西省	188	9288	36	7966	88854	61592	3357	320
甘肃省	12	4457		1966	61795	41480	1083	461
青海省	6	243		4901	24175	13978	673	142
宁夏回族自治区	56	1299		567	23723	10172	4037	
新疆维吾尔自治区	18	3378		5429	74699	44598	5387	28

2－4－61

单位:万元

地区	四、公共安全							
	法院					司法		
	案件审判	案件执行	“两庭”建设	事业运行	其他法院支出	小计	行政运行	一般行政管理事务
地方合计	**282460**	**59616**	**325596**	**5791**	**336140**	**909777**	**597260**	**95550**
北京市	14396	970	17931	152	19001	26061	16221	1864
天津市	121	10	7520		17641	17537	10683	1264
河北省	19662	1412	12723		8664	36084	26799	2573
山西省	3420	979	7538	106	2097	24223	16912	3181
内蒙古自治区	4388	833	6919	227	11512	23401	17246	1863
辽宁省	19263	821	17693	293	14846	30947	21190	3578
其中:大连市	65	100	1260	6	5531	3814	2505	547
吉林省	10688	2251	4625	128	4369	24754	15157	2802
黑龙江省	3302	809	4045		6620	24105	19056	1348
上海市	8741	366	4947		3764	24435	12966	5625
江苏省	20024	4836	24475	223	30416	60190	40980	2983
浙江省	22543	8024	15293	2058	9356	51655	32587	2947
其中:宁波市	1219	459	1074	61	734	10617	6632	452
安徽省	5516	1658	8345	96	14252	22935	16438	1716
福建省	5556	1532	12329	17	6382	23109	15341	1394
其中:厦门市	1223	478	4002		437	4657	2472	382
江西省	3664	2111	6190	30	5849	21489	14651	2180
山东省	29769	3267	22708	362	24490	50184	35542	3696
其中:青岛市	5090	104	7070	162	5508	9313	6369	1140
河南省	12316	5528	20872	1543	19876	41958	27721	3848
湖北省	12173	3204	9438	87	8028	39896	29543	4107
湖南省	11905	2263	12972	1	4256	43172	27362	8672
广东省	14618	3625	20459	40	23643	84404	48774	6258
其中:深圳市	3270	265	158		5329	11422	5045	479
广西壮族自治区	6674	2613	10427	20	10271	26379	16697	3867
海南省	5424	247	2545	8	2372	6185	3713	832
重庆市	18286	4297	6841	104	2656	19474	9273	3954
四川省	10142	3041	18280	198	8134	46196	27887	9014
贵州省	3797	950	6219		16475	21095	14834	2138
云南省	2817	1230	7654	8	21551	34187	20538	5108
西藏自治区	781	45	605		4942	8041	6752	609
陕西省	4047	823	9298	10	9407	25123	16290	2055
甘肃省	2970	749	12407	8	2637	15865	11496	1557
青海省	834	95	1431		7022	9592	5820	1305
宁夏回族自治区	2784	555	4846		1329	6364	4053	1155
新疆维吾尔自治区	1839	472	8021	72	14282	20737	14738	2057

2 – 4 – 62

单位:万元

地　　区	四、公共安全								
	司　法								
	机关服务	基层司法业　务	普法宣传	律师公证管　理	法律援助	司法统一考　试	仲　裁	事业运行	其他司法支　出
地　方　合　计	**2174**	**53696**	**31257**	**20925**	**31865**	**1406**	**2473**	**11732**	**61439**
北京市		3122	2035	152	584	216		44	1823
天津市		697	449	5	173	60		7	4199
河北省	23	1451	1382	528	693	17	29	254	2335
山西省	50	734	725	1005	786	2	37	334	457
内蒙古自治区	127	714	460	798	513	34	21	139	1486
辽宁省	80	1299	632	741	796	159	120	1437	915
其中:大连市	4	256	75		29	45	110	191	52
吉林省		836	219	1852	595		88	1761	1444
黑龙江省	49	474	329	230	661	7	15	246	1690
上海市		1343	800	391	1707	19	196	447	941
江苏省	36	5231	2214	940	2542	78	231	1003	3952
浙江省	230	4432	2886	323	2997	73	50	467	4663
其中:宁波市		1116	477	71	853			191	825
安徽省	3	727	577	157	701	95	17	232	2272
福建省	125	1105	1017	1475	646	49	45	463	1449
其中:厦门市	101	438	276	54	200	41		159	534
江西省	247	915	397	716	348	17	5	69	1944
山东省	190	1036	1055	3038	1105	7	558	1270	2687
其中:青岛市		393	204	238	127		328	23	491
河南省	199	1261	1404	1256	1022	28	80	894	4245
湖北省	81	1529	1287	564	749	31	295	6	1704
湖南省	86	1854	1379	1023	1088	33	34	227	1414
广东省	188	12252	3424	1505	4565	174	307	794	6163
其中:深圳市		1020	1392	128	1043	116		154	2045
广西壮族自治区	14	1714	688	492	594	12	17	62	2222
海南省	39	605	434	17	316			48	181
重庆市		1955	704	206	2747	3		181	451
四川省	81	2792	1908	887	1713	218	19	175	1502
贵州省		448	685	390	911		22	219	1448
云南省	15	1536	1965	162	1304	5	8	130	3416
西藏自治区		11	182	10	117				360
陕西省	14	2378	532	1138	563	37	30	339	1747
甘肃省	38	505	426	434	457	9	60	4	879
青海省	258	109	159	139	228	22	118	115	1319
宁夏回族自治区	1	150	238	222	306		29	79	131
新疆维吾尔自治区		481	665	129	338	1	42	286	2000

2－4－63

单位:万元

地区	四、公共安全								
	监狱								
	小计	行政运行	一般行政管理事务	机关服务	犯人生活	犯人改造	狱政设施建设	事业运行	其他监狱支出
地方合计	**2370958**	**1474756**	**49103**	**558**	**293468**	**61008**	**323232**	**3817**	**165016**
北京市	84654	64819			4359	1304	5562		8610
天津市	38042	25610	34		4301	1578	1696		4823
河北省	58999	40158	1121		11053	789	4501		1377
山西省	50798	25679	895		5634	1237	11971	1873	3509
内蒙古自治区	45276	20313	45	129	4995	1270	14250		4274
辽宁省	128278	94153	122		13068	3573	12444		4918
其中:大连市	4048	3205	15		336		444		48
吉林省	60372	41093	867		7258	2041	6034		3079
黑龙江省	104372	67473	2603		14531	1023	13620		5122
上海市	84713	56451	8533		9750	2757	5553		1669
江苏省	151304	101201	6772		14668	1570	20416		6677
浙江省	172410	105490	8971		24298	7571	11028	49	15003
其中:宁波市	9625	5096			1332	484	2668		45
安徽省	66575	36030	30		8901	630	17035		3949
福建省	52805	26186	30		13970	5691	5534		1394
其中:厦门市									
江西省	48280	29116	2	27	6474	1312	9383		1966
山东省	92755	67814	835	2	8658	1044	9224		5178
其中:青岛市	21585	16207	354		2196	763	2065		
河南省	98203	62024	651	74	12772	977	18181	1895	1629
湖北省	109568	84326	1300		7923	2491	7600		5928
湖南省	82104	57284	2146		10741	1312	7891		2730
广东省	184548	131560	1238	190	27359	6407	11587		6207
其中:深圳市	9341	6705	228	190	1297	431	220		270
广西壮族自治区	164244	47311	200		10926	3611	47347		54849
海南省	15136	9079	171	87	2551	522	2532		194
重庆市	40988	20608	249		6529	1965	9343		2294
四川省	110967	60987	9126	49	18838	4636	12513		4818
贵州省	77022	55953			8901		12168		
云南省	66354	41129	8		11593		9864		3760
西藏自治区	11554	8311			1156	342	519		1226
陕西省	45597	27413	74		6748	2176	6942		2244
甘肃省	40425	15879	2892		4932	1251	13488		1983
青海省	21870	15760	20		1718		820		3552
宁夏回族自治区	12974	7984	168		2437		2385		
新疆维吾尔自治区	49771	27562			6426	1928	11801		2054

2－4－64

单位:万元

地区	四、公共安全								
	劳教								
	小计	行政运行	一般行政管理事务	机关服务	劳教人员生活	劳教人员教育	所政设施建设	事业运行	其他劳教支出
地方合计	**600486**	**405252**	**12584**	**1143**	**61492**	**14292**	**75190**	**3608**	**26925**
北京市	34324	27234			1073	160	3841		2016
天津市	16156	12346	21		861	29	700		2199
河北省	17385	12749	665		840	112	2415		604
山西省	17798	10140	346		1360	516	3513		1923
内蒙古自治区	11154	6815	399	8	553	611	1617	14	1137
辽宁省	34574	27276	148	751	2158	672	2440	284	845
其中:大连市	4399	3608			501		232		58
吉林省	12197	10041	307		531	25	1189		104
黑龙江省	19765	14301	1288		1053	98	2420		605
上海市	45108	31752		238	6202	1190	4448		1278
江苏省	23097	13794	1688		1936	850	4199		630
浙江省	28033	21034	564		1905	154	3161		1215
其中:宁波市	2085	1548	126		361		50		
安徽省	9376	6796	73		1110	332	547		518
福建省	11172	6042	192		1162	884	2795		97
其中:厦门市	2810	1782	34		314	498	135		47
江西省	6920	4573	57	2	981	7	1232	54	14
山东省	25920	20888	73		1861	354	2154		590
其中:青岛市	3292	2775	28		235	169	85		
河南省	20118	9895	188	2	2834	877	2105	3256	961
湖北省	19002	13038	256	37	2678	479	1629		885
湖南省	28800	17262	1623		2657	668	4115		2475
广东省	97830	68222	2177	104	12494	2184	10596		2053
其中:深圳市	9150	6751	432		1337	43	325		262
广西壮族自治区	15616	8228	1323		1714	228	3667		456
海南省	4910	3411	74		753	283	329		60
重庆市	16191	8295	34		2290	892	3713		967
四川省	14429	6642	648		1971	696	3698		774
贵州省	14519	9007	22		2265	10	3206		9
云南省	14234	8925	69		2603	129	1244		1264
西藏自治区	2778	2153			325	90	35		175
陕西省	12657	8494	32		1403	793	1771		164
甘肃省	6047	3842	231	1	870	58	135		910
青海省	3885	1884			414	37	1330		220
宁夏回族自治区	2705	1682	86		420	211	306		
新疆维吾尔自治区	13786	8491			2215	663	640		1777

2－4－65

单位:万元

地　　区	四、公共安全							
	国家保密							
	小　计	行政运行	一般行政管理事务	机关服务	保密技术	保密管理	事业运行	其他国家保密支出
地　方　合　计	**18993**	**7849**	**2230**	**41**	**3497**	**2795**	**558**	**2023**
北京市	1221	408	98		590	113		12
天津市	39		6			29		4
河北省	396	181	44		85	36		50
山西省	728	222	157		59	184	103	3
内蒙古自治区	251	162	8		33	48		
辽宁省	873	210	105			126	20	412
其中:大连市								
吉林省	467	300	61		5	21	50	30
黑龙江省	178	143	31			4		
上海市	552		2			35		515
江苏省	1483	1054	216	35	37	88		53
浙江省	1884	33			1470	364		17
其中:宁波市	14					14		
安徽省	204	148	14			42		
福建省	442	221	38		38	84	61	
其中:厦门市	271	107	7		18	78	61	
江西省	381	225	96			54		6
山东省	459	67	33			20		339
其中:青岛市	339							339
河南省	643	331	95	4	7	151		55
湖北省	1424	870	131		173	74		176
湖南省	283	175	25			59		24
广东省	2374	285	223		844	648	320	54
其中:深圳市	253	97	118					38
广西壮族自治区	485	316	69		1	68		31
海南省	26	18	6			2		
重庆市	283	126	78		27	52		
四川省	2020	952	523	2	128	228	4	183
贵州省	447	346	34			63		4
云南省	397	287	47			18		45
西藏自治区	76	76						
陕西省	153	136	17					
甘肃省	160	145	1			4		10
青海省	248	118				130		
宁夏回族自治区	238	143	50			45		
新疆维吾尔自治区	178	151	22			5		

2-4-66

单位:万元

地　　区	四、公共安全								
	缉私警察								
	小　计	行政运行	一般行政管理事务	专项缉私活动支出	缉私情报	禁毒及缉　毒	网络运行及维护	警服配置	其他缉私警察支出
地方合计	**300**					**300**			
北京市									
天津市									
河北省									
山西省									
内蒙古自治区									
辽宁省									
其中:大连市									
吉林省									
黑龙江省									
上海市									
江苏省									
浙江省									
其中:宁波市									
安徽省									
福建省									
其中:厦门市									
江西省									
山东省									
其中:青岛市									
河南省									
湖北省									
湖南省									
广东省									
其中:深圳市									
广西壮族自治区									
海南省									
重庆市									
四川省									
贵州省									
云南省									
西藏自治区									
陕西省	300					300			
甘肃省									
青海省									
宁夏回族自治区									
新疆维吾尔自治区									

二、地方财政预算收支情况

2－4－67

单位:万元

地　　区	四、公共安全	五、教　育					
			教育管理事务				
	其他公共安全支出	合　计	小　计	行政运行	一般行政管理事务	机关服务	其他教育管理事务支　出
地　方　合　计	**270065**	**67270585**	**1466638**	**831448**	**168809**	**21178**	**445203**
北京市	42864	2630041	28204	16360	1131	509	10204
天津市	6657	1100248	14444	12088	311		2045
河北省	5797	2833938	87358	58686	2438	1237	24997
山西省	256	1812182	41183	23166	2830	823	14364
内蒙古自治区	436	1535674	29945	16927	2122	1072	9824
辽宁省	435	2521317	59599	33042	14067	3366	9124
其中:大连市		398115	19232	9411	8459		1362
吉林省	366	1444160	23714	11834	2244	740	8896
黑龙江省	1211	1997524	45573	31899	3520	118	10036
上海市	18611	2833335	24532	11200	5480	151	7701
江苏省	12581	4928972	85222	44294	5056	639	35233
浙江省	10553	3838886	95605	34186	32192	263	28964
其中:宁波市	3580	590599	8078	5821	401		1856
安徽省	4701	2129665	53763	27268	3197	214	23084
福建省	13498	1836550	35208	11381	2091	1021	20715
其中:厦门市	2298	270357	13148	2043	10	147	10948
江西省	2355	1738076	30048	19566	2218	284	7980
山东省	9869	4533574	123278	83323	10173	333	29449
其中:青岛市	6027	576626	25984	13982	5034		6968
河南省	2990	3661231	70704	41985	9052	1620	18047
湖北省	14173	2171988	42914	28425	3490	775	10224
湖南省	4353	2285201	90040	64076	11689	1605	12670
广东省	95993	5758977	161386	75885	22482	1575	61444
其中:深圳市	57453	905646	26155	7568	6815	214	11558
广西壮族自治区	3899	1893837	35796	12505	8054	509	14728
海南省	3586	403268	8847	5867	1322	241	1417
重庆市	1041	1215466	22936	11711	2873	791	7561
四川省	4858	2928602	62367	37171	5858	2265	17073
贵州省	585	1662714	35405	23960	1648		9797
云南省	3657	1905371	27860	17959	2556	195	7150
西藏自治区	639	335699	23437	11916	379	53	11089
陕西省	2243	1845157	31443	19771	3225	116	8331
甘肃省	110	1239653	26702	19094	1213	425	5970
青海省	108	348523	9092	4305	381	122	4284
宁夏回族自治区	467	473068	6416	3452	340		2624
新疆维吾尔自治区	1173	1427688	33617	18146	5177	116	10178

2－4－68

单位:万元

地 区	五、教 育						
	普通教育						
	小 计	学前教育	小学教育	初中教育	高中教育	高等教育	其他普通教育支出
地 方 合 计	**52313608**	**894731**	**21677333**	**14083668**	**5902443**	**7167953**	**2587480**
北京市	1770985	36120	399411	299224	177627	576832	281771
天津市	825522	27263	267106	159639	127646	228380	15488
河北省	2232019	40429	1004155	647698	269400	217448	52889
山西省	1362203	45781	621788	370050	164194	139721	20669
内蒙古自治区	1176293	26974	489422	361033	134936	119992	43936
辽宁省	1873522	18424	690923	515140	205247	388420	55368
其中:大连市	265637	6243	104057	82577	38634	32001	2125
吉林省	1162719	15305	490431	300283	134879	180781	41040
黑龙江省	1538325	17252	669208	456177	142773	230392	22523
上海市	2009283	167684	463091	470461	251150	472170	184727
江苏省	3744498	47757	1607230	959676	437761	641964	50110
浙江省	2751167	48460	1096128	719614	311739	394268	180958
其中:宁波市	383416	10432	162516	113694	53407	31778	11589
安徽省	1763907	12089	831117	490522	182927	135183	112069
福建省	1456927	32246	608046	351329	207287	170083	87936
其中:厦门市	193706	6902	69122	28032	50112	13179	26359
江西省	1473530	16772	610852	350850	134573	320850	39633
山东省	3453673	41614	1333517	1040307	446855	415986	175394
其中:青岛市	424437	5457	212657	125189	51433	10079	19622
河南省	2988412	38070	1300111	824319	309381	301428	215103
湖北省	1726023	18789	655465	616661	198436	161043	75629
湖南省	1780792	10900	775628	536087	214698	171996	71483
广东省	4350180	46401	1601527	1079777	593180	692776	336519
其中:深圳市	572986	9597	200236	139892	89989	100975	32297
广西壮族自治区	1543495	18503	763550	415539	127836	181338	36729
海南省	320102	2276	165959	91488	27535	28156	4688
重庆市	980727	9020	455587	258429	105757	132429	19505
四川省	2395725	29993	1200695	654693	238575	194359	77410
贵州省	1388257	15143	744253	373140	103889	130924	20908
云南省	1566536	32978	778081	428884	138870	114536	73187
西藏自治区	278913	3008	145430	65786	15990	22106	26593
陕西省	1495873	14931	597261	395529	155184	149920	183048
甘肃省	1017153	16631	478398	271832	129685	94318	26289
青海省	293971	4231	120278	88118	25747	21472	34125
宁夏回族自治区	402075	5711	183959	93829	66060	44191	8325
新疆维吾尔自治区	1190801	33976	528726	397554	122626	94491	13428

2－4－69

单位:万元

地区	五、教育						
	职业教育						
	小计	初等职业教育	中专教育	技校教育	职业高中教育	高等职业教育	其他职业教育支出
地方合计	**5659530**	**100206**	**1706130**	**622818**	**1301309**	**1621587**	**307480**
北京市	314461		128676	57561	48834	66168	13222
天津市	108522		43931	12494	16696	33147	2254
河北省	220570	7433	66381	15596	58045	34791	38324
山西省	173891	2542	64727	16158	35380	52145	2939
内蒙古自治区	150773	5657	48392	6587	28768	55136	6233
辽宁省	231653	948	90392	13751	41455	79685	5422
其中:大连市	32449	269	16369	2128	6805	6567	311
吉林省	113626	3753	43550	9081	26632	28558	2052
黑龙江省	161984	3828	37948	16135	37740	58069	8264
上海市	141785	2209	75553	4317	41451	8311	9944
江苏省	517956	9253	96564	28713	124349	255284	3793
浙江省	371677	1788	36228	26826	148613	130807	27415
其中:宁波市	76903	155		2305	50492	22487	1464
安徽省	132804	2926	26974	6882	41146	31339	23537
福建省	160664	1631	58764	12218	24722	45349	17980
其中:厦门市	17842		8804	3182	5435	147	274
江西省	123247	1832	28890	16205	24718	46485	5117
山东省	403305	295	123938	62175	102660	101185	13052
其中:青岛市	63030		10005	7071	36952	6672	2330
河南省	297327	9964	131530	34383	59301	40625	21524
湖北省	170560	2918	55109	15475	36278	46971	13809
湖南省	179946	3936	45191	17270	33618	70014	9917
广东省	520599	7134	110557	128794	96079	169120	8915
其中:深圳市	96406		8750	15113	13015	58949	579
广西壮族自治区	157548	1754	60519	21253	32221	38765	3036
海南省	39008	890	20511	7160	2445	7761	241
重庆市	92537	1698	14198	27959	31404	15693	1585
四川省	198138	2991	59259	8030	73131	48147	6580
贵州省	105493	5645	42720	5501	21800	25397	4430
云南省	155169	6638	54280	14045	44668	17600	17938
西藏自治区	16433	329	4851	1468	1513	5065	3207
陕西省	155297	1578	29434	16928	35489	45756	26112
甘肃省	98007	5810	48531	3853	18956	18158	2699
青海省	24173	1285	3199	1566	4046	9039	5038
宁夏回族自治区	38641	919	16490	1958	2925	15920	429
新疆维吾尔自治区	83736	2622	38843	12476	6226	21097	2472

2－4－70

单位:万元

地区	五、教育					
	成人教育					
	小计	成人初等教育	成人中等教育	成人高等教育	成人广播电视教育	其他成人教育支出
地方合计	**198492**	**10093**	**43216**	**91284**	**25488**	**28411**
北京市	19914		3052	15293	766	803
天津市	6835	476	2011	2923	646	779
河北省	4131	733	780	623	688	1307
山西省	2497	151	761	289	116	1180
内蒙古自治区	1371	102	3	1128	53	85
辽宁省	2261	75	240	1554	372	20
其中:大连市	1852		51	1486	309	6
吉林省	10589		1236	8014	1210	129
黑龙江省	5358	218	1400	1449	1830	461
上海市	32368	271	7438	19720	1112	3827
江苏省	9535	495	2245	1189	4003	1603
浙江省	20129	1427	6021	959	5307	6415
其中:宁波市	7619	885	3929	96	586	2123
安徽省	859		263	88	333	175
福建省	2978	1130	585	273	145	845
其中:厦门市	448	44				404
江西省	1859	15	127	119	1543	55
山东省	7543	35	4217	2262	473	556
其中:青岛市	1865		1380			485
河南省	7589	1048	2912	1694	329	1606
湖北省	3642	47	1394	1332	422	447
湖南省	3564	242	1046	420	1517	339
广东省	24799	1759	3928	16006	915	2191
其中:深圳市	3689	659	1642	20		1368
广西壮族自治区	3998	129	621	3019	31	198
海南省	80	4			47	29
重庆市	1465	373	403	271	93	325
四川省	8579	541	1311	3376	1036	2315
贵州省	2052	50		1732		270
云南省	1483	208	207	9	234	825
西藏自治区	2			2		
陕西省	4650	261	337	2398	811	843
甘肃省	476	22	99	137	128	90
青海省	1863			1827		36
宁夏回族自治区	370		325	33	12	
新疆维吾尔自治区	5653	281	254	3145	1316	657

2－4－71

单位:万元

地区	五、教育					
	广播电视教育				留学教育	
	小计	广播电视学校	教育电视台	其他广播电视教育支出	小计	出国留学教育
地方合计	**150719**	**127529**	**6886**	**16304**	**3322**	**2992**
北京市	4385	4385				
天津市	3169	3169				
河北省	7658	6802	199	657		
山西省	4521	3676	574	271	1197	1197
内蒙古自治区	3328	3205		123		
辽宁省	7092	6854	216	22		
其中:大连市	1179	1179				
吉林省	4967	4522	155	290		
黑龙江省	5760	5677	48	35		
上海市	7073	2298		4775		
江苏省	17867	16415	777	675		
浙江省	13921	12698		1223		
其中:宁波市	1489	1453		36		
安徽省	5316	2262	427	2627		
福建省	2761	2265	478	18	20	
其中:厦门市	28	28				
江西省	1110	705	397	8		
山东省	7906	6690	1176	40	595	595
其中:青岛市	2631	2631				
河南省	6357	5161	531	665		
湖北省	2995	2764	116	115	30	
湖南省	3303	2278	789	236		
广东省	20202	16704		3498		
其中:深圳市	4920	2746		2174		
广西壮族自治区	1234	1233		1	400	400
海南省	894	894				
重庆市	2260	2224		36		
四川省	3117	2776	15	326		
贵州省	2755	2724		31		
云南省	2350	1961	359	30	980	800
西藏自治区	209		79	130		
陕西省	2409	1989	85	335		
甘肃省	2515	2418	16	81	100	
青海省	448	443		5		
宁夏回族自治区	399	71	290	38		
新疆维吾尔自治区	2438	2266	159	13		

2-4-72

单位:万元

地区	五、教育					
	留学教育		特殊教育			
	来华留学教育	其他留学教育支出	小计	特殊学校教育	工读学校教育	其他特殊教育支出
地方合计	**180**	**150**	**236129**	**207815**	**20549**	**7765**
北京市			14458	10589	3469	400
天津市			6006	4879	1127	
河北省			7188	7084	20	84
山西省			5782	4899	690	193
内蒙古自治区			3982	3822		160
辽宁省			12888	11275	1579	34
其中:大连市			2073	1840	233	
吉林省			9212	8535	644	33
黑龙江省			13444	11005	352	2087
上海市			24283	19147	5099	37
江苏省			19842	18692	872	278
浙江省			16423	15882	483	58
其中:宁波市			1635	1635		
安徽省			4430	4211	95	124
福建省		20	9369	6589	612	2168
其中:厦门市			3794	1020	612	2162
江西省			1878	1823	19	36
山东省			21914	21421	126	367
其中:青岛市			3268	3268		
河南省			8461	7684	319	458
湖北省		30	6176	5507	547	122
湖南省			6393	5529	835	29
广东省			15849	13491	2219	139
其中:深圳市			4500	2650	1850	
广西壮族自治区			2199	1999	173	27
海南省			934	923	11	
重庆市			2922	2463	451	8
四川省			5805	5441	237	127
贵州省			3165	2889	116	160
云南省	180		4104	3764	268	72
西藏自治区			269	269		
陕西省			2320	2022	186	112
甘肃省		100	2380	2321		59
青海省			675	675		
宁夏回族自治区			1343	963		380
新疆维吾尔自治区			2035	2022		13

2-4-73　　单位:万元

地区	五、教育						
	教师进修及干部继续教育				教育附加及基金支出		其他教育支出
	小计	教师进修	干部教育	其他教师进修及干部继续教育支出	小计	教育费附加支出	
地方合计	**1160329**	**410200**	**657040**	**93089**	**4791477**	**4791477**	**1290341**
北京市	47976	17510	29740	726	227575	227575	202083
天津市	24025	7353	16531	141	88101	88101	23624
河北省	41740	20143	20161	1436	206780	206780	26494
山西省	34913	12570	20716	1627	165300	165300	20695
内蒙古自治区	25501	8506	13805	3190	123331	123331	21150
辽宁省	68555	37552	28368	2635	195731	195731	70016
其中:大连市	12235	5841	5844	550	40984	40984	22474
吉林省	39396	18138	18909	2349	57897	57897	22040
黑龙江省	64398	35183	24810	4405	151093	151093	11589
上海市	63148	30626	25418	7104	328626	328626	202237
江苏省	71258	27039	38739	5480	428617	428617	34177
浙江省	82234	28430	41914	11890	414900	414900	72830
其中:宁波市	11837	5859	5401	577	93382	93382	6240
安徽省	21686	2792	16174	2720	128982	128982	17918
福建省	38308	18222	16021	4065	118366	118366	11949
其中:厦门市	4574	1712	2273	589	34218	34218	2599
江西省	21327	8221	8457	4649	73407	73407	11670
山东省	76116	20248	50282	5586	396646	396646	42598
其中:青岛市	8136	1290	5441	1405	41197	41197	6078
河南省	44595	16878	22627	5090	201904	201904	35882
湖北省	28487	2049	22990	3448	129398	129398	61763
湖南省	39131	7574	27798	3759	153048	153048	28984
广东省	60692	18251	38593	3848	413654	413654	191616
其中:深圳市	8587	1068	7102	417	112154	112154	76249
广西壮族自治区	32609	7637	24603	369	97423	97423	19135
海南省	5320	1946	2571	803	19933	19933	8150
重庆市	22206	10111	10973	1122	77163	77163	13250
四川省	50173	18732	28992	2449	157468	157468	47230
贵州省	18256	2809	14352	1095	77736	77736	29595
云南省	27624	7524	19232	868	99706	99706	19559
西藏自治区	9007	353	6254	2400	627	627	6802
陕西省	36044	8010	21835	6199	101520	101520	15601
甘肃省	18236	3662	13792	782	62949	62949	11135
青海省	5773	135	5119	519	10345	10345	2183
宁夏回族自治区	7522	578	6019	925	14831	14831	1471
新疆维吾尔自治区	34073	11418	21245	1410	68420	68420	6915

2－4－74

单位:万元

地　　区	六、科学技术					
	合　计	科学技术管理事务				
		小　计	行政运行	一般行政管理事务	机关服务	其他科学技术管理事务支出
地　方　合　计	**8584403**	**445191**	**280074**	**54622**	**3147**	**107348**
北京市	907420	6737	4496	713	195	1333
天津市	223384	7075	5643	156		1276
河北省	174050	22728	13667	1071	176	7814
山西省	157971	10878	7548	1705	31	1594
内蒙古自治区	92228	8602	6727	506	236	1133
辽宁省	386889	13481	9531	1379	2	2569
其中:大连市	118943	3115	1627	452		1036
吉林省	110870	12224	5915	1423	328	4558
黑龙江省	174743	14714	12240	1243	40	1191
上海市	1057666	11512	7208	1809	33	2462
江苏省	687266	37062	23383	3058	29	10592
浙江省	715442	30352	17651	5192	132	7377
其中:宁波市	152430	3978	3264	432		282
安徽省	159551	10546	7691	399	3	2453
福建省	212670	16986	6588	2908	32	7458
其中:厦门市	64953	6571	750	765		5056
江西省	87373	6952	4999	424	75	1454
山东省	464073	29973	22118	4321	614	2920
其中:青岛市	78716	3843	2891	146		806
河南省	252287	17853	12125	2249	80	3399
湖北省	187641	14717	11275	1703	138	1601
湖南省	204932	15529	11037	2698	199	1595
广东省	1192631	58431	22140	7491	69	28731
其中:深圳市	500863	12982	3890	3810	56	5226
广西壮族自治区	131873	12847	6824	4052	57	1914
海南省	27904	2464	1517	755		192
重庆市	110513	4565	3734	696	9	126
四川省	207763	19483	13698	3491	192	2102
贵州省	99809	7910	6385	367		1158
云南省	130596	12394	8477	2122	123	1672
西藏自治区	19260	3547	3167	222		158
陕西省	132972	12071	8903	204	55	2909
甘肃省	73129	6783	6141	136	162	344
青海省	25239	1970	1497	249		224
宁夏回族自治区	47857	7179	1625	1093		4461
新疆维吾尔自治区	128401	7626	6124	787	137	578

2－4－75

单位:万元

地区	六、科学技术								
	基础研究								
	小计	机构运行	重点基础研究规划	自然科学基金	重点实验室及相关设施	重大科学工程	专项基础科研	专项技术基础	其他基础研究支出
地方合计	**150781**	**43470**	**1201**	**36246**	**22397**	**322**	**11288**	**3329**	**32528**
北京市	7387	138		4000	400		2809		40
天津市	1970		400				1400		170
河北省	4269	811	466	1208			342	982	460
山西省	2275	961					1007		307
内蒙古自治区	1997	1837		61	80			5	14
辽宁省	2123	634		30	1305		32		122
其中:大连市									
吉林省	1613	826							787
黑龙江省	8769	1938		1984	230		1532	1222	1863
上海市	11481	89		150					11242
江苏省	5249	558	10	4507			30	31	113
浙江省	9228	1028		4068	3600		90		442
其中:宁波市	911	740					90		81
安徽省	1956	147		1000	800				9
福建省	6215	2384		1426	580		1327	135	363
其中:厦门市	12								12
江西省	2045	1027		375			82	347	214
山东省	31320	15362	60	3001	2050			87	10760
其中:青岛市	28	26							2
河南省	3841	1029		2040		202	80	46	444
湖北省	1805	453		60	30		961		301
湖南省	364	126						160	78
广东省	25883	6101	20	9481	8849	120	245	80	987
其中:深圳市	4406			1606	2800				
广西壮族自治区	9174	2372	211	1604	2923		779		1285
海南省	471	119		120	120		44		68
重庆市	254	47		200				7	
四川省	1027	420		5	500		10		92
贵州省	3415	3380	4						31
云南省	1274	458	30	115	130		452		89
西藏自治区	493	10							483
陕西省	973	459							514
甘肃省	1153	403		366	200		36	2	146
青海省	208	22					30	151	5
宁夏回族自治区	285			285					
新疆维吾尔自治区	2264	331		160	600			74	1099

2－4－76

单位:万元

地　　区	六、科学技术					
	应用研究					
	小　计	机构运行	社会公益研　究	高技术研　究	专项科研试　制	其他应用研究支出
地　方　合　计	**617579**	**287292**	**171908**	**47045**	**9196**	**102138**
北京市	46400	28401	9909	5228	517	2345
天津市	14569	9717	1992	2780	80	
河北省	18086	6048	5324	300	3355	3059
山西省	24685	5649	5272	2060		11704
内蒙古自治区	6525	2610	3522	133	54	206
辽宁省	34002	16159	15905	40	20	1878
其中:大连市	1545	1545				
吉林省	17262	12305	2099	395		2463
黑龙江省	36344	31691	2728	1532	290	103
上海市	39994	5625	13918			20451
江苏省	63949	13000	31153	5588	467	13741
浙江省	51393	27192	13076	125	53	10947
其中:宁波市	2947	864	53	30		2000
安徽省	18463	9327	4448	2756	808	1124
福建省	20882	9286	5297	1774	358	4167
其中:厦门市	1065	382	263	420		
江西省	10891	4824	3827	795	11	1434
山东省	23673	4885	4157	6303	9	8319
其中:青岛市	6076	81	435	5500		60
河南省	19845	10691	4549	2194	98	2313
湖北省	6549	3313	1314	1284	511	127
湖南省	10203	5290	240	2287	1539	847
广东省	20752	8960	4498	5373	424	1497
其中:深圳市	1026		300	610		116
广西壮族自治区	22223	15102	3974	3		3144
海南省	4036	343	3538			155
重庆市	8650	4483	1784			2383
四川省	26865	13097	9745	1801	28	2194
贵州省	14823	6736	6632	300	320	835
云南省	12388	10258	1208	300		622
西藏自治区	1867	799	5	1019	24	20
陕西省	12549	3589	4152	1615	98	3095
甘肃省	10994	9963	744	60	22	205
青海省	2534	274	178			2082
宁夏回族自治区	1744	1273	218		110	143
新疆维吾尔自治区	14439	6402	6502	1000		535

2－4－77　　　　单位:万元

地　区	六、科学技术					
	技术研究与开发					
	小　计	机构运行	应用技术研究与开发	产业技术研究与开发	科技成果转化与扩散	其他技术研究与开发支出
地　方　合　计	**3977037**	**48399**	**1535870**	**868320**	**494078**	**1030370**
北京市	143354	1484	53409	55847	7546	25068
天津市	94316	874	45992	7719	15239	24492
河北省	90812	648	48956	25385	5464	10359
山西省	93403	890	31833	19241	28343	13096
内蒙古自治区	56746	480	26529	17221	1684	10832
辽宁省	163870	1693	67608	45590	15687	33292
其中:大连市	37722	173	19165	7728	9496	1160
吉林省	45344	3371	22407	14868	1562	3136
黑龙江省	81652	2833	42597	6789	1163	28270
上海市	420505	668	164504	31408	121414	102511
江苏省	410516	795	104054	89889	122988	92790
浙江省	393791	1752	156942	95944	30435	108718
其中:宁波市	86294		27008	25708	245	33333
安徽省	57881	1132	37265	6713	2806	9965
福建省	97776	526	20617	43849	14151	18633
其中:厦门市	37268	63	5201	28164	1236	2604
江西省	40157	4396	11492	9100	1056	14113
山东省	279344	1802	197425	26994	4712	48411
其中:青岛市	34933	42	17338	4027	1487	12039
河南省	153890	2692	57291	31035	13824	49048
湖北省	111380	1274	30146	20387	8046	51527
湖南省	109195	4626	25713	16569	12716	49571
广东省	534260	2277	116572	155752	35208	224451
其中:深圳市	242298	34	17941	81833		142490
广西壮族自治区	44628	522	22616	10372	2728	8390
海南省	14130	31	3884	3942	3153	3120
重庆市	69919	56	28165	14990	2999	23709
四川省	104323	2595	62460	15548	11263	12457
贵州省	54616	4388	31333	13574	763	4558
云南省	72610	1451	35776	21693	6299	7391
西藏自治区	10040	14	587	1982	1440	6017
陕西省	85446	373	19017	34154	4531	27371
甘肃省	34556	2940	16678	9190	3099	2649
青海省	9966	1	3667	3389	2793	116
宁夏回族自治区	19090	70	7761	8770	985	1504
新疆维吾尔自治区	79521	1745	42574	10416	9981	14805

2-4-78

单位:万元

地区	六、科学技术						
	科技条件与服务					社会科学	
	小计	机构运行	技术创新服务体系	科技条件专项	其他科技条件与服务支出	小计	社会科学研究机构
地方合计	**500791**	**42705**	**77101**	**92439**	**288546**	**166466**	**77047**
北京市	11687	371	2206	3095	6015	8465	3409
天津市	5643	19	14	5610		2853	1936
河北省	8406	775	152	5575	1904	5143	2641
山西省	5269	1577	341	1574	1777	1992	623
内蒙古自治区	1565	589	205	377	394	2945	1904
辽宁省	60678	875	468	475	58860	5257	1383
其中:大连市	58548	306	50		58192		
吉林省	6680	3210	790	932	1748	6001	3837
黑龙江省	3655	251	908	2109	387	8118	4831
上海市	48894	2242	1655	1543	43454	22137	8803
江苏省	44811	945	7702	24301	11863	6981	4020
浙江省	47133	5184	21362	8197	12390	7970	2180
其中:宁波市	3586	48	2403	176	959	778	366
安徽省	17945	918	4430	533	12064	2181	1839
福建省	31142	2306	6052	10053	12731	4178	1743
其中:厦门市	6383				6383	611	
江西省	6264	902	1247	2589	1526	5544	2110
山东省	18638	4073	4274	285	10006	12598	3776
其中:青岛市	491	189	121		181	5137	471
河南省	11114	1786	1168	2455	5705	5080	3233
湖北省	8802	2900	3611	714	1577	4878	2594
湖南省	12045	806	328	3833	7078	4611	900
广东省	95357	3839	12237	6216	73065	13954	6599
其中:深圳市	3913	1491	159	1122	1141	2215	1269
广西壮族自治区	8768	2684	1758	550	3776	5299	4552
海南省	1570	324		233	1013	381	264
重庆市	11963	188	3259	1078	7438	2663	952
四川省	8882	2729	1035	1598	3520	10049	4035
贵州省	3978	656	99	1990	1233	2271	980
云南省	2351	943	36	322	1050	3617	1442
西藏自治区						2044	754
陕西省	6098	808	298	554	4438	1780	998
甘肃省	4570	129	532	2961	948	1603	1328
青海省	1834	11	278	804	741	631	549
宁夏回族自治区	2744	137	67	1580	960	1505	756
新疆维吾尔自治区	2305	528	589	303	885	3737	2076

2－4－79

单位:万元

地　　区	六、科学技术						
	社会科学			科学技术普及			
	社会科学研　　究	社科基金支　　出	其他社会科学支出	小　计	机构运行	科普活动	青少年科技活动
地　方　合　计	**50903**	**2763**	**35753**	**370106**	**81522**	**101867**	**7070**
北京市	4506	143	407	50989	4953	7722	205
天津市	651	266		4169	721	1558	48
河北省	119	1000	1383	11222	3308	2622	785
山西省	1047		322	7854	2815	3277	61
内蒙古自治区	286	1	754	7539	1397	2678	153
辽宁省	3271	50	553	15450	3496	3225	7
其中:大连市				1934	556	572	
吉林省	621		1543	6243	2556	742	42
黑龙江省	2392		895	5298	2254	1313	
上海市	10430		2904	33651	8490	10610	504
江苏省	1246	900	815	16706	4546	5407	342
浙江省	5260		530	25496	5933	9660	225
其中:宁波市	170		242	2160	335	1328	23
安徽省	185		157	7496	1865	1582	212
福建省	1369		1066	9889	3392	3520	252
其中:厦门市	115		496	1242	384	500	25
江西省	90	4	3340	6131	1993	2047	61
山东省	2505	8	6309	13992	3898	4810	332
其中:青岛市	351	8	4307	1564	557	558	89
河南省	253	220	1374	12681	3869	3406	105
湖北省	1061	162	1061	13294	2827	3116	83
湖南省	2599		1112	14360	2555	4107	53
广东省	4642	6	2707	25239	2949	9452	1616
其中:深圳市	837		109	3401	218	1686	50
广西壮族自治区	88		659	10766	1960	2987	409
海南省	89		28	1454	450	232	53
重庆市	509		1202	2962	477	1487	166
四川省	2268	3	3743	10281	2393	4195	159
贵州省	1290		1	6470	3097	1271	11
云南省	1051		1124	10766	2759	4175	687
西藏自治区	1250		40	1030	509	42	252
陕西省	234		548	8702	2658	2694	58
甘肃省	181		94	3617	1293	1133	51
青海省			82	6398	315	363	76
宁夏回族自治区	529		220	8897	544	683	2
新疆维吾尔自治区	881		780	11064	1250	1751	60

2－4－80

单位:万元

地区	六、科学技术						
	科学技术普及			科技交流与合作			
	学术交流活动	科技馆站	其他科学技术普及支出	小计	国际交流与合作	重大科技合作项目	其他科技交流与合作支出
地方合计	**9915**	**95827**	**73905**	**36961**	**10075**	**1675**	**25211**
北京市	888	30912	6309	1050	970		80
天津市	100	1176	566	370	370		
河北省	188	2431	1888	486	75		411
山西省	295	488	918	1054	42	625	387
内蒙古自治区	48	1499	1764	113			113
辽宁省	391	642	7689	994	153	1	840
其中:大连市	20	93	693	86	86		
吉林省	16	1050	1837	324			324
黑龙江省	66	496	1169	191	132		59
上海市	726	4444	8877	12025	497		11528
江苏省	833	3022	2556	3653	2463	155	1035
浙江省	1030	1522	7126	6006	3027	14	2965
其中:宁波市	143	122	209	1849	875		974
安徽省	232	1369	2236	983	10	180	793
福建省	395	876	1454	1090	396		694
其中:厦门市	13	5	315	209	12		197
江西省	182	939	909	113	113		
山东省	239	2621	2092	1064	28		1036
其中:青岛市	40	137	183	79			79
河南省	228	1070	4003	409	214	5	190
湖北省	1526	2713	3029	342	121		221
湖南省	236	6456	953	192	72		120
广东省	1277	4584	5361	3710	728	695	2287
其中:深圳市	562	803	82	901	392		509
广西壮族自治区	183	4515	712	909	191		718
海南省	41		678	25	25		
重庆市	81		751				
四川省	223	1358	1953	385	90		295
贵州省	141	1026	924	118			118
云南省	132	369	2644	509	160		349
西藏自治区	35		192	23			23
陕西省	90	1230	1972	97	10		87
甘肃省	46	136	958	105			105
青海省	3	5213	428	90	90		
宁夏回族自治区		7104	564	33			33
新疆维吾尔自治区	44	6566	1393	498	98		400

2-4-81

单位:万元

地区	六、科学技术					七、文化体育与传媒	
	其他科学技术支出					合计	文化
	小计	科技奖励	核应急	转制科研机构	其他科学技术支出		小计
地方合计	**2319491**	**68582**	**129**	**123374**	**2127406**	**7714251**	**2986849**
北京市	631351	1498		21462	608391	536194	211705
天津市	92419	730		3721	87968	159616	63268
河北省	12898	4027		35	8836	207547	75678
山西省	10561	738		1995	7828	268075	101153
内蒙古自治区	6196	1196		1362	3638	277115	107328
辽宁省	91034	9961		2651	78422	247967	91766
其中:大连市	15993	1200			14793	49164	15575
吉林省	15179	636		6108	8435	223293	94066
黑龙江省	16002	784			15218	203474	80440
上海市	457467	6138		5646	445683	434059	218941
江苏省	98339	8739		9592	80008	481582	215318
浙江省	144073	9255	94	4091	130633	493408	233241
其中:宁波市	49927	2021			47906	118483	66947
安徽省	42100	823		1446	39831	262580	61924
福建省	24512	1427		156	22929	182941	69911
其中:厦门市	11592	273			11319	47649	22617
江西省	9276	354	35	1142	7745	157990	61434
山东省	53471	7140		658	45673	441092	137040
其中:青岛市	26565	884			25681	77998	33666
河南省	27574	1173		2117	24284	333802	103349
湖北省	25874	1618		2536	21720	249202	96937
湖南省	38433	1402		7712	29319	201513	72362
广东省	415045	4669		24192	386184	530343	251072
其中:深圳市	229721	1820			227901	91236	51042
广西壮族自治区	17259	515		9041	7703	214101	73080
海南省	3373	122			3251	45660	16188
重庆市	9537	39			9498	105811	51954
四川省	26468	2097		7545	16826	285886	96099
贵州省	6208	400		343	5465	157071	54798
云南省	14687	1704		1915	11068	198391	77587
西藏自治区	216				216	72304	20577
陕西省	5256	257		162	4837	217303	74369
甘肃省	9748	569		1193	7986	152349	46363
青海省	1608	34		1203	371	69447	26558
宁夏回族自治区	6380	140		4603	1637	70629	32622
新疆维吾尔自治区	6947	397		747	5803	233506	69721

2－4－82

单位:万元

地　　区	七、文化体育与传媒						
	文　化						
	行政运行	一般行政管理事务	机关服务	图书馆	文化展示及纪念机构	艺术表演场所	艺术表演团体
地方合计	**425887**	**99286**	**8843**	**385871**	**124849**	**133841**	**384006**
北京市	8088	2548	449	25990	455	19543	18234
天津市	3626	1109		12670	600	807	10042
河北省	16558	2360	291	9697	3006	2135	9148
山西省	12106	634	301	7632	497	6750	13519
内蒙古自治区	13529	2909	838	6475	25820	2623	14411
辽宁省	12343	1597	431	23428	3401	1536	14535
其中:大连市	1600	812		6460	202	161	1765
吉林省	6585	2116	480	7973	5764	1421	13793
黑龙江省	15374	1130	232	9675	233	2501	18375
上海市	11191	4361	140	43553	4243	3357	15612
江苏省	26945	2575	1084	23074	27809	592	23416
浙江省	30883	8801	349	31646	6804	7559	22245
其中:宁波市	7305	1637	235	2505	4708	3700	2830
安徽省	13787	2156	6	6712	10749	362	9076
福建省	8003	1672	631	8045	2162	5289	14250
其中:厦门市	970	460		3717	1786	455	2979
江西省	11602	1675	232	5515	2808	9246	7713
山东省	32287	4493	523	14341	2275	8616	22516
其中:青岛市	3935	903		2219	237	7415	4172
河南省	22042	6396	561	7005	5177	3662	13185
湖北省	15691	4555	55	10864	1154	10607	19057
湖南省	17963	3379	245	7854	599	1463	8214
广东省	37036	13483	517	54792	10231	25775	18846
其中:深圳市	6912	4526		12857	3213	497	1370
广西壮族自治区	8792	4419	296	7069	738	406	10740
海南省	2642	1485	325	1345	81	884	2330
重庆市	5973	7854	167	8393	2013	2004	2977
四川省	19014	5196	135	9262	828	734	13241
贵州省	10829	3903	7	4138	359	158	7932
云南省	11344	2763	161	7006	1295	5096	14136
西藏自治区	10978	85		1108	5	748	4086
陕西省	15215	1105	228	6026	1055	1079	11612
甘肃省	9565	629	34	6180	401	1193	10217
青海省	3048	206	72	1534	464	607	2454
宁夏回族自治区	2312	522		12486	3368	2764	3716
新疆维吾尔自治区	10536	3170	53	4383	455	4324	14378

2－4－83

单位:万元

地　区	七、文化体育与传媒					
	文　化					
	文化活动	群众文化	文化交流与合作	文化创作与保护	文化市场管理	其他文化支出
地　方　合　计	**113087**	**415838**	**15152**	**53697**	**56387**	**770105**
北京市	15250	48472	3339	1960	3863	63514
天津市	744	6223	12	1753	145	25537
河北省	3175	10838	569	1398	716	15787
山西省	2137	8119	154	2134	954	46216
内蒙古自治区	7696	11790	1472	1033	1610	17122
辽宁省	2421	17334	129	1154	3264	10193
其中:大连市	130	2896		145	508	896
吉林省	895	9279	421	811	1577	42951
黑龙江省	1997	9496	48	930	1909	18540
上海市	3410	22742	987	3668	5925	99752
江苏省	8097	40300	309	5193	3711	52213
浙江省	5721	31580	1006	4339	5905	76403
其中:宁波市	829	6544	247	456	655	35296
安徽省	2260	6219	222	1264	956	8155
福建省	2364	7240	494	1670	1272	16819
其中:厦门市	784	1650	278	340	318	8880
江西省	1509	7819	2	691	1516	11106
山东省	6886	21136	268	4465	2321	16913
其中:青岛市	1783	9145	116	786	398	2557
河南省	3024	13862	204	1123	2523	24585
湖北省	6370	11123	278	1434	1237	14512
湖南省	2428	10309	238	2128	2360	15182
广东省	9083	23232	1647	4736	5282	46412
其中:深圳市	1944	7231	213	399	1173	10707
广西壮族自治区	1646	7934	68	842	1317	28813
海南省	2713	1955	84	198	318	1828
重庆市	1577	7106	493	487	1606	11304
四川省	4852	15359	542	1309	2003	23624
贵州省	2079	6518	992	737	336	16810
云南省	4199	19647	327	2640	1022	7951
西藏自治区	157	2342	116	269	16	667
陕西省	1756	9515	487	1026	1401	23864
甘肃省	3060	6562	89	1516	202	6715
青海省	1381	5333	50	891	29	10489
宁夏回族自治区	578	3710	59	1107	504	1496
新疆维吾尔自治区	3622	12744	46	791	587	14632

2－4－84

单位:万元

地区	七、文化体育与传媒							
	文物							
	小计	行政运行	一般行政管理事务	机关服务	文物保护	博物馆	历史名城与古迹	其他文物支出
地方合计	**819678**	**35426**	**9826**	**691**	**205798**	**406627**	**80113**	**81197**
北京市	57725	733	22	197	5440	16530	26252	8551
天津市	7362	54	10		558	6466		274
河北省	38732	1789	1091	48	25345	8366	188	1905
山西省	28571	2905	418	23	13179	8138	518	3390
内蒙古自治区	29582	617	25	13	11203	10722	1628	5374
辽宁省	24768	294	40	77	4584	17456	1286	1031
其中:大连市	9232				456	8572	20	184
吉林省	15114	633	4	5	1856	7401	4074	1141
黑龙江省	10359	775	57		1452	3638	4000	437
上海市	30475	417	391		2897	18231		8539
江苏省	50120	1267	612		8081	36837	122	3201
浙江省	63104	1761	2545	102	12385	40962	881	4468
其中:宁波市	19336	519			2324	16180	3	310
安徽省	17878	845	166		4175	7060	4651	981
福建省	18259	219	101	81	7669	5530	3359	1300
其中:厦门市	1292				297	912	45	38
江西省	12148	437	106		3985	6613	66	941
山东省	53225	3725	222		4879	41744	1432	1223
其中:青岛市	4521	258			313	3917	11	22
河南省	85448	2024	1021	37	18865	44609	15357	3535
湖北省	25993	1570	474		4180	14379	939	4451
湖南省	20104	2567	554	19	6672	6522	2357	1413
广东省	47293	3211	819		10066	28381	220	4596
其中:深圳市	3736	701	147		850	1760	20	258
广西壮族自治区	12993	324	46	24	2176	8764	168	1491
海南省	6381	31	31		868	4893	1	557
重庆市	6169	283	50	19	1948	2309	400	1160
四川省	20211	859	242		5886	9607	631	2986
贵州省	17595	509	55	5	2443	11411	2117	1055
云南省	10226	618	96		3558	4440	69	1445
西藏自治区	7208	1768			4771	61	585	23
陕西省	54879	3349	523	33	16978	13780	8351	11865
甘肃省	17033	569	56	8	7103	7082	336	1879
青海省	3447	252			1819	699	100	577
宁夏回族自治区	10587	115			1479	8675	20	298
新疆维吾尔自治区	16689	906	49		9298	5321	5	1110

2－4－85

单位:万元

地　　区	七、文化体育与传媒						
	体　育						
	小　计	行政运行	一般行政管理事务	机关服务	运动项目管　　理	体育竞赛	体育训练
地　方　合　计	**1581370**	**144630**	**28816**	**4643**	**165063**	**125922**	**177510**
北京市	144066	4498	490	723	24329	5778	3755
天津市	40155	2237	56		9851	700	6657
河北省	36375	4317	409	21	97	2639	8323
山西省	70153	4138	296	238	4353	2794	6339
内蒙古自治区	37774	2387	312	472	4485	1795	2582
辽宁省	56097	4070	492	72	5061	1641	13470
其中:大连市	8625	416	113		969	157	236
吉林省	28921	2126	1060		8814	1844	1925
黑龙江省	46172	5222	377	202	5599	1648	10827
上海市	118182	6823	975		7878	24022	15056
江苏省	107883	12385	1141	345	6476	4452	34926
浙江省	80184	6361	2355	391	4308	5327	7267
其中:宁波市	17993	1081	20		10	1404	3886
安徽省	20048	3588	287	66	3735	1598	3325
福建省	27422	1877	1809	229	6260	2507	3558
其中:厦门市	8970	384	6		1736	838	1072
江西省	42865	3232	402	13	4133	857	2133
山东省	151690	15293	2942	141	5980	14208	12062
其中:青岛市	35824	2934	1788		2493	837	1817
河南省	35070	5264	882	164	8283	2477	543
湖北省	62316	2765	465	302	8103	8521	3000
湖南省	32553	8431	2709	413	5875	1559	1375
广东省	131721	17137	5384	365	11037	15461	15581
其中:深圳市	20468	5590	1131	58	233	4298	805
广西壮族自治区	58418	2441	1772	1	4111	4502	3862
海南省	5374	138	29		1265	1427	464
重庆市	19374	1245	273	10	784	3914	1704
四川省	49662	6297	1708	79	9393	4480	3748
贵州省	17984	3755	178		3661	690	744
云南省	35101	3199	406	150	680	3798	5038
西藏自治区	5246	3509	65		16	125	759
陕西省	25710	4195	327	61	4403	1969	1277
甘肃省	24166	4037	106	18	3104	1793	2364
青海省	16021	468	130	22	36	1356	2606
宁夏回族自治区	8620	1160	91		2769	330	51
新疆维吾尔自治区	46047	2035	888	145	184	1710	2189

2-4-86

单位:万元

地区	七、文化体育与传媒						
	体育				广播影视		
	体育场馆	群众体育	体育交流与合作	其他体育支出	小计	行政运行	一般行政管理事务
地方合计	**575591**	**120603**	**3238**	**235354**	**1636575**	**266186**	**40890**
北京市	35334	5929	223	63007	38800	911	194
天津市	14337	2239		4078	33987	2426	124
河北省	13835	2656	99	3979	40498	12137	950
山西省	45116	3137	118	3624	50700	9543	4642
内蒙古自治区	19598	2378	15	3750	83759	8398	1826
辽宁省	20926	4588	48	5729	61289	5553	795
其中:大连市	4828	1075		831	10289	1378	349
吉林省	4841	1704	45	6562	65997	8994	3517
黑龙江省	12441	2476	4	7376	54380	13973	705
上海市	29872	21343	250	11963	23793	906	53
江苏省	29881	9212	255	8810	65940	9654	1011
浙江省	18336	5949	153	29737	75356	7957	1456
其中:宁波市	9084	1122	44	1342	11170	471	3
安徽省	3202	1285	35	2927	136764	11974	1404
福建省	4494	4437	292	1959	54311	3706	744
其中:厦门市	3078	737	204	915	13371	334	354
江西省	27859	1485	24	2727	29115	7402	1118
山东省	90616	3251	57	7140	65310	23351	1704
其中:青岛市	24059	413		1483	1180	317	4
河南省	10118	2776	17	4546	71059	16220	3132
湖北省	30715	2195	29	6221	40373	10254	3050
湖南省	7565	1161	24	3441	54188	18056	992
广东省	28649	10832	221	27054	55685	9459	2793
其中:深圳市	811	2474	135	4933	1808	1	
广西壮族自治区	35173	3572	247	2737	50400	7514	1094
海南省	71	727		1253	15158	1172	443
重庆市	9000	1243	11	1190	21121	1478	1776
四川省	8474	5369	801	9313	92413	13137	1469
贵州省	5236	1067	42	2611	54568	10965	1748
云南省	16427	3333	117	1953	55274	7140	1047
西藏自治区	13	305		454	34351	10116	
陕西省	5413	1835	95	6135	47944	11467	716
甘肃省	9381	2093		1270	55634	11595	866
青海省	2203	7812		1388	20365	1240	314
宁夏回族自治区	3067	457	15	680	15396	1408	422
新疆维吾尔自治区	33398	3757	1	1740	72647	8080	785

2－4－87

单位:万元

地区	七、文化体育与传媒					
	广播影视					
	机关服务	广播	电视	电影	广播电视监控	其他广播影视支出
地方合计	**8908**	**262090**	**464155**	**29474**	**44791**	**520081**
北京市	139	2867	6351	35	1757	26546
天津市		3069	17669	600	5000	5099
河北省	824	8439	7861	78	497	9712
山西省	213	5621	10379	804	654	18844
内蒙古自治区	1057	15624	29981	1478	1856	23539
辽宁省	312	11530	20259	49	12980	9811
其中:大连市		744	3584	24		4210
吉林省	765	12632	12604	357	523	26605
黑龙江省	313	15524	6877	174	412	16402
上海市		1544	7265	847	383	12795
江苏省	572	8633	16808	18	2545	26699
浙江省	85	12347	16622	530	1323	35036
其中:宁波市	85	1635	2451	207		6318
安徽省	234	16589	87653	561	133	18216
福建省	109	6019	21321	144	710	21558
其中:厦门市		237	4901			7545
江西省	91	7094	6586	1001	267	5556
山东省	522	8968	16588	659	160	13358
其中:青岛市		411	185			263
河南省	563	8292	17071	1261	1985	22535
湖北省	180	4453	11315	413	266	10442
湖南省	50	5933	9234	1140	538	18245
广东省	271	10902	13796	425	1808	16231
其中:深圳市		554	290		91	872
广西壮族自治区	85	16705	14406	600	1533	8463
海南省	608	5255	6313	311	236	820
重庆市	175	906	3875	467	755	11689
四川省	336	12361	26907	3010	680	34513
贵州省	127	9167	11947	1233	3437	15944
云南省	243	9296	9334	1526	855	25833
西藏自治区	7	1747	10600	3248	89	8544
陕西省	103	9224	6419	2236	223	17556
甘肃省	85	8355	14916	2387	1065	16365
青海省	104	2986	3065	562	152	11942
宁夏回族自治区	267	2479	7628	1097	73	2022
新疆维吾尔自治区	468	17529	12505	2223	1896	29161

2－4－88

单位:万元

地区	七、文化体育与传媒						
	新闻出版						
	小计	行政运行	一般行政管理事务	机关服务	新闻通讯	出版发行	版权管理
地方合计	**230593**	**39794**	**11830**	**1422**	**10992**	**78591**	**2181**
北京市	4962	1470	188		123	1038	1099
天津市	13178	1049	10			1108	1
河北省	3442	908	303		89	660	
山西省	8832	1427	161		1342	2132	49
内蒙古自治区	10993	1633	2780	206	638	3654	2
辽宁省	5661	684	453	89	363	3554	10
其中:大连市	1026				288	738	
吉林省	16303	1198	1227		80	12092	50
黑龙江省	6109	1635	618			2056	6
上海市	6691	1841	4		335	1727	
江苏省	27414	2330	167		1140	2126	106
浙江省	7737	761	762	413	739	2605	50
其中:宁波市	1223	33	30			397	
安徽省	3497	703	29		351	1103	20
福建省	2586	484	126		88	566	
其中:厦门市	425	192	10				
江西省	4366	983	106		339	401	31
山东省	7262	4039	243	77	311	798	177
其中:青岛市	772	592	22				
河南省	6968	1620	811	27	82	1390	130
湖北省	4965	969	763	148	268	1114	42
湖南省	7741	1809	738	15	282	2715	10
广东省	15383	2429	295	122	233	3957	100
其中:深圳市	1849	354	10			344	
广西壮族自治区	2780	1036	322	18	49	868	23
海南省	997	11	17		100	771	5
重庆市	4129	790	170		607	1016	
四川省	8840	1746	406	138	279	3363	52
贵州省	4359	1605	63		357	2192	
云南省	8477	1287	562	21	129	4213	
西藏自治区	4847	1229			1	2387	
陕西省	3964	1319	62	72	55	1359	103
甘肃省	3606	679	191	17	465	950	40
青海省	2741	585	123	59		792	
宁夏回族自治区	3152	328	124		93	2222	75
新疆维吾尔自治区	18611	1207	6		2054	13662	

2-4-89

单位:万元

地区	七、文化体育与传媒				
	新闻出版		其他文化体育与传媒支出		
	出版市场管理	其他新闻出版支出	小计	宣传文化发展专项支出	其他文化体育与传媒支出
地方合计	**6554**	**79229**	**459186**	**223662**	**235524**
北京市	117	927	78936	22467	56469
天津市	140	10870	1666	873	793
河北省	287	1195	12822	7751	5071
山西省	86	3635	8666	6576	2090
内蒙古自治区		2080	7679	3077	4602
辽宁省		508	8386	2015	6371
其中:大连市			4417		4417
吉林省	103	1553	2892	416	2476
黑龙江省	44	1750	6014	4356	1658
上海市		2784	35977	26820	9157
江苏省	350	21195	14907	2648	12259
浙江省	120	2287	33786	15478	18308
其中:宁波市	15	748	1814	40	1774
安徽省	467	824	22469	4757	17712
福建省	56	1266	10452	5980	4472
其中:厦门市		223	974	161	813
江西省	218	2288	8062	2226	5836
山东省	464	1153	26565	20558	6007
其中:青岛市	106	52	2035	925	1110
河南省	1009	1899	31908	16616	15292
湖北省	416	1245	18618	12252	6366
湖南省	133	2039	14565	10532	4033
广东省	1222	7025	29189	16358	12831
其中:深圳市		1141	12333	1628	10705
广西壮族自治区	216	248	16430	12155	4275
海南省	3	90	1562	833	729
重庆市	1	1545	3064	101	2963
四川省	325	2531	18661	10890	7771
贵州省		142	7767	5258	2509
云南省	8	2257	11726	3197	8529
西藏自治区	10	1220	75	20	55
陕西省	23	971	10437	5899	4538
甘肃省	40	1224	5547	3012	2535
青海省	24	1158	315	46	269
宁夏回族自治区	30	280	252	155	97
新疆维吾尔自治区	642	1040	9791	340	9451

2－4－90

单位:万元

地　　区	八、社会保障和就业						
	合　计	社会保障和就业管理事务					
		小　计	行政运行	一般行政管理事务	机关服务	综合业务管理	劳动保障监察
地　方　合　计	**51045296**	**2064299**	**504874**	**83764**	**11166**	**37731**	**50168**
北京市	1792806	85262	11795	3337	1325	2092	1033
天津市	795714	40515	7109	622		1087	467
河北省	2201343	62641	12162	1415	447	2040	1627
山西省	1828223	56246	15216	1178	254	203	1555
内蒙古自治区	1520235	41046	7152	1514	876	214	1040
辽宁省	4029808	87605	17809	1770	194	532	3584
其中:大连市	606481	15511	2042	455		10	1051
吉林省	1543673	50228	10563	1706	37	792	1390
黑龙江省	2170582	58659	18486	806	1733	177	1085
上海市	2742171	256923	21086	7051	600	2679	3674
江苏省	2125341	155219	39759	11005	956	1999	4464
浙江省	1079848	135108	26557	3893	128	2288	7122
其中:宁波市	253004	32715	5357	851	113	571	2016
安徽省	2064435	46342	13198	4216		485	620
福建省	905712	33153	6899	827	172	386	1572
其中:厦门市	144924	9122	1312	398	163	50	812
江西省	1261449	34131	7970	858	77	282	557
山东省	2517774	109321	38229	4921	596	891	1619
其中:青岛市	260711	21059	7344	724	104	61	289
河南省	2812238	74929	21513	2472	672	491	2559
湖北省	2112158	66264	16423	2490	276	953	2040
湖南省	2209838	85321	33092	5887	107	787	1128
广东省	2834795	227318	75237	10180	1212	11991	5832
其中:深圳市	251242	46789	7855	1368	776	395	1592
广西壮族自治区	1106700	41935	7005	1586	165	1183	1648
海南省	358840	12172	1953	269	62	3	327
重庆市	1389682	31350	8112	934	157	248	672
四川省	2721240	88253	21998	4725	276	851	1683
贵州省	708014	23199	8616	667		510	358
云南省	1704801	39712	15674	1543	109	627	330
西藏自治区	173020	16035	6974	4958	130	2132	42
陕西省	1590145	33685	9094	412	57	924	1376
甘肃省	1068675	21635	10334	796	32	276	228
青海省	511790	12377	2180	221	380	334	281
宁夏回族自治区	254973	9330	2168	200		30	16
新疆维吾尔自治区	909273	28385	10511	1305	136	244	239

2－4－91

单位:万元

地区	八、社会保障和就业						
	社会保障和就业管理事务						
	就业管理事务	社会保险业务管理事务	金保工程	社会保险经办机构	劳动关系和维权	公共就业服务和职业技能鉴定机构	其他社会保障和就业管理事务支出
地方合计	**84762**	**48755**	**50345**	**698975**	**6281**	**46851**	**440627**
北京市	2337	970	11208	26548	366	8092	16159
天津市	801	30	7630	16573	50	2657	3489
河北省	3409	1907	602	20908	93	1164	16867
山西省	1709	1500	1206	23673	228	779	8745
内蒙古自治区	1793	1384	1475	20340	43	599	4616
辽宁省	4750	542	330	41622	338	2963	13171
其中:大连市	365			8196	99	1439	1854
吉林省	4462	596	639	22875	31	1974	5163
黑龙江省	4395	1160	3081	22411	430	1542	3353
上海市	173	6035	6570	55857	5	294	152899
江苏省	6703	5899	1593	50439	69	967	31366
浙江省	9313	6098	3993	44733	836	1989	28158
其中:宁波市	1457	2272	1601	10894	206	1277	6100
安徽省	1421	1288	519	11134	202	753	12506
福建省	2111	1054	52	15401	407	914	3358
其中:厦门市	1268	377		3141	141	424	1036
江西省	1033	1135	33	20569		224	1393
山东省	6808	1888	724	40314	308	1986	11037
其中:青岛市	862	143		9088	29	29	2386
河南省	2477	1788	189	29475	258	606	12429
湖北省	3381	2644	1041	25252	161	592	11011
湖南省	2507	2517	770	30566	106	518	7336
广东省	9442	3358	2603	52998	1443	13155	39867
其中:深圳市	1902	60	1418	22260	980	1777	6406
广西壮族自治区	1764	535	81	18997	186	1753	7032
海南省	833	91	257	5294	37	8	3038
重庆市	1871	368	444	9541	105	85	8813
四川省	3235	2019	844	42399	107	657	9459
贵州省	1245	254	814	5412	193	390	4740
云南省	635	717	970	10781	17	66	8243
西藏自治区	60	48	730	430	20	20	491
陕西省	2134	1147	406	11179	36	926	5994
甘肃省	783	669	243	5232	20	218	2804
青海省	714	85	1084	6081	45	44	928
宁夏回族自治区	362	98		4700	2	113	1641
新疆维吾尔自治区	2101	931	214	7241	139	803	4521

2－4－92

单位:万元

地区	八、社会保障和就业						
	民政管理事务						
	小计	行政运行	一般行政管理事务	机关服务	拥军优属	老龄事务	民间组织管理
地方合计	**1418895**	**499058**	**65920**	**8403**	**102975**	**67326**	**7569**
北京市	139244	12530	2046	1548	6293	2327	716
天津市	24477	5954	436	4	1668	1065	490
河北省	50305	26466	1112	122	2086	791	116
山西省	27493	11475	859	176	1270	1006	57
内蒙古自治区	26238	10423	532	299	1057	2156	22
辽宁省	77788	17125	2219	126	3011	1341	137
其中:大连市	13982	2735	384		835	98	19
吉林省	26127	9940	1354	475	831	1874	156
黑龙江省	30642	15722	1579	137	1709	1584	126
上海市	62175	11671	6198		6915	8129	465
江苏省	87854	32523	3044	191	12485	3811	331
浙江省	92732	28137	6221	277	6616	8354	890
其中:宁波市	27806	5373	737	28	1288	2066	126
安徽省	32539	15589	4042	114	2657	723	73
福建省	40086	10290	794	175	4994	3807	118
其中:厦门市	12838	2613	67	161	361	1804	10
江西省	25276	12806	1205	154	725	1010	25
山东省	84340	37555	2989	722	6968	4790	415
其中:青岛市	14020	4756	511	320	702	1136	56
河南省	54060	24937	5271	269	3319	1049	363
湖北省	40382	20635	1649	804	1953	1733	213
湖南省	51377	21759	3801	97	1777	1471	164
广东省	116022	35798	8166	831	17412	2480	1004
其中:深圳市	17582	4033	2811		3289	481	373
广西壮族自治区	31517	10273	1671	93	3568	966	62
海南省	9971	2625	630	126	1884	196	835
重庆市	26303	8576	1157	189	1489	482	80
四川省	73385	27972	3481	362	3735	4476	289
贵州省	29760	16222	716	30	2161	928	31
云南省	41868	15991	2070	674	2239	3423	36
西藏自治区	10822	9393	156	11	154	469	10
陕西省	35861	13930	1190	153	997	2816	189
甘肃省	20090	12921	193	67	560	1189	24
青海省	12337	4128	148	64	233	147	67
宁夏回族自治区	6446	3174	200		439	283	9
新疆维吾尔自治区	31378	12518	791	113	1770	2450	56

2－4－93

单位:万元

地　　区	八、社会保障和就业						
	民政管理事务				财政对社会保险基金的补助		
	行政区划和地名管理	基层政权和社区建设	部队供应	其他民政管理事务支出	小　计	财政对基本养老保险基金的补助	财政对失业保险基金的补助
地　方　合　计	**21957**	**298872**	**24304**	**322511**	**12487886**	**11472885**	**65663**
北京市	480	54500	361	58443	15870	12258	503
天津市		9100		5760	494728	421439	
河北省	3311	5465	742	10094	514999	489592	2420
山西省	303	4126	660	7561	451147	433635	1696
内蒙古自治区	301	3921	593	6934	362083	334676	2950
辽宁省	701	37723	979	14426	1461410	1443962	1842
其中:大连市	223	7600	25	2063	304238	302561	1225
吉林省	387	3176	780	7154	524898	507976	9406
黑龙江省	181	4081	1009	4514	805850	803474	1065
上海市	97	6877	991	20832	1176744	983474	254
江苏省	1688	18038	563	15180	451780	256765	889
浙江省	2562	12889	3473	23313	94502	43496	691
其中:宁波市	282	8488	2860	6558	10009	4700	
安徽省	331	1821	310	6879	421263	397551	4485
福建省	838	8477	390	10203	25214	6615	2285
其中:厦门市	36	3991	74	3721	490		
江西省	153	3337	777	5084	344956	329215	1076
山东省	842	13983	1164	14912	299618	255504	1614
其中:青岛市	46	2462	58	3973	65025	53540	2
河南省	1272	3928	1605	12047	641929	625040	8016
湖北省	224	3958	723	8490	761729	749205	3349
湖南省	540	13269	1023	7476	673576	647504	873
广东省	1792	25081	2278	21180	138467	80662	493
其中:深圳市	52	1093	324	5126	16243	6404	
广西壮族自治区	596	4923	1177	8188	198138	189829	4295
海南省	427	1195	143	1910	146259	143224	584
重庆市	454	7592	314	5970	312728	311822	513
四川省	1495	17188	1065	13322	616909	589813	1477
贵州省	209	3157	793	5513	190478	172695	1400
云南省	633	9047	812	6943	287988	278227	1443
西藏自治区	99	60	4	466	61464	47377	4241
陕西省	487	7790	334	7975	405479	356898	3600
甘肃省	315	1640	376	2805	196325	184618	520
青海省	218	4810	260	2262	113891	89462	1336
宁夏回族自治区	49	548	102	1642	56872	55889	26
新疆维吾尔自治区	972	7172	503	5033	240592	230988	2321

2－4－94

单位:万元

地区	八、社会保障和就业						
	财政对社会保险基金的补助				行政事业单位离退休		
	财政对基本医疗保险基金的补助	财政对工伤保险基金的补助	财政对生育保险基金的补助	财政对其他社会保险基金的补助	小计	行政单位离退休	事业单位离退休
地方合计	**384361**	**4710**	**4474**	**555793**	**14625172**	**5383733**	**8551258**
北京市	1340	4	3	1762	734778	297106	292644
天津市	73289				15080	13499	1174
河北省	7971	799	149	14068	715975	247719	446144
山西省	5438	37	429	9912	476333	176468	289399
内蒙古自治区	18639	51	470	5297	654611	239060	404293
辽宁省	4273	135	176	11022	836574	359150	467301
其中:大连市	252	124	76		85713	71681	9999
吉林省	6972	74	353	117	211133	47375	154825
黑龙江省	10	6		1295	100161	30270	64458
上海市	34592	63	64	158297	414480	143914	256881
江苏省	26244	4		167878	240748	112526	117193
浙江省	10079	69	70	40097	117976	45741	62218
其中:宁波市				5309	3683	2666	785
安徽省	12228	123	231	6645	718332	235147	472842
福建省	5993	60	40	10221	501304	161526	312164
其中:厦门市				490	75572	24545	39682
江西省	8738	55	24	5848	295292	109546	175182
山东省	9645	62	46	32747	974427	321114	590763
其中:青岛市	6221	5		5257	16151	8903	2989
河南省	6556	151	156	2010	1004810	375762	594178
湖北省	3944	30	9	5192	423850	178863	229890
湖南省	7596	823	286	16494	514441	185508	306283
广东省	22357	182	32	34741	1396238	510908	832173
其中:深圳市				9839	75262	22362	46469
广西壮族自治区	3226	42	72	674	399340	195622	201070
海南省	1335	284	115	717	110052	55696	47594
重庆市	2			391	497945	191253	299707
四川省	3360	199	37	22023	960257	371158	564044
贵州省	14409	165	92	1717	48115	14285	26897
云南省	5983	209	207	1919	848179	286583	520610
西藏自治区	9619	22	198	7	36373	28673	4251
陕西省	42817	20	722	1422	410576	101015	227160
甘肃省	9517	4	208	1458	353201	133964	210264
青海省	22410	674		9	238253	84986	144110
宁夏回族自治区	934	2		21	97025	33550	61448
新疆维吾尔自治区	4845	361	285	1792	279313	95746	174098

2－4－95

单位:万元

地　　区	八、社会保障和就业					
	行政事业单位离退休		企业改革补助			
	离退休人员管理机构	其他行政事业单位离退休支出	小　计	企业关闭破产补助	厂办大集体改革补助	其他企业改革发展补助
地　方　合　计	**143371**	**546810**	**2759266**	**2739935**	**484**	**18847**
北京市	9681	135347	30202	30202		
天津市	358	49				
河北省	10067	12045	177842	177072		770
山西省	6384	4082	331931	330711		1220
内蒙古自治区	5284	5974	64266	63523		743
辽宁省	4851	5272	236639	235558		1081
其中:大连市	2431	1602	1931	1667		264
吉林省	5468	3465	123801	122287	484	1030
黑龙江省	3619	1814	108679	108679		
上海市	460	13225	1213	1213		
江苏省	537	10492	28650	17573		11077
浙江省	1503	8514	533	533		
其中:宁波市	16	216				
安徽省	322	10021	150926	150894		32
福建省	8952	18662	18024	18024		
其中:厦门市	347	10998				
江西省	1912	8652	56616	56602		14
山东省	10086	52464	249198	248949		249
其中:青岛市	2433	1826	3597	3597		
河南省	6691	28179	177439	177419		20
湖北省	7002	8095	54612	54562		50
湖南省	3160	19490	145778	145376		402
广东省	7754	45403	31826	31823		3
其中:深圳市	3327	3104	3000	3000		
广西壮族自治区	346	2302	144273	144243		30
海南省	626	6136	2855	2855		
重庆市	2095	4890	107103	107053		50
四川省	5155	19900	104670	104242		428
贵州省	1678	5255	47411	47396		15
云南省	8075	32911	5117	5117		
西藏自治区	1766	1683				
陕西省	9584	72817	147097	145818		1279
甘肃省	4104	4869	147351	147291		60
青海省	7932	1225	9989	9949		40
宁夏回族自治区	1080	947	8842	8842		
新疆维吾尔自治区	6839	2630	46383	46129		254

2 - 4 - 96

单位:万元

地　　区	八、社会保障和就业						
	就业补助						
	小　计	劳动力市场建设	职业培训补　　贴	职业介绍补　　贴	社会保险补　　贴	岗位补贴	小额担保贷款贴息
地　方　合　计	**3682590**	**203678**	**295078**	**42514**	**638294**	**386341**	**52952**
北京市	62476	3187	3872	869	4383	23884	
天津市	84373	2445	836	600	37424	19472	650
河北省	126906	6041	10286	760	8480	14259	245
山西省	112247	2208	2338	1586	7897	12520	270
内蒙古自治区	82748	6574	9845	1769	25849	4723	5854
辽宁省	353703	8134	19840	3430	151999	87825	1821
其中:大连市	56218	121	657	10	35822	12516	808
吉林省	160328	3670	8627	1938	31068	30895	2038
黑龙江省	225215	1472	26913	2954	75173	17823	3145
上海市	181611	14	1114	89	4676	46395	11
江苏省	127473	13911	12967	1492	46065	3892	337
浙江省	97947	2055	13632	863	35031	5551	299
其中:宁波市	46933	97	1913	436	23526	5032	40
安徽省	156478	1999	2223	509	9803	1627	5853
福建省	50083	569	4638	2838	12136	2680	370
其中:厦门市	14013	66	1403	1203	3014	528	
江西省	133530	10732	16000	2761	10888	2494	6946
山东省	96753	8600	15976	2033	9913	26653	524
其中:青岛市	27378	60	456	20	5	23408	
河南省	166914	5732	16586	1206	7701	10086	11637
湖北省	225599	8385	4809	880	7587	7791	1483
湖南省	241063	54628	12610	1436	23553	7417	2777
广东省	202275	30334	19657	2415	27725	4875	99
其中:深圳市	22342						
广西壮族自治区	53575	2464	8628	1586	9277	10018	1
海南省	12763	1457	1743	258	1246	441	2
重庆市	106668	3207	4350	869	7618	1233	3480
四川省	152739	6096	16412	1679	35952	4592	522
贵州省	61040	4770	27349	1583	2097	3795	100
云南省	44320	1551	1603	1291	6607	3450	1185
西藏自治区	1476		5	1		1391	
陕西省	158415	6427	1143	452	105	774	881
甘肃省	71723	4665	5754	1359	13444	18226	1194
青海省	44686	644	3462	1988	16786	1371	117
宁夏回族自治区	21604	84	6078	5	206	5724	125
新疆维吾尔自治区	65859	1623	15782	1015	7605	4464	986

二、地方财政预算收支情况

2－4－97

单位:万元

地区	八、社会保障和就业						
	就业补助				抚恤		
	补充小额贷款担保基金	职业技能鉴定补贴	特定政策补助支出	其他就业补助支出	小计	死亡抚恤	伤残抚恤
地方合计	**37652**	**9108**	**173611**	**1843362**	**2115974**	**249375**	**476285**
北京市		31		26250	43118	11080	6977
天津市		120	12813	10013	17582	1697	4572
河北省	850	224	5320	80441	132661	16318	36758
山西省	2510	247	6769	75902	69894	4592	16105
内蒙古自治区	1008	25	13547	13554	32003	5634	7643
辽宁省	2352	730	306	77266	90504	7209	21775
其中:大连市	1355			4929	13819	2203	2890
吉林省	1735	2151	13084	65122	55375	5138	12362
黑龙江省	2895	70	3371	91399	58222	4994	9775
上海市			806	128506	47713	3517	8758
江苏省	200	36	4679	43894	150571	15599	39502
浙江省	50	87	1573	38806	95326	3975	12570
其中:宁波市	50	27	1476	14336	15184	893	1583
安徽省	1071	398	1842	131153	89823	7787	31630
福建省	348	743	608	25153	42362	5199	4611
其中:厦门市		5		7794	2167	462	226
江西省	4878	480	10576	67775	70364	7253	12572
山东省	406	41	3510	29097	220142	22986	74706
其中:青岛市			384	3045	20903	1630	9275
河南省	7570	414	9291	96691	148620	20314	32117
湖北省	1260	251	1490	191663	98583	10497	16666
湖南省	230	286	33755	104371	104154	15928	20290
广东省	164	1097	6779	109130	109846	17914	19992
其中:深圳市				22342	4968	147	494
广西壮族自治区	53	354	1246	19948	37240	4652	5190
海南省				7616	12478	4627	1930
重庆市	250	487	8507	76667	50149	4869	14184
四川省	1566	173	15807	69940	142972	19159	32714
贵州省	100	50	1400	19796	41832	4324	7115
云南省	451	32	771	27379	40899	7345	6720
西藏自治区				79	3515	1464	726
陕西省	3900	10	34	144689	59235	3486	8770
甘肃省	2596	86	2833	21566	26890	4553	4660
青海省	97	15	6493	13713	6114	3016	1187
宁夏回族自治区	400	225	3740	5017	4334	1317	1681
新疆维吾尔自治区	712	245	2661	30766	13453	2932	2027

2－4－98

单位:万元

地区	八、社会保障和就业					
	抚恤				退役安置	
	在乡复员、退伍军人生活补助	优抚事业单位	义务兵优待	其他优抚支出	小计	退伍军人安置
地方合计	**674617**	**183074**	**199471**	**333152**	**1653791**	**306732**
北京市	10150	2610	5586	6715	267317	4222
天津市	3996	4839	1832	646	31175	619
河北省	35549	19675	8621	15740	76926	11488
山西省	16214	12946	4867	15170	30200	4717
内蒙古自治区	10746	2771	2364	2845	31381	14956
辽宁省	33038	8152	11032	9298	119696	9209
其中:大连市	4345	514	2352	1515	42759	1481
吉林省	13814	5783	4735	13543	36500	4267
黑龙江省	21038	3125	7686	11604	30690	7651
上海市	5727	5858	16859	6994	57669	8561
江苏省	43296	13354	14155	24665	116967	34738
浙江省	33281	8030	20971	16499	46054	16829
其中:宁波市	6000	827	4801	1080	10157	3019
安徽省	25367	5579	10069	9391	45745	23337
福建省	13046	2306	9001	8199	29615	6007
其中:厦门市	197	122	659	501	5436	854
江西省	20171	6100	5608	18660	25077	9650
山东省	58275	21226	13590	29359	117491	16571
其中:青岛市	4975	276	2765	1982	35544	4587
河南省	48170	12494	11268	24257	56215	14541
湖北省	37206	7994	6165	20055	66029	19851
湖南省	35758	6656	4788	20734	48689	10584
广东省	30136	8515	10337	22952	96620	23665
其中:深圳市	287	107	407	3526	8130	2997
广西壮族自治区	14558	2717	4618	5505	20849	5431
海南省	2936	602	642	1741	10043	3085
重庆市	22287	1799	2953	4057	28799	6673
四川省	69741	6833	7577	6948	76165	20080
贵州省	15803	2269	4666	7655	15249	4770
云南省	12905	1311	2267	10351	50469	6234
西藏自治区	82	159	28	1056	5768	86
陕西省	26750	5843	3350	11036	56172	10220
甘肃省	9105	1920	2899	3753	22148	2605
青海省	944	338	241	388	6109	980
宁夏回族自治区	608	212	243	273	4058	834
新疆维吾尔自治区	3920	1058	453	3063	27906	4271

2－4－99 单位:万元

地区	八、社会保障和就业					
	退役安置			社会福利		
	军队移交政府的离退休人员安置	军队移交政府离退休干部管理机构	其他退役安置支出	小计	儿童福利	老年人福利
地方合计	**1085511**	**187796**	**73752**	**624399**	**43779**	**91734**
北京市	208346	53486	1263	20571	5556	3723
天津市	24415	4517	1624	11464	1169	3068
河北省	56340	7587	1511	17699	145	1633
山西省	21515	3458	510	7440	151	130
内蒙古自治区	13505	1894	1026	11814	472	1361
辽宁省	95995	13442	1050	46757	2629	5113
其中:大连市	34404	6504	370	13980		730
吉林省	23935	5637	2661	22805	26	1837
黑龙江省	17958	4328	753	24096	2082	2705
上海市	32824	3960	12324	43512	4424	7672
江苏省	65550	12862	3817	78632	3931	13108
浙江省	21530	4785	2910	65240	3485	13145
其中:宁波市	5286	1756	96	19996	1599	1857
安徽省	13773	2458	6177	9793	1454	1044
福建省	19879	2715	1014	11566	523	790
其中:厦门市	3671	488	423	1329	14	136
江西省	10044	1619	3764	10054	213	2319
山东省	83427	13181	4312	32297	747	6929
其中:青岛市	25032	5302	623	6416		315
河南省	32377	6747	2550	17048	466	4025
湖北省	39206	5441	1531	16244	2077	1283
湖南省	28477	4486	5142	13771	880	1405
广东省	51433	7563	13959	62735	4821	5541
其中:深圳市	3964	867	302	11836	988	657
广西壮族自治区	12894	1789	735	8740	430	765
海南省	5911	690	357	1396	117	13
重庆市	18985	2399	742	7525	460	650
四川省	49443	6054	588	25816	2034	2812
贵州省	9232	952	295	11074	1199	1157
云南省	40781	2918	536	12966	1054	4562
西藏自治区	5660	20	2	778	348	87
陕西省	39950	4942	1060	13052	783	2687
甘肃省	15239	3043	1261	4965	316	420
青海省	4897	226	6	1613	24	456
宁夏回族自治区	2824	345	55	2611	391	413
新疆维吾尔自治区	19166	4252	217	10325	1372	881

2－4－100　　　　单位:万元

地区	八、社会保障和就业						
	社会福利				残疾人事业		
	假肢矫形	殡　葬	社会福利事业单位	其他社会福利支出	小　计	行政运行	一般行政管理事务
地方合计	**3534**	**91141**	**302582**	**91629**	**336471**	**116340**	**17852**
北京市	50	631	7688	2923	22717	2642	372
天津市	587	1147	5238	255	3368	1745	35
河北省	246	6670	8038	967	11185	4032	225
山西省	257	1025	5546	331	9823	4188	311
内蒙古自治区	40	2083	6340	1518	7587	3600	525
辽宁省	106	7654	26620	4635	13386	5329	197
其中:大连市	18	1233	11480	519	2253	917	125
吉林省	268	2302	17755	617	7807	3312	489
黑龙江省	413	1396	15824	1676	7053	2917	268
上海市		293	22513	8610	29192	3724	2343
江苏省	206	9774	41346	10267	19740	6591	1006
浙江省	322	13930	11051	23307	18178	6979	2924
其中:宁波市	149	3482	1172	11737	3441	1187	1492
安徽省	80	2268	3591	1356	5334	2541	343
福建省		1411	7769	1073	7619	2481	573
其中:厦门市		18	1140	21	811	300	52
江西省	37	1483	3977	2025	5861	2263	199
山东省	2	2375	15828	6416	18827	8335	855
其中:青岛市		104	3629	2368	3101	1214	68
河南省	11	4509	6346	1691	11960	5774	540
湖北省	223	2212	8048	2401	10493	4059	642
湖南省	155	2093	6790	2448	11837	4882	1432
广东省	1	12821	29311	10240	40431	9393	1248
其中:深圳市		2061	4125	4005	5686	861	202
广西壮族自治区	85	748	5755	957	10482	2785	400
海南省		104	647	515	2017	875	140
重庆市	220	1564	4032	599	4192	1409	263
四川省	31	4064	13413	3462	10239	5003	649
贵州省	5	1092	7343	278	6309	3273	337
云南省	14	2770	3920	646	9800	4761	538
西藏自治区		34	287	22	1901	610	19
陕西省	20	1836	6804	922	11047	3917	381
甘肃省	112	623	3031	463	6909	3322	274
青海省	28	58	737	310	2817	1444	112
宁夏回族自治区		411	1268	128	1884	884	75
新疆维吾尔自治区	15	1760	5726	571	6476	3270	137

2－4－101

单位:万元

地　　区	八、社会保障和就业					
	残疾人事业					城市居民最低生活保障
	机关服务	残疾人康复	残疾人就业和扶贫	残疾人体育	其他残疾人事业支出	
地方合计	**4266**	**50577**	**26401**	**30947**	**90088**	**2918923**
北京市		2755	232	1821	14895	47965
天津市	23	561	224	190	590	46044
河北省	361	1167	931	1245	3224	87673
山西省	400	1310	660	223	2731	102147
内蒙古自治区	335	380	1188	556	1003	115717
辽宁省	126	1419	713	1415	4187	204527
其中:大连市		403	296	95	417	18230
吉林省	50	1686	862	242	1166	155721
黑龙江省	75	723	1260	665	1145	235045
上海市	51	2335	136	9178	11425	92188
江苏省	215	4306	403	3352	3867	74231
浙江省	95	3119	954	955	3152	22762
其中:宁波市	8	349	229	60	116	4325
安徽省	6	367	494	443	1140	152209
福建省	32	1403	853	644	1633	22331
其中:厦门市	10	40	4		405	3887
江西省	27	462	1379	438	1093	108204
山东省		1958	1592	1777	4310	75795
其中:青岛市		350	882	183	404	9141
河南省	286	1463	314	107	3476	135311
湖北省	306	1325	496	375	3290	172382
湖南省	180	1471	1401	336	2135	156106
广东省	449	12170	7118	2725	7328	66071
其中:深圳市	20	1578	834	114	2077	5382
广西壮族自治区	202	1180	1299	1027	3589	59818
海南省	3	398	105	149	347	14555
重庆市	48	466	168	660	1178	107690
四川省	293	1772	749	327	1446	166958
贵州省	106	712	175	329	1377	61292
云南省	140	1022	1114	667	1558	88325
西藏自治区		976	104	20	172	7450
陕西省	91	787	259	217	5395	99489
甘肃省	155	1632	213	452	861	92286
青海省	38	42	120	50	1011	30983
宁夏回族自治区		405	92	167	261	22016
新疆维吾尔自治区	173	805	793	195	1103	95632

2－4－102

单位:万元

地区	八、社会保障和就业					
	其他城镇社会救济			自然灾害生活救助		
	小计	流浪乞讨人员救助	其他城镇社会救济支出	小计	中央自然灾害生活补助	地方自然灾害生活补助
地方合计	**305659**	**86953**	**218706**	**923544**	**281037**	**301584**
北京市	10947	6441	4506	1908	25	1074
天津市	2679	1521	1158	739	144	524
河北省	5458	1975	3483	23577	9795	11924
山西省	3016	1711	1305	26565	9826	13655
内蒙古自治区	7561	1187	6374	19723	6977	10181
辽宁省	52744	5078	47666	24817	7019	7954
其中:大连市	7230	480	6750	3649	95	507
吉林省	6205	2529	3676	16429	7621	6351
黑龙江省	7965	2588	5377	22106	16583	2592
上海市	41673	6348	35325	40		
江苏省	27370	6730	20640	18971	1719	7772
浙江省	14355	5690	8665	25976	5806	10797
其中:宁波市	4084	683	3401	3274	542	1418
安徽省	19846	1470	18376	96106	7504	12772
福建省	2978	1534	1444	22706	4174	9818
其中:厦门市	1456	592	864	427	40	253
江西省	7296	1558	5738	32824	12353	11783
山东省	10801	2335	8466	31575	9822	14486
其中:青岛市	827	474	353	1719	644	779
河南省	4934	2479	2455	53739	13974	15668
湖北省	9864	2656	7208	37074	6611	18455
湖南省	5832	3205	2627	46529	24697	12955
广东省	20702	11759	8943	32736	3682	9760
其中:深圳市	4953	2544	2409	50		44
广西壮族自治区	2884	2045	839	30470	14509	7881
海南省	2139	634	1505	5722	4323	1073
重庆市	4306	1522	2784	30800	14392	6670
四川省	10378	5575	4803	75877	21478	29498
贵州省	2371	1495	876	32741	15666	9432
云南省	4190	1358	2832	95424	10897	16488
西藏自治区	537	145	392	19743	2055	16458
陕西省	5971	1836	4135	34273	21804	9791
甘肃省	1807	1220	587	23672	8975	11396
青海省	471	320	151	8778	5057	3095
宁夏回族自治区	1245	340	905	9996	7079	2775
新疆维吾尔自治区	7134	1669	5465	21908	6470	8506

二、地方财政预算收支情况

2－4－103

单位:万元

地区	八、社会保障和就业						
	自然灾害生活救助		红十字事业				
	自然灾害灾后重建补助	其他自然灾害生活救助支出	小计	行政运行	一般行政管理事务	机关服务	其他红十字事业支出
地方合计	**256665**	**84258**	**44915**	**19926**	**8355**	**174**	**16460**
北京市		809	4435	1507	449		2479
天津市		71	886	641	114		131
河北省	1349	509	1073	260	28		785
山西省	1193	1891	763	441	72	16	234
内蒙古自治区	1267	1298	2885	1885	509	69	422
辽宁省	5945	3899	1531	810	129	41	551
其中:大连市	2071	976	141	106	35		
吉林省	1224	1233	1106	658	160	12	276
黑龙江省	2482	449	998	712	103		183
上海市		40	5469	1236	2390		1843
江苏省	3627	5853	2715	1465	549		701
浙江省	5610	3763	1941	603	325		1013
其中:宁波市	516	798	143	97			46
安徽省	66039	9791	619	191	22		406
福建省	6211	2503	1563	542	410	5	606
其中:厦门市	133	1	428	249	116		63
江西省	3210	5478	535	387	91	21	36
山东省	2643	4624	2913	1587	285	5	1036
其中:青岛市		296	512	322	91		99
河南省	18923	5174	994	465	225		304
湖北省	6179	5829	1238	348	547		343
湖南省	6544	2333	1477	804	129		544
广东省	10053	9241	2400	1116	393		891
其中:深圳市		6	237	96	141		
广西壮族自治区	5906	2174	1003	486	175		342
海南省	30	296	185	107	64	1	13
重庆市	8274	1464	617	151	47		419
四川省	18963	5938	1245	580	360		305
贵州省	4578	3065	909	309	104		496
云南省	66368	1671	1567	459	288		820
西藏自治区	163	1067	191	110			81
陕西省	2282	396	1156	506	14	4	632
甘肃省	1501	1800	343	143	116		84
青海省	309	317	287	139	25		123
宁夏回族自治区	85	57	202	85	22		95
新疆维吾尔自治区	5707	1225	1669	1193	210		266

2－4－104

单位：万元

地区	八、社会保障和就业				
	农村最低生活保障	其他农村社会救济			其他社会保障和就业支出
		小计	“五保”供养	其他农村社会救济支出	
地方合计	**575354**	**1357861**	**470763**	**887098**	**3150297**
北京市	4191	10077	254	9823	291728
天津市	2896	4460	2491	1969	15248
河北省	15618	48023	18677	29346	132782
山西省	21528	30313	14839	15474	71137
内蒙古自治区	31012	19110	6028	13082	10450
辽宁省	24550	49373	17340	32033	348204
其中：大连市	773	10313	832	9481	15741
吉林省	10856	23356	8045	15311	110998
黑龙江省	31883	17157	11102	6055	406161
上海市	3215	21105	272	20833	307249
江苏省	32112	107512	14211	93301	404796
浙江省	22292	97808	12074	85734	131118
其中：宁波市	2193	20029	2308	17721	49032
安徽省	9149	79853	33256	46597	30078
福建省	35282	26835	7172	19663	34991
其中：厦门市	117	1638	32	1606	15193
江西省	24490	61295	31756	29539	25648
山东省	24387	61057	24223	36834	108832
其中：青岛市	1592	7631	485	7146	26095
河南省	37832	125630	56705	68925	99874
湖北省	14890	48329	21643	26686	64596
湖南省	27485	50503	29676	20827	31899
广东省	28335	66703	24663	42040	196070
其中：深圳市		26	16	10	28756
广西壮族自治区	12753	38228	17336	20892	15455
海南省	1787	11727	3747	7980	2719
重庆市	18497	23246	16537	6709	31764
四川省	30875	104796	50623	54173	79706
贵州省	28081	63013	5289	57724	45140
云南省	35947	55995	12498	43497	42035
西藏自治区	505	6103	557	5546	359
陕西省	12003	57879	11787	46092	48755
甘肃省	15932	24894	10972	13922	38504
青海省	5070	7781	2604	5177	10234
宁夏回族自治区	181	6062	1610	4452	2265
新疆维吾尔自治区	11720	9638	2776	6862	11502

2-4-105

单位:万元

地区	九、医疗卫生					
	合计	医疗卫生管理事务				
		小计	行政运行	一般行政管理事务	机关服务	其他医疗卫生管理事务支出
地方合计	**19557472**	**910980**	**538484**	**124415**	**10908**	**237173**
北京市	1189527	23286	9451	4925	275	8635
天津市	330964	14329	11061	412	239	2617
河北省	781096	41629	31131	2429	509	7560
山西省	520956	25963	16817	2724	291	6131
内蒙古自治区	438658	18309	10954	1062	350	5943
辽宁省	666000	26417	15213	2885	555	7764
其中:大连市	112807	5603	3039	669		1895
吉林省	423106	17237	11183	2098	270	3686
黑龙江省	575415	36121	28224	4190	101	3606
上海市	888313	56782	13989	13715	1026	28052
江苏省	1152882	69041	36132	10632	155	22122
浙江省	1122822	65103	24198	15443	1092	24370
其中:宁波市	224949	8279	3844	853	99	3483
安徽省	654132	27097	15074	2226	57	9740
福建省	519887	15703	8361	2856	55	4431
其中:厦门市	92202	3298	1303	1578		417
江西省	580717	22436	15653	1472	95	5216
山东省	996496	63840	42626	6385	394	14435
其中:青岛市	90628	8475	4778	1417	174	2106
河南省	987788	43450	27465	6814	1277	7894
湖北省	661139	28715	19263	2887	328	6237
湖南省	591970	45333	34196	4456	732	5949
广东省	1407693	70495	37481	9711	1025	22278
其中:深圳市	254677	18418	7293	2995	372	7758
广西壮族自治区	507547	16858	9578	1733	269	5278
海南省	124560	5422	3211	891	75	1245
重庆市	339705	16062	7075	4136	189	4662
四川省	988711	43061	27318	5414	620	9709
贵州省	487893	19621	13883	1924	133	3681
云南省	771123	20540	12570	3251	114	4605
西藏自治区	171623	10116	9000	618	3	495
陕西省	499056	23003	15812	2368	413	4410
甘肃省	410319	19524	13522	3832	102	2068
青海省	195046	5762	4151	274	112	1225
宁夏回族自治区	114174	4358	2809	856		693
新疆维吾尔自治区	458154	15367	11083	1796	52	2436

2－4－106　　　　单位:万元

地　　区	九、医疗卫生					
	医疗服务					
	小　计	综合医院	中医医院	传染病医院	口腔医院	精神病医院
地　方　合　计	**3768749**	**2471503**	**533004**	**189384**	**22546**	**130172**
北京市	295307	175934	19771	56551	4459	11693
天津市	123363	89142	10936	1398	1472	6804
河北省	80477	52373	12205	4750	462	1742
山西省	110201	76978	18332	3734	421	1466
内蒙古自治区	128612	84864	29195	5422	213	2462
辽宁省	98769	67882	9607	5064	726	2742
其中:大连市	15368	9958	582	1198	223	371
吉林省	134315	86013	21941	8677	942	3763
黑龙江省	174986	117160	26024	8539	1787	5293
上海市	237951	157324	20816	11112	1918	15917
江苏省	225046	134087	34528	9790	1884	12697
浙江省	212590	131066	40176	4090	380	10679
其中:宁波市	72176	51370	9319	1512	41	3346
安徽省	70105	48779	9152	5337	387	1907
福建省	65384	39157	10795	2352	288	5746
其中:厦门市	24234	16220	4244		288	1643
江西省	100752	67642	13637	3686	464	3440
山东省	176942	113925	22416	8894	1035	5868
其中:青岛市	23835	14146	2849	2559	79	371
河南省	113904	74441	16809	2111	328	2431
湖北省	91853	64612	13532	2148	1084	1806
湖南省	72105	45922	12123	1536	310	1829
广东省	277515	175184	26603	15695	466	10136
其中:深圳市	110343	76884	6829	1996		1911
广西壮族自治区	91227	57793	14402	4017	725	2395
海南省	18207	12723	3571	153		1007
重庆市	37384	21297	6555	442	342	2661
四川省	139354	86097	32580	5981	645	4925
贵州省	89911	63830	15881	3367	409	1975
云南省	111622	73723	16595	8473	300	2874
西藏自治区	88301	64791	12828			
陕西省	85521	53677	17152	976	89	679
甘肃省	93342	62905	15159	1723	558	1458
青海省	43642	27656	8105	764	90	946
宁夏回族自治区	28461	22330	3643	782	181	611
新疆维吾尔自治区	151600	122196	17935	1820	181	2220

2－4－107

单位:万元

地　　区	九、医疗卫生				
	医疗服务				
	其他专科医　院	福利医院	行业医院	处理医疗欠　费	其他医疗服务支出
地 方 合 计	**191403**	**4299**	**30823**	**10361**	**185254**
北京市	25808	474	10		607
天津市	11894				1717
河北省	2458	444	311	578	5154
山西省	4071		513	321	4365
内蒙古自治区	2343		2901	24	1188
辽宁省	4033	14	1693	94	6914
其中:大连市	1133		1608	30	265
吉林省	10585		342	220	1832
黑龙江省	8616		3973	9	3585
上海市	21792	114			8958
江苏省	9536	614	1384	345	20181
浙江省	11244	186		2017	12752
其中:宁波市	3207	100		266	3015
安徽省	1547		185	108	2703
福建省	3755	571	667	896	1157
其中:厦门市	191	571		745	332
江西省	7987				3896
山东省	11589		2843	52	10320
其中:青岛市	1036		874		1921
河南省	4678	181	2682	172	10071
湖北省	3048	614	345		4664
湖南省	4363	163	1185	441	4233
广东省	13771		3202	2628	29830
其中:深圳市	5198			1973	15552
广西壮族自治区	5777	735	339	166	4878
海南省	251				502
重庆市	2370	25	28	767	2897
四川省	2762	102	491	713	5058
贵州省	2680		50	330	1389
云南省	2428	15	2384	120	4710
西藏自治区	575				10107
陕西省	3736		2939		6273
甘肃省	2289		305	8	8937
青海省	3314		774	26	1967
宁夏回族自治区	24			316	574
新疆维吾尔自治区	2079	47	1277	10	3835

2－4－108

单位:万元

地区	九、医疗卫生					
	社区卫生服务				医疗保障	
	小计	社区公共卫生服务	社区卫生专项	其他社区卫生服务支出	小计	行政单位医疗
地方合计	**637606**	**365296**	**182613**	**89697**	**9105121**	**2258138**
北京市	126316	27617	70150	28549	526017	242881
天津市	21877	17690	4150	37	127790	32841
河北省	7974	3199	3224	1551	502470	151148
山西省	9394	8976	343	75	233379	60252
内蒙古自治区	7095	6206	508	381	167379	49647
辽宁省	20853	11881	4782	4190	360661	101742
其中:大连市	753	696	24	33	66232	25342
吉林省	7641	5695	1730	216	155874	30656
黑龙江省	13971	11679	580	1712	231322	69366
上海市	85342	63690	13017	8635	237548	59170
江苏省	49956	23195	12344	14417	516731	133153
浙江省	48033	32591	11608	3834	456776	109823
其中:宁波市	18363	15477	2863	23	51783	10755
安徽省	18377	13883	2980	1514	372488	70065
福建省	15324	10907	1637	2780	294238	54528
其中:厦门市	6852	4478	387	1987	32126	7838
江西省	17504	12816	4113	575	266835	32045
山东省	7607	4115	1855	1637	513878	136026
其中:青岛市	3417	1001	1225	1191	27203	5438
河南省	15746	12369	2916	461	578258	127990
湖北省	18724	12259	5025	1440	333004	86365
湖南省	10218	7161	1706	1351	291052	46283
广东省	40013	17299	14885	7829	620900	205284
其中:深圳市	14738	6989	2330	5419	9787	1103
广西壮族自治区	4376	3316	1024	36	257360	44475
海南省	2032	1429	557	46	61396	16184
重庆市	12888	7549	5259	80	184988	38146
四川省	28284	18663	7263	2358	462799	81675
贵州省	5143	4152	940	51	227250	58769
云南省	11403	7243	2783	1377	411980	87889
西藏自治区	230	10	210	10	35689	3436
陕西省	11159	5981	2955	2223	221289	31141
甘肃省	8525	6608	1784	133	171961	29727
青海省	1373	1034	223	116	100775	18186
宁夏回族自治区	1272	858	160	254	45913	14622
新疆维吾尔自治区	8956	5225	1902	1829	137121	34623

2－4－109 单位:万元

地区	九、医疗卫生							
	医疗保障							
	事业单位医疗	公务员医疗补助	优抚对象医疗补助	城市医疗救助	新型农村合作医疗	农村医疗救助	城镇居民基本医疗保险	其他医疗保障支出
地方合计	**1858985**	**394024**	**138285**	**130897**	**3211934**	**249817**	**37580**	**825461**
北京市	180161	9185	4490	5452	42482	106		41260
天津市	33901	12241	1594	3669	28194	847		14503
河北省	95958	22423	12610	3452	177055	8243	875	30706
山西省	42549	11882	5231	3996	84726	9324	952	14467
内蒙古自治区	38714	6130	2581	1383	53336	5466	122	10000
辽宁省	89470	12211	5113	9261	82393	2896	11257	46318
其中:大连市	17254	1695	599	1783	14107	46	2088	3318
吉林省	56474	1109	2768	2896	44846	2736	2886	11503
黑龙江省	53795	15012	6777	1509	53004	16015	1304	14540
上海市	97711	2180	897	12241	31872	1777		31700
江苏省	82706	14444	4863	5986	194006	4252	2452	74869
浙江省	111255	37198	3339	7067	129891	12744	376	45083
其中:宁波市	7119	3	751	1568	20163	2917	234	8273
安徽省	63935	3064	4565	2883	165701	11602	3230	47443
福建省	68615	9531	5239	3010	96452	3226	234	53403
其中:厦门市	12828	2938	99	654	3473	162		4134
江西省	31994	2361	4473	17554	99700	31065	3856	43787
山东省	87219	9833	12096	3544	230823	3954	583	29800
其中:青岛市	2151	52	256	578	16234	291	127	2076
河南省	85860	12042	8603	6682	269448	10831	2217	54585
湖北省	50379	16449	5775	4717	119834	8635	1183	39667
湖南省	33389	5230	6710	3020	163741	15921	422	16336
广东省	99971	25315	3558	6161	227471	5804	92	47244
其中:深圳市	190	1927			51			6516
广西壮族自治区	55678	20237	1628	1388	100228	10350	92	23284
海南省	13776	1320	696	895	21047	3607	25	3846
重庆市	41608	13754	8143	2157	69575	7311		4294
四川省	93719	20407	9836	7287	217099	18552	590	13634
贵州省	30762	18872	3246	1148	100804	8063	65	5521
云南省	110396	30126	3636	4054	130425	9327	875	35252
西藏自治区	910	4975	553	576	21254	1513	900	1572
陕西省	32470	16429	2359	4133	99524	10838	670	23725
甘肃省	15466	9227	2932	1099	75500	8384	1620	28006
青海省	21541	24057	1890	1689	15464	6323	702	10923
宁夏回族自治区	9171	2230	506	739	14925	2127		1593
新疆维吾尔自治区	29432	4550	1578	1249	51114	7978		6597

2－4－110

单位:万元

地区	九、医疗卫生					
	疾病预防控制					
	小计	疾病预防控制机构	突发公共卫生事件应急处理	重大疾病预防控制	其他疾病预防控制专项	其他疾病预防控制支出
地方合计	**1688049**	**927005**	**32450**	**300147**	**190548**	**237899**
北京市	79911	15639	1975	4003	38371	19923
天津市	15242	10873	1151	1089	1273	856
河北省	54759	36017	508	5761	7870	4603
山西省	42574	27809	1043	6307	1346	6069
内蒙古自治区	39988	27249	1661	2925	1560	6593
辽宁省	76351	51695	493	3913	3700	16550
其中:大连市	7415	6450	2	151	173	639
吉林省	44013	33729	1235	2728	2939	3382
黑龙江省	43004	36588	83	2970	1979	1384
上海市	57810	43640	541	2067	2088	9474
江苏省	98021	63872	1394	19610	6370	6775
浙江省	75789	39234	1679	10006	13385	11485
其中:宁波市	9850	5140	22	946	1762	1980
安徽省	57296	24732	3008	17480	3661	8415
福建省	36689	21866	863	1854	3773	8333
其中:厦门市	5676	3858	205	385	884	344
江西省	57765	24923	1197	21665	3628	6352
山东省	83818	66398	182	5424	7330	4484
其中:青岛市	8682	6413		812	97	1360
河南省	114670	36488	600	36447	9094	32041
湖北省	78475	25807	488	34837	11214	6129
湖南省	69225	29528	3059	25408	8252	2978
广东省	124657	76036	1135	14781	13975	18730
其中:深圳市	22489	13085	106	4035	2870	2393
广西壮族自治区	38605	22295	1137	7915	4609	2649
海南省	13156	9558	104	1563	735	1196
重庆市	25955	11932	1679	4171	4832	3341
四川省	103726	47207	2249	22902	13242	18126
贵州省	38307	20873	775	3827	6275	6557
云南省	67774	30084	845	23240	8393	5212
西藏自治区	13394	8533	3	1397	575	2886
陕西省	35332	23442	870	2203	2863	5954
甘肃省	26547	16429	334	4551	997	4236
青海省	14826	9660	1200	1829	362	1775
宁夏回族自治区	9785	7418	84	1747	388	148
新疆维吾尔自治区	50585	27451	875	5527	5469	11263

2－4－111

单位:万元

地区	九、医疗卫生					
	卫生监督				妇幼保健	
	小计	卫生监督机构	卫生监督专项	其他卫生监督支出	小计	妇幼保健机构
地方合计	**364822**	**286461**	**58386**	**19975**	**451706**	**319940**
北京市	20083	9771	5420	4892	19542	6260
天津市	4495	2809	1360	326	7188	2950
河北省	12616	10404	2047	165	16955	13949
山西省	13509	10596	2623	290	17009	15535
内蒙古自治区	9645	8850	535	260	14938	12651
辽宁省	14144	12934	434	776	14465	12632
其中:大连市	3782	3028	108	646	1360	889
吉林省	9310	8460	594	256	12370	11665
黑龙江省	11554	10668	742	144	14684	13486
上海市	17915	13443	3849	623	23186	7331
江苏省	27352	22993	2848	1511	17967	12852
浙江省	31044	23918	6331	795	14164	10148
其中:宁波市	7429	6197	1144	88	3949	3334
安徽省	11047	8073	2577	397	10283	6905
福建省	7314	5915	1265	134	15666	9659
其中:厦门市	2516	2026	432	58	8274	3399
江西省	7685	5896	1379	410	10280	8116
山东省	15954	13889	1379	686	16678	15642
其中:青岛市	5087	4919	51	117	1863	1712
河南省	10431	8049	1415	967	15006	9672
湖北省	9059	7183	1151	725	11018	9599
湖南省	13472	9641	3102	729	14115	10343
广东省	29897	23103	5019	1775	30897	19662
其中:深圳市	10346	8329	945	1072	8513	6505
广西壮族自治区	13479	9701	3598	180	17083	10945
海南省	1198	662	497	39	4029	2606
重庆市	6720	5775	868	77	9418	3969
四川省	16941	14044	2039	858	36653	24032
贵州省	6904	5968	719	217	10203	7924
云南省	8203	6585	1339	279	23584	17415
西藏自治区	2037	1275	83	679	5154	4764
陕西省	10300	9176	598	526	15531	14001
甘肃省	7807	5992	1573	242	12887	9396
青海省	3207	2271	83	853	3004	1983
宁夏回族自治区	2677	2120	530	27	4440	3291
新疆维吾尔自治区	8823	6297	2389	137	13309	10557

2－4－112

单位:万元

地区	九、医疗卫生					
	妇幼保健		农村卫生			
	妇幼保健专项	其他妇幼保健支出	小计	乡镇卫生院	农村卫生专项	其他农村卫生支出
地方合计	**95092**	**36674**	**1962126**	**1460175**	**295519**	**206432**
北京市	6313	6969	35497	18935	2808	13754
天津市	1156	3082	11504	9858	1493	153
河北省	2571	435	54434	46506	3554	4374
山西省	987	487	61745	53607	6889	1249
内蒙古自治区	1931	356	45735	42361	2722	652
辽宁省	1379	454	39803	27542	7544	4717
其中:大连市	378	93	9645	2667	3872	3106
吉林省	652	53	32218	29568	2151	499
黑龙江省	778	420	44180	39381	2016	2783
上海市	13464	2391	37659	20461	8758	8440
江苏省	4195	920	97769	46572	24506	26691
浙江省	3446	570	147670	51393	71108	25169
其中:宁波市	526	89	36819	20477	10300	6042
安徽省	3011	367	70199	54486	10312	5401
福建省	2122	3885	57013	48171	5138	3704
其中:厦门市	1095	3780	5241	2582	1887	772
江西省	1760	404	85851	61406	18104	6341
山东省	682	354	103471	91121	6704	5646
其中:青岛市	76	75	10249	6338	3706	205
河南省	3395	1939	74354	57814	10647	5893
湖北省	1059	360	72855	63757	6591	2507
湖南省	3499	273	65657	52092	11398	2167
广东省	8150	3085	120163	78886	14645	26632
其中:深圳市	1463	545				
广西壮族自治区	4758	1380	54580	46689	4798	3093
海南省	799	624	15468	12168	3113	187
重庆市	4594	855	39810	29571	7323	2916
四川省	9261	3360	138728	123002	7103	8623
贵州省	2146	133	83974	62692	3259	18023
云南省	5885	284	107003	75453	28357	3193
西藏自治区	263	127	13965	13100	711	154
陕西省	791	739	84790	61003	14108	9679
甘肃省	2608	883	60039	51875	6112	2052
青海省	47	974	20581	12423	190	7968
宁夏回族自治区	1118	31	16114	13797	1214	1103
新疆维吾尔自治区	2272	480	69297	64485	2143	2669

2－4－113

单位:万元

地区	九、医疗卫生				十、环境保护		
	中医药			其他医疗卫生支出	合计	环境保护管理事务	
	小计	中医(民族医)药专项	其他中医药支出			小计	行政运行
地方合计	**79318**	**54781**	**24537**	**588995**	**8907005**	**611695**	**380567**
北京市	5021	3855	1166	58547	292728	18593	6759
天津市	490	180	310	4686	58013	5343	4809
河北省	2919	2176	743	6863	420129	33415	23100
山西省	1800	1523	277	5382	433796	22437	17371
内蒙古自治区	2619	2184	435	4338	610133	16238	10167
辽宁省	2092	1439	653	12445	280684	20738	12474
其中:大连市				2649	43724	3482	2536
吉林省	1537	965	572	8591	240143	9758	6468
黑龙江省	1026	322	704	4567	407099	13647	11217
上海市	183		183	133937	198582	36665	8744
江苏省	2462	1593	869	48537	453440	53849	36330
浙江省	2420	1838	582	69233	297530	43847	20286
其中:宁波市	90	30	60	16211	42150	5789	3042
安徽省	2965	2560	405	14275	249446	16784	9567
福建省	1369	1274	95	11187	87563	13595	7015
其中:厦门市	267	267		3718	12874	4306	1130
江西省	6060	3621	2439	5549	133386	9397	6636
山东省	1862	1132	730	12446	291676	45687	35438
其中:青岛市	415	387	28	1402	28897	3884	3721
河南省	4423	3296	1127	17546	429188	27111	18156
湖北省	2156	514	1642	15280	272070	21138	14150
湖南省	1964	943	1021	8829	291022	22034	16535
广东省	11712	7897	3815	81444	263879	53760	32876
其中:深圳市	1462	1422	40	58581	34260	8834	5714
广西壮族自治区	2912	1699	1213	11067	135469	9711	5999
海南省	781	684	97	2871	51874	1370	635
重庆市	2766	2406	360	3714	382541	9531	5036
四川省	6536	5211	1325	12629	696576	29722	18561
贵州省	1445	402	1043	5135	266733	9970	7511
云南省	1693	1433	260	7321	310661	20154	9922
西藏自治区	751	544	207	1986	47651	3084	2938
陕西省	1612	206	1406	10519	455968	17338	12770
甘肃省	3741	3276	465	5946	320279	9892	8059
青海省	461	201	260	1415	189838	2406	1606
宁夏回族自治区	601	578	23	553	123990	2008	1397
新疆维吾尔自治区	939	829	110	2157	214918	12473	8035

2－4－114

单位:万元

地区	十、环境保护						
	环境保护管理事务						
	一般行政管理事务	机关服务	环境保护宣传	环境保护法规、规划及标准	环境国际合作及履约	环境保护行政许可	其他环境保护管理事务支出
地方合计	**72188**	**6205**	**17901**	**8075**	**1430**	**1432**	**123897**
北京市	2648	824	2363	139	80		5780
天津市	160		189	105	45		35
河北省	3550	485	324	397	60	2	5497
山西省	1211	395	583	209	55		2613
内蒙古自治区	1449	772	259	565			3026
辽宁省	1550	234	808	376	123		5173
其中:大连市	208		97				641
吉林省	1001		509	169	20		1591
黑龙江省	573	153	171	76		9	1448
上海市	10233	12	616	405	125		16530
江苏省	5363	145	1496	505	172	49	9789
浙江省	7629	102	1343	477	135	155	13720
其中:宁波市	1582		397	191		10	567
安徽省	1372		391	67	5	25	5357
福建省	907	149	420	638		32	4434
其中:厦门市			90	568			2518
江西省	763	43	144	122	43	80	1566
山东省	3191	304	748	260	80	275	5391
其中:青岛市	40	3	73				47
河南省	3497	853	532	318	95	168	3492
湖北省	1868	80	307	275		245	4213
湖南省	3198	214	272	108	20	53	1634
广东省	4895	427	2759	1061		112	11630
其中:深圳市	887	50	885	392			906
广西壮族自治区	2093	69	400	50		15	1085
海南省	642		2		5		86
重庆市	1824	177	270	4		32	2188
四川省	4009	94	654	1230	133	58	4983
贵州省	643	84	205	123		19	1385
云南省	3290	82	1539	206	234	15	4866
西藏自治区	15	2	22				107
陕西省	658	209	93	66			3542
甘肃省	227	69	180	40			1317
青海省	182	4	43	30		45	496
宁夏回族自治区	112		106	40		20	333
新疆维吾尔自治区	3435	223	153	14		23	590

2－4－115

单位:万元

地　　区	十、环境保护					
	环境监测与监察					
	小　计	环境监测与信息	环境执法监察	建设项目环评审查与监督	核与辐射安全监督	其他环境监测与监察支出
地方合计	**513626**	**251928**	**137129**	**7537**	**7659**	**109373**
北京市	14103	8463	2219	264	2165	992
天津市	7410	3056	2994		306	1054
河北省	21007	9324	5217	1405		5061
山西省	25995	14515	6214	687	189	4390
内蒙古自治区	15150	5640	5467	242	152	3649
辽宁省	27970	12778	11836	371	601	2384
其中:大连市	2404	1319	1079			6
吉林省	12142	4035	6030	126		1951
黑龙江省	8808	6260	1571	117	104	756
上海市	22125	14091	4899		917	2218
江苏省	35631	19493	8591	84	805	6658
浙江省	33625	12862	9700	64	675	10324
其中:宁波市	6410	3067	2042	20		1281
安徽省	14407	6799	3052	67	181	4308
福建省	14252	6846	5188	42	90	2086
其中:厦门市	2644	1469	1017	20		138
江西省	15104	4416	2954	122	92	7520
山东省	34210	20964	7789	122	15	5320
其中:青岛市	4258	1875	2363	12		8
河南省	25691	10819	5469	912	161	8330
湖北省	13928	4919	3917	105	19	4968
湖南省	15348	6364	2917	175	52	5840
广东省	30163	17124	7398	323	93	5225
其中:深圳市	5705	3132	1877	56		640
广西壮族自治区	12979	6994	2873	491	409	2212
海南省	3735	1518	1141	145	6	925
重庆市	8844	3580	3279	86	349	1550
四川省	31803	17581	5678	1159	17	7368
贵州省	8985	4972	1770	36	1	2206
云南省	8550	6067	1565	107	107	704
西藏自治区	2271	1648	521	5		97
陕西省	17429	9775	3642	59	29	3924
甘肃省	8984	3380	3074	80	73	2377
青海省	5713	1272	3206	11	30	1194
宁夏回族自治区	2137	1523	398		21	195
新疆维吾尔自治区	15127	4850	6560	130		3587

2－4－116

单位:万元

地区	十、环境保护					
	污染防治					
	小计	大气	水体	噪声	固体废弃物与化学品	放射源和放射性废物监管
地方合计	**3378729**	**205777**	**1100731**	**1979**	**324273**	**16021**
北京市	181617	132116	4761	295	25391	1308
天津市	29702		7671			530
河北省	152939	3726	45600	157	7475	1198
山西省	231480	1327	10018		4667	1100
内蒙古自治区	97298	12416	23431		11132	86
辽宁省	162349	2284	39748		23449	300
其中:大连市	29880	2093	5358		7835	
吉林省	66072	13424	17654		9914	187
黑龙江省	61432	541	21900		4619	1230
上海市	60263	1808	16947	2	5	
江苏省	330980	1278	151754	407	9373	1136
浙江省	148164	846	28329	2	7007	705
其中:宁波市	22225		6560			
安徽省	144915	239	90033		5235	580
福建省	54358	28	4421	15	3766	16
其中:厦门市	4859	23			637	
江西省	39287	250	3765		10059	1055
山东省	198066	7907	71941		8252	193
其中:青岛市	17692	3301	4559		2215	
河南省	286296	5314	159098	120	22992	254
湖北省	88410	3572	29489	6	16873	100
湖南省	82410	3099	5223	354	18135	178
广东省	149808	1004	35409	359	2123	259
其中:深圳市	5241		2803		260	
广西壮族自治区	39033	4	9362		4199	671
海南省	26883	215	18146		150	725
重庆市	188928	171	127492	25	22359	911
四川省	158531	819	56643	135	22466	562
贵州省	66801	105	24933	6	3	906
云南省	74245	115	24997	91	22248	
西藏自治区	6545		2984		2500	5
陕西省	85521	2701	29959	5	14580	804
甘肃省	64254	9209	13531		11273	12
青海省	21513	300	2600		14013	830
宁夏回族自治区	30684		7467		9945	
新疆维吾尔自治区	49945	959	15425		10070	180

2－4－117

单位：万元

地　　区	十、环境保护								
	污染防治			自然生态保护					
	辐　射	排污费支出	其他污染防治支出	小　计	生态保护	农村环境保护	自然保护区	生物及物种资源保护	其他自然生态保护支出
地方合计	**443**	**1472786**	**256719**	**253260**	**137517**	**81461**	**804**	**23**	**33455**
北京市	5	13206	4535	26165	3420	13044			9701
天津市		19546	1955	2031	887	1144			
河北省		92912	1871	10468	2058	8395			15
山西省		211903	2465	3783	3400	216	10		157
内蒙古自治区		45443	4790	5356	3146	1914	147		149
辽宁省		92740	3828	5627	2512	1023			2092
其中：大连市		14170	424	3316	1219	40			2057
吉林省		24144	749	3718	3523	90			105
黑龙江省	33	29281	3828	2040	1640	34	320	23	23
上海市		31183	10318	11624	9404	2220			
江苏省		119784	47248	24150	2109	20751			1290
浙江省	10	98097	13168	62987	39261	16991			6735
其中：宁波市		12591	3074	2029	903	1069			57
安徽省		42327	6501	821	372	410	27		12
福建省	50	37434	8628	3407	644	2199			564
其中：厦门市		4000	199	177	157	5			15
江西省		18568	5590	1447	1150	194	35		68
山东省	10	99204	10559	10544	6216	3599			729
其中：青岛市		6595	1022	2334	9	2319			6
河南省		75564	22954	2983	846	977	3		1157
湖北省		33205	5165	4071	1737	412			1922
湖南省		44716	10705	988	536	255	25		172
广东省	34	72807	37813	4831	2691	1335	110		695
其中：深圳市		1304	874	1747	1747				
广西壮族自治区		22299	2498	2348	2146	90			112
海南省	4	4849	2794	937	825	106			6
重庆市	215	30790	6965	2845	281	2087			477
四川省		53989	23917	3644	2419	1137	7		81
贵州省		38911	1937	524	269	242			13
云南省	45	23554	3195	1734	1107	580			47
西藏自治区		1056		296	186				110
陕西省	37	29745	7690	4487	2371	1380			736
甘肃省		28476	1753	1913	700	438			775
青海省		2820	950	36569	32506	38	20		4005
宁夏回族自治区		12387	885	1614	1429	70			115
新疆维吾尔自治区		21846	1465	9308	7726	90	100		1392

2－4－118

单位:万元

地区	十、环境保护					
	天然林保护					
	小计	森林管护	社会保险补助	政策性社会性支出补助	职工分流安置	职工培训
地方合计	**824606**	**201737**	**189798**	**190180**	**126442**	**2007**
北京市	80					
天津市						
河北省	10					
山西省	14381	7529	1649	902	269	180
内蒙古自治区	106133	22135	24680	50593	325	571
辽宁省	66	22				
其中:大连市						
吉林省	97984	10502	28681	19464	39082	250
黑龙江省	255057	23054	61641	95597	74415	350
上海市						
江苏省	80					
浙江省	82					
其中:宁波市	8					
安徽省	19					
福建省	8	8				
其中:厦门市	4	4				
江西省	342	288				
山东省						
其中:青岛市						
河南省	4818	1954	388	638		
湖北省	21030	3869	2775	1829	1194	196
湖南省	246	236				
广东省	2					
其中:深圳市	2					
广西壮族自治区	6	4				
海南省	4068	1100	478			48
重庆市	14135	6283	3544	945	250	
四川省	117567	41147	32354	6231	4004	61
贵州省	21574	10934	4093	1367		20
云南省	58085	30026	9539	2459	717	158
西藏自治区	2596	52		80		
陕西省	40362	17310	4350	3132	727	80
甘肃省	33152	10597	7571	5211	2287	
青海省	15270	7939	4067	265	24	
宁夏回族自治区	3858	832	1876	160		13
新疆维吾尔自治区	13595	5916	2112	1307	3148	80

二、地方财政预算收支情况

2－4－119

单位:万元

地　　区	十、环境保护					
	天然林保护		退耕还林			
	天然林保护工程建设	其他天然林保护支出	小　计	粮食折现挂账贴息	退耕现金	退耕还林粮食折现补贴
地　方　合　计	**92624**	**21818**	**2727923**	**7702**	**329822**	**2062145**
北京市	30	50	5701		1029	4573
天津市			768		129	639
河北省		10	159936		21153	132717
山西省	3635	217	118754	251	14400	93541
内蒙古自治区	6655	1174	229594	104	30964	189710
辽宁省	44		62679		6791	49134
其中:大连市			4642			1706
吉林省		5	50361		7238	55
黑龙江省			64052		6445	39
上海市						
江苏省	80		720			
浙江省	52	30	168			
其中:宁波市		8	168			
安徽省		19	71914		8307	62239
福建省			2			
其中:厦门市			2			
江西省	40	14	66485	85	5003	1139
山东省			804		19	
其中:青岛市			524		19	
河南省	1723	115	78872	2761	16945	49154
湖北省	8923	2244	117248	321	8582	101267
湖南省		10	168087	105	14872	148535
广东省		2				
其中:深圳市		2				
广西壮族自治区		2	71327		7882	58726
海南省		2442	14858		2541	11198
重庆市	3079	34	151923		11302	129936
四川省	30681	3089	326037	3357	37989	275187
贵州省	3318	1842	156513		13255	134334
云南省	11414	3772	144106		10333	109891
西藏自治区	111	2353	14249		996	
陕西省	13576	1187	290585		56780	220806
甘肃省	6623	863	171395	718	20522	139255
青海省	1670	1305	56438		9073	41458
宁夏回族自治区	955	22	77455		9247	65503
新疆维吾尔自治区	15	1017	56892		8025	43109

2－4－120

单位:万元

地区	十、环境保护					
	退耕还林			风沙荒漠治理		
	退耕还林粮食费用补贴	退耕还林工程建设	其他退耕还林支出	小计	京津风沙源禁牧舍饲粮食折现补助	京津风沙源治理禁牧舍饲粮食折现挂账贴息
地方合计	**61882**	**107913**	**158459**	**150107**	**22021**	
北京市			99	28531		
天津市				244		
河北省		5782	284	38294	2430	
山西省	3486	6004	1072	14760		
内蒙古自治区	602	7419	795	68069	19591	
辽宁省		6424	330			
其中:大连市		2776	160			
吉林省	32815	9743	510			
黑龙江省	497	4480	52591			
上海市						
江苏省			720			
浙江省			168			
其中:宁波市			168			
安徽省		1085	283	24		
福建省	2					
其中:厦门市	2					
江西省		3981	56277			
山东省		26	759			
其中:青岛市		26	479			
河南省	1127	3305	5580			
湖北省	1515	3585	1978			
湖南省	104	2735	1736			
广东省						
其中:深圳市						
广西壮族自治区	182	3630	907			
海南省	93	1000	26			
重庆市	2162	4578	3945			
四川省	91	3991	5422			
贵州省	648	6795	1481			
云南省	16893	4504	2485			
西藏自治区	1665	750	10838			
陕西省		7370	5629	17		
甘肃省		7098	3802	168		
青海省		5509	398			
宁夏回族自治区		2534	171			
新疆维吾尔自治区		5585	173			

二、地方财政预算收支情况

2－4－121

单位:万元

地　　区	十、环境保护					
	风沙荒漠治理			退牧还草		
	京津风沙源治理禁牧舍饲粮食费用补贴	京津风沙源治理工程建设	其他风沙荒漠治理支出	小　计	退牧还草粮食折现补贴	退牧还草粮食费用补贴
地　方　合　计	**1832**	**123865**	**2389**	**261666**	**96876**	**5822**
北京市		27571	960			
天津市		244				
河北省		35864				
山西省		14760				
内蒙古自治区	1832	45426	1220	72072	32527	2686
辽宁省						
其中:大连市						
吉林省						
黑龙江省						
上海市						
江苏省						
浙江省						
其中:宁波市						
安徽省			24			
福建省						
其中:厦门市						
江西省						
山东省						
其中:青岛市						
河南省				7		
湖北省						
湖南省						
广东省						
其中:深圳市						
广西壮族自治区						
海南省						
重庆市						
四川省				27345	6829	93
贵州省				2233		
云南省				890	731	159
西藏自治区				18608		
陕西省			17			
甘肃省			168	29473	10811	1684
青海省				51683	19050	1200
宁夏回族自治区				6181	2201	
新疆维吾尔自治区				53174	24727	

2－4－122

单位：万元

地区	十、环境保护				十一、城乡社区事务		
	退牧还草		已垦草原退耕还草	其他环境保护支出	合计	城乡社区管理事务	
	退牧还草粮食折现挂账贴息	其他退牧还草支出				小计	行政运行
地方合计		**158968**		**185393**	**32384917**	**4937091**	**1916737**
北京市				17938	1874300	291493	81171
天津市				12515	1557246	94782	37604
河北省				4060	993755	131787	71482
山西省				2206	625721	90274	34915
内蒙古自治区		36859		223	1219317	115207	52004
辽宁省				1255	1717831	266283	72667
其中：大连市					447788	92898	7113
吉林省				108	461155	81886	31204
黑龙江省				2063	691666	128606	62064
上海市				67905	3667605	696544	210693
江苏省				8030	3112204	338455	121953
浙江省				8657	1546345	306915	90692
其中：宁波市				5521	441354	65512	18992
安徽省				562	899646	132158	53067
福建省				1941	615597	103747	28788
其中：厦门市				882	239065	31182	9381
江西省				1324	515325	72952	35184
山东省				2365	2669508	313739	132881
其中：青岛市				205	517733	61755	29167
河南省		7		3410	1112654	147411	70398
湖北省				6245	562170	133514	49964
湖南省				1909	901604	154768	80016
广东省				25315	2404053	474803	202574
其中：深圳市				12731	518392	178342	64067
广西壮族自治区				65	586447	77967	20869
海南省				23	126756	28754	9680
重庆市				6335	910845	86062	29416
四川省		20423		1927	1087799	230309	101934
贵州省		2233		133	274209	73059	43071
云南省				2897	455513	74860	35259
西藏自治区		18608		2	69174	23320	22474
陕西省				229	584991	88356	38436
甘肃省		16978		1048	276638	66732	35371
青海省		31433		246	96861	17984	9501
宁夏回族自治区		3980		53	174252	16205	8158
新疆维吾尔自治区		28447		4404	593730	78159	43247

2－4－123

单位:万元

地　　区	十一、城乡社区事务					
	城乡社区管理事务					
	一般行政管理事务	机关服务	城管执法	工程建设标准规范编制与监管	工程建设管　理	市政公用行业市场监管
地方合计	**568444**	**48815**	**711300**	**38060**	**114800**	**55077**
北京市	38843	2287	23554	891	4618	1585
天津市	2887		13416	424	3468	
河北省	4980	3909	21020	2161	2981	1917
山西省	7519	1217	14333	1888	3014	821
内蒙古自治区	6360	5999	15051	1171	3018	2719
辽宁省	28706	981	30804	2020	6042	4508
其中:大连市	7472	156	5267	461	2855	246
吉林省	6606	2304	13245	1150	2342	1706
黑龙江省	10649	1057	16747	360	3350	1156
上海市	167971	6895	80976	523	3804	635
江苏省	21803	750	67658	3051	24706	4332
浙江省	24055	928	65013	889	5990	2342
其中:宁波市	6220	529	16486	273	1388	1239
安徽省	9979	1038	15610	244	2713	5739
福建省	7024	128	22535	2122	4485	1797
其中:厦门市	2563	78	6667	632	1906	51
江西省	6630	360	15927	2012	1165	1831
山东省	19213	1284	39058	2850	11227	4285
其中:青岛市	1899		7482	322	1713	295
河南省	12166	3325	23513	2028	3365	1044
湖北省	13506	849	27929	959	3260	1404
湖南省	15425	832	18536	1564	2739	2744
广东省	60161	780	72835	1166	6192	2449
其中:深圳市	30851		35380	344	2298	30
广西壮族自治区	9017	1466	17879	3438	1301	132
海南省	9582	827	4891	484	1472	9
重庆市	7539	495	9943	1137	1893	458
四川省	35334	2030	28733	1984	3740	4154
贵州省	6221	1387	9941	25	317	263
云南省	9024	748	7303	825	1716	392
西藏自治区	186		74	119		
陕西省	9445	3488	16781	313	2451	1728
甘肃省	3713	1211	6698	267	827	4358
青海省	2449	169	1609	131	292	39
宁夏回族自治区	3150	478	1433	588	513	66
新疆维吾尔自治区	8301	1593	8255	1276	1799	464

2－4－124

单位:万元

地区	十一、城乡社区事务				
	城乡社区管理事务				城乡社区规划与管理
	国家重点风景区规划与保护	住宅建设与房地产市场监管	执业资格注册、资质审查	其他城乡社区管理事务支出	
地方合计	**48639**	**47377**	**1203**	**1386639**	**779951**
北京市	9	3103	32	135400	59224
天津市		1916		35067	4630
河北省		1428	10	21899	45176
山西省	886	503		25178	22495
内蒙古自治区	50	2776		26059	16756
辽宁省	588	2067	379	117521	35088
其中:大连市	123	158		69047	13448
吉林省	8500	861		13968	6993
黑龙江省	361	920		31942	27383
上海市		3643		221404	20747
江苏省	794	3359	5	90044	63792
浙江省	28108	1616	6	87276	44727
其中:宁波市		221		20164	10216
安徽省	543	1020	107	42098	18684
福建省	4	654	402	35808	32642
其中:厦门市		33		9871	6892
江西省	657	504		8682	12840
山东省	13	3779		99149	73393
其中:青岛市	7	90		20780	4985
河南省		2438		29134	24065
湖北省	17	1316	38	34272	18092
湖南省	2014	3800	12	27086	30124
广东省	3043	2880	5	122718	54180
其中:深圳市	3035	2642		39695	3700
广西壮族自治区	107	236	2	23520	26540
海南省		506	12	1291	3866
重庆市	341	416		34424	31218
四川省	71	5220	4	47105	38618
贵州省	887	156		10791	9614
云南省	259	212	113	19009	14944
西藏自治区	20			447	486
陕西省	43	630		15041	21016
甘肃省	551	531		13205	4712
青海省		164	76	3554	1361
宁夏回族自治区		212		1607	5502
新疆维吾尔自治区	773	511		11940	11043

2－4－125

单位:万元

地　　区	十一、城乡社区事务					
	城乡社区公共设施				城乡社区住宅	
	小　计	沉陷区治理	棚户区治理	其他城乡社区公共设施支出	小　计	公有住房建设和维修改造支出
地　方　合　计	**17662931**	**29063**	**51980**	**17581888**	**831094**	**80406**
北京市	253492			253492	23667	12065
天津市	1147871			1147871	97687	500
河北省	584470	400	45	584025	49792	2004
山西省	372470			372470	7182	856
内蒙古自治区	886774	581	11476	874717	19196	2015
辽宁省	962762	12087	2743	947932	57262	7628
其中:大连市	267626			267626	2015	9
吉林省	251859	857	27854	223148	6859	75
黑龙江省	361547	7441	74	354032	17967	875
上海市	1931140	374	35	1930731	70016	33321
江苏省	2053471			2053471	76497	7379
浙江省	776439	96		776343	13474	1105
其中:宁波市	298758			298758	5420	303
安徽省	544728	15		544713	23724	755
福建省	281643			281643	11529	108
其中:厦门市	149683			149683	7525	76
江西省	270372	153		270219	8903	582
山东省	1773049			1773049	34979	1110
其中:青岛市	291756			291756	23245	15
河南省	664621	50	6389	658182	28138	27
湖北省	192423	51	606	191766	4235	30
湖南省	556670	5336		551334	18349	2408
广东省	1029497			1029497	69084	202
其中:深圳市	85522			85522	6109	
广西壮族自治区	334573			334573	8325	664
海南省	54417		948	53469	9542	4
重庆市	399727	15		399712	10562	2579
四川省	548326	56	1686	546584	39413	1926
贵州省	131931	928		131003	11573	128
云南省	254587	20	21	254546	17694	251
西藏自治区	36803			36803	1708	3
陕西省	365460	4	56	365400	15714	558
甘肃省	148370	599	47	147724	6747	942
青海省	57184			57184	6811	90
宁夏回族自治区	98683			98683	2498	10
新疆维吾尔自治区	337572			337572	61967	206

2－4－126　　　　　　　　　　　　　　　　　　　　　　　　单位:万元

地　　区	十一、城乡社区事务				
	城乡社区住宅		城乡社区环境卫生	建设市场管理与监督	其他城乡社区事务支出
	廉租住房支出	其他城乡社区住宅支出			
地方合计	**283963**	**466725**	**3708697**	**130369**	**4334784**
北京市	1029	10573	359423	1913	885088
天津市		97187	136226	493	75557
河北省	42367	5421	128668	4139	49723
山西省	1172	5154	116713	2883	13704
内蒙古自治区	5473	11708	76473	4377	100534
辽宁省	16957	32677	244174	5404	146858
其中:大连市	47	1959	47537	525	23739
吉林省	1291	5493	94338	1773	17447
黑龙江省	839	16253	115309	7565	33289
上海市	11333	25362	364870	9958	574330
江苏省	19616	49502	260728	14518	304743
浙江省	2170	10199	220081	7414	177295
其中:宁波市	1595	3522	48780	2425	10243
安徽省	14605	8364	67034	2920	110398
福建省	34	11387	107014	3413	75609
其中:厦门市		7449	35117	261	8405
江西省	1190	7131	59961	3080	87217
山东省	21782	12087	173225	5820	295303
其中:青岛市	21222	2008	48762	768	86462
河南省	18967	9144	127487	4142	116790
湖北省	53	4152	77341	3727	132838
湖南省	6332	9609	84030	10626	47037
广东省	33842	35040	305154	9869	461466
其中:深圳市	1582	4527	94680	1271	148768
广西壮族自治区	1552	6109	93782	4765	40495
海南省	650	8888	21375	117	8685
重庆市	4933	3050	44060	4749	334467
四川省	24662	12825	137465	6884	86784
贵州省	7100	4345	37271	1387	9374
云南省	15811	1632	60898	782	31748
西藏自治区	1509	196	4815	145	1897
陕西省	10486	4670	69205	3451	21789
甘肃省	4234	1571	31234	2390	16453
青海省	6319	402	4533	241	8747
宁夏回族自治区	300	2188	27228	366	23770
新疆维吾尔自治区	7355	54406	58582	1058	45349

2－4－127

单位:万元

地　　区	十二、农林水事务					
	合　计	农　业				
		小　计	行政运行	一般行政管理事务	机关服务	农业事业机　构
地　方　合　计	**30910061**	**15054692**	**1449740**	**225944**	**22269**	**2194046**
北京市	1025106	430295	12636	5601	527	35700
天津市	267950	126389	10517	331		23559
河北省	1119743	614929	69261	5298	198	58185
山西省	845355	425918	37286	4492	1249	81100
内蒙古自治区	1085176	484225	34966	4225	1459	88871
辽宁省	1218008	609988	34505	12731	1367	109553
其中:大连市	177919	115153	4670	896		12524
吉林省	800709	453143	34372	1656	1398	91846
黑龙江省	1060181	567955	65752	5483	218	127627
上海市	626016	338941	10916	21515	210	35865
江苏省	1936328	1057383	90765	11785	1079	132736
浙江省	1421494	712132	76306	20017	3348	131125
其中:宁波市	245623	124497	22392	4922	375	24165
安徽省	1035161	515177	48812	4965	637	43481
福建省	614904	299464	30335	4143	754	42134
其中:厦门市	58351	31732	1565	1229	6	4117
江西省	1035666	528262	40178	8746	928	56267
山东省	1630130	934353	175675	11811	1978	115829
其中:青岛市	166542	82879	12020	2099	13	14126
河南省	1525128	791401	72714	16207	574	95626
湖北省	1275744	568838	52454	10544	815	45927
湖南省	1259175	678243	113042	14342	622	44570
广东省	1725289	605966	80191	14923	818	50745
其中:深圳市	107102	38946	4172	612		4462
广西壮族自治区	898179	404699	32585	5985	569	77789
海南省	229619	78838	6283	1221	683	9185
重庆市	559657	305773	17126	3294	150	48309
四川省	1756535	1006104	72732	15996	600	124824
贵州省	875347	407528	66528	4118	60	63788
云南省	1275982	555384	27868	3414	61	130841
西藏自治区	403061	155486	18764	18	376	19182
陕西省	1000870	438065	32268	4065	383	76826
甘肃省	847431	310221	31818	2764	467	66901
青海省	292656	124825	7971	1338	279	24610
宁夏回族自治区	279206	112858	5712	226	109	25249
新疆维吾尔自治区	984255	411909	39402	4690	353	115796

2－4－128

单位:万元

地区	十二、农林水事务					
	农业					
	农垦	技术推广	技能培训	病虫害控制	农产品质量安全	执法监管
地方合计	**81891**	**944574**	**234715**	**749377**	**120243**	**99295**
北京市		21505	4842	7861	5895	3828
天津市	70	5756	3517	5752	521	927
河北省	114	31292	9654	43716	2223	4454
山西省	571	26659	8888	17737	1953	949
内蒙古自治区	15320	40099	4702	36067	1306	4169
辽宁省	1998	39061	7952	34653	7519	9161
其中:大连市		8687	800	3679	1666	2066
吉林省	3025	20751	6325	13388	1299	1213
黑龙江省	543	36824	8690	14666	733	2219
上海市	2730	3848	909	11277	3271	3893
江苏省	1515	91541	18966	28149	8533	7205
浙江省	2110	36229	10323	17044	7950	7470
其中:宁波市		6177	142	2302	608	918
安徽省	10748	31637	9400	26657	3934	4747
福建省	1934	17876	3635	19477	4502	1627
其中:厦门市	9	1002	240	1626	559	139
江西省	11896	20352	8182	19505	1235	902
山东省	1082	49138	10518	34283	11219	9510
其中:青岛市	11	6258	202	2793	1150	1546
河南省	1326	45169	14554	48448	8303	3394
湖北省	1929	49564	10244	32660	3101	2990
湖南省	10132	28748	12375	33987	3659	1487
广东省	114	29881	3893	43270	22644	9212
其中:深圳市		626	217	3867	10988	923
广西壮族自治区	4100	31499	5163	29063	2467	4756
海南省	5	4890	2377	5055	1028	1375
重庆市		10129	13304	18082	914	1194
四川省	572	71287	15857	62269	3958	1639
贵州省	2210	38105	6888	20040	2226	674
云南省	1910	41119	8322	31236	1312	1422
西藏自治区	25	12520	6513	13984	834	206
陕西省	738	23093	4159	20334	2269	3570
甘肃省	2759	24555	4595	17116	1803	1523
青海省	673	8790	4555	13490	877	312
宁夏回族自治区	1649	8488	1981	4706	1100	241
新疆维吾尔自治区	93	44169	3432	25405	1655	3026

2－4－129

单位:万元

地区	十二、农林水事务					
	农业					
	信息服务	农村及农业宣传	农业资金审计	对外交流与合作	耕地地力保护	草原草场保护
地方合计	**46226**	**12803**	**1814**	**5021**	**130484**	**20342**
北京市	6877	1764	7		1557	
天津市	361	18	40		450	
河北省	1176	316	29	94	6103	775
山西省	466	660	50	1410	5039	584
内蒙古自治区	271	714	30		3977	4671
辽宁省	1013	604	35	444	3638	351
其中:大连市	12	12		12	350	
吉林省	781	88	4	66	3647	241
黑龙江省	772	168	41	119	13349	332
上海市	926	169		85	1209	
江苏省	1796	875	100	240	4533	
浙江省	3852	844	349	233	1937	12
其中:宁波市	488	9	34	25	300	
安徽省	349	251	17	43	3874	45
福建省	1644	824	86	445	1877	
其中:厦门市	31	126	3	266	354	
江西省	444	160		60	3010	1
山东省	2113	500	72	6	11488	170
其中:青岛市	246	13			579	
河南省	845	262	26	80	6642	211
湖北省	900	187	124	120	5504	105
湖南省	376	575	20	273	4071	90
广东省	2239	973	376	386	6810	35
其中:深圳市	271	115				
广西壮族自治区	1060	465	11	211	3055	101
海南省	246	97	5	65	550	2
重庆市	1044	64	221	30	15123	
四川省	1631	832	28	97	8037	1811
贵州省	728	185	11	90	2158	1321
云南省	10131	371	54	223	3466	35
西藏自治区	96	76			161	3977
陕西省	2028	372	7	47	2028	802
甘肃省	778	42			2725	610
青海省	120	43		4	1200	1239
宁夏回族自治区	46	27	36	150	879	350
新疆维吾尔自治区	1117	277	35		2387	2471

2－4－130

单位：万元

地　　区	十二、农林水事务					
	农　业					
	渔业及水域保护	农业资源调查和区划	灾害救助	稳定农民收入补贴	农业结构调整补贴	农业生产资料补贴
地　方　合　计	**70250**	**5640**	**119146**	**82921**	**162870**	**1185829**
北京市	442	76	1002	35	70449	7291
天津市	126	8	1293	7564	1024	3721
河北省	1192	684	954	1698	4583	68909
山西省	684	222	2079	428	3349	17842
内蒙古自治区	766	68	4745	9427	1913	36327
辽宁省	3269	97	20449	1532	23261	48119
其中：大连市	865	4	7841			9933
吉林省	699	35	2811	695	2	55744
黑龙江省	130	5	361	280	1841	68604
上海市	2001	43	908	5187	5273	5656
江苏省	4601	114	6822	10505	4465	49736
浙江省	8130	543	5134	15493	1604	14513
其中：宁波市	1459	55	938	390	503	6719
安徽省	806	39	3044	585	2315	82491
福建省	1697	486	6410	5992	2908	7427
其中：厦门市	25	8	76	41		
江西省	329	81	4359	509	586	49606
山东省	10031	215	3905	2742	3138	68616
其中：青岛市	860		454	532		3516
河南省	357	343	4272	1435	5286	95076
湖北省	959	65	3822	2206	1829	76851
湖南省	684	205	2960	3583	1232	81000
广东省	25817	260	9188	2286	643	19564
其中：深圳市	2598	31				334
广西壮族自治区	1867	632	1289	170	160	38290
海南省	3026	60	884	84	60	3461
重庆市	118	45	3061	209	2698	31943
四川省	57	149	13855	7678	1550	111605
贵州省	627	481	1330	642	1352	30430
云南省	616	40	3462	473	6618	30911
西藏自治区	2	8	573		15	6404
陕西省	516	206	943	712	6850	22944
甘肃省	189	197	2787		3232	13644
青海省	444	86	798		89	3461
宁夏回族自治区	3	100	212		2780	11264
新疆维吾尔自治区	65	47	5434	771	1765	24379

二、地方财政预算收支情况

2－4－131

单位:万元

地区	十二、农林水事务					
	农业					
	农业生产保险补贴	农民合作经济组织	农产品加工与促销	农村公益事业	垦区公共支出	垦区公益事业
地方合计	**327584**	**72414**	**160809**	**903827**	**32895**	**24660**
北京市	6738	4092	2214	35789	80	51
天津市	285	606	524	112	158	162
河北省	12553	1417	6037	35738	6086	1783
山西省	2179	5729	1312	22502	50	53
内蒙古自治区	31381	1267	1578	12261	478	2566
辽宁省	86	2775	26730	17074	423	1130
其中:大连市		783	10139	7766		
吉林省	47614	1003	6091	27225		1002
黑龙江省	2057	2476	10533	31760	59	2760
上海市	3117	10890	1307	28506	2950	180
江苏省	30773	6569	4316	117839	1	
浙江省	9900	4346	5021	60453		79
其中:宁波市	1959	857	1539	13078		
安徽省	6206	1497	3629	6462	1896	260
福建省	1085	667	2180	17976	4	65
其中:厦门市		160	370	7801		
江西省	2459	1144	3190	67008	1608	20
山东省	3241	5306	5508	25394		
其中:青岛市	536	362	899	5767		
河南省	15264	2376	5437	45658	5	92
湖北省	4872	1103	3657	39210	911	7312
湖南省	47737	1833	6928	35451	114	514
广东省	2101	1983	1707	23072		50
其中:深圳市			76			
广西壮族自治区	3275	636	3795	39172	1535	4597
海南省	2518	274	2928	2659	5	
重庆市	4348	1134	8178	27626		150
四川省	50377	4616	3416	65188		802
贵州省	6638	755	1071	12336	5	259
云南省	11170	1648	1842	30073	15569	200
西藏自治区		1791	17698	3167		18
陕西省	4136	1385	2538	43295		104
甘肃省	3067	1030	8627	4533	573	10
青海省	956	907	1671	7492	85	
宁夏回族自治区	425	645	1208	1236	300	440
新疆维吾尔自治区	11026	514	9938	17560		1

2－4－132

单位:万元

地　　区	十二、农林水事务					
	农　业					
	农业国有资产维护	农业前期工作与政策研究	农民收入统计与负担监测	农业产业化	农业资源保护	草原资源监测
地　方　合　计	**1597**	**18389**	**2991**	**464350**	**29452**	**1190**
北京市		194	37	10335	1315	
天津市	10	280	20	720	10	
河北省		6	63	24942	347	
山西省	10	11747	2	11137	4350	9
内蒙古自治区		732	4	31879	440	447
辽宁省	308	17	35	15764	910	4
其中:大连市				200		
吉林省		92	13	21505	43	
黑龙江省		115		9091	43	38
上海市	100	10	78	4522	943	
江苏省		2	118	49693	1382	102
浙江省		465	622	29024	1090	
其中:宁波市		100	12	7581	17	
安徽省		22	79	9768	76	
福建省	45	305	164	9877	445	
其中:厦门市		90	96	1688	8	
江西省			102	12868	939	
山东省	10	472	295	27509	1483	
其中:青岛市				544	101	
河南省	22	100	123	15026	2123	446
湖北省		101	210	18663	1003	
湖南省		203	258	12864	3927	
广东省	315	315	258	21917	5662	
其中:深圳市	215			669	1851	
广西壮族自治区	114	65	93	4490	388	30
海南省	4	2	2	1725	52	
重庆市		113	88	5533	484	
四川省	656	639	60	26736	491	73
贵州省		107	23	5980	75	
云南省	3	492	63	19507	626	
西藏自治区				11364	143	
陕西省		1395	86	22055	392	
甘肃省		217	39	4851	11	
青海省		52		3067	259	2
宁夏回族自治区		76	55	13770		18
新疆维吾尔自治区		53	1	8168		21

二、地方财政预算收支情况

2－4－133

单位:万元

地　区	十二、农林水事务						
	农　业						
	外来物种管理	农村能源综合建设	农村人畜饮水	村级组织支出补助	村级债务化解	农村道路建设	其他农业支出
地方合计	**756**	**463874**	**856931**	**1547454**	**32781**	**76664**	**2070634**
北京市		3869	4859	10264	14612	878	147073
天津市		746	12255	15588		500	28858
河北省	120	15100	38669	106380	1177	2312	51291
山西省		20103	20626	85566	21	1651	25174
内蒙古自治区		11614	11754	40149	5582	3814	34186
辽宁省	60	14443	22667	61274	177	8114	76685
其中:大连市		1808	3312	4176		811	32141
吉林省		4432	36788	31995		7874	27380
黑龙江省		26651	26144	53298	1429	625	52119
上海市		32		32808		245	137362
江苏省	96	13547	5848	124321	161	7142	219412
浙江省	42	5185	9870	16830	162	3878	200599
其中:宁波市	8	110	3969	4607	5	277	17457
安徽省	3	10875	48252	75673	409	4680	66513
福建省	34	5645	2531	35757	26	1448	64997
其中:厦门市			8	1548			8541
江西省		16855	28285	94421	481	806	70740
山东省		24107	63506	121685	150	5262	126386
其中:青岛市		1329	3507	12728	50	258	10380
河南省	15	23384	56232	98270	1244	6266	98168
湖北省	6	27235	44948	61406	1721	1901	51679
湖南省	239	12391	36446	88840	691	4201	67573
广东省		7113	6210	46854	30	1407	162704
其中:深圳市							6919
广西壮族自治区		21778	50341	8090	5	254	24754
海南省	71	5884	6157	4736	20	472	10687
重庆市	20	7168	31877	26210	36	1202	24548
四川省	9	46549	60158	148697	3950	5721	70902
贵州省	8	38650	35711	27100	60	828	33930
云南省	15	23890	50415	37977	396	540	57053
西藏自治区		4512	19442	4007		21	9589
陕西省	18	19808	40095	41645	103	4339	51511
甘肃省		23577	28215	23873	100	126	32867
青海省		5936	20792	5241			7986
宁夏回族自治区		9038	10698	2905	38		6698
新疆维吾尔自治区		13757	27140	15594		157	31210

2－4－134

单位:万元

地区	十二、农林水事务					
	林业					
	小计	行政运行	一般行政管理事务	机关服务	林业事业机构	森林培育
地方合计	**2971175**	**461690**	**51368**	**4953**	**602677**	**349339**
北京市	178366	8503	665	66	13428	15484
天津市	13633	1305	38		3496	4693
河北省	95246	15799	1854	132	20187	20918
山西省	97529	12542	1813	391	23640	25782
内蒙古自治区	162805	13622	1465	415	39486	14914
辽宁省	112975	9300	563	374	28576	21729
其中:大连市	18238	1533	142		2049	8130
吉林省	73241	8535	1469	87	20630	5309
黑龙江省	152591	19495	490		25332	9052
上海市	36496	79	312		2827	3256
江苏省	78099	13674	3348	10	8181	28379
浙江省	135818	17968	2858	571	25882	9907
其中:宁波市	17993	2232	291	22	4090	2551
安徽省	63685	13503	193	20	11213	4262
福建省	80934	14146	1372	62	12736	6573
其中:厦门市	6487	529	5		1098	2365
江西省	119621	20859	2200	601	25381	3178
山东省	132189	41562	2593	150	21503	23074
其中:青岛市	11498	2269	172		1306	1629
河南省	133874	19019	4980	188	16566	42244
湖北省	74589	17812	2609	156	11104	8002
湖南省	113196	39845	3614	3	12448	5317
广东省	196585	30185	2872	213	17390	33622
其中:深圳市	7676	1036	268		1350	293
广西壮族自治区	111688	12094	1770	680	27202	4313
海南省	22973	2144	580	57	1693	3723
重庆市	25801	5613	633	88	8963	1250
四川省	95358	21838	2607	102	28207	2477
贵州省	81129	21552	372		26506	4586
云南省	164097	23899	4680	231	54254	5567
西藏自治区	38343	8629	93		1992	2066
陕西省	102031	18171	2830	51	28278	12121
甘肃省	106698	13544	689	17	36539	12446
青海省	30209	3671	808	102	7179	3412
宁夏回族自治区	31823	2412	455	30	10739	5887
新疆维吾尔自治区	109553	10370	543	156	31119	5796

2－4－135

单位：万元

地　　区	十二、农林水事务					
	林　业					
	林业技术推　　广	森林资源管　　理	森林资源监　　测	森林生态效益补偿	自然保护区	动植物保护
地　方　合　计	**51447**	**32655**	**11898**	**531911**	**70717**	**14346**
北京市	2331	1184	700	69936	134	865
天津市	20	10	70	119	958	150
河北省	1381	880	578	9973	1608	94
山西省	1346	858	520	2978	1988	331
内蒙古自治区	3357	1169	420	42470	7743	396
辽宁省	925	6818	106	16918	915	383
其中：大连市	77	10		1756	300	5
吉林省	145	371	85	16703	1030	330
黑龙江省	792	106	847	22049	3915	1489
上海市	996	148	10	3727	71	464
江苏省	1907	1010	590	2810	161	180
浙江省	3370	1834	746	36033	1768	173
其中：宁波市	526	5	424	3073		62
安徽省	1394	641	192	12849	188	640
福建省	448	741	303	25591	1412	180
其中：厦门市	18	54	9	283		9
江西省	788	288	248	32869	3587	270
山东省	3308	1439	453	10444	871	270
其中：青岛市	194	1063	5	663	80	84
河南省	3233	952	1007	5414	2681	754
湖北省	1818	3263	152	5126	1900	641
湖南省	1329	310	1350	23998	1013	418
广东省	2031	1694	764	50274	2538	1449
其中：深圳市		98		805	244	65
广西壮族自治区	2454	969	139	32670	3360	419
海南省	496	326	97	5153	2077	154
重庆市	328	245	309	3	15	7
四川省	2417	343	238	165	2947	382
贵州省	2670	801	536	4731	1944	175
云南省	1802	3733	201	14898	4263	1239
西藏自治区	191	193		7052	10970	137
陕西省	2891	1726	930	1825	4166	1655
甘肃省	2192	390	260	23055	1573	202
青海省	529	25		8749	833	355
宁夏回族自治区	505	31		663	2318	
新疆维吾尔自治区	4053	157	47	42666	1770	144

2－4－136

单位:万元

地区	十二、农林水事务					
	林业					
	湿地保护	林业执法与监督	森林防火	林业有害生物防治	林业检疫检测	防沙治沙
地方合计	**37985**	**51795**	**117907**	**77938**	**3802**	**17834**
北京市	1591	675	5832	7189	148	925
天津市	710	10	161	1665	15	
河北省	1468	1014	3947	3105	87	46
山西省	302	155	5626	2873	31	112
内蒙古自治区	2959	2407	10141	2702	162	6253
辽宁省	1430	1037	5145	3817	96	187
其中:大连市		18	2017	718		
吉林省	292	1840	3139	3122	750	932
黑龙江省	3126	261	10063	1850	120	411
上海市	610	96	175	254	127	
江苏省	2783	176	3203	1249	75	
浙江省		2202	5630	3404	79	
其中:宁波市		45	771	904		
安徽省	2842	1378	1194	2025	61	119
福建省	348	2685	3234	2638	132	57
其中:厦门市		275	1044	131		
江西省	1551	7824	3571	3621	41	11
山东省	1018	352	5739	2899	300	610
其中:青岛市	261	7	1901	423		
河南省	763	3048	2527	2882	239	887
湖北省	2213	1260	3018	3186	120	140
湖南省	1106	1222	2741	1445	42	86
广东省	43	3261	11568	4127	486	
其中:深圳市	10	492	990	647		
广西壮族自治区	986	2570	4319	1873	128	111
海南省	784	841	449	1466	107	1640
重庆市		305	2522	1605	18	
四川省	1427	445	5006	2823	127	630
贵州省		1068	3121	2056	36	414
云南省	2764	9935	9301	1641	65	155
西藏自治区	1852	87	1140	555	40	175
陕西省	1197	2293	1888	2356	94	256
甘肃省	1397	1278	1119	2315	4	1892
青海省	740	692	368	1147	1	100
宁夏回族自治区	1449	163	620	933	21	670
新疆维吾尔自治区	234	1215	1400	5115	50	1015

2－4－137

单位:万元

地区	十二、农林水事务					
	林业					
	林业质量安全	林业工程与项目管理	林业对外合作与交流	林业产业化	技能培训	信息管理
地方合计	**828**	**15779**	**1863**	**34908**	**3105**	**4726**
北京市	91	292	484	9467	115	791
天津市	20					
河北省	49	474	38	295	146	33
山西省	49	2243	433	463	244	70
内蒙古自治区	64	841		945	40	15
辽宁省	10	607		2141	42	920
其中:大连市		8			13	
吉林省						
黑龙江省	3	55	42	1058	9	455
上海市	48	78			101	408
江苏省		40		150		118
浙江省	303	1277		2933	116	97
其中:宁波市	276	10		181	35	
安徽省		192	20	140	2	12
福建省	31	948	85	276	185	267
其中:厦门市		403			2	5
江西省	78	105		285	29	14
山东省		3288	54	756	235	98
其中:青岛市		24				
河南省	4	1073	4	497	90	92
湖北省	7	182	19	1614	37	10
湖南省	25	347	110	767	269	71
广东省		1142	119	66	584	514
其中:深圳市		30			23	12
广西壮族自治区	2	475	22	1628	281	71
海南省	11	16		10		
重庆市		240	17	179	22	7
四川省		585	71	4152	144	101
贵州省		120	125	1066	104	20
云南省		55	100	3235	68	95
西藏自治区	33					47
陕西省		636	50	1028	51	
甘肃省		270	40	10	83	
青海省		17	30		19	
宁夏回族自治区		63		1653	16	
新疆维吾尔自治区		118		94	73	400

2－4－138

单位:万元

地区	十二、农林水事务				
	林业				
	林业政策制定与宣传	林业资金审计稽查	林区公共支出	林业贷款贴息	其他林业支出
地方合计	**3854**	**605**	**16152**	**14551**	**384542**
北京市	273	78	1826	266	35027
天津市			30		163
河北省	360		123	599	10058
山西省	50		368	600	11721
内蒙古自治区	10		38	274	10497
辽宁省	622	13	69	843	9389
其中:大连市					1462
吉林省		30	3710		4732
黑龙江省	31	75	1652		49813
上海市	30				22679
江苏省	4		20	868	9163
浙江省	213	52	159	1168	17075
其中:宁波市	20	10	130	206	2129
安徽省	165	10	30	465	9935
福建省	216	10	31	681	5546
其中:厦门市	43	10			204
江西省	225	32	91	723	11151
山东省	187		195	512	10279
其中:青岛市	28		40	79	1270
河南省	187	43	321	407	23772
湖北省	17			590	9593
湖南省	57	2	483	408	14370
广东省	234	52	1400	524	29433
其中:深圳市	5				1308
广西壮族自治区	223	112	443	2362	10012
海南省	8				1141
重庆市	96		1192	19	2125
四川省	4	25	1021		17074
贵州省	114	30	20	839	8123
云南省	423	5	1523	1467	18498
西藏自治区	10				3081
陕西省	53	6	581	120	16778
甘肃省		20	478	58	6827
青海省	20	10	102	2	1298
宁夏回族自治区	10		46	748	2391
新疆维吾尔自治区	12		200	8	2798

2－4－139　　单位:万元

地　　区	十二、农林水事务					
	水　利					
	小　计	行政运行	一般行政管理事务	机关服务	水利行业业务管理	水利工程建　设
地　方　合　计	**7693674**	**593448**	**72040**	**18623**	**296319**	**3059484**
北京市	193916	6411	1690	334	14009	15067
天津市	94850	5158	15		7558	32691
河北省	249416	28464	3550	682	5740	80225
山西省	185218	19351	1404	630	8195	62853
内蒙古自治区	266390	12703	948	944	12767	124964
辽宁省	335961	10355	802	455	10859	131967
其中:大连市	26460	1007	141	21	573	2575
吉林省	176135	9758	1722	1075	10465	91141
黑龙江省	193178	18254	837	414	15676	69790
上海市	181844	6325	805	16	13120	57751
江苏省	475325	28996	2654	257	12393	148093
浙江省	351904	23465	6665	931	28396	142207
其中:宁波市	62703	4022	417	50	3924	45112
安徽省	282213	21999	1114	79	10346	90422
福建省	130726	10196	822	32	9542	40279
其中:厦门市	12396	594	76		414	6144
江西省	226181	15807	2426	972	6792	87974
山东省	406292	68683	3530	747	15621	116430
其中:青岛市	53336	2085	146		2376	27616
河南省	371442	31124	6005	1038	12496	99326
湖北省	459156	27517	4843	1140	10710	209443
湖南省	281392	45269	3710	612	2214	138938
广东省	686220	42114	5615	1875	22309	356867
其中:深圳市	15786	2416	365	166	1067	3966
广西壮族自治区	190369	10837	3099	1053	6157	61867
海南省	68418	2731	797	214	600	34753
重庆市	125898	7776	809	222	3585	68477
四川省	357276	30381	6356	503	9716	113384
贵州省	154384	25680	633	39	4650	50446
云南省	256068	17302	5821	753	5962	106267
西藏自治区	110870	8098	100	88	244	60567
陕西省	237172	20640	3142	1657	18469	90590
甘肃省	233893	18039	912	516	5998	124456
青海省	64139	2889	164	536	3344	28444
宁夏回族自治区	49452	4020	230	473	4479	16461
新疆维吾尔自治区	297976	13106	820	336	3907	207344

2-4-140

单位:万元

地　　区	十二、农林水事务					
	水　利					
	水利工程运行与维护	长江黄河等流域管理	水利前期工　作	水利执法监　督	水土保持	水资源管理与　保　护
地方合计	**333849**	**12196**	**83897**	**27312**	**197899**	**159307**
北京市	5440		308	1312	1194	2810
天津市	5139		550	170	160	22324
河北省	16638		2102	1025	8987	3464
山西省	8908		2915	554	17716	1060
内蒙古自治区	6244	236	2054	954	18078	6003
辽宁省	5755		1862	1438	9019	5085
其中:大连市	806		169	109	605	314
吉林省	1890		763	334	1953	3135
黑龙江省	2869		7123	595	2739	6485
上海市	22986		14172	2786	3006	6827
江苏省	55963	32	1933	2805	1311	6002
浙江省	18907	1000	819	1325	962	30766
其中:宁波市	493			253		231
安徽省	20288	481	937	482	5167	3572
福建省	12186		1106	938	4699	2317
其中:厦门市	444		20	10	312	23
江西省	6812	180	2855	648	3986	970
山东省	19679	5	528	999	6660	5550
其中:青岛市	1783			182	408	428
河南省	9760	231	1801	1435	6639	3089
湖北省	32461	9554	1333	795	8832	6541
湖南省	6512		1870	1064	1793	1090
广东省	29517	50	7418	1054	2329	5130
其中:深圳市	1210			10	160	974
广西壮族自治区	10224		3943	381	4482	2398
海南省	222		872	54	27	435
重庆市	618	2	660	833	4282	345
四川省	7114	10	2268	1346	6858	7215
贵州省	2722		2751	121	3915	911
云南省	7015		5534	888	11717	4068
西藏自治区	424		102	10	1648	456
陕西省	6453	249	4008	1386	33320	3703
甘肃省	1622	166	947	140	19402	10441
青海省	836		2070	183	3015	3273
宁夏回族自治区	3371		305	46	2618	420
新疆维吾尔自治区	5274		7988	1211	1385	3422

2-4-141

单位:万元

地 区	十二、农林水事务					
	水 利					
	水质监测	水文测报	防 汛	抗 旱	小型农田水 利	水利技术推广和培训
地方合计	**7156**	**103106**	**343229**	**157611**	**852847**	**66896**
北京市	4	1611	4660	72	32202	469
天津市	345	1241	2760	48	1758	737
河北省	55	6274	6668	4646	17029	659
山西省	172	2661	4458	5040	10658	1763
内蒙古自治区	241	3044	9743	9086	30669	1862
辽宁省	55	4592	16427	12053	46290	5759
其中:大连市	8		1026	200	5415	834
吉林省	2	6128	2284	7623	14575	1284
黑龙江省	93	5679	5107	16041	20374	2118
上海市	1429	2924	2484		20365	20
江苏省	243	5011	28963	10504	95377	6981
浙江省	116	5275	16033	5282	16326	2879
其中:宁波市		414	1071	540	1846	1377
安徽省	102	3598	58753	1834	19294	1432
福建省	118	1127	11086	1017	15695	1207
其中:厦门市	15	145	1352		1134	26
江西省	3	5326	5516	7874	22070	1606
山东省	664	534	11633	3765	21005	4524
其中:青岛市	215		2763	300	3887	65
河南省	146	3704	19638	6667	76133	2748
湖北省	264	4276	19186	3535	32992	1039
湖南省	139	5172	15513	12310	25572	747
广东省	373	1377	29977	2445	20733	1321
其中:深圳市		72	1366		248	
广西壮族自治区	700	6025	7712	5060	45463	1612
海南省	28	1035	3189	3318	17674	55
重庆市	70	601	6477	5181	13312	1858
四川省	309	4167	15415	5469	82334	6988
贵州省	34	1680	7146	2950	24897	3602
云南省	426	4331	6702	2845	41184	6634
西藏自治区	119	3349	3131	1098	19301	77
陕西省	606	118	10665	2446	16156	2913
甘肃省	20	3490	3688	7564	21397	1488
青海省	82	1750	2027	2960	5128	296
宁夏回族自治区		988	1134	2657	4056	1016
新疆维吾尔自治区	198	6018	5054	6221	22828	1202

2－4－142

单位:万元

地区	十二、农林水事务							
	水利							
	国际河流治理与管理	三峡建设管理事务	划转大中型水库移民后期扶持资金	水资源费支出	砂石资源费支出	信息管理	水利建设移民支出	其他水利支出
地方合计	**335**		**17806**	**406477**	**13163**	**5239**	**92432**	**773003**
北京市			3	97018		509	75	8718
天津市				280				13916
河北省			36	38928	161		246	23837
山西省				21205	4	153	417	15101
内蒙古自治区			18	5670	55	466	473	19168
辽宁省			178	26368	883	121	246	45392
其中:大连市				3887	338	58	10	8364
吉林省			758	9366	428		187	11264
黑龙江省			2	8442	194		91	10255
上海市			67	7756		2284		16721
江苏省	300			27936	608		25	38938
浙江省				2960		15	3245	44330
其中:宁波市							4	2949
安徽省			319	6302	1159		1906	32627
福建省				1790	201	281	754	15333
其中:厦门市								1687
江西省			4528	2309	1993	91	382	45061
山东省			3918	42985	829		1354	76649
其中:青岛市				5534			642	4906
河南省			5611	21291	1022	72	13299	48167
湖北省			1402	4117	1261	130	1106	76679
湖南省			21	4978	327	40	957	12544
广东省			24	18199	32	479	59552	77430
其中:深圳市								3766
广西壮族自治区			324	2901	279	122	1239	14491
海南省				163			6	2245
重庆市				7327	569	3	32	2859
四川省			10	17154	2792	93	3092	34302
贵州省			24	1170			672	20341
云南省	25		210	11629		48	2416	14291
西藏自治区								12058
陕西省	10		267	5612	191	8	346	14217
甘肃省			35	5184	136		202	8050
青海省				2155	25	169		4793
宁夏回族自治区				3156		25	69	3928
新疆维吾尔自治区			51	2126	14	130	43	9298

2－4－143

单位:万元

地区	十二、农林水事务					
	南水北调					
	小计	行政运行	一般行政管理事务	机关服务	南水北调工程建设	政策研究与信息管理
地方合计	**65910**	**1556**	**483**	**69**	**18219**	**45**
北京市	1169	96			65	20
天津市	103	103				
河北省	1559	519	37		115	20
山西省						
内蒙古自治区						
辽宁省						
其中:大连市						
吉林省						
黑龙江省						
上海市						
江苏省	50444	65	50		8513	
浙江省						
其中:宁波市						
安徽省						
福建省						
其中:厦门市						
江西省						
山东省	273	30			6	
其中:青岛市						
河南省	11522	633	321	69	9159	5
湖北省	518	110	75		61	
湖南省						
广东省	6					
其中:深圳市						
广西壮族自治区						
海南省						
重庆市						
四川省						
贵州省						
云南省	11					
西藏自治区						
陕西省	305				300	
甘肃省						
青海省						
宁夏回族自治区						
新疆维吾尔自治区						

2－4－144

单位:万元

地区	十二、农林水事务				
	南水北调				
	工程稽查	前期工作	南水北调技术推广和培训	环境、移民及水资源管理与保护	其他南水北调支出
地方合计	**40**	**1343**	**266**	**213**	**43676**
北京市			71	46	871
天津市					
河北省		743	5		120
山西省					
内蒙古自治区					
辽宁省					
其中:大连市					
吉林省					
黑龙江省					
上海市					
江苏省					41816
浙江省					
其中:宁波市					
安徽省					
福建省					
其中:厦门市					
江西省					
山东省				7	230
其中:青岛市					
河南省	40	590	44	74	587
湖北省		5	146	75	46
湖南省					
广东省					6
其中:深圳市					
广西壮族自治区					
海南省					
重庆市					
四川省					
贵州省					
云南省				11	
西藏自治区					
陕西省		5			
甘肃省					
青海省					
宁夏回族自治区					
新疆维吾尔自治区					

2－4－145

单位:万元

地区	十二、农林水事务					
	扶贫					
	小计	行政运行	一般行政管理事务	机关服务	农村基础设施建设	生产发展
地方合计	**2605197**	**66889**	**28879**	**1433**	**1330431**	**537419**
北京市	582		15		172	
天津市	5702				3	
河北省	86182	2692	705	301	36286	28494
山西省	71985	1568	1434	35	26958	19024
内蒙古自治区	101456	4900	902	152	46047	35412
辽宁省	53079	474	131		4597	30952
其中:大连市	2477		80			993
吉林省	37748	98	4043		13805	10119
黑龙江省	59291	942	290	214	29189	8623
上海市	1299				220	
江苏省	36176	221	385		3994	13854
浙江省	72378	1004	751		29187	18643
其中:宁波市	12118	369	352		3866	1948
安徽省	73339	827	591		7685	29645
福建省	51037	953	445	65	21892	7690
其中:厦门市	5921			65	176	2800
江西省	81651	2584	1172	104	36545	9089
山东省	25429	798	106		7648	10340
其中:青岛市	1845				56	664
河南省	114272	2109	984	35	103848	1134
湖北省	81958	2998	3129		46129	10843
湖南省	94711	3177	1751	1	57879	21250
广东省	156954	2292	1024		55033	7930
其中:深圳市	24828		151		28	166
广西壮族自治区	130868	4308	1829	211	112034	2545
海南省	31976	740	97	40	22954	4503
重庆市	60961	1037	323	5	36106	12981
四川省	150765	6028	2193	161	72396	60033
贵州省	193241	3975	1583		92891	46250
云南省	221440	7096	2566	20	176872	18044
西藏自治区	74801	4078	350		58144	3040
陕西省	158947	3619	620	27	63718	1972
甘肃省	154736	4202	115	10	96834	16210
青海省	51703	1772	576		12159	33485
宁夏回族自治区	55934	1326	113	24	25386	20217
新疆维吾尔自治区	114596	1071	656	28	33820	55097

2－4－146

单位:万元

地　　区	十二、农林水事务				
	扶　贫				
	社会发展	扶贫贷款奖补和贴息	"三西"农业建设专项补助	扶贫事业机构	其他扶贫支出
地　方　合　计	**48182**	**66852**	**20342**	**5682**	**499088**
北京市					395
天津市					5699
河北省	37	3548		660	13459
山西省	230	1887		154	20695
内蒙古自治区	3483	1196		141	9223
辽宁省	1115	583		59	15168
其中:大连市					1404
吉林省	1054	200		103	8326
黑龙江省	2767	1315		55	15896
上海市					1079
江苏省	817	6673		130	10102
浙江省	2256	154		65	20318
其中:宁波市	1095	96		33	4359
安徽省		950		3	33638
福建省	2343	2204		2	15443
其中:厦门市	653				2227
江西省	2090	1834	17	266	27950
山东省	395	191		130	5821
其中:青岛市	30			130	965
河南省	337	1550		205	4070
湖北省	3572	1193		341	13753
湖南省	936	1087		195	8435
广东省	426	17612		17	72620
其中:深圳市					24483
广西壮族自治区	49	2630		271	6991
海南省	1360	300		47	1935
重庆市	4581	2256			3672
四川省	1469	1804		133	6548
贵州省	1365	4655	50	1126	41346
云南省	2067	7115		192	7468
西藏自治区				4	9185
陕西省	25	133		881	87952
甘肃省	2946	3163	16695	96	14465
青海省	1185	790		62	1674
宁夏回族自治区	3606	458	3580	339	885
新疆维吾尔自治区	7671	1371		5	14877

2-4-147　　单位:万元

地　区	十二、农林水事务						
	农业综合开发						
	小　计	机构运行	土地治理	产业化经营	科技示范	贷款贴息	其他农业综合开发支出
地　方　合　计	**1911604**	**52998**	**1224175**	**330413**	**17198**	**12623**	**274197**
北京市	73756	250	12983	53085		113	7325
天津市	20966	126	12603	7344		94	799
河北省	64392	5011	44568	9499	207	1549	3558
山西省	61230	2377	37185	9353	273	493	11549
内蒙古自治区	67682	2226	47466	8297	85	340	9268
辽宁省	90859	1199	62596	23998	261	420	2385
其中:大连市	14860	35	6812	6803			1210
吉林省	57805	1710	43192	5576		892	6435
黑龙江省	80994	3731	59895	13581	5	1367	2415
上海市	36192		14807	13327	70		7988
江苏省	176980	4500	98461	33265	792	453	39509
浙江省	106539	1365	61306	14924	1458	907	26579
其中:宁波市	26419	80	11340	2929	150	289	11631
安徽省	70269	927	47186	11976	2534	506	7140
福建省	38989	439	24598	8342	530	344	4736
其中:厦门市	20		8				12
江西省	65834	1850	47680	8524	38	628	7114
山东省	103672	3633	69419	11570	1172	618	17260
其中:青岛市	13254	98	4384	3460	645		4667
河南省	88487	3941	58713	6951	725	408	17749
湖北省	68524	1108	34482	7340	93	356	25145
湖南省	73561	5164	46620	15239	206	457	5875
广东省	57025	257	39056	8761	1593	416	6942
其中:深圳市	5400			1026			4374
广西壮族自治区	51638	455	40922	2808	4780	29	2644
海南省	26620	597	21313	2158	13	100	2439
重庆市	33600	667	25340	3870	64	383	3276
四川省	112596	1786	75547	24181	684	245	10153
贵州省	31053	1278	24199	2487	523	62	2504
云南省	53795	900	43287	7404	264	198	1742
西藏自治区	17696	416	13955	3226			99
陕西省	49677	3342	26246	1948	300	247	17594
甘肃省	38714	1270	29252	3077	415		4700
青海省	21099	144	16718	2915	56	384	882
宁夏回族自治区	25127	640	17152	2946		259	4130
新疆维吾尔自治区	46233	1689	27428	2441	57	355	14263

2－4－148

单位:万元

地区	十二、农林水事务	十三、交通运输				
			公路水路运输			
	其他农林水事务支出	合计	小计	行政运行	一般行政管理事务	机关服务
地方合计	**607809**	**11331270**	**9403554**	**507903**	**149352**	**10287**
北京市	147022	330894	136383	8724	18231	1722
天津市	6307	84864	46238	2726	5256	
河北省	8019	329879	307886	12534	2926	284
山西省	3475	281527	249081	17737	2196	6
内蒙古自治区	2618	484945	399855	12232	1220	296
辽宁省	15146	269157	237153	18038	6618	35
其中:大连市	731	68411	42542	3625	2587	
吉林省	2637	234909	211629	6346	1958	306
黑龙江省	6172	425630	401513	16911	906	109
上海市	31244	162324	56056	1788	1654	35
江苏省	61921	791508	703244	34789	4681	835
浙江省	42723	450743	293330	19747	6381	512
其中:宁波市	1893	142597	76699	2925	1128	
安徽省	30478	495045	378685	18038	4761	40
福建省	13754	266274	193831	7827	2238	20
其中:厦门市	1795	73744	36376	1970	607	
江西省	14117	309884	302591	19985	1661	369
山东省	27922	270004	220247	43085	6899	900
其中:青岛市	3730	43491	27361	1276	2176	
河南省	14130	402964	343832	30359	8036	381
湖北省	22161	302094	258612	14426	8124	547
湖南省	18072	487198	418946	23420	8083	700
广东省	22533	571183	326784	56372	16614	306
其中:深圳市	14466	67282	34716	11355	1450	
广西壮族自治区	8917	412666	273468	7704	3116	140
海南省	794	91013	72690	2220	1065	37
重庆市	7624	360848	341429	5086	3278	943
四川省	34436	730704	677402	26640	14096	305
贵州省	8012	488381	438336	13303	6166	
云南省	25187	616402	592914	15758	4643	167
西藏自治区	5865	324333	318864	29265	166	521
陕西省	14673	487998	436096	20102	3123	484
甘肃省	3169	280512	275076	9590	1162	123
青海省	681	159886	154060	3933	298	37
宁夏回族自治区	4012	84780	81111	2374	1088	
新疆维吾尔自治区	3988	342721	256212	6844	2708	127

2－4－149

单位:万元

地　　区	十三、交通运输					
	公路水路运输					
	公路新建	公路改建	公路养护	特大型桥梁建设	公路路政管理	公路和运输信息化建设
地方合计	**1134569**	**1449581**	**216287**	**14716**	**51656**	**1157**
北京市	517	1862	527		5	
天津市			2		79	
河北省	39991	24809	12911	2551	2765	
山西省	19933	15679	10361		3821	
内蒙古自治区	55148	92275	6023	17	2887	
辽宁省	33575	48380	16438	425	2061	
其中:大连市	6784	485	2113	425	4	
吉林省	38733	24647	4607	134	2212	
黑龙江省	38219	19478	14097		474	
上海市	2788		1215		107	
江苏省	172408	99424	8252	85	2734	
浙江省	40658	42578	15578	1679	4632	
其中:宁波市	16692	16587	7792	279	1136	
安徽省	27824	9394	2653	460	374	
福建省	30027	40775	1098	4037	3650	31
其中:厦门市	16422	9360		4037	60	
江西省	55788	17934	4811		384	67
山东省	43472	17757	5228		246	220
其中:青岛市	5883	4140	480			
河南省	55157	25119	19168	5	6584	
湖北省	23882	31888	5449	1705	291	55
湖南省	56332	77637	5535	120	634	
广东省	14342	21116	4014	917	1641	496
其中:深圳市		100	3		692	428
广西壮族自治区	23540	46894	6669	15	2223	28
海南省	4870	282	229		7	
重庆市	41019	226275	3273		2535	
四川省	90903	116045	19626	420	2709	65
贵州省	30539	73895	5304	255	348	
云南省	84940	87917	13252	75	3765	
西藏自治区	11313	40646	6672	820		64
陕西省	38672	83445	14698	100	2814	65
甘肃省	27136	55411	2711	770	190	66
青海省	1586	29701	1900		378	
宁夏回族自治区	14069	12726	1222	30	893	
新疆维吾尔自治区	17188	65592	2764	96	213	

2－4－150

单位:万元

地区	十三、交通运输					
	公路水路运输					
	公路和运输安全	公路还贷专项	公路运输管理	公路客货运站(场)建设	公路和运输技术标准化建设	公路运输管理费支出
地方合计	**18574**	**159766**	**209439**	**14312**	**351**	**435187**
北京市	120		1197	289		5784
天津市			1403			
河北省	13	8029	18722	14	54	26067
山西省	114	126	3300	192		42283
内蒙古自治区	12	800	7556	167		12891
辽宁省	558	2200	16434	1682		17310
其中:大连市	22		5633			2014
吉林省		562	6616	70		13265
黑龙江省	270	333	3682			22139
上海市			9459			2001
江苏省	990	38623	35104	4170		14745
浙江省	1386	2734	12761	40		8266
其中:宁波市	927	2000	2178	40		500
安徽省	223	63	6257	8		8788
福建省	418	7184	3574	39	20	21724
其中:厦门市						2256
江西省	181	817	3242		105	8731
山东省	156	106	3342	2081	57	21397
其中:青岛市			197			4045
河南省	1579	16853	11318	669	81	22182
湖北省	24	14	9631	50		14978
湖南省	165	200	2900	851		32134
广东省	766	17644	8612	1420		25872
其中:深圳市	540		2560			
广西壮族自治区	3802	2465	7968	22		9686
海南省	8		86	22		333
重庆市	1789	438	2178	92		17500
四川省	2406	28272	12608	821	21	28827
贵州省	199	3089	856	261	5	6060
云南省	2138	27966	4562	73	8	19629
西藏自治区			3	916		721
陕西省	1072	173	10676	161		2695
甘肃省		22	1583	100		12227
青海省			955			1484
宁夏回族自治区	123	108	1458			6570
新疆维吾尔自治区	62	945	1396	102		8898

2－4－151 单位:万元

地区	十三、交通运输					
	公路水路运输					
	车辆购置税支出	港口设施	航道维护	安全通信	三峡库区通航管理	航务管理
地方合计	**3614493**	**106715**	**50232**	**425**		**6479**
北京市	745					
天津市	1100	32436	2328			
河北省	99150	6168	20			
山西省	121266					
内蒙古自治区	197335	50				
辽宁省	38942	9009	39			13
其中:大连市	4260	7689				13
吉林省	101858		890			
黑龙江省	203976	86	8388			294
上海市						
江苏省	40350	20891	20270			
浙江省	36221	15064	241			594
其中:宁波市	4600	13557	40			
安徽省	149989		105	336		
福建省	48898	1206	1406			
其中:厦门市	373	148				
江西省	132633	4	149			
山东省	42673	8357	664	5		394
其中:青岛市	3504	385		5		
河南省	118818		70			21
湖北省	120171	1122	150			14
湖南省	190043	55	54			82
广东省	44476	3635	7368			118
其中:深圳市		2				
广西壮族自治区	122051	6165	5010			3508
海南省	62513	16				
重庆市	17900	2000	1743			172
四川省	282714	382	1029	11		1065
贵州省	264837	3	2			34
云南省	293541	26	212			118
西藏自治区	187800			73		
陕西省	240200		94			52
甘肃省	157000	40				
青海省	112014					
宁夏回族自治区	39354					
新疆维吾尔自治区	145925					

2-4-152 单位:万元

地区	十三、交通运输					
	公路水路运输					
	船舶检验	救助打捞	内河运输	远洋运输	海事管理	航标事业发展支出
地方合计	**235**	**402**	**38098**	**1200**	**26893**	**22**
北京市	51					
天津市						
河北省	120				121	
山西省						
内蒙古自治区					366	
辽宁省						
其中:大连市						
吉林省	17				372	
黑龙江省						
上海市						
江苏省		250	36090	1200	18278	
浙江省			40		466	
其中:宁波市					119	
安徽省					1644	
福建省		100			56	22
其中:厦门市						
江西省			987			
山东省	3		160		168	
其中:青岛市						
河南省					167	
湖北省					194	
湖南省			133		1594	
广东省		40	160		1371	
其中:深圳市					544	
广西壮族自治区	8		2		36	
海南省					47	
重庆市			17		148	
四川省	28	10	485		1220	
贵州省		2	24		321	
云南省	8				173	
西藏自治区						
陕西省					33	
甘肃省					3	
青海省					56	
宁夏回族自治区					59	
新疆维吾尔自治区						

二、地方财政预算收支情况

2－4－153　　　　　　　　　　　　　　　　　　　　　　　　　　单位:万元

地　　区	十三、交通运输					
	公路水路运输			铁路运输		
	内河航道养护费支出	水路运输管理费支出	其他公路水路运输支出	小　计	行政运行	一般行政管理事务
地　方　合　计	**156836**	**84559**	**943828**	**855273**	**1302**	**1108**
北京市			96609	41		
天津市			908	2837		
河北省			50637	4140	21	
山西省			12067	10947		
内蒙古自治区		17	10563	32023	12	262
辽宁省		96	25300	186		18
其中:大连市		96	6792			
吉林省		2	9034	21430	135	41
黑龙江省	35	33	72083	12495	57	
上海市	4194	3879	28936	443		
江苏省	44602	82	104391	11250	518	348
浙江省	29794	26553	27405	113590		
其中:宁波市		4728	1471	37460		
安徽省	12396	36360	98972	96548		
福建省	70	1516	17895	57706	212	101
其中:厦门市		348	795	32020		
江西省	12079	1053	41611	457		40
山东省	1457	1696	19724	7084	141	29
其中:青岛市		426	4844	3000		
河南省	19	1055	26191	26231	7	
湖北省	7237	956	17704	34223	84	93
湖南省	5036	1502	11736	32228	22	32
广东省	27045	2860	69579	142305	37	15
其中:深圳市			17042	26		
广西壮族自治区	7853	2726	11837	103700		
海南省		514	441	9155		2
重庆市	4222	3300	7521	4245		9
四川省	797	321	45576	15324	6	30
贵州省		10	32823	40461		
云南省		14	33929	2870		
西藏自治区			39884	2769		
陕西省			17437	32258	50	88
甘肃省		14	6928	2190		
青海省			1718	880		
宁夏回族自治区			1037			
新疆维吾尔自治区			3352	35257		

2－4－154

单位:万元

地区	十三、交通运输					
	铁路运输					
	机关服务	铁路路网建设	铁路还贷专项	铁路安全	铁路专项运输	其他铁路运输支出
地方合计	**80**	**593262**	**19801**	**13875**	**722**	**225123**
北京市				41		
天津市				425		2412
河北省						4119
山西省		215	400	10229		103
内蒙古自治区		6641			192	24916
辽宁省				141		27
其中:大连市						
吉林省		20140	733			381
黑龙江省			119			12319
上海市						443
江苏省		170		14		10200
浙江省		76478				37112
其中:宁波市		37390				70
安徽省		89505	1775	170		5098
福建省		56005	1310	20		58
其中:厦门市		32000		20		
江西省		110				307
山东省		4959	887			1068
其中:青岛市		3000				
河南省		4046				22178
湖北省		32358	1120	5		563
湖南省		38		5		32131
广东省	80	140417	687			1069
其中:深圳市						26
广西壮族自治区		103700				
海南省			2770	3		6380
重庆市		40				4196
四川省		9980				5308
贵州省		460		1		40000
云南省		1410		10	530	920
西藏自治区				1931		838
陕西省		21000	10000			1120
甘肃省		2190				
青海省				880		
宁夏回族自治区						
新疆维吾尔自治区		23400				11857

2－4－155

单位:万元

地　　区	十三、交通运输					
	民用航空运输					
	小　计	行政运行	一般行政管理事务	机关服务	机场建设	空管系统建设
地　方　合　计	**420152**	**1659**	**1896**	**300**	**237636**	**496**
北京市						
天津市	6939					
河北省	10785		150		2185	
山西省	17149	30			7440	
内蒙古自治区	46570		750	300	37801	
辽宁省	5777				1099	
其中:大连市	3713				899	
吉林省	205				205	
黑龙江省	9206	14	9		7590	
上海市	54019					
江苏省	6356	49			1000	
浙江省	5910		106		1650	
其中:宁波市	2324					
安徽省	5440	957			2413	
福建省	3017	17			3000	
其中:厦门市						
江西省	2407	4	50		157	
山东省	15484	122	48		9375	496
其中:青岛市	700				700	
河南省	26408				5608	
湖北省	2224	224				
湖南省	25717		8		25020	
广东省	23428	43			20101	
其中:深圳市	1441	43			101	
广西壮族自治区	33171		700		21590	
海南省	2073					
重庆市	10131				2930	
四川省	22238	119			14683	
贵州省	7135	73			7030	
云南省	11987	7			10066	
西藏自治区	2242		15			
陕西省	9800				6367	
甘肃省	2390				1940	
青海省	680				680	
宁夏回族自治区	2557				2557	
新疆维吾尔自治区	48707		60		45149	

2-4-156

单位:万元

地区	十三、交通运输				
	民用航空运输				
	民航还贷专项支出	民用航空安全	民航专项运输	民航政策性购机专项支出	其他民用航空运输支出
地方合计	**1000**	**1788**	**2590**		**172787**
北京市					
天津市					6939
河北省					8450
山西省			350		9329
内蒙古自治区			30		7689
辽宁省		889			3789
其中:大连市		889			1925
吉林省					
黑龙江省					1593
上海市					54019
江苏省			100		5207
浙江省					4154
其中:宁波市					2324
安徽省					2070
福建省					
其中:厦门市					
江西省					2196
山东省					5443
其中:青岛市					
河南省		200	2000		18600
湖北省					2000
湖南省					689
广东省	1000				2284
其中:深圳市	1000				297
广西壮族自治区		350			10531
海南省					2073
重庆市					7201
四川省			110		7326
贵州省					32
云南省					1914
西藏自治区					2227
陕西省		99			3334
甘肃省					450
青海省					
宁夏回族自治区					
新疆维吾尔自治区		250			3248

2－4－157

单位:万元

地区	十三、交通运输			十四、工业、商业、金融等事务		
	其他交通运输支出			合计	采掘业	
	小计	公共交通运营补助	其他交通运输支出		小计	行政运行
地方合计	**652291**	**127200**	**525091**	**28855741**	**1334028**	**56816**
北京市	194470	536	193934	1029114	7762	25
天津市	28850	28250	600	530863		
河北省	7068	4373	2695	1010153	48773	227
山西省	4350	2180	2170	591516	26919	4477
内蒙古自治区	6497	3822	2675	720189	32834	2357
辽宁省	26041	15721	10320	1502164	81301	1133
其中:大连市	22156	15335	6821	365045		
吉林省	1645	225	1420	1199439	71086	2029
黑龙江省	2416	115	2301	1428148	83559	3829
上海市	51806	70	51736	2896549		
江苏省	70658	31556	39102	1855000	20368	500
浙江省	37913	1016	36897	1326284	33639	
其中:宁波市	26114	387	25727	375154	8	
安徽省	14372	145	14227	1283639	44324	759
福建省	11720	4871	6849	605311	17280	554
其中:厦门市	5348	3011	2337	175420		
江西省	4429	140	4289	712451	127474	4870
山东省	27189	14271	12918	1968982	106733	2997
其中:青岛市	12430	12240	190	223637		
河南省	6493	3735	2758	1549053	66647	6176
湖北省	7035	2235	4800	832036	2183	1003
湖南省	10307	173	10134	947924	65335	7737
广东省	78666	3406	75260	1295905	37842	2331
其中:深圳市	31099	2761	28338	243548		
广西壮族自治区	2327	150	2177	717962	44237	394
海南省	7095	2065	5030	139906	3442	
重庆市	5043	2522	2521	510235	37808	515
四川省	15740	612	15128	1263075	69973	772
贵州省	2449	1	2448	452071	75792	5437
云南省	8631	160	8471	633187	40437	1649
西藏自治区	458		458	109049	1600	
陕西省	9844	3312	6532	670282	52105	5774
甘肃省	856	1	855	397916	67219	43
青海省	4266	200	4066	123563	7206	1
宁夏回族自治区	1112	135	977	163873	36542	41
新疆维吾尔自治区	2545	1202	1343	389902	23608	1186

2－4－158

单位:万元

地区	十四、工业、商业、金融等事务					
	采掘业					
	一般行政管理事务	机关服务	煤炭勘探开采和洗选	石油和天然气勘探开采	黑色金属矿勘探和采选	有色金属矿勘探和采选
地方合计	**14231**	**5648**	**401423**	**2913**	**51408**	**180158**
北京市			125		500	
天津市						
河北省			37769	6	300	
山西省	924	168	17731			110
内蒙古自治区	2055	9	12264		865	810
辽宁省	262	2805	13214		7937	9119
其中:大连市						
吉林省	657	449	5657	23		1330
黑龙江省	147		44541			13889
上海市						
江苏省			1658	122	600	
浙江省	8					7183
其中:宁波市	8					
安徽省	63	35	14824		3900	
福建省	231		5102		81	31
其中:厦门市						
江西省	294		36132		257	40668
山东省	454	77	21474	48	500	1771
其中:青岛市						
河南省	1549	264	46366			6147
湖北省	128	33				
湖南省	1104	501	16537		18	17350
广东省	24	119		748		11491
其中:深圳市						
广西壮族自治区	344		601		160	279
海南省					2777	604
重庆市	462	6	28454	43	48	323
四川省	105	2	11767	1895	619	23
贵州省	2667	25	24450			7702
云南省	251	7	3915	13	5	10179
西藏自治区					1600	
陕西省	2314	1096	17850		705	17026
甘肃省	85		13152		30256	23173
青海省	30		2926			3432
宁夏回族自治区	41		12961	15		
新疆维吾尔自治区	32	52	11953		280	7518

2－4－159

单位:万元

地区	十四、工业、商业、金融等事务					
	采掘业		制造业			
	非金属矿勘探和采选	其他采掘业支出	小计	行政运行	一般行政管理事务	机关服务
地方合计	**14827**	**606604**	**2310059**	**128924**	**40298**	**3786**
北京市		7112	75285	497	2705	507
天津市			65043	838		
河北省	34	10437	19959	2006	347	
山西省		3509	13193	4865	962	52
内蒙古自治区	26	14448	56074	1641	11	20
辽宁省	1515	45316	279601	8387	12974	506
其中:大连市			97849	1962	426	2
吉林省	30	60911	80453	3977	352	
黑龙江省	2	21151	111241	10894	640	
上海市			49539			
江苏省		17488	161924	7413	2240	
浙江省		26448	207619	2844	294	14
其中:宁波市			43005	299	15	
安徽省	511	24232	107154	5136	981	20
福建省	85	11196	58007	3757	270	
其中:厦门市			42234			
江西省	36	45217	50501	3095	1636	
山东省		79412	315938	10984	673	643
其中:青岛市			21746			
河南省	1	6144	66579	2452	458	20
湖北省	539	480	81193	8298	1629	123
湖南省	41	22047	55268	19028	1830	10
广东省		23129	89779	858	38	90
其中:深圳市			11051			90
广西壮族自治区		42459	86663	10156	6223	60
海南省		61	88	38		
重庆市		7957	55530	981	119	27
四川省	3509	51281	91082	6755	4689	1522
贵州省	1612	33899	23465	1279	172	
云南省	6346	18072	11888	1273	227	
西藏自治区			60			
陕西省	100	7240	55580	4818	299	19
甘肃省		510	9854	737	80	40
青海省	400	417	3832	380	21	
宁夏回族自治区		23484	16488	2374	413	
新疆维吾尔自治区	40	2547	11179	3163	15	113

2－4－160

单位：万元

地区	十四、工业、商业、金融等事务					
	制造业					
	纺织业	医药制造业	非金属矿物制品业	通信设备、计算机及其他电子设备制造业	交通运输设备制造业	电气机械及器材制造业
地方合计	**53519**	**90508**	**17024**	**161316**	**117410**	**98702**
北京市	700	413		4605		2818
天津市		3331	97	25374		135
河北省	2290	2221		816	338	678
山西省	1010	6	2			
内蒙古自治区	300	70	8		55	11
辽宁省	2409	4838	2084	45537	5521	21485
其中：大连市	200			38960	3014	2000
吉林省	6587	28565		616	3434	530
黑龙江省	2011	4059	636	1022	2028	19138
上海市	113	131		268	136	339
江苏省	4159	6519	50	5408	901	1367
浙江省	2450	788	30	3513	73	9039
其中：宁波市						7111
安徽省	1303	958	3772	1051	15223	987
福建省	432	370	102	26564	6825	195
其中：厦门市	48	250	100	26444	6574	55
江西省	1121	7486	110	138	280	402
山东省	13659	6041	1210	11411	31065	4541
其中：青岛市		68		9281	262	
河南省	4841	953	187	319	7242	4058
湖北省	2238	1450	844	7911	14052	1611
湖南省	985	3341		1567	4	3699
广东省	89	426		5473	23970	1533
其中：深圳市				4794	342	1455
广西壮族自治区	327	1953	483	4132	3263	3185
海南省						
重庆市	3512	1223	874	1017	2070	8231
四川省	1912	3601	1554	12252	56	1369
贵州省	135	1480	2000	494	554	1731
云南省	153	226	2009	282	245	
西藏自治区						
陕西省	479	9800	124	1060		9245
甘肃省		100	820	336	75	1626
青海省	50	20	20			
宁夏回族自治区	80			150		745
新疆维吾尔自治区	174	139	8			4

二、地方财政预算收支情况

2-4-161

单位:万元

地区	十四、工业、商业、金融等事务					
	制造业					
	工艺品及其他制造业	石油加工、炼焦及核燃料加工业	化学原料及化学制品制造业	黑色金属冶炼及压延加工业	有色金属冶炼及压延加工业	其他制造业支出
地方合计	**212173**	**22239**	**31489**	**25720**	**112506**	**1194445**
北京市	8760	31	30		50000	4219
天津市	190					35078
河北省	1181	62	184	4	381	9451
山西省	741					5555
内蒙古自治区	5904		258		24326	23470
辽宁省	12754	218	9672	7100	5074	141042
其中:大连市	8828					42457
吉林省	14594		3178		1262	17358
黑龙江省	10586	1304	899	1117	81	56826
上海市	917	708	60			46867
江苏省	17778		799	16596		98694
浙江省	3194		49		400	184931
其中:宁波市						35580
安徽省	1108		1906		2042	72667
福建省	4554	150	35	23	2100	12630
其中:厦门市	1590		35		2100	5038
江西省	2382		15		503	33333
山东省	23701	7582	2423		21683	180322
其中:青岛市	1743					10392
河南省	3166	1265	4585	370	78	36585
湖北省	4016		488			38533
湖南省	4507			42		20255
广东省	27051		28			30223
其中:深圳市	2210					2160
广西壮族自治区	22607		221	463		33590
海南省	50					
重庆市	24701	20	549			12206
四川省	3673	10899	41			42759
贵州省	5598		5124	5		4893
云南省	989				1976	4508
西藏自治区						60
陕西省	1544		925		2600	24667
甘肃省	1856					4184
青海省	90					3251
宁夏回族自治区	3786					8940
新疆维吾尔自治区	195		20			7348

2－4－162

单位:万元

地　区	十四、工业、商业、金融等事务				
	建筑业				
	小　计	行政运行	一般行政管理事务	机关服务	其他建筑业支出
地方合计	**266819**	**26003**	**5398**	**539**	**234879**
北京市	7839	1283			6556
天津市	8558				8558
河北省	2774	515	162	132	1965
山西省	330		8		322
内蒙古自治区	10472	121	8	33	10310
辽宁省	4913	342	1111	3	3457
其中:大连市	563	79	19		465
吉林省	7516	42	160		7314
黑龙江省	9262	3431			5831
上海市	45472	464			45008
江苏省	22205	3918	4		18283
浙江省	7810	537	623		6650
其中:宁波市	5676		518		5158
安徽省	11202	367	500	20	10315
福建省	3383	300			3083
其中:厦门市	2680	240			2440
江西省	5170	394	315		4461
山东省	30935	192	279	110	30354
其中:青岛市	3774				3774
河南省	7542	1789	587	12	5154
湖北省	10071	900	92	17	9062
湖南省	4317	2469	87	44	1717
广东省	10895	6300	1018	48	3529
其中:深圳市	4617	2315			2302
广西壮族自治区	1702	17	2		1683
海南省	41	41			
重庆市	43340	194	336		42810
四川省	3715	6			3709
贵州省	83	65	3		15
云南省	1652	7	7		1638
西藏自治区	3097	2089	95	120	793
陕西省	499		1		498
甘肃省	13	3			10
青海省	435				435
宁夏回族自治区	459	182			277
新疆维吾尔自治区	1117	35			1082

2－4－163

单位:万元

地　　区	十四、工业、商业、金融等事务					
	电　力					
	小　计	行政运行	一般行政管理事务	机关服务	电力监管	电力稽查
地　方　合　计	**296602**	**2116**	**817**	**101**	**42**	**24**
北京市	4298					
天津市						
河北省	1945	106	12			
山西省	196	23				
内蒙古自治区	37990	22				
辽宁省	2217	6	20			
其中:大连市	1123					
吉林省	2166	35				
黑龙江省	34656	237	99			18
上海市	2032	30				
江苏省	683		87			
浙江省	1792	16	2			
其中:宁波市	154	11				
安徽省	2717	36				
福建省	1944					
其中:厦门市	1054					
江西省	1746					
山东省	6832	16	15		11	
其中:青岛市	2	2				
河南省	4011	7				
湖北省	2829	3				
湖南省	1333	125	131		5	6
广东省	41447	23	53		14	
其中:深圳市	159		52		14	
广西壮族自治区	15389	6	9			
海南省	476					
重庆市	5718	91				
四川省	9942	2	239		2	
贵州省	418	1				
云南省	4048	5	130			
西藏自治区	37354	1319		101		
陕西省	16836		5			
甘肃省	30555	1			10	
青海省	3290					
宁夏回族自治区	775		15			
新疆维吾尔自治区	20967	6				

2－4－164

单位:万元

地区	十四、工业、商业、金融等事务					
	电力					
	争议调节	安全事故调查	电力市场建设	电力输送改革试点	信息系统建设	三峡库区移民专项支出
地方合计	**34**		**57600**		**159**	**2514**
北京市						
天津市						
河北省			16			
山西省			30			
内蒙古自治区			30141			
辽宁省			400		10	
其中:大连市					10	
吉林省			40			
黑龙江省			134			
上海市						
江苏省			87		20	
浙江省						
其中:宁波市						
安徽省						
福建省						3
其中:厦门市						
江西省						
山东省						
其中:青岛市						
河南省			100			
湖北省			377			1000
湖南省			355			
广东省	20					
其中:深圳市						
广西壮族自治区			145			
海南省						
重庆市	14		2000		120	1508
四川省			551			3
贵州省						
云南省			460			
西藏自治区			22372			
陕西省						
甘肃省			170			
青海省			160			
宁夏回族自治区						
新疆维吾尔自治区			62		9	

二、地方财政预算收支情况

2－4－165

单位:万元

地区	十四、工业、商业、金融等事务						
	电力			信息产业			
	电力改革专项支出	事业运行	其他电力支出	小计	行政运行	一般行政管理事务	机关服务
地方合计	**150**	**490**	**232555**	**459052**	**40730**	**23407**	**785**
北京市			4298	33259	723	278	
天津市				7635	135		
河北省		38	1773	23278	2055	1320	15
山西省			143	4707	150		
内蒙古自治区		2	7825	4170	72	310	
辽宁省			1781	29288	2128	1103	16
其中:大连市			1113	18426	682	514	
吉林省			2091	10252	1406	314	17
黑龙江省			34168	12963	2126	2535	
上海市			2002	26828	7999	2799	555
江苏省			489	59688	2643	1366	2
浙江省			1774	17534	1685	968	
其中:宁波市			143	3350	340	432	
安徽省			2681	12200	645	1	
福建省			1941	18466	782	85	
其中:厦门市			1054	4126	189	70	
江西省			1746	11588	938	3195	67
山东省		39	6751	37001	4411	691	49
其中:青岛市				5290	495		
河南省			3904	7343	1361	875	21
湖北省			1449	15674	2771	1292	
湖南省			711	9160	761	22	
广东省			41337	23674	2450	1878	1
其中:深圳市			93	871	34		
广西壮族自治区			15229	14568	899	1044	
海南省			476	4836	522	231	
重庆市			1985	7697	428	237	
四川省			9145	14519	1121	378	42
贵州省			417	6759	372	956	
云南省		7	3446	8719	675	141	
西藏自治区		404	13158	2684			
陕西省	150		16681	17966	695	1243	
甘肃省			30374	2207		145	
青海省			3130	6663	238		
宁夏回族自治区			760	2816	285		
新疆维吾尔自治区			20890	4910	254		

2－4－166

单位:万元

地区	十四、工业、商业、金融等事务					
	信息产业					
	邮政普遍服务与特殊服务	战备应急	信息安全建设	专用通信	无线电监管	信息产业战略研究与标准制定
地方合计	**983**	**210**	**8625**	**26622**	**124114**	**3847**
北京市		176	526		4111	3474
天津市				110	4965	
河北省		16	130	495	5540	30
山西省				1379	3069	
内蒙古自治区	5			30	2710	
辽宁省			7	1530	4898	3
其中:大连市			7	899	2208	
吉林省				510	1823	
黑龙江省				396	4789	
上海市			665	379	1694	
江苏省	152	4	100	1507	6083	
浙江省			155	1766	6426	73
其中:宁波市				646	650	30
安徽省				1288	7425	
福建省				519	4679	
其中:厦门市					822	
江西省			100	2008	3259	
山东省			220	339	7688	5
其中:青岛市				311	1411	
河南省					3663	24
湖北省	6			3583	3523	10
湖南省					7746	
广东省	83		6369	2261	4176	
其中:深圳市	83			486	18	
广西壮族自治区				377	8196	
海南省		14		671	1523	48
重庆市				671	1049	
四川省	47			2036	3482	
贵州省				362	2515	
云南省	89		53	1396	3786	
西藏自治区				477	1357	
陕西省	1		300	2379	281	180
甘肃省					1969	
青海省				153	6262	
宁夏回族自治区	600				1931	
新疆维吾尔自治区					3496	

2－4－167

单位:万元

地　　区	十四、工业、商业、金融等事务					
	信息产业					
	信息产业支持	电子专项工程	行业监管	军工电子	技术基础研究	其他信息产业支出
地方合计	**107265**	**26387**	**889**	**40**	**300**	**94848**
北京市	350	20511	7		300	2803
天津市						2425
河北省	4204		259			9214
山西省			15			94
内蒙古自治区		150				893
辽宁省	4433		15			15155
其中:大连市	3909					10207
吉林省	2351	601				3230
黑龙江省	358					2759
上海市	90	368				12279
江苏省	42988	56	42	20		4725
浙江省	5004	160				1297
其中:宁波市	1122					130
安徽省	126	60				2655
福建省	6128	463				5810
其中:厦门市	50	463				2532
江西省	750					1271
山东省	13170	2405	20			8003
其中:青岛市	1851					1222
河南省	540					859
湖北省	2219	137	245	10		1878
湖南省	210					421
广东省	450	201	81			5724
其中:深圳市	250					
广西壮族自治区	1244					2808
海南省	202					1625
重庆市	4671					641
四川省	5230			10		2173
贵州省	1490	614				450
云南省	31	306	125			2117
西藏自治区	650					200
陕西省	10276	325	80			2206
甘肃省						93
青海省						10
宁夏回族自治区						
新疆维吾尔自治区	100	30				1030

2－4－168

单位:万元

地　　区	十四、工业、商业、金融等事务						
	旅游业						
	小　计	行政运行	一般行政管理事务	机关服务	旅游宣传	旅游行业业务管理	其他旅游业支　出
地　方　合　计	**761946**	**155220**	**47060**	**3736**	**158647**	**33205**	**364078**
北京市	36279	3456	1304		9033	330	22156
天津市	5929	792	325		110	903	3799
河北省	18197	4437	973	7	3110	1514	8156
山西省	14725	2992	466	72	4213	683	6299
内蒙古自治区	23360	5722	845	222	3431	642	12498
辽宁省	27246	5135	3596		5607	380	12528
其中:大连市	9494	905	1478		3168	46	3897
吉林省	12224	2745	1212	57	2383	85	5742
黑龙江省	19267	3517	1174	1066	991	892	11627
上海市	19594	1882	1090		8414	1237	6971
江苏省	48544	8766	899	74	8402	5763	24640
浙江省	72620	9019	3696	358	13898	4520	41129
其中:宁波市	20886	1240	97	50	2183	3056	14260
安徽省	17448	3987	800		1901	390	10370
福建省	19579	3868	1418	92	3537	1771	8893
其中:厦门市	4023	1391	821	68	45	1377	321
江西省	13783	3207	786	1	3646	597	5546
山东省	44714	9654	2608	171	13925	947	17409
其中:青岛市	8108	1641	186		901		5380
河南省	56214	15115	3870	359	8824	3072	24974
湖北省	19399	4342	1244		7256	138	6419
湖南省	27424	7873	1847	37	4419	581	12667
广东省	39394	9182	3799	209	14661	1398	10145
其中:深圳市	3698	753	222		1414	823	486
广西壮族自治区	16175	2947	1542	58	2541	1381	7706
海南省	5001	972	319		1661	204	1845
重庆市	14700	2119	2724	11	2571	1630	5645
四川省	53022	10334	4897	103	11535	990	25163
贵州省	22621	5022	862		4089	901	11747
云南省	32825	7394	2638	56	7200	313	15224
西藏自治区	6761	3981		28	939	53	1760
陕西省	33237	4801	407	212	4478	720	22619
甘肃省	16899	5775	232	354	2467	447	7624
青海省	2982	930	28	144	513	322	1045
宁夏回族自治区	2961	625	274		628	82	1352
新疆维吾尔自治区	18822	4629	1185	45	2264	319	10380

二、地方财政预算收支情况

2-4-169　　　　单位:万元

地区	十四、工业、商业、金融等事务						
	涉外发展						
	小计	行政运行	一般行政管理事务	机关服务	外经贸发展专项资金	外商投资环境建设补助资金	其他涉外发展支出
地方合计	**446315**	**22389**	**7975**	**496**	**288220**	**7012**	**120223**
北京市	16910				16427	360	123
天津市	36902				1293		35609
河北省	3149	498		17	1491	235	908
山西省	17541	138			17274		129
内蒙古自治区	4818	105			4403	76	234
辽宁省	28747	5332	2797	3	14055	178	6382
其中:大连市	5943	1457	726		3024		736
吉林省	7897	105			7478	68	246
黑龙江省	18692	1007	120	247	10942	100	6276
上海市	10100				10100		
江苏省	20082	4083	391		9263	256	6089
浙江省	51656	934	174		29465	337	20746
其中:宁波市	28584	304	42		20142		8096
安徽省	14759	516	32	10	8852	650	4699
福建省	17273	581	233	7	12807	107	3538
其中:厦门市	2159				2159		
江西省	14772	946	589		11737	87	1413
山东省	23298	1964	788	10	16147	200	4189
其中:青岛市	4099	571	157		2380	200	791
河南省	10664	393	735	7	4985	75	4469
湖北省	24135	1105	517		9703	65	12745
湖南省	9139	476	49	7	8234	67	306
广东省	40853	2714	11		29005	3512	5611
其中:深圳市	7417				2687		4730
广西壮族自治区	6406	6			6400		
海南省	1054	20			863	70	101
重庆市	10643	218	702	11	8560		1152
四川省	5289	132	234		3627	80	1216
贵州省	7082				7031	46	5
云南省	8416	399	28		5431	65	2493
西藏自治区	765				760		5
陕西省	16291	187	521	177	14117	20	1269
甘肃省	4344	424	29		3868	10	13
青海省	803	10			564	168	61
宁夏回族自治区	1792				1574	115	103
新疆维吾尔自治区	12043	96	25		11764	65	93

2－4－170

单位:万元

地区	十四、工业、商业、金融等事务					
	粮油事务					
	小计	行政运行	一般行政管理事务	机关服务	粮食专项审计	粮食信息统计
地方合计	**6891133**	**254874**	**27057**	**3830**	**405**	**2134**
北京市	50099	675	271	27		53
天津市	19751	3685	46			73
河北省	386571	14015	395	271	30	229
山西省	177480	9874	1905	139		21
内蒙古自治区	277325	4325	523	338	40	74
辽宁省	294143	10526	1368	8		37
其中:大连市	16174	479	240			
吉林省	617033	5732	628	565		18
黑龙江省	694655	14857	1592	389		37
上海市	85415	1527	149			6
江苏省	327180	17861	1225	105		54
浙江省	96594	10230	709			86
其中:宁波市	2857	1646	78			40
安徽省	397536	9924	1177		102	23
福建省	108686	5676	820	91	20	45
其中:厦门市	7562	561	268			13
江西省	232220	7773	369	5		2
山东省	421209	17266	1327	160	110	151
其中:青岛市	6657	1715	111			
河南省	530480	12872	671	483	16	79
湖北省	284474	11000	1398	347		71
湖南省	280728	18585	3387	29	10	60
广东省	238725	9134	741	115		50
其中:深圳市	16200					
广西壮族自治区	135135	9688	1431	170	40	79
海南省	28685	1302	1211	1		13
重庆市	111896	3117	451	33	28	511
四川省	341210	13962	1688	87		144
贵州省	104827	12516	286	3	7	48
云南省	128118	7742	714	63	2	125
西藏自治区	16859	2652	266	100		3
陕西省	184884	8520	1352	152		26
甘肃省	125960	4646	603	60		13
青海省	17511	207	10	27		
宁夏回族自治区	35937	807	167			1
新疆维吾尔自治区	139807	4178	177	62		2

2－4－171

单位:万元

地　　区	十四、工业、商业、金融等事务					
	粮油事务					
	粮食专项业务活动	国家粮油差价补贴	储备粮油利息费用补贴	储备粮油差价补贴	储备粮食移库费用补贴	储备粮(油)库建设
地方合计	**27106**	**10927**	**70846**	**8109**	**58023**	**67413**
北京市	84	104				
天津市	37		160			1497
河北省	1618	1220	417	212	10	2851
山西省	1956	74	2932	100	42	1681
内蒙古自治区	556		1506		305	2690
辽宁省	732	9	3324	268	30	869
其中:大连市			568		30	
吉林省	440	4	341	3		18
黑龙江省	472	108	995	17		80
上海市	7		594		55800	
江苏省	249	201	451	122	20	3576
浙江省	664	155	1320	2099		302
其中:宁波市	107					
安徽省	1133	599	4393	175	174	4126
福建省	890	1629	756	1516		7667
其中:厦门市						3389
江西省	82		1875	5	32	1676
山东省	496	389	2777	711	806	3198
其中:青岛市	10	296	110	531		99
河南省	956	128	17713	246		4859
湖北省	348	32	465	327	48	2745
湖南省	1037	371	264	314	9	2608
广东省	1804	4691	14322	889	48	15511
其中:深圳市						
广西壮族自治区	2071	15	996	129		117
海南省	2039	192	925			172
重庆市	2643		670	78	81	1528
四川省	785	335	4386	239	106	2844
贵州省	1039	3	2186	159	129	1296
云南省	2675	2	2819	89	7	53
西藏自治区	2	6		142		
陕西省	1589	260	2151	77	287	1172
甘肃省	203		1304	22	12	1408
青海省	11	80			6	877
宁夏回族自治区	334		131	100		
新疆维吾尔自治区	154	320	673	70	71	1992

2－4－172

单位:万元

地　　区	十四、工业、商业、金融等事务							
	粮油事务							
	粮食财务挂账利息补　贴	粮食财务挂账消化款	处理陈化粮补　　贴	粮食风险基　　金	粮食综合直　　补	最低收购价政策支出	事业运行	其他粮油事务支出
地　方　合　计	**208378**	**35295**	**5524**	**5762410**	**7929**	**198**	**10110**	**330565**
北京市				44506				4379
天津市				13828				425
河北省	17940	40		339818			1686	5819
山西省	17153	1487		123293	2		319	16502
内蒙古自治区	27264	132		236104	430		344	2694
辽宁省	6996	330		243615	62		2108	23861
其中:大连市	1748			12496	17			596
吉林省	571			509747			651	98315
黑龙江省				658172			1541	16395
上海市				13413			228	13691
江苏省	18748	115	146	276777	158			7372
浙江省	2844			69296				8889
其中:宁波市				782				204
安徽省	22182	1105		339119				13304
福建省	4869		84	80438			224	3961
其中:厦门市				3000				331
江西省			24	215491	314		125	4447
山东省	15418	697		368048	20		115	9520
其中:青岛市	1718			558				1509
河南省	616			481565	48		331	9897
湖北省	5513	995		250940	3475		336	6434
湖南省	793	117		242240				10904
广东省	2350	7340	141	154835	548		58	26148
其中:深圳市				13200				3000
广西壮族自治区				111489			385	8525
海南省	1517	1133		14427	2798	198		2757
重庆市	6000		5082	88091			101	3482
四川省	17422	582		284784	28		309	13509
贵州省	2478	15	36	79066	35		10	5515
云南省	1799	169	11	110312				1536
西藏自治区	535			11479	11			1663
陕西省	2269	21038		140766			1218	4007
甘肃省	15566			99709				2414
青海省	855			15257				181
宁夏回族自治区				33630				767
新疆维吾尔自治区	16680			112155			21	3252

二、地方财政预算收支情况

2－4－173

单位:万元

地区	十四、工业、商业、金融等事务					
	商业流通事务					
	小计	行政运行	一般行政管理事务	机关服务	棉花储备	食糖储备
地方合计	**1273874**	**187519**	**22900**	**2808**	**1777**	**922**
北京市	30348	450	54	13		
天津市	20010	1674	5			
河北省	43486	6935	644	146	40	100
山西省	43691	8481	916	280	3	79
内蒙古自治区	18395	5258	312	158		
辽宁省	53136	10347	884			116
其中:大连市	5937	840	125			116
吉林省	11183	3344	993	217		31
黑龙江省	54570	9043	604	211		
上海市	221034		60			
江苏省	61965	16378	962	258		
浙江省	56268	6205	1198	59		94
其中:宁波市	16522	2663	208			
安徽省	82973	5952	506	26		
福建省	26232	3165	411	231		
其中:厦门市	4563					
江西省	16590	7660	722	60		
山东省	131908	16175	2455	171		
其中:青岛市	8291	1789	880			
河南省	38454	10926	1493	87	10	47
湖北省	80694	7396	1795	299		
湖南省	49767	15970	1188	18	1162	30
广东省	41159	8021	1123	34		150
其中:深圳市	1243			30		
广西壮族自治区	13434	3532	1432	34		
海南省	855	155	93			
重庆市	21397	3010	519	28		
四川省	44599	8756	1404	85	412	
贵州省	14039	9577	191	162		2
云南省	17897	6764	1138	78		
西藏自治区	11511					
陕西省	37050	5476	1345	6		193
甘肃省	12451	3301	183	141	150	80
青海省	3023	993	151	6		
宁夏回族自治区	7284	950	97			
新疆维吾尔自治区	8471	1625	22			

2-4-174

单位:万元

地区	十四、工业、商业、金融等事务					
	商业流通事务					
	肉类储备	化肥储备	农药储备	边销茶储备	羊毛储备	处理商业物资挂账补贴
地方合计	**20772**	**22805**	**1601**	**1203**	**262**	**2279**
北京市						
天津市	427					
河北省	201	712	300			
山西省	494	823				
内蒙古自治区	25	865	20	250		
辽宁省	2064	1554	84			
其中:大连市	872	310	84			
吉林省	467					
黑龙江省	10	1046			92	
上海市						
江苏省	3238	1653				
浙江省	184	160	14			62
其中:宁波市	31					62
安徽省	117	1630	200			
福建省	3	778				
其中:厦门市		50				
江西省	20	224				
山东省	155	560	134			
其中:青岛市	30					
河南省	35		85			
湖北省		542	25			
湖南省	6641	1305				
广东省	1100		100			20
其中:深圳市	850					
广西壮族自治区	610	767				
海南省						10
重庆市	2	180	135			
四川省	1031	886	153			6
贵州省	13	1905	100			
云南省		2837		137		
西藏自治区	88	40				
陕西省	3314	1221	5			
甘肃省	196	1133				2181
青海省	237	384	96	66		
宁夏回族自治区	80	347				
新疆维吾尔自治区	20	1253	150	750	170	

2－4－175 单位:万元

地区	十四、工业、商业、金融等事务					
	商业流通事务					
	处理供销社挂账利息补贴	消化供销社挂账本金补贴	棉花专项补贴	农业生产资料专项补贴	食品流通安全补贴	市场监测及信息管理
地方合计	**54376**	**225463**	**4016**	**12460**	**4923**	**1933**
北京市					15	
天津市	30	386				103
河北省	4726	9735		15		544
山西省	2665	22001		42		16
内蒙古自治区	1	3		331	23	
辽宁省	911	8410	948	954	1722	11
其中:大连市	2	17				
吉林省	25	76				
黑龙江省				55	200	
上海市	354					
江苏省	19	6429		10	652	25
浙江省	2045	12569	1280	34	157	221
其中:宁波市	1117	4922				221
安徽省	13775	48200	538	2	53	5
福建省	59	177		95	483	47
其中:厦门市				25	278	
江西省	4	27			6	76
山东省	9891	71190		1311	784	206
其中:青岛市					690	
河南省	95	100	925	37	64	19
湖北省	5494	42510	300	857	533	362
湖南省	16	2972	25	1618	10	27
广东省	30	30		273	6	
其中:深圳市						
广西壮族自治区	25	122			41	38
海南省		2				
重庆市					20	15
四川省	837	10		274	8	111
贵州省	21	159		42	6	44
云南省	68	167		162	20	60
西藏自治区				6275		
陕西省	13223			3	108	3
甘肃省	18	88		70	12	
青海省	44					
宁夏回族自治区		100				
新疆维吾尔自治区						

2-4-176

单位:万元

地区	十四、工业、商业、金融等事务							
	商业流通事务						物资储备	
	民贸网点贷款贴息	医药储备	石油储备	国家留成油串换国家储备油支出	事业运行	其他商业流通事务支出	小计	行政运行
地方合计	**1517**	**1694**			**9563**	**693081**	**42819**	**14885**
北京市						29816	8270	
天津市					171	17214	823	4
河北省	46	488			709	18145	998	539
山西省	15	96			530	7250	1239	807
内蒙古自治区	44				247	10858	339	
辽宁省					1285	23846	1511	695
其中:大连市					16	3555	393	28
吉林省	128				346	5556	1229	476
黑龙江省	88				946	42275	1777	510
上海市						220620	834	270
江苏省					434	31907	1090	916
浙江省		60			286	31640	344	48
其中:宁波市						7298		
安徽省		381			160	11428	1349	805
福建省		65			161	20557	719	126
其中:厦门市		65				4145		
江西省					175	7616	1392	916
山东省		215			429	28232	4176	3682
其中:青岛市		215			91	4596	2311	2057
河南省					483	24048	2640	1712
湖北省	8				1113	19460	659	442
湖南省	95				41	18649	2316	2177
广东省	26	69			105	30072	1779	108
其中:深圳市	26					337	559	
广西壮族自治区	86	63			261	6423	296	
海南省						595	31	
重庆市	42					17446	2768	
四川省					601	30025	3552	29
贵州省	162	60				1595	138	112
云南省	481	166				5819	118	
西藏自治区	56					5052	1133	
陕西省					1011	11142	671	410
甘肃省	72					4826	125	98
青海省						1046		
宁夏回族自治区	92	31				5587	44	3
新疆维吾尔自治区	76				69	4336	459	

2－4－177

单位:万元

地区	十四、工业、商业、金融等事务					
	物资储备					
	一般行政管理事务	机关服务	铁路专用线	护库武警和民兵支出	物资保管与保养	专项贷款利息
地方合计	**2431**	**402**	**15**	**25**	**50**	**5**
北京市						
天津市						
河北省	341	9				
山西省	19	67				
内蒙古自治区						
辽宁省	29					
其中:大连市						
吉林省	67	225				
黑龙江省						
上海市	19					
江苏省	6				50	
浙江省						
其中:宁波市						
安徽省	83	8				
福建省	4					5
其中:厦门市						
江西省	77	6	15			
山东省	123					
其中:青岛市	58					
河南省	393	87				
湖北省	94					
湖南省	55					
广东省	5					
其中:深圳市						
广西壮族自治区	13					
海南省						
重庆市	1040					
四川省	3					
贵州省	10					
云南省						
西藏自治区						
陕西省	50					
甘肃省						
青海省						
宁夏回族自治区				25		
新疆维吾尔自治区						

2 - 4 - 178

单位:万元

地　　区	十四、工业、商业、金融等事务						
	物资储备						
	物资收储	物资转移	物资轮换	仓库建设	仓库安防	事业运行	其他物资储备支出
地　方　合　计	**4890**		**109**	**9425**	**11**	**393**	**10178**
北京市				7981			289
天津市							819
河北省							109
山西省				25			321
内蒙古自治区				60			279
辽宁省				300		123	364
其中:大连市				300			65
吉林省	206			40		26	189
黑龙江省				426		117	724
上海市							545
江苏省	50					10	58
浙江省					5		291
其中:宁波市							
安徽省						82	371
福建省	500			12			72
其中:厦门市							
江西省				230			148
山东省	34			60			277
其中:青岛市				60			136
河南省							448
湖北省				90		23	10
湖南省				10	6		68
广东省	300		109	15			1242
其中:深圳市	300		109				150
广西壮族自治区				87			196
海南省				30			1
重庆市							1728
四川省	3400			20			100
贵州省							16
云南省				39			79
西藏自治区							1133
陕西省						12	199
甘肃省							27
青海省							
宁夏回族自治区							16
新疆维吾尔自治区	400						59

2－4－179

单位:万元

地　　区	十四、工业、商业、金融等事务					
	金融业					
	小　计	行政运行	一般行政管理事务	机关服务	货币发行	金融服务
地　方　合　计	**825002**	**5230**	**7510**	**182**	**34**	**2937**
北京市	18480					80
天津市	18473					
河北省	65572	53	57			5
山西省	66325	147		114		366
内蒙古自治区	9500	205	3		4	161
辽宁省	42516	1074	649	35		624
其中:大连市	31017	883	232	35		
吉林省	58147	17	251			1
黑龙江省	34112	62	265	15		127
上海市	113571					336
江苏省	47006	191	1162			175
浙江省	11042	283	1259		30	15
其中:宁波市	3701	196	98			1
安徽省	58887	479	184	16		284
福建省	1404	26	20			38
其中:厦门市	100					
江西省	6251	314	117			28
山东省	16239	149	362	2		10
其中:青岛市	6004		57			
河南省	27832	15	25			15
湖北省	14284	86	217			137
湖南省	28865	636	278			65
广东省	61374	1093	2133			324
其中:深圳市	33354	200	1071			81
广西壮族自治区	13459	73	31			5
海南省	556	2	3			
重庆市	10499	69	25			
四川省	7488	3	145			34
贵州省	640	57	5			
云南省	22041	23	231			22
西藏自治区	42	37				
陕西省	15543	48	23			38
甘肃省	31296	49	5			
青海省	10					
宁夏回族自治区	4615		60			2
新疆维吾尔自治区	18933	39				45

2－4－180

单位:万元

地　　区	十四、工业、商业、金融等事务					
	金融业					
	安全防卫	反洗钱及反假币	重点金融机构监管	金融稽查与案件处理	金融行业电子化建设	从业人员资格考试
地方合计		**246**	**154**	**993**	**836**	
北京市				115		
天津市						
河北省					18	
山西省				7		
内蒙古自治区					313	
辽宁省				170		
其中:大连市						
吉林省			20			
黑龙江省						
上海市						
江苏省			17		88	
浙江省			70	328	54	
其中:宁波市						
安徽省			5	34	14	
福建省					1	
其中:厦门市						
江西省				17		
山东省				4	20	
其中:青岛市						
河南省					6	
湖北省			11	41		
湖南省						
广东省		55	16	272	197	
其中:深圳市		55				
广西壮族自治区				5		
海南省		186			72	
重庆市						
四川省					1	
贵州省					23	
云南省		5			20	
西藏自治区					5	
陕西省			15		4	
甘肃省						
青海省						
宁夏回族自治区						
新疆维吾尔自治区						

2－4－181

单位:万元

地区	十四、工业、商业、金融等事务						
	金融业						
	中央银行亏损补贴	政策性银行亏损补贴	商业银行贷款贴息	补充资本金	风险基金补助	事业运行	其他金融业支出
地方合计		**1558**	**15513**	**215399**	**12744**	**167**	**561499**
北京市			959				17326
天津市							18473
河北省		130	800				64509
山西省		202	867	368		11	64243
内蒙古自治区			161		75	60	8518
辽宁省		640	4130	24314	192		10688
其中:大连市		193		23000			6674
吉林省			31	43700			14127
黑龙江省		283	250		10000	64	23046
上海市			117	19000			94118
江苏省		20	640	28760			15953
浙江省			2		17	14	8970
其中:宁波市						14	3392
安徽省				41668			16203
福建省			20		130		1169
其中:厦门市							100
江西省				1690	86		3999
山东省		283				16	15393
其中:青岛市							5947
河南省			1156				26615
湖北省			100	1000	1144		11548
湖南省			363			2	27521
广东省			500				56784
其中:深圳市							31947
广西壮族自治区			8				13337
海南省			38				255
重庆市							10405
四川省				4126			3179
贵州省			8				547
云南省			5350	10	100		16280
西藏自治区							
陕西省				15145			270
甘肃省				30020			1222
青海省							10
宁夏回族自治区				1000			3553
新疆维吾尔自治区			13	4598	1000		13238

2－4－182

单位:万元

地　　区	十四、工业、商业、金融等事务					
	烟草事务					
	小　计	行政运行	一般行政管理事务	机关服务	烟草行业发展资金支出	烟草税改亏损补贴
地　方　合　计	**93451**	**2526**	**1581**		**11165**	
北京市	542					
天津市	29		5			
河北省	142	22				
山西省	107	57	1			
内蒙古自治区	215	40				
辽宁省	270					
其中:大连市	33					
吉林省	252					
黑龙江省	150	41				
上海市	338					
江苏省	7873	25	148			
浙江省	483		90			
其中:宁波市	25					
安徽省	322	29	35			
福建省	3					
其中:厦门市						
江西省	1064		4			
山东省	112	11	7			
其中:青岛市	4		2			
河南省	2065	163	18		193	
湖北省	2077	12	27		1141	
湖南省	54910	539	150		8391	
广东省	1996	29	194		220	
其中:深圳市						
广西壮族自治区	2397	232	84		752	
海南省	59					
重庆市	1317	29	54		6	
四川省	1803	80	186			
贵州省	1155	394	28		197	
云南省	13069	624	542		265	
西藏自治区	10	10				
陕西省	285	33	7			
甘肃省	309	135				
青海省	10	6				
宁夏回族自治区	10	8	1			
新疆维吾尔自治区	77	7				

2－4－183

单位:万元

地区	十四、工业、商业、金融等事务					
	烟草事务		安全生产			
	烟草打假	其他烟草事务支出	小计	行政运行	一般行政管理事务	机关服务
地方合计	**10794**	**67385**	**779618**	**256800**	**56681**	**2300**
北京市	20	522	20298	3734	1815	793
天津市	1	23	3118	2407	414	
河北省	96	24	68191	14809	2981	69
山西省	23	26	86673	25851	2964	138
内蒙古自治区	61	114	10147	6151	659	83
辽宁省	157	113	102981	11353	2527	35
其中:大连市	20	13	13524	2301	649	
吉林省	99	153	21640	4892	1134	100
黑龙江省	16	93	23995	6384	835	13
上海市		338	12000	4623	1494	40
江苏省	235	7465	40215	18371	2738	8
浙江省	164	229	36385	14784	4078	168
其中:宁波市		25	6659	3130	504	10
安徽省	8	250	18824	6288	659	
福建省	3		6963	3440	625	131
其中:厦门市			1859	495	208	109
江西省	1025	35	17999	5228	601	21
山东省	13	81	32418	14382	1646	
其中:青岛市		2	3087	1876	144	
河南省	27	1664	22992	13244	2221	265
湖北省	218	679	12936	7708	1379	31
湖南省	6	45824	19210	10040	2240	81
广东省	89	1464	54042	21779	8088	67
其中:深圳市			13478	4289	2765	24
广西壮族自治区	279	1050	10024	5725	1159	16
海南省	59		1194	702	220	
重庆市	249	979	10796	4646	1398	34
四川省	60	1477	45910	13796	9054	91
贵州省	53	483	27602	10541	1961	
云南省	7671	3967	24694	7809	2105	17
西藏自治区			1427	1266		24
陕西省	9	236	15959	6593	571	17
甘肃省	147	27	13689	4664	196	40
青海省	4		3451	351	8	
宁夏回族自治区		1	6448	643	253	
新疆维吾尔自治区	2	68	7397	4596	658	18

2－4－184

单位:万元

地　　区	十四、工业、商业、金融等事务						
	安全生产					国有资产监管	
	国务院安委会专项	安全监管监察专项	应急救援支出	煤炭安全	其他安全生产支出	小　计	行政运行
地方合计	**191**	**73207**	**3130**	**1374**	**385935**	**373291**	**140079**
北京市	27	4293			9636	18948	6117
天津市		215			82	2069	884
河北省		3525			46807	34601	12906
山西省		3340	799	10	53571	7567	3591
内蒙古自治区	15	1068	88		2083	3526	1428
辽宁省		2673	336	196	85861	12713	6738
其中:大连市		260			10314	2242	1071
吉林省		364		20	15130	21479	5565
黑龙江省		1321	131	473	14838	3983	2527
上海市		528			5315	13716	9239
江苏省	95	4115	102		14786	37714	11532
浙江省	3	7946	19		9387	6894	3234
其中:宁波市		1550			1465	973	468
安徽省		1955			9922	7626	3400
福建省		1470	17		1280	3625	2221
其中:厦门市		364			683	989	633
江西省		2941	205	8	8995	4835	3383
山东省		4385	6		11999	34572	6478
其中:青岛市		518			549	3282	1187
河南省		3914			3348	13460	7983
湖北省		1084	44	61	2629	11514	6201
湖南省	20	4248	121	221	2239	12105	3955
广东省		10755	28		13325	33314	13228
其中:深圳市		2581			3819	6040	2822
广西壮族自治区	3	1887	2		1232	7671	2048
海南省		144	1		127	6498	1496
重庆市		1317	8	82	3311	7784	1465
四川省		2694	630	11	19634	21253	6180
贵州省	28	1624	33	56	13359	19446	3906
云南省		2842	107	95	11719	5433	1593
西藏自治区		4			133	3944	3062
陕西省		1008	92	135	7543	8037	4850
甘肃省		228		6	8555	3473	2564
青海省		168			2924	1657	160
宁夏回族自治区		317			5235	1034	562
新疆维吾尔自治区		834	361		930	2800	1583

2-4-185

单位:万元

地区	十四、工业、商业、金融等事务							
	国有资产监管					中小企业事务		
	一般行政管理事务	机关服务	国有企业监事会专项	中央企业专项管理	其他国有资产监管支出	小计	行政运行	一般行政管理事务
地方合计	**68241**	**1783**	**6253**		**156935**	**3198908**	**158228**	**26100**
北京市	7120		2979		2732	221734	1203	294
天津市	120		41		1024	50874	2387	227
河北省	11147	364	511		9673	73096	13901	2636
山西省	920	110			2946	33854	7586	1082
内蒙古自治区	865	110	130		993	80605	3390	297
辽宁省	3270	10	34		2661	166800	7586	460
其中:大连市	203		34		934	96045	431	48
吉林省	267	66			15581	41651	5965	982
黑龙江省	837		36		583	45997	8542	485
上海市	1777				2700	833237	354	11
江苏省	1968				24214	250541	4416	399
浙江省	2530				1130	124234	13061	2691
其中:宁波市	195				310	55785	6202	1373
安徽省	485		205		3536	170526	7240	1494
福建省	1067		90		247	45106	2524	128
其中:厦门市	356					3158		
江西省	612				840	57329	7908	1013
山东省	1196	203	122		26573	145515	14700	2575
其中:青岛市	19		42		2034	19153	1594	406
河南省	1756	248	130		3343	119326	17060	2529
湖北省	1875	69	120		3249	63253	8359	2947
湖南省	6053	4	142		1951	101704	4400	1033
广东省	4574	35	662		14815	83155	3589	286
其中:深圳市	729		10		2479	14347	297	
广西壮族自治区	1966	39	140		3478	90322	2723	213
海南省	1560		38		3404	52436		184
重庆市	5218	72	53		976	21902	1935	627
四川省	7056	142	130		7745	93345	6240	1620
贵州省	507	6			15027	25368	3215	213
云南省	1131				2709	65972	776	760
西藏自治区		192			690	7828	786	33
陕西省	1288	34	287		1578	51956	4276	364
甘肃省	95	31	86		697	17969	3935	232
青海省	329		132		1036	13983		
宁夏回族自治区	248				224	9357	46	80
新疆维吾尔自治区	404	48	185		580	39933	125	205

2－4－186

单位:万元

地区	十四、工业、商业、金融等事务					
	中小企业事务				可再生能源	能源节约利用
	机关服务	科技型中小企业技术创新基金	中小企业发展专项	其他中小企业事务支出		
地方合计	**4724**	**118305**	**1353940**	**1537611**	**270836**	**434536**
北京市		7579	98652	114006	2099	1000
天津市		1008	24953	22299	1130	
河北省	90	1596	23364	31509	4778	13071
山西省	300	1728	14889	8269		15900
内蒙古自治区	259	1368	22616	52675	1332	5818
辽宁省	42	3912	44235	110565	1895	24711
其中:大连市		1371	30007	64188	1660	3450
吉林省	182	4117	15577	14828	58552	5828
黑龙江省	1863	1255	8401	25451	21973	14330
上海市			478476	354396	1094	697
江苏省	412	11484	87056	146774	5	29620
浙江省	259	11967	44717	51539	268	16049
其中:宁波市	83	1729	21182	25216	135	3896
安徽省	31	5449	48590	107722	80541	46508
福建省		2677	25771	14006	449	9007
其中:厦门市		188	1828	1142		281
江西省	52	1811	23630	22915	1000	4423
山东省	38	7574	39600	81028	3952	43817
其中:青岛市		1139	8015	7999	1455	2405
河南省	122	4065	45468	50082	76242	103761
湖北省	610	7752	28106	15479	330	8128
湖南省	85	4214	47668	44304	1586	5779
广东省	72	4823	36355	38030	678	2543
其中:深圳市		1326	8542	4182	678	1000
广西壮族自治区	42	9320	16674	61350	4500	1040
海南省	24	197	51606	425	27	1335
重庆市		4513	5276	9551		3650
四川省	18	5441	17486	62540	3803	11251
贵州省		1837	9661	10442	50	5541
云南省	74	3051	37753	23558	1350	1805
西藏自治区		335	2915	3759		
陕西省	70	5511	24269	17466	182	31307
甘肃省		1059	9144	3599	3010	12721
青海省		1246	4960	7777	10	
宁夏回族自治区	79	755	4048	4349		3639
新疆维吾尔自治区		661	12024	26918		11257

2－4－187

单位:万元

地区	十四、工业、商业、金融等事务					
	石油价格改革财政补贴					
	小计	渔业	林业	城市公交	农村道路客运	出租车
地方合计	**1488030**	**497481**	**67918**	**567480**	**145323**	**209828**
北京市	68493	511	107	53162	2488	12225
天津市	19752	1894	33	9629	852	7344
河北省	78817	13981	1035	48222	4584	10995
山西省	20282	138	650	11129	1784	6581
内蒙古自治区	24153	149	6892	7465	2141	7506
辽宁省	90756	46036	130	22549	6871	15170
其中:大连市	28794	17696	3	6496	2280	2319
吉林省	45912	652	13441	9050	2663	20106
黑龙江省	56154	1483	15650	21470	3152	14399
上海市	64860	6730	7	45357		12766
江苏省	79577	34144	652	25104	10871	8806
浙江省	177683	142167	141	22238	7842	5295
其中:宁波市	30719	24845	9	4314	808	743
安徽省	29850	2326	586	11395	7173	8370
福建省	93645	73639	1739	11896	3718	2653
其中:厦门市	5444	779	1	4548	33	83
江西省	18208	990	1964	8576	4285	2393
山东省	125844	55329	634	50346	11138	8397
其中:青岛市	16032	3050	35	10462	1266	1219
河南省	43252	219	1173	23205	7992	10663
湖北省	48734	2376	2638	17914	12346	13460
湖南省	52697		2	52645	50	
广东省	112807	66965	5366	25127	9159	6190
其中:深圳市	16578	772	12	15703	91	
广西壮族自治区	59470	27508	6878	19630	2539	2915
海南省	26596	18917	545	5671	739	724
重庆市	17540	359	163	7281	6767	2970
四川省	34074	370	2151	15359	9993	6201
贵州省	18197	153	448	8683	6864	2049
云南省	22831	316	1722	11262	6530	3001
西藏自治区	167		6	108	53	
陕西省	17314	54	1000	9117	2721	4422
甘肃省	14950		1487	4814	4355	4294
青海省	5546	13	198	3221	381	1733
宁夏回族自治区	8778		121	4994	946	2717
新疆维吾尔自治区	11091	62	359	861	4326	5483

2－4－188

单位:万元

地　　区	十四、工业、商业、金融等事务						
	其他工业、商业、金融等事务支出						
	小　计	黄金事务	建设项目贷款贴息	技术改造支　　出	中药材扶持资金支出	清洁生产专项支出	其他工业、商业、金融等事务支出
地　方　合　计	**7309422**	**10642**	**244476**	**404500**	**923**	**8567**	**6640314**
北京市	407171	24	1745	96		350	404956
天津市	270767		31320	8765			230682
河北省	122755	342	2534	11005			108874
山西省	60787	80	611	9911		340	49845
内蒙古自治区	119116	100	1557	20595	200	275	96389
辽宁省	257419	589	3903	995		250	251682
其中:大连市	32378		2676	295			29407
吉林省	124939	223	2411	563			121742
黑龙江省	186812	204	4394	1465		450	180299
上海市	1396188		2832	116			1393240
江苏省	638720		23368	19138		425	595789
浙江省	407370		280	7084	565	899	398542
其中:宁波市	152219			370		766	151083
安徽省	178893	511	4413	692	10		173267
福建省	173540	80	3749	7819		150	161742
其中:厦门市	95188			100			95088
江西省	126106	467	216	15492	1		109930
山东省	443769	1184	316	20714		1915	419640
其中:青岛市	111937					365	111572
河南省	349549	1165	16681	50690	32	8	280973
湖北省	149469	24	8125	17323	1	310	123686
湖南省	166281	2362	7063	41354	8		115494
广东省	380449	359	10714	22473		753	346150
其中:深圳市	112258			10687			101571
广西壮族自治区	195074		2634	27801		150	164489
海南省	6696	260	208	1323			4905
重庆市	125250		1167	4574		200	119309
四川省	407245		16042	16293		455	374455
贵州省	98848	688	1946	21254			74960
云南省	221874	310	56813	42980		267	121504
西藏自治区	13807		692	1640			11475
陕西省	114580	908	7051	222	106		106293
甘肃省	30872	412	1189	5645		600	23026
青海省	53151		26423	19117		320	7291
宁夏回族自治区	24894		3275	66		450	21103
新疆维吾尔自治区	57031	350	804	7295			48582

二、地方财政预算收支情况

2-4-189

单位:万元

地区	十五、其他支出						
	合计	住房改革支出				预留调资支出	其他支出
		小计	住房公积金	提租补贴	购房补贴		
地方合计	**23767076**	**2930151**	**2035811**	**186710**	**707630**	**-320546**	**21157471**
北京市	1728609	9992	3989		6003		1718617
天津市	362297	51062	5072	150	45840		311235
河北省	1184858	91635	90349	1226	60	339919	753304
山西省	308972	23938	20415	949	2574	9911	275123
内蒙古自治区	276878	95029	77409		17620		181849
辽宁省	764774	216424	130947	52890	32587	-4258	552608
其中:大连市	220429	52953	40004	1235	11714		167476
吉林省	115979	41504	35230	2634	3640	-484	74959
黑龙江省	233435	66310	42375	10233	13702		167125
上海市	3130581	182866	85814	539	96513		2947715
江苏省	1480958	335618	201471	69951	64196	1625	1143715
浙江省	705132	134673	87947	3389	43337	-10184	580643
其中:宁波市	172127	66185	47728	3295	15162		105942
安徽省	497204	97677	83248	8376	6053	-3369	402896
福建省	842355	100296	67059	14709	18528	-240	742299
其中:厦门市	321865	1347	24		1323		320518
江西省	382580	33145	31716	69	1360	39	349396
山东省	1018530	105763	68562	1353	35848	-309010	1221777
其中:青岛市	280418	48708	18351	1309	29048		231710
河南省	872679	101419	101298		121	13420	757840
湖北省	829612	76643	48864	10775	17004		752969
湖南省	625523	80310	47457	2	32851	10819	534394
广东省	4903107	187024	130398	211	56415	2960	4713123
其中:深圳市	2670652	500	500				2670152
广西壮族自治区	462058	80337	71099	65	9173	-1822	383543
海南省	204791	25757	17831	7200	726		179034
重庆市	130923	56640	46564		10076	-79433	153716
四川省	420530	166405	157604	214	8587	-287026	541151
贵州省	402352	108181	42729	1559	63893	-1994	296165
云南省	598638	151897	113322		38575		446741
西藏自治区	228685	58358	22970	4	35384		170327
陕西省	487483	73539	45873		27666	-4897	418841
甘肃省	186213	40637	36349	81	4207	3388	142188
青海省	66694	51638	51278	131	229		15056
宁夏回族自治区	97506	44614	31926		12688		52892
新疆维吾尔自治区	217140	40820	38646		2174	90	176230

2007 年地方财政支出决算经济分类明细表

2-5-1

单位:万元

地　　区	合　计	工资福利支出				
		小　计	基本工资	津贴补贴	奖　金	社会保障缴　费
一般公共服务	**74077162**	**20699893**	**8670060**	**6291206**	**3075986**	**786311**
人大事务	1641180	479469	229262	154901	57439	11858
政协事务	1037558	325101	150659	106529	40744	8365
政府办公厅(室)及相关机构事务	20715976	6324218	2709675	1810344	931537	259603
发展与改革事务	1982848	680068	291442	230648	88641	30486
统计信息事务	704298	258987	112874	88608	33457	7249
财政事务	3897360	1324025	602961	402916	182763	40997
税收事务	8110014	1725764	497987	522280	457150	40099
审计事务	798150	311587	127797	106119	47736	8341
海关事务	138357	1645	346	955	162	3
人事事务	1489500	382678	168979	119018	45498	16081
纪检监察事务	886780	357599	158360	124798	46230	8320
人口与计划生育事务	3796757	1003726	514925	263998	93075	37452
商贸事务	1979327	493588	202485	152219	81052	21808
知识产权事务	48749	10332	3775	4501	1020	344
工商行政管理事务	3770286	1648851	627852	574361	261364	60423
食品和药品监督管理事务	794591	253146	94977	82032	43405	11218
质量技术监督与检验检疫事务	1878637	646599	237803	170425	103670	41746
国土资源事务	6677828	1175626	535658	314970	148007	78812
海洋管理事务	153938	16601	6145	5390	1794	1328
测绘事务	187051	61221	23138	16153	10460	3833
地震事务	146312	30994	12733	12479	2458	794
气象事务	217411	32402	7569	17768	2558	1116
民族事务	189765	43721	20518	16708	3784	928
宗教事务	89590	22839	9040	7537	2975	994
港澳台侨事务	157373	44749	16611	16730	6673	1328
档案事务	349622	142172	64277	46231	18923	4228
共产党事务	6207063	1978690	914485	656910	236532	50225
民主党派及工商联事务	316391	128375	53855	45954	18289	3114
群众团体事务	1021154	331710	147049	107928	42209	10704
彩票事务	849205	22040	5855	2738	6260	1662
国债事务	724216	90	20	64	6	
其他一般公共服务支出	3119875	441280	120948	108994	60115	22852
外交	**31265**	**2541**	**734**	**1585**	**117**	**68**
外交管理事务	6575	1946	677	1085	105	60
驻外机构	52	18	3	14	1	
对外援助	2394	189	37	136	8	8

二、地方财政预算收支情况

2-5-2

单位:万元

地　　区	工资福利支出				商品和服务支出		
	伙食费	伙食补助费	绩效工资	其他工资福利支出	小　计	办公费	印刷费
一般公共服务	**29840**	**164393**	**86957**	**1595140**	**34452986**	**3650673**	**868363**
人大事务	345	2422	403	22839	796273	72314	21404
政协事务	307	1607	443	16447	530621	47955	15240
政府办公厅(室)及相关机构事务	11329	44190	24846	532694	9736897	1184979	161672
发展与改革事务	540	5169	2491	30651	802170	82437	21506
统计信息事务	145	1709	796	14149	345107	38608	27906
财政事务	1184	8363	4370	80471	1867369	234188	93681
税收事务	3572	26170	2617	175889	4599879	522527	166249
审计事务	159	1930	371	19134	330816	40555	5168
海关事务				179	58762	2429	279
人事事务	266	2456	1260	29120	679831	62721	17282
纪检监察事务	264	2200	389	17038	405086	58243	11388
人口与计划生育事务	2349	4990	4925	82012	1880404	229309	63471
商贸事务	530	3224	1201	31069	1038935	97417	18076
知识产权事务	46	66	16	564	28398	1622	582
工商行政管理事务	1018	22871	1581	99381	1346791	114112	39224
食品和药品监督管理事务	212	2378	1618	17306	327511	28298	7805
质量技术监督与检验检疫事务	891	6495	20295	65274	748323	46287	12056
国土资源事务	1198	7910	9455	79616	2554115	149322	29753
海洋管理事务	25	144	99	1676	80848	3136	366
测绘事务	116	442	700	6379	89803	2578	706
地震事务	53	181	153	2143	48711	4049	920
气象事务	14	175	29	3173	101400	9902	839
民族事务	30	174	134	1445	97841	7956	1561
宗教事务	15	176	100	2002	47961	4176	795
港澳台侨事务	23	261	59	3064	80343	6041	1141
档案事务	126	978	515	6894	109298	15444	4704
共产党事务	2856	11566	4230	101886	3233232	409959	111638
民主党派及工商联事务	143	707	156	6157	138884	15150	3554
群众团体事务	247	1596	1253	20724	464149	49999	12317
彩票事务	167	82	466	4810	370736	7399	5524
国债事务					50397	6	
其他一般公共服务支出	1670	3761	1986	120954	1462095	101555	11556
外交				**37**	**21963**	**799**	**455**
外交管理事务				19	3638	466	250
驻外机构					34	3	
对外援助					489	33	3

2-5-3

单位:万元

地区	商品和服务支出						
	咨询费	手续费	水 费	电 费	邮电费	取暖费	物 业 管理费
一般公共服务	**60348**	**422891**	**193327**	**707882**	**673743**	**466799**	**295374**
人大事务	445	106	2800	8449	20801	8086	10067
政协事务	161	60	1966	6694	15457	5858	3998
政府办公厅(室)及相关机构事务	16631	10374	84763	334509	207243	211927	137186
发展与改革事务	9291	3095	3796	11440	19814	7845	4012
统计信息事务	435	110	804	3805	10527	2494	1356
财政事务	4130	16489	12793	45612	38413	25658	13994
税收事务	2549	369512	17533	61255	53228	37864	32614
审计事务	1303	250	1835	6873	8856	5265	3424
海关事务	5	142	24	65	68	5	16
人事事务	461	596	1543	6277	11581	4980	3036
纪检监察事务	285	89	1088	3695	15130	3153	2288
人口与计划生育事务	2258	4965	7598	21335	21002	13181	2701
商贸事务	3864	1782	2012	8037	16217	7203	6589
知识产权事务	101	20	50	199	488	127	244
工商行政管理事务	1180	3378	10288	39350	54436	33246	18489
食品和药品监督管理事务	335	170	1268	6351	10136	4925	2540
质量技术监督与检验检疫事务	1941	637	3409	17288	19305	12217	5859
国土资源事务	5527	4472	11251	33720	24419	21552	12554
海洋管理事务	328	121	125	491	573	173	58
测绘事务	188	23	286	1148	1066	1151	599
地震事务	70	10	210	903	1598	702	324
气象事务	160	34	359	1705	1826	701	382
民族事务	38	22	177	551	1376	627	184
宗教事务	10	6	100	356	721	422	196
港澳台侨事务	62	38	148	541	2092	190	645
档案事务	212	201	585	3731	3350	2504	1673
共产党事务	2814	999	15828	49348	89686	38763	15479
民主党派及工商联事务	108	20	403	1533	4772	1536	1399
群众团体事务	246	500	2111	6612	9556	5493	2681
彩票事务	3612	1835	521	1397	835	708	429
国债事务					1		
其他一般公共服务支出	1598	2835	7653	24612	9170	8243	10358
外交	**6**	**12**	**111**	**131**	**142**	**38**	**78**
外交管理事务	6	2	34	31	48	28	13
驻外机构							
对外援助					3		

2 - 5 - 4

单位:万元

地　　区	商品和服务支出					
	交通费	差旅费	出国费	维修(护)费	租赁费	会议费
一般公共服务	**2622373**	**1398761**	**212385**	**1543355**	**281218**	**2203584**
人大事务	98343	49456	10800	21175	2513	239448
政协事务	73601	37310	7270	18023	1419	144992
政府办公厅(室)及相关机构事务	869919	411636	68684	613006	98266	564631
发展与改革事务	67585	55743	7291	21668	7424	58052
统计信息事务	24345	15953	1703	8097	6329	33035
财政事务	126391	79202	5996	94052	15680	129844
税收事务	183118	67191	5374	153995	18228	102225
审计事务	33493	30042	2868	14023	1464	16899
海关事务	391	513	9	739	5	243
人事事务	33101	22091	4773	11839	9269	29587
纪检监察事务	58535	37548	2404	10083	4284	30983
人口与计划生育事务	100547	52421	2324	67826	3611	70540
商贸事务	54420	70604	39357	17376	13399	108891
知识产权事务	1159	956	417	272	739	2327
工商行政管理事务	189618	68748	3843	94413	17711	61767
食品和药品监督管理事务	36731	20810	2642	13832	7553	22820
质量技术监督与检验检疫事务	91985	43803	2618	36531	11277	29835
国土资源事务	127173	75607	4814	100391	16839	58840
海洋管理事务	5485	2110	195	1494	574	1747
测绘事务	4548	8454	281	3902	620	1432
地震事务	3246	2747	368	4273	664	1991
气象事务	3132	2129	185	7712	2174	1377
民族事务	6153	4957	476	3156	269	6174
宗教事务	2996	2124	362	4914	156	3005
港澳台侨事务	6150	5079	5625	1073	947	7192
档案事务	7869	5294	744	7004	1289	3845
共产党事务	321766	175083	18721	122547	19230	334278
民主党派及工商联事务	13739	9769	1577	2778	1191	29875
群众团体事务	25035	17344	3030	11887	3245	53628
彩票事务	3218	3372	907	25816	4488	6527
国债事务	3	2	6			
其他一般公共服务支出	48578	20663	6721	49458	10361	47554
外交	**403**	**459**	**1190**	**317**	**125**	**928**
外交管理事务	175	152	198	128	19	134
驻外机构	3	8			1	3
对外援助	20	12			6	17

2－5－5　　　　单位:万元

地　区	商品和服务支出						
	培训费	招待费	专用材料费	被装购置费	专用燃料费	劳务费	委托业务费
一般公共服务	**879514**	**2750405**	**824131**	**92899**	**88128**	**761563**	**402393**
人大事务	24767	63781	2481	1756	2009	4060	1004
政协事务	11916	47103	1817	1065	1701	2898	816
政府办公厅(室)及相关机构事务	177112	1276392	101262	22378	28688	152528	35837
发展与改革事务	18673	69287	69774	1505	1792	23215	18347
统计信息事务	16795	17338	4516	1158	227	27740	11269
财政事务	69620	134364	24541	3966	4006	44509	35231
税收事务	111585	117281	28961	8715	3075	118956	47453
审计事务	18287	24217	3243	1155	589	11276	14142
海关事务	100	432	14	5		439	
人事事务	37312	27837	6970	1219	420	21212	8030
纪检监察事务	15749	38740	2394	1883	946	3708	1277
人口与计划生育事务	61494	87034	167160	4254	3798	36659	16247
商贸事务	11801	89400	6048	1043	1054	16891	11214
知识产权事务	1152	723	1008	13	5	347	903
工商行政管理事务	40282	77718	27905	21883	1787	29201	5170
食品和药品监督管理事务	14041	15910	17846	928	280	6209	3208
质量技术监督与检验检疫事务	18529	45845	52172	2410	1500	22674	24402
国土资源事务	32556	93732	197460	4389	20461	132492	110278
海洋管理事务	755	1563	1971	381	901	1801	4339
测绘事务	965	2548	6669	336	157	11072	10957
地震事务	1157	1577	2686	215	105	1778	1173
气象事务	910	899	14860	348	475	1588	2240
民族事务	4065	5841	1640	97	109	2387	757
宗教事务	2015	2754	400	31	48	328	95
港澳台侨事务	1461	12927	916	171	82	577	302
档案事务	2881	6463	6816	438	166	4258	1335
共产党事务	140108	374791	35038	6373	7201	44009	25889
民主党派及工商联事务	5847	10986	475	358	175	1414	384
群众团体事务	16219	22536	3365	767	666	9643	2202
彩票事务	2659	2929	11009	433	441	3367	2380
国债事务		2					
其他一般公共服务支出	18701	77455	22714	3226	5264	24327	5512
外交	**419**	**4058**	**6531**	**1**		**90**	
外交管理事务	169	1035	316	1		63	
驻外机构	4	12					
对外援助	5	29	4			4	

二、地方财政预算收支情况

2－5－6　　　　　　　　　　　　　　　　　　　　　　　　　　　　单位:万元

地　　区	商品和服务支出			对个人和家庭的补助			
	工会经费	福利费	其他商品和服务支出	小　计	离休费	退休费	退职(役)费
一般公共服务	**220056**	**431495**	**12401326**	**4742886**	**247860**	**1780942**	**224706**
人大事务	3001	6666	120541	106831	16054	60232	28
政协事务	2130	5597	75574	79307	11200	45843	61
政府办公厅(室)及相关机构事务	51338	148798	2767138	1418363	77953	704482	7746
发展与改革事务	6031	10681	201866	152484	13227	74711	590
统计信息事务	1727	3109	85721	34424	1936	16346	18
财政事务	11287	21863	581859	150668	7067	57926	271
税收事务	39802	51083	2279506	285071	1670	46318	1286
审计事务	3271	6325	75993	47122	1612	22965	76
海关事务	4	2	52833	19			
人事事务	2552	9189	345953	316563	2688	20554	210016
纪检监察事务	2616	5619	92958	47626	4749	21958	15
人口与计划生育事务	4732	20146	815791	555459	2753	34806	129
商贸事务	3450	9078	423712	167044	20017	84145	391
知识产权事务	194	97	14653	1745	17	574	
工商行政管理事务	15626	27048	350368	301559	16208	152107	663
食品和药品监督管理事务	2882	3939	96052	31746	2194	11915	45
质量技术监督与检验检疫事务	6721	14469	224553	103629	2739	39241	64
国土资源事务	10513	29574	1246426	249459	6295	139240	489
海洋管理事务	126	305	51730	2808	168	794	23
测绘事务	831	1946	27340	10114	578	5204	9
地震事务	148	532	17265	8555	366	2828	3
气象事务	143	320	47000	5380	180	2455	6
民族事务	275	540	48453	12551	590	5206	4
宗教事务	151	433	21367	5310	244	1837	
港澳台侨事务	297	820	25826	12010	762	3948	9
档案事务	912	1812	25768	24287	1806	14610	16
共产党事务	12219	29138	832327	322917	40348	118939	369
民主党派及工商联事务	1194	1792	28855	25689	1329	14493	19
群众团体事务	33024	5004	167039	103176	8846	47653	90
彩票事务	119	822	279989	56895	3	155	1059
国债事务			50377	2		2	
其他一般公共服务支出	2740	14748	926493	104073	4261	29455	1211
外交	**587**	**136**	**4947**	**292**	**23**	**181**	
外交管理事务	7	71	292	278	23	181	
驻外机构							
对外援助	352	1		12			

2－5－7

单位:万元

地　　区	对个人和家庭的补助						
	抚恤金	生活补助	救济费	医疗费	助学金	奖励金	生产补贴
一般公共服务	**87250**	**271493**	**36686**	**154315**	**5925**	**522467**	**14885**
人大事务	2916	2322	114	2502	16	1241	61
政协事务	2151	2054	99	1804	31	871	3
政府办公厅(室)及相关机构事务	36314	100685	11746	37003	1299	65473	5088
发展与改革事务	4047	8007	513	4394	122	9819	106
统计信息事务	491	1037	58	916	11	954	16
财政事务	3026	4698	408	4213	200	13518	2197
税收事务	3294	7830	492	13297	132	54105	503
审计事务	686	1389	146	1132	24	2183	774
海关事务							
人事事务	1118	18696	466	4073	116	20268	47
纪检监察事务	1074	1301	87	986	10	1969	18
人口与计划生育事务	1487	38061	3551	24701	402	279661	2677
商贸事务	3809	5670	1014	2838	32	19021	121
知识产权事务	12	3		24		339	27
工商行政管理事务	8858	7894	166	16096	65	8854	297
食品和药品监督管理事务	575	428	51	1332	64	908	23
质量技术监督与检验检疫事务	1515	2683	109	3688	14	4228	13
国土资源事务	4179	10541	1804	8735	70	3590	1338
海洋管理事务	77	268	17	31		101	2
测绘事务	131	124	2	366	6	214	
地震事务	69	787	7	53	2	91	1
气象事务	51	771	11	143		18	8
民族事务	201	1595	282	205	1079	203	510
宗教事务	109	1190	49	117	33	57	
港澳台侨事务	223	2310	454	262	77	294	297
档案事务	377	543	30	510	1	289	54
共产党事务	7459	25652	1182	10550	259	20208	233
民主党派及工商联事务	571	1378	111	603	59	263	5
群众团体事务	1207	4618	6145	1541	805	2101	17
彩票事务	163	8974	6721	7724	961	257	4
国债事务							
其他一般公共服务支出	1060	9984	851	4476	35	11369	445
外交		**21**	**15**			**20**	
外交管理事务		21	1			20	
驻外机构							
对外援助			12				

2－5－8

单位：万元

地　　区	对个人和家庭的补助				对企事业单位的补贴		
	住房公积金	提租补贴	购房补贴	其他对个人和家庭的补助支出	小计	企业政策性补贴	事业单位补贴
一般公共服务	**544140**	**50048**	**148597**	**653572**	**493549**	**141401**	**88668**
人大事务	10192	1097	3447	6609	362	123	27
政协事务	7176	701	2441	4872	416	40	287
政府办公厅(室)及相关机构事务	148112	12714	37098	172650	100519	22892	19612
发展与改革事务	18226	1896	5219	11607	56663	39842	1130
统计信息事务	6282	881	1800	3678	636		512
财政事务	27195	2596	7842	19511	8058	655	2146
税收事务	87386	3580	14353	50825	42538	3558	27368
审计事务	8253	822	2134	4926	604		250
海关事务				19	1130		174
人事事务	8962	949	3717	24893	2914	811	747
纪检监察事务	7918	1099	2188	4254	42	8	27
人口与计划生育事务	14326	1188	6192	145525	22114	356	10137
商贸事务	12835	1525	4150	11476	83239	27518	2378
知识产权事务	241	25	94	389	3642	377	3
工商行政管理事务	51073	5211	16126	17941	4664	169	2624
食品和药品监督管理事务	7904	313	2879	3115	738	5	239
质量技术监督与检验检疫事务	22343	2499	5643	18850	4213	93	1141
国土资源事务	35288	2394	7481	28015	99345	29340	9022
海洋管理事务	615	165	197	350	2705	586	1579
测绘事务	2017	220	423	820	15		15
地震事务	538	105	229	3476	96	21	59
气象事务	488	48	251	950	719	10	588
民族事务	767	67	261	1581	676	27	279
宗教事务	551	53	135	935	376	53	195
港澳台侨事务	1287	203	507	1377	2346	1799	6
档案事务	3285	347	860	1559	5		
共产党事务	39072	6082	12603	39961	7112	415	3739
民主党派及工商联事务	3515	439	833	2071	26	1	18
群众团体事务	7650	1066	1702	19735	1525		886
彩票事务	952	48	964	28910	4480		1791
国债事务					649		
其他一般公共服务支出	9691	1715	6828	22692	40982	12702	1689
外交	**26**			**6**			
外交管理事务	26			6			
驻外机构							
对外援助							

2－5－9

单位:万元

地　区	对企事业单位的补贴		赠　与			债务利息支出	
	财政贴息	其他对企事业单位的补贴支出	小　计	对国内的赠　与	对国外的赠　与	小　计	国库券付　息
一般公共服务	**36637**	**226843**	**5039**	**4799**	**240**	**543206**	**4265**
人大事务		212					
政协事务		89	6	6			
政府办公厅(室)及相关机构事务	1370	56645	2101	2101		424	9
发展与改革事务	5880	9811	428	428			
统计信息事务		124	9	9			
财政事务	1006	4251	277	277		2216	
税收事务	10	11602	129	129			
审计事务		354	7	7			
海关事务		956					
人事事务		1356	18	18			
纪检监察事务		7	2	2		6	
人口与计划生育事务	1427	10194	237	237			
商贸事务	1463	51880	210	151	59	69	
知识产权事务		3262	1	1		50	
工商行政管理事务		1871	149	149			
食品和药品监督管理事务		494	14	14			
质量技术监督与检验检疫事务		2979	5	5			
国土资源事务	8582	52401	112	112		570	
海洋管理事务		540				102	
测绘事务			18	18			
地震事务		16					
气象事务		121					
民族事务		370	25	25			
宗教事务		128	5	5			
港澳台侨事务	2	539	205	30	175		
档案事务		5	1	1			
共产党事务	48	2910	441	440	1		
民主党派及工商联事务		7	20	20			
群众团体事务	23	616	72	72			
彩票事务	12	2677	300	300			
国债事务	649					503533	1356
其他一般公共服务支出	16165	10426	247	242	5	36236	2900
外交			**1666**		**1666**		
外交管理事务							
驻外机构							
对外援助			1666		1666		

2－5－10

单位:万元

地区	债务利息支出					基本建设支出	
	向国家银行借款付息	其他国内借款付息	向国外政府借款付息	向国际组织借款付息	其他国外借款付息	小计	房屋建筑物购建
一般公共服务	**116289**	**350216**	**9085**	**58150**	**5201**	**2430394**	**1036027**
人大事务						152375	123839
政协事务						22012	9232
政府办公厅(室)及相关机构事务		415				769546	361857
发展与改革事务						132682	19725
统计信息事务						15110	3603
财政事务	1817	399				78639	31957
税收事务						85933	40455
审计事务						23754	12441
海关事务						23099	9418
人事事务						17816	8527
纪检监察事务		6				6582	2996
人口与计划生育事务						38757	15551
商贸事务	15	54				39547	11972
知识产权事务				50		547	
工商行政管理事务						43524	24966
食品和药品监督管理事务						50869	34861
质量技术监督与检验检疫事务						58828	36533
国土资源事务		52		518		216007	43272
海洋管理事务				102		7466	539
测绘事务						10817	3857
地震事务						27783	9114
气象事务						28139	7311
民族事务						7255	2134
宗教事务						3244	1554
港澳台侨事务						4498	1776
档案事务						40249	17700
共产党事务						209159	90147
民主党派及工商联事务						1679	502
群众团体事务						29667	18835
彩票事务						75966	16967
国债事务	111940	318634	9085	57317	5201	6524	225
其他一般公共服务支出	2517	30656		163		202321	74161
外交						**498**	**443**
外交管理事务						445	428
驻外机构							
对外援助							

2－5－11

单位:万元

地　　区	基本建设支出							
	办公设备购　置	专用设备购　置	交通工具购　置	基础设施建　设	大型修缮	信息网络购　建	物资储备	其他基本建设支出
一般公共服务	**60487**	**59734**	**56621**	**490902**	**94880**	**79563**	**2597**	**549583**
人大事务	665	142	2002	12913	1991	700		10123
政协事务	1300	23	2294	1868	3924	141	1	3229
政府办公厅(室)及相关机构事务	14120	8349	15237	179913	34145	13116	4	142805
发展与改革事务	2001	1433	2131	23885	1893	5438	56	76120
统计信息事务	1434	193	522	1752	327	5728	28	1523
财政事务	5571	2457	1810	12631	2245	6218	5	15745
税收事务	6512	4550	3899	15368	2153	6644	14	6338
审计事务	2135	151	1254	742	1615	3618		1798
海关事务		317		12838	511	15		
人事事务	1526	237	1052	761	3499	808		1406
纪检监察事务	842	310	1348	100	120	333	28	505
人口与计划生育事务	1621	2373	1644	3754	1493	6942	32	5347
商贸事务	900	243	1181	21461	308	452		3030
知识产权事务	36		30	441	7	27	6	
工商行政管理事务	2349	1335	6171	2397	2340	2340	68	1558
食品和药品监督管理事务	1212	1690	477	7651	1248	45		3685
质量技术监督与检验检疫事务	857	8358	1270	6924	477	849		3560
国土资源事务	3171	4988	1878	76227	7597	1289	2315	75270
海洋管理事务	61	933	329	2207	42	279	20	3056
测绘事务	125	564	93	75	3	35		6065
地震事务	354	2990	168	5823	411	780	17	8126
气象事务	557	3020	331	5413	280	416		10811
民族事务	200	36	74	2078	51	3		2679
宗教事务	26	3	75	470	101			1015
港澳台侨事务	79	11	398	909	190	94		1041
档案事务	662	1087	375	4258	2509	490		13168
共产党事务	8514	4379	7862	22094	7248	21356		47559
民主党派及工商联事务	298	6	532	34	109	158		40
群众团体事务	628	407	557	2160	868	133		6079
彩票事务	114	5561	362	21762	2102	50		29048
国债事务				149				6150
其他一般公共服务支出	2617	3588	1265	41844	15073	1066	3	62704
外交	**1**		**16**	**15**		**14**		**9**
外交管理事务	1		16					
驻外机构								
对外援助								

2－5－12

单位:万元

地　　区	其他资本性支出						
	小　计	房屋建筑物购建	办公设备购置	专用设备购置	交通工具购置	基础设施建设	大型修缮
一般公共服务	**7709903**	**1324332**	**751564**	**415569**	**879816**	**874635**	**506214**
人大事务	89691	9893	13912	3094	43289	2327	7150
政协事务	71853	5881	11434	1650	35198	888	8462
政府办公厅(室)及相关机构事务	1939713	402734	186531	48695	274007	305753	170549
发展与改革事务	130815	10865	14468	3656	20386	9885	4651
统计信息事务	44399	910	15140	3035	8990	154	1053
财政事务	339694	58421	74189	17833	36193	25304	22892
税收事务	926020	276780	102383	22012	71516	32548	50907
审计事务	67985	11094	13162	1794	12446	3191	3525
海关事务	9252	1250	239	31	154	240	50
人事事务	47156	9877	13362	1127	10655	721	5583
纪检监察事务	63446	8011	15306	1648	27728	442	3432
人口与计划生育事务	183652	24978	19646	32978	18828	14221	13296
商贸事务	95989	11536	12337	2445	14036	22670	4818
知识产权事务	2172	48	445	122	436		126
工商行政管理事务	353303	120862	54611	10905	58955	8494	42582
食品和药品监督管理事务	124803	31900	15210	40027	18371	3296	6852
质量技术监督与检验检疫事务	289072	96960	24116	77437	35386	5817	11893
国土资源事务	1650403	79500	37929	33362	32827	236879	59493
海洋管理事务	28350	2846	749	1577	1034	10547	276
测绘事务	12128	862	1230	4980	1266	304	1028
地震事务	28324	4596	1674	3828	2743	8265	2895
气象事务	40221	1596	2795	14385	1403	3627	685
民族事务	13721	2361	1444	321	2189	3715	894
宗教事务	7241	595	643	65	1224	321	2777
港澳台侨事务	9233	2302	1413	251	2474	1501	244
档案事务	30974	5548	6738	4125	2796	4049	1346
共产党事务	378518	47958	78251	22547	108417	30606	30291
民主党派及工商联事务	20042	8421	3418	155	5650	38	703
群众团体事务	44497	13449	6541	1811	8204	1287	3055
彩票事务	241970	23143	3766	51085	3533	11436	20643
国债事务	5429			4			
其他一般公共服务支出	419837	49155	18482	8584	19482	126109	24063
外交	**3985**		**103**	**92**	**144**	**585**	**180**
外交管理事务	59		29		30		
驻外机构							
对外援助	38		5		33		

2－5－13

单位:万元

地　　区	其他资本性支出						
	信息网络购　建	物资储备	土地补偿	安置补助	地上附着物和青苗补　偿	拆迁补偿	其他资本性支出
一般公共服务	**410783**	**7927**	**420650**	**58109**	**36261**	**394507**	**1629536**
人大事务	2307		160	1			7558
政协事务	934		85	3			7318
政府办公厅(室)及相关机构事务	55050	1093	65424	10911	12145	74867	331954
发展与改革事务	7334	200	1872	6839	1805	423	48431
统计信息事务	12527			1	5		2584
财政事务	55660	61	494	811	1415	53	46368
税收事务	127930	747	99	1049	1	1429	238619
审计事务	10546	17	47	2		1	12160
海关事务	117						7171
人事事务	2445			319			3067
纪检监察事务	3736						3143
人口与计划生育事务	22913	347	269	24		25	36127
商贸事务	4242	83	1340	1749	722	1905	18106
知识产权事务	257			－1			739
工商行政管理事务	26309	44	220		111	3	30207
食品和药品监督管理事务	4721		381		45		4000
质量技术监督与检验检疫事务	6641	5	173		123	850	29671
国土资源事务	11271	3665	346635	35388	18401	303957	451096
海洋管理事务	31				50	1759	9481
测绘事务	532					100	1826
地震事务	938	28	78	24		47	3208
气象事务	1493	717	51		84		13385
民族事务	145					53	2599
宗教事务	95		124	6	6	110	1275
港澳台侨事务	152			120			776
档案事务	1963		30			2	4377
共产党事务	22978	22	276	36	38	149	36949
民主党派及工商联事务	122		16				1519
群众团体事务	469		35	1		2036	7609
彩票事务	1056	321		8	5		126974
国债事务							5425
其他一般公共服务支出	25869	577	2841	818	1305	6738	135814
外交	**1**			**2877**			**3**
外交管理事务							
驻外机构							
对外援助							

二、地方财政预算收支情况

2－5－14

单位:万元

地区	贷款转贷及产权参股					其他支出		
	小计	国内贷款	国外贷款	产权参股	其他贷款转贷及产权参股支出	小计	补充全国社会保障基金	其他支出
一般公共服务	**26034**	**23204**	**2**	**829**	**1999**	**2973272**		**2973272**
人大事务	42				42	16137		16137
政协事务	2				2	8240		8240
政府办公厅(室)及相关机构事务	1021	329		280	412	423174		423174
发展与改革事务	34	25			9	27504		27504
统计信息事务						5626		5626
财政事务	500	400			100	125914		125914
税收事务	600	600				444080		444080
审计事务	5				5	16270		16270
海关事务						44450		44450
人事事务	49			49		42475		42475
纪检监察事务	5				5	6386		6386
人口与计划生育事务	794				794	111614		111614
商贸事务	18				18	60688		60688
知识产权事务						1862		1862
工商行政管理事务						71445		71445
食品和药品监督管理事务						5764		5764
质量技术监督与检验检疫事务	210				210	27758		27758
国土资源事务	1033	503		500	30	731158		731158
海洋管理事务						15058		15058
测绘事务						2935		2935
地震事务						1849		1849
气象事务						9150		9150
民族事务						13975		13975
宗教事务						2614		2614
港澳台侨事务	13				13	3976		3976
档案事务						2636		2636
共产党事务	226				226	76768		76768
民主党派及工商联事务						1676		1676
群众团体事务	47				47	46311		46311
彩票事务						76818		76818
国债事务	19945	19866	2		77	137647		137647
其他一般公共服务支出	1490	1481			9	411314		411314
外交						**320**		**320**
外交管理事务						209		209
驻外机构								
对外援助								

2－5－15

单位:万元

地　　区	合 计	工资福利支出				
		小　计	基本工资	津贴补贴	奖　金	社会保障缴　费
国际组织	333	19	4	14	1	
对外合作与交流	3010	338		325		
对外宣传	169					
边界勘界联检	2917					
其他外交支出	15815	31	13	11	2	
国防	**773430**	**47920**	**19006**	**13921**	**6021**	**2032**
公共安全	**31020888**	**11956141**	**4086508**	**4525395**	**1753842**	**301635**
武装警察	1251204	38345	12477	5016	3356	543
公安	18270928	7428719	2393180	2759849	1173430	201220
国家安全	622953	315327	85225	145672	42087	10586
检察	2453211	897451	356993	318136	133064	21964
法院	3623838	1263012	481829	431628	196701	34125
司法	1019265	457532	201120	154080	59116	13232
监狱	2821300	1215745	444880	558191	114297	12665
劳教	663206	309112	102054	145634	29131	6080
国家保密	18884	5553	2294	2179	667	62
缉私警察	581	150	36	106	8	
其他公共安全支出	275518	25195	6420	4904	1985	1158
教育	**94348599**	**42176648**	**21082208**	**11582055**	**3924699**	**1640425**
教育管理事务	2045456	658088	314007	183201	77072	29797
普通教育	71324891	36140807	18617859	9894785	3202202	1350610
职业教育	10413854	3736179	1468166	1032029	432697	188974
成人教育	441994	167598	60784	42255	23482	8117
广播电视教育	459198	151437	49213	43398	20387	7852
留学教育	2986	52	13	4		2
特殊教育	260733	149360	65953	46878	17633	6932
教师进修及干部继续教育	1741381	702311	323265	210027	79256	25795
教育附加及基金支出	5787763	208445	71288	63505	35379	9393
其他教育支出	1870343	262371	111660	65973	36591	12953
科学技术	**9798936**	**819017**	**357452**	**238259**	**105902**	**47882**
科学技术管理事务	506355	190931	85643	63341	24644	6237
基础研究	334018	33946	15806	11576	2246	1643
应用研究	1033419	300831	129499	86398	40360	17517
技术研究与开发	4316094	76419	36092	16292	8253	8734

2－5－16

单位:万元

地区	工资福利支出				商品和服务支出		
	伙食费	伙食补助费	绩效工资	其他工资福利支出	小计	办公费	印刷费
国际组织					278	7	1
对外合作与交流				13	2501	10	4
对外宣传					169	18	2
边界勘界联检					2675	26	5
其他外交支出				5	12179	236	190
国防	**1103**	**1363**	**263**	**4211**	**399541**	**43002**	**3311**
公共安全	**37464**	**114882**	**38239**	**1098176**	**11250773**	**1014345**	**163554**
武装警察	2966	3572	126	10289	637717	46949	2466
公安	18742	76378	20519	785401	6904744	617921	101813
国家安全	79	1462	355	29861	133645	12437	444
检察	1131	7184	1975	57004	859141	94579	11640
法院	1662	11430	1873	103764	1438148	147569	27889
司法	309	2543	2501	24631	384552	50855	15709
监狱	9920	9596	4779	61417	585605	22287	2067
劳教	2595	2371	5868	15379	144107	9565	575
国家保密		35	17	299	7233	875	230
缉私警察					122	21	11
其他公共安全支出	60	311	226	10131	155759	11287	710
教育	**19555**	**238786**	**694041**	**2994879**	**23961919**	**2819777**	**420971**
教育管理事务	466	4614	3155	45776	875835	105409	25301
普通教育	12551	191243	585258	2286299	16441337	2232057	319134
职业教育	3953	31311	80524	498525	2835914	197050	31587
成人教育	1493	1243	2110	28114	170224	14238	3249
广播电视教育	38	1539	3355	25655	193048	13242	2665
留学教育		1		32	1626	32	7
特殊教育	117	1116	1654	9077	50373	7165	445
教师进修及干部继续教育	637	4972	9361	48998	575984	48493	9320
教育附加及基金支出	168	677	1914	26121	2036554	153550	10419
其他教育支出	132	2070	6710	26282	781024	48541	18844
科学技术	**908**	**6282**	**11871**	**50461**	**4198693**	**171896**	**36323**
科学技术管理事务	317	1231	585	8933	192388	23077	3564
基础研究	15	129	191	2340	256826	3285	682
应用研究	180	2993	6356	17528	434323	16929	5730
技术研究与开发	44	501	1335	5168	1977431	66393	6462

2－5－17

单位:万元

地　　区	商品和服务支出						
	咨询费	手续费	水　费	电　费	邮电费	取暖费	物　业管理费
国际组织					1		
对外合作与交流		10		2	11		
对外宣传					1		
边界勘界联检			5	5	5	10	
其他外交支出			72	93	73		65
国防	**112**	**115**	**2570**	**4869**	**1928**	**3176**	**964**
公共安全	**6977**	**7945**	**99818**	**374699**	**324803**	**216993**	**97880**
武装警察	208	248	4194	8161	3853	6198	1062
公安	3061	5303	62604	237794	200451	118100	45725
国家安全	29	59	1990	11163	6683	8556	5300
检察	906	543	7320	29996	29793	19577	11377
法院	973	1065	11508	50197	50570	30040	25245
司法	1603	389	1919	6303	10230	4853	3781
监狱	115	124	7910	22981	16879	21762	4047
劳教	53	28	2128	7316	5576	7760	1224
国家保密	3	3	7	50	232	37	13
缉私警察					1		
其他公共安全支出	26	183	238	738	535	110	106
教育	**15915**	**29242**	**503463**	**1075673**	**322679**	**916054**	**311148**
教育管理事务	719	929	5473	16648	17393	16237	4550
普通教育	9532	17558	381605	823800	225704	697296	230119
职业教育	3777	4259	87594	165200	47451	119468	52098
成人教育	62	124	2671	6118	2999	3835	1335
广播电视教育	130	193	2639	6535	4413	3830	1664
留学教育			4	2	4		
特殊教育	47	14	1187	2617	929	3927	598
教师进修及干部继续教育	488	299	10312	29645	12383	24240	9246
教育附加及基金支出	254	5466	8065	14296	4350	37377	7483
其他教育支出	906	400	3913	10812	7053	9844	4055
科学技术	**19679**	**1388**	**8763**	**36305**	**24706**	**25674**	**20237**
科学技术管理事务	1058	143	972	3829	5124	2837	2956
基础研究	531	41	270	1066	700	1369	300
应用研究	6128	320	2895	12055	6134	8638	2718
技术研究与开发	7214	539	1663	6906	3385	5891	733

2－5－18

单位:万元

地　　区	商品和服务支出					
	交通费	差旅费	出国费	维修(护)费	租赁费	会议费
国际组织	6	2			5	10
对外合作与交流	61	24	766	5	37	374
对外宣传	18	20	48	3		1
边界勘界联检	69	20	20	79		10
其他外交支出	51	221	158	102	57	379
国防	**7029**	**4921**	**43**	**13343**	**1339**	**8327**
公共安全	**1404371**	**563697**	**21879**	**645530**	**93761**	**222750**
武装警察	19612	7066	552	26188	1284	5365
公安	964104	325701	9528	390705	70341	114434
国家安全	11391	7942	230	18569	3487	2932
检察	121386	75483	2468	45589	4563	26491
法院	190895	107046	5361	87914	7906	40764
司法	35079	17319	1998	16816	3308	20058
监狱	43365	16951	1010	45821	582	7521
劳教	14259	4443	637	10868	451	2853
国家保密	657	315	11	382	423	715
缉私警察	14	19				
其他公共安全支出	3609	1412	84	2678	1416	1617
教育	**556782**	**700408**	**59533**	**3625910**	**234633**	**314498**
教育管理事务	48253	31668	3827	47943	3922	45692
普通教育	344785	525650	40084	2393589	140982	192774
职业教育	101774	86702	7143	333665	67523	27813
成人教育	4223	4291	405	13478	2821	2907
广播电视教育	5496	5652	825	12319	3332	2779
留学教育	9	182	206	3	3	9
特殊教育	1890	1714	125	8282	275	500
教师进修及干部继续教育	25008	19897	2908	48869	6832	10553
教育附加及基金支出	11712	11961	1357	687722	5424	11656
其他教育支出	13632	12691	2653	80040	3519	19815
科学技术	**66397**	**73957**	**10633**	**84322**	**16385**	**70235**
科学技术管理事务	14145	8936	1609	7477	1495	13921
基础研究	1582	2254	238	2509	328	1114
应用研究	17209	20300	2206	24825	2637	9006
技术研究与开发	13274	17080	1173	23479	3594	11411

2-5-19 单位:万元

地 区	商品和服务支出						
	培训费	招待费	专用材料费	被装购置费	专用燃料费	劳务费	委托业务费
国际组织	1	12				4	
对外合作与交流	6	306				2	
对外宣传		37				5	
边界勘界联检		20	6			11	
其他外交支出	234	2607	6205			1	
国防	**16969**	**8223**	**16965**	**4402**	**1946**	**4446**	**895**
公共安全	**239389**	**429241**	**632572**	**323208**	**64619**	**227377**	**45037**
武装警察	7215	3029	20400	7300	7313	3368	628
公安	119147	246005	551693	232007	43095	167483	28408
国家安全	2300	4749	1475	665	84	1442	137
检察	26549	49752	21685	22498	4749	10089	4127
法院	44084	69111	25948	24904	5344	27440	4845
司法	13533	23136	4338	5617	712	11767	6212
监狱	20175	22833	3739	23461	2981	2437	172
劳教	5057	6985	1131	5555	209	606	140
国家保密	379	452	569	163	15	125	60
缉私警察	11	15					
其他公共安全支出	939	3174	1594	1038	117	2620	308
教育	**693031**	**578511**	**1059368**	**57843**	**36087**	**889212**	**140263**
教育管理事务	28688	33905	20225	1045	1426	34273	15164
普通教育	424107	404655	792984	40883	26638	588699	78579
职业教育	91145	86250	149572	9325	5684	152763	23540
成人教育	7960	5448	6785	240	98	17021	3204
广播电视教育	3775	6396	7155	202	186	19866	5559
留学教育	45	5	105		3	19	20
特殊教育	1593	1737	1677	187	87	1213	69
教师进修及干部继续教育	77597	22232	8974	1267	867	26306	4165
教育附加及基金支出	38286	7659	56667	2931	707	17319	2398
其他教育支出	19835	10224	15224	1763	391	31733	7565
科学技术	**42876**	**47636**	**329969**	**4301**	**12835**	**76170**	**81642**
科学技术管理事务	4610	9034	3879	424	285	3661	3098
基础研究	716	1422	16668	18	57	2517	1240
应用研究	5349	11475	86039	604	1368	28490	14117
技术研究与开发	14152	8615	161611	2098	9843	18407	41956

二、地方财政预算收支情况

2－5－20

单位:万元

地　　区	商品和服务支出			对个人和家庭的补助			
	工会经费	福利费	其他商品和服务支出	小　计	离休费	退休费	退职(役)费
国际组织	228	1		2			
对外合作与交流			883				
对外宣传		1	15				
边界勘界联检			2384				
其他外交支出		62	1373				
国防	**140**	**1155**	**249351**	**7477**	**296**	**1564**	**200**
公共安全	**77985**	**187808**	**3764535**	**1699801**	**76613**	**549258**	**4122**
武装警察	44	2275	452739	19071	55	241	554
公安	37382	111726	2100213	794725	25563	243321	2787
国家安全	2660	3784	25137	37123	1731	13601	21
检察	7027	15461	215493	118815	8442	52593	96
法院	10485	26208	414837	167674	9238	69166	162
司法	2690	6142	120185	64531	4884	33192	53
监狱	14459	17846	264080	397595	22943	112277	426
劳教	3109	3925	49654	95068	3682	24143	20
国家保密	40	41	1436	710	55	407	
缉私警察			30	1			
其他公共安全支出	89	400	120731	4488	20	317	3
教育	**258377**	**560187**	**7782354**	**9403944**	**207585**	**4106247**	**13940**
教育管理事务	7990	12030	347125	184200	8749	98160	257
普通教育	194515	434357	4881251	7307289	152153	3472522	12475
职业教育	36821	77247	870463	1357882	26692	328110	662
成人教育	1563	3175	61974	36021	2097	17069	134
广播电视教育	1902	3490	78803	31617	1125	14458	6
留学教育			968	1198			
特殊教育	1183	1663	11249	30175	561	16537	30
教师进修及干部继续教育	5679	10420	159984	177402	14116	107908	139
教育附加及基金支出	4396	10936	924163	157713	219	13719	167
其他教育支出	4328	6869	446374	120447	1873	37764	70
科学技术	**8130**	**19769**	**2908465**	**258569**	**17611**	**158819**	**341**
科学技术管理事务	1346	2594	72314	45650	4486	28848	66
基础研究	331	271	217317	7745	383	3703	4
应用研究	3533	6986	138632	99792	6432	69728	168
技术研究与开发	790	4363	1546399	27652	843	13415	41

2－5－21

单位:万元

地 区	对个人和家庭的补助						
	抚恤金	生活补助	救济费	医疗费	助学金	奖励金	生产补贴
国际组织			2				
对外合作与交流							
对外宣传							
边界勘界联检							
其他外交支出							
国防	**68**	**1193**	**14**	**245**	**4**	**276**	**119**
公共安全	**37286**	**227457**	**3491**	**63917**	**554**	**48830**	**1280**
武装警察	14	7375	72	1300		1135	
公安	20283	67894	1235	30591	87	32097	870
国家安全	894	647	13	1086	2	2345	
检察	2778	3257	211	4011	57	4316	45
法院	3754	7107	1053	5592	52	5593	195
司法	1501	1759	195	1680		1293	40
监狱	7062	101790	639	17004	347	1188	39
劳教	964	37368	37	2472	9	543	87
国家保密	1	13	1	21		17	
缉私警察		1					
其他公共安全支出	35	246	35	160		303	4
教育	**136125**	**313688**	**6552**	**180829**	**2247996**	**104699**	**2812**
教育管理事务	4600	6776	253	3550	15248	5177	81
普通教育	113976	254724	4302	142981	1413461	74618	1659
职业教育	10715	29407	1094	22923	688089	15878	819
成人教育	504	588	13	895	4115	1001	12
广播电视教育	380	763	18	761	3820	313	
留学教育					1191	6	
特殊教育	383	858	26	422	3095	136	26
教师进修及干部继续教育	3393	3959	116	4068	6327	1669	19
教育附加及基金支出	412	9367	415	2806	71014	3151	184
其他教育支出	1762	7246	315	2423	41636	2750	12
科学技术	**3932**	**4814**	**144**	**4927**	**862**	**11523**	**3681**
科学技术管理事务	793	667	42	602	11	1160	62
基础研究	120	176	10	254	11	61	3
应用研究	1813	1875	58	2052	428	291	233
技术研究与开发	284	616	7	605	142	3349	2626

2－5－22

单位:万元

地　　区	对个人和家庭的补助				对企事业单位的补贴		
	住　房 公积金	提租 补贴	购房 补贴	其他对个人 和家庭的 补助支出	小　计	企业政策 性补贴	事业单位 补　贴
国际组织							
对外合作与交流							
对外宣传							
边界勘界联检							
其他外交支出							
国防	**948**	**87**	**294**	**2169**	**3582**	**43**	**3311**
公共安全	**320210**	**36253**	**85618**	**244912**	**33470**	**2105**	**8273**
武装警察	160	16	65	8084	6107		3067
公安	192071	25213	49844	102869	16580	133	4139
国家安全	10839	1029	2890	2025	60		50
检察	22724	2580	6644	11061	345	116	65
法院	32476	3944	9366	19976	907	346	170
司法	10413	1196	3137	5188	872	93	437
监狱	39546	1511	10457	82366	6032	650	
劳教	10183	734	3107	11719	307	110	3
国家保密	126	10	17	42	80		
缉私警察							
其他公共安全支出	1672	20	91	1582	2180	657	342
教育	**870473**	**130668**	**461793**	**620537**	**344082**	**8856**	**184123**
教育管理事务	14379	1607	10324	15039	9331		4710
普通教育	700408	109700	368946	485364	259704	4882	145956
职业教育	105508	13902	45460	68623	19467	3089	3978
成人教育	4260	578	1362	3393	449		322
广播电视教育	5100	508	1739	2626	607		443
留学教育	1						
特殊教育	3610	619	2243	1629	53		16
教师进修及干部继续教育	17633	2528	5766	9761	403		131
教育附加及基金支出	12749	316	17369	25825	40265	525	17658
其他教育支出	6825	910	8584	8277	13803	360	10909
科学技术	**22507**	**2211**	**6708**	**20489**	**2265832**	**718858**	**25877**
科学技术管理事务	4489	556	1454	2414	11335	2252	999
基础研究	1133	127	1483	277	5123	165	1578
应用研究	9001	1006	1420	5287	34972	6344	237
技术研究与开发	1927	75	288	3434	1354995	413946	19847

2－5－23　　单位:万元

地　　区	对企事业单位的补贴		赠　与			债务利息支出	
	财政贴息	其他对企事业单位的补贴支出	小　计	对国内的赠　与	对国外的赠　与	小　计	国库券付　息
国际组织							
对外合作与交流							
对外宣传							
边界勘界联检							
其他外交支出							
国防		**228**	**1**	**1**			
公共安全	**2952**	**20140**	**731**	**731**		**35**	
武装警察	17	3023	17	17			
公安	15	12293	675	675		35	
国家安全		10	4	4			
检察		164	10	10			
法院	221	170	20	20			
司法		342	5	5			
监狱	2674	2708					
劳教		194					
国家保密		80					
缉私警察							
其他公共安全支出	25	1156					
教育	**49051**	**102052**	**1965**	**1926**	**39**	**2712**	
教育管理事务	3479	1142	9	9		127	
普通教育	28339	80527	366	327	39	1374	
职业教育	5497	6903	64	64			
成人教育	89	38	1	1			
广播电视教育		164	45	45			
留学教育							
特殊教育	1	36					
教师进修及干部继续教育	127	145	10	10			
教育附加及基金支出	11085	10997	1146	1146		949	
其他教育支出	434	2100	324	324		262	
科学技术	**44105**	**1476992**	**41**	**40**	**1**		
科学技术管理事务		8084					
基础研究	5	3375					
应用研究	55	28336	1	1			
技术研究与开发	10821	910381	13	13			

二、地方财政预算收支情况

2－5－24

单位:万元

地　　区	债务利息支出					基本建设支出	
	向国家银行借款付息	其他国内借款付息	向国外政府借款付息	向国际组织借款付息	其他国外借款付息	小　计	房屋建筑物购建
国际组织							
对外合作与交流						14	
对外宣传							
边界勘界联检						24	
其他外交支出						15	15
国防						**79721**	**22861**
公共安全	**35**					**1604691**	**874087**
武装警察						146810	69290
公安	35					643945	323141
国家安全						47461	7148
检察						175075	124045
法院						244052	166585
司法						36815	23234
监狱						246085	133442
劳教						38958	26717
国家保密						326	1
缉私警察							
其他公共安全支出						25164	484
教育	**1456**	**1047**	**5**	**164**	**40**	**3052894**	**2082130**
教育管理事务		127				57026	38361
普通教育	770	559	5	40		1724090	1210897
职业教育						487837	335885
成人教育						18561	4103
广播电视教育						12033	7026
留学教育						20	
特殊教育						7650	3180
教师进修及干部继续教育						81193	64291
教育附加及基金支出	668	117		124	40	578118	359203
其他教育支出	18	244				86366	59184
科学技术						**262939**	**98505**
科学技术管理事务						10679	7024
基础研究						4285	2589
应用研究						17632	12381
技术研究与开发						54823	7622

2－5－25

单位:万元

地　　区	基本建设支出							
	办公设备购　　置	专用设备购　　置	交通工具购　　置	基础设施建　　设	大型修缮	信息网络购　　建	物资储备	其他基本建设支出
国际组织								
对外合作与交流						14		
对外宣传								
边界勘界联检				15				9
其他外交支出								
国防	**1428**	**611**	**332**	**21279**	**765**	**412**	**5975**	**26058**
公共安全	**23862**	**52875**	**27489**	**296177**	**36337**	**33477**	**360**	**260027**
武装警察	511	10151	3258	35344	1362	585		26309
公安	10899	28827	13244	124274	14443	24740	360	104017
国家安全	92	2831	216	2212	874	661		33427
检察	3588	4033	3313	16585	1757	1471		20283
法院	5460	2609	5351	28856	3990	2671		28530
司法	1598	231	1379	5355	807	256		3955
监狱	1455	3758	258	67402	12180	738		26852
劳教	130	86	226	4041	724	946		6088
国家保密	15	158	43		83	16		10
缉私警察								
其他公共安全支出	114	191	201	12108	117	1393		10556
教育	**36516**	**74834**	**2716**	**314591**	**100338**	**32403**	**254**	**409112**
教育管理事务	1387	1049	191	7848	2618	759	6	4807
普通教育	12363	36346	947	162256	51940	23227	188	225926
职业教育	9086	13445	817	49917	10735	576	60	67316
成人教育	114	114	46	3610	93	81		10400
广播电视教育	51	309	23		164	2537		1923
留学教育								20
特殊教育	109	67	24	2551	212	7		1500
教师进修及干部继续教育	2503	618	333	3473	2219	134		7622
教育附加及基金支出	10311	20805	113	73972	30249	3219		80246
其他教育支出	592	2081	222	10964	2108	1863		9352
科学技术	**3954**	**10819**	**1267**	**48925**	**3744**	**9064**	**11**	**86650**
科学技术管理事务	673	474	157	733	74	476		1068
基础研究	9	827	26	320	14			500
应用研究	310	788	103	637	235	98		3080
技术研究与开发	1148	4790	141	11189	370	6995	11	22557

2－5－26 单位:万元

地　　区	其他资本性支出						
	小　计	房屋建筑物购建	办公设备购置	专用设备购置	交通工具购置	基础设施建设	大型修缮
国际组织	34		1		33		
对外合作与交流	86		20	18	48		
对外宣传							
边界勘界联检	218		5	30			180
其他外交支出	3550		43	44		585	
国防	**81461**	**16305**	**3428**	**5346**	**3375**	**12319**	**7339**
公共安全	**3537347**	**773373**	**401725**	**596965**	**611652**	**207471**	**212114**
武装警察	232581	32833	7250	70471	22515	23766	12049
公安	2043949	360777	233728	415940	400507	105638	98326
国家安全	80875	22108	14250	16622	5624	1623	6735
检察	366704	116256	49263	34984	66050	15193	15749
法院	472208	171691	59244	25326	71790	29627	22566
司法	65597	15664	16657	2311	14875	4457	3619
监狱	186745	36206	13716	20507	20338	18148	43851
劳教	55135	10058	5000	5965	7128	6937	8238
国家保密	4897	1	990	1743	497	220	5
缉私警察	8		8				
其他公共安全支出	28648	7779	1619	3096	2328	1862	976
教育	**13492217**	**5185631**	**925518**	**2396030**	**132505**	**798658**	**1124791**
教育管理事务	230307	64210	22947	20823	9783	18007	25985
普通教育	8497394	3283537	591187	1539464	67477	461395	632538
职业教育	1799907	643767	114669	453666	31289	94691	88563
成人教育	39721	14839	5517	7117	1579	1756	3984
广播电视教育	62319	19979	5996	11395	1852	5339	4829
留学教育	74			74			
特殊教育	22504	6817	2804	5119	820	577	3878
教师进修及干部继续教育	184508	86596	21352	14169	8703	8623	16105
教育附加及基金支出	2318039	947639	141948	307979	6829	187154	319694
其他教育支出	337444	118247	19098	36224	4173	21116	29215
科学技术	**966654**	**120237**	**42530**	**139936**	**19527**	**147405**	**30192**
科学技术管理事务	20693	1533	4016	1504	3582	3089	794
基础研究	16556	731	921	5800	490	476	1254
应用研究	104620	20645	9059	35447	4998	8559	8328
技术研究与开发	342764	25318	12187	60065	2772	42602	5737

2－5－27

单位:万元

地　　区	其他资本性支出						
	信息网络购　建	物资储备	土地补偿	安置补助	地上附着物和青苗补　偿	拆迁补偿	其他资本性支出
国际组织							
对外合作与交流							
对外宣传							
边界勘界联检							3
其他外交支出	1			2877			
国防	**2830**	**295**	**281**	**3673**	**3**	**283**	**25984**
公共安全	**251866**	**2947**	**9031**	**683**	**367**	**15211**	**453942**
武装警察	4898	1517	560	6	76	78	56562
公安	177486	1271	5846	402	238	12139	231651
国家安全	5425						8488
检察	25204	36	1218	4	50	108	42589
法院	19043	68	1247	58	3	2158	69387
司法	2020		91	1		30	5872
监狱	10652	14	51	40		698	22524
劳教	4418	21	2	174			7194
国家保密	1278			－2			165
缉私警察							
其他公共安全支出	1442	20	16				9510
教育	**303233**	**2019**	**101980**	**7875**	**5360**	**42506**	**2466111**
教育管理事务	14338	29	1348		389	2218	50230
普通教育	184668	761	34796	4066	2337	14523	1680645
职业教育	26913	1037	52493	426	1637	3639	287117
成人教育	1534	20	2	189			3184
广播电视教育	1784		1			160	10984
留学教育							
特殊教育	329		89	－2		620	1453
教师进修及干部继续教育	3509	5	1940	1	65	317	23123
教育附加及基金支出	49544	167	10551	2948	932	9966	332688
其他教育支出	20614		760	247		11063	76687
科学技术	**66684**	**738**	**2624**	**2516**	**21351**	**100**	**372814**
科学技术管理事务	2307		1			5	3862
基础研究	408	30	15		17		6414
应用研究	1667	1	518	2320	40	39	12999
技术研究与开发	39596	623	1666	186	390	37	151585

二、地方财政预算收支情况

2-5-28

单位:万元

地区	贷款转贷及产权参股					其他支出		
	小计	国内贷款	国外贷款	产权参股	其他贷款转贷及产权参股支出	小计	补充全国社会保障基金	其他支出
国际组织								
对外合作与交流						71		71
对外宣传								
边界勘界联检								
其他外交支出						40		40
国防	**48**				**48**	**153679**		**153679**
公共安全	**1294**	**656**		**250**	**388**	**936605**		**936605**
武装警察						170556		170556
公安	837	515		250	72	436719		436719
国家安全						8458		8458
检察	238	10			228	35432		35432
法院	162	75			87	37655		37655
司法	57	56			1	9304		9304
监狱						183493		183493
劳教						20519		20519
国家保密						85		85
缉私警察						300		300
其他公共安全支出						34084		34084
教育	**16808**	**9139**		**3623**	**4046**	**1895410**	**14**	**1895396**
教育管理事务						30533		30533
普通教育	6245	2705			3540	946285		946285
职业教育	6824	6381			443	169780		169780
成人教育	58	37			21	9361		9361
广播电视教育						8092		8092
留学教育						16		16
特殊教育						618		618
教师进修及干部继续教育	602			560	42	18968	14	18954
教育附加及基金支出	2905	16		2889		443629		443629
其他教育支出	174			174		268128		268128
科学技术	**10682**	**2000**		**8350**	**332**	**1016509**		**1016509**
科学技术管理事务						34679		34679
基础研究	62				62	9475		9475
应用研究	8				8	41240		41240
技术研究与开发	10384	2000		8250	134	471613		471613

2-5-29　　　　　　　　　　　　　　　　　　　　　　　　　　单位:万元

地　区	合　计	工资福利支出				
		小　计	基本工资	津贴补贴	奖　金	社会保障缴　费
科技条件与服务	564174	37045	14516	8913	6608	1918
社会科学	177180	54521	22678	21191	5497	1804
科学技术普及	405172	73389	31797	20747	10180	3698
科技交流与合作	30896	1798	614	254	577	70
其他科学技术支出	2431628	50137	20807	9547	7537	6261
文化体育与传媒	**13240471**	**3123012**	**1249224**	**748520**	**453433**	**203300**
文化	3356811	999257	475384	274782	105039	60387
文物	984488	177523	72375	44815	20725	10944
体育	2196623	423542	151735	109907	54307	21850
广播影视	5441441	1393557	497178	287225	257888	100390
新闻出版	397224	96599	42812	24558	10656	6415
其他文化体育与传媒支出	863884	32534	9740	7233	4818	3314
社会保障和就业	**56203176**	**4040406**	**928627**	**592542**	**310348**	**1442884**
社会保障和就业管理事务	2773059	917948	378737	255669	148331	52975
民政管理事务	1756240	471032	214614	127373	56444	20485
财政对社会保险基金的补助	13037277	949772	2518	2114	121	491195
补充全国社会保障基金	497	42	16	26		
行政事业单位离退休	15451954	770769	38759	26092	6148	680682
企业改革补助	2799472	45929	16092	4217	279	20717
就业补助	3867463	110560	11487	9653	1348	50383
抚恤	2240787	78555	37516	20113	7718	4665
退役安置	1785090	65744	22872	16349	8386	7087
社会福利	1311177	322158	113166	70621	51984	34518
残疾人事业	1067017	141658	54394	39518	20037	12827
城市居民最低生活保障	3165758	4880	537	309	27	1179
其他城镇社会救济	352326	31789	13277	9514	3762	1860
自然灾害生活救助	974811	1355	174	145	2	26
红十字事业	68542	16501	6930	5360	2166	522
农村最低生活保障	639510	544	124	23	5	231
其他农村社会救济	1369279	3816	2097	339	152	574
其他社会保障和就业支出	3542917	107354	15317	5107	3438	62958
医疗卫生	**69207941**	**18008004**	**5801551**	**3128042**	**3546875**	**3056382**
医疗卫生管理事务	1186878	380400	177657	107683	47575	18649
医疗服务	43606599	11365505	3701353	2089421	2841969	961272

2－5－30

单位:万元

地 区	工资福利支出				商品和服务支出		
	伙食费	伙 食 补助费	绩效 工资	其他工资 福利支出	小 计	办公费	印刷费
科技条件与服务	125	350	637	3978	205221	10698	1723
社会科学	33	398	580	2340	88924	7486	7665
科学技术普及	173	525	383	5886	208663	15769	7678
科技交流与合作		2	100	181	21328	330	202
其他科学技术支出	21	153	1704	4107	813589	27929	2617
文化体育与传媒	**33693**	**28573**	**74766**	**331503**	**5726628**	**242185**	**110085**
文化	936	6171	9230	67328	1178189	82302	22657
文物	511	2072	1816	24265	381158	16355	6792
体育	30833	9326	3248	42336	874359	32060	4227
广播影视	1252	10112	56470	183042	2584147	78269	17035
新闻出版	120	529	2718	8791	217682	13178	42848
其他文化体育与传媒支出	41	363	1284	5741	491093	20021	16526
社会保障和就业	**4663**	**17142**	**14921**	**729279**	**9835957**	**448159**	**66603**
社会保障和就业管理事务	1504	7234	4869	68629	1032064	99868	37714
民政管理事务	455	2836	1420	47405	780459	72689	14221
财政对社会保险基金的补助	1	61	154	453608	2899745	44682	74
补充全国社会保障基金					364	62	40
行政事业单位离退休	293	822	835	17138	227837	11900	1254
企业改革补助	7	70	739	3808	384479	4691	137
就业补助	27	77	146	37439	1188367	40876	2462
抚恤	324	870	505	6844	220889	9119	1356
退役安置	224	647	536	9643	177637	8497	598
社会福利	1268	3135	4537	42929	486959	18382	2161
残疾人事业	306	839	494	13243	476105	30230	3649
城市居民最低生活保障		1	2	2825	273782	6420	196
其他城镇社会救济	41	292	196	2847	72609	2274	162
自然灾害生活救助		3		1005	134702	786	27
红十字事业	15	86	251	1171	35521	2316	821
农村最低生活保障				161	21032	458	52
其他农村社会救济	122	26		506	104863	2569	206
其他社会保障和就业支出	76	143	237	20078	1318543	92340	1473
医疗卫生	**15772**	**180209**	**447003**	**1832170**	**37931393**	**531278**	**172805**
医疗卫生管理事务	588	2286	1294	24668	544480	46300	12125
医疗服务	10603	143676	379259	1237952	28424538	219846	79331

2－5－31

单位：万元

地　　区	商品和服务支出						
	咨询费	手续费	水　费	电　费	邮电费	取暖费	物　业管理费
科技条件与服务	1573	60	738	2309	2312	551	2331
社会科学	434	31	523	1707	2235	1897	941
科学技术普及	628	45	677	4565	2685	1724	3585
科技交流与合作	21	3	10	48	122	14	135
其他科学技术支出	2092	206	1015	3820	2009	2753	6538
文化体育与传媒	**6612**	**7189**	**31218**	**165849**	**62046**	**67462**	**53343**
文化	1675	495	7134	36085	16370	19815	16425
文物	496	96	2557	15394	3527	5911	6205
体育	703	389	9048	25325	7067	16447	7945
广播影视	3372	5683	11186	84264	29708	23303	21113
新闻出版	176	242	732	2809	3729	1394	925
其他文化体育与传媒支出	190	284	561	1972	1645	592	730
社会保障和就业	**3196**	**15960**	**19036**	**71315**	**54938**	**87579**	**26409**
社会保障和就业管理事务	1296	4910	5970	26272	30088	14963	11789
民政管理事务	575	949	3152	9891	10261	7564	3349
财政对社会保险基金的补助	17	54	40	70	36	71	2
补充全国社会保障基金					2		
行政事业单位离退休	30	62	972	2558	1634	22833	714
企业改革补助	44	10	195	593	88	1816	10
就业补助	470	165	339	952	785	339	287
抚恤	42	3468	1395	4195	1002	4425	717
退役安置	57	50	860	2074	1071	9181	2140
社会福利	238	249	4157	16468	3664	11742	3850
残疾人事业	272	5270	919	3652	4147	2366	2331
城市居民最低生活保障		4	20	1815	8	3672	1
其他城镇社会救济	13	5	357	1138	649	5912	262
自然灾害生活救助	9		6	37	22	154	6
红十字事业	32	20	81	289	579	263	143
农村最低生活保障					1		
其他农村社会救济	2	5	117	89	26	152	23
其他社会保障和就业支出	99	739	456	1222	875	2126	785
医疗卫生	**13036**	**15700**	**186144**	**727382**	**140029**	**262963**	**218922**
医疗卫生管理事务	595	331	2825	9728	11197	5768	3539
医疗服务	9041	11637	150972	571230	78999	196790	184270

2－5－32

单位:万元

地　　区	商品和服务支出					
	交通费	差旅费	出国费	维修(护)费	租赁费	会议费
科技条件与服务	3223	4656	572	6097	3198	4042
社会科学	4046	6044	1168	3361	602	6431
科学技术普及	8154	6745	1971	8122	1644	14158
科技交流与合作	341	636	772	565	487	1615
其他科学技术支出	4423	7306	924	7887	2400	8537
文化体育与传媒	**183288**	**154058**	**22207**	**407142**	**87767**	**114028**
文化	48830	38881	7590	68863	18538	36387
文物	11353	9596	1391	84286	3105	4547
体育	24918	41811	5414	62309	8355	29841
广播影视	87055	53012	5575	175514	54708	28509
新闻出版	6410	5145	672	2866	1089	4062
其他文化体育与传媒支出	4722	5613	1565	13304	1972	10682
社会保障和就业	**161055**	**87312**	**9655**	**200711**	**31212**	**117352**
社会保障和就业管理事务	63351	36062	3556	47379	15624	44215
民政管理事务	32811	19475	2732	26462	6000	29041
财政对社会保险基金的补助	151	153	6	93	26	84
补充全国社会保障基金	22	26		6		58
行政事业单位离退休	6939	5776	176	6242	478	3584
企业改革补助	430	328	6	4055	12	218
就业补助	1909	1953	68	6372	1262	3889
抚恤	3811	1755	71	18102	1141	1795
退役安置	8285	2567	179	12996	393	3445
社会福利	22073	6590	755	51171	1683	4084
残疾人事业	13398	7932	1348	10064	2425	20384
城市居民最低生活保障	97	49		442	2	63
其他城镇社会救济	2991	1487	57	3134	696	373
自然灾害生活救助	363	79	12	3997	34	171
红十字事业	2096	1313	525	556	719	1884
农村最低生活保障	2	1		175		8
其他农村社会救济	243	106	5	2116	7	148
其他社会保障和就业支出	2083	1660	159	7349	710	3908
医疗卫生	**355547**	**186616**	**12877**	**3906476**	**130632**	**121357**
医疗卫生管理事务	33551	15423	2387	31635	2788	21658
医疗服务	168378	91454	6492	3356116	88340	36213

2－5－33

单位:万元

地　　区	商品和服务支出						
	培训费	招待费	专　用 材料费	被　装 购置费	专　用 燃料费	劳务费	委　托 业务费
科技条件与服务	2826	2629	7639	515	109	4560	5584
社会科学	1529	2676	956	54	59	6967	917
科学技术普及	7285	6173	8513	295	325	5350	5790
科技交流与合作	309	1078	593	1	4	285	819
其他科学技术支出	6100	4534	44071	292	785	5933	8121
文化体育与传媒	**52670**	**147716**	**460325**	**20988**	**12094**	**255949**	**128819**
文化	18775	41156	67611	3871	3267	60920	32455
文物	2788	10814	13098	511	1468	16731	4380
体育	10339	17319	49381	2451	2935	17576	11766
广播影视	15326	67608	303019	13155	3832	134563	73262
新闻出版	1751	4826	10966	385	289	13186	2060
其他文化体育与传媒支出	3691	5993	16250	615	303	12973	4896
社会保障和就业	**231272**	**126847**	**178355**	**13091**	**22876**	**102792**	**40848**
社会保障和就业管理事务	34073	54424	21045	4059	1402	29045	19903
民政管理事务	13057	28317	10150	2977	1711	10491	3093
财政对社会保险基金的补助	293	213	1954	117	33	116	428
补充全国社会保障基金	2	90	4			52	
行政事业单位离退休	1557	3393	6939	258	170	1320	428
企业改革补助	758	109	1931	2	382	673	338
就业补助	130409	2878	5383	769	78	23320	2896
抚恤	1188	3302	12896	612	489	1609	199
退役安置	2875	3878	2704	262	352	4209	251
社会福利	3522	12929	89642	1786	16455	18088	2986
残疾人事业	37370	10304	15167	1113	504	7762	7949
城市居民最低生活保障	169	1520	36		833	618	64
其他城镇社会救济	525	1418	397	185	99	683	175
自然灾害生活救助	34	200	2165	504	153	918	89
红十字事业	1900	1244	2982	45	76	619	87
农村最低生活保障	4	11	60				
其他农村社会救济	89	367	484	232		249	84
其他社会保障和就业支出	3447	2250	4416	170	139	3020	1878
医疗卫生	**261554**	**351343**	**24409545**	**71082**	**102777**	**361219**	**81006**
医疗卫生管理事务	17036	22266	81105	2109	1000	8554	3867
医疗服务	135901	165630	20094395	49426	75807	198880	41406

2－5－34

单位:万元

地区	商品和服务支出			对个人和家庭的补助			
	工会经费	福利费	其他商品和服务支出	小计	离休费	退休费	退职(役)费
科技条件与服务	377	1380	135519	8459	406	3896	8
社会科学	662	860	29673	14579	2681	8066	3
科学技术普及	593	1536	94653	15526	1244	8603	12
科技交流与合作	21	26	12891	256	22	182	1
其他科学技术支出	477	1753	661067	38910	1114	22378	38
文化体育与传媒	**24731**	**71759**	**2837098**	**554826**	**33003**	**260852**	**5759**
文化	6700	14466	506921	212966	18155	129265	444
文物	1689	3866	154202	25551	1589	11157	24
体育	3835	5819	477079	101939	4339	29809	4551
广播影视	11447	44164	1239465	189281	6929	80121	707
新闻出版	749	2441	94752	14905	1304	7538	16
其他文化体育与传媒支出	311	1003	364679	10184	687	2962	17
社会保障和就业	**17281**	**62662**	**7639441**	**33463454**	**1482455**	**15115062**	**199328**
社会保障和就业管理事务	7163	18983	398910	305974	15411	110344	2292
民政管理事务	2617	6907	461967	254921	9924	46526	1875
财政对社会保险基金的补助	10	978	2850044	6500645	40747	1672796	1920
补充全国社会保障基金							
行政事业单位离退休	940	5931	141749	14374857	1254200	12608102	19517
企业改革补助	51	1021	366581	412422	369	4287	509
就业补助	223	4139	956144	1686181	1105	548	1006
抚恤	719	3336	144145	1827455	2028	9406	19873
退役安置	659	2225	107829	1357197	141830	596767	145955
社会福利	3291	12068	178925	209141	2791	28762	501
残疾人事业	1047	2365	284137	129999	177	5716	11
城市居民最低生活保障		578	257175	2695768	1087	765	2155
其他城镇社会救济	261	851	48505	208788	867	3867	112
自然灾害生活救助	1	205	124730	686498	176	143	206
红十字事业	96	182	16653	6303	96	498	14
农村最低生活保障		92	20168	583026	75	412	544
其他农村社会救济		1388	96156	1148553	415	595	1701
其他社会保障和就业支出	203	1413	1185623	1075726	11157	25528	1137
医疗卫生	**146207**	**257531**	**4907365**	**8455831**	**92329**	**1154849**	**5384**
医疗卫生管理事务	3108	6642	198943	100586	10960	48261	324
医疗服务	108951	158125	2146908	1587794	59344	732955	2941

2－5－35

单位:万元

地 区	对个人和家庭的补助						
	抚恤金	生活补助	救济费	医疗费	助学金	奖励金	生产补贴
科技条件与服务	91	182	1	214	－1	231	96
社会科学	297	240		403	127	149	6
科学技术普及	317	384	24	390		508	137
科技交流与合作	4	3			1	4	
其他科学技术支出	213	671	2	407	143	5770	518
文化体育与传媒	**9413**	**14086**	**704**	**19624**	**22204**	**13077**	**496**
文化	4428	5364	285	5495	300	2426	79
文物	411	703	16	1065	1	243	137
体育	1345	3229	125	4366	21448	7058	60
广播影视	2861	4280	231	7262	112	2372	215
新闻出版	207	388	29	519	8	677	
其他文化体育与传媒支出	161	122	18	917	335	301	5
社会保障和就业	**1070118**	**4559634**	**2663356**	**346352**	**8181**	**20185**	**42325**
社会保障和就业管理事务	3733	32489	7654	15331	942	4856	3652
民政管理事务	10154	62943	18306	5158	250	2621	516
财政对社会保险基金的补助	10312	732714	7992	139128	50	96	237
补充全国社会保障基金							
行政事业单位离退休	75425	110675	2993	45351	1177	5452	894
企业改革补助	1775	186094	6487	12439	6	13	538
就业补助	8994	353037	11610	3952	328	873	20304
抚恤	873462	664042	23016	11200	87	916	700
退役安置	20313	145733	3104	59774	635	438	220
社会福利	4720	46425	37249	3944	1294	958	806
残疾人事业	1695	22740	22660	4967	1422	2180	4063
城市居民最低生活保障	26321	1158822	1118817	1298	514	25	2878
其他城镇社会救济	882	41576	108647	4689	326	129	153
自然灾害生活救助	4602	174794	349924	649	15	15	4186
红十字事业	1809	127	1136	755	38	24	
农村最低生活保障	4125	212447	285299	1494	491	9	103
其他农村社会救济	12354	354087	600415	2643	255	15	352
其他社会保障和就业支出	9442	260889	58047	33580	351	1565	2723
医疗卫生	**41077**	**106507**	**44633**	**5285599**	**5459**	**19329**	**7092**
医疗卫生管理事务	1742	2540	276	11999	47	1760	31
医疗服务	23387	26139	1737	87866	795	10550	629

2－5－36

单位:万元

地　区	对个人和家庭的补助				对企事业单位的补贴		
	住房公积金	提租补贴	购房补贴	其他对个人和家庭的补助支出	小　计	企业政策性补贴	事业单位补贴
科技条件与服务	1114	94	457	1670	85053	65320	164
社会科学	1423	106	409	669	316	15	130
科学技术普及	2004	181	570	1152	10490	1922	773
科技交流与合作	23	1	9	6	3529	681	103
其他科学技术支出	1393	65	618	5580	760019	228213	2046
文化体育与传媒	**87490**	**10248**	**22824**	**55046**	**144804**	**19410**	**29212**
文化	22101	3254	7867	13503	52932	8920	6146
文物	5363	593	923	3326	5642	15	2317
体育	9679	1808	3190	10932	13881	518	6766
广播影视	46875	4377	9706	23233	32081	172	7189
新闻出版	2334	65	465	1355	16569	6574	3258
其他文化体育与传媒支出	1138	151	673	2697	23699	3211	3536
社会保障和就业	**63848**	**16660**	**61639**	**7814311**	**2131363**	**751420**	**57225**
社会保障和就业管理事务	24850	3066	6435	74919	142865	3732	9711
民政管理事务	9952	1000	2913	82783	11729	406	4052
财政对社会保险基金的补助	42	1	1001	3893609	248179	9912	9236
补充全国社会保障基金							
行政事业单位离退休	7460	9765	39327	194519	7201	1423	4662
企业改革补助	491	3	5	199406	1270120	634185	529
就业补助	1180	12	164	1283068	219375	57109	13146
抚恤	2033	269	1488	218935	1495	684	511
退役安置	2556	611	1547	237714	2009	42	1395
社会福利	9603	972	2635	68481	12046	2388	3931
残疾人事业	3001	352	1770	59245	6154	190	1267
城市居民最低生活保障	172		486	382428	3885	305	3400
其他城镇社会救济	879	393	245	46023	11647	9541	119
自然灾害生活救助	46		558	151184	1250	438	25
红十字事业	447	65	85	1209	25		20
农村最低生活保障	18			78009	983		659
其他农村社会救济	130		102	175489	365	108	83
其他社会保障和就业支出	988	151	2878	667290	192035	30957	4479
医疗卫生	**450104**	**63074**	**123408**	**1056987**	**124864**	**11462**	**62681**
医疗卫生管理事务	8384	885	4390	8987	17348	18	15450
医疗服务	353718	51841	94990	140902	25118	47	12681

2－5－37

单位:万元

地　　区	对企事业单位的补贴		赠　与			债务利息支出	
	财政贴息	其他对企事业单位的补贴支出	小　计	对国内的赠　与	对国外的赠　与	小　计	国库券付　息
科技条件与服务	2646	16923					
社会科学		171					
科学技术普及	22	7773	1	1			
科技交流与合作		2745					
其他科学技术支出	30556	499204	26	25	1		
文化体育与传媒	**9500**	**86682**	**861**	**861**		**24596**	
文化	31	37835	189	189			
文物	60	3250	3	3			
体育	100	6497	505	505		24596	
广播影视	7253	17467	67	67			
新闻出版	211	6526					
其他文化体育与传媒支出	1845	15107	97	97			
社会保障和就业	**17457**	**1305261**	**10799**	**10685**	**114**	**2158**	
社会保障和就业管理事务	215	129207	110	110			
民政管理事务	90	7181	6683	6569	114		
财政对社会保险基金的补助		229031					
补充全国社会保障基金							
行政事业单位离退休		1116	1	1			
企业改革补助	90	635316				1486	
就业补助	16134	132986				269	
抚恤	66	234	2	2			
退役安置		572	80	80			
社会福利	506	5221	3255	3255			
残疾人事业	51	4646	406	406		10	
城市居民最低生活保障		180					
其他城镇社会救济		1987	54	54			
自然灾害生活救助		787					
红十字事业		5	207	207			
农村最低生活保障		324					
其他农村社会救济		174	1	1			
其他社会保障和就业支出	305	156294				393	
医疗卫生	**12127**	**38594**	**149**	**138**	**11**	**981**	
医疗卫生管理事务	276	1604	19	19		45	
医疗服务	6095	6295				46	

2－5－38

单位:万元

地　　区	债务利息支出					基本建设支出	
	向国家银行借款付息	其他国内借款付息	向国外政府借款付息	向国际组织借款付息	其他国外借款付息	小　计	房屋建筑物购建
科技条件与服务						59796	49331
社会科学						2116	283
科学技术普及						17498	7696
科技交流与合作						718	
其他科学技术支出						95392	11579
文化体育与传媒	**4596**	**20000**				**1167190**	**574667**
文化						332538	193553
文物						150357	66305
体育	4596	20000				314287	116228
广播影视						311167	177202
新闻出版						11573	8028
其他文化体育与传媒支出						47268	13351
社会保障和就业	**245**	**1887**	**26**			**565337**	**185015**
社会保障和就业管理事务						136527	17841
民政管理事务						59399	30222
财政对社会保险基金的补助						12510	3
补充全国社会保障基金							
行政事业单位离退休						3641	1454
企业改革补助		1486				1269	609
就业补助	93	150	26			27129	15025
抚恤						10939	3563
退役安置						101425	7698
社会福利						78711	44542
残疾人事业	10					46955	28882
城市居民最低生活保障						15	
其他城镇社会救济						7161	6122
自然灾害生活救助						41518	12422
红十字事业						2129	1082
农村最低生活保障						25	
其他农村社会救济						9361	5040
其他社会保障和就业支出	142	251				26623	10510
医疗卫生	**203**	**447**	**24**	**205**	**102**	**1057144**	**668199**
医疗卫生管理事务		39		6		32943	15002
医疗服务	46					580811	418504

2－5－39

单位:万元

地　　区	基本建设支出							
	办公设备购置	专用设备购置	交通工具购置	基础设施建设	大型修缮	信息网络购建	物资储备	其他基本建设支出
科技条件与服务	283	982	148	7967	81	306		698
社会科学	300	145	210	25	1090	4		59
科学技术普及	348	190	397	5817	1276	48		1726
科技交流与合作		14						704
其他科学技术支出	883	2609	85	22237	604	1137		56258
文化体育与传媒	**6755**	**41156**	**2389**	**201505**	**50262**	**6399**	**715**	**283342**
文化	3673	8062	703	35279	6136	1363	58	83711
文物	275	806	230	36853	10188	9		35691
体育	1247	2508	344	69350	27283	28		97299
广播影视	894	27506	545	39232	1847	4414	655	58872
新闻出版	199	556	359	1652	171	79		529
其他文化体育与传媒支出	467	1718	208	19139	4637	506	2	7240
社会保障和就业	**5869**	**3462**	**3098**	**88958**	**20055**	**9873**	**181**	**248826**
社会保障和就业管理事务	2205	1418	999	7170	1511	6553		98830
民政管理事务	1374	126	504	12175	2862	316	1	11819
财政对社会保险基金的补助	1				447	－1		12060
补充全国社会保障基金								
行政事业单位离退休	106	38	117	210	688	17		1011
企业改革补助	26			220	5			409
就业补助	442	692	74	1664	101	2281		6850
抚恤	533	106	65	1459	3158			2055
退役安置	44	10	173	3896	436	5		89163
社会福利	260	601	515	20998	3440	10		8345
残疾人事业	642	161	316	11987	249	223	49	4446
城市居民最低生活保障								15
其他城镇社会救济	53	2	115	191	37	－1		642
自然灾害生活救助	17	23	7	13993	7063	4	131	7858
红十字事业	53	22	168	63	8	3		730
农村最低生活保障								25
其他农村社会救济	16			2611	30			1664
其他社会保障和就业支出	97	263	45	12321	20	463		2904
医疗卫生	**8707**	**71484**	**3715**	**142699**	**26335**	**1955**	**267**	**133783**
医疗卫生管理事务	1090	1547	534	2407	464	742		11157
医疗服务	2496	35922	1672	56399	13289	330		52199

2-5-40

单位:万元

地　　区	其他资本性支出						
	小　计	房屋建筑物购建	办公设备购　置	专用设备购　置	交通工具购　置	基础设施建　设	大型修缮
科技条件与服务	110248	62617	5057	13808	1268	2843	3196
社会科学	13519	4520	2356	580	1713	118	1526
科学技术普及	61721	2445	2714	3080	3110	4183	6860
科技交流与合作	1334	50	154	62	24	7	10
其他科学技术支出	295199	2378	6066	19590	1570	85528	2487
文化体育与传媒	**1805931**	**349970**	**81565**	**432676**	**61836**	**229483**	**134554**
文化	445624	97851	29929	70301	17185	37657	23498
文物	201348	37299	7281	4293	4571	30720	49958
体育	335042	95849	9866	37896	8416	77442	31497
广播影视	704935	90405	28266	298261	26452	71820	21617
新闻出版	23305	4344	2935	4835	2750	219	507
其他文化体育与传媒支出	95677	24222	3288	17090	2462	11625	7477
社会保障和就业	**1466618**	**192316**	**70896**	**52989**	**55410**	**82985**	**66960**
社会保障和就业管理事务	161920	36063	30397	9783	20053	4999	10166
民政管理事务	102561	27313	10560	3955	8274	8884	8707
财政对社会保险基金的补助	53937		2507	172	87	343	521
补充全国社会保障基金	91		32	59			
行政事业单位离退休	9350	842	1456	600	2419	210	2098
企业改革补助	193305	1666	71	491	337	106	1883
就业补助	133477	14399	6354	4862	1725	17343	6597
抚恤	52946	14211	1399	4970	1196	5083	10260
退役安置	31422	6590	1879	292	3585	1762	2847
社会福利	161955	49626	7017	17323	9832	19585	12753
残疾人事业	109636	22354	4722	7357	4057	6201	3851
城市居民最低生活保障	8912	22	170	14		2463	5
其他城镇社会救济	8316	1649	789	685	1382	703	972
自然灾害生活救助	51278	6055	127	798	504	9592	1969
红十字事业	5277	916	776	534	1112	185	1029
农村最低生活保障	7067		9				
其他农村社会救济	15294	5170	229	25	27	2466	618
其他社会保障和就业支出	359874	5440	2402	1069	820	3060	2684
医疗卫生	**2585176**	**456604**	**160618**	**1136461**	**89292**	**121363**	**159719**
医疗卫生管理事务	89446	16315	11323	19682	10818	7339	5824
医疗服务	1430838	249660	83653	710932	21620	59688	97731

2－5－41

单位:万元

地　　区	其他资本性支出						
	信息网络购　建	物资储备	土地补偿	安置补助	地上附着物和青苗补　偿	拆迁补偿	其他资本性支出
科技条件与服务	4893	1	15				16550
社会科学	643	9			27		2027
科学技术普及	1832	4		1	10	19	37463
科技交流与合作	28						999
其他科学技术支出	15310	70	409	9	20867		140915
文化体育与传媒	**37798**	**276**	**19215**	**2703**	**880**	**11604**	**443371**
文化	12610	10	11040	44	460	949	144090
文物	714	70	3740	2377	310	4722	55293
体育	1002	32	1274	216	15	5236	66301
广播影视	19933	137	2647	67	95	697	144538
新闻出版	1340		412				5963
其他文化体育与传媒支出	2199	27	102	－1			27186
社会保障和就业	**42528**	**2286**	**16787**	**202998**	**327**	**1282**	**678854**
社会保障和就业管理事务	21501	1	1	4461	2	14	24479
民政管理事务	2817	255	106	641	186	161	30702
财政对社会保险基金的补助	54		3383	600			46270
补充全国社会保障基金							
行政事业单位离退休	185		20	43			1477
企业改革补助	7			61973		615	126156
就业补助	10807	101	390	7669	10	60	63160
抚恤	224		65	2492	12		13034
退役安置	79	10		4327			10051
社会福利	1085	202	1081	55	44	228	43124
残疾人事业	1180	9	183	400	1	23	59298
城市居民最低生活保障	43			91			6104
其他城镇社会救济	12		300	43			1781
自然灾害生活救助	147	1458	20	1697	72	147	28692
红十字事业	123	181		99			322
农村最低生活保障	2						7056
其他农村社会救济		69		1662		34	4994
其他社会保障和就业支出	4262		11238	116745			212154
医疗卫生	**47338**	**10485**	**2403**	**843**	**2290**	**1597**	**396163**
医疗卫生管理事务	4499	15	606	1		81	12943
医疗服务	20588	6813	1117	370	2148	1411	175107

二、地方财政预算收支情况

2－5－42

单位:万元

地　　区	贷款转贷及产权参股					其他支出		
	小　计	国内贷款	国外贷款	产权参股	其他贷款转贷及产权参股支出	小　计	补充全国社会保障基金	其他支出
科技条件与服务	18				18	58334		58334
社会科学						3205		3205
科学技术普及	15				15	17869		17869
科技交流与合作						1933		1933
其他科学技术支出	195			100	95	378161		378161
文化体育与传媒	**9298**	**907**			**8391**	**683325**		**683325**
文化	23				23	135093		135093
文物	55	45			10	42851		42851
体育						108472		108472
广播影视	9195	862			8333	217011		217011
新闻出版						16591		16591
其他文化体育与传媒支出	25				25	163307		163307
社会保障和就业	**16028**	**209**			**15819**	**4671056**	**38040**	**4633016**
社会保障和就业管理事务	51	40			11	75600		75600
民政管理事务	1				1	69455		69455
财政对社会保险基金的补助						2372489	28184	2344305
补充全国社会保障基金								
行政事业单位离退休						58298		58298
企业改革补助						490462	50	490412
就业补助	15446	110			15336	486659	7819	478840
抚恤						48506		48506
退役安置						49576		49576
社会福利	59	59				36893		36893
残疾人事业	359				359	155735		155735
城市居民最低生活保障	107				107	178409	1987	176422
其他城镇社会救济						11962		11962
自然灾害生活救助						58210		58210
红十字事业						2579		2579
农村最低生活保障						26833		26833
其他农村社会救济						87026		87026
其他社会保障和就业支出	5				5	462364		462364
医疗卫生	**1020**	**356**			**664**	**1043379**	**7016**	**1036363**
医疗卫生管理事务						21611		21611
医疗服务	16	16				191933	78	191855

2－5－43

单位:万元

地　　区	合　计	工资福利支出				
		小　计	基本工资	津贴补贴	奖　金	社会保障缴　费
社区卫生服务	1782783	422752	120194	65045	101507	55380
医疗保障	9365697	1733495	19349	6940	4062	1686284
疾病预防控制	2690577	766648	337880	201423	101230	41767
卫生监督	494187	230165	90862	67773	35849	12137
妇幼保健	1491710	508261	202488	105185	81019	32351
农村卫生	7494616	2415008	1087256	445883	300161	230786
中医药	84454	11316	5316	3401	951	509
其他医疗卫生支出	1010440	174454	59196	35288	32552	17247
环境保护	**8816915**	**727869**	**260625**	**167252**	**68513**	**152581**
环境保护管理事务	734596	310521	137986	95572	40368	15887
环境监测与监察	502843	146942	59903	43772	21449	8021
污染防治	3434859	37914	15808	8934	3668	3143
自然生态保护	257180	3358	1192	743	219	113
天然林保护	1125844	221791	43049	16327	1709	125066
退耕还林	2180116	1040	413	122	13	2
风沙荒漠治理	148246					
退牧还草	187064					
已垦草原退耕还草						
其他环境保护支出	246167	6303	2274	1782	1087	349
城乡社区事务	**105615810**	**4763150**	**1799458**	**1172783**	**657028**	**385137**
城乡社区管理事务	6825115	2338213	869492	618552	397021	150250
城乡社区规划与管理	1163529	162788	62287	38797	29099	13536
城乡社区公共设施	21561287	393510	180951	97164	37760	35825
城乡社区住宅	1198304	156388	63010	32494	22556	20568
城乡社区环境卫生	5049124	1287522	474435	293535	112645	110648
建设市场管理与监督	293871	108885	39446	25079	19631	11756
政府住房基金支出	454687	30253	8882	7339	5338	3753
国有土地使用权出让金支出	59475814	50863	15211	10031	3236	14082
城市公用事业附加支出	1272373	17476	6908	4336	1837	2806
国有土地收益基金支出	1422975	504	133	79	27	104
农业土地开发资金支出	587152	49	3	3		1
其他城乡社区事务支出	6311579	216699	78700	45374	27878	21808
农林水事务	**37859897**	**5428819**	**2919141**	**1467085**	**433261**	**266232**
农业	16231798	3049874	1643852	827013	243570	136277

2－5－44

单位:万元

地　　区	工资福利支出				商品和服务支出		
	伙食费	伙食补助费	绩效工资	其他工资福利支出	小计	办公费	印刷费
社区卫生服务	639	4909	7169	67909	1116708	16185	5661
医疗保障	751	242	290	15577	928390	42892	6523
疾病预防控制	693	5885	10937	66833	1448619	48062	19686
卫生监督	290	2351	2547	18356	176714	15672	6271
妇幼保健	567	4874	14900	66877	726235	22097	6941
农村卫生	1473	14105	26679	308665	4048489	105909	29070
中医药	12	71	138	918	38852	894	353
其他医疗卫生支出	156	1810	3790	24415	478368	13421	6844
环境保护	**432**	**3889**	**3060**	**71517**	**2786107**	**86480**	**14176**
环境保护管理事务	194	2110	901	17503	268819	25171	6202
环境监测与监察	173	1318	1298	11008	210763	14725	2978
污染防治	33	318	302	5708	968802	34323	3531
自然生态保护	1	24	8	1058	79999	2311	524
天然林保护	6	71	531	35032	724389	5612	295
退耕还林	1			489	420169	2516	374
风沙荒漠治理					4533	26	4
退牧还草					57753	21	1
已垦草原退耕还草							
其他环境保护支出	24	48	20	719	50880	1775	267
城乡社区事务	**6081**	**41542**	**43396**	**657725**	**23805623**	**580389**	**60820**
城乡社区管理事务	3154	20164	14657	264923	2541560	176412	28010
城乡社区规划与管理	139	995	3036	14899	463800	30559	5643
城乡社区公共设施	272	3544	5506	32488	4285272	101769	5703
城乡社区住宅	199	1109	1535	14917	343908	17721	4962
城乡社区环境卫生	1811	11959	12542	269947	2057668	53795	3860
建设市场管理与监督	112	872	1238	10751	108636	8966	1613
政府住房基金支出	55	415	1123	3348	193248	3578	1356
国有土地使用权出让金支出	8	120	429	7746	11147451	124384	5117
城市公用事业附加支出	9	70	2	1508	495046	11942	299
国有土地收益基金支出		2	5	154	221115	979	34
农业土地开发资金支出			5	37	145118	3310	131
其他城乡社区事务支出	322	2292	3318	37007	1802801	46974	4092
农林水事务	**3238**	**25598**	**33809**	**280455**	**12751199**	**705386**	**76941**
农业	1671	14093	16374	167024	6044204	475488	44525

2－5－45

单位:万元

地　　区	商品和服务支出						
	咨询费	手续费	水　费	电　费	邮电费	取暖费	物　业 管理费
社区卫生服务	345	266	2837	12916	3840	3560	4053
医疗保障	32	296	172	3075	1085	257	70
疾病预防控制	837	621	5386	23435	11494	13274	5154
卫生监督	132	82	738	2992	4153	2603	1470
妇幼保健	579	538	5094	19169	4949	8067	4572
农村卫生	1194	1801	16590	77050	19987	28867	13682
中医药	28	2	120	296	117	212	25
其他医疗卫生支出	253	126	1410	7491	4208	3565	2087
环境保护	**3558**	**884**	**10085**	**22242**	**14076**	**11158**	**4503**
环境保护管理事务	1006	371	1568	5828	6748	4428	2189
环境监测与监察	1325	185	968	4197	3623	2159	1345
污染防治	881	273	7182	10005	2854	1917	843
自然生态保护	176	21	56	98	85	82	28
天然林保护	6	8	170	1348	454	2469	6
退耕还林	14	1	32	81	124	21	4
风沙荒漠治理					1	3	
退牧还草	2			1		9	
已垦草原退耕还草							
其他环境保护支出	148	25	109	684	187	70	88
城乡社区事务	**20171**	**26326**	**63407**	**304676**	**71186**	**92733**	**70279**
城乡社区管理事务	6116	5905	14939	60055	40331	29070	26707
城乡社区规划与管理	7574	478	1340	5910	3214	2042	3233
城乡社区公共设施	1873	12753	13584	115921	5616	27292	12024
城乡社区住宅	613	1077	1253	3940	2664	4200	3665
城乡社区环境卫生	475	977	25562	36394	8400	19541	15301
建设市场管理与监督	305	153	607	2417	2200	1232	1672
政府住房基金支出	118	67	192	850	1357	539	845
国有土地使用权出让金支出	2129	1454	1475	6903	2312	2588	2070
城市公用事业附加支出	30	488	1325	57057	1476	1744	1782
国有土地收益基金支出	16	1	19	110	31	6	8
农业土地开发资金支出	108		44	68	14	17	115
其他城乡社区事务支出	814	2973	3067	15051	3571	4462	2857
农林水事务	**11745**	**6846**	**33355**	**102143**	**74058**	**71948**	**17872**
农业	4485	2053	17060	45549	38090	39287	7536

2-5-46

单位:万元

地　　区	商品和服务支出					
	交通费	差旅费	出国费	维修(护)费	租赁费	会议费
社区卫生服务	5504	2337	197	46153	9851	4169
医疗保障	2482	1524	27	7078	488	2429
疾病预防控制	43556	24641	1988	46674	3115	20583
卫生监督	20291	7926	314	6986	2274	6042
妇幼保健	13967	8502	314	68605	3390	5777
农村卫生	52118	27766	315	316985	17031	12962
中医药	386	427	54	3055	92	646
其他医疗卫生支出	15314	6616	789	23189	3263	10878
环境保护	**67187**	**35666**	**3393**	**75565**	**4968**	**29804**
环境保护管理事务	25379	12772	2019	10819	1749	12900
环境监测与监察	17033	9885	729	9558	1538	5986
污染防治	17563	8826	478	48135	1325	7871
自然生态保护	1060	976	138	1831	109	1097
天然林保护	3992	2146	7	3411	62	748
退耕还林	986	446	12	583	96	456
风沙荒漠治理	24	20		172		39
退牧还草	3	2				
已垦草原退耕还草						
其他环境保护支出	1147	593	10	1056	89	707
城乡社区事务	**460051**	**123569**	**13542**	**1417231**	**63592**	**109017**
城乡社区管理事务	180195	61698	8139	175532	28285	57124
城乡社区规划与管理	14944	9821	1366	27377	2374	6780
城乡社区公共设施	38047	10333	848	543173	7341	7235
城乡社区住宅	7557	4565	201	42234	3208	3861
城乡社区环境卫生	172888	14279	954	215330	9955	9144
建设市场管理与监督	8149	4207	656	7164	1737	4008
政府住房基金支出	2879	1297	88	2776	2163	1509
国有土地使用权出让金支出	15277	8984	657	256443	3513	10390
城市公用事业附加支出	2210	896	46	56107	442	455
国有土地收益基金支出	290	157		2345	2	251
农业土地开发资金支出	197	115	5	3229	99	272
其他城乡社区事务支出	17418	7217	582	85521	4473	7988
农林水事务	**325045**	**196344**	**11925**	**473938**	**24624**	**185813**
农业	164793	100916	7333	166189	11890	107085

2-5-47

单位:万元

地区	商品和服务支出						
	培训费	招待费	专用材料费	被装购置费	专用燃料费	劳务费	委托业务费
社区卫生服务	8742	7502	716768	1440	2360	20946	3945
医疗保障	2526	2163	36849	330	228	1230	1521
疾病预防控制	26805	28328	693712	3055	4671	33146	11113
卫生监督	7596	10638	21880	1631	825	3584	1982
妇幼保健	10535	13082	361873	2558	2793	15788	3935
农村卫生	38251	93961	2282320	9955	14242	68757	9897
中医药	2442	225	10010	136	120	434	312
其他医疗卫生支出	11720	7548	110633	442	731	9900	3028
环境保护	**17438**	**37386**	**90468**	**6506**	**3879**	**68959**	**32325**
环境保护管理事务	5945	16043	11984	1118	748	5718	5387
环境监测与监察	4282	8670	19214	1468	451	5636	7619
污染防治	4513	9823	46632	3689	2064	13187	16837
自然生态保护	416	1059	2626	11	80	1683	1298
天然林保护	1822	776	3002	134	489	37442	85
退耕还林	194	396	4659	1	39	4613	382
风沙荒漠治理			4			67	63
退牧还草			3				
已垦草原退耕还草							
其他环境保护支出	266	619	2344	85	8	613	654
城乡社区事务	**68597**	**185271**	**827013**	**23089**	**128335**	**449610**	**377399**
城乡社区管理事务	34558	98142	97116	10216	18354	101690	42397
城乡社区规划与管理	3684	11662	13025	601	640	29094	45351
城乡社区公共设施	5517	14230	191635	2589	48311	56801	23750
城乡社区住宅	2300	6396	7177	856	3611	4172	10670
城乡社区环境卫生	6927	22762	139373	4083	47629	158064	57054
建设市场管理与监督	2544	6461	2867	335	425	3139	4681
政府住房基金支出	1023	2115	270	105	47	615	1627
国有土地使用权出让金支出	5672	10257	328498	1028	6477	64320	175610
城市公用事业附加支出	1177	731	11946	1826	302	2374	2112
国有土地收益基金支出	263	190	1524		16	282	105
农业土地开发资金支出	229	152	5253	4	14	885	986
其他城乡社区事务支出	4703	12173	28329	1446	2509	28174	13056
农林水事务	**250210**	**223499**	**1114397**	**15026**	**42131**	**286468**	**108799**
农业	186569	112733	716747	6135	20445	109122	39721

2－5－48

单位:万元

地区	商品和服务支出			对个人和家庭的补助			
	工会经费	福利费	其他商品和服务支出	小计	离休费	退休费	退职(役)费
社区卫生服务	4913	10386	221832	79024	1095	30511	30
医疗保障	127	6088	808898	5995611	2444	5466	666
疾病预防控制	7579	14996	356708	145014	7946	65370	197
卫生监督	2211	4874	43547	25466	1498	9348	37
妇幼保健	4897	9652	128561	70159	1497	29573	57
农村卫生	12349	42737	754693	397753	5873	219344	1021
中医药	71	173	18222	2585	78	1045	1
其他医疗卫生支出	2001	3858	229053	51839	1594	12976	110
环境保护	**4947**	**9519**	**2130935**	**1087333**	**2138**	**24235**	**95**
环境保护管理事务	2031	3873	96823	34778	1661	14151	31
环境监测与监察	1479	2460	83250	18341	399	7629	32
污染防治	502	1613	723935	15196	29	965	
自然生态保护	20	82	64132	1979	12	113	
天然林保护	822	1230	657853	55253	37	1113	32
退耕还林	13	110	404016	901115		91	
风沙荒漠治理			4110	20558			
退牧还草			57711	39166			
已垦草原退耕还草							
其他环境保护支出	80	151	39105	947		173	
城乡社区事务	**40993**	**168651**	**18059676**	**1733834**	**26126**	**378919**	**1917**
城乡社区管理事务	18766	44807	1176996	352376	17493	131712	640
城乡社区规划与管理	1711	4224	231153	26012	675	9144	42
城乡社区公共设施	4227	13435	3021265	103583	1781	42091	145
城乡社区住宅	1456	4938	200611	168298	1069	13048	37
城乡社区环境卫生	10475	27226	997220	264295	3842	152226	935
建设市场管理与监督	1087	3343	38668	13350	200	3968	3
政府住房基金支出	396	725	166711	37114		403	4
国有土地使用权出让金支出	607	64242	10047044	658795	157	8231	1
城市公用事业附加支出	128	659	337492	6002	124	1012	
国有土地收益基金支出	24	50	214412	12166	24	134	1
农业土地开发资金支出	14	87	129770	14456			
其他城乡社区事务支出	2102	4915	1498334	77387	761	16950	109
农林水事务	**27421**	**73028**	**8292237**	**3271352**	**49183**	**562893**	**3280**
农业	13000	34060	3573393	2132526	28027	318304	2217

2－5－49

单位:万元

地区	对个人和家庭的补助						
	抚恤金	生活补助	救济费	医疗费	助学金	奖励金	生产补贴
社区卫生服务	1355	1453	228	11140	89	284	7
医疗保障	3885	51504	36991	5107340	3600	417	5793
疾病预防控制	2477	4462	1179	12721	118	2051	199
卫生监督	342	571	28	1758	6	407	108
妇幼保健	592	2584	2172	6391	225	1187	228
农村卫生	6885	16134	1931	30500	67	2007	97
中医药	6	33	6	332	147	25	
其他医疗卫生支出	406	1087	85	15552	365	641	
环境保护	**1454**	**601759**	**393**	**5576**	**20**	**2911**	**103802**
环境保护管理事务	556	621	87	2935	8	1049	108
环境监测与监察	190	269	21	965		570	36
污染防治	32	814	28	179		1056	2859
自然生态保护	3	25		3		119	254
天然林保护	188	43206	126	504		7	614
退耕还林	480	521708	129	927	12	90	96980
风沙荒漠治理		10402					451
退牧还草		24689					2500
已垦草原退耕还草							
其他环境保护支出	5	25	2	63		20	
城乡社区事务	**12435**	**103988**	**6044**	**40483**	**376**	**18541**	**14479**
城乡社区管理事务	5375	14690	2131	11488	134	9663	1191
城乡社区规划与管理	300	765	29	821	7	1020	212
城乡社区公共设施	996	5781	140	2794	148	1040	938
城乡社区住宅	500	2205	1349	1899	9	342	9
城乡社区环境卫生	4248	7852	275	12074	50	3070	798
建设市场管理与监督	185	461	21	686	9	163	9
政府住房基金支出	10	2936	1072	471		576	162
国有土地使用权出让金支出	137	63105	424	8389	14	745	6315
城市公用事业附加支出	47	68	1	115		37	647
国有土地收益基金支出	7	43		7		5	
农业土地开发资金支出		586	6			36	2843
其他城乡社区事务支出	630	5496	596	1739	5	1844	1355
农林水事务	**23489**	**700753**	**44029**	**23306**	**1606**	**24253**	**902172**
农业	12076	468643	29960	10407	884	16534	723505

2-5-50

单位:万元

地　　区	对个人和家庭的补助				对企事业单位的补贴		
	住　房 公积金	提租 补贴	购房 补贴	其他对个人 和家庭的 补助支出	小　计	企业政策 性补贴	事业单位 补　　贴
社区卫生服务	13327	1486	2258	15761	10810	400	6466
医疗保障	993	16	80	776416	42061	9546	15023
疾病预防控制	17784	2264	6537	21709	3609	54	2166
卫生监督	5859	830	1352	3322	248	17	184
妇幼保健	11789	1379	2919	9566	3257	544	1255
农村卫生	32862	3502	9627	67903	17033	674	7824
中医药	268	9		635	448	147	218
其他医疗卫生支出	5120	862	1255	11786	4932	15	1414
环境保护	**12631**	**3252**	**4694**	**324373**	**573706**	**184498**	**8636**
环境保护管理事务	7004	865	2685	3017	4399	229	1025
环境监测与监察	4271	456	1556	1947	3752	1304	888
污染防治	873	83	138	8140	350095	134215	4146
自然生态保护	36	4	1	1409	9816	4755	324
天然林保护	284	1	217	8924	4944	3385	159
退耕还林	2	1826		278870	188986	37827	2047
风沙荒漠治理				9705	12		
退牧还草				11977	8		
已垦草原退耕还草							
其他环境保护支出	161	17	97	384	11694	2783	47
城乡社区事务	**142740**	**22141**	**111784**	**853861**	**1232428**	**286538**	**99085**
城乡社区管理事务	63622	7576	26293	60368	64879	4737	20143
城乡社区规划与管理	6208	717	1354	4718	7473	41	1515
城乡社区公共设施	13655	1239	9768	23067	276736	91282	10806
城乡社区住宅	6207	2609	15258	123757	21185	1839	475
城乡社区环境卫生	34777	5995	10614	27539	71197	9224	10243
建设市场管理与监督	3984	303	1327	2031	1324		960
政府住房基金支出	3641	813	20025	7001	4193	3545	631
国有土地使用权出让金支出	2250	2039	24423	542565	611629	143281	41678
城市公用事业附加支出	425	33	20	3473	36429	15639	1604
国有土地收益基金支出	24			11921	2975	1000	100
农业土地开发资金支出	16			10969	15760	4441	2997
其他城乡社区事务支出	7931	817	2702	36452	118648	11509	7933
农林水事务	**93275**	**10746**	**30539**	**801828**	**851834**	**180697**	**81563**
农业	47874	5023	16559	452513	523160	117726	52079

2－5－51

单位:万元

地　　区	对企事业单位的补贴		赠　与			债务利息支出	
	财政贴息	其他对企事业单位的补贴支出	小　计	对国内的赠与	对国外的赠与	小　计	国库券付息
社区卫生服务		3944					
医疗保障	3883	13609					
疾病预防控制	78	1311	30	30		162	
卫生监督		47				2	
妇幼保健	1194	264	12	1	11	146	
农村卫生	15	8520	1	1		168	
中医药		83					
其他医疗卫生支出	586	2917	87	87		412	
环境保护	**4365**	**376207**	**61**	**61**		**13316**	
环境保护管理事务	40	3105	53	53			
环境监测与监察		1560					
污染防治	3843	207891	8	8		316	
自然生态保护	65	4672					
天然林保护		1400					
退耕还林	13	149099					
风沙荒漠治理		12					
退牧还草		8					
已垦草原退耕还草							
其他环境保护支出	404	8460				13000	
城乡社区事务	**165324**	**681481**	**3403**	**3403**		**176262**	**409**
城乡社区管理事务	11496	28503	123	123		13656	
城乡社区规划与管理	4100	1817	9	9			
城乡社区公共设施	45962	128686	2584	2584		39778	133
城乡社区住宅	14747	4124	10	10			
城乡社区环境卫生	299	51431	141	141		810	
建设市场管理与监督		364	42	42			
政府住房基金支出		17					
国有土地使用权出让金支出	75209	351461	334	334		105900	276
城市公用事业附加支出	4447	14739				281	
国有土地收益基金支出	1691	184				150	
农业土地开发资金支出	415	7907					
其他城乡社区事务支出	6958	92248	160	160		15687	
农林水事务	**108508**	**481066**	**23138**	**23114**	**24**	**7250**	
农业	27634	325721	209	195	14	4502	

二、地方财政预算收支情况

2－5－52 单位:万元

地区	债务利息支出					基本建设支出	
	向国家银行借款付息	其他国内借款付息	向国外政府借款付息	向国际组织借款付息	其他国外借款付息	小计	房屋建筑物购建
社区卫生服务						41500	10594
医疗保障						8467	208
疾病预防控制		131	6	25		72147	37710
卫生监督	2					8804	6868
妇幼保健	5	12	2	66	61	64581	47721
农村卫生		168				195858	104056
中医药						9383	5219
其他医疗卫生支出	150	97	16	108	41	42650	22317
环境保护	**2090**	**11226**				**1193312**	**49343**
环境保护管理事务						46436	4954
环境监测与监察						21549	7716
污染防治	90	226				748845	31025
自然生态保护						64538	691
天然林保护						61779	171
退耕还林						58099	385
风沙荒漠治理						93508	1495
退牧还草						77384	944
已垦草原退耕还草							
其他环境保护支出	2000	11000				21174	1962
城乡社区事务	**117796**	**40385**	**413**	**16251**	**1008**	**16456257**	**552648**
城乡社区管理事务	13315	316	3	8	14	384477	19281
城乡社区规划与管理						71096	4331
城乡社区公共设施	29621	9171	410	443		5417166	98729
城乡社区住宅						167578	56667
城乡社区环境卫生	793	17				270747	20925
建设市场管理与监督						7821	1217
政府住房基金支出						4926	2994
国有土地使用权出让金支出	58946	29884		15800	994	8932037	313668
城市公用事业附加支出	150	131				83554	7135
国有土地收益基金支出		150				45088	2144
农业土地开发资金支出						32324	172
其他城乡社区事务支出	14971	716				1039443	25385
农林水事务	**2643**	**2211**	**26**	**1853**	**517**	**4174933**	**139696**
农业	2558	1078		866		1107317	68704

2-5-53

单位:万元

地区	基本建设支出							
	办公设备购置	专用设备购置	交通工具购置	基础设施建设	大型修缮	信息网络购建	物资储备	其他基本建设支出
社区卫生服务	1279	1842	26	17540	1563	31	20	8605
医疗保障	164	830	46	298	1105	73		5743
疾病预防控制	1475	4206	403	14364	2543	72	32	11342
卫生监督	404	416	344	70	121	10		571
妇幼保健	447	2908	126	4540	1785	248	14	6792
农村卫生	1034	20254	154	36496	5032	148	96	28588
中医药	52	748		3064	198	2	65	35
其他医疗卫生支出	266	2811	410	7521	235	299	40	8751
环境保护	**3461**	**33734**	**4085**	**506809**	**19551**	**1566**	**176**	**574587**
环境保护管理事务	508	920	450	4828	126	288		34362
环境监测与监察	742	4245	1361	2702	1041	968		2774
污染防治	1718	25222	1991	372965	15301	220	1	300402
自然生态保护	33	265		29336	277	60	50	33826
天然林保护	210	598	128	10822	121			49729
退耕还林	74	51		13996	55	30	125	43383
风沙荒漠治理	10	411		28508	61			63023
退牧还草		41		36492				39907
已垦草原退耕还草								
其他环境保护支出	166	1981	155	7160	2569			7181
城乡社区事务	**12100**	**30836**	**12040**	**9906943**	**141205**	**11447**	**1146**	**5787892**
城乡社区管理事务	2934	3647	2668	207545	3552	675	7	144168
城乡社区规划与管理	454	466	406	48052	393	731		16263
城乡社区公共设施	4225	5627	2226	3575596	42374	2855		1685534
城乡社区住宅	580	38	92	24620	24944	428		60209
城乡社区环境卫生	709	8638	2946	142834	9908	511		84276
建设市场管理与监督	189	102	241	4520	83	59		1410
政府住房基金支出	65	58	91	430	595	58		635
国有土地使用权出让金支出	1246	5134	1131	5343938	31123	3092	1139	3231566
城市公用事业附加支出	60	317	55	38057	378	118		37434
国有土地收益基金支出	1007	25		35693	16			6203
农业土地开发资金支出	4	30		18712	39			13367
其他城乡社区事务支出	627	6754	2184	466946	27800	2920		506827
农林水事务	**9170**	**68009**	**9451**	**2394263**	**123020**	**7761**	**4375**	**1419188**
农业	4618	46082	3612	527725	26555	4071	1718	424232

2－5－54 单位:万元

地　　区	其他资本性支出						
	小　计	房屋建筑物购建	办公设备购　置	专用设备购　置	交通工具购　置	基础设施建　设	大型修缮
社区卫生服务	83970	14166	6077	23861	1573	6457	8537
医疗保障	79355	151	2875	5060	874	1218	302
疾病预防控制	206352	42793	17039	85673	16488	7314	8672
卫生监督	45385	2556	6774	9890	19506	393	1992
妇幼保健	108587	28860	7329	50651	3044	2651	5473
农村卫生	331647	81134	18064	96448	7593	30615	22976
中医药	19298	267	281	13805	432	381	1736
其他医疗卫生支出	190298	20702	7203	120459	7344	5307	6476
环境保护	**1155720**	**49754**	**22958**	**179946**	**26443**	**266870**	**36692**
环境保护管理事务	47945	7953	5928	9033	6148	4079	3467
环境监测与监察	86190	3104	4848	48416	8244	1504	1012
污染防治	718083	31351	10995	121163	10534	211423	30200
自然生态保护	60407	316	264	401	447	18186	501
天然林保护	19659	453	316	222	515	4121	135
退耕还林	59414	1250	115	61	22	8622	124
风沙荒漠治理	24605					1673	
退牧还草	9784					1502	
已垦草原退耕还草							
其他环境保护支出	129633	5327	492	650	533	15760	1253
城乡社区事务	**46797674**	**1012942**	**164101**	**208864**	**160581**	**17658550**	**883154**
城乡社区管理事务	828268	81781	41484	28310	55834	287144	54281
城乡社区规划与管理	338026	7274	4862	5180	4874	155980	11699
城乡社区公共设施	9837450	242467	19147	68187	31952	5539992	473536
城乡社区住宅	268844	59864	5209	2246	2748	39723	48073
城乡社区环境卫生	805653	16303	16241	60758	44392	320846	60428
建设市场管理与监督	30998	9901	2583	2451	2433	8784	1821
政府住房基金支出	102065	19351	1921	1581	1600	11080	715
国有土地使用权出让金支出	31136883	530209	62992	25414	8446	10147109	137959
城市公用事业附加支出	436314	3011	827	2195	1373	272333	32720
国有土地收益基金支出	922144	1269	49	149	91	66996	72
农业土地开发资金支出	282338	768	925	886	106	104839	3740
其他城乡社区事务支出	1808691	40744	7861	11507	6732	703724	58110
农林水事务	**7111292**	**180839**	**71211**	**176031**	**78115**	**3362462**	**289919**
农业	2006397	63177	30699	110533	36022	795014	50135

2-5-55

单位:万元

地区	其他资本性支出						
	信息网络购建	物资储备	土地补偿	安置补助	地上附着物和青苗补偿	拆迁补偿	其他资本性支出
社区卫生服务	2289	234				75	20701
医疗保障	1481	5	4	108		7	67270
疾病预防控制	6004	1521	207	33	132		20476
卫生监督	1545			2			2727
妇幼保健	1286	254	134	58		2	8845
农村卫生	3955	1568	323	261	10	21	68679
中医药	484			10			1902
其他医疗卫生支出	5207	75	12				17513
环境保护	**15735**	**401**	**9287**	**6476**	**9200**	**25824**	**506134**
环境保护管理事务	948	53			1	414	9921
环境监测与监察	7053				3		12006
污染防治	7554	344	6190	2374	971	16586	268398
自然生态保护	28		1342	628	1453	8717	28124
天然林保护	13			744	837		12303
退耕还林	29	4	1755	440	5125	105	41762
风沙荒漠治理					650		22282
退牧还草				2290	160		5832
已垦草原退耕还草							
其他环境保护支出	110					2	105506
城乡社区事务	**43436**	**23316**	**5778775**	**1050809**	**566835**	**5121447**	**14124864**
城乡社区管理事务	16268	259	8294	2397	878	24311	227027
城乡社区规划与管理	1159	1063	32061	1027	2175	17058	93614
城乡社区公共设施	7173	2477	147757	85776	50350	290474	2878162
城乡社区住宅	2374		3122	9373	51	12893	83168
城乡社区环境卫生	1205	98	4073	635	2137	3803	274734
建设市场管理与监督	377		35			45	2568
政府住房基金支出	2608			456		20	62733
国有土地使用权出让金支出	9331	19054	5172604	923429	490912	4362534	9246890
城市公用事业附加支出	360	35	1418	40	65	2372	119565
国有土地收益基金支出	502		276581	17377	10773	308809	239476
农业土地开发资金支出	3		47575	3335	3073	9768	107320
其他城乡社区事务支出	2076	330	85255	6964	6421	89360	789607
农林水事务	**22045**	**22358**	**79512**	**86798**	**59358**	**32780**	**2649864**
农业	9751	10323	32642	8122	18487	7840	833652

2－5－56 单位:万元

地区	贷款转贷及产权参股					其他支出		
	小计	国内贷款	国外贷款	产权参股	其他贷款转贷及产权参股支出	小计	补充全国社会保障基金	其他支出
社区卫生服务	4				4	28015		28015
医疗保障						578318	6851	571467
疾病预防控制	48	31			17	47948		47948
卫生监督						7403		7403
妇幼保健	318	300			18	10154	25	10129
农村卫生	462				462	88197	62	88135
中医药						2572		2572
其他医疗卫生支出	172	9			163	67228		67228
环境保护	**1876**	**1317**			**559**	**1277615**		**1277615**
环境保护管理事务						21645		21645
环境监测与监察	261	158			103	15045		15045
污染防治	1556	1159			397	594044		594044
自然生态保护						37083		37083
天然林保护						38029		38029
退耕还林						551293		551293
风沙荒漠治理						5030		5030
退牧还草						2969		2969
已垦草原退耕还草								
其他环境保护支出	59				59	12477		12477
城乡社区事务	**293873**	**124715**		**112291**	**56867**	**10353306**		**10353306**
城乡社区管理事务	1				1	301562		301562
城乡社区规划与管理	25				25	94300		94300
城乡社区公共设施	41188	7587		6351	27250	1164020		1164020
城乡社区住宅	279	279				71814		71814
城乡社区环境卫生	28637	543			28094	262454		262454
建设市场管理与监督						22815		22815
政府住房基金支出						82888		82888
国有土地使用权出让金支出	150868	104378		45490	1000	6681054		6681054
城市公用事业附加支出	419	419				196852		196852
国有土地收益基金支出	800	800				218033		218033
农业土地开发资金支出						97107		97107
其他城乡社区事务支出	71656	10709		60450	497	1160407		1160407
农林水事务	**15936**	**7517**		**5020**	**3399**	**4224144**	**2337**	**4221807**
农业	2006	285		1000	721	1361603	2312	1359291

2－5－57

单位:万元

地　　区	合　计	工资福利支出				
		小　计	基本工资	津贴补贴	奖　金	社会保障缴　费
林业	4019526	996023	546064	277121	64361	48761
水利	12196905	1273793	669878	329654	118220	77829
南水北调	68133	1732	734	782	88	16
扶贫	2615174	47318	25263	16374	2883	741
农业综合开发	2003878	26677	14635	7942	1861	758
其他农林水事务支出	724483	33402	18715	8199	2278	1850
交通运输	**33396478**	**2129736**	**990592**	**450079**	**228624**	**240149**
公路水路运输	30990276	2059040	960610	434159	221547	232147
铁路运输	865677	8249	3485	2202	204	495
民用航空运输	427934	2074	1232	313	95	170
其他交通运输支出	1112591	60373	25265	13405	6778	7337
工业、商业、金融等事务	**31137827**	**1648293**	**784658**	**528088**	**144802**	**89532**
采掘业	1457723	381355	234385	82162	18183	30562
制造业	2571201	198314	41809	135002	8918	7643
建筑业	505578	34840	12242	10163	5719	3486
电力	1129288	19683	14554	1125	723	512
信息产业	463805	42778	16394	14296	6321	1850
旅游业	914231	126002	54884	37014	16482	5912
涉外发展	977862	11930	4812	3850	1818	489
粮油事务	6279617	184635	99561	52632	15393	8654
商业流通事务	1353740	159551	86421	44333	12510	8863
物资储备	49328	10461	6051	2788	403	769
金融业	816726	1568	416	613	319	128
烟草事务	92702	997	532	267	149	9
安全生产	835571	193364	83406	59731	25766	7187
国有资产监管	415621	92732	35619	34420	13324	3016
中小企业事务	3455576	104142	52473	29020	11527	5171
可再生资源	280499	94	52	34	2	3
能源节约利用	369350	2422	1102	633	310	207
石油价格改革财政补贴	1496561	365	199	38	16	4
其他工业、商业、金融等事务支出	7672848	83060	39746	19967	6919	5067
其他支出(类)	**28261632**	**666366**	**132890**	**218818**	**67483**	**37746**
住房改革支出	3093103	1196	212	10	1	479
其他支出(款)	25168529	665170	132678	218808	67482	37267

2－5－58

单位:万元

地区	工资福利支出				商品和服务支出		
	伙食费	伙食补助费	绩效工资	其他工资福利支出	小计	办公费	印刷费
林业	477	3868	6723	48648	1572811	82908	12991
水利	955	7142	10439	59676	3288850	102591	15247
南水北调	5	28	28	51	8023	251	29
扶贫	16	114	83	1844	965991	13999	1665
农业综合开发	20	208	34	1219	597515	17351	1266
其他农林水事务支出	94	145	128	1993	273805	12798	1218
交通运输	**4310**	**14367**	**34846**	**166769**	**6395417**	**200257**	**39947**
公路水路运输	4185	14000	34084	158308	5994868	190350	38684
铁路运输	4	5	2	1852	114715	1125	304
民用航空运输		10	56	198	80174	2554	37
其他交通运输支出	121	352	704	6411	205660	6228	922
工业、商业、金融等事务	**1128**	**7684**	**11702**	**80699**	**8232023**	**447413**	**41820**
采掘业	95	801	6511	8656	333845	17286	2384
制造业	125	434	712	3671	652387	27449	1803
建筑业	16	254	217	2743	166442	6649	964
电力	86	11		2672	314311	25577	888
信息产业	23	445	191	3258	165495	8549	1100
旅游业	78	953	823	9856	463516	31193	12781
涉外发展	1	69	143	748	301979	9985	1148
粮油事务	93	802	567	6933	1298137	18841	1622
商业流通事务	88	770	667	5899	351303	15838	1215
物资储备	21	21	94	314	8080	938	82
金融业		2	5	85	181260	38518	381
烟草事务		5		35	23442	2362	25
安全生产	182	1400	667	15025	321105	28687	8035
国有资产监管	142	538	186	5487	150381	10877	1880
中小企业事务	124	813	457	4557	933053	43216	4906
可再生资源				3	6524	36	9
能源节约利用	11	7	26	126	98650	8645	153
石油价格改革财政补贴				108	481924	3707	106
其他工业、商业、金融等事务支出	43	359	436	10523	1980189	149060	2338
其他支出(类)	**821**	**5326**	**4231**	**199051**	**7919416**	**252662**	**21554**
住房改革支出			293	201	97388	1354	115
其他支出(款)	821	5326	3938	198850	7822028	251308	21439

2-5-59

单位:万元

地区	商品和服务支出						
	咨询费	手续费	水 费	电 费	邮电费	取暖费	物业管理费
林业	1446	863	5527	14857	13470	13163	2754
水利	5114	3753	9878	39703	19733	18393	7222
南水北调	17	1	14	71	58	22	21
扶贫	151	50	180	649	1292	474	149
农业综合开发	280	113	350	604	807	411	139
其他农林水事务支出	252	13	346	710	608	198	51
交通运输	**4467**	**14568**	**21196**	**68020**	**38906**	**45505**	**22943**
公路水路运输	4270	14371	20380	65633	37829	44184	22540
铁路运输	23		91	234	36	158	27
民用航空运输	53		75	171	94	36	24
其他交通运输支出	121	197	650	1982	947	1127	352
工业、商业、金融等事务	**9231**	**5234**	**10479**	**32945**	**37368**	**37001**	**14145**
采掘业	444	271	2714	7866	3704	10187	2456
制造业	789	324	857	2199	2777	2595	1214
建筑业	127	508	173	781	919	346	631
电力	5	7	106	985	247	903	85
信息产业	511	38	328	2217	4289	1291	1589
旅游业	2985	1001	1064	3243	4377	1489	1764
涉外发展	230	20	72	268	659	262	293
粮油事务	182	230	1212	3458	3873	3496	979
商业流通事务	325	156	957	2666	3049	2829	587
物资储备	3	5	43	129	145	205	57
金融业	19	973	42	147	108	155	40
烟草事务	4	4	11	27	40	10	2
安全生产	613	182	903	3126	6299	2539	886
国有资产监管	427	784	320	1239	2707	1861	1385
中小企业事务	855	272	774	2131	2351	1843	978
可再生资源		2	1	1	4	6	
能源节约利用	454	16	132	91	79	118	29
石油价格改革财政补贴	3	6	28	53	14	74	26
其他工业、商业、金融等事务支出	1255	435	742	2318	1727	6792	1144
其他支出(类)	**5592**	**12772**	**9125**	**23545**	**13059**	**16182**	**12000**
住房改革支出		1	1	46	21	1	29
其他支出(款)	5592	12771	9124	23499	13038	16181	11971

2－5－60

单位:万元

地区	商品和服务支出					
	交通费	差旅费	出国费	维修(护)费	租赁费	会议费
林业	68555	40821	1581	44167	4071	27874
水利	77341	46071	2517	219562	6881	40609
南水北调	287	186	56	31	178	205
扶贫	6410	3992	216	21954	407	3906
农业综合开发	5276	2728	167	16906	944	3800
其他农林水事务支出	2383	1630	55	5129	253	2334
交通运输	**230062**	**89907**	**4499**	**711497**	**18792**	**76955**
公路水路运输	219098	86344	4436	697223	18007	73822
铁路运输	405	411	8	4701	99	735
民用航空运输	665	395	7	944	35	200
其他交通运输支出	9894	2757	48	8629	651	2198
工业、商业、金融等事务	**186903**	**99130**	**18219**	**133358**	**36183**	**119140**
采掘业	16460	14570	611	18669	2824	6788
制造业	7509	6421	1033	15394	1109	5405
建筑业	3538	2283	130	2798	453	2462
电力	2210	786	42	7407	130	1142
信息产业	7015	4580	1107	12214	7331	6775
旅游业	18619	17374	4344	15744	5252	21188
涉外发展	3347	5014	5623	1740	1255	10995
粮油事务	10897	7168	600	13434	873	6361
商业流通事务	8729	5643	467	5479	1257	5051
物资储备	547	261	39	849	209	122
金融业	461	595	31	2198	425	1388
烟草事务	599	352	19	104	7	307
安全生产	31788	13695	1372	8140	5247	17882
国有资产监管	9225	6243	1368	3232	4683	7602
中小企业事务	8522	6689	710	8587	2766	12710
可再生资源	25	17		12	5	51
能源节约利用	318	320	40	336	39	414
石油价格改革财政补贴	48905	287	4	1788	18	419
其他工业、商业、金融等事务支出	8189	6832	679	15233	2300	12078
其他支出(类)	**57080**	**31812**	**5827**	**166456**	**10577**	**63676**
住房改革支出	97	124	3	406	7	106
其他支出(款)	56983	31688	5824	166050	10570	63570

2-5-61

单位:万元

地区	商品和服务支出						
	培训费	招待费	专用材料费	被装购置费	专用燃料费	劳务费	委托业务费
林业	20575	46424	135085	4136	7511	95501	11456
水利	20712	53740	189958	3639	11763	60477	54358
南水北调	116	189	2275	7		376	152
扶贫	16951	4893	32456	704	295	8425	1301
农业综合开发	3196	3173	29499	173	1303	10380	999
其他农林水事务支出	2091	2347	8377	232	814	2187	812
交通运输	**39601**	**119908**	**313808**	**17764**	**25597**	**58411**	**26372**
公路水路运输	37936	114635	308686	16853	24570	55928	23576
铁路运输	361	451	50	262	44	541	62
民用航空运输	157	268	403	6	60	195	1148
其他交通运输支出	1147	4554	4669	643	923	1747	1586
工业、商业、金融等事务	**57529**	**114364**	**185090**	**7227**	**70125**	**79775**	**66780**
采掘业	5608	11127	49289	1995	2333	17892	3222
制造业	2063	5082	33381	312	522	3294	5510
建筑业	1077	3245	3050	66	137	1734	2383
电力	1709	1032	4363	256	179	1346	1469
信息产业	2847	4258	5346	432	66	2191	26989
旅游业	5591	22952	5031	1314	939	13985	8569
涉外发展	2609	4123	1862	39	37	1773	1317
粮油事务	2765	8739	3284	238	201	1794	1154
商业流通事务	2012	7867	5181	174	572	2214	1368
物资储备	95	491	60		26	169	34
金融业	192	300	688	2		217	717
烟草事务	314	390	138		20	165	18
安全生产	15274	20153	6911	1422	1458	8356	1825
国有资产监管	3596	5128	458	236	116	6353	4246
中小企业事务	6846	8229	13192	398	715	4063	3329
可再生资源	1	45	5		3	750	7
能源节约利用	630	175	4868	43	542	77	220
石油价格改革财政补贴	91	153	5316	1	61720	3831	2054
其他工业、商业、金融等事务支出	4209	10875	42667	299	539	9571	2349
其他支出(类)	**29910**	**78201**	**66423**	**5843**	**6843**	**47603**	**36798**
住房改革支出	20	35	872	2		28	
其他支出(款)	29890	78166	65551	5841	6843	47575	36798

2-5-62

单位:万元

地　　区	商品和服务支出			对个人和家庭的补助			
	工会经费	福利费	其他商品和服务支出	小　计	离休费	退休费	退职(役)费
林业	5290	12391	899394	267218	7753	104736	384
水利	8539	25169	2245880	736300	12829	133086	629
南水北调	14	28	3439	49			
扶贫	232	534	844706	96924	101	2673	5
农业综合开发	213	420	497017	13963	136	1554	
其他农林水事务支出	133	426	228408	24372	337	2540	45
交通运输	**17815**	**66443**	**4122177**	**561056**	**25196**	**290433**	**2076**
公路水路运输	17036	64105	3794372	543270	25067	287878	2042
铁路运输	13	61	104513	244		57	
民用航空运输	28	190	72429	420		134	
其他交通运输支出	738	2087	150863	17122	129	2364	34
工业、商业、金融等事务	**11738**	**38182**	**6372644**	**1895929**	**52161**	**402044**	**2189**
采掘业	3897	16791	114457	254249	8500	194890	554
制造业	653	1613	523079	68603	9541	39812	215
建筑业	257	1142	130589	20830	853	3992	30
电力	13	126	263298	5384	33	887	14
信息产业	497	944	62991	6606	468	2756	2
旅游业	857	2021	259839	13079	598	5050	52
涉外发展	65	131	249112	6058	230	1140	204
粮油事务	935	2586	1203215	1030501	11873	53933	658
商业流通事务	934	2704	274029	89705	9679	37435	224
物资储备	41	129	3401	7016	1193	3634	5
金融业	12	160	133491	2261	22	102	
烟草事务	1	56	18467	1959		50	
安全生产	1395	3660	131257	21079	537	5012	15
国有资产监管	807	1804	73804	23779	2482	10889	9
中小企业事务	757	2559	795655	61836	3982	22792	91
可再生资源		2	5542	5		4	
能源节约利用	19	31	80861	1852	21	275	2
石油价格改革财政补贴	75	34	353211	210665		1	
其他工业、商业、金融等事务支出	523	1689	1696346	70462	2149	19390	114
其他支出(类)	**8155**	**18298**	**6919423**	**3319859**	**4822**	**32549**	**455**
住房改革支出	35	134	93951	2901300	1	101	
其他支出(款)	8120	18164	6825472	418559	4821	32448	455

2－5－63

单位：万元

地　　区	对个人和家庭的补助						
	抚恤金	生活补助	救济费	医疗费	助学金	奖励金	生产补贴
林业	4052	20140	274	3576	31	2470	42206
水利	6804	202428	4644	8821	46	2475	77793
南水北调		1	1			3	
扶贫	76	6419	8585	393	563	745	45602
农业综合开发	36	224	80	54	11	107	9128
其他农林水事务支出	445	2898	485	55	71	1919	3938
交通运输	**13049**	**12676**	**855**	**30670**	**457**	**9352**	**1424**
公路水路运输	12959	11954	740	30167	427	8361	864
铁路运输		1		8	1	15	
民用航空运输				19			
其他交通运输支出	90	721	115	476	29	976	560
工业、商业、金融等事务	**14017**	**55575**	**3270**	**17713**	**236**	**44111**	**1077731**
采掘业	4983	8512	1339	9652	22	1290	1483
制造业	1806	4912	26	1473	5	2487	742
建筑业	113	332	50	252		555	82
电力	10	409	206	32		790	1358
信息产业	62	91	24	205	1	145	
旅游业	207	260	43	411	1	788	33
涉外发展	58	98	74	44		1524	621
粮油事务	2611	17170	345	1469	8	327	916198
商业流通事务	1717	3898	210	1426	53	5006	15130
物资储备	177	254	3	165		9	16
金融业	3	561		7	24	588	227
烟草事务	4	1				1155	582
安全生产	319	754	114	509	6	4293	287
国有资产监管	493	1749	12	418	10	490	12
中小企业事务	913	4479	251	650	1	14778	4143
可再生资源		1					
能源节约利用	5	6		29		13	974
石油价格改革财政补贴	1	6104	136			249	127524
其他工业、商业、金融等事务支出	535	5984	437	971	105	9624	8319
其他支出(类)	**4477**	**39298**	**6916**	**8031**	**6770**	**41115**	**9848**
住房改革支出		149		44	6		454
其他支出(款)	4477	39149	6916	7987	6764	41115	9394

2－5－64

单位:万元

地　　区	对个人和家庭的补助				对企事业单位的补贴		
	住房公积金	提租补贴	购房补贴	其他对个人和家庭的补助支出	小计	企业政策性补贴	事业单位补贴
林业	15823	3051	4678	58044	108277	40928	12653
水利	28292	2588	7548	248317	81470	5357	13061
南水北调	36	7	1		1288		
扶贫	504	20	1415	29823	28157	3533	528
农业综合开发	494	36	148	1955	97018	8257	1200
其他农林水事务支出	252	21	190	11176	12464	4896	2042
交通运输	**82366**	**3992**	**22825**	**65685**	**1063718**	**532615**	**86961**
公路水路运输	80212	3862	22257	56480	621952	240634	84781
铁路运输	67	8	45	42	3732	318	192
民用航空运输	139	2	10	116	56481	15650	409
其他交通运输支出	1948	120	513	9047	381553	276013	1579
工业、商业、金融等事务	**35422**	**3532**	**24799**	**163129**	**10141829**	**4399834**	**66655**
采掘业	7599	222	4662	10541	243806	88317	1229
制造业	2941	200	927	3516	935347	411026	6730
建筑业	1433	90	12153	895	105361	41177	244
电力	528		8	1109	205170	76530	18
信息产业	1567	89	506	690	91075	22399	894
旅游业	2941	280	580	1835	29230	10544	2150
涉外发展	392	301	35	1337	424863	217073	1257
粮油事务	3453	467	1063	20926	1385329	817148	6104
商业流通事务	3102	440	1268	10117	416276	239283	17644
物资储备	169	18	89	1284	984	152	48
金融业	80	21	8	618	361071	49839	1214
烟草事务	5		37	125	47145	97	148
安全生产	4184	625	1086	3338	125151	47824	1157
国有资产监管	2690	373	556	3596	40841	8415	1145
中小企业事务	2016	168	847	6725	1545938	736170	6001
可再生资源					261554	257061	2
能源节约利用	53	1	44	429	137979	45682	8
石油价格改革财政补贴	2			76648	541744	251022	13611
其他工业、商业、金融等事务支出	2267	237	930	19400	3242965	1080075	7051
其他支出(类)	**2090138**	**191437**	**631183**	**252820**	**810489**	**113730**	**47742**
住房改革支出	2073330	190692	607911	28612	1884		615
其他支出(款)	16808	745	23272	224208	808605	113730	47127

2－5－65

单位:万元

地区	对企事业单位的补贴		赠与			债务利息支出	
	财政贴息	其他对企事业单位的补贴支出	小计	对国内的赠与	对国外的赠与	小计	国库券付息
林业	5841	48855	17	17		1435	
水利	4082	58970	102	92	10	436	
南水北调		1288					
扶贫	9745	14351	22809	22809		167	
农业综合开发	60346	27215				252	
其他农林水事务支出	860	4666	1	1		458	
交通运输	**36514**	**407628**	**90**	**90**		**68791**	
公路水路运输	22560	273977	32	32		63970	
铁路运输	400	2822				1120	
民用航空运输	250	40172	57	57		3701	
其他交通运输支出	13304	90657	1	1			
工业、商业、金融等事务	**436803**	**5238537**	**508**	**508**		**88412**	
采掘业	2886	151374	6	6			
制造业	43639	473952	36	36		1059	
建筑业	477	63463	48	48			
电力	2035	126587				128	
信息产业	1348	66434	8	8			
旅游业	750	15786	69	69			
涉外发展	8111	198422					
粮油事务	48151	513926	27	27		5702	
商业流通事务	34431	124918				251	
物资储备	205	579					
金融业	17280	292738				1297	
烟草事务		46900					
安全生产	185	75985	11	11			
国有资产监管	11565	19716					
中小企业事务	17659	786108				62	
可再生资源		4491					
能源节约利用	625	91664					
石油价格改革财政补贴	9494	267617					
其他工业、商业、金融等事务支出	237962	1917877	303	303		79913	
其他支出(类)	**65758**	**583259**	**3768**	**3768**		**131195**	**257**
住房改革支出	3	1266					
其他支出(款)	65755	581993	3768	3768		131195	257

2－5－66

单位:万元

地　　区	债务利息支出					基本建设支出	
	向国家银行借款付息	其他国内借款付息	向国外政府借款付息	向国际组织借款付息	其他国外借款付息	小　计	房屋建筑物购建
林业	9	186	24	699	517	230966	17340
水利	26	348	2	60		2427299	30345
南水北调						6690	
扶贫	50	89		28		247255	19155
农业综合开发		252				99473	1487
其他农林水事务支出		258		200		55933	2665
交通运输	**42563**	**26189**	**16**	**4**	**19**	**5620330**	**105485**
公路水路运输	42563	21368	16	4	19	5031105	50639
铁路运输		1120				384326	20069
民用航空运输		3701				139566	31450
其他交通运输支出						65333	3327
工业、商业、金融等事务	**66646**	**16745**		**5021**		**1428479**	**470048**
采掘业						69509	9912
制造业	13	1046				168522	3690
建筑业						55506	44489
电力	128					196294	25349
信息产业						41685	7747
旅游业						84896	16881
涉外发展						17075	478
粮油事务	4207	1495				311220	293935
商业流通事务	7	244				24108	10096
物资储备						7425	541
金融业	395	902				5522	2869
烟草事务						15	
安全生产						104191	9041
国有资产监管						14296	4517
中小企业事务		62				85725	6919
可再生资源						2648	1399
能源节约利用						36476	2231
石油价格改革财政补贴						12201	1
其他工业、商业、金融等事务支出	61896	12996		5021		191165	29953
其他支出(类)	**55490**	**68810**	**2171**	**2364**	**2103**	**4764614**	**264831**
住房改革支出						21872	489
其他支出(款)	55490	68810	2171	2364	2103	4742742	264342

2－5－67

单位:万元

地　　区	基本建设支出							
	办公设备购置	专用设备购置	交通工具购置	基础设施建设	大型修缮	信息网络购建	物资储备	其他基本建设支出
林业	2084	9669	3936	55146	3023	1510	1209	137049
水利	1838	10811	1493	1556860	85856	1747	1442	736907
南水北调		1		529	300	8		5852
扶贫	387	729	237	181377	3462	208	1	41699
农业综合开发	137	659	96	56835	3416	9	5	36829
其他农林水事务支出	106	58	77	15791	408	208		36620
交通运输	**1489**	**7191**	**40768**	**3948910**	**164366**	**2077**	**19**	**1350025**
公路水路运输	1115	7054	10876	3558594	146038	2077	19	1254693
铁路运输	288	46	29776	294056	2040			38051
民用航空运输	50	44	28	63473	16270			28251
其他交通运输支出	36	47	88	32787	18			29030
工业、商业、金融等事务	**3303**	**66991**	**5910**	**428944**	**15020**	**19141**	**3701**	**415421**
采掘业	22	1553	167	28013	860	543		28439
制造业	124	28072	90	37583	1576	698	13	96676
建筑业	67	113	84	9062	15	30		1646
电力	27	17056		78845	580			74437
信息产业	577	8265	288	2346	420	12626		9416
旅游业	433	116	727	30555	2121	68	15	33980
涉外发展	150	44	45	15045	127	26	385	775
粮油事务	242	501	136	7841	2523	236	1268	4538
商业流通事务	79	442	130	5200	1222	186	1342	5411
物资储备	4	100	30	1525	2295		286	2644
金融业	65	844		513	280	366		585
烟草事务	15							
安全生产	606	2080	854	55504	79	2380		33647
国有资产监管	421	35	143	76	169	108		8827
中小企业事务	287	637	378	62219	424	1361		13500
可再生资源		367		255				627
能源节约利用	30	3490	15	9855	70	252		20533
石油价格改革财政补贴	2		1565	1574	420		392	8247
其他工业、商业、金融等事务支出	152	3276	1258	82933	1839	261		71493
其他支出(类)	**9195**	**24170**	**5872**	**1773264**	**43239**	**48157**	**1321**	**2594565**
住房改革支出				19				21364
其他支出(款)	9195	24170	5872	1773245	43239	48157	1321	2573201

2－5－68

单位:万元

地　　区	其他资本性支出						
	小　计	房屋建筑物购建	办公设备购置	专用设备购置	交通工具购置	基础设施建设	大型修缮
林业	455501	22994	12266	18113	18177	104923	8234
水利	3032156	55442	21902	35428	19671	1535325	206907
南水北调	6706		69	72	88	5968	
扶贫	731580	36695	3533	4080	2041	472839	13184
农业综合开发	739803	1168	2037	6413	1392	398591	4859
其他农林水事务支出	139149	1363	705	1392	724	49802	6600
交通运输	**12422232**	**118611**	**43650**	**107481**	**85716**	**5608637**	**2577794**
公路水路运输	11996320	109292	41946	104384	82367	5519429	2553204
铁路运输	82788	5075	45	325	1276	18257	1489
民用航空运输	76915	160	73	253	104	11014	
其他交通运输支出	266209	4084	1586	2519	1969	59937	23101
工业、商业、金融等事务	**2867377**	**116387**	**49220**	**138454**	**51382**	**504877**	**112696**
采掘业	138093	14839	3398	21555	3612	14008	6642
制造业	356521	8237	1743	30506	2767	42563	14063
建筑业	52563	5529	1351	3529	1013	18154	1022
电力	187602	4323	958	2774	922	70149	11308
信息产业	106017	14594	4772	41484	5460	6153	724
旅游业	114493	9134	5125	1370	5254	44304	16178
涉外发展	78768	3157	1924	1820	907	10422	1096
粮油事务	222380	5635	2741	2318	2407	9525	6570
商业流通事务	155955	2913	1806	1756	2446	8599	3418
物资储备	13803	6679	122	31	123	77	187
金融业	37032	112	378	111	250	1922	658
烟草事务	1015	38	54	125	120	134	6
安全生产	52035	6010	7152	6677	17213	2064	3166
国有资产监管	63600	10052	2743	114	2626	880	320
中小企业事务	201660	7749	9927	9109	3493	51686	11984
可再生资源	5761	2061		2		1595	
能源节约利用	42007	471	122	1898	166	11120	9598
石油价格改革财政补贴	83510	290	157	19	351	5666	13634
其他工业、商业、金融等事务支出	954562	14564	4747	13256	2252	205856	12122
其他支出(类)	**4510497**	**322272**	**56125**	**66577**	**45432**	**1245417**	**160315**
住房改革支出	8989	5034	89		85	30	
其他支出(款)	4501508	317238	56036	66577	45347	1245387	160315

2－5－69

单位:万元

地　区	其他资本性支出						
	信息网络购　建	物资储备	土地补偿	安置补助	地上附着物和青苗补　偿	拆迁补偿	其他资本性支出
林业	4224	2070	10895	1791	25399	2353	224062
水利	6813	8837	12311	70214	7945	18762	1032599
南水北调	10			7		3	489
扶贫	372	446	1260	4951	2526	411	189242
农业综合开发	317	65	18817	700	3647	2319	299478
其他农林水事务支出	558	617	3587	1013	1354	1092	70342
交通运输	**44797**	**916**	**19472**	**2517**	**5733**	**22547**	**3784361**
公路水路运输	43848	866	13245	1900	4273	16006	3505560
铁路运输			6001			3743	46577
民用航空运输	19		200				65092
其他交通运输支出	930	50	26	617	1460	2798	167132
工业、商业、金融等事务	**38844**	**24499**	**120535**	**69384**	**12495**	**34385**	**1594219**
采掘业	1355	2823	134	3794	356	3523	62054
制造业	416	51	40797	8711	644	3641	202382
建筑业	208		92	18		48	21599
电力	399	2	1202	1153	1341	411	92660
信息产业	20192	15	508				12115
旅游业	1372		3320	655	264	297	27220
涉外发展	1381	83	9	209		2741	55019
粮油事务	1440	12647	549	9157	8	684	168699
商业流通事务	1536	3371	708	1470		2445	125487
物资储备	27	3649	30	102	51		2725
金融业	685	133					32783
烟草事务							538
安全生产	2684	40	402	336		732	5559
国有资产监管	806	36	30	26942	30	58	18963
中小企业事务	1914	573	6243	8904	2130	2887	85061
可再生资源							2103
能源节约利用	2614	35					15983
石油价格改革财政补贴		21	8	68	34		63262
其他工业、商业、金融等事务支出	1815	1020	66503	7865	7637	16918	600007
其他支出(类)	**60335**	**3624**	**226137**	**23014**	**37168**	**201752**	**2062329**
住房改革支出	194			691			2866
其他支出(款)	60141	3624	226137	22323	37168	201752	2059463

2-5-70

单位:万元

地区	贷款转贷及产权参股					其他支出		
	小计	国内贷款	国外贷款	产权参股	其他贷款转贷及产权参股支出	小计	补充全国社会保障基金	其他支出
林业	1685				1685	385593	4	385589
水利	4237	3404			833	1352262	21	1352241
南水北调						43645		43645
扶贫	168	8			160	474805		474805
农业综合开发	7540	3520		4020		421637		421637
其他农林水事务支出	300	300				184599		184599
交通运输	**737358**	**736206**			**1152**	**4397750**		**4397750**
公路水路运输	728585	727433			1152	3951134		3951134
铁路运输	1233	1233				269270		269270
民用航空运输						68546		68546
其他交通运输支出	7540	7540				108800		108800
工业、商业、金融等事务	**356748**	**8519**		**312139**	**36090**	**4478229**		**4478229**
采掘业	2000			2000		34860		34860
制造业	17950			17700	250	172462		172462
建筑业						69988		69988
电力	35901	5901		30000		164815		164815
信息产业	313				313	9828		9828
旅游业	400			400		82546		82546
涉外发展	3				3	137186		137186
粮油事务	1133	166		967		1840553		1840553
商业流通事务	58	42			16	156533		156533
物资储备						1559		1559
金融业	95829			76829	19000	130886		130886
烟草事务						18129		18129
安全生产						18635		18635
国有资产监管	4149	92		2794	1263	25843		25843
中小企业事务	9878	400		7146	2332	513282		513282
可再生资源						3913		3913
能源节约利用	50			50		49914		49914
石油价格改革财政补贴	90				90	166062		166062
其他工业、商业、金融等事务支出	188994	1918		174253	12823	881235		881235
其他支出(类)	**106484**	**73928**		**16333**	**16223**	**6028944**	**6**	**6028938**
住房改革支出						60474		60474
其他支出(款)	106484	73928		16333	16223	5968470	6	5968464

2-5-71

单位:万元

地　　区	合　计	工资福利支出				
		小　计	基本工资	津贴补贴	奖　金	社会保障缴　费
合　　计	**593790427**	**116237815**	**49082734**	**31125630**	**14776934**	**8652296**

2－5－72

单位:万元

地区	工资福利支出				商品和服务支出		
	伙食费	伙食补助费	绩效工资	其他工资福利支出	小计	办公费	印刷费
合计	159008	850036	1499105	10092072	189669638	11194701	2097728

2－5－73

单位:万元

地区	商品和服务支出						
	咨询费	手续费	水费	电费	邮电费	取暖费	物业管理费
合计	**180645**	**567072**	**1192097**	**3717676**	**1853667**	**2321265**	**1166097**

2-5-74

单位:万元

地　　区	商品和服务支出					
	交通费	差旅费	出国费	维修(护)费	租赁费	会议费
合　计	**6683573**	**3746617**	**407807**	**13405151**	**1035808**	**3757464**

2－5－75

单位:万元

地　　区	商品和服务支出						
	培训费	招待费	专用材料费	被装购置费	专用燃料费	劳务费	委托业务费
合　　计	**2880979**	**5202609**	**30514960**	**663270**	**618272**	**3669644**	**1569376**

二、地方财政预算收支情况

2-5-76

单位:万元

地区	商品和服务支出			对个人和家庭的补助			
	工会经费	福利费	其他商品和服务支出	小计	离休费	退休费	退职(役)费
合计	864563	1966623	88391974	70456443	2317401	24818847	463792

2-5-77

单位:万元

地区	对个人和家庭的补助						
	抚恤金	生活补助	救济费	医疗费	助学金	奖励金	生产补贴
合计	1454190	7012942	2817102	6181587	2300650	880689	2182146

2－5－78

单位:万元

地区	对个人和家庭的补助				对企事业单位的补贴		
	住房公积金	提租补贴	购房补贴	其他对个人和家庭的补助支出	小计	企业政策性补贴	事业单位补贴
合计	4816318	544349	1736705	12929725	20215550	7351467	850012

2－5－79

单位:万元

地　　区	对企事业单位的补贴		赠　与			债务利息支出	
	财政贴息	其他对企事业单位的补贴支出	小　计	对国内的赠　与	对国外的赠　与	小　计	国库券付　息
合　　计	989101	11024970	52220	50125	2095	1058914	4931

2－5－80

单位:万元

地　　区	债务利息支出					基本建设支出	
	向国家银行借款付息	其他国内借款付息	向国外政府借款付息	向国际组织借款付息	其他国外借款付息	小计	房屋建筑物购建
合　　计	**410052**	**539163**	**11766**	**84012**	**8990**	**43858733**	**7123985**

2-5-81

单位:万元

地　　区	基本建设支出							
	办公设备购　置	专用设备购　置	交通工具购　置	基础设施建　设	大型修缮	信息网络购　建	物资储备	其他基本建设支出
合　计	186297	545906	175769	20564184	839117	263309	21098	14139068

2－5－82

单位:万元

地　　区	其他资本性支出						
	小　计	房屋建筑物购建	办公设备购置	专用设备购置	交通工具购置	基础设施建设	大型修缮
合　　计	**106514084**	**10219573**	**2845212**	**6053417**	**2301226**	**31121717**	**6302633**

2－5－83

单位:万元

地　　区	其他资本性支出						
	信息网络购　　建	物资储备	土地补偿	安置补助	地上附着物和青苗补　　偿	拆迁补偿	其他资本性支出
合　　计	**1388253**	**102087**	**6806689**	**1521275**	**757628**	**5905825**	**31188549**

2-5-84

单位:万元

地区	贷款转贷及产权参股					其他支出		
	小计	国内贷款	国外贷款	产权参股	其他贷款转贷及产权参股支出	小计	补充全国社会保障基金	其他支出
合计	1593487	988673	2	458835	145977	44133543	47413	44086130

2007 年各省、自治区、直辖市一般公共服务类支出明细表

2－6－1

单位:万元

地区	合计	工资福利支出				
		小计	基本工资	津贴补贴	奖金	社会保障缴费
地方合计	**74077162**	**20699893**	**8670060**	**6291206**	**3075986**	**786311**
北京市	2330478	565862	139662	190349	126945	14599
天津市	795015	262720	79605	121423	35131	5036
河北省	2899321	905301	500336	245100	40904	36912
山西省	2237732	555049	295489	177053	31454	11383
内蒙古自治区	2040816	470488	246619	168911	21825	7125
辽宁省	2902493	697837	315729	271534	50091	27979
其中:大连市	689286	126458	41314	47255	25714	8728
吉林省	1497453	407482	220277	132034	34668	6631
黑龙江省	1938406	516013	282763	168870	39466	7034
上海市	2268516	632808	129326	88649	325187	31412
江苏省	5483582	1579298	402666	364740	486039	87460
浙江省	4692800	1360735	277233	273625	528405	91903
其中:宁波市	843843	255384	38814	45625	123103	22806
安徽省	2229036	623439	280298	205060	48273	11994
福建省	2073811	538278	201935	148638	66939	24106
其中:厦门市	372102	76893	15155	25073	6371	2722
江西省	1762552	527113	289790	131697	42763	9535
山东省	4599950	1330159	615896	432666	87699	115426
其中:青岛市	644820	215854	60806	78472	32986	25654
河南省	3941291	1083028	645002	332678	37060	31250
湖北省	2933291	883615	416622	260150	105876	33925
湖南省	3445153	976500	489845	261074	92652	51407
广东省	6947009	1860910	550963	700747	282904	83795
其中:深圳市	1142634	312299	60009	132671	43816	13697
广西壮族自治区	1894755	493948	232735	135317	76801	9620
海南省	494783	140747	80021	38135	9891	2828
重庆市	1307165	353317	143977	131535	37879	4657
四川省	3558533	1001849	455683	220481	226911	21618
贵州省	1614715	474849	227703	160930	46818	5328
云南省	2041261	608185	255715	268170	44865	7861
西藏自治区	559629	204891	70130	113755	10396	5157
陕西省	2205025	606844	365001	155635	42015	10285
甘肃省	1158635	378328	189135	152138	19611	1808
青海省	501036	164357	62824	77894	10467	2116
宁夏回族自治区	373412	106220	45939	44016	8049	1208
新疆维吾尔自治区	1349508	389723	161141	118202	58002	24913

二、地方财政预算收支情况

2－6－2

单位:万元

地区	工资福利支出				商品和服务支出		
	伙食费	伙食补助费	绩效工资	其他工资福利支出	小计	办公费	印刷费
地方合计	**29840**	**164393**	**86957**	**1595140**	**34452986**	**3650673**	**868363**
北京市	2280	1893	10596	79538	1044257	43566	23851
天津市	580	4819	949	15177	321737	28317	7918
河北省	1928	30469	1162	48490	1288434	190778	40296
山西省	584	5385	1151	32550	973580	112843	34281
内蒙古自治区	929	2315	693	22071	1054805	126370	21150
辽宁省	2241	4088	3129	23046	1307712	205706	47331
其中:大连市	661	393	1382	1011	228535	48209	8988
吉林省	31	2468	4142	7231	611970	101462	19390
黑龙江省	1025	4305	1563	10987	962309	216914	24267
上海市	1579	4015	1683	50957	1187953	40818	19762
江苏省	3182	19984	4406	210821	2554638	180110	40728
浙江省	1229	17614	1646	169080	2177365	103930	41635
其中:宁波市	525	2958	501	21052	413100	19453	6697
安徽省	454	6164	1529	69667	1019932	104976	24810
福建省	656	4027	4957	87020	894706	63165	24702
其中:厦门市	121	1310	791	25350	131298	5442	1611
江西省	596	1937	1033	49762	866205	82842	18541
山东省	1415	5493	4152	67412	2259646	377457	70388
其中:青岛市	428	1061	769	15678	241569	26507	5012
河南省	713	1958	2330	32037	2060241	412246	78140
湖北省	1255	3227	6133	56427	1397225	97079	23441
湖南省	2791	5541	2840	70350	1403617	128603	30317
广东省	3857	15006	15579	208059	3584630	227047	70883
其中:深圳市	643	3984	1865	55614	661127	25456	8839
广西壮族自治区	265	844	571	37795	907423	75099	22354
海南省	101	196	232	9343	215226	12717	5019
重庆市		1883	926	32460	684756	69647	16142
四川省	476	3915	2748	70017	1658423	161176	54230
贵州省	289	1998	429	31354	652742	83144	12780
云南省	265	2872	617	27820	970130	136334	29290
西藏自治区	30	180	1	5242	123156	7746	1265
陕西省	487	3750	6191	23480	836156	116390	28946
甘肃省	61	648	495	14432	472816	57229	14698
青海省	152	1463	624	8817	217349	18466	4257
宁夏回族自治区	85	382	204	6337	150578	12389	4569
新疆维吾尔自治区	304	5554	4246	17361	593269	56107	12982

2-6-3

单位:万元

地区	商品和服务支出						
	咨询费	手续费	水费	电费	邮电费	取暖费	物业管理费
地方合计	**60348**	**422891**	**193327**	**707882**	**673743**	**466799**	**295374**
北京市	894	45320	4128	29959	12108	23269	16427
天津市	1281	13722	1844	8613	6248	7003	7177
河北省	2854	13163	8819	29647	36119	51423	6212
山西省	1295	10555	6838	18843	19254	31018	2543
内蒙古自治区	2111	7849	4172	12090	18285	31482	6558
辽宁省	4563	26067	7375	29051	31888	63074	14027
其中:大连市	2789	6384	934	5157	4856	7936	4996
吉林省	2425	13790	3828	12385	12642	36837	4548
黑龙江省	1168	5342	5475	16079	17823	52724	6104
上海市	978	51817	2979	18012	14261	469	29203
江苏省	6157	28928	11263	52631	41705	3637	28508
浙江省	3745	23459	6959	42958	40722	33	22746
其中:宁波市	1190	10619	1023	7237	4163	6	6236
安徽省	952	9757	4630	20272	16700	2015	10402
福建省	920	25165	4798	17868	21766	32	4716
其中:厦门市	117	192	574	2353	1590	13	1234
江西省	920	6596	4908	18519	16483	2086	3835
山东省	4357	24019	22424	60276	52755	53116	23694
其中:青岛市	293	1122	1046	6606	5559	4110	5356
河南省	3741	9234	15649	50472	36851	15766	9827
湖北省	1105	7043	9133	30300	21594	5823	8636
湖南省	2364	5249	9746	31246	23272	7076	11336
广东省	5093	20422	16382	85978	68054	187	42410
其中:深圳市	1686	137	3198	21067	9038	3	18342
广西壮族自治区	693	10255	4151	13536	16258	14	2765
海南省	111	2045	796	3196	3541	6	1690
重庆市	2131	3542	3383	12662	13186	91	4383
四川省	2132	23226	9380	28537	46211	1735	8797
贵州省	738	9330	2187	9537	13516	4022	2969
云南省	1595	1642	5004	9780	19421	45	4669
西藏自治区	16	45	924	3128	3444	1916	88
陕西省	1907	8962	9388	22103	19660	24451	4445
甘肃省	565	5976	2689	7703	11021	14386	1551
青海省	292	1546	885	2635	5482	7326	555
宁夏回族自治区	155	1646	596	2371	2458	3057	1094
新疆维吾尔自治区	3090	7179	2594	7495	11015	22680	3459

2-6-4

单位:万元

地区	商品和服务支出					
	交通费	差旅费	出国费	维修(护)费	租赁费	会议费
地方合计	**2622373**	**1398761**	**212385**	**1543355**	**281218**	**2203584**
北京市	54260	15091	9300	58546	23522	68318
天津市	19007	6174	3899	14171	5491	19778
河北省	155993	57599	5118	72849	14908	106659
山西省	95311	45675	3461	89929	11507	84039
内蒙古自治区	99486	66072	3642	57732	7191	46026
辽宁省	141066	64602	11700	98711	12610	87952
其中:大连市	19613	9157	1768	19098	3082	17010
吉林省	73029	45612	6371	45273	4285	49369
黑龙江省	78648	53482	7091	76947	6184	38488
上海市	42730	16398	16791	74417	20247	51435
江苏省	139915	88247	21371	66830	18593	166973
浙江省	108052	73549	21722	42778	21381	144873
其中:宁波市	16371	13562	4746	4961	5251	22981
安徽省	66771	39525	6556	31379	5752	56259
福建省	64022	40362	7294	31851	4941	51838
其中:厦门市	6607	3918	1680	3339	1327	4852
江西省	64299	44707	3219	25494	2786	39228
山东省	197770	89710	10433	131054	18076	183081
其中:青岛市	21276	8966	1978	8134	3557	13938
河南省	168873	93223	5727	106553	18136	151205
湖北省	83985	50504	5250	39846	4955	75147
湖南省	103869	56275	5372	40321	4123	102371
广东省	223557	103465	24628	115325	29480	187937
其中:深圳市	39271	13217	7024	13889	6773	24584
广西壮族自治区	73404	36982	5479	33760	4496	41436
海南省	20435	9863	1781	8125	923	11160
重庆市	49398	33185	2503	21850	5902	60541
四川省	138243	80397	5417	66402	8512	125245
贵州省	65336	25978	2473	19018	3675	30961
云南省	76842	31340	4958	32218	3302	76456
西藏自治区	22162	12207	245	4704	159	4946
陕西省	80971	44618	4702	52463	9935	69541
甘肃省	36842	24523	2100	41320	2961	33994
青海省	17410	10256	720	8082	1131	7018
宁夏回族自治区	12498	8349	1668	3557	1211	10024
新疆维吾尔自治区	48189	30791	1394	31850	4843	21286

2-6-5

单位:万元

地区	商品和服务支出						
	培训费	招待费	专用材料费	被装购置费	专用燃料费	劳务费	委托业务费
地方合计	**879514**	**2750405**	**824131**	**92899**	**88128**	**761563**	**402393**
北京市	32813	28314	18804	2930	461	12919	26812
天津市	6458	10863	4615	1039	1147	4348	1784
河北省	36857	83509	28334	5446	3949	22640	10331
山西省	27944	73764	26419	4131	1936	22323	5199
内蒙古自治区	23205	63809	52669	3702	7807	43557	8446
辽宁省	38713	75664	41899	4891	9596	34523	24234
其中:大连市	7702	19429	11687	628	2627	9431	4560
吉林省	18717	29096	25240	425	4859	17138	9623
黑龙江省	18394	41112	37307	4695	2747	24755	21383
上海市	18135	51139	8039	1131	403	18651	11835
江苏省	61214	279892	35388	3059	2070	79754	28593
浙江省	41174	212110	20281	2814	1364	60489	28041
其中:宁波市	5951	39076	2593	1029	312	12452	3492
安徽省	23084	80959	17658	2359	1141	24674	13953
福建省	16109	85488	17267	5514	1394	18832	16678
其中:厦门市	1125	8430	1327	690	31	3788	1069
江西省	19405	92799	10996	3039	2922	9145	7108
山东省	50866	137566	106240	6984	10036	44169	24978
其中:青岛市	5791	22441	3488	462	1016	4203	2947
河南省	62343	160195	178696	7458	10725	48452	16566
湖北省	31519	106488	16736	3351	3440	15948	13246
湖南省	33641	164216	13997	5348	2733	17462	8348
广东省	92877	281756	45679	6287	4017	76320	59784
其中:深圳市	14238	39790	5037	378	711	20538	11449
广西壮族自治区	26630	87043	11807	2344	1212	16223	5381
海南省	6124	22459	2215	469	432	1957	2180
重庆市	24167	45759	10704	991	343	27566	7874
四川省	46913	168206	13264	1817	942	28594	9491
贵州省	20546	82521	9965	867	736	12098	4214
云南省	34122	112144	11248	1670	997	17791	6748
西藏自治区	1988	17221	1909	540	789	1144	1699
陕西省	27598	51580	15069	3073	2260	24703	10565
甘肃省	13841	36840	9753	4326	2279	5207	6023
青海省	5169	17815	12260	1109	3556	9495	4972
宁夏回族自治区	3592	10920	1385	502	321	2416	777
新疆维吾尔自治区	15356	39158	18288	588	1514	18270	5527

二、地方财政预算收支情况

2－6－6

单位:万元

地　　区	商品和服务支出			对个人和家庭的补助			
	工会经费	福利费	其他商品和服务支出	小　计	离休费	退休费	退职(役)费
地　方　合　计	**220056**	**431495**	**12401326**	**4742886**	**247860**	**1780942**	**224706**
北京市	6469	5342	480834	106820	844	14405	26618
天津市	1972	4718	134150	113790	9433	57724	793
河北省	6992	14011	283928	182895	15914	81083	292
山西省	5075	9104	230293	105424	9720	36929	4998
内蒙古自治区	3425	12080	325889	51236	1091	13721	264
辽宁省	6884	14523	211062	177598	7893	48936	27606
其中:大连市	1115	3530	7849	27134	16	304	12628
吉林省	1244	3845	70537	122137	12578	59622	15687
黑龙江省	5324	11736	188120	249524	24562	151267	834
上海市	7130	13374	657799	53300	2529	13200	13
江苏省	15601	41943	1111528	464162	43441	220541	1875
浙江省	27429	59392	1025729	370928	22472	150806	1632
其中:宁波市	4166	5840	213693	50895	3096	24926	149
安徽省	4129	10123	441096	130793	8788	50882	471
福建省	7068	13615	349301	105405	2121	20981	11544
其中:厦门市	1474	785	77730	15115	18	393	3416
江西省	4764	12139	369425	117599	3347	44908	4300
山东省	6263	21367	532567	307358	9294	32617	3492
其中:青岛市	1475	1319	84967	50325	3898	14997	256
河南省	10289	19674	370200	160990	10540	57746	15669
湖北省	9439	21050	712167	214114	8805	111722	12476
湖南省	9764	17676	568892	185991	9828	89250	8629
广东省	24143	57045	1715874	305767	5038	55507	1724
其中:深圳市	2122	7064	367276	26896	32	1209	842
广西壮族自治区	4043	8437	403621	121404	4189	58257	9505
海南省	1302	579	96101	19611	140	2843	5682
重庆市	6803	5937	256066	75478	224	2913	7588
四川省	11847	15103	602606	247459	4440	68499	21607
贵州省	5145	7502	223484	216144	14294	130060	167
云南省	9977	6691	335846	94650	1124	12075	354
西藏自治区	2126	814	31931	95324	613	52253	29962
陕西省	2857	6228	193741	107350	5140	54244	64
甘肃省	2965	4405	129619	65899	2205	17266	10561
青海省	1987	1914	73011	12633	112	1703	27
宁夏回族自治区	1150	1605	62268	17049	1514	7112	67
新疆维吾尔自治区	6450	9523	213641	144054	5627	61870	205

2－6－7

单位:万元

地　　区	对个人和家庭的补助						
	抚恤金	生活补助	救济费	医疗费	助学金	奖励金	生产补贴
地　方　合　计	**87250**	**271493**	**36686**	**154315**	**5925**	**522467**	**14885**
北京市	1139	1899	593	6514	175	1347	82
天津市	1352	4376	266	3023	7	1746	31
河北省	3686	11994	1344	7210	162	22230	534
山西省	1806	6500	2535	1654	96	7415	258
内蒙古自治区	2053	8206	517	1420	515	8990	293
辽宁省	3208	14478	3145	8734	130	24673	680
其中:大连市	675	3567	284	3447		3420	572
吉林省	1912	6283	1586	1744		12506	22
黑龙江省	3986	10185	1081	2572	147	35115	602
上海市	1621	2912	57	1049	34	4915	5
江苏省	6742	20877	1917	13632	9	25085	91
浙江省	4769	12255	3602	12768	292	24536	753
其中:宁波市	577	1870	542	913	171	4835	62
安徽省	2571	8063	1955	5991	87	12517	367
福建省	2135	5911	1298	2281	162	11093	609
其中:厦门市	91	194	56	149	16	682	4
江西省	2041	3823	406	4336	136	2787	2404
山东省	4488	20327	1612	11953	144	45560	549
其中:青岛市	689	1547	53	944	80	2319	2
河南省	4210	19954	2633	6808	281	16143	1159
湖北省	3894	5753	790	8988	475	8349	367
湖南省	5322	7339	1275	8508	695	11038	591
广东省	4471	17002	2330	18759	1018	44327	723
其中:深圳市	146	818	128	476	104	4657	
广西壮族自治区	2053	8310	434	1184	456	7883	427
海南省	771	2114	855	553	207	1031	212
重庆市	1798	4360	215	2974	50	22932	43
四川省	6021	14522	2131	7037	1	58743	1564
贵州省	5322	11492	418	1843	131	11893	388
云南省	1742	11035	562	2589	292	42992	476
西藏自治区	1024	710	1532	1638	20	33	5
陕西省	1693	8679	750	3635	100	9962	556
甘肃省	951	6790	243	1388	30	9812	750
青海省	640	2964	83	437	15	969	2
宁夏回族自治区	378	1429	163	256	12	1183	184
新疆维吾尔自治区	3451	10951	358	2837	46	34662	158

2－6－8

单位:万元

地　　区	对个人和家庭的补助				对企事业单位的补贴		
	住　房 公积金	提租 补贴	购房 补贴	其他对个人 和家庭的 补助支出	小　计	企业政策性 补　　贴	事业单位 补　　贴
地　方　合　计	**544140**	**50048**	**148597**	**653572**	**493549**	**141401**	**88668**
北京市	33801	7295	3250	8858	8895	2489	427
天津市	26630	534	2116	5759	5253	1410	158
河北省	22069	550	112	15715	11941	1236	4582
山西省	11772	214	48	21479	34485	2889	545
内蒙古自治区	3287	3	164	10712	18548	4012	3784
辽宁省	12172	13503	954	11486	18502	7164	4139
其中:大连市	806	800	21	594	9379	3858	1835
吉林省	8495	482	270	950	14415	4057	2749
黑龙江省	9736	1353	1144	6940	14064	10166	671
上海市	4169	30	6605	16161	31743	5950	84
江苏省	37376	7108	6109	79359	58319	5465	11802
浙江省	78976	724	4915	52428	49318	15772	4878
其中:宁波市	1644	105	230	11775	20481	10280	997
安徽省	14253	323	404	24121	18519	6807	1430
福建省	21232	6393	1096	18549	16146	5910	5062
其中:厦门市	4782	2737	523	2054	5434	4369	45
江西省	12693	41	126	36251	6310	2455	1583
山东省	42157	4703	86515	43947	32069	8022	15739
其中:青岛市	9854	1986	4865	8835	812	52	581
河南省	7477	180	337	17853	18122	3508	3657
湖北省	25768	684	2836	23207	10419	2147	2720
湖南省	18173	104	585	24654	13376	603	6200
广东省	61091	5347	10385	78045	25665	10298	4477
其中:深圳市	26	5090	6705	6663	4861	550	1321
广西壮族自治区	7450	48	167	21041	4216	322	2285
海南省	489	80	129	4505	1058	8	32
重庆市	17152		12	15217	1354	232	394
四川省	15119	22	702	47051	7507	811	1580
贵州省	8544	221	15708	15663	44022	32687	4556
云南省	6147	23	806	14433	8905	1998	1020
西藏自治区	2738		21	4775	188		
陕西省	15096	12	1081	6338	4675	1647	1995
甘肃省	5654	68	107	10074	3861	951	941
青海省	1427		669	3585	4280	794	
宁夏回族自治区	337		9	4405	3664	371	258
新疆维吾尔自治区	12660	3	1215	10011	3710	1220	920

2－6－9

单位:万元

地区	对企事业单位的补贴		赠与			债务利息支出	
	财政贴息	其他对企事业单位的补贴支出	小计	对国内的赠与	对国外的赠与	小计	国库券付息
地方合计	**36637**	**226843**	**5039**	**4799**	**240**	**543206**	**4265**
北京市	1400	4579					
天津市		3685	6	6			
河北省	396	5727	47	47		11	
山西省	1442	29609	20	19	1	2364	
内蒙古自治区	474	10278	79	50	29	15317	
辽宁省	89	7110	75	75		220179	
其中:大连市	19	3667				204969	
吉林省	1761	5848	36	36		79857	656
黑龙江省	2628	599					
上海市	13	25696	67	67		5000	
江苏省	8628	32424	153	153			
浙江省	743	27925	787	787		19119	700
其中:宁波市	7	9197	20	20		18075	
安徽省	2793	7489	271	271		8936	
福建省	664	4510	114	109	5	31337	
其中:厦门市		1020	11	6	5	29142	
江西省	1084	1188				9	9
山东省	1976	6332	461	461		4448	
其中:青岛市		179	102	102			
河南省	722	10235	606	606		367	
湖北省	1729	3823	144	144		6640	
湖南省	651	5922	176	176		9479	2900
广东省	245	10645	1253	1078	175		
其中:深圳市		2990	69	69			
广西壮族自治区	603	1006	42	42		12758	
海南省	392	626	128	128		5388	
重庆市		728	12	12		184	
四川省	1584	3532	44	44		68072	
贵州省	1073	5706				14052	
云南省	3576	2311	269	269		2438	
西藏自治区	173	15	30		30		
陕西省	44	989	201	201			
甘肃省	304	1665				6711	
青海省	1113	2373				20439	
宁夏回族自治区	169	2866				6200	
新疆维吾尔自治区	168	1402	18	18		3901	

二、地方财政预算收支情况

2－6－10　　　　单位：万元

地　　区	债务利息支出					基本建设支出	
	向国家银行借款付息	其他国内借款付息	向国外政府借款付息	向国际组织借款付息	其他国外借款付息	小　计	房屋建筑物购　建
地方合计	**116289**	**350216**	**9085**	**58150**	**5201**	**2430394**	**1036027**
北京市						201084	124045
天津市						2314	898
河北省		11				71322	36417
山西省	256	1297		718	93	33373	7428
内蒙古自治区	5877	4281	3480	568	1111	106191	62754
辽宁省	2016	206969		11194		85853	47203
其中：大连市		204969				50355	35194
吉林省	68134	10949		118		25637	9097
黑龙江省						41929	9881
上海市		5000				59410	24268
江苏省						136474	85737
浙江省		18419				140507	55313
其中：宁波市		18075				22562	13199
安徽省		5848	3088			44551	29521
福建省	8287	22895		152	3	71378	25766
其中：厦门市	7343	21799				26620	9242
江西省						64475	15602
山东省		4448				137913	71717
其中：青岛市						29110	3215
河南省		265			102	139009	79099
湖北省	593	5077	776	44	150	74718	18750
湖南省	4361	607	604	768	239	101754	38240
广东省						109477	45245
其中：深圳市						194	
广西壮族自治区	53	11658		1047		97186	18542
海南省	33	4913		59	383	32785	1145
重庆市		184				57837	20098
四川省	947	24964		42150	11	94359	40430
贵州省	1636	11624	792			36983	6907
云南省	397	318		163	1560	103851	46185
西藏自治区						73748	35147
陕西省						112383	15588
甘肃省	1505	2653	345	660	1548	45513	15066
青海省	18802	1636			1	31670	5705
宁夏回族自治区		6200				28718	11812
新疆维吾尔自治区	3392			509		67992	32421

2－6－11

单位:万元

地区	基本建设支出							
	办公设备购置	专用设备购置	交通工具购置	基础设施建设	大型修缮	信息网络购建	物资储备	其他基本建设支出
地方合计	**60487**	**59734**	**56621**	**490902**	**94880**	**79563**	**2597**	**549583**
北京市	2528	917	1098	17852	1419	7474		45751
天津市	20	87	20	107		34		1148
河北省	1914	5470	1864	14023	2700	2039		6895
山西省	1162	1571	1519	7200	1300	436	380	12377
内蒙古自治区	2102	1869	1724	20784	5264	1302		10392
辽宁省	1920	5739	981	9575	7189	5528	1275	6443
其中:大连市	505	1992	58	3315	4384	1948		2959
吉林省	594	1571	639	8335	2681	745	53	1922
黑龙江省	503	3231	444	20940	3344	1785	566	1235
上海市	1595	759	714	102	4444	872		26656
江苏省	4199	1486	2121	27278	3050	3870	14	8719
浙江省	5811	3247	4028	10178	2504	4190	28	55208
其中:宁波市	887	435	118	3638	693	205		3387
安徽省	1560	456	806	5766	2344	1135		2963
福建省	2506	1459	2933	8529	2541	2410	12	25222
其中:厦门市	534	298	1215	2676	330	61		12264
江西省	787	243	726	10217	1007	1457	3	34433
山东省	2615	2657	3107	23791	6239	2691	20	25076
其中:青岛市	877	1620	872	7796	843	804	40	13043
河南省	4516	6499	4362	23324	3301	4569		13339
湖北省	1505	1348	3664	7598	5543	4839	5	31466
湖南省	2908	2987	4957	28197	1930	1668		20867
广东省	4100	1456	3068	16985	6155	18552		13916
其中:深圳市								194
广西壮族自治区	3256	2079	3381	54517	1501	1183		12727
海南省	719	942	476	377	357	227		28542
重庆市	1424	4144	1308	9127	1067	1921	32	18716
四川省	3247	3063	2529	21484	3320	4900	6	15380
贵州省	1426	484	1337	4123	290	469	3	21944
云南省	2792	1625	3203	29639	3548	551	31	16277
西藏自治区	12	231	533	20375	269			17181
陕西省	1208	1030	662	41091	13921	1043	150	37690
甘肃省	503	606	513	6304	3455	1126		17940
青海省	1744	1376	1851	8736	993	749	1	10515
宁夏回族自治区	338	405	303	10917	65	236	14	4628
新疆维吾尔自治区	973	697	1750	23431	3139	1562	4	4015

2－6－12

单位:万元

地区	其他资本性支出						
	小计	房屋建筑物购建	办公设备购置	专用设备购置	交通工具购置	基础设施建设	大型修缮
地方合计	**7709903**	**1324332**	**751564**	**415569**	**879816**	**874635**	**506214**
北京市	313444	36920	31791	64537	23792	6022	31728
天津市	84093	23742	7866	3784	9727	16783	9724
河北省	246950	57734	27106	13972	41571	35880	18723
山西省	424831	43676	29983	14081	33577	74539	56863
内蒙古自治区	310489	70979	27618	9126	42198	38067	11900
辽宁省	273753	54182	43322	20580	33477	41602	38010
其中:大连市	32239	2712	9538	3874	4559	1893	4987
吉林省	222291	42926	18900	7128	25027	41489	26892
黑龙江省	149738	22708	24382	10214	13921	30272	18026
上海市	199732	23198	22042	10442	10625	20355	16503
江苏省	459988	119912	41840	20811	35970	49293	20010
浙江省	346066	65499	50122	24322	49742	27309	8848
其中:宁波市	43844	12993	7322	2805	6843	4262	971
安徽省	265013	67883	22615	10433	26951	66085	5667
福建省	266681	55782	21197	10414	30875	29609	8684
其中:厦门市	57038	15189	2758	2544	3916	6182	1870
江西省	144647	33725	12521	7298	22115	23661	9238
山东省	450561	73649	42916	33572	50339	46705	42301
其中:青岛市	46490	3791	4638	2629	5454	4257	7447
河南省	343232	55892	35384	23965	44975	61295	16703
湖北省	199558	32820	19023	12403	30141	19424	18209
湖南省	509124	44341	19086	9472	28776	19766	14681
广东省	604960	81752	67959	26973	66214	37583	36005
其中:深圳市	48105	385	13279	4011	12799	6129	5067
广西壮族自治区	162886	29260	19225	10205	28224	16990	8637
海南省	69637	8014	6538	1990	7984	4669	1589
重庆市	88858	21220	14610	6830	15806	3498	2553
四川省	341519	39152	41190	16751	61880	28562	21547
贵州省	113147	18541	14974	4551	26177	13069	4150
云南省	243065	70916	25610	4838	34218	34888	13098
西藏自治区	44430	17172	3808	2675	6282	1287	1689
陕西省	490166	31353	23270	9401	31039	39237	24890
甘肃省	117023	29928	9857	4575	14062	15157	5619
青海省	42634	11758	5475	2515	9409	2166	1991
宁夏回族自治区	43461	6351	5457	2524	6075	11046	1465
新疆维吾尔自治区	137926	33347	15877	15187	18647	18327	10271

2-6-13

单位:万元

地区	其他资本性支出						
	信息网络购建	物资储备	土地补偿	安置补助	地上附着物和青苗补偿	拆迁补偿	其他资本性支出
地方合计	**410783**	**7927**	**420650**	**58109**	**36261**	**394507**	**1629536**
北京市	21400	-1	312	3			96940
天津市	4041		469	167	1595	1553	4642
河北省	17430	218	11267	259	2254	1627	18909
山西省	20814	681	35734	3245	2656	4741	104241
内蒙古自治区	8049	33	23407	1163	330	610	77009
辽宁省	13609	436	10539	1321	248	470	15957
其中:大连市	2964	321	20	159	61	15	1136
吉林省	15989	186	7703	1291	1105	18399	15256
黑龙江省	10511		10346	570	984	2412	5392
上海市	8064		22	242		55	88184
江苏省	27264		9507	3093	1391	11938	118959
浙江省	23295	2	9628	1373	1017	11377	73532
其中:宁波市	5087			25	21		3515
安徽省	13845	10	6157	475	1070	950	42872
福建省	13284	100	2220	1353	414	21270	71479
其中:厦门市	1019	27				2571	20962
江西省	10030	936	842	105	239	2187	21750
山东省	23291	331	12696	16444	6402	18592	83323
其中:青岛市	884	4	2670	210	708	877	12921
河南省	17298	1673	16536	11744	1571	4890	51306
湖北省	8758	2	5751	1078	284	914	50751
湖南省	13235	830	2357	1199	1010	268354	86017
广东省	38610	1396	26319	3665	2830	1649	214005
其中:深圳市	2307		2				4126
广西壮族自治区	7704	306	6013	2567	1091	4003	28661
海南省	1959		8940	121	1715	193	25925
重庆市	4476	4	1346	105	240	69	18101
四川省	14650	77	4687	1809	775	4130	106309
贵州省	7435	12	2765	572	381	1899	18621
云南省	9313	72	7201	256	97	1077	41481
西藏自治区	192		38				11287
陕西省	31092	29	187342	2613	3844	5687	100369
甘肃省	12223	452	5743	825	1482	354	16746
青海省	4605	20	181	79		49	4386
宁夏回族自治区	2061	81	942	26	66	3272	4095
新疆维吾尔自治区	6256	41	3640	346	1170	1786	13031

二、地方财政预算收支情况

2－6－14

单位:万元

地　　区	贷款转贷及产权参股					其他支出		
	小　计	国内贷款	国外贷款	产权参股	其他贷款转贷及产权参股支出	小　计	补充全国社会保障基金	其他支出
地　方　合　计	**26034**	**23204**	**2**	**829**	**1999**	**2973272**		**2973272**
北京市						90116		90116
天津市						5102		5102
河北省	40	40				192380		192380
山西省	1272	772		500		107334		107334
内蒙古自治区						13663		13663
辽宁省	15186	15186				105798		105798
其中:大连市						10217		10217
吉林省	909	850		49	10	12719		12719
黑龙江省	635	635				4194		4194
上海市						98503		98503
江苏省	633	500			133	229917		229917
浙江省	200				200	227775		227775
其中:宁波市						19482		19482
安徽省	1108	1108				116474		116474
福建省	1371				1371	148395		148395
其中:厦门市						30551		30551
江西省						36194		36194
山东省	100				100	77235		77235
其中:青岛市						60558		60558
河南省	62	53			9	135634		135634
湖北省						146858		146858
湖南省						245136		245136
广东省	200	200				454147		454147
其中:深圳市						89083		89083
广西壮族自治区						94892		94892
海南省						10203		10203
重庆市						45369		45369
四川省	2138	2129			9	137163		137163
贵州省	977	900			77	61799		61799
云南省	90				90	9678		9678
西藏自治区						17862		17862
陕西省	446	446				46804		46804
甘肃省						68484		68484
青海省	2		2			7672		7672
宁夏回族自治区						17522		17522
新疆维吾尔自治区	665	385		280		8250		8250

2007 年各省、自治区、直辖市人大事务支出明细表

2－7－1

单位:万元

地区	合计	工资福利支出				
		小计	基本工资	津贴补贴	奖金	社会保障缴费
地方合计	**1641180**	**479469**	**229262**	**154901**	**57439**	**11858**
北京市	130710	8760	2157	3269	2251	62
天津市	13524	4651	1805	2248	399	27
河北省	62605	21934	12912	7019	823	480
山西省	56594	13463	7443	4420	881	186
内蒙古自治区	40604	13185	7498	4733	565	67
辽宁省	57405	17271	8441	7181	750	370
其中:大连市	6828	2110	773	940	333	41
吉林省	29917	8359	4713	2847	438	151
黑龙江省	39608	14618	8189	4956	1046	103
上海市	45249	7456	1437	1284	3801	204
江苏省	92691	30764	9853	8949	8632	1114
浙江省	94466	30562	7499	6581	11750	1457
其中:宁波市	15401	6264	1160	1302	3068	447
安徽省	41140	15026	8507	4218	575	175
福建省	45458	13838	6221	4019	1025	573
其中:厦门市	6618	2419	525	743	247	57
江西省	37050	11877	7047	3111	646	163
山东省	94994	32756	17676	10447	1450	2019
其中:青岛市	12200	4921	1761	1956	400	447
河南省	70389	20941	12923	6228	800	176
湖北省	54025	16893	8103	5696	1689	477
湖南省	88849	23825	12991	6352	1749	1237
广东省	98645	28290	10521	12065	2955	762
其中:深圳市	10941	3248	1046	1564	436	121
广西壮族自治区	45127	12458	7022	3445	1635	105
海南省	9428	3624	2016	945	296	52
重庆市	31987	9488	4545	3564	833	106
四川省	84801	29026	14112	6543	6310	540
贵州省	43361	14235	7682	5000	896	84
云南省	67319	21139	10285	9016	1346	238
西藏自治区	20604	8096	3085	4341	426	127
陕西省	53615	16440	9703	4853	1010	128
甘肃省	33210	11178	6146	4258	519	41
青海省	13001	6314	2572	3046	545	40
宁夏回族自治区	18131	3887	1721	1831	167	19
新疆维吾尔自治区	26673	9115	4437	2436	1231	575

二、地方财政预算收支情况

2-7-2

单位:万元

地区	工资福利支出				商品和服务支出		
	伙食费	伙食补助费	绩效工资	其他工资福利支出	小计	办公费	印刷费
地方合计	**345**	**2422**	**403**	**22839**	**796273**	**72314**	**21404**
北京市		1	51	969	16294	1282	276
天津市	2	58	5	107	5474	338	57
河北省	33	299		368	30970	2925	1151
山西省	17	55	1	460	26490	2641	1258
内蒙古自治区	1	12	3	306	23308	2052	645
辽宁省	13	70	2	444	31289	2889	760
其中:大连市		23			3868	432	98
吉林省		7		203	15090	1932	402
黑龙江省	54	117	33	120	15453	2266	493
上海市	5	64	5	656	22884	588	323
江苏省	21	361	2	1832	48173	3675	1063
浙江省	10	383	5	2877	46886	2270	1593
其中:宁波市	5	66	1	215	7447	448	212
安徽省	11	119	75	1346	20098	2377	637
福建省	72	8	64	1856	23649	1591	598
其中:厦门市	71	5	15	756	2903	141	73
江西省	5	89	4	812	20210	1623	411
山东省	4	52	51	1057	53173	6443	1780
其中:青岛市		6	19	332	5544	405	134
河南省	2	16	1	795	41779	7114	1804
湖北省	40	63	23	802	27570	1891	612
湖南省	8	107	5	1376	46508	3439	1364
广东省	6	66		1915	60554	4883	1301
其中:深圳市		12		69	6519	643	168
广西壮族自治区		5		246	25786	1327	246
海南省		1		314	4901	225	170
重庆市		47	15	378	18173	2029	576
四川省	1	134	3	1383	44952	3771	919
贵州省	1	18	1	553	17303	2016	249
云南省	4	30		220	37732	4251	888
西藏自治区		6		111	4543	290	21
陕西省	15	120	18	593	27375	2466	870
甘肃省		2	1	211	16250	1319	364
青海省	20	31	2	58	5455	658	56
宁夏回族自治区		8		141	5828	474	138
新疆维吾尔自治区		73	33	330	12123	1269	379

2-7-3

单位:万元

地区	商品和服务支出						
	咨询费	手续费	水费	电费	邮电费	取暖费	物业管理费
地方合计	**445**	**106**	**2800**	**8449**	**20801**	**8086**	**10067**
北京市	1		58	243	146	249	79
天津市			27	78	155	62	20
河北省	15	3	117	292	1060	805	67
山西省	2	6	54	230	607	304	49
内蒙古自治区	4	6	50	146	535	286	71
辽宁省	5	9	176	519	963	1341	160
其中:大连市	3		10	48	122	108	38
吉林省	18	7	56	254	377	553	6
黑龙江省	21	2	85	204	562	824	34
上海市	27		16	48	196	10	6700
江苏省	18	1	106	247	729	78	222
浙江省	12		39	91	910		25
其中:宁波市	1		4	11	58		
安徽省		3	85	215	540	266	73
福建省	7	1	59	238	853		150
其中:厦门市			3	48	70		
江西省		4	57	327	588	31	189
山东省	58	2	279	839	1692	876	373
其中:青岛市	10		6	11	143	51	
河南省	7	1	173	620	1254	156	319
湖北省	29	2	127	427	581	60	170
湖南省	13	5	225	683	836	384	353
广东省	24	10	208	630	1613	14	395
其中:深圳市	7	1		3	143		75
广西壮族自治区	5		137	219	605		28
海南省		4	1	14	115		3
重庆市	13	10	35	175	490	7	53
四川省	6	16	208	527	1813	67	118
贵州省			35	121	574	140	4
云南省	21	1	81	137	907		190
西藏自治区			9	67	143	49	
陕西省	103	12	194	477	743	561	127
甘肃省	17		61	140	560	334	6
青海省			9	59	223	188	
宁夏回族自治区	2		6	52	88	80	77
新疆维吾尔自治区	17	1	27	130	343	361	6

2－7－4

单位:万元

地　　区	商品和服务支出					
	交通费	差旅费	出国费	维修(护)费	租赁费	会议费
地　方　合　计	**98343**	**49456**	**10800**	**21175**	**2513**	**239448**
北京市	1537	736	478	582	323	6457
天津市	656	178	58	161	48	1518
河北省	5867	2169	211	1297	318	8791
山西省	4233	1832	301	874	214	9159
内蒙古自治区	4619	2688	132	840	13	6826
辽宁省	5288	2248	256	1117	224	9647
其中:大连市	360	276	29	59	13	1471
吉林省	2306	1410	286	831	8	3792
黑龙江省	2800	1683	247	573	11	2810
上海市	841	416	864	454	123	4544
江苏省	4879	2847	603	739	114	14829
浙江省	3921	3161	1077	251	163	17142
其中:宁波市	479	614	226	23	17	2259
安徽省	2001	1273	158	318	26	7322
福建省	2802	1744	511	477	101	7216
其中:厦门市	158	165	63	29	2	409
江西省	2291	1312	211	1777	5	4796
山东省	6882	2958	459	1637	63	17479
其中:青岛市	944	246	125	14	8	1690
河南省	5603	2658	515	976	95	12708
湖北省	3495	1765	236	656	60	8178
湖南省	4700	2156	931	449	86	15941
广东省	5297	3250	1208	1006	126	15723
其中:深圳市	466	357	307	27	29	1852
广西壮族自治区	2860	1071	415	495	12	5128
海南省	851	406	123	86	2	1530
重庆市	2193	1145	112	236	25	6866
四川省	6021	2448	196	1123	25	12665
贵州省	2628	987	167	346	16	3284
云南省	3904	1507	389	469	49	12992
西藏自治区	635	442	61	102		1479
陕西省	3951	1730	107	1624	97	9385
甘肃省	2168	1400	189	1098	87	4586
青海省	795	424	109	253	1	1234
宁夏回族自治区	790	387	139	29	19	1777
新疆维吾尔自治区	1529	1025	51	299	59	3644

2－7－5　　　　　　　　　　　　　　　　　　　　　　　　　单位：万元

地　　区	商品和服务支出						
	培训费	招待费	专　用 材料费	被　装 购置费	专　用 燃料费	劳务费	委　托 业务费
地 方 合 计	**24767**	**63781**	**2481**	**1756**	**2009**	**4060**	**1004**
北京市	519	1004	48	2		74	12
天津市	78	235		2	21	5	
河北省	1018	2311	76	2	37	83	22
山西省	786	1375	97	64	45	174	5
内蒙古自治区	1026	1177	82	189	38	59	5
辽宁省	934	2237	107	1	92	207	4
其中：大连市	90	563	14		5	65	
吉林省	258	841	145		81	76	19
黑龙江省	499	916	100	4	1	293	
上海市	407	1229	5	1		24	
江苏省	1643	4529	102	64	69	151	80
浙江省	1313	4183	76		10	425	35
其中：宁波市	91	658	2			123	23
安徽省	424	1301	12	15	40	77	1
福建省	485	2407	98	90	32	175	41
其中：厦门市	50	123	12			6	6
江西省	559	2067	64	90	53	70	31
山东省	1009	4593	344	12	238	255	133
其中：青岛市	29	599			56	26	
河南省	1206	3276	223	213	392	145	32
湖北省	867	2648	139	62	43	139	150
湖南省	1533	5177	29	29	75	136	48
广东省	1843	3749	131	110	263	483	152
其中：深圳市	272	309	13			237	10
广西壮族自治区	879	1852	87	200	46	17	52
海南省	153	369	2			49	4
重庆市	697	1021	112	22	1	73	
四川省	1824	3995	37	103	32	144	3
贵州省	899	2519	84	1	22	128	
云南省	1735	3234	35	57	90	237	113
西藏自治区	40	479			4	3	
陕西省	1122	1848	53	33	41	108	31
甘肃省	554	1222	64	270	139	98	18
青海省	190	542	3	90	93	10	
宁夏回族自治区	65	689		6	7	26	
新疆维吾尔自治区	202	756	126	24	4	116	13

2-7-6

单位:万元

地　　区	商品和服务支出			对个人和家庭的补助			
	工会经费	福利费	其他商品和服务支出	小　计	离休费	退休费	退职(役)费
地　方　合　计	**3001**	**6666**	**120541**	**106831**	**16054**	**60232**	**28**
北京市	88	107	1993	987		11	
天津市	21	73	1683	2832	796	1416	
河北省	85	390	1858	4941	1166	3104	6
山西省	57	117	2006	3215	533	2104	
内蒙古自治区	45	244	1530	1418	127	770	
辽宁省	132	117	1856	3614	655	1823	
其中:大连市	36	28		50			
吉林省	20	48	1364	3611	852	2308	
黑龙江省	43	127	855	7934	1847	5321	1
上海市	61	131	5876	177	19	85	
江苏省	146	570	10669	9906	2566	5431	2
浙江省	366	995	8828	9683	1258	5476	
其中:宁波市	107	67	2024	1380	143	949	
安徽省	77	135	2722	2962	512	1511	
福建省	120	227	3626	2251	105	1012	
其中:厦门市	47	29	1469	215		5	
江西省	63	381	3210	2788	383	1714	1
山东省	141	192	4436	5244	317	908	1
其中:青岛市	25	7	1015	1005	123	507	
河南省	83	351	1855	2976	553	2062	1
湖北省	78	279	4876	4558	543	2956	
湖南省	209	357	7350	4134	459	2036	
广东省	163	475	17497	3549	277	885	
其中:深圳市	25	55	1520	681			
广西壮族自治区	40	65	10000	3098	329	2009	
海南省	12	14	768	259	1	83	
重庆市	69	113	2100	427	34	70	
四川省	274	436	8181	5275	524	3016	
贵州省	83	194	2806	7939	1135	5440	2
云南省	220	146	6079	1612	96	756	13
西藏自治区	58	7	654	2882	7	2487	
陕西省	37	55	1600	3661	354	2335	1
甘肃省	52	117	1387	1579	274	995	
青海省	47	20	451	34			
宁夏回族自治区	16	20	941	371	73	272	
新疆维吾尔自治区	95	163	1484	2914	259	1836	

2－7－7

单位:万元

地区	对个人和家庭的补助						
	抚恤金	生活补助	救济费	医疗费	助学金	奖励金	生产补贴
地方合计	**2916**	**2322**	**114**	**2502**	**16**	**1241**	**61**
北京市	34	1		176		－1	－1
天津市	45	17		37		10	
河北省	138	101	5	50		19	55
山西省	69	51	2	52		10	
内蒙古自治区	84	70	1	58		14	
辽宁省	133	101	11	102		19	
其中:大连市	21	20	2	4			
吉林省	113	34		102		12	
黑龙江省	226	49		51		10	
上海市	15	6		6		7	
江苏省	148	214	4	137		26	
浙江省	119	77	7	253		76	1
其中:宁波市	32	4		16			
安徽省	157	62	36	73		39	
福建省	62	66		5		27	1
其中:厦门市	5	9		1			
江西省	107	98	1	85		26	1
山东省	81	111	1	345		28	
其中:青岛市	24	2		13			
河南省	91	56	2	79	1	5	1
湖北省	106	57	1	168	2	4	
湖南省	189	246	14	254	11	16	
广东省	63	121	20	142		318	2
其中:深圳市		30		1		93	
广西壮族自治区	91	68		30		97	
海南省	32	12		2		3	
重庆市	44	45		87		40	
四川省	203	147	5	34		215	
贵州省	251	99	1	21		44	1
云南省	80	37	1	8	1	141	
西藏自治区	32	22		33	1		
陕西省	52	221		50		4	
甘肃省	71	56		17		9	
青海省	12	18					
宁夏回族自治区	4	11		2			
新疆维吾尔自治区	64	48	2	43		23	

2－7－8

单位:万元

地　　区	对个人和家庭的补助				对企事业单位的补贴		
	住　房 公积金	提租 补贴	购房 补贴	其他对个人 和家庭的 补助支出	小　计	企业政策性 补　　贴	事业单位 补　　贴
地　方　合　计	**10192**	**1097**	**3447**	**6609**	**362**	**123**	**27**
北京市	527	109	44	87			
天津市	451	9	1	50			
河北省	211	7		79			
山西省	226	14		154			
内蒙古自治区	72			222			
辽宁省	191	369	49	161	67	67	
其中:大连市		3			67	67	
吉林省	127	8		55			
黑龙江省	247	44	63	75			
上海市	15			24			
江苏省	608	148	50	572	139		
浙江省	1742	11	71	592	97		24
其中:宁波市	22			214	9		5
安徽省	349	7	1	215			
福建省	458	184	7	324	3		3
其中:厦门市	98	69	1	27			
江西省	180			192			
山东省	862	61	2312	217			
其中:青岛市	178	30	76	52			
河南省	83			42	56	56	
湖北省	493	15	20	193			
湖南省	440	1		468			
广东省	770	79	147	725			
其中:深圳市		78	128	351			
广西壮族自治区	214	9		251			
海南省	5			121			
重庆市	39			68			
四川省	431		38	662			
贵州省	225	19	450	251			
云南省	214		139	126			
西藏自治区	100			200			
陕西省	482		6	156			
甘肃省	142	2	2	11			
青海省				4			
宁夏回族自治区				9			
新疆维吾尔自治区	288	1	47	303			

2－7－9

单位:万元

地　　区	对企事业单位的补贴		赠　与			债务利息支出	
	财政贴息	其他对企事业单位的补贴支出	小　计	对国内的赠　与	对国外的赠　与	小　计	国库券付　息
地　方　合　计		**212**					
北京市							
天津市							
河北省							
山西省							
内蒙古自治区							
辽宁省							
其中:大连市							
吉林省							
黑龙江省							
上海市							
江苏省		139					
浙江省		73					
其中:宁波市		4					
安徽省							
福建省							
其中:厦门市							
江西省							
山东省							
其中:青岛市							
河南省							
湖北省							
湖南省							
广东省							
其中:深圳市							
广西壮族自治区							
海南省							
重庆市							
四川省							
贵州省							
云南省							
西藏自治区							
陕西省							
甘肃省							
青海省							
宁夏回族自治区							
新疆维吾尔自治区							

2－7－10

单位:万元

地　区	债务利息支出					基本建设支出	
	向国家银行借款付息	其他国内借款付息	向国外政府借款付息	向国际组织借款付息	其他国外借款付息	小　计	房屋建筑物购　建
地　方　合　计						**152375**	**123839**
北京市						101004	100000
天津市							
河北省						1535	1500
山西省						48	
内蒙古自治区						303	112
辽宁省						1749	1529
其中:大连市							
吉林省						605	465
黑龙江省						152	152
上海市						14166	6085
江苏省						248	20
浙江省						235	
其中:宁波市						44	
安徽省						1426	767
福建省						1163	71
其中:厦门市						99	
江西省						22	
山东省						90	
其中:青岛市							
河南省						500	385
湖北省						617	500
湖南省						9284	3109
广东省						2172	1816
其中:深圳市							
广西壮族自治区						327	98
海南省						59	
重庆市						2350	2200
四川省						1097	406
贵州省						1157	550
云南省						1575	1296
西藏自治区						36	36
陕西省						1259	
甘肃省						2304	2186
青海省						175	
宁夏回族自治区						6414	556
新疆维吾尔自治区						303	

2－7－11

单位:万元

地　　区	基本建设支出							
	办公设备购　置	专用设备购　置	交通工具购　置	基础设施建　设	大型修缮	信息网络购　建	物资储备	其他基本建设支出
地　方　合　计	**665**	**142**	**2002**	**12913**	**1991**	**700**		**10123**
北京市		11	18	525		450		
天津市								
河北省	2				33			
山西省	11	10	27					
内蒙古自治区	36		90	4	30	12		19
辽宁省		13	124			83		
其中:大连市								
吉林省								140
黑龙江省								
上海市			25					8056
江苏省	13		212					3
浙江省	167		67			1		
其中:宁波市			44					
安徽省	1	3	60		595			
福建省	4		95		831	134		28
其中:厦门市	4		95					
江西省			22					
山东省	18		67			5		
其中:青岛市								
河南省	2	20	68					25
湖北省	1		116					
湖南省	45	22	40	6041	26			1
广东省	5		142		76			133
其中:深圳市								
广西壮族自治区	23	4	161			14		27
海南省	53		6					
重庆市	37		113					
四川省	75		122			1		493
贵州省	36	56	65	410	19			21
云南省	101	3	125	26	24			
西藏自治区								
陕西省	16		101		42			1100
甘肃省	16		10		15			77
青海省			126	49				
宁夏回族自治区				5858				
新疆维吾尔自治区	3				300			

2－7－12

单位:万元

地　　区	其他资本性支出						
	小　计	房屋建筑物购　建	办公设备购　置	专用设备购　置	交通工具购　置	基础设施建　设	大型修缮
地　方　合　计	**89691**	**9893**	**13912**	**3094**	**43289**	**2327**	**7150**
北京市	3443		348	323	750	5	1119
天津市	567	7	77	128	336		8
河北省	2879	97	346	79	1939	35	326
山西省	8457	4150	994	74	2015		103
内蒙古自治区	2390	1	396	44	1627	11	97
辽宁省	3415	337	620	214	1442	1	742
其中:大连市	733		13	160	155		400
吉林省	2232	11	378	34	1033	75	697
黑龙江省	1220		318	6	748		135
上海市	442		88		25		
江苏省	2879	750	739	103	1125		15
浙江省	5072	13	806	144	2476	1506	3
其中:宁波市	199		82		113		
安徽省	1504		348	16	860		132
福建省	3416	84	639	242	2054	62	233
其中:厦门市	277		15	97	83	62	
江西省	1986	89	305	11	1335		17
山东省	3682	2	510	86	2015	9	836
其中:青岛市	669		150		514		
河南省	3843	638	477	47	2339	114	27
湖北省	3507	596	544	9	1707	79	81
湖南省	3517	251	642	84	1907	81	466
广东省	3129	16	726	108	1965		89
其中:深圳市	405		112	10	274		
广西壮族自治区	2447	113	286	23	1706	5	62
海南省	381		115		262		1
重庆市	1433		384	72	932		8
四川省	4430	356	719	150	2726	23	370
贵州省	2252	211	415	2	1304	31	71
云南省	5226	1479	796	105	2336	107	104
西藏自治区	4770		38	410	620		
陕西省	4870	370	808	99	2231	171	1042
甘肃省	1851	210	287	143	1110	12	76
青海省	848	112	100	26	480		19
宁夏回族自治区	1628		299	292	448		127
新疆维吾尔自治区	1975		364	20	1436		144

2－7－13

单位:万元

地　　区	其他资本性支出						
	信息网络购建	物资储备	土地补偿	安置补助	地上附着物和青苗补偿	拆迁补偿	其他资本性支出
地方合计	**2307**		**160**	**1**			**7558**
北京市	275			1			622
天津市	11						
河北省	29						28
山西省	810						311
内蒙古自治区	172						42
辽宁省	30						29
其中:大连市	5						
吉林省	4						
黑龙江省	12						1
上海市							329
江苏省	55						92
浙江省	36						88
其中:宁波市	1						3
安徽省	134						14
福建省	35						67
其中:厦门市	20						
江西省	116						113
山东省	48						176
其中:青岛市	5						
河南省	51						150
湖北省	164						327
湖南省	42						44
广东省	50						175
其中:深圳市	1						8
广西壮族自治区	11		154				87
海南省	3						
重庆市	5						32
四川省	53						33
贵州省	5						213
云南省	1						298
西藏自治区							3702
陕西省	27		1				121
甘肃省	2						11
青海省	12		5				94
宁夏回族自治区	113						349
新疆维吾尔自治区	1						10

二、地方财政预算收支情况

2－7－14

单位:万元

地区	贷款转贷及产权参股					其他支出		
	小计	国内贷款	国外贷款	产权参股	其他贷款转贷及产权参股支出	小计	补充全国社会保障基金	其他支出
地方合计	**42**				**42**	**16137**		**16137**
北京市						222		222
天津市								
河北省						346		346
山西省						4921		4921
内蒙古自治区								
辽宁省								
其中:大连市								
吉林省						20		20
黑龙江省						231		231
上海市						124		124
江苏省						582		582
浙江省						1931		1931
其中:宁波市						58		58
安徽省						124		124
福建省	42				42	1096		1096
其中:厦门市						705		705
江西省						167		167
山东省						49		49
其中:青岛市						61		61
河南省						294		294
湖北省						880		880
湖南省						1581		1581
广东省						951		951
其中:深圳市						88		88
广西壮族自治区						1011		1011
海南省						204		204
重庆市						116		116
四川省						21		21
贵州省						475		475
云南省						35		35
西藏自治区						277		277
陕西省						10		10
甘肃省						48		48
青海省						175		175
宁夏回族自治区						3		3
新疆维吾尔自治区						243		243

2007 年各省、自治区、直辖市政协事务支出明细表

2-8-1

单位:万元

地区	合计	工资福利支出				
		小计	基本工资	津贴补贴	奖金	社会保障缴费
地方合计	**1037558**	**325101**	**150659**	**106529**	**40744**	**8365**
北京市	25594	6592	1679	2538	1652	55
天津市	11812	3838	1216	2014	426	26
河北省	42017	14426	8234	4587	598	327
山西省	31781	8616	4960	2853	408	103
内蒙古自治区	32002	9771	5533	3591	445	57
辽宁省	37967	10401	4980	4374	564	265
其中:大连市	5132	1409	490	540	274	100
吉林省	22402	5881	3517	2069	250	16
黑龙江省	28159	9626	5187	3349	715	163
上海市	22182	6678	1545	914	3619	256
江苏省	57598	18696	5526	5265	5443	882
浙江省	56896	18197	4556	3736	6972	1042
其中:宁波市	9549	3990	762	819	1886	305
安徽省	29673	9744	4996	3044	431	191
福建省	29164	8088	3410	2152	632	344
其中:厦门市	4767	1467	240	346	133	16
江西省	27827	9045	5230	2064	572	143
山东省	66752	21031	10488	7087	1100	1272
其中:青岛市	8470	3300	1011	1413	372	360
河南省	49145	15180	9120	4782	552	155
湖北省	43317	13918	6599	4437	1775	322
湖南省	48916	14859	7788	4149	1107	792
广东省	65070	20238	7081	8707	2322	608
其中:深圳市	7881	2237	376	1190	309	80
广西壮族自治区	28299	8106	4384	2268	1102	111
海南省	5241	2046	1207	674	131	19
重庆市	18116	5736	2558	2393	392	63
四川省	63586	21564	9700	5182	5193	341
贵州省	34005	8607	4624	3035	580	59
云南省	45504	14487	7177	6150	790	163
西藏自治区	15422	6203	2288	3104	452	81
陕西省	37028	10177	5960	3030	687	77
甘肃省	27151	9342	4796	3509	425	46
青海省	9642	5064	1905	2681	326	13
宁夏回族自治区	7826	3228	1613	1251	265	14
新疆维吾尔自治区	17464	5716	2802	1540	818	359

2－8－2　　　　单位:万元

地　　区	工资福利支出				商品和服务支出		
	伙食费	伙　食补助费	绩效工资	其他工资福利支出	小　计	办公费	印刷费
地　方　合　计	**307**	**1607**	**443**	**16447**	**530621**	**47955**	**15240**
北京市		2	27	639	11108	706	328
天津市	12	15		129	5253	216	24
河北省	43	271		366	21276	2126	698
山西省	15	27		250	18394	2066	1139
内蒙古自治区		10	3	132	17540	1690	544
辽宁省	7	40	11	160	21595	1646	609
其中:大连市		5			2962	313	91
吉林省		16		13	10328	1176	414
黑龙江省	25	46	61	80	12436	1553	406
上海市	46	14	1	283	13774	849	210
江苏省	16	253		1311	28378	1616	724
浙江省	2	238	2	1649	28340	1495	840
其中:宁波市		48		170	4278	343	118
安徽省	14	88		980	14292	1221	329
福建省		8	27	1515	16745	855	572
其中:厦门市		6		726	2112	41	56
江西省	31	47		958	13676	1187	381
山东省	21	47	88	928	36050	3997	1322
其中:青岛市		4		140	3593	318	86
河南省	1	23	50	497	28868	4581	935
湖北省	20	16	56	693	20417	1903	500
湖南省	8	68	17	930	26547	1884	685
广东省	18	68	60	1374	37024	3272	723
其中:深圳市		8		274	4800	389	88
广西壮族自治区	11	4	4	222	14865	1064	172
海南省				15	2695	165	90
重庆市		28	26	276	10406	917	277
四川省	3	70	2	1073	32352	2654	774
贵州省		7		302	13847	1591	225
云南省	5	74		128	24768	2894	652
西藏自治区		2		276	2667	143	3
陕西省	7	49	8	359	17565	1630	927
甘肃省		2		564	13836	1193	358
青海省	2	34		103	3187	323	99
宁夏回族自治区		8		77	4166	616	120
新疆维吾尔自治区		32		165	8226	726	160

2－8－3　　　　单位:万元

地　　区	商品和服务支出						
	咨询费	手续费	水　费	电　费	邮电费	取暖费	物　业 管理费
地　方　合　计	**161**	**60**	**1966**	**6694**	**15457**	**5858**	**3998**
北京市			36	164	129	243	31
天津市			23	115	121	53	147
河北省	2		64	212	818	398	60
山西省	1	4	59	152	423	250	22
内蒙古自治区			29	60	432	207	8
辽宁省	1		72	481	667	867	223
其中:大连市	1		6	73	87	62	27
吉林省	17		91	245	222	407	65
黑龙江省			48	120	393	814	153
上海市	6	1	57	173	233		1342
江苏省			44	252	619	85	186
浙江省	2		19	97	627		62
其中:宁波市	1			5	55		
安徽省	14	1	32	210	434	67	81
福建省	4		32	94	508		4
其中:厦门市					18		1
江西省	6	1	88	258	486	33	51
山东省	22	8	196	426	1231	685	168
其中:青岛市	7	5	7	9	79	31	
河南省			117	378	887	98	59
湖北省	1	4	76	282	557	33	114
湖南省	24	9	115	439	513	289	182
广东省	3	5	91	528	1118	1	373
其中:深圳市	2		5	103	94		89
广西壮族自治区			24	91	434		104
海南省	1		4	11	45		
重庆市			39	166	301		40
四川省	7	16	148	505	1448	38	137
贵州省	1		40	121	442	148	6
云南省	31		101	155	784		222
西藏自治区		1	50	87	124	55	
陕西省	4	1	151	496	550	307	23
甘肃省	7	1	52	128	425	218	113
青海省		2	10	34	151	66	
宁夏回族自治区			22	43	67	56	16
新疆维吾尔自治区	7	6	36	171	268	440	6

2－8－4

单位:万元

地区	商品和服务支出					
	交通费	差旅费	出国费	维修(护)费	租赁费	会议费
地方合计	**73601**	**37310**	**7270**	**18023**	**1419**	**144992**
北京市	1111	470	516	198	4	4480
天津市	526	97	90	32	61	1293
河北省	4765	1160	140	563	28	5770
山西省	2864	1342	61	1146	97	5617
内蒙古自治区	3804	2136	262	783	32	4548
辽宁省	3735	1690	132	763	35	6466
其中:大连市	437	223	9	17	1	821
吉林省	1481	1061	54	1064	9	2988
黑龙江省	2000	1269	258	505	1	2388
上海市	670	711	502	1610	17	3382
江苏省	3437	1970	347	303	16	8563
浙江省	2888	2200	787	201	20	9633
其中:宁波市	379	301	87	12		1253
安徽省	1543	990	102	301	18	4580
福建省	1859	1051	354	511	92	5457
其中:厦门市	164	41	114	2		759
江西省	2030	1134	172	350	10	3017
山东省	4933	2227	306	960	76	11076
其中:青岛市	604	260	33	6	5	997
河南省	4727	1881	425	838	38	7799
湖北省	2860	1427	146	512	14	5128
湖南省	2780	1470	377	492	16	7745
广东省	3675	3120	940	993	46	8470
其中:深圳市	313	466	220	131	10	983
广西壮族自治区	2099	1049	223	464	8	3377
海南省	480	316	41	30		599
重庆市	1566	580	115	195	31	2732
四川省	4741	1925	150	904	13	8471
贵州省	2278	870	104	256	594	2120
云南省	2829	978	184	1502	51	6016
西藏自治区	672	276		90		396
陕西省	2762	1109	86	778	31	5826
甘肃省	1961	1348	276	1189	55	3237
青海省	647	296	60	174	5	499
宁夏回族自治区	524	422	34	89	1	1328
新疆维吾尔自治区	1354	735	26	227		1991

2－8－5　　　　单位:万元

地　　区	商品和服务支出						
	培训费	招待费	专用材料费	被装购置费	专用燃料费	劳务费	委托业务费
地方合计	**11916**	**47103**	**1817**	**1065**	**1701**	**2898**	**816**
北京市	192	675	107		7	212	
天津市	100	137		1		9	
河北省	438	1566	26	51	80	16	22
山西省	412	1020	92	17	23	147	4
内蒙古自治区	492	697	22	99	118	37	12
辽宁省	441	1817	90		118	180	15
其中:大连市	45	701	6		10	3	
吉林省	131	363	80		89	102	49
黑龙江省	162	1127	49	7	6	84	57
上海市	87	1045	207	44		196	
江苏省	793	3283	50			117	77
浙江省	483	2884	17		21	176	4
其中:宁波市	26	391				20	
安徽省	306	1033	178	61	62	37	23
福建省	276	1619	56	49	73	45	107
其中:厦门市	61	63				3	
江西省	324	1643	24	115	128	28	1
山东省	641	3123	116	66	63	142	59
其中:青岛市	23	584				5	
河南省	743	2547	116	95	188	120	
湖北省	448	1995	33	1	199	98	54
湖南省	932	3309	40	106	39	67	41
广东省	580	3478	168	55	31	404	173
其中:深圳市	63	655	17			148	14
广西壮族自治区	380	1435	18	34	51	26	
海南省	81	228	9			10	20
重庆市	396	729	29		17	63	
四川省	826	3096	44	58	100	99	3
贵州省	505	1929	31	5	26	78	10
云南省	601	2605	10	1	63	126	9
西藏自治区	22	256	20			2	1
陕西省	450	1022	53		15	68	6
甘肃省	344	1207	106	145	161	83	42
青海省	101	241	6	6	20	2	14
宁夏回族自治区	99	350	5	1		20	
新疆维吾尔自治区	130	644	15	48	3	104	13

二、地方财政预算收支情况

2－8－6

单位:万元

地　　区	商品和服务支出			对个人和家庭的补助			
	工会经费	福利费	其他商品和服务支出	小　计	离休费	退休费	退职(役)费
地　方　合　计	**2130**	**5597**	**75574**	**79307**	**11200**	**45843**	**61**
北京市	67	24	1408	744		3	
天津市	22	23	2163	2174	405	1161	
河北省	69	177	2027	3261	731	2099	1
山西省	32	161	1243	1739	247	1115	
内蒙古自治区	20	258	1250	931	68	515	4
辽宁省	85	77	1385	2337	391	1249	
其中:大连市	17	12		28			
吉林省	15	33	172	2434	527	1695	
黑龙江省	51	115	870	5005	1102	3505	1
上海市	34	606	1792	208	34	40	
江苏省	90	405	5401	8451	2125	4820	1
浙江省	228	742	4914	6178	935	3366	
其中:宁波市	62	36	1189	926	151	620	
安徽省	86	102	2481	2252	326	1022	
福建省	88	162	2877	1352	57	541	
其中:厦门市	30	8	751	164			
江西省	44	175	1990	2047	192	1315	2
山东省	82	111	4014	4226	320	852	31
其中:青岛市	14	8	512	1142	209	583	
河南省	73	319	1904	2205	460	1526	
湖北省	52	383	3597	3703	432	2452	
湖南省	124	306	4563	3038	380	1747	8
广东省	129	384	8264	2230	197	484	
其中:深圳市	17	27	966	254			
广西壮族自治区	34	136	3642	2356	281	1569	
海南省	10	6	549	70	1	21	
重庆市	131	57	2025	471	16	71	
四川省	201	384	5610	4669	338	2723	4
贵州省	65	114	2288	6198	721	4644	
云南省	136	76	4742	1180	100	586	7
西藏自治区	32	7	430	2955	48	2450	1
陕西省	28	66	1176	2961	254	2046	
甘肃省	21	72	1094	1285	139	764	
青海省	35	13	383	54			
宁夏回族自治区	3	25	325	267	157	67	
新疆维吾尔自治区	43	78	995	2326	216	1395	1

2－8－7

单位:万元

地　　区	对个人和家庭的补助						
	抚恤金	生活补助	救济费	医疗费	助学金	奖励金	生产补贴
地　方　合　计	**2151**	**2054**	**99**	**1804**	**31**	**871**	**3**
北京市	7	27		33	6		
天津市	44	19		8		22	
河北省	88	101		28		21	
山西省	28	42	2	31		2	
内蒙古自治区	35	95	2	18			
辽宁省	82	62	8	143		13	
其中:大连市	15	10					
吉林省	70	19	2	18		7	
黑龙江省	69	34	1	12		24	
上海市	43	23	2		1	3	
江苏省	190	145	22	166		10	
浙江省	128	20	10	131		28	
其中:宁波市		1					
安徽省	101	55	3	31		33	
福建省	37	50	2	5	12	2	
其中:厦门市		9					
江西省	40	35	6	173	8	4	
山东省	76	76	2	328	1	18	
其中:青岛市	28	3		13	1		
河南省	31	55	4	41		8	
湖北省	49	16		125		12	
湖南省	73	88	17	122	2	11	
广东省	48	76	10	73		143	
其中:深圳市		6				57	
广西壮族自治区	71	41		7		107	
海南省	6	2		2		3	
重庆市	68	45		62		41	
四川省	232	239	1	14		228	1
贵州省	132	84		16		4	2
云南省	92	50		6	1	84	
西藏自治区	93	75		98			
陕西省	61	167	4	37		9	
甘肃省	29	106		27		5	
青海省	26	19					
宁夏回族自治区	4	12		2		8	
新疆维吾尔自治区	98	176	1	47		21	

2－8－8

单位:万元

地区	对个人和家庭的补助				对企事业单位的补贴		
	住房公积金	提租补贴	购房补贴	其他对个人和家庭的补助支出	小计	企业政策性补贴	事业单位补贴
地方合计	**7176**	**701**	**2441**	**4872**	**416**	**40**	**287**
北京市	433	83	16	136			
天津市	422	5	6	82			
河北省	138	9		45			
山西省	137	4		131			
内蒙古自治区	81		35	78			
辽宁省	122	210	15	42	40	40	
其中:大连市		3			40	40	
吉林省	84	5		7			
黑龙江省	184	18		55			
上海市	11			51			
江苏省	430	126	35	381			
浙江省	1095	7	47	411	3		
其中:宁波市	6			148			
安徽省	275	14	3	389			
福建省	345	112		189	10		10
其中:厦门市	105	38		12			
江西省	153		6	113			
山东省	582	49	1733	158	20		20
其中:青岛市	120	27	88	70			
河南省	56			24	12		12
湖北省	439	5	7	166			
湖南省	282			308			
广东省	535	51	85	528	100		100
其中:深圳市		50	56	85	100		100
广西壮族自治区	125		1	154			
海南省	2			33			
重庆市	24			144			
四川省	297		34	558			
贵州省	149	1	361	84	145		145
云南省	138		45	71	86		
西藏自治区	54			136			
陕西省	274		8	101			
甘肃省	119	2		94			
青海省				9			
宁夏回族自治区	2			15			
新疆维吾尔自治区	188		4	179			

2－8－9

单位:万元

地　　区	对企事业单位的补贴		赠　与			债务利息支出	
	财政贴息	其他对企事业单位的补贴支出	小　计	对国内的赠与	对国外的赠与	小　计	国库券付息
地方合计		**89**	**6**	**6**			
北京市							
天津市							
河北省							
山西省							
内蒙古自治区							
辽宁省							
其中:大连市							
吉林省							
黑龙江省							
上海市							
江苏省							
浙江省		3	2	2			
其中:宁波市							
安徽省			1	1			
福建省							
其中:厦门市							
江西省							
山东省			2	2			
其中:青岛市							
河南省							
湖北省							
湖南省							
广东省							
其中:深圳市							
广西壮族自治区							
海南省							
重庆市			1	1			
四川省							
贵州省							
云南省		86					
西藏自治区							
陕西省							
甘肃省							
青海省							
宁夏回族自治区							
新疆维吾尔自治区							

二、地方财政预算收支情况

2－8－10　　　　单位:万元

地　　区	债务利息支出					基本建设支出	
	向国家银行借款付息	其他国内借款付息	向国外政府借款付息	向国际组织借款付息	其他国外借款付息	小计	房屋建筑物购建
地方合计						**22012**	**9232**
北京市						1240	1090
天津市							
河北省						696	
山西省						502	
内蒙古自治区						407	363
辽宁省						1126	356
其中:大连市						583	300
吉林省						200	180
黑龙江省							
上海市						735	
江苏省						205	
浙江省						1243	150
其中:宁波市						150	150
安徽省						1730	1612
福建省						938	
其中:厦门市						931	
江西省						700	
山东省						3085	3000
其中:青岛市							
河南省						128	33
湖北省						1736	1166
湖南省						1203	77
广东省						625	
其中:深圳市							
广西壮族自治区						123	
海南省						36	
重庆市						123	
四川省						670	95
贵州省						2304	
云南省						685	175
西藏自治区							
陕西省						1140	766
甘肃省						325	169
青海省						83	
宁夏回族自治区							
新疆维吾尔自治区						24	

2－8－11

单位:万元

地区	基本建设支出							
	办公设备购置	专用设备购置	交通工具购置	基础设施建设	大型修缮	信息网络购建	物资储备	其他基本建设支出
地方合计	**1300**	**23**	**2294**	**1868**	**3924**	**141**	**1**	**3229**
北京市	110		40					
天津市								
河北省	6		40		650			
山西省				1	501			
内蒙古自治区	1	1	42					
辽宁省		4	86		667			13
其中:大连市					283			
吉林省					20			
黑龙江省								
上海市	735							
江苏省			124		81			
浙江省	26		326			85		656
其中:宁波市								
安徽省	30		83			5		
福建省	7		89	842				
其中:厦门市			89	842				
江西省					700			
山东省	10		25					50
其中:青岛市								
河南省	14		74		7			
湖北省	6		144		372			48
湖南省	15	15	208	840				48
广东省			55		570			
其中:深圳市								
广西壮族自治区	31	2	69			1		20
海南省	3		25					8
重庆市	20		96			7		
四川省	88		427		6	35		19
贵州省	9		57		10	5		2223
云南省	10		120	65	315			
西藏自治区								
陕西省	172		40		20	3		139
甘肃省	2		24	120	5			5
青海省	2		80				1	
宁夏回族自治区								
新疆维吾尔自治区	3	1	20					

二、地方财政预算收支情况

2－8－12

单位:万元

地　　区	其他资本性支出						
	小　计	房屋建筑物购　　建	办公设备购　　置	专用设备购　　置	交通工具购　　置	基础设施建　　设	大型修缮
地　方　合　计	**71853**	**5881**	**11434**	**1650**	**35198**	**888**	**8462**
北京市	4601	135	144	111	702		3405
天津市	547	55	71	25	364		32
河北省	2122	24	353	30	1437	1	268
山西省	2468	164	407	115	1659		64
内蒙古自治区	3352	10	1136		2118		43
辽宁省	2446	751	434	1	859	123	219
其中:大连市	110		89		21		
吉林省	3053	498	424	73	892		1160
黑龙江省	1092		162	62	781		5
上海市	404		221	28	38		
江苏省	1676		295	102	1128		19
浙江省	2680	5	564	2	1713	45	1
其中:宁波市	200		89		104		
安徽省	1590	80	788	34	624		6
福建省	2000	11	412	115	1238		216
其中:厦门市	76		74		2		
江西省	2311	31	263	19	1086	1	905
山东省	2338	55	400	183	1490	7	154
其中:青岛市	411		58	97	256		
河南省	2739	120	344	167	1986	6	47
湖北省	2606	4	371	163	1763	5	130
湖南省	2681	649	508	17	1131	33	137
广东省	3034	12	666	170	1004		117
其中:深圳市	397		232		164		
广西壮族自治区	2597	20	428	35	1673	5	153
海南省	394	26	114	11	198	28	13
重庆市	1245	153	213		846		26
四川省	4255	935	709	3	2229		238
贵州省	2489	166	344	15	1418	1	80
云南省	4289	925	502	28	1806	549	289
西藏自治区	3594		311		325		
陕西省	5183	951	286	5	1852	58	376
甘肃省	2038		270	128	1344		262
青海省	692	1	84	5	497		96
宁夏回族自治区	165		43		122		
新疆维吾尔自治区	1172	100	167	3	875	26	1

2－8－13

单位:万元

地　　区	其他资本性支出						
	信息网络购建	物资储备	土地补偿	安置补助	地上附着物和青苗补偿	拆迁补偿	其他资本性支出
地方合计	**934**		**85**	**3**			**7318**
北京市	101			3			
天津市							
河北省	9						
山西省	20						39
内蒙古自治区	15						30
辽宁省	23						36
其中:大连市							
吉林省	6						
黑龙江省	81						1
上海市							117
江苏省	40						92
浙江省	18						332
其中:宁波市							7
安徽省	12						46
福建省	6						2
其中:厦门市							
江西省	1						5
山东省	49						
其中:青岛市							
河南省	6						63
湖北省	27						143
湖南省	9						197
广东省	328						737
其中:深圳市	1						
广西壮族自治区	83						200
海南省	4						
重庆市	7						
四川省	13						128
贵州省	24						441
云南省	18		50				122
西藏自治区							2958
陕西省	15		35				1605
甘肃省	10						24
青海省	9						
宁夏回族自治区							
新疆维吾尔自治区							

二、地方财政预算收支情况

2－8－14　　　　　　　　　　单位:万元

地　　区	贷款转贷及产权参股					其他支出		
	小　计	国内贷款	国外贷款	产权参股	其他贷款转贷及产权参股支出	小　计	补充全国社会保障基金	其他支出
地　方　合　计	**2**				**2**	**8240**		**8240**
北京市						1309		1309
天津市								
河北省						236		236
山西省						62		62
内蒙古自治区						1		1
辽宁省						22		22
其中:大连市								
吉林省						506		506
黑龙江省								
上海市						383		383
江苏省						192		192
浙江省						253		253
其中:宁波市						5		5
安徽省						64		64
福建省	2				2	29		29
其中:厦门市						17		17
江西省						48		48
山东省								
其中:青岛市						24		24
河南省						13		13
湖北省						937		937
湖南省						588		588
广东省						1819		1819
其中:深圳市						93		93
广西壮族自治区						252		252
海南省								
重庆市						134		134
四川省						76		76
贵州省						415		415
云南省						9		9
西藏自治区						3		3
陕西省						2		2
甘肃省						325		325
青海省						562		562
宁夏回族自治区								
新疆维吾尔自治区								

2007年各省、自治区、直辖市政府办公厅(室)及相关机构事务支出明细表

2-9-1

单位:万元

地区	合计	工资福利支出				
		小计	基本工资	津贴补贴	奖金	社会保障缴费
地方合计	**20715976**	**6324218**	**2709675**	**1810344**	**931537**	**259603**
北京市	710605	245359	63942	83644	48985	4418
天津市	256639	84276	26051	39691	9982	1480
河北省	789588	263719	143033	78540	13031	8047
山西省	500758	153334	87102	46812	8535	3136
内蒙古自治区	673640	128535	68660	44426	6191	2286
辽宁省	822139	197569	90923	70552	13208	9404
其中:大连市	183613	41969	14005	16257	6573	3581
吉林省	474655	124156	72502	38921	8140	984
黑龙江省	491403	140255	78117	44797	10085	2293
上海市	560107	198235	40231	23515	105285	12236
江苏省	1971203	548047	128556	113944	172911	37255
浙江省	1644092	494648	94779	98200	182229	37785
其中:宁波市	277125	81421	12154	13273	36214	7116
安徽省	577426	168282	83471	49437	8565	3986
福建省	494269	136120	56550	36546	11478	8102
其中:厦门市	72674	18113	3305	5443	1280	732
江西省	459274	150550	91892	32959	9338	2215
山东省	1325482	384398	188674	113617	17144	36655
其中:青岛市	183988	60780	17436	19758	5526	9798
河南省	1117518	297512	191688	79174	7485	7846
湖北省	735181	258650	128894	77353	22525	8792
湖南省	876550	322354	176572	78318	27453	16139
广东省	1675374	501879	182250	157877	68657	26012
其中:深圳市	109506	30830	7289	12474	5095	1214
广西壮族自治区	484412	136577	72142	34709	18208	1643
海南省	154888	38927	22591	9313	2302	762
重庆市	363804	116380	49049	41832	15511	1585
四川省	965798	329192	152934	67945	75590	8602
贵州省	482419	135950	67462	44287	12829	1919
云南省	518606	179164	72710	78778	12067	2492
西藏自治区	247657	90742	29237	51619	4489	2635
陕西省	522583	190917	112155	54872	9365	3184
甘肃省	282507	117476	61192	47406	5129	343
青海省	116420	48117	17065	25268	2688	300
宁夏回族自治区	80914	26859	12373	11123	1530	387
新疆维吾尔自治区	340065	116039	46878	34869	20602	6680

二、地方财政预算收支情况

2-9-2 单位:万元

地区	工资福利支出				商品和服务支出		
	伙食费	伙食补助费	绩效工资	其他工资福利支出	小计	办公费	印刷费
地方合计	**11329**	**44190**	**24846**	**532694**	**9736897**	**1184979**	**161672**
北京市	415	555	7436	35964	318971	18865	1855
天津市	206	747	230	5889	101292	10915	637
河北省	472	6045	265	14286	372531	61742	7724
山西省	180	802	249	6518	237322	29993	6563
内蒙古自治区	138	674	80	6080	364640	42417	4505
辽宁省	1304	1546	1009	9623	413908	62883	8759
其中:大连市	369	201	656	327	83795	14699	1544
吉林省		961	658	1990	186489	36032	5007
黑龙江省	396	1223	501	2843	216815	36569	3573
上海市	580	1105	480	14803	289802	11056	1741
江苏省	1396	5880	1366	86739	944183	76079	9229
浙江省	608	6624	708	73715	718343	40835	8543
其中:宁波市	166	1001	23	11474	131890	7109	816
安徽省	263	1846	610	20104	271641	32647	5030
福建省	286	948	841	21369	227168	22144	4772
其中:厦门市	13	397	39	6904	27252	1792	372
江西省	359	562	414	12811	234660	25241	4314
山东省	654	1902	1543	24209	721921	155310	15050
其中:青岛市	202	535	161	7364	81924	15493	765
河南省	353	697	494	9775	609248	153714	17445
湖北省	469	621	1481	18515	311854	27907	5107
湖南省	624	2024	424	20800	375852	43805	8085
广东省	1665	2677	1851	60890	852435	63474	10638
其中:深圳市	279	750		3729	57250	2016	611
广西壮族自治区	45	315	86	9429	211070	18350	2745
海南省	48	51	78	3782	63009	3436	791
重庆市		584	183	7636	184381	25197	2846
四川省	199	1688	417	21817	468340	52349	7754
贵州省	117	445	139	8752	201763	29213	3006
云南省	101	591	256	12169	245561	33900	3121
西藏自治区	12	51		2699	54436	3173	327
陕西省	218	1134	2696	7293	210880	29920	6256
甘肃省	18	45	104	3239	117423	13675	2980
青海省	70	531	117	2078	48136	5328	742
宁夏回族自治区	24	57	10	1355	33250	2940	798
新疆维吾尔自治区	109	1259	120	5522	129573	15870	1729

2－9－3 单位:万元

地　　区	商品和服务支出						
	咨询费	手续费	水　费	电　费	邮电费	取暖费	物　业 管理费
地　方　合　计	**16631**	**10374**	**84763**	**334509**	**207243**	**211927**	**137186**
北京市	225	75	2014	16489	4975	9909	5776
天津市	696	24	1070	4719	2396	4207	4729
河北省	714	393	3637	13933	10037	23354	2698
山西省	367	286	2634	8835	4587	13832	950
内蒙古自治区	422	247	2045	6994	5127	17429	4759
辽宁省	2669	738	3614	14682	10102	28171	7265
其中:大连市	1878	69	571	2869	1500	3768	2904
吉林省	1017	231	1651	5598	3919	16664	2510
黑龙江省	304	197	2289	7248	4655	22492	2896
上海市	222	10	1327	8208	3333	434	11145
江苏省	1428	1155	6842	31945	15130	1803	16344
浙江省	787	274	4194	25789	16533	17	14401
其中:宁波市	98	34	705	4783	1770	6	4427
安徽省	273	360	2440	9818	5380	702	5925
福建省	241	174	2180	8125	6327	26	2166
其中:厦门市	60	46	318	1437	472	7	773
江西省	205	199	1921	7790	4194	680	1583
山东省	1122	1495	10187	30607	17706	25356	14781
其中:青岛市	106	24	600	4011	1629	2257	4294
河南省	817	455	6567	23693	11869	7400	3921
湖北省	294	264	3099	10603	5751	2848	2715
湖南省	778	719	3680	12487	6474	2680	6618
广东省	1246	715	6904	34036	19296	75	11098
其中:深圳市	183	17	361	4086	1071		3357
广西壮族自治区	200	153	1742	5350	4736	14	677
海南省	50	40	273	1392	764	5	649
重庆市	341	331	1509	5495	4672	45	1447
四川省	774	419	3477	12677	14243	656	3806
贵州省	124	334	1144	5237	4722	1881	2260
云南省	380	327	1593	3643	5765	34	1632
西藏自治区	3	14	389	1554	1227	1070	78
陕西省	519	326	3421	8321	4918	9100	1448
甘肃省	169	224	1223	3763	3232	6733	484
青海省	18	28	304	1057	1603	3467	81
宁夏回族自治区	10	14	286	1241	735	1379	397
新疆维吾尔自治区	216	153	1107	3180	2835	9464	1947

2-9-4

单位:万元

地区	商品和服务支出					
	交通费	差旅费	出国费	维修(护)费	租赁费	会议费
地方合计	**869919**	**411636**	**68684**	**613006**	**98266**	**564631**
北京市	26763	5406	2377	16411	5024	20344
天津市	7598	1816	1374	4669	2303	4781
河北省	48087	17682	2133	32754	4763	28255
山西省	26673	11729	1449	23528	1922	21481
内蒙古自治区	34256	19374	1473	28364	2345	13222
辽宁省	50651	21842	4360	47878	4636	24346
其中:大连市	6938	3805	806	10579	1099	5105
吉林省	20772	13046	2489	19988	1382	14097
黑龙江省	24650	14999	3267	28482	1469	6535
上海市	16909	5280	5592	42631	8075	16632
江苏省	52777	28255	7788	32360	9366	48321
浙江省	46888	24922	7818	23311	11468	48199
其中:宁波市	7377	4653	1889	2401	3527	8516
安徽省	22760	12199	1627	11687	2434	10605
福建省	20595	12081	1951	11184	2232	12029
其中:厦门市	2694	947	664	1139	812	1041
江西省	19572	12649	1307	9687	1006	9244
山东省	67972	26682	3282	51403	7440	49289
其中:青岛市	7541	2833	628	2310	1064	4330
河南省	51223	29717	2150	39977	5363	37651
湖北省	23083	11595	1588	13109	1386	16788
湖南省	30399	15433	1159	15579	1552	26369
广东省	67762	29302	4593	40108	9252	44846
其中:深圳市	5135	1512	802	1447	825	1429
广西壮族自治区	20329	8040	1715	14172	1527	7711
海南省	6427	2009	785	2841	273	1987
重庆市	17709	10613	1137	8490	1669	17006
四川省	45637	23955	2018	26364	4222	30891
贵州省	26273	7981	558	7391	745	7723
云南省	24603	8654	1518	11157	1066	15394
西藏自治区	13439	5723	26	2466	28	859
陕西省	21498	12754	1246	18708	2200	17082
甘肃省	10838	6514	637	15738	594	7473
青海省	5639	2530	213	2944	87	827
宁夏回族自治区	3371	1953	647	1413	176	1446
新疆维吾尔自治区	14766	6901	407	8212	2261	3198

2-9-5

单位:万元

地　　区	商品和服务支出						
	培训费	招待费	专用材料费	被装购置费	专用燃料费	劳务费	委托业务费
地方合计	**177112**	**1276392**	**101262**	**22378**	**28688**	**152528**	**35837**
北京市	6113	17075	2044	2043	153	2277	521
天津市	1470	5619	389	192	400	1453	508
河北省	6502	39077	4231	979	1211	7543	1293
山西省	3910	34524	2146	672	280	3163	474
内蒙古自治区	5094	30825	3526	902	1296	6142	1191
辽宁省	10444	38091	9495	192	4544	10550	3055
其中:大连市	3224	10578	3026	65	2265	2614	1648
吉林省	3899	14456	4737	6	2001	5314	919
黑龙江省	3281	24104	4789	1798	684	3382	1132
上海市	3076	27219	476	644	251	2646	337
江苏省	14985	163959	7470	952	1367	14795	4095
浙江省	12116	115547	2676	890	821	13546	2231
其中:宁波市	1038	21363	236	553	135	3992	123
安徽省	4483	42439	2708	650	402	3463	627
福建省	2842	33198	2455	1251	395	4679	1874
其中:厦门市	170	2545	89	8	1	476	250
江西省	4288	36899	1401	1081	1170	2140	603
山东省	13204	65350	10860	1310	2785	11458	2632
其中:青岛市	1308	10093	542	137	229	1068	58
河南省	14115	63345	14367	1356	3036	13077	2745
湖北省	4889	40216	1462	1284	740	2138	798
湖南省	7892	56871	3547	950	1404	3243	2502
广东省	16656	125798	10630	1377	1263	13321	2898
其中:深圳市	411	11016	164	17		1801	147
广西壮族自治区	3771	35686	820	424	460	1643	279
海南省	735	10729	239	70	117	379	177
重庆市	5539	21659	1298	173	109	3097	757
四川省	8743	66603	909	450	360	5393	473
贵州省	3873	36460	1412	412	349	3431	381
云南省	5095	49659	1111	382	398	3527	1386
西藏自治区	447	10336	340	348	332	87	20
陕西省	5080	21004	2518	435	704	3585	1107
甘肃省	2049	17073	1338	613	916	801	449
青海省	472	8729	224	156	231	419	214
宁夏回族自治区	333	4003	84	151	136	622	6
新疆维吾尔自治区	1716	19839	1560	235	373	5214	153

二、地方财政预算收支情况

2－9－6　　　　单位:万元

地　　区	商品和服务支出			对个人和家庭的补助			
	工会经费	福利费	其他商品和服务支出	小　计	离休费	退休费	退职(役)费
地　方　合　计	**51338**	**148798**	**2767138**	**1418363**	**77953**	**704482**	**7746**
北京市	2156	2888	147193	32446	239	4531	20
天津市	313	1700	37314	39350	3854	21354	42
河北省	1353	3702	48734	46852	4529	28475	73
山西省	548	2328	34448	27520	3745	14406	78
内蒙古自治区	365	3426	128894	16638	303	6564	36
辽宁省	1669	6603	36669	44777	2755	21528	116
其中:大连市	385	1856		4048	6	179	23
吉林省	139	1096	9519	31173	3902	21043	17
黑龙江省	948	3680	13392	78694	8250	57552	699
上海市	1730	5358	115470	16060	532	6253	7
江苏省	4531	20454	372753	183855	16014	92582	1115
浙江省	14551	25014	256972	160262	8129	71286	1349
其中:宁波市	1332	2523	52484	19460	1057	11172	103
安徽省	568	2456	89958	44575	2546	22661	218
福建省	1507	4912	67828	29738	654	10785	245
其中:厦门市	347	188	10604	2504	6	270	2
江西省	779	3516	83191	24183	769	15951	29
山东省	1545	8693	126402	75539	2225	10563	1601
其中:青岛市	311	557	19736	14694	1028	4422	198
河南省	2124	6260	96861	43926	3712	28384	494
湖北省	1370	5752	127068	72986	3032	49460	190
湖南省	1992	4443	117191	43431	2282	19547	142
广东省	2691	18681	315775	72013	1185	13837	302
其中:深圳市	100	1729	19013	3624		164	
广西壮族自治区	535	1926	78065	40096	1150	25539	112
海南省	89	155	28597	5347	53	1172	53
重庆市	1709	1795	49738	9917	53	618	59
四川省	3007	5345	147815	64691	1071	30206	223
贵州省	1174	2363	53316	82325	2998	57999	57
云南省	1437	1150	68629	23236	229	5139	202
西藏自治区	786	233	11131	27908	386	22774	
陕西省	467	1573	36690	34626	1409	21415	35
甘肃省	316	867	18724	12177	709	7417	117
青海省	159	203	12461	3439	82	761	25
宁夏回族自治区	58	328	10723	2376	200	1059	12
新疆维吾尔自治区	722	1898	25617	28207	956	13621	78

2－9－7

单位:万元

地区	对个人和家庭的补助						
	抚恤金	生活补助	救济费	医疗费	助学金	奖励金	生产补贴
地方合计	**36314**	**100685**	**11746**	**37003**	**1299**	**65473**	**5088**
北京市	626	1005	238	1796	104	448	77
天津市	740	618	151	599		525	
河北省	1166	3544	99	993	133	2600	169
山西省	693	2347	47	305	8	487	48
内蒙古自治区	564	3090	209	152	9	1586	86
辽宁省	1184	5147	466	1221	1	3854	443
其中:大连市	324	1545	180	185		683	440
吉林省	738	1551	77	319		2284	
黑龙江省	1569	3427	465	492		1702	173
上海市	493	548	29	417	17	397	5
江苏省	3553	10882	1137	5395	4	5390	76
浙江省	2719	7106	1912	5326		6212	450
其中:宁波市	256	629	31	190		1112	23
安徽省	1259	3441	1137	990	19	1232	137
福建省	998	2091	536	994	48	905	244
其中:厦门市	47	69	45	31	12	56	
江西省	788	1417	196	821	90	263	60
山东省	2207	6479	522	3012	27	4180	351
其中:青岛市	260	503	17	307	14	291	
河南省	1152	2501	565	1033	61	1970	518
湖北省	1533	2526	404	1858	59	443	350
湖南省	2067	3178	535	2279	106	1442	404
广东省	1642	6717	1033	4569	481	5305	211
其中:深圳市	10	59	2	9	69	415	
广西壮族自治区	1015	2954	100	372	46	2106	109
海南省	255	980	447	92	14	320	69
重庆市	846	1860	71	361		1909	10
四川省	2181	6300	321	608		8249	387
贵州省	2555	7210	261	313	21	3110	240
云南省	886	4681	147	265	29	7037	157
西藏自治区	465	234	2	961	1	7	5
陕西省	563	3426	374	1043	8	557	158
甘肃省	400	1425	19	34		59	34
青海省	152	243	3	7	11	145	2
宁夏回族自治区	52	475	10	21		188	
新疆维吾尔自治区	1253	3282	233	355	2	561	115

二、地方财政预算收支情况

2－9－8

单位:万元

地　　区	对个人和家庭的补助				对企事业单位的补贴		
	住房公积金	提租补贴	购房补贴	其他对个人和家庭的补助支出	小计	企业政策性补贴	事业单位补贴
地方合计	**148112**	**12714**	**37098**	**172650**	**100519**	**22892**	**19612**
北京市	14905	2838	962	4657	3552	1419	319
天津市	9034	272	634	1527	174		139
河北省	1638	77	11	3345	1420	192	235
山西省	1932	38	1	3385	1913		73
内蒙古自治区	832	2	52	3153	4543	465	20
辽宁省	2483	2326	370	2883	8463	3793	1320
其中:大连市	245	81	14	143	6100	2640	121
吉林省	972	83	59	128	6914		1959
黑龙江省	2513	328	334	1190	1485	1157	323
上海市	2193	22	2065	3082	658		37
江苏省	14925	2380	1603	28799	21546	4408	5041
浙江省	30215	304	2385	22869	15482	3254	1001
其中:宁波市	604	47	37	4199	6530	537	421
安徽省	4055	51	57	6772	3831	1763	811
福建省	5963	1412	256	4607	1285	52	980
其中:厦门市	1160	329	201	276	45		45
江西省	1390	1	10	2398	1024	118	273
山东省	11480	1150	21442	10300	2993	450	1043
其中:青岛市	3163	696	1137	2658	582		439
河南省	1266	1	69	2200	4710	606	1131
湖北省	5304	215	587	7025	5625	1657	1253
湖南省	4392	69	17	6971	3151	302	450
广东省	11906	988	1599	22238	3974	180	1830
其中:深圳市		892	904	1100	423		423
广西壮族自治区	2348	20	33	4192	191		182
海南省	160	1	6	1725			
重庆市	444		1	3685	488	14	144
四川省	4366	21	53	10705	1844	209	544
贵州省	1857	73	2671	2960	3113	2590	153
云南省	1779	2	129	2554	553		234
西藏自治区	1335		16	1722			
陕西省	4010		150	1478	134	2	102
甘肃省	1357	38	23	545	267	139	6
青海省	18		663	1327	42	22	
宁夏回族自治区	82		2	275	6		6
新疆维吾尔自治区	2958	2	838	3953	1138	100	3

2－9－9　　　　　　　　　　　　　　　　　　　　　　　　　　单位:万元

地　　区	对企事业单位的补贴		赠　与			债务利息支出	
	财政贴息	其他对企事业单位的补贴支出	小　计	对国内的赠与	对国外的赠与	小　计	国库券付息
地　方　合　计	**1370**	**56645**	**2101**	**2101**		**424**	**9**
北京市		1814					
天津市		35					
河北省		993	7	7			
山西省	200	1640					
内蒙古自治区		4058	50	50			
辽宁省	16	3334					
其中:大连市	5	3334					
吉林省	117	4838				5	
黑龙江省		5					
上海市		621					
江苏省	84	12013	20	20			
浙江省	7	11220	410	410			
其中:宁波市	7	5565	20	20			
安徽省	4	1253	26	26			
福建省		253	32	32			
其中:厦门市							
江西省		633				9	9
山东省	67	1433	32	32			
其中:青岛市		143					
河南省	30	2943	600	600			
湖北省	420	2295	7	7			
湖南省	15	2384	8	8			
广东省	51	1913	341	341			
其中:深圳市			1	1			
广西壮族自治区		9	18	18			
海南省			108	108			
重庆市		330					
四川省	250	841				410	
贵州省	79	291					
云南省		319	242	242			
西藏自治区							
陕西省		30	200	200			
甘肃省		122					
青海省		20					
宁夏回族自治区							
新疆维吾尔自治区	30	1005					

二、地方财政预算收支情况

2－9－10

单位:万元

地区	债务利息支出					基本建设支出	
	向国家银行借款付息	其他国内借款付息	向国外政府借款付息	向国际组织借款付息	其他国外借款付息	小计	房屋建筑物购建
地方合计		**415**				**769546**	**361857**
北京市						22112	4638
天津市							
河北省						24132	10605
山西省						5224	1370
内蒙古自治区						46542	27698
辽宁省						46718	37148
其中:大连市						36401	33800
吉林省		5				14320	6663
黑龙江省						5449	3349
上海市						15229	7810
江苏省						43683	26405
浙江省						41768	12868
其中:宁波市						7928	6615
安徽省						21559	19629
福建省						22197	6966
其中:厦门市						17216	5497
江西省						7811	128
山东省						37428	12200
其中:青岛市						9191	204
河南省						59554	52171
湖北省						16779	2947
湖南省						35755	20074
广东省						29113	12180
其中:深圳市							
广西壮族自治区						44851	8275
海南省						20326	28
重庆市						18080	9998
四川省		410				17212	8855
贵州省						11117	460
云南省						20843	5357
西藏自治区						51458	31562
陕西省						37272	3861
甘肃省						10454	5025
青海省						6659	1194
宁夏回族自治区						6421	6253
新疆维吾尔自治区						29480	16140

2-9-11

单位:万元

地　　区	基本建设支出							
	办公设备购　　置	专用设备购　　置	交通工具购　　置	基础设施建　　设	大型修缮	信息网络购　　建	物资储备	其他基本建设支出
地　方　合　计	**14120**	**8349**	**15237**	**179913**	**34145**	**13116**	**4**	**142805**
北京市	140	374	49	5700	211	1606		9394
天津市								
河北省	844	2530	780	7854	1095	203		221
山西省	247	313	321	2238	612	3		120
内蒙古自治区	183	102	222	14446	2881	117		893
辽宁省	258	205	188	4468	1623	1901		927
其中:大连市	31	158		49	589	877		897
吉林省	49	952	546	3838	1937	297		38
黑龙江省	3		112	955	57	973		
上海市	88	49	341	16	3	35		6887
江苏省	2070	23	426	8753	1333	518		4155
浙江省	1366	725	941	3930	769	852		20317
其中:宁波市	155	39	33	910	38	69		69
安徽省	26	193	153	488	167	25		878
福建省	259	52	783	979	427	387		12344
其中:厦门市	103	11	557	4				11044
江西省	49	8	85	967	188	2		6384
山东省	562	235	1028	15932	3827	617		3027
其中:青岛市	129	160	78	5746	358	317		2199
河南省	1052	144	1481	2412	1604	378		312
湖北省	124	106	674	4261	3726	748		4193
湖南省	997	392	292	5423	1539	167		6871
广东省	888	337	772	4447	2470	1120		6899
其中:深圳市								
广西壮族自治区	785	75	800	33897	380	157		482
海南省	30	1	46	241	182			19798
重庆市	145	8	243	1826	553	535		4772
四川省	787	46	750	1836	635	1742		2561
贵州省	739	262	668	651	96	2		8239
云南省	476	314	851	10044	1819	77		1905
西藏自治区	9		80	12096	110			7601
陕西省	76	103	168	24669	1154	1		7240
甘肃省	169	157	255	368	2655	14		1811
青海省	1204	430	1094	358	347	247		1785
宁夏回族自治区	23			119	8	9		9
新疆维吾尔自治区	472	213	1088	6701	1737	383	4	2742

2－9－12

单位:万元

地　　区	其他资本性支出						
	小　计	房屋建筑物购　　建	办公设备购　　置	专用设备购　　置	交通工具购　　置	基础设施建　　设	大型修缮
地　方　合　计	**1939713**	**402734**	**186531**	**48695**	**274007**	**305753**	**170549**
北京市	63372	16148	9889	2232	6255	2532	3175
天津市	31547	11019	2547	925	3315	4848	2583
河北省	68458	13641	5115	1352	13273	13939	6111
山西省	73803	5414	5200	1673	9917	1678	12598
内蒙古自治区	112666	32854	7833	1672	14005	16578	6290
辽宁省	107870	24084	17014	4595	14058	20996	17256
其中:大连市	11242	1128	3466	1122	2954	269	1500
吉林省	108014	23661	4736	583	8467	23590	15754
黑龙江省	48221	10412	4002	2467	4961	11175	5469
上海市	30630	4569	3963	1206	3362	6079	2541
江苏省	183452	48230	14029	3296	12952	35149	6655
浙江省	138180	23684	15101	3609	20438	17115	5047
其中:宁波市	25516	9750	2584	532	4766	3742	545
安徽省	54746	19828	4215	1053	8661	6849	2538
福建省	63402	13043	4270	1196	9628	9319	3833
其中:厦门市	6874	1119	836	356	2758	133	873
江西省	32303	5013	2957	552	6614	9242	944
山东省	102005	13225	10021	3314	14798	20139	13513
其中:青岛市	14354	1342	902	290	1584	4252	131
河南省	94568	21330	8123	4082	11581	16036	8832
湖北省	40745	5652	3292	1247	8515	4818	6294
湖南省	59607	13717	4543	1135	7484	14088	8742
广东省	134575	11764	12634	3078	17966	13449	8801
其中:深圳市	5350	152	1287	204	2073	55	1189
广西壮族自治区	38032	4640	5289	997	9420	6359	1826
海南省	22494	2447	1465	86	2710	3632	645
重庆市	26930	6075	5223	828	6062	1996	772
四川省	78259	12026	11159	1673	21082	10950	6490
贵州省	35800	4918	4402	582	8305	5776	2297
云南省	47176	14700	6020	639	6935	7276	3338
西藏自治区	19266	12575	1171	189	3310	799	771
陕西省	47140	8772	4264	1595	9003	7615	9567
甘肃省	23732	8049	1713	881	2795	6120	1631
青海省	9098	2802	1062	222	1588	657	534
宁夏回族自治区	10694	2297	1697	987	1449	1866	598
新疆维吾尔自治区	32928	6145	3582	749	5098	5088	5104

2－9－13

单位:万元

地　　区	其他资本性支出						
	信息网络购建	物资储备	土地补偿	安置补助	地上附着物和青苗补偿	拆迁补偿	其他资本性支出
地方合计	**55050**	**1093**	**65424**	**10911**	**12145**	**74867**	**331954**
北京市	5222	－1	－1	1			17920
天津市	907		424	167	1595	184	3033
河北省	2072		3574	89	1297	1412	6583
山西省	2803		4519	34	47	444	29476
内蒙古自治区	818		3188	66	291	106	28965
辽宁省	2628	15	2210	838	17	250	3909
其中:大连市	750					15	38
吉林省	3103	39	6677			18304	3100
黑龙江省	3448		4594	27	66	61	1539
上海市	1398			242			7270
江苏省	4094		8423	2923	1282	10517	35902
浙江省	5256	2	1445	1064	486	11308	33625
其中:宁波市	1871			25	21		1680
安徽省	1515		1107	338	247	839	7556
福建省	968	3	1448	370	39	17157	2128
其中:厦门市	153					89	557
江西省	230		379	92	203	2187	3890
山东省	1782	7	6351	167	2025	1361	15302
其中:青岛市	38		2370		258	692	2495
河南省	2136	32	5506	1508	732	1731	12939
湖北省	1461	2	530	916	234	156	7628
湖南省	1651		651	160	545	1046	5845
广东省	3315	946	1983	48	2530	509	57552
其中:深圳市	210						180
广西壮族自治区	606		440	1488	85	21	6861
海南省	312		8393		116	166	2522
重庆市	611		99		10	28	5226
四川省	1839	27	826	100	2	3558	8527
贵州省	1436		631		39	536	6878
云南省	828		264	70	29	78	6999
西藏自治区	23		26				402
陕西省	2586		434	9	67	896	2332
甘肃省	714		830	60	66	35	838
青海省	264	20	10	19		49	1871
宁夏回族自治区	108		1	16	56	318	1301
新疆维吾尔自治区	916	1	462	99	39	1610	4035

二、地方财政预算收支情况

2－9－14

单位:万元

地区	贷款转贷及产权参股					其他支出		
	小计	国内贷款	国外贷款	产权参股	其他贷款转贷及产权参股支出	小计	补充全国社会保障基金	其他支出
地方合计	**1021**	**329**		**280**	**412**	**423174**		**423174**
北京市						24793		24793
天津市								
河北省						12469		12469
山西省						1642		1642
内蒙古自治区						26		26
辽宁省						2834		2834
其中:大连市						58		58
吉林省						3584		3584
黑龙江省						484		484
上海市						9493		9493
江苏省	133				133	46284		46284
浙江省						74999		74999
其中:宁波市						4360		4360
安徽省						12766		12766
福建省	180				180	14147		14147
其中:厦门市						670		670
江西省						8734		8734
山东省						1166		1166
其中:青岛市						2463		2463
河南省	59	50			9	7341		7341
湖北省						28535		28535
湖南省						36392		36392
广东省	200	200				80844		80844
其中:深圳市						12028		12028
广西壮族自治区						13577		13577
海南省						4677		4677
重庆市						7628		7628
四川省	79	79				5771		5771
贵州省						12351		12351
云南省	90				90	1741		1741
西藏自治区						3847		3847
陕西省						1414		1414
甘肃省						978		978
青海省						929		929
宁夏回族自治区						1308		1308
新疆维吾尔自治区	280			280		2420		2420

2007年各省、自治区、直辖市发展与改革事务支出明细表

2－10－1

单位:万元

地区	合计	工资福利支出				
		小计	基本工资	津贴补贴	奖金	社会保障缴费
地方合计	**1982848**	**680068**	**291442**	**230648**	**88641**	**30486**
北京市	62293	15051	3606	5353	3814	212
天津市	15980	6909	2178	3732	673	78
河北省	83265	34741	19894	10117	1383	1127
山西省	49105	20727	11403	6800	1298	458
内蒙古自治区	44301	11363	5811	4409	587	82
辽宁省	64274	22890	10805	9341	1255	768
其中:大连市	10055	3619	1235	1554	606	143
吉林省	53564	17143	9798	5650	1051	171
黑龙江省	53365	20265	11304	6835	1658	205
上海市	27926	13976	3528	1981	7195	435
江苏省	144197	56309	16476	14062	16739	3057
浙江省	115233	43720	9815	8536	18588	2694
其中:宁波市	23889	10172	1500	1745	5438	1052
安徽省	62401	22070	11398	7566	1045	464
福建省	38956	13922	5234	4390	1209	655
其中:厦门市	5896	2878	541	959	307	115
江西省	40057	14281	8307	3678	850	223
山东省	110102	48697	22121	18050	2807	3600
其中:青岛市	14428	6833	2008	2966	528	845
河南省	284036	89595	36201	38825	3981	9982
湖北省	74053	26508	12419	8892	2580	1088
湖南省	60271	23803	11468	6784	2540	1431
广东省	92018	30200	9426	14174	3555	1079
其中:深圳市	8353	2706	438	1600	394	146
广西壮族自治区	36682	10856	5333	3301	1646	125
海南省	8465	3389	1965	873	318	57
重庆市	29275	8164	3715	3052	785	71
四川省	112427	28843	13187	6908	6572	624
贵州省	79836	12128	6164	4082	938	110
云南省	65905	23514	10134	10332	1292	348
西藏自治区	25039	8922	2666	5456	461	201
陕西省	47644	19589	11741	5370	1166	235
甘肃省	45044	12318	6563	4547	581	42
青海省	20598	5320	2074	2577	324	20
宁夏回族自治区	11145	4247	1953	1914	245	41
新疆维吾尔自治区	25391	10608	4755	3061	1505	803

二、地方财政预算收支情况

2－10－2　　　　　　　　　　　　　　　　　　　　　　单位：万元

地　　区	工资福利支出				商品和服务支出		
	伙食费	伙　食 补助费	绩效 工资	其他工资 福利支出	小　计	办公费	印刷费
地　方　合　计	**540**	**5169**	**2491**	**30651**	**802170**	**82437**	**21506**
北京市	5	70	34	1957	26893	1011	335
天津市	16	62	12	158	5156	911	39
河北省	92	620	17	1491	34902	4499	1434
山西省	13	127	18	610	19391	2450	710
内蒙古自治区	5	3	8	458	18592	1926	537
辽宁省	19	79	124	499	28113	3183	832
其中:大连市	8	37	12	24	6028	463	123
吉林省		42	364	67	19088	3614	450
黑龙江省	36	142	16	69	16126	2887	596
上海市	8	88		741	12308	758	109
江苏省	103	773	683	4416	55521	4711	1101
浙江省	39	586		3462	43967	2107	901
其中:宁波市	34	105		298	7845	469	94
安徽省	11	205		1381	26160	2719	611
福建省	12	75	170	2177	15223	823	254
其中:厦门市	12	65	7	872	2342	89	40
江西省	7	61	4	1151	19557	1601	306
山东省	23	161	257	1678	45477	7066	1674
其中:青岛市		24	100	362	5034	441	84
河南省	14	126	29	437	152051	15526	5812
湖北省	38	63	214	1214	32583	2773	818
湖南省	17	145	8	1410	26143	2129	670
广东省	23	50	48	1845	44093	4489	940
其中:深圳市	1	17		110	4897	387	144
广西壮族自治区	5	41	3	402	16108	1393	283
海南省		2	4	170	3581	284	125
重庆市		76	127	338	12503	2220	253
四川省	7	87	32	1426	37129	3315	812
贵州省	10	87		737	19422	1772	211
云南省		1096	29	283	23344	2284	304
西藏自治区		8		130	3802	169	12
陕西省	34	103	220	720	14935	2105	596
甘肃省		4	9	572	11437	1474	367
青海省	3	55	54	213	5053	399	84
宁夏回族自治区		10		84	3142	230	82
新疆维吾尔自治区		122	7	355	10370	1609	248

2－10－3 单位:万元

地 区	商品和服务支出						
	咨询费	手续费	水 费	电 费	邮电费	取暖费	物 业 管理费
地 方 合 计	**9291**	**3095**	**3796**	**11440**	**19814**	**7845**	**4012**
北京市	72	5	82	518	226	452	225
天津市	16		26	167	160	70	42
河北省	1170	16	123	440	1113	761	231
山西省	192	55	89	206	558	496	68
内蒙古自治区	1260	9	27	92	461	211	61
辽宁省	297	1832	82	242	857	1189	102
其中:大连市	51		9	36	91	68	19
吉林省	418	75	83	200	441	800	39
黑龙江省	313	330	112	210	422	889	49
上海市	115		26	113	279		187
江苏省	592	95	148	776	1262	11	335
浙江省	703	29	71	496	1215		97
其中:宁波市	55	11	2	95	124		15
安徽省	157	13	93	327	582	31	122
福建省	77	125	56	193	564		124
其中:厦门市		106	1	20	52		7
江西省	70	59	77	358	595	23	55
山东省	446	24	355	940	1788	1103	158
其中:青岛市	47		52	143	149	72	1
河南省	607	277	1316	2854	1671	366	941
湖北省	79	14	226	738	733	56	188
湖南省	278	16	104	457	669	75	141
广东省	217	30	80	525	1469		288
其中:深圳市	30		1	4	107		20
广西壮族自治区	164	8	23	157	426		52
海南省	7	9	7	19	92		11
重庆市	506		33	165	264	1	150
四川省	304	26	134	349	1266	31	126
贵州省	306	5	42	151	370	95	47
云南省	500	1	173	194	780		103
西藏自治区			29	97	130	81	
陕西省	63	16	114	258	488	365	16
甘肃省	72	4	35	84	364	210	17
青海省	18		10	51	184	183	12
宁夏回族自治区	4	1	1	19	80	31	15
新疆维吾尔自治区	268	21	19	44	305	315	10

2-10-4

单位:万元

地区	商品和服务支出					
	交通费	差旅费	出国费	维修(护)费	租赁费	会议费
地方合计	**67585**	**55743**	**7291**	**21668**	**7424**	**58052**
北京市	985	487	630	363	402	1952
天津市	322	94	73	59	183	151
河北省	4409	2111	359	1056	346	3563
山西省	2318	1767	46	710	536	1921
内蒙古自治区	2153	3129	125	560	252	862
辽宁省	3134	1979	199	709	154	4749
其中:大连市	303	283	3	44	48	2867
吉林省	2810	3150	138	591	104	2090
黑龙江省	1894	2182	130	1164	99	952
上海市	780	283	421	115	520	672
江苏省	4484	4176	689	933	622	5586
浙江省	2748	2806	939	463	503	3697
其中:宁波市	307	550	265	32	227	1094
安徽省	1722	2002	116	508	98	1331
福建省	1209	1047	249	226	60	627
其中:厦门市	189	185	73	13	23	126
江西省	1508	1588	64	377	56	759
山东省	5314	3237	434	1701	448	5457
其中:青岛市	558	289	70	48	178	360
河南省	7268	5997	366	5638	2153	7446
湖北省	2778	2295	431	814	161	2061
湖南省	2326	1756	180	424	33	1149
广东省	3866	4093	430	1130	84	3513
其中:深圳市	396	396	67	96	15	538
广西壮族自治区	1651	944	64	406	46	1047
海南省	397	402	38	53	13	168
重庆市	994	982	153	272	14	1109
四川省	3411	2781	299	634	132	2438
贵州省	1629	1005	290	251	51	890
云南省	2063	1062	168	211	82	1271
西藏自治区	578	437	4	117		52
陕西省	1961	1248	172	490	178	1174
甘肃省	936	916	57	1248	23	789
青海省	487	336		143	11	128
宁夏回族自治区	322	296	15	33	17	145
新疆维吾尔自治区	1128	1155	12	269	43	303

2－10－5　　　　单位:万元

地区	商品和服务支出						
	培训费	招待费	专用材料费	被装购置费	专用燃料费	劳务费	委托业务费
地方合计	**18673**	**69287**	**69774**	**1505**	**1792**	**23215**	**18347**
北京市	400	425	54	47		364	4811
天津市	104	91	5	2		38	4
河北省	670	2239	178	88	54	2296	630
山西省	559	1133	149	24	14	195	1207
内蒙古自治区	290	943	83	41	56	558	357
辽宁省	575	1335	483	33	30	1434	748
其中:大连市	28	178	86	32		111	120
吉林省	425	765	647		117	418	580
黑龙江省	190	861	495	16	30	311	424
上海市	296	548	138	1		160	898
江苏省	1775	5746	276	16	36	2243	1938
浙江省	786	6237	85	38	8	1979	626
其中:宁波市	116	777	6	3		673	309
安徽省	431	2325	469	88	46	403	178
福建省	210	1387	74	110	54	350	557
其中:厦门市	39	140				106	
江西省	423	1946	248	37	65	83	179
山东省	1592	3192	634	92	112	1063	917
其中:青岛市	124	552	1		6	277	109
河南省	4140	11300	64364	217	952	5075	896
湖北省	611	3702	35	132	22	278	353
湖南省	455	4442	54	131	13	189	86
广东省	1008	4188	130	45	10	1738	1148
其中:深圳市	182	277	5			562	405
广西壮族自治区	461	1819	56	127	23	213	365
海南省	60	549	47	26		138	181
重庆市	225	983	187	21		227	87
四川省	762	4867	133	1	3	1652	224
贵州省	425	1951	125	1	16	849	86
云南省	687	2670	64	9	12	284	140
西藏自治区	58	161	1	4	4	20	
陕西省	496	1248	257	61	35	281	349
甘肃省	251	717	50	89	32	46	228
青海省	51	502	30	3	25	50	65
宁夏回族自治区	39	243	13	4		23	2
新疆维吾尔自治区	218	772	210	1	23	257	83

二、地方财政预算收支情况

2－10－6 单位:万元

地区	商品和服务支出			对个人和家庭的补助			
	工会经费	福利费	其他商品和服务支出	小计	离休费	退休费	退职(役)费
地方合计	**6031**	**10681**	**201866**	**152484**	**13227**	**74711**	**590**
北京市	159	36	12852	1621	14	206	
天津市	37	80	2482	2966	175	1871	
河北省	196	570	6350	4449	585	2707	9
山西省	82	286	3620	4966	661	2635	12
内蒙古自治区	29	193	4377	994	25	509	
辽宁省	145	258	3532	4306	274	1862	5
其中:大连市	28	40	997	67			
吉林省	32	43	1058	6504	730	3867	14
黑龙江省	87	148	1335	11729	1243	7186	3
上海市	98	269	5522	379	24	183	
江苏省	714	983	16273	20573	2741	12876	71
浙江省	628	2159	14646	14982	1369	8136	32
其中:宁波市	119	568	1934	2757	166	1866	1
安徽省	178	567	11043	6095	420	1701	9
福建省	156	211	6480	1734	29	524	3
其中:厦门市	57	39	1037	428		4	
江西省	83	337	8660	1690	44	930	
山东省	207	411	7112	9266	405	982	70
其中:青岛市	37	14	1422	2094	181	632	13
河南省	1560	1158	4151	14629	818	3989	199
湖北省	259	519	12507	5689	408	3437	11
湖南省	204	318	9844	3876	451	1762	20
广东省	226	569	13877	4194	222	1531	
其中:深圳市	8	79	1178	221		1	
广西壮族自治区	45	110	6225	2747	173	1769	
海南省	12	3	940	139		53	2
重庆市	122	95	3440	582		40	
四川省	258	354	12817	5977	221	2865	103
贵州省	77	237	8540	9604	1488	6261	
云南省	181	207	9894	3939	278	1418	
西藏自治区	49	10	1789	1754		1334	
陕西省	33	131	2800	2682	118	1527	1
甘肃省	43	100	3285	784	22	459	2
青海省	34	11	2236	182		11	
宁夏回族自治区	13	107	1407	567	104	379	17
新疆维吾尔自治区	84	201	2772	2885	185	1701	7

2－10－7

单位:万元

地区	对个人和家庭的补助						
	抚恤金	生活补助	救济费	医疗费	助学金	奖励金	生产补贴
地方合计	**4047**	**8007**	**513**	**4394**	**122**	**9819**	**106**
北京市	7	3		98			
天津市	25	3		82		22	
河北省	171	301	11	36		92	
山西省	55	281	4	18		32	
内蒙古自治区	45	114		16		153	
辽宁省	140	190	4	50	93	582	
其中:大连市	20	22		7		5	
吉林省	79	107	62	56		1373	
黑龙江省	179	239	4	32		408	
上海市	16	3		3			
江苏省	268	295	32	399		309	
浙江省	197	458	19	337		914	66
其中:宁波市	39	227		2		144	
安徽省	99	110	31	258		2006	8
福建省	22	40		24		32	2
其中:厦门市	5	4		5			2
江西省	44	54	5	85		8	15
山东省	87	399	29	353		138	2
其中:青岛市	12	7		3		1	
河南省	1419	3622	235	1348	20	292	
湖北省	86	136	5	172	1	11	1
湖南省	93	53	8	376	4	109	5
广东省	112	205	4	374		213	
其中:深圳市		1				31	
广西壮族自治区	63	71	1	21		156	
海南省	13	37				20	
重庆市	67	56	2	30		221	
四川省	229	277	42	57		727	
贵州省	240	147		20		272	
云南省	113	513	12	11	2	1204	
西藏自治区	19	4		33	1		
陕西省	34	156	1	50	1	122	4
甘肃省	16	44		1		63	3
青海省	1	14		15		18	
宁夏回族自治区	22	21	1	4			
新疆维吾尔自治区	86	54	1	35		322	

2－10－8

单位:万元

地区	对个人和家庭的补助				对企事业单位的补贴		
	住房公积金	提租补贴	购房补贴	其他对个人和家庭的补助支出	小计	企业政策性补贴	事业单位补贴
地方合计	**18226**	**1896**	**5219**	**11607**	**56663**	**39842**	**1130**
北京市	906	217	146	24			
天津市	721	14	6	47			
河北省	386	9	11	131	759	367	290
山西省	428	20		820	247	49	10
内蒙古自治区	62		1	69	3772	3338	1
辽宁省	311	528	45	222	865	304	
其中:大连市	4	9			333		
吉林省	195	14	1	6	3460	1571	1
黑龙江省	358	59		2018			
上海市	31			119			
江苏省	1467	319	124	1672	996	337	172
浙江省	2552	17	118	767	3256	2284	74
其中:宁波市	61	2	28	221	2406	2164	13
安徽省	639	13	13	788	536	171	
福建省	519	288	29	222	46	22	9
其中:厦门市	209	163	26	10			
江西省	370			135	71	70	1
山东省	1916	281	3606	998	497		
其中:青岛市	734	76	137	298			
河南省	2466	1	16	204	1489	752	333
湖北省	895	25	55	446	41	4	37
湖南省	624	2	10	359	267	2	50
广东省	993	80	121	339	385	191	16
其中:深圳市		79	78	31	8		8
广西壮族自治区	263	1	1	228			
海南省	6			8	8	8	
重庆市	39			127	25		25
四川省	485		66	905	997	241	20
贵州省	193	8	834	141	33095	29208	
云南省	211		2	175	3509	51	73
西藏自治区	103		5	255	150		
陕西省	540		4	124	19		18
甘肃省	160			14	445	102	
青海省	10		2	111	1710	752	
宁夏回族自治区	1			18			
新疆维吾尔自治区	376		3	115	18	18	

2－10－9

单位:万元

地区	对企事业单位的补贴		赠与			债务利息支出	
	财政贴息	其他对企事业单位的补贴支出	小计	对国内的赠与	对国外的赠与	小计	国库券付息
地方合计	**5880**	**9811**	**428**	**428**			
北京市							
天津市							
河北省	20	82					
山西省	6	182					
内蒙古自治区		433					
辽宁省		561					
其中:大连市		333					
吉林省	1626	262					
黑龙江省							
上海市							
江苏省		487					
浙江省	12	886	176	176			
其中:宁波市		229					
安徽省	207	158	9	9			
福建省		15					
其中:厦门市							
江西省							
山东省		497	201	201			
其中:青岛市			100	100			
河南省		404					
湖北省			22	22			
湖南省		215					
广东省		178	20	20			
其中:深圳市							
广西壮族自治区							
海南省							
重庆市							
四川省		736					
贵州省		3887					
云南省	3059	326					
西藏自治区	150						
陕西省		1					
甘肃省	100	243					
青海省	700	258					
宁夏回族自治区							
新疆维吾尔自治区							

2-10-10

单位:万元

地　区	债务利息支出					基本建设支出	
	向国家银行借款付息	其他国内借款付息	向国外政府借款付息	向国际组织借款付息	其他国外借款付息	小　计	房屋建筑物购建
地方合计						**132682**	**19725**
北京市						9934	150
天津市						650	
河北省						4730	
山西省						96	
内蒙古自治区						6479	5064
辽宁省						3858	695
其中:大连市							
吉林省						1624	
黑龙江省						1406	314
上海市						68	
江苏省						988	407
浙江省						3376	
其中:宁波市						398	
安徽省						1085	140
福建省						5140	
其中:厦门市						20	
江西省						3205	
山东省						685	
其中:青岛市						39	
河南省						9150	300
湖北省						3603	100
湖南省						2346	13
广东省						1881	100
其中:深圳市							
广西壮族自治区						4150	4
海南省						462	
重庆市						5423	30
四川省						11768	8087
贵州省						2832	155
云南省						5609	2000
西藏自治区						9993	
陕西省						4398	
甘肃省						17135	5
青海省						7422	1007
宁夏回族自治区						2631	858
新疆维吾尔自治区						555	296

2－10－11

单位:万元

地　　区	基本建设支出							
	办公设备购　　置	专用设备购　　置	交通工具购　　置	基础设施建　　设	大型修缮	信息网络购　　建	物资储备	其他基本建设支出
地　方　合　计	**2001**	**1433**	**2131**	**23885**	**1893**	**5438**	**56**	**76120**
北京市	30			1567	222	366		7599
天津市	20			30		30		570
河北省	106	12	63	185	184	20		4160
山西省	6			90				
内蒙古自治区	107		13	314	29	21		931
辽宁省	120	8		70		283		2682
其中:大连市								
吉林省	16			789	195	60	53	511
黑龙江省	110			46				936
上海市	5	63						
江苏省	99	21	123			249		89
浙江省	209	61	53			981		2072
其中:宁波市	110							288
安徽省	12		87	289				557
福建省	14			910	68	1060		3088
其中:厦门市	5					5		10
江西省	6	20	29	20		399		2731
山东省	56	10	169	135		80		235
其中:青岛市	17	8						14
河南省	163	1049	586	5419	150	1197		286
湖北省	264	21	66	10	42			3100
湖南省	111	4	45	23	3			2147
广东省	61	14	16		375	145		1170
其中:深圳市								
广西壮族自治区	44	1	235	62		211		3593
海南省	20		66					376
重庆市	20		20	1233				4120
四川省	127	2	20	10	77	37		3408
贵州省	75		97	1693	36		3	773
云南省	79		289	1082		78		2081
西藏自治区				4849				5144
陕西省	22		33	389	230			3724
甘肃省	29			3416		4		13681
青海省	25	146	100	751	276	213		4904
宁夏回族自治区	38		21	503	6	4		1201
新疆维吾尔自治区	7	1						251

2－10－12 单位:万元

地区	其他资本性支出						
	小计	房屋建筑物购建	办公设备购置	专用设备购置	交通工具购置	基础设施建设	大型修缮
地方合计	**130815**	**10865**	**14468**	**3656**	**20386**	**9885**	**4651**
北京市	8430		603	255	433		734
天津市	299	1	120		136		20
河北省	2756	102	381	57	711	711	61
山西省	3268	54	369	46	551	25	328
内蒙古自治区	3008	620	208	20	842	612	135
辽宁省	2321	140	344	73	509	115	670
其中:大连市	8		6				
吉林省	5540		328	35	540	2998	47
黑龙江省	1971	46	184	6	145	649	237
上海市	1114		247	108	325		
江苏省	6209	154	780	609	534	277	117
浙江省	2892	240	974	22	1069	33	85
其中:宁波市	109		98				
安徽省	5279	487	711	11	498	241	11
福建省	1926	68	353	24	552	134	12
其中:厦门市	217		136		65		
江西省	1002		212	28	382	3	7
山东省	5169	98	650	90	1122	47	166
其中:青岛市	258		58	5	136		
河南省	16702	1476	2500	1259	2870	1414	511
湖北省	3373	233	585	36	1016	163	45
湖南省	2675	221	548	84	750	4	129
广东省	7623	3191	1173	332	1164		266
其中:深圳市	407		148		218		
广西壮族自治区	2194	54	234	135	627	165	110
海南省	549		90	30	128	16	
重庆市	2043	106	274	21	508	9	6
四川省	26931	151	851	40	1619	207	36
贵州省	2124	111	256	107	790	353	178
云南省	5707	2931	368	7	720	166	131
西藏自治区	353		76	2	171		104
陕西省	5144	172	397	193	779	924	383
甘肃省	1850	105	182		358	73	53
青海省	850	1	153	1	192	189	31
宁夏回族自治区	558	41	74		84		38
新疆维吾尔自治区	955	62	243	25	261	357	

2－10－13　　　　单位:万元

地　区	其他资本性支出						
	信息网络购　建	物资储备	土地补偿	安置补助	地上附着物和青苗补偿	拆迁补偿	其他资本性支　出
地 方 合 计	**7334**	**200**	**1872**	**6839**	**1805**	**423**	**48431**
北京市	182		300	1			5922
天津市	21						1
河北省	40		500			105	88
山西省	410						1485
内蒙古自治区	18		30				523
辽宁省	127			300			43
其中:大连市	2						
吉林省	69	2	1	527	993		
黑龙江省	6						698
上海市	279						155
江苏省	2565						1173
浙江省	305					69	95
其中:宁波市	7						4
安徽省	100	2					3218
福建省	30						753
其中:厦门市	16						
江西省	195		43				132
山东省	249					118	2629
其中:青岛市	5						54
河南省	436	196	167	5754	54	45	20
湖北省	315			3			977
湖南省	217						722
广东省	756		240				501
其中:深圳市	41						
广西壮族自治区	13						856
海南省							285
重庆市	14			100			1005
四川省	661		48	94		65	23159
贵州省	5					15	309
云南省	50						1334
西藏自治区							
陕西省	248		413		758		877
甘肃省	17					6	1056
青海省	2			60			221
宁夏回族自治区	1		130				190
新疆维吾尔自治区	3						4

二、地方财政预算收支情况

2－10－14 单位:万元

地　区	贷款转贷及产权参股					其他支出		
	小计	国内贷款	国外贷款	产权参股	其他贷款转贷及产权参股支出	小计	补充全国社会保障基金	其他支出
地方合计	**34**	**25**			**9**	**27504**		**27504**
北京市						364		364
天津市								
河北省						928		928
山西省						410		410
内蒙古自治区						93		93
辽宁省						1921		1921
其中:大连市								
吉林省						205		205
黑龙江省	25	25				1843		1843
上海市						81		81
江苏省						3601		3601
浙江省						2864		2864
其中:宁波市						202		202
安徽省						1167		1167
福建省	9				9	956		956
其中:厦门市						11		11
江西省						251		251
山东省						110		110
其中:青岛市						70		70
河南省						420		420
湖北省						2234		2234
湖南省						1161		1161
广东省						3622		3622
其中:深圳市						114		114
广西壮族自治区						627		627
海南省						337		337
重庆市						535		535
四川省						782		782
贵州省						631		631
云南省						283		283
西藏自治区						65		65
陕西省						877		877
甘肃省						1075		1075
青海省						61		61
宁夏回族自治区								
新疆维吾尔自治区								

2007 年各省、自治区、直辖市统计信息事务支出明细表

2－11－1　　　　单位:万元

地　　区	合　计	工资福利支出				
		小　计	基本工资	津贴补贴	奖　金	社会保障缴　费
地方合计	**704298**	**258987**	**112874**	**88608**	**33457**	**7249**
北京市	44647	11793	2808	4522	2615	139
天津市	10287	5175	1613	2571	620	88
河北省	28924	14357	8234	4548	526	278
山西省	24118	10088	5473	3505	418	154
内蒙古自治区	17517	8049	4080	3410	290	43
辽宁省	27556	9093	4157	3904	502	294
其中:大连市	5114	1171	349	505	207	100
吉林省	15761	4546	2270	1726	388	57
黑龙江省	18048	7411	4009	2539	614	56
上海市	26023	8153	1881	1185	4062	321
江苏省	42081	16093	4926	4848	3935	616
浙江省	49815	17995	4160	3843	6878	1171
其中:宁波市	7876	3555	545	615	1796	355
安徽省	24168	8663	4568	2873	267	148
福建省	21821	6407	2434	1855	510	308
其中:厦门市	2844	812	147	214	86	26
江西省	13818	5683	3257	1588	337	92
山东省	38158	16763	7929	6011	1039	1077
其中:青岛市	5370	2721	793	1204	316	291
河南省	37052	15476	9466	4966	585	127
湖北省	23630	8440	3869	3085	789	262
湖南省	26910	10237	4892	3331	813	560
广东省	57710	17426	5149	8129	2027	599
其中:深圳市	8717	3082	813	1502	401	103
广西壮族自治区	15854	4387	2281	1359	598	36
海南省	6125	1523	885	478	82	12
重庆市	11105	3056	1339	1326	212	25
四川省	35188	11212	5099	2687	2541	180
贵州省	15121	5611	3002	1973	353	51
云南省	22399	8510	3735	4008	496	111
西藏自治区	1694	968	338	569	40	13
陕西省	19604	7958	4398	2446	601	86
甘肃省	10520	5224	2674	2236	200	25
青海省	4767	2445	955	1268	160	7
宁夏回族自治区	3663	1448	624	691	62	14
新疆维吾尔自治区	10214	4797	2369	1128	897	299

二、地方财政预算收支情况

2－11－2

单位:万元

地　　区	工资福利支出				商品和服务支出		
	伙食费	伙　食 补助费	绩效 工资	其他工资 福利支出	小　计	办公费	印刷费
地　方　合　计	**145**	**1709**	**796**	**14149**	**345107**	**38608**	**27906**
北京市	－2	30	116	1565	21748	838	1000
天津市	4	43	42	194	3279	422	222
河北省	2	419	6	344	11496	1801	1659
山西省	9	45	55	429	9772	1240	1099
内蒙古自治区		2	5	219	7851	1181	690
辽宁省	3	12	16	205	12521	1898	1265
其中:大连市		3		7	1832	372	274
吉林省			56	49	8531	1454	810
黑龙江省	6	72	17	98	7438	1521	1086
上海市	37	53	23	591	14822	448	550
江苏省	7	271	241	1249	20366	2142	1301
浙江省	30	274		1639	25466	1509	1449
其中:宁波市	7	47		190	3640	244	164
安徽省		62	3	742	11486	1191	698
福建省	2	22	42	1234	11009	647	947
其中:厦门市	1	7	18	313	1709	61	54
江西省	3	14	1	391	7307	659	490
山东省	15	75	12	605	16568	2799	2065
其中:青岛市		5		112	2099	241	184
河南省		21	6	305	17634	3420	2044
湖北省	7	6	19	403	11339	1096	996
湖南省		62	4	575	13138	1379	826
广东省	11	23	11	1477	34340	3771	2113
其中:深圳市	10	9		244	4895	218	334
广西壮族自治区		3		110	9436	909	608
海南省	1	2		63	3964	208	236
重庆市		14		140	6868	636	365
四川省	3	41	49	612	20094	2115	1875
贵州省		17	3	212	6980	955	617
云南省		29	1	130	11267	1461	958
西藏自治区		2		6	531	38	26
陕西省	5	42	65	315	7627	1218	795
甘肃省		1	1	87	4487	711	612
青海省	2	9	2	42	1810	265	90
宁夏回族自治区		6		51	1686	152	94
新疆维吾尔自治区		37		67	4246	524	320

2 - 11 - 3

单位:万元

地区	商品和服务支出						
	咨询费	手续费	水费	电费	邮电费	取暖费	物业管理费
地方合计	**435**	**110**	**804**	**3805**	**10527**	**2494**	**1356**
北京市	10	1	25	268	303	219	278
天津市	6		23	119	81	65	64
河北省	3	7	44	78	387	200	25
山西省	8	13	9	46	258	173	10
内蒙古自治区	1	5	14	20	235	84	10
辽宁省	24	10	33	114	428	441	54
其中:大连市	8		5	3	68	34	4
吉林省	9		9	44	176	249	5
黑龙江省	8		16	51	253	321	24
上海市	27	4	22	173	280		196
江苏省	28	1	25	277	509	2	49
浙江省	111	16	21	132	626		40
其中:宁波市	43		2	24	71		3
安徽省	9	5	29	170	247	6	21
福建省	15	2	13	56	327		22
其中:厦门市				3	24		1
江西省	9	2	24	87	194	3	9
山东省	29	6	39	192	746	254	26
其中:青岛市			1	1	97	21	
河南省	9		46	232	586	50	13
湖北省	2	7	99	327	298	38	56
湖南省	11	6	19	217	356	8	68
广东省	41	5	79	394	1795		190
其中:深圳市			27	62	195		104
广西壮族自治区	2		5	61	240		1
海南省	2	2	2	42	86	1	6
重庆市	2		10	95	151		46
四川省	9	11	64	279	690	8	32
贵州省		2	7	50	198	10	5
云南省	6		56	69	334		24
西藏自治区		1	1	11	16	3	
陕西省	16		31	89	268	123	41
甘肃省	15	3	18	43	148	58	14
青海省			1	4	128	31	8
宁夏回族自治区	2		1	5	29	12	9
新疆维吾尔自治区	21	1	19	60	154	135	10

二、地方财政预算收支情况

2－11－4　　　　单位:万元

地　区	商品和服务支出					
	交通费	差旅费	出国费	维修(护)费	租赁费	会议费
地 方 合 计	**24345**	**15953**	**1703**	**8097**	**6329**	**33035**
北京市	926	195	86	983	1222	2019
天津市	151	68	24	27	78	260
河北省	1261	542	43	158	182	1459
山西省	964	643	34	247	249	1273
内蒙古自治区	1063	738		214	80	533
辽宁省	1136	562	21	424	205	1120
其中:大连市	147	84	3	21	86	262
吉林省	799	477	83	301	181	970
黑龙江省	706	566	7	84	61	461
上海市	570	268	389	282	43	1105
江苏省	1038	1052	117	371	162	2644
浙江省	1031	1067	271	372	400	2605
其中:宁波市	122	161	54	32	58	368
安徽省	602	490	35	724	268	987
福建省	707	587	40	83	42	644
其中:厦门市	51	67		10	10	57
江西省	486	418	2	113	22	423
山东省	1459	703	59	453	215	1946
其中:青岛市	154	70	13	35	27	167
河南省	1607	918	15	560	341	2186
湖北省	825	548	42	176	69	1163
湖南省	906	689	70	175	163	995
广东省	2092	1229	74	1145	941	2756
其中:深圳市	280	122	4	187	136	324
广西壮族自治区	584	454	42	128	59	695
海南省	225	192	1	63	2	420
重庆市	466	494	72	78	25	925
四川省	1434	1033	17	256	94	2077
贵州省	643	330	52	170	64	520
云南省	767	409	16	98	36	1277
西藏自治区	52	67			3	36
陕西省	818	433	57	191	34	839
甘肃省	313	248	12	132	76	397
青海省	231	94	6	22	56	69
宁夏回族自治区	151	96	6	13	7	98
新疆维吾尔自治区	332	343	10	54	949	133

2－11－5

单位:万元

地区	商品和服务支出						
	培训费	招待费	专用材料费	被装购置费	专用燃料费	劳务费	委托业务费
地方合计	**16795**	**17338**	**4516**	**1158**	**227**	**27740**	**11269**
北京市	1549	108	998	98		2553	1521
天津市	194	59	34	1	1	250	10
河北省	640	464	140	14	26	647	661
山西省	535	363	195	3	5	485	201
内蒙古自治区	440	249	38	22	11	441	28
辽宁省	601	319	318	1	13	2215	223
其中:大连市	77	52	73			235	5
吉林省	315	137	91		8	1212	623
黑龙江省	234	113	114	32	12	464	65
上海市	556	509	5		1	1163	750
江苏省	1453	1424	194	7		2020	263
浙江省	609	1879	57	64	1	2841	653
其中:宁波市	183	271				435	435
安徽省	470	504	237	106		912	221
福建省	239	757	141	71		1577	635
其中:厦门市	11	41				127	248
江西省	308	462	156	71	12	163	7
山东省	884	700	306	6	9	780	565
其中:青岛市	58	117	7		1	84	346
河南省	1054	1132	345	39	31	784	48
湖北省	443	686	107	14	6	369	272
湖南省	561	1232	86	32	8	695	117
广东省	1668	1592	178	52	11	2642	1436
其中:深圳市	429	110	11		10	460	247
广西壮族自治区	524	573	53		9	1123	205
海南省	89	146	11	6	2	211	1020
重庆市	341	326	117	5	3	548	737
四川省	975	1300	247	135	4	1438	158
贵州省	394	637	76			506	43
云南省	735	805	32	2	8	816	215
西藏自治区	11	26				8	3
陕西省	407	381	122	94	8	207	193
甘肃省	277	154	49	267	12	182	302
青海省	91	73		11	11	170	25
宁夏回族自治区	52	67	14		3	113	60
新疆维吾尔自治区	146	161	55	5	12	205	9

2－11－6

单位:万元

地　　区	商品和服务支出			对个人和家庭的补助			
	工会经费	福利费	其他商品和服务支出	小　计	离休费	退休费	退职(役)费
地方合计	**1727**	**3109**	**85721**	**34424**	**1936**	**16346**	**18**
北京市	106	73	6369	1228			
天津市	34	60	1026	1442	71	724	
河北省	68	124	863	1187	108	675	
山西省	29	94	1596	1098	74	650	
内蒙古自治区	13	80	1661	433	6	188	
辽宁省	81	59	956	1266	70	572	1
其中:大连市	13	6		16			
吉林省	6	8	564	1332	224	1002	
黑龙江省	39	99	1101	2292	262	1716	
上海市	138	185	7158	170		48	
江苏省	93	222	4972	3217	289	1933	
浙江省	206	707	8799	3468	146	1420	1
其中:宁波市	34	21	915	436	12	264	1
安徽省	126	53	3375	947	43	308	
福建省	47	92	3318	1151	7	190	3
其中:厦门市	11	10	923	116			
江西省	32	65	3090	461	2	254	
山东省	69	63	2195	2549	40	286	1
其中:青岛市	16	6	453	453	27	198	1
河南省	76	149	1949	913	121	611	
湖北省	44	92	3564	1294	57	766	
湖南省	61	162	4296	1630	118	959	2
广东省	133	198	9805	1501	7	278	4
其中:深圳市	17	31	1587	212			
广西壮族自治区	10	12	3139	756	17	554	1
海南省	6	6	979	149		98	1
重庆市	22	30	1374	146	4	15	
四川省	91	168	5584	1447	10	662	
贵州省	32	90	1579	1716	145	1083	1
云南省	73	34	3036	442	10	139	
西藏自治区	7		222	113		48	
陕西省	11	30	1221	857	30	387	
甘肃省	8	26	410	216	6	100	
青海省	18	6	400	29		8	
宁夏回族自治区	15	52	635	306	30	259	3
新疆维吾尔自治区	33	70	485	668	39	413	

2－11－7

单位:万元

地　　区	对个人和家庭的补助						
	抚恤金	生活补助	救济费	医疗费	助学金	奖励金	生产补贴
地方合计	**491**	**1037**	**58**	**916**	**11**	**954**	**16**
北京市	15	2		59	4		－1
天津市		2		4			
河北省	16	59	5	23		18	
山西省	29	55	1	18	4	4	
内蒙古自治区	22	59	2	5		21	
辽宁省	19	69	2	30		15	
其中:大连市		4	2	3			
吉林省	13	14		5		30	
黑龙江省	24	30		18		3	
上海市	1	2		10		4	
江苏省	58	85	6	120		21	1
浙江省	18	66	9	196		116	
其中:宁波市	7	18		3		12	
安徽省	17	131		17		17	
福建省	7	16		6		19	
其中:厦门市				1		4	
江西省	13	8		20		6	1
山东省	2	41	6	59		12	6
其中:青岛市				2			
河南省	30	37	1	8		10	
湖北省	6	9	1	28		24	
湖南省	19	53	1	76		34	9
广东省	34	79		121	3	175	
其中:深圳市		4				81	
广西壮族自治区	16	8				6	
海南省	9	1				3	
重庆市	4	19		25		29	
四川省	33	63	4	4		218	
贵州省	33	47		10		19	
云南省	18	23		5		126	
西藏自治区			16				
陕西省	11	45	4	32		3	
甘肃省	10	11		8			
青海省	11						
宁夏回族自治区		1				7	
新疆维吾尔自治区	3	2		9		14	

2－11－8

单位:万元

地区	对个人和家庭的补助				对企事业单位的补贴		
	住房公积金	提租补贴	购房补贴	其他对个人和家庭的补助支出	小计	企业政策性补贴	事业单位补贴
地方合计	**6282**	**881**	**1800**	**3678**	**636**		**512**
北京市	730	210	136	73			
天津市	612	13		16			
河北省	201	2		80			
山西省	147	4		112			
内蒙古自治区	45			85			
辽宁省	82	303	3	100	95		95
其中:大连市		7			95		95
吉林省	32	8		4	58		58
黑龙江省	173	20		46			
上海市	22			83			
江苏省	309	82	30	283	10		
浙江省	1040	5	67	384	99		21
其中:宁波市	5	2	17	95	7		
安徽省	230	3	1	180	16		
福建省	225	92	4	582	15		15
其中:厦门市	57	52	1	1			
江西省	120			37			
山东省	447	65	1292	292			
其中:青岛市	96	49	41	39			
河南省	72	1	1	21	1		
湖北省	244	12	12	135			
湖南省	189	2		168	11		10
广东省	487	55	63	195	5		
其中:深圳市	17	55	39	16			
广西壮族自治区	66		11	77			
海南省		2		35			
重庆市	15			35	5		
四川省	154			299			
贵州省	99	1	177	101			
云南省	76		3	42			
西藏自治区	10			39			
陕西省	238			107	313		313
甘肃省	57	1		23	8		
青海省	5			5			
宁夏回族自治区				6			
新疆维吾尔自治区	155			33			

2-11-9

单位:万元

地区	对企事业单位的补贴		赠与			债务利息支出	
	财政贴息	其他对企事业单位的补贴支出	小计	对国内的赠与	对国外的赠与	小计	国库券付息
地方合计		**124**	**9**		**9**		
北京市							
天津市							
河北省							
山西省							
内蒙古自治区							
辽宁省							
其中:大连市							
吉林省			6		6		
黑龙江省							
上海市							
江苏省		10					
浙江省		78					
其中:宁波市		7					
安徽省		16	1		1		
福建省							
其中:厦门市							
江西省							
山东省							
其中:青岛市							
河南省		1					
湖北省			2		2		
湖南省		1					
广东省		5					
其中:深圳市							
广西壮族自治区							
海南省							
重庆市		5					
四川省							
贵州省							
云南省							
西藏自治区							
陕西省							
甘肃省		8					
青海省							
宁夏回族自治区							
新疆维吾尔自治区							

2-11-10

单位:万元

地　　区	债务利息支出					基本建设支出	
	向国家银行借款付息	其他国内借款付息	向国外政府借款付息	向国际组织借款付息	其他国外借款付息	小　计	房屋建筑物购建
地方合计						**15110**	**3603**
北京市						2311	
天津市							
河北省						8	
山西省						30	
内蒙古自治区						32	
辽宁省						3552	
其中:大连市						1909	
吉林省						295	60
黑龙江省							
上海市						140	
江苏省						460	
浙江省						223	
其中:宁波市						91	
安徽省						997	456
福建省						1006	750
其中:厦门市						5	
江西省						2	
山东省						522	
其中:青岛市						25	
河南省						491	30
湖北省						1216	1000
湖南省						458	
广东省						82	
其中:深圳市							
广西壮族自治区						369	300
海南省						12	
重庆市						251	
四川省						123	
贵州省						105	
云南省						1086	1000
西藏自治区						11	2
陕西省						714	
甘肃省						209	5
青海省						391	
宁夏回族自治区						2	
新疆维吾尔自治区						12	

2－11－11

单位：万元

地　　区	基本建设支出							
	办公设备购　置	专用设备购　置	交通工具购　置	基础设施建　设	大型修缮	信息网络购　建	物资储备	其他基本建设支出
地　方　合　计	**1434**	**193**	**522**	**1752**	**327**	**5728**	**28**	**1523**
北京市	44					2267		
天津市								
河北省	8							
山西省	15	15						
内蒙古自治区	2		21			6		3
辽宁省	307		15	1637	135	1130		328
其中：大连市	247			1637		25		
吉林省						85		150
黑龙江省								
上海市	19	1	19			101		
江苏省	81					379		
浙江省	76	7	60			80		
其中：宁波市	20					71		
安徽省	29				63	449		
福建省	46		29			14		167
其中：厦门市	5							
江西省	1	1						
山东省	108	101	13			300		
其中：青岛市	25							
河南省	82	20	65			113		181
湖北省	24	1	25		61			105
湖南省	219	9	43	15		172		
广东省	29	3	33			1		16
其中：深圳市								
广西壮族自治区	18	2	23					26
海南省	1		11					
重庆市	22	1						228
四川省	19		77		20	7		
贵州省	9		31					65
云南省	14	3	5			5	28	31
西藏自治区	3	6						
陕西省	192	3	27		19	463		10
甘肃省	4			100				100
青海省	50	20	25		29	156		111
宁夏回族自治区								2
新疆维吾尔自治区	12							

2-11-12

单位:万元

地区	其他资本性支出						
	小计	房屋建筑物购建	办公设备购置	专用设备购置	交通工具购置	基础设施建设	大型修缮
地方合计	**44399**	**910**	**15140**	**3035**	**8990**	**154**	**1053**
北京市	7072		2960	272	1369	8	581
天津市	391	2	78	103	115		
河北省	1232		508	50	274		10
山西省	3113		738	377	494	26	14
内蒙古自治区	1152		405	18	344		2
辽宁省	803		433	50	235		4
其中:大连市	91		71	20			
吉林省	898	23	294	107	346	21	65
黑龙江省	907		300	1	32		
上海市	2607		224	24	100	21	
江苏省	1662	83	612	54	179		9
浙江省	2287		1356	81	364		44
其中:宁波市	138		111		25		
安徽省	1955		514	46	211		2
福建省	1586	119	384	517	327	13	9
其中:厦门市	84		32	1			
江西省	263		43	11	57	2	
山东省	1756		779	459	413		14
其中:青岛市	72		67				
河南省	2519	524	562	232	620	18	120
湖北省	856	25	201	222	244		5
湖南省	906		242	9	290	2	60
广东省	3723	2	1617	87	499		55
其中:深圳市	461		182	2	127		
广西壮族自治区	779	6	270	44	317		
海南省	477	2	339		115	6	
重庆市	775		566	18	109		
四川省	1768	101	499	45	616	33	25
贵州省	579		270	33	187		
云南省	1023		255	17	443	1	3
西藏自治区	66		2		64		
陕西省	2109	13	234	98	382		21
甘肃省	374		188	9	148	3	
青海省	92		9	1	5		
宁夏回族自治区	179	10	23		20		
新疆维吾尔自治区	490		235	50	71		10

2－11－13

单位:万元

地　　区	其他资本性支出						
	信息网络购　建	物资储备	土地补偿	安置补助	地上附着物和青苗补偿	拆迁补偿	其他资本性支　出
地　方　合　计	**12527**			**1**	**5**		**2584**
北京市	855			1			1026
天津市	66						27
河北省	340						50
山西省	1387						77
内蒙古自治区	358						25
辽宁省	81						
其中:大连市							
吉林省	42						
黑龙江省	574						
上海市	1775						463
江苏省	687						38
浙江省	385						57
其中:宁波市	2						
安徽省	1006						176
福建省	171						46
其中:厦门市	51						
江西省	91						59
山东省	66						25
其中:青岛市							5
河南省	442						1
湖北省	75						84
湖南省	263						40
广东省	1246						217
其中:深圳市	149						1
广西壮族自治区	134				5		3
海南省	15						
重庆市	64						18
四川省	441						8
贵州省	36						53
云南省	287						17
西藏自治区							
陕西省	1349						12
甘肃省	10						16
青海省	39						38
宁夏回族自治区	119						7
新疆维吾尔自治区	123						1

二、地方财政预算收支情况

2－11－14

单位:万元

地区	贷款转贷及产权参股					其他支出		
	小计	国内贷款	国外贷款	产权参股	其他贷款转贷及产权参股支出	小计	补充全国社会保障基金	其他支出
地方合计						**5626**		**5626**
北京市						495		495
天津市								
河北省						644		644
山西省						17		17
内蒙古自治区								
辽宁省						226		226
其中:大连市								
吉林省						95		95
黑龙江省								
上海市						131		131
江苏省						273		273
浙江省						277		277
其中:宁波市						9		9
安徽省						103		103
福建省						647		647
其中:厦门市						118		118
江西省						102		102
山东省								
其中:青岛市								
河南省						18		18
湖北省						483		483
湖南省						530		530
广东省						633		633
其中:深圳市						67		67
广西壮族自治区						127		127
海南省								
重庆市						4		4
四川省						544		544
贵州省						130		130
云南省						71		71
西藏自治区						5		5
陕西省						26		26
甘肃省						2		2
青海省								
宁夏回族自治区						42		42
新疆维吾尔自治区						1		1

2007 年各省、自治区、直辖市财政事务支出明细表

2－12－1

单位:万元

地区	合计	工资福利支出				
		小计	基本工资	津贴补贴	奖金	社会保障缴费
地方合计	**3897360**	**1324025**	**602961**	**402916**	**182763**	**40997**
北京市	96671	21564	4742	7675	5263	533
天津市	35103	12715	3663	5846	1912	252
河北省	152353	56087	30630	16225	3528	1530
山西省	106031	34856	18187	10363	2746	852
内蒙古自治区	97284	24242	13012	8503	1317	276
辽宁省	131766	36599	18462	13136	2078	1322
其中:大连市	14256	4704	1662	2076	463	319
吉林省	94999	26604	16037	7391	1780	466
黑龙江省	151359	38402	21035	11821	3854	286
上海市	75641	29235	7139	4644	14316	1360
江苏省	254378	84939	25190	23072	23890	4354
浙江省	242768	84198	16830	16720	36240	5211
其中:宁波市	36747	13695	1810	2632	6843	1400
安徽省	113057	44307	22107	14738	2440	657
福建省	75861	25806	10100	7280	2368	1410
其中:厦门市	11521	3844	760	1154	441	191
江西省	131775	43798	24271	10932	3805	875
山东省	193827	71918	34538	25288	3832	5058
其中:青岛市	28686	10467	3049	4376	1138	1234
河南省	238168	82318	50047	26036	2965	912
湖北省	232781	100916	51272	31920	8551	4307
湖南省	199100	72518	36668	18626	9310	2944
广东省	284825	85433	31669	30967	9457	3638
其中:深圳市	20305	7256	1292	3364	927	279
广西壮族自治区	142491	36840	18636	10025	5724	466
海南省	41418	13376	7698	3162	1021	268
重庆市	68369	23656	9968	8789	3337	133
四川省	180055	60271	26232	11901	15666	1020
贵州省	92522	37659	19313	13054	2954	224
云南省	114261	42398	17851	19160	3549	452
西藏自治区	19462	8885	3451	4550	407	183
陕西省	160826	63227	36452	16602	5415	640
甘肃省	64705	26552	13291	11032	1286	121
青海省	25960	7685	2681	3913	650	46
宁夏回族自治区	17066	7272	3272	3133	410	65
新疆维吾尔自治区	62478	19749	8517	6412	2692	1136

2－12－2

单位:万元

地　　区	工资福利支出				商品和服务支出		
	伙食费	伙　食补助费	绩效工资	其他工资福利支出	小　计	办公费	印刷费
地　方　合　计	**1184**	**8363**	**4370**	**80471**	**1867369**	**234188**	**93681**
北京市	12	12	423	2904	54739	1449	2473
天津市	10	234	69	729	10969	993	2149
河北省	110	1604	16	2444	70644	12049	3183
山西省	144	192	107	2265	55938	8027	2543
内蒙古自治区	14	21	76	1023	42574	7156	1794
辽宁省	78	123	95	1305	71974	12006	5493
其中:大连市	26	12	45	101	7325	2879	523
吉林省		128	326	476	49427	9090	1326
黑龙江省	33	316	40	1017	88833	23855	4128
上海市	42	261	17	1456	34973	1334	7339
江苏省	106	1155	214	6958	111386	7055	2859
浙江省	34	1023	40	8100	98205	5945	5665
其中:宁波市	30	144	14	822	16917	1055	812
安徽省	14	452	56	3843	54901	6658	2546
福建省	16	126	307	4199	36343	3418	1938
其中:厦门市		102	37	1159	4996	249	181
江西省	10	105	25	3775	64079	5981	2253
山东省	49	268	187	2698	85864	14808	4086
其中:青岛市	1	57	9	603	8187	769	666
河南省	26	152	77	2103	122851	26505	6729
湖北省	42	221	366	4237	104451	8459	2309
湖南省	80	473	118	4299	94923	10718	3299
广东省	42	227	273	9160	154473	11836	9431
其中:深圳市	5	110		1279	11520	616	184
广西壮族自治区	11	86	19	1873	65486	5712	1230
海南省	4	9	73	1141	21698	1179	978
重庆市		103	5	1321	34280	4236	2938
四川省	123	217	119	4993	95814	10708	7531
贵州省	16	57	7	2034	35509	4911	1114
云南省	40	62	6	1278	54318	9854	936
西藏自治区		6		288	8166	545	80
陕西省	24	353	1071	2670	67879	10540	3166
甘肃省	1	18	23	780	28893	3444	1878
青海省		69	24	302	10177	765	207
宁夏回族自治区	34	20	180	158	7358	1166	697
新疆维吾尔自治区	69	270	11	642	30244	3786	1383

2－12－3

单位:万元

地　区	商品和服务支出						
	咨询费	手续费	水　费	电　费	邮电费	取暖费	物　业 管理费
地　方　合　计	**4130**	**16489**	**12793**	**45612**	**38413**	**25658**	**13994**
北京市	113	7	174	1331	510	1017	1163
天津市		118	45	349	222	253	118
河北省	141	584	414	1907	1691	2799	350
山西省	78	107	396	1034	1289	1779	303
内蒙古自治区	19	1195	180	477	968	1341	218
辽宁省	326	314	358	1534	1610	2871	942
其中:大连市	228	26	19	139	123	193	246
吉林省	169	199	249	957	794	2041	518
黑龙江省	77	816	439	1455	1320	2935	879
上海市	4	1907	156	636	547	3	663
江苏省	186	1589	322	1861	1836	42	591
浙江省	282	2419	284	2455	2038		1380
其中:宁波市	170	1514	27	322	127		78
安徽省	41	186	278	1329	1111	60	845
福建省	99	517	131	694	821		169
其中:厦门市	5	14	6	40	108		17
江西省	61	153	482	1646	1235	280	91
山东省	569	163	1218	3101	2492	2863	930
其中:青岛市	12	40	16	132	219	57	82
河南省	269	290	1747	4548	2473	1351	965
湖北省	56	338	1127	4024	2043	222	493
湖南省	121	393	610	2455	1611	333	438
广东省	311	1725	682	3741	2905	30	942
其中:深圳市	7	10	25	401	207		299
广西壮族自治区	12	517	403	1623	1157		184
海南省	9	545	80	287	363		319
重庆市	607	236	209	726	647	4	162
四川省	174	632	566	2011	2940	105	359
贵州省	5	105	123	594	755	110	37
云南省	117	192	469	915	1374		150
西藏自治区		8	64	227	246	78	
陕西省	222	320	1090	2324	1644	2671	401
甘肃省	30	562	234	642	688	973	179
青海省	1	85	93	165	246	398	9
宁夏回族自治区	4	53	35	174	131	259	75
新疆维吾尔自治区	27	214	135	390	706	840	121

2－12－4

单位:万元

地　区	商品和服务支出					
	交通费	差旅费	出国费	维修(护)费	租赁费	会议费
地　方　合　计	**126391**	**79202**	**5996**	**94052**	**15680**	**129844**
北京市	1733	444	289	3306	3387	3684
天津市	544	211	44	1492	275	1100
河北省	7338	2898	138	4034	333	7439
山西省	4937	3353	129	3426	490	4733
内蒙古自治区	4696	4065	80	2658	223	2774
辽宁省	7874	3000	165	4949	395	8055
其中:大连市	508	285	28	203	38	844
吉林省	4766	3233	172	4123	669	3926
黑龙江省	5563	4716	167	7521	845	4219
上海市	1214	267	204	804	494	1252
江苏省	4168	2711	200	2619	432	7585
浙江省	3527	2569	907	2565	716	7295
其中:宁波市	286	423	108	111	59	548
安徽省	2856	1959	241	2300	204	3109
福建省	1982	1784	131	1361	159	2028
其中:厦门市	215	326		120	37	224
江西省	3343	2600	139	1696	310	2418
山东省	7468	3424	168	5080	400	8170
其中:青岛市	639	327	28	189	26	460
河南省	10507	6527	145	8269	2026	9839
湖北省	6305	4518	121	3343	381	7124
湖南省	5640	3992	113	3024	334	6238
广东省	8479	4411	820	7175	709	8566
其中:深圳市	761	166	299	870	96	642
广西壮族自治区	5160	2731	167	3397	214	2397
海南省	1528	985	61	1044	164	1604
重庆市	1822	1774	147	1397	144	3103
四川省	6226	4955	280	3623	334	7099
贵州省	2636	1275	328	1599	280	1499
云南省	3676	1806	73	2512	234	3648
西藏自治区	861	602	37	116	1	312
陕西省	6083	3750	228	5276	1381	6563
甘肃省	1946	1673	157	2586	57	2083
青海省	760	632	11	670	7	512
宁夏回族自治区	473	535	44	365	42	395
新疆维吾尔自治区	2280	1802	90	1722	40	1075

2-12-5

单位:万元

地区	商品和服务支出						
	培训费	招待费	专用材料费	被装购置费	专用燃料费	劳务费	委托业务费
地方合计	**69620**	**134364**	**24541**	**3966**	**4006**	**44509**	**35231**
北京市	4590	639	229	9	81	675	3992
天津市	588	200	25			109	12
河北省	2242	3553	909	224	285	994	152
山西省	1920	3436	553	146	38	890	806
内蒙古自治区	1882	2069	977	127	81	1782	614
辽宁省	4138	3190	1255	5	730	1624	1853
其中:大连市	227	351	130	4		99	95
吉林省	2889	1489	2468		365	524	1435
黑龙江省	2035	2856	2107	443	93	4930	2565
上海市	478	1013	7	12	6	808	1057
江苏省	3842	5515	637	27	31	2070	1522
浙江省	3235	6704	596	225	11	4192	3098
其中:宁波市	152	1011	11	12		857	153
安徽省	1698	3727	560	229	43	977	1671
福建省	959	3038	617	70	44	1142	874
其中:厦门市	119	392	116		18	525	270
江西省	1529	5950	437	103	120	592	926
山东省	3503	3269	1714	65	455	2227	1691
其中:青岛市	224	289	76		3	184	308
河南省	5273	10413	4103	244	313	2421	1902
湖北省	2383	10370	520	239	297	1624	545
湖南省	3199	9200	1017	91	110	1365	612
广东省	5394	13130	1034	702	139	6623	3139
其中:深圳市	455	735	21		37	1393	563
广西壮族自治区	2116	7541	604	124	106	1437	821
海南省	808	2305	184	10	61	176	468
重庆市	1560	1969	401	93	17	638	1040
四川省	3400	10438	693	73	48	1232	1290
贵州省	1220	3848	534	32	42	479	1074
云南省	2724	7912	315	24	15	993	501
西藏自治区	409	885	13	16	8	9	5
陕西省	2853	4157	1050	263	243	2164	171
甘肃省	1304	1957	396	257	172	613	446
青海省	451	1210	144	18	37	135	558
宁夏回族自治区	473	438	43	52	13	160	96
新疆维吾尔自治区	525	1943	399	43	2	904	295

二、地方财政预算收支情况

2-12-6

单位:万元

地　　区	商品和服务支出			对个人和家庭的补助			
	工会经费	福利费	其他商品和服务支出	小　计	离休费	退休费	退职(役)费
地 方 合 计	**11287**	**21863**	**581859**	**150668**	**7067**	**57926**	**271**
北京市	274	118	23052	2489		206	
天津市	77	131	1914	3548	179	1494	1
河北省	256	572	16159	4282	327	1955	1
山西省	172	581	14772	2851	215	1294	
内蒙古自治区	96	522	6580	1389	29	493	1
辽宁省	227	506	8554	5328	284	1565	5
其中:大连市	41	79	17	311			
吉林省	86	121	7818	3414	349	2066	
黑龙江省	159	1111	13599	8412	878	5435	16
上海市	841	608	13319	1075	15	237	
江苏省	629	1902	61155	14580	1057	6389	24
浙江省	1282	2811	38004	14633	894	4659	52
其中:宁波市	251	205	8625	1449	103	624	3
安徽省	275	779	21219	4994	356	2387	13
福建省	283	947	13137	2851	30	471	9
其中:厦门市	63	49	1902	516			
江西省	810	998	29926	5708	117	1713	5
山东省	267	680	17053	9417	204	594	33
其中:青岛市	47	61	3333	1604	95	298	4
河南省	739	952	14301	3540	417	1909	
湖北省	463	1565	45582	11197	326	6208	26
湖南省	735	823	38452	5451	285	1860	8
广东省	785	2327	59437	7381	151	1165	9
其中:深圳市	21	148	3564	484	13	11	
广西壮族自治区	165	535	27133	7339	91	4564	11
海南省	40	76	8424	709	7	69	4
重庆市	227	260	9923	1114		31	5
四川省	789	763	29545	6579	116	1821	20
贵州省	195	481	12233	7293	287	4087	12
云南省	463	339	15076	4027	51	424	7
西藏自治区	34	11	3599	1326		857	
陕西省	333	359	10627	5226	213	1943	7
甘肃省	77	260	6279	1282	40	518	1
青海省	57	52	2954	108		15	
宁夏回族自治区	50	62	1523	349	42	145	1
新疆维吾尔自治区	401	611	10510	2776	107	1352	

2－12－7 单位:万元

地　区	对个人和家庭的补助						
	抚恤金	生活补助	救济费	医疗费	助学金	奖励金	生产补贴
地方合计	**3026**	**4698**	**408**	**4213**	**200**	**13518**	**2197**
北京市	36	17		282		21	
天津市	22	45		157		83	
河北省	118	148	45	75	6	926	
山西省	38	134	6	112	4	253	
内蒙古自治区	40	116	9	10	88	175	
辽宁省	111	158	22	105		1520	3
其中:大连市	37	35	6	8		184	3
吉林省	74	106	8	60		302	
黑龙江省	158	243	9	23		951	
上海市	54	18		5		15	
江苏省	183	294	13	427		593	
浙江省	155	229	18	485		656	61
其中:宁波市	29	11		23		24	
安徽省	105	162	14	61		77	
福建省	120	114	4	50	3	236	14
其中:厦门市	1	4		2	3	3	
江西省	66	119	10	182	5	153	1514
山东省	48	325	31	175	1	188	4
其中:青岛市	9	68		4		2	
河南省	294	154	36	36	4	155	10
湖北省	229	426	21	432	19	110	1
湖南省	201	321	72	330	49	323	5
广东省	64	177	22	566	11	575	
其中:深圳市		1		5	1	75	
广西壮族自治区	97	221	32	82		534	36
海南省	47	95		2		39	140
重庆市	53	49	5	67		218	1
四川省	258	203	7	57		1674	
贵州省	173	195	1	14	2	655	71
云南省	41	78	1	237	1	2363	7
西藏自治区	4	17		52			
陕西省	75	281	14	99	6	227	328
甘肃省	32	179		16		73	
青海省	11	13		2		9	
宁夏回族自治区	15	6		1		88	
新疆维吾尔自治区	104	55	8	11	1	326	2

二、地方财政预算收支情况

2－12－8

单位:万元

地　　区	对个人和家庭的补助				对企事业单位的补贴		
	住房公积金	提租补贴	购房补贴	其他对个人和家庭的补助支出	小计	企业政策性补贴	事业单位补贴
地方合计	**27195**	**2596**	**7842**	**19511**	**8058**	**655**	**2146**
北京市	1270	345	158	154	8	4	
天津市	1364	22	53	128			
河北省	382	10		289	773	21	419
山西省	502	15	20	258	78		57
内蒙古自治区	233			195	47		3
辽宁省	475	804	37	239	123		53
其中:大连市	4	32		2	35		35
吉林省	414	19		16			
黑龙江省	510	70	3	116	695	424	121
上海市	83		431	217	200		
江苏省	1973	427	732	2468	380		219
浙江省	4574	33	125	2692	1171	14	273
其中:宁波市	64		1	567	54		24
安徽省	1237	23	10	549	87		82
福建省	946	390	32	432	317	1	266
其中:厦门市	293	176	14	20	4		
江西省	532	2		1290	248		29
山东省	1749	228	4745	1092	404	10	219
其中:青岛市	426	116	157	425	3		3
河南省	369	6	26	124	428	58	120
湖北省	2225	72	22	1080	150	2	111
湖南省	1269		131	597	200		24
广东省	2190	114	344	1993	303	1	60
其中:深圳市		76	277	25			
广西壮族自治区	727	1	24	919	2		2
海南省	16			290	23		23
重庆市	219			466	8		
四川省	895		81	1447	208		
贵州省	449	9	818	520	149		7
云南省	407		31	379	424		
西藏自治区	113			283			
陕西省	1185		15	833	157	120	37
甘肃省	334	6		83	64		
青海省	1			57	1008		
宁夏回族自治区	4			47	382		
新疆维吾尔自治区	548		4	258	21		21

2－12－9 单位:万元

地　　区	对企事业单位的补贴		赠　与			债务利息支出	
	财政贴息	其他对企事业单位的补贴支出	小　计	对国内的赠　与	对国外的赠　与	小　计	国库券付　息
地　方　合　计	**1006**	**4251**	**277**	**277**		**2216**	
北京市		4					
天津市							
河北省		333	40	40			
山西省	21						
内蒙古自治区		44				339	
辽宁省		70				38	
其中:大连市							
吉林省						1808	
黑龙江省		150					
上海市		200					
江苏省		161					
浙江省		884					
其中:宁波市		30					
安徽省		5					
福建省		50	4	4			
其中:厦门市		4					
江西省		219					
山东省		175	12	12			
其中:青岛市							
河南省		250					
湖北省		37					
湖南省	6	170	5	5			
广东省		242	208	208			
其中:深圳市							
广西壮族自治区			1	1			
海南省							
重庆市		8	2	2			
四川省	100	108					
贵州省	142						
云南省	337	87	5	5		31	
西藏自治区							
陕西省							
甘肃省		64					
青海省	400	608					
宁夏回族自治区		382					
新疆维吾尔自治区							

二、地方财政预算收支情况

2-12-10　　　　单位:万元

地　区	债务利息支出					基本建设支出	
	向国家银行借款付息	其他国内借款付息	向国外政府借款付息	向国际组织借款付息	其他国外借款付息	小计	房屋建筑物购建
地方合计	**1817**	**399**				**78639**	**31957**
北京市						2239	1939
天津市							
河北省						2272	540
山西省						1230	719
内蒙古自治区		339				13109	10921
辽宁省	9	29				589	
其中:大连市						61	
吉林省	1808					2153	
黑龙江省						1700	
上海市						893	
江苏省						1239	354
浙江省						10025	129
其中:宁波市						1552	
安徽省						226	61
福建省						1594	58
其中:厦门市						770	
江西省						2967	5
山东省						3584	3170
其中:青岛市						161	
河南省						5843	933
湖北省						1363	747
湖南省						2057	1334
广东省						6202	4274
其中:深圳市							
广西壮族自治区						4658	1880
海南省						1172	
重庆市						2057	882
四川省						1598	726
贵州省						524	206
云南省		31				3924	1741
西藏自治区						12	
陕西省						2285	359
甘肃省						1342	520
青海省						523	11
宁夏回族自治区						189	172
新疆维吾尔自治区						1070	276

2－12－11

单位:万元

地　区	基本建设支出							
	办公设备购　置	专用设备购　置	交通工具购　置	基础设施建　设	大型修缮	信息网络购　建	物资储备	其他基本建设支出
地　方　合　计	**5571**	**2457**	**1810**	**12631**	**2245**	**6218**	**5**	**15745**
北京市								300
天津市								
河北省	136	49	125	104	167	1039		112
山西省	163			348				
内蒙古自治区	56	74	10	595	110	270		1073
辽宁省	139	15	50		253	132		
其中:大连市						61		
吉林省	7	92	28	1958		68		
黑龙江省				1700				
上海市	315	50	39			489		
江苏省	103	6	40		50	86		600
浙江省	456	363	241	16	358	936		7526
其中:宁波市	96				350	1		1105
安徽省	91	10		50		9		5
福建省	208	12	33	742		265		276
其中:厦门市	5	12	14	739				
江西省	59	3		1763		46		1091
山东省	187	60				137		30
其中:青岛市	117	27				17		
河南省	371	51	262	3152	345	676		53
湖北省	130	48	54	5	38	332	5	4
湖南省	70	10	78	25	7	235		298
广东省	818	90	74	559	69	276		42
其中:深圳市								
广西壮族自治区	197	108	134	833	9	66		1431
海南省	289	883						
重庆市	357		57	285	22	277		177
四川省	320		73		211	144		124
贵州省	182		46		25	65		
云南省	667	443	287	95	51	64		576
西藏自治区								12
陕西省	46		31	3	96	130		1620
甘肃省	3		30	10	234	362		183
青海省	135		98			70		209
宁夏回族自治区	5	5		2		3		2
新疆维吾尔自治区	61	85	20	386	200	41		1

2－12－12

单位:万元

地区	其他资本性支出						
	小计	房屋建筑物购建	办公设备购置	专用设备购置	交通工具购置	基础设施建设	大型修缮
地方合计	**339694**	**58421**	**74189**	**17833**	**36193**	**25304**	**22892**
北京市	12440	1800	1530	771	1304	19	1532
天津市	7871	5925	1172	11	311		281
河北省	11883	2029	3072	1037	1477	743	1166
山西省	10877	1580	2700	512	1832	277	599
内蒙古自治区	15520	4184	3527	639	2557	173	262
辽宁省	16562	2968	4448	983	1457	350	1222
其中:大连市	1789	240	269	23	147		248
吉林省	10376	842	2413	259	972	2033	1053
黑龙江省	13256	406	5238	1817	382	1232	506
上海市	8159	2488	891	108	83		30
江苏省	16055	1344	3066	555	1272	521	293
浙江省	19248	4529	4468	1188	1240	149	742
其中:宁波市	1931	2	487	5	24	59	45
安徽省	6991	2436	1600	209	920	107	62
福建省	5792	70	1847	578	1021	48	591
其中:厦门市	958		254	107	152		341
江西省	14368	999	1333	354	757	5581	1374
山东省	18872	3071	3401	1124	1446	525	3783
其中:青岛市	6957	23	569	28	101		3139
河南省	19995	3487	3160	593	2204	6361	895
湖北省	9310	1039	2468	633	1666	199	291
湖南省	13531	910	2388	2007	1286	1077	1690
广东省	15474	991	3957	535	1652	244	1005
其中:深圳市	565		381		90		70
广西壮族自治区	11252	3478	1944	182	1322	947	736
海南省	4093	705	784	107	571	27	287
重庆市	5839	2320	1578	48	329	42	48
四川省	14457	4012	3788	369	2324	475	722
贵州省	5647	323	1832	71	961	142	347
云南省	8745	2038	2653	89	1110	784	543
西藏自治区	1049	392	200	90	68	156	100
陕西省	20506	1981	3942	959	2100	498	1504
甘肃省	6445	678	833	45	557	1602	274
青海省	6282	426	1095	1251	2461	37	790
宁夏回族自治区	1417	185	692	47	85	16	21
新疆维吾尔自治区	7382	785	2169	662	466	939	143

2－12－13

单位:万元

地　　区	其他资本性支出						
	信息网络购　建	物资储备	土地补偿	安置补助	地上附着物和青苗补偿	拆迁补偿	其他资本性支　出
地　方　合　计	**55660**	**61**	**494**	**811**	**1415**	**53**	**46368**
北京市	3662			－2			1824
天津市	124						47
河北省	2169		56				134
山西省	2027						1350
内蒙古自治区	2556		28	5		10	1579
辽宁省	2489						2645
其中:大连市	849						13
吉林省	2779						25
黑龙江省	3637						38
上海市	658						3901
江苏省	3400						5604
浙江省	4277						2655
其中:宁波市	1161						148
安徽省	1419		2				236
福建省	1360						277
其中:厦门市	102						2
江西省	1305						2665
山东省	1819						3703
其中:青岛市	327						2770
河南省	2790						505
湖北省	2134						880
湖南省	3161		60		425		527
广东省	1934	50					5106
其中:深圳市	11						13
广西壮族自治区	1027		106	798	21	12	679
海南省	210		20		959		423
重庆市	712						762
四川省	2045		76				646
贵州省	1541	11	5			6	408
云南省	1122		127				279
西藏自治区	38						5
陕西省	3120		14				6388
甘肃省	1150					20	1286
青海省	208						14
宁夏回族自治区	291			10	10		60
新疆维吾尔自治区	496					5	1717

二、地方财政预算收支情况

2－12－14　　　　　　　　　　　　　　　　　　　　　　　　单位:万元

地区	贷款转贷及产权参股					其他支出		
	小计	国内贷款	国外贷款	产权参股	其他贷款转贷及产权参股支出	小计	补充全国社会保障基金	其他支出
地方合计	**500**	**400**			**100**	**125914**		**125914**
北京市						3192		3192
天津市								
河北省						6372		6372
山西省						201		201
内蒙古自治区						64		64
辽宁省						553		553
其中:大连市						31		31
吉林省						1217		1217
黑龙江省						61		61
上海市						1106		1106
江苏省						25799		25799
浙江省						15288		15288
其中:宁波市						1149		1149
安徽省						1551		1551
福建省						3154		3154
其中:厦门市						433		433
江西省						607		607
山东省	100				100	3656		3656
其中:青岛市						1307		1307
河南省						3193		3193
湖北省						5394		5394
湖南省						10415		10415
广东省						15351		15351
其中:深圳市						480		480
广西壮族自治区						16913		16913
海南省						347		347
重庆市						1413		1413
四川省						1128		1128
贵州省	400	400				5341		5341
云南省						389		389
西藏自治区						24		24
陕西省						1546		1546
甘肃省						127		127
青海省						177		177
宁夏回族自治区						99		99
新疆维吾尔自治区						1236		1236

2007年各省、自治区、直辖市税收事务支出明细表

2－13－1　　　　单位:万元

地　　区	合　计	工资福利支出				
		小　计	基本工资	津贴补贴	奖　金	社会保障缴费
地方合计	**8110014**	**1725764**	**497987**	**522280**	**457150**	**40099**
北京市	235035	48905	10089	16852	14120	272
天津市	87774	26518	4630	9240	9850	225
河北省	294609	58165	26600	11237	4469	2700
山西省	217925	49987	18090	16309	3988	243
内蒙古自治区	230464	42895	14607	16682	2743	841
辽宁省	304899	59746	23048	21245	12679	1164
其中:大连市	68326	17722	2999	3712	10604	283
吉林省	156215	43587	14462	13920	12714	369
黑龙江省	257208	27308	15997	9318	1647	6
上海市	406626	63453	7900	9873	36464	2359
江苏省	551980	98733	16862	24065	43706	2508
浙江省	374636	87627	16755	17661	39850	4477
其中:宁波市	65750	17437	2868	3783	8983	1233
安徽省	284712	79703	16858	31661	18331	609
福建省	295240	76013	12226	15598	30020	92
其中:厦门市	29867	156	80	1	22	8
江西省	207424	45991	14631	14852	11077	444
山东省	380691	72502	23036	26837	18174	2248
其中:青岛市	59412	21269	2045	4051	13836	567
河南省	231183	64874	28708	26751	5128	438
湖北省	498474	106744	38691	26221	28147	2742
湖南省	214450	48616	22202	13108	7331	1254
广东省	1252063	247702	42077	88374	80963	7613
其中:深圳市	80266	18009	4977	8265	2934	924
广西壮族自治区	216115	57488	13788	14994	18371	3546
海南省	44237	16103	8570	5260	757	702
重庆市	157288	34388	7477	13118	1007	599
四川省	268445	57121	30503	12405	9381	726
贵州省	140649	39735	9800	13030	11474	593
云南省	266902	54196	16148	22558	10121	744
西藏自治区	2227	77			40	
陕西省	191064	33288	19868	6225	5038	455
甘肃省	112438	26944	8436	11998	4007	179
青海省	52064	11899	2630	2983	1704	170
宁夏回族自治区	44728	8862	2204	1534	2683	159
新疆维吾尔自治区	132249	36594	11094	8371	11166	1622

2－13－2

单位:万元

地区	工资福利支出				商品和服务支出		
	伙食费	伙食补助费	绩效工资	其他工资福利支出	小计	办公费	印刷费
地方合计	**3572**	**26170**	**2617**	**175889**	**4599879**	**522527**	**166249**
北京市		86		7486	132424	2361	10107
天津市	15	1497	55	1006	46679	2224	1962
河北省	350	6218	7	6584	160417	28173	5089
山西省		2388	268	8701	110970	14843	3775
内蒙古自治区	691	779		6552	135592	22932	1872
辽宁省	212	215	32	1151	201440	55998	13304
其中:大连市	93	2		29	38958	15748	2173
吉林省	31	375		1716	73058	11096	1272
黑龙江省		5		335	202148	90868	3624
上海市	284	550		6023	231460	3281	3141
江苏省	712	2109	9	8762	326577	15476	7347
浙江省	30	1247		7607	204887	9508	5335
其中:宁波市	13	228		329	43547	2400	2585
安徽省	3	295	250	11696	142175	15532	4615
福建省	87	1643	10	16337	135044	6811	6266
其中:厦门市				45	12345	64	
江西省		446		4541	112420	12873	2556
山东省	230	249		1728	229687	46711	16489
其中:青岛市	159	49		562	23543	620	783
河南省	20	36		3793	126351	20950	9133
湖北省	305	1313	1321	8004	313949	15575	1476
湖南省	14	138	226	4343	119154	13809	1189
广东省	452	3071	403	24749	690077	32645	16301
其中:深圳市	20	706		183	55251	1103	128
广西壮族自治区		3		6786	113398	11802	9088
海南省	28	10	30	746	24384	1646	616
重庆市		150		12037	85865	4568	2787
四川省	11	156		3939	183285	17462	14466
贵州省	35	571		4232	65486	5371	1407
云南省	20	300		4305	137093	16620	13167
西藏自治区		28		9	668	65	
陕西省	30	380	4	1288	122960	23164	4654
甘肃省	3	23	2	2296	55973	10393	750
青海省		205		4207	25660	1848	940
宁夏回族自治区	9	150		2123	20598	814	706
新疆维吾尔自治区		1534		2807	70000	7108	2815

2－13－3　　　　单位:万元

地区	商品和服务支出						
	咨询费	手续费	水费	电费	邮电费	取暖费	物业管理费
地方合计	**2549**	**369512**	**17533**	**61255**	**53228**	**37864**	**32614**
北京市	41	45172	315	1981	1029	1820	2777
天津市	2	13549	115	735	311	450	559
河北省	47	11484	903	2192	5188	4677	1431
山西省	151	9669	948	2127	2823	3961	361
内蒙古自治区	18	6063	405	1440	2884	3194	628
辽宁省	100	21910	790	2575	2559	4667	1652
其中:大连市	10	5962	72	607	714	670	726
吉林省	39	12683	310	1064	698	2893	236
黑龙江省	74	3730	497	1346	1810	3408	373
上海市	3	48582	249	1270	1520		1320
江苏省	225	23235	751	3307	2555	112	3331
浙江省	305	19061	483	3147	2344		2272
其中:宁波市	254	8948	60	520	416		707
安徽省	18	8732	336	2104	776	39	1336
福建省	40	24051	572	2231	2904		758
其中:厦门市							
江西省	151	5612	588	2031	1364	150	738
山东省	88	19080	2110	4287	2306	2471	1606
其中:青岛市		930	98	432	709	311	330
河南省	123	7393	1053	2884	1584	1383	1076
湖北省	40	5646	1098	3668	2267	490	1923
湖南省	12	2671	664	1739	908	366	261
广东省	473	16751	1194	9510	5747		4820
其中:深圳市			98	1608	1036		402
广西壮族自治区	3	8631	285	1512	1041		503
海南省	3	1370	107	434	440		170
重庆市	201	1989	165	1155	1229	4	502
四川省	42	21280	1225	2095	2563	150	1122
贵州省	6	8163	124	635	684	92	176
云南省	30	826	694	1515	1388	6	834
西藏自治区		12					
陕西省	165	7680	1013	2460	1835	2821	804
甘肃省	39	5041	151	477	645	1142	160
青海省	7	1374	56	222	545	1072	84
宁夏回族自治区	87	1558	40	222	118	268	145
新疆维吾尔自治区	16	6514	292	890	1163	2228	656

2－13－4 单位:万元

地区	商品和服务支出					
	交通费	差旅费	出国费	维修(护)费	租赁费	会议费
地方合计	**183118**	**67191**	**5374**	**153995**	**18228**	**102225**
北京市	3594	634	810	8599	3483	2683
天津市	1101	144	91	3834	934	958
河北省	9306	2598	10	6777	347	3459
山西省	10429	2895	57	9233	1049	5741
内蒙古自治区	6247	4046	144	5582	512	1735
辽宁省	10905	4397	310	9311	1004	3672
其中:大连市	2151	517	17	3157	320	729
吉林省	5738	1719	178	2504	102	2324
黑龙江省	6332	2346		10752	124	3158
上海市	3168	828	501	2333	984	1677
江苏省	6883	3021	340	6133	897	5279
浙江省	4708	2638	237	2213	832	5046
其中:宁波市	746	604	72	245	272	1042
安徽省	6630	2036	261	5555	165	4033
福建省	5193	2468	364	1643	271	2115
其中:厦门市		64				25
江西省	5637	3158	70	2925	395	2887
山东省	8964	2480	70	7861	1124	6394
其中:青岛市	1303	295	34	215	50	317
河南省	9722	2585	61	12251	494	7243
湖北省	8313	3591	197	6837	249	5644
湖南省	3200	1627	181	2000	133	2940
广东省	19653	5710	319	15295	1102	12488
其中:深圳市	921	71		746	42	132
广西壮族自治区	6380	2122		2122	149	2620
海南省	2146	755	36	1480	150	691
重庆市	3558	2725	221	2653	219	3710
四川省	8431	3029	140	7735	389	4161
贵州省	3496	1089	56	1264	154	1596
云南省	6571	1846	199	4875	728	4025
西藏自治区	3			1		
陕西省	8344	2853	309	5261	1534	3680
甘肃省	2379	854	70	1743	293	1057
青海省	1081	464	27	843	115	132
宁夏回族自治区	909	511	90	461	105	270
新疆维吾尔自治区	4097	2022	25	3919	191	807

2－13－5　　　　单位:万元

地　　区	商品和服务支出						
	培训费	招待费	专用材料费	被装购置费	专用燃料费	劳务费	委托业务费
地方合计	**111585**	**117281**	**28961**	**8715**	**3075**	**118956**	**47453**
北京市	4113	1007	2200	84	3	397	55
天津市	556	551	26	223		311	28
河北省	4964	1928	1262	1339	67	1907	241
山西省	6309	5684	496	77	20	985	273
内蒙古自治区	4010	2312	951	252	18	2067	171
辽宁省	3501	1873	2506	686	252	3215	5480
其中:大连市	537	637	535	30		827	42
吉林省	1242	1479	294	15	25	654	347
黑龙江省	3339	1200	4413	180	15	2296	2855
上海市	1473	1620				3913	126
江苏省	4238	5869	2826	426	110	35863	1392
浙江省	2708	6931	812	296	96	5413	1768
其中:宁波市	638	1394	394			2608	1
安徽省	5492	3904	24	2	22	11229	988
福建省	1649	5447	2591	69		747	2362
其中:厦门市		113		25		129	
江西省	3353	4681	338	96	3	458	1247
山东省	3699	2532	4336	1836	827	1864	5165
其中:青岛市	577	1396		28		11	
河南省	5494	5903	176	1997	166	1495	662
湖北省	6696	8889	249	309	24	1934	3763
湖南省	2531	2774	53	287	3	1295	250
广东省	15250	19220	3130	95	1182	6070	9428
其中:深圳市	127	79	2		622	45	
广西壮族自治区	3479	4684	5	21		610	392
海南省	993	1841	119	48	20	245	1
重庆市	2577	2548	33		18	14334	2649
四川省	6364	4458	284	11	85	5378	37
贵州省	1909	4906	177	18		211	22
云南省	6063	6424	530	38	45	3226	732
西藏自治区	2	2					
陕西省	5819	2386	710	118	56	10190	5438
甘肃省	1764	1549	199	154	13	166	937
青海省	327	1254	143	10	5	844	459
宁夏回族自治区	396	785	36	18		155	116
新疆维吾尔自治区	1275	2640	42	10		1484	69

二、地方财政预算收支情况

2－13－6

单位:万元

地区	商品和服务支出			对个人和家庭的补助			
	工会经费	福利费	其他商品和服务支出	小计	离休费	退休费	退职(役)费
地方合计	**39802**	**51083**	**2279506**	**285071**	**1670**	**46318**	**1286**
北京市	861	301	37997	4885			
天津市	294	251	17470	6908	78	1551	
河北省	525	1085	65418	17229	230	4462	
山西省	689	1482	26893	6782	1	122	
内蒙古自治区	420	2470	65219	4131		113	
辽宁省	397	649	49727	4834	9	301	
其中:大连市	141	26	2610	817		47	
吉林省	284	1536	24326	5300	3	1579	3
黑龙江省	1311	668	57429	7670	39	2975	
上海市	920	542	154009	2525		31	1
江苏省	3401	4458	189102	14617	54	1901	15
浙江省	1515	2805	124414	11544	324	3121	70
其中:宁波市	412	249	18980	1130	40	545	38
安徽省	892	2661	64793	8133	4	245	3
福建省	631	222	65639	4929		246	
其中:厦门市		1	11924	293			
江西省	504	752	59853	8986		2243	
山东省	366	345	86676	17823	9	748	2
其中:青岛市	182	42	14880	4232	9	676	2
河南省	326	622	31575	4670		22	825
湖北省	3726	5162	226183	19586	175	7824	293
湖南省	947	1650	77664	6960	122	3293	
广东省	11252	12254	470188	43595	585	8933	30
其中:深圳市	76	750	47263	219	1	26	
广西壮族自治区	1005	875	56069	4957	4	21	
海南省	134	117	10822	1089	6	318	1
重庆市	2139	1441	34440	18503	4	522	10
四川省	1036	1120	80222	7081	5	662	8
贵州省	733	1015	32182	15461	7	2319	8
云南省	1627	2579	62505	22032	1	137	13
西藏自治区			583	3			
陕西省	689	1290	29687	2762	6	194	1
甘肃省	332	662	25003	3110		964	
青海省	97	10	13701	1105			
宁夏回族自治区	575		12213	1492	1	27	3
新疆维吾尔自治区	2174	2059	27504	6369	3	1444	

2－13－7

单位:万元

地　　区	对个人和家庭的补助						
	抚恤金	生活补助	救济费	医疗费	助学金	奖励金	生产补贴
地　方　合　计	**3294**	**7830**	**492**	**13297**	**132**	**54105**	**503**
北京市	33	12		466	44		
天津市	21	19		793		11	
河北省	204	382	6	1207		2510	
山西省	107	194	18	243		791	
内蒙古自治区	55	664		121		1616	
辽宁省	26	248	1	229		1613	59
其中:大连市	6	74		47		119	59
吉林省	63	100	30	81		744	
黑龙江省	78	85		22		3816	400
上海市	98	68		11		96	
江苏省	46	1920	40	481		442	
浙江省	103	216	57	654		109	
其中:宁波市	17	30		62		2	
安徽省	72	322		506		2531	
福建省	77	181	1	75	1	1685	
其中:厦门市						139	
江西省	146	62		467		423	
山东省	45	125	15	434		6046	
其中:青岛市	11	16	2	90		16	
河南省	109	389	32	409	1	205	
湖北省	333	263	9	1373	25	1	
湖南省	44	204		224		733	5
广东省	533	1085	242	3465		3247	1
其中:深圳市						179	
广西壮族自治区	3	273		12		275	
海南省	94	129		8		129	
重庆市	78	137	5	565		1523	
四川省	546	83	6	63		1940	
贵州省	137	171	4	248	43	2145	
云南省	46	312	13	160	9	19416	
西藏自治区							
陕西省	49	56	13	248	9	520	38
甘肃省	5	27		53		18	
青海省	14	3		7		6	
宁夏回族自治区	41	14		96		61	
新疆维吾尔自治区	88	86		576		1453	

二、地方财政预算收支情况

2－13－8　　　　单位:万元

地区	对个人和家庭的补助				对企事业单位的补贴		
	住房公积金	提租补贴	购房补贴	其他对个人和家庭的补助支出	小计	企业政策性补贴	事业单位补贴
地方合计	**87386**	**3580**	**14353**	**50825**	**42538**	**3558**	**27368**
北京市	2967	767	433	163	198		
天津市	2602	30	93	1710	1400	1400	
河北省	6626	159	6	1437	2248		1961
山西省	3172	3		2131	84		
内蒙古自治区	510		40	1012	4916		3462
辽宁省	1312	811	1	224	846	347	487
其中:大连市	377	86	1	1			
吉林省	2555	23	21	98	120		
黑龙江省	39	12		204			
上海市	69		405	1746	1692		
江苏省	5084	1058	756	2820	5295		755
浙江省	4696	14	225	1955	1209		60
其中:宁波市	34	1	6	355			
安徽省	948	36	120	3346	431		39
福建省	967	248	11	1437	2381		2317
其中:厦门市				154	61		
江西省	4233		14	1398	1070		1070
山东省	2664	126	5952	1657	9652	275	9366
其中:青岛市	1549	126	1655	80	117		117
河南省	483	158	62	1975			
湖北省	5847	119	1130	2194	21		
湖南省	1374		1	960	4775		4264
广东省	15889		1175	8410	2260	1536	108
其中:深圳市			13				
广西壮族自治区	138			4231			
海南省	142			262	72		9
重庆市	14957			702	45		40
四川省	752		45	2971	818		818
贵州省	1950	2	3759	4668	1476		1476
云南省	1068	14	30	813	393		
西藏自治区				3			
陕西省	1212		74	342	426		426
甘肃省	1739			304	590		590
青海省	817			258			
宁夏回族自治区	143			1106			
新疆维吾尔自治区	2431			288	120		120

2－13－9

单位:万元

地　　区	对企事业单位的补贴		赠与			债务利息支出	
	财政贴息	其他对企事业单位的补贴支出	小　计	对国内的赠与	对国外的赠与	小　计	国库券付息
地方合计	**10**	**11602**	**129**	**129**			
北京市		198					
天津市							
河北省		287					
山西省		84					
内蒙古自治区		1454					
辽宁省		12					
其中:大连市							
吉林省		120					
黑龙江省							
上海市		1692					
江苏省		4540	109	109			
浙江省		1149					
其中:宁波市							
安徽省	10	382					
福建省		64	20	20			
其中:厦门市		61					
江西省							
山东省		11					
其中:青岛市							
河南省							
湖北省		21					
湖南省		511					
广东省		616					
其中:深圳市							
广西壮族自治区							
海南省		63					
重庆市		5					
四川省							
贵州省							
云南省		393					
西藏自治区							
陕西省							
甘肃省							
青海省							
宁夏回族自治区							
新疆维吾尔自治区							

2－13－10

单位:万元

地区	债务利息支出					基本建设支出	
	向国家银行借款付息	其他国内借款付息	向国外政府借款付息	向国际组织借款付息	其他国外借款付息	小计	房屋建筑物购建
地方合计						**85933**	**40455**
北京市						8766	750
天津市							
河北省						1328	1070
山西省						504	
内蒙古自治区						1238	439
辽宁省						3575	550
其中:大连市						2031	
吉林省						362	
黑龙江省						3805	39
上海市						2000	2000
江苏省						9484	3400
浙江省						4683	3640
其中:宁波市						682	600
安徽省						2367	2367
福建省						935	544
其中:厦门市						700	500
江西省						102	
山东省						1122	730
其中:青岛市							
河南省						8906	2982
湖北省						10130	3876
湖南省						1382	
广东省						6429	3345
其中:深圳市							
广西壮族自治区						1364	
海南省						83	63
重庆市							
四川省						405	65
贵州省						51	
云南省						4511	4002
西藏自治区						1000	1000
陕西省						506	430
甘肃省						370	260
青海省						2866	2600
宁夏回族自治区						1783	939
新疆维吾尔自治区						5876	5364

2-13-11

单位:万元

地区	基本建设支出							
	办公设备购置	专用设备购置	交通工具购置	基础设施建设	大型修缮	信息网络购建	物资储备	其他基本建设支出
地方合计	**6512**	**4550**	**3899**	**15368**	**2153**	**6644**	**14**	**6338**
北京市	562		454	7000				
天津市								
河北省	31		112		55	60		
山西省	83	50	329	30				12
内蒙古自治区	174	106	50	122	200	131		16
辽宁省	473	3	17		400	101		2031
其中:大连市								2031
吉林省	362							
黑龙江省	144	32	26	3480	53	30		1
上海市								
江苏省	745	2	127	1700	51	1917	14	1528
浙江省	575	1			39	218		210
其中:宁波市	82							
安徽省								
福建省	158	100	58	5	15	55		
其中:厦门市	100	100						
江西省			20					82
山东省						392		
其中:青岛市								
河南省	601	3907	519	2	210	480		205
湖北省	384	343	1383	690	317	2882		255
湖南省	867					20		495
广东省	579	6	401	1251	563	149		135
其中:深圳市								
广西壮族自治区	90		80			126		1068
海南省	8		5			7		
重庆市								
四川省	52		73		200	15		
贵州省	22		29					
云南省	253		36			20		200
西藏自治区								
陕西省	16		60					
甘肃省	69					41		
青海省	52		120	44	50			
宁夏回族自治区				844				
新疆维吾尔自治区	212			200				100

2－13－12

单位：万元

地　　区	其他资本性支出						
	小　计	房屋建筑物购　　建	办公设备购　　置	专用设备购　　置	交通工具购　　置	基础设施建　　设	大型修缮
地　方　合　计	**926020**	**276780**	**102383**	**22012**	**71516**	**32548**	**50907**
北京市	37267	9969	2087	1469	1973	6	7594
天津市	6269	1703	767	18	511		163
河北省	26842	11650	1948	279	2769	2809	706
山西省	47811	19693	6483	2088	5236	857	4569
内蒙古自治区	39702	16982	5082	130	3485	2997	1678
辽宁省	25830	4823	8676	1155	2302	653	2795
其中：大连市	7137	726	4314		574	210	890
吉林省	31300	6904	2611	412	2358	440	608
黑龙江省	15363	366	6566	353	498	3493	2692
上海市	63973	10091	6274	91	654		2536
江苏省	52696	9891	2377	1406	2059	1599	336
浙江省	29795	11021	5592	1372	1695	10	441
其中：宁波市	1930	32	655	100	305		11
安徽省	35603	19997	5382		4458	60	709
福建省	33503	18707	2285	1199	3220	291	625
其中：厦门市	25		25				
江西省	32949	14180	1743	1227	1836	338	4309
山东省	38256	8289	5415	990	1178	35	1290
其中：青岛市	2174	1100	574	1	435		
河南省	24477	7113	6885	85	5055	45	712
湖北省	23363	3140	1895	3634	3410	2969	1036
湖南省	10609	106	794	310	391	359	232
广东省	160931	34371	7578	1821	11136	1531	5868
其中：深圳市							
广西壮族自治区	17834	6435	2334	1578	656	2758	535
海南省	2115		741	420	385	1	124
重庆市	14235	6917	1568	136	975		505
四川省	15388	4430	3381	495	3029	361	648
贵州省	14693	6231	704	287	3022	59	254
云南省	48314	18010	4967	85	3803	8286	2816
西藏自治区	469				100		9
陕西省	29047	9803	4288	527	2043	2291	3812
甘肃省	21465	7517	1071	30	841		1450
青海省	9310	4273	220	39	658		20
宁夏回族自治区	3321	1867	192	56	78	300	44
新疆维吾尔自治区	13290	2301	2477	320	1702		1791

2 – 13 – 13

单位:万元

地区	其他资本性支出						
	信息网络购建	物资储备	土地补偿	安置补助	地上附着物和青苗补偿	拆迁补偿	其他资本性支出
地方合计	**127930**	**747**	**99**	**1049**	**1**	**1429**	**238619**
北京市	6320		1	–2			7850
天津市	1723					1369	15
河北省	4787					30	1864
山西省	4316	499					4070
内蒙古自治区	1539		51				7758
辽宁省	3510						1916
其中:大连市	385						38
吉林省	6462						11505
黑龙江省	806						589
上海市	2612						41715
江苏省	7039						27989
浙江省	3852						5812
其中:宁波市	708						119
安徽省	3420						1577
福建省	6316						860
其中:厦门市							
江西省	3993						5323
山东省	12602						8457
其中:青岛市	2						62
河南省	2502	2					2078
湖北省	923		30	14			6312
湖南省	4994			1037			2386
广东省	19602	246	17				78761
其中:深圳市							
广西壮族自治区	1220						2318
海南省	94						350
重庆市	1380						2754
四川省	2487						557
贵州省	1522						2614
云南省	5083				1	30	5233
西藏自治区							360
陕西省	2029						4254
甘肃省	9248						1308
青海省	3923						177
宁夏回族自治区	601						183
新疆维吾尔自治区	3025						1674

二、地方财政预算收支情况

2－13－14

单位:万元

地区	贷款转贷及产权参股					其他支出		
	小计	国内贷款	国外贷款	产权参股	其他贷款转贷及产权参股支出	小计	补充全国社会保障基金	其他支出
地方合计	**600**	**600**				**444080**		**444080**
北京市						2590		2590
天津市								
河北省						28380		28380
山西省						1787		1787
内蒙古自治区						1990		1990
辽宁省						8628		8628
其中:大连市						1661		1661
吉林省						2488		2488
黑龙江省						914		914
上海市						41523		41523
江苏省						44469		44469
浙江省						34891		34891
其中:宁波市						1024		1024
安徽省						16300		16300
福建省						42415		42415
其中:厦门市						16287		16287
江西省						5906		5906
山东省						11649		11649
其中:青岛市						8077		8077
河南省						1905		1905
湖北省						24681		24681
湖南省						22954		22954
广东省						101069		101069
其中:深圳市						6787		6787
广西壮族自治区						21074		21074
海南省						391		391
重庆市						4252		4252
四川省	600	600				3747		3747
贵州省						3747		3747
云南省						363		363
西藏自治区						10		10
陕西省						2075		2075
甘肃省						3986		3986
青海省						1224		1224
宁夏回族自治区						8672		8672
新疆维吾尔自治区								

2007 年各省、自治区、直辖市审计事务支出明细表

2－14－1

单位:万元

地区	合计	工资福利支出				
		小计	基本工资	津贴补贴	奖金	社会保障缴费
地方合计	**798150**	**311587**	**127797**	**106119**	**47736**	**8341**
北京市	35906	10132	2344	3849	2704	79
天津市	11099	5456	1518	3182	540	66
河北省	30015	13351	7483	4183	641	234
山西省	23187	9563	4682	3563	579	144
内蒙古自治区	24059	7448	4041	2796	294	50
辽宁省	27908	11708	4971	5341	729	278
其中:大连市	3727	1870	540	953	277	75
吉林省	20358	6073	3431	1980	428	110
黑龙江省	26960	9301	5382	2846	783	66
上海市	18459	11247	2346	1904	6161	356
江苏省	51678	21568	5885	5827	6863	872
浙江省	51091	20509	4191	4135	8666	1037
其中:宁波市	8163	4292	565	843	2144	370
安徽省	23036	9792	4156	3494	686	120
福建省	16143	7066	2863	2396	560	311
其中:厦门市	2114	1205	215	503	138	15
江西省	28929	9792	4623	2225	1047	137
山东省	43881	19942	8635	7749	1152	1462
其中:青岛市	7481	4034	1017	1936	373	396
河南省	45337	17169	10054	5556	733	182
湖北省	36985	14824	6536	4753	1966	374
湖南省	40854	15159	6545	4248	2395	768
广东省	62089	20045	5949	9933	2098	573
其中:深圳市	11941	4120	645	2442	518	155
广西壮族自治区	20556	5899	2796	1906	884	52
海南省	5796	2094	1055	781	113	12
重庆市	11822	4735	1889	1946	492	85
四川省	44213	16016	6546	3925	4262	251
贵州省	14355	5527	2708	2041	433	32
云南省	21653	9065	3900	4205	590	115
西藏自治区	6742	2166	664	1347	104	29
陕西省	21601	9786	5391	3067	792	156
甘肃省	11798	5926	2999	2442	249	13
青海省	5287	2513	1003	1292	138	3
宁夏回族自治区	4412	2141	899	1039	108	8
新疆维吾尔自治区	11941	5574	2312	2168	546	366

二、地方财政预算收支情况

2－14－2 单位:万元

地　　区	工资福利支出				商品和服务支出		
	伙食费	伙　食 补助费	绩效 工资	其他工资 福利支出	小　计	办公费	印刷费
地　方　合　计	**159**	**1930**	**371**	**19134**	**330816**	**40555**	**5168**
北京市	1	33	26	1096	12722	533	76
天津市	8	41		101	2291	225	4
河北省	18	185	1	606	12927	2447	262
山西省	13	83	6	493	9603	1496	339
内蒙古自治区	1	8	2	256	11357	1358	207
辽宁省	11	24	1	353	11070	1717	150
其中:大连市	9	4		12	1750	305	22
吉林省		27	30	67	8597	1345	227
黑龙江省	14	64	13	133	12838	3536	247
上海市	8	133	4	335	6327	431	65
江苏省	16	339	5	1761	19648	1691	178
浙江省	9	274	2	2195	22855	1035	157
其中:宁波市	4	48		318	2796	138	12
安徽省	4	84	4	1244	9211	1189	169
福建省		32	20	884	6104	539	74
其中:厦门市		26	2	306	598	76	1
江西省		29	7	1724	12833	1279	252
山东省	3	68	39	834	18097	2726	350
其中:青岛市		12	14	286	2400	134	11
河南省	2	20	27	595	19205	4146	602
湖北省	6	64	68	1057	14467	1129	219
湖南省	10	97	75	1021	19342	1680	298
广东省	17	35	16	1424	24664	2412	296
其中:深圳市		16		344	6281	532	55
广西壮族自治区				261	9525	1075	78
海南省		1		132	2619	204	21
重庆市		22		301	5522	506	45
四川省		63		969	21864	2131	382
贵州省		9		304	5561	659	35
云南省	1	50		204	10354	1979	48
西藏自治区		5		17	1334	263	4
陕西省	5	51	6	318	7672	1063	184
甘肃省		2	9	212	4831	757	92
青海省	12	17	6	42	1711	229	23
宁夏回族自治区		5		82	1778	194	39
新疆维吾尔自治区		65	4	113	3887	581	45

2-14-3 单位:万元

地　区	商品和服务支出						
	咨询费	手续费	水　费	电　费	邮电费	取暖费	物　业 管理费
地方合计	**1303**	**250**	**1835**	**6873**	**8856**	**5265**	**3424**
北京市	44		27	255	99	291	536
天津市	8		15	88	136	57	32
河北省	15	11	77	212	386	430	18
山西省	12	12	87	232	314	399	23
内蒙古自治区	11	13	40	109	218	246	13
辽宁省	20	50	33	178	361	760	35
其中:大连市	10		2	42	58	165	20
吉林省	30	6	92	251	210	566	165
黑龙江省	80	2	126	234	306	657	98
上海市	1	1	5	117	188		210
江苏省	173	43	49	372	441	18	249
浙江省	610	16	50	209	465	16	93
其中:宁波市	415		3	20	37		4
安徽省	4	7	25	184	238	5	317
福建省	44	2	32	145	234		62
其中:厦门市				12	9		
江西省	13	4	80	370	292	34	85
山东省	34	26	206	588	773	650	303
其中:青岛市	6		7	35	62	43	65
河南省	28	15	147	553	491	217	53
湖北省	17	2	151	562	378	52	136
湖南省	61	12	134	661	381	116	164
广东省	20	14	76	429	775		473
其中:深圳市	14		8	100	132		364
广西壮族自治区			43	157	235		86
海南省	7		11	28	40		16
重庆市			23	73	163		42
四川省	38	4	103	352	686	26	117
贵州省	12	2	10	53	125	18	1
云南省	1		41	97	266		46
西藏自治区			7	29	39	9	
陕西省	4	2	114	241	225	342	30
甘肃省	1	4	14	42	140	89	
青海省			6	21	99	60	3
宁夏回族自治区			3	13	39	17	16
新疆维吾尔自治区	15	2	8	18	113	190	2

2-14-4

单位:万元

地区	商品和服务支出					
	交通费	差旅费	出国费	维修(护)费	租赁费	会议费
地方合计	**33493**	**30042**	**2868**	**14023**	**1464**	**16899**
北京市	655	301	398	685	157	697
天津市	270	221	15	55	14	77
河北省	2238	1473	45	688	51	1027
山西省	1427	752	22	445	15	513
内蒙古自治区	1361	1293	57	881	6	508
辽宁省	1919	1086	17	695	121	631
其中:大连市	205	112		50	90	120
吉林省	1219	855	11	985	8	609
黑龙江省	1050	3257	22	819	58	431
上海市	794	302	332	128	9	288
江苏省	1697	1989	220	400	56	1354
浙江省	1131	1014	306	341	33	908
其中:宁波市	140	150	71	74	1	119
安徽省	805	712	201	203	143	515
福建省	628	576	154	213	19	320
其中:厦门市	62	44	26	21		
江西省	1174	1104	17	363	6	513
山东省	2227	1303	85	884	322	1268
其中:青岛市	236	169	68	73	219	128
河南省	2130	1341	88	1001	87	1059
湖北省	1165	1317	57	480	66	669
湖南省	1463	1401	146	702	7	886
广东省	2448	1412	312	1069	36	1186
其中:深圳市	452	150	46	326	13	284
广西壮族自治区	995	1329	29	411		407
海南省	353	239	79	25	7	126
重庆市	407	408	8	185	5	399
四川省	1965	1909	49	652	87	1216
贵州省	669	540	23	112	6	165
云南省	988	1210	56	389	21	409
西藏自治区	103	152	6	60		20
陕西省	993	1089	48	612	107	341
甘肃省	374	503	3	200	2	179
青海省	210	174	6	113	8	39
宁夏回族自治区	206	286	41	33	5	92
新疆维吾尔自治区	429	494	15	194	2	47

2－14－5　　　　单位:万元

地　　区	商品和服务支出						
	培训费	招待费	专用材料费	被装购置费	专用燃料费	劳务费	委托业务费
地方合计	**18287**	**24217**	**3243**	**1155**	**589**	**11276**	**14142**
北京市	951	117	55			471	409
天津市	180	77	46	16		13	3
河北省	956	867	113	49	15	258	89
山西省	411	657	74	30	18	261	508
内蒙古自治区	579	410	69	57	33	179	263
辽宁省	792	549	300	15	19	349	124
其中:大连市	132	119	30		2	100	95
吉林省	463	333	186		92	119	446
黑龙江省	432	297	121	4	3	431	223
上海市	384	225	3	2		57	445
江苏省	1258	1422	71	54	19	1288	368
浙江省	725	2148	101	12		2075	3893
其中:宁波市	84	275	2	8		53	73
安徽省	447	827	138	45	2	513	270
福建省	221	577	34	15	9	235	24
其中:厦门市	24	33	5			6	
江西省	662	1487	54	46	21	117	119
山东省	1046	903	228	36	21	539	644
其中:青岛市	191	111	15			27	334
河南省	882	1489	990	188	68	415	760
湖北省	910	1437	68	80	51	335	346
湖南省	770	2054	90	3	15	193	177
广东省	1340	1457	32	86	10	619	2140
其中:深圳市	261	115	6			142	1585
广西壮族自治区	624	978	48	40	85	252	61
海南省	181	236	6			49	80
重庆市	293	342	40	46	28	215	523
四川省	1054	2023	174	12	18	1624	1789
贵州省	248	785	26	22	3	80	65
云南省	647	1224	39	70	11	199	104
西藏自治区	45	102	5			2	1
陕西省	448	447	74	2	32	113	52
甘肃省	514	209	6	166	5	61	10
青海省	77	154	30	39	3	70	1
宁夏回族自治区	136	133	10		8	32	58
新疆维吾尔自治区	611	251	12	20		112	147

二、地方财政预算收支情况

2-14-6

单位:万元

地区	商品和服务支出			对个人和家庭的补助			
	工会经费	福利费	其他商品和服务支出	小计	离休费	退休费	退职(役)费
地方合计	**3271**	**6325**	**75993**	**47122**	**1612**	**22965**	**76**
北京市	164	122	5679	1092	1	3	
天津市	37	76	626	1865	65	1101	48
河北省	76	216	908	1604	92	1224	
山西省	53	165	1338	1405	73	939	
内蒙古自治区	20	301	3125	566	15	258	
辽宁省	142	137	870	1642	84	927	1
其中:大连市	47	24		13			
吉林省	10	73	296	1479	94	1023	
黑龙江省	51	119	234	3268	240	2582	
上海市	152	157	2031	454		86	
江苏省	313	502	5423	4890	277	2525	
浙江省	362	1214	5941	4141	82	1777	
其中:宁波市	51	50	1016	561	10	297	
安徽省	68	85	2099	1304	35	509	
福建省	91	160	1696	961	9	221	1
其中:厦门市	18	15	246	157			
江西省	92	275	4374	1865	23	540	1
山东省	108	186	2641	2893	25	401	6
其中:青岛市	16	9	441	628	20	299	
河南省	132	350	1973	1180	73	813	
湖北省	142	304	4394	2281	52	1386	
湖南省	261	458	7209	1983	171	781	9
广东省	220	366	7436	2038	69	316	
其中:深圳市	12	44	1640	244		4	
广西壮族自治区	30	114	2448	1833	6	938	1
海南省	8	21	882	56		25	
重庆市	70	84	1617	489		79	
四川省	294	307	4852	1886	11	860	5
贵州省	57	109	1736	2162	36	1508	1
云南省	140	88	2281	500	15	153	
西藏自治区	18	5	464	326		238	
陕西省	65	53	991	1130	30	712	
甘肃省	19	46	1395	352	9	206	2
青海省	20	13	313	32			
宁夏回族自治区	6	55	356	265	5	204	
新疆维吾尔自治区	50	164	365	1180	20	630	1

2－14－7

单位:万元

地区	对个人和家庭的补助						
	抚恤金	生活补助	救济费	医疗费	助学金	奖励金	生产补贴
地方合计	**686**	**1389**	**146**	**1132**	**24**	**2183**	**774**
北京市	7	1		96	14	5	－1
天津市	12	1	1	24	1	20	
河北省	28	30	2	9		17	
山西省	10	24	2	7	3	10	1
内蒙古自治区	19	50	4	9		64	
辽宁省	56	66	9	25		57	
其中:大连市	1	3	3	2			
吉林省	25	83	22	6		69	
黑龙江省	43	28	4	16	1	65	
上海市	8	2		4			
江苏省	43	73	11	133		608	
浙江省	20	31	36	131		101	
其中:宁波市	8	2		2		1	
安徽省	22	29	16	14		9	2
福建省	13	21	3	6		32	
其中:厦门市	1	2					
江西省	14	35	1	44		10	760
山东省	28	82	7	59		51	4
其中:青岛市	11		4			1	1
河南省	21	39	8	9		116	
湖北省	28	94	1	100	1	12	
湖南省	39	71	4	135		65	
广东省	30	168	1	154	3	195	
其中:深圳市		4				31	
广西壮族自治区	17	134	1	6		57	
海南省	4			1		1	
重庆市	21	63		21		14	
四川省	42	30	6	65		234	6
贵州省	30	16		2	1	53	
云南省	15	6		2		179	
西藏自治区	5			4			
陕西省	24	52	4	15		17	2
甘肃省	9	45				1	
青海省	14	6					
宁夏回族自治区	2	2	2	5		20	
新疆维吾尔自治区	37	107	1	30		101	

2－14－8

单位:万元

地　　区	对个人和家庭的补助				对企事业单位的补贴		
	住房公积金	提租补贴	购房补贴	其他对个人和家庭的补助支出	小计	企业政策性补贴	事业单位补贴
地方合计	**8253**	**822**	**2134**	**4926**	**604**		**250**
北京市	610	156	90	110			
天津市	563	10	1	18			
河北省	166	5		31	65		65
山西省	203	11	1	121			
内蒙古自治区	109			38			
辽宁省	148	212	1	56			
其中:大连市		4					
吉林省	138	11		8			
黑龙江省	213	31		45			
上海市	27	1	9	317			
江苏省	520	102	45	553	15		
浙江省	1290	5	29	639	19		16
其中:宁波市	27			214	1		
安徽省	492	4	15	157	54		47
福建省	285	127		243			
其中:厦门市	80	71		3			
江西省	260			177	8		
山东省	492	61	1433	244	310		10
其中:青岛市	113	53	37	89			
河南省	70		14	17			
湖北省	439	25	15	128	11		11
湖南省	486			222	1		1
广东省	533	58	180	331	20		5
其中:深圳市		58	135	12	20		5
广西壮族自治区	94	2	6	571			
海南省	6		1	18			
重庆市	99			192			
四川省	323		10	294			
贵州省	119	1	258	137	1		
云南省	82		6	42	5		
西藏自治区	22			57			
陕西省	226		2	46	95		95
甘肃省	67			13			
青海省	2			10			
宁夏回族自治区				25			
新疆维吾尔自治区	169		18	66			

2－14－9

单位:万元

地　区	对企事业单位的补贴		赠与			债务利息支出	
	财政贴息	其他对企事业单位的补贴支出	小计	对国内的赠与	对国外的赠与	小计	国库券付息
地方合计		**354**	**7**	**7**			
北京市							
天津市							
河北省							
山西省							
内蒙古自治区							
辽宁省							
其中:大连市							
吉林省							
黑龙江省							
上海市							
江苏省		15					
浙江省		3					
其中:宁波市		1					
安徽省		7					
福建省							
其中:厦门市							
江西省		8					
山东省		300					
其中:青岛市							
河南省							
湖北省							
湖南省			5	5			
广东省		15	1	1			
其中:深圳市		15	1	1			
广西壮族自治区							
海南省							
重庆市			1	1			
四川省							
贵州省		1					
云南省		5					
西藏自治区							
陕西省							
甘肃省							
青海省							
宁夏回族自治区							
新疆维吾尔自治区							

二、地方财政预算收支情况

2－14－10　　　　单位:万元

地　　区	债务利息支出					基本建设支出	
	向国家银行借款付息	其他国内借款付息	向国外政府借款付息	向国际组织借款付息	其他国外借款付息	小　计	房屋建筑物购建
地方合计						**23754**	**12441**
北京市						1620	
天津市							
河北省						132	
山西省						363	
内蒙古自治区						1996	155
辽宁省						316	
其中:大连市							
吉林省						25	
黑龙江省						38	
上海市						54	
江苏省						250	3
浙江省						740	537
其中:宁波市						2	
安徽省						657	30
福建省						56	
其中:厦门市							
江西省						517	297
山东省						525	180
其中:青岛市						2	
河南省						3652	3129
湖北省						706	360
湖南省						276	166
广东省						7243	7033
其中:深圳市						187	
广西壮族自治区						1085	394
海南省						110	105
重庆市						188	
四川省						1168	12
贵州省						204	
云南省						216	10
西藏自治区						30	30
陕西省						436	
甘肃省						219	
青海省						168	
宁夏回族自治区						5	
新疆维吾尔自治区						759	

2－14－11 单位:万元

地　区	基本建设支出							
	办公设备购置	专用设备购置	交通工具购置	基础设施建设	大型修缮	信息网络购建	物资储备	其他基本建设支出
地方合计	**2135**	**151**	**1254**	**742**	**1615**	**3618**		**1798**
北京市	874					721		25
天津市								
河北省	31	82	19					
山西省	61		302					
内蒙古自治区	70	33	94		1444			200
辽宁省	130				83	103		
其中:大连市								
吉林省	5					20		
黑龙江省			28	10				
上海市	34		20					
江苏省	44					203		
浙江省	90		77			36		
其中:宁波市						2		
安徽省	401		27			199		
福建省	2							54
其中:厦门市								
江西省		17			1	182		20
山东省	184	3	104		42	12		
其中:青岛市						2		
河南省	58	10	75		20	95		265
湖北省	12		114	87	4	129		
湖南省	15	2	30	10		46		7
广东省	8	1				12		189
其中:深圳市								187
广西壮族自治区	13	3	60	46		25		544
海南省	2			3				
重庆市	10					178		
四川省	38		66		12	581		459
贵州省	13		15		9	167		
云南省	16		164			6		20
西藏自治区								
陕西省				421				15
甘肃省	3		1	15		200		
青海省	16		2	150				
宁夏回族自治区	5							
新疆维吾尔自治区			56			703		

2-14-12

单位:万元

地　区	其他资本性支出						
	小　计	房屋建筑物购　建	办公设备购　置	专用设备购　置	交通工具购　置	基础设施建　设	大型修缮
地　方　合　计	**67985**	**11094**	**13162**	**1794**	**12446**	**3191**	**3525**
北京市	9539		405	35	94		143
天津市	1487	18	211	73	96		720
河北省	1855	102	454	17	513	10	41
山西省	2232	132	688	68	527	270	144
内蒙古自治区	2692	656	341	7	1016	267	194
辽宁省	3172	896	566	291	567		302
其中:大连市	94		69		25		
吉林省	4103	1097	644	19	507	317	519
黑龙江省	1515	20	505	76	295		75
上海市	375	1	160	7	153		
江苏省	3814	657	739	39	429	3	121
浙江省	2124		855	17	303	66	15
其中:宁波市	284		77			66	
安徽省	1955	261	503	89	353	6	32
福建省	1040	44	362	85	425		
其中:厦门市	154		10	65	21		
江西省	3415	209	323	18	430	1981	11
山东省	2059	97	696	99	693		131
其中:青岛市	417	52	202	33	87		29
河南省	2709	899	516	61	432	71	141
湖北省	2034	208	449	74	483	87	93
湖南省	3115	1170	686	94	563	30	68
广东省	2286	16	958	36	821		37
其中:深圳市	546		323	11	197		
广西壮族自治区	1893	154	383	82	381	21	60
海南省	917	645	128	1	134		
重庆市	761	67	232	40	214		
四川省	3180	95	800	41	901	29	93
贵州省	801	4	243	2	345		
云南省	1513	278	336	206	408	3	27
西藏自治区	2886	2661	9	1	155		
陕西省	2447	1	464	193	599	30	490
甘肃省	447	6	166	8	198		5
青海省	863	700	60	3	95		
宁夏回族自治区	215		89	3	117		
新疆维吾尔自治区	541		191	9	199		63

2－14－13 单位:万元

地　　区	其他资本性支出						
	信息网络购建	物资储备	土地补偿	安置补助	地上附着物和青苗补偿	拆迁补偿	其他资本性支出
地　方　合　计	**10546**	**17**	**47**	**2**		**1**	**12160**
北京市	181						8681
天津市	369						
河北省	660						58
山西省	381					1	21
内蒙古自治区	15						196
辽宁省	289						261
其中:大连市							
吉林省	1000						
黑龙江省	37						507
上海市	43						11
江苏省	612						1214
浙江省	862						6
其中:宁波市	138						3
安徽省	702						9
福建省	83						41
其中:厦门市	58						
江西省	398	12					33
山东省	320	4					19
其中:青岛市	14						
河南省	469						120
湖北省	484						156
湖南省	349						155
广东省	210						208
其中:深圳市	15						
广西壮族自治区	665		47				100
海南省	9						
重庆市	93						115
四川省	1197						24
贵州省	126						81
云南省	213						42
西藏自治区							60
陕西省	625	1		2			42
甘肃省	64						
青海省	5						
宁夏回族自治区	6						
新疆维吾尔自治区	79						

二、地方财政预算收支情况

2－14－14 单位:万元

地　　区	贷款转贷及产权参股					其他支出		
	小　计	国内贷款	国外贷款	产权参股	其他贷款转贷及产权参股支出	小　计	补充全国社会保障基金	其他支出
地　方　合　计	**5**				**5**	**16270**		**16270**
北京市						801		801
天津市								
河北省						81		81
山西省						21		21
内蒙古自治区								
辽宁省								
其中:大连市								
吉林省						81		81
黑龙江省								
上海市						2		2
江苏省						1493		1493
浙江省						703		703
其中:宁波市						227		227
安徽省						63		63
福建省	5				5	911		911
其中:厦门市								
江西省						499		499
山东省						55		55
其中:青岛市								
河南省						1422		1422
湖北省						2662		2662
湖南省						973		973
广东省						5792		5792
其中:深圳市						542		542
广西壮族自治区						321		321
海南省								
重庆市						126		126
四川省						99		99
贵州省						99		99
云南省								
西藏自治区								
陕西省						35		35
甘肃省						23		23
青海省								
宁夏回族自治区						8		8
新疆维吾尔自治区								

2007 年各省、自治区、直辖市海关事务支出明细表

2－15－1

单位:万元

地　　区	合　计	工资福利支出				
		小　计	基本工资	津贴补贴	奖　金	社会保障缴费
地　方　合　计	**138357**	**1645**	**346**	**955**	**162**	**3**
北京市	2366					
天津市	2963	87				
河北省	119	12				
山西省	2407					
内蒙古自治区	1183					
辽宁省	3193					
其中:大连市	2051					
吉林省	183					
黑龙江省	2676					
上海市	4881					
江苏省	18760					
浙江省	7367	138			138	
其中:宁波市	3521	138			138	
安徽省	968					
福建省	10116	15			10	
其中:厦门市	8409					
江西省	35					
山东省	3481					
其中:青岛市	1510					
河南省	2629	1279	324	952		3
湖北省	230	20	20			
湖南省	5787	4	1	1		
广东省	53185	2	1	1		
其中:深圳市	14227					
广西壮族自治区	853					
海南省	582					
重庆市	507					
四川省	510	59			9	
贵州省						
云南省	1594	29		1	5	
西藏自治区	220					
陕西省	217					
甘肃省	526					
青海省	23					
宁夏回族自治区	83					
新疆维吾尔自治区	10713					

二、地方财政预算收支情况

2－15－2　　　　　　　　　　　　　　　　　　　　单位:万元

地区	工资福利支出				商品和服务支出		
	伙食费	伙食补助费	绩效工资	其他工资福利支出	小计	办公费	印刷费
地方合计				**179**	**58762**	**2429**	**279**
北京市					10		
天津市				87	2526		
河北省				12	105	4	
山西省					378	10	3
内蒙古自治区					643	223	
辽宁省					2465	439	10
其中:大连市					2051	419	
吉林省					183		
黑龙江省					708		
上海市					4038		
江苏省					7316	11	9
浙江省					4800	138	
其中:宁波市					1422		
安徽省					306	297	
福建省				5	217	100	
其中:厦门市					100		
江西省					35		
山东省					560	38	
其中:青岛市							
河南省					1232	239	234
湖北省					210	25	
湖南省				2	1774	32	
广东省					28648	413	10
其中:深圳市					14117		
广西壮族自治区					494	5	
海南省					562	382	
重庆市							
四川省				50	33		
贵州省							
云南省				23	538	73	13
西藏自治区							
陕西省					6		
甘肃省					306		
青海省					23		
宁夏回族自治区					83		
新疆维吾尔自治区					563		

2－15－3

单位:万元

地　　区	商品和服务支出						
	咨询费	手续费	水　费	电　费	邮电费	取暖费	物　业 管理费
地　方　合　计	**5**	**142**	**24**	**65**	**68**	**5**	**16**
北京市							
天津市							
河北省							
山西省					1		
内蒙古自治区							
辽宁省			5	5	8	5	
其中:大连市							
吉林省							
黑龙江省							
上海市							
江苏省			1	7	3		
浙江省							
其中:宁波市							
安徽省							
福建省							
其中:厦门市							
江西省							
山东省		40					
其中:青岛市							
河南省			13	39	34		8
湖北省							
湖南省				1	1		
广东省		100	2	11	6		
其中:深圳市							
广西壮族自治区							
海南省							
重庆市							
四川省							
贵州省							
云南省	5	2	3	2	15		8
西藏自治区							
陕西省							
甘肃省							
青海省							
宁夏回族自治区							
新疆维吾尔自治区							

2-15-4

单位:万元

地　　区	商品和服务支出					
	交通费	差旅费	出国费	维修(护)费	租赁费	会议费
地　方　合　计	**391**	**513**	**9**	**739**	**5**	**243**
北京市						
天津市						
河北省	4	2				
山西省	203	104		3		6
内蒙古自治区						
辽宁省	5	1				
其中:大连市						
吉林省						
黑龙江省						
上海市						
江苏省	10	20				26
浙江省						4
其中:宁波市						4
安徽省	1					
福建省			6			
其中:厦门市						
江西省						
山东省				100		
其中:青岛市						
河南省	92	56		14		175
湖北省						
湖南省	2	5	3			
广东省	37	295		587		25
其中:深圳市						
广西壮族自治区						
海南省						
重庆市						
四川省						
贵州省						
云南省	37	30		35	5	7
西藏自治区						
陕西省						
甘肃省						
青海省						
宁夏回族自治区						
新疆维吾尔自治区						

2－15－5

单位:万元

地　　区	商品和服务支出						
	培训费	招待费	专　用 材料费	被　装 购置费	专　用 燃料费	劳务费	委　托 业务费
地　方　合　计	**100**	**432**	**14**	**5**		**439**	
北京市							
天津市							
河北省	1	5				10	
山西省		4	5			1	
内蒙古自治区							
辽宁省							
其中:大连市							
吉林省							
黑龙江省							
上海市							
江苏省	6	131				354	
浙江省		5					
其中:宁波市							
安徽省		2					
福建省							
其中:厦门市							
江西省							
山东省							
其中:青岛市							
河南省	49	226	9			43	
湖北省							
湖南省		10					
广东省	36	47				1	
其中:深圳市							
广西壮族自治区							
海南省							
重庆市							
四川省							
贵州省							
云南省	8	2		5		30	
西藏自治区							
陕西省							
甘肃省							
青海省							
宁夏回族自治区							
新疆维吾尔自治区							

2－15－6

单位:万元

地　　区	商品和服务支出			对个人和家庭的补助			
	工会经费	福利费	其他商品和服务支出	小　计	离休费	退休费	退职(役)费
地　方　合　计	**4**	**2**	**52833**	**19**			
北京市			10				
天津市			2526				
河北省			79	1			
山西省			38				
内蒙古自治区			420				
辽宁省			1987				
其中:大连市			1632				
吉林省			183				
黑龙江省			708				
上海市			4038				
江苏省			6738	18			
浙江省			4653				
其中:宁波市			1418				
安徽省			6				
福建省			111				
其中:厦门市			100				
江西省			35				
山东省			382				
其中:青岛市							
河南省	1						
湖北省			185				
湖南省	3		1717				
广东省		2	27076				
其中:深圳市			14117				
广西壮族自治区			489				
海南省			180				
重庆市							
四川省			33				
贵州省							
云南省			258				
西藏自治区							
陕西省			6				
甘肃省			306				
青海省			23				
宁夏回族自治区			83				
新疆维吾尔自治区			563				

2-15-7

单位:万元

地　　区	对个人和家庭的补助						
	抚恤金	生活补助	救济费	医疗费	助学金	奖励金	生产补贴
地 方 合 计							
北京市							
天津市							
河北省							
山西省							
内蒙古自治区							
辽宁省							
其中:大连市							
吉林省							
黑龙江省							
上海市							
江苏省							
浙江省							
其中:宁波市							
安徽省							
福建省							
其中:厦门市							
江西省							
山东省							
其中:青岛市							
河南省							
湖北省							
湖南省							
广东省							
其中:深圳市							
广西壮族自治区							
海南省							
重庆市							
四川省							
贵州省							
云南省							
西藏自治区							
陕西省							
甘肃省							
青海省							
宁夏回族自治区							
新疆维吾尔自治区							

2－15－8

单位:万元

地　　区	对个人和家庭的补助				对企事业单位的补贴		
	住房公积金	提租补贴	购房补贴	其他对个人和家庭的补助支出	小计	企业政策性补贴	事业单位补贴
地方合计				**19**	**1130**		**174**
北京市							
天津市					300		
河北省				1			
山西省							
内蒙古自治区							
辽宁省							
其中:大连市							
吉林省							
黑龙江省					300		
上海市					243		
江苏省				18	277		174
浙江省							
其中:宁波市							
安徽省							
福建省							
其中:厦门市							
江西省							
山东省							
其中:青岛市							
河南省							
湖北省							
湖南省					10		
广东省							
其中:深圳市							
广西壮族自治区							
海南省							
重庆市							
四川省							
贵州省							
云南省							
西藏自治区							
陕西省							
甘肃省							
青海省							
宁夏回族自治区							
新疆维吾尔自治区							

2-15-9

单位:万元

地区	对企事业单位的补贴		赠与			债务利息支出	
	财政贴息	其他对企事业单位的补贴支出	小计	对国内的赠与	对国外的赠与	小计	国库券付息
地方合计		**956**					
北京市							
天津市		300					
河北省							
山西省							
内蒙古自治区							
辽宁省							
其中:大连市							
吉林省							
黑龙江省		300					
上海市		243					
江苏省		103					
浙江省							
其中:宁波市							
安徽省							
福建省							
其中:厦门市							
江西省							
山东省							
其中:青岛市							
河南省							
湖北省							
湖南省		10					
广东省							
其中:深圳市							
广西壮族自治区							
海南省							
重庆市							
四川省							
贵州省							
云南省							
西藏自治区							
陕西省							
甘肃省							
青海省							
宁夏回族自治区							
新疆维吾尔自治区							

二、地方财政预算收支情况

2－15－10　　　　单位:万元

地　　区	债务利息支出					基本建设支出	
	向国家银行借款付息	其他国内借款付息	向国外政府借款付息	向国际组织借款付息	其他国外借款付息	小　计	房屋建筑物购建
地方合计						**23099**	**9418**
北京市							
天津市							
河北省							
山西省						2000	2000
内蒙古自治区						540	180
辽宁省						268	38
其中:大连市							
吉林省							
黑龙江省						1470	
上海市						600	600
江苏省						6060	5560
浙江省							
其中:宁波市							
安徽省						553	
福建省							
其中:厦门市							
江西省							
山东省						500	500
其中:青岛市							
河南省							
湖北省							
湖南省							
广东省						113	
其中:深圳市							
广西壮族自治区							
海南省							
重庆市							
四川省							
贵州省							
云南省						895	540
西藏自治区							
陕西省							
甘肃省						100	
青海省							
宁夏回族自治区							
新疆维吾尔自治区						10000	

2－15－11

单位:万元

地区	基本建设支出							
	办公设备购置	专用设备购置	交通工具购置	基础设施建设	大型修缮	信息网络购建	物资储备	其他基本建设支出
地方合计		**317**		**12838**	**511**	**15**		
北京市								
天津市								
河北省								
山西省								
内蒙古自治区				360				
辽宁省		215				15		
其中:大连市								
吉林省								
黑龙江省				1470				
上海市								
江苏省					500			
浙江省								
其中:宁波市								
安徽省				553				
福建省								
其中:厦门市								
江西省								
山东省								
其中:青岛市								
河南省								
湖北省								
湖南省								
广东省		102			11			
其中:深圳市								
广西壮族自治区								
海南省								
重庆市								
四川省								
贵州省								
云南省				355				
西藏自治区								
陕西省								
甘肃省				100				
青海省								
宁夏回族自治区								
新疆维吾尔自治区				10000				

2-15-12

单位:万元

地　区	其他资本性支出						
	小　计	房屋建筑物购　建	办公设备购　置	专用设备购　置	交通工具购　置	基础设施建　设	大型修缮
地　方　合　计	**9252**	**1250**	**239**	**31**	**154**	**240**	**50**
北京市	2356						
天津市	50				50		
河北省	1		1				
山西省	29		26	3			
内蒙古自治区							
辽宁省	460	460					
其中:大连市							
吉林省							
黑龙江省	198		10	28		160	
上海市							
江苏省	2508		58				50
浙江省							
其中:宁波市							
安徽省	7						
福建省	360	250					
其中:厦门市							
江西省							
山东省	330	230	100				
其中:青岛市							
河南省	118		34		84		
湖北省							
湖南省							
广东省	2233				20		
其中:深圳市							
广西壮族自治区							
海南省							
重庆市							
四川省	200						
贵州省							
云南省	132	40	10			80	
西藏自治区							
陕西省							
甘肃省	120	120					
青海省							
宁夏回族自治区							
新疆维吾尔自治区	150	150					

2－15－13

单位:万元

地　　区	其他资本性支出						
	信息网络购　建	物资储备	土地补偿	安置补助	地上附着物和青苗补偿	拆迁补偿	其他资本性支　出
地　方　合　计	**117**						**7171**
北京市							2356
天津市							
河北省							
山西省							
内蒙古自治区							
辽宁省							
其中:大连市							
吉林省							
黑龙江省							
上海市							
江苏省							2400
浙江省							
其中:宁波市							
安徽省	7						
福建省	110						
其中:厦门市							
江西省							
山东省							
其中:青岛市							
河南省							
湖北省							
湖南省							
广东省							2213
其中:深圳市							
广西壮族自治区							
海南省							
重庆市							
四川省							200
贵州省							
云南省							2
西藏自治区							
陕西省							
甘肃省							
青海省							
宁夏回族自治区							
新疆维吾尔自治区							

2－15－14

单位:万元

地　　区	贷款转贷及产权参股					其他支出		
	小　计	国内贷款	国外贷款	产权参股	其他贷款转贷及产权参股支出	小　计	补充全国社会保障基金	其他支出
地 方 合 计						**44450**		**44450**
北京市								
天津市								
河北省								
山西省								
内蒙古自治区								
辽宁省								
其中:大连市								
吉林省								
黑龙江省								
上海市								
江苏省						2581		2581
浙江省						2429		2429
其中:宁波市						1961		1961
安徽省						102		102
福建省						9524		9524
其中:厦门市						8309		8309
江西省								
山东省						2091		2091
其中:青岛市						1510		1510
河南省								
湖北省								
湖南省						3999		3999
广东省						22189		22189
其中:深圳市						110		110
广西壮族自治区						359		359
海南省						20		20
重庆市						507		507
四川省						218		218
贵州省								
云南省								
西藏自治区						220		220
陕西省						211		211
甘肃省								
青海省								
宁夏回族自治区								
新疆维吾尔自治区								

2007 年各省、自治区、直辖市人事事务支出明细表

2－16－1 单位:万元

地　区	合　计	工资福利支出				
		小　计	基本工资	津贴补贴	奖　金	社会保障缴　费
地　方　合　计	**1489500**	**382678**	**168979**	**119018**	**45498**	**16081**
北京市	65964	10423	3211	2796	1890	462
天津市	18351	3947	1298	1453	558	161
河北省	65929	19539	11009	5684	775	601
山西省	36474	12813	6702	4062	516	420
内蒙古自治区	26190	10486	5535	3594	430	339
辽宁省	65477	14446	6498	5753	1052	580
其中:大连市	23229	3014	1126	1186	343	212
吉林省	38694	8158	4752	2674	352	184
黑龙江省	70025	10255	5246	3609	760	253
上海市	50588	21275	9420	1973	3777	677
江苏省	98538	22081	6371	5581	6714	981
浙江省	70920	21902	4700	4367	8713	1530
其中:宁波市	19158	5759	812	866	2828	562
安徽省	30420	10015	4857	3230	520	272
福建省	38720	8354	3254	2507	583	620
其中:厦门市	9974	1459	257	386	141	75
江西省	32707	11632	6765	2885	691	198
山东省	104602	21269	9401	6918	1233	1818
其中:青岛市	23040	6018	2124	2053	420	910
河南省	71904	21257	12220	7242	665	584
湖北省	50453	13544	6253	4212	1314	739
湖南省	43599	12128	5663	3178	1204	1051
广东省	111434	30873	10651	13531	3138	1513
其中:深圳市	17799	3761	694	2085	539	198
广西壮族自治区	33296	7095	3647	2090	779	137
海南省	14551	3150	1637	1101	157	96
重庆市	21487	4928	1915	2244	375	124
四川省	71019	19510	8511	4854	4146	607
贵州省	26396	9639	4972	3323	684	101
云南省	32744	13896	6138	6167	721	213
西藏自治区	35297	3756	916	2049	239	503
陕西省	52702	14183	7450	3925	1815	198
甘肃省	30989	6912	3393	2615	281	17
青海省	7556	4159	1946	1817	247	10
宁夏回族自治区	10774	2489	1050	1198	118	17
新疆维吾尔自治区	61700	8564	3598	2386	1051	1075

2－16－2

单位:万元

地区	工资福利支出				商品和服务支出		
	伙食费	伙食补助费	绩效工资	其他工资福利支出	小计	办公费	印刷费
地方合计	**266**	**2456**	**1260**	**29120**	**679831**	**62721**	**17282**
北京市	2	79	130	1853	23805	630	185
天津市	1	14	6	456	12960	285	106
河北省	71	517	4	878	38917	3354	1012
山西省	5	52	78	978	14868	1739	935
内蒙古自治区	1	51	1	535	11907	1820	484
辽宁省	17	56	81	409	15795	1854	872
其中:大连市	4	24	80	39	2872	371	215
吉林省		40	104	52	10984	1584	589
黑龙江省	16	81	20	270	41969	1580	450
上海市	12	71	32	5313	25170	2264	265
江苏省	19	359	52	2004	53729	4897	663
浙江省	54	247	18	2273	37666	1267	791
其中:宁波市	17	56		618	9668	341	97
安徽省		89	40	1007	14781	1394	579
福建省	2	65	83	1240	14970	1033	281
其中:厦门市		7	31	562	4370	159	45
江西省	4	28	48	1013	13139	1344	310
山东省	17	97	182	1603	59526	5792	1302
其中:青岛市		7	97	407	5273	628	97
河南省	6	7	30	503	27445	5811	1668
湖北省	1	14	23	988	20103	1658	807
湖南省	12	80	55	885	17631	2021	924
广东省	6	86	22	1926	50177	4489	1021
其中:深圳市		26		219	10483	286	88
广西壮族自治区		3	120	319	13439	1791	487
海南省		2		157	3558	271	125
重庆市		18		252	7978	872	201
四川省	4	66	21	1301	23811	2320	946
贵州省		21		538	11193	3169	261
云南省		20	1	636	15458	3927	391
西藏自治区		5		44	1116	164	17
陕西省	3	91	59	642	33586	2605	572
甘肃省	2	36	1	567	8030	1232	492
青海省	1	33	10	95	2233	417	83
宁夏回族自治区	1	4		101	5264	293	106
新疆维吾尔自治区	9	124	39	282	48623	844	357

2－16－3

单位:万元

地区	商品和服务支出						
	咨询费	手续费	水费	电费	邮电费	取暖费	物业管理费
地方合计	**461**	**596**	**1543**	**6277**	**11581**	**4980**	**3036**
北京市	22	21	27	201	199	305	634
天津市	11		17	99	72	66	82
河北省	4	18	71	363	629	611	68
山西省	6	10	73	187	365	252	7
内蒙古自治区	1	8	25	67	285	201	18
辽宁省	17	15	55	342	558	1022	294
其中:大连市		9	14	69	70	126	199
吉林省	17	20	21	85	213	489	77
黑龙江省		2	27	105	271	525	96
上海市	14	267	13	218	355	7	306
江苏省	16	19	127	527	662	49	421
浙江省	7	6	40	224	658		34
其中:宁波市			6	31	86		19
安徽省	1	5	17	177	287	11	27
福建省		1	68	207	398		46
其中:厦门市			7	41	77		17
江西省	4	1	26	192	252	39	18
山东省	26	30	118	478	896	387	189
其中:青岛市	4	2	1	56	114	25	46
河南省	71	9	139	520	733	110	59
湖北省	7	11	119	434	377	17	98
湖南省	33	8	69	255	386	45	49
广东省	97	51	65	427	974		137
其中:深圳市	8	1	1	44	183		27
广西壮族自治区	22	3	40	127	297		8
海南省			4	17	75		26
重庆市	3	10	65	83	161	2	74
四川省	9	7	128	379	790	27	59
贵州省	1	3	24	104	257	20	34
云南省	1	7	51	105	433	1	15
西藏自治区				11	45	37	
陕西省	40	53	62	183	362	205	78
甘肃省	13	3	27	65	192	168	41
青海省			6	11	89	76	4
宁夏回族自治区	8	1	3	13	73	22	24
新疆维吾尔自治区	10	7	16	71	237	286	13

2－16－4

单位:万元

地　　区	商品和服务支出					
	交通费	差旅费	出国费	维修(护)费	租赁费	会议费
地 方 合 计	**33101**	**22091**	**4773**	**11839**	**9269**	**29587**
北京市	547	235	126	565	1350	702
天津市	180	74	15	103	90	155
河北省	2490	1049	209	825	345	1491
山西省	1420	792	77	755	983	1282
内蒙古自治区	1250	940	16	388	42	499
辽宁省	1546	836	70	619	264	1138
其中:大连市	119	138	29	196	79	239
吉林省	1010	715	112	286	85	876
黑龙江省	880	703	56	518	80	577
上海市	472	404	463	133	507	1782
江苏省	1922	1600	133	412	670	2561
浙江省	1129	1616	752	261	574	1826
其中:宁波市	214	576	134	62	23	454
安徽省	798	645	96	104	340	540
福建省	883	532	25	200	51	353
其中:厦门市	86	46		5	10	59
江西省	860	720	101	98	39	295
山东省	2154	1588	83	1135	707	2812
其中:青岛市	261	149	8	39	140	213
河南省	2240	1549	136	693	388	2032
湖北省	1083	734	90	313	230	1385
湖南省	1245	675	121	287	107	1007
广东省	2379	1251	1263	805	747	2118
其中:深圳市	354	231	77	260	306	282
广西壮族自治区	787	527	196	370	150	649
海南省	332	225	24	110	3	169
重庆市	442	299	39	139	292	765
四川省	1631	1047	62	468	268	1264
贵州省	798	367	73	107	29	312
云南省	1553	513	200	157	96	848
西藏自治区	127	211				19
陕西省	1314	755	128	1203	440	1286
甘肃省	540	511	71	347	148	443
青海省	223	152	3	41	9	52
宁夏回族自治区	211	154	18	20	21	216
新疆维吾尔自治区	655	672	15	377	214	133

2－16－5

单位:万元

地　　区	商品和服务支出						
	培训费	招待费	专用材料费	被装购置费	专用燃料费	劳务费	委托业务费
地方合计	**37312**	**27837**	**6970**	**1219**	**420**	**21212**	**8030**
北京市	1079	68	362			566	575
天津市	322	63	116	11	1	526	
河北省	1247	1088	84	76	18	1114	44
山西省	736	718	181	395	18	1006	402
内蒙古自治区	637	406	70	25	27	559	1
辽宁省	1929	775	235	5	15	667	70
其中:大连市	366	184	91		3	223	4
吉林省	819	230	578		31	1478	153
黑龙江省	704	255	373		18	511	49
上海市	1354	988	552	6	2	794	44
江苏省	3609	2306	174	17	15	1740	1803
浙江省	2519	2163	52	42	3	1609	449
其中:宁波市	979	669	2	10		277	4
安徽省	809	907	86	3	2	567	198
福建省	334	699	39	22	3	290	624
其中:厦门市	5	77				35	2
江西省	334	1216	63	33	30	272	424
山东省	1874	968	2272	113	16	866	115
其中:青岛市	291	136	4		5	27	39
河南省	3312	1826	622	13	97	914	468
湖北省	1563	1444	103	137	21	360	196
湖南省	1022	2055	213	14	10	296	156
广东省	4516	1943	185	93	6	2652	889
其中:深圳市	482	236	15			1440	449
广西壮族自治区	1689	773	182	22	12	402	134
海南省	333	244	16	2		25	5
重庆市	720	420	11	7	4	594	4
四川省	1832	1805	25	9		1156	353
贵州省	819	957	54	2		494	148
云南省	1023	1387	39	44	8	384	95
西藏自治区	58	82		14			2
陕西省	745	936	68	30	31	381	425
甘肃省	831	380	181	38	16	141	80
青海省	110	132	14	32	8	99	
宁夏回族自治区	105	191	5	6	5	355	36
新疆维吾尔自治区	328	412	15	8	3	394	88

二、地方财政预算收支情况

2－16－6

单位:万元

地区	商品和服务支出			对个人和家庭的补助			
	工会经费	福利费	其他商品和服务支出	小计	离休费	退休费	退职(役)费
地方合计	**2552**	**9189**	**345953**	**316563**	**2688**	**20554**	**210016**
北京市	57	54	15295	28803		73	26585
天津市	8	112	10446	778	65	246	
河北省	103	309	22295	3994	160	934	20
山西省	36	787	1706	7101	109	548	4906
内蒙古自治区	22	281	3835	2452	65	218	91
辽宁省	86	428	2083	29520	44	454	27447
其中:大连市	21	89	18	13026			12602
吉林省	11	79	1426	17830	145	786	15639
黑龙江省	49	301	33839	15758	302	1770	24
上海市	90	294	13576	1328	11	787	
江苏省	158	965	28263	15708	529	1839	387
浙江省	332	929	20383	4847	227	1768	18
其中:宁波市	110	205	5369	541	42	239	
安徽省	40	129	7019	2527	32	380	49
福建省	69	236	8576	13096	6	230	11220
其中:厦门市	24	18	3657	3609			3405
江西省	49	189	6230	5731	73	654	4138
山东省	103	734	34768	10670	119	325	1504
其中:青岛市	36	27	2925	1504	15	137	4
河南省	108	572	3355	17051	142	1006	14078
湖北省	67	275	8574	14140	70	764	11267
湖南省	133	345	6155	10401	59	681	8234
广东省	371	724	22974	4883	26	1018	383
其中:深圳市	236	49	5428	1298			
广西壮族自治区	18	75	4678	11396	19	904	9353
海南省	9	15	1528	6424		45	5599
重庆市	39	107	2625	8157		6	7466
四川省	200	411	8615	25443	23	896	21167
贵州省	56	167	2937	4025	286	2091	14
云南省	128	77	3975	1442	20	182	58
西藏自治区	22	27	280	30324		194	29959
陕西省	43	135	21506	3111	68	728	7
甘肃省	27	80	1963	14021	16	144	10400
青海省	24	15	633	937			
宁夏回族自治区	35	84	3259	2660	1	178	
新疆维吾尔自治区	59	253	43156	2005	71	705	3

2－16－7

单位:万元

地区	对个人和家庭的补助						
	抚恤金	生活补助	救济费	医疗费	助学金	奖励金	生产补贴
地方合计	**1118**	**18696**	**466**	**4073**	**116**	**20268**	**47**
北京市	12	7		1230	2		−4
天津市		9	1	6		60	
河北省	31	1762	1	186		256	
山西省	13	528	24	67	31	266	
内蒙古自治区	9	1288	4	93	4	41	24
辽宁省	29	250	34	218		480	
其中:大连市	14	26	23	179		171	
吉林省	13	981	2	15		9	
黑龙江省	24	242	2	62		12941	1
上海市	8	306		23		35	
江苏省	93	990	12	223		597	
浙江省	50	286	25	223		200	
其中:宁波市	2	29	1	4		2	
安徽省	22	577	19	89	9	256	
福建省	160	298		59		23	
其中:厦门市							
江西省	25	231	14	64		10	10
山东省	23	4113	66	288		308	
其中:青岛市	4	650		3		1	
河南省	33	211	83	56		1178	
湖北省	15	173	8	226	3	9	
湖南省	232	130	14	97	5	261	4
广东省	23	297	15	242	43	226	5
其中:深圳市		4		29		76	
广西壮族自治区	25	436		15	2	82	
海南省	10	267	118	137			
重庆市	3	82	1	41		15	1
四川省	47	1197	9	181		530	
贵州省	64	303	1	15	6	29	
云南省	22	446		102	2	95	1
西藏自治区	1	1		18		1	
陕西省	79	382	9	37	6	1170	2
甘肃省	6	2341		15	3	984	3
青海省		62		18			
宁夏回族自治区	8	5	3	1		103	
新疆维吾尔自治区	38	495	1	26		103	

2-16-8 单位:万元

地区	对个人和家庭的补助				对企事业单位的补贴		
	住房公积金	提租补贴	购房补贴	其他对个人和家庭的补助支出	小计	企业政策性补贴	事业单位补贴
地方合计	**8962**	**949**	**3717**	**24893**	**2914**	**811**	**747**
北京市	500	135	85	178			
天津市	376	2		13			
河北省	166	4	15	459	7		7
山西省	252	1		356	261	253	5
内蒙古自治区	71			544			
辽宁省	218	250	16	80	254		254
其中:大连市		11			254		254
吉林省	130	6		104	177	46	32
黑龙江省	255	34	33	68			
上海市	21		16	121	20		
江苏省	548	100	172	10218	819	137	76
浙江省	1331	11	44	664	330	17	44
其中:宁波市	37	1	1	183	23		23
安徽省	436	10	16	632	240	196	1
福建省	297	156	210	437	26	13	
其中:厦门市	101	84	3	16			
江西省	184			328	27		12
山东省	814	72	1655	1383	255	100	118
其中:青岛市	382	63	20	225			
河南省	97		8	159	38		38
湖北省	388	2	602	613			
湖南省	308			376	143	9	64
广东省	1004	152	69	1380	211		94
其中:深圳市		151	47	991	211		94
广西壮族自治区	128	2	10	420	15		
海南省	5	9		234			
重庆市	22			520			
四川省	264		35	1094	42	40	
贵州省	282	2	649	283			
云南省	123		75	316	2		
西藏自治区	69			81			
陕西省	349		2	272	47		2
甘肃省	56	1		52			
青海省	4			853			
宁夏回族自治区	10			2351			
新疆维吾尔自治区	254		5	304			

2－16－9

单位:万元

地区	对企事业单位的补贴		赠与			债务利息支出	
	财政贴息	其他对企事业单位的补贴支出	小计	对国内的赠与	对国外的赠与	小计	国库券付息
地方合计		**1356**	**18**	**18**			
北京市							
天津市							
河北省							
山西省		3					
内蒙古自治区							
辽宁省							
其中:大连市							
吉林省		99					
黑龙江省							
上海市		20					
江苏省		606					
浙江省		269	1	1			
其中:宁波市							
安徽省		43					
福建省		13	2	2			
其中:厦门市							
江西省		15					
山东省		37					
其中:青岛市							
河南省							
湖北省							
湖南省		70	4	4			
广东省		117	11	11			
其中:深圳市		117					
广西壮族自治区		15					
海南省							
重庆市							
四川省		2					
贵州省							
云南省		2					
西藏自治区							
陕西省		45					
甘肃省							
青海省							
宁夏回族自治区							
新疆维吾尔自治区							

二、地方财政预算收支情况

2-16-10

单位:万元

地　　区	债务利息支出 向国家银行借款付息	其他国内借款付息	向国外政府借款付息	向国际组织借款付息	其他国外借款付息	基本建设支出 小　计	房屋建筑物购建
地方合计						**17816**	**8527**
北京市						1233	1000
天津市							
河北省						943	895
山西省						1	
内蒙古自治区						71	
辽宁省						4164	30
其中:大连市						3921	
吉林省						40	
黑龙江省						31	
上海市						378	
江苏省						469	
浙江省						2608	2269
其中:宁波市						2082	1950
安徽省						47	
福建省						533	214
其中:厦门市						124	62
江西省						618	
山东省						411	191
其中:青岛市						45	
河南省						1886	1656
湖北省						476	
湖南省						1080	1066
广东省						134	
其中:深圳市							
广西壮族自治区						148	
海南省						6	
重庆市						86	
四川省						179	
贵州省						33	15
云南省						448	
西藏自治区							
陕西省						200	165
甘肃省						71	41
青海省						53	12
宁夏回族自治区						54	
新疆维吾尔自治区						1415	973

2－16－11

单位:万元

地区	基本建设支出							
	办公设备购置	专用设备购置	交通工具购置	基础设施建设	大型修缮	信息网络购建	物资储备	其他基本建设支出
地方合计	**1526**	**237**	**1052**	**761**	**3499**	**808**		**1406**
北京市	84	4	47	41	55	2		
天津市								
河北省	9	1	38					
山西省	1							
内蒙古自治区	35	11	6					19
辽宁省	171	1		215	3000	546		201
其中:大连市	160			215	3000	546		
吉林省	10		30					
黑龙江省	30					1		
上海市		1			365			12
江苏省	174	9	161	50		25		50
浙江省	222	40	72	5				
其中:宁波市	106		26					
安徽省	47							
福建省	171		39	65	5	29		10
其中:厦门市				62				
江西省	2			330				286
山东省	147		73					
其中:青岛市	45							
河南省	23	2	99			73		33
湖北省	10	1	18		59			388
湖南省	4		4			6		
广东省	56		22	33		23		
其中:深圳市								
广西壮族自治区	57	1	79			11		
海南省			6					
重庆市	13		44			29		
四川省	117			5	5			52
贵州省	2	1	13					2
云南省	96	151	148			28		25
西藏自治区								
陕西省	18							17
甘肃省			10		10			10
青海省	4	13				23		1
宁夏回族自治区	7		47					
新疆维吾尔自治区	16	1	96	17		12		300

2－16－12

单位:万元

地区	其他资本性支出						
	小计	房屋建筑物购建	办公设备购置	专用设备购置	交通工具购置	基础设施建设	大型修缮
地方合计	**47156**	**9877**	**13362**	**1127**	**10655**	**721**	**5583**
北京市	621	50	241	97	151	3	
天津市	666	55	78	60	102		160
河北省	2471	207	883	38	769	128	37
山西省	1227		547	79	358		76
内蒙古自治区	1274	167	527	3	473	5	4
辽宁省	1279	47	571	62	353		157
其中:大连市	142		55				77
吉林省	1332	197	513	41	283	279	3
黑龙江省	2012	1184	498	28	136		43
上海市	1247		301	2	66		42
江苏省	2359	638	776	22	445	5	148
浙江省	1833	292	702	86	420		17
其中:宁波市	285		134		55		
安徽省	2438	1441	410	64	413		47
福建省	856		206	25	511	26	11
其中:厦门市	12		6	6			
江西省	591	1	201	24	255	4	
山东省	5888	616	866	29	306	27	3854
其中:青岛市	3617		45				3572
河南省	3195	1568	615	46	504		174
湖北省	1680	432	404	49	539		118
湖南省	1216	396	325	18	349	26	11
广东省	2705	2	1360	18	595		74
其中:深圳市	724		379	11	259		1
广西壮族自治区	984	37	336	41	305		4
海南省	1406	618	188	11	151	88	134
重庆市	331	16	130	3	174		
四川省	1878	71	620	4	724	1	66
贵州省	1300	369	303	38	371	80	37
云南省	1387	630	288	13	417	4	
西藏自治区	101		39		62		
陕西省	1461	162	710	107	310	42	38
甘肃省	1927	456	326	30	614	3	176
青海省	174		53	17	95		
宁夏回族自治区	234		83	9	141		
新疆维吾尔自治区	1083	225	262	63	263		152

2－16－13

单位:万元

地　　区	其他资本性支出						
	信息网络购建	物资储备	土地补偿	安置补助	地上附着物和青苗补偿	拆迁补偿	其他资本性支出
地方合计	**2445**			**319**			**3067**
北京市	66						13
天津市	25						186
河北省	241			155			13
山西省	9			1			157
内蒙古自治区	44			4			47
辽宁省	73						16
其中:大连市	10						
吉林省	16						
黑龙江省	115			6			2
上海市	18						818
江苏省	165						160
浙江省	43						273
其中:宁波市	2						94
安徽省	15						48
福建省	9			2			66
其中:厦门市							
江西省	54			13			39
山东省	22			30			138
其中:青岛市							
河南省	68			1			219
湖北省	9			47			82
湖南省	48			2			41
广东省	619			1			36
其中:深圳市	74						
广西壮族自治区	164						97
海南省	216						
重庆市	8						
四川省	227			30			135
贵州省	72						30
云南省	9			4			22
西藏自治区							
陕西省	40						52
甘肃省	38			8			276
青海省							9
宁夏回族自治区	1						
新疆维吾尔自治区	11			15			92

2－16－14

单位:万元

地　　区	贷款转贷及产权参股					其他支出		
	小　计	国内贷款	国外贷款	产权参股	其他贷款转贷及产权参股支出	小　计	补充全国社会保障基金	其他支出
地　方　合　计	**49**			**49**		**42475**		**42475**
北京市						1079		1079
天津市								
河北省						58		58
山西省						203		203
内蒙古自治区								
辽宁省						19		19
其中:大连市								
吉林省	49			49		124		124
黑龙江省								
上海市						1170		1170
江苏省						3373		3373
浙江省						1733		1733
其中:宁波市						800		800
安徽省						372		372
福建省						883		883
其中:厦门市						400		400
江西省						969		969
山东省						6583		6583
其中:青岛市						6583		6583
河南省						1032		1032
湖北省						510		510
湖南省						996		996
广东省						22440		22440
其中:深圳市						1322		1322
广西壮族自治区						219		219
海南省						7		7
重庆市						7		7
四川省						156		156
贵州省						206		206
云南省						111		111
西藏自治区								
陕西省						114		114
甘肃省						28		28
青海省								
宁夏回族自治区						73		73
新疆维吾尔自治区						10		10

2007 年各省、自治区、直辖市纪检监察事务支出明细表

2－17－1　　　　单位:万元

地　　区	合　计	工资福利支出				
		小　计	基本工资	津贴补贴	奖　金	社会保障缴　费
地　方　合　计	**886780**	**357599**	**158360**	**124798**	**46230**	**8320**
北京市	17429	6743	1565	2538	1711	36
天津市	11294	4198	1256	2359	424	17
河北省	43101	17861	10100	5787	719	356
山西省	29880	12194	6481	4253	786	202
内蒙古自治区	24270	9821	5254	3938	461	28
辽宁省	34304	14513	6811	6295	751	355
其中:大连市	4124	1985	657	862	338	107
吉林省	23183	8002	4620	2663	565	99
黑龙江省	27500	11441	6299	4152	607	85
上海市	18409	6231	1282	1175	3372	123
江苏省	64220	26601	7580	7986	8084	1065
浙江省	48455	21181	4569	4707	8448	1055
其中:宁波市	8240	3982	644	803	2087	275
安徽省	28591	13474	6925	4447	797	195
福建省	26242	11257	4910	3700	903	355
其中:厦门市	3538	1909	652	888	43	3
江西省	27000	11159	5568	3457	756	152
山东省	46208	18807	9231	6808	1055	1119
其中:青岛市	7049	3141	980	1395	264	308
河南省	57875	18046	10632	5933	803	118
湖北省	37237	12807	6129	4010	1414	417
湖南省	36586	15102	7126	4288	1808	655
广东省	69977	27381	9426	12541	2753	771
其中:深圳市	14139	4676	814	2345	751	186
广西壮族自治区	23133	6564	3319	2242	701	38
海南省	6492	3586	1930	1103	341	50
重庆市	14120	6124	2516	2827	449	37
四川省	48726	18871	7954	5124	4476	260
贵州省	20240	8133	4059	3168	505	38
云南省	30590	12427	5634	5746	727	141
西藏自治区	9329	5319	1765	3170	260	77
陕西省	25680	11069	6523	3146	818	79
甘肃省	12986	6244	3459	2360	265	13
青海省	5836	3594	1369	1881	240	5
宁夏回族自治区	4787	2383	1061	1073	144	14
新疆维吾尔自治区	13100	6466	3007	1921	1087	365

二、地方财政预算收支情况

2－17－2 单位:万元

地区	工资福利支出				商品和服务支出		
	伙食费	伙食补助费	绩效工资	其他工资福利支出	小计	办公费	印刷费
地方合计	**264**	**2200**	**389**	**17038**	**405086**	**58243**	**11388**
北京市			41	852	6973	1494	274
天津市	11	32		99	2709	253	27
河北省	11	382	6	500	20099	3669	719
山西省	8	46	7	411	13961	2097	662
内蒙古自治区	1	13	2	124	10436	1577	284
辽宁省	25	27	8	241	15346	2006	526
其中:大连市	13	5		3	1641	274	44
吉林省		40		15	11372	2525	482
黑龙江省	8	111	17	162	11392	2354	404
上海市	34	25	2	218	11362	532	136
江苏省	79	448		1359	26866	2486	558
浙江省	6	284	3	2109	19893	1541	506
其中:宁波市	6	39		128	3581	174	35
安徽省	3	141	2	964	11776	2347	232
福建省	32	9	29	1319	11217	1330	256
其中:厦门市		6		317	1472	150	21
江西省		37	3	1186	12763	1426	206
山东省		21	67	506	21720	3519	648
其中:青岛市		1	55	138	3146	274	65
河南省	6	60	63	431	35276	6922	1525
湖北省	7	30	25	775	18696	2704	584
湖南省	11	90	18	1106	17543	2068	392
广东省	5	31	28	1826	32670	4006	694
其中:深圳市		16		564	8043	871	145
广西壮族自治区		7	5	252	12226	1592	220
海南省		10		152	2022	213	53
重庆市		21	31	243	6395	881	136
四川省	5	87	11	954	23312	3277	696
贵州省	6	18		339	8213	1481	141
云南省	4	41	15	119	13729	2066	273
西藏自治区		8		39	2156	188	54
陕西省		105	2	396	11002	1479	316
甘肃省		14	4	129	5704	753	201
青海省	2	21		76	1943	301	38
宁夏回族自治区		6		85	1805	281	69
新疆维吾尔自治区		35		51	4509	875	76

2－17－3 单位:万元

地区	商品和服务支出						
	咨询费	手续费	水费	电费	邮电费	取暖费	物业管理费
地方合计	**285**	**89**	**1088**	**3695**	**15130**	**3153**	**2288**
北京市	24		14	242	85	186	52
天津市			9	63	150	15	132
河北省	26	4	29	308	1267	209	10
山西省	34	13	44	42	452	146	22
内蒙古自治区	5	3	17	28	381	114	19
辽宁省	6	1	27	107	653	644	19
其中:大连市		1	1	5	92	68	11
吉林省	13	2	25	88	396	355	8
黑龙江省		5	46	59	444	460	16
上海市		1	15	96	142		162
江苏省	11	3	35	143	683	4	70
浙江省			10	62	632		19
其中:宁波市			1	8	65		
安徽省	6	2	12	90	418	10	15
福建省		15	84	149	459		46
其中:厦门市			30	30	5		10
江西省	34	2	50	155	451	12	12
山东省	21	15	100	187	955	346	115
其中:青岛市		1	3		81	15	
河南省	3	2	73	263	1306	41	37
湖北省	3	1	67	273	492	44	59
湖南省	4	1	42	184	545	30	41
广东省	5	3	69	328	1202	2	1214
其中:深圳市	1			24	213		1187
广西壮族自治区	1		23	94	423		25
海南省			3	5	61		
重庆市	3	4	21	101	250		64
四川省	51	1	84	304	1210	36	22
贵州省	1		4	46	340	6	8
云南省	11	2	55	44	506		36
西藏自治区		3	28	61	97	37	1
陕西省	10	2	59	109	457	118	11
甘肃省	7	3	35	42	270	102	3
青海省	1		2	2	94	75	4
宁夏回族自治区			3	9	76	19	9
新疆维吾尔自治区	5	1	3	11	233	142	37

2－17－4　　　　　　　　　　　　　　　　　　　　单位:万元

地区	商品和服务支出					
	交通费	差旅费	出国费	维修(护)费	租赁费	会议费
地方合计	**58535**	**37548**	**2404**	**10083**	**4284**	**30983**
北京市	515	321	196	253	105	826
天津市	291	85	23	14	7	168
河北省	4031	1678	38	557	339	2323
山西省	2395	1278	40	491	530	1114
内蒙古自治区	2128	1774	23	327	25	548
辽宁省	3109	2221	45	342	241	1206
其中:大连市	194	135		20	25	190
吉林省	2152	1928	114	391	20	1039
黑龙江省	1943	1662	43	286	6	569
上海市	452	295	254	99	8	439
江苏省	2863	2279	156	250	252	1911
浙江省	2653	1221	370	203	393	1304
其中:宁波市	1223	130	105	11	31	202
安徽省	1481	1535	27	137	171	428
福建省	1592	1632	81	257	48	409
其中:厦门市	44	99	29	30	10	64
江西省	1534	984	43	221	12	389
山东省	3145	2325	69	1331	101	2314
其中:青岛市	557	197	20	50	67	140
河南省	5423	2928	137	680	1246	4173
湖北省	2330	1334	92	345	311	1160
湖南省	2376	1300	93	723	135	1199
广东省	4155	2278	146	535	43	2274
其中:深圳市	1020	1111	101	29	17	909
广西壮族自治区	1315	683	9	592	32	573
海南省	457	224	26	18	5	175
重庆市	1049	748	19	103	92	610
四川省	3077	2059	139	683	16	1881
贵州省	1310	787	63	139	9	465
云南省	2122	851	29	318	6	1558
西藏自治区	402	337		13		85
陕西省	1977	1271	59	340	55	1013
甘肃省	660	448	30	303	43	389
青海省	356	199	19	41	1	88
宁夏回族自治区	388	217	21	11	17	62
新疆维吾尔自治区	854	666		80	15	291

2-17-5

单位:万元

地　　区	商品和服务支出						
	培训费	招待费	专　用 材料费	被　装 购置费	专　用 燃料费	劳务费	委　托 业务费
地　方　合　计	**15749**	**38740**	**2394**	**1883**	**946**	**3708**	**1277**
北京市	357	223	25	11		40	86
天津市	122	113	6			2	
河北省	746	2029	204	9	82	91	82
山西省	665	1255	102	32	33	146	5
内蒙古自治区	536	573	25	54	123	63	7
辽宁省	582	1242	269	31	28	202	20
其中:大连市	77	315	45			20	
吉林省	544	513	119		93	53	46
黑龙江省	278	556	158	768		111	3
上海市	208	421				31	
江苏省	1149	2500	22	4	43	352	102
浙江省	494	2173	70	36	7	684	43
其中:宁波市	39	317	1	13		29	1
安徽省	343	1050	44	26	1	65	20
福建省	219	1232	36	24	51	155	108
其中:厦门市	10	72	1			37	1
江西省	487	1865	53	175	46	50	91
山东省	730	1949	143	27	71	183	76
其中:青岛市	60	495				110	35
河南省	1342	3933	409	318	71	144	75
湖北省	485	1739	159	53	15	137	98
湖南省	626	2328	108	77	22	77	7
广东省	1501	2551	108	57	71	281	103
其中:深圳市	400	331	27	1		79	6
广西壮族自治区	518	1011	66	68	56	113	39
海南省	52	226	12	15	10	15	16
重庆市	398	674	3	4	9	53	
四川省	1145	2660	125	9	4	191	4
贵州省	425	1318	66	5	15	79	2
云南省	746	1985	15	16	4	190	106
西藏自治区	39	145	2	5	3		1
陕西省	428	1271	9	28	14	138	80
甘肃省	202	470	8	18	50	12	19
青海省	110	212	5	4	4	6	
宁夏回族自治区	49	188		4		13	
新疆维吾尔自治区	223	335	23	5	20	31	38

2－17－6

单位:万元

地区	商品和服务支出			对个人和家庭的补助			
	工会经费	福利费	其他商品和服务支出	小计	离休费	退休费	退职(役)费
地方合计	**2616**	**5619**	**92958**	**47626**	**4749**	**21958**	**15**
北京市	88	20	1536	586			
天津市	24	48	1157	1564	229	806	
河北省	80	178	1391	1582	234	934	
山西省	32	231	2100	1426	256	755	
内蒙古自治区	25	202	1575	536	16	247	
辽宁省	105	158	1556	1727	183	876	
其中:大连市	20	104		27			
吉林省	21	74	371	1398	279	861	
黑龙江省	38	147	1036	3509	454	2539	2
上海市	72	155	7844	302	3	16	
江苏省	173	225	10592	4232	930	1891	1
浙江省	323	1249	5900	4287	353	1711	
其中:宁波市	58	72	1066	414	73	238	
安徽省	91	140	3085	1408	111	579	
福建省	68	171	2795	1285	26	328	
其中:厦门市	10	7	812	83			
江西省	60	316	4089	1069	36	458	9
山东省	55	201	3094	3031	167	345	
其中:青岛市	14	12	950	525	49	221	
河南省	86	275	3864	1014	149	550	
湖北省	133	253	5825	1783	125	902	
湖南省	172	269	4724	1739	126	758	
广东省	270	518	10256	2520	105	499	
其中:深圳市	67	118	1386	576		17	
广西壮族自治区	25	88	4660	1638	165	1072	1
海南省	13	8	415	130		53	
重庆市	40	56	1077	434			
四川省	170	213	5255	2459	149	1036	2
贵州省	51	127	1325	2609	269	1707	
云南省	161	55	2574	969	57	356	
西藏自治区	26	6	623	1201		921	
陕西省	75	33	1650	1366	124	727	
甘肃省	31	55	1550	371	28	150	
青海省	30	9	342	41	5	27	
宁夏回族自治区	24	19	326	216	33	147	
新疆维吾尔自治区	54	120	371	1194	137	707	

2－17－7

单位:万元

地区	对个人和家庭的补助						
	抚恤金	生活补助	救济费	医疗费	助学金	奖励金	生产补贴
地方合计	**1074**	**1301**	**87**	**986**	**10**	**1969**	**18**
北京市	13			11			
天津市	28	3		14		8	
河北省	30	88		36		39	8
山西省	35	28		12		20	
内蒙古自治区	23	47	16	4	1	23	
辽宁省	41	69	8	42		96	
其中:大连市	2	11	1	1		9	
吉林省	28	9	2	49		36	
黑龙江省	57	40		8		40	
上海市	16	2				1	
江苏省	77	44	6	99		60	
浙江省	45	28	5	110		170	
其中:宁波市	19	1	1			3	
安徽省	60	34	1	25		39	
福建省	30	30		10		47	1
其中:厦门市							
江西省	13	30		49	2	42	1
山东省	60	44	10	51		16	
其中:青岛市	6			7			
河南省	19	101	8	6	2	21	7
湖北省	33	27	1	60	2	14	
湖南省	57	39	7	158	3	84	
广东省	28	106	11	88		260	
其中:深圳市		9				101	
广西壮族自治区	36	42		11		46	
海南省	19	3				3	
重庆市	21	130	2	24		35	
四川省	83	94	5	24		449	
贵州省	64	47		9		51	
云南省	40	16		18		278	
西藏自治区	15	1		25			
陕西省	18	89	4	25		7	1
甘肃省	18	87				11	
青海省		2					
宁夏回族自治区	11	5				10	
新疆维吾尔自治区	56	16	1	18		63	

2－17－8

单位:万元

地　　区	对个人和家庭的补助				对企事业单位的补贴		
	住　房公积金	提租补贴	购房补贴	其他对个人和家庭的补助支出	小　计	企业政策性补　贴	事业单位补　贴
地　方　合　计	**7918**	**1099**	**2188**	**4254**	**42**	**8**	**27**
北京市	429	90	42	1			
天津市	427	8	2	39			
河北省	130	21		62	4		2
山西省	219	8		93			
内蒙古自治区	87		7	65			
辽宁省	134	224		54			
其中:大连市		3					
吉林省	116	9		9			
黑龙江省	231	45		93			
上海市	16		97	151			
江苏省	593	125	34	372	5		5
浙江省	1362	6	45	452	23		20
其中:宁波市	5			74			
安徽省	369	18	2	170			
福建省	362	130	3	318			
其中:厦门市	48	33		2			
江西省	223	4		202			
山东省	529	64	1535	210			
其中:青岛市	88	53	26	75			
河南省	105	1		45			
湖北省	465	20	10	124			
湖南省	229		1	277	8	8	
广东省	675	321	96	331	2		
其中:深圳市		320	91	38			
广西壮族自治区	81		11	173			
海南省	6			46			
重庆市	23			199			
四川省	261		14	342			
贵州省	141	2	275	44			
云南省	113	3	8	80			
西藏自治区	61			178			
陕西省	305		3	63			
甘肃省	77						
青海省				7			
宁夏回族自治区				10			
新疆维吾尔自治区	149		3	44			

2－17－9

单位:万元

地　　区	对企事业单位的补贴		赠　与			债务利息支出	
	财政贴息	其他对企事业单位的补贴支出	小　计	对国内的赠　与	对国外的赠　与	小　计	国库券付　息
地　方　合　计		**7**	**2**	**2**		**6**	
北京市							
天津市							
河北省		2					
山西省							
内蒙古自治区							
辽宁省							
其中:大连市							
吉林省							
黑龙江省							
上海市							
江苏省							
浙江省		3	1	1			
其中:宁波市							
安徽省							
福建省							
其中:厦门市							
江西省							
山东省							
其中:青岛市							
河南省							
湖北省							
湖南省			1	1			
广东省		2					
其中:深圳市							
广西壮族自治区							
海南省							
重庆市							
四川省						6	
贵州省							
云南省							
西藏自治区							
陕西省							
甘肃省							
青海省							
宁夏回族自治区							
新疆维吾尔自治区							

2－17－10

单位:万元

地区	债务利息支出					基本建设支出	
	向国家银行借款付息	其他国内借款付息	向国外政府借款付息	向国际组织借款付息	其他国外借款付息	小计	房屋建筑物购建
地方合计		**6**				**6582**	**2996**
北京市						1774	1633
天津市							
河北省						159	
山西省							
内蒙古自治区						1176	961
辽宁省						80	
其中:大连市						78	
吉林省						96	
黑龙江省							
上海市						13	
江苏省						49	
浙江省						213	
其中:宁波市						9	
安徽省						224	50
福建省						169	
其中:厦门市						46	
江西省						104	74
山东省						317	105
其中:青岛市						138	
河南省						306	
湖北省						167	1
湖南省						25	14
广东省						18	
其中:深圳市							
广西壮族自治区						393	
海南省						19	
重庆市						243	123
四川省		6				113	
贵州省						40	
云南省						524	35
西藏自治区						80	
陕西省							
甘肃省						23	
青海省						72	
宁夏回族自治区							
新疆维吾尔自治区						185	

2－17－11　　　　单位:万元

地　　区	基本建设支出							
	办公设备购　　置	专用设备购　　置	交通工具购　　置	基础设施建　　设	大型修缮	信息网络购　　建	物资储备	其他基本建设支出
地　方　合　计	**842**	**310**	**1348**	**100**	**120**	**333**	**28**	**505**
北京市	3		36			77		25
天津市								
河北省	10		19	100	30			
山西省								
内蒙古自治区	73		142					
辽宁省	9	12	58			1		
其中:大连市	7	12	58			1		
吉林省	6				90			
黑龙江省								
上海市						13		
江苏省	24		25					
浙江省	41	3	130			11	28	
其中:宁波市						9		
安徽省	60		114					
福建省	41		128					
其中:厦门市	7		39					
江西省			30					
山东省	76	1	132			3		
其中:青岛市	50	1	87					
河南省	253		19			34		
湖北省	1		58					107
湖南省	11							
广东省	18							
其中:深圳市								
广西壮族自治区	60	114	29			149		41
海南省	7		12					
重庆市	40	4	76					
四川省	42		61			10		
贵州省	5					35		
云南省	30		215					244
西藏自治区								80
陕西省								
甘肃省	15							8
青海省	17	3	52					
宁夏回族自治区								
新疆维吾尔自治区		173	12					

2－17－12

单位:万元

地　　区	其他资本性支出						
	小　计	房屋建筑物购　　建	办公设备购　　置	专用设备购　　置	交通工具购　　置	基础设施建　　设	大型修缮
地　方　合　计	**63446**	**8011**	**15306**	**1648**	**27728**	**442**	**3432**
北京市	1317		302	106	368		
天津市	2823	17	254	128	411		2000
河北省	2908	35	633	62	1735	93	90
山西省	2242		586	130	1093	125	62
内蒙古自治区	2301		457	38	1623	3	
辽宁省	2598	11	455	161	878	16	17
其中:大连市	393		49	105	219		15
吉林省	2310	52	920	12	1079	17	110
黑龙江省	1158		345	2	514		279
上海市	492	1	175	40	167		
江苏省	6328	3600	1063	62	861		4
浙江省	2405	12	800	33	1232		29
其中:宁波市	252		109		43		
安徽省	1396		286	22	817		8
福建省	1595	26	525	28	815	25	91
其中:厦门市	28		6		22		
江西省	1767	537	382	44	691	10	
山东省	2333	4	748	97	1227	25	20
其中:青岛市	96		33		63		
河南省	3103	490	757	71	1701	24	17
湖北省	3091	1057	748	9	950	5	174
湖南省	1653	112	513	14	877		53
广东省	5277	1619	926	6	1581	10	58
其中:深圳市	567		201		362		2
广西壮族自治区	2084	1	560	298	724	5	11
海南省	735	1	211	10	376		
重庆市	869		258	31	388		176
四川省	3876	102	1318	48	2025	6	28
贵州省	1165	35	351	14	687	19	5
云南省	2941	24	945	95	1728	4	3
西藏自治区	542	127	27		388		
陕西省	2214	128	344	13	1493	55	146
甘肃省	638	14	88	25	443		42
青海省	179	6	65	2	105		1
宁夏回族自治区	383		86		262		
新疆维吾尔自治区	723		178	47	489		8

2-17-13

单位:万元

地区	其他资本性支出						
	信息网络购建	物资储备	土地补偿	安置补助	地上附着物和青苗补偿	拆迁补偿	其他资本性支出
地方合计	**3736**						**3143**
北京市	275						266
天津市	4						9
河北省	258						2
山西省	225						21
内蒙古自治区	66						114
辽宁省	152						908
其中:大连市	5						
吉林省	119						1
黑龙江省	18						
上海市	4						105
江苏省	298						440
浙江省	136						163
其中:宁波市	8						92
安徽省	58						205
福建省	76						9
其中:厦门市							
江西省	6						97
山东省	140						72
其中:青岛市							
河南省	43						
湖北省	70						78
湖南省	45						39
广东省	1046						31
其中:深圳市	1						1
广西壮族自治区	147						338
海南省	134						3
重庆市	13						3
四川省	233						116
贵州省	54						
云南省	37						105
西藏自治区							
陕西省	33						2
甘肃省	12						14
青海省							
宁夏回族自治区	34						1
新疆维吾尔自治区							1

二、地方财政预算收支情况

2－17－14 单位:万元

地　区	贷款转贷及产权参股					其他支出		
	小　计	国内贷款	国外贷款	产权参股	其他贷款转贷及产权参股支出	小　计	补充全国社会保障基金	其他支出
地方合计	**5**				**5**	**6386**		**6386**
北京市						36		36
天津市								
河北省						488		488
山西省						57		57
内蒙古自治区								
辽宁省						40		40
其中:大连市								
吉林省						5		5
黑龙江省								
上海市						9		9
江苏省						139		139
浙江省						452		452
其中:宁波市						2		2
安徽省						313		313
福建省	5				5	714		714
其中:厦门市								
江西省						138		138
山东省								
其中:青岛市						3		3
河南省						130		130
湖北省						693		693
湖南省						515		515
广东省						2109		2109
其中:深圳市						277		277
广西壮族自治区						228		228
海南省								
重庆市						55		55
四川省						89		89
贵州省						80		80
云南省								
西藏自治区						31		31
陕西省						29		29
甘肃省						6		6
青海省						7		7
宁夏回族自治区								
新疆维吾尔自治区						23		23

2007 年各省、自治区、直辖市人口与计划生育事务支出明细表

2－18－1　　　　　　　　　　　　　　　　　　　　　　　　　　单位:万元

地　　区	合　计	工资福利支出				
		小　计	基本工资	津贴补贴	奖　金	社会保障缴　费
地方合计	**3796757**	**1003726**	**514925**	**263998**	**93075**	**37452**
北京市	50859	4932	1414	1841	1017	61
天津市	24029	6487	2470	2937	508	252
河北省	175210	63396	38747	15582	2034	2470
山西省	87605	23970	13301	6663	1187	540
内蒙古自治区	68815	20863	11609	7245	858	262
辽宁省	98703	18489	10082	5682	603	570
其中:大连市	16073	2059	900	637	231	207
吉林省	55039	16251	10310	4144	562	223
黑龙江省	67038	16087	9371	4980	992	179
上海市	45841	6741	1639	905	2937	251
江苏省	213983	50919	18528	11949	9474	4099
浙江省	220432	65238	13133	13882	20884	4173
其中:宁波市	28713	8524	1275	1628	3884	845
安徽省	142308	33309	17111	9675	1329	456
福建省	153140	32321	13967	7954	2270	1733
其中:厦门市	15741	4829	1120	1003	540	236
江西省	126170	32787	20515	7009	1967	584
山东省	330233	104997	57426	30929	3093	8105
其中:青岛市	27629	9844	3195	3492	786	1459
河南省	325893	79729	58908	14535	1727	1768
湖北省	113625	20097	11105	4943	1248	1113
湖南省	166540	56927	31679	12198	4047	3148
广东省	320609	68724	26021	18584	9911	3157
其中:深圳市	41164	11200	2315	3961	1778	414
广西壮族自治区	142335	36847	19865	8143	4092	572
海南省	17430	4924	2899	987	274	84
重庆市	112872	19665	9069	5662	2694	179
四川省	220063	50738	26342	8382	10092	1348
贵州省	132263	43912	22717	14348	2645	423
云南省	93398	31431	13996	13637	1576	349
西藏自治区	3942	804	319	416	29	5
陕西省	103037	35155	23423	8053	1393	373
甘肃省	82590	30952	16372	12134	1580	127
青海省	15758	5344	2197	2692	182	40
宁夏回族自治区	16971	5629	2744	2256	386	60
新疆维吾尔自治区	70026	16061	7646	5651	1484	748

二、地方财政预算收支情况

2－18－2

单位:万元

地区	工资福利支出				商品和服务支出		
	伙食费	伙食补助费	绩效工资	其他工资福利支出	小计	办公费	印刷费
地方合计	**2349**	**4990**	**4925**	**82012**	**1880404**	**229309**	**63471**
北京市	2	10	16	571	31315	698	741
天津市	8	92	49	171	13145	727	111
河北省	175	1129	57	3202	69880	13951	2988
山西省	14	145	42	2078	42397	6768	2764
内蒙古自治区	3	21	30	835	31196	4616	1669
辽宁省	36	39	164	1313	48242	10181	1885
其中:大连市	7	5	57	15	10762	2224	522
吉林省		8	350	654	24874	4987	1749
黑龙江省	12	135	94	324	29230	5674	1067
上海市	20	43	42	904	29421	571	294
江苏省	34	405	228	6202	105071	6816	2060
浙江省	55	625	74	12412	113823	4896	1502
其中:宁波市	24	77	2	789	13885	449	245
安徽省	31	307	41	4359	80548	10197	2564
福建省	7	113	258	6019	75846	3990	1771
其中:厦门市		73	96	1761	7793	189	79
江西省	14	55	172	2471	78477	7456	2375
山东省	19	241	468	4716	146102	29204	5844
其中:青岛市	2	27	59	824	10858	1278	201
河南省	78	173	124	2416	192048	48023	12172
湖北省	23	43	224	1398	62402	3513	1631
湖南省	1689	403	93	3670	84941	7879	2308
广东省	37	321	370	10323	177025	10181	3989
其中:深圳市	2	87		2643	22680	739	500
广西壮族自治区	41	109	55	3970	77536	6663	2124
海南省		1	14	665	9476	557	293
重庆市		123	171	1767	59382	6464	1357
四川省	8	159	548	3859	95741	8826	3041
贵州省	23	64	33	3659	62777	9156	1586
云南省	1	58	81	1733	42313	4202	777
西藏自治区				35	622	35	
陕西省	11	87	850	965	36578	6261	2064
甘肃省	3	8	80	648	27216	3255	1510
青海省	3	38	82	110	8605	356	158
宁夏回族自治区	2	5	1	175	6578	543	205
新疆维吾尔自治区		30	114	388	17597	2663	872

2－18－3

单位:万元

地　　区	商品和服务支出						
	咨询费	手续费	水　费	电　费	邮电费	取暖费	物　业 管理费
地　方　合　计	**2258**	**4965**	**7598**	**21335**	**21002**	**13181**	**2701**
北京市			19	84	59	146	79
天津市	2	1	52	101	95	123	1
河北省	107	30	390	1243	1039	2192	53
山西省	73	34	255	509	510	1142	33
内蒙古自治区	29	11	84	203	408	668	34
辽宁省	72	377	164	417	641	1136	50
其中:大连市	41	9	20	89	125	138	7
吉林省	48	30	133	285	304	935	27
黑龙江省	51	27	144	339	314	1377	81
上海市	45	2	34	129	159	1	80
江苏省	95	134	334	1017	968	11	164
浙江省	31	170	139	560	851		86
其中:宁波市	5	17	14	68	75		5
安徽省	101	160	206	811	721	24	90
福建省	33	200	249	594	830		47
其中:厦门市	6	2	11	56	38		2
江西省	135	302	367	952	757	75	33
山东省	125	261	1043	2852	2062	2451	359
其中:青岛市	4	17	31	118	129	126	45
河南省	333	207	1179	3669	2329	692	195
湖北省	44	80	241	616	611	66	47
湖南省	144	497	375	1060	847	201	42
广东省	323	185	569	1839	2001		727
其中:深圳市	16	1	45	283	164		110
广西壮族自治区	50	550	228	563	601		7
海南省		7	50	73	78		37
重庆市	129	728	194	585	688	7	48
四川省	83	252	376	1066	1551	52	116
贵州省	68	466	121	386	743	34	13
云南省	25	99	128	243	467		31
西藏自治区			3	10	15	9	
陕西省	57	108	296	650	584	662	167
甘肃省	22	32	133	292	360	500	24
青海省	3		11	28	137	102	2
宁夏回族自治区	2	1	10	32	60	77	16
新疆维吾尔自治区	28	14	71	127	212	498	12

2－18－4

单位:万元

地　区	商品和服务支出					
	交通费	差旅费	出国费	维修(护)费	租赁费	会议费
地方合计	**100547**	**52421**	**2324**	**67826**	**3611**	**70540**
北京市	479	239	347	249	127	827
天津市	493	98	18	421	18	237
河北省	6016	1814	42	4184	209	2929
山西省	2894	1410	74	1786	135	1886
内蒙古自治区	3059	1663	49	1500	61	1190
辽宁省	3155	1429	56	2063	171	1705
其中:大连市	416	303	2	315	15	253
吉林省	2236	1470	18	2189	66	1124
黑龙江省	1550	1108	18	3358	117	795
上海市	436	196	183	536	76	964
江苏省	3889	2514	104	2657	179	3265
浙江省	2388	2705	218	1160	236	2845
其中:宁波市	217	298	78	130	8	454
安徽省	4929	2496	46	2612	118	2695
福建省	3136	1805	68	1243	29	2260
其中:厦门市	164	119		82	5	67
江西省	3698	2371	93	1566	36	1716
山东省	9129	3631	28	7928	358	7127
其中:青岛市	392	195	4	196	11	276
河南省	13051	6076	137	12453	740	9768
湖北省	1944	1252	75	1401	67	1565
湖南省	5348	2768	97	1803	64	4482
广东省	6092	3213	311	4374	285	5333
其中:深圳市	589	271	74	447	39	482
广西壮族自治区	5619	2455	48	2482	18	2310
海南省	767	360	32	156	6	324
重庆市	2953	2285	6	1997	52	3296
四川省	5357	3591	46	2800	162	5429
贵州省	4496	1355	9	1519	69	1819
云南省	2037	787	45	746	20	1036
西藏自治区	62	34		9		24
陕西省	2347	1287	64	1978	137	1754
甘肃省	1387	779	45	1789	26	908
青海省	306	143	9	139		296
宁夏回族自治区	392	211	22	94	18	283
新疆维吾尔自治区	902	876	16	634	11	348

2-18-5

单位:万元

地　　区	商品和服务支出						
	培训费	招待费	专　用 材料费	被　装 购置费	专　用 燃料费	劳务费	委　托 业务费
地　方　合　计	**61494**	**87034**	**167160**	**4254**	**3798**	**36659**	**16247**
北京市	851	62	2316	17	11	213	232
天津市	257	119	1651	37	2	163	3
河北省	2522	2524	10891	112	144	669	1149
山西省	1654	1526	3171	26	38	907	344
内蒙古自治区	1590	894	2862	101	213	401	294
辽宁省	3509	1135	6450	20	230	1894	1097
其中:大连市	1109	131	1868	9	18	594	629
吉林省	1022	288	5119		240	1445	117
黑龙江省	1642	435	5511	144	84	367	284
上海市	456	296	1391	1		253	1
江苏省	3011	6443	5048	198	50	1302	966
浙江省	1758	4201	7831	310	4	3294	1971
其中:宁波市	210	828	914	219	1	342	80
安徽省	1544	5163	6542	80	73	833	309
福建省	1476	3757	5908	110	164	1934	2803
其中:厦门市	94	199	621	10		593	53
江西省	2273	4751	4273	114	199	896	504
山东省	4450	5319	24716	375	870	1749	1273
其中:青岛市	122	331	1015	131	475	91	4
河南省	9283	10034	21148	1074	296	3011	1482
湖北省	1555	2127	4353	137	360	1085	374
湖南省	2811	8220	2587	269	81	1257	299
广东省	4362	6354	12261	286	195	3717	935
其中:深圳市	618	588	2103	55		1421	416
广西壮族自治区	1916	4484	4689	226	168	3274	152
海南省	214	520	347	20	34	60	68
重庆市	2285	2772	3436	97	29	2867	374
四川省	3687	6059	6134	119	43	1529	399
贵州省	2177	4669	3663	63	44	875	108
云南省	1903	2311	3542	109	43	1303	50
西藏自治区	2	18	8	1	3		
陕西省	1595	1198	3776	120	70	535	111
甘肃省	737	604	2756	40	59	350	516
青海省	295	118	511	27	13	67	28
宁夏回族自治区	144	214	671	5	10	53	1
新疆维吾尔自治区	513	419	3598	16	28	356	3

二、地方财政预算收支情况

2－18－6

单位:万元

地　区	商品和服务支出			对个人和家庭的补助			
	工会经费	福利费	其他商品和服务支出	小　计	离休费	退休费	退职(役)费
地　方　合　计	**4732**	**20146**	**815791**	**555459**	**2753**	**34806**	**129**
北京市	40	16	23463	3272		25	
天津市	25	143	8247	2851	91	699	
河北省	124	614	13944	24434	203	2018	2
山西省	130	526	13802	9835	106	972	
内蒙古自治区	35	314	9248	7667	13	378	4
辽宁省	58	677	9670	25746	115	1016	
其中:大连市	11	107	1807	2818			
吉林省	6	19	1017	8394	127	1443	
黑龙江省	35	1262	3446	18040	310	2815	2
上海市	31	181	23105	6436	7	88	
江苏省	243	1363	62240	31204	471	3428	21
浙江省	604	1573	74490	22526	212	2804	8
其中:宁波市	47	80	9101	5355	33	320	
安徽省	64	614	37556	15126	137	1325	4
福建省	239	2151	41049	15947	17	445	4
其中:厦门市	54	38	5311	1654		1	
江西省	149	718	42668	7126	36	992	4
山东省	220	1146	33582	64585	111	705	20
其中:青岛市	31	31	5604	5088	55	185	
河南省	503	1883	32310	31190	227	2592	6
湖北省	158	440	38660	14791	78	1619	12
湖南省	695	769	40038	14854	134	1020	16
广东省	237	2010	107246	44743	78	784	2
其中:深圳市	34	182	13503	1413	1	26	
广西壮族自治区	128	665	38116	9092	38	2410	9
海南省	6	21	5446	1511		49	
重庆市	148	459	26126	25570		24	2
四川省	373	801	43849	60168	28	1358	9
贵州省	127	500	28711	11658	141	3143	1
云南省	150	164	22095	14158	11	277	1
西藏自治区	8	2	379	1906		109	
陕西省	70	152	10535	10384	35	906	
甘肃省	27	664	10401	16735	4	294	
青海省	22	15	5819	1417	3	5	
宁夏回族自治区	9	62	3443	1006	6	110	
新疆维吾尔自治区	68	222	5090	33087	14	953	2

2－18－7

单位:万元

地区	对个人和家庭的补助						
	抚恤金	生活补助	救济费	医疗费	助学金	奖励金	生产补贴
地方合计	**1487**	**38061**	**3551**	**24701**	**402**	**279661**	**2677**
北京市	1	13	1	252		831	－1
天津市	10	46	49	54		652	
河北省	81	1865	317	1540		13479	13
山西省	19	540	12	260		4947	5
内蒙古自治区	20	468	23	496	1	3401	10
辽宁省	34	3855	33	1528		13367	142
其中:大连市	2	335	4	16		2030	66
吉林省	41	1158	8	429		4855	12
黑龙江省	46	2167	20	756		9873	15
上海市	5	1010		92		2085	
江苏省	121	2171	146	1303	4	9408	3
浙江省	45	1349	224	1692		7481	2
其中:宁波市		587	33	364		2319	
安徽省	30	1436	85	628	9	5245	10
福建省	26	1016	97	506	59	7026	206
其中:厦门市	3	18	11	51	1	204	2
江西省	18	482	41	448	2	1476	24
山东省	176	5268	237	1655		31861	143
其中:青岛市	6	95	1	427		1917	
河南省	64	4420	152	2019	3	11091	504
湖北省	28	128	32	1155	1	7149	
湖南省	139	751	188	803	26	5472	23
广东省	137	1908	21	1702	50	24967	96
其中:深圳市	6	46		142	3	637	
广西壮族自治区	91	458	14	213	7	2621	52
海南省	9	284	4	58		462	
重庆市	19	460	67	456		17731	31
四川省	78	1501	37	4040		38153	1100
贵州省	91	971	65	253	18	3249	55
云南省	16	1177	21	1339	185	7794	180
西藏自治区	2		1514	83		10	
陕西省	25	1258	28	395	17	5285	9
甘肃省	60	1274	108	223	20	8479	7
青海省		33	1	133		654	
宁夏回族自治区	7	176		16		412	36
新疆维吾尔自治区	48	418	6	174		30145	

2－18－8

单位:万元

地区	对个人和家庭的补助				对企事业单位的补贴		
	住房公积金	提租补贴	购房补贴	其他对个人和家庭的补助支出	小计	企业政策性补贴	事业单位补贴
地方合计	**14326**	**1188**	**6192**	**145525**	**22114**	**356**	**10137**
北京市	258	74	19	1799	1430	10	10
天津市	594	10	1	645	34		19
河北省	346	8		4562	1892	28	1114
山西省	254	3		2717	366		362
内蒙古自治区	141		1	2711	177		140
辽宁省	194	342	6	5114	215	156	59
其中:大连市	18	3		344	38	8	30
吉林省	105	2		214	30		22
黑龙江省	330	25	2	1679	76	31	45
上海市	14		1	3134			
江苏省	948	139	90	12951	3090		1629
浙江省	2539	15	70	6085	1522		557
其中:宁波市	45			1654	74		6
安徽省	533	16	6	5662	2527		101
福建省	955	266	46	5278	2332	131	509
其中:厦门市	240	79	3	1041	2		
江西省	237			3366	38		37
山东省	1817	206	5001	17385	962		956
其中:青岛市	336	41	189	1836	6		3
河南省	204		36	9872	613		611
湖北省	403	4	7	4175	1089		868
湖南省	659	1	1	5621	423		256
广东省	874	61	240	13823	1072		764
其中:深圳市		50	214	288	776		581
广西壮族自治区	308	1	2	2868	1824		1824
海南省	6			639			
重庆市	65			6715	2		1
四川省	551		4	13309	38		
贵州省	404	5	618	2644	204		138
云南省	268	3	23	2863			
西藏自治区	3			185			
陕西省	756			1670	36		31
甘肃省	248	7		6011	84		84
青海省	5			583			
宁夏回族自治区	3			240	2038		
新疆维吾尔自治区	304		18	1005			

2－18－9

单位:万元

地　　区	对企事业单位的补贴		赠　与			债务利息支出	
	财政贴息	其他对企事业单位的补贴支出	小　计	对国内的赠　与	对国外的赠　与	小　计	国库券付　息
地方合计	**1427**	**10194**	**237**	**237**			
北京市	1400	10					
天津市		15	4	4			
河北省	10	740					
山西省		4					
内蒙古自治区		37					
辽宁省							
其中:大连市							
吉林省	8						
黑龙江省							
上海市							
江苏省		1461					
浙江省		965					
其中:宁波市		68					
安徽省		2426	216	216			
福建省	7	1685					
其中:厦门市		2					
江西省		1					
山东省		6	10	10			
其中:青岛市		3					
河南省	2						
湖北省		221					
湖南省		167	6	6			
广东省		308					
其中:深圳市		195					
广西壮族自治区							
海南省							
重庆市		1					
四川省		38					
贵州省		66					
云南省			1	1			
西藏自治区							
陕西省		5					
甘肃省							
青海省							
宁夏回族自治区		2038					
新疆维吾尔自治区							

二、地方财政预算收支情况

2-18-10

单位:万元

地　　区	债务利息支出					基本建设支出	
	向国家银行借款付息	其他国内借款付息	向国外政府借款付息	向国际组织借款付息	其他国外借款付息	小　计	房屋建筑物购建
地方合计						**38757**	**15551**
北京市						237	
天津市							
河北省						2164	901
山西省						1296	1291
内蒙古自治区						1886	1048
辽宁省						1479	393
其中:大连市						54	35
吉林省						767	507
黑龙江省						1164	150
上海市						169	
江苏省						2777	2515
浙江省						2585	657
其中:宁波市						71	
安徽省						505	95
福建省						328	
其中:厦门市						227	
江西省						1298	519
山东省						1447	967
其中:青岛市						52	
河南省						1975	478
湖北省						873	706
湖南省						1279	490
广东省						1237	661
其中:深圳市							
广西壮族自治区						1935	695
海南省						999	57
重庆市						1489	403
四川省						2324	694
贵州省						1045	526
云南省						1373	621
西藏自治区						47	
陕西省						2942	
甘肃省						1997	765
青海省						145	
宁夏回族自治区						259	158
新疆维吾尔自治区						736	254

2－18－11 单位:万元

地　区	基本建设支出							
	办公设备购　置	专用设备购　置	交通工具购　置	基础设施建　设	大型修缮	信息网络购　建	物资储备	其他基本建设支出
地方合计	**1621**	**2373**	**1644**	**3754**	**1493**	**6942**	**32**	**5347**
北京市		35			1	3		198
天津市								
河北省	21	284	9	150	70	636		93
山西省		5						
内蒙古自治区	43	19	52	205	70	339		110
辽宁省	74	175		14	116	652		55
其中:大连市				4				15
吉林省	6	102	35		95	21		1
黑龙江省		80	14	150		770		
上海市	14	107				32		16
江苏省	1	10	27	208		10		6
浙江省	518	164	272	5	551	219		199
其中:宁波市	14	49				8		
安徽省	18	47	40	55		177		73
福建省	99	94	27	19	46	10		33
其中:厦门市	65	90	8	17	46	1		
江西省	44	15	35	162	3	449		71
山东省	112	5	22	74	30	181		56
其中:青岛市	8				10	34		
河南省	134	138	114	389	59	495		168
湖北省	15	1		2	65	67		17
湖南省	74	116	97	201		215		86
广东省	47	204	63	49	30	41		142
其中:深圳市								
广西壮族自治区	88	22	480	442	15	193		
海南省	15	2				201		724
重庆市	24	121	22	246	19	622	32	
四川省	44	73	31	634	156	681		11
贵州省	167	115	147	28	13	45		4
云南省	15	249	45	126	99	187		31
西藏自治区								47
陕西省	29	12	5	15		126		2755
甘肃省		82	26	500		470		154
青海省	1	64		40		40		
宁夏回族自治区				40		60		1
新疆维吾尔自治区	18	32	81		55			296

2－18－12

单位:万元

地　　区	其他资本性支出						
	小　计	房屋建筑物购　　建	办公设备购　　置	专用设备购　　置	交通工具购　　置	基础设施建　　设	大型修缮
地　方　合　计	**183652**	**24978**	**19646**	**32978**	**18828**	**14221**	**13296**
北京市	5810	3	837	653	1207	292	1105
天津市	1508	107	95	137	136	52	585
河北省	7356	793	512	1633	824	1669	531
山西省	9715	694	556	1235	883	684	521
内蒙古自治区	7025	1009	667	1385	1449	646	242
辽宁省	4522	333	556	1899	305	724	171
其中:大连市	342		58	126	37		9
吉林省	4575	209	527	1739	217	18	675
黑龙江省	2335	169	278	889	68	431	94
上海市	1153	109	124	45	101	1	2
江苏省	15387	3350	1462	1081	592	601	548
浙江省	6237	1257	620	1637	722	53	279
其中:宁波市	362		75	123	61	10	14
安徽省	7011	1616	1097	733	595	406	138
福建省	6466	898	728	350	578	902	422
其中:厦门市	129	1	38	73	17		
江西省	3694	940	505	536	371	148	240
山东省	11877	1864	1586	2193	1174	926	1553
其中:青岛市	923	48	53	377	8	5	30
河南省	14605	2726	1374	2515	907	1497	1205
湖北省	4553	712	482	588	187	298	950
湖南省	3431	241	643	257	552	115	125
广东省	11681	436	1394	2245	841	87	1196
其中:深圳市	1696	4	536	796	213		23
广西壮族自治区	10987	616	994	1682	2370	440	403
海南省	426	62	73	57	208	9	3
重庆市	4067	526	680	1153	328	131	189
四川省	10104	1164	943	3107	1279	205	648
贵州省	9382	1361	1128	1232	1124	787	169
云南省	3840	1037	374	647	533	60	130
西藏自治区	365						5
陕西省	7405	730	688	1090	670	2379	776
甘肃省	4311	870	260	1373	284	310	224
青海省	192	8	41	104	27	2	9
宁夏回族自治区	1125	344	101	241	126	13	68
新疆维吾尔自治区	2507	794	321	542	170	335	90

2－18－13 单位:万元

地区	其他资本性支出						
	信息网络购建	物资储备	土地补偿	安置补助	地上附着物和青苗补偿	拆迁补偿	其他资本性支出
地方合计	**22913**	**347**	**269**	**24**		**25**	**36127**
北京市	26			－1			1688
天津市	48						348
河北省	1185		18				191
山西省	3338	79					1725
内蒙古自治区	505						1122
辽宁省	429			7			98
其中:大连市	112						
吉林省	1190						
黑龙江省	324			2			80
上海市	4						767
江苏省	296		36				7421
浙江省	275						1394
其中:宁波市	61						18
安徽省	1889		8				529
福建省	1080	19					1489
其中:厦门市							
江西省	481						473
山东省	558						2023
其中:青岛市	4						398
河南省	3284			3			1094
湖北省	385			8			943
湖南省	574						924
广东省	1570	154					3758
其中:深圳市	31						93
广西壮族自治区	578	14	170	2			3718
海南省				3			11
重庆市	727		2				331
四川省	957						1801
贵州省	1477		8				2096
云南省	420		20				619
西藏自治区							360
陕西省	693						379
甘肃省	458						532
青海省	1						
宁夏回族自治区	2	81					149
新疆维吾尔自治区	159		7			25	64

2－18－14

单位:万元

地　　区	贷款转贷及产权参股					其他支出		
	小　计	国内贷款	国外贷款	产权参股	其他贷款转贷及产权参股支出	小　计	补充全国社会保障基金	其他支出
地　方　合　计	**794**				**794**	**111614**		**111614**
北京市						3863		3863
天津市								
河北省						6088		6088
山西省						26		26
内蒙古自治区						1		1
辽宁省						10		10
其中:大连市								
吉林省						148		148
黑龙江省						106		106
上海市						1921		1921
江苏省						5535		5535
浙江省						8501		8501
其中:宁波市						442		442
安徽省						3066		3066
福建省	794				794	19106		19106
其中:厦门市						1107		1107
江西省						2750		2750
山东省						253		253
其中:青岛市						858		858
河南省						5733		5733
湖北省						9820		9820
湖南省						4679		4679
广东省						16127		16127
其中:深圳市						3399		3399
广西壮族自治区						4114		4114
海南省						94		94
重庆市						2697		2697
四川省						950		950
贵州省						3285		3285
云南省						282		282
西藏自治区						198		198
陕西省						10537		10537
甘肃省						1295		1295
青海省						55		55
宁夏回族自治区						336		336
新疆维吾尔自治区						38		38

2007 年各省、自治区、直辖市商贸事务支出明细表

2－19－1

单位:万元

地区	合计	工资福利支出				
		小计	基本工资	津贴补贴	奖金	社会保障缴费
地方合计	**1979327**	**493588**	**202485**	**152219**	**81052**	**21808**
北京市	57041	7858	2169	2740	1553	263
天津市	28137	6247	1816	3108	956	105
河北省	63000	19235	10591	5831	808	1013
山西省	39402	11502	6398	3928	524	223
内蒙古自治区	28947	8503	4865	2839	335	113
辽宁省	69221	18473	8625	7131	1173	885
其中:大连市	7868	2563	807	1192	393	130
吉林省	52056	10382	5712	3639	629	142
黑龙江省	60615	14863	7754	5208	1332	152
上海市	141397	24696	5301	3410	10902	1361
江苏省	245830	51926	13932	12703	17715	3239
浙江省	160382	40801	8960	7817	16727	3151
其中:宁波市	37174	8653	1253	1492	4511	850
安徽省	42933	9617	4535	3311	567	193
福建省	49836	16048	6506	4570	1391	1200
其中:厦门市	15429	3971	824	1273	401	227
江西省	39107	10068	5774	2303	841	225
山东省	121195	36319	16144	13017	2339	3048
其中:青岛市	25570	9434	2710	3917	1028	1315
河南省	86271	16874	10285	5338	440	273
湖北省	63652	15371	8094	4147	1615	660
湖南省	68349	18031	9003	4918	1652	1067
广东省	215838	58105	19901	24376	6706	2239
其中:深圳市	26827	8036	2245	3790	882	321
广西壮族自治区	40582	8299	3790	2483	1409	94
海南省	6693	2314	1301	664	133	31
重庆市	23127	7607	3539	3119	552	56
四川省	89818	26265	10972	5300	6427	742
贵州省	29317	6533	3254	2329	562	188
云南省	49938	12133	5445	5472	811	170
西藏自治区	5894	3014	967	1830	142	55
陕西省	34573	11730	6752	3227	1050	168
甘肃省	19006	7885	4260	3086	354	36
青海省	7500	2371	1050	1101	146	9
宁夏回族自治区	8869	2294	1067	937	132	40
新疆维吾尔自治区	30801	8224	3723	2337	1129	667

二、地方财政预算收支情况

2－19－2

单位:万元

地　　区	工资福利支出				商品和服务支出		
	伙食费	伙　食 补助费	绩效 工资	其他工资 福利支出	小　计	办公费	印刷费
地　方　合　计	**530**	**3224**	**1201**	**31069**	**1038935**	**97417**	**18076**
北京市	1	49	171	912	34640	1908	527
天津市		32		230	13917	258	132
河北省	38	388	13	553	35867	4019	1836
山西省	9	69	9	342	19726	1792	521
内蒙古自治区		5		346	15309	1790	424
辽宁省	4	58	44	553	40080	5220	1016
其中:大连市		4	9	28	4858	1222	240
吉林省		20	177	63	28986	3383	877
黑龙江省	25	154	109	129	28736	4498	603
上海市	52	209	43	3418	82825	1396	431
江苏省	68	591	35	3643	126547	11487	1199
浙江省	47	517	18	3564	68225	1997	810
其中:宁波市	13	112		422	12908	467	86
安徽省	20	68	71	852	27296	1446	470
福建省		58	135	2188	25494	1025	640
其中:厦门市		52	45	1149	9623	189	48
江西省	10	50		865	20865	1060	319
山东省	20	135	27	1589	66549	9901	1161
其中:青岛市		22	3	439	13834	1004	113
河南省	8	31	12	487	53281	11268	1136
湖北省	6	56	73	720	32946	1875	593
湖南省	68	77	31	1215	33079	1734	479
广东省	67	203	143	4470	112330	6600	1577
其中:深圳市		120		678	15588	630	656
广西壮族自治区	59	25		439	20434	1187	284
海南省	2	1	3	179	3641	158	98
重庆市		93	3	245	12371	1710	225
四川省	1	82	6	2735	48008	3737	1168
贵州省	13	4	9	174	9638	795	122
云南省	2	30		203	30599	13461	272
西藏自治区				20	1236	64	41
陕西省	10	103	45	375	16106	1471	370
甘肃省		8	7	134	8688	707	224
青海省		25	11	29	4499	118	21
宁夏回族自治区		8	6	104	4865	245	140
新疆维吾尔自治区		75		293	12152	1107	360

2－19－3

单位:万元

地　　区	商品和服务支出						
	咨询费	手续费	水　费	电　费	邮电费	取暖费	物　业 管理费
地　方　合　计	**3864**	**1782**	**2012**	**8037**	**16217**	**7203**	**6589**
北京市	148		43	230	207	223	366
天津市	5		49	232	136	122	309
河北省	198	55	97	245	689	744	45
山西省	139	9	30	98	273	255	6
内蒙古自治区	179	9	11	52	268	183	112
辽宁省	132	125	58	225	840	1117	165
其中:大连市	12		6	44	105	121	50
吉林省	232	40	67	138	317	1032	279
黑龙江省	66	16	34	170	490	1646	67
上海市	43	3	50	253	676		852
江苏省	492	316	136	769	1206	3	949
浙江省	218	392	83	482	1288		368
其中:宁波市	34	1	7	80	151		121
安徽省	26	48	55	129	356	19	87
福建省	52	8	57	214	472		113
其中:厦门市	30	1	8	18	95		34
江西省	74	2	33	129	469	7	45
山东省	172	524	225	855	1397	738	315
其中:青岛市	12	84	10	304	213	71	98
河南省	168	11	78	260	631	38	221
湖北省	29	34	93	274	386	16	53
湖南省	281	11	48	210	401	28	84
广东省	415	42	243	1636	2422	1	1480
其中:深圳市	255		12	40	219		388
广西壮族自治区	13	12	52	148	311		31
海南省	2	1	5	19	78		28
重庆市	25	18	55	155	265		116
四川省	77	6	175	473	1131	29	296
贵州省	4		22	78	201	17	13
云南省	100		41	82	345		62
西藏自治区	4		10	22	43	26	
陕西省	34	84	77	180	342	211	44
甘肃省	9	7	26	61	188	178	29
青海省			2	14	77	65	12
宁夏回族自治区	15	2	9	32	56	54	31
新疆维吾尔自治区	512	7	48	172	256	451	11

2－19－4

单位:万元

地　　区	商品和服务支出					
	交通费	差旅费	出国费	维修(护)费	租赁费	会议费
地　方　合　计	**54420**	**70604**	**39357**	**17376**	**13399**	**108891**
北京市	772	554	986	484	610	4870
天津市	532	265	688	75	131	894
河北省	2536	2485	1155	940	772	6054
山西省	1482	1796	468	420	75	5540
内蒙古自治区	1298	2150	283	343	51	487
辽宁省	2701	4137	4921	1038	1175	3489
其中:大连市	284	480	707	18	37	273
吉林省	2135	4129	1876	1934	202	2239
黑龙江省	1796	2642	2057	1618	1164	3092
上海市	1594	1003	1633	391	2529	1970
江苏省	4967	6934	8093	1285	726	12325
浙江省	2868	3498	2909	672	643	5351
其中:宁波市	424	575	581	124	143	613
安徽省	1189	2279	616	233	256	5380
福建省	1338	1278	604	280	694	1647
其中:厦门市	313	337	182	53	116	652
江西省	1090	2717	198	240	89	2121
山东省	4622	5964	3213	1392	1053	5713
其中:青岛市	1046	1086	416	96	491	579
河南省	2472	4596	504	466	420	7629
湖北省	1584	2458	510	336	269	1231
湖南省	1747	2022	379	236	136	3390
广东省	6028	5240	4569	2095	980	18622
其中:深圳市	992	611	1241	331	211	1012
广西壮族自治区	1129	1440	1341	243	95	976
海南省	306	249	29	30	6	542
重庆市	923	1002	102	460	141	1685
四川省	3634	4694	563	499	395	4419
贵州省	716	899	22	114	62	529
云南省	1065	1041	440	248	93	1622
西藏自治区	179	174	5	27		42
陕西省	1493	1759	767	559	219	2661
甘肃省	670	860	75	327	35	1604
青海省	156	146	12	87	24	203
宁夏回族自治区	464	630	199	48	209	956
新疆维吾尔自治区	934	1563	140	256	145	1608

2－19－5

单位:万元

地　　区	商品和服务支出						
	培训费	招待费	专　用 材料费	被　装 购置费	专　用 燃料费	劳务费	委　托 业务费
地　方　合　计	**11801**	**89400**	**6048**	**1043**	**1054**	**16891**	**11214**
北京市	452	484	67	1	12	526	3721
天津市	73	783	3	25	7	168	167
河北省	464	1778	223	28	30	816	629
山西省	251	814	28	18	92	102	
内蒙古自治区	275	1116	168	19	63	136	73
辽宁省	321	3570	601	38	87	1107	131
其中:大连市	73	398	196	33		481	45
吉林省	320	1570	924		226	518	505
黑龙江省	327	1594	202	15		248	301
上海市	579	3252	58	8	1	2263	
江苏省	1157	16324	590	243	11	2253	902
浙江省	846	7759	118	34	15	1280	495
其中:宁波市	97	1633		12		237	327
安徽省	242	3094	74	77	17	163	110
福建省	194	2030	38	36	15	236	274
其中:厦门市	49	339	1	1		112	24
江西省	144	2625	104	27	75	19	42
山东省	1101	5356	740	79	59	1134	997
其中:青岛市	188	2155	98		9	321	394
河南省	605	3657	900	53	119	496	133
湖北省	248	2343	102	80	60	322	72
湖南省	385	6238	87	52	16	252	145
广东省	1353	6695	536	73	35	2790	1360
其中:深圳市	396	871	377		20	751	715
广西壮族自治区	258	2380	27	15	15	627	302
海南省	39	332	5	17		8	
重庆市	245	1130	114			189	43
四川省	641	7596	45	20	26	437	144
贵州省	111	1012	53	4	11	110	57
云南省	441	2014	7	16	9	240	96
西藏自治区	16	65	7			8	
陕西省	280	1329	77		15	107	251
甘肃省	141	576	23	32	14	33	156
青海省	75	198	20		15	12	1
宁夏回族自治区	54	685	3	1	3	83	8
新疆维吾尔自治区	163	1001	104	32	6	208	99

2-19-6

单位:万元

地　　区	商品和服务支出			对个人和家庭的补助			
	工会经费	福利费	其他商品和服务支出	小　计	离休费	退休费	退职(役)费
地 方 合 计	**3450**	**9078**	**423712**	**167044**	**20017**	**84145**	**391**
北京市	95	99	17255	800	13	82	
天津市	21	99	8743	3777	366	2380	
河北省	77	242	9710	3367	474	1912	95
山西省	38	121	5358	4788	1079	2807	1
内蒙古自治区	21	160	5638	1003	87	484	
辽宁省	98	468	7300	4962	293	1831	3
其中:大连市	20	13		197			3
吉林省	15	39	5989	4783	1118	2712	4
黑龙江省	94	130	5866	13382	1823	7177	8
上海市	151	515	63174	1844	229	425	
江苏省	319	1571	52290	25420	3745	14518	67
浙江省	588	1827	33684	23041	2613	11563	49
其中:宁波市	113	213	6869	3270	343	2004	1
安徽省	38	95	10797	2855	322	975	28
福建省	158	251	13840	3032	136	1090	4
其中:厦门市	70	43	6908	674	11	7	
江西省	182	117	8937	2682	342	1685	
山东省	123	324	19391	9130	350	1058	35
其中:青岛市	48	27	4971	1661	176	623	2
河南省	72	186	17162	2719	469	1649	17
湖北省	75	224	19679	7933	795	5738	5
湖南省	117	290	14311	5868	663	2875	2
广东省	388	1247	45903	6991	362	2231	2
其中:深圳市	46	126	5688	460		5	
广西壮族自治区	178	88	9282	3947	349	2818	2
海南省	14	8	1667	626	6	85	3
重庆市	59	101	3608	1250		265	
四川省	232	312	17259	8139	559	4660	9
贵州省	29	175	4482	10608	2174	5833	6
云南省	88	72	8744	2312	66	379	
西藏自治区	22	2	479	1242	8	1066	
陕西省	39	57	3680	3178	335	1673	5
甘肃省	19	63	2631	1295	164	851	21
青海省	12	9	3220	90		58	2
宁夏回族自治区	27	62	849	675	122	271	1
新疆维吾尔自治区	61	124	2784	5305	955	2994	22

2－19－7

单位:万元

地　　区	对个人和家庭的补助 抚恤金	生活补助	救济费	医疗费	助学金	奖励金	生产补贴
地　方　合　计	**3809**	**5670**	**1014**	**2838**	**32**	**19021**	**121**
北京市	1	2		23			
天津市	41	10		23		281	7
河北省	124	381	2	40	4	61	6
山西省	127	120	9	10		19	1
内蒙古自治区	100	152	9	4		117	
辽宁省	96	106	412	172		1050	
其中:大连市	13	20	1	1		139	
吉林省	68	148	21	24		561	
黑龙江省	289	795	1	15		2758	
上海市	131	225	2	19	9	71	
江苏省	354	563	44	545		2250	4
浙江省	351	620	58	347		3173	47
其中:宁波市	38	64		2		411	
安徽省	89	99	5	108	3	564	30
福建省	82	114		49	1	233	9
其中:厦门市	6	8		2		167	
江西省	53	49	1	62	1	125	1
山东省	79	185	125	258	2	1878	
其中:青岛市	9	8	5	1		5	
河南省	91	111	1	12		165	1
湖北省	138	111	5	201		65	
湖南省	176	95	26	143	4	1122	6
广东省	119	165	15	231	4	525	
其中:深圳市		4				139	
广西壮族自治区	104	152	2	26		199	
海南省	11	37	214	1		1	
重庆市	107	203		76		263	
四川省	331	281	51	54		806	5
贵州省	329	310		208		613	
云南省	74	166		7		1286	1
西藏自治区	6	2		16	4	1	
陕西省	51	247	9	22		472	3
甘肃省	46	76	1	2		3	
青海省	7	5				3	
宁夏回族自治区	58	33		31		154	
新疆维吾尔自治区	176	107	1	109		202	

2-19-8 单位:万元

地区	对个人和家庭的补助				对企事业单位的补贴		
	住房公积金	提租补贴	购房补贴	其他对个人和家庭的补助支出	小计	企业政策性补贴	事业单位补贴
地方合计	**12835**	**1525**	**4150**	**11476**	**83239**	**27518**	**2378**
北京市	487	114	42	36	1569	1056	
天津市	518	10		141	3220		
河北省	173	2	1	92	1810	49	52
山西省	233	6		376	1488	357	13
内蒙古自治区	26			24	227	5	
辽宁省	259	386	8	346	2276	1004	106
其中:大连市	10	9		1	100		86
吉林省	115	8	1	3	1888	1700	
黑龙江省	333	92		91	883	817	10
上海市	286		4	443	21503	356	
江苏省	1276	273	208	1573	6125	309	112
浙江省	2485	17	197	1521	13010	9276	121
其中:宁波市	32		22	353	10169	7557	32
安徽省	320	14	1	297	965	93	29
福建省	715	209	59	331	1876	1067	92
其中:厦门市	295	68	56	54	559		
江西省	201		14	148	238	35	88
山东省	1128	191	2380	1461	2182	335	319
其中:青岛市	366	68	79	319	89	52	10
河南省	68		7	128	4999	766	61
湖北省	416	12	28	419	754	176	61
湖南省	427	3	30	296	2508	142	634
广东省	1831	111	288	1107	10811	8191	43
其中:深圳市		90	190	32	508	441	25
广西壮族自治区	91	3	2	199	420		3
海南省	2	68	115	83			
重庆市	88			248	133	10	
四川省	416		2	965	613	104	
贵州省	128	2	614	391	835	654	
云南省	110		23	200	928	213	149
西藏自治区	55			84	15		
陕西省	316	3	8	34	815	272	265
甘肃省	89	1		41	211	5	25
青海省	5			10	15	15	
宁夏回族自治区				5	533	338	195
新疆维吾尔自治区	238		118	383	389	173	

2－19－9　　　　单位:万元

地　区	对企事业单位的补贴		赠与			债务利息支出	
	财政贴息	其他对企事业单位的补贴支出	小计	对国内的赠与	对国外的赠与	小计	国库券付息
地方合计	**1463**	**51880**	**210**	**151**	**59**	**69**	
北京市		513					
天津市		3220					
河北省		1709					
山西省	883	235					
内蒙古自治区	6	216	29		29		
辽宁省	14	1152	75	75		15	
其中:大连市	14						
吉林省		188					
黑龙江省		56					
上海市		21147					
江苏省		5704					
浙江省		3613	67	67			
其中:宁波市		2580					
安徽省		843	1	1			
福建省	24	693					
其中:厦门市		559					
江西省		115					
山东省		1528					
其中:青岛市		27					
河南省	70	4102					
湖北省		517					
湖南省		1732	1	1			
广东省		2577	3	3			
其中:深圳市		42	2	2			
广西壮族自治区	231	186					
海南省							
重庆市		123	3	3			
四川省	110	399				54	
贵州省	12	169					
云南省		566					
西藏自治区		15	30		30		
陕西省		278	1	1			
甘肃省	13	168					
青海省							
宁夏回族自治区							
新疆维吾尔自治区	100	116					

2－19－10　　　　单位:万元

地　区	债务利息支出					基本建设支出	
	向国家银行借款付息	其他国内借款付息	向国外政府借款付息	向国际组织借款付息	其他国外借款付息	小计	房屋建筑物购建
地方合计	**15**	**54**				**39547**	**11972**
北京市						9115	8846
天津市						39	
河北省						129	31
山西省						453	
内蒙古自治区						1298	588
辽宁省	15					22	
其中:大连市							
吉林省						940	
黑龙江省						317	
上海市						1350	
江苏省						15214	
浙江省						2574	1704
其中:宁波市						74	
安徽省						235	100
福建省						177	
其中:厦门市						117	
江西省						209	
山东省						382	
其中:青岛市							
河南省						80	
湖北省						205	
湖南省						2971	26
广东省						1009	142
其中:深圳市							
广西壮族自治区						1184	
海南省						1	
重庆市						255	
四川省		54				590	460
贵州省						21	
云南省						191	65
西藏自治区						179	
陕西省						10	
甘肃省						210	10
青海省						29	
宁夏回族自治区						140	
新疆维吾尔自治区						18	

2－19－11

单位:万元

地区	基本建设支出							
	办公设备购置	专用设备购置	交通工具购置	基础设施建设	大型修缮	信息网络购建	物资储备	其他基本建设支出
地方合计	**900**	**243**	**1181**	**21461**	**308**	**452**		**3030**
北京市	30		87			152		
天津市				39				
河北省	48	49				1		
山西省	2			441				10
内蒙古自治区	6	44	72	270		8		310
辽宁省	4		18					
其中:大连市								
吉林省				770	170			
黑龙江省	22	85	197					13
上海市	63	1	40			41		1205
江苏省	124			15090				
浙江省	80		133	380	44	3		230
其中:宁波市	45				29			
安徽省	25				10			100
福建省	58	6	53					60
其中:厦门市	58	6	53					
江西省			22	123	24	35		5
山东省	149		64			169		
其中:青岛市								
河南省	22		19	21				18
湖北省	62	50	84					9
湖南省	8		28	2829	50			30
广东省	27		21	505		11		303
其中:深圳市								
广西壮族自治区	24	5	67	844		4		240
海南省		1						
重庆市	76		151			28		
四川省	26		27	60	10			7
贵州省			2	19				
云南省	30	2	77					17
西藏自治区								179
陕西省								10
甘肃省	10							190
青海省			19					10
宁夏回族自治区	1			70				69
新疆维吾尔自治区	3							15

2－19－12

单位:万元

地　　区	其他资本性支出						
	小　计	房屋建筑物购　　建	办公设备购　　置	专用设备购　　置	交通工具购　　置	基础设施建　　设	大型修缮
地　方　合　计	**95989**	**11536**	**12337**	**2445**	**14036**	**22670**	**4818**
北京市	2363		1524	31	463	200	24
天津市	937	500	93	7	292		
河北省	1747	24	615	6	540	10	64
山西省	1368	61	268	187	310	370	30
内蒙古自治区	2578	33	213	111	261	1335	35
辽宁省	3301	555	737	39	707	246	331
其中:大连市	150		45		100		
吉林省	5076	713	170	87	711	2875	366
黑龙江省	2434	48	184	162	318	1447	162
上海市	3638	942	690	165	347		12
江苏省	15070	1824	994	25	675	3890	378
浙江省	5337	16	1345	270	1015	359	601
其中:宁波市	374		151	1	67		4
安徽省	1171	30	195	7	469	200	157
福建省	1373	3	276	199	306	467	34
其中:厦门市	108		79	1	22		
江西省	2779		90	174	205	1045	
山东省	6378	71	779	167	1025	897	323
其中:青岛市	455		88	3	263		
河南省	5347	615	222	23	411	2854	6
湖北省	1461	36	142	235	242	60	9
湖南省	1182	107	173	6	462	179	11
广东省	11272	3384	1100	339	1131	971	1208
其中:深圳市	731	17	123	4	508		30
广西壮族自治区	3766	323	218	4	252	2086	25
海南省	111		38	7	57	7	
重庆市	1271		359	4	306	234	15
四川省	4345	218	669	87	1501	212	400
贵州省	738	2	196	11	345	4	
云南省	3007	204	291	1	484	803	144
西藏自治区	167		31		136		
陕西省	2545	147	241	11	450	466	332
甘肃省	445	20	94	7	206	33	17
青海省	319		9		14		
宁夏回族自治区	359		132	19	161		22
新疆维吾尔自治区	4104	1660	249	54	234	1420	112

2－19－13

单位:万元

地　　区	其他资本性支出						
	信息网络购建	物资储备	土地补偿	安置补助	地上附着物和青苗补偿	拆迁补偿	其他资本性支出
地方合计	**4242**	**83**	**1340**	**1749**	**722**	**1905**	**18106**
北京市	17						104
天津市	3						42
河北省	32		200				256
山西省	59	40					43
内蒙古自治区	25			9	3	32	521
辽宁省	58		591	17			20
其中:大连市	5						
吉林省			60	25	21		48
黑龙江省	110						3
上海市	18						1464
江苏省	544				53	971	5716
浙江省	284						1447
其中:宁波市	52						99
安徽省	23		6		9		75
福建省	6					1	81
其中:厦门市	2						4
江西省	1024						241
山东省	1221	3	272	215	79	53	1273
其中:青岛市	4	4					93
河南省	16		22	635	135	54	354
湖北省	8		79	50	50	50	500
湖南省	40					8	196
广东省	289			362	146		2342
其中:深圳市	47						2
广西壮族自治区	19		104	61	68	140	466
海南省	2						
重庆市	4						349
四川省	99						1159
贵州省	2			66			112
云南省	27					561	492
西藏自治区							
陕西省	296			250	126		226
甘肃省	1		6			3	58
青海省	8						288
宁夏回族自治区							25
新疆维吾尔自治区	7	40		59	32	32	205

2－19－14

单位:万元

地 区	贷款转贷及产权参股					其他支出		
	小 计	国内贷款	国外贷款	产权参股	其他贷款转贷及产权参股支出	小 计	补充全国社会保障基金	其他支出
地 方 合 计	**18**				**18**	**60688**		**60688**
北京市						696		696
天津市								
河北省						845		845
山西省						77		77
内蒙古自治区								
辽宁省						17		17
其中:大连市								
吉林省						1		1
黑龙江省								
上海市						5541		5541
江苏省						5528		5528
浙江省						7327		7327
其中:宁波市						1726		1726
安徽省						793		793
福建省	18				18	1818		1818
其中:厦门市						377		377
江西省						2266		2266
山东省						255		255
其中:青岛市						97		97
河南省						2971		2971
湖北省						4982		4982
湖南省						4709		4709
广东省						15317		15317
其中:深圳市						1502		1502
广西壮族自治区						2532		2532
海南省								
重庆市						237		237
四川省						1804		1804
贵州省						944		944
云南省						768		768
西藏自治区						11		11
陕西省						188		188
甘肃省						272		272
青海省						177		177
宁夏回族自治区						3		3
新疆维吾尔自治区						609		609

2007 年各省、自治区、直辖市知识产权事务支出明细表

2-20-1 单位:万元

地区	合计	工资福利支出				
		小计	基本工资	津贴补贴	奖金	社会保障缴费
地方合计	**48749**	**10332**	**3775**	**4501**	**1020**	**344**
北京市	7226	659	218	244	108	30
天津市	1235	206	54	120		
河北省	430	126	55	60		7
山西省	466	89	34	29	8	15
内蒙古自治区	134	79	37	23	5	4
辽宁省	556	149	60	80	7	2
其中:大连市						
吉林省	786	255	129	112	11	3
黑龙江省	392	236	118	78	23	8
上海市	2651	551	163	140	222	7
江苏省	5467	418	125	79	83	10
浙江省	1350	95	19	22	34	10
其中:宁波市	138	37	10	8	14	5
安徽省	350	165	73	67	6	8
福建省	193	41	19	14	5	2
其中:厦门市						
江西省	1059	155	81	37	12	4
山东省	2984	1253	454	463	93	94
其中:青岛市	151	94	21	56	10	5
河南省	4619	1712	543	1145	9	2
湖北省	1961	533	192	209	96	8
湖南省	3196	598	288	181	22	55
广东省	6558	1397	346	786	155	39
其中:深圳市	1412	479	111	245	66	18
广西壮族自治区	15	7	4	2	1	
海南省	80	11	9	1	1	
重庆市	162	51	41	4	3	3
四川省	1763	496	196	200	62	3
贵州省	1204	165	92	68	4	
云南省	728	119	55	58	3	3
西藏自治区						
陕西省	1289	265	115	101	15	10
甘肃省	536	92	39	45	2	2
青海省	141	88	44	41		1
宁夏回族自治区	293	129	58	57	4	
新疆维吾尔自治区	925	192	114	35	26	14

2－20－2　　　　单位:万元

地　　区	工资福利支出				商品和服务支出		
	伙食费	伙　食 补助费	绩效 工资	其他工资 福利支出	小　计	办公费	印刷费
地　方　合　计	**46**	**66**	**16**	**564**	**28398**	**1622**	**582**
北京市				59	4256	56	43
天津市		17		15	799	3	
河北省				4	279	62	8
山西省				3	181	9	3
内蒙古自治区			8	2	49	2	
辽宁省					394	51	17
其中:大连市							
吉林省					444	45	14
黑龙江省		3	1	5	80	34	
上海市	2			17	1992	33	30
江苏省		1		120	3197	69	38
浙江省				10	1158	14	3
其中:宁波市					30	3	3
安徽省				11	127	26	3
福建省				1	31	3	1
其中:厦门市							
江西省				21	413	12	10
山东省	39	26		84	1293	212	54
其中:青岛市			1	1	39	2	
河南省		6	1	6	2611	486	191
湖北省	4			24	1176	47	14
湖南省		3		49	2018	64	20
广东省		2		69	4163	181	31
其中:深圳市				39	869	18	1
广西壮族自治区					3		
海南省					40	3	4
重庆市					86	4	2
四川省	1	4		30	614	75	28
贵州省				1	318	12	17
云南省					593	16	17
西藏自治区							
陕西省		1	6	17	894	42	24
甘肃省				4	406	8	
青海省		2			53		
宁夏回族自治区				10	100	22	5
新疆维吾尔自治区		1		2	630	31	5

2－20－3 单位:万元

地区	商品和服务支出						
	咨询费	手续费	水费	电费	邮电费	取暖费	物业管理费
地方合计	**101**	**20**	**50**	**199**	**488**	**127**	**244**
北京市	7		3	16	16	8	8
天津市			1	10	5	9	
河北省				3	14		10
山西省	2		1	3	3	2	
内蒙古自治区				1	2	2	
辽宁省				1	13	8	4
其中:大连市							
吉林省			1	2	9	7	
黑龙江省					8	15	1
上海市	1		2	15	62		58
江苏省	11		1	4	50		42
浙江省					2		
其中:宁波市					1		
安徽省				5	6		2
福建省							
其中:厦门市							
江西省	8			2	8		2
山东省	44	16	8	20	60	44	9
其中:青岛市				1	1	2	1
河南省			15	16	42		13
湖北省			4	21	22		53
湖南省	4	2	3	19	24		4
广东省			4	34	59		24
其中:深圳市				8	8		14
广西壮族自治区							
海南省			1				
重庆市			1	6	8		2
四川省	4		2	11	25		2
贵州省	3	1		2	9	1	
云南省	15		1	2	5		1
西藏自治区							
陕西省				3	13	9	
甘肃省					4	10	7
青海省				1	5	2	
宁夏回族自治区	2	1	2	1	3		
新疆维吾尔自治区				1	11	10	2

2-20-4

单位:万元

地区	商品和服务支出					
	交通费	差旅费	出国费	维修(护)费	租赁费	会议费
地方合计	**1159**	**956**	**417**	**272**	**739**	**2327**
北京市	55	3		16	140	150
天津市	5	4	4	1		5
河北省	20	9		1		21
山西省	8	22	9	6	3	16
内蒙古自治区	2	3				
辽宁省	22	27	27	23	53	45
其中:大连市						
吉林省	16	48	10	4	15	30
黑龙江省	5	6				
上海市	76	53	61	26	213	871
江苏省	39	100	41	6	135	127
浙江省	4	12			1	
其中:宁波市	1	11			1	
安徽省	10	12		2		20
福建省	2	6				10
其中:厦门市						
江西省	17	27		5	4	24
山东省	178	80	6	29	10	88
其中:青岛市	7	6			2	1
河南省	161	54	8	12	17	96
湖北省	88	66	40	13		150
湖南省	89	63	20	4	1	81
广东省	144	156	110	75	82	285
其中:深圳市	27	16				2
广西壮族自治区						
海南省	3	3				
重庆市	12	8				20
四川省	67	29		42		55
贵州省	23	24	28	3		10
云南省	11	35		1	11	93
西藏自治区						
陕西省	44	46	27	1	6	30
甘肃省	9	5			48	48
青海省	4					
宁夏回族自治区	9	14	5			15
新疆维吾尔自治区	36	41	21	2		37

2-20-5

单位:万元

地区	商品和服务支出						
	培训费	招待费	专用材料费	被装购置费	专用燃料费	劳务费	委托业务费
地方合计	**1152**	**723**	**1008**	**13**	**5**	**347**	**903**
北京市	32	31	1			19	198
天津市	2	1					
河北省	6	4	1				
山西省	32	5	28			8	
内蒙古自治区		1					
辽宁省	4	5				6	1
其中:大连市							
吉林省	37	3			1	1	
黑龙江省	1						
上海市	25	61				37	1
江苏省	68	31	3			125	332
浙江省		3	2			1	
其中:宁波市						1	
安徽省		18	1				
福建省	4	1				4	
其中:厦门市							
江西省	69	7	25			28	25
山东省	79	62	6		3	26	
其中:青岛市	1	9					
河南省	88	198	898			27	1
湖北省	437	24		3	1		77
湖南省	21	47	20	7		2	7
广东省	120	91				16	250
其中:深圳市	4	14				2	
广西壮族自治区	2						
海南省	2	4				1	
重庆市	1	1					1
四川省	22	27				12	
贵州省	31	9				3	
云南省	29	6				20	8
西藏自治区							
陕西省	10	48	5			4	2
甘肃省	3	4	18			3	
青海省							
宁夏回族自治区		3					
新疆维吾尔自治区	27	28		3		4	

2-20-6

单位:万元

地区	商品和服务支出			对个人和家庭的补助			
	工会经费	福利费	其他商品和服务支出	小计	离休费	退休费	退职(役)费
地方合计	**194**	**97**	**14653**	**1745**	**17**	**574**	
北京市	8	1	3445	58			
天津市	2	4	743	95		72	
河北省	3	1	116				
山西省	1		20	4			
内蒙古自治区		2	34	2			
辽宁省	4	2	81	7			
其中:大连市							
吉林省	1		200	32		23	
黑龙江省	3	2	5	62		51	
上海市	6	9	352				
江苏省	6	15	1954	166	8	122	
浙江省	4	3	1109	22		18	
其中:宁波市	1	3	5	11		11	
安徽省			22	12		2	
福建省				3			
其中:厦门市							
江西省	2	4	134	45		27	
山东省	21	1	237	210		3	
其中:青岛市	1		5	17	2	13	
河南省	83	14	191	170	9	21	
湖北省	5	5	106	43		28	
湖南省	9	5	1502	181		122	
广东省	19	3	2479	512		18	
其中:深圳市	1		754				
广西壮族自治区			1	5		5	
海南省			19				
重庆市	1	1	18				
四川省	7	4	202	4			
贵州省	2	3	137	27		15	
云南省	2	1	319				
西藏自治区							
陕西省	2	3	575	21			
甘肃省		10	229	7		7	
青海省	1		40				
宁夏回族自治区		2	16	16		11	
新疆维吾尔自治区	2	2	367	41		29	

2－20－7

单位:万元

地　　区	对个人和家庭的补助						
	抚恤金	生活补助	救济费	医疗费	助学金	奖励金	生产补贴
地　方　合　计	**12**	**3**		**24**		**339**	**27**
北京市		2		1			
天津市							
河北省							
山西省							
内蒙古自治区	1						
辽宁省				1			
其中:大连市							
吉林省							
黑龙江省	1						
上海市							
江苏省						14	
浙江省							
其中:宁波市							
安徽省							
福建省							
其中:厦门市							
江西省				2			
山东省				10		32	27
其中:青岛市							
河南省	3					137	
湖北省							
湖南省	3					29	
广东省		1		10		111	
其中:深圳市							
广西壮族自治区							
海南省							
重庆市							
四川省	4						
贵州省							
云南省							
西藏自治区							
陕西省						16	
甘肃省							
青海省							
宁夏回族自治区							
新疆维吾尔自治区							

2－20－8

单位:万元

地区	对个人和家庭的补助				对企事业单位的补贴		
	住房公积金	提租补贴	购房补贴	其他对个人和家庭的补助支出	小计	企业政策性补贴	事业单位补贴
地方合计	**241**	**25**	**94**	**389**	**3642**	**377**	**3**
北京市	41	8	6		1874		
天津市	21	1		1	100		
河北省					5		
山西省	4						
内蒙古自治区	1						
辽宁省	1	5					
其中:大连市							
吉林省	9						
黑龙江省	8	2					
上海市					36		
江苏省	10	6		6	814	227	
浙江省	4				69		
其中:宁波市					60		
安徽省	9	1					
福建省	2	1					
其中:厦门市							
江西省	8			8	21		
山东省	26		79	33	116	83	3
其中:青岛市				2			
河南省					5	5	
湖北省	14			1	40		
湖南省	16			11	31	10	
广东省	51	1		320	58	2	
其中:深圳市							
广西壮族自治区							
海南省					23		
重庆市							
四川省					421	30	
贵州省	3		9				
云南省							
西藏自治区							
陕西省	5				20	20	
甘肃省							
青海省							
宁夏回族自治区				5	9		
新疆维吾尔自治区	8			4			

2－20－9

单位:万元

地区	对企事业单位的补贴		赠与			债务利息支出	
	财政贴息	其他对企事业单位的补贴支出	小计	对国内的赠与	对国外的赠与	小计	国库券付息
地方合计		**3262**	**1**	**1**		**50**	
北京市		1874					
天津市		100					
河北省		5					
山西省							
内蒙古自治区							
辽宁省							
其中:大连市							
吉林省							
黑龙江省							
上海市		36					
江苏省		587					
浙江省		69					
其中:宁波市		60					
安徽省							
福建省							
其中:厦门市							
江西省		21					
山东省		30					
其中:青岛市							
河南省							
湖北省		40					
湖南省		21	1	1		50	
广东省		56					
其中:深圳市							
广西壮族自治区							
海南省		23					
重庆市							
四川省		391					
贵州省							
云南省							
西藏自治区							
陕西省							
甘肃省							
青海省							
宁夏回族自治区		9					
新疆维吾尔自治区							

2-20-10

单位:万元

地区	债务利息支出					基本建设支出	
	向国家银行借款付息	其他国内借款付息	向国外政府借款付息	向国际组织借款付息	其他国外借款付息	小计	房屋建筑物购建
地方合计				**50**		**547**	
北京市							
天津市							
河北省							
山西省							
内蒙古自治区							
辽宁省							
其中:大连市							
吉林省							
黑龙江省						4	
上海市						2	
江苏省							
浙江省							
其中:宁波市							
安徽省						10	
福建省							
其中:厦门市							
江西省						419	
山东省						31	
其中:青岛市						1	
河南省						34	
湖北省							
湖南省				50		33	
广东省							
其中:深圳市							
广西壮族自治区							
海南省							
重庆市							
四川省						12	
贵州省							
云南省							
西藏自治区							
陕西省							
甘肃省							
青海省							
宁夏回族自治区						2	
新疆维吾尔自治区							

2－20－11

单位:万元

地区	基本建设支出							
	办公设备购置	专用设备购置	交通工具购置	基础设施建设	大型修缮	信息网络购建	物资储备	其他基本建设支出
地方合计	**36**		**30**	**441**	**7**	**27**	**6**	
北京市								
天津市								
河北省								
山西省								
内蒙古自治区								
辽宁省								
其中:大连市								
吉林省								
黑龙江省				4				
上海市	2							
江苏省								
浙江省								
其中:宁波市								
安徽省	10							
福建省								
其中:厦门市								
江西省				419				
山东省	12			18		1		
其中:青岛市						1		
河南省	4		30					
湖北省								
湖南省					7	26		
广东省								
其中:深圳市								
广西壮族自治区								
海南省								
重庆市								
四川省	6						6	
贵州省								
云南省								
西藏自治区								
陕西省								
甘肃省								
青海省								
宁夏回族自治区	2							
新疆维吾尔自治区								

2－20－12

单位:万元

地　区	其他资本性支出						
	小　计	房屋建筑物购　建	办公设备购　置	专用设备购　置	交通工具购　置	基础设施建　设	大型修缮
地　方　合　计	**2172**	**48**	**445**	**122**	**436**		**126**
北京市	290		84	19	65		23
天津市	35	10	14				11
河北省	1		1				
山西省	17			17			
内蒙古自治区	4		4				
辽宁省	6				6		
其中:大连市							
吉林省	55		4		51		
黑龙江省	10		6	4			
上海市	70		39	22	9		
江苏省	45		38	7			
浙江省	6		1				
其中:宁波市							
安徽省	36						
福建省	6		6				
其中:厦门市							
江西省	6		6				
山东省	81		22	2	27		10
其中:青岛市							
河南省	82		31	20	31		
湖北省	169		7	1	23		80
湖南省	41		12		26		
广东省	167		76		50		
其中:深圳市	64		14		50		
广西壮族自治区							
海南省	5		5				
重庆市	25		2		23		
四川省	96		13	21	41		
贵州省	694		6		25		
云南省	16		7	9			
西藏自治区							
陕西省	89	35	27		24		1
甘肃省	21	3	18				
青海省							
宁夏回族自治区	37		8		23		
新疆维吾尔自治区	62		8		12		1

2－20－13

单位:万元

地　　区	其他资本性支出						
	信息网络购建	物资储备	土地补偿	安置补助	地上附着物和青苗补偿	拆迁补偿	其他资本性支出
地方合计	**257**			**－1**			**739**
北京市	100			－1			
天津市							
河北省							
山西省							
内蒙古自治区							
辽宁省							
其中:大连市							
吉林省							
黑龙江省							
上海市							
江苏省							
浙江省							5
其中:宁波市							
安徽省							36
福建省							
其中:厦门市							
江西省							
山东省	20						
其中:青岛市							
河南省							
湖北省	58						
湖南省							3
广东省	33						8
其中:深圳市							
广西壮族自治区							
海南省							
重庆市							
四川省	3						18
贵州省							663
云南省							
西藏自治区							
陕西省	2						
甘肃省							
青海省							
宁夏回族自治区							6
新疆维吾尔自治区	41						

2-20-14

单位:万元

地　　区	贷款转贷及产权参股					其他支出		
	小　计	国内贷款	国外贷款	产权参股	其他贷款转贷及产权参股支出	小　计	补充全国社会保障基金	其他支出
地方合计						**1862**		**1862**
北京市						89		89
天津市								
河北省						19		19
山西省						175		175
内蒙古自治区								
辽宁省								
其中:大连市								
吉林省								
黑龙江省								
上海市								
江苏省						827		827
浙江省								
其中:宁波市								
安徽省								
福建省						112		112
其中:厦门市								
江西省								
山东省								
其中:青岛市								
河南省						5		5
湖北省								
湖南省						243		243
广东省						261		261
其中:深圳市								
广西壮族自治区								
海南省						1		1
重庆市								
四川省						120		120
贵州省								
云南省								
西藏自治区								
陕西省								
甘肃省						10		10
青海省								
宁夏回族自治区								
新疆维吾尔自治区								

2007 年各省、自治区、直辖市工商行政管理事务支出明细表

2－21－1　　　　单位:万元

地　区	合　计	工资福利支出				
		小　计	基本工资	津贴补贴	奖　金	社会保障缴　费
地　方　合　计	**3770286**	**1648851**	**627852**	**574361**	**261364**	**60423**
北京市	117106	39522	8557	14694	9347	131
天津市	48147	22654	5413	11998	973	254
河北省	182184	59492	31683	9799	1645	5073
山西省	77641	36168	19042	13219	1407	581
内蒙古自治区	80800	37316	18353	15469	1413	46
辽宁省	167426	80327	31404	41860	3932	1260
其中:大连市	21837	12569	4483	6384	975	727
吉林省	78729	36491	17853	13840	2710	845
黑龙江省	107393	50468	25139	16868	4692	406
上海市	163304	67271	8437	10776	43394	909
江苏省	230858	109973	29068	27943	41730	5080
浙江省	267046	107622	21404	21065	45133	5535
其中:宁波市	47411	22230	3252	4020	11638	1440
安徽省	125742	52308	21978	18065	4694	686
福建省	94643	35678	14727	11459	3019	398
其中:厦门市	17325	7836	1452	3245	662	239
江西省	104117	41500	20778	10997	2731	1116
山东省	279870	123306	48837	38572	13144	16820
其中:青岛市	37485	18588	4733	9282	2619	1456
河南省	133188	74086	43010	25788	3171	683
湖北省	148458	76874	33187	22573	12024	2399
湖南省	195417	85537	32644	34887	6835	4624
广东省	438061	186286	46189	94369	21877	9739
其中:深圳市	59193	24139	5254	14177	3114	922
广西壮族自治区	87620	34668	14891	13459	4414	184
海南省	21327	12666	6969	4271	1043	249
重庆市	53910	26175	8722	14384	1711	237
四川省	176057	73348	30212	22065	18109	368
贵州省	70745	34295	14387	11573	4465	410
云南省	84501	32531	15319	13928	1382	258
西藏自治区	11932	6669	3881	2278	330	5
陕西省	77692	32907	25062	3755	3162	276
甘肃省	49877	28480	13356	12209	997	95
青海省	15412	8675	3685	4409	494	19
宁夏回族自治区	16822	8023	3136	4481	242	1
新疆维吾尔自治区	64261	27535	10529	13308	1144	1736

二、地方财政预算收支情况

2－21－2

单位:万元

地区	工资福利支出				商品和服务支出		
	伙食费	伙食补助费	绩效工资	其他工资福利支出	小计	办公费	印刷费
地方合计	**1018**	**22871**	**1581**	**99381**	**1346791**	**114112**	**39224**
北京市	276	29		6488	51107	1916	1317
天津市	37	668	4	3307	9821	751	245
河北省	1	7529		3762	68438	4822	1791
山西省	34	245	28	1612	35724	4300	1750
内蒙古自治区	38	483	1	1513	29194	6937	995
辽宁省	125	1027	17	702	63732	5518	2785
其中:大连市					8491	1162	1291
吉林省		365	19	859	26123	2732	921
黑龙江省	161	640	3	2559	38807	2533	1077
上海市	5	466		3284	66811	2348	889
江苏省		1572		4580	82408	4918	1802
浙江省	27	1385	154	12919	105100	6184	2207
其中:宁波市	21	254	53	1552	17912	997	348
安徽省	7	1068	16	5794	27196	4851	1106
福建省	47	420	228	5380	36483	2510	873
其中:厦门市	2	347	67	1822	6489	286	173
江西省	85	58	135	5600	33183	2514	836
山东省		102	34	5797	89257	9382	2204
其中:青岛市		17		481	12048	541	272
河南省	2	127	4	1301	43137	6201	1428
湖北省	61	134	839	5657	36397	2858	1073
湖南省	69	421		6057	68067	4472	1354
广东省		4935	9	9168	168161	10237	5033
其中:深圳市		3		669	27914	962	1116
广西壮族自治区	4	23		1693	39338	4008	1081
海南省		8		126	5669	461	264
重庆市		35		1086	20660	1973	626
四川省		214		2380	73992	7103	2480
贵州省		331	25	3104	14995	1926	468
云南省	10	69		1565	30004	3160	1280
西藏自治区		1		174	2060	149	26
陕西省	12	130	64	446	36900	5936	1979
甘肃省	17	335	1	1470	16925	1350	388
青海省		15		53	5082	407	120
宁夏回族自治区		14		149	4844	596	293
新疆维吾尔自治区		22		796	17176	1059	533

2－21－3

单位:万元

地　　区	商品和服务支出						
	咨询费	手续费	水　费	电　费	邮电费	取暖费	物　业管理费
地　方　合　计	**1180**	**3378**	**10288**	**39350**	**54436**	**33246**	**18489**
北京市	14	15	279	1856	2109	2066	1720
天津市	2	2	72	416	671	449	367
河北省	15	41	397	1853	1931	4371	257
山西省	62	80	566	1097	1492	1864	81
内蒙古自治区	5	29	104	387	1168	1970	56
辽宁省	18	236	292	1580	3859	5734	442
其中:大连市		147	45	278	523	842	100
吉林省	27	307	144	548	1042	3210	73
黑龙江省	8	13	210	755	2209	4366	298
上海市	13	4	250	1272	1494		1821
江苏省	194	276	592	2825	5978	104	1496
浙江省	13	675	566	2898	3132		1258
其中:宁波市	2	15	84	461	313		417
安徽省	48	81	227	928	1303	86	350
福建省	32	8	376	1208	1239		266
其中:厦门市			125	287	192		208
江西省	10	148	304	917	1242	123	383
山东省	3	8	1023	2727	3579	3622	853
其中:青岛市	3		57	283	502	298	64
河南省	68	60	342	1627	1329	601	310
湖北省	137	197	459	1529	1062	61	508
湖南省	24	82	473	1697	1864	139	354
广东省	62	263	958	6084	6789		5949
其中:深圳市	7	9	273	1449	1087		2162
广西壮族自治区	84	194	316	923	963		119
海南省	3	6	53	176	197		144
重庆市	5	32	162	897	561		214
四川省	103	343	727	1627	3645	147	473
贵州省	4	52	86	471	519	123	55
云南省	27	91	323	614	829		327
西藏自治区		2	60	82	77	57	1
陕西省	196	113	629	1423	2381	1404	154
甘肃省		8	78	359	490	897	20
青海省		2	61	84	354	242	6
宁夏回族自治区	1	2	22	102	177	196	39
新疆维吾尔自治区	2	8	137	388	751	1414	95

2－21－4 单位:万元

地　　区	商品和服务支出					
	交通费	差旅费	出国费	维修(护)费	租赁费	会议费
地　方　合　计	**189618**	**68748**	**3843**	**94413**	**17711**	**61767**
北京市	3810	1094	38	5985	1946	1688
天津市	1332	223	269	511	120	292
河北省	14942	4135	12	4167	1031	3392
山西省	6274	1984	10	3675	347	2083
内蒙古自治区	5045	1832	12	2511	313	376
辽宁省	10535	2015	26	5081	1126	1466
其中:大连市	2169	148		170	471	86
吉林省	6538	1570	92	2016	386	1007
黑龙江省	6445	2109	29	4481	534	1217
上海市	3045	1192	587	9145	1390	1623
江苏省	11514	7568	202	3119	536	7262
浙江省	8029	4199	549	4042	1347	3704
其中:宁波市	975	733	94	776	204	586
安徽省	3578	1188	39	1124	191	1250
福建省	3957	1523	224	5875	248	1027
其中:厦门市	700	228	49	946	73	60
江西省	4880	3085	14	2194	137	1531
山东省	15599	3718	151	7192	835	4857
其中:青岛市	1622	283	6	2806	189	149
河南省	8325	1399	63	2351	539	1919
湖北省	5868	2025	25	2263	317	2441
湖南省	8468	2831	46	1464	248	2706
广东省	22870	6372	959	7256	2805	6901
其中:深圳市	4056	1346	290	932	739	1379
广西壮族自治区	5933	2381	73	897	661	1697
海南省	994	420	22	264	56	207
重庆市	3253	1479	92	637	306	1574
四川省	10386	7334	13	4683	453	6118
贵州省	2462	599	51	571	114	620
云南省	4113	1211	69	1699	121	1435
西藏自治区	240	247		123		77
陕西省	6181	2737	68	4131	1213	1802
甘肃省	1657	850	43	4221	329	697
青海省	458	265		426	12	78
宁夏回族自治区	689	243	48	197	36	136
新疆维吾尔自治区	2198	920	17	2112	14	584

2－21－5

单位:万元

地　　区	商品和服务支出						
	培训费	招待费	专用材料费	被装购置费	专用燃料费	劳务费	委托业务费
地　方　合　计	**40282**	**77718**	**27905**	**21883**	**1787**	**29201**	**5170**
北京市	1419	302	1712	277	135	205	527
天津市	155	486	40	414	53	172	
河北省	2452	1516	45	1710	33	263	59
山西省	1443	1159	215	1950	140	1483	38
内蒙古自治区	411	1570	28	90	4	115	22
辽宁省	962	1622	1007	3581	463	1786	175
其中:大连市	197	66	225	390		13	101
吉林省	404	863	31	384	45	481	25
黑龙江省	780	880	1561	587		378	203
上海市	1139	2017	1130	61		289	12
江苏省	3557	3015	6169	105		1987	256
浙江省	1755	6945	1043	321	76	3625	592
其中:宁波市	410	1323	103	100	10	849	16
安徽省	918	1230	1265	604	10	302	146
福建省	933	2965	104	1560	40	420	47
其中:厦门市	67	397		104	2	202	
江西省	944	2255	848	589	194	696	17
山东省	1715	3429	5261	2269	2	1136	235
其中:青岛市	272	162	52	11	2	538	232
河南省	858	3002	1495	99	227	201	220
湖北省	1004	3951	1684	7		644	65
湖南省	1269	7037	382	1676	35	922	21
广东省	7462	12395	3217	1683	25	9323	2087
其中:深圳市	1059	475	4	141		2398	1228
广西壮族自治区	2165	3216	74	614	8	702	171
海南省	243	557	65	29	1	33	6
重庆市	719	2181	20			348	47
四川省	3346	5399	13	572		2038	13
贵州省	362	2228	41		11	185	12
云南省	900	3774	15	116	12	181	54
西藏自治区	37	215	6	54	19	27	15
陕西省	1698	1519	242	968	206	710	60
甘肃省	509	462	89	1203		84	39
青海省	71	359	7	307	47	47	2
宁夏回族自治区	133	300	86	25	1	35	4
新疆维吾尔自治区	519	869	10	28		383	

2－21－6

单位:万元

地　　区	商品和服务支出			对个人和家庭的补助			
	工会经费	福利费	其他商品和服务支出	小　计	离休费	退休费	退职(役)费
地　方　合　计	**15626**	**27048**	**350368**	**301559**	**16208**	**152107**	**663**
北京市	601	173	19903	3721			
天津市	194	308	2277	8212	406	4126	1
河北省	659	1071	17473	25284	2362	15625	2
山西省	102	334	3195	1574	14	117	
内蒙古自治区	282	1021	3911	2150	13	951	125
辽宁省	655	1052	11716	13137	541	4966	2
其中:大连市	24	3	40	567		4	
吉林省	103	313	2861	8910	854	5756	2
黑龙江省	484	956	6694	14801	1189	9933	28
上海市	1156	887	35047	10080	314	2282	
江苏省	945	793	17195	24581	2911	16750	4
浙江省	1605	3790	46545	22920	1063	9543	5
其中:宁波市	287	227	8582	3275	141	1916	
安徽省	262	324	5785	229	17	207	
福建省	624	885	9539	2232	12	342	13
其中:厦门市	253	99	2038	1106		13	
江西省	417	1422	7483	14365	582	9384	100
山东省	163	2442	16852	30550	2011	7708	50
其中:青岛市	76	50	3578	3786	589	2591	1
河南省	942	1129	8402	2583	4	192	
湖北省	688	1028	6503	18853	604	12594	191
湖南省	1228	1100	28175	19770	918	13572	18
广东省	1677	3442	44312	34065	556	13981	86
其中:深圳市	113	419	6270	259			
广西壮族自治区	347	931	11780	1201		73	
海南省	76	28	1364	595	34	256	9
重庆市	149	155	5230	1063			
四川省	779	882	15315	9191	252	4774	5
贵州省	275	311	3449	15878	775	10860	21
云南省	552	607	8494	1009	2	33	
西藏自治区	41	18	487	620		522	
陕西省	72	533	545	2720	45	205	
甘肃省	159	409	2584	1647	21	901	1
青海省	130	35	1562	8			
宁夏回族自治区	23	167	1293	1842	152	1492	
新疆维吾尔自治区	236	502	4397	7768	556	4962	

2－21－7

单位:万元

地　　区	对个人和家庭的补助						
	抚恤金	生活补助	救济费	医疗费	助学金	奖励金	生产补贴
地　方　合　计	**8858**	**7894**	**166**	**16096**	**65**	**8854**	**297**
北京市	53	8	1	93		2	16
天津市	112	28	3	491		2	15
河北省	578	279		1700		108	76
山西省	68	151	3	69	4	16	11
内蒙古自治区	387	284	3	62	1	62	
辽宁省	510	219	6	575		2	
其中:大连市	85	7		31			
吉林省	259	166	10	106		235	
黑龙江省	406	1112	9	314		106	
上海市	160	11		149		2091	
江苏省	493	523	7	2043		141	
浙江省	306	257	19	736		1728	
其中:宁波市	59	48	4	48		3	
安徽省						1	
福建省	177	141	2	93	3	99	
其中:厦门市	10	13		42			
江西省	332	271	17	785	4	33	
山东省	691	542	11	1968	24	37	
其中:青岛市	82	34	3	23			
河南省	315	177	3	776	10	253	
湖北省	521	865	9	650	1	135	
湖南省	678	266	40	760	8	126	
广东省	562	826	16	3284	1	2668	179
其中:深圳市	1	38		34		171	
广西壮族自治区	24	67		15		123	
海南省	108	4		99		4	
重庆市	217	153	4	407		168	
四川省	910	431		64		89	
贵州省	434	362		133		193	
云南省	14	24		168		387	
西藏自治区	6	2		4	9		
陕西省	102	450	2	113		28	
甘肃省	8	67	1	36		15	
青海省							
宁夏回族自治区	47	91		4		1	
新疆维吾尔自治区	380	117		399		1	

二、地方财政预算收支情况

2－21－8　　　　单位:万元

地　区	对个人和家庭的补助				对企事业单位的补贴		
	住房公积金	提租补贴	购房补贴	其他对个人和家庭的补助支出	小计	企业政策性补贴	事业单位补贴
地方合计	**51073**	**5211**	**16126**	**17941**	**4664**	**169**	**2624**
北京市	2700	485	224	139			
天津市	2582	11	81	354			
河北省	4139	104	6	305	38		38
山西省	1006	6		109			
内蒙古自治区	103		3	156	8		
辽宁省	2921	3227	7	161	119		3
其中:大连市		440					
吉林省	1331	138		53			
黑龙江省	1379	157	21	147			
上海市	34		2940	2099	20		
江苏省	601	170	216	722	202		8
浙江省	6038	85	276	2864	402	25	93
其中:宁波市	154	6	8	888	153		73
安徽省				4	56	20	33
福建省	631	414		305	11		
其中:厦门市	478	402		148			
江西省	1827		52	978	2		2
山东省	6070	311	9595	1532	1951		1951
其中:青岛市	74	61		328			
河南省	355		2	496	60		60
湖北省	2002	25	167	1089	135		85
湖南省	1254		13	2117	1		
广东省	9942	41	723	1200	1044	88	
其中:深圳市			13	2	926		
广西壮族自治区	212		58	629	2		
海南省	58			23			
重庆市	44			70	143	5	138
四川省	1740			926	3		3
贵州省	866	36	1629	569	120		120
云南省	194			187	93	31	
西藏自治区				77			
陕西省	1598	1	67	109	254		90
甘肃省	262		46	289			
青海省	7			1			
宁夏回族自治区	13			42			
新疆维吾尔自治区	1164			189			

2-21-9

单位:万元

地　　区	对企事业单位的补贴		赠　与			债务利息支出	
	财政贴息	其他对企事业单位的补贴支出	小　计	对国内的赠　与	对国外的赠　与	小　计	国库券付　息
地　方　合　计		**1871**	**149**	**149**			
北京市							
天津市							
河北省							
山西省							
内蒙古自治区		8					
辽宁省		116					
其中:大连市							
吉林省							
黑龙江省							
上海市		20	67	67			
江苏省		194					
浙江省		284	16	16			
其中:宁波市		80					
安徽省		3					
福建省		11	8	8			
其中:厦门市							
江西省							
山东省							
其中:青岛市							
河南省							
湖北省		50					
湖南省		1					
广东省		956	49	49			
其中:深圳市		926					
广西壮族自治区		2					
海南省			5	5			
重庆市			4	4			
四川省							
贵州省							
云南省		62					
西藏自治区							
陕西省		164					
甘肃省							
青海省							
宁夏回族自治区							
新疆维吾尔自治区							

2－21－10

单位:万元

地　　区	债务利息支出					基本建设支出	
	向国家银行借款付息	其他国内借款付息	向国外政府借款付息	向国际组织借款付息	其他国外借款付息	小计	房屋建筑物购建
地方合计						**43524**	**24966**
北京市							
天津市							
河北省						8	
山西省						680	218
内蒙古自治区						76	
辽宁省						43	
其中:大连市							
吉林省							
黑龙江省						320	
上海市						7403	7300
江苏省						290	16
浙江省						4430	3063
其中:宁波市						957	609
安徽省						158	45
福建省						12166	7872
其中:厦门市						10	
江西省						3620	1632
山东省						1092	429
其中:青岛市							
河南省							
湖北省						240	
湖南省						7775	2128
广东省						1637	689
其中:深圳市							
广西壮族自治区						1654	805
海南省						277	237
重庆市						201	
四川省						540	240
贵州省							
云南省						533	11
西藏自治区							
陕西省						40	
甘肃省						35	
青海省							
宁夏回族自治区						306	281
新疆维吾尔自治区							

2-21-11 单位:万元

地　区	基本建设支出							
	办公设备购置	专用设备购置	交通工具购置	基础设施建设	大型修缮	信息网络购建	物资储备	其他基本建设支出
地方合计	**2349**	**1335**	**6171**	**2397**	**2340**	**2340**	**68**	**1558**
北京市								
天津市								
河北省		8						
山西省	153	42	149			50	68	
内蒙古自治区	16	1	36		10			13
辽宁省						43		
其中:大连市								
吉林省								
黑龙江省				320				
上海市	2	1			100			
江苏省	39	35	70		90	40		
浙江省	322	24	303	74	156	93		395
其中:宁波市	17				131			200
安徽省	1	23		30	24	10		25
福建省	681	214	729	1317	597	180		576
其中:厦门市	10							
江西省	445	54	384	606	17	222		260
山东省	248	102	290					23
其中:青岛市								
河南省								
湖北省					240			
湖南省	90	826	3670	50	43	712		256
广东省	136		276		99	437		
其中:深圳市								
广西壮族自治区	164		264		412	9		
海南省	27	5				8		
重庆市						201		
四川省						300		
贵州省								
云南省					522			
西藏自治区								
陕西省					30	10		
甘肃省						25		10
青海省								
宁夏回族自治区	25							
新疆维吾尔自治区								

二、地方财政预算收支情况

2－21－12　　　　单位:万元

地　　区	其他资本性支出						
	小　计	房屋建筑物购　　建	办公设备购　　置	专用设备购　　置	交通工具购　　置	基础设施建　　设	大型修缮
地　方　合　计	**353303**	**120862**	**54611**	**10905**	**58955**	**8494**	**42582**
北京市	22175	3121	3168	2895	1765	260	9242
天津市	2446	489	339	22	1011		257
河北省	28739	12355	4383	253	4214	31	2918
山西省	3459		889	411	733	25	
内蒙古自治区	11931	7411	1231	105	1463	36	623
辽宁省	7759	1130	1422	310	2364	795	656
其中:大连市	210		30				180
吉林省	7129	2152	1171	72	2382	15	909
黑龙江省	2997	158	1599	38	950		167
上海市	10689	1553	2491	9	1379	56	2994
江苏省	13012	4853	1574	323	2234	40	783
浙江省	21970	6368	4752	578	5615	68	403
其中:宁波市	2777	343	1139	138	311	4	29
安徽省	5345	1450	762	105	682	119	129
福建省	5148	1658	1043	91	697	659	51
其中:厦门市	1884	685	545	21	2		
江西省	11337	1816	671	477	2155	1887	487
山东省	33207	13764	3500	2695	7330	61	666
其中:青岛市	2556	1122	546	121	730		13
河南省	13296	4562	2051	657	3075	624	761
湖北省	14001	7017	1833	270	2056	75	820
湖南省	11765	6194	1343	162	1709	29	849
广东省	42172	13120	11466	689	4722		6718
其中:深圳市	5197		2254	158	156		1404
广西壮族自治区	9921	4449	767	14	1171	994	884
海南省	1743	719	362	7	114	85	201
重庆市	5621	2955	685	72	832	52	506
四川省	18976	2486	2835		4401	21	7006
贵州省	5333	1865	806	143	1652		105
云南省	20262	7401	953	50	1678	1160	2222
西藏自治区	543		12		81		450
陕西省	4750	905	372	255	532	662	1273
甘肃省	2546	1235	318	36	394	453	102
青海省	1645	1000	439	14	9	183	
宁夏回族自治区	1604	132	308	44	335	104	254
新疆维吾尔自治区	11782	8544	1066	108	1220		146

2－21－13

单位:万元

地　区	其他资本性支出						
	信息网络购　建	物资储备	土地补偿	安置补助	地上附着物和青苗补偿	拆迁补偿	其他资本性支　出
地 方 合 计	**26309**	**44**	**220**		**111**	**3**	**30207**
北京市	582						1142
天津市	322						6
河北省	4214						371
山西省	1380					1	20
内蒙古自治区	1003						59
辽宁省	749						333
其中:大连市							
吉林省	341						87
黑龙江省	81						4
上海市	111						2096
江苏省	2184						1021
浙江省	1826		20				2340
其中:宁波市	602						211
安徽省	1660						438
福建省	592	42					315
其中:厦门市	485						146
江西省	905						2939
山东省	13						5178
其中:青岛市							24
河南省	762				111		693
湖北省	590						1340
湖南省	367						1112
广东省	3173						2284
其中:深圳市	1135						90
广西壮族自治区	806		187				649
海南省	141						114
重庆市	446	2	13				58
四川省	1483						744
贵州省	529						233
云南省	339						6459
西藏自治区							
陕西省	715					2	34
甘肃省							8
青海省							
宁夏回族自治区	411						16
新疆维吾尔自治区	584						114

二、地方财政预算收支情况

2－21－14　　　　单位:万元

地区	贷款转贷及产权参股					其他支出		
	小计	国内贷款	国外贷款	产权参股	其他贷款转贷及产权参股支出	小计	补充全国社会保障基金	其他支出
地方合计						**71445**		**71445**
北京市						581		581
天津市						5014		5014
河北省						185		185
山西省						36		36
内蒙古自治区						125		125
辽宁省						2309		2309
其中:大连市								
吉林省						76		76
黑龙江省								
上海市						963		963
江苏省						392		392
浙江省						4586		4586
其中:宁波市						107		107
安徽省						40450		40450
福建省						2917		2917
其中:厦门市								
江西省						110		110
山东省						507		507
其中:青岛市						507		507
河南省						26		26
湖北省						1958		1958
湖南省						2502		2502
广东省						4647		4647
其中:深圳市						758		758
广西壮族自治区						836		836
海南省						372		372
重庆市						43		43
四川省						7		7
贵州省						124		124
云南省						69		69
西藏自治区						2040		2040
陕西省						121		121
甘肃省						244		244
青海省						2		2
宁夏回族自治区						203		203
新疆维吾尔自治区								

2007 年各省、自治区、直辖市食品和药品监督管理事务支出明细表

2－22－1　　单位:万元

地　区	合　计	工资福利支出				
		小　计	基本工资	津贴补贴	奖　金	社会保障缴　费
地方合计	**794591**	**253146**	**94977**	**82032**	**43405**	**11218**
北京市	35995	7452	1762	2376	1838	94
天津市	10599	3901	1225	1758	380	71
河北省	25748	8214	4698	1376	416	957
山西省	14891	4932	2312	1590	276	44
内蒙古自治区	14952	4016	2189	1390	140	12
辽宁省	23256	7988	3367	3992	388	181
其中:大连市	4387	1130	386	451	195	93
吉林省	16373	5828	2795	1946	520	143
黑龙江省	19522	7627	4481	2433	385	12
上海市	68427	21693	3238	4035	11527	1478
江苏省	62393	21625	4903	4761	8378	978
浙江省	44330	14573	3431	3274	5519	899
其中:宁波市	7110	2780	450	494	1375	263
安徽省	21494	6477	3368	2177	374	144
福建省	19547	5372	2229	1857	220	25
其中:厦门市	1637	553	121	206	9	2
江西省	15789	5084	2285	1700	323	82
山东省	52562	19295	7122	6886	1583	2322
其中:青岛市	4787	2226	545	1285	149	218
河南省	31854	11121	6240	3695	470	448
湖北省	28331	9545	3856	3211	1436	591
湖南省	26257	10553	3940	4352	517	725
广东省	75256	22982	6127	12309	2495	1159
其中:深圳市	6971	2445	327	1865	111	90
广西壮族自治区	19493	5963	2344	2034	860	25
海南省	5017	1611	913	454	189	14
重庆市	14382	4800	1646	2013	477	85
四川省	41650	12321	5776	2310	2433	193
贵州省	12631	4087	2198	1246	314	17
云南省	31401	7253	3255	3111	366	63
西藏自治区	6146	1508	418	1002	60	6
陕西省	24321	6541	3887	919	839	121
甘肃省	8785	3947	2075	1352	127	21
青海省	6147	1510	645	779	63	2
宁夏回族自治区	3922	1189	520	493	24	17
新疆维吾尔自治区	13120	4138	1732	1201	468	289

2－22－2

单位:万元

地　　区	工资福利支出				商品和服务支出		
	伙食费	伙　食 补助费	绩效 工资	其他工资 福利支出	小　计	办公费	印刷费
地　方　合　计	**212**	**2378**	**1618**	**17306**	**327511**	**28298**	**7805**
北京市	5	130	177	1070	14003	999	369
天津市	37	162	36	232	2995	122	69
河北省	20	309	2	436	10461	987	195
山西省		21	2	687	7462	850	307
内蒙古自治区		1		284	7200	663	186
辽宁省	1	30		29	11262	992	315
其中:大连市	1	1		3	1386	225	65
吉林省		29	180	215	7257	814	143
黑龙江省	10	122		184	9071	1608	142
上海市		18	5	1392	36918	812	693
江苏省	28	482	59	2036	25318	1824	323
浙江省	4	193	10	1243	21066	1046	687
其中:宁波市	3	52		143	2877	255	54
安徽省	1	44		369	9351	841	325
福建省		14	94	933	6880	556	217
其中:厦门市		14	92	109	552	24	
江西省		28		666	5475	429	140
山东省	16	93	13	1260	17201	2153	414
其中:青岛市	2	2	13	12	1873	112	56
河南省				268	12682	1802	378
湖北省	3	21	15	412	13871	2020	221
湖南省	5	29	657	328	8509	722	96
广东省	45	21	49	777	33782	2199	961
其中:深圳市				52	4066	115	89
广西壮族自治区		41		659	6849	574	206
海南省	1	8		32	2333	176	62
重庆市		72	16	491	6393	446	150
四川省	1	21	240	1347	15835	1367	340
贵州省	26	50		236	5289	583	48
云南省	5	30	29	394	10075	1341	256
西藏自治区				22	1000	43	15
陕西省	4	161	6	604	8536	1053	263
甘肃省			21	351	4293	342	111
青海省		1	7	13	1289	160	16
宁夏回族自治区				135	1180	184	50
新疆维吾尔自治区		247		201	3675	590	107

2－22－3

单位:万元

地　　区	商品和服务支出						
	咨询费	手续费	水　费	电　费	邮电费	取暖费	物　业 管理费
地　方　合　计	**335**	**170**	**1268**	**6351**	**10136**	**4925**	**2540**
北京市	85	4	48	327	187	238	380
天津市	2	1	10	96	137	45	37
河北省	6	10	56	257	455	555	28
山西省	6	7	13	92	345	224	3
内蒙古自治区	2	1	16	59	288	233	2
辽宁省	20	3	76	378	395	547	155
其中:大连市	9		15	47	53	74	27
吉林省		4	45	127	188	715	20
黑龙江省	1	2	27	95	403	775	31
上海市	20	4	47	332	772		210
江苏省	12	8	95	499	565	50	300
浙江省	16	10	34	358	519		106
其中:宁波市	10		6	41	35		42
安徽省	21	9	44	248	303	9	56
福建省	1	2	28	122	241		6
其中:厦门市			4	16	6		
江西省	3		16	135	187	13	18
山东省	17	13	128	441	694	609	205
其中:青岛市			7	58	41	62	18
河南省	17	12	78	327	366	58	10
湖北省	5	7	51	238	285	56	50
湖南省	5	3	51	238	234	55	122
广东省	44	15	93	745	1196		339
其中:深圳市	11		3	62	84		36
广西壮族自治区	4	1	30	159	294		18
海南省		1	13	113	77		49
重庆市	10		38	164	183	1	186
四川省	13	10	68	293	691	36	109
贵州省	1	4	17	74	159	5	2
云南省	14	12	53	121	291		48
西藏自治区			4	17	27	3	
陕西省	4	19	43	184	316	262	27
甘肃省	1	2	14	45	103	138	4
青海省			16	6	73	34	2
宁夏回族自治区			5	20	28	37	
新疆维吾尔自治区	5	6	11	41	134	227	17

2－22－4

单位:万元

地区	商品和服务支出					
	交通费	差旅费	出国费	维修(护)费	租赁费	会议费
地方合计	**36731**	**20810**	**2642**	**13832**	**7553**	**22820**
北京市	951	498	119	781	770	979
天津市	323	180	38	54	356	214
河北省	2233	797	8	459	53	772
山西省	1216	349	5	205	725	700
内蒙古自治区	812	636	10	192	49	164
辽宁省	1559	990	224	631	273	511
其中:大连市	138	86	7	68		44
吉林省	1374	804	7	285	63	555
黑龙江省	1651	1005	31	561	105	376
上海市	1635	834	646	1233	1005	1426
江苏省	1812	1134	37	467	222	2346
浙江省	1448	1119	355	479	498	1547
其中:宁波市	181	184	75	44	44	232
安徽省	1114	822	59	300	118	861
福建省	916	696	45	277	37	448
其中:厦门市	20	14	4	33		
江西省	647	390	38	152	14	265
山东省	2748	1115	36	2490	290	1828
其中:青岛市	232	73		227	53	99
河南省	2363	1139	21	462	265	1094
湖北省	1126	791	4	431	61	665
湖南省	1333	748	120	198	25	417
广东省	3191	1769	547	1999	1254	3163
其中:深圳市	244	136	135	89	256	125
广西壮族自治区	1074	738	13	421	331	440
海南省	298	260	5	155	21	106
重庆市	602	421	30	312	92	382
四川省	1732	1029	154	431	129	1151
贵州省	551	271		79	17	309
云南省	1314	684	73	198	119	809
西藏自治区	128	87		6	7	20
陕西省	1337	591	13	309	343	826
甘肃省	375	198	3	67	194	204
青海省	217	80		27	5	41
宁夏回族自治区	136	91		32	26	61
新疆维吾尔自治区	515	544	1	139	86	140

2－22－5

单位:万元

地区	商品和服务支出						
	培训费	招待费	专用材料费	被装购置费	专用燃料费	劳务费	委托业务费
地方合计	**14041**	**15910**	**17846**	**928**	**280**	**6209**	**3208**
北京市	1153	62	953	11		358	298
天津市	54	193	161			35	55
河北省	504	446	478	41	27	92	141
山西省	211	340	450	18	4	50	30
内蒙古自治区	91	260	342	533	52	34	
辽宁省	624	312	1503	2	70	298	109
其中:大连市	61	23	225	2		103	82
吉林省	258	218	789		27	101	6
黑龙江省	269	170	866	24		72	3
上海市	928	342	1981	53		509	7
江苏省	892	1088	910		2	380	67
浙江省	689	1591	1230	23	12	603	437
其中:宁波市	51	241	469	5		90	76
安徽省	587	387	280	6		242	67
福建省	382	407	449	2		400	32
其中:厦门市	23	27	162			1	
江西省	155	515	479	3		43	10
山东省	523	513	997		6	279	86
其中:青岛市	33	119	153	1		7	78
河南省	404	683	1239		22	91	3
湖北省	477	843	269	40	9	154	768
湖南省	353	1359	317	3	1	87	84
广东省	1799	1531	1244	63	1	1077	528
其中:深圳市	334	51	269	26		45	14
广西壮族自治区	312	642	308			27	168
海南省	175	109	275		4	18	
重庆市	1076	399	232	27	13	75	12
四川省	570	1280	521	4	1	487	76
贵州省	268	230	129			53	3
云南省	483	1126	444	10	13	305	122
西藏自治区	60	35					
陕西省	317	544	603	58	9	140	8
甘肃省	184	18	135	3	2	22	12
青海省	31	59	107			29	
宁夏回族自治区	32	42	21	3	2	6	
新疆维吾尔自治区	180	166	134	1	3	142	76

2－22－6 单位:万元

地区	商品和服务支出			对个人和家庭的补助			
	工会经费	福利费	其他商品和服务支出	小计	离休费	退休费	退职(役)费
地方合计	**2882**	**3939**	**96052**	**31746**	**2194**	**11915**	**45**
北京市	126	22	4285	1348	73	374	3
天津市	60	69	684	921	34	387	
河北省	89	117	1655	2149	261	940	
山西省	47	28	1237	379		7	
内蒙古自治区	23	69	2483	98		10	
辽宁省	112	133	1030	418		105	
其中:大连市	12	20		29		3	
吉林省	31	25	658	1376	138	908	
黑龙江省	92	60	702	1658	269	1170	
上海市	200	313	22916	634	67	195	
江苏省	304	591	11390	4235	500	2038	
浙江省	207	605	7447	2838	195	1077	2
其中:宁波市	34	24	684	229	15	125	
安徽省	40	30	2582	191		8	
福建省	59	49	1508	162		31	
其中:厦门市	6	7	205	94		9	
江西省	38	53	1732	419	4	49	
山东省	105	104	1407	3393	43	199	1
其中:青岛市	19	2	423	125	19	60	
河南省	141	196	1511	603	41	199	
湖北省	120	215	4965	1443	17	751	30
湖南省	86	159	1693	2331	268	1658	
广东省	377	370	9277	2030		73	
其中:深圳市	10	44	1888	12			
广西壮族自治区	61	83	945	460	2	13	
海南省	15	3	398	68	5	6	
重庆市	46	29	1467	585	4	153	
四川省	147	180	5016	931	47	245	
贵州省	39	53	2394	937	116	629	7
云南省	127	145	1967	576	5	39	2
西藏自治区	21	3	524	208		115	
陕西省	32	37	1198	350	2	21	
甘肃省	30	56	2030	33	2	17	
青海省	25	10	351	13		3	
宁夏回族自治区	12	9	383	285	59	207	
新疆维吾尔自治区	70	123	217	674	42	288	

2－22－7　　　　单位:万元

地　　区	对个人和家庭的补助						
	抚恤金	生活补助	救济费	医疗费	助学金	奖励金	生产补贴
地　方　合　计	**575**	**428**	**51**	**1332**	**64**	**908**	**23**
北京市	2	2		26		1	
天津市	4	2		38			
河北省	83	14	7	300		20	
山西省	4	65	1	5		6	
内蒙古自治区	13	3		3			
辽宁省	23	4	2	3		1	
其中:大连市	5		2			1	
吉林省	18	18	1	11		20	
黑龙江省	16	3	3	17	8	9	
上海市	15			7		2	
江苏省	54	81	2	100		21	
浙江省	25	4	3	75		111	
其中:宁波市	9						
安徽省		1		1		1	
福建省	4	5		1		1	
其中:厦门市							
江西省	3	1	3	38		1	
山东省	13	13	18	98		24	
其中:青岛市				1		1	
河南省	23	17	3	31		13	1
湖北省	27	4		99		5	
湖南省	42	4	4	129	1	31	
广东省	26	128	3	140	1	104	22
其中:深圳市				1			
广西壮族自治区	7	7		4			
海南省	3	1				8	
重庆市	28	10		54	50	1	
四川省	91	17	1	26		47	
贵州省	26	4		7		23	
云南省	9	4		28		319	
西藏自治区				2			
陕西省	5	12		57	4	10	
甘肃省		2					
青海省	2			4			
宁夏回族自治区		1		3			
新疆维吾尔自治区	9	1		25		129	

二、地方财政预算收支情况

2－22－8 单位:万元

地区	对个人和家庭的补助				对企事业单位的补贴		
	住房公积金	提租补贴	购房补贴	其他对个人和家庭的补助支出	小计	企业政策性补贴	事业单位补贴
地方合计	**7904**	**313**	**2879**	**3115**	**738**	**5**	**239**
北京市	569	119	162	17	120		
天津市	434	11	4	7			
河北省	471	3		50	226		
山西省	244	1		46	12		12
内蒙古自治区	15			54	28		20
辽宁省	43	17	214	6			
其中:大连市	5	13					
吉林省	171	25	13	53			
黑龙江省	126	15		22	10		10
上海市	218	2	47	81			
江苏省	221	34	89	1095	17		17
浙江省	970	5	130	241	25		5
其中:宁波市	4			76			
安徽省	138			42	5		5
福建省	49	40		31			
其中:厦门市	41	39		5			
江西省	270			50			
山东省	807	22	2094	61	142		118
其中:青岛市	9	12		23			
河南省	259			16			
湖北省	419	10	4	77	5		
湖南省	123	1	9	61	68		
广东省	1190	3	78	262	2		
其中:深圳市				11			
广西壮族自治区	297			130			
海南省	11			34			
重庆市	194			91	30		30
四川省	268			189	12	5	7
贵州省	6	1	28	90	13		13
云南省	61			109			
西藏自治区				91			
陕西省	160	4	7	68			
甘肃省	11			1	23		2
青海省				4			
宁夏回族自治区	2			13			
新疆维吾尔自治区	157			23			

2 – 22 – 9

单位:万元

地　区	对企事业单位的补贴：财政贴息	对企事业单位的补贴：其他对企事业单位的补贴支出	赠与：小计	赠与：对国内的赠与	赠与：对国外的赠与	债务利息支出：小计	债务利息支出：国库券付息
地方合计		**494**	**14**	**14**			
北京市		120					
天津市			2	2			
河北省		226					
山西省							
内蒙古自治区		8					
辽宁省							
其中:大连市							
吉林省							
黑龙江省							
上海市							
江苏省			11	11			
浙江省		20	1	1			
其中:宁波市							
安徽省							
福建省							
其中:厦门市							
江西省							
山东省		24					
其中:青岛市							
河南省							
湖北省		5					
湖南省		68					
广东省		2					
其中:深圳市							
广西壮族自治区							
海南省							
重庆市							
四川省							
贵州省							
云南省							
西藏自治区							
陕西省							
甘肃省		21					
青海省							
宁夏回族自治区							
新疆维吾尔自治区							

二、地方财政预算收支情况

2－22－10

单位:万元

地区	债务利息支出					基本建设支出	
	向国家银行借款付息	其他国内借款付息	向国外政府借款付息	向国际组织借款付息	其他国外借款付息	小计	房屋建筑物购建
地方合计						**50869**	**34861**
北京市						1963	513
天津市						898	898
河北省							
山西省						323	94
内蒙古自治区						3164	2690
辽宁省						659	
其中:大连市						659	
吉林省						500	276
黑龙江省						342	342
上海市						608	
江苏省						150	
浙江省						484	134
其中:宁波市						22	4
安徽省						113	77
福建省						2126	1686
其中:厦门市						334	
江西省						1790	1485
山东省						2432	1607
其中:青岛市						253	
河南省						5495	5485
湖北省							
湖南省						531	474
广东省						885	314
其中:深圳市							
广西壮族自治区							
海南省						62	
重庆市						989	646
四川省						5820	5467
贵州省						1509	1509
云南省						5017	3222
西藏自治区						3430	
陕西省						6896	5309
甘肃省						476	327
青海省						1849	343
宁夏回族自治区						1057	758
新疆维吾尔自治区						1301	1205

2-22-11　　　　　　　　　　　　　　　　　　　　　　　　单位:万元

地　区	基本建设支出							
	办公设备购置	专用设备购置	交通工具购置	基础设施建设	大型修缮	信息网络购建	物资储备	其他基本建设支出
地方合计	**1212**	**1690**	**477**	**7651**	**1248**	**45**		**3685**
北京市								1450
天津市								
河北省								
山西省		10		2		1		216
内蒙古自治区	15	279	5	171	4			
辽宁省				644		15		
其中:大连市				644		15		
吉林省	90	6		100	28			
黑龙江省								
上海市	6				24			578
江苏省		150						
浙江省	31	21	22		263	13		
其中:宁波市	12	2				4		
安徽省								36
福建省		49		65	326			
其中:厦门市		49		65	220			
江西省	5	5	1	291	3			
山东省	131	198	182	125	185	4		
其中:青岛市	131		122					
河南省								10
湖北省								
湖南省	18	39						
广东省	269	119	136	25	15	5		2
其中:深圳市								
广西壮族自治区								
海南省								62
重庆市	57		51		85	2		148
四川省	111	24		18	141			59
贵州省								
云南省	194	14	11	1479	80	5		12
西藏自治区				3430				
陕西省	73			1130				384
甘肃省				136				13
青海省	137	664	27	4				674
宁夏回族自治区	75	112	42	29				41
新疆维吾尔自治区				2	94			

2－22－12

单位:万元

地　　区	其他资本性支出						
	小　计	房屋建筑物购　　建	办公设备购　　置	专用设备购　　置	交通工具购　　置	基础设施建　　设	大型修缮
地　方　合　计	**124803**	**31900**	**15210**	**40027**	**18371**	**3296**	**6852**
北京市	10148	232	1170	6126	1356		11
天津市	1882	1160	155	110	197	32	9
河北省	4400	1628	312	1426	322	20	490
山西省	1783	151	253	967	387		
内蒙古自治区	445	166	107	28	98	4	
辽宁省	2865	145	562	1329	372		40
其中:大连市	1176		204	800			40
吉林省	1402	220	169	718	154		102
黑龙江省	814	40	187	230	69	41	56
上海市	7636	133	1763	3781	992		368
江苏省	10786	6143	904	1264	445	1259	361
浙江省	4523	1059	771	1396	879	6	109
其中:宁波市	891		104	415	224		70
安徽省	5309	3093	356	1243	79	20	
福建省	4825		842	1494	1983	20	7
其中:厦门市	104		24	40	3		
江西省	2591	1526	168	491	262	3	
山东省	10042	1152	1042	4605	1851		940
其中:青岛市	271		40	100	71		
河南省	1922	528	375	202	373	10	69
湖北省	3193	1029	344	517	191	355	188
湖南省	4660	2237	453	1290	166	7	346
广东省	14468	3294	2351	2846	2975	278	1551
其中:深圳市	321		132	123	25		32
广西壮族自治区	6204	1656	490	1760	321		1919
海南省	943		267	586	77	7	
重庆市	1366	30	94	1038	68		107
四川省	6721	1156	616	2926	1370		109
贵州省	676	14	88	496	78		
云南省	8287	3420	574	452	2666	831	21
西藏自治区							
陕西省	1918	436	219	395	212	359	16
甘肃省	5	5					
青海省	1456	991	278	126	61		
宁夏回族自治区	201	175	1		25		
新疆维吾尔自治区	3332	81	299	2185	342	44	33

2－22－13

单位:万元

地　　区	其他资本性支出						
	信息网络购建	物资储备	土地补偿	安置补助	地上附着物和青苗补偿	拆迁补偿	其他资本性支出
地方合计	**4721**		**381**		**45**		**4000**
北京市	1145						108
天津市							219
河北省	192						10
山西省	2						23
内蒙古自治区	1						41
辽宁省	202						215
其中:大连市	132						
吉林省	15						24
黑龙江省	176						15
上海市	259						340
江苏省	134						276
浙江省	135						168
其中:宁波市	67						11
安徽省	106				10		402
福建省	469						10
其中:厦门市	37						
江西省							141
山东省	355						97
其中:青岛市							60
河南省	141		35		35		154
湖北省	228		5				336
湖南省	3		121				37
广东省	579						594
其中:深圳市	9						
广西壮族自治区	8						50
海南省							6
重庆市	2						27
四川省	491						53
贵州省							
云南省	69		189				65
西藏自治区							
陕西省	3						278
甘肃省							
青海省							
宁夏回族自治区							
新疆维吾尔自治区	6		31				311

二、地方财政预算收支情况

2－22－14　　　　单位:万元

地　　区	贷款转贷及产权参股					其他支出		
	小　计	国内贷款	国外贷款	产权参股	其他贷款转贷及产权参股支出	小　计	补充全国社会保障基金	其他支出
地 方 合 计						**5764**		**5764**
北京市						961		961
天津市								
河北省						298		298
山西省								
内蒙古自治区						1		1
辽宁省						64		64
其中:大连市						7		7
吉林省						10		10
黑龙江省								
上海市						938		938
江苏省						251		251
浙江省						820		820
其中:宁波市						311		311
安徽省						48		48
福建省						182		182
其中:厦门市								
江西省						430		430
山东省						57		57
其中:青岛市						39		39
河南省						31		31
湖北省						274		274
湖南省						－395		－395
广东省						1107		1107
其中:深圳市						127		127
广西壮族自治区						17		17
海南省								
重庆市						219		219
四川省						10		10
贵州省						120		120
云南省						193		193
西藏自治区								
陕西省						80		80
甘肃省						8		8
青海省						30		30
宁夏回族自治区						10		10
新疆维吾尔自治区								

2007 年各省、自治区、直辖市质量技术监督与检验检疫事务支出明细表

2－23－1

单位:万元

地　　区	合　计	工资福利支出				
		小　计	基本工资	津贴补贴	奖　金	社会保障缴　费
地方合计	**1878637**	**646599**	**237803**	**170425**	**103670**	**41746**
北京市	43042	14732	3454	4886	4567	192
天津市	13348	6367	2266	3044	44	79
河北省	114178	36514	17928	5342	1753	5059
山西省	32345	14498	7829	4260	781	224
内蒙古自治区	28824	11027	5944	3797	445	76
辽宁省	83599	32852	13394	11773	2603	3708
其中:大连市	13268	4951	2207	1313	588	749
吉林省	41545	16333	8041	4930	610	957
黑龙江省	47828	19376	10438	6564	984	436
上海市	68920	16888	5156	1792	8771	480
江苏省	187144	72874	13539	12845	28330	5591
浙江省	141936	40329	7661	6813	16572	3527
其中:宁波市	24038	9579	1240	1392	4312	1191
安徽省	50563	19017	7022	5991	2239	536
福建省	41526	12748	4976	2970	604	906
其中:厦门市	6510	2208	303	699	90	126
江西省	46020	13743	5836	3921	795	419
山东省	155764	54164	19100	15971	3884	7992
其中:青岛市	18644	7111	2164	2099	773	1104
河南省	83557	33361	18880	9863	1053	609
湖北省	75331	28946	13644	7189	3405	1710
湖南省	69472	23637	9712	6477	2324	1737
广东省	187440	66071	13931	21379	8218	4210
其中:深圳市	33860	9877	2206	2806	1371	568
广西壮族自治区	36731	15034	4828	4154	2725	141
海南省	5323	1605	785	336	360	32
重庆市	58387	9337	4721	2629	1010	245
四川省	77894	28906	11612	6083	6350	789
贵州省	19257	8086	3683	2638	621	68
云南省	33662	8738	3671	3889	407	156
西藏自治区	4118	1266	373	773	70	16
陕西省	48845	12018	7703	2143	858	258
甘肃省	15202	7129	3439	2263	233	102
青海省	4966	2404	966	1116	200	11
宁夏回族自治区	8048	2785	1241	1000	135	45
新疆维吾尔自治区	53822	15814	6030	3594	2719	1435

二、地方财政预算收支情况

2-23-2

单位:万元

地区	工资福利支出				商品和服务支出		
	伙食费	伙食补助费	绩效工资	其他工资福利支出	小计	办公费	印刷费
地方合计	**891**	**6495**	**20295**	**65274**	**748323**	**46287**	**12056**
北京市	215	13		1405	16861	850	219
天津市		245	42	647	3962	115	59
河北省	144	931	589	4768	39590	2682	871
山西省	11	371	61	961	13997	1159	407
内蒙古自治区	3	48	30	684	12080	892	282
辽宁省	60	92	567	655	27211	2812	652
其中:大连市	8	5		81	5978	702	117
吉林省		162	1471	162	15469	1213	267
黑龙江省	53	168	229	504	19466	3011	184
上海市	5	39		645	40236	825	385
江苏省		1222	1048	10299	70947	2922	1101
浙江省	34	445	480	4797	55116	2444	643
其中:宁波市	26	80	385	953	8617	602	77
安徽省	17	139	109	2964	14331	818	251
福建省	1	37	1268	1986	15630	799	142
其中:厦门市		3	53	934	2179	85	3
江西省		117	16	2639	19338	1041	179
山东省	28	471	423	6295	55413	3081	772
其中:青岛市	24	29	52	866	5035	217	64
河南省	21	59	906	1970	35691	2958	905
湖北省	19	155	616	2208	26428	1267	393
湖南省		90	455	2842	28745	1394	281
广东省	194	426	10500	7213	86948	3520	1463
其中:深圳市		167	1402	1357	17376	423	426
广西壮族自治区		1	199	2986	13428	1172	222
海南省		28		64	2147	237	66
重庆市		62	190	480	34886	1692	453
四川省		97	544	3431	32466	2349	651
贵州省	6	73	1	996	6266	866	51
云南省	5	48	52	510	12063	1804	373
西藏自治区		2		32	988	129	21
陕西省	10	91	190	765	23618	2512	388
甘肃省	10	51	123	908	5181	462	126
青海省		20	11	80	1746	250	13
宁夏回族自治区	1	10	5	348	2970	277	84
新疆维吾尔自治区	54	782	170	1030	15105	734	152

2－23－3

单位:万元

地区	商品和服务支出						
	咨询费	手续费	水费	电费	邮电费	取暖费	物业管理费
地方合计	**1941**	**637**	**3409**	**17288**	**19305**	**12217**	**5859**
北京市	19	1	77	513	219	637	308
天津市	7	3	32	147	102	118	12
河北省	28	11	163	925	1251	1515	98
山西省	49	16	192	376	550	691	220
内蒙古自治区	10	12	56	171	487	603	17
辽宁省	73	54	145	670	775	1680	217
其中:大连市	18	41	20	171	190	331	140
吉林省	31	19	64	252	457	1026	124
黑龙江省	8	11	85	350	428	1756	131
上海市	31	8	134	1623	563		279
江苏省	129	58	236	1569	1595	10	550
浙江省	124	33	153	1169	1252		544
其中:宁波市	47	26	11	135	120		62
安徽省	29	25	36	310	443	36	270
福建省	18	4	63	367	417		99
其中:厦门市			5	48	39		72
江西省	19	10	45	321	401	46	23
山东省	141	13	347	1320	1666	1665	679
其中:青岛市	28	6	18	236	148	127	43
河南省	56	28	198	822	798	315	115
湖北省	28	30	149	733	709	173	182
湖南省	47	24	122	642	642	65	136
广东省	569	45	209	2389	2706		1025
其中:深圳市	451	3	22	586	270		336
广西壮族自治区	29	10	100	309	437		65
海南省			2	26	42		6
重庆市	92	23	201	467	495		146
四川省	39	24	160	489	1151	34	151
贵州省	14	6	19	112	157	32	4
云南省	6	2	77	141	248		113
西藏自治区			9	27	27	9	
陕西省	280	129	199	538	541	747	143
甘肃省	5	6	35	117	131	178	57
青海省	2	1	16	45	36	41	1
宁夏回族自治区	1	8	10	40	63	82	42
新疆维吾尔自治区	57	23	75	308	516	758	102

2－23－4

单位:万元

地　　区	商品和服务支出					
	交通费	差旅费	出国费	维修(护)费	租赁费	会议费
地　方　合　计	**91985**	**43803**	**2618**	**36531**	**11277**	**29835**
北京市	1356	380	180	1313	353	789
天津市	306	68	40	519	20	134
河北省	8734	2181	29	1544	954	2380
山西省	2173	1257	11	571	178	653
内蒙古自治区	1986	1615	103	593	63	144
辽宁省	5154	1917	127	1541	139	716
其中:大连市	696	245		277	73	204
吉林省	3263	1263	41	1115	52	602
黑龙江省	2343	1166	8	1168	102	307
上海市	1634	581	279	3068	686	1938
江苏省	7259	3218	449	3949	962	3219
浙江省	3871	2338	184	1186	725	1918
其中:宁波市	613	440	19	185	164	295
安徽省	1999	862	52	349	139	395
福建省	1249	896	85	721	180	247
其中:厦门市	198	83		45	60	13
江西省	2109	1220	83	348	85	457
山东省	9086	2565	23	2813	827	2158
其中:青岛市	736	313	12	239	259	134
河南省	6891	2337	31	1495	454	1818
湖北省	3670	1937	66	830	99	1306
湖南省	4489	2354	43	489	155	1104
广东省	8018	4802	434	6166	1864	3720
其中:深圳市	966	356	201	543	269	633
广西壮族自治区	1884	1139	15	913	55	598
海南省	425	149	8	326	1	85
重庆市	2298	2285	38	960	2081	1207
四川省	3847	1898	80	1087	272	1586
贵州省	756	471	26	465	38	205
云南省	1789	794	54	591	59	557
西藏自治区	177	137	42	12	20	44
陕西省	2496	1957	32	854	487	1037
甘肃省	498	355	4	323	80	79
青海省	196	140	5	93	10	36
宁夏回族自治区	311	218	25	68	13	56
新疆维吾尔自治区	1718	1303	21	1061	124	340

2 - 23 - 5

单位:万元

地　　区	商品和服务支出						
	培训费	招待费	专 用 材料费	被 装 购置费	专 用 燃料费	劳务费	委 托 业务费
地 方 合 计	**18529**	**45845**	**52172**	**2410**	**1500**	**22674**	**24402**
北京市	561	546	2046	3	4	850	2610
天津市	27	101	27		5	24	
河北省	889	2010	1961	52	107	1241	266
山西省	435	654	512	42	25	226	96
内蒙古自治区	319	551	552	89	33	276	48
辽宁省	559	1426	5296		18	775	457
其中:大连市	128	135	1829		7	233	109
吉林省	321	568	1849		154	326	53
黑龙江省	214	363	6534	89	34	154	20
上海市	703	712	509		47	751	662
江苏省	2281	5855	3650	14	62	2380	4640
浙江省	1113	3592	2848	276	108	2071	3845
其中:宁波市	118	698	284	23	56	294	143
安徽省	368	1345	1185	61	13	519	581
福建省	451	963	889	639	105	566	545
其中:厦门市	78	111	87			7	
江西省	327	2430	799			478	173
山东省	1349	2914	4433	18	117	1311	1049
其中:青岛市	71	357	668	14	67	52	154
河南省	1016	3423	2384	412	183	1463	535
湖北省	597	2454	2247	15	152	499	1382
湖南省	678	4243	1042	14	16	473	948
广东省	2609	3957	5222	128	14	1710	3829
其中:深圳市	349	611	584	11		292	1690
广西壮族自治区	388	1254	726		24	489	118
海南省	49	126	16			39	2
重庆市	453	981	2663	98	5	1927	890
四川省	601	2057	1266		47	851	560
贵州省	217	545	275	26	8	139	25
云南省	301	904	230	12	1	397	111
西藏自治区	16	193	4	1		5	
陕西省	662	652	1223	322	142	1923	735
甘肃省	111	240	290	87	21	121	34
青海省	43	174	115	7	5	24	4
宁夏回族自治区	112	180	90	2	23	78	21
新疆维吾尔自治区	759	432	1289	3	27	588	163

2－23－6

单位:万元

地　　区	商品和服务支出			对个人和家庭的补助			
	工会经费	福利费	其他商品和服务支出	小　计	离休费	退休费	退职(役)费
地 方 合 计	**6721**	**14469**	**224553**	**103629**	**2739**	**39241**	**64**
北京市	279	124	2624	2255	19	733	
天津市	54	68	1974	2460	126	1413	
河北省	229	766	8703	6759	413	3923	
山西省	61	168	3275	1185		45	
内蒙古自治区	91	303	2784	576		147	
辽宁省	265	539	1204	3765	122	1059	
其中:大连市	43	241	28	77		1	
吉林省	45	72	2292	5338	272	2618	
黑龙江省	227	247	526	5032	366	3415	1
上海市	179	509	24130	1011	21	417	
江苏省	1228	1299	22312	9712	381	5699	4
浙江省	772	1848	22059	7741	187	2545	2
其中:宁波市	176	436	3593	882	17	273	1
安徽省	141	167	3937	1965	6	299	1
福建省	149	344	5692	1290	5	42	
其中:厦门市	35	20	1190	337		8	
江西省	63	728	7953	2622	65	1472	
山东省	234	689	16143	11147	109	1056	4
其中:青岛市	42	201	829	1885	67	486	
河南省	410	536	6108	528	1	105	1
湖北省	246	965	6299	4795	15	2335	7
湖南省	212	813	8319	5582	151	3400	1
广东省	724	1454	30371	14993	25	1460	2
其中:深圳市	78	349	7927	176			
广西壮族自治区	159	450	2872	2370	33	1067	
海南省	7		535	143	11	93	
重庆市	119	149	15163	566		22	1
四川省	381	712	12173	2484	63	1168	1
贵州省	53	91	1665	2722	168	1621	1
云南省	75	71	3353	313		34	11
西藏自治区	12	1	102	129		36	
陕西省	61	462	5096	1096	4	60	
甘肃省	52	106	1663	953	6	415	
青海省	42	15	432	33		5	
宁夏回族自治区	41	171	954	682	19	580	22
新疆维吾尔自治区	110	602	3840	3382	151	1957	5

2－23－7　　　　　　　　　　　　　　　　　　　　　　　　　　单位:万元

地　　区	对个人和家庭的补助						
	抚恤金	生活补助	救济费	医疗费	助学金	奖励金	生产补贴
地方合计	**1515**	**2683**	**109**	**3688**	**14**	**4228**	**13**
北京市	23	9	1	6			
天津市	5	8		134			
河北省	211	170	1	86	1	79	
山西省	14	240	2	35		21	1
内蒙古自治区	60	26		51		17	
辽宁省	100	63	4	178		58	
其中:大连市	19	28		1			
吉林省	39	46	6	141		1334	
黑龙江省	70	47	1	7		710	
上海市	38	12		20		4	
江苏省	107	216	2	399		502	
浙江省	49	80	27	244		104	
其中:宁波市	14	16		4		3	
安徽省	79	74	3	136		80	
福建省	29	17	3	79	3	95	
其中:厦门市		7				83	
江西省	62	67		156		57	
山东省	104	183	21	378	1	65	
其中:青岛市	53	11	1	12		4	
河南省	50	25	6	67		18	
湖北省	60	178		283		162	
湖南省	118	75	19	238		94	
广东省	83	261	4	732	2	383	3
其中:深圳市	2	1		12		63	
广西壮族自治区	2	188		10			
海南省	2	1				3	
重庆市	7	121		43			
四川省	32	81	5	20	1	76	
贵州省	31	173		46		185	9
云南省	7	10		5		53	
西藏自治区				3			
陕西省	20	151	3	91	6	76	
甘肃省	27	109		30		6	
青海省	10	3	1	2			
宁夏回族自治区	9	6		4		6	
新疆维吾尔自治区	67	43		64		40	

2－23－8　　　　单位:万元

地　　区	对个人和家庭的补助				对企事业单位的补贴		
	住　房公积金	提租补贴	购房补贴	其他对个人和家庭的补助支出	小　计	企业政策性补　　贴	事业单位补　　贴
地　方　合　计	**22343**	**2499**	**5643**	**18850**	**4213**	**93**	**1141**
北京市	1026	242	146	50			
天津市	689	17	15	53			
河北省	1430	32	1	412	30		30
山西省	673	22	24	108			
内蒙古自治区	202			73	10	8	
辽宁省	1187	752	18	224	163		11
其中:大连市	10	18					
吉林省	803	68		11	20	20	
黑龙江省	320	78		17	38		
上海市	40	1	19	439	300		
江苏省	657	174	240	1331	718		237
浙江省	2458	52	351	1642	523	20	266
其中:宁波市	151	36	49	318	1		
安徽省	872	40	59	316	666		10
福建省	402	223	41	351	41		36
其中:厦门市	91	122	21	5			
江西省	529		2	212	30		30
山东省	2772	730	4243	1481	31		29
其中:青岛市	532	29	476	214	2		
河南省	149		25	81			
湖北省	996	27	11	721	73		
湖南省	1101	5	11	369			
广东省	3192	19	166	8661	801		
其中:深圳市				98	600		
广西壮族自治区	276			794			
海南省	16			17			
重庆市	159			213	5		
四川省	639			398	45		10
贵州省	196	14	184	94	20		20
云南省	151			42			
西藏自治区				90			
陕西省	521		5	159	568		426
甘肃省	131	3		226	95	45	
青海省	1			11			
宁夏回族自治区	17		1	18	36		36
新疆维吾尔自治区	738		81	236			

2－23－9

单位:万元

地区	对企事业单位的补贴		赠与			债务利息支出	
	财政贴息	其他对企事业单位的补贴支出	小计	对国内的赠与	对国外的赠与	小计	国库券付息
地方合计		**2979**	**5**	**5**			
北京市							
天津市							
河北省							
山西省							
内蒙古自治区		2					
辽宁省		152					
其中:大连市							
吉林省							
黑龙江省		38					
上海市		300					
江苏省		481					
浙江省		237					
其中:宁波市		1					
安徽省		656					
福建省		5	1	1			
其中:厦门市			1	1			
江西省							
山东省		2					
其中:青岛市		2					
河南省			4	4			
湖北省		73					
湖南省							
广东省		801					
其中:深圳市		600					
广西壮族自治区							
海南省							
重庆市		5					
四川省		35					
贵州省							
云南省							
西藏自治区							
陕西省		142					
甘肃省		50					
青海省							
宁夏回族自治区							
新疆维吾尔自治区							

2－23－10

单位:万元

地　区	债务利息支出					基本建设支出	
	向国家银行借款付息	其他国内借款付息	向国外政府借款付息	向国际组织借款付息	其他国外借款付息	小　计	房屋建筑物购建
地方合计						**58828**	**36533**
北京市						1879	1869
天津市							
河北省						13555	13555
山西省						11	
内蒙古自治区						166	
辽宁省						4013	2350
其中:大连市						33	
吉林省						1	
黑龙江省						50	
上海市						392	
江苏省						1947	1107
浙江省						5795	3796
其中:宁波市						847	199
安徽省						862	800
福建省						1877	243
其中:厦门市						171	
江西省						130	
山东省						5426	3426
其中:青岛市						2000	
河南省						1089	102
湖北省						1805	851
湖南省						1	
广东省						427	288
其中:深圳市							
广西壮族自治区						10	
海南省						76	
重庆市						9123	604
四川省						921	
贵州省						345	345
云南省						35	35
西藏自治区						1191	729
陕西省						2999	2347
甘肃省						409	204
青海省							
宁夏回族自治区						633	222
新疆维吾尔自治区						3660	3660

2－23－11

单位:万元

地　　区	基本建设支出							
	办公设备购　　置	专用设备购　　置	交通工具购　　置	基础设施建　　设	大型修缮	信息网络购　　建	物资储备	其他基本建设支出
地　方　合　计	**857**	**8358**	**1270**	**6924**	**477**	**849**		**3560**
北京市								10
天津市								
河北省								
山西省	8	3						
内蒙古自治区	5	129	13	19				
辽宁省		1530			33			100
其中:大连市					33			
吉林省	1							
黑龙江省		35		15				
上海市	73		22		297			
江苏省		262		78				500
浙江省	167	990	265	210		3		364
其中:宁波市	38	29	15	200		2		364
安徽省		53						9
福建省	45	393	132	229	5	20		810
其中:厦门市	5			166				
江西省				130				
山东省				2000				
其中:青岛市				2000				
河南省	125	320	132	396	3	11		
湖北省	19	356	57	399	122	1		
湖南省		1						
广东省	4	69	4	60		2		
其中:深圳市								
广西壮族自治区			10					
海南省	15							61
重庆市	360	3696	165	3080	14	12		1192
四川省		275				646		
贵州省								
云南省								
西藏自治区		72	385					5
陕西省				155	3			494
甘肃省		45		145				15
青海省								
宁夏回族自治区	35	129	85	8		154		
新疆维吾尔自治区								

2－23－12

单位:万元

地区	其他资本性支出						
	小计	房屋建筑物购建	办公设备购置	专用设备购置	交通工具购置	基础设施建设	大型修缮
地方合计	**289072**	**96960**	**24116**	**77437**	**35386**	**5817**	**11893**
北京市	7222	1118	1177	2628	156	16	542
天津市	559	106	55	213	69		16
河北省	17688	7728	1657	4254	3342		642
山西省	2610	152	432	1379	407	17	66
内蒙古自治区	4934	649	738	1779	1367	2	186
辽宁省	15000	2487	951	4240	1420	85	4650
其中:大连市	1829	505	282	709	38	44	246
吉林省	4338	1278	275	991	1257	263	47
黑龙江省	3866	952	141	1637	989		27
上海市	8924		951	3459	558	282	315
江苏省	29972	10266	2326	7686	3522	717	912
浙江省	25844	3620	1785	9568	2958	574	211
其中:宁波市	2180	423	281	949	341	18	
安徽省	13547	8372	1192	2296	1358	50	46
福建省	9253	1845	681	1891	613	65	243
其中:厦门市	1614	2	150	853	48		72
江西省	10133	6009	354	1039	946	780	170
山东省	28412	14505	1947	4967	2924	121	491
其中:青岛市	1440	67	216	624	197		33
河南省	10853	1250	1614	4772	2322	253	260
湖北省	9708	3185	938	2254	1193	358	382
湖南省	11497	6625	678	1636	1407	62	125
广东省	8734	247	1509	3260	1673	181	851
其中:深圳市	3731	84	561	1638	398	638	115
广西壮族自治区	5861	1718	632	1353	793		342
海南省	1150	150	96	386	150		
重庆市	4059	250	374	2400	497	189	54
四川省	12969	4009	930	4126	947	432	690
贵州省	1761	229	199	744	501	3	15
云南省	12498	8758	523	829	1640	2	27
西藏自治区	544	357	90	52	44		
陕西省	8241	2987	1148	1710	1165	443	215
甘肃省	1359	373	123	513	195	90	25
青海省	748	235	140	105	143		2
宁夏回族自治区	927	233	86	277	264		45
新疆维吾尔自治区	15861	7267	374	4993	566	832	296

2－23－13

单位:万元

地 区	其他资本性支出						
	信息网络购 建	物资储备	土地补偿	安置补助	地上附着物和青苗补偿	拆迁补偿	其他资本性支 出
地 方 合 计	**6641**	**5**	**173**		**123**	**850**	**29671**
北京市	422		9				1154
天津市	100						
河北省	64						1
山西省	42						115
内蒙古自治区	94						119
辽宁省	368						799
其中:大连市							5
吉林省	227						
黑龙江省	120						
上海市	48						3311
江苏省	906		120			450	3067
浙江省	341		3				6784
其中:宁波市	12						156
安徽省	109						124
福建省	72		23		1		3819
其中:厦门市	40						449
江西省	422						413
山东省	1040		15		122		2280
其中:青岛市	78						225
河南省	109						273
湖北省	299						1099
湖南省	33						931
广东省	197						816
其中:深圳市	45						252
广西壮族自治区	856						167
海南省	16						352
重庆市	16						279
四川省	309						1526
贵州省	28	1					41
云南省	194					400	125
西藏自治区	1						
陕西省	27	4					542
甘肃省	33		3				4
青海省	80						43
宁夏回族自治区	3						19
新疆维吾尔自治区	65						1468

二、地方财政预算收支情况

2－23－14　　　　单位:万元

地　　区	贷款转贷及产权参股					其他支出		
	小　计	国内贷款	国外贷款	产权参股	其他贷款转贷及产权参股支出	小　计	补充全国社会保障基金	其他支出
地　方　合　计	**210**				**210**	**27758**		**27758**
北京市						93		93
天津市								
河北省						42		42
山西省						44		44
内蒙古自治区						31		31
辽宁省						595		595
其中:大连市						400		400
吉林省	10				10	36		36
黑龙江省								
上海市						1169		1169
江苏省						974		974
浙江省	200				200	6388		6388
其中:宁波市						1932		1932
安徽省						175		175
福建省						686		686
其中:厦门市								
江西省						24		24
山东省						1171		1171
其中:青岛市						1171		1171
河南省						2031		2031
湖北省						3576		3576
湖南省						10		10
广东省						9466		9466
其中:深圳市						2100		2100
广西壮族自治区						28		28
海南省						202		202
重庆市						411		411
四川省						103		103
贵州省						57		57
云南省						15		15
西藏自治区								
陕西省						305		305
甘肃省						76		76
青海省						35		35
宁夏回族自治区						15		15
新疆维吾尔自治区								

2007 年各省、自治区、直辖市国土资源事务支出明细表

2-24-1 单位:万元

地区	合计	工资福利支出				
		小计	基本工资	津贴补贴	奖金	社会保障缴费
地方合计	**6677828**	**1175626**	**535658**	**314970**	**148007**	**78812**
北京市	124165	31815	7567	7271	4810	3971
天津市	65405	23710	9474	8832	2553	1392
河北省	230580	60522	37532	13897	2488	3456
山西省	567964	40229	23300	11045	2036	1855
内蒙古自治区	267726	46499	29434	12230	1759	1896
辽宁省	191254	32135	16496	9399	1385	3244
其中:大连市	16708	5793	2235	2005	481	790
吉林省	68489	19641	11218	6188	1016	930
黑龙江省	165789	29821	16282	8934	2055	1636
上海市	136107	41751	9296	5020	19684	3299
江苏省	327294	83054	27199	20784	19134	6607
浙江省	364083	70485	13508	12751	27377	7050
其中:宁波市	94539	12983	1852	1855	6105	1798
安徽省	192164	23284	12440	6995	903	768
福建省	170769	28702	10754	7338	2615	2721
其中:厦门市	15227	4498	729	1563	149	210
江西省	115386	32376	17828	7756	2598	1277
山东省	387232	82671	39162	29506	3813	7243
其中:青岛市	25354	7530	1969	3300	530	1279
河南省	426069	74275	44890	20031	2022	5091
湖北省	237622	53861	28998	12174	4549	4875
湖南省	679874	74529	36490	15735	10422	5366
广东省	342205	68306	20562	26987	8695	3950
其中:深圳市	44827	13968	2352	7274	2381	741
广西壮族自治区	145830	24967	12017	6130	3920	1147
海南省	21848	4598	3243	634	307	93
重庆市	138252	19999	8261	3978	3814	728
四川省	360610	42189	17704	8018	10451	1775
贵州省	79298	21725	10861	7890	1472	180
云南省	116044	27287	11618	12184	1575	425
西藏自治区	37292	9596	3176	5234	608	338
陕西省	359832	39150	25588	6637	2064	2890
甘肃省	93615	13804	7050	5322	633	234
青海省	84336	16562	8002	6042	617	1143
宁夏回族自治区	41275	4824	2118	1991	311	104
新疆维吾尔自治区	139419	33259	13590	8037	2321	3128

2-24-2　　　　单位:万元

地　　区	工资福利支出				商品和服务支出		
	伙食费	伙　食 补助费	绩效 工资	其他工资 福利支出	小　计	办公费	印刷费
地　方　合　计	**1198**	**7910**	**9455**	**79616**	**2554115**	**149322**	**29753**
北京市	55	445	509	7187	59745	1154	242
天津市	57	545	364	493	26142	3546	443
河北省	44	863	98	2144	69041	8593	1499
山西省	25	153	91	1724	157081	6931	1383
内蒙古自治区	6	59	370	745	126634	4434	1035
辽宁省	67	146	321	1077	64629	5399	1126
其中:大连市	28	14	147	93	7798	837	433
吉林省		118	40	131	30426	5311	756
黑龙江省	32	217	199	466	78565	6275	1881
上海市	143	330	128	3851	53036	1851	890
江苏省	151	985	133	8061	123854	6267	1360
浙江省	106	869	34	8790	210757	4468	1137
其中:宁波市	74	158	1	1140	77943	472	105
安徽省	3	299	69	1807	111149	3201	645
福建省	5	43	527	4699	51700	2439	529
其中:厦门市		1	34	1812	6873	116	101
江西省	7	32	174	2704	59609	3279	788
山东省	112	771	275	1789	169608	18151	3024
其中:青岛市	16	27	43	366	9676	765	62
河南省	28	155	227	1831	166072	16757	2692
湖北省	43	163	269	2790	94103	4030	1253
湖南省	75	363	503	5575	101660	6086	1256
广东省	75	125	395	7517	174317	9631	2218
其中:深圳市	2	3	15	1200	26296	1669	401
广西壮族自治区	39	30	58	1626	82477	2557	442
海南省	1	20	.	300	12126	283	86
重庆市		119	138	2961	82983	3084	441
四川省	23	222	246	3750	100665	4661	855
贵州省	5	26	62	1229	37079	2129	453
云南省		37	63	1385	58801	4217	423
西藏自治区	18	10		212	8205	221	216
陕西省	26	215	291	1439	61974	4106	584
甘肃省	4	15	49	497	41854	4823	606
青海省	1	164	220	373	57164	1989	835
宁夏回族自治区		32		268	17154	567	90
新疆维吾尔自治区	47	339	3602	2195	65505	2882	565

2－24－3　　　　　　　　　　　　　　　　　　　　　　　　单位:万元

地区	商品和服务支出						
	咨询费	手续费	水费	电费	邮电费	取暖费	物业管理费
地方合计	**5527**	**4472**	**11251**	**33720**	**24419**	**21552**	**12554**
北京市	29	16	374	3118	318	1145	823
天津市	506	24	133	359	319	282	224
河北省	113	397	843	1696	1140	2584	344
山西省	28	113	730	1384	633	1627	132
内蒙古自治区	117	155	768	639	633	1400	180
辽宁省	483	102	230	815	955	2548	199
其中:大连市	392	1	13	74	216	247	80
吉林省	203	134	129	311	502	1109	291
黑龙江省	124	20	570	1265	539	2996	278
上海市	68	1014	166	979	939	7	823
江苏省	354	437	426	2236	1464	32	1256
浙江省	140	247	340	2023	1920		653
其中:宁波市	15	32	34	257	200		94
安徽省	80	50	86	587	446	38	196
福建省	89	10	145	607	780		190
其中:厦门市		1	11	44	74		28
江西省	49	30	192	832	597	57	236
山东省	425	348	1385	3421	2184	2486	924
其中:青岛市	29	1	27	155	123	105	21
河南省	654	357	729	1728	1197	556	535
湖北省	85	315	648	1657	1144	133	896
湖南省	247	96	565	1519	1049	210	338
广东省	446	65	771	3577	2348	12	2075
其中:深圳市	281	15	355	1429	619	3	1577
广西壮族自治区	35	33	168	473	616		51
海南省	16	35	12	54	69		59
重庆市	106	70	181	493	451	13	307
四川省	209	131	301	1018	1165	31	379
贵州省	111	87	85	287	445	36	40
云南省	127	21	127	256	583		89
西藏自治区	9	3	43	159	80	58	
陕西省	95	46	457	853	592	1038	400
甘肃省	118	35	105	202	315	380	116
青海省	237	48	138	566	425	478	304
宁夏回族自治区	10	1	18	66	54	54	22
新疆维吾尔自治区	214	32	236	540	517	2242	194

2－24－4 单位:万元

地　　区	商品和服务支出					
	交通费	差旅费	出国费	维修(护)费	租赁费	会议费
地 方 合 计	**127173**	**75607**	**4814**	**100391**	**16839**	**58840**
北京市	2523	393	118	7119	761	996
天津市	1378	1245	211	1235	199	1152
河北省	6412	3108	49	3910	958	2603
山西省	5832	2760	158	32612	1083	2646
内蒙古自治区	6139	4672	87	5419	2207	760
辽宁省	5528	2414	89	4002	497	1111
其中:大连市	728	454	34	1006	206	332
吉林省	4060	1742	49	1497	170	1183
黑龙江省	4854	3986	76	4251	569	1170
上海市	2751	732	273	1149	985	1944
江苏省	5782	4125	229	2738	839	6923
浙江省	5790	3320	752	1653	657	4384
其中:宁波市	817	588	150	197	93	720
安徽省	2129	1477	88	527	221	1077
福建省	2855	1599	59	920	103	860
其中:厦门市	120	90	2	28	36	
江西省	2980	2607	72	636	232	1532
山东省	11457	7514	156	9494	1161	5905
其中:青岛市	632	435	27	190	211	260
河南省	7622	5114	128	5517	1410	3974
湖北省	4009	3263	250	2442	429	2806
湖南省	5692	3665	191	2042	227	3132
广东省	9682	4129	978	2957	771	4889
其中:深圳市	4064	1052	572	881	484	1682
广西壮族自治区	3402	1961	201	649	622	1191
海南省	464	273	52	69	25	85
重庆市	1747	1194	19	592	81	1108
四川省	4323	2825	240	1282	146	2340
贵州省	2742	1304	11	511	473	577
云南省	2641	1051	62	531	99	1225
西藏自治区	690	654	30	357	89	67
陕西省	3592	1867	76	1242	624	1225
甘肃省	2194	1256	38	1774	210	753
青海省	2529	2219	36	881	403	514
宁夏回族自治区	499	407	10	125	194	200
新疆维吾尔自治区	4875	2731	26	2258	394	508

2－24－5 单位:万元

地　　区	商品和服务支出						
	培训费	招待费	专　用 材料费	被　装 购置费	专　用 燃料费	劳务费	委　托 业务费
地　方　合　计	**32556**	**93732**	**197460**	**4389**	**20461**	**132492**	**110278**
北京市	1082	600	690	3	4	426	4344
天津市	668	732	1050	34	453	545	779
河北省	1757	2522	3128	332	647	1663	2362
山西省	1284	2553	14909	428	897	9230	517
内蒙古自治区	759	1481	33649	407	5162	26298	4506
辽宁省	716	1776	3367	79	757	1828	7550
其中:大连市	158	497	273		60	790	590
吉林省	535	881	2547		600	1667	3541
黑龙江省	702	782	6170	319	1373	9377	12176
上海市	524	2165	375	6	4	1275	1683
江苏省	2918	9514	3154	88	12	2943	4494
浙江省	1485	9275	846	45	10	6797	6024
其中:宁波市	219	1934	48			796	1372
安徽省	562	2145	463	93	79	2048	7151
福建省	805	2800	1490	258	124	1554	3714
其中:厦门市	12	51	10	150		144	
江西省	885	4583	568	62	212	2131	1376
山东省	2435	3647	32566	58	1078	12102	4352
其中:青岛市	98	420	1	29	33	131	12
河南省	2204	5853	55583	504	3577	13144	4203
湖北省	1634	4705	1394	192	593	2049	2148
湖南省	1428	7987	2114	106	456	4672	2175
广东省	3088	9857	1817	254	90	5230	20638
其中:深圳市	1039	1168	77	28		2940	1349
广西壮族自治区	994	3237	390	78	21	3010	692
海南省	115	407	122	4		202	48
重庆市	692	1562	453	103	19	543	420
四川省	1367	4754	622	5	57	1724	3085
贵州省	611	2383	1228	20	81	2056	755
云南省	878	2744	830	147	126	1468	832
西藏自治区	69	361	1157		30	925	47
陕西省	627	1526	1332	144	83	2519	794
甘肃省	402	796	1733	139	175	1426	2429
青海省	512	644	10528	339	2837	7257	3473
宁夏回族自治区	139	284	108	95	13	197	207
新疆维吾尔自治区	679	1176	7577	47	891	6186	3763

2－24－6

单位:万元

地区	商品和服务支出			对个人和家庭的补助			
	工会经费	福利费	其他商品和服务支出	小计	离休费	退休费	退职(役)费
地方合计	**10513**	**29574**	**1246426**	**249459**	**6295**	**139240**	**489**
北京市	375	583	32509	11027	375	6340	10
天津市	193	882	9550	12472	774	8978	10
河北省	371	1166	20844	7153	48	1448	
山西省	113	676	68422	11294	23	1025	1
内蒙古自治区	186	959	19582	2654	3	358	
辽宁省	268	931	21859	3835	133	1428	2
其中:大连市	37	190	150	367			
吉林省	38	152	3018	2459	88	1346	3
黑龙江省	223	1088	17401	17752	711	14841	7
上海市	478	646	31309	3825	59	1418	4
江苏省	767	1793	63703	28886	683	20469	77
浙江省	991	2666	155134	10942	168	3272	5
其中:宁波市	190	344	69266	1046	6	365	
安徽省	144	355	87261	3030	74	1220	19
福建省	249	914	28607	3104	11	514	9
其中:厦门市	38	35	5782	612		42	
江西省	254	838	34581	2307	55	863	3
山东省	761	2878	41696	10644	248	1590	42
其中:青岛市	116	34	5759	1252	119	336	17
河南省	580	1622	29832	5620	88	1090	9
湖北省	624	1436	55968	6531	104	1963	59
湖南省	885	1626	53896	25144	998	18896	88
广东省	639	2202	85953	5014	66	505	32
其中:深圳市	143	191	4277	164		7	
广西壮族自治区	178	565	60411	4864	31	2712	3
海南省	12	31	9603	122	1	45	
重庆市	344	341	68619	2462	86	741	1
四川省	576	515	68054	5706	16	977	18
贵州省	128	409	20117	4092	88	2656	4
云南省	199	163	39962	1041		240	10
西藏自治区	145	366	2429	11765	15	11022	
陕西省	156	773	37223	17743	741	13855	
甘肃省	44	187	21598	2582	16	283	1
青海省	236	1374	18312	3989	13	479	
宁夏回族自治区	26	110	13658	330	3	123	
新疆维吾尔自治区	330	1327	25315	21070	576	18543	72

2－24－7　　　　单位:万元

地　　区	对个人和家庭的补助						
	抚恤金	生活补助	救济费	医疗费	助学金	奖励金	生产补贴
地　方　合　计	**4179**	**10541**	**1804**	**8735**	**70**	**3590**	**1338**
北京市	155	49	4	1162		10	
天津市	95	106	1	389		1	
河北省	188	192	23	250		52	4
山西省	180	462	1001	41		44	173
内蒙古自治区	316	558	52	111		46	2
辽宁省	105	272	46	230		109	
其中:大连市	21	159	32	58		10	
吉林省	19	169	6	85		86	
黑龙江省	213	379	8	158		124	
上海市	129	20		68	2	1	
江苏省	190	212	81	499		294	1
浙江省	50	171	34	656		394	82
其中:宁波市	8	24		6		21	
安徽省	30	73	5	51		14	155
福建省	16	60	130	141		52	43
其中:厦门市	1						
江西省	18	62		379	3	4	3
山东省	272	252	58	646	3	92	1
其中:青岛市	30	5	3	4	3		
河南省	114	2813	60	131	36	54	5
湖北省	398	224	15	351	2	28	
湖南省	378	348	82	1022	20	315	5
广东省	63	300	35	587	3	264	
其中:深圳市				16		19	
广西壮族自治区	94	139	5	81		461	
海南省		12					
重庆市	36	25	17	219		10	
四川省	54	267	25	41		395	17
贵州省	80	182	3	16		127	1
云南省	34	50		11		376	2
西藏自治区	160	71		59		11	
陕西省	258	419	32	889	1	84	1
甘肃省	6	60		6		1	701
青海省	289	2430		183		13	
宁夏回族自治区	7	5		3		22	142
新疆维吾尔自治区	232	159	31	270		106	

2－24－8　　单位:万元

地　　区	对个人和家庭的补助				对企事业单位的补贴		
	住　房公积金	提租补贴	购房补贴	其他对个人和家庭的补助支出	小　计	企业政策性补　贴	事业单位补　贴
地　方　合　计	**35288**	**2394**	**7481**	**28015**	**99345**	**29340**	**9022**
北京市	1957	435	102	428			
天津市	1684	32	291	111	15		
河北省	4266	12	56	614	1047	295	287
山西省	448	2		7894	29535	2214	5
内蒙古自治区	273			935	1324	162	
辽宁省	753	578	28	151	2085	876	409
其中:大连市	62	13	4	8	935	526	409
吉林省	624	14		19	1351	720	280
黑龙江省	808	71	75	357	8651	5831	142
上海市	611		1	1512	466		38
江苏省	2540	406	1164	2270	7349		2788
浙江省	4231	18	133	1728	8971	839	1514
其中:宁波市	98	1	5	512			
安徽省	666	8	10	705	5942	4558	11
福建省	1120	506	1	501	1928	236	312
其中:厦门市	287	277		5			
江西省	530			387	3316	2232	15
山东省	2593	251	4055	541	9346	6641	1353
其中:青岛市	353	80	209	93	9		9
河南省	794	2	24	400	4612	1249	1130
湖北省	2153	20	9	1205	548	300	121
湖南省	2003		267	722	1165	130	266
广东省	1864	10	147	1138	350		60
其中:深圳市				122			
广西壮族自治区	787	9		542	360		80
海南省	15			49	540		
重庆市	557		11	759	330	190	
四川省	964		145	2787	1945	20	51
贵州省	376	17	256	286	1312		32
云南省	202		21	95	814	250	
西藏自治区	276			151	23		
陕西省	658		658	97	1227	1040	102
甘肃省	133	3		1372	1550	590	26
青海省	501			81	1492	5	
宁夏回族自治区	10		1	14	541	33	
新疆维吾尔自治区	891		26	164	1210	929	

2-24-9　　单位:万元

地　区	对企事业单位的补贴		赠　与			债务利息支出	
	财政贴息	其他对企事业单位的补贴支出	小　计	对国内的赠　与	对国外的赠　与	小　计	国库券付　息
地　方　合　计	**8582**	**52401**	**112**	**112**		**570**	
北京市							
天津市		15					
河北省	366	99					
山西省		27316				518	
内蒙古自治区	154	1008					
辽宁省	59	741					
其中:大连市							
吉林省	10	341					
黑龙江省	2628	50					
上海市	13	415					
江苏省	544	4017					
浙江省	687	5931	58	58			
其中:宁波市							
安徽省	29	1344					
福建省	633	747					
其中:厦门市							
江西省	1044	25					
山东省	15	1337	11	11			
其中:青岛市							
河南省	10	2223	1	1			
湖北省	10	117	12	12			
湖南省	399	370	30	30			
广东省	194	96					
其中:深圳市							
广西壮族自治区	280						
海南省		540					
重庆市		140					
四川省	1094	780				52	
贵州省		1280					
云南省	168	396					
西藏自治区	23						
陕西省	44	41					
甘肃省	20	914					
青海省		1487					
宁夏回族自治区	158	350					
新疆维吾尔自治区		281					

2－24－10 单位:万元

地　　区	债务利息支出					基本建设支出	
	向国家银行借款付息	其他国内借款付息	向国外政府借款付息	向国际组织借款付息	其他国外借款付息	小　计	房屋建筑物购建
地方合计		**52**		**518**		**216007**	**43272**
北京市						1476	
天津市							
河北省						7432	2839
山西省				518		16906	779
内蒙古自治区						12657	5620
辽宁省						1822	410
其中:大连市						30	
吉林省						1534	
黑龙江省						5739	
上海市						3395	
江苏省						17791	16311
浙江省						6954	5175
其中:宁波市						435	377
安徽省						4436	104
福建省						1207	210
其中:厦门市						25	
江西省						3991	274
山东省						8866	
其中:青岛市						197	
河南省						18473	1473
湖北省						22982	84
湖南省						10646	1820
广东省						7820	512
其中:深圳市							
广西壮族自治区						4862	1072
海南省							
重庆市						9535	3582
四川省		52				20111	60
贵州省						1169	312
云南省						5277	594
西藏自治区							
陕西省						12013	305
甘肃省						3165	1017
青海省						926	58
宁夏回族自治区						3412	134
新疆维吾尔自治区						1410	527

2-24-11

单位:万元

地　　区	基本建设支出							
	办公设备购置	专用设备购置	交通工具购置	基础设施建设	大型修缮	信息网络购建	物资储备	其他基本建设支出
地方合计	**3171**	**4988**	**1878**	**76227**	**7597**	**1289**	**2315**	**75270**
北京市								1476
天津市								
河北省	22	44		3741	173	69		544
山西省	51	32		3861			312	11871
内蒙古自治区	52	86	58	3142		15		3684
辽宁省		132	5				1275	
其中:大连市		30						
吉林省		400		543		5		586
黑龙江省	32	1754		2594	793		566	
上海市					3350			45
江苏省	185	202	270	30	447	174		172
浙江省	686	205	311	13	96	392		76
其中:宁波市	32					25		1
安徽省	14	5		2990		74		1249
福建省	35	40	16	744	30		12	120
其中:厦门市	9		16					
江西省	35	1	45	3389	31			216
山东省	223	19	244	461	584	47		7288
其中:青岛市	109		77	11				
河南省	22	55	66	7906	430	1		8520
湖北省	100	6	151	1070	89	114		21368
湖南省	47	157	40	5043		5		3534
广东省	36	4	16	6105	479	356		312
其中:深圳市								
广西壮族自治区	882	11	62	91				2744
海南省								
重庆市	55		69	765	202	1		4861
四川省	321	1416	400	14557		1		3356
贵州省	26	14	1	92	1	5		718
云南省	95			3857	224			507
西藏自治区								
陕西省	58	155		11155	20	30	150	140
甘肃省	96	250	46	573	200			983
青海省	64		78	14				712
宁夏回族自治区	34			3241				3
新疆维吾尔自治区				250	448			185

2－24－12　　单位:万元

地　　区	其他资本性支出						
	小　计	房屋建筑物购　建	办公设备购　置	专用设备购　置	交通工具购　置	基础设施建　设	大型修缮
地　方　合　计	**1650403**	**79500**	**37929**	**33362**	**32827**	**236879**	**59493**
北京市	5585	323	804	159	836	70	201
天津市	3066		782	341	304	1461	7
河北省	27021	4057	669	1191	790	4158	322
山西省	223502	8864	3824	1604	1592	68288	35360
内蒙古自治区	67019	2628	889	798	2060	9681	453
辽宁省	24736	924	735	296	745	9873	571
其中:大连市	1771		102	126	6		155
吉林省	11409	1318	872	336	614	4230	1786
黑龙江省	25157	1364	766	753	503	8846	1998
上海市	31087	2726	1231	93	763	13817	5840
江苏省	35352	10144	2592	897	1469	2041	2488
浙江省	42185	6875	2508	844	1665	4448	316
其中:宁波市	1978	614	296	104	164	104	11
安徽省	31612	2914	1510	2623	2719	6322	286
福建省	53409	1502	2284	830	1130	5199	376
其中:厦门市	3173		9	25	22		
江西省	8753	990	902	713	1431	1352	118
山东省	101236	6299	3430	6695	1845	19331	4233
其中:青岛市	3617		127	22	101		
河南省	82038	3340	1404	7332	1297	21877	451
湖北省	39540	2973	1249	174	924	7556	529
湖南省	344778	6731	1263	729	1750	1396	470
广东省	63342	3531	3604	585	1836	1154	458
其中:深圳市	2027		1245		555	80	144
广西壮族自治区	21908	3104	1069	205	1018	1507	149
海南省	3570	809	212	21	299	57	
重庆市	7415	372	265	4	414	146	11
四川省	79578	729	2141	445	1071	10075	1240
贵州省	10631	752	521	72	768	2293	35
云南省	21032	799	591	74	580	2068	211
西藏自治区	1879		91	1354	75	300	29
陕西省	226043	932	412	125	731	15117	146
甘肃省	25053	608	418	275	825	4542	545
青海省	2681	316	128	152	818	755	76
宁夏回族自治区	14011	928	106	238	230	8080	213
新疆维吾尔自治区	15775	2648	657	3404	1725	839	575

2－24－13 单位:万元

地　　区	其他资本性支出						
	信息网络购建	物资储备	土地补偿	安置补助	地上附着物和青苗补偿	拆迁补偿	其他资本性支出
地方合计	**11271**	**3665**	**346635**	**35388**	**18401**	**303957**	**451096**
北京市	155						3037
天津市	120		45				6
河北省	250	218	6699	5	444	80	8138
山西省	981	1	31215	3210	2609	4288	61666
内蒙古自治区	200		19758	1079	36	416	29021
辽宁省	455		7738	159	181	220	2839
其中:大连市	379		20	159	11		813
吉林省	63	145	965	739	91	49	201
黑龙江省	124		5716	495	918	2328	1346
上海市	334		22			55	6206
江苏省	1963		282	170	56		13250
浙江省	2111		8160	309	531		14418
其中:宁波市	165						520
安徽省	650		4557	137	804	110	8980
福建省	169		331	589	133	570	40296
其中:厦门市							3117
江西省	74		418		33		2722
山东省	494	302	6025	16020	3945	14241	18376
其中:青岛市	84		300	210	450	85	2238
河南省	602	1435	10532	3780	300	2960	26728
湖北省	270		5077	40		575	20173
湖南省	450	830	1513		40	265255	64351
广东省	476		23599	3101	120	425	24453
其中:深圳市	3						
广西壮族自治区	68	280	4751	218	899	3797	4843
海南省			527	118	640	27	860
重庆市	94	2	1232	5	54	41	4775
四川省	577		3613	1285	761	422	57219
贵州省	272		2121	500	336	132	2829
云南省	21		6390	158	67	8	10065
西藏自治区			12				18
陕西省	69		186435	2352	2893	4789	12042
甘肃省	85	452	4898	757	1416	189	10043
青海省	40		166				230
宁夏回族自治区	9		811			2954	442
新疆维吾尔自治区	95		3027	162	1094	26	1523

2－24－14

单位:万元

地　　区	贷款转贷及产权参股					其他支出		
	小　计	国内贷款	国外贷款	产权参股	其他贷款转贷及产权参股支出	小　计	补充全国社会保障基金	其他支出
地　方　合　计	**1033**	**503**		**500**	**30**	**731158**		**731158**
北京市						14517		14517
天津市								
河北省						58364		58364
山西省	500			500		88399		88399
内蒙古自治区						10939		10939
辽宁省						62012		62012
其中:大连市						14		14
吉林省						1669		1669
黑龙江省						104		104
上海市						2547		2547
江苏省	500	500				30508		30508
浙江省						13731		13731
其中:宁波市						154		154
安徽省						12711		12711
福建省	30				30	30689		30689
其中:厦门市						46		46
江西省						5034		5034
山东省						4850		4850
其中:青岛市						3073		3073
河南省	3	3				74975		74975
湖北省						20045		20045
湖南省						121922		121922
广东省						23056		23056
其中:深圳市						2372		2372
广西壮族自治区						6392		6392
海南省						892		892
重庆市						15528		15528
四川省						110364		110364
贵州省						3290		3290
云南省						1792		1792
西藏自治区						5824		5824
陕西省						1682		1682
甘肃省						5607		5607
青海省						1522		1522
宁夏回族自治区						1003		1003
新疆维吾尔自治区						1190		1190

2007年各省、自治区、直辖市海洋管理事务支出明细表

2－25－1　　　　单位：万元

地　区	合　计	工资福利支出 小　计	基本工资	津贴补贴	奖　金	社会保障缴　费
地方合计	**153938**	**16601**	**6145**	**5390**	**1794**	**1328**
北京市						
天津市	11854	419	152	191	43	18
河北省	5270	320	162	73	12	40
山西省						
内蒙古自治区						
辽宁省	23403	2467	1108	806	204	305
其中：大连市	16593	2033	863	681	184	271
吉林省						
黑龙江省						
上海市	4173					
江苏省	10517	1966	628	445	456	247
浙江省	11606	1894	410	440	552	206
其中：宁波市	2594	501	90	102	199	81
安徽省						
福建省	21632	2943	863	973	143	115
其中：厦门市	8071	1529	259	571	39	40
江西省						
山东省	28208	1906	669	757	145	194
其中：青岛市	8402	777	144	384	83	129
河南省	563	271	101	159	5	
湖北省						
湖南省						
广东省	19742	2897	1258	1142	143	167
其中：深圳市	1017					
广西壮族自治区	10312	240	71	67	28	3
海南省	6658	1278	723	337	63	33
重庆市						
四川省						
贵州省						
云南省						
西藏自治区						
陕西省						
甘肃省						
青海省						
宁夏回族自治区						
新疆维吾尔自治区						

二、地方财政预算收支情况

2－25－2

单位:万元

地　　区	工资福利支出				商品和服务支出		
	伙食费	伙　食 补助费	绩效 工资	其他工资 福利支出	小　计	办公费	印刷费
地　方　合　计	**25**	**144**	**99**	**1676**	**80848**	**3136**	**366**
北京市							
天津市		10		5	1310	14	4
河北省		2		31	1804	91	2
山西省							
内蒙古自治区							
辽宁省	6	6	24	8	11505	1552	70
其中:大连市	4	4	22	4	5897	1332	45
吉林省							
黑龙江省							
上海市					691		
江苏省		49		141	5703	150	19
浙江省		17		269	7651	97	50
其中:宁波市		2		27	1094	18	2
安徽省							
福建省	4	30	63	752	10878	209	40
其中:厦门市	4	18	63	535	3003	59	9
江西省							
山东省	3	10		128	18785	238	66
其中:青岛市	3	8		26	4325	82	33
河南省		6			234	153	11
湖北省							
湖南省							
广东省	5	12		170	13469	308	69
其中:深圳市					1017		
广西壮族自治区				71	4736	80	15
海南省	7	2	12	101	4082	244	20
重庆市							
四川省							
贵州省							
云南省							
西藏自治区							
陕西省							
甘肃省							
青海省							
宁夏回族自治区							
新疆维吾尔自治区							

2－25－3

单位：万元

地　　区	商品和服务支出						
	咨询费	手续费	水　费	电　费	邮电费	取暖费	物　业 管理费
地　方　合　计	**328**	**121**	**125**	**491**	**573**	**173**	**58**
北京市							
天津市				23	8	2	2
河北省			6	4	12	7	4
山西省							
内蒙古自治区							
辽宁省	16	58	15	58	91	91	2
其中：大连市	10	57	8	41	70	73	2
吉林省							
黑龙江省							
上海市	1						
江苏省	1	47	6	36	40		3
浙江省	9	2	4	95	70		16
其中：宁波市		2		1	6		
安徽省							
福建省	8		17	102	68		15
其中：厦门市	5		4	40	15		1
江西省							
山东省	284	9	19	40	107	61	4
其中：青岛市	1		1	9	19	7	
河南省			1	5	3	12	
湖北省							
湖南省							
广东省	8	3	42	98	137		2
其中：深圳市							
广西壮族自治区			12	22	11		
海南省	1	2	3	8	26		10
重庆市							
四川省							
贵州省							
云南省							
西藏自治区							
陕西省							
甘肃省							
青海省							
宁夏回族自治区							
新疆维吾尔自治区							

2－25－4

单位:万元

地区	商品和服务支出					
	交通费	差旅费	出国费	维修(护)费	租赁费	会议费
地方合计	**5485**	**2110**	**195**	**1494**	**574**	**1747**
北京市						
天津市	43	22		16		4
河北省	115	52	6	46	17	115
山西省						
内蒙古自治区						
辽宁省	1462	502	28	422	210	312
其中:大连市	1267	149	23	366	159	190
吉林省						
黑龙江省						
上海市		1				7
江苏省	211	150	48	70	64	122
浙江省	480	197	4	100	155	132
其中:宁波市	323	27		53	98	20
安徽省						
福建省	799	432	32	125	75	329
其中:厦门市	185	140	9	48	67	216
江西省						
山东省	919	184	48	297	17	166
其中:青岛市	328	31		223	11	36
河南省	30			3		2
湖北省						
湖南省						
广东省	987	304	26	253	20	378
其中:深圳市						
广西壮族自治区	93	93		80	2	97
海南省	346	173	3	82	14	83
重庆市						
四川省						
贵州省						
云南省						
西藏自治区						
陕西省						
甘肃省						
青海省						
宁夏回族自治区						
新疆维吾尔自治区						

2－25－5

单位:万元

地区	商品和服务支出						
	培训费	招待费	专用材料费	被装购置费	专用燃料费	劳务费	委托业务费
地方合计	**755**	**1563**	**1971**	**381**	**901**	**1801**	**4339**
北京市							
天津市	6	10	3		2	1	5
河北省	26	54	12		6	31	180
山西省							
内蒙古自治区							
辽宁省	307	295	378		223	461	795
其中:大连市	128	212	711		132	273	620
吉林省							
黑龙江省							
上海市		2					15
江苏省	74	255	133	2	15	30	734
浙江省	32	207	64	13	9	126	355
其中:宁波市	1	28	6	1	3	11	233
安徽省							
福建省	38	187	301	294	8	142	124
其中:厦门市	8	19	51	291		118	124
江西省							
山东省	53	54	348	6	253	672	1301
其中:青岛市	9	14	126	6		650	644
河南省	4	4				1	
湖北省							
湖南省							
广东省	111	250	179	51	310	108	792
其中:深圳市							
广西壮族自治区	44	117	15			161	36
海南省	60	128	38	15	75	68	2
重庆市							
四川省							
贵州省							
云南省							
西藏自治区							
陕西省							
甘肃省							
青海省							
宁夏回族自治区							
新疆维吾尔自治区							

2－25－6

单位:万元

地　　区	商品和服务支出			对个人和家庭的补助			
	工会经费	福利费	其他商品和服务支出	小　计	离休费	退休费	退职(役)费
地　方　合　计	**126**	**305**	**51730**	**2808**	**168**	**794**	**23**
北京市							
天津市	2	6	1137	66		7	
河北省	1	4	1013	160		2	
山西省							
内蒙古自治区							
辽宁省	17	30	3610	127			
其中:大连市	8	21		90			
吉林省							
黑龙江省							
上海市			665				
江苏省	13	61	3419	695	117	378	
浙江省	6	32	5396	443	35	170	
其中:宁波市	2	8	251	99	13	63	
安徽省							
福建省	39	96	7398	517	10	87	5
其中:厦门市	28	22	1544	245		2	5
江西省							
山东省	7	12	13620	324		10	18
其中:青岛市	7	2	2086	133		10	
河南省		5		3			
湖北省							
湖南省							
广东省	28	38	8967	319	6	114	
其中:深圳市			1017				
广西壮族自治区	8	9	3841	21		7	
海南省	5	12	2664	133		19	
重庆市							
四川省							
贵州省							
云南省							
西藏自治区							
陕西省							
甘肃省							
青海省							
宁夏回族自治区							
新疆维吾尔自治区							

2－25－7　　　　单位:万元

地区	对个人和家庭的补助						
	抚恤金	生活补助	救济费	医疗费	助学金	奖励金	生产补贴
地方合计	**77**	**268**	**17**	**31**		**101**	**2**
北京市							
天津市	4			2			
河北省		151					
山西省							
内蒙古自治区							
辽宁省	11	30	9	2		39	
其中:大连市	11	28	9	2		9	
吉林省							
黑龙江省							
上海市							
江苏省	15	23		7			
浙江省	10	32		2		21	
其中:宁波市	1	5					
安徽省							
福建省	12	15				1	
其中:厦门市	7	7					
江西省							
山东省	1	10	3	2			
其中:青岛市		7					
河南省			3				
湖北省							
湖南省							
广东省	21	4	1	16		39	
其中:深圳市							
广西壮族自治区							
海南省	3	3	1			1	2
重庆市							
四川省							
贵州省							
云南省							
西藏自治区							
陕西省							
甘肃省							
青海省							
宁夏回族自治区							
新疆维吾尔自治区							

2－25－8

单位:万元

地　　区	对个人和家庭的补助				对企事业单位的补贴		
	住　房公积金	提租补贴	购房补贴	其他对个人和家庭的补助支出	小　计	企业政策性补　　贴	事业单位补　　贴
地　方　合　计	**615**	**165**	**197**	**350**	**2705**	**586**	**1579**
北京市							
天津市	50			3			
河北省	4			3			
山西省							
内蒙古自治区							
辽宁省	29	7			1357	577	780
其中:大连市	27	4			1357	577	780
吉林省							
黑龙江省							
上海市							
江苏省	87	19	18	31			
浙江省	114		4	55	712	9	366
其中:宁波市				17	705	2	366
安徽省							
福建省	150	87	62	88	129		70
其中:厦门市	78	71	62	13	10		
江西省							
山东省	70	52	113	45	92		
其中:青岛市	47	52	1	16			
河南省							
湖北省							
湖南省							
广东省	97			21	415		363
其中:深圳市							
广西壮族自治区	8			6			
海南省	6			98			
重庆市							
四川省							
贵州省							
云南省							
西藏自治区							
陕西省							
甘肃省							
青海省							
宁夏回族自治区							
新疆维吾尔自治区							

2－25－9

单位：万元

地区	对企事业单位的补贴		赠与			债务利息支出	
	财政贴息	其他对企事业单位的补贴支出	小计	对国内的赠与	对国外的赠与	小计	国库券付息
地方合计		**540**				**102**	
北京市							
天津市							
河北省							
山西省							
内蒙古自治区							
辽宁省							
其中：大连市							
吉林省							
黑龙江省							
上海市							
江苏省							
浙江省		337					
其中：宁波市		337					
安徽省							
福建省		59				102	
其中：厦门市		10					
江西省							
山东省		92					
其中：青岛市							
河南省							
湖北省							
湖南省							
广东省		52					
其中：深圳市							
广西壮族自治区							
海南省							
重庆市							
四川省							
贵州省							
云南省							
西藏自治区							
陕西省							
甘肃省							
青海省							
宁夏回族自治区							
新疆维吾尔自治区							

2－25－10

单位:万元

地区	债务利息支出					基本建设支出	
	向国家银行借款付息	其他国内借款付息	向国外政府借款付息	向国际组织借款付息	其他国外借款付息	小计	房屋建筑物购建
地方合计				**102**		**7466**	**539**
北京市							
天津市							
河北省						31	
山西省							
内蒙古自治区							
辽宁省							
其中:大连市							
吉林省							
黑龙江省							
上海市							
江苏省						61	34
浙江省						553	464
其中:宁波市						14	14
安徽省							
福建省				102		1706	
其中:厦门市						34	
江西省							
山东省						2933	
其中:青岛市						2843	
河南省							
湖北省							
湖南省							
广东省						116	41
其中:深圳市							
广西壮族自治区						1936	
海南省						130	
重庆市							
四川省							
贵州省							
云南省							
西藏自治区							
陕西省							
甘肃省							
青海省							
宁夏回族自治区							
新疆维吾尔自治区							

2－25－11 单位:万元

地区	基本建设支出							
	办公设备购置	专用设备购置	交通工具购置	基础设施建设	大型修缮	信息网络购建	物资储备	其他基本建设支出
地方合计	**61**	**933**	**329**	**2207**	**42**	**279**	**20**	**3056**
北京市								
天津市								
河北省	1	30						
山西省								
内蒙古自治区								
辽宁省								
其中:大连市								
吉林省								
黑龙江省								
上海市								
江苏省	15		10					2
浙江省	7	1	16	65				
其中:宁波市								
安徽省								
福建省	2	13	19					1672
其中:厦门市	2	13	19					
江西省								
山东省		874	244	200	26	279	20	1290
其中:青岛市		709	244		52	66	40	1732
河南省								
湖北省								
湖南省								
广东省	35		40					
其中:深圳市								
广西壮族自治区				1936				
海南省	1	15		6	16			92
重庆市								
四川省								
贵州省								
云南省								
西藏自治区								
陕西省								
甘肃省								
青海省								
宁夏回族自治区								
新疆维吾尔自治区								

2－25－12　　　　单位：万元

地　　区	其他资本性支出						
	小　计	房屋建筑物购　　建	办公设备购　　置	专用设备购　　置	交通工具购　　置	基础设施建　　设	大型修缮
地　方　合　计	**28350**	**2846**	**749**	**1577**	**1034**	**10547**	**276**
北京市							
天津市	10059		1		20	10038	
河北省	85		11	12	16		8
山西省							
内蒙古自治区							
辽宁省	1487	30	82	582	120	278	116
其中：大连市	756		3	193	23	142	116
吉林省							
黑龙江省							
上海市	3482						
江苏省	1950		42	70	72		97
浙江省	183	30	35	15	10		
其中：宁波市	137	30	14	15			
安徽省							
福建省	2711		126	229	152	50	18
其中：厦门市	1842		34	33	13		
江西省							
山东省	3656	2762	76	479	100	127	32
其中：青岛市	319		9	171	75		32
河南省	55		23		31		
湖北省							
湖南省							
广东省	771		72	44	170	2	5
其中：深圳市							
广西壮族自治区	2997	24	44	24	15		
海南省	914		237	122	328	52	
重庆市							
四川省							
贵州省							
云南省							
西藏自治区							
陕西省							
甘肃省							
青海省							
宁夏回族自治区							
新疆维吾尔自治区							

2-25-13

单位:万元

地　　区	其他资本性支出						
	信息网络购　建	物资储备	土地补偿	安置补助	地上附着物和青苗补偿	拆迁补偿	其他资本性支　出
地 方 合 计	**31**				**50**	**1759**	**9481**
北京市							
天津市							
河北省							38
山西省							
内蒙古自治区							
辽宁省					50		229
其中:大连市					50		229
吉林省							
黑龙江省							
上海市							3482
江苏省	12						1657
浙江省	15						78
其中:宁波市							78
安徽省							
福建省	3					1759	374
其中:厦门市	3					1759	
江西省							
山东省							80
其中:青岛市							32
河南省	1						
湖北省							
湖南省							
广东省							478
其中:深圳市							
广西壮族自治区							2890
海南省							175
重庆市							
四川省							
贵州省							
云南省							
西藏自治区							
陕西省							
甘肃省							
青海省							
宁夏回族自治区							
新疆维吾尔自治区							

二、地方财政预算收支情况

2－25－14

单位:万元

地区	贷款转贷及产权参股					其他支出		
	小计	国内贷款	国外贷款	产权参股	其他贷款转贷及产权参股支出	小计	补充全国社会保障基金	其他支出
地方合计						**15058**		**15058**
北京市								
天津市								
河北省						2870		2870
山西省								
内蒙古自治区								
辽宁省						6460		6460
其中:大连市						6460		6460
吉林省								
黑龙江省								
上海市								
江苏省						142		142
浙江省						170		170
其中:宁波市						44		44
安徽省								
福建省						2646		2646
其中:厦门市						1408		1408
江西省								
山东省						512		512
其中:青岛市						5		5
河南省								
湖北省								
湖南省								
广东省						1755		1755
其中:深圳市								
广西壮族自治区						382		382
海南省						121		121
重庆市								
四川省								
贵州省								
云南省								
西藏自治区								
陕西省								
甘肃省								
青海省								
宁夏回族自治区								
新疆维吾尔自治区								

2007 年各省、自治区、直辖市测绘事务支出明细表

2－26－1　　　　　　　　　　　　　　　　　　　　单位:万元

地　　区	合　计	工资福利支出				
		小　计	基本工资	津贴补贴	奖　金	社会保障缴费
地　方　合　计	**187051**	**61221**	**23138**	**16153**	**10460**	**3833**
北京市	20441	8127	1421	830	4476	1006
天津市						
河北省	10367	4426	1240	501	519	129
山西省	7546	2195	875	579	214	65
内蒙古自治区	4157	2017	1122	677	87	18
辽宁省	9480	2237	870	946	163	122
其中:大连市	160	141	27	87	6	14
吉林省	7289	2241	1051	1004	58	76
黑龙江省	4604	15	10	4	1	
上海市	6406	1455	354	290	262	510
江苏省	13490	3886	1073	815	1390	88
浙江省	12875	3890	1037	812	1177	205
其中:宁波市	1779	161	27	33	47	49
安徽省	3109	1377	759	483	38	44
福建省	4421	1669	723	667	82	110
其中:厦门市	1204	326	87	99	34	55
江西省	4610	1587	897	426	60	52
山东省	7039	2269	790	1020	233	142
其中:青岛市	1118	514	180	151	58	111
河南省	6695	1913	806	568	69	47
湖北省	10678	2563	1410	393	195	35
湖南省	974	93	22	4	60	7
广东省	10860	4284	2019	951	266	541
其中:深圳市						
广西壮族自治区	12304	4212	1670	908	543	164
海南省	672	31	29	1	1	
重庆市	108	16	7		4	
四川省	2711	3				
贵州省	5145	2025	1082	530	206	40
云南省	5643	1975	919	783	93	123
西藏自治区	661	253	66	162	13	7
陕西省	666	16				
甘肃省	3679	1761	581	1012	10	58
青海省	2941	1812	863	863	6	15
宁夏回族自治区	2514	1098	483	400	175	39
新疆维吾尔自治区	4966	1775	959	524	59	190

二、地方财政预算收支情况

2－26－2　　　　单位:万元

地　　区	工资福利支出				商品和服务支出		
	伙食费	伙　食 补助费	绩效 工资	其他工资 福利支出	小　计	办公费	印刷费
地 方 合 计	**116**	**442**	**700**	**6379**	**89803**	**2578**	**706**
北京市		134	2	258	10277	248	77
天津市							
河北省	29	38		1970	5529	126	1
山西省		11	25	426	3724	207	19
内蒙古自治区				113	1542	92	30
辽宁省	4	29		103	6477	161	89
其中:大连市				7	17	3	
吉林省		23	29		3324	66	12
黑龙江省					4585	1	
上海市			3	36	4480	81	
江苏省	82	52	59	327	3753	171	12
浙江省		90		569	5289	117	63
其中:宁波市		2		3	200	12	2
安徽省				53	1330	55	15
福建省		1	6	80	1738	35	14
其中:厦门市				51	380	9	
江西省		2		150	2455	53	18
山东省				84	2928	157	114
其中:青岛市				14	239	14	
河南省		3	106	314	3613	174	49
湖北省	1	17	42	470	7242	146	34
湖南省					460	45	1
广东省			246	261	5072	172	13
其中:深圳市							
广西壮族自治区				927	5168	101	40
海南省					91	3	2
重庆市				5	49	3	1
四川省				3	208	2	
贵州省			120	47	2648	84	47
云南省		4		53	3309	82	12
西藏自治区		5			63	1	
陕西省			16		150	50	
甘肃省		9	23	68	1244	33	3
青海省		14	23	28	579	30	11
宁夏回族自治区				1	964	32	22
新疆维吾尔自治区		10		33	1512	50	7

2－26－3　　　　单位:万元

地区	商品和服务支出						
	咨询费	手续费	水　费	电　费	邮电费	取暖费	物业管理费
地　方　合　计	**188**	**23**	**286**	**1148**	**1066**	**1151**	**599**
北京市		3	30	93	27	192	77
天津市							
河北省			33	88	83	161	2
山西省			11	22	41	80	1
内蒙古自治区			5	15	33	12	35
辽宁省			14	132	65	129	63
其中:大连市					1	2	
吉林省		1	18	43	41	194	2
黑龙江省							4
上海市	48		24	82	42		44
江苏省	23	1	5	52	31		34
浙江省	24	1	7	70	170		14
其中:宁波市							
安徽省			5	42	26		58
福建省	3		3	16	31		3
其中:厦门市			1		6		
江西省	11		4	72	23	2	8
山东省		8	57	12	40	123	14
其中:青岛市		8	6	10	7	27	
河南省	7	1	10	47	61	31	11
湖北省	17	2	4	80	45	5	112
湖南省			6		14		
广东省	5	5	3	63	74		66
其中:深圳市							
广西壮族自治区	23		15	98	56		5
海南省				2	1		
重庆市							
四川省							
贵州省			2	21	29	10	4
云南省	19		13	44	40		5
西藏自治区			4	5	4		
陕西省							
甘肃省			4	17	22	58	18
青海省	2		1	5	26	27	2
宁夏回族自治区			4	5	14	17	2
新疆维吾尔自治区	6	1	4	22	27	110	15

2-26-4

单位:万元

地区	商品和服务支出					
	交通费	差旅费	出国费	维修(护)费	租赁费	会议费
地方合计	**4548**	**8454**	**281**	**3902**	**620**	**1432**
北京市	260	135	23	1277	18	36
天津市						
河北省	490	869		209	73	76
山西省	204	117	6	155	14	114
内蒙古自治区	78	184		86		11
辽宁省	531	834		115	5	42
其中:大连市	7	2				
吉林省	207	373		168	136	47
黑龙江省						
上海市	147	87	81	104	64	68
江苏省	134	211	32	78	20	250
浙江省	158	652	14	207	50	83
其中:宁波市	4	36		8	5	6
安徽省	104	149		59	2	26
福建省	62	133	13	14	4	33
其中:厦门市	17	11		2		
江西省	116	365	28	116	55	25
山东省	171	108		79	15	108
其中:青岛市	3	13		23		20
河南省	272	266	5	336		49
湖北省	158	917	4	170	86	120
湖南省	22	16		8		3
广东省	381	218	19	120	39	141
其中:深圳市						
广西壮族自治区	269	1664	9	202	2	75
海南省	8	6		4		
重庆市	3	1		22		2
四川省	1					
贵州省	116	284		51	2	28
云南省	197	258	7	108	1	34
西藏自治区	16	9		1		
陕西省						
甘肃省	91	163	17	84	4	39
青海省	79	69	5	11	4	10
宁夏回族自治区	68	109	18	14	6	8
新疆维吾尔自治区	205	257		104	20	4

2－26－5

单位:万元

地　　区	商品和服务支出						
	培训费	招待费	专用材料费	被装购置费	专用燃料费	劳务费	委托业务费
地方合计	**965**	**2548**	**6669**	**336**	**157**	**11072**	**10957**
北京市	55	54	162			975	1635
天津市							
河北省	26	104	308	3			149
山西省	13	149	496		2	706	
内蒙古自治区	13	48	116			44	
辽宁省	63	171	611			1173	890
其中:大连市		1					
吉林省	23	25	551		25	1225	142
黑龙江省			2				
上海市	48	58	283	7	36	1	2459
江苏省	131	148	223	1	15	190	1586
浙江省	61	317	622	4	3	375	
其中:宁波市		23	3			1	
安徽省	43	21	247		3	203	70
福建省	18	48	110	30	17	417	71
其中:厦门市		4					
江西省	15	34	77	17		275	930
山东省	46	39	198		40	1038	
其中:青岛市	2				40		
河南省	29	111	284			130	828
湖北省	106	153	326	59	14	2393	359
湖南省	7	45	7			4	6
广东省	61	404	18	111	2	88	1460
其中:深圳市							
广西壮族自治区	69	311	326			848	
海南省		7					
重庆市		5					
四川省							
贵州省	25	53	84	68		15	98
云南省	29	54	1185			704	141
西藏自治区		9	10			1	
陕西省							
甘肃省	13	64	129			41	
青海省	18	51	134	3		31	
宁夏回族自治区	26	16	59	33		4	
新疆维吾尔自治区	27	49	101			191	133

2－26－6

单位:万元

地区	商品和服务支出			对个人和家庭的补助			
	工会经费	福利费	其他商品和服务支出	小计	离休费	退休费	退职(役)费
地方合计	**831**	**1946**	**27340**	**10114**	**578**	**5204**	**9**
北京市	161	5	4734	1962	87	1187	
天津市							
河北省	56	120	2552	78			
山西省	14	29	1324	134		29	
内蒙古自治区	22	43	675	116	4	9	
辽宁省	57	110	1222	73		2	4
其中:大连市		1		2			
吉林省	19	6		583	114	449	5
黑龙江省			4578	4		4	
上海市	45	52	619	108		12	
江苏省	11	26	368	1230	126	1024	
浙江省	65	574	1638	1160	105	481	
其中:宁波市			100	8			
安徽省	10	7	185	49		7	
福建省	17	13	633	104	2	3	
其中:厦门市	4	2	324	67		3	
江西省	20	40	151	389	22	156	
山东省	36	28	497	461			
其中:青岛市	14		52	59			
河南省	25	34	853	42			
湖北省	28	156	1748	537	14	212	
湖南省		12	264				
广东省	47	281	1281	327		21	
其中:深圳市							
广西壮族自治区	37	200	818	808		470	
海南省			58				
重庆市		1	11	2			
四川省			205				
贵州省	89	126	1412	392	13	369	
云南省	15	22	339	20			
西藏自治区	2		1	88		57	
陕西省			100				
甘肃省	11	29	404	194		42	
青海省	18	4	38	110		71	
宁夏回族自治区	6	8	493	193	24	135	
新疆维吾尔自治区	20	20	139	950	67	464	

2－26－7

单位:万元

地区	对个人和家庭的补助						
	抚恤金	生活补助	救济费	医疗费	助学金	奖励金	生产补贴
地方合计	**131**	**124**	**2**	**366**	**6**	**214**	
北京市	2	1		27		6	
天津市							
河北省	14	5		1			
山西省	2			3		1	
内蒙古自治区	9	6					
辽宁省	1			6			
其中:大连市							
吉林省	9	2				3	
黑龙江省							
上海市	6			2			
江苏省	6	11		29		5	
浙江省	2	3		20			
其中:宁波市							
安徽省				1			
福建省	2	1					
其中:厦门市							
江西省	25			26		28	
山东省	14			72			
其中:青岛市				13			
河南省	1	5	1	1		5	
湖北省	6	3	1	136	6		
湖南省							
广东省				19		42	
其中:深圳市							
广西壮族自治区	1	49		5			
海南省							
重庆市							
四川省							
贵州省	6						
云南省	1						
西藏自治区							
陕西省							
甘肃省	2	3					
青海省		1		17			
宁夏回族自治区	11	2					
新疆维吾尔自治区	11	32		1		124	

2－26－8　　　　　　　　　　　　　　　　　　　　　　　　　　　　　单位:万元

地　区	对个人和家庭的补助				对企事业单位的补贴		
	住房公积金	提租补贴	购房补贴	其他对个人和家庭的补助支出	小　计	企业政策性补贴	事业单位补贴
地方合计	**2017**	**220**	**423**	**820**	**15**		**15**
北京市	444	127	67	14			
天津市							
河北省	6			52			
山西省	83	3		13			
内蒙古自治区	80			8			
辽宁省	2	56		2			
其中:大连市		2					
吉林省	1						
黑龙江省							
上海市	21			67			
江苏省	14			15	15		15
浙江省	414		86	49			
其中:宁波市				8			
安徽省	13	1		27			
福建省	51	33	4	8			
其中:厦门市	32	32					
江西省	103		18	11			
山东省	127		238	10			
其中:青岛市	45			1			
河南省	16			13			
湖北省	125			34			
湖南省							
广东省	238		3	4			
其中:深圳市							
广西壮族自治区	97			186			
海南省							
重庆市				2			
四川省							
贵州省			4				
云南省	19						
西藏自治区				31			
陕西省							
甘肃省	45			102			
青海省	17		3	1			
宁夏回族自治区	13			8			
新疆维吾尔自治区	88			163			

2－26－9

单位:万元

地　　区	对企事业单位的补贴		赠　与			债务利息支出	
	财政贴息	其他对企事业单位的补贴支出	小　计	对国内的赠　与	对国外的赠　与	小　计	国库券付　息
地方合计			**18**	**18**			
北京市							
天津市							
河北省							
山西省							
内蒙古自治区							
辽宁省							
其中:大连市							
吉林省							
黑龙江省							
上海市							
江苏省							
浙江省							
其中:宁波市							
安徽省							
福建省							
其中:厦门市							
江西省							
山东省							
其中:青岛市							
河南省							
湖北省							
湖南省							
广东省							
其中:深圳市							
广西壮族自治区							
海南省							
重庆市							
四川省							
贵州省							
云南省							
西藏自治区							
陕西省							
甘肃省							
青海省							
宁夏回族自治区							
新疆维吾尔自治区			18	18			

二、地方财政预算收支情况

2-26-10

单位:万元

地　区	债务利息支出					基本建设支出	
	向国家银行借款付息	其他国内借款付息	向国外政府借款付息	向国际组织借款付息	其他国外借款付息	小　计	房屋建筑物购建
地方合计						**10817**	**3857**
北京市							
天津市							
河北省							
山西省						190	
内蒙古自治区						191	
辽宁省							
其中:大连市							
吉林省						3	
黑龙江省							
上海市						27	
江苏省						3120	2317
浙江省						380	64
其中:宁波市							
安徽省							
福建省						326	
其中:厦门市							
江西省						43	
山东省						700	700
其中:青岛市							
河南省						829	327
湖北省						33	
湖南省						52	
广东省						200	
其中:深圳市							
广西壮族自治区						951	449
海南省						550	
重庆市							
四川省						2500	
贵州省							
云南省							
西藏自治区							
陕西省						500	
甘肃省							
青海省						203	
宁夏回族自治区						19	
新疆维吾尔自治区							

2－26－11　　单位:万元

地　　区	基本建设支出							
	办公设备购　置	专用设备购　置	交通工具购　置	基础设施建　设	大型修缮	信息网络购　建	物资储备	其他基本建设支出
地　方　合　计	**125**	**564**	**93**	**75**	**3**	**35**		**6065**
北京市								
天津市								
河北省								
山西省	3	114		73				
内蒙古自治区								191
辽宁省								
其中:大连市								
吉林省					3			
黑龙江省								
上海市			27					
江苏省	16	127						660
浙江省	3							313
其中:宁波市								
安徽省								
福建省	14	14	23					275
其中:厦门市								
江西省	20		23					
山东省								
其中:青岛市								
河南省	26	193		2		35		246
湖北省								33
湖南省								52
广东省								200
其中:深圳市								
广西壮族自治区	43	116	20					323
海南省								550
重庆市								
四川省								2500
贵州省								
云南省								
西藏自治区								
陕西省								500
甘肃省								
青海省								203
宁夏回族自治区								19
新疆维吾尔自治区								

2－26－12　　　　单位:万元

地　　区	其他资本性支出						
	小　计	房屋建筑物购　　建	办公设备购　　置	专用设备购　　置	交通工具购　　置	基础设施建　　设	大型修缮
地　方　合　计	**12128**	**862**	**1230**	**4980**	**1266**	**304**	**1028**
北京市	75		30	45			
天津市							
河北省	334	131	24	154	25		
山西省	985		26	243	22		637
内蒙古自治区	291		27	221	43		
辽宁省	693		145	391	62		75
其中:大连市							
吉林省	1138		90	577	101	210	160
黑龙江省							
上海市	268		24	244			
江苏省	1479	680	41	168	122		
浙江省	494		163	94	64		
其中:宁波市	83		3				
安徽省	353		46	257	50		
福建省	547	1	32	76			
其中:厦门市	431			76			
江西省	102		60		35		
山东省	681		28	290	42		
其中:青岛市	306						
河南省	298		69	100	90		
湖北省	303		3	200	72		
湖南省	337		9	15			
广东省	709		24	293	94		156
其中:深圳市							
广西壮族自治区	963		159	537	59	94	
海南省							
重庆市	41		30		11		
四川省							
贵州省	30		1	29			
云南省	339		14	325			
西藏自治区							
陕西省							
甘肃省	480		39	330	111		
青海省	237	50	23	103	49		
宁夏回族自治区	240		51	140	49		
新疆维吾尔自治区	711		72	148	165		

2－26－13

单位:万元

地　　区	其他资本性支出						
	信息网络购　建	物资储备	土地补偿	安置补助	地上附着物和青苗补偿	拆迁补偿	其他资本性支　出
地　方　合　计	**532**					**100**	**1826**
北京市							
天津市							
河北省							
山西省	57						
内蒙古自治区							
辽宁省	20						
其中:大连市							
吉林省							
黑龙江省							
上海市							
江苏省	378						90
浙江省	73						100
其中:宁波市	31						49
安徽省							
福建省							438
其中:厦门市							355
江西省							7
山东省						100	221
其中:青岛市						100	206
河南省							39
湖北省							28
湖南省							313
广东省							142
其中:深圳市							
广西壮族自治区							114
海南省							
重庆市							
四川省							
贵州省							
云南省							
西藏自治区							
陕西省							
甘肃省							
青海省							12
宁夏回族自治区							
新疆维吾尔自治区	4						322

二、地方财政预算收支情况

2－26－14 单位:万元

地区	贷款转贷及产权参股					其他支出		
	小计	国内贷款	国外贷款	产权参股	其他贷款转贷及产权参股支出	小计	补充全国社会保障基金	其他支出
地方合计						**2935**		**2935**
北京市								
天津市								
河北省								
山西省						318		318
内蒙古自治区								
辽宁省								
其中:大连市								
吉林省								
黑龙江省								
上海市						68		68
江苏省						7		7
浙江省						1662		1662
其中:宁波市						1327		1327
安徽省								
福建省						37		37
其中:厦门市								
江西省						34		34
山东省								
其中:青岛市								
河南省								
湖北省								
湖南省						32		32
广东省						268		268
其中:深圳市								
广西壮族自治区						202		202
海南省								
重庆市								
四川省								
贵州省						50		50
云南省								
西藏自治区						257		257
陕西省								
甘肃省								
青海省								
宁夏回族自治区								
新疆维吾尔自治区								

2007 年各省、自治区、直辖市地震事务支出明细表

2－27－1

单位:万元

地　　区	合　计	工资福利支出				
		小　计	基本工资	津贴补贴	奖　金	社会保障缴　费
地　方　合　计	**146312**	**30994**	**12733**	**12479**	**2458**	**794**
北京市	7009	2127	369	894	452	26
天津市	1430	455	205	228	20	
河北省	4850	1604	657	741	53	38
山西省	5630	2185	1041	902	77	50
内蒙古自治区	2883	1052	507	422	59	10
辽宁省	5065	1595	641	781	55	51
其中:大连市	618	287	110	123	23	25
吉林省	2791	715	392	257	18	16
黑龙江省	2319	786	389	256	34	28
上海市	2006	46	6	8	27	
江苏省	7669	2565	673	632	475	125
浙江省	2073	174	15	118	29	9
其中:宁波市	434	31	7	6	13	3
安徽省	2729	1001	402	286	32	12
福建省	4193	710	145	434	40	13
其中:厦门市	463	64	13	31	2	1
江西省	886	339	210	85	14	4
山东省	7901	2444	822	1255	100	164
其中:青岛市	854	384	109	168	28	43
河南省	3578	1363	705	588	41	7
湖北省	1891	591	296	190	65	14
湖南省	3020	318	144	111	32	13
广东省	7392	1265	400	634	136	50
其中:深圳市	1622	493	199	221	54	19
广西壮族自治区	4288	838	344	327	76	3
海南省	1892	670	433	158	46	6
重庆市	451	43	25	9	5	1
四川省	4335	1358	558	520	199	13
贵州省	351	137	69	44	9	2
云南省	48500	2422	1197	1033	113	32
西藏自治区	233	10	2	6	1	1
陕西省	3176	869	526	177	59	30
甘肃省	3076	1486	752	634	67	3
青海省	1050	461	206	217	24	5
宁夏回族自治区	1506	562	259	242	27	2
新疆维吾尔自治区	2139	803	343	290	73	66

2－27－2

单位:万元

地　　区	工资福利支出				商品和服务支出		
	伙食费	伙食补助费	绩效工资	其他工资福利支出	小　计	办公费	印刷费
地　方　合　计	**53**	**181**	**153**	**2143**	**48711**	**4049**	**920**
北京市	29	32	5	320	1577	207	27
天津市		1		1	193	13	
河北省	6	43		66	1859	176	68
山西省		13	1	101	2249	323	65
内蒙古自治区			1	53	940	104	24
辽宁省	5	6	21	35	2250	267	28
其中:大连市		3	3		277	25	5
吉林省			27	5	1117	113	9
黑龙江省	5	9	4	61	1179	311	19
上海市		1		4	1559	18	10
江苏省	4	28	6	622	3002	208	23
浙江省		1		2	1298	80	12
其中:宁波市		1		1	341	9	1
安徽省	1	13	18	237	977	95	42
福建省		2		76	1630	70	35
其中:厦门市		2		15	368	1	
江西省				26	245	38	3
山东省		5	4	94	2395	277	93
其中:青岛市			2	34	376	19	6
河南省				22	1563	160	25
湖北省		3	4	19	898	83	13
湖南省				18	835	46	9
广东省		1		44	3889	242	77
其中:深圳市					1128	39	28
广西壮族自治区		2		86	1634	169	34
海南省	1		3	23	796	48	27
重庆市		1		2	100	6	
四川省	1	3		64	1627	142	29
贵州省			3	10	65	2	
云南省		6	2	39	10973	422	168
西藏自治区					223	36	6
陕西省		2	51	24	942	69	33
甘肃省			1	29	1236	186	23
青海省	1	2	2	4	326	35	3
宁夏回族自治区		2		30	534	37	11
新疆维吾尔自治区		5		26	600	66	4

2－27－3

单位:万元

地 区	商品和服务支出						
	咨询费	手续费	水 费	电 费	邮电费	取暖费	物 业 管理费
地 方 合 计	**70**	**10**	**210**	**903**	**1598**	**702**	**324**
北京市			11	11	13	70	17
天津市			3	5	16	15	
河北省	1		9	107	100	83	7
山西省			19	70	71	84	15
内蒙古自治区			2	40	76	57	3
辽宁省	1		4	27	49	86	
其中:大连市			1	8	8	19	
吉林省	4		1	8	18	54	
黑龙江省			6	16	46	53	
上海市					28		11
江苏省	3		3	41	77	2	3
浙江省			14	48	54		
其中:宁波市				1	2		
安徽省		1	2	15	45		
福建省			5	21	100		2
其中:厦门市				1	2		
江西省	3			3	9		
山东省	23	5	10	64	125	45	4
其中:青岛市			1	15	15	8	
河南省	4		7	30	41	9	4
湖北省	2	2	6	45	24	5	6
湖南省	4		6	18	14		4
广东省	9		14	118	107		179
其中:深圳市			8	64	27		175
广西壮族自治区			11	40	75		3
海南省			4	25	29		11
重庆市			1	3	4		
四川省	2		8	38	76	1	2
贵州省				4	8	1	
云南省	13	2	8	15	118		2
西藏自治区			12		13		
陕西省	1		33	51	46	44	46
甘肃省			2	10	63	22	1
青海省			2	11	118	19	
宁夏回族自治区			2	7	12	17	4
新疆维吾尔自治区			5	12	23	35	

二、地方财政预算收支情况

2－27－4　　　　　　　　　　　　　　　　　　　　　　　　单位:万元

地　　区	商品和服务支出					
	交通费	差旅费	出国费	维修(护)费	租赁费	会议费
地　方　合　计	**3246**	**2747**	**368**	**4273**	**664**	**1991**
北京市	134	57	34	41	2	89
天津市	11	6	2	22		4
河北省	150	120	6	314	4	124
山西省	222	120		55	34	138
内蒙古自治区	106	96		168	10	15
辽宁省	184	270	3	155	5	136
其中:大连市	24	5		12		13
吉林省	92	60		118	1	40
黑龙江省	117	118	9	25	4	44
上海市	26	17	51	25		53
江苏省	127	96	13	77	67	135
浙江省	42	52		97	61	44
其中:宁波市	2	12			17	11
安徽省	73	121	4	140	8	53
福建省	72	109	33	112	12	63
其中:厦门市	8	4				14
江西省	22	18		4	1	1
山东省	292	196	32	260	63	173
其中:青岛市	68	10	7	21	24	27
河南省	118	68		648	3	45
湖北省	61	65	7	78	96	34
湖南省	100	65	24	136		33
广东省	244	239	78	464	177	204
其中:深圳市	61	52	34	101	53	87
广西壮族自治区	157	122		81	59	117
海南省	84	114	16	21	1	68
重庆市	3	4		12		
四川省	121	140	8	123	10	73
贵州省	9	12		1		9
云南省	290	162	12	708	2	146
西藏自治区	21	3		20		
陕西省	101	90	3	34	24	49
甘肃省	112	75		241	7	72
青海省	24	20		13	12	7
宁夏回族自治区	55	53	6	29	1	20
新疆维吾尔自治区	76	59	27	51		2

2－27－5　　　　单位:万元

地　区	商品和服务支出						
	培训费	招待费	专用材料费	被装购置费	专用燃料费	劳务费	委托业务费
地方合计	**1157**	**1577**	**2686**	**215**	**105**	**1778**	**1173**
北京市	37	47	43		1	10	
天津市	2	4	67		3	1	
河北省	39	46	128		6	48	
山西省	54	83	51	2	27	9	20
内蒙古自治区	9	17	60	3	8	20	
辽宁省	23	40	232	1	3	303	146
其中:大连市	4	20	122			2	
吉林省	19	16	106		11	52	11
黑龙江省	26	10	326		3	16	4
上海市	46	22	2			623	
江苏省	52	129	28		1	39	17
浙江省	44	19	63			43	26
其中:宁波市		4				9	
安徽省	45	50	90	7		33	1
福建省	62	77	40	1		59	249
其中:厦门市		1				15	
江西省	2	23	1			2	
山东省	50	105	88	4		119	8
其中:青岛市	8	23	18				8
河南省	28	28	117	8	8	52	2
湖北省	54	46	42	10		6	10
湖南省	9	59	32		2	4	
广东省	150	111	91			51	331
其中:深圳市	32	31				17	44
广西壮族自治区	56	71	115	23	2	49	3
海南省	33	36	1			22	3
重庆市	5	2	13				
四川省	45	98	70		6	43	5
贵州省	1	2					
云南省	142	298	753	152	7	126	188
西藏自治区							
陕西省	26	34	37	1		10	117
甘肃省	68	38	45	1	16	16	30
青海省	2	17	18	1		2	2
宁夏回族自治区	22	29	5	1	1	12	
新疆维吾尔自治区	6	20	22			8	

二、地方财政预算收支情况

2-27-6

单位:万元

地区	商品和服务支出			对个人和家庭的补助			
	工会经费	福利费	其他商品和服务支出	小计	离休费	退休费	退职(役)费
地方合计	**148**	**532**	**17265**	**8555**	**366**	**2828**	**3**
北京市	23	28	675	255		159	
天津市	2	3	14	134	15	84	
河北省	9	18	296	196	22	119	3
山西省	4	14	769	296	44	188	
内蒙古自治区	2	7	113	36		25	
辽宁省	10	7	270	284	28	189	
其中:大连市	4	5		8			
吉林省		1	383	231	38	159	
黑龙江省	2	1	23	176	25	129	
上海市		287	340				
江苏省	17	25	1819	944	57	747	
浙江省		3	596	58	5		
其中:宁波市		2	271	10	5		
安徽省	3	4	145	121	17	37	
福建省	3	28	477	249	14	163	
其中:厦门市	1	3	318	11			
江西省		7	108	56	4	32	
山东省	10	5	344	404	22	37	
其中:青岛市	3	1	94	41	6	25	
河南省	5	9	144	199	14	168	
湖北省	3	11	189	61		20	
湖南省	1	5	264	31		23	
广东省	3	7	993	971	5	25	
其中:深圳市	1	4	270				
广西壮族自治区	3	6	438	42		29	
海南省	6		247	13		7	
重庆市			47	1			
四川省	7	18	562	206	21	113	
贵州省	3	4	9	84	23	52	
云南省	15	9	7215	3041	4	36	
西藏自治区			112				
陕西省	8	3	82	129	2	39	
甘肃省		8	200	90	6	55	
青海省	4		16				
宁夏回族自治区	1	5	204	10		2	
新疆维吾尔自治区	4	9	171	237		191	

2－27－7

单位:万元

地区	对个人和家庭的补助						
	抚恤金	生活补助	救济费	医疗费	助学金	奖励金	生产补贴
地方合计	**69**	**787**	**7**	**53**	**2**	**91**	**1**
北京市	7	1		5		1	
天津市							
河北省	8	4		3		6	
山西省		9		1		2	
内蒙古自治区		1					
辽宁省	4	4		9		8	
其中:大连市	4	1		3			
吉林省	6	4		1			
黑龙江省		4					
上海市							
江苏省	8	13	2	9		1	
浙江省						1	
其中:宁波市						1	
安徽省		2	5	5		1	
福建省						1	
其中:厦门市							
江西省				10			
山东省	2	34		1			
其中:青岛市							
河南省		7				1	
湖北省	5			4			
湖南省				4		1	1
广东省		1			2	2	
其中:深圳市							
广西壮族自治区		2				1	
海南省	5						
重庆市							
四川省		3				34	
贵州省	4	2					
云南省	4	665				14	
西藏自治区							
陕西省	11	26		1			
甘肃省	5	4					
青海省							
宁夏回族自治区						4	
新疆维吾尔自治区		1				13	

二、地方财政预算收支情况

2－27－8　　　　　　　　　　　　　　　　　　　　　　　　　　　　单位:万元

地　　区	对个人和家庭的补助				对企事业单位的补贴		
	住　房 公积金	提租 补贴	购房 补贴	其他对个人和家庭的补助支出	小　计	企业政策性补　贴	事业单位补　贴
地　方　合　计	**538**	**105**	**229**	**3476**	**96**	**21**	**59**
北京市	62	14	3	3			
天津市	35						
河北省	28	1		2	1		1
山西省	39	1		12			
内蒙古自治区	6			4			
辽宁省	20	18		4	23		23
其中:大连市							
吉林省	22	1					
黑龙江省	13	4	1		20		20
上海市					1		
江苏省	55	18	3	31	6		
浙江省	2			50	20	20	
其中:宁波市				4	20	20	
安徽省	13			41	1	1	
福建省	19	43	1	8	15		15
其中:厦门市	6	5					
江西省	3			7			
山东省	42	4	209	53			
其中:青岛市	3	4		3			
河南省	7			2			
湖北省	15	1	4	12			
湖南省	2						
广东省	24		3	909			
其中:深圳市							
广西壮族自治区	6			4			
海南省				1			
重庆市	1						
四川省	15			20	9		
贵州省	2			1			
云南省	20		3	2295			
西藏自治区							
陕西省	45		2	3			
甘肃省	17			3			
青海省							
宁夏回族自治区				4			
新疆维吾尔自治区	25			7			

2－27－9

单位:万元

地　区	对企事业单位的补贴		赠　与			债务利息支出	
	财政贴息	其他对企事业单位的补贴支出	小　计	对国内的赠与	对国外的赠与	小　计	国库券付息
地　方　合　计		**16**					
北京市							
天津市							
河北省							
山西省							
内蒙古自治区							
辽宁省							
其中:大连市							
吉林省							
黑龙江省							
上海市		1					
江苏省		6					
浙江省							
其中:宁波市							
安徽省							
福建省							
其中:厦门市							
江西省							
山东省							
其中:青岛市							
河南省							
湖北省							
湖南省							
广东省							
其中:深圳市							
广西壮族自治区							
海南省							
重庆市							
四川省		9					
贵州省							
云南省							
西藏自治区							
陕西省							
甘肃省							
青海省							
宁夏回族自治区							
新疆维吾尔自治区							

二、地方财政预算收支情况

2－27－10

单位:万元

地区	债务利息支出					基本建设支出	
	向国家银行借款付息	其他国内借款付息	向国外政府借款付息	向国际组织借款付息	其他国外借款付息	小计	房屋建筑物购建
地方合计						**27783**	**9114**
北京市						2644	858
天津市						65	
河北省						696	343
山西省						294	
内蒙古自治区						636	28
辽宁省						632	
其中:大连市						16	
吉林省						370	275
黑龙江省							
上海市							
江苏省						681	677
浙江省						75	
其中:宁波市							
安徽省						48	
福建省						1055	54
其中:厦门市							
江西省						217	131
山东省						1663	59
其中:青岛市						21	
河南省						93	
湖北省						165	
湖南省						1661	500
广东省						385	373
其中:深圳市							
广西壮族自治区						568	29
海南省						299	
重庆市							
四川省						814	89
贵州省						31	23
云南省						13799	4988
西藏自治区							
陕西省						409	346
甘肃省						28	5
青海省						10	
宁夏回族自治区						388	328
新疆维吾尔自治区						57	8

2－27－11

单位:万元

地区	基本建设支出							
	办公设备购置	专用设备购置	交通工具购置	基础设施建设	大型修缮	信息网络购建	物资储备	其他基本建设支出
地方合计	**354**	**2990**	**168**	**5823**	**411**	**780**	**17**	**8126**
北京市	6	419		362		－1		1000
天津市		2						63
河北省	9	344						
山西省		294						
内蒙古自治区	248	1	39	15	145	137		23
辽宁省	1			615				16
其中:大连市								16
吉林省						95		
黑龙江省								
上海市								
江苏省	3	1						
浙江省						63		12
其中:宁波市								
安徽省						48		
福建省	1							1000
其中:厦门市								
江西省		83				1		2
山东省	1	3						1600
其中:青岛市	3		18					
河南省		13			80			
湖北省						31		134
湖南省		1154		3	2	2		
广东省	12							
其中:深圳市								
广西壮族自治区		272		267				
海南省	27	13	22	80	5	11		141
重庆市								
四川省		27	60	160		392		86
贵州省	8							
云南省	9	333	5	4275	174	1	3	4011
西藏自治区								
陕西省		21		5				37
甘肃省				22				1
青海省		10						
宁夏回族自治区	25			16	5		14	
新疆维吾尔自治区	4		42	3				

2－27－12

单位:万元

地　　区	其他资本性支出						
	小　计	房屋建筑物购　　建	办公设备购　　置	专用设备购　　置	交通工具购　　置	基础设施建　　设	大型修缮
地　方　合　计	**28324**	**4596**	**1674**	**3828**	**2743**	**8265**	**2895**
北京市	341		123	108	20	6	
天津市	583			527	41		
河北省	490	1	34	69	360		15
山西省	606	10	60	291	144	60	
内蒙古自治区	219	6	43	56	69	17	7
辽宁省	281	5	52	15	46	5	58
其中:大连市	30		4				26
吉林省	355	149	45	54	38		4
黑龙江省	158		46	17	44	3	
上海市	360		140	89	131		
江苏省	455	25	64	109	73	6	1
浙江省	416	23	41	208		12	40
其中:宁波市	2		2				
安徽省	574		43	363	71	49	2
福建省	492	3	62	37	46		6
其中:厦门市	20			20			
江西省	21			14			
山东省	805	128	102	211	128		15
其中:青岛市	32		5		24		
河南省	291	100	19	5	81		
湖北省	170	8	30	26	99		
湖南省	170		73	33	58		
广东省	719	123	125	377			33
其中:深圳市	1			1			
广西壮族自治区	1018	26	38	93	338		66
海南省	114	14	7		18	59	15
重庆市	2		2				
四川省	320	50	69	95	78		5
贵州省	34	30	4				
云南省	17769	3750	332	483	692	8039	2570
西藏自治区							
陕西省	806		20	242	50		
甘肃省	236	100	19	24	24		58
青海省	66	32	15	10	9		
宁夏回族自治区	11		11				
新疆维吾尔自治区	442	13	55	272	85	9	

2－27－13

单位:万元

地　　区	其他资本性支出						
	信息网络购建	物资储备	土地补偿	安置补助	地上附着物和青苗补偿	拆迁补偿	其他资本性支出
地　方　合　计	**938**	**28**	**78**	**24**		**47**	**3208**
北京市	84						
天津市	15						
河北省	11						
山西省	35						6
内蒙古自治区	4						17
辽宁省							100
其中:大连市							
吉林省	4					46	15
黑龙江省	48						
上海市							
江苏省	6						171
浙江省	92						
其中:宁波市							
安徽省	8	4					34
福建省	13						325
其中:厦门市							
江西省							7
山东省	220					1	
其中:青岛市	3						
河南省	86						
湖北省	6						1
湖南省							6
广东省	17						44
其中:深圳市							
广西壮族自治区	265						192
海南省							1
重庆市							
四川省							23
贵州省							
云南省	5		78	24			1796
西藏自治区							
陕西省		24					470
甘肃省	11						
青海省							
宁夏回族自治区							
新疆维吾尔自治区	8						

2－27－14

单位:万元

地　　区	贷款转贷及产权参股					其他支出		
	小　计	国内贷款	国外贷款	产权参股	其他贷款转贷及产权参股支出	小　计	补充全国社会保障基金	其他支出
地　方　合　计						**1849**		**1849**
北京市						65		65
天津市								
河北省						4		4
山西省								
内蒙古自治区								
辽宁省								
其中:大连市								
吉林省						3		3
黑龙江省								
上海市						40		40
江苏省						16		16
浙江省						32		32
其中:宁波市						30		30
安徽省						7		7
福建省						42		42
其中:厦门市								
江西省						8		8
山东省						190		190
其中:青岛市								
河南省						69		69
湖北省						6		6
湖南省						5		5
广东省						163		163
其中:深圳市								
广西壮族自治区						188		188
海南省								
重庆市						305		305
四川省						1		1
贵州省								
云南省						496		496
西藏自治区								
陕西省						21		21
甘肃省								
青海省						187		187
宁夏回族自治区						1		1
新疆维吾尔自治区								

2007 年各省、自治区、直辖市气象事务支出明细表

2－28－1

单位:万元

地　　区	合　计	工资福利支出				
		小　计	基本工资	津贴补贴	奖　金	社会保障缴　费
地　方　合　计	**217411**	**32402**	**7569**	**17768**	**2558**	**1116**
北京市	10570	258	63	80	16	7
天津市	1453	232	102	73	20	22
河北省	7466	965	212	661	2	8
山西省	7356	1211	142	905	37	11
内蒙古自治区	7712	1477	80	1267		2
辽宁省	8478	1333	408	774	44	62
其中:大连市	1503	237	172	59	3	3
吉林省	2555	151	107	26	5	3
黑龙江省	6021	625	256	305	37	1
上海市	8809					
江苏省	10183	566	55	310	147	52
浙江省	13180	3181	291	1298	1053	297
其中:宁波市	2824	1162	43	306	513	209
安徽省	4543	319	138	103	2	4
福建省	6740	1986	151	1747	21	42
其中:厦门市	1150	376		362	4	8
江西省	5852	635	320	233	29	6
山东省	11376	2556	511	928	56	170
其中:青岛市	1127	366	45	174	2	140
河南省	7486	1177	358	813	1	3
湖北省	6450	1103	279	694	73	27
湖南省	6660	873	177	595	13	50
广东省	29016	4409	909	2793	424	113
其中:深圳市	4214	1179	319	545	225	56
广西壮族自治区	5464	907	101	133	33	2
海南省	4175	1880	1079	531	139	27
重庆市	3061	180	14	145	11	2
四川省	6628	1349	555	403	241	28
贵州省	6770	725	29	594	44	28
云南省	8223	914	129	508	6	20
西藏自治区	1281	10				
陕西省	6752	622	316	253	1	17
甘肃省	4047	1043	196	801	10	8
青海省	2894	91	50	25		
宁夏回族自治区	978	35	16	16	3	
新疆维吾尔自治区	5232	1589	525	754	90	104

2－28－2

单位:万元

地　　区	工资福利支出				商品和服务支出		
	伙食费	伙　食 补助费	绩效 工资	其他工资 福利支出	小　计	办公费	印刷费
地　方　合　计	**14**	**175**	**29**	**3173**	**101400**	**9902**	**839**
北京市		7		85	3489	5	7
天津市		5	2	8	829	44	
河北省		58		24	3480	480	9
山西省				116	4071	496	51
内蒙古自治区				128	4995	628	5
辽宁省				45	4250	885	43
其中:大连市					532	107	2
吉林省			3	7	1472	205	12
黑龙江省		3		23	3976	502	12
上海市					947	48	8
江苏省		1		1	3123	99	2
浙江省	2	29	6	205	4868	502	321
其中:宁波市	2	7		82	699	61	18
安徽省		5	2	65	2541	215	4
福建省		1		24	3142	138	38
其中:厦门市				2	680	16	4
江西省				47	2839	444	38
山东省		10		881	4555	730	17
其中:青岛市		1		4	415	7	2
河南省				2	3506	1178	23
湖北省			5	25	3194	264	7
湖南省		2	1	35	3544	271	13
广东省			1	169	13026	316	73
其中:深圳市				34	3018	43	9
广西壮族自治区		22		616	3394	214	14
海南省	5	20		79	2054	115	11
重庆市		1		7	1384	58	1
四川省	7	2	4	109	3693	512	18
贵州省				30	4109	297	39
云南省			1	250	4079	590	16
西藏自治区				10	380	78	
陕西省		2	2	31	3055	243	30
甘肃省		1		27	1744	108	6
青海省			1	15	2446	46	19
宁夏回族自治区					520	22	2
新疆维吾尔自治区		6	1	109	2695	169	

2-28-3

单位:万元

地　　区	商品和服务支出						
	咨询费	手续费	水　费	电　费	邮电费	取暖费	物　业 管理费
地　方　合　计	**160**	**34**	**359**	**1705**	**1826**	**701**	**382**
北京市			1	14	14	18	
天津市				4		1	
河北省			11	40	46	80	3
山西省	4	1	16	52	44	120	13
内蒙古自治区	1		5	14	16	89	
辽宁省	5		7	51	51	59	23
其中:大连市				20	5	3	
吉林省	1		10	57	12	30	
黑龙江省	2		9	35	31	91	6
上海市	2			1			3
江苏省			2	13	9	1	
浙江省	12	7	27	166	123		97
其中:宁波市	4		5	57	19		26
安徽省				36	35		
福建省	37	1	21	96	46		
其中:厦门市			3	41	9		
江西省	5		8	60	38		11
山东省	8		39	121	99	115	4
其中:青岛市				29	30		
河南省	5		12	68	79	10	1
湖北省	9	1	7	34	69	3	1
湖南省	4	13	12	65	50		9
广东省	3	5	37	276	521		113
其中:深圳市	1	1	12	91	23		74
广西壮族自治区	17		45	100	68		
海南省	3	2	22	178	144		64
重庆市					8		
四川省	2		27	82	103	1	1
贵州省	30		12	30	98		22
云南省	3	2	6	47	29		
西藏自治区							
陕西省	5		8	24	32	13	9
甘肃省		2	6	25	42	22	
青海省			1	1	2	5	1
宁夏回族自治区	1		4	5		5	
新疆维吾尔自治区	1		4	10	17	38	1

2－28－4

单位:万元

地区	商品和服务支出					
	交通费	差旅费	出国费	维修(护)费	租赁费	会议费
地方合计	**3132**	**2129**	**185**	**7712**	**2174**	**1377**
北京市	32	23		89	358	19
天津市	24	9		89		10
河北省	92	26		304		13
山西省	124	67		316	220	101
内蒙古自治区	116	63	5	207	222	17
辽宁省	313	125	5	470	193	49
其中:大连市	31	6		60	12	15
吉林省	61	41	8	145	2	12
黑龙江省	105	103		367	7	5
上海市	1	3		7		7
江苏省	28	8		101	2	16
浙江省	157	200	13	544	19	108
其中:宁波市	38	35	8	80	1	27
安徽省	21	12	13	385	3	36
福建省	67	81		223	8	28
其中:厦门市	11	23		24	1	
江西省	59	53		191	8	40
山东省	184	88		395	2	43
其中:青岛市	32	19		19	2	9
河南省	121	70		293	57	74
湖北省	69	54		163	12	26
湖南省	86	47		328	4	95
广东省	461	322	100	967	204	242
其中:深圳市	139	65	4	29	19	75
广西壮族自治区	115	97		457	51	35
海南省	125	148	3	203		11
重庆市	27	17		54	21	34
四川省	171	98		413	1	59
贵州省	110	97	27	382	179	148
云南省	105	50	2	194	1	43
西藏自治区	3	6		41	8	3
陕西省	115	84	3	134	51	63
甘肃省	60	30	3	137	256	27
青海省	6			16		
宁夏回族自治区	12	21		18	205	4
新疆维吾尔自治区	162	86	3	79	80	9

2－28－5　　　　　　　　　　　　　　　　　　　　　　　　　　　　　　　单位:万元

地　　区	商品和服务支出						
	培训费	招待费	专　月 材料费	被　装 购置费	专　用 燃料费	劳务费	委　托 业务费
地　方　合　计	**910**	**899**	**14860**	**348**	**475**	**1588**	**2240**
北京市	11	7	481			40	330
天津市	3	3	268			7	
河北省	7	10	718		26	2	381
山西省	33	14	566		9	14	109
内蒙古自治区	21	23	1008	4	20	97	
辽宁省	28	31	1055		59	96	30
其中:大连市	4	4	246			14	
吉林省	3	5	306	20	9	31	
黑龙江省	7	11	562	6	3	263	196
上海市	2	2	10			2	
江苏省	6	13	169			3	
浙江省	22	115	167		4	39	116
其中:宁波市	4	37	38		1	17	6
安徽省	37	3	343	10	51	3	47
福建省	41	15	273	6	5	22	147
其中:厦门市			24			16	
江西省	53	55	320	45	8	15	92
山东省	36	21	633	55	1	45	10
其中:青岛市	2	7	34				
河南省	51	23	779	26	19	38	74
湖北省	39	26	445	5	3	24	144
湖南省	18	58	332	36	5	42	
广东省	139	162	675	15	7	162	481
其中:深圳市	23	47	60	6		21	
广西壮族自治区	80		563	15	1	9	3
海南省	39	28	523	9	84	19	
重庆市	12	22	213	1		14	
四川省	46	73	296	22	2	117	1
贵州省	85	78	659	55	68	194	6
云南省	13	35	722	1	15	56	6
西藏自治区	10		17			13	
陕西省	39	25	735	10	13	23	26
甘肃省	12	10	521	3	7	27	3
青海省			5		1	10	5
宁夏回族自治区	3	5	57	3	4	35	
新疆维吾尔自治区	14	26	1329	1	51	126	33

2－28－6

单位:万元

地区	商品和服务支出			对个人和家庭的补助			
	工会经费	福利费	其他商品和服务支出	小计	离休费	退休费	退职(役)费
地方合计	**143**	**320**	**47000**	**5380**	**180**	**2455**	**6**
北京市	3	8	2029	50			
天津市	1	2	364	38		13	
河北省	4	7	1221	305	10	106	
山西省		9	1592	93	1	25	
内蒙古自治区		14	2420	53		13	
辽宁省	5	11	656	331	44	250	3
其中:大连市	1	2		78	10	68	
吉林省	2		500	16		15	
黑龙江省	5	5	1643	76	3	57	
上海市		2	849				
江苏省	2	4	2645	142	2	59	
浙江省	43	54	2012	866	33	345	
其中:宁波市	16	27	174	257	9	129	
安徽省	2	1	1284	222		9	
福建省	6	3	1840	162	2	27	
其中:厦门市			508	44			
江西省	2	13	1281	24		16	
山东省	2	2	1905	275			
其中:青岛市		1	222	82	24	28	
河南省		3	502	70	4	64	
湖北省	2	2	1785	76	3	24	
湖南省	3	13	2040	440	10	272	
广东省	29	75	7641	705	24	445	
其中:深圳市	11	56	2209	8			
广西壮族自治区	2	2	1506	90		88	
海南省	14	1	308	36			
重庆市	1	1	900	32			
四川省	4	30	1614	9		4	3
贵州省	3	1	1479	520	29	306	
云南省		29	2114	347		30	
西藏自治区			201	7			
陕西省	1	5	1364	37		7	
甘肃省	2	3	432	14		13	
青海省			2328	1			
宁夏回族自治区			114				
新疆维吾尔自治区	5	20	431	343	15	267	

2－28－7

单位:万元

地　　区	对个人和家庭的补助						
	抚恤金	生活补助	救济费	医疗费	助学金	奖励金	生产补贴
地　方　合　计	**51**	**771**	**11**	**143**		**18**	**8**
北京市	4					7	
天津市							
河北省		27		49			
山西省		15					
内蒙古自治区		35					
辽宁省		10		1			
其中:大连市							
吉林省							
黑龙江省	4		3				
上海市							
江苏省				9			
浙江省	9	153		12			
其中:宁波市	5			4			
安徽省		213					
福建省	4		8	1			
其中:厦门市							
江西省				2			
山东省		3				2	
其中:青岛市							
河南省							
湖北省	2	2		6			
湖南省	6	93		49			8
广东省		108		10		5	
其中:深圳市				4			
广西壮族自治区							
海南省	17					3	
重庆市							
四川省							
贵州省	2	13		2			
云南省		81				1	
西藏自治区							
陕西省		4		1			
甘肃省							
青海省				1			
宁夏回族自治区							
新疆维吾尔自治区	3	14					

2－28－8

单位:万元

地　　区	对个人和家庭的补助				对企事业单位的补贴		
	住房公积金	提租补贴	购房补贴	其他对个人和家庭的补助支出	小计	企业政策性补贴	事业单位补贴
地方合计	**488**	**48**	**251**	**950**	**719**	**10**	**588**
北京市	19	5	14	1			
天津市	24			1	10	10	
河北省	13			100	27		18
山西省	6			46	2		2
内蒙古自治区	5				72		43
辽宁省	12	10		1	92		92
其中:大连市							
吉林省				1	38		38
黑龙江省	9						
上海市							
江苏省	15		10	47	7		7
浙江省	147	2	28	137	1		1
其中:宁波市	29	2	2	77	1		1
安徽省							
福建省	16	28	21	55			
其中:厦门市		23	21				
江西省	6				80		
山东省	35	2	149	84	18		15
其中:青岛市	6	2	2	20			
河南省	2				35		35
湖北省	8			31	12		12
湖南省	1			1			
广东省	78	1	8	26	78		78
其中:深圳市		1		3			
广西壮族自治区	1			1			
海南省	2			14			
重庆市				32			
四川省	2				75		75
贵州省	40		21	107			
云南省				235	117		117
西藏自治区				7			
陕西省	7			18	14		14
甘肃省				1	20		20
青海省							
宁夏回族自治区					21		21
新疆维吾尔自治区	40			4			

2－28－9

单位：万元

地　　区	对企事业单位的补贴		赠　与			债务利息支出	
	财政贴息	其他对企事业单位的补贴支出	小　十	对国内的赠　与	对国外的赠　与	小　计	国库券付　息
地方合计		**121**					
北京市							
天津市							
河北省		9					
山西省							
内蒙古自治区		29					
辽宁省							
其中：大连市							
吉林省							
黑龙江省							
上海市							
江苏省							
浙江省							
其中：宁波市							
安徽省							
福建省							
其中：厦门市							
江西省		80					
山东省		3					
其中：青岛市							
河南省							
湖北省							
湖南省							
广东省							
其中：深圳市							
广西壮族自治区							
海南省							
重庆市							
四川省							
贵州省							
云南省							
西藏自治区							
陕西省							
甘肃省							
青海省							
宁夏回族自治区							
新疆维吾尔自治区							

2－28－10

单位:万元

地区	债务利息支出					基本建设支出	
	向国家银行借款付息	其他国内借款付息	向国外政府借款付息	向国际组织借款付息	其他国外借款付息	小计	房屋建筑物购建
地方合计						**28139**	**7311**
北京市						6573	
天津市						111	
河北省						1047	247
山西省						886	
内蒙古自治区						382	
辽宁省						1128	757
其中:大连市						499	184
吉林省						149	141
黑龙江省						800	600
上海市						272	186
江苏省						1513	1196
浙江省						1351	901
其中:宁波市						488	402
安徽省						597	505
福建省						567	85
其中:厦门市						50	
江西省						839	500
山东省						2010	1466
其中:青岛市						220	
河南省						1085	36
湖北省						1132	
湖南省						981	17
广东省						1946	62
其中:深圳市							
广西壮族自治区						224	99
海南省						25	
重庆市						326	94
四川省						628	221
贵州省						202	
云南省						71	5
西藏自治区							
陕西省						2181	
甘肃省						581	47
青海省						247	7
宁夏回族自治区						100	100
新疆维吾尔自治区						185	39

2－28－11

单位:万元

地区	基本建设支出							
	办公设备购置	专用设备购置	交通工具购置	基础设施建设	大型修缮	信息网络购建	物资储备	其他基本建设支出
地方合计	**557**	**3020**	**331**	**5413**	**280**	**416**		**10811**
北京市								6573
天津市		85	20			4		2
河北省								800
山西省	150	608	4	113		8		3
内蒙古自治区	32	288	50					12
辽宁省		321		50				
其中:大连市		315						
吉林省								8
黑龙江省		200						
上海市				86				
江苏省		155				162		
浙江省	4	179		203		62		2
其中:宁波市		85						1
安徽省	28	30			1	13		20
福建省		205		183	64			30
其中:厦门市				50				
江西省	2	36		280		21		
山东省	25	148	21					350
其中:青岛市								220
河南省	47	25	1	958	12	6		
湖北省	114	206	222	300		90		200
湖南省	15	54		654		10		231
广东省	111	177		1366	198	30		2
其中:深圳市								
广西壮族自治区		5		93				27
海南省	15	3		6				1
重庆市	4	68		150	5	5		
四川省	10			380		5		12
贵州省		2		105				95
云南省		48	13	5				
西藏自治区								
陕西省		57		5				2119
甘肃省				451				83
青海省								240
宁夏回族自治区								
新疆维吾尔自治区		120		25				1

2－28－12

单位:万元

地区	其他资本性支出						
	小计	房屋建筑物购建	办公设备购置	专用设备购置	交通工具购置	基础设施建设	大型修缮
地方合计	**40221**	**1596**	**2795**	**14385**	**1403**	**3627**	**685**
北京市	126		1	30	85		
天津市	233		6	205		22	
河北省	835		12	297	31	355	
山西省	816	2	136	118	102	130	92
内蒙古自治区	417		37	176	85		
辽宁省	1317	64	82	673	131	72	41
其中:大连市	157			117	1	21	11
吉林省	718	51	34	419	11	44	96
黑龙江省	514		3	249		66	
上海市	7590		13	279			
江苏省	1759	209	150	936	48	269	
浙江省	2060	203	136	985	181	132	1
其中:宁波市	177		8	40	35	7	
安徽省	829	367	51	213		55	40
福建省	415		27	101	1	43	8
其中:厦门市							
江西省	1352		17	71	38	591	76
山东省	1932	20	469	634	9	176	159
其中:青岛市	44		14	28			
河南省	915	77	85	179		312	7
湖北省	503	120	21	137	65		
湖南省	578	5	62	337	52	60	
广东省	8557	71	580	6382	179	657	
其中:深圳市	9		9				
广西壮族自治区	518	42	8	288	19	13	54
海南省	113		60	24		7	17
重庆市	770	20	19	337		277	47
四川省	821	40	51	342	53		44
贵州省	845	10	199	153	64	100	
云南省	2633	206	8	104		10	
西藏自治区	858			111		12	
陕西省	808		42	333	100	165	
甘肃省	605	10	483	42	20	7	3
青海省	89			89			
宁夏回族自治区	299					10	
新疆维吾尔自治区	396	79	3	141	129	42	

2－28－13

单位:万元

地　　区	其他资本性支出						
	信息网络购建	物资储备	土地补偿	安置补助	地上附着物和青苗补偿	拆迁补偿	其他资本性支出
地方合计	**1493**	**717**	**51**		**84**		**13385**
北京市	10						
天津市							
河北省	34		36				70
山西省	63						173
内蒙古自治区		33					86
辽宁省	66	100					88
其中:大连市	7						
吉林省	51						12
黑龙江省							196
上海市	10						7288
江苏省	83						64
浙江省	139						283
其中:宁波市	22						65
安徽省	58						45
福建省	115						120
其中:厦门市							
江西省	69	462					28
山东省	49				80		336
其中:青岛市	2						
河南省	28		5		4		218
湖北省	155						5
湖南省	28						34
广东省	46						642
其中:深圳市							
广西壮族自治区	5						89
海南省							5
重庆市	10						60
四川省	36	50					205
贵州省	23						296
云南省	5	72					2228
西藏自治区	72						663
陕西省	64		10				94
甘肃省							40
青海省							
宁夏回族自治区	273						16
新疆维吾尔自治区	1						1

二、地方财政预算收支情况

2－28－14

单位:万元

地　区	贷款转贷及产权参股					其他支出		
	小　计	国内贷款	国外贷款	产权参股	其他贷款转贷及产权参股支出	小　计	补充全国社会保障基金	其他支出
地　方　合　计						**9150**		**9150**
北京市						74		74
天津市								
河北省						807		807
山西省						277		277
内蒙古自治区						316		316
辽宁省						27		27
其中:大连市								
吉林省						11		11
黑龙江省						30		30
上海市								
江苏省						3073		3073
浙江省						853		853
其中:宁波市						40		40
安徽省						35		35
福建省						468		468
其中:厦门市								
江西省						83		83
山东省						30		30
其中:青岛市								
河南省						698		698
湖北省						430		430
湖南省						244		244
广东省						295		295
其中:深圳市								
广西壮族自治区						331		331
海南省						67		67
重庆市						369		369
四川省						53		53
贵州省						369		369
云南省						62		62
西藏自治区						26		26
陕西省						35		35
甘肃省						40		40
青海省						20		20
宁夏回族自治区						3		3
新疆维吾尔自治区						24		24

2007 年各省、自治区、直辖市民族事务支出明细表

2－29－1　　　　单位:万元

地　　区	合　计	工资福利支出				
		小 计	基本工资	津贴补贴	奖　金	社会保障缴　费
地　方　合　计	**189765**	**43721**	**20518**	**16708**	**3784**	**928**
北京市	5489	1172	370	330	197	91
天津市	1233	277	87	168	20	
河北省	4181	1385	704	562	48	9
山西省	244	23	12	9	1	
内蒙古自治区	15075	3249	1752	1170	137	137
辽宁省	6385	1688	806	692	102	27
其中:大连市	501	136	45	61	20	5
吉林省	3855	1362	649	577	63	19
黑龙江省	4040	1266	639	505	74	7
上海市	3136	763	158	147	440	1
江苏省	3185	1134	402	362	293	21
浙江省	3169	531	142	140	183	30
其中:宁波市	250	35	6	6	21	2
安徽省	2167	771	344	362	30	5
福建省	2658	728	330	269	51	32
其中:厦门市	19	12	2	5		
江西省	618	222	112	56	16	2
山东省	4155	1578	712	595	102	61
其中:青岛市	123	47	15	20	6	6
河南省	4539	1622	772	713	72	19
湖北省	14547	1299	588	441	99	53
湖南省	9269	1741	876	484	149	116
广东省	4259	1114	365	620	101	18
其中:深圳市	149					
广西壮族自治区	10095	2151	1172	653	268	14
海南省	1575	591	342	176	49	5
重庆市	2217	440	185	204	33	5
四川省	15616	2292	1040	768	386	17
贵州省	17013	3465	1875	1206	203	33
云南省	28339	4439	2166	1978	189	29
西藏自治区	6739	3137	1424	1484	119	63
陕西省	1170	631	273	215	54	13
甘肃省	3402	1402	651	568	44	13
青海省	2330	1197	504	603	68	1
宁夏回族自治区	1784	532	238	241	35	
新疆维吾尔自治区	7281	1519	828	410	158	87

二、地方财政预算收支情况

2－29－2 单位:万元

地区	工资福利支出				商品和服务支出		
	伙食费	伙食补助费	绩效工资	其他工资福利支出	小计	办公费	印刷费
地方合计	**30**	**174**	**134**	**1445**	**97841**	**7956**	**1561**
北京市	2	10	57	115	2637	106	21
天津市		2			716	22	
河北省	8	20		34	2263	291	33
山西省				1	215	10	
内蒙古自治区		3	1	49	7569	662	175
辽宁省		10	1	50	3605	566	98
其中:大连市		4	1		142	9	5
吉林省			47	7	1893	279	58
黑龙江省	8	3	2	28	1986	303	83
上海市	3			14	2312	121	
江苏省	1	7	4	44	1597	133	76
浙江省		5		31	1496	71	7
其中:宁波市					163	17	2
安徽省		3		27	941	106	5
福建省			1	45	1339	66	14
其中:厦门市				5	6		
江西省		3		33	336	30	1
山东省	2	6		100	2144	283	47
其中:青岛市					67	54	
河南省			2	44	2363	515	53
湖北省		9	2	107	5850	192	42
湖南省	1	13	5	97	4934	385	96
广东省				10	2936	147	51
其中:深圳市					147	3	4
广西壮族自治区		3	2	39	3925	261	51
海南省		1		18	828	35	27
重庆市		3	2	8	961	30	1
四川省	2	2		77	8634	562	61
贵州省	1	3		144	8487	652	216
云南省		26	4	47	18668	1436	199
西藏自治区		4		43	759	56	2
陕西省	1	10		65	408	54	15
甘肃省		10	3	113	1444	233	39
青海省	1	5	1	14	1061	76	19
宁夏回族自治区				18	896	55	23
新疆维吾尔自治区		13		23	4638	218	48

2－29－3

单位:万元

地区	商品和服务支出						
	咨询费	手续费	水费	电费	邮电费	取暖费	物业管理费
地方合计	**38**	**22**	**177**	**551**	**1376**	**627**	**184**
北京市	2		4	14	22	46	24
天津市			3	7	15	2	3
河北省	3		3	8	45	11	10
山西省						1	
内蒙古自治区	1	1	4	13	87	63	1
辽宁省	2		4	36	87	90	7
其中:大连市			1	6		7	
吉林省		7	6	10	49	70	
黑龙江省		1	7	16	43	62	4
上海市			5	12	12		
江苏省			1	2	19		55
浙江省		3	1		13		2
其中:宁波市		2					2
安徽省			1	12	14		1
福建省			5	13	43		6
其中:厦门市							
江西省				4	7		
山东省	1	1	5	11	76	39	12
其中:青岛市					1		
河南省	2		6	18	64	12	1
湖北省	1		9	25	42	1	8
湖南省	3		14	82	78	62	13
广东省			1	9	44		
其中:深圳市							
广西壮族自治区	2		14	48	62		5
海南省			2	3	17		1
重庆市			2	7	9		
四川省	4	3	30	63	114	5	2
贵州省	3		13	32	120	6	1
云南省	7		15	58	114		21
西藏自治区			6	20	33	12	
陕西省			4	5	19	19	
甘肃省		6	4	9	30	37	2
青海省			1	1	25	13	
宁夏回族自治区			4	7	18	18	4
新疆维吾尔自治区	7		3	6	55	58	1

2－29－4　　单位:万元

地　　区	商品和服务支出					
	交通费	差旅费	出国费	维修(护)费	租赁费	会议费
地　方　合　计	**6153**	**4957**	**476**	**3156**	**269**	**6174**
北京市	86	81	54	167	8	93
天津市	23	4		1	51	2
河北省	190	118		36	1	116
山西省	1					1
内蒙古自治区	577	806	6	417	8	316
辽宁省	349	159	8	196	4	158
其中:大连市	20	8		40		
吉林省	209	164	13	174	2	165
黑龙江省	165	184	9	145	15	119
上海市	53	50	95	31		73
江苏省	111	126	15	17	1	207
浙江省	85	145	4	3	7	191
其中:宁波市	1	11			2	40
安徽省	36	32	8	35	5	22
福建省	114	78	22	34	1	77
其中:厦门市						
江西省	19	17	3	1		15
山东省	190	115	17	86	9	268
其中:青岛市	3	1				1
河南省	231	101	4	82	9	235
湖北省	152	212	12	69	11	164
湖南省	356	306	17	181	5	251
广东省	90	224	51	11	9	318
其中:深圳市	3	15	15			21
广西壮族自治区	303	182	18	180	5	329
海南省	86	36	2	13	3	65
重庆市	32	22		2		25
四川省	397	270		230	3	509
贵州省	634	281	5	259	30	316
云南省	855	509	46	506	73	1804
西藏自治区	207	97		58		22
陕西省	86	21	13	8	2	28
甘肃省	137	131	13	117	4	137
青海省	95	62		80		41
宁夏回族自治区	80	73	21	3	1	37
新疆维吾尔自治区	204	351	20	14	2	70

2－29－5

单位:万元

地区	商品和服务支出						
	培训费	招待费	专用材料费	被装购置费	专用燃料费	劳务费	委托业务费
地方合计	**4065**	**5841**	**1640**	**97**	**109**	**2387**	**757**
北京市	41	46	451			63	
天津市	4	1				13	23
河北省	168	58	32	1	17	23	37
山西省			6				
内蒙古自治区	192	169	66		2	1278	28
辽宁省	237	100	53		10	48	16
其中:大连市		5	13			14	12
吉林省	214	92	46		9	7	
黑龙江省	72	64	14	3		11	
上海市	33	38				8	
江苏省	53	127	23		3	11	
浙江省	17	175				10	
其中:宁波市	1	3					
安徽省	16	44	91		13	2	4
福建省	124	101	36			91	7
其中:厦门市							
江西省	10	32			4	2	
山东省	106	85	48	18		33	177
其中:青岛市		7					
河南省	145	141	9	1	3	19	
湖北省	60	288	4	1		7	
湖南省	118	812	9			19	
广东省	793	173	133			11	
其中:深圳市	7	11					
广西壮族自治区	230	323	6		6	42	315
海南省	25	62	4			2	36
重庆市	5	43	5			1	1
四川省	397	346	28	51	3	35	26
贵州省	310	761	238		5	161	6
云南省	484	1313	321	5	8	454	72
西藏自治区	25	63			2		
陕西省	16	33	1				1
甘肃省	78	124	-2		9	4	4
青海省	14	26		8	5	4	
宁夏回族自治区	20	79	6		1	8	4
新疆维吾尔自治区	58	122	8	9	9	20	

二、地方财政预算收支情况

2－29－6　　　　　　　　　　　　　　　　　　　　　　　　　　　　　　单位:万元

地　　区	商品和服务支出			对个人和家庭的补助			
	工会经费	福利费	其他商品和服务支出	小　计	离休费	退休费	退职(役)费
地　方　合　计	**275**	**540**	**48453**	**12551**	**590**	**5206**	**4**
北京市	16	3	1289	170		38	
天津市	12	12	518	228	46	138	
河北省	11	92	959	315	61	167	
山西省			196	1			
内蒙古自治区	8	40	2649	1119		81	
辽宁省	11	12	1354	338	34	158	
其中:大连市	1	1		5			
吉林省	3	6	310	337	46	233	
黑龙江省	10	13	643	525	49	388	
上海市	7	12	1762	8			
江苏省	8	23	586	347	28	223	
浙江省	1	6	755	200	13	79	
其中:宁波市			82	52		9	
安徽省	2	5	487	107	5	23	
福建省	1	4	502	158		6	
其中:厦门市			6	1			
江西省	2		189	24		3	
山东省	11	4	502	267		21	
其中:青岛市				9			
河南省	14	34	664	258	60	83	
湖北省	11	10	4529	309	2	169	
湖南省	13	16	2098	836	32	166	1
广东省	6	16	849	41			
其中:深圳市			68				
广西壮族自治区	3	13	1527	993	56	467	2
海南省	3	1	405	14			
重庆市	3	25	748	4			
四川省	18	32	5445	1909	19	234	
贵州省	11	39	4388	1821	87	1257	
云南省	35	60	10273	603		119	1
西藏自治区	13	6	137	1067	10	924	
陕西省	6		77	66		5	
甘肃省	4	17	303	159	13	88	
青海省	12	4	575	18			
宁夏回族自治区	6	13	415	98	25	41	
新疆维吾尔自治区	14	22	3319	211	4	95	

2-29-7

单位:万元

地区	对个人和家庭的补助						
	抚恤金	生活补助	救济费	医疗费	助学金	奖励金	生产补贴
地方合计	**201**	**1595**	**282**	**205**	**1079**	**203**	**510**
北京市	8	2		5			
天津市	3					1	
河北省	4	28	4	2		4	3
山西省							
内蒙古自治区	19	308		7	369	41	168
辽宁省	8	24	3	2			20
其中:大连市	2	3					
吉林省	4	16	2	1		18	10
黑龙江省	12	3	5	7		3	
上海市	7						
江苏省	1	25	11	1			
浙江省		3	10	5		2	40
其中:宁波市						1	39
安徽省		3		3			1
福建省		6	5		3	1	43
其中:厦门市							
江西省							
山东省	4	20		7			1
其中:青岛市							
河南省	3	20	38		6		38
湖北省	1	44			10	1	12
湖南省	9	36	16	127	317	4	30
广东省	1					7	
其中:深圳市							
广西壮族自治区	12	8	44	1	337	24	
海南省							
重庆市							
四川省	20	622	139	2		43	23
贵州省	53	169	3	8	8	4	5
云南省	6	148		14	28	41	110
西藏自治区	13	1		9			
陕西省		4		3	1		
甘肃省		40					
青海省		10					
宁夏回族自治区		23					6
新疆维吾尔自治区	13	32	2	1		9	

2－29－8

单位:万元

地　　区	对个人和家庭的补助				对企事业单位的补贴		
	住　房 公积金	提租 补贴	购房 补贴	其他对个人和家庭的补助支出	小　计	企业政策性补　　贴	事业单位补　　贴
地　方　合　计	**767**	**67**	**261**	**1581**	**676**	**27**	**279**
北京市	90	17	6	4	10		
天津市	37			3			
河北省	21			21	2	2	
山西省	1						
内蒙古自治区	21		3	102	66		
辽宁省	17	27	4	41	23		18
其中:大连市					18		18
吉林省	6			1			
黑龙江省	42	6		10			
上海市	1				8	8	
江苏省	15	2	1	40			
浙江省	31		2	15	121		
其中:宁波市				3			
安徽省	61		2	9	29		29
福建省	25	9		60	75		37
其中:厦门市	1						
江西省	1			20			
山东省	55	4	147	8			
其中:青岛市	2	4		3			
河南省	7		1	2	15	15	
湖北省	36	2	1	31	62	2	
湖南省	32		1	65			
广东省	27			6			
其中:深圳市							
广西壮族自治区	8			34	194		194
海南省	1			13			
重庆市	1			3			
四川省	33			774			
贵州省	52		90	85	8		
云南省	30		3	103	63		1
西藏自治区	37			73			
陕西省	23			30			
甘肃省	12			6			
青海省				8			
宁夏回族自治区				3			
新疆维吾尔自治区	44			11			

2－29－9

单位:万元

地　　区	对企事业单位的补贴		赠　与			债务利息支出	
	财政贴息	其他对企事业单位的补贴支出	小　计	对国内的赠　与	对国外的赠　与	小　计	国库券付　息
地　方　合　计		**370**	**25**	**25**			
北京市		10					
天津市							
河北省							
山西省							
内蒙古自治区		66					
辽宁省		5					
其中:大连市							
吉林省							
黑龙江省							
上海市							
江苏省							
浙江省		121					
其中:宁波市							
安徽省			4	4			
福建省		38					
其中:厦门市							
江西省							
山东省							
其中:青岛市							
河南省							
湖北省		60					
湖南省							
广东省			2	2			
其中:深圳市			2	2			
广西壮族自治区			3	3			
海南省							
重庆市							
四川省			16	16			
贵州省		8					
云南省		62					
西藏自治区							
陕西省							
甘肃省							
青海省							
宁夏回族自治区							
新疆维吾尔自治区							

二、地方财政预算收支情况

2－29－10

单位:万元

地　　区	债务利息支出					基本建设支出	
	向国家银行借款付息	其他国内借款付息	向国外政府借款付息	向国际组织借款付息	其他国外借款付息	小计	房屋建筑物购建
地方合计						**7255**	**2134**
北京市						1194	194
天津市							
河北省						57	
山西省							
内蒙古自治区						1415	40
辽宁省							
其中:大连市							
吉林省							
黑龙江省							
上海市							
江苏省							
浙江省						64	
其中:宁波市							
安徽省						3	
福建省						33	10
其中:厦门市							
江西省							
山东省						15	
其中:青岛市							
河南省						54	
湖北省							
湖南省						540	534
广东省							
其中:深圳市							
广西壮族自治区						882	
海南省						98	98
重庆市						809	
四川省						385	195
贵州省						134	
云南省						708	298
西藏自治区						537	537
陕西省							
甘肃省							
青海省						9	
宁夏回族自治区							
新疆维吾尔自治区						318	228

2－29－11 单位:万元

地区	基本建设支出							
	办公设备购置	专用设备购置	交通工具购置	基础设施建设	大型修缮	信息网络购建	物资储备	其他基本建设支出
地方合计	**200**	**36**	**74**	**2078**	**51**	**3**		**2679**
北京市								1000
天津市								
河北省					25			32
山西省								
内蒙古自治区	14	2	4		5			1350
辽宁省								
其中:大连市								
吉林省								
黑龙江省								
上海市								
江苏省								
浙江省	25		35	4				
其中:宁波市								
安徽省		1		2				
福建省	13			5	5			
其中:厦门市								
江西省								
山东省	3			9		3		
其中:青岛市								
河南省	4			50				
湖北省								
湖南省	1	5						
广东省								
其中:深圳市								
广西壮族自治区	3		6	865				8
海南省								
重庆市				809				
四川省	2	28		160				
贵州省	13		20	58	16			27
云南省	63			85				262
西藏自治区								
陕西省								
甘肃省								
青海省			9					
宁夏回族自治区								
新疆维吾尔自治区	59			31				

2-29-12

单位:万元

地区	其他资本性支出						
	小计	房屋建筑物购建	办公设备购置	专用设备购置	交通工具购置	基础设施建设	大型修缮
地方合计	**13721**	**2361**	**1444**	**321**	**2189**	**3715**	**894**
北京市	97		26	13	37	5	
天津市	12		5		7		
河北省	100		3		49	38	4
山西省	5					3	2
内蒙古自治区	1657	71	89	34	158	33	345
辽宁省	540	30	38	7	47	175	215
其中:大连市	200						200
吉林省	230	11	126	8	79	1	2
黑龙江省	263		63	27	63	74	22
上海市	45		5		40		
江苏省	100		10	1			
浙江省	105		6		45	50	
其中:宁波市							
安徽省	264		54	1	65	51	
福建省	291	4	10	1	15	187	20
其中:厦门市							
江西省	16		2		3	4	
山东省	144		42	3	62	12	
其中:青岛市							
河南省	112		25		65	14	
湖北省	322		67	2	12	165	22
湖南省	292		59	13	78	80	6
广东省	137		45		78	3	
其中:深圳市							
广西壮族自治区	1112	340	113	8	157	281	21
海南省	44		11		32	1	
重庆市	3		3				
四川省	1993	748	146	143	341	238	63
贵州省	1138	25	89	36	186	518	109
云南省	3336	722	246	4	185	1565	28
西藏自治区	103		4	3	24		35
陕西省	65		52		13		
甘肃省	352	10	56	1	113	162	
青海省	45		10		35		
宁夏回族自治区	203		6		147	20	
新疆维吾尔自治区	595	400	33	16	53	35	

2－29－13

单位:万元

地　　区	其他资本性支出						
	信息网络购建	物资储备	土地补偿	安置补助	地上附着物和青苗补偿	拆迁补偿	其他资本性支出
地方合计	**145**					**53**	**2599**
北京市	12						4
天津市							
河北省	2						4
山西省							
内蒙古自治区	1					41	885
辽宁省	11						17
其中:大连市							
吉林省	3						
黑龙江省							14
上海市							
江苏省	34						55
浙江省							4
其中:宁波市							
安徽省							93
福建省	1						53
其中:厦门市							
江西省							7
山东省							25
其中:青岛市							
河南省							8
湖北省	14						40
湖南省	5					12	39
广东省	11						
其中:深圳市							
广西壮族自治区							192
海南省							
重庆市							
四川省	1						313
贵州省							175
云南省							586
西藏自治区							37
陕西省							
甘肃省							10
青海省							
宁夏回族自治区							30
新疆维吾尔自治区	50						8

二、地方财政预算收支情况

2－29－14

单位:万元

地　　区	贷款转贷及产权参股					其他支出		
	小　计	国内贷款	国外贷款	产权参股	其他贷款转贷及产权参股支出	小　计	补充全国社会保障基金	其他支出
地　方　合　计						**13975**		**13975**
北京市						209		209
天津市								
河北省						59		59
山西省								
内蒙古自治区								
辽宁省						191		191
其中:大连市								
吉林省						33		33
黑龙江省								
上海市								
江苏省						7		7
浙江省						652		652
其中:宁波市								
安徽省						48		48
福建省						34		34
其中:厦门市								
江西省						20		20
山东省						7		7
其中:青岛市								
河南省						115		115
湖北省						6705		6705
湖南省						926		926
广东省						29		29
其中:深圳市								
广西壮族自治区						835		835
海南省								
重庆市								
四川省						387		387
贵州省						1960		1960
云南省						522		522
西藏自治区						1136		1136
陕西省								
甘肃省						45		45
青海省								
宁夏回族自治区						55		55
新疆维吾尔自治区								

2007 年各省、自治区、直辖市宗教事务支出明细表

2－30－1

单位:万元

地　　区	合　计	工资福利支出				
		小　计	基本工资	津贴补贴	奖　金	社会保障缴　费
地　方　合　计	**89590**	**22839**	**9040**	**7537**	**2975**	**994**
北京市	8193	1997	316	345	374	277
天津市	749	72	25	42	3	
河北省	3920	1103	617	416	32	16
山西省	2446	831	410	305	66	20
内蒙古自治区	1666	248	140	94	5	
辽宁省	942	11	9	2		
其中:大连市	4					
吉林省	596	178	92	43	3	
黑龙江省	802	102	54	32	13	1
上海市	8260	1506	377	384	452	133
江苏省	8482	1986	631	581	560	81
浙江省	4976	1965	509	413	626	110
其中:宁波市	903	344	80	81	133	39
安徽省	1836	637	323	172	36	7
福建省	3318	723	303	246	30	13
其中:厦门市	765	227	45	97	7	2
江西省	1545	662	346	235	34	11
山东省	2073	806	278	363	75	48
其中:青岛市	816	419	118	205	37	37
河南省	2570	931	612	276	23	11
湖北省	3746	840	373	206	75	44
湖南省	2591	450	196	179	15	47
广东省	4278	810	318	303	83	40
其中:深圳市	168	3				
广西壮族自治区	1547	133	73	54	6	
海南省	476	84	61	18	2	1
重庆市	1954	557	206	303	12	
四川省	5112	1204	539	485	105	11
贵州省	1376	59	28	17	5	
云南省	4145	1014	441	467	22	16
西藏自治区	2238	758	279	429	37	7
陕西省	2331	456	252	127	37	5
甘肃省	1650	628	325	246	30	1
青海省	1053	497	178	270	30	2
宁夏回族自治区	957	355	178	151	25	
新疆维吾尔自治区	3762	1236	551	333	159	92

2－30－2

单位:万元

地区	工资福利支出				商品和服务支出		
	伙食费	伙食补助费	绩效工资	其他工资福利支出	小计	办公费	印刷费
地方合计	**15**	**176**	**100**	**2002**	**47961**	**4176**	**795**
北京市		52	55	578	4490	212	299
天津市				2	257	8	
河北省	4	13		5	2587	189	35
山西省	1	4		25	1407	278	37
内蒙古自治区				9	841	64	3
辽宁省					682	39	5
其中:大连市							
吉林省		1		39	280	52	8
黑龙江省				2	453	35	7
上海市	3	14	3	140	5188	71	2
江苏省	3	23		107	3676	370	25
浙江省	1	29		277	2409	119	50
其中:宁波市	1	4		6	475	29	3
安徽省		6		93	985	93	11
福建省	1	5	19	106	1452	90	41
其中:厦门市	1	5	11	59	472	17	
江西省				36	685	99	9
山东省			10	32	810	106	12
其中:青岛市			10	12	194	19	1
河南省				9	1477	410	36
湖北省		1		141	1951	168	37
湖南省		1		12	1294	287	13
广东省				66	2800	194	18
其中:深圳市				3	150	8	3
广西壮族自治区					1391	19	2
海南省				2	227	4	
重庆市				36	1329	271	4
四川省		4	4	56	2614	184	24
贵州省				9	467	40	6
云南省		2		66	2640	226	13
西藏自治区				6	713	26	5
陕西省	1	2	6	26	1551	67	21
甘肃省			2	24	875	255	22
青海省		6		11	463	32	9
宁夏回族自治区				1	442	31	12
新疆维吾尔自治区	1	13	1	86	1525	137	29

2－30－3

单位:万元

地　　区	商品和服务支出						
	咨询费	手续费	水　费	电　费	邮电费	取暖费	物　业 管理费
地　方　合　计	**10**	**6**	**100**	**356**	**721**	**422**	**196**
北京市			20	102	22	157	7
天津市				12			
河北省			4	11	62	53	3
山西省		1	2	2	32	8	
内蒙古自治区					11	8	
辽宁省							
其中:大连市							
吉林省			1	1	3	6	
黑龙江省			3	3	16	13	
上海市	5		8	18	50		68
江苏省		1	9	24	62		1
浙江省	1		2	22	54		8
其中:宁波市				3	4		
安徽省				3	18		1
福建省				5	40		1
其中:厦门市				2	3		
江西省		1	4	8	19	1	3
山东省					22	7	
其中:青岛市					4	4	
河南省			5	14	35		
湖北省	2	1	4	19	22		8
湖南省			1	10	10	10	7
广东省			2	23	66		9
其中:深圳市							
广西壮族自治区			2	2	3		
海南省					1		
重庆市				1	5		
四川省			6	15	50	2	9
贵州省					3		
云南省	1		15	4	29		9
西藏自治区				5	15	5	
陕西省			3	6	15	8	60
甘肃省	1	1	3	8	12	8	
青海省				2	10	8	
宁夏回族自治区					5	2	2
新疆维吾尔自治区		1	6	36	29	126	

2－30－4　　　　单位:万元

地　　区	商品和服务支出					
	交通费	差旅费	出国费	维修(护)费	租赁费	会议费
地　方　合　计	**2996**	**2124**	**362**	**4914**	**156**	**3005**
北京市	71	136	42	1920	1	72
天津市	2					1
河北省	181	88	8	79	37	345
山西省	177	96	1	5	4	119
内蒙古自治区	70	55		139	3	19
辽宁省	9	6		114		40
其中:大连市						
吉林省	28	29	10	87		22
黑龙江省	26	31			4	9
上海市	114	53	102	87	19	103
江苏省	289	141	9	107	14	259
浙江省	159	207	21	57	9	270
其中:宁波市	13	43	6	1	1	36
安徽省	67	54	15	58	1	34
福建省	131	115	7	167	1	175
其中:厦门市	25	29	1	152		3
江西省	58	66	3	5	9	42
山东省	93	68	24	33	5	146
其中:青岛市	24	35	3		5	27
河南省	143	83	3	64		183
湖北省	98	107		124	1	154
湖南省	93	36	13	27	1	40
广东省	158	144	20	46		228
其中:深圳市	2	24	13			11
广西壮族自治区	20	9		14		14
海南省	9	12			19	7
重庆市	16	13		704		72
四川省	306	100	13	256	6	205
贵州省	20	17		25		51
云南省	200	82	20	282		185
西藏自治区	112	60		50		10
陕西省	77	40	8	162	13	40
甘肃省	27	116	7	119	3	53
青海省	43	26	4	49	1	17
宁夏回族自治区	34	26	5	69	2	41
新疆维吾尔自治区	165	108	27	65	3	49

2－30－5　　　　　　单位:万元

地　　区	商品和服务支出						
	培训费	招待费	专用材料费	被装购置费	专用燃料费	劳务费	委托业务费
地　方　合　计	**2015**	**2754**	**400**	**31**	**48**	**328**	**95**
北京市	65	97	7			12	
天津市	1	1				1	
河北省	140	58	2	1	5	23	44
山西省	51	81	2	1		6	
内蒙古自治区	13	10	60		1	7	9
辽宁省	5	6					
其中:大连市							
吉林省	7	13	5				
黑龙江省	27	2					
上海市	13	130				17	
江苏省	367	279	3			22	2
浙江省	92	386	2		1	46	
其中:宁波市	25	123				6	
安徽省	38	96	110		15	8	13
福建省	51	96	14	2		29	6
其中:厦门市		28				2	6
江西省	34	95			7		
山东省	68	64	3			7	
其中:青岛市	5	28				6	
河南省	54	158	9		2	6	
湖北省	37	102	2		2	9	1
湖南省	23	88				13	
广东省	154	273	4			1	1
其中:深圳市	25	19				1	
广西壮族自治区	7	9	1				
海南省	5	15				1	
重庆市	30	13	43				
四川省	103	216				13	4
贵州省	14	53	1			16	
云南省	148	154	99	2	4	21	
西藏自治区	21	15	2			3	
陕西省	30	55	6	4	1	4	12
甘肃省	23	58	12	2		1	
青海省	6	21	3		5	2	
宁夏回族自治区	20	39			2	9	2
新疆维吾尔自治区	368	71	10	19	3	51	1

2－30－6

单位:万元

地　　区	商品和服务支出			对个人和家庭的补助			
	工会经费	福利费	其他商品和服务支出	小　计	离休费	退休费	退职(役)费
地　方　合　计	**151**	**433**	**21367**	**5310**	**244**	**1837**	
北京市	5	41	1202	363	9	176	
天津市	1		230	131		8	
河北省	3	46	1170	96		43	
山西省	4	5	495	140	8	75	
内蒙古自治区	1	1	367	124		12	
辽宁省			458	5			
其中:大连市				4			
吉林省			8	28	3	7	
黑龙江省	1		276	90	4	84	
上海市	7	51	4270	242		8	
江苏省	23	87	1582	816	66	305	
浙江省	40	93	770	397	17	169	
其中:宁波市	8	4	170	60		28	
安徽省	2	6	342	116	7	34	
福建省	6	13	462	144	3	28	
其中:厦门市	5	2	197	29			
江西省		2	220	48	3	10	
山东省	3	5	144	298	70	134	
其中:青岛市	2	1	30	159	70	69	
河南省	1	11	260	55		36	
湖北省	10	13	1030	337	2	37	
湖南省	2	4	616	123	5	65	
广东省	11	5	1443	130	5	17	
其中:深圳市			44	4			
广西壮族自治区			1289	21		17	
海南省			154	2			
重庆市	3		154	4			
四川省	6	6	1090	139		67	
贵州省		1	220	51	2	45	
云南省	9	21	1116	94			
西藏自治区	3		381	218		107	
陕西省	1	2	916	34		5	
甘肃省		6	138	10		4	
青海省	2		223	17			
宁夏回族自治区		1	140	123			
新疆维吾尔自治区	7	13	201	914	40	344	

2－30－7

单位:万元

地　　区	对个人和家庭的补助						
	抚恤金	生活补助	救济费	医疗费	助学金	奖励金	生产补贴
地　方　合　计	**109**	**1190**	**49**	**117**	**33**	**57**	
北京市	6	26		2			
天津市							
河北省	3	22		11			
山西省	4	33	1				
内蒙古自治区	6	100	1	1			
辽宁省	1	4					
其中:大连市		4					
吉林省		17					
黑龙江省							
上海市	9	6		8			
江苏省	5	204	25	35		5	
浙江省	9	13	6	9		4	
其中:宁波市							
安徽省	3	34	1				
福建省	3	8	9			2	
其中:厦门市							
江西省		2		2		1	
山东省		1					
其中:青岛市							
河南省	1	9					
湖北省	4	6	2	25			
湖南省	1	9		7			
广东省		13		5		22	
其中:深圳市							
广西壮族自治区	4						
海南省	2						
重庆市	4						
四川省	2	28				10	
贵州省		3					
云南省	1	50		1	14	7	
西藏自治区		78		6			
陕西省		3	4	1		3	
甘肃省	1						
青海省		12					
宁夏回族自治区	9	114					
新疆维吾尔自治区	31	395		4	19	3	

2-30-8 单位:万元

地区	对个人和家庭的补助				对企事业单位的补贴		
	住房公积金	提租补贴	购房补贴	其他对个人和家庭的补助支出	小计	企业政策性补贴	事业单位补贴
地方合计	**551**	**53**	**135**	**935**	**376**	**53**	**195**
北京市	129	10	2	3	30		
天津市	8			115			
河北省	9			8			
山西省	17			2			
内蒙古自治区	3			1			
辽宁省							
其中:大连市							
吉林省	1						
黑龙江省				2			
上海市	8		78	125			
江苏省	45	21	2	103	47	47	
浙江省	108		2	60	2		
其中:宁波市				32			
安徽省	13			24	1		
福建省	30	19		42	37		
其中:厦门市	15	14					
江西省	22			8			
山东省	16	3	49	25			
其中:青岛市	7	2		11			
河南省	3		2	4	13		4
湖北省	12			249	6	6	
湖南省	9			27			
广东省	49			19			
其中:深圳市				4			
广西壮族自治区							
海南省							
重庆市							
四川省	3			29	43		
贵州省				1			
云南省	9			12	197		191
西藏自治区	5			22			
陕西省	13			5			
甘肃省	5						
青海省				5			
宁夏回族自治区							
新疆维吾尔自治区	34			44			

2－30－9　　　　单位:万元

地区	对企事业单位的补贴		赠与			债务利息支出	
	财政贴息	其他对企事业单位的补贴支出	小计	对国内的赠与	对国外的赠与	小计	国库券付息
地方合计		**128**	**5**	**5**			
北京市		30					
天津市							
河北省							
山西省							
内蒙古自治区							
辽宁省							
其中:大连市							
吉林省							
黑龙江省							
上海市							
江苏省							
浙江省		2					
其中:宁波市							
安徽省		1					
福建省		37	5	5			
其中:厦门市			5	5			
江西省							
山东省							
其中:青岛市							
河南省		9					
湖北省							
湖南省							
广东省							
其中:深圳市							
广西壮族自治区							
海南省							
重庆市							
四川省		43					
贵州省							
云南省		6					
西藏自治区							
陕西省							
甘肃省							
青海省							
宁夏回族自治区							
新疆维吾尔自治区							

2－30－10

单位:万元

地区	债务利息支出					基本建设支出	
	向国家银行借款付息	其他国内借款付息	向国外政府借款付息	向国际组织借款付息	其他国外借款付息	小计	房屋建筑物购建
地方合计						**3244**	**1554**
北京市						320	
天津市							
河北省							
山西省							
内蒙古自治区						133	
辽宁省							
其中:大连市							
吉林省						100	100
黑龙江省						3	
上海市						1	
江苏省						1416	610
浙江省						2	
其中:宁波市							
安徽省						7	
福建省						26	
其中:厦门市						22	
江西省						2	
山东省							
其中:青岛市							
河南省						39	
湖北省						72	15
湖南省						245	
广东省						9	
其中:深圳市							
广西壮族自治区							
海南省						50	50
重庆市						6	
四川省						226	197
贵州省						228	228
云南省						2	
西藏自治区						354	354
陕西省							
甘肃省							
青海省							
宁夏回族自治区						1	
新疆维吾尔自治区						2	

2－30－11　　　　单位:万元

地　区	基本建设支出							
	办公设备购　置	专用设备购　置	交通工具购　置	基础设施建　设	大型修缮	信息网络购　建	物资储备	其他基本建设支出
地方合计	**26**	**3**	**75**	**470**	**101**			**1015**
北京市								320
天津市								
河北省								
山西省								
内蒙古自治区			28		15			90
辽宁省								
其中:大连市								
吉林省								
黑龙江省					3			
上海市	1							
江苏省	5			263				538
浙江省	2							
其中:宁波市								
安徽省	7							
福建省	1	3	22					
其中:厦门市			22					
江西省	2							
山东省								
其中:青岛市								
河南省				1				38
湖北省				36	1			20
湖南省			25	140	80			
广东省	3			6				
其中:深圳市								
广西壮族自治区								
海南省								
重庆市				6				
四川省				18	2			9
贵州省								
云南省	2							
西藏自治区								
陕西省								
甘肃省								
青海省								
宁夏回族自治区	1							
新疆维吾尔自治区	2							

2－30－12

单位:万元

地　　区	其他资本性支出						
	小　计	房屋建筑物购　　建	办公设备购　　置	专用设备购　　置	交通工具购　　置	基础设施建　　设	大型修缮
地　方　合　计	**7241**	**595**	**643**	**65**	**1224**	**321**	**2777**
北京市	982		26	9	65		395
天津市	289						289
河北省	109		14		44	2	48
山西省	50		25		10	9	5
内蒙古自治区	320		35	21		1	143
辽宁省	125			10		50	40
其中:大连市							
吉林省	1		1				
黑龙江省	154				11		143
上海市	1161	393	67		60	1	627
江苏省	385	38	28		87	34	149
浙江省	144		39	2	78		
其中:宁波市	12		4	2			
安徽省	37		10		23		
福建省	104		12		63		
其中:厦门市	10		3				
江西省	140		6				68
山东省	119		31		83		5
其中:青岛市	44		5		39		
河南省	54	18	14		11		
湖北省	332	99	18	7	100		96
湖南省	348		10	6	19		312
广东省	403		17		46	4	216
其中:深圳市	1		1				
广西壮族自治区	1		1				
海南省	13		1		12		
重庆市	58		15		43		
四川省	867	47	125	9	261	111	129
贵州省	117		2		4	85	4
云南省	197		47		73	14	
西藏自治区	136		17		26		49
陕西省	279		23	1	9		29
甘肃省	132		4		25		
青海省	66		3		23		30
宁夏回族自治区	33		15			10	
新疆维吾尔自治区	85		37		48		

2－30－13

单位:万元

地区	其他资本性支出						
	信息网络购建	物资储备	土地补偿	安置补助	地上附着物和青苗补偿	拆迁补偿	其他资本性支出
地方合计	**95**		**124**	**6**	**6**	**110**	**1275**
北京市							487
天津市							
河北省							1
山西省	1						
内蒙古自治区							120
辽宁省							25
其中:大连市							
吉林省							
黑龙江省							
上海市	13						
江苏省	1						48
浙江省	3						22
其中:宁波市							6
安徽省	1						3
福建省	4						25
其中:厦门市	2						5
江西省	1						65
山东省							
其中:青岛市							
河南省	1						10
湖北省	1						11
湖南省	1						
广东省	66						54
其中:深圳市							
广西壮族自治区							
海南省							
重庆市							
四川省			124				61
贵州省				6	6	10	
云南省							63
西藏自治区							44
陕西省	2						215
甘肃省						100	3
青海省							10
宁夏回族自治区							8
新疆维吾尔自治区							

二、地方财政预算收支情况

2－30－14　　　　　　　　　　　　　　　　　　　　　　　　　　　　单位:万元

地区	贷款转贷及产权参股					其他支出		
	小计	国内贷款	国外贷款	产权参股	其他贷款转贷及产权参股支出	小计	补充全国社会保障基金	其他支出
地方合计						**2614**		**2614**
北京市						11		11
天津市								
河北省						25		25
山西省						18		18
内蒙古自治区								
辽宁省						119		119
其中:大连市								
吉林省						9		9
黑龙江省								
上海市						162		162
江苏省						156		156
浙江省						57		57
其中:宁波市						12		12
安徽省						53		53
福建省						827		827
其中:厦门市								
江西省						8		8
山东省						40		40
其中:青岛市								
河南省						1		1
湖北省						208		208
湖南省						131		131
广东省						126		126
其中:深圳市						10		10
广西壮族自治区						1		1
海南省						100		100
重庆市								
四川省						19		19
贵州省						454		454
云南省						1		1
西藏自治区						59		59
陕西省						11		11
甘肃省						5		5
青海省						10		10
宁夏回族自治区						3		3
新疆维吾尔自治区								

2007 年各省、自治区、直辖市港澳台侨事务支出明细表

2－31－1　　　　　　　　　　　　　　　　　　　　单位:万元

地　　区	合　计	工资福利支出				
		小　计	基本工资	津贴补贴	奖　金	社会保障缴　费
地　方　合　计	**157373**	**44749**	**16611**	**16730**	**6673**	**1328**
北京市	3299	718	197	278	179	
天津市	1448	480	175	290	12	3
河北省	1256	449	204	209	22	9
山西省	1172	422	238	157	15	7
内蒙古自治区	114	30	17	12	1	
辽宁省	2170	636	299	239	57	24
其中:大连市	1140	409	167	154	53	23
吉林省	947	362	204	150	6	2
黑龙江省	1337	473	196	216	45	7
上海市	6882	1929	405	387	1015	38
江苏省	13712	5075	1537	1459	1372	188
浙江省	12842	3781	997	838	1253	235
其中:宁波市	3033	1087	244	245	465	94
安徽省	1843	736	309	309	24	12
福建省	19270	3561	1555	1175	232	118
其中:厦门市	3585	806	216	267	59	11
江西省	3386	1074	612	345	48	10
山东省	7214	2941	1225	1223	218	176
其中:青岛市	1850	688	178	340	62	85
河南省	2772	920	514	342	37	8
湖北省	5018	1657	719	664	183	35
湖南省	3331	1135	538	412	44	60
广东省	40762	12205	3660	5839	1225	332
其中:深圳市	7930	2453	434	1115	334	63
广西壮族自治区	6525	1327	682	457	158	8
海南省	2720	474	252	155	47	2
重庆市	1169	462	242	177	20	7
四川省	5577	1810	818	595	280	21
贵州省	1290	481	234	182	44	3
云南省	8359	789	402	347	32	2
西藏自治区	4					
陕西省	878	237	112	83	27	2
甘肃省	226	86	46	36	3	
青海省	204	59	30	23	5	
宁夏回族自治区	657	111	45	58	4	
新疆维吾尔自治区	989	329	147	73	65	19

2－31－2

单位:万元

地区	工资福利支出				商品和服务支出		
	伙食费	伙食补助费	绩效工资	其他工资福利支出	小计	办公费	印刷费
地方合计	**23**	**261**	**59**	**3064**	**80343**	**6041**	**1141**
北京市				64	2347	126	41
天津市					723	31	3
河北省		1		4	723	72	21
山西省		1		4	631	87	22
内蒙古自治区					82	1	
辽宁省		12	2	3	1488	63	14
其中:大连市		10	2		707	16	2
吉林省					318	72	13
黑龙江省		2		7	548	40	10
上海市	6	4	5	69	4491	84	47
江苏省	4	75		440	6507	511	131
浙江省	4	62	1	391	7095	283	66
其中:宁波市	4	11	1	23	1671	94	5
安徽省		4	1	77	840	123	8
福建省	1	17	15	448	8248	429	125
其中:厦门市		6		247	2156	91	13
江西省	1	4		54	1712	345	20
山东省	1	3	2	93	3618	395	70
其中:青岛市			2	21	1003	99	7
河南省		1		18	1593	394	42
湖北省	1	4	8	43	2838	135	17
湖南省		4	15	62	1759	169	30
广东省	2	47		1100	20895	1099	317
其中:深圳市		9		498	4539	126	40
广西壮族自治区		4		18	2981	463	24
海南省				18	2110	35	8
重庆市		4		12	582	41	5
四川省	1	3	10	82	3060	255	51
贵州省				18	491	69	8
云南省	1	2		3	3191	622	35
西藏自治区					4		
陕西省	1	5		7	589	28	5
甘肃省				1	103	15	
青海省		1			85	12	
宁夏回族自治区				4	147	4	
新疆维吾尔自治区		1		24	544	38	8

2－31－3

单位:万元

地　　区	商品和服务支出						
	咨询费	手续费	水　费	电　费	邮电费	取暖费	物　业 管理费
地　方　合　计	**62**	**38**	**148**	**541**	**2092**	**190**	**645**
北京市			4	21	15	26	52
天津市			4	8	19	7	15
河北省	1		1	1	29	6	
山西省				1	11	3	10
内蒙古自治区					3		
辽宁省			3	13	45	39	7
其中:大连市			3	13	23	20	1
吉林省				5	9	13	
黑龙江省		1	2	13	24	33	4
上海市		1	2	31	74		131
江苏省	14	1	5	34	206		78
浙江省			3	28	160		34
其中:宁波市				1	19		1
安徽省		1	2	4	16		
福建省			9	43	181		16
其中:厦门市			4	13	18		
江西省	4	1	3	14	50	1	4
山东省	9		7	13	144	44	2
其中:青岛市					16	4	
河南省		2	1	5	62	1	
湖北省		7	29	54	59	3	23
湖南省	3	1	3	9	48		10
广东省	10	22	32	164	659		218
其中:深圳市		1	1	4	87		152
广西壮族自治区			12	28	64		
海南省				1	8		1
重庆市				6	20		15
四川省			13	20	81		17
贵州省		1		1	17	3	
云南省	19		10	22	48		3
西藏自治区							
陕西省				2	17	1	
甘肃省					2	1	
青海省			3		3		1
宁夏回族自治区					4		4
新疆维吾尔自治区	2				14	9	

二、地方财政预算收支情况

2－31－4　　　　单位:万元

地　　区	商品和服务支出					
	交通费	差旅费	出国费	维修(护)费	租赁费	会议费
地　方　合　计	**6150**	**5079**	**5625**	**1073**	**947**	**7192**
北京市	79	154	108	9	127	420
天津市	37	19	35	1	2	27
河北省	70	70	50	2	7	99
山西省	77	64	11	7	11	87
内蒙古自治区	3	10				4
辽宁省	105	82	49	11	13	53
其中:大连市	45	33		11	12	1
吉林省	38	54	10	7	1	22
黑龙江省	43	121	151	15		32
上海市	124	80	380	17	176	375
江苏省	663	501	274	38	49	633
浙江省	406	364	470	35	185	616
其中:宁波市	61	105	89		4	143
安徽省	58	102	22	8	35	53
福建省	477	449	538	146	37	597
其中:厦门市	69	62	209	18	22	284
江西省	97	150	46	20	7	110
山东省	370	226	274	36	34	466
其中:青岛市	83	43	19	5	34	106
河南省	171	254	79	51	6	172
湖北省	187	119	69	17	35	249
湖南省	173	169	88	23	1	138
广东省	2034	1374	2067	371	211	1066
其中:深圳市	661	275	252	20	3	143
广西壮族自治区	186	137	150	38	1	346
海南省	65	42	33	6	1	109
重庆市	86	44			1	224
四川省	273	218	350	21	2	796
贵州省	70	47	2	6	1	47
云南省	163	98	181	17	1	345
西藏自治区						
陕西省	19	30	113	4	2	74
甘肃省	1	7		1		8
青海省	12	10				1
宁夏回族自治区	19	17		2	1	1
新疆维吾尔自治区	44	67	75	164		22

2－31－5

单位:万元

地　　区	商品和服务支出						
	培训费	招待费	专用材料费	被装购置费	专用燃料费	劳务费	委托业务费
地方合计	**1461**	**12927**	**916**	**171**	**82**	**577**	**302**
北京市	33	98	18			5	
天津市	9	35				9	
河北省	61	132					
山西省	15	39	4				
内蒙古自治区		3				1	
辽宁省	6	807	16		2	10	
其中:大连市	5	490	16		2	10	
吉林省	5	25	10		7	3	3
黑龙江省	3	28	1		1	2	
上海市	65	457				24	
江苏省	265	1433	13		10	50	4
浙江省	170	2235	4			93	17
其中:宁波市	27	728	2			9	
安徽省	25	96	1			4	
福建省	38	888	56	74	2	47	11
其中:厦门市	5	142	11	50		4	1
江西省	38	202			8	2	
山东省	50	321	3		5	13	
其中:青岛市	7	152	2		4	4	
河南省	34	189	21	2	9	6	
湖北省	49	193	612	1		15	6
湖南省	45	313	30		3	7	
广东省	268	3966	121	86	28	173	255
其中:深圳市	57	1270	69			84	33
广西壮族自治区	33	276	1	4	3	10	
海南省	11	99					1
重庆市	20	35	1			2	
四川省	53	436				38	
贵州省	52	73				14	
云南省	84	210	4			11	5
西藏自治区							
陕西省	8	238		1		2	
甘肃省		1		3	1		
青海省	9	30				1	
宁夏回族自治区	4	39				34	
新疆维吾尔自治区	8	30			3	1	

2－31－6 单位:万元

地区	商品和服务支出			对个人和家庭的补助			
	工会经费	福利费	其他商品和服务支出	小计	离休费	退休费	退职(役)费
地方合计	**297**	**820**	**25826**	**12010**	**762**	**3948**	**9**
北京市	12	1	998	97			
天津市	4	8	450	215	35	122	
河北省	3	3	95	73	6	31	
山西省		5	177	89		40	
内蒙古自治区		1	56	1			
辽宁省	5	3	142	14		4	
其中:大连市	1	3		4			
吉林省	1		20	93	8	78	
黑龙江省	8	6	10	219	43	134	
上海市	16	59	2348	24		5	
江苏省	27	61	1506	1719	281	994	1
浙江省	39	324	1563	1268	117	724	
其中:宁波市	11	7	365	237	7	141	
安徽省	3	4	275	174	2	20	
福建省	23	35	4027	1720	30	215	3
其中:厦门市	8	5	1127	167		1	
江西省	3	12	575	172	6	25	
山东省	25	7	1104	505	64	118	
其中:青岛市	5	1	412	148	6	100	
河南省	5	13	74	148	2	85	
湖北省	9	16	934	291	12	161	1
湖南省	5	5	486	241	29	139	
广东省	60	207	6087	2100	56	336	4
其中:深圳市	4	110	1147	215		13	
广西壮族自治区	5	9	1191	1043	26	270	
海南省	3		1687	87		45	
重庆市	1		81	54		11	
四川省	21	20	395	284	13	188	
贵州省	5	8	67	192	21	129	
云南省	10	5	1298	1059		7	
西藏自治区			4				
陕西省	2	2	41	29		11	
甘肃省			63	4		4	
青海省	1		2				
宁夏回族自治区		1	17	22	4	9	
新疆维吾尔自治区	1	5	53	73	7	43	

2－31－7 单位:万元

地 区	对个人和家庭的补助						
	抚恤金	生活补助	救济费	医疗费	助学金	奖励金	生产补贴
地 方 合 计	**223**	**2310**	**454**	**262**	**77**	**294**	**297**
北京市			1	8			
天津市		1					
河北省		2	22				
山西省			43	1			
内蒙古自治区							
辽宁省	4	3					
其中:大连市	4						
吉林省	1	1	1				
黑龙江省	2	9	10			5	
上海市		8		3			
江苏省	18	53	12	44		10	
浙江省	3	17	22	56		5	
其中:宁波市			4	23			
安徽省		80	15	3			
福建省	8	808	101	5	1	31	10
其中:厦门市		3		1			
江西省	12	61	15	4	1	3	
山东省	2	18	1	29		5	
其中:青岛市	1	1					
河南省	5	7	36	1		7	
湖北省	16	1		11			
湖南省	3	16	2	7		12	
广东省	119	178	85	86	69	193	65
其中:深圳市		1				56	
广西壮族自治区	7	266	12	1	1	3	221
海南省	6	1	8		2		1
重庆市	1	28					
四川省	5	6	7			17	
贵州省				1			
云南省		744	61	1	3	2	
西藏自治区							
陕西省							
甘肃省							
青海省							
宁夏回族自治区	5	2				1	
新疆维吾尔自治区	6			1			

2－31－8　　　　单位:万元

地区	对个人和家庭的补助				对企事业单位的补贴		
	住房公积金	提租补贴	购房补贴	其他对个人和家庭的补助支出	小计	企业政策性补贴	事业单位补贴
地方合计	**1287**	**203**	**507**	**1377**	**2346**	**1799**	**6**
北京市	73	4		11			
天津市	55	1		1			
河北省	9			3			
山西省	5						
内蒙古自治区				1			
辽宁省	2			1			
其中:大连市							
吉林省	3	1					
黑龙江省	8			8			
上海市	3			5			
江苏省	99	27	17	163			
浙江省	222	1	4	97	136		
其中:宁波市				62			
安徽省	19		3	32	25	5	
福建省	132	95	193	88	72	19	6
其中:厦门市	72	54	20	16			
江西省	30			15			
山东省	73	15	156	24			
其中:青岛市	14	2	6	18			
河南省	2		3				
湖北省	61	2	3	23			
湖南省	23		2	8			
广东省	366	56	99	388	190		
其中:深圳市		55	81	9			
广西壮族自治区	8			228	470	322	
海南省	1			23			
重庆市	4			10			
四川省	38			10			
贵州省	10	1	27	3			
云南省	9			232	1453	1453	
西藏自治区							
陕西省	17			1			
甘肃省							
青海省							
宁夏回族自治区				1			
新疆维吾尔自治区	15			1			

2-31-9 单位:万元

地区	对企事业单位的补贴		赠与			债务利息支出	
	财政贴息	其他对企事业单位的补贴支出	小计	对国内的赠与	对国外的赠与	小计	国库券付息
地方合计	**2**	**539**	**205**	**30**	**175**		
北京市							
天津市							
河北省							
山西省							
内蒙古自治区							
辽宁省							
其中:大连市							
吉林省							
黑龙江省							
上海市							
江苏省							
浙江省		136					
其中:宁波市							
安徽省	2	18					
福建省		47	30	30			
其中:厦门市							
江西省							
山东省							
其中:青岛市							
河南省							
湖北省							
湖南省							
广东省		190	175		175		
其中:深圳市							
广西壮族自治区		148					
海南省							
重庆市							
四川省							
贵州省							
云南省							
西藏自治区							
陕西省							
甘肃省							
青海省							
宁夏回族自治区							
新疆维吾尔自治区							

二、地方财政预算收支情况

2－31－10

单位:万元

地　　区	债务利息支出					基本建设支出	
	向国家银行借款付息	其他国内借款付息	向国外政府借款付息	向国际组织借款付息	其他国外借款付息	小　计	房屋建筑物购　建
地 方 合 计						**4498**	**1776**
北京市							
天津市							
河北省							
山西省						1	
内蒙古自治区							
辽宁省						20	
其中:大连市						20	
吉林省						15	15
黑龙江省							
上海市						113	
江苏省						94	
浙江省						34	
其中:宁波市							
安徽省							
福建省						2304	1260
其中:厦门市						347	
江西省							
山东省						27	
其中:青岛市							
河南省						22	
湖北省						34	
湖南省						36	
广东省						978	
其中:深圳市							
广西壮族自治区						106	
海南省						3	
重庆市						20	
四川省							
贵州省						17	
云南省						301	161
西藏自治区							
陕西省							
甘肃省							
青海省							
宁夏回族自治区						373	340
新疆维吾尔自治区							

2-31-11

单位:万元

地　　区	基本建设支出							
	办公设备购　　置	专用设备购　　置	交通工具购　　置	基础设施建　　设	大型修缮	信息网络购　　建	物资储备	其他基本建设支出
地　方　合　计	**79**	**11**	**398**	**909**	**190**	**94**		**1041**
北京市								
天津市								
河北省								
山西省	1							
内蒙古自治区								
辽宁省					20			
其中:大连市					20			
吉林省								
黑龙江省								
上海市	9	2	62		36	4		
江苏省	25		69					
浙江省	8		26					
其中:宁波市								
安徽省								
福建省	1		38	716		89		200
其中:厦门市			19	328				
江西省								
山东省			27					
其中:青岛市								
河南省	2		20					
湖北省	7		27					
湖南省	3		33					
广东省	10	2	38	100	134			694
其中:深圳市								
广西壮族自治区	6	7		93				
海南省	3							
重庆市			20					
四川省								
贵州省			17					
云南省								140
西藏自治区								
陕西省								
甘肃省								
青海省								
宁夏回族自治区	4		21			1		7
新疆维吾尔自治区								

2－31－12

单位:万元

地区	其他资本性支出						
	小计	房屋建筑物购建	办公设备购置	专用设备购置	交通工具购置	基础设施建设	大型修缮
地方合计	**9233**	**2302**	**1413**	**251**	**2474**	**1501**	**244**
北京市	137		28	1	108		
天津市	30		8		22		
河北省	3		3				
山西省	29		24		5		
内蒙古自治区	1		1				
辽宁省	12		12				
其中:大连市							
吉林省	19		3	10	6		
黑龙江省	97		10	11	76		
上海市	325		54	5	20		170
江苏省	282		167	1	46		
浙江省	473		122	3	319		
其中:宁波市	38		17	2			
安徽省	42		11		31		
福建省	2562	1788	102	5	247	360	3
其中:厦门市	57	1	11	5	40		
江西省	47		7		40		
山东省	113		54	24	35		
其中:青岛市	11		10		1		
河南省	89		11	38	40		
湖北省	134	49	18		67		
湖南省	70		23		47		
广东省	2460	165	338	33	1012	186	68
其中:深圳市	665		99	26	539		
广西壮族自治区	220		7	56	11		
海南省	46		8		38		
重庆市	50		30		20		
四川省	208		48	52	99		3
贵州省	72		8	1	63		
云南省	1566	300	302	6	2	955	
西藏自治区							
陕西省	23		4		19		
甘肃省	33		2		31		
青海省	45				45		
宁夏回族自治区	4		4				
新疆维吾尔自治区	41		4	5	25		

2－31－13

单位:万元

地　　区	其他资本性支出						
	信息网络购　建	物资储备	土地补偿	安置补助	地上附着物和青苗补偿	拆迁补偿	其他资本性支　出
地 方 合 计	**152**			**120**			**776**
北京市							
天津市							
河北省							
山西省							
内蒙古自治区							
辽宁省							
其中:大连市							
吉林省							
黑龙江省							
上海市	8						68
江苏省	3						65
浙江省	23						6
其中:宁波市	18						1
安徽省							
福建省	15						42
其中:厦门市							
江西省							
山东省							
其中:青岛市							
河南省							
湖北省							
湖南省							
广东省	103			120			435
其中:深圳市	1						
广西壮族自治区							146
海南省							
重庆市							
四川省							6
贵州省							
云南省							1
西藏自治区							
陕西省							
甘肃省							
青海省							
宁夏回族自治区							
新疆维吾尔自治区							7

2－31－14

单位:万元

地区	贷款转贷及产权参股					其他支出		
	小计	国内贷款	国外贷款	产权参股	其他贷款转贷及产权参股支出	小计	补充全国社会保障基金	其他支出
地方合计	**13**				**13**	**3976**		**3976**
北京市								
天津市								
河北省						8		8
山西省								
内蒙古自治区								
辽宁省								
其中:大连市								
吉林省						140		140
黑龙江省								
上海市								
江苏省						35		35
浙江省						55		55
其中:宁波市								
安徽省						26		26
福建省	13				13	760		760
其中:厦门市						52		52
江西省						381		381
山东省						10		10
其中:青岛市								
河南省								
湖北省						64		64
湖南省						90		90
广东省						1759		1759
其中:深圳市						58		58
广西壮族自治区						378		378
海南省								
重庆市						1		1
四川省						215		215
贵州省						37		37
云南省								
西藏自治区								
陕西省								
甘肃省								
青海省						15		15
宁夏回族自治区								
新疆维吾尔自治区						2		2

2007 年各省、自治区、直辖市档案事务支出明细表

2－32－1

单位：万元

地区	合计	工资福利支出				
		小计	基本工资	津贴补贴	奖金	社会保障缴费
地方合计	**349622**	**142172**	**64277**	**46231**	**18923**	**4228**
北京市	13966	5817	1531	2209	1354	116
天津市	5496	2464	824	1221	253	28
河北省	12058	6079	3657	1808	183	115
山西省	8172	4419	2411	1518	220	75
内蒙古自治区	13128	5178	2824	2015	204	30
辽宁省	12411	4972	2532	1825	291	125
其中：大连市	2787	871	360	305	156	33
吉林省	8459	3840	2242	1322	159	37
黑龙江省	12144	5001	2786	1748	343	37
上海市	25528	6352	1311	1107	3103	499
江苏省	26291	11105	3160	2925	3525	492
浙江省	26619	8101	1935	1795	3035	504
其中：宁波市	3669	1895	330	365	987	137
安徽省	8115	3342	1592	1214	136	65
福建省	6971	2695	1083	947	157	127
其中：厦门市	730	387	66	149	19	6
江西省	6750	2556	1412	729	114	44
山东省	16257	7765	3660	2832	432	534
其中：青岛市	3930	1681	490	723	180	225
河南省	13182	6534	4397	1797	152	94
湖北省	13156	6150	3046	2046	510	184
湖南省	15621	5950	2988	1794	426	343
广东省	21972	7287	2010	3231	730	210
其中：深圳市	2725	832	185	404	64	20
广西壮族自治区	6397	2516	1441	740	266	20
海南省	1805	772	479	162	56	21
重庆市	4745	2061	958	784	164	14
四川省	19337	7810	3879	1836	1573	123
贵州省	8067	3722	1940	1329	250	54
云南省	8762	4854	2526	1972	238	77
西藏自治区	2606	906	357	488	32	19
陕西省	13299	5091	3010	1437	333	35
甘肃省	6667	3570	1935	1386	152	16
青海省	3290	1544	614	798	63	7
宁夏回族自治区	1712	928	437	402	51	7
新疆维吾尔自治区	6639	2791	1300	814	418	176

二、地方财政预算收支情况

2－32－2　　　　单位:万元

地　　区	工资福利支出				商品和服务支出		
	伙食费	伙　食 补助费	绩效 工资	其他工资 福利支出	小　计	办公费	印刷费
地　方　合　计	**126**	**978**	**515**	**6894**	**109298**	**15444**	**4704**
北京市	8	61	10	528	5180	359	156
天津市		38	5	95	1021	193	29
河北省	8	152	2	154	3159	674	209
山西省	7	18	6	164	2566	587	197
内蒙古自治区		7	5	93	3975	583	244
辽宁省	9	38	32	120	4479	745	180
其中:大连市	2	3	12		656	99	29
吉林省		2	51	27	2853	599	118
黑龙江省	1	29	12	45	2313	443	92
上海市	13	55	7	257	8027	576	282
江苏省	11	190	4	798	8147	793	230
浙江省	8	120		704	7190	640	332
其中:宁波市	7	20		49	1139	118	33
安徽省	6	41		288	2592	375	114
福建省	1	4	19	357	2192	241	37
其中:厦门市		3		144	231	40	6
江西省		7	1	249	1915	394	76
山东省	10	20	13	264	4375	882	195
其中:青岛市		5	3	55	855	149	58
河南省		3	4	87	4315	1173	365
湖北省	13	8	36	307	4786	529	185
湖南省	4	33	4	358	4525	661	261
广东省	1	3	123	979	10109	1012	522
其中:深圳市				159	1545	88	145
广西壮族自治区			10	39	2074	315	36
海南省			3	51	777	94	11
重庆市		32		109	2118	271	49
四川省	1	20	24	354	7059	952	195
贵州省		40		109	2495	467	68
云南省		5	5	31	2645	468	127
西藏自治区		1		9	289	39	5
陕西省	18	21	110	127	2840	501	167
甘肃省		1	8	72	1956	316	83
青海省		7	17	38	663	128	8
宁夏回族自治区	2	2		27	508	80	37
新疆维吾尔自治区	5	20	4	54	2155	354	94

2－32－3

单位:万元

地　　区	商品和服务支出						
	咨询费	手续费	水　费	电　费	邮电费	取暖费	物　业 管理费
地　方　合　计	**212**	**201**	**585**	**3731**	**3350**	**2504**	**1673**
北京市	4		37	253	74	228	107
天津市			13	79	39	78	8
河北省			18	49	129	167	13
山西省	2	7	6	44	75	53	1
内蒙古自治区	3		13	30	84	192	17
辽宁省	1	5	17	215	179	457	117
其中:大连市			1	46	29	87	5
吉林省	5	1	23	70	77	262	
黑龙江省	3		26	72	89	340	22
上海市	6		51	359	127		353
江苏省	2	113	16	224	165	79	91
浙江省	20		30	525	248		215
其中:宁波市	8		2	42	27		73
安徽省		1	12	59	88	1	22
福建省	2		3	104	101		39
其中:厦门市				9	10		1
江西省	1	2	5	33	54	6	4
山东省	53	1	28	119	232	174	24
其中:青岛市	5		4	48	22	23	17
河南省	5		16	65	143	26	7
湖北省	6	1	43	193	146	5	39
湖南省	1	3	14	111	127	3	14
广东省	83	1	46	478	342		404
其中:深圳市	68		9	168	40		110
广西壮族自治区			17	44	42		3
海南省	1		1	18	11		22
重庆市	1	1	13	71	64		8
四川省	8	7	52	188	258	8	35
贵州省	1	4	7	45	89	6	1
云南省		2	20	33	97	1	69
西藏自治区			2	23	12	9	1
陕西省			36	163	95	139	4
甘肃省			6	30	69	108	23
青海省			7	1	19	26	2
宁夏回族自治区			2	5	11	21	4
新疆维吾尔自治区	4	52	5	28	64	115	4

2－32－4 单位:万元

地区	商品和服务支出					
	交通费	差旅费	出国费	维修(护)费	租赁费	会议费
地方合计	**7869**	**5294**	**744**	**7004**	**1289**	**3845**
北京市	304	182	90	540	54	182
天津市	87	19	37	55	46	31
河北省	397	158		230	23	161
山西省	300	191	23	284	2	88
内蒙古自治区	303	227	1	164	2	54
辽宁省	365	208	26	263	7	93
其中:大连市	37	29		51	1	11
吉林省	183	200	13	308	13	110
黑龙江省	191	166	27	189	10	27
上海市	287	430	47	457	610	248
江苏省	660	398	30	243	21	407
浙江省	381	356	95	253	66	287
其中:宁波市	56	85	32	48	31	36
安徽省	137	141	19	155	26	89
福建省	140	110	9	171	2	44
其中:厦门市	20	11		22		
江西省	156	114	19	67	38	21
山东省	448	174	15	283	22	243
其中:青岛市	57	48	12	51	13	31
河南省	351	180	5	244	31	164
湖北省	323	240	31	217	18	153
湖南省	379	233	11	270	77	173
广东省	689	362	161	673	44	338
其中:深圳市	81	92	16	101		80
广西壮族自治区	112	71	4	180	5	28
海南省	76	56		27	25	15
重庆市	149	127	5	98	26	107
四川省	388	281	10	666	51	411
贵州省	165	76	9	137	48	55
云南省	257	109	14	124	5	96
西藏自治区	34	37	10	12		4
陕西省	282	143	8	254	7	103
甘肃省	93	113	8	191		74
青海省	51	28		15		11
宁夏回族自治区	36	25	10	16	3	6
新疆维吾尔自治区	145	139	7	218	7	22

2-32-5 单位:万元

地区	商品和服务支出						
	培训费	招待费	专用材料费	被装购置费	专用燃料费	劳务费	委托业务费
地方合计	**2881**	**6463**	**6816**	**438**	**166**	**4258**	**1335**
北京市	151	91	450			128	210
天津市	50	28	4			95	9
河北省	80	154	152	22	3	80	31
山西省	111	129	59	8	1	48	4
内蒙古自治区	183	87	1152	51	28	123	77
辽宁省	67	156	134		3	245	10
其中:大连市	13	20	18		1	162	
吉林省	60	62	533		20	40	
黑龙江省	44	67	149	28	3	117	20
上海市	113	317	86	22		236	374
江苏省	296	637	403	1		518	28
浙江省	182	656	111			460	102
其中:宁波市	26	117	5			50	82
安徽省	83	209	129	22	3	79	1
福建省	46	151	52	10	4	192	25
其中:厦门市	1	12	3			14	5
江西省	55	180	91	12		28	47
山东省	91	228	230	1	5	167	41
其中:青岛市	19	37	24		2	81	5
河南省	140	278	465	29	7	30	7
湖北省	122	381	646	78	55	52	35
湖南省	145	455	223	16	3	87	6
广东省	152	611	385	8	3	393	182
其中:深圳市	3	56	100			111	88
广西壮族自治区	37	98	106	22		102	15
海南省	17	47	51			8	
重庆市	46	114	143	51	4	113	23
四川省	191	483	382	19	6	369	9
贵州省	105	180	99	4		265	6
云南省	84	241	148	5	1	53	40
西藏自治区	4	9	14				
陕西省	91	202	136		4	130	1
甘肃省	50	89	129	17	6	37	26
青海省	14	38	31	7	3	2	
宁夏回族自治区	19	26	10	1		12	
新疆维吾尔自治区	52	59	113	4	4	49	6

二、地方财政预算收支情况

2－32－6　　　　单位:万元

地　　区	商品和服务支出			对个人和家庭的补助			
	工会经费	福利费	其他商品和服务支出	小　计	离休费	退休费	退职(役)费
地　方　合　计	**912**	**1812**	**25768**	**24287**	**1806**	**14610**	**16**
北京市	72	21	1487	794	14	142	
天津市	12	32	77	895	56	539	
河北省	22	58	329	980	82	723	
山西省	8	32	306	666	64	480	
内蒙古自治区	16	53	288	236	5	148	2
辽宁省	43	47	896	683	63	402	
其中:大连市	10	7		7		2	
吉林省	14	11	131	920	115	735	
黑龙江省	21	41	126	2082	343	1562	2
上海市	131	84	2831	458	4	91	
江苏省	64	161	2567	2661	305	1722	
浙江省	107	310	1814	1940	112	994	3
其中:宁波市	22	24	222	263	11	192	
安徽省	21	29	777	652	45	395	
福建省	16	36	657	423	16	156	
其中:厦门市	6	2	69	58			
江西省	11	35	466	485	24	341	
山东省	34	59	626	1288	29	117	
其中:青岛市	7	3	139	352	40	173	
河南省	29	65	490	764	93	484	
湖北省	34	105	1149	1090	59	757	
湖南省	37	69	1146	877	83	462	
广东省	41	243	2936	560	8	220	
其中:深圳市	1		188	27			
广西壮族自治区	5	6	826	882	59	765	
海南省	2		295	79		74	
重庆市	21	24	589	143		53	
四川省	42	97	1951	1145	69	733	
贵州省	18	52	588	1440	104	1045	6
云南省	30	40	581	251		105	2
西藏自治区	9	1	64	179		165	
陕西省	13	17	344	863	42	611	
甘肃省	7	26	455	228		166	1
青海省	7	3	262	19		12	
宁夏回族自治区	2	5	177	62	5	56	
新疆维吾尔自治区	23	50	537	542	7	355	

2－32－7

单位:万元

地区	对个人和家庭的补助						
	抚恤金	生活补助	救济费	医疗费	助学金	奖励金	生产补贴
地方合计	**377**	**543**	**30**	**510**	**1**	**289**	**54**
北京市	13	4	2	106		1	
天津市	4			6			
河北省	32	23	1	9		13	
山西省	8	23		7			
内蒙古自治区	14	19	1			1	
辽宁省	4	9		8		6	
其中:大连市		2					
吉林省	14	16		2			
黑龙江省	24	27		1		5	
上海市	16	2		52			
江苏省	34	32	10	63		15	
浙江省	15	14	2	59		51	
其中:宁波市	1	2		11			
安徽省	15	7	1	14		5	
福建省	5	15		3		17	
其中:厦门市							
江西省	19	6	1	16		1	
山东省	11	22	2	18		5	
其中:青岛市	1	3	1			1	
河南省	3	137		4		14	
湖北省	8	40		34		2	
湖南省	16	12	3	69	1	3	52
广东省	10	15		11		42	
其中:深圳市		1				17	
广西壮族自治区	12	5		1		4	
海南省	1						
重庆市	11	3	2	9		5	
四川省	9	35	3	7		57	
贵州省	33	17		1		3	2
云南省	12	5		1		4	
西藏自治区	4						
陕西省	12	38		8		1	
甘肃省	5	13				1	
青海省							
宁夏回族自治区		1					
新疆维吾尔自治区	13	3	2	1		33	

2-32-8

单位:万元

地 区	对个人和家庭的补助				对企事业单位的补贴		
	住 房公积金	提租补贴	购房补贴	其他对个人和家庭的补助支出	小 计	企业政策性补 贴	事业单位补 贴
地 方 合 计	**3285**	**347**	**860**	**1559**	**5**		
北京市	358	95	25	34			
天津市	253	3	1	33			
河北省	66	1		30			
山西省	73	1		10			
内蒙古自治区	38			8			
辽宁省	60	100		31			
其中:大连市		3					
吉林省	30	2		6			
黑龙江省	86	9		23			
上海市	19			274			
江苏省	216	55	20	189	2		
浙江省	540	3	11	136	2		
其中:宁波市	4			42			
安徽省	124		2	44			
福建省	114	61		36			
其中:厦门市	27	31					
江西省	62			15			
山东省	227	14	613	230			
其中:青岛市	57	7	22	47			
河南省	19		6	4			
湖北省	123	1	12	54			
湖南省	99	1	1	75	1		
广东省	188	1	3	62			
其中:深圳市				9			
广西壮族自治区	26			10			
海南省	1			3			
重庆市	30			30			
四川省	149		1	82			
贵州省	65		150	14			
云南省	53		12	57			
西藏自治区				10			
陕西省	136			15			
甘肃省	38			4			
青海省	2		1	4			
宁夏回族自治区							
新疆维吾尔自治区	90		2	36			

2-32-9

单位:万元

地区	对企事业单位的补贴		赠与			债务利息支出	
	财政贴息	其他对企事业单位的补贴支出	小计	对国内的赠与	对国外的赠与	小计	国库券付息
地方合计		**5**	**1**	**1**			
北京市							
天津市							
河北省							
山西省							
内蒙古自治区							
辽宁省							
其中:大连市							
吉林省							
黑龙江省							
上海市							
江苏省		2					
浙江省		2					
其中:宁波市							
安徽省							
福建省							
其中:厦门市							
江西省							
山东省							
其中:青岛市							
河南省			1	1			
湖北省							
湖南省		1					
广东省							
其中:深圳市							
广西壮族自治区							
海南省							
重庆市							
四川省							
贵州省							
云南省							
西藏自治区							
陕西省							
甘肃省							
青海省							
宁夏回族自治区							
新疆维吾尔自治区							

二、地方财政预算收支情况

2-32-10

单位:万元

地区	债务利息支出					基本建设支出	
	向国家银行借款付息	其他国内借款付息	向国外政府借款付息	向国际组织借款付息	其他国外借款付息	小计	房屋建筑物购建
地方合计						**40249**	**17700**
北京市						354	
天津市						38	
河北省						154	100
山西省						76	76
内蒙古自治区						767	752
辽宁省						1731	650
其中:大连市						1236	300
吉林省						79	40
黑龙江省						2240	
上海市						10332	87
江苏省						2110	1914
浙江省						4638	4270
其中:宁波市						114	
安徽省						57	
福建省						934	895
其中:厦门市							
江西省						1500	1500
山东省						1052	230
其中:青岛市						36	
河南省						1107	1064
湖北省						232	5
湖南省						3567	3372
广东省						1935	20
其中:深圳市							
广西壮族自治区						398	304
海南省						8	
重庆市						106	60
四川省						2095	1659
贵州省						57	
云南省						349	192
西藏自治区							
陕西省						3016	
甘肃省						368	190
青海省						578	320
宁夏回族自治区						59	
新疆维吾尔自治区						312	

2-32-11

单位:万元

地区	基本建设支出							
	办公设备购置	专用设备购置	交通工具购置	基础设施建设	大型修缮	信息网络购建	物资储备	其他基本建设支出
地方合计	**662**	**1087**	**375**	**4258**	**2509**	**490**		**13168**
北京市	1		40	257		13		43
天津市				38				
河北省	33	21						
山西省								
内蒙古自治区				15				
辽宁省	11	17	12	821	50	170		
其中:大连市				766		170		
吉林省				39				
黑龙江省					2240			
上海市	179	416	95			101		9454
江苏省	56	95	22					23
浙江省	108	199	21		30			10
其中:宁波市	38	76						
安徽省	5	35		9		8		
福建省	5	3						31
其中:厦门市								
江西省								
山东省	1		34	761		24		2
其中:青岛市	18		18					
河南省	38	5						
湖北省	22	109				3		93
湖南省	2	1	20	167		5		
广东省	49			1712		9		145
其中:深圳市								
广西壮族自治区	25	32	4		9			24
海南省								8
重庆市	3	13	23	6				1
四川省	74	39	22	95	19	107		80
贵州省	5	11	41					
云南省	14	21		33	39	50		
西藏自治区								
陕西省	4	7		5				3000
甘肃省	2	50			122			4
青海省	8							250
宁夏回族自治区	17	1	41					
新疆维吾尔自治区		12		300				

2－32－12

单位:万元

地区	其他资本性支出						
	小计	房屋建筑物购建	办公设备购置	专用设备购置	交通工具购置	基础设施建设	大型修缮
地方合计	**30974**	**5548**	**6738**	**4125**	**2796**	**4049**	**1346**
北京市	1659		583	206	187	112	45
天津市	1078	287	85	92	17	19	320
河北省	1660	4	474	173	199	700	52
山西省	445		225	69	85	8	32
内蒙古自治区	2972	2339	84	321	90	116	
辽宁省	546	9	245	71	60	7	33
其中:大连市	17		7	10			
吉林省	767	384	183	75	11	74	34
黑龙江省	500		230	89	117		16
上海市	340		161	5	48	6	5
江苏省	1967	22	424	258	157	54	215
浙江省	4669	1135	587	290	188	2002	52
其中:宁波市	257	9	59	75			
安徽省	1453	132	124	152	80	317	11
福建省	705	126	266	22	102		91
其中:厦门市	46		7	6	33		
江西省	251		63	88	46		
山东省	944	20	304	214	231	10	19
其中:青岛市	186		43	94	26		9
河南省	459	87	110	104	26	30	12
湖北省	625	24	124	94	193	23	63
湖南省	579	8	135	234	64		68
广东省	1900	224	433	430	214	61	74
其中:深圳市	249		55	144	24		9
广西壮族自治区	523	1	285	73	28	2	50
海南省	169		48	59	1	16	
重庆市	303	78	87	74	53		9
四川省	1218	60	417	431	158	5	78
贵州省	286	15	131	47	78		5
云南省	663	99	330	106	93	3	14
西藏自治区	1206		1	24	62		4
陕西省	1191	24	243	178	118	62	34
甘肃省	416	114	101	95	19	7	2
青海省	486	308	11	13			
宁夏回族自治区	155		38		2		7
新疆维吾尔自治区	839	48	206	38	69	415	1

2－32－13

单位:万元

地　　区	其他资本性支出						
	信息网络购　建	物资储备	土地补偿	安置补助	地上附着物和青苗补偿	拆迁补偿	其他资本性支　出
地　方　合　计	**1963**		**30**			**2**	**4377**
北京市	224		2				300
天津市	160						98
河北省	55						3
山西省	21						5
内蒙古自治区							22
辽宁省	46						75
其中:大连市							
吉林省	6						
黑龙江省	41						7
上海市	69						46
江苏省	178						659
浙江省	354						61
其中:宁波市	114						
安徽省	79						558
福建省	73						25
其中:厦门市							
江西省	53						1
山东省	93						53
其中:青岛市	10						4
河南省	48		28				14
湖北省							104
湖南省	56						14
广东省	186						278
其中:深圳市							17
广西壮族自治区	67						17
海南省	22						23
重庆市	1						1
四川省	19					2	48
贵州省	9						1
云南省	15						3
西藏自治区	3						1112
陕西省	27						505
甘肃省	58						20
青海省							154
宁夏回族自治区							108
新疆维吾尔自治区							62

二、地方财政预算收支情况

2－32－14 单位:万元

地　　区	贷款转贷及产权参股					其他支出		
	小　计	国内贷款	国外贷款	产权参股	其他贷款转贷及产权参股支出	小　计	补充全国社会保障基金	其他支出
地　方　合　计						**2636**		**2636**
北京市						162		162
天津市								
河北省						26		26
山西省								
内蒙古自治区								
辽宁省								
其中:大连市								
吉林省								
黑龙江省						8		8
上海市						19		19
江苏省						299		299
浙江省						79		79
其中:宁波市						1		1
安徽省						19		19
福建省						22		22
其中:厦门市						8		8
江西省						43		43
山东省						833		833
其中:青岛市						820		820
河南省						2		2
湖北省						273		273
湖南省						122		122
广东省						181		181
其中:深圳市						72		72
广西壮族自治区						4		4
海南省								
重庆市						14		14
四川省						10		10
贵州省						67		67
云南省								
西藏自治区						26		26
陕西省						298		298
甘肃省						129		129
青海省								
宁夏回族自治区								
新疆维吾尔自治区								

2007 年各省、自治区、直辖市共产党事务支出明细表

2－33－1　　　　单位:万元

地　区	合　计	工资福利支出				
		小　计	基本工资	津贴补贴	奖　金	社会保障缴　费
地方合计	**6207063**	**1978690**	**914485**	**656910**	**236532**	**50225**
北京市	150030	36994	8650	13737	8596	1345
天津市	56700	21617	7231	10873	2542	259
河北省	299945	103655	59203	33932	3667	1952
山西省	216609	69606	38514	23527	3545	1103
内蒙古自治区	190444	50611	27092	19216	2536	326
辽宁省	202006	67722	32526	28054	3728	1390
其中:大连市	26310	9330	3126	3751	1750	425
吉林省	107744	32135	18479	11033	1646	438
黑龙江省	156546	58716	32271	19850	4822	376
上海市	147569	39330	8125	7332	18820	1194
江苏省	390623	138732	43279	39438	39331	4580
浙江省	304118	108895	25195	24208	42667	5465
其中:宁波市	53958	24406	4157	4954	12493	1630
安徽省	167126	65005	33488	22167	2836	903
福建省	185368	63204	27655	19143	4789	2621
其中:厦门市	30254	10458	2270	3236	981	166
江西省	142541	50674	29416	13252	2961	667
山东省	433550	130526	64706	45150	6508	8276
其中:青岛市	56109	21385	6005	8817	2615	2278
河南省	344533	103160	62984	32127	3394	989
湖北省	212609	63908	30240	22085	6010	1727
湖南省	322412	97454	50428	27134	7340	5076
广东省	421969	121321	46115	49384	12445	3928
其中:深圳市	51680	11542	2721	5986	1577	520
广西壮族自治区	159686	46763	24729	14519	5636	287
海南省	43237	13564	7724	3909	1076	138
重庆市	110029	34823	16460	13362	2876	202
四川省	404341	122312	56380	28282	27619	1948
贵州省	182931	55271	29298	19707	3313	366
云南省	220694	74082	32734	34474	4132	820
西藏自治区	65971	31649	10771	17797	1522	618
陕西省	208326	67740	39478	20238	4178	590
甘肃省	128007	38089	20121	14666	1878	175
青海省	47114	19442	7473	9867	1272	202
宁夏回族自治区	37859	10815	4891	4730	531	75
新疆维吾尔自治区	146426	40875	18829	13717	4316	2189

二、地方财政预算收支情况

2－33－2　　　　单位:万元

地区	工资福利支出				商品和服务支出		
	伙食费	伙食补助费	绩效工资	其他工资福利支出	小计	办公费	印刷费
地方合计	**2856**	**11566**	**4230**	**101886**	**3233232**	**409959**	**111638**
北京市	1249	23	662	2732	92102	3834	2422
天津市	2	151	4	555	26339	4292	388
河北省	196	2109	8	2588	154361	25334	6781
山西省	47	373	69	2428	117483	16890	6674
内蒙古自治区	18	99	59	1265	111782	17340	4041
辽宁省	145	310	57	1512	106898	17165	4396
其中:大连市	31	18	2	227	14935	2229	504
吉林省		82	133	324	58500	9245	2878
黑龙江省	81	416	133	767	71764	14449	3364
上海市	72	190	820	2777	96274	8397	1597
江苏省	186	1805	24	10089	182756	16410	5549
浙江省	55	1461	23	9821	146650	8775	6385
其中:宁波市	40	283	17	832	23131	1858	569
安徽省	32	624	134	4821	79966	10532	2883
福建省	32	180	414	8370	91578	7947	3137
其中:厦门市	11	99	110	3585	13348	1142	279
江西省	27	128	13	4210	71024	9161	1818
山东省	120	340	158	5268	242900	38729	9269
其中:青岛市	5	95	69	1501	27120	2189	1109
河南省	111	177	146	3232	194995	41722	8811
湖北省	46	152	314	3334	111050	11592	3296
湖南省	74	627	111	6664	176695	14475	5204
广东省	131	349	298	8671	220936	18309	5658
其中:深圳市		92		646	28563	1812	984
广西壮族自治区	6	97	7	1482	87137	8504	1956
海南省	3	15	9	690	21622	1516	693
重庆市		219	13	1691	62716	9025	1770
四川省	46	393	378	7266	221197	22054	6142
贵州省	24	119	10	2434	86427	12752	2075
云南省	50	192	48	1632	114752	20306	3656
西藏自治区		22		919	22623	1529	365
陕西省	50	382	154	2670	90804	15191	3896
甘肃省	2	42	15	1190	66774	8397	3045
青海省	32	135	8	453	21236	2852	566
宁夏回族自治区	11	28	1	548	17072	2170	654
新疆维吾尔自治区	8	326	7	1483	66819	11065	2269

2－33－3　　　　单位:万元

地　　区	商品和服务支出						
	咨询费	手续费	水　费	电　费	邮电费	取暖费	物　业 管理费
地　方　合　计	**2814**	**999**	**15828**	**49348**	**89686**	**38763**	**15479**
北京市	22		239	814	890	1257	538
天津市	11		47	323	700	263	121
河北省	189	17	712	2202	5561	3203	293
山西省	70	76	433	1697	2957	2528	175
内蒙古自治区	16	63	210	836	2799	1891	211
辽宁省	93	39	794	2684	3639	4942	1299
其中:大连市	45	17	56	245	385	408	264
吉林省	78	22	437	1499	1967	2474	76
黑龙江省	4	23	444	1529	2267	3754	420
上海市	235	2	226	1300	1521		1606
江苏省	110	30	451	2075	3657	1129	1029
浙江省	174	27	199	1028	3425		557
其中:宁波市	10	6	30	140	250		48
安徽省	45	33	414	1608	2244	519	240
福建省	65	31	360	1522	2887		200
其中:厦门市	9	21	17	65	159		3
江西省	25	14	411	1337	2389	395	145
山东省	384	105	1725	3838	8266	4162	919
其中:青岛市	4	1	60	227	817	251	111
河南省	386	94	1138	3738	5792	1686	655
湖北省	142	42	755	1988	2657	515	372
湖南省	147	90	1394	3996	4324	1793	1583
广东省	148	74	856	3243	6221	39	1329
其中:深圳市	36	3	19	366	576		419
广西壮族自治区	27	18	272	772	2533		679
海南省	1	3	111	197	552		44
重庆市	32	9	246	1170	1647	6	575
四川省	136	29	1002	3175	7156	209	1090
贵州省	33	41	217	742	2057	1216	192
云南省	94	10	737	1040	2953	3	368
西藏自治区			165	518	934	232	4
陕西省	80	43	1086	2534	2660	2862	284
甘肃省	21	29	314	806	2171	1224	197
青海省		1	63	200	648	422	12
宁夏回族自治区	2	4	88	232	442	270	116
新疆维吾尔自治区	44	30	282	705	1770	1769	150

2－33－4 单位:万元

地区	商品和服务支出					
	交通费	差旅费	出国费	维修(护)费	租赁费	会议费
地方合计	**321766**	**175083**	**18721**	**122547**	**19230**	**334278**
北京市	4004	1541	891	2181	1505	10416
天津市	2057	505	203	253	250	2867
河北省	21189	7236	333	5585	1139	20666
山西省	14335	7821	365	6434	1155	13108
内蒙古自治区	16638	10188	580	4215	322	8506
辽宁省	15542	6761	398	5405	1073	11051
其中:大连市	1550	867	52	705	170	2047
吉林省	7828	4996	461	3698	259	7229
黑龙江省	9497	5827	425	3621	696	6795
上海市	2785	1310	1732	8087	960	4532
江苏省	14167	8338	949	2441	1077	18384
浙江省	8097	8098	1981	1191	904	18299
其中:宁波市	948	1531	424	170	85	2712
安徽省	7403	4537	572	1488	463	6170
福建省	8645	5659	927	3443	152	8566
其中:厦门市	625	512	125	400	28	542
江西省	7764	4550	408	1810	118	4325
山东省	23803	12924	959	14922	1489	39451
其中:青岛市	2589	1081	252	492	344	2864
河南省	22290	12910	615	5561	1524	24640
湖北省	9654	5448	759	3201	271	10476
湖南省	16543	7503	736	7056	419	15159
广东省	18168	10507	1570	5666	1485	18571
其中:深圳市	1745	1324	619	457	500	1909
广西壮族自治区	9331	4301	585	2912	206	5820
海南省	2443	1313	96	730	85	1521
重庆市	6089	3661	151	1714	398	10660
四川省	21402	10304	430	6404	992	22447
贵州省	8898	4285	470	2724	588	6251
云南省	10635	4500	400	3039	290	11927
西藏自治区	3053	1983	14	979	3	1114
陕西省	11075	5957	795	6068	522	9873
甘肃省	6284	4346	279	5124	311	7007
青海省	2360	1435	180	834	329	1566
宁夏回族自治区	2040	1150	177	317	77	1820
新疆维吾尔自治区	7747	5189	280	5444	168	5061

2－33－5 单位:万元

地区	商品和服务支出						
	培训费	招待费	专用材料费	被装购置费	专用燃料费	劳务费	委托业务费
地方合计	**140108**	**374791**	**35038**	**6373**	**7201**	**44009**	**25889**
北京市	5529	4095	425	31	20	1160	123
天津市	957	935	7	29	21	112	
河北省	7335	15461	1719	234	296	1705	1577
山西省	4587	14199	896	160	185	1700	87
内蒙古自治区	3816	16926	1511	590	359	2438	491
辽宁省	5531	9628	1826	141	628	1550	733
其中:大连市	698	3407	296	3	117	411	138
吉林省	3807	3180	2129		322	954	469
黑龙江省	2421	3827	1284	217	368	590	525
上海市	4343	3234	783	166	39	2195	2949
江苏省	9161	25955	1433	242	149	4012	1886
浙江省	6149	17358	456	89	125	3860	1128
其中:宁波市	1259	2750	3	62	100	425	16
安徽省	2215	6741	535	91	170	1101	938
福建省	2967	12321	947	375	159	1776	1285
其中:厦门市	195	780	59	1	2	296	77
江西省	1657	13229	340	111	420	410	231
山东省	8883	25168	6467	409	648	2268	1894
其中:青岛市	1964	3527	181	95	65	295	153
河南省	7313	21397	4789	436	512	3584	1156
湖北省	4563	12239	819	275	524	777	982
湖南省	4649	29844	850	378	247	1219	352
广东省	9329	26400	1528	109	173	3314	2581
其中:深圳市	2521	2046	161	19	1	919	736
广西壮族自治区	4523	11504	437	250	112	792	407
海南省	1418	2260	117	11	14	99	40
重庆市	5154	5042	898	221	35	866	176
四川省	7120	34367	961	123	77	1688	463
贵州省	4805	13709	457	114	24	1154	1290
云南省	5954	16046	450	367	91	1954	1435
西藏自治区	432	3609	294	69	375	27	1603
陕西省	3675	7944	1181	351	446	813	534
甘肃省	3017	7536	509	708	385	600	222
青海省	1952	2842	121	16	150	166	3
宁夏回族自治区	880	1529	57	44	86	286	138
新疆维吾尔自治区	5966	6266	812	16	41	839	191

二、地方财政预算收支情况

2－33－6

单位:万元

地区	商品和服务支出			对个人和家庭的补助			
	工会经费	福利费	其他商品和服务支出	小计	离休费	退休费	退职(役)费
地方合计	**12219**	**29138**	**832327**	**322917**	**40348**	**118939**	**369**
北京市	342	186	49637	2986		97	
天津市	96	245	11657	6913	881	2965	2
河北省	388	1005	24201	12907	3268	5193	5
山西省	281	717	19953	10542	2071	4877	
内蒙古自治区	132	952	16711	4556	278	830	1
辽宁省	486	696	10398	9353	947	3091	3
其中:大连市	45	170	106	292			
吉林省	78	73	4341	7460	1902	3625	
黑龙江省	377	1002	8038	15952	3098	9448	5
上海市	320	816	47139	2589	1077	96	
江苏省	760	2003	61359	31459	5594	11886	39
浙江省	1133	4885	52327	25449	3115	8677	15
其中:宁波市	257	275	9203	3950	528	1404	1
安徽省	261	574	28189	9613	1232	3555	10
福建省	567	1167	26473	9061	812	2174	16
其中:厦门市	130	94	7787	1235	1	3	
江西省	180	809	18967	5120	312	2161	5
山东省	548	1044	34626	22062	2123	2147	66
其中:青岛市	100	87	8262	3991	673	1092	13
河南省	487	1919	21840	13305	2616	5662	1
湖北省	358	1408	37937	10392	1409	5345	44
湖南省	1007	1810	55917	15485	1463	7348	9
广东省	709	1768	83181	14861	526	2028	20
其中:深圳市	52	205	11134	3534		19	
广西壮族自治区	151	1240	29805	10550	1164	5546	4
海南省	44	45	8269	997	15	135	10
重庆市	498	441	12232	1935	9	103	2
四川省	776	1597	71053	19149	672	6305	29
贵州省	316	616	21401	18224	2601	10303	25
云南省	589	417	27491	6772	130	1122	25
西藏自治区	249	75	4997	5590	113	3806	2
陕西省	275	316	12343	9480	1188	3847	6
甘肃省	159	398	13685	4358	512	1441	14
青海省	357	38	4123	624	9	169	
宁夏回族自治区	33	182	4278	1237	245	657	8
新疆维吾尔自治区	262	694	9759	13936	966	4300	3

2－33－7

单位:万元

地　　区	对个人和家庭的补助						
	抚恤金	生活补助	救济费	医疗费	助学金	奖励金	生产补贴
地　方　合　计	**7459**	**25652**	**1182**	**10550**	**259**	**20208**	**233**
北京市	48	61	1	341			
天津市	71	45		95		44	9
河北省	283	1574	80	116	13	643	39
山西省	265	763	25	335	15	380	18
内蒙古自治区	168	470	45	140	15	1585	2
辽宁省	297	578	85	360		1247	
其中:大连市	46	82	2	8		43	
吉林省	192	738	12	71		171	
黑龙江省	333	327	29	133	18	301	8
上海市	211	128		106	4	15	
江苏省	486	1044	87	699		704	1
浙江省	268	653	76	602		2423	4
其中:宁波市	27	102	19	32		709	
安徽省	228	585	51	293	2	178	2
福建省	170	573	16	116	5	222	6
其中:厦门市	2	16		10		24	
江西省	162	533	15	302	2	110	14
山东省	389	1292	61	1453	31	517	2
其中:青岛市	120	130	16	14	7	78	
河南省	261	2686	126	540	20	332	6
湖北省	186	257	52	470	35	159	1
湖南省	542	768	67	777	32	553	28
广东省	172	1066	82	1044	27	1569	22
其中:深圳市	36	181	47	4		561	
广西壮族自治区	236	620	34	118		923	
海南省	99	195	1	56	1	22	
重庆市	109	514	32	79		397	
四川省	524	1674	89	198		3478	8
贵州省	451	565	6	334	1	625	1
云南省	175	1476		127	2	1409	12
西藏自治区	186	140		185	1	3	
陕西省	188	857	38	298	32	1163	9
甘肃省	74	473	7	905		64	
青海省	90	84	7	1	3	53	
宁夏回族自治区	54	45		7		66	
新疆维吾尔自治区	541	4868	58	249		852	41

二、地方财政预算收支情况

2－33－8　　　　单位:万元

地　　区	对个人和家庭的补助				对企事业单位的补贴		
	住房公积金	提租补贴	购房补贴	其他对个人和家庭的补助支出	小计	企业政策性补贴	事业单位补贴
地方合计	**39072**	**6082**	**12603**	**39961**	**7112**	**415**	**3739**
北京市	1280	401	196	561	6		
天津市	2192	40	41	528			
河北省	773	81	3	836	284	116	12
山西省	1152	38	2	601	35		1
内蒙古自治区	229	1	22	770	122	27	95
辽宁省	767	1300	105	573			
其中:大连市	19	53	2	37			
吉林省	399	30	175	145	9		9
黑龙江省	970	145	610	527	32	32	
上海市	152	2	19	779			
江苏省	2920	646	303	7050	374		150
浙江省	5989	61	325	3241	728		172
其中:宁波市	107	3	48	970	9		5
安徽省	1626	28	58	1765	195		
福建省	2263	812	110	1766	345		215
其中:厦门市	660	348	94	77	28		
江西省	841	2	1	660	27		25
山东省	3609	485	8404	1483	103		103
其中:青岛市	913	260	323	352			
河南省	376	10	30	639	240		59
湖北省	1621	53	76	684	49		7
湖南省	2009	18	88	1783	131		
广东省	3010	1913	487	2895	968	5	40
其中:深圳市		1911	350	425	858	5	19
广西壮族自治区	633		8	1264	7		
海南省	16		7	440			
重庆市	90			600			
四川省	1487	1	131	4553	24		
贵州省	693	10	1301	1308	2687	235	2452
云南省	617	1	33	1643	215		215
西藏自治区	384			770			
陕西省	1465		44	345	252		30
甘肃省	446	4		418	154		154
青海省	24			184			
宁夏回族自治区	18		5	132	87		
新疆维吾尔自治区	1021		19	1018	38		

2－33－9

单位：万元

地　　区	对企事业单位的补贴		赠　与			债务利息支出	
	财政贴息	其他对企事业单位的补贴支出	小　计	对国内的赠　与	对国外的赠　与	小　计	国库券付　息
地　方　合　计	**48**	**2910**	**441**	**440**	**1**		
北京市		6					
天津市							
河北省		156					
山西省		34	20	19	1		
内蒙古自治区							
辽宁省							
其中：大连市							
吉林省							
黑龙江省							
上海市							
江苏省		224	13	13			
浙江省		556	37	37			
其中：宁波市		4					
安徽省		195	3	3			
福建省		130					
其中：厦门市		28					
江西省		2					
山东省			141	141			
其中：青岛市							
河南省		181					
湖北省		42	100	100			
湖南省	10	121	59	59			
广东省		923	27	27			
其中：深圳市		834	1	1			
广西壮族自治区		7	20	20			
海南省			5	5			
重庆市			1	1			
四川省		24	11	11			
贵州省							
云南省			4	4			
西藏自治区							
陕西省		222					
甘肃省							
青海省							
宁夏回族自治区		87					
新疆维吾尔自治区	38						

2-33-10

单位:万元

地区	债务利息支出					基本建设支出	
	向国家银行借款付息	其他国内借款付息	向国外政府借款付息	向国际组织借款付息	其他国外借款付息	小计	房屋建筑物购建
地方合计						**209159**	**90147**
北京市						8973	214
天津市						13	
河北省						5993	2410
山西省						1148	16
内蒙古自治区						8092	4763
辽宁省						2859	1535
其中:大连市						253	
吉林省						894	375
黑龙江省						1029	217
上海市						371	
江苏省						11899	10629
浙江省						5326	3657
其中:宁波市						151	109
安徽省						2206	
福建省						8739	4097
其中:厦门市						3900	3157
江西省						8386	7592
山东省						17691	14846
其中:青岛市						1953	
河南省						10928	6769
湖北省						7009	5368
湖南省						9334	1267
广东省						27330	8365
其中:深圳市							
广西壮族自治区						2914	318
海南省						1708	507
重庆市						3783	772
四川省						9391	4703
贵州省						8452	1929
云南省						9512	895
西藏自治区						884	400
陕西省						17571	1500
甘肃省						4477	3700
青海省						962	153
宁夏回族自治区						3687	124
新疆维吾尔自治区						7598	3026

2－33－11

单位:万元

地　　区	基本建设支出							
	办公设备购　置	专用设备购　置	交通工具购　置	基础设施建　设	大型修缮	信息网络购　建	物资储备	其他基本建设支出
地　方　合　计	**8514**	**4379**	**7862**	**22094**	**7248**	**21356**		**47559**
北京市	405	48	315	1000	930	1464		4597
天津市								13
河北省	310	1705	538	632	134	9		255
山西省	207	75	351	3	121	374		1
内蒙古自治区	857	228	593	865	161	5		620
辽宁省	148	50	167	451	138	310		60
其中:大连市						253		
吉林省	10	19		298	103	89		
黑龙江省	159	25	20	214	98	11		285
上海市	13	2				56		300
江苏省	138	109	403	40	200	107		273
浙江省	431	85	572		51	122		408
其中:宁波市	7							35
安徽省	324	54	222		1477	118		11
福建省	587	62	325	457	67	157		2987
其中:厦门市	134	17	128	400	9	55		
江西省	97		30	322		100		245
山东省	299	783	264	7	605	149		738
其中:青岛市	212	700	174		261	79		527
河南省	397	12	426	1679	365	875		405
湖北省	92	46	278	152	313	413		347
湖南省	210	154	221	676	63	15		6728
广东省	722	300	914	128	242	15707		952
其中:深圳市								
广西壮族自治区	639	67	558	243	512	217		360
海南省	179	19	277	41	154			531
重庆市	147	68	135	621	137	24		1879
四川省	922	155	178	1131	264	146		1892
贵州省	108	23	61	1017	45	145		5124
云南省	540	44	510	7098	201	30		194
西藏自治区		150			159			175
陕西省	380	28	76	899	52	280		14356
甘肃省	56		70	212	138	10		291
青海省	27	11		306	291			174
宁夏回族自治区	33		23	187	46			3274
新疆维吾尔自治区	77	57	335	3415	181	423		84

2－33－12

单位:万元

地　　区	其他资本性支出						
	小　计	房屋建筑物购　　建	办公设备购　　置	专用设备购　　置	交通工具购　　置	基础设施建　　设	大型修缮
地　方　合　计	**378518**	**47958**	**78251**	**22547**	**108417**	**30606**	**30291**
北京市	5475		1952	776	749	1	861
天津市	1730	201	521	41	851	9	46
河北省	17534	2271	3931	1063	4751	2125	2586
山西省	17471	1600	4019	2139	4165	1245	1114
内蒙古自治区	15264	617	3187	1380	6160	1567	447
辽宁省	14534	772	2809	1438	3614	580	3094
其中:大连市	1034	18	157	189	191		156
吉林省	8035	1254	1434	417	2281	253	1736
黑龙江省	8936	1281	2345	710	1715	28	2195
上海市	4149		1114	538	474	4	191
江苏省	20114	5664	4853	1445	4503	36	206
浙江省	13850	1487	4690	912	3743	45	98
其中:宁波市	844		512	83	144		8
安徽省	8193	264	1570	366	2259	628	1264
福建省	8709	369	2258	274	3636	383	523
其中:厦门市	861		193	48	297		295
江西省	6362	694	1413	298	2527	162	211
山东省	19918	1804	3731	1550	6945	669	1110
其中:青岛市	1262		356	103	503		
河南省	20040	3465	2776	745	5668	2390	1047
湖北省	14302	3495	1591	493	3646	1085	1131
湖南省	14515	1867	2420	794	5452	403	561
广东省	20063	1436	4019	1482	4763	409	1897
其中:深圳市	2587		835	280	1176		21
广西壮族自治区	9594	209	1734	465	3820	623	803
海南省	5307	1727	780	34	1216	571	147
重庆市	5874	1013	1121	270	2284	365	25
四川省	29956	4382	7160	1005	10697	1852	1846
贵州省	9509	1495	2208	412	3290	910	173
云南省	14280	1577	2950	331	4830	1303	399
西藏自治区	2887		1659	439	501	20	133
陕西省	21887	1741	3310	1088	5076	3768	4305
甘肃省	13328	5686	2397	374	2909	867	513
青海省	4691	326	673	229	1590	253	383
宁夏回族自治区	4881	119	1232	161	1694	427	26
新疆维吾尔自治区	17130	1142	2394	878	2608	7625	1220

2－33－13　　　　单位:万元

地　　区	其他资本性支出						
	信息网络购　建	物资储备	土地补偿	安置补助	地上附着物和青苗补偿	拆迁补偿	其他资本性支　出
地 方 合 计	**22978**	**22**	**276**	**36**	**38**	**149**	**36949**
北京市	663		1	3			469
天津市	2						59
河北省	567						240
山西省	2283					2	904
内蒙古自治区	146						1760
辽宁省	1627						600
其中:大连市	323						
吉林省	483						177
黑龙江省	564					23	75
上海市	233						1595
江苏省	762		10				2635
浙江省	2376						499
其中:宁波市	30						67
安徽省	793	4	47			1	997
福建省	333					9	924
其中:厦门市	2						26
江西省	515		2				540
山东省	1959	6	33		25	102	1984
其中:青岛市	289						11
河南省	2417		35				1497
湖北省	997						1864
湖南省	684		12				2322
广东省	936		78	33			5010
其中:深圳市	31						244
广西壮族自治区	225	12	4		2	12	1685
海南省	779						53
重庆市	256						540
四川省	1071				11		1932
贵州省	271						750
云南省	161		54				2675
西藏自治区	55						80
陕西省	949						1650
甘肃省	204						378
青海省	14						1223
宁夏回族自治区	84						1138
新疆维吾尔自治区	569						694

2－33－14

单位:万元

地区	贷款转贷及产权参股					其他支出		
	小计	国内贷款	国外贷款	产权参股	其他贷款转贷及产权参股支出	小计	补充全国社会保障基金	其他支出
地方合计	**226**				**226**	**76768**		**76768**
北京市						3494		3494
天津市						88		88
河北省						5211		5211
山西省						304		304
内蒙古自治区						17		17
辽宁省						640		640
其中:大连市						466		466
吉林省						711		711
黑龙江省						117		117
上海市						4856		4856
江苏省						5276		5276
浙江省						3183		3183
其中:宁波市						1467		1467
安徽省						1945		1945
福建省	226				226	3506		3506
其中:厦门市						424		424
江西省						948		948
山东省						209		209
其中:青岛市						398		398
河南省						1865		1865
湖北省						5799		5799
湖南省						8739		8739
广东省						16463		16463
其中:深圳市						4595		4595
广西壮族自治区						2701		2701
海南省						34		34
重庆市						897		897
四川省						2301		2301
贵州省						2361		2361
云南省						1077		1077
西藏自治区						2338		2338
陕西省						592		592
甘肃省						827		827
青海省						159		159
宁夏回族自治区						80		80
新疆维吾尔自治区						30		30

2007 年各省、自治区、直辖市民主党派及工商联事务支出明细表

2－34－1

单位:万元

地　　区	合　计	工资福利支出				
		小　计	基本工资	津贴补贴	奖　金	社会保障缴　费
地 方 合 计	**316391**	**128375**	**53855**	**45954**	**18289**	**3114**
北京市	9016	4070	964	1607	1054	17
天津市	5877	2778	909	1475	227	16
河北省	9527	4376	2312	1516	153	103
山西省	8218	3035	1658	1072	165	33
内蒙古自治区	6108	2663	1430	1073	100	18
辽宁省	13488	5647	2561	2579	278	172
其中:大连市	2427	1165	384	574	135	64
吉林省	6116	2378	1246	950	108	57
黑龙江省	12451	3588	1911	1334	224	33
上海市	14346	6356	1475	923	3373	157
江苏省	25427	9184	2726	2480	2706	346
浙江省	23828	9113	2339	1802	3289	416
其中:宁波市	3729	1909	378	384	920	165
安徽省	8382	4206	1924	1828	142	41
福建省	12164	4396	1636	1587	350	144
其中:厦门市	2584	1141	221	383	116	19
江西省	6981	3234	1798	1031	150	54
山东省	15839	6328	2718	2623	450	294
其中:青岛市	2866	1527	420	718	130	158
河南省	8481	3526	1979	1364	108	40
湖北省	13320	4912	1954	1802	649	173
湖南省	14669	5682	2648	2103	304	372
广东省	26363	10290	3468	5237	914	248
其中:深圳市	2890	882	354	325	139	39
广西壮族自治区	8578	3434	1668	1187	530	21
海南省	2564	1323	742	372	173	6
重庆市	6989	2334	1122	981	167	12
四川省	16981	7540	3548	2024	1555	142
贵州省	8598	3233	1739	1146	215	19
云南省	9712	4177	1959	1883	211	58
西藏自治区	1786	1064	484	509	59	3
陕西省	8628	3967	2111	1353	260	28
甘肃省	4151	2046	1164	775	78	3
青海省	1776	910	421	416	66	1
宁夏回族自治区	2404	1208	509	565	53	5
新疆维吾尔自治区	3623	1377	732	357	178	82

2-34-2　　单位:万元

地　区	工资福利支出				商品和服务支出		
	伙食费	伙　食补助费	绩效工资	其他工资福利支出	小　计	办公费	印刷费
地方合计	**143**	**707**	**156**	**6157**	**138884**	**15150**	**3554**
北京市	1		24	403	3751	373	97
天津市	15	75		61	1586	159	31
河北省	14	64		214	4149	586	106
山西省		10		97	4036	477	164
内蒙古自治区		4		38	2649	483	57
辽宁省	3	8	1	45	6327	719	219
其中:大连市	3	3		2	1113	112	51
吉林省		1	5	11	2568	350	91
黑龙江省	5	45		36	2921	627	99
上海市	32	36		360	7319	322	85
江苏省	16	152	4	754	9493	699	206
浙江省	15	135		1117	10656	576	440
其中:宁波市	6	14		42	1310	118	27
安徽省	3	21	4	243	3598	528	142
福建省	2	21	33	623	6630	488	193
其中:厦门市		8	4	390	1234	56	10
江西省	1	4		196	3234	402	60
山东省		11	2	230	7904	724	182
其中:青岛市		2	2	97	748	57	31
河南省				35	4213	1016	151
湖北省	25	15	36	258	6789	662	139
湖南省	1	29		225	6596	705	129
广东省		6	8	409	12336	1223	268
其中:深圳市		2		23	1554	67	11
广西壮族自治区	2			26	3505	401	62
海南省				30	1109	93	21
重庆市		10		42	3754	486	63
四川省	4	19	36	212	7268	743	183
贵州省		3		111	3012	377	49
云南省	1	9		56	4958	686	99
西藏自治区		3		6	364	20	1
陕西省	2	14	2	197	3495	577	102
甘肃省				26	1564	231	64
青海省		1		5	857	108	4
宁夏回族自治区		1		75	897	106	15
新疆维吾尔自治区	1	10	1	16	1346	203	32

2－34－3

单位:万元

地区	商品和服务支出						
	咨询费	手续费	水费	电费	邮电费	取暖费	物业管理费
地方合计	**108**	**20**	**403**	**1533**	**4772**	**1536**	**1399**
北京市			7	37	87	102	152
天津市	2		12	34	72	39	2
河北省	1		20	79	182	176	18
山西省	6	1	12	36	117	79	2
内蒙古自治区	1		4	18	106	52	53
辽宁省	5		23	82	312	337	198
其中:大连市	1		2	32	61	65	56
吉林省			12	19	70	159	3
黑龙江省	19	1	13	44	119	205	22
上海市	1	1	6	71	184		182
江苏省		1	23	91	278	1	213
浙江省	24		14	79	365		32
其中:宁波市	4		1	18	31		3
安徽省			12	53	120	1	37
福建省	24		13	50	205		27
其中:厦门市			4	18	23		
江西省			7	29	104	5	10
山东省	7	2	18	49	264	131	10
其中:青岛市			2	11	28	19	
河南省	3		14	35	137		
湖北省	1		27	72	132	1	10
湖南省	2	2	40	122	149	33	39
广东省		10	31	193	549		193
其中:深圳市			2	27	46		151
广西壮族自治区			7	41	98		1
海南省			9	5	30		3
重庆市			11	43	106		79
四川省	4		33	109	343	6	19
贵州省	1		3	9	147	4	1
云南省			4	14	169		7
西藏自治区				5	13	11	
陕西省	1	1	17	91	116	86	76
甘肃省	2	1	4	13	71	42	1
青海省			4	9	51	14	
宁夏回族自治区	4				21		4
新疆维吾尔自治区			3	1	55	52	5

2-34-4

单位:万元

地区	商品和服务支出					
	交通费	差旅费	出国费	维修(护)费	租赁费	会议费
地方合计	**13739**	**9769**	**1577**	**2778**	**1191**	**29875**
北京市	429	200	103	45	47	923
天津市	131	89	36	27	27	562
河北省	601	243	38	154	11	814
山西省	507	268	3	123	79	1010
内蒙古自治区	405	378	8	77	33	482
辽宁省	824	552	32	162	27	1507
其中:大连市	140	42	6	6	4	347
吉林省	303	247	57	36	17	509
黑龙江省	324	309	21	41	4	630
上海市	380	193	322	204	39	1529
江苏省	905	708	95	144	121	1960
浙江省	844	878	272	103	102	2123
其中:宁波市	85	140	69	4	12	192
安徽省	267	265	6	42	85	673
福建省	484	563	69	119	35	1335
其中:厦门市	77	73	39	2		112
江西省	313	234	21	25	9	584
山东省	664	311	44	149	310	1707
其中:青岛市	93	61	18	6		208
河南省	496	283	11	63	9	910
湖北省	628	381	26	93	39	1171
湖南省	653	397	83	168	9	1380
广东省	1159	986	110	370	37	2710
其中:深圳市	160	188	2	12	16	213
广西壮族自治区	342	285	5	96	30	883
海南省	156	114	10	19		192
重庆市	252	200	26	45	50	972
四川省	814	514	11	142	14	1789
贵州省	432	238	58	23		442
云南省	463	275	69	30	1	1223
西藏自治区	67	38		10		54
陕西省	460	222	12	124	53	747
甘肃省	137	136	9	122	3	274
青海省	73	65	3	7		301
宁夏回族自治区	76	59	6	4		253
新疆维吾尔自治区	150	138	11	11		226

2－34－5　　　　单位:万元

地　　区	商品和服务支出						
	培训费	招待费	专用材料费	被装购置费	专用燃料费	劳务费	委托业务费
地方合计	**5847**	**10986**	**475**	**358**	**175**	**1414**	**384**
北京市	182	120	3	3		67	
天津市	62	78			8	25	2
河北省	258	220	23	34	3	10	
山西省	261	264	5		4	12	
内蒙古自治区	71	150	11	17	13	23	
辽宁省	386	305	226		45	35	5
其中:大连市	65	82				10	
吉林省	73	280	2		23	247	11
黑龙江省	103	169	14	3	1	8	
上海市	122	304	5	10		56	4
江苏省	410	996	44	5	6	84	23
浙江省	272	1362	9	4	1	172	23
其中:宁波市	17	151	3			25	
安徽省	178	277	2	43		29	1
福建省	404	575	9	36	7	81	38
其中:厦门市	29	59				2	
江西省	82	273	1	56	7	9	4
山东省	177	441	11	21	2	55	44
其中:青岛市	16	87				8	
河南省	227	451	7	24	14	16	1
湖北省	182	414	30	4	3	55	45
湖南省	321	937	4	30	5	37	
广东省	577	905	29	28	10	179	134
其中:深圳市	123	125				82	50
广西壮族自治区	205	206		2		2	
海南省	20	45					
重庆市	184	163	3		3	21	1
四川省	401	691	7	3	2	45	1
贵州省	126	355	7	10		45	
云南省	195	444	7	1	2	63	16
西藏自治区	5	15	1				
陕西省	141	262	12	1	1	16	7
甘肃省	53	100	2	3	8	1	2
青海省	60	33	1	20	2	4	22
宁夏回族自治区	26	49			3	2	
新疆维吾尔自治区	83	102			2	15	

2－34－6

单位:万元

地　　区	商品和服务支出			对个人和家庭的补助			
	工会经费	福利费	其他商品和服务支出	小　计	离休费	退休费	退职(役)费
地方合计	**1194**	**1792**	**28855**	**25689**	**1329**	**14493**	**19**
北京市	51	8	715	622			
天津市	19	51	118	1330	60	875	
河北省	24	46	502	447	30	289	
山西省	10	37	559	454	50	239	
内蒙古自治区	11	36	160	246	4	95	
辽宁省	63	20	243	990	83	603	
其中:大连市	10		21	16			
吉林省	7	5	47	812	88	603	
黑龙江省	57	29	59	1234	110	951	1
上海市	49	102	3148	226	3	41	
江苏省	101	122	2257	2955	123	2098	1
浙江省	124	673	2164	3173	100	1888	8
其中:宁波市	20	5	385	488	12	378	
安徽省	15	17	805	303	4	96	1
福建省	58	36	1781	539		106	2
其中:厦门市	26	15	689	134			2
江西省	20	61	918	306	7	173	
山东省	54	23	2504	1385	66	397	4
其中:青岛市	8	6	89	549	60	341	
河南省	68	41	236	475	58	277	
湖北省	48	70	2556	900	35	622	
湖南省	58	47	1246	1417	115	840	
广东省	78	101	2456	1409	57	366	2
其中:深圳市	2	13	264	161		3	
广西壮族自治区	11	12	816	667	37	529	
海南省	10	1	381	38		11	
重庆市	97	27	922	151	10	29	
四川省	60	68	1266	1329	76	865	
贵州省	25	34	626	1864	114	1340	
云南省	32	21	1137	216	12	76	
西藏自治区	2	21	101	358		290	
陕西省	5	8	357	543	13	210	
甘肃省	8	25	252	396	27	152	
青海省	9	1	66	3			
宁夏回族自治区	8	12	249	233	37	170	
新疆维吾尔自治区	12	37	208	668	10	262	

2－34－7　　　　单位:万元

地　　区	对个人和家庭的补助						
	抚恤金	生活补助	救济费	医疗费	助学金	奖励金	生产补贴
地方合计	**571**	**1378**	**111**	**603**	**59**	**263**	**5**
北京市		105	8	65		－1	－1
天津市	21			19		1	
河北省	7	8		11		4	1
山西省	6	18		3	1	3	
内蒙古自治区	8	43	3	3		15	
辽宁省	19	22		28		5	
其中:大连市	4	3					
吉林省	16	33	3	13			
黑龙江省	16	17		5		3	
上海市	70	45		3		2	
江苏省	25	148	2	36		5	
浙江省	47	45	17	72		18	
其中:宁波市	6	3		2			
安徽省	23	21		8		13	
福建省	15	34	6	9		2	4
其中:厦门市		2				2	
江西省	6	23		10			
山东省	27	17		38		1	
其中:青岛市	13	1		1			1
河南省	7	6	2	2	35	2	
湖北省	10	27		17		1	
湖南省	55	90	46	26	2	20	
广东省	51	85	21	122		112	1
其中:深圳市		27				14	
广西壮族自治区	1	27		1	13	4	
海南省		14				1	
重庆市	30	18		11		8	
四川省	38	58	2	1		22	
贵州省	30	32		2	4	2	
云南省	15	26			4	10	
西藏自治区		6		3			
陕西省	5	45	1	62		1	
甘肃省	13	112		3		1	
青海省						2	
宁夏回族自治区	4	8				2	
新疆维吾尔自治区	6	245		30		4	

2-34-8　　　　单位:万元

地　　区	对个人和家庭的补助				对企事业单位的补贴		
	住房公积金	提租补贴	购房补贴	其他对个人和家庭的补助支出	小计	企业政策性补贴	事业单位补贴
地方合计	**3515**	**439**	**833**	**2071**	**26**	**1**	**18**
北京市	305	64	50	27			
天津市	297	1	2	54			
河北省	44			53			
山西省	88	3		43			
内蒙古自治区	6			69			
辽宁省	65	114	18	33			
其中:大连市	1	1		7			
吉林省	48	5		3			
黑龙江省	103	19		9			
上海市	15			47			
江苏省	170	33	31	283	13		13
浙江省	691	33	43	211	6		
其中:宁波市				87			
安徽省	69	4	3	61	1		
福建省	202	103	2	54	5		5
其中:厦门市	68	56		4			
江西省	65			22			
山东省	181	39	488	127			
其中:青岛市	42	8	35	47			
河南省	16			70	1	1	
湖北省	119	5	18	46			
湖南省	139	1		83			
广东省	367		33	192			
其中:深圳市			14	103			
广西壮族自治区	23			32			
海南省				12			
重庆市	4			41			
四川省	175			92			
贵州省	60	15	107	158			
云南省	32		15	26			
西藏自治区	15			44			
陕西省	154		20	32			
甘肃省	12			76			
青海省				1			
宁夏回族自治区	2			10			
新疆维吾尔自治区	48		3	60			

2-34-9　　　　　　　　　　　　　　　　　　　　　　　　单位:万元

地　　区	对企事业单位的补贴		赠　与			债务利息支出	
	财政贴息	其他对企事业单位的补贴支出	小　计	对国内的赠与	对国外的赠与	小　计	国库券付息
地方合计		**7**	**20**	**20**			
北京市							
天津市							
河北省							
山西省							
内蒙古自治区							
辽宁省							
其中:大连市							
吉林省							
黑龙江省							
上海市							
江苏省							
浙江省		6	1	1			
其中:宁波市							
安徽省		1					
福建省			7	7			
其中:厦门市							
江西省							
山东省							
其中:青岛市							
河南省							
湖北省			1	1			
湖南省			4	4			
广东省							
其中:深圳市							
广西壮族自治区							
海南省			7	7			
重庆市							
四川省							
贵州省							
云南省							
西藏自治区							
陕西省							
甘肃省							
青海省							
宁夏回族自治区							
新疆维吾尔自治区							

2－34－10

单位:万元

地　区	债务利息支出					基本建设支出	
	向国家银行借款付息	其他国内借款付息	向国外政府借款付息	向国际组织借款付息	其他国外借款付息	小计	房屋建筑物购建
地方合计						**1679**	**502**
北京市						177	16
天津市							
河北省							
山西省						47	
内蒙古自治区						102	
辽宁省						17	17
其中:大连市							
吉林省							
黑龙江省							
上海市						9	
江苏省							
浙江省						34	
其中:宁波市						5	
安徽省						2	
福建省						41	
其中:厦门市						38	
江西省						18	
山东省						23	
其中:青岛市						20	
河南省						59	
湖北省						107	
湖南省						265	121
广东省						33	
其中:深圳市							
广西壮族自治区						165	
海南省						7	
重庆市						432	348
四川省						40	
贵州省						30	
云南省						69	
西藏自治区							
陕西省							
甘肃省							
青海省							
宁夏回族自治区							
新疆维吾尔自治区						2	

2－34－11

单位:万元

地　　区	基本建设支出							
	办公设备购　置	专用设备购　置	交通工具购　置	基础设施建　设	大型修缮	信息网络购　建	物资储备	其他基本建设支出
地方合计	**298**	**6**	**532**	**34**	**109**	**158**		**40**
北京市	10					151		
天津市								
河北省								
山西省			36		11			
内蒙古自治区	18		84					
辽宁省								
其中:大连市								
吉林省								
黑龙江省								
上海市	7	2						
江苏省								
浙江省	29	2				3		
其中:宁波市	5							
安徽省	2							
福建省	3		22					16
其中:厦门市			22					16
江西省	18							
山东省	5		18					
其中:青岛市	2		18					
河南省	2		57					
湖北省	31		76					
湖南省	78		66					
广东省	20					4		9
其中:深圳市								
广西壮族自治区	21		42	34	68			
海南省	7							
重庆市	31		23		30			
四川省	3		22					15
贵州省	3		27					
云南省	10		59					
西藏自治区								
陕西省								
甘肃省								
青海省								
宁夏回族自治区								
新疆维吾尔自治区		2						

2－34－12 单位:万元

地　　区	其他资本性支出						
	小　计	房屋建筑物购　　建	办公设备购　　置	专用设备购　　置	交通工具购　　置	基础设施建　　设	大型修缮
地　方　合　计	**20042**	**8421**	**3418**	**155**	**5650**	**38**	**703**
北京市	316		118		193		
天津市	183		25		132		7
河北省	498		104	2	223		168
山西省	309		56	25	197	16	
内蒙古自治区	447		72	1	365	3	
辽宁省	410	1	123	9	269	3	
其中:大连市	38		19		19		
吉林省	358		75		139		138
黑龙江省	4708	4500	58		137	5	
上海市	231	16	131	5	39		
江苏省	3699	3188	238	1	136		100
浙江省	773	61	227	2	446		
其中:宁波市	17		16				
安徽省	206		79		98		
福建省	440	1	146	34	245	4	3
其中:厦门市	35		10		21	4	
江西省	167		49	16	92		10
山东省	199		100		97	2	
其中:青岛市	22		22				
河南省	184	1	60	11	64		
湖北省	497		348	15	62		14
湖南省	717	6	72	14	424	4	94
广东省	2181	309	354	13	278		86
其中:深圳市	214		47	13	154		
广西壮族自治区	672	247	97	5	297		
海南省	80		30		50		
重庆市	318	81	91	1	116		17
四川省	780	10	174	1	556		
贵州省	382		86		295		
云南省	286		71		200		
西藏自治区							
陕西省	622		330		225	1	66
甘肃省	143		42		101		
青海省	6		6				
宁夏回族自治区	65		19		46		
新疆维吾尔自治区	165		37		128		

2－34－13　　　　　　　　　　　　　　　　　　　　单位:万元

地　区	其他资本性支出						
	信息网络购建	物资储备	土地补偿	安置补助	地上附着物和青苗补偿	拆迁补偿	其他资本性支出
地方合计	**122**		**16**				**1519**
北京市							5
天津市	5						14
河北省	1						
山西省							15
内蒙古自治区	1						5
辽宁省	3						2
其中:大连市							
吉林省	6						
黑龙江省	8						
上海市	20						20
江苏省	2						34
浙江省	11						26
其中:宁波市							1
安徽省	8						21
福建省	5						2
其中:厦门市							
江西省							
山东省							
其中:青岛市							
河南省			16				32
湖北省	2						56
湖南省	1						102
广东省	6						1135
其中:深圳市							
广西壮族自治区	3						23
海南省							
重庆市	9						3
四川省	30						9
贵州省	1						
云南省							15
西藏自治区							
陕西省							
甘肃省							
青海省							
宁夏回族自治区							
新疆维吾尔自治区							

2－34－14 单位:万元

地 区	贷款转贷及产权参股					其他支出		
	小 计	国内贷款	国外贷款	产权参股	其他贷款转贷及产权参股支出	小 计	补充全国社会保障基金	其他支出
地 方 合 计						**1676**		**1676**
北京市						80		80
天津市								
河北省						57		57
山西省						337		337
内蒙古自治区						1		1
辽宁省						97		97
其中:大连市						95		95
吉林省								
黑龙江省								
上海市						205		205
江苏省						83		83
浙江省						72		72
其中:宁波市								
安徽省						66		66
福建省						106		106
其中:厦门市						2		2
江西省						22		22
山东省								
其中:青岛市								
河南省						23		23
湖北省						114		114
湖南省						－12		－12
广东省						114		114
其中:深圳市						79		79
广西壮族自治区						135		135
海南省								
重庆市								
四川省						24		24
贵州省						77		77
云南省						6		6
西藏自治区								
陕西省						1		1
甘肃省						2		2
青海省								
宁夏回族自治区						1		1
新疆维吾尔自治区						65		65

2007 年各省、自治区、直辖市群众团体事务支出明细表

2－35－1

单位:万元

地区	合计	工资福利支出				
		小计	基本工资	津贴补贴	奖金	社会保障缴费
地方合计	**1021154**	**331710**	**147049**	**107928**	**42209**	**10704**
北京市	39707	8074	3408	2247	1181	317
天津市	16247	4825	1384	2548	525	96
河北省	32967	11764	6870	3597	344	330
山西省	34479	11015	5870	3612	495	575
内蒙古自治区	19815	7339	3948	2881	281	61
辽宁省	39276	11557	5652	4941	453	225
其中:大连市	4003	1479	509	725	166	67
吉林省	15312	4838	2840	1630	167	94
黑龙江省	36431	12299	6836	4098	756	100
上海市	32615	9809	1976	1433	4876	319
江苏省	81462	25814	7899	6801	7487	1033
浙江省	74508	26228	6153	5504	9781	1550
其中:宁波市	15842	5986	1018	1148	2976	564
安徽省	28843	9343	5027	2883	364	225
福建省	32224	9223	3875	2800	657	469
其中:厦门市	4672	1272	270	478	124	50
江西省	22166	7886	4887	1936	368	115
山东省	46837	16982	8224	5986	957	1022
其中:青岛市	5946	2336	692	1011	262	210
河南省	34052	11433	7000	3758	262	241
湖北省	36095	11181	5356	4010	1012	292
湖南省	37532	11881	6312	3361	663	751
广东省	110219	31073	10798	12237	3380	1176
其中:深圳市	21762	4848	927	2191	574	220
广西壮族自治区	24619	6827	3853	2036	769	42
海南省	9522	3674	1998	1051	321	45
重庆市	18627	6166	3025	2184	523	37
四川省	50197	18293	8696	4440	3491	373
贵州省	22785	7456	3605	2398	333	181
云南省	38292	11972	5438	5613	552	119
西藏自治区	14646	8007	2787	4532	378	165
陕西省	21494	8585	4741	2523	555	122
甘肃省	15082	5778	2967	2368	227	53
青海省	8495	3594	1540	1645	183	30
宁夏回族自治区	7128	2414	1022	1095	122	33
新疆维吾尔自治区	19480	6380	3062	1780	746	513

2－35－2

单位:万元

地　　区	工资福利支出				商品和服务支出		
	伙食费	伙　食 补助费	绩效 工资	其他工资 福利支出	小　计	办公费	印刷费
地　方　合　计	**247**	**1596**	**1253**	**20724**	**464149**	**49999**	**12317**
北京市	3	16	296	606	14197	697	261
天津市	14	28	19	211	5149	1081	147
河北省	20	183	11	409	14801	2012	536
山西省	5	88	16	354	17116	2167	617
内蒙古自治区	2	3	7	156	10365	1462	344
辽宁省	3	23	63	197	17107	2160	442
其中:大连市		3		9	1770	381	92
吉林省		13	54	40	5212	831	361
黑龙江省	22	58	46	383	13574	2356	398
上海市	19	66	44	1076	19641	1008	87
江苏省	34	245	156	2159	28987	2511	721
浙江省	24	293	5	2918	32143	2037	921
其中:宁波市	21	53	4	202	6641	514	121
安徽省	7	69	24	744	13398	1367	283
福建省	3	19	78	1322	16559	1241	371
其中:厦门市	3	13	9	325	2923	219	22
江西省	9	18	3	550	11190	862	205
山东省	11	31	118	633	21806	3000	581
其中:青岛市		8	1	152	2293	160	38
河南省		11	16	145	17472	3865	730
湖北省	19	10	31	451	16238	1525	566
湖南省	8	53	13	720	16557	1405	346
广东省	15	91	46	3330	56666	4667	1340
其中:深圳市	1	32		903	14818	588	369
广西壮族自治区		8	3	116	12682	920	212
海南省				259	4594	288	101
重庆市		20	5	372	10766	1398	486
四川省	14	37	25	1217	25427	3285	599
贵州省	6	8	9	916	9747	1133	215
云南省	5	49		196	18265	2018	490
西藏自治区		11	1	133	3604	273	18
陕西省		26	34	584	9740	1396	418
甘肃省	1	1	5	156	7433	837	192
青海省	2	19	22	153	3785	1140	75
宁夏回族自治区	1	1	1	139	2436	206	64
新疆维吾尔自治区		98	102	79	7492	851	190

2－35－3　　　　　　　　　　　　　　　　　　　　　　　　　　　　单位:万元

地　　区	商品和服务支出						
	咨询费	手续费	水　费	电　费	邮电费	取暖费	物　业 管理费
地　方　合　计	**246**	**500**	**2111**	**6612**	**9556**	**5493**	**2681**
北京市	3		97	300	85	481	86
天津市			35	208	98	133	51
河北省	4	76	67	179	355	404	21
山西省	3	16	84	191	322	414	10
内蒙古自治区	6	11	29	68	216	218	31
辽宁省	5	19	71	263	420	842	104
其中:大连市		16	5	29	51	88	27
吉林省	1	2	43	84	95	254	4
黑龙江省	1	2	65	156	258	1210	94
上海市	11		30	93	220	7	81
江苏省	7	28	59	297	479	4	116
浙江省	7	3	84	402	732		161
其中:宁波市	4		15	91	77		60
安徽省	2	12	61	200	227	4	45
福建省	20	2	48	191	359		43
其中:厦门市			3	11	21		3
江西省	1	5	49	123	235	19	33
山东省	10	35	196	423	551	393	84
其中:青岛市				2	49	21	3
河南省	15	1	137	320	389	135	30
湖北省	7	12	103	290	351	39	104
湖南省	1	191	69	237	282	71	36
广东省	73	18	320	1569	1290	1	1314
其中:深圳市	2	2	134	820	168		791
广西壮族自治区		35	21	58	216		8
海南省		1	16	30	79		5
重庆市	26	7	53	192	248	1	95
四川省	16	9	121	244	665	26	69
贵州省	5	2	21	61	179	6	10
云南省		1	60	53	371		12
西藏自治区		1	29	91	82	66	3
陕西省	7	6	67	152	280	185	4
甘肃省	13	1	40	73	169	182	9
青海省		1	12	16	103	77	5
宁夏回族自治区			6	10	44	49	11
新疆维吾尔自治区	2	3	18	38	156	272	2

2－35－4

单位:万元

地区	商品和服务支出					
	交通费	差旅费	出国费	维修(护)费	租赁费	会议费
地方合计	**25035**	**17344**	**3030**	**11887**	**3245**	**53628**
北京市	376	111	151	546	370	1807
天津市	283	27	27	246	57	557
河北省	984	416	37	477	143	1594
山西省	1092	608	68	491	233	2026
内蒙古自治区	710	797	16	212	65	1048
辽宁省	1104	647	95	505	120	2760
其中:大连市	127	80	5	37	54	245
吉林省	461	402	38	207	8	831
黑龙江省	695	624	28	968	53	1406
上海市	542	148	248	320	310	1127
江苏省	1453	1077	130	213	354	5334
浙江省	1291	1386	304	456	333	4181
其中:宁波市	182	432	65	78	97	675
安徽省	462	412	36	498	32	1866
福建省	879	654	148	323	50	1792
其中:厦门市	135	69	19	5	8	60
江西省	462	442	25	160	10	668
山东省	1435	683	42	867	233	2272
其中:青岛市	163	80	17	6	12	183
河南省	1180	821	53	435	72	1676
湖北省	994	609	301	255	94	1888
湖南省	998	682	93	352	61	2727
广东省	2972	1753	557	1879	251	4996
其中:深圳市	455	462	76	318	126	555
广西壮族自治区	453	422	13	141	17	1434
海南省	312	237	47	89	40	219
重庆市	544	462	11	224	110	1261
四川省	1325	1115	93	663	73	3599
贵州省	463	358	36	148	14	840
云南省	1082	516	44	325	18	2360
西藏自治区	260	359	10	34		206
陕西省	828	537	249	197	36	1416
甘肃省	460	295	48	347	62	665
青海省	273	216	12	78	9	267
宁夏回族自治区	162	106	57	39	5	282
新疆维吾尔自治区	500	422	13	192	12	523

2－35－5

单位:万元

地　　区	商品和服务支出						
	培训费	招待费	专用材料费	被装购置费	专用燃料费	劳务费	委托业务费
地方合计	**16219**	**22536**	**3365**	**767**	**666**	**9643**	**2202**
北京市	295	171	30			139	2
天津市	97	110	45	52	6	11	
河北省	513	449	154	41	21	218	84
山西省	560	416	71	11	13	271	69
内蒙古自治区	350	288	41	28	42	143	45
辽宁省	801	391	211		29	84	122
其中:大连市	121	73	2			18	74
吉林省	272	124	157		98	43	15
黑龙江省	212	173	142	2	12	151	2
上海市	409	590	23	4		129	2
江苏省	979	1728	220	10	19	822	26
浙江省	1061	2643	138	43	17	925	58
其中:宁波市	127	481	45	7	6	147	10
安徽省	447	520	122	29	37	125	137
福建省	421	1049	128	105	43	508	55
其中:厦门市	35	151	74	50	8	33	2
江西省	180	762	18	16	52	77	11
山东省	712	762	531	70	46	314	50
其中:青岛市	36	113	6		1	32	
河南省	845	1043	408	20	36	431	27
湖北省	642	1175	37	26	26	247	161
湖南省	508	1459	34	25	12	145	42
广东省	2174	2936	572	76	18	2729	642
其中:深圳市	478	457	181	4		844	449
广西壮族自治区	580	471	33	9	1	70	9
海南省	148	275	6		8	76	2
重庆市	265	418	31	13	21	531	4
四川省	835	1367	33	2	11	346	237
贵州省	411	622	9	5	1	302	17
云南省	983	1212	24	30	9	234	129
西藏自治区	160	138	8	28	9	4	1
陕西省	389	524	49	1	21	238	42
甘肃省	221	241	13	61	22	49	14
青海省	76	122	43	5	30	29	92
宁夏回族自治区	204	116		47		19	
新疆维吾尔自治区	469	241	34	8	6	233	105

2-35-6

单位:万元

地　　区	商品和服务支出			对个人和家庭的补助			
	工会经费	福利费	其他商品和服务支出	小　计	离休费	退休费	退职(役)费
地方合计	**33024**	**5004**	**167039**	**103176**	**8846**	**47653**	**90**
北京市	183	160	7846	1027		16	
天津市	406	76	1396	4697	590	3064	
河北省	1859	160	3997	4245	370	1234	5
山西省	2493	147	4723	3012	272	1193	
内蒙古自治区	1532	82	2581	685	30	298	
辽宁省	1569	92	4251	3980	603	2235	14
其中:大连市	132	7	106	38			
吉林省	256	10	615	4586	562	2682	
黑龙江省	857	129	3580	9538	1277	6793	34
上海市	123	215	13914	587	3	71	
江苏省	449	307	11644	9730	1428	4920	5
浙江省	984	899	13077	8186	649	3561	8
其中:宁波市	428	148	2831	1424	157	741	
安徽省	633	125	5716	2511	135	822	
福建省	1700	124	6305	1640	40	541	4
其中:厦门市	163	14	1818	135			
江西省	810	87	5878	2212	191	748	
山东省	840	92	7584	3653	155	404	2
其中:青岛市	295	11	1065	1083	67	158	
河南省	1576	172	3055	3313	288	1277	
湖北省	614	159	6013	3826	279	1900	
湖南省	269	123	6389	3483	264	2127	2
广东省	2358	1104	21057	6666	361	1149	3
其中:深圳市	751	568	6220	906		5	
广西壮族自治区	771	61	6727	2897	119	1387	
海南省	750	6	1859	572		81	
重庆市	712	63	3590	367	4	37	
四川省	2017	184	8493	4360	137	2018	
贵州省	1241	82	3566	4571	420	2761	1
云南省	3391	60	4843	2459	37	287	
西藏自治区	567	13	1244	2822	26	2418	
陕西省	309	25	2364	1558	84	643	
甘肃省	1508	89	1822	1196	139	468	1
青海省	586	53	465	149		54	
宁夏回族自治区	160	17	832	1132	167	509	
新疆维吾尔自治区	1501	88	1613	3516	216	1955	11

2－35－7 单位:万元

地区	对个人和家庭的补助						
	抚恤金	生活补助	救济费	医疗费	助学金	奖励金	生产补贴
地方合计	**1207**	**4618**	**6145**	**1541**	**805**	**2101**	**17**
北京市	20	1	112	55	1	6	－2
天津市	28	394	60	24	3	3	
河北省	48	76	106	32		57	
山西省	28	140	199	9	26	101	
内蒙古自治区	12	86	78	15	27	11	1
辽宁省	33	249	59	46	7	27	
其中:大连市	4	6		2		2	
吉林省	10	145	1102	34		1	
黑龙江省	79	168	437	2		425	
上海市	8	33	6			76	
江苏省	97	276	151	123	1	45	2
浙江省	20	135	551	239	4	359	
其中:宁波市		61		94		67	
安徽省	19	135	500	99	40	45	10
福建省	33	105	11	20	20	18	1
其中:厦门市		1					
江西省	30	48	80	36	18	2	
山东省	18	78	127	84		20	
其中:青岛市	4	1		4		1	
河南省	31	115	1172	145	73	12	
湖北省	43	76	121	37	41	2	
湖南省	55	189	57	155	94	16	1
广东省	163	540	326	167	127	421	
其中:深圳市		122	2	7	25	235	
广西壮族自治区	17	72	189	39	45	23	
海南省	13	19	19		190	5	
重庆市	22	64	7	33		11	
四川省	52	286	144	17		132	1
贵州省	64	186	71	31	27	32	
云南省	19	206	177	9	8	130	2
西藏自治区	5	56		40	3		
陕西省	39	122	155	38	9	67	1
甘肃省	105	195	71	4	7	14	
青海省		4	39	1	1	25	
宁夏回族自治区	8	370	12	3	9	3	
新疆维吾尔自治区	88	49	6	4	24	12	

2－35－8

单位:万元

地区	对个人和家庭的补助				对企事业单位的补贴		
	住房公积金	提租补贴	购房补贴	其他对个人和家庭的补助支出	小计	企业政策性补贴	事业单位补贴
地方合计	**7650**	**1066**	**1702**	**19735**	**1525**		**886**
北京市	575	74	56	113	1		1
天津市	483	12	6	30			
河北省	118	1	2	2196	67		27
山西省	204	10		830	86		5
内蒙古自治区	20			107			
辽宁省	120	326	3	258	12		12
其中:大连市	12	2		10			
吉林省	46	2		2			
黑龙江省	162	30	2	129			
上海市	7			383			
江苏省	457	114	50	2061	399		362
浙江省	1551	11	73	1025	217		55
其中:宁波市	64	2	2	236	20		20
安徽省	193	6	8	499	123		14
福建省	393	210	4	240	64		51
其中:厦门市	74	50		10	8		
江西省	153	2	1	903	19		
山东省	491	61	1096	1117	113		12
其中:青岛市	86	33	37	692			
河南省	56			144			
湖北省	223	9	17	1078	107		85
湖南省	290			233	66		63
广东省	848	196	134	2231	57		48
其中:深圳市		196	85	229	53		48
广西壮族自治区	65			941			
海南省	3			242			
重庆市	11			178	19		15
四川省	283		5	1285	37		37
贵州省	101	1	208	668			
云南省	109		5	1470			
西藏自治区	95			179			
陕西省	312	1	6	81	83		44
甘肃省	75			117			
青海省	7			18			
宁夏回族自治区	3			48			
新疆维吾尔自治区	196		26	929	55		55

2－35－9　　　　单位:万元

地　　区	对企事业单位的补贴		赠　与			债务利息支出	
	财政贴息	其他对企事业单位的补贴支出	小　计	对国内的赠与	对国外的赠与	小　计	国库券付息
地　方　合　计	**23**	**616**	**72**	**72**			
北京市							
天津市							
河北省		40					
山西省		81					
内蒙古自治区							
辽宁省							
其中:大连市							
吉林省							
黑龙江省							
上海市							
江苏省		37					
浙江省		162	12	12			
其中:宁波市							
安徽省	23	86	10	10			
福建省		13					
其中:厦门市		8					
江西省		19					
山东省		101	2	2			
其中:青岛市			2	2			
河南省							
湖北省		22					
湖南省		3					
广东省		9	39	39			
其中:深圳市		5	4	4			
广西壮族自治区							
海南省			3	3			
重庆市		4					
四川省			4	4			
贵州省							
云南省			2	2			
西藏自治区							
陕西省		39					
甘肃省							
青海省							
宁夏回族自治区							
新疆维吾尔自治区							

二、地方财政预算收支情况

2－35－10

单位:万元

地　　区	债务利息支出					基本建设支出	
	向国家银行借款付息	其他国内借款付息	向国外政府借款付息	向国际组织借款付息	其他国外借款付息	小　计	房屋建筑物购建
地　方　合　计						**29667**	**18835**
北京市						3008	335
天津市						500	
河北省						153	134
山西省						55	
内蒙古自治区						514	122
辽宁省						700	100
其中:大连市						519	
吉林省						77	
黑龙江省						47	
上海市							
江苏省						5161	4042
浙江省						3271	1000
其中:宁波市						14	
安徽省						1523	1494
福建省						210	115
其中:厦门市						50	
江西省						38	
山东省						1334	1300
其中:青岛市						44	
河南省						828	370
湖北省						1547	995
湖南省						1472	1419
广东省						3233	3028
其中:深圳市							
广西壮族自治区						820	720
海南省						5	
重庆市						153	100
四川省						94	
贵州省						74	53
云南省						4160	3457
西藏自治区						71	
陕西省						65	
甘肃省						163	1
青海省						317	
宁夏回族自治区						73	50
新疆维吾尔自治区						1	

2 - 35 - 11

单位:万元

地区	基本建设支出							
	办公设备购置	专用设备购置	交通工具购置	基础设施建设	大型修缮	信息网络购建	物资储备	其他基本建设支出
地方合计	**628**	**407**	**557**	**2160**	**868**	**133**		**6079**
北京市	11					100		2562
天津市								500
河北省			5		14			
山西省					55			
内蒙古自治区	1	360						31
辽宁省	72	1	37		459	1		30
其中:大连市	60				459			
吉林省	32				40	5		
黑龙江省			47					
上海市								
江苏省	76	13	2	1016				12
浙江省	51	13	63	22	1	17		2104
其中:宁波市						14		
安徽省	29							
福建省	32		53			10		
其中:厦门市	22		28					
江西省	2				36			
山东省	10		19					5
其中:青岛市	3		36					5
河南省	60		21	350	16			11
湖北省	13		85		94			360
湖南省	7		17		10			19
广东省	113		15	4	68			5
其中:深圳市								
广西壮族自治区	39		6	50				5
海南省	5							
重庆市	3							50
四川省	33		20	3				38
贵州省	4							17
云南省	3			700				
西藏自治区		3	68					
陕西省			20	15				30
甘肃省	29	17	41		75			
青海省	2		15					300
宁夏回族自治区			23					
新疆维吾尔自治区	1							

2－35－12

单位:万元

地　　区	其他资本性支出						
	小　计	房屋建筑物购　　建	办公设备购　　置	专用设备购　　置	交通工具购　　置	基础设施建　　设	大型修缮
地　方　合　计	**44497**	**13449**	**6541**	**1811**	**8204**	**1287**	**3055**
北京市	1984	1000	183	43	201	5	46
天津市	1076	209	28	427	86	202	122
河北省	1038	98	167	23	284	159	65
山西省	745		240	37	232		81
内蒙古自治区	912	3	192	97	262	1	235
辽宁省	5711	4655	243	113	334	22	277
其中:大连市	197	52	47	1	33		64
吉林省	506	50	76	17	157	90	116
黑龙江省	973	341	112	17	146		84
上海市	683		214	11	51		140
江苏省	4793	2935	433	113	379	136	553
浙江省	2049	426	509	194	388	2	73
其中:宁波市	721	190	160	179	40		55
安徽省	1388	688	181	20	187	96	27
福建省	1207	225	293	58	335	74	34
其中:厦门市	175		40	30	65	40	
江西省	366	146	101		109		1
山东省	2915	1325	297	42	368	99	73
其中:青岛市	78		32		42		4
河南省	784		213	41	325		37
湖北省	935	202	147	8	297	117	
湖南省	2969	66	113		283		4
广东省	4077	229	728	235	841	44	421
其中:深圳市	657		221	155	203		
广西壮族自治区	743	176	76	14	241	8	58
海南省	620	25	67	11	148		2
重庆市	560	70	107	14	165		11
四川省	1501	38	462	15	649	23	217
贵州省	571	10	152	24	192	42	80
云南省	1402	122	458	23	391	85	21
西藏自治区	125		30		70		
陕西省	1374	2	300		331	5	128
甘肃省	492	25	186	4	196		71
青海省	264	55	19	3	183	2	
宁夏回族自治区	295	20	52	7	167		2
新疆维吾尔自治区	1439	308	162	200	206	75	76

2－35－13

单位:万元

地区	其他资本性支出						
	信息网络购建	物资储备	土地补偿	安置补助	地上附着物和青苗补偿	拆迁补偿	其他资本性支出
地方合计	**469**		**35**	**1**		**2036**	**7609**
北京市	3			1			502
天津市							2
河北省	77						165
山西省	12					5	138
内蒙古自治区	2						120
辽宁省	7						60
其中:大连市							
吉林省							
黑龙江省							273
上海市	10						257
江苏省	70						174
浙江省	30						427
其中:宁波市	15						82
安徽省	5						184
福建省	3						185
其中:厦门市							
江西省	4						5
山东省	7						704
其中:青岛市							
河南省	115		6				47
湖北省	13						151
湖南省	4					2031	468
广东省	61						1518
其中:深圳市	38						40
广西壮族自治区							170
海南省	2						365
重庆市	4						189
四川省	4						93
贵州省	2						69
云南省	11		29				262
西藏自治区							25
陕西省	8						600
甘肃省	3						7
青海省							2
宁夏回族自治区							47
新疆维吾尔自治区	12						400

2-35-14

单位:万元

地　区	贷款转贷及产权参股					其他支出		
	小　计	国内贷款	国外贷款	产权参股	其他贷款转贷及产权参股支出	小　计	补充全国社会保障基金	其他支出
地方合计	**47**				**47**	**46311**		**46311**
北京市						11416		11416
天津市								
河北省						899		899
山西省						2450		2450
内蒙古自治区								
辽宁省						209		209
其中:大连市								
吉林省						93		93
黑龙江省								
上海市						1895		1895
江苏省						6578		6578
浙江省						2402		2402
其中:宁波市						1036		1036
安徽省						547		547
福建省	47				47	3274		3274
其中:厦门市						109		109
江西省						455		455
山东省						32		32
其中:青岛市						110		110
河南省						222		222
湖北省						2261		2261
湖南省						1104		1104
广东省						8408		8408
其中:深圳市						476		476
广西壮族自治区						650		650
海南省						54		54
重庆市						596		596
四川省						481		481
贵州省						366		366
云南省						32		32
西藏自治区						17		17
陕西省						89		89
甘肃省						20		20
青海省						386		386
宁夏回族自治区						778		778
新疆维吾尔自治区						597		597

2007 年各省、自治区、直辖市彩票事务支出明细表

2－36－1　　　　　　　　　　　　　　　　　　　　　　单位：万元

地　　区	合　计	工资福利支出				
		小　计	基本工资	津贴补贴	奖　金	社会保障缴　费
地　方　合　计	**849205**	**22040**	**5855**	**2738**	**6260**	**1662**
北京市	150675	615	92	112	169	162
天津市	11183	361			236	
河北省	24503	115	33	14	24	19
山西省	13330	213	53	9	3	10
内蒙古自治区	1661					
辽宁省	57949	1730	450	450	321	176
其中：大连市	10845	176	123	10	5	31
吉林省	4848	205	60	41	24	24
黑龙江省	30431	165	85	6	42	14
上海市	30521	619	104	199	188	114
江苏省	29058	2406	464	413	693	197
浙江省	22875	897	84	69	212	89
其中：宁波市	8015	315	44	43	114	48
安徽省	30870	966	142	177	395	46
福建省	7005	80	18		26	7
其中：厦门市	2981	80	18		26	7
江西省	53477					
山东省	41956	1500	578	49	351	101
其中：青岛市	8884					
河南省	17719	342	151	9		17
湖北省	36353	2759	371	298	1049	97
湖南省	15250	329	9	22	72	4
广东省	49485	2624	585	413	591	281
其中：深圳市						
广西壮族自治区	19179	1918	1421	26	427	30
海南省	4291	234	121	60	19	10
重庆市	4333					
四川省	44350	1670	607	160	342	156
贵州省	9068	428	69	90	185	24
云南省	9719	5	2			
西藏自治区	3997					
陕西省	72280	637	155	89	132	30
甘肃省	4776					
青海省	7995					
宁夏回族自治区	6887	19			18	
新疆维吾尔自治区	33181	1203	201	32	741	54

2－36－2

单位:万元

地　　区	工资福利支出				商品和服务支出		
	伙食费	伙　食 补助费	绩效 工资	其他工资 福利支出	小　计	办公费	印刷费
地　方　合　计	**167**	**82**	**466**	**4810**	**370736**	**7399**	**5524**
北京市		6	2	72	44137	543	35
天津市	125				2302	16	60
河北省		8	3	14	4120	7	198
山西省			12	126	6540	381	
内蒙古自治区					774		
辽宁省	17	15	72	229	30495	417	800
其中:大连市			7		4740	79	407
吉林省		3	14	39	1422	92	39
黑龙江省				18	9462	1048	18
上海市				14	28367	22	
江苏省		18	67	554	22041	385	360
浙江省		4		439	10888	263	17
其中:宁波市		2		64	3190	19	11
安徽省				206	22279	230	123
福建省				29	2801	8	
其中:厦门市				29	1157	3	
江西省					7681	20	
山东省	1		98	322	21579	2453	758
其中:青岛市					1012		12
河南省				165	6623	140	10
湖北省	22	2		920	14209	106	45
湖南省	2			220	6327	165	62
广东省		21	16	717	32581	451	349
其中:深圳市							
广西壮族自治区		1		13	16764	177	340
海南省		4		20	2970	72	4
重庆市					2098		
四川省				405	21611	60	1980
贵州省				60	8295	35	
云南省				3	7815	156	20
西藏自治区							
陕西省			169	62	5476	25	121
甘肃省					2030	9	10
青海省					4		
宁夏回族自治区				1	1713	2	
新疆维吾尔自治区			13	162	27332	116	175

2 - 36 - 3

单位:万元

地　　区	商品和服务支出						
	咨询费	手续费	水　费	电　费	邮电费	取暖费	物　业 管理费
地　方　合　计	**3612**	**1835**	**521**	**1397**	**835**	**708**	**429**
北京市			19	121	12	75	112
天津市			4	2	2		34
河北省			1	1	10	3	
山西省			2	15	8	17	4
内蒙古自治区							
辽宁省		68	70	168	56	385	24
其中:大连市		1	13	21	25	30	
吉林省				22	3	21	
黑龙江省	2		1	6	7	121	
上海市				4	3		
江苏省	1923	11	6	105	69		12
浙江省	7	4	6	28	32		14
其中:宁波市		1	1	4	5		2
安徽省	7		10	28	36	2	9
福建省				1	2		1
其中:厦门市				1	2		1
江西省							
山东省		1695	41	105	27	25	8
其中:青岛市						3	
河南省	18		13	9	19	3	4
湖北省	2		66	293	44	33	30
湖南省	62		61	49	10		1
广东省		14	44	198	159	6	69
其中:深圳市							
广西壮族自治区		4	72	118	57		11
海南省	4			14	8		4
重庆市							
四川省			90		177		31
贵州省		39		25	17		33
云南省			15	45	8		1
西藏自治区							
陕西省				18	27	3	24
甘肃省				1	3		1
青海省							
宁夏回族自治区						1	
新疆维吾尔自治区	1587			21	39	13	2

2－36－4

单位:万元

地　　区	商品和服务支出					
	交通费	差旅费	出国费	维修(护)费	租赁费	会议费
地　方　合　计	**3218**	**3372**	**907**	**25816**	**4488**	**6527**
北京市	61	46	92	3451	792	29
天津市	26	279	296	107	50	74
河北省	38	1		187	3	49
山西省	30	14		262	42	29
内蒙古自治区		2		107		16
辽宁省	782	342		3160	149	346
其中:大连市	492	215		1252	47	156
吉林省	67	28		158	36	27
黑龙江省	58	43		3153	14	60
上海市	106	98			1	63
江苏省	183	173		2203	170	459
浙江省	118	122	29	166	69	120
其中:宁波市	32	70	10	40	26	61
安徽省	111	197	33	627	17	127
福建省		1		71		
其中:厦门市		1		38		
江西省						
山东省	150	114	155	3872	37	193
其中:青岛市	8	53	146	398	26	1
河南省	39	18	1	57	11	30
湖北省	227	798	44	476	26	187
湖南省	110	256		283	21	339
广东省	306	223	125	288	2851	495
其中:深圳市						
广西壮族自治区	230	151	63	31	80	169
海南省	57	30		97		11
重庆市		30		136		40
四川省	289	143	30	3094	40	162
贵州省	40	35		127	32	9
云南省	38	40		215		3294
西藏自治区						
陕西省	64	40	1	15	45	104
甘肃省	15	8		235		10
青海省						
宁夏回族自治区		6		3	2	2
新疆维吾尔自治区	73	134	38	3235		83

2－36－5　　　　　　　　　　　　　　　　　　　　　　　　单位:万元

地　区	商品和服务支出						
	培训费	招待费	专用材料费	被装购置费	专用燃料费	劳务费	委托业务费
地方合计	**2659**	**2929**	**11009**	**433**	**441**	**3367**	**2380**
北京市	952	20	974	98		11	600
天津市	275	25	378		163	181	
河北省	16	6				177	
山西省	5	32	75			23	
内蒙古自治区	1						
辽宁省	259	101	1862		65	119	100
其中:大连市	81	27	1450		5	48	82
吉林省	8	30	696			45	
黑龙江省	10	23	1050	2	3	4	100
上海市	3	93				2	
江苏省	168	394	903	217		298	7
浙江省	26	192	66			62	23
其中:宁波市	4	25	16			32	
安徽省	17	76	226		2	280	43
福建省		10	71			769	
其中:厦门市		10				767	
江西省			85				
山东省	176	89	52		10	839	1234
其中:青岛市	12	1	28			43	18
河南省	115	50	41			2	
湖北省	55	313	744	97	193	119	
湖南省	65	190	412			58	
广东省	298	471	568	19	4	236	200
其中:深圳市							
广西壮族自治区	14	140	1144		1	16	27
海南省	15	30				1	
重庆市	5		154			6	
四川省	25	157	163			3	
贵州省	18	84	311			18	
云南省	71	169	81			3	
西藏自治区							
陕西省	2	75	471				
甘肃省	3	9	2			76	
青海省							
宁夏回族自治区	2	1				12	
新疆维吾尔自治区	55	149	480			7	46

2－36－6　　单位:万元

地　　区	商品和服务支出			对个人和家庭的补助			
	工会经费	福利费	其他商品和服务支出	小　计	离休费	退休费	退职(役)费
地　方　合　计	**119**	**822**	**279989**	**56895**	**3**	**155**	**1059**
北京市	9	1	36084	904		3	
天津市			330	4606			689
河北省	1	5	3417	1399		3	
山西省			5601	1654		4	
内蒙古自治区			648	105			
辽宁省	10	72	21140	6377		18	
其中:大连市	1	8	300	3104			
吉林省	1		149	949			
黑龙江省	1	119	3619	1299			
上海市			27972	166	3	12	
江苏省	26	67	13902	499		31	
浙江省	4	8	9512	936		2	
其中:宁波市	1	6	2824	645		1	
安徽省	8	3	20067	736		47	
福建省	2		1865	140			
其中:厦门市	2		332	5			
江西省			7576	23101			
山东省	5	82	9459	997		5	
其中:青岛市			263	55			
河南省	3	5	6035	1357			
湖北省			10311	2678			328
湖南省	1	3	4179	129			
广东省	19	162	25026	2255		7	
其中:深圳市							
广西壮族自治区	23	113	13783	324		18	
海南省	2	1	2620	193			
重庆市			1727	478			42
四川省		84	15083	3818		5	
贵州省		46	7426	114			
云南省		5	3654	394			
西藏自治区							
陕西省	3	21	4417	60			
甘肃省	1	1	1646	285			
青海省			4	71			
宁夏回族自治区			1682	190			
新疆维吾尔自治区		24	21055	681			

2－36－7　　　　　　　　　　　　　　　　　　　　　　　　单位:万元

地　　区	对个人和家庭的补助						
	抚恤金	生活补助	救济费	医疗费	助学金	奖励金	生产补贴
地方合计	**163**	**8974**	**6721**	**7724**	**961**	**257**	**4**
北京市		515	224	90			
天津市		3000		18	3		
河北省		589	606		5		
山西省			1133				
内蒙古自治区			55	30			
辽宁省	100	645	1903	3413	29	90	
其中:大连市		166		2885			
吉林省		600	209	115		12	
黑龙江省		693	70	401	120	4	
上海市		110	9				
江苏省	1	114	37	35		102	
浙江省		16	449	4	288		
其中:宁波市			449	1	171		
安徽省	1	15		17		3	
福建省		9	118				
其中:厦门市							
江西省							
山东省		292	258	48	54		
其中:青岛市					55		
河南省		1325	1	5			
湖北省		1	94	894	267		
湖南省	9			28			
广东省	48	558	12	117	184	11	
其中:深圳市							
广西壮族自治区		87		45	5		
海南省		17	41	95			
重庆市		153		273			
四川省	4	58	1197	1460			4
贵州省			2	112			
云南省		15	129	60	3	35	
西藏自治区							
陕西省		18		15			
甘肃省			36				
青海省				46			
宁夏回族自治区			134	53	3		
新疆维吾尔自治区		144	4	350			

2－36－8

单位:万元

地区	对个人和家庭的补助				对企事业单位的补贴		
	住房公积金	提租补贴	购房补贴	其他对个人和家庭的补助支出	小计	企业政策性补贴	事业单位补贴
地方合计	**952**	**48**	**964**	**28910**	**4480**		**1791**
北京市	40	5		27			
天津市			878	18			
河北省	5			191			
山西省	6			511			
内蒙古自治区				20			
辽宁省	76	15		88	96		
其中:大连市	12			41			
吉林省	9			4			
黑龙江省	11						
上海市	32				321		
江苏省	70	18	6	85	1577		
浙江省	23		4	150	868		185
其中:宁波市	6		4	13	137		
安徽省	61	2	1	589			
福建省	5			8			
其中:厦门市	5						
江西省				23101			
山东省	25		6	309			
其中:青岛市							
河南省	10			16			
湖北省	74			1020			
湖南省	21			71			
广东省	213	8	39	1058	850		850
其中:深圳市							
广西壮族自治区	164			5			
海南省	2			38			
重庆市				10			
四川省	56		30	1004			
贵州省							
云南省				152	47		35
西藏自治区							
陕西省	19			8			
甘肃省				249			
青海省				25			
宁夏回族自治区							
新疆维吾尔自治区	30			153	721		721

2－36－9 单位:万元

地　　区	对企事业单位的补贴		赠　与			债务利息支出	
	财政贴息	其他对企事业单位的补贴支出	小　计	对国内的赠　与	对国外的赠　与	小　计	国库券付　息
地　方　合　计	**12**	**2677**	**300**	**300**			
北京市							
天津市							
河北省							
山西省							
内蒙古自治区							
辽宁省		96					
其中:大连市							
吉林省							
黑龙江省							
上海市		321					
江苏省		1577					
浙江省		683					
其中:宁波市		137					
安徽省							
福建省							
其中:厦门市							
江西省							
山东省							
其中:青岛市							
河南省							
湖北省							
湖南省							
广东省			300	300			
其中:深圳市							
广西壮族自治区							
海南省							
重庆市							
四川省							
贵州省							
云南省	12						
西藏自治区							
陕西省							
甘肃省							
青海省							
宁夏回族自治区							
新疆维吾尔自治区							

2－36－10

单位:万元

地区	债务利息支出					基本建设支出	
	向国家银行借款付息	其他国内借款付息	向国外政府借款付息	向国际组织借款付息	其他国外借款付息	小计	房屋建筑物购建
地方合计						**75966**	**16967**
北京市						20	
天津市							
河北省						527	424
山西省							
内蒙古自治区						163	163
辽宁省						4060	70
其中:大连市						1477	
吉林省							
黑龙江省						15696	4718
上海市						64	
江苏省						314	
浙江省						5158	1144
其中:宁波市						3207	1144
安徽省							
福建省						1072	
其中:厦门市						434	
江西省						22028	
山东省						4128	1051
其中:青岛市						3027	
河南省						587	
湖北省						377	
湖南省							
广东省						985	715
其中:深圳市							
广西壮族自治区						15	
海南省						12	
重庆市						265	
四川省						12056	8199
贵州省							
云南省						155	155
西藏自治区						70	70
陕西省							
甘肃省						36	
青海省						7920	
宁夏回族自治区						153	153
新疆维吾尔自治区						105	105

2－36－11　　　　单位:万元

地区	基本建设支出							
	办公设备购置	专用设备购置	交通工具购置	基础设施建设	大型修缮	信息网络购建	物资储备	其他基本建设支出
地方合计	**114**	**5561**	**362**	**21762**	**2102**	**50**		**29048**
北京市		20						
天津市								
河北省		3	69		31			
山西省								
内蒙古自治区								
辽宁省		3007	181	590	212			
其中:大连市		1477						
吉林省								
黑龙江省		996		9982				
上海市		64						
江苏省		266						48
浙江省				1394	146			2474
其中:宁波市				594	145			1324
安徽省								
福建省				641	55			376
其中:厦门市				3	55			376
江西省								22028
山东省					77			3000
其中:青岛市					27			3000
河南省				587				
湖北省	71	50	32	224				
湖南省								
广东省	1	12		69	21			167
其中:深圳市								
广西壮族自治区								15
海南省	12							
重庆市		165		100				
四川省	30	978	80	1119	1560	50		40
贵州省								
云南省								
西藏自治区								
陕西省								
甘肃省				36				
青海省				7020				900
宁夏回族自治区								
新疆维吾尔自治区								

2－36－12　　　　单位:万元

地　　区	其他资本性支出						
	小　计	房屋建筑物购　　建	办公设备购　　置	专用设备购　　置	交通工具购　　置	基础设施建　　设	大型修缮
地　方　合　计	**241970**	**23143**	**3766**	**51085**	**3533**	**11436**	**20643**
北京市	86471	1610	1228	44446	2847	2357	950
天津市	3914	1871	26	191	51	100	1159
河北省	1901	236		57		1325	283
山西省	2657	29	56	107	13	80	84
内蒙古自治区	619	121				67	426
辽宁省	13389	3926	847	1530	117	1958	4007
其中:大连市	1348		177	173	16	7	654
吉林省	2058	1194		33		385	385
黑龙江省	3809	210		324		1524	1728
上海市							
江苏省	1773	593	169	15	69	33	452
浙江省	2144	1064	170	401	60	298	97
其中:宁波市	384		43	26	21	251	42
安徽省	6360	3620	131	146	57		
福建省	2768	399	43	316		223	635
其中:厦门市	1300		43	316		5	135
江西省	70					40	
山东省	13752	937	275	225	92	244	3016
其中:青岛市	4790		241	18	24		440
河南省	865		168	9			9
湖北省	15189	1020	415	1212	23		5480
湖南省	3965	2335	54	18	41	1080	73
广东省	2976		57	400	83	404	1034
其中:深圳市							
广西壮族自治区	158						158
海南省	148		2				
重庆市	725	167	69	247	5	41	11
四川省	4336	1556	18	971	1	785	269
贵州省	231	181					50
云南省	1253	600	5	31	72	387	44
西藏自治区	2479	1060					
陕西省	66107		6	169			
甘肃省	476						20
青海省							
宁夏回族自治区							
新疆维吾尔自治区	1377	414	27	237	2	105	273

2－36－13　　　　　　　　　　　　　　　　　　　　　　　　　　　　　　单位：万元

地　　区	其他资本性支出						
	信息网络购　建	物资储备	土地补偿	安置补助	地上附着物和青苗补偿	拆迁补偿	其他资本性支　出
地　方　合　计	**1056**	**321**		**8**	**5**		**126974**
北京市	817			－2			32218
天津市	4						512
河北省							
山西省							2288
内蒙古自治区							5
辽宁省	162	321					521
其中：大连市		321					
吉林省							61
黑龙江省	19						4
上海市							
江苏省	9						433
浙江省							54
其中：宁波市							1
安徽省							2406
福建省							1152
其中：厦门市							801
江西省							30
山东省							8963
其中：青岛市							4067
河南省							679
湖北省	45						6994
湖南省							364
广东省							998
其中：深圳市							
广西壮族自治区							
海南省							146
重庆市							185
四川省							736
贵州省							
云南省							114
西藏自治区							1419
陕西省							65932
甘肃省							456
青海省							
宁夏回族自治区							
新疆维吾尔自治区				10	5		304

2－36－14

单位:万元

地　　区	贷款转贷及产权参股					其他支出		
	小　计	国内贷款	国外贷款	产权参股	其他贷款转贷及产权参股支出	小　计	补充全国社会保障基金	其他支出
地 方 合 计						**76818**		**76818**
北京市						18528		18528
天津市								
河北省						16441		16441
山西省						2266		2266
内蒙古自治区								
辽宁省						1802		1802
其中:大连市								
吉林省						214		214
黑龙江省								
上海市						984		984
江苏省						448		448
浙江省						1984		1984
其中:宁波市						137		137
安徽省						529		529
福建省						144		144
其中:厦门市						5		5
江西省						597		597
山东省								
其中:青岛市								
河南省						7945		7945
湖北省						1141		1141
湖南省						4500		4500
广东省						6914		6914
其中:深圳市								
广西壮族自治区								
海南省						734		734
重庆市						767		767
四川省						859		859
贵州省								
云南省						50		50
西藏自治区						1448		1448
陕西省								
甘肃省						1949		1949
青海省								
宁夏回族自治区						4812		4812
新疆维吾尔自治区						1762		1762

2007年各省、自治区、直辖市国债事务支出明细表

2-37-1　　单位:万元

地　　区	合　计	工资福利支出				
		小　计	基本工资	津贴补贴	奖　金	社会保障缴　费
地方合计	**724216**	**90**	**20**	**64**	**6**	
北京市						
天津市						
河北省	627					
山西省	6939					
内蒙古自治区	16104					
辽宁省	246730					
其中:大连市	204986					
吉林省	80131					
黑龙江省						
上海市						
江苏省	6032					
浙江省	26419					
其中:宁波市	18075					
安徽省	22208					
福建省	11894					
其中:厦门市	9343					
江西省						
山东省	35878					
其中:青岛市	27832					
河南省	24422	90	20	64	6	
湖北省	15048					
湖南省	6521					
广东省						
其中:深圳市						
广西壮族自治区	29551					
海南省	15028					
重庆市	184					
四川省	77777					
贵州省	35008					
云南省	2658					
西藏自治区						
陕西省	24151					
甘肃省	10324					
青海省	20481					
宁夏回族自治区	6200					
新疆维吾尔自治区	3901					

2－37－2

单位:万元

地　　区	工资福利支出				商品和服务支出		
	伙食费	伙食补助费	绩效工资	其他工资福利支出	小计	办公费	印刷费
地方合计					**50397**	**6**	
北京市							
天津市							
河北省							
山西省					745		
内蒙古自治区					924		
辽宁省					17		
其中:大连市					17		
吉林省					12		
黑龙江省							
上海市							
江苏省					6000		
浙江省							
其中:宁波市							
安徽省					171		
福建省					2457		
其中:厦门市					2000		
江西省							
山东省					213		
其中:青岛市							
河南省					23371	6	
湖北省					8151		
湖南省							
广东省							
其中:深圳市							
广西壮族自治区					2179		
海南省					2904		
重庆市							
四川省					3106		
贵州省					15		
云南省					41		
西藏自治区							
陕西省							
甘肃省					71		
青海省					20		
宁夏回族自治区							
新疆维吾尔自治区							

2 – 37 – 3

单位:万元

地　　区	商品和服务支出						
	咨询费	手续费	水　费	电　费	邮电费	取暖费	物　业 管理费
地 方 合 计					**1**		
北京市							
天津市							
河北省							
山西省							
内蒙古自治区							
辽宁省							
其中:大连市							
吉林省							
黑龙江省							
上海市							
江苏省							
浙江省							
其中:宁波市							
安徽省							
福建省							
其中:厦门市							
江西省							
山东省							
其中:青岛市							
河南省					1		
湖北省							
湖南省							
广东省							
其中:深圳市							
广西壮族自治区							
海南省							
重庆市							
四川省							
贵州省							
云南省							
西藏自治区							
陕西省							
甘肃省							
青海省							
宁夏回族自治区							
新疆维吾尔自治区							

2－37－4

单位:万元

地　　区	商品和服务支出					
	交通费	差旅费	出国费	维修(护)费	租赁费	会议费
地　方　合　计	**3**	**2**	**6**			
北京市						
天津市						
河北省						
山西省						
内蒙古自治区						
辽宁省						
其中:大连市						
吉林省						
黑龙江省						
上海市						
江苏省						
浙江省						
其中:宁波市						
安徽省						
福建省						
其中:厦门市						
江西省						
山东省						
其中:青岛市						
河南省	3	2	6			
湖北省						
湖南省						
广东省						
其中:深圳市						
广西壮族自治区						
海南省						
重庆市						
四川省						
贵州省						
云南省						
西藏自治区						
陕西省						
甘肃省						
青海省						
宁夏回族自治区						
新疆维吾尔自治区						

2－37－5

单位:万元

地区	商品和服务支出						
	培训费	招待费	专用材料费	被装购置费	专用燃料费	劳务费	委托业务费
地方合计		**2**					
北京市							
天津市							
河北省							
山西省							
内蒙古自治区							
辽宁省							
其中:大连市							
吉林省							
黑龙江省							
上海市							
江苏省							
浙江省							
其中:宁波市							
安徽省							
福建省							
其中:厦门市							
江西省							
山东省							
其中:青岛市							
河南省		2					
湖北省							
湖南省							
广东省							
其中:深圳市							
广西壮族自治区							
海南省							
重庆市							
四川省							
贵州省							
云南省							
西藏自治区							
陕西省							
甘肃省							
青海省							
宁夏回族自治区							
新疆维吾尔自治区							

2－37－6

单位:万元

地　　区	商品和服务支出			对个人和家庭的补助			
	工会经费	福利费	其他商品和服务支出	小　计	离休费	退休费	退职(役)费
地 方 合 计			**50377**	**2**		**2**	
北京市							
天津市							
河北省							
山西省			745				
内蒙古自治区			924				
辽宁省			17				
其中:大连市			17				
吉林省			12				
黑龙江省							
上海市							
江苏省			6000				
浙江省							
其中:宁波市							
安徽省			171				
福建省			2457				
其中:厦门市			2000				
江西省							
山东省			213				
其中:青岛市							
河南省			23351	2		2	
湖北省			8151				
湖南省							
广东省							
其中:深圳市							
广西壮族自治区			2179				
海南省			2904				
重庆市							
四川省			3106				
贵州省			15				
云南省			41				
西藏自治区							
陕西省							
甘肃省			71				
青海省			20				
宁夏回族自治区							
新疆维吾尔自治区							

2－37－7 单位:万元

地 区	对个人和家庭的补助						
	抚恤金	生活补助	救济费	医疗费	助学金	奖励金	生产补贴
地 方 合 计							
北京市							
天津市							
河北省							
山西省							
内蒙古自治区							
辽宁省							
其中:大连市							
吉林省							
黑龙江省							
上海市							
江苏省							
浙江省							
其中:宁波市							
安徽省							
福建省							
其中:厦门市							
江西省							
山东省							
其中:青岛市							
河南省							
湖北省							
湖南省							
广东省							
其中:深圳市							
广西壮族自治区							
海南省							
重庆市							
四川省							
贵州省							
云南省							
西藏自治区							
陕西省							
甘肃省							
青海省							
宁夏回族自治区							
新疆维吾尔自治区							

2－37－8

单位:万元

地　　区	对个人和家庭的补助				对企事业单位的补贴		
	住房公积金	提租补贴	购房补贴	其他对个人和家庭的补助支出	小计	企业政策性补贴	事业单位补贴
地方合计					**649**		
北京市							
天津市							
河北省							
山西省					300		
内蒙古自治区							
辽宁省							
其中:大连市							
吉林省							
黑龙江省							
上海市							
江苏省							
浙江省							
其中:宁波市							
安徽省					308		
福建省							
其中:厦门市							
江西省							
山东省					41		
其中:青岛市							
河南省							
湖北省							
湖南省							
广东省							
其中:深圳市							
广西壮族自治区							
海南省							
重庆市							
四川省							
贵州省							
云南省							
西藏自治区							
陕西省							
甘肃省							
青海省							
宁夏回族自治区							
新疆维吾尔自治区							

2－37－9

单位:万元

地　　区	对企事业单位的补贴		赠　与			债务利息支出	
	财政贴息	其他对企事业单位的补贴支出	小　计	对国内的赠　与	对国外的赠　与	小　计	国库券付　息
地　方　合　计	**649**					**503533**	**1356**
北京市							
天津市							
河北省						11	
山西省	300					1846	
内蒙古自治区						14897	
辽宁省						219719	
其中:大连市						204969	
吉林省						78044	656
黑龙江省							
上海市							
江苏省							
浙江省						19119	700
其中:宁波市						18075	
安徽省	308					8936	
福建省						9436	
其中:厦门市						7343	
江西省							
山东省	41					4337	
其中:青岛市							
河南省						367	
湖北省						6518	
湖南省						6521	
广东省							
其中:深圳市							
广西壮族自治区						12758	
海南省						5388	
重庆市						184	
四川省						63541	
贵州省						12416	
云南省						2244	
西藏自治区							
陕西省							
甘肃省						6711	
青海省						20439	
宁夏回族自治区						6200	
新疆维吾尔自治区						3901	

2－37－10 单位:万元

地　　区	债务利息支出					基本建设支出	
	向国家银行借款付息	其他国内借款付息	向国外政府借款付息	向国际组织借款付息	其他国外借款付息	小　计	房屋建筑物购建
地方合计	**111940**	**318634**	**9085**	**57317**	**5201**	**6524**	**225**
北京市							
天津市							
河北省		11				149	
山西省	256	1297		200	93		
内蒙古自治区	5796	3942	3480	568	1111	225	225
辽宁省	1992	206533		11194			
其中:大连市		204969					
吉林省	66326	10944		118			
黑龙江省							
上海市							
江苏省							
浙江省		18419					
其中:宁波市		18075					
安徽省		5848	3088				
福建省	8287	1096		50	3		
其中:厦门市	7343						
江西省							
山东省		4337					
其中:青岛市							
河南省		265			102		
湖北省	593	4955	776	44	150		
湖南省	4361	599	604	718	239		
广东省							
其中:深圳市							
广西壮族自治区	53	11658		1047			
海南省	33	4913		59	383	6150	
重庆市		184					
四川省	147	21233		42150	11		
贵州省		11624	792				
云南省	397	287			1560		
西藏自治区							
陕西省							
甘肃省	1505	2653	345	660	1548		
青海省	18802	1636			1		
宁夏回族自治区		6200					
新疆维吾尔自治区	3392			509			

2－37－11

单位:万元

地　　区	基本建设支出							
	办公设备购　置	专用设备购　置	交通工具购　置	基础设施建　设	大型修缮	信息网络购　建	物资储备	其他基本建设支出
地 方 合 计				**149**				**6150**
北京市								
天津市								
河北省				149				
山西省								
内蒙古自治区								
辽宁省								
其中:大连市								
吉林省								
黑龙江省								
上海市								
江苏省								
浙江省								
其中:宁波市								
安徽省								
福建省								
其中:厦门市								
江西省								
山东省								
其中:青岛市								
河南省								
湖北省								
湖南省								
广东省								
其中:深圳市								
广西壮族自治区								
海南省								6150
重庆市								
四川省								
贵州省								
云南省								
西藏自治区								
陕西省								
甘肃省								
青海省								
宁夏回族自治区								
新疆维吾尔自治区								

2－37－12

单位:万元

地区	其他资本性支出						
	小计	房屋建筑物购建	办公设备购置	专用设备购置	交通工具购置	基础设施建设	大型修缮
地方合计	**5429**			**4**			
北京市							
天津市							
河北省							
山西省							
内蒙古自治区							
辽宁省							
其中:大连市							
吉林省							
黑龙江省							
上海市							
江苏省							
浙江省							
其中:宁波市							
安徽省							
福建省							
其中:厦门市							
江西省							
山东省							
其中:青岛市							
河南省	4			4			
湖北省							
湖南省							
广东省							
其中:深圳市							
广西壮族自治区	425						
海南省							
重庆市							
四川省	5000						
贵州省							
云南省							
西藏自治区							
陕西省							
甘肃省							
青海省							
宁夏回族自治区							
新疆维吾尔自治区							

2－37－13　　　　单位:万元

地　　区	其他资本性支出						
	信息网络购建	物资储备	土地补偿	安置补助	地上附着物和青苗补偿	拆迁补偿	其他资本性支出
地方合计							**5425**
北京市							
天津市							
河北省							
山西省							
内蒙古自治区							
辽宁省							
其中:大连市							
吉林省							
黑龙江省							
上海市							
江苏省							
浙江省							
其中:宁波市							
安徽省							
福建省							
其中:厦门市							
江西省							
山东省							
其中:青岛市							
河南省							
湖北省							
湖南省							
广东省							
其中:深圳市							
广西壮族自治区							425
海南省							
重庆市							
四川省							5000
贵州省							
云南省							
西藏自治区							
陕西省							
甘肃省							
青海省							
宁夏回族自治区							
新疆维吾尔自治区							

2－37－14

单位:万元

地　　区	贷款转贷及产权参股					其他支出		
	小　计	国内贷款	国外贷款	产权参股	其他贷款转贷及产权参股支出	小　计	补充全国社会保障基金	其他支出
地　方　合　计	**19945**	**19866**	**2**		**77**	**137647**		**137647**
北京市								
天津市								
河北省						467		467
山西省	772	772				3276		3276
内蒙古自治区						58		58
辽宁省	15186	15186				11808		11808
其中:大连市								
吉林省	850	850				1225		1225
黑龙江省								
上海市								
江苏省						32		32
浙江省						7300		7300
其中:宁波市								
安徽省	1108	1108				11685		11685
福建省						1		1
其中:厦门市								
江西省								
山东省						31287		31287
其中:青岛市						27832		27832
河南省						588		588
湖北省						379		379
湖南省								
广东省								
其中:深圳市								
广西壮族自治区						14189		14189
海南省						586		586
重庆市								
四川省	1450	1450				4680		4680
贵州省	577	500			77	22000		22000
云南省						373		373
西藏自治区								
陕西省						24151		24151
甘肃省						3542		3542
青海省	2		2			20		20
宁夏回族自治区								
新疆维吾尔自治区								

2007 年各省、自治区、直辖市其他一般公共服务支出明细表

2－38－1　　　　单位:万元

地　区	合　计	工资福利支出				
		小　计	基本工资	津贴补贴	奖　金	社会保障缴费
地　方　合　计	**3119875**	**441280**	**120948**	**108994**	**60115**	**22852**
北京市	49429	3601	997	592	652	225
天津市	15619	1398	565	181	432	21
河北省	98529	7369	5102	1256	208	429
山西省	27017	2865	1526	784	242	54
内蒙古自治区	60237	2526	1245	1009	137	45
辽宁省	63807	11593	5343	2406	736	650
其中:大连市	10813	1556	574	158	332	110
吉林省	13862	1387	755	361	247	15
黑龙江省	36392	5617	2982	1229	843	85
上海市	95527	19113	5096	1913	7142	2335
江苏省	237158	60259	5620	3416	5843	1702
浙江省	198414	12265	2156	2078	3830	983
其中:宁波市	14196	2061	238	382	958	278
安徽省	156119	10483	1480	4087	469	1022
福建省	134309	8564	3218	2045	939	540
其中:厦门市	76190	2058	417	769	271	79
江西省	60196	8723	5092	1895	583	221
山东省	203649	22470	11029	5729	1137	2292
其中:青岛市	33709	7419	4849	1222	455	240
河南省	174012	14941	10464	3260	301	377
湖北省	109034	8161	4129	2296	833	368
湖南省	156326	22177	9835	3744	2005	1015
广东省	792335	179991	31781	62874	26484	9030
其中:深圳市	530148	139998	21676	50935	18842	6280
广西壮族自治区	76786	10627	4423	1466	992	604
海南省	25227	625	365	168	74	1
重庆市	24326	1946	763	506	410	16
四川省	62948	10260	1471	1136	3050	417
贵州省	22694	1820	757	602	282	81
云南省	51066	3225	731	712	1453	124
西藏自治区	6450	1106	416	610	78	
陕西省	59721	3593	1856	769	291	79
甘肃省	72063	2034	857	832	244	21
青海省	5999	686	156	261	26	14
宁夏回族自治区	3097	454	207	114	39	42
新疆维吾尔自治区	27527	1401	531	663	113	44

2－38－2

单位:万元

地　　区	工资福利支出				商品和服务支出		
	伙食费	伙　食 补助费	绩效 工资	其他工资 福利支出	小　计	办公费	印刷费
地　方　合　计	**1670**	**3761**	**1986**	**120954**	**1462095**	**101555**	**11556**
北京市	1	8	326	800	22459	106	41
天津市		5	5	189	11943	140	970
河北省	19	69	57	229	21759	2835	178
山西省	27	46		186	19142	2529	274
内蒙古自治区	7	9	1	73	42265	1285	74
辽宁省	67	47	364	1980	31066	4275	571
其中:大连市	55		327		5377	1170	71
吉林省		5	4		6273	1225	85
黑龙江省	22	124	13	319	19437	6177	204
上海市	148	180	19	2280	30498	693	153
江苏省	85	133	7	43453	90368	3528	459
浙江省	25	154	63	2976	113179	1671	202
其中:宁波市	1	44		160	5843	620	40
安徽省	3	72		3350	43489	2305	370
福建省	43	126	206	1447	34309	1590	526
其中:厦门市	3	45	58	416	9632	78	21
江西省	23	13	13	883	34850	1989	167
山东省	17	278	81	1907	91568	8190	745
其中:青岛市	14	118	54	467	8816	416	72
河南省	35	48	5	451	107441	24917	1001
湖北省	34	23	23	455	71067	947	454
湖南省	11	109	2	5456	94517	4674	627
广东省	1040	2109	663	46010	424034	20668	3388
其中:深圳市	323	1799	448	39695	305803	11065	2112
广西壮族自治区	42	11		3089	27955	2294	52
海南省			3	14	2637	82	16
重庆市		26	1	224	9767	623	84
四川省	10	24	29	4123	34612	4205	230
贵州省		27	7	64	4845	631	46
云南省	10	12	24	159	20184	1812	306
西藏自治区				2	604	9	
陕西省		70	46	482	11013	618	130
甘肃省		20	3	57	14609	711	152
青海省		3	4	222	1998	194	18
宁夏回族自治区		5		47	1800	50	13
新疆维吾尔自治区	1	5	17	27	22407	582	20

2－38－3

单位:万元

地　　区	商品和服务支出						
	咨询费	手续费	水　费	电　费	邮电费	取暖费	物　业 管理费
地　方　合　计	**1598**	**2835**	**7653**	**24612**	**9170**	**8243**	**10358**
北京市	9		44	343	31	1463	20
天津市	5		4	15	10	17	66
河北省	51	6	509	719	410	864	45
山西省		19	73	63	93	234	22
内蒙古自治区		8	29	111	74	528	1
辽宁省	172	102	143	457	650	869	205
其中:大连市	72	28	16	102	61	119	43
吉林省	48		107	118	33	249	20
黑龙江省	2	141	44	183	96	586	23
上海市	29	5	58	386	262		370
江苏省	110	1325	407	1004	358	7	318
浙江省	106	64	42	275	264		158
其中:宁波市	10	10	3	18	19		27
安徽省	70	22	110	570	240	79	176
福建省	9	11	169	460	329	6	95
其中:厦门市	2	1	9	52	43	6	55
江西省	19	44	67	334	243	51	46
山东省	236	86	1312	2200	575	1191	616
其中:青岛市	15	3	31	270	112	69	117
河南省	66	19	279	1085	445	409	264
湖北省	60	23	246	801	307	848	182
湖南省	50	394	827	1584	425	80	225
广东省	458	246	2657	12683	3464	6	6965
其中:深圳市	306	73	1777	9235	2239		5923
广西壮族自治区		86	32	199	157		91
海南省	1	17		5	13		2
重庆市	29	74	116	168	96		12
四川省	18		52	148	180	4	98
贵州省	4	13	9	45	52	2	
云南省	22	42	34	70	125		241
西藏自治区					2		
陕西省	1	1	184	268	94	145	24
甘肃省	3	1	65	209	112	374	25
青海省	3	4		19	8	135	
宁夏回族自治区			10	16	10	14	10
新疆维吾尔自治区	17	82	24	74	12	82	38

2－38－4 单位:万元

地区	商品和服务支出					
	交通费	差旅费	出国费	维修(护)费	租赁费	会议费
地方合计	**48578**	**20663**	**6721**	**49458**	**10361**	**47554**
北京市	112	35	18	388	76	89
天津市	275	124	188	92	171	2250
河北省	807	311	19	1312	2421	759
山西省	500	244	33	1664	1082	854
内蒙古自治区	562	512	170	785	252	362
辽宁省	1540	1323	11	6547	91	1332
其中:大连市	80	147	8	358	22	145
吉林省	877	398	31	63	288	904
黑龙江省	965	551	5	2282	32	304
上海市	1124	283	549	941	404	741
江苏省	1564	807	28	2357	447	4681
浙江省	812	487	84	193	212	1011
其中:宁波市	125	44	35	20		263
安徽省	1885	526	2064	900	165	1982
福建省	1249	673	545	1432	198	1102
其中:厦门市	257	128	72	72	7	65
江西省	1377	614	42	347	73	1010
山东省	5714	3005	195	5892	410	3964
其中:青岛市	361	265	12	157	86	125
河南省	2001	1295	15	5063	338	4416
湖北省	908	638	27	682	97	1061
湖南省	2153	1610	37	1398	103	2252
广东省	20040	4777	1731	9447	3025	13372
其中:深圳市	14928	2350	1557	5509	2569	8800
广西壮族自治区	592	384	81	1186	59	273
海南省	215	115	209	84	1	41
重庆市	203	162		133	27	647
四川省	836	673	26	1124	183	1934
贵州省	273	94	5	238	60	122
云南省	474	272	588	933	14	777
西藏自治区	41	35				1
陕西省	673	218	10	1906	94	520
甘肃省	520	385	6	1517	11	702
青海省	99	31		82	22	49
宁夏回族自治区	71	33	4	12	2	14
新疆维吾尔自治区	116	48		458	3	28

2－38－5　　　　　　　　　　　　　　　　　　　　单位:方元

地　　区	商品和服务支出						
	培训费	招待费	专用材料费	被装购置费	专用燃料费	劳务费	委托业务费
地 方 合 计	**18701**	**77455**	**22714**	**3226**	**5264**	**24327**	**5512**
北京市	49	40	1853	192	30	83	
天津市	42	73	264		1	69	176
河北省	170	830	1136	4	703	620	6
山西省	701	1138	685	7	5	75	
内蒙古自治区	105	554	200	2	6	236	204
辽宁省	368	2359	1513	60	1063	2062	275
其中:大连市	54	160	161	60		1958	69
吉林省	344	247	95		140	2	108
黑龙江省	380	229	200	4		184	176
上海市	265	2230	10	83	16	189	9
江苏省	617	8844	447	366	25	1312	983
浙江省	412	2225	119	49	1	3667	29
其中:宁波市	9	823		1		44	9
安徽省	816	1425	1496	11	35	457	137
福建省	220	6686	211	205	40	190	39
其中:厦门市	40	2501	1			12	
江西省	215	2532	129	140	88	61	18
山东省	584	2370	7956	38	2294	1485	230
其中:青岛市	41	520	437	10	18	125	16
河南省	1290	4080	2396	90	377	1071	306
湖北省	363	1585	105	10	27	79	42
湖南省	1267	5373	278	1016	152	606	267
广东省	8086	27061	1353	625	116	10178	1592
其中:深圳市	4088	18087	771	70	21	4303	1211
广西壮族自治区	276	1952	407	26	2	157	615
海南省	11	499		187	2	3	
重庆市	224	205	51	9	8	221	85
四川省	538	1555	52	16	7	512	134
贵州省	100	165	116		10	158	
云南省	936	1182	196	49	2	186	42
西藏自治区		2					
陕西省	144	672	269	28	70	294	12
甘肃省	126	932	948	7	38	113	5
青海省	11	34	17		6	3	4
宁夏回族自治区	5	197	2			12	18
新疆维吾尔自治区	36	179	210	2		42	

二、地方财政预算收支情况

2－38－6　　　　单位：万元

地　区	商品和服务支出			对个人和家庭的补助			
	工会经费	福利费	其他商品和服务支出	小　计	离休费	退休费	退职(役)费
地方合计	**2740**	**14748**	**926493**	**104073**	**4261**	**29455**	**1211**
北京市	48	119	17270	228			
天津市	1	156	6834	322	36	130	
河北省	248	1147	5649	3166	142	738	70
山西省	39	24	8784	1181	74	238	
内蒙古自治区	8	46	36151	321		7	
辽宁省	79	629	4370	3822	138	422	
其中:大连市	6	467		1028			
吉林省		2	889	355			
黑龙江省	51	131	6487	3331	325	1734	
上海市	95	329	21274	2384	104	273	1
江苏省	40	885	59449	6714	33	943	40
浙江省	319	594	100183	2797	16	174	5
其中:宁波市	17	11	3695	280	2	12	
安徽省	79	656	26913	17584	2400	10498	116
福建省	92	126	18106	5430	88	463	3
其中:厦门市	38	20	6152	422		25	2
江西省	95	189	24960	1568	55	999	3
山东省	118	804	41358	5122	62	904	1
其中:青岛市	3	118	5417	1969	169	734	1
河南省	37	789	55392	5482	121	2888	38
湖北省	72	203	61300	2011	157	1292	12
湖南省	295	1676	67148	6556	242	2841	69
广东省	453	5812	265831	23171	79	2781	843
其中:深圳市	296	1767	206746	11744	17	908	842
广西壮族自治区	66	48	18920	4911	40	627	6
海南省			1134	10			
重庆市	33	82	6475	571		23	
四川省	81	60	21946	2981		38	1
贵州省	258	54	2390	1617	46	557	
云南省	92	28	11761	606		1	2
西藏自治区			514	333		313	
陕西省	21	87	4530	677	43	132	1
甘肃省	8	23	7616	536	52	348	
青海省	2	1	1256	110		25	
宁夏回族自治区	1	26	1280	44		2	
新疆维吾尔自治区	9	22	20323	132	8	64	

2－38－7　　　　　　　　　　　　　　　　　　　　　　　　　　　　单位:万元

地　　区	对个人和家庭的补助						
	抚恤金	生活补助	救济费	医疗费	助学金	奖励金	生产补贴
地　方　合　计	**1060**	**9984**	**851**	**4476**	**35**	**11369**	**445**
北京市	6	23				10	
天津市	17			6			
河北省	32	68	1	417		1206	160
山西省	4	237		10			
内蒙古自治区	24	54		11		1	
辽宁省	37	2021	18	7		415	13
其中:大连市	15	973	17	4		15	4
吉林省		2				344	
黑龙江省	48	17		20		829	5
上海市	64	324	9	41	1	10	
江苏省	68	226	15	73		3507	3
浙江省	6	173	6	92		79	
其中:宁波市		6		20			
安徽省	140	362	27	2560	5	128	12
福建省	23	77	246	24	3	284	25
其中:厦门市	3	22		3			
江西省	45	129		68		1	
山东省	28	302	1	84		36	8
其中:青岛市	5	2		2			
河南省	39	909	55	49	9	79	68
湖北省	23	59	8	73			2
湖南省	78	204	53	113	10	162	5
广东省	319	1814	351	682	7	2183	116
其中:深圳市	91	279	77	212	6	1606	
广西壮族自治区	7	1915		68		31	9
海南省	3		2				
重庆市	2	122		31		293	
四川省	13	541	25			920	12
贵州省	9	184		21		455	1
云南省	2	26		4		201	4
西藏自治区	8			4			
陕西省	11	150	1	5		120	
甘肃省	3	41		8		5	2
青海省	1	2	32			41	
宁夏回族自治区			1			27	
新疆维吾尔自治区		2		5		2	

2－38－8

单位:万元

地区	对个人和家庭的补助				对企事业单位的补贴		
	住房公积金	提租补贴	购房补贴	其他对个人和家庭的补助支出	小计	企业政策性补贴	事业单位补贴
地方合计	**9691**	**1715**	**6828**	**22692**	**40982**	**12702**	**1689**
北京市	111	52	18	8	97		97
天津市	102			31			
河北省	104	2		226	1236	166	24
山西省	18			600	78	16	
内蒙古自治区	16			208	3236	7	
辽宁省	168	186	6	391	1288		417
其中:大连市					7		7
吉林省	9				350		350
黑龙江省	305	39		9	1874	1874	
上海市	220	2	473	862	6275	5586	9
江苏省	503	86	60	1157	8082		22
浙江省	522	8	20	1696	294	14	10
其中:宁波市	85	2		153	102		8
安徽省	493	24	13	806	2480		218
福建省	3591	95		508	5133	4369	114
其中:厦门市	161	51		155	4717	4369	
江西省	160	30	8	70	91		1
山东省	458	156	1695	1387	2841	128	104
其中:青岛市	113	32	112	799	4		
河南省	67		5	1155	795		63
湖北省	209	3	19	154	1691		69
湖南省	372		2	2405	416		118
广东省	1660	1028	4055	7253	1709	104	18
其中:深圳市	9	1028	3990	2679	378	104	18
广西壮族自治区	256			1952	731		
海南省	1			4	392		
重庆市	23			77	121	13	1
四川省	72		8	1351	333	162	15
贵州省	78	1	210	55	844		
云南省	52		200	114	6		5
西藏自治区	1			7			
陕西省	70	3		141	215	193	
甘肃省	22		36	19	350	70	34
青海省	1			8	13		
宁夏回族自治区	14				11		
新疆维吾尔自治区	13			38			

2－38－9

单位:万元

地　　区	对企事业单位的补贴		赠　与			债务利息支出	
	财政贴息	其他对企事业单位的补贴支出	小　计	对国内的赠　与	对国外的赠　与	小　计	国库券付　息
地　方　合　计	**16165**	**10426**	**247**	**242**	**5**	**36236**	**2900**
北京市							
天津市							
河北省		1046					
山西省	32	30					
内蒙古自治区	314	2915				81	
辽宁省		871				407	
其中:大连市							
吉林省			30	30			
黑龙江省							
上海市		680				5000	
江苏省	8000	60					
浙江省	37	233	5	5			
其中:宁波市		94					
安徽省	2210	52					
福建省		650	5		5	21799	
其中:厦门市		348	5		5	21799	
江西省	40	50					
山东省	1853	756	50	50		111	
其中:青岛市		4					
河南省	610	122					
湖北省	1299	323				122	
湖南省	221	77	52	52		2908	2900
广东省		1587	77	77			
其中:深圳市		256	58	58			
广西壮族自治区	92	639					
海南省	392						
重庆市		107					
四川省	30	126	13	13		4009	
贵州省	840	4				1636	
云南省		1	15	15		163	
西藏自治区							
陕西省		22					
甘肃省	171	75					
青海省	13						
宁夏回族自治区	11						
新疆维吾尔自治区							

二、地方财政预算收支情况

2－38－10

单位:万元

地　　区	债务利息支出					基本建设支出	
	向国家银行借款付息	其他国内借款付息	向国外政府借款付息	向国际组织借款付息	其他国外借款付息	小　计	房屋建筑物购建
地方合计	**2517**	**30656**		**163**		**202321**	**74161**
北京市						10918	
天津市							
河北省						3292	823
山西省						1009	865
内蒙古自治区	81					2431	822
辽宁省		407				673	575
其中:大连市						575	575
吉林省						488	
黑龙江省						127	
上海市		5000				626	200
江苏省						8801	8220
浙江省						31685	9691
其中:宁波市						3225	1026
安徽省						2918	1189
福建省		21799				2753	636
其中:厦门市		21799				950	26
江西省						3899	1465
山东省		111				38392	25560
其中:青岛市						8842	3011
河南省						5816	1376
湖北省		122				1112	29
湖南省		8				6499	219
广东省						5300	1287
其中:深圳市						7	
广西壮族自治区						21094	3100
海南省						40	
重庆市						1544	256
四川省	800	3209				1479	
贵州省	1636					5302	596
云南省				163		21983	15330
西藏自治区						4365	427
陕西省						15531	200
甘肃省						1016	589
青海省						63	
宁夏回族自治区						557	386
新疆维吾尔自治区						2608	320

2－38－11

单位:万元

地　　区	基本建设支出							
	办公设备购　置	专用设备购　置	交通工具购　置	基础设施建　设	大型修缮	信息网络购　建	物资储备	其他基本建设支出
地方合计	**2617**	**3588**	**1265**	**41844**	**15073**	**1066**	**3**	**62704**
北京市	218	6	12	1400		103		9179
天津市								
河北省	287	308	47	1108	39	2		678
山西省								144
内蒙古自治区	58	105		241	160	241		804
辽宁省	3	30	23			42		
其中:大连市								
吉林省								488
黑龙江省	3	24			100			
上海市	30		24		269			103
江苏省	163		10	50	298			60
浙江省	111	164	22	3857				17840
其中:宁波市	110	155		1934				
安徽省	400	2	20	1300	7			
福建省	19	199	220	610				1069
其中:厦门市			106					818
江西省				1415	4		3	1012
山东省	48	115	67	4069	863	288		7382
其中:青岛市	8	15		39	135	288		5346
河南省	1014	535	228			100		2563
湖北省	3	4		362		29		685
湖南省	1	26		6057	100	32		64
广东省	43	16	30	566	735	224		2399
其中:深圳市								7
广西壮族自治区	4	1232	192	14721	96			1749
海南省								40
重庆市								1288
四川省			20	1298	2			159
贵州省				50	20			4636
云南省	75		243	314				6021
西藏自治区								3938
陕西省	106	644	101	2225	12255			
甘肃省		5		100	1			321
青海省		15	6					42
宁夏回族自治区	8	158				5		
新疆维吾尔自治区	23			2101	124			40

二、地方财政预算收支情况

2－38－12　　　　单位:万元

地　　区	其他资本性支出						
	小　计	房屋建筑物购　　建	办公设备购　　置	专用设备购　　置	交通工具购　　置	基础设施建　　设	大型修缮
地　方　合　计	**419837**	**49155**	**18482**	**8584**	**19482**	**126109**	**24063**
北京市	11730	1411	220	678	53	125	
天津市	1956		253		744		929
河北省	12004	521	486	358	660	6819	1711
山西省	2732	926	156	87	608	346	282
内蒙古自治区	9377	452	90	42	178	3912	53
辽宁省	9763	4599	120	43	98	4475	251
其中:大连市	1245	43	2			1200	
吉林省	4964	658	384		341	3261	320
黑龙江省	5100	1211	226	211	223	1098	1893
上海市	8458	176	286	78	640	88	690
江苏省	21970	4631	797	163	357	2623	5000
浙江省	6088	2079	397	369	416	336	144
其中:宁波市	1766	1600	12	16		1	137
安徽省	67819	807	446	364	313	50509	20
福建省	49774	14538	677	397	935	11055	589
其中:厦门市	36544	13381	178	365	230	5938	154
江西省	5505	545	345	1093	412	487	290
山东省	31462	3311	1515	2105	1283	3216	5895
其中:青岛市	1109	37	173	514	174		15
河南省	16971	1478	767	565	782	7345	1363
湖北省	3056	465	289	94	396	1007	178
湖南省	7720	387	302	156	1158	651	49
广东省	67181	3199	8072	1129	6825	17908	3663
其中:深圳市	20533	128	3902	435	5034	5356	2027
广西壮族自治区	5199	1391	429	209	183	677	208
海南省	20560	64	59		206		
重庆市	1869	4	151	19	104	16	10
四川省	7108	180	529	107	1102	2518	84
贵州省	3867	184	30		122	1866	136
云南省	3946	866	394	79	393	343	13
西藏自治区	42						
陕西省	25892	1061	96	15	522	4126	190
甘肃省	5703	3714	173	202	201	873	70
青海省	1210	116	779		227	88	
宁夏回族自治区	217		9	3		200	
新疆维吾尔自治区	594	181	5	18		141	32

2－38－13 单位:万元

地　　区	其他资本性支出						
	信息网络购建	物资储备	土地补偿	安置补助	地上附着物和青苗补偿	拆迁补偿	其他资本性支出
地方合计	**25869**	**577**	**2841**	**818**	**1305**	**6738**	**135814**
北京市	1						9242
天津市	12						18
河北省	141		184	10	513		601
山西省	152	62					113
内蒙古自治区	466		352			5	3827
辽宁省	4						173
其中:大连市							
吉林省							
黑龙江省	162		36	40			
上海市	140						6360
江苏省	744		636				7019
浙江省	37						2310
其中:宁波市							
安徽省	68		430				14862
福建省	1167	36	418	392	241	1774	17555
其中:厦门市	48	27				723	15500
江西省	93	462			3		1775
山东省	165	9		12	126	2616	11209
其中:青岛市	19						177
河南省	745	8	184	63	200	100	3371
湖北省	25		30			133	439
湖南省	210					2	4805
广东省	1755		402		34	715	23479
其中:深圳市	464		2				3185
广西壮族自治区	734		50		11	21	1286
海南省							20231
重庆市					176		1389
四川省	374			300	1	83	1830
贵州省						1200	329
云南省	398						1460
西藏自治区							42
陕西省	18165						1717
甘肃省	105		6			1	358
青海省							
宁夏回族自治区	5						
新疆维吾尔自治区	1		113	1		88	14

2－38－14　　　　单位:万元

地区	贷款转贷及产权参股					其他支出		
	小计	国内贷款	国外贷款	产权参股	其他贷款转贷及产权参股支出	小计	补充全国社会保障基金	其他支出
地方合计	**1490**	**1481**			**9**	**411314**		**411314**
北京市						396		396
天津市								
河北省	40	40				49663		49663
山西省						10		10
内蒙古自治区								
辽宁省						5195		5195
其中:大连市						1025		1025
吉林省						15		15
黑龙江省	610	610				296		296
上海市						23173		23173
江苏省						40964		40964
浙江省						32101		32101
其中:宁波市						919		919
安徽省						11346		11346
福建省						6542		6542
其中:厦门市						63		63
江西省						5560		5560
山东省						11633		11633
其中:青岛市						5550		5550
河南省						22566		22566
湖北省						21814		21814
湖南省						15481		15481
广东省						90872		90872
其中:深圳市						51627		51627
广西壮族自治区						6269		6269
海南省						963		963
重庆市						8508		8508
四川省	9				9	2144		2144
贵州省						2763		2763
云南省						938		938
西藏自治区								
陕西省	446	446				2354		2354
甘肃省						47815		47815
青海省						1919		1919
宁夏回族自治区						14		14
新疆维吾尔自治区	385	385						

2007 年各省、自治区、直辖市外交类支出明细表

2－39－1　　　　单位:万元

地　　区	合　计	工资福利支出				
		小　计	基本工资	津贴补贴	奖　金	社会保障缴　费
地　方　合　计	**31265**	**2541**	**734**	**1585**	**117**	**68**
北京市	2					
天津市	2					
河北省	6					
山西省						
内蒙古自治区	444	48	26	20	2	
辽宁省						
其中:大连市						
吉林省						
黑龙江省	412	60			60	
上海市						
江苏省						
浙江省	85					
其中:宁波市						
安徽省						
福建省	35					
其中:厦门市						
江西省						
山东省						
其中:青岛市						
河南省	16342	1380	336	1007	22	15
湖北省						
湖南省	777	2				
广东省	1571	68	20	34	8	
其中:深圳市	730					
广西壮族自治区	325					
海南省	747	13				
重庆市						
四川省	1					
贵州省	492	45	22	6	3	14
云南省	3797	60	26	31	3	
西藏自治区	524	49	17	30	2	
陕西省						
甘肃省	957					
青海省	8					
宁夏回族自治区	6					
新疆维吾尔自治区	4732	816	287	457	17	39

2－39－2

单位:万元

地　　区	工资福利支出				商品和服务支出		
	伙食费	伙　食 补助费	绩效 工资	其他工资 福利支出	小　计	办公费	印刷费
地　方　合　计				**37**	**21963**	**799**	**455**
北京市					2		
天津市					2		
河北省					6		
山西省							
内蒙古自治区					396	17	
辽宁省							
其中:大连市							
吉林省							
黑龙江省					108	16	
上海市							
江苏省							
浙江省					19	2	
其中:宁波市							
安徽省							
福建省					35	3	3
其中:厦门市							
江西省							
山东省							
其中:青岛市							
河南省					11821	663	433
湖北省							
湖南省				2	775		
广东省				6	1451	13	3
其中:深圳市					730		
广西壮族自治区					325		
海南省				13	648	7	1
重庆市							
四川省					1	1	
贵州省					239	26	3
云南省					1014	3	
西藏自治区					468	16	2
陕西省							
甘肃省					957		
青海省							
宁夏回族自治区					6		
新疆维吾尔自治区				16	3690	32	10

2－39－3

单位:万元

地区	商品和服务支出						
	咨询费	手续费	水费	电费	邮电费	取暖费	物业管理费
地方合计	**6**	**12**	**111**	**131**	**142**	**38**	**78**
北京市							
天津市							
河北省							
山西省							
内蒙古自治区					1		
辽宁省							
其中:大连市							
吉林省							
黑龙江省							
上海市							
江苏省							
浙江省							
其中:宁波市							
安徽省							
福建省				2	6		
其中:厦门市							
江西省							
山东省							
其中:青岛市							
河南省	6	2	101	117	73		78
湖北省							
湖南省							
广东省					15		
其中:深圳市							
广西壮族自治区							
海南省					5		
重庆市							
四川省							
贵州省					3		
云南省							
西藏自治区					2		
陕西省							
甘肃省							
青海省							
宁夏回族自治区							
新疆维吾尔自治区		10	10	12	37	38	

2－39－4　　　　单位:万元

地　　区	商品和服务支出					
	交通费	差旅费	出国费	维修(护)费	租赁费	会议费
地 方 合 计	**403**	**459**	**1190**	**317**	**125**	**928**
北京市						
天津市			2			
河北省						
山西省						
内蒙古自治区		6	325	2		
辽宁省						
其中:大连市						
吉林省						
黑龙江省	39			14		
上海市						
江苏省						
浙江省	3	4				
其中:宁波市						
安徽省						
福建省	14	7				
其中:厦门市						
江西省						
山东省						
其中:青岛市						
河南省	135	274		157	80	492
湖北省						
湖南省		3	397			
广东省	13	17	208	7	1	
其中:深圳市						
广西壮族自治区						
海南省	37	14		5	37	159
重庆市						
四川省						
贵州省		11				
云南省	2		17	15		
西藏自治区	17	17	94	3		2
陕西省						
甘肃省			26	30		
青海省						
宁夏回族自治区						
新疆维吾尔自治区	143	106	121	84	7	275

2－39－5　　　　　　　　　　　　　　　　　　　　　　　　　　单位:万元

地　　区	商品和服务支出						
	培训费	招待费	专　用 材料费	被　装 购置费	专　用 燃料费	劳务费	委　托 业务费
地　方　合　计	**419**	**4058**	**6531**	**1**		**90**	
北京市							
天津市							
河北省							
山西省							
内蒙古自治区	1	20					
辽宁省							
其中:大连市							
吉林省							
黑龙江省			6				
上海市							
江苏省							
浙江省		2				2	
其中:宁波市							
安徽省							
福建省							
其中:厦门市							
江西省							
山东省							
其中:青岛市							
河南省	325	1688	6525			19	
湖北省							
湖南省		351					
广东省	32	231				3	
其中:深圳市	30						
广西壮族自治区		240					
海南省		291				2	
重庆市							
四川省							
贵州省		195					
云南省		2				1	
西藏自治区	2	37				3	
陕西省							
甘肃省		900					
青海省							
宁夏回族自治区	6						
新疆维吾尔自治区	53	101		1		60	

2－39－6　　　　单位:万元

地　区	商品和服务支出			对个人和家庭的补助			
	工会经费	福利费	其他商品和服务支出	小　计	离休费	退休费	退职(役)费
地　方　合　计	**587**	**136**	**4947**	**292**	**23**	**181**	
北京市			2				
天津市							
河北省			6				
山西省							
内蒙古自治区		1	23				
辽宁省							
其中:大连市							
吉林省							
黑龙江省			33				
上海市							
江苏省							
浙江省		1	5				
其中:宁波市							
安徽省							
福建省							
其中:厦门市							
江西省							
山东省							
其中:青岛市							
河南省	582	71		44			
湖北省							
湖南省			24				
广东省		2	906				
其中:深圳市			700				
广西壮族自治区			85				
海南省			90				
重庆市							
四川省							
贵州省		1					
云南省	1	1	972	17		15	
西藏自治区			273	7		4	
陕西省							
甘肃省			1				
青海省							
宁夏回族自治区							
新疆维吾尔自治区	4	59	2527	224	23	162	

2－39－7

单位:万元

地区	对个人和家庭的补助						
	抚恤金	生活补助	救济费	医疗费	助学金	奖励金	生产补贴
地方合计		**21**	**15**				**20**
北京市							
天津市							
河北省							
山西省							
内蒙古自治区							
辽宁省							
其中:大连市							
吉林省							
黑龙江省							
上海市							
江苏省							
浙江省							
其中:宁波市							
安徽省							
福建省							
其中:厦门市							
江西省							
山东省							
其中:青岛市							
河南省		21	15				
湖北省							
湖南省							
广东省							
其中:深圳市							
广西壮族自治区							
海南省							
重庆市							
四川省							
贵州省							
云南省							
西藏自治区							
陕西省							
甘肃省							
青海省							
宁夏回族自治区							
新疆维吾尔自治区						20	

2－39－8　　单位:万元

地　　区	对个人和家庭的补助				对企事业单位的补贴		
	住房公积金	提租补贴	购房补贴	其他对个人和家庭的补助支出	小计	企业政策性补贴	事业单位补贴
地方合计	**26**			**6**			
北京市							
天津市							
河北省							
山西省							
内蒙古自治区							
辽宁省							
其中:大连市							
吉林省							
黑龙江省							
上海市							
江苏省							
浙江省							
其中:宁波市							
安徽省							
福建省							
其中:厦门市							
江西省							
山东省							
其中:青岛市							
河南省	8						
湖北省							
湖南省							
广东省							
其中:深圳市							
广西壮族自治区							
海南省							
重庆市							
四川省							
贵州省							
云南省	2						
西藏自治区				3			
陕西省							
甘肃省							
青海省							
宁夏回族自治区							
新疆维吾尔自治区	16			3			

2－39－9

单位:万元

地　　区	对企事业单位的补贴		赠　与			债务利息支出	
	财政贴息	其他对企事业单位的补贴支出	小　计	对国内的赠　与	对国外的赠　与	小　计	国库券付　息
地 方 合 计			**1666**		**1666**		
北京市							
天津市							
河北省							
山西省							
内蒙古自治区							
辽宁省							
其中:大连市							
吉林省							
黑龙江省							
上海市							
江苏省							
浙江省							
其中:宁波市							
安徽省							
福建省							
其中:厦门市							
江西省							
山东省							
其中:青岛市							
河南省							
湖北省							
湖南省							
广东省							
其中:深圳市							
广西壮族自治区							
海南省							
重庆市							
四川省							
贵州省							
云南省			1666		1666		
西藏自治区							
陕西省							
甘肃省							
青海省							
宁夏回族自治区							
新疆维吾尔自治区							

二、地方财政预算收支情况

2－39－10

单位:万元

地　　区	债务利息支出					基本建设支出	
	向国家银行借款付息	其他国内借款付息	向国外政府借款付息	向国际组织借款付息	其他国外借款付息	小　计	房屋建筑物购建
地方合计						**498**	**443**
北京市							
天津市							
河北省							
山西省							
内蒙古自治区							
辽宁省							
其中:大连市							
吉林省							
黑龙江省						29	
上海市							
江苏省							
浙江省							
其中:宁波市							
安徽省							
福建省							
其中:厦门市							
江西省							
山东省							
其中:青岛市							
河南省						17	
湖北省							
湖南省							
广东省							
其中:深圳市							
广西壮族自治区							
海南省							
重庆市							
四川省							
贵州省							
云南省						452	443
西藏自治区							
陕西省							
甘肃省							
青海省							
宁夏回族自治区							
新疆维吾尔自治区							

2－39－11

单位:万元

地区	基本建设支出							
	办公设备购置	专用设备购置	交通工具购置	基础设施建设	大型修缮	信息网络购建	物资储备	其他基本建设支出
地方合计	**1**		**16**	**15**		**14**		**9**
北京市								
天津市								
河北省								
山西省								
内蒙古自治区								
辽宁省								
其中:大连市								
吉林省								
黑龙江省				15		14		
上海市								
江苏省								
浙江省								
其中:宁波市								
安徽省								
福建省								
其中:厦门市								
江西省								
山东省								
其中:青岛市								
河南省	1		16					
湖北省								
湖南省								
广东省								
其中:深圳市								
广西壮族自治区								
海南省								
重庆市								
四川省								
贵州省								
云南省								9
西藏自治区								
陕西省								
甘肃省								
青海省								
宁夏回族自治区								
新疆维吾尔自治区								

2－39－12

单位:万元

地　　区	其他资本性支出						
	小　计	房屋建筑物购　　建	办公设备购　　置	专用设备购　　置	交通工具购　　置	基础设施建　　设	大型修缮
地　方　合　计	**3985**		**103**	**92**	**144**	**585**	**180**
北京市							
天津市							
河北省							
山西省							
内蒙古自治区							
辽宁省							
其中:大连市							
吉林省							
黑龙江省	215		5	30			180
上海市							
江苏省							
浙江省							
其中:宁波市							
安徽省							
福建省							
其中:厦门市							
江西省							
山东省							
其中:青岛市							
河南省	3080		63	44	96		
湖北省							
湖南省							
广东省	7		6				
其中:深圳市							
广西壮族自治区							
海南省	86		20	18	48		
重庆市							
四川省							
贵州省	7		7				
云南省	588					585	
西藏自治区							
陕西省							
甘肃省							
青海省							
宁夏回族自治区							
新疆维吾尔自治区	2		2				

2 - 39 - 13

单位:万元

地区	其他资本性支出						
	信息网络购建	物资储备	土地补偿	安置补助	地上附着物和青苗补偿	拆迁补偿	其他资本性支出
地方合计	**1**			**2877**			**3**
北京市							
天津市							
河北省							
山西省							
内蒙古自治区							
辽宁省							
其中:大连市							
吉林省							
黑龙江省							
上海市							
江苏省							
浙江省							
其中:宁波市							
安徽省							
福建省							
其中:厦门市							
江西省							
山东省							
其中:青岛市							
河南省				2877			
湖北省							
湖南省							
广东省	1						
其中:深圳市							
广西壮族自治区							
海南省							
重庆市							
四川省							
贵州省							
云南省							3
西藏自治区							
陕西省							
甘肃省							
青海省							
宁夏回族自治区							
新疆维吾尔自治区							

2－39－14

单位:万元

地区	贷款转贷及产权参股					其他支出		
	小计	国内贷款	国外贷款	产权参股	其他贷款转贷及产权参股支出	小计	补充全国社会保障基金	其他支出
地方合计						**320**		**320**
北京市								
天津市								
河北省								
山西省								
内蒙古自治区								
辽宁省								
其中:大连市								
吉林省								
黑龙江省								
上海市								
江苏省								
浙江省						66		66
其中:宁波市								
安徽省								
福建省								
其中:厦门市								
江西省								
山东省								
其中:青岛市								
河南省								
湖北省								
湖南省								
广东省						45		45
其中:深圳市								
广西壮族自治区								
海南省								
重庆市								
四川省								
贵州省						201		201
云南省								
西藏自治区								
陕西省								
甘肃省								
青海省						8		8
宁夏回族自治区								
新疆维吾尔自治区								

2007 年各省、自治区、直辖市外交管理事务支出明细表

2－40－1　　　　　　　　　　　　　　　　　　　　　　　　单位:万元

地　　区	合　计	工资福利支出				
		小　计	基本工资	津贴补贴	奖　金	社会保障缴费
地 方 合 计	**6575**	**1946**	**677**	**1085**	**105**	**60**
北京市						
天津市	2					
河北省						
山西省						
内蒙古自治区	110	48	26	20	2	
辽宁省						
其中:大连市						
吉林省						
黑龙江省	60	60			60	
上海市						
江苏省						
浙江省						
其中:宁波市						
安徽省						
福建省						
其中:厦门市						
江西省						
山东省						
其中:青岛市						
河南省	3239	1128	279	832	10	7
湖北省						
湖南省						
广东省	329	65	20	34	8	
其中:深圳市	30					
广西壮族自治区						
海南省						
重庆市						
四川省						
贵州省	290	45	22	6	3	14
云南省	548	60	26	31	3	
西藏自治区	121	49	17	30	2	
陕西省						
甘肃省	355					
青海省	8					
宁夏回族自治区						
新疆维吾尔自治区	1513	491	287	132	17	39

2－40－2　　　　单位:万元

地区	工资福利支出				商品和服务支出		
	伙食费	伙食补助费	绩效工资	其他工资福利支出	小计	办公费	印刷费
地方合计				**19**	**3638**	**466**	**250**
北京市							
天津市					2		
河北省							
山西省							
内蒙古自治区					62		
辽宁省							
其中:大连市							
吉林省							
黑龙江省							
上海市							
江苏省							
浙江省							
其中:宁波市							
安徽省							
福建省							
其中:厦门市							
江西省							
山东省							
其中:青岛市							
河南省					2015	427	244
湖北省							
湖南省							
广东省				3	260	9	1
其中:深圳市					30		
广西壮族自治区							
海南省							
重庆市							
四川省							
贵州省					40	15	
云南省					43	3	
西藏自治区					65		
陕西省							
甘肃省					355		
青海省							
宁夏回族自治区							
新疆维吾尔自治区				16	796	12	5

2－40－3 单位:万元

地区	商品和服务支出						
	咨询费	手续费	水费	电费	邮电费	取暖费	物业管理费
地方合计	**6**	**2**	**34**	**31**	**48**	**28**	**13**
北京市							
天津市							
河北省							
山西省							
内蒙古自治区					1		
辽宁省							
其中:大连市							
吉林省							
黑龙江省							
上海市							
江苏省							
浙江省							
其中:宁波市							
安徽省							
福建省							
其中:厦门市							
江西省							
山东省							
其中:青岛市							
河南省	6	2	34	29	9		13
湖北省							
湖南省							
广东省					2		
其中:深圳市							
广西壮族自治区							
海南省							
重庆市							
四川省							
贵州省					3		
云南省							
西藏自治区					1		
陕西省							
甘肃省							
青海省							
宁夏回族自治区							
新疆维吾尔自治区				2	32	28	

2－40－4

单位:万元

地区	商品和服务支出					
	交通费	差旅费	出国费	维修(护)费	租赁费	会议费
地方合计	**175**	**152**	**198**	**128**	**19**	**134**
北京市						
天津市			2			
河北省						
山西省						
内蒙古自治区		6	11	2		
辽宁省						
其中:大连市						
吉林省						
黑龙江省						
上海市						
江苏省						
浙江省						
其中:宁波市						
安徽省						
福建省						
其中:厦门市						
江西省						
山东省						
其中:青岛市						
河南省	69	45		55	11	83
湖北省						
湖南省						
广东省	9	3	41	7	1	
其中:深圳市						
广西壮族自治区						
海南省						
重庆市						
四川省						
贵州省		11				
云南省	2		17			
西藏自治区	2	1	46			1
陕西省						
甘肃省						
青海省						
宁夏回族自治区						
新疆维吾尔自治区	93	86	81	64	7	50

2－40－5　　　　单位:万元

地区	商品和服务支出						
	培训费	招待费	专用材料费	被装购置费	专用燃料费	劳务费	委托业务费
地方合计	**169**	**1035**	**316**	**1**		**63**	
北京市							
天津市							
河北省							
山西省							
内蒙古自治区	1	20					
辽宁省							
其中:大连市							
吉林省							
黑龙江省							
上海市							
江苏省							
浙江省							
其中:宁波市							
安徽省							
福建省							
其中:厦门市							
江西省							
山东省							
其中:青岛市							
河南省	82	570	316			11	
湖北省							
湖南省							
广东省	31	15				2	
其中:深圳市	30						
广西壮族自治区							
海南省							
重庆市							
四川省							
贵州省		10					
云南省		2					
西藏自治区	2	2					
陕西省							
甘肃省		355					
青海省							
宁夏回族自治区							
新疆维吾尔自治区	53	61		1		50	

2－40－6

单位:万元

地　　区	商品和服务支出			对个人和家庭的补助			
	工会经费	福利费	其他商品和服务支出	小　计	离休费	退休费	退职(役)费
地　方　合　计	**7**	**71**	**292**	**278**	**23**	**181**	
北京市							
天津市							
河北省							
山西省							
内蒙古自治区		1	20				
辽宁省							
其中:大连市							
吉林省							
黑龙江省							
上海市							
江苏省							
浙江省							
其中:宁波市							
安徽省							
福建省							
其中:厦门市							
江西省							
山东省							
其中:青岛市							
河南省	2	7		30			
湖北省							
湖南省							
广东省		2	137				
其中:深圳市							
广西壮族自治区							
海南省							
重庆市							
四川省							
贵州省		1					
云南省	1	1	17	17		15	
西藏自治区			10	7		4	
陕西省							
甘肃省							
青海省							
宁夏回族自治区							
新疆维吾尔自治区	4	59	108	224	23	162	

2 - 40 - 7

单位:万元

地　　区	对个人和家庭的补助						
	抚恤金	生活补助	救济费	医疗费	助学金	奖励金	生产补贴
地　方　合　计		**21**	**1**			**20**	
北京市							
天津市							
河北省							
山西省							
内蒙古自治区							
辽宁省							
其中:大连市							
吉林省							
黑龙江省							
上海市							
江苏省							
浙江省							
其中:宁波市							
安徽省							
福建省							
其中:厦门市							
江西省							
山东省							
其中:青岛市							
河南省		21	1				
湖北省							
湖南省							
广东省							
其中:深圳市							
广西壮族自治区							
海南省							
重庆市							
四川省							
贵州省							
云南省							
西藏自治区							
陕西省							
甘肃省							
青海省							
宁夏回族自治区							
新疆维吾尔自治区						20	

2－40－8

单位:万元

地　　区	对个人和家庭的补助				对企事业单位的补贴		
	住房公积金	提租补贴	购房补贴	其他对个人和家庭的补助支出	小计	企业政策性补贴	事业单位补贴
地方合计	**26**			**6**			
北京市							
天津市							
河北省							
山西省							
内蒙古自治区							
辽宁省							
其中:大连市							
吉林省							
黑龙江省							
上海市							
江苏省							
浙江省							
其中:宁波市							
安徽省							
福建省							
其中:厦门市							
江西省							
山东省							
其中:青岛市							
河南省	8						
湖北省							
湖南省							
广东省							
其中:深圳市							
广西壮族自治区							
海南省							
重庆市							
四川省							
贵州省							
云南省	2						
西藏自治区				3			
陕西省							
甘肃省							
青海省							
宁夏回族自治区							
新疆维吾尔自治区	16			3			

2－40－9

单位:万元

地区	对企事业单位的补贴		赠与			债务利息支出	
	财政贴息	其他对企事业单位的补贴支出	小计	对国内的赠与	对国外的赠与	小计	国库券付息
地方合计							
北京市							
天津市							
河北省							
山西省							
内蒙古自治区							
辽宁省							
其中:大连市							
吉林省							
黑龙江省							
上海市							
江苏省							
浙江省							
其中:宁波市							
安徽省							
福建省							
其中:厦门市							
江西省							
山东省							
其中:青岛市							
河南省							
湖北省							
湖南省							
广东省							
其中:深圳市							
广西壮族自治区							
海南省							
重庆市							
四川省							
贵州省							
云南省							
西藏自治区							
陕西省							
甘肃省							
青海省							
宁夏回族自治区							
新疆维吾尔自治区							

2－40－10

单位:万元

地区	债务利息支出					基本建设支出	
	向国家银行借款付息	其他国内借款付息	向国外政府借款付息	向国际组织借款付息	其他国外借款付息	小计	房屋建筑物购建
地方合计						**445**	**428**
北京市							
天津市							
河北省							
山西省							
内蒙古自治区							
辽宁省							
其中:大连市							
吉林省							
黑龙江省							
上海市							
江苏省							
浙江省							
其中:宁波市							
安徽省							
福建省							
其中:厦门市							
江西省							
山东省							
其中:青岛市							
河南省						17	
湖北省							
湖南省							
广东省							
其中:深圳市							
广西壮族自治区							
海南省							
重庆市							
四川省							
贵州省							
云南省						428	428
西藏自治区							
陕西省							
甘肃省							
青海省							
宁夏回族自治区							
新疆维吾尔自治区							

2－40－11

单位:万元

地　　区	基本建设支出							
	办公设备购　　置	专用设备购　　置	交通工具购　　置	基础设施建　　设	大型修缮	信息网络购　　建	物资储备	其他基本建设支出
地　方　合　计	**1**		**16**					
北京市								
天津市								
河北省								
山西省								
内蒙古自治区								
辽宁省								
其中:大连市								
吉林省								
黑龙江省								
上海市								
江苏省								
浙江省								
其中:宁波市								
安徽省								
福建省								
其中:厦门市								
江西省								
山东省								
其中:青岛市								
河南省	1		16					
湖北省								
湖南省								
广东省								
其中:深圳市								
广西壮族自治区								
海南省								
重庆市								
四川省								
贵州省								
云南省								
西藏自治区								
陕西省								
甘肃省								
青海省								
宁夏回族自治区								
新疆维吾尔自治区								

2－40－12

单位:万元

地　　区	其他资本性支出						
	小　计	房屋建筑物购　　建	办公设备购　　置	专用设备购　　置	交通工具购　　置	基础设施建　　设	大型修缮
地　方　合　计	**59**		**29**		**30**		
北京市							
天津市							
河北省							
山西省							
内蒙古自治区							
辽宁省							
其中:大连市							
吉林省							
黑龙江省							
上海市							
江苏省							
浙江省							
其中:宁波市							
安徽省							
福建省							
其中:厦门市							
江西省							
山东省							
其中:青岛市							
河南省	49		19		30		
湖北省							
湖南省							
广东省	4		4				
其中:深圳市							
广西壮族自治区							
海南省							
重庆市							
四川省							
贵州省	4		4				
云南省							
西藏自治区							
陕西省							
甘肃省							
青海省							
宁夏回族自治区							
新疆维吾尔自治区	2		2				

2－40－13

单位:万元

地　　区	其他资本性支出						
	信息网络购建	物资储备	土地补偿	安置补助	地上附着物和青苗补偿	拆迁补偿	其他资本性支出
地方合计							
北京市							
天津市							
河北省							
山西省							
内蒙古自治区							
辽宁省							
其中:大连市							
吉林省							
黑龙江省							
上海市							
江苏省							
浙江省							
其中:宁波市							
安徽省							
福建省							
其中:厦门市							
江西省							
山东省							
其中:青岛市							
河南省							
湖北省							
湖南省							
广东省							
其中:深圳市							
广西壮族自治区							
海南省							
重庆市							
四川省							
贵州省							
云南省							
西藏自治区							
陕西省							
甘肃省							
青海省							
宁夏回族自治区							
新疆维吾尔自治区							

2－40－14 单位:万元

地　　区	贷款转贷及产权参股					其他支出		
	小　计	国内贷款	国外贷款	产权参股	其他贷款转贷及产权参股支出	小　计	补充全国社会保障基金	其他支出
地方合计						**209**		**209**
北京市								
天津市								
河北省								
山西省								
内蒙古自治区								
辽宁省								
其中:大连市								
吉林省								
黑龙江省								
上海市								
江苏省								
浙江省								
其中:宁波市								
安徽省								
福建省								
其中:厦门市								
江西省								
山东省								
其中:青岛市								
河南省								
湖北省								
湖南省								
广东省								
其中:深圳市								
广西壮族自治区								
海南省								
重庆市								
四川省								
贵州省						201		201
云南省								
西藏自治区								
陕西省								
甘肃省								
青海省						8		8
宁夏回族自治区								
新疆维吾尔自治区								

2007年各省、自治区、直辖市驻外机构支出明细表

2－41－1 单位:万元

地区	合计	工资福利支出				
		小计	基本工资	津贴补贴	奖金	社会保障缴费
地方合计	**52**	**18**	**3**	**14**	**1**	
北京市						
天津市						
河北省						
山西省						
内蒙古自治区						
辽宁省						
其中:大连市						
吉林省						
黑龙江省						
上海市						
江苏省						
浙江省						
其中:宁波市						
安徽省						
福建省						
其中:厦门市						
江西省						
山东省						
其中:青岛市						
河南省	52	18	3	14	1	
湖北省						
湖南省						
广东省						
其中:深圳市						
广西壮族自治区						
海南省						
重庆市						
四川省						
贵州省						
云南省						
西藏自治区						
陕西省						
甘肃省						
青海省						
宁夏回族自治区						
新疆维吾尔自治区						

2－41－2

单位:万元

地区	工资福利支出				商品和服务支出		
	伙食费	伙食补助费	绩效工资	其他工资福利支出	小计	办公费	印刷费
地方合计					**34**	**3**	
北京市							
天津市							
河北省							
山西省							
内蒙古自治区							
辽宁省							
其中:大连市							
吉林省							
黑龙江省							
上海市							
江苏省							
浙江省							
其中:宁波市							
安徽省							
福建省							
其中:厦门市							
江西省							
山东省							
其中:青岛市							
河南省					34	3	
湖北省							
湖南省							
广东省							
其中:深圳市							
广西壮族自治区							
海南省							
重庆市							
四川省							
贵州省							
云南省							
西藏自治区							
陕西省							
甘肃省							
青海省							
宁夏回族自治区							
新疆维吾尔自治区							

2-41-3

单位:万元

地区	商品和服务支出						
	咨询费	手续费	水费	电费	邮电费	取暖费	物业管理费
地方合计							
北京市							
天津市							
河北省							
山西省							
内蒙古自治区							
辽宁省							
其中:大连市							
吉林省							
黑龙江省							
上海市							
江苏省							
浙江省							
其中:宁波市							
安徽省							
福建省							
其中:厦门市							
江西省							
山东省							
其中:青岛市							
河南省							
湖北省							
湖南省							
广东省							
其中:深圳市							
广西壮族自治区							
海南省							
重庆市							
四川省							
贵州省							
云南省							
西藏自治区							
陕西省							
甘肃省							
青海省							
宁夏回族自治区							
新疆维吾尔自治区							

2-41-4

单位:万元

地　　区	商品和服务支出					
	交通费	差旅费	出国费	维修(护)费	租赁费	会议费
地方合计	**3**	**8**			**1**	**3**
北京市						
天津市						
河北省						
山西省						
内蒙古自治区						
辽宁省						
其中:大连市						
吉林省						
黑龙江省						
上海市						
江苏省						
浙江省						
其中:宁波市						
安徽省						
福建省						
其中:厦门市						
江西省						
山东省						
其中:青岛市						
河南省	3	8			1	3
湖北省						
湖南省						
广东省						
其中:深圳市						
广西壮族自治区						
海南省						
重庆市						
四川省						
贵州省						
云南省						
西藏自治区						
陕西省						
甘肃省						
青海省						
宁夏回族自治区						
新疆维吾尔自治区						

2－41－5

单位:万元

地区	商品和服务支出						
	培训费	招待费	专用材料费	被装购置费	专用燃料费	劳务费	委托业务费
地方合计	**4**	**12**					
北京市							
天津市							
河北省							
山西省							
内蒙古自治区							
辽宁省							
其中:大连市							
吉林省							
黑龙江省							
上海市							
江苏省							
浙江省							
其中:宁波市							
安徽省							
福建省							
其中:厦门市							
江西省							
山东省							
其中:青岛市							
河南省	4	12					
湖北省							
湖南省							
广东省							
其中:深圳市							
广西壮族自治区							
海南省							
重庆市							
四川省							
贵州省							
云南省							
西藏自治区							
陕西省							
甘肃省							
青海省							
宁夏回族自治区							
新疆维吾尔自治区							

2-41-6

单位:万元

地　区	商品和服务支出			对个人和家庭的补助			
	工会经费	福利费	其他商品和服务支出	小　计	离休费	退休费	退职(役)费
地　方　合　计							
北京市							
天津市							
河北省							
山西省							
内蒙古自治区							
辽宁省							
其中:大连市							
吉林省							
黑龙江省							
上海市							
江苏省							
浙江省							
其中:宁波市							
安徽省							
福建省							
其中:厦门市							
江西省							
山东省							
其中:青岛市							
河南省							
湖北省							
湖南省							
广东省							
其中:深圳市							
广西壮族自治区							
海南省							
重庆市							
四川省							
贵州省							
云南省							
西藏自治区							
陕西省							
甘肃省							
青海省							
宁夏回族自治区							
新疆维吾尔自治区							

2－41－7

单位:万元

地　　区	对个人和家庭的补助						
	抚恤金	生活补助	救济费	医疗费	助学金	奖励金	生产补贴
地方合计							
北京市							
天津市							
河北省							
山西省							
内蒙古自治区							
辽宁省							
其中:大连市							
吉林省							
黑龙江省							
上海市							
江苏省							
浙江省							
其中:宁波市							
安徽省							
福建省							
其中:厦门市							
江西省							
山东省							
其中:青岛市							
河南省							
湖北省							
湖南省							
广东省							
其中:深圳市							
广西壮族自治区							
海南省							
重庆市							
四川省							
贵州省							
云南省							
西藏自治区							
陕西省							
甘肃省							
青海省							
宁夏回族自治区							
新疆维吾尔自治区							

2－41－8

单位:万元

地　　区	对个人和家庭的补助				对企事业单位的补贴		
	住房公积金	提租补贴	购房补贴	其他对个人和家庭的补助支出	小　计	企业政策性补贴	事业单位补贴
地方合计							
北京市							
天津市							
河北省							
山西省							
内蒙古自治区							
辽宁省							
其中:大连市							
吉林省							
黑龙江省							
上海市							
江苏省							
浙江省							
其中:宁波市							
安徽省							
福建省							
其中:厦门市							
江西省							
山东省							
其中:青岛市							
河南省							
湖北省							
湖南省							
广东省							
其中:深圳市							
广西壮族自治区							
海南省							
重庆市							
四川省							
贵州省							
云南省							
西藏自治区							
陕西省							
甘肃省							
青海省							
宁夏回族自治区							
新疆维吾尔自治区							

2-41-9

单位:万元

地　　区	对企事业单位的补贴		赠　与			债务利息支出	
	财政贴息	其他对企事业单位的补贴支出	小　计	对国内的赠　与	对国外的赠　与	小　计	国库券付　息
地　方　合　计							
北京市							
天津市							
河北省							
山西省							
内蒙古自治区							
辽宁省							
其中:大连市							
吉林省							
黑龙江省							
上海市							
江苏省							
浙江省							
其中:宁波市							
安徽省							
福建省							
其中:厦门市							
江西省							
山东省							
其中:青岛市							
河南省							
湖北省							
湖南省							
广东省							
其中:深圳市							
广西壮族自治区							
海南省							
重庆市							
四川省							
贵州省							
云南省							
西藏自治区							
陕西省							
甘肃省							
青海省							
宁夏回族自治区							
新疆维吾尔自治区							

二、地方财政预算收支情况

2－41－10　　　　单位:万元

地　　区	债务利息支出					基本建设支出	
	向国家银行借款付息	其他国内借款付息	向国外政府借款付息	向国际组织借款付息	其他国外借款付息	小　计	房屋建筑物购建
地方合计							
北京市							
天津市							
河北省							
山西省							
内蒙古自治区							
辽宁省							
其中:大连市							
吉林省							
黑龙江省							
上海市							
江苏省							
浙江省							
其中:宁波市							
安徽省							
福建省							
其中:厦门市							
江西省							
山东省							
其中:青岛市							
河南省							
湖北省							
湖南省							
广东省							
其中:深圳市							
广西壮族自治区							
海南省							
重庆市							
四川省							
贵州省							
云南省							
西藏自治区							
陕西省							
甘肃省							
青海省							
宁夏回族自治区							
新疆维吾尔自治区							

2-41-11　　　　单位:万元

地　区	基本建设支出							
	办公设备购置	专用设备购置	交通工具购置	基础设施建设	大型修缮	信息网络购建	物资储备	其他基本建设支出
地方合计								
北京市								
天津市								
河北省								
山西省								
内蒙古自治区								
辽宁省								
其中:大连市								
吉林省								
黑龙江省								
上海市								
江苏省								
浙江省								
其中:宁波市								
安徽省								
福建省								
其中:厦门市								
江西省								
山东省								
其中:青岛市								
河南省								
湖北省								
湖南省								
广东省								
其中:深圳市								
广西壮族自治区								
海南省								
重庆市								
四川省								
贵州省								
云南省								
西藏自治区								
陕西省								
甘肃省								
青海省								
宁夏回族自治区								
新疆维吾尔自治区								

2-41-12

单位:万元

地区	其他资本性支出						
	小计	房屋建筑物购建	办公设备购置	专用设备购置	交通工具购置	基础设施建设	大型修缮
地方合计							
北京市							
天津市							
河北省							
山西省							
内蒙古自治区							
辽宁省							
其中:大连市							
吉林省							
黑龙江省							
上海市							
江苏省							
浙江省							
其中:宁波市							
安徽省							
福建省							
其中:厦门市							
江西省							
山东省							
其中:青岛市							
河南省							
湖北省							
湖南省							
广东省							
其中:深圳市							
广西壮族自治区							
海南省							
重庆市							
四川省							
贵州省							
云南省							
西藏自治区							
陕西省							
甘肃省							
青海省							
宁夏回族自治区							
新疆维吾尔自治区							

2－41－13

单位：万元

地　　区	其他资本性支出						
	信息网络购　建	物资储备	土地补偿	安置补助	地上附着物和青苗补偿	拆迁补偿	其他资本性支　出
地　方　合　计							
北京市							
天津市							
河北省							
山西省							
内蒙古自治区							
辽宁省							
其中：大连市							
吉林省							
黑龙江省							
上海市							
江苏省							
浙江省							
其中：宁波市							
安徽省							
福建省							
其中：厦门市							
江西省							
山东省							
其中：青岛市							
河南省							
湖北省							
湖南省							
广东省							
其中：深圳市							
广西壮族自治区							
海南省							
重庆市							
四川省							
贵州省							
云南省							
西藏自治区							
陕西省							
甘肃省							
青海省							
宁夏回族自治区							
新疆维吾尔自治区							

二、地方财政预算收支情况

2－41－14

单位:万元

地区	贷款转贷及产权参股					其他支出		
	小计	国内贷款	国外贷款	产权参股	其他贷款转贷及产权参股支出	小计	补充全国社会保障基金	其他支出
地方合计								
北京市								
天津市								
河北省								
山西省								
内蒙古自治区								
辽宁省								
其中:大连市								
吉林省								
黑龙江省								
上海市								
江苏省								
浙江省								
其中:宁波市								
安徽省								
福建省								
其中:厦门市								
江西省								
山东省								
其中:青岛市								
河南省								
湖北省								
湖南省								
广东省								
其中:深圳市								
广西壮族自治区								
海南省								
重庆市								
四川省								
贵州省								
云南省								
西藏自治区								
陕西省								
甘肃省								
青海省								
宁夏回族自治区								
新疆维吾尔自治区								

2007 年各省、自治区、直辖市对外援助支出明细表

2－42－1

单位:万元

地　区	合　计	工资福利支出				
		小　计	基本工资	津贴补贴	奖　金	社会保障缴　费
地 方 合 计	**2394**	**189**	**37**	**136**	**8**	**8**
北京市						
天津市						
河北省						
山西省						
内蒙古自治区						
辽宁省						
其中:大连市						
吉林省						
黑龙江省						
上海市						
江苏省						
浙江省						
其中:宁波市						
安徽省						
福建省						
其中:厦门市						
江西省						
山东省						
其中:青岛市						
河南省	728	189	37	136	8	8
湖北省						
湖南省						
广东省						
其中:深圳市						
广西壮族自治区						
海南省						
重庆市						
四川省						
贵州省						
云南省	1666					
西藏自治区						
陕西省						
甘肃省						
青海省						
宁夏回族自治区						
新疆维吾尔自治区						

2－42－2

单位:万元

地区	工资福利支出				商品和服务支出		
	伙食费	伙食补助费	绩效工资	其他工资福利支出	小计	办公费	印刷费
地方合计					**489**	**33**	**3**
北京市							
天津市							
河北省							
山西省							
内蒙古自治区							
辽宁省							
其中:大连市							
吉林省							
黑龙江省							
上海市							
江苏省							
浙江省							
其中:宁波市							
安徽省							
福建省							
其中:厦门市							
江西省							
山东省							
其中:青岛市							
河南省					489	33	3
湖北省							
湖南省							
广东省							
其中:深圳市							
广西壮族自治区							
海南省							
重庆市							
四川省							
贵州省							
云南省							
西藏自治区							
陕西省							
甘肃省							
青海省							
宁夏回族自治区							
新疆维吾尔自治区							

2－42－3 单位:万元

地　　区	商品和服务支出						
	咨询费	手续费	水　费	电　费	邮电费	取暖费	物　业 管理费
地　方　合　计					**3**		
北京市							
天津市							
河北省							
山西省							
内蒙古自治区							
辽宁省							
其中:大连市							
吉林省							
黑龙江省							
上海市							
江苏省							
浙江省							
其中:宁波市							
安徽省							
福建省							
其中:厦门市							
江西省							
山东省							
其中:青岛市							
河南省					3		
湖北省							
湖南省							
广东省							
其中:深圳市							
广西壮族自治区							
海南省							
重庆市							
四川省							
贵州省							
云南省							
西藏自治区							
陕西省							
甘肃省							
青海省							
宁夏回族自治区							
新疆维吾尔自治区							

2－42－4

单位:万元

地　　区	商品和服务支出					
	交通费	差旅费	出国费	维修(护)费	租赁费	会议费
地　方　合　计	**20**	**12**			**6**	**17**
北京市						
天津市						
河北省						
山西省						
内蒙古自治区						
辽宁省						
其中:大连市						
吉林省						
黑龙江省						
上海市						
江苏省						
浙江省						
其中:宁波市						
安徽省						
福建省						
其中:厦门市						
江西省						
山东省						
其中:青岛市						
河南省	20	12			6	17
湖北省						
湖南省						
广东省						
其中:深圳市						
广西壮族自治区						
海南省						
重庆市						
四川省						
贵州省						
云南省						
西藏自治区						
陕西省						
甘肃省						
青海省						
宁夏回族自治区						
新疆维吾尔自治区						

2－42－5

单位:万元

地区	商品和服务支出						
	培训费	招待费	专用材料费	被装购置费	专用燃料费	劳务费	委托业务费
地方合计	**5**	**29**	**4**			**4**	
北京市							
天津市							
河北省							
山西省							
内蒙古自治区							
辽宁省							
其中:大连市							
吉林省							
黑龙江省							
上海市							
江苏省							
浙江省							
其中:宁波市							
安徽省							
福建省							
其中:厦门市							
江西省							
山东省							
其中:青岛市							
河南省	5	29	4			4	
湖北省							
湖南省							
广东省							
其中:深圳市							
广西壮族自治区							
海南省							
重庆市							
四川省							
贵州省							
云南省							
西藏自治区							
陕西省							
甘肃省							
青海省							
宁夏回族自治区							
新疆维吾尔自治区							

2－42－6

单位:万元

地区	商品和服务支出			对个人和家庭的补助			
	工会经费	福利费	其他商品和服务支出	小计	离休费	退休费	退职(役)费
地方合计	**352**	**1**		**12**			
北京市							
天津市							
河北省							
山西省							
内蒙古自治区							
辽宁省							
其中:大连市							
吉林省							
黑龙江省							
上海市							
江苏省							
浙江省							
其中:宁波市							
安徽省							
福建省							
其中:厦门市							
江西省							
山东省							
其中:青岛市							
河南省	352	1		12			
湖北省							
湖南省							
广东省							
其中:深圳市							
广西壮族自治区							
海南省							
重庆市							
四川省							
贵州省							
云南省							
西藏自治区							
陕西省							
甘肃省							
青海省							
宁夏回族自治区							
新疆维吾尔自治区							

2－42－7

单位:万元

地　　区	对个人和家庭的补助						
	抚恤金	生活补助	救济费	医疗费	助学金	奖励金	生产补贴
地 方 合 计			**12**				
北京市							
天津市							
河北省							
山西省							
内蒙古自治区							
辽宁省							
其中:大连市							
吉林省							
黑龙江省							
上海市							
江苏省							
浙江省							
其中:宁波市							
安徽省							
福建省							
其中:厦门市							
江西省							
山东省							
其中:青岛市							
河南省			12				
湖北省							
湖南省							
广东省							
其中:深圳市							
广西壮族自治区							
海南省							
重庆市							
四川省							
贵州省							
云南省							
西藏自治区							
陕西省							
甘肃省							
青海省							
宁夏回族自治区							
新疆维吾尔自治区							

2－42－8

单位:万元

地区	对个人和家庭的补助				对企事业单位的补贴		
	住房公积金	提租补贴	购房补贴	其他对个人和家庭的补助支出	小计	企业政策性补贴	事业单位补贴
地方合计							
北京市							
天津市							
河北省							
山西省							
内蒙古自治区							
辽宁省							
其中:大连市							
吉林省							
黑龙江省							
上海市							
江苏省							
浙江省							
其中:宁波市							
安徽省							
福建省							
其中:厦门市							
江西省							
山东省							
其中:青岛市							
河南省							
湖北省							
湖南省							
广东省							
其中:深圳市							
广西壮族自治区							
海南省							
重庆市							
四川省							
贵州省							
云南省							
西藏自治区							
陕西省							
甘肃省							
青海省							
宁夏回族自治区							
新疆维吾尔自治区							

2-42-9

单位:万元

地区	对企事业单位的补贴		赠与			债务利息支出	
	财政贴息	其他对企事业单位的补贴支出	小计	对国内的赠与	对国外的赠与	小计	国库券付息
地方合计			**1666**		**1666**		
北京市							
天津市							
河北省							
山西省							
内蒙古自治区							
辽宁省							
其中:大连市							
吉林省							
黑龙江省							
上海市							
江苏省							
浙江省							
其中:宁波市							
安徽省							
福建省							
其中:厦门市							
江西省							
山东省							
其中:青岛市							
河南省							
湖北省							
湖南省							
广东省							
其中:深圳市							
广西壮族自治区							
海南省							
重庆市							
四川省							
贵州省							
云南省			1666		1666		
西藏自治区							
陕西省							
甘肃省							
青海省							
宁夏回族自治区							
新疆维吾尔自治区							

2-42-10 单位:万元

地区	债务利息支出					基本建设支出	
	向国家银行借款付息	其他国内借款付息	向国外政府借款付息	向国际组织借款付息	其他国外借款付息	小计	房屋建筑物购建
地方合计							
北京市							
天津市							
河北省							
山西省							
内蒙古自治区							
辽宁省							
其中:大连市							
吉林省							
黑龙江省							
上海市							
江苏省							
浙江省							
其中:宁波市							
安徽省							
福建省							
其中:厦门市							
江西省							
山东省							
其中:青岛市							
河南省							
湖北省							
湖南省							
广东省							
其中:深圳市							
广西壮族自治区							
海南省							
重庆市							
四川省							
贵州省							
云南省							
西藏自治区							
陕西省							
甘肃省							
青海省							
宁夏回族自治区							
新疆维吾尔自治区							

2－42－11　　　　　　　　　　　　　　　　　　　　　　　　　　　　　单位:万元

地　区	基本建设支出							
	办公设备购置	专用设备购置	交通工具购置	基础设施建设	大型修缮	信息网络购建	物资储备	其他基本建设支出
地方合计								
北京市								
天津市								
河北省								
山西省								
内蒙古自治区								
辽宁省								
其中:大连市								
吉林省								
黑龙江省								
上海市								
江苏省								
浙江省								
其中:宁波市								
安徽省								
福建省								
其中:厦门市								
江西省								
山东省								
其中:青岛市								
河南省								
湖北省								
湖南省								
广东省								
其中:深圳市								
广西壮族自治区								
海南省								
重庆市								
四川省								
贵州省								
云南省								
西藏自治区								
陕西省								
甘肃省								
青海省								
宁夏回族自治区								
新疆维吾尔自治区								

二、地方财政预算收支情况

2－42－12　　　　　　　　　　　　　　　　　　　　单位:万元

地　　区	其他资本性支出						
	小　计	房屋建筑物购　　建	办公设备购　　置	专用设备购　　置	交通工具购　　置	基础设施建　　设	大型修缮
地　方　合　计	**38**		**5**		**33**		
北京市							
天津市							
河北省							
山西省							
内蒙古自治区							
辽宁省							
其中:大连市							
吉林省							
黑龙江省							
上海市							
江苏省							
浙江省							
其中:宁波市							
安徽省							
福建省							
其中:厦门市							
江西省							
山东省							
其中:青岛市							
河南省	38		5		33		
湖北省							
湖南省							
广东省							
其中:深圳市							
广西壮族自治区							
海南省							
重庆市							
四川省							
贵州省							
云南省							
西藏自治区							
陕西省							
甘肃省							
青海省							
宁夏回族自治区							
新疆维吾尔自治区							

2 - 42 - 13

单位:万元

地　　区	其他资本性支出						
	信息网络购建	物资储备	土地补偿	安置补助	地上附着物和青苗补偿	拆迁补偿	其他资本性支出
地方合计							
北京市							
天津市							
河北省							
山西省							
内蒙古自治区							
辽宁省							
其中:大连市							
吉林省							
黑龙江省							
上海市							
江苏省							
浙江省							
其中:宁波市							
安徽省							
福建省							
其中:厦门市							
江西省							
山东省							
其中:青岛市							
河南省							
湖北省							
湖南省							
广东省							
其中:深圳市							
广西壮族自治区							
海南省							
重庆市							
四川省							
贵州省							
云南省							
西藏自治区							
陕西省							
甘肃省							
青海省							
宁夏回族自治区							
新疆维吾尔自治区							

二、地方财政预算收支情况

2－42－14　　　　单位:万元

地　　区	贷款转贷及产权参股					其他支出		
	小　计	国内贷款	国外贷款	产权参股	其他贷款转贷及产权参股支出	小　计	补充全国社会保障基金	其他支出
地方合计								
北京市								
天津市								
河北省								
山西省								
内蒙古自治区								
辽宁省								
其中:大连市								
吉林省								
黑龙江省								
上海市								
江苏省								
浙江省								
其中:宁波市								
安徽省								
福建省								
其中:厦门市								
江西省								
山东省								
其中:青岛市								
河南省								
湖北省								
湖南省								
广东省								
其中:深圳市								
广西壮族自治区								
海南省								
重庆市								
四川省								
贵州省								
云南省								
西藏自治区								
陕西省								
甘肃省								
青海省								
宁夏回族自治区								
新疆维吾尔自治区								

2007 年各省、自治区、直辖市国际组织支出明细表

2－43－1　　　　单位:万元

地　区	合　计	工资福利支出				
		小　计	基本工资	津贴补贴	奖　金	社会保障缴　费
地方合计	**333**	**19**	**4**	**14**	**1**	
北京市						
天津市						
河北省						
山西省						
内蒙古自治区						
辽宁省						
其中:大连市						
吉林省						
黑龙江省						
上海市						
江苏省						
浙江省						
其中:宁波市						
安徽省						
福建省						
其中:厦门市						
江西省						
山东省						
其中:青岛市						
河南省	333	19	4	14	1	
湖北省						
湖南省						
广东省						
其中:深圳市						
广西壮族自治区						
海南省						
重庆市						
四川省						
贵州省						
云南省						
西藏自治区						
陕西省						
甘肃省						
青海省						
宁夏回族自治区						
新疆维吾尔自治区						

2－43－2

单位:万元

地区	工资福利支出				商品和服务支出		
	伙食费	伙食补助费	绩效工资	其他工资福利支出	小计	办公费	印刷费
地方合计					**278**	**7**	**1**
北京市							
天津市							
河北省							
山西省							
内蒙古自治区							
辽宁省							
其中:大连市							
吉林省							
黑龙江省							
上海市							
江苏省							
浙江省							
其中:宁波市							
安徽省							
福建省							
其中:厦门市							
江西省							
山东省							
其中:青岛市							
河南省					278	7	1
湖北省							
湖南省							
广东省							
其中:深圳市							
广西壮族自治区							
海南省							
重庆市							
四川省							
贵州省							
云南省							
西藏自治区							
陕西省							
甘肃省							
青海省							
宁夏回族自治区							
新疆维吾尔自治区							

2－43－3

单位:万元

地区	商品和服务支出						
	咨询费	手续费	水费	电费	邮电费	取暖费	物业管理费
地方合计					**1**		
北京市							
天津市							
河北省							
山西省							
内蒙古自治区							
辽宁省							
其中:大连市							
吉林省							
黑龙江省							
上海市							
江苏省							
浙江省							
其中:宁波市							
安徽省							
福建省							
其中:厦门市							
江西省							
山东省							
其中:青岛市							
河南省					1		
湖北省							
湖南省							
广东省							
其中:深圳市							
广西壮族自治区							
海南省							
重庆市							
四川省							
贵州省							
云南省							
西藏自治区							
陕西省							
甘肃省							
青海省							
宁夏回族自治区							
新疆维吾尔自治区							

二、地方财政预算收支情况

2－43－4　　　　单位:万元

地区	商品和服务支出					
	交通费	差旅费	出国费	维修(护)费	租赁费	会议费
地方合计	**6**	**2**			**5**	**10**
北京市						
天津市						
河北省						
山西省						
内蒙古自治区						
辽宁省						
其中:大连市						
吉林省						
黑龙江省						
上海市						
江苏省						
浙江省						
其中:宁波市						
安徽省						
福建省						
其中:厦门市						
江西省						
山东省						
其中:青岛市						
河南省	6	2			5	10
湖北省						
湖南省						
广东省						
其中:深圳市						
广西壮族自治区						
海南省						
重庆市						
四川省						
贵州省						
云南省						
西藏自治区						
陕西省						
甘肃省						
青海省						
宁夏回族自治区						
新疆维吾尔自治区						

2－43－5

单位:万元

地　区	商品和服务支出						
	培训费	招待费	专　用 材料费	被　装 购置费	专　用 燃料费	劳务费	委　托 业务费
地　方　合　计	**1**	**12**				**4**	
北京市							
天津市							
河北省							
山西省							
内蒙古自治区							
辽宁省							
其中:大连市							
吉林省							
黑龙江省							
上海市							
江苏省							
浙江省							
其中:宁波市							
安徽省							
福建省							
其中:厦门市							
江西省							
山东省							
其中:青岛市							
河南省	1	12				4	
湖北省							
湖南省							
广东省							
其中:深圳市							
广西壮族自治区							
海南省							
重庆市							
四川省							
贵州省							
云南省							
西藏自治区							
陕西省							
甘肃省							
青海省							
宁夏回族自治区							
新疆维吾尔自治区							

2-43-6

单位:万元

地　　区	商品和服务支出			对个人和家庭的补助			
	工会经费	福利费	其他商品和服务支出	小　计	离休费	退休费	退职(役)费
地方合计	**228**	**1**		**2**			
北京市							
天津市							
河北省							
山西省							
内蒙古自治区							
辽宁省							
其中:大连市							
吉林省							
黑龙江省							
上海市							
江苏省							
浙江省							
其中:宁波市							
安徽省							
福建省							
其中:厦门市							
江西省							
山东省							
其中:青岛市							
河南省	228	1		2			
湖北省							
湖南省							
广东省							
其中:深圳市							
广西壮族自治区							
海南省							
重庆市							
四川省							
贵州省							
云南省							
西藏自治区							
陕西省							
甘肃省							
青海省							
宁夏回族自治区							
新疆维吾尔自治区							

2－43－7

单位:万元

地区	对个人和家庭的补助						
	抚恤金	生活补助	救济费	医疗费	助学金	奖励金	生产补贴
地方合计			2				
北京市							
天津市							
河北省							
山西省							
内蒙古自治区							
辽宁省							
其中:大连市							
吉林省							
黑龙江省							
上海市							
江苏省							
浙江省							
其中:宁波市							
安徽省							
福建省							
其中:厦门市							
江西省							
山东省							
其中:青岛市							
河南省			2				
湖北省							
湖南省							
广东省							
其中:深圳市							
广西壮族自治区							
海南省							
重庆市							
四川省							
贵州省							
云南省							
西藏自治区							
陕西省							
甘肃省							
青海省							
宁夏回族自治区							
新疆维吾尔自治区							

2－43－8

单位:万元

地　区	对个人和家庭的补助				对企事业单位的补贴		
	住房公积金	提租补贴	购房补贴	其他对个人和家庭的补助支出	小计	企业政策性补贴	事业单位补贴
地方合计							
北京市							
天津市							
河北省							
山西省							
内蒙古自治区							
辽宁省							
其中:大连市							
吉林省							
黑龙江省							
上海市							
江苏省							
浙江省							
其中:宁波市							
安徽省							
福建省							
其中:厦门市							
江西省							
山东省							
其中:青岛市							
河南省							
湖北省							
湖南省							
广东省							
其中:深圳市							
广西壮族自治区							
海南省							
重庆市							
四川省							
贵州省							
云南省							
西藏自治区							
陕西省							
甘肃省							
青海省							
宁夏回族自治区							
新疆维吾尔自治区							

2－43－9　　　　单位:万元

地　　区	对企事业单位的补贴		赠　与			债务利息支出	
	财政贴息	其他对企事业单位的补贴支出	小　计	对国内的赠　与	对国外的赠　与	小　计	国库券付　息
地　方　合　计							
北京市							
天津市							
河北省							
山西省							
内蒙古自治区							
辽宁省							
其中:大连市							
吉林省							
黑龙江省							
上海市							
江苏省							
浙江省							
其中:宁波市							
安徽省							
福建省							
其中:厦门市							
江西省							
山东省							
其中:青岛市							
河南省							
湖北省							
湖南省							
广东省							
其中:深圳市							
广西壮族自治区							
海南省							
重庆市							
四川省							
贵州省							
云南省							
西藏自治区							
陕西省							
甘肃省							
青海省							
宁夏回族自治区							
新疆维吾尔自治区							

二、地方财政预算收支情况

2－43－10

单位:万元

地区	债务利息支出					基本建设支出	
	向国家银行借款付息	其他国内借款付息	向国外政府借款付息	向国际组织借款付息	其他国外借款付息	小计	房屋建筑物购建
地方合计							
北京市							
天津市							
河北省							
山西省							
内蒙古自治区							
辽宁省							
其中:大连市							
吉林省							
黑龙江省							
上海市							
江苏省							
浙江省							
其中:宁波市							
安徽省							
福建省							
其中:厦门市							
江西省							
山东省							
其中:青岛市							
河南省							
湖北省							
湖南省							
广东省							
其中:深圳市							
广西壮族自治区							
海南省							
重庆市							
四川省							
贵州省							
云南省							
西藏自治区							
陕西省							
甘肃省							
青海省							
宁夏回族自治区							
新疆维吾尔自治区							

2-43-11

单位:万元

地 区	基本建设支出							
	办公设备购置	专用设备购置	交通工具购置	基础设施建设	大型修缮	信息网络购建	物资储备	其他基本建设支出
地方合计								
北京市								
天津市								
河北省								
山西省								
内蒙古自治区								
辽宁省								
其中:大连市								
吉林省								
黑龙江省								
上海市								
江苏省								
浙江省								
其中:宁波市								
安徽省								
福建省								
其中:厦门市								
江西省								
山东省								
其中:青岛市								
河南省								
湖北省								
湖南省								
广东省								
其中:深圳市								
广西壮族自治区								
海南省								
重庆市								
四川省								
贵州省								
云南省								
西藏自治区								
陕西省								
甘肃省								
青海省								
宁夏回族自治区								
新疆维吾尔自治区								

2－43－12

单位:万元

地区	其他资本性支出						
	小计	房屋建筑物购建	办公设备购置	专用设备购置	交通工具购置	基础设施建设	大型修缮
地方合计	**34**		**1**		**33**		
北京市							
天津市							
河北省							
山西省							
内蒙古自治区							
辽宁省							
其中:大连市							
吉林省							
黑龙江省							
上海市							
江苏省							
浙江省							
其中:宁波市							
安徽省							
福建省							
其中:厦门市							
江西省							
山东省							
其中:青岛市							
河南省	34		1		33		
湖北省							
湖南省							
广东省							
其中:深圳市							
广西壮族自治区							
海南省							
重庆市							
四川省							
贵州省							
云南省							
西藏自治区							
陕西省							
甘肃省							
青海省							
宁夏回族自治区							
新疆维吾尔自治区							

2 - 43 - 13

单位:万元

地区	其他资本性支出						
	信息网络购建	物资储备	土地补偿	安置补助	地上附着物和青苗补偿	拆迁补偿	其他资本性支出
地方合计							
北京市							
天津市							
河北省							
山西省							
内蒙古自治区							
辽宁省							
其中:大连市							
吉林省							
黑龙江省							
上海市							
江苏省							
浙江省							
其中:宁波市							
安徽省							
福建省							
其中:厦门市							
江西省							
山东省							
其中:青岛市							
河南省							
湖北省							
湖南省							
广东省							
其中:深圳市							
广西壮族自治区							
海南省							
重庆市							
四川省							
贵州省							
云南省							
西藏自治区							
陕西省							
甘肃省							
青海省							
宁夏回族自治区							
新疆维吾尔自治区							

二、地方财政预算收支情况

2-43-14　　　　　　　　　　　　　　　　　　　　　　　　　　　　单位:万元

地区	贷款转贷及产权参股					其他支出		
	小计	国内贷款	国外贷款	产权参股	其他贷款转贷及产权参股支出	小计	补充全国社会保障基金	其他支出
地方合计								
北京市								
天津市								
河北省								
山西省								
内蒙古自治区								
辽宁省								
其中:大连市								
吉林省								
黑龙江省								
上海市								
江苏省								
浙江省								
其中:宁波市								
安徽省								
福建省								
其中:厦门市								
江西省								
山东省								
其中:青岛市								
河南省								
湖北省								
湖南省								
广东省								
其中:深圳市								
广西壮族自治区								
海南省								
重庆市								
四川省								
贵州省								
云南省								
西藏自治区								
陕西省								
甘肃省								
青海省								
宁夏回族自治区								
新疆维吾尔自治区								

2007 年各省、自治区、直辖市对外合作与交流支出明细表

2－44－1

单位:万元

地区	合计	工资福利支出				
		小计	基本工资	津贴补贴	奖金	社会保障缴费
地方合计	**3010**	**338**		**325**		
北京市	2					
天津市						
河北省						
山西省						
内蒙古自治区	317					
辽宁省						
其中:大连市						
吉林省						
黑龙江省	14					
上海市						
江苏省						
浙江省	66					
其中:宁波市						
安徽省						
福建省	35					
其中:厦门市						
江西省						
山东省						
其中:青岛市						
河南省						
湖北省						
湖南省	407					
广东省	710					
其中:深圳市	696					
广西壮族自治区						
海南省	747	13				
重庆市						
四川省						
贵州省						
云南省						
西藏自治区						
陕西省						
甘肃省	26					
青海省						
宁夏回族自治区	6					
新疆维吾尔自治区	680	325		325		

2－44－2

单位:万元

地　　区	工资福利支出				商品和服务支出		
	伙食费	伙　食补助费	绩效工资	其他工资福利支出	小　计	办公费	印刷费
地方合计				**13**	**2501**	**10**	**4**
北京市					2		
天津市							
河北省							
山西省							
内蒙古自治区					317		
辽宁省							
其中:大连市							
吉林省							
黑龙江省							
上海市							
江苏省							
浙江省							
其中:宁波市							
安徽省							
福建省					35	3	3
其中:厦门市							
江西省							
山东省							
其中:青岛市							
河南省							
湖北省							
湖南省					407		
广东省					705		
其中:深圳市					696		
广西壮族自治区							
海南省				13	648	7	1
重庆市							
四川省							
贵州省							
云南省							
西藏自治区							
陕西省							
甘肃省					26		
青海省							
宁夏回族自治区					6		
新疆维吾尔自治区					355		

2－44－3

单位：万元

地　　区	商品和服务支出						
	咨询费	手续费	水　费	电　费	邮电费	取暖费	物　业 管理费
地　方　合　计		**10**		**2**	**11**		
北京市							
天津市							
河北省							
山西省							
内蒙古自治区							
辽宁省							
其中：大连市							
吉林省							
黑龙江省							
上海市							
江苏省							
浙江省							
其中：宁波市							
安徽省							
福建省				2	6		
其中：厦门市							
江西省							
山东省							
其中：青岛市							
河南省							
湖北省							
湖南省							
广东省							
其中：深圳市							
广西壮族自治区							
海南省					5		
重庆市							
四川省							
贵州省							
云南省							
西藏自治区							
陕西省							
甘肃省							
青海省							
宁夏回族自治区							
新疆维吾尔自治区		10					

2-44-4

单位:万元

地　　区	商品和服务支出					
	交通费	差旅费	出国费	维修(护)费	租赁费	会议费
地方合计	**61**	**24**	**766**	**5**	**37**	**374**
北京市						
天津市						
河北省						
山西省						
内蒙古自治区			314			
辽宁省						
其中:大连市						
吉林省						
黑龙江省						
上海市						
江苏省						
浙江省						
其中:宁波市						
安徽省						
福建省	14	7				
其中:厦门市						
江西省						
山东省						
其中:青岛市						
河南省						
湖北省						
湖南省		3	397			
广东省			9			
其中:深圳市						
广西壮族自治区						
海南省	37	14		5	37	159
重庆市						
四川省						
贵州省						
云南省						
西藏自治区						
陕西省						
甘肃省			26			
青海省						
宁夏回族自治区						
新疆维吾尔自治区	10		20			215

2－44－5　　　　　　　　　　　　　　　　　　　　　　　　单位:万元

地　　区	商品和服务支出						
	培训费	招待费	专用材料费	被装购置费	专用燃料费	劳务费	委托业务费
地　方　合　计	**6**	**306**				**2**	
北京市							
天津市							
河北省							
山西省							
内蒙古自治区							
辽宁省							
其中:大连市							
吉林省							
黑龙江省							
上海市							
江苏省							
浙江省							
其中:宁波市							
安徽省							
福建省							
其中:厦门市							
江西省							
山东省							
其中:青岛市							
河南省							
湖北省							
湖南省		5					
广东省							
其中:深圳市							
广西壮族自治区							
海南省		291				2	
重庆市							
四川省							
贵州省							
云南省							
西藏自治区							
陕西省							
甘肃省							
青海省							
宁夏回族自治区	6						
新疆维吾尔自治区		10					

二、地方财政预算收支情况

2－44－6　　单位:万元

地区	商品和服务支出			对个人和家庭的补助			
	工会经费	福利费	其他商品和服务支出	小计	离休费	退休费	退职(役)费
地方合计			**883**				
北京市			2				
天津市							
河北省							
山西省							
内蒙古自治区			3				
辽宁省							
其中:大连市							
吉林省							
黑龙江省							
上海市							
江苏省							
浙江省							
其中:宁波市							
安徽省							
福建省							
其中:厦门市							
江西省							
山东省							
其中:青岛市							
河南省							
湖北省							
湖南省			2				
广东省			696				
其中:深圳市			696				
广西壮族自治区							
海南省			90				
重庆市							
四川省							
贵州省							
云南省							
西藏自治区							
陕西省							
甘肃省							
青海省							
宁夏回族自治区							
新疆维吾尔自治区			90				

2-44-7

单位:万元

地　　区	对个人和家庭的补助						
	抚恤金	生活补助	救济费	医疗费	助学金	奖励金	生产补贴
地方合计							
北京市							
天津市							
河北省							
山西省							
内蒙古自治区							
辽宁省							
其中:大连市							
吉林省							
黑龙江省							
上海市							
江苏省							
浙江省							
其中:宁波市							
安徽省							
福建省							
其中:厦门市							
江西省							
山东省							
其中:青岛市							
河南省							
湖北省							
湖南省							
广东省							
其中:深圳市							
广西壮族自治区							
海南省							
重庆市							
四川省							
贵州省							
云南省							
西藏自治区							
陕西省							
甘肃省							
青海省							
宁夏回族自治区							
新疆维吾尔自治区							

二、地方财政预算收支情况

2－44－8

单位:万元

地区	对个人和家庭的补助				对企事业单位的补贴		
	住房公积金	提租补贴	购房补贴	其他对个人和家庭的补助支出	小计	企业政策性补贴	事业单位补贴
地方合计							
北京市							
天津市							
河北省							
山西省							
内蒙古自治区							
辽宁省							
其中:大连市							
吉林省							
黑龙江省							
上海市							
江苏省							
浙江省							
其中:宁波市							
安徽省							
福建省							
其中:厦门市							
江西省							
山东省							
其中:青岛市							
河南省							
湖北省							
湖南省							
广东省							
其中:深圳市							
广西壮族自治区							
海南省							
重庆市							
四川省							
贵州省							
云南省							
西藏自治区							
陕西省							
甘肃省							
青海省							
宁夏回族自治区							
新疆维吾尔自治区							

2-44-9

单位:万元

地　　区	对企事业单位的补贴		赠　与			债务利息支出	
	财政贴息	其他对企事业单位的补贴支出	小　计	对国内的赠　与	对国外的赠　与	小　计	国库券付　息
地　方　合　计							
北京市							
天津市							
河北省							
山西省							
内蒙古自治区							
辽宁省							
其中:大连市							
吉林省							
黑龙江省							
上海市							
江苏省							
浙江省							
其中:宁波市							
安徽省							
福建省							
其中:厦门市							
江西省							
山东省							
其中:青岛市							
河南省							
湖北省							
湖南省							
广东省							
其中:深圳市							
广西壮族自治区							
海南省							
重庆市							
四川省							
贵州省							
云南省							
西藏自治区							
陕西省							
甘肃省							
青海省							
宁夏回族自治区							
新疆维吾尔自治区							

2－44－10

单位:万元

地　　区	债务利息支出					基本建设支出	
	向国家银行借款付息	其他国内借款付息	向国外政府借款付息	向国际组织借款付息	其他国外借款付息	小　计	房屋建筑物购建
地方合计						**14**	
北京市							
天津市							
河北省							
山西省							
内蒙古自治区							
辽宁省							
其中:大连市							
吉林省							
黑龙江省						14	
上海市							
江苏省							
浙江省							
其中:宁波市							
安徽省							
福建省							
其中:厦门市							
江西省							
山东省							
其中:青岛市							
河南省							
湖北省							
湖南省							
广东省							
其中:深圳市							
广西壮族自治区							
海南省							
重庆市							
四川省							
贵州省							
云南省							
西藏自治区							
陕西省							
甘肃省							
青海省							
宁夏回族自治区							
新疆维吾尔自治区							

2－44－11

单位:万元

地　　区	基本建设支出							
	办公设备购　置	专用设备购　置	交通工具购　置	基础设施建　设	大型修缮	信息网络购　建	物资储备	其他基本建设支出
地 方 合 计						**14**		
北京市								
天津市								
河北省								
山西省								
内蒙古自治区								
辽宁省								
其中:大连市								
吉林省								
黑龙江省						14		
上海市								
江苏省								
浙江省								
其中:宁波市								
安徽省								
福建省								
其中:厦门市								
江西省								
山东省								
其中:青岛市								
河南省								
湖北省								
湖南省								
广东省								
其中:深圳市								
广西壮族自治区								
海南省								
重庆市								
四川省								
贵州省								
云南省								
西藏自治区								
陕西省								
甘肃省								
青海省								
宁夏回族自治区								
新疆维吾尔自治区								

二、地方财政预算收支情况

2-44-12　　　　　　　　　　　　　　　　　　　　　　　　　　　　　　单位:万元

地区	其他资本性支出						
	小计	房屋建筑物购建	办公设备购置	专用设备购置	交通工具购置	基础设施建设	大型修缮
地方合计	**86**		**20**	**18**	**48**		
北京市							
天津市							
河北省							
山西省							
内蒙古自治区							
辽宁省							
其中:大连市							
吉林省							
黑龙江省							
上海市							
江苏省							
浙江省							
其中:宁波市							
安徽省							
福建省							
其中:厦门市							
江西省							
山东省							
其中:青岛市							
河南省							
湖北省							
湖南省							
广东省							
其中:深圳市							
广西壮族自治区							
海南省	86		20	18	48		
重庆市							
四川省							
贵州省							
云南省							
西藏自治区							
陕西省							
甘肃省							
青海省							
宁夏回族自治区							
新疆维吾尔自治区							

表 2－44－13

单位:万元

地　　区	其他资本性支出						
	信息网络购建	物资储备	土地补偿	安置补助	地上附着物和青苗补偿	拆迁补偿	其他资本性支出
地方合计							
北京市							
天津市							
河北省							
山西省							
内蒙古自治区							
辽宁省							
其中:大连市							
吉林省							
黑龙江省							
上海市							
江苏省							
浙江省							
其中:宁波市							
安徽省							
福建省							
其中:厦门市							
江西省							
山东省							
其中:青岛市							
河南省							
湖北省							
湖南省							
广东省							
其中:深圳市							
广西壮族自治区							
海南省							
重庆市							
四川省							
贵州省							
云南省							
西藏自治区							
陕西省							
甘肃省							
青海省							
宁夏回族自治区							
新疆维吾尔自治区							

2－44－14

单位:万元

地区	贷款转贷及产权参股					其他支出		
	小计	国内贷款	国外贷款	产权参股	其他贷款转贷及产权参股支出	小计	补充全国社会保障基金	其他支出
地方合计						**71**		**71**
北京市								
天津市								
河北省								
山西省								
内蒙古自治区								
辽宁省								
其中:大连市								
吉林省								
黑龙江省								
上海市								
江苏省								
浙江省						66		66
其中:宁波市								
安徽省								
福建省								
其中:厦门市								
江西省								
山东省								
其中:青岛市								
河南省								
湖北省								
湖南省								
广东省						5		5
其中:深圳市								
广西壮族自治区								
海南省								
重庆市								
四川省								
贵州省								
云南省								
西藏自治区								
陕西省								
甘肃省								
青海省								
宁夏回族自治区								
新疆维吾尔自治区								

2007 年各省、自治区、直辖市对外宣传支出明细表

2－45－1 单位：万元

地　　区	合　计	工资福利支出				
		小　计	基本工资	津贴补贴	奖　金	社会保障缴　费
地 方 合 计	**169**					
北京市						
天津市						
河北省						
山西省						
内蒙古自治区						
辽宁省						
其中：大连市						
吉林省						
黑龙江省						
上海市						
江苏省						
浙江省	19					
其中：宁波市						
安徽省						
福建省						
其中：厦门市						
江西省						
山东省						
其中：青岛市						
河南省						
湖北省						
湖南省						
广东省						
其中：深圳市						
广西壮族自治区						
海南省						
重庆市						
四川省						
贵州省						
云南省						
西藏自治区	150					
陕西省						
甘肃省						
青海省						
宁夏回族自治区						
新疆维吾尔自治区						

2－45－2

单位:万元

地区	工资福利支出				商品和服务支出		
	伙食费	伙食补助费	绩效工资	其他工资福利支出	小计	办公费	印刷费
地方合计					**169**	**18**	**2**
北京市							
天津市							
河北省							
山西省							
内蒙古自治区							
辽宁省							
其中:大连市							
吉林省							
黑龙江省							
上海市							
江苏省							
浙江省					19	2	
其中:宁波市							
安徽省							
福建省							
其中:厦门市							
江西省							
山东省							
其中:青岛市							
河南省							
湖北省							
湖南省							
广东省							
其中:深圳市							
广西壮族自治区							
海南省							
重庆市							
四川省							
贵州省							
云南省							
西藏自治区					150	16	2
陕西省							
甘肃省							
青海省							
宁夏回族自治区							
新疆维吾尔自治区							

2-45-3　　　　单位:万元

地　　区	商品和服务支出						
	咨询费	手续费	水　费	电　费	邮电费	取暖费	物业管理费
地方合计					1		
北京市							
天津市							
河北省							
山西省							
内蒙古自治区							
辽宁省							
其中:大连市							
吉林省							
黑龙江省							
上海市							
江苏省							
浙江省							
其中:宁波市							
安徽省							
福建省							
其中:厦门市							
江西省							
山东省							
其中:青岛市							
河南省							
湖北省							
湖南省							
广东省							
其中:深圳市							
广西壮族自治区							
海南省							
重庆市							
四川省							
贵州省							
云南省							
西藏自治区					1		
陕西省							
甘肃省							
青海省							
宁夏回族自治区							
新疆维吾尔自治区							

2－45－4

单位:万元

地　　区	商品和服务支出					
	交通费	差旅费	出国费	维修(护)费	租赁费	会议费
地　方　合　计	**18**	**20**	**48**	**3**		**1**
北京市						
天津市						
河北省						
山西省						
内蒙古自治区						
辽宁省						
其中:大连市						
吉林省						
黑龙江省						
上海市						
江苏省						
浙江省	3	4				
其中:宁波市						
安徽省						
福建省						
其中:厦门市						
江西省						
山东省						
其中:青岛市						
河南省						
湖北省						
湖南省						
广东省						
其中:深圳市						
广西壮族自治区						
海南省						
重庆市						
四川省						
贵州省						
云南省						
西藏自治区	15	16	48	3		1
陕西省						
甘肃省						
青海省						
宁夏回族自治区						
新疆维吾尔自治区						

2－45－5

单位:万元

地区	商品和服务支出						
	培训费	招待费	专用材料费	被装购置费	专用燃料费	劳务费	委托业务费
地方合计		**37**				**5**	
北京市							
天津市							
河北省							
山西省							
内蒙古自治区							
辽宁省							
其中:大连市							
吉林省							
黑龙江省							
上海市							
江苏省							
浙江省		2				2	
其中:宁波市							
安徽省							
福建省							
其中:厦门市							
江西省							
山东省							
其中:青岛市							
河南省							
湖北省							
湖南省							
广东省							
其中:深圳市							
广西壮族自治区							
海南省							
重庆市							
四川省							
贵州省							
云南省							
西藏自治区		35				3	
陕西省							
甘肃省							
青海省							
宁夏回族自治区							
新疆维吾尔自治区							

2－45－6

单位:万元

地　　区	商品和服务支出			对个人和家庭的补助			
	工会经费	福利费	其他商品和服务支出	小　计	离休费	退休费	退职(役)费
地方合计		**1**	**15**				
北京市							
天津市							
河北省							
山西省							
内蒙古自治区							
辽宁省							
其中:大连市							
吉林省							
黑龙江省							
上海市							
江苏省							
浙江省		1	5				
其中:宁波市							
安徽省							
福建省							
其中:厦门市							
江西省							
山东省							
其中:青岛市							
河南省							
湖北省							
湖南省							
广东省							
其中:深圳市							
广西壮族自治区							
海南省							
重庆市							
四川省							
贵州省							
云南省							
西藏自治区			10				
陕西省							
甘肃省							
青海省							
宁夏回族自治区							
新疆维吾尔自治区							

2－45－7

单位:万元

地　　区	对个人和家庭的补助						
	抚恤金	生活补助	救济费	医疗费	助学金	奖励金	生产补贴
地 方 合 计							
北京市							
天津市							
河北省							
山西省							
内蒙古自治区							
辽宁省							
其中:大连市							
吉林省							
黑龙江省							
上海市							
江苏省							
浙江省							
其中:宁波市							
安徽省							
福建省							
其中:厦门市							
江西省							
山东省							
其中:青岛市							
河南省							
湖北省							
湖南省							
广东省							
其中:深圳市							
广西壮族自治区							
海南省							
重庆市							
四川省							
贵州省							
云南省							
西藏自治区							
陕西省							
甘肃省							
青海省							
宁夏回族自治区							
新疆维吾尔自治区							

2－45－8

单位:万元

地　　区	对个人和家庭的补助				对企事业单位的补贴		
	住　房 公积金	提租 补贴	购房 补贴	其他对个人和家庭的补助支出	小　计	企业政策性补　贴	事业单位补　贴
地　方　合　计							
北京市							
天津市							
河北省							
山西省							
内蒙古自治区							
辽宁省							
其中:大连市							
吉林省							
黑龙江省							
上海市							
江苏省							
浙江省							
其中:宁波市							
安徽省							
福建省							
其中:厦门市							
江西省							
山东省							
其中:青岛市							
河南省							
湖北省							
湖南省							
广东省							
其中:深圳市							
广西壮族自治区							
海南省							
重庆市							
四川省							
贵州省							
云南省							
西藏自治区							
陕西省							
甘肃省							
青海省							
宁夏回族自治区							
新疆维吾尔自治区							

2-45-9

单位:万元

地　　区	对企事业单位的补贴		赠　与			债务利息支出	
	财政贴息	其他对企事业单位的补贴支出	小　计	对国内的赠　与	对国外的赠　与	小　计	国库券付　息
地方合计							
北京市							
天津市							
河北省							
山西省							
内蒙古自治区							
辽宁省							
其中:大连市							
吉林省							
黑龙江省							
上海市							
江苏省							
浙江省							
其中:宁波市							
安徽省							
福建省							
其中:厦门市							
江西省							
山东省							
其中:青岛市							
河南省							
湖北省							
湖南省							
广东省							
其中:深圳市							
广西壮族自治区							
海南省							
重庆市							
四川省							
贵州省							
云南省							
西藏自治区							
陕西省							
甘肃省							
青海省							
宁夏回族自治区							
新疆维吾尔自治区							

2-45-10

单位:万元

地　　区	债务利息支出					基本建设支出	
	向国家银行借款付息	其他国内借款付息	向国外政府借款付息	向国际组织借款付息	其他国外借款付息	小　计	房屋建筑物购建
地方合计							
北京市							
天津市							
河北省							
山西省							
内蒙古自治区							
辽宁省							
其中:大连市							
吉林省							
黑龙江省							
上海市							
江苏省							
浙江省							
其中:宁波市							
安徽省							
福建省							
其中:厦门市							
江西省							
山东省							
其中:青岛市							
河南省							
湖北省							
湖南省							
广东省							
其中:深圳市							
广西壮族自治区							
海南省							
重庆市							
四川省							
贵州省							
云南省							
西藏自治区							
陕西省							
甘肃省							
青海省							
宁夏回族自治区							
新疆维吾尔自治区							

2－45－11

单位:万元

地　　区	基本建设支出							
	办公设备购　置	专用设备购　置	交通工具购　置	基础设施建　设	大型修缮	信息网络购　建	物资储备	其他基本建设支出
地　方　合　计								
北京市								
天津市								
河北省								
山西省								
内蒙古自治区								
辽宁省								
其中:大连市								
吉林省								
黑龙江省								
上海市								
江苏省								
浙江省								
其中:宁波市								
安徽省								
福建省								
其中:厦门市								
江西省								
山东省								
其中:青岛市								
河南省								
湖北省								
湖南省								
广东省								
其中:深圳市								
广西壮族自治区								
海南省								
重庆市								
四川省								
贵州省								
云南省								
西藏自治区								
陕西省								
甘肃省								
青海省								
宁夏回族自治区								
新疆维吾尔自治区								

2－45－12

单位:万元

地区	其他资本性支出						
	小计	房屋建筑物购建	办公设备购置	专用设备购置	交通工具购置	基础设施建设	大型修缮
地方合计							
北京市							
天津市							
河北省							
山西省							
内蒙古自治区							
辽宁省							
其中:大连市							
吉林省							
黑龙江省							
上海市							
江苏省							
浙江省							
其中:宁波市							
安徽省							
福建省							
其中:厦门市							
江西省							
山东省							
其中:青岛市							
河南省							
湖北省							
湖南省							
广东省							
其中:深圳市							
广西壮族自治区							
海南省							
重庆市							
四川省							
贵州省							
云南省							
西藏自治区							
陕西省							
甘肃省							
青海省							
宁夏回族自治区							
新疆维吾尔自治区							

2－45－13

单位:万元

地区	其他资本性支出						
	信息网络购建	物资储备	土地补偿	安置补助	地上附着物和青苗补偿	拆迁补偿	其他资本性支出
地方合计							
北京市							
天津市							
河北省							
山西省							
内蒙古自治区							
辽宁省							
其中:大连市							
吉林省							
黑龙江省							
上海市							
江苏省							
浙江省							
其中:宁波市							
安徽省							
福建省							
其中:厦门市							
江西省							
山东省							
其中:青岛市							
河南省							
湖北省							
湖南省							
广东省							
其中:深圳市							
广西壮族自治区							
海南省							
重庆市							
四川省							
贵州省							
云南省							
西藏自治区							
陕西省							
甘肃省							
青海省							
宁夏回族自治区							
新疆维吾尔自治区							

2-45-14

单位:万元

地　区	贷款转贷及产权参股					其他支出		
	小　计	国内贷款	国外贷款	产权参股	其他贷款转贷及产权参股支出	小　计	补充全国社会保障基金	其他支出
地方合计								
北京市								
天津市								
河北省								
山西省								
内蒙古自治区								
辽宁省								
其中:大连市								
吉林省								
黑龙江省								
上海市								
江苏省								
浙江省								
其中:宁波市								
安徽省								
福建省								
其中:厦门市								
江西省								
山东省								
其中:青岛市								
河南省								
湖北省								
湖南省								
广东省								
其中:深圳市								
广西壮族自治区								
海南省								
重庆市								
四川省								
贵州省								
云南省								
西藏自治区								
陕西省								
甘肃省								
青海省								
宁夏回族自治区								
新疆维吾尔自治区								

2007 年各省、自治区、直辖市边界勘界联检支出明细表

2 – 46 – 1

单位:万元

地　　区	合　计	工资福利支出				
		小　计	基本工资	津贴补贴	奖　金	社会保障缴　费
地　方　合　计	**2917**					
北京市						
天津市						
河北省						
山西省						
内蒙古自治区						
辽宁省						
其中:大连市						
吉林省						
黑龙江省	338					
上海市						
江苏省						
浙江省						
其中:宁波市						
安徽省						
福建省						
其中:厦门市						
江西省						
山东省						
其中:青岛市						
河南省						
湖北省						
湖南省						
广东省						
其中:深圳市						
广西壮族自治区	3					
海南省						
重庆市						
四川省						
贵州省						
云南省	47					
西藏自治区						
陕西省						
甘肃省	30					
青海省						
宁夏回族自治区						
新疆维吾尔自治区	2499					

二、地方财政预算收支情况

2－46－2

单位:万元

地　　区	工资福利支出				商品和服务支出		
	伙食费	伙　食 补助费	绩效 工资	其他工资 福利支出	小　计	办公费	印刷费
地 方 合 计					**2675**	**26**	**5**
北京市							
天津市							
河北省							
山西省							
内蒙古自治区							
辽宁省							
其中:大连市							
吉林省							
黑龙江省					108	16	
上海市							
江苏省							
浙江省							
其中:宁波市							
安徽省							
福建省							
其中:厦门市							
江西省							
山东省							
其中:青岛市							
河南省							
湖北省							
湖南省							
广东省							
其中:深圳市							
广西壮族自治区					3		
海南省							
重庆市							
四川省							
贵州省							
云南省					35		
西藏自治区							
陕西省							
甘肃省					30		
青海省							
宁夏回族自治区							
新疆维吾尔自治区					2499	10	5

2－46－3 单位:万元

地　　区	商品和服务支出						
	咨询费	手续费	水　费	电　费	邮电费	取暖费	物业管理费
地　方　合　计			**5**	**5**	**5**	**10**	
北京市							
天津市							
河北省							
山西省							
内蒙古自治区							
辽宁省							
其中:大连市							
吉林省							
黑龙江省							
上海市							
江苏省							
浙江省							
其中:宁波市							
安徽省							
福建省							
其中:厦门市							
江西省							
山东省							
其中:青岛市							
河南省							
湖北省							
湖南省							
广东省							
其中:深圳市							
广西壮族自治区							
海南省							
重庆市							
四川省							
贵州省							
云南省							
西藏自治区							
陕西省							
甘肃省							
青海省							
宁夏回族自治区							
新疆维吾尔自治区			5	5	5	10	

2－46－4　　　　单位:万元

地　　区	商品和服务支出					
	交通费	差旅费	出国费	维修(护)费	租赁费	会议费
地　方　合　计	**69**	**20**	**20**	**79**		**10**
北京市						
天津市						
河北省						
山西省						
内蒙古自治区						
辽宁省						
其中:大连市						
吉林省						
黑龙江省	39			14		
上海市						
江苏省						
浙江省						
其中:宁波市						
安徽省						
福建省						
其中:厦门市						
江西省						
山东省						
其中:青岛市						
河南省						
湖北省						
湖南省						
广东省						
其中:深圳市						
广西壮族自治区						
海南省						
重庆市						
四川省						
贵州省						
云南省				15		
西藏自治区						
陕西省						
甘肃省				30		
青海省						
宁夏回族自治区						
新疆维吾尔自治区	30	20	20	20		10

2－46－5　　　　单位:万元

地　　区	商品和服务支出						
	培训费	招待费	专用材料费	被装购置费	专用燃料费	劳务费	委托业务费
地方合计		**20**	**6**			**11**	
北京市							
天津市							
河北省							
山西省							
内蒙古自治区							
辽宁省							
其中:大连市							
吉林省							
黑龙江省			6				
上海市							
江苏省							
浙江省							
其中:宁波市							
安徽省							
福建省							
其中:厦门市							
江西省							
山东省							
其中:青岛市							
河南省							
湖北省							
湖南省							
广东省							
其中:深圳市							
广西壮族自治区							
海南省							
重庆市							
四川省							
贵州省							
云南省						1	
西藏自治区							
陕西省							
甘肃省							
青海省							
宁夏回族自治区							
新疆维吾尔自治区		20				10	

2-46-6

单位:万元

地　　区	商品和服务支出			对个人和家庭的补助			
	工会经费	福利费	其他商品和服务支出	小　计	离休费	退休费	退职(役)费
地方合计			**2384**				
北京市							
天津市							
河北省							
山西省							
内蒙古自治区							
辽宁省							
其中:大连市							
吉林省							
黑龙江省			33				
上海市							
江苏省							
浙江省							
其中:宁波市							
安徽省							
福建省							
其中:厦门市							
江西省							
山东省							
其中:青岛市							
河南省							
湖北省							
湖南省							
广东省							
其中:深圳市							
广西壮族自治区			3				
海南省							
重庆市							
四川省							
贵州省							
云南省			19				
西藏自治区							
陕西省							
甘肃省							
青海省							
宁夏回族自治区							
新疆维吾尔自治区			2329				

2－46－7

单位:万元

地　　区	对个人和家庭的补助						
	抚恤金	生活补助	救济费	医疗费	助学金	奖励金	生产补贴
地 方 合 计							
北京市							
天津市							
河北省							
山西省							
内蒙古自治区							
辽宁省							
其中:大连市							
吉林省							
黑龙江省							
上海市							
江苏省							
浙江省							
其中:宁波市							
安徽省							
福建省							
其中:厦门市							
江西省							
山东省							
其中:青岛市							
河南省							
湖北省							
湖南省							
广东省							
其中:深圳市							
广西壮族自治区							
海南省							
重庆市							
四川省							
贵州省							
云南省							
西藏自治区							
陕西省							
甘肃省							
青海省							
宁夏回族自治区							
新疆维吾尔自治区							

2-46-8

单位:万元

地　　区	对个人和家庭的补助				对企事业单位的补贴		
	住　房 公积金	提租 补贴	购房 补贴	其他对个人和家庭的补助支出	小　计	企业政策性补　贴	事业单位补　贴
地　方　合　计							
北京市							
天津市							
河北省							
山西省							
内蒙古自治区							
辽宁省							
其中:大连市							
吉林省							
黑龙江省							
上海市							
江苏省							
浙江省							
其中:宁波市							
安徽省							
福建省							
其中:厦门市							
江西省							
山东省							
其中:青岛市							
河南省							
湖北省							
湖南省							
广东省							
其中:深圳市							
广西壮族自治区							
海南省							
重庆市							
四川省							
贵州省							
云南省							
西藏自治区							
陕西省							
甘肃省							
青海省							
宁夏回族自治区							
新疆维吾尔自治区							

2－46－9

单位:万元

地　　区	对企事业单位的补贴		赠　与			债务利息支出	
	财政贴息	其他对企事业单位的补贴支出	小　计	对国内的赠　与	对国外的赠　与	小　计	国库券付　息
地方合计							
北京市							
天津市							
河北省							
山西省							
内蒙古自治区							
辽宁省							
其中:大连市							
吉林省							
黑龙江省							
上海市							
江苏省							
浙江省							
其中:宁波市							
安徽省							
福建省							
其中:厦门市							
江西省							
山东省							
其中:青岛市							
河南省							
湖北省							
湖南省							
广东省							
其中:深圳市							
广西壮族自治区							
海南省							
重庆市							
四川省							
贵州省							
云南省							
西藏自治区							
陕西省							
甘肃省							
青海省							
宁夏回族自治区							
新疆维吾尔自治区							

二、地方财政预算收支情况

2－46－10

单位:万元

地　　区	债务利息支出					基本建设支出	
	向国家银行借款付息	其他国内借款付息	向国外政府借款付息	向国际组织借款付息	其他国外借款付息	小　计	房屋建筑物购建
地方合计						**24**	
北京市							
天津市							
河北省							
山西省							
内蒙古自治区							
辽宁省							
其中:大连市							
吉林省							
黑龙江省						15	
上海市							
江苏省							
浙江省							
其中:宁波市							
安徽省							
福建省							
其中:厦门市							
江西省							
山东省							
其中:青岛市							
河南省							
湖北省							
湖南省							
广东省							
其中:深圳市							
广西壮族自治区							
海南省							
重庆市							
四川省							
贵州省							
云南省						9	
西藏自治区							
陕西省							
甘肃省							
青海省							
宁夏回族自治区							
新疆维吾尔自治区							

2－46－11

单位:万元

地 区	基本建设支出							
	办公设备购置	专用设备购置	交通工具购置	基础设施建设	大型修缮	信息网络购建	物资储备	其他基本建设支出
地方合计				**15**				**9**
北京市								
天津市								
河北省								
山西省								
内蒙古自治区								
辽宁省								
其中:大连市								
吉林省								
黑龙江省				15				
上海市								
江苏省								
浙江省								
其中:宁波市								
安徽省								
福建省								
其中:厦门市								
江西省								
山东省								
其中:青岛市								
河南省								
湖北省								
湖南省								
广东省								
其中:深圳市								
广西壮族自治区								
海南省								
重庆市								
四川省								
贵州省								
云南省								9
西藏自治区								
陕西省								
甘肃省								
青海省								
宁夏回族自治区								
新疆维吾尔自治区								

2－46－12

单位:万元

地　　区	其他资本性支出						
	小　计	房屋建筑物购　　建	办公设备购　　置	专用设备购　　置	交通工具购　　置	基础设施建　　设	大型修缮
地　方　合　计	**218**		**5**	**30**			**180**
北京市							
天津市							
河北省							
山西省							
内蒙古自治区							
辽宁省							
其中:大连市							
吉林省							
黑龙江省	215		5	30			180
上海市							
江苏省							
浙江省							
其中:宁波市							
安徽省							
福建省							
其中:厦门市							
江西省							
山东省							
其中:青岛市							
河南省							
湖北省							
湖南省							
广东省							
其中:深圳市							
广西壮族自治区							
海南省							
重庆市							
四川省							
贵州省							
云南省	3						
西藏自治区							
陕西省							
甘肃省							
青海省							
宁夏回族自治区							
新疆维吾尔自治区							

2－46－13　　单位:万元

地　区	其他资本性支出						
	信息网络购建	物资储备	土地补偿	安置补助	地上附着物和青苗补偿	拆迁补偿	其他资本性支出
地方合计							**3**
北京市							
天津市							
河北省							
山西省							
内蒙古自治区							
辽宁省							
其中:大连市							
吉林省							
黑龙江省							
上海市							
江苏省							
浙江省							
其中:宁波市							
安徽省							
福建省							
其中:厦门市							
江西省							
山东省							
其中:青岛市							
河南省							
湖北省							
湖南省							
广东省							
其中:深圳市							
广西壮族自治区							
海南省							
重庆市							
四川省							
贵州省							
云南省							3
西藏自治区							
陕西省							
甘肃省							
青海省							
宁夏回族自治区							
新疆维吾尔自治区							

二、地方财政预算收支情况

2-46-14　　　　单位:万元

地　　区	贷款转贷及产权参股					其他支出		
	小　计	国内贷款	国外贷款	产权参股	其他贷款转贷及产权参股支出	小　计	补充全国社会保障基金	其他支出
地方合计								
北京市								
天津市								
河北省								
山西省								
内蒙古自治区								
辽宁省								
其中:大连市								
吉林省								
黑龙江省								
上海市								
江苏省								
浙江省								
其中:宁波市								
安徽省								
福建省								
其中:厦门市								
江西省								
山东省								
其中:青岛市								
河南省								
湖北省								
湖南省								
广东省								
其中:深圳市								
广西壮族自治区								
海南省								
重庆市								
四川省								
贵州省								
云南省								
西藏自治区								
陕西省								
甘肃省								
青海省								
宁夏回族自治区								
新疆维吾尔自治区								

2007 年各省、自治区、直辖市其他外交支出明细表

2－47－1　　　　单位:万元

地　区	合　计	工资福利支出				
		小　计	基本工资	津贴补贴	奖　金	社会保障缴　费
地方合计	**15815**	**31**	**13**	**11**	**2**	
北京市						
天津市						
河北省	6					
山西省						
内蒙古自治区	17					
辽宁省						
其中:大连市						
吉林省						
黑龙江省						
上海市						
江苏省						
浙江省						
其中:宁波市						
安徽省						
福建省						
其中:厦门市						
江西省						
山东省						
其中:青岛市						
河南省	11990	26	13	11	2	
湖北省						
湖南省	370	2				
广东省	532	3				
其中:深圳市	4					
广西壮族自治区	322					
海南省						
重庆市						
四川省	1					
贵州省	202					
云南省	1536					
西藏自治区	253					
陕西省						
甘肃省	546					
青海省						
宁夏回族自治区						
新疆维吾尔自治区	40					

2－47－2

单位:万元

地　　区	工资福利支出				商品和服务支出		
	伙食费	伙　食 补助费	绩效 工资	其他工资 福利支出	小　计	办公费	印刷费
地　方　合　计				**5**	**12179**	**236**	**190**
北京市							
天津市							
河北省					6		
山西省							
内蒙古自治区					17	17	
辽宁省							
其中:大连市							
吉林省							
黑龙江省							
上海市							
江苏省							
浙江省							
其中:宁波市							
安徽省							
福建省							
其中:厦门市							
江西省							
山东省							
其中:青岛市							
河南省					9005	193	185
湖北省							
湖南省				2	368		
广东省				3	486	4	2
其中:深圳市					4		
广西壮族自治区					322		
海南省							
重庆市							
四川省					1	1	
贵州省					199	11	3
云南省					936		
西藏自治区					253		
陕西省							
甘肃省					546		
青海省							
宁夏回族自治区							
新疆维吾尔自治区					40	10	

2-47-3

单位:万元

地　　区	商品和服务支出						
	咨询费	手续费	水　费	电　费	邮电费	取暖费	物业管理费
地方合计			**72**	**93**	**73**		**65**
北京市							
天津市							
河北省							
山西省							
内蒙古自治区							
辽宁省							
其中:大连市							
吉林省							
黑龙江省							
上海市							
江苏省							
浙江省							
其中:宁波市							
安徽省							
福建省							
其中:厦门市							
江西省							
山东省							
其中:青岛市							
河南省			67	88	60		65
湖北省							
湖南省							
广东省					13		
其中:深圳市							
广西壮族自治区							
海南省							
重庆市							
四川省							
贵州省							
云南省							
西藏自治区							
陕西省							
甘肃省							
青海省							
宁夏回族自治区							
新疆维吾尔自治区			5	5			

2－47－4

单位:万元

地区	商品和服务支出					
	交通费	差旅费	出国费	维修(护)费	租赁费	会议费
地方合计	**51**	**221**	**158**	**102**	**57**	**379**
北京市						
天津市						
河北省						
山西省						
内蒙古自治区						
辽宁省						
其中:大连市						
吉林省						
黑龙江省						
上海市						
江苏省						
浙江省						
其中:宁波市						
安徽省						
福建省						
其中:厦门市						
江西省						
山东省						
其中:青岛市						
河南省	37	207		102	57	379
湖北省						
湖南省						
广东省	4	14	158			
其中:深圳市						
广西壮族自治区						
海南省						
重庆市						
四川省						
贵州省						
云南省						
西藏自治区						
陕西省						
甘肃省						
青海省						
宁夏回族自治区						
新疆维吾尔自治区	10					

2－47－5

单位:万元

地　　区	商品和服务支出						
	培训费	招待费	专用材料费	被装购置费	专用燃料费	劳务费	委托业务费
地方合计	**234**	**2607**	**6205**			**1**	
北京市							
天津市							
河北省							
山西省							
内蒙古自治区							
辽宁省							
其中:大连市							
吉林省							
黑龙江省							
上海市							
江苏省							
浙江省							
其中:宁波市							
安徽省							
福建省							
其中:厦门市							
江西省							
山东省							
其中:青岛市							
河南省	233	1065	6205				
湖北省							
湖南省		346					
广东省	1	216				1	
其中:深圳市							
广西壮族自治区		240					
海南省							
重庆市							
四川省							
贵州省		185					
云南省							
西藏自治区							
陕西省							
甘肃省		545					
青海省							
宁夏回族自治区							
新疆维吾尔自治区		10					

2－47－6

单位:万元

地　　区	商品和服务支出			对个人和家庭的补助			
	工会经费	福利费	其他商品和服务支出	小　计	离休费	退休费	退职(役)费
地方合计		**62**	**1373**				
北京市							
天津市							
河北省			6				
山西省							
内蒙古自治区							
辽宁省							
其中:大连市							
吉林省							
黑龙江省							
上海市							
江苏省							
浙江省							
其中:宁波市							
安徽省							
福建省							
其中:厦门市							
江西省							
山东省							
其中:青岛市							
河南省		62					
湖北省							
湖南省			22				
广东省			73				
其中:深圳市			4				
广西壮族自治区			82				
海南省							
重庆市							
四川省							
贵州省							
云南省			936				
西藏自治区			253				
陕西省							
甘肃省			1				
青海省							
宁夏回族自治区							
新疆维吾尔自治区							

2-47-7　　单位:万元

地　　区	对个人和家庭的补助						
	抚恤金	生活补助	救济费	医疗费	助学金	奖励金	生产补贴
地方合计							
北京市							
天津市							
河北省							
山西省							
内蒙古自治区							
辽宁省							
其中:大连市							
吉林省							
黑龙江省							
上海市							
江苏省							
浙江省							
其中:宁波市							
安徽省							
福建省							
其中:厦门市							
江西省							
山东省							
其中:青岛市							
河南省							
湖北省							
湖南省							
广东省							
其中:深圳市							
广西壮族自治区							
海南省							
重庆市							
四川省							
贵州省							
云南省							
西藏自治区							
陕西省							
甘肃省							
青海省							
宁夏回族自治区							
新疆维吾尔自治区							

2－47－8

单位:万元

地区	对个人和家庭的补助				对企事业单位的补贴		
	住房公积金	提租补贴	购房补贴	其他对个人和家庭的补助支出	小计	企业政策性补贴	事业单位补贴
地方合计							
北京市							
天津市							
河北省							
山西省							
内蒙古自治区							
辽宁省							
其中:大连市							
吉林省							
黑龙江省							
上海市							
江苏省							
浙江省							
其中:宁波市							
安徽省							
福建省							
其中:厦门市							
江西省							
山东省							
其中:青岛市							
河南省							
湖北省							
湖南省							
广东省							
其中:深圳市							
广西壮族自治区							
海南省							
重庆市							
四川省							
贵州省							
云南省							
西藏自治区							
陕西省							
甘肃省							
青海省							
宁夏回族自治区							
新疆维吾尔自治区							

2－47－9

单位:万元

地区	对企事业单位的补贴		赠与			债务利息支出	
	财政贴息	其他对企事业单位的补贴支出	小计	对国内的赠与	对国外的赠与	小计	国库券付息
地方合计							
北京市							
天津市							
河北省							
山西省							
内蒙古自治区							
辽宁省							
其中:大连市							
吉林省							
黑龙江省							
上海市							
江苏省							
浙江省							
其中:宁波市							
安徽省							
福建省							
其中:厦门市							
江西省							
山东省							
其中:青岛市							
河南省							
湖北省							
湖南省							
广东省							
其中:深圳市							
广西壮族自治区							
海南省							
重庆市							
四川省							
贵州省							
云南省							
西藏自治区							
陕西省							
甘肃省							
青海省							
宁夏回族自治区							
新疆维吾尔自治区							

二、地方财政预算收支情况

2－47－10　　　　　　　　　　　　　　　　　　　　　　　　　　　单位:万元

地　区	债务利息支出					基本建设支出	
	向国家银行借款付息	其他国内借款付息	向国外政府借款付息	向国际组织借款付息	其他国外借款付息	小　计	房屋建筑物购建
地方合计						**15**	**15**
北京市							
天津市							
河北省							
山西省							
内蒙古自治区							
辽宁省							
其中:大连市							
吉林省							
黑龙江省							
上海市							
江苏省							
浙江省							
其中:宁波市							
安徽省							
福建省							
其中:厦门市							
江西省							
山东省							
其中:青岛市							
河南省							
湖北省							
湖南省							
广东省							
其中:深圳市							
广西壮族自治区							
海南省							
重庆市							
四川省							
贵州省							
云南省						15	15
西藏自治区							
陕西省							
甘肃省							
青海省							
宁夏回族自治区							
新疆维吾尔自治区							

2－47－11

单位:万元

地　　区	基本建设支出							
	办公设备购　置	专用设备购　置	交通工具购　置	基础设施建　设	大型修缮	信息网络购　建	物资储备	其他基本建设支出
地方合计								
北京市								
天津市								
河北省								
山西省								
内蒙古自治区								
辽宁省								
其中:大连市								
吉林省								
黑龙江省								
上海市								
江苏省								
浙江省								
其中:宁波市								
安徽省								
福建省								
其中:厦门市								
江西省								
山东省								
其中:青岛市								
河南省								
湖北省								
湖南省								
广东省								
其中:深圳市								
广西壮族自治区								
海南省								
重庆市								
四川省								
贵州省								
云南省								
西藏自治区								
陕西省								
甘肃省								
青海省								
宁夏回族自治区								
新疆维吾尔自治区								

2-47-12　　　　单位:万元

地　　区	其他资本性支出						
	小　计	房屋建筑物购　建	办公设备购　置	专用设备购　置	交通工具购　置	基础设施建　设	大型修缮
地　方　合　计	**3550**		**43**	**44**		**585**	
北京市							
天津市							
河北省							
山西省							
内蒙古自治区							
辽宁省							
其中:大连市							
吉林省							
黑龙江省							
上海市							
江苏省							
浙江省							
其中:宁波市							
安徽省							
福建省							
其中:厦门市							
江西省							
山东省							
其中:青岛市							
河南省	2959		38	44			
湖北省							
湖南省							
广东省	3		2				
其中:深圳市							
广西壮族自治区							
海南省							
重庆市							
四川省							
贵州省	3		3				
云南省	585					585	
西藏自治区							
陕西省							
甘肃省							
青海省							
宁夏回族自治区							
新疆维吾尔自治区							

2－47－13 单位:万元

地区	其他资本性支出						
	信息网络购建	物资储备	土地补偿	安置补助	地上附着物和青苗补偿	拆迁补偿	其他资本性支出
地方合计	**1**			**2877**			
北京市							
天津市							
河北省							
山西省							
内蒙古自治区							
辽宁省							
其中:大连市							
吉林省							
黑龙江省							
上海市							
江苏省							
浙江省							
其中:宁波市							
安徽省							
福建省							
其中:厦门市							
江西省							
山东省							
其中:青岛市							
河南省				2877			
湖北省							
湖南省							
广东省	1						
其中:深圳市							
广西壮族自治区							
海南省							
重庆市							
四川省							
贵州省							
云南省							
西藏自治区							
陕西省							
甘肃省							
青海省							
宁夏回族自治区							
新疆维吾尔自治区							

2－47－14

单位:万元

地　　区	贷款转贷及产权参股					其他支出		
	小　计	国内贷款	国外贷款	产权参股	其他贷款转贷及产权参股支出	小　计	补充全国社会保障基金	其他支出
地方合计						**40**		**40**
北京市								
天津市								
河北省								
山西省								
内蒙古自治区								
辽宁省								
其中:大连市								
吉林省								
黑龙江省								
上海市								
江苏省								
浙江省								
其中:宁波市								
安徽省								
福建省								
其中:厦门市								
江西省								
山东省								
其中:青岛市								
河南省								
湖北省								
湖南省								
广东省						40		40
其中:深圳市								
广西壮族自治区								
海南省								
重庆市								
四川省								
贵州省								
云南省								
西藏自治区								
陕西省								
甘肃省								
青海省								
宁夏回族自治区								
新疆维吾尔自治区								

2007 年各省、自治区、直辖市国防类支出明细表

2－48－1　　　　单位:万元

地　区	合　计	工资福利支出				
		小　计	基本工资	津贴补贴	奖　金	社会保障缴费
地方合计	**773430**	**47920**	**19006**	**13921**	**6021**	**2032**
北京市	28727	807	205	194	180	4
天津市	9637	395	159	141	47	10
河北省	26260	2233	1318	598	84	96
山西省	18381	368	195	99	16	12
内蒙古自治区	14059	589	331	224	20	6
辽宁省	59483	2809	1341	797	86	98
其中:大连市	22044	310	102	87	52	20
吉林省	14514	524	349	138	21	10
黑龙江省	43913	3764	1683	1213	171	412
上海市	10162	785	130	38	564	31
江苏省	45681	3679	973	938	1073	169
浙江省	52884	4375	849	1053	1346	335
其中:宁波市	8519	885	84	178	434	71
安徽省	24785	890	422	275	31	47
福建省	33049	1595	615	412	120	95
其中:厦门市	6589	207	51	50	22	20
江西省	18910	819	466	167	33	6
山东省	38278	3179	1433	1049	157	276
其中:青岛市	4855	678	186	184	59	91
河南省	15904	421	226	108	12	8
湖北省	16564	1229	546	310	191	60
湖南省	38690	822	346	139	33	39
广东省	66367	5812	1509	2405	612	173
其中:深圳市	14169	1625	239	560	108	54
广西壮族自治区	30863	1540	817	391	104	11
海南省	7088	135	102	4	4	1
重庆市	18565	737	385	178	106	4
四川省	39590	2547	1195	599	412	31
贵州省	11433	763	398	251	39	6
云南省	28890	2986	1316	1101	158	36
西藏自治区	11958	21			21	
陕西省	18850	753	439	260	29	2
甘肃省	9196	993	541	368	35	6
青海省	3740	627	99	107	12	1
宁夏回族自治区	3089	316	130	84	15	8
新疆维吾尔自治区	13920	1407	488	280	289	39

2－48－2　　　　单位:万元

地　　区	工资福利支出				商品和服务支出		
	伙食费	伙　食 补助费	绩效 工资	其他工资 福利支出	小　计	办公费	印刷费
地　方　合　计	**1103**	**1363**	**263**	**4211**	**399541**	**43002**	**3311**
北京市	55	4	65	100	5323	181	69
天津市		2	21	15	8368	75	17
河北省	16	75		46	18419	12113	105
山西省	8	2		36	5839	503	84
内蒙古自治区	2			6	12102	167	35
辽宁省	243	118	26	100	18719	1897	213
其中:大连市	30			19	4276	487	58
吉林省		1	5		10810	2933	92
黑龙江省	49	52	35	149	31254	2158	36
上海市	1	3		18	7385	54	14
江苏省	66	52	13	395	23781	2604	74
浙江省	30	234		528	31406	1576	568
其中:宁波市	10	7		101	5604	318	35
安徽省	4	6		105	15804	1090	203
福建省	45	21	27	260	15395	1022	174
其中:厦门市	14	11	16	23	2886	134	16
江西省	6	9	1	131	7988	1034	40
山东省	67	5	43	149	26544	2302	167
其中:青岛市	61	5	41	51	1829	459	8
河南省	7	53		7	11748	747	256
湖北省	17			105	10817	326	53
湖南省	124	12	1	128	16618	1353	85
广东省	121	18		974	28407	1920	145
其中:深圳市	23	6		635	9994	313	23
广西壮族自治区	18	23	3	173	10904	689	73
海南省				24	4069	815	146
重庆市		17	14	33	5530	486	126
四川省	64	61	1	184	30245	1707	175
贵州省	11	6		52	6597	569	48
云南省	116	74		185	20702	2147	100
西藏自治区					260	56	1
陕西省		4	1	18	5704	1192	136
甘肃省		8		35	2084	373	21
青海省		405	3		1237	225	2
宁夏回族自治区	1	2	1	75	1945	74	15
新疆维吾尔自治区	32	96	3	180	3537	614	38

2－48－3

单位:万元

地区	商品和服务支出						
	咨询费	手续费	水费	电费	邮电费	取暖费	物业管理费
地方合计	**112**	**115**	**2570**	**4869**	**1928**	**3176**	**964**
北京市	3	2	75	117	38	139	6
天津市			20	46	15	52	
河北省	1	8	53	182	105	262	4
山西省			19	44	16	106	2
内蒙古自治区		3	14	32	13	102	1
辽宁省	5	3	147	337	131	637	49
其中:大连市		1	40	114	11	119	6
吉林省			50	102	26	183	
黑龙江省	2	1	333	478	81	530	401
上海市		1	1	14	7		
江苏省	10	19	67	175	66	7	15
浙江省	18	2	194	420	306		66
其中:宁波市	10	2	25	105	48		25
安徽省			173	316	103	117	11
福建省	8	18	133	260	114		24
其中:厦门市	6	10	18	24	5		13
江西省	5		23	62	19	9	2
山东省	10	13	317	532	113	383	21
其中:青岛市			6	22	10	23	
河南省	1	1	106	132	93	15	65
湖北省	19	12	27	73	31	1	23
湖南省	2		48	82	15	5	1
广东省	1	3	147	412	116	3	238
其中:深圳市			22	83	11	1	130
广西壮族自治区	1	1	63	128	32		
海南省				7			
重庆市	2	18	59	105	53	8	4
四川省	2	2	101	216	131	29	6
贵州省	1		31	69	40	14	
云南省	14	6	113	155	95	2	16
西藏自治区						1	
陕西省			205	264	84	322	
甘肃省	5		25	37	37	81	8
青海省			1	5	1	6	
宁夏回族自治区			4	10	1	17	
新疆维吾尔自治区	2	2	21	57	46	145	1

2－48－4

单位:万元

地　　区	商品和服务支出					
	交通费	差旅费	出国费	维修(护)费	租赁费	会议费
地　方　合　计	**7029**	**4921**	**43**	**13343**	**1339**	**8327**
北京市	171	33		192	171	102
天津市	29	15		137		78
河北省	364	134	4	524	26	239
山西省	181	115	5	247	14	261
内蒙古自治区	85	88	2	168	12	99
辽宁省	685	327		890	90	654
其中:大连市	151	68		168	32	279
吉林省	203	139		502	1	98
黑龙江省	516	246	2	1398	4	179
上海市	51	22		3		81
江苏省	313	116	8	307	26	213
浙江省	678	450		944	349	1718
其中:宁波市	81	85		73	14	486
安徽省	235	149		838	265	374
福建省	281	700		825	28	338
其中:厦门市	24	31		24	15	30
江西省	76	63		273	8	68
山东省	430	260		975	26	541
其中:青岛市	15	6		118		77
河南省	155	292		492	67	374
湖北省	136	68		108	21	104
湖南省	112	71	2	431	28	163
广东省	568	317	1	772	60	443
其中:深圳市	117	29	1	154	21	91
广西壮族自治区	295	154		588	6	194
海南省	24	7		89		6
重庆市	167	130		251	30	264
四川省	502	387		507	39	517
贵州省	151	105		165	21	169
云南省	262	212	7	608	25	414
西藏自治区	2	3		3		10
陕西省	146	126		367	13	473
甘肃省	77	68	12	244	3	76
青海省	17	2		43	1	14
宁夏回族自治区	7	14		27		9
新疆维吾尔自治区	110	108		425	5	54

2-48-5

单位:万元

地区	商品和服务支出						
	培训费	招待费	专用材料费	被装购置费	专用燃料费	劳务费	委托业务费
地方合计	**16969**	**8223**	**16965**	**4402**	**1946**	**4446**	**895**
北京市	538	53	220	42	5	208	
天津市	40	22		24		23	5
河北省	304	262	92	37	11	104	187
山西省	227	160	43	81	18	164	13
内蒙古自治区	78	60	68	37	5	34	4
辽宁省	2604	312	1029	387	717	338	47
其中:大连市	1523	42	304	123	541	203	
吉林省	3241	15	364	59	59	20	
黑龙江省	337	111	1086	185	84	123	54
上海市	32	6	244			5	
江苏省	610	722	151	88	12	421	7
浙江省	1248	1102	1179	293	134	897	8
其中:宁波市	209	286	4	19	36	98	
安徽省	779	144	1223	222	62	98	33
福建省	626	341	757	168	80	272	270
其中:厦门市	29	41	11	19	32	52	7
江西省	54	108	79	37	20	14	
山东省	815	348	1686	590	385	129	102
其中:青岛市	54	32	3	9	4	40	
河南省	364	1165	6375	114	36	66	46
湖北省	339	143	25	67	11	70	15
湖南省	572	173	566	222	38	15	1
广东省	935	678	471	563	53	788	32
其中:深圳市	151	117	354	34	15	249	5
广西壮族自治区	452	246	65	162	28	34	5
海南省	76	16	57	7	1	12	
重庆市	224	100	68	47	2	111	
四川省	893	649	313	341	33	171	
贵州省	245	191	433	81	13	93	
云南省	711	594	235	263	77	86	29
西藏自治区		3	6	2			1
陕西省	416	303	89	110	11	19	3
甘肃省	57	53	12	53	22	16	2
青海省	23	15		19	7	3	1
宁夏回族自治区	2	16		25	3	25	
新疆维吾尔自治区	127	112	29	76	19	87	30

2－48－6

单位:万元

地　　区	商品和服务支出			对个人和家庭的补助			
	工会经费	福利费	其他商品和服务支出	小　计	离休费	退休费	退职(役)费
地方合计	**140**	**1155**	**249351**	**7477**	**296**	**1564**	**200**
北京市	3	16	2939	72			
天津市			7770	66		27	
河北省	6	34	3258	200	3	115	3
山西省	1	36	3499	35		6	
内蒙古自治区	1	10	10984	22		13	
辽宁省	5	32	7183	398		17	68
其中:大连市		3	3	84			
吉林省	1	8	2714	204	35	84	
黑龙江省	29	73	22807	1108	153	697	
上海市	1	17	6832	4		3	
江苏省	9	65	17676	632	50	142	48
浙江省	17	213	19026	899	5	85	81
其中:宁波市	1	135	3509	118		15	50
安徽省	6	21	9342	84			
福建省	5	214	8737	277		23	
其中:厦门市	1	39	2305	71			
江西省	2	14	5978	26			
山东省	9	40	16350	469	7	47	
其中:青岛市	2		941	128	7	44	
河南省		67	719	13		8	
湖北省	4	10	9131	423	24	130	
湖南省	3	9	12621	665	5	23	
广东省	7	102	19632	600		3	
其中:深圳市		39	8034	77			
广西壮族自治区	1	14	7673	93		17	
海南省	1	5	2800	12			
重庆市	4	1	3270	47		4	
四川省	7	54	23463	283		32	
贵州省	1	16	4141	315	11	22	
云南省	7	33	14491	180		24	
西藏自治区			172	7			
陕西省	1	3	1421	49	3	18	
甘肃省	4	10	788	97		13	
青海省			852	2			
宁夏回族自治区			1696				
新疆维吾尔自治区	5	38	1386	195		11	

2－48－7 单位:万元

地区	对个人和家庭的补助						
	抚恤金	生活补助	救济费	医疗费	助学金	奖励金	生产补贴
地方合计	**68**	**1193**	**14**	**245**	**4**	**276**	**119**
北京市				33			
天津市	3	15		1			
河北省	3	15		10		5	
山西省		8		1			
内蒙古自治区		2					
辽宁省		117	2	23		51	9
其中:大连市		55				29	
吉林省	1	36		3		1	
黑龙江省	15	67		4		1	
上海市							
江苏省	6	169		17		8	
浙江省	5	59		37		29	80
其中:宁波市				8		3	
安徽省		11					
福建省	16	43		4		31	
其中:厦门市		1		2		9	
江西省		3		5			
山东省	3	14	2	18			
其中:青岛市							
河南省							
湖北省		13		7			
湖南省		3	4	2			
广东省		280		19	1	23	30
其中:深圳市		10		8		12	30
广西壮族自治区		10		6		5	
海南省		2					
重庆市	4	12		3		3	
四川省	5	102	1	19		74	
贵州省	1	63		3		1	
云南省	1	51	5	9	3	24	
西藏自治区							
陕西省		5		1			
甘肃省		1		3		20	
青海省		2					
宁夏回族自治区							
新疆维吾尔自治区	5	90		17			

2-48-8

单位:万元

地区	对个人和家庭的补助				对企事业单位的补贴		
	住房公积金	提租补贴	购房补贴	其他对个人和家庭的补助支出	小计	企业政策性补贴	事业单位补贴
地方合计	**948**	**87**	**294**	**2169**	**3582**	**43**	**3311**
北京市	25	11	1	2			
天津市	20						
河北省	29	1		16			
山西省	5			15			
内蒙古自治区	3			4			
辽宁省	42	24	2	43	1318	43	1265
其中:大连市							
吉林省	7			37	75		75
黑龙江省	131	8		32	6		6
上海市	1						
江苏省	58	25	7	102	14		9
浙江省	165	1	12	340	2		
其中:宁波市	2	1		39	2		
安徽省	26	1		46	3		
福建省	42	11		107	343		175
其中:厦门市				59	3		
江西省	5			13			
山东省	95	4	241	38	40		
其中:青岛市	32	2	27	16			
河南省	1			4			
湖北省	48	1		200			
湖南省	10			618			
广东省	131		18	95			
其中:深圳市			17				
广西壮族自治区	8		1	46	1751		1751
海南省	2			8			
重庆市	7			14			
四川省	7			43			
贵州省	3		9	202			
云南省	23		3	37			
西藏自治区				7			
陕西省	17			5			
甘肃省	9			51			
青海省							
宁夏回族自治区							
新疆维吾尔自治区	28			44	30		30

2－48－9

单位:万元

地区	对企事业单位的补贴		赠与			债务利息支出	
	财政贴息	其他对企事业单位的补贴支出	小计	对国内的赠与	对国外的赠与	小计	国库券付息
地方合计		**228**	**1**	**1**			
北京市							
天津市							
河北省							
山西省							
内蒙古自治区							
辽宁省		10					
其中:大连市							
吉林省							
黑龙江省							
上海市							
江苏省		5					
浙江省		2					
其中:宁波市		2					
安徽省		3					
福建省		168					
其中:厦门市		3					
江西省							
山东省		40					
其中:青岛市							
河南省							
湖北省							
湖南省							
广东省							
其中:深圳市							
广西壮族自治区							
海南省			1	1			
重庆市							
四川省							
贵州省							
云南省							
西藏自治区							
陕西省							
甘肃省							
青海省							
宁夏回族自治区							
新疆维吾尔自治区							

2－48－10

单位：万元

地　　区	债务利息支出					基本建设支出	
	向国家银行借款付息	其他国内借款付息	向国外政府借款付息	向国际组织借款付息	其他国外借款付息	小计	房屋建筑物购建
地方合计						**79721**	**22861**
北京市						11409	
天津市							
河北省						409	260
山西省						30	30
内蒙古自治区						768	150
辽宁省						3265	2742
其中：大连市						140	
吉林省						260	260
黑龙江省						5191	3650
上海市						361	53
江苏省						3858	775
浙江省						6028	2654
其中：宁波市						670	150
安徽省						1921	1597
福建省						4289	536
其中：厦门市						3172	145
江西省						540	
山东省						112	
其中：青岛市							
河南省						297	195
湖北省						104	
湖南省						11375	2856
广东省						5314	245
其中：深圳市						1000	
广西壮族自治区						1603	1031
海南省							
重庆市						4858	2000
四川省						2301	1302
贵州省						2272	154
云南省						717	561
西藏自治区						36	
陕西省						8157	280
甘肃省						1930	337
青海省						220	
宁夏回族自治区							
新疆维吾尔自治区						2096	1193

2－48－11

单位:万元

地　　区	基本建设支出							
	办公设备购　置	专用设备购　置	交通工具购　置	基础设施建　设	大型修缮	信息网络购　建	物资储备	其他基本建设支出
地　方　合　计	**1428**	**611**	**332**	**21279**	**765**	**412**	**5975**	**26058**
北京市	2			11402				5
天津市								
河北省	101		36	10				2
山西省								
内蒙古自治区	2		12	69		1		534
辽宁省	57	54		306		106		
其中:大连市				140				
吉林省								
黑龙江省				1417	124			
上海市					84			224
江苏省	78		45					2960
浙江省	144	72	20	318	200	6	105	2509
其中:宁波市				300	200			20
安徽省	7		70	50				197
福建省		14		2558				1181
其中:厦门市		14		2458				555
江西省				10				530
山东省	6			43	63			
其中:青岛市								
河南省		100		2				
湖北省	1		20	44		9	30	
湖南省		237		753			5840	1689
广东省	1			820				4248
其中:深圳市								1000
广西壮族自治区	26	17	55	262	37			175
海南省								
重庆市	59		29	200	35	35		2500
四川省	2	13	5	49	218	232		480
贵州省	44	20	20	50				1984
云南省	11	33	20	51	4	22		15
西藏自治区	36							
陕西省				1520				6357
甘肃省				1345				248
青海省								220
宁夏回族自治区								
新疆维吾尔自治区	851	51				1		

2－48－12

单位:万元

地　　区	其他资本性支出						
	小　计	房屋建筑物购　　建	办公设备购　　置	专用设备购　　置	交通工具购　　置	基础设施建　　设	大型修缮
地　方　合　计	**81461**	**16305**	**3428**	**5346**	**3375**	**12319**	**7339**
北京市	1349		12		167		516
天津市	808	412	26		47		
河北省	1233	63	85	149	132	501	141
山西省	2066	57	50	45	53	23	336
内蒙古自治区	560	263	6		99	99	82
辽宁省	21346	1778	624	1264	248	919	284
其中:大连市	15213		9	247	122		73
吉林省	2459	19	144	62		1387	301
黑龙江省	2590	1317	57	328	51	155	574
上海市	200						
江苏省	4049	2193	58	214	145	469	213
浙江省	2849	357	80	355	106	5	141
其中:宁波市	193		21	125			47
安徽省	4157	2215	174	415	669	51	87
福建省	4100	1303	203	185	163	1367	98
其中:厦门市	231		151	40			20
江西省	1657	757	73	65		216	
山东省	6615	140	207	1233	102	1186	2848
其中:青岛市	1007			800		200	
河南省	3425		65	104	65	306	8
湖北省	1430	411	6	2	145		362
湖南省	877	227	39	21	36	66	
广东省	1946	531	365	42	264	56	29
其中:深圳市	339	251	14		40		
广西壮族自治区	2544	956	98	110	24	461	90
海南省	866	118	112	145	75	299	
重庆市	1668	140	33	149	20	425	265
四川省	3230	553	247	152	293	961	351
贵州省	908	211	34	115	150	120	2
云南省	3776	1152	150	101	148	1105	335
西藏自治区	10				10		
陕西省	3346	763	403		69	1891	213
甘肃省	663	197	36	75	41	207	60
青海省	60		1		10		2
宁夏回族自治区	343				23	1	
新疆维吾尔自治区	331	172	40	15	20	43	1

2－48－13　　　　单位:万元

地区	其他资本性支出						
	信息网络购建	物资储备	土地补偿	安置补助	地上附着物和青苗补偿	拆迁补偿	其他资本性支出
地方合计	**2830**	**295**	**281**	**3673**	**3**	**283**	**25984**
北京市							654
天津市	135						188
河北省	32						130
山西省	248						1254
内蒙古自治区	6						5
辽宁省	541	30					15658
其中:大连市	158						14604
吉林省	40	163	43				300
黑龙江省	51	20					37
上海市							200
江苏省	14						743
浙江省	38	32		110			1625
其中:宁波市							
安徽省	41						505
福建省	45	25					711
其中:厦门市	8						12
江西省	51	1					494
山东省	60			676			163
其中:青岛市							7
河南省				2877			
湖北省	14						490
湖南省			85				403
广东省	228	2					429
其中:深圳市							34
广西壮族自治区	98	5	153		3		546
海南省	5						112
重庆市	141						495
四川省	191	15				40	427
贵州省	196						80
云南省	607	2		10			166
西藏自治区							
陕西省	3						4
甘肃省	5						42
青海省							47
宁夏回族自治区						243	76
新疆维吾尔自治区	40						

二、地方财政预算收支情况

2－48－14

单位:万元

地　区	贷款转贷及产权参股					其他支出		
	小　计	国内贷款	国外贷款	产权参股	其他贷款转贷及产权参股支出	小　计	补充全国社会保障基金	其他支出
地　方　合　计	**48**				**48**	**153679**		**153679**
北京市						9767		9767
天津市								
河北省						3766		3766
山西省						10043		10043
内蒙古自治区						18		18
辽宁省						11628		11628
其中:大连市						2021		2021
吉林省						182		182
黑龙江省								
上海市						1427		1427
江苏省						9668		9668
浙江省						7325		7325
其中:宁波市						1047		1047
安徽省						1926		1926
福建省	48				48	7002		7002
其中:厦门市						19		19
江西省						7880		7880
山东省						1319		1319
其中:青岛市						1213		1213
河南省								
湖北省						2561		2561
湖南省						8333		8333
广东省						24288		24288
其中:深圳市						1134		1134
广西壮族自治区						12428		12428
海南省						2005		2005
重庆市						5725		5725
四川省						984		984
贵州省						578		578
云南省						529		529
西藏自治区						11624		11624
陕西省						841		841
甘肃省						3429		3429
青海省						1594		1594
宁夏回族自治区						485		485
新疆维吾尔自治区						6324		6324

2007 年各省、自治区、直辖市公共安全类支出明细表

2－49－1　　　　单位:万元

地　区	合　计	工资福利支出				
		小　计	基本工资	津贴补贴	奖　金	社会保障缴　费
地方合计	**31020888**	**11956141**	**4086508**	**4525395**	**1753842**	**301635**
北京市	1433812	565908	107435	203147	134617	2542
天津市	544102	229253	62154	132858	14550	1923
河北省	1136749	421597	196400	155090	14858	9560
山西省	749379	245647	110665	103450	9428	3102
内蒙古自治区	608382	207550	97304	87638	7993	1280
辽宁省	1281489	488410	192713	242192	23732	9638
其中:大连市	176419	77412	22946	39324	11908	2015
吉林省	615443	224136	109453	92702	10977	4466
黑龙江省	853637	312577	153964	125008	19495	1957
上海市	1497844	751821	163567	144533	332912	20007
江苏省	2368855	933738	196963	265747	265006	36567
浙江省	1989118	783745	145517	195337	269580	34069
其中:宁波市	339008	138258	18886	27473	63510	8306
安徽省	780488	301922	125395	123089	13346	4676
福建省	846571	299461	93040	107508	27426	8237
其中:厦门市	144940	56554	8928	23994	5950	350
江西省	682985	240999	109391	80236	15160	4089
山东省	1738369	623611	250231	255410	37642	37730
其中:青岛市	277027	131243	39684	58585	11720	12297
河南省	1244429	482416	242734	191177	19546	4560
湖北省	1240000	479095	177326	182278	71918	10174
湖南省	1093362	415900	170060	149446	31785	23935
广东省	3952440	1582854	399425	751087	188370	47632
其中:深圳市	766849	297302	51757	162474	36374	9526
广西壮族自治区	759240	283733	119610	116957	29911	1875
海南省	214165	79215	39371	27173	5439	630
重庆市	549195	200252	69681	104696	13745	2089
四川省	1297478	482841	195280	129017	102409	6772
贵州省	573551	210341	94915	80368	13194	1864
云南省	891420	322715	130945	153863	18016	5313
西藏自治区	187025	82001	29184	47036	3438	1163
陕西省	695243	255032	126860	86342	19446	3009
甘肃省	382939	149869	67908	68572	5415	533
青海省	158359	71386	23890	37777	4972	50
宁夏回族自治区	151329	53761	20074	26916	2454	476
新疆维吾尔自治区	503490	174355	65053	58745	27062	11717

2－49－2

单位:万元

地区	工资福利支出				商品和服务支出		
	伙食费	伙食补助费	绩效工资	其他工资福利支出	小计	办公费	印刷费
地方合计	**37464**	**114882**	**38239**	**1098176**	**11250773**	**1014345**	**163554**
北京市	433	2307	3244	112183	467267	26829	4158
天津市	1016	2074	12	14666	157821	15098	1668
河北省	1489	10441	149	33610	473754	48120	9135
山西省	589	1674	432	16307	314020	31116	6175
内蒙古自治区	438	963	378	11556	239615	23555	3604
辽宁省	1105	3004	263	15763	500295	48964	9255
其中:大连市	337	372	35	475	60472	12366	1302
吉林省	135	2293	73	4037	235029	27583	5322
黑龙江省	613	4562	1201	5777	317413	48728	4949
上海市	2243	11536	4341	72682	464468	18527	4124
江苏省	2058	17294	1835	148268	787406	58039	8888
浙江省	822	14058	755	123607	671215	28113	12002
其中:宁波市	107	1979	144	17853	116632	5027	718
安徽省	1259	3351	996	29810	288209	25291	4117
福建省	836	3147	3264	56003	288153	19415	4043
其中:厦门市	21	206	904	16201	37484	1908	234
江西省	682	1537	1441	28463	260440	23064	4651
山东省	2332	3205	2057	35004	664949	80717	9006
其中:青岛市	110	561	806	7480	73613	4920	921
河南省	1540	3587	727	18545	483737	82220	10882
湖北省	984	2841	3745	29829	480075	34411	5938
湖南省	1163	2576	1238	35697	392974	31738	6813
广东省	6780	7704	8855	173001	1485889	115166	15666
其中:深圳市	66	691	570	35844	358148	16018	3230
广西壮族自治区	491	760	49	14080	276435	27268	3685
海南省	115	957	136	5394	71904	4609	907
重庆市		2746	4	7291	199191	20118	2375
四川省	3587	3430	594	41752	485258	42181	8473
贵州省	214	1312	1155	17319	187212	20227	2187
云南省	1101	1189	304	11984	356430	45576	4679
西藏自治区	5	3		1172	38166	3362	381
陕西省	322	2053	481	16519	253621	32709	4876
甘肃省	1965	514	181	4781	138354	12898	2436
青海省	2494	432	24	1747	52087	4318	495
宁夏回族自治区	132	364	56	3289	54643	3220	884
新疆维吾尔自治区	521	2968	249	8040	164743	11165	1780

2－49－3

单位:万元

地区	商品和服务支出						
	咨询费	手续费	水费	电费	邮电费	取暖费	物业管理费
地方合计	**6977**	**7945**	**99818**	**374699**	**324803**	**216993**	**97880**
北京市	144	32	4207	21855	6700	20904	14089
天津市	54	53	1845	7245	4243	5156	1531
河北省	174	144	4126	14484	14893	21736	2018
山西省	188	298	2357	7265	7317	11599	779
内蒙古自治区	57	198	1241	3963	7482	11966	913
辽宁省	767	157	4656	17451	20575	34587	3149
其中:大连市	82	2	518	2853	3396	4206	1057
吉林省	292	153	1836	6316	5278	18949	763
黑龙江省	164	278	2307	7757	9527	27138	2042
上海市	104	673	3057	16455	10515	389	14341
江苏省	429	804	7118	30019	20229	1543	5570
浙江省	355	626	5695	25892	21275		8142
其中:宁波市	197	410	760	3355	2152		1627
安徽省	111	100	2670	10787	7890	550	1614
福建省	85	222	2930	10203	11108	3	2847
其中:厦门市	11	5	593	1577	1033		1424
江西省	116	130	1892	7428	7039	427	1001
山东省	774	805	8005	24399	20768	23179	4465
其中:青岛市	92	25	549	2633	2455	2040	387
河南省	603	760	5200	18550	12186	6399	2235
湖北省	193	185	4260	16385	11800	1312	3037
湖南省	244	304	4613	13019	9387	3322	2352
广东省	573	897	12058	55802	50168	43	14401
其中:深圳市	81	37	2182	11865	7880		7064
广西壮族自治区	119	191	2382	8235	6602	16	872
海南省	14	31	612	2316	1619		1113
重庆市	72	45	2033	7315	5898	12	3541
四川省	313	178	4402	13655	18602	771	2271
贵州省	62	75	1109	4185	4700	744	501
云南省	302	259	3408	6809	9633	25	2275
西藏自治区		5	356	1190	1027	454	29
陕西省	485	66	2938	7763	6611	7782	351
甘肃省	68	48	905	2801	4046	5622	692
青海省	7	14	355	1016	2116	2339	108
宁夏回族自治区	9	12	210	926	914	1581	157
新疆维吾尔自治区	99	202	1035	3213	4655	8445	681

2－49－4

单位:万元

地　　区	商品和服务支出					
	交通费	差旅费	出国费	维修(护)费	租赁费	会议费
地　方　合　计	**1404371**	**563697**	**21879**	**645530**	**93761**	**222750**
北京市	46718	9229	1908	54690	8663	5046
天津市	16083	5501	514	12037	2829	2117
河北省	76924	25306	233	27895	3599	11064
山西省	42069	14170	231	23612	5609	6689
内蒙古自治区	33927	15583	371	16172	1691	3082
辽宁省	92366	27379	418	28474	4149	8116
其中:大连市	11486	3420	48	3812	495	1087
吉林省	44760	19771	605	22129	1182	5657
黑龙江省	56227	21861	313	29387	825	3689
上海市	32948	8989	2315	36127	5230	5489
江苏省	77609	40413	1575	31439	6068	18761
浙江省	67319	26869	2495	25595	8747	11373
其中:宁波市	9520	3733	401	3710	679	1963
安徽省	32951	13763	591	11988	2126	4321
福建省	34759	16067	697	15804	2260	4511
其中:厦门市	3601	1488	264	2667	219	182
江西省	32929	16154	177	9496	1200	3611
山东省	78554	31711	911	44178	5774	19840
其中:青岛市	9940	3162	182	2735	1382	1596
河南省	81039	32059	483	28889	2196	13928
湖北省	52625	22803	675	18727	1298	10962
湖南省	54451	23248	1061	13231	1720	10801
广东省	150791	51462	2413	72527	9554	25982
其中:深圳市	27730	12187	466	12209	3101	5266
广西壮族自治区	37866	13712	492	12226	2044	4739
海南省	9351	3242	234	3164	997	1129
重庆市	28083	22360	365	14316	970	7656
四川省	61041	30673	822	26368	4833	12748
贵州省	26322	11878	621	6705	1318	2868
云南省	49296	15698	399	17072	3196	7291
西藏自治区	6132	4233	12	1424	34	391
陕西省	33588	14113	310	17202	2395	5746
甘肃省	14024	8307	228	10903	1019	2357
青海省	5781	3131	111	2877	304	543
宁夏回族自治区	6317	3530	124	2723	705	793
新疆维吾尔自治区	21521	10482	175	8153	1226	1450

2－49－5

单位:万元

地区	商品和服务支出						
	培训费	招待费	专用材料费	被装购置费	专用燃料费	劳务费	委托业务费
地方合计	**239389**	**429241**	**632572**	**323208**	**64619**	**227377**	**45037**
北京市	7392	2772	8635	8505	171	7614	3829
天津市	2687	2294	1628	4198	832	2548	77
河北省	7048	9817	44927	15119	9026	9390	1194
山西省	6009	9860	22004	5612	1684	4350	1228
内蒙古自治区	4149	5046	26013	12685	1490	4102	1284
辽宁省	11265	10942	37781	15427	4508	11059	3455
其中:大连市	1259	1475	2412	1751	466	3834	572
吉林省	4241	4433	14240	8840	3705	3627	3608
黑龙江省	4389	4868	17283	10996	3516	3729	1513
上海市	7599	9206	12154	8318	124	5183	664
江苏省	17818	35791	52906	20100	3963	27771	3074
浙江省	14219	33622	19667	14121	1531	31286	3611
其中:宁波市	1714	4871	3025	1490	88	9821	581
安徽省	7095	12155	31125	10738	3412	4112	1304
福建省	5119	17501	9037	12534	1765	7817	3825
其中:厦门市	439	1159	506	602	175	943	39
江西省	6577	21852	8019	7482	2143	3036	939
山东省	16773	16623	63986	21517	7129	10367	2965
其中:青岛市	1615	2161	2453	2662	660	667	10
河南省	12278	21373	48589	14471	4947	7734	2891
湖北省	8158	22908	39392	12145	2401	3607	1672
湖南省	7525	35350	15450	9608	1351	5188	882
广东省	34631	48796	38594	30529	1958	37282	1650
其中:深圳市	7514	4771	4936	7389	652	8637	262
广西壮族自治区	6577	13000	4858	8388	721	2379	1232
海南省	1657	2756	2671	1993	214	314	291
重庆市	7370	5714	4854	2067	543	4268	187
四川省	10053	27152	6036	22917	1283	5542	931
贵州省	5069	13707	10099	7310	812	3574	280
云南省	8728	19123	29947	10435	996	11095	1453
西藏自治区	777	2093	662	488	191	212	86
陕西省	6044	9272	34425	6875	1867	3025	255
甘肃省	2573	3547	13709	5871	680	975	373
青海省	1092	1799	2939	2740	400	568	23
宁夏回族自治区	1063	1444	4015	986	227	859	146
新疆维吾尔自治区	3414	4425	6927	10193	1029	4764	115

2-49-6

单位:万元

地　　区	商品和服务支出			对个人和家庭的补助			
	工会经费	福利费	其他商品和服务支出	小　计	离休费	退休费	退职(役)费
地　方　合　计	**77985**	**187808**	**3764535**	**1699801**	**76613**	**549258**	**4122**
北京市	6383	2308	194486	53188	6	23	43
天津市	1079	3923	62581	63316	4306	27412	14
河北省	2214	4928	110240	38362	2938	19326	10
山西省	1170	3943	98686	31313	2503	13641	11
内蒙古自治区	547	2822	57672	22212	189	3195	6
辽宁省	2637	4623	98135	61086	3456	24119	251
其中:大连市	252	710	1611	4129	6	93	5
吉林省	680	1172	29887	54934	4138	32153	14
黑龙江省	1351	3752	50824	90240	8023	48901	14
上海市	5431	13266	243240	37435	2421	11339	14
江苏省	5925	16437	295117	176861	12690	67664	379
浙江省	9209	33234	266217	154945	7275	44461	313
其中:宁波市	1452	1954	57384	19800	781	6888	22
安徽省	1274	3310	94814	41996	850	7027	41
福建省	3140	6620	95841	36725	313	4571	84
其中:厦门市	1201	745	16469	8735		148	2
江西省	1275	6068	93734	40770	1509	12367	7
山东省	3084	5150	164269	133215	7491	25552	1724
其中:青岛市	605	479	29282	21112	2428	8580	125
河南省	2992	5984	64849	47862	2125	17187	9
湖北省	2603	7857	194721	61155	1338	22884	146
湖南省	3537	5946	131833	74758	2898	32675	72
广东省	6882	27966	680098	122663	634	8176	83
其中:深圳市	1149	5625	207897	14487		105	
广西壮族自治区	1668	3938	113225	43629	877	16821	25
海南省	309	244	32117	7976	6	647	8
重庆市	2005	2028	54996	17760	40	678	10
四川省	3918	6844	173251	57203	918	20441	609
贵州省	1266	2837	58756	72700	5482	41502	41
云南省	3306	3576	101853	47582	350	4604	64
西藏自治区	684	222	13721	13334	5	7828	
陕西省	605	1565	52753	33302	782	8242	19
甘肃省	697	1748	41827	11116	466	4799	36
青海省	559	173	18279	2080		144	1
宁夏回族自治区	209	723	22866	5709	849	2748	13
新疆维吾尔自治区	1346	4601	53647	44374	1735	18131	61

2-49-7 单位:万元

地区	对个人和家庭的补助						
	抚恤金	生活补助	救济费	医疗费	助学金	奖励金	生产补贴
地方合计	**37286**	**227457**	**3491**	**63917**	**554**	**48830**	**1280**
北京市	790	632	7	1074		12	
天津市	923	2111	1	1760		504	
河北省	1162	3760	94	1315	2	592	168
山西省	556	4283	37	451	12	1006	57
内蒙古自治区	571	3195	24	420	5	545	1
辽宁省	1958	7595	373	1718		4772	
其中:大连市	379	1456	26	257		1178	
吉林省	1113	3519	176	484		489	
黑龙江省	1916	6031	48	487	2	1195	20
上海市	2091	11535	13	1051	4	579	
江苏省	2525	8616	249	6836	1	2533	113
浙江省	1869	7275	475	6029		3729	21
其中:宁波市	261	1565	89	1411		396	
安徽省	1267	14570	344	1260	2	1056	5
福建省	671	4865	30	703	5	1066	10
其中:厦门市	150	314		66		38	
江西省	1279	10430	38	3223	6	666	9
山东省	2511	7937	234	6980	355	858	44
其中:青岛市	393	559	52	141	12	54	
河南省	1081	6583	361	477	16	847	20
湖北省	1385	2405	159	8422	24	936	325
湖南省	2092	16420	219	3596	58	1472	67
广东省	2264	10424	81	10310	32	8453	6
其中:深圳市	62	836	3	37		1207	
广西壮族自治区	1158	14416	83	601	9	1156	6
海南省	117	4759	4	77	2	321	
重庆市	706	8501	14	717		1512	
四川省	1188	11074	161	1309	4	4986	38
贵州省	2096	4503	6	1978	4	1239	14
云南省	1444	28985	37	901	7	5793	11
西藏自治区	175	168		232	1	3	
陕西省	469	10311	121	702	2	579	83
甘肃省	384	2041	66	255		61	18
青海省	84	551		13		103	241
宁夏回族自治区	245	528	8	130		337	
新疆维吾尔自治区	1196	9434	28	406	1	1430	3

2－49－8

单位:万元

地　　区	对个人和家庭的补助				对企事业单位的补贴		
	住房公积金	提租补贴	购房补贴	其他对个人和家庭的补助支出	小计	企业政策性补贴	事业单位补贴
地方合计	**320210**	**36253**	**85618**	**244912**	**33470**	**2105**	**8273**
北京市	33542	7600	6630	2829	14		
天津市	24340	369	215	1361	701	657	44
河北省	5493	181	75	3246	1259	11	1240
山西省	6087	107	20	2542	2153		11
内蒙古自治区	1224	7	14	12816	101		15
辽宁省	4671	7160	208	4805	1811		1692
其中:大连市	44	201	56	428	5		5
吉林省	3975	354	26	8493	440	192	248
黑龙江省	7300	1482	96	14725	133	133	
上海市	1543	1	2720	4124	636		105
江苏省	19015	4256	4900	47084	6695		1055
浙江省	52298	327	4868	26005	3488		338
其中:宁波市	504	11	44	7828	2028		88
安徽省	7740	143	38	7653	1882		85
福建省	10999	6190	643	6575	1522		1383
其中:厦门市	3982	3762	34	239	70		10
江西省	6921	6	108	4201	955		127
山东省	20923	3213	46851	8542	562		304
其中:青岛市	3133	979	1719	2937	131		57
河南省	1498		47	17611	217	115	32
湖北省	15128	348	302	7353	7		7
湖南省	10166	87	251	4685	4862	871	40
广东省	49187	4234	7141	21638	2069		1043
其中:深圳市		3804	5403	3030			
广西壮族自治区	4014	27	26	4410	3		
海南省	429	1		1605	136		29
重庆市	880		247	4455	429		
四川省	8188	2	298	7987	1115		
贵州省	3701	118	8559	3457	429		423
云南省	3580	1	242	1563	658	126	11
西藏自治区	825	1		4096			
陕西省	9256	2	386	2348	31		31
甘肃省	1424	32	42	1492	1144		10
青海省	1			942			
宁夏回族自治区	82			769	18		
新疆维吾尔自治区	5780	4	665	5500			

2－49－9

单位:万元

地 区	对企事业单位的补贴		赠 与			债务利息支出	
	财政贴息	其他对企事业单位的补贴支出	小 计	对国内的赠 与	对国外的赠 与	小 计	国库券付 息
地 方 合 计	**2952**	**20140**	**731**	**731**		**35**	
北京市		14					
天津市							
河北省		8					
山西省	15	2127					
内蒙古自治区		86					
辽宁省		119				35	
其中:大连市							
吉林省			47	47			
黑龙江省							
上海市		531					
江苏省	488	5152					
浙江省		3150	12	12			
其中:宁波市		1940					
安徽省	635	1162					
福建省		139	11	11			
其中:厦门市		60	8	8			
江西省	668	160	5	5			
山东省	184	74	1	1			
其中:青岛市		74					
河南省		70					
湖北省			28	28			
湖南省	287	3664	148	148			
广东省		1026	468	468			
其中:深圳市			460	460			
广西壮族自治区		3	4	4			
海南省		107					
重庆市		429					
四川省		1115					
贵州省		6	4	4			
云南省	375	146	3	3			
西藏自治区							
陕西省							
甘肃省	300	834					
青海省							
宁夏回族自治区		18					
新疆维吾尔自治区							

2－49－10

单位:万元

地　　区	债务利息支出					基本建设支出	
	向国家银行借款付息	其他国内借款付息	向国外政府借款付息	向国际组织借款付息	其他国外借款付息	小　计	房屋建筑物购建
地方合计	**35**					**1604691**	**874087**
北京市						96145	15787
天津市						13834	11164
河北省						44995	26094
山西省						25616	6317
内蒙古自治区						49223	37426
辽宁省	35					64899	37335
其中:大连市						14286	3378
吉林省						13095	9816
黑龙江省						29333	24749
上海市						74459	16270
江苏省						123416	82410
浙江省						94102	52249
其中:宁波市						27686	15556
安徽省						38962	27979
福建省						49333	30428
其中:厦门市						20794	13573
江西省						34152	18684
山东省						68847	31842
其中:青岛市						9893	2063
河南省						69185	50618
湖北省						48301	14079
湖南省						60124	29855
广东省						133583	77268
其中:深圳市						6595	178
广西壮族自治区						61543	36968
海南省						20842	9122
重庆市						57148	38011
四川省						85403	51033
贵州省						22525	11439
云南省						51473	31197
西藏自治区						27734	21914
陕西省						40136	7847
甘肃省						36526	18602
青海省						9202	4869
宁夏回族自治区						11926	8415
新疆维吾尔自治区						48629	34300

2－49－11

单位:万元

地 区	基本建设支出							
	办公设备购置	专用设备购置	交通工具购置	基础设施建设	大型修缮	信息网络购建	物资储备	其他基本建设支出
地方合计	**23862**	**52875**	**27489**	**296177**	**36337**	**33477**	**360**	**260027**
北京市	932	1492	821	36059	4434	2757		33863
天津市	43			1654	190			783
河北省	599	1914	4268	2851	2225	3440	20	3584
山西省	180	1190	500	14675		70		2684
内蒙古自治区	407	962	663	4402	274	260		4829
辽宁省	486	3698	74	17576	504	956		4270
其中:大连市	49	2393		7961		505		
吉林省	247	504	390	1341	373	424		
黑龙江省	35	527	10	2698	849	88		377
上海市	1448	1211	1494	14636	5053	243		34104
江苏省	1945	2588	669	15891	3859	1174		14880
浙江省	2780	2651	2697	12767	2488	1126		17344
其中:宁波市	870	564	135	3328	100	188		6945
安徽省	1420	1630	342	3717	2152	601		1121
福建省	563	1444	1120	8802	272	958		5746
其中:厦门市	31	248	126	2974				3842
江西省	404	178	1073	7158	434	644		5577
山东省	788	3951	1365	14302	468	1851	324	13956
其中:青岛市	37	372	314	37	177	152		6741
河南省	999	2427	745	8865	820	737	16	3958
湖北省	504	3124	1397	20645	631	2779		5142
湖南省	878	1893	719	10474	331	709		15265
广东省	1664	9374	2351	13857	3488	2803		22778
其中:深圳市				1225				5192
广西壮族自治区	933	3371	1152	13861	340	655		4263
海南省	433	858	256	1274	608	307		7984
重庆市	492	232	125	9192	733	2578		5785
四川省	1911	1617	749	12986	468	5499		11140
贵州省	109	120	197	5459	474	220		4507
云南省	2587	873	1301	11399	202	1475		2439
西藏自治区	159	423	782	2771	14			1671
陕西省	97	2344	95	5690	3118	48		20897
甘肃省	171	344	171	10342	901	501		5494
青海省	178	539	224	1610	304	63		1415
宁夏回族自治区	224	161	85	391	108	61		2481
新疆维吾尔自治区	246	1235	1654	8832	222	450		1690

2-49-12

单位:万元

地区	其他资本性支出						
	小计	房屋建筑物购建	办公设备购置	专用设备购置	交通工具购置	基础设施建设	大型修缮
地方合计	**3537347**	**773373**	**401725**	**596965**	**611652**	**207471**	**212114**
北京市	204220	14492	29569	40006	32558	2276	14543
天津市	79177	25882	9616	15313	14339	4280	1232
河北省	132186	36229	13093	20960	27631	6361	10467
山西省	128859	17991	13617	21467	27561	7842	10542
内蒙古自治区	88612	21684	10207	14736	18092	4687	3242
辽宁省	159342	31677	15425	38933	26908	15046	8769
其中:大连市	18268	369	1607	5028	2505	5862	141
吉林省	84812	20587	8630	15115	14494	6698	6359
黑龙江省	95284	14451	11370	28022	19006	7728	5658
上海市	149369	10029	22485	22601	26847	2684	18707
江苏省	286944	85435	21487	38714	38980	24671	17178
浙江省	200216	44161	23524	36753	42212	7525	8647
其中:宁波市	20133	2870	2852	4649	5154	478	126
安徽省	96472	31931	10091	13760	13468	10144	3905
福建省	126180	28458	12792	16790	23441	11084	8877
其中:厦门市	18741	56	1962	4094	2917	60	1466
江西省	81065	15769	9045	8432	16093	5444	4140
山东省	229707	65668	21338	38712	34156	14434	17127
其中:青岛市	22976	2766	2784	1301	4817	4263	11
河南省	143020	34870	15772	28038	26512	7638	7645
湖北省	120747	24980	11116	15095	17600	5531	10556
湖南省	98759	30671	10926	8682	19594	7187	4607
广东省	283733	37004	41131	47547	46921	11427	19777
其中:深圳市	25066	669	7606	6409	6131	326	809
广西壮族自治区	75396	15277	7708	18373	11509	4822	3176
海南省	30568	8142	3369	4122	4157	1706	648
重庆市	67930	5035	12082	9529	13608	5128	540
四川省	153239	26950	15515	38510	30509	5835	6900
贵州省	52465	13993	6758	6608	11514	2543	1529
云南省	111841	41641	13319	13720	17541	6546	3929
西藏自治区	22332	2815	1134	429	2106	1544	815
陕西省	93897	38405	7804	9991	11689	5622	5103
甘肃省	40855	10600	5733	8412	6033	3876	1075
青海省	22423	1881	3295	6193	2474	2203	813
宁夏回族自治区	18877	6332	4816	2407	2428	417	819
新疆维吾尔自治区	58820	10333	8958	8995	11671	4542	4789

2－49－13

单位:万元

地　　区	其他资本性支出						
	信息网络购建	物资储备	土地补偿	安置补助	地上附着物和青苗补偿	拆迁补偿	其他资本性支出
地方合计	**251866**	**2947**	**9031**	**683**	**367**	**15211**	**453942**
北京市	33710	5	7				37054
天津市	4994		1313				2208
河北省	5446	80	112		41		11766
山西省	10159	1004	1024	6	8		17638
内蒙古自治区	3661	80	77	3		36	12107
辽宁省	10486	61	561	50		1003	10423
其中:大连市	1692					1000	64
吉林省	4525		104	4			8296
黑龙江省	5600		96	174			3179
上海市	14532						31484
江苏省	15875		72		88		44444
浙江省	16209	41	8				21136
其中:宁波市	3294						710
安徽省	5996	39	175			118	6845
福建省	10148	29	315	5		487	13754
其中:厦门市	1928						6258
江西省	6679		633	381	101		14348
山东省	13349	57	188		75	45	24558
其中:青岛市	350						6684
河南省	7945	89	1043			125	13343
湖北省	10190	7	975			1135	23562
湖南省	4212	111	130	11		100	12528
广东省	21484	68	529			11955	45890
其中:深圳市	1468	1					1647
广西壮族自治区	4483	4	357			64	9623
海南省	1851		16		13	4	6540
重庆市	3078						18930
四川省	6729	92	49		3	30	22117
贵州省	5271	429	10			15	3795
云南省	6289		386	48	16	77	8329
西藏自治区	189	1	50			5	13244
陕西省	6759	726	35			9	7754
甘肃省	2913		233	1		3	1976
青海省	3876		19		3		1666
宁夏回族自治区	467		316				875
新疆维吾尔自治区	4761	24	198		19		4530

二、地方财政预算收支情况

2－49－14

单位:万元

地区	贷款转贷及产权参股					其他支出		
	小计	国内贷款	国外贷款	产权参股	其他贷款转贷及产权参股支出	小计	补充全国社会保障基金	其他支出
地方合计	**1294**	**656**		**250**	**388**	**936605**		**936605**
北京市						47070		47070
天津市								
河北省						24596		24596
山西省						1771		1771
内蒙古自治区						1069		1069
辽宁省	26	26				5585		5585
其中:大连市						1847		1847
吉林省						2950		2950
黑龙江省						8657		8657
上海市						19656		19656
江苏省	325	75		250		53470		53470
浙江省						81395		81395
其中:宁波市						14471		14471
安徽省						11045		11045
福建省	388				388	44798		44798
其中:厦门市						2554		2554
江西省						24599		24599
山东省	56	56				17421		17421
其中:青岛市						18059		18059
河南省						17992		17992
湖北省	24	24				50568		50568
湖南省	10	10				45827		45827
广东省	285	285				340896		340896
其中:深圳市						64791		64791
广西壮族自治区						18497		18497
海南省						3524		3524
重庆市						6485		6485
四川省						32419		32419
贵州省						27875		27875
云南省						718		718
西藏自治区						3458		3458
陕西省						19224		19224
甘肃省						5075		5075
青海省						1181		1181
宁夏回族自治区						6395		6395
新疆维吾尔自治区	180	180				12389		12389

2007 年各省、自治区、直辖市武装警察支出明细表

2－50－1　　　　单位:万元

地　　区	合　计	工资福利支出				
		小　计	基本工资	津贴补贴	奖　金	社会保障缴　费
地　方　合　计	**1251204**	**38345**	**12477**	**5016**	**3356**	**543**
北京市	59321	212				
天津市	24238	924		203	187	
河北省	38038	968	440	139	6	33
山西省	35792	259	188	23	1	
内蒙古自治区	45446	5725	3851	217	20	1
辽宁省	49530	984	89	166	13	36
其中:大连市	7933	83	34	23	9	17
吉林省	33936	194	14	41	2	
黑龙江省	68773	455	186	222	6	
上海市	8880	1540		572	648	
江苏省	93487	1035	144	155	64	65
浙江省	77197	2363	332	548	554	59
其中:宁波市	13496	988		371	518	
安徽省	26734	109	20			3
福建省	48785	885	126	15	13	16
其中:厦门市	5412	66				
江西省	17852	270	152	20	6	10
山东省	50167	1939	752	322	22	50
其中:青岛市	5596	159	33			34
河南省	17645	96	63	6		
湖北省	62019	1937	1606	32	12	7
湖南省	51393	1328	97	637	46	1
广东省	161148	6652	1157	1048	411	174
其中:深圳市	16508	323	65	139	49	37
广西壮族自治区	22501	425	61	29	10	1
海南省	10145	7	5		1	1
重庆市	42011	72	38	24	4	
四川省	57462	5887	1162	248	1164	38
贵州省	12709	27			4	
云南省	44274	3369	1805	198	134	38
西藏自治区	14063	18		1	15	
陕西省	26142	194	42	25	2	5
甘肃省	15024	185	95	78	7	
青海省	3914	63	17	18	2	
宁夏回族自治区	10380	10	4	5		1
新疆维吾尔自治区	22198	213	31	24	2	4

2－50－2

单位:万元

地　　区	工资福利支出				商品和服务支出		
	伙食费	伙食补助费	绩效工资	其他工资福利支出	小计	办公费	印刷费
地方合计	**2966**	**3572**	**126**	**10289**	**637717**	**46949**	**2466**
北京市		8		204	33891	100	
天津市	424	18		92	10033	431	100
河北省	28	72		250	15384	1261	37
山西省	13			34	19108	2576	334
内蒙古自治区	200	158		1278	29949	2696	58
辽宁省	303	347		30	17731	2442	192
其中:大连市					3651	961	119
吉林省	135	2			16444	1366	141
黑龙江省	37	4			42940	2516	77
上海市	4			316	1895	88	15
江苏省	16	8		583	49577	3299	252
浙江省	21	157	17	675	44552	682	240
其中:宁波市				99	8237	73	
安徽省		61		25	12306	1656	52
福建省	99	413		203	21743	776	124
其中:厦门市				66	3320	21	
江西省	24	10		48	11721	1300	12
山东省	150	52	54	537	21788	3363	144
其中:青岛市	15	7		70	1994	70	59
河南省		27			7188	1618	16
湖北省	31	6	5	238	52350	876	14
湖南省	84	304		159	26154	1519	58
广东省	172	493	46	3151	68697	3427	134
其中:深圳市				33	15334	29	
广西壮族自治区	216	88		20	12280	995	2
海南省					6273	850	14
重庆市		2		4	16038	1207	52
四川省	306	992		1977	22662	1872	127
贵州省	17	6			6904	487	20
云南省	610	242	2	340	30112	4435	85
西藏自治区				2	2324	411	11
陕西省	1	26	2	91	10311	2300	60
甘肃省				5	7359	1158	66
青海省	10	6		10	1659	377	1
宁夏回族自治区					6657	66	6
新疆维吾尔自治区	65	70		17	11687	799	22

2－50－3 单位:万元

地　　区	商品和服务支出						
	咨询费	手续费	水　费	电　费	邮电费	取暖费	物　业 管理费
地 方 合 计	**208**	**248**	**4194**	**8161**	**3853**	**6198**	**1062**
北京市			7			9	
天津市	32		140	423	244	338	28
河北省			61	129	62	159	3
山西省	1	3	165	184	51	386	51
内蒙古自治区			82	133	65	498	14
辽宁省			177	749	412	1351	58
其中:大连市			17	94	13	84	50
吉林省	25		120	153	110	420	10
黑龙江省			208	378	192	1660	113
上海市			86	264	89		
江苏省	32	47	897	1326	658	215	336
浙江省			234	435	307		269
其中:宁波市			2	4	4		
安徽省			93	188	51	21	
福建省			268	442	242		
其中:厦门市			84	142	26		
江西省			17	34	16	5	
山东省	2	10	368	632	222	494	68
其中:青岛市			18	154	4	43	20
河南省		1	37	99	15	22	
湖北省		1	22	70	18	6	10
湖南省	3	70	101	247	22	32	1
广东省	20	5	188	377	204		45
其中:深圳市			3	11	3		
广西壮族自治区			40	116	38		
海南省			22	18	5		
重庆市	7	2	221	710	253	1	2
四川省	4	22	214	411	164	97	16
贵州省		1	28	45	16	21	
云南省	77	5	244	286	148	11	34
西藏自治区				15	53		
陕西省	3	4	56	124	91	117	2
甘肃省			43	68	43	131	2
青海省			9	13	38	30	
宁夏回族自治区	2		3	33	13	36	
新疆维吾尔自治区		77	43	59	11	138	

二、地方财政预算收支情况

2－50－4　　　　单位:万元

地　　区	商品和服务支出					
	交通费	差旅费	出国费	维修(护)费	租赁费	会议费
地　方　合　计	**19612**	**7066**	**552**	**26188**	**1284**	**5365**
北京市	47			15	123	
天津市	1436	18	3	465	39	26
河北省	603	102		390	21	79
山西省	377	186	4	952	8	567
内蒙古自治区	488	185		709	6	168
辽宁省	1375	960	48	1766	185	388
其中:大连市	196	109		675	140	99
吉林省	589	267	40	1387	23	179
黑龙江省	3955	230	26	6273		63
上海市	494	34		171		77
江苏省	1089	851	108	2013	86	564
浙江省	1295	645	98	805	141	610
其中:宁波市	7	11				
安徽省	223	63		674	169	81
福建省	524	1152		1231	272	302
其中:厦门市		39		187		6
江西省	119	22		172		17
山东省	1233	369	4	1391	57	414
其中:青岛市	282	65		71		166
河南省	193	38		127	2	39
湖北省	144	171	16	191	3	34
湖南省	245	135		508	20	88
广东省	1543	214	1	1410	40	374
其中:深圳市	46	12		4	11	3
广西壮族自治区	389	66		324		22
海南省	44	19		37		9
重庆市	298	220	129	1315	39	263
四川省	707	268	5	855	26	240
贵州省	391	36	34	297	4	38
云南省	972	319	31	1158	2	472
西藏自治区	21	63	5	67		13
陕西省	338	179		483	12	58
甘肃省	259	146		353		119
青海省	55	61		37		36
宁夏回族自治区	12	7		30	6	6
新疆维吾尔自治区	154	40		582		19

2－50－5

单位:万元

地 区	商品和服务支出						
	培训费	招待费	专用材料费	被装购置费	专用燃料费	劳务费	委托业务费
地方合计	**7215**	**3029**	**20400**	**7300**	**7313**	**3368**	**628**
北京市	18	－1					
天津市	135	11	142	11	90		
河北省	31	59	989	33	159	95	
山西省	701	107	357	138	219	23	15
内蒙古自治区	101	53	379	835	163	147	234
辽宁省	2026	228	1582	198	1043	319	5
其中:大连市	158	5	100		339		
吉林省	119	59	881	115	479	245	
黑龙江省	205	18	2451	243	1011	215	4
上海市	16	57	10	128	32		
江苏省	1055	264	3295	436	608	615	1
浙江省	472	157	1436	485	58	229	150
其中:宁波市	1	3	113			65	
安徽省	150	25	361	68	106	3	11
福建省	248	219	938	185	420	326	181
其中:厦门市	15	34			163	326	
江西省	21	102	375	136	168	1	
山东省	212	31	1484	361	615	298	
其中:青岛市	48	6			387	2	
河南省	34	58	123	211	150	84	
湖北省	19	43	92	194	35	16	
湖南省	155	200	879	1593	107	3	
广东省	486	550	541	288	277	321	
其中:深圳市	8	4	23		1	152	
广西壮族自治区	12	17	20	40	49	4	
海南省	3	12	152	2	5		
重庆市	166	75	1574	44	424	13	19
四川省	304	226	387	671	360	57	
贵州省	20	100	217	74	80	16	
云南省	340	244	804	244	285	272	6
西藏自治区	38	10	42	131	91		
陕西省	53	73	266	386	65	19	
甘肃省	46	18	226	17	94	4	2
青海省	4	11	82	13	41		
宁夏回族自治区	3	1	10		46	4	
新疆维吾尔自治区	22	2	305	20	33	39	

2－50－6

单位:万元

地　　区	商品和服务支出			对个人和家庭的补助			
	工会经费	福利费	其他商品和服务支出	小　计	离休费	退休费	退职(役)费
地　方　合　计	**44**	**2275**	**452739**	**19071**	**55**	**241**	**554**
北京市			33573	155			
天津市			5921	789			
河北省		7	11104	1098			
山西省		177	11526	128			
内蒙古自治区		23	22912	626	47	73	1
辽宁省		101	2126	2157		32	
其中:大连市		46	446	444			
吉林省			9716	493		10	
黑龙江省	19	27	23056	279		5	
上海市			334				
江苏省		718	30812	899			
浙江省	7	490	35307	577	8	32	
其中:宁波市	3		7951	109			
安徽省		2	8309	658			
福建省	2	16	13875	805			
其中:厦门市			2277	64			
江西省		2	9202	30		4	
山东省		5	10011	2105			
其中:青岛市			599	32			
河南省		4	4317	19			
湖北省		34	50341	302			
湖南省	6	164	19998	526		10	4
广东省	10	143	58099	574			
其中:深圳市	3	40	14981	39			
广西壮族自治区			10146	54			
海南省			5081	303			
重庆市		1	9003	81			
四川省		254	15375	2887		55	536
贵州省		3	4976	166			
云南省		39	19599	1542			13
西藏自治区			1353	1270			
陕西省		60	5562	231		14	
甘肃省		5	4559	101			
青海省			851				
宁夏回族自治区			6373				
新疆维吾尔自治区			9322	216		6	

2－50－7　　　　　　　　　　　　　　　　　　　　　　单位:万元

地　　区	对个人和家庭的补助						
	抚恤金	生活补助	救济费	医疗费	助学金	奖励金	生产补贴
地方合计	**14**	**7375**	**72**	**1300**		**1135**	
北京市							
天津市		600					
河北省		58		19			
山西省		110		8			
内蒙古自治区		301	9	16			
辽宁省		512		200		20	
其中:大连市				103			
吉林省		381		4			
黑龙江省		196		19		1	
上海市							
江苏省		54		22			
浙江省		113	6	68			
其中:宁波市		1					
安徽省		208		24			
福建省		538		77		2	
其中:厦门市				64			
江西省				6			
山东省		1507		52		10	
其中:青岛市		8		24			
河南省		15					
湖北省		176		16			
湖南省	13	179	5	44		31	
广东省		54		59			
其中:深圳市		1					
广西壮族自治区		14		3		1	
海南省				2			
重庆市		7		3		34	
四川省	1	605	32	490		1001	
贵州省		38		10			
云南省		1263	20	77		35	
西藏自治区		59					
陕西省		196		21			
甘肃省		36		11			
青海省							
宁夏回族自治区							
新疆维吾尔自治区		155		49			

2－50－8　　　　单位:万元

地　　区	对个人和家庭的补助				对企事业单位的补贴		
	住　房公积金	提租补贴	购房补贴	其他对个人和家庭的补助支出	小　计	企业政策性补　　贴	事业单位补　　贴
地　方　合　计	**160**	**16**	**65**	**8084**	**6107**		**3067**
北京市				155			
天津市			33	156			
河北省				1021	37		37
山西省				10	1000		
内蒙古自治区				179	36		
辽宁省		11	2	1380	1145		1145
其中:大连市			2	339			
吉林省				98	248		248
黑龙江省	13	5		40			
上海市							
江苏省	4			819	491		168
浙江省	71			279	521		10
其中:宁波市				108	2		
安徽省				426	17		
福建省	2			186	1117		1110
其中:厦门市							
江西省	6			14	87		87
山东省	51		12	473	27		14
其中:青岛市					13		
河南省				4	57		
湖北省	1			109			
湖南省	3			237			
广东省	6		18	437	565		
其中:深圳市			18	20			
广西壮族自治区				36	3		
海南省	1			300	130		23
重庆市				37	329		
四川省				167			
贵州省				118	220		220
云南省				134	77		5
西藏自治区				1211			
陕西省							
甘肃省				54			
青海省							
宁夏回族自治区							
新疆维吾尔自治区	2			4			

2-50-9

单位:万元

地区	对企事业单位的补贴		赠与			债务利息支出	
	财政贴息	其他对企事业单位的补贴支出	小计	对国内的赠与	对国外的赠与	小计	国库券付息
地方合计	**17**	**3023**	**17**	**17**			
北京市							
天津市							
河北省							
山西省		1000					
内蒙古自治区		36					
辽宁省							
其中:大连市							
吉林省							
黑龙江省							
上海市							
江苏省		323					
浙江省		511					
其中:宁波市		2					
安徽省	17						
福建省		7					
其中:厦门市							
江西省							
山东省		13					
其中:青岛市		13					
河南省		57					
湖北省							
湖南省			17	17			
广东省		565					
其中:深圳市							
广西壮族自治区		3					
海南省		107					
重庆市		329					
四川省							
贵州省							
云南省		72					
西藏自治区							
陕西省							
甘肃省							
青海省							
宁夏回族自治区							
新疆维吾尔自治区							

二、地方财政预算收支情况

2-50-10 单位:万元

地区	债务利息支出					基本建设支出	
	向国家银行借款付息	其他国内借款付息	向国外政府借款付息	向国际组织借款付息	其他国外借款付息	小计	房屋建筑物购建
地方合计						**146810**	**69290**
北京市						3523	258
天津市						90	
河北省						3069	2150
山西省						1350	150
内蒙古自治区						3537	1879
辽宁省						9675	2250
其中:大连市						2544	74
吉林省						2088	1965
黑龙江省						4745	4316
上海市						1187	364
江苏省						12880	9266
浙江省						7894	2928
其中:宁波市						3129	1913
安徽省						4748	3427
福建省						3847	810
其中:厦门市						1840	
江西省						328	
山东省						4950	3342
其中:青岛市						608	285
河南省						8938	8547
湖北省						2085	1678
湖南省						12375	1251
广东省						10051	2460
其中:深圳市							
广西壮族自治区						947	241
海南省						286	
重庆市						11474	5032
四川省						7549	4066
贵州省						87	87
云南省						2717	2047
西藏自治区						9204	7233
陕西省						8366	282
甘肃省						2774	1204
青海省						1106	200
宁夏回族自治区						1432	799
新疆维吾尔自治区						3508	1058

2－50－11

单位:万元

地　　区	基本建设支出							
	办公设备购　　置	专用设备购　　置	交通工具购　　置	基础设施建　　设	大型修缮	信息网络购　　建	物资储备	其他基本建设支出
地　方　合　计	**511**	**10151**	**3258**	**35344**	**1362**	**585**		**26309**
北京市				1964				1301
天津市					90			
河北省	1	281	491	16	13	32		85
山西省	90	890	200			20		
内蒙古自治区		193	70	50	35			1310
辽宁省	11	2218	25	4278	40	243		610
其中:大连市		2187		43		240		
吉林省		58			65			
黑龙江省		250		179				
上海市	20	763	20		20			
江苏省	13	329		38	16			3218
浙江省	80	374	20	4276				216
其中:宁波市				1000				216
安徽省		286		1033	2			
福建省	18	83	58	1850				1028
其中:厦门市				1790				50
江西省		22	156					150
山东省		193	24			4		1387
其中:青岛市	6							317
河南省		191		200				
湖北省		80	30	100				197
湖南省	5	218	103	6474		46		4278
广东省		450		5421	10			1710
其中:深圳市								
广西壮族自治区	13	20		253	135			285
海南省				50	236			
重庆市	90	25	20	5780				527
四川省		62	96	679				2646
贵州省								
云南省	11	175	94	390				
西藏自治区	159	423	782	523	14			70
陕西省		1804		1310	515			4455
甘肃省				100	40	240		1190
青海省		296		10				600
宁夏回族自治区		87			46			500
新疆维吾尔自治区		380	1069	370	85			546

2－50－12　　　　单位:万元

地区	其他资本性支出						
	小计	房屋建筑物购建	办公设备购置	专用设备购置	交通工具购置	基础设施建设	大型修缮
地方合计	**232581**	**32833**	**7250**	**70471**	**22515**	**23766**	**12049**
北京市	1326	560	3	17	51	72	
天津市	12402	1939	12	5550	159	3549	
河北省	11107	367	102	1999	704	1531	105
山西省	13876	1804	540	3430	1985	195	1978
内蒙古自治区	4697	425	46	3540	230	208	26
辽宁省	15236	625	209	5080	3682	2552	432
其中:大连市	1153		66	249	422	242	
吉林省	14102	1230	862	8699	419	1057	1815
黑龙江省	12655	2829	173	6206	608	1140	208
上海市	4240		190	904	1292		163
江苏省	27349	2286	73	4889	4518	100	875
浙江省	10404	240	197	2058	728	251	2415
其中:宁波市	835		8	418	164	1	
安徽省	6684	412	96	1829	669	2503	403
福建省	11434	5754	97	2280	722	937	310
其中:厦门市							
江西省	1565	247	5	1064	34	60	55
山东省	16916	2703	723	7090	1661	875	999
其中:青岛市	602		1		601		
河南省	1297	243		74	284	470	123
湖北省	1388	140		365	40		632
湖南省	3220	1615	54	500	105	682	72
广东省	7107	216	223	1888	304	1598	302
其中:深圳市	123	50	17		16		
广西壮族自治区	3046	710	52	1647	169	122	55
海南省	1888	586	227	592	30		17
重庆市	13000	769	2101	3475	667	3492	52
四川省	14033	3002	418	2930	971	517	335
贵州省	3836	1410	61	960	211	120	171
云南省	6318	1726	142	1418	1095	364	40
西藏自治区	554			73	199		70
陕西省	6307	256	450	312	347	996	246
甘肃省	2721	497	158	579	317	350	
青海省	1020			624	173		14
宁夏回族自治区	62	55	7				
新疆维吾尔自治区	2791	187	29	399	141	25	136

2－50－13

单位:万元

地　　区	其他资本性支出						
	信息网络购　建	物资储备	土地补偿	安置补助	地上附着物和青苗补偿	拆迁补偿	其他资本性支　出
地　方　合　计	**4898**	**1517**	**560**	**6**	**76**	**78**	**56562**
北京市							623
天津市	1000						193
河北省	43	62	22		1		6171
山西省	20	663					3261
内蒙古自治区	3	20					199
辽宁省	364						2292
其中:大连市	174						
吉林省	20						
黑龙江省	151						1340
上海市	82						1609
江苏省	310				75		14223
浙江省	491						4024
其中:宁波市							244
安徽省	103	35					634
福建省	1030					9	295
其中:厦门市							
江西省							100
山东省	606						2259
其中:青岛市							
河南省	3		100				
湖北省	12						199
湖南省	88						104
广东省	5						2571
其中:深圳市							40
广西壮族自治区	5					64	222
海南省	4						432
重庆市	65						2379
四川省	123	2					5735
贵州省	38	269					596
云南省	74		200	6			1253
西藏自治区			50			5	157
陕西省	53	466	23				3158
甘肃省	153		165				502
青海省	50						159
宁夏回族自治区							
新疆维吾尔自治区	2						1872

2－50－14

单位:万元

地　　区	贷款转贷及产权参股					其他支出		
	小　计	国内贷款	国外贷款	产权参股	其他贷款转贷及产权参股支出	小　计	补充全国社会保障基金	其他支出
地方合计						**170556**		**170556**
北京市						20214		20214
天津市								
河北省						6375		6375
山西省						71		71
内蒙古自治区						876		876
辽宁省						2602		2602
其中:大连市						58		58
吉林省						367		367
黑龙江省						7699		7699
上海市						18		18
江苏省						1256		1256
浙江省						10886		10886
其中:宁波市						196		196
安徽省						2212		2212
福建省						8954		8954
其中:厦门市						122		122
江西省						3851		3851
山东省						2442		2442
其中:青岛市						2188		2188
河南省						50		50
湖北省						3957		3957
湖南省						7773		7773
广东省						67502		67502
其中:深圳市						689		689
广西壮族自治区						5746		5746
海南省						1258		1258
重庆市						1017		1017
四川省						4444		4444
贵州省						1469		1469
云南省						139		139
西藏自治区						693		693
陕西省						733		733
甘肃省						1884		1884
青海省						66		66
宁夏回族自治区						2219		2219
新疆维吾尔自治区						3783		3783

2007 年各省、自治区、直辖市公安支出明细表

2 – 51 – 1

单位:万元

地　　区	合　计	工资福利支出				
		小　计	基本工资	津贴补贴	奖　金	社会保障缴　费
地　方　合　计	**18270928**	**7428719**	**2393180**	**2759849**	**1173430**	**201220**
北京市	914984	390230	72014	138616	93018	1272
天津市	314762	146866	38271	88028	8349	1296
河北省	679946	252265	110571	96292	8203	6677
山西省	422263	136191	61637	55080	4165	2061
内蒙古自治区	338914	117989	52380	51783	4575	953
辽宁省	728620	288264	118767	137917	14024	5077
其中:大连市	113569	53815	15781	27934	7855	1442
吉林省	310243	125854	60578	52119	5974	2968
黑龙江省	433392	175105	81785	73042	11628	1281
上海市	955336	523529	116691	83284	250024	11132
江苏省	1459077	623530	122948	177498	170291	26485
浙江省	1243787	530148	86054	124032	186566	24323
其中:宁波市	234829	98271	12573	19165	45250	5144
安徽省	455908	176412	72307	72244	6034	3121
福建省	490257	187196	52258	63853	18363	5452
其中:厦门市	91082	37754	5466	16259	4157	101
江西省	396178	145786	63543	49450	7989	3113
山东省	974999	369274	142704	152643	22322	23274
其中:青岛市	156033	83975	26569	35629	8654	7812
河南省	696299	274881	138316	104141	11223	2719
湖北省	668111	281370	95378	109244	44516	6487
湖南省	582451	235140	94483	81276	19246	14659
广东省	2666368	1119129	287358	518840	136496	37532
其中:深圳市	551087	238306	39616	133972	28817	7328
广西壮族自治区	413516	160002	66576	65175	16435	1001
海南省	113337	41145	21622	13335	1991	328
重庆市	302502	119097	40462	62132	8125	1532
四川省	741350	284656	103683	80697	68103	4723
贵州省	311584	116282	47289	44193	7446	1039
云南省	535559	190446	73557	90743	11464	4095
西藏自治区	92073	40041	13596	23459	1682	676
陕西省	415322	150868	72423	52275	12147	1387
甘肃省	203092	77837	34082	37073	2867	370
青海省	72117	29129	9539	16325	2122	25
宁夏回族自治区	74387	28264	9566	14374	1272	321
新疆维吾尔自治区	264194	91793	32742	30686	16770	5841

2－51－2　　　　单位:万元

地　　区	工资福利支出				商品和服务支出		
	伙食费	伙　食 补助费	绩效 工资	其他工资 福利支出	小　计	办公费	印刷费
地　方　合　计	**18742**	**76378**	**20519**	**785401**	**6904744**	**617921**	**101813**
北京市	414	2212	1111	81573	270021	20216	1823
天津市	398	1607	10	8907	100974	11787	1162
河北省	1087	4905	97	24433	305296	29647	5646
山西省	367	1014	418	11449	177329	19519	3550
内蒙古自治区	203	718	322	7055	140891	13191	2229
辽宁省	507	1559	42	10371	286019	27657	6312
其中:大连市	222	168		413	36846	6668	819
吉林省		1595		2620	126547	12676	2390
黑龙江省	357	3381	911	2720	161106	26386	2718
上海市	1943	9498		50957	295123	11585	2227
江苏省	1354	9418	655	114881	513259	38333	6190
浙江省	724	10270	556	97623	439920	17723	9262
其中:宁波市	61	1444		14634	81440	3215	420
安徽省	788	1562	788	19568	194948	14612	2519
福建省	661	2245	2368	41996	173340	12255	2411
其中:厦门市		77	582	11112	21277	1133	75
江西省	343	1201	1358	18789	161903	13453	3442
山东省	698	2206	1013	24414	396512	49565	4754
其中:青岛市	17	423	499	4372	45233	2614	464
河南省	1241	3239	625	13377	291861	46273	5922
湖北省	592	2427	2910	19816	253830	18635	3348
湖南省	225	1397	843	23011	220024	17796	3622
广东省	5111	6021	3982	123789	1016330	79221	11042
其中:深圳市	29	319	330	27895	230088	11668	2221
广西壮族自治区	265	446	28	10076	166076	16042	2623
海南省	94	636	99	3040	36085	2101	444
重庆市		1692		5154	112909	11575	1341
四川省	316	1802	420	24912	289344	26102	5729
贵州省	125	949	1140	14101	123742	13271	1522
云南省	154	740	278	9415	234235	29848	3284
西藏自治区	5	1		622	19248	1604	237
陕西省	233	1342	207	10854	158741	19785	3072
甘肃省	79	249	80	3037	83230	7472	1231
青海省	30	274	8	806	26700	2089	187
宁夏回族自治区	125	287	56	2263	33020	1458	529
新疆维吾尔自治区	303	1485	194	3772	96181	6044	1045

2-51-3　　　　单位:万元

地　　区	商品和服务支出						
	咨询费	手续费	水　费	电　费	邮电费	取暖费	物　业 管理费
地　方　合　计	**3061**	**5303**	**62604**	**237794**	**200451**	**118100**	**45725**
北京市	133	27	3060	13412	4138	12252	6890
天津市	22	49	1013	3498	2415	2918	389
河北省	61	81	2770	9537	9566	12639	1277
山西省	48	74	1318	4610	3691	6237	496
内蒙古自治区	23	172	790	2404	4329	6659	430
辽宁省	640	61	2940	10042	13225	19191	944
其中:大连市	28	1	322	1446	2332	2782	581
吉林省	107	97	956	3608	2762	9506	418
黑龙江省	44	247	1191	4298	5805	13431	860
上海市	20	649	1571	9394	5607	370	5624
江苏省	79	578	4623	20443	12888	713	1584
浙江省	185	574	4094	17936	13772		3295
其中:宁波市	93	410	615	2524	1588		768
安徽省	76	55	1801	6906	5359	268	689
福建省	55	189	1802	6262	6925	3	1756
其中:厦门市	10	3	404	899	692		1051
江西省	57	97	1232	4971	4401	217	742
山东省	214	258	4328	13864	11780	12153	1888
其中:青岛市	2	1	297	1440	1614	1093	109
河南省	286	580	2844	10546	7367	3619	1108
湖北省	88	105	2376	9971	6957	271	1354
湖南省	91	51	2571	7294	5741	2382	806
广东省	349	787	9347	41848	33050	32	8519
其中:深圳市	52	31	1780	9110	5887		4908
广西壮族自治区	56	158	1507	5269	3818	2	429
海南省	2	11	369	1138	812		379
重庆市	5	30	1256	4610	3718	3	2078
四川省	67	88	2756	8952	11457	283	1191
贵州省	34	55	842	2801	2677	472	392
云南省	94	68	1881	3789	6456	7	1259
西藏自治区		1	175	538	340	247	3
陕西省	116	41	1747	4999	4415	4586	161
甘肃省	33	22	475	1644	2249	3055	370
青海省		6	213	608	1162	1219	77
宁夏回族自治区		6	123	586	553	1042	55
新疆维吾尔自治区	76	86	633	2016	3016	4323	262

2-51-4

单位:万元

地区	商品和服务支出					
	交通费	差旅费	出国费	维修(护)费	租赁费	会议费
地方合计	**964104**	**325701**	**9528**	**390705**	**70341**	**114434**
北京市	34697	5297	566	35546	5619	2673
天津市	10806	2947	156	7431	2286	1116
河北省	51309	13540	113	17567	2737	6136
山西省	27846	8229	67	14565	5261	3422
内蒙古自治区	23094	9535	283	10692	1546	1696
辽宁省	64375	14979	191	15896	2500	4071
其中:大连市	8202	1972	34	2356	180	439
吉林省	29535	9676	357	12708	826	2788
黑龙江省	33694	11987	247	12498	606	1739
上海市	22228	4085	773	17430	2435	1843
江苏省	56106	24923	622	20553	3550	9404
浙江省	50176	16436	1055	19708	7040	5520
其中:宁波市	8029	2102	114	3111	599	1009
安徽省	22957	8254	380	7583	1769	2182
福建省	24128	8408	244	10099	1492	2034
其中:厦门市	2504	628	20	1728	121	67
江西省	22552	9487	86	6365	1040	2179
山东省	46793	16256	430	25199	4202	9095
其中:青岛市	6331	1988	95	1772	1082	484
河南省	52468	19155	148	15950	1597	6716
湖北省	36171	12432	399	10765	847	5279
湖南省	37325	11563	533	7884	1406	6181
广东省	113277	33873	1095	48283	7126	14695
其中:深圳市	21264	7697	53	9521	2455	3283
广西壮族自治区	25640	7932	252	7322	1845	2521
海南省	6072	1363	43	1202	761	492
重庆市	19370	15529	14	7077	729	4636
四川省	40874	17810	637	17665	4455	6814
贵州省	18532	8331	363	4249	1104	1800
云南省	35669	10335	129	10603	2963	4332
西藏自治区	3524	1702		649	33	60
陕西省	22904	8354	106	10437	1945	2705
甘肃省	8975	4382	84	6338	630	1065
青海省	3205	1251	20	1669	239	193
宁夏回族自治区	4341	2103	51	1893	625	386
新疆维吾尔自治区	15461	5547	84	4879	1127	661

2－51－5

单位:万元

地区	商品和服务支出						
	培训费	招待费	专用材料费	被装购置费	专用燃料费	劳务费	委托业务费
地方合计	**119147**	**246005**	**551693**	**232007**	**43095**	**167483**	**28408**
北京市	3149	1387	7874	7638	104	3858	1700
天津市	1414	1321	1186	3148	552	2249	17
河北省	3597	5063	41929	10941	8011	7836	847
山西省	2636	5499	20856	2755	1128	3181	1072
内蒙古自治区	2035	2782	24678	6986	1061	2815	819
辽宁省	4691	5905	32264	10084	2340	7534	1753
其中:大连市	465	706	2089	1259	30	2858	532
吉林省	1899	2327	11101	6955	2045	2494	2774
黑龙江省	2176	2596	11475	8679	2110	1688	1111
上海市	2401	4758	10789	6708	64	1780	613
江苏省	7749	23962	47141	16138	2925	22968	2017
浙江省	7748	21495	16934	11070	1217	26876	2737
其中:宁波市	1134	3073	2787	1293	82	8510	487
安徽省	4142	7176	30053	8482	3085	3399	1005
福建省	2358	10365	6925	9917	887	5568	2726
其中:厦门市	154	737	371	419	12	142	27
江西省	3863	12856	6916	4888	1529	2206	538
山东省	7664	8991	51109	15488	5244	5974	1804
其中:青岛市	553	1081	2298	1948	204	173	5
河南省	5985	10624	41029	8842	3095	5260	2241
湖北省	3646	10437	37758	6967	1287	2129	1199
湖南省	3688	19796	12822	5936	697	3860	254
广东省	19149	30621	28604	23207	1355	29143	853
其中:深圳市	4389	2921	4014	5999	649	5435	17
广西壮族自治区	3119	6139	4294	6367	427	1625	723
海南省	742	1249	2415	1076	183	92	20
重庆市	5016	2959	2835	105	100	2760	108
四川省	5337	16317	4165	16453	593	3906	102
贵州省	3123	8628	9457	6233	306	2680	135
云南省	4433	11876	28373	7472	422	8906	654
西藏自治区	279	599	536	224	35	165	74
陕西省	3584	5093	32862	4832	1578	1919	111
甘肃省	1041	1745	12804	3660	284	550	251
青海省	222	783	2543	2158	188	311	16
宁夏回族自治区	637	642	3920	708	149	560	59
新疆维吾尔自治区	1624	2014	6046	7890	94	3191	75

2－51－6

单位:万元

地区	商品和服务支出			对个人和家庭的补助			
	工会经费	福利费	其他商品和服务支出	小计	离休费	退休费	退职(役)费
地方合计	**37382**	**111726**	**2100213**	**794725**	**25563**	**243321**	**2787**
北京市	3968	1469	92525	34249	4	21	34
天津市	322	1972	40798	31533	1571	12244	13
河北省	1069	3235	60142	22000	1495	10843	7
山西省	467	2365	38437	18611	1515	8416	10
内蒙古自治区	156	1513	20973	5674	75	1515	5
辽宁省	1461	2124	34839	37034	1727	15349	236
其中:大连市	57	152	536	2017		9	4
吉林省	164	565	7813	19156	1463	12019	6
黑龙江省	449	1709	13362	32501	3310	18070	1
上海市	3401	9408	169360	16781	874	7795	8
江苏省	2913	10393	176464	80235	3344	27934	266
浙江省	5186	16856	163025	78007	1825	16488	263
其中:宁波市	966	1366	37145	11884	266	3357	20
安徽省	360	1507	60329	17411	390	3474	18
福建省	1620	4473	50438	23247	166	2273	68
其中:厦门市	712	445	8923	5443		7	2
江西省	420	4146	54220	13628	160	3697	7
山东省	1509	2903	95047	56898	1628	6228	1486
其中:青岛市	334	262	18989	11831	1267	4143	119
河南省	1345	3391	35470	17499	1026	9635	3
湖北省	1183	4996	75230	29404	543	12805	24
湖南省	1725	3251	62749	26669	622	10668	45
广东省	2050	21099	457705	79526	310	5330	63
其中:深圳市	839	4143	121752	9865		90	
广西壮族自治区	777	1559	65630	18598	383	8973	18
海南省	68	147	14904	3157	2	395	8
重庆市	1256	1299	24500	5487	24	384	10
四川省	1295	3126	93170	34913	560	12719	50
贵州省	501	2036	34198	29503	1084	15311	27
云南省	1852	2276	57254	18991	223	2216	18
西藏自治区	286	130	7807	5565	5	3527	
陕西省	233	784	22372	15092	339	4247	16
甘肃省	282	1057	23531	5655	246	3079	29
青海省	223	61	8057	683		45	1
宁夏回族自治区	80	358	12156	2078	215	685	4
新疆维吾尔自治区	761	1518	27708	14940	434	6936	43

2－51－7 单位:万元

地　　区	对个人和家庭的补助						
	抚恤金	生活补助	救济费	医疗费	助学金	奖励金	生产补贴
地 方 合 计	**20283**	**67894**	**1235**	**30591**	**87**	**32097**	**870**
北京市	526	348		863		11	
天津市	532	439		933		440	
河北省	682	2090	36	828	1	362	92
山西省	295	2520	23	281		881	
内蒙古自治区	314	953	12	298		357	
辽宁省	1029	3571	133	959		3980	
其中:大连市	187	539	13	23		975	
吉林省	422	1633	29	203		269	
黑龙江省	948	2573	38	243	1	492	20
上海市	1419	157	5	25	4	441	
江苏省	1222	4118	83	1440	1	1725	66
浙江省	755	4437	130	4116		2654	11
其中:宁波市	134	545	67	1386		215	
安徽省	864	1216	56	792		795	
福建省	421	2340	23	546	5	866	5
其中:厦门市	119	32				20	
江西省	929	1362	32	1664	2	342	2
山东省	1115	2845	71	1734	3	402	33
其中:青岛市	233	463	4	92		49	
河南省	747	2913	92	309	9	668	17
湖北省	827	1031	77	1677	16	743	315
湖南省	912	2367	127	1733	27	671	18
广东省	1496	7645	52	8371	8	4041	3
其中:深圳市	45	782		27		908	
广西壮族自治区	833	2514	54	351	1	432	6
海南省	68	1658	2	60		265	
重庆市	414	1027	8	337		1213	
四川省	710	6648	41	611	4	2614	20
贵州省	575	1300		658	4	986	1
云南省	1069	6135	14	624	1	4862	5
西藏自治区	122	85		125		1	
陕西省	296	1729	34	444		494	75
甘肃省	151	606	47	15		20	
青海省	32	157		13		14	181
宁夏回族自治区	72	447	7	122		281	
新疆维吾尔自治区	486	1030	9	216		775	

2－51－8 单位：万元

地区	对个人和家庭的补助				对企事业单位的补贴		
	住房公积金	提租补贴	购房补贴	其他对个人和家庭的补助支出	小计	企业政策性补贴	事业单位补贴
地方合计	**192071**	**25213**	**49844**	**102869**	**16580**	**133**	**4139**
北京市	22678	5267	3581	916	14		
天津市	14524	233	69	535			
河北省	3905	103	25	1531	1197		1197
山西省	2756	75	7	1832	1142		
内蒙古自治区	852	1	14	1278	65		15
辽宁省	3054	5049	53	1894	656		542
其中：大连市	44	145		78			
吉林省	2306	258		548			
黑龙江省	4909	922	13	961	133	133	
上海市	1161		2470	2422	597		105
江苏省	13538	3128	4068	19302	4943		291
浙江省	28125	244	3611	15348	1765		272
其中：宁波市	346	6	30	5512	1000		88
安徽省	4412	64	13	5317	24		9
福建省	7472	4329	522	4211	150		67
其中：厦门市	2554	2553		156	70		10
江西省	2798	5	53	2575	40		40
山东省	11364	1825	23122	5042	331		270
其中：青岛市	2042	465	1172	1782	118		57
河南省	895		19	1166	20		10
湖北省	6975	186	136	4049			
湖南省	6759	19	37	2664	3086		32
广东省	29113	3384	5080	14630	1493		1043
其中：深圳市		3012	3853	1148			
广西壮族自治区	2626		17	2390			
海南省	66	1		632	6		6
重庆市	491		12	1567	67		
四川省	5790		169	4977			
贵州省	2017	93	6312	1135	203		203
云南省	2793	1	56	974	6		6
西藏自治区	447			1253			
陕西省	6419	2	32	965	31		31
甘肃省	853	21	3	585	611		
青海省				240			
宁夏回族自治区	74			171			
新疆维吾尔自治区	2899	3	350	1759			

2－51－9

单位:万元

地　　区	对企事业单位的补贴		赠　与			债务利息支出	
	财政贴息	其他对企事业单位的补贴支出	小　计	对国内的赠与	对国外的赠与	小　计	国库券付息
地　方　合　计	**15**	**12293**	**675**	**675**		**35**	
北京市		14					
天津市							
河北省							
山西省	15	1127					
内蒙古自治区		50					
辽宁省		114				35	
其中:大连市							
吉林省			47	47			
黑龙江省							
上海市		492					
江苏省		4652					
浙江省		1493	5	5			
其中:宁波市		912					
安徽省		15					
福建省		83					
其中:厦门市		60					
江西省			3	3			
山东省		61					
其中:青岛市		61					
河南省		10					
湖北省			28	28			
湖南省		3054	120	120			
广东省		450	468	468			
其中:深圳市			460	460			
广西壮族自治区			4	4			
海南省							
重庆市		67					
四川省							
贵州省							
云南省							
西藏自治区							
陕西省							
甘肃省		611					
青海省							
宁夏回族自治区							
新疆维吾尔自治区							

2-51-10

单位:万元

地　　区	债务利息支出					基本建设支出	
	向国家银行借款付息	其他国内借款付息	向国外政府借款付息	向国际组织借款付息	其他国外借款付息	小　计	房屋建筑物购建
地方合计	**35**					**643945**	**323141**
北京市						65642	8326
天津市						2938	2779
河北省						17892	7962
山西省						5149	3995
内蒙古自治区						17640	10611
辽宁省	35					18984	11053
其中:大连市						6211	3271
吉林省						6510	4905
黑龙江省						11492	10402
上海市						31572	11769
江苏省						44176	31551
浙江省						34336	18168
其中:宁波市						14708	8768
安徽省						11370	8387
福建省						16905	13460
其中:厦门市						8575	8475
江西省						11325	5713
山东省						31065	12218
其中:青岛市						6606	
河南省						17074	12689
湖北省						30101	3370
湖南省						23097	11443
广东省						66699	40098
其中:深圳市						1225	
广西壮族自治区						18957	8097
海南省						13648	4137
重庆市						21970	13676
四川省						30390	12963
贵州省						3070	1953
云南省						23534	11236
西藏自治区						12597	10014
陕西省						10507	3579
甘肃省						13677	5012
青海省						5470	2870
宁夏回族自治区						2044	1473
新疆维吾尔自治区						24114	19232

2-51-11 单位:万元

地区	基本建设支出							
	办公设备购置	专用设备购置	交通工具购置	基础设施建设	大型修缮	信息网络购建	物资储备	其他基本建设支出
地方合计	**10899**	**28827**	**13244**	**124274**	**14443**	**24740**	**360**	**104017**
北京市	774	137	500	32778	1438	1151		20538
天津市				150				9
河北省	482	1036	1328	1231	1012	2344	20	2477
山西省	47	280	254	243				330
内蒙古自治区	342	571	509	2340	109	256		2902
辽宁省	307	598	18	6037	270	665		36
其中:大连市				2675		265		
吉林省			184	947	100	374		
黑龙江省		30		403	297			360
上海市	974	430	520	3636	5008	5		9230
江苏省	707	1464	499	4106	737	604		4508
浙江省	1875	1868	1738	4699	164	723		5101
其中:宁波市	842	558	20	1910	100	110		2400
安徽省	33	1008	250	570	217	592		313
福建省	430	427	660	869	164	822		73
其中:厦门市		60						40
江西省	142	115	611	1967	314	634		1829
山东省	482	3372	1098	5	113	1696	324	11757
其中:青岛市		161	164					6281
河南省	312	1318	226	1054	290	696	16	473
湖北省	306	2717	739	19955	301	2100		613
湖南省	62	1522	58	1789	150	396		7677
广东省	653	6814	1685	5331	1768	583		9767
其中:深圳市				1225				
广西壮族自治区	547	1279	832	7001	62	547		592
海南省	64	839	129	155	347	306		7671
重庆市	125	20	19	631	35	2578		4886
四川省	838	1036	311	6838	373	5385		2646
贵州省	45	1	99	424	439	42		67
云南省	875	407	390	8803	81	1460		282
西藏自治区				1218				1365
陕西省	47	200	80	101	107	38		6355
甘肃省	49	303	65	6524	220	239		1265
青海省	131	243	109	1461	296	63		297
宁夏回族自治区	85	16	35	237	9	61		128
新疆维吾尔自治区	165	776	298	2771	22	380		470

2－51－12

单位:万元

地　　区	其他资本性支出						
	小　计	房屋建筑物购　建	办公设备购　置	专用设备购　置	交通工具购　置	基础设施建　设	大型修缮
地　方　合　计	**2043949**	**360777**	**233728**	**415940**	**400507**	**105638**	**98326**
北京市	140631	9394	21052	28470	27341	758	8871
天津市	32451	5786	6033	7600	8412	471	282
河北省	73813	19473	6712	14853	18676	2814	3243
山西省	82149	11405	9338	14907	18769	3458	5302
内蒙古自治区	56624	16263	6086	8797	13577	3675	1673
辽宁省	95412	14042	8876	26799	16299	11271	4610
其中:大连市	13393	185	636	3955	1726	5385	71
吉林省	31682	6594	4069	4775	7630	3055	2061
黑龙江省	52937	5344	5544	16149	13183	3810	3005
上海市	75900	206	11028	18862	16136	2379	10876
江苏省	152946	36539	14357	27686	24674	14391	6259
浙江省	130108	24757	15021	28867	30835	4423	1637
其中:宁波市	14300	2435	2086	3094	3720	236	14
安徽省	50365	11253	6442	8786	9161	5055	2133
福建省	78491	14289	7605	11882	13919	6901	5872
其中:厦门市	15694	6	1055	3168	2495		1261
江西省	55377	8369	6479	6126	10660	3567	1632
山东省	119034	24815	10893	26055	23326	6712	5254
其中:青岛市	5733	12	442	957	2801	663	9
河南省	80730	12725	9626	22591	15673	3250	3909
湖北省	59727	9478	4570	12124	10907	1558	3359
湖南省	49700	11239	7846	6174	12488	1941	3452
广东省	188104	17093	23755	36632	33350	4408	11263
其中:深圳市	12962	25	2658	4229	4130	320	270
广西壮族自治区	41394	7326	5162	9256	7231	3495	797
海南省	17241	6328	1106	2224	2079	833	357
重庆市	38085	1302	3526	4985	8557	1352	85
四川省	91815	12745	9645	31394	18965	3831	2503
贵州省	34416	8772	4769	4933	7516	1439	643
云南省	67952	23832	8763	9624	11168	3373	2103
西藏自治区	14439	495	243	286	381	489	144
陕西省	62503	29036	5080	8490	7364	3557	2685
甘肃省	19981	5006	2703	5340	2905	1412	379
青海省	9365	1164	764	3310	589	288	370
宁夏回族自治区	8831	2118	2330	1585	1074	181	420
新疆维吾尔自治区	31746	3589	4305	6378	7662	1491	3147

2－51－13　　　　单位:万元

地　　区	其他资本性支出						
	信息网络购建	物资储备	土地补偿	安置补助	地上附着物和青苗补偿	拆迁补偿	其他资本性支出
地方合计	**177486**	**1271**	**5846**	**402**	**238**	**12139**	**231651**
北京市	25670		6	1			19068
天津市	2004		1313				550
河北省	3493		88		40		4421
山西省	8389	341	983	6	8		9243
内蒙古自治区	2336	60	77	3		21	4056
辽宁省	8588		11			3	4913
其中:大连市	1435						
吉林省	3135		25				338
黑龙江省	4348		41				1513
上海市	5549						10864
江苏省	10298				13		18729
浙江省	11722	32					12814
其中:宁波市	2271						444
安徽省	4413		175			100	2847
福建省	7986	29	315				9693
其中:厦门市	1867						5842
江西省	6220		513	381	101		11329
山东省	10244	57	81		25	25	11547
其中:青岛市	1						848
河南省	4960	89	10				7897
湖北省	5976	7	974				10774
湖南省	3207	104	68	11			3170
广东省	16435	68	515			11955	32630
其中:深圳市	660	1					669
广西壮族自治区	3316	4	111				4696
海南省	1447		16		13	4	2834
重庆市	2592						15686
四川省	3921	82			3		8726
贵州省	4595	138	10			15	1586
云南省	5175		54		13	4	3843
西藏自治区	93						12308
陕西省	4529	260	2			9	1491
甘肃省	1372		12			3	849
青海省	2273		10		3		594
宁夏回族自治区	449		316				358
新疆维吾尔自治区	2751		120		19		2284

二、地方财政预算收支情况

2－51－14 单位:万元

地区	贷款转贷及产权参股					其他支出		
	小计	国内贷款	国外贷款	产权参股	其他贷款转贷及产权参股支出	小计	补充全国社会保障基金	其他支出
地方合计	**837**	**515**		**250**	**72**	**436719**		**436719**
北京市						14197		14197
天津市								
河北省						7483		7483
山西省						1692		1692
内蒙古自治区						31		31
辽宁省	26	26				2190		2190
其中:大连市						1287		1287
吉林省						447		447
黑龙江省						118		118
上海市						11834		11834
江苏省	250			250		39738		39738
浙江省						29498		29498
其中:宁波市						13226		13226
安徽省						5378		5378
福建省	72				72	10856		10856
其中:厦门市						2269		2269
江西省						8116		8116
山东省						1885		1885
其中:青岛市						2537		2537
河南省						14234		14234
湖北省	24	24				13627		13627
湖南省						24615		24615
广东省	285	285				194334		194334
其中:深圳市						58181		58181
广西壮族自治区						8485		8485
海南省						2055		2055
重庆市						4887		4887
四川省						10232		10232
贵州省						4368		4368
云南省						395		395
西藏自治区						183		183
陕西省						17580		17580
甘肃省						2101		2101
青海省						770		770
宁夏回族自治区						150		150
新疆维吾尔自治区	180	180				5240		5240

2007 年各省、自治区、直辖市国家安全支出明细表

2－52－1　　　　单位:万元

地　　区	合　计	工资福利支出				
		小　计	基本工资	津贴补贴	奖　金	社会保障缴　费
地方合计	**622953**	**315327**	**85225**	**145672**	**42087**	**10586**
北京市	81280	37005	7235	14419	9051	
天津市	19353	10002	2796	6801	362	33
河北省	10931	5505	2167	2707	74	68
山西省	8005	4093	1274	1986	689	27
内蒙古自治区	9356	5882	2369	3156	199	
辽宁省	29187	14247	4519	8245	1188	258
其中:大连市	6897	3542	1033	1918	548	40
吉林省	13885	8056	2870	4452	386	223
黑龙江省	16500	9776	4687	4119	791	32
上海市	95914	41684	2815	12530	7396	4702
江苏省	45687	13293	2906	5699	3200	295
浙江省	27434	12041	2650	3372	3603	434
其中:宁波市	4643	2613	515	726	955	264
安徽省	5853	3772	1333	2025	231	34
福建省	20572	12098	3431	5773	1195	38
其中:厦门市	7656	4455	769	2028	528	25
江西省	8283	4947	1851	2368	586	34
山东省	30474	17506	5297	8911	788	2207
其中:青岛市	5970	4172	1044	2655		292
河南省	12577	6557	2075	4153	133	5
湖北省	16446	10372	2505	4345	3029	210
湖南省	11331	5629	1383	2881	522	467
广东省	56222	32241	8876	17096	4510	457
其中:深圳市	9116	5584	2717	1782	860	182
广西壮族自治区	10155	6524	2038	3885	554	
海南省	8478	5030	1643	2842	179	58
重庆市	5970	3413	987	1967	109	3
四川省	13704	7438	2411	3425	1244	12
贵州省	6068	2974	1489	1174	220	18
云南省	13590	7042	2974	3531	187	120
西藏自治区	10760	6936	2285	4173	286	1
陕西省	10755	6204	2356	2804	621	143
甘肃省	5551	4069	1643	2197	155	
青海省	2695	1847	591	1038	205	
宁夏回族自治区	2194	1364	487	805	43	19
新疆维吾尔自治区	13743	7780	3282	2793	351	688

二、地方财政预算收支情况

2－52－2

单位:万元

地　　区	工资福利支出				商品和服务支出		
	伙食费	伙食补助费	绩效工资	其他工资福利支出	小　计	办公费	印刷费
地　方　合　计	**79**	**1462**	**355**	**29861**	**133645**	**12437**	**444**
北京市		3		6297	21780	596	6
天津市				10	2351	111	5
河北省		13		476	3757	251	24
山西省		9		108	2545	251	19
内蒙古自治区		8		150	2519	163	6
辽宁省	3			34	10701	981	23
其中:大连市	3				1934	334	2
吉林省		2		123	2386	224	24
黑龙江省	14	32	21	80	4653	1328	29
上海市	26	190	16	14009	6994	231	58
江苏省		115		1078	7898	357	13
浙江省		254		1728	8183	342	12
其中:宁波市		33		120	821	49	
安徽省	5	5		139	1182	154	6
福建省		30	153	1478	3820	344	7
其中:厦门市		29	148	928	1203	40	
江西省		2		106	1346	128	3
山东省		25	128	150	6054	973	5
其中:青岛市			128	53	596	109	1
河南省				191	4531	358	74
湖北省	1	90		192	3228	162	20
湖南省		1	37	338	3288	301	15
广东省		208		1094	12676	1060	15
其中:深圳市		10		33	2801	303	3
广西壮族自治区		39		8	3449	2442	2
海南省				308	1249	145	2
重庆市		321		26	831	102	8
四川省	30	12		304	2293	206	16
贵州省		31		42	2110	91	2
云南省				230	3620	278	12
西藏自治区				191	1165	151	9
陕西省		58		222	3260	386	21
甘肃省		14		60	930	51	7
青海省				13	703	39	
宁夏回族自治区				10	398	4	
新疆维吾尔自治区				666	3745	227	1

2－52－3　　　　　　　　　　　　　　　　　　　　　　　　单位:万元

地　　区	商品和服务支出						
	咨询费	手续费	水　费	电　费	邮电费	取暖费	物　业 管理费
地　方　合　计	**29**	**59**	**1990**	**11163**	**6683**	**8556**	**5300**
北京市			182	1560	313	1722	1620
天津市		1	55	523	136	21	233
河北省		1	61	285	290	509	214
山西省		2	47	204	43	264	24
内蒙古自治区			69	234	456	587	2
辽宁省		5	110	633	751	1100	79
其中:大连市			23	118	189	149	39
吉林省		1	48	345	180	700	6
黑龙江省			59	225	373	1370	86
上海市	1	2	66	1155	437	1	446
江苏省			58	499	153		151
浙江省		1	66	403	265		868
其中:宁波市			5	120	1		85
安徽省			30	200	31	57	111
福建省		1	95	579	245		41
其中:厦门市			12	150	45		2
江西省		1	26	153	190	16	18
山东省		11	87	529	452	782	130
其中:青岛市			17	131	29	78	20
河南省	1	3	84	372	69	72	30
湖北省	1	2	44	207	136	212	60
湖南省		1	56	207	127	146	18
广东省	18	3	189	1251	739	2	535
其中:深圳市	18		13	374	219		171
广西壮族自治区			44	282	41		
海南省	6	17	19	148	32		186
重庆市	1		60	107	8		73
四川省	1	1	40	84	359	5	55
贵州省			10	32	186	80	3
云南省		1	132	317	202		82
西藏自治区		1	63	189	78	28	18
陕西省			132	173	84	202	55
甘肃省			24	120	133	124	2
青海省			16	18	129	42	6
宁夏回族自治区							
新疆维吾尔自治区		4	18	129	45	514	148

2－52－4

单位:万元

地　区	商品和服务支出					
	交通费	差旅费	出国费	维修(护)费	租赁费	会议费
地　方　合　计	**11391**	**7942**	**230**	**18569**	**3487**	**2932**
北京市	1632	103	23	9828	1032	218
天津市	81	118		231	162	27
河北省	374	357	9	223	75	212
山西省	128	113	6	337		101
内蒙古自治区	97	105		44		13
辽宁省	1554	1025		721	697	163
其中:大连市	311	194		172	154	23
吉林省	71	256		101	5	68
黑龙江省	185	209		74		38
上海市	824	511	90	357	868	257
江苏省	409	955	31	159	100	343
浙江省	762	504	33	234	130	163
其中:宁波市		75		32		
安徽省	84	65		69	13	43
福建省	227	265		441	11	33
其中:厦门市	62	65		108		3
江西省	128	65		36		20
山东省	695	347	6	1095	85	180
其中:青岛市	73	13	6	29	13	
河南省	366	192		525	21	104
湖北省	197	106	12	688	10	145
湖南省	109	171	6	46	3	65
广东省	1247	802	5	1647	225	230
其中:深圳市	388	263	2	190	1	105
广西壮族自治区	70	132		75		98
海南省	223	67		145	20	56
重庆市	131	213		2		15
四川省	260	145	3	114	4	97
贵州省	188	132	3	23	1	15
云南省	771	318		141	6	107
西藏自治区	70	96		98		5
陕西省	352	206	3	841	9	25
甘肃省	15	60		36		68
青海省	32	49		36	8	6
宁夏回族自治区		6		3		4
新疆维吾尔自治区	109	249		199	2	13

2－52－5 单位:万元

地区	商品和服务支出						
	培训费	招待费	专用材料费	被装购置费	专用燃料费	劳务费	委托业务费
地方合计	**2300**	**4749**	**1475**	**665**	**84**	**1442**	**137**
北京市	324	278	53	10		28	
天津市	37	40	10		9	10	
河北省	42	136	14			18	
山西省	42	351	13			42	
内蒙古自治区	7	58	4	8	5	7	
辽宁省	103	220	36		19	234	8
其中:大连市	12	104	31			68	
吉林省	29	98				1	
黑龙江省	35	22	36	3		20	
上海市	104	409				110	
江苏省	72	130	63	5		45	
浙江省	135	274	122	5	17	77	1
其中:宁波市	2	19					
安徽省	28	87				27	
福建省	52	33	16	52	12	5	
其中:厦门市	4	5	13				
江西省	34	122		1		6	
山东省	109	131				14	
其中:青岛市	26	6				3	
河南省	164	138	1030	229	20	23	38
湖北省	103	212	3	32		178	13
湖南省	76	366	28	19	2	41	60
广东省	264	487	27			281	17
其中:深圳市	88	46				166	
广西壮族自治区	32	48		10		5	
海南省	10	41				20	
重庆市	33	55					
四川省	45	107				29	
贵州省	13	288		61		25	
云南省	166	174	5	96		72	
西藏自治区	20	74		1		10	
陕西省	141	137		5		3	
甘肃省	42	32	14	2		3	
青海省	10	39		124		59	
宁夏回族自治区	9	8					
新疆维吾尔自治区	19	154	1	2		49	

二、地方财政预算收支情况

2－52－6　　　　　　　　　　　　　　　　　　单位:万元

地　　区	商品和服务支出			对个人和家庭的补助			
	工会经费	福利费	其他商品和服务支出	小　计	离休费	退休费	退职(役)费
地　方　合　计	**2660**	**3784**	**25137**	**37123**	**1731**	**13601**	**21**
北京市	502	163	1587	3876			9
天津市	126	145	270	4538	659	2313	
河北省	57	54	551	276	11	213	
山西省	10	1	547	287		2	
内蒙古自治区	14	81	559	33			
辽宁省	135	36	2068	1402	134	917	
其中:大连市	5	6		151			
吉林省	31	22	176	2096	76	1477	
黑龙江省	130	105	326	1958	229	1417	
上海市	39	226	802	853	89	298	
江苏省	144	77	4134	2619	264	1720	2
浙江省	104	1518	2147	2974	79	1307	
其中:宁波市		11	422	328	7	277	
安徽省	9	11	157	384		6	1
福建省	236	89	1036	796			
其中:厦门市	124	54	516	686			
江西省	24	24	351	542		35	
山东省	70	44	309	3199	123	554	2
其中:青岛市	33	3	6	650	118	488	
河南省	63	81	474	61		27	
湖北省	130	169	386	740		223	
湖南省	94	65	1266	1239	7	486	6
广东省	231	192	3209	3937			
其中:深圳市	21	66	364	42			
广西壮族自治区	42	6	120	131			
海南省	33	2	77	334			
重庆市	12	4	7	153			
四川省	77	36	609	648		330	
贵州省	17	37	903	532	3	270	
云南省	78	131	531	219			
西藏自治区	58	17	179	821		425	
陕西省	40	10	435	257	4	13	
甘肃省	28	40	129	225		112	
青海省	24	1	65				
宁夏回族自治区	18	128	218	191		168	
新疆维吾尔自治区	84	269	1509	1802	53	1288	1

2－52－7

单位:万元

地　　区	对个人和家庭的补助						
	抚恤金	生活补助	救济费	医疗费	助学金	奖励金	生产补贴
地　方　合　计	**894**	**647**	**13**	**1086**	**2**	**2345**	
北京市	28	10		28			
天津市	79	102		18		11	
河北省	8	2		7			
山西省	16			17		1	
内蒙古自治区	10	2		20			
辽宁省	95	2		88		6	
其中:大连市	27	2		53		6	
吉林省	42	1		4		1	
黑龙江省	26	4		7		1	
上海市	91	2		133		43	
江苏省	29	55	1	76		1	
浙江省	17	7	3	114		61	
其中:宁波市		6				1	
安徽省		1		1			
福建省	33	15					
其中:厦门市	7	7					
江西省	14	3		44			
山东省	74	18		178		8	
其中:青岛市	35	2					
河南省	11	4	1	6		2	
湖北省	19	16	7	49	1	3	
湖南省	22	251		32		11	
广东省	128	13		1		2153	
其中:深圳市				1			
广西壮族自治区	6	1					
海南省		1		7		5	
重庆市	7			31			
四川省	10	17	1	16		26	
贵州省	18	27		22			
云南省	13	62		96		5	
西藏自治区		3			1		
陕西省		15		2		4	
甘肃省	13	5		72		2	
青海省							
宁夏回族自治区	4						
新疆维吾尔自治区	81	8		17		1	

二、地方财政预算收支情况

2－52－8　　　　单位:万元

地　　区	对个人和家庭的补助				对企事业单位的补贴		
	住　房 公积金	提租 补贴	购房 补贴	其他对个人 和家庭的 补助支出	小　计	企业政策性 补　　贴	事业单位 补　　贴
地　方　合　计	**10839**	**1029**	**2890**	**2025**	**60**		**50**
北京市	2511	486	730	74			
天津市	1299	2		55			
河北省	27			8			
山西省	212	1	1	37			
内蒙古自治区				1			
辽宁省	67		54	39	5		
其中:大连市			54	9			
吉林省	419	44	5	27			
黑龙江省	209	32	6	27			
上海市	26		2	169	5		
江苏省	117	69	63	222	50		50
浙江省	1030	12	197	147			
其中:宁波市				37			
安徽省	296	29		50			
福建省	345	323	56	24			
其中:厦门市	345	323		4			
江西省	415			31			
山东省	510		1703	29			
其中:青岛市				7			
河南省	4			6			
湖北省	385	30		7			
湖南省	362		11	51			
广东省	1437		32	173			
其中:深圳市			32	9			
广西壮族自治区				124			
海南省	317			4			
重庆市				115			
四川省	236			12			
贵州省	58		30	104			
云南省				43			
西藏自治区		1		391			
陕西省	212			7			
甘肃省	8			13			
青海省							
宁夏回族自治区				19			
新疆维吾尔自治区	337			16			

2－52－9　　　　单位：万元

地　　区	对企事业单位的补贴		赠　与			债务利息支出	
	财政贴息	其他对企事业单位的补贴支出	小　计	对国内的赠　与	对国外的赠　与	小　计	国库券付　息
地　方　合　计		**10**	**4**		**4**		
北京市							
天津市							
河北省							
山西省							
内蒙古自治区							
辽宁省		5					
其中：大连市							
吉林省							
黑龙江省							
上海市		5					
江苏省							
浙江省							
其中：宁波市							
安徽省							
福建省							
其中：厦门市							
江西省							
山东省							
其中：青岛市							
河南省							
湖北省							
湖南省							
广东省							
其中：深圳市							
广西壮族自治区							
海南省							
重庆市							
四川省							
贵州省			4		4		
云南省							
西藏自治区							
陕西省							
甘肃省							
青海省							
宁夏回族自治区							
新疆维吾尔自治区							

2－52－10

单位：万元

地　　区	债务利息支出					基本建设支出	
	向国家银行借款付息	其他国内借款付息	向国外政府借款付息	向国际组织借款付息	其他国外借款付息	小　计	房屋建筑物购建
地方合计						**47461**	**7148**
北京市						10937	
天津市							
河北省						57	
山西省						90	
内蒙古自治区							
辽宁省						1003	
其中：大连市						1003	
吉林省						446	
黑龙江省							
上海市						23537	442
江苏省						3835	3500
浙江省						76	
其中：宁波市							
安徽省							
福建省						1104	464
其中：厦门市						64	64
江西省						400	
山东省						1790	1300
其中：青岛市						190	
河南省							
湖北省						117	
湖南省						50	
广东省						767	140
其中：深圳市							
广西壮族自治区							
海南省						50	
重庆市						1226	554
四川省						586	566
贵州省						418	125
云南省						134	
西藏自治区						738	
陕西省						25	
甘肃省						15	
青海省						3	
宁夏回族自治区							
新疆维吾尔自治区						57	57

2－52－11

单位:万元

地　　区	基本建设支出							
	办公设备购置	专用设备购置	交通工具购置	基础设施建设	大型修缮	信息网络购建	物资储备	其他基本建设支出
地方合计	**92**	**2831**	**216**	**2212**	**874**	**661**		**33427**
北京市		980						9957
天津市								
河北省								57
山西省	40	20				30		
内蒙古自治区								
辽宁省				1003				
其中:大连市				1003				
吉林省		446						
黑龙江省								
上海市	5		48			3		23039
江苏省		335						
浙江省	3	19				9		45
其中:宁波市								
安徽省								
福建省		640						
其中:厦门市								
江西省				400				
山东省		190						300
其中:青岛市		190						
河南省								
湖北省			46	71				
湖南省						50		
广东省		77			126	424		
其中:深圳市								
广西壮族自治区								
海南省	21		29					
重庆市					672			
四川省		20						
贵州省	23	89	35			145		1
云南省			58		76			
西藏自治区				738				
陕西省								25
甘肃省		15						
青海省								3
宁夏回族自治区								
新疆维吾尔自治区								

2－52－12

单位:万元

地　　区	其他资本性支出						
	小　计	房屋建筑物购　　建	办公设备购　　置	专用设备购　　置	交通工具购　　置	基础设施建　　设	大型修缮
地　方　合　计	**80875**	**22108**	**14250**	**16622**	**5624**	**1623**	**6735**
北京市	7682		2864	4116	603		10
天津市	2462	150	605		307		
河北省	1256	94	154	700	117		75
山西省	990	50	232	284	236	32	101
内蒙古自治区	922	55	16	720	31		
辽宁省	1829		482	1071	62	6	180
其中:大连市	267		168	52	27		
吉林省	899	292	185	74	144		141
黑龙江省	113				13		100
上海市	16677	5288	3206	101	1190	51	4148
江苏省	17847	11566	526	2705	353		665
浙江省	4042	806	572	2039	328		172
其中:宁波市	881		5	800	76		
安徽省	490		40	450			
福建省	2614	100	663	824	116		700
其中:厦门市	1248		509	442	45		62
江西省	989	216	28		48		24
山东省	1903	478	635		175		
其中:青岛市	357		44		173		
河南省	1428		541	800	59		18
湖北省	1973	699	1178	3		93	
湖南省	496		96				
广东省	5725	223	1322	2101	608		
其中:深圳市	372		246		125		
广西壮族自治区	38						
海南省	1719		3			447	
重庆市	347	100	72		175		
四川省	2739	30	42	24	297	125	85
贵州省							
云南省	2575	1961	189	278	68		51
西藏自治区	1099		41	22	94	869	2
陕西省	969		285	166	201		27
甘肃省	312		88	114	110		
青海省	140		26		28		86
宁夏回族自治区	241			30	61		150
新疆维吾尔自治区	359		159		200		

2－52－13

单位:万元

地区	其他资本性支出						
	信息网络购建	物资储备	土地补偿	安置补助	地上附着物和青苗补偿	拆迁补偿	其他资本性支出
地方合计	**5425**						**8488**
北京市							89
天津市	1400						
河北省	85						31
山西省							55
内蒙古自治区	100						
辽宁省	28						
其中:大连市	20						
吉林省	61						2
黑龙江省							
上海市	2504						189
江苏省	15						2017
浙江省	118						7
其中:宁波市							
安徽省							
福建省	6						205
其中:厦门市	4						186
江西省	2						671
山东省	1						614
其中:青岛市							140
河南省	10						
湖北省							
湖南省	195						205
广东省	182						1289
其中:深圳市							1
广西壮族自治区							38
海南省	15						1254
重庆市							
四川省	444						1692
贵州省							
云南省	2						26
西藏自治区							71
陕西省	257						33
甘肃省							
青海省							
宁夏回族自治区							
新疆维吾尔自治区							

2－52－14

单位:万元

地　　区	贷款转贷及产权参股					其他支出		
	小　计	国内贷款	国外贷款	产权参股	其他贷款转贷及产权参股支出	小　计	补充全国社会保障基金	其他支出
地方合计						**8458**		**8458**
北京市								
天津市								
河北省						80		80
山西省								
内蒙古自治区								
辽宁省								
其中:大连市								
吉林省						2		2
黑龙江省								
上海市						6164		6164
江苏省						145		145
浙江省						118		118
其中:宁波市								
安徽省						25		25
福建省						140		140
其中:厦门市								
江西省						59		59
山东省						22		22
其中:青岛市						5		5
河南省								
湖北省						16		16
湖南省						629		629
广东省						876		876
其中:深圳市						317		317
广西壮族自治区						13		13
海南省						96		96
重庆市								
四川省								
贵州省						30		30
云南省								
西藏自治区						1		1
陕西省						40		40
甘肃省								
青海省						2		2
宁夏回族自治区								
新疆维吾尔自治区								

2007 年各省、自治区、直辖市检察支出明细表

2－53－1　　　　单位:万元

地　　区	合　计	工资福利支出				
		小　计	基本工资	津贴补贴	奖　金	社会保障缴　费
地　方　合　计	**2453211**	**897451**	**356993**	**318136**	**133064**	**21964**
北京市	77974	25224	5359	9049	6227	252
天津市	29285	15419	5320	7470	1428	124
河北省	114374	40280	21088	14266	1755	824
山西省	68620	24622	11989	9756	1327	312
内蒙古自治区	46306	17826	9200	7443	733	111
辽宁省	104814	34763	15356	15564	1934	684
其中:大连市	11542	5427	1703	2523	1063	93
吉林省	66946	19161	9624	7396	1172	238
黑龙江省	73746	27440	14440	10041	2093	187
上海市	83979	36786	10290	5145	18451	954
江苏省	176399	68122	16539	18473	22985	2486
浙江省	117005	52915	11150	12239	20698	2727
其中:宁波市	19381	9797	1523	1929	5003	691
安徽省	70883	26912	12061	9346	1712	407
福建省	68261	26089	9380	8745	2843	915
其中:厦门市	13302	4622	825	1859	466	23
江西省	70413	22119	10519	5924	1942	268
山东省	147969	51966	23935	19802	2339	3215
其中:青岛市	22992	9052	2468	4133	863	949
河南省	156358	48278	27161	16514	2421	428
湖北省	112341	39179	16270	13378	5287	1168
湖南省	111836	36712	16604	11166	4151	1573
广东省	207783	80480	21106	38983	9823	2343
其中:深圳市	38224	13689	2963	7440	1997	584
广西壮族自治区	68506	19694	8445	6973	2722	146
海南省	21273	7725	4549	2150	609	34
重庆市	40109	15287	6028	7357	1239	102
四川省	115160	43295	18176	11709	9899	611
贵州省	49731	15989	7726	5952	1219	77
云南省	64986	25127	10448	12346	1600	308
西藏自治区	20223	10718	3978	5946	471	207
陕西省	58637	21685	11353	6836	1822	292
甘肃省	36799	14824	7482	6362	556	39
青海省	17436	7671	2925	4082	512	11
宁夏回族自治区	14986	5863	2405	2833	337	32
新疆维吾尔自治区	40073	15280	6087	4890	2757	889

二、地方财政预算收支情况

2－53－2　　　　单位:万元

地　　区	工资福利支出				商品和服务支出		
	伙食费	伙　食补助费	绩效工资	其他工资福利支出	小　计	办公费	印刷费
地　方　合　计	**1131**	**7184**	**1975**	**57004**	**859141**	**94579**	**11640**
北京市		14	346	3977	22182	949	109
天津市	49	81		947	6149	351	61
河北省	55	789		1503	41673	5995	731
山西省	33	165		1040	24282	2757	505
内蒙古自治区	7	30	13	289	16807	1973	250
辽宁省	76	250	42	857	35969	4554	505
其中:大连市		11		34	4564	939	48
吉林省		262	44	425	26639	4330	892
黑龙江省	56	292	44	287	29186	4695	448
上海市	85	461		1400	33151	1316	316
江苏省	80	1138	151	6270	51716	4075	567
浙江省	18	863	23	5197	33006	2423	368
其中:宁波市	10	96		545	5285	677	65
安徽省	35	343		3008	20560	2377	260
福建省	37	152	259	3758	22205	1772	326
其中:厦门市	21	63	90	1275	3247	231	21
江西省	64	119	46	3237	30114	2794	309
山东省	78	288	270	2039	51496	6386	859
其中:青岛市	20	51	17	551	5703	372	62
河南省	101	123	13	1517	62097	12602	1247
湖北省	60	73	339	2604	46510	4265	520
湖南省	89	278	112	2739	39591	3575	432
广东省	72	246	42	7865	83115	6856	781
其中:深圳市		90		615	17385	966	291
广西壮族自治区	5	61	10	1332	21594	2145	249
海南省	7	159	15	202	8365	597	133
重庆市		120	4	437	16824	2723	213
四川省	52	187	149	2512	42310	3697	408
贵州省	11	102	11	891	13500	2148	126
云南省	1	71	6	347	23846	3019	190
西藏自治区				116	4946	417	74
陕西省	33	197	21	1131	20530	2699	299
甘肃省		8		377	10988	1280	248
青海省	9	32	1	99	4653	460	50
宁夏回族自治区	1	28		227	3641	318	67
新疆维吾尔自治区	17	252	14	374	11496	1031	97

2-53-3

单位:万元

地　　区	商品和服务支出						
	咨询费	手续费	水　费	电　费	邮电费	取暖费	物　业 管理费
地　方　合　计	**906**	**543**	**7320**	**29996**	**29793**	**19577**	**11377**
北京市	2	1	173	1432	385	994	1455
天津市		1	71	343	375	353	130
河北省	14	18	331	1315	1517	1810	253
山西省	62	46	173	693	827	942	49
内蒙古自治区	12	7	92	340	573	1154	296
辽宁省	8	2	304	1184	1549	2973	434
其中:大连市			60	273	258	304	114
吉林省	2	7	164	683	729	2015	43
黑龙江省	17	15	245	862	908	2480	218
上海市	33	2	174	963	751	11	1231
江苏省	221	48	426	2411	1468	168	1280
浙江省	15	42	194	1494	1461		720
其中:宁波市	1		19	193	146		173
安徽省	4	1	147	809	701	35	280
福建省	19		190	813	1096		377
其中:厦门市	1		27	109	75		102
江西省	11	3	202	763	896	40	54
山东省	141	230	879	2716	2360	2535	626
其中:青岛市		1	14	196	157	120	96
河南省	74	18	730	2140	1385	1019	388
湖北省	48	7	415	1501	1317	220	443
湖南省	53	14	437	1288	1035	253	402
广东省	60	33	443	3161	3705	2	1038
其中:深圳市	2	4	44	771	664		384
广西壮族自治区	5	2	150	789	739		164
海南省	4	1	51	270	359		109
重庆市	11		115	610	598	1	561
四川省	57	3	385	1055	1846	83	362
贵州省	6	11	68	421	484	45	25
云南省	6	6	278	552	853		280
西藏自治区			41	127	129	79	
陕西省	6	6	224	608	546	569	16
甘肃省	7	7	81	308	464	551	107
青海省	2	5	26	91	226	326	
宁夏回族自治区		1	24	97	97	142	14
新疆维吾尔自治区	6	6	87	157	414	777	22

2－53－4 单位:万元

地　　区	商品和服务支出					
	交通费	差旅费	出国费	维修(护)费	租赁费	会议费
地　方　合　计	**121386**	**75483**	**2468**	**45589**	**4563**	**26491**
北京市	2304	1019	77	758	343	314
天津市	889	1203	62	225	78	147
河北省	7690	4532	29	3931	246	1687
山西省	4517	1984	62	2209	68	840
内蒙古自治区	2942	1802	11	1457	4	296
辽宁省	7613	3092	20	1807	236	896
其中:大连市	832	298		185	1	101
吉林省	4958	3695	112	1906	15	786
黑龙江省	6560	3559	4	2643	65	705
上海市	2290	1117	124	518	87	807
江苏省	5796	4471	135	2170	375	2216
浙江省	3392	2480	353	836	399	1048
其中:宁波市	422	526	66	151	7	304
安徽省	2444	1951	40	545	49	489
福建省	2810	2100	129	900	95	535
其中:厦门市	411	190	42	85	14	29
江西省	3492	2443	30	940	77	386
山东省	7515	4273	146	3992	729	2613
其中:青岛市	772	279	6	174	219	218
河南省	11023	5592	109	3597	249	2712
湖北省	5165	4075	43	1141	7	1738
湖南省	4551	4047	146	1238	180	1054
广东省	10021	5795	450	3715	535	2297
其中:深圳市	2111	1855	350	1020	50	350
广西壮族自治区	3093	1780	56	1196	82	560
海南省	974	625	46	376	27	184
重庆市	2341	1823	22	1505	78	714
四川省	5761	4018	11	2009	58	1401
贵州省	2121	1104	19	465	131	242
云南省	3296	1585	42	1792	92	518
西藏自治区	914	813	6	215		56
陕西省	2860	1345	73	1087	56	673
甘肃省	1283	891	34	1200	114	262
青海省	578	705	15	309	6	64
宁夏回族自治区	541	449	25	101	18	53
新疆维吾尔自治区	1652	1115	37	806	64	198

2－53－5

单位:万元

地区	商品和服务支出						
	培训费	招待费	专用材料费	被装购置费	专用燃料费	劳务费	委托业务费
地方合计	**26549**	**49752**	**21685**	**22498**	**4749**	**10089**	**4127**
北京市	548	216	51	319	25	107	
天津市	118	131	118	497	60	39	
河北省	973	1565	793	1535	303	258	65
山西省	739	1217	368	681	125	259	21
内蒙古自治区	480	577	362	650	108	271	11
辽宁省	944	1183	1449	1818	315	769	603
其中:大连市	155	200	115	91		222	28
吉林省	475	657	676	630	682	84	257
黑龙江省	529	608	838	969	195	402	88
上海市	926	914	932	67	3	234	21
江苏省	2303	3361	872	1295	159	871	159
浙江省	1124	3169	323	418	5	572	112
其中:宁波市	112	466	19	66		105	52
安徽省	588	1282	220	671	89	124	52
福建省	598	1872	302	468	157	454	192
其中:厦门市	84	107	8	70		21	
江西省	1012	2918	242	1150	192	214	266
山东省	1792	2378	861	1418	490	733	626
其中:青岛市	172	372	105	274	3	84	5
河南省	1804	3793	2893	1444	633	770	271
湖北省	887	3091	499	1192	108	333	146
湖南省	975	3951	299	600	309	357	265
广东省	3629	3985	7246	2046	77	1672	173
其中:深圳市	1262	695	187	797	1	1067	36
广西壮族自治区	918	1675	178	448	129	143	33
海南省	323	444	15	250	16	7	266
重庆市	582	747	90	693		122	11
四川省	1080	2973	427	1133	111	325	303
贵州省	503	1455	136	175	116	215	41
云南省	995	2224	265	707	41	315	59
西藏自治区	124	607	32	77	22	2	4
陕西省	626	1286	829	484	74	130	20
甘肃省	337	491	152	289	45	46	9
青海省	211	259	43	63	116	36	1
宁夏回族自治区	123	217	40	1	12	36	46
新疆维吾尔自治区	283	506	134	310	32	189	6

2－53－6

单位:万元

地区	商品和服务支出			对个人和家庭的补助			
	工会经费	福利费	其他商品和服务支出	小计	离休费	退休费	退职(役)费
地方合计	**7027**	**15461**	**215493**	**118815**	**8442**	**52593**	**96**
北京市	327	137	10137	2335			
天津市	84	247	566	4710	547	2063	
河北省	218	522	5342	3781	460	2347	1
山西省	93	334	4711	3017	385	1631	
内蒙古自治区	48	288	2803	799	33	358	
辽宁省	273	390	3048	4431	607	2010	3
其中:大连市	62	74	204	104			1
吉林省	26	221	2594	3431	464	1987	1
黑龙江省	102	501	1530	6175	818	3858	12
上海市	365	826	19123	1544	191	715	
江苏省	597	1255	15017	13654	1521	7127	3
浙江省	881	2330	8847	10693	773	5009	3
其中:宁波市	125	70	1520	1302	221	781	1
安徽省	150	356	6896	3011	145	1221	2
福建省	297	638	6065	3341	37	771	5
其中:厦门市	100	61	1459	692			
江西省	168	484	11028	2523	67	952	
山东省	321	416	6461	8957	338	1204	11
其中:青岛市	50	29	1923	1771	229	674	2
河南省	281	721	6602	3246	333	2370	2
湖北省	322	644	18383	7108	276	3113	14
湖南省	353	706	13071	4330	288	1895	2
广东省	626	1958	22811	7571	87	739	9
其中:深圳市	54	450	3974	1810			
广西壮族自治区	117	697	6246	4043	185	2718	3
海南省	29	26	3233	129		38	
重庆市	137	167	2960	563	2	25	
四川省	415	662	13727	4889	116	2433	2
贵州省	96	201	3146	4961	403	2999	3
云南省	281	183	6267	1594	36	545	13
西藏自治区	103	27	1077	1476		1113	
陕西省	60	108	5846	2342	113	1165	1
甘肃省	45	103	2634	1131	58	512	2
青海省	55	14	992	130		33	
宁夏回族自治区	38	52	1129	327	53	169	2
新疆维吾尔自治区	119	247	3201	2573	106	1473	2

2－53－7

单位:万元

地　　区	对个人和家庭的补助						
	抚恤金	生活补助	救济费	医疗费	助学金	奖励金	生产补贴
地 方 合 计	**2778**	**3257**	**211**	**4011**	**57**	**4316**	**45**
北京市	28	4		86		1	
天津市	65	23		23		7	
河北省	97	137	3	56	1	67	1
山西省	60	108	4	70		63	
内蒙古自治区	71	75	1	11	3	71	1
辽宁省	207	83	25	86		157	
其中:大连市	40	6	4	3		10	
吉林省	210	191	3	73		60	
黑龙江省	221	127	6	36	1	214	
上海市	66	13		9		89	
江苏省	200	219	14	306		189	
浙江省	111	96	27	247		178	1
其中:宁波市	22	8		1			
安徽省	117	92	13	124	1	57	
福建省	61	143		14		120	5
其中:厦门市	11	4				2	
江西省	86	51	1	137	2	96	1
山东省	137	396	25	304	5	221	
其中:青岛市	25	3		14		1	
河南省	76	74	17	29	6	56	3
湖北省	113	133	1	1429	1	147	
湖南省	137	125	2	308	12	257	5
广东省	73	293	16	301	22	746	1
其中:深圳市	9	32	3	4		94	
广西壮族自治区	109	60	1	60		249	
海南省	11	7		1		16	
重庆市	43	25	2	61		98	
四川省	113	123	7	70		461	18
贵州省	122	106		21		87	
云南省	59	44	2	20		393	2
西藏自治区	8	2		32		2	
陕西省	43	166	23	67	2	45	7
甘肃省	10	276	16	2		4	
青海省	17	11				26	
宁夏回族自治区	7	10	1	4		27	
新疆维吾尔自治区	100	44	1	24	1	112	

2－53－8

单位:万元

地区	对个人和家庭的补助				对企事业单位的补贴		
	住房公积金	提租补贴	购房补贴	其他对个人和家庭的补助支出	小计	企业政策性补贴	事业单位补贴
地方合计	**22724**	**2580**	**6644**	**11061**	**345**	**116**	**65**
北京市	1564	360	247	45			
天津市	1721	26	35	200			
河北省	465	12	3	131	2		2
山西省	464	11		221			
内蒙古自治区	112	3		60			
辽宁省	466	530	79	178			
其中:大连市		40					
吉林省	384	13	19	26			
黑龙江省	598	103	31	150			
上海市	103		20	338			
江苏省	1737	354	214	1770	50		
浙江省	3249	34	134	831	11		
其中:宁波市	6	2	8	252			
安徽省	840	25	2	372	42		42
福建省	1085	533	36	531			
其中:厦门市	340	302	23	10			
江西省	315		51	764			
山东省	1511	249	3988	568	20		20
其中:青岛市	298	121	195	209			
河南省	171		10	99	115	115	
湖北省	1372	20	34	455			
湖南省	899			400	4	1	1
广东省	2526	289	770	1699			
其中:深圳市		287	559	822			
广西壮族自治区	371	8	8	271			
海南省	6			50			
重庆市	120		22	165			
四川省	744	2	40	760			
贵州省	238	6	664	312			
云南省	261		155	64			
西藏自治区	147			172			
陕西省	594		20	96			
甘肃省	179	2	38	32	101		
青海省				43			
宁夏回族自治区	3			51			
新疆维吾尔自治区	479		24	207			

2－53－9

单位:万元

地　　区	对企事业单位的补贴		赠　与			债务利息支出	
	财政贴息	其他对企事业单位的补贴支出	小　计	对国内的赠　与	对国外的赠　与	小　计	国库券付　息
地方合计		**164**	**10**	**10**			
北京市							
天津市							
河北省							
山西省							
内蒙古自治区							
辽宁省							
其中:大连市							
吉林省							
黑龙江省							
上海市							
江苏省		50					
浙江省		11					
其中:宁波市							
安徽省							
福建省			8	8			
其中:厦门市			8	8			
江西省							
山东省							
其中:青岛市							
河南省							
湖北省							
湖南省		2	2	2			
广东省							
其中:深圳市							
广西壮族自治区							
海南省							
重庆市							
四川省							
贵州省							
云南省							
西藏自治区							
陕西省							
甘肃省		101					
青海省							
宁夏回族自治区							
新疆维吾尔自治区							

2－53－10

单位:万元

地　　区	债务利息支出					基本建设支出	
	向国家银行借款付息	其他国内借款付息	向国外政府借款付息	向国际组织借款付息	其他国外借款付息	小　计	房屋建筑物购　　建
地方合计						**175075**	**124045**
北京市						2642	96
天津市						263	103
河北省						6664	4758
山西省						3023	1553
内蒙古自治区						4649	4138
辽宁省						12544	11415
其中:大连市							
吉林省						1552	1066
黑龙江省						1105	715
上海市						898	595
江苏省						14764	13845
浙江省						7582	5795
其中:宁波市						2127	2127
安徽省						3355	2821
福建省						6907	5508
其中:厦门市						4362	3194
江西省						7181	3070
山东省						9320	7400
其中:青岛市						246	
河南省						14212	11849
湖北省						1528	615
湖南省						9587	5933
广东省						13977	8023
其中:深圳市						2305	
广西壮族自治区						10732	9937
海南省						1378	1142
重庆市						1937	1384
四川省						13127	8463
贵州省						5278	911
云南省						4862	3317
西藏自治区						977	906
陕西省						5179	809
甘肃省						3946	2901
青海省						155	
宁夏回族自治区						1921	1807
新疆维吾尔自治区						3830	3170

2－53－11

单位:万元

地　　区	基本建设支出							
	办公设备购　　置	专用设备购　　置	交通工具购　　置	基础设施建　　设	大型修缮	信息网络购　　建	物资储备	其他基本建设支出
地　方　合　计	**3588**	**4033**	**3313**	**16585**	**1757**	**1471**		**20283**
北京市	158	47	321	822	75	715		408
天津市				160				
河北省	42	353	82	830	210			389
山西省	3			1447		20		
内蒙古自治区	15		42	330	60	4		60
辽宁省	44	533		340		12		200
其中:大连市								
吉林省	29		167	200	80	10		
黑龙江省				90	300			
上海市			60					243
江苏省	39	65	69	310	277	35		124
浙江省	123	107	252	1123	48	8		126
其中:宁波市								
安徽省	121		35	331				47
福建省	26	20	125	462		53		713
其中:厦门市	23		90	370				685
江西省	143	4	45	3423	24	10		462
山东省	70	114	33	1401		142		160
其中:青岛市	22	21				143		60
河南省	254	81	312	400	114	36		1166
湖北省	72	228	174	169	85	82		103
湖南省	541	56	432	30	104	163		2328
广东省	256	1955	325	732	290	29		2367
其中:深圳市								2305
广西壮族自治区	60		84	633	5			13
海南省	1		7	130	25	1		72
重庆市	200	10	86					257
四川省	513	225	105	438	51	82		3250
贵州省	21	30	58			30		4228
云南省	641	179	206	294	9	15		201
西藏自治区								71
陕西省				1660				2710
甘肃省	90	26	67	681		12		169
青海省	5		83	49				18
宁夏回族自治区	78		36					
新疆维吾尔自治区	43		107	100		12		398

2－53－12

单位:万元

地　　区	其他资本性支出						
	小　计	房屋建筑物购　　建	办公设备购　　置	专用设备购　　置	交通工具购　　置	基础设施建　　设	大型修缮
地　方　合　计	**366704**	**116256**	**49263**	**34984**	**66050**	**15193**	**15749**
北京市	22416	3772	1556	2740	943		608
天津市	2744	400	191	962	1022		59
河北省	17399	4664	3994	1686	4150	1577	656
山西省	13676	1884	1566	1373	3147	2799	865
内蒙古自治区	6225	998	1525	495	1839	232	108
辽宁省	16790	5723	2261	3191	2387	558	1824
其中:大连市	1157	21	380	260	196	220	1
吉林省	15953	2289	1528	477	2565	120	565
黑龙江省	9840	2079	2857	1286	2676	289	434
上海市	11590	2762	1994	484	2017	17	996
江苏省	25675	11182	2516	689	3262	1128	1479
浙江省	12315	5591	1775	640	3016	60	118
其中:宁波市	738		296	58	300	5	
安徽省	16149	9667	1658	1103	1534	1024	84
福建省	9023	2318	1671	596	3265	66	368
其中:厦门市	371	2	31	49	237	9	
江西省	7986	2851	1009	327	2327	668	107
山东省	21185	9667	3745	1080	2917	443	2154
其中:青岛市	1193		760	12	135		2
河南省	26161	7727	2107	2404	5353	1975	803
湖北省	16060	1715	1200	536	1993	1077	729
湖南省	16668	8448	911	738	1213	295	114
广东省	20985	7065	3056	1429	4400	1061	1590
其中:深圳市	2870	1	726	494	1042	6	93
广西壮族自治区	11257	2584	580	5073	1661	459	239
海南省	3612	159	802	1042	1126	43	3
重庆市	5410	617	2735	244	1613		90
四川省	11410	3930	1281	1181	2973	440	237
贵州省	5751	2395	857	127	1513	156	78
云南省	9557	4881	1314	579	1556	114	139
西藏自治区	2006	1048	285	23	119	68	39
陕西省	8822	4573	615	164	1432	132	614
甘肃省	5553	1555	1309	735	1056	187	446
青海省	4827	169	168	2189	933	91	111
宁夏回族自治区	2765	691	646	624	747		
新疆维吾尔自治区	6894	2852	1551	767	1295	114	92

2－53－13

单位:万元

地　　区	其他资本性支出						
	信息网络购　建	物资储备	土地补偿	安置补助	地上附着物和青苗补偿	拆迁补偿	其他资本性支　出
地　方　合　计	**25204**	**36**	**1218**	**4**	**50**	**108**	**42589**
北京市	5024		1	2			7770
天津市	100						10
河北省	210	18					444
山西省	1517		35				490
内蒙古自治区	205					15	808
辽宁省	509						337
其中:大连市	16						63
吉林省	571						7838
黑龙江省	194						25
上海市	2935						385
江苏省	2241		62				3116
浙江省	675	9					431
其中:宁波市	77						2
安徽省	184	4					891
福建省	674						65
其中:厦门市	41						2
江西省	181		6				510
山东省	814				50	20	295
其中:青岛市	284						
河南省	2006		881				2905
湖北省	1645						7165
湖南省	155	5	42				4747
广东省	1460						924
其中:深圳市	347						161
广西壮族自治区	187		188				286
海南省	317						120
重庆市	25						86
四川省	745						623
贵州省	272						353
云南省	424		3	2		73	472
西藏自治区	36						388
陕西省	391						901
甘肃省	249						16
青海省	1162						4
宁夏回族自治区	13						44
新疆维吾尔自治区	83						140

二、地方财政预算收支情况

2－53－14

单位：万元

地区	贷款转贷及产权参股					其他支出		
	小计	国内贷款	国外贷款	产权参股	其他贷款转贷及产权参股支出	小计	补充全国社会保障基金	其他支出
地方合计	**238**	**10**			**228**	**35432**		**35432**
北京市						3175		3175
天津市								
河北省						4575		4575
山西省								
内蒙古自治区								
辽宁省						317		317
其中：大连市						290		290
吉林省						210		210
黑龙江省								
上海市						10		10
江苏省						2418		2418
浙江省						483		483
其中：宁波市						132		132
安徽省						854		854
福建省	228				228	460		460
其中：厦门市								
江西省						490		490
山东省						5025		5025
其中：青岛市						5027		5027
河南省						2249		2249
湖北省						1956		1956
湖南省	10	10				4932		4932
广东省						1655		1655
其中：深圳市						165		165
广西壮族自治区						1186		1186
海南省						64		64
重庆市						88		88
四川省						129		129
贵州省						4252		4252
云南省								
西藏自治区						100		100
陕西省						79		79
甘肃省						256		256
青海省								
宁夏回族自治区						469		469
新疆维吾尔自治区								

2007 年各省、自治区、直辖市法院支出明细表

2－54－1　　　　单位:万元

地　　区	合　计	工资福利支出				
		小　计	基本工资	津贴补贴	奖　金	社会保障缴　费
地　方　合　计	**3623838**	**1263012**	**481829**	**431628**	**196701**	**34125**
北京市	123367	36680	7797	13208	8744	382
天津市	64602	23149	6009	11519	2802	278
河北省	153941	56515	28038	19769	2325	1225
山西省	83539	30091	13547	11855	1351	348
内蒙古自治区	75583	25619	13076	10391	1002	106
辽宁省	163018	46020	19378	19168	3168	1044
其中:大连市	24480	7737	2309	3065	1847	193
吉林省	77720	24852	13382	8591	1482	430
黑龙江省	101267	35933	19288	12816	2484	344
上海市	153795	58091	12307	10145	28636	1923
江苏省	298960	100796	23893	26161	34589	4016
浙江省	207318	82070	15836	18032	32567	4343
其中:宁波市	34288	14579	2263	2763	6825	1193
安徽省	101314	39565	17483	13214	2812	764
福建省	96033	32549	11192	10783	3249	1157
其中:厦门市	16446	5434	999	2015	567	100
江西省	87875	29730	13930	8420	2986	463
山东省	265195	74807	33538	26982	3768	4634
其中:青岛市	46185	14557	4423	5858	1334	1563
河南省	174049	58473	32735	19948	2633	472
湖北省	158697	55159	22017	19141	7740	1436
湖南省	133567	48980	21724	15154	4988	2427
广东省	312308	117781	31941	51759	14045	3720
其中:深圳市	58755	21107	3508	11249	2546	742
广西壮族自治区	90019	30355	13073	10499	3878	452
海南省	26051	10225	5687	2915	706	143
重庆市	75478	23777	9009	10988	1897	351
四川省	170665	58771	24640	14043	14845	969
贵州省	60205	22411	10746	8526	1594	142
云南省	88848	33400	13650	15712	2105	485
西藏自治区	26411	12629	4712	7030	578	211
陕西省	86962	32291	16756	10394	2702	319
甘肃省	60823	21988	10906	9470	916	52
青海省	22278	9635	3715	4887	728	9
宁夏回族自治区	25742	7728	3137	3644	387	77
新疆维吾尔自治区	58208	22942	8687	6464	4994	1403

2－54－2

单位:万元

地区	工资福利支出				商品和服务支出		
	伙食费	伙食补助费	绩效工资	其他工资福利支出	小计	办公费	印刷费
地方合计	**1662**	**11430**	**1873**	**103764**	**1438148**	**147569**	**27889**
北京市		40	126	6383	59546	1084	870
天津市	111	155		2275	13269	801	240
河北省	151	1449	22	3536	58667	7801	2003
山西省	32	374	14	2570	34285	3760	867
内蒙古自治区	27	10	32	975	28445	3505	590
辽宁省	212	555		2495	80352	9000	1420
其中:大连市	110	185		28	9994	3084	252
吉林省		341	14	612	36180	6349	1450
黑龙江省	43	527	48	383	42447	6641	1206
上海市	130	995	97	3858	64048	2346	1005
江苏省	90	1776	18	10253	103395	7428	1038
浙江省	43	1463	32	9754	69392	3941	892
其中:宁波市	21	263	32	1219	10573	521	86
安徽省	47	423	83	4739	37527	4169	869
福建省	28	252	395	5493	33818	2469	606
其中:厦门市		24	69	1660	4315	324	51
江西省	26	182	36	3687	35935	3849	492
山东省	139	343	180	5223	115390	14974	2220
其中:青岛市	56	67	160	1096	13878	1220	188
河南省	61	111	73	2440	78157	14901	2743
湖北省	53	138	195	4439	68336	5820	1127
湖南省	21	339	124	4203	54622	5275	1362
广东省	272	408	315	15321	126606	12896	1941
其中:深圳市		101		2961	27773	2121	511
广西壮族自治区	5	116	11	2321	33778	3272	479
海南省	14	18	17	725	12593	499	134
重庆市		206		1326	33001	3042	479
四川省	31	297	4	3942	64854	6011	1118
贵州省	13	87		1303	24039	2465	267
云南省	14	60	1	1373	32808	4604	493
西藏自治区		1		97	4976	504	36
陕西省	48	229		1843	36218	5153	906
甘肃省	1	85		558	20460	1941	451
青海省	3	74	5	214	7279	599	114
宁夏回族自治区	6	35		442	6338	867	188
新疆维吾尔自治区	41	341	31	981	21387	1603	283

2－54－3　　　　　　　　　　　　　　　　　　　　　　　　单位:万元

地区	商品和服务支出						
	咨询费	手续费	水费	电费	邮电费	取暖费	物业管理费
地方合计	**973**	**1065**	**11508**	**50197**	**50570**	**30040**	**25245**
北京市	9	4	379	2966	1399	1566	2799
天津市		1	171	974	730	546	542
河北省	68	40	513	1880	2486	3425	172
山西省	37	148	261	939	1058	1799	123
内蒙古自治区	7	14	132	474	796	1444	111
辽宁省	35	23	535	2277	2507	4181	1195
其中:大连市	33	1	52	508	455	555	272
吉林省	71	34	330	762	1031	2730	211
黑龙江省	39	10	346	1056	1373	3454	513
上海市	15	11	396	2585	2519	7	5469
江苏省	49	111	599	4246	3894	366	1887
浙江省	35	1	418	3556	3131		1955
其中:宁波市	3		62	402	321		502
安徽省	13	23	233	1529	1157	88	424
福建省	1	4	263	1136	1746		539
其中:厦门市		1	26	213	163		219
江西省	12	9	245	1009	1055	20	97
山东省	175	229	1296	4240	4011	4092	1310
其中:青岛市	74	13	62	441	424	387	116
河南省	101	151	890	3139	2443	1182	511
湖北省	18	36	678	2768	1989	334	961
湖南省	38	47	588	2037	1598	413	856
广东省	29	49	734	5133	5225	7	3061
其中:深圳市	4		170	1155	856		1046
广西壮族自治区	46	18	325	987	1356		137
海南省	1		54	402	293		235
重庆市	20	10	225	961	955	7	562
四川省	35	53	553	1889	2822	90	572
贵州省	8	5	83	411	710	77	61
云南省	69	4	413	663	1178	7	501
西藏自治区		3	49	105	146	74	8
陕西省	25	6	434	1111	1007	1254	82
甘肃省	8	6	164	394	798	982	166
青海省			55	123	336	445	6
宁夏回族自治区	1	3	29	107	142	248	66
新疆维吾尔自治区	8	12	117	338	679	1202	113

2－54－4

单位:万元

地　　区	商品和服务支出					
	交通费	差旅费	出国费	维修(护)费	租赁费	会议费
地　方　合　计	**190895**	**107046**	**5361**	**87914**	**7906**	**40764**
北京市	3828	1767	897	3325	1034	878
天津市	1254	1084	123	1502	181	336
河北省	12922	5650	25	3333	307	2084
山西省	6602	2422	68	3504	86	953
内蒙古自治区	4984	2673	59	2239	13	507
辽宁省	10775	5504	118	4897	155	1273
其中:大连市	1440	714	14	292	6	291
吉林省	6623	4645	72	3405	125	1194
黑龙江省	7584	4413	24	5181	31	675
上海市	4002	2310	404	6666	535	773
江苏省	10158	7103	454	3751	1557	3215
浙江省	6697	4140	578	1844	552	1753
其中:宁波市	812	685	134	230	17	369
安徽省	4926	2336	90	1848	62	773
福建省	4593	2800	224	1967	295	855
其中:厦门市	422	438	141	362	75	40
江西省	4929	3140	25	1117	38	620
山东省	17013	8675	162	6921	449	5668
其中:青岛市	1897	644	29	427	49	606
河南省	13054	5471	170	4579	177	3109
湖北省	8165	4632	151	2603	365	2203
湖南省	7776	5255	272	1574	55	1600
广东省	12822	6940	488	8539	884	4165
其中:深圳市	1917	2106	40	858	347	1068
广西壮族自治区	5635	2452	80	2154	84	816
海南省	1252	781	122	594	186	272
重庆市	4297	3690	159	2826	97	1129
四川省	9071	6212	99	2908	131	2440
贵州省	3361	1499	107	1251	70	379
云南省	5239	1962	105	1784	65	956
西藏自治区	1012	686		198	1	90
陕西省	5166	2935	90	3101	145	1250
甘肃省	2523	2315	107	2380	179	424
青海省	1066	736	42	697		73
宁夏回族自治区	877	685	4	417	35	93
新疆维吾尔自治区	2689	2133	42	809	12	208

2－54－5　　单位:万元

地　　区	商品和服务支出						
	培训费	招待费	专　用 材料费	被　装 购置费	专　用 燃料费	劳务费	委　托 业务费
地　方　合　计	**44084**	**69111**	**25948**	**24904**	**5344**	**27440**	**4845**
北京市	1618	416	377	91	41	2934	20
天津市	412	310	161	112	6	167	
河北省	1573	2129	875	1104	434	760	111
山西省	905	1668	295	658	178	559	14
内蒙古自治区	885	923	508	2789	104	497	176
辽宁省	1763	1798	1963	1136	687	1287	986
其中:大连市	295	301	69	257	97	342	6
吉林省	1111	843	1229	637	402	408	474
黑龙江省	783	585	1472	733	117	1049	159
上海市	2085	1401	94	833	3	1549	
江苏省	3399	5097	978	1430	213	1771	791
浙江省	1925	4915	339	444	124	1992	310
其中:宁波市	268	931	16	60		863	20
安徽省	1016	1875	306	832	59	381	208
福建省	968	2295	367	727	125	805	212
其中:厦门市	97	167	61	89		281	1
江西省	882	3483	331	918	202	444	99
山东省	5250	3229	9305	1909	661	2797	328
其中:青岛市	565	420	37	155	62	239	
河南省	2442	4177	1950	1328	425	1202	152
湖北省	1495	4719	403	1176	340	597	217
湖南省	1303	5968	506	915	128	615	116
广东省	5802	5800	1451	1903	203	2918	139
其中:深圳市	1303	614	608	427		1216	
广西壮族自治区	1082	2729	274	724	103	349	29
海南省	333	697	36	133	7	25	1
重庆市	981	1205	208	393	16	810	36
四川省	1520	3897	702	1204	102	848	24
贵州省	587	1690	245	295	46	370	76
云南省	1246	2964	387	494	129	549	10
西藏自治区	228	495	50	52	41	35	6
陕西省	915	1792	400	563	129	518	79
甘肃省	477	733	385	858	212	233	29
青海省	200	327	120	170	26	133	3
宁夏回族自治区	120	278	36	103	18	79	13
新疆维吾尔自治区	778	673	195	240	63	759	27

2－54－6

单位:万元

地区	商品和服务支出			对个人和家庭的补助			
	工会经费	福利费	其他商品和服务支出	小计	离休费	退休费	退职(役)费
地方合计	**10485**	**26208**	**414837**	**167674**	**9238**	**69166**	**162**
北京市	502	93	30649	3239			
天津市	165	475	2976	7427	483	2897	1
河北省	335	713	7924	5131	555	3232	2
山西省	118	436	6827	3224	349	1868	1
内蒙古自治区	79	422	4514	1474	30	462	
辽宁省	300	759	25778	5785	453	2272	1
其中:大连市	81	178	399	263	6		
吉林省	72	258	1714	3360	405	2105	
黑龙江省	118	531	4354	8245	888	4942	
上海市	668	971	27401	1670	46	359	6
江苏省	1083	3158	39619	20329	1623	8848	17
浙江省	1239	5466	23145	17093	950	7108	13
其中:宁波市	220	320	3731	3370	180	1384	1
安徽省	347	849	13114	4607	237	1689	8
福建省	458	769	9594	4538	78	1035	4
其中:厦门市	185	75	884	965		140	
江西省	216	893	11810	3063	105	1495	
山东省	397	1277	18802	13635	394	1303	36
其中:青岛市	74	156	5593	2711	234	692	4
河南省	322	865	12673	4024	475	2514	4
湖北省	441	980	26118	7817	256	3945	7
湖南省	396	856	15073	5740	393	2672	13
广东省	972	2794	41711	10049	151	1360	7
其中:深圳市	117	605	10684	1585			
广西壮族自治区	183	554	9910	6344	195	3603	2
海南省	49	55	6432	254		135	
重庆市	277	333	10283	2169	14	143	
四川省	594	1064	20895	7098	150	3349	5
贵州省	120	282	9574	7697	438	5123	6
云南省	454	269	8263	1890	64	709	7
西藏自治区	110	34	1013	1975		1327	
陕西省	86	263	8808	3969	238	1767	
甘肃省	66	205	4424	1493	82	685	4
青海省	67	32	1909	257		19	
宁夏回族自治区	62	52	1815	387	44	238	3
新疆维吾尔自治区	189	500	7715	3691	142	1962	15

2－54－7

单位:万元

地　区	对个人和家庭的补助						
	抚恤金	生活补助	救济费	医疗费	助学金	奖励金	生产补贴
地　方　合　计	**3754**	**7107**	**1053**	**5592**	**52**	**5593**	**195**
北京市	15	9		77			
天津市	64	23	1	558		26	
河北省	124	195	22	140		65	37
山西省	73	174	3	46		55	
内蒙古自治区	80	562	1	32	2	68	
辽宁省	217	217	206	158		506	
其中:大连市	31	27	4			180	
吉林省	115	77	13	112		25	
黑龙江省	214	361	1	85		413	
上海市	136	15	8	14		1	
江苏省	237	1762	142	473		361	47
浙江省	311	176	266	388		520	1
其中:宁波市	43	21	22	1		150	
安徽省	138	139	17	147	1	133	
福建省	57	137		44		32	
其中:厦门市	4	14					
江西省	101	157	4	223	2	221	5
山东省	156	865	76	358	12	119	11
其中:青岛市	15	79	48	10	12	3	
河南省	145	275	21	89	1	53	
湖北省	155	232	46	554	5	32	8
湖南省	163	188	33	455	11	134	14
广东省	128	147	13	936	2	995	1
其中:深圳市	8	10		1		143	
广西壮族自治区	166	109	28	168	8	446	
海南省	8	8			2	15	
重庆市	103	57	3	223		131	
四川省	264	318	79	97		518	
贵州省	188	231	3	16		124	11
云南省	98	59	1	31	6	384	
西藏自治区	8	2		55			
陕西省	69	216	51	60		22	
甘肃省	49	248	1	23		4	
青海省	35	23				56	60
宁夏回族自治区	28	19				17	
新疆维吾尔自治区	109	106	14	30		117	

2－54－8

单位:万元

地　　区	对个人和家庭的补助				对企事业单位的补贴		
	住　房 公积金	提租 补贴	购房 补贴	其他对个人和家庭的补助支出	小　计	企业政策性补　　贴	事业单位补　　贴
地　方　合　计	**32476**	**3944**	**9366**	**19976**	**907**	**346**	**170**
北京市	2237	521	316	64			
天津市	2920	25	73	356			
河北省	559	14	46	140	2		2
山西省	520	13	10	112			
内蒙古自治区	155			82			
辽宁省	482	853	20	400			
其中:大连市		14		1			
吉林省	424	19		65			
黑龙江省	769	130	46	396			
上海市	159		207	719			
江苏省	2830	489	394	3106	165		164
浙江省	4698	28	185	2449	34		
其中:宁波市	122	3	6	1437			
安徽省	1385	17	23	673	1		
福建省	1376	640	8	1127			
其中:厦门市	430	360		17			
江西省	386	1	4	359			
山东省	2455	592	5707	1551	184		
其中:青岛市	565	278	276	495			
河南省	301		2	144	3		
湖北省	1789	22	27	739	4		4
湖南省	1023	67		574	346	346	
广东省	3141	483	1042	1643	9		
其中:深圳市		434	829	160			
广西壮族自治区	795	17		807			
海南省	31			55			
重庆市	249		213	1033			
四川省	1049		74	1195			
贵州省	331	5	746	475			
云南省	327		19	185	37		
西藏自治区	177			406			
陕西省	909		155	482			
甘肃省	282	7	1	107	122		
青海省				64			
宁夏回族自治区				38			
新疆维吾尔自治区	717	1	48	430			

2－54－9

单位:万元

地　　区	对企事业单位的补贴		赠与			债务利息支出	
	财政贴息	其他对企事业单位的补贴支出	小计	对国内的赠与	对国外的赠与	小计	国库券付息
地方合计	**221**	**170**	**20**		**20**		
北京市							
天津市							
河北省							
山西省							
内蒙古自治区							
辽宁省							
其中:大连市							
吉林省							
黑龙江省							
上海市							
江苏省		1					
浙江省		34	7		7		
其中:宁波市							
安徽省		1					
福建省							
其中:厦门市							
江西省			2		2		
山东省	184		1		1		
其中:青岛市							
河南省		3					
湖北省							
湖南省			7		7		
广东省		9					
其中:深圳市							
广西壮族自治区							
海南省							
重庆市							
四川省							
贵州省							
云南省	37		3		3		
西藏自治区							
陕西省							
甘肃省		122					
青海省							
宁夏回族自治区							
新疆维吾尔自治区							

2－54－10

单位:万元

地　　区	债务利息支出					基本建设支出	
	向国家银行借款付息	其他国内借款付息	向国外政府借款付息	向国际组织借款付息	其他国外借款付息	小　计	房屋建筑物购　　建
地　方　合　计						**244052**	**166585**
北京市						7435	6669
天津市						5400	4500
河北省						11787	7555
山西省						684	438
内蒙古自治区						7309	5983
辽宁省						11878	6393
其中:大连市						4255	
吉林省						1582	1170
黑龙江省						3531	2399
上海市						3809	3100
江苏省						27238	16774
浙江省						8916	6805
其中:宁波市						2569	2354
安徽省						3394	945
福建省						10040	6144
其中:厦门市						4855	1835
江西省						7996	4859
山东省						8786	2758
其中:青岛市						1609	1451
河南省						11345	9171
湖北省						4675	3198
湖南省						7040	5390
广东省						23295	17282
其中:深圳市						1387	
广西壮族自治区						8023	5084
海南省						1643	1340
重庆市						9090	8111
四川省						21673	17304
贵州省						914	725
云南省						7249	3980
西藏自治区						3033	2734
陕西省						6953	518
甘肃省						9595	7471
青海省						928	687
宁夏回族自治区						4451	3121
新疆维吾尔自治区						4360	3977

2－54－11

单位:万元

地　　区	基本建设支出							
	办公设备购　置	专用设备购　置	交通工具购　置	基础设施建　设	大型修缮	信息网络购　建	物资储备	其他基本建设支出
地　方　合　计	**5460**	**2609**	**5351**	**28856**	**3990**	**2671**		**28530**
北京市		328		332	104	2		
天津市				900				
河北省	55	150	2291	420	166	1027		123
山西省			46					200
内蒙古自治区	33	20	27	1168	27			51
辽宁省	51	331		4989	98	16		
其中:大连市	49	206		4000				
吉林省	217		16	55	84	40		
黑龙江省	35	40	10	888	159			
上海市	252	15	172			20		250
江苏省	1166	130	52	1154	1527	445		5990
浙江省	336	20	464	522	1	97		671
其中:宁波市	22		115			78		
安徽省	59	320	15	1072	261	3		719
福建省	9	253	76	576		73		2909
其中:厦门市		188		404				2428
江西省	71	37	255	483				2291
山东省	231	77	210	5240				270
其中:青岛市	8		150					
河南省	317	271	158	1383		2		43
湖北省	73	32	359	282	190	360		181
湖南省	219	29	28	1080	34			260
广东省	589	19	81	1313	486	376		3149
其中:深圳市								1387
广西壮族自治区	221	59	224	1492	34	108		801
海南省	124	16	67	80				16
重庆市	50	177		691				61
四川省	325	161	122	1269	29	24		2439
贵州省			5	48				136
云南省	845	64	488	597	25			1250
西藏自治区				186				113
陕西省	50			945		10		5430
甘肃省	30		27	1439	595	10		23
青海省	30		7	90	2			112
宁夏回族自治区	58	58		120	53			1041
新疆维吾尔自治区	14	2	151	42	115	58		1

2－54－12

单位:万元

地　　区	其他资本性支出						
	小　计	房屋建筑物购　　建	办公设备购　　置	专用设备购　　置	交通工具购　　置	基础设施建　　设	大型修缮
地　方　合　计	**472208**	**171691**	**59244**	**25326**	**71790**	**29627**	**22566**
北京市	16373		1847	1370	1600	314	1889
天津市	15357	10438	1562	352	2030	20	178
河北省	17640	10181	1204	1062	2385	221	1366
山西省	15249	2503	1331	1146	2697	1105	1913
内蒙古自治区	12676	1774	1668	665	1333	313	393
辽宁省	18609	8367	2371	1311	2127	524	1085
其中:大连市	2101	163	291	457	89	7	69
吉林省	10055	3539	1128	552	1668	947	1436
黑龙江省	10314	1852	1513	2975	1389	706	990
上海市	25965	134	4070	1206	3855		
江苏省	40486	18538	2702	755	4546	7889	1799
浙江省	26990	11360	3137	678	4744	1259	732
其中:宁波市	2768	435	346	130	760	102	83
安徽省	14968	7982	1094	821	1403	1094	206
福建省	13772	5466	1875	681	3832	985	220
其中:厦门市	777		135	357	93		48
江西省	10024	3624	1010	563	2371	554	215
山东省	50342	26727	3476	1844	4006	4841	1815
其中:青岛市	11480	2752	1176	218	461	3600	
河南省	21628	9930	2114	1349	3819	650	1146
湖北省	18579	5709	1766	548	2316	1753	1189
湖南省	14455	5774	1103	352	4641	856	180
广东省	31085	7540	7845	2583	5303	1240	2518
其中:深圳市	6847	593	3513	1263	308		220
广西壮族自治区	10527	2558	732	356	1380	346	663
海南省	1336	113	431	106	412	175	33
重庆市	7420	1719	2596	456	1785		80
四川省	17105	5409	2446	1336	3868	257	263
贵州省	4068	698	706	198	1305	232	314
云南省	13461	6576	1879	496	1742	1656	266
西藏自治区	3667	1219	528	25	1247	65	517
陕西省	7162	3617	744	98	1169	412	559
甘肃省	7129	2784	1093	1036	1044	551	109
青海省	4022	543	2285	66	515	8	203
宁夏回族自治区	6128	3412	1699	148	212	234	85
新疆维吾尔自治区	5616	1605	1289	192	1046	420	204

2－54－13　　　　　　　　　　　　　　　　　　　　　　　　　　　单位:万元

地　　区	其他资本性支出						
	信息网络购建	物资储备	土地补偿	安置补助	地上附着物和青苗补偿	拆迁补偿	其他资本性支出
地方合计	**19043**	**68**	**1247**	**58**	**3**	**2158**	**69387**
北京市	1029	5		－2			8321
天津市	307						470
河北省	830						391
山西省	190		6				4358
内蒙古自治区	391						6139
辽宁省	507	61	550	50		1000	656
其中:大连市	24					1000	1
吉林省	624		79	4			78
黑龙江省	711		55				123
上海市	1772						14928
江苏省	642		10				3605
浙江省	2251						2829
其中:宁波市	899						13
安徽省	254					18	2096
福建省	342			5			366
其中:厦门市	1						143
江西省	196		114				1377
山东省	1014		14				6605
其中:青岛市	46						3227
河南省	393		52			5	2170
湖北省	1477					1135	2686
湖南省	382		20				1147
广东省	1613		14				2429
其中:深圳市	459						491
广西壮族自治区	657		58				3777
海南省	24						42
重庆市	344						440
四川省	1080		49				2397
贵州省	232	1					382
云南省	223		129		3		491
西藏自治区	60	1					5
陕西省	206		10				347
甘肃省	183		56	1			272
青海省	378		9				15
宁夏回族自治区	3						335
新疆维吾尔自治区	728		22				110

二、地方财政预算收支情况

2－54－14　　单位:万元

地　区	贷款转贷及产权参股					其他支出		
	小　计	国内贷款	国外贷款	产权参股	其他贷款转贷及产权参股支出	小　计	补充全国社会保障基金	其他支出
地方合计	**162**	**75**			**87**	**37655**		**37655**
北京市						94		94
天津市								
河北省						4199		4199
山西省						6		6
内蒙古自治区						60		60
辽宁省						374		374
其中:大连市						130		130
吉林省						1691		1691
黑龙江省						797		797
上海市						212		212
江苏省	75	75				6476		6476
浙江省						2816		2816
其中:宁波市						429		429
安徽省						1252		1252
福建省	87				87	1229		1229
其中:厦门市						100		100
江西省						1125		1125
山东省						2050		2050
其中:青岛市						1950		1950
河南省						419		419
湖北省						4127		4127
湖南省						2377		2377
广东省						3483		3483
其中:深圳市						56		56
广西壮族自治区						992		992
海南省								
重庆市						21		21
四川省						1164		1164
贵州省						1076		1076
云南省								
西藏自治区						131		131
陕西省						369		369
甘肃省						36		36
青海省						157		157
宁夏回族自治区						710		710
新疆维吾尔自治区						212		212

2007 年各省、自治区、直辖市司法支出明细表

2－55－1　　　　单位:万元

地　　区	合　计	工资福利支出				
		小　计	基本工资	津贴补贴	奖　金	社会保障缴　费
地 方 合 计	**1019265**	**457532**	**201120**	**154080**	**59116**	**13232**
北京市	32901	14242	3205	5173	3317	276
天津市	19814	7334	2766	3088	855	90
河北省	38198	20380	11145	6784	875	459
山西省	27287	13725	7087	5199	625	215
内蒙古自治区	25419	12494	6499	5086	629	80
辽宁省	33644	13891	6805	5396	740	380
其中:大连市	3865	1969	685	766	393	80
吉林省	26940	11946	6744	3830	894	310
黑龙江省	26354	12408	6929	4288	901	80
上海市	39471	14818	3172	2172	7785	503
江苏省	69800	29502	8264	7995	8441	1418
浙江省	60008	25152	6237	5196	9660	1447
其中:宁波市	12212	5504	882	1018	2679	425
安徽省	25219	12883	6703	4362	521	166
福建省	26846	13063	5199	4257	1030	579
其中:厦门市	5447	2798	584	1081	200	91
江西省	23620	10565	6173	2790	642	105
山东省	55427	26558	12538	8811	1255	2059
其中:青岛市	10628	5488	1581	2085	394	743
河南省	44481	22968	14489	7228	590	226
湖北省	45643	21249	9461	6976	2927	690
湖南省	49827	21446	11298	6200	1514	1060
广东省	98578	40201	12776	17204	5159	1301
其中:深圳市	12610	4145	841	1670	448	147
广西壮族自治区	26100	10805	5510	3761	1135	143
海南省	7277	3224	1732	1020	309	28
重庆市	19775	7814	3385	3155	951	65
四川省	47976	19874	9765	5016	3623	359
贵州省	21828	9722	5188	3482	657	62
云南省	35417	16982	7385	8275	863	201
西藏自治区	8245	4337	1554	2490	204	53
陕西省	30582	14261	7733	4008	1047	298
甘肃省	16927	8593	4502	3451	366	28
青海省	10446	5039	1912	2671	331	5
宁夏回族自治区	6686	3388	1497	1483	236	19
新疆维吾尔自治区	18529	8668	3467	3233	1034	527

2－55－2

单位:万元

地区	工资福利支出				商品和服务支出		
	伙食费	伙食补助费	绩效工资	其他工资福利支出	小计	办公费	印刷费
地方合计	**309**	**2543**	**2501**	**24631**	**384552**	**50855**	**15709**
北京市	19	30	221	2001	13368	852	1228
天津市	34	53	2	446	6192	391	71
河北省	79	254	30	754	12415	2024	599
山西省	4	61		534	9887	1632	804
内蒙古自治区		3	11	186	8237	1594	431
辽宁省	4	50	178	338	14189	2658	665
其中:大连市	2	8	35		1568	303	53
吉林省		39	15	114	8755	2120	372
黑龙江省	7	50	88	65	6559	1444	312
上海市	28	131	40	987	21320	1247	427
江苏省	14	397	155	2818	28581	3037	721
浙江省	7	351	15	2239	24084	1488	961
其中:宁波市	6	55		439	4705	364	120
安徽省	4	116	125	886	8523	1431	232
福建省	3	28	89	1878	10343	1056	449
其中:厦门市		13	15	814	2052	127	81
江西省	15	21	1	818	9241	1136	306
山东省	6	127	412	1350	20851	3795	858
其中:青岛市	2	13	2	668	3329	322	145
河南省		15	2	418	16191	3944	690
湖北省	9	64	188	934	16127	1564	691
湖南省	5	187	67	1115	19131	2059	1052
广东省	62	91	460	3148	44536	5405	1291
其中:深圳市	31	39	240	729	6455	330	133
广西壮族自治区		10		246	9507	1115	289
海南省		2		133	2849	210	158
重庆市		47		211	7547	911	237
四川省	1	57	21	1032	17976	2238	890
贵州省	1	22	4	306	7033	1195	207
云南省		67	5	186	12262	2423	549
西藏自治区		1		35	1761	150	14
陕西省	7	97	251	820	10572	1622	438
甘肃省		1	101	144	5300	749	419
青海省		45	10	65	2622	364	107
宁夏回族自治区		12		141	2467	371	81
新疆维吾尔自治区		114	10	283	6126	630	160

2－55－3

单位:万元

地区	商品和服务支出						
	咨询费	手续费	水费	电费	邮电费	取暖费	物业管理费
地方合计	**1603**	**389**	**1919**	**6303**	**10230**	**4853**	**3781**
北京市			43	284	160	320	275
天津市			15	164	120	156	113
河北省	29	3	67	227	436	408	63
山西省	23	7	34	123	224	277	15
内蒙古自治区	12	3	30	56	303	425	16
辽宁省	81	61	56	211	483	712	111
其中:大连市	21		3	8	72	53	
吉林省	87	13	105	177	258	574	49
黑龙江省	64	4	103	122	254	544	110
上海市	18		22	118	339		1358
江苏省	46	12	89	424	576	10	122
浙江省	117	6	46	308	625		190
其中:宁波市	100		7	26	45		39
安徽省	12	21	23	142	265	18	19
福建省	4	11	48	205	301		61
其中:厦门市		1	12	31	21		42
江西省	28	11	51	168	242	11	18
山东省	237	60	189	511	624	565	132
其中:青岛市	16	10	13	40	75	55	26
河南省	112	5	143	320	398	119	77
湖北省	28	3	134	463	443	16	72
湖南省	29	116	116	367	383	18	30
广东省	95	6	184	886	1294		601
其中:深圳市	5	1	9	97	70		297
广西壮族自治区	8	1	70	117	228		24
海南省			2	22	42		57
重庆市	27	3	31	133	204		117
四川省	149	6	112	290	676	28	33
贵州省	11	1	20	82	190	20	10
云南省	24	8	55	102	375		38
西藏自治区			21	46	64	20	
陕西省	334	7	60	132	241	157	28
甘肃省	17	9	39	53	138	131	12
青海省	5	3	4	16	103	111	19
宁夏回族自治区	4	1	3	9	53	23	7
新疆维吾尔自治区	2	8	4	25	188	190	4

2－55－4 单位:万元

地区	商品和服务支出					
	交通费	差旅费	出国费	维修(护)费	租赁费	会议费
地方合计	**35079**	**17319**	**1998**	**16816**	**3308**	**20058**
北京市	970	135	185	394	310	755
天津市	353	41	27	128	25	205
河北省	1658	534	42	751	148	596
山西省	1097	490	9	1487	175	441
内蒙古自治区	1205	846	3	399	85	345
辽宁省	1712	840	15	953	364	630
其中:大连市	166	94		8	14	112
吉林省	1247	793	21	736	146	434
黑龙江省	929	530	2	350	29	239
上海市	934	351	524	357	233	1473
江苏省	1799	1048	187	533	254	2000
浙江省	1407	1090	216	681	315	1541
其中:宁波市	182	215	61	69	46	202
安徽省	663	363	39	229	54	333
福建省	1014	477	73	328	56	440
其中:厦门市	152	77	59	63	9	23
江西省	783	527	28	380	45	212
山东省	2115	882	87	1125	194	1207
其中:青岛市	313	97	42	49	13	108
河南省	1713	592	47	550	79	810
湖北省	1304	605	21	568	44	909
湖南省	1669	812	69	697	36	936
广东省	3808	1443	170	2062	198	2093
其中:深圳市	631	105	21	93	87	157
广西壮族自治区	961	467	38	520	33	420
海南省	307	169	12	89	2	111
重庆市	738	661	13	455	24	562
四川省	1747	1022	45	681	98	1173
贵州省	770	313	13	175	8	298
云南省	1211	371	22	583	65	554
西藏自治区	252	319	1	93		27
陕西省	1064	493	33	661	226	587
甘肃省	447	284	3	432	34	269
青海省	365	180	34	97	11	121
宁夏回族自治区	247	162	17	181	9	185
新疆维吾尔自治区	590	479	2	141	8	152

2－55－5

单位:万元

地　　区	商品和服务支出						
	培训费	招待费	专　用 材料费	被　装 购置费	专　用 燃料费	劳务费	委　托 业务费
地　方　合　计	**13533**	**23136**	**4338**	**5617**	**712**	**11767**	**6212**
北京市	450	95	44	163		519	2085
天津市	126	90	2	1		17	40
河北省	522	620	79	83	25	254	131
山西省	383	439	19	124	31	281	69
内蒙古自治区	355	350	64	395	47	112	43
辽宁省	542	487	377	228	71	705	100
其中:大连市	91	99	3	37		344	6
吉林省	191	289	243	155	86	109	102
黑龙江省	247	159	148	68	60	208	144
上海市	750	496	65	16		1337	30
江苏省	1113	2209	237	86	8	1298	76
浙江省	733	1800	103	28		982	284
其中:宁波市	109	253	13	7		53	7
安徽省	286	620	70	93	15	113	19
福建省	229	788	139	30	4	297	335
其中:厦门市	31	70	5	2		80	2
江西省	339	1048	88	121	28	132	36
山东省	629	1010	872	423	119	379	194
其中:青岛市	114	179	13	283	4	99	
河南省	661	920	607	1795	43	274	122
湖北省	548	1248	61	130	18	285	82
湖南省	508	2018	130	54	13	166	158
广东省	1753	2888	292	136	27	1970	363
其中:深圳市	158	285	43	36	1	426	137
广西壮族自治区	440	665	82	36	9	242	447
海南省	76	163	5	387	3	25	2
重庆市	209	328	136	60	3	521	13
四川省	665	1289	85	308	13	284	501
贵州省	264	576	31	5	26	251	28
云南省	579	925	82	227	10	177	641
西藏自治区	24	121	2	1	2		2
陕西省	389	639	49	83	19	430	45
甘肃省	211	218	116	162	12	124	82
青海省	64	205	13	163	10	29	3
宁夏回族自治区	61	130	6	22	2	59	28
新疆维吾尔自治区	186	303	91	34	8	187	7

2－55－6

单位:万元

地　　区	商品和服务支出			对个人和家庭的补助			
	工会经费	福利费	其他商品和服务支出	小　计	离休费	退休费	退职(役)费
地方合计	**2690**	**6142**	**120185**	**64531**	**4884**	**33192**	**53**
北京市	137	77	3887	1233	2	2	
天津市	44	97	3966	2767	255	1347	
河北省	78	190	2848	2219	299	1414	
山西省	23	176	1504	1808	234	1164	
内蒙古自治区	24	141	953	634	4	352	
辽宁省	80	166	1881	1816	171	878	
其中:大连市	22	33	26	49		5	
吉林省	39	55	354	2571	311	1820	
黑龙江省	50	165	274	3720	507	2684	1
上海市	122	366	10737	992	208	403	
江苏省	187	336	12173	6657	754	3776	3
浙江省	371	1165	9627	6477	492	3304	2
其中:宁波市	55	47	2685	861	82	540	
安徽省	48	74	3341	1216	78	630	
福建省	134	198	3666	1674	32	478	7
其中:厦门市	33	19	1112	347		1	
江西省	53	225	3225	1063	40	635	
山东省	90	241	4313	4467	169	749	
其中:青岛市	27	18	1268	1251	94	438	
河南省	101	221	1848	1817	203	1299	
湖北省	156	232	6502	3673	142	1996	2
湖南省	143	237	7315	2405	195	1273	
广东省	232	569	16770	3284	70	495	4
其中:深圳市	18	67	3248	307		7	
广西壮族自治区	49	269	2977	2092	114	1515	2
海南省	12	8	987	74		28	
重庆市	40	71	2050	306		126	
四川省	137	292	5214	2490	78	1301	12
贵州省	54	111	2374	3308	223	2299	2
云南省	121	121	2999	783	27	196	13
西藏自治区	29	6	567	828		663	
陕西省	28	80	2727	1841	83	976	
甘肃省	18	69	1252	516	80	256	1
青海省	25	17	553	69		47	
宁夏回族自治区	5	21	780	224	18	143	4
新疆维吾尔自治区	60	146	2521	1507	95	943	

2-55-7

单位:万元

地区	对个人和家庭的补助						
	抚恤金	生活补助	救济费	医疗费	助学金	奖励金	生产补贴
地方合计	**1501**	**1759**	**195**	**1680**		**1293**	**40**
北京市	4	3	7	15			
天津市	44	1		227		17	
河北省	63	117	10	18		18	14
山西省	35	95	1	20		3	
内蒙古自治区	29	119	1	9		20	
辽宁省	60	85	5	41		50	
其中:大连市	14	13	2	5		7	
吉林省	51	34	12	25		129	
黑龙江省	74	75	3	6		60	
上海市	16	3		9		5	
江苏省	96	129	5	158		23	
浙江省	74	40	43	159		94	1
其中:宁波市	19	1		23		27	
安徽省	21	38	3	27		5	1
福建省	35	23		19		24	
其中:厦门市	1	1		2			
江西省	38	45		42		4	1
山东省	55	83	59	120		30	
其中:青岛市	8	1		1			
河南省	50	81	9	21		15	
湖北省	79	66	13	278		10	2
湖南省	76	173	6	95		18	10
广东省	47	147		260		302	1
其中:深圳市		4				62	
广西壮族自治区	44	40		16		28	
海南省	22		2	4		1	
重庆市	29	20		10		31	
四川省	85	50	1	8		238	
贵州省	38	67	2	6		37	2
云南省	194	47		23		86	4
西藏自治区	7	3		16			
陕西省	19	115	12	23		1	1
甘肃省	21	20		1		5	
青海省		7				7	
宁夏回族自治区	11	9				12	
新疆维吾尔自治区	84	24	1	24		20	3

二、地方财政预算收支情况

2－55－8　　　　单位:万元

地　　区	对个人和家庭的补助				对企事业单位的补贴		
	住　房 公积金	提租 补贴	购房 补贴	其他对个人和家庭的补助支出	小　计	企业政策性补　　贴	事业单位补　　贴
地　方　合　计	**10413**	**1196**	**3137**	**5188**	**872**	**93**	**437**
北京市	759	176	198	67			
天津市	835	10		31			
河北省	189	2		75	21	11	2
山西省	218	6	2	30	11		11
内蒙古自治区	67	3		30			
辽宁省	191	268		67	5		5
其中:大连市		2		1	5		5
吉林省	169	13	2	5	82	82	
黑龙江省	222	31		57			
上海市	94	1	1	252	10		
江苏省	702	183	102	726	313		301
浙江省	1530	6	110	622	278		56
其中:宁波市	22			147	171		
安徽省	306	8		99	67		23
福建省	567	247	10	232	5		1
其中:厦门市	206	124	5	7			
江西省	171			87			
山东省	743	144	1876	439			
其中:青岛市	228	115	76	290			
河南省	83		13	43	22		22
湖北省	573	14	88	410			
湖南省	342	1		216	13		6
广东省	1023	78	175	682	2		
其中:深圳市		71	108	55			
广西壮族自治区	207	2	1	123			
海南省	4			13			
重庆市	18			72	33		
四川省	352		15	350			
贵州省	169	1	353	109			
云南省	135		11	47			
西藏自治区	54			85			
陕西省	359		179	73			
甘肃省	96	2		34	10		10
青海省	1			7			
宁夏回族自治区	5			22			
新疆维吾尔自治区	229		1	83			

2－55－9

单位:万元

地　　区	对企事业单位的补贴		赠　与			债务利息支出	
	财政贴息	其他对企事业单位的补贴支出	小　计	对国内的赠与	对国外的赠与	小　计	国库券付息
地方合计		**342**	**5**	**5**			
北京市							
天津市							
河北省		8					
山西省							
内蒙古自治区							
辽宁省							
其中:大连市							
吉林省							
黑龙江省							
上海市		10					
江苏省		12					
浙江省		222					
其中:宁波市		171					
安徽省		44					
福建省		4	3	3			
其中:厦门市							
江西省							
山东省							
其中:青岛市							
河南省							
湖北省							
湖南省		7	2	2			
广东省		2					
其中:深圳市							
广西壮族自治区							
海南省							
重庆市		33					
四川省							
贵州省							
云南省							
西藏自治区							
陕西省							
甘肃省							
青海省							
宁夏回族自治区							
新疆维吾尔自治区							

二、地方财政预算收支情况

2-55-10

单位:万元

地　　区	债务利息支出					基本建设支出	
	向国家银行借款付息	其他国内借款付息	向国外政府借款付息	向国际组织借款付息	其他国外借款付息	小　计	房屋建筑物购建
地方合计						**36815**	**23234**
北京市							
天津市						487	
河北省						1224	722
山西省						144	131
内蒙古自治区						1561	1083
辽宁省						1534	997
其中:大连市						40	
吉林省						589	382
黑龙江省						1872	1705
上海市						1314	
江苏省						1000	870
浙江省						886	540
其中:宁波市						356	344
安徽省						389	243
福建省						190	2
其中:厦门市						44	
江西省						1225	958
山东省						45	10
其中:青岛市						1	
河南省						1182	649
湖北省						239	95
湖南省						3809	3300
广东省						2343	1287
其中:深圳市							
广西壮族自治区						1632	1172
海南省						386	
重庆市						2582	2391
四川省						4229	2641
贵州省						179	97
云南省						1900	1318
西藏自治区						811	653
陕西省						2199	427
甘肃省						1489	560
青海省						830	612
宁夏回族自治区						65	2
新疆维吾尔自治区						480	387

2－55－11

单位:万元

地区	基本建设支出							
	办公设备购置	专用设备购置	交通工具购置	基础设施建设	大型修缮	信息网络购建	物资储备	其他基本建设支出
地方合计	**1598**	**231**	**1379**	**5355**	**807**	**256**		**3955**
北京市								
天津市	43			444				
河北省	19	2	36	239	62	2		142
山西省				13				
内蒙古自治区	17	42		270	43			106
辽宁省	64	18	31	312	15	20		77
其中:大连市				40				
吉林省	1		23	139	44			
黑龙江省				122	28			17
上海市	197	3	674		25	215		200
江苏省	20	1	49	15	35			10
浙江省	131	7	73	15	41	11		68
其中:宁波市	6	6						
安徽省	76	16	12		22	5		15
福建省	50		89		49			
其中:厦门市	8		36					
江西省	48		6	157	17			39
山东省	5			10	20			
其中:青岛市	1							
河南省	41		29	325	93			45
湖北省	29		26	48	7			34
湖南省	20	68	33	298	20			70
广东省	106	36	97	27	140			650
其中:深圳市								
广西壮族自治区	12		12	431				5
海南省	211							175
重庆市	21			90	26			54
四川省	235	1	95	1092	15			150
贵州省	20			17	35	3		7
云南省	205	37	39	208	7			86
西藏自治区				106				52
陕西省				20	11			1741
甘肃省	2		12	869	46			
青海省	12				6			200
宁夏回族自治区	3		14	34				12
新疆维吾尔自治区	10		29	54				

2-55-12　　　　单位:万元

地区	其他资本性支出						
	小计	房屋建筑物购建	办公设备购置	专用设备购置	交通工具购置	基础设施建设	大型修缮
地方合计	**65597**	**15664**	**16657**	**2311**	**14875**	**4457**	**3619**
北京市	3690	766	1292	8	636	800	81
天津市	3034	1704	375	143	556		218
河北省	1705	69	564	34	559	89	256
山西省	1710	335	463	41	704	43	48
内蒙古自治区	2391	216	721	99	705		7
辽宁省	2107	527	533	160	449	27	150
其中:大连市	152		35	41	45	8	
吉林省	2902	575	687	87	1295	27	137
黑龙江省	1795	106	883	70	687	20	3
上海市	723		295	15	272		53
江苏省	3082	125	900	241	894	1	80
浙江省	2429	591	690	7	770	24	191
其中:宁波市	200		72	2	71		29
安徽省	1838	726	341	114	210	90	76
福建省	1084	198	427	4	360	21	70
其中:厦门市	165		134	1	28		
江西省	1218	378	235	64	260	132	57
山东省	3426	54	1009	165	653	1003	289
其中:青岛市	244		68	59	100		
河南省	2206	484	579	198	415	101	210
湖北省	3865	929	565	98	418	143	471
湖南省	2334	1016	267	272	371	105	5
广东省	6127	2298	1104	113	1034	91	501
其中:深圳市	225		78	10	120		5
广西壮族自治区	1565	828	188	2	223	65	26
海南省	743	202	373		86	8	30
重庆市	1393	141	872	59	202	72	20
四川省	3170	571	766	78	1066	290	113
贵州省	1223	536	166	16	232	9	21
云南省	3486	1632	535	130	376	444	169
西藏自治区	267	53	37		66	53	43
陕西省	1586	338	432	37	283	78	174
甘肃省	692	81	310	42	180	12	23
青海省	1716	5	52	4	173	666	24
宁夏回族自治区	414	42	42		246		53
新疆维吾尔自治区	1676	138	954	10	494	43	20

2 – 55 – 13

单位:万元

地区	其他资本性支出						
	信息网络购建	物资储备	土地补偿	安置补助	地上附着物和青苗补偿	拆迁补偿	其他资本性支出
地方合计	**2020**		**91**	**1**		**30**	**5872**
北京市	19			1			87
天津市							38
河北省	49						85
山西省	2						74
内蒙古自治区	4						639
辽宁省	156						105
其中:大连市	23						
吉林省	94						
黑龙江省	15						11
上海市	31						57
江苏省	636						205
浙江省	141						15
其中:宁波市	19						7
安徽省	169						112
福建省	2						2
其中:厦门市	1						1
江西省	16						76
山东省	26		89				138
其中:青岛市	16						1
河南省	178						41
湖北省	25		1				1215
湖南省	55						243
广东省	195						791
其中:深圳市							12
广西壮族自治区	41						192
海南省							44
重庆市	4						23
四川省	31					30	225
贵州省	24						219
云南省							200
西藏自治区							15
陕西省	62						182
甘肃省	16						28
青海省	13						779
宁夏回族自治区							31
新疆维吾尔自治区	16		1				

二、地方财政预算收支情况

2－55－14

单位:万元

地区	贷款转贷及产权参股					其他支出		
	小计	国内贷款	国外贷款	产权参股	其他贷款转贷及产权参股支出	小计	补充全国社会保障基金	其他支出
地方合计	**57**	**56**			**1**	**9304**		**9304**
北京市						368		368
天津市								
河北省						234		234
山西省						2		2
内蒙古自治区						102		102
辽宁省						102		102
其中:大连市						82		82
吉林省						95		95
黑龙江省								
上海市						294		294
江苏省						665		665
浙江省						702		702
其中:宁波市						415		415
安徽省						303		303
福建省	1				1	483		483
其中:厦门市						41		41
江西省						308		308
山东省	56	56				24		24
其中:青岛市						315		315
河南省						95		95
湖北省						490		490
湖南省						687		687
广东省						2085		2085
其中:深圳市						1478		1478
广西壮族自治区						499		499
海南省						1		1
重庆市						100		100
四川省						237		237
贵州省						363		363
云南省						4		4
西藏自治区						241		241
陕西省						123		123
甘肃省						327		327
青海省						170		170
宁夏回族自治区						128		128
新疆维吾尔自治区						72		72

2007 年各省、自治区、直辖市监狱支出明细表

2－56－1　　　　单位:万元

地　　区	合　计	工资福利支出				
		小　计	基本工资	津贴补贴	奖　金	社会保障缴　费
地　方　合　计	**2821300**	**1215745**	**444880**	**558191**	**114297**	**12665**
北京市	91573	43964	8207	15587	11043	214
天津市	42169	16079	5014	10533	99	79
河北省	76373	36683	19603	10897	1268	117
山西省	84429	29060	11827	15888	1016	
内蒙古自治区	55690	16605	7254	7218	591	25
辽宁省	136338	71538	20543	45759	2008	1765
其中:大连市	3733	2263	623	1515	54	71
吉林省	71954	27813	13473	13172	878	115
黑龙江省	109752	41878	21347	16979	1147	4
上海市	92094	50160	9107	22367	17296	461
江苏省	185692	85585	19477	25934	22606	1654
浙江省	211919	66719	20414	28111	11953	412
其中:宁波市	13813	4970	848	1207	1792	400
安徽省	79796	34895	13035	17689	1868	64
福建省	70121	19944	9676	9577	556	
其中:厦门市						
江西省	57903	23183	11244	9564	781	13
山东省	175518	66592	26712	30217	5760	1588
其中:青岛市	21089	11692	3083	7102	264	757
河南省	115782	57919	22787	32084	2033	495
湖北省	132417	58341	26398	24156	6358	118
湖南省	110010	49730	17183	25989	415	2050
广东省	230841	118135	22466	72338	10821	1091
其中:深圳市	10105	4842	1021	2955	660	154
广西壮族自治区	103646	47512	20279	22843	4390	
海南省	18111	8144	3009	3660	1266	17
重庆市	44159	21716	7449	13256	979	
四川省	129274	56485	31880	12390	2917	8
贵州省	95464	36667	19581	14429	1581	483
云南省	89281	38537	18066	19014	1408	
西藏自治区	11692	5805	2640	2927	154	12
陕西省	51070	22637	13056	7476	657	25
甘肃省	37680	18987	7922	8172	464	7
青海省	25501	16437	4653	7889	958	
宁夏回族自治区	13742	5558	2372	3012	150	
新疆维吾尔自治区	71309	22437	8206	9064	876	1848

2-56-2

单位:万元

地　　区	工资福利支出				商品和服务支出		
	伙食费	伙食补助费	绩效工资	其他工资福利支出	小　计	办公费	印刷费
地　方　合　计	**9920**	**9596**	**4779**	**61417**	**585605**	**22287**	**2067**
北京市			22	8891	29064	1025	71
天津市				354	14427	239	11
河北省		2623		2175	27508	583	52
山西省				329	40622	399	50
内蒙古自治区				1517	8503	280	32
辽宁省		134		1329	46531	1196	92
其中:大连市					941	35	1
吉林省		40		135	14849	367	36
黑龙江省		206		2195	24693	4254	135
上海市	16	169		744	28334	323	60
江苏省	376	3934	856	10748	19397	738	52
浙江省		444		5385	35925	1173	105
其中:宁波市		70		653	2235	95	7
安徽省	222	795		1222	9587	582	157
福建省				135	12322	391	36
其中:厦门市							
江西省				1581	7009	207	60
山东省	1261	164		890	46060	1102	124
其中:青岛市				486	2296	188	
河南省	37	71		412	15718	1187	102
湖北省	78	1		1232	20329	780	176
湖南省	649	63		3381	18187	780	188
广东省		42	3901	7476	33516	1966	92
其中:深圳市				52	2346	162	
广西壮族自治区					22469	706	25
海南省		16		176	2710	131	10
重庆市		6		26	8044	353	25
四川省	2851	47		6392	37572	890	103
贵州省	14	66		513	7155	307	42
云南省				49	13327	569	40
西藏自治区				72	2907	86	
陕西省				1423	10536	437	18
甘肃省	1879	126		417	8734	163	11
青海省	2442			495	7963	358	20
宁夏回族自治区		1		23	1479	93	6
新疆维吾尔自治区	95	648		1700	10128	622	136

2－56－3　　　　单位:万元

地　　区	商品和服务支出						
	咨询费	手续费	水　费	电　费	邮电费	取暖费	物　业 管理费
地　方　合　计	**115**	**124**	**7910**	**22981**	**16879**	**21762**	**4047**
北京市			273	1263	210	2191	729
天津市			345	1055	156	551	79
河北省	2	1	227	798	368	2183	15
山西省	9	16	321	347	1175	1352	1
内蒙古自治区	3	2	33	210	792	875	36
辽宁省	1	5	353	1675	1191	3503	282
其中:大连市			29	194	11	197	1
吉林省		1	81	401	150	2194	15
黑龙江省		1	128	499	423	3212	112
上海市	17	8	683	1723	369		116
江苏省	1	5	389	529	477	69	162
浙江省		1	558	1675	1501		807
其中:宁波市			25	84	37		60
安徽省	3		318	804	217	60	89
福建省		17	175	533	428		61
其中:厦门市							
江西省	4	9	89	226	172	117	61
山东省			706	1349	1144	2153	270
其中:青岛市			117	181	143	244	
河南省	15	2	337	1493	368	297	85
湖北省	10	31	429	1159	814	246	110
湖南省	9	5	620	1282	268	26	139
广东省			335	1535	3515		347
其中:深圳市			118	185	74		138
广西壮族自治区		11	193	597	310		103
海南省	1	1	66	206	48		96
重庆市			96	113	117		95
四川省		1	275	870	1070	129	26
贵州省	3	2	47	248	411	27	10
云南省	32	1	337	991	341		45
西藏自治区			5	137	176		
陕西省	1		259	462	133	725	
甘肃省	2	2	61	192	186	521	22
青海省			31	125	89	142	
宁夏回族自治区	2	1	19	72	42	72	6
新疆维吾尔自治区		1	121	412	218	1117	128

2-56-4 单位:万元

地区	商品和服务支出					
	交通费	差旅费	出国费	维修(护)费	租赁费	会议费
地方合计	**43365**	**16951**	**1010**	**45821**	**582**	**7521**
北京市	2464	697	45	2942		9
天津市	693	59	75	1752	36	83
河北省	1768	432	3	1532		71
山西省	957	545		293	1	190
内蒙古自治区	781	325	15	438	15	37
辽宁省	3476	698	17	1769	2	531
其中:大连市	133	11		104		10
吉林省	1243	314		1297	33	134
黑龙江省	2734	777	10	1636	94	194
上海市	1570	249	256	8982	66	147
江苏省	1627	827	9	1869	105	638
浙江省	3027	1304	145	1165	84	404
其中:宁波市	49	71	18	101		19
安徽省	1293	602	32	973	2	327
福建省	888	584	19	455	5	176
其中:厦门市						
江西省	682	323		247		78
山东省	2566	765	45	3688	41	529
其中:青岛市	209	49		136	6	
河南省	1539	782	9	3202	30	295
湖北省	912	528	22	2589	22	434
湖南省	1848	882	20	1082	15	500
广东省	3824	1374	69	3603		1004
其中:深圳市	587	74		204		176
广西壮族自治区	1661	725	38	596		273
海南省	308	143	11	604	1	
重庆市	563	124	16	835		160
四川省	2093	980	18	1930	19	306
贵州省	773	392	70	148		80
云南省	1659	641	47	835	2	214
西藏自治区	247	423		66		100
陕西省	585	385		421		298
甘肃省	391	193		144		121
青海省	396	134		27		40
宁夏回族自治区	230	93	9	91		48
新疆维吾尔自治区	567	651	10	610	9	100

2-56-5 单位:万元

地区	商品和服务支出						
	培训费	招待费	专用材料费	被装购置费	专用燃料费	劳务费	委托业务费
地方合计	**20175**	**22833**	**3739**	**23461**	**2981**	**2437**	**172**
北京市	964	224		47			
天津市	281	285		65	43	28	
河北省	199	52	22	1161	94	6	
山西省	432	310	75	1072			36
内蒙古自治区	222	238	11	819		242	
辽宁省	799	947	40	1439		207	
其中:大连市	42	24	2	48			
吉林省	297	108	54	338		260	
黑龙江省	278	824	788	176	9	132	7
上海市	1186	772	109	537	22	164	
江苏省	1793	479	277	572	48	46	
浙江省	1685	1091	353	1492	104	109	12
其中:宁波市	70	93	76	64		30	12
安徽省	692	888	86	467	58	36	
福建省	478	1143	140	945	115	56	16
其中:厦门市							
江西省	327	604	27	217		7	
山东省	943	715	26	1109		127	
其中:青岛市	124	55				50	
河南省	814	1318	248	256	539	20	
湖北省	1272	2706	276	2348	606	60	14
湖南省	613	2191	577	319	57	110	2
广东省	1992	2021	221	1870		144	
其中:深圳市	96	14		90		143	
广西壮族自治区	859	1355	4	603	4	2	
海南省	113	97	20	100		128	2
重庆市	268	150		537		14	
四川省	801	1948	48	2942	102	16	
贵州省	469	705	12	378	230	13	
云南省	871	345	29	1115	100	68	83
西藏自治区	52	116					
陕西省	256	93	10	435		4	
甘肃省	379	223	8	819	32	4	
青海省	347	138	138	5	19		
宁夏回族自治区	74	153	3	116		120	
新疆维吾尔自治区	419	594	137	1162	799	314	

2-56-6

单位:万元

地　　区	商品和服务支出			对个人和家庭的补助			
	工会经费	福利费	其他商品和服务支出	小　计	离休费	退休费	退职(役)费
地 方 合 计	**14459**	**17846**	**264080**	**397595**	**22943**	**112277**	**426**
北京市	670	306	14934	5023			
天津市	193	751	7647	7072	458	4226	
河北省	396	62	17481	1065			
山西省	406	330	32305	1835			
内蒙古自治区	200	280	2617	12283		429	
辽宁省	272	822	27214	2752	71	808	
其中:大连市	13	86		483		49	
吉林省	330	40	7156	20563	1283	10577	7
黑龙江省	417	609	7244	33543	2027	15779	
上海市	447	1138	9390	9253	592	962	
江苏省	844	374	7467	45969	4655	15794	85
浙江省	1263	4947	12920	33771	2974	10250	25
其中:宁波市	71	12	1241	1497		331	
安徽省	290	376	1235	13200			12
福建省	284	270	5107	93			
其中:厦门市							
江西省	371	240	2941	16433	1086	5132	
山东省	592	239	27827	35721	4239	12672	189
其中:青岛市	74	9	711	2319	361	1848	
河南省	765	562	1453	18552	25	636	
湖北省	265	658	3862	10054	95	616	99
湖南省	699	474	5481	26942	968	12197	2
广东省	2087	615	6902	11588			
其中:深圳市	21	64	200				
广西壮族自治区	446	610	13348	10440			
海南省	92	6	526	2799	4	44	
重庆市	206	141	4231	6670			
四川省	1299	1250	20456	1285	3	192	4
贵州省	449	124	2215	21949	3089	14215	3
云南省	419	469	4074	20746		918	
西藏自治区	81	7	1411	1217		715	
陕西省	149	179	5686	7414			
甘肃省	251	225	4784	1291		151	
青海省	151	47	5756	581			
宁夏回族自治区	5	12	212	1896	488	1225	
新疆维吾尔自治区	120	1683	198	15595	886	4739	

2 – 56 – 7　　　　单位:万元

地　区	对个人和家庭的补助						
	抚恤金	生活补助	救济费	医疗费	助学金	奖励金	生产补贴
地　方　合　计	**7062**	**101790**	**639**	**17004**	**347**	**1188**	**39**
北京市	186	9		5			
天津市	79	32					
河北省	103	235		226		66	
山西省	50	10	4		11		
内蒙古自治区	64	893		20		9	
辽宁省	198	870		82		43	
其中:大连市	48	342		44			
吉林省	241	463	119	20		5	
黑龙江省	393	1900		31		2	
上海市	322	6441		861			
江苏省	657	90		3587		149	
浙江省	583	1589		904		118	1
其中:宁波市	42	979				1	
安徽省	127	11960	253	85		47	
福建省	45	39					
其中:厦门市							
江西省	99	7809		1058			
山东省	865	631		3730	335		
其中:青岛市	74						
河南省	19	1705	215	3		53	
湖北省	167	294	5	4189	1		
湖南省	670	11196	40	714		341	20
广东省	364	1458		57			
其中:深圳市							
广西壮族自治区		9906					
海南省	7	2346				16	
重庆市	78	5979		29			
四川省		760		13		4	
贵州省	1127	356	1	1185		5	
云南省	9	19777		22			
西藏自治区	21	11		4			
陕西省	38	6653		17			
甘肃省	113	303		131			18
青海省		14					
宁夏回族自治区	114	37					
新疆维吾尔自治区	323	8024	2	31		330	

2－56－8　　　　单位:万元

地　　区	对个人和家庭的补助				对企事业单位的补贴		
	住　房 公积金	提租 补贴	购房 补贴	其他对个人 和家庭的 补助支出	小　计	企业政策性 补　　贴	事业单位 补　　贴
地　方　合　计	**39546**	**1511**	**10457**	**82366**	**6032**	**650**	
北京市	2763	573	912	575			
天津市	2218	46		13			
河北省	86	43	1	305			
山西省	1581			179			
内蒙古自治区	28			10840			
辽宁省	113	110		457			
其中:大连市							
吉林省	118	7		7723			
黑龙江省	357	208		12846			
上海市			2	73			
江苏省	40	30		20882	488		
浙江省	11665	3	443	5216			
其中:宁波市	8			136			
安徽省	96			620	1712		
福建省				9			
其中:厦门市							
江西省	1240			9	668		
山东省	3781	403	8598	278			
其中:青岛市				36			
河南省	24			15872			
湖北省	3793	75		720			
湖南省	296		182	316	1218	524	
广东省	9184			525			
其中:深圳市							
广西壮族自治区				534			
海南省				382			
重庆市				584			
四川省				309	1115		
贵州省	685	13	133	1137			
云南省				20	513	126	
西藏自治区				466			
陕西省	555			151			
甘肃省	6			569	300		
青海省				567			
宁夏回族自治区				32	18		
新疆维吾尔自治区	917		186	157			

2－56－9

单位:万元

地　　区	对企事业单位的补贴		赠　与			债务利息支出	
	财政贴息	其他对企事业单位的补贴支出	小　计	对国内的赠　与	对国外的赠　与	小　计	国库券付　息
地　方　合　计	**2674**	**2708**					
北京市							
天津市							
河北省							
山西省							
内蒙古自治区							
辽宁省							
其中:大连市							
吉林省							
黑龙江省							
上海市							
江苏省	488						
浙江省							
其中:宁波市							
安徽省	618	1094					
福建省							
其中:厦门市							
江西省	668						
山东省							
其中:青岛市							
河南省							
湖北省							
湖南省	287	407					
广东省							
其中:深圳市							
广西壮族自治区							
海南省							
重庆市							
四川省		1115					
贵州省							
云南省	313	74					
西藏自治区							
陕西省							
甘肃省	300						
青海省							
宁夏回族自治区		18					
新疆维吾尔自治区							

二、地方财政预算收支情况

2－56－10

单位:万元

地区	债务利息支出					基本建设支出	
	向国家银行借款付息	其他国内借款付息	向国外政府借款付息	向国际组织借款付息	其他国外借款付息	小计	房屋建筑物购建
地方合计						**246085**	**133442**
北京市						2817	
天津市						1682	817
河北省						3836	2825
山西省						12912	
内蒙古自治区						13819	13564
辽宁省						7470	4042
其中:大连市						33	33
吉林省							
黑龙江省						5581	4205
上海市							
江苏省						17983	6262
浙江省						33172	17390
其中:宁波市						4747	
安徽省						15055	11595
福建省						7983	3159
其中:厦门市							
江西省						5648	4050
山东省						10828	3839
其中:青岛市						450	319
河南省						14766	6591
湖北省						5156	4785
湖南省						1729	1066
广东省						5675	4282
其中:深圳市							
广西壮族自治区						19020	10309
海南省						2654	1782
重庆市						6259	4253
四川省						6118	3443
贵州省						11511	6600
云南省						9629	8449
西藏自治区						374	374
陕西省						6335	1942
甘肃省						3780	204
青海省						520	500
宁夏回族自治区						1950	1150
新疆维吾尔自治区						11823	5964

2－56－11

单位:万元

地　　区	基本建设支出							
	办公设备购　置	专用设备购　置	交通工具购　置	基础设施建　设	大型修缮	信息网络购　建	物资储备	其他基本建设支出
地　方　合　计	**1455**	**3758**	**258**	**67402**	**12180**	**738**		**26852**
北京市					2817			
天津市					100			765
河北省		92	40		762	35		82
山西省				12912				
内蒙古自治区		136		119				
辽宁省					81			3347
其中:大连市								
吉林省								
黑龙江省		207		1016	65	88		
上海市								
江苏省		96		10118	1267	90		150
浙江省	220	216	127	1609	2234	278		11098
其中:宁波市				418				4329
安徽省	1100			710	1650			
福建省				4542		10		272
其中:厦门市								
江西省				728	78			792
山东省				6737	252			
其中:青岛市				37	94			
河南省	5	541	20	5120	258			2231
湖北省	20	37		15	48	237		14
湖南省			46	617				
广东省				8	83			1302
其中:深圳市								
广西壮族自治区	80	2013		4051				2567
海南省	10	3		859				
重庆市	6			2000				
四川省				2670				5
贵州省				4843				68
云南省			10	1107				63
西藏自治区								
陕西省		340	15	1399	2485			154
甘肃省				729				2847
青海省								20
宁夏回族自治区								800
新疆维吾尔自治区	14	77		5493				275

2－56－12

单位:万元

地区	其他资本性支出						
	小计	房屋建筑物购建	办公设备购置	专用设备购置	交通工具购置	基础设施建设	大型修缮
地方合计	**186745**	**36206**	**13716**	**20507**	**20338**	**18148**	**43851**
北京市	6307		157	1588	888		2664
天津市	2909	904	535	267	1087		21
河北省	6281	786	154	315	316		4121
山西省							
内蒙古自治区	4480	1891	122	355	240	113	919
辽宁省	8047	2304	432	985	1731	108	320
其中:大连市	13		3	10			
吉林省	8591	5868	81	359	682	1452	109
黑龙江省	4057	561	335	1170	375	612	779
上海市	4347	666	946	426	969	8	1004
江苏省	15705	4110	254	1364	451	885	5826
浙江省	10998	810	1510	2010	1506	1272	2724
其中:宁波市	364		32	147	44	113	
安徽省	4381	1322	288	546	272	378	585
福建省	7437	63	185	177	827	1569	1136
其中:厦门市							
江西省	2510	70	160	76	79		1968
山东省	14653	1090	651	2319	723	407	6451
其中:青岛市	2667		233	55	24		
河南省	8291	3626	609	406	661	1102	1187
湖北省	15006	3403	1632	1328	1644	808	3930
湖南省	10207	2317	545	567	586	3115	529
广东省	9494	332	2078	573	544	686	2703
其中:深圳市	672		6	349			221
广西壮族自治区	4205	974	692	969	608	135	426
海南省	1765	527	335	121	350	200	171
重庆市	1340	105	59	201	421	192	213
四川省	10615	1120	723	990	2030	367	3172
贵州省	1945	164	95	98	406	526	15
云南省	6529	979	457	1060	1112	324	848
西藏自治区							
陕西省	4148	125	90	673	756	328	658
甘肃省	4117	677	44	529	391	1259	118
青海省							
宁夏回族自治区	136	14	25	5			89
新疆维吾尔自治区	8244	1398	522	1030	683	2302	1165

2 – 56 – 13

单位:万元

地　　区	其他资本性支出						
	信息网络购　建	物资储备	土地补偿	安置补助	地上附着物和青苗补偿	拆迁补偿	其他资本性支　出
地　方　合　计	**10652**	**14**	**51**	**40**		**698**	**22524**
北京市	1010						
天津市							95
河北省	484						105
山西省							
内蒙古自治区	582						258
辽宁省	70						2097
其中:大连市							
吉林省							40
黑龙江省	127						98
上海市	328						
江苏省	1275						1540
浙江省	155		8				1003
其中:宁波市	28						
安徽省	834						156
福建省	24					478	2978
其中:厦门市							
江西省	40						117
山东省	480						2532
其中:青岛市							2355
河南省	389					120	191
湖北省	971						1290
湖南省	119	2				100	2327
广东省	12						2566
其中:深圳市							96
广西壮族自治区	38						363
海南省	32						29
重庆市	13						136
四川省	206	8					1999
贵州省	64						577
云南省	383			40			1326
西藏自治区							
陕西省	1192						326
甘肃省	850						249
青海省							
宁夏回族自治区							3
新疆维吾尔自治区	974	4	43				123

二、地方财政预算收支情况

2－56－14　　　　　　　　　　　　　　　　　　　　　　　　单位:万元

地　　区	贷款转贷及产权参股					其他支出		
	小　计	国内贷款	国外贷款	产权参股	其他贷款转贷及产权参股支出	小　计	补充全国社会保障基金	其他支出
地方合计						**183493**		**183493**
北京市						4398		4398
天津市								
河北省						1000		1000
山西省								
内蒙古自治区								
辽宁省								
其中:大连市								
吉林省						138		138
黑龙江省								
上海市								
江苏省						565		565
浙江省						31334		31334
其中:宁波市								
安徽省						966		966
福建省						22342		22342
其中:厦门市								
江西省						2452		2452
山东省						1664		1664
其中:青岛市						1665		1665
河南省						536		536
湖北省						23531		23531
湖南省						1997		1997
广东省						52433		52433
其中:深圳市						2245		2245
广西壮族自治区								
海南省						39		39
重庆市						130		130
四川省						16084		16084
贵州省						16237		16237
云南省								
西藏自治区						1389		1389
陕西省								
甘肃省						471		471
青海省								
宁夏回族自治区						2705		2705
新疆维吾尔自治区						3082		3082

2007 年各省、自治区、直辖市劳教支出明细表

2－57－1　　　　单位:万元

地　　区	合　计	工资福利支出				
		小　计	基本工资	津贴补贴	奖　金	社会保障缴费
地方合计	**663206**	**309112**	**102054**	**145634**	**29131**	**6080**
北京市	36295	17879	3485	6951	3094	144
天津市	24087	9478	1978	5216	468	23
河北省	18478	8477	3097	4023	336	154
山西省	18231	7289	2957	3551	248	136
内蒙古自治区	10996	5163	2543	2244	235	4
辽宁省	35192	18538	7185	9891	651	394
其中:大连市	4400	2576	778	1580	139	79
吉林省	12977	5885	2541	2980	174	179
黑龙江省	21686	9465	5242	3461	431	29
上海市	47869	24272	8900	8188	2388	146
江苏省	23320	10205	2308	3480	2534	88
浙江省	30194	11372	2663	3627	3692	264
其中:宁波市	2279	1285	245	288	475	137
安徽省	9864	6076	2353	3192	133	70
福建省	11093	4880	1550	2804	101	22
其中:厦门市	2808	1234	221	704	21	6
江西省	7061	3751	1645	1507	178	72
山东省	29619	13949	4081	7667	1345	495
其中:青岛市	3347	1916	315	1092	183	143
河南省	22792	12167	4626	6606	477	192
湖北省	19877	10555	3258	4703	1918	36
湖南省	35253	15707	6959	5688	705	1650
广东省	114461	56229	10884	33164	6340	600
其中:深圳市	9506	4972	800	2955	688	163
广西壮族自治区	21165	8191	3507	3742	774	132
海南省	5741	2679	1061	1171	369	5
重庆市	17800	8872	2255	5762	436	36
四川省	14591	5013	3128	1266	461	6
贵州省	14911	5918	2649	2531	465	41
云南省	15894	7433	2924	3886	220	66
西藏自治区	2980	1517	419	1010	48	3
陕西省	13059	6805	3081	2505	444	539
甘肃省	6790	3270	1210	1743	71	37
青海省	3813	1531	526	850	113	
宁夏回族自治区	2826	1438	542	681	24	7
新疆维吾尔自治区	14291	5108	2497	1544	258	510

二、地方财政预算收支情况

2－57－2　　　　　　　　　　　　　　　　　　　　单位:万元

地　　区	工资福利支出				商品和服务支出		
	伙食费	伙食补助费	绩效工资	其他工资福利支出	小计	办公费	印刷费
地方合计	**2595**	**2371**	**5868**	**15379**	**144107**	**9565**	**575**
北京市			1418	2787	9752	1693	28
天津市		160		1633	3070	144	4
河北省	65	326		476	3815	188	13
山西省	140	51		206	5450	149	32
内蒙古自治区	1	34		102	3840	74	7
辽宁省		108		309	8472	453	37
其中:大连市					974	42	8
吉林省		11			2849	85	7
黑龙江省	99	68	89	46	5429	1409	23
上海市	11	92	4188	359	9109	1357	14
江苏省	128	495		1172	3804	95	33
浙江省		241		885	8923	202	32
其中:宁波市		18		122	628	5	
安徽省	158	42		128	1419	100	7
福建省	8			395	2294	87	3
其中:厦门市				282	652	12	3
江西省	210			139	1038	68	13
山东省				361	4022	231	20
其中:青岛市				183	274	18	2
河南省	100			166	5013	416	33
湖北省	160	42	92	346	5731	179	20
湖南省	90	7	55	553	7074	198	21
广东省	1085	55	9	4092	24789	1233	131
其中:深圳市				366	2846	178	31
广西壮族自治区				36	5594	92	3
海南省		21	5	47	1061	50	7
重庆市		350		33	3264	92	15
四川省		25		127	3807	329	11
贵州省	33	49		150	2190	95	1
云南省	301	1	12	23	3570	183	15
西藏自治区				37	561	39	
陕西省		104		132	2652	156	11
甘肃省	6	31		172	1248	50	1
青海省				42	404	20	14
宁夏回族自治区		1		183	518	33	
新疆维吾尔自治区		57		242	3345	65	19

2-57-3

单位:万元

地　　区	商品和服务支出						
	咨询费	手续费	水　费	电　费	邮电费	取暖费	物　业 管理费
地　方　合　计	**53**	**28**	**2128**	**7316**	**5576**	**7760**	**1224**
北京市			90	934	92	1841	320
天津市		1	35	258	66	270	11
河北省			87	300	139	577	20
山西省	8	2	37	161	241	333	20
内蒙古自治区			13	111	165	324	8
辽宁省			181	677	443	1563	46
其中:大连市			12	212	66	82	
吉林省			32	185	46	800	11
黑龙江省		1	26	316	197	984	30
上海市		1	36	210	403		97
江苏省			30	110	84	1	44
浙江省	3	1	84	82	143		38
其中:宁波市			24		4		
安徽省			20	120	58		2
福建省	3		64	132	53		11
其中:厦门市			28	33	7		8
江西省			28	100	47		9
山东省	5	7	83	415	174	370	36
其中:青岛市			11	35	9	20	
河南省			130	435	107	61	34
湖北省			143	220	101	4	27
湖南省	21		107	257	151	51	74
广东省	2	2	600	1429	2234		188
其中:深圳市			39	104	86		80
广西壮族自治区	4	1	52	73	63	14	15
海南省		1	29	88	21		51
重庆市			26	66	40		50
四川省		3	51	67	152	56	16
贵州省			11	145	24	2	
云南省			67	109	75		36
西藏自治区			2	33	41	6	
陕西省		2	25	145	63	162	7
甘肃省		2	18	21	33	125	11
青海省			1	22	30	24	
宁夏回族自治区			8	21	11	9	8
新疆维吾尔自治区	7	4	12	74	79	183	4

2－57－4

单位:万元

地区	商品和服务支出					
	交通费	差旅费	出国费	维修(护)费	租赁费	会议费
地方合计	**14259**	**4443**	**637**	**10868**	**451**	**2853**
北京市	729	189	115	1676	179	67
天津市	341	31	68	227	22	130
河北省	399	97	12	125		43
山西省	468	164	15	211		137
内蒙古自治区	286	104		168	4	18
辽宁省	1447	258	9	653		143
其中:大连市	206	28		20		12
吉林省	455	100	3	484	4	63
黑龙江省	562	145		704		22
上海市	576	327	144	1641		37
江苏省	513	145	24	348	37	248
浙江省	436	215	9	229	66	114
其中:宁波市	12	36		1		17
安徽省	198	61	10	60		59
福建省	224	151		207		24
其中:厦门市	36	44		36		
江西省	115	53	8	33		10
山东省	557	133	31	643	17	74
其中:青岛市	52	23	4	7		4
河南省	432	153		268	11	96
湖北省	427	204	11	144		161
湖南省	523	174	15	152	4	232
广东省	3079	681	65	1803		579
其中:深圳市	477	69		204		109
广西壮族自治区	351	105	28	29		16
海南省	121	68		113		1
重庆市	326	90	12	291		143
四川省	293	85		100	38	90
贵州省	161	64	12	91		4
云南省	430	147	23	168	1	87
西藏自治区	92	131		38		40
陕西省	206	121	5	129	2	83
甘肃省	128	32		20	62	23
青海省	78	14		1		10
宁夏回族自治区	57	18	18	7		13
新疆维吾尔自治区	249	183		105	4	86

2－57－5

单位:万元

地　　区	商品和服务支出						
	培训费	招待费	专用材料费	被装购置费	专用燃料费	劳务费	委托业务费
地方合计	**5057**	**6985**	**1131**	**5555**	**209**	**606**	**140**
北京市	264	141	59	227		72	
天津市	127	104	9	364	72	27	
河北省	85	152	77	233		28	40
山西省	152	244	1	184		2	1
内蒙古自治区	59	61	7	197		11	
辽宁省	394	172	10	524	33	4	
其中:大连市	41	36	3	59			
吉林省	66	48	36	10	11	26	
黑龙江省	131	50	73	124	5	12	
上海市	96	343	107			2	
江苏省	284	198	23	104		38	
浙江省	279	474	43	167		9	1
其中:宁波市	9	12				1	
安徽省	103	133	19	68		15	
福建省	136	223	44	187	12	138	31
其中:厦门市	48	5		22		85	
江西省	50	114		46	15	5	
山东省	128	119	27	320		34	13
其中:青岛市	12	29		2		16	
河南省	322	237	336	229	17	34	35
湖北省	158	345	91	102	1	5	
湖南省	157	474	3	79	13	21	
广东省	1276	1586	83	921	11	56	19
其中:深圳市	194	63	9	40		8	
广西壮族自治区	88	351	1	160		8	
海南省	52	37	20	37		13	
重庆市	103	172	5	200		2	
四川省	187	219	33	191			
贵州省	74	224	1	81	8	2	
云南省	68	282	2	79	9	8	
西藏自治区	12	71		2			
陕西省	61	144	9	43	2	1	
甘肃省	32	76		64		1	
青海省	32	32		44			
宁夏回族自治区	11	11		33			
新疆维吾尔自治区	70	148	12	535		32	

2－57－6

单位:万元

地区	商品和服务支出			对个人和家庭的补助			
	工会经费	福利费	其他商品和服务支出	小计	离休费	退休费	退职(役)费
地方合计	**3109**	**3925**	**49654**	**95068**	**3682**	**24143**	**20**
北京市	272	63	701	3043			
天津市	145	236	378	4465	333	2322	
河北省	61	142	997	2734	118	1253	
山西省	49	122	2717	2383	20	553	
内蒙古自治区	25	73	2125	689		6	
辽宁省	112	225	1088	5663	293	1843	11
其中:大连市	12	135		618		30	
吉林省	18	10	349	3224	136	2129	
黑龙江省	66	103	446	3773	234	2114	
上海市	379	309	3030	6339	421	807	
江苏省	152	119	1174	6087	498	2374	
浙江省	150	417	5729	4959	174	963	7
其中:宁波市	12	108	387	270	25	218	
安徽省	70	92	224	1392			
福建省	105	150	309	1958			
其中:厦门市	46	89	150	447			
江西省	22	42	260	1713	51	408	
山东省	104	25	456	8140	600	2842	
其中:青岛市	13	2	15	547	125	297	
河南省	108	128	1391	2603	63	676	
湖北省	92	118	3178	1843	4	58	
湖南省	118	178	4051	6603	425	3398	
广东省	618	419	7774	5486	15	157	
其中:深圳市	20	67	1068	817			
广西壮族自治区	54	243	3843	1915			
海南省	26		326	903		7	
重庆市	77	9	1545	2322			
四川省	97	153	1636	2623			
贵州省	29	43	1118	4501	242	1225	
云南省	101	72	1608	1800		10	
西藏自治区	17	1	36	182		58	
陕西省	8	51	1216	2110	5	58	2
甘肃省	7	44	498	672		4	
青海省	14	1	67	360			
宁夏回族自治区		100	160	590	31	104	
新疆维吾尔自治区	13	237	1224	3993	19	774	

2－57－7　　　　　　　　　　单位:万元

地　　区	对个人和家庭的补助						
	抚恤金	生活补助	救济费	医疗费	助学金	奖励金	生产补贴
地　方　合　计	**964**	**37368**	**37**	**2472**	**9**	**543**	**87**
北京市	3	249					
天津市	60	891		1		2	
河北省	83	925	3	21		14	24
山西省	27	1266	2	9	1	3	57
内蒙古自治区	3	290		14		20	
辽宁省	151	2255	4	104		10	
其中:大连市	32	527	3	26			
吉林省	32	739		43			
黑龙江省	40	793		60		12	
上海市	41	4904					
江苏省	84	2158	1	758		85	
浙江省	18	796		29		29	6
其中:宁波市	1					2	
安徽省		915		50		3	
福建省	17	1615					
其中:厦门市	8	243					
江西省	12	996		49			
山东省	109	1592	3	504		64	
其中:青岛市	3	3				1	
河南省	33	1505	6	20			
湖北省	22	443	10	228		1	
湖南省	95	1939	6	100	8	8	
广东省	26	658		297		139	
其中:深圳市		1		4			
广西壮族自治区		1772		3			
海南省		739				3	
重庆市	32	1384		23		5	
四川省		2488		4		7	
贵州省	28	2373		60			
云南省	2	1598		8		27	
西藏自治区	9	3					
陕西省	4	1180	1	68		13	
甘肃省	11	547				23	
青海省		339					
宁夏回族自治区	9	6		4			
新疆维吾尔自治区	13	10	1	15		75	

2-57-8

单位:万元

地区	对个人和家庭的补助				对企事业单位的补贴		
	住房公积金	提租补贴	购房补贴	其他对个人和家庭的补助支出	小计	企业政策性补贴	事业单位补贴
地方合计	**10183**	**734**	**3107**	**11719**	**307**	**110**	**3**
北京市	1001	212	645	933			
天津市	823	27	5	1			
河北省	260	7		26			
山西省	331	1		113			
内蒙古自治区	10			346			
辽宁省	297	338		357			
其中:大连市							
吉林省	144			1	110	110	
黑龙江省	222	51		247			
上海市			18	148			
江苏省	20		59	50			
浙江省	1888		185	864			
其中:宁波市				24			
安徽省	392			32			
福建省	98	98		130			
其中:厦门市	98	98					
江西省	117			80			
山东省	505		1765	156			
其中:青岛市				118			
河南省	20		3	277			
湖北省	218		17	842	3		3
湖南省	449		21	154	194		
广东省	2707		20	1467			
其中:深圳市				812			
广西壮族自治区	15			125			
海南省	4			150			
重庆市				878			
四川省				124			
贵州省	200		316	57			
云南省	62		1	92			
西藏自治区				112			
陕西省	205			574			
甘肃省				87			
青海省				21			
宁夏回族自治区				436			
新疆维吾尔自治区	195		52	2839			

2－57－9

单位:万元

地区	对企事业单位的补贴		赠与			债务利息支出	
	财政贴息	其他对企事业单位的补贴支出	小计	对国内的赠与	对国外的赠与	小计	国库券付息
地方合计		**194**					
北京市							
天津市							
河北省							
山西省							
内蒙古自治区							
辽宁省							
其中:大连市							
吉林省							
黑龙江省							
上海市							
江苏省							
浙江省							
其中:宁波市							
安徽省							
福建省							
其中:厦门市							
江西省							
山东省							
其中:青岛市							
河南省							
湖北省							
湖南省		194					
广东省							
其中:深圳市							
广西壮族自治区							
海南省							
重庆市							
四川省							
贵州省							
云南省							
西藏自治区							
陕西省							
甘肃省							
青海省							
宁夏回族自治区							
新疆维吾尔自治区							

2－57－10

单位:万元

地　　区	债务利息支出					基本建设支出	
	向国家银行借款付息	其他国内借款付息	向国外政府借款付息	向国际组织借款付息	其他国外借款付息	小计	房屋建筑物购建
地方合计						**38958**	**26717**
北京市						3149	438
天津市						2974	2965
河北省						237	122
山西省						2264	50
内蒙古自治区						708	168
辽宁省						1731	1145
其中:大连市						200	
吉林省						328	328
黑龙江省						1007	1007
上海市							
江苏省						492	342
浙江省						1240	623
其中:宁波市						50	50
安徽省						224	224
福建省						987	881
其中:厦门市						5	5
江西省						19	5
山东省						1876	967
其中:青岛市							
河南省						1611	1122
湖北省						343	338
湖南省						2332	1417
广东省						5192	3695
其中:深圳市						178	178
广西壮族自治区						2232	2128
海南省						780	721
重庆市						2610	2610
四川省						1591	1587
贵州省						1068	941
云南省						1448	850
西藏自治区							
陕西省						572	290
甘肃省						1250	1250
青海省						190	
宁夏回族自治区						63	63
新疆维吾尔自治区						440	440

2－57－11 单位:万元

地区	基本建设支出							
	办公设备购置	专用设备购置	交通工具购置	基础设施建设	大型修缮	信息网络购建	物资储备	其他基本建设支出
地方合计	**130**	**86**	**226**	**4041**	**724**	**946**		**6088**
北京市				163		889		1659
天津市								9
河北省				115				
山西省				60				2154
内蒙古自治区			15	125				400
辽宁省	9			577				
其中:大连市				200				
吉林省								
黑龙江省								
上海市								
江苏省				150				
浙江省	12	40	23	523				19
其中:宁波市								
安徽省								
福建省			22	48	36			
其中:厦门市								
江西省								14
山东省				909				
其中:青岛市								
河南省	63	25		333	65	3		
湖北省				5				
湖南省	21		19	186	23	54		612
广东省	14	10	88	465	492			428
其中:深圳市								
广西壮族自治区					104			
海南省	1		18					40
重庆市								
四川省								4
贵州省				127				
云南省	10	11	16		4			557
西藏自治区								
陕西省				255				27
甘肃省								
青海省			25					165
宁夏回族自治区								
新疆维吾尔自治区								

2－57－12

单位:万元

地　　区	其他资本性支出						
	小　计	房屋建筑物购　　建	办公设备购　　置	专用设备购　　置	交通工具购　　置	基础设施建　　设	大型修缮
地　方　合　计	**55135**	**10058**	**5000**	**5965**	**7128**	**6937**	**8238**
北京市	2472		739	747	374		418
天津市	4100	2363	303	408	590		388
河北省	2620	595	205	144	550	129	645
山西省	845	10	93	51		210	335
内蒙古自治区	596	62	23	65	136	146	116
辽宁省	788	89	214	85	171		168
其中:大连市	32		28	4			
吉林省	581	200	84	85	77	40	95
黑龙江省	1969	80	65	162	75	1151	139
上海市	8149	973	256	603	1116		1467
江苏省	2659	1046	100	100	203	277	188
浙江省	1483	6	98	166	258	213	115
其中:宁波市	46		6		19	21	
安徽省	753		96	28	143		418
福建省	973	159	142	85	167	127	182
其中:厦门市	470	47	89	77	19	51	95
江西省	444	14	16	6	147	23	75
山东省	1084	40	197	154	173	110	151
其中:青岛市	62	2	57				
河南省	1012	129	126	120	223	47	249
湖北省	900	292	113	39	123	63	199
湖南省	1505	261	81	42	190	163	255
广东省	9465	2071	1158	760	914	2343	666
其中:深圳市	693		331	21	341		
广西壮族自治区	3233	297	244	1044	230	200	970
海南省	318	75	85	31	74		37
重庆市	602	65	107	71	184	20	
四川省	1557	135	67	276	126		184
贵州省	1178	18	96	267	301	61	287
云南省	1643	54	11	135	253	151	313
西藏自治区							
陕西省	920	460	81	35	83	59	131
甘肃省	350		28	37	30	105	
青海省	1328				63	1150	
宁夏回族自治区	203		58	6	20	2	22
新疆维吾尔自治区	1405	564	114	213	134	147	25

2－57－13　　　　单位:万元

地　区	其他资本性支出						
	信息网络购　建	物资储备	土地补偿	安置补助	地上附着物和青苗补偿	拆迁补偿	其他资本性支　出
地　方　合　计	**4418**	**21**	**2**	**174**			**7194**
北京市	177						17
天津市							48
河北省	232		2				118
山西省							146
内蒙古自治区	40						8
辽宁省	38						23
其中:大连市							
吉林省							
黑龙江省	54			174			69
上海市	1331						2403
江苏省	442						303
浙江省	623						4
其中:宁波市							
安徽省	19						49
福建省	22						89
其中:厦门市	12						80
江西省							163
山东省	64						195
其中:青岛市	3						
河南省	6						112
湖北省	3						68
湖南省							513
广东省	710						843
其中:深圳市							
广西壮族自治区	237						11
海南省							16
重庆市	10						145
四川省	52						717
贵州省	46	21					81
云南省	8						718
西藏自治区							
陕西省	5						66
甘肃省	90						60
青海省							115
宁夏回族自治区	2						93
新疆维吾尔自治区	207						1

2-57-14

单位:万元

地区	贷款转贷及产权参股					其他支出		
	小计	国内贷款	国外贷款	产权参股	其他贷款转贷及产权参股支出	小计	补充全国社会保障基金	其他支出
地方合计						**20519**		**20519**
北京市								
天津市								
河北省						595		595
山西省								
内蒙古自治区								
辽宁省								
其中:大连市								
吉林省								
黑龙江省						43		43
上海市								
江苏省						73		73
浙江省						2217		2217
其中:宁波市								
安徽省								
福建省						1		1
其中:厦门市								
江西省						96		96
山东省						548		548
其中:青岛市						548		548
河南省						386		386
湖北省						502		502
湖南省						1838		1838
广东省						13300		13300
其中:深圳市								
广西壮族自治区								
海南省								
重庆市						130		130
四川省								
贵州省						56		56
云南省								
西藏自治区						720		720
陕西省								
甘肃省								
青海省								
宁夏回族自治区						14		14
新疆维吾尔自治区								

2007 年各省、自治区、直辖市国家保密支出明细表

2－58－1　　　　　　　　　　　　　　　　　　　　　　　　　　单位:万元

地　　区	合　计	工资福利支出				
		小　计	基本工资	津贴补贴	奖　金	社会保障缴　费
地　方　合　计	**18884**	**5553**	**2294**	**2179**	**667**	**62**
北京市	1309	385	101	133	100	2
天津市	39	2				
河北省	407	130	59	58	3	1
山西省	852	237	109	87	2	3
内蒙古自治区	252	82	32	41	3	
辽宁省	704	157	64	85	6	
其中:大连市						
吉林省	419	229	140	75	10	2
黑龙江省	179	85	45	38	1	
上海市	522					
江苏省	1510	630	147	268	179	8
浙江省	880	22	7	4	2	
其中:宁波市	13					
安徽省	207	83	33	30	3	3
福建省	390	149	44	53	17	5
其中:厦门市	199	90	20	36	11	4
江西省	784	206	107	78	4	
山东省	214	46	37	7	1	1
其中:青岛市	94					
河南省	1431	443	168	256	13	4
湖北省	1615	639	248	222	121	7
湖南省	320	119	68	42	6	2
广东省	2528	235	66	106	13	5
其中:深圳市	267	83	11	62	5	2
广西壮族自治区	399	182	119	49	12	
海南省	25	11	8	3		
重庆市	284	93	39	45	2	
四川省	2022	597	257	170	132	9
贵州省	429	194	103	77	6	2
云南省	432	208	95	104	8	
西藏自治区						
陕西省	145	54	36	14	2	1
甘肃省	143	95	58	22	10	
青海省	98	34	12	17	1	
宁夏回族自治区	202	109	48	58	3	
新疆维吾尔自治区	143	97	44	37	7	7

2－58－2

单位:万元

地区	工资福利支出				商品和服务支出		
	伙食费	伙食补助费	绩效工资	其他工资福利支出	小计	办公费	印刷费
地方合计		**35**	**17**	**299**	**7233**	**875**	**230**
北京市				49	289	28	22
天津市				2	35	15	5
河北省		5		4	110	45	3
山西省				36	250	26	10
内蒙古自治区		2		4	170	11	
辽宁省		1	1		182	15	9
其中:大连市							
吉林省		1		1	112	9	7
黑龙江省		1			47	5	
上海市					22	2	
江苏省		13		15	588	44	11
浙江省		2		7	626	45	58
其中:宁波市					13	9	
安徽省				14	33	10	1
福建省				30	166	12	6
其中:厦门市				19	90	6	3
江西省		2		15	213	18	2
山东省					65	10	
其中:青岛市							
河南省				2	844	140	13
湖北省			16	25	671	48	19
湖南省				1	132	27	9
广东省		2		43	1239	95	9
其中:深圳市				3	112		
广西壮族自治区				2	145	31	4
海南省					14	5	2
重庆市				7	134	37	
四川省		4		25	650	104	34
贵州省				6	123	29	
云南省				1	145	31	4
西藏自治区							
陕西省				1	48	9	
甘肃省				5	48	6	2
青海省		1		3	59	4	
宁夏回族自治区					47	7	
新疆维吾尔自治区		1		1	26	7	

2－58－3 单位:万元

地　　区	商品和服务支出						
	咨询费	手续费	水　费	电　费	邮电费	取暖费	物　业 管理费
地　方　合　计	**3**	**3**	**7**	**50**	**232**	**37**	**13**
北京市					1	5	1
天津市							
河北省					4		1
山西省				3	5	7	
内蒙古自治区					2		
辽宁省	2			3	14	13	
其中:大连市							
吉林省					6	6	
黑龙江省						3	
上海市							
江苏省		3	1	15	22	1	4
浙江省					61		
其中:宁波市							
安徽省					2		
福建省				1	6		
其中:厦门市					3		
江西省			1	1	8		2
山东省					1		
其中:青岛市							
河南省				1	7		2
湖北省			3	11	20	1	
湖南省				2	8		
广东省				3	7		
其中:深圳市							
广西壮族自治区				1	7		
海南省							
重庆市					1		3
四川省			2	9	33		
贵州省					2		
云南省					5		
西藏自治区							
陕西省					2		
甘肃省	1				2	1	
青海省					3		
宁夏回族自治区					2		
新疆维吾尔自治区					1		

2－58－4

单位:万元

地　　区	商品和服务支出					
	交通费	差旅费	出国费	维修(护)费	租赁费	会议费
地　方　合　计	**657**	**315**	**11**	**382**	**423**	**715**
北京市	30	20				58
天津市						7
河北省	16	4				6
山西省	59	10		1	10	33
内蒙古自治区	19	7		1	17	2
辽宁省	29	22		12	10	21
其中:大连市						
吉林省	30	16		4		5
黑龙江省	15	7				10
上海市		1				3
江苏省	72	46	5	26	4	95
浙江省	32	18		18	2	71
其中:宁波市					2	
安徽省	3	3				8
福建省	18	6	2	10		11
其中:厦门市	13	3	2	7		6
江西省	21	14		4		10
山东省	1			27		1
其中:青岛市						
河南省	76	24		13	3	19
湖北省	56	26		8		20
湖南省	11	4		6		
广东省	31	16		176	320	206
其中:深圳市						
广西壮族自治区	18	7		7		3
海南省	1	1		1		1
重庆市	5	2		9	3	8
四川省	59	34	4	48	4	67
贵州省	14	4		6		7
云南省	10	7		2		19
西藏自治区						
陕西省	10	2				13
甘肃省	3	1				6
青海省	4	1		3	38	
宁夏回族自治区	9	4			12	5
新疆维吾尔自治区	5	8				

2-58-5　　　　单位:万元

地　　区	商品和服务支出						
	培训费	招待费	专　用 材料费	被　装 购置费	专　用 燃料费	劳务费	委　托 业务费
地　方　合　计	**379**	**452**	**569**	**163**	**15**	**125**	**60**
北京市	57	9	-1	-1			
天津市	7						
河北省	4	1	5				
山西省	16	6	20		3	3	
内蒙古自治区	2	1			2		
辽宁省	3	2					
其中:大连市							
吉林省	1	2	10				1
黑龙江省	1	2	1	1			
上海市	2	2					
江苏省	25	28				19	25
浙江省	83	110		7		83	
其中:宁波市	1						
安徽省	3	2					
福建省		12	1			9	
其中:厦门市		9	1			2	
江西省	3	23					
山东省		1					
其中:青岛市							
河南省	24	30	271	119			32
湖北省	23	51	206		5		1
湖南省	7	14			3		
广东省	29	22	10	2		4	
其中:深圳市							
广西壮族自治区	6	8	2				
海南省		1					
重庆市	7	7		35			
四川省	33	61	40		2	2	1
贵州省	7	18					
云南省	16	14				4	
西藏自治区							
陕西省	7	4				1	
甘肃省	8	11	4				
青海省	2	4					
宁夏回族自治区	1	3					
新疆维吾尔自治区	2	3					

2－58－6　　　　　　　　　　　　　　　　　　单位:万元

地　区	商品和服务支出			对个人和家庭的补助			
	工会经费	福利费	其他商品和服务支出	小　计	离休费	退休费	退职(役)费
地　方　合　计	**40**	**41**	**1436**	**710**	**55**	**407**	
北京市	5		55	35			
天津市			1	2			
河北省		1	20	11		10	
山西省	3	1	34	6			
内蒙古自治区	1		105				
辽宁省	4		23	13		10	
其中:大连市							
吉林省			15	37		29	
黑龙江省		2		43	10	32	
上海市			12				
江苏省	5	3	134	129	23	52	
浙江省		1	37	11			
其中:宁波市		1					
安徽省			1	4			
福建省	1	3	68	22		5	
其中:厦门市	1	1	33	12			
江西省		2	104	10			
山东省	1		23	4			
其中:青岛市							
河南省	2	2	66	30		30	
湖北省	13	14	146	107	11	65	
湖南省		5	36	6		6	
广东省			309	7			
其中:深圳市			112				
广西壮族自治区			51	10		10	
海南省			2				
重庆市		1	16	2			
四川省	4	6	103	104	11	62	
贵州省			36	69		60	
云南省			33	17		10	
西藏自治区							
陕西省				3			
甘肃省			3				
青海省							
宁夏回族自治区	1		3	16		16	
新疆维吾尔自治区				12		10	

2－58－7

单位:万元

地　　区	对个人和家庭的补助						
	抚恤金	生活补助	救济费	医疗费	助学金	奖励金	生产补贴
地 方 合 计	**1**	**13**	**1**	**21**			**17**
北京市							
天津市							1
河北省							
山西省							
内蒙古自治区							
辽宁省	1						
其中:大连市							
吉林省							
黑龙江省							
上海市							
江苏省			1	16			
浙江省				3			
其中:宁波市							
安徽省							
福建省							
其中:厦门市							
江西省							
山东省							
其中:青岛市							
河南省							
湖北省		13		2			
湖南省							
广东省							7
其中:深圳市							
广西壮族自治区							
海南省							
重庆市							
四川省							8
贵州省							
云南省							1
西藏自治区							
陕西省							
甘肃省							
青海省							
宁夏回族自治区							
新疆维吾尔自治区							

2－58－8

单位:万元

地　　区	对个人和家庭的补助				对企事业单位的补贴		
	住　房 公积金	提租 补贴	购房 补贴	其他对个人 和家庭的 补助支出	小　计	企业政策性 补　　贴	事业单位 补　　贴
地　方　合　计	**126**	**10**	**17**	**42**	**80**		
北京市	29	5	1				
天津市				1			
河北省	1						
山西省	5			1			
内蒙古自治区							
辽宁省	1	1					
其中:大连市							
吉林省	8						
黑龙江省				1			
上海市							
江苏省	13	2		22			
浙江省	5		3				
其中:宁波市							
安徽省	4						
福建省	7	1	6	3			
其中:厦门市	6		6				
江西省	9			1	80		
山东省	1		3				
其中:青岛市							
河南省							
湖北省	14	1		1			
湖南省							
广东省							
其中:深圳市							
广西壮族自治区							
海南省							
重庆市	2						
四川省	17			6			
贵州省	3		4	2			
云南省	2			4			
西藏自治区							
陕西省	3						
甘肃省							
青海省							
宁夏回族自治区							
新疆维吾尔自治区	2						

2－58－9

单位:万元

地　　区	对企事业单位的补贴		赠　与			债务利息支出	
	财政贴息	其他对企事业单位的补贴支出	小　计	对国内的赠　与	对国外的赠　与	小　计	国库券付　息
地方合计		**80**					
北京市							
天津市							
河北省							
山西省							
内蒙古自治区							
辽宁省							
其中:大连市							
吉林省							
黑龙江省							
上海市							
江苏省							
浙江省							
其中:宁波市							
安徽省							
福建省							
其中:厦门市							
江西省		80					
山东省							
其中:青岛市							
河南省							
湖北省							
湖南省							
广东省							
其中:深圳市							
广西壮族自治区							
海南省							
重庆市							
四川省							
贵州省							
云南省							
西藏自治区							
陕西省							
甘肃省							
青海省							
宁夏回族自治区							
新疆维吾尔自治区							

2－58－10

单位:万元

地区	债务利息支出					基本建设支出	
	向国家银行借款付息	其他国内借款付息	向国外政府借款付息	向国际组织借款付息	其他国外借款付息	小计	房屋建筑物购建
地方合计						**326**	**1**
北京市							
天津市							
河北省							
山西省							
内蒙古自治区							
辽宁省							
其中:大连市							
吉林省							
黑龙江省							
上海市							
江苏省						16	
浙江省							
其中:宁波市							
安徽省						4	
福建省							
其中:厦门市							
江西省							
山东省						93	
其中:青岛市						94	
河南省						7	
湖北省						57	
湖南省							
广东省						9	1
其中:深圳市							
广西壮族自治区							
海南省							
重庆市							
四川省						140	
贵州省							
云南省							
西藏自治区							
陕西省							
甘肃省							
青海省							
宁夏回族自治区							
新疆维吾尔自治区							

2－58－11 单位:万元

地　　区	基本建设支出							
	办公设备购　置	专用设备购　置	交通工具购　置	基础设施建　设	大型修缮	信息网络购　建	物资储备	其他基本建设支出
地　方　合　计	**15**	**158**	**43**		**83**	**16**		**10**
北京市								
天津市								
河北省								
山西省								
内蒙古自治区								
辽宁省								
其中:大连市								
吉林省								
黑龙江省								
上海市								
江苏省		16						
浙江省								
其中:宁波市								
安徽省	4							
福建省								
其中:厦门市								
江西省								
山东省					83			10
其中:青岛市					83			11
河南省	7							
湖北省	4	30	23					
湖南省								
广东省						8		
其中:深圳市								
广西壮族自治区								
海南省								
重庆市								
四川省		112	20			8		
贵州省								
云南省								
西藏自治区								
陕西省								
甘肃省								
青海省								
宁夏回族自治区								
新疆维吾尔自治区								

2－58－12

单位:万元

地　区	其他资本性支出						
	小　计	房屋建筑物购　建	办公设备购　置	专用设备购　置	交通工具购　置	基础设施建　设	大型修缮
地　方　合　计	**4897**	**1**	**990**	**1743**	**497**	**220**	**5**
北京市	596		25	370	84		
天津市							
河北省	156		2	154			
山西省	359		54	235	23		
内蒙古自治区							
辽宁省	352		1	125			
其中:大连市							
吉林省	41			7	14		
黑龙江省	4			4			
上海市	500		500				
江苏省	147		42	70	30		
浙江省	221		106	115			
其中:宁波市							
安徽省	83		2	66			
福建省	53		11	41			
其中:厦门市	7		7				
江西省	275		4	27	10	220	
山东省	1		1				
其中:青岛市							
河南省	107		28	66	13		
湖北省	132		25	31	23		
湖南省	22	1	2	11			
广东省	1038		37	172	23		
其中:深圳市	72		15	43	14		
广西壮族自治区	61		33	26			
海南省							
重庆市	55			13			
四川省	506		75	191	155		
贵州省	43		8	9	26		
云南省	62		26		36		
西藏自治区							
陕西省	40		1		39		
甘肃省							
青海省	5						5
宁夏回族自治区	30			9	21		
新疆维吾尔自治区	8		7	1			

2－58－13　　　　　　　　　　　　　　　　　　　　　　　　　单位:万元

地　区	其他资本性支出						
	信息网络购建	物资储备	土地补偿	安置补助	地上附着物和青苗补偿	拆迁补偿	其他资本性支出
地方合计	**1278**			**－2**			**165**
北京市				－2			119
天津市							
河北省							
山西省	41						6
内蒙古自治区							
辽宁省	226						
其中:大连市							
吉林省	20						
黑龙江省							
上海市							
江苏省	5						
浙江省							
其中:宁波市							
安徽省	15						
福建省	1						
其中:厦门市							
江西省	14						
山东省							
其中:青岛市							
河南省							
湖北省	51						2
湖南省	8						
广东省	806						
其中:深圳市							
广西壮族自治区	2						
海南省							
重庆市	7						35
四川省	82						3
贵州省							
云南省							
西藏自治区							
陕西省							
甘肃省							
青海省							
宁夏回族自治区							
新疆维吾尔自治区							

二、地方财政预算收支情况

2－58－14

单位:万元

地区	贷款转贷及产权参股					其他支出		
	小计	国内贷款	国外贷款	产权参股	其他贷款转贷及产权参股支出	小计	补充全国社会保障基金	其他支出
地方合计						**85**		**85**
北京市						4		4
天津市								
河北省								
山西省								
内蒙古自治区								
辽宁省								
其中:大连市								
吉林省								
黑龙江省								
上海市								
江苏省								
浙江省								
其中:宁波市								
安徽省								
福建省								
其中:厦门市								
江西省								
山东省						5		5
其中:青岛市								
河南省								
湖北省						9		9
湖南省						41		41
广东省								
其中:深圳市								
广西壮族自治区						1		1
海南省								
重庆市								
四川省						25		25
贵州省								
云南省								
西藏自治区								
陕西省								
甘肃省								
青海省								
宁夏回族自治区								
新疆维吾尔自治区								

2007年各省、自治区、直辖市缉私警察支出明细表

2－59－1　　　　　　　　　　　　　　　　　　　　单位:万元

地　　区	合　计	工资福利支出				
		小　计	基本工资	津贴补贴	奖　金	社会保障缴　费
地方合计	**581**	**150**	**36**	**106**	**8**	
北京市						
天津市						
河北省						
山西省						
内蒙古自治区						
辽宁省						
其中:大连市						
吉林省						
黑龙江省						
上海市	30					
江苏省						
浙江省						
其中:宁波市						
安徽省						
福建省						
其中:厦门市						
江西省						
山东省						
其中:青岛市						
河南省	251	150	36	106	8	
湖北省						
湖南省						
广东省						
其中:深圳市						
广西壮族自治区						
海南省						
重庆市						
四川省						
贵州省						
云南省						
西藏自治区						
陕西省	300					
甘肃省						
青海省						
宁夏回族自治区						
新疆维吾尔自治区						

2－59－2　　　　单位:万元

地　　区	工资福利支出				商品和服务支出		
	伙食费	伙　食 补助费	绩效 工资	其他工资 福利支出	小　计	办公费	印刷费
地　方　合　计					**122**	**21**	**11**
北京市							
天津市							
河北省							
山西省							
内蒙古自治区							
辽宁省							
其中:大连市							
吉林省							
黑龙江省							
上海市					30		
江苏省							
浙江省							
其中:宁波市							
安徽省							
福建省							
其中:厦门市							
江西省							
山东省							
其中:青岛市							
河南省					92	21	11
湖北省							
湖南省							
广东省							
其中:深圳市							
广西壮族自治区							
海南省							
重庆市							
四川省							
贵州省							
云南省							
西藏自治区							
陕西省							
甘肃省							
青海省							
宁夏回族自治区							
新疆维吾尔自治区							

2－59－3

单位:万元

地　　区	商品和服务支出						
	咨询费	手续费	水　费	电　费	邮电费	取暖费	物　业 管理费
地　方　合　计					**1**		
北京市							
天津市							
河北省							
山西省							
内蒙古自治区							
辽宁省							
其中:大连市							
吉林省							
黑龙江省							
上海市							
江苏省							
浙江省							
其中:宁波市							
安徽省							
福建省							
其中:厦门市							
江西省							
山东省							
其中:青岛市							
河南省					1		
湖北省							
湖南省							
广东省							
其中:深圳市							
广西壮族自治区							
海南省							
重庆市							
四川省							
贵州省							
云南省							
西藏自治区							
陕西省							
甘肃省							
青海省							
宁夏回族自治区							
新疆维吾尔自治区							

2-59-4

单位:万元

地区	商品和服务支出					
	交通费	差旅费	出国费	维修(护)费	租赁费	会议费
地方合计	**14**	**19**				
北京市						
天津市						
河北省						
山西省						
内蒙古自治区						
辽宁省						
其中:大连市						
吉林省						
黑龙江省						
上海市						
江苏省						
浙江省						
其中:宁波市						
安徽省						
福建省						
其中:厦门市						
江西省						
山东省						
其中:青岛市						
河南省	14	19				
湖北省						
湖南省						
广东省						
其中:深圳市						
广西壮族自治区						
海南省						
重庆市						
四川省						
贵州省						
云南省						
西藏自治区						
陕西省						
甘肃省						
青海省						
宁夏回族自治区						
新疆维吾尔自治区						

2－59－5　　　　　单位:万元

地　　区	商品和服务支出						
	培训费	招待费	专用材料费	被装购置费	专用燃料费	劳务费	委托业务费
地方合计	**11**	**15**					
北京市							
天津市							
河北省							
山西省							
内蒙古自治区							
辽宁省							
其中:大连市							
吉林省							
黑龙江省							
上海市							
江苏省							
浙江省							
其中:宁波市							
安徽省							
福建省							
其中:厦门市							
江西省							
山东省							
其中:青岛市							
河南省	11	15					
湖北省							
湖南省							
广东省							
其中:深圳市							
广西壮族自治区							
海南省							
重庆市							
四川省							
贵州省							
云南省							
西藏自治区							
陕西省							
甘肃省							
青海省							
宁夏回族自治区							
新疆维吾尔自治区							

二、地方财政预算收支情况

2－59－6

单位:万元

地　　区	商品和服务支出			对个人和家庭的补助			
	工会经费	福利费	其他商品和服务支出	小　计	离休费	退休费	退职(役)费
地　方　合　计			**30**	**1**			
北京市							
天津市							
河北省							
山西省							
内蒙古自治区							
辽宁省							
其中:大连市							
吉林省							
黑龙江省							
上海市			30				
江苏省							
浙江省							
其中:宁波市							
安徽省							
福建省							
其中:厦门市							
江西省							
山东省							
其中:青岛市							
河南省				1			
湖北省							
湖南省							
广东省							
其中:深圳市							
广西壮族自治区							
海南省							
重庆市							
四川省							
贵州省							
云南省							
西藏自治区							
陕西省							
甘肃省							
青海省							
宁夏回族自治区							
新疆维吾尔自治区							

2－59－7

单位:万元

地区	对个人和家庭的补助						
	抚恤金	生活补助	救济费	医疗费	助学金	奖励金	生产补贴
地方合计		**1**					
北京市							
天津市							
河北省							
山西省							
内蒙古自治区							
辽宁省							
其中:大连市							
吉林省							
黑龙江省							
上海市							
江苏省							
浙江省							
其中:宁波市							
安徽省							
福建省							
其中:厦门市							
江西省							
山东省							
其中:青岛市							
河南省		1					
湖北省							
湖南省							
广东省							
其中:深圳市							
广西壮族自治区							
海南省							
重庆市							
四川省							
贵州省							
云南省							
西藏自治区							
陕西省							
甘肃省							
青海省							
宁夏回族自治区							
新疆维吾尔自治区							

2－59－8

单位:万元

地区	对个人和家庭的补助				对企事业单位的补贴		
	住房公积金	提租补贴	购房补贴	其他对个人和家庭的补助支出	小计	企业政策性补贴	事业单位补贴
地方合计							
北京市							
天津市							
河北省							
山西省							
内蒙古自治区							
辽宁省							
其中:大连市							
吉林省							
黑龙江省							
上海市							
江苏省							
浙江省							
其中:宁波市							
安徽省							
福建省							
其中:厦门市							
江西省							
山东省							
其中:青岛市							
河南省							
湖北省							
湖南省							
广东省							
其中:深圳市							
广西壮族自治区							
海南省							
重庆市							
四川省							
贵州省							
云南省							
西藏自治区							
陕西省							
甘肃省							
青海省							
宁夏回族自治区							
新疆维吾尔自治区							

2-59-9

单位:万元

地区	对企事业单位的补贴		赠与			债务利息支出	
	财政贴息	其他对企事业单位的补贴支出	小计	对国内的赠与	对国外的赠与	小计	国库券付息
地方合计							
北京市							
天津市							
河北省							
山西省							
内蒙古自治区							
辽宁省							
其中:大连市							
吉林省							
黑龙江省							
上海市							
江苏省							
浙江省							
其中:宁波市							
安徽省							
福建省							
其中:厦门市							
江西省							
山东省							
其中:青岛市							
河南省							
湖北省							
湖南省							
广东省							
其中:深圳市							
广西壮族自治区							
海南省							
重庆市							
四川省							
贵州省							
云南省							
西藏自治区							
陕西省							
甘肃省							
青海省							
宁夏回族自治区							
新疆维吾尔自治区							

2－59－10

单位:万元

地区	债务利息支出					基本建设支出	
	向国家银行借款付息	其他国内借款付息	向国外政府借款付息	向国际组织借款付息	其他国外借款付息	小计	房屋建筑物购建
地方合计							
北京市							
天津市							
河北省							
山西省							
内蒙古自治区							
辽宁省							
其中:大连市							
吉林省							
黑龙江省							
上海市							
江苏省							
浙江省							
其中:宁波市							
安徽省							
福建省							
其中:厦门市							
江西省							
山东省							
其中:青岛市							
河南省							
湖北省							
湖南省							
广东省							
其中:深圳市							
广西壮族自治区							
海南省							
重庆市							
四川省							
贵州省							
云南省							
西藏自治区							
陕西省							
甘肃省							
青海省							
宁夏回族自治区							
新疆维吾尔自治区							

2－59－11

单位:万元

地　　区	基本建设支出							
	办公设备购　置	专用设备购　置	交通工具购　置	基础设施建　设	大型修缮	信息网络购　建	物资储备	其他基本建设支出
地　方　合　计								
北京市								
天津市								
河北省								
山西省								
内蒙古自治区								
辽宁省								
其中:大连市								
吉林省								
黑龙江省								
上海市								
江苏省								
浙江省								
其中:宁波市								
安徽省								
福建省								
其中:厦门市								
江西省								
山东省								
其中:青岛市								
河南省								
湖北省								
湖南省								
广东省								
其中:深圳市								
广西壮族自治区								
海南省								
重庆市								
四川省								
贵州省								
云南省								
西藏自治区								
陕西省								
甘肃省								
青海省								
宁夏回族自治区								
新疆维吾尔自治区								

2－59－12

单位:万元

地　　区	其他资本性支出						
	小　计	房屋建筑物购　　建	办公设备购　　置	专用设备购　　置	交通工具购　　置	基础设施建　　设	大型修缮
地　方　合　计	**8**		**8**				
北京市							
天津市							
河北省							
山西省							
内蒙古自治区							
辽宁省							
其中:大连市							
吉林省							
黑龙江省							
上海市							
江苏省							
浙江省							
其中:宁波市							
安徽省							
福建省							
其中:厦门市							
江西省							
山东省							
其中:青岛市							
河南省	8		8				
湖北省							
湖南省							
广东省							
其中:深圳市							
广西壮族自治区							
海南省							
重庆市							
四川省							
贵州省							
云南省							
西藏自治区							
陕西省							
甘肃省							
青海省							
宁夏回族自治区							
新疆维吾尔自治区							

2－59－13

单位:万元

地　　区	其他资本性支出						
	信息网络购　建	物资储备	土地补偿	安置补助	地上附着物和青苗补偿	拆迁补偿	其他资本性支　出
地　方　合　计							
北京市							
天津市							
河北省							
山西省							
内蒙古自治区							
辽宁省							
其中:大连市							
吉林省							
黑龙江省							
上海市							
江苏省							
浙江省							
其中:宁波市							
安徽省							
福建省							
其中:厦门市							
江西省							
山东省							
其中:青岛市							
河南省							
湖北省							
湖南省							
广东省							
其中:深圳市							
广西壮族自治区							
海南省							
重庆市							
四川省							
贵州省							
云南省							
西藏自治区							
陕西省							
甘肃省							
青海省							
宁夏回族自治区							
新疆维吾尔自治区							

二、地方财政预算收支情况

2－59－14

单位:万元

地区	贷款转贷及产权参股					其他支出		
	小计	国内贷款	国外贷款	产权参股	其他贷款转贷及产权参股支出	小计	补充全国社会保障基金	其他支出
地方合计						**300**		**300**
北京市								
天津市								
河北省								
山西省								
内蒙古自治区								
辽宁省								
其中:大连市								
吉林省								
黑龙江省								
上海市								
江苏省								
浙江省								
其中:宁波市								
安徽省								
福建省								
其中:厦门市								
江西省								
山东省								
其中:青岛市								
河南省								
湖北省								
湖南省								
广东省								
其中:深圳市								
广西壮族自治区								
海南省								
重庆市								
四川省								
贵州省								
云南省								
西藏自治区								
陕西省						300		300
甘肃省								
青海省								
宁夏回族自治区								
新疆维吾尔自治区								

2007 年各省、自治区、直辖市其他公共安全支出明细表

2－60－1　　单位:万元

地　　区	合　计	工资福利支出				
		小　计	基本工资	津贴补贴	奖　金	社会保障缴　费
地　方　合　计	**275518**	**25195**	**6420**	**4904**	**1985**	**1158**
北京市	14808	87	32	11	23	
天津市	5753					
河北省	6063	394	192	155	13	2
山西省	361	80	50	25	4	
内蒙古自治区	420	165	100	59	6	
辽宁省	442	8	7	1		
其中:大连市						
吉林省	423	146	87	46	5	1
黑龙江省	1988	32	15	2	13	
上海市	19954	941	285	130	288	186
江苏省	14923	1040	337	84	117	52
浙江省	13376	943	174	176	285	60
其中:宁波市	4054	251	37	6	13	52
安徽省	4710	1215	67	987	32	44
福建省	14213	2608	184	1648	59	53
其中:厦门市	2588	101	44	12		
江西省	13016	442	227	115	46	11
山东省	8787	974	637	48	42	207
其中:青岛市	5093	232	168	31	28	4
河南省	2764	484	278	135	15	19
湖北省	22834	294	185	81	10	15
湖南省	7374	1109	261	413	192	46
广东省	102203	11771	2795	549	752	409
其中:深圳市	60671	4251	215	250	304	187
广西壮族自治区	3233	43	2	1	1	
海南省	3727	1025	55	77	9	16
重庆市	1107	111	29	10	3	
四川省	5274	825	178	53	21	37
贵州省	622	157	144	4	2	
云南省	3139	171	41	54	27	
西藏自治区	578					
陕西省	2269	33	24	5	2	
甘肃省	110	21	8	4	3	
青海省	61					
宁夏回族自治区	184	39	16	21	2	
新疆维吾尔自治区	802	37	10	10	13	

2－60－2

单位:万元

地区	工资福利支出				商品和服务支出		
	伙食费	伙食补助费	绩效工资	其他工资福利支出	小计	办公费	印刷费
地方合计	**60**	**311**	**226**	**10131**	**155759**	**11287**	**710**
北京市				21	7374	286	1
天津市					1321	828	9
河北省	24	5		3	5129	325	27
山西省				1	262	47	4
内蒙古自治区					254	68	1
辽宁省					149	8	
其中:大连市							
吉林省				7	268	57	3
黑龙江省		1		1	353	50	1
上海市				52	4442	32	2
江苏省				450	9191	633	11
浙江省	9	13	112	114	6604	94	72
其中:宁波市	9		112	22	2695	19	20
安徽省		4		81	2124	200	14
福建省		27		637	8102	253	75
其中:厦门市				45	1328	14	
江西省				43	1920	111	12
山东省				40	2711	318	22
其中:青岛市				1	310	7	
河南省		1	14	22	2045	760	31
湖北省				3	12963	2082	3
湖南省				197	4771	208	54
广东省	6	138	100	7022	74385	3007	230
其中:深圳市	6	132		3157	53008	261	40
广西壮族自治区				39	1543	428	9
海南省		105		763	705	21	3
重庆市		2		67	599	76	5
四川省		7		529	3790	732	37
贵州省				7	416	139	
云南省	21	8		20	2505	186	7
西藏自治区					278		
陕西省				2	753	162	51
甘肃省				6	57	28	
青海省					45	8	2
宁夏回族自治区					78	3	7
新疆维吾尔自治区				4	622	137	17

2－60－3

单位:万元

地　　区	商品和服务支出						
	咨询费	手续费	水　费	电　费	邮电费	取暖费	物　业 管理费
地　方　合　计	**26**	**183**	**238**	**738**	**535**	**110**	**106**
北京市				4	2	4	
天津市				7	1	3	6
河北省			9	13	25	26	
山西省			1	1	2	2	
内蒙古自治区				1	1		
辽宁省							
其中:大连市							
吉林省				2	6	4	
黑龙江省			1	1	2		
上海市			23	43	1		
江苏省	1		6	16	9		
浙江省			1	3	9		
其中:宁波市			1	2	6		
安徽省	3		5	89	49	3	
福建省	3		25	100	66		1
其中:厦门市					1		
江西省	4		1	3	12	1	
山东省			69	143		35	5
其中:青岛市				15			
河南省	14		5	5	26	8	
湖北省			16	15	5	2	
湖南省			17	38	54	1	26
广东省		12	38	179	195		67
其中:深圳市		1	6	58	21		40
广西壮族自治区			1	4	2		
海南省				24	7		
重庆市	1		3	5	4		
四川省		1	14	28	23		
贵州省							
云南省		166	1				
西藏自治区							
陕西省			1	9	29	10	
甘肃省				1		1	
青海省							
宁夏回族自治区			1	1	1	9	1
新疆维吾尔自治区		4		3	4	1	

2－60－4

单位:万元

地　　区	商品和服务支出					
	交通费	差旅费	出国费	维修(护)费	租赁费	会议费
地　方　合　计	**3609**	**1412**	**84**	**2678**	**1416**	**1617**
北京市	17	2		206	23	74
天津市	230			76		40
河北省	185	58		43	65	150
山西省	18	27		53		5
内蒙古自治区	31	1		25	1	
辽宁省	10	1				
其中:大连市						
吉林省	9	9		101	5	6
黑龙江省	9	4		28		4
上海市	30	4		5	1006	72
江苏省	40	44		17		38
浙江省	95	37	8	75	18	149
其中:宁波市	7	12	8	15	8	43
安徽省	160	65		7	8	26
福建省	333	124	6	166	34	101
其中:厦门市	1	4		91		8
江西省	108	80		202		79
山东省	66	11		97		59
其中:青岛市	11	4		70		10
河南省	161	41		78	27	28
湖北省	84	24		30		39
湖南省	394	205		44	1	145
广东省	1139	324	70	1289	226	339
其中:深圳市	309	6		115	150	15
广西壮族自治区	48	46		3		10
海南省	49	6		3		3
重庆市	14	8		1		26
四川省	176	99		58		120
贵州省	11	3				5
云南省	39	13		6		32
西藏自治区						
陕西省	103	93		42		54
甘肃省		3				
青海省	2			1	2	
宁夏回族自治区	3	3				
新疆维吾尔自治区	45	77		22		13

2－60－5

单位:万元

地　　区	商品和服务支出						
	培训费	招待费	专用材料费	被装购置费	专用燃料费	劳务费	委托业务费
地方合计	**939**	**3174**	**1594**	**1038**	**117**	**2620**	**308**
北京市		7	178	11	1	96	24
天津市	30	2				11	20
河北省	22	40	144	29		135	
山西省	3	19					
内蒙古自治区	3	3		6			1
辽宁省			60				
其中:大连市							
吉林省	53	2	10				
黑龙江省	4	4	1		9	3	
上海市	33	54	48	29		7	
江苏省	25	63	20	34	2	100	5
浙江省	35	137	14	5	6	357	4
其中:宁波市	8	21	1		6	194	3
安徽省	87	67	10	57		14	9
福建省	52	551	165	23	33	159	132
其中:厦门市	6	25	47			6	9
江西省	46	582	40	5	9	21	
山东省	46	18	302	489		11	
其中:青岛市	1	13				1	
河南省	17	63	102	18	25	67	
湖北省	7	56	3	4	1	4	
湖南省	43	372	206	93	22	15	27
广东省	251	836	119	156	8	773	86
其中:深圳市	16	129	52			24	72
广西壮族自治区	21	13	3			1	
海南省	5	15	8	8		4	
重庆市	5	16	6			26	
四川省	81	115	149	15		75	
贵州省	9	23		8		2	
云南省	14	75		1		724	
西藏自治区							
陕西省	12	11		44			
甘肃省					1	10	
青海省		1					
宁夏回族自治区	24	1		3		1	
新疆维吾尔自治区	11	28	6			4	

2-60-6

单位:万元

地区	商品和服务支出			对个人和家庭的补助			
	工会经费	福利费	其他商品和服务支出	小计	离休费	退休费	退职(役)费
地方合计	**89**	**400**	**120731**	**4488**	**20**	**317**	**3**
北京市			6438				
天津市			58	13			
河北省		2	3831	47		14	
山西省	1	1	78	14		7	
内蒙古自治区		1	111				
辽宁省			70	33			
其中:大连市							
吉林省		1		3			
黑龙江省			232	3			
上海市	10	22	3021	3			
江苏省		4	8123	283	8	39	3
浙江省	8	44	5433	383			
其中:宁波市		19	2302	179			
安徽省		43	1208	113		7	
福建省	3	14	5683	251		9	
其中:厦门市		1	1115	79			
江西省	1	10	593	1765		9	
山东省			1020	89			
其中:青岛市			178				
河南省	5	9	555	10			
湖北省	1	12	10575	107	11	63	
湖南省	3	10	2793	298		70	
广东省	56	177	64808	641	1	95	
其中:深圳市	56	123	51514	22		8	
广西壮族自治区			954	2		2	
海南省			549	23			
重庆市		2	401	7			
四川省		1	2066	266			
贵州省			216	14			
云南省		16	1225				
西藏自治区			278				
陕西省	1	30	101	43		2	
甘肃省			13	32			
青海省			29				
宁夏回族自治区			20				
新疆维吾尔自治区		1	249	45			

2－60－7

单位:万元

地　区	对个人和家庭的补助						
	抚恤金	生活补助	救济费	医疗费	助学金	奖励金	生产补贴
地方合计	**35**	**246**	**35**	**160**		**303**	**4**
北京市							
天津市							
河北省	2	1	20				
山西省							
内蒙古自治区							
辽宁省							
其中:大连市							
吉林省							
黑龙江省		2					
上海市							
江苏省		31	2				
浙江省		21		1		75	
其中:宁波市		4					
安徽省		1	2	10		16	4
福建省	2	15	7	3		22	
其中:厦门市		13				16	
江西省		7	1			3	
山东省						4	
其中:青岛市							
河南省		10					
湖北省	3	1					
湖南省	4	2		115		1	
广东省	2	9		28		70	
其中:深圳市		6					
广西壮族自治区							
海南省	1			3			
重庆市		2	1				
四川省	5	65				109	
贵州省		5					
云南省							
西藏自治区							
陕西省		41					
甘肃省	16		2			3	
青海省							
宁夏回族自治区							
新疆维吾尔自治区		33					

2-60-8

单位:万元

地　　区	对个人和家庭的补助				对企事业单位的补贴		
	住　房公积金	提租补贴	购房补贴	其他对个人和家庭的补助支出	小　计	企业政策性补　贴	事业单位补　贴
地　方　合　计	**1672**	**20**	**91**	**1582**	**2180**	**657**	**342**
北京市							
天津市				13	701	657	44
河北省	1			9			
山西省				7			
内蒙古自治区							
辽宁省				33			
其中:大连市							
吉林省	3						
黑龙江省	1						
上海市				3	24		
江苏省	14	1		185	195		81
浙江省	37			249	879		
其中:宁波市				175	855		
安徽省	9			64	19		11
福建省	47	19	5	122	250		205
其中:厦门市	3	2		45			
江西省	1464			281	80		
山东省	2		77	6			
其中:青岛市							
河南省							
湖北省	8			21			
湖南省	33			73	1		1
广东省	50		4	382			
其中:深圳市			4	4			
广西壮族自治区							
海南省				19			
重庆市				4			
四川省				87			
贵州省			1	8	6		
云南省					25		
西藏自治区							
陕西省							
甘肃省				11			
青海省							
宁夏回族自治区							
新疆维吾尔自治区	3		4	5			

2－60－9

单位:万元

地　　区	对企事业单位的补贴		赠　与			债务利息支出	
	财政贴息	其他对企事业单位的补贴支出	小　计	对国内的赠　与	对国外的赠　与	小　计	国库券付　息
地方合计	**25**	**1156**					
北京市							
天津市							
河北省							
山西省							
内蒙古自治区							
辽宁省							
其中:大连市							
吉林省							
黑龙江省							
上海市		24					
江苏省		114					
浙江省		879					
其中:宁波市		855					
安徽省		8					
福建省		45					
其中:厦门市							
江西省		80					
山东省							
其中:青岛市							
河南省							
湖北省							
湖南省							
广东省							
其中:深圳市							
广西壮族自治区							
海南省							
重庆市							
四川省							
贵州省		6					
云南省	25						
西藏自治区							
陕西省							
甘肃省							
青海省							
宁夏回族自治区							
新疆维吾尔自治区							

2-60-10

单位:万元

地区	债务利息支出					基本建设支出	
	向国家银行借款付息	其他国内借款付息	向国外政府借款付息	向国际组织借款付息	其他国外借款付息	小计	房屋建筑物购建
地方合计						**25164**	**484**
北京市							
天津市							
河北省						229	
山西省							
内蒙古自治区							
辽宁省						80	40
其中:大连市							
吉林省							
黑龙江省							
上海市						12142	
江苏省						1032	
浙江省							
其中:宁波市							
安徽省						423	337
福建省						1370	
其中:厦门市						1049	
江西省						30	29
山东省						94	8
其中:青岛市						89	8
河南省						50	
湖北省						4000	
湖南省						105	55
广东省						5575	
其中:深圳市						1500	
广西壮族自治区							
海南省						17	
重庆市							
四川省							
贵州省							
云南省							
西藏自治区							
陕西省							
甘肃省							
青海省							
宁夏回族自治区							
新疆维吾尔自治区						17	15

2－60－11　　　　　　　　　　　　　　　　　　　　　　　　　　　　单位:万元

地　　区	基本建设支出							
	办公设备购　置	专用设备购　置	交通工具购　置	基础设施建　设	大型修缮	信息网络购　建	物资储备	其他基本建设支出
地 方 合 计	**114**	**191**	**201**	**12108**	**117**	**1393**		**10556**
北京市								
天津市								
河北省								229
山西省								
内蒙古自治区								
辽宁省				40				
其中:大连市								
吉林省								
黑龙江省								
上海市				11000				1142
江苏省		152						880
浙江省								
其中:宁波市								
安徽省	27		30	1		1		27
福建省	30	21	90	455	23			751
其中:厦门市				410				639
江西省					1			
山东省		5				9		72
其中:青岛市						9		72
河南省				50				
湖北省								4000
湖南省	10							40
广东省	46	13	75	560	93	1383		3405
其中:深圳市								1500
广西壮族自治区								
海南省	1		6					10
重庆市								
四川省								
贵州省								
云南省								
西藏自治区								
陕西省								
甘肃省								
青海省								
宁夏回族自治区								
新疆维吾尔自治区				2				

2－60－12

单位:万元

地区	其他资本性支出						
	小计	房屋建筑物购建	办公设备购置	专用设备购置	交通工具购置	基础设施建设	大型修缮
地方合计	**28648**	**7779**	**1619**	**3096**	**2328**	**1862**	**976**
北京市	2727		34	580	38	332	2
天津市	3718	2198		31	176	240	86
河北省	209		2	13	174		
山西省	5						
内蒙古自治区	1				1		
辽宁省	172		46	126			
其中:大连市							
吉林省	6		6				
黑龙江省	1600	1600					
上海市	1278					229	
江苏省	1048	43	17	215	49		7
浙江省	1226		418	173	27	23	543
其中:宁波市	1		1				
安徽省	761	569	34	17	76		
福建省	1299	111	116	220	233	478	19
其中:厦门市	9	1	2				
江西省	677		99	179	157	220	7
山东省	1163	94	8	5	522	43	14
其中:青岛市	638		3		522		
河南省	152	6	34	30	12	43	
湖北省	3117	2615	67	23	136	36	47
湖南省	152		21	26		30	
广东省	4603	166	553	1296	441		234
其中:深圳市	230		16		35		
广西壮族自治区	70		25		7		
海南省	1946	152	7	6			
重庆市	278	217	14	25	4		
四川省	289	8	52	110	58	8	8
贵州省	5				4		
云南省	258		3		135	120	
西藏自治区	300						
陕西省	1440		26	16	15	60	9
甘肃省							
青海省							
宁夏回族自治区	67		9		47		
新疆维吾尔自治区	81		28	5	16		

2－60－13

单位:万元

地　区	其他资本性支出						
	信息网络购建	物资储备	土地补偿	安置补助	地上附着物和青苗补偿	拆迁补偿	其他资本性支出
地方合计	**1442**	**20**	**16**				**9510**
北京市	781						960
天津市	183						804
河北省	20						
山西省							5
内蒙古自治区							
辽宁省							
其中:大连市							
吉林省							
黑龙江省							
上海市							1049
江苏省	11						706
浙江省	33						9
其中:宁波市							
安徽省	5						60
福建省	61						61
其中:厦门市	2						4
江西省	10						5
山东省	100		4				373
其中:青岛市							113
河南省							27
湖北省	30						163
湖南省	3						72
广东省	66						1847
其中:深圳市	2						177
广西壮族自治区							38
海南省	12						1769
重庆市	18						
四川省	45						
贵州省							1
云南省							
西藏自治区							300
陕西省	64						1250
甘肃省							
青海省							
宁夏回族自治区							11
新疆维吾尔自治区		20	12				

2－60－14

单位:万元

地区	贷款转贷及产权参股					其他支出		
	小计	国内贷款	国外贷款	产权参股	其他贷款转贷及产权参股支出	小计	补充全国社会保障基金	其他支出
地方合计						**34084**		**34084**
北京市						4620		4620
天津市								
河北省						55		55
山西省								
内蒙古自治区								
辽宁省								
其中:大连市								
吉林省								
黑龙江省								
上海市						1124		1124
江苏省						2134		2134
浙江省						3341		3341
其中:宁波市						73		73
安徽省						55		55
福建省						333		333
其中:厦门市						22		22
江西省						8102		8102
山东省						3756		3756
其中:青岛市						3824		3824
河南省						23		23
湖北省						2353		2353
湖南省						938		938
广东省						5228		5228
其中:深圳市						1660		1660
广西壮族自治区						1575		1575
海南省						11		11
重庆市						112		112
四川省						104		104
贵州省						24		24
云南省						180		180
西藏自治区								
陕西省								
甘肃省								
青海省						16		16
宁夏回族自治区								
新疆维吾尔自治区								

2007 年各省、自治区、直辖市教育类支出明细表

2－61－1　　单位:万元

地　　区	合　计	工资福利支出				
		小　计	基本工资	津贴补贴	奖　金	社会保障缴　费
地　方　合　计	**94348599**	**42176648**	**21082208**	**11582055**	**3924699**	**1640425**
北京市	3354293	1078668	343773	438836	92403	24613
天津市	1471192	561257	239014	190032	43894	18600
河北省	3915464	1951140	1174154	431407	74832	42745
山西省	2279091	1133051	611432	342884	58196	35920
内蒙古自治区	1849934	854694	487714	268302	39540	11052
辽宁省	3286654	1407304	776834	429326	58211	61713
其中:大连市	483964	211951	93030	57217	20612	32148
吉林省	1855560	902683	535861	250368	21615	9840
黑龙江省	2663385	1124913	655148	359844	52295	25520
上海市	3811831	1546297	531391	207497	583858	100254
江苏省	7850105	3101792	1205313	869516	538315	172851
浙江省	6832022	2817128	737059	703927	754000	283367
其中:宁波市	914786	459116	83637	84720	166488	83042
安徽省	3083749	1523564	852054	433246	48622	33002
福建省	2628359	1229986	549877	345125	87916	65777
其中:厦门市	334231	133542	28283	34508	12872	4895
江西省	2431987	1137770	685179	267167	56132	19047
山东省	6183649	2983269	1506052	938595	97785	262810
其中:青岛市	710965	407633	139519	143738	15188	87269
河南省	4813957	2318549	1578963	542981	64362	27370
湖北省	3471570	1573733	906636	305009	123083	56465
湖南省	3605035	1750229	1021661	377970	85075	88253
广东省	9141838	3590732	1399149	1206054	390210	121555
其中:深圳市	1133493	460910	63625	235344	65164	17216
广西壮族自治区	2358041	1117585	630362	263518	108555	14086
海南省	542869	277634	173629	51898	16025	7338
重庆市	1837229	789190	437873	189053	77160	9264
四川省	4068756	1924019	1150588	317728	167904	57291
贵州省	1963544	951651	528182	323012	47701	7515
云南省	2361386	1304170	635729	519151	60823	19720
西藏自治区	356157	190819	63148	111425	9264	1863
陕西省	2584877	1092556	705019	194287	67960	15184
甘肃省	1480381	830052	437488	304079	31416	6624
青海省	388161	234300	100208	114694	5972	692
宁夏回族自治区	493178	231649	114064	83700	15835	1418
新疆维吾尔自治区	1384345	646264	308654	201424	45740	38676

2－61－2

单位:万元

地区	工资福利支出				商品和服务支出		
	伙食费	伙食补助费	绩效工资	其他工资福利支出	小计	办公费	印刷费
地方合计	**19555**	**238786**	**694041**	**2994879**	**23961919**	**2819777**	**420971**
北京市	729	7367	64001	106946	1069555	59296	4777
天津市	556	5367	6411	57383	356269	30966	2919
河北省	4197	69723	2777	151305	895245	135936	15981
山西省	921	9307	7296	67095	634087	76740	11583
内蒙古自治区	534	626	2951	43975	514328	65659	6402
辽宁省	443	2494	25023	53260	931167	100371	10615
其中:大连市	116	513	3590	4725	165369	29729	1887
吉林省		1445	54090	29464	414712	68596	9193
黑龙江省	898	5235	6137	19836	742764	94376	9352
上海市	525	16073	1002	105697	1103910	31008	13305
江苏省	1293	29272	28838	256394	1678615	164172	20232
浙江省	1121	34290	17035	286329	1577711	105500	18170
其中:宁波市	384	5187	290	35368	195016	16571	1314
安徽省	1304	12808	4417	138111	750435	126168	18574
福建省	164	2398	50248	128481	619054	63317	16517
其中:厦门市	1	1217	15605	36161	85692	5639	689
江西省	281	1689	13645	94630	571446	57920	9723
山东省	305	6421	21440	149861	1478799	241009	30877
其中:青岛市	9	482	4657	16771	113545	15442	1770
河南省	233	1862	26202	76576	1332905	307830	35712
湖北省	1227	3563	80717	97033	1007406	92305	16455
湖南省	622	8859	74216	93573	935740	91489	17332
广东省	2367	3642	27528	440227	2646794	279453	62305
其中:深圳市	143	1007	1863	76548	453178	12627	2687
广西壮族自治区	111	256	4123	96574	515488	62867	6017
海南省	14	175	4184	24371	143888	11149	1796
重庆市		2037	2088	71715	472555	64159	12252
四川省	104	2153	79998	148253	1051092	117052	22348
贵州省	91	946	2928	41276	425108	75175	7538
云南省	286	1901	14748	51812	520732	81274	9773
西藏自治区	35	4	7	5073	50262	4438	477
陕西省	603	2518	57402	49583	659698	107420	14608
甘肃省	106	925	6658	42756	350345	52481	7269
青海省	95	1596	3640	7403	74841	10340	841
宁夏回族自治区	66	247	137	16182	104020	11783	3439
新疆维吾尔自治区	324	3587	4154	43705	332948	29528	4589

2－61－3

单位:万元

地　　区	商品和服务支出						
	咨询费	手续费	水　费	电　费	邮电费	取暖费	物业管理费
地　方　合　计	**15915**	**29242**	**503463**	**1075673**	**322679**	**916054**	**311148**
北京市	422	347	12835	38080	7245	73246	12387
天津市	294	703	10250	18160	4760	33635	9054
河北省	497	805	21656	49940	13359	103426	14366
山西省	446	1070	12633	28815	7313	72022	3698
内蒙古自治区	75	330	6486	14107	5743	61810	4546
辽宁省	680	624	16062	39955	10675	125687	8191
其中:大连市	246	160	1620	4179	1539	17146	913
吉林省	169	482	10760	21076	5717	76644	2418
黑龙江省	413	214	12914	27325	6673	105546	9100
上海市	1041	662	13523	39899	13290	528	26620
江苏省	1077	8576	45157	70072	21582	1877	29635
浙江省	668	563	23009	54589	27318		28694
其中:宁波市	31	22	2762	5605	2488		2069
安徽省	437	393	16302	35050	11162	1193	7429
福建省	345	254	13256	28190	10628	1	5442
其中:厦门市	17	7	1154	2385	683		727
江西省	716	1129	13645	32022	7833	964	9075
山东省	1740	1947	33734	75884	22163	96680	25417
其中:青岛市	27	7	1536	4743	1638	6764	788
河南省	951	1218	34229	74990	15335	27949	11135
湖北省	669	1064	26816	51665	12079	4004	5676
湖南省	933	1207	26331	50752	12699	4256	13540
广东省	1399	3022	47269	124225	35293	360	42717
其中:深圳市	214	70	5931	14507	3737	134	12420
广西壮族自治区	134	288	13324	24596	7300		3421
海南省	89	87	2088	5555	1293	1	1154
重庆市	835	807	14417	24077	7835	510	4243
四川省	592	1354	24970	46596	19060	2344	12967
贵州省	203	391	7242	12834	6316	1647	4195
云南省	510	199	10581	17203	7762	62	3728
西藏自治区	3	14	726	2316	591	1632	117
陕西省	241	459	18511	36709	9195	35114	6344
甘肃省	53	290	6488	15966	4951	30609	1291
青海省	8	163	1160	2586	2159	9123	751
宁夏回族自治区	12	128	1613	3366	1076	8266	888
新疆维吾尔自治区	263	452	5476	9073	4274	36918	2909

2－61－4

单位:万元

地　　区	商品和服务支出					
	交通费	差旅费	出国费	维修(护)费	租赁费	会议费
地方合计	**556782**	**700408**	**59533**	**3625910**	**234633**	**314498**
北京市	20722	16539	6838	284909	14184	16033
天津市	11015	7103	1606	34775	2561	4033
河北省	27888	32633	1040	142542	13213	11699
山西省	16342	16503	1088	113633	8391	9382
内蒙古自治区	10726	16040	458	119131	1988	3639
辽宁省	27736	23077	1801	164247	4578	9080
其中:大连市	5027	4528	237	39604	504	3396
吉林省	13316	13583	838	72969	1314	5771
黑龙江省	14622	19662	790	99803	9310	3756
上海市	16686	18964	8959	202289	17510	4527
江苏省	37510	41714	4459	193081	14370	21402
浙江省	33947	61230	8461	188351	14807	22938
其中:宁波市	2808	8169	897	22450	956	4415
安徽省	13663	23790	1083	101114	3065	8293
福建省	10702	22224	1763	101474	6094	7714
其中:厦门市	1290	1876	261	6600	1446	177
江西省	12701	23007	943	63495	9414	5221
山东省	52437	40355	1998	246876	26941	18306
其中:青岛市	3148	2992	287	25618	1397	1307
河南省	31214	44116	1797	175652	14789	17913
湖北省	20112	27967	1389	111971	4370	12936
湖南省	23513	33304	1325	113690	10447	15725
广东省	51481	59588	5091	336593	25435	41034
其中:深圳市	9401	6327	1454	38826	7082	2407
广西壮族自治区	8918	15665	1519	103307	2502	4338
海南省	2787	4820	176	18920	1650	1309
重庆市	10800	20927	1113	93489	3910	13560
四川省	23603	38453	1023	174594	6781	22806
贵州省	9629	11917	359	46161	3001	6450
云南省	13575	18767	2063	90148	2179	10709
西藏自治区	3065	2690	7	6923	16	274
陕西省	15635	19706	608	87611	7638	7921
甘肃省	7232	9864	380	69717	2818	3692
青海省	3958	2408	86	9815	44	477
宁夏回族自治区	2301	3175	210	12564	303	1674
新疆维吾尔自治区	8946	10617	262	46066	1010	1886

2－61－5 单位:万元

地　　区	商品和服务支出						
	培训费	招待费	专用材料费	被装购置费	专用燃料费	劳务费	委托业务费
地方合计	**693031**	**578511**	**1059368**	**57843**	**36087**	**889212**	**140263**
北京市	26077	8784	17564	649	209	32341	7102
天津市	8323	4322	10673	651	43	13272	1274
河北省	18972	11485	49801	1953	1128	31025	4525
山西省	17338	12463	25914	2627	952	14187	7904
内蒙古自治区	9634	7123	17335	2269	541	15409	1517
辽宁省	27760	13105	57919	224	1754	30704	1373
其中:大连市	8398	2048	9714	20	196	7683	331
吉林省	12604	5076	28052		1550	14163	1057
黑龙江省	12163	5585	22278	2806	696	16577	1326
上海市	26722	18005	31831	15	5155	27641	4233
江苏省	58615	58540	66216	997	679	77347	14115
浙江省	51295	58875	67290	669	351	120511	25264
其中:宁波市	7967	9010	3624	349	25	11068	67
安徽省	20530	21407	22846	1280	2188	23814	2339
福建省	19278	17244	26193	3216	803	34051	12443
其中:厦门市	1440	756	1977	111	5	2507	9
江西省	17429	22821	19674	1064	764	20160	2132
山东省	45057	28684	73983	3126	3876	54437	4653
其中:青岛市	5240	3413	3891	200	73	3240	20
河南省	44577	32262	85229	8324	5807	45936	4126
湖北省	28525	29558	31713	2849	1723	17217	4557
湖南省	29848	39673	45379	2115	1488	27747	4547
广东省	65976	55033	191494	7970	1978	82435	12761
其中:深圳市	6496	4549	27241	196	189	20185	4306
广西壮族自治区	12256	14858	11885	1154	262	16432	1405
海南省	4249	4482	5912	1756	151	2082	3020
重庆市	22545	12155	18423	364	279	24101	2697
四川省	36814	36137	45274	793	666	46730	1827
贵州省	12300	14177	10179	740	200	22741	1716
云南省	18947	19670	16412	1068	211	20346	5973
西藏自治区	1435	1815	1067	314	9	331	78
陕西省	18618	12352	32429	3668	1399	29288	3124
甘肃省	8771	5347	9357	3531	639	8139	1380
青海省	2532	1341	2391	686	114	1427	590
宁夏回族自治区	2888	2066	4039	288	111	4046	312
新疆维吾尔自治区	10953	4066	10616	677	361	14575	893

2－61－6

单位:万元

地　　区	商品和服务支出			对个人和家庭的补助			
	工会经费	福利费	其他商品和服务支出	小　计	离休费	退休费	退职(役)费
地　方　合　计	**258377**	**560187**	**7782354**	**9403944**	**207585**	**4106247**	**13940**
北京市	12369	8669	387931	266505	13340	83895	76
天津市	3115	7594	135168	310573	10207	192782	187
河北省	7984	15402	167989	314594	8609	154133	349
山西省	5555	14634	152854	182629	3674	76033	74
内蒙古自治区	2485	9166	131709	132780	339	29371	35
辽宁省	11091	11391	232467	358707	11127	179432	449
其中:大连市	2215	2927	21122	16046	18	5	4
吉林省	3192	1798	44374	272206	13197	190720	542
黑龙江省	6071	12245	249161	441460	15989	315269	623
上海市	13855	24740	542902	214747	6090	64994	80
江苏省	22521	61517	643152	1128232	38763	707311	1005
浙江省	33530	68241	563440	746466	11475	282255	1276
其中:宁波市	5881	9250	77218	58736	373	13561	76
安徽省	5224	14555	268536	281129	4927	127361	604
福建省	10605	29744	177556	269453	1517	78171	600
其中:厦门市	2119	1882	51935	29186	3	2340	11
江西省	5062	15115	219417	274087	4775	118438	74
山东省	10915	21225	316479	707127	12242	108838	4056
其中:青岛市	1517	1709	26778	86705	1170	17424	234
河南省	10648	31336	269830	404138	10700	143008	123
湖北省	10380	29970	461436	410702	10487	235682	284
湖南省	13079	29933	325388	335696	8710	155054	172
广东省	14719	47600	1051563	428400	2686	86066	699
其中:深圳市	1570	6573	264049	44663	47	3929	3
广西壮族自治区	5501	10281	187258	296889	4911	182053	221
海南省	657	1578	67127	24520	329	264	99
重庆市	7701	16270	95086	150124	707	9436	64
四川省	13877	27770	326661	341514	826	102946	409
贵州省	4356	10686	154955	309114	4590	199941	112
云南省	9386	10279	149907	186788	952	32336	401
西藏自治区	1390	525	20009	58785	191	15652	6
陕西省	4134	10248	176718	235052	1840	96631	143
甘肃省	2187	6032	91861	105395	1266	41728	148
青海省	1165	700	19976	27935		611	5
宁夏回族自治区	853	1032	37587	23515	946	9396	16
新疆维吾尔自治区	4770	9911	113857	164682	2173	86440	1008

2-61-7

单位:万元

地区	对个人和家庭的补助						
	抚恤金	生活补助	救济费	医疗费	助学金	奖励金	生产补贴
地方合计	**136125**	**313688**	**6552**	**180829**	**2247996**	**104699**	**2812**
北京市	3581	1146	16	8372	46576	338	
天津市	2088	1585	24	5653	18102	5318	
河北省	4285	11575	628	2376	103216	3541	90
山西省	1928	9082	119	1683	59282	2517	126
内蒙古自治区	1960	10403	134	959	60896	1747	131
辽宁省	5154	16461	606	3326	74940	4441	6
其中:大连市	196	6335	80	216	7756	243	
吉林省	3499	5505	91	1137	44343	1464	
黑龙江省	4067	11216	193	1957	58038	2997	92
上海市	8430	894	7	2225	72401	164	
江苏省	19859	20321	237	22452	157334	5434	88
浙江省	3845	11659	936	20476	134054	5623	33
其中:宁波市	255	1070	302	1258	20192	236	13
安徽省	3766	9159	357	5114	70432	2771	8
福建省	3679	7511	54	3264	78868	2347	32
其中:厦门市	104	215	5	276	5255	82	
江西省	3127	8166	170	9019	90747	1224	255
山东省	5176	20156	656	18012	133513	6163	864
其中:青岛市	232	6361	5	185	6296	139	37
河南省	5400	25381	282	5018	151947	4361	647
湖北省	5184	7883	157	16127	71943	4573	58
湖南省	11867	13277	220	13672	82736	3830	62
广东省	6108	22300	304	17491	99334	19093	55
其中:深圳市	108	325	22	77	11008	4038	
广西壮族自治区	4174	6499	18	1512	65215	1864	10
海南省	820	2079	34	122	12386	446	11
重庆市	5718	10030	28	4076	85201	2008	6
四川省	8150	16498	480	2490	151439	7417	24
贵州省	3675	10480	42	750	31374	2381	52
云南省	1986	18111	116	1288	92500	7068	10
西藏自治区	255	1093	1	730	34652	246	4
陕西省	2444	17932	558	8156	68055	3114	19
甘肃省	1543	8425	24	941	34556	670	3
青海省	204	893	5	600	24451	138	
宁夏回族自治区	628	1739	15	425	6642	135	94
新疆维吾尔自治区	3525	6229	40	1406	32823	1266	32

2-61-8　　单位:万元

地　　区	对个人和家庭的补助				对企事业单位的补贴		
	住房公积金	提租补贴	购房补贴	其他对个人和家庭的补助支出	小计	企业政策性补贴	事业单位补贴
地方合计	**870473**	**130668**	**461793**	**620537**	**344082**	**8856**	**184123**
北京市	58916	20338	18548	11363	2148		374
天津市	55368	2004	9854	7401	13834		7
河北省	13924	339	223	11306	49294		8842
山西省	18964	382	343	8422	6945		203
内蒙古自治区	5260	20	1126	20399	6732		967
辽宁省	20546	30483	3061	8675	2376	518	521
其中:大连市	120	563	134	376	700	198	502
吉林省	7401	629	113	3565	16881	4482	942
黑龙江省	16550	2710	439	11320	1906	7	1755
上海市	11162	231	25947	22122	115437		115110
江苏省	67114	15984	22266	50064	11512		7102
浙江省	164334	4573	54637	51290	7564	11	2477
其中:宁波市	7963	205	1139	12093	1117		29
安徽省	25246	880	1516	28988	10875		2232
福建省	53104	23711	3830	12765	3643	92	2284
其中:厦门市	11337	8280	37	1241	424		372
江西省	13728	154	205	24005	1840		316
山东省	82161	16044	242515	56731	23539		22349
其中:青岛市	21192	7977	16028	9425	594		185
河南省	9910	528	4692	42141	21861	352	5093
湖北省	25929	1215	2229	28951	5215		3262
湖南省	22518	130	3267	20181	1181		300
广东省	77744	8729	26656	61135	14118	3089	3017
其中:深圳市		7457	14731	2918	1505		718
广西壮族自治区	15544	251	1086	13531	5488		2602
海南省	1830	168	57	5875	2797		9
重庆市	5160	106	1973	25611	2314		806
四川省	15548	75	569	34643	4961	16	238
贵州省	9963	342	31065	14347	1765	30	102
云南省	14864	95	2239	14822	2591	33	258
西藏自治区	2551			3404	205		
陕西省	27830	259	603	7468	1089		1089
甘肃省	7138	282	107	8564	385		50
青海省	70	2	23	933	297		
宁夏回族自治区	1198	3	21	2257	1535		105
新疆维吾尔自治区	18898	1	2583	8258	3754	226	1711

2-61-9　　　　　　　　　　　　　　　　　　　　　　　　　　单位:万元

地区	对企事业单位的补贴		赠与			债务利息支出	
	财政贴息	其他对企事业单位的补贴支出	小计	对国内的赠与	对国外的赠与	小计	国库券付息
地方合计	**49051**	**102052**	**1965**	**1926**	**39**	**2712**	
北京市	1638	136					
天津市		13827					
河北省	1284	39168	43	43			
山西省	81	6661					
内蒙古自治区	5732	33				127	
辽宁省	1071	266	250	250		124	
其中:大连市							
吉林省		11457					
黑龙江省		144					
上海市	125	202	68	68			
江苏省	165	4245	140	140			
浙江省	1725	3351	466	466		350	
其中:宁波市	485	603					
安徽省	3500	5143	58	58		263	
福建省	1021	246	6	6			
其中:厦门市		52					
江西省	1078	446	3	3			
山东省	1186	4	6	6		40	
其中:青岛市	319	90	6	6			
河南省	13399	3017	629	629		30	
湖北省	1048	905	5	5		40	
湖南省	839	42	24	24		6	
广东省	4796	3216	43	42	1		
其中:深圳市	657	130					
广西壮族自治区	1516	1370	33	33			
海南省	1987	801					
重庆市	1089	419	43	5	38		
四川省	1517	3190	2	2		497	
贵州省	1569	64				937	
云南省	1893	407	101	101		293	
西藏自治区	205						
陕西省							
甘肃省	275	60	45	45			
青海省	297						
宁夏回族自治区		1430				5	
新疆维吾尔自治区	15	1802					

二、地方财政预算收支情况

2－61－10　　单位:万元

地　　区	债务利息支出					基本建设支出	
	向国家银行借款付息	其他国内借款付息	向国外政府借款付息	向国际组织借款付息	其他国外借款付息	小　计	房屋建筑物购建
地方合计	**1456**	**1047**	**5**	**164**	**40**	**3052894**	**2082130**
北京市						165394	107486
天津市						10378	2797
河北省						90527	55910
山西省						34890	25861
内蒙古自治区		127				92860	74079
辽宁省				124		138215	109306
其中:大连市						16189	4547
吉林省						15990	10609
黑龙江省						69080	52229
上海市						73068	26838
江苏省						235504	178769
浙江省		350				388626	303675
其中:宁波市						37394	27556
安徽省	200	63				61335	28097
福建省						76075	37548
其中:厦门市						35961	11467
江西省						75589	56997
山东省				40		119823	76976
其中:青岛市						26538	15528
河南省		30				121907	89959
湖北省					40	84124	45933
湖南省	6					77440	49087
广东省						381763	257361
其中:深圳市							
广西壮族自治区						70476	43738
海南省						18574	11217
重庆市						94469	65804
四川省	147	350				89811	67184
贵州省	937					33122	22052
云南省	166	127				62318	42662
西藏自治区						30641	30074
陕西省						142083	59629
甘肃省						31528	19369
青海省						9700	3989
宁夏回族自治区			5			54032	43459
新疆维吾尔自治区						103552	83436

2－61－11 单位:万元

地　　区	基本建设支出							
	办公设备购　置	专用设备购　置	交通工具购　置	基础设施建　设	大型修缮	信息网络购　建	物资储备	其他基本建设支出
地 方 合 计	**36516**	**74834**	**2716**	**314591**	**100338**	**32403**	**254**	**409112**
北京市	2299	3034	29	7029	3433	838		41246
天津市	3	244		7333				1
河北省	2327	4957	47	10625	3065	157		13439
山西省	10	680	17	5455	128	717		2022
内蒙古自治区	597	1942	29	5538	2295	230		8150
辽宁省	2426	1377	56	15665	1778	1050		6557
其中:大连市	119	659		8542	1322	1000		
吉林省	102	146	83	1279	1565	1805		401
黑龙江省	87	472	4	3087	6558	10		6633
上海市	4676	595	100	285	974	48		39552
江苏省	1853	5185	105	18422	5700	115		25355
浙江省	2757	8680	259	28484	10767	912	188	32904
其中:宁波市	213	536		4398	2090	2		2599
安徽省	1531	760	78	12213	1579	9267		7810
福建省	3090	5720	72	7186	1579	387		20493
其中:厦门市	2137	2157		5383	23	12		14782
江西省	755	2472	25	4784	2291	161		8104
山东省	1429	6121	202	21582	6472	200		6841
其中:青岛市	123	2409		4497	1851	36		2094
河南省	2960	2190	238	14497	4144	1130	6	6783
湖北省	1290	3199	98	9430	4343	721		19110
湖南省	1385	4568	269	10148	2667	217		9099
广东省	1836	10417	266	34943	16167	947		59826
其中:深圳市								
广西壮族自治区	729	2828	140	10692	3162	483	60	8644
海南省	254	883	15	417	3780	184		1824
重庆市	436	243	89	4451	1076	8896		13474
四川省	413	1008	17	11150	4710	187		5142
贵州省	644	443	73	728	1228	212		7742
云南省	616	567	26	10478	2832	413		4724
西藏自治区	35		81	25	42			384
陕西省	548	3153	72	38336	2365	604		37376
甘肃省	179	139		5921	1069	3		4848
青海省	324	330	22	2681	314	54		1986
宁夏回族自治区	203	927		3421	665			5357
新疆维吾尔自治区	722	1554	204	8306	3590	2455		3285

2－61－12

单位:万元

地区	其他资本性支出						
	小计	房屋建筑物购建	办公设备购置	专用设备购置	交通工具购置	基础设施建设	大型修缮
地方合计	**13492217**	**5185631**	**925518**	**2396030**	**132505**	**798658**	**1124791**
北京市	536086	39886	54784	234121	9266	30155	68265
天津市	205695	75948	12376	51645	2812	9569	21930
河北省	521939	237586	34637	91975	5597	59480	46650
山西省	285189	50209	31468	55727	4301	21626	65285
内蒙古自治区	236816	93331	26199	34117	3727	20433	22258
辽宁省	439744	120012	31213	87450	4308	33489	76820
其中:大连市	71662	14073	4090	18371	496	15768	13752
吉林省	223774	86399	20131	35110	3881	14650	43947
黑龙江省	280373	127807	17351	56076	2434	13268	26141
上海市	469089	98232	37618	158285	5766	7033	32387
江苏省	1569147	649542	74435	201713	7093	75468	73867
浙江省	981082	456365	69161	178398	8597	44331	38146
其中:宁波市	148414	76418	12597	25054	801	4009	5734
安徽省	430981	174457	27473	61124	2810	28815	23279
福建省	402744	165676	30631	81607	3811	14046	28479
其中:厦门市	46813	7751	5182	11919	435	840	3986
江西省	344714	163641	16936	46585	2978	9951	23052
山东省	860281	300033	60398	149857	7240	66217	112212
其中:青岛市	63304	21717	5781	9450	438	818	18169
河南省	558252	233552	53791	100819	6139	37976	43316
湖北省	341333	98173	24536	60731	3771	33607	45764
湖南省	450265	212794	20545	73407	3874	25191	36594
广东省	1867797	829497	109827	261105	14161	55253	93468
其中:深圳市	114978	2413	27902	41023	4305	2018	15131
广西壮族自治区	320438	120007	18790	45242	3057	35321	22582
海南省	68154	21269	4920	8151	966	4796	1598
重庆市	315491	155435	22443	43055	2740	19636	20282
四川省	604777	240859	28160	76167	5082	22548	55232
贵州省	178393	53951	16479	22135	2795	26370	9179
云南省	277080	113419	19077	56798	4596	19911	13173
西藏自治区	16254	4780	1344	2533	374	2220	2920
陕西省	334499	104951	21618	65422	3898	34726	46992
甘肃省	157822	81363	12905	15767	2201	16056	8869
青海省	39414	11236	5974	5674	912	6521	2748
宁夏回族自治区	60898	26282	6193	11751	567	2675	2345
新疆维吾尔自治区	113696	38939	14105	23483	2751	7320	17011

2-61-13

单位:万元

地区	其他资本性支出						
	信息网络购建	物资储备	土地补偿	安置补助	地上附着物和青苗补偿	拆迁补偿	其他资本性支出
地方合计	**303233**	**2019**	**101980**	**7875**	**5360**	**42506**	**2466111**
北京市	36583	5	472			25	62524
天津市	4832		2865				23718
河北省	13213	60	2803		366	47	29525
山西省	24993	400	892		32	70	30186
内蒙古自治区	3857	12	3679	40	1	949	28213
辽宁省	9685	22	14734	2		2519	59490
其中:大连市	3142	7		2			1961
吉林省	6549	4	369	223	3	426	12082
黑龙江省	5023	1	177	328		153	31614
上海市	7128	3	354	1		2200	120082
江苏省	12632	163	13514	1019	834	4108	454759
浙江省	13053	5	993	36	243	2586	169168
其中:宁波市	2274	2	118			1	21406
安徽省	11579	3	1670		51	2290	97430
福建省	11344	11	3476	145	26	1072	62420
其中:厦门市	1939		24				14737
江西省	2628	10	3341	12	6	50	75524
山东省	11459	133	3529	1837	144	992	146230
其中:青岛市	1235	5	500		56		5135
河南省	14923	14	10859	49	768	476	55570
湖北省	9505	1	4265	90	105	4300	56485
湖南省	11807	361	11112	737	65	5046	48732
广东省	32428	262	9724	1959	1622	10974	447517
其中:深圳市	6036		6				16144
广西壮族自治区	4383	11	1098	42	103	157	69645
海南省	2092	3	380		57	3	23919
重庆市	5166		1022		1	148	45563
四川省	17646	78	1749	1005	723	649	154879
贵州省	2974		1986	144	189	258	41933
云南省	14067	4	2443	1	11		33580
西藏自治区	293		300				1490
陕西省	7282	398	1232	175	4	313	47488
甘肃省	3618	51	2534	18	6	225	14209
青海省	510	3	301				5535
宁夏回族自治区	1061		80			2072	7872
新疆维吾尔自治区	920	1	27	12		398	8729

二、地方财政预算收支情况

2－61－14

单位:万元

地区	贷款转贷及产权参股					其他支出		
	小计	国内贷款	国外贷款	产权参股	其他贷款转贷及产权参股支出	小计	补充全国社会保障基金	其他支出
地方合计	**16808**	**9139**		**3623**	**4046**	**1895410**	**14**	**1895396**
北京市						235937		235937
天津市	3063			3063		10123		10123
河北省	122	122				92560		92560
山西省	37	37				2263		2263
内蒙古自治区	250	250				11347		11347
辽宁省						8767		8767
其中:大连市						2047		2047
吉林省						9314		9314
黑龙江省	363	363				2526		2526
上海市						289215		289215
江苏省	710			560	150	124453		124453
浙江省	865	865				311764		311764
其中:宁波市						14993		14993
安徽省						25109		25109
福建省	3851				3851	23547		23547
其中:厦门市	320				320	2293		2293
江西省						26538		26538
山东省						10765		10765
其中:青岛市						12640		12640
河南省	2516	2516				53170	14	53156
湖北省						49012		49012
湖南省						54454		54454
广东省	476	476				211715		211715
其中:深圳市	177	177				58082		58082
广西壮族自治区	2196	2196				29448		29448
海南省	363	318			45	6939		6939
重庆市						13043		13043
四川省	1010	1010				51073		51073
贵州省	791	791				62663		62663
云南省	195	195				7118		7118
西藏自治区						9191		9191
陕西省						119900		119900
甘肃省						4809		4809
青海省						1674		1674
宁夏回族自治区						17524		17524
新疆维吾尔自治区						19449		19449

2007 年各省、自治区、直辖市教育管理事务支出明细表

2－62－1　　　　单位:万元

地　　区	合　计	工资福利支出				
		小　计	基本工资	津贴补贴	奖　金	社会保障缴　费
地　方　合　计	**2045456**	**658088**	**314007**	**183201**	**77072**	**29797**
北京市	47922	16398	3900	6402	3484	203
天津市	15222	7855	2544	3777	1026	119
河北省	113662	52712	33956	13632	1596	1611
山西省	52561	19786	11687	5386	1103	472
内蒙古自治区	38058	13837	8154	4271	616	68
辽宁省	74085	15472	7287	6088	978	536
其中:大连市	23118	2240	721	898	422	133
吉林省	34777	14087	8449	3761	796	181
黑龙江省	68170	17383	9820	5682	987	161
上海市	30535	13887	3030	2385	7030	414
江苏省	170480	46107	14400	10257	10696	2344
浙江省	131580	34660	8339	6435	11736	3091
其中:宁波市	11656	4262	743	792	2051	458
安徽省	80780	28409	13904	8088	1389	1329
福建省	49515	12998	5317	3744	1260	730
其中:厦门市	11896	2539	531	741	261	55
江西省	46066	16621	10172	3489	985	461
山东省	154644	52093	25528	17156	1986	4332
其中:青岛市	32385	12146	3335	5231	618	1386
河南省	93696	29181	19510	7644	841	419
湖北省	68481	23254	12284	5622	1811	1294
湖南省	115930	38692	20984	8655	2480	4112
广东省	208406	61915	21596	19478	10293	5090
其中:深圳市	31359	7367	1122	3940	1101	303
广西壮族自治区	52408	13027	7597	2935	1589	163
海南省	18688	4283	2692	975	260	161
重庆市	33874	8428	4201	1910	1165	90
四川省	93192	31829	15045	5816	7166	884
贵州省	49589	13858	7930	4045	829	107
云南省	44892	16778	8056	6702	963	307
西藏自治区	25471	6591	1893	3940	625	65
陕西省	39441	14079	8921	2943	853	204
甘肃省	34370	10834	5927	4147	414	47
青海省	12066	5694	2797	2475	249	11
宁夏回族自治区	10197	4015	1838	1587	311	63
新疆维吾尔自治区	36698	13325	6249	3774	1555	728

二、地方财政预算收支情况

2-62-2

单位:万元

地区	工资福利支出				商品和服务支出		
	伙食费	伙食补助费	绩效工资	其他工资福利支出	小计	办公费	印刷费
地方合计	**466**	**4614**	**3155**	**45776**	**875835**	**105409**	**25301**
北京市		178	135	2096	20871	867	189
天津市		111	100	178	2387	304	15
河北省	105	1100	18	694	32277	7839	628
山西省	30	93	38	977	21740	3018	633
内蒙古自治区		25	89	614	16657	2017	440
辽宁省	21	85	45	432	26492	5268	593
其中:大连市		51		15	8953	3365	226
吉林省		34	276	590	11034	2480	374
黑龙江省	8	78	51	596	28208	3640	758
上海市	26	135	23	844	9989	299	195
江苏省	65	632	311	7402	78536	6145	1559
浙江省	26	397	10	4626	57562	2219	849
其中:宁波市	19	50		149	4175	191	30
安徽省	34	458	61	3146	35011	5172	1690
福建省		26	235	1686	24552	1324	501
其中:厦门市		22	86	843	7834	99	19
江西省	56	28	157	1273	20645	1963	605
山东省	1	246	150	2694	70782	8884	1935
其中:青岛市	1	161	90	1324	8082	1245	221
河南省	14	24	31	698	48430	12918	2568
湖北省	2	186	437	1618	26185	3198	1059
湖南省	19	158	201	2083	51160	5131	1432
广东省	17	61	87	5293	96421	7410	2761
其中:深圳市	6	23		872	19273	673	98
广西壮族自治区		7	1	735	21290	2066	689
海南省	1	1	3	190	11047	404	308
重庆市		38	31	993	19964	4212	816
四川省	2	80	65	2771	41542	3369	1184
贵州省		77	18	852	21749	3849	841
云南省		115	21	614	22992	4909	664
西藏自治区				68	4252	109	9
陕西省	30	87	375	666	13870	2136	510
甘肃省	6	1	78	214	13310	1966	517
青海省	2	55	61	44	5612	450	122
宁夏回族自治区		33		183	5326	342	555
新疆维吾尔自治区	1	65	47	906	15942	1501	302

2－62－3　　单位:万元

地　区	商品和服务支出						
	咨询费	手续费	水　费	电　费	邮电费	取暖费	物业管理费
地方合计	**719**	**929**	**5473**	**16648**	**17393**	**16237**	**4550**
北京市		8	100	528	243	2095	240
天津市		1	33	123	129	120	35
河北省	3	55	250	691	750	1380	226
山西省	2	25	154	389	450	922	53
内蒙古自治区		24	67	148	253	1456	8
辽宁省	59	34	84	418	709	1992	110
其中:大连市	57	30	5	44	111	261	18
吉林省	4	21	55	196	221	1332	24
黑龙江省	6	13	155	437	464	2347	41
上海市	7	4	28	147	270	8	86
江苏省	185	23	345	1526	1186	31	1112
浙江省	27	110	155	633	1083		184
其中:宁波市	1		12	49	75		44
安徽省	21	10	182	708	683	19	181
福建省	1	4	133	335	525		59
其中:厦门市			3	28	44		36
江西省	7	10	152	490	439	13	27
山东省	5	9	608	1645	1354	1278	229
其中:青岛市	1		108	348	207	233	105
河南省	8	21	421	1068	1049	586	282
湖北省	69	30	392	1005	694	42	69
湖南省	28	20	608	1338	822	289	130
广东省	139	105	414	1904	1898		935
其中:深圳市	20	4	8	35	186		252
广西壮族自治区	3	3	145	398	364		78
海南省		4	28	80	95		2
重庆市	13	23	70	311	326	1	49
四川省	94	13	264	834	1242	57	203
贵州省	10	64	66	239	414	33	21
云南省	17	21	116	216	451		57
西藏自治区			30	62	61	78	
陕西省	4	26	163	350	352	276	10
甘肃省	2	21	163	261	291	505	24
青海省		80	30	63	153	453	20
宁夏回族自治区		86	11	21	109	63	7
新疆维吾尔自治区	5	61	51	84	313	861	48

2－62－4

单位:万元

地　　区	商品和服务支出					
	交通费	差旅费	出国费	维修(护)费	租赁费	会议费
地　方　合　计	**48253**	**31668**	**3827**	**47943**	**3922**	**45692**
北京市	969	388	421	828	40	958
天津市	396	65	18	222	14	138
河北省	2499	1237	31	2159	43	1428
山西省	1695	1034	16	2017	71	1746
内蒙古自治区	1129	1061	16	981	39	541
辽宁省	1758	1004	120	3360	120	814
其中:大连市	220	333	63	2012	21	202
吉林省	828	695	37	621	83	846
黑龙江省	1235	1132	103	2525	92	1063
上海市	639	305	476	387	53	162
江苏省	4409	2153	552	4036	732	4941
浙江省	1938	1527	380	1633	136	2279
其中:宁波市	129	197	26	77	23	218
安徽省	1466	1391	262	2154	162	1508
福建省	1125	918	144	1275	172	670
其中:厦门市	141	90	59	33	5	50
江西省	979	1066	33	733	22	576
山东省	3907	2138	56	4411	216	4673
其中:青岛市	387	311	27	874	70	428
河南省	2825	1812	195	2728	273	2944
湖北省	1699	1333	137	1006	98	1636
湖南省	2858	1750	153	2141	40	3043
广东省	4219	2256	207	3809	540	3965
其中:深圳市	736	176	33	183	1	361
广西壮族自治区	951	670	99	1541	6	844
海南省	415	268	41	319	3	455
重庆市	1013	972	55	695	614	2549
四川省	2478	1601	35	1116	76	2965
贵州省	1390	757	11	1444	54	1052
云南省	1259	811	82	1464	15	1273
西藏自治区	389	267	6	37	1	115
陕西省	1103	662	12	895	77	807
甘肃省	689	701	53	1589	67	756
青海省	529	318	29	692	6	97
宁夏回族自治区	239	307	40	151	37	588
新疆维吾尔自治区	1225	1069	7	974	20	260

2－62－5　　　　单位:万元

地　　区	商品和服务支出						
	培训费	招待费	专　用 材料费	被　装 购置费	专　用 燃料费	劳务费	委　托 业务费
地　方　合　计	**28688**	**33905**	**20225**	**1045**	**1426**	**34273**	**15164**
北京市	711	163	216			718	202
天津市	91	104	8			65	2
河北省	619	841	639	112	15	780	44
山西省	724	790	400	32	34	469	3033
内蒙古自治区	359	360	751	64	56	631	79
辽宁省	1097	666	1557		9	1796	149
其中:大连市	761	165	269			641	
吉林省	617	220	641		239	584	38
黑龙江省	790	414	2227	9	162	1206	76
上海市	201	332	14		4	341	46
江苏省	3352	3441	1008	3	4	4770	6642
浙江省	3118	2409	146	19		1960	430
其中:宁波市	33	248	19			35	
安徽省	747	1403	1095	25	197	1548	244
福建省	622	1042	552	28		853	666
其中:厦门市	7	73	11			20	
江西省	535	1592	384	70	89	722	147
山东省	2187	1482	2587	59	66	1446	792
其中:青岛市	171	255	431	13	1	497	
河南省	1452	1342	1504	31	186	1747	477
湖北省	1161	2161	602	136	54	505	382
湖南省	1387	3068	762	6	34	964	360
广东省	2734	2731	2385	87	26	5767	254
其中:深圳市	121	91	60			642	176
广西壮族自治区	422	854	204	20		554	49
海南省	247	284	59	94		97	12
重庆市	1004	1035	221	27	15	887	16
四川省	1330	2110	708	28	19	1448	81
贵州省	546	1622	226	2	15	1239	86
云南省	538	1395	317	60	2	1078	16
西藏自治区	31	153	4	27	1	5	
陕西省	694	571	151		101	311	321
甘肃省	537	391	506	43	50	532	306
青海省	237	129	59	37	20	93	
宁夏回族自治区	184	221	85	23	15	548	
新疆维吾尔自治区	414	579	207	3	13	609	214

2－62－6

单位:万元

地　　区	商品和服务支出			对个人和家庭的补助			
	工会经费	福利费	其他商品和服务支出	小　计	离休费	退休费	退职(役)费
地方合计	**7990**	**12030**	**347125**	**184200**	**8749**	**98160**	**257**
北京市	188	70	10729	2484	12	426	
天津市	41	78	385	4062	420	2715	3
河北省	247	382	9379	12909	943	9912	7
山西省	305	233	3495	7205	291	5647	2
内蒙古自治区	36	252	5889	1491	17	724	
辽宁省	288	275	4212	7503	410	4719	6
其中:大连市	54	95		681			
吉林省	62	24	792	2752	414	1908	1
黑龙江省	173	459	8681	10586	809	5760	2
上海市	85	188	5712	895	21	225	
江苏省	1019	792	28570	19064	1422	10766	15
浙江省	953	1416	33958	14591	664	6933	23
其中:宁波市	97	167	2504	1357	55	732	
安徽省	458	403	13282	9532	378	6519	11
福建省	272	408	12923	3998	35	641	3
其中:厦门市	64	34	7018	698		1	
江西省	128	461	9402	3319	97	1841	
山东省	250	501	30064	14791	372	2127	131
其中:青岛市	30	51	2068	4156	253	1231	3
河南省	196	730	11067	4520	565	2479	3
湖北省	318	541	7858	8609	371	4365	1
湖南省	474	875	23447	11419	449	7791	4
广东省	596	1593	49686	7864	196	2905	5
其中:深圳市	23	70	15324	162		2	
广西壮族自治区	168	157	11005	5180	118	3508	3
海南省	54	13	7765	501	3	124	
重庆市	208	192	4640	1111	18	107	
四川省	603	731	18953	9189	109	3625	15
贵州省	343	173	7252	7911	303	5989	1
云南省	137	261	7833	2299	62	723	6
西藏自治区	36	5	2826	1600		902	
陕西省	97	57	4184	3255	113	1661	
甘肃省	63	322	2955	1171	12	491	7
青海省	44	139	1812	94		15	
宁夏回族自治区	44	11	1639	410	52	236	
新疆维吾尔自治区	104	288	6730	3885	73	2376	8

2－62－7　　　　　　　　　　　　　　　　　　　　单位:万元

地　　区	对个人和家庭的补助						
	抚恤金	生活补助	救济费	医疗费	助学金	奖励金	生产补贴
地　方　合　计	**4600**	**6776**	**253**	**3550**	**15248**	**5177**	**81**
北京市	47	32		135	1		－1
天津市	38	37		17		42	
河北省	496	529	1	42	166	137	64
山西省	102	232	4	42	385	62	
内蒙古自治区	45	129	7	2	228	125	
辽宁省	157	130	18	61	655	87	
其中:大连市	17	33			614	13	
吉林省	59	55	2	9		152	
黑龙江省	121	382	1	11	2843	323	
上海市	11	8		20	328	2	
江苏省	511	514	30	648	490	1306	
浙江省	111	206	37	370	135	233	6
其中:宁波市	14	18		6	4		
安徽省	201	310	36	239	113	34	
福建省	73	78		57	579	19	
其中:厦门市		7		1	160		
江西省	192	245	4	97	284	30	
山东省	345	714	30	233	2754	89	4
其中:青岛市	13	164		21	602	3	
河南省	158	419	6	51	126	185	
湖北省	103	307	8	130	1024	7	2
湖南省	673	363	6	333	481	144	
广东省	196	266	28	379	322	619	
其中:深圳市	1	1			6	71	
广西壮族自治区	53	176		38	457	60	
海南省	19	29	2	3	131	2	5
重庆市	138	50	2	28	99	66	
四川省	336	531	23	84	2145	652	
贵州省	132	223	2	8	28	52	
云南省	56	172		8	698	344	
西藏自治区	9	1		22	285	100	
陕西省	50	99	2	422	269	82	1
甘肃省	31	366		13	47	27	
青海省	5	5		15	19	27	
宁夏回族自治区	11	14	3	1	3	5	
新疆维吾尔自治区	121	154	1	32	153	164	

2-62-8

单位:万元

地区	对个人和家庭的补助				对企事业单位的补贴		
	住房公积金	提租补贴	购房补贴	其他对个人和家庭的补助支出	小计	企业政策性补贴	事业单位补贴
地方合计	**14379**	**1607**	**10324**	**15039**	**9331**		**4710**
北京市	952	251	568	61			
天津市	753	15		22			
河北省	255	9		348	127		103
山西省	340	5		93	342		135
内蒙古自治区	87			127			
辽宁省	275	348	510	127	8		
其中:大连市		3		1			
吉林省	136	12		4			
黑龙江省	189	29	1	115	2		
上海市	24		73	183			
江苏省	910	256	403	1793	2707		2132
浙江省	2123	17	2089	1644	1311		1104
其中:宁波市	15	2	412	99			
安徽省	844	15	4	828	45		45
福建省	599	335	1185	394	32		9
其中:厦门市	195	184		150			
江西省	112			417	2		2
山东省	1802	277	4377	1536	33		33
其中:青岛市	642	207	667	350			
河南省	231		26	271	3055		255
湖北省	613	16	25	1637	32		32
湖南省	630			545	163		139
广东省	1501	7	117	1323	1371		642
其中:深圳市			45	36	1299		642
广西壮族自治区	210	5	4	548			
海南省	12	1		170			
重庆市	47		411	145			
四川省	403		5	1261			
贵州省	154	8	480	531	1		1
云南省	153		14	63	22		
西藏自治区	85			196			
陕西省	353			203			
甘肃省	153	1		23			
青海省				8			
宁夏回族自治区	42			43			
新疆维吾尔自治区	391		32	380	78		78

2-62-9

单位:万元

地　　区	对企事业单位的补贴		赠　与			债务利息支出	
	财政贴息	其他对企事业单位的补贴支出	小　计	对国内的赠　与	对国外的赠　与	小　计	国库券付　息
地方合计	**3479**	**1142**	**9**	**9**		**127**	
北京市							
天津市							
河北省		24					
山西省		207					
内蒙古自治区						127	
辽宁省		8					
其中:大连市							
吉林省							
黑龙江省		2					
上海市							
江苏省		575					
浙江省		207					
其中:宁波市							
安徽省							
福建省		23					
其中:厦门市							
江西省							
山东省			4	4			
其中:青岛市			4	4			
河南省	2800						
湖北省							
湖南省		24	5	5			
广东省	657	72					
其中:深圳市	657						
广西壮族自治区							
海南省							
重庆市							
四川省							
贵州省							
云南省	22						
西藏自治区							
陕西省							
甘肃省							
青海省							
宁夏回族自治区							
新疆维吾尔自治区							

2－62－10

单位:万元

地区	债务利息支出					基本建设支出	
	向国家银行借款付息	其他国内借款付息	向国外政府借款付息	向国际组织借款付息	其他国外借款付息	小计	房屋建筑物购建
地方合计		**127**				**57026**	**38361**
北京市						2028	
天津市						700	700
河北省						2842	2020
山西省						250	250
内蒙古自治区		127				1569	854
辽宁省						1322	
其中:大连市						1172	
吉林省						956	585
黑龙江省						2634	
上海市						3373	3200
江苏省						4191	4117
浙江省						9715	9428
其中:宁波市						29	
安徽省						2	
福建省						709	
其中:厦门市						30	
江西省						185	
山东省						1089	
其中:青岛市						734	
河南省						502	411
湖北省						1891	1596
湖南省						4245	68
广东省						639	84
其中:深圳市							
广西壮族自治区						1570	1169
海南省							
重庆市						361	
四川省						988	55
贵州省						37	
云南省						132	50
西藏自治区						12180	12180
陕西省						168	111
甘肃省						1872	865
青海省						32	
宁夏回族自治区							
新疆维吾尔自治区						844	618

2－62－11　　　　　　　　　　　　　　　　　　　　单位:万元

地　　区	基本建设支出							
	办公设备购置	专用设备购置	交通工具购置	基础设施建设	大型修缮	信息网络购建	物资储备	其他基本建设支出
地方合计	**1387**	**1049**	**191**	**7848**	**2618**	**759**	**6**	**4807**
北京市				1442	56	530		
天津市								
河北省	5	515			45			257
山西省								
内蒙古自治区				200				515
辽宁省	237		11	10	1064			
其中:大连市	108				1064			
吉林省		12		259	100			
黑龙江省								2634
上海市	90	83						
江苏省	21	25	28					
浙江省	29				250	7		1
其中:宁波市	29							
安徽省	1	1						
福建省	394	5		30				280
其中:厦门市				30				
江西省	5		22	105				53
山东省	55	27			990	17		
其中:青岛市	55	15			647	17		
河南省	3	55	19	8			6	
湖北省	52	115	19			109		
湖南省	16			4161				
广东省	45				21	34		455
其中:深圳市								
广西壮族自治区	1	145			43			212
海南省								
重庆市	338		23					
四川省				636				297
贵州省	13	1	20	3				
云南省	8	54		10		10		
西藏自治区								
陕西省	14					43		
甘肃省				935				72
青海省	1							31
宁夏回族自治区								
新疆维吾尔自治区	59	11	49	49	49	9		

2－62－12

单位:万元

地区	其他资本性支出						
	小计	房屋建筑物购建	办公设备购置	专用设备购置	交通工具购置	基础设施建设	大型修缮
地方合计	**230307**	**64210**	**22947**	**20823**	**9783**	**18007**	**25985**
北京市	6058		2234	3027	469	26	176
天津市	218	61	51	48	18	1	33
河北省	11968	6815	1255	377	513	1271	451
山西省	3235	284	448	983	371	124	391
内蒙古自治区	4377	1879	307	294	201		1398
辽宁省	23270	4634	1764	3760	422	5083	5449
其中:大连市	10072		763	1792	100	4833	2508
吉林省	5896	846	327	228	233	2371	1666
黑龙江省	9357	5924	761	314	133	410	487
上海市	2320		503	249	126	10	210
江苏省	17861	9729	1900	1241	475	96	1209
浙江省	10721	4030	1293	735	474	443	372
其中:宁波市	1654	445	220	21	47	5	
安徽省	6400	3043	1447	730	514	32	109
福建省	5038	506	581	827	473	119	332
其中:厦门市	795		140	95	24		123
江西省	5078	887	587	275	227	351	2132
山东省	15820	2183	1355	1904	510	176	2910
其中:青岛市	2836		323	375	30		1873
河南省	7307	1613	987	836	335	516	507
湖北省	7029	289	419	155	289	1612	838
湖南省	5830	2375	699	428	434	10	539
广东省	31637	4200	1799	1847	618	119	2694
其中:深圳市	2860		188	292	169		40
广西壮族自治区	10164	3272	424	191	261	2814	1290
海南省	2483	444	173	2	33	96	
重庆市	3431	535	271	261	227		59
四川省	9588	961	1080	259	776	6	990
贵州省	4373	871	380	191	388	248	167
云南省	2508	582	492	394	227	196	12
西藏自治区	689	120	63	10	27	311	143
陕西省	7698	2728	410	570	278	978	640
甘肃省	6502	4795	315	39	163	237	733
青海省	560	96	60	43	249		13
宁夏回族自治区	446	263	140	1			2
新疆维吾尔自治区	2445	245	422	604	319	351	33

2－62－13　　　　单位:万元

地　　区	其他资本性支出						
	信息网络购建	物资储备	土地补偿	安置补助	地上附着物和青苗补偿	拆迁补偿	其他资本性支出
地　方　合　计	**14338**	**29**	**1348**		**389**	**2218**	**50230**
北京市	74						52
天津市							6
河北省	359						927
山西省	269						365
内蒙古自治区	128						170
辽宁省	106					1938	114
其中:大连市							76
吉林省	225						
黑龙江省	1293						35
上海市	4						1218
江苏省	711						2500
浙江省	521						2853
其中:宁波市	117						799
安徽省	74						451
福建省	1126					60	1014
其中:厦门市	298						115
江西省	127						492
山东省	458						6324
其中:青岛市	136						99
河南省	487						2026
湖北省	311		5		15	20	3076
湖南省	237						1108
广东省	3507		1060		374	200	15219
其中:深圳市	1982						189
广西壮族自治区	629		240				1043
海南省	4						1731
重庆市	292						1786
四川省	2313						3203
贵州省	52		43				2033
云南省	369						236
西藏自治区	15						
陕西省	399	29					1666
甘肃省	173						47
青海省	75						24
宁夏回族自治区							40
新疆维吾尔自治区							471

2－62－14

单位:万元

地区	贷款转贷及产权参股					其他支出		
	小计	国内贷款	国外贷款	产权参股	其他贷款转贷及产权参股支出	小计	补充全国社会保障基金	其他支出
地方合计						**30533**		**30533**
北京市						83		83
天津市								
河北省						827		827
山西省						3		3
内蒙古自治区								
辽宁省						18		18
其中:大连市								
吉林省						52		52
黑龙江省								
上海市						71		71
江苏省						2014		2014
浙江省						3020		3020
其中:宁波市						179		179
安徽省						1381		1381
福建省						2188		2188
其中:厦门市								
江西省						216		216
山东省						32		32
其中:青岛市						4427		4427
河南省						701		701
湖北省						1481		1481
湖南省						4416		4416
广东省						8559		8559
其中:深圳市						398		398
广西壮族自治区						1177		1177
海南省						374		374
重庆市						579		579
四川省						56		56
贵州省						1660		1660
云南省						161		161
西藏自治区						159		159
陕西省						371		371
甘肃省						681		681
青海省						74		74
宁夏回族自治区								
新疆维吾尔自治区						179		179

2007 年各省、自治区、直辖市普通教育支出明细表

2－63－1

单位:万元

地区	合计	工资福利支出				
		小计	基本工资	津贴补贴	奖金	社会保障缴费
地方合计	**71324891**	**36140807**	**18617859**	**9894785**	**3202202**	**1350610**
北京市	2292094	851586	271803	354895	68885	17754
天津市	1110693	448571	194687	152826	31764	14062
河北省	3018880	1684745	1030689	376479	63427	33363
山西省	1671312	960118	528814	292430	47528	28185
内蒙古自治区	1388201	725492	420719	226151	34260	8990
辽宁省	2433766	1197502	673165	359425	48498	50426
其中:大连市	308672	175394	78243	45717	17428	26861
吉林省	1481270	772070	466040	213601	18112	6885
黑龙江省	2032018	942426	558062	297727	42348	22105
上海市	2700230	1281327	446841	168395	487987	82059
江苏省	5597010	2571909	1043757	720431	431583	141493
浙江省	4943694	2347767	631777	603494	601842	240468
其中:宁波市	571782	359777	68573	69045	123774	68244
安徽省	2435600	1351324	773087	386021	40004	26519
福建省	1992999	1055237	485315	293765	76117	57872
其中:厦门市	233182	116094	24238	30282	11420	4273
江西省	1943073	1012145	624707	235422	50070	15520
山东省	4492626	2542726	1316488	793701	75393	220960
其中:青岛市	505456	335381	116914	116118	12039	73599
河南省	3802286	2017789	1415848	456610	46410	20955
湖北省	2585432	1351801	806148	250424	100549	45908
湖南省	2726920	1504277	906458	317469	69615	70957
广东省	7034904	3046655	1252589	1023397	314327	96593
其中:深圳市	755124	382796	53003	200529	50815	14612
广西壮族自治区	1803505	973743	575595	227814	90207	10731
海南省	423766	246307	157890	44907	13599	6445
重庆市	1393286	694282	396639	165431	66251	7503
四川省	3233720	1696769	1038817	278864	138685	49720
贵州省	1623747	865858	486923	293993	42359	6298
云南省	1907130	1174515	578029	473356	54794	16246
西藏自治区	280805	172141	57370	101076	7352	1540
陕西省	2008109	941827	624457	161502	55081	11769
甘肃省	1179121	731810	392038	267476	27397	5344
青海省	316835	207646	88992	102569	4609	619
宁夏回族自治区	394762	205565	102588	73764	14425	939
新疆维吾尔自治区	1077097	564877	271527	181370	38724	32382

2-63-2

单位:万元

地区	工资福利支出				商品和服务支出		
	伙食费	伙食补助费	绩效工资	其他工资福利支出	小计	办公费	印刷费
地方合计	**12551**	**191243**	**585258**	**2286299**	**16441337**	**2232057**	**319134**
北京市	423	4840	52985	80001	691693	44177	2923
天津市	156	3449	4159	47468	268790	21919	1912
河北省	3502	61128	1299	114858	617763	95939	11009
山西省	669	7447	6155	48890	428763	60402	8763
内蒙古自治区	80	477	2471	32344	353866	52320	4032
辽宁省	254	1746	20712	43276	619239	69635	6546
其中:大连市	91	313	2801	3940	86035	14723	1231
吉林省		955	43878	22599	308213	52832	5813
黑龙江省	720	3972	4192	13300	538025	66794	5944
上海市	301	13653	627	81464	760347	25067	11402
江苏省	879	21701	20726	191339	1037669	125880	14859
浙江省	824	28738	14015	226609	1060369	77653	13175
其中:宁波市	215	4093	287	25546	103578	10108	778
安徽省	1043	10792	3290	110568	534460	106348	15017
福建省	95	2025	41108	98940	413477	50440	12423
其中:厦门市	1	1009	14195	30676	50772	4509	585
江西省	207	1242	11594	73383	410944	50440	7360
山东省	139	4282	16211	115552	917873	177247	22305
其中:青岛市	4	38	4226	12443	59751	10581	1222
河南省	168	1241	22507	54050	969263	250946	28171
湖北省	790	2372	72923	72687	651908	72698	12157
湖南省	481	7694	63393	68210	639240	74002	12835
广东省	507	1972	23388	333882	1836165	241501	52165
其中:深圳市	129	504	921	62283	233321	9329	2140
广西壮族自治区	71	138	2628	66559	345130	53415	4311
海南省	5	48	3954	19459	103463	9352	1131
重庆市		1460	449	56549	338714	50485	9166
四川省	66	1464	74007	115146	792982	100647	18744
贵州省	30	368	2770	33117	322536	63185	5514
云南省	269	1428	12448	37945	357687	60784	7443
西藏自治区	35	4		4764	32689	4068	405
陕西省	391	1781	50844	36002	479326	88328	11382
甘肃省	65	502	5748	33240	249726	43464	5791
青海省	89	1365	3078	6325	51095	8166	531
宁夏回族自治区	38	153	137	13521	76172	10100	2702
新疆维吾尔自治区	254	2806	3562	34252	233750	23823	3203

2－63－3　　　　　　　　　　　　　　　　　　　　　　单位:万元

地　　区	商品和服务支出						
	咨询费	手续费	水　费	电　费	邮电费	取暖费	物　业 管理费
地　方　合　计	**9532**	**17558**	**381605**	**823800**	**225704**	**697296**	**230119**
北京市	272	254	9620	28066	4780	54479	7365
天津市	193	179	7920	13314	3362	26166	7424
河北省	400	265	16817	39048	9156	79547	12972
山西省	181	394	9082	20713	4677	55963	2229
内蒙古自治区	62	273	4683	11013	3716	47577	4121
辽宁省	439	381	12262	31267	7044	98532	5831
其中:大连市	58	116	959	2499	848	12763	507
吉林省	130	175	8823	16939	3996	58249	2103
黑龙江省	70	153	9756	20714	4084	76514	5231
上海市	467	499	11061	30594	9515	109	20528
江苏省	483	7856	30765	48363	14234	879	18203
浙江省	524	281	16899	41765	19693		22930
其中:宁波市	13	11	1770	3605	1501		566
安徽省	227	327	12321	27242	8158	786	5474
福建省	287	142	9662	21528	7490	1	3996
其中:厦门市	17	6	931	1933	499		514
江西省	413	714	10423	25020	5283	685	7377
山东省	1302	725	24363	55476	15122	69813	16965
其中:青岛市	2	4	951	2792	975	4246	405
河南省	651	530	26124	59720	10876	22874	8873
湖北省	371	423	20445	39736	8505	3329	4119
湖南省	670	432	19339	37474	8973	3271	9843
广东省	517	1210	37077	96661	24993	213	30861
其中:深圳市	94	53	4712	10231	2323	91	8578
广西壮族自治区	63	211	9845	17853	5045		2423
海南省	38	75	1571	4268	831	1	843
重庆市	570	729	11996	19772	5897	508	3608
四川省	316	340	20730	37717	14240	1937	9905
贵州省	129	213	6035	10453	4771	1394	3628
云南省	388	79	8021	14061	5554	60	2870
西藏自治区	3	12	606	1932	381	1515	100
陕西省	140	260	14277	28883	6378	26620	5636
甘肃省	41	146	4827	12655	3684	23828	772
青海省	5	5	827	1873	1564	7199	664
宁夏回族自治区	12	29	1291	2619	774	6892	625
新疆维吾尔自治区	168	246	4137	7061	2928	28355	2600

2－63－4

单位:万元

地　　区	商品和服务支出					
	交通费	差旅费	出国费	维修(护)费	租赁费	会议费
地　方　合　计	**344785**	**525650**	**40084**	**2393589**	**140982**	**192774**
北京市	12803	12904	4652	180021	6660	10053
天津市	7394	5641	1294	21242	983	2290
河北省	17160	25698	716	94377	9562	6438
山西省	8760	11076	776	68187	5584	5368
内蒙古自治区	5828	10380	314	75289	1310	1932
辽宁省	17041	16346	804	94576	2450	3638
其中:大连市	3015	2798	83	13541	104	561
吉林省	8233	9332	615	55704	938	3057
黑龙江省	7703	13671	602	67446	7547	1952
上海市	11641	15293	6526	117535	16046	2480
江苏省	21821	30657	2314	122123	4903	11058
浙江省	23356	47228	6101	112860	8976	13971
其中:宁波市	1364	4993	488	11454	343	2440
安徽省	8509	18636	614	77199	1437	5628
福建省	5545	16357	1156	71807	3610	5221
其中:厦门市	872	1316	137	4418	1336	83
江西省	7867	16325	624	47856	7830	3410
山东省	32771	29235	1434	126030	13164	7560
其中:青岛市	1550	1728	149	10313	875	539
河南省	19909	34711	1257	120328	10739	11348
湖北省	12793	20591	992	73665	1746	8015
湖南省	14074	25401	863	81238	7438	9047
广东省	33234	45574	3052	242575	13720	29828
其中:深圳市	6311	4335	411	20420	5876	1325
广西壮族自治区	4553	11652	1106	76096	1145	2895
海南省	1521	3671	99	12687	1067	664
重庆市	6681	16322	614	65819	1685	8307
四川省	15790	31666	676	128997	3421	16421
贵州省	5423	9286	214	36073	2423	4542
云南省	8519	14052	1601	63719	1372	7804
西藏自治区	2219	2045		4499	2	125
陕西省	9971	14805	451	61348	2681	5322
甘肃省	4449	6835	249	47155	1664	2210
青海省	2765	1380	46	6721	28	218
宁夏回族自治区	1332	2144	101	9026	172	847
新疆维吾尔自治区	5120	6736	221	31391	679	1125

2 - 63 - 5

单位:万元

地　　区	商品和服务支出						
	培训费	招待费	专用材料费	被装购置费	专用燃料费	劳务费	委托业务费
地方合计	**424107**	**404655**	**792984**	**40883**	**26638**	**588699**	**78579**
北京市	14796	5897	9933	468	23	16906	1153
天津市	6172	2750	7874	456	37	9218	1148
河北省	10274	7240	37049	1395	719	22536	989
山西省	9036	7609	17860	1947	605	9241	3625
内蒙古自治区	4970	4767	12853	1589	412	11348	866
辽宁省	10111	8857	38807	193	1320	17392	462
其中:大连市	1127	1085	4265		118	2021	81
吉林省	6898	3532	23270		144	7690	340
黑龙江省	6995	3366	13558	1762	403	8039	270
上海市	16201	13319	26243	15	4463	19844	3790
江苏省	36372	39674	47065	710	462	42747	4253
浙江省	26768	42189	56151	433	164	91110	23723
其中:宁波市	2903	5318	2149	216	4	6280	20
安徽省	13702	15504	17402	1012	1797	16027	866
福建省	12849	12268	18142	2375	671	24673	6688
其中:厦门市	817	560	1388	111	5	2165	9
江西省	13082	16875	15831	679	545	13344	461
山东省	24470	18029	42691	2486	3381	36210	1710
其中:青岛市	3080	1920	1734	153	56	1694	18
河南省	30667	23731	65489	5507	4747	32345	1572
湖北省	17709	20087	23721	1834	1122	11015	1634
湖南省	20938	27179	35238	1873	1170	18558	3228
广东省	45017	39839	152226	5843	1424	49933	8536
其中:深圳市	4990	3515	22671	28	103	14690	3342
广西壮族自治区	8025	9887	7750	1018	155	9013	656
海南省	2382	3262	5013	563	96	1333	2378
重庆市	14386	8591	13878	223	217	14910	1696
四川省	25262	28459	38637	398	403	36966	1031
贵州省	8113	10041	8049	629	151	18147	633
云南省	11839	13717	12707	869	173	13382	4771
西藏自治区	624	1297	469	191	8	261	8
陕西省	13236	8601	25412	3036	958	18617	1533
甘肃省	5306	3460	6782	2261	461	5111	232
青海省	1180	863	1690	355	72	748	135
宁夏回族自治区	1826	1387	3530	166	90	2544	25
新疆维吾尔自治区	4901	2378	7664	597	245	9491	167

2－63－6

单位:万元

地区	商品和服务支出			对个人和家庭的补助			
	工会经费	福利费	其他商品和服务支出	小计	离休费	退休费	退职(役)费
地方合计	**194515**	**434357**	**4881251**	**7307289**	**152153**	**3472522**	**12475**
北京市	8876	6461	248151	188673	9995	61569	48
天津市	2005	5810	112087	247072	7018	153085	167
河北省	6185	12213	100059	239140	6477	130756	339
山西省	3860	10859	101966	126440	2250	59550	67
内蒙古自治区	1936	7212	85063	104296	243	25291	35
辽宁省	8567	8563	158175	276168	8536	150554	411
其中:大连市	1736	1862	19934	5371	18	5	4
吉林省	2421	1338	35641	221129	9370	156529	503
黑龙江省	4165	7526	203760	349605	11048	262523	537
上海市	11280	20409	366020	174149	4610	55758	62
江苏省	15968	48340	347680	899708	29752	611131	903
浙江省	25612	52945	335862	592478	8194	244367	1134
其中:宁波市	4331	6275	36648	38052	122	10028	72
安徽省	3507	10236	166484	219643	3763	112027	553
福建省	8372	21783	95991	202763	1092	69875	556
其中:厦门市	1771	1638	25152	23253	2	2272	7
江西省	3918	12071	142511	214850	3724	105924	69
山东省	8091	16272	171021	530720	9304	85778	3788
其中:青岛市	1066	1292	12406	66319	670	14791	221
河南省	7752	25030	165366	319335	8604	126705	109
湖北省	8002	23885	263314	314918	7991	199086	259
湖南省	10278	23002	192876	248484	5971	120017	154
广东省	9473	35375	635318	340574	1808	71615	503
其中:深圳市	1337	5008	101408	37839	47	3663	
广西壮族自治区	3887	7179	106947	229210	3224	154561	203
海南省	416	1443	48758	16000	268	50	95
重庆市	6526	14301	61827	108685	640	8636	24
四川省	11194	23653	225432	252419	420	90164	294
贵州省	3434	8794	111262	262616	2793	175943	111
云南省	7929	7939	88034	141965	739	25960	281
西藏自治区	875	512	10532	53143	184	13039	6
陕西省	2881	8056	120514	180235	1268	85976	128
甘肃省	1573	4074	62696	82803	833	37367	128
青海省	880	494	12686	24045		322	2
宁夏回族自治区	683	725	26530	16209	558	6337	7
新疆维吾尔自治区	3969	7857	78688	129814	1476	72027	999

2-63-7

单位:万元

地区	对个人和家庭的补助						
	抚恤金	生活补助	救济费	医疗费	助学金	奖励金	生产补贴
地方合计	**113976**	**254724**	**4302**	**142981**	**1413461**	**74618**	**1659**
北京市	2428	933	14	5997	25492	206	1
天津市	1547	1261	16	4141	14237	4544	
河北省	3306	8071	59	1756	67894	2674	17
山西省	1578	7069	77	1243	31286	1974	17
内蒙古自治区	1514	8997	103	868	42314	1345	126
辽宁省	4254	10025	557	2588	45184	3779	6
其中:大连市	109	3093	73	136	955	119	
吉林省	2993	4722	61	821	36426	857	
黑龙江省	3267	9517	178	1649	35541	2118	87
上海市	7094	765	7	1617	51522	9	
江苏省	17087	17281	165	18049	82385	3121	41
浙江省	3304	10397	855	16503	88743	4059	18
其中:宁波市	193	855	297	1119	9419	170	13
安徽省	3135	7300	72	3657	43581	2344	6
福建省	3181	5203	46	2989	38507	2006	32
其中:厦门市	93	200	5	244	2134	61	
江西省	2628	6095	132	7572	55963	948	255
山东省	4078	14693	390	14712	71573	3593	688
其中:青岛市	195	3450	5	141	2702	116	37
河南省	4589	22261	148	4220	102674	2573	54
湖北省	4371	6660	125	13054	37924	3109	53
湖南省	9872	10649	157	11231	53106	1962	47
广东省	5185	20107	203	11777	74619	14865	53
其中:深圳市	104	301	22	49	7465	3601	
广西壮族自治区	3821	5393	9	1301	36382	1452	10
海南省	735	1945	30	82	6634	304	6
重庆市	4911	9294	16	3399	54049	1323	5
四川省	7006	13604	171	2113	93512	4513	24
贵州省	3214	9819	35	581	20491	1815	52
云南省	1743	16322	116	1092	62122	5838	10
西藏自治区	234	1089	1	700	32581	11	2
陕西省	2097	10225	516	6463	42035	1990	11
甘肃省	1379	7137	11	685	21999	419	3
青海省	143	683	1	461	21560	69	
宁夏回族自治区	479	1544	8	398	3863	112	3
新疆维吾尔自治区	2803	5663	23	1262	19262	686	32

2－63－8

单位:万元

地区	对个人和家庭的补助				对企事业单位的补贴		
	住房公积金	提租补贴	购房补贴	其他对个人和家庭的补助支出	小计	企业政策性补贴	事业单位补贴
地方合计	**700408**	**109700**	**368946**	**485364**	**259704**	**4882**	**145956**
北京市	45849	16501	11299	8341	472		342
天津市	44404	1737	8785	6130	10007		7
河北省	10673	281	63	6774	37269		24
山西省	14447	297	307	6278	2029		
内蒙古自治区	4615	18	1007	17820	5394		3
辽宁省	16830	25474	2242	5728	230		230
其中:大连市	46	501	33	279	211		211
吉林省	5419	501	110	2817	16181	4482	942
黑龙江省	11338	2109	310	9383	191		191
上海市	9199	223	23796	19487	115285		115110
江苏省	55145	12639	13115	38894	2452		2081
浙江省	132900	4269	38187	39548	3344	2	1018
其中:宁波市	5285	174	532	9773	578		
安徽省	18171	633	1357	23044	7904		503
福建省	46441	21002	2449	9384	2106		1048
其中:厦门市	10050	7352	25	808	52		
江西省	10597	152	177	20614	1104		
山东省	66450	13016	199276	43381	17653		17436
其中:青岛市	17670	6912	11302	8107	275		185
河南省	7955	383	3955	35105	13806	352	1179
湖北省	20137	1055	1706	19388	4120		3096
湖南省	16662	118	3232	15306	151		140
广东省	61801	7971	23546	46521	6447		1277
其中:深圳市		6821	13740	2026	110		
广西壮族自治区	12647	118	756	9333	1001		353
海南省	1349	153	57	4292	810		9
重庆市	4057	101	1155	21075	1571		478
四川省	12769	75	491	27263	4579	16	106
贵州省	8051	252	27026	12433	796	30	96
云南省	13597	89	1702	12354	878		172
西藏自治区	2421			2875	205		
陕西省	22932	254	486	5854	30		30
甘肃省	5985	275	86	6496	125		50
青海省	65		1	738	297		
宁夏回族自治区	949	3	5	1943	1430		
新疆维吾尔自治区	16553	1	2262	6765	1837		35

2－63－9

单位:万元

地　　区	对企事业单位的补贴		赠　与			债务利息支出	
	财政贴息	其他对企事业单位的补贴支出	小　计	对国内的赠　与	对国外的赠　与	小　计	国库券付　息
地方合计	**28339**	**80527**	**366**	**327**	**39**	**1374**	
北京市		130					
天津市		10000					
河北省	217	37028	41	41			
山西省	6	2023					
内蒙古自治区	5388	3					
辽宁省							
其中:大连市							
吉林省		10757					
黑龙江省							
上海市		175					
江苏省		371	26	26			
浙江省	775	1549	67	67		350	
其中:宁波市	262	316					
安徽省	3284	4117	58	58		263	
福建省	1006	52					
其中:厦门市		52					
江西省	1077	27					
山东省	213	4	2	2		40	
其中:青岛市		90	2	2			
河南省	9438	2837					
湖北省	121	903	5	5			
湖南省		11	18	18		6	
广东省	2117	3053	7	6	1		
其中:深圳市		110					
广西壮族自治区	648		3	3			
海南省		801					
重庆市	893	200	38		38		
四川省	1267	3190				265	
贵州省	606	64				435	
云南省	706		101	101		10	
西藏自治区	205						
陕西省							
甘肃省	75						
青海省	297						
宁夏回族自治区		1430				5	
新疆维吾尔自治区		1802					

2－63－10

单位:万元

地　　区	债务利息支出					基本建设支出	
	向国家银行借款付息	其他国内借款付息	向国外政府借款付息	向国际组织借款付息	其他国外借款付息	小　计	房屋建筑物购建
地　方　合　计	**770**	**559**	**5**	**40**		**1724090**	**1210897**
北京市						132257	94846
天津市						2820	820
河北省						39031	27035
山西省						10410	7612
内蒙古自治区						43677	33297
辽宁省						102075	86355
其中:大连市						8213	1736
吉林省						11904	8135
黑龙江省						26714	25696
上海市						33525	14303
江苏省						86686	74255
浙江省		350				206866	182138
其中:宁波市						13650	11665
安徽省	200	63				40048	14596
福建省						36307	11441
其中:厦门市						19384	2590
江西省						56538	48111
山东省				40		37542	17372
其中:青岛市						4442	1383
河南省						56826	39403
湖北省						45861	23165
湖南省	6					30660	17275
广东省						262755	184788
其中:深圳市							
广西壮族自治区						35939	27591
海南省						14714	8331
重庆市						56645	42416
四川省	129	136				54416	39296
贵州省	435					20481	12827
云南省		10				41577	28974
西藏自治区						8962	8690
陕西省						105506	36678
甘肃省						18111	9349
青海省						6721	3157
宁夏回族自治区			5			37173	29481
新疆维吾尔自治区						61343	53464

2-63-11 单位:万元

地　　区	基本建设支出							
	办公设备购　置	专用设备购　置	交通工具购　置	基础设施建　设	大型修缮	信息网络购　建	物资储备	其他基本建设支出
地方合计	**12363**	**36346**	**947**	**162256**	**51940**	**23227**	**188**	**225926**
北京市	72	204	14	4900	1652	48		30521
天津市				2000				
河北省	436	3328	28	4324	1758	144		1978
山西省		304		2064	15	5		410
内蒙古自治区	261	1240	5	3457	1319	137		3961
辽宁省	193	347		9249	166			5765
其中:大连市				6477				
吉林省	2	112		400	1350	1805		100
黑龙江省	51	103		751	100	10		3
上海市	61	213	72	285	5	43		18543
江苏省	927	1344		1572	2747	51		5790
浙江省	954	3335	130	10473	1875	694	188	7079
其中:宁波市	28	48		1545	106	2		256
安徽省	920	132		11812	1205	6287		5096
福建省	260	1859		3063	1413	271		18000
其中:厦门市				2031	13			14750
江西省	462	2144	1	1033	1538	61		3188
山东省	763	390	8	14099	3642	120		1148
其中:青岛市	9	255		1781	1010	4		
河南省	1729	1686	131	8377	1681	929		2890
湖北省	810	2772	15	2376	2347	539		13837
湖南省	855	3347	155	2517	2162	167		4182
广东省	941	7326	93	12820	9299	354		47134
其中:深圳市								
广西壮族自治区	180	475	95	4309	1421	228		1640
海南省	91	882		397	3740	30		1243
重庆市	51	90	28	3016	799	8896		1349
四川省	348	382		8334	2444	176		3436
贵州省	465	216	27	610	1108	141		5087
云南省	435	148	26	5031	2549	206		4208
西藏自治区				25	42			205
陕西省	239	2740	51	34904	2021	561		28312
甘肃省	31	16		4462	587	3		3663
青海省	109	100	22	1276	193			1864
宁夏回族自治区	199	760		2497	286			3950
新疆维吾尔自治区	518	351	46	1823	2476	1321		1344

2－63－12

单位:万元

地　　区	其他资本性支出						
	小　计	房屋建筑物购　　建	办公设备购　　置	专用设备购　　置	交通工具购　　置	基础设施建　　设	大型修缮
地　方　合　计	**8497394**	**3283537**	**591187**	**1539464**	**67477**	**461395**	**632538**
北京市	284095	20987	24855	134632	3793	13925	35046
天津市	131433	45525	8483	37195	1675	3856	12627
河北省	339715	162203	23318	60416	2492	37589	24011
山西省	143359	18401	15104	31079	1956	10835	32658
内蒙古自治区	144783	52482	16038	19986	1880	14426	13760
辽宁省	234781	53593	21461	51728	2052	14181	25132
其中:大连市	33448	12204	1794	8624	86	5922	4129
吉林省	144834	60178	12137	25421	2276	6807	28071
黑龙江省	174043	71443	11003	35549	955	7491	17170
上海市	334832	71199	23861	108711	3381	6810	25147
江苏省	927719	410125	42873	114137	3552	43161	35076
浙江省	566368	227919	42866	111395	5715	27718	21690
其中:宁波市	50121	24290	5749	8370	365	1682	2188
安徽省	271866	98312	20859	43805	1170	15459	15529
福建省	272170	112451	21486	56345	1736	8058	19054
其中:厦门市	21564	1278	2600	4369	263	99	2386
江西省	231221	117036	11148	34488	1551	4197	13877
山东省	439852	116452	36577	92793	3102	40676	55340
其中:青岛市	33245	8157	2990	4365	175	768	12958
河南省	383368	164605	37856	73964	3471	25038	28892
湖北省	195933	50226	16316	39523	1751	18330	29958
湖南省	278043	121840	14751	49250	1825	15838	26933
广东省	1412878	735866	67322	157540	7946	34032	46607
其中:深圳市	55036	1135	9758	20042	2814	1244	6333
广西壮族自治区	207815	70020	13738	31903	1398	24782	12960
海南省	38593	14633	3438	5219	692	1427	1048
重庆市	184401	73988	17435	28982	1121	13491	15312
四川省	398457	151145	18918	45802	2271	16740	33127
贵州省	111499	31188	10835	14031	1418	14359	4179
云南省	185517	60945	14374	48016	3285	14699	7484
西藏自治区	12438	4610	1183	1120	296	423	2741
陕西省	209271	65883	13720	47206	1899	9956	31335
甘肃省	93853	46610	8838	8876	963	9270	4625
青海省	26386	8623	5303	3571	388	2955	1197
宁夏回族自治区	45479	22687	4358	8897	313	1049	1398
新疆维吾尔自治区	72392	22362	10733	17884	1154	3817	10554

2-63-13 单位:万元

地　区	其他资本性支出						
	信息网络购建	物资储备	土地补偿	安置补助	地上附着物和青苗补偿	拆迁补偿	其他资本性支出
地方合计	**184668**	**761**	**34796**	**4066**	**2337**	**14523**	**1680645**
北京市	27145	5		1		25	23681
天津市	1615						20457
河北省	5440	8	1077		16	4	23141
山西省	10682		779			7	21858
内蒙古自治区	2718	12	1353			101	22027
辽宁省	3209	17	9547			556	53305
其中:大连市	538	2					149
吉林省	4882	2	126	98	3	50	4783
黑龙江省	2554	1	137	6		13	27721
上海市	5018			1			90704
江苏省	7877	17	1590	959	342	2452	265558
浙江省	8509	3	524			36	119993
其中:宁波市	1274					1	6202
安徽省	6165	2	511		51	17	69986
福建省	6963	11	2354	145	26	647	42894
其中:厦门市	952		24				9593
江西省	1152	10	1947	3	1	24	45787
山东省	6702	5	970		4	2	87229
其中:青岛市	825	5	500		1		2501
河南省	11911		2102	49	351	23	35106
湖北省	5159		1495	90	70	1104	31911
湖南省	10147	147	891	651	41	3914	31815
广东省	15677	5	4576	1709	1080	2541	337977
其中:深圳市	1128						12582
广西壮族自治区	1498	11	75	12	103	6	51309
海南省	1647	2			57	1	10429
重庆市	2136		807		1	109	31019
四川省	12014	78	621	5	104	252	117380
贵州省	1686		718	144	66	110	32765
云南省	12684	4	688	1	11		23326
西藏自治区	277		300				1488
陕西省	5406	367	358	175	4	304	32658
甘肃省	2087	50	1225	17	6	210	11076
青海省	312	3					4034
宁夏回族自治区	629					2010	4138
新疆维吾尔自治区	767	1	25			5	5090

二、地方财政预算收支情况

2－63－14

单位:万元

地　　区	贷款转贷及产权参股					其他支出		
	小　计	国内贷款	国外贷款	产权参股	其他贷款转贷及产权参股支出	小　计	补充全国社会保障基金	其他支出
地　方　合　计	**6245**	**2705**			**3540**	**946285**		**946285**
北京市						143318		143318
天津市						2000		2000
河北省	122	122				61054		61054
山西省						193		193
内蒙古自治区	250	250				10443		10443
辽宁省						3771		3771
其中:大连市								
吉林省						6939		6939
黑龙江省						1014		1014
上海市						765		765
江苏省						70841		70841
浙江省	151	151				165934		165934
其中:宁波市						6026		6026
安徽省						10034		10034
福建省	3540				3540	7399		7399
其中:厦门市	320				320	1743		1743
江西省						16271		16271
山东省						6218		6218
其中:青岛市						6041		6041
河南省	392	392				41507		41507
湖北省						20886		20886
湖南省						26041		26041
广东省	476	476				128947		128947
其中:深圳市	177	177				45845		45845
广西壮族自治区						10664		10664
海南省	318	318				3561		3561
重庆市						8950		8950
四川省	10	10				33823		33823
贵州省	791	791				38735		38735
云南省	195	195				4685		4685
西藏自治区						1227		1227
陕西省						91914		91914
甘肃省						2693		2693
青海省						645		645
宁夏回族自治区						12729		12729
新疆维吾尔自治区						13084		13084

2007 年各省、自治区、直辖市职业教育支出明细表

2－64－1　　　　　　　　　　　　　　　　　　　　　　　　单位:万元

地　区	合　计	工资福利支出				
		小　计	基本工资	津贴补贴	奖　金	社会保障缴费
地方合计	**10413854**	**3736179**	**1468166**	**1032029**	**432697**	**188974**
北京市	430209	129774	43286	45084	12452	4089
天津市	192898	71730	28987	23090	7687	3204
河北省	372236	155606	76843	29009	7047	6237
山西省	289056	110901	49470	31917	7282	5320
内蒙古自治区	208008	79732	38356	27263	3337	1597
辽宁省	343925	118234	55710	41567	4700	6399
其中:大连市	51567	20112	8032	7149	866	3233
吉林省	166425	68504	34123	20060	1454	1858
黑龙江省	258548	83067	44545	25172	4240	2449
上海市	268063	126232	42959	19042	42067	9450
江苏省	1148060	363554	108039	104795	73239	22484
浙江省	704769	288854	65501	60922	89445	27589
其中:宁波市	127796	57358	9413	10043	20810	9594
安徽省	317552	111513	51559	29498	6180	3725
福建省	314128	115888	40682	33565	7485	5057
其中:厦门市	26058	10164	2095	2379	800	476
江西省	276950	82118	36080	20203	3877	2697
山东省	757864	292938	122570	93842	15825	28496
其中:青岛市	93170	46200	14156	17804	1936	9689
河南省	508589	179625	94009	50251	9247	4843
湖北省	441017	147793	64288	37127	15500	7226
湖南省	455563	152652	69093	35892	10049	10520
广东省	972559	366492	88519	121778	53509	15284
其中:深圳市	123730	55935	7588	24415	11342	1687
广西壮族自治区	290643	98509	35833	25624	12213	2636
海南省	65388	21861	10092	4971	1669	626
重庆市	213172	60817	26657	13690	7077	1227
四川省	364920	134875	66600	21434	12831	5042
贵州省	133545	50832	23395	17320	3347	898
云南省	232429	85134	36722	28781	3260	2544
西藏自治区	19992	6761	2342	3928	239	86
陕西省	320143	96590	50407	20531	10479	2457
甘肃省	148427	61572	28315	22920	2406	988
青海省	30338	13509	5370	6143	597	49
宁夏回族自治区	46900	16483	6818	6139	846	364
新疆维吾尔自治区	121538	44029	20996	10471	3111	3533

2－64－2　　单位:万元

地　　区	工资福利支出				商品和服务支出		
	伙食费	伙　食补助费	绩效工资	其他工资福利支出	小　计	办公费	印刷费
地　方　合　计	**3953**	**31311**	**80524**	**498525**	**2835914**	**197050**	**31587**
北京市	201	1318	7802	15542	127123	5437	478
天津市	356	1189	1817	5400	43439	4728	244
河北省	493	5710	1167	29100	105235	9822	1449
山西省	187	1389	987	14349	85588	5709	1192
内蒙古自治区	424	100	326	8329	50909	4175	659
辽宁省	126	417	2909	6406	103285	8610	1169
其中:大连市	13	92	388	339	19545	2633	257
吉林省		263	5768	4978	43185	5527	526
黑龙江省	83	870	1154	4554	72941	12872	606
上海市	139	1115	352	11108	82070	2508	441
江苏省	273	5826	6862	42036	253407	12485	2334
浙江省	210	3393	2563	39231	172589	9269	1471
其中:宁波市	98	773		6627	28006	2309	221
安徽省	140	1252	623	18536	89405	7525	1295
福建省	63	257	7811	20968	85588	4489	968
其中:厦门市		137	1005	3272	6097	212	56
江西省	11	388	1831	17031	69996	2583	876
山东省	122	1592	4723	25768	197091	18242	2755
其中:青岛市	4	271	189	2151	18878	2193	231
河南省	19	487	3280	17489	156396	17392	2178
湖北省	335	839	3361	19117	133880	7103	1591
湖南省	111	805	9652	16530	128466	7029	1781
广东省	403	1114	3230	82655	290897	15481	3307
其中:深圳市	5	287	903	9708	35987	1455	235
广西壮族自治区		92	932	21179	75935	4025	617
海南省	2	110	143	4248	17263	980	165
重庆市		480	1587	10099	47540	2853	870
四川省	34	396	4195	24343	98922	5965	1164
贵州省	47	270	126	5429	39471	2839	341
云南省	16	250	1986	11575	73812	4725	554
西藏自治区			7	159	2474	124	36
陕西省	35	499	3777	8405	89692	8024	1699
甘肃省	33	377	723	5810	43858	3554	442
青海省	3	102	385	860	8630	816	51
宁夏回族自治区	28	51		2237	12419	785	89
新疆维吾尔自治区	59	360	445	5054	34408	1374	239

2－64－3

单位:万元

地区	商品和服务支出						
	咨询费	手续费	水费	电费	邮电费	取暖费	物业管理费
地方合计	**3777**	**4259**	**87594**	**165200**	**47451**	**119468**	**52098**
北京市	116	55	2244	5948	1161	9841	1362
天津市	43	510	1841	3236	743	5015	1215
河北省	71	138	3606	6938	1609	13670	883
山西省	175	139	2315	5632	1557	10026	1302
内蒙古自治区	6	8	1158	2093	1023	7140	252
辽宁省	154	68	2745	5935	1494	15030	1802
其中:大连市	119	9	479	1026	273	2607	209
吉林省	30	26	1279	2442	686	8697	148
黑龙江省	322	33	1389	3658	1008	12998	706
上海市	228	126	1691	4862	1249	142	2180
江苏省	324	548	11057	14984	4129	754	9107
浙江省	57	47	4014	7814	3284		4309
其中:宁波市	16	10	653	1207	439		1011
安徽省	172	44	3067	5534	1659	232	1523
福建省	38	36	2812	5003	1609		1177
其中:厦门市			191	323	58		90
江西省	235	74	2614	5187	1371	231	1326
山东省	218	208	5815	12661	3409	15046	5582
其中:青岛市	23	3	395	1214	296	1607	247
河南省	205	343	5300	9462	2078	3192	1555
湖北省	225	486	5189	8851	1980	519	1142
湖南省	196	722	5265	9110	2012	564	3340
广东省	278	245	7570	18254	5620	147	7558
其中:深圳市	21	3	943	2604	854	43	2515
广西壮族自治区	68	64	2764	4308	1366		824
海南省	19	7	453	1013	236		259
重庆市	145	37	1785	2574	876	1	431
四川省	167	49	2890	5169	2158	274	2087
贵州省	44	16	961	1665	713	158	401
云南省	77	11	2091	2424	1202	2	543
西藏自治区		2	52	196	55	20	6
陕西省	79	67	3016	5562	1615	5507	518
甘肃省	10	97	1187	2411	631	4218	332
青海省	2	8	202	429	254	885	21
宁夏回族自治区		6	253	559	136	894	66
新疆维吾尔自治区	73	39	969	1286	528	4265	141

2－64－4

单位：万元

地　　区	商品和服务支出					
	交通费	差旅费	出国费	维修(护)费	租赁费	会议费
地　方　合　计	**101774**	**86702**	**7143**	**333665**	**67523**	**27813**
北京市	3938	1768	733	25196	5209	1233
天津市	2151	795	203	6120	1371	597
河北省	4759	3524	133	13105	2229	962
山西省	3841	2860	112	14090	2356	675
内蒙古自治区	2058	2492	40	8706	589	239
辽宁省	5376	2796	230	13468	1257	719
其中:大连市	1026	667	51	2505	191	234
吉林省	2283	1804	104	6848	170	404
黑龙江省	2716	2644	43	7843	1514	297
上海市	2220	1102	553	18628	1007	703
江苏省	7654	6337	1064	20224	6123	2486
浙江省	5204	5264	849	17950	2450	2227
其中:宁波市	656	1362	85	3557	206	568
安徽省	2621	2648	73	9787	1245	670
福建省	2679	3113	209	11885	2052	644
其中:厦门市	158	329	24	1036	66	2
江西省	2608	4148	72	4932	1177	389
山东省	9876	5685	338	21301	11433	2886
其中:青岛市	851	656	74	2092	401	162
河南省	5265	4993	154	16503	3145	1651
湖北省	3641	4245	155	11409	2247	1123
湖南省	4508	4188	232	10269	2670	1437
广东省	9392	7522	816	29853	9351	3541
其中:深圳市	1493	1318	318	3517	879	541
广西壮族自治区	2371	2347	234	9263	944	246
海南省	569	539	12	1987	536	87
重庆市	1884	2100	351	7191	697	1150
四川省	3250	3271	93	12605	2534	1326
贵州省	1684	1044	30	3951	346	241
云南省	2531	2424	159	7430	456	580
西藏自治区	178	127		434	9	1
陕西省	2985	2956	70	8845	3164	850
甘肃省	1343	1583	30	6917	998	236
青海省	349	299	7	1032	3	23
宁夏回族自治区	463	516	33	1755	59	114
新疆维吾尔自治区	1377	1568	11	4138	182	76

2-64-5　　　　单位:万元

地　　区	商品和服务支出						
	培训费	招待费	专用材料费	被装购置费	专用燃料费	劳务费	委托业务费
地方合计	**91145**	**86250**	**149572**	**9325**	**5684**	**152763**	**23540**
北京市	2453	1427	3419	116	173	5224	4481
天津市	904	954	2382	55	5	2654	118
河北省	3358	2254	5850	212	280	3557	1088
山西省	2593	2719	3592	220	196	2958	377
内蒙古自治区	2123	1179	2278	300	44	1621	4
辽宁省	7510	2196	8414	1	193	4444	375
其中:大连市	1530	406	3085			1168	156
吉林省	1312	759	2662		825	2074	467
黑龙江省	1950	908	4048	929	28	4922	114
上海市	1542	1831	4829		482	3762	71
江苏省	8477	9867	13584	88	111	19414	1813
浙江省	5687	7336	6793	6	167	11303	605
其中:宁波市	846	1683	683		19	1911	19
安徽省	4211	3126	3557	203	152	4150	673
福建省	2316	2523	4329	367	111	4466	1085
其中:厦门市	132	63	377			228	
江西省	1755	2509	2237	258	83	3903	1399
山东省	6412	5879	13663	466	309	11446	1117
其中:青岛市	641	537	1553	32	11	767	2
河南省	5191	4469	8529	1222	613	7959	1019
湖北省	3885	5034	5203	772	434	4460	1596
湖南省	3930	6147	7792	116	202	6045	410
广东省	7366	8066	24838	1065	395	14912	2722
其中:深圳市	547	507	1857	88	13	3119	650
广西壮族自治区	2029	3019	3495	38	80	4655	515
海南省	552	669	792	1077	18	258	63
重庆市	2151	1586	2187	40	28	4420	874
四川省	3439	3165	3717	279	232	4905	475
贵州省	1084	1459	1331	67	34	1841	124
云南省	2705	2826	2814	104	22	4280	376
西藏自治区	156	153	76	64		3	
陕西省	2169	1979	3550	355	316	8908	289
甘肃省	961	1049	1623	654	89	1202	688
青海省	616	176	372	128	7	143	
宁夏回族自治区	469	312	259	96	6	675	254
新疆维吾尔自治区	1839	674	1357	27	49	2199	348

2-64-6　　　　单位:万元

地　　区	商品和服务支出			对个人和家庭的补助			
	工会经费	福利费	其他商品和服务支出	小　计	离休费	退休费	退职(役)费
地　方　合　计	**36821**	**77247**	**870463**	**1357882**	**26692**	**328110**	**662**
北京市	1757	1307	42047	44186	1778	14222	14
天津市	722	1128	5705	40360	1705	24877	16
河北省	1191	1958	22589	48627	701	8402	1
山西省	1164	2765	17023	40487	739	6130	1
内蒙古自治区	353	1160	11209	19900	59	1635	
辽宁省	1589	1480	16230	36616	918	11254	27
其中:大连市	277	579	58	3552			
吉林省	360	307	3445	28916	1509	16799	24
黑龙江省	637	810	9946	49683	2224	26196	61
上海市	1221	2254	28438	15657	855	4104	14
江苏省	3965	8847	87631	161037	4649	58358	64
浙江省	4199	8027	64257	74812	1233	16115	38
其中:宁波市	722	1419	8404	6853	44	1100	2
安徽省	1051	3205	30982	42963	383	5729	35
福建省	1427	6065	26185	46630	257	3803	32
其中:厦门市	212	157	2383	4422	1	47	2
江西省	753	1657	27619	47171	564	7034	5
山东省	1876	3045	37423	107857	1331	9631	88
其中:青岛市	304	277	4309	13222	114	690	6
河南省	1825	4031	48122	66059	945	8337	3
湖北省	1426	4144	57020	56956	1514	21615	5
湖南省	1771	4724	44006	61800	1699	19109	13
广东省	2854	6341	103403	58053	466	7581	49
其中:深圳市	108	1141	11218	5675		114	1
广西壮族自治区	1098	2678	28887	51445	922	17746	9
海南省	148	73	6751	7424	21		4
重庆市	584	1297	11428	33899	9	268	21
四川省	1390	2213	36105	63661	118	4188	39
贵州省	429	1432	17236	26608	857	11526	
云南省	987	1701	32788	34460	126	4938	65
西藏自治区	76	4	702	2319		673	
陕西省	919	1871	24379	42116	306	5484	11
甘肃省	346	1083	12174	15973	232	2475	12
青海省	134	49	2624	3130		274	2
宁夏回族自治区	78	236	4306	5809	227	2185	9
新疆维吾尔自治区	491	1355	9803	23268	345	7422	

2 – 64 – 7

单位:万元

地区	对个人和家庭的补助						
	抚恤金	生活补助	救济费	医疗费	助学金	奖励金	生产补贴
地方合计	**10715**	**29407**	**1094**	**22923**	**688089**	**15878**	**819**
北京市	343	102	1	1436	13815	77	
天津市	306	147	8	948	3741	292	
河北省	240	1345	321	422	30577	602	4
山西省	166	1410	12	287	26619	356	
内蒙古自治区	299	645	8	39	15678	157	
辽宁省	387	1626	10	516	14941	363	
其中:大连市	43	129		57	3145	2	
吉林省	228	512	27	215	7577	151	
黑龙江省	326	545	14	121	17822	227	
上海市	782	84		415	5754	79	
江苏省	1638	1393	24	2919	72020	715	47
浙江省	255	464	22	1438	30679	625	
其中:宁波市	27	94	2	42	4326	9	
安徽省	326	1133	208	639	25616	332	
福建省	287	418	6	118	33776	190	
其中:厦门市	9	7		24	2835	3	
江西省	218	1494	12	923	32783	228	
山东省	433	3681	180	2115	40637	1182	160
其中:青岛市	15	2616		12	2359	19	
河南省	344	1203	69	495	45995	1461	590
湖北省	478	593	19	2450	21888	799	2
湖南省	966	1296	48	1607	28544	1640	15
广东省	348	1411	32	3318	21735	2321	1
其中:深圳市	2	19		22	3466	202	
广西壮族自治区	198	655	4	129	26000	274	
海南省	53	76	2	28	5378	127	
重庆市	472	438	1	542	27918	485	
四川省	507	1836	2	229	49714	1529	
贵州省	186	317	5	126	9148	152	
云南省	130	563		143	25385	326	
西藏自治区	2	2		4	1421		
陕西省	215	5070	27	1053	24196	824	
甘肃省	66	673	13	88	10550	153	
青海省	48	24		102	2561	2	
宁夏回族自治区	115	127	4	11	2731	10	
新疆维吾尔自治区	353	124	15	47	12890	199	

2-64-8

单位:万元

地区	对个人和家庭的补助				对企事业单位的补贴		
	住房公积金	提租补贴	购房补贴	其他对个人和家庭的补助支出	小计	企业政策性补贴	事业单位补贴
地方合计	**105508**	**13902**	**45460**	**68623**	**19467**	**3089**	**3978**
北京市	7739	2232	1212	1215			
天津市	7057	164	353	746			
河北省	2416	41	159	3396	588		
山西省	3289	61	36	1381	4497		68
内蒙古自治区	421	2	73	884	342		
辽宁省	2305	3191	300	778			
其中:大连市	47	20	101	8			
吉林省	1369	80	3	422	700		
黑龙江省	1366	365	40	376	666		524
上海市	969	4	1371	1226	125		
江苏省	8045	2258	2737	6170	1754		637
浙江省	16379	211	3458	3895	391		15
其中:宁波市	269	24	131	783	216		
安徽省	4304	169	135	3954	408		392
福建省	4298	1801	110	1534	1247		1227
其中:厦门市	796	486		212	372		372
江西省	2242		1	1667			
山东省	10656	2262	28475	7026	819		200
其中:青岛市	2376	521	3707	787	319		
河南省	1312	133	669	4503	112		
湖北省	3746	96	405	3346	184		122
湖南省	3833	12	31	2987	512		9
广东省	11213	649	2414	6515	3840	3089	371
其中:深圳市		545	637	667			
广西壮族自治区	2092	108	325	2983	340		219
海南省	442	14		1279	1987		
重庆市	850		402	2493	341		25
四川省	1575		57	3867	93		2
贵州省	1291	39	2181	780	154		
云南省	751	6	256	1771			
西藏自治区				217			
陕西省	3670		115	1145	62		62
甘肃省	477	4	4	1226	200		
青海省	3			114			
宁夏回族自治区	194		16	180	105		105
新疆维吾尔自治区	1204		122	547			

2－64－9

单位:万元

地　　区	对企事业单位的补贴		赠　与			债务利息支出	
	财政贴息	其他对企事业单位的补贴支出	小　计	对国内的赠　与	对国外的赠　与	小　计	国库券付　息
地　方　合　计	**5497**	**6903**	**64**	**64**			
北京市							
天津市							
河北省	308	280					
山西省	75	4354					
内蒙古自治区	342						
辽宁省							
其中:大连市							
吉林省		700					
黑龙江省		142					
上海市	125						
江苏省		1117	10	10			
浙江省	331	45	12	12			
其中:宁波市	216						
安徽省	16						
福建省		20	6	6			
其中:厦门市							
江西省							
山东省	619						
其中:青岛市	319						
河南省	112						
湖北省	62						
湖南省	500	3	1	1			
广东省	338	42	35	35			
其中:深圳市							
广西壮族自治区	121						
海南省	1987						
重庆市	116	200					
四川省	91						
贵州省	154						
云南省							
西藏自治区							
陕西省							
甘肃省	200						
青海省							
宁夏回族自治区							
新疆维吾尔自治区							

2-64-10

单位:万元

地　　区	债务利息支出					基本建设支出	
	向国家银行借款付息	其他国内借款付息	向国外政府借款付息	向国际组织借款付息	其他国外借款付息	小　计	房屋建筑物购　建
地方合计						**487837**	**335885**
北京市						4805	4118
天津市						1524	1277
河北省						10685	5615
山西省						8470	3692
内蒙古自治区						22877	18847
辽宁省						11843	8347
其中:大连市						2975	800
吉林省						1315	695
黑龙江省						12828	11243
上海市						6107	761
江苏省						94176	68564
浙江省						37564	22895
其中:宁波市						2187	197
安徽省						3498	2530
福建省						12923	9649
其中:厦门市						1987	1715
江西省						5427	4220
山东省						27172	19936
其中:青岛市						3583	2323
河南省						23251	17162
湖北省						19888	13952
湖南省						12125	9680
广东省						61431	38143
其中:深圳市							
广西壮族自治区						9159	3757
海南省						1877	1679
重庆市						29308	17726
四川省						10372	8676
贵州省						3430	2457
云南省						5674	3482
西藏自治区						8103	8103
陕西省						26192	16773
甘肃省						3152	2737
青海省						900	100
宁夏回族自治区						3378	3043
新疆维吾尔自治区						8383	6026

2－64－11 单位:万元

地区	基本建设支出							
	办公设备购置	专用设备购置	交通工具购置	基础设施建设	大型修缮	信息网络购建	物资储备	其他基本建设支出
地方合计	**9086**	**13445**	**817**	**49917**	**10735**	**576**	**60**	**67316**
北京市	3	16		5	138			525
天津市	3	244						
河北省	1519	757		1386	56			1352
山西省		70	17	3096	40	64		1491
内蒙古自治区	1	59		501	283			3186
辽宁省	51	699	45	2125	151			425
其中:大连市	11	659		1455	50			
吉林省	20	20		290	30			260
黑龙江省	7	289	4	1253	32			
上海市	4308	247			640	5		146
江苏省	332	1460	77	10676	2572			10495
浙江省	294	1955	32	2316	272			9800
其中:宁波市				1400				590
安徽省	351	239	48		150			180
福建省	229	1361	59	483	23	24		1095
其中:厦门市				240				32
江西省	152	25		380	50			600
山东省	93	469	175	2307	912	40		3240
其中:青岛市		21						1239
河南省	243	304	34	2941	495	20		2052
湖北省	74	155		1812	581	23		3291
湖南省	67	573	22	632	125	6		1020
广东省	526	1375	146	12047	3552	260		5382
其中:深圳市								
广西壮族自治区	63	740	19	2801	15		60	1704
海南省	32	1		12		19		134
重庆市	40	67	34	389	17			11035
四川省	21	325		600	53			697
贵州省	143	221	20		15	71		503
云南省	41	311		1525	31			284
西藏自治区								
陕西省	229	328		629	21			8212
甘肃省	105			310				
青海省	44	205		311	121	34		85
宁夏回族自治区				335				
新疆维吾尔自治区	95	930	85	755	360	10		122

二、地方财政预算收支情况

2－64－12　　　　单位:万元

地　　区	其他资本性支出						
	小　计	房屋建筑物购　　建	办公设备购　　置	专用设备购　　置	交通工具购　　置	基础设施建　　设	大型修缮
地　方　合　计	**1799907**	**643767**	**114669**	**453666**	**31289**	**94691**	**88563**
北京市	94510	5680	7768	48142	2553	3282	5588
天津市	34247	13308	1883	6101	554	3706	2178
河北省	48521	17385	3574	15405	1313	2099	4636
山西省	38809	7007	4438	10313	1042	3496	6270
内蒙古自治区	33572	11480	2320	8579	881	4061	1157
辽宁省	72643	37541	2016	16271	1078	3468	3418
其中:大连市	5383	40	265	2499	262	1041	893
吉林省	23770	7731	3030	4713	566	642	3188
黑龙江省	37735	19039	2112	9822	529	1191	1395
上海市	35250	8466	4025	15494	832	213	2885
江苏省	260776	95454	14280	50684	2079	15551	5460
浙江省	111043	55382	8042	32525	959	2637	1693
其中:宁波市	29323	17753	1868	6608	242	836	223
安徽省	67772	34026	3132	8521	731	4623	1911
福建省	47767	17594	3425	14029	1029	1574	2449
其中:厦门市	2943		142	2403	41		117
江西省	70939	28150	1793	8644	592	2430	1778
山东省	131081	43389	7284	26414	2281	8204	8624
其中:青岛市	9957	4328	703	3386	172	42	519
河南省	74036	27507	6007	16434	1559	2290	3751
湖北省	73072	28760	3905	15469	1041	4036	4647
湖南省	90460	45467	2972	19838	1081	2536	1929
广东省	167493	37275	14696	58503	3632	7450	10455
其中:深圳市	23349	672	3952	14830	778	391	1954
广西壮族自治区	45931	19824	2127	10057	1097	2069	3090
海南省	13466	5383	813	2749	188	3002	487
重庆市	40628	16029	1450	10109	694	1807	739
四川省	53636	16402	2070	13458	1253	782	2572
贵州省	11706	3581	968	3020	615	1028	602
云南省	32972	14531	2696	4977	686	1824	1210
西藏自治区	152		18	133			
陕西省	46548	14121	3832	11515	957	7220	3061
甘肃省	22697	8722	2339	5622	652	2556	1228
青海省	3925	1194	296	1447	143		331
宁夏回族自治区	4688	447	684	2301	171	101	25
新疆维吾尔自治区	10062	2892	674	2377	501	813	1806

2-64-13 单位:万元

地区	其他资本性支出						
	信息网络购建	物资储备	土地补偿	安置补助	地上附着物和青苗补偿	拆迁补偿	其他资本性支出
地方合计	**26913**	**1037**	**52493**	**426**	**1637**	**3639**	**287117**
北京市	2952						18545
天津市	1544		2865				2108
河北省	574	22	1578		350		1585
山西省	2628	400			2		3213
内蒙古自治区	165		1913				3016
辽宁省	1584		5187				2080
其中:大连市	383						
吉林省	620	2					3278
黑龙江省	44		40	12		140	3411
上海市	131						3204
江苏省	1651	20	11241	60	121	617	63558
浙江省	1420		89	36			8260
其中:宁波市	126						1667
安徽省	398	1	698			1463	12268
福建省	902		509				6256
其中:厦门市	40						200
江西省	1263		1352		5		24932
山东省	1299	128	2266		85		31107
其中:青岛市	44						763
河南省	604		8757		417		6710
湖北省	3068	1	1769		10	400	9966
湖南省	584	204	9737	38	24	512	5538
广东省	1954	256	2765	250	2	233	30022
其中:深圳市	85						687
广西壮族自治区	758		121	30		51	6707
海南省	244	1					599
重庆市	253						9547
四川省	598		650		614	179	15058
贵州省	98		392		7	10	1385
云南省	904		507				5637
西藏自治区	1						
陕西省	356	2	27			3	5454
甘肃省	201						1377
青海省	8						506
宁夏回族自治区	58		30				871
新疆维吾尔自治区	49					31	919

2－64－14

单位:万元

地　　区	贷款转贷及产权参股					其他支出		
	小　计	国内贷款	国外贷款	产权参股	其他贷款转贷及产权参股支出	小　计	补充全国社会保障基金	其他支出
地方合计	**6824**	**6381**			**443**	**169780**		**169780**
北京市						29811		29811
天津市						1598		1598
河北省						2974		2974
山西省						304		304
内蒙古自治区						676		676
辽宁省						1304		1304
其中:大连市								
吉林省						35		35
黑龙江省	363	363				1265		1265
上海市						2622		2622
江苏省	150				150	13196		13196
浙江省	714	714				18790		18790
其中:宁波市						3853		3853
安徽省						1993		1993
福建省	248				248	3831		3831
其中:厦门市						73		73
江西省						1299		1299
山东省						906		906
其中:青岛市						1011		1011
河南省	2124	2124				6986		6986
湖北省						9244		9244
湖南省						9547		9547
广东省						24318		24318
其中:深圳市						2784		2784
广西壮族自治区	2180	2180				7144		7144
海南省	45				45	1465		1465
重庆市						639		639
四川省	1000	1000				2361		2361
贵州省						1344		1344
云南省						377		377
西藏自治区						183		183
陕西省						18943		18943
甘肃省						975		975
青海省						244		244
宁夏回族自治区						4018		4018
新疆维吾尔自治区						1388		1388

2007 年各省、自治区、直辖市成人教育支出明细表

2－65－1

单位:万元

地　　区	合　计	工资福利支出				
		小　计	基本工资	津贴补贴	奖　金	社会保障缴　费
地　方　合　计	**441994**	**167598**	**60784**	**42255**	**23482**	**8117**
北京市	42427	17469	4546	8457	1079	414
天津市	12480	5660	2140	1428	391	106
河北省	6592	2878	1579	762	100	94
山西省	6776	913	558	212	50	35
内蒙古自治区	3202	1576	788	527	29	32
辽宁省	3753	1219	698	206	65	183
其中:大连市	3040	978	539	169	60	157
吉林省	19509	6314	3607	1411	381	188
黑龙江省	8815	3635	1742	948	161	31
上海市	55046	21713	5806	3030	7433	1373
江苏省	40796	9148	2532	1495	1420	402
浙江省	44649	18154	4297	3765	5173	2134
其中:宁波市	15312	5863	1102	1029	1783	1018
安徽省	3694	1031	494	206	81	99
福建省	7745	2646	1233	550	128	145
其中:厦门市	521	194	37	45	32	6
江西省	7134	2295	813	1165	109	28
山东省	14413	5904	2839	1696	222	1007
其中:青岛市	2325	1413	562	491	23	303
河南省	12640	6179	3949	1326	186	111
湖北省	9176	4276	2758	414	690	79
湖南省	12952	3968	1917	1076	264	155
广东省	48732	20434	6008	5758	2914	673
其中:深圳市	12577	4606	603	1232	589	135
广西壮族自治区	18106	8249	1202	1009	560	80
海南省	83	49	35	8	5	1
重庆市	3265	1245	658	157	121	8
四川省	14456	7294	4212	1163	651	212
贵州省	8611	3300	1227	1579	225	32
云南省	2291	651	330	192	46	31
西藏自治区	419					
陕西省	17810	5435	2746	1744	112	178
甘肃省	2768	438	183	185	30	17
青海省	3622	1820	670	762	316	
宁夏回族自治区	464	192	62	90	7	
新疆维吾尔自治区	9568	3513	1155	934	533	269

2－65－2

单位:万元

地　　区	工资福利支出				商品和服务支出		
	伙食费	伙　食 补助费	绩效 工资	其他工资 福利支出	小　计	办公费	印刷费
地　方　合　计	**1493**	**1243**	**2110**	**28114**	**170224**	**14238**	**3249**
北京市	27	176	294	2476	16724	689	52
天津市	22	91	87	1395	3763	930	16
河北省	3	104		236	2925	497	48
山西省	2	4	1	51	4784	97	10
内蒙古自治区				200	1362	82	13
辽宁省		3	9	55	2363	406	85
其中:大连市		2		51	1991	336	13
吉林省		4	250	473	6984	689	986
黑龙江省	1	47	584	121	3108	486	59
上海市	10	189		3872	15575	510	73
江苏省	10	195	5	3089	15537	815	266
浙江省	9	131	35	2610	17786	992	98
其中:宁波市	6	51	3	871	7968	469	48
安徽省	2	1	33	115	2181	120	23
福建省		4	342	244	4257	490	262
其中:厦门市		4	23	47	159	4	
江西省			5	175	2031	64	35
山东省			12	128	4827	289	40
其中:青岛市				34	715	25	6
河南省		56	10	541	4312	728	140
湖北省				335	3037	843	24
湖南省		5	95	456	6255	274	63
广东省	1407	69	124	3481	20871	1795	325
其中:深圳市	3	63	39	1942	5826	297	31
广西壮族自治区			66	5332	6319	334	31
海南省					34	1	
重庆市		2		299	1828	155	57
四川省		27	94	935	5249	373	81
贵州省		44		193	2879	185	56
云南省			1	51	1238	452	1
西藏自治区							
陕西省		5	32	618	8510	1575	86
甘肃省			9	14	1501	54	219
青海省		32	11	29	1327	76	59
宁夏回族自治区				33	142	14	1
新疆维吾尔自治区		54	11	557	2515	223	40

2－65－3

单位:万元

地　　区	商品和服务支出						
	咨询费	手续费	水　费	电　费	邮电费	取暖费	物　业 管理费
地　方　合　计	**62**	**124**	**2671**	**6118**	**2999**	**3835**	**1335**
北京市		8	165	646	201	1090	143
天津市	2	2	60	142	60	214	50
河北省		4	32	77	59	123	15
山西省			6	12	14	29	17
内蒙古自治区			89	26	17	119	2
辽宁省			28	64	27	210	17
其中:大连市			27	61	23	165	17
吉林省		2	154	253	242	834	19
黑龙江省		2	47	96	44	463	19
上海市		4	148	535	262		160
江苏省		9	353	632	228	5	61
浙江省	1	20	176	417	352		52
其中:宁波市	1		43	105	96		11
安徽省	5		32	66	38	3	3
福建省	3	1	80	102	96		1
其中:厦门市				2	3		
江西省	1	5	63	101	84		92
山东省	1	1	130	178	67	184	22
其中:青岛市			5	24	6	4	1
河南省	10	1	101	197	68	37	2
湖北省		2	36	80	37	4	3
湖南省	4	1	55	288	78	21	4
广东省	20	16	334	1212	344		232
其中:深圳市	2	7	55	314	65		93
广西壮族自治区			92	271	117		53
海南省							
重庆市	5	7	23	79	104		5
四川省		1	123	219	162	7	43
贵州省	4	18	18	49	67	24	123
云南省			16	6	19		6
西藏自治区							
陕西省	5		271	271	99	250	90
甘肃省		18	4	30	34	20	60
青海省	1		8	8	13	26	36
宁夏回族自治区			1	10	2	22	
新疆维吾尔自治区		2	26	51	64	150	5

2－65－4　　　　单位:万元

地　　区	商品和服务支出					
	交通费	差旅费	出国费	维修(护)费	租赁费	会议费
地　方　合　计	**4223**	**4291**	**405**	**13478**	**2821**	**2907**
北京市	583	134	43	2831	83	333
天津市	78	32	14	297	4	59
河北省	99	105		211	154	69
山西省	38	18		83	17	49
内蒙古自治区	44	44		500		
辽宁省	80	46	4	32		43
其中:大连市	68	35	4	20		33
吉林省	270	262	17	313	17	320
黑龙江省	113	221		422	27	10
上海市	310	210	18	1358	103	55
江苏省	259	229	37	1615	307	341
浙江省	264	404	48	946	129	428
其中:宁波市	73	151	15	340	36	222
安徽省	50	63		58	14	15
福建省	83	177	3	197	15	103
其中:厦门市	7	3		1		
江西省	78	73	21	112	92	18
山东省	175	95		324	30	69
其中:青岛市	13	7		26	14	3
河南省	153	180		494	39	100
湖北省	53	74		93	3	15
湖南省	91	119		218	17	55
广东省	525	676	54	1672	443	286
其中:深圳市	211	139	17	274	212	48
广西壮族自治区	126	335	45	337	119	48
海南省	3					
重庆市	64	71		102	102	42
四川省	201	167	9	428	39	122
贵州省	99	91	49	61	68	72
云南省	18	37		118		4
西藏自治区						
陕西省	145	142	33	419	935	116
甘肃省	36	46		39		111
青海省	43	101	4	82	6	4
宁夏回族自治区	10	10		4		4
新疆维吾尔自治区	132	129	6	112	58	16

2 - 65 - 5

单位:万元

地区	商品和服务支出						
	培训费	招待费	专用材料费	被装购置费	专用燃料费	劳务费	委托业务费
地方合计	**7960**	**5448**	**6785**	**240**	**98**	**17021**	**3204**
北京市	542	274	180		11	2227	68
天津市	66	42	47	33		338	
河北省	396	74	49		1	129	159
山西省	181	43				101	2
内蒙古自治区	45	18	29		1	226	
辽宁省	43	61	196			803	
其中:大连市	13	58	185			759	
吉林省	208	62	70		2	1195	
黑龙江省	59	80	7	27		251	547
上海市	395	530	24		3	801	6
江苏省	811	503	177	3	2	1728	272
浙江省	2329	992	288	49	2	1952	29
其中:宁波市	1733	409	117	49	2	703	
安徽省	19	75	18			226	2
福建省	55	174	27			425	1184
其中:厦门市	2	2	1			9	
江西省	32	99	13			279	88
山东省	162	138	996		1	1013	
其中:青岛市	22	17	26			3	
河南省	330	132	213			198	61
湖北省	132	133	21		1	127	16
湖南省	151	279	105	1		197	
广东省	625	708	1509	1	56	1991	271
其中:深圳市	88	186	135		42	432	16
广西壮族自治区	185	362	56		18	662	
海南省	17						
重庆市	153	63	71	10		107	35
四川省	322	177	20	11		383	5
贵州省	112	124	22			344	
云南省	253	45	2			18	
西藏自治区							
陕西省	123	136	2230	104		450	84
甘肃省	27	15	18			516	45
青海省	44	39	44			189	326
宁夏回族自治区	16	2	11			9	
新疆维吾尔自治区	127	68	342	1		136	4

2－65－6

单位:万元

地　　区	商品和服务支出			对个人和家庭的补助			
	工会经费	福利费	其他商品和服务支出	小　计	离休费	退休费	退职(役)费
地　方　合　计	**1563**	**3175**	**61974**	**36021**	**2097**	**17069**	**134**
北京市	216	180	6025	4175	381	1888	13
天津市	20	42	1215	2775	133	1941	
河北省	9	43	572	264	6	54	
山西省		33	4034	152		80	
内蒙古自治区	11	24	72	84	1	12	
辽宁省	22	164	32	157		75	
其中:大连市	22	152		68			
吉林省	93	22	954	4384	797	2659	8
黑龙江省	30	46	52	1593	104	1206	1
上海市	133	314	9623	1918	65	1129	
江苏省	156	297	6431	2514	66	1378	1
浙江省	197	600	7021	2722	48	951	
其中:宁波市	99	234	3012	457		146	
安徽省	6	36	1309	134	4	45	
福建省	9	83	687	274		102	
其中:厦门市	2	2	121	30		5	
江西省	55	33	593	581	34	190	
山东省	23	51	838	1984		30	
其中:青岛市		2	511	184		1	
河南省	41	87	1000	1103	26	479	
湖北省	17	74	1249	1211	42	900	
湖南省	35	97	4102	979	81	585	
广东省	205	650	6921	2197		142	109
其中:深圳市	36	131	2995	282		8	
广西壮族自治区	94	10	3024	1601	127	834	2
海南省			13				
重庆市	14	16	543	126		21	
四川省	49	93	2214	589		271	
贵州省	29	17	1247	1850	110	1023	
云南省	8	8	227	48			
西藏自治区				3			
陕西省	26	54	866	897	50	274	
甘肃省	4	10	195	60		10	
青海省	26	2	190	332			
宁夏回族自治区	3	20	3	126	7	109	
新疆维吾尔自治区	32	69	722	1188	15	681	

2－65－7

单位:万元

地　　区	对个人和家庭的补助						
	抚恤金	生活补助	救济费	医疗费	助学金	奖励金	生产补贴
地　方　合　计	**504**	**588**	**13**	**895**	**4115**	**1001**	**12**
北京市	53	9		182		2	
天津市	24	2		49		189	
河北省	4	10		6	108	10	
山西省		11			40		
内蒙古自治区	2	6			36	1	
辽宁省	5	63			5	3	
其中:大连市	2	61			5		
吉林省	50	23		9	210	230	
黑龙江省	14	24			156	1	
上海市	118	5		5	88		
江苏省	13	52		31	446	13	
浙江省	10	19	6	144	307	10	1
其中:宁波市		2		16	90		
安徽省		16		8	2		
福建省	3	3			9		
其中:厦门市	1						
江西省	13	33	3	32	124		
山东省	11	27		22	752	157	11
其中:青岛市		1			87		
河南省	16	22	1		494	20	
湖北省	16	33	3	9	2		
湖南省	29	4		42	10	3	
广东省	31	23		251	112	74	
其中:深圳市	1	2		4	51	53	
广西壮族自治区	7	3			265	1	
海南省							
重庆市	3	4		2	69	14	
四川省	21	16		6	148	36	
贵州省	9	5		10	115	145	
云南省	9	1			19	1	
西藏自治区							
陕西省	2	50		35	370		
甘肃省	4	2		3	28		
青海省		116		1	139	40	
宁夏回族自治区	9	1					
新疆维吾尔自治区	28	5		48	61	51	

2－65－8

单位:万元

地　　区	对个人和家庭的补助				对企事业单位的补贴		
	住房公积金	提租补贴	购房补贴	其他对个人和家庭的补助支出	小　计	企业政策性补　　贴	事业单位补　　贴
地　方　合　计	**4260**	**578**	**1362**	**3393**	**449**		**322**
北京市	838	299	136	374	10		10
天津市	382	11	2	42			
河北省	14			52			
山西省	12			9			
内蒙古自治区				26			
辽宁省	5	1					
其中:大连市							
吉林省	104	4		290			
黑龙江省	62	13		12			
上海市	201		78	229	27		
江苏省	170	79	126	139	117		117
浙江省	809	25	68	324	1		1
其中:宁波市	75	3	3	122			
安徽省	52	4		3			
福建省	89	21	7	40			
其中:厦门市	21	3					
江西省	126			26			
山东省	199	104	489	182			
其中:青岛市	32	61		2			
河南省	25		15	5			
湖北省	128	4	11	63			
湖南省	212			13			
广东省	407		126	922	11		
其中:深圳市			96	67			
广西壮族自治区	173		1	188			
海南省							
重庆市				13			
四川省	29		3	59	89		
贵州省	2	11	273	147			
云南省	8			10			
西藏自治区				3			
陕西省	82			34	194		194
甘肃省	12			1			
青海省		2	22	12			
宁夏回族自治区							
新疆维吾尔自治区	119		5	175			

2－65－9 单位:万元

地 区	对企事业单位的补贴		赠 与			债务利息支出	
	财政贴息	其他对企事业单位的补贴支出	小 计	对国内的赠与	对国外的赠与	小 计	国库券付息
地方合计	**89**	**38**	**1**	**1**			
北京市							
天津市							
河北省							
山西省							
内蒙古自治区							
辽宁省							
其中:大连市							
吉林省							
黑龙江省							
上海市		27					
江苏省							
浙江省							
其中:宁波市							
安徽省							
福建省							
其中:厦门市							
江西省							
山东省							
其中:青岛市							
河南省							
湖北省							
湖南省							
广东省		11	1	1			
其中:深圳市							
广西壮族自治区							
海南省							
重庆市							
四川省	89						
贵州省							
云南省							
西藏自治区							
陕西省							
甘肃省							
青海省							
宁夏回族自治区							
新疆维吾尔自治区							

2－65－10

单位:万元

地　　区	债务利息支出					基本建设支出	
	向国家银行借款付息	其他国内借款付息	向国外政府借款付息	向国际组织借款付息	其他国外借款付息	小　计	房屋建筑物购建
地方合计						**18561**	**4103**
北京市						1	
天津市							
河北省							
山西省						571	571
内蒙古自治区						160	160
辽宁省							
其中:大连市							
吉林省							
黑龙江省							
上海市						10136	
江苏省						3701	123
浙江省						73	22
其中:宁波市						22	22
安徽省						80	
福建省						16	16
其中:厦门市							
江西省						10	10
山东省							
其中:青岛市							
河南省						480	480
湖北省							
湖南省						20	20
广东省						166	76
其中:深圳市							
广西壮族自治区						5	
海南省							
重庆市							
四川省						647	230
贵州省							
云南省						57	5
西藏自治区							
陕西省						1811	1789
甘肃省						5	5
青海省							
宁夏回族自治区							
新疆维吾尔自治区						622	596

2－65－11　　单位:万元

地　　区	基本建设支出							
	办公设备购　置	专用设备购　置	交通工具购　置	基础设施建　设	大型修缮	信息网络购　建	物资储备	其他基本建设支出
地 方 合 计	**114**	**114**	**46**	**3610**	**93**	**81**		**10400**
北京市						1		
天津市								
河北省								
山西省								
内蒙古自治区								
辽宁省								
其中:大连市								
吉林省								
黑龙江省								
上海市	19	52	8		57			10000
江苏省	28	20		3530				
浙江省	1			50				
其中:宁波市								
安徽省						80		
福建省								
其中:厦门市								
江西省								
山东省								
其中:青岛市								
河南省								
湖北省								
湖南省								
广东省	12	42			36			
其中:深圳市								
广西壮族自治区	5							
海南省								
重庆市								
四川省			17					400
贵州省								
云南省	22			30				
西藏自治区								
陕西省	1		21					
甘肃省								
青海省								
宁夏回族自治区								
新疆维吾尔自治区	26							

2－65－12

单位:万元

地　　区	其他资本性支出						
	小　计	房屋建筑物购　　建	办公设备购　　置	专用设备购　　置	交通工具购　　置	基础设施建　　设	大型修缮
地　方　合　计	**39721**	**14839**	**5517**	**7117**	**1579**	**1756**	**3984**
北京市	2961	51	640	684	174	149	498
天津市	282	14	71	124	24	36	
河北省	321	88	49	103	73		
山西省	49		19		10	20	
内蒙古自治区	20		7	13			
辽宁省	14		4	10			
其中:大连市	3		3				
吉林省	1827	15	846	58	282	291	39
黑龙江省	479		91	38			192
上海市	4168	1698	566	1203	180		305
江苏省	8280	5412	524	538	94	15	1120
浙江省	4818	3124	506	473	121	29	254
其中:宁波市	649	62	243	193	18	17	61
安徽省	186		34	93			44
福建省	496	3	178	79	29	4	40
其中:厦门市	138				17		5
江西省	2181	1733	145	208	48		10
山东省	1682	141	66	904	28	7	250
其中:青岛市	13		4				9
河南省	562	152	98	160	37	25	53
湖北省	325	1	24	85	13	99	20
湖南省	1621	886	130	472		43	27
广东省	4668	1220	767	834	65	34	1013
其中:深圳市	1518	114	327	309	65		435
广西壮族自治区	1122	107	205	447	82	3	
海南省							
重庆市	49	13	17	8	10		
四川省	510	49	153	68	69	40	51
贵州省	398		75	4	29	204	
云南省	297	28	53	41	7	7	16
西藏自治区							
陕西省	916	16	75	240	143	89	42
甘肃省	764		8	10	20	661	
青海省	102		61	34	6		
宁夏回族自治区							
新疆维吾尔自治区	623	88	105	186	35		10

2－65－13

单位:万元

地　区	其他资本性支出						
	信息网络购建	物资储备	土地补偿	安置补助	地上附着物和青苗补偿	拆迁补偿	其他资本性支出
地方合计	**1534**	**20**	**2**	**189**			**3184**
北京市	338		2				425
天津市	11						2
河北省	1						7
山西省							
内蒙古自治区							
辽宁省							
其中:大连市							
吉林省	150			125			21
黑龙江省	70			64			24
上海市	80						136
江苏省	15	18					544
浙江省	28	2					281
其中:宁波市	16	2					37
安徽省	15						
福建省	93						70
其中:厦门市	85						31
江西省							37
山东省	201						85
其中:青岛市							
河南省	26						11
湖北省							83
湖南省	14						49
广东省	116						619
其中:深圳市	1						267
广西壮族自治区	1						277
海南省							
重庆市							1
四川省	7						73
贵州省	68						18
云南省							145
西藏自治区							
陕西省	250						61
甘肃省	50						15
青海省							1
宁夏回族自治区							
新疆维吾尔自治区							199

二、地方财政预算收支情况

2－65－14

单位:万元

地　　区	贷款转贷及产权参股					其他支出		
	小　计	国内贷款	国外贷款	产权参股	其他贷款转贷及产权参股支出	小　计	补充全国社会保障基金	其他支出
地　方　合　计	**58**	**37**			**21**	**9361**		**9361**
北京市						1087		1087
天津市								
河北省						204		204
山西省	37	37				270		270
内蒙古自治区								
辽宁省								
其中:大连市								
吉林省								
黑龙江省								
上海市						1509		1509
江苏省						1499		1499
浙江省						1095		1095
其中:宁波市						353		353
安徽省						82		82
福建省	21				21	35		35
其中:厦门市								
江西省						36		36
山东省						16		16
其中:青岛市								
河南省						4		4
湖北省						327		327
湖南省						109		109
广东省						384		384
其中:深圳市						345		345
广西壮族自治区						810		810
海南省								
重庆市						17		17
四川省						78		78
贵州省						184		184
云南省								
西藏自治区						416		416
陕西省						47		47
甘肃省								
青海省						41		41
宁夏回族自治区						4		4
新疆维吾尔自治区						1107		1107

2007 年各省、自治区、直辖市广播电视教育支出明细表

2-66-1 单位:万元

地区	合计	工资福利支出				
		小计	基本工资	津贴补贴	奖金	社会保障缴费
地方合计	**459198**	**151437**	**49213**	**43398**	**20387**	**7852**
北京市	10540	2879	550	601	292	60
天津市	7195	2454	608	623	889	71
河北省	19274	8274	3683	1511	257	400
山西省	10605	4237	1528	1513	237	380
内蒙古自治区	7345	2898	1320	1126	151	47
辽宁省	24151	7687	2747	2710	771	349
其中:大连市	4297	1418	429	638	72	185
吉林省	7512	3642	1980	971	44	40
黑龙江省	10524	3796	1831	1604	143	152
上海市	28230	8415	2267	1437	2480	736
江苏省	54098	19684	5537	5521	4052	1067
浙江省	48470	17869	3349	3848	5610	1437
其中:宁波市	8024	3339	466	502	1542	588
安徽省	13667	3701	1500	823	151	230
福建省	13628	4166	1083	1981	140	80
其中:厦门市	75	19	7	8	2	1
江西省	6614	1433	568	346	65	31
山东省	21611	7548	2672	2711	358	615
其中:青岛市	5138	2504	894	877	48	491
河南省	17236	4001	1940	1227	314	71
湖北省	11148	3681	1669	857	182	190
湖南省	16231	4233	1406	850	273	224
广东省	68548	19694	5211	6868	2379	976
其中:深圳市	6198	1665	247	864	263	158
广西壮族自治区	2493	1002	399	294	199	15
海南省	1045	619	263	163	87	13
重庆市	10240	2816	755	1163	318	76
四川省	8879	3719	1312	443	462	156
贵州省	3952	1226	470	324	41	41
云南省	6879	2914	877	1209	176	118
西藏自治区						
陕西省	12573	3361	1507	764	110	68
甘肃省	9511	2881	1046	929	62	75
青海省	1103	500	160	301		
宁夏回族自治区	531	270	130	91	15	4
新疆维吾尔自治区	5365	1837	845	589	129	130

二、地方财政预算收支情况

2－66－2 单位:万元

地　　区	工资福利支出				商品和服务支出		
	伙食费	伙　食 补助费	绩效 工资	其他工资 福利支出	小　计	办公费	印刷费
地　方　合　计	**38**	**1539**	**3355**	**25655**	**193048**	**13242**	**2665**
北京市		62	898	416	4028	129	7
天津市		66		197	2922	211	534
河北省	1	278		2144	8495	929	152
山西省	2	50	2	525	3321	181	58
内蒙古自治区		6	3	245	3748	129	76
辽宁省	3	28	395	684	11972	1122	235
其中:大连市	3	21		70	2801	432	30
吉林省		15	213	379	2361	364	38
黑龙江省	1	4	1	60	5100	831	83
上海市		147		1348	15488	233	92
江苏省		183	192	3132	17381	1184	138
浙江省	7	266	387	2965	18394	656	146
其中:宁波市	7	36		198	3241	128	3
安徽省		23	35	939	4827	379	84
福建省			92	790	5470	173	69
其中:厦门市			1		1	1	
江西省		13	10	400	4043	108	15
山东省		2	98	1092	8030	854	40
其中:青岛市		1	12	181	807	46	12
河南省	9			440	7966	1352	109
湖北省	14	21	180	568	3917	201	43
湖南省		25	87	1368	8421	248	97
广东省		260	255	3745	32856	1780	333
其中:深圳市		124		9	4061	54	9
广西壮族自治区				95	794	30	2
海南省				93	344	23	6
重庆市		13		491	3482	783	40
四川省			174	1172	3247	223	61
贵州省		5		345	2019	144	6
云南省			209	325	3618	75	48
西藏自治区							
陕西省			69	843	4648	197	75
甘肃省	1	41	21	706	2933	448	52
青海省		9	23	7	508	12	2
宁夏回族自治区				30	173	2	
新疆维吾尔自治区		22	11	111	2542	241	24

2－66－3　　　　单位:万元

地　区	商品和服务支出						
	咨询费	手续费	水　费	电　费	邮电费	取暖费	物　业管理费
地　方　合　计	**130**	**193**	**2639**	**6535**	**4413**	**3830**	**1664**
北京市			17	107	34	173	84
天津市		1	22	98	87	130	50
河北省	1	1	166	542	225	705	59
山西省		19	27	115	127	220	4
内蒙古自治区			34	87	116	217	11
辽宁省	3	7	75	321	345	761	37
其中:大连市			10	60	100	127	3
吉林省		1	15	70	57	310	2
黑龙江省		1	44	127	56	290	10
上海市	15	1	50	590	213		366
江苏省	72	20	579	838	383		84
浙江省	5	2	246	466	597		309
其中:宁波市			20	74	55		26
安徽省	3	1	56	200	118	9	22
福建省	1	2	50	164	145		
其中:厦门市							
江西省	1	1	29	73	58	14	18
山东省	1	78	195	258	142	388	103
其中:青岛市			8	56	32	38	1
河南省			190	326	216	56	46
湖北省	1	3	78	125	82	4	12
湖南省	12	23	81	226	146	11	28
广东省	4	16	302	991	566		221
其中:深圳市	1		14	151	44		24
广西壮族自治区			13	29	37		
海南省		1	4	19	26		3
重庆市	1		85	184	69		21
四川省	1	3	61	114	149	3	32
贵州省			14	24	42	5	
云南省	6		58	68	108		112
西藏自治区							
陕西省	2	9	92	227	121	143	5
甘肃省			29	84	77	189	16
青海省			3	15	28	37	4
宁夏回族自治区				1	1	8	
新疆维吾尔自治区	1	3	24	46	42	157	5

2－66－4

单位:万元

地　　区	商品和服务支出					
	交通费	差旅费	出国费	维修(护)费	租赁费	会议费
地　方　合　计	**5496**	**5652**	**825**	**12319**	**3332**	**2779**
北京市	90	29	46	39	180	6
天津市	109	104	18	271	5	140
河北省	428	375	9	609	521	175
山西省	203	145	10	148	81	142
内蒙古自治区	134	150	12	131	2	43
辽宁省	411	391	19	866	206	134
其中:大连市	74	68		101	3	33
吉林省	112	134	9	250	9	73
黑龙江省	178	179		348	5	23
上海市	169	155	379	2208	45	250
江苏省	462	282	41	1079	606	175
浙江省	350	481	88	934	518	322
其中:宁波市	47	128	31	57		68
安徽省	129	164	12	226	21	35
福建省	168	227	40	231	149	60
其中:厦门市						
江西省	87	129	14	416	32	51
山东省	315	203	11	370	192	68
其中:青岛市	40	52		53	3	12
河南省	302	167	8	355	54	91
湖北省	139	158		262	113	58
湖南省	266	366	1	291	80	128
广东省	753	775	82	1912	181	478
其中:深圳市	104	51	6	134		13
广西壮族自治区	36	21		15		2
海南省	18	20	6	7	12	2
重庆市	82	141		150	6	24
四川省	128	114		207	12	92
贵州省	51	62	5	83	8	4
云南省	126	285	1	451	155	33
西藏自治区						
陕西省	71	161	7	218	130	45
甘肃省	108	99	5	136	9	108
青海省	13	18		6		
宁夏回族自治区	3	11		2		10
新疆维吾尔自治区	55	106	2	98		7

2－66－5 单位:万元

地　　区	商品和服务支出						
	培训费	招待费	专用材料费	被装购置费	专用燃料费	劳务费	委托业务费
地方合计	**3775**	**6396**	**7155**	**202**	**186**	**19866**	**5559**
北京市	29	48	22			107	9
天津市	141	110	130			271	
河北省	146	181	270	25	7	805	238
山西省	55	158	121	8		81	790
内蒙古自治区	68	63	83			259	502
辽宁省	154	244	220		25	1939	23
其中:大连市	17	51	22		2	1365	2
吉林省	37	47	78		7	203	
黑龙江省	39	47	104		1	192	112
上海市	124	418	358		20	514	32
江苏省	477	872	276	10	13	2324	431
浙江省	392	809	169		3	3419	28
其中:宁波市	54	173	2			552	
安徽省	189	238	30	12		591	227
福建省	150	171	141	35	7	646	1072
其中:厦门市							
江西省	220	125	60		4	627	5
山东省	80	147	22			310	
其中:青岛市	35	33	4			133	
河南省	99	165	114		8	1322	538
湖北省	235	196	445	2	76	134	127
湖南省	85	565	211	3	7	669	89
广东省	600	956	3627	15		2931	332
其中:深圳市	65	60	2201			876	
广西壮族自治区	4	34	8			35	
海南省	2	22				20	
重庆市	85	110	14			595	
四川省	59	153	22			620	65
贵州省	16	128	6			185	
云南省	54	133	301			281	528
西藏自治区							
陕西省	150	123	100	54		125	328
甘肃省	61	78	7	13	8	310	58
青海省		7	2				
宁夏回族自治区		5	67			3	
新疆维吾尔自治区	24	43	147	25		348	25

2－66－6

单位:万元

地　　区	商品和服务支出			对个人和家庭的补助			
	工会经费	福利费	其他商品和服务支出	小　计	离休费	退休费	退职(役)费
地 方 合 计	**1902**	**3490**	**78803**	**31617**	**1125**	**14458**	**6**
北京市	39	8	2825	720	40	407	
天津市	15	30	445	1355	75	630	
河北省	56	91	1779	931	8	264	
山西省	35	74	519	536	22	294	
内蒙古自治区	31	28	1572	251		35	
辽宁省	112	135	4187	1790	87	746	2
其中:大连市	13	8	280	78			
吉林省	127	10	408	1244	99	1018	
黑龙江省	15	18	2397	1158	50	995	2
上海市	57	62	9137	743	33	314	
江苏省	210	497	6328	6761	358	4408	
浙江省	345	635	7474	3234	74	1028	
其中:宁波市	70	86	1667	186	1	46	
安徽省	33	105	1943	532	11	199	
福建省	53	399	1317	598		163	2
其中:厦门市				8			
江西省	30	86	1840	117		25	
山东省	93	134	4026	2039	129	363	
其中:青岛市	18	30	201	603	4	87	
河南省	42	108	2298	683	20	235	
湖北省	26	100	1297	1058	19	445	
湖南省	60	111	4617	638	11	338	
广东省	336	506	15159	3149	42	1165	
其中:深圳市	50	118	86	175		142	
广西壮族自治区	9	7	512	390	12	315	
海南省	7	2	144	60			
重庆市	19	44	1029	335			
四川省	39	75	1014	480	4	79	
贵州省	10	32	1194	357	6	231	
云南省	26	99	670	283			
西藏自治区							
陕西省	21	12	2232	895	4	240	
甘肃省	19	51	968	598	8	200	
青海省	6		355	27			
宁夏回族自治区	12	1	47	27		26	
新疆维吾尔自治区	19	30	1070	628	13	295	

2－66－7 单位:万元

地区	对个人和家庭的补助						
	抚恤金	生活补助	救济费	医疗费	助学金	奖励金	生产补贴
地方合计	**380**	**763**	**18**	**761**	**3820**	**313**	
北京市	22			3		1	
天津市	17	1		149		1	
河北省	20	6		5	407	8	
山西省	3	7		2	41	4	
内蒙古自治区	13	5	3	6	101	3	
辽宁省	16	119		8	382		
其中:大连市		56					
吉林省	4	8			65	3	
黑龙江省	20	26		2	9	8	
上海市	9	9		17	16		
江苏省	87	51		95	293	19	
浙江省	2	33	3	120	334	71	
其中:宁波市					76		
安徽省	15	21	10	20	6	13	
福建省	10	12		5	60	1	
其中:厦门市							
江西省	1	5		8	14		
山东省	10	6		47	371	6	
其中:青岛市				1	212	1	
河南省	2	6			290		
湖北省	3	29		36	339	45	
湖南省	11	12		53	36	11	
广东省	37	84		105	168	69	
其中:深圳市							
广西壮族自治区		2			8	1	
海南省		12			19	1	
重庆市	17	35		15	14		
四川省	8	6		8	160	9	
贵州省	2	2		2	1	3	
云南省	3	49		4	26		
西藏自治区							
陕西省	2	64	1	25	398	32	
甘肃省	14	151		4	53	2	
青海省	5			19	1		
宁夏回族自治区							
新疆维吾尔自治区	27	2	1	3	208	2	

2－66－8　　　　　　　　　　　　　　　　　　　　　　　　单位:万元

地　　区	对个人和家庭的补助				对企事业单位的补贴		
	住房公积金	提租补贴	购房补贴	其他对个人和家庭的补助支出	小计	企业政策性补贴	事业单位补贴
地方合计	**5100**	**508**	**1739**	**2626**	**607**		**443**
北京市	198	35	7	7			
天津市	261	5	200	16			
河北省	102	1		110			
山西省	125	5		33			
内蒙古自治区	5		41	39			
辽宁省	232	191	4	3			
其中:大连市	20	2					
吉林省	44	2		1			
黑龙江省	29	2		15			
上海市	175		135	35			
江苏省	675	198	204	373			
浙江省	1023	23	195	328			
其中:宁波市	15			48			
安徽省	137		4	96			
福建省	240	17		88	151		
其中:厦门市	2	4		2			
江西省	12		1	51			
山东省	278	13	645	171			
其中:青岛市	105	11	128	54			
河南省	112			18			
湖北省	73		28	41			
湖南省	125			41			
广东省	734	11	53	681	456		443
其中:深圳市			32	1			
广西壮族自治区	17			35			
海南省				28			
重庆市	56	5		193			
四川省	73		10	123			
贵州省	26		54	30			
云南省	38		158	5			
西藏自治区							
陕西省	96			33			
甘肃省	157			9			
青海省				2			
宁夏回族自治区				1			
新疆维吾尔自治区	57			20			

2－66－9 单位:万元

地区	对企事业单位的补贴		赠与			债务利息支出	
	财政贴息	其他对企事业单位的补贴支出	小计	对国内的赠与	对国外的赠与	小计	国库券付息
地方合计		**164**	**45**	**45**			
北京市							
天津市							
河北省							
山西省							
内蒙古自治区							
辽宁省							
其中:大连市							
吉林省							
黑龙江省							
上海市							
江苏省							
浙江省							
其中:宁波市							
安徽省							
福建省		151					
其中:厦门市							
江西省							
山东省							
其中:青岛市							
河南省							
湖北省							
湖南省							
广东省		13					
其中:深圳市							
广西壮族自治区							
海南省							
重庆市							
四川省							
贵州省							
云南省							
西藏自治区							
陕西省							
甘肃省			45	45			
青海省							
宁夏回族自治区							
新疆维吾尔自治区							

2-66-10

单位:万元

地 区	债务利息支出					基本建设支出	
	向国家银行借款付息	其他国内借款付息	向国外政府借款付息	向国际组织借款付息	其他国外借款付息	小 计	房屋建筑物购建
地方合计						**12033**	**7026**
北京市							
天津市							
河北省						380	380
山西省							
内蒙古自治区							
辽宁省						910	910
其中:大连市							
吉林省							
黑龙江省							
上海市							
江苏省						539	539
浙江省						2596	2474
其中:宁波市						700	700
安徽省						2721	82
福建省						30	
其中:厦门市							
江西省						60	60
山东省						234	234
其中:青岛市							
河南省							
湖北省						467	
湖南省						233	
广东省						1591	297
其中:深圳市							
广西壮族自治区							
海南省							
重庆市						6	
四川省						216	
贵州省							
云南省							
西藏自治区							
陕西省						2050	2050
甘肃省							
青海省							
宁夏回族自治区							
新疆维吾尔自治区							

2－66－11

单位:万元

地区	基本建设支出							
	办公设备购置	专用设备购置	交通工具购置	基础设施建设	大型修缮	信息网络购建	物资储备	其他基本建设支出
地方合计	**51**	**309**	**23**		**164**	**2537**		**1923**
北京市								
天津市								
河北省								
山西省								
内蒙古自治区								
辽宁省								
其中:大连市								
吉林省								
黑龙江省								
上海市								
江苏省								
浙江省	2							120
其中:宁波市								
安徽省	12	103				2524		
福建省	11	19						
其中:厦门市								
江西省								
山东省								
其中:青岛市								
河南省								
湖北省	5					8		454
湖南省	20	103	23		58	5		24
广东省	1	84			106			1103
其中:深圳市								
广西壮族自治区								
海南省								
重庆市								6
四川省								216
贵州省								
云南省								
西藏自治区								
陕西省								
甘肃省								
青海省								
宁夏回族自治区								
新疆维吾尔自治区								

2-66-12

单位:万元

地区	其他资本性支出						
	小计	房屋建筑物购建	办公设备购置	专用设备购置	交通工具购置	基础设施建设	大型修缮
地方合计	**62319**	**19979**	**5996**	**11395**	**1852**	**5339**	**4829**
北京市	2913	45	1088	18	68		1673
天津市	464		77	97	82	47	122
河北省	1103	248	247	213	138	213	42
山西省	2510	1370	72	227	132		6
内蒙古自治区	448	51	20	95	100		24
辽宁省	1784	99	88	832	34		
其中:大连市							
吉林省	265		41	43	35	25	113
黑龙江省	470	31	59	226	3		8
上海市	3584	365	157	2869	104		
江苏省	8685	4849	391	1210	156	97	304
浙江省	4207	1139	1144	879	153	16	275
其中:宁波市	478	23	222	153	45	9	2
安徽省	804	330	147	107	8		23
福建省	3126	688	163	514	68	1090	137
其中:厦门市	47		3	1			1
江西省	545	49	187	50	23		18
山东省	3760	1066	187	425	38		53
其中:青岛市	1224	1066	50	30			18
河南省	4582	1922	354	1110	36	550	
湖北省	1803	964	68	351	76		131
湖南省	2011	567	49	68	31	2	849
广东省	9246	2778	570	1038	208	223	537
其中:深圳市	83		11	52			
广西壮族自治区	101	20	5	2	2		72
海南省	22		4	14			
重庆市	3431	180	579	2	49	2500	
四川省	1216	720	72	67	22	29	37
贵州省	193		31	28	59	2	1
云南省	64	62	2				
西藏自治区							
陕西省	1565	105	64	670	55	284	213
甘肃省	2935	2097	91	189	148	233	89
青海省	68		8		24		36
宁夏回族自治区	61		17	31			13
新疆维吾尔自治区	353	234	14	20		28	53

2－66－13

单位:万元

地　　区	其他资本性支出						
	信息网络购　建	物资储备	土地补偿	安置补助	地上附着物和青苗补偿	拆迁补偿	其他资本性支　出
地　方　合　计	**1784**		**1**			**160**	**10984**
北京市							21
天津市							39
河北省	1						1
山西省	664						39
内蒙古自治区	146						12
辽宁省	271						460
其中:大连市							
吉林省	1						7
黑龙江省	101						42
上海市							89
江苏省	71						1607
浙江省	35						566
其中:宁波市	3						21
安徽省	27		1			160	1
福建省	25						441
其中:厦门市							42
江西省	17						201
山东省	43						1948
其中:青岛市	40						20
河南省	31						579
湖北省	43						170
湖南省							445
广东省	22						3870
其中:深圳市	15						5
广西壮族自治区							
海南省							4
重庆市	16						105
四川省	51						218
贵州省	47						25
云南省							
西藏自治区							
陕西省	153						21
甘肃省	18						70
青海省							
宁夏回族自治区							
新疆维吾尔自治区	1						3

二、地方财政预算收支情况

2－66－14　　　　单位:万元

地　　区	贷款转贷及产权参股					其他支出		
	小　计	国内贷款	国外贷款	产权参股	其他贷款转贷及产权参股支出	小　计	补充全国社会保障基金	其他支出
地　方　合　计						**8092**		**8092**
北京市								
天津市								
河北省						91		91
山西省						1		1
内蒙古自治区								
辽宁省						8		8
其中:大连市								
吉林省								
黑龙江省								
上海市								
江苏省						1048		1048
浙江省						2170		2170
其中:宁波市						80		80
安徽省						1082		1082
福建省						87		87
其中:厦门市								
江西省						416		416
山东省								
其中:青岛市								
河南省						4		4
湖北省						222		222
湖南省						695		695
广东省						1556		1556
其中:深圳市						214		214
广西壮族自治区						206		206
海南省								
重庆市						170		170
四川省						1		1
贵州省						157		157
云南省								
西藏自治区								
陕西省						54		54
甘肃省						119		119
青海省								
宁夏回族自治区								
新疆维吾尔自治区						5		5

2007年各省、自治区、直辖市留学教育支出明细表

2－67－1 单位:万元

地　　区	合　计	工资福利支出 小　计	基本工资	津贴补贴	奖　金	社会保障缴　费
地 方 合 计	**2986**	**52**	**13**	**4**		**2**
北京市						
天津市						
河北省						
山西省	1041	40	9			
内蒙古自治区						
辽宁省						
其中:大连市						
吉林省						
黑龙江省						
上海市						
江苏省	16					
浙江省						
其中:宁波市						
安徽省						
福建省	41	12	4	4		2
其中:厦门市						
江西省						
山东省	335					
其中:青岛市						
河南省						
湖北省						
湖南省						
广东省						
其中:深圳市						
广西壮族自治区	569					
海南省						
重庆市						
四川省						
贵州省						
云南省	874					
西藏自治区						
陕西省						
甘肃省	100					
青海省						
宁夏回族自治区						
新疆维吾尔自治区	10					

2－67－2

单位:万元

地区	工资福利支出				商品和服务支出		
	伙食费	伙食补助费	绩效工资	其他工资福利支出	小计	办公费	印刷费
地方合计		**1**		**32**	**1626**	**32**	**7**
北京市							
天津市							
河北省							
山西省				31	927	30	7
内蒙古自治区							
辽宁省							
其中:大连市							
吉林省							
黑龙江省							
上海市							
江苏省							
浙江省							
其中:宁波市							
安徽省							
福建省		1		1	8	1	
其中:厦门市							
江西省							
山东省					335		
其中:青岛市							
河南省							
湖北省							
湖南省							
广东省							
其中:深圳市							
广西壮族自治区					55	1	
海南省							
重庆市							
四川省							
贵州省							
云南省					191		
西藏自治区							
陕西省							
甘肃省					100		
青海省							
宁夏回族自治区							
新疆维吾尔自治区					10		

2－67－3　　　　单位:万元

地　　区	商品和服务支出						
	咨询费	手续费	水　费	电　费	邮电费	取暖费	物　业 管理费
地 方 合 计			**4**	**2**	**4**		
北京市							
天津市							
河北省							
山西省			4	2	4		
内蒙古自治区							
辽宁省							
其中:大连市							
吉林省							
黑龙江省							
上海市							
江苏省							
浙江省							
其中:宁波市							
安徽省							
福建省							
其中:厦门市							
江西省							
山东省							
其中:青岛市							
河南省							
湖北省							
湖南省							
广东省							
其中:深圳市							
广西壮族自治区							
海南省							
重庆市							
四川省							
贵州省							
云南省							
西藏自治区							
陕西省							
甘肃省							
青海省							
宁夏回族自治区							
新疆维吾尔自治区							

2－67－4

单位:万元

地区	商品和服务支出					
	交通费	差旅费	出国费	维修(护)费	租赁费	会议费
地方合计	**9**	**182**	**206**	**3**	**3**	**9**
北京市						
天津市						
河北省						
山西省	9	75	114	3		9
内蒙古自治区						
辽宁省						
其中:大连市						
吉林省						
黑龙江省						
上海市						
江苏省						
浙江省						
其中:宁波市						
安徽省						
福建省		1				
其中:厦门市						
江西省						
山东省						
其中:青岛市						
河南省						
湖北省						
湖南省						
广东省						
其中:深圳市						
广西壮族自治区		47				
海南省						
重庆市						
四川省						
贵州省						
云南省		59	92		3	
西藏自治区						
陕西省						
甘肃省						
青海省						
宁夏回族自治区						
新疆维吾尔自治区						

2－67－5

单位:万元

地　　区	商品和服务支出						
	培训费	招待费	专用材料费	被装购置费	专用燃料费	劳务费	委托业务费
地方合计	**45**	**5**	**105**		**3**	**19**	**20**
北京市							
天津市							
河北省							
山西省	13	3	105		3	12	14
内蒙古自治区							
辽宁省							
其中:大连市							
吉林省							
黑龙江省							
上海市							
江苏省							
浙江省							
其中:宁波市							
安徽省							
福建省		2					
其中:厦门市							
江西省							
山东省	8						
其中:青岛市							
河南省							
湖北省							
湖南省							
广东省							
其中:深圳市							
广西壮族自治区							
海南省							
重庆市							
四川省							
贵州省							
云南省	24					7	6
西藏自治区							
陕西省							
甘肃省							
青海省							
宁夏回族自治区							
新疆维吾尔自治区							

2－67－6

单位:万元

地　　区	商品和服务支出			对个人和家庭的补助			
	工会经费	福利费	其他商品和服务支出	小　计	离休费	退休费	退职(役)费
地　方　合　计			**968**	**1198**			
北京市							
天津市							
河北省							
山西省			520				
内蒙古自治区							
辽宁省							
其中:大连市							
吉林省							
黑龙江省							
上海市							
江苏省							
浙江省							
其中:宁波市							
安徽省							
福建省			4	1			
其中:厦门市							
江西省							
山东省			327				
其中:青岛市							
河南省							
湖北省							
湖南省							
广东省							
其中:深圳市							
广西壮族自治区			7	514			
海南省							
重庆市							
四川省							
贵州省							
云南省				683			
西藏自治区							
陕西省							
甘肃省			100				
青海省							
宁夏回族自治区							
新疆维吾尔自治区			10				

2－67－7

单位:万元

地　　区	对个人和家庭的补助						
	抚恤金	生活补助	救济费	医疗费	助学金	奖励金	生产补贴
地 方 合 计					**1191**	**6**	
北京市							
天津市							
河北省							
山西省							
内蒙古自治区							
辽宁省							
其中:大连市							
吉林省							
黑龙江省							
上海市							
江苏省							
浙江省							
其中:宁波市							
安徽省							
福建省							
其中:厦门市							
江西省							
山东省							
其中:青岛市							
河南省							
湖北省							
湖南省							
广东省							
其中:深圳市							
广西壮族自治区					514		
海南省							
重庆市							
四川省							
贵州省							
云南省					677	6	
西藏自治区							
陕西省							
甘肃省							
青海省							
宁夏回族自治区							
新疆维吾尔自治区							

2－67－8

单位:万元

地　　区	对个人和家庭的补助				对企事业单位的补贴		
	住房公积金	提租补贴	购房补贴	其他对个人和家庭的补助支出	小计	企业政策性补贴	事业单位补贴
地方合计	**1**						
北京市							
天津市							
河北省							
山西省							
内蒙古自治区							
辽宁省							
其中:大连市							
吉林省							
黑龙江省							
上海市							
江苏省							
浙江省							
其中:宁波市							
安徽省							
福建省	1						
其中:厦门市							
江西省							
山东省							
其中:青岛市							
河南省							
湖北省							
湖南省							
广东省							
其中:深圳市							
广西壮族自治区							
海南省							
重庆市							
四川省							
贵州省							
云南省							
西藏自治区							
陕西省							
甘肃省							
青海省							
宁夏回族自治区							
新疆维吾尔自治区							

2－67－9

单位：万元

地　　区	对企事业单位的补贴		赠　与			债务利息支出	
	财政贴息	其他对企事业单位的补贴支出	小　计	对国内的赠　与	对国外的赠　与	小　计	国库券付　息
地　方　合　计							
北京市							
天津市							
河北省							
山西省							
内蒙古自治区							
辽宁省							
其中：大连市							
吉林省							
黑龙江省							
上海市							
江苏省							
浙江省							
其中：宁波市							
安徽省							
福建省							
其中：厦门市							
江西省							
山东省							
其中：青岛市							
河南省							
湖北省							
湖南省							
广东省							
其中：深圳市							
广西壮族自治区							
海南省							
重庆市							
四川省							
贵州省							
云南省							
西藏自治区							
陕西省							
甘肃省							
青海省							
宁夏回族自治区							
新疆维吾尔自治区							

2－67－10

单位:万元

地　　区	债务利息支出					基本建设支出	
	向国家银行借款付息	其他国内借款付息	向国外政府借款付息	向国际组织借款付息	其他国外借款付息	小　计	房屋建筑物购建
地　方　合　计						**20**	
北京市							
天津市							
河北省							
山西省							
内蒙古自治区							
辽宁省							
其中:大连市							
吉林省							
黑龙江省							
上海市							
江苏省							
浙江省							
其中:宁波市							
安徽省							
福建省						20	
其中:厦门市							
江西省							
山东省							
其中:青岛市							
河南省							
湖北省							
湖南省							
广东省							
其中:深圳市							
广西壮族自治区							
海南省							
重庆市							
四川省							
贵州省							
云南省							
西藏自治区							
陕西省							
甘肃省							
青海省							
宁夏回族自治区							
新疆维吾尔自治区							

2－67－11　　　　单位:万元

地　　区	基本建设支出							
	办公设备购　置	专用设备购　置	交通工具购　置	基础设施建　设	大型修缮	信息网络购　建	物资储备	其他基本建设支出
地　方　合　计								**20**
北京市								
天津市								
河北省								
山西省								
内蒙古自治区								
辽宁省								
其中:大连市								
吉林省								
黑龙江省								
上海市								
江苏省								
浙江省								
其中:宁波市								
安徽省								
福建省								20
其中:厦门市								
江西省								
山东省								
其中:青岛市								
河南省								
湖北省								
湖南省								
广东省								
其中:深圳市								
广西壮族自治区								
海南省								
重庆市								
四川省								
贵州省								
云南省								
西藏自治区								
陕西省								
甘肃省								
青海省								
宁夏回族自治区								
新疆维吾尔自治区								

2-67-12

单位:万元

地 区	其他资本性支出						
	小 计	房屋建筑物购 建	办公设备购 置	专用设备购 置	交通工具购 置	基础设施建 设	大型修缮
地 方 合 计	**74**			**74**			
北京市							
天津市							
河北省							
山西省	74			74			
内蒙古自治区							
辽宁省							
其中:大连市							
吉林省							
黑龙江省							
上海市							
江苏省							
浙江省							
其中:宁波市							
安徽省							
福建省							
其中:厦门市							
江西省							
山东省							
其中:青岛市							
河南省							
湖北省							
湖南省							
广东省							
其中:深圳市							
广西壮族自治区							
海南省							
重庆市							
四川省							
贵州省							
云南省							
西藏自治区							
陕西省							
甘肃省							
青海省							
宁夏回族自治区							
新疆维吾尔自治区							

2－67－13

单位:万元

地　　区	其他资本性支出						
	信息网络购　建	物资储备	土地补偿	安置补助	地上附着物和青苗补偿	拆迁补偿	其他资本性支　出
地　方　合　计							
北京市							
天津市							
河北省							
山西省							
内蒙古自治区							
辽宁省							
其中:大连市							
吉林省							
黑龙江省							
上海市							
江苏省							
浙江省							
其中:宁波市							
安徽省							
福建省							
其中:厦门市							
江西省							
山东省							
其中:青岛市							
河南省							
湖北省							
湖南省							
广东省							
其中:深圳市							
广西壮族自治区							
海南省							
重庆市							
四川省							
贵州省							
云南省							
西藏自治区							
陕西省							
甘肃省							
青海省							
宁夏回族自治区							
新疆维吾尔自治区							

二、地方财政预算收支情况

2－67－14

单位：万元

地　　区	贷款转贷及产权参股					其他支出		
	小　计	国内贷款	国外贷款	产权参股	其他贷款转贷及产权参股支出	小　计	补充全国社会保障基金	其他支出
地方合计						**16**		**16**
北京市								
天津市								
河北省								
山西省								
内蒙古自治区								
辽宁省								
其中：大连市								
吉林省								
黑龙江省								
上海市								
江苏省						16		16
浙江省								
其中：宁波市								
安徽省								
福建省								
其中：厦门市								
江西省								
山东省								
其中：青岛市								
河南省								
湖北省								
湖南省								
广东省								
其中：深圳市								
广西壮族自治区								
海南省								
重庆市								
四川省								
贵州省								
云南省								
西藏自治区								
陕西省								
甘肃省								
青海省								
宁夏回族自治区								
新疆维吾尔自治区								

2007 年各省、自治区、直辖市特殊教育支出明细表

2－68－1　　　　单位:万元

地区	合计	工资福利支出				
		小计	基本工资	津贴补贴	奖金	社会保障缴费
地方合计	**260733**	**149360**	**65953**	**46878**	**17633**	**6932**
北京市	15232	7347	2245	3195	933	145
天津市	6244	3037	1244	739	469	110
河北省	7486	5399	3112	1397	184	233
山西省	6503	3957	1676	1285	198	349
内蒙古自治区	3588	2410	1274	947	72	45
辽宁省	14338	8483	4476	2913	320	471
其中:大连市	2181	1530	657	462	155	223
吉林省	9637	4989	2665	1814	77	32
黑龙江省	14200	6433	3579	2392	268	78
上海市	27109	17415	5714	2847	6540	824
江苏省	23977	13140	5206	4003	1846	856
浙江省	16142	8403	2112	2173	2527	792
其中:宁波市	1931	1244	231	258	433	219
安徽省	5399	3450	1881	1165	108	73
福建省	11194	4657	1885	1503	382	253
其中:厦门市	4449	881	158	256	71	32
江西省	2449	1454	767	427	71	23
山东省	23896	14971	7275	5103	494	1403
其中:青岛市	3698	2263	790	692	102	515
河南省	9037	6622	4389	1844	195	54
湖北省	7773	4358	2702	847	241	161
湖南省	7059	3785	1902	862	208	246
广东省	19709	11450	2559	5752	1398	307
其中:深圳市	5876	2854	276	1440	329	67
广西壮族自治区	2525	1536	777	517	146	22
海南省	803	405	232	94	28	7
重庆市	3286	2034	1200	503	190	18
四川省	6326	3847	2292	792	263	186
贵州省	3418	1996	1110	736	69	26
云南省	4821	2351	1066	930	112	104
西藏自治区	275	180	37	128	6	
陕西省	2556	1675	984	470	59	24
甘肃省	2237	1373	658	593	38	11
青海省	684	512	213	256	9	
宁夏回族自治区	916	633	249	327	30	3
新疆维吾尔自治区	1914	1058	472	324	152	76

二、地方财政预算收支情况

2－68－2　　单位:万元

地　　区	工资福利支出				商品和服务支出		
	伙食费	伙　食 补助费	绩效 工资	其他工资 福利支出	小　计	办公费	印刷费
地　方　合　计	**117**	**1116**	**1654**	**9077**	**50373**	**7165**	**445**
北京市		95	26	708	3082	385	13
天津市		53	9	413	1027	127	4
河北省	38	213		222	1373	210	15
山西省	1	56		392	1552	116	15
内蒙古自治区	26		16	30	687	99	7
辽宁省		19	49	235	2838	402	16
其中:大连市		9	20	4	534	96	5
吉林省		3	353	45	1336	255	11
黑龙江省	3	27	11	75	3939	749	15
上海市		217		1273	4909	366	75
江苏省	32	125	176	896	4207	573	25
浙江省		130		669	2433	237	16
其中:宁波市		18		85	421	45	9
安徽省		40	16	167	1105	187	34
福建省		13	135	486	1832	213	18
其中:厦门市		13	83	268	346	36	
江西省	1	7		158	698	175	4
山东省	4	29	160	503	4179	914	55
其中:青岛市			129	35	346	84	2
河南省	8	10	42	80	1409	392	10
湖北省	1	17	189	200	1468	220	15
湖南省	2	16	236	313	1307	159	19
广东省		1	91	1342	4660	376	21
其中:深圳市				742	2215	141	8
广西壮族自治区				74	467	83	5
海南省		2	10	32	293	14	
重庆市		4		119	812	168	13
四川省		5	6	303	1432	197	15
贵州省			1	54	470	96	9
云南省		2	11	126	1111	162	6
西藏自治区				9	23	1	
陕西省		23	90	25	594	105	3
甘肃省	1		8	64	463	94	5
青海省		8	19	7	141	20	
宁夏回族自治区				24	140	15	
新疆维吾尔自治区		1		33	386	55	1

2－68－3

单位:万元

地　　区	商品和服务支出						
	咨询费	手续费	水　费	电　费	邮电费	取暖费	物　业 管理费
地　方　合　计	**47**	**14**	**1187**	**2617**	**929**	**3927**	**598**
北京市			80	194	47	571	45
天津市		1	35	88	19	193	45
河北省			33	97	21	329	2
山西省	1		34	108	28	226	1
内蒙古自治区		1	8	31	20	180	
辽宁省			64	140	32	813	27
其中:大连市			10	31	3	150	
吉林省			20	44	15	373	4
黑龙江省			30	78	27	474	16
上海市	10	2	88	224	98		192
江苏省	1	3	94	153	79	1	27
浙江省			56	113	83		16
其中:宁波市			10	17	5		3
安徽省			25	65	25	3	2
福建省			27	71	28		7
其中:厦门市			6	19	5		2
江西省			16	28	9		
山东省	1	1	113	288	117	460	45
其中:青岛市			5	23	8	52	6
河南省			25	109	16	19	14
湖北省	2		53	82	27	4	1
湖南省		1	58	102	21	6	10
广东省		4	152	276	91		106
其中:深圳市			82	124	35		56
广西壮族自治区			5	15	5		
海南省	32			17	3		2
重庆市			23	65	10		
四川省			47	62	40	4	8
贵州省			12	21	9	5	2
云南省			32	23	19		22
西藏自治区			3	3	1		
陕西省		1	22	37	15	69	1
甘肃省			5	32	7	57	1
青海省			9	10	2	31	
宁夏回族自治区			2	8	3	17	1
新疆维吾尔自治区			16	33	12	92	1

2－68－4

单位:万元

地　　区	商品和服务支出					
	交通费	差旅费	出国费	维修(护)费	租赁费	会议费
地 方 合 计	**1890**	**1714**	**125**	**8282**	**275**	**500**
北京市	139	39	36	563	95	41
天津市	65	12	4	140	3	8
河北省	34	86	8	170	9	9
山西省	93	51	5	364	11	5
内蒙古自治区	21	30		149		3
辽宁省	163	93		418		11
其中:大连市	48	24		75		
吉林省	36	53	2	342		7
黑龙江省	38	71		240	1	17
上海市	221	166	19	694	12	17
江苏省	42	131	10	740	2	87
浙江省	60	143	9	219	80	34
其中:宁波市	5	32		41		10
安徽省	27	39		189	11	7
福建省	47	80		288	15	18
其中:厦门市	20	23		22	11	7
江西省	9	46		82		5
山东省	290	126		523	11	66
其中:青岛市	15	13		22	3	4
河南省	41	36		306	4	18
湖北省	23	73	3	253	3	17
湖南省	76	50	4	216		27
广东省	240	128	20	1313	10	24
其中:深圳市	140	48	14	945	1	3
广西壮族自治区	10	9		86		1
海南省	16	12		88		
重庆市	9	33		154	2	36
四川省	43	56	1	263		26
贵州省	18	22		45	1	3
云南省	54	49		236	4	3
西藏自治区	3	2		1		
陕西省	17	24	4	91		5
甘肃省	20	15		35	1	
青海省	5	8		20		5
宁夏回族自治区	6	12		20		
新疆维吾尔自治区	24	19		34		

2－68－5 单位:万元

地区	商品和服务支出						
	培训费	招待费	专用材料费	被装购置费	专用燃料费	劳务费	委托业务费
地方合计	**1593**	**1737**	**1677**	**187**	**87**	**1213**	**69**
北京市	110	57	48			84	
天津市	36	14	29	4		12	
河北省	15	18	31	4	2	9	
山西省	89	34	97		1	15	
内蒙古自治区	17	12	12			12	
辽宁省	66	64	198		23	45	
其中:大连市	5	9	24			11	
吉林省	24	14	52		15	4	
黑龙江省	51	14	27	4		27	
上海市	209	168	54		33	107	4
江苏省	182	236	128	31		104	15
浙江省	86	138	115			157	3
其中:宁波市	13	15	19			29	
安徽省	24	71	17	13		19	30
福建省	39	75	103	30		99	
其中:厦门市	2	7	36			2	
江西省	17	35	7			7	
山东省	111	164	236	17		66	1
其中:青岛市	10	28	17			2	
河南省	31	48	36	21		21	
湖北省	57	74	45	3	1	38	2
湖南省	55	107	48	6	3	20	9
广东省	166	119	180	42	4	130	1
其中:深圳市	38	21	57			12	
广西壮族自治区	31	18	12		5	25	
海南省	2	8	1	5		3	
重庆市	27	29	71			36	
四川省	60	76	42			25	1
贵州省	16	39	3	5		8	
云南省	48	71	11			19	1
西藏自治区	1						
陕西省	9	15	11			107	
甘肃省	6	5	45	2		5	1
青海省	1	2				3	1
宁夏回族自治区		8	1			1	
新疆维吾尔自治区	7	4	17			5	

2－68－6

单位:万元

地　　区	商品和服务支出			对个人和家庭的补助			
	工会经费	福利费	其他商品和服务支出	小　计	离休费	退休费	退职(役)费
地　方　合　计	**1183**	**1663**	**11249**	**30175**	**561**	**16537**	**30**
北京市	92	39	404	1299	46	403	
天津市	32	60	96	1764	36	1260	
河北省	34	39	198	432		295	
山西省	20	55	183	531	6	296	
内蒙古自治区	9	23	53	229		91	
辽宁省	76	55	132	2335	75	1449	1
其中:大连市	17	26		99			
吉林省	15	2	48	1569	39	1377	
黑龙江省	20	32	2008	3472	79	3017	11
上海市	148	283	1719	1253	28	564	
江苏省	148	277	1118	4595	78	3275	
浙江省	123	161	584	1739	4	719	4
其中:宁波市	21	41	106	84		43	
安徽省	18	26	273	469	57	194	
福建省	75	50	549	917	5	274	
其中:厦门市	23	15	110	175		2	
江西省	7	16	235	117		23	
山东省	72	87	415	3169	23	297	1
其中:青岛市	13	8	31	733	14	175	
河南省	28	73	161	653	24	414	
湖北省	21	66	385	1132	28	795	
湖南省	31	31	248	681	6	389	1
广东省	69	98	1090	477		84	
其中:深圳市	8	29	453				
广西壮族自治区	9	21	127	300	7	210	
海南省	5	3	82	59			
重庆市	16	37	83	252		8	
四川省	33	58	375	609		149	
贵州省	11	15	130	666	2	391	
云南省	24	22	305	428	3	50	12
西藏自治区	3		5	39			
陕西省	10	9	39	232	2	86	
甘肃省	3	14	110	288	13	211	
青海省	6		18	22			
宁夏回族自治区	5		41	81		59	
新疆维吾尔自治区	20	11	35	366		157	

2 – 68 – 7

单位:万元

地　　区	对个人和家庭的补助						
	抚恤金	生活补助	救济费	医疗费	助学金	奖励金	生产补贴
地　方　合　计	**383**	**858**	**26**	**422**	**3095**	**136**	**26**
北京市	9	2		72	118		
天津市	13			27	1	6	
河北省	2	10		2	13	10	
山西省	11	8		1	39	4	26
内蒙古自治区	6	19		3	84		
辽宁省	22	102	5	26	53	6	
其中:大连市		56	2	2	36		
吉林省	17	14		43	30	3	
黑龙江省	35	52		2	73	7	
上海市	92				240		
江苏省	53	88		52	342	20	
浙江省	11	6		50	265	5	
其中:宁波市		1		3	12		
安徽省	3	33		29	36	2	
福建省	1	19		8	184	12	
其中:厦门市				7	20	11	
江西省	3	3		6	53		
山东省	20	202	21	10	292	8	
其中:青岛市	1	125		2	39		
河南省	10	21		8	101	7	
湖北省	17	19		15	125		
湖南省	3	11		35	82	7	
广东省	3	12		17	54	21	
其中:深圳市							
广西壮族自治区	2	4			27	9	
海南省					54	2	
重庆市	23	30		5	124		
四川省	12	42		3	274	4	
贵州省	2	27		6	24		
云南省	1	92		1	221	1	
西藏自治区				1	34		
陕西省	6	13			25	1	
甘肃省	2	10			35		
青海省					22		
宁夏回族自治区	4				18		
新疆维吾尔自治区		19			52	1	

2－68－8

单位:万元

地　　区	对个人和家庭的补助				对企事业单位的补贴		
	住　房 公积金	提租 补贴	购房 补贴	其他对个人和家庭的补助支出	小　计	企业政策性补　　贴	事业单位补　　贴
地　方　合　计	**3610**	**619**	**2243**	**1629**	**53**		**16**
北京市	363	146	112	28			
天津市	337	9	71	4			
河北省	82	1		17			
山西省	122	3		15			
内蒙古自治区	12			14			
辽宁省	126	115		355			
其中:大连市		3					
吉林省	43	3					
黑龙江省	132	24		40			
上海市	66		70	193			
江苏省	348	79	129	131	36		16
浙江省	480	3	114	78			
其中:宁波市				25			
安徽省	40	4	1	70			
福建省	239	117	17	41			
其中:厦门市	68	65		2			
江西省	14			15	1		
山东省	544	89	1465	197			
其中:青岛市	134	63	162	18			
河南省	24		21	23			
湖北省	57	5	15	56	2		
湖南省	95			52			
广东省	181		54	51			
其中:深圳市							
广西壮族自治区	9	20		12			
海南省				3			
重庆市	4			58	14		
四川省	66			59			
贵州省	43	1	152	18			
云南省	36			11			
西藏自治区				4			
陕西省	97			2			
甘肃省	13		2	2			
青海省							
宁夏回族自治区							
新疆维吾尔自治区	37		20	80			

2－68－9　　　　单位:万元

地　区	对企事业单位的补贴		赠　与			债务利息支出	
	财政贴息	其他对企事业单位的补贴支出	小　计	对国内的赠　与	对国外的赠　与	小　计	国库券付　息
地方合计	**1**	**36**					
北京市							
天津市							
河北省							
山西省							
内蒙古自治区							
辽宁省							
其中:大连市							
吉林省							
黑龙江省							
上海市							
江苏省		20					
浙江省							
其中:宁波市							
安徽省							
福建省							
其中:厦门市							
江西省	1						
山东省							
其中:青岛市							
河南省							
湖北省		2					
湖南省							
广东省							
其中:深圳市							
广西壮族自治区							
海南省							
重庆市		14					
四川省							
贵州省							
云南省							
西藏自治区							
陕西省							
甘肃省							
青海省							
宁夏回族自治区							
新疆维吾尔自治区							

2－68－10

单位:万元

地区	债务利息支出					基本建设支出	
	向国家银行借款付息	其他国内借款付息	向国外政府借款付息	向国际组织借款付息	其他国外借款付息	小计	房屋建筑物购建
地方合计						**7650**	**3180**
北京市						145	145
天津市							
河北省							
山西省							
内蒙古自治区						155	30
辽宁省						333	333
其中:大连市							
吉林省						300	
黑龙江省						10	10
上海市						1500	
江苏省						20	
浙江省						80	27
其中:宁波市						40	
安徽省							
福建省						2866	700
其中:厦门市						2791	648
江西省							
山东省						214	10
其中:青岛市							
河南省						77	76
湖北省						75	65
湖南省						508	500
广东省						1246	1246
其中:深圳市							
广西壮族自治区							
海南省							
重庆市							
四川省							
贵州省						15	
云南省						50	28
西藏自治区							
陕西省							
甘肃省						10	10
青海省							
宁夏回族自治区							
新疆维吾尔自治区						46	

2－68－11

单位:万元

地　　区	基本建设支出							
	办公设备购置	专用设备购置	交通工具购置	基础设施建设	大型修缮	信息网络购建	物资储备	其他基本建设支出
地方合计	**109**	**67**	**24**	**2551**	**212**	**7**		**1500**
北京市								
天津市								
河北省								
山西省								
内蒙古自治区	25			100				
辽宁省								
其中:大连市								
吉林省				300				
黑龙江省								
上海市								1500
江苏省		20						
浙江省	3	10		40				
其中:宁波市				40				
安徽省								
福建省	43	20		2103				
其中:厦门市	32	8		2103				
江西省								
山东省					197	7		
其中:青岛市								
河南省	1							
湖北省		10						
湖南省				8				
广东省								
其中:深圳市								
广西壮族自治区								
海南省								
重庆市								
四川省								
贵州省	15							
云南省	22							
西藏自治区								
陕西省								
甘肃省								
青海省								
宁夏回族自治区								
新疆维吾尔自治区		7	24		15			

2-68-12

单位:万元

地区	其他资本性支出						
	小计	房屋建筑物购建	办公设备购置	专用设备购置	交通工具购置	基础设施建设	大型修缮
地方合计	**22504**	**6817**	**2804**	**5119**	**820**	**577**	**3878**
北京市	3359	135	312	793	102	37	1929
天津市	416	55	112	168	81		
河北省	262	22	58	87	17	1	8
山西省	463	14	108	140	47		151
内蒙古自治区	107	28	11	16	20	21	
辽宁省	349		89	226	10		8
其中:大连市	18		18				
吉林省	1443	1162	51	148	26		55
黑龙江省	343	41	133	69			68
上海市	2023	254	227	596	113		622
江苏省	1870	672	259	402	15	223	218
浙江省	3162	2147	166	349	31	42	17
其中:宁波市	142	9	42	23		37	
安徽省	375	172	31	47		6	51
福建省	899	307	265	121	9	64	55
其中:厦门市	256		127	36	9	20	
江西省	144	65	12	52			9
山东省	1353	32	320	609	32	15	174
其中:青岛市	356		56	76			76
河南省	276	49	54	93			73
湖北省	737	471	45	18		10	52
湖南省	769		9	20	4	9	14
广东省	1850	239	169	902	199		108
其中:深圳市	807		74	578	155		
广西壮族自治区	190	16	33	32	21	6	69
海南省	46		34	1		11	
重庆市	174	65	14	38			29
四川省	432	221	89	44		1	56
贵州省	261	35	54	17	11	82	36
云南省	881	604	74	45	60	11	20
西藏自治区	33		1	30			
陕西省	55		24	6	11		6
甘肃省	103	10	22	29	11	29	
青海省	9					9	
宁夏回族自治区	62	1	16	2			43
新疆维吾尔自治区	58		12	19			7

2－68－13

单位:万元

地　　区	其他资本性支出						
	信息网络购　建	物资储备	土地补偿	安置补助	地上附着物和青苗补偿	拆迁补偿	其他资本性支　出
地方合计	**329**		**89**	**－2**		**620**	**1453**
北京市	39			－2			14
天津市							
河北省	15						54
山西省							3
内蒙古自治区							11
辽宁省	4						12
其中:大连市							
吉林省	1						
黑龙江省	25						7
上海市	68						143
江苏省	23						58
浙江省	8						402
其中:宁波市	4						27
安徽省	6						62
福建省	70						8
其中:厦门市	63						1
江西省							6
山东省	10						161
其中:青岛市	5						143
河南省	4						3
湖北省	14		23				104
湖南省						620	93
广东省	24						209
其中:深圳市							
广西壮族自治区							13
海南省							
重庆市	15						13
四川省	1						20
贵州省			10				16
云南省			56				11
西藏自治区							2
陕西省							8
甘肃省	2						
青海省							
宁夏回族自治区							
新疆维吾尔自治区							20

2－68－14

单位:万元

地区	贷款转贷及产权参股					其他支出		
	小计	国内贷款	国外贷款	产权参股	其他贷款转贷及产权参股支出	小计	补充全国社会保障基金	其他支出
地方合计						**618**		**618**
北京市								
天津市								
河北省						20		20
山西省								
内蒙古自治区								
辽宁省								
其中:大连市								
吉林省								
黑龙江省						3		3
上海市						9		9
江苏省						109		109
浙江省						325		325
其中:宁波市								
安徽省								
福建省						23		23
其中:厦门市								
江西省						35		35
山东省						10		10
其中:青岛市								
河南省								
湖北省						1		1
湖南省						9		9
广东省						26		26
其中:深圳市								
广西壮族自治区						32		32
海南省								
重庆市								
四川省						6		6
贵州省						10		10
云南省								
西藏自治区								
陕西省								
甘肃省								
青海省								
宁夏回族自治区								
新疆维吾尔自治区								

2007 年各省、自治区、直辖市教师进修及干部继续教育支出明细表

2－69－1　　　　单位:万元

地　　区	合　计	工资福利支出				
		小　计	基本工资	津贴补贴	奖　金	社会保障缴　费
地 方 合 计	**1741381**	**702311**	**323265**	**210027**	**79256**	**25795**
北京市	76178	30145	10895	10541	3633	842
天津市	32070	13610	5352	5108	1145	484
河北省	57139	30741	19233	7135	1217	574
山西省	44277	20368	11103	5980	1189	758
内蒙古自治区	33088	17893	10150	5669	789	131
辽宁省	80094	38112	21364	11224	1849	1798
其中:大连市	16142	6665	2745	1551	918	957
吉林省	49634	23355	13502	5692	498	464
黑龙江省	77127	35285	19410	12132	1919	376
上海市	80611	40196	12668	6086	16771	2562
江苏省	119662	46128	14680	13553	10089	2582
浙江省	133432	44226	11576	12116	12075	3750
其中:宁波市	17520	7948	1555	1472	3156	1261
安徽省	38657	15969	7913	5108	495	517
福建省	52590	20618	9561	5889	1560	993
其中:厦门市	5130	1850	404	622	227	31
江西省	40109	15867	8937	4335	769	227
山东省	136814	46005	20419	16662	2767	2768
其中:青岛市	9271	4647	1295	1782	392	743
河南省	72123	30752	19691	7033	1201	585
湖北省	42497	15566	7419	5025	1605	588
湖南省	61613	20880	10718	5913	1165	1166
广东省	106757	39331	11291	17901	3558	1277
其中:深圳市	14030	4841	651	2545	638	220
广西壮族自治区	45377	17521	7579	4557	3180	363
海南省	7117	3690	2168	704	350	68
重庆市	73193	14110	6013	4811	1423	190
四川省	72028	34182	17735	7231	5130	663
贵州省	25095	9820	4920	3703	541	86
云南省	41773	19463	9770	7341	1092	316
西藏自治区	7843	3202	1038	1950	139	72
陕西省	50122	20744	12198	5003	1012	405
甘肃省	27914	11976	5800	4555	506	49
青海省	7905	4268	1866	2049	168	8
宁夏回族自治区	10088	4059	2028	1650	196	45
新疆维吾尔自治区	38454	14229	6268	3371	1225	1088

2－69－2

单位:万元

地　　区	工资福利支出				商品和服务支出		
	伙食费	伙　食 补助费	绩效 工资	其他工资 福利支出	小　计	办公费	印刷费
地　方　合　计	**637**	**4972**	**9361**	**48998**	**575984**	**48493**	**9320**
北京市	47	462	1035	2690	27834	1174	280
天津市	11	257	105	1148	8054	501	121
河北省	48	825	246	1463	17341	2672	208
山西省	30	137	105	1066	15066	1105	249
内蒙古自治区	1	5	28	1120	11186	1724	186
辽宁省	15	51	700	1111	23115	2937	335
其中:大连市	8	12	347	127	6196	1151	39
吉林省		90	2911	198	13749	1471	349
黑龙江省	77	212	132	1027	21217	3086	510
上海市	30	322		1757	31974	691	431
江苏省	24	472	363	4365	33138	2205	248
浙江省	29	655		4025	42424	1815	476
其中:宁波市	26	98		380	6140	259	47
安徽省	78	213	36	1609	12300	999	197
福建省	4	20	327	2264	18441	1995	593
其中:厦门市		18	142	406	2467	368	23
江西省	4	3	47	1545	14054	1061	278
山东省	39	242	61	3047	42695	3558	546
其中:青岛市		10	3	422	2296	125	52
河南省	13	30	118	2081	31556	4280	532
湖北省	74	50	222	583	16530	2130	373
湖南省	9	120	138	1651	27053	2287	239
广东省	16	165	16	5107	42203	2334	940
其中:深圳市		6		781	7290	242	89
广西壮族自治区	40	14	490	1298	12532	1210	124
海南省	6	13	74	307	2643	137	25
重庆市		22		1651	14645	992	162
四川省	1	39	1339	2044	24633	1783	562
贵州省	12	77		481	8806	932	101
云南省	1	106	66	771	16260	1624	605
西藏自治区				3	1752	56	17
陕西省	17	96	645	1368	16502	1422	210
甘肃省		4	46	1016	9961	1174	145
青海省	1	18	63	95	2779	189	57
宁夏回族自治区		10		130	2688	273	68
新疆维吾尔自治区	10	242	48	1977	12853	676	153

2-69-3

单位:万元

地　　区	商品和服务支出						
	咨询费	手续费	水　费	电　费	邮电费	取暖费	物　业 管理费
地　方　合　计	**488**	**299**	**10312**	**29645**	**12383**	**24240**	**9246**
北京市	24	18	349	1265	405	1797	769
天津市		2	162	530	200	879	197
河北省	8	9	273	1100	481	1555	127
山西省	57	6	222	751	240	1203	51
内蒙古自治区	5	4	139	367	282	1156	59
辽宁省	7	6	374	1181	607	4049	226
其中:大连市	5		90	330	114	717	151
吉林省		24	336	733	241	2223	85
黑龙江省	6	4	465	931	475	3118	335
上海市	52	9	250	2042	777	269	2494
江苏省	2	11	803	1734	614	82	367
浙江省	43	12	512	1513	1008		706
其中:宁波市			59	187	111		360
安徽省	6	2	399	903	303	98	181
福建省	4	13	343	631	501		57
其中:厦门市		1	17	56	68		2
江西省	12	8	188	725	328	11	115
山东省	76	8	1068	2792	1059	3358	980
其中:青岛市			50	188	78	145	10
河南省	43	86	489	1295	464	663	252
湖北省		2	329	892	311	21	207
湖南省	12	5	633	1557	313	42	131
广东省	17	18	629	2333	944		1030
其中:深圳市	10	3	99	1010	197		731
广西壮族自治区		6	338	1496	247		20
海南省			25	79	50		24
重庆市	96	8	218	679	287		82
四川省	1	20	542	1422	742	25	297
贵州省			113	303	158	28	13
云南省	1	1	182	335	321		81
西藏自治区			6	87	48	18	1
陕西省	3	2	494	976	442	1136	76
甘肃省		5	166	383	128	796	15
青海省			61	161	128	266	6
宁夏回族自治区		7	42	125	42	158	184
新疆维吾尔自治区	13	3	162	324	237	1289	78

2－69－4

单位:万元

地　　区	商品和服务支出					
	交通费	差旅费	出国费	维修(护)费	租赁费	会议费
地　方　合　计	**25008**	**19897**	**2908**	**48869**	**6832**	**10553**
北京市	920	403	252	2675	817	484
天津市	378	195	32	628	127	136
河北省	1339	603	19	1503	44	343
山西省	910	426	21	1579	31	241
内蒙古自治区	706	732		1320	15	185
辽宁省	1400	1190	68	2216	205	567
其中:大连市	284	339	13	290	165	283
吉林省	803	721	9	1545	29	441
黑龙江省	950	766	41	1693	100	159
上海市	748	606	605	3355	108	340
江苏省	1268	877	272	2846	644	655
浙江省	1164	1655	415	1606	1529	820
其中:宁波市	150	252	87	458	157	130
安徽省	558	501	111	1200	29	208
福建省	697	945	174	1614	45	406
其中:厦门市	61	68	41	55	14	15
江西省	619	617	115	972	218	220
山东省	2528	1559	121	4082	1190	1090
其中:青岛市	157	161	37	224	3	48
河南省	1287	972	165	1961	44	640
湖北省	696	563	10	828	26	328
湖南省	850	591	30	1302	52	466
广东省	1704	1048	107	2327	443	673
其中:深圳市	319	192	73	146	57	71
广西壮族自治区	525	380	16	1362	280	102
海南省	173	245	8	193	32	53
重庆市	473	478	7	1147	94	231
四川省	1041	949	124	3354	121	524
贵州省	433	250	42	357	46	214
云南省	670	831	65	1142		258
西藏自治区	122	108	1	55	4	9
陕西省	802	491	19	2820	495	336
甘肃省	405	368	17	1995	11	197
青海省	138	207		209		60
宁夏回族自治区	164	139	36	158	28	85
新疆维吾尔自治区	537	481	6	825	25	82

2-69-5　　　　单位:万元

地　　区	商品和服务支出						
	培训费	招待费	专　用 材料费	被　装 购置费	专　用 燃料费	劳务费	委　托 业务费
地　方　合　计	**77597**	**22232**	**8974**	**1267**	**867**	**26306**	**4165**
北京市	3481	508	483	33	1	1672	124
天津市	486	175	107	14	1	445	
河北省	1884	606	291	119	7	396	330
山西省	3264	533	325	54	11	323	6
内蒙古自治区	1295	397	180	69	19	402	66
辽宁省	3030	543	567	4	69	1006	104
其中:大连市	1391	115	64		10	436	6
吉林省	2701	279	110		255	631	184
黑龙江省	1325	256	271	45	8	925	132
上海市	4294	577	132		18	633	11
江苏省	5185	2045	341	17	11	2000	197
浙江省	7050	2222	399		2	4577	103
其中:宁波市	1027	306	11			311	27
安徽省	1037	703	335		21	771	210
福建省	1893	730	115	30	12	1021	761
其中:厦门市	216	47				23	
江西省	1342	969	159	34	43	496	25
山东省	5627	1581	1867	12	45	1636	183
其中:青岛市	333	170	4			95	
河南省	2940	1185	792	46	189	581	325
湖北省	3105	834	238	95	18	310	180
湖南省	2146	1248	220	91	6	431	140
广东省	6086	1551	799	169	28	2489	159
其中:深圳市	440	151	113	68	5	224	7
广西壮族自治区	1112	501	50	15	1	606	35
海南省	815	189	25	6	37	66	5
重庆市	3375	452	158	57	3	511	56
四川省	3160	1370	124	48	1	1399	54
贵州省	1465	541	96	6		477	67
云南省	2053	908	59	25	1	968	259
西藏自治区	623	62	5			51	9
陕西省	1481	588	248	23	14	396	209
甘肃省	1498	265	166	235	31	306	41
青海省	286	67	196	16	15	221	120
宁夏回族自治区	279	117	15	3		195	33
新疆维吾尔自治区	3279	230	101	1		365	37

2－69－6

单位:万元

地区	商品和服务支出			对个人和家庭的补助			
	工会经费	福利费	其他商品和服务支出	小计	离休费	退休费	退职(役)费
地方合计	**5679**	**10420**	**159984**	**177402**	**14116**	**107908**	**139**
北京市	395	254	9251	6890	796	2776	1
天津市	132	227	2379	8671	761	5651	1
河北省	132	318	2974	5287	432	3866	2
山西省	80	259	3119	4104	287	2740	1
内蒙古自治区	58	269	1551	1212	8	593	
辽宁省	307	347	1770	10972	1024	7551	
其中:大连市	77	126		162			
吉林省	61	75	443	8852	746	7683	3
黑龙江省	172	274	5170	17477	1583	14340	7
上海市	443	565	12524	3321	309	1761	1
江苏省	401	717	9596	19055	2219	12919	7
浙江省	584	915	13298	13910	1138	7111	64
其中:宁波市	114	190	1897	1231	151	636	
安徽省	128	359	3041	3942	302	1557	5
福建省	229	690	4942	4554	124	2312	7
其中:厦门市	40	27	1325	341		12	2
江西省	97	304	5098	5160	328	2981	
山东省	240	411	7078	13037	944	3816	15
其中:青岛市	22	25	369	950	114	447	1
河南省	224	570	11531	3583	430	2075	8
湖北省	147	346	4541	5152	307	3278	
湖南省	190	586	13485	5348	405	3125	
广东省	386	809	15180	5880	174	2367	6
其中:深圳市	7	76	2960	356			2
广西壮族自治区	140	180	3786	5858	490	4184	
海南省	23	41	392	212	37	88	
重庆市	168	207	4704	1980		100	
四川省	341	573	6056	5381	171	3515	4
贵州省	72	154	2938	5458	471	3821	
云南省	164	216	5491	1296	22	633	1
西藏自治区	24	4	442	936	7	767	
陕西省	130	101	3588	3278	91	1964	4
甘肃省	32	339	1243	1627	168	907	1
青海省	45	15	316	54			1
宁夏回族自治区	26	35	476	619	102	444	
新疆维吾尔自治区	108	260	3581	4296	240	2983	

2－69－7 单位:万元

地　　区	对个人和家庭的补助						
	抚恤金	生活补助	救济费	医疗费	助学金	奖励金	生产补贴
地　方　合　计	**3393**	**3959**	**116**	**4068**	**6327**	**1669**	**19**
北京市	89	49	1	409	75	21	
天津市	117	133		273	70	82	
河北省	117	199	3	131		40	
山西省	59	99		57	69	66	3
内蒙古自治区	65	67	1	8	258	33	5
辽宁省	241	264	7	85		57	
其中:大连市	12	79	5	18		11	
吉林省	107	81	1	25	27	19	
黑龙江省	224	148		95	38	54	
上海市	213	13		9	58	5	
江苏省	319	255	13	429	766	92	
浙江省	94	237	8	322	848	160	8
其中:宁波市	13	19	1	6	60	3	
安徽省	76	214	30	107	280	23	
福建省	94	76	2	55	200	9	
其中:厦门市	1	1					
江西省	55	84		346	278	8	
山东省	245	175	4	625	710	65	
其中:青岛市	8	3		7			
河南省	92	104	2	74	473	39	
湖北省	80	80	2	208	58	21	1
湖南省	186	451	4	231	38	36	
广东省	118	178	35	304	184	380	
其中:深圳市		2		1		100	
广西壮族自治区	79	68		27	513	36	
海南省	13	6				1	
重庆市	130	79	1	23	715	21	
四川省	181	167		39	282	183	
贵州省	105	79		1	29	22	
云南省	33	161		10	45	111	
西藏自治区	10	1		3			2
陕西省	52	310	2	126	139	11	
甘肃省	33	48		25	110	2	
青海省	3	6		2			
宁夏回族自治区	10	18		10		8	
新疆维吾尔自治区	153	109		9	64	64	

二、地方财政预算收支情况

2－69－8

单位:万元

地　　区	对个人和家庭的补助				对企事业单位的补贴		
	住　房 公积金	提租 补贴	购房 补贴	其他对个人和家庭的补助支出	小　计	企业政策性补　贴	事业单位补　贴
地　方　合　计	**17633**	**2528**	**5766**	**9761**	**403**		**131**
北京市	1797	525	50	301			
天津市	1411	33	13	126			
河北省	255	4	1	237			
山西省	480	5		238			
内蒙古自治区	90		1	83			
辽宁省	539	943		261			
其中:大连市	7	29		1			
吉林省	143	15		2			
黑龙江省	604	100	46	238	25		25
上海市	295	1	353	303			
江苏省	876	225	151	784			
浙江省	2725	17	223	955	8		6
其中:宁波市	14			328			
安徽省	930	46	2	370	134		
福建省	848	341	61	425	11		
其中:厦门市	155	138	12	20			
江西省	427	2	26	625			
山东省	1372	139	4071	856			
其中:青岛市	149	70	61	90			
河南省	114	12	5	155	84		2
湖北省	570	18	23	506	12		12
湖南省	495		2	375	23		
广东省	1378	91	155	510	5		
其中:深圳市		91	100	60			
广西壮族自治区	301			160			
海南省	25			42			
重庆市	47		5	859			
四川省	395		1	443			
贵州省	312	9	436	173			
云南省	210		9	61	86		86
西藏自治区	45			101			
陕西省	443			136			
甘肃省	132	2		199			
青海省				42			
宁夏回族自治区				27			
新疆维吾尔自治区	374		132	168	15		

2－69－9

单位:万元

地　　区	对企事业单位的补贴		赠　与			债务利息支出	
	财政贴息	其他对企事业单位的补贴支出	小　计	对国内的赠　与	对国外的赠　与	小　计	国库券付　息
地　方　合　计	**127**	**145**	**10**	**10**			
北京市							
天津市							
河北省			1	1			
山西省							
内蒙古自治区							
辽宁省							
其中:大连市							
吉林省							
黑龙江省							
上海市							
江苏省							
浙江省		2	4	4			
其中:宁波市							
安徽省		134					
福建省	11						
其中:厦门市							
江西省			3	3			
山东省							
其中:青岛市							
河南省	82						
湖北省							
湖南省	19	4					
广东省		5					
其中:深圳市							
广西壮族自治区							
海南省							
重庆市							
四川省			2	2			
贵州省							
云南省							
西藏自治区							
陕西省							
甘肃省							
青海省							
宁夏回族自治区							
新疆维吾尔自治区	15						

2－69－10

单位:万元

地　　区	债务利息支出					基本建设支出	
	向国家银行借款付息	其他国内借款付息	向国外政府借款付息	向国际组织借款付息	其他国外借款付息	小　计	房屋建筑物购建
地　方　合　计						**81193**	**64291**
北京市						2227	
天津市						277	
河北省						419	327
山西省						876	826
内蒙古自治区						665	600
辽宁省						4961	2732
其中:大连市						2014	2011
吉林省						531	460
黑龙江省						336	24
上海市						363	61
江苏省						3528	3326
浙江省						17653	16120
其中:宁波市						948	353
安徽省						2002	1754
福建省						949	794
其中:厦门市						10	3
江西省						93	19
山东省						18429	18204
其中:青岛市						16	9
河南省						2018	1727
湖北省						1339	980
湖南省						4114	2291
广东省						1004	434
其中:深圳市							
广西壮族自治区						3910	1271
海南省						171	129
重庆市						3803	2962
四川省						1366	1334
贵州省						244	227
云南省						574	381
西藏自治区						216	100
陕西省						2606	1416
甘肃省						1026	580
青海省						150	82
宁夏回族自治区						1942	1801
新疆维吾尔自治区						3401	3329

2－69－11　　单位:万元

地　　区	基本建设支出							
	办公设备购　　置	专用设备购　　置	交通工具购　　置	基础设施建　　设	大型修缮	信息网络购　　建	物资储备	其他基本建设支出
地　方　合　计	**2503**	**618**	**333**	**3473**	**2219**	**134**		**7622**
北京市	14	22	15		917	9		1250
天津市				277				
河北省	8	65	19					
山西省				35				15
内蒙古自治区				55	10			
辽宁省	1826			303	100			
其中:大连市				3				
吉林省				30				41
黑龙江省	9	22		266	15			
上海市	8		20					274
江苏省	2	28						172
浙江省	327	248	51	172	366	66		303
其中:宁波市	68	171			156			200
安徽省	64	150	30		4			
福建省	46	1		10	68			30
其中:厦门市	7							
江西省	1							73
山东省	16				6			203
其中:青岛市	1				6			
河南省	20		13	200	5	15		38
湖北省	7					16		336
湖南省	8	12	69	460	187			1087
广东省	11	26	27	260	114			132
其中:深圳市								
广西壮族自治区	34	1	8	37	3			2556
海南省	2				40			
重庆市				841				
四川省	20				4	8		
贵州省	4	3		10				
云南省	6			80	107			
西藏自治区	35		81					
陕西省				338				852
甘肃省	5			99	82			260
青海省	30	18				20		
宁夏回族自治区					141			
新疆维吾尔自治区		22			50			

2－69－12

单位:万元

地区	其他资本性支出						
	小计	房屋建筑物购建	办公设备购置	专用设备购置	交通工具购置	基础设施建设	大型修缮
地方合计	**184508**	**86596**	**21352**	**14169**	**8703**	**8623**	**16105**
北京市	8578	82	1954	2638	279	32	1920
天津市	1458	85	498	299	198		273
河北省	2603	449	486	306	365	526	302
山西省	3854	1570	1106	203	219	126	286
内蒙古自治区	2132	280	499	79	280	362	322
辽宁省	2934	149	450	773	348	432	449
其中:大连市	1105	103	89	464	48	14	193
吉林省	2472	34	733	180	189	127	1102
黑龙江省	2767	283	470	161	170	535	1052
上海市	4486	224	1115	910	502		903
江苏省	15683	9574	1065	1275	426	74	828
浙江省	11798	7781	1398	654	723	137	359
其中:宁波市	1183		327	255	34	1	126
安徽省	3922	1918	535	100	204	204	392
福建省	7675	4293	1050	517	272	369	819
其中:厦门市	462	139	4	267	24		3
江西省	3744	1048	423	410	284	750	141
山东省	15894	4260	1170	1401	911	556	1375
其中:青岛市	969	33	218	282	49		310
河南省	3392	1077	723	557	309	30	258
湖北省	3488	1716	682	124	290	154	160
湖南省	3818	720	731	383	293	101	744
广东省	15099	8006	1325	1602	405	286	1313
其中:深圳市	841		532	23	121	2	130
广西壮族自治区	5444	1129	866	242	130	150	331
海南省	401	58	195	36	29	4	55
重庆市	37680	35430	665	483	275		461
四川省	5964	1006	769	158	353	15	865
贵州省	645	119	194	110	127	18	26
云南省	4094	2305	496	104	283	368	173
西藏自治区	1547		25			1486	36
陕西省	5931	91	706	281	301	760	536
甘肃省	3062	1582	503	47	192	282	117
青海省	629	42	68	20	68	76	228
宁夏回族自治区	425		126	30	67	39	150
新疆维吾尔自治区	2889	1285	326	86	211	624	129

2-69-13　　　　单位:万元

地　区	其他资本性支出						
	信息网络购　建	物资储备	土地补偿	安置补助	地上附着物和青苗补偿	拆迁补偿	其他资本性支　出
地 方 合 计	**3509**	**5**	**1940**	**1**	**65**	**317**	**23123**
北京市	119		468				1086
天津市	54						51
河北省	48						121
山西省	144						200
内蒙古自治区	139					34	137
辽宁省	267						66
其中:大连市	192						2
吉林省	98						9
黑龙江省	31						65
上海市	223	3					606
江苏省	151						2290
浙江省	115		5				626
其中:宁波市							440
安徽省	152						417
福建省	72						283
其中:厦门市							25
江西省	33					26	629
山东省	187				55	155	5824
其中:青岛市	5				55		17
河南省	95						343
湖北省	249		10		10		93
湖南省	42						804
广东省	202	1	880				1079
其中:深圳市	11						22
广西壮族自治区	73		577			100	1846
海南省	5						19
重庆市	63						303
四川省	687					2	2109
贵州省	24						27
云南省	8						357
西藏自治区							
陕西省	87						3169
甘肃省	34	1		1			303
青海省	80						47
宁夏回族自治区	11						2
新疆维吾尔自治区	16						212

2－69－14

单位:万元

地区	贷款转贷及产权参股					其他支出		
	小计	国内贷款	国外贷款	产权参股	其他贷款转贷及产权参股支出	小计	补充全国社会保障基金	其他支出
地方合计	**602**			**560**	**42**	**18968**	**14**	**18954**
北京市						504		504
天津市								
河北省						747		747
山西省						9		9
内蒙古自治区								
辽宁省								
其中:大连市								
吉林省						675		675
黑龙江省						20		20
上海市						271		271
江苏省	560			560		1570		1570
浙江省						3409		3409
其中:宁波市						70		70
安徽省						388		388
福建省	42				42	300		300
其中:厦门市								
江西省						1188		1188
山东省						754		754
其中:青岛市						393		393
河南省						738	14	724
湖北省						410		410
湖南省						377		377
广东省						3235		3235
其中:深圳市						702		702
广西壮族自治区						112		112
海南省								
重庆市						975		975
四川省						500		500
贵州省						122		122
云南省								
西藏自治区						190		190
陕西省						1061		1061
甘肃省						262		262
青海省						25		25
宁夏回族自治区						355		355
新疆维吾尔自治区						771		771

2007 年各省、自治区、直辖市教育附加及基金支出明细表

2－70－1　　　　单位:万元

地　　区	合　计	工资福利支出				
		小　计	基本工资	津贴补贴	奖　金	社会保障缴　费
地　方　合　计	**5787763**	**208445**	**71288**	**63505**	**35379**	**9393**
北京市	221530	71	38	11	1	4
天津市	63079	301				
河北省	270923	4895	1884	631	796	26
山西省	168079	4994	2138	2370	124	43
内蒙古自治区	139653	5275	4176	329	39	15
辽宁省	232356	10124	6389	2303	86	960
其中:大连市	46340	530	530			
吉林省	53674	107	65	24	5	3
黑龙江省	177816	30128	14481	13296	2109	138
上海市	341502	407	1	21	330	
江苏省	638499	18451	6757	6311	1882	829
浙江省	687655	38042	4084	6460	20484	2856
其中:宁波市	151229	17217	1274	1286	11841	1475
安徽省	167039	5419	856	664	140	483
福建省	157251	9196	2750	3274	599	535
其中:厦门市	48597	240	92			
江西省	83014	2107	978	960	35	5
山东省	471187	8254	1673	3768	293	2142
其中:青岛市	52843	150				150
河南省	229350	29016	10778	12743	4714	71
湖北省	207751	2546	1306	387	64	454
湖南省	157438	11956	4280	4486	666	389
广东省	412780	6503	3935	891	530	45
其中:深圳市	106986	10		10		
广西壮族自治区	126706	1439	139	177	60	8
海南省	15739	11		3		
重庆市	76997	994				17
四川省	215753	3567	311	529	1528	181
贵州省	86111	2506	1094	626	132	2
云南省	98285	420	3	61	121	26
西藏自治区	1607					
陕西省	101376	2771	7	25	101	20
甘肃省	67141	8036	2795	3046	532	90
青海省	11344	12	3			
宁夏回族自治区	27030	340	313	22	2	
新疆维吾尔自治区	79098	557	54	87	6	51

二、地方财政预算收支情况

2－70－2

单位:万元

地　　区	工资福利支出				商品和服务支出		
	伙食费	伙　食 补助费	绩效 工资	其他工资 福利支出	小　计	办公费	印刷费
地　方　合　计	**168**	**677**	**1914**	**26121**	**2036554**	**153550**	**10419**
北京市		2		15	90054	2817	199
天津市				301	13923	664	1
河北省	1	70	39	1448	88379	16143	887
山西省		6		313	64856	4913	477
内蒙古自治区		1	4	711	59834	4252	289
辽宁省		27	12	347	109004	9261	178
其中:大连市					24527	5248	14
吉林省			10		14179	2323	312
黑龙江省	5	17		82	64702	5464	959
上海市				55	92605	32	
江苏省		46	31	2595	207013	13700	484
浙江省	11	282		3865	165898	8487	916
其中:宁波市	11	51		1279	39354	2958	142
安徽省	7	28	323	2918	62890	5097	108
福建省	2	37	63	1936	53293	3536	1125
其中:厦门市				148	15621	346	5
江西省	2			127	32870	1010	55
山东省		1		377	194595	27601	1063
其中:青岛市					19969	977	18
河南省		5	133	572	76437	11100	754
湖北省			18	317	126851	3742	250
湖南省		32	31	2072	47165	1368	116
广东省	10		26	1066	186810	4804	961
其中:深圳市					69040	399	73
广西壮族自治区			6	1049	46586	1179	81
海南省				8	6575	116	12
重庆市		8	11	958	29673	3085	126
四川省				1018	62679	3850	173
贵州省		80		572	22225	3668	112
云南省			4	205	32793	7501	355
西藏自治区					25		
陕西省	130	5	1200	1283	27373	4550	253
甘肃省			3	1570	24389	1554	80
青海省				9	3174	140	18
宁夏回族自治区				3	5847	190	8
新疆维吾尔自治区		30		329	23857	1403	67

2－70－3　　　　单位:万元

地　　区	商品和服务支出						
	咨询费	手续费	水　费	电　费	邮电费	取暖费	物　业 管理费
地　方　合　计	**254**	**5466**	**8065**	**14296**	**4350**	**37377**	**7483**
北京市	6		143	374	58	328	962
天津市			6	32	1	292	
河北省	2	332	395	1113	420	5598	52
山西省	30	484	733	962	104	3071	31
内蒙古自治区	2	19	127	250	102	3681	91
辽宁省	6	120	173	315	86	3338	55
其中:大连市			13	13	4	74	2
吉林省	3	207	28	184	26	2831	15
黑龙江省	5	6	1003	1232	471	8836	2740
上海市							13
江苏省	7	103	1089	1475	467	125	522
浙江省		88	900	1614	870		149
其中:宁波市		1	182	330	177		43
安徽省	3	9	160	212	120	34	40
福建省	10	54	108	233	64		100
其中:厦门市				5			83
江西省	44	315	59	146	41	9	31
山东省	7	895	1042	1555	370	4852	1291
其中:青岛市			7	66	19	387	9
河南省	33	236	669	1229	296	455	73
湖北省		5	127	310	79	37	40
湖南省			194	308	94	39	11
广东省	66	1309	221	842	201		746
其中:深圳市	66				28		120
广西壮族自治区		3	74	87	33		
海南省			2	55			14
重庆市		2	194	290	94		6
四川省	9	915	260	922	135	32	385
贵州省	14	78	18	43	16		
云南省	7	73	34	38	26		36
西藏自治区							
陕西省		57	131	281	55	928	2
甘肃省		3	96	99	89	942	71
青海省		70	8	7	13	150	
宁夏回族自治区			11	20	5	208	5
新疆维吾尔自治区		83	60	68	14	1591	2

2-70-4 单位:万元

地区	商品和服务支出					
	交通费	差旅费	出国费	维修(护)费	租赁费	会议费
地方合计	**11712**	**11961**	**1357**	**687722**	**5424**	**11656**
北京市	334	113	39	52925	464	753
天津市	4	43		4580		22
河北省	875	528	12	29115	391	721
山西省	397	448	4	26339	208	596
内蒙古自治区	473	583		29770	3	298
辽宁省	641	463	29	40439	215	1865
其中:大连市	80	126		13223	15	1653
吉林省	218	179	10	6257	31	127
黑龙江省	1577	873	1	17427	17	195
上海市				52503		
江苏省	1067	629	57	37672	919	839
浙江省	1080	3846	447	49691	805	1771
其中:宁波市	337	971	152	6428	191	546
安徽省	177	177	10	9775	129	108
福建省	91	143		13655	26	84
其中:厦门市	1	21		1026	12	19
江西省	143	125	23	7865	7	94
山东省	1314	676		85769	470	778
其中:青岛市	55	29		11987	14	74
河南省	553	530		30300	312	441
湖北省	211	181	22	22327	26	190
湖南省	313	290		16557		265
广东省	287	445	595	45305	342	792
其中:深圳市	2	53	582	13154		41
广西壮族自治区	135	51		13553		113
海南省	17	34	5	3558		27
重庆市	104	244		15866	178	102
四川省	330	301	75	25992	525	623
贵州省	366	258		4126	43	159
云南省	205	111	2	12078	156	384
西藏自治区						
陕西省	227	229		12753	76	236
甘肃省	147	191	26	11127	68	43
青海省	94	44		793		5
宁夏回族自治区	78	28		1389	7	16
新疆维吾尔自治区	254	198		8216	6	9

2 - 70 - 5 单位:万元

地区	商品和服务支出						
	培训费	招待费	专用材料费	被装购置费	专用燃料费	劳务费	委托业务费
地方合计	**38286**	**7659**	**56667**	**2931**	**707**	**17319**	**2398**
北京市	2951	70	2633	1		554	18
天津市	56	4	9	33		17	
河北省	2003	154	3171	80	70	832	31
山西省	1107	234	3309	304	97	558	9
内蒙古自治区	622	176	935	247	6	444	
辽宁省	3298	93	6897	20	66	1191	146
其中:大连市	1616	16	1583	20	65	725	30
吉林省	327	9	755		36	36	25
黑龙江省	691	427	1693	30	94	763	23
上海市	3170		4				
江苏省	2638	901	3113	135	76	1492	226
浙江省	4591	1896	2993	152	13	2681	226
其中:宁波市	1261	802	502	84		1184	1
安徽省	530	157	321	12	21	193	
福建省	1195	89	2210	343	1	1475	97
其中:厦门市	259		161			15	
江西省	134	207	862	10		531	
山东省	3438	865	11252	73	39	1499	491
其中:青岛市	834	411	102	1	5	14	
河南省	2900	376	6659	147	24	512	94
湖北省	1134	207	739	5		212	
湖南省	602	555	659		53	208	302
广东省	1411	276	3226	718	19	1549	230
其中:深圳市	176	8	71			143	115
广西壮族自治区	235	33	98	52	1	316	
海南省	190	22	19	8		14	
重庆市	430	56	1033	2	8	262	6
四川省	1619	154	1909	29	10	645	10
贵州省	893	129	446	31		296	38
云南省	951	328	194	10	13	78	10
西藏自治区							
陕西省	434	135	478	93	8	254	301
甘肃省	305	60	187	323		151	9
青海省	56	22	22	50		28	8
宁夏回族自治区	109	6	71			65	
新疆维吾尔自治区	266	18	770	23	52	463	98

2－70－6

单位:万元

地　　区	商品和服务支出			对个人和家庭的补助			
	工会经费	福利费	其他商品和服务支出	小　计	离休费	退休费	退职(役)费
地　方　合　计	**4396**	**10936**	**924163**	**157713**	**219**	**13719**	**167**
北京市	12		24300	6282			
天津市			8159	309			
河北省	87	289	25078	4788	17	137	
山西省	71	208	20162	2034	4	505	
内蒙古自治区	4	80	17380	4001	3	102	
辽宁省	37	173	39899	12418	16	1856	1
其中:大连市			7	3197			
吉林省	31	7	202	108		14	
黑龙江省	846	2956	16373	5121	14	204	2
上海市			36883	2137			
江苏省	476	1402	137399	9682	25	1010	14
浙江省	1043	3072	78567	35910	54	2024	9
其中:宁波市	350	799	21913	10334		722	2
安徽省	18	112	45367	3187	26	864	
福建省	88	192	28374	7361		828	
其中:厦门市			13668				
江西省	13	201	20945	977		80	
山东省	143	528	48584	20547	1	152	23
其中:青岛市		20	4940	55			
河南省	320	401	18023	5212	29	1805	
湖北省	77	135	96795	4853	8	781	5
湖南省	120	306	24805	4222	22	2590	
广东省	567	404	121494	5326		8	4
其中:深圳市			54009	85			
广西壮族自治区	42	2	30498	1155		5	4
海南省		2	2480	191			
重庆市	25	46	7514	2682			19
四川省	117	201	23458	7000		81	50
贵州省	19	16	11456	2767		607	
云南省	37	7	10159	4930			36
西藏自治区			25				
陕西省	32	51	5809	2478		31	
甘肃省	144	133	8541	1337		35	
青海省	22	1	1623	81			
宁夏回族自治区		4	3627	228			
新疆维吾尔自治区	5	7	10184	389			

2 – 70 – 7 单位:万元

地　　区	对个人和家庭的补助						
	抚恤金	生活补助	救济费	医疗费	助学金	奖励金	生产补贴
地　方　合　计	**412**	**9367**	**415**	**2806**	**71014**	**3151**	**184**
北京市					6257	25	
天津市					53		
河北省	5	914			3360	52	
山西省	5	202	25	31	789	4	80
内蒙古自治区	2	465	2	27	2099	29	
辽宁省	28	1010			8026	110	
其中:大连市	11	182			2910	94	
吉林省	7	29		3	2	47	
黑龙江省	51	57		76	757	103	
上海市					2068	69	
江苏省	69	639	1	113	381	106	
浙江省	28	250	5	1449	11486	226	
其中:宁波市	8	80	2	66	6167	50	
安徽省	1	127	1	258	549	23	2
福建省	19	1233		29	4254	50	
其中:厦门市							
江西省	6	147	18	10	352	7	
山东省	6	278	21	64	13441	1001	
其中:青岛市					54		
河南省	70	542	37	154	603		3
湖北省	3	15		4	1409	22	
湖南省	28	341	5	7	278		
广东省	4	30	6	393	1140	138	
其中:深圳市				1	20	4	
广西壮族自治区		159	5		767	28	
海南省					170	4	
重庆市	1	74		17	2192	10	1
四川省	43	186	277	1	4885	356	
贵州省	18	4			1473	80	
云南省		734		30	3251	364	
西藏自治区							
陕西省	4	1664	9	12	533	172	7
甘肃省	14	21		123	294	36	
青海省		59	3		4		
宁夏回族自治区		35		5	27		91
新疆维吾尔自治区		152			114	89	

2－70－8

单位:万元

地　　区	对个人和家庭的补助				对企事业单位的补贴		
	住　房公积金	提租补贴	购房补贴	其他对个人和家庭的补助支出	小　计	企业政策性补　　贴	事业单位补　　贴
地　方　合　计	**12749**	**316**	**17369**	**25825**	**40265**	**525**	**17658**
北京市					1660		22
天津市			224	32	3827		
河北省	23			280	2696		101
山西省	37			352	77		
内蒙古自治区			3	1269	996		964
辽宁省	83	57	2	1229	1560	198	291
其中:大连市					489	198	291
吉林省	5	1					
黑龙江省	2765	57		1035	1015		1015
上海市							
江苏省	492	151	5380	1301	2941		2114
浙江省	7074	6	9283	4016	2175	9	332
其中:宁波市	2290	2	57	888	161		29
安徽省	737	8		591	1975		883
福建省	235	16		697	96	92	
其中:厦门市							
江西省	14			343	730		311
山东省	433	8	2020	3099	4267		3913
其中:青岛市				1			
河南省	28			1941	4077		2930
湖北省	37	6		2563	865		
湖南省	201			750	322		2
广东省	68		24	3511	1912		208
其中:深圳市				60	20		
广西壮族自治区	40			147	4146		2029
海南省				17			
重庆市				368	12		7
四川省	179			942	200		130
贵州省	45	6	416	118	734		5
云南省	18			497	1298		
西藏自治区							
陕西省	6		2	38	803		803
甘肃省	207		15	592	57		
青海省				15			
宁夏回族自治区	13			57			
新疆维吾尔自治区	9			25	1824	226	1598

2-70-9

单位:万元

地　　区	对企事业单位的补贴		赠　与			债务利息支出	
	财政贴息	其他对企事业单位的补贴支出	小　计	对国内的赠　与	对国外的赠　与	小　计	国库券付　息
地　方　合　计	**11085**	**10997**	**1146**	**1146**		**949**	
北京市	1638						
天津市		3827					
河北省	759	1836					
山西省		77					
内蒙古自治区	2	30					
辽宁省	1071					124	
其中:大连市							
吉林省							
黑龙江省							
上海市							
江苏省	165	662	104	104			
浙江省	619	1215	383	383			
其中:宁波市	7	125					
安徽省	200	892					
福建省	4						
其中:厦门市							
江西省		419					
山东省	354						
其中:青岛市							
河南省	967	180	629	629			
湖北省	865					40	
湖南省	320						
广东省	1684	20					
其中:深圳市		20					
广西壮族自治区	747	1370	30	30			
海南省							
重庆市		5					
四川省	70						
贵州省	729					502	
云南省	891	407				283	
西藏自治区							
陕西省							
甘肃省		57					
青海省							
宁夏回族自治区							
新疆维吾尔自治区							

二、地方财政预算收支情况

2-70-10

单位:万元

地区	债务利息支出					基本建设支出	
	向国家银行借款付息	其他国内借款付息	向国外政府借款付息	向国际组织借款付息	其他国外借款付息	小计	房屋建筑物购建
地方合计	**668**	**117**		**124**	**40**	**578118**	**359203**
北京市						11617	1037
天津市						5045	
河北省						36175	19750
山西省						13558	12910
内蒙古自治区						23697	20291
辽宁省				124		12406	8129
其中:大连市							
吉林省						676	615
黑龙江省						26558	15256
上海市						8123	141
江苏省						42394	27648
浙江省						110577	68368
其中:宁波市						19655	14535
安徽省						12108	8295
福建省						21009	14846
其中:厦门市						11759	6511
江西省						13096	4457
山东省						34456	20683
其中:青岛市						17753	11813
河南省						36812	30006
湖北省					40	9602	3419
湖南省						22056	16327
广东省						26078	12000
其中:深圳市							
广西壮族自治区						19600	9950
海南省						1218	859
重庆市						4303	2700
四川省						18090	13898
贵州省	502					5984	3640
云南省	166	117				13097	9199
西藏自治区							
陕西省						1714	812
甘肃省						6892	5763
青海省						1401	300
宁夏回族自治区						10902	8501
新疆维吾尔自治区						28874	19403

2-70-11

单位:万元

地　　区	基本建设支出							
	办公设备购　置	专用设备购　置	交通工具购　置	基础设施建　设	大型修缮	信息网络购　建	物资储备	其他基本建设支出
地　方　合　计	**10311**	**20805**	**113**	**73972**	**30249**	**3219**		**80246**
北京市	2144	2789		82	670	252		4643
天津市				5045				
河北省	291	290		4773	1206	13		9852
山西省	10	306		200	73	40		19
内蒙古自治区	260	643	24	1225	683	93		478
辽宁省	119	331		3371	89			367
其中:大连市								
吉林省	61							
黑龙江省	20	58		817	6411			3996
上海市	190				272			7520
江苏省	529	2237		2644	374	64		8898
浙江省	1133	1998		15406	8001	145		15526
其中:宁波市	84	317		1413	1828			1478
安徽省	177	135		401	220	376		2504
福建省	2106	2455	13	1497	75	12		5
其中:厦门市	2098	2149		979	10	12		
江西省	134	303	2	3210	700	100		4190
山东省	499	5126		5165	717	16		2250
其中:青岛市	57	2117		2716	180	15		855
河南省	938	144		2067	1963	162		1532
湖北省	288	91	50	4179	553			1022
湖南省	394	316		2244	131	29		2615
广东省	209	1058		5128	2796	212		4675
其中:深圳市								
广西壮族自治区	443	1467	18	3526	1430	255		2511
海南省	129			8		135		87
重庆市	3	86		205	225			1084
四川省	24	301		1580	2209	3		75
贵州省	4	2	6	105	105			2122
云南省	82	54		3188	145	197		232
西藏自治区								
陕西省	65	85		429	323			
甘肃省	38	123		115				853
青海省		7		1094				
宁夏回族自治区		167		589	238			1407
新疆维吾尔自治区	21	233		5679	640	1115		1783

二、地方财政预算收支情况

2－70－12

单位:万元

地　　区	其他资本性支出						
	小　计	房屋建筑物购　　建	办公设备购　　置	专用设备购　　置	交通工具购　　置	基础设施建　　设	大型修缮
地　方　合　计	**2318039**	**947639**	**141948**	**307979**	**6829**	**187154**	**319694**
北京市	107421	11190	12446	38296	1369	8962	17967
天津市	30260	13759	602	7256	48	1789	6075
河北省	109504	45874	4637	14945	485	17467	16895
山西省	81965	18882	9955	12054	231	6947	22236
内蒙古自治区	45850	26263	4442	3737	146	1506	5349
辽宁省	85801	17257	4353	13497	268	6895	36736
其中:大连市	17597	1221	1081	4817		3778	3522
吉林省	38597	15451	2679	3969	124	3212	8342
黑龙江省	50214	29524	2466	9622	614	2389	4425
上海市	67950	10965	5735	26369	131		736
江苏省	325539	113541	12487	31363	254	16007	29332
浙江省	245097	139186	13069	30253	234	13197	11980
其中:宁波市	60142	32933	3914	9340	26	1417	2911
安徽省	74378	36161	1250	7689	162	8491	5220
福建省	58207	29471	3308	9097	80	2695	5520
其中:厦门市	20510	6334	2139	4719	42	721	1341
江西省	27441	14611	1950	2215	103	1158	4972
山东省	206618	94216	12471	24528	103	14526	43127
其中:青岛市	14395	8133	1286	926			2406
河南省	74999	33236	6568	5427	326	9361	8795
湖北省	50988	13382	2170	4031	177	9343	9780
湖南省	60966	36369	998	1996	58	6623	5444
广东省	146327	31017	22032	24919	868	9178	25575
其中:深圳市	30102	492	13019	4893	173	381	6239
广西壮族自治区	45848	24748	1218	1971		5489	4277
海南省	6329	729	182	129		241	8
重庆市	38186	25339	1474	2258	93	1354	3659
四川省	118050	63351	4673	14615	155	4912	16010
贵州省	48846	17897	3920	4608	115	10429	4147
云南省	45301	31065	806	3169	36	2802	4188
西藏自治区	1298	50	33	1215			
陕西省	60738	21709	2695	4928	155	14973	10979
甘肃省	26414	16974	726	905	52	2031	2036
青海省	6483	1230	151	533	14	2528	851
宁夏回族自治区	9488	2804	830	489		1362	714
新疆维吾尔自治区	22936	11388	1622	1896	428	1287	4319

2－70－13

单位:万元

地　　区	其他资本性支出						
	信息网络购　建	物资储备	土地补偿	安置补助	地上附着物和青苗补偿	拆迁补偿	其他资本性支　出
地 方 合 计	**49544**	**167**	**10551**	**2948**	**932**	**9966**	**332688**
北京市	3730						13461
天津市	300						431
河北省	5387	30	148			43	3593
山西省	7324		113		30		4193
内蒙古自治区	555		413	40	1	814	2584
辽宁省	4045	5		2		25	2718
其中:大连市	1929	5		2			1242
吉林省	571		80			376	3793
黑龙江省	865						309
上海市	2		354				23658
江苏省	2060	108	683		371	1039	118294
浙江省	2115		361		243	2550	31909
其中:宁波市	734		118				8749
安徽省	344		460			650	13951
福建省	995		613			365	6063
其中:厦门市	501						4713
江西省	36		42	9			2345
山东省	1774		293	1837		835	12908
其中:青岛市	180						1464
河南省	1395	14				453	9424
湖北省	498		663			1976	8968
湖南省	634	10	484	48			8302
广东省	9044		443		166		23085
其中:深圳市	2814		6				2085
广西壮族自治区	1424		85				6636
海南省	166		380			2	4492
重庆市	1547		215			39	2208
四川省	1596		197	1000	5	216	11320
贵州省	997		823		116	138	5656
云南省	93		1192				1950
西藏自治区							
陕西省	534		847			6	3912
甘肃省	1053		1309			15	1313
青海省	10		301				865
宁夏回族自治区	363		50			62	2814
新疆维吾尔自治区	87		2	12		362	1533

2－70－14

单位:万元

地区	贷款转贷及产权参股					其他支出		
	小计	国内贷款	国外贷款	产权参股	其他贷款转贷及产权参股支出	小计	补充全国社会保障基金	其他支出
地方合计	**2905**	**16**		**2889**		**443629**		**443629**
北京市						4425		4425
天津市	2889			2889		6525		6525
河北省						24486		24486
山西省						595		595
内蒙古自治区								
辽宁省						919		919
其中:大连市								
吉林省						7		7
黑龙江省						78		78
上海市						170280		170280
江苏省						32375		32375
浙江省						89573		89573
其中:宁波市						4366		4366
安徽省						7082		7082
福建省						8089		8089
其中:厦门市						467		467
江西省						5793		5793
山东省						2450		2450
其中:青岛市						521		521
河南省						2168		2168
湖北省						12006		12006
湖南省						10751		10751
广东省						39824		39824
其中:深圳市						7729		7729
广西壮族自治区	16	16				7886		7886
海南省						1415		1415
重庆市						1147		1147
四川省						6167		6167
贵州省						2547		2547
云南省						163		163
西藏自治区						284		284
陕西省						5499		5499
甘肃省						16		16
青海省						193		193
宁夏回族自治区						225		225
新疆维吾尔自治区						661		661

2007 年各省、自治区、直辖市其他教育支出明细表

2－71－1

单位:万元

地　　区	合　计	工资福利支出				
		小　计	基本工资	津贴补贴	奖　金	社会保障缴　费
地　方　合　计	**1870343**	**262371**	**111660**	**65973**	**36591**	**12953**
北京市	218161	22999	6510	9650	1644	1102
天津市	31311	8039	3452	2441	523	444
河北省	49272	5890	3175	851	208	207
山西省	28881	7737	4449	1791	485	378
内蒙古自治区	28791	5581	2777	2019	247	127
辽宁省	80186	10471	4998	2890	944	591
其中:大连市	28607	3084	1134	633	691	399
吉林省	33122	9615	5430	3034	248	189
黑龙江省	16167	2760	1678	891	120	30
上海市	280505	36705	12105	4254	13220	2836
江苏省	57507	13671	4405	3150	3508	794
浙江省	121631	19153	6024	4714	5108	1250
其中:宁波市	9536	2108	280	293	1098	185
安徽省	21361	2748	860	1673	74	27
福建省	29268	4568	2047	850	245	110
其中:厦门市	4323	1561	721	175	59	21
江西省	26578	3730	2157	820	151	55
山东省	110259	12830	6588	3956	447	1087
其中:青岛市	6679	2929	1573	743	30	393
河南省	69000	15384	8849	4303	1254	261
湖北省	98295	20458	8062	4306	2441	565
湖南省	51329	9786	4903	2767	355	484
广东省	269443	18258	7441	4231	1302	1310
其中:深圳市	77613	836	135	369	87	34
广西壮族自治区	15709	2559	1241	591	401	68
海南省	10240	409	257	73	27	17
重庆市	29916	4464	1750	1388	615	135
四川省	59482	7937	4264	1456	1188	247
贵州省	29476	2255	1113	686	158	25
云南省	22012	1944	876	579	259	28
西藏自治区	19745	1944	468	403	903	100
陕西省	32747	6074	3792	1305	153	59
甘肃省	8792	1132	726	228	31	3
青海省	4264	339	137	139	24	5
宁夏回族自治区	2290	92	38	30	3	
新疆维吾尔自治区	14603	2839	1088	504	305	419

2-71-2

单位:万元

地　　区	工资福利支出				商品和服务支出		
	伙食费	伙 食 补助费	绩效 工资	其他工资 福利支出	小 计	办公费	印刷费
地 方 合 计	**132**	**2070**	**6710**	**26282**	**781024**	**48541**	**18844**
北京市	31	234	826	3002	88146	3621	636
天津市	11	151	134	883	11964	1582	72
河北省	6	295	8	1140	21457	1885	1585
山西省		125	8	501	7490	1169	179
内蒙古自治区	3	12	14	382	16079	861	700
辽宁省	24	118	192	714	32859	2730	1458
其中:大连市	1	13	34	179	14787	1745	72
吉林省		81	431	202	13671	2655	784
黑龙江省		8	12	21	5524	454	418
上海市	19	295		3976	90953	1302	596
江苏省	10	92	172	1540	31727	1185	319
浙江省	5	298	25	1729	40256	4172	1023
其中:宁波市	2	17		233	2133	104	36
安徽省		1		113	8256	341	126
福建省		15	135	1166	12136	656	558
其中:厦门市		14	70	501	2395	64	1
江西省		8	1	538	16165	516	495
山东省		27	25	700	38392	3420	2138
其中:青岛市		1	8	181	2701	166	6
河南省	2	9	81	625	37136	8722	1250
湖北省	11	78	3387	1608	43630	2170	943
湖南省		4	383	890	26673	991	750
广东省	7		311	3656	135911	3972	1492
其中:深圳市				211	76165	37	4
广西壮族自治区		5		253	6380	524	157
海南省		1		34	2226	122	149
重庆市		10	10	556	15897	1426	1002
四川省	1	142	118	521	20406	645	364
贵州省	2	25	13	233	4953	277	558
云南省			2	200	11030	1042	97
西藏自治区				70	9047	80	10
陕西省		22	370	373	19183	1083	390
甘肃省			22	122	4104	173	18
青海省		7		27	1575	471	1
宁夏回族自治区				21	1113	62	16
新疆维吾尔自治区		7	30	486	6685	232	560

2－71－3

单位:万元

地　　区	商品和服务支出						
	咨询费	手续费	水　费	电　费	邮电费	取暖费	物业管理费
地　方　合　计	**906**	**400**	**3913**	**10812**	**7053**	**9844**	**4055**
北京市	4	4	117	952	316	2872	1417
天津市	56	7	171	597	159	626	38
河北省	12	1	84	334	638	519	30
山西省		3	56	131	112	362	10
内蒙古自治区		1	181	92	214	284	2
辽宁省	12	8	257	314	331	962	86
其中:大连市	7	5	27	115	63	282	6
吉林省	2	26	50	215	233	1795	18
黑龙江省	4	2	25	52	44	506	2
上海市	262	17	207	905	906		601
江苏省	3	3	72	367	262		152
浙江省	11	3	51	254	348		39
其中:宁波市			13	31	29		5
安徽省			60	120	58	9	3
福建省	1	2	41	123	170		45
其中:厦门市			6	19	6		
江西省	3	2	101	252	220	1	89
山东省	129	22	400	1031	523	1301	200
其中:青岛市	1		7	32	17	52	4
河南省	1	1	910	1584	272	67	38
湖北省	1	113	167	584	364	44	83
湖南省	11	3	98	349	240	13	43
广东省	358	99	570	1752	636		1028
其中:深圳市			18	38	5		51
广西壮族自治区		1	48	139	86		23
海南省			5	24	52		7
重庆市	5	1	23	123	172		41
四川省	4	13	53	137	192	5	7
贵州省	2	2	5	37	126		7
云南省	14	14	31	32	62		1
西藏自治区			29	36	45	1	10
陕西省	8	37	45	122	118	185	6
甘肃省			11	11	10	54	
青海省			12	20	4	76	
宁夏回族自治区			2	3	4	4	
新疆维吾尔自治区	3	15	31	120	136	158	29

2－71－4

单位:万元

地区	商品和服务支出					
	交通费	差旅费	出国费	维修(护)费	租赁费	会议费
地方合计	**13632**	**12691**	**2653**	**80040**	**3519**	**19815**
北京市	946	761	616	19831	636	2172
天津市	440	216	23	1275	54	643
河北省	695	477	112	1293	260	1554
山西省	396	370	30	823	32	551
内蒙古自治区	333	568	76	2285	30	398
辽宁省	866	748	527	8872	125	1289
其中:大连市	212	138	23	7837	5	397
吉林省	533	403	35	1089	37	496
黑龙江省	112	105		1859	7	40
上海市	738	1127	383	5621	136	520
江苏省	528	419	112	2746	134	820
浙江省	531	682	124	2512	184	1086
其中:宁波市	47	83	13	38		213
安徽省	126	171	1	526	17	114
福建省	267	263	37	522	10	508
其中:厦门市	30	26		9	2	1
江西省	311	478	41	527	36	458
山东省	1261	638	38	4066	235	1116
其中:青岛市	80	35		27	14	37
河南省	879	715	18	2677	179	680
湖北省	857	749	70	2128	108	1554
湖南省	477	549	42	1458	150	1257
广东省	1127	1164	158	7827	405	1447
其中:深圳市	85	15		53	56	4
广西壮族自治区	211	153	19	1054	8	87
海南省	55	31	5	81		21
重庆市	490	566	86	2365	532	1119
四川省	342	328	10	1632	53	707
贵州省	165	147	8	21	12	163
云南省	193	108	61	3510	18	370
西藏自治区	154	141		1897		24
陕西省	314	236	12	222	80	204
甘肃省	35	26		724		31
青海省	22	33		260	1	65
宁夏回族自治区	6	8		59		10
新疆维吾尔自治区	222	311	9	278	40	311

2－71－5

单位:万元

地　　区	商品和服务支出						
	培训费	招待费	专用材料费	被装购置费	专用燃料费	劳务费	委托业务费
地方合计	**19835**	**10224**	**15224**	**1763**	**391**	**31733**	**7565**
北京市	1004	340	630	31	1	4849	1047
天津市	371	169	87	56		252	6
河北省	277	117	2451	6	27	1981	1646
山西省	276	340	105	62	5	429	48
内蒙古自治区	135	151	214		3	466	
辽宁省	2451	381	1063	6	49	2088	114
其中:大连市	1938	143	217		1	557	56
吉林省	480	154	414		27	1746	3
黑龙江省	263	73	343			252	52
上海市	586	830	173		132	1639	273
江苏省	1121	1001	524			2768	266
浙江省	1274	884	236	10		3352	117
其中:宁波市	97	56	122			63	
安徽省	71	130	71	3		289	87
福建省	159	170	574	8	1	393	890
其中:厦门市	5	4	3			45	
江西省	312	410	121	13		251	7
山东省	2562	399	669	13	35	811	359
其中:青岛市	114	42	20	1		35	
河南省	967	814	1893	1350	40	1251	40
湖北省	1107	832	699	2	17	416	620
湖南省	554	525	344	19	13	655	9
广东省	1971	787	2704	30	26	2733	256
其中:深圳市	31	10	76	12	26	47	
广西壮族自治区	213	150	212	11	2	566	150
海南省	42	26	3	3		291	562
重庆市	934	233	790	5	8	2373	14
四川省	1563	473	95		1	339	105
贵州省	55	94				204	768
云南省	482	247	7			235	6
西藏自治区		150	513	32		11	61
陕西省	322	204	249	3	2	120	59
甘肃省	70	24	23			6	
青海省	112	36	6	100		2	
宁夏回族自治区	5	8				6	
新疆维吾尔自治区	96	72	11		2	959	

2－71－6 单位：万元

地　　区	商品和服务支出			对个人和家庭的补助			
	工会经费	福利费	其他商品和服务支出	小　计	离休费	退休费	退职(役)费
地方合计	**4328**	**6869**	**446374**	**120447**	**1873**	**37764**	**70**
北京市	794	350	44199	11796	292	2204	
天津市	148	219	4697	4205	59	2623	
河北省	43	69	5361	2216	25	447	
山西省	20	148	1833	1140	75	791	3
内蒙古自治区	47	118	8920	1316	8	888	
辽宁省	93	199	7830	10748	61	1228	1
其中:大连市	19	79	843	2838			
吉林省	22	13	2441	3252	223	2733	3
黑龙江省	13	124	774	2765	78	1028	
上海市	488	665	72846	14674	169	1139	3
江苏省	178	348	18399	5816	194	4066	1
浙江省	474	470	22419	7070	66	3007	4
其中:宁波市	77	39	1067	182		108	
安徽省	5	73	5855	727	3	227	
福建省	80	74	6584	2357	4	173	
其中:厦门市	7	9	2158	259		1	
江西省	61	286	11174	1795	28	340	
山东省	127	196	16703	12983	138	6644	10
其中:青岛市	64	4	1943	483	1	2	3
河南省	220	306	12262	2990	57	479	
湖北省	346	679	28977	16813	207	4417	14
湖南省	120	201	17802	2125	66	1110	
广东省	233	1824	103312	4880		199	23
其中:深圳市	1		75596	89			
广西壮族自治区	54	47	2465	1236	11	690	
海南省	4	1	742	73		2	
重庆市	141	130	3318	1054	40	296	
四川省	111	173	13054	2186	4	874	7
贵州省	9	53	2240	881	48	410	
云南省	74	26	4400	396		32	
西藏自治区	376		5477	745		271	
陕西省	18	37	15107	1666	6	915	
甘肃省	3	6	2879	1538		32	
青海省	2		352	150			
宁夏回族自治区	2		918	6			
新疆维吾尔自治区	22	34	3034	848	11	499	1

2－71－7　　　　单位:万元

地区	对个人和家庭的补助						
	抚恤金	生活补助	救济费	医疗费	助学金	奖励金	生产补贴
地方合计	**1762**	**7246**	**315**	**2423**	**41636**	**2750**	**12**
北京市	590	19		138	818	6	
天津市	26	4		49		162	
河北省	95	491	244	12	691	8	5
山西省	4	44	1	20	14	47	
内蒙古自治区	14	70	10	6	98	54	
辽宁省	44	3122	9	42	5694	36	
其中:大连市	2	2646		3	91	4	
吉林省	34	61		12	6	2	
黑龙江省	9	465		1	799	156	5
上海市	111	10		142	12327		
江苏省	82	48	4	116	211	42	
浙江省	30	47		80	1257	234	
其中:宁波市		1			38	4	
安徽省	9	5		157	249		
福建省	11	469		3	1299	60	
其中:厦门市					106	7	
江西省	11	60	1	25	896	3	
山东省	28	380	10	184	2983	62	1
其中:青岛市		2		1	241		
河南省	119	803	19	16	1191	76	
湖北省	113	147		221	9174	570	
湖南省	99	150		133	161	27	
广东省	186	189		947	1000	606	1
其中:深圳市						7	
广西壮族自治区	14	39		17	282	3	
海南省		11		9		5	
重庆市	23	26	8	45	21	89	
四川省	36	110	7	7	319	135	
贵州省	7	4		16	65	112	
云南省	11	17			56	77	
西藏自治区					331	135	
陕西省	16	437	1	20	90	2	
甘肃省		17			1440	31	
青海省			1		145		
宁夏回族自治区							
新疆维吾尔自治区	40	1		5	19	10	

2-71-8

单位:万元

地区	对个人和家庭的补助				对企事业单位的补贴		
	住房公积金	提租补贴	购房补贴	其他对个人和家庭的补助支出	小计	企业政策性补贴	事业单位补贴
地方合计	**6825**	**910**	**8584**	**8277**	**13803**	**360**	**10909**
北京市	1180	349	5164	1036	6		
天津市	763	30	206	283			
河北省	104	2		92	8614		8614
山西省	112	6		23			
内蒙古自治区	30		1	137			
辽宁省	151	163	3	194	578	320	
其中:大连市		5		87			
吉林省	138	11		29			
黑龙江省	65	11	42	106	7	7	
上海市	233	3	71	466			
江苏省	453	99	21	479	1505		5
浙江省	821	2	1020	502	334		1
其中:宁波市			4	27	162		
安徽省	31	1	13	32	409		409
福建省	114	61	1	162			
其中:厦门市	50	48		47			
江西省	184			247	3		3
山东省	427	136	1697	283	767		767
其中:青岛市	84	132	1	16			
河南省	109		1	120	727		727
湖北省	568	15	16	1351			
湖南省	265		2	112	10		10
广东省	461		167	1101	76		76
其中:深圳市			81	1	76		76
广西壮族自治区	55			125	1		1
海南省	2			44			
重庆市	99			407	376		296
四川省	59		2	626			
贵州省	39	16	47	117	80		
云南省	53		100	50	307	33	
西藏自治区				8			
陕西省	151	5		23			
甘肃省	2			16	3		
青海省	2			2			
宁夏回族自治区				6			
新疆维吾尔自治区	154		10	98			

2-71-9

单位:万元

地区	对企事业单位的补贴		赠与			债务利息支出	
	财政贴息	其他对企事业单位的补贴支出	小计	对国内的赠与	对国外的赠与	小计	国库券付息
地方合计	**434**	**2100**	**324**	**324**		**262**	
北京市		6					
天津市							
河北省			1	1			
山西省							
内蒙古自治区							
辽宁省		258	250	250			
其中:大连市							
吉林省							
黑龙江省							
上海市			68	68			
江苏省		1500					
浙江省		333					
其中:宁波市		162					
安徽省							
福建省							
其中:厦门市							
江西省							
山东省							
其中:青岛市							
河南省						30	
湖北省							
湖南省							
广东省							
其中:深圳市							
广西壮族自治区							
海南省							
重庆市	80		5	5			
四川省						232	
贵州省	80						
云南省	274						
西藏自治区							
陕西省							
甘肃省		3					
青海省							
宁夏回族自治区							
新疆维吾尔自治区							

2－71－10

单位:万元

地区	债务利息支出					基本建设支出	
	向国家银行借款付息	其他国内借款付息	向国外政府借款付息	向国际组织借款付息	其他国外借款付息	小计	房屋建筑物购建
地方合计	**18**	**244**				**86366**	**59184**
北京市						12314	7340
天津市						12	
河北省						995	783
山西省						755	
内蒙古自治区						60	
辽宁省						4365	2500
其中:大连市						1815	
吉林省						308	119
黑龙江省							
上海市						9941	8372
江苏省						269	197
浙江省						3502	2203
其中:宁波市						163	84
安徽省						876	840
福建省						1246	102
其中:厦门市							
江西省						180	120
山东省						687	537
其中:青岛市						10	
河南省		30				1941	694
湖北省						5001	2756
湖南省						3479	2926
广东省						26853	20293
其中:深圳市							
广西壮族自治区						293	
海南省						594	219
重庆市						43	
四川省	18	214				3716	3695
贵州省						2931	2901
云南省						1157	543
西藏自治区						1180	1001
陕西省						2036	
甘肃省						460	60
青海省						496	350
宁夏回族自治区						637	633
新疆维吾尔自治区						39	

2－71－11　　　　　　　　　　　　　　　　　　　　　　　　　　　　单位:万元

地　区	基本建设支出							
	办公设备购　置	专用设备购　置	交通工具购　置	基础设施建　设	大型修缮	信息网络购　建	物资储备	其他基本建设支出
地　方　合　计	**592**	**2081**	**222**	**10964**	**2108**	**1863**		**9352**
北京市	66	3		600		－2		4307
天津市				11				1
河北省	68	2		142				
山西省				60		608		87
内蒙古自治区	50							10
辽宁省				607	208	1050		
其中:大连市				607	208	1000		
吉林省	19	2	83		85			
黑龙江省								
上海市								1569
江苏省	14	51			7			
浙江省	14	1134	46	27	3			75
其中:宁波市	4							75
安徽省	6							30
福建省	1					80		1063
其中:厦门市								
江西省	1			56	3			
山东省	3	109	19	11	8			
其中:青岛市	1	1			8			
河南省	26	1	41	904		4		271
湖北省	54	56	14	1063	862	26		170
湖南省	25	217		126	4	10		171
广东省	91	506		4688	243	87		945
其中:深圳市								
广西壮族自治区	3			19	250			21
海南省			15					360
重庆市	4		4		35			
四川省								21
贵州省								30
云南省				614				
西藏自治区								179
陕西省				2036				
甘肃省					400			
青海省	140							6
宁夏回族自治区	4							
新疆维吾尔自治区	3							36

二、地方财政预算收支情况

2－71－12　　　　单位:万元

地　　区	其他资本性支出						
	小　计	房屋建筑物购　建	办公设备购　置	专用设备购　置	交通工具购　置	基础设施建　设	大型修缮
地　方　合　计	**337444**	**118247**	**19098**	**36224**	**4173**	**21116**	**29215**
北京市	26191	1716	3487	5891	459	3742	3468
天津市	6917	3141	599	357	132	134	622
河北省	7942	4502	1013	123	201	314	305
山西省	10871	2681	218	654	293	78	3287
内蒙古自治区	5527	868	2555	1318	219	57	248
辽宁省	18168	6739	988	353	96	3430	5628
其中:大连市	4036	505	77	175		180	2507
吉林省	4670	982	287	350	150	1175	1371
黑龙江省	4965	1522	256	275	30	1252	1344
上海市	14476	5061	1429	1884	397		1579
江苏省	2734	186	656	863	42	244	320
浙江省	23868	15657	677	1135	187	112	1506
其中:宁波市	4722	903	12	91	24	5	223
安徽省	5278	495	38	32	21		
福建省	7366	363	175	78	115	73	73
其中:厦门市	98		27	29	15		10
江西省	3421	62	691	243	150	1065	115
山东省	44221	38294	968	879	235	2057	359
其中:青岛市	309		151	10	12	8	
河南省	9730	3391	1144	2238	66	166	987
湖北省	7958	2364	907	975	134	23	178
湖南省	6747	4570	206	952	148	29	115
广东省	78599	8896	1147	13920	220	3931	5166
其中:深圳市	382		41	4	30		
广西壮族自治区	3823	871	174	397	66	8	493
海南省	6814	22	81	1	24	15	
重庆市	7511	3856	538	914	271	484	23
四川省	16924	7004	336	1696	183	23	1524
贵州省	472	260	22	126	33		21
云南省	5446	3297	84	52	12	4	70
西藏自治区	97		21	25	51		
陕西省	1777	298	92	6	99	466	180
甘肃省	1492	573	63	50		757	41
青海省	1252	51	27	26	20	953	92
宁夏回族自治区	249	80	22		16	124	
新疆维吾尔自治区	1938	445	197	411	103	400	100

2－71－13

单位:万元

地　区	其他资本性支出						
	信息网络购建	物资储备	土地补偿	安置补助	地上附着物和青苗补偿	拆迁补偿	其他资本性支出
地方合计	**20614**		**760**	**247**		**11063**	**76687**
北京市	2186		2	1			5239
天津市	1308						624
河北省	1388						96
山西省	3282					63	315
内蒙古自治区	6						256
辽宁省	199						735
其中:大连市	100						492
吉林省	1		163				191
黑龙江省	40			246			
上海市	1602					2200	324
江苏省	73						350
浙江省	302		14				4278
其中:宁波市							3464
安徽省	4398						294
福建省	1098						5391
其中:厦门市							17
江西省							1095
山东省	785						644
其中:青岛市							128
河南省	370						1368
湖北省	163		300			800	2114
湖南省	149						578
广东省	1882					8000	35437
其中:深圳市							307
广西壮族自治区							1814
海南省	26						6645
重庆市	844						581
四川省	379		281				5498
贵州省	2						8
云南省	9						1918
西藏自治区							
陕西省	97						539
甘肃省							8
青海省	25						58
宁夏回族自治区							7
新疆维吾尔自治区							282

2-71-14

单位:万元

地　区	贷款转贷及产权参股					其他支出		
	小　计	国内贷款	国外贷款	产权参股	其他贷款转贷及产权参股支出	小　计	补充全国社会保障基金	其他支出
地方合计	**174**			**174**		**268128**		**268128**
北京市						56709		56709
天津市	174			174				
河北省						2157		2157
山西省						888		888
内蒙古自治区						228		228
辽宁省						2747		2747
其中:大连市						2047		2047
吉林省						1606		1606
黑龙江省						146		146
上海市						113688		113688
江苏省						1785		1785
浙江省						27448		27448
其中:宁波市						66		66
安徽省						3067		3067
福建省						1595		1595
其中:厦门市						10		10
江西省						1284		1284
山东省						379		379
其中:青岛市						247		247
河南省						1062		1062
湖北省						4435		4435
湖南省						2509		2509
广东省						4866		4866
其中:深圳市						65		65
广西壮族自治区						1417		1417
海南省						124		124
重庆市						566		566
四川省						8081		8081
贵州省						17904		17904
云南省						1732		1732
西藏自治区						6732		6732
陕西省						2011		2011
甘肃省						63		63
青海省						452		452
宁夏回族自治区						193		193
新疆维吾尔自治区						2254		2254

2007 年各省、自治区、直辖市科学技术类支出明细表

2－72－1　　　　单位:万元

地　　区	合　计	工资福利支出				
		小　计	基本工资	津贴补贴	奖　金	社会保障缴　费
地　方　合　计	**9798936**	**819017**	**357452**	**238259**	**105902**	**47882**
北京市	1052767	43228	16542	10435	9166	2559
天津市	209330	13488	4331	4616	2151	914
河北省	182252	22740	13016	6124	994	783
山西省	158611	18507	9773	5438	861	1393
内蒙古自治区	92272	17095	9534	5838	1018	256
辽宁省	436070	35272	17751	11323	2651	2454
其中:大连市	120693	2989	1349	917	209	441
吉林省	124156	24187	11724	8134	1160	935
黑龙江省	247638	33941	15293	14768	1926	1094
上海市	1316903	52945	18108	9625	15213	4640
江苏省	751694	51341	14739	13082	12574	3071
浙江省	829466	46580	11697	11823	14729	3651
其中:宁波市	172852	6275	926	1124	2725	1244
安徽省	181013	19184	9621	5844	1009	656
福建省	231962	24608	10253	7889	1381	1599
其中:厦门市	66093	2275	282	534	100	64
江西省	91124	16651	10383	3393	806	501
山东省	485981	51427	21591	19805	3038	3181
其中:青岛市	61441	3950	1320	1566	287	535
河南省	243829	29751	18065	8848	1075	856
湖北省	311913	23991	10506	5156	5332	1205
湖南省	233079	25303	11482	6985	2845	2254
广东省	1350519	72042	23220	26570	8886	5520
其中:深圳市	512915	7716	1860	3047	1240	385
广西壮族自治区	142115	20407	9900	5439	3119	413
海南省	29982	4356	2496	1027	355	306
重庆市	128929	10351	4979	2302	1260	130
四川省	226396	38184	20724	6796	5652	1476
贵州省	98564	17411	8870	5656	1221	649
云南省	164200	30746	13741	10834	1192	2034
西藏自治区	13529	4017	1219	2425	231	102
陕西省	205426	28074	16333	4305	3192	2443
甘肃省	76417	18501	9622	6524	776	728
青海省	26133	3978	1791	1913	120	14
宁夏回族自治区	39334	4784	2320	1790	215	172
新疆维吾尔自治区	117332	15927	7828	3552	1754	1893

2－72－2

单位：万元

地区	工资福利支出				商品和服务支出		
	伙食费	伙食补助费	绩效工资	其他工资福利支出	小计	办公费	印刷费
地方合计	**908**	**6282**	**11871**	**50461**	**4198693**	**171896**	**36323**
北京市	107	524	781	3114	435795	4091	1651
天津市	28	419	85	944	40918	1955	240
河北省	53	888	46	836	63075	10409	1261
山西省	15	76	207	744	46013	3416	793
内蒙古自治区		32	7	410	49928	3858	1624
辽宁省	19	40	599	435	108977	10334	1515
其中：大连市	3	3	67		11214	3736	349
吉林省		76	1977	181	35004	3684	910
黑龙江省	16	386	150	308	118784	14822	745
上海市	112	285	1180	3782	369083	4794	2398
江苏省	37	1081	775	5982	354220	3465	1415
浙江省	66	714	56	3844	335952	3369	1904
其中：宁波市	13	69		174	36127	283	134
安徽省	19	205	141	1689	70331	1993	899
福建省	8	78	156	3244	93249	3059	1086
其中：厦门市	4	8	5	1278	12363	219	73
江西省	11	15	63	1479	38581	1754	715
山东省	30	156	398	3228	207958	14384	2698
其中：青岛市		3	15	224	21966	1149	153
河南省	2	10	21	874	130137	21020	2224
湖北省	74	115	294	1309	207321	4416	1389
湖南省	15	67	251	1404	90363	2532	779
广东省	238	175	1392	6041	824799	21556	3124
其中：深圳市	196	40	1	947	477714	1874	288
广西壮族自治区	1	8	125	1402	78682	3731	1519
海南省		2	13	157	10079	266	142
重庆市	8	87	105	1480	75843	5523	921
四川省	9	111	386	3030	89120	5172	2042
贵州省	11	29	56	919	24739	2895	362
云南省	20	110	1440	1375	104198	5837	1370
西藏自治区		1		39	3016	98	3
陕西省	4	68	744	985	76360	7400	890
甘肃省	2	24	232	593	37346	1702	475
青海省	1	16	37	86	5252	233	67
宁夏回族自治区		5	5	277	12828	595	389
新疆维吾尔自治区	2	479	149	270	60742	3533	773

2－72－3

单位:万元

地　　区	商品和服务支出						
	咨询费	手续费	水　费	电　费	邮电费	取暖费	物　业 管理费
地　方　合　计	**19679**	**1388**	**8763**	**36305**	**24706**	**25674**	**20237**
北京市	339	8	365	2991	972	2423	3000
天津市	238	3	144	485	414	481	192
河北省	254	10	271	961	808	1377	270
山西省	191	32	239	744	410	887	174
内蒙古自治区	227	17	106	296	402	995	30
辽宁省	1557	247	390	2028	1165	3655	285
其中:大连市	146	1	122	194	100	446	46
吉林省	462	102	133	601	503	2198	69
黑龙江省	494	68	299	1083	660	3028	230
上海市	2686	50	381	3618	1881	466	8313
江苏省	1566	62	687	2063	1154	204	1130
浙江省	204	12	321	1595	1704		718
其中:宁波市	25		13	84	136		34
安徽省	142	13	176	583	563	75	194
福建省	203	11	232	657	804	3	227
其中:厦门市	64		2	23	49		58
江西省	216	10	151	706	516	29	193
山东省	2243	182	569	2079	1950	2496	857
其中:青岛市	851		3	36	69	54	6
河南省	346	56	348	1025	837	332	346
湖北省	836	31	223	1168	602	123	355
湖南省	272	20	291	1221	569	57	378
广东省	1383	42	851	4568	3216	1	1896
其中:深圳市	367	1	86	833	838		764
广西壮族自治区	316	18	292	1004	614		96
海南省	20	2	26	136	97		43
重庆市	489	10	112	365	532	22	177
四川省	441	147	454	1572	1445	48	431
贵州省	158	5	118	365	307	47	82
云南省	757	18	533	756	878		86
西藏自治区	7		44	70	64	7	75
陕西省	2800	82	608	2365	583	4428	160
甘肃省	231	6	150	485	353	735	91
青海省	47	1	62	101	97	158	40
宁夏回族自治区	23	10	41	121	81	180	12
新疆维吾尔自治区	531	113	146	493	525	1219	87

2－72－4

单位:万元

地　区	商品和服务支出					
	交通费	差旅费	出国费	维修(护)费	租赁费	会议费
地　方　合　计	**66397**	**73957**	**10633**	**84322**	**16385**	**70235**
北京市	2944	2487	1175	5289	1232	2739
天津市	646	402	130	1134	256	785
河北省	2883	1819	265	2755	263	2392
山西省	1598	1910	122	1835	144	1715
内蒙古自治区	1587	1905	70	1074	123	1204
辽宁省	3368	3274	435	3643	928	4466
其中:大连市	361	431	123	262	235	695
吉林省	1574	2086	168	1545	120	1538
黑龙江省	1962	2210	405	4408	120	1045
上海市	3840	3880	1785	8111	2845	5642
江苏省	3313	3982	761	4441	500	5935
浙江省	3100	3559	812	4983	719	4824
其中:宁波市	251	465	41	556	152	758
安徽省	1460	1618	229	1078	221	1181
福建省	1714	2385	321	1450	250	1329
其中:厦门市	95	70	40	67	29	213
江西省	1192	1784	227	736	321	1011
山东省	6804	4690	377	11710	733	4892
其中:青岛市	2240	863	57	75	31	215
河南省	2730	2989	233	2801	918	2703
湖北省	2002	2231	188	1599	296	3769
湖南省	1964	1799	152	1839	162	2307
广东省	5362	8198	936	8095	3295	6675
其中:深圳市	893	2055	313	418	578	1502
广西壮族自治区	1826	2083	318	1520	284	2564
海南省	367	354	27	253	139	294
重庆市	1120	2298	61	735	113	1036
四川省	3269	4094	276	3251	892	3561
贵州省	1315	887	211	910	154	948
云南省	2181	3618	431	2966	345	1878
西藏自治区	184	124		24	1	48
陕西省	2237	1826	97	2837	496	1095
甘肃省	1069	1226	116	1364	169	981
青海省	316	265	4	123	7	84
宁夏回族自治区	443	444	32	574	109	198
新疆维吾尔自治区	2027	3530	269	1239	230	1396

2-72-5

单位:万元

地　　区	商品和服务支出						
	培训费	招待费	专用材料费	被装购置费	专用燃料费	劳务费	委托业务费
地方合计	**42876**	**47636**	**329969**	**4301**	**12835**	**76170**	**81642**
北京市	1333	778	18413	109	26	2509	8262
天津市	383	554	3067	4	17	439	462
河北省	1168	688	8376	194	336	1379	505
山西省	1693	776	7679	81	51	1246	1256
内蒙古自治区	1378	423	3328	259	60	1295	3866
辽宁省	2609	1672	24441	77	484	2796	580
其中:大连市	419	234	1489			1042	10
吉林省	766	443	5323		275	1610	1361
黑龙江省	930	611	17001	171	216	1427	17645
上海市	754	2548	9433	131	97	7835	7340
江苏省	2155	4310	17096	280	104	6531	3742
浙江省	2359	5164	7413	52	26	7907	1782
其中:宁波市	392	541	352		4	1050	29
安徽省	1129	1227	1912	51	14	849	735
福建省	947	1649	5443	91	115	1817	7310
其中:厦门市	23	77	48	23		64	126
江西省	599	1104	2311	38	84	774	830
山东省	4870	2052	33470	57	2856	8521	2113
其中:青岛市	28	208	971		3	133	110
河南省	2474	2029	24274	59	266	3453	1672
湖北省	1564	1870	19392	617	279	1154	666
湖南省	929	2708	6421	177	49	921	1137
广东省	2812	6142	51182	1263	279	6613	10788
其中:深圳市	244	1159	1314		61	1539	1753
广西壮族自治区	1406	1302	5993	62	48	2686	781
海南省	272	207	832	19	17	160	201
重庆市	432	1187	2524	7	28	1697	160
四川省	1528	2044	5204	28	284	3080	745
贵州省	735	987	1060	33	19	713	200
云南省	3084	2573	11646	52	185	2591	1607
西藏自治区	35	71	426			7	
陕西省	1168	772	23525	116	1100	2292	2733
甘肃省	851	515	2371	146	126	676	85
青海省	113	77	342	15	14	210	200
宁夏回族自治区	267	195	637	40	344	377	274
新疆维吾尔自治区	2133	958	9434	72	5036	2605	2604

二、地方财政预算收支情况

2－72－6

单位:万元

地区	商品和服务支出			对个人和家庭的补助			
	工会经费	福利费	其他商品和服务支出	小计	离休费	退休费	退职(役)费
地方合计	**8130**	**19769**	**2908465**	**258569**	**17611**	**158819**	**341**
北京市	611	323	371725	14013	1536	7954	1
天津市	142	361	27984	9779	983	6880	1
河北省	206	378	23847	5443	379	2231	17
山西省	136	418	18467	2888	297	1419	
内蒙古自治区	63	252	25486	1008	16	307	
辽宁省	394	1107	37527	11311	464	3617	3
其中:大连市	27	30	716	46			
吉林省	224	133	9176	18457	1865	15489	107
黑龙江省	299	323	48582	25340	2387	20608	16
上海市	664	1695	287896	5654	820	2858	8
江苏省	502	1015	287807	24232	2681	17299	16
浙江省	717	2652	280056	21947	1141	13086	32
其中:宁波市	84	320	30423	894	74	606	
安徽省	142	331	53516	4007	181	1460	11
福建省	320	437	61389	3709	79	978	4
其中:厦门市	25	20	10955	177			
江西省	143	371	22766	5841	374	4248	1
山东省	374	305	96676	10294	228	1362	27
其中:青岛市	18	18	14675	843	114	415	
河南省	290	856	55856	4180	279	1749	
湖北省	197	733	161621	6069	314	3740	3
湖南省	274	574	62831	7525	609	4919	
广东省	743	2642	673137	12254	110	4135	22
其中:深圳市	82	213	460539	490		11	
广西壮族自治区	186	513	49520	14508	667	12787	
海南省	28	31	6146	614	10	89	
重庆市	87	121	56086	2074		21	3
四川省	398	768	47946	7167	275	3331	1
贵州省	138	342	11748	14846	896	12512	
云南省	273	686	59847	4029	49	530	10
西藏自治区	38	7	1683	1161	31	928	
陕西省	192	1365	15193	3251	101	1073	
甘肃省	112	316	22995	2229	37	1247	2
青海省	47	6	2623	124		42	
宁夏回族自治区	15	135	7292	5374	350	4601	5
新疆维吾尔自治区	175	573	21041	9241	452	7319	51

2－72－7

单位:万元

地区	对个人和家庭的补助						
	抚恤金	生活补助	救济费	医疗费	助学金	奖励金	生产补贴
地方合计	**3932**	**4814**	**144**	**4927**	**862**	**11523**	**3681**
北京市	167	107		184	59	4	
天津市	90	19	1	170		27	
河北省	117	829	3	74	9	299	355
山西省	37	121		50	8	35	126
内蒙古自治区	27	57	12	9		276	120
辽宁省	115	380	12	239		371	27
其中:大连市	7	4	6	4			
吉林省	157	101	1	130		42	
黑龙江省	193	268	3	33	13	649	181
上海市	392	44	1	23	89	90	
江苏省	428	323	45	482		564	1
浙江省	265	280	9	513		1150	16
其中:宁波市	3	1		9		2	
安徽省	108	72	7	198	223	440	10
福建省	113	172		11		155	31
其中:厦门市		3				6	
江西省	76	80	1	225	3	25	11
山东省	157	347	5	634		547	52
其中:青岛市	13						
河南省	88	104	7	25	4	1077	298
湖北省	48	99	2	340	142	70	
湖南省	209	95	4	361	9	84	90
广东省	182	236	22	691	296	859	274
其中:深圳市		5	18		64	6	
广西壮族自治区	177	97		18		45	90
海南省	23	377				6	
重庆市	92	47		128		830	98
四川省	169	104	2	30		1916	58
贵州省	125	89		27		84	10
云南省	34	21		62		1621	642
西藏自治区	5	1		11			
陕西省	26	86	7	88		108	926
甘肃省	52	161		50	6	25	77
青海省	6	4		10			45
宁夏回族自治区	59	51		1		13	88
新疆维吾尔自治区	195	42		110	1	111	55

2－72－8

单位:万元

地　　区	住　房 公积金	提租 补贴	购房 补贴	其他对个人 和家庭的 补助支出	小　计	企业政策性 补　　贴	事业单位 补　贴
	对个人和家庭的补助				对企事业单位的补贴		
地　方　合　计	**22507**	**2211**	**6708**	**20489**	**2265832**	**718858**	**25877**
北京市	2595	665	546	195	242071	12932	
天津市	1386	20	72	130	129221	20412	
河北省	419	7		704	25885	7059	489
山西省	625	6	7	157	15830	4758	100
内蒙古自治区	116			68	9461	3282	2303
辽宁省	546	528	17	4992	180332	65063	10207
其中:大连市		25			59214	18782	2756
吉林省	396	45		124	35634	2536	101
黑龙江省	555	122	184	128	22256	18849	2360
上海市	518	6	437	368	520676	175368	100
江苏省	573	128	122	1570	228319	102283	522
浙江省	3924	46	208	1277	236768	102287	356
其中:宁波市	35	2	5	157	75054	50293	130
安徽省	918	48	7	324	46366	2958	95
福建省	534	274	22	1336	56184	15889	704
其中:厦门市	93	71	3	1	41591	10262	
江西省	591	1	4	201	8438	5810	72
山东省	1966	200	4085	684	97122	43988	1003
其中:青岛市	121	47	73	60	7385		
河南省	125		18	406	33968	17778	130
湖北省	624	26	186	475	34051	9706	497
湖南省	609		24	512	69816	35832	1275
广东省	2570	75	184	2598	144604	34784	1686
其中:深圳市		73	77	236	6429	305	609
广西壮族自治区	170	9	7	441	6728	1787	127
海南省	35			74	3580	3034	
重庆市	15			840	3624	2432	12
四川省	509			772	64759	15980	49
贵州省	214	1	504	384	3962	1478	396
云南省	402		50	608	2513	1265	464
西藏自治区	35			150	801		801
陕西省	586	3	8	239	19467	5458	766
甘肃省	343	1		228	5754	2398	153
青海省	3			14	4121		
宁夏回族自治区	43			163	3095		
新疆维吾尔自治区	562		16	327	10426	3452	1109

2－72－9

单位:万元

地　　区	对企事业单位的补贴		赠　与			债务利息支出	
	财政贴息	其他对企事业单位的补贴支出	小　计	对国内的赠　与	对国外的赠　与	小　计	国库券付　息
地　方　合　计	**44105**	**1476992**	**41**	**40**	**1**		
北京市	6125	223014	22	22			
天津市		108809					
河北省	1750	16587					
山西省		10972					
内蒙古自治区		3876					
辽宁省	3288	101774					
其中:大连市		37676					
吉林省		32997					
黑龙江省	65	982					
上海市	14705	330503					
江苏省	733	124781					
浙江省	7197	126928	10	10			
其中:宁波市	1014	23617					
安徽省	19	43294					
福建省	180	39411					
其中:厦门市		31329					
江西省	200	2356					
山东省	75	52056					
其中:青岛市		7385					
河南省	1255	14805	1	1			
湖北省	60	23788					
湖南省	222	32487	4	4			
广东省	3782	104352					
其中:深圳市		5515					
广西壮族自治区	8	4806	1	1			
海南省		546					
重庆市	260	920					
四川省	1840	46890	3	2	1		
贵州省	1009	1079					
云南省	300	484					
西藏自治区							
陕西省		13243					
甘肃省	10	3193					
青海省		4121					
宁夏回族自治区		3095					
新疆维吾尔自治区	1022	4843					

二、地方财政预算收支情况

2－72－10 　　　　单位:万元

地　　区	债务利息支出					基本建设支出	
	向国家银行借款付息	其他国内借款付息	向国外政府借款付息	向国际组织借款付息	其他国外借款付息	小　计	房屋建筑物购　建
地　方　合　计						**262939**	**98505**
北京市						9754	1063
天津市						1396	
河北省						3186	847
山西省						10063	9307
内蒙古自治区						2652	153
辽宁省						5071	219
其中:大连市						384	
吉林省						1844	1066
黑龙江省						25043	2303
上海市						883	3
江苏省						7869	4506
浙江省						21321	4503
其中:宁波市						10022	
安徽省						7727	6731
福建省						11211	1011
其中:厦门市						909	
江西省						2307	1359
山东省						15055	5283
其中:青岛市						722	83
河南省						3754	180
湖北省						2110	400
湖南省						12426	4131
广东省						88612	51729
其中:深圳市						1000	
广西壮族自治区						1684	231
海南省						1113	2
重庆市						5378	851
四川省						3398	1434
贵州省						770	518
云南省						2235	467
西藏自治区						42	
陕西省						4265	
甘肃省						2199	90
青海省						5021	
宁夏回族自治区						791	118
新疆维吾尔自治区						3759	

2－72－11 单位:万元

地区	基本建设支出							
	办公设备购置	专用设备购置	交通工具购置	基础设施建设	大型修缮	信息网络购建	物资储备	其他基本建设支出
地方合计	**3954**	**10819**	**1267**	**48925**	**3744**	**9064**	**11**	**86650**
北京市	77	1				－3		8616
天津市					246	100		1050
河北省	63	237	72	290	1053	64		560
山西省	29	349	49	21	10			298
内蒙古自治区	54	400	26	809	60	67		1083
辽宁省	11	2175		1200	87	79		1300
其中:大连市		12		280	38	54		
吉林省	8	30			90			650
黑龙江省	20			20030	7	2593		90
上海市	530	187	33	10		43		77
江苏省	84	441	22	1569		39		1208
浙江省	416	1060	226	42	14	1024	1	14035
其中:宁波市	22							10000
安徽省	142	250	21	421		50		112
福建省	152	588	79	1817	11	848		6705
其中:厦门市	22	10		877				
江西省	27	179	27		28	5		682
山东省	486	998	98	1677	299	2430		3784
其中:青岛市	31	94	19	217	50	193		35
河南省	97	249	43	2953	130	30		72
湖北省	439	377	32	47	210	40		565
湖南省	33	180	35	5817	378	199		1653
广东省	491	517	109	3020	21	216		32509
其中:深圳市								1000
广西壮族自治区	208	274	95	177	202	5		492
海南省	51	10				550		500
重庆市		253						4274
四川省	65	13	70	217	34	302	10	1253
贵州省	36	19	27	5		70		95
云南省	158		137	723	564	108		78
西藏自治区								42
陕西省	36	701	66	888	300	114		2160
甘肃省	19	244		107		68		1671
青海省	16			5000				5
宁夏回族自治区	45			30				598
新疆维吾尔自治区	161	1087		2055		23		433

二、地方财政预算收支情况

2－72－12

单位:万元

地　　区	其他资本性支出						
	小　计	房屋建筑物购　　建	办公设备购　　置	专用设备购　　置	交通工具购　　置	基础设施建　　设	大型修缮
地　方　合　计	**966654**	**120237**	**42530**	**139936**	**19527**	**147405**	**30192**
北京市	233317	653	2346	21672	1347	76995	7022
天津市	14528	147	1340	1730	250	583	694
河北省	17573	171	543	4243	391	4024	43
山西省	15693	19	1377	3253	517	2278	723
内蒙古自治区	12118	1822	756	1136	706	1765	84
辽宁省	72058	49991	1566	5295	669	4454	1294
其中:大连市	46846	45386	277	405	16	400	115
吉林省	6875	619	608	2639	436	1150	1151
黑龙江省	22211	6896	2248	6018	432	1464	877
上海市	90914	12583	3784	10579	1099	1810	2890
江苏省	48656	1753	1859	8822	951	2707	1579
浙江省	55662	4017	1796	7579	1730	6828	751
其中:宁波市	206		60	29	19		
安徽省	21086	6065	3398	2121	400	3065	150
福建省	14379	1800	1087	2385	975	3538	628
其中:厦门市	337	1	51	84	44	4	
江西省	5133	55	349	1213	377	107	54
山东省	78826	18127	3171	16221	995	11278	4872
其中:青岛市	1053		90	51	75		89
河南省	31158	1040	1668	9038	685	4896	519
湖北省	8865	3226	489	1230	289	236	256
湖南省	10754	1577	604	2371	550	1139	101
广东省	80575	3269	5847	12012	1676	2103	2603
其中:深圳市	14068	1	530	913	155	18	13
广西壮族自治区	16669	1053	727	5921	607	1893	1124
海南省	5250	640	249	383	131	218	32
重庆市	11243	26	443	665	308		8
四川省	19251	1921	1773	4321	1230	228	1349
贵州省	5057	63	756	1255	465	643	47
云南省	7410	753	939	1822	417	896	219
西藏自治区	3179		2		10		5
陕西省	29529	329	638	1056	554	8065	188
甘肃省	8062	195	504	1195	471	899	577
青海省	816		30	105	49	246	
宁夏回族自治区	5687	409	293	582	135	137	8
新疆维吾尔自治区	14120	1018	1340	3074	675	3760	344

2－72－13

单位:万元

地　　区	其他资本性支出						
	信息网络购　建	物资储备	土地补偿	安置补助	地上附着物和青苗补偿	拆迁补偿	其他资本性支　　出
地　方　合　计	**66684**	**738**	**2624**	**2516**	**21351**	**100**	**372814**
北京市	1560		302	1	20805		100614
天津市	4063		9				5712
河北省	384		197				7577
山西省	1956	5	127				5438
内蒙古自治区	719		300	153			4677
辽宁省	2337	127					6325
其中:大连市	232						15
吉林省	256						16
黑龙江省	3209						1067
上海市	12291			2320			43558
江苏省	584		172				30229
浙江省	14612						18349
其中:宁波市	3						95
安徽省	283					39	5565
福建省	274	1			20	5	3666
其中:厦门市	27						126
江西省	380		99	23	2		2474
山东省	3449	75	530		329	37	19742
其中:青岛市	20		381			14	333
河南省	1737	9	338		57		11171
湖北省	1048	43	23		20		2005
湖南省	394		410				3608
广东省	9870	340					42855
其中:深圳市	173						12265
广西壮族自治区	464	45			33	15	4787
海南省	380						3217
重庆市	569						9224
四川省	2591	5					5833
贵州省	746		20	10	10		1042
云南省	870		56		3		1435
西藏自治区							3162
陕西省	541	88	21	9	15		18025
甘肃省	214						4007
青海省							386
宁夏回族自治区	70		20		39		3994
新疆维吾尔自治区	833				18	4	3054

2－72－14

单位:万元

地　　区	贷款转贷及产权参股					其他支出		
	小　计	国内贷款	国外贷款	产权参股	其他贷款转贷及产权参股支出	小　计	补充全国社会保障基金	其他支出
地方合计	**10682**	**2000**		**8350**	**332**	**1016509**		**1016509**
北京市						74567		74567
天津市								
河北省	100			100		44250		44250
山西省						49617		49617
内蒙古自治区						10		10
辽宁省	8250			8250		14799		14799
其中:大连市								
吉林省						2155		2155
黑龙江省						63		63
上海市						276748		276748
江苏省						37057		37057
浙江省						111226		111226
其中:宁波市						44274		44274
安徽省						12312		12312
福建省	230				230	28392		28392
其中:厦门市						8441		8441
江西省						14173		14173
山东省						25299		25299
其中:青岛市						25522		25522
河南省	102				102	10778		10778
湖北省						29506		29506
湖南省						16888		16888
广东省	2000	2000				125633		125633
其中:深圳市						5498		5498
广西壮族自治区						3436		3436
海南省						4990		4990
重庆市						20416		20416
四川省						4514		4514
贵州省						31779		31779
云南省						13069		13069
西藏自治区						1313		1313
陕西省						44480		44480
甘肃省						2326		2326
青海省						6821		6821
宁夏回族自治区						6775		6775
新疆维吾尔自治区						3117		3117

2007 年各省、自治区、直辖市科学技术管理事务支出明细表

2－73－1　　　　单位:万元

地　　区	合　计	工资福利支出				
		小　计	基本工资	津贴补贴	奖　金	社会保障缴　费
地　方　合　计	**506355**	**190931**	**85643**	**63341**	**24644**	**6237**
北京市	10237	4326	1130	1561	925	121
天津市	7087	3414	883	1678	501	91
河北省	25160	10085	5702	3310	366	232
山西省	11244	5130	2700	1710	272	125
内蒙古自治区	8987	4856	2724	1841	180	49
辽宁省	13428	5629	2623	2443	312	173
其中:大连市	3115	1303	446	590	173	86
吉林省	12351	4915	2852	1683	161	67
黑龙江省	15626	5866	3181	2070	468	44
上海市	11613	5683	1488	782	2934	194
江苏省	40337	14347	4272	3841	4471	697
浙江省	38689	11495	2782	2333	4472	750
其中:宁波市	4270	2461	382	436	1290	228
安徽省	12082	4938	2510	1659	231	99
福建省	19407	4800	2088	1562	342	200
其中:厦门市	6354	667	130	278	41	15
江西省	8015	3888	2539	887	185	67
山东省	37821	13825	6584	4927	715	1015
其中:青岛市	7817	2444	822	962	213	259
河南省	20506	9808	6223	2966	279	165
湖北省	17617	7106	3490	2188	710	251
湖南省	18093	8910	4495	2600	747	566
广东省	74283	16244	4661	7145	1735	585
其中:深圳市	15313	2974	568	1295	447	112
广西壮族自治区	14086	4289	2312	1236	577	39
海南省	2797	1136	659	329	114	10
重庆市	4981	2426	1205	1002	145	16
四川省	19518	9461	4351	2464	1990	171
贵州省	8758	3144	1737	1089	172	37
云南省	13486	7037	3239	3281	356	85
西藏自治区	3445	2019	643	1179	140	41
陕西省	12966	5307	3186	1489	366	69
甘肃省	6944	4307	2331	1729	170	12
青海省	1953	996	464	439	71	
宁夏回族自治区	7397	2468	1143	996	109	49
新疆维吾尔自治区	7441	3076	1446	922	428	217

二、地方财政预算收支情况

2－73－2　　　　单位:万元

地　　区	工资福利支出				商品和服务支出		
	伙食费	伙　食 补助费	绩效 工资	其他工资 福利支出	小　计	办公费	印刷费
地　方　合　计	**317**	**1231**	**585**	**8933**	**192388**	**23077**	**3564**
北京市		16	57	516	4418	172	41
天津市	25	68		168	1985	312	7
河北省	12	283	5	175	8392	1256	156
山西省	1	36	61	225	4014	441	94
内蒙古自治区		4	4	54	2780	316	68
辽宁省	1	8	8	61	5110	974	132
其中:大连市			8		1325	410	58
吉林省		4	114	34	4265	749	209
黑龙江省	8	43	38	14	5797	2054	88
上海市	5	68	29	183	2841	110	20
江苏省	14	201		851	15192	674	199
浙江省	7	164		987	16402	815	298
其中:宁波市	7	30		88	1025	72	25
安徽省	7	45		387	4219	329	87
福建省	1	2	17	588	7613	276	69
其中:厦门市		2		201	2564	17	13
江西省	1	3	8	198	2580	293	57
山东省	3	45	15	521	15397	1601	443
其中:青岛市		2	11	175	4447	57	35
河南省		3	14	158	7598	1807	286
湖北省	8	13	107	339	6859	526	209
湖南省	8	55	1	438	6111	529	104
广东省	208	30	6	1874	31860	6040	228
其中:深圳市	196	22		334	9044	353	83
广西壮族自治区	1	3	24	97	7411	622	110
海南省				24	1293	86	30
重庆市		10		48	2212	291	84
四川省	1	34		450	7175	649	213
贵州省	3	5		101	2693	291	9
云南省	1	30	6	39	4918	678	62
西藏自治区		1		15	886	72	
陕西省		20	54	123	4599	489	152
甘肃省		1	4	60	1936	269	51
青海省	1	11	4	6	796	36	5
宁夏回族自治区		3		168	1998	81	11
新疆维吾尔自治区	1	22	9	31	3038	239	42

2-73-3

单位:万元

地区	商品和服务支出						
	咨询费	手续费	水费	电费	邮电费	取暖费	物业管理费
地方合计	**1058**	**143**	**972**	**3829**	**5124**	**2837**	**2956**
北京市			35	190	85	182	978
天津市	29		14	72	64	69	55
河北省	10	1	78	260	283	316	94
山西省	74	1	37	87	97	194	58
内蒙古自治区	2		13	39	97	177	3
辽宁省	67		18	126	183	342	53
其中:大连市	52		4	20	37	55	34
吉林省	26	2	17	55	93	282	8
黑龙江省		1	18	51	126	456	22
上海市	45		8	54	124		18
江苏省	333	2	59	254	332	16	154
浙江省	14	6	35	142	405		233
其中:宁波市			2	10	32		10
安徽省	6		23	99	104	1	62
福建省	18	2	13	52	162		48
其中:厦门市	4			4	11		39
江西省	1	3	12	110	84		3
山东省	165	107	106	388	491	370	174
其中:青岛市			1	17	42	31	
河南省	8	2	41	161	192	42	32
湖北省	21	2	56	155	157	14	60
湖南省	15		42	197	167	17	86
广东省	90	6	143	746	682	1	634
其中:深圳市	79		48	414	120		493
广西壮族自治区	18	1	15	85	110		1
海南省	1		9	19	28		21
重庆市	19		8	35	87		13
四川省	28	1	39	147	323	4	36
贵州省	2	2	4	17	78	5	1
云南省	18		20	44	177		14
西藏自治区			31	44	38	7	75
陕西省	19	1	41	94	134	77	3
甘肃省	17	1	19	48	65	98	9
青海省			2	5	36	28	4
宁夏回族自治区	2		11	39	25	39	3
新疆维吾尔自治区	10	2	5	14	95	100	1

2－73－4

单位:万元

地　　区	商品和服务支出					
	交通费	差旅费	出国费	维修(护)费	租赁费	会议费
地　方　合　计	**14145**	**8936**	**1609**	**7477**	**1495**	**13921**
北京市	369	73	60	131	89	257
天津市	143	37	6	9	189	66
河北省	869	361	54	426	14	351
山西省	389	233	37	805	24	374
内蒙古自治区	298	250	20	60	16	276
辽宁省	604	332	60	425	84	391
其中:大连市	109	105	41	67	32	135
吉林省	302	402	34	261	10	520
黑龙江省	407	252	26	269	1	127
上海市	350	114	235	189	52	142
江苏省	1006	808	147	180	39	2043
浙江省	709	636	235	968	82	1184
其中:宁波市	111	91	1	30	6	124
安徽省	262	170	21	66	11	154
福建省	418	211	34	82	17	254
其中:厦门市	40	19		1	12	113
江西省	183	174		34	2	156
山东省	1111	637	31	826	63	1166
其中:青岛市	130	115	15	24	10	42
河南省	581	428	10	292	71	567
湖北省	622	346	36	242	10	591
湖南省	597	307	8	182	7	459
广东省	1705	1091	260	608	468	1867
其中:深圳市	530	556	209	191	401	1030
广西壮族自治区	364	270	5	91	16	686
海南省	104	89	6	53	9	78
重庆市	174	143		46	5	141
四川省	564	476	132	287	160	807
贵州省	197	89	19	128	6	198
云南省	420	149	39	102	2	237
西藏自治区	116	76		3		31
陕西省	469	330	32	192	29	409
甘肃省	226	134	14	269	13	173
青海省	61	50	3	61		46
宁夏回族自治区	145	62		116	1	20
新疆维吾尔自治区	380	206	45	74	5	150

2 - 73 - 5

单位:万元

地　　区	商品和服务支出						
	培训费	招待费	专用材料费	被装购置费	专用燃料费	劳务费	委托业务费
地方合计	**4610**	**9034**	**3879**	**424**	**285**	**3661**	**3098**
北京市	34	26	35	4		30	63
天津市	62	37				28	
河北省	200	219	192	14	49	76	65
山西省	142	145	191	10	3	27	103
内蒙古自治区	160	77	44	9	10	31	5
辽宁省	311	245	116		7	165	1
其中:大连市	30	83	21			14	
吉林省	202	139	299		12	214	45
黑龙江省	82	75	729	4		102	43
上海市	30	204	17			23	5
江苏省	234	959	36	26	16	687	341
浙江省	305	932	12			403	311
其中:宁波市	31	140	1			26	3
安徽省	85	242	141			11	115
福建省	50	348	88	26	7	75	178
其中:厦门市	5	35				2	61
江西省	42	223		20	8	5	2
山东省	201	358	271		9	209	151
其中:青岛市	8	55				6	
河南省	261	423	857		30	350	18
湖北省	184	580	138	5	5	60	15
湖南省	125	666	29	2	7	40	19
广东省	428	1186	159	252	83	579	960
其中:深圳市	100	280	8		60	198	772
广西壮族自治区	233	292	140	4	2	172	7
海南省	72	65	5	1		27	
重庆市	38	94	2			23	
四川省	148	381	19	17	7	95	2
贵州省	105	238	75			25	2
云南省	204	298	182	1	11	76	150
西藏自治区	7	38	31				
陕西省	309	201	9	4	7	27	441
甘肃省	129	79	43	23	8	4	
青海省	21	34	7	1	2	14	5
宁夏回族自治区	36	53	8			17	1
新疆维吾尔自治区	170	177	4	1	2	66	50

2－73－6

单位:万元

地区	商品和服务支出			对个人和家庭的补助			
	工会经费	福利费	其他商品和服务支出	小计	离休费	退休费	退职(役)费
地方合计	**1346**	**2594**	**72314**	**45650**	**4486**	**28848**	**66**
北京市	50	9	1505	408		3	
天津市	18	36	732	1658	272	969	
河北省	58	103	2887	1808	225	1191	
山西省	20	29	399	1092	198	676	
内蒙古自治区	13	63	733	338	14	253	
辽宁省	52	34	388	968	87	629	
其中:大连市	10	8		9			
吉林省	10	8	366	2889	294	2330	56
黑龙江省	29	37	798	2897	432	2142	
上海市	54	107	940	214	6	122	2
江苏省	126	123	6398	6242	997	4211	
浙江省	188	605	7884	4045	287	2513	2
其中:宁波市	43	34	233	655	62	483	
安徽省	20	71	2139	1027	85	521	2
福建省	54	71	5060	915	43	341	1
其中:厦门市	15	7	2166	97			
江西省	11	57	1100	785	25	611	
山东省	52	67	6400	2397	149	534	3
其中:青岛市	12	4	3843	643	88	328	
河南省	96	117	926	1496	209	976	
湖北省	36	98	2691	2045	172	1435	
湖南省	69	132	2305	1812	185	1173	
广东省	107	237	13300	1920	71	666	
其中:深圳市	12	42	3065	174		1	
广西壮族自治区	13	169	3985	1427	95	1109	
海南省	3	5	582	16		2	
重庆市	29	11	969	168			
四川省	81	119	2440	1933	133	1200	
贵州省	15	79	1108	2456	235	1817	
云南省	48	40	1946	491	22	189	
西藏自治区	16	1	300	445		340	
陕西省	41	25	1064	765	50	485	
甘肃省	6	25	213	320	6	201	
青海省	8	2	365	50		41	
宁夏回族自治区	2	57	1269	1868	164	1638	
新疆维吾尔自治区	21	57	1122	755	30	530	

2－73－7　　　　　　　　　　　　　　　　　　　　单位:万元

地　　区	对个人和家庭的补助						
	抚恤金	生活补助	救济费	医疗费	助学金	奖励金	生产补贴
地　方　合　计	**793**	**667**	**42**	**602**	**11**	**1160**	**62**
北京市	4	1		6			
天津市	9	4		10			
河北省	42	39		29		32	
山西省	20	16		14		5	
内蒙古自治区	6	17	1	4		9	
辽宁省	23	5		19		12	
其中:大连市	2						
吉林省	45	20		30		32	
黑龙江省	49	28	2	3		17	40
上海市	10	2				12	
江苏省	72	45	4	64		48	1
浙江省	42	52	4	64		193	11
其中:宁波市	2						
安徽省	26	21	1	17		120	
福建省	42	11		3		116	
其中:厦门市		1				6	
江西省	9	22		15	1	4	
山东省	22	75	4	40		8	2
其中:青岛市	12						
河南省	34	22	5	9		64	1
湖北省	31	54		48		2	
湖南省	41	40	1	69		15	
广东省	27	35	18	87	3	74	
其中:深圳市		2	18			5	
广西壮族自治区	31	28		7		12	2
海南省	10	1					
重庆市	19	9		34		41	
四川省	64	23	1	7		127	
贵州省	20	24		8		13	
云南省	9	6		2		155	5
西藏自治区	4			5			
陕西省	14	29	1	5		14	
甘肃省	10	17		1	6	1	
青海省							
宁夏回族自治区	21	14				9	
新疆维吾尔自治区	37	7		2	1	25	

2－73－8

单位:万元

地　　区	对个人和家庭的补助				对企事业单位的补贴		
	住　房 公积金	提租 补贴	购房 补贴	其他对个人 和家庭的 补助支出	小　计	企业政策性 补　　贴	事业单位 补　　贴
地　方　合　计	**4489**	**556**	**1454**	**2414**	**11335**	**2252**	**999**
北京市	263	59	15	57	275		
天津市	349	7		38			
河北省	129	2		119	1050	1	
山西省	101			62	30		
内蒙古自治区	22			12	109		
辽宁省	65	110		18	75	21	
其中:大连市		7			21	21	
吉林省	68	3		11			
黑龙江省	145	17	1	21	21	21	
上海市	10	1		49	554	199	
江苏省	357	75	75	293	1214	12	
浙江省	624	18	26	209	2244	1627	13
其中:宁波市	6		5	97	109	106	3
安徽省	182	2	1	49	112		4
福建省	190	94	1	73	3480		261
其中:厦门市	46	44			3000		
江西省	66	1	4	27	23		
山东省	360	77	894	229	11	5	
其中:青岛市	83	37	65	30			
河南省	75		7	94	141	5	120
湖北省	192	11	7	93	273	121	
湖南省	165		8	115	324	19	221
广东省	470	74	128	267	808	25	374
其中:深圳市		73	74	1	237		237
广西壮族自治区	51	5	7	80			
海南省	1			2			
重庆市	4			61	2		2
四川省	172			206	167		4
贵州省	53		256	30	121		
云南省	52		22	29			
西藏自治区	35			61			
陕西省	150		1	16	256	196	
甘肃省	44			34	45		
青海省				9			
宁夏回族自治区	2			20			
新疆维吾尔自治区	92		1	30			

2－73－9　　　　　　　　　　　　　　　　　　　　单位:万元

地　　区	对企事业单位的补贴		赠与			债务利息支出	
	财政贴息	其他对企事业单位的补贴支出	小计	对国内的赠与	对国外的赠与	小计	国库券付息
地方合计		**8084**					
北京市		275					
天津市							
河北省		1049					
山西省		30					
内蒙古自治区		109					
辽宁省		54					
其中:大连市							
吉林省							
黑龙江省							
上海市		355					
江苏省		1202					
浙江省		604					
其中:宁波市							
安徽省		108					
福建省		3219					
其中:厦门市		3000					
江西省		23					
山东省		6					
其中:青岛市							
河南省		16					
湖北省		152					
湖南省		84					
广东省		409					
其中:深圳市							
广西壮族自治区							
海南省							
重庆市							
四川省		163					
贵州省		121					
云南省							
西藏自治区							
陕西省		60					
甘肃省		45					
青海省							
宁夏回族自治区							
新疆维吾尔自治区							

2－73－10　　　　单位：万元

地　　区	债务利息支出					基本建设支出	
	向国家银行借款付息	其他国内借款付息	向国外政府借款付息	向国际组织借款付息	其他国外借款付息	小计	房屋建筑物购建
地方合计						**10679**	**7024**
北京市						16	
天津市							
河北省						781	770
山西省							
内蒙古自治区						533	40
辽宁省						42	
其中：大连市							
吉林省							
黑龙江省							
上海市							
江苏省						92	
浙江省						154	
其中：宁波市							
安徽省						923	923
福建省						605	587
其中：厦门市						2	
江西省						47	47
山东省						5204	4500
其中：青岛市						184	
河南省						263	
湖北省						42	
湖南省						41	14
广东省						216	
其中：深圳市							
广西壮族自治区						170	10
海南省							
重庆市							
四川省						82	15
贵州省						11	
云南省						742	
西藏自治区							
陕西省						11	
甘肃省						56	
青海省						16	
宁夏回族自治区						628	118
新疆维吾尔自治区						4	

2-73-11

单位:万元

地区	基本建设支出							
	办公设备购置	专用设备购置	交通工具购置	基础设施建设	大型修缮	信息网络购建	物资储备	其他基本建设支出
地方合计	**673**	**474**	**157**	**733**	**74**	**476**		**1068**
北京市	17					-1		
天津市								
河北省			11					
山西省								
内蒙古自治区		172	1			40		280
辽宁省	4	13				25		
其中:大连市								
吉林省								
黑龙江省								
上海市								
江苏省	30	35	21			6		
浙江省	57	29	52			16		
其中:宁波市								
安徽省								
福建省	5					13		
其中:厦门市	2							
江西省								
山东省	359					345		
其中:青岛市	14					170		
河南省	11	171	28	33	20			
湖北省			12			20		10
湖南省			7		20			
广东省	1							215
其中:深圳市								
广西壮族自治区	147	3	5			5		
海南省								
重庆市								
四川省	18				34			15
贵州省	1		10					
云南省			10	700		4		28
西藏自治区								
陕西省	1							10
甘肃省	6	50						
青海省	16							
宁夏回族自治区								510
新疆维吾尔自治区		1				3		

2－73－12

单位:万元

地　　区	其他资本性支出						
	小　计	房屋建筑物购　建	办公设备购　置	专用设备购　置	交通工具购　置	基础设施建　设	大型修缮
地方合计	**20693**	**1533**	**4016**	**1504**	**3582**	**3089**	**794**
北京市	541		200	14	89		20
天津市	30		6		24		
河北省	355		86	2	122		28
山西省	977		462	112	221	14	19
内蒙古自治区	371		32	142	135		
辽宁省	742	34	153	19	131	400	5
其中:大连市	457		40	1	16	400	
吉林省	266	16	60	12	86	33	58
黑龙江省	1045	430	70	20	123		187
上海市	274		77	1	13		
江苏省	1924	16	187	4	255	57	55
浙江省	1376	184	119	57	206	754	11
其中:宁波市	20		20				
安徽省	434	231	58		61	6	15
福建省	1778	22	98	10	191	575	9
其中:厦门市	24		15				
江西省	131		31		41		1
山东省	987	9	362	228	181		28
其中:青岛市	99		34		45		
河南省	1154	227	340	23	119	148	210
湖北省	667	110	57	280	161	28	
湖南省	388	115	74	15	52	68	20
广东省	2724	8	736	165	293	28	15
其中:深圳市	659		334	5	50	18	
广西壮族自治区	604	49	30	7	139		50
海南省	139	3	61	12	27		
重庆市	129		17		106		
四川省	629	20	155	6	200		12
贵州省	180	1	52	53	69		
云南省	259	11	66	10	165	1	2
西藏自治区	65		2		10		5
陕西省	1361		194	50	139	931	24
甘肃省	187		41		75	11	
青海省	12				12		
宁夏回族自治区	411		116	261	22		1
新疆维吾尔自治区	553	47	74	1	114	35	19

2－73－13　　　　　　　　　　　　　　　　　　　　　　　　　　　　　单位:万元

地　　区	其他资本性支出						
	信息网络购　建	物资储备	土地补偿	安置补助	地上附着物和青苗补偿	拆迁补偿	其他资本性支　出
地　方　合　计	**2307**		**1**			**5**	**3862**
北京市	135		1				82
天津市							
河北省	13						104
山西省	15						134
内蒙古自治区							62
辽宁省							
其中:大连市							
吉林省							1
黑龙江省	215						
上海市	19						164
江苏省	26						1324
浙江省	29						16
其中:宁波市							
安徽省	26						37
福建省							873
其中:厦门市							9
江西省	3						55
山东省	179						
其中:青岛市	20						
河南省	13						74
湖北省	21						10
湖南省	9						35
广东省	1339						140
其中:深圳市	159						93
广西壮族自治区	12					5	312
海南省	36						
重庆市	1						5
四川省	180						56
贵州省							5
云南省							4
西藏自治区							48
陕西省	7						16
甘肃省	12						48
青海省							
宁夏回族自治区	11						
新疆维吾尔自治区	6						257

2－73－14

单位:万元

地区	贷款转贷及产权参股					其他支出		
	小计	国内贷款	国外贷款	产权参股	其他贷款转贷及产权参股支出	小计	补充全国社会保障基金	其他支出
地方合计						**34679**		**34679**
北京市						253		253
天津市								
河北省						2689		2689
山西省						1		1
内蒙古自治区								
辽宁省						862		862
其中:大连市								
吉林省						16		16
黑龙江省								
上海市						2047		2047
江苏省						1326		1326
浙江省						2973		2973
其中:宁波市								
安徽省						429		429
福建省						216		216
其中:厦门市								
江西省						561		561
山东省								
其中:青岛市								
河南省						46		46
湖北省						625		625
湖南省						507		507
广东省						20511		20511
其中:深圳市						2225		2225
广西壮族自治区						185		185
海南省						213		213
重庆市						44		44
四川省						71		71
贵州省						153		153
云南省						39		39
西藏自治区						30		30
陕西省						667		667
甘肃省						93		93
青海省						83		83
宁夏回族自治区						24		24
新疆维吾尔自治区						15		15

2007 年各省、自治区、直辖市基础研究支出明细表

2－74－1

单位:万元

地区	合计	工资福利支出				
		小计	基本工资	津贴补贴	奖金	社会保障缴费
地方合计	**334018**	**33946**	**15806**	**11576**	**2246**	**1643**
北京市	7205	126	53	43	6	13
天津市						
河北省	4476	669	406	122	18	46
山西省	2172	689	346	177	31	121
内蒙古自治区	2175	1564	896	576	56	17
辽宁省	1223	455	281	128	13	29
其中:大连市						
吉林省	1624	719	424	192	32	14
黑龙江省	9868	1186	719	253	101	44
上海市	164237	333	189	80	28	7
江苏省	5882	414	148	155	28	34
浙江省	6454	713	158	166	202	135
其中:宁波市	896	570	104	123	183	114
安徽省	2132	127	122	3		1
福建省	7300	1909	880	724	97	55
其中:厦门市	21	12	5	7		
江西省	2792	1319	764	221	63	90
山东省	58686	17031	6631	6658	1193	853
其中:青岛市	28	26	5	7	7	7
河南省	4070	755	655	57	3	6
湖北省	2132	118	83	22	4	1
湖南省	381	104	46	45	8	5
广东省	26340	834	443	271	46	51
其中:深圳市	3440					
广西壮族自治区	10478	983	549	252	155	11
海南省	612	143	100	18	5	5
重庆市	254	15	12	1	1	
四川省	998	310	164	98	23	18
贵州省	4074	1698	969	587	64	25
云南省	1936	629	301	227	20	12
西藏自治区	1384	476	152	275	22	19
陕西省	1106	122	95	1		7
甘肃省	1156	333	145	166	11	1
青海省	350	4	1	3		
宁夏回族自治区	291					
新疆维吾尔自治区	2230	168	74	55	16	23

2－74－2

单位:万元

地　　区	工资福利支出				商品和服务支出		
	伙食费	伙　食 补助费	绩效 工资	其他工资 福利支出	小　计	办公费	印刷费
地　方　合　计	**15**	**129**	**191**	**2340**	**256826**	**3285**	**682**
北京市		6	3	2	6642	6	10
天津市							
河北省	5	38		34	1983	1040	25
山西省		2		12	903	45	17
内蒙古自治区				19	569	88	
辽宁省				4	277	22	7
其中:大连市							
吉林省		27	21	9	273	29	44
黑龙江省	1	21	35	12	3961	119	12
上海市		1		28	161048	6	11
江苏省		7	3	39	3249	57	9
浙江省	2	6		44	4598	27	6
其中:宁波市		6		40	171	18	3
安徽省				1	143		3
福建省			58	95	3996	59	39
其中:厦门市					9		
江西省	7	1	32	141	1131	25	6
山东省		16	26	1654	30466	675	171
其中:青岛市					2		
河南省		1		33	2400	412	36
湖北省				8	874	9	1
湖南省					252	11	3
广东省				23	23594	128	6
其中:深圳市					3240	101	1
广西壮族自治区				16	5706	93	186
海南省			6	9	113	2	
重庆市				1	232		
四川省				7	596	16	9
贵州省				53	611	51	2
云南省			6	63	1193	229	53
西藏自治区				8	344	12	
陕西省		3	1	15	404	44	6
甘肃省				10	704	19	14
青海省					59		1
宁夏回族自治区					11		
新疆维吾尔自治区					494	61	5

2－74－3

单位:万元

地　　区	商品和服务支出						
	咨询费	手续费	水　费	电　费	邮电费	取暖费	物　业 管理费
地　方　合　计	**531**	**41**	**270**	**1066**	**700**	**1369**	**300**
北京市					2	3	2
天津市							
河北省	13	2	12	45	32	28	9
山西省	3		4	15	14	20	1
内蒙古自治区			1	17	10	83	
辽宁省			1	7	9	42	
其中:大连市							
吉林省			6	16	3	86	
黑龙江省	78	29	8	42	45	126	21
上海市	4		5	4	3	1	
江苏省	2		4	14	10	6	1
浙江省	2			30	19		4
其中:宁波市	2			28	10		3
安徽省							
福建省	5		25	97	32		7
其中:厦门市							
江西省	3		4	16	22	1	
山东省	391	4	125	599	387	935	172
其中:青岛市							
河南省	10	1	10	30	22	2	
湖北省			1	3	2		
湖南省				1	1		1
广东省	6		9	23	26		2
其中:深圳市					1		
广西壮族自治区		1	36	32	20		54
海南省				6	2		
重庆市				1			
四川省	2	1	1	4	9	2	
贵州省	2		11	24	8	3	3
云南省	2	2	3	8	9		4
西藏自治区				12	8		
陕西省	7			17	2	10	3
甘肃省				2	2	18	
青海省							
宁夏回族自治区							
新疆维吾尔自治区	1	1	4	1	1	3	16

2-74-4

单位:万元

地区	商品和服务支出					
	交通费	差旅费	出国费	维修(护)费	租赁费	会议费
地方合计	**1582**	**2254**	**238**	**2509**	**328**	**1114**
北京市	13	22	5	2		16
天津市						
河北省	54	94		17	32	40
山西省	38	65		13	1	18
内蒙古自治区	38	24	1	17	1	1
辽宁省	34	10		12		2
其中:大连市						
吉林省	12	13		15		1
黑龙江省	107	99	69	336	3	45
上海市	8	15	4	37	109	26
江苏省	10	28		11	2	20
浙江省	27	26		9	3	47
其中:宁波市	10	17		7		3
安徽省				15		3
福建省	79	74		125		37
其中:厦门市						
江西省	73	85		28	5	11
山东省	716	1094	114	1576	169	539
其中:青岛市						
河南省	53	95		27		43
湖北省	3	7				3
湖南省		1				
广东省	63	186	11	69		71
其中:深圳市	2	145		23		
广西壮族自治区	87	136		121		80
海南省	13	2				
重庆市		1				
四川省	9	10		2		13
贵州省	78	27	34	18	3	9
云南省	18	58		20		44
西藏自治区	16	11		15		
陕西省	22	11		12		9
甘肃省	6	25		2		6
青海省	1	2				
宁夏回族自治区		1				4
新疆维吾尔自治区	4	32		10		26

2－74－5　　　　　　　　　　　　　　　　　　　　　　　　单位:万元

地　　区	商品和服务支出						
	培训费	招待费	专用材料费	被装购置费	专用燃料费	劳务费	委托业务费
地方合计	**716**	**1422**	**16668**	**18**	**57**	**2517**	**1240**
北京市	1	1	27			8	40
天津市							
河北省	67	28	185	1	1	24	13
山西省	35	15	333			17	53
内蒙古自治区	4	13	22		1	12	5
辽宁省	3	2	6			3	6
其中:大连市							
吉林省	11	12	2		3	6	9
黑龙江省	20	44	538			53	6
上海市	3	20	102			2	1
江苏省	12	8	134			21	4
浙江省	81	79	8	8		6	55
其中:宁波市	7	12	3				
安徽省			7	3		1	
福建省	33	75	122		6	195	25
其中:厦门市							
江西省	14	84	86			8	
山东省	194	674	12817		17	1736	682
其中:青岛市						2	
河南省	27	72	970			31	17
湖北省		8	3				
湖南省	1	5	2				
广东省	43	131	475			130	
其中:深圳市		99	148			102	
广西壮族自治区	41	47	367		9	171	217
海南省	1	12	3			1	44
重庆市							
四川省	6	13	6			6	
贵州省	9	49				16	
云南省	26	14	173			38	63
西藏自治区	5	4					
陕西省	7	9	113		6	1	
甘肃省	16		7	6		6	
青海省	6	2			4		
宁夏回族自治区			3			3	
新疆维吾尔自治区	50	1	157		10	22	

2－74－6

单位:万元

地区	商品和服务支出			对个人和家庭的补助			
	工会经费	福利费	其他商品和服务支出	小计	离休费	退休费	退职(役)费
地方合计	**331**	**271**	**217317**	**7745**	**383**	**3703**	**4**
北京市	2		6482	20		7	
天津市							
河北省	8	17	196	93	2	58	
山西省	8	13	175	129	8	82	
内蒙古自治区	8	7	216	37	2	12	
辽宁省	4	3	104	42	3	23	
其中:大连市							
吉林省			5	617	64	512	
黑龙江省	11	23	2127	604	90	467	
上海市	1	6	160680				
江苏省	3	1	2892	161	11	128	
浙江省	15	15	4131	148	3	53	
其中:宁波市	13	10	25	65	3	25	
安徽省	1		110				
福建省	39	11	2911	367	12	202	2
其中:厦门市			9				
江西省	12	25	623	163	2	86	
山东省	167	61	6451	2883		126	2
其中:青岛市							
河南省		2	540	13	5	7	
湖北省		2	832	4		4	
湖南省	1		225	18		13	
广东省	9	21	22185	162	4	60	
其中:深圳市			2618				
广西壮族自治区	8	5	3995	539	65	417	
海南省			27	11			
重庆市			230				
四川省	4	8	475	23		14	
贵州省	17	30	217	1310	104	1103	
云南省	3	9	417				
西藏自治区	9	1	251	124	7	91	
陕西省		1	124	12			
甘肃省		9	566	27		17	
青海省			43				
宁夏回族自治区							
新疆维吾尔自治区	1	1	87	238	1	221	

2－74－7

单位:万元

地　　区	对个人和家庭的补助						
	抚恤金	生活补助	救济费	医疗费	助学金	奖励金	生产补贴
地　方　合　计	**120**	**176**	**10**	**254**	**11**	**61**	**3**
北京市				2			
天津市							
河北省	1	1			9	1	
山西省	1						
内蒙古自治区	2	2	8			9	
辽宁省	4	6				4	
其中:大连市							
吉林省	3			20			
黑龙江省	6	7		1		2	
上海市							
江苏省	5	4		3		3	
浙江省				1		25	
其中:宁波市							
安徽省							
福建省	7	15					
其中:厦门市							
江西省	13	16		6	2	3	
山东省	48	74	1	201			
其中:青岛市							
河南省							
湖北省							
湖南省						1	
广东省	7	6	1	14		7	3
其中:深圳市							
广西壮族自治区	7	25		3			
海南省	4	2					
重庆市							
四川省		1				1	
贵州省	9	16				4	
云南省							
西藏自治区	1						
陕西省				2		1	
甘肃省							
青海省							
宁夏回族自治区							
新疆维吾尔自治区	2	1		1			

2－74－8

单位:万元

地　　区	对个人和家庭的补助				对企事业单位的补贴		
	住　房 公积金	提租 补贴	购房 补贴	其他对个人 和家庭的 补助支出	小　计	企业政策性 补　　贴	事业单位 补　　贴
地　方　合　计	**1133**	**127**	**1483**	**277**	**5123**	**165**	**1578**
北京市	8	3					
天津市							
河北省	21				8		8
山西省	36	1		1			
内蒙古自治区	1			1			
辽宁省		2			45		
其中:大连市							
吉林省	18						
黑龙江省	23	5		3	1539		1539
上海市							
江苏省	3		1	3	802	31	
浙江省	18	1		47			
其中:宁波市	3			34			
安徽省							
福建省	66	46	4	13	128	108	10
其中:厦门市							
江西省	14			21			
山东省	834	68	1475	54	74		
其中:青岛市							
河南省	1				4	4	
湖北省							
湖南省	4						
广东省	43			17	43	22	1
其中:深圳市							
广西壮族自治区				22	2455		
海南省	2			3			
重庆市							
四川省				7			
贵州省	22	1	3	48			
云南省							
西藏自治区				25	20		20
陕西省	3			6			
甘肃省	10				5		
青海省							
宁夏回族自治区							
新疆维吾尔自治区	6			6			

2－74－9

单位:万元

地区	对企事业单位的补贴		赠与			债务利息支出	
	财政贴息	其他对企事业单位的补贴支出	小计	对国内的赠与	对国外的赠与	小计	国库券付息
地方合计	**5**	**3375**					
北京市							
天津市							
河北省							
山西省							
内蒙古自治区							
辽宁省		45					
其中:大连市							
吉林省							
黑龙江省							
上海市							
江苏省		771					
浙江省							
其中:宁波市							
安徽省							
福建省		10					
其中:厦门市							
江西省							
山东省		74					
其中:青岛市							
河南省							
湖北省							
湖南省							
广东省		20					
其中:深圳市							
广西壮族自治区		2455					
海南省							
重庆市							
四川省							
贵州省							
云南省							
西藏自治区							
陕西省							
甘肃省	5						
青海省							
宁夏回族自治区							
新疆维吾尔自治区							

2-74-10

单位:万元

地区	债务利息支出					基本建设支出	
	向国家银行借款付息	其他国内借款付息	向国外政府借款付息	向国际组织借款付息	其他国外借款付息	小计	房屋建筑物购建
地方合计						**4285**	**2589**
北京市							
天津市							
河北省							
山西省							
内蒙古自治区							
辽宁省						400	200
其中:大连市							
吉林省							
黑龙江省						2300	2300
上海市							
江苏省							
浙江省							
其中:宁波市							
安徽省							
福建省						189	80
其中:厦门市							
江西省							
山东省						767	
其中:青岛市							
河南省						14	
湖北省							
湖南省							
广东省						10	
其中:深圳市							
广西壮族自治区						22	
海南省							
重庆市							
四川省						57	9
贵州省						1	
云南省							
西藏自治区							
陕西省						400	
甘肃省							
青海省							
宁夏回族自治区							
新疆维吾尔自治区						125	

2 - 74 - 11

单位:万元

地　　区	基本建设支出							
	办公设备购　置	专用设备购　置	交通工具购　置	基础设施建　设	大型修缮	信息网络购　建	物资储备	其他基本建设支出
地 方 合 计	**9**	**827**	**26**	**320**	**14**			**500**
北京市								
天津市								
河北省								
山西省								
内蒙古自治区								
辽宁省								200
其中:大连市								
吉林省								
黑龙江省								
上海市								
江苏省								
浙江省								
其中:宁波市								
安徽省								
福建省	2	77			4			26
其中:厦门市								
江西省								
山东省	6	336	26	195				204
其中:青岛市								
河南省		14						
湖北省								
湖南省								
广东省					10			
其中:深圳市								
广西壮族自治区								22
海南省								
重庆市								
四川省								48
贵州省	1							
云南省								
西藏自治区								
陕西省		400						
甘肃省								
青海省								
宁夏回族自治区								
新疆维吾尔自治区				125				

2－74－12

单位:万元

地　　区	其他资本性支出						
	小　计	房屋建筑物购建	办公设备购置	专用设备购置	交通工具购置	基础设施建设	大型修缮
地　方　合　计	**16556**	**731**	**921**	**5800**	**490**	**476**	**1254**
北京市	417	112	6				
天津市							
河北省	148		35	113			
山西省	328		9	205	12	2	
内蒙古自治区	5		3		2		
辽宁省	4		1	3			
其中:大连市							
吉林省	15		4		11		
黑龙江省	278	40	36	139		6	47
上海市	2250		13	403	26		
江苏省	664		20	638	3		2
浙江省	95		2	2			
其中:宁波市	85		2				
安徽省							
福建省	520	2	35	406		31	39
其中:厦门市							
江西省	120	2	14	30	58		8
山东省	7465	1	444	2439	212	250	1101
其中:青岛市							
河南省	882		17	234	17		
湖北省	425		5	25		5	
湖南省	1			1			
广东省	280		22	156	18	82	
其中:深圳市	155			155			
广西壮族自治区	623	7	30	526	43		
海南省	108	106	2				
重庆市							
四川省	11		5	3			
贵州省	64		10		53		
云南省	114		23	91			
西藏自治区							
陕西省	168		133		35		
甘肃省	81		1				
青海省	10			10			
宁夏回族自治区	280			6			
新疆维吾尔自治区	1200	461	51	370		100	57

2－74－13

单位:万元

地区	其他资本性支出						
	信息网络购建	物资储备	土地补偿	安置补助	地上附着物和青苗补偿	拆迁补偿	其他资本性支出
地方合计	**408**	**30**	**15**		**17**		**6414**
北京市							299
天津市							
河北省							
山西省	100						
内蒙古自治区							
辽宁省							
其中:大连市							
吉林省							
黑龙江省	10						
上海市							1808
江苏省	1						
浙江省							91
其中:宁波市							83
安徽省							
福建省							7
其中:厦门市							
江西省					2		6
山东省	52						2966
其中:青岛市							
河南省	32						582
湖北省	50	30	15		15		280
湖南省							
广东省	2						
其中:深圳市							
广西壮族自治区							17
海南省							
重庆市							
四川省	1						2
贵州省							1
云南省							
西藏自治区							
陕西省							
甘肃省							80
青海省							
宁夏回族自治区							274
新疆维吾尔自治区	160						1

2－74－14

单位:万元

地区	贷款转贷及产权参股					其他支出		
	小计	国内贷款	国外贷款	产权参股	其他贷款转贷及产权参股支出	小计	补充全国社会保障基金	其他支出
地方合计	**62**				**62**	**9475**		**9475**
北京市								
天津市								
河北省						1575		1575
山西省						123		123
内蒙古自治区								
辽宁省								
其中:大连市								
吉林省								
黑龙江省								
上海市						606		606
江苏省						592		592
浙江省						900		900
其中:宁波市						5		5
安徽省						1862		1862
福建省	62				62	129		129
其中:厦门市								
江西省						59		59
山东省								
其中:青岛市								
河南省						2		2
湖北省						711		711
湖南省						6		6
广东省						1417		1417
其中:深圳市						45		45
广西壮族自治区						150		150
海南省						237		237
重庆市						7		7
四川省						1		1
贵州省						390		390
云南省								
西藏自治区						420		420
陕西省								
甘肃省						6		6
青海省						277		277
宁夏回族自治区								
新疆维吾尔自治区						5		5

2007 年各省、自治区、直辖市应用研究支出明细表

2 –75 –1 单位:万元

地　　区	合 计	工资福利支出				
		小 计	基本工资	津贴补贴	奖 金	社会保障缴费
地 方 合 计	**1033419**	**300831**	**129499**	**86398**	**40360**	**17517**
北京市	90714	23319	6869	5944	6476	1628
天津市	23119	6684	2449	2122	1375	288
河北省	23275	6066	3704	1180	316	246
山西省	25827	4988	2749	1630	207	207
内蒙古自治区	9730	5444	3091	1620	548	113
辽宁省	62118	19203	9401	6188	1434	1406
其中:大连市	3631	1039	547	188	11	251
吉林省	19867	6278	2891	2351	199	246
黑龙江省	61657	20234	8544	10023	707	606
上海市	92166	25199	9506	3231	6843	2945
江苏省	117186	27946	7842	6898	5593	1827
浙江省	97426	20451	5588	6782	4672	1713
其中:宁波市	7538	2305	265	366	851	791
安徽省	36566	9168	4851	2520	574	356
福建省	27093	8920	3817	3288	497	449
其中:厦门市	1206	229	52	81	22	14
江西省	14142	4523	3017	692	178	191
山东省	27771	5894	2452	2512	375	294
其中:青岛市	6013	274	80	127	4	54
河南省	25677	9737	5530	3004	373	425
湖北省	10183	2196	813	494	509	70
湖南省	27100	7646	3377	1907	1232	695
广东省	38727	13229	4683	5233	1545	862
其中:深圳市	986					
广西壮族自治区	33754	9214	4153	2303	1550	206
海南省	4855	1757	937	389	115	220
重庆市	15021	5141	2862	789	903	85
四川省	44514	16901	9713	2488	2013	714
贵州省	17685	6602	3501	2345	262	252
云南省	23280	10132	4533	3594	519	164
西藏自治区	180	72	20	37	3	12
陕西省	16843	5728	3289	1107	240	120
甘肃省	15391	7818	4107	2858	185	238
青海省	2767	2032	875	1065	36	2
宁夏回族自治区	5597	860	435	331	34	21
新疆维吾尔自治区	23188	7449	3900	1473	847	916

二、地方财政预算收支情况

2－75－2

单位:万元

地区	工资福利支出				商品和服务支出		
	伙食费	伙食补助费	绩效工资	其他工资福利支出	小计	办公费	印刷费
地方合计	**180**	**2993**	**6356**	**17528**	**434323**	**16929**	**5730**
北京市	63	390	665	1284	44311	1022	111
天津市	3	228	75	144	9609	436	178
河北省		354	32	234	9477	290	157
山西省	9	11	47	128	5158	478	82
内蒙古自治区		20		52	3629	507	150
辽宁省	13	25	555	181	22604	1513	310
其中:大连市	3		39		2474	191	44
吉林省		2	538	51	5327	216	67
黑龙江省		188	8	158	22690	700	144
上海市	27	172	1056	1419	38495	1898	650
江苏省	12	732	754	4288	53239	929	457
浙江省	6	317	49	1324	50296	907	220
其中:宁波市	6	14		12	2903	43	12
安徽省	10	78	131	648	10203	529	276
福建省	4	59	40	766	13597	338	414
其中:厦门市	4			56	349	7	10
江西省			18	427	5822	276	89
山东省		4	98	159	7658	225	108
其中:青岛市			4	5	158	4	
河南省		1	2	402	13016	1019	412
湖北省	10	53	15	232	5061	167	109
湖南省	4	2	7	422	12232	273	217
广东省	7	80	142	677	19781	272	114
其中:深圳市					986		
广西壮族自治区		1		1001	14048	595	87
海南省		2		94	1339	77	16
重庆市		75	105	322	7354	507	159
四川省	7	53	336	1577	20115	1113	278
贵州省		2	9	231	4091	248	90
云南省	1	20	733	568	11802	502	474
西藏自治区					12	2	
陕西省	1	17	585	369	6323	946	118
甘肃省	2	15	216	197	5523	308	72
青海省		4	12	38	703	27	7
宁夏回族自治区			5	34	707	26	4
新疆维吾尔自治区	1	88	123	101	10101	583	160

2－75－3

单位:万元

地区	商品和服务支出						
	咨询费	手续费	水费	电费	邮电费	取暖费	物业管理费
地方合计	**6128**	**320**	**2895**	**12055**	**6134**	**8638**	**2718**
北京市	90	5	193	1050	242	1116	571
天津市	179	1	50	200	143	226	57
河北省	80	2	116	388	150	583	74
山西省	17	3	61	148	85	189	31
内蒙古自治区	100	10	23	110	43	395	
辽宁省	1103	4	151	946	488	1529	102
其中:大连市	3	1	18	115	29	145	10
吉林省	201	93	22	267	127	825	56
黑龙江省	186	32	181	629	206	1576	86
上海市	2002	22	148	1276	796	3	274
江苏省	581	22	277	1492	413	182	269
浙江省	116	2	196	943	635		166
其中:宁波市	16		11	33	72		19
安徽省	52	12	107	321	313	66	112
福建省	34	6	56	188	220	3	60
其中:厦门市			2	15	8		3
江西省	75	3	37	178	141	11	72
山东省	60	1	55	193	116	337	44
其中:青岛市			1	5	6	8	
河南省	43		118	331	173	188	104
湖北省	61		12	72	45	1	49
湖南省	32		65	343	120	6	93
广东省	74	3	179	469	162		131
其中:深圳市	53						
广西壮族自治区	70	4	138	627	189		6
海南省	2	1	11	61	28		14
重庆市	386	2	46	166	151	22	110
四川省	92	31	220	576	452	29	84
贵州省	27	1	62	123	59	17	6
云南省	258	10	107	199	214		14
西藏自治区					2		
陕西省	22	26	113	278	115	295	46
甘肃省	26	3	35	168	104	283	14
青海省		1	27	43	35	75	36
宁夏回族自治区	2	3	7	15	11	20	
新疆维吾尔自治区	157	17	82	255	156	661	37

2－75－4

单位:万元

地　　区	商品和服务支出					
	交通费	差旅费	出国费	维修(护)费	租赁费	会议费
地　方　合　计	**17209**	**20300**	**2206**	**24825**	**2637**	**9006**
北京市	1037	628	95	2553	285	495
天津市	322	217	49	548	37	410
河北省	444	580	39	389	69	340
山西省	282	631	3	.345	41	154
内蒙古自治区	195	222	12	98	12	101
辽宁省	1449	1468	178	1776	256	464
其中:大连市	124	192	48	87	3	49
吉林省	446	424	79	239	15	152
黑龙江省	722	721	36	1118	10	258
上海市	2134	1863	354	3683	489	1101
江苏省	1286	1935	305	3581	161	1117
浙江省	1088	1298	196	2726	100	592
其中:宁波市	72	57		406	35	28
安徽省	749	844	66	646	47	226
福建省	401	726	40	301	85	219
其中:厦门市	19	12	5	4	6	13
江西省	289	412	84	108	2	175
山东省	306	234	27	408	138	331
其中:青岛市	6	15		4		3
河南省	644	656	58	607	129	439
湖北省	101	203	12	98	115	255
湖南省	320	289	51	542	61	291
广东省	421	518	72	498	159	206
其中:深圳市						6
广西壮族自治区	627	868	12	766	5	235
海南省	107	108	3	141	2	38
重庆市	343	385	6	479	37	256
四川省	1149	1970	58	1169	154	516
贵州省	306	197	36	491	67	30
云南省	656	1024	171	445	66	224
西藏自治区	3	3				
陕西省	314	277	21	302	52	123
甘肃省	333	307	25	213	25	102
青海省	125	74		39		2
宁夏回族自治区	33	33	8	3		11
新疆维吾尔自治区	577	1185	110	513	18	143

2－75－5　　　　单位:万元

地　　区	商品和服务支出						
	培训费	招待费	专用材料费	被装购置费	专用燃料费	劳务费	委托业务费
地　方　合　计	**5349**	**11475**	**86039**	**604**	**1368**	**28490**	**14117**
北京市	320	254	4661	28	23	799	1014
天津市	239	465	1336		16	294	356
河北省	192	116	2039	1	48	637	71
山西省	72	97	645		2	471	76
内蒙古自治区	69	29	212	50	10	411	278
辽宁省	402	541	5968	6	171	1862	421
其中:大连市	21	85	391			871	5
吉林省	93	75	835		63	276	67
黑龙江省	297	199	9598		19	550	301
上海市	302	998	6644	111	97	3543	3693
江苏省	531	1995	15282	70	85	4371	2549
浙江省	380	1333	5036	30	22	5479	153
其中:宁波市	14	99	339			913	
安徽省	199	536	1109	34	5	648	483
福建省	132	371	3515	13	30	498	1254
其中:厦门市	5	6	11			1	
江西省	95	198	686		24	278	170
山东省	214	170	1120	8		318	12
其中:青岛市	1	15	68			12	
河南省	173	244	3431		66	782	477
湖北省	50	100	160	48	21	470	202
湖南省	116	516	4782	74	1	553	387
广东省	91	324	5608	35	69	518	272
其中:深圳市							
广西壮族自治区	172	426	3803	2	8	1339	61
海南省	38	72	269		1	34	45
重庆市	103	236	567		18	590	10
四川省	258	611	3075	9	21	1222	371
贵州省	187	174	533	10	13	145	81
云南省	213	821	1872	10	54	1009	849
西藏自治区	1						
陕西省	114	105	336		59	134	173
甘肃省	141	126	698	36	72	281	61
青海省	2	25	67			66	2
宁夏回族自治区	12	11	33	4		26	
新疆维吾尔自治区	141	307	2119	25	350	886	228

2－75－6

单位:万元

地　　区	商品和服务支出			对个人和家庭的补助			
	工会经费	福利费	其他商品和服务支出	小　计	离休费	退休费	退职(役)费
地　方　合　计	**3533**	**6986**	**138632**	**99792**	**6432**	**69728**	**168**
北京市	389	267	27063	10464	1192	6277	
天津市	110	177	3563	4234	299	2911	
河北省	89	155	2428	1631	85	497	17
山西省	55	124	1066	601	25	229	
内蒙古自治区	19	99	474	136		13	
辽宁省	238	517	741	6284	284	2471	3
其中:大连市	15	17	10	18			
吉林省	87	13	589	4317	472	3542	31
黑龙江省	200	146	4775	15728	1326	13890	16
上海市	318	1039	5057	3142	243	1823	5
江苏省	224	663	14462	13194	1091	10840	14
浙江省	299	958	27421	9812	387	6400	17
其中:宁波市	20	261	453	111	1	63	
安徽省	90	184	2549	1949	58	557	9
福建省	133	164	4396	441	6	134	1
其中:厦门市	6	5	211	43			
江西省	38	71	2310	2096	105	1625	1
山东省	43	36	3154	1367	14	216	
其中:青岛市		4	6	24		18	
河南省	128	217	2577	762	25	502	
湖北省	32	64	2614	1510	23	1313	1
湖南省	125	217	2758	2549	158	1944	
广东省	151	537	8898	1102		21	
其中:深圳市			927				
广西壮族自治区	116	138	3754	4615	141	4212	
海南省	15	9	247	179	4	78	
重庆市	44	84	2647	400			3
四川省	192	384	6081	1145	30	619	1
贵州省	62	105	1021	5805	225	5298	
云南省	87	204	2319	359	7	230	
西藏自治区	1			37		35	
陕西省	51	92	2211	785	16	201	
甘肃省	73	133	1884	923	22	436	
青海省	28	2	20	23			
宁夏回族自治区	3	11	431	290	18	207	5
新疆维吾尔自治区	93	176	1122	3912	176	3207	44

2－75－7　　　　单位:万元

地　区	对个人和家庭的补助						
	抚恤金	生活补助	救济费	医疗费	助学金	奖励金	生产补贴
地方合计	**1813**	**1875**	**58**	**2052**	**428**	**291**	**233**
北京市	141	85		145	31		
天津市	57	7		90			
河北省	34	772		39		4	
山西省	3	9		4	7	10	
内蒙古自治区	12	24		1			
辽宁省	67	58	6	162		7	13
其中:大连市	4	2					
吉林省	62	42		6			
黑龙江省	86	50		29			
上海市	258	19		13	25		
江苏省	296	164	39	360		20	
浙江省	164	74	4	311		25	
其中:宁波市	1			9			
安徽省	59	33	1	155	223	6	
福建省	32	35		2			
其中:厦门市		1					
江西省	27	20		86			
山东省	43	35		147		1	
其中:青岛市							
河南省	36	64	2	12	4	23	26
湖北省	9	5	1	62		1	
湖南省	66	15		53	8	1	
广东省	54	12		134	130	77	
其中:深圳市							
广西壮族自治区	49	18		2		6	
海南省	4	4				5	
重庆市	57	29		77		1	
四川省	63	59		21		61	14
贵州省	43	28		5			
云南省	4	14		23		14	
西藏自治区							
陕西省	2	28	5	26		17	180
甘肃省	14	115		17		4	
青海省	6	4		8			
宁夏回族自治区	8	30					
新疆维吾尔自治区	57	23		62		8	

二、地方财政预算收支情况

2－75－8

单位:万元

地　　区	对个人和家庭的补助				对企事业单位的补贴		
	住房公积金	提租补贴	购房补贴	其他对个人和家庭的补助支出	小计	企业政策性补贴	事业单位补贴
地方合计	**9001**	**1006**	**1420**	**5287**	**34972**	**6344**	**237**
北京市	1717	469	331	76	2893		
天津市	759	8	33	70	460		
河北省	158	5		20	2188	139	
山西省	256	1	6	51	2000	2000	
内蒙古自治区	69			17			
辽宁省	361	304	3	2545	787		5
其中:大连市		12					
吉林省	54			108	2110	42	
黑龙江省	181	81		69			
上海市	333	4	256	163	1860		100
江苏省	58	9	31	272	5684	870	20
浙江省	1975	22	146	287	2962		45
其中:宁波市	25	1		11	209		
安徽省	586	41		221	2958	219	
福建省	97	42		92	864	442	
其中:厦门市	22	20			420	420	
江西省	197			35	46	30	10
山东省	295	11	510	95	945	79	
其中:青岛市				6			
河南省	6		4	58	386	290	10
湖北省	83	5		7	1020		
湖南省	214		16	74	2247		36
广东省	610		2	62	12	12	
其中:深圳市							
广西壮族自治区	64			123			
海南省	24			60			
重庆市	7			226			
四川省	107			170	2035	1700	
贵州省	79		72	55	1		
云南省	36		3	28			
西藏自治区				2	11		11
陕西省	161	3	7	139			
甘肃省	237	1		77	521	521	
青海省				5			
宁夏回族自治区	5			17	2982		
新疆维吾尔自治区	272			63			

2－75－9

单位:万元

地区	对企事业单位的补贴		赠与			债务利息支出	
	财政贴息	其他对企事业单位的补贴支出	小计	对国内的赠与	对国外的赠与	小计	国库券付息
地方合计	**55**	**28336**	**1**	**1**			
北京市		2893					
天津市		460					
河北省		2049					
山西省							
内蒙古自治区							
辽宁省	27	755					
其中:大连市							
吉林省		2068					
黑龙江省							
上海市		1760					
江苏省		4794					
浙江省	18	2899					
其中:宁波市		209					
安徽省		2739					
福建省		422					
其中:厦门市							
江西省		6					
山东省		866					
其中:青岛市							
河南省		86	1	1			
湖北省		1020					
湖南省		2211					
广东省							
其中:深圳市							
广西壮族自治区							
海南省							
重庆市							
四川省	10	325					
贵州省		1					
云南省							
西藏自治区							
陕西省							
甘肃省							
青海省							
宁夏回族自治区		2982					
新疆维吾尔自治区							

2－75－10

单位:万元

地　　区	债务利息支出					基本建设支出	
	向国家银行借款付息	其他国内借款付息	向国外政府借款付息	向国际组织借款付息	其他国外借款付息	小　计	房屋建筑物购建
地方合计						**17632**	**12381**
北京市						－1	
天津市							
河北省						281	
山西省						9076	9000
内蒙古自治区						188	88
辽宁省						55	19
其中:大连市							
吉林省						60	60
黑龙江省						90	
上海市						115	3
江苏省						178	
浙江省						4209	2515
其中:宁波市							
安徽省						210	210
福建省						434	124
其中:厦门市							
江西省						89	
山东省						322	100
其中:青岛市							
河南省						1	
湖北省						16	
湖南省						355	
广东省						121	
其中:深圳市							
广西壮族自治区						585	
海南省						59	2
重庆市							
四川省						646	2
贵州省						158	158
云南省						83	80
西藏自治区							
陕西省						282	
甘肃省						20	20
青海省							
宁夏回族自治区							
新疆维吾尔自治区							

2－75－11

单位:万元

地　　区	基本建设支出							
	办公设备购　置	专用设备购　置	交通工具购　置	基础设施建　设	大型修缮	信息网络购　建	物资储备	其他基本建设支出
地　方　合　计	**310**	**788**	**103**	**637**	**235**	**98**		**3080**
北京市						－1		
天津市								
河北省	19	62		200				
山西省	2	74						
内蒙古自治区		20	20		60			
辽宁省					36			
其中:大连市								
吉林省								
黑龙江省								90
上海市	47	21	33	10				1
江苏省	27	77	1	40		33		
浙江省								1694
其中:宁波市								
安徽省								
福建省	17	222				58		13
其中:厦门市								
江西省	10	50	25			4		
山东省	2	53			139			28
其中:青岛市								
河南省				1				
湖北省	16							
湖南省	18		3	36		2		296
广东省	82	39						
其中:深圳市								
广西壮族自治区		50		177				358
海南省	47	10						
重庆市								
四川省	20		21	1		2		600
贵州省								
云南省	3							
西藏自治区								
陕西省		110		172				
甘肃省								
青海省								
宁夏回族自治区								
新疆维吾尔自治区								

二、地方财政预算收支情况

2－75－12

单位:万元

地区	其他资本性支出						
	小计	房屋建筑物购建	办公设备购置	专用设备购置	交通工具购置	基础设施建设	大型修缮
地方合计	**104620**	**20645**	**9059**	**35447**	**4998**	**8559**	**8328**
北京市	4288		499	2487	282	81	348
天津市	2132	147	683	473	155	215	248
河北省	1145	93	82	706	4	95	6
山西省	828	1	159	293	5		10
内蒙古自治区	333	71	94	7	95		14
辽宁省	8747	2731	421	3417	313	196	811
其中:大连市	100						100
吉林省	1775	507	181	505	159	137	256
黑龙江省	2915	6	201	2402	115	62	45
上海市	23300	4451	2006	6923	601	1764	2448
江苏省	13565	1670	802	4923	426	1028	628
浙江省	6585	2409	512	1869	527	424	597
其中:宁波市	10						
安徽省	10385	4667	458	1560	269	2252	38
福建省	1860	11	230	562	189	254	214
其中:厦门市	156		1	61	22		
江西省	713	53	111	208	149	38	20
山东省	6105	1666	278	2151	219	564	792
其中:青岛市	77		6	51	20		
河南省	1647	74	127	893	253	166	30
湖北省	170		53	34	24		
湖南省	1385	73	140	471	109	74	
广东省	1436	81	277	458	48	61	441
其中:深圳市							
广西壮族自治区	5176	699	244	1544	109	209	892
海南省	610	166	120	157	45	56	14
重庆市	1044	3	80	256	72		
四川省	3644	507	303	1892	307	79	306
贵州省	373		109	105	102	20	11
云南省	904	147	320	211	68	46	
西藏自治区	24						
陕西省	836		127	100	173	264	64
甘肃省	425	14	128	33	101	76	49
青海省	8		3	5			
宁夏回族自治区	581	398	2	3			
新疆维吾尔自治区	1681		309	799	79	398	46

2－75－13　　　　单位:万元

地　区	其他资本性支出						
	信息网络购建	物资储备	土地补偿	安置补助	地上附着物和青苗补偿	拆迁补偿	其他资本性支出
地方合计	**1667**	**1**	**518**	**2320**	**40**	**39**	**12999**
北京市	56						535
天津市	10		9				192
河北省							159
山西省	58						302
内蒙古自治区	2						50
辽宁省	205						653
其中:大连市							
吉林省	15						15
黑龙江省	7						77
上海市	228			2320			2559
江苏省	168						3920
浙江省	6						241
其中:宁波市							10
安徽省	58					39	1044
福建省	30	1			10		359
其中:厦门市							72
江西省			99				35
山东省	274						161
其中:青岛市							
河南省	58				30		16
湖北省							59
湖南省	55		410				53
广东省							70
其中:深圳市							
广西壮族自治区							1479
海南省	43						9
重庆市	163						470
四川省	88						162
贵州省	24						2
云南省	1						111
西藏自治区							24
陕西省	91						17
甘肃省	16						8
青海省							
宁夏回族自治区							178
新疆维吾尔自治区	11						39

2－75－14

单位:万元

地区	贷款转贷及产权参股					其他支出		
	小计	国内贷款	国外贷款	产权参股	其他贷款转贷及产权参股支出	小计	补充全国社会保障基金	其他支出
地方合计	**8**				**8**	**41240**		**41240**
北京市						5440		5440
天津市								
河北省						2487		2487
山西省						3176		3176
内蒙古自治区								
辽宁省						4438		4438
其中:大连市								
吉林省								
黑龙江省								
上海市						55		55
江苏省						3380		3380
浙江省						3111		3111
其中:宁波市						2000		2000
安徽省						1693		1693
福建省	8				8	969		969
其中:厦门市						9		9
江西省						853		853
山东省						5480		5480
其中:青岛市						5480		5480
河南省						127		127
湖北省						210		210
湖南省						686		686
广东省						3046		3046
其中:深圳市								
广西壮族自治区						116		116
海南省						911		911
重庆市						1082		1082
四川省						28		28
贵州省						655		655
云南省								
西藏自治区						24		24
陕西省						2889		2889
甘肃省						161		161
青海省						1		1
宁夏回族自治区						177		177
新疆维吾尔自治区						45		45

2007 年各省、自治区、直辖市技术研究与开发支出明细表

2－76－1　　　　　　　　　　　　　　　　　　　　　　　　　　单位:万元

地　　区	合　计	工资福利支出				
		小　计	基本工资	津贴补贴	奖　金	社会保障缴　费
地　方　合　计	**4316094**	**76419**	**36092**	**16292**	**8253**	**8734**
北京市	218399	3972	3270	115	299	180
天津市	78996	543	233	138	125	12
河北省	89386	398	181	28	20	32
山西省	86888	369	165	85	6	29
内蒙古自治区	54073	226	90	89	5	15
辽宁省	184587	4126	1880	1064	745	427
其中:大连市	37052	142	88	28	5	18
吉林省	47576	1599	806	467	71	60
黑龙江省	113532	1910	725	501	350	202
上海市	449253	2391	990	253	781	235
江苏省	407932	527	171	109	110	59
浙江省	434646	1253	228	220	328	184
其中:宁波市	106615	88	18	18	25	22
安徽省	58350	831	359	164	43	20
福建省	98293	1399	513	268	20	340
其中:厦门市	36096	38	11	8	2	6
江西省	42031	3139	1905	645	178	93
山东省	279792	1620	580	642	77	197
其中:青岛市	30239	81	25	50	4	2
河南省	131666	1796	1138	371	88	27
湖北省	181336	936	530	225	38	64
湖南省	112324	3142	1244	571	451	573
广东省	628638	20013	7076	6703	1159	2646
其中:深圳市	248302	247	46	44	20	13
广西壮族自治区	38111	541	293	147	49	38
海南省	14961	448	280	81	12	66
重庆市	71820	94	9	26	1	
四川省	101689	2527	1718	220	185	88
贵州省	50724	2911	1132	535	534	295
云南省	66692	1938	884	673	5	169
西藏自治区	5057	28	17	6	3	2
陕西省	149390	12621	7345	893	2328	1864
甘肃省	32502	2488	1254	648	63	336
青海省	10690	23	6	7	1	
宁夏回族自治区	11452	36	19	14	1	1
新疆维吾尔自治区	65308	2574	1051	384	177	480

2－76－2

单位:万元

地区	工资福利支出				商品和服务支出		
	伙食费	伙食补助费	绩效工资	其他工资福利支出	小计	办公费	印刷费
地方合计	**44**	**501**	**1335**	**5168**	**1977431**	**66393**	**6462**
北京市			4	104	174071	109	108
天津市		11	6	18	15085	152	25
河北省		12	2	123	26943	4576	324
山西省				84	19644	1316	182
内蒙古自治区				27	33661	2139	884
辽宁省	5	3		2	57023	3543	207
其中:大连市		3			1666	1190	17
吉林省			153	42	13641	1175	83
黑龙江省	7	28	3	94	75155	10978	78
上海市			7	125	62417	157	82
江苏省		10		68	191977	421	95
浙江省		12		281	167887	311	101
其中:宁波市		2		3	21980	46	19
安徽省		15	2	228	14141	179	77
福建省			8	250	26505	167	42
其中:厦门市			3	8	1589	2	
江西省		3	5	310	16072	560	103
山东省		3	27	94	121507	9082	723
其中:青岛市					13559	997	4
河南省	1	1		170	70502	10028	595
湖北省	9	4		66	129311	1132	178
湖南省		1	97	205	38595	971	177
广东省	21	17	871	1520	418861	6236	650
其中:深圳市		5		119	234597	1160	2
广西壮族自治区				14	30880	1171	37
海南省				9	5146	48	10
重庆市				58	54134	294	123
四川省		2		314	35604	1536	341
贵州省		18	42	355	10443	1502	154
云南省			76	131	47851	1093	105
西藏自治区					617		3
陕西省	1		13	177	56368	5262	414
甘肃省		4	8	175	18088	570	127
青海省				9	2647	36	32
宁夏回族自治区				1	4541	65	38
新疆维吾尔自治区		357	11	114	38114	1584	364

2－76－3

单位:万元

地　　区	商品和服务支出						
	咨询费	手续费	水　费	电　费	邮电费	取暖费	物　业 管理费
地　方　合　计	**7214**	**539**	**1663**	**6906**	**3385**	**5891**	**733**
北京市	11		7	85	39	102	33
天津市	19		12	31	164	24	
河北省	114	1	20	46	120	30	26
山西省	41	10	39	61	57	35	20
内蒙古自治区	103	5	47	33	98	56	11
辽宁省	297	175	61	595	170	557	56
其中:大连市	77			2	2	7	
吉林省	146		14	31	24	266	
黑龙江省	111	5	41	137	55	269	4
上海市	32	1	3	57	60		53
江苏省	433	34	9	32	91		4
浙江省	6	1	9	26	98		9
其中:宁波市					3		
安徽省	46	1	2	16	16		
福建省	82		13	58	56		3
其中:厦门市	60			2	1		1
江西省	104	2	63	173	136	10	40
山东省	1253	37	124	259	421	199	35
其中:青岛市	743		1	2	2		
河南省	105	16	69	231	153	6	
湖北省	298		19	71	91	6	30
湖南省	96	8	103	467	118	8	102
广东省	209	14	305	1765	555		109
其中:深圳市	5		2	25	54		10
广西壮族自治区	121		6	22	15		7
海南省	13		3	29	18		
重庆市	59	2	40	120	85		30
四川省	199	103	73	206	195	2	7
贵州省	80	2	15	86	72	2	48
云南省	107	2	64	108	67		
西藏自治区	7						
陕西省	2719	55	398	1835	184	3885	78
甘肃省	80	2	31	84	69	120	15
青海省	47		28	37	7	20	
宁夏回族自治区	5		1	2	8	1	3
新疆维吾尔自治区	271	63	44	203	143	293	10

2－76－4

单位:万元

地　　区	商品和服务支出					
	交通费	差旅费	出国费	维修(护)费	租赁费	会议费
地 方 合 计	**13274**	**17080**	**1173**	**23479**	**3594**	**11411**
北京市	91	83	82	406	9	226
天津市	42	37		283		30
河北省	965	358	52	1330	44	484
山西省	328	352	6	204	12	641
内蒙古自治区	478	759	23	597	22	342
辽宁省	463	682	69	991	314	479
其中:大连市	14	26	34	50		80
吉林省	183	314	3	374	32	169
黑龙江省	254	458	114	1925	36	99
上海市	217	220	185	571	442	484
江苏省	127	249	8	185	53	481
浙江省	184	402	44	233	66	587
其中:宁波市	7	120	5		39	224
安徽省	95	133	39	71	5	151
福建省	206	282	3	199	29	114
其中:厦门市	6	14	3	1	11	49
江西省	310	691	57	339	282	318
山东省	3396	1750	22	7931	236	1280
其中:青岛市	2044	612		16		34
河南省	460	775	28	304	141	568
湖北省	452	549	80	360	13	905
湖南省	340	565	25	388	76	492
广东省	1036	3630	182	3019	511	917
其中:深圳市	39	1056	50	33	24	45
广西壮族自治区	106	92	18	88	120	94
海南省	28	49	9	24	127	36
重庆市	240	525	30	50	17	293
四川省	594	811	21	327	164	757
贵州省	352	252	3	102	36	276
云南省	233	357	14	318	171	285
西藏自治区	3	10			1	1
陕西省	1089	986	15	2117	374	240
甘肃省	205	283	4	268	70	203
青海省	103	117	1	17	6	4
宁夏回族自治区	70	78		16	3	36
新疆维吾尔自治区	624	1231	36	442	182	419

2－76－5

单位:万元

地　　区	商品和服务支出						
	培训费	招待费	专　用 材料费	被　装 购置费	专　用 燃料费	劳务费	委　托 业务费
地　方　合　计	**14152**	**8615**	**161611**	**2098**	**9843**	**18407**	**41956**
北京市	92	16	5690	13		84	432
天津市	41	18	929	4		5	50
河北省	386	89	4507	3	238	303	285
山西省	565	151	3346			330	580
内蒙古自治区	431	121	2649	115	26	568	3576
辽宁省	287	528	16103	70	282	329	95
其中:大连市	24	8	39			18	
吉林省	180	27	2400		92	242	411
黑龙江省	169	122	5118	164	75	440	16403
上海市	40	64	1912			236	2180
江苏省	421	196	764	78		281	384
浙江省	410	667	1411	14		348	211
其中:宁波市	4	77	6			32	
安徽省	462	58	127		1	35	40
福建省	162	186	1092	23	15	132	4991
其中:厦门市	12	10	1	23			49
江西省	262	217	1160	6	32	312	599
山东省	3509	325	17623	8	2770	5670	693
其中:青岛市	7	17	778			35	50
河南省	972	456	13832		122	548	570
湖北省	682	354	2022	418	13	247	60
湖南省	324	637	962	41	31	169	716
广东省	613	2079	42362	924	117	2992	4852
其中:深圳市	4	496	1072			1133	71
广西壮族自治区	315	77	640		6	78	6
海南省	42	19	491		13	71	31
重庆市	123	311	1044		2	607	128
四川省	434	354	1851		236	742	208
贵州省	167	293	348		3	341	69
云南省	1181	440	1852	12	54	294	234
西藏自治区		2	13			6	
陕西省	195	247	23000	112	1022	1265	1998
甘肃省	195	192	1200	33	15	131	23
青海省	39	8	156	13	4	127	66
宁夏回族自治区	37	31	186	6	16	63	14
新疆维吾尔自治区	1416	330	6821	41	4658	1411	2051

二、地方财政预算收支情况

2－76－6

单位:万元

地　　区	商品和服务支出			对个人和家庭的补助			
	工会经费	福利费	其他商品和服务支出	小　计	离休费	退休费	退职(役)费
地　方　合　计	**790**	**4363**	**1546399**	**27652**	**843**	**13415**	**41**
北京市	15	8	166330	313	43	173	
天津市	1	27	13191	778	29	674	
河北省	2	14	12626	924			
山西省		8	11360	110	4	33	
内蒙古自治区		5	20573	187			
辽宁省	34	415	30221	519		1	
其中:大连市			78	3			
吉林省	24	7	7444	1200	92	1054	
黑龙江省	14	56	38030	2899	183	2439	
上海市	31	69	55321	70		19	
江苏省	31	30	187570	358	8	21	
浙江省	22	400	162327	825	26	341	13
其中:宁波市	2		21396	12		8	
安徽省	5	21	12561	287	8	33	
福建省	17	58	18575	144	3	31	
其中:厦门市		1	1343	7			
江西省	43	117	10136	1576	77	1180	
山东省	7	24	64130	458	21	30	2
其中:青岛市			8217	9			
河南省	19	37	40467	618	16	81	
湖北省	6	30	121295	216	8	102	
湖南省	38	91	31650	1488	43	828	
广东省	267	1190	344327	3242		561	20
其中:深圳市	2	10	229304	292			
广西壮族自治区	1		27860	325		96	
海南省	2	17	4066	346			
重庆市			50011	862		6	
四川省	31	74	26338	1290		21	
贵州省	28	103	6109	3031	137	2699	
云南省	27	88	40745	987		2	5
西藏自治区		1	570	9			
陕西省	81	1167	7630	1025	17	213	
甘肃省	8	38	14122	391	9	286	1
青海省			1779	44			
宁夏回族自治区	2		3860	119		29	
新疆维吾尔自治区	34	268	15175	3011	119	2462	

2－76－7

单位:万元

地　　区	对个人和家庭的补助						
	抚恤金	生活补助	救济费	医疗费	助学金	奖励金	生产补贴
地　方　合　计	**284**	**616**	**7**	**605**	**142**	**3349**	**2626**
北京市		3					
天津市	4	1	1				
河北省	1	5				65	355
山西省	2	42			1	5	6
内蒙古自治区		8	2	3		69	100
辽宁省	6	2		1		267	1
其中:大连市		1		1			
吉林省	11	10		2			
黑龙江省	14	8				27	140
上海市					4		
江苏省	3	9		2		90	
浙江省	7	7		10		197	2
其中:宁波市							
安徽省	8	5	1	2		201	
福建省	4	2		4		3	
其中:厦门市							
江西省	17	6		62		13	11
山东省	8	27		11		82	3
其中:青岛市	1						
河南省	1	7		1		123	122
湖北省		26		15			
湖南省	54		2	112			60
广东省	33	46		265	137	62	271
其中:深圳市					59		
广西壮族自治区	1	2					88
海南省	3	337					
重庆市						770	58
四川省	13	9				1093	20
贵州省	13	12		6			7
云南省	2	1		26		211	636
西藏自治区							
陕西省	5	15	1	37			606
甘肃省	15	21		1			2
青海省							44
宁夏回族自治区							88
新疆维吾尔自治区	59	5		45		71	6

2－76－8

单位:万元

地　　区	对个人和家庭的补助				对企事业单位的补贴		
	住　房 公积金	提租 补贴	购房 补贴	其他对个人和家庭的补助支出	小　计	企业政策性补　　贴	事业单位补　　贴
地　方　合　计	**1927**	**75**	**288**	**3434**	**1354995**	**413946**	**19847**
北京市	71	13	8	2	13580	1798	
天津市	58			11	58318	1635	
河北省	13			485	18662	6592	481
山西省				17	12087	2651	
内蒙古自治区	4			1	9351	3281	2303
辽宁省	7	13		221	97074	49570	9494
其中:大连市		1			34658	5830	2756
吉林省	28	2		1	26666	1771	
黑龙江省	64	2		22	19505	17707	751
上海市	47				274349	620	
江苏省	14	2	1	208	172250	81412	377
浙江省	160			62	173348	78306	172
其中:宁波市				4	49433	41273	106
安徽省	29				28804	1420	82
福建省	41	38	6	12	46915	12281	367
其中:厦门市	4		3		33538	6842	
江西省	154			56	7172	4853	62
山东省	46	5	118	105	88890	41945	994
其中:青岛市	3	5			7165		
河南省	19			248	27270	12192	
湖北省	17		11	37	24821	7781	388
湖南省	129			260	53272	35068	952
广东省	697		22	1128	105186	23582	849
其中:深圳市			3	230	5385	305	10
广西壮族自治区	5			133	1778	1157	
海南省	6				2293	2293	
重庆市				28	2831	1842	10
四川省	8			126	48335	11077	12
贵州省	32		122	3	3479	1478	396
云南省	29			75	1999	1250	11
西藏自治区				9	646		646
陕西省	109			22	19076	5262	766
甘肃省	31			25	4921	1722	153
青海省					2605		
宁夏回族自治区				2	113		
新疆维吾尔自治区	109			135	9399	3400	581

2－76－9

单位:万元

地区	对企事业单位的补贴		赠与			债务利息支出	
	财政贴息	其他对企事业单位的补贴支出	小计	对国内的赠与	对国外的赠与	小计	国库券付息
地方合计	**10821**	**910381**	**13**	**13**			
北京市		11782					
天津市		56683					
河北省		11589					
山西省		9436					
内蒙古自治区		3767					
辽宁省	3250	34760					
其中:大连市		26072					
吉林省		24895					
黑龙江省	65	982					
上海市	300	273429					
江苏省	133	90328					
浙江省	1173	93697	10	10			
其中:宁波市		8054					
安徽省		27302					
福建省	180	34087					
其中:厦门市		26696					
江西省		2257					
山东省	75	45876					
其中:青岛市		7165					
河南省	1255	13823					
湖北省	60	16592					
湖南省		17252	1	1			
广东省	1178	79577					
其中:深圳市		5070					
广西壮族自治区	8	613	1	1			
海南省							
重庆市	260	719					
四川省	1195	36051	1	1			
贵州省	809	796					
云南省	300	438					
西藏自治区							
陕西省		13048					
甘肃省	5	3041					
青海省		2605					
宁夏回族自治区		113					
新疆维吾尔自治区	575	4843					

二、地方财政预算收支情况

2－76－10

单位:万元

地区	债务利息支出					基本建设支出	
	向国家银行借款付息	其他国内借款付息	向国外政府借款付息	向国际组织借款付息	其他国外借款付息	小计	房屋建筑物购建
地方合计						**54823**	**7622**
北京市						6120	
天津市							
河北省						501	30
山西省						607	287
内蒙古自治区						1343	
辽宁省						2837	
其中:大连市						334	
吉林省						650	
黑龙江省						3053	
上海市							
江苏省						1274	1040
浙江省						4810	1939
其中:宁波市						3	
安徽省						2616	2130
福建省						9130	113
其中:厦门市						877	
江西省						362	8
山东省						6653	383
其中:青岛市						487	83
河南省						3149	180
湖北省						1031	
湖南省						1250	27
广东省						1751	
其中:深圳市							
广西壮族自治区						118	77
海南省						502	
重庆市						4	
四川省						1664	1408
贵州省						92	
云南省						124	
西藏自治区						42	
陕西省						1189	
甘肃省						802	
青海省						5	
宁夏回族自治区						98	
新疆维吾尔自治区						3046	

2－76－11

单位:万元

地　　区	基本建设支出							
	办公设备购　置	专用设备购　置	交通工具购　置	基础设施建　设	大型修缮	信息网络购　建	物资储备	其他基本建设支出
地　方　合　计	**1148**	**4790**	**141**	**11189**	**370**	**6995**	**11**	**22557**
北京市	21					－1		6100
天津市								
河北省	3	48	45	30		3		342
山西省	13	9						298
内蒙古自治区	54	182	2	290		17		798
辽宁省		1650		1033		54		100
其中:大连市				280		54		
吉林省								650
黑龙江省	20			440		2593		
上海市								
江苏省	4	30		10				190
浙江省	136	142		3		975	1	1614
其中:宁波市	3							
安徽省	40	45		251		50		100
福建省	24	183		1809		709		6292
其中:厦门市				877				
江西省	12	89	2			1		250
山东省	14	591	6	1230	60	1960		2409
其中:青岛市	9	88		212	50	10		35
河南省	1	5	15	2918				30
湖北省	409	133		18		20		451
湖南省	10	12	25	456		192		528
广东省	353	456		43	10	134		755
其中:深圳市								
广西壮族自治区	2	39						
海南省	2							500
重庆市		4						
四川省	12	13		13			10	208
贵州省			17	5		70		
云南省	7			13		104		
西藏自治区								42
陕西省	1	29	29	716	300	114		
甘肃省		124		107				571
青海省								5
宁夏回族自治区	10							88
新疆维吾尔自治区		1006		1804				236

2－76－12

单位：万元

地区	其他资本性支出						
	小计	房屋建筑物购建	办公设备购置	专用设备购置	交通工具购置	基础设施建设	大型修缮
地方合计	**342764**	**25318**	**12187**	**60065**	**2772**	**42602**	**5737**
北京市	15293		84	11873	67	723	105
天津市	4272		225	234		316	220
河北省	12219	78	166	2902	38	3139	3
山西省	10188		422	1789	123	1976	506
内蒙古自治区	9295	1751	278	828	241	1341	70
辽宁省	13336	1840	288	1114	15	3126	67
其中：大连市	249		26	30			
吉林省	1708		14	1175	23	280	62
黑龙江省	10975	4460	261	2560	18	724	415
上海市	13239		138	2308	183		
江苏省	21911	67	172	576	33	1375	109
浙江省	26303	1424	483	3260	280	2615	140
其中：宁波市	1		1				
安徽省	6477	1017	2813	304	38	508	
福建省	4211	156	241	422	118	1949	62
其中：厦门市	47		1	19			
江西省	2983		137	838	80	15	20
山东省	52409	10947	1500	10169	84	10321	2596
其中：青岛市	704						
河南省	19339	406	529	5636	28	3696	9
湖北省	2806	1	119	630		60	93
湖南省	4694	96	177	1393	69	840	
广东省	41188	551	1737	5719	621	995	925
其中：深圳市	6545		39	655	25		
广西壮族自治区	2330	2	18	350	32	444	
海南省	3136	267	25	124	28	162	
重庆市	8360	23	236	244	82		8
四川省	9069	1178	755	1833	183	106	34
贵州省	3680	62	508	678	98	537	23
云南省	2560	529	129	278	17	187	40
西藏自治区	3011						
陕西省	24011	250	22	720	36	4796	60
甘肃省	4248	117	128	711	63	204	154
青海省	456		3	40		246	
宁夏回族自治区	2578		46	145	10	73	7
新疆维吾尔自治区	6479	96	533	1212	164	1848	9

2－76－13　　　　单位:万元

地　　区	其他资本性支出						
	信息网络购　建	物资储备	土地补偿	安置补助	地上附着物和青苗补偿	拆迁补偿	其他资本性支　出
地　方　合　计	**39596**	**623**	**1666**	**186**	**390**	**37**	**151585**
北京市	1068		301				1072
天津市	2940						337
河北省	284		137				5472
山西省	1359	5	127				3881
内蒙古自治区	249			153			4384
辽宁省	1952	127					4807
其中:大连市	178						15
吉林省	154						
黑龙江省	2244						293
上海市	10018						592
江苏省	192		172				19215
浙江省	9553						8548
其中:宁波市							
安徽省	9						1788
福建省	37						1226
其中:厦门市	27						
江西省	148			23			1722
山东省	2074	75	530		329	23	13761
其中:青岛市			381				323
河南省	681		323				8031
湖北省	875	3					1025
湖南省	305						1814
广东省	2578	340					27722
其中:深圳市							5826
广西壮族自治区	24				33	10	1417
海南省	109						2421
重庆市	320						7447
四川省	114						4866
贵州省	700		20	10	10		1034
云南省	821		56				503
西藏自治区							3011
陕西省	212	73					17842
甘肃省	66						2805
青海省							167
宁夏回族自治区							2297
新疆维吾尔自治区	510				18	4	2085

二、地方财政预算收支情况

2－76－14 单位:万元

地区	贷款转贷及产权参股					其他支出		
	小计	国内贷款	国外贷款	产权参股	其他贷款转贷及产权参股支出	小计	补充全国社会保障基金	其他支出
地方合计	**10384**	**2000**		**8250**	**134**	**471613**		**471613**
北京市						5050		5050
天津市								
河北省						29739		29739
山西省						43883		43883
内蒙古自治区						10		10
辽宁省	8250			8250		1422		1422
其中:大连市								
吉林省						2112		2112
黑龙江省						35		35
上海市						96787		96787
江苏省						19635		19635
浙江省						60210		60210
其中:宁波市						35098		35098
安徽省						5194		5194
福建省	32				32	9957		9957
其中:厦门市								
江西省						10727		10727
山东省						8255		8255
其中:青岛市						8234		8234
河南省	102				102	8890		8890
湖北省						22215		22215
湖南省						9882		9882
广东省	2000	2000				36397		36397
其中:深圳市						1236		1236
广西壮族自治区						2138		2138
海南省						3090		3090
重庆市						5535		5535
四川省						3199		3199
贵州省						27088		27088
云南省						11233		11233
西藏自治区						704		704
陕西省						35100		35100
甘肃省						1564		1564
青海省						4910		4910
宁夏回族自治区						3967		3967
新疆维吾尔自治区						2685		2685

2007 年各省、自治区、直辖市科技条件与服务支出明细表

2－77－1　　　　　　　　　　　　　　　　　　　　　　　　单位:万元

地　　区	合　计	工资福利支出				
		小　计	基本工资	津贴补贴	奖　金	社会保障缴　费
地　方　合　计	**564174**	**37045**	**14516**	**8913**	**6608**	**1918**
北京市	24404	416	220	85	29	53
天津市	4485	14	5	6	1	2
河北省	8388	477	287	105	25	17
山西省	5237	1021	607	288	33	42
内蒙古自治区	1375	567	301	190	23	17
辽宁省	61139	534	282	154	13	67
其中:大连市	58743	196	102	32	2	53
吉林省	8083	2599	1002	676	540	58
黑龙江省	5027	305	198	74	5	18
上海市	58455	2980	1152	302	772	244
江苏省	48148	1612	404	348	488	134
浙江省	59540	5254	1000	740	2663	325
其中:宁波市	1570	69	14	11	30	10
安徽省	19439	683	310	188	21	22
福建省	35514	1897	910	698	63	78
其中:厦门市	8509					
江西省	4208	644	419	95	32	10
山东省	12289	2175	761	825	225	98
其中:青岛市	404	162	45	60	6	37
河南省	12182	817	411	308	42	14
湖北省	11709	2018	973	409	290	78
湖南省	12786	779	329	126	21	70
广东省	105263	3847	1115	1604	380	219
其中:深圳市	5541	2032	529	751	237	122
广西壮族自治区	11602	2295	1049	504	367	68
海南省	943	289	200	43	38	1
重庆市	18962	1158	158	25	101	2
四川省	8775	2163	1106	402	314	149
贵州省	3483	333	170	94	24	22
云南省	6056	942	489	287	10	36
西藏自治区						
陕西省	6578	429	283	71	9	37
甘肃省	3875	382	160	151	32	14
青海省	1535					
宁夏回族自治区	2347	115	58	42	12	
新疆维吾尔自治区	2347	300	157	73	35	23

二、地方财政预算收支情况

2－77－2

单位:万元

地区	工资福利支出				商品和服务支出		
	伙食费	伙食补助费	绩效工资	其他工资福利支出	小计	办公费	印刷费
地方合计	**125**	**350**	**637**	**3978**	**205221**	**10698**	**1723**
北京市		9		20	20883	73	200
天津市					3419	2	
河北省		26		17	2354	109	36
山西省		15	3	33	1919	125	29
内蒙古自治区			2	34	653	58	37
辽宁省		1	7	10	2825	246	92
其中:大连市			7		1640	167	71
吉林省		25	262	36	1889	145	13
黑龙江省			10		2482	35	27
上海市	53	3		454	12281	1083	266
江苏省	4	32		202	18404	181	22
浙江省	48	81	7	390	35853	234	107
其中:宁波市		2		2	390	5	1
安徽省		13		129	13056	332	41
福建省		7	18	123	15269	118	79
其中:厦门市					492	3	
江西省	1			87	1640	33	21
山东省	1	68		197	3459	224	78
其中:青岛市				14	139	9	2
河南省				42	6682	787	133
湖北省	17	28	11	212	4259	148	45
湖南省			124	109	3445	100	13
广东省	1	14		514	27541	1491	119
其中:深圳市		12		381	2986	86	25
广西壮族自治区		3	101	203	5403	345	90
海南省				7	326	15	10
重庆市		1		871	6437	4095	60
四川省		4	13	175	3890	186	58
贵州省		3	1	19	1399	122	4
云南省		4	61	55	4310	150	80
西藏自治区							
陕西省		11	13	5	1952	113	12
甘肃省		2		23	1779	98	48
青海省					149	1	
宁夏回族自治区				3	516	7	
新疆维吾尔自治区			4	8	747	42	3

2－77－3

单位:万元

地区	商品和服务支出						
	咨询费	手续费	水费	电费	邮电费	取暖费	物业管理费
地方合计	**1573**	**60**	**738**	**2309**	**2312**	**551**	**2331**
北京市	3		1	11	16	21	18
天津市					1		
河北省	5	3	1	4	19	33	2
山西省	5	2	6	28	32	81	10
内蒙古自治区	5			1	12	23	
辽宁省	55		5	20	47	50	16
其中:大连市	12			7	26	24	2
吉林省	10		2	19	42	54	
黑龙江省	68		15	43	9	45	
上海市	324	2	32	497	241		472
江苏省	71	1	304	75	110		605
浙江省	13		13	199	131		154
其中:宁波市							
安徽省	12		19	35	9		5
福建省	40	1	17	120	85		61
其中:厦门市					5		
江西省	23	1	9	21	14	1	5
山东省	15		60	142	95	135	146
其中:青岛市				3	6	10	6
河南省	71	30	29	46	90	21	163
湖北省	20	4	7	44	63	11	57
湖南省	4		12	90	30	3	37
广东省	466	2	84	435	824		347
其中:深圳市	1		13	170	585		90
广西壮族自治区	91	8	37	113	92		28
海南省			1	18	11		6
重庆市	3		12	17	81		6
四川省	9	3	20	137	71		152
贵州省	32		16	79	17	2	18
云南省	183	3	17	36	97		3
西藏自治区							
陕西省	15		4	7	12	6	10
甘肃省	21		14	71	43	52	7
青海省							
宁夏回族自治区							
新疆维吾尔自治区	9		1	1	18	13	3

2－77－4

单位:万元

地　　区	商品和服务支出					
	交通费	差旅费	出国费	维修(护)费	租赁费	会议费
地　方　合　计	**3223**	**4656**	**572**	**6097**	**3198**	**4042**
北京市	162	60	9	17	74	143
天津市	2					
河北省	18	40		238	11	48
山西省	56	105	1	179	7	38
内蒙古自治区	38	65		61	1	19
辽宁省	61	54	5	109	201	325
其中:大连市	35	35		16	181	294
吉林省	84	230	6	112	22	95
黑龙江省	22	134		362	21	52
上海市	369	264	179	809	1080	644
江苏省	155	188	9	263	28	238
浙江省	187	198	51	297	38	239
其中:宁波市	1	10				5
安徽省	32	96	5	151		77
福建省	95	240	30	437	17	92
其中:厦门市		2		29		1
江西省	27	58	8	11	6	27
山东省	195	142	4	347	25	162
其中:青岛市	8	9	4	12	10	6
河南省	262	307		366	408	219
湖北省	91	158	15	94		149
湖南省	118	54	4	147	2	187
广东省	388	380	95	692	1103	582
其中:深圳市	129	103	29	104	59	91
广西壮族自治区	160	174	10	148	39	168
海南省	30	23		23	1	4
重庆市	162	755		20		12
四川省	231	121	5	239	78	115
贵州省	51	43	2	73	30	191
云南省	82	498	116	432	3	12
西藏自治区						
陕西省	21	13		37		22
甘肃省	93	127	10	432	3	138
青海省						
宁夏回族自治区	6	2				2
新疆维吾尔自治区	25	127	8	1		42

2－77－5　　　　　　　　　　　　　　　　　　　　　　　　　　　　单位:万元

地　　区	商品和服务支出						
	培训费	招待费	专　用 材料费	被　装 购置费	专　用 燃料费	劳务费	委　托 业务费
地　方　合　计	**2826**	**2629**	**7639**	**515**	**109**	**4560**	**5584**
北京市	32	18	691	28		58	357
天津市	14						
河北省	16	9	54	140		10	4
山西省	36	35	519	58	1	79	42
内蒙古自治区	18	10	18	30		27	
辽宁省	100	42	221	1	12	74	
其中:大连市	78	17	41			29	
吉林省	28	53	590		4	36	30
黑龙江省	24	18	722		16	47	685
上海市	90	173	103			807	510
江苏省	404	185	427	58	2	252	136
浙江省	176	311	721			207	763
其中:宁波市	102	34					7
安徽省	41	92	116	9		5	20
福建省	299	119	299	21	46	260	334
其中:厦门市		7					8
江西省	35	49	54		2	48	1
山东省	69	154	420	2		136	309
其中:青岛市	2	17					
河南省	314	148	845	50	3	275	109
湖北省	74	84	34			98	26
湖南省	36	136	299	57		93	
广东省	482	362	310	13		470	2108
其中:深圳市	18	91				5	358
广西壮族自治区	94	103	218		8	357	56
海南省	19	6	27			11	12
重庆市	3	334	372			148	
四川省	55	93	26	2	3	392	29
贵州省	62	17	94	23	2	17	
云南省	209	33	97		6	406	35
西藏自治区							
陕西省	14	12	1			46	11
甘肃省	53	20	111			68	1
青海省	1		4				
宁夏回族自治区	2	1	1	18		1	
新疆维吾尔自治区	26	12	245	5	4	132	6

2－77－6

单位:万元

地区	商品和服务支出			对个人和家庭的补助			
	工会经费	福利费	其他商品和服务支出	小计	离休费	退休费	退职(役)费
地方合计	**377**	**1380**	**135519**	**8459**	**406**	**3896**	**8**
北京市	4	7	18880	97	1	49	
天津市			3400	2			
河北省	5	7	1542	78	4	54	
山西省	11	10	424	166	2	114	
内蒙古自治区	2	8	220	4			
辽宁省	12	13	1064	42			
其中:大连市	2	3	600	8			
吉林省	60	13	241	912	101	738	
黑龙江省	1	8	128	85	25	55	
上海市	31	99	4206	329	6	73	
江苏省	7	71	14612	499	25	322	2
浙江省	62	107	31645	1621	67	754	
其中:宁波市			225	2			
安徽省	2	8	11949	217		99	
福建省	24	46	12389	1263	3	83	
其中:厦门市		3	434				
江西省	5	10	1171	231	32	163	
山东省	25	11	563	495	8	79	
其中:青岛市	2		33	15			
河南省	3	428	1575	33	7	21	
湖北省	24	156	2857	303		142	2
湖南省	3	47	1973	332	41	213	
广东省	21	96	16671	205			
其中:深圳市	8	52	969	5			
广西壮族自治区	22	103	2939	591	51	427	
海南省			109	5			
重庆市	2	11	344	22			
四川省	29	52	1784	339	23	144	
贵州省		5	499	299	8	208	
云南省	10	43	1759	24			
西藏自治区							
陕西省	3	16	1577	74	2	16	
甘肃省	6	1	362	22		3	
青海省			143	1			
宁夏回族自治区		1	475	2			
新疆维吾尔自治区	3	3	18	166		139	4

2－77－7

单位:万元

地　　区	对个人和家庭的补助						
	抚恤金	生活补助	救济费	医疗费	助学金	奖励金	生产补贴
地　方　合　计	**91**	**182**	**1**	**214**	**－1**	**231**	**96**
北京市				3	－1		
天津市							
河北省		3		2		3	
山西省						1	
内蒙古自治区		2					
辽宁省	1			6		3	
其中:大连市	1			3			
吉林省	12	7		7			
黑龙江省	4						
上海市	20	1	1				
江苏省		3		14		34	
浙江省		83		41		12	
其中:宁波市							
安徽省				2		88	
福建省	9	5					13
其中:厦门市							
江西省	5			8			
山东省	3	14		41		1	47
其中:青岛市							
河南省							
湖北省		6		45			
湖南省		15		23			12
广东省	2	24		12		14	
其中:深圳市						1	
广西壮族自治区	15	17		2		10	
海南省							
重庆市	11			8			
四川省	5					36	23
贵州省	3	1					
云南省						11	
西藏自治区							
陕西省	1	1					
甘肃省						15	
青海省							1
宁夏回族自治区						2	
新疆维吾尔自治区						1	

2－77－8

单位:万元

地区	对个人和家庭的补助				对企事业单位的补贴		
	住房公积金	提租补贴	购房补贴	其他对个人和家庭的补助支出	小计	企业政策性补贴	事业单位补贴
地方合计	**1114**	**94**	**457**	**1670**	**85053**	**65320**	**164**
北京市	16	21	4	4			
天津市	1			1			
河北省	9			3	1870		
山西省	32	4		13	225		
内蒙古自治区				2	1	1	
辽宁省	10	19		3	11509	10165	
其中:大连市		4			11509	10165	
吉林省	42	3		2	1581	7	
黑龙江省		1			112	112	
上海市	39		178	11	32139	32000	
江苏省	32	20	7	40	19036	12209	72
浙江省	524	1	17	122	3133	2318	45
其中:宁波市	1			1	952	646	
安徽省	14			14	3342	583	
福建省	32	16	8	1094	1347	1303	29
其中:厦门市					1285	1285	
江西省	17			6	66		
山东省	71	6	212	13	7	5	
其中:青岛市	8	5	1	1			
河南省	2		2	1	428	191	
湖北省	66		1	41	470		
湖南省	22			6	2190	577	
广东省	47	1	1	104	5398	4902	
其中:深圳市				4	430		
广西壮族自治区	34	2		33	520	350	
海南省				5			
重庆市	2			1	214	214	
四川省	42			66	1234	228	18
贵州省	5		27	47	63		
云南省	6			7			
西藏自治区							
陕西省	41			13			
甘肃省	1			3	155	155	
青海省					13		
宁夏回族自治区							
新疆维吾尔自治区	7			15			

2－77－9

单位:万元

地区	对企事业单位的补贴		赠与			债务利息支出	
	财政贴息	其他对企事业单位的补贴支出	小计	对国内的赠与	对国外的赠与	小计	国库券付息
地方合计	**2646**	**16923**					
北京市							
天津市							
河北省	1750	120					
山西省		225					
内蒙古自治区							
辽宁省		1344					
其中:大连市		1344					
吉林省		1574					
黑龙江省							
上海市		139					
江苏省	600	6155					
浙江省	14	756					
其中:宁波市	14	292					
安徽省		2759					
福建省		15					
其中:厦门市							
江西省		66					
山东省		2					
其中:青岛市							
河南省		237					
湖北省		470					
湖南省	222	1391					
广东省		496					
其中:深圳市		430					
广西壮族自治区		170					
海南省							
重庆市							
四川省	60	928					
贵州省		63					
云南省							
西藏自治区							
陕西省							
甘肃省							
青海省		13					
宁夏回族自治区							
新疆维吾尔自治区							

2－77－10

单位:万元

地区	债务利息支出					基本建设支出	
	向国家银行借款付息	其他国内借款付息	向国外政府借款付息	向国际组织借款付息	其他国外借款付息	小计	房屋建筑物购建
地方合计						**59796**	**49331**
北京市							
天津市							
河北省						149	
山西省						153	
内蒙古自治区						51	25
辽宁省						67	
其中:大连市							
吉林省							
黑龙江省						3	3
上海市						17	
江苏省						308	
浙江省						325	19
其中:宁波市						7	
安徽省						1580	1468
福建省						611	70
其中:厦门市							
江西省							
山东省						85	
其中:青岛市						13	
河南省						19	
湖北省						149	
湖南省						4876	30
广东省						50438	47429
其中:深圳市							
广西壮族自治区						174	
海南省							
重庆市							
四川省						146	
贵州省						44	
云南省						297	287
西藏自治区							
陕西省						130	
甘肃省						151	
青海省							
宁夏回族自治区						3	
新疆维吾尔自治区						20	

2－77－11 单位:万元

地　区	基本建设支出							
	办公设备购　置	专用设备购　置	交通工具购　置	基础设施建　设	大型修缮	信息网络购　建	物资储备	其他基本建设支出
地 方 合 计	**283**	**982**	**148**	**7967**	**81**	**306**		**698**
北京市								
天津市								
河北省	7	87			55			
山西省		133	20					
内蒙古自治区		26						
辽宁省				67				
其中:大连市								
吉林省								
黑龙江省								
上海市	17							
江苏省	8	142		158				
浙江省	33	218		39	14			2
其中:宁波市	7							
安徽省	91		21					
福建省	63	45			7	68		358
其中:厦门市								
江西省								
山东省	1	6		5		73		
其中:青岛市	1	6		5		1		
河南省								19
湖北省	14	5		29				101
湖南省		40		4796				10
广东省			59	2873		77		
其中:深圳市								
广西壮族自治区	1	111	45		5			12
海南省								
重庆市								
四川省								146
贵州省	25	19						
云南省	7		3					
西藏自治区								
陕西省		80						50
甘肃省	13	70				68		
青海省								
宁夏回族自治区	3							
新疆维吾尔自治区						20		

2－77－12

单位:万元

地　　区	其他资本性支出						
	小　计	房屋建筑物购　　建	办公设备购　　置	专用设备购　　置	交通工具购　　置	基础设施建　　设	大型修缮
地　方　合　计	**110248**	**62617**	**5057**	**13808**	**1268**	**2843**	**3196**
北京市	1385		60	998	144		
天津市	1050						
河北省	395		101	226	20	3	6
山西省	1273		181	539	53	90	114
内蒙古自治区	99		41		20	30	
辽宁省	46162	45386	337	220		182	
其中:大连市	45390	45386	4				
吉林省	1102		42	564	22		444
黑龙江省	2040		1536	274		150	70
上海市	6952	5279	756	694	12		
江苏省	6248		242	2403	32	50	750
浙江省	10200		162	1314	81		3
其中:宁波市	2		1	1			
安徽省	332		7	150			
福建省	3139	1473	196	588	48	488	155
其中:厦门市							
江西省	414		8	135	25		5
山东省	6068	4667	115	775	22	5	
其中:青岛市	4		2				
河南省	3440	17	228	1803	131	750	8
湖北省	3611	3110	101	107	18		39
湖南省	843		27	425	24		
广东省	7134	2551	329	256	166	692	832
其中:深圳市	63		43	9	11		
广西壮族自治区	2003	10	203	1090	129		108
海南省	322	98	12	63			18
重庆市	544		21	140			
四川省	920		59	122	138		222
贵州省	454		34	410			10
云南省	363		62	32	21		38
西藏自治区							
陕西省	266		98	91	25	41	
甘肃省	1211	25	88	242	90	22	374
青海省							
宁夏回族自治区	1164			147		40	
新疆维吾尔自治区	1114	1	11		47	300	

2－77－13 单位：万元

地区	其他资本性支出						
	信息网络购建	物资储备	土地补偿	安置补助	地上附着物和青苗补偿	拆迁补偿	其他资本性支出
地方合计	**4893**	**1**	**15**				**16550**
北京市							183
天津市	1050						
河北省	33						6
山西省	120						176
内蒙古自治区	7						1
辽宁省	37						
其中：大连市							
吉林省	30						
黑龙江省	10						
上海市	184						27
江苏省	54						2717
浙江省	150						8490
其中：宁波市							
安徽省	32						143
福建省	75						116
其中：厦门市							
江西省	199						42
山东省	73						411
其中：青岛市							2
河南省	394		15				94
湖北省	40						196
湖南省	7						360
广东省	1983						325
其中：深圳市							
广西壮族自治区	44						419
海南省	124						7
重庆市	4						379
四川省	26	1					352
贵州省							
云南省							210
西藏自治区							
陕西省							11
甘肃省	73						297
青海省							
宁夏回族自治区	42						935
新疆维吾尔自治区	102						653

二、地方财政预算收支情况

2－77－14

单位:万元

地区	贷款转贷及产权参股					其他支出		
	小计	国内贷款	国外贷款	产权参股	其他贷款转贷及产权参股支出	小计	补充全国社会保障基金	其他支出
地方合计	**18**				**18**	**58334**		**58334**
北京市						1623		1623
天津市								
河北省						3065		3065
山西省						480		480
内蒙古自治区								
辽宁省								
其中:大连市								
吉林省								
黑龙江省								
上海市						3757		3757
江苏省						2041		2041
浙江省						3154		3154
其中:宁波市						148		148
安徽省						229		229
福建省	18				18	11970		11970
其中:厦门市						6732		6732
江西省						1213		1213
山东省								
其中:青岛市						71		71
河南省						763		763
湖北省						899		899
湖南省						321		321
广东省						10700		10700
其中:深圳市						25		25
广西壮族自治区						616		616
海南省						1		1
重庆市						10587		10587
四川省						83		83
贵州省						891		891
云南省						120		120
西藏自治区								
陕西省						3727		3727
甘肃省						175		175
青海省						1372		1372
宁夏回族自治区						547		547
新疆维吾尔自治区								

2007 年各省、自治区、直辖市社会科学支出明细表

2－78－1　　　　　　　　　　　　　　　　　　　　　　　　单位:万元

地区	合计	工资福利支出				
		小计	基本工资	津贴补贴	奖金	社会保障缴费
地方合计	**177180**	**54521**	**22678**	**21191**	**5497**	**1804**
北京市	9680	1898	655	724	305	46
天津市	2938	944	404	307	95	52
河北省	5123	1311	756	360	69	5
山西省	1919	1028	561	302	13	67
内蒙古自治区	2969	1252	693	408	128	1
辽宁省	5113	1984	1335	561	39	29
其中:大连市						
吉林省	6050	2236	927	677	81	57
黑龙江省	8207	2675	1114	1228	121	99
上海市	28055	6603	1868	3966	185	316
江苏省	7378	2511	706	885	708	41
浙江省	7530	1703	544	401	491	67
其中:宁波市	811	246	62	58	85	27
安徽省	2205	1125	379	513	36	38
福建省	3171	884	428	328	46	13
其中:厦门市	625	80	18	14	15	1
江西省	4176	1355	754	426	76	23
山东省	8616	3280	1124	1752	192	133
其中:青岛市	861	431	140	186	24	72
河南省	9084	2159	1102	829	147	51
湖北省	5081	2168	886	698	408	63
湖南省	4689	1603	630	711	66	143
广东省	16915	5134	1308	2183	1057	191
其中:深圳市	4626	1224	259	547	314	69
广西壮族自治区	5462	1439	609	534	264	20
海南省	449	190	102	62	18	
重庆市	2972	1031	465	339	72	13
四川省	10371	3375	1810	709	612	60
贵州省	2583	875	479	325	38	9
云南省	4477	1222	729	412	9	39
西藏自治区	2038	919	271	584	42	15
陕西省	1958	897	499	176	44	69
甘肃省	1664	782	403	288	35	4
青海省	647	361	180	149		
宁夏回族自治区	1814	486	302	145	21	
新疆维吾尔自治区	3846	1091	655	209	79	140

二、地方财政预算收支情况

2－78－2

单位:万元

地　　区	工资福利支出				商品和服务支出		
	伙食费	伙食补助费	绩效工资	其他工资福利支出	小　计	办公费	印刷费
地　方　合　计	**33**	**398**	**580**	**2340**	**88924**	**7486**	**7665**
北京市		28		140	5143	288	243
天津市		67		19	1026	24	
河北省		67		54	2612	1169	186
山西省		2	57	26	728	60	64
内蒙古自治区				22	1451	161	259
辽宁省		1	5	14	2519	348	469
其中:大连市							
吉林省		1	492	1	2045	287	303
黑龙江省		94		19	2471	357	243
上海市	7			261	17497	868	588
江苏省		28		143	3163	100	195
浙江省		55		145	4856	138	455
其中:宁波市		9		5	517	13	15
安徽省		31		128	941	82	175
福建省		2	2	65	1838	138	150
其中:厦门市		2		30	350	11	47
江西省		2		74	2072	88	226
山东省				79	3904	240	368
其中:青岛市				9	250	10	13
河南省			1	29	5422	703	241
湖北省	16		8	89	2356	118	159
湖南省				53	1370	125	112
广东省		1	5	389	9577	483	1178
其中:深圳市				35	3387	65	46
广西壮族自治区				12	2811	177	546
海南省			6	2	233	6	19
重庆市	8	1		133	1188	90	302
四川省		11		173	5365	588	598
贵州省				24	1083	108	37
云南省				33	2951	266	230
西藏自治区				7	760	8	
陕西省	2	7	4	96	607	61	20
甘肃省				52	561	31	24
青海省				32	228	6	1
宁夏回族自治区				18	948	76	238
新疆维吾尔自治区				8	1198	292	36

2－78－3 单位:万元

地　区	商品和服务支出						
	咨询费	手续费	水　费	电　费	邮电费	取暖费	物业管理费
地方合计	**434**	**31**	**523**	**1707**	**2235**	**1897**	**941**
北京市			9	68	38	166	51
天津市		2	54	75	13	87	17
河北省			20	72	86	148	14
山西省	6	1	6	14	33	49	
内蒙古自治区			7	13	41	78	
辽宁省			12	34	127	218	23
其中:大连市							
吉林省	8	4	17	34	114	219	4
黑龙江省			22	61	137	276	9
上海市	56	15	30	424	308		331
江苏省	13	1	17	39	36		55
浙江省	10	1		5	84		4
其中:宁波市	1				3		2
安徽省	5		6	10	38		4
福建省	1		28	34	68		19
其中:厦门市					7		
江西省	2		18	66	47	2	17
山东省	18	4	30	97	154	289	90
其中:青岛市				4	4	3	
河南省			33	64	89	5	12
湖北省		3	19	58	35	83	4
湖南省	2		31	32	40		18
广东省	256		25	150	289		213
其中:深圳市	203		3	85	51		108
广西壮族自治区			17	52	49		
海南省	4		1	2	4		2
重庆市			6	20	32		16
四川省	8		48	139	156	3	11
贵州省			5	22	22	17	6
云南省	7		23	14	37		8
西藏自治区			11	12	14		
陕西省			10	32	46	80	1
甘肃省			4	30	25	66	
青海省			2	12	5	15	
宁夏回族自治区	11		5	11	17	16	
新疆维吾尔自治区	27		7	11	51	80	12

2－78－4

单位:万元

地区	商品和服务支出					
	交通费	差旅费	出国费	维修(护)费	租赁费	会议费
地方合计	**4046**	**6044**	**1168**	**3361**	**602**	**6431**
北京市	134	382	52	114	61	529
天津市	30	2		194	4	11
河北省	132	120	42	41	11	167
山西省	80	43	15	56		55
内蒙古自治区	118	90		44	44	49
辽宁省	244	212	61	59	1	159
其中:大连市						
吉林省	169	280	4	39	11	157
黑龙江省	208	327	68	47	7	314
上海市	211	842	370	498	59	1058
江苏省	106	156	39	32	33	384
浙江省	148	170	56	22	77	329
其中:宁波市	9	14		1	2	49
安徽省	47	101	19	17	1	102
福建省	106	358	45	25		91
其中:厦门市	13	8	23			33
江西省	115	149	16	75		59
山东省	262	309	150	73	41	429
其中:青岛市	22	41	34	3	1	31
河南省	180	175	31	714	73	225
湖北省	148	81	9	290	4	247
湖南省	134	112	9	59		208
广东省	561	600	47	408	38	729
其中:深圳市	81	91	25	16		186
广西壮族自治区	188	154	65	115	12	273
海南省	15	21		5		20
重庆市	92	102		42	12	53
四川省	194	231		119	70	362
贵州省	84	95	35	52		58
云南省	64	498	6	57		204
西藏自治区	30	12				
陕西省	46	32	4	18	2	38
甘肃省	43	45	15	34	6	35
青海省	7	10		3		
宁夏回族自治区	53	106		71	29	40
新疆维吾尔自治区	97	229	10	38	6	46

2－78－5　　　　　　　　　　　　　　　　　　　　　　　　　　单位:万元

地　　区	商品和服务支出						
	培训费	招待费	专用材料费	被装购置费	专用燃料费	劳务费	委托业务费
地　方　合　计	**1529**	**2676**	**956**	**54**	**59**	**6967**	**917**
北京市	128	9	14			300	19
天津市	4	18	10				
河北省	78	39	18			85	
山西省	24	33	30		2	38	
内蒙古自治区	37	30	32			68	
辽宁省	117	73	14			50	26
其中:大连市							
吉林省	28	31	3		5	251	26
黑龙江省	32	65	13			144	8
上海市	61	768				2161	
江苏省	48	60	55			251	62
浙江省	18	202	7			675	89
其中:宁波市	1	2	3			17	
安徽省	21	10	1		1	61	3
福建省	25	46	1			246	
其中:厦门市	1	3				44	
江西省	25	107	4			71	1
山东省	20	83	27		1	146	17
其中:青岛市	3	21				36	
河南省	46	159	112		39	910	71
湖北省	28	64	1	35	2	82	5
湖南省	27	114	2			8	
广东省	291	304	103			498	293
其中:深圳市	69	29	77			44	268
广西壮族自治区	92	52	4			178	
海南省	9	3		18	2	7	
重庆市	41	39	35	1		117	
四川省	171	172	61		1	271	93
贵州省	6	62				37	43
云南省	38	72	30		2	197	
西藏自治区	2	6	379				
陕西省	13	12				24	34
甘肃省	3	13				1	
青海省	20				4		127
宁夏回族自治区	72	20				75	
新疆维吾尔自治区	4	10				15	

二、地方财政预算收支情况

2－78－6 单位:万元

地　　　区	商品和服务支出			对个人和家庭的补助			
	工会经费	福利费	其他商品和服务支出	小　计	离休费	退休费	退职(役)费
地　方　合　计	**662**	**860**	**29673**	**14579**	**2681**	**8066**	**3**
北京市	36	7	2495	927	140	447	
天津市	8	12	461	819	271	376	
河北省	20	19	145	184	8	129	
山西省	13	22	84	70	7	15	
内蒙古自治区	14	24	342	28		12	
辽宁省	31	14	227	177	25	98	
其中:大连市							
吉林省	6	29	16	1438	262	1117	
黑龙江省	26	4	103	1422	261	1072	
上海市	83	139	8627	1126	467	410	
江苏省	39	12	1430	1336	419	753	
浙江省	24	85	2257	655	98	253	
其中:宁波市	3		382	38	8	23	
安徽省	10	5	222	25		3	
福建省	16	9	432	33		5	
其中:厦门市	2	1	157	14			
江西省	17	38	929	484	83	271	
山东省	42	12	1002	1048	25	267	
其中:青岛市	3	2	19	75	24	43	
河南省	28	24	1488	27		7	
湖北省	17	30	834	468	57	229	
湖南省	16	29	292	529	122	327	
广东省	104	229	2778	637	17	131	2
其中:深圳市	41	98	1801	10		2	
广西壮族自治区	14	17	806	524	132	366	
海南省	5		90	6	6		
重庆市	5	9	174	47		15	
四川省	31	50	1988	450	16	301	
贵州省	10	12	372	605	95	466	
云南省	9	4	1185	33		19	
西藏自治区	10	1	275	359	24	298	
陕西省	6		128	87		2	
甘肃省	4	11	171	91		73	1
青海省	5	1	10				
宁夏回族自治区			108	241	47	137	
新疆维吾尔自治区	13	12	202	703	99	467	

2 – 78 – 7

单位:万元

地　　区	对个人和家庭的补助						
	抚恤金	生活补助	救济费	医疗费	助学金	奖励金	生产补贴
地　方　合　计	**297**	**240**		**403**	**127**	**149**	**6**
北京市	12	18		7			
天津市	14			42			
河北省				4			
山西省		1					
内蒙古自治区	6	1				6	
辽宁省				7		2	
其中:大连市							
吉林省	10	10				2	
黑龙江省	10	1			13	4	1
上海市	81	17		1	60		
江苏省	38	64		12		4	
浙江省	1	1		23		2	
其中:宁波市						2	
安徽省						1	
福建省							
其中:厦门市							
江西省	1	2		32			
山东省	11	80		103		4	
其中:青岛市							
河南省	13	4		2			
湖北省	1	1		15	28		
湖南省	13	4		40	1	1	
广东省	22	11		75	25	58	
其中:深圳市		3			5		
广西壮族自治区	12	4				1	
海南省							
重庆市	2	2		8			
四川省	6	6		1		23	
贵州省	4	2				11	
云南省				11			
西藏自治区		1		6			
陕西省				14		30	
甘肃省	4	7					5
青海省							
宁夏回族自治区	10	1					
新疆维吾尔自治区	26	2					

二、地方财政预算收支情况

2－78－8　　　　单位:万元

地　　区	对个人和家庭的补助				对企事业单位的补贴		
	住房公积金	提租补贴	购房补贴	其他对个人和家庭的补助支出	小计	企业政策性补贴	事业单位补贴
地方合计	**1423**	**106**	**409**	**669**	**316**	**15**	**130**
北京市	218	38	29	18			
天津市	106	5		5			
河北省	35			8			
山西省	45			2			
内蒙古自治区	1			2			
辽宁省	17	24	4		9		
其中:大连市							
吉林省	30	5		2			
黑龙江省	47	10		3			
上海市	12	1		77			
江苏省	7	2	6	31	15		3
浙江省	179	4	11	83			
其中:宁波市		1		4			
安徽省	20			1			
福建省	24	3	1		150	15	
其中:厦门市	14				150	15	
江西省	79			16			
山东省	111	4	355	88			
其中:青岛市				8			
河南省	1						
湖北省	97	10	3	27			
湖南省	11			10			
广东省	229			67	15		
其中:深圳市							
广西壮族自治区	2			7	127		127
海南省							
重庆市	1			19			
四川省	76			21			
贵州省	6			21			
云南省				3			
西藏自治区				30			
陕西省	30			11			
甘肃省				1			
青海省							
宁夏回族自治区				46			
新疆维吾尔自治区	39			70			

2－78－9

单位:万元

地区	对企事业单位的补贴		赠与			债务利息支出	
	财政贴息	其他对企事业单位的补贴支出	小计	对国内的赠与	对国外的赠与	小计	国库券付息
地方合计		**171**					
北京市							
天津市							
河北省							
山西省							
内蒙古自治区							
辽宁省		9					
其中:大连市							
吉林省							
黑龙江省							
上海市							
江苏省		12					
浙江省							
其中:宁波市							
安徽省							
福建省		135					
其中:厦门市		135					
江西省							
山东省							
其中:青岛市							
河南省							
湖北省							
湖南省							
广东省		15					
其中:深圳市							
广西壮族自治区							
海南省							
重庆市							
四川省							
贵州省							
云南省							
西藏自治区							
陕西省							
甘肃省							
青海省							
宁夏回族自治区							
新疆维吾尔自治区							

二、地方财政预算收支情况

2－78－10

单位:万元

地　　区	债务利息支出					基本建设支出	
	向国家银行借款付息	其他国内借款付息	向国外政府借款付息	向国际组织借款付息	其他国外借款付息	小　计	房屋建筑物购建
地方合计						**2116**	**283**
北京市						9	9
天津市							
河北省						890	
山西省							
内蒙古自治区							
辽宁省							
其中:大连市							
吉林省						90	
黑龙江省							
上海市							
江苏省							
浙江省						10	
其中:宁波市						10	
安徽省							
福建省						54	
其中:厦门市							
江西省						204	204
山东省						51	
其中:青岛市							
河南省						249	
湖北省							
湖南省						61	
广东省						28	
其中:深圳市							
广西壮族自治区						53	
海南省							
重庆市							
四川省						20	
贵州省							
云南省						86	
西藏自治区							
陕西省							
甘肃省						70	70
青海省							
宁夏回族自治区							
新疆维吾尔自治区						241	

2－78－11

单位:万元

地　　区	基本建设支出							
	办公设备购　置	专用设备购　置	交通工具购　置	基础设施建　设	大型修缮	信息网络购　建	物资储备	其他基本建设支出
地　方　合　计	**300**	**145**	**210**	**25**	**1090**	**4**		**59**
北京市								
天津市								
河北省					890			
山西省								
内蒙古自治区								
辽宁省								
其中:大连市								
吉林省					90			
黑龙江省								
上海市								
江苏省								
浙江省	10							
其中:宁波市	10							
安徽省								
福建省			54					
其中:厦门市								
江西省								
山东省	4		22	25				
其中:青岛市								
河南省	80	59			110			
湖北省								
湖南省	3	6				4		48
广东省	3		25					
其中:深圳市								
广西壮族自治区	28		25					
海南省								
重庆市								
四川省			9					11
贵州省								
云南省	11		75					
西藏自治区								
陕西省								
甘肃省								
青海省								
宁夏回族自治区								
新疆维吾尔自治区	161	80						

2－78－12

单位:万元

地区	其他资本性支出						
	小计	房屋建筑物购建	办公设备购置	专用设备购置	交通工具购置	基础设施建设	大型修缮
地方合计	**13519**	**4520**	**2356**	**580**	**1713**	**118**	**1526**
北京市	650		269	1	190		62
天津市	149		3		25	3	
河北省	126		30		48		
山西省	93		11				14
内蒙古自治区	238		60		81	77	
辽宁省	424		73	95	23		199
其中:大连市							
吉林省	234	80	111		41		
黑龙江省	1631	1050	76		119		88
上海市	2829	2191	248	16	107		11
江苏省	191		29		4		
浙江省	240		82	1	107		
其中:宁波市							
安徽省	113		2	3			97
福建省	207		74	9	41		2
其中:厦门市	31		31				
江西省	55		17		11		
山东省	333		86	4	90		72
其中:青岛市	105		20		10		70
河南省	1195	315	273	255	41	16	220
湖北省	89		38		29		
湖南省	804	724	44	2	6	13	
广东省	680	47	262	48	48	9	
其中:深圳市	5		3				
广西壮族自治区	508		96	4	83		11
海南省	20		2		18		
重庆市	448		34		23		
四川省	1082	1	206	32	174		620
贵州省	20		4		16		
云南省	185		14	60	24		
西藏自治区							
陕西省	148	73	10		65		
甘肃省	151	39	44		33		
青海省	52		2	50			
宁夏回族自治区	139		60		43		
新疆维吾尔自治区	485		96		223		130

2－78－13

单位:万元

地　　区	其他资本性支出						
	信息网络购建	物资储备	土地补偿	安置补助	地上附着物和青苗补偿	拆迁补偿	其他资本性支出
地方合计	**643**	**9**			**27**		**2027**
北京市	39						89
天津市							118
河北省	28						20
山西省	18						50
内蒙古自治区	20						
辽宁省	34						
其中:大连市							
吉林省	2						
黑龙江省	251						47
上海市							256
江苏省	55						103
浙江省							50
其中:宁波市							
安徽省	3						8
福建省	36						45
其中:厦门市							
江西省							27
山东省	4						77
其中:青岛市							5
河南省	23	9			27		16
湖北省	8						14
湖南省	1						14
广东省							266
其中:深圳市							2
广西壮族自治区							314
海南省							
重庆市	81						310
四川省	4						45
贵州省							
云南省							87
西藏自治区							
陕西省							
甘肃省							35
青海省							
宁夏回族自治区							36
新疆维吾尔自治区	36						

2－78－14

单位:万元

地区	贷款转贷及产权参股					其他支出		
	小计	国内贷款	国外贷款	产权参股	其他贷款转贷及产权参股支出	小计	补充全国社会保障基金	其他支出
地方合计						**3205**		**3205**
北京市						1053		1053
天津市								
河北省								
山西省								
内蒙古自治区								
辽宁省								
其中:大连市								
吉林省						7		7
黑龙江省						8		8
上海市								
江苏省						162		162
浙江省						66		66
其中:宁波市								
安徽省						1		1
福建省						5		5
其中:厦门市								
江西省						6		6
山东省								
其中:青岛市								
河南省						32		32
湖北省								
湖南省						322		322
广东省						844		844
其中:深圳市								
广西壮族自治区								
海南省								
重庆市						258		258
四川省						79		79
贵州省								
云南省								
西藏自治区								
陕西省						219		219
甘肃省						9		9
青海省						6		6
宁夏回族自治区								
新疆维吾尔自治区						128		128

2007 年各省、自治区、直辖市科学技术普及支出明细表

2－79－1

单位:万元

地　　区	合　计	工资福利支出				
		小　计	基本工资	津贴补贴	奖　金	社会保障缴　费
地 方 合 计	**405172**	**73389**	**31797**	**20747**	**10180**	**3698**
北京市	63150	4355	988	1548	1091	212
天津市	4720	1478	355	363	53	67
河北省	12876	3614	1900	995	176	194
山西省	8248	2281	1306	741	66	59
内蒙古自治区	6967	2486	1424	934	67	18
辽宁省	16288	2487	1388	695	84	140
其中:大连市	2074	277	149	74	18	24
吉林省	6836	2145	1306	671	68	25
黑龙江省	5699	1483	787	555	69	19
上海市	44080	7599	2141	860	2796	605
江苏省	18790	3139	1027	698	919	205
浙江省	29584	5063	1262	1077	1633	396
其中:宁波市	2626	414	66	91	183	44
安徽省	8174	1609	825	498	78	53
福建省	11023	2508	1052	795	183	154
其中:厦门市	1264	302	59	126	11	27
江西省	6204	1542	831	384	76	26
山东省	15866	3749	1620	1267	186	338
其中:青岛市	1695	529	202	174	29	104
河南省	13627	2852	1703	959	87	63
湖北省	15620	3250	1536	805	596	144
湖南省	14750	2251	1146	696	132	129
广东省	29761	4493	1646	1428	464	290
其中:深圳市	4859	1086	442	320	202	63
广西壮族自治区	9130	1600	909	452	156	30
海南省	1551	372	208	100	49	4
重庆市	3112	300	156	102	27	8
四川省	12602	2354	1353	272	398	228
贵州省	6539	1789	849	665	125	9
云南省	12258	2612	1181	1026	191	98
西藏自治区	1168	503	116	344	21	13
陕西省	8905	1999	1106	490	147	57
甘肃省	3553	1127	627	406	30	2
青海省	6337	531	254	239	12	8
宁夏回族自治区	2175	572	272	247	28	10
新疆维吾尔自治区	5579	1246	523	435	172	94

二、地方财政预算收支情况

2－79－2

单位:万元

地区	工资福利支出				商品和服务支出		
	伙食费	伙食补助费	绩效工资	其他工资福利支出	小计	办公费	印刷费
地方合计	**173**	**525**	**383**	**5886**	**208663**	**15769**	**7678**
北京市	38	35		443	19235	440	161
天津市		45	4	591	2228	368	27
河北省	36	108	7	198	5560	589	370
山西省	2	8	6	93	4934	424	249
内蒙古自治区		8	1	34	3541	358	211
辽宁省		2	23	155	6355	1322	256
其中:大连市			12		975	222	154
吉林省		4	64	7	2958	390	149
黑龙江省		12	33	8	2650	307	143
上海市	20	39	6	1132	28102	354	602
江苏省	7	54	18	211	12002	764	328
浙江省	3	75		617	17698	626	632
其中:宁波市		6		24	1837	33	58
安徽省	1	20	7	127	5789	392	209
福建省	1	4	12	307	6178	405	257
其中:厦门市		2	2	75	873	48	2
江西省	2	3		220	3970	276	188
山东省	26	7	26	279	8392	1213	562
其中:青岛市		1		19	978	63	87
河南省	1	4	4	31	8837	1567	396
湖北省	8	13	13	135	9862	868	537
湖南省		8	22	118	7033	315	114
广东省	1	12	10	642	15172	958	510
其中:深圳市		1	1	57	1611	90	125
广西壮族自治区		1		52	6134	411	408
海南省			1	10	989	19	55
重庆市				7	1839	118	129
四川省	1	7	7	88	8644	717	436
贵州省	8	1	4	128	2402	486	53
云南省	18	31	44	23	7613	810	244
西藏自治区				9	274	4	
陕西省		7	49	143	4229	417	144
甘肃省		2	4	56	2112	149	124
青海省		1	16	1	518	123	20
宁夏回族自治区		2		13	1051	107	69
新疆维吾尔自治区		12	2	8	2362	472	95

2－79－3　　　　单位:万元

地　　区	商品和服务支出						
	咨询费	手续费	水　费	电　费	邮电费	取暖费	物　业 管理费
地　方　合　计	**628**	**45**	**677**	**4565**	**2685**	**1724**	**3585**
北京市	21	1	48	565	56	196	454
天津市	2		13	82	26	74	21
河北省	2	1	24	146	114	238	21
山西省	2	2	5	53	54	107	24
内蒙古自治区	4	1	9	19	75	55	7
辽宁省	5		33	219	99	368	34
其中:大连市	2				6	11	
吉林省	2	1	7	30	37	109	
黑龙江省	27	1	9	60	47	119	48
上海市	106	8	143	1249	241	8	1851
江苏省	71	1	9	110	107		20
浙江省	9	2	17	211	237		136
其中:宁波市	1			13	8		
安徽省	9		13	53	62	7	9
福建省	15		24	49	143		12
其中:厦门市				2	4		
江西省	8		5	137	63	3	51
山东省	19	3	37	199	178	171	167
其中:青岛市	8			4	8	2	
河南省	31	4	35	106	105	68	31
湖北省	14	2	22	119	107	5	134
湖南省	79		9	48	65	17	40
广东省	59	13	70	566	238		347
其中:深圳市	17	1	20	137	23		49
广西壮族自治区	3		34	54	118		
海南省				1	5		
重庆市	10	3		4	44		
四川省	26	1	30	323	154	8	139
贵州省	10		1	11	49	1	
云南省	64		41	51	89		6
西藏自治区			2	2	2		
陕西省	11		24	66	67	55	6
甘肃省	17		6	16	25	17	16
青海省			3	4	13	20	
宁夏回族自治区		1	1	4	11	10	3
新疆维吾尔自治区	2		3	8	54	68	8

2－79－4

单位:万元

地　　区	商品和服务支出					
	交通费	差旅费	出国费	维修(护)费	租赁费	会议费
地　方　合　计	**8154**	**6745**	**1971**	**8122**	**1644**	**14158**
北京市	258	187	488	1134	145	380
天津市	63	58	59	46	5	257
河北省	381	229	43	306	39	508
山西省	330	242	44	97	59	343
内蒙古自治区	300	321	14	98	26	221
辽宁省	387	242	27	180	23	679
其中:大连市	66	57		31		135
吉林省	169	177	13	224	23	333
黑龙江省	181	181	25	216	42	105
上海市	329	277	303	1829	411	961
江苏省	394	294	80	98	113	1135
浙江省	606	535	205	588	133	1321
其中:宁波市	25	54	22	112	7	271
安徽省	212	198	28	83	19	231
福建省	357	312	59	146	61	386
其中:厦门市	14	8		24		4
江西省	172	165	62	114	18	158
山东省	561	296	12	249	37	699
其中:青岛市	29	64	4	16	9	82
河南省	416	327	13	329	57	397
湖北省	362	357	27	188	81	1278
湖南省	333	248	52	97	3	479
广东省	470	587	98	1277	35	1185
其中:深圳市	77	91		51	17	103
广西壮族自治区	203	189	104	116	55	601
海南省	61	45		6		113
重庆市	104	96	25	37	42	232
四川省	374	312	38	264	27	660
贵州省	220	146	82	37	7	149
云南省	305	205	3	153	68	560
西藏自治区	13	12		6		16
陕西省	226	125	17	84	34	192
甘肃省	67	102	40	56	50	229
青海省	18	11		3	1	7
宁夏回族自治区	72	67	10	2	11	65
新疆维吾尔自治区	210	202		59	19	278

2－79－5

单位:万元

地　　区	商品和服务支出						
	培训费	招待费	专用材料费	被装购置费	专用燃料费	劳务费	委托业务费
地方合计	**7285**	**6173**	**8513**	**295**	**325**	**5350**	**5790**
北京市	158	110	979	22		441	1929
天津市	21	16	158			34	
河北省	193	169	820	30		225	16
山西省	257	157	43	13	1	74	388
内蒙古自治区	297	81	148	55	9	101	
辽宁省	272	108	398		1	59	20
其中:大连市	109	8	164			8	
吉林省	163	37	118		12	117	773
黑龙江省	125	26	93	1	106	89	1
上海市	127	241	654	20		465	24
江苏省	402	480	161		1	530	252
浙江省	299	972	131		4	505	100
其中:宁波市	65	112			4	47	19
安徽省	279	128	270		7	45	51
福建省	145	366	139	4	9	274	249
其中:厦门市		12	8			2	3
江西省	98	189	64	12	16	49	31
山东省	488	171	436	6	54	108	161
其中:青岛市	6	72	45		3	28	11
河南省	514	393	2724	9	4	166	6
湖北省	435	345	102	25	57	71	177
湖南省	177	357	42	3		32	
广东省	445	451	185	39	1	644	762
其中:深圳市	48	46	1		1	25	160
广西壮族自治区	310	187	135	8	11	183	391
海南省	72	19	9		1	7	69
重庆市	107	48	139	6	8	66	22
四川省	373	337	109		4	88	34
贵州省	162	120	4			75	5
云南省	713	360	92	29	4	176	61
西藏自治区	10	19	3			1	
陕西省	97	98	25		5	599	26
甘肃省	237	50	139	11	9	53	
青海省	23	7	105	1		2	
宁夏回族自治区	51	29	6	1	1	34	242
新疆维吾尔自治区	235	102	82			37	

2－79－6

单位:万元

地区	商品和服务支出			对个人和家庭的补助			
	工会经费	福利费	其他商品和服务支出	小计	离休费	退休费	退职(役)费
地方合计	**593**	**1536**	**94653**	**15526**	**1244**	**8603**	**12**
北京市	70	10	10982	1464	150	796	1
天津市	5	13	880	303		131	1
河北省	24	61	1011	489	55	269	
山西省	8	24	1934	376	50	240	
内蒙古自治区	6	23	1102	62		17	
辽宁省	15	23	1585	541	65	301	
其中:大连市		2		7			
吉林省	2	6	66	757	109	604	2
黑龙江省	11	9	678	879	70	513	
上海市	81	189	17629	586	87	321	
江苏省	55	66	6531	1161	115	813	
浙江省	95	436	9898	1890	145	937	
其中:宁波市	3		983	6		4	
安徽省	11	11	3462	303	27	138	
福建省	22	59	2685	374	12	179	
其中:厦门市	2	2	738	16			
江西省	14	51	2026	414	50	264	
山东省	13	25	2527	680	11	96	
其中:青岛市	1	8	428	77	2	26	
河南省	13	17	1109	254	17	154	
湖北省	18	127	4404	845	54	477	
湖南省	14	31	4478	657	60	394	
广东省	29	80	6123	390	18	108	
其中:深圳市	15	9	505	8		8	
广西壮族自治区	12	79	2522	536	30	427	
海南省	3		504	51		9	
重庆市	7	4	588	53			
四川省	13	58	4119	306	18	115	
贵州省	6	8	770	846	65	665	
云南省	18	42	3519	392	5	49	5
西藏自治区	2	3	179	187		164	
陕西省	4	13	1894	240	11	121	
甘肃省	5	9	685	63		31	
青海省	6		151				
宁夏回族自治区	1	3	250	106		101	
新疆维吾尔自治区	10	56	362	321	20	169	3

2－79－7　　　　单位:万元

地　　区	对个人和家庭的补助						
	抚恤金	生活补助	救济费	医疗费	助学金	奖励金	生产补贴
地　方　合　计	**317**	**384**	**24**	**390**		**508**	**137**
北京市	10			21			
天津市				10		5	
河北省	39	9	3			2	
山西省	4	1		3		9	
内蒙古自治区	1	3	1	1			20
辽宁省	14	4	6	4			10
其中:大连市		1	6				
吉林省	4	6	1	3		4	
黑龙江省	23	172	1			41	
上海市	23	5		9			
江苏省	8	31	2	19		15	
浙江省	35	8	1	36		144	1
其中:宁波市							
安徽省	10	7	3	22		6	
福建省	19	5		1		12	5
其中:厦门市		1					
江西省	1	12		15		5	
山东省	9	20		47		16	
其中:青岛市							
河南省	3			1		49	
湖北省	7	2	1	116		57	
湖南省	28	20	1	44		13	10
广东省	15	14	3	26		7	
其中:深圳市							
广西壮族自治区	14	3		4			
海南省	2	33				1	
重庆市		6				1	40
四川省	13	3	1	1		52	1
贵州省	22	5				18	
云南省						15	1
西藏自治区							
陕西省	2	10		2		24	
甘肃省		1		5		5	
青海省							
宁夏回族自治区	1					1	
新疆维吾尔自治区	10	4				6	49

2－79－8

单位:万元

地　　区	对个人和家庭的补助				对企事业单位的补贴		
	住房公积金	提租补贴	购房补贴	其他对个人和家庭的补助支出	小计	企业政策性补贴	事业单位补贴
地方合计	**2004**	**181**	**570**	**1152**	**10490**	**1922**	**773**
北京市	253	56	159	18			
天津市	112		39	5			
河北省	49			63	57	20	
山西省	63		1	5	145		
内蒙古自治区	5			14			
辽宁省	72	45	10	10	5897	678	
其中:大连市					500	500	
吉林省	24				101		101
黑龙江省	43	6		10	70		70
上海市	73		3	65	1698	543	
江苏省	75	15	1	67	145		
浙江省	402		6	175	694	393	40
其中:宁波市				2	270	240	18
安徽省	62	2	2	24	126		
福建省	71	30	2	38	16		14
其中:厦门市	7	7		1			
江西省	54			13			
山东省	116	25	287	53	424	57	
其中:青岛市	27		7	15	21		
河南省	21		5	4	44	36	
湖北省	80		4	47	160	131	
湖南省	46			41	137	24	62
广东省	161		12	26	487		362
其中:深圳市					377		362
广西壮族自治区	13	2		43			
海南省	2			4			
重庆市	1			5	1		
四川省	61			41	91	25	
贵州省	17		24	30			
云南省	11			306	47	15	
西藏自治区				23	124		124
陕西省	60			10			
甘肃省	19			2	26		
青海省							
宁夏回族自治区	1			2			
新疆维吾尔自治区	37		15	8			

2－79－9

单位:万元

地　区	对企事业单位的补贴		赠　与			债务利息支出	
	财政贴息	其他对企事业单位的补贴支出	小　计	对国内的赠　与	对国外的赠　与	小　计	国库券付　息
地方合计	**22**	**7773**	**1**		**1**		
北京市							
天津市							
河北省		37					
山西省		145					
内蒙古自治区							
辽宁省		5219					
其中:大连市							
吉林省							
黑龙江省							
上海市		1155					
江苏省		145					
浙江省	22	239					
其中:宁波市		12					
安徽省		126					
福建省		2					
其中:厦门市							
江西省							
山东省		367					
其中:青岛市		21					
河南省		8					
湖北省		29					
湖南省		51					
广东省		125					
其中:深圳市		15					
广西壮族自治区							
海南省							
重庆市		1					
四川省		66	1		1		
贵州省							
云南省		32					
西藏自治区							
陕西省							
甘肃省		26					
青海省							
宁夏回族自治区							
新疆维吾尔自治区							

2－79－10

单位:万元

地　　区	债务利息支出					基本建设支出	
	向国家银行借款付息	其他国内借款付息	向国外政府借款付息	向国际组织借款付息	其他国外借款付息	小　计	房屋建筑物购建
地　方　合　计						**17498**	**7696**
北京市						92	
天津市						246	
河北省						69	
山西省						9	
内蒙古自治区						527	
辽宁省						170	
其中:大连市						50	
吉林省							
黑龙江省						7	
上海市							
江苏省						433	407
浙江省						279	
其中:宁波市						1	
安徽省						1	
福建省						88	37
其中:厦门市						2	
江西省							
山东省						353	200
其中:青岛市						10	
河南省						45	
湖北省						242	
湖南省						3269	3160
广东省						4946	3369
其中:深圳市							
广西壮族自治区						325	76
海南省							
重庆市							
四川省						56	
贵州省						354	347
云南省						845	100
西藏自治区							
陕西省						16	
甘肃省							
青海省						5000	
宁夏回族自治区							
新疆维吾尔自治区						126	

2－79－11　　　　　　　　　　　　　　　　　　　　单位:万元

地　区	基本建设支出							
	办公设备购　置	专用设备购　置	交通工具购　置	基础设施建　设	大型修缮	信息网络购　建	物资储备	其他基本建设支出
地　方　合　计	**348**	**190**	**397**	**5817**	**1276**	**48**		**1726**
北京市	5	1						86
天津市					246			
河北省	34	9	16	10				
山西省	9							
内蒙古自治区			3	519				5
辽宁省	7	12		100	51			
其中:大连市		12			38			
吉林省								
黑龙江省					7			
上海市								
江苏省		26						
浙江省	60	41	174			2		2
其中:宁波市	1							
安徽省	1							
福建省	4	22	25					
其中:厦门市	2							
江西省								
山东省	55	12	25			10		51
其中:青岛市						10		
河南省	5			1		30		9
湖北省		9	20		210			3
湖南省	2	48		58		1		
广东省	18	8	25		1	5		1520
其中:深圳市								
广西壮族自治区	30	2	20		197			
海南省								
重庆市								
四川省	13		40	3				
贵州省	7							
云南省	82		49		564			50
西藏自治区								
陕西省	16							
甘肃省								
青海省				5000				
宁夏回族自治区								
新疆维吾尔自治区				126				

2－79－12 单位:万元

地区	其他资本性支出						
	小计	房屋建筑物购建	办公设备购置	专用设备购置	交通工具购置	基础设施建设	大型修缮
地方合计	**61721**	**2445**	**2714**	**3080**	**3110**	**4183**	**6860**
北京市	36297		139	332	124		5096
天津市	465		59	6	46	49	226
河北省	2605		28	5	154	767	
山西省	303		75	14	85	5	24
内蒙古自治区	351		71	26	132		
辽宁省	791		79	222	137		200
其中:大连市	265		7	200			15
吉林省	855	16	47	28	74	585	105
黑龙江省	590	10	24	31	57	368	
上海市	2972	662	345	193	70	46	424
江苏省	1087		173	217	159	34	25
浙江省	993		200	124	352	9	
其中:宁波市	33		14		19		
安徽省	237		41	21	32	76	
福建省	1464	135	158	241	342	79	109
其中:厦门市	24		3				
江西省	127		27	2	13	24	
山东省	2189	577	221	229	146	50	114
其中:青岛市	56		20				19
河南省	1457	1	78	85	96	80	17
湖北省	348	5	72	22	13	61	63
湖南省	1036	569	74		170	14	
广东省	2022	1	173	375	219	16	230
其中:深圳市	274	1	79	89	69		13
广西壮族自治区	433	39	59	59	41	139	5
海南省	30		20				
重庆市	163		33		25		
四川省	836		150	314	203	28	70
贵州省	229		30	1	127	51	
云南省	516	16	53	21	97	116	101
西藏自治区							
陕西省	1345	1	29	82	51	1141	40
甘肃省	194		14	33	39	46	
青海省	257		22		37		
宁夏回族自治区	105		61	20	21		
新疆维吾尔自治区	1424	413	159	377	48	399	11

2－79－13

单位:万元

地　　区	其他资本性支出						
	信息网络购建	物资储备	土地补偿	安置补助	地上附着物和青苗补偿	拆迁补偿	其他资本性支出
地方合计	**1832**	**4**		**1**	**10**	**19**	**37463**
北京市	49			1			30556
天津市	14						65
河北省	4						1647
山西省	15						85
内蒙古自治区	2						120
辽宁省	50						103
其中:大连市	43						
吉林省							
黑龙江省	100						
上海市	168						1064
江苏省	6						473
浙江省	107						201
其中:宁波市							
安徽省	27						40
福建省	39				10	5	346
其中:厦门市							21
江西省	6						55
山东省	758					14	80
其中:青岛市						14	3
河南省	81						1019
湖北省	6						106
湖南省	6						203
广东省	329						679
其中:深圳市	2						21
广西壮族自治区	2						89
海南省							10
重庆市							105
四川省	11	4					56
贵州省	20						
云南省	12						100
西藏自治区							
陕西省	1						
甘肃省	12						50
青海省							198
宁夏回族自治区							3
新疆维吾尔自治区	7						10

2－79－14

单位:万元

地区	贷款转贷及产权参股					其他支出		
	小计	国内贷款	国外贷款	产权参股	其他贷款转贷及产权参股支出	小计	补充全国社会保障基金	其他支出
地方合计	**15**				**15**	**17869**		**17869**
北京市						1707		1707
天津市								
河北省						482		482
山西省						200		200
内蒙古自治区								
辽宁省						47		47
其中:大连市								
吉林省						20		20
黑龙江省						20		20
上海市						3123		3123
江苏省						823		823
浙江省						2967		2967
其中:宁波市						65		65
安徽省						109		109
福建省	15				15	380		380
其中:厦门市						47		47
江西省						151		151
山东省						79		79
其中:青岛市						24		24
河南省						138		138
湖北省						913		913
湖南省						367		367
广东省						2251		2251
其中:深圳市						1503		1503
广西壮族自治区						102		102
海南省						109		109
重庆市						756		756
四川省						314		314
贵州省						919		919
云南省						233		233
西藏自治区						80		80
陕西省						1076		1076
甘肃省						31		31
青海省						31		31
宁夏回族自治区						341		341
新疆维吾尔自治区						100		100

2007 年各省、自治区、直辖市科技交流与合作支出明细表

2－80－1　　　　单位:万元

地　　区	合　计	工资福利支出				
		小　计	基本工资	津贴补贴	奖　金	社会保障缴费
地　方　合　计	**30896**	**1798**	**614**	**254**	**577**	**70**
北京市	988					
天津市	70					
河北省	486					
山西省	1044					
内蒙古自治区	74					
辽宁省	485	32	17	5		9
其中:大连市	86	32	17	5		9
吉林省	323	83	39	22	3	3
黑龙江省	188	29	16	9		1
上海市	3380	777	349	48	254	38
江苏省	3699	44	20	12	8	3
浙江省	6011	5			5	
其中:宁波市	1582					
安徽省	1011	17	9	4		
福建省	1348	102	33	29	4	5
其中:厦门市	246					
江西省	147	45	31	9		
山东省	1320	31	16	9	3	3
其中:青岛市	79					
河南省	331	20	16	3		1
湖北省	372					
湖南省	162	5	5			
广东省	6267	531	16	91	295	6
其中:深圳市	860	153	16	90	20	6
广西壮族自治区	894					
海南省	23					
重庆市	31					
四川省	312	3			3	
贵州省	64					
云南省	700	6				
西藏自治区	23					
陕西省	145	51	39	6	1	1
甘肃省	105					
青海省	90					
宁夏回族自治区	394	17	8	7	1	
新疆维吾尔自治区	409					

2－80－2

单位:万元

地　　区	工资福利支出				商品和服务支出		
	伙食费	伙　食 补助费	绩效 工资	其他工资 福利支出	小　计	办公费	印刷费
地　方　合　计		**2**	**100**	**181**	**21328**	**330**	**202**
北京市					65		
天津市					70		
河北省					353	11	3
山西省					232	6	5
内蒙古自治区					74		
辽宁省			1		241	3	2
其中:大连市			1		53	3	
吉林省			16		58	6	
黑龙江省				3	134	1	1
上海市			82	6	2393	34	64
江苏省				1	2476	24	18
浙江省					4259	8	2
其中:宁波市					949		
安徽省				4	729	25	9
福建省		1	1	29	1153	2	
其中:厦门市					246		
江西省		1		4	87	31	
山东省					1172	53	8
其中:青岛市					19	1	6
河南省					287	5	5
湖北省					326	3	
湖南省					155	8	
广东省				123	4428	19	38
其中:深圳市				21	637	12	
广西壮族自治区					892	30	20
海南省					23		
重庆市					31		
四川省					274	8	4
贵州省					64		3
云南省				6	632	49	9
西藏自治区					23		
陕西省				4	76	3	9
甘肃省					105		1
青海省					90		
宁夏回族自治区				1	17	1	1
新疆维吾尔自治区					409		

2-80-3

单位:万元

地　　区	商品和服务支出						
	咨询费	手续费	水　费	电　费	邮电费	取暖费	物业管理费
地　方　合　计	**21**	**3**	**10**	**48**	**122**	**14**	**135**
北京市			1				
天津市							
河北省					1		
山西省			2	2		1	
内蒙古自治区							
辽宁省						2	
其中:大连市						2	
吉林省				1	3	8	
黑龙江省					4	2	
上海市	6	1	5	29	48		115
江苏省	3			2	7		
浙江省	5				3		
其中:宁波市	5						
安徽省					1		
福建省	1			2	4		1
其中:厦门市							
江西省							
山东省					3	1	
其中:青岛市							
河南省							
湖北省							
湖南省							
广东省		2		8	36		19
其中:深圳市				1	4		14
广西壮族自治区	1			1	4		
海南省							
重庆市							
四川省	1				4		
贵州省	2						
云南省	1		1		2		
西藏自治区							
陕西省			1	2	2		
甘肃省							
青海省							
宁夏回族自治区	1			1			
新疆维吾尔自治区							

2－80－4

单位:万元

地　　区	商品和服务支出					
	交通费	差旅费	出国费	维修(护)费	租赁费	会议费
地　方　合　计	**341**	**636**	**772**	**565**	**487**	**1615**
北京市			7			1
天津市						
河北省	2	20	15	1		272
山西省	1	11	16	1		34
内蒙古自治区						2
辽宁省	7	6		1	19	3
其中:大连市	5	1		1	19	
吉林省	2	5	23			1
黑龙江省	3	12	42			18
上海市	68	143	47	430	65	361
江苏省	37	75	146	1	5	105
浙江省	22	35		1		45
其中:宁波市	7	23				32
安徽省	9	12	36		130	159
福建省	3	4	69	1		2
其中:厦门市			9			
江西省						
山东省	7	10	17	109	2	61
其中:青岛市		2			1	5
河南省	17	20	93	2	6	16
湖北省		4				2
湖南省						
广东省	111	102	151	14	239	29
其中:深圳市	14	8			9	5
广西壮族自治区	24	91	96		17	329
海南省		2	9			
重庆市		10				21
四川省	11	14	3			66
贵州省	2	11			3	28
云南省	9	25	2	1		31
西藏自治区						
陕西省	3	13		2		3
甘肃省	2	3			1	23
青海省						
宁夏回族自治区	1	2		1		3
新疆维吾尔自治区		6				

2-80-5　　　　　　　　　　　　　　　　　　　　　　　　　　单位:万元

地　　区	商品和服务支出						
	培训费	招待费	专　用 材料费	被　装 购置费	专　用 燃料费	劳务费	委　托 业务费
地　方　合　计	**309**	**1078**	**593**	**1**	**4**	**285**	**819**
北京市		-1	31				
天津市							
河北省		5				2	
山西省	5	9	59			4	14
内蒙古自治区							
辽宁省		54				32	
其中:大连市		20				2	
吉林省		7					
黑龙江省		49		1			
上海市	27	25	1			48	405
江苏省	23	44	2			10	4
浙江省	1	48				3	
其中:宁波市		22					
安徽省	1	116				23	
福建省		2	1			4	8
其中:厦门市							
江西省							
山东省		8					
其中:青岛市		2					
河南省	1	9	31			16	
湖北省	1	1			2		
湖南省	1						
广东省	6	595	265			89	379
其中:深圳市	1	32				12	75
广西壮族自治区	54	65	145			4	
海南省	2	1					
重庆市							
四川省	1	5					
贵州省		9				4	
云南省	178	22	13			33	4
西藏自治区							
陕西省		1	4			5	5
甘肃省	5		41		2	6	
青海省							
宁夏回族自治区		4				2	
新疆维吾尔自治区	3						

2-80-6　　单位:万元

地区	商品和服务支出			对个人和家庭的补助			
	工会经费	福利费	其他商品和服务支出	小计	离休费	退休费	退职(役)费
地方合计	**21**	**26**	**12891**	**256**	**22**	**182**	**1**
北京市			26				
天津市			70				
河北省			21				
山西省			62				
内蒙古自治区			72				
辽宁省			112	1			
其中:大连市				1			
吉林省	1		1	41		40	
黑龙江省			1	25		22	
上海市	15	21	435	65	7	55	1
江苏省			1970	75	15	56	
浙江省			4086				
其中:宁波市			860				
安徽省			208	3			
福建省	1		1048				
其中:厦门市			237				
江西省			56	15		6	
山东省			893	12			
其中:青岛市			2				
河南省			66				
湖北省			313				
湖南省			146	2			
广东省	4	2	2320	2			
其中:深圳市	4	2	444	1			
广西壮族自治区			11				
海南省			9				
重庆市							
四川省			157	4			
贵州省			2				
云南省			252				
西藏自治区			23				
陕西省		3	20	11		3	
甘肃省			21				
青海省			90				
宁夏回族自治区							
新疆维吾尔自治区			400				

2-80-7　　　　　　　　　　　　　　　　　　　　　　　　单位:万元

地　　区	对个人和家庭的补助						
	抚恤金	生活补助	救济费	医疗费	助学金	奖励金	生产补贴
地 方 合 计	**4**	**3**			**1**	**4**	
北京市							
天津市							
河北省							
山西省							
内蒙古自治区							
辽宁省							
其中:大连市							
吉林省							
黑龙江省	1						
上海市							
江苏省		1					
浙江省							
其中:宁波市							
安徽省	3						
福建省							
其中:厦门市							
江西省		2					
山东省							
其中:青岛市							
河南省							
湖北省							
湖南省							
广东省					1		
其中:深圳市							
广西壮族自治区							
海南省							
重庆市							
四川省						4	
贵州省							
云南省							
西藏自治区							
陕西省							
甘肃省							
青海省							
宁夏回族自治区							
新疆维吾尔自治区							

2－80－8

单位:万元

地区	对个人和家庭的补助				对企事业单位的补贴		
	住房公积金	提租补贴	购房补贴	其他对个人和家庭的补助支出	小计	企业政策性补贴	事业单位补贴
地方合计	**23**	**1**	**9**	**6**	**3529**	**681**	**103**
北京市							
天津市							
河北省					16		
山西省					367	107	100
内蒙古自治区							
辽宁省		1			190		
其中:大连市		1					
吉林省	1				121		
黑龙江省	2						
上海市	2						
江苏省	2			1	903	260	
浙江省					662	294	3
其中:宁波市					633	294	3
安徽省					180		
福建省					15		
其中:厦门市							
江西省	3			4			
山东省	3		9		45		
其中:青岛市							
河南省					20	20	
湖北省							
湖南省	2						
广东省				1	1002		
其中:深圳市				1			
广西壮族自治区							
海南省							
重庆市							
四川省					8		
贵州省							
云南省							
西藏自治区							
陕西省	8						
甘肃省							
青海省							
宁夏回族自治区							
新疆维吾尔自治区							

2－80－9　　　　单位:万元

地　区	对企事业单位的补贴 财政贴息	其他对企事业单位的补贴支出	赠与 小　计	对国内的赠　与	对国外的赠　与	债务利息支出 小　计	国库券付　息
地　方　合　计		**2745**					
北京市							
天津市							
河北省		16					
山西省		160					
内蒙古自治区							
辽宁省		190					
其中:大连市							
吉林省		121					
黑龙江省							
上海市							
江苏省		643					
浙江省		365					
其中:宁波市		336					
安徽省		180					
福建省		15					
其中:厦门市							
江西省							
山东省		45					
其中:青岛市							
河南省							
湖北省							
湖南省							
广东省		1002					
其中:深圳市							
广西壮族自治区							
海南省							
重庆市							
四川省		8					
贵州省							
云南省							
西藏自治区							
陕西省							
甘肃省							
青海省							
宁夏回族自治区							
新疆维吾尔自治区							

2－80－10

单位:万元

地区	债务利息支出					基本建设支出	
	向国家银行借款付息	其他国内借款付息	向国外政府借款付息	向国际组织借款付息	其他国外借款付息	小计	房屋建筑物购建
地方合计						**718**	
北京市							
天津市							
河北省							
山西省							
内蒙古自治区							
辽宁省							
其中:大连市							
吉林省							
黑龙江省							
上海市							
江苏省							
浙江省						673	
其中:宁波市							
安徽省							
福建省						11	
其中:厦门市							
江西省							
山东省							
其中:青岛市							
河南省							
湖北省							
湖南省							
广东省						14	
其中:深圳市							
广西壮族自治区							
海南省							
重庆市							
四川省						20	
贵州省							
云南省							
西藏自治区							
陕西省							
甘肃省							
青海省							
宁夏回族自治区							
新疆维吾尔自治区							

2－80－11

单位:万元

地　　区	基本建设支出							
	办公设备购　　置	专用设备购　　置	交通工具购　　置	基础设施建　　设	大型修缮	信息网络购　　建	物资储备	其他基本建设支出
地　方　合　计		**14**						**704**
北京市								
天津市								
河北省								
山西省								
内蒙古自治区								
辽宁省								
其中:大连市								
吉林省								
黑龙江省								
上海市								
江苏省								
浙江省								673
其中:宁波市								
安徽省								
福建省								11
其中:厦门市								
江西省								
山东省								
其中:青岛市								
河南省								
湖北省								
湖南省								
广东省		14						
其中:深圳市								
广西壮族自治区								
海南省								
重庆市								
四川省								20
贵州省								
云南省								
西藏自治区								
陕西省								
甘肃省								
青海省								
宁夏回族自治区								
新疆维吾尔自治区								

2－80－12　　　　单位:万元

地区	其他资本性支出						
	小计	房屋建筑物购建	办公设备购置	专用设备购置	交通工具购置	基础设施建设	大型修缮
地方合计	**1334**	**50**	**154**	**62**	**24**	**7**	**10**
北京市	923						
天津市							
河北省	1		1				
山西省	11			11			
内蒙古自治区							
辽宁省							
其中:大连市							
吉林省	20		11				9
黑龙江省							
上海市	145		75	41	24		
江苏省	45						
浙江省	3		3				
其中:宁波市							
安徽省	17		7				
福建省	26		1			7	
其中:厦门市							
江西省							
山东省	10						
其中:青岛市							
河南省	4		4				
湖北省							
湖南省							
广东省	55		39				
其中:深圳市	40		28				
广西壮族自治区	2		1				1
海南省							
重庆市							
四川省	3		3				
贵州省							
云南省	62	50	2	10			
西藏自治区							
陕西省	7		7				
甘肃省							
青海省							
宁夏回族自治区							
新疆维吾尔自治区							

2 - 80 - 13

单位:万元

地区	其他资本性支出						
	信息网络购建	物资储备	土地补偿	安置补助	地上附着物和青苗补偿	拆迁补偿	其他资本性支出
地方合计	**28**						**999**
北京市							923
天津市							
河北省							
山西省							
内蒙古自治区							
辽宁省							
其中:大连市							
吉林省							
黑龙江省							
上海市	5						
江苏省							45
浙江省							
其中:宁波市							
安徽省							10
福建省	7						11
其中:厦门市							
江西省							
山东省							10
其中:青岛市							
河南省							
湖北省							
湖南省							
广东省	16						
其中:深圳市	12						
广西壮族自治区							
海南省							
重庆市							
四川省							
贵州省							
云南省							
西藏自治区							
陕西省							
甘肃省							
青海省							
宁夏回族自治区							
新疆维吾尔自治区							

二、地方财政预算收支情况

2－80－14

单位:万元

地　　区	贷款转贷及产权参股					其他支出		
	小　计	国内贷款	国外贷款	产权参股	其他贷款转贷及产权参股支出	小　计	补充全国社会保障基金	其他支出
地　方　合　计						**1933**		**1933**
北京市								
天津市								
河北省						116		116
山西省						434		434
内蒙古自治区								
辽宁省						21		21
其中:大连市								
吉林省								
黑龙江省								
上海市								
江苏省						156		156
浙江省						409		409
其中:宁波市								
安徽省						65		65
福建省						41		41
其中:厦门市								
江西省								
山东省						50		50
其中:青岛市						60		60
河南省								
湖北省						46		46
湖南省								
广东省						235		235
其中:深圳市						29		29
广西壮族自治区								
海南省								
重庆市								
四川省								
贵州省								
云南省								
西藏自治区								
陕西省								
甘肃省								
青海省								
宁夏回族自治区						360		360
新疆维吾尔自治区								

2007 年各省、自治区、直辖市其他科学技术支出明细表

2-81-1　　　　单位:万元

地　区	合　计	工资福利支出				
		小　计	基本工资	津贴补贴	奖　金	社会保障缴　费
地 方 合 计	**2431628**	**50137**	**20807**	**9547**	**7537**	**6261**
北京市	627990	4816	3357	415	35	306
天津市	87915	411	2	2	1	402
河北省	13082	120	80	24	4	11
山西省	16032	3001	1339	505	233	743
内蒙古自治区	5922	700	315	180	11	26
辽宁省	91689	822	544	85	11	174
其中:大连市	15992					
吉林省	21446	3613	1477	1395	5	405
黑龙江省	27834	253	9	55	105	61
上海市	465664	1380	425	103	620	56
江苏省	102342	801	149	136	249	71
浙江省	149586	643	135	104	263	81
其中:宁波市	46944	122	15	21	78	8
安徽省	41054	686	256	295	26	67
福建省	28813	2189	532	197	129	305
其中:厦门市	11772	947	7	20	9	1
江西省	9409	196	123	34	18	1
山东省	43820	3822	1823	1213	72	250
其中:青岛市	14305	3	1			
河南省	26686	1807	1287	351	56	104
湖北省	67863	6199	2195	315	2777	534
湖南省	42794	863	210	329	188	73
广东省	424325	7717	2272	1912	2205	670
其中:深圳市	228988					
广西壮族自治区	18598	46	26	11	1	1
海南省	3791	21	10	5	4	
重庆市	11776	186	112	18	10	6
四川省	27617	1090	509	143	114	48
贵州省	4654	59	33	16	2	
云南省	35315	6228	2385	1334	82	1431
西藏自治区	234					
陕西省	7535	920	491	72	57	219
甘肃省	11227	1264	595	278	250	121
青海省	1764	31	11	11		4
宁夏回族自治区	7867	230	83	8	9	91
新疆维吾尔自治区	6984	23	22	1		

2－81－2

单位:万元

地区	工资福利支出				商品和服务支出		
	伙食费	伙食补助费	绩效工资	其他工资福利支出	小计	办公费	印刷费
地方合计	**21**	**153**	**1704**	**4107**	**813589**	**27929**	**2617**
北京市	6	40	52	605	161027	1981	777
天津市				4	7496	661	3
河北省				1	5401	1369	4
山西省	3	2	33	143	8481	521	71
内蒙古自治区				168	3570	231	15
辽宁省				8	12023	2363	40
其中:大连市					3081	1553	5
吉林省		13	317	1	4548	687	42
黑龙江省			23		3444	271	9
上海市		2		174	44009	284	115
江苏省		17		179	54518	315	92
浙江省		4		56	34103	303	83
其中:宁波市					6355	53	1
安徽省	1	3	1	37	21110	125	22
福建省	2	3		1021	17100	1556	36
其中:厦门市		2		908	5891	131	1
江西省		2		18	5207	172	25
山东省		13	206	245	16003	1071	237
其中:青岛市				2	2414	8	6
河南省				9	15393	4692	120
湖北省	6	4	140	228	48413	1445	151
湖南省	3	1		59	21170	200	39
广东省		21	358	279	273985	5929	281
其中:深圳市					221226	7	6
广西壮族自治区				7	5397	287	35
海南省				2	617	13	2
重庆市				40	2416	128	64
四川省			30	246	7457	359	105
贵州省				8	1953	87	10
云南省		25	514	457	22928	2060	113
西藏自治区					100		
陕西省		3	25	53	1802	65	15
甘肃省				20	6538	258	14
青海省			5		62	4	1
宁夏回族自治区				39	3039	232	28
新疆维吾尔自治区					4279	260	68

2－81－3　　　　单位:万元

地　区	商品和服务支出						
	咨询费	手续费	水　费	电　费	邮电费	取暖费	物业管理费
地　方　合　计	**2092**	**206**	**1015**	**3820**	**2009**	**2753**	**6538**
北京市	214	2	71	1022	494	637	893
天津市	9		1	25	3	1	42
河北省	30				3	1	30
山西省	43	13	79	336	38	211	30
内蒙古自治区	13	1	6	64	26	128	9
辽宁省	30	68	109	81	42	547	1
其中:大连市			100	50		202	
吉林省	69	2	48	148	60	349	1
黑龙江省	24		5	60	31	159	40
上海市	111	1	7	28	60	454	5199
江苏省	59	1	8	45	48		22
浙江省	29		51	39	92		12
其中:宁波市					8		
安徽省	12		6	49	20	1	2
福建省	7	2	56	57	34		16
其中:厦门市					13		15
江西省		1	3	5	9	1	5
山东省	322	26	32	202	105	59	29
其中:青岛市	100			1	1		
河南省	78	3	13	56	13		4
湖北省	422	20	87	646	102	3	21
湖南省	44	12	29	43	28	6	1
广东省	223	2	36	406	404		94
其中:深圳市	9			1			
广西壮族自治区	12	4	9	18	17		
海南省		1	1		1		
重庆市	12	3		2	52		2
四川省	76	7	23	40	81		2
贵州省	3		4	3	2		
云南省	117	1	257	296	186		37
西藏自治区							
陕西省	7		17	34	21	20	13
甘肃省	70		41	66	20	81	30
青海省					1		
宁夏回族自治区	2	6	16	49	9	94	3
新疆维吾尔自治区	54	30			7	1	

2－81－4

单位:万元

地　　区	商品和服务支出					
	交通费	差旅费	出国费	维修(护)费	租赁费	会议费
地　方　合　计	**4423**	**7306**	**924**	**7887**	**2400**	**8537**
北京市	880	1052	377	932	569	692
天津市	44	51	16	54	21	11
河北省	18	17	20	7	43	182
山西省	94	228		135		58
内蒙古自治区	122	174		99	1	193
辽宁省	119	268	35	90	30	1964
其中:大连市	8	15		10		2
吉林省	207	241	6	281	7	110
黑龙江省	58	26	25	135		27
上海市	154	142	108	65	138	865
江苏省	192	249	27	90	66	412
浙江省	129	259	25	139	220	480
其中:宁波市	9	79	13		63	22
安徽省	54	64	15	29	8	78
福建省	49	178	41	134	41	134
其中:厦门市	3	7		8		
江西省	23	50		27	6	107
山东省	250	218		191	22	225
其中:青岛市	1	5				12
河南省	117	206		160	33	229
湖北省	223	526	9	327	73	339
湖南省	122	223	3	424	13	191
广东省	607	1104	20	1510	742	1089
其中:深圳市	21	5			68	36
广西壮族自治区	67	109	8	75	20	98
海南省	9	15		1		5
重庆市	5	281		61		28
四川省	143	149	19	844	239	265
贵州省	25	27		9	2	9
云南省	394	804	80	1438	35	281
西藏自治区	3					
陕西省	47	39	8	73	5	59
甘肃省	94	200	8	90	1	72
青海省	1	1				25
宁夏回族自治区	63	93	14	365	65	17
新疆维吾尔自治区	110	312	60	102		292

2－81－5

单位:万元

地　　区	商品和服务支出						
	培训费	招待费	专用材料费	被装购置费	专用燃料费	劳务费	委托业务费
地方合计	**6100**	**4534**	**44071**	**292**	**785**	**5933**	**8121**
北京市	568	345	6285	14	3	789	4408
天津市	2		634		1	78	56
河北省	36	14	561	5		17	51
山西省	557	134	2513		42	206	
内蒙古自治区	362	62	203		4	77	2
辽宁省	1117	79	1615		11	222	11
其中:大连市	157	13	833			100	5
吉林省	61	62	1076		84	468	
黑龙江省	181	13	190	1		2	198
上海市	74	55				550	522
江苏省	80	383	235	48		128	10
浙江省	689	620	87			281	100
其中:宁波市	168	43				15	
安徽省	41	45	141	5		20	23
福建省	101	136	186	4	2	133	271
其中:厦门市		4	28			15	5
江西省	28	37	257		2	3	26
山东省	175	109	756	33	5	198	88
其中:青岛市	1	9	80			14	49
河南省	166	125	1472		2	375	404
湖北省	110	334	16932	86	179	126	181
湖南省	122	277	303		10	26	15
广东省	413	710	1715		9	693	1162
其中:深圳市	4	86	8			20	49
广西壮族自治区	95	53	541	48	4	204	43
海南省	17	10	28			2	
重庆市	17	125	365			146	
四川省	82	78	57		12	264	8
贵州省	37	25	6		1	53	
云南省	322	513	7335		54	362	211
西藏自治区	10	2					
陕西省	419	87	37		1	191	45
甘肃省	72	35	132	37	20	126	
青海省	1	1	3			1	
宁夏回族自治区	57	46	400	11	327	156	17
新疆维吾尔自治区	88	19	6		12	36	269

二、地方财政预算收支情况

2－81－6

单位:万元

地　　区	商品和服务支出			对个人和家庭的补助			
	工会经费	福利费	其他商品和服务支出	小　计	离休费	退休费	退职(役)费
地　方　合　计	**477**	**1753**	**661067**	**38910**	**1114**	**22378**	**38**
北京市	45	15	137962	320	10	202	
天津市		96	5687	1985	112	1819	
河北省		2	2991	236		33	
山西省	21	188	2963	344	3	30	
内蒙古自治区	1	23	1754	216			
辽宁省	8	88	3085	2737		94	
其中:大连市			28				
吉林省	34	57	448	6286	471	5552	18
黑龙江省	7	40	1942	801		8	
上海市	50	26	35001	122	4	35	
江苏省	17	49	51942	1206		155	
浙江省	12	46	30407	2951	128	1835	
其中:宁波市		15	5866	5			
安徽省	3	31	20316	196	3	109	
福建省	14	19	13893	172		3	
其中:厦门市		1	5660				
江西省	3	2	4415	77		42	
山东省	25	69	11556	954		14	20
其中:青岛市			2127				
河南省	3	14	7108	977		1	
湖北省	64	226	25781	678		38	
湖南省	8	27	19004	138		27	
广东省	51	250	256535	4594		2588	
其中:深圳市			220906				
广西壮族自治区		2	3648	5951	153	5733	
海南省			512				
重庆市		2	1123	522			
四川省	17	23	4564	1677	55	917	
贵州省			1650	494	27	256	
云南省	71	256	7705	1743	15	41	
西藏自治区			85				
陕西省	6	48	545	252	5	32	
甘肃省	10	90	4971	392		200	
青海省		1	22	6		1	
宁夏回族自治区	7	63	899	2748	121	2489	
新疆维吾尔自治区			2553	135	7	124	

2－81－7

单位:万元

地　区	对个人和家庭的补助						
	抚恤金	生活补助	救济费	医疗费	助学金	奖励金	生产补贴
地　方　合　计	**213**	**671**	**2**	**407**	**143**	**5770**	**518**
北京市					29	4	
天津市	6	7		18		22	
河北省						192	
山西省	7	52		29		5	120
内蒙古自治区						183	
辽宁省		305		40		76	3
其中:大连市							
吉林省	10	6		62		4	
黑龙江省		2				558	
上海市						78	
江苏省	6	2		8		350	
浙江省	16	55		27		552	2
其中:宁波市		1					
安徽省	2	6	1			18	10
福建省		99		1		24	13
其中:厦门市							
江西省	3		1	1			
山东省	13	22		44		435	
其中:青岛市							
河南省	1	7				818	149
湖北省		5		39	114	10	
湖南省	7	1		20		53	8
广东省	22	88		78		560	
其中:深圳市							
广西壮族自治区	48					16	
海南省							
重庆市	3	1		1		17	
四川省	5	3				519	
贵州省	11	1		8		38	3
云南省	19					1215	
西藏自治区							
陕西省	2	3		2		22	140
甘肃省	9			26			70
青海省				2			
宁夏回族自治区	19	6		1		1	
新疆维吾尔自治区	4						

2－81－8

单位:万元

地　　区	对个人和家庭的补助				对企事业单位的补贴		
	住　房公积金	提租补贴	购房补贴	其他对个人和家庭的补助支出	小　计	企业政策性补　　贴	事业单位补　　贴
地　方　合　计	**1393**	**65**	**618**	**5580**	**760019**	**228213**	**2046**
北京市	49	6		20	225323	11134	
天津市	1				70443	18777	
河北省	5			6	2034	307	
山西省	92			6	976		
内蒙古自治区	14			19			
辽宁省	14	10		2195	64746	4629	708
其中:大连市					12526	2266	
吉林省	131	32			5055	716	
黑龙江省	50		183		1009	1009	
上海市	2			3	210076	142006	
江苏省	25	5		655	28270	7489	50
浙江省	42		2	292	53725	19349	38
其中:宁波市				4	23448	7734	
安徽省	25	3	4	15	10844	736	9
福建省	13	5		14	3269	1740	23
其中:厦门市					3198	1700	
江西省	7			23	1131	927	
山东省	130	4	225	47	6726	1897	9
其中:青岛市					199		
河南省				1	5675	5040	
湖北省	89		160	223	7307	1673	109
湖南省	16			6	11646	144	4
广东省	313		19	926	31653	6241	100
其中:深圳市							
广西壮族自治区	1				1848	280	
海南省					1287	741	
重庆市				500	576	376	
四川省	43			135	12889	2950	15
贵州省				150	298		
云南省	268		25	160	467		453
西藏自治区							
陕西省	24			22	135		
甘肃省	1			86	81		
青海省	3				1503		
宁夏回族自治区	35			76			
新疆维吾尔自治区					1027	52	528

2-81-9

单位:万元

地区	对企事业单位的补贴		赠与			债务利息支出	
	财政贴息	其他对企事业单位的补贴支出	小计	对国内的赠与	对国外的赠与	小计	国库券付息
地方合计	**30556**	**499204**	**26**	**25**	**1**		
北京市	6125	208064	22	22			
天津市		51666					
河北省		1727					
山西省		976					
内蒙古自治区							
辽宁省	11	59398					
其中:大连市		10260					
吉林省		4339					
黑龙江省							
上海市	14405	53665					
江苏省		20731					
浙江省	5970	28368					
其中:宁波市	1000	14714					
安徽省	19	10080					
福建省		1506					
其中:厦门市		1498					
江西省	200	4					
山东省		4820					
其中:青岛市		199					
河南省		635					
湖北省		5525					
湖南省		11498	3	3			
广东省	2604	22708					
其中:深圳市							
广西壮族自治区		1568					
海南省		546					
重庆市		200					
四川省	575	9349	1		1		
贵州省	200	98					
云南省		14					
西藏自治区							
陕西省		135					
甘肃省		81					
青海省		1503					
宁夏回族自治区							
新疆维吾尔自治区	447						

2－81－10

单位:万元

地区	债务利息支出					基本建设支出	
	向国家银行借款付息	其他国内借款付息	向国外政府借款付息	向国际组织借款付息	其他国外借款付息	小计	房屋建筑物购建
地方合计						**95392**	**11579**
北京市						3518	1054
天津市						1150	
河北省						515	47
山西省						218	20
内蒙古自治区						10	
辽宁省						1500	
其中:大连市							
吉林省						1044	1006
黑龙江省						19590	
上海市						751	
江苏省						5584	3059
浙江省						10861	30
其中:宁波市						10001	
安徽省						2397	2000
福建省						89	
其中:厦门市						28	
江西省						1605	1100
山东省						1620	100
其中:青岛市						28	
河南省						14	
湖北省						630	400
湖南省						2574	900
广东省						31088	931
其中:深圳市						1000	
广西壮族自治区						237	68
海南省						552	
重庆市						5374	851
四川省						707	
贵州省						110	13
云南省						58	
西藏自治区							
陕西省						2237	
甘肃省						1100	
青海省							
宁夏回族自治区						62	
新疆维吾尔自治区						197	

2－81－11

单位:万元

地　区	基本建设支出							
	办公设备购　置	专用设备购　置	交通工具购　置	基础设施建　设	大型修缮	信息网络购　建	物资储备	其他基本建设支出
地 方 合 计	**883**	**2609**	**85**	**22237**	**604**	**1137**		**56258**
北京市	34							2430
天津市						100		1050
河北省		31		50	108	61		218
山西省	5	133	29	21	10			
内蒙古自治区						10		
辽宁省		500						1000
其中:大连市								
吉林省	8	30						
黑龙江省				19590				
上海市	466	166				43		76
江苏省	15	131		1361				1018
浙江省	120	630				31		10050
其中:宁波市	1							10000
安徽省	10	205		170				12
福建省	37	39		8				5
其中:厦门市	18	10						
江西省	5	40			28			432
山东省	45		19	222	100	42		1092
其中:青岛市	7		19			2		
河南省								14
湖北省		230						
湖南省		74		471	358			771
广东省	34			104				30019
其中:深圳市								1000
广西壮族自治区		69						100
海南省	2					550		
重庆市		249						4274
四川省	2			200		300		205
贵州省	2							95
云南省	48			10				
西藏自治区								
陕西省	18	82	37					2100
甘肃省								1100
青海省								
宁夏回族自治区	32			30				
新疆维吾尔自治区								197

二、地方财政预算收支情况

2－81－12　　　　单位:万元

地　　区	其他资本性支出						
	小　计	房屋建筑物购　　建	办公设备购　　置	专用设备购　　置	交通工具购　　置	基础设施建　　设	大型修缮
地　方　合　计	**295199**	**2378**	**6066**	**19590**	**1570**	**85528**	**2487**
北京市	173523	541	1089	5967	451	76191	1391
天津市	6430		364	1017			
河北省	579		14	289	5	20	
山西省	1692	18	58	290	18	191	36
内蒙古自治区	1426		177	133		317	
辽宁省	1852		214	205	50	550	12
其中:大连市	385		200	174			
吉林省	900		138	355	20	115	217
黑龙江省	2737	900	44	592		154	25
上海市	38953		126		63		7
江苏省	3021		234	61	39	163	10
浙江省	9867		233	952	177	3026	
其中:宁波市	55		22	28			
安徽省	3091	150	12	83		223	
福建省	1174	1	54	147	46	155	38
其中:厦门市	55	1		4	22	4	
江西省	590		4			30	
山东省	3260	260	165	226	41	88	169
其中:青岛市	8		8				
河南省	2040		72	109		40	25
湖北省	749		44	132	44	82	61
湖南省	1603		68	64	120	130	81
广东省	25056	30	2272	4835	263	220	160
其中:深圳市	6327		4				
广西壮族自治区	4990	247	46	2341	31	1101	57
海南省	885		7	27	13		
重庆市	555		22	25			
四川省	3057	215	137	119	25	15	85
贵州省	57		9	8		35	3
云南省	2447		270	1109	25	546	38
西藏自治区	79						
陕西省	1387	5	18	13	30	892	
甘肃省	1565		60	176	70	540	
青海省	21						
宁夏回族自治区	429	11	8		39	24	
新疆维吾尔自治区	1184		107	315		680	72

2－81－13 单位:万元

地区	其他资本性支出						
	信息网络购建	物资储备	土地补偿	安置补助	地上附着物和青苗补偿	拆迁补偿	其他资本性支出
地方合计	**15310**	**70**	**409**	**9**	**20867**		**140915**
北京市	213				20805		66875
天津市	49						5000
河北省	22		60				169
山西省	271						810
内蒙古自治区	439		300				60
辽宁省	59						762
其中:大连市	11						
吉林省	55						
黑龙江省	372						650
上海市	1669						37088
江苏省	82						2432
浙江省	4767						712
其中:宁波市	3						2
安徽省	128						2495
福建省	50						683
其中:厦门市							24
江西省	24						532
山东省	35						2276
其中:青岛市							
河南省	455						1339
湖北省	48	10	8		5		315
湖南省	11						1129
广东省	3623						13653
其中:深圳市							6323
广西壮族自治区	382	45					740
海南省	68						770
重庆市							508
四川省	2167						294
贵州省	2						
云南省	36				3		420
西藏自治区							79
陕西省	230	15	21	9	15		139
甘肃省	35						684
青海省							21
宁夏回族自治区	17		20		39		271
新疆维吾尔自治区	1						9

二、地方财政预算收支情况

2－81－14　　　　单位:万元

地区	贷款转贷及产权参股					其他支出		
	小计	国内贷款	国外贷款	产权参股	其他贷款转贷及产权参股支出	小计	补充全国社会保障基金	其他支出
地方合计	**195**			**100**	**95**	**378161**		**378161**
北京市						59441		59441
天津市								
河北省	100			100		4097		4097
山西省						1320		1320
内蒙古自治区								
辽宁省						8009		8009
其中:大连市								
吉林省								
黑龙江省								
上海市						170373		170373
江苏省						8942		8942
浙江省						37436		37436
其中:宁波市						6958		6958
安徽省						2730		2730
福建省	95				95	4725		4725
其中:厦门市						1653		1653
江西省						603		603
山东省						11435		11435
其中:青岛市						11653		11653
河南省						780		780
湖北省						3887		3887
湖南省						4797		4797
广东省						50232		50232
其中:深圳市						435		435
广西壮族自治区						129		129
海南省						429		429
重庆市						2147		2147
四川省						739		739
贵州省						1683		1683
云南省						1444		1444
西藏自治区						55		55
陕西省						802		802
甘肃省						287		287
青海省						141		141
宁夏回族自治区						1359		1359
新疆维吾尔自治区						139		139

2007 年各省、自治区、直辖市文化体育与传媒类支出明细表

2－82－1　　　　单位:万元

地　区	合　计	工资福利支出				
		小　计	基本工资	津贴补贴	奖　金	社会保障缴　费
地　方　合　计	**13240471**	**3123012**	**1249224**	**748520**	**453433**	**203300**
北京市	1023291	120291	26667	27053	35788	7936
天津市	269744	52812	16259	15366	3134	2016
河北省	356637	90479	48520	19862	5152	7553
山西省	310713	91143	42663	22634	6157	4930
内蒙古自治区	323679	80176	41916	27163	3866	1844
辽宁省	452765	117343	52981	28063	11655	10332
其中:大连市	60489	12926	5672	3170	1074	2154
吉林省	321646	75358	40099	22314	4494	2118
黑龙江省	352217	93126	48266	28759	8018	2786
上海市	670755	121419	42974	14545	37009	11404
江苏省	1038634	222117	61251	42265	55567	19595
浙江省	960418	230146	51216	41553	71041	24341
其中:宁波市	182352	43201	5825	6841	17247	6292
安徽省	334236	88169	39982	20374	13144	3858
福建省	429068	105701	32152	21928	11529	9206
其中:厦门市	72628	16483	3004	3841	5741	1306
江西省	244620	67168	35352	13132	3305	2307
山东省	797371	201516	80796	56476	17524	21400
其中:青岛市	160870	31600	8485	8920	1919	5383
河南省	526653	130980	73331	29194	6674	5649
湖北省	528840	115432	54888	21637	10294	5752
湖南省	461518	119032	59829	24168	11401	10126
广东省	1208915	273552	71100	76699	55381	18937
其中:深圳市	131300	32686	5547	14279	5163	1380
广西壮族自治区	281304	73492	33441	17392	12046	2606
海南省	57498	20238	11064	3141	1421	413
重庆市	211722	47270	19184	14577	6148	1857
四川省	547213	137113	60232	18346	20407	8497
贵州省	199102	54188	26810	16030	5080	1692
云南省	270922	79772	34769	29187	5842	2967
西藏自治区	69225	35146	10518	20182	2139	1015
陕西省	391572	106399	54427	17533	17468	3682
甘肃省	204389	65952	30189	23018	3262	1492
青海省	76653	20978	7938	9822	614	478
宁夏回族自治区	88922	26958	12826	9509	1612	1304
新疆维吾尔自治区	230229	59546	27584	16598	6261	5207

2-82-2

单位:万元

地　　区	工资福利支出				商品和服务支出		
	伙食费	伙　食 补助费	绩效 工资	其他工资 福利支出	小　计	办公费	印刷费
地　方　合　计	**33693**	**28573**	**74766**	**331503**	**5726628**	**242185**	**110085**
北京市	1145	2995	1059	17648	564231	7447	3922
天津市	1744	1186	10308	2799	115983	1669	534
河北省	442	2325	518	6107	161198	8132	3676
山西省	355	558	699	13147	108316	6825	5496
内蒙古自治区	782	513	251	3841	110837	7313	3747
辽宁省	4166	640	2229	7277	194342	9687	2469
其中:大连市	88	43	369	356	19350	2677	693
吉林省	173	769	3427	1964	116880	15224	1702
黑龙江省	1504	1089	994	1710	139506	14866	2002
上海市	2772	1198	277	11240	228603	3586	3999
江苏省	4810	2767	1803	34059	488938	12604	6261
浙江省	1801	2415	1057	36722	414338	8828	6888
其中:宁波市	42	470	95	6389	67589	1494	961
安徽省	145	575	118	9973	105134	6056	2931
福建省	1950	741	5016	23179	187209	6293	7228
其中:厦门市	7	70	139	2375	30447	273	91
江西省	941	296	1112	10723	102038	4432	1935
山东省	1450	1548	3351	18971	334271	19470	5456
其中:青岛市	179	194	2205	4315	54057	1142	805
河南省	1777	579	1103	12673	186996	19701	5249
湖北省	168	514	7933	14246	257473	8165	5297
湖南省	805	666	2928	9109	232584	8144	3935
广东省	2078	1493	5328	42536	550080	24173	10026
其中:深圳市	92	148	840	5237	73193	1755	1422
广西壮族自治区	1102	164	1923	4818	125589	3586	3706
海南省	291	53	1602	2253	25607	906	578
重庆市		555	628	4321	115959	5364	1531
四川省	155	838	14254	14384	270459	8492	4805
贵州省	310	357	163	3746	62063	4084	2576
云南省	398	975	625	5009	132406	9232	3110
西藏自治区	23	13		1256	15390	602	401
陕西省	878	1259	4091	7061	147456	6947	3265
甘肃省	681	348	472	6490	80594	4355	2514
青海省	10	427	618	1071	21524	941	522
宁夏回族自治区	343	142	215	1007	36898	1287	1162
新疆维吾尔自治区	494	575	664	2163	93726	3774	3162

2－82－3

单位:万元

地　　区	商品和服务支出						
	咨询费	手续费	水　费	电　费	邮电费	取暖费	物　业 管理费
地方合计	**6612**	**7189**	**31218**	**165849**	**62046**	**67462**	**53343**
北京市	531	38	1505	9203	2189	6488	8452
天津市	21	16	691	3796	843	2216	1212
河北省	52	45	872	5362	1863	4560	604
山西省	91	83	879	3684	1724	3985	361
内蒙古自治区	76	151	407	1847	1351	4146	289
辽宁省	49	760	1281	7503	2629	9696	1476
其中:大连市	5	7	143	1076	340	1548	328
吉林省	104	58	582	3767	1410	5938	1199
黑龙江省	93	27	708	4770	1499	7614	1964
上海市	178	37	1611	8916	2515	645	4920
江苏省	382	1464	3029	12697	3958	1086	3825
浙江省	197	223	1505	10960	4972		4722
其中:宁波市	13	24	158	1325	500		686
安徽省	174	53	959	4404	2023	451	869
福建省	169	114	1014	6271	1938	1	2021
其中:厦门市	125	17	105	1427	248		1158
江西省	64	97	401	2827	1247	351	843
山东省	929	185	2573	11111	4392	6468	3105
其中:青岛市	101	14	177	1938	597	600	602
河南省	223	389	1932	8064	2302	1838	1294
湖北省	96	59	1258	7508	2084	227	1660
湖南省	683	2384	1131	5607	2196	518	2182
广东省	1119	226	2334	18615	6325	110	7203
其中:深圳市	413	40	292	3905	635	11	2355
广西壮族自治区	6	10	818	3447	1280		284
海南省	8	25	133	898	325		73
重庆市	27	39	449	2765	1105	21	450
四川省	522	229	1673	6856	3714	163	1499
贵州省	88	113	254	1741	918	254	229
云南省	411	123	662	2057	1478		295
西藏自治区		2	189	441	316	169	3
陕西省	160	106	1268	5524	1834	3139	1232
甘肃省	85	25	480	2003	1139	1995	387
青海省	5	52	144	565	602	820	124
宁夏回族自治区	16	9	137	1204	414	789	113
新疆维吾尔自治区	53	47	339	1436	1461	3774	453

2－82－4

单位:万元

地　　区	商品和服务支出					
	交通费	差旅费	出国费	维修(护)费	租赁费	会议费
地　方　合　计	**183288**	**154058**	**22207**	**407142**	**87767**	**114028**
北京市	7419	3550	3752	34225	11772	3523
天津市	1914	1279	888	5954	562	1248
河北省	7241	4521	350	14213	951	3441
山西省	6348	4990	158	18633	1156	2781
内蒙古自治区	4979	5951	195	11625	1949	4262
辽宁省	8296	6549	408	18043	2122	3174
其中:大连市	1003	931	36	1693	268	858
吉林省	5194	5350	269	11479	4689	4202
黑龙江省	4808	4905	551	15937	611	1098
上海市	4568	2694	1503	15054	2716	3127
江苏省	10842	10702	1497	18404	2011	7899
浙江省	10584	10014	1806	23865	3496	8204
其中:宁波市	1480	1537	247	1697	478	1172
安徽省	3950	3588	561	8553	1243	2916
福建省	5622	5160	658	15011	2653	3044
其中:厦门市	642	718	227	933	515	174
江西省	3555	4164	191	5777	511	1641
山东省	14461	8601	815	20294	4439	8399
其中:青岛市	2188	1223	426	1836	379	1366
河南省	8861	7454	359	21733	2759	5040
湖北省	7169	6279	353	9667	2119	14375
湖南省	7919	7610	960	9052	1813	4083
广东省	17656	14629	3121	42297	21149	9233
其中:深圳市	2100	2255	1121	2131	2249	1752
广西壮族自治区	3708	4324	406	5324	626	1820
海南省	1301	882	100	1389	407	1216
重庆市	4241	2478	454	16720	983	2521
四川省	9048	7925	551	18087	1581	5863
贵州省	3218	2232	218	3559	641	1089
云南省	4199	3783	605	9025	6956	3512
西藏自治区	1058	1021	13	3740	8	131
陕西省	6475	4091	893	12069	2532	2464
甘肃省	3228	3512	330	10490	1402	1445
青海省	980	771	28	1370	385	405
宁夏回族自治区	1356	1018	37	2152	343	559
新疆维吾尔自治区	3090	4031	177	3401	3182	1313

2－82－5

单位:万元

地区	商品和服务支出						
	培训费	招待费	专用材料费	被装购置费	专用燃料费	劳务费	委托业务费
地方合计	**52670**	**147716**	**460325**	**20988**	**12094**	**255949**	**128819**
北京市	3167	2088	9376	142	74	13219	23331
天津市	567	900	13202	91	1537	1516	40947
河北省	1341	2896	16320	251	230	3348	2372
山西省	1148	3005	9516	365	231	4470	1043
内蒙古自治区	1360	2222	12391	944	544	9077	2088
辽宁省	1545	4359	22192	200	1371	8192	2299
其中:大连市	267	577	3655	23	324	1747	629
吉林省	799	1303	21735		337	8096	2610
黑龙江省	1641	1664	11119	4316	140	4647	1029
上海市	1582	3681	5546	260	971	4371	1639
江苏省	4128	17306	36504	1413	563	22516	3716
浙江省	3774	16034	41390	283	1213	25108	5045
其中:宁波市	572	3049	4156	1	62	3129	384
安徽省	1051	3510	5535	317	77	3420	792
福建省	1216	4808	16455	782	331	8215	8468
其中:厦门市	294	531	778	16	1	553	5895
江西省	848	4984	3778	445	175	4931	1366
山东省	2976	7245	82753	400	1023	16588	4143
其中:青岛市	390	1409	8135	109	475	1509	290
河南省	2171	5332	23850	520	496	13415	2077
湖北省	1684	8879	9019	1084	306	10727	2410
湖南省	5203	9512	28652	357	310	9246	2224
广东省	6278	13582	30211	976	519	31698	7236
其中:深圳市	1213	1524	2177	41	7	3616	3432
广西壮族自治区	1057	5225	5663	593	86	6519	1584
海南省	227	900	1914	332	56	1164	415
重庆市	1126	2215	5692	269	20	4025	891
四川省	2196	9236	10805	4778	69	10119	4338
贵州省	809	2992	3255	350	167	3686	362
云南省	1530	4532	4254	214	86	10316	3016
西藏自治区	79	508	577	20	11	91	10
陕西省	1340	4137	8391	384	784	7292	1674
甘肃省	621	1466	7808	279	188	2688	893
青海省	239	933	2354	87	36	691	38
宁夏回族自治区	357	751	5184	395	29	881	47
新疆维吾尔自治区	610	1511	4884	141	114	5677	716

2-82-6

单位:万元

地区	商品和服务支出			对个人和家庭的补助			
	工会经费	福利费	其他商品和服务支出	小计	离休费	退休费	退职(役)费
地方合计	**24731**	**71759**	**2837098**	**554826**	**33003**	**260852**	**5759**
北京市	1605	1050	406163	24985	2022	9026	729
天津市	373	732	33275	21777	1883	11418	846
河北省	648	1619	76290	13491	990	6041	474
山西省	381	2148	28815	12141	627	5380	127
内蒙古自治区	433	1351	32139	5804	286	3039	9
辽宁省	877	4030	75135	19183	1293	6901	53
其中:大连市	78	272	172	667			2
吉林省	282	574	19977	22222	2463	16905	10
黑龙江省	481	1030	51986	30120	3302	21235	76
上海市	1359	3110	150015	12823	962	3791	23
江苏省	1634	6928	297569	63596	5031	34408	337
浙江省	3204	9311	212712	44494	2078	15701	73
其中:宁波市	423	1535	42506	5514	134	1440	5
安徽省	513	2718	48470	15574	391	6978	243
福建省	848	1990	86899	14040	370	4552	180
其中:厦门市	197	209	15320	2869	71	408	148
江西省	337	1210	55928	12919	709	7368	197
山东省	1182	2664	104599	41213	1234	5455	434
其中:青岛市	287	964	27095	7443	301	1423	23
河南省	798	2986	48153	10312	839	5892	244
湖北省	855	2315	153878	22288	1496	13369	57
湖南省	869	3498	114496	20725	1487	11368	354
广东省	1849	6608	272907	33470	464	6004	278
其中:深圳市	127	490	38130	4412		62	120
广西壮族自治区	508	1625	73384	16479	665	11323	325
海南省	81	168	12109	676	38	58	
重庆市	1185	2330	59058	4681	8	281	15
四川省	1494	4589	151827	19161	620	10384	143
贵州省	383	1247	27598	20783	1382	14715	16
云南省	721	1373	60916	5925	120	2313	119
西藏自治区	250	48	5702	6295	11	4824	
陕西省	328	1255	69872	14072	376	7009	98
甘肃省	264	1457	31540	5026	345	2797	285
青海省	186	47	9199	691	3	164	1
宁夏回族自治区	229	335	18094	6491	794	3411	6
新疆维吾尔自治区	574	1413	48393	13369	714	8742	7

2－82－7　　　　单位:万元

地　　区	对个人和家庭的补助						
	抚恤金	生活补助	救济费	医疗费	助学金	奖励金	生产补贴
地　方　合　计	**9413**	**14086**	**704**	**19624**	**22204**	**13077**	**496**
北京市	288	55		1210	898	19	－3
天津市	211	164	2	511	18	93	31
河北省	297	289	20	1035	149	417	1
山西省	213	583	7	278	1815	121	139
内蒙古自治区	228	260	7	262	387	423	
辽宁省	331	630	37	540	1144	171	
其中:大连市	34	253	2	67	19	4	
吉林省	301	362	10	137	111	215	
黑龙江省	423	402		313	1399	617	7
上海市	708	199	136	345	1596	153	
江苏省	1283	1052	76	1799	3598	538	
浙江省	440	597	40	2310	2970	896	7
其中:宁波市	66	36	5	152	530	150	
安徽省	290	2035	15	510	41	405	32
福建省	211	270	2	187	668	219	15
其中:厦门市	17	17		11	229	2	
江西省	229	461	7	514	451	129	2
山东省	394	932	51	1790	1587	1230	110
其中:青岛市	55	29	6	32	387	2	
河南省	240	628	87	391	169	97	68
湖北省	362	365	14	1735	137	223	
湖南省	544	570	39	1144	279	267	31
广东省	248	1241	19	2253	2737	4533	30
其中:深圳市	7	27	1	17	194	2426	
广西壮族自治区	175	319	10	353	67	146	
海南省	17	68	6	23	117	33	
重庆市	282	137		281	130	116	
四川省	350	523	33	204	705	673	
贵州省	233	321	52	91	31	318	
云南省	118	207	2	147	180	546	5
西藏自治区	64	25		102	24		
陕西省	296	788	18	765	46	183	19
甘肃省	93	279	1	125	172	26	
青海省	27	52		82	64	31	2
宁夏回族自治区	144	53	1	42	243	34	
新疆维吾尔自治区	373	219	12	145	271	205	

2－82－8

单位:万元

地　　区	对个人和家庭的补助				对企事业单位的补贴		
	住　房 公积金	提租 补贴	购房 补贴	其他对个人和家庭的补助支出	小　计	企业政策性补　　贴	事业单位补　　贴
地　方　合　计	**87490**	**10248**	**22824**	**55046**	**144804**	**19410**	**29212**
北京市	7174	1503	960	1104	24751	6207	1292
天津市	5235	114	488	763	5130	4953	32
河北省	1981	57	1	1739	4168	5	66
山西省	1937	198		716	1686		135
内蒙古自治区	589	1	14	299	224		139
辽宁省	3165	2667	637	1614	4101		692
其中:大连市	168	57	53	8	3105		287
吉林省	1424	93		191	8727	39	10
黑龙江省	1672	262	9	403	3497	1283	627
上海市	1369	4	129	3408	739	101	270
江苏省	5052	1034	1771	7617	8701	135	2200
浙江省	12294	136	1003	5949	10463	143	1265
其中:宁波市	854	32	188	1922	748		108
安徽省	2246	115	23	2250	3211	1437	1267
福建省	4920	1650	93	703	9000		743
其中:厦门市	1094	805	2	65	1477		
江西省	1655	4	3	1190	2326		823
山东省	8104	1679	14643	3570	2774	430	1683
其中:青岛市	2023	699	1971	492	270		61
河南省	861	30	121	645	6157	58	5515
湖北省	2794	81	105	1550	502	6	200
湖南省	1993	4	38	2607	1686	2	880
广东省	8627	510	825	5701	8789	535	1215
其中:深圳市		335	370	853	1993	509	972
广西壮族自治区	2113	12	6	965	3890	94	2916
海南省	37	2		277			
重庆市	578		214	2639	3415	2723	564
四川省	3301	1	14	2210	13160		181
贵州省	1267	52	1576	729	203		58
云南省	1365		69	734	598	20	520
西藏自治区	400		2	843	4100		4046
陕西省	2558	12	32	1872	934	333	108
甘肃省	546	13	20	324	2241	617	42
青海省	185			80	7404	210	233
宁夏回族自治区	265		7	1491	650	79	
新疆维吾尔自治区	1783	14	21	863	1577		1490

2－82－9　　　　　　　　　　　　　　　　　　　　　　　　　单位:万元

地　　区	对企事业单位的补贴		赠　与			债务利息支出	
	财政贴息	其他对企事业单位的补贴支出	小　计	对国内的赠　与	对国外的赠　与	小　计	国库券付　息
地　方　合　计	**9500**	**86682**	**861**	**861**		**24596**	
北京市		17252					
天津市	145						
河北省	60	4037					
山西省	474	1077					
内蒙古自治区	31	54	60	60			
辽宁省	2834	575					
其中:大连市	2818						
吉林省	253	8425	500	500			
黑龙江省		1587	25	25			
上海市		368					
江苏省	142	6224					
浙江省	1741	7314	34	34			
其中:宁波市	11	629	25	25			
安徽省	100	407	2	2			
福建省	250	8007					
其中:厦门市		1477					
江西省		1503					
山东省	180	481				20000	
其中:青岛市	150	59					
河南省	50	534					
湖北省		296	1	1			
湖南省	727	77	5	5			
广东省	756	6283	104	104			
其中:深圳市		512					
广西壮族自治区	27	853	3	3			
海南省							
重庆市	50	78					
四川省	299	12680	30	30			
贵州省	100	45					
云南省		58	95	95		4596	
西藏自治区	24	30					
陕西省	486	7					
甘肃省	270	1312					
青海省		6961					
宁夏回族自治区	501	70					
新疆维吾尔自治区		87	2	2			

2－82－10　　　　单位:万元

地　　区	债务利息支出					基本建设支出	
	向国家银行借款付息	其他国内借款付息	向国外政府借款付息	向国际组织借款付息	其他国外借款付息	小　计	房屋建筑物购建
地方合计	**4596**	**20000**				**1167190**	**574667**
北京市						147937	110858
天津市						3374	3074
河北省						20528	9214
山西省						60946	5850
内蒙古自治区						82033	71244
辽宁省						30763	10220
其中:大连市						17872	3282
吉林省						9254	1716
黑龙江省						38397	12081
上海市						85870	24922
江苏省						57001	41586
浙江省						99279	28186
其中:宁波市						51383	8270
安徽省						19450	14321
福建省						37994	4722
其中:厦门市						14389	651
江西省						8854	4595
山东省		20000				16581	5794
其中:青岛市						1680	699
河南省						55216	18548
湖北省						55551	30451
湖南省						17189	7441
广东省						126771	80973
其中:深圳市						200	
广西壮族自治区						11126	7099
海南省						5016	789
重庆市						18678	10786
四川省						31472	18301
贵州省						17666	774
云南省	4596					9917	5560
西藏自治区						2832	2048
陕西省						23761	1476
甘肃省						22577	12423
青海省						11205	460
宁夏回族自治区						6753	3032
新疆维吾尔自治区						33199	26123

2－82－11

单位:万元

地　　区	基本建设支出							
	办公设备购　置	专用设备购　置	交通工具购　置	基础设施建　设	大型修缮	信息网络购　建	物资储备	其他基本建设支出
地　方　合　计	**6755**	**41156**	**2389**	**201505**	**50262**	**6399**	**715**	**283342**
北京市	144	3439	123	5110	10306	92		17865
天津市		300						
河北省	29	612	44	2724	144	45		7716
山西省	26	5821		10419				38830
内蒙古自治区	157	544	143	5992	2091			1862
辽宁省	106	822	25	14815	3498	170	2	1105
其中:大连市		345		11211	2900	63		71
吉林省	1	275	50	826	3778			2608
黑龙江省	2	225	17	24775	1167			130
上海市	78	939	81	5963	12783	1578		39526
江苏省	117	974	181	11577	579	2	594	1391
浙江省	651	2903	277	14760	1526	661	58	50257
其中:宁波市	160	260		10599		13		32081
安徽省	71	924	46	375	53	252		3408
福建省	100	943	15	8356	494	6		23358
其中:厦门市	10	85		3506	86	1		10050
江西省	20	102	31	31	1506	12		2557
山东省	1077	741	71	7498	655	190		555
其中:青岛市	36	6	26		207	140		566
河南省	2676	7167	84	22233	66	338		4104
湖北省	127	1742	52	2040	1053	152		19934
湖南省	161	381	104	2993	486	307		5316
广东省	344	2259	238	16856	2418	239	61	23383
其中:深圳市								200
广西壮族自治区	141	314	136	1152	1250	12		1022
海南省	38	827	81	959	404	874		1044
重庆市	68	3382	87	1898	133			2324
四川省	181	3176	20	5885	959	523		2427
贵州省	29	345	28	1236	13	34		15207
云南省	196	620	110	1658	469	209		1095
西藏自治区				784				
陕西省	9	140	42	9037	3280			9777
甘肃省	29	542	10	5430	813	154		3176
青海省	17	70	63	8389	291	5		1910
宁夏回族自治区	39	90		2437	42	464		649
新疆维吾尔自治区	121	537	230	5297	5	80		806

2－82－12

单位:万元

地　区	其他资本性支出						
	小　计	房屋建筑物购建	办公设备购置	专用设备购置	交通工具购置	基础设施建设	大型修缮
地方合计	**1805931**	**349970**	**81565**	**432676**	**61836**	**229483**	**134554**
北京市	121221	3128	5648	44578	2925	3373	18813
天津市	67668	6562	1643	18889	711	1276	3316
河北省	46414	5776	2212	13430	1926	6663	7262
山西省	29582	2295	2876	7672	2494	1797	3760
内蒙古自治区	43773	16082	1947	9482	2746	4126	1978
辽宁省	83408	13702	2892	27581	1503	13535	6801
其中:大连市	6569	1813	325	1049	65	1091	179
吉林省	87278	40189	3306	12054	1666	16701	7138
黑龙江省	47384	2722	1488	14791	1508	4679	6963
上海市	60434	5616	3037	8422	1300	605	6455
江苏省	153556	34238	5766	31710	2836	31775	5237
浙江省	134423	54531	5473	19067	4757	7238	5955
其中:宁波市	6343	1187	736	2429	320	48	341
安徽省	76952	23302	1755	7669	1111	3062	4056
福建省	55076	8472	3284	13922	3350	3542	3910
其中:厦门市	5066	90	222	3002	376	6	147
江西省	36515	17079	1549	6342	1193	1088	2196
山东省	144088	11030	4085	38956	4904	54918	3147
其中:青岛市	26003	1111	848	14359	780	1259	38
河南省	72128	17449	3107	17207	2556	14793	6131
湖北省	63517	14921	2865	20304	2498	2789	3038
湖南省	42111	5852	2852	9664	2985	7142	4528
广东省	112657	12313	9043	29371	5336	7308	7552
其中:深圳市	10132	83	2493	1605	680	54	317
广西壮族自治区	42632	3990	1582	15186	1012	1582	944
海南省	4649	228	604	2488	208	478	135
重庆市	16690	2215	1036	4314	1164	225	604
四川省	69250	20939	3977	13895	2681	8217	5783
贵州省	25436	4518	1427	8139	1039	3161	742
云南省	37178	6280	1797	8463	1596	7505	1500
西藏自治区	3121	320	218	1616	139	8	636
陕西省	64428	6309	2335	10885	2321	9784	8020
甘肃省	23667	5655	1451	4088	1504	3233	3094
青海省	8053	772	351	3711	578	42	675
宁夏回族自治区	5505	457	524	2013	374	313	417
新疆维吾尔自治区	27137	3028	1435	6767	915	8525	3768

2－82－13

单位:万元

地　　区	其他资本性支出						
	信息网络购　建	物资储备	土地补偿	安置补助	地上附着物和青苗补偿	拆迁补偿	其他资本性支　　出
地　方　合　计	**37798**	**276**	**19215**	**2703**	**880**	**11604**	**443371**
北京市	2868	－1	294	4			39591
天津市	1204					18	34049
河北省	1008		722		15	124	7276
山西省	2553	5	51	85		249	5745
内蒙古自治区	1618	72	1233		102	201	4186
辽宁省	2014		100			5042	10238
其中:大连市	1477						570
吉林省	682		4	2			5536
黑龙江省	436		12600	1078			1119
上海市	1619						33380
江苏省	1615		42			198	40139
浙江省	3661		1			412	33328
其中:宁波市	127						1155
安徽省	1273		176	42			34506
福建省	1001			1086	1	3	16505
其中:厦门市	30						1193
江西省	1085	3				80	5900
山东省	2191					2	24855
其中:青岛市	10						7598
河南省	2275	24	303	50	63	283	7887
湖北省	571		7		17	525	15982
湖南省	512		573	291	231	353	7128
广东省	3143	137	17		388		38049
其中:深圳市	337		14				4549
广西壮族自治区	158		241	64		5	17868
海南省	360						148
重庆市	549						6583
四川省	1490		145		52	1	12070
贵州省	83		9		1		6317
云南省	610	3	16		1	2	9405
西藏自治区	10						174
陕西省	1127	28	2044	1	9	4064	17501
甘肃省	1368	5	137				3132
青海省	115		500				1309
宁夏回族自治区	26						1381
新疆维吾尔自治区	573					42	2084

二、地方财政预算收支情况

2－82－14

单位:万元

地区	贷款转贷及产权参股					其他支出		
	小计	国内贷款	国外贷款	产权参股	其他贷款转贷及产权参股支出	小计	补充全国社会保障基金	其他支出
地方合计	**9298**	**907**			**8391**	**683325**		**683325**
北京市						19875		19875
天津市						3000		3000
河北省	136				136	20223		20223
山西省						6899		6899
内蒙古自治区						772		772
辽宁省	79	79				3546		3546
其中:大连市								
吉林省						1427		1427
黑龙江省						162		162
上海市						160867		160867
江苏省	8350	350			8000	36375		36375
浙江省						27241		27241
其中:宁波市						7549		7549
安徽省						25744		25744
福建省	120				120	19928		19928
其中:厦门市						1897		1897
江西省						14800		14800
山东省						36928		36928
其中:青岛市						39817		39817
河南省						64864		64864
湖北省						14076		14076
湖南省	45	45				28141		28141
广东省	22	22				103470		103470
其中:深圳市						8684		8684
广西壮族自治区	411	411				7682		7682
海南省						1312		1312
重庆市						5029		5029
四川省	135				135	6433		6433
贵州省						18763		18763
云南省						435		435
西藏自治区						2341		2341
陕西省						34522		34522
甘肃省						4332		4332
青海省						6798		6798
宁夏回族自治区						5667		5667
新疆维吾尔自治区						1673		1673

2007 年各省、自治区、直辖市文化支出明细表

2 - 83 - 1　　　　单位:万元

地　　区	合　计	工资福利支出				
		小　计	基本工资	津贴补贴	奖　金	社会保障缴　费
地 方 合 计	**3356811**	**999257**	**475384**	**274782**	**105039**	**60387**
北京市	233583	32450	9188	10478	3518	2521
天津市	61078	17413	7318	6369	1434	793
河北省	81109	31168	18076	7148	978	2663
山西省	77920	26236	14806	6576	1088	1878
内蒙古自治区	123962	30678	17017	10219	1367	710
辽宁省	97055	35607	19462	9607	1186	2803
其中:大连市	17252	5428	2550	1363	287	874
吉林省	99826	25306	14741	7986	624	441
黑龙江省	87011	31466	17661	10693	1242	728
上海市	280706	59637	22180	7585	17858	6222
江苏省	255138	61133	21066	14564	13238	5591
浙江省	281347	77629	20154	16712	22295	7533
其中:宁波市	70764	13903	2389	2491	5277	2133
安徽省	68479	26934	15359	7291	840	1019
福建省	90034	25918	10928	7555	1682	2359
其中:厦门市	25117	4889	1152	1570	487	417
江西省	68732	22382	14387	4334	1094	768
山东省	143291	58999	27799	20679	2141	5871
其中:青岛市	35152	10036	3284	3819	328	1972
河南省	110600	39335	27902	8274	715	1297
湖北省	138563	37544	20610	8253	2900	2260
湖南省	87481	33230	19872	7068	1814	2356
广东省	327613	84725	26871	31548	10440	4650
其中:深圳市	68436	20288	3409	9912	2875	862
广西壮族自治区	58295	23740	13498	6200	2601	579
海南省	18199	6361	3971	1240	474	166
重庆市	56684	14590	8439	3179	1697	241
四川省	111261	40010	22771	6576	5968	1866
贵州省	50724	18480	10340	5790	957	392
云南省	91864	35597	16935	14466	1562	1135
西藏自治区	19970	12393	4026	7382	540	283
陕西省	82017	31300	21105	6099	1094	932
甘肃省	46802	20884	11236	7505	665	474
青海省	27365	8264	3236	4043	253	154
宁夏回族自治区	26281	8642	4379	3132	437	136
新疆维吾尔自治区	53821	21206	10051	6231	2337	1566

二、地方财政预算收支情况

2－83－2

单位:万元

地区	工资福利支出				商品和服务支出		
	伙食费	伙食补助费	绩效工资	其他工资福利支出	小计	办公费	印刷费
地方合计	**936**	**6171**	**9230**	**67328**	**1178189**	**82302**	**22657**
北京市	75	365	813	5492	90275	1651	885
天津市	12	297	549	641	17465	721	238
河北省	66	674	165	1398	26501	2556	579
山西省	37	120	114	1617	29560	2394	819
内蒙古自治区	6	72	80	1207	36596	3513	1324
辽宁省	72	81	928	1468	36749	4318	604
其中:大连市	12	18	193	131	6870	1669	82
吉林省		17	1198	299	17067	2341	398
黑龙江省	44	164	392	542	21703	5736	367
上海市	150	566	171	4905	97610	2141	1940
江苏省	37	1114	320	5203	89761	4256	1099
浙江省	42	859	656	9378	99660	3332	1792
其中:宁波市	24	163	1	1425	19269	641	241
安徽省	12	180	37	2196	22490	2114	507
福建省	28	53	229	3084	29247	1530	739
其中:厦门市		40	60	1163	8321	105	31
江西省	25	34	136	1604	24813	1623	327
山东省	34	143	314	2018	46801	6266	1198
其中:青岛市		24	143	466	10326	507	255
河南省	35	53	129	930	45913	7397	1539
湖北省	25	79	433	2984	62832	2059	717
湖南省	20	191	122	1787	33258	2323	474
广东省	130	263	704	10119	132860	8479	2593
其中:深圳市	31	76	273	2850	35958	1258	835
广西壮族自治区		25	47	790	20368	1185	399
海南省	9	8	33	460	8415	315	122
重庆市		93	22	919	20967	1864	307
四川省	8	126	98	2597	44329	3008	895
贵州省	22	67	76	836	16969	1375	257
云南省	15	70	62	1352	31114	2940	761
西藏自治区				162	4935	204	39
陕西省	10	157	967	936	23525	2524	806
甘肃省	1	2	132	869	16004	2088	500
青海省	7	85	69	417	9617	444	88
宁夏回族自治区		74	84	400	8500	343	122
新疆维吾尔自治区	14	139	150	718	12285	1262	222

2－83－3　　　　单位：万元

地　　区	商品和服务支出						
	咨询费	手续费	水　费	电　费	邮电费	取暖费	物　业管理费
地　方　合　计	**1675**	**495**	**7134**	**36085**	**16370**	**19815**	**16425**
北京市	17	17	434	2936	501	2129	3843
天津市	2	8	113	541	218	465	126
河北省	14	22	294	1007	511	1396	80
山西省	32	31	205	558	358	1163	56
内蒙古自治区	22	7	137	405	408	1450	85
辽宁省	23	19	261	1471	676	3536	431
其中：大连市	2	6	45	211	170	743	109
吉林省	15	2	131	455	288	1973	12
黑龙江省		12	135	666	283	2381	236
上海市	136	17	649	3509	1492	236	2270
江苏省	39	19	434	2869	927	140	1079
浙江省	60	15	296	2528	1553		1425
其中：宁波市	8	5	50	461	156		198
安徽省	48	13	130	632	327	14	153
福建省	18	43	167	1177	463	1	969
其中：厦门市	1	16	27	654	74		887
江西省	37	4	134	427	327	22	89
山东省	683	14	476	1477	944	1437	421
其中：青岛市			22	234	142	89	28
河南省	46	17	301	920	593	186	147
湖北省	9	8	436	1746	589	20	446
湖南省	19	20	290	961	408	42	128
广东省	265	60	693	7110	2000	13	3696
其中：深圳市	206	4	147	2853	398	11	1629
广西壮族自治区	4	4	159	482	301		47
海南省	2	5	27	94	87		33
重庆市	18	16	89	935	346		235
四川省	23	21	252	827	991	36	137
贵州省	5	40	59	283	244	35	57
云南省	13	3	173	350	411		68
西藏自治区		1	44	137	80	56	2
陕西省	86	32	365	907	391	676	51
甘肃省	22	2	129	299	221	676	61
青海省	1	3	29	72	124	254	2
宁夏回族自治区	5	7	20	114	71	248	10
新疆维吾尔自治区	11	13	72	190	237	1230	30

2－83－4

单位：万元

地　　区	商品和服务支出					
	交通费	差旅费	出国费	维修(护)费	租赁费	会议费
地　方　合　计	**48830**	**38881**	**7590**	**68863**	**18538**	**36387**
北京市	1931	880	2097	5942	2619	1225
天津市	506	318	133	1031	355	583
河北省	2201	1151	160	2086	467	1407
山西省	1749	1618	47	4483	506	1006
内蒙古自治区	1679	1712	101	3130	954	2121
辽宁省	2217	1392	80	4997	649	1266
其中：大连市	373	336	17	361	89	323
吉林省	1123	1661	141	2024	157	501
黑龙江省	957	1300	118	2530	292	233
上海市	2133	1260	851	4212	1988	2078
江苏省	3027	1968	511	5024	913	2833
浙江省	3032	3436	418	3904	1787	3581
其中：宁波市	389	548	93	535	286	495
安徽省	763	963	101	740	411	808
福建省	1301	1119	184	1066	324	561
其中：厦门市	186	203	110	123	134	78
江西省	961	993	58	747	190	632
山东省	2742	1528	127	3099	852	2208
其中：青岛市	323	313	61	202	156	181
河南省	2182	1552	73	2384	617	1886
湖北省	1999	1319	69	2316	250	1917
湖南省	1774	1214	46	1596	318	984
广东省	5575	4035	696	5799	2360	2544
其中：深圳市	1349	1098	392	954	1238	526
广西壮族自治区	865	815	157	945	306	745
海南省	540	394	60	146	34	77
重庆市	1088	876	249	911	351	789
四川省	2221	1928	172	2312	477	2742
贵州省	834	492	66	451	162	342
云南省	1380	1159	354	1390	234	915
西藏自治区	384	413	13	144	7	77
陕西省	1501	1088	373	2207	290	934
甘肃省	731	868	78	1906	195	423
青海省	340	273	4	366	46	191
宁夏回族自治区	263	287	10	143	94	101
新疆维吾尔自治区	831	869	43	832	333	677

2－83－5

单位：万元

地区	商品和服务支出						
	培训费	招待费	专用材料费	被装购置费	专用燃料费	劳务费	委托业务费
地方合计	**18775**	**41156**	**67611**	**3871**	**3267**	**60920**	**32455**
北京市	886	417	2087	13	72	3120	13080
天津市	85	291	3091	61	1509	661	491
河北省	365	693	2382	95	76	1064	625
山西省	458	933	2905	216	70	2085	368
内蒙古自治区	454	837	4787	295	183	2835	1906
辽宁省	576	1036	4528	27	58	2204	443
其中：大连市	71	155	1014	15	2	853	141
吉林省	171	300	2734		40	1008	109
黑龙江省	226	357	2038	77	53	1589	23
上海市	928	1675	2163	70	1	2813	987
江苏省	1201	3887	4831	107	36	5515	1555
浙江省	1423	4811	2574	227	223	6090	1227
其中：宁波市	240	902	452	1		1112	265
安徽省	412	1080	976	75	40	1116	520
福建省	330	1130	1881	53	52	1727	426
其中：厦门市	41	116	214	9	1	160	123
江西省	342	1392	765	155	32	676	718
山东省	726	1798	4439	199	150	2743	449
其中：青岛市	56	445	1070	102	46	783	201
河南省	584	1636	8227	229	191	3285	497
湖北省	492	3476	1700	465	82	1362	736
湖南省	3877	2529	975	100	20	664	924
广东省	1998	3896	4536	272	147	8429	1941
其中：深圳市	578	884	506	36	1	2490	1382
广西壮族自治区	236	735	1306	74	14	1629	537
海南省	99	252	361	12	5	351	393
重庆市	422	643	919	59		1864	475
四川省	640	2109	1530	19	2	2366	2836
贵州省	252	973	305	233	1	846	11
云南省	508	1571	1260	35	7	1636	429
西藏自治区	23	115	138	4	3	43	5
陕西省	548	844	1773	220	121	1036	303
甘肃省	143	484	671	90	40	666	193
青海省	109	566	603	41	15	197	38
宁夏回族自治区	67	244	316	268	5	281	7
新疆维吾尔自治区	194	446	810	80	19	1019	203

2－83－6

单位:万元

地　　区	商品和服务支出			对个人和家庭的补助			
	工会经费	福利费	其他商品和服务支出	小　计	离休费	退休费	退职(役)费
地　方　合　计	**6700**	**14466**	**506921**	**212966**	**18155**	**129265**	**444**
北京市	441	352	42700	10300	1542	5073	1
天津市	146	320	5452	10080	1119	6023	21
河北省	153	345	6772	4113	494	2645	
山西省	144	360	6996	4076	308	2648	1
内蒙古自治区	260	430	7561	2217	55	1555	9
辽宁省	230	281	5426	6315	779	3746	6
其中:大连市	20	46	17	162			
吉林省	72	75	1336	10698	1368	8641	3
黑龙江省	144	243	1707	13353	1837	10111	18
上海市	705	1451	61905	5864	735	2466	7
江苏省	372	985	46134	26482	2306	18508	28
浙江省	983	2412	52531	18311	1507	8235	54
其中:宁波市	150	230	11811	1644	83	724	3
安徽省	104	246	10197	4707	258	3152	3
福建省	243	468	13275	4468	128	2108	28
其中:厦门市	76	82	4870	748		15	7
江西省	91	291	13780	4836	392	3588	3
山东省	289	398	12138	10844	314	1429	77
其中:青岛市	102	77	4931	1907	201	446	12
河南省	153	456	10815	4799	487	3089	4
湖北省	216	667	39736	11198	1001	8073	26
湖南省	211	566	12795	7113	714	4719	1
广东省	446	1694	63583	8154	204	2100	92
其中:深圳市	95	326	16762	1105		60	80
广西壮族自治区	76	158	9189	6866	394	5503	3
海南省	30	39	4937	253	38	47	
重庆市	108	242	8161	887	3	112	
四川省	235	546	18004	6834	205	4584	18
贵州省	98	234	9314	10067	688	7560	1
云南省	345	322	14850	2213	74	1060	30
西藏自治区	76	13	2914	2312		1916	
陕西省	41	299	6109	5051	218	3132	2
甘肃省	49	184	5285	2472	232	1812	3
青海省	66	18	5727	145		57	
宁夏回族自治区	18	90	5366	1905	408	1337	
新疆维吾尔自治区	155	281	2226	6033	347	4236	5

2－83－7

单位:万元

地　　区	对个人和家庭的补助						
	抚恤金	生活补助	救济费	医疗费	助学金	奖励金	生产补贴
地　方　合　计	**4428**	**5364**	**285**	**5495**	**300**	**2426**	**79**
北京市	177	27		398	75	14	－3
天津市	127	90	2	383		47	
河北省	137	180	8	106		26	1
山西省	109	156	1	79	3	22	
内蒙古自治区	94	108	2	30		62	
辽宁省	158	199	1	149		54	
其中:大连市	16	25		19		4	
吉林省	146	147	1	8		54	
黑龙江省	191	144		70		229	7
上海市	455	93	132	309		17	
江苏省	421	572	14	557	15	89	
浙江省	160	360	16	758	96	370	6
其中:宁波市	15	26	3	11	2	51	
安徽省	116	159	7	60	1	22	1
福建省	99	129		48	49	70	
其中:厦门市	9	10		2		1	
江西省	104	150	1	109		17	
山东省	158	419	8	449		44	2
其中:青岛市	12	21	1	9			
河南省	108	396	8	21		27	49
湖北省	194	185	6	215	1	15	
湖南省	242	143	2	263	2	22	5
广东省	106	277	6	843	25	359	5
其中:深圳市	7	17		2		147	
广西壮族自治区	90	148	9	157		39	
海南省	13	11		17		9	
重庆市	197	86		103		19	
四川省	213	245	15	31		270	
贵州省	94	194	27	36		122	
云南省	63	84		53	2	273	5
西藏自治区	34	5		24			
陕西省	155	405	7	132	12	14	1
甘肃省	58	75		25		4	
青海省	6	32		10		4	
宁夏回族自治区	57	26		13		8	
新疆维吾尔自治区	146	119	12	39	19	104	

2－83－8

单位:万元

地　　区	对个人和家庭的补助				对企事业单位的补贴		
	住　房 公积金	提租 补贴	购房 补贴	其他对个人和家庭的补助支出	小　计	企业政策性补　　贴	事业单位补　　贴
地　方　合　计	**22101**	**3254**	**7867**	**13503**	**52932**	**8920**	**6146**
北京市	1843	572	388	193	23122	6207	1276
天津市	1772	27	293	176	32		32
河北省	369	9		138	21		9
山西省	540	6		203	245		95
内蒙古自治区	192	1		109	31		
辽宁省	396	675		152			
其中:大连市	63	35					
吉林省	249	33		48	15	15	
黑龙江省	504	103		139	2128	1195	80
上海市	699	3	121	827	354	101	230
江苏省	1460	471	212	1829	5781	111	949
浙江省	4143	38	424	2144	1309	32	398
其中:宁波市	107	20	117	482	304		88
安徽省	499	49	23	357	307	24	276
福建省	1004	494	33	278	465		272
其中:厦门市	376	284	1	43	182		
江西省	281	1		190	22		12
山东省	1799	440	4761	944	321	130	82
其中:青岛市	452	345	162	246	120		61
河南省	188	2	45	375	382	58	324
湖北省	669	31	55	727	75	6	62
湖南省	455	1	37	507	286	2	258
广东省	1992	280	479	1386	2958	8	789
其中:深圳市		230	261	301	1179		735
广西壮族自治区	250	6	5	262	756	60	544
海南省	13			105			
重庆市	68		20	279	1212	971	193
四川省	476	1	4	772	6389		9
贵州省	235	9	925	176	32		7
云南省	364		25	180	19		
西藏自治区	102			231			
陕西省	712		2	259	5		5
甘肃省	168	2		93	32		32
青海省	2			34	6633		212
宁夏回族自治区	20		7	29			
新疆维吾尔自治区	637		8	361			

2－83－9

单位:万元

地区	对企事业单位的补贴		赠与			债务利息支出	
	财政贴息	其他对企事业单位的补贴支出	小计	对国内的赠与	对国外的赠与	小计	国库券付息
地方合计	**31**	**37835**	**189**	**189**			
北京市		15639					
天津市							
河北省		12					
山西省		150					
内蒙古自治区	31						
辽宁省							
其中:大连市							
吉林省							
黑龙江省		853	25	25			
上海市		23					
江苏省		4721					
浙江省		879	27	27			
其中:宁波市		216	25	25			
安徽省		7	2	2			
福建省		193					
其中:厦门市		182					
江西省		10					
山东省		109					
其中:青岛市		59					
河南省							
湖北省		7	1	1			
湖南省		26	4	4			
广东省		2161	100	100			
其中:深圳市		444					
广西壮族自治区		152					
海南省							
重庆市		48					
四川省		6380	30	30			
贵州省		25					
云南省		19					
西藏自治区							
陕西省							
甘肃省							
青海省		6421					
宁夏回族自治区							
新疆维吾尔自治区							

2－83－10

单位:万元

地　区	债务利息支出					基本建设支出	
	向国家银行借款付息	其他国内借款付息	向国外政府借款付息	向国际组织借款付息	其他国外借款付息	小　计	房屋建筑物购　建
地　方　合　计						**332538**	**193553**
北京市						14152	756
天津市						300	
河北省						4079	3801
山西省						9692	3000
内蒙古自治区						46135	44616
辽宁省						3715	572
其中:大连市						3020	182
吉林省						1018	30
黑龙江省						1745	1278
上海市						31253	14403
江苏省						36203	35073
浙江省						39064	5928
其中:宁波市						30458	100
安徽省						7877	7621
福建省						16172	2380
其中:厦门市						9383	321
江西省						1369	487
山东省						2280	100
其中:青岛市						250	
河南省						10463	2736
湖北省						14590	8013
湖南省						8242	3146
广东省						38156	33176
其中:深圳市							
广西壮族自治区						1825	317
海南省						1390	284
重庆市						11834	10111
四川省						4177	2323
贵州省						746	260
云南省						4112	1731
西藏自治区							
陕西省						4919	149
甘肃省						2762	455
青海省						1697	195
宁夏回族自治区						3256	2496
新疆维吾尔自治区						9315	8116

2-83-11　　　　单位:万元

地区	基本建设支出							
	办公设备购置	专用设备购置	交通工具购置	基础设施建设	大型修缮	信息网络购建	物资储备	其他基本建设支出
地方合计	**3673**	**8062**	**703**	**35279**	**6136**	**1363**	**58**	**83711**
北京市		1666		1623	187	12		9908
天津市		300						
河北省	12	28	10	88	95	45		
山西省	6	276		6400				10
内蒙古自治区	68	80		214	40			1117
辽宁省	13	65		2890	110	63		2
其中:大连市		65		2620	90	63		
吉林省		20	50	26	142			750
黑龙江省		184		60	103			120
上海市	52	208	44		541	70		15935
江苏省	10	8		690	53			369
浙江省	231	361	176	1020	317	39	58	30934
其中:宁波市	20	3		200				30135
安徽省	41	47		39	47	52		30
福建省	76	423		5255	301	1		7736
其中:厦门市	5	30		1432	86			7509
江西省	4	42	2		222	6		606
山东省	49	81	24	1685	67	50		224
其中:青岛市		5						245
河南省	2607	1514	68	3194	36	185		123
湖北省	85	775	35	1223	723	34		3702
湖南省	6	3	11	638	33	10		4395
广东省	95	724	104	723	1123	223		1988
其中:深圳市								
广西壮族自治区	29	167		214	1050	12		36
海南省	6	73	75	29	28	41		854
重庆市	53	6		1377	12			275
四川省	28	70		845	45	21		845
贵州省				203	3	31		249
云南省	163	440	70	530	241			937
西藏自治区								
陕西省	9	50		3884	480			347
甘肃省	3	30	10	1656	100			508
青海省	1			487				1014
宁夏回族自治区		54		138	37	464		67
新疆维吾尔自治区	26	367	24	148		4		630

2－83－12

单位:万元

地区	其他资本性支出						
	小计	房屋建筑物购建	办公设备购置	专用设备购置	交通工具购置	基础设施建设	大型修缮
地方合计	**445624**	**97851**	**29929**	**70301**	**17185**	**37657**	**23498**
北京市	58060	1476	3253	20029	1268	737	1904
天津市	15788	2872	740	7616	175	1276	493
河北省	11884	2574	811	2145	718	2143	1733
山西省	7999	1447	1246	1129	350	890	1189
内蒙古自治区	7623	2949	585	966	651	753	212
辽宁省	14077	4550	985	1694	444	1351	1509
其中:大连市	1772	457	109	274	26	86	20
吉林省	45554	27425	1649	2496	313	12273	362
黑龙江省	16558	997	627	834	547	343	1300
上海市	37509	5055	1393	3283	631	256	1494
江苏省	32614	6634	2654	4888	651	914	1328
浙江省	28663	7264	1920	2437	1605	794	416
其中:宁波市	2148	538	223	195	158	12	37
安徽省	5353	1022	500	1008	435	248	261
福建省	11273	4935	703	1263	654	822	344
其中:厦门市	995	11	61	189	206		20
江西省	11720	8153	256	417	447	247	205
山东省	16688	2496	1139	5588	829	789	976
其中:青岛市	4853	639	100	3781	90	61	33
河南省	9311	1522	661	1287	391	1395	698
湖北省	8627	2008	472	1886	688	498	1050
湖南省	4173	744	477	358	699	159	331
广东省	43186	4182	4359	2787	1367	664	3684
其中:深圳市	7986	83	2125	437	269	1	286
广西壮族自治区	4226	523	439	1168	334	269	240
海南省	1418	178	389	143	79	131	12
重庆市	5349	1619	566	622	649	81	134
四川省	8957	1562	895	1337	556	332	1255
贵州省	3394	821	757	277	357	438	36
云南省	18534	3168	941	1199	678	5790	656
西藏自治区	328		123	5	16		172
陕西省	6375	597	365	1884	529	1724	809
甘肃省	3527	486	392	337	459	375	136
青海省	968	80	71	387	64	42	38
宁夏回族自治区	977	100	156	199	172	63	176
新疆维吾尔自治区	4911	412	405	632	429	1860	345

2－83－13

单位:万元

地　　区	其他资本性支出						
	信息网络购　建	物资储备	土地补偿	安置补助	地上附着物和青苗补偿	拆迁补偿	其他资本性支　出
地　方　合　计	**12610**	**10**	**11040**	**44**	**460**	**949**	**144090**
北京市	872			2			28519
天津市	749					18	1849
河北省	385						1375
山西省	469						1279
内蒙古自治区	924	2	3		15	201	362
辽宁省	407					676	2461
其中:大连市	230						570
吉林省	117						919
黑龙江省	197		11000				713
上海市	1351						24046
江苏省	348					4	15193
浙江省	709		1				13517
其中:宁波市	81						904
安徽省	428		2	42			1407
福建省	86					3	2463
其中:厦门市	29						479
江西省	579					15	1401
山东省	1562					2	3307
其中:青岛市	1						148
河南省	667				63		2627
湖北省	270					25	1730
湖南省	32						1373
广东省	919		14		381		24829
其中:深圳市	266		14				4505
广西壮族自治区	106		1			4	1142
海南省	356						130
重庆市	381						1297
四川省	70					1	2949
贵州省	27		9				672
云南省	130	3	10		1		5958
西藏自治区	10						2
陕西省	220						247
甘肃省	38	5					1299
青海省							286
宁夏回族自治区	5						106
新疆维吾尔自治区	196						632

二、地方财政预算收支情况

2－83－14

单位:万元

地　　区	贷款转贷及产权参股					其他支出		
	小　计	国内贷款	国外贷款	产权参股	其他贷款转贷及产权参股支出	小　计	补充全国社会保障基金	其他支出
地方合计	**23**				**23**	**135093**		**135093**
北京市						5224		5224
天津市								
河北省						3343		3343
山西省						112		112
内蒙古自治区						682		682
辽宁省						592		592
其中:大连市								
吉林省						168		168
黑龙江省						33		33
上海市						48479		48479
江苏省						3164		3164
浙江省						16684		16684
其中:宁波市						3013		3013
安徽省						809		809
福建省	23				23	2468		2468
其中:厦门市						599		599
江西省						3590		3590
山东省						7358		7358
其中:青岛市						7660		7660
河南省						397		397
湖北省						3696		3696
湖南省						1175		1175
广东省						17474		17474
其中:深圳市						1920		1920
广西壮族自治区						514		514
海南省						362		362
重庆市						1845		1845
四川省						535		535
贵州省						1036		1036
云南省						275		275
西藏自治区						2		2
陕西省						10842		10842
甘肃省						1121		1121
青海省						41		41
宁夏回族自治区						3001		3001
新疆维吾尔自治区						71		71

2007 年各省、自治区、直辖市文物支出明细表

2-84-1　　　　单位:万元

地　　区	合　计	工资福利支出				
		小　计	基本工资	津贴补贴	奖　金	社会保障缴　费
地方合计	**984488**	**177523**	**72375**	**44815**	**20725**	**10944**
北京市	65663	7664	1887	2470	872	255
天津市	7983	2675	950	994	103	174
河北省	35926	6093	3847	1020	189	365
山西省	36821	8635	4014	2302	371	476
内蒙古自治区	35760	3250	1852	992	160	60
辽宁省	34806	6703	2843	1752	132	767
其中:大连市	10139	875	405	227	2	166
吉林省	19884	2882	1394	845	81	93
黑龙江省	13499	2865	1505	1096	119	17
上海市	30944	9347	2787	1103	3832	947
江苏省	55752	10796	3017	2663	2295	681
浙江省	73537	12037	2732	2228	3731	1213
其中:宁波市	17598	2014	342	322	615	346
安徽省	20047	2764	1315	794	105	110
福建省	18225	3077	1148	776	199	208
其中:厦门市	1595	585	138	176	51	25
江西省	15808	3806	2015	733	221	150
山东省	33959	8889	4265	2646	412	733
其中:青岛市	5373	1059	290	335	29	208
河南省	67665	10119	5306	2603	578	615
湖北省	39011	5909	3082	1472	436	295
湖南省	29537	6461	2951	1731	544	504
广东省	58563	11809	3020	4136	1702	745
其中:深圳市	4886	1598	379	936	195	72
广西壮族自治区	13823	2669	1204	743	296	60
海南省	2280	628	376	126	42	12
重庆市	11003	3658	1314	1267	394	25
四川省	63571	11808	4557	1517	1507	980
贵州省	7285	1593	760	475	81	60
云南省	14878	3021	1333	1156	139	77
西藏自治区	7189	1852	484	777	15	47
陕西省	118494	16592	8619	3019	1502	864
甘肃省	29314	6015	2074	2105	440	218
青海省	4084	913	389	427	15	9
宁夏回族自治区	4043	1327	587	478	93	54
新疆维吾尔自治区	15134	1666	748	369	119	130

2－84－2

单位:万元

地　　区	工资福利支出				商品和服务支出		
	伙食费	伙　食 补助费	绩效 工资	其他工资 福利支出	小　计	办公费	印刷费
地　方　合　计	**511**	**2072**	**1816**	**24265**	**381158**	**16355**	**6792**
北京市	21	171	107	1881	31948	508	284
天津市		129	106	219	3624	81	19
河北省	186	135		351	13567	523	151
山西省	12	42	85	1333	21912	1047	870
内蒙古自治区		9	9	168	8673	478	249
辽宁省	107	33	344	725	13289	523	156
其中:大连市		1	40	34	1843	188	63
吉林省		46	258	165	5161	1036	53
黑龙江省	5	21	42	60	6965	206	18
上海市	7	167		504	15253	247	391
江苏省	1	201	84	1854	16328	455	471
浙江省	15	149	2	1967	23160	780	487
其中:宁波市	2	16	1	370	2816	137	48
安徽省	15	43	38	344	8716	329	55
福建省	12	4	58	672	5565	264	123
其中:厦门市	7	3	8	177	771	18	11
江西省	6	17	10	654	6351	179	91
山东省	12	28	24	769	8266	682	164
其中:青岛市	10	22	15	150	1211	54	7
河南省	3	6	21	987	28515	1847	819
湖北省	5	20	106	493	13775	1817	312
湖南省	15	50	45	621	10724	617	176
广东省	12	53	50	2091	22091	964	375
其中:深圳市		1		15	2681	70	81
广西壮族自治区		12	2	352	3300	125	19
海南省		1	27	44	869	50	19
重庆市		72		586	5924	166	55
四川省	7	71	47	3122	32143	856	609
贵州省	1	2		214	3101	222	22
云南省		1	13	302	6945	500	71
西藏自治区		3		526	5015	107	20
陕西省	68	376	301	1843	36052	1103	461
甘肃省	1	118	14	1045	11031	290	195
青海省		5	5	63	1806	45	2
宁夏回族自治区		7	5	103	1414	57	23
新疆维吾尔自治区		80	13	207	9675	251	32

2－84－3　　　　单位：万元

地　　区	商品和服务支出						
	咨询费	手续费	水　费	电　费	邮电费	取暖费	物业管理费
地方合计	**496**	**96**	**2557**	**15394**	**3527**	**5911**	**6205**
北京市	1	7	177	1380	179	998	1389
天津市	1	1	84	533	38	259	160
河北省	10	2	65	288	124	338	18
山西省	8	14	95	533	144	416	146
内蒙古自治区	6		12	77	56	352	17
辽宁省	1	9	71	824	121	773	144
其中：大连市			12	220	25	291	83
吉林省	50		68	194	49	496	109
黑龙江省	3		19	107	41	343	28
上海市	17	3	214	1277	156	372	858
江苏省	22	2	145	1641	193	36	550
浙江省	31	2	155	773	293		620
其中：宁波市	1	1	7	75	25		31
安徽省	1		18	122	49	2	22
福建省		2	50	229	60		41
其中：厦门市			12	58	8		17
江西省	9	2	31	227	70	12	25
山东省	9		59	319	110	210	37
其中：青岛市	3		15	91	21	12	
河南省	76	10	119	841	243	190	133
湖北省	10	7	70	445	81	6	189
湖南省	80	3	80	414	105	9	120
广东省	14	4	169	1347	237		610
其中：深圳市	5		21	177	26		106
广西壮族自治区	1	1	20	97	45		8
海南省	3		6	14	7		
重庆市	3		76	204	96		2
四川省	72	7	285	1325	385	21	315
贵州省	2	2	18	79	26	2	14
云南省	2	1	64	80	46		14
西藏自治区			21	84	20	5	
陕西省	30	13	262	1323	295	519	504
甘肃省	10	2	86	445	181	231	97
青海省	1		2	28	25	37	
宁夏回族自治区	5		7	47	16	63	6
新疆维吾尔自治区	18	2	9	97	36	221	29

2－84－4　　　　单位:万元

地　区	商品和服务支出					
	交通费	差旅费	出国费	维修(护)费	租赁费	会议费
地方合计	**11353**	**9596**	**1391**	**84286**	**3105**	**4547**
北京市	552	135	31	2158	144	128
天津市	62	50	4	545	3	10
河北省	508	438	19	7454	14	187
山西省	980	717	29	9099	109	315
内蒙古自治区	496	473	27	2470	11	45
辽宁省	453	260	112	4326	485	199
其中:大连市	85	41	19	214		28
吉林省	200	183	24	306	2	163
黑龙江省	148	129		728	11	12
上海市	287	248	116	4207	167	128
江苏省	323	590	112	1970	84	316
浙江省	533	598	88	3282	72	372
其中:宁波市	75	75	17	314	15	52
安徽省	97	113	6	2210	7	56
福建省	146	132	10	1327	15	88
其中:厦门市	23	19	10	138	5	2
江西省	162	274	12	1265	21	54
山东省	402	413	23	1560	139	183
其中:青岛市	34	56	10	137	81	40
河南省	1069	598	37	11503	173	619
湖北省	296	282	74	1027	2	183
湖南省	444	387	83	1688	70	191
广东省	449	381	114	6258	180	114
其中:深圳市	90	53		206	110	15
广西壮族自治区	137	228	40	404		67
海南省	22	24	9	126		1
重庆市	268	173	24	1297	8	43
四川省	997	952	71	6557	86	325
贵州省	138	103	8	459	7	28
云南省	258	239	11	904	16	63
西藏自治区	48	59		3314		10
陕西省	1136	681	181	4433	1224	346
甘肃省	493	514	102	2211	37	272
青海省	57	53	12	544	1	
宁夏回族自治区	73	49	5	396	4	10
新疆维吾尔自治区	119	120	7	258	13	19

2－84－5　　　　单位:万元

地　　区	商品和服务支出						
	培训费	招待费	专　用 材料费	被　装 购置费	专　用 燃料费	劳务费	委　托 业务费
地　方　合　计	**2788**	**10814**	**13098**	**511**	**1468**	**16731**	**4380**
北京市	181	138	149	1	1	122	31
天津市	25	58	1169	20	3	31	2
河北省	59	624	352	16	1	429	191
山西省	203	411	369	54	24	589	383
内蒙古自治区	61	124	340	77	11	760	91
辽宁省	54	353	993		473	792	26
其中:大连市	10	25	400			81	24
吉林省	59	63	165		138	952	3
黑龙江省	26	30	126	1		149	4
上海市	95	287	190			129	45
江苏省	181	597	1466	142	3	1291	456
浙江省	265	972	486	8	34	1038	209
其中:宁波市	42	126	28		33	263	26
安徽省	23	171	802	2		65	2
福建省	34	168	102	28	1	118	10
其中:厦门市	2	17	51			4	
江西省	48	275	188	10	9	174	6
山东省	65	306	575	21	1	375	642
其中:青岛市	3	67	26	7		91	67
河南省	163	678	1067	13	54	2994	74
湖北省	96	308	153	26	23	932	14
湖南省	132	705	271	26	38	840	530
广东省	218	361	526	14	11	714	109
其中:深圳市	12	49	16			156	57
广西壮族自治区	65	126	195			227	91
海南省	4	22	1		4	39	
重庆市	90	146	647			403	130
四川省	177	2506	1180	32	30	1545	98
贵州省	71	106	79	1		91	2
云南省	18	179	95			533	5
西藏自治区	16	76	57		5	6	
陕西省	138	725	438	16	536	978	1102
甘肃省	131	166	581	1	9	164	49
青海省	4	22	296	2		59	
宁夏回族自治区	31	33	9			37	1
新疆维吾尔自治区	55	78	31		59	155	74

二、地方财政预算收支情况

2－84－6

单位:万元

地区	商品和服务支出			对个人和家庭的补助			
	工会经费	福利费	其他商品和服务支出	小计	离休费	退休费	退职(役)费
地方合计	**1689**	**3866**	**154202**	**25551**	**1589**	**11157**	**24**
北京市	170	98	22986	1545	101	471	
天津市	26	39	401	1002	101	508	2
河北省	44	83	1629	570	80	256	
山西省	63	162	5132	917	67	399	
内蒙古自治区	24	34	2382	148	2	65	
辽宁省	66	90	1985	775	27	261	
其中:大连市	6	23	5	39			
吉林省	19	5	824	891	103	721	3
黑龙江省	12	53	4771	816	118	624	
上海市	95	373	5351	673	62	215	2
江苏省	117	209	4956	2694	340	1533	
浙江省	225	523	11314	2250	106	820	1
其中:宁波市	30	29	1366	149	1	55	
安徽省	12	64	4488	215	18	96	
福建省	47	35	2535	443	10	149	
其中:厦门市	16	11	349	91		3	
江西省	22	86	3099	718	57	506	
山东省	50	22	1899	1329	13	89	1
其中:青岛市	11	2	376	224	49	62	
河南省	67	190	4938	758	38	372	
湖北省	34	138	7250	801	71	442	
湖南省	66	125	3524	1050	31	457	
广东省	67	253	8602	1573	12	370	12
其中:深圳市	11	27	1393	53		1	
广西壮族自治区	23	71	1310	669	42	462	2
海南省	3	2	513	10			
重庆市	10	38	2045	148		1	
四川省	128	322	13262	1550	53	690	1
贵州省	6	23	1592	468	34	372	
云南省	24	49	3773	146		53	
西藏自治区	24		1143	322		263	
陕西省	178	397	19033	2011	31	527	
甘肃省	42	316	4406	349	9	150	
青海省	7		609	5			
宁夏回族自治区	4	34	504	397	26	97	
新疆维吾尔自治区	14	32	7946	308	37	188	

2-84-7 单位:万元

地区	对个人和家庭的补助						
	抚恤金	生活补助	救济费	医疗费	助学金	奖励金	生产补贴
地方合计	**411**	**703**	**16**	**1065**	**1**	**243**	**137**
北京市	8	5		5		2	
天津市	11	4		32			
河北省	32	11		45		1	
山西省	26	57	1	8		3	134
内蒙古自治区	12	22		1			
辽宁省	6	8		25		3	
其中:大连市	1	1		10			
吉林省	7	3					
黑龙江省	8	6		1		9	
上海市	41	3		3		21	
江苏省	44	90	1	65		4	
浙江省	13	16	3	138		4	
其中:宁波市				1			
安徽省	3	3		28		1	
福建省	1	5		9			
其中:厦门市				6			
江西省	3	7		16		1	
山东省	12	18		57		12	
其中:青岛市	3			11			
河南省	26	18		14		1	
湖北省	20	4		38		13	
湖南省	26	140	1	39	1	73	2
广东省	10	66		75		36	
其中:深圳市		4				9	
广西壮族自治区	7	16				1	
海南省						3	
重庆市	10	2		59			
四川省	19	30	1	55		12	
贵州省	3	3	2	1			
云南省	3	2		9		34	
西藏自治区				10			
陕西省	37	96	7	327		2	1
甘肃省	15	57		2			
青海省		2					
宁夏回族自治区	3	5		2		1	
新疆维吾尔自治区	5	4		1		6	

2－84－8

单位:万元

地区	对个人和家庭的补助				对企事业单位的补贴		
	住房公积金	提租补贴	购房补贴	其他对个人和家庭的补助支出	小计	企业政策性补贴	事业单位补贴
地方合计	**5363**	**593**	**923**	**3326**	**5642**	**15**	**2317**
北京市	419	106	144	284	113		
天津市	317	2	17	8			
河北省	102			43	60		
山西省	182	3		37	10		
内蒙古自治区	19		1	26			
辽宁省	214	190	11	30	120		120
其中:大连市	8	8	11		120		120
吉林省	46	4		4	871		
黑龙江省	32	4		14			
上海市	147			179			
江苏省	210	60	22	325	68	15	3
浙江省	826		52	271	407		151
其中:宁波市	17		4	71			
安徽省	43	1		22			
福建省	167	72	2	28	26		10
其中:厦门市	47	25		10			
江西省	91		2	35	60		
山东省	235	82	572	238			
其中:青岛市	27	10	17	45			
河南省	158	27	5	99			
湖北省	132	2	10	69			
湖南省	130			150			
广东省	430	31	26	505	16		
其中:深圳市		26	2	11			
广西壮族自治区	14			125	2013		2013
海南省				7			
重庆市	2			74	10		10
四川省	502			187	556		10
贵州省	27		21	5			
云南省	28		6	11			
西藏自治区	24		2	23			
陕西省	764			219			
甘肃省	42	9	20	45	1312		
青海省				3			
宁夏回族自治区	14			249			
新疆维吾尔自治区	46		10	11			

2－84－9 单位:万元

地区	对企事业单位的补贴		赠与			债务利息支出	
	财政贴息	其他对企事业单位的补贴支出	小计	对国内的赠与	对国外的赠与	小计	国库券付息
地方合计	**60**	**3250**	**3**	**3**			
北京市		113					
天津市							
河北省	60						
山西省		10					
内蒙古自治区							
辽宁省							
其中:大连市							
吉林省		871					
黑龙江省							
上海市							
江苏省		50					
浙江省		256					
其中:宁波市							
安徽省							
福建省		16					
其中:厦门市							
江西省		60					
山东省							
其中:青岛市							
河南省							
湖北省							
湖南省			1	1			
广东省		16					
其中:深圳市							
广西壮族自治区							
海南省							
重庆市							
四川省		546					
贵州省							
云南省							
西藏自治区							
陕西省							
甘肃省		1312					
青海省							
宁夏回族自治区							
新疆维吾尔自治区			2	2			

二、地方财政预算收支情况

2－84－10

单位:万元

地区	债务利息支出					基本建设支出	
	向国家银行借款付息	其他国内借款付息	向国外政府借款付息	向国际组织借款付息	其他国外借款付息	小计	房屋建筑物购建
地方合计						**150357**	**66305**
北京市						1831	751
天津市						74	74
河北省						6201	900
山西省						2190	
内蒙古自治区						19682	17395
辽宁省						8737	200
其中:大连市						6425	
吉林省						4576	276
黑龙江省							
上海市						－12	－349
江苏省						11489	2275
浙江省						14390	6553
其中:宁波市						11480	4826
安徽省						5690	2600
福建省						1741	390
其中:厦门市						140	
江西省						2800	2593
山东省						372	43
其中:青岛市						321	
河南省						2716	1268
湖北省						5771	5151
湖南省						4272	3424
广东省						15411	1185
其中:深圳市							
广西壮族自治区						4000	2539
海南省						641	389
重庆市						167	5
四川省						9172	8713
贵州省						14	
云南省						3531	3420
西藏自治区							
陕西省						15810	1100
甘肃省						5200	3519
青海省						215	50
宁夏回族自治区						773	50
新疆维吾尔自治区						2903	1791

2－84－11 单位:万元

地　　区	基本建设支出							
	办公设备购　　置	专用设备购　　置	交通工具购　　置	基础设施建　　设	大型修缮	信息网络购　　建	物资储备	其他基本建设支出
地　方　合　计	**275**	**806**	**230**	**36853**	**10188**	**9**		**35691**
北京市				52	166			862
天津市								
河北省	3	131		1538	49			3580
山西省				1990				200
内蒙古自治区	44	4	123	113	2001			2
辽宁省	3		15	8519				
其中:大连市				6425				
吉林省				800	3500			
黑龙江省								
上海市	13		16			8		300
江苏省	59	17		8391	341			406
浙江省	97	68	42	5299	174			2157
其中:宁波市	66	14		5000				1574
安徽省		246		286	2			2556
福建省		2		840	42	1		466
其中:厦门市				140				
江西省				26	171			10
山东省	1		5	2				321
其中:青岛市								321
河南省	4			1292				152
湖北省		271			77			272
湖南省	3		26	641	76			102
广东省	14	1		710	79			13422
其中:深圳市								
广西壮族自治区				556	110			795
海南省	6			38	174			34
重庆市	10	32		115	5			
四川省	9	34		158	216			42
贵州省	1		3		10			
云南省	8			100				3
西藏自治区								
陕西省				2793	2800			9117
甘肃省				1156	140			385
青海省					50			115
宁夏回族自治区				331				392
新疆维吾尔自治区				1107	5			

2－84－12

单位:万元

地区	其他资本性支出						
	小计	房屋建筑物购建	办公设备购置	专用设备购置	交通工具购置	基础设施建设	大型修缮
地方合计	**201348**	**37299**	**7281**	**4293**	**4571**	**30720**	**49958**
北京市	18738	30	291	457	333	197	13191
天津市	608		42	1	30		466
河北省	4150	98	196	268	146	1055	2127
山西省	3157	36	223	473	322	398	454
内蒙古自治区	4007	748	214	88	201	366	1067
辽宁省	5182	2304	325	75	94	300	1031
其中:大连市	837	400	137			300	
吉林省	5503	79	156	73	131		5048
黑龙江省	2853	30	42	9		38	499
上海市	5306	4	362	232	109		194
江苏省	13169	2137	289	225	137	5594	953
浙江省	18878	10765	580	347	232	115	4542
其中:宁波市	854	414	137	45	63		59
安徽省	2648	830	31	53	21	292	1255
福建省	4932	380	180	67	8	557	2056
其中:厦门市	8		2				
江西省	1979	34	90	24	46	41	964
山东省	12581	1579	200	123	68	26	522
其中:青岛市	61		51	9		1	
河南省	23175	5929	254	363	444	11311	4430
湖北省	8221	3349	316	63	28	218	975
湖南省	4453	305	274	101	203	275	985
广东省	5907	1592	334	298	254	2047	610
其中:深圳市	121		101	15			5
广西壮族自治区	1109		134	42	43	74	280
海南省	48	2	10	4	18	2	10
重庆市	794	120	173	38	206	5	165
四川省	6550	111	919	79	282	2573	2048
贵州省	2043	306	82	4	98	1	299
云南省	1235	253	121	37	35	394	192
西藏自治区							
陕西省	37936	4481	709	283	554	4348	4619
甘肃省	5387	1758	627	363	472	349	829
青海省	105		10	2	32		
宁夏回族自治区	122	7	16			73	21
新疆维吾尔自治区	572	32	81	101	24	71	126

2－84－13　　　　单位:万元

地　区	其他资本性支出						
	信息网络购建	物资储备	土地补偿	安置补助	地上附着物和青苗补偿	拆迁补偿	其他资本性支出
地方合计	**714**	**70**	**3740**	**2377**	**310**	**4722**	**55293**
北京市	11		2				4226
天津市							69
河北省	45		20				195
山西省	7		51			90	1103
内蒙古自治区		70					1253
辽宁省							1053
其中:大连市							
吉林省	9		4				3
黑龙江省			1000	1000			235
上海市	54						4351
江苏省	10					150	3674
浙江省	105						2192
其中:宁波市							136
安徽省	14						152
福建省	23			1086	1		574
其中:厦门市							6
江西省	6					65	709
山东省	8						10055
其中:青岛市							
河南省	15		2				427
湖北省			7		17		3248
湖南省	7		573	291	231	353	855
广东省	8						764
其中:深圳市							
广西壮族自治区							536
海南省	1						1
重庆市	3						84
四川省	15		145		52		326
贵州省							1253
云南省							203
西藏自治区							
陕西省	231		1936		9	4064	16702
甘肃省	140						849
青海省							61
宁夏回族自治区	2						3
新疆维吾尔自治区							137

2－84－14

单位:万元

地区	贷款转贷及产权参股					其他支出		
	小计	国内贷款	国外贷款	产权参股	其他贷款转贷及产权参股支出	小计	补充全国社会保障基金	其他支出
地方合计	**55**	**45**			**10**	**42851**		**42851**
北京市						3824		3824
天津市								
河北省						5285		5285
山西省								
内蒙古自治区								
辽宁省								
其中:大连市								
吉林省								
黑龙江省								
上海市						377		377
江苏省						1208		1208
浙江省						2415		2415
其中:宁波市						285		285
安徽省						14		14
福建省	10				10	2431		2431
其中:厦门市								
江西省						94		94
山东省						2522		2522
其中:青岛市						2497		2497
河南省						2382		2382
湖北省						4534		4534
湖南省	45	45				2531		2531
广东省						1756		1756
其中:深圳市						433		433
广西壮族自治区						63		63
海南省						84		84
重庆市						302		302
四川省						1792		1792
贵州省						66		66
云南省								
西藏自治区								
陕西省						10093		10093
甘肃省						20		20
青海省						1040		1040
宁夏回族自治区						10		10
新疆维吾尔自治区						8		8

2007 年各省、自治区、直辖市体育支出明细表

2－85－1 单位:万元

地　　区	合　计	工资福利支出				
		小　计	基本工资	津贴补贴	奖　金	社会保障缴　费
地　方　合　计	**2196623**	**423542**	**151735**	**109907**	**54307**	**21850**
北京市	172903	26096	6817	8805	3674	899
天津市	46028	11755	3506	3875	762	505
河北省	48496	10458	4499	3602	524	599
山西省	73214	10010	3826	3299	630	563
内蒙古自治区	39864	6978	3103	2357	258	50
辽宁省	83244	19423	7797	4815	898	961
其中:大连市	11713	1869	875	407	100	367
吉林省	45699	9409	4306	2971	277	230
黑龙江省	77180	14845	6760	4810	861	455
上海市	182111	37156	13868	4041	9908	2837
江苏省	167318	35807	8818	6560	8037	2359
浙江省	166567	25160	6006	3840	4992	2412
其中:宁波市	21054	3552	590	686	1150	737
安徽省	29030	9270	3914	2440	1201	377
福建省	65160	13553	3524	3071	1138	705
其中:厦门市	12226	1873	411	481	176	150
江西省	36572	7960	3760	1836	496	99
山东省	175497	29331	10638	10268	2247	2244
其中:青岛市	40615	5418	1391	2091	640	804
河南省	64531	14279	6577	3620	616	378
湖北省	112014	12173	5285	2501	1224	390
湖南省	46343	12908	5588	3111	1143	1033
广东省	198994	41677	9999	14185	7459	2236
其中:深圳市	27903	6656	893	2503	1593	225
广西壮族自治区	39759	9743	3768	2344	1332	428
海南省	5534	1934	839	247	270	33
重庆市	25028	4045	2017	1054	358	183
四川省	80823	14141	6596	2294	2668	695
贵州省	24007	5697	2696	1557	706	116
云南省	38758	8430	3242	2676	562	282
西藏自治区	6601	3092	937	1765	293	50
陕西省	36417	10853	5589	2187	716	258
甘肃省	35711	7034	3211	2327	308	46
青海省	19057	3096	1275	1467	38	15
宁夏回族自治区	8545	2784	1201	967	70	35
新疆维吾尔自治区	45618	4445	1773	1015	641	377

2－85－2

单位:万元

地　　区	工资福利支出				商品和服务支出		
	伙食费	伙　食补助费	绩效工资	其他工资福利支出	小　计	办公费	印刷费
地　方　合　计	**30833**	**9326**	**3248**	**42336**	**874359**	**32060**	**4227**
北京市	1037	1649	64	3151	94985	1131	559
天津市	1731	356	242	778	24090	264	23
河北省	109	305	161	659	21070	790	118
山西省	287	71	29	1305	14353	975	191
内蒙古自治区	708	293	2	207	10278	619	60
辽宁省	3905	43	354	650	22491	1138	108
其中:大连市	44	1	71	4	4224	376	43
吉林省	173	537	686	229	26497	5010	83
黑龙江省	1383	331	31	214	20111	2224	113
上海市	2555	338	74	3535	77011	726	91
江苏省	4599	631	583	4220	85293	1581	189
浙江省	1659	395	14	5842	56388	908	246
其中:宁波市	2	44	9	334	7239	153	14
安徽省	106	56		1176	10348	665	54
福建省	1888	548	179	2500	24663	880	83
其中:厦门市		17	44	594	5530	51	4
江西省	909	55	50	755	12908	534	71
山东省	1212	1104	129	1489	39420	2278	276
其中:青岛市	25	51	11	405	3662	142	60
河南省	1712	427	15	934	25877	1335	94
湖北省	121	78	26	2548	48991	1220	294
湖南省	726	101	63	1143	17918	792	290
广东省	1623	462	122	5591	83961	2827	520
其中:深圳市	24	44		1374	15024	318	203
广西壮族自治区	1092	72	9	698	21561	537	57
海南省	280	3	9	253	2223	59	19
重庆市		24		409	10045	441	14
四川省	132	341	141	1274	35308	793	126
贵州省	287	8	10	317	10115	360	306
云南省	382	649	62	575	18631	2309	28
西藏自治区	13			34	1304	37	
陕西省	781	107	163	1052	18219	633	110
甘肃省	678	32	6	426	12635	453	41
青海省	1	261	18	21	1540	137	1
宁夏回族自治区	342	8	1	160	2512	109	37
新疆维吾尔自治区	402	41	5	191	23613	295	25

2－85－3　　单位:万元

地　　区	商品和服务支出						
	咨询费	手续费	水　费	电　费	邮电费	取暖费	物　业 管理费
地　方　合　计	**703**	**389**	**9048**	**25325**	**7067**	**16447**	**7945**
北京市	131	6	708	2407	330	2617	455
天津市	1	6	263	653	121	636	134
河北省	1	17	133	378	193	942	53
山西省	12	9	279	574	167	1060	62
内蒙古自治区	1	46	63	160	107	667	10
辽宁省	16	10	381	1149	363	2249	173
其中:大连市		1	58	229	40	312	101
吉林省	1	9	203	895	194	1259	1
黑龙江省	7	4	287	1093	173	2167	205
上海市	17	7	656	2576	431		1370
江苏省	20	12	709	2042	462	790	1022
浙江省	12	4	640	1811	573		752
其中:宁波市	2	1	41	165	45		64
安徽省	64	2	166	367	143	177	103
福建省	8	3	361	1018	213		220
其中:厦门市	3	1	42	131	25		16
江西省	2	86	103	337	130	138	43
山东省	48	54	467	1201	499	1256	810
其中:青岛市	1		85	178	89	309	409
河南省		8	351	782	224	597	177
湖北省	3		174	717	240	56	453
湖南省	12	7	274	703	229	24	133
广东省	266	79	962	2384	932	33	1310
其中:深圳市	198	36	111	462	137		550
广西壮族自治区		1	405	616	127		16
海南省	3		45	70	12		6
重庆市		1	152	405	99		6
四川省	34	8	373	1131	383	21	51
贵州省	3	1	79	266	90	53	7
云南省	1		193	387	164		53
西藏自治区			27	47	23	9	
陕西省	1	7	274	510	198	610	28
甘肃省	33		93	215	81	271	78
青海省			46	110	44	89	5
宁夏回族自治区	3		71	112	30	114	21
新疆维吾尔自治区	3	2	110	209	92	612	188

2－85－4

单位:万元

地　　区	商品和服务支出					
	交通费	差旅费	出国费	维修(护)费	租赁费	会议费
地 方 合 计	**24918**	**41811**	**5414**	**62309**	**8355**	**29841**
北京市	1514	1547	671	5611	1517	477
天津市	390	642	728	429	114	439
河北省	1187	1367	73	1334	174	741
山西省	773	1170	16	1639	87	667
内蒙古自治区	351	838	17	1696	54	1406
辽宁省	1279	2815	82	2397	234	462
其中:大连市	189	310		593	158	180
吉林省	1120	1830	34	2562	398	2476
黑龙江省	844	1869	297	1656	73	164
上海市	1174	916	321	3928	346	381
江苏省	1668	3396	599	4411	300	903
浙江省	1258	1771	535	2574	317	1012
其中:宁波市	137	185	80	174	15	165
安徽省	346	881	271	727	193	469
福建省	671	1609	318	2513	815	395
其中:厦门市	98	190	33	109	126	29
江西省	385	808	39	1027	20	281
山东省	1755	2134	435	4830	314	1426
其中:青岛市	193	357	206	280	57	96
河南省	1208	2991	36	3459	476	984
湖北省	881	2192	36	1251	940	10929
湖南省	895	1242	30	895	163	487
广东省	2822	4642	462	5120	1117	1292
其中:深圳市	449	934	212	664	849	318
广西壮族自治区	462	838	83	1114	171	283
海南省	97	131	8	163	22	13
重庆市	300	567	12	1876	72	763
四川省	1051	2029	74	2769	169	797
贵州省	420	539	53	1212	36	377
云南省	436	735	63	1344	43	1434
西藏自治区	90	76		39		13
陕西省	695	689	38	2088	87	328
甘肃省	297	210	9	2951	66	190
青海省	96	116	4	80		7
宁夏回族自治区	132	157		274	5	109
新疆维吾尔自治区	321	1064	70	340	32	136

2-85-5 单位:万元

地　　区	商品和服务支出						
	培训费	招待费	专　用 材料费	被　装 购置费	专　用 燃料费	劳务费	委　托 业务费
地　方　合　计	**10339**	**17319**	**49381**	**2451**	**2935**	**17576**	**11766**
北京市	407	375	3729	54	1	1292	2101
天津市	120	193	755	10	25	578	318
河北省	440	345	3805	27	9	516	530
山西省	147	300	1689	11	103	324	251
内蒙古自治区	258	220	960	25	5	281	29
辽宁省	431	701	3429	9	350	415	86
其中:大连市	137	81	795	8	321	163	54
吉林省	157	258	2570		23	350	641
黑龙江省	533	155	2430	289	20	581	982
上海市	329	854	1365	157	970	528	126
江苏省	609	1943	4033	1006	228	1716	176
浙江省	579	1970	2474	9	651	1860	340
其中:宁波市	92	231	27			415	1
安徽省	152	327	661	116	27	313	111
福建省	349	595	1106	37	24	904	1715
其中:厦门市	113	68	138			26	11
江西省	165	475	543	46	34	83	94
山东省	511	749	2659	161	67	903	622
其中:青岛市	87	89	251		3	165	3
河南省	357	479	3123	37	47	938	64
湖北省	623	756	1029	69	99	201	134
湖南省	288	1283	910	13	20	184	30
广东省	2171	1903	5438	85	93	3000	1959
其中:深圳市	554	270	1543	5		649	1764
广西壮族自治区	233	480	988	1	51	339	3
海南省	33	54	102	12		46	2
重庆市	47	240	416		2	183	7
四川省	476	843	1770	84	4	1053	61
贵州省	176	352	395	19	32	211	12
云南省	358	697	555	66	30	327	521
西藏自治区	5	29		3	1		
陕西省	128	333	1149	67	8	184	138
甘肃省	84	100	440	23	3	15	559
青海省	22	56	41	5		16	
宁夏回族自治区	66	94	113		5	48	
新疆维吾尔自治区	85	160	704	10	3	187	154

二、地方财政预算收支情况

2－85－6　　　　单位:万元

地　　区	商品和服务支出			对个人和家庭的补助			
	工会经费	福利费	其他商品和服务支出	小　计	离休费	退休费	退职(役)费
地　方　合　计	**3835**	**5819**	**477079**	**101939**	**4339**	**29809**	**4551**
北京市	395	115	66835	7015	379	1892	715
天津市	93	114	17041	4689	272	2153	800
河北省	86	125	7686	1973	91	467	472
山西省	70	136	3641	3005	97	486	126
内蒙古自治区	31	94	2280	838		118	
辽宁省	120	223	3871	4986	220	1091	21
其中:大连市	21	54		181			1
吉林省	47	55	6321	2991	336	2144	2
黑龙江省	98	101	3746	5645	455	2692	27
上海市	399	841	58502	4083	138	879	14
江苏省	363	446	56669	12484	701	4491	14
浙江省	568	714	34810	7428	254	1603	7
其中:宁波市	51	34	5147	1114	37	182	2
安徽省	25	54	3934	3891	33	418	222
福建省	104	374	10348	2116	38	423	142
其中:厦门市	28	30	4258	692		55	138
江西省	52	155	7257	1588	48	564	175
山东省	298	180	15487	7870	86	595	297
其中:青岛市	29	34	539	1222	37	311	
河南省	114	153	7843	1527	114	468	236
湖北省	92	286	26316	1944	82	545	24
湖南省	113	211	8690	3403	259	1534	311
广东省	277	544	43723	10063	40	663	151
其中:深圳市	16	90	4692	3177		1	40
广西壮族自治区	75	93	14588	2440	82	1605	320
海南省	11	7	1308	261			
重庆市	34	44	4364	703		10	15
四川省	81	275	20852	2423	157	736	16
贵州省	48	89	4979	2825	259	1983	12
云南省	62	156	8669	908	6	117	57
西藏自治区	30	2	873	598	10	452	
陕西省	19	47	9850	1178	39	421	90
甘肃省	37	87	6299	917	27	264	282
青海省	27	7	631	136			
宁夏回族自治区	29	8	975	779	38	374	3
新疆维吾尔自治区	37	83	18691	1232	78	621	

2－85－7

单位:万元

地　　区	对个人和家庭的补助						
	抚恤金	生活补助	救济费	医疗费	助学金	奖励金	生产补贴
地 方 合 计	**1345**	**3229**	**125**	**4366**	**21448**	**7058**	**60**
北京市	70	15		492	823		
天津市	31	44		81	18	43	31
河北省	23	13	2	178	149	192	
山西省	21	14		72	1810	46	
内蒙古自治区	10	22	2		386	199	
辽宁省	102	59	18	164	1144	28	
其中:大连市	12	12	2	34	19		
吉林省	36	108	3	50	111	52	
黑龙江省	84	147		109	1399	323	
上海市	172	86		26	1596	113	
江苏省	173	139	4	629	3583	292	
浙江省	83	19	5	254	2820	378	
其中:宁波市	9		1	2	528	96	
安徽省	68	1746	2	155	39	209	
福建省	17	25	2	53	611	84	10
其中:厦门市		1			229		
江西省	20	71	2	148	168	35	
山东省	50	175	5	249	1580	1139	
其中:青岛市	3		2	2	387	1	
河南省	32	22	69	297	168	52	
湖北省	29	73		333	105	152	
湖南省	69	42	5	381	260	54	17
广东省	42	58	1	319	2699	3136	
其中:深圳市		6	1	13	194	2262	
广西壮族自治区	42	40		65	59	57	
海南省	3	7		1	117	8	
重庆市	32	12		71	130	41	
四川省	25	47	4	12	705	164	
贵州省	37	13		19	30	7	
云南省	4	15		46	177	147	
西藏自治区	1	1		1			
陕西省	17	130		93	30	16	
甘肃省	9	69		8	172	19	
青海省	6	7		14	64	27	2
宁夏回族自治区	16	7	1	21	243	20	
新疆维吾尔自治区	21	3		25	252	25	

2－85－8

单位:万元

地　区	对个人和家庭的补助				对企事业单位的补贴		
	住房公积金	提租补贴	购房补贴	其他对个人和家庭的补助支出	小计	企业政策性补贴	事业单位补贴
地方合计	**9679**	**1808**	**3190**	**10932**	**13881**	**518**	**6766**
北京市	1386	457	387	399			
天津市	947	31	101	137			
河北省	155	3		228	15		15
山西省	259	23		51	20		
内蒙古自治区	26		13	62			
辽宁省	280	670	107	1082			
其中:大连市	49	3	42	7			
吉林省	114	9		26			
黑龙江省	277	49	9	74			
上海市	376	1	8	674			
江苏省	338	101	172	1847	1695	9	873
浙江省	1109	18	48	830	619		61
其中:宁波市	37	6	6	208	65		
安徽省	304	18		677	151		18
福建省	444	174	8	85	80		35
其中:厦门市	176	90	1	2			
江西省	170			187			
山东省	1128	163	1776	627	17		17
其中:青岛市	252	33	108	86			
河南省	24		15	30	5370		5152
湖北省	373	12	3	213	5		5
湖南省	233	1	1	236	50		44
广东省	800	66	118	1970	1066	509	345
其中:深圳市		60	63	537	753	509	176
广西壮族自治区	58		1	111			
海南省	1			124			
重庆市	90		104	198	192		192
四川省	227		7	323	4580		
贵州省	76	11	284	94	1		1
云南省	70		28	241	1		
西藏自治区	3			130			
陕西省	258	1		83	8		8
甘肃省	20			47			
青海省	6			10			
宁夏回族自治区	3			53			
新疆维吾尔自治区	124			83	11		

2-85-9

单位:万元

地区	对企事业单位的补贴		赠与			债务利息支出	
	财政贴息	其他对企事业单位的补贴支出	小计	对国内的赠与	对国外的赠与	小计	国库券付息
地方合计	**100**	**6497**	**505**	**505**		**24596**	
北京市							
天津市							
河北省							
山西省		20					
内蒙古自治区							
辽宁省							
其中:大连市							
吉林省			500	500			
黑龙江省							
上海市							
江苏省	100	713					
浙江省		558					
其中:宁波市		65					
安徽省		133					
福建省		45					
其中:厦门市							
江西省							
山东省						20000	
其中:青岛市							
河南省		218					
湖北省							
湖南省		6					
广东省		212	4	4			
其中:深圳市		68					
广西壮族自治区			1	1			
海南省							
重庆市							
四川省		4580					
贵州省							
云南省		1				4596	
西藏自治区							
陕西省							
甘肃省							
青海省							
宁夏回族自治区							
新疆维吾尔自治区		11					

2-85-10

单位:万元

地区	债务利息支出					基本建设支出	
	向国家银行借款付息	其他国内借款付息	向国外政府借款付息	向国际组织借款付息	其他国外借款付息	小计	房屋建筑物购建
地方合计	**4596**	**20000**				**314287**	**116228**
北京市						26591	7857
天津市							
河北省						5468	349
山西省						40982	2025
内蒙古自治区						9205	3628
辽宁省						8570	6113
其中:大连市						3684	1800
吉林省						1858	
黑龙江省						24009	10568
上海市						32368	10868
江苏省						3340	2023
浙江省						30655	11517
其中:宁波市						8481	3011
安徽省						714	600
福建省						4840	60
其中:厦门市						3957	
江西省						2857	511
山东省		20000				9224	1623
其中:青岛市						409	141
河南省						4888	1138
湖北省						32422	16359
湖南省						2379	399
广东省						18053	12338
其中:深圳市							
广西壮族自治区						2665	2175
海南省						165	
重庆市						2999	452
四川省						11699	5666
贵州省						605	1
云南省	4596					935	177
西藏自治区						1185	401
陕西省						1978	
甘肃省						11355	8449
青海省						7788	
宁夏回族自治区						227	198
新疆维吾尔自治区						14263	10733

2－85－11　　　　单位:万元

地　　区	基本建设支出							
	办公设备购　置	专用设备购　置	交通工具购　置	基础设施建　设	大型修缮	信息网络购　建	物资储备	其他基本建设支出
地方合计	**1247**	**2508**	**344**	**69350**	**27283**	**28**		**97299**
北京市				3108	9833			5793
天津市								
河北省				1078				4041
山西省		30		382				38545
内蒙古自治区	13	3	20	5401				140
辽宁省	1			1916	510			30
其中:大连市				1866				18
吉林省								1858
黑龙江省				12427	1014			
上海市	7	8		3051	12242			6192
江苏省	2	655	112	234	34			280
浙江省	118	218		5973				12829
其中:宁波市	56	11		5399				4
安徽省	8		30	50				26
福建省		58		1624	50	1		3047
其中:厦门市		55		1454		1		2447
江西省	16	18	29		1113			1170
山东省	928	485	30	5560	588			10
其中:青岛市	35		26		207			
河南省	9	15		1084				2642
湖北省	4	130		338	184	1		15406
湖南省	18	8		1512	300			142
广东省	19	503	16	3763	281			1133
其中:深圳市								
广西壮族自治区	7		18	246	48			171
海南省	19	42			66	26		12
重庆市	2	270	63	115	116			1981
四川省	8	10		4356	265			1394
贵州省	4	42		558				
云南省	9	13	3	515	218			
西藏自治区				784				
陕西省			23	1955				
甘肃省	26			2618	241			21
青海省				7172	180			436
宁夏回族自治区	29							
新疆维吾尔自治区				3530				

二、地方财政预算收支情况

2－85－12　　　　单位:万元

地　　区	其他资本性支出						
	小　计	房屋建筑物购　　建	办公设备购　　置	专用设备购　　置	交通工具购　　置	基础设施建　　设	大型修缮
地　方　合　计	**335042**	**95849**	**9866**	**37896**	**8416**	**77442**	**31497**
北京市	15504	768	1017	3888	760	1707	2487
天津市	5494	866	134	131	164		2251
河北省	6855	1802	152	318	180	2654	1191
山西省	4136	522	567	1173	314	318	807
内蒙古自治区	12565	7805	138	182	268	2590	606
辽宁省	27593	3828	499	5128	172	10279	2570
其中:大连市	1755	956	24			647	113
吉林省	4331	1103	367	373	337	448	569
黑龙江省	12511	968	127	3680	210	3557	3124
上海市	12237	236	483	3417	370	158	4528
江苏省	25285	8327	553	4796	458	796	996
浙江省	45073	33373	557	1205	352	4359	562
其中:宁波市	375		42	42	10	35	245
安徽省	4449	393	161	301	165	1721	1451
福建省	13657	536	432	782	209	504	204
其中:厦门市	146		25	59		6	17
江西省	10759	8009	47	472	136	280	652
山东省	46470	2009	832	3332	940	33425	684
其中:青岛市	6737		339	1914	23		5
河南省	11243	8320	453	531	362	410	609
湖北省	14934	2057	268	2213	248	1740	247
湖南省	7063	1479	186	572	363	949	2246
广东省	14724	3901	1411	1684	1068	1328	1471
其中:深圳市	752		188	162	386		8
广西壮族自治区	3021	1482	229	313	64	732	124
海南省	418	4	37	74	77	223	
重庆市	5278	232	75	415	96	48	106
四川省	12436	3749	385	1425	340	4025	1245
贵州省	3907	207	88	762	52	2607	11
云南省	5197	1615	121	139	188	671	198
西藏自治区	29		1				
陕西省	2728	778	386	213	292	439	604
甘肃省	3670	887	53	156	117	421	1863
青海省	821	18	2	11	5		
宁夏回族自治区	603	310	49	61	85	19	22
新疆维吾尔自治区	2051	265	56	149	24	1034	69

2-85-13

单位:万元

地　　区	其他资本性支出						
	信息网络购建	物资储备	土地补偿	安置补助	地上附着物和青苗补偿	拆迁补偿	其他资本性支出
地方合计	**1002**	**32**	**1274**	**216**	**15**	**5236**	**66301**
北京市	417			3			4457
天津市	22						1926
河北省					15	124	419
山西省		5		85		159	186
内蒙古自治区							976
辽宁省	58					4366	693
其中:大连市	15						
吉林省	2						1132
黑龙江省	110		600	78			57
上海市	8						3037
江苏省	169		42			44	9104
浙江省	8						4657
其中:宁波市							1
安徽省	10		2				245
福建省	6						10984
其中:厦门市							39
江西省	11	3					1149
山东省	9						5239
其中:青岛市	6						4450
河南省	18	24		50			466
湖北省						500	7661
湖南省	2						1266
广东省	55						3806
其中:深圳市							8
广西壮族自治区	3					1	73
海南省							3
重庆市	3						4303
四川省	73						1194
贵州省							180
云南省	10						2255
西藏自治区							28
陕西省	6						10
甘肃省			130				43
青海省			500				285
宁夏回族自治区	1						56
新疆维吾尔自治区	1					42	411

二、地方财政预算收支情况

2－85－14　　　　单位:万元

地　区	贷款转贷及产权参股					其他支出		
	小　计	国内贷款	国外贷款	产权参股	其他贷款转贷及产权参股支出	小　计	补充全国社会保障基金	其他支出
地方合计						**108472**		**108472**
北京市						2712		2712
天津市								
河北省						2657		2657
山西省						708		708
内蒙古自治区								
辽宁省						181		181
其中:大连市								
吉林省						113		113
黑龙江省						59		59
上海市						19256		19256
江苏省						3414		3414
浙江省						1244		1244
其中:宁波市						228		228
安徽省						207		207
福建省						6251		6251
其中:厦门市						28		28
江西省						500		500
山东省						23165		23165
其中:青岛市						23167		23167
河南省						1347		1347
湖北省						1545		1545
湖南省						2622		2622
广东省						29446		29446
其中:深圳市						1541		1541
广西壮族自治区						328		328
海南省						533		533
重庆市						1766		1766
四川省						236		236
贵州省						857		857
云南省						60		60
西藏自治区						393		393
陕西省						1453		1453
甘肃省						100		100
青海省						5676		5676
宁夏回族自治区						1640		1640
新疆维吾尔自治区						3		3

2007 年各省、自治区、直辖市广播影视支出明细表

2－86－1 单位:万元

地　　区	合　计	工资福利支出				
		小　计	基本工资	津贴补贴	奖　金	社会保障缴　费
地　方　合　计	**5441441**	**1393557**	**497178**	**287225**	**257888**	**100390**
北京市	371049	52747	8590	4990	27526	4261
天津市	139023	20383	4256	3897	771	532
河北省	164531	40370	21008	7648	3365	3584
山西省	95894	40438	16781	9261	3793	1730
内蒙古自治区	99179	34445	17191	11823	1985	932
辽宁省	208801	52800	21394	11296	9336	5288
其中:大连市	13102	4369	1711	1060	592	706
吉林省	134231	35118	18264	9658	3465	1308
黑龙江省	158998	40601	20472	11242	5687	1519
上海市	62093	11336	2888	1399	4032	1071
江苏省	483800	105871	25878	16661	30186	10367
浙江省	351803	105014	20064	17529	36276	12011
其中:宁波市	64342	22568	2343	3148	9632	2899
安徽省	176885	45766	18307	8967	10889	2223
福建省	210702	58247	15148	9543	8051	5317
其中:厦门市	26935	8823	1236	1536	4972	709
江西省	101983	28819	12900	5269	1154	1090
山东省	408199	98163	35921	20999	12111	11940
其中:青岛市	74449	14602	3411	2456	883	2337
河南省	229344	60719	30561	13181	4313	2911
湖北省	194723	53599	22782	8122	5150	2149
湖南省	265463	64624	31642	11402	7488	5760
广东省	499213	125145	27932	23574	34324	10539
其中:深圳市	7398	2926	291	645	374	180
广西壮族自治区	140480	31973	11815	7248	7359	1281
海南省	25092	10363	5385	1391	592	189
重庆市	104136	23170	6800	8248	3619	1358
四川省	239074	64132	23570	6820	9197	4159
贵州省	102024	25427	11499	7287	3184	1024
云南省	95539	28245	11345	9613	3296	1082
西藏自治区	29618	15860	4423	9226	1210	582
陕西省	131094	44148	17357	5472	13814	1477
甘肃省	78654	29268	12491	10115	1748	710
青海省	21613	7892	2688	3569	278	273
宁夏回族自治区	40345	11547	5167	4019	959	971
新疆维吾尔自治区	77858	27327	12659	7756	2730	2752

2－86－2

单位:万元

地　　区	工资福利支出				商品和服务支出		
	伙食费	伙　食 补助费	绩效 工资	其他工资 福利支出	小　计	办公费	印刷费
地　方　合　计	**1252**	**10112**	**56470**	**183042**	**2584147**	**78269**	**17035**
北京市	12	809	75	6484	186748	3204	2018
天津市	1	397	9410	1119	67616	416	60
河北省	80	1195	61	3429	87155	3567	784
山西省	18	281	319	8255	31546	1543	1087
内蒙古自治区	68	139	106	2201	41453	1824	360
辽宁省	64	481	594	4347	108924	2455	665
其中:大连市	32	22	65	181	3390	205	20
吉林省		163	1094	1166	59413	2883	607
黑龙江省	7	545	269	860	83262	6144	648
上海市	50	112	30	1754	25875	281	63
江苏省	157	716	746	21160	244608	5011	635
浙江省	65	928	316	17825	188387	2573	672
其中:宁波市	2	233	84	4227	32456	351	57
安徽省	12	277	36	5055	54976	2372	387
福建省	21	132	3705	16330	99592	3006	347
其中:厦门市		7	27	336	10910	67	8
江西省	1	59	910	7436	47126	1547	242
山东省	178	266	2707	14041	217169	6537	2081
其中:青岛市	144	96	2036	3239	35871	345	379
河南省	27	84	741	8901	57192	4758	520
湖北省	17	322	7312	7745	99082	2087	437
湖南省	44	305	2689	5294	145186	3640	1047
广东省	306	696	4137	23637	248527	10192	1427
其中:深圳市	37	16	567	816	3324	37	6
广西壮族自治区	4	41	1828	2397	60326	1335	196
海南省		41	1323	1442	9011	286	24
重庆市		314	596	2235	69891	849	143
四川省	8	269	13460	6649	123271	2644	775
贵州省		277	58	2098	24772	1818	183
云南省	1	61	395	2452	53786	1793	143
西藏自治区	10	10		399	3299	233	4
陕西省	19	601	2464	2944	59290	2434	756
甘肃省	1	196	165	3842	33151	978	344
青海省	2	75	505	502	6527	251	149
宁夏回族自治区	1	48	125	257	20066	420	89
新疆维吾尔自治区	78	272	294	786	26920	1188	142

2-86-3

单位:万元

地　　区	商品和服务支出						
	咨询费	手续费	水　费	电　费	邮电费	取暖费	物　业 管理费
地　方　合　计	**3372**	**5683**	**11186**	**84264**	**29708**	**23303**	**21113**
北京市	350	8	176	2411	1159	687	2648
天津市	16	1	223	2035	448	849	778
河北省	13	4	319	3556	966	1816	451
山西省	34	26	279	1898	774	1198	84
内蒙古自治区	47	83	162	1118	696	1427	171
辽宁省	8	519	363	3852	1360	2948	726
其中:大连市	2		28	414	89	190	35
吉林省	38	34	157	2193	816	2086	1057
黑龙江省	82	10	253	2856	805	2527	1493
上海市	1	8	81	1320	176		171
江苏省	273	1405	1706	5593	2054	120	1015
浙江省	58	182	344	5568	2044		1743
其中:宁波市		17	58	591	234		387
安徽省	56	37	629	3168	1397	256	578
福建省	138	65	358	3656	960		735
其中:厦门市	121		24	579	135		226
江西省	9	3	99	1645	603	176	672
山东省	173	112	1513	7855	2545	3375	1676
其中:青岛市	97	14	55	1422	322	184	155
河南省	90	303	1072	5187	984	738	757
湖北省	74	28	498	4253	902	139	524
湖南省	512	2331	407	3355	1286	437	1730
广东省	480	82	470	7491	2756	64	1440
其中:深圳市	4		8	394	57		21
广西壮族自治区	1	4	187	2075	677		177
海南省		20	43	703	187		29
重庆市	6	12	123	1183	387	21	170
四川省	383	190	721	3333	1606	79	946
贵州省	78	69	87	1012	435	162	116
云南省	385	2	132	1145	659		142
西藏自治区		1	76	135	154	85	
陕西省	40	46	333	2606	812	1220	613
甘肃省	9	21	156	1003	557	745	144
青海省	3	46	67	345	376	414	117
宁夏回族自治区	3	2	35	849	267	274	70
新疆维吾尔自治区	12	29	117	865	860	1460	140

2-86-4

单位:万元

地　　区	商品和服务支出					
	交通费	差旅费	出国费	维修(护)费	租赁费	会议费
地 方 合 计	**87055**	**53012**	**5575**	**175514**	**54708**	**28509**
北京市	3316	915	953	19949	7417	957
天津市	923	255	23	3890	65	187
河北省	3100	1435	91	3213	253	718
山西省	2233	1267	52	3057	370	543
内蒙古自治区	2127	2413	45	3780	869	486
辽宁省	4087	1844	123	4882	734	618
其中:大连市	294	147		392	5	100
吉林省	2488	1487	57	6222	4114	790
黑龙江省	2648	1285	55	9903	168	484
上海市	702	104	18	2251	144	303
江苏省	5137	3832	204	6179	356	2685
浙江省	5040	3164	216	13215	801	1731
其中:宁波市	815	637	38	551	128	272
安徽省	2581	1417	133	4526	560	1050
福建省	3090	1754	84	8795	1435	537
其中:厦门市	310	237	32	563	250	49
江西省	1776	1719	2	2226	235	418
山东省	8694	4138	178	9376	2932	3648
其中:青岛市	1558	421	131	1211	78	652
河南省	3715	1781	141	3988	1129	923
湖北省	3504	2174	129	4614	835	964
湖南省	4415	4374	739	4435	1245	1884
广东省	7936	4758	1282	24208	17314	3534
其中:深圳市	115	42	7	281	44	74
广西壮族自治区	1922	2145	95	2194	96	588
海南省	574	273		843	155	1021
重庆市	2307	629	128	12090	436	563
四川省	4081	2371	158	5716	758	1175
贵州省	1567	941	21	1374	409	256
云南省	1756	1211	168	4805	6620	811
西藏自治区	459	392		221	1	16
陕西省	2934	1398	266	3232	859	759
甘肃省	1339	1573	137	3060	1046	346
青海省	449	277	8	375	335	33
宁夏回族自治区	755	366	16	1244	236	266
新疆维吾尔自治区	1400	1320	53	1651	2781	215

2－86－5　　　　单位:万元

地　　区	商品和服务支出						
	培训费	招待费	专用材料费	被装购置费	专用燃料费	劳务费	委托业务费
地方合计	**15326**	**67608**	**303019**	**13155**	**3832**	**134563**	**73262**
北京市	1292	1140	2668	74		8531	7851
天津市	330	348	8187			200	40136
河北省	318	1169	9008	89	144	1088	992
山西省	199	1136	3831	80	21	934	11
内蒙古自治区	432	931	4635	491	337	4514	52
辽宁省	383	1911	11284	164	428	3961	1495
其中:大连市	41	135	870			74	211
吉林省	260	637	14889		81	5603	1827
黑龙江省	265	1001	6053	3949	67	2100	10
上海市	165	583	1597	10		546	410
江苏省	1732	10130	24741	158	296	12224	969
浙江省	827	6635	35114	39	215	12329	2657
其中:宁波市	132	1534	3578		29	1086	38
安徽省	402	1785	2758	124	8	1320	125
福建省	366	2399	10164	623	242	3504	6095
其中:厦门市	104	264	373			322	5759
江西省	235	2444	2108	226	88	3608	317
山东省	1201	4022	72037	19	721	11820	2344
其中:青岛市	177	782	6732		425	453	
河南省	823	2177	9848	240	118	3812	425
湖北省	344	3885	5574	505	62	7511	1473
湖南省	812	4437	26082	163	207	5903	424
广东省	1482	6358	17573	521	238	15866	2595
其中:深圳市	36	91	37			103	79
广西壮族自治区	446	2870	2787	518	11	4132	253
海南省	51	462	476	274	47	566	6
重庆市	450	898	3332	196	4	1221	51
四川省	643	3053	5232	4174	33	3704	128
贵州省	269	1293	2266	53	134	2185	72
云南省	462	1727	2167	99	34	6808	2023
西藏自治区	31	264	351	13	2	35	5
陕西省	428	2094	4945	63	106	4701	112
甘肃省	198	645	5932	119	124	1579	81
青海省	100	245	728	39	21	343	
宁夏回族自治区	177	323	4684	106	17	428	39
新疆维吾尔自治区	203	606	1968	26	26	3487	284

2－86－6

单位:万元

地　　区	商品和服务支出			对个人和家庭的补助			
	工会经费	福利费	其他商品和服务支出	小　计	离休费	退休费	退职(役)费
地　方　合　计	**11447**	**44164**	**1239465**	**189281**	**6929**	**80121**	**707**
北京市	584	484	117956	5992		1590	13
天津市	104	258	7884	5706	291	2576	23
河北省	347	1026	52688	5449	307	2503	2
山西省	86	1367	9436	3498	138	1569	
内蒙古自治区	99	741	13613	1284	6	422	
辽宁省	454	3328	60332	6597	182	1399	26
其中:大连市	30	108		273			1
吉林省	136	407	10544	5998	434	4170	
黑龙江省	186	585	39685	8860	591	6849	31
上海市	113	351	16477	510	26	221	
江苏省	688	4924	152541	20333	1510	9135	294
浙江省	1263	5221	86736	14840	184	4817	9
其中:宁波市	163	1206	20554	2542	12	474	
安徽省	349	2325	26633	6395	82	3149	18
福建省	398	1022	49819	6305	188	1792	7
其中:厦门市	74	83	1330	1294	71	335	3
江西省	140	492	26096	4752	190	2325	12
山东省	507	1994	67671	20005	777	3234	52
其中:青岛市	142	849	19287	4020	14	566	11
河南省	426	2090	11147	2871	160	1807	4
湖北省	466	963	57137	7604	280	3828	2
湖南省	440	2502	72379	8072	322	4137	42
广东省	969	3583	115908	12310	188	2646	23
其中:深圳市	4	31	1853	4			
广西壮族自治区	320	1228	36069	5993	87	3418	
海南省	35	72	2864	152		11	
重庆市	1028	1980	41684	2774		132	
四川省	980	3319	77069	7585	182	4064	108
贵州省	210	869	8893	6444	302	4256	2
云南省	252	660	19782	2267	34	956	28
西藏自治区	109	32	680	2572		1807	
陕西省	74	421	28038	5329	66	2699	5
甘肃省	125	834	12056	1038	60	423	
青海省	81	20	1705	405	3	107	1
宁夏回族自治区	152	198	9050	2536	149	985	3
新疆维吾尔自治区	326	868	6893	4805	190	3094	2

2－86－7 单位:万元

地区	对个人和家庭的补助						
	抚恤金	生活补助	救济费	医疗费	助学金	奖励金	生产补贴
地方合计	**2861**	**4280**	**231**	**7262**	**112**	**2372**	**215**
北京市	33	8		315		3	
天津市	42	26		14		3	
河北省	105	48	10	256		52	
山西省	57	287	5	108	2	32	5
内蒙古自治区	107	99	3	34		162	
辽宁省	65	354	18	202		86	
其中:大连市	5	210		4			
吉林省	101	102	6	74		31	
黑龙江省	118	63		113		41	
上海市	34	15		7		2	
江苏省	596	208	55	479		68	
浙江省	178	190	14	1018	11	63	1
其中:宁波市	42	9	1	138		3	
安徽省	98	123	5	254	1	127	31
福建省	90	107		56	8	62	
其中:厦门市	8	6				1	
江西省	43	226	3	208		15	2
山东省	157	300	26	896	7	28	108
其中:青岛市	33	8	3	10		1	
河南省	69	156	7	53	1	8	19
湖北省	107	86	7	1132	31	43	
湖南省	198	230	31	355	14	116	7
广东省	78	806	12	951	11	811	25
其中:深圳市							
广西壮族自治区	26	108		123		44	
海南省	1	50	6	5		13	
重庆市	39	17		43		56	
四川省	68	184	13	90		143	
贵州省	82	83	4	35	1	150	
云南省	46	70	1	35	1	35	
西藏自治区	28	19		47	24		
陕西省	82	149	4	191		132	17
甘肃省	9	63	1	78		3	
青海省	15	11		58			
宁夏回族自治区	41	15		6		2	
新疆维吾尔自治区	148	77		26		41	

2-86-8　　　　单位:万元

地　区	对个人和家庭的补助				对企事业单位的补贴		
	住房公积金	提租补贴	购房补贴	其他对个人和家庭的补助支出	小　计	企业政策性补贴	事业单位补贴
地方合计	**46875**	**4377**	**9706**	**23233**	**32081**	**172**	**7189**
北京市	3465	356	29	180			
天津市	2169	53	77	432			
河北省	1309	45	1	811	42		42
山西省	715	164		416	1396		40
内蒙古自治区	351			100	54		
辽宁省	2267	1132	519	347	2839		
其中:大连市	41	11		1	2818		
吉林省	981	46		53	3966	24	7
黑龙江省	804	96		154	28	28	
上海市	114			91	40		40
江苏省	2825	371	1351	3441	654		99
浙江省	5604	77	125	2549	497		128
其中:宁波市	667	5	52	1139	20		20
安徽省	1287	46		1174	514		343
福建省	2859	806	47	283	6501		37
其中:厦门市	461	403		6			
江西省	1020	3	1	704	811		811
山东省	4797	966	7072	1585	369		57
其中:青岛市	1278	311	1674	111	150		
河南省	409	1	50	127	254		29
湖北省	1503	32	37	516	310		33
湖南省	1042	2		1576	1267		500
广东省	5087	114	152	1406	4610	18	
其中:深圳市				4			
广西壮族自治区	1739	6		442	891	3	219
海南省	23	2		41			
重庆市	414			2073	209		129
四川省	1963			770	691		158
贵州省	836	32	233	428	100		
云南省	839		2	220	578	20	520
西藏自治区	240			407	3931		3931
陕西省	672	11	7	1294	528		35
甘肃省	274	2		125	255		10
青海省	177			33	21		21
宁夏回族自治区	228			1107	649	79	
新疆维吾尔自治区	862	14	3	348	76		

2－86－9

单位:万元

地区	对企事业单位的补贴		赠与			债务利息支出	
	财政贴息	其他对企事业单位的补贴支出	小计	对国内的赠与	对国外的赠与	小计	国库券付息
地方合计	**7253**	**17467**	**67**	**67**			
北京市							
天津市							
河北省							
山西省	474	882					
内蒙古自治区		54	60	60			
辽宁省	2834	5					
其中:大连市	2818						
吉林省	253	3682					
黑龙江省							
上海市							
江苏省	42	513					
浙江省	30	339	5	5			
其中:宁波市							
安徽省		171					
福建省	250	6214					
其中:厦门市							
江西省							
山东省	150	162					
其中:青岛市	150						
河南省	50	175					
湖北省		277					
湖南省	727	40					
广东省	756	3836					
其中:深圳市							
广西壮族自治区	27	642	2	2			
海南省							
重庆市	50	30					
四川省	299	234					
贵州省	80	20					
云南省		38					
西藏自治区							
陕西省	486	7					
甘肃省	245						
青海省							
宁夏回族自治区	500	70					
新疆维吾尔自治区		76					

2－86－10

单位:万元

地　　区	债务利息支出					基本建设支出	
	向国家银行借款付息	其他国内借款付息	向国外政府借款付息	向国际组织借款付息	其他国外借款付息	小　计	房屋建筑物购　建
地　方　合　计						**311167**	**177202**
北京市						104497	101394
天津市							
河北省						4291	3716
山西省						6340	825
内蒙古自治区						6155	4829
辽宁省						2848	20
其中:大连市						333	
吉林省						255	
黑龙江省						12271	24
上海市						21361	
江苏省						4438	1424
浙江省						9640	3855
其中:宁波市						896	300
安徽省						4753	3355
福建省						14268	1651
其中:厦门市						909	330
江西省						1618	856
山东省						3872	3423
其中:青岛市							
河南省						21295	11627
湖北省						2573	928
湖南省						2116	472
广东省						47774	32188
其中:深圳市							
广西壮族自治区						622	213
海南省						2511	116
重庆市						3151	
四川省						5378	967
贵州省						15654	510
云南省						1185	141
西藏自治区						907	907
陕西省						987	227
甘肃省						2919	
青海省						1185	215
宁夏回族自治区						2317	121
新疆维吾尔自治区						3986	3198

2－86－11

单位:万元

地　　区	基本建设支出							
	办公设备购置	专用设备购置	交通工具购置	基础设施建设	大型修缮	信息网络购建	物资储备	其他基本建设支出
地方合计	**894**	**27506**	**545**	**39232**	**1847**	**4414**	**655**	**58872**
北京市	144	1684	50	14		80		1131
天津市								
河北省	10	446	24					95
山西省		5515						
内蒙古自治区	2	457		264				603
辽宁省	16	454	10	1190	5	100		1053
其中:大连市		280						53
吉林省		235			20			
黑龙江省	2	28	17	12150	50			
上海市	6	723		2912		1500		16220
江苏省	8	292	57	2012	10	2	594	39
浙江省	111	2045	49	279	881	447		1973
其中:宁波市	2	226						368
安徽省	13	443	16		4	200		722
福建省	9			529				12079
其中:厦门市	5			480				94
江西省		42				6		714
山东省	12	174	12	251				
其中:青岛市								
河南省	49	5598	16	2646	30	142		1187
湖北省	38	432		479	63	81		552
湖南省	113	279	46	172	71	297		666
广东省	194	867	83	10112	42	16	61	4211
其中:深圳市								
广西壮族自治区	22	147	62	136	42			
海南省	7	412	5	892	136	800		143
重庆市	3	3054		73				21
四川省	100	2926		526	427	381		51
贵州省	5	303		475		3		14358
云南省	7	152	16	510		209		150
西藏自治区								
陕西省		90	19	400				251
甘肃省		512				145		2262
青海省	16	70	63	730	61	5		25
宁夏回族自治区	1	32		1968	5			190
新疆维吾尔自治区	6	94		512				176

2－86－12

单位:万元

地　　区	其他资本性支出						
	小　计	房屋建筑物购建	办公设备购置	专用设备购置	交通工具购置	基础设施建设	大型修缮
地方合计	**704935**	**90405**	**28266**	**298261**	**26452**	**71820**	**21617**
北京市	16792	854	1048	11314	564	28	385
天津市	45318	2424	718	11141	291		106
河北省	19394	1266	974	9933	859	636	1977
山西省	12547	284	614	4576	1392	101	879
内蒙古自治区	15718	1499	875	8093	1433	368	80
辽宁省	32267	2597	970	19206	793	726	520
其中:大连市	1919		21	565	39	19	45
吉林省	28356	11008	928	8953	778	3902	1120
黑龙江省	13916	565	642	9860	706	594	1336
上海市	2573	168	351	1363	88		239
江苏省	73869	16991	1685	20595	1401	24021	621
浙江省	33724	3076	1656	13890	1194	1832	303
其中:宁波市	2801	235	269	2114	65	1	
安徽省	43557	2054	774	6221	446	745	835
福建省	21908	1603	1591	10939	2363	1519	741
其中:厦门市	3892	79	119	2754	170		100
江西省	9396	739	1075	5364	311	206	132
山东省	65768	4694	1494	29253	2831	20636	838
其中:青岛市	14253	472	333	8630	621	1197	
河南省	26917	1266	1607	14967	1203	1243	240
湖北省	28711	7495	1522	16050	1302	190	672
湖南省	25035	3117	1802	8166	1600	5649	843
广东省	38472	2117	2545	23343	1885	3140	1536
其中:深圳市	1071		12	991		53	15
广西壮族自治区	33626	1985	680	13651	520	470	180
海南省	2722	44	139	2266	34	109	113
重庆市	4555	11	131	3164	143	25	189
四川省	37328	14889	1438	9805	1379	671	1160
贵州省	15537	2957	409	7059	456	108	393
云南省	9478	788	446	6712	585	118	353
西藏自治区	2264	320	92	1242	115	8	464
陕西省	13559	390	684	7475	744	2281	1228
甘肃省	9968	2301	262	3186	368	2014	196
青海省	5567	674	258	3141	267		622
宁夏回族自治区	2818	40	209	1674	75	92	142
新疆维吾尔自治区	13275	2189	647	5659	326	388	3174

2－86－13

单位:万元

地　　区	其他资本性支出						
	信息网络购建	物资储备	土地补偿	安置补助	地上附着物和青苗补偿	拆迁补偿	其他资本性支出
地方合计	**19933**	**137**	**2647**	**67**	**95**	**697**	**144538**
北京市	1568		292				739
天津市	433						30205
河北省	565		700				2484
山西省	1819						2882
内蒙古自治区	526		1230		87		1527
辽宁省	1534						5921
其中:大连市	1230						
吉林省	133			2			1532
黑龙江省	129						84
上海市	105						259
江苏省	1032						7523
浙江省	2571					412	8790
其中:宁波市	18						99
安徽省	527						31955
福建省	846						2306
其中:厦门市	1						669
江西省	188						1381
山东省	349						5673
其中:青岛市							3000
河南省	1535		301			283	4272
湖北省	223						1257
湖南省	468						3390
广东省	1837	137	3		7		1922
其中:深圳市							
广西壮族自治区	37			64			16039
海南省	3						14
重庆市	147						745
四川省	1318						6668
贵州省	28				1		4126
云南省	76		6			2	392
西藏自治区							23
陕西省	628		108	1			20
甘肃省	846		7				788
青海省	115						490
宁夏回族自治区	17						569
新疆维吾尔自治区	330						562

二、地方财政预算收支情况

2－86－14

单位:万元

地区	贷款转贷及产权参股					其他支出		
	小计	国内贷款	国外贷款	产权参股	其他贷款转贷及产权参股支出	小计	补充全国社会保障基金	其他支出
地方合计	**9195**	**862**			**8333**	**217011**		**217011**
北京市						4273		4273
天津市								
河北省	136				136	7694		7694
山西省						129		129
内蒙古自治区						10		10
辽宁省	79	79				2447		2447
其中:大连市								
吉林省						1125		1125
黑龙江省						60		60
上海市						398		398
江苏省	8350	350			8000	25677		25677
浙江省						－304		－304
其中:宁波市						3059		3059
安徽省						20924		20924
福建省	62				62	3819		3819
其中:厦门市						1107		1107
江西省						9461		9461
山东省						2853		2853
其中:青岛市						5553		5553
河南省						60096		60096
湖北省						2844		2844
湖南省						19163		19163
广东省	22	22				22353		22353
其中:深圳市						73		73
广西壮族自治区	411	411				6636		6636
海南省						333		333
重庆市						386		386
四川省	135				135	554		554
贵州省						14090		14090
云南省								
西藏自治区						785		785
陕西省						7253		7253
甘肃省						2055		2055
青海省						16		16
宁夏回族自治区						412		412
新疆维吾尔自治区						1469		1469

2007 年各省、自治区、直辖市新闻出版支出明细表

2－87－1　　　　单位:万元

地　　区	合　计	工资福利支出				
		小　计	基本工资	津贴补贴	奖　金	社会保障缴　费
地　方　合　计	**397224**	**96599**	**42812**	**24558**	**10656**	**6415**
北京市	5371	784	185	310	198	
天津市	13120	586	229	231	64	12
河北省	6870	1858	876	338	40	265
山西省	13273	4183	2081	926	253	219
内蒙古自治区	13995	4069	2339	1483	74	92
辽宁省	8791	2300	1360	530	99	230
其中:大连市	1027	340	102	98	93	40
吉林省	16921	2491	1315	811	47	45
黑龙江省	7465	2650	1440	710	101	49
上海市	8427	2682	812	295	996	193
江苏省	36397	4163	1287	1009	854	255
浙江省	18088	4638	1139	703	1767	480
其中:宁波市	2150	593	91	101	284	91
安徽省	9862	2674	920	531	94	96
福建省	7661	1777	552	336	370	235
其中:厦门市	431	174	32	35	31	2
江西省	11134	3134	1651	730	257	167
山东省	10261	3859	1419	1169	229	335
其中:青岛市	960	301	47	157	35	38
河南省	16299	5011	2099	1281	423	396
湖北省	16676	5039	2460	1073	546	560
湖南省	16803	4599	2774	783	400	382
广东省	42659	8361	2408	2859	1257	666
其中:深圳市	1908	318	80	171	45	11
广西壮族自治区	12222	4063	2639	651	320	148
海南省	3342	804	391	119	28	13
重庆市	4949	985	534	197	59	50
四川省	18010	5690	2398	984	983	474
贵州省	9326	2493	1211	797	126	96
云南省	12603	3532	1494	1136	173	336
西藏自治区	5772	1938	646	1023	81	53
陕西省	10452	3150	1521	669	316	151
甘肃省	6119	2040	907	710	99	30
青海省	3104	756	320	289	30	27
宁夏回族自治区	8161	2658	1492	913	53	108
新疆维吾尔自治区	23091	3632	1913	962	319	252

2－87－2

单位:万元

地　　区	工资福利支出				商品和服务支出		
	伙食费	伙　食 补助费	绩效 工资	其他工资 福利支出	小　计	办公费	印刷费
地　方　合　计	**120**	**529**	**2718**	**8791**	**217682**	**13178**	**42848**
北京市		1		90	4139	28	61
天津市		7	1	42	1374	182	189
河北省	1	13	131	194	4577	105	1968
山西省	1	21	152	530	5733	594	1992
内蒙古自治区			54	27	6307	639	1310
辽宁省		1	9	71	3790	237	511
其中:大连市		1		6	677	25	264
吉林省		6	174	93	6258	3462	430
黑龙江省	65	15	246	24	2853	124	738
上海市	6	9	1	370	5107	98	1497
江苏省	4	74	70	610	29583	342	1062
浙江省	15	62	14	458	7578	540	1958
其中:宁波市	9	13		4	1038	59	358
安徽省		13	6	1014	4786	430	1887
福建省	1	4	43	236	4777	146	1726
其中:厦门市		3		71	160	12	5
江西省		130	6	193	5589	362	1095
山东省	14	3	177	513	5203	448	1185
其中:青岛市				24	532	29	79
河南省		9	180	623	10173	584	1948
湖北省		15	13	372	9576	744	3504
湖南省		17	9	234	10282	527	1853
广东省	7	18	314	832	25685	892	4674
其中:深圳市		11			1459	14	249
广西壮族自治区	6	14	37	248	7178	246	858
海南省			210	43	2229	132	374
重庆市		2	10	133	2623	200	869
四川省		25	356	470	9799	357	1777
贵州省		1	19	243	4957	200	1768
云南省		14	86	293	8052	408	1851
西藏自治区				135	773	21	338
陕西省		18	190	285	4409	210	1105
甘肃省			135	159	3316	350	1333
青海省		1	21	68	954	39	239
宁夏回族自治区		5		87	3881	318	878
新疆维吾尔自治区		31	54	101	16141	213	1870

2－87－3 单位:万元

地区	商品和服务支出						
	咨询费	手续费	水费	电费	邮电费	取暖费	物业管理费
地方合计	**176**	**242**	**732**	**2809**	**3729**	**1394**	**925**
北京市			8	61	20	52	112
天津市	1		8	34	18	7	14
河北省	14		16	38	49	57	
山西省	2		17	54	139	69	13
内蒙古自治区		5	12	23	60	106	4
辽宁省		1	105	206	70	183	2
其中:大连市				2	16	12	
吉林省			5	13	53	88	19
黑龙江省			10	27	148	162	2
上海市	2	2	3	53	153		64
江苏省	5	3	14	107	155		62
浙江省	21	5	28	117	190		34
其中:宁波市	1		1	19	19		5
安徽省	5	1	12	88	87	2	12
福建省			6	50	87		15
其中:厦门市				5	6		12
江西省	4	2	21	168	92	3	14
山东省	1		40	128	204	103	101
其中:青岛市				5	7	4	9
河南省	11	50	78	298	190	125	79
湖北省		16	72	250	245	4	41
湖南省	59	22	67	143	142	5	69
广东省	35	1	28	180	345		55
其中:深圳市				1	8		11
广西壮族自治区			5	36	75		1
海南省			12	17	24		5
重庆市		7	5	29	144		29
四川省	4		34	170	263	5	40
贵州省		1	9	90	110	1	34
云南省	6	117	26	47	179		11
西藏自治区			21	38	39	14	1
陕西省	3	5	33	177	137	112	36
甘肃省	1		6	24	61	41	2
青海省		3		3	29	13	
宁夏回族自治区			4	82	30	90	6
新疆维吾尔自治区	2	1	27	58	191	152	48

2－87－4

单位:万元

地区	商品和服务支出					
	交通费	差旅费	出国费	维修(护)费	租赁费	会议费
地方合计	**6410**	**5145**	**672**	**2866**	**1089**	**4062**
北京市	99	20		3	24	175
天津市	30	8		59	25	14
河北省	189	97	7	25	22	152
山西省	337	115		80	79	173
内蒙古自治区	249	276	4	69	23	37
辽宁省	107	83	11	70		107
其中:大连市	5	7		10		18
吉林省	168	135	9	47	1	63
黑龙江省	132	110	30	32	7	35
上海市	143	125	77	171	68	132
江苏省	258	266	32	74	103	279
浙江省	223	215	42	182	179	220
其中:宁波市	26	29		50		30
安徽省	143	160	15	107	37	339
福建省	159	220	8	44	8	56
其中:厦门市	22	28				6
江西省	197	265	80	32	7	106
山东省	440	133	36	167	47	226
其中:青岛市	59	31	7	3	1	58
河南省	489	422	64	153	46	407
湖北省	361	225	45	110	46	220
湖南省	237	275	57	70	2	214
广东省	653	399	11	459	115	392
其中:深圳市	48	19	2	16		11
广西壮族自治区	172	100	9	29	8	40
海南省	35	38	7	100	93	56
重庆市	123	67		87	7	41
四川省	375	271	15	133	30	122
贵州省	175	115	68	38	26	50
云南省	254	154	2	233	8	124
西藏自治区	77	81		22		15
陕西省	188	202	35	77	72	77
甘肃省	52	80	4	37		41
青海省	28	38		2		8
宁夏回族自治区	122	147	4	56	4	53
新疆维吾尔自治区	195	303		98	2	88

2-87-5

单位:万元

地区	商品和服务支出						
	培训费	招待费	专用材料费	被装购置费	专用燃料费	劳务费	委托业务费
地方合计	**1751**	**4826**	**10966**	**385**	**289**	**13186**	**2060**
北京市	119	1	318			122	
天津市	6	8				36	
河北省	12	41	568	9		62	5
山西省	47	135	613	4	13	322	10
内蒙古自治区	17	69	1023	42	1	102	
辽宁省	70	63	521			134	179
其中:大连市	6	12	19			60	179
吉林省	6	24	1308		15	79	2
黑龙江省	303	25	55			142	
上海市	26	172	192	23		232	29
江苏省	121	317	558			245	82
浙江省	27	340	109		32	618	84
其中:宁波市	4	46				126	1
安徽省	27	103	162		2	438	
福建省	19	231	25	34	12	917	71
其中:厦门市	4	11				17	
江西省	31	293	116		12	321	4
山东省	46	151	66		3	484	22
其中:青岛市	5	16	3			12	5
河南省	84	209	685		77	784	965
湖北省	91	326	78	4	38	249	38
湖南省	49	365	57	54	15	1577	105
广东省	232	533	1268	76	21	3084	109
其中:深圳市	1	24				60	13
广西壮族自治区	26	112	16		9	93	
海南省	13	56	960	32		134	9
重庆市	22	83	87	1	5	146	169
四川省	85	381	798			795	39
贵州省	20	183	168	44		278	72
云南省	84	209	77		7	853	38
西藏自治区	4	24	31			7	
陕西省	86	135	65	18	13	277	16
甘肃省	27	33	66	7	12	217	11
青海省	4	30	1			74	
宁夏回族自治区	15	45	49	21	2	81	
新疆维吾尔自治区	32	129	926	16		283	1

2－87－6

单位:万元

地区	商品和服务支出			对个人和家庭的补助			
	工会经费	福利费	其他商品和服务支出	小计	离休费	退休费	退职(役)费
地方合计	**749**	**2441**	**94752**	**14905**	**1304**	**7538**	**16**
北京市	15	1	2900	85			
天津市	4	1	730	300	100	158	
河北省	13	23	1105	307	18	148	
山西省	15	54	856	336	14	120	
内蒙古自治区	19	51	2166	50	4	23	
辽宁省	7	108	1015	305	28	260	
其中:大连市	1	41		10			
吉林省	7	31	293	1596	222	1182	2
黑龙江省	21	30	720	1102	185	801	
上海市	21	58	1766	49	1	5	
江苏省	43	85	25370	774	100	393	1
浙江省	87	220	2107	558	6	78	
其中:宁波市	27	12	225	56	1	2	
安徽省	15	18	696	272		123	
福建省	34	76	833	184	5	23	
其中:厦门市	3	3	26	26			
江西省	28	169	2167	476	17	238	
山东省	17	55	1100	621	21	43	7
其中:青岛市	2	1	196	46		34	
河南省	34	92	2299	261	14	123	
湖北省	33	247	2589	599	38	404	5
湖南省	31	91	4196	1026	153	502	
广东省	84	395	11644	1227	20	193	
其中:深圳市		12	970	51			
广西壮族自治区	10	60	5273	248	7	150	
海南省		48	84				
重庆市	5	25	472	147	5	15	
四川省	61	107	3937	630	15	251	
贵州省	19	26	1462	632	62	407	
云南省	30	138	3196	322	6	122	
西藏自治区	11	1	28	491	1	386	
陕西省	16	91	1223	461	22	204	1
甘肃省	8	29	874	127	5	42	
青海省	5	2	436				
宁夏回族自治区	26	5	1843	874	173	618	
新疆维吾尔自治区	30	104	11372	845	62	526	

2－87－7　　　　单位:万元

地　　区	对个人和家庭的补助						
	抚恤金	生活补助	救济费	医疗费	助学金	奖励金	生产补贴
地方合计	**207**	**388**	**29**	**519**	**8**	**677**	
北京市							
天津市				1			
河北省						120	
山西省		69		10		15	
内蒙古自治区				20			
辽宁省		7					
其中:大连市		4					
吉林省	11	2		4		78	
黑龙江省	9	35		12		9	
上海市	1	2					
江苏省	25	31	1	25		1	
浙江省		1		53		2	
其中:宁波市							
安徽省	5	1	1	12		22	
福建省		2		17		1	
其中:厦门市							
江西省	4	1	1	27		61	
山东省	9	15	2	32			
其中:青岛市	4						
河南省	1	32	3	6		9	
湖北省	8	16	1	17			
湖南省	9	8		101	2	2	
广东省	11	34		60	2	187	
其中:深圳市				2		5	
广西壮族自治区	7	6	1	8			
海南省							
重庆市	4	20		5			
四川省	21	14		14		74	
贵州省	14	21	19			1	
云南省	2	34				54	
西藏自治区	1			20			
陕西省	5	8		22	4	19	
甘肃省	1	13		11			
青海省							
宁夏回族自治区	27					3	
新疆维吾尔自治区	32	16		42		19	

2－87－8

单位:万元

地区	对个人和家庭的补助				对企事业单位的补贴		
	住房公积金	提租补贴	购房补贴	其他对个人和家庭的补助支出	小计	企业政策性补贴	事业单位补贴
地方合计	**2334**	**65**	**465**	**1355**	**16569**	**6574**	**3258**
北京市	61	12	12				
天津市	30	1		10	4800	4800	
河北省	20			1			
山西省	98	2		8			
内蒙古自治区	1			2	139		139
辽宁省	7			3	226		226
其中:大连市	6						
吉林省	34	1		60	3793		
黑龙江省	29			22	592		547
上海市	22			18			
江苏省	93	10	2	92	26		
浙江省	315	1	9	93	467		
其中:宁波市	26	1	9	17	359		
安徽省	93			15	1022	200	626
福建省	122	13		1	11		11
其中:厦门市	23	3					
江西省	91			36	1425		
山东省	98	21	269	104	40		
其中:青岛市	5			3			
河南省	60			13	16		
湖北省	99	4		7	100		100
湖南省	116			133			
广东省	310		48	362			
其中:深圳市			44				
广西壮族自治区	52			17	90	31	
海南省							
重庆市	4		90	4	1000	1000	
四川省	128		2	111	34		4
贵州省	87		8	13	20		
云南省	48		2	54			
西藏自治区	31			52	169		115
陕西省	138		23	15	333	333	
甘肃省	41			14	25		
青海省					750	210	
宁夏回族自治区				53	1		
新疆维吾尔自治区	106			42	1490		1490

2－87－9

单位:万元

地区	对企事业单位的补贴		赠与			债务利息支出	
	财政贴息	其他对企事业单位的补贴支出	小计	对国内的赠与	对国外的赠与	小计	国库券付息
地方合计	**211**	**6526**					
北京市							
天津市							
河北省							
山西省							
内蒙古自治区							
辽宁省							
其中:大连市							
吉林省		3793					
黑龙江省		45					
上海市							
江苏省		26					
浙江省	11	456					
其中:宁波市	11	348					
安徽省	100	96					
福建省							
其中:厦门市							
江西省		1425					
山东省	30	10					
其中:青岛市							
河南省		16					
湖北省							
湖南省							
广东省							
其中:深圳市							
广西壮族自治区		59					
海南省							
重庆市							
四川省		30					
贵州省	20						
云南省							
西藏自治区	24	30					
陕西省							
甘肃省	25						
青海省		540					
宁夏回族自治区	1						
新疆维吾尔自治区							

2－87－10　　　　单位:万元

地　　区	债务利息支出					基本建设支出	
	向国家银行借款付息	其他国内借款付息	向国外政府借款付息	向国际组织借款付息	其他国外借款付息	小　计	房屋建筑物购　建
地　方　合　计						**11573**	**8028**
北京市							
天津市						3000	3000
河北省						21	
山西省						1647	
内蒙古自治区						241	191
辽宁省						2070	2015
其中:大连市							
吉林省						1527	1410
黑龙江省							
上海市						21	
江苏省						165	
浙江省						119	33
其中:宁波市						54	33
安徽省						213	70
福建省						129	109
其中:厦门市							
江西省						103	103
山东省						1	
其中:青岛市							
河南省						50	50
湖北省						17	
湖南省						21	
广东省						72	8
其中:深圳市							
广西壮族自治区						9	
海南省						300	
重庆市						24	
四川省						210	199
贵州省						21	
云南省						3	
西藏自治区						740	740
陕西省						64	
甘肃省							
青海省						320	
宁夏回族自治区						101	100
新疆维吾尔自治区						364	

2－87－11

单位:万元

地　　区	基本建设支出							
	办公设备购　置	专用设备购　置	交通工具购　置	基础设施建　设	大型修缮	信息网络购　建	物资储备	其他基本建设支出
地　方　合　计	**199**	**556**	**359**	**1652**	**171**	**79**		**529**
北京市								
天津市								
河北省	4	7	10					
山西省				1647				
内蒙古自治区					50			
辽宁省	55							
其中:大连市								
吉林省	1				116			
黑龙江省								
上海市			21					
江苏省	3		12					150
浙江省	55	10			5	16		
其中:宁波市	8					13		
安徽省		143						
福建省	5		15					
其中:厦门市								
江西省								
山东省	1							
其中:青岛市								
河南省								
湖北省			17					
湖南省			21					
广东省	21	8	35					
其中:深圳市								
广西壮族自治区	3		6					
海南省		300						
重庆市			24					
四川省		11						
贵州省	9		12					
云南省	3							
西藏自治区								
陕西省				5				59
甘肃省								
青海省								320
宁夏回族自治区		1						
新疆维吾尔自治区	39	76	186			63		

2－87－12

单位:万元

地　　区	其他资本性支出						
	小　计	房屋建筑物购　　建	办公设备购　　置	专用设备购　　置	交通工具购　　置	基础设施建　　设	大型修缮
地　方　合　计	**23305**	**4344**	**2935**	**4835**	**2750**	**219**	**507**
北京市	8		5	3			
天津市	60		9		51		
河北省	65		47	18			
山西省	380	4	158	87	96		1
内蒙古自治区	3189	2851	60	42	68		
辽宁省	74		4	70			
其中:大连市							
吉林省	1256		30	71	98	7	
黑龙江省	268	12	9	200	33		14
上海市	510		148	4	73		
江苏省	1255	98	246	566	73		43
浙江省	4091	7	250	529	115	29	88
其中:宁波市	50		25		24		
安徽省	534		203	19	24	3	4
福建省	238		120	79	24		15
其中:厦门市	7		7				
江西省	407		28	23	117		
山东省	527		90	185	95		
其中:青岛市	71		22		46		
河南省	630	236	100	49	87		57
湖北省	708	7	161	60	211	141	58
湖南省	618		64	449	65		
广东省	1819	76	259	361	649		52
其中:深圳市	70		64				
广西壮族自治区	555		100		47		100
海南省	9		9				
重庆市	170		38	68	64		
四川省	1233	515	166	356	67	20	36
贵州省	398	227	74	24	36		3
云南省	694	191	104	12	85		4
西藏自治区	500		2	369	8		
陕西省	1904	13	176	902	202	15	32
甘肃省	197		88	42	61	4	
青海省	324		10	80	210		
宁夏回族自治区	68		9	39	19		
新疆维吾尔自治区	616	107	168	128	72		

2－87－13

单位:万元

地　　区	其他资本性支出						
	信息网络购建	物资储备	土地补偿	安置补助	地上附着物和青苗补偿	拆迁补偿	其他资本性支出
地方合计	**1340**		**412**				**5963**
北京市							
天津市							
河北省							
山西省	30						4
内蒙古自治区	168						
辽宁省							
其中:大连市							
吉林省	330						720
黑龙江省							
上海市	71						214
江苏省	41						188
浙江省	96						2977
其中:宁波市	1						
安徽省	40		172				69
福建省							
其中:厦门市							
江西省							239
山东省	64						93
其中:青岛市	3						
河南省	22						79
湖北省	61						9
湖南省	2						38
广东省	45						377
其中:深圳市	6						
广西壮族自治区	3		240				65
海南省							
重庆市							
四川省	6						67
贵州省	28						6
云南省	290						8
西藏自治区							121
陕西省	42						522
甘肃省							2
青海省							24
宁夏回族自治区	1						
新疆维吾尔自治区							141

二、地方财政预算收支情况

2－87－14

单位:万元

地区	贷款转贷及产权参股					其他支出		
	小计	国内贷款	国外贷款	产权参股	其他贷款转贷及产权参股支出	小计	补充全国社会保障基金	其他支出
地方合计						**16591**		**16591**
北京市						355		355
天津市						3000		3000
河北省						42		42
山西省						994		994
内蒙古自治区								
辽宁省						26		26
其中:大连市								
吉林省								
黑龙江省								
上海市						58		58
江苏省						431		431
浙江省						637		637
其中:宁波市								
安徽省						361		361
福建省						545		545
其中:厦门市						64		64
江西省								
山东省						10		10
其中:青岛市						10		10
河南省						158		158
湖北省						637		637
湖南省						257		257
广东省						5495		5495
其中:深圳市						10		10
广西壮族自治区						79		79
海南省								
重庆市								
四川省						414		414
贵州省						805		805
云南省								
西藏自治区						1161		1161
陕西省						131		131
甘肃省						414		414
青海省								
宁夏回族自治区						578		578
新疆维吾尔自治区						3		3

2007 年各省、自治区、直辖市其他文化体育与传媒支出明细表

2－88－1　　　　单位:万元

地　　区	合　计	工资福利支出				
		小　计	基本工资	津贴补贴	奖　金	社会保障缴　费
地　方　合　计	**863884**	**32534**	**9740**	**7233**	**4818**	**3314**
北京市	174722	550				
天津市	2512					
河北省	19705	532	214	106	56	77
山西省	13591	1641	1155	270	22	64
内蒙古自治区	10919	756	414	289	22	
辽宁省	20068	510	125	63	4	283
其中:大连市	7256	45	29	15		1
吉林省	5085	152	79	43		1
黑龙江省	8064	699	428	208	8	18
上海市	106474	1261	439	122	383	134
江苏省	40229	4347	1185	808	957	342
浙江省	69076	5668	1121	541	1980	692
其中:宁波市	6444	571	70	93	289	86
安徽省	29933	761	167	351	15	33
福建省	37286	3129	852	647	89	382
其中:厦门市	6324	139	35	43	24	3
江西省	10391	1067	639	230	83	33
山东省	26164	2275	754	715	384	277
其中:青岛市	4321	184	62	62	4	24
河南省	38214	1517	886	235	29	52
湖北省	27853	1168	669	216	38	98
湖南省	15891	－2790	－2998	73	12	91
广东省	81873	1835	870	397	199	101
其中:深圳市	20769	900	495	112	81	30
广西壮族自治区	16725	1304	517	206	138	110
海南省	3051	148	102	18	15	
重庆市	9922	822	80	632	21	
四川省	34474	1332	340	155	84	323
贵州省	5736	498	304	124	26	4
云南省	17280	947	420	140	110	55
西藏自治区	75	11	2	9		
陕西省	13098	356	236	87	26	
甘肃省	7789	711	270	256	2	14
青海省	1430	57	30	27		
宁夏回族自治区	1547					
新疆维吾尔自治区	14707	1270	440	265	115	130

二、地方财政预算收支情况

2－88－2

单位:万元

地　　区	工资福利支出				商品和服务支出		
	伙食费	伙　食 补助费	绩效 工资	其他工资 福利支出	小　计	办公费	印刷费
地　方　合　计	**41**	**363**	**1284**	**5741**	**491093**	**20021**	**16526**
北京市				550	156136	925	115
天津市					1814	5	5
河北省		3		76	8328	591	76
山西省		23		107	5212	272	537
内蒙古自治区				31	7530	240	444
辽宁省	18	1		16	9099	1016	425
其中:大连市					2346	214	221
吉林省			17	12	2484	492	131
黑龙江省		13	14	10	4612	432	118
上海市	4	6	1	172	7747	93	17
江苏省	12	31		1012	23365	959	2805
浙江省	5	22	55	1252	39165	695	1733
其中:宁波市	3	1		29	4771	153	243
安徽省		6	1	188	3818	146	41
福建省			802	357	23365	467	4210
其中:厦门市				34	4755	20	32
江西省		1		81	5251	187	109
山东省		4		141	17412	3259	552
其中:青岛市		1		31	2455	65	25
河南省			17	298	19326	3780	329
湖北省			43	104	23217	238	33
湖南省		2		30	15216	245	95
广东省		1	1	266	36956	819	437
其中:深圳市				182	14747	58	48
广西壮族自治区				333	12856	158	2177
海南省	2			11	2860	64	20
重庆市		50		39	6509	1844	143
四川省		6	152	272	25609	834	623
贵州省		2		38	2149	109	40
云南省		180	7	35	13878	1282	256
西藏自治区					64		
陕西省			6	1	5961	43	27
甘肃省			20	149	4457	196	101
青海省					1080	25	43
宁夏回族自治区					525	40	13
新疆维吾尔自治区		12	148	160	5092	565	871

2－88－3

单位:万元

地　　区	商品和服务支出						
	咨询费	手续费	水　费	电　费	邮电费	取暖费	物　业 管理费
地 方 合 计	**190**	**284**	**561**	**1972**	**1645**	**592**	**730**
北京市	32		2	8		5	5
天津市							
河北省			45	95	20	11	2
山西省	3	3	4	67	142	79	
内蒙古自治区		10	21	64	24	144	2
辽宁省	1	202	100	1	39	7	
其中:大连市	1						
吉林省		13	18	17	10	36	1
黑龙江省	1	1	4	21	49	34	
上海市	5		8	181	107	37	187
江苏省	23	23	21	445	167		97
浙江省	15	15	42	163	319		148
其中:宁波市	1		1	14	21		1
安徽省			4	27	20		1
福建省	5	1	72	141	155		41
其中:厦门市							
江西省	3		13	23	25		
山东省	15	5	18	131	90	87	60
其中:青岛市				8	16	2	1
河南省		1	11	36	68	2	1
湖北省			8	97	27	2	7
湖南省	1	1	13	31	26	1	2
广东省	59		12	103	55		92
其中:深圳市			5	18	9		38
广西壮族自治区			42	141	55		35
海南省					8		
重庆市		3	4	9	33		8
四川省	6	3	8	70	86	1	10
贵州省			2	11	13	1	1
云南省	4		74	48	19		7
西藏自治区							
陕西省		3	1	1	1	2	
甘肃省	10		10	17	38	31	5
青海省				7	4	13	
宁夏回族自治区							
新疆维吾尔自治区	7		4	17	45	99	18

2－88－4 单位:万元

地区	商品和服务支出					
	交通费	差旅费	出国费	维修(护)费	租赁费	会议费
地方合计	**4722**	**5613**	**1565**	**13304**	**1972**	**10682**
北京市	7	53		562	51	561
天津市	3	6				15
河北省	56	33		101	21	236
山西省	276	103	14	275	5	77
内蒙古自治区	77	239	1	480	38	167
辽宁省	153	155		1371	20	522
其中:大连市	57	90		123	16	209
吉林省	95	54	4	318	17	209
黑龙江省	79	212	51	1088	60	170
上海市	129	41	120	285	3	105
江苏省	429	650	39	746	255	883
浙江省	498	830	507	708	340	1288
其中:宁波市	38	63	19	73	34	158
安徽省	20	54	35	243	35	194
福建省	255	326	54	1266	56	1407
其中:厦门市	3	41	42			10
江西省	74	105		480	38	150
山东省	428	255	16	1262	155	708
其中:青岛市	21	45	11	3	6	339
河南省	198	110	8	246	318	221
湖北省	128	87		349	46	162
湖南省	154	118	5	368	15	323
广东省	221	414	556	453	63	1357
其中:深圳市	49	109	508	10	8	808
广西壮族自治区	150	198	22	638	45	97
海南省	33	22	16	11	103	48
重庆市	155	166	41	459	109	322
四川省	323	374	61	600	61	702
贵州省	84	42	2	25	1	36
云南省	115	285	7	349	35	165
西藏自治区						
陕西省	21	33		32		20
甘肃省	316	267		325	58	173
青海省	10	14		3	3	166
宁夏回族自治区	11	12	2	39		20
新疆维吾尔自治区	224	355	4	222	21	178

2－88－5　　　　单位:万元

地　　区	商品和服务支出						
	培训费	招待费	专用材料费	被装购置费	专用燃料费	劳务费	委托业务费
地方合计	**3691**	**5993**	**16250**	**615**	**303**	**12973**	**4896**
北京市	282	17	425			32	268
天津市	1	2				10	
河北省	147	24	205	15		189	29
山西省	94	90	109			216	20
内蒙古自治区	138	41	646	14	7	585	10
辽宁省	31	295	1437		62	686	70
其中:大连市	2	169	557		1	516	20
吉林省	146	21	69		40	104	28
黑龙江省	288	96	417			86	10
上海市	39	110	39			123	42
江苏省	284	432	875			1525	478
浙江省	653	1306	633		58	3173	528
其中:宁波市	62	210	71			127	53
安徽省	35	44	176			168	34
福建省	118	285	3177	7		1045	151
其中:厦门市	30	55	2	7		24	2
江西省	27	105	58	8		69	227
山东省	427	219	2977		81	263	64
其中:青岛市	62	10	53		1	5	14
河南省	160	153	900	1	9	1602	52
湖北省	38	128	485	15	2	472	15
湖南省	45	193	357	1	10	78	211
广东省	177	531	870	8	9	605	523
其中:深圳市	32	206	75		6	158	137
广西壮族自治区	51	902	371		1	99	700
海南省	27	54	14	2		28	5
重庆市	95	205	291	13	9	208	59
四川省	175	344	295	469		656	1176
贵州省	21	85	42			75	193
云南省	100	149	100	14	8	159	
西藏自治区							
陕西省	12	6	21			116	3
甘肃省	38	38	118	39		47	
青海省		14	685			2	
宁夏回族自治区	1	12	13			6	
新疆维吾尔自治区	41	92	445	9	7	546	

二、地方财政预算收支情况

2－88－6

单位:万元

地　　区	商品和服务支出			对个人和家庭的补助			
	工会经费	福利费	其他商品和服务支出	小　计	离休费	退休费	退职(役)费
地　方　合　计	**311**	**1003**	**364679**	**10184**	**687**	**2962**	**17**
北京市			152786	48			
天津市			1767				
河北省	5	17	6410	1079		22	
山西省	3	69	2754	309	3	158	
内蒙古自治区		1	4137	1267	219	856	
辽宁省			2506	205	57	144	
其中:大连市			150	2			
吉林省	1	1	659	48		47	
黑龙江省	20	18	1357	344	116	158	
上海市	26	36	6014	1644		5	
江苏省	51	279	11899	829	74	348	
浙江省	78	221	25214	1107	21	148	2
其中:宁波市	2	24	3403	9		3	
安徽省	8	11	2522	94		40	
福建省	22	15	10089	524	1	57	3
其中:厦门市			4487	18			
江西省	4	17	3529	549	5	147	7
山东省	21	15	6304	544	23	65	
其中:青岛市	1	1	1766	24		4	
河南省	4	5	11111	96	26	33	
湖北省	14	14	20850	142	24	77	
湖南省	8	3	12912	61	8	19	
广东省	6	139	29447	143		32	
其中:深圳市	1	4	12460	22			
广西壮族自治区	4	15	6955	263	53	185	
海南省	2		2403				
重庆市		1	2332	22		11	
四川省	9	20	18703	139	8	59	
贵州省	2	6	1358	347	37	137	1
云南省	8	48	10646	69		5	4
西藏自治区			64				
陕西省			5619	42		26	
甘肃省	3	7	2620	123	12	106	
青海省			91				
宁夏回族自治区			356				
新疆维吾尔自治区	12	45	1265	146		77	

2－88－7

单位:万元

地　　区	对个人和家庭的补助						
	抚恤金	生活补助	救济费	医疗费	助学金	奖励金	生产补贴
地　方　合　计	**161**	**122**	**18**	**917**	**335**	**301**	**5**
北京市							
天津市							
河北省		37		450		26	
山西省				1		3	
内蒙古自治区	5	9		177	1		
辽宁省		3					
其中:大连市		1					
吉林省				1			
黑龙江省	13	7		8		6	
上海市	5		4				
江苏省	24	12	1	44		84	
浙江省	6	11	2	89	43	79	
其中:宁波市		1					
安徽省		3		1		24	
福建省	4	2		4		2	5
其中:厦门市				3			
江西省	55	6		6	283		
山东省	8	5	10	107		7	
其中:青岛市							
河南省	4	4					
湖北省	4	1					
湖南省		7		5			
广东省	1			5		4	
其中:深圳市						3	
广西壮族自治区	3	1			8	5	
海南省							
重庆市							
四川省	4	3		2		10	
贵州省	3	7				38	
云南省		2	1	4		3	
西藏自治区							
陕西省							
甘肃省	1	2		1			
青海省							
宁夏回族自治区							
新疆维吾尔自治区	21			12		10	

2－88－8

单位:万元

地区	对个人和家庭的补助				对企事业单位的补贴		
	住房公积金	提租补贴	购房补贴	其他对个人和家庭的补助支出	小计	企业政策性补贴	事业单位补贴
地方合计	**1138**	**151**	**673**	**2697**	**23699**	**3211**	**3536**
北京市				48	1516		16
天津市					298	153	
河北省	26			518	4030	5	
山西省	143			1	15		
内蒙古自治区							
辽宁省	1				916		346
其中:大连市	1				167		167
吉林省					82		3
黑龙江省	26	10			749	60	
上海市	11			1619	345		
江苏省	126	21	12	83	477		276
浙江省	297	2	345	62	7164	111	527
其中:宁波市				5			
安徽省	20	1		5	1217	1213	4
福建省	324	91	3	28	1917		378
其中:厦门市	11			4	1295		
江西省	2			38	8		
山东省	47	7	193	72	2027	300	1527
其中:青岛市	9		10	1			
河南省	22		6	1	135		10
湖北省	18			18	12		
湖南省	17			5	83		78
广东省	8	19	2	72	139		81
其中:深圳市		19			61		61
广西壮族自治区				8	140		140
海南省							
重庆市				11	792	752	40
四川省	5		1	47	910		
贵州省	6		105	13	50		50
云南省	16		6	28			
西藏自治区							
陕西省	14			2	60		60
甘肃省	1				617	617	
青海省							
宁夏回族自治区							
新疆维吾尔自治区	8			18			

2－88－9

单位:万元

地　　区	对企事业单位的补贴		赠　与			债务利息支出	
	财政贴息	其他对企事业单位的补贴支出	小　计	对国内的赠　与	对国外的赠　与	小　计	国库券付　息
地　方　合　计	**1845**	**15107**	**97**	**97**			
北京市		1500					
天津市	145						
河北省		4025					
山西省		15					
内蒙古自治区							
辽宁省		570					
其中:大连市							
吉林省		79					
黑龙江省		689					
上海市		345					
江苏省		201					
浙江省	1700	4826	2	2			
其中:宁波市							
安徽省							
福建省		1539					
其中:厦门市		1295					
江西省		8					
山东省		200					
其中:青岛市							
河南省		125					
湖北省		12					
湖南省		5					
广东省		58					
其中:深圳市							
广西壮族自治区							
海南省							
重庆市							
四川省		910					
贵州省							
云南省			95	95			
西藏自治区							
陕西省							
甘肃省							
青海省							
宁夏回族自治区							
新疆维吾尔自治区							

2-88-10

单位:万元

地　　区	债务利息支出 向国家银行借款付息	其他国内借款付息	向国外政府借款付息	向国际组织借款付息	其他国外借款付息	基本建设支出 小　计	房屋建筑物购建
地方合计						**47268**	**13351**
北京市						866	100
天津市							
河北省						468	448
山西省						95	
内蒙古自治区						615	585
辽宁省						4823	1300
其中:大连市						4410	1300
吉林省						20	
黑龙江省						372	211
上海市						879	
江苏省						1366	791
浙江省						5411	300
其中:宁波市						14	
安徽省						203	75
福建省						844	132
其中:厦门市							
江西省						107	45
山东省						832	605
其中:青岛市						700	558
河南省						15804	1729
湖北省						178	
湖南省						159	
广东省						7305	2078
其中:深圳市						200	
广西壮族自治区						2005	1855
海南省						9	
重庆市						503	218
四川省						836	433
贵州省						626	3
云南省						151	91
西藏自治区							
陕西省						3	
甘肃省						341	
青海省							
宁夏回族自治区						79	67
新疆维吾尔自治区						2368	2285

2－88－11

单位:万元

地　　区	基本建设支出							
	办公设备购　　置	专用设备购　　置	交通工具购　　置	基础设施建　　设	大型修缮	信息网络购　　建	物资储备	其他基本建设支出
地　方　合　计	**467**	**1718**	**208**	**19139**	**4637**	**506**	**2**	**7240**
北京市		89	73	313	120			171
天津市								
河北省				20				
山西省	20							75
内蒙古自治区	30							
辽宁省	18	303		300	2873	7	2	20
其中:大连市				300	2810			
吉林省		20						
黑龙江省		13		138				10
上海市								879
江苏省	35	2		250	141			147
浙江省	39	201	10	2189	149	159		2364
其中:宁波市	8	6						
安徽省	9	45						74
福建省	10	460		108	101	3		30
其中:厦门市								
江西省				5				57
山东省	86	1				140		
其中:青岛市	1	1				140		
河南省	7	40		14017		11		
湖北省		134			6	36		2
湖南省	21	91		30	6			11
广东省	1	156		1548	893			2629
其中:深圳市								200
广西壮族自治区	80		50					20
海南省			1			7		1
重庆市		20		218				47
四川省	36	125	20		6	121		95
贵州省	10		13					600
云南省	6	15	21	3	10			5
西藏自治区								
陕西省								3
甘肃省					332	9		
青海省								
宁夏回族自治区	9	3						
新疆维吾尔自治区	50		20			13		

2－88－12

单位:万元

地　　区	其他资本性支出						
	小　计	房屋建筑物购　　建	办公设备购　　置	专用设备购　　置	交通工具购　　置	基础设施建　　设	大型修缮
地　方　合　计	**95677**	**24222**	**3288**	**17090**	**2462**	**11625**	**7477**
北京市	12119		34	8887		704	846
天津市	400	400					
河北省	4066	36	32	748	23	175	234
山西省	1363	2	68	234	20	90	430
内蒙古自治区	671	230	75	111	125	49	13
辽宁省	4215	423	109	1408		879	1171
其中:大连市	286		34	210		39	1
吉林省	2278	574	176	88	9	71	39
黑龙江省	1278	150	41	208	12	147	690
上海市	2299	153	300	123	29	191	
江苏省	7364	51	339	640	116	450	1296
浙江省	3994	46	510	659	1259	109	44
其中:宁波市	115		40	33			
安徽省	20411	19003	86	67	20	53	250
福建省	3068	1018	258	792	92	140	550
其中:厦门市	18		8				10
江西省	2254	144	53	42	136	314	243
山东省	2054	252	330	475	141	42	127
其中:青岛市	28		3	25			
河南省	852	176	32	10	69	434	97
湖北省	2316	5	126	32	21	2	36
湖南省	769	207	49	18	55	110	123
广东省	8549	445	135	898	113	129	199
其中:深圳市	132		3		25		3
广西壮族自治区	95			12	4	37	20
海南省	34		20	1		13	
重庆市	544	233	53	7	6	66	10
四川省	2746	113	174	893	57	596	39
贵州省	157		17	13	40	7	
云南省	2040	265	64	364	25	532	97
西藏自治区							
陕西省	1926	50	15	128		977	728
甘肃省	918	223	29	4	27	70	70
青海省	268			90			15
宁夏回族自治区	917		85	40	23	66	56
新疆维吾尔自治区	5712	23	78	98	40	5172	54

2－88－13

单位:万元

地　　区	其他资本性支出						
	信息网络购　建	物资储备	土地补偿	安置补助	地上附着物和青苗补偿	拆迁补偿	其他资本性支　出
地　方　合　计	**2199**	**27**	**102**	**－1**			**27186**
北京市		－1		－1			1650
天津市							
河北省	13		2				2803
山西省	228						291
内蒙古自治区							68
辽宁省	15		100				110
其中:大连市	2						
吉林省	91						1230
黑龙江省							30
上海市	30						1473
江苏省	15						4457
浙江省	172						1195
其中:宁波市	27						15
安徽省	254						678
福建省	40						178
其中:厦门市							
江西省	301						1021
山东省	199						488
其中:青岛市							
河南省	18						16
湖北省	17						2077
湖南省	1						206
广东省	279						6351
其中:深圳市	65						36
广西壮族自治区	9						13
海南省							
重庆市	15						154
四川省	8						866
贵州省							80
云南省	104						589
西藏自治区							
陕西省		28					
甘肃省	344						151
青海省							163
宁夏回族自治区							647
新疆维吾尔自治区	46						201

二、地方财政预算收支情况

2－88－14　　　　单位:万元

地　　区	贷款转贷及产权参股					其他支出		
	小　计	国内贷款	国外贷款	产权参股	其他贷款转贷及产权参股支出	小　计	补充全国社会保障基金	其他支出
地　方　合　计	**25**				**25**	**163307**		**163307**
北京市						3487		3487
天津市								
河北省						1202		1202
山西省						4956		4956
内蒙古自治区						80		80
辽宁省						300		300
其中:大连市								
吉林省						21		21
黑龙江省						10		10
上海市						92299		92299
江苏省						2481		2481
浙江省						6565		6565
其中:宁波市						964		964
安徽省						3429		3429
福建省	25				25	4414		4414
其中:厦门市						99		99
江西省						1155		1155
山东省						1020		1020
其中:青岛市						930		930
河南省						484		484
湖北省						820		820
湖南省						2393		2393
广东省						26946		26946
其中:深圳市						4707		4707
广西壮族自治区						62		62
海南省								
重庆市						730		730
四川省						2902		2902
贵州省						1909		1909
云南省						100		100
西藏自治区								
陕西省						4750		4750
甘肃省						622		622
青海省						25		25
宁夏回族自治区						26		26
新疆维吾尔自治区						119		119

2007 年各省、自治区、直辖市社会保障和就业类支出明细表

2－89－1　　　　单位:万元

地　　区	合　计	工资福利支出				
		小　计	基本工资	津贴补贴	奖　金	社会保障缴　费
地方合计	**56203176**	**4040406**	**928627**	**592542**	**310348**	**1442884**
北京市	2149661	129130	37493	26859	22219	8656
天津市	818281	32893	11219	11599	3921	1865
河北省	2312069	547875	49137	21759	3345	30600
山西省	1872256	190245	36944	23003	3002	120836
内蒙古自治区	1541643	108984	23416	15413	1838	56197
辽宁省	4087795	205739	42142	27852	5378	93903
其中:大连市	730345	26664	6220	4584	1619	13706
吉林省	1601676	86496	35215	18326	3640	25020
黑龙江省	3675703	87017	42989	21092	4025	15127
上海市	3121270	390165	32400	16057	50770	261068
江苏省	2484916	173792	44059	34377	44922	27154
浙江省	1424564	144719	27918	24760	47227	24171
其中:宁波市	339618	29996	4706	4720	12779	4172
安徽省	2172767	80946	21794	13808	3753	34446
福建省	1002120	79262	19444	13409	4382	29371
其中:厦门市	152693	15613	2833	2627	845	5854
江西省	1414582	69377	24463	10511	2577	27622
山东省	2952713	376558	59561	46165	6775	255398
其中:青岛市	406644	31375	8384	9797	1607	9734
河南省	2703337	180771	61738	26343	2893	85428
湖北省	2641440	110982	40852	21794	8347	30835
湖南省	2528836	127183	55690	24744	8769	24550
广东省	3279839	270446	59732	71945	28094	68793
其中:深圳市	293070	37005	7913	16137	5623	2134
广西壮族自治区	1128513	45201	20805	9896	5497	3572
海南省	379412	62237	6571	2971	1220	49637
重庆市	1447977	35545	14517	10316	4895	1217
四川省	2894752	174593	44425	18367	22265	77152
贵州省	567702	37383	15670	10065	2501	5564
云南省	1625119	77388	21183	21115	4166	27408
西藏自治区	109326	15523	5607	5868	589	3084
陕西省	1703567	58591	31300	12358	3662	5193
甘肃省	975013	47340	15187	11949	1157	16784
青海省	503813	31104	6357	7168	829	13676
宁夏回族自治区	272276	15244	5665	4238	488	3768
新疆维吾尔自治区	810238	47677	15134	8415	7202	14789

二、地方财政预算收支情况

2－89－2　　　　单位:万元

地区	工资福利支出				商品和服务支出		
	伙食费	伙食补助费	绩效工资	其他工资福利支出	小计	办公费	印刷费
地方合计	**4663**	**17142**	**14921**	**729279**	**9835957**	**448159**	**66603**
北京市	444	950	593	31916	309553	19262	2640
天津市	356	799	686	2448	50983	6180	734
河北省	578	3074	260	439122	174781	13795	3201
山西省	110	292	134	5924	122441	8606	3367
内蒙古自治区	36	60	35	11989	119989	6608	1771
辽宁省	376	303	2031	33754	242978	37736	3726
其中:大连市	68	41	375	51	45157	23242	862
吉林省		133	1947	2215	174848	20612	2575
黑龙江省	156	718	375	2535	2400345	100188	1674
上海市	483	1212	168	28007	542643	5284	1537
江苏省	213	2056	1717	19294	415912	12901	4465
浙江省	118	1838	119	18568	358467	7240	4115
其中:宁波市	54	299	18	3248	60760	1410	545
安徽省	59	472	113	6501	215994	7058	1824
福建省	40	222	760	11634	137704	5476	1360
其中:厦门市	6	137	118	3193	31418	1575	116
江西省	38	158	227	3781	149380	4992	1269
山东省	269	467	943	6980	252230	23142	4571
其中:青岛市	3	120	102	1628	35845	2221	331
河南省	168	152	439	3610	300659	66407	3367
湖北省	165	362	1129	7498	1385867	7025	3009
湖南省	154	509	186	12581	401605	9481	2439
广东省	480	1018	377	40007	620295	23216	5930
其中:深圳市	158	274		4766	113876	1682	1244
广西壮族自治区	15	34	195	5187	174831	6159	1020
海南省	3	15	29	1791	30450	985	609
重庆市		370	13	4217	147665	5580	1240
四川省	40	451	1324	10569	288970	13721	3444
贵州省	10	201	17	3355	100928	5704	798
云南省	222	210	43	3041	133508	12319	1388
西藏自治区		3		372	13185	345	110
陕西省	98	434	635	4911	93396	7195	1377
甘肃省	3	37	134	2089	54827	4435	1268
青海省	6	95	241	2732	29033	1104	271
宁夏回族自治区	7	58		1020	25454	1188	392
新疆维吾尔自治区	16	439	51	1631	367036	4215	1112

2-89-3

单位:万元

地区	商品和服务支出						
	咨询费	手续费	水 费	电 费	邮电费	取暖费	物业管理费
地方合计	**3196**	**15960**	**19036**	**71315**	**54938**	**87579**	**26409**
北京市	162	162	919	4155	1947	12408	4577
天津市	12	50	255	884	970	811	184
河北省	146	689	934	3233	1932	7534	467
山西省	48	1611	474	1322	1190	3989	192
内蒙古自治区	43	209	249	744	987	3546	167
辽宁省	411	1302	936	3393	2932	23011	993
其中:大连市	358	143	139	754	587	3056	411
吉林省	152	520	646	2148	1064	6883	665
黑龙江省	65	85	660	2079	1219	11346	386
上海市	260	158	956	5959	4682	961	6160
江苏省	216	1953	1185	4772	3542	232	1436
浙江省	78	946	705	3719	3349		1218
其中:宁波市	5	48	131	747	491		270
安徽省	50	491	328	1554	1110	65	336
福建省	44	676	410	1274	1505		447
其中:厦门市	25	40	61	199	173		128
江西省	36	45	390	1362	941	62	100
山东省	199	264	1655	5033	4548	5510	1223
其中:青岛市	6	5	85	442	815	356	295
河南省	109	3947	1056	3383	2084	1486	434
湖北省	119	116	974	2956	1685	389	438
湖南省	117	163	1016	4984	1946	261	482
广东省	241	599	1743	8735	6070	17	4326
其中:深圳市	36	31	375	1922	1060		2179
广西壮族自治区	28	55	397	1075	1035		171
海南省	3	30	59	173	229		46
重庆市	40	241	342	1122	1058	7	489
四川省	56	645	983	2618	3162	231	534
贵州省	215	232	197	536	548	124	101
云南省	124	92	382	768	1531	2	263
西藏自治区		2	74	155	170	212	7
陕西省	30	42	578	1646	1168	2117	279
甘肃省	22	49	164	409	710	1204	81
青海省	10	21	84	229	547	1137	28
宁夏回族自治区	9	103	63	256	218	393	97
新疆维吾尔自治区	151	462	222	639	859	3641	82

2－89－4　　　　单位:万元

地区	商品和服务支出					
	交通费	差旅费	出国费	维修(护)费	租赁费	会议费
地方合计	**161055**	**87312**	**9655**	**200711**	**31212**	**117352**
北京市	5602	1397	1481	17977	5620	5743
天津市	1535	458	221	3340	799	1151
河北省	8031	4960	205	10053	712	4728
山西省	6306	3030	106	7172	1142	2869
内蒙古自治区	4622	3536	191	4399	397	1748
辽宁省	9852	3741	159	14249	1035	3686
其中:大连市	1550	692	15	2858	108	893
吉林省	5211	3683	206	10576	821	3141
黑龙江省	4856	2729	84	12293	2194	1649
上海市	5624	2001	1779	12962	2934	4742
江苏省	8222	4375	479	9064	1261	9102
浙江省	6974	4791	918	7661	2544	7417
其中:宁波市	947	923	191	1289	261	1367
安徽省	3330	2517	256	3046	298	1750
福建省	3627	2478	238	3472	349	2511
其中:厦门市	443	358	54	369	36	142
江西省	2858	2720	110	2018	155	1516
山东省	11465	4338	336	17130	1814	8680
其中:青岛市	1154	511	74	1127	402	443
河南省	7914	4088	102	6306	992	4872
湖北省	5377	3401	136	5840	1214	3686
湖南省	7562	4176	220	4378	401	5201
广东省	17344	7198	1156	13867	2676	11288
其中:深圳市	3397	1297	113	1524	730	1660
广西壮族自治区	3460	2103	95	2775	403	1566
海南省	1121	704	93	1044	105	469
重庆市	3039	2336	174	3020	439	3974
四川省	8332	4715	163	7928	1362	7349
贵州省	2470	1240	143	1316	196	1708
云南省	4070	2214	218	4339	202	9734
西藏自治区	864	619	5	207	1	239
陕西省	4576	2372	183	4784	480	2880
甘肃省	2078	1467	52	3914	163	1759
青海省	945	678	29	1232	63	503
宁夏回族自治区	1013	850	40	926	158	581
新疆维吾尔自治区	2775	2397	77	3423	282	1110

2－89－5　　　　单位：万元

地　　区	商品和服务支出						
	培训费	招待费	专　用 材料费	被　装 购置费	专　用 燃料费	劳务费	委　托 业务费
地　方　合　计	**231272**	**126847**	**178355**	**13091**	**22876**	**102792**	**40848**
北京市	6682	1470	15886	463	170	2443	11576
天津市	1644	670	800	179	590	4087	300
河北省	9665	2955	8401	693	1460	1634	860
山西省	8126	2874	2372	1660	399	1093	739
内蒙古自治区	6660	1512	1407	419	668	1579	1045
辽宁省	17305	2989	13244	385	2568	9767	936
其中：大连市	1668	549	3129	80	245	1619	672
吉林省	14484	3138	10370	77	1598	5528	1689
黑龙江省	9861	1013	5755	687	713	3420	508
上海市	3333	4613	2464	96	63	14370	2692
江苏省	11207	10768	16358	1268	1694	6547	3045
浙江省	10709	9961	7504	363	1129	7137	2144
其中：宁波市	1887	1726	1682	56	84	1302	305
安徽省	3041	3626	4443	908	777	1225	456
福建省	5453	4351	4852	386	572	1527	2026
其中：厦门市	1344	518	1407	24	15	351	216
江西省	6817	4143	2577	269	233	1155	530
山东省	16688	6388	11099	594	1250	6793	1581
其中：青岛市	454	1367	901	4	69	740	
河南省	13106	4909	17460	594	1357	3344	1787
湖北省	4883	6470	5251	474	788	1154	1061
湖南省	6558	12763	5740	499	548	1982	404
广东省	16628	14286	18835	1044	2662	10718	3529
其中：深圳市	1567	1517	785	96	220	3027	499
广西壮族自治区	4086	2746	5320	63	363	854	348
海南省	1980	857	58	54	17	155	15
重庆市	3183	2340	1957	64	73	1192	172
四川省	15982	8176	4661	256	970	2500	380
贵州省	7607	2905	1624	134	1201	948	181
云南省	6192	4284	1997	239	269	5041	1739
西藏自治区	214	340	8	1	24	9	4
陕西省	2428	2794	2888	741	380	1009	341
甘肃省	3403	1229	2162	260	105	2020	348
青海省	2334	470	160		60	125	9
宁夏回族自治区	992	558	599	38	27	357	141
新疆维吾尔自治区	10021	1249	2103	183	148	3079	262

二、地方财政预算收支情况

2－89－6

单位:万元

地　　区	商品和服务支出			对个人和家庭的补助			
	工会经费	福利费	其他商品和服务支出	小　计	离休费	退休费	退职(役)费
地方合计	**17281**	**62662**	**7639441**	**33463454**	**1482455**	**15115062**	**199328**
北京市	1136	1822	183853	1145352	93841	766695	9417
天津市	343	667	24119	628837	6910	31663	819
河北省	523	3313	84657	1242735	112987	630376	3285
山西省	216	1324	62214	1232447	72776	431748	3324
内蒙古自治区	128	750	76604	1224843	55294	618287	13086
辽宁省	686	2705	85231	2969718	139566	1400231	4561
其中:大连市	131	979	417	339769	31815	189696	352
吉林省	153	329	78579	879121	26546	226211	4832
黑龙江省	508	4396	2231977	1049550	10499	117088	5206
上海市	1113	5059	452841	793540	20316	182433	5129
江苏省	1473	3577	296770	1399704	41676	276503	8988
浙江省	2026	5683	260136	590075	23174	164847	5942
其中:宁波市	382	805	43906	132864	2230	26980	417
安徽省	819	1068	175618	1589420	73988	687273	10692
福建省	537	2421	91712	696462	41250	471185	4277
其中:厦门市	156	442	23226	88730	6273	71214	380
江西省	182	1214	113686	888953	19676	293394	8491
山东省	648	3480	113801	1891504	148285	856619	22668
其中:青岛市	169	206	23668	232681	12150	114515	913
河南省	471	1769	149315	1913509	103620	855945	13885
湖北省	616	1909	1326896	927205	41597	407541	9256
湖南省	1166	1747	327371	1549792	37384	708789	7478
广东省	1425	11105	435657	2033416	103091	1307778	13614
其中:深圳市	147	1289	87479	99697	2698	58773	1696
广西壮族自治区	183	1136	139390	623846	22298	373074	3780
海南省	54	132	21458	264393	9592	173840	2986
重庆市	588	784	114211	1128001	20145	793699	2956
四川省	823	2015	197964	2295505	56949	1154923	7727
贵州省	229	627	69944	358303	5979	65644	1641
云南省	486	662	74953	1339190	71777	792571	5193
西藏自治区	81	14	9480	74018	3712	29583	8
陕西省	152	789	52167	1148135	53690	389162	2004
甘肃省	111	680	26734	664596	28828	325353	3413
青海省	89	82	18823	414407	20876	291288	12037
宁夏回族自治区	43	177	16235	157119	6460	88542	1037
新疆维吾尔自治区	273	1226	327045	349758	9673	202777	1596

2－89－7

单位:万元

地　　区	对个人和家庭的补助						
	抚恤金	生活补助	救济费	医疗费	助学金	奖励金	生产补贴
地　方　合　计	**1070118**	**4559634**	**2663356**	**346352**	**8181**	**20185**	**42325**
北京市	28190	65635	40013	38463	115	163	299
天津市	8724	27643	40852	1897	26	240	52
河北省	67286	166018	106698	14900	168	573	843
山西省	36675	241526	73462	7288	107	1072	1596
内蒙古自治区	17992	114993	87122	9440	396	135	1909
辽宁省	46479	248014	257098	18648		639	785
其中:大连市	12014	47139	20694	1118		146	132
吉林省	35968	206008	111013	5387	1	330	270
黑龙江省	29321	558331	110429	5555	19	667	2512
上海市	21690	99048	71789	5449	549	100	4075
江苏省	80549	198044	120417	16464	5	667	204
浙江省	36705	106471	78244	8267	38	899	1288
其中:宁波市	5133	20115	21616	1179	37	38	625
安徽省	47568	167165	111335	12728	44	254	894
福建省	17363	72853	35331	1780	54	1015	488
其中:厦门市	774	1445	1642	106	3	478	
江西省	30411	174554	62212	16322	230	102	6489
山东省	120081	318768	99433	20534	501	807	3172
其中:青岛市	11380	9091	6953	125	53	14	34
河南省	71148	539232	101640	8811	361	437	841
湖北省	57115	194421	100927	12143	809	91	444
湖南省	52003	175471	85004	10793	1319	1013	5910
广东省	48443	129783	89974	12923	1989	4064	2735
其中:深圳市	1676	3001	6540	887	250	307	46
广西壮族自治区	15643	46938	55779	3226	38	1794	221
海南省	8025	19833	22433	856	29	49	267
重庆市	21854	56433	158238	3179		400	2046
四川省	64397	236182	222283	18603	342	2210	2007
贵州省	15584	54871	98461	9362	139	321	578
云南省	21064	101522	119794	6518	344	402	869
西藏自治区	1634	5475	8728	19452	1	3	18
陕西省	26542	67806	31444	39372	71	981	326
甘肃省	21169	85690	69025	6203	196	237	264
青海省	7880	23204	19901	5983	164	5	63
宁夏回族自治区	3598	16833	24550	2893	97	92	306
新疆维吾尔自治区	9017	40869	49727	2913	29	423	554

2－89－8

单位:万元

地区	对个人和家庭的补助				对企事业单位的补贴		
	住房公积金	提租补贴	购房补贴	其他对个人和家庭的补助支出	小计	企业政策性补贴	事业单位补贴
地方合计	**63848**	**16660**	**61639**	**7814311**	**2131363**	**751420**	**57225**
北京市	5663	5597	6769	84492	7757	4791	706
天津市	3486	38	509	505978	64631	2307	171
河北省	1517	62	340	137682	222014	6866	878
山西省	1650	36	253	360934	300644	1734	682
内蒙古自治区	324	1	1307	304557	6400	1656	1297
辽宁省	1546	5809	658	845684	112987	77693	1219
其中:大连市	152	43	190	36278	6754	4312	111
吉林省	1218	39		261298	323035	83079	4478
黑龙江省	3278	511	127	206007	68407	60395	82
上海市	562	5	16	382379	14818	3922	469
江苏省	4373	1104	864	649846	23951	8666	2819
浙江省	7204	38	449	156509	30887	8365	1574
其中:宁波市	212	4	20	54258	20033	8360	896
安徽省	1729	260	300	475190	129827	71814	1593
福建省	2245	1015	433	47173	17181	1371	597
其中:厦门市	668	382	29	5336	1436		44
江西省	1057	3	481	275531	104869	90874	7272
山东省	5752	1140	39456	254288	65566	36077	4512
其中:青岛市	1114	245	699	75395	495	156	38
河南省	793	22	509	216265	189520	144968	3431
湖北省	2966	113	215	99567	15450	4797	799
湖南省	2214	33	177	462204	101699	90968	2178
广东省	7667	767	2974	307614	37701	6107	12282
其中:深圳市	35	683	513	22592	3646		2100
广西壮族自治区	1012	6	55	99982	8844	107	354
海南省	57	15	17	26394	149	14	7
重庆市	579		281	68191	14517	2734	
四川省	1969	3	288	527622	38217	8965	395
贵州省	587	25	2676	102435	20462	9382	7708
云南省	746		483	217907	16654	1643	8
西藏自治区	167		2	5235			
陕西省	1783	7	400	534547	2734	857	282
甘肃省	416	9	117	123676	179057	17233	223
青海省	26		160	32820	5034	1379	
宁夏回族自治区	68		27	12616	6880	2454	403
新疆维吾尔自治区	1194	2	1296	29688	1471	202	806

2－89－9

单位:万元

地　　区	对企事业单位的补贴		赠与			债务利息支出	
	财政贴息	其他对企事业单位的补贴支出	小　计	对国内的赠与	对国外的赠与	小　计	国库券付息
地方合计	**17457**	**1305261**	**10799**	**10685**	**114**	**2158**	
北京市	90	2170					
天津市		62153	23	23			
河北省	305	213965	10	10			
山西省	231	297997	19	19			
内蒙古自治区	2703	744					
辽宁省	1123	32952	665	665		142	
其中:大连市		2331					
吉林省	690	234788	25	25		178	
黑龙江省	775	7155	7	7			
上海市		10427	6023	6023			
江苏省	208	12258	683	683			
浙江省	89	20859	2263	2263			
其中:宁波市		10777					
安徽省	3042	53378	62	62			
福建省	292	14921	98	98			
其中:厦门市		1392					
江西省	520	6203	1	1			
山东省	1291	23686	263	263		1737	
其中:青岛市	6	295				251	
河南省	2070	39051	125	11	114		
湖北省	429	9425				5	
湖南省	366	8187	36	36		60	
广东省	4	19308	258	258			
其中:深圳市		1546	15	15			
广西壮族自治区		8383	22	22			
海南省	90	38	21	21			
重庆市	290	11493	1	1			
四川省	885	27972	25	25		26	
贵州省	100	3272					
云南省	271	14732	169	169		10	
西藏自治区							
陕西省	20	1575					
甘肃省	407	161194					
青海省	1006	2649					
宁夏回族自治区	50	3973					
新疆维吾尔自治区	110	353					

二、地方财政预算收支情况

2－89－10

单位:万元

地区	债务利息支出					基本建设支出	
	向国家银行借款付息	其他国内借款付息	向国外政府借款付息	向国际组织借款付息	其他国外借款付息	小计	房屋建筑物购建
地方合计	**245**	**1887**	**26**			**565337**	**185015**
北京市						133173	23272
天津市						10949	10698
河北省						6798	4520
山西省						1413	565
内蒙古自治区						7953	5410
辽宁省	142					35081	10036
其中:大连市						21727	6974
吉林省	93	85				3873	1897
黑龙江省						7332	3535
上海市						113379	2293
江苏省						35822	21307
浙江省						28206	13845
其中:宁波市						9287	1882
安徽省						26621	11821
福建省						6994	4013
其中:厦门市						3523	2782
江西省						2346	928
山东省		1737				6003	2301
其中:青岛市		251				1098	
河南省						12440	3957
湖北省		5				12373	4880
湖南省		60				13320	4554
广东省						24393	10815
其中:深圳市							
广西壮族自治区						8634	5390
海南省						325	300
重庆市						4323	2136
四川省			26			29640	20548
贵州省						878	174
云南省	10					6736	2264
西藏自治区						921	901
陕西省						9378	6289
甘肃省						5468	1752
青海省						3280	1466
宁夏回族自治区						1207	209
新疆维吾尔自治区						6078	2939

2－89－11　　　　　　　　　　　　　　　　　　　　　　　　　　　　单位:万元

地　　区	基本建设支出							
	办公设备购　置	专用设备购　置	交通工具购　置	基础设施建　设	大型修缮	信息网络购　建	物资储备	其他基本建设支出
地　方　合　计	**5869**	**3462**	**3098**	**88958**	**20055**	**9873**	**181**	**248826**
北京市	533	216	95	12159	1073	230		95595
天津市				251				
河北省	54	59	12	1461	506	4		182
山西省	52	66	52	3	5	10		660
内蒙古自治区	34	6	213	358	493	542		897
辽宁省	240	50	50	16590	2215	1540	60	4300
其中:大连市		50		9835	1241	24		3603
吉林省	20	20	54	605	1238	29	1	9
黑龙江省	82	22	39	2558	1086	9		1
上海市	41	113	23		328	11		110570
江苏省	638	476	307	6850	286	213		5745
浙江省	804	1018	657	6704	177	558		4443
其中:宁波市	40	32	31	6380	11	8		903
安徽省	279		42	7659	5723	74	45	978
福建省	88	76	125	1649	372	120		551
其中:厦门市	75	53	12	1	241	1		358
江西省	137	5	52	562	77	36		549
山东省	223	205	106	551	153	132		2332
其中:青岛市	8	2	45			1		1042
河南省	224	15	96	3836	58	481		3773
湖北省	81	28	183	5008	201	933		1059
湖南省	491	44	84	2132	390	88		5537
广东省	576	683	235	3733	3667	796	20	3868
其中:深圳市								
广西壮族自治区	177	119	105	1033	322	433		1055
海南省	3	3	10					9
重庆市	136	6	32	785	430	18		780
四川省	133	60	145	4661	500	2182		1411
贵州省	374	31	70	72		4		153
云南省	145	12	51	2838	182	331		913
西藏自治区		10						10
陕西省	41		20	1039		583		1406
甘肃省	41		26	2075	338			1236
青海省	35	70	30	795	176	50		658
宁夏回族自治区	31	31	46	389		304	51	146
新疆维吾尔自治区	156	18	138	2602	59	162	4	

2－89－12

单位:万元

地　　区	其他资本性支出						
	小　计	房屋建筑物购　　建	办公设备购　　置	专用设备购　　置	交通工具购　　置	基础设施建　　设	大型修缮
地　方　合　计	**1466618**	**192316**	**70896**	**52989**	**55410**	**82985**	**66960**
北京市	333073	6567	9204	3115	4223	1431	4131
天津市	29965	8328	676	617	1094	2421	2122
河北省	21923	4344	1943	2461	1181	3659	2102
山西省	19648	2500	2809	1712	1848	2014	1767
内蒙古自治区	18169	3046	3603	365	1609	570	231
辽宁省	111013	12126	2890	5515	3375	2600	3040
其中:大连市	5438	170	442	2246	103	65	667
吉林省	35300	6937	2074	3402	1982	9153	6060
黑龙江省	20838	8130	1176	3247	632	1306	4341
上海市	52917	6075	3868	3631	1536	42	2400
江苏省	125882	22576	4643	4077	2495	1640	3048
浙江省	73151	12408	4396	2884	3143	1155	6345
其中:宁波市	23159	1433	1237	260	390	31	108
安徽省	25504	3323	1241	641	993	2604	1384
福建省	20945	4733	1558	1193	1287	1131	930
其中:厦门市	5855	1338	270	334	111	18	183
江西省	18278	3852	613	381	876	1758	550
山东省	96272	11110	4698	5791	2837	5917	4963
其中:青岛市	11008	893	922	620	399	165	169
河南省	31124	6558	2287	1252	1731	5930	2083
湖北省	23146	4983	1430	894	2147	2414	2769
湖南省	36388	4412	1573	667	2372	835	733
广东省	80569	13290	7908	4969	6027	14763	7951
其中:深圳市	12424	1417	1628	339	890	30	583
广西壮族自治区	13600	2681	1239	971	1794	1549	646
海南省	8409	3919	577	240	375	96	60
重庆市	100550	2300	1177	430	970	1783	284
四川省	39301	16842	2684	1377	3280	4717	1645
贵州省	8108	1870	670	390	847	626	257
云南省	44101	6410	1906	1039	1430	4450	1816
西藏自治区	1858	577	70	11	442		
陕西省	30252	3124	1604	594	2557	1729	1910
甘肃省	8287	881	614	446	695	1177	203
青海省	14020	2094	433	223	539	469	2018
宁夏回族自治区	3139	989	406	89	277	197	162
新疆维吾尔自治区	20888	5331	926	365	816	4849	1009

2－89－13

单位:万元

地　　区	其他资本性支出						
	信息网络购建	物资储备	土地补偿	安置补助	地上附着物和青苗补偿	拆迁补偿	其他资本性支出
地方合计	**42528**	**2286**	**16787**	**202998**	**327**	**1282**	**678854**
北京市	835	75	3	632		12	302845
天津市	3503			3324			7880
河北省	1460	30		1574		6	3163
山西省	1707	121		615			4555
内蒙古自治区	888	374	30	338		700	6415
辽宁省	4012	279	347	71040		12	5777
其中:大连市	62		10	1673			
吉林省	3915	105	40	1263	46		323
黑龙江省	372			1045			589
上海市	1421			8109			25835
江苏省	2797		12884	23619		18	48085
浙江省	1937	66	4	19034		155	21624
其中:宁波市	468		4	18311		149	768
安徽省	488	14		992			13824
福建省	453			6642	10		3008
其中:厦门市	184			2000			1417
江西省	160	59	300	506	10	23	9190
山东省	1377	16	71	34674		75	24743
其中:青岛市	53			697			7090
河南省	627	91	890	1105	47	56	8467
湖北省	2085		450	384	13		5577
湖南省	1807		3	20525			3461
广东省	3156	38		439		2	22026
其中:深圳市	149						7388
广西壮族自治区	332	99		1021			3268
海南省	96		1		2		3043
重庆市	302	25	20	156		3	93100
四川省	2002	30	1060	1418	15	10	4221
贵州省	497	196		30			2725
云南省	1153	401	313	133	16	60	24974
西藏自治区	5	55					698
陕西省	741	126	200	2721	155	50	14741
甘肃省	3550		65	149	12		495
青海省	522					16	7706
宁夏回族自治区	30	36		140			813
新疆维吾尔自治区	298	50	106	1370	1	84	5683

二、地方财政预算收支情况

2－89－14　　　　单位:万元

地区	贷款转贷及产权参股					其他支出		
	小计	国内贷款	国外贷款	产权参股	其他贷款转贷及产权参股支出	小计	补充全国社会保障基金	其他支出
地方合计	**16028**	**209**			**15819**	**4671056**	**38040**	**4633016**
北京市						91623		91623
天津市								
河北省						95933		95933
山西省						5399		5399
内蒙古自治区	100				100	55205		55205
辽宁省	15501	59			15442	393971		393971
其中:大连市	15501	59			15442	269335		269335
吉林省						98800		98800
黑龙江省						42207		42207
上海市						1207785		1207785
江苏省						309170		309170
浙江省						196796		196796
其中:宁波市						63519		63519
安徽省						104393		104393
福建省	277				277	43197		43197
其中:厦门市						6118		6118
江西省						181378		181378
山东省	40	40				262540		262540
其中:青岛市						93891		93891
河南省						75189	38040	37149
湖北省						166412		166412
湖南省						298753		298753
广东省						212761		212761
其中:深圳市						26407		26407
广西壮族自治区						253535		253535
海南省						13428		13428
重庆市						17375		17375
四川省						28475		28475
贵州省						41640		41640
云南省						7363		7363
西藏自治区						3821		3821
陕西省						361081		361081
甘肃省						15438		15438
青海省	110	110				6825		6825
宁夏回族自治区						63233		63233
新疆维吾尔自治区						17330		17330

2007 年各省、自治区、直辖市社会保障和就业管理事务支出明细表

2－90－1 单位:万元

地区	合计	工资福利支出				
		小计	基本工资	津贴补贴	奖金	社会保障缴费
地方合计	**2773059**	**917948**	**378737**	**255669**	**148331**	**52975**
北京市	109139	37668	11554	10961	8057	1603
天津市	37142	10915	4619	3250	1143	610
河北省	73070	27876	15535	6929	1380	1504
山西省	67707	28239	14682	8433	1668	1944
内蒙古自治区	46725	20138	10259	7025	932	1043
辽宁省	95875	35556	17796	11046	1773	2934
其中:大连市	16961	7091	2723	1955	818	1304
吉林省	55483	21913	12588	6280	1869	431
黑龙江省	64625	25831	14707	8500	1416	579
上海市	311056	56154	10569	8094	29628	2761
江苏省	225463	74337	20669	16013	23166	5553
浙江省	185759	62162	12948	11760	23733	5842
其中:宁波市	58555	15776	2333	2426	7156	2261
安徽省	60255	20986	9478	5885	2160	860
福建省	54301	21844	8228	5727	2238	1869
其中:厦门市	12561	3912	832	1041	488	248
江西省	45227	16176	8700	4158	1147	457
山东省	193665	59897	26630	20733	3458	5990
其中:青岛市	59730	12499	4121	4783	1021	1774
河南省	81561	38914	24594	10920	1269	1127
湖北省	99883	38688	19360	9940	3365	2475
湖南省	118094	52403	29665	12214	4639	2576
广东省	303177	92844	25443	37647	11104	5522
其中:深圳市	58898	22456	4335	11090	3181	1016
广西壮族自治区	49938	17517	8754	4629	2662	417
海南省	20590	4452	2332	1010	295	276
重庆市	39453	16372	6788	5308	2416	354
四川省	113080	46024	20053	7710	11972	2075
贵州省	25990	11226	5243	3831	995	202
云南省	45335	20239	8582	8980	1448	538
西藏自治区	8594	4590	1569	2413	225	118
陕西省	45660	18767	10871	4004	1282	575
甘肃省	142067	11989	6081	4776	472	105
青海省	13767	6206	2127	2663	304	954
宁夏回族自治区	11456	4981	2106	1853	252	303
新疆维吾尔自治区	28922	13044	6207	2977	1863	1378

2－90－2

单位:万元

地　　区	工资福利支出				商品和服务支出		
	伙食费	伙　食 补助费	绩效 工资	其他工资 福利支出	小　计	办公费	印刷费
地　方　合　计	**1504**	**7234**	**4869**	**68629**	**1032064**	**99868**	**37714**
北京市	84	467	101	4841	49259	1836	1227
天津市	292	102	528	371	13303	3037	546
河北省	58	910	132	1428	26748	3795	1811
山西省	54	163	39	1256	24592	3546	2163
内蒙古自治区	2	23	9	845	17477	3047	908
辽宁省	81	139	667	1120	38596	4681	2175
其中:大连市	20	19	208	44	8384	1231	524
吉林省		39	489	217	20999	3730	1410
黑龙江省	54	176	50	349	19936	4249	1131
上海市	128	723	53	4198	112607	1616	979
江苏省	125	933	703	7175	98135	6482	3427
浙江省	69	902	74	6834	67636	3493	2372
其中:宁波市	41	184	18	1357	13596	719	406
安徽省	21	200	13	2369	24817	2674	936
福建省	13	124	291	3354	23328	2640	791
其中:厦门市	6	93	88	1116	6558	1137	75
江西省	9	53	41	1611	15533	1651	728
山东省	32	298	173	2583	50645	7743	2204
其中:青岛市		89	32	679	7314	588	201
河南省	7	64	75	858	31925	7333	1649
湖北省	49	138	487	2874	37557	3951	1550
湖南省	47	226	45	2991	39681	4090	1253
广东省	173	576	145	12234	150185	11056	4348
其中:深圳市	102	154		2578	28397	993	979
广西壮族自治区		8	30	1017	20262	1713	731
海南省	3	9	28	499	11044	332	369
重庆市		212	6	1288	17450	2628	506
四川省	10	227	302	3675	48368	5367	1689
贵州省		94	5	856	8369	879	253
云南省	174	89	8	420	18057	2415	676
西藏自治区		3		262	1706	186	63
陕西省	11	147	270	1607	16245	2216	709
甘肃省	2	6	28	519	9846	1420	534
青海省		19	56	83	4132	491	83
宁夏回族自治区	3	6		458	4551	434	205
新疆维吾尔自治区	3	158	21	437	9075	1137	288

2－90－3

单位:万元

地区	商品和服务支出						
	咨询费	手续费	水费	电费	邮电费	取暖费	物业管理费
地方合计	**1296**	**4910**	**5970**	**26272**	**30088**	**14963**	**11789**
北京市	40	136	262	1226	1118	933	1355
天津市	8	20	75	238	671	206	76
河北省	21	371	210	917	852	1218	237
山西省	13	88	113	413	575	959	38
内蒙古自治区	1	19	91	251	499	1223	103
辽宁省	117	682	309	972	1676	3009	329
其中:大连市	105	138	56	257	306	550	180
吉林省	42	28	205	585	486	1615	118
黑龙江省	34	22	141	474	646	1780	214
上海市	231	139	338	2548	3405		3461
江苏省	94	719	400	2255	2108	18	686
浙江省	28	721	236	1617	1873		711
其中:宁波市	3	24	29	310	335		187
安徽省	17	138	97	580	528	17	161
福建省	11	287	76	483	853		276
其中:厦门市	5	28	14	78	103		62
江西省	6	21	117	475	430	28	43
山东省	66	107	509	1840	2356	1920	416
其中:青岛市	5	1	28	266	627	157	123
河南省	37	88	305	951	1073	204	211
湖北省	113	61	398	1314	898	38	193
湖南省	34	59	362	1274	963	75	257
广东省	133	288	688	4191	3532	2	1910
其中:深圳市	11	1	149	1160	656		1114
广西壮族自治区	23	42	117	505	594		122
海南省	3	24	35	85	113		19
重庆市	21	193	96	425	490	3	242
四川省	19	170	293	1172	1634	51	198
贵州省	5	118	56	170	170	42	57
云南省	25	24	119	276	712		178
西藏自治区		1	27	54	91	28	
陕西省	6	13	171	510	595	503	90
甘肃省	4	14	54	135	347	287	26
青海省		3	10	49	337	166	1
宁夏回族自治区	4	19	20	71	112	135	15
新疆维吾尔自治区	140	295	40	216	351	503	46

2－90－4

单位:万元

地　　区	商品和服务支出					
	交通费	差旅费	出国费	维修(护)费	租赁费	会议费
地 方 合 计	**63351**	**36062**	**3556**	**47379**	**15624**	**44215**
北京市	1402	342	279	2900	2074	1683
天津市	509	199	90	176	653	414
河北省	2589	1355	93	1702	377	1870
山西省	2727	1208	64	1098	687	1246
内蒙古自治区	2047	1475	89	1609	226	484
辽宁省	3566	1305	58	3169	403	1327
其中:大连市	522	275	8	962	55	226
吉林省	1883	1447	117	1844	146	1038
黑龙江省	1749	1150	33	1311	2067	658
上海市	2303	796	899	8876	1182	2552
江苏省	3485	2214	154	2502	701	4351
浙江省	2411	2007	219	3098	1457	2807
其中:宁波市	443	462	65	736	129	673
安徽省	1199	1005	143	467	165	685
福建省	1252	1203	92	621	261	898
其中:厦门市	178	174	6	131	7	78
江西省	1123	1133	57	412	71	640
山东省	4904	1858	167	2343	915	3333
其中:青岛市	475	157	29	200	345	180
河南省	3021	1664	50	1477	353	1821
湖北省	2536	1753	56	1667	168	1987
湖南省	3473	1889	47	1032	90	2148
广东省	8830	3551	366	4074	1382	5095
其中:深圳市	1808	804	52	652	387	1059
广西壮族自治区	1531	967	14	1027	307	670
海南省	401	240	33	345	74	128
重庆市	1224	1023	17	570	270	1573
四川省	3062	2185	114	1976	614	2734
贵州省	603	402	34	254	145	417
云南省	1280	619	92	717	120	962
西藏自治区	294	251		66	1	64
陕西省	1820	1000	88	855	246	1249
甘肃省	749	626	36	360	102	787
青海省	316	296	7	324	57	152
宁夏回族自治区	366	339	30	122	115	218
新疆维吾尔自治区	696	560	18	385	195	224

2－90－5

单位:万元

地区	商品和服务支出						
	培训费	招待费	专用材料费	被装购置费	专用燃料费	劳务费	委托业务费
地方合计	**34073**	**54424**	**21045**	**4059**	**1402**	**29045**	**19903**
北京市	934	411	396	121	36	731	11144
天津市	266	210	25	1		574	
河北省	1133	986	2062	98	15	437	244
山西省	928	1239	340	1246	51	330	368
内蒙古自治区	905	630	168	189	79	621	160
辽宁省	1014	1133	2166	7	138	3422	552
其中:大连市	295	144	809	1	31	720	446
吉林省	1016	519	2170		209	289	46
黑龙江省	755	315	757	401	71	320	46
上海市	1169	2056	393	69	1	6141	902
江苏省	3202	5417	1733	166	69	3437	1845
浙江省	2226	3967	1134	138	10	2490	228
其中:宁波市	606	763	246	39	1	545	20
安徽省	921	1590	917	28	12	452	82
福建省	695	1945	1802	136	7	349	279
其中:厦门市	69	316	1309	14	2	92	94
江西省	715	1946	180	148	56	113	221
山东省	2014	2837	1262	59	180	1553	401
其中:青岛市	178	250	28	3	34	366	
河南省	1371	1806	753	162	74	909	1210
湖北省	1396	3455	287	219	114	497	354
湖南省	1876	5657	516	142	66	276	107
广东省	4738	7209	1573	369	32	3630	676
其中:深圳市	752	694	187	73	5	1542	247
广西壮族自治区	809	1454	380	24	23	155	30
海南省	272	296	38	13		105	4
重庆市	703	978	150	7	9	266	29
四川省	1579	3892	509	63	34	789	179
贵州省	648	702	98	14	1	184	22
云南省	722	1282	274	32	10	229	201
西藏自治区	101	100	2	1	2	4	2
陕西省	901	1191	352	24	27	209	278
甘肃省	400	470	224	135	35	134	129
青海省	163	180	17		16	54	
宁夏回族自治区	139	243	92	1	13	121	1
新疆维吾尔自治区	362	308	275	46	12	224	163

2－90－6

单位:万元

地　　区	商品和服务支出			对个人和家庭的补助			
	工会经费	福利费	其他商品和服务支出	小　计	离休费	退休费	退职(役)费
地方合计	**7163**	**18983**	**398910**	**305974**	**15411**	**110344**	**2292**
北京市	422	325	17926	6745	294	418	
天津市	136	176	4997	4533	297	1592	
河北省	172	363	3820	11970	143	1040	2
山西省	83	483	4586	8565	323	1211	465
内蒙古自治区	46	301	2306	2162	13	313	
辽宁省	281	1065	5040	12076	294	1956	1
其中:大连市	60	481	2	485			
吉林省	50	120	1886	4379	671	2509	4
黑龙江省	117	205	1290	10760	1385	5854	108
上海市	689	1071	70791	17519	29	771	384
江苏省	775	1501	50394	20807	888	5260	55
浙江省	915	2332	31146	37305	1024	21275	
其中:宁波市	195	202	6458	25102	422	18442	
安徽省	116	218	11669	7683	293	1414	
福建省	286	487	7598	3321	44	709	4
其中:厦门市	70	73	2443	806		7	
江西省	100	536	4583	8959	32	743	8
山东省	255	546	10857	75684	6549	47101	22
其中:青岛市	79	42	2952	37698	2636	33258	1
河南省	178	335	4890	5072	299	1154	19
湖北省	289	883	13380	8975	778	3123	
湖南省	422	664	12909	7869	170	2772	11
广东省	668	5011	76833	15982	468	1902	92
其中:深圳市	81	666	14325	1008		25	
广西壮族自治区	70	301	8653	4793	116	1695	8
海南省	30	31	8054	1424	6	63	1080
重庆市	161	246	5620	2957		17	
四川省	347	620	19078	9449	72	2026	6
贵州省	116	221	2758	4862	581	2382	1
云南省	173	172	6747	1888	23	274	12
西藏自治区	25	6	337	626		405	
陕西省	36	148	3008	5116	251	753	2
甘肃省	39	169	2630	1188	56	504	3
青海省	37	43	1330	300		58	
宁夏回族自治区	22	64	1650	586	33	233	5
新疆维吾尔自治区	107	340	2144	2419	279	817	

2－90－7 单位:万元

地区	对个人和家庭的补助						
	抚恤金	生活补助	救济费	医疗费	助学金	奖励金	生产补贴
地方合计	**3733**	**32489**	**7654**	**15331**	**942**	**4856**	**3652**
北京市	27	252	1	244	2	7	－1
天津市	18	523		259		197	
河北省	68	1787	194	414	2	92	
山西省	99	4234	20	249		190	
内蒙古自治区	55	264	2	88	1	6	
辽宁省	100	1097	849	234		130	
其中:大连市	6	380	1	9		55	
吉林省	85	149	194	104		125	
黑龙江省	97	665	53	59		199	
上海市	263	936	3631	17	2	21	3500
江苏省	187	1820	97	452		162	
浙江省	76	1377	43	893		482	11
其中:宁波市	12	172		152		14	
安徽省	47	1325	280	61	1	30	
福建省	63	238	31	11		51	3
其中:厦门市	29	24				1	
江西省	24	181	4	7097		25	5
山东省	437	10651	172	438		339	31
其中:青岛市	5	126	50	3			
河南省	495	657	72	129	1	141	1
湖北省	76	693	120	331	585	9	1
湖南省	96	497	337	301	10	146	18
广东省	356	1594	904	909	201	719	35
其中:深圳市		49	1	1	2	91	
广西壮族自治区	29	120	10	983	15	195	
海南省	4	8	33	128		3	
重庆市	41	497	27	106		104	1
四川省	166	826	561	1070		468	
贵州省	59	125	3	132		124	
云南省	33	155	1	244	115	160	
西藏自治区	13	1		9	1		
陕西省	544	1142	9	167	1	656	47
甘肃省	22	304	5	27		4	
青海省	5	134			2	1	
宁夏回族自治区	47	10	1	4	1	44	
新疆维吾尔自治区	101	227		171	2	26	

2－90－8

单位:万元

地　　区	对个人和家庭的补助				对企事业单位的补贴		
	住　房 公积金	提租 补贴	购房 补贴	其他对个人和家庭的补助支出	小　计	企业政策性补　　贴	事业单位补　　贴
地　方　合　计	**24850**	**3066**	**6435**	**74919**	**142865**	**3732**	**9711**
北京市	2195	513	259	2534	820	437	238
天津市	1381	11	67	188	171		171
河北省	552	8	4	7664	1709	580	65
山西省	544	13	24	1193	1175		23
内蒙古自治区	112			1308	8		1
辽宁省	461	582	21	6351	349	256	92
其中:大连市	14	20			5		5
吉林省	411	19		108			
黑龙江省	819	257	26	1238	1406	1406	
上海市	240	5	2	7718	1360	453	338
江苏省	2506	659	345	8376	2274		295
浙江省	3165	10	138	8811	786	137	80
其中:宁波市	69	1	4	5814	470	136	65
安徽省	758	30	14	3430	839	105	230
福建省	953	334	31	849	212		131
其中:厦门市	273	194	4	274	44		44
江西省	325	2		513	708		
山东省	2024	468	3788	3664	403	10	152
其中:青岛市	647	202	198	572	35		
河南省	211		42	1851	652		30
湖北省	1176	24	40	2019	21		15
湖南省	936		1	2574	201	58	117
广东省	2755	110	604	5333	10515	20	7512
其中:深圳市		84	385	370	95		
广西壮族自治区	303	3	7	1309	154		14
海南省	14			85			
重庆市	359		63	1742	496	263	
四川省	977		52	3225	156	7	87
贵州省	261	14	833	347	22		4
云南省	237		17	617	374		
西藏自治区	58			139			
陕西省	543		30	971	234		60
甘肃省	146	2	5	110	117756		6
青海省	11			89			
宁夏回族自治区	45		4	159			
新疆维吾尔自治区	372	2	18	404	64		50

2－90－9 单位:万元

地区	对企事业单位的补贴		赠与			债务利息支出	
	财政贴息	其他对企事业单位的补贴支出	小计	对国内的赠与	对国外的赠与	小计	国库券付息
地方合计	**215**	**129207**	**110**	**110**			
北京市		145					
天津市							
河北省		1064					
山西省		1152					
内蒙古自治区		7					
辽宁省		1					
其中:大连市							
吉林省							
黑龙江省							
上海市		569					
江苏省		1979	60	60			
浙江省		569	17	17			
其中:宁波市		269					
安徽省	215	289	1	1			
福建省		81					
其中:厦门市							
江西省		708					
山东省		241					
其中:青岛市		35					
河南省		622					
湖北省		6					
湖南省		26	32	32			
广东省		2983					
其中:深圳市		95					
广西壮族自治区		140					
海南省							
重庆市		233					
四川省		62					
贵州省		18					
云南省		374					
西藏自治区							
陕西省		174					
甘肃省		117750					
青海省							
宁夏回族自治区							
新疆维吾尔自治区		14					

二、地方财政预算收支情况

2－90－10

单位:万元

地　　区	债务利息支出					基本建设支出	
	向国家银行借款付息	其他国内借款付息	向国外政府借款付息	向国际组织借款付息	其他国外借款付息	小　计	房屋建筑物购建
地方合计						**136527**	**17841**
北京市						1729	350
天津市							
河北省						33	30
山西省						46	
内蒙古自治区						2116	1707
辽宁省						2517	500
其中:大连市						90	
吉林省						7	
黑龙江省						2205	1925
上海市						98512	496
江苏省						4449	537
浙江省						2242	542
其中:宁波市						109	
安徽省						2161	2000
福建省						421	173
其中:厦门市						113	
江西省						221	164
山东省						371	80
其中:青岛市						35	
河南省						661	9
湖北省						4508	3142
湖南省						2276	624
广东省						3163	2119
其中:深圳市							
广西壮族自治区						1758	956
海南省						300	300
重庆市						164	
四川省						2657	316
贵州省						172	120
云南省						461	
西藏自治区						899	889
陕西省						819	
甘肃省						14	4
青海省						92	
宁夏回族自治区						381	15
新疆维吾尔自治区						1172	843

2－90－11　　　　　　　　　　　　　　　　　　　　单位:万元

地　区	基本建设支出							
	办公设备购　置	专用设备购　置	交通工具购　置	基础设施建　设	大型修缮	信息网络购　建	物资储备	其他基本建设支出
地　方　合　计	**2205**	**1418**	**999**	**7170**	**1511**	**6553**		**98830**
北京市	33	98			1072	56		120
天津市								
河北省	3							
山西省	33		13					
内蒙古自治区	2			20		337		50
辽宁省	232		27	1266		123		369
其中:大连市				70		20		
吉林省					7			
黑龙江省	82	22	29	137		9		1
上海市	12					4		98000
江苏省	254	416	53	3000	27	82		80
浙江省	608	581	153	10	51	240		57
其中:宁波市	38	3	31		11	8		18
安徽省	87					74		
福建省	78	14	22	1	40	61		32
其中:厦门市	72	1		1	7			32
江西省	20		37					
山东省	41		28	75		97		50
其中:青岛市	5		29			1		
河南省	45	6	71	508	4	7		11
湖北省	25		101	378	30	827		5
湖南省	34		73	1454		82		9
广东省	280	97	35	13	106	513		
其中:深圳市								
广西壮族自治区	89	82	53		120	433		25
海南省								
重庆市	120	6	6		15	17		
四川省	79	4	47		29	2182		
贵州省	2	26	20			4		
云南省	23		48	83		306		1
西藏自治区								10
陕西省	11		20	205		583		
甘肃省								10
青海省	7	35				50		
宁夏回族自治区	5	31	26			304		
新疆维吾尔自治区			137	20	10	162		

二、地方财政预算收支情况

2－90－12　　　　单位:万元

地区	其他资本性支出						
	小计	房屋建筑物购建	办公设备购置	专用设备购置	交通工具购置	基础设施建设	大型修缮
地方合计	**161920**	**36063**	**30397**	**9783**	**20053**	**4999**	**10166**
北京市	7629	565	2966	323	756	100	316
天津市	8220	3797	214	132	256		318
河北省	2981	421	911	223	456	84	55
山西省	4903	95	781	69	823	30	174
内蒙古自治区	4824	572	1112	163	716	32	15
辽宁省	6523	2302	1299	1145	738	78	225
其中:大连市	906		72	815	12		
吉林省	8042	1936	1252	180	664	1040	1737
黑龙江省	4244	1029	590	1222	270	189	800
上海市	13252	2055	2438	850	737	3	496
江苏省	17493	1657	2684	2188	987	480	531
浙江省	8332	1019	1892	552	829	48	281
其中:宁波市	1156	12	503	46	109		2
安徽省	2766	239	609	62	542	450	125
福建省	2370	374	631	55	415	37	122
其中:厦门市	768		113	20	69		
江西省	3079	1979	342	46	409	25	10
山东省	5824	952	1499	429	771	223	707
其中:青岛市	892	432	162	15	56		3
河南省	3702	989	1284	29	825	41	228
湖北省	6994	1590	662	172	880	28	554
湖南省	5063	702	816	221	1283	7	258
广东省	15388	4272	3530	472	1863	256	1644
其中:深圳市	3684	827	1044	66	394	15	279
广西壮族自治区	2334	115	515	46	1118	28	11
海南省	3369	2850	214	85	93	1	14
重庆市	1684	113	340	135	313		20
四川省	6071	2254	1117	107	1349	230	240
贵州省	853	6	168	264	255		21
云南省	4159	1587	807	58	406	24	141
西藏自治区	562	249	66	10	229		
陕西省	4087	580	812	128	1153	25	935
甘肃省	982	20	236	161	260		24
青海省	2979	1633	254	184	262	20	139
宁夏回族自治区	941		77	54	142	1	
新疆维吾尔自治区	2270	111	279	18	253	1519	25

2 - 90 - 13

单位:万元

地　　区	其他资本性支出						
	信息网络购　建	物资储备	土地补偿	安置补助	地上附着物和青苗补偿	拆迁补偿	其他资本性支　出
地　方　合　计	**21501**	**1**	**1**	**4461**	**2**	**14**	**24479**
北京市	366			313			1924
天津市	3490						13
河北省	722						109
山西省	994						1937
内蒙古自治区	735						1479
辽宁省	177					12	547
其中:大连市	7						
吉林省	1202						31
黑龙江省	66						78
上海市	540						6133
江苏省	2637			3972			2357
浙江省	1620			21			2070
其中:宁波市	450			21			13
安徽省	426						313
福建省	106						630
其中:厦门市							566
江西省	21			15			232
山东省	253		1				989
其中:青岛市	10						214
河南省	239	1					66
湖北省	1868						1240
湖南省	1524						252
广东省	1201					2	2148
其中:深圳市	35						1024
广西壮族自治区	189			140			172
海南省	64				2		46
重庆市	107						656
四川省	609						165
贵州省	133						6
云南省	1007						129
西藏自治区	5						3
陕西省	437						17
甘肃省	239						42
青海省	483						4
宁夏回族自治区	30						637
新疆维吾尔自治区	11						54

二、地方财政预算收支情况

2－90－14　　　　　　　　　　　　　　　　　　　　　　　　单位:万元

地区	贷款转贷及产权参股					其他支出		
	小计	国内贷款	国外贷款	产权参股	其他贷款转贷及产权参股支出	小计	补充全国社会保障基金	其他支出
地方合计	**51**	**40**			**11**	**75600**		**75600**
北京市						5289		5289
天津市								
河北省						1753		1753
山西省						187		187
内蒙古自治区								
辽宁省						258		258
其中:大连市								
吉林省						143		143
黑龙江省						243		243
上海市						11652		11652
江苏省						7908		7908
浙江省						7279		7279
其中:宁波市						2346		2346
安徽省						1002		1002
福建省	11				11	2794		2794
其中:厦门市						360		360
江西省						551		551
山东省	40	40				801		801
其中:青岛市						1257		1257
河南省						635		635
湖北省						3140		3140
湖南省						10569		10569
广东省						15100		15100
其中:深圳市						3258		3258
广西壮族自治区						3120		3120
海南省						1		1
重庆市						330		330
四川省						355		355
贵州省						486		486
云南省						157		157
西藏自治区						211		211
陕西省						392		392
甘肃省						292		292
青海省						58		58
宁夏回族自治区						16		16
新疆维吾尔自治区						878		878

2007 年各省、自治区、直辖市民政管理事务支出明细表

2-91-1 单位:万元

地　　区	合　计	工资福利支出				
		小　计	基本工资	津贴补贴	奖　金	社会保障缴　费
地　方　合　计	**1756240**	**471032**	**214614**	**127373**	**56444**	**20485**
北京市	159899	38880	17379	6338	4497	2705
天津市	27812	6915	2509	2577	1161	260
河北省	56310	21067	12329	5953	690	682
山西省	30145	10702	5705	2783	482	286
内蒙古自治区	26037	8549	4820	3200	318	81
辽宁省	81083	23152	8728	5549	661	948
其中:大连市	14282	2696	984	1164	324	194
吉林省	38912	9615	5871	2703	315	98
黑龙江省	43270	13302	7120	3800	789	263
上海市	125487	17474	4053	2254	7489	822
江苏省	122576	26746	7853	6148	7532	1395
浙江省	121583	27488	6430	5287	10397	2117
其中:宁波市	30474	6688	1163	1052	3026	742
安徽省	40776	11217	5752	3446	564	339
福建省	46558	12005	4873	3254	682	920
其中:厦门市	14456	3711	1139	939	178	297
江西省	29672	12406	7817	2866	727	218
山东省	96525	28934	14585	9409	1304	2381
其中:青岛市	16111	5130	1979	1855	402	680
河南省	59931	24149	15983	6548	441	537
湖北省	56965	16075	8735	4337	1502	831
湖南省	69044	20077	11095	4857	1536	1292
广东省	150973	33133	10739	12122	2799	1565
其中:深圳市	25176	3538	595	1538	543	148
广西壮族自治区	47512	8650	4943	2061	912	247
海南省	12066	4003	2339	784	298	71
重庆市	29800	6660	2989	2629	571	61
四川省	77042	22318	9829	4608	4656	719
贵州省	33760	9993	4991	3226	710	169
云南省	50322	13837	6188	6023	842	292
西藏自治区	10608	5577	2214	2885	302	142
陕西省	38584	13106	7543	3388	704	251
甘肃省	21396	7544	3997	2877	340	18
青海省	13301	3723	1331	1805	239	12
宁夏回族自治区	8080	2912	1476	1162	105	44
新疆维吾尔自治区	30211	10823	4398	2494	2879	719

2－91－2

单位:万元

地　　区	工资福利支出				商品和服务支出		
	伙食费	伙　食 补助费	绩效 工资	其他工资 福利支出	小　计	办公费	印刷费
地　方　合　计	**455**	**2836**	**1420**	**47405**	**780459**	**72689**	**14221**
北京市	11	91	303	7556	55809	5451	637
天津市	21	128	18	241	8253	1514	102
河北省	55	442		916	18573	3427	553
山西省	5	44	1	1396	11541	1574	503
内蒙古自治区	18	5	1	106	9078	1380	439
辽宁省	20	36	258	6952	32483	6964	884
其中:大连市	1	8	17	4	6147	1880	236
吉林省		9	291	328	12909	3173	266
黑龙江省	18	127	9	1176	20744	2574	297
上海市	47	104	1	2704	89740	691	154
江苏省	16	428	35	3339	47816	2831	434
浙江省	22	352	1	2882	64074	1867	1043
其中:宁波市	11	45		649	17385	423	86
安徽省	11	133	8	964	16783	2482	631
福建省	6	24	92	2154	23732	1160	205
其中:厦门市		23	30	1105	8326	315	13
江西省	11	49	36	682	12630	1544	274
山东省	22	70	36	1127	40940	5330	1162
其中:青岛市		24	4	186	4615	255	35
河南省	18	24	22	576	21550	5060	671
湖北省	15	46	100	509	27097	1564	392
湖南省	36	107	8	1146	34600	2795	461
广东省	55	85	26	5742	69114	3967	577
其中:深圳市	10	13		691	14485	258	107
广西壮族自治区	10	14		463	28524	1309	142
海南省		4		507	5321	390	133
重庆市		43		367	15359	1721	536
四川省	14	76	40	2376	35763	3938	1149
贵州省	1	34		862	12122	1531	426
云南省	9	69	7	407	22538	3923	433
西藏自治区				34	2172	98	10
陕西省	9	90	102	1019	12230	1350	282
甘肃省		11	3	298	10004	939	533
青海省	1	21	14	300	3662	378	133
宁夏回族自治区	4	9		112	3616	336	115
新疆维吾尔自治区		161	8	164	11682	1428	644

2－91－3　　　　单位:万元

地　　区	商品和服务支出						
	咨询费	手续费	水　费	电　费	邮电费	取暖费	物　业 管理费
地　方　合　计	**575**	**949**	**3152**	**9891**	**10261**	**7564**	**3349**
北京市	89	1	190	661	245	715	556
天津市	1	23	64	265	128	177	53
河北省	6	10	137	428	495	863	37
山西省	4	21	60	147	226	472	5
内蒙古自治区	31	31	32	94	192	309	13
辽宁省	229	380	103	383	522	1094	106
其中:大连市	218		30	163	128	158	50
吉林省	9	37	116	188	197	699	91
黑龙江省	1	33	136	294	225	861	41
上海市	6	3	81	429	351	1	223
江苏省	4	20	95	518	542	4	191
浙江省	19	33	114	637	721		160
其中:宁波市	1	21	46	210	85		37
安徽省	26	3	75	340	301	12	73
福建省	22	12	67	198	279		61
其中:厦门市	20	10	22	61	42		37
江西省	4	13	85	287	266	10	47
山东省	24	17	329	752	792	934	299
其中:青岛市			8	51	88	51	115
河南省	24	11	240	764	389	73	62
湖北省	3	15	230	519	363	62	68
湖南省	10	4	208	569	392	91	115
广东省	13	206	142	748	1022	1	805
其中:深圳市	1	1	12	86	162		398
广西壮族自治区		2	49	102	169		1
海南省		2	7	34	67		7
重庆市	1	20	77	209	227		131
四川省	19	13	196	474	749	26	29
贵州省	5	3	64	169	200	44	30
云南省	5	6	68	184	387		13
西藏自治区		1	13	49	47	41	3
陕西省	3	7	77	176	205	266	55
甘肃省	1	10	15	53	176	147	31
青海省	10	5	7	33	82	154	6
宁夏回族自治区	5	1	15	58	53	96	19
新疆维吾尔自治区	1	6	60	129	251	412	18

2－91－4 单位：万元

地　　区	商品和服务支出					
	交通费	差旅费	出国费	维修(护)费	租赁费	会议费
地　方　合　计	**32811**	**19475**	**2732**	**26462**	**6000**	**29041**
北京市	972	458	657	2468	2298	1869
天津市	338	125	49	461	81	329
河北省	1780	665	71	1404	117	1096
山西省	1189	654	8	904	92	690
内蒙古自治区	1009	763	51	482	37	383
辽宁省	1554	817	31	3228	397	1085
其中：大连市	252	181		862	34	318
吉林省	759	551	24	1431	178	612
黑龙江省	922	681	18	1521	69	383
上海市	939	246	348	591	843	628
江苏省	1840	966	162	849	89	2518
浙江省	1608	1181	439	655	381	2178
其中：宁波市	189	246	87	85	45	356
安徽省	796	688	40	476	67	548
福建省	675	444	38	616	27	685
其中：厦门市	136	120	29	197	23	34
江西省	704	674	22	259	30	384
山东省	2167	1023	94	2167	209	2071
其中：青岛市	187	97	22	374	14	76
河南省	1635	989	46	849	212	1170
湖北省	1209	877	53	836	34	959
湖南省	1508	729	71	662	18	1160
广东省	2634	1268	296	1734	154	1825
其中：深圳市	441	154	46	171	6	206
广西壮族自治区	611	494	5	284	16	309
海南省	351	241	16	117	4	220
重庆市	685	451	24	408	54	967
四川省	2069	1158	8	1060	482	2611
贵州省	844	396	69	247	13	696
云南省	1049	577	25	886	5	1668
西藏自治区	362	223		48		158
陕西省	860	485	21	763	46	695
甘肃省	446	319	7	509	2	418
青海省	254	212	13	83	3	90
宁夏回族自治区	292	281	2	49	3	210
新疆维吾尔自治区	750	839	24	415	39	426

2－91－5

单位:万元

地区	商品和服务支出						
	培训费	招待费	专用材料费	被装购置费	专用燃料费	劳务费	委托业务费
地方合计	**13057**	**28317**	**10150**	**2977**	**1711**	**10491**	**3093**
北京市	1349	380	43	26	3	222	60
天津市	121	154	39		344	98	120
河北省	475	802	718	40	126	321	237
山西省	290	570	121	80	23	80	103
内蒙古自治区	261	301	83	124	88	113	36
辽宁省	783	698	1153	82	88	1822	203
其中:大连市	157	208	643	43	2	200	182
吉林省	212	155	812		138	329	222
黑龙江省	345	175	366	105	56	309	111
上海市	463	716	68	4		266	136
江苏省	870	2071	277	1000	22	627	49
浙江省	664	2691	1602	1	29	794	827
其中:宁波市	101	462	1039			91	248
安徽省	321	979	545	747	36	94	91
福建省	142	858	517	27	16	264	170
其中:厦门市	21	141	29	10	12	165	120
江西省	262	911	198	31	55	596	66
山东省	565	978	860	35	122	1044	60
其中:青岛市	76	108	419		30	36	
河南省	553	1040	544	217	48	596	86
湖北省	419	1528	251	80	20	81	14
湖南省	454	2847	127	45	57	154	22
广东省	1385	2793	538	121	225	403	331
其中:深圳市	366	371	32	6		163	206
广西壮族自治区	183	421	20	22	19	19	3
海南省	175	343	11		17	9	
重庆市	339	549	89	12		405	64
四川省	666	1992	161	35	24	561	2
贵州省	378	1292	157	26	10	209	32
云南省	607	1408	219	39	19	233	
西藏自治区	39	129			2	1	
陕西省	282	586	132	49	14	297	6
甘肃省	157	281	78	10	26	14	27
青海省	54	140	38		26	43	9
宁夏回族自治区	71	166	16	5		30	
新疆维吾尔自治区	172	363	367	14	58	457	6

2－91－6

单位:万元

地　　区	商品和服务支出			对个人和家庭的补助			
	工会经费	福利费	其他商品和服务支出	小　计	离休费	退休费	退职(役)费
地方合计	**2617**	**6907**	**461967**	**254921**	**9924**	**46526**	**1875**
北京市	188	77	36194	14184	47	951	27
天津市	67	171	3429	11174	273	1193	123
河北省	100	190	4475	11273	646	2760	19
山西省	27	124	3574	5020	237	1210	
内蒙古自治区	13	73	2740	3981	38	276	20
辽宁省	73	211	9593	14180	320	1251	19
其中:大连市	14	109	79	2669			13
吉林省	6	16	2688	7021	372	2073	48
黑龙江省	48	291	10882	7254	615	2606	95
上海市	95	468	81990	5341	16	309	83
江苏省	163	504	31170	23331	1925	5166	89
浙江省	433	1151	44846	16204	1144	3606	52
其中:宁波市	85	154	13288	3222	187	602	
安徽省	43	204	7165	7675	569	1430	162
福建省	82	109	17058	4853	58	1519	59
其中:厦门市	41	37	6691	606		53	8
江西省	35	149	5724	3368	177	1133	17
山东省	90	278	19538	19320	339	1102	252
其中:青岛市	19	80	2474	4105	190	433	3
河南省	100	337	5834	8779	483	1540	24
湖北省	102	337	17081	7871	642	3067	39
湖南省	123	214	21764	10719	409	1878	26
广东省	212	1006	46708	21688	171	923	381
其中:深圳市	11	43	11238	4350	1	8	11
广西壮族自治区	23	65	24256	5354	106	1597	5
海南省	6	89	3082	1491	19	172	9
重庆市	108	126	8156	4629	1	8	1
四川省	150	311	17880	10019	146	1709	189
贵州省	48	96	5137	8422	490	3643	53
云南省	98	63	10623	5503	50	810	4
西藏自治区	32	2	914	2280	14	1086	
陕西省	36	35	5502	6298	262	1228	15
甘肃省	28	42	5735	1965	99	356	57
青海省	14	8	1867	871	22	28	
宁夏回族自治区	5	30	1758	753	55	157	
新疆维吾尔自治区	69	130	4604	4100	179	1739	7

2－91－7　　　　单位:万元

地区	对个人和家庭的补助						
	抚恤金	生活补助	救济费	医疗费	助学金	奖励金	生产补贴
地方合计	**10154**	**62943**	**18306**	**5158**	**250**	**2621**	**516**
北京市	31	7343	151	68	－1	43	
天津市	41	6871	375	138		5	
河北省	288	4032	1017	527	16	39	
山西省	381	1522	356	30		10	1
内蒙古自治区	150	1968	261	31	19	6	93
辽宁省	715	5320	635	629		202	61
其中:大连市	121	1749	8	521		56	61
吉林省	162	2453	1468	55		26	
黑龙江省	160	1450	1172	322	6	121	30
上海市	315	1031	35	42		3	
江苏省	826	3359	1798	251	2	107	10
浙江省	392	2145	1119	265		186	20
其中:宁波市	31	603	122	35		15	
安徽省	324	1366	359	211	6	37	17
福建省	140	741	325	35	16	61	19
其中:厦门市	6	57	33	14		35	
江西省	86	428	117	41	8	10	12
山东省	1512	4426	1299	176		31	74
其中:青岛市	208	376	572			7	
河南省	466	1853	337	24	5	63	9
湖北省	207	477	793	139	6	24	5
湖南省	564	1881	1000	271	2	222	26
广东省	1406	3263	2446	1162	46	671	55
其中:深圳市	98	480	885	27	24	107	
广西壮族自治区	126	714	230	30		45	
海南省	31	545	32	3		1	
重庆市	126	1281	353	233		115	6
四川省	336	2625	537	91		382	8
贵州省	220	953	406	43	105	117	
云南省	265	1056	403	18		29	
西藏自治区	54	351	117	31		1	
陕西省	458	2277	558	110	14	38	1
甘肃省	122	356	137	2		2	7
青海省	16	190	77			1	58
宁夏回族自治区	23	87	11	101		4	
新疆维吾尔自治区	211	579	382	79		19	4

2－91－8

单位:万元

地区	对个人和家庭的补助				对企事业单位的补贴		
	住房公积金	提租补贴	购房补贴	其他对个人和家庭的补助支出	小计	企业政策性补贴	事业单位补贴
地方合计	**9952**	**1000**	**2913**	**82783**	**11729**	**406**	**4052**
北京市	1107	205	84	4128	1213		35
天津市	613	8	72	1462			
河北省	240	5		1684	2		
山西省	158	4	4	1107			
内蒙古自治区	31			1088	56		56
辽宁省	188	339	52	4449	439	283	156
其中:大连市	2	4	33	101	136	114	22
吉林省	145	5		214	186	25	161
黑龙江省	265	46		366	34		34
上海市	69			3438	812	92	
江苏省	491	106	28	9173	1134		918
浙江省	1485	10	57	5723	3859	3	798
其中:宁波市	82	3	4	1538	1314	3	727
安徽省	413	14	194	2573	588		50
福建省	354	121	8	1397	318		39
其中:厦门市	147	54	6	193			
江西省	158		1	1180	220		
山东省	689	43	1915	7462	37		
其中:青岛市	117	11	277	1911			
河南省	71		2	3902	164		
湖北省	429	21	14	2008	117		117
湖南省	419			4021	164		89
广东省	1040	68	117	9939	1622		895
其中:深圳市		67	63	2579	561		3
广西壮族自治区	92		1	2408			
海南省	7			672			
重庆市	48			2457			
四川省	329		1	3666	246		246
贵州省	133	3	307	1949	60	3	
云南省	136		27	2705			
西藏自治区	74			552			
陕西省	360		5	972	22		22
甘肃省	67	2	16	742			
青海省	4			475			
宁夏回族自治区	2			313			
新疆维吾尔自治区	335		8	558	436		436

2－91－9

单位:万元

地　　区	对企事业单位的补贴		赠　与			债务利息支出	
	财政贴息	其他对企事业单位的补贴支出	小　计	对国内的赠　与	对国外的赠　与	小　计	国库券付　息
地　方　合　计	**90**	**7181**	**6683**	**6569**	**114**		
北京市	90	1088					
天津市			23	23			
河北省		2	10	10			
山西省			11	11			
内蒙古自治区							
辽宁省			153	153			
其中:大连市							
吉林省			25	25			
黑龙江省			7	7			
上海市		720	6023	6023			
江苏省		216	36	36			
浙江省		3058	16	16			
其中:宁波市		584					
安徽省		538	16	16			
福建省		279	3	3			
其中:厦门市							
江西省		220					
山东省		37	160	160			
其中:青岛市							
河南省		164	114		114		
湖北省							
湖南省		75					
广东省		727	15	15			
其中:深圳市		558	15	15			
广西壮族自治区							
海南省			21	21			
重庆市							
四川省							
贵州省		57					
云南省			50	50			
西藏自治区							
陕西省							
甘肃省							
青海省							
宁夏回族自治区							
新疆维吾尔自治区							

2－91－10

单位:万元

地　　区	债务利息支出					基本建设支出	
	向国家银行借款付息	其他国内借款付息	向国外政府借款付息	向国际组织借款付息	其他国外借款付息	小　计	房屋建筑物购建
地方合计						**59399**	**30222**
北京市						23116	15857
天津市							
河北省						765	501
山西省						501	473
内蒙古自治区						2236	1595
辽宁省						4193	742
其中:大连市						2148	732
吉林省						1935	1722
黑龙江省						528	130
上海市						661	179
江苏省						4529	150
浙江省						848	21
其中:宁波市						101	21
安徽省						312	
福建省						1317	173
其中:厦门市						672	103
江西省						62	
山东省						190	
其中:青岛市						190	
河南省						1935	1908
湖北省						373	147
湖南省						50	26
广东省						2307	889
其中:深圳市							
广西壮族自治区						1270	14
海南省						2	
重庆市						768	761
四川省						2787	1845
贵州省						472	
云南省						3186	773
西藏自治区							
陕西省						585	
甘肃省						974	350
青海省						2908	1446
宁夏回族自治区						33	
新疆维吾尔自治区						556	520

2－91－11

单位:万元

地区	基本建设支出							
	办公设备购置	专用设备购置	交通工具购置	基础设施建设	大型修缮	信息网络购建	物资储备	其他基本建设支出
地方合计	**1374**	**126**	**504**	**12175**	**2862**	**316**	**1**	**11819**
北京市	433					104		6722
天津市								
河北省	9				251	4		
山西省			12	3	5			8
内蒙古自治区	20		118	250	11			242
辽宁省	2		23	1890	1363	168		5
其中:大连市				303	1113			
吉林省	20			27	164		1	1
黑龙江省			10	378	10			
上海市	5	14			92			371
江苏省	116	23	20	2958	60	14		1188
浙江省	67	42	86	139	41	8		444
其中:宁波市				79				1
安徽省	94			91	10			117
福建省	1		12	538	266	1		326
其中:厦门市			12		230	1		326
江西省	1		15	43		3		
山东省								190
其中:青岛市								190
河南省	1				11			15
湖北省	24	28	22	4	73	14		61
湖南省	2		9					13
广东省	139		123	524	277			355
其中:深圳市								
广西壮族自治区	9			734	35			478
海南省	2							
重庆市	7							
四川省	13	4		720	44			161
贵州省	352		3	4				113
云南省	22			2050	10			331
西藏自治区								
陕西省	15			560				10
甘肃省				490	124			10
青海省	17	15	30	727	15			658
宁夏回族自治区	3		20	10				
新疆维吾尔自治区			1	35				

二、地方财政预算收支情况

2－91－12　　　　单位:万元

地　区	其他资本性支出						
	小　计	房屋建筑物购　建	办公设备购　置	专用设备购　置	交通工具购　置	基础设施建　设	大型修缮
地　方　合　计	**102561**	**27313**	**10560**	**3955**	**8274**	**8884**	**8707**
北京市	20437	3940	1754	304	497	137	2380
天津市	1447	446	205	11	112	310	98
河北省	3600	835	258	745	120	241	320
山西省	2180	1422	174	19	251	216	46
内蒙古自治区	2137	401	132	8	237	219	95
辽宁省	5978	2411	577	675	440	625	593
其中:大连市	417	110	108	35	2	35	
吉林省	2712	485	156	194	197	651	792
黑龙江省	1356	464	123	85	148	77	399
上海市	2282		255	132	235	1	111
江苏省	8813	3392	582	172	419	90	179
浙江省	5145	1533	794	134	789	227	458
其中:宁波市	869	466	89	3	85	9	16
安徽省	2413	264	207	31	98	251	145
福建省	1153	226	246	183	236	55	45
其中:厦门市	265	172	46	19	21		6
江西省	556	163	81	18	169	69	
山东省	6549	2484	856	278	365	640	335
其中:青岛市	1371		76	6			
河南省	2122	334	253	109	183	510	121
湖北省	1018	30	223	60	240	43	7
湖南省	1922	699	245	36	372	139	110
广东省	7433	1550	748	115	634	341	835
其中:深圳市	682		202		194		47
广西壮族自治区	1646	95	268	55	225	97	165
海南省	969	5	141	1	92	95	44
重庆市	1111	139	231	70	134	276	19
四川省	5549	2394	539	152	464	1201	97
贵州省	994	98	176	23	161	162	47
云南省	5154	1168	437	188	216	1202	297
西藏自治区	115	28	2	1	78		
陕西省	3065	607	348	54	841	192	471
甘肃省	498	101	39	81	93	156	5
青海省	896	316	68	2	55	381	
宁夏回族自治区	700	285	217	3	34	72	68
新疆维吾尔自治区	2611	998	225	16	139	208	425

2－91－13　　单位:万元

地　区	其他资本性支出						
	信息网络购建	物资储备	土地补偿	安置补助	地上附着物和青苗补偿	拆迁补偿	其他资本性支出
地方合计	**2817**	**255**	**106**	**641**	**186**	**161**	**30702**
北京市	262	75	2			12	11074
天津市	5						260
河北省	501					6	574
山西省	9						43
内蒙古自治区	6					100	939
辽宁省	142			87			428
其中:大连市	40			87			
吉林省	198						39
黑龙江省	17						43
上海市	235						1313
江苏省	14						3965
浙江省	218	66		171		6	749
其中:宁波市	16			158			27
安徽省	8						1409
福建省	16						146
其中:厦门市							1
江西省	40						16
山东省	51			100			1440
其中:青岛市	25						1264
河南省	9				25	22	556
湖北省	71						344
湖南省	20						301
广东省	387	38					2785
其中:深圳市	30						209
广西壮族自治区	55			20			666
海南省	26						565
重庆市	22						220
四川省	11			198	5		488
贵州省	102			6			219
云南省	46			10			1590
西藏自治区							6
陕西省	137	76	100		155		84
甘肃省	2			14			7
青海省	39						35
宁夏回族自治区							21
新疆维吾尔自治区	168		4	35	1	15	377

2－91－14

单位:万元

地　　区	贷款转贷及产权参股					其他支出		
	小　计	国内贷款	国外贷款	产权参股	其他贷款转贷及产权参股支出	小　计	补充全国社会保障基　金	其他支出
地　方　合　计	**1**				**1**	**69455**		**69455**
北京市						6260		6260
天津市								
河北省						1020		1020
山西省						190		190
内蒙古自治区								
辽宁省						505		505
其中:大连市						69		69
吉林省						4509		4509
黑龙江省						45		45
上海市						3154		3154
江苏省						10171		10171
浙江省						3949		3949
其中:宁波市						895		895
安徽省						1772		1772
福建省	1				1	3176		3176
其中:厦门市						876		876
江西省						430		430
山东省						395		395
其中:青岛市						700		700
河南省						1118		1118
湖北省						4414		4414
湖南省						1512		1512
广东省						15661		15661
其中:深圳市						1545		1545
广西壮族自治区						2068		2068
海南省						259		259
重庆市						1273		1273
四川省						360		360
贵州省						1697		1697
云南省						54		54
西藏自治区						464		464
陕西省						3278		3278
甘肃省						411		411
青海省						1241		1241
宁夏回族自治区						66		66
新疆维吾尔自治区						3		3

2007 年各省、自治区、直辖市财政对社会保险基金的补助支出明细表

2－92－1　　　　　　　　　　　　　　　　　　　　　　　　单位:万元

地区	合计	工资福利支出				
		小计	基本工资	津贴补贴	奖金	社会保障缴费
地方合计	**13037277**	**949772**	**2518**	**2114**	**121**	**491195**
北京市	17214	750				592
天津市	494728					
河北省	516048	439290	20		1	5864
山西省	451141	87041		32		87009
内蒙古自治区	362329	51448				41915
辽宁省	1461411	65195		1821		63374
其中:大连市	304238	8661				8661
吉林省	524988	20147				20147
黑龙江省	1566179	845				845
上海市	1196023	15311		6		10404
江苏省	468142	13843	16	7	20	13800
浙江省	87800	6094				6080
其中:宁波市	9390					
安徽省	421360	30498				30488
福建省	32278	2596	45			94
其中:厦门市	490					
江西省	381871	21426				21426
山东省	357792	13962	147	20		13795
其中:青岛市	125741	3933				3933
河南省	512898	21217	8	2		21204
湖北省	857794	23749	19	15		23681
湖南省	736145	13637	2261	175	100	11018
广东省	143745	25445		33		25246
其中:深圳市	16244	246				246
广西壮族自治区	185666	762				745
海南省	141758	7597				7597
重庆市	312742					
四川省	618685	24109				24109
贵州省	105469	4946		1		4304
云南省	162089	19559		1		19164
西藏自治区	21807	2753				2753
陕西省	405593	2519				2519
甘肃省	85925	12568		1		12560
青海省	113766	13535	2			11532
宁夏回族自治区	57398	2227				2227
新疆维吾尔自治区	236493	6703				6703

2－92－2　　　　单位:万元

地　　区	工资福利支出				商品和服务支出		
	伙食费	伙　食 补助费	绩效 工资	其他工资 福利支出	小　计	办公费	印刷费
地　方　合　计	**1**	**61**	**154**	**453608**	**2899745**	**44682**	**74**
北京市	1			157	847		
天津市							
河北省		57		433348	11547	24	2
山西省					5341	2	
内蒙古自治区				9533	30946	47	
辽宁省					3056	2120	
其中:大连市					2120	2120	
吉林省					29325	2	5
黑龙江省					1333484	12392	
上海市				4901	33596	17	1
江苏省					25842	7	1
浙江省				14	11054		
其中:宁波市					351		
安徽省				10	44832	3	5
福建省				2457	727		
其中:厦门市							
江西省					29899	1	
山东省					7834	23	16
其中:青岛市					2430		
河南省				3	102492	27005	
湖北省				34	751948	2	
湖南省		4		79	145438	50	29
广东省				166	22629	969	11
其中:深圳市					1788		
广西壮族自治区				17	32658		
海南省					118		
重庆市					144		
四川省					2244		
贵州省				641	43060	1589	2
云南省				394	2431	8	
西藏自治区					381		
陕西省					3699	421	2
甘肃省				7	173		
青海省			154	1847	252		
宁夏回族自治区					202		
新疆维吾尔自治区					223546		

2 – 92 – 3

单位:万元

地　　区	商品和服务支出						
	咨询费	手续费	水　费	电　费	邮电费	取暖费	物　业 管理费
地　方　合　计	**17**	**54**	**40**	**70**	**36**	**71**	**2**
北京市							
天津市							
河北省							
山西省			1	3	2		
内蒙古自治区						5	
辽宁省							
其中:大连市							
吉林省			4		5	9	
黑龙江省						4	
上海市							
江苏省				1	3		
浙江省							
其中:宁波市							
安徽省		22		4	6	1	
福建省		32					
其中:厦门市							
江西省							
山东省	15		32	36	5	45	
其中:青岛市							
河南省							
湖北省							
湖南省			3	21	14	4	2
广东省				3			
其中:深圳市							
广西壮族自治区							
海南省							
重庆市							
四川省							
贵州省	2			1	1	1	
云南省							
西藏自治区							
陕西省				1		2	
甘肃省							
青海省							
宁夏回族自治区							
新疆维吾尔自治区							

2-92-4 单位:万元

地　　区	商品和服务支出					
	交通费	差旅费	出国费	维修(护)费	租赁费	会议费
地　方　合　计	**151**	**153**	**6**	**93**	**26**	**84**
北京市						
天津市						
河北省	8	2		8		
山西省	6					
内蒙古自治区	4	1		2		
辽宁省						
其中:大连市						
吉林省	8	15		19		13
黑龙江省						
上海市	7				1	28
江苏省	4	5				2
浙江省						
其中:宁波市						
安徽省	8	4	6	3	17	
福建省						
其中:厦门市						
江西省	6	2				
山东省	12			18		
其中:青岛市						
河南省	2	1		1		
湖北省						1
湖南省	58	103		23		33
广东省	8	3				3
其中:深圳市						
广西壮族自治区						
海南省						
重庆市						
四川省						
贵州省	15	16		15	2	4
云南省	2					
西藏自治区						
陕西省	3	1			6	
甘肃省				4		
青海省						
宁夏回族自治区						
新疆维吾尔自治区						

2 -92 -5　　　　单位:万元

地　　区	商品和服务支出						
	培训费	招待费	专用材料费	被装购置费	专用燃料费	劳务费	委托业务费
地方合计	**293**	**213**	**1954**	**117**	**33**	**116**	**428**
北京市							
天津市							
河北省							
山西省							
内蒙古自治区		1					
辽宁省							
其中:大连市							
吉林省	24	8	99		32		
黑龙江省							
上海市	17		5				400
江苏省		3	1847				
浙江省						48	
其中:宁波市							
安徽省	14	15		5	1	1	
福建省							
其中:厦门市							
江西省		9					
山东省				112			
其中:青岛市							
河南省	89	2				20	
湖北省							
湖南省	133	131	3			31	5
广东省	3	16				1	
其中:深圳市							
广西壮族自治区							
海南省							
重庆市							12
四川省							
贵州省	3	20				2	11
云南省		3					
西藏自治区							
陕西省	2	5					
甘肃省						13	
青海省							
宁夏回族自治区							
新疆维吾尔自治区	8						

二、地方财政预算收支情况

2－92－6　　　　　　　　　　　　　　　　　　　　单位:万元

地　　区	商品和服务支出			对个人和家庭的补助			
	工会经费	福利费	其他商品和服务支出	小　计	离休费	退休费	退职(役)费
地　方　合　计	**10**	**978**	**2850044**	**6500645**	**40747**	**1672796**	**1920**
北京市			847	1125	698		
天津市				494728			
河北省		397	11106	38929	243	7344	
山西省			5327	341056	3855	30718	14
内蒙古自治区			30886	277828	2892	23492	
辽宁省			936	1083573	150	523037	
其中:大连市				24798		846	
吉林省			29082	208511	1590	13079	
黑龙江省		45	1321043	212591	72	2992	288
上海市			33120	99691		1723	
江苏省			23969	317057			
浙江省		5	11001	38411	893	12624	
其中:宁波市			351	7394	18	1482	
安徽省			44717	320112	1278	23253	
福建省		477	218	17167	615	15650	221
其中:厦门市				490		490	
江西省			29881	197876	505	8793	
山东省			7520	166359	7094	68601	1161
其中:青岛市			2430	97116	3682	48472	
河南省			75372	351712	786	5244	
湖北省			751945	22016	145	760	
湖南省	10	6	144779	423482	1387	159313	1
广东省		28	21584	56041		279	
其中:深圳市			1788	1000			
广西壮族自治区			32658	46485		467	
海南省			118	125672		113393	
重庆市			132	312587		311639	
四川省			2244	572938	15693	238835	
贵州省		20	41356	48554	141	3452	
云南省			2418	137546	2346	13427	
西藏自治区			381	18673			
陕西省			3256	392324	334	6194	5
甘肃省			156	71111	30	645	230
青海省			252	99979		85127	
宁夏回族自治区			202	1785			
新疆维吾尔自治区			223538	4726		2715	

2－92－7

单位:万元

地　　区	对个人和家庭的补助						
	抚恤金	生活补助	救济费	医疗费	助学金	奖励金	生产补贴
地　方　合　计	**10312**	**732714**	**7992**	**139128**	**50**	**96**	**237**
北京市		68		170			
天津市							
河北省	113	7108	925	4627			
山西省	254	72635	500	3189	50	11	
内蒙古自治区	30	13356		8439			
辽宁省	34	57360	44	1743			
其中:大连市		8063					
吉林省	3799	30966		1781			
黑龙江省		122932	155	1981			
上海市		11691		116			
江苏省		10897	541	7613			
浙江省		2584	455	3382			
其中:宁波市		234		200			
安徽省	76	12638	1093	8118		3	
福建省	37	5		135			
其中:厦门市							
江西省	2	28768	1317	5005			
山东省	1118	8942	40	1128			
其中:青岛市	1117						
河南省	97	288501	1149	4717		78	
湖北省		4007	262	1047			
湖南省	4738	28544		3008		2	120
广东省		475		1675			
其中:深圳市							
广西壮族自治区		5299		1161			
海南省		26		209			
重庆市		21					
四川省		8140		9104			
贵州省	3	2332	645	5789			
云南省		8513	586	622			
西藏自治区		19		17784			
陕西省	5	1338	257	34881			65
甘肃省	6	4542		5093		2	
青海省		488		5400			
宁夏回族自治区				754			52
新疆维吾尔自治区		519	23	457			

2－92－8 单位:万元

地　　区	对个人和家庭的补助				对企事业单位的补贴		
	住　房 公积金	提租 补贴	购房 补贴	其他对个人 和家庭的 补助支出	小　计	企业政策性 补　　贴	事业单位 补　　贴
地　方　合　计	**42**	**1**	**1001**	**3893609**	**248179**	**9912**	**9236**
北京市				189	459	449	
天津市				494728			
河北省				18569	570	66	504
山西省				229830	14184		15
内蒙古自治区			808	228811	99	46	
辽宁省				501205			
其中:大连市				15889			
吉林省				157296	198853	1667	1945
黑龙江省	19			84152	2447	2000	
上海市				86161	3594		
江苏省				298006	5723	5625	60
浙江省				18473	389		
其中:宁波市				5460			
安徽省				273653	127		60
福建省				504	4544		
其中:厦门市							
江西省				153486	3592		1446
山东省			125	78150	4381		1131
其中:青岛市				43845			
河南省				51140	53	11	
湖北省				15795	660		630
湖南省	23	1		226345	4849		130
广东省				53612	188	44	
其中:深圳市				1000			
广西壮族自治区				39558	3	3	
海南省				12044			
重庆市				927			
四川省				301166			
贵州省				36192	3156	1	3155
云南省				112052	3		
西藏自治区				870			
陕西省			68	349177	160		160
甘肃省				60563	145		
青海省				8964			
宁夏回族自治区				979			
新疆维吾尔自治区				1012			

2－92－9 单位:万元

地区	对企事业单位的补贴		赠与			债务利息支出	
	财政贴息	其他对企事业单位的补贴支出	小计	对国内的赠与	对国外的赠与	小计	国库券付息
地方合计		**229031**					
北京市		10					
天津市							
河北省							
山西省		14169					
内蒙古自治区		53					
辽宁省							
其中:大连市							
吉林省		195241					
黑龙江省		447					
上海市		3594					
江苏省		38					
浙江省		389					
其中:宁波市							
安徽省		67					
福建省		4544					
其中:厦门市							
江西省		2146					
山东省		3250					
其中:青岛市							
河南省		42					
湖北省		30					
湖南省		4719					
广东省		144					
其中:深圳市							
广西壮族自治区							
海南省							
重庆市							
四川省							
贵州省							
云南省		3					
西藏自治区							
陕西省							
甘肃省		145					
青海省							
宁夏回族自治区							
新疆维吾尔自治区							

2－92－10

单位:万元

地　　区	债务利息支出					基本建设支出	
	向国家银行借款付息	其他国内借款付息	向国外政府借款付息	向国际组织借款付息	其他国外借款付息	小　计	房屋建筑物购建
地方合计						**12510**	**3**
北京市						－1	
天津市							
河北省							
山西省							
内蒙古自治区						447	
辽宁省							
其中:大连市							
吉林省							
黑龙江省							
上海市						12000	
江苏省						60	
浙江省							
其中:宁波市							
安徽省							
福建省							
其中:厦门市							
江西省							
山东省							
其中:青岛市							
河南省							
湖北省							
湖南省						4	3
广东省							
其中:深圳市							
广西壮族自治区							
海南省							
重庆市							
四川省							
贵州省							
云南省							
西藏自治区							
陕西省							
甘肃省							
青海省							
宁夏回族自治区							
新疆维吾尔自治区							

2－92－11　　　　单位:万元

地　　区	基本建设支出							
	办公设备购　置	专用设备购　置	交通工具购　置	基础设施建　设	大型修缮	信息网络购　建	物资储备	其他基本建设支出
地　方　合　计	**1**				**447**	**－1**		**12060**
北京市						－1		
天津市								
河北省								
山西省								
内蒙古自治区					447			
辽宁省								
其中:大连市								
吉林省								
黑龙江省								
上海市								12000
江苏省								60
浙江省								
其中:宁波市								
安徽省								
福建省								
其中:厦门市								
江西省								
山东省								
其中:青岛市								
河南省								
湖北省								
湖南省	1							
广东省								
其中:深圳市								
广西壮族自治区								
海南省								
重庆市								
四川省								
贵州省								
云南省								
西藏自治区								
陕西省								
甘肃省								
青海省								
宁夏回族自治区								
新疆维吾尔自治区								

2－92－12

单位:万元

地　　区	其他资本性支出						
	小　计	房屋建筑物购　　建	办公设备购　　置	专用设备购　　置	交通工具购　　置	基础设施建　　设	大型修缮
地　方　合　计	**53937**		**2507**	**172**	**87**	**343**	**521**
北京市	10778						
天津市							
河北省	26						
山西省	1723		769				
内蒙古自治区	1561		1561				
辽宁省							
其中:大连市							
吉林省	61			7	54		
黑龙江省							
上海市	500						
江苏省	27407						
浙江省	238						5
其中:宁波市							
安徽省	29		18		2		
福建省							
其中:厦门市							
江西省	3950		3				
山东省	2538		155	165	17	342	516
其中:青岛市							
河南省	500						
湖北省							
湖南省	2		1			1	
广东省	3252						
其中:深圳市	3000						
广西壮族自治区							
海南省							
重庆市							
四川省	15						
贵州省	461						
云南省	30						
西藏自治区							
陕西省	866				14		
甘肃省							
青海省							
宁夏回族自治区							
新疆维吾尔自治区							

2－92－13

单位:万元

地区	其他资本性支出						
	信息网络购建	物资储备	土地补偿	安置补助	地上附着物和青苗补偿	拆迁补偿	其他资本性支出
地方合计	**54**		**3383**	**600**			**46270**
北京市							10778
天津市							
河北省							26
山西省							954
内蒙古自治区							
辽宁省							
其中:大连市							
吉林省							
黑龙江省							
上海市				500			
江苏省			2783				24624
浙江省							233
其中:宁波市							
安徽省	9						
福建省							
其中:厦门市							
江西省							3947
山东省	45						1298
其中:青岛市							
河南省			500				
湖北省							
湖南省							
广东省							3252
其中:深圳市							3000
广西壮族自治区							
海南省							
重庆市							
四川省							15
贵州省							461
云南省							30
西藏自治区							
陕西省			100	100			652
甘肃省							
青海省							
宁夏回族自治区							
新疆维吾尔自治区							

二、地方财政预算收支情况

2－92－14

单位:万元

地区	贷款转贷及产权参股					其他支出		
	小计	国内贷款	国外贷款	产权参股	其他贷款转贷及产权参股支出	小计	补充全国社会保障基金	其他支出
地方合计						**2372489**	**28184**	**2344305**
北京市						3256		3256
天津市								
河北省						25686		25686
山西省						1796		1796
内蒙古自治区								
辽宁省						309587		309587
其中:大连市						268659		268659
吉林省						68091		68091
黑龙江省						16812		16812
上海市						1031331		1031331
江苏省						78210		78210
浙江省						31614		31614
其中:宁波市						1645		1645
安徽省						25762		25762
福建省						7244		7244
其中:厦门市								
江西省						125128		125128
山东省						162718		162718
其中:青岛市						22262		22262
河南省						36924	28184	8740
湖北省						59421		59421
湖南省						148733		148733
广东省						36190		36190
其中:深圳市						10210		10210
广西壮族自治区						105758		105758
海南省						8371		8371
重庆市						11		11
四川省						19379		19379
贵州省						5292		5292
云南省						2520		2520
西藏自治区								
陕西省						6025		6025
甘肃省						1928		1928
青海省								
宁夏回族自治区						53184		53184
新疆维吾尔自治区						1518		1518

2007 年各省、自治区、直辖市补充全国社会保障基金支出明细表

2－93－1　　　　　　　　　　　　　　　　　　　　　　单位:万元

地　区	合　计	工资福利支出				
		小　计	基本工资	津贴补贴	奖　金	社会保障缴费
地方合计	**497**	**42**	**16**	**26**		
北京市						
天津市						
河北省						
山西省						
内蒙古自治区						
辽宁省						
其中:大连市						
吉林省						
黑龙江省						
上海市						
江苏省						
浙江省						
其中:宁波市						
安徽省						
福建省						
其中:厦门市						
江西省						
山东省						
其中:青岛市						
河南省	497	42	16	26		
湖北省						
湖南省						
广东省						
其中:深圳市						
广西壮族自治区						
海南省						
重庆市						
四川省						
贵州省						
云南省						
西藏自治区						
陕西省						
甘肃省						
青海省						
宁夏回族自治区						
新疆维吾尔自治区						

二、地方财政预算收支情况

2－93－2

单位:万元

地区	工资福利支出				商品和服务支出		
	伙食费	伙食补助费	绩效工资	其他工资福利支出	小计	办公费	印刷费
地方合计					**364**	**62**	**40**
北京市							
天津市							
河北省							
山西省							
内蒙古自治区							
辽宁省							
其中:大连市							
吉林省							
黑龙江省							
上海市							
江苏省							
浙江省							
其中:宁波市							
安徽省							
福建省							
其中:厦门市							
江西省							
山东省							
其中:青岛市							
河南省					364	62	40
湖北省							
湖南省							
广东省							
其中:深圳市							
广西壮族自治区							
海南省							
重庆市							
四川省							
贵州省							
云南省							
西藏自治区							
陕西省							
甘肃省							
青海省							
宁夏回族自治区							
新疆维吾尔自治区							

2－93－3

单位:万元

地　　区	商品和服务支出						
	咨询费	手续费	水　费	电　费	邮电费	取暖费	物　业 管理费
地　方　合　计					2		
北京市							
天津市							
河北省							
山西省							
内蒙古自治区							
辽宁省							
其中:大连市							
吉林省							
黑龙江省							
上海市							
江苏省							
浙江省							
其中:宁波市							
安徽省							
福建省							
其中:厦门市							
江西省							
山东省							
其中:青岛市							
河南省					2		
湖北省							
湖南省							
广东省							
其中:深圳市							
广西壮族自治区							
海南省							
重庆市							
四川省							
贵州省							
云南省							
西藏自治区							
陕西省							
甘肃省							
青海省							
宁夏回族自治区							
新疆维吾尔自治区							

二、地方财政预算收支情况

2-93-4

单位:万元

地区	商品和服务支出					
	交通费	差旅费	出国费	维修(护)费	租赁费	会议费
地方合计	**22**	**26**		**6**		**58**
北京市						
天津市						
河北省						
山西省						
内蒙古自治区						
辽宁省						
其中:大连市						
吉林省						
黑龙江省						
上海市						
江苏省						
浙江省						
其中:宁波市						
安徽省						
福建省						
其中:厦门市						
江西省						
山东省						
其中:青岛市						
河南省	22	26		6		58
湖北省						
湖南省						
广东省						
其中:深圳市						
广西壮族自治区						
海南省						
重庆市						
四川省						
贵州省						
云南省						
西藏自治区						
陕西省						
甘肃省						
青海省						
宁夏回族自治区						
新疆维吾尔自治区						

2－93－5 单位:万元

地　区	商品和服务支出						
	培训费	招待费	专用材料费	被装购置费	专用燃料费	劳务费	委托业务费
地方合计	**2**	**90**	**4**			**52**	
北京市							
天津市							
河北省							
山西省							
内蒙古自治区							
辽宁省							
其中:大连市							
吉林省							
黑龙江省							
上海市							
江苏省							
浙江省							
其中:宁波市							
安徽省							
福建省							
其中:厦门市							
江西省							
山东省							
其中:青岛市							
河南省	2	90	4			52	
湖北省							
湖南省							
广东省							
其中:深圳市							
广西壮族自治区							
海南省							
重庆市							
四川省							
贵州省							
云南省							
西藏自治区							
陕西省							
甘肃省							
青海省							
宁夏回族自治区							
新疆维吾尔自治区							

2－93－6

单位:万元

地　　区	商品和服务支出			对个人和家庭的补助			
	工会经费	福利费	其他商品和服务支出	小　计	离休费	退休费	退职(役)费
地　方　合　计							
北京市							
天津市							
河北省							
山西省							
内蒙古自治区							
辽宁省							
其中:大连市							
吉林省							
黑龙江省							
上海市							
江苏省							
浙江省							
其中:宁波市							
安徽省							
福建省							
其中:厦门市							
江西省							
山东省							
其中:青岛市							
河南省							
湖北省							
湖南省							
广东省							
其中:深圳市							
广西壮族自治区							
海南省							
重庆市							
四川省							
贵州省							
云南省							
西藏自治区							
陕西省							
甘肃省							
青海省							
宁夏回族自治区							
新疆维吾尔自治区							

2－93－7　　　　　　　　　　　　　　　　　　　　　　　　单位:万元

地　区	对个人和家庭的补助						
	抚恤金	生活补助	救济费	医疗费	助学金	奖励金	生产补贴
地方合计							
北京市							
天津市							
河北省							
山西省							
内蒙古自治区							
辽宁省							
其中:大连市							
吉林省							
黑龙江省							
上海市							
江苏省							
浙江省							
其中:宁波市							
安徽省							
福建省							
其中:厦门市							
江西省							
山东省							
其中:青岛市							
河南省							
湖北省							
湖南省							
广东省							
其中:深圳市							
广西壮族自治区							
海南省							
重庆市							
四川省							
贵州省							
云南省							
西藏自治区							
陕西省							
甘肃省							
青海省							
宁夏回族自治区							
新疆维吾尔自治区							

二、地方财政预算收支情况

2－93－8

单位：万元

地　　区	对个人和家庭的补助				对企事业单位的补贴		
	住房公积金	提租补贴	购房补贴	其他对个人和家庭的补助支出	小计	企业政策性补贴	事业单位补贴
地方合计							
北京市							
天津市							
河北省							
山西省							
内蒙古自治区							
辽宁省							
其中：大连市							
吉林省							
黑龙江省							
上海市							
江苏省							
浙江省							
其中：宁波市							
安徽省							
福建省							
其中：厦门市							
江西省							
山东省							
其中：青岛市							
河南省							
湖北省							
湖南省							
广东省							
其中：深圳市							
广西壮族自治区							
海南省							
重庆市							
四川省							
贵州省							
云南省							
西藏自治区							
陕西省							
甘肃省							
青海省							
宁夏回族自治区							
新疆维吾尔自治区							

2－93－9

单位:万元

地　　区	对企事业单位的补贴		赠　与			债务利息支出	
	财政贴息	其他对企事业单位的补贴支出	小　计	对国内的赠　与	对国外的赠　与	小　计	国库券付　息
地 方 合 计							
北京市							
天津市							
河北省							
山西省							
内蒙古自治区							
辽宁省							
其中:大连市							
吉林省							
黑龙江省							
上海市							
江苏省							
浙江省							
其中:宁波市							
安徽省							
福建省							
其中:厦门市							
江西省							
山东省							
其中:青岛市							
河南省							
湖北省							
湖南省							
广东省							
其中:深圳市							
广西壮族自治区							
海南省							
重庆市							
四川省							
贵州省							
云南省							
西藏自治区							
陕西省							
甘肃省							
青海省							
宁夏回族自治区							
新疆维吾尔自治区							

二、地方财政预算收支情况

2－93－10

单位:万元

地　　区	债务利息支出					基本建设支出	
	向国家银行借款付息	其他国内借款付息	向国外政府借款付息	向国际组织借款付息	其他国外借款付息	小　计	房屋建筑物购建
地 方 合 计							
北京市							
天津市							
河北省							
山西省							
内蒙古自治区							
辽宁省							
其中:大连市							
吉林省							
黑龙江省							
上海市							
江苏省							
浙江省							
其中:宁波市							
安徽省							
福建省							
其中:厦门市							
江西省							
山东省							
其中:青岛市							
河南省							
湖北省							
湖南省							
广东省							
其中:深圳市							
广西壮族自治区							
海南省							
重庆市							
四川省							
贵州省							
云南省							
西藏自治区							
陕西省							
甘肃省							
青海省							
宁夏回族自治区							
新疆维吾尔自治区							

2-93-11

单位:万元

地　　区	基本建设支出							
	办公设备购　置	专用设备购　置	交通工具购　置	基础设施建　设	大型修缮	信息网络购　建	物资储备	其他基本建设支出
地　方　合　计								
北京市								
天津市								
河北省								
山西省								
内蒙古自治区								
辽宁省								
其中:大连市								
吉林省								
黑龙江省								
上海市								
江苏省								
浙江省								
其中:宁波市								
安徽省								
福建省								
其中:厦门市								
江西省								
山东省								
其中:青岛市								
河南省								
湖北省								
湖南省								
广东省								
其中:深圳市								
广西壮族自治区								
海南省								
重庆市								
四川省								
贵州省								
云南省								
西藏自治区								
陕西省								
甘肃省								
青海省								
宁夏回族自治区								
新疆维吾尔自治区								

2－93－12

单位:万元

地区	其他资本性支出						
	小计	房屋建筑物购建	办公设备购置	专用设备购置	交通工具购置	基础设施建设	大型修缮
地方合计	**91**		**32**	**59**			
北京市							
天津市							
河北省							
山西省							
内蒙古自治区							
辽宁省							
其中:大连市							
吉林省							
黑龙江省							
上海市							
江苏省							
浙江省							
其中:宁波市							
安徽省							
福建省							
其中:厦门市							
江西省							
山东省							
其中:青岛市							
河南省	91		32	59			
湖北省							
湖南省							
广东省							
其中:深圳市							
广西壮族自治区							
海南省							
重庆市							
四川省							
贵州省							
云南省							
西藏自治区							
陕西省							
甘肃省							
青海省							
宁夏回族自治区							
新疆维吾尔自治区							

2－93－13

单位:万元

地　　区	其他资本性支出						
	信息网络购　建	物资储备	土地补偿	安置补助	地上附着物和青苗补偿	拆迁补偿	其他资本性支　出
地 方 合 计							
北京市							
天津市							
河北省							
山西省							
内蒙古自治区							
辽宁省							
其中:大连市							
吉林省							
黑龙江省							
上海市							
江苏省							
浙江省							
其中:宁波市							
安徽省							
福建省							
其中:厦门市							
江西省							
山东省							
其中:青岛市							
河南省							
湖北省							
湖南省							
广东省							
其中:深圳市							
广西壮族自治区							
海南省							
重庆市							
四川省							
贵州省							
云南省							
西藏自治区							
陕西省							
甘肃省							
青海省							
宁夏回族自治区							
新疆维吾尔自治区							

2－93－14

单位:万元

地　区	贷款转贷及产权参股					其他支出		
	小　计	国内贷款	国外贷款	产权参股	其他贷款转贷及产权参股支出	小　计	补充全国社会保障基金	其他支出
地　方　合　计								
北京市								
天津市								
河北省								
山西省								
内蒙古自治区								
辽宁省								
其中:大连市								
吉林省								
黑龙江省								
上海市								
江苏省								
浙江省								
其中:宁波市								
安徽省								
福建省								
其中:厦门市								
江西省								
山东省								
其中:青岛市								
河南省								
湖北省								
湖南省								
广东省								
其中:深圳市								
广西壮族自治区								
海南省								
重庆市								
四川省								
贵州省								
云南省								
西藏自治区								
陕西省								
甘肃省								
青海省								
宁夏回族自治区								
新疆维吾尔自治区								

2007 年各省、自治区、直辖市行政事业单位离退休支出明细表

2－94－1　　　　单位:万元

地　　区	合　计	工资福利支出				
		小　计	基本工资	津贴补贴	奖　金	社会保障缴　费
地　方　合　计	**15451954**	**770769**	**38759**	**26092**	**6148**	**680682**
北京市	775112	12627	743	1215	728	152
天津市	15235	554	36	487	7	8
河北省	764571	29884	5865	3203	215	19212
山西省	479128	3991	1584	1263	105	387
内蒙古自治区	655511	3127	1300	755	125	525
辽宁省	981445	2312	666	613	188	823
其中:大连市	197399	772	240	293	133	95
吉林省	213457	1449	536	200	510	113
黑龙江省	108675	11695	702	325	4	10495
上海市	448398	244591	3038	599	106	240017
江苏省	262821	395	45	72	57	181
浙江省	147180	6387	540	109	190	5288
其中:宁波市	3931	55	12	11	16	13
安徽省	748850	827	15	789	2	5
福建省	518007	18803	584	507	119	17283
其中:厦门市	76005	220	127	17	10	42
江西省	317418	4788	713	438	106	3268
山东省	1163358	227344	1591	1098	104	223813
其中:青岛市	47438	1189	7			1099
河南省	1024416	51422	3299	2278	136	45213
湖北省	443271	3796	1092	1005	221	1304
湖南省	598606	7006	499	961	76	5235
广东省	1478250	24012	2672	1007	254	19596
其中:深圳市	76982	2327	1397	424	97	118
广西壮族自治区	393909	2500	1390	156	143	68
海南省	113429	42963	770	602	436	40971
重庆市	505404	1347	630	295	99	208
四川省	1010090	47135	2039	1488	1175	41879
贵州省	49760	639	267	250	39	10
云南省	863587	3748	1463	1768	221	140
西藏自治区	34110	1636	1301	254	27	26
陕西省	422489	3467	1745	1049	133	281
甘肃省	360392	2583	829	918	82	527
青海省	238898	3929	1914	1637	152	85
宁夏回族自治区	97379	619	201	254	18	133
新疆维吾尔自治区	218798	5193	690	497	370	3436

二、地方财政预算收支情况

2－94－2

单位:万元

地区	工资福利支出				商品和服务支出		
	伙食费	伙食补助费	绩效工资	其他工资福利支出	小计	办公费	印刷费
地方合计	**293**	**822**	**835**	**17138**	**227837**	**11900**	**1254**
北京市	4	12	84	9689	27391	808	147
天津市		6		10	247	17	
河北省	98	560	2	729	23561	1247	142
山西省		6		646	8221	1261	109
内蒙古自治区		6		416	3699	455	38
辽宁省	5	1	5	11	15846	329	84
其中:大连市	5	1	5		2892	123	33
吉林省		3	74	13	1430	418	29
黑龙江省		24		145	1061	76	4
上海市	9	8	10	804	6171	63	6
江苏省		2		38	6995	39	4
浙江省		16		244	2355	34	53
其中:宁波市				3	12		
安徽省		1		15	1815	71	
福建省		5	72	233	5699	429	19
其中:厦门市		5		19	711	3	
江西省		11		252	2766	139	43
山东省	133	7		598	15986	674	56
其中:青岛市				83	280		
河南省	2	7	241	246	11651	1557	151
湖北省	1	3		170	9585	204	26
湖南省		2	1	232	8298	199	52
广东省	2	14	2	465	32357	472	29
其中:深圳市		7		284	8167	56	2
广西壮族自治区		2		741	3269	172	7
海南省				184	408	26	1
重庆市		15	5	95	2406	276	18
四川省		5	296	253	8049	483	51
贵州省		1		72	720	90	8
云南省	37	13		106	11894	1416	68
西藏自治区				28	671	33	1
陕西省		25	36	198	4292	417	67
甘肃省	1	10	3	213	2676	149	11
青海省	1	37	2	101	2923	80	10
宁夏回族自治区		3		10	579	29	2
新疆维吾尔自治区		17	2	181	4816	237	18

2－94－3　　　　单位:万元

地　　区	商品和服务支出						
	咨询费	手续费	水　费	电　费	邮电费	取暖费	物　业 管理费
地　方　合　计	**30**	**62**	**972**	**2558**	**1634**	**22833**	**714**
北京市		2	50	238	72	3943	233
天津市			4	6	5	11	1
河北省		1	88	360	126	2533	61
山西省	1	4	92	164	79	1235	5
内蒙古自治区			17	63	57	657	5
辽宁省	18		13	167	72	9176	12
其中:大连市	18		4	82	27	1538	11
吉林省	4	3	10	16	29	246	
黑龙江省			14	15	32	356	1
上海市		1	7	15	4	6	4
江苏省			2	10	5		
浙江省			4	29	25		1
其中:宁波市							
安徽省				10	2	14	2
福建省			7	41	62		3
其中:厦门市					1		
江西省	1		26	67	22	3	7
山东省			78	242	169	547	56
其中:青岛市							
河南省	1	1	85	262	98	440	24
湖北省	1	1	15	71	46	93	1
湖南省		8	15	26	18	3	4
广东省		3	31	126	109	1	147
其中:深圳市			21	40	17		67
广西壮族自治区			9	42	14		10
海南省		1	6	11	6		9
重庆市			24	71	35		34
四川省		21	156	56	86	124	34
贵州省			10	10	16	8	
云南省	3		46	70	154		22
西藏自治区			24	33	18	137	4
陕西省		1	57	133	86	367	14
甘肃省		1	16	46	36	360	4
青海省		13	44	105	74	709	7
宁夏回族自治区			1	4	10	12	1
新疆维吾尔自治区	1	1	21	49	67	1852	8

2－94－4

单位:万元

地区	商品和服务支出					
	交通费	差旅费	出国费	维修(护)费	租赁费	会议费
地方合计	**6939**	**5776**	**176**	**6242**	**478**	**3584**
北京市	363	104	58	656	34	254
天津市	12			7	4	17
河北省	761	2086		523	10	277
山西省	701	431	3	701	16	163
内蒙古自治区	285	257	40	130	45	120
辽宁省	248	119	1	383	10	96
其中:大连市	106	51	1	234	5	33
吉林省	192	87		31	55	119
黑龙江省	38	17		5		8
上海市	28	8		2		125
江苏省	35	15		1	1	22
浙江省	50	47		15		33
其中:宁波市						
安徽省	48	39		42		18
福建省	238	174	3	190	1	60
其中:厦门市	7	3		1		
江西省	73	246	5	106	12	18
山东省	519	161	5	422	17	233
其中:青岛市						
河南省	466	158		249	52	186
湖北省	268	60		219	3	85
湖南省	124	70	2	55	3	77
广东省	239	238		175	148	436
其中:深圳市	74	5		58	104	73
广西壮族自治区	115	69		110	3	95
海南省	46	10		38	2	3
重庆市	161	77		79	1	226
四川省	254	214		146	2	179
贵州省	123	27		8		82
云南省	460	429	23	323	18	304
西藏自治区	105	68		61		3
陕西省	388	204	36	264	33	134
甘肃省	154	96		305	7	93
青海省	181	94		662		76
宁夏回族自治区	40	25		13		18
新疆维吾尔自治区	224	146		321	1	24

2－94－5　　　　　　　　　　　　　　　　　　　　单位:万元

地　　区	商品和服务支出						
	培训费	招待费	专　用 材料费	被　装 购置费	专　用 燃料费	劳务费	委　托 业务费
地　方　合　计	**1557**	**3393**	**6939**	**258**	**170**	**1320**	**428**
北京市	110	108	30	73	1	44	219
天津市	5	11					
河北省	104	226	24	18	12	111	12
山西省	92	238	9	5	8	34	1
内蒙古自治区	40	59	45	8	15	16	4
辽宁省	49	99	148		6	179	5
其中:大连市	42	17	131		1	86	
吉林省	4	28	3		8	10	20
黑龙江省	2	32	22			1	
上海市	1	7	1110				
江苏省	16	33	600			28	
浙江省	9	65	108			60	4
其中:宁波市						2	
安徽省	6	12	2			7	
福建省	20	168	5	19		65	75
其中:厦门市	3	4				42	2
江西省	13	86	2			7	
山东省	117	200	46		4	76	6
其中:青岛市							
河南省	153	317	4593	5	44	110	10
湖北省	23	148	18	55	5	4	
湖南省	54	161				11	9
广东省	161	207	49	2		116	22
其中:深圳市	51	76	11			76	22
广西壮族自治区	23	44				74	
海南省	3	19				7	
重庆市	57	72	5	3		29	
四川省	42	153			5	39	
贵州省	15	60	3			11	
云南省	125	328	69	36	14	100	5
西藏自治区	3	50			2		2
陕西省	147	191	36	1	12	59	3
甘肃省	43	50	4	19	8	20	
青海省	64	80	2		11	11	
宁夏回族自治区	13	25			2	10	
新疆维吾尔自治区	43	116	6	14	13	81	31

二、地方财政预算收支情况

2－94－6

单位:万元

地　　区	商品和服务支出			对个人和家庭的补助			
	工会经费	福利费	其他商品和服务支出	小　计	离休费	退休费	退职(役)费
地方合计	**940**	**5931**	**141749**	**14374857**	**1254200**	**12608102**	**19517**
北京市	39	913	18892	733962	73232	617079	700
天津市		8	139	14384	2189	11183	37
河北省	19	675	14145	695501	99561	580761	365
山西省	11	336	2522	466667	63982	388715	173
内蒙古自治区	9	120	1214	648322	49439	586502	542
辽宁省	50	160	4422	962631	121245	810145	23
其中:大连市	4	60	285	193377	24707	162473	
吉林省		1	117	210037	17026	188738	163
黑龙江省	4	70	364	95613	5950	88325	4
上海市	5	144	4635	195637	17983	168557	75
江苏省	3	31	6150	252574	26368	211403	133
浙江省	7	121	1690	135807	14198	114691	193
其中:宁波市			10	3815	182	3227	
安徽省	298	147	1097	745907	68963	652867	1223
福建省	10	354	3756	490591	35887	441076	1161
其中:厦门市	1	41	603	75015	5280	68139	90
江西省	6	106	1778	306723	16983	276896	125
山东省	13	59	12286	909013	123798	723895	3299
其中:青岛市			280	37197	5451	30256	
河南省	60	281	2348	958592	96605	829349	1086
湖北省	15	54	8170	429474	34522	373021	897
湖南省	52	56	7299	573795	24981	524942	2660
广东省	19	731	28896	1408674	97102	1272339	1195
其中:深圳市	2	34	7378	66160	2697	58657	
广西壮族自治区	3	87	2392	387991	20278	358162	487
海南省	3	1	216	69899	9260	57193	69
重庆市	7	18	1213	501121	19022	468367	369
四川省	89	508	5407	954344	38569	886887	1206
贵州省	4	23	222	48185	1991	44945	34
云南省	146	325	7410	844201	64956	759175	941
西藏自治区	16	6	105	31668	3698	25772	1
陕西省	8	50	1584	414088	45988	355078	35
甘肃省	11	261	982	353864	26068	317182	637
青海省	22	26	652	231552	20277	202506	944
宁夏回族自治区	1	12	361	96123	5625	86150	503
新疆维吾尔自治区	10	247	1285	207917	8454	186201	237

2－94－7 单位:万元

地区	对个人和家庭的补助						
	抚恤金	生活补助	救济费	医疗费	助学金	奖励金	生产补贴
地方合计	**75425**	**110675**	**2993**	**45351**	**1177**	**5452**	**894**
北京市	8302	7581	42	1610	14	61	286
天津市	401	210	52	102			
河北省	3134	3866	65	1600	23	260	205
山西省	3245	5576	65	1332	6	43	12
内蒙古自治区	3763	3632	20	406	72	87	4
辽宁省	4456	8689	334	4552			
其中:大连市	321	3300	196	506			
吉林省	1191	2488	55	272		61	
黑龙江省	141	538		31		7	
上海市	681	1042	4	236	31	11	
江苏省	1056	3880	23	593		72	32
浙江省	875	2138	9	653		11	2
其中:宁波市	30	76		13			
安徽省	3573	4333	101	1698	8	123	3
福建省	2904	2606	15	884	13	20	118
其中:厦门市	123	381		21		5	
江西省	1416	2688	47	901	179	31	1
山东省	3681	5533	1204	9111		20	15
其中:青岛市	100	39	946				
河南省	6051	10889	557	2044	281	110	11
湖北省	2632	2941	41	6309	165	27	14
湖南省	1775	3860	46	799	9	453	1
广东省	1609	6933	157	3251	61	1877	39
其中:深圳市	54	783	7	105		25	
广西壮族自治区	1814	2142	5	397	8	792	
海南省	411	486		97		11	
重庆市	1386	5319	4	1303		46	
四川省	4312	6293	13	1422		1113	1
贵州省	214	111		103		26	
云南省	4044	4387	11	700	49	31	10
西藏自治区	96	11		1539			
陕西省	2514	3986	53	1629	1	20	126
甘肃省	2412	4236	22	355	98	28	11
青海省	2954	2225	1	385	159	1	3
宁夏回族自治区	1005	1356	15	68		12	
新疆维吾尔自治区	3377	700	32	969		98	

二、地方财政预算收支情况

2－94－8

单位:万元

地区	对个人和家庭的补助				对企事业单位的补贴		
	住房公积金	提租补贴	购房补贴	其他对个人和家庭的补助支出	小计	企业政策性补贴	事业单位补贴
地方合计	**7460**	**9765**	**39327**	**194519**	**7201**	**1423**	**4662**
北京市	606	4394	6244	13811	2		
天津市	10			200			
河北省	173	36	5	5447			
山西省	312	8	4	3194			
内蒙古自治区	93	1	29	3732	13		13
辽宁省	34	4107	469	8577			
其中:大连市		3	157	1714			
吉林省	41	1		1			
黑龙江省	96	27		494			
上海市	77		1	6939			
江苏省	140	65	161	8648	55	39	
浙江省	223		51	2763	6		
其中:宁波市	2		1	284			
安徽省	8	194	89	12724			
福建省	235	344	305	5023	5	2	3
其中:厦门市	72	54	9	841			
江西省	377	1	11	7067	3076		3076
山东省	1523	451	29121	7362	1781		1557
其中:青岛市				405			
河南省	221	22	136	11230			
湖北省	750	42	66	8047	100		
湖南省	267		2	14000			
广东省	1244	63	274	22530	389		3
其中:深圳市	34	25	17	3756			
广西壮族自治区	237		4	3665	37		
海南省	23		1	2348	7		7
重庆市	15		4	5286			
四川省	92		17	14419			
贵州省	12		452	297			
云南省	185		387	9325	739	504	
西藏自治区	35			516			
陕西省	210	4	219	4225			
甘肃省	75	5	90	2645	878	878	
青海省	3		160	1934	55		
宁夏回族自治区	3		4	1382			
新疆维吾尔自治区	140		1021	6688	58		3

2－94－9

单位:万元

地　　区	对企事业单位的补贴		赠　与			债务利息支出	
	财政贴息	其他对企事业单位的补贴支出	小　计	对国内的赠　与	对国外的赠　与	小　计	国库券付　息
地　方　合　计		**1116**	**1**	**1**			
北京市		2					
天津市							
河北省							
山西省							
内蒙古自治区							
辽宁省							
其中:大连市							
吉林省							
黑龙江省							
上海市							
江苏省		16					
浙江省		6					
其中:宁波市							
安徽省							
福建省							
其中:厦门市							
江西省							
山东省		224					
其中:青岛市							
河南省			1	1			
湖北省		100					
湖南省							
广东省		386					
其中:深圳市							
广西壮族自治区		37					
海南省							
重庆市							
四川省							
贵州省							
云南省		235					
西藏自治区							
陕西省							
甘肃省							
青海省		55					
宁夏回族自治区							
新疆维吾尔自治区		55					

2-94-10

单位:万元

地区	债务利息支出					基本建设支出	
	向国家银行借款付息	其他国内借款付息	向国外政府借款付息	向国际组织借款付息	其他国外借款付息	小计	房屋建筑物购建
地方合计						**3641**	**1454**
北京市						2	
天津市						40	
河北省						174	121
山西省							
内蒙古自治区						32	32
辽宁省						349	349
其中:大连市						349	349
吉林省							
黑龙江省							
上海市							
江苏省						15	
浙江省						43	1
其中:宁波市							
安徽省							
福建省						35	
其中:厦门市						2	
江西省							
山东省						260	237
其中:青岛市							
河南省						1478	465
湖北省						73	
湖南省						191	44
广东省						378	
其中:深圳市							
广西壮族自治区						30	30
海南省						9	
重庆市						5	
四川省						161	
贵州省							
云南省						17	5
西藏自治区							
陕西省						12	
甘肃省							
青海省						138	
宁夏回族自治区							
新疆维吾尔自治区						199	170

2－94－11

单位：万元

地　　区	基本建设支出							
	办公设备购置	专用设备购置	交通工具购置	基础设施建设	大型修缮	信息网络购建	物资储备	其他基本建设支出
地方合计	**106**	**38**	**117**	**210**	**688**	**17**		**1011**
北京市						2		
天津市				40				
河北省	14	20		19				
山西省								
内蒙古自治区								
辽宁省								
其中：大连市								
吉林省								
黑龙江省								
上海市								
江苏省			13					2
浙江省	8	1	20		13			
其中：宁波市								
安徽省								
福建省	4		31					
其中：厦门市	2							
江西省								
山东省	7	5		6		5		
其中：青岛市								
河南省	10					3		1000
湖北省	15		51			7		
湖南省			2	145				
广东省					378			
其中：深圳市								
广西壮族自治区								
海南省								9
重庆市	5							
四川省					161			
贵州省								
云南省		12						
西藏自治区								
陕西省	12							
甘肃省								
青海省	2				136			
宁夏回族自治区								
新疆维吾尔自治区	29							

2－94－12

单位:万元

地　　区	其他资本性支出						
	小　计	房屋建筑物购　　建	办公设备购　　置	专用设备购　　置	交通工具购　　置	基础设施建　　设	大型修缮
地　方　合　计	**9350**	**842**	**1456**	**600**	**2419**	**210**	**2098**
北京市	778		94	13	180		368
天津市	10		9				
河北省	453		23	70	147	43	158
山西省	244	16	90	19	98		18
内蒙古自治区	301	30	59	12	162		10
辽宁省	307	45	22	3	85		152
其中:大连市	9				9		
吉林省	144		11	48	85		
黑龙江省	306		3	1		35	267
上海市	769		5				
江苏省	67		3		64		
浙江省	193		131	29			21
其中:宁波市							
安徽省	2		2				
福建省	152		33		56		36
其中:厦门市							
江西省	59		3	1	55		
山东省	332	4	137	38	88	1	59
其中:青岛市							
河南省	969	300	137	159	98	53	9
湖北省	80	2	5	7	23		22
湖南省	27		19	1			7
广东省	570	15	105	32	171		57
其中:深圳市	240		56	32	142		
广西壮族自治区	44		24		17		
海南省	56		7		49		
重庆市	466	106	226	9	95		29
四川省	375		22	134	51		167
贵州省	216	118	28	2	68		
云南省	1124	110	76		289	26	548
西藏自治区	135				135		
陕西省	351	15	54	2	107		39
甘肃省	177	32	25		70		
青海省	300		70	19	145	8	41
宁夏回族自治区	58		13		44		
新疆维吾尔自治区	285	49	20	1	37	44	90

2－94－13　　　　　　　　　　　　　　　　　　　　　　　　单位:万元

地　　区	其他资本性支出						
	信息网络购　建	物资储备	土地补偿	安置补助	地上附着物和青苗补偿	拆迁补偿	其他资本性支　出
地 方 合 计	**185**		**20**	**43**			**1477**
北京市				2			121
天津市							1
河北省	7						5
山西省	2						1
内蒙古自治区	1						27
辽宁省							
其中:大连市							
吉林省							
黑龙江省							
上海市							764
江苏省							
浙江省							12
其中:宁波市							
安徽省							
福建省							27
其中:厦门市							
江西省							
山东省							5
其中:青岛市							
河南省	11						202
湖北省				21			
湖南省							
广东省	18						172
其中:深圳市							10
广西壮族自治区							3
海南省							
重庆市	1						
四川省	1						
贵州省							
云南省	10						65
西藏自治区							
陕西省	134						
甘肃省				15			35
青海省							17
宁夏回族自治区							1
新疆维吾尔自治区			20	5			19

2-94-14

单位:万元

地区	贷款转贷及产权参股					其他支出		
	小计	国内贷款	国外贷款	产权参股	其他贷款转贷及产权参股支出	小计	补充全国社会保障基金	其他支出
地方合计						**58298**		**58298**
北京市						350		350
天津市								
河北省						14998		14998
山西省						5		5
内蒙古自治区						17		17
辽宁省								
其中:大连市								
吉林省						397		397
黑龙江省								
上海市						1230		1230
江苏省						2720		2720
浙江省						2389		2389
其中:宁波市						49		49
安徽省						299		299
福建省						2722		2722
其中:厦门市						57		57
江西省						6		6
山东省						8642		8642
其中:青岛市						8772		8772
河南省						303		303
湖北省						163		163
湖南省						9289		9289
广东省						11870		11870
其中:深圳市						88		88
广西壮族自治区						38		38
海南省						87		87
重庆市						59		59
四川省						26		26
贵州省								
云南省						1864		1864
西藏自治区								
陕西省						279		279
甘肃省						214		214
青海省						1		1
宁夏回族自治区								
新疆维吾尔自治区						330		330

2007 年各省、自治区、直辖市企业改革补助支出明细表

2－95－1 单位:万元

地区	合计	工资福利支出				
		小计	基本工资	津贴补贴	奖金	社会保障缴费
地方合计	**2799472**	**45929**	**16092**	**4217**	**279**	**20717**
北京市	32367	93				
天津市						
河北省	178837	1264	160	7		520
山西省	331931	17033	5002			12000
内蒙古自治区	64519	865				721
辽宁省	232275	1889				12
其中:大连市	1972					
吉林省	129601	11374	6757	2665	83	1295
黑龙江省	179816	5853	3425	1414	165	366
上海市	1213					
江苏省	30148	24	24			
浙江省	58					
其中:宁波市						
安徽省	150977	414				414
福建省	17344	812				812
其中:厦门市	15					
江西省	98072	75	17	6	3	49
山东省	278750	448	25	21		402
其中:青岛市	3606	60	25	21		14
河南省	171168	415				411
湖北省	69760					
湖南省	168443	359	186	80	10	3
广东省	34031	3579	377	4	2	2490
其中:深圳市	3000					
广西壮族自治区	137295	36				26
海南省	3367					
重庆市	107044					
四川省	105830	179	6	3		127
贵州省	1342	133	113	11	2	7
云南省	17140					
西藏自治区						
陕西省	170242	561			14	545
甘肃省	29581	455				455
青海省	9900					
宁夏回族自治区	5025					
新疆维吾尔自治区	43396	68		6		62

2－95－2

单位:万元

地　　区	工资福利支出				商品和服务支出		
	伙食费	伙　食补助费	绩效工资	其他工资福利支出	小　计	办公费	印刷费
地　方　合　计	**7**	**70**	**739**	**3808**	**384479**	**4691**	**137**
北京市				93	265		
天津市							
河北省				577	1611	99	
山西省				31	2698		
内蒙古自治区				144	5533	10	
辽宁省				1877	31683	2509	6
其中:大连市					188	139	
吉林省		6	561	7	7571	540	79
黑龙江省	3	60	175	245	86027	222	14
上海市					90		
江苏省					23192	1	
浙江省							
其中:宁波市							
安徽省					22122	16	3
福建省					1157	62	
其中:厦门市							
江西省					592	8	3
山东省					4894	270	
其中:青岛市					3064	270	
河南省				4	3611	312	
湖北省					53186		
湖南省	4	4	3	69	6670	9	
广东省				706	6298	125	
其中:深圳市							
广西壮族自治区				10	16199	40	
海南省					2243		
重庆市					5543	35	15
四川省				43	56621	353	10
贵州省					134	4	
云南省					743		
西藏自治区							
陕西省				2	2994	63	5
甘肃省					774	13	2
青海省					65		
宁夏回族自治区					650		
新疆维吾尔自治区					41313		

2－95－3 单位:万元

地　　区	商品和服务支出						
	咨询费	手续费	水　费	电　费	邮电费	取暖费	物　业 管理费
地　方　合　计	**44**	**10**	**195**	**593**	**88**	**1816**	**10**
北京市							
天津市							
河北省						5	
山西省							
内蒙古自治区					1	1	
辽宁省	15				2	31	
其中:大连市							
吉林省	2		154	500	54	996	
黑龙江省	3		26	70	11	781	1
上海市							
江苏省					1		
浙江省							
其中:宁波市							
安徽省		10		1	3		
福建省	5						
其中:厦门市							
江西省	1				1		
山东省							
其中:青岛市							
河南省							
湖北省							
湖南省				2			9
广东省			8	15			
其中:深圳市							
广西壮族自治区							
海南省							
重庆市	2						
四川省			5	1	6		
贵州省			1	2			
云南省					8		
西藏自治区							
陕西省			1	1		2	
甘肃省	16			1	1		
青海省							
宁夏回族自治区							
新疆维吾尔自治区							

2－95－4

单位:万元

地　　区	商品和服务支出					
	交通费	差旅费	出国费	维修(护)费	租赁费	会议费
地　方　合　计	**430**	**328**	**6**	**4055**	**12**	**218**
北京市						
天津市						
河北省	7	2		71		23
山西省				35		
内蒙古自治区	11	6				
辽宁省	35	25			10	46
其中:大连市						
吉林省	247	191		1251		42
黑龙江省	31	46		2534		2
上海市						
江苏省	2	2				1
浙江省						
其中:宁波市						
安徽省	37	7	5	30		
福建省				105		
其中:厦门市						
江西省	30	4				3
山东省						59
其中:青岛市						9
河南省					2	17
湖北省						
湖南省	4	8		6		2
广东省	1					1
其中:深圳市						
广西壮族自治区				7		
海南省						
重庆市	3	12		6		3
四川省	15	18				13
贵州省	1	2				
云南省						
西藏自治区						
陕西省	4	4		1		
甘肃省	2	1	1	9		6
青海省						
宁夏回族自治区						
新疆维吾尔自治区						

2－95－5 单位:万元

地　区	商品和服务支出						
	培训费	招待费	专用材料费	被装购置费	专用燃料费	劳务费	委托业务费
地方合计	**758**	**109**	**1931**	**2**	**382**	**673**	**338**
北京市							
天津市							
河北省	23	21	10			15	
山西省							
内蒙古自治区	13	4			1	11	
辽宁省	1					74	12
其中:大连市						37	12
吉林省	33	29	363	2	375	43	
黑龙江省	34	8	530		1	61	
上海市							
江苏省		1	698				
浙江省							
其中:宁波市							
安徽省	4	4					
福建省							320
其中:厦门市							
江西省		1				1	
山东省			252				
其中:青岛市							
河南省						442	
湖北省							
湖南省	1	13					
广东省	630						
其中:深圳市							
广西壮族自治区							
海南省							
重庆市		5				13	
四川省	5	17	78			1	
贵州省		2				4	
云南省						3	
西藏自治区							
陕西省	6	3			5		6
甘肃省	8	1				5	
青海省							
宁夏回族自治区							
新疆维吾尔自治区							

二、地方财政预算收支情况

2－95－6

单位:万元

地区	商品和服务支出			对个人和家庭的补助			
	工会经费	福利费	其他商品和服务支出	小计	离休费	退休费	退职(役)费
地方合计	**51**	**1021**	**366581**	**412422**	**369**	**4287**	**509**
北京市			265	40			
天津市							
河北省	1	2	1332	15750			
山西省			2663	29862		8	
内蒙古自治区			5475	2395			
辽宁省			28917	60473			
其中:大连市				1000			
吉林省	37	27	2606	38542	4	1136	
黑龙江省	13	22	81617	40719	70	2441	
上海市			90	12			
江苏省			22486	3131			
浙江省				51			
其中:宁波市							
安徽省			22002	5095			
福建省			665	1749			100
其中:厦门市				4			
江西省			540	2182		3	
山东省			4313	152899	273		3
其中:青岛市			2785	367			
河南省			2838	2918			360
湖北省			53186	2280			
湖南省		5	6611	12625			
广东省		950	4568	4752			
其中:深圳市							
广西壮族自治区			16152	588			
海南省			2243	92			
重庆市			5449	7220			
四川省			56099	24299	22	30	45
贵州省		4	114	156		59	
云南省			732	1068		569	1
西藏自治区							
陕西省		11	2882	281			
甘肃省			708	353			
青海省			65	270			
宁夏回族自治区			650	1374			
新疆维吾尔自治区			41313	1246		41	

2－95－7

单位:万元

地　　区	对个人和家庭的补助						
	抚恤金	生活补助	救济费	医疗费	助学金	奖励金	生产补贴
地 方 合 计	**1775**	**186094**	**6487**	**12439**	**6**	**13**	**538**
北京市							
天津市							
河北省	9	6058		452			
山西省	501	15081		300			
内蒙古自治区		1233	15				361
辽宁省		4425	1404				75
其中:大连市		1000					
吉林省	464	14125	96	1581		1	
黑龙江省	608	14925	145	2638	6	3	100
上海市		12					
江苏省		1565					
浙江省							
其中:宁波市							
安徽省	3	164	1090				
福建省		695	60				
其中:厦门市		4					
江西省	28	739	120	795		6	
山东省	86	110208	2253	94			
其中:青岛市	76	291					
河南省		1274	11	87		3	
湖北省		224	30				
湖南省	65	2279		3952			2
广东省		4421					
其中:深圳市							
广西壮族自治区		231		1			
海南省							
重庆市		3268	2	82			
四川省		4159	485	2161			
贵州省		39	1	1			
云南省		335					
西藏自治区							
陕西省	4	226	5	5			
甘肃省	7		8	83			
青海省		4	10	6			
宁夏回族自治区				201			
新疆维吾尔自治区		404	752				

2－95－8

单位：万元

地　　区	对个人和家庭的补助				对企事业单位的补贴		
	住房公积金	提租补贴	购房补贴	其他对个人和家庭的补助支出	小计	企业政策性补贴	事业单位补贴
地方合计	**491**	**3**	**5**	**199406**	**1270120**	**634185**	**529**
北京市				40	1949	1949	
天津市							
河北省				9231	150290	4332	
山西省	200			13772	281797	1392	30
内蒙古自治区				786	850	752	
辽宁省				54569	96179	68334	
其中：大连市					784	356	
吉林省	188			20947	64073	56660	
黑龙江省	96	3	4	19680	45425	39149	
上海市					529	500	
江苏省				1566	3111	1724	
浙江省				51			
其中：宁波市							
安徽省				3838	121389	70664	
福建省				894	7202	1118	
其中：厦门市					11		
江西省				491	90339	89843	
山东省				39982	49669	34574	499
其中：青岛市							
河南省				1183	163543	143569	
湖北省				2026	13006	4759	
湖南省	2			6325	86471	85897	
广东省			1	330	5750	5685	
其中：深圳市							
广西壮族自治区				356	7996	47	
海南省				92	142	14	
重庆市				3868	9260	1852	
四川省				17397	23289	1669	
贵州省	5			51	619	185	
云南省				163	14729	981	
西藏自治区							
陕西省				41	1517	611	
甘肃省				255	27887	15632	
青海省				250	406	46	
宁夏回族自治区				1173	2501	2045	
新疆维吾尔自治区				49	202	202	

2－95－9

单位:万元

地区	对企事业单位的补贴		赠与			债务利息支出	
	财政贴息	其他对企事业单位的补贴支出	小计	对国内的赠与	对国外的赠与	小计	国库券付息
地方合计	**90**	**635316**				**1486**	
北京市							
天津市							
河北省		145958					
山西省		280375					
内蒙古自治区		98					
辽宁省		27845					
其中:大连市		428					
吉林省		7413					
黑龙江省		6276					
上海市		29					
江苏省		1387					
浙江省							
其中:宁波市							
安徽省		50725					
福建省		6084					
其中:厦门市		11					
江西省		496					
山东省		14596				1486	
其中:青岛市							
河南省		19974					
湖北省		8247					
湖南省		574					
广东省		65					
其中:深圳市							
广西壮族自治区		7949					
海南省	90	38					
重庆市		7408					
四川省		21620					
贵州省		434					
云南省		13748					
西藏自治区							
陕西省		906					
甘肃省		12255					
青海省		360					
宁夏回族自治区		456					
新疆维吾尔自治区							

2－95－10　　单位:万元

地　区	债务利息支出					基本建设支出	
	向国家银行借款付息	其他国内借款付息	向国外政府借款付息	向国际组织借款付息	其他国外借款付息	小　计	房屋建筑物购建
地方合计		**1486**				**1269**	**609**
北京市							
天津市							
河北省							
山西省							
内蒙古自治区							
辽宁省							
其中:大连市							
吉林省						220	
黑龙江省							
上海市							
江苏省							
浙江省							
其中:宁波市							
安徽省						10	
福建省							
其中:厦门市							
江西省							
山东省		1486				6	
其中:青岛市							
河南省							
湖北省							
湖南省						134	109
广东省							
其中:深圳市							
广西壮族自治区						887	500
海南省							
重庆市							
四川省							
贵州省							
云南省							
西藏自治区							
陕西省							
甘肃省						12	
青海省							
宁夏回族自治区							
新疆维吾尔自治区							

2-95-11

单位:万元

地　　区	基本建设支出							
	办公设备购　置	专用设备购　置	交通工具购　置	基础设施建　设	大型修缮	信息网络购　建	物资储备	其他基本建设支出
地　方　合　计	**26**			**220**	**5**			**409**
北京市								
天津市								
河北省								
山西省								
内蒙古自治区								
辽宁省								
其中:大连市								
吉林省				220				
黑龙江省								
上海市								
江苏省								
浙江省								
其中:宁波市								
安徽省								10
福建省								
其中:厦门市								
江西省								
山东省	6							
其中:青岛市								
河南省								
湖北省								
湖南省	20				5			
广东省								
其中:深圳市								
广西壮族自治区								387
海南省								
重庆市								
四川省								
贵州省								
云南省								
西藏自治区								
陕西省								
甘肃省								12
青海省								
宁夏回族自治区								
新疆维吾尔自治区								

2-95-12

单位:万元

地区	其他资本性支出						
	小计	房屋建筑物购建	办公设备购置	专用设备购置	交通工具购置	基础设施建设	大型修缮
地方合计	**193305**	**1666**	**71**	**491**	**337**	**106**	**1883**
北京市	30000						
天津市							
河北省	1508						
山西省	526						
内蒙古自治区	713						
辽宁省	3038					13	
其中:大连市							
吉林省	1059	539	48	83	330	23	35
黑龙江省	1792	276	9	398	7		167
上海市							
江苏省	247						
浙江省							
其中:宁波市							
安徽省	1		1				
福建省	4643					5	
其中:厦门市							
江西省	120						
山东省	30004			10			8
其中:青岛市							
河南省	514						
湖北省							
湖南省	20179						
广东省	3000						
其中:深圳市	3000						
广西壮族自治区							
海南省							
重庆市	83776	851					
四川省	400					5	
贵州省	300						
云南省							
西藏自治区							
陕西省	1654		13				
甘肃省	75						
青海省	9089					60	1673
宁夏回族自治区	100						
新疆维吾尔自治区	567						

2－95－13 单位:万元

地区	其他资本性支出						
	信息网络购建	物资储备	土地补偿	安置补助	地上附着物和青苗补偿	拆迁补偿	其他资本性支出
地方合计	**7**			**61973**		**615**	**126156**
北京市							30000
天津市							
河北省				1468			40
山西省				526			
内蒙古自治区				88		600	25
辽宁省				3025			
其中:大连市							
吉林省	1						
黑龙江省	6			910			19
上海市							
江苏省							247
浙江省							
其中:宁波市							
安徽省							
福建省				4638			
其中:厦门市							
江西省				120			
山东省				29971		15	
其中:青岛市							
河南省				374			140
湖北省							
湖南省				20101			78
广东省							3000
其中:深圳市							3000
广西壮族自治区							
海南省							
重庆市							82925
四川省				30			365
贵州省							300
云南省							
西藏自治区							
陕西省				90			1551
甘肃省				25			50
青海省							7356
宁夏回族自治区				100			
新疆维吾尔自治区				507			60

2－95－14

单位:万元

地区	贷款转贷及产权参股					其他支出		
	小计	国内贷款	国外贷款	产权参股	其他贷款转贷及产权参股支出	小计	补充全国社会保障基金	其他支出
地方合计						**490462**	**50**	**490412**
北京市						20		20
天津市								
河北省						8414		8414
山西省						15		15
内蒙古自治区						54163		54163
辽宁省						39013		39013
其中:大连市								
吉林省						6762		6762
黑龙江省								
上海市						582		582
江苏省						443		443
浙江省						7		7
其中:宁波市								
安徽省						1946		1946
福建省						1781		1781
其中:厦门市								
江西省						4764		4764
山东省						39344		39344
其中:青岛市						115		115
河南省						167	50	117
湖北省						1288		1288
湖南省						42005		42005
广东省						10652		10652
其中:深圳市								
广西壮族自治区						111589		111589
海南省						890		890
重庆市						1245		1245
四川省						1042		1042
贵州省								
云南省						600		600
西藏自治区								
陕西省						163235		163235
甘肃省						25		25
青海省						70		70
宁夏回族自治区						400		400
新疆维吾尔自治区								

2007 年各省、自治区、直辖市就业补助支出明细表

2－96－1　　　　　　　　　　　　　　　　　　　　　　　　单位:万元

地　　区	合　计	工资福利支出				
		小　计	基本工资	津贴补贴	奖　金	社会保障缴费
地　方　合　计	**3867463**	**110560**	**11487**	**9653**	**1348**	**50383**
北京市	71983	3735	41	49	50	952
天津市	89114	2787	230	1412	25	317
河北省	125717	688	295	37	1	315
山西省	112098	8505	272	5431	1	2662
内蒙古自治区	78192	7737	720			6888
辽宁省	349798	27984	2			9272
其中:大连市	56340					
吉林省	168461	3252	380	3	15	1675
黑龙江省	337925	478				476
上海市	198197	13282	2874	486	252	1398
江苏省	132196	986	182	111	170	121
浙江省	109792	474	123	121	132	62
其中:宁波市	52535					
安徽省	158517	1187	74	17	17	385
福建省	45103	6273	153	81	76	5417
其中:厦门市	14983	5359	32		7	5103
江西省	144990	2977	1129	345	9	1431
山东省	93537	1886	422	282	12	1110
其中:青岛市	27764	25	25			
河南省	121243	5665	1621	433	40	3261
湖北省	273968	1354	191	114	9	190
湖南省	260364	3363	906	216	94	1925
广东省	228905	949	255	53	94	222
其中:深圳市	22561	8			8	
广西壮族自治区	57978	756	45	7	3	650
海南省	13340	554	2	2		283
重庆市	107736					
四川省	155460	3308	302	19	128	2810
贵州省	47052	748	20	13	201	386
云南省	42845	4514	1	216	1	3434
西藏自治区	812	44		3		11
陕西省	162307	322	112	27	4	19
甘肃省	67739	3146	128	31	2	2805
青海省	28876	1355	117	93	6	777
宁夏回族自治区	26408	1185	788	36	5	242
新疆维吾尔自治区	56810	1066	102	15	1	887

二、地方财政预算收支情况

2－96－2　　　　单位:万元

地　　区	工资福利支出				商品和服务支出		
	伙食费	伙　食 补助费	绩效 工资	其他工资 福利支出	小　计	办公费	印刷费
地　方　合　计	**27**	**77**	**146**	**37439**	**1188367**	**40876**	**2462**
北京市				2643	25622	296	211
天津市	2	11	1	789	6884	382	
河北省	1			39	30374	1168	157
山西省			19	120	18300	239	95
内蒙古自治区				129	26628	197	117
辽宁省	1			18709	48095	10179	106
其中:大连市					9947	9676	
吉林省				1179	46747	2303	276
黑龙江省			2		95978	1825	39
上海市	2	7		8263	60837	202	
江苏省		7	94	301	46942	549	52
浙江省		11		25	32669	409	29
其中:宁波市					7230	22	6
安徽省		2		692	29276	130	37
福建省	8		5	533	16164	161	95
其中:厦门市				217	4994	51	
江西省			22	41	41014	519	38
山东省	10			50	28506	1017	159
其中:青岛市					1953	133	24
河南省	1	5	3	301	37956	16421	206
湖北省				850	220717	215	115
湖南省	1	1		220	69511	297	151
广东省				325	84666	949	218
其中:深圳市					19738	2	16
广西壮族自治区				51	19399	461	7
海南省				267	2851	4	7
重庆市					61891	74	8
四川省				49	48099	606	105
贵州省		3		125	13942	248	10
云南省				862	12608	258	54
西藏自治区				30	49		
陕西省		28		132	5884	271	67
甘肃省				180	15705	1181	25
青海省	1	1		360	4431	32	33
宁夏回族自治区		1		113	6983	137	40
新疆维吾尔自治区				61	29639	146	5

2－96－3　　　　单位:万元

地　　区	商品和服务支出						
	咨询费	手续费	水　费	电　费	邮电费	取暖费	物业管理费
地　方　合　计	**470**	**165**	**339**	**952**	**785**	**339**	**287**
北京市	10	15	5	107	87	18	34
天津市			1	10	1	8	
河北省	29	1	5	19	10	14	7
山西省	18	1	13	27	34	52	
内蒙古自治区	9	10	1	14	13	28	14
辽宁省	10	10	1	2	13	17	41
其中:大连市	10						
吉林省	27	25		8	21	5	1
黑龙江省	10		1	11	8	12	
上海市			9	39	14		2
江苏省	41	3	30	44	115		8
浙江省			6	39	23		
其中:宁波市				7	3		
安徽省		3		8	8		
福建省			1	12	22		4
其中:厦门市							
江西省	7	1	3	14	9		
山东省	30	22	61	121	79	132	34
其中:青岛市				5		2	
河南省	8		26	72	51	24	20
湖北省		21	23	56	17	1	85
湖南省	10	21	47	126	39	5	15
广东省	39	10	72	109	50		9
其中:深圳市							
广西壮族自治区		8		14	22		2
海南省		1		5			
重庆市	1	3			51		2
四川省	1	2	11	37	41		3
贵州省	190		6	13	11		
云南省	30		10	18	14		5
西藏自治区							
陕西省			6	20	16	5	
甘肃省			1	1	1	5	1
青海省				5	11	10	
宁夏回族自治区				1	3	1	
新疆维吾尔自治区		8			1	2	

2－96－4　　　　单位:万元

地　　区	商品和服务支出					
	交通费	差旅费	出国费	维修(护)费	租赁费	会议费
地　方　合　计	**1909**	**1953**	**68**	**6372**	**1262**	**3889**
北京市	162	17	12	296	93	222
天津市	1	1		502		5
河北省	55	59	9	177	35	223
山西省	45	47		114	1	93
内蒙古自治区	55	53		409	16	137
辽宁省	63	50		440	54	71
其中:大连市						
吉林省	91	144		188	140	411
黑龙江省	14	35		310	5	7
上海市	31	5		11	1	40
江苏省	80	100	10	87	39	92
浙江省	61	26		60	80	206
其中:宁波市	5	1		39	52	151
安徽省	31	13		32	3	38
福建省	62	56		76		148
其中:厦门市	3	3				
江西省	43	27		3	24	52
山东省	213	109	7	528	174	458
其中:青岛市						4
河南省	154	356		245	43	264
湖北省	82	89	7	111	7	99
湖南省	133	172	15	105	23	128
广东省	133	156	3	1255	361	537
其中:深圳市		47		30		32
广西壮族自治区	26	13		26		11
海南省	20	10				12
重庆市	4	9		79		26
四川省	86	67		183	77	263
贵州省	24	12		33		34
云南省	30	161		75	18	118
西藏自治区						
陕西省	62	26		45	34	47
甘肃省	14	17		203	8	28
青海省	37	18	5	55	3	69
宁夏回族自治区	94	59		73	23	23
新疆维吾尔自治区	3	46		651		27

2－96－5

单位:万元

地　　区	商品和服务支出						
	培训费	招待费	专用材料费	被装购置费	专用燃料费	劳务费	委托业务费
地方合计	**130409**	**2878**	**5383**	**769**	**78**	**23320**	**2896**
北京市	1882	14	276	129		14	53
天津市	993	4	19			3155	
河北省	5293	161	12			131	176
山西省	1970	41	41	71	22	111	
内蒙古自治区	4789	4	24	23		279	814
辽宁省	12510	94	148	226		2898	
其中:大连市	140					121	
吉林省	10931	8	882		3	3715	340
黑龙江省	7713	31	244			561	4
上海市	98	112	23			5786	
江苏省	3402	131	601	25	3	302	69
浙江省	5600	261	216	75		450	45
其中:宁波市	1095	128	11			374	37
安徽省	1274	29	10	2		134	49
福建省	3423	143	318	5	2	168	565
其中:厦门市	1049					30	
江西省	5085	42	40			62	7
山东省	11515	748	237	65		952	400
其中:青岛市	2	701					
河南省	4512	175	773	3	19	220	92
湖北省	2079	89	24	8		252	99
湖南省	2745	254	44	40	10	71	17
广东省	6895	171	767	97	12	1427	111
其中:深圳市	52	40				8	
广西壮族自治区	2174	29	59			41	1
海南省	1143	8				7	11
重庆市	971	9	3			13	
四川省	10936	119	65		1	164	3
贵州省	5740	43	2			207	1
云南省	3465	47	55			243	
西藏自治区							
陕西省	284	62	42		5	7	
甘肃省	1972	13	338		1	991	20
青海省	1943	11	3			13	
宁夏回族自治区	559	17				138	
新疆维吾尔自治区	8513	8	117			808	19

2－96－6　　　　单位:万元

地　区	商品和服务支出			对个人和家庭的补助			
	工会经费	福利费	其他商品和服务支出	小　计	离休费	退休费	退职(役)费
地　方　合　计	**223**	**4139**	**956144**	**1686181**	**1105**	**548**	**1006**
北京市		7	21662	7396			
天津市	1	3	1798	7450		7	
河北省	1	78	22554	74863		3	
山西省		5	15260	76595	5	72	
内蒙古自治区		1	19621	34256			23
辽宁省		1	21161	225885			
其中:大连市				23943			
吉林省			27228	77865			
黑龙江省	129	1100	83919	209797			
上海市	15	2202	52247	104225	2	10	
江苏省	11	53	41095	55469		74	
浙江省	7	165	24911	25510		4	
其中:宁波市		125	5174	10466			
安徽省	2	1	27472	63860			346
福建省	5	120	10778	11301		3	
其中:厦门市			3858	69			
江西省		4	35034	52106		3	
山东省	3	214	11228	23413	3	110	
其中:青岛市			1082	988			
河南省	7	42	14223	43123		26	489
湖北省	4	13	217221	21201		8	
湖南省	28	79	64936	114218	1092	191	6
广东省	7	45	71233	48443			126
其中:深圳市			19511	239			
广西壮族自治区			16505	20753			
海南省		3	1620	5371			3
重庆市			60638	31092			
四川省	3		35326	86286		8	
贵州省		1	7367	22809			9
云南省			8007	23892			
西藏自治区			49	70			
陕西省			4885	145398	3	29	4
甘肃省		1	10884	38092			
青海省			2183	17218			
宁夏回族自治区			5815	7039			
新疆维吾尔自治区		1	19284	11185			

2－96－7　　　　单位:万元

地　　区	对个人和家庭的补助						
	抚恤金	生活补助	救济费	医疗费	助学金	奖励金	生产补贴
地　方　合　计	**8994**	**353037**	**11610**	**3952**	**328**	**873**	**20304**
北京市		455	27				
天津市		4373				3	13
河北省		19587	1434	8		1	236
山西省	110	19984	293	85		193	280
内蒙古自治区	3	7412	634	7		23	1326
辽宁省	4650	31791	1760			20	273
其中:大连市	4600	7308					
吉林省	3033	23982				6	75
黑龙江省		140112	2264				2096
上海市		4608	82	1			
江苏省	88	4143	457	21		1	
浙江省		2841	403	12		6	624
其中:宁波市		2383	93				512
安徽省		4973	544	12		3	332
福建省	1	1342	255	2		6	134
其中:厦门市		69					
江西省	5	3242	80	258		4	4825
山东省	366	13054	582	2	209	1	253
其中:青岛市		570					
河南省	418	14574	10	30	1		591
湖北省		3035	73	4		1	220
湖南省		9600	249	146	5	11	4386
广东省	34	5021	238	527	35	50	1383
其中:深圳市	20	89	54			5	
广西壮族自治区		1728				6	
海南省	39	2935					125
重庆市		195				57	1689
四川省		6875	343			4	617
贵州省		2009	1166	875		16	40
云南省		4342	112			66	57
西藏自治区		30					
陕西省	12	1623	5	106		194	5
甘肃省	235	11802	62	249	78	189	214
青海省		1303	99				
宁夏回族自治区		2903	10	1606		12	78
新疆维吾尔自治区		3163	428	1			432

2－96－8　　　　单位:万元

地　　区	对个人和家庭的补助				对企事业单位的补贴		
	住房公积金	提租补贴	购房补贴	其他对个人和家庭的补助支出	小计	企业政策性补贴	事业单位补贴
地方合计	**1180**	**12**	**164**	**1283068**	**219375**	**57109**	**13146**
北京市	3			6911	3020	1916	433
天津市	69	1		2984	64460	2307	
河北省	13			53581	902	727	175
山西省	10			55563	3136	12	612
内蒙古自治区	2			24826	4915	745	881
辽宁省				187391	7579	3802	708
其中:大连市				12035	5739	3800	84
吉林省	3			50766	18394	15095	2248
黑龙江省	883			64442	8044	7304	25
上海市	3		1	99518	3454	2377	105
江苏省	18	9	5	50653	9409	978	150
浙江省	42		10	21568	17391	6006	
其中:宁波市			8	7470	15397	6004	
安徽省	4	1		57645	5289	892	140
福建省	28	1	2	9527	3518	187	121
其中:厦门市					953		
江西省	2			43687	4178	1031	606
山东省	16		135	8682	5354	786	974
其中:青岛市				418	125	125	
河南省	6		6	26972	13800	1261	215
湖北省	15			17845	1046	8	
湖南省	25		5	98502	9567	5013	1644
广东省	32			40997	9701	358	2963
其中:深圳市				71	1700		1700
广西壮族自治区	2			19017	107	57	
海南省				2269			
重庆市				29151	4065	58	
四川省				78439	8241	2805	
贵州省				18694	2593	824	548
云南省				19315	687	58	
西藏自治区				40			
陕西省	2			143415	148	37	33
甘肃省				25263	1716	723	162
青海省	2			15814	4065	1333	
宁夏回族自治区				2430	4304	409	403
新疆维吾尔自治区				7161	292		

2－96－9

单位:万元

地　　区	对企事业单位的补贴		赠与			债务利息支出	
	财政贴息	其他对企事业单位的补贴支出	小　计	对国内的赠　与	对国外的赠　与	小　计	国库券付　息
地方合计	**16134**	**132986**				**269**	
北京市		671					
天津市		62153					
河北省							
山西省	230	2282					
内蒙古自治区	2703	586					
辽宁省	977	2092					
其中:大连市		1855					
吉林省	690	361				178	
黑龙江省	715						
上海市		972					
江苏省		8281					
浙江省		11385					
其中:宁波市		9393					
安徽省	2796	1461					
福建省	292	2918					
其中:厦门市		953					
江西省	520	2021					
山东省	1219	2375					
其中:青岛市							
河南省	2070	10254					
湖北省	429	609				5	
湖南省	366	2544				60	
广东省	4	6376					
其中:深圳市							
广西壮族自治区		50					
海南省							
重庆市	290	3717					
四川省	885	4551				26	
贵州省	100	1121					
云南省	271	358					
西藏自治区							
陕西省	20	58					
甘肃省	391	440					
青海省	1006	1726					
宁夏回族自治区	50	3442					
新疆维吾尔自治区	110	182					

2－96－10 单位:万元

地区	债务利息支出					基本建设支出	
	向国家银行借款付息	其他国内借款付息	向国外政府借款付息	向国际组织借款付息	其他国外借款付息	小计	房屋建筑物购建
地方合计	**93**	**150**	**26**			**27129**	**15025**
北京市						193	
天津市							
河北省						614	437
山西省						682	
内蒙古自治区						300	90
辽宁省						1427	
其中:大连市							
吉林省	93	85				29	
黑龙江省							
上海市							
江苏省						2081	2050
浙江省						57	48
其中:宁波市						9	
安徽省							
福建省						366	306
其中:厦门市							
江西省						551	110
山东省						818	430
其中:青岛市							
河南省						504	
湖北省		5				708	621
湖南省		60				4369	1010
广东省						5319	3403
其中:深圳市							
广西壮族自治区						47	
海南省						3	
重庆市						567	257
四川省			26			757	283
贵州省							
云南省						453	110
西藏自治区							
陕西省						4840	4660
甘肃省						2409	1210
青海省						3	
宁夏回族自治区						23	
新疆维吾尔自治区						9	

2 - 96 - 11 单位:万元

地 区	基本建设支出							
	办公设备购置	专用设备购置	交通工具购置	基础设施建设	大型修缮	信息网络购建	物资储备	其他基本建设支出
地方合计	**442**	**692**	**74**	**1664**	**101**	**2281**		**6850**
北京市	10	60						123
天津市								
河北省	20			150	7			
山西省	10		10			10		652
内蒙古自治区	5					205		
辽宁省				182		1245		
其中:大连市								
吉林省						29		
黑龙江省								
上海市								
江苏省	31							
浙江省								9
其中:宁波市								9
安徽省								
福建省	1	5	34		10	5		5
其中:厦门市								
江西省	113					33		295
山东省	115	180		93				
其中:青岛市								
河南省	13					471		20
湖北省	5			20	27			35
湖南省	45			314				3000
广东省	24	444	12	628	57	259		492
其中:深圳市								
广西壮族自治区	3		18					26
海南省		3						
重庆市								310
四川省	4			270				200
贵州省								
云南省						24		319
西藏自治区								
陕西省								180
甘肃省	10			5				1184
青海省	3							
宁夏回族自治区	23							
新疆维吾尔自治区	7			2				

2－96－12

单位:万元

地　　区	其他资本性支出						
	小　计	房屋建筑物购　　建	办公设备购　　置	专用设备购　　置	交通工具购　　置	基础设施建　　设	大型修缮
地　方　合　计	**133477**	**14399**	**6354**	**4862**	**1725**	**17343**	**6597**
北京市	20169		1518	568		34	389
天津市	7533	141	25			150	711
河北省	1098		306	17	2		
山西省	1966	8	271	249	48	85	132
内蒙古自治区	3688	396	394			38	
辽宁省	9483	307	191	452	24	120	113
其中:大连市	1669						111
吉林省	7548	34	176	829	62	2223	1096
黑龙江省	190	35					
上海市	2784						
江苏省	2992	1276	74	126		28	30
浙江省	219	150	21	31			
其中:宁波市	25		12	13			
安徽省	8981		74			25	
福建省	3839	436	160		58	20	
其中:厦门市	3387	386	66				
江西省	3425	376	38	115	6	43	211
山东省	7834	763	432	872	229	1619	1350
其中:青岛市	550			215		123	
河南省	5330	259	126	63	47	346	1118
湖北省	2501	200	41	51	24	942	10
湖南省	1957	600	132	52	72	23	74
广东省	21743	4027	1564	901	1054	9539	1122
其中:深圳市	3		3				
广西壮族自治区	2351	376	101	264	22	210	
海南省	2777	1024	10	4			
重庆市	1800		192			288	6
四川省	5389	1913	151	35	15	128	145
贵州省	1939	520	131		48	210	
云南省	227	58	79			17	
西藏自治区							
陕西省	3222	915	72	95		20	80
甘肃省	1272	184	9			978	5
青海省	341	88			14		
宁夏回族自治区	120	64	37			1	5
新疆维吾尔自治区	759	249	29	138		256	

2－96－13

单位:万元

地区	其他资本性支出						
	信息网络购建	物资储备	土地补偿	安置补助	地上附着物和青苗补偿	拆迁补偿	其他资本性支出
地方合计	**10807**	**101**	**390**	**7669**	**10**	**60**	**63160**
北京市	70			296			17294
天津市							6506
河北省	134						639
山西省	502	85					586
内蒙古自治区	108						2752
辽宁省	3213			1558			3505
其中:大连市				1558			
吉林省	2311			817			
黑龙江省	155						
上海市							2784
江苏省	80						1378
浙江省	1						16
其中:宁波市							
安徽省				92			8790
福建省	184			2000			981
其中:厦门市	184			2000			751
江西省	83						2553
山东省	280	16		417		60	1796
其中:青岛市	18						194
河南省	190		390	260			2531
湖北省	76						1157
湖南省	250						754
广东省	1323						2213
其中:深圳市							
广西壮族自治区	80			452			846
海南省							1739
重庆市				138			1176
四川省	1319			1139	10		534
贵州省	254						776
云南省	34						39
西藏自治区							
陕西省				500			1540
甘肃省	73						23
青海省							239
宁夏回族自治区							13
新疆维吾尔自治区	87						

2－96－14

单位:万元

地区	贷款转贷及产权参股					其他支出		
	小计	国内贷款	国外贷款	产权参股	其他贷款转贷及产权参股支出	小计	补充全国社会保障基金	其他支出
地方合计	**15446**	**110**			**15336**	**486659**	**7819**	**478840**
北京市						11848		11848
天津市								
河北省						17178		17178
山西省						2914		2914
内蒙古自治区	100				100	568		568
辽宁省	15035				15035	14310		14310
其中:大连市	15035				15035	7		7
吉林省						14448		14448
黑龙江省						23438		23438
上海市						13615		13615
江苏省						14317		14317
浙江省						33472		33472
其中:宁波市						19408		19408
安徽省						49924		49924
福建省	201				201	3441		3441
其中:厦门市						221		221
江西省						40739		40739
山东省						25726		25726
其中:青岛市						24123		24123
河南省						14865	7819	7046
湖北省						26436		26436
湖南省						57319		57319
广东省						58084		58084
其中:深圳市						873		873
广西壮族自治区						14565		14565
海南省						1784		1784
重庆市						8321		8321
四川省						3354		3354
贵州省						5021		5021
云南省						464		464
西藏自治区						649		649
陕西省						2493		2493
甘肃省						5399		5399
青海省	110	110				1353		1353
宁夏回族自治区						6754		6754
新疆维吾尔自治区						13860		13860

2007 年各省、自治区、直辖市抚恤支出明细表

2－97－1 单位:万元

地　　区	合　计	工资福利支出				
		小　计	基本工资	津贴补贴	奖　金	社会保障缴　费
地　方　合　计	**2240787**	**78555**	**37516**	**20113**	**7718**	**4665**
北京市	48120	680	214	252	61	40
天津市	17565	1799	721	704	104	101
河北省	136759	7628	4499	1536	275	333
山西省	70554	5568	2881	1601	258	250
内蒙古自治区	32585	971	529	306	35	47
辽宁省	91971	2763	1387	937	155	141
其中:大连市	13787	92	42	28	1	18
吉林省	54988	1795	871	750	68	10
黑龙江省	61163	828	514	217	73	9
上海市	54707	2565	1055	242	824	104
江苏省	160074	6447	2376	1565	1175	774
浙江省	109836	2065	430	425	614	338
其中:宁波市	16326	298	41	47	109	50
安徽省	93488	2489	1349	617	141	132
福建省	46052	1005	375	360	58	81
其中:厦门市	2553	111	46	23	8	2
江西省	70259	1922	1163	449	97	32
山东省	228771	10048	4175	3676	769	811
其中:青岛市	20723	591	118	93	3	188
河南省	150827	5599	3422	1187	366	292
湖北省	134260	5644	2484	1187	898	230
湖南省	111436	3769	1539	761	401	303
广东省	125221	3826	1147	1284	492	246
其中:深圳市	4953	65	5	19	5	1
广西壮族自治区	38356	1670	627	292	201	120
海南省	14287	220	33	37	11	12
重庆市	49915	309	186	35	44	8
四川省	142088	2805	1559	478	328	123
贵州省	40094	563	275	170	35	8
云南省	40525	414	215	153	14	27
西藏自治区	3642	47	10	35		2
陕西省	63357	3789	2864	468	43	40
甘肃省	26906	695	381	244	9	11
青海省	5723	45	22	21		
宁夏回族自治区	4147	23	8	11		
新疆维吾尔自治区	13111	564	205	113	169	40

二、地方财政预算收支情况

2-97-2

单位:万元

地区	工资福利支出				商品和服务支出		
	伙食费	伙食补助费	绩效工资	其他工资福利支出	小计	办公费	印刷费
地方合计	**324**	**870**	**505**	**6844**	**220889**	**9119**	**1356**
北京市		4	8	101	8399	133	44
天津市	6	65	10	88	1678	23	2
河北省	177	370	10	428	10348	604	32
山西省	16	26	29	507	6361	245	64
内蒙古自治区	4	8		42	2297	141	10
辽宁省	23	46	14	60	3736	193	12
其中:大连市			3		129	8	5
吉林省		7	37	52	3653	920	16
黑龙江省	1	3	2	9	4746	284	7
上海市	5	76	10	249	12565	56	33
江苏省		63	30	464	8377	220	23
浙江省		35	15	208	16128	75	34
其中:宁波市		2		49	2295	39	
安徽省	4	26		220	6701	262	18
福建省		5	9	117	7827	100	12
其中:厦门市				32	567	3	
江西省	1	5		175	4698	101	15
山东省		9	6	602	14832	1003	51
其中:青岛市			3	186	1566	2	
河南省	5	6	8	313	13651	1627	54
湖北省	35	76	175	559	29817	201	780
湖南省	6	27	96	636	13209	179	39
广东省		1		656	16876	242	12
其中:深圳市				35	436	10	4
广西壮族自治区				430	7225	195	4
海南省				127	879	9	5
重庆市				36	859	31	1
四川省	5	1	3	308	4319	164	46
贵州省		3	1	71	2705	102	12
云南省				5	4739	1602	8
西藏自治区					1273		
陕西省	36	8	24	306	9843	184	6
甘肃省			16	34	1757	37	11
青海省			2		123		
宁夏回族自治区				4	74	1	
新疆维吾尔自治区				37	1194	185	5

2－97－3

单位:万元

地　　区	商品和服务支出						
	咨询费	手续费	水　费	电　费	邮电费	取暖费	物　业 管理费
地　方　合　计	**42**	**3468**	**1395**	**4195**	**1002**	**4425**	**717**
北京市	16		20	86	9	97	14
天津市			45	123	13	84	15
河北省	2		174	509	82	1007	12
山西省	3	1	64	226	75	547	
内蒙古自治区	1		38	76	16	203	4
辽宁省		28	72	270	42	489	91
其中:大连市			2	5	5	5	
吉林省			13	113	22	362	39
黑龙江省	8		6	39	7	121	
上海市	3	1	67	460	24	134	90
江苏省			102	210	70	61	75
浙江省		1	34	115	20		16
其中:宁波市			2	9	1		1
安徽省	1		42	46	23	3	34
福建省		1	12	34	16		31
其中:厦门市				1	2		
江西省		1	13	90	23		
山东省	1	1	229	554	175	649	68
其中:青岛市				10	2	2	
河南省	2	3425	133	310	93	356	58
湖北省			51	215	65	10	34
湖南省	5	1	80	185	57	3	7
广东省		6	47	134	48		48
其中:深圳市			2	4	1		
广西壮族自治区		1	28	40	17		1
海南省				1	1		
重庆市			16	23	7		
四川省			52	72	37	12	45
贵州省			6	13	7	13	1
云南省			5	21	4		
西藏自治区				1		1	
陕西省		1	35	170	30	175	4
甘肃省			9	39	8	46	
青海省					3	2	
宁夏回族自治区							30
新疆维吾尔自治区			2	20	8	50	

2－97－4

单位:万元

地　　区	商品和服务支出					
	交通费	差旅费	出国费	维修(护)费	租赁费	会议费
地　方　合　计	**3811**	**1755**	**71**	**18102**	**1141**	**1795**
北京市	97	1		89		65
天津市	83	10	5	852		18
河北省	370	120		2439	35	45
山西省	303	127		2176	15	44
内蒙古自治区	79	46	1	352		22
辽宁省	254	70	3	715	1	41
其中:大连市	18	5		69		1
吉林省	104	58	12	534		17
黑龙江省	61	34		1020		7
上海市	114	22	5	661	5	9
江苏省	156	101		958	2	104
浙江省	72	49	8	297		87
其中:宁波市	6	8		26		4
安徽省	102	54		238	2	68
福建省	44	35		67		89
其中:厦门市	6	1		4		
江西省	85	97		343		18
山东省	420	166	16	1101		74
其中:青岛市	6	4		3		
河南省	399	132		1292	14	207
湖北省	122	77	8	795	992	41
湖南省	276	209		424	69	423
广东省	155	107	11	251	6	138
其中:深圳市	3	2		1		2
广西壮族自治区	72	48	1	268		8
海南省	2	2		154		7
重庆市	22	18		95		8
四川省	125	67	1	777		83
贵州省	72	9		140		13
云南省	47	10		476		23
西藏自治区	2	1		1		
陕西省	93	56		914		98
甘肃省	39	14		481		34
青海省	1			14		
宁夏回族自治区	2			10		
新疆维吾尔自治区	38	15		168		4

2－97－5

单位:万元

地　　区	商品和服务支出						
	培训费	招待费	专用材料费	被装购置费	专用燃料费	劳务费	委托业务费
地　方　合　计	**1188**	**3302**	**12896**	**612**	**489**	**1609**	**199**
北京市	8	24	160	1			
天津市	9	51	10	36	5	5	
河北省	86	104	1307	97	20	80	
山西省	62	178	240	167	22	93	21
内蒙古自治区	24	42	36	6	4	18	
辽宁省	21	58	288		2	38	
其中:大连市	1	1					
吉林省	19	171	147		48	76	36
黑龙江省	12	10	215	1	6	2	
上海市	14	31	2			13	
江苏省	75	242	505		2	62	74
浙江省	12	79	18			154	1
其中:宁波市	2	17	1			49	
安徽省	33	107	204	2		39	
福建省	8	68	10	2		8	5
其中:厦门市		1	1				
江西省	23	70	18				
山东省	218	213	2257	41		266	1
其中:青岛市		4	1	1		2	
河南省	128	253	547	65	7	106	
湖北省	101	192	2857	13	12	57	11
湖南省	71	514	837	25	10	42	
广东省	80	207	1167	6	3	156	
其中:深圳市		5				3	
广西壮族自治区	34	120	1417			74	12
海南省	1						
重庆市	11	22	11	8		6	35
四川省	39	126	162	133	1	35	
贵州省	33	92	28		344	21	
云南省	5	76	135	7		3	
西藏自治区							
陕西省	44	115	35	1		6	
甘肃省	12	121	214	1	3	38	3
青海省							
宁夏回族自治区							
新疆维吾尔自治区	5	16	69			211	

2－97－6 单位:万元

地区	商品和服务支出			对个人和家庭的补助			
	工会经费	福利费	其他商品和服务支出	小计	离休费	退休费	退职(役)费
地方合计	**719**	**3336**	**144145**	**1827455**	**2028**	**9406**	**19873**
北京市	5		7530	32705	5	19	125
天津市	27	30	232	13533	73	306	64
河北省	82	517	2624	112727	64	558	799
山西省	47	68	1573	56229	74	357	428
内蒙古自治区	12	17	1149	28645	1	40	295
辽宁省	31	94	923	83684	38	342	353
其中:大连市	1	3		13440			38
吉林省		7	939	47764	74	539	1383
黑龙江省	4	216	2686	54720	19	223	1342
上海市	31	104	10686	34149	14	16	287
江苏省	55	104	5176	138627	560	3907	994
浙江省	40	126	14890	74683	137	153	311
其中:宁波市	6	8	2116	13202		4	56
安徽省	12	107	5304	82783	30	251	664
福建省	9	86	7190	35695		57	495
其中:厦门市	4	1	543	1429			
江西省	14	30	3757	62551		28	1021
山东省	128	1125	6075	188279	54	94	616
其中:青岛市	1	5	1523	14289			116
河南省	37	122	4284	126761	87	525	4426
湖北省	36	60	23087	89252	48	540	959
湖南省	57	66	9630	87727	587	216	319
广东省	－7	99	13960	94235	14	176	2506
其中:深圳市			399	4062			165
广西壮族自治区	12	168	4705	26408	24	216	572
海南省	6	2	689	12868	10	11	406
重庆市	10	18	517	48398			1
四川省	38	101	2203	133037		61	162
贵州省	5	12	1782	35930	32	235	667
云南省	3	3	2311	34891	2	62	61
西藏自治区			1267	2017		29	
陕西省	16	27	7833	45257	32	106	391
甘肃省	4	17	626	24117	30	241	176
青海省			103	5357			11
宁夏回族自治区			31	3921			12
新疆维吾尔自治区	5	10	383	10505	19	98	27

2－97－7

单位:万元

地区	对个人和家庭的补助						
	抚恤金	生活补助	救济费	医疗费	助学金	奖励金	生产补贴
地方合计	**873462**	**664042**	**23016**	**11200**	**87**	**916**	**700**
北京市	16229	12543	119	1045		39	
天津市	7918	3650	508	90			
河北省	62483	42204	1038	1462	1	7	151
山西省	29400	18980	471	258	18	2	14
内蒙古自治区	12762	11831	557	118		2	
辽宁省	34513	42099	2650	198		43	176
其中:大连市	6530	6725	115	1		18	
吉林省	19028	24596	1675	322		14	43
黑龙江省	22541	28249	503	39		16	
上海市	19945	7297	142	50	35	2	
江苏省	65319	46777	1975	1451		48	24
浙江省	32331	27947	836	379		8	3
其中:宁波市	4886	5889	278	60		2	
安徽省	40180	22544	561	403		16	130
福建省	13689	14442	113	27		391	
其中:厦门市	579	208		2			
江西省	27763	19483	1626	448		1	
山东省	106263	57332	2147	1184		203	89
其中:青岛市	7309	4079	1141	100		4	34
河南省	60668	40430	1686	308	6	3	10
湖北省	48386	26831	1208	649			
湖南省	39447	27388	984	535		14	30
广东省	40822	27531	476	851		9	
其中:深圳市	1292	382	4	14		7	
广西壮族自治区	12931	9472	15	134		1	
海南省	7319	3217	490	12	26	22	13
重庆市	20135	25288	259	216		6	
四川省	55230	66861	972	482		63	1
贵州省	14631	13653	850	48	1	1	
云南省	16235	13100	730	70			
西藏自治区	1445	273	17	20		2	
陕西省	20587	16643	283	174			7
甘肃省	13345	7722	7	51		1	3
青海省	4439	506	6	4		2	
宁夏回族自治区	2372	930	89	58			
新疆维吾尔自治区	5106	4223	23	114			6

2－97－8

单位:万元

地　　区	对个人和家庭的补助				对企事业单位的补贴		
	住　房 公积金	提租 补贴	购房 补贴	其他对个人和家庭的补助支出	小　计	企业政策性 补　　贴	事业单位 补　　贴
地　方　合　计	**2033**	**269**	**1488**	**218935**	**1495**	**684**	**511**
北京市	27	9		2545			
天津市	231	5	30	658			
河北省	36	1	8	3915	567	567	
山西省	137	4		6086	2		
内蒙古自治区	18		3	3018	3		3
辽宁省	61	148	2	3061	264	103	161
其中:大连市				13			
吉林省	9			81			
黑龙江省	41	2		1745	11	11	
上海市	6			6355			
江苏省	95	40	41	17396	6		4
浙江省	151	4	5	12418	206		
其中:宁波市	2			2025			
安徽省	80			17924	179		177
福建省	25	8	3	6445	6	2	4
其中:厦门市	6	6		628			
江西省	70			12111	18		18
山东省	507	8	1270	18512	82		16
其中:青岛市	84			1422			
河南省	107		52	18453	68		68
湖北省	132	9	20	10470			
湖南省	40	30		18137	8		
广东省	115		8	21727	55		54
其中:深圳市				2198			
广西壮族自治区	31			3012			
海南省	6		2	1334			
重庆市				2493	1	1	
四川省	3		12	9190	4		1
贵州省	1	1	24	5786			
云南省	6			4625	10		
西藏自治区			2	229			
陕西省	63			6971			
甘肃省	17			2524	5		5
青海省				389			
宁夏回族自治区				460			
新疆维吾尔自治区	18		6	865			

2－97－9

单位:万元

地区	对企事业单位的补贴		赠与			债务利息支出	
	财政贴息	其他对企事业单位的补贴支出	小计	对国内的赠与	对国外的赠与	小计	国库券付息
地方合计	**66**	**234**	**2**	**2**			
北京市							
天津市							
河北省							
山西省		2					
内蒙古自治区							
辽宁省							
其中:大连市							
吉林省							
黑龙江省							
上海市							
江苏省		2					
浙江省		206					
其中:宁波市							
安徽省		2					
福建省							
其中:厦门市							
江西省							
山东省	66						
其中:青岛市							
河南省							
湖北省							
湖南省		8	2	2			
广东省		1					
其中:深圳市							
广西壮族自治区							
海南省							
重庆市							
四川省		3					
贵州省							
云南省		10					
西藏自治区							
陕西省							
甘肃省							
青海省							
宁夏回族自治区							
新疆维吾尔自治区							

2－97－10

单位:万元

地区	债务利息支出					基本建设支出	
	向国家银行借款付息	其他国内借款付息	向国外政府借款付息	向国际组织借款付息	其他国外借款付息	小计	房屋建筑物购建
地方合计						**10939**	**3563**
北京市						52	
天津市							
河北省						1793	1606
山西省						125	55
内蒙古自治区						1	
辽宁省						731	180
其中:大连市						113	
吉林省							
黑龙江省						110	35
上海市							
江苏省						785	
浙江省						279	1
其中:宁波市						237	
安徽省						181	
福建省						4	
其中:厦门市						4	
江西省							
山东省						1330	1095
其中:青岛市							
河南省						1265	10
湖北省						146	
湖南省						803	395
广东省						2439	
其中:深圳市							
广西壮族自治区						355	185
海南省							
重庆市						90	
四川省						152	
贵州省							
云南省							
西藏自治区							
陕西省						282	1
甘肃省							
青海省							
宁夏回族自治区						9	
新疆维吾尔自治区						7	

2 - 97 - 11 单位:万元

地区	基本建设支出							
	办公设备购置	专用设备购置	交通工具购置	基础设施建设	大型修缮	信息网络购建	物资储备	其他基本建设支出
地方合计	**533**	**106**	**65**	**1459**	**3158**			**2055**
北京市	52							
天津市								
河北省				19	85			83
山西省		53	17					
内蒙古自治区	1							
辽宁省				53	385			113
其中:大连市								113
吉林省								
黑龙江省				70	5			
上海市								
江苏省				512				273
浙江省	1			200				77
其中:宁波市				200				37
安徽省	55			126				
福建省					4			
其中:厦门市					4			
江西省								
山东省	36	4	25		18			152
其中:青岛市								
河南省	4							1251
湖北省					50			96
湖南省	373			35				
广东省	2				2437			
其中:深圳市								
广西壮族自治区	2	22		62	84			
海南省								
重庆市					90			
四川省	5	27	23	97				
贵州省								
云南省								
西藏自治区								
陕西省	2			269				10
甘肃省								
青海省								
宁夏回族自治区				9				
新疆维吾尔自治区				7				

2－97－12

单位:万元

地　　区	其他资本性支出						
	小　计	房屋建筑物购　　建	办公设备购　　置	专用设备购　　置	交通工具购　　置	基础设施建　　设	大型修缮
地　方　合　计	**52946**	**14211**	**1399**	**4970**	**1196**	**5083**	**10260**
北京市	569		198	101		45	154
天津市	555	50	12	12	40	50	389
河北省	2987	1062	55	680	129	277	650
山西省	2211	41	137	480	104	572	477
内蒙古自治区	668	405	24	70	36	56	69
辽宁省	793	250	119	64	106	181	34
其中:大连市	13						
吉林省	817	186	4	25	30	496	76
黑龙江省	423	280	4	78			35
上海市	614	26	46	72	24		180
江苏省	3368	875	88	223	44	193	430
浙江省	11121	4805	47	458	51	50	4836
其中:宁波市	25		9	4			12
安徽省	923		13	90			669
福建省	562	389	31	12	1		87
其中:厦门市							
江西省	789	10	26	3			39
山东省	13607	2635	231	1776	127	1101	321
其中:青岛市	74						
河南省	1537	86	142	246	45	14	54
湖北省	2403	1823	45	166	106	18	170
湖南省	1290	220	16	12	26		2
广东省	1984	139	60	97	23	139	886
其中:深圳市	9		9				
广西壮族自治区	1178	345	24	51	52	323	338
海南省	1		1				
重庆市	62		4		44		9
四川省	1747	60	13	70		1412	137
贵州省	433	192	6		123	96	14
云南省	471		10	19	30	60	138
西藏自治区	49						
陕西省	572		33	79	42		66
甘肃省	251	22	3	86	6		
青海省							
宁夏回族自治区	120	120					
新疆维吾尔自治区	841	190	7		7		

2 - 97 - 13

单位:万元

地　　区	其他资本性支出						
	信息网络购　建	物资储备	土地补偿	安置补助	地上附着物和青苗补偿	拆迁补偿	其他资本性支　出
地　方　合　计	**224**		**65**	**2492**	**12**		**13034**
北京市				2			69
天津市							2
河北省	75						59
山西省	1						399
内蒙古自治区							8
辽宁省	3			13			23
其中:大连市				13			
吉林省							
黑龙江省							26
上海市	5						261
江苏省				53			1462
浙江省	2			11			861
其中:宁波市							
安徽省	32						119
福建省				4			38
其中:厦门市							
江西省							711
山东省	60			1962			5394
其中:青岛市							74
河南省	18						932
湖北省	26						49
湖南省				14			1000
广东省							640
其中:深圳市							
广西壮族自治区				25			20
海南省							
重庆市							5
四川省							55
贵州省	2						
云南省				9			205
西藏自治区							49
陕西省				352			
甘肃省			65	47	12		10
青海省							
宁夏回族自治区							
新疆维吾尔自治区							637

二、地方财政预算收支情况

2－97－14　　　　单位:万元

地　　区	贷款转贷及产权参股					其他支出		
	小　计	国内贷款	国外贷款	产权参股	其他贷款转贷及产权参股支出	小　计	补充全国社会保障基金	其他支出
地　方　合　计						**48506**		**48506**
北京市						5715		5715
天津市								
河北省						709		709
山西省						58		58
内蒙古自治区								
辽宁省								
其中:大连市								
吉林省						959		959
黑龙江省						325		325
上海市						4814		4814
江苏省						2464		2464
浙江省						5354		5354
其中:宁波市						269		269
安徽省						232		232
福建省						953		953
其中:厦门市						442		442
江西省						281		281
山东省						593		593
其中:青岛市						4203		4203
河南省						1946		1946
湖北省						6998		6998
湖南省						4628		4628
广东省						5806		5806
其中:深圳市						381		381
广西壮族自治区						1520		1520
海南省						319		319
重庆市						196		196
四川省						24		24
贵州省						463		463
云南省								
西藏自治区						256		256
陕西省						3614		3614
甘肃省						81		81
青海省						198		198
宁夏回族自治区								
新疆维吾尔自治区								

2007 年各省、自治区、直辖市退役安置支出明细表

2－98－1　　　　单位:万元

地　　区	合　计	工资福利支出				
		小　计	基本工资	津贴补贴	奖　金	社会保障缴　费
地　方　合　计	**1785090**	**65744**	**22872**	**16349**	**8386**	**7087**
北京市	341016	9677	2695	2297	1572	504
天津市	30212	974	321	303	116	82
河北省	76618	2939	1572	608	124	286
山西省	29915	1444	775	281	33	273
内蒙古自治区	29305	718	321	188	16	31
辽宁省	119466	3730	1747	904	240	546
其中:大连市	42759	898	429	156	57	251
吉林省	36236	964	500	374	22	46
黑龙江省	31397	1456	788	419	84	81
上海市	64960	4704	841	285	1175	168
江苏省	122663	4756	1399	1143	1228	456
浙江省	51052	2116	520	321	707	338
其中:宁波市	10914	584	83	88	218	98
安徽省	47335	1099	378	267	75	164
福建省	29385	1404	515	373	149	155
其中:厦门市	5369	274	60	77	18	16
江西省	24049	454	254	91	9	28
山东省	119359	6014	2133	2147	180	1303
其中:青岛市	37308	1469	416	718	17	297
河南省	55069	2017	870	634	117	193
湖北省	85036	3123	943	834	449	120
湖南省	52107	2678	993	827	170	312
广东省	111776	4468	846	1583	536	689
其中:深圳市	8166	456	53	297	76	19
广西壮族自治区	22529	888	414	207	108	44
海南省	8950	378	171	99	23	25
重庆市	28820	937	318	300	184	33
四川省	74886	2837	1141	379	691	198
贵州省	14667	269	143	66	23	3
云南省	51205	1377	552	521	91	121
西藏自治区	5566					
陕西省	57277	2158	977	414	127	222
甘肃省	22150	645	351	197	4	58
青海省	16353	155	70	65	10	
宁夏回族自治区	4016	164	60	65	6	27
新疆维吾尔自治区	21715	1201	264	157	117	581

二、地方财政预算收支情况

2－98－2

单位:万元

地区	工资福利支出				商品和服务支出		
	伙食费	伙食补助费	绩效工资	其他工资福利支出	小计	办公费	印刷费
地方合计	**224**	**647**	**536**	**9643**	**177637**	**8497**	**598**
北京市	95	216	15	2283	20740	668	68
天津市	13	29	5	105	2932	931	4
河北省	19	109		221	5846	523	55
山西省		9	2	71	2070	235	10
内蒙古自治区		1		161	1779	122	2
辽宁省	5	11	251	26	9051	385	41
其中:大连市	5				1233	143	2
吉林省			14	8	3500	217	13
黑龙江省		34	5	45	5992	291	7
上海市	3	25	27	2180	8301	54	4
江苏省	4	70	68	388	8473	362	17
浙江省	2	27		201	8707	74	5
其中:宁波市		7		90	784	15	
安徽省	2	6	16	191	3670	248	9
福建省		2	12	198	2628	98	3
其中:厦门市		2		101	608	14	1
江西省			26	46	2863	50	7
山东省	3	11	31	206	9763	1618	21
其中:青岛市	2		15	4	1912	554	2
河南省	6			197	5663	568	49
湖北省		3	3	771	18055	72	16
湖南省	3	28		345	8137	265	45
广东省	56	8		750	14903	415	20
其中:深圳市	11				857	17	
广西壮族自治区		2		113	2579	67	34
海南省		1		59	959	23	5
重庆市		9		93	2705	89	36
四川省		13	16	399	5841	263	70
贵州省		4		30	689	80	
云南省	1	1	3	87	7479	320	11
西藏自治区					2739		
陕西省	2	21	27	368	6770	210	32
甘肃省			12	23	2623	144	7
青海省	2	1	3	4	391	5	
宁夏回族自治区				6	183	22	
新疆维吾尔自治区	8	6		68	1606	78	7

2-98-3 单位:万元

地　　区	商品和服务支出						
	咨询费	手续费	水　费	电　费	邮电费	取暖费	物业管理费
地　方　合　计	**57**	**50**	**860**	**2074**	**1071**	**9181**	**2140**
北京市	6	1	78	332	112	5084	1538
天津市			14	27	20	55	9
河北省	1		98	189	65	545	17
山西省			21	36	15	140	4
内蒙古自治区			16	26	19	93	1
辽宁省			55	99	87	802	96
其中:大连市			18	27	19	111	82
吉林省		4	1	8	10	802	4
黑龙江省	1	1	23	60	42	488	50
上海市	1	2	10	131	38		80
江苏省		3	36	140	72		39
浙江省	1		3	18	29		1
其中:宁波市			1	7	4		
安徽省	2		14	43	26	1	28
福建省	1	1	4	18	18		6
其中:厦门市		1	2	2	6		2
江西省		1	7	10	11	2	1
山东省	3	5	85	186	87	423	23
其中:青岛市		4	17	18	23	26	12
河南省	5	7	46	149	52	60	1
湖北省		1	19	47	28	5	6
湖南省	32	4	65	126	63	9	12
广东省	2	8	38	101	59	1	75
其中:深圳市			2	9	13		28
广西壮族自治区			6	22	15		6
海南省		1	3	13	7		1
重庆市			16	29	28		18
四川省	1	2	45	62	64	2	77
贵州省			2	5	6	2	
云南省			45	26	25		9
西藏自治区							
陕西省		4	87	118	34	358	34
甘肃省		5	15	19	15	102	3
青海省			2	10	6	47	1
宁夏回族自治区			1	4	3	8	
新疆维吾尔自治区	1		5	20	15	152	

2－98－4

单位:万元

地区	商品和服务支出					
	交通费	差旅费	出国费	维修(护)费	租赁费	会议费
地方合计	**8285**	**2567**	**179**	**12996**	**393**	**3445**
北京市	853	47	86	2073	1	326
天津市	172	20		169	3	55
河北省	706	103	5	994	22	247
山西省	249	77	2	254	5	84
内蒙古自治区	158	165		202	3	82
辽宁省	736	136		1576	8	177
其中:大连市	182	18		204		22
吉林省	148	282		449	3	41
黑龙江省	308	139		699	8	51
上海市	240	19	3	107	25	36
江苏省	392	103		437	3	212
浙江省	165	67	29	383	8	76
其中:宁波市	30	12	5	11	4	5
安徽省	175	132	11	214		70
福建省	129	64		185	2	57
其中:厦门市	22	14		23	2	
江西省	72	44	1	85	2	21
山东省	515	116		914	13	231
其中:青岛市	135	53		147		35
河南省	348	92		446	89	163
湖北省	139	56		190		61
湖南省	492	162	38	551	26	277
广东省	473	87		346	145	161
其中:深圳市	52	4		28	62	7
广西壮族自治区	107	88		93	2	18
海南省	69	22	2	93	1	18
重庆市	192	63		86	11	199
四川省	457	175		677	11	183
贵州省	73	8		33		22
云南省	222	51	2	356		242
西藏自治区						
陕西省	371	110		608	2	198
甘肃省	146	42		466		65
青海省	37	3		16		18
宁夏回族自治区	12	19		36		10
新疆维吾尔自治区	129	75		258		44

2－98－5　　　　单位:万元

地　　区	商品和服务支出						
	培训费	招待费	专　用 材料费	被　装 购置费	专　用 燃料费	劳务费	委　托 业务费
地　方　合　计	**2875**	**3878**	**2704**	**262**	**352**	**4209**	**251**
北京市	360	113	53			17	
天津市	100	72			43	59	
河北省	166	120	53	57	3	19	
山西省	87	94	3	22	3	14	
内蒙古自治区	67	60	4	8	7	5	
辽宁省	146	110	284		7	104	10
其中:大连市	28	12	222			70	
吉林省	16	56	883		7	87	123
黑龙江省	113	91	45	41		10	
上海市	26	68	3	5		19	
江苏省	97	366	47	1	3	37	3
浙江省	39	192	5	1		12	8
其中:宁波市	8	35				1	
安徽省	23	101	39		15	22	1
福建省	80	112	30		3	5	5
其中:厦门市	2	4	3			1	
江西省	15	58	13	3	3	1	
山东省	76	272	36		26	22	
其中:青岛市	15	110	1			20	
河南省	190	141	649	4	36	36	
湖北省	61	142	2	10	10	8	
湖南省	92	587	198	57	3	21	100
广东省	274	198	200	4	-	56	
其中:深圳市	129	2				22	
广西壮族自治区	28	59	23	1	181	16	1
海南省	40	68				5	
重庆市	38	61	11	1		16	
四川省	108	318	15			8	
贵州省	79	40	9	1		16	
云南省	238	164	7	8		3566	
西藏自治区							
陕西省	215	126	88	28	1	10	
甘肃省	26	38		10	1	1	
青海省	1	13	2				
宁夏回族自治区	13	4				1	
新疆维吾尔自治区	61	34	2			16	

2－98－6　　　　单位:万元

地　　区	商品和服务支出			对个人和家庭的补助			
	工会经费	福利费	其他商品和服务支出	小　计	离休费	退休费	退职(役)费
地　方　合　计	**659**	**2225**	**107829**	**1357197**	**141830**	**596767**	**145955**
北京市	105	89	8730	220747	19106	146844	8552
天津市	4	81	1094	24038	3914	15427	593
河北省	28	196	1634	66429	11926	34779	1886
山西省	4	56	655	26025	4204	8807	2190
内蒙古自治区	4	54	681	26645	2837	7373	11208
辽宁省	48	148	3996	100192	17158	58289	4065
其中:大连市	12	10	51	35828	7108	26150	300
吉林省	2	7	337	28940	3425	15706	2984
黑龙江省	12	115	3397	23298	1851	6613	3175
上海市	25	61	7344	33155	2181	10570	4272
江苏省	41	83	5979	104690	11055	36800	7586
浙江省	36	113	7442	35011	5469	10470	5266
其中:宁波市	10	13	623	7636	1402	2627	356
安徽省	17	88	2391	40780	2751	7108	8262
福建省	14	20	1773	24461	4166	11327	2232
其中:厦门市	5	4	500	4302	993	2522	278
江西省		33	2423	18429	1968	5136	4361
山东省	33	165	4893	97061	9654	15356	17122
其中:青岛市	22		718	27730	174	1830	783
河南省	8	208	2316	45678	4799	14011	6990
湖北省	10	36	17136	54114	5214	24615	7361
湖南省	153	62	4697	38296	3607	17713	4356
广东省	26	78	12136	80620	4462	29897	9221
其中:深圳市	2	9	471	6796		37	1517
广西壮族自治区	1	73	1738	18116	1678	9186	2645
海南省	4	1	583	7223	295	2989	1383
重庆市	31	28	1752	24709	1122	13630	2584
四川省	21	91	3191	63835	2410	24312	6104
贵州省		38	275	12342	1307	4793	863
云南省	11	19	2157	41778	4316	17032	4143
西藏自治区			2739	2672		2124	7
陕西省	8	59	4069	42630	6713	24809	1451
甘肃省	1	69	1448	17526	2271	5845	2293
青海省	3		227	15679	577	2854	11014
宁夏回族自治区	2	8	40	3575	713	1832	503
新疆维吾尔自治区	7	146	556	18503	681	10520	1283

2－98－7　　　　单位:万元

地　　区	对个人和家庭的补助						
	抚恤金	生活补助	救济费	医疗费	助学金	奖励金	生产补贴
地　方　合　计	**20313**	**145733**	**3104**	**59774**	**635**	**438**	**220**
北京市	2499	4443		34308		6	6
天津市	211	647	50	1079		12	
河北省	768	8369	28	2837		89	60
山西省	516	3758	30	210			
内蒙古自治区	253	1855	65	126			
辽宁省	1153	7566	4	766		8	
其中:大连市	118	1980	2	25		2	
吉林省	206	5242	27	704			
黑龙江省	767	8250	319	184		23	
上海市	24	2784		12			
江苏省	1363	14511	317	4270		1	
浙江省	967	4784	32	249		47	63
其中:宁波市	44	1246	8	122			63
安徽省	836	6828	160	377		1	
福建省	306	2398	15	200			5
其中:厦门市	34	97		54			
江西省	209	3642	47	60			1
山东省	3037	13922	1215	3220	112	1	40
其中:青岛市	1377	476	1171	22			
河南省	367	9134	281	614		1	15
湖北省	1300	7111	13	1236	24		1
湖南省	1180	3935	196	539		12	4
广东省	1060	7444	9	1967	499	110	25
其中:深圳市	1	756	7	497	2		
广西壮族自治区	405	1676	2	190		5	
海南省	52	1057	1	191		4	
重庆市	68	2205	7	390		27	
四川省	1375	7768	56	1151		20	
贵州省	272	1378	55	938		1	
云南省	321	7382	119	1570		3	
西藏自治区		398					
陕西省	339	4491	27	1906		40	
甘肃省	260	1159	6	235			
青海省	19	565		11			
宁夏回族自治区	37	92		7			
新疆维吾尔自治区	143	939	23	227		27	

2－98－8 单位:万元

地区	对个人和家庭的补助				对企事业单位的补贴		
	住房公积金	提租补贴	购房补贴	其他对个人和家庭的补助支出	小计	企业政策性补贴	事业单位补贴
地方合计	**2556**	**611**	**1547**	**237714**	**2009**	**42**	**1395**
北京市	509	209	52	4213			
天津市	138	1		1966			
河北省	120	4	36	5527	42	42	
山西省	42	1	90	6177			
内蒙古自治区	8		51	2869			
辽宁省	269	169	8	10737	30		30
其中:大连市	81	12		50			
吉林省	36			610	97		97
黑龙江省	66	14	97	1939			
上海市	26			13286			
江苏省	94	30	65	28598	1		
浙江省	102	3	4	7555	66		66
其中:宁波市				1768			
安徽省	53	3		14401	862		862
福建省	101	43		3668	59		59
其中:厦门市	27	16		281			
江西省	4		3	2998	803		266
山东省	294	26	505	32557			
其中:青岛市	111	10	130	21646			
河南省	39		10	9417	26		15
湖北省	26		42	7171			
湖南省	114	2	152	6486	3		
广东省	117	97	8	25704			
其中:深圳市		97		3882			
广西壮族自治区	29	3	18	2279			
海南省	1			1250			
重庆市	20		115	4541			
四川省	107	3	123	20406			
贵州省	27		31	2677			
云南省	69		45	6778			
西藏自治区				143			
陕西省	94	3	60	2697			
甘肃省	17		2	5438			
青海省				639			
宁夏回族自治区	6			385			
新疆维吾尔自治区	28		30	4602	20		

2－98－9

单位:万元

地　　区	对企事业单位的补贴		赠　与			债务利息支出	
	财政贴息	其他对企事业单位的补贴支出	小　计	对国内的赠　与	对国外的赠　与	小　计	国库券付　息
地　方　合　计		**572**	**80**	**80**			
北京市							
天津市							
河北省							
山西省							
内蒙古自治区							
辽宁省							
其中:大连市							
吉林省							
黑龙江省							
上海市							
江苏省		1					
浙江省							
其中:宁波市							
安徽省							
福建省							
其中:厦门市							
江西省		537					
山东省							
其中:青岛市							
河南省		11					
湖北省							
湖南省		3					
广东省			80	80			
其中:深圳市							
广西壮族自治区							
海南省							
重庆市							
四川省							
贵州省							
云南省							
西藏自治区							
陕西省							
甘肃省							
青海省							
宁夏回族自治区							
新疆维吾尔自治区		20					

2－98－10

单位:万元

地区	债务利息支出					基本建设支出	
	向国家银行借款付息	其他国内借款付息	向国外政府借款付息	向国际组织借款付息	其他国外借款付息	小计	房屋建筑物购建
地方合计						**101425**	**7698**
北京市						88593	
天津市							
河北省						116	81
山西省							
内蒙古自治区							
辽宁省						5305	5250
其中:大连市						4800	4800
吉林省							
黑龙江省						121	
上海市							
江苏省						1152	974
浙江省						1129	1091
其中:宁波市						1013	1000
安徽省						207	
福建省							
其中:厦门市							
江西省						24	5
山东省						124	
其中:青岛市							
河南省							
湖北省						3622	
湖南省						32	1
广东省						439	8
其中:深圳市							
广西壮族自治区						218	218
海南省						10	
重庆市						96	70
四川省						49	
贵州省						27	
云南省						25	
西藏自治区							
陕西省						1	
甘肃省						105	
青海省							
宁夏回族自治区						4	
新疆维吾尔自治区						26	

2－98－11

单位:万元

地　　区	基本建设支出							
	办公设备购　置	专用设备购　置	交通工具购　置	基础设施建　设	大型修缮	信息网络购　建	物资储备	其他基本建设支出
地方合计	**44**	**10**	**173**	**3896**	**436**	**5**		**89163**
北京市						1		88592
天津市								
河北省				35				
山西省								
内蒙古自治区								
辽宁省					55			
其中:大连市								
吉林省								
黑龙江省				92	29			
上海市								
江苏省			72	9	87			10
浙江省	8		13			4		13
其中:宁波市								13
安徽省	3			204				
福建省								
其中:厦门市								
江西省					19			
山东省			19		105			
其中:青岛市								
河南省								
湖北省	2			3515				105
湖南省				29	2			
广东省	23	10						398
其中:深圳市								
广西壮族自治区								
海南省			10					
重庆市			26					
四川省					8			41
贵州省	3		24					
云南省	2			12	11			
西藏自治区								
陕西省	1							
甘肃省	2		9		94			
青海省								
宁夏回族自治区								4
新疆维吾尔自治区					26			

2－98－12

单位:万元

地区	其他资本性支出						
	小计	房屋建筑物购建	办公设备购置	专用设备购置	交通工具购置	基础设施建设	大型修缮
地方合计	**31422**	**6590**	**1879**	**292**	**3585**	**1762**	**2847**
北京市	389		151			38	
天津市	2268	1935	19	2	128		42
河北省	388	17	92	50	145	16	21
山西省	376		24		107	1	161
内蒙古自治区	163		61		83		19
辽宁省	1148	651	56	7	159	88	99
其中:大连市							
吉林省	318	145	7	1	123		37
黑龙江省	430	126	114	22	31		29
上海市	2885	413	163	1	119		27
江苏省	1270	176	96	3	77	73	165
浙江省	1092	858	66	4	67	3	14
其中:宁波市	865	856	9				
安徽省	300	10	17	2	97		12
福建省	472	162	51	10	124	42	73
其中:厦门市	86		8	3			73
江西省	406		8		18	9	
山东省	6362	15	66	4	184	1	248
其中:青岛市	4440		3		18		85
河南省	1083	149	74	19	117	3	21
湖北省	3589		204	41	511	1235	1215
湖南省	1164	318	43	12	213	30	25
广东省	1835		121	29	123		96
其中:深圳市	19		19				
广西壮族自治区	452	38	81		48	218	4
海南省	120		18		102		
重庆市	167	19	43		55		50
四川省	1974	1234	54	7	403		197
贵州省	717	149	6		55		
云南省	546	125	36	3	139		51
西藏自治区							
陕西省	639	42	72	21	105	5	6
甘肃省	331				168		80
青海省	89		7		17		65
宁夏回族自治区	90		3				65
新疆维吾尔自治区	359	8	126	54	67		25

2－98－13　　　　单位:万元

地　　区	其他资本性支出						
	信息网络购　建	物资储备	土地补偿	安置补助	地上附着物和青苗补偿	拆迁补偿	其他资本性支　出
地　方　合　计	**79**	**10**		**4327**			**10051**
北京市							200
天津市							142
河北省				25			22
山西省				83			
内蒙古自治区							
辽宁省	3			83			2
其中:大连市							
吉林省				2			3
黑龙江省				108			
上海市	1						2161
江苏省	2			437			241
浙江省				74			6
其中:宁波市							
安徽省				155			7
福建省	1						9
其中:厦门市							2
江西省				371			
山东省	4			902			4938
其中:青岛市							4334
河南省		10		445			245
湖北省				353			30
湖南省				372			151
广东省				439			1027
其中:深圳市							
广西壮族自治区	4			44			15
海南省							
重庆市							
四川省	3			32			44
贵州省				24			483
云南省	7						185
西藏自治区							
陕西省	19			307			62
甘肃省	35			48			
青海省							
宁夏回族自治区							22
新疆维吾尔自治区				23			56

2－98－14

单位:万元

地　区	贷款转贷及产权参股					其他支出		
	小　计	国内贷款	国外贷款	产权参股	其他贷款转贷及产权参股支出	小　计	补充全国社会保障基金	其他支出
地 方 合 计						**49576**		**49576**
北京市						870		870
天津市								
河北省						858		858
山西省								
内蒙古自治区								
辽宁省						10		10
其中:大连市								
吉林省						2417		2417
黑龙江省						100		100
上海市						15915		15915
江苏省						2321		2321
浙江省						2931		2931
其中:宁波市						32		32
安徽省						417		417
福建省						361		361
其中:厦门市						99		99
江西省						1070		1070
山东省						35		35
其中:青岛市						1757		1757
河南省						602		602
湖北省						2533		2533
湖南省						1797		1797
广东省						9431		9431
其中:深圳市						38		38
广西壮族自治区						276		276
海南省						260		260
重庆市						206		206
四川省						350		350
贵州省						623		623
云南省								
西藏自治区						155		155
陕西省						5079		5079
甘肃省						920		920
青海省						39		39
宁夏回族自治区								
新疆维吾尔自治区								

2007 年各省、自治区、直辖市社会福利支出明细表

2－99－1　　　　单位:万元

地　　区	合　计	工资福利支出				
		小　计	基本工资	津贴补贴	奖　金	社会保障缴　费
地方合计	**1311177**	**322158**	**113166**	**70621**	**51984**	**34518**
北京市	71124	18182	3249	3679	6152	1849
天津市	18527	5914	1684	1514	1177	383
河北省	32244	8644	4484	1520	363	904
山西省	15818	4775	2019	1389	235	464
内蒙古自治区	17485	5539	2675	2045	212	225
辽宁省	91207	19978	7878	3886	1046	4306
其中:大连市	19762	2587	1300	526	143	498
吉林省	43087	9988	4725	3634	514	415
黑龙江省	59331	13514	7763	3453	760	642
上海市	62889	18626	6645	1892	5982	925
江苏省	140827	30261	7881	6550	8287	2819
浙江省	125695	20802	3730	3778	6304	2313
其中:宁波市	26904	3638	586	632	1083	666
安徽省	27672	7316	2954	1583	599	588
福建省	31762	7922	2663	1892	696	958
其中:厦门市	1802	854	257	241	47	96
江西省	20999	5303	2663	1235	264	356
山东省	61621	12752	4500	4458	320	1759
其中:青岛市	11325	3151	893	1280	28	642
河南省	40777	14596	5141	1830	275	6253
湖北省	43267	12264	5343	2826	1446	825
湖南省	43885	10109	3761	1870	1182	871
广东省	152046	41783	10921	10554	9421	4123
其中:深圳市	21015	5331	954	1602	1337	414
广西壮族自治区	24296	7475	2557	1408	1018	530
海南省	1405	511	245	154	57	11
重庆市	26899	6181	2543	842	1367	335
四川省	61373	13747	5639	1866	1784	1113
贵州省	14409	5057	2618	1357	271	246
云南省	19588	4067	1786	1228	210	318
西藏自治区	1526	356	333	2	9	12
陕西省	20218	6726	3236	1300	751	357
甘肃省	9266	3385	1384	1252	52	102
青海省	1351	449	196	183	25	20
宁夏回族自治区	5642	1259	445	384	52	91
新疆维吾尔自治区	24941	4677	1505	1057	1153	405

二、地方财政预算收支情况

2－99－2　　　　　　　　　　　　　　　　　　　　　　　单位:万元

地区	工资福利支出				商品和服务支出		
	伙食费	伙食补助费	绩效工资	其他工资福利支出	小计	办公费	印刷费
地方合计	**1268**	**3135**	**4537**	**42929**	**486959**	**18382**	**2161**
北京市	228	127	25	2873	36536	428	60
天津市	15	369	96	676	5224	97	17
河北省	32	387	71	883	11267	400	57
山西省	26	23	22	597	7046	196	70
内蒙古自治区	11	14	23	334	5850	334	47
辽宁省	233	36	589	2004	29321	1475	154
其中:大连市	37		82	1	4161	519	29
吉林省		57	370	273	14708	1033	81
黑龙江省	41	214	127	514	20150	3961	59
上海市	54	193	54	2881	23884	247	37
江苏省	54	406	588	3676	39280	736	91
浙江省	8	277	23	4369	39524	549	77
其中:宁波市		37		634	5658	87	22
安徽省	15	64	9	1504	12237	346	50
福建省	13	34	245	1421	15599	403	70
其中:厦门市		5		208	678	7	2
江西省	13	23	94	655	8497	426	24
山东省	52	31	551	1081	25792	1434	452
其中:青岛市		4	39	265	2794	66	5
河南省	124	36	80	857	14867	973	84
湖北省	63	76	322	1363	13932	380	42
湖南省	54	57	20	2294	15908	532	170
广东省	180	286	175	6123	63908	1511	229
其中:深圳市	35	72		917	10453	179	38
广西壮族自治区	5	6	165	1786	9463	181	22
海南省				44	285	19	
重庆市		81		1013	14297	224	59
四川省	8	99	656	2582	24186	794	77
贵州省	9	55	10	491	2963	331	7
云南省	1	10	22	492	8919	424	15
西藏自治区					409	10	25
陕西省	28	84	123	847	7275	491	50
甘肃省		2	54	539	3841	161	9
青海省	1	4	7	13	517	14	
宁夏回族自治区		38		249	2820	80	11
新疆维吾尔自治区		46	16	495	8454	192	15

2－99－3

单位:万元

地区	商品和服务支出						
	咨询费	手续费	水 费	电 费	邮电费	取暖费	物业管理费
地 方 合 计	**238**	**249**	**4157**	**16468**	**3664**	**11742**	**3850**
北京市	1	4	247	1062	125	1103	210
天津市	3	2	40	156	42	173	28
河北省	2	2	142	570	91	839	47
山西省	2	38	49	212	56	354	129
内蒙古自治区			37	180	78	442	20
辽宁省	4	5	301	1203	215	2386	185
其中:大连市	3	2	24	166	30	347	5
吉林省	62	9	73	564	103	1313	29
黑龙江省	6	5	121	873	118	2313	48
上海市	4	7	346	1595	192	749	1582
江苏省	22	39	407	1227	223	146	201
浙江省	12	8	228	872	247		42
其中:宁波市	1		31	121	32		21
安徽省	3	3	77	425	92	6	11
福建省	1	12	118	350	89		20
其中:厦门市		1	19	45	5		
江西省	2		97	280	52	9	2
山东省	1	3	218	732	225	475	109
其中:青岛市			29	64	37	81	21
河南省	15	13	113	527	87	212	19
湖北省	1	4	188	553	141	147	42
湖南省	24	24	156	641	182	57	31
广东省	27	49	528	2425	620	2	862
其中:深圳市	7	28	154	466	127		430
广西壮族自治区			125	273	79		14
海南省				2	5		
重庆市	12	8	93	306	132	4	37
四川省	7	10	167	562	208	11	109
贵州省	1	1	43	121	50	10	4
云南省	17		50	110	41		13
西藏自治区			8	9	4		
陕西省	6	1	64	290	77	322	6
甘肃省		1	25	60	26	137	8
青海省			4	17	8	25	11
宁夏回族自治区			23	106	15	113	26
新疆维吾尔自治区	3	1	69	165	41	394	5

2－99－4

单位:万元

地区	商品和服务支出					
	交通费	差旅费	出国费	维修(护)费	租赁费	会议费
地方合计	**22073**	**6590**	**755**	**51171**	**1683**	**4084**
北京市	931	183	201	7712	369	296
天津市	153	28		982	15	57
河北省	865	196		1701	40	120
山西省	475	149		1032	58	50
内蒙古自治区	413	205		918	13	30
辽宁省	2304	395	12	3505	85	192
其中:大连市	290	50		433	9	54
吉林省	1033	259	10	4132	76	154
黑龙江省	1191	290	8	2523	6	57
上海市	612	180	96	1678	215	192
江苏省	1205	290	24	3535	99	243
浙江省	1474	534	41	2016	106	262
其中:宁波市	151	83	14	317	22	35
安徽省	515	177	23	757	9	60
福建省	632	168	23	1275	13	156
其中:厦门市	17	13	8	5		
江西省	352	157		649	5	39
山东省	1148	316	5	4143	73	398
其中:青岛市	139	83		172	1	6
河南省	805	208		1113	77	96
湖北省	544	241	9	1618	4	103
湖南省	692	315	7	893	129	208
广东省	2922	810	245	4321	116	639
其中:深圳市	595	100	8	462	50	112
广西壮族自治区	518	159	11	548	8	73
海南省	24	10		38		1
重庆市	466	319	32	664	26	227
四川省	1201	327		2199	101	268
贵州省	223	138	4	158	5	38
云南省	240	96		549	5	42
西藏自治区	22	9		7		
陕西省	408	160		802	5	61
甘肃省	215	62		600	13	6
青海省	17	6	4	4		1
宁夏回族自治区	111	36		527	4	
新疆维吾尔自治区	362	167		572	8	15

2－99－5　　单位:万元

地　　区	商品和服务支出						
	培训费	招待费	专用材料费	被装购置费	专用燃料费	劳务费	委托业务费
地方合计	**3522**	**12929**	**89642**	**1786**	**16455**	**18088**	**2986**
北京市	225	235	14794		121	833	100
天津市	50	86	676	100	186	93	
河北省	65	174	2655	32	1274	73	
山西省	35	153	1123	68	242	92	207
内蒙古自治区	60	197	952	14	457	462	9
辽宁省	187	475	7779	64	2239	932	58
其中:大连市	52	93	1158	36	197	344	
吉林省	107	249	3127		599	390	220
黑龙江省	97	195	2953	72	576	1754	331
上海市	174	379	356	2	58	602	5
江苏省	442	1336	8636	49	1553	819	101
浙江省	169	1211	3359	110	1086	1640	225
其中:宁波市	14	136	191	15	83	162	
安徽省	45	409	2424	82	694	310	169
福建省	77	463	1331	84	523	338	117
其中:厦门市	3	8	20		1	10	
江西省	73	495	1619	31	104	279	195
山东省	104	472	4419	157	879	2472	153
其中:青岛市	15	37	397		2	75	
河南省	80	341	5358	46	986	516	12
湖北省	91	470	1682	44	607	131	424
湖南省	162	1317	3797	121	353	1228	73
广东省	630	1974	11759	361	2332	3321	462
其中:深圳市	137	162	499		192	865	19
广西壮族自治区	88	322	2305	1	98	285	
海南省	4	4				1	
重庆市	164	344	1411	15	64	75	9
四川省	180	854	3249	16	894	420	40
贵州省	38	160	655	9	12	128	2
云南省	37	212	468	82	165	38	1
西藏自治区	4	14			14	3	
陕西省	63	179	816	106	286	40	3
甘肃省	27	58	987	34	24	52	
青海省	4	11	6			3	
宁夏回族自治区	8	39	460	32	12	29	69
新疆维吾尔自治区	32	101	486	54	17	729	1

2－99－6

单位:万元

地　　区	商品和服务支出			对个人和家庭的补助			
	工会经费	福利费	其他商品和服务支出	小　计	离休费	退休费	退职(役)费
地　方　合　计	**3291**	**12068**	**178925**	**209141**	**2791**	**28762**	**501**
北京市	322	377	6597	7370	186	952	5
天津市	90	156	1994	5190	66	1402	1
河北省	75	174	1673	4793	103	423	2
山西省	20	76	2160	2216	60	316	
内蒙古自治区	23	127	832	2240		80	
辽宁省	138	945	4083	11877	98	1067	2
其中:大连市	31	289		1376			1
吉林省	46	140	899	9303	308	1849	75
黑龙江省	128	1426	1039	10622	433	4625	10
上海市	182	663	13731	7850	61	228	1
江苏省	292	990	16574	29892	465	4694	16
浙江省	352	836	24068	26412	58	842	8
其中:宁波市	52	104	3964	13023	17	101	
安徽省	50	253	5247	3890	38	397	3
福建省	93	348	8895	3351	57	631	1
其中:厦门市	18	77	419	115			
江西省	11	276	3320	3686	4	289	173
山东省	65	572	6767	10694	1	61	2
其中:青岛市	26	42	1496	599	8	120	1
河南省	48	181	2957	4197	245	1273	14
湖北省	129	358	5979	8567	177	1828	
湖南省	225	395	4176	7995	47	972	84
广东省	391	2097	25275	19054	36	1041	93
其中:深圳市	41	439	5343	2920		22	3
广西壮族自治区	60	261	4032	2976	56	864	
海南省		3	174	606			
重庆市	258	326	9022	3244		35	
四川省	122	263	12107	6105	23	558	4
贵州省	39	147	639	5128	127	3123	5
云南省	32	50	6232	3011		46	
西藏自治区	2		278	200		79	
陕西省	32	278	2729	3039	40	240	2
甘肃省	14	76	1246	1056	54	376	
青海省	5	3	374	258			
宁夏回族自治区	8	47	1064	628	30	150	
新疆维吾尔自治区	39	224	4762	3691	18	321	

2－99－7 单位:万元

地区	对个人和家庭的补助						
	抚恤金	生活补助	救济费	医疗费	助学金	奖励金	生产补贴
地方合计	**4720**	**46425**	**37249**	**3944**	**1294**	**958**	**806**
北京市	59	2914	1518	321		5	
天津市	21	487	1627	89		4	
河北省	59	1258	1279	143		20	15
山西省	520	478	336	35	2	9	
内蒙古自治区	18	1132	304	21			
辽宁省	282	2490	1747	107		12	
其中:大连市	11	1153	148	13		1	
吉林省	163	4712	1458	157		9	107
黑龙江省	79	2239	2429	23		65	
上海市	111	368	2171	13		4	
江苏省	587	4232	5087	553		20	104
浙江省	231	6175	1618	389		22	11
其中:宁波市	6	1449	574	84			
安徽省	98	749	814	82		17	5
福建省	163	537	710	28		1	55
其中:厦门市		11	28				
江西省	153	1094	437	37	15		
山东省	276	5205	1886	57		68	5
其中:青岛市		28	165			1	
河南省	170	1015	237	214	8	9	5
湖北省	88	801	2932	161	1		16
湖南省	181	2023	962	174	1253	75	
广东省	468	2515	3274	765	8	291	476
其中:深圳市	56	292	409	26	7	31	33
广西壮族自治区	159	415	463	26	2	56	
海南省	3	75	512	9			
重庆市	52	520	1685	197		25	
四川省	258	1936	1048	85		40	
贵州省	69	389	223	66		4	3
云南省	50	454	1150	31		31	
西藏自治区		19	24				
陕西省	344	542	735	109		8	2
甘肃省	39	97	267	5	5	1	
青海省		86	154	2			2
宁夏回族自治区	6	243	8	13		20	
新疆维吾尔自治区	13	1225	154	32		142	

2－99－8

单位:万元

地区	对个人和家庭的补助				对企事业单位的补贴		
	住房公积金	提租补贴	购房补贴	其他对个人和家庭的补助支出	小计	企业政策性补贴	事业单位补贴
地方合计	**9603**	**972**	**2635**	**68481**	**12046**	**2388**	**3931**
北京市	873	186	78	273	82		
天津市	707	10	337	439			
河北省	164	6		1321	143		49
山西省	141	2	3	314			
内蒙古自治区	24			661	343		343
辽宁省	437	302	62	5271	2352	2158	
其中:大连市	48	1			59	11	
吉林省	282	9		174			
黑龙江省	373	64		282	75		15
上海市	80		1	4812	628		26
江苏省	604	116	175	13239	1662	230	1069
浙江省	1096	7	137	15818	4114		511
其中:宁波市	42		2	10748	577		96
安徽省	271	14	3	1399	198		67
福建省	317	72	7	772	151		15
其中:厦门市	68	2		6	11		
江西省	63			1421	307		307
山东省	347	32	806	1948	146		88
其中:青岛市	82	3	57	134	38		38
河南省	84		16	907	442		308
湖北省	308	15	27	2213	15		
湖南省	227			1997	92		60
广东省	1796	130	114	8047	848		743
其中:深圳市	1	120	19	1901	417		397
广西壮族自治区	273		18	644	232		232
海南省				7			
重庆市	124		2	604			
四川省	317			1836	63		48
贵州省	86	7	800	226			
云南省	65		1	1183	1		
西藏自治区				78			
陕西省	291		3	723			
甘肃省	58			154	70		50
青海省	5			9			
宁夏回族自治区	11			147			
新疆维吾尔自治区	179		45	1562	82		

2－99－9 单位:万元

地　　区	对企事业单位的补贴		赠与			债务利息支出	
	财政贴息	其他对企事业单位的补贴支出	小　计	对国内的赠　与	对国外的赠　与	小　计	国库券付　息
地　方　合　计	**506**	**5221**	**3255**	**3255**			
北京市		82					
天津市							
河北省		94					
山西省			1	1			
内蒙古自治区							
辽宁省	146	48	486	486			
其中:大连市		48					
吉林省							
黑龙江省	60						
上海市		602					
江苏省	208	155	515	515			
浙江省	45	3558	2228	2228			
其中:宁波市		481					
安徽省	31	100					
福建省		136					
其中:厦门市		11					
江西省							
山东省		58					
其中:青岛市							
河南省		134					
湖北省		15					
湖南省		32					
广东省		105					
其中:深圳市		20					
广西壮族自治区							
海南省							
重庆市							
四川省		15	25	25			
贵州省							
云南省		1					
西藏自治区							
陕西省							
甘肃省	16	4					
青海省							
宁夏回族自治区							
新疆维吾尔自治区		82					

二、地方财政预算收支情况

2-99-10　　　　　　　　　　　　　　　　　　　　　　　　　　单位:万元

地　　区	债务利息支出					基本建设支出	
	向国家银行借款付息	其他国内借款付息	向国外政府借款付息	向国际组织借款付息	其他国外借款付息	小　计	房屋建筑物购建
地方合计						**78711**	**44542**
北京市						252	177
天津市							
河北省						1941	1535
山西省						37	37
内蒙古自治区						1671	1123
辽宁省						14016	902
其中:大连市						9741	97
吉林省						1205	65
黑龙江省						4248	1345
上海市						1681	1264
江苏省						14478	13457
浙江省						8259	5869
其中:宁波市						1403	575
安徽省						1287	392
福建省						1404	325
其中:厦门市						52	
江西省						423	248
山东省						477	210
其中:青岛市							
河南省						1391	687
湖北省						2315	630
湖南省						4746	2067
广东省						4388	2514
其中:深圳市							
广西壮族自治区						1205	1014
海南省							
重庆市						466	424
四川省						9288	7898
贵州省						66	10
云南省						1042	612
西藏自治区						10	
陕西省						1215	1159
甘肃省						160	50
青海省						50	20
宁夏回族自治区						296	194
新疆维吾尔自治区						694	314

2－99－11　　　　单位:万元

地区	基本建设支出							
	办公设备购置	专用设备购置	交通工具购置	基础设施建设	大型修缮	信息网络购建	物资储备	其他基本建设支出
地方合计	**260**	**601**	**515**	**20998**	**3440**	**10**		**8345**
北京市		56		20		－1		
天津市								
河北省		39	12	265	90			
山西省								
内蒙古自治区		4		9	20			515
辽宁省		50		12728	232	4		100
其中:大连市		50		9462	128	4		
吉林省				133	1007			
黑龙江省				1861	1042			
上海市	21	86			236	5		69
江苏省	11	3	81	136	93			697
浙江省	7	141	270	113	25			1834
其中:宁波市	2	29		107				690
安徽省			20	754	52			69
福建省	2	57	26	940	13			41
其中:厦门市		52						
江西省		5		169	1			
山东省			18	192	11			46
其中:青岛市								
河南省	105		20	422	3			154
湖北省	6		8	945				726
湖南省	15	44			128	2		2490
广东省	1	46	37	268	265			1257
其中:深圳市								
广西壮族自治区	50	15	15	47				64
海南省								
重庆市				20	22			
四川省	12	25	8	1222	69			54
贵州省	10			46				
云南省	16			343				71
西藏自治区		10						
陕西省								56
甘肃省					110			
青海省		20		10				
宁夏回族自治区								102
新疆维吾尔自治区	4			355	21			

2－99－12　　　　单位:万元

地区	其他资本性支出						
	小计	房屋建筑物购建	办公设备购置	专用设备购置	交通工具购置	基础设施建设	大型修缮
地方合计	**161955**	**49626**	**7017**	**17323**	**9832**	**19585**	**12753**
北京市	6939	743	1361	653	1973	589	410
天津市	2199	236	77	69	476	960	187
河北省	3648	1218	185	273	125	1254	539
山西省	1572	206	228	511	198	129	114
内蒙古自治区	1842	875	83	99	208	95	14
辽宁省	12315	5039	169	2148	681	1008	1495
其中:大连市	1779		7	1329			433
吉林省	7333	2070	237	1487	337	2026	1116
黑龙江省	10712	5559	181	1186	101	904	2270
上海市	9104	1487	576	2275	197	9	555
江苏省	20776	10400	469	738	623	415	1037
浙江省	18570	1174	932	870	780	380	506
其中:宁波市	1637	48	561	52	75		78
安徽省	2012	458	102	171	137	734	180
福建省	2121	466	223	282	147	176	238
其中:厦门市	78		1	77			
江西省	2341	749	58	195	68	1123	16
山东省	10048	2510	394	1790	373	1516	687
其中:青岛市	924	6	32	203	170	26	18
河南省	4849	1231	58	451	184	2115	242
湖北省	4496	1226	102	395	183	136	212
湖南省	2431	972	58	309	195	196	221
广东省	13446	2114	939	1964	1652	2586	1793
其中:深圳市	1423	590	146	168	135	15	239
广西壮族自治区	2454	830	45	343	84	388	60
海南省	3		2				
重庆市	1188	235	65	129	186	340	60
四川省	7461	3643	252	414	468	1139	345
贵州省	643	248	25	93	31	137	90
云南省	2548	1204	56	249	119	329	71
西藏自治区	456	300	1				
陕西省	1943	773	70	141	48	751	142
甘肃省	739	330	12	13	39	2	24
青海省	77	52	12	13			
宁夏回族自治区	638	380	14	4	23	123	
新疆维吾尔自治区	7051	2898	31	58	196	25	129

2－99－13　　　　单位:万元

地　　区	其他资本性支出						
	信息网络购建	物资储备	土地补偿	安置补助	地上附着物和青苗补偿	拆迁补偿	其他资本性支出
地方合计	**1085**	**202**	**1081**	**55**	**44**	**228**	**43124**
北京市	43						1167
天津市	8						186
河北省	5						49
山西省	180						6
内蒙古自治区	1		30				437
辽宁省	291	113	193				1178
其中:大连市			10				
吉林省	39	4					17
黑龙江省	91						420
上海市	196						3809
江苏省	48		87	1		18	6940
浙江省	13		4	13		149	13749
其中:宁波市			4			149	670
安徽省	4	5					221
福建省	7				10		572
其中:厦门市							
江西省							132
山东省				13			2765
其中:青岛市							469
河南省	8	80			21		459
湖北省	1		450		13		1778
湖南省	5		3	20			452
广东省	48						2350
其中:深圳市	30						100
广西壮族自治区	4						700
海南省			1				
重庆市	20						153
四川省	16					10	1174
贵州省	1						18
云南省	26		313				181
西藏自治区							155
陕西省				8			10
甘肃省							319
青海省							
宁夏回族自治区							94
新疆维吾尔自治区	30					51	3633

二、地方财政预算收支情况

2－99－14

单位:万元

地　　区	贷款转贷及产权参股					其他支出		
	小　计	国内贷款	国外贷款	产权参股	其他贷款转贷及产权参股支出	小　计	补充全国社会保障基金	其他支出
地　方　合　计	**59**	**59**				**36893**		**36893**
北京市						1763		1763
天津市								
河北省						1808		1808
山西省						171		171
内蒙古自治区								
辽宁省	59	59				803		803
其中:大连市	59	59						
吉林省						550		550
黑龙江省						10		10
上海市						1116		1116
江苏省						3963		3963
浙江省						5786		5786
其中:宁波市						968		968
安徽省						732		732
福建省						1214		1214
其中:厦门市						14		14
江西省						442		442
山东省						1712		1712
其中:青岛市						3819		3819
河南省						435		435
湖北省						1678		1678
湖南省						2604		2604
广东省						8619		8619
其中:深圳市						471		471
广西壮族自治区						491		491
海南省								
重庆市						1523		1523
四川省						498		498
贵州省						552		552
云南省								
西藏自治区						95		95
陕西省						20		20
甘肃省						15		15
青海省								
宁夏回族自治区						1		1
新疆维吾尔自治区						292		292

2007 年各省、自治区、直辖市残疾人事业支出明细表

2－100－1 单位:万元

地　区	合　计	工资福利支出				
		小　计	基本工资	津贴补贴	奖　金	社会保障缴　费
地　方　合　计	**1067017**	**141658**	**54394**	**39518**	**20037**	**12827**
北京市	107293	3839	996	1352	702	92
天津市	22314	1790	648	795	153	64
河北省	33588	5616	3042	1621	218	285
山西省	25979	4598	2650	1323	183	178
内蒙古自治区	14573	3678	1678	1196	112	606
辽宁省	31101	6245	2364	2160	1105	375
其中:大连市	5521	1092	389	390	130	116
吉林省	15477	3427	1867	1135	196	106
黑龙江省	13644	2319	1186	804	169	112
上海市	132372	8466	1042	1562	3541	1445
江苏省	71151	8538	1991	1577	1777	391
浙江省	108814	11424	2174	2062	3504	821
其中:宁波市	24713	2394	375	385	949	243
安徽省	16478	2666	1300	759	121	106
福建省	28160	3241	1258	715	223	256
其中:厦门市	10552	556	125	125	50	34
江西省	11448	2336	1314	602	139	51
山东省	47050	8218	3412	2966	405	1015
其中:青岛市	8335	1619	445	699	77	255
河南省	36277	10399	3840	1679	169	4529
湖北省	42204	4043	2053	1188	386	170
湖南省	25672	4481	2268	1261	298	256
广东省	96866	14563	4366	4902	2422	856
其中:深圳市	10638	1041	332	379	131	91
广西壮族自治区	18435	2444	1271	730	270	42
海南省	3272	879	496	206	74	45
重庆市	20084	1470	710	503	115	92
四川省	40458	5211	2568	1050	1001	210
贵州省	10087	2581	1310	941	193	33
云南省	29238	5113	1888	1762	1235	110
西藏自治区	999	432	149	225	21	19
陕西省	22162	5285	2708	1354	543	337
甘肃省	12013	3541	1745	1392	173	42
青海省	4708	1154	470	576	72	2
宁夏回族自治区	5922	904	470	342	40	7
新疆维吾尔自治区	19178	2757	1160	778	477	174

2－100－2

单位:万元

地　　区	工资福利支出				商品和服务支出		
	伙食费	伙　食 补助费	绩效 工资	其他工资 福利支出	小　计	办公费	印刷费
地　方　合　计	**306**	**839**	**494**	**13243**	**476105**	**30230**	**3649**
北京市	5	18	8	666	33783	9164	155
天津市	5	25	5	95	4125	97	46
河北省	16	183	45	206	16141	1164	192
山西省	4	19	18	223	16369	1099	202
内蒙古自治区		3		83	5475	495	100
辽宁省	8	20	72	141	10676	935	90
其中:大连市		13	52	2	2238	317	24
吉林省		8	79	36	7918	910	193
黑龙江省	8	19	1	20	6380	447	71
上海市	193	54	7	622	40266	1928	265
江苏省	9	65	47	2681	32315	810	186
浙江省	17	137	6	2703	44019	532	262
其中:宁波市	2	21		419	5470	74	22
安徽省	1	30	67	282	8439	501	64
福建省		18	19	752	15434	268	81
其中:厦门市		3		219	7378	19	12
江西省	2	8	5	215	6187	384	90
山东省	12	26	29	353	19177	1593	201
其中:青岛市	1	2	1	139	4021	201	32
河南省	5	5	10	162	17394	1810	211
湖北省	2	20	23	201	26209	360	59
湖南省	1	25	5	367	15032	475	103
广东省	11	18		1988	51647	2007	333
其中:深圳市				108	3963	124	68
广西壮族自治区		2		129	8441	279	52
海南省		1	1	56	1935	150	13
重庆市		8	2	40	12876	274	33
四川省		26	5	351	21934	1031	190
贵州省		7	1	96	5138	511	61
云南省		25	2	91	17408	1280	69
西藏自治区				18	515	14	1
陕西省	2	28	14	299	12327	605	94
甘肃省		8	17	164	4566	325	126
青海省		9	2	23	1590	62	7
宁夏回族自治区		1		44	3716	129	13
新疆维吾尔自治区	5	23	4	136	8673	591	86

2－100－3 单位:万元

地　　区	商品和服务支出						
	咨询费	手续费	水　费	电　费	邮电费	取暖费	物　业 管理费
地　方　合　计	**272**	**5270**	**919**	**3652**	**4147**	**2366**	**2331**
北京市			40	358	114	197	591
天津市		5	9	46	63	82	1
河北省	76	289	44	152	139	312	38
山西省	7	1458	53	64	106	156	10
内蒙古自治区	1	32	6	18	65	108	1
辽宁省	2	194	36	182	187	403	98
其中:大连市			2	49	60	96	83
吉林省	4	288	31	72	87	252	8
黑龙江省		17	21	49	62	153	20
上海市	2	4	43	455	499	8	600
江苏省	45	705	48	164	202	3	124
浙江省	10	180	48	281	311		112
其中:宁波市			10	60	22		24
安徽省	1	312	8	50	89	2	26
福建省	2	330	15	84	114		38
其中:厦门市			3	8	9		27
江西省	15	7	35	105	99	6	
山东省	40	103	62	232	261	238	79
其中:青岛市			2	24	26	29	24
河南省	9	400	25	136	165	56	26
湖北省	1	12	43	139	96	32	9
湖南省	1	40	24	95	130	5	6
广东省	13	22	119	430	422	7	384
其中:深圳市	16		12	56	50		104
广西壮族自治区	4	2	43	39	86		13
海南省			2	8	24		10
重庆市		10	10	39	57		21
四川省	4	424	34	128	241	4	14
贵州省	11	110	7	26	69	3	3
云南省	3	61	18	32	149	1	14
西藏自治区			1	6	7	5	
陕西省	15	15	57	183	94	94	68
甘肃省	1	18	24	45	79	76	8
青海省				3	16	19	1
宁夏回族自治区		83	1	9	18	19	5
新疆维吾尔自治区	5	149	12	22	96	125	3

2－100－4

单位:万元

地　　区	商品和服务支出					
	交通费	差旅费	出国费	维修(护)费	租赁费	会议费
地　方　合　计	**13398**	**7932**	**1348**	**10064**	**2425**	**20384**
北京市	509	132	76	599	74	685
天津市	177	30	54	132	33	190
河北省	625	254	5	635	47	632
山西省	488	240	11	695	258	434
内蒙古自治区	271	326	5	177	19	282
辽宁省	605	520	4	558	27	298
其中:大连市	138	63		37	5	128
吉林省	412	271	22	343	217	438
黑龙江省	238	217	20	204	14	201
上海市	979	641	337	348	404	532
江苏省	564	262	68	199	95	1025
浙江省	821	627	172	847	395	1425
其中:宁波市	76	72	20	67	9	129
安徽省	201	196	6	167	15	223
福建省	409	195	48	142	26	281
其中:厦门市	42	12	11	4	3	4
江西省	240	226	10	91	3	310
山东省	748	333	21	1003	87	690
其中:青岛市	106	96	8	95	34	92
河南省	694	251	2	337	134	594
湖北省	331	176	3	360	3	304
湖南省	463	254	15	225	12	524
广东省	1281	678	192	751	297	2064
其中:深圳市	299	123	5	84	77	131
广西壮族自治区	321	177	34	191	31	336
海南省	138	114	37	29	21	53
重庆市	187	168	15	60	10	331
四川省	645	297	29	303	43	828
贵州省	345	189	27	155	14	359
云南省	501	151	56	318	27	6227
西藏自治区	53	60	5	4		11
陕西省	393	225	38	477	70	334
甘肃省	235	257	8	185	21	308
青海省	81	35		73		90
宁夏回族自治区	75	57	8	93	4	74
新疆维吾尔自治区	368	373	20	363	24	301

2-100-5

单位:万元

地区	商品和服务支出						
	培训费	招待费	专用材料费	被装购置费	专用燃料费	劳务费	委托业务费
地方合计	**37370**	**10304**	**15167**	**1113**	**504**	**7762**	**7949**
北京市	1146	50	54	84	9	374	
天津市	84	53	3	19	12	70	155
河北省	1878	257	1217	13	10	216	121
山西省	4627	289	461	1	22	323	39
内蒙古自治区	380	99	47	26	6	24	22
辽宁省	2347	191	723	5	21	172	67
其中:大连市	948	44	152		14	35	14
吉林省	1836	103	730		108	257	451
黑龙江省	675	76	221	8		160	4
上海市	1039	781	465	5	1	1048	1200
江苏省	2733	747	842	11	26	595	173
浙江省	1718	1163	783	2	4	882	600
其中:宁波市	60	150	193	2		58	
安徽省	242	269	152	17	17	134	42
福建省	894	400	218	92	4	240	151
其中:厦门市	185	23	44			6	
江西省	415	348	75	56	12	75	14
山东省	1695	370	615	80	26	276	355
其中:青岛市	145	65	55		2	208	
河南省	5420	439	3322	39	98	251	177
湖北省	647	387	128	24	16	122	159
湖南省	758	726	167	36	1	50	36
广东省	1451	998	457	37	20	678	1848
其中:深圳市	59	98	47			248	
广西壮族自治区	583	205	1025	15	1	157	301
海南省	206	72	9	1		4	
重庆市	771	137	169	4		236	23
四川省	2233	462	378		7	405	140
贵州省	584	392	133	4	1	121	113
云南省	801	510	438	35	58	349	1532
西藏自治区	47	45	6		4	1	
陕西省	437	248	1305	475	5	169	35
甘肃省	717	169	196	18	7	140	78
青海省	72	34	86		7	1	
宁夏回族自治区	146	52	26			11	71
新疆维吾尔自治区	788	232	716	6	1	221	42

2－100－6

单位:万元

地　　区	商品和服务支出			对个人和家庭的补助			
	工会经费	福利费	其他商品和服务支出	小　计	离休费	退休费	退职(役)费
地　方　合　计	**1047**	**2365**	**284137**	**129999**	**177**	**5716**	**11**
北京市	33	10	19329	4361		51	
天津市	8	27	2729	1205	19	317	
河北省	32	152	7641	5659	7	310	
山西省	20	93	5213	2431	14	199	
内蒙古自治区	13	38	2914	3672		67	
辽宁省	37	50	2924	4824	18	320	1
其中:大连市	7	22		600			
吉林省	11	11	863	1376	19	321	
黑龙江省	21	120	3361	4355	9	411	2
上海市	34	113	28535	8431	4	47	
江苏省	63	140	22485	7360	36	344	
浙江省	147	383	32314	20076		458	
其中:宁波市	29	11	4382	8201		72	
安徽省	274	33	5398	3486		127	2
福建省	24	75	11303	2130	9	52	4
其中:厦门市	13	8	6945	118		3	4
江西省	8	45	3518	1421		60	
山东省	40	28	10001	12733		74	
其中:青岛市	12	5	2760	742	1	123	
河南省	24	138	2636	4362	1	656	
湖北省	22	141	22635	5782		219	
湖南省	31	50	10805	2682	12	194	1
广东省	55	338	36765	9699		197	
其中:深圳市	1	45	2316	1312			
广西壮族自治区	9	17	4520	3448	6	301	
海南省	3		1041	221		11	
重庆市	10	14	10297	1959		3	
四川省	33	74	13987	8153		102	
贵州省	14	55	1831	1486	3	404	
云南省	19	23	4736	2681		27	1
西藏自治区	5		240	51		27	
陕西省	14	89	6788	2090	5	131	
甘肃省	14	34	1477	707	11	90	
青海省	5	2	996	170		5	
宁夏回族自治区	3	14	2805	483	4	16	
新疆维吾尔自治区	21	58	4050	2505		175	

2－100－7　　　　　　　　　　　　　　　　　　　　　　　单位:万元

地　　区	对个人和家庭的补助						
	抚恤金	生活补助	救济费	医疗费	助学金	奖励金	生产补贴
地　方　合　计	**1695**	**22740**	**22660**	**4967**	**1422**	**2180**	**4063**
北京市	2	1372	119	68	63		8
天津市	4	6	427	62	20	19	39
河北省	6	1591	947	179	64	41	152
山西省	12	279	643	33	8	49	119
内蒙古自治区	6	351	1325	52	45	11	78
辽宁省	55	1857	534	108		17	59
其中:大连市	1	563	12	1		13	
吉林省		362	391	105	1	30	28
黑龙江省	17	1057	583	23	3	199	130
上海市	8	1316	588	158	400	57	27
江苏省	738	1022	619	267	3	71	8
浙江省	275	2619	4814	581	1	131	465
其中:宁波市	51	433	3234	77		7	48
安徽省	12	619	504	79	29	8	228
福建省	18	173	179	167	21	47	49
其中:厦门市		18	1				
江西省	22	126	133	194	28	1	8
山东省	164	2691	2773	347	66	113	1507
其中:青岛市	108	18	116		53	2	
河南省	25	1626	712	134	57	14	34
湖北省	43	591	1041	159	28	30	27
湖南省	49	115	510	230	32	34	153
广东省	98	1483	1552	954	272	289	161
其中:深圳市		37	816	186		22	13
广西壮族自治区	11	43	70	35	13	686	
海南省	2	3	52	4	3	7	
重庆市	7	221	440	150		14	92
四川省	62	1505	1017	459		74	471
贵州省	10	116	193	52	33	31	114
云南省	8	381	1295	154	166	81	25
西藏自治区							
陕西省	24	659	483	14	29	23	2
甘肃省	5	43	152	41	15	10	29
青海省		23	7	27	3		
宁夏回族自治区	5	12	108	23			18
新疆维吾尔自治区	7	478	449	108	19	93	32

二、地方财政预算收支情况

2-100-8 单位:万元

地区	对个人和家庭的补助				对企事业单位的补贴		
	住房公积金	提租补贴	购房补贴	其他对个人和家庭的补助支出	小计	企业政策性补贴	事业单位补贴
地方合计	**3001**	**352**	**1770**	**59245**	**6154**	**190**	**1267**
北京市	221	51	48	2358	61	40	
天津市	187	1		104			
河北省	70	1	287	2004	199	11	17
山西省	76	1	128	870	51	46	2
内蒙古自治区	23		161	1553			
辽宁省	52	95		1708	6		
其中:大连市	7	3					
吉林省	43	2		74	27		27
黑龙江省	69	6		1846			
上海市	40			5786	3230		
江苏省	162	33	21	4036	78		72
浙江省	572	3	35	10122	586	6	76
其中:宁波市	12		1	4266	5	4	
安徽省	66	1		1811	8		
福建省	121	57	2	1231	582	42	121
其中:厦门市	41	33	1	17	417		
江西省	34		1	814	73		60
山东省	221	74	628	4075	113	43	50
其中:青岛市	55	19	32	215	18		
河南省	33		8	1062	111		105
湖北省	82	1	1	3560	37		37
湖南省	83		17	1252	171		138
广东省	328	26	20	4319	139		112
其中:深圳市		26	16	196	7		
广西壮族自治区	29			2254	108		108
海南省	5			134			
重庆市	11		97	924			
四川省	94		58	4311	178	2	13
贵州省	40		73	417	5		
云南省	39		6	498	5		5
西藏自治区				24			
陕西省	187			533	7		7
甘肃省	32		3	276			
青海省	1			104	62		
宁夏回族自治区			19	278			
新疆维吾尔自治区	80		157	907	317		317

2－100－9 单位:万元

地　　区	对企事业单位的补贴		赠　与			债务利息支出	
	财政贴息	其他对企事业单位的补贴支出	小　计	对国内的赠　与	对国外的赠　与	小　计	国库券付　息
地　方　合　计	**51**	**4646**	**406**	**406**		**10**	
北京市		21					
天津市							
河北省		171					
山西省	1	2					
内蒙古自治区							
辽宁省		6					
其中:大连市							
吉林省							
黑龙江省							
上海市		3230					
江苏省		6	40	40			
浙江省	44	460	1	1			
其中:宁波市		1					
安徽省		8					
福建省		419	73	73			
其中:厦门市		417					
江西省		13	1	1			
山东省	6	14	2	2			
其中:青岛市	6	12					
河南省		6	10	10			
湖北省							
湖南省		33	2	2			
广东省		27	163	163			
其中:深圳市		7					
广西壮族自治区			4	4			
海南省							
重庆市			1	1			
四川省		163					
贵州省		5					
云南省			109	109		10	
西藏自治区							
陕西省							
甘肃省							
青海省		62					
宁夏回族自治区							
新疆维吾尔自治区							

2－100－10

单位:万元

地　　区	债务利息支出					基本建设支出	
	向国家银行借款付息	其他国内借款付息	向国外政府借款付息	向国际组织借款付息	其他国外借款付息	小　计	房屋建筑物购建
地　方　合　计	**10**					**46955**	**28882**
北京市						998	870
天津市						10909	10698
河北省						11	10
山西省						4	
内蒙古自治区						584	515
辽宁省						896	896
其中:大连市						896	896
吉林省						147	65
黑龙江省						80	60
上海市						490	354
江苏省						3676	2503
浙江省						12897	5138
其中:宁波市						6092	286
安徽省						339	264
福建省						64	
其中:厦门市							
江西省						334	215
山东省						1440	234
其中:青岛市						870	
河南省						593	551
湖北省						430	340
湖南省						347	215
广东省						4442	1702
其中:深圳市							
广西壮族自治区						2489	2453
海南省						1	
重庆市						321	258
四川省						1041	341
贵州省						101	44
云南省	10					684	390
西藏自治区							
陕西省						259	104
甘肃省						69	20
青海省						24	
宁夏回族自治区						360	
新疆维吾尔自治区						2925	642

2－100－11　　单位:万元

地　　区	基本建设支出							
	办公设备购　　置	专用设备购　　置	交通工具购　　置	基础设施建　　设	大型修缮	信息网络购　　建	物资储备	其他基本建设支出
地　方　合　计	**642**	**161**	**316**	**11987**	**249**	**223**	**49**	**4446**
北京市		2	18		1	69		38
天津市				211				
河北省	1							
山西省	4							
内蒙古自治区	3	2	10	29	15			10
辽宁省								
其中:大连市								
吉林省		20	54					8
黑龙江省				20				
上海市	2	11						123
江苏省	221	34	68	235	19			596
浙江省	39	31	45	5804		26		1814
其中:宁波市				5804				2
安徽省	8		22				45	
福建省					2	53		9
其中:厦门市								
江西省	3			96				20
山东省	15	16	16	87	19			1053
其中:青岛市		2	16					852
河南省	10	2	5	25				
湖北省	4		1		1	53		31
湖南省	1				131			
广东省	66	20		2150	5	20		479
其中:深圳市								
广西壮族自治区	14		12	10				
海南省	1							
重庆市				26	36	1		
四川省	13		39	553				95
贵州省	7	5	23	22				
云南省	79		3	211		1		
西藏自治区								
陕西省				5				150
甘肃省	29							20
青海省	6				18			
宁夏回族自治区				360				
新疆维吾尔自治区	116	18		2143	2		4	

二、地方财政预算收支情况

2－100－12 单位:万元

地区	其他资本性支出						
	小计	房屋建筑物购建	办公设备购置	专用设备购置	交通工具购置	基础设施建设	大型修缮
地方合计	**109636**	**22354**	**4722**	**7357**	**4057**	**6201**	**3851**
北京市	42420		271	1030	382	234	23
天津市	4285	1723	89	352	24	951	376
河北省	2696	391	75	397	30	972	116
山西省	2526	635	285	325	195	461	67
内蒙古自治区	707	190	103	13	50	60	3
辽宁省	1618	273	146	598	185	201	164
其中:大连市	395	60	50	67	80		123
吉林省	2259	1422	77	80	72	54	245
黑龙江省	390	169	32	118	46	1	
上海市	7145		177	243	93		531
江苏省	7777	4697	472	499	149	147	259
浙江省	4653	2469	295	752	425	260	181
其中:宁波市	273		24	142	103		
安徽省	648	374	81	34	63	5	24
福建省	4191	2251	126	418	166	304	245
其中:厦门市	1246	780	33	214		18	104
江西省	407	156	28	3	141	6	
山东省	4775	944	274	324	441	174	303
其中:青岛市	973	455	119	180	96		63
河南省	2475	1870	79	73	164	105	134
湖北省	1013	12	58	1	107	12	85
湖南省	1271	616	200	12	148	2	8
广东省	5708	47	509	814	141	1614	411
其中:深圳市	211		82	71			3
广西壮族自治区	1276	175	115	177	141	43	46
海南省	211	30	35	60	27		2
重庆市	902	26	40	17	59	396	
四川省	3616	2214	310	320	248	23	158
贵州省	622	311	71	8	76	21	70
云南省	1737	557	168	408	141		100
西藏自治区	1		1				
陕西省	1564	85	101	72	187	98	44
甘肃省	526	97	276	104	17	1	22
青海省	220	5	22		41		100
宁夏回族自治区	285	136	34	28	29		
新疆维吾尔自治区	1712	479	172	77	69	56	134

2－100－13　　　　单位:万元

地　　区	其他资本性支出						
	信息网络购　建	物资储备	土地补偿	安置补助	地上附着物和青苗补偿	拆迁补偿	其他资本性支　出
地　方　合　计	**1180**	**9**	**183**	**400**	**1**	**23**	**59298**
北京市	87		1				40392
天津市							770
河北省	16			6			693
山西省	19						539
内蒙古自治区	37						251
辽宁省	17						34
其中:大连市	15						
吉林省	14		40	246			9
黑龙江省	21						3
上海市	430						5671
江苏省	10		60	44			1440
浙江省	77						194
其中:宁波市	2						2
安徽省	9	9					49
福建省	129						552
其中:厦门市							97
江西省	16					23	34
山东省	19			21			2275
其中:青岛市							60
河南省	15				1		34
湖北省	42						696
湖南省	2			14			269
广东省	132						2040
其中:深圳市	10						45
广西壮族自治区							579
海南省	6						51
重庆市	7						357
四川省	41						302
贵州省	2						63
云南省	17			29			317
西藏自治区							
陕西省	13						964
甘肃省							9
青海省							52
宁夏回族自治区				40			18
新疆维吾尔自治区	2		82				641

2－100－14

单位:万元

地区	贷款转贷及产权参股					其他支出		
	小计	国内贷款	国外贷款	产权参股	其他贷款转贷及产权参股支出	小计	补充全国社会保障基金	其他支出
地方合计	**359**				**359**	**155735**		**155735**
北京市						21831		21831
天津市								
河北省						3266		3266
山西省								
内蒙古自治区						457		457
辽宁省	300				300	6536		6536
其中:大连市	300				300			
吉林省						323		323
黑龙江省						120		120
上海市						64344		64344
江苏省						11367		11367
浙江省						15158		15158
其中:宁波市						2278		2278
安徽省						892		892
福建省	59				59	2386		2386
其中:厦门市						837		837
江西省						689		689
山东省						592		592
其中:青岛市						92		92
河南省						933		933
湖北省						4690		4690
湖南省						1686		1686
广东省						10505		10505
其中:深圳市						4104		4104
广西壮族自治区						225		225
海南省						25		25
重庆市						2555		2555
四川省						325		325
贵州省						154		154
云南省						1491		1491
西藏自治区								
陕西省						630		630
甘肃省						2604		2604
青海省						1488		1488
宁夏回族自治区						174		174
新疆维吾尔自治区						289		289

2007 年各省、自治区、直辖市城市居民最低生活保障支出明细表

2－101－1　　　　单位:万元

地　　区	合　计	工资福利支出				
		小　计	基本工资	津贴补贴	奖　金	社会保障缴费
地　方　合　计	**3165758**	**4880**	**537**	**309**	**27**	**1179**
北京市	53683					
天津市	38680					
河北省	87131					
山西省	102623	153	23	8	1	121
内蒙古自治区	117914	2				
辽宁省	208246					
其中:大连市	18229					
吉林省	156032					
黑龙江省	309183	18	1			
上海市	94164	147	1	3	19	4
江苏省	77021					
浙江省	27022					
其中:宁波市	4702					
安徽省	162478	32	2	2		28
福建省	23883	13	9			4
其中:厦门市	3974					
江西省	114382	106				101
山东省	78325	21	3	2	1	14
其中:青岛市	11908					
河南省	135062	9	5	2		1
湖北省	280681					
湖南省	170945	3248	468	284	2	1
广东省	71512	7				
其中:深圳市	4527					
广西壮族自治区	55456	179			4	
海南省	19296					
重庆市	108330					
四川省	170008					
贵州省	64077					
云南省	89302	687	6	5		675
西藏自治区	5793					
陕西省	137366	29	19	3		5
甘肃省	91817					
青海省	31739	225				225
宁夏回族自治区	22216					
新疆维吾尔自治区	61391	4				

2－101－2

单位:万元

地　　区	工资福利支出				商品和服务支出		
	伙食费	伙　食 补助费	绩效 工资	其他工资 福利支出	小　计	办公费	印刷费
地　方　合　计		**1**	**2**	**2825**	**273782**	**6420**	**196**
北京市					3376	10	
天津市					1859		
河北省					3202	6	1
山西省					11186	15	15
内蒙古自治区				2	3160	11	18
辽宁省					3722	3722	
其中:大连市					3722	3722	
吉林省					2080	240	
黑龙江省				17	9110	372	2
上海市		1		119	16098	2	
江苏省					1512	8	2
浙江省					4023	5	
其中:宁波市					691	5	
安徽省					22524	47	4
福建省					3123	12	3
其中:厦门市					727		
江西省				5	6221	20	36
山东省				1	4563	37	
其中:青岛市					1836		
河南省				1	7485	1	5
湖北省					98259		
湖南省				2493	17449	122	18
广东省				7	8735	26	
其中:深圳市					668		
广西壮族自治区				175	7812	1252	
海南省					1190	3	67
重庆市							
四川省					3495		
贵州省					2014	102	2
云南省				1	6401	13	8
西藏自治区					1903		
陕西省			2		2901	361	7
甘肃省					852		3
青海省					9594		
宁夏回族自治区					845		
新疆维吾尔自治区				4	9088	33	5

2－101－3　　　　单位:万元

地　　区	商品和服务支出						
	咨询费	手续费	水　费	电　费	邮电费	取暖费	物　业 管理费
地 方 合 计		**4**	**20**	**1815**	**8**	**3672**	**1**
北京市						4	
天津市							
河北省							
山西省					1		
内蒙古自治区						166	
辽宁省							
其中:大连市							
吉林省							
黑龙江省					1	3502	
上海市				1			1
江苏省							
浙江省			2	9			
其中:宁波市			2	9			
安徽省							
福建省			13				
其中:厦门市							
江西省				1	1		
山东省							
其中:青岛市							
河南省		1					
湖北省							
湖南省			1	1801	2		
广东省							
其中:深圳市							
广西壮族自治区							
海南省							
重庆市							
四川省				1			
贵州省			1	1	2		
云南省		1					
西藏自治区							
陕西省				1	1		
甘肃省							
青海省							
宁夏回族自治区							
新疆维吾尔自治区		2	3				

二、地方财政预算收支情况

2－101－4　　　　单位:万元

地　　区	商品和服务支出					
	交通费	差旅费	出国费	维修(护)费	租赁费	会议费
地　方　合　计	**97**	**49**		**442**	**2**	**63**
北京市						
天津市						
河北省						
山西省	2	1				3
内蒙古自治区	9	10				4
辽宁省						
其中:大连市						
吉林省						
黑龙江省	1	2		53		
上海市	4					4
江苏省						
浙江省						
其中:宁波市						
安徽省	2	3				1
福建省	3	2				
其中:厦门市						
江西省	2	2				2
山东省						1
其中:青岛市						
河南省	3					
湖北省						
湖南省	23	16		4		28
广东省	6	2		1		1
其中:深圳市						
广西壮族自治区	5					
海南省	3	2		1		8
重庆市						
四川省	4					
贵州省	1	1				
云南省	4	1				2
西藏自治区						
陕西省	3	3		1	2	7
甘肃省	9	1		382		2
青海省						
宁夏回族自治区						
新疆维吾尔自治区	13	3				

2－101－5　　　　单位:万元

地　　区	商品和服务支出						
	培训费	招待费	专用材料费	被装购置费	专用燃料费	劳务费	委托业务费
地方合计	**169**	**1520**	**36**		**833**	**618**	**64**
北京市		1					
天津市							
河北省							
山西省	7	2					
内蒙古自治区	1	5					
辽宁省							
其中:大连市							
吉林省		1447					
黑龙江省	1	1					
上海市	2	1					
江苏省			36			45	
浙江省	1					332	
其中:宁波市							
安徽省	1	1					
福建省		2					64
其中:厦门市		1					
江西省		3					
山东省							
其中:青岛市							
河南省	1	6					
湖北省							
湖南省	13	27				1	
广东省	133	2					
其中:深圳市							
广西壮族自治区							
海南省	1	3					
重庆市							
四川省							
贵州省	4	4			833	1	
云南省		9					
西藏自治区							
陕西省	3	4				1	
甘肃省		1				238	
青海省							
宁夏回族自治区							
新疆维吾尔自治区	1	1					

2－101－6　　　　　　　　　　　　　　　　　　　　　　　　　　单位:万元

地　　区	商品和服务支出			对个人和家庭的补助			
	工会经费	福利费	其他商品和服务支出	小　计	离休费	退休费	退职(役)费
地　方　合　计		**578**	**257175**	**2695768**	**1087**	**765**	**2155**
北京市		2	3359	47749		1	
天津市			1859	36821			
河北省			3195	81058			69
山西省		1	11139	91284		2	
内蒙古自治区			2936	114740			998
辽宁省				204417			
其中:大连市				14400			
吉林省			393	151451			
黑龙江省			5175	299351			
上海市		2	16081	74629	2	1	
江苏省			1421	73291		100	
浙江省			3674	19340		25	
其中:宁波市			675	3944			
安徽省		2	22463	133171		15	
福建省		203	2821	18749			
其中:厦门市		195	531	2713			
江西省			6154	104221		5	995
山东省		136	4389	67969			83
其中:青岛市			1836	4400			
河南省		4	7464	123797	6	26	10
湖北省			98259	152578			
湖南省		2	15391	142948	1079	60	
广东省		212	8352	59316		8	
其中:深圳市			668	3816			
广西壮族自治区			6555	44755			
海南省			1102	17189			
重庆市				108330			
四川省			3490	166513		4	
贵州省			1062	59144			
云南省			6363	81892		518	
西藏自治区			1903	3710			
陕西省		14	2493	32132			
甘肃省			216	90590			
青海省			9594	20988			
宁夏回族自治区			845	21371			
新疆维吾尔自治区			9027	52274			

2－101－7

单位:万元

地区	对个人和家庭的补助						
	抚恤金	生活补助	救济费	医疗费	助学金	奖励金	生产补贴
地方合计	**26321**	**1158822**	**1118817**	**1298**	**514**	**25**	**2878**
北京市		18018	27435	99			
天津市	4	5828	28737				
河北省	41	27260	48881		50		
山西省	640	48133	29824	1			1117
内蒙古自治区	809	47275	46920		9		
辽宁省		48951	138604				
其中:大连市		4088	8121				
吉林省	6264	69036	71277	5			
黑龙江省	2932	197928	74034				
上海市	6	19104	35763	295			
江苏省	2101	28013	19269	27			
浙江省	150	9980	5828	7			
其中:宁波市		2129	1160				
安徽省	1842	54065	48259				
福建省	14	9417	6317				
其中:厦门市		456	1010				
江西省	36	60050	17958	83		24	1564
山东省	432	31575	21758	4			16
其中:青岛市	99	750	1304				
河南省	99	66846	25337	1		1	
湖北省	3126	96911	38999	153			
湖南省	1670	57307	35780				
广东省	781	20501	22255	169	430		
其中:深圳市		63	2032	13			
广西壮族自治区	16	12961	20956				
海南省	46	6481	7658				
重庆市		4162	101796				
四川省	1175	74051	81578	254			
贵州省		18533	28528	13			63
云南省		31137	39231				
西藏自治区	3	1638	1616				
陕西省	770	19784	9560		25		
甘肃省	3141	38421	31982				
青海省	223	11858	7785	41			
宁夏回族自治区		5237	14837				118
新疆维吾尔自治区		18361	30055	146			

2－101－8

单位:万元

地　　区	对个人和家庭的补助				对企事业单位的补贴		
	住房公积金	提租补贴	购房补贴	其他对个人和家庭的补助支出	小计	企业政策性补贴	事业单位补贴
地方合计	**172**		**486**	**382428**	**3885**	**305**	**3400**
北京市				2196			
天津市				2252			
河北省				4757	316	305	11
山西省	1			11566			
内蒙古自治区				18729			
辽宁省				16862			
其中:大连市				2191			
吉林省				4869			
黑龙江省	169			24288			
上海市	1		1	19456	58		
江苏省				23781			
浙江省				3350	122		
其中:宁波市				655			
安徽省				28990			
福建省				3001			
其中:厦门市				1247			
江西省			465	23041	1382		1382
山东省			19	14082			
其中:青岛市				2247			
河南省				31471			
湖北省				13389			
湖南省	1			47051			
广东省			1	15171			
其中:深圳市				1708			
广西壮族自治区				10822			
海南省				3004			
重庆市				2372			
四川省				9451			
贵州省				12007	2007		2007
云南省				11006			
西藏自治区				453			
陕西省				1993			
甘肃省				17046			
青海省				1081			
宁夏回族自治区				1179			
新疆维吾尔自治区				3712			

2－101－9 单位:万元

地　　区	对企事业单位的补贴		赠　与			债务利息支出	
	财政贴息	其他对企事业单位的补贴支出	小　计	对国内的赠　与	对国外的赠　与	小　计	国库券付　息
地方合计		**180**					
北京市							
天津市							
河北省							
山西省							
内蒙古自治区							
辽宁省							
其中:大连市							
吉林省							
黑龙江省							
上海市		58					
江苏省							
浙江省		122					
其中:宁波市							
安徽省							
福建省							
其中:厦门市							
江西省							
山东省							
其中:青岛市							
河南省							
湖北省							
湖南省							
广东省							
其中:深圳市							
广西壮族自治区							
海南省							
重庆市							
四川省							
贵州省							
云南省							
西藏自治区							
陕西省							
甘肃省							
青海省							
宁夏回族自治区							
新疆维吾尔自治区							

2－101－10

单位：万元

地区	债务利息支出					基本建设支出	
	向国家银行借款付息	其他国内借款付息	向国外政府借款付息	向国际组织借款付息	其他国外借款付息	小计	房屋建筑物购建
地方合计						**15**	
北京市							
天津市							
河北省							
山西省							
内蒙古自治区							
辽宁省							
其中：大连市							
吉林省							
黑龙江省							
上海市							
江苏省							
浙江省							
其中：宁波市							
安徽省							
福建省							
其中：厦门市							
江西省						15	
山东省							
其中：青岛市							
河南省							
湖北省							
湖南省							
广东省							
其中：深圳市							
广西壮族自治区							
海南省							
重庆市							
四川省							
贵州省							
云南省							
西藏自治区							
陕西省							
甘肃省							
青海省							
宁夏回族自治区							
新疆维吾尔自治区							

2－101－11

单位:万元

地区	基本建设支出							
	办公设备购置	专用设备购置	交通工具购置	基础设施建设	大型修缮	信息网络购建	物资储备	其他基本建设支出
地方合计								**15**
北京市								
天津市								
河北省								
山西省								
内蒙古自治区								
辽宁省								
其中:大连市								
吉林省								
黑龙江省								
上海市								
江苏省								
浙江省								
其中:宁波市								
安徽省								
福建省								
其中:厦门市								
江西省								15
山东省								
其中:青岛市								
河南省								
湖北省								
湖南省								
广东省								
其中:深圳市								
广西壮族自治区								
海南省								
重庆市								
四川省								
贵州省								
云南省								
西藏自治区								
陕西省								
甘肃省								
青海省								
宁夏回族自治区								
新疆维吾尔自治区								

2－101－12

单位:万元

地　　区	其他资本性支出						
	小　计	房屋建筑物购　　建	办公设备购　　置	专用设备购　　置	交通工具购　　置	基础设施建　　设	大型修缮
地　方　合　计	**8912**	**22**	**170**	**14**		**2463**	**5**
北京市	1						
天津市							
河北省	299					3	
山西省							
内蒙古自治区	12		10			2	
辽宁省							
其中:大连市							
吉林省	2501					2458	
黑龙江省							
上海市	555						
江苏省	228						
浙江省	31						
其中:宁波市							
安徽省							
福建省	14			14			
其中:厦门市							
江西省							
山东省	432						5
其中:青岛市							
河南省	625						
湖北省							
湖南省							
广东省	550		1				
其中:深圳市							
广西壮族自治区							
海南省	127		127				
重庆市							
四川省							
贵州省	30	18	12				
云南省	322	4	9				
西藏自治区	156						
陕西省	3004		2				
甘肃省							
青海省							
宁夏回族自治区							
新疆维吾尔自治区	25		9				

2－101－13

单位:万元

地区	其他资本性支出						
	信息网络购建	物资储备	土地补偿	安置补助	地上附着物和青苗补偿	拆迁补偿	其他资本性支出
地方合计	**43**			**91**			**6104**
北京市							1
天津市							
河北省							296
山西省							
内蒙古自治区							
辽宁省							
其中:大连市							
吉林省	43						
黑龙江省							
上海市							555
江苏省							228
浙江省							31
其中:宁波市							
安徽省							
福建省							
其中:厦门市							
江西省							
山东省				18			409
其中:青岛市							
河南省							625
湖北省							
湖南省							
广东省							549
其中:深圳市							
广西壮族自治区							
海南省							
重庆市							
四川省							
贵州省							
云南省							309
西藏自治区							156
陕西省				73			2929
甘肃省							
青海省							
宁夏回族自治区							
新疆维吾尔自治区							16

二、地方财政预算收支情况

2－101－14

单位:万元

地　　区	贷款转贷及产权参股					其他支出		
	小　计	国内贷款	国外贷款	产权参股	其他贷款转贷及产权参股支出	小　计	补充全国社会保障基　金	其他支出
地　方　合　计	**107**				**107**	**178409**	**1987**	**176422**
北京市						2557		2557
天津市								
河北省						2256		2256
山西省								
内蒙古自治区								
辽宁省	107				107			
其中:大连市	107				107			
吉林省								
黑龙江省						704		704
上海市						2677		2677
江苏省						1990		1990
浙江省						3506		3506
其中:宁波市						67		67
安徽省						6751		6751
福建省						1984		1984
其中:厦门市						534		534
江西省						2437		2437
山东省						5340		5340
其中:青岛市						5672		5672
河南省						3146	1987	1159
湖北省						29844		29844
湖南省						7300		7300
广东省						2904		2904
其中:深圳市						43		43
广西壮族自治区						2710		2710
海南省						790		790
重庆市								
四川省								
贵州省						882		882
云南省								
西藏自治区						24		24
陕西省						99300		99300
甘肃省						375		375
青海省						932		932
宁夏回族自治区								
新疆维吾尔自治区								

2007 年各省、自治区、直辖市其他城镇社会救济支出明细表

2－102－1　　　　单位:万元

地　　区	合　计	工资福利支出				
		小　计	基本工资	津贴补贴	奖　金	社会保障缴　费
地　方　合　计	**352326**	**31789**	**13277**	**9514**	**3762**	**1860**
北京市	12173	716	103	142	64	33
天津市	2708	631	232	253	11	36
河北省	6016	819	439	186	43	36
山西省	3325	796	393	246	18	91
内蒙古自治区	7703	651	382	209	39	6
辽宁省	59271	1552	764	417	61	131
其中:大连市	7233	172	88	37	7	35
吉林省	6876	1034	574	378	24	25
黑龙江省	13030	1034	569	342	101	5
上海市	48212	2190	823	298	613	170
江苏省	29312	2651	935	590	621	211
浙江省	16750	2341	514	531	746	259
其中:宁波市	4407	329	51	55	126	63
安徽省	20792	695	308	231	44	33
福建省	3468	706	220	237	63	49
其中:厦门市	1507	282	37	108	31	9
江西省	8136	618	322	189	59	14
山东省	11197	1139	457	490	60	104
其中:青岛市	918	215	59	105		47
河南省	4979	1117	593	417	51	13
湖北省	14923	796	355	223	24	36
湖南省	9158	1544	709	555	73	73
广东省	24626	4256	1238	1738	455	292
其中:深圳市	5317	1178	187	585	195	54
广西壮族自治区	3876	848	429	205	88	27
海南省	3661	205	116	45	11	8
重庆市	4773	422	221	98	71	13
四川省	14793	1932	888	525	286	120
贵州省	2369	295	152	107	15	10
云南省	3751	468	253	191	16	3
西藏自治区	629					
陕西省	6209	1113	758	228	37	8
甘肃省	1865	486	214	186	11	10
青海省	631	127	50	63	10	
宁夏回族自治区	1462	211	83	100	7	3
新疆维吾尔自治区	5652	396	183	94	40	41

2－102－2

单位:万元

地　　区	工资福利支出				商品和服务支出		
	伙食费	伙食补助费	绩效工资	其他工资福利支出	小计	办公费	印刷费
地方合计	**41**	**292**	**196**	**2847**	**72609**	**2274**	**162**
北京市	13	5		356	6534	111	23
天津市		58	23	18	319	6	
河北省	4	36		75	525	52	1
山西省	5	1		42	461	36	1
内蒙古自治区	1		2	12	504	15	3
辽宁省		3	22	154	8489	771	12
其中:大连市			5		1061	659	5
吉林省		4	24	5	1044	51	3
黑龙江省		10		7	908	54	8
上海市	6	4		276	18391	29	6
江苏省	2	39	31	222	2707	128	2
浙江省		28		263	4033	62	2
其中:宁波市		3		31	1466	8	
安徽省	5	5		69	2739	64	35
福建省		5	11	121	1087	29	4
其中:厦门市		5		92	325	20	1
江西省	2		2	30	723	11	
山东省		3	4	21	1085	58	4
其中:青岛市			4		224	7	
河南省		5		38	1067	44	2
湖北省			17	141	6551	29	2
湖南省	2	23		109	1786	66	11
广东省	1	28	19	485	5673	203	24
其中:深圳市		28		129	1332	32	8
广西壮族自治区				99	915	83	
海南省				25	277	3	
重庆市		1		18	571	28	3
四川省		4	6	103	1743	113	7
贵州省				11	509	10	2
云南省				5	892	15	2
西藏自治区					32		
陕西省		3	33	46	495	110	4
甘肃省			1	64	300	26	
青海省		3	1		354	34	
宁夏回族自治区				18	409	6	1
新疆维吾尔自治区		24		14	1486	27	

2－102－3

单位:万元

地　　区	商品和服务支出						
	咨询费	手续费	水　费	电　费	邮电费	取暖费	物　业 管理费
地　方　合　计	**13**	**5**	**357**	**1138**	**649**	**5912**	**262**
北京市		2	21	76	30	77	32
天津市			1	4	4	7	
河北省			10	35	21	88	5
山西省			6	23	7	47	
内蒙古自治区			6	15	8	76	3
辽宁省			33	71	49	5101	6
其中:大连市			3	3	7	242	
吉林省			4	17	13	123	2
黑龙江省			8	32	28	130	2
上海市			36	86	58	55	88
江苏省			12	53	33		21
浙江省			16	49	35		29
其中:宁波市			4	8	5		
安徽省			9	18	15	7	1
福建省	1		5	17	11		
其中:厦门市			1	3	2		
江西省			4	15	8		
山东省	2		16	47	32	77	14
其中:青岛市					1	3	
河南省			5	45	15	4	
湖北省			5	27	18	1	
湖南省			24	37	29	3	2
广东省	9	3	57	324	111	3	44
其中:深圳市		1	22	89	33		23
广西壮族自治区			4	17	11		
海南省			4	14	3		
重庆市	1		6	14	14		4
四川省			16	35	39	1	8
贵州省			1	3	5		
云南省			4	11	10		
西藏自治区							
陕西省			13	29	14	16	1
甘肃省			4	4	14	36	
青海省			16	6	2	3	
宁夏回族自治区			2	3	2	6	
新疆维吾尔自治区			9	11	10	51	

2－102－4

单位:万元

地区	商品和服务支出					
	交通费	差旅费	出国费	维修(护)费	租赁费	会议费
地方合计	**2991**	**1487**	**57**	**3134**	**696**	**373**
北京市	191	80	26	220	503	69
天津市	30	8		38		6
河北省	88	34		34		7
山西省	32	39		76		1
内蒙古自治区	54	55		29	4	2
辽宁省	246	144	9	216	2	34
其中:大连市	27	40	6	7		11
吉林省	125	46		143		4
黑龙江省	105	29		156	18	7
上海市	213	10	5	372	44	10
江苏省	148	23	1	90	12	29
浙江省	178	86		104	24	44
其中:宁波市	38	20		6		10
安徽省	98	102		6	7	7
福建省	56	32	5	59		9
其中:厦门市	20	10		2		
江西省	39	46		14	2	
山东省	114	63		81	19	8
其中:青岛市	8	2				
河南省	112	70		27	2	4
湖北省	98	36		14	3	10
湖南省	122	87	2	86	10	25
广东省	411	142	9	642	32	57
其中:深圳市	108	31	2	23	28	4
广西壮族自治区	42	21		155		1
海南省	27	35		64		
重庆市	45	29		40		4
四川省	170	87		254	6	27
贵州省	25	13		13	5	
云南省	54	18		69		1
西藏自治区						
陕西省	67	36		21	1	5
甘肃省	24	11		65		2
青海省	7	6				
宁夏回族自治区	12	7		3		
新疆维吾尔自治区	58	92		43	2	

2－102－5

单位:万元

地　　区	商品和服务支出						
	培训费	招待费	专　用 材料费	被　装 购置费	专　用 燃料费	劳务费	委　托 业务费
地　方　合　计	**525**	**1418**	**397**	**185**	**99**	**683**	**175**
北京市	47	35		27		185	
天津市	3	9		23			25
河北省	4	25	2	5		8	24
山西省	2	21					
内蒙古自治区	9	6	5	21		4	
辽宁省	69	49	81	1	2	10	18
其中:大连市	3	12	11			2	18
吉林省	5	11	192		44	108	30
黑龙江省	20	16	3	6		5	11
上海市	19	79	4	1			
江苏省	59	112	18			35	18
浙江省	20	129	11			15	33
其中:宁波市		12	1			2	
安徽省	105	51	2	1	2	4	3
福建省	11	63	25	10			11
其中:厦门市	5	12	1				
江西省	4	32			1	10	
山东省	4	35	21		2	8	
其中:青岛市	1						
河南省	9	40	4		25	1	
湖北省	3	24	2	21	4		
湖南省	21	127	2	32	4	17	1
广东省	47	214	9	32	12	169	
其中:深圳市	8	42		17		70	
广西壮族自治区	6	22				1	
海南省	1	8				1	
重庆市	11	29	1	1		18	
四川省	24	114	6	3		3	
贵州省	4	34	9			8	
云南省	3	44				41	
西藏自治区							
陕西省	6	47		1	3	5	1
甘肃省	5	13					
青海省							
宁夏回族自治区	1	4					
新疆维吾尔自治区	3	25				27	

2-102-6

单位:万元

地区	商品和服务支出			对个人和家庭的补助			
	工会经费	福利费	其他商品和服务支出	小计	离休费	退休费	退职(役)费
地方合计	**261**	**851**	**48505**	**208788**	**867**	**3867**	**112**
北京市	7		4772	3955		4	
天津市	8	12	135	1727	60	195	
河北省	6	14	62	4288	20	75	
山西省	3	10	157	1965	22	63	3
内蒙古自治区	4	9	176	6355			
辽宁省	18	11	1536	44220	44	437	
其中:大连市	2	3		5900		227	
吉林省	1		122	4383	37	201	24
黑龙江省	21	7	242	1646	62	224	
上海市	21	81	17174	26477	13	19	4
江苏省	27	28	1858	21727	159	719	22
浙江省	35	257	2904	8058	25	106	
其中:宁波市	5	185	1162	2423	2	7	
安徽省	5	4	2193	16936	59	134	
福建省	7	104	628	1477	3	47	
其中:厦门市	4	5	239	721			
江西省	2	10	525	5474	2	11	2
山东省	6	23	451	8039	5	10	53
其中:青岛市	2	1	199	419	8	12	1
河南省	3	6	649	2754	19	114	
湖北省	7	17	6230	6946	63	213	
湖南省	16	14	1048	5034	97	274	3
广东省	25	176	2918	11214	14	135	
其中:深圳市	6	37	748	2736		5	
广西壮族自治区	4	4	544	1475	29	320	
海南省	2	1	114	3160	2		
重庆市	3	7	313	3639			
四川省	16	31	783	6576	6	37	
贵州省	3	5	369	1395	36	137	
云南省	2		618	2163	3	29	
西藏自治区			32	495			
陕西省	2	4	109	2027	38	135	
甘肃省		6	90	958	9	114	1
青海省	1		279	150			
宁夏回族自治区	1		361	830			
新疆维吾尔自治区	5	10	1113	3245	40	114	

2－102－7 单位:万元

地　　区	对个人和家庭的补助						
	抚恤金	生活补助	救济费	医疗费	助学金	奖励金	生产补贴
地　方　合　计	**882**	**41576**	**108647**	**4689**	**326**	**129**	**153**
北京市		1655	1344	281	37		
天津市	4	5	978		6		
河北省		715	2842	25	12	18	
山西省	30	142	1392	127			
内蒙古自治区	31	513	5385	11	61		
辽宁省	155	6816	26097	703			
其中:大连市	28	4251	1383	11			
吉林省	27	1143	2570	14		3	
黑龙江省	14	163	932	96			
上海市	34	7082	8085	473			
江苏省	91	3816	11973	462		10	
浙江省	29	1557	3827	346	37		5
其中:宁波市		246	1330	202	37		
安徽省	33	4967	7383	110		1	14
福建省	9	212	722	45	3		
其中:厦门市	1	70	335	10	3		
江西省	2	1895	2433	20			4
山东省	12	1412	4724	158	64		
其中:青岛市		38	334				
河南省	50	718	1279	188			
湖北省	68	1415	3583	116			
湖南省	51	846	1312	90		25	2
广东省	13	2065	6173	228	2	25	
其中:深圳市		5	1432		2	7	
广西壮族自治区	3	67	680			8	
海南省	2	472	2458	81		1	128
重庆市	8	251	3153	56		3	
四川省	36	724	4336	199		17	
贵州省	39	222	671	13			
云南省		1372	545	128			
西藏自治区		59	280	19			
陕西省	119	594	748	185		2	
甘肃省	13	150	420	9			
青海省		7	63	77			
宁夏回族自治区		101	583	47	96		
新疆维吾尔自治区	9	420	1676	382	8	16	

2－102－8　　　　单位:万元

地　　区	对个人和家庭的补助				对企事业单位的补贴		
	住　房 公积金	提租 补贴	购房 补贴	其他对个人和家庭的补助支出	小　计	企业政策性补　贴	事业单位补　贴
地　方　合　计	**879**	**393**	**245**	**46023**	**11647**	**9541**	**119**
北京市	29	7		598			
天津市	90	1	3	385			
河北省	31	1		549	3	3	
山西省	26	1		159			
内蒙古自治区	5			349			
辽宁省	21	44		9903	1487		
其中:大连市							
吉林省	27	2		335			
黑龙江省	31	9		115	9388	9380	8
上海市	7			10760			
江苏省	40	11	7	4417	25		15
浙江省	150	1	11	1964	23		6
其中:宁波市				599	6		6
安徽省	27	1		4207	27		7
福建省	41	27		368			
其中:厦门市	24	22		256			
江西省	8			1097	83		83
山东省	34		129	1438	356		
其中:青岛市				26			
河南省	3		8	375	4	4	
湖北省	14		5	1469	48	30	
湖南省	30			2304	76		
广东省	153	273	24	2109			
其中:深圳市		264	13	1008			
广西壮族自治区	5		6	357			
海南省	1	15					
重庆市	2			166			
四川省	39		5	1177			
贵州省	11		44	222	124	124	
云南省	7			79	3		
西藏自治区				137			
陕西省	26			180			
甘肃省	3			239			
青海省				3			
宁夏回族自治区				3			
新疆维吾尔自治区	18		3	559			

2－102－9

单位:万元

地　　区	对企事业单位的补贴		赠　与			债务利息支出	
	财政贴息	其他对企事业单位的补贴支出	小　计	对国内的赠　与	对国外的赠　与	小　计	国库券付　息
地　方　合　计		**1987**	**54**	**54**			
北京市							
天津市							
河北省							
山西省							
内蒙古自治区							
辽宁省		1487					
其中:大连市							
吉林省							
黑龙江省							
上海市							
江苏省		10					
浙江省		17					
其中:宁波市							
安徽省		20					
福建省							
其中:厦门市							
江西省							
山东省		356	54	54			
其中:青岛市							
河南省							
湖北省		18					
湖南省		76					
广东省							
其中:深圳市							
广西壮族自治区							
海南省							
重庆市							
四川省							
贵州省							
云南省		3					
西藏自治区							
陕西省							
甘肃省							
青海省							
宁夏回族自治区							
新疆维吾尔自治区							

2－102－10

单位:万元

地　　区	债务利息支出					基本建设支出	
	向国家银行借款付息	其他国内借款付息	向国外政府借款付息	向国际组织借款付息	其他国外借款付息	小　计	房屋建筑物购建
地方合计						**7161**	**6122**
北京市						44	
天津市							
河北省						20	
山西省							
内蒙古自治区						40	40
辽宁省						415	320
其中:大连市						100	100
吉林省							
黑龙江省							
上海市						33	
江苏省						475	470
浙江省						780	700
其中:宁波市							
安徽省							
福建省							
其中:厦门市							
江西省							
山东省						99	
其中:青岛市							
河南省						3	
湖北省						146	
湖南省						50	50
广东省						448	
其中:深圳市							
广西壮族自治区						3	
海南省							
重庆市							
四川省						4100	4092
贵州省							
云南省						20	
西藏自治区							
陕西省							
甘肃省						10	
青海省							
宁夏回族自治区						10	
新疆维吾尔自治区						465	450

2－102－11　　　　单位:万元

地　　区	基本建设支出							
	办公设备购　　置	专用设备购　　置	交通工具购　　置	基础设施建　　设	大型修缮	信息网络购　　建	物资储备	其他基本建设支出
地　方　合　计	**53**	**2**	**115**	**191**	**37**	**－1**		**642**
北京市			45			－1		
天津市								
河北省				20				
山西省								
内蒙古自治区								
辽宁省								95
其中:大连市								
吉林省								
黑龙江省								
上海市	1	2	23					7
江苏省	5							
浙江省	37		41					2
其中:宁波市								
安徽省								
福建省								
其中:厦门市								
江西省								
山东省								99
其中:青岛市								
河南省	3							
湖北省				146				
湖南省								
广东省	2				7			439
其中:深圳市								
广西壮族自治区	3							
海南省								
重庆市								
四川省	2		6					
贵州省								
云南省					20			
西藏自治区								
陕西省								
甘肃省					10			
青海省								
宁夏回族自治区				10				
新疆维吾尔自治区				15				

2－102－12　　　　单位:万元

地　区	其他资本性支出						
	小　计	房屋建筑物购　建	办公设备购　置	专用设备购　置	交通工具购　置	基础设施建　设	大型修缮
地　方　合　计	**8316**	**1649**	**789**	**685**	**1382**	**703**	**972**
北京市	722		181	112	221	8	20
天津市	31		2		29		
河北省	99			5			87
山西省	95	42	15	25	13		
内蒙古自治区	153	28	3		23		
辽宁省	827	368	31	1	87	232	58
其中:大连市							
吉林省	374		9	185	10		11
黑龙江省	54	50	4				
上海市	355	69	47	6	85	29	
江苏省	227	18	49	7		82	12
浙江省	842	284	119	1	150	34	
其中:宁波市	90	51	20		18		
安徽省	30		2	9	14		
福建省	32		10	1	21		
其中:厦门市	25		3	1	21		
江西省	330		18				4
山东省	425	23	15		98		3
其中:青岛市	2		2				
河南省	19		5		13		
湖北省	232		24		35		173
湖南省	69	13	15		33		
广东省	1757	46	79	163	273	288	490
其中:深圳市	18		1	2			15
广西壮族自治区	635	408	17	35	71	8	16
海南省	18	10	8				
重庆市	71		17	10	20	20	
四川省	439	56	76	122	131		8
贵州省	44	44					
云南省	205	118	27		17		42
西藏自治区							
陕西省	84	7	5	2	21		26
甘肃省	91	65	4				22
青海省							
宁夏回族自治区	2		2				
新疆维吾尔自治区	54		5	1	17	2	

2－102－13

单位:万元

地　　区	其他资本性支出						
	信息网络购　建	物资储备	土地补偿	安置补助	地上附着物和青苗补偿	拆迁补偿	其他资本性支　出
地　方　合　计	**12**		**300**	**43**			**1781**
北京市				20			160
天津市							
河北省							7
山西省							
内蒙古自治区							99
辽宁省							50
其中:大连市							
吉林省							159
黑龙江省							
上海市							119
江苏省	6						53
浙江省	5						249
其中:宁波市							1
安徽省							5
福建省							
其中:厦门市							
江西省			300				8
山东省							286
其中:青岛市							
河南省	1						
湖北省							
湖南省							8
广东省							418
其中:深圳市							
广西壮族自治区							80
海南省							
重庆市							4
四川省							46
贵州省							
云南省							1
西藏自治区							
陕西省				23			
甘肃省							
青海省							
宁夏回族自治区							
新疆维吾尔自治区							29

2－102－14

单位:万元

地区	贷款转贷及产权参股					其他支出		
	小计	国内贷款	国外贷款	产权参股	其他贷款转贷及产权参股支出	小计	补充全国社会保障基金	其他支出
地方合计						**11962**		**11962**
北京市						202		202
天津市								
河北省						262		262
山西省						8		8
内蒙古自治区								
辽宁省						2281		2281
其中:大连市								
吉林省						41		41
黑龙江省								
上海市						766		766
江苏省						1500		1500
浙江省						673		673
其中:宁波市						93		93
安徽省						365		365
福建省						166		166
其中:厦门市						154		154
江西省						908		908
山东省								
其中:青岛市						58		58
河南省						15		15
湖北省						204		204
湖南省						599		599
广东省						1278		1278
其中:深圳市						53		53
广西壮族自治区								
海南省						1		1
重庆市						70		70
四川省						3		3
贵州省						2		2
云南省								
西藏自治区						102		102
陕西省						2490		2490
甘肃省						20		20
青海省								
宁夏回族自治区								
新疆维吾尔自治区						6		6

2007 年各省、自治区、直辖市自然灾害生活救助支出明细表

2－103－1　　　　单位:万元

地　　区	合　计	工资福利支出				
		小　计	基本工资	津贴补贴	奖　金	社会保障缴　费
地　方　合　计	**974811**	**1355**	**174**	**145**	**2**	**26**
北京市	2084					
天津市	757	18	7	4	1	1
河北省	23245	7	4	1		
山西省	26983	35		35		
内蒙古自治区	20218					
辽宁省	25289					
其中:大连市	3648					
吉林省	16751					
黑龙江省	42700					
上海市	40					
江苏省	19169	1				
浙江省	31632					
其中:宁波市	3516					
安徽省	98014	6				
福建省	29274	60	47			
其中:厦门市	334	53	47			
江西省	32796	1	1			
山东省	30780	39				15
其中:青岛市	1404	33				15
河南省	57464	13	9	4		
湖北省	52706					
湖南省	49323	1130	100	94		5
广东省	35013					
其中:深圳市	45					
广西壮族自治区	32432	18				5
海南省	5759					
重庆市	31585					
四川省	77338	3				
贵州省	32503					
云南省	88518	14	6	7	1	
西藏自治区	9106					
陕西省	37813					
甘肃省	23550					
青海省	9087					
宁夏回族自治区	10788					
新疆维吾尔自治区	22094	10				

2－103－2

单位:万元

地区	工资福利支出				商品和服务支出		
	伙食费	伙食补助费	绩效工资	其他工资福利支出	小计	办公费	印刷费
地方合计		**3**		**1005**	**134702**	**786**	**27**
北京市					518		
天津市		1		4	101	2	
河北省		1		1	1702	4	
山西省					1942	12	1
内蒙古自治区					2100	5	1
辽宁省					733	97	5
其中:大连市					26		
吉林省					450	94	
黑龙江省					39201	6	
上海市					40		
江苏省		1			803	41	
浙江省					10342	2	
其中:宁波市					749	1	
安徽省				6	6897	2	
福建省				13	6732		
其中:厦门市				6	64		
江西省					2543		
山东省				24	1502	46	
其中:青岛市				18	11		
河南省					1534	45	3
湖北省					15397		
湖南省				931	6842	26	1
广东省					5009	7	
其中:深圳市					39		
广西壮族自治区				13	7789	106	6
海南省					809		
重庆市					3453	15	1
四川省				3	4187	16	7
贵州省					2286	19	1
云南省					6236	231	1
西藏自治区					633	2	
陕西省					859	1	
甘肃省					612	1	
青海省					564	1	
宁夏回族自治区					56		
新疆维吾尔自治区				10	2830	5	

2－103－3

单位:万元

地区	商品和服务支出						
	咨询费	手续费	水费	电费	邮电费	取暖费	物业管理费
地方合计	**9**		**6**	**37**	**22**	**154**	**6**
北京市							
天津市			1	3	6		
河北省							
山西省				1		2	
内蒙古自治区						4	
辽宁省				3		9	
其中:大连市							
吉林省						50	
黑龙江省			1	4		13	
上海市							
江苏省							
浙江省							
其中:宁波市							
安徽省							
福建省				12			
其中:厦门市							
江西省							
山东省			2	1			
其中:青岛市							
河南省				7	3	4	4
湖北省							
湖南省			1	3	4	1	
广东省							
其中:深圳市							
广西壮族自治区			1	1	5		2
海南省							
重庆市							
四川省					2		
贵州省					1		
云南省	9			2			
西藏自治区							
陕西省							
甘肃省					1		
青海省							
宁夏回族自治区							
新疆维吾尔自治区						71	

2－103－4　　　　单位:万元

地　　区	商品和服务支出					
	交通费	差旅费	出国费	维修(护)费	租赁费	会议费
地　方　合　计	**363**	**79**	**12**	**3997**	**34**	**171**
北京市						
天津市	15	4		6		2
河北省	2			60		
山西省	1	3		40		
内蒙古自治区	8	8		55	8	12
辽宁省	49	1		240	4	
其中:大连市	5			21		
吉林省				12		
黑龙江省	19	1		8		
上海市						
江苏省				125		
浙江省	1			107		122
其中:宁波市						
安徽省	11	1	12	528		
福建省	1			34	2	3
其中:厦门市						
江西省	1			28		
山东省	4			116		
其中:青岛市						
河南省	28	6		16		15
湖北省						
湖南省	13	4		206		
广东省				125		
其中:深圳市						
广西壮族自治区	37	21		50		4
海南省	1			148		
重庆市		2		913		1
四川省	26	12		123	3	5
贵州省	57	1		204		
云南省	57	15		532		7
西藏自治区				20		
陕西省	11			10	10	
甘肃省	6			85		
青海省						
宁夏回族自治区					2	
新疆维吾尔自治区	15			206	5	

2－103－5 单位:万元

地　　区	商品和服务支出						
	培训费	招待费	专用材料费	被装购置费	专用燃料费	劳务费	委托业务费
地方合计	**34**	**200**	**2165**	**504**	**153**	**918**	**89**
北京市							
天津市	2	6	28			26	
河北省			10	324		11	
山西省		4	27			4	
内蒙古自治区	4					8	
辽宁省	2		5		37	50	
其中:大连市							
吉林省		112	29			3	
黑龙江省			39			6	
上海市							
江苏省			12				
浙江省			15			4	
其中:宁波市							
安徽省	3	1	14	24		2	
福建省			108		1	7	
其中:厦门市							
江西省			414				
山东省			113			4	40
其中:青岛市							
河南省	5	5	30	3		29	6
湖北省							
湖南省		11	41		34	35	27
广东省		4	252		23	9	
其中:深圳市					23		
广西壮族自治区	2	8			7	3	
海南省				37			
重庆市			103	4		6	
四川省	11	4	28		4	4	16
贵州省	4		510			32	
云南省	1	44	229		1	124	
西藏自治区							
陕西省			77	56	2	40	
甘肃省		1	60	30		225	
青海省							
宁夏回族自治区							
新疆维吾尔自治区			21	26	44	286	

2－103－6

单位:万元

地区	商品和服务支出			对个人和家庭的补助			
	工会经费	福利费	其他商品和服务支出	小计	离休费	退休费	退职(役)费
地方合计	**1**	**205**	**124730**	**686498**	**176**	**143**	**206**
北京市			518	994			
天津市				603			
河北省			1291	20741			
山西省		4	1843	24318			
内蒙古自治区			1987	17371			
辽宁省			231	19466			
其中:大连市				1002			
吉林省			150	15345			
黑龙江省			39104	3359			
上海市			40				
江苏省			625	15965			
浙江省			10091	15247			
其中:宁波市			748	2320			
安徽省	1		6298	54875		41	
福建省		8	6556	19119			
其中:厦门市			64	105			
江西省			2100	28227			206
山东省			1176	27937			
其中:青岛市			11	783			
河南省			1325	50091		1	
湖北省			15397	36578			
湖南省		2	6433	38280	176	101	
广东省			4589	27016			
其中:深圳市			16				
广西壮族自治区		144	7392	20879			
海南省			623	4661			
重庆市			2408	23575			
四川省			3926	68076			
贵州省			1457	29064			
云南省		7	4976	57459			
西藏自治区			611	6684			
陕西省			652	4618			
甘肃省			203	21889			
青海省			563	8224			
宁夏回族自治区			54	10663			
新疆维吾尔自治区		40	2111	15174			

2－103－7

单位:万元

地区	对个人和家庭的补助						
	抚恤金	生活补助	救济费	医疗费	助学金	奖励金	生产补贴
地方合计	**4602**	**174794**	**349924**	**649**	**15**	**15**	**4186**
北京市		175	773				
天津市		65	495	2			
河北省	25	5471	12646	124		5	12
山西省	209	8142	13084				41
内蒙古自治区	20	3201	10122	68			45
辽宁省	68	4709	13178				81
其中:大连市	8	326	235				11
吉林省	643	5195	9477				17
黑龙江省	151	1514	1614				
上海市							
江苏省	283	6022	5923				3
浙江省	222	3807	7563	277		1	68
其中:宁波市		414	1425				
安徽省	183	9801	19335	5			96
福建省		8195	8934	61			65
其中:厦门市			52				
江西省	203	9654	11491				7
山东省	546	10786	13060	10		9	572
其中:青岛市	292	154	185				
河南省	4	13890	23472				165
湖北省	326	14683	20107				160
湖南省	409	9921	17800	1			904
广东省	223	4923	12158	1			71
其中:深圳市							
广西壮族自治区		3878	11264				36
海南省	37	203	4024	4			
重庆市	1	7799	11444	6			248
四川省	30	16434	44359				398
贵州省	2	5226	18724	34			266
云南省	4	3581	18162		14		771
西藏自治区	9	1575	3788	5			18
陕西省	387	838	2771	1	1		25
甘肃省	617	5381	13112				
青海省		486	7021	1			
宁夏回族自治区		4023	4888				37
新疆维吾尔自治区		5216	9135	49			80

2－103－8

单位:万元

地　　区	对个人和家庭的补助				对企事业单位的补贴		
	住房公积金	提租补贴	购房补贴	其他对个人和家庭的补助支出	小计	企业政策性补贴	事业单位补贴
地方合计	**46**		**558**	**151184**	**1250**	**438**	**25**
北京市				46			
天津市	14			27			
河北省				2458	226	226	
山西省				2842			
内蒙古自治区			255	3660			
辽宁省			17	1413	488		
其中:大连市				422			
吉林省				13			
黑龙江省	30			50			
上海市							
江苏省				3734	10		
浙江省				3309	129		
其中:宁波市				481			
安徽省				25414	4		
福建省			3	1861	33	20	13
其中:厦门市				53			
江西省				6666	12		12
山东省				2954	70	70	
其中:青岛市				152			
河南省			229	12330	3		
湖北省				1302			
湖南省				8968	8		
广东省			37	9603			
其中:深圳市							
广西壮族自治区				5701	90		
海南省				393			
重庆市				4077	72	22	
四川省			8	6847			
贵州省			9	4803			
云南省	1			34926	100	100	
西藏自治区				1289			
陕西省	1			594	5		
甘肃省				2779			
青海省				716			
宁夏回族自治区				1715			
新疆维吾尔自治区				694			

2－103－9 单位:万元

地区	对企事业单位的补贴		赠与			债务利息支出	
	财政贴息	其他对企事业单位的补贴支出	小计	对国内的赠与	对国外的赠与	小计	国库券付息
地方合计		**787**					
北京市							
天津市							
河北省							
山西省							
内蒙古自治区							
辽宁省		488					
其中:大连市							
吉林省							
黑龙江省							
上海市							
江苏省		10					
浙江省		129					
其中:宁波市							
安徽省		4					
福建省							
其中:厦门市							
江西省							
山东省							
其中:青岛市							
河南省		3					
湖北省							
湖南省		8					
广东省							
其中:深圳市							
广西壮族自治区		90					
海南省							
重庆市		50					
四川省							
贵州省							
云南省							
西藏自治区							
陕西省		5					
甘肃省							
青海省							
宁夏回族自治区							
新疆维吾尔自治区							

2-103-10

单位:万元

地　区	债务利息支出					基本建设支出	
	向国家银行借款付息	其他国内借款付息	向国外政府借款付息	向国际组织借款付息	其他国外借款付息	小　计	房屋建筑物购建
地方合计						**41518**	**12422**
北京市							
天津市							
河北省						269	49
山西省						13	
内蒙古自治区						160	50
辽宁省						3160	327
其中:大连市						1990	
吉林省						330	45
黑龙江省						40	40
上海市							
江苏省						1035	1010
浙江省						964	430
其中:宁波市						204	
安徽省						21203	9147
福建省						352	7
其中:厦门市							
江西省						574	44
山东省						110	
其中:青岛市							
河南省						4123	48
湖北省							
湖南省						314	10
广东省						884	180
其中:深圳市							
广西壮族自治区						350	20
海南省							
重庆市						1842	366
四川省						3122	305
贵州省							
云南省						670	199
西藏自治区						12	12
陕西省						1015	15
甘肃省						898	118
青海省						7	
宁夏回族自治区						51	
新疆维吾尔自治区						20	

2－103－11

单位:万元

地　　区	基本建设支出							
	办公设备购　置	专用设备购　置	交通工具购　置	基础设施建　设	大型修缮	信息网络购　建	物资储备	其他基本建设支出
地 方 合 计	**17**	**23**	**7**	**13993**	**7063**	**4**	**131**	**7858**
北京市								
天津市								
河北省				50	73			97
山西省	5	8						
内蒙古自治区				50				60
辽宁省	4			471	180		60	2118
其中:大连市								1990
吉林省				225	60			
黑龙江省								
上海市								
江苏省								25
浙江省				438	47			49
其中:宁波市				190				14
安徽省				5613	5661			782
福建省				170	37			138
其中:厦门市								
江西省				254	57			219
山东省				98				12
其中:青岛市								
河南省				2742	40			1293
湖北省								
湖南省				155	124			25
广东省	8	15	7	70	135	4	20	445
其中:深圳市								
广西壮族自治区				180	75			75
海南省								
重庆市				739	267			470
四川省				1799	159			859
贵州省								
云南省				139	141			191
西藏自治区								
陕西省								1000
甘肃省				780				
青海省					7			
宁夏回族自治区							51	
新疆维吾尔自治区				20				

二、地方财政预算收支情况

2－103－12

单位:万元

地　　区	其他资本性支出						
	小　计	房屋建筑物购　　建	办公设备购　　置	专用设备购　　置	交通工具购　　置	基础设施建　　设	大型修缮
地　方　合　计	**51278**	**6055**	**127**	**798**	**504**	**9592**	**1969**
北京市	155						
天津市	35			35			
河北省	126	20	1			45	20
山西省	668		11			25	578
内蒙古自治区	587	139				68	6
辽宁省	842	237	1	4	476	40	14
其中:大连市	30					30	
吉林省	515	60		251			31
黑龙江省	100					100	
上海市							
江苏省	129	20					
浙江省	662	55		31		91	43
其中:宁波市	55						
安徽省	6389	1887				1139	209
福建省	684	55		200		395	24
其中:厦门市							
江西省	699	153			10	233	270
山东省	1023	120				2	56
其中:青岛市	250						
河南省	1090	359	7	23		599	74
湖北省							
湖南省	588	19		8		404	16
广东省	837	431		186			74
其中:深圳市							
广西壮族自治区	799	70	10		10	234	
海南省	35						
重庆市	2333	287		60		263	91
四川省	1534	249	4			462	20
贵州省	377	166	1		5		
云南省	23913	1344	92		3	2573	424
西藏自治区	134						
陕西省	2924	35				205	19
甘肃省	20					20	
青海省	16						
宁夏回族自治区	4						
新疆维吾尔自治区	4060	349				2694	

2－103－13

单位:万元

地　　区	其他资本性支出						
	信息网络购　建	物资储备	土地补偿	安置补助	地上附着物和青苗补偿	拆迁补偿	其他资本性支　出
地　方　合　计	**147**	**1458**	**20**	**1697**	**72**	**147**	**28692**
北京市							155
天津市							
河北省		30					10
山西省		36					18
内蒙古自治区		374					
辽宁省		21		49			
其中:大连市							
吉林省		82		30	46		15
黑龙江省							
上海市							
江苏省							109
浙江省							442
其中:宁波市							55
安徽省				250			2904
福建省							10
其中:厦门市							
江西省		9			10		14
山东省				40			805
其中:青岛市							250
河南省				7			21
湖北省							
湖南省				4			137
广东省							146
其中:深圳市							
广西壮族自治区		99		340			36
海南省							35
重庆市	145	25	20	18		3	1421
四川省		30		19			750
贵州省		196					9
云南省	2	401		85	16	60	18913
西藏自治区		55					79
陕西省		50		55		50	2510
甘肃省							
青海省						16	
宁夏回族自治区							4
新疆维吾尔自治区		50		800		18	149

2－103－14

单位:万元

地　　区	贷款转贷及产权参股					其他支出		
	小　计	国内贷款	国外贷款	产权参股	其他贷款转贷及产权参股支出	小　计	补充全国社会保障基金	其他支出
地方合计						**58210**		**58210**
北京市						417		417
天津市								
河北省						174		174
山西省						7		7
内蒙古自治区								
辽宁省						600		600
其中:大连市						600		600
吉林省						111		111
黑龙江省								
上海市								
江苏省						1226		1226
浙江省						4288		4288
其中:宁波市						188		188
安徽省						8640		8640
福建省						2294		2294
其中:厦门市						112		112
江西省						740		740
山东省						99		99
其中:青岛市						327		327
河南省						610		610
湖北省						731		731
湖南省						2161		2161
广东省						1267		1267
其中:深圳市						6		6
广西壮族自治区						2507		2507
海南省						254		254
重庆市						310		310
四川省						416		416
贵州省						776		776
云南省						126		126
西藏自治区						1643		1643
陕西省						28392		28392
甘肃省						131		131
青海省						276		276
宁夏回族自治区						14		14
新疆维吾尔自治区								

2007 年各省、自治区、直辖市红十字事业支出明细表

2－104－1　　　　单位:万元

地　　区	合　计	工资福利支出				
		小　计	基本工资	津贴补贴	奖　金	社会保障缴　费
地方合计	**68542**	**16501**	**6930**	**5360**	**2166**	**522**
北京市	4668	1575	426	559	285	19
天津市	982	398	137	220	22	3
河北省	1359	210	105	54	8	6
山西省	1284	353	191	133	11	5
内蒙古自治区	3866	1271	707	480	47	6
辽宁省	3611	903	384	343	20	33
其中:大连市	141	66	25	35	6	
吉林省	1837	652	460	161	17	3
黑龙江省	1645	744	440	212	36	46
上海市	6795	1040	273	166	473	32
江苏省	5870	1137	283	290	331	46
浙江省	2072	636	140	121	249	58
其中:宁波市	142	109	20	17	46	26
安徽省	1369	329	181	108	13	9
福建省	2774	529	214	129	29	15
其中:厦门市	487	196	79	51	8	
江西省	2423	251	134	68	7	1
山东省	4673	1137	498	372	83	86
其中:青岛市	799	227	66	97	24	18
河南省	4136	470	272	163	13	7
湖北省	1498	263	109	83	42	11
湖南省	1578	522	246	182	36	39
广东省	3671	775	207	338	94	30
其中:深圳市	332	70	9	42	10	2
广西壮族自治区	1702	482	222	160	50	7
海南省	405	106	49	29	13	2
重庆市	1170	179	69	85	22	
四川省	1545	447	200	137	64	2
贵州省	657	215	118	74	15	
云南省	2521	419	205	190	12	7
西藏自治区	195	88	31	51	5	1
陕西省	964	237	128	74	15	4
甘肃省	564	151	47	75	7	1
青海省	349	129	55	60	11	2
宁夏回族自治区	256	68	28	31	3	
新疆维吾尔自治区	2103	785	371	212	133	41

2－104－2

单位:万元

地　　区	工资福利支出				商品和服务支出		
	伙食费	伙　食 补助费	绩效 工资	其他工资 福利支出	小　计	办公费	印刷费
地　方　合　计	**15**	**86**	**251**	**1171**	**35521**	**2316**	**821**
北京市	3	9	49	225	2663	202	37
天津市		5		11	428	67	15
河北省		5		32	378	37	24
山西省		1		12	806	71	19
内蒙古自治区				31	1606	238	80
辽宁省			114	9	1705	76	25
其中:大连市					71	7	2
吉林省			8	3	595	100	33
黑龙江省	3	7			756	60	22
上海市	1	8		87	4817	61	31
江苏省	1	17	68	101	2771	148	66
浙江省		4		64	1205	56	48
其中:宁波市					18	4	
安徽省		1		17	776	31	23
福建省		1		141	1385	52	49
其中:厦门市		1		57	232	6	12
江西省		9		32	2111	51	5
山东省	5	10	4	79	2256	302	77
其中:青岛市		1	4	17	339	25	23
河南省				15	1403	144	43
湖北省				18	728	22	18
湖南省				19	582	40	15
广东省	2	2	4	98	1451	141	59
其中:深圳市				7	108	1	20
广西壮族自治区				43	880	45	6
海南省				13	289	9	3
重庆市				3	944	21	9
四川省				44	701	52	10
贵州省				8	378	55	12
云南省		3		2	1833	52	27
西藏自治区					103	2	10
陕西省			4	12	310	34	6
甘肃省				21	312	12	5
青海省				1	205	7	4
宁夏回族自治区				6	135	7	3
新疆维吾尔自治区		4		24	1009	121	37

2－104－3　　　　单位:万元

地　　区	商品和服务支出						
	咨询费	手续费	水　费	电　费	邮电费	取暖费	物　业 管理费
地　方　合　计	**32**	**20**	**81**	**289**	**579**	**263**	**143**
北京市		1	6	8	19	31	13
天津市				5	17	6	1
河北省			19	1	22	6	1
山西省				1	11	12	1
内蒙古自治区			4	6	36	28	3
辽宁省	4		6	21	43	48	9
其中:大连市				1	4	2	
吉林省			2	23	12	24	4
黑龙江省	2	7	3	13	21	35	3
上海市	11		2	22	41	8	28
江苏省	2	5	6	26	54		18
浙江省				6	9		35
其中:宁波市							
安徽省			1	15	12		
福建省	1			11	13		2
其中:厦门市				1	3		
江西省				5	10		
山东省	1		5	17	54	18	4
其中:青岛市	1				5	3	
河南省	8	1		17	20	5	2
湖北省		1	1	7	7		
湖南省				4	20	3	3
广东省	1		5	32	36		5
其中:深圳市	1			1	1		3
广西壮族自治区				6	17		
海南省		1			3		
重庆市	1	4	1	5	8		
四川省			1	4	23		1
贵州省	1			2	9		
云南省			15	15	20	1	5
西藏自治区			1	3	3		
陕西省				1	7	4	1
甘肃省			1	5	4	5	
青海省			1	1	8	2	1
宁夏回族自治区					2	3	1
新疆维吾尔自治区			1	7	18	24	2

2－104－4

单位:万元

地　　区	商品和服务支出					
	交通费	差旅费	出国费	维修(护)费	租赁费	会议费
地 方 合 计	**2096**	**1313**	**525**	**556**	**719**	**1884**
北京市	99	19	83	8	156	178
天津市	41	32	23	11	10	51
河北省	51	30	17	1	5	72
山西省	54	38	14	11	10	48
内蒙古自治区	182	146	5	32	25	170
辽宁省	127	47	41	25	12	69
其中:大连市	7	7				33
吉林省	75	43	2	11	6	26
黑龙江省	128	60		52	1	23
上海市	93	37	86	75	22	206
江苏省	135	139	55	53	135	146
浙江省	47	17	10	12	30	68
其中:宁波市	3	2				1
安徽省	31	24	10	12	13	24
福建省	67	52	18	43	14	48
其中:厦门市	12	8		2	1	26
江西省	27	27	15	4	6	4
山东省	142	109	14	30	73	155
其中:青岛市	29	11	9	8	5	27
河南省	62	27	4	39	4	54
湖北省	38	26		7		23
湖南省	48	52	20	11	15	61
广东省	98	44	12	12	15	146
其中:深圳市	10	4		2		11
广西壮族自治区	59	31	30	6	36	30
海南省	14	10	5	2	3	9
重庆市	42	38	10	1	67	34
四川省	89	41	7	13	6	57
贵州省	39	22	9	6	12	36
云南省	78	43	20	8	9	53
西藏自治区	26	7				3
陕西省	30	36		11	9	14
甘肃省	37	21		20	10	10
青海省	14	8		1		7
宁夏回族自治区	9	13			7	25
新疆维吾尔自治区	114	74	15	39	8	34

2－104－5

单位:万元

地　　区	商品和服务支出						
	培训费	招待费	专　用 材料费	被　装 购置费	专　用 燃料费	劳务费	委　托 业务费
地 方 合 计	**1900**	**1244**	**2982**	**45**	**76**	**619**	**87**
北京市	524	89	37	2		22	
天津市	11	14				7	
河北省	11	8	5			2	40
山西省	7	16	7		3	1	
内蒙古自治区	84	73	41		11	15	
辽宁省	85	41	308			29	
其中:大连市	2	4	1				
吉林省	44	17	2		27	3	
黑龙江省	17	14	253	16		6	
上海市	202	67	26			39	1
江苏省	43	159	263	1	11	137	2
浙江省	61	51	28			16	30
其中:宁波市		3					
安徽省	42	18	108			24	
福建省	50	42	246		15	41	2
其中:厦门市	4	8				5	
江西省	35	48	1		2		
山东省	85	78	620		2	38	7
其中:青岛市	17	16			1	5	
河南省	16	37	799			23	
湖北省	1	13				2	
湖南省	52	82	2				
广东省	64	72	44			22	5
其中:深圳市	11	9	9			14	5
广西壮族自治区	16	33	64			3	
海南省	40	11				2	
重庆市	58	50				88	
四川省	86	60	8			26	
贵州省	51	33				2	
云南省	90	44	37		2	49	
西藏自治区	20	2					
陕西省	4	13				2	
甘肃省	36	10	60	3		3	
青海省	31	1	6				
宁夏回族自治区	12	7	5				
新疆维吾尔自治区	22	41	12	23	3	17	

2－104－6

单位：万元

地　　区	商品和服务支出			对个人和家庭的补助			
	工会经费	福利费	其他商品和服务支出	小　计	离休费	退休费	退职(役)费
地　方　合　计	**96**	**182**	**16653**	**6303**	**96**	**498**	**14**
北京市	14	12	1103	140		6	
天津市	2	2	113	103	19	41	
河北省	4	3	19	249			
山西省	1	2	479	97		7	
内蒙古自治区	4	9	414	349		5	
辽宁省	5	3	681	59		14	
其中：大连市		1					
吉林省			141	534	3	60	
黑龙江省	7	12	1	81	3	52	
上海市	5	20	3734	656	3		
江苏省	11	27	1129	317	49	149	
浙江省	4	21	656	111		30	
其中：宁波市			5	13			
安徽省	1	1	386	147			
福建省	1	1	617	112		12	
其中：厦门市		1	143	45			
江西省	1	2	1868	48	2	6	
山东省	6	4	415	213		2	
其中：青岛市	1		153	42			
河南省	2	13	83	2077	8	21	13
湖北省	2	7	553	25	8	5	
湖南省	6	6	142	436		17	
广东省	9	2	627	279		10	
其中：深圳市			6				
广西壮族自治区	1	1	496	47		25	
海南省			177	7		6	
重庆市		1	506	13			
四川省	2	6	209	45		7	1
贵州省		1	88	28		5	
云南省	2		1263	12		2	
西藏自治区	1		25	4			
陕西省		1	137	7	1		
甘肃省		5	65	18			
青海省	2		111	2			
宁夏回族自治区	1	2	38	3		2	
新疆维吾尔自治区	2	18	377	84		14	

2－104－7

单位:万元

地　　区	对个人和家庭的补助						
	抚恤金	生活补助	救济费	医疗费	助学金	奖励金	生产补贴
地　方　合　计	**1809**	**127**	**1136**	**755**	**38**	**24**	
北京市			10	6		1	
天津市				3			
河北省			16	1			
山西省		2	59	1	23		
内蒙古自治区		57	212	2	8		
辽宁省	2	2	10	1		2	
其中:大连市							
吉林省		7	434	13		1	
黑龙江省		5				2	
上海市		3		579			
江苏省		5		6		1	
浙江省		1	8	7		3	
其中:宁波市							
安徽省				35			
福建省	3	5	9	3	1		
其中:厦门市	2	4	6				
江西省		2	14	1			
山东省		2	19	52			
其中:青岛市		1					
河南省	1798	5	211	12			
湖北省		2	2				
湖南省			11	2	5		
广东省		16	61	2	1	9	
其中:深圳市							
广西壮族自治区	3			11			
海南省		1					
重庆市	3		2	8			
四川省		3	21			2	
贵州省						1	
云南省			9				
西藏自治区							
陕西省							
甘肃省		7	5	3			
青海省		2					
宁夏回族自治区				1			
新疆维吾尔自治区			23	6		2	

二、地方财政预算收支情况

2－104－8

单位:万元

地　　区	对个人和家庭的补助				对企事业单位的补贴		
	住房公积金	提租补贴	购房补贴	其他对个人和家庭的补助支出	小计	企业政策性补贴	事业单位补贴
地方合计	**447**	**65**	**85**	**1209**	**25**		**20**
北京市	87	22	4	4			
天津市	40						
河北省	2			230			
山西省	2	2		1			
内蒙古自治区	8			57			
辽宁省	11	13		4			
其中:大连市							
吉林省	15	1					
黑龙江省	14	2		3			
上海市	1		1	69			
江苏省	44	11	4	48	19		19
浙江省	43		1	18	5		
其中:宁波市				13			
安徽省	22			90			
福建省	22	4	9	44			
其中:厦门市	10	1	9	13			
江西省	7			16	1		1
山东省	35	9	46	48			
其中:青岛市	8		5	28			
河南省	8			1			
湖北省	1	1		6			
湖南省	9			392			
广东省	29			151			
其中:深圳市							
广西壮族自治区	2			6			
海南省							
重庆市							
四川省	10			1			
贵州省	4		11	7			
云南省				1			
西藏自治区				4			
陕西省	6						
甘肃省	1		1	1			
青海省							
宁夏回族自治区							
新疆维吾尔自治区	24		8	7			

2－104－9

单位:万元

地　　区	对企事业单位的补贴		赠与			债务利息支出	
	财政贴息	其他对企事业单位的补贴支出	小计	对国内的赠与	对国外的赠与	小计	国库券付息
地方合计		**5**	**207**	**207**			
北京市							
天津市							
河北省							
山西省			7	7			
内蒙古自治区							
辽宁省			26	26			
其中:大连市							
吉林省							
黑龙江省							
上海市							
江苏省			32	32			
浙江省		5					
其中:宁波市							
安徽省			45	45			
福建省			22	22			
其中:厦门市							
江西省							
山东省			47	47			
其中:青岛市							
河南省							
湖北省							
湖南省							
广东省							
其中:深圳市							
广西壮族自治区			18	18			
海南省							
重庆市							
四川省							
贵州省							
云南省			10	10			
西藏自治区							
陕西省							
甘肃省							
青海省							
宁夏回族自治区							
新疆维吾尔自治区							

2－104－10

单位:万元

地　　　区	债务利息支出					基本建设支出	
	向国家银行借款付息	其他国内借款付息	向国外政府借款付息	向国际组织借款付息	其他国外借款付息	小　计	房屋建筑物购　　建
地　方　合　计						**2129**	**1082**
北京市						56	18
天津市							
河北省						6	
山西省						5	
内蒙古自治区						346	258
辽宁省						2	
其中:大连市							
吉林省							
黑龙江省							
上海市						2	
江苏省						106	106
浙江省						57	
其中:宁波市							
安徽省							
福建省						351	350
其中:厦门市						1	
江西省							
山东省						733	
其中:青岛市						3	
河南省						63	
湖北省							
湖南省							
广东省						5	
其中:深圳市							
广西壮族自治区						22	
海南省							
重庆市							
四川省						5	
贵州省							
云南省						3	
西藏自治区							
陕西省						350	350
甘肃省						17	
青海省							
宁夏回族自治区							
新疆维吾尔自治区							

2－104－11　　　　　　　　　　　　　　　　　　　　　　　　　　　　单位:万元

地　　区	基本建设支出							
	办公设备购　　置	专用设备购　　置	交通工具购　　置	基础设施建　　设	大型修缮	信息网络购　　建	物资储备	其他基本建设支出
地　方　合　计	**53**	**22**	**168**	**63**	**8**	**3**		**730**
北京市	5		32			1		
天津市								
河北省	6							
山西省		5						
内蒙古自治区	3		85					
辽宁省	2							
其中:大连市								
吉林省								
黑龙江省								
上海市						2		
江苏省								
浙江省	17	15	25					
其中:宁波市								
安徽省								
福建省	1							
其中:厦门市	1							
江西省								
山东省	3							730
其中:青岛市	3							
河南省				63				
湖北省								
湖南省								
广东省	1	2	2					
其中:深圳市								
广西壮族自治区	7		7		8			
海南省								
重庆市								
四川省	5							
贵州省								
云南省	3							
西藏自治区								
陕西省								
甘肃省			17					
青海省								
宁夏回族自治区								
新疆维吾尔自治区								

2－104－12

单位:万元

地　　区	其他资本性支出						
	小　计	房屋建筑物购　　建	办公设备购　　置	专用设备购　　置	交通工具购　　置	基础设施建　　设	大型修缮
地　方　合　计	**5277**	**916**	**776**	**534**	**1112**	**185**	**1029**
北京市	186		81	11	38	10	10
天津市	53		19	4	29		1
河北省	263	200	35	1	27		
山西省	16		11		4		
内蒙古自治区	294		46		60		
辽宁省	916		19	249	254		93
其中:大连市	4		4				
吉林省	56		11	27	18		
黑龙江省	64		1	44	19		
上海市	141		41	34	28		
江苏省	345	26	57	76	77	108	
浙江省	27		20	7			
其中:宁波市	2		2				
安徽省	72		12	29	24		
福建省	361	351	10				
其中:厦门市							
江西省	8		6				
山东省	134		50	2	75		
其中:青岛市	35		19	1	15		
河南省	101	10	8	5	11	67	
湖北省	365		12	1	38		313
湖南省	23		10	2	7		
广东省	553		119	12	67		308
其中:深圳市	130		61		25		
广西壮族自治区	241	229	11		1		
海南省	3		3				
重庆市	34		11		23		
四川省	347		93	16	107		126
贵州省	36		3		25		
云南省	244	100	30	6	68		
西藏自治区							
陕西省	45		16		29		
甘肃省	64		10	1	42		11
青海省	13			5	5		
宁夏回族自治区	50		9		5		
新疆维吾尔自治区	222		22	2	31		167

2－104－13 单位:万元

地　　区	其他资本性支出						
	信息网络购　建	物资储备	土地补偿	安置补助	地上附着物和青苗补偿	拆迁补偿	其他资本性支　出
地方合计	**123**	**181**		**99**			**322**
北京市				－1			37
天津市							
河北省							
山西省							1
内蒙古自治区							188
辽宁省	56	145		100			
其中:大连市							
吉林省							
黑龙江省							
上海市	14						24
江苏省							1
浙江省							
其中:宁波市							
安徽省							7
福建省							
其中:厦门市							
江西省							2
山东省							7
其中:青岛市							
河南省							
湖北省	1						
湖南省	2						2
广东省	47						
其中:深圳市	44						
广西壮族自治区							
海南省							
重庆市							
四川省							5
贵州省	3						5
云南省							40
西藏自治区							
陕西省							
甘肃省							
青海省							3
宁夏回族自治区		36					
新疆维吾尔自治区							

2－104－14

单位:万元

地区	贷款转贷及产权参股					其他支出		
	小计	国内贷款	国外贷款	产权参股	其他贷款转贷及产权参股支出	小计	补充全国社会保障基金	其他支出
地方合计						**2579**		**2579**
北京市						48		48
天津市								
河北省						253		253
山西省								
内蒙古自治区								
辽宁省								
其中:大连市								
吉林省								
黑龙江省								
上海市						139		139
江苏省						1143		1143
浙江省						31		31
其中:宁波市								
安徽省								
福建省						14		14
其中:厦门市						13		13
江西省						4		4
山东省						153		153
其中:青岛市						153		153
河南省						22		22
湖北省						117		117
湖南省						15		15
广东省						608		608
其中:深圳市						24		24
广西壮族自治区						12		12
海南省								
重庆市								
四川省								
贵州省								
云南省								
西藏自治区								
陕西省						15		15
甘肃省						2		2
青海省								
宁夏回族自治区								
新疆维吾尔自治区						3		3

2007 年各省、自治区、直辖市农村最低生活保障支出明细表

2－105－1　　　　　　　　　　　　　　　　　　　　　　　　　　单位:万元

地　　区	合　计	工资福利支出				
		小　计	基本工资	津贴补贴	奖　金	社会保障缴　费
地　方　合　计	**639510**	**544**	**124**	**23**	**5**	**231**
北京市	3178					
天津市	2848	40				
河北省	16032	4	4			
山西省	21202					
内蒙古自治区	34563					
辽宁省	24546					
其中:大连市	771					
吉林省	11950	20	12	2	5	1
黑龙江省	33549					
上海市	4174					
江苏省	33969					
浙江省	27634	27				27
其中:宁波市	4660					
安徽省	11239					
福建省	39112	32	32			
其中:厦门市	267	32	32			
江西省	24720					
山东省	24088	78				30
其中:青岛市	2213	69				30
河南省	43088	71	64	7		
湖北省	20922					
湖南省	27837	20	12	8		
广东省	29079	41				11
其中:深圳市						
广西壮族自治区	11527	49				7
海南省	4482					
重庆市	18484					
四川省	31255					
贵州省	47747	1				
云南省	46650	161		6		155
西藏自治区	2790					
陕西省	13132					
甘肃省	16186					
青海省	6395					
宁夏回族自治区	662					
新疆维吾尔自治区	6470					

2－105－2

单位:万元

地　　区	工资福利支出				商品和服务支出		
	伙食费	伙　食 补助费	绩效 工资	其他工资 福利支出	小　计	办公费	印刷费
地　方　合　计				**161**	**21032**	**458**	**52**
北京市					425		
天津市				40	92		
河北省					241		
山西省					520		
内蒙古自治区					67	6	
辽宁省							
其中:大连市							
吉林省					431	320	50
黑龙江省					329	16	
上海市					1060		
江苏省					90		
浙江省					4217		
其中:宁波市					798		
安徽省					436		
福建省					1118	4	
其中:厦门市					17		
江西省					13		
山东省				48	240	15	
其中:青岛市				39	75		
河南省					928	7	
湖北省					2311		
湖南省					872		
广东省				30	1472	79	
其中:深圳市							
广西壮族自治区				42	683		
海南省					244		
重庆市							
四川省					414		
贵州省				1	699	8	
云南省					3621		
西藏自治区					242		
陕西省					35		
甘肃省					39		
青海省					17		
宁夏回族自治区							
新疆维吾尔自治区					176	3	2

2－105－3 单位:万元

地　　区	商品和服务支出						
	咨询费	手续费	水　费	电　费	邮电费	取暖费	物　业 管理费
地　方　合　计					**1**		
北京市							
天津市							
河北省							
山西省							
内蒙古自治区							
辽宁省							
其中:大连市							
吉林省							
黑龙江省							
上海市							
江苏省							
浙江省							
其中:宁波市							
安徽省							
福建省					1		
其中:厦门市							
江西省							
山东省							
其中:青岛市							
河南省							
湖北省							
湖南省							
广东省							
其中:深圳市							
广西壮族自治区							
海南省							
重庆市							
四川省							
贵州省							
云南省							
西藏自治区							
陕西省							
甘肃省							
青海省							
宁夏回族自治区							
新疆维吾尔自治区							

2－105－4

单位:万元

地区	商品和服务支出					
	交通费	差旅费	出国费	维修(护)费	租赁费	会议费
地方合计	**2**	**1**		**175**		**8**
北京市						
天津市						
河北省						
山西省						
内蒙古自治区						
辽宁省						
其中:大连市						
吉林省						
黑龙江省				170		
上海市						
江苏省						
浙江省						
其中:宁波市						
安徽省						
福建省	1					
其中:厦门市						
江西省						8
山东省						
其中:青岛市						
河南省						
湖北省						
湖南省						
广东省						
其中:深圳市						
广西壮族自治区						
海南省						
重庆市						
四川省						
贵州省		1		5		
云南省						
西藏自治区						
陕西省						
甘肃省						
青海省						
宁夏回族自治区						
新疆维吾尔自治区	1					

2－105－5

单位:万元

地　　区	商品和服务支出						
	培训费	招待费	专用材料费	被装购置费	专用燃料费	劳务费	委托业务费
地方合计	**4**	**11**	**60**				
北京市							
天津市							
河北省							
山西省							
内蒙古自治区							
辽宁省							
其中:大连市							
吉林省	1		60				
黑龙江省							
上海市							
江苏省							
浙江省							
其中:宁波市							
安徽省							
福建省		2					
其中:厦门市							
江西省							
山东省							
其中:青岛市							
河南省							
湖北省							
湖南省							
广东省							
其中:深圳市							
广西壮族自治区							
海南省							
重庆市							
四川省							
贵州省		6					
云南省							
西藏自治区							
陕西省							
甘肃省							
青海省	2						
宁夏回族自治区							
新疆维吾尔自治区	1	3					

2－105－6

单位:万元

地　　区	商品和服务支出			对个人和家庭的补助			
	工会经费	福利费	其他商品和服务支出	小　计	离休费	退休费	退职(役)费
地　方　合　计		**92**	**20168**	**583026**	**75**	**412**	**544**
北京市			425	2692			4
天津市			92	2716			
河北省			241	15769			
山西省			520	20681			
内蒙古自治区			61	34496			
辽宁省				24546			
其中:大连市				771			
吉林省				11497			
黑龙江省			143	32829			
上海市			1060	3114			
江苏省			90	32534	15	412	
浙江省			4217	23318			
其中:宁波市			798	3721			
安徽省			436	10799			
福建省		4	1106	37553			
其中:厦门市			17	218			
江西省			5	24586			539
山东省		88	137	23536			1
其中:青岛市			75	1572			1
河南省			921	40700			
湖北省			2311	18611			
湖南省			872	25696	60		
广东省			1393	25571			
其中:深圳市							
广西壮族自治区			683	10160			
海南省			244	4238			
重庆市				18158			
四川省			414	30841			
贵州省			679	25516			
云南省			3621	42868			
西藏自治区			242	2300			
陕西省			35	9027			
甘肃省			39	16147			
青海省			15	5582			
宁夏回族自治区				662			
新疆维吾尔自治区			166	6283			

2－105－7

单位:万元

地区	对个人和家庭的补助						
	抚恤金	生活补助	救济费	医疗费	助学金	奖励金	生产补贴
地方合计	**4125**	**212447**	**285299**	**1494**	**491**	**9**	**103**
北京市		1687	808	8			
天津市	11	603	1923				
河北省	34	4333	10128				
山西省		7927	9809				
内蒙古自治区	14	14140	14191		170		
辽宁省		2400	22061				
其中:大连市			771				
吉林省		3448	7818	231			
黑龙江省	1373	16374	13338	1			
上海市		466	1448				
江苏省	266	11185	15270	2			
浙江省	146	7968	11398				
其中:宁波市		664	2426				
安徽省	55	3234	4238	45			
福建省	6	22217	10644	19			
其中:厦门市			168				
江西省	30	11906	6700				
山东省	537	9777	10773				11
其中:青岛市	419	774	118				
河南省		22347	9045		2	9	
湖北省		13343	5061				
湖南省		8487	7989				
广东省		10498	9950	84	71		
其中:深圳市							
广西壮族自治区		2657	6022				
海南省	8	2227	1626				
重庆市		46	16517				
四川省	734	10113	15930	1069	248		
贵州省		3425	20334	12			92
云南省		7156	31015				
西藏自治区	4	693	1307	23			
陕西省	395	3945	3713				
甘肃省	369	5320	9786				
青海省	143	2227	2303				
宁夏回族自治区		61	456				
新疆维吾尔自治区		2237	3698				

2－105－8

单位:万元

地区	对个人和家庭的补助				对企事业单位的补贴		
	住房公积金	提租补贴	购房补贴	其他对个人和家庭的补助支出	小计	企业政策性补贴	事业单位补贴
地方合计	**18**			**78009**	**983**		**659**
北京市				185			
天津市				179			
河北省				1274			
山西省				2945			
内蒙古自治区				5981			
辽宁省				85			
其中:大连市							
吉林省							
黑龙江省	10			1733			
上海市				1200			
江苏省				5384			
浙江省				3806	324		
其中:宁波市				631			
安徽省				3227			
福建省				4667			
其中:厦门市				50			
江西省				5411			
山东省	8			2429			
其中:青岛市	8			252			
河南省				9297			
湖北省				207			
湖南省				9160			
广东省				4968			
其中:深圳市							
广西壮族自治区				1481			
海南省				377			
重庆市				1595			
四川省				2747			
贵州省				1653	659		659
云南省				4697			
西藏自治区				273			
陕西省				974			
甘肃省				672			
青海省				909			
宁夏回族自治区				145			
新疆维吾尔自治区				348			

2－105－9　　　　单位:万元

地　区	对企事业单位的补贴		赠　与			债务利息支出	
	财政贴息	其他对企事业单位的补贴支出	小　计	对国内的赠　与	对国外的赠　与	小　计	国库券付　息
地方合计		**324**					
北京市							
天津市							
河北省							
山西省							
内蒙古自治区							
辽宁省							
其中:大连市							
吉林省							
黑龙江省							
上海市							
江苏省							
浙江省		324					
其中:宁波市							
安徽省							
福建省							
其中:厦门市							
江西省							
山东省							
其中:青岛市							
河南省							
湖北省							
湖南省							
广东省							
其中:深圳市							
广西壮族自治区							
海南省							
重庆市							
四川省							
贵州省							
云南省							
西藏自治区							
陕西省							
甘肃省							
青海省							
宁夏回族自治区							
新疆维吾尔自治区							

2－105－10 单位:万元

地　　区	债务利息支出					基本建设支出	
	向国家银行借款付息	其他国内借款付息	向国外政府借款付息	向国际组织借款付息	其他国外借款付息	小　计	房屋建筑物购　建
地方合计						**25**	
北京市							
天津市							
河北省							
山西省							
内蒙古自治区							
辽宁省							
其中:大连市							
吉林省							
黑龙江省							
上海市							
江苏省							
浙江省						25	
其中:宁波市						25	
安徽省							
福建省							
其中:厦门市							
江西省							
山东省							
其中:青岛市							
河南省							
湖北省							
湖南省							
广东省							
其中:深圳市							
广西壮族自治区							
海南省							
重庆市							
四川省							
贵州省							
云南省							
西藏自治区							
陕西省							
甘肃省							
青海省							
宁夏回族自治区							
新疆维吾尔自治区							

2－105－11　　　　单位:万元

地　　区	基本建设支出							
	办公设备购　　置	专用设备购　　置	交通工具购　　置	基础设施建　　设	大型修缮	信息网络购　　建	物资储备	其他基本建设支出
地　方　合　计								**25**
北京市								
天津市								
河北省								
山西省								
内蒙古自治区								
辽宁省								
其中:大连市								
吉林省								
黑龙江省								
上海市								
江苏省								
浙江省								25
其中:宁波市								25
安徽省								
福建省								
其中:厦门市								
江西省								
山东省								
其中:青岛市								
河南省								
湖北省								
湖南省								
广东省								
其中:深圳市								
广西壮族自治区								
海南省								
重庆市								
四川省								
贵州省								
云南省								
西藏自治区								
陕西省								
甘肃省								
青海省								
宁夏回族自治区								
新疆维吾尔自治区								

2－105－12

单位:万元

地　　区	其他资本性支出						
	小　计	房屋建筑物购　　建	办公设备购　　置	专用设备购　　置	交通工具购　　置	基础设施建　　设	大型修缮
地　方　合　计	**7067**		**9**				
北京市	8						
天津市							
河北省							
山西省							
内蒙古自治区							
辽宁省							
其中:大连市							
吉林省	2						
黑龙江省	1		1				
上海市							
江苏省	1084						
浙江省	99						
其中:宁波市							
安徽省							
福建省	1						
其中:厦门市							
江西省							
山东省	234						
其中:青岛市							
河南省	1211						
湖北省							
湖南省							
广东省	160						
其中:深圳市							
广西壮族自治区							
海南省							
重庆市							
四川省							
贵州省	8		8				
云南省							
西藏自治区	248						
陕西省	4000						
甘肃省							
青海省							
宁夏回族自治区							
新疆维吾尔自治区	11						

2 - 105 - 13

单位:万元

地　　区	其他资本性支出						
	信息网络购　建	物资储备	土地补偿	安置补助	地上附着物和青苗补偿	拆迁补偿	其他资本性支　出
地 方 合 计	**2**						**7056**
北京市							8
天津市							
河北省							
山西省							
内蒙古自治区							
辽宁省							
其中:大连市							
吉林省	2						
黑龙江省							
上海市							
江苏省							1084
浙江省							99
其中:宁波市							
安徽省							
福建省							1
其中:厦门市							
江西省							
山东省							234
其中:青岛市							
河南省							1211
湖北省							
湖南省							
广东省							160
其中:深圳市							
广西壮族自治区							
海南省							
重庆市							
四川省							
贵州省							
云南省							
西藏自治区							248
陕西省							4000
甘肃省							
青海省							
宁夏回族自治区							
新疆维吾尔自治区							11

2－105－14

单位:万元

地区	贷款转贷及产权参股					其他支出		
	小计	国内贷款	国外贷款	产权参股	其他贷款转贷及产权参股支出	小计	补充全国社会保障基金	其他支出
地方合计						**26833**		**26833**
北京市						53		53
天津市								
河北省						18		18
山西省						1		1
内蒙古自治区								
辽宁省								
其中:大连市								
吉林省								
黑龙江省						390		390
上海市								
江苏省						261		261
浙江省						－376		－376
其中:宁波市						116		116
安徽省						4		4
福建省						408		408
其中:厦门市								
江西省						121		121
山东省								
其中:青岛市						497		497
河南省						178		178
湖北省								
湖南省						1249		1249
广东省						1835		1835
其中:深圳市								
广西壮族自治区						635		635
海南省								
重庆市						326		326
四川省								
贵州省						20864		20864
云南省								
西藏自治区								
陕西省						70		70
甘肃省								
青海省						796		796
宁夏回族自治区								
新疆维吾尔自治区								

2007 年各省、自治区、直辖市其他农村社会救济支出明细表

2 - 106 - 1　　　　单位:万元

地　　区	合　计	工资福利支出				
		小　计	基本工资	津贴补贴	奖　金	社会保障缴　费
地　方　合　计	**1369279**	**3816**	**2097**	**339**	**152**	**574**
北京市	8172	29				
天津市	4525					
河北省	49257	235	123			
山西省	30835	399	364	31		3
内蒙古自治区	15704	1				
辽宁省	52858	63	63			
其中:大连市	11645					
吉林省	22894	1				1
黑龙江省	20872	3	2	1		
上海市	22111	381	229	25	78	23
江苏省	114430	62	30	8		12
浙江省	109980	233	68	24	27	48
其中:宁波市	20129	71	39	3	16	5
安徽省	82386	25	6	2	1	
福建省	27945	51	20			
其中:厦门市	1397	20	20			
江西省	61790	62	35	1		
山东省	60599	54	3	6	24	18
其中:青岛市	6088					
河南省	123270	230	181	29		3
湖北省	70893					
湖南省	51652	930	509	164	21	1
广东省	73830	327	287	23		12
其中:深圳市	26					
广西壮族自治区	33034					
海南省	10338	99				98
重庆市	23447					
四川省	108773	11				
贵州省	41025	1		1		
云南省	44458	392		3		341
西藏自治区	2684					
陕西省	58674	184	147	21	1	1
甘肃省	24523	30	30			
青海省	5200					
宁夏回族自治区	6158					
新疆维吾尔自治区	6962	13				13

2－106－2

单位:万元

地　　区	工资福利支出				商品和服务支出		
	伙食费	伙　食 补助费	绩效 工资	其他工资 福利支出	小　计	办公费	印刷费
地　方　合　计	**122**	**26**		**506**	**104863**	**2569**	**206**
北京市				29	415	57	
天津市					75		
河北省	108			4	3289	19	85
山西省				1	423	1	
内蒙古自治区				1	785	35	
辽宁省					150	140	
其中:大连市					140	140	
吉林省					1272	97	93
黑龙江省					2063	29	2
上海市	4	1		21	6164	6	
江苏省				12	3627	5	
浙江省		25		41	17747	8	2
其中:宁波市				8	2312	6	1
安徽省				16	5321	22	2
福建省				31	2808	9	1
其中:厦门市					49		
江西省				26	4687	34	1
山东省				3	1564	555	
其中:青岛市					16		
河南省				17	4661	185	8
湖北省					18488		
湖南省				235	4387	29	5
广东省				5	8597	782	
其中:深圳市					12		
广西壮族自治区					5691	126	
海南省				1	837	7	2
重庆市					22		
四川省				11	1111	37	
贵州省					2544	29	1
云南省				48	3662	112	2
西藏自治区					245		
陕西省	10			4	2323	216	
甘肃省					367		2
青海省					76		
宁夏回族自治区					13	4	
新疆维吾尔自治区					1449	25	

2－106－3　　　　单位:万元

地区	商品和服务支出						
	咨询费	手续费	水　费	电　费	邮电费	取暖费	物业管理费
地方合计	**2**	**5**	**117**	**89**	**26**	**152**	**23**
北京市							
天津市							
河北省	1	1	2	45	3	65	
山西省				1		1	
内蒙古自治区							
辽宁省							
其中:大连市							
吉林省			1	1	3	5	3
黑龙江省				7	3	43	
上海市				1	1		
江苏省			1	3	1		
浙江省		3	8	7	1		
其中:宁波市		3	5	4	1		
安徽省				1			
福建省			89		1		
其中:厦门市							
江西省				1			
山东省				1	2	7	20
其中:青岛市							
河南省			11	10	5	21	
湖北省							
湖南省	1		2	2	1	2	
广东省		1	1	8	2		
其中:深圳市							
广西壮族自治区							
海南省			2				
重庆市							
四川省							
贵州省					1	1	
云南省							
西藏自治区							
陕西省				1		1	
甘肃省					2	3	
青海省							
宁夏回族自治区							
新疆维吾尔自治区						3	

2－106－4

单位:万元

地　　区	商品和服务支出					
	交通费	差旅费	出国费	维修(护)费	租赁费	会议费
地　方　合计	**243**	**106**	**5**	**2116**	**7**	**148**
北京市	4			16		5
天津市						
河北省	43	2		263	1	50
山西省	2	1		4		1
内蒙古自治区						
辽宁省				10		
其中:大连市						
吉林省	1	1		79		1
黑龙江省		1		1092		3
上海市	8	1		3		2
江苏省	26	17	5	87		32
浙江省	2	1		21	5	14
其中:宁波市				2		
安徽省	60	52		1		
福建省	14	1		50		4
其中:厦门市						
江西省	8	11		3		8
山东省				98		
其中:青岛市						
河南省	10	3		68	1	7
湖北省						
湖南省	14	2		46		4
广东省	21			16		2
其中:深圳市						
广西壮族自治区						
海南省	11	3		11		4
重庆市						
四川省	2	4		5		2
贵州省	9	2		32		6
云南省	4			3		1
西藏自治区						
陕西省	1	2		5		2
甘肃省	2			201		
青海省						
宁夏回族自治区						
新疆维吾尔自治区	1	2		2		

2-106-5

单位:万元

地区	商品和服务支出						
	培训费	招待费	专用材料费	被装购置费	专用燃料费	劳务费	委托业务费
地方合计	**89**	**367**	**484**	**232**		**249**	**84**
北京市		2					
天津市							
河北省	30	2	12				
山西省		1					
内蒙古自治区							
辽宁省							
其中:大连市							
吉林省		179	126	75		34	78
黑龙江省		1	13			5	
上海市	4	24				1	
江苏省		6	151			2	
浙江省	3	31				5	
其中:宁波市		5					
安徽省		4	10				
福建省		8		10		2	
其中:厦门市							
江西省	1	2					
山东省			3				
其中:青岛市							
河南省	37	9	33	45			
湖北省							
湖南省	1	71	1			7	
广东省	1	7	47	15			6
其中:深圳市							
广西壮族自治区						1	
海南省	5	5		3			
重庆市		3	1	4			
四川省		1					
贵州省	2	4	20	80		1	
云南省	4	6	66			46	
西藏自治区							
陕西省	1					9	
甘肃省		1	1			136	
青海省							
宁夏回族自治区							
新疆维吾尔自治区							

二、地方财政预算收支情况

2－106－6

单位:万元

地　　区	商品和服务支出			对个人和家庭的补助			
	工会经费	福利费	其他商品和服务支出	小　计	离休费	退休费	退职(役)费
地　方　合　计		**1388**	**96156**	**1148553**	**415**	**595**	**1701**
北京市			331	6151			
天津市			75	4450			1
河北省			2665	42456			14
山西省		19	392	29913		1	43
内蒙古自治区			750	14678		17	
辽宁省				51040			
其中:大连市				10005			
吉林省			495	21501			45
黑龙江省		612	252	18579			35
上海市		10	6103	12688		4	
江苏省		2	3289	106995		156	78
浙江省		52	17584	77858		64	43
其中:宁波市			2285	17519			5
安徽省			5169	75721			4
福建省			2619	19827			
其中:厦门市			49	944			
江西省			4618	54430		162	1044
山东省		177	701	54264			30
其中:青岛市			16	2600			5
河南省		97	4111	111179		1	197
湖北省			18488	45545			
湖南省		112	4087	44368	415	31	2
广东省		229	7459	62058			
其中:深圳市			12	14			
广西壮族自治区			5564	26005		24	
海南省			784	9005			5
重庆市			14	23136			
四川省			1060	100144		70	
贵州省		4	2352	35422			9
云南省			3418	39256			13
西藏自治区			245	2315		61	
陕西省		73	2012	20461			4
甘肃省			19	22663			10
青海省			76	4885			68
宁夏回族自治区			9	6111			14
新疆维吾尔自治区		1	1415	5449		4	42

2－106－7　　　　　　　　　　　　　　　　　　　　　　　　　　单位:万元

地　　区	对个人和家庭的补助						
	抚恤金	生活补助	救济费	医疗费	助学金	奖励金	生产补贴
地　方　合　计	**12354**	**354087**	**600415**	**2643**	**255**	**15**	**352**
北京市		3294	2056	29			
天津市	30	568	3634	1			
河北省	178	12808	23919	16			12
山西省	732	8998	15991	64			12
内蒙古自治区	77	6594	6339	66	11		
辽宁省	2	5045	44269	13			
其中:大连市	2	457	9546				
吉林省	792	6935	13604	20			
黑龙江省	347	5702	12306	28			
上海市		1798	5899	166	1	2	
江苏省	2026	30819	56017	229		10	10
浙江省	880	20308	39279	477			16
其中:宁波市	73	3297	10882	48			2
安徽省	260	35657	25590	11		2	
福建省	3	8930	6864	37			
其中:厦门市		46	9				
江西省	349	24986	19603	140			
山东省	1063	17621	29636	75			26
其中:青岛市	232	944	848				
河南省	191	47815	35395	94			
湖北省	825	17591	24375	346			
湖南省	1705	16506	17065	29	2		
广东省	1237	16636	27818	202	148		
其中:深圳市		4	10				
广西壮族自治区	29	5282	14821	17			160
海南省	59	1964	5510	114			1
重庆市	19	1072	20482	26			
四川省	662	21351	68214	55	93		63
贵州省	44	5659	26298	80			
云南省	95	13734	20380	27		1	6
西藏自治区	10	341	1579	22			
陕西省	34	4852	12073	27			46
甘肃省	576	5867	12669	50			
青海省	79	1698	2357				
宁夏回族自治区		1603	3544	10			
新疆维吾尔自治区	50	2053	2829	172			

2-106-8　　　　　　　　　　　　　　　　　　　　　　　　　　　　　　单位:万元

地　　区	对个人和家庭的补助				对企事业单位的补贴		
	住房公积金	提租补贴	购房补贴	其他对个人和家庭的补助支出	小计	企业政策性补贴	事业单位补贴
地方合计	**130**		**102**	**175489**	**365**	**108**	**83**
北京市				772	30		
天津市				216			
河北省	105			5404	26		26
山西省				4072			
内蒙古自治区				1574			
辽宁省				1711			
其中:大连市							
吉林省				105			
黑龙江省	10			151			
上海市	2			4816			
江苏省			5	17645	60		
浙江省	6			16785	116		37
其中:宁波市				3212	7		2
安徽省	3			14194			
福建省			8	3985	5		5
其中:厦门市				889			
江西省				8146	15		15
山东省			1	5812	108	108	
其中:青岛市	1			570			
河南省	2			27484	5		
湖北省				2408			
湖南省				8613			
广东省				16017			
其中:深圳市							
广西壮族自治区				5672			
海南省			5	1347			
重庆市				1537			
四川省			11	9625			
贵州省	1		72	3259			
云南省				5000			
西藏自治区				302			
陕西省				3425			
甘肃省				3491			
青海省				683			
宁夏回族自治区	1			939			
新疆维吾尔自治区				299			

2－106－9

单位:万元

地　　区	对企事业单位的补贴		赠　与			债务利息支出	
	财政贴息	其他对企事业单位的补贴支出	小　计	对国内的赠　与	对国外的赠　与	小　计	国库券付　息
地　方　合　计		**174**	**1**	**1**			
北京市		30					
天津市							
河北省							
山西省							
内蒙古自治区							
辽宁省							
其中:大连市							
吉林省							
黑龙江省							
上海市							
江苏省		60					
浙江省		79	1	1			
其中:宁波市		5					
安徽省							
福建省							
其中:厦门市							
江西省							
山东省							
其中:青岛市							
河南省		5					
湖北省							
湖南省							
广东省							
其中:深圳市							
广西壮族自治区							
海南省							
重庆市							
四川省							
贵州省							
云南省							
西藏自治区							
陕西省							
甘肃省							
青海省							
宁夏回族自治区							
新疆维吾尔自治区							

2－106－10

单位:万元

地　　区	债务利息支出					基本建设支出	
	向国家银行借款付息	其他国内借款付息	向国外政府借款付息	向国际组织借款付息	其他国外借款付息	小　计	房屋建筑物购建
地方合计						**9361**	**5040**
北京市							
天津市							
河北省						1005	150
山西省							
内蒙古自治区						20	
辽宁省						1500	
其中:大连市						1500	
吉林省							
黑龙江省							
上海市							
江苏省							
浙江省						103	4
其中:宁波市						74	
安徽省						889	18
福建省							
其中:厦门市							
江西省							
山东省						15	15
其中:青岛市							
河南省						297	279
湖北省							
湖南省							
广东省						83	
其中:深圳市							
广西壮族自治区							
海南省							
重庆市							
四川省						4429	4399
贵州省						40	
云南省						175	175
西藏自治区							
陕西省							
甘肃省						800	
青海省							
宁夏回族自治区							
新疆维吾尔自治区						5	

2－106－11 单位:万元

地　　区	基本建设支出							
	办公设备购置	专用设备购置	交通工具购置	基础设施建设	大型修缮	信息网络购建	物资储备	其他基本建设支出
地方合计	**16**			**2611**	**30**			**1664**
北京市								
天津市								
河北省				853				2
山西省								
内蒙古自治区								20
辽宁省								1500
其中:大连市								1500
吉林省								
黑龙江省								
上海市								
江苏省								
浙江省								99
其中:宁波市								74
安徽省				871				
福建省								
其中:厦门市								
江西省								
山东省								
其中:青岛市								
河南省	16			2				
湖北省								
湖南省								
广东省				80				3
其中:深圳市								
广西壮族自治区								
海南省								
重庆市								
四川省					30			
贵州省								40
云南省								
西藏自治区								
陕西省								
甘肃省				800				
青海省								
宁夏回族自治区								
新疆维吾尔自治区				5				

2－106－12

单位:万元

地　　区	其他资本性支出						
	小　计	房屋建筑物购　　建	办公设备购　　置	专用设备购　　置	交通工具购　　置	基础设施建　　设	大型修缮
地　方　合　计	**15294**	**5170**	**229**	**25**	**27**	**2466**	**618**
北京市	641		140			210	
天津市							
河北省	739	180	2			114	134
山西省	97	35	7				
内蒙古自治区	220	10					
辽宁省	105	105					
其中:大连市							
吉林省	97	60	1			17	
黑龙江省	227	112	5				110
上海市	305				5		
江苏省	997	11	9	2		14	
浙江省	1069	61	3			40	
其中:宁波市							
安徽省	142	91	6	13	16		16
福建省	140		1			97	
其中:厦门市							
江西省	566	266				250	
山东省	1249					117	288
其中:青岛市							
河南省	2657	892	2	10	1	1440	
湖北省							
湖南省	70	47					5
广东省	1039	335	2				5
其中:深圳市							
广西壮族自治区							
海南省	10		7		3		
重庆市	183	63					
四川省	3040	2807				62	5
贵州省	70		27				15
云南省	968		13		2		
西藏自治区	2						
陕西省	531	65	4			40	6
甘肃省	60	30				20	10
青海省							
宁夏回族自治区	24						24
新疆维吾尔自治区	46					45	

2－106－13　　　　　　　　　　　　　　　　　　　　　　　　单位:万元

地　　区	其他资本性支出						
	信息网络购建	物资储备	土地补偿	安置补助	地上附着物和青苗补偿	拆迁补偿	其他资本性支出
地方合计		**69**		**1662**		**34**	**4994**
北京市							291
天津市							
河北省				10			299
山西省							55
内蒙古自治区							210
辽宁省							
其中:大连市							
吉林省		19					
黑龙江省							
上海市							300
江苏省				795			166
浙江省				371			594
其中:宁波市							
安徽省							
福建省							42
其中:厦门市							
江西省		50					
山东省				429			415
其中:青岛市							
河南省						34	278
湖北省							
湖南省							18
广东省							697
其中:深圳市							
广西壮族自治区							
海南省							
重庆市							120
四川省							166
贵州省							28
云南省							953
西藏自治区							2
陕西省				57			359
甘肃省							
青海省							
宁夏回族自治区							
新疆维吾尔自治区							1

二、地方财政预算收支情况

2－106－14

单位:万元

地　　区	贷款转贷及产权参股					其他支出		
	小　计	国内贷款	国外贷款	产权参股	其他贷款转贷及产权参股支出	小　计	补充全国社会保障基金	其他支出
地方合计						**87026**		**87026**
北京市						906		906
天津市								
河北省						1507		1507
山西省						3		3
内蒙古自治区								
辽宁省								
其中:大连市								
吉林省						23		23
黑龙江省								
上海市						2573		2573
江苏省						2689		2689
浙江省						12853		12853
其中:宁波市						146		146
安徽省						288		288
福建省						5114		5114
其中:厦门市						384		384
江西省						2030		2030
山东省						3345		3345
其中:青岛市						3472		3472
河南省						4241		4241
湖北省						6860		6860
湖南省						1897		1897
广东省						1726		1726
其中:深圳市								
广西壮族自治区						1338		1338
海南省						387		387
重庆市						106		106
四川省						38		38
贵州省						2948		2948
云南省						5		5
西藏自治区						122		122
陕西省						35175		35175
甘肃省						603		603
青海省						239		239
宁夏回族自治区						10		10
新疆维吾尔自治区								

2007 年各省、自治区、直辖市其他社会保障和就业支出明细表

2－107－1

单位：万元

地　　区	合　计	工资福利支出				
		小　计	基本工资	津贴补贴	奖　金	社会保障缴　费
地　方　合　计	**3542917**	**107354**	**15317**	**5107**	**3438**	**62958**
北京市	332436	679	93	15	51	115
天津市	15132	158	75	80	1	
河北省	135267	1704	661	104	27	653
山西省	71588	16613	403	14	7	15163
内蒙古自治区	14414	4289	25	9	2	4103
辽宁省	178342	14417	363	176	129	11008
其中:大连市	15657	2537				2534
吉林省	104646	865	74	41	2	654
黑龙江省	788699	9097	5772	1605	428	1208
上海市	350472	5234	957	145	590	2795
江苏省	469084	3608	375	303	558	1395
浙江省	161905	2470	301	221	624	580
其中:宁波市	68320	54	3	4	34	5
安徽省	30781	1160	－3	102	16	895
福建省	26714	1966	208	134	49	1458
其中:厦门市	5941	33		5		7
江西省	26330	476	201	63	10	190
山东省	102623	4587	980	485	55	2752
其中:青岛市	25233	1165	230	146	35	742
河南省	80674	4426	1820	184	16	2384
湖北省	93409	1187	168	42	5	962
湖南省	34547	1907	473	235	131	640
广东省	217118	20438	1234	657	421	7893
其中:深圳市	35190	289	46	161	40	25
广西壮族自治区	14572	927	153	41	38	637
海南省	3007	270	18	3	2	238
重庆市	32291	1668	63	221	6	113
四川省	92048	4527	201	104	180	3667
贵州省	36694	716	420	17	2	186
云南省	28045	2379	38	61	75	2083
西藏自治区	465					
陕西省	41520	328	192	28	8	29
甘肃省	39073	122			5	90
青海省	3769	72	3	2		67
宁夏回族自治区	5261	691				691
新疆维吾尔自治区	11991	373	49	15		309

二、地方财政预算收支情况

2-107-2

单位:万元

地　　区	工资福利支出				商品和服务支出		
	伙食费	伙　食 补助费	绩效 工资	其他工资 福利支出	小　计	办公费	印刷费
地　方　合　计	**76**	**143**	**237**	**20078**	**1318543**	**92340**	**1473**
北京市		1		404	36971	98	31
天津市	2				5463	7	2
河北省	10	14		235	9428	1226	89
山西省			4	1022	4564	74	115
内蒙古自治区				150	3005	70	8
辽宁省		11	39	2691	5636	3160	132
其中:大连市			3		2698	2558	2
吉林省				94	20216	6464	28
黑龙江省	28	44	4	8	753480	73330	11
上海市	31	8	6	702	108016	312	21
江苏省	2	25	53	897	67035	534	160
浙江省		24		720	30734	74	188
其中:宁波市				8	1945	7	2
安徽省		4		146	6609	159	7
福建省		4	4	109	9156	49	27
其中:厦门市				21	184		
江西省			1	11	8403	53	5
山东省		2	109	204	22651	1424	168
其中:青岛市				12	3395	120	9
河南省				22	22457	3253	191
湖北省			2	8	56030	25	9
湖南省		5	8	415	13203	307	86
广东省			6	10227	76775	265	70
其中:深圳市				17	23433	10	2
广西壮族自治区				58	3042	130	9
海南省				9	761	10	4
重庆市		1		1264	9145	164	15
四川省	3			372	21895	504	33
贵州省				91	2656	116	1
云南省			1	121	4047	250	14
西藏自治区					112		
陕西省				71	4914	245	46
甘肃省				27	380	27	
青海省					137		1
宁夏回族自治区					622	3	2
新疆维吾尔自治区					11000	7	

2－107－3

单位:万元

地区	商品和服务支出						
	咨询费	手续费	水 费	电 费	邮电费	取暖费	物业管理费
地 方 合 计	**99**	**739**	**456**	**1222**	**875**	**2126**	**785**
北京市				1	16	206	1
天津市			1	1		2	
河北省	8	14	5	8	26	39	5
山西省			2	4	3	12	
内蒙古自治区		117	1	1	3	203	
辽宁省	12	3	7	20	24	446	20
其中:大连市	4	3		1	1	7	
吉林省	2	126	32	53	22	382	366
黑龙江省			159	138	15	754	6
上海市	2	1	17	177	55		1
江苏省	8	459	46	121	113		73
浙江省	8		6	40	55		111
其中:宁波市			1	2	3		
安徽省			5	13	5	2	
福建省		1	3	14	26		6
其中:厦门市							
江西省		1	3	12	9	4	
山东省	16	6	29	272	311	45	101
其中:青岛市			1	4	6	2	
河南省			67	133	31	27	7
湖北省			1	8	6		
湖南省		2	28	72	32		19
广东省	4	3	7	89	59		37
其中:深圳市			1	11			12
广西壮族自治区	1		15	14	6		
海南省							
重庆市	1	3	3	1	9		
四川省	5	3	7	14	32		16
贵州省							6
云南省	32		2	3	7		4
西藏自治区							
陕西省			10	12	9	2	6
甘肃省				1			
青海省							
宁夏回族自治区							
新疆维吾尔自治区					1	2	

2－107－4 单位：万元

地　　区	商品和服务支出					
	交通费	差旅费	出国费	维修(护)费	租赁费	会议费
地　方　合　计	**2083**	**1660**	**159**	**7349**	**710**	**3908**
北京市	19	14	3	940	18	91
天津市	4	1		4		7
河北省	81	52	5	41	23	66
山西省	32	15	4	32		12
内蒙古自治区	37	20		2	1	20
辽宁省	65	112		184	22	250
其中：大连市	3	2		29		67
吉林省	133	288	19	109		225
黑龙江省	51	27	5	635	6	242
上海市	53	36		238	192	378
江苏省	150	138		141	85	325
浙江省	84	149		46	58	95
其中：宁波市	6	17				3
安徽省	16	20		73		8
福建省	44	52	11	9	3	73
其中：厦门市						
江西省	53	24		21		9
山东省	559	84	7	4166	234	969
其中：青岛市	69	8	6	128	3	14
河南省	153	105		141	9	216
湖北省	10	10		23		13
湖南省	119	104	3	49	6	103
广东省	132	112	22	164	20	183
其中：深圳市	7	23		13	16	23
广西壮族自治区	16	15		10		11
海南省	14	5		4		6
重庆市	8	127	76	19		375
四川省	127	63	4	212	17	96
贵州省	16	1		13		1
云南省	42	43		27		84
西藏自治区						
陕西省	62	24		7	16	36
甘肃省				39		
青海省						
宁夏回族自治区		14				3
新疆维吾尔自治区	3	5				11

2－107－5

单位:万元

地　　区	商品和服务支出						
	培训费	招待费	专　用 材料费	被　装 购置费	专　用 燃料费	劳务费	委　托 业务费
地　方　合　计	**3447**	**2250**	**4416**	**170**	**139**	**3020**	**1878**
北京市	97	8	43			1	
天津市							
河北省	397	69	314	9		210	6
山西省	19	28			3	11	
内蒙古自治区	23	31	2			3	
辽宁省	91	41	161		28	37	11
其中:大连市		14	2			4	
吉林省	236	46	745			184	123
黑龙江省	77	48	94	37	3	220	1
上海市	105	292	9	10	3	455	48
江苏省	268	144	92	15	5	421	711
浙江省	187	121	225	36		235	143
其中:宁波市	1	15				18	
安徽省	7	36	16			2	19
福建省	53	77	242	1	1	40	262
其中:厦门市	3						
江西省	176	92	17			11	27
山东省	295	185	358	45	9	82	158
其中:青岛市	5	76				28	
河南省	540	208	51	5	20	33	194
湖北省	62	22					
湖南省	125	238	5	1	10	38	7
广东省	136	214	1973		3	730	68
其中:深圳市	2	18				16	
广西壮族自治区	140	29	27		34	25	
海南省	89	20				14	
重庆市	60	81	3	5		21	
四川省	73	64	2	6		45	
贵州省	24	21				1	
云南省	94	107				17	
西藏自治区							
陕西省	33	24	5		20	155	9
甘肃省		2				10	91
青海省							
宁夏回族自治区	30	1				17	
新疆维吾尔自治区	10	1	32			2	

二、地方财政预算收支情况

2－107－6　　　　单位:万元

地　　区	商品和服务支出			对个人和家庭的补助			
	工会经费	福利费	其他商品和服务支出	小　计	离休费	退休费	退职(役)费
地　方　合　计	**203**	**1413**	**1185623**	**1075726**	**11157**	**25528**	**1137**
北京市	1	10	35373	55036	273	370	4
天津市		1	5433	6182			
河北省	3	552	6180	40280	274	2323	129
山西省		47	4151	49523		62	8
内蒙古自治区		1	2462	6708	74	122	
辽宁省	5	17	788	66575	201	3373	97
其中:大连市		1		10175			
吉林省			10633	40672	3017		106
黑龙江省	4	155	677462	23976	30	2722	147
上海市	11	120	105480	169966	8	178	23
江苏省	32	114	62880	195937	156	7319	15
浙江省	50	121	28702	36673	226	499	69
其中:宁波市		3	1867	10863		416	
安徽省		10	6211	16500	7	236	26
福建省	6	25	8131	5006	411	102	
其中:厦门市			181	1030			
江西省	5	23	7858	14666	3	126	
山东省	9	65	13054	54091	515	213	24
其中:青岛市	7	31	2878	2034		11	2
河南省	4	5	17064	31717	282	2004	257
湖北省		3	55838	17390		142	
湖南省	43	14	11792	13622	3265	115	9
广东省	20	103	72361	88774	824	871	
其中:深圳市	3	16	23260	5284		19	
广西壮族自治区		15	2545	3613	5	217	63
海南省		1	594	1266		2	31
重庆市			8174	13234			1
四川省	2	10	20560	54845	8	277	10
贵州省			2456	19860	1271	2466	
云南省			3321	19081	81	600	17
西藏自治区			112	253			
陕西省			4193	23342	23	459	95
甘肃省			210	2352	200		6
青海省			136	2922		710	
宁夏回族自治区			552	1212		2	
新疆维吾尔自治区	8	1	10917	452	3	18	

2－107－7　　　　单位:万元

地　　区	对个人和家庭的补助						
	抚恤金	生活补助	救济费	医疗费	助学金	奖励金	生产补贴
地　方　合　计	**9442**	**260889**	**58047**	**33580**	**351**	**1565**	**2723**
北京市	1041	3835	5610	206		1	
天津市	61	3807	2046	72			
河北省	80	19571	1339	2485		1	
山西省	26	25655	589	1374		565	
内蒙古自治区	1	179	770	5			2
辽宁省	294	17397	2918	9594		205	60
其中:大连市	268	5796	156	31		1	60
吉林省	111	11169	469	23		54	
黑龙江省	94	16228	582	130	4	32	156
上海市	303	39510	13941	3291	80		548
江苏省	5618	25978	1051	267		164	13
浙江省	131	10240	1012	350		2	
其中:宁波市		880	84	186			
安徽省	46	3902	1024	1481		13	69
福建省	7	700	138	126		438	40
其中:厦门市				5		437	
江西省	83	5670	85	1242			62
山东省	551	15631	5892	4478	50	22	533
其中:青岛市	38	427	3				
河南省	249	17658	1849	215		5	
湖北省	38	3765	2287	1493			
湖南省	73	2282	763	716	1	19	264
广东省	336	14464	2503	176	215	14	490
其中:深圳市	155	61	883	18	213	12	
广西壮族自治区	117	253	1241	241			25
海南省	12	133	37	4			
重庆市	8	4288	2067	406		3	10
四川省	21	6518	2813	1001	1	27	448
贵州省	21	701	364	1163			
云南省	9	4437	6045	2954			
西藏自治区		67					
陕西省	6	4866	164	58			
甘肃省		283	385				
青海省	2	1402	18	29			
宁夏回族自治区	103	175					3
新疆维吾尔自治区		125	45				

2－107－8

单位:万元

地区	对个人和家庭的补助				对企事业单位的补贴		
	住房公积金	提租补贴	购房补贴	其他对个人和家庭的补助支出	小计	企业政策性补贴	事业单位补贴
地方合计	**988**	**151**	**2878**	**667290**	**192035**	**30957**	**4479**
北京市	6	1		43689	121		
天津市	6			190			
河北省	11			14067	67019	7	31
山西省	1			21243	299	284	
内蒙古自治区				5555	113	113	
辽宁省	12	10	27	32387	3814	2757	72
其中:大连市				3863	31	31	
吉林省	18			25705	41405	9632	
黑龙江省	287	81		3483	1577	1145	
上海市	10		9	112065	1153	500	
江苏省	179	24	7	155146	384	70	217
浙江省	169			23975	2765	2213	
其中:宁波市	3			9294	2257	2213	
安徽省	24	2		9670	317	153	
福建省	48	4	55	2937	546		86
其中:厦门市				588			
江西省	9			7386	62		
山东省	54	29	968	25131	3066	486	45
其中:青岛市	1			1552	279	31	
河南省	8			9190	10649	123	2690
湖北省	33			9632	400		
湖南省	38			6077	89		
广东省	58		1766	67057	8494		
其中:深圳市				3923	866		
广西壮族自治区	9		1	1441	117		
海南省			9	1038			
重庆市				6451	623	538	
四川省	1		1	43719	6040	4482	
贵州省	6		20	13848	11217	8245	1335
云南省	1			4937	3		3
西藏自治区				186			
陕西省			15	17656	641	209	
甘肃省				1478	30600		
青海省				761	446		
宁夏回族自治区				929	75		
新疆维吾尔自治区				261			

2－107－9

单位:万元

地　　区	对企事业单位的补贴		赠　与			债务利息支出	
	财政贴息	其他对企事业单位的补贴支出	小　计	对国内的赠　　与	对国外的赠　　与	小　计	国库券付　息
地　方　合　计	**305**	**156294**				**393**	
北京市		121					
天津市							
河北省	305	66676					
山西省		15					
内蒙古自治区							
辽宁省		985				142	
其中:大连市							
吉林省		31773					
黑龙江省		432					
上海市		653					
江苏省		97					
浙江省		552					
其中:宁波市		44					
安徽省		164					
福建省		460					
其中:厦门市							
江西省		62					
山东省		2535				251	
其中:青岛市		248				251	
河南省		7836					
湖北省		400					
湖南省		89					
广东省		8494					
其中:深圳市		866					
广西壮族自治区		117					
海南省							
重庆市		85					
四川省		1558					
贵州省		1637					
云南省							
西藏自治区							
陕西省		432					
甘肃省		30600					
青海省		446					
宁夏回族自治区		75					
新疆维吾尔自治区							

2－107－10

单位:万元

地区	债务利息支出					基本建设支出	
	向国家银行借款付息	其他国内借款付息	向国外政府借款付息	向国际组织借款付息	其他国外借款付息	小计	房屋建筑物购建
地方合计	**142**	**251**				**26623**	**10510**
北京市						18139	6000
天津市							
河北省						51	
山西省							
内蒙古自治区							
辽宁省	142					570	570
其中:大连市							
吉林省							
黑龙江省							
上海市							
江苏省						2981	50
浙江省						523	
其中:宁波市						20	
安徽省						32	
福建省						2680	2679
其中:厦门市						2679	2679
江西省						142	142
山东省		251				30	
其中:青岛市		251					
河南省						127	
湖北省						52	
湖南省						4	
广东省						98	
其中:深圳市							
广西壮族自治区							
海南省							
重庆市						4	
四川省						1092	1069
贵州省							
云南省							
西藏自治区							
陕西省							
甘肃省							
青海省						58	
宁夏回族自治区						40	
新疆维吾尔自治区							

2－107－11 单位:万元

地　　区	基本建设支出							
	办公设备购　置	专用设备购　置	交通工具购　置	基础设施建　设	大型修缮	信息网络购　建	物资储备	其他基本建设支出
地方合计	**97**	**263**	**45**	**12321**	**20**	**463**		**2904**
北京市				12139				
天津市								
河北省	1			50				
山西省								
内蒙古自治区								
辽宁省								
其中:大连市								
吉林省								
黑龙江省								
上海市								
江苏省						117		2814
浙江省	12	207	4			280		20
其中:宁波市								20
安徽省	32							
福建省	1							
其中:厦门市								
江西省								
山东省						30		
其中:青岛市								
河南省	17	7		74				29
湖北省					20	32		
湖南省						4		
广东省	30	49	19					
其中:深圳市								
广西壮族自治区								
海南省								
重庆市	4							
四川省			22					1
贵州省								
云南省								
西藏自治区								
陕西省								
甘肃省								
青海省				58				
宁夏回族自治区								40
新疆维吾尔自治区								

2－107－12

单位:万元

地　　区	其他资本性支出						
	小　计	房屋建筑物购　　建	办公设备购　　置	专用设备购　　置	交通工具购　　置	基础设施建　　设	大型修缮
地 方 合 计	**359874**	**5440**	**2402**	**1069**	**820**	**3060**	**2684**
北京市	191252	1319	489		176	26	61
天津市	3329		5				
河北省	1012					610	2
山西省	545		6	15	7	495	
内蒙古自治区	299		15		34		
辽宁省	67120	138	260	169	140	14	
其中:大连市	216		201				
吉林省	1462		85	5		165	884
黑龙江省	549	30	109	93	10		264
上海市	12226	2025	120	18	13		500
江苏省	32662	28	60	43	55	10	405
浙江省	20858		76	15	52	22	
其中:宁波市	18162		8			22	
安徽省	796		97	200			4
福建省	210	23	36	18	63		60
其中:厦门市							
江西省	1543		2				
山东省	4902	660	589	103	69	181	77
其中:青岛市	1497		509		44	16	
河南省	2249	79	80	6	43	637	82
湖北省	455	100	54				8
湖南省	332	206	18	2	23	33	7
广东省	1314	314	131	184	26		230
其中:深圳市	5		5				
广西壮族自治区	190		28		5		6
海南省	710		4	90	9		
重庆市	6773	461	8		41	200	
四川省	1344	18	53		44	55	
贵州省	365		8				
云南省	2453	35	66	108		219	4
西藏自治区							
陕西省	1701		2		10	393	76
甘肃省	3201						
青海省							
宁夏回族自治区	7	4					
新疆维吾尔自治区	15		1				14

2－107－13　　　　　　　　　　　　　　　　　　　　　　　　　单位:万元

地　　区	其他资本性支出						
	信息网络购　建	物资储备	土地补偿	安置补助	地上附着物和青苗补偿	拆迁补偿	其他资本性支　出
地方合计	**4262**		**11238**	**116745**			**212154**
北京市	7						189174
天津市				3324			
河北省				65			335
山西省				6			16
内蒙古自治区				250			
辽宁省	110		154	66125			10
其中:大连市				15			
吉林省	105			168			50
黑龙江省	16			27			
上海市				7609			1941
江苏省			9954	18317			3790
浙江省	1			18373			2319
其中:宁波市				18132			
安徽省				495			
福建省	10						
其中:厦门市							
江西省							1541
山东省	665		70	801			1687
其中:青岛市				697			231
河南省	136			19			1167
湖北省				10			283
湖南省	4						39
广东省							429
其中:深圳市							
广西壮族自治区							151
海南省							607
重庆市							6063
四川省	2		1060				112
贵州省							357
云南省	4						2017
西藏自治区							
陕西省	1			1156			63
甘肃省	3201						
青海省							
宁夏回族自治区							3
新疆维吾尔自治区							

二、地方财政预算收支情况

2-107-14

单位:万元

地　　区	贷款转贷及产权参股					其他支出		
	小　计	国内贷款	国外贷款	产权参股	其他贷款转贷及产权参股支出	小　计	补充全国社会保障基金	其他支出
地　方　合　计	**5**				**5**	**462364**		**462364**
北京市						30238		30238
天津市								
河北省						15773		15773
山西省						44		44
内蒙古自治区								
辽宁省						20068		20068
其中:大连市								
吉林省						26		26
黑龙江省						20		20
上海市						53877		53877
江苏省						166477		166477
浙江省						67882		67882
其中:宁波市						35019		35019
安徽省						5367		5367
福建省	5				5	7145		7145
其中:厦门市						2015		2015
江西省						1038		1038
山东省						13045		13045
其中:青岛市						16612		16612
河南省						9049		9049
湖北省						17895		17895
湖南省						5390		5390
广东省						21225		21225
其中:深圳市						5313		5313
广西壮族自治区						6683		6683
海南省								
重庆市						844		844
四川省						2305		2305
贵州省						1880		1880
云南省						82		82
西藏自治区						100		100
陕西省						10594		10594
甘肃省						2418		2418
青海省						134		134
宁夏回族自治区						2614		2614
新疆维吾尔自治区						151		151

2007 年各省、自治区、直辖市医疗卫生类支出明细表

2－108－1　　　　单位:万元

地　区	合　计	工资福利支出				
		小　计	基本工资	津贴补贴	奖　金	社会保障缴　费
地方合计	**69207941**	**18008004**	**5801551**	**3128042**	**3546875**	**3056382**
北京市	3419388	570299	137803	131020	192150	33988
天津市	1463957	346225	92920	65305	47406	60429
河北省	2623335	634224	270072	75147	104432	113230
山西省	1286638	367541	160740	67633	40590	60177
内蒙古自治区	1032120	288300	120613	68907	28933	40485
辽宁省	2287488	632560	212233	99045	91250	185195
其中:大连市	407129	128741	30076	15277	19972	47356
吉林省	1107367	330597	154787	74917	13266	57631
黑龙江省	1657263	506090	199874	95908	45312	136897
上海市	4090569	1251478	274642	107616	445308	307834
江苏省	5702152	1354124	360748	289020	402373	169849
浙江省	5872090	1509222	250996	229230	524527	260079
其中:宁波市	976287	247715	36434	36916	85013	43136
安徽省	2041428	494741	198780	81617	78284	78080
福建省	2078380	555164	130630	100097	89301	134749
其中:厦门市	330114	93221	11299	15096	16575	21642
江西省	1674757	385364	180759	60109	59753	27898
山东省	4347537	1112434	402735	250160	118516	221869
其中:青岛市	514615	145100	46494	32173	18418	31731
河南省	2964793	696512	338006	93311	70718	120997
湖北省	2588845	648195	291913	96686	106929	85064
湖南省	2421168	659479	285636	97102	117405	76965
广东省	7239273	1872339	398273	393804	443901	170954
其中:深圳市	1112180	388914	38257	108420	63540	17142
广西壮族自治区	1741076	510687	173663	83632	49116	93460
海南省	370118	108779	40759	14829	12035	30985
重庆市	1249503	328242	104847	21135	88196	62545
四川省	2945445	900627	309878	81282	189604	195249
贵州省	1053492	287620	104709	64181	55384	25325
云南省	1918628	585729	155203	126133	25748	180135
西藏自治区	174025	67622	21524	35818	3463	2688
陕西省	1345817	322399	174555	47050	38414	20879
甘肃省	838526	223234	100055	65114	8935	15750
青海省	328319	83708	30966	33739	3310	7639
宁夏回族自治区	340790	90922	31128	24205	5665	21569
新疆维吾尔自治区	1003654	283547	92104	54290	46651	57788

2-108-2

单位:万元

地　　区	工资福利支出				商品和服务支出		
	伙食费	伙食补助费	绩效工资	其他工资福利支出	小计	办公费	印刷费
地方合计	**15772**	**180209**	**447003**	**1832170**	**37931393**	**531278**	**172805**
北京市	215	10921	3641	60561	1889443	8316	6573
天津市	256	4551	50686	24672	859527	6155	2665
河北省	997	12136	6611	51599	1395615	34159	6395
山西省	337	2943	7184	27937	630592	13963	5177
内蒙古自治区	84	1494	7681	20103	503671	11199	3633
辽宁省	1032	3595	13165	27045	1147565	18735	5088
其中:大连市	352	884	7315	7509	210186	3713	876
吉林省		1900	21228	6868	528499	13823	5226
黑龙江省	412	4960	7684	15043	811647	56638	3463
上海市	2742	16006	2565	94765	2417304	12370	9199
江苏省	228	5583	9518	116805	3300425	21590	11949
浙江省	1381	27860	1795	213354	3629476	18173	12935
其中:宁波市	336	5188	103	40589	583211	2847	2367
安徽省	448	9038	2622	45872	1057276	13283	6222
福建省	188	8199	8892	83108	1161504	7501	4415
其中:厦门市	4	1890	1145	25570	158872	767	517
江西省	130	3723	6299	46693	886754	11582	4720
山东省	983	8077	25894	84200	2445800	41495	9852
其中:青岛市	102	1328	2601	12253	307127	4321	1072
河南省	1588	5664	8979	57249	1650064	46598	8925
湖北省	664	3810	20221	42908	1417149	11815	6204
湖南省	568	6989	12579	62235	1317078	25326	7002
广东省	2065	16861	70290	376191	4260812	33398	16981
其中:深圳市	227	2949	54475	103904	660507	5432	2827
广西壮族自治区	204	3995	34171	72446	931713	12670	4461
海南省	41	294	1088	8748	191431	1956	1251
重庆市		3915	6923	40681	688501	7786	3040
四川省	256	3530	40077	80751	1454676	32575	9558
贵州省	57	4086	3109	30769	459997	13272	2681
云南省	483	1915	36377	59735	949962	18384	3779
西藏自治区	6	37		4086	38825	898	260
陕西省	138	1864	14114	25385	654547	16807	4900
甘肃省	109	260	11480	21531	371988	8512	2630
青海省	65	997	1956	5036	133424	1970	594
宁夏回族自治区	26	125	2184	6020	175162	1659	838
新疆维吾尔自治区	69	4881	7990	19774	570966	8670	2189

2－108－3

单位:万元

地　　区	商品和服务支出						
	咨询费	手续费	水　费	电　费	邮电费	取暖费	物　业管理费
地　方　合　计	**13036**	**15700**	**186144**	**727382**	**140029**	**262963**	**218922**
北京市	160	204	7387	27077	4246	17660	15347
天津市	452	155	4231	14846	2411	8859	4540
河北省	317	221	7124	27241	5673	27509	4481
山西省	361	283	3568	11592	2565	13559	1889
内蒙古自治区	167	126	2089	6656	2202	12117	1953
辽宁省	314	283	7192	23906	4331	27410	6590
其中:大连市	55	61	1021	3316	810	5621	1025
吉林省	317	201	3358	10728	2194	19193	1548
黑龙江省	135	720	4217	13957	2666	21598	3290
上海市	860	288	7219	48146	6627	3995	27762
江苏省	470	1027	16152	63665	9290	11601	15837
浙江省	677	536	12134	61908	14346	13	27889
其中:宁波市	79	46	1953	8872	1362		6407
安徽省	349	293	6302	24524	3372	2083	3541
福建省	1128	329	4598	19270	3627		4086
其中:厦门市	7	14	566	3092	527		1242
江西省	486	205	5244	20174	3492	626	2614
山东省	889	1661	13770	50513	9517	36532	14493
其中:青岛市	47	613	1208	5688	1086	4463	1774
河南省	660	922	9982	33714	5725	13540	7495
湖北省	1523	433	8441	32977	4597	4025	4139
湖南省	998	3641	8783	30283	5312	3038	6843
广东省	704	1668	16112	91343	16274	250	40754
其中:深圳市	68	175	3346	13557	3154		9481
广西壮族自治区	208	378	4457	17800	3648	1	3421
海南省	28	163	773	3026	852	5	1281
重庆市	280	337	4377	14357	3043	223	3246
四川省	507	324	8963	28363	8938	1097	6562
贵州省	101	160	3366	8942	2224	2898	2055
云南省	337	329	5086	9603	3997	55	1622
西藏自治区	1	3	294	1196	380	600	25
陕西省	198	251	5141	13815	2788	7705	1477
甘肃省	84	182	2132	6585	1868	9297	734
青海省	33	31	626	1659	789	2781	99
宁夏回族自治区	116	31	599	2633	626	2381	164
新疆维吾尔自治区	176	315	2427	6883	2409	12312	3145

2－108－4

单位:万元

地　　区	商品和服务支出					
	交通费	差旅费	出国费	维修(护)费	租赁费	会议费
地　方　合　计	**355547**	**186616**	**12877**	**3906476**	**130632**	**121357**
北京市	10877	1900	631	173773	7304	6252
天津市	3965	1834	615	79690	916	1630
河北省	18176	8604	194	175162	3940	4442
山西省	10028	5403	86	80393	2783	4152
内蒙古自治区	8094	5993	81	51832	1064	1651
辽宁省	15857	5941	153	153160	4164	2842
其中:大连市	3062	906	39	26572	1955	500
吉林省	9533	5154	159	61258	1920	3637
黑龙江省	10186	6072	88	94180	3555	1620
上海市	11463	3573	1591	202479	5991	7384
江苏省	18987	12109	982	419933	9493	8728
浙江省	16210	10360	1247	371224	17476	6500
其中:宁波市	1996	1411	185	46538	1602	736
安徽省	9084	6236	237	85127	2354	3116
福建省	6894	5257	477	126104	4053	1754
其中:厦门市	950	530	79	21259	544	140
江西省	9421	6208	132	84522	1286	1859
山东省	32841	10812	683	310352	8278	9628
其中:青岛市	3015	1078	141	31547	1607	881
河南省	23626	10430	299	139687	4432	6633
湖北省	10205	7512	306	113952	3811	5331
湖南省	16738	9300	701	121426	2648	6597
广东省	34219	12380	1965	417479	24837	11522
其中:深圳市	6586	2084	75	75555	8754	1556
广西壮族自治区	10618	5897	156	81691	2406	1984
海南省	2513	1938	21	16440	1173	797
重庆市	6778	4759	155	72422	2650	3052
四川省	19817	10881	1093	136192	5385	8425
贵州省	6583	3730	49	48761	1308	1877
云南省	8875	5935	305	89272	2971	3522
西藏自治区	1551	1334		1723	19	97
陕西省	9252	5967	80	68407	3041	3251
甘肃省	3848	3659	206	36156	569	1456
青海省	1896	986	63	11819	95	418
宁夏回族自治区	1627	1314	9	15934	199	489
新疆维吾尔自治区	5785	5138	113	65926	511	711

2－108－5 单位:万元

地　　区	商品和服务支出						
	培训费	招待费	专用材料费	被装购置费	专用燃料费	劳务费	委托业务费
地方合计	**261554**	**351343**	**24409545**	**71082**	**102777**	**361219**	**81006**
北京市	9517	4380	1374098	1391	1695	18948	2696
天津市	2482	2034	606159	991	3204	6622	155
河北省	10267	10892	888324	2569	2684	12918	2411
山西省	5828	6861	369007	7028	2991	4415	1648
内蒙古自治区	4174	4916	299668	3157	1344	4204	1310
辽宁省	8294	7002	772329	521	5198	12047	1678
其中:大连市	1412	997	146489		617	1505	64
吉林省	4321	3773	339624	3	5186	4069	2354
黑龙江省	3811	3516	519336	3122	3606	6311	3791
上海市	9315	9194	1690207	2481	9184	20203	2946
江苏省	14909	34403	2113845	3194	6506	32716	15624
浙江省	16005	22339	2547091	1299	8265	36087	9067
其中:宁波市	3324	3950	416125	48	75	6361	908
安徽省	6094	13439	671977	2078	2067	10335	1147
福建省	5041	8998	829537	572	682	6958	6300
其中:厦门市	547	547	99129	191	140	636	166
江西省	6689	13928	526089	2745	951	6906	601
山东省	13602	20533	1590519	5094	6597	34915	5692
其中:青岛市	1155	2104	208354	53	42	1460	759
河南省	14749	19908	1052954	2345	6326	13189	3760
湖北省	18135	20130	713705	3906	5308	6008	2272
湖南省	16156	34098	744246	5968	2610	8017	3088
广东省	26843	36549	2661504	3090	7229	39480	5357
其中:深圳市	5889	4804	387112	414	1575	6369	2366
广西壮族自治区	8730	10466	604435	3863	2652	11151	589
海南省	1539	2482	114385	485	147	2665	113
重庆市	4867	6008	455744	587	560	6055	636
四川省	16224	20901	908419	3262	8939	15131	911
贵州省	5290	6419	268159	883	1292	8759	472
云南省	11313	10866	596226	1625	2347	11819	1946
西藏自治区	196	676	12789	1057	46	157	174
陕西省	6355	7284	374347	3158	2337	7283	1867
甘肃省	4733	3317	208048	3124	1233	2482	1354
青海省	1968	1036	74958	541	336	495	158
宁夏回族自治区	1183	1130	118919	325	306	1217	197
新疆维吾尔自治区	2924	3865	362897	618	949	9657	692

二、地方财政预算收支情况

2－108－6

单位:万元

地　　区	商品和服务支出			对个人和家庭的补助			
	工会经费	福利费	其他商品和服务支出	小　计	离休费	退休费	退职(役)费
地　方　合　计	**146207**	**257531**	**4907365**	**8455831**	**92329**	**1154849**	**5384**
北京市	9278	4458	175275	369143	6129	37676	30
天津市	3645	6228	95043	166607	3932	63305	49
河北省	4575	7695	129642	409636	3341	27295	127
山西省	1853	5335	69824	211484	2287	21295	22
内蒙古自治区	1132	4305	70604	147516	602	11481	60
辽宁省	5274	4526	54730	341599	3473	30875	70
其中:大连市	1031	902	7637	43385	148	36	19
吉林省	2158	1890	26872	176358	6516	61973	80
黑龙江省	2836	5129	37804	258517	8016	72175	129
上海市	10948	17465	296414	131235	2050	22412	52
江苏省	11440	23081	422894	681276	16915	135059	426
浙江省	14920	29794	372981	410257	4078	57961	211
其中:宁波市	2719	5540	67760	63112	221	3905	10
安徽省	3116	3515	177385	366384	2517	41566	46
福建省	4851	3737	105335	225304	1002	19807	236
其中:厦门市	711	600	25971	18834	62	1399	
江西省	3423	5423	167428	291486	1340	36303	668
山东省	9039	12183	196310	560060	3565	21550	693
其中:青岛市	1748	1369	31542	31377	133	715	47
河南省	5482	13980	204703	471189	4534	49673	237
湖北省	5478	12445	414491	331246	3142	69755	562
湖南省	6626	12335	235298	282487	3982	49910	301
广东省	14868	34526	711480	719058	2203	65223	311
其中:深圳市	3652	7996	107680	17328	136	4125	12
广西壮族自治区	3397	6489	130145	180277	2185	53277	69
海南省	547	1424	35427	35220	135	117	23
重庆市	2680	3853	81006	153065	185	10274	26
四川省	6183	11922	184104	401556	1399	36404	260
贵州省	1601	5753	63362	216773	2511	55787	61
云南省	4369	6064	149315	261548	684	13733	161
西藏自治区	483	212	14654	48490	33	10570	4
陕西省	1693	4271	102872	227408	1460	25957	289
甘肃省	1056	2939	65784	167457	1798	19599	57
青海省	625	315	29133	87438	383	3889	10
宁夏回族自治区	633	1170	21463	41639	440	6200	10
新疆维吾尔自治区	1998	5069	65587	84118	1492	23748	104

2－108－7

单位:万元

地　　区	对个人和家庭的补助						
	抚恤金	生活补助	救济费	医疗费	助学金	奖励金	生产补贴
地　方　合　计	**41077**	**106507**	**44633**	**5285599**	**5459**	**19329**	**7092**
北京市	1974	918	398	265215	3	86	－3
天津市	761	608	286	69284	51	786	17
河北省	3298	4854	3585	304599	267	488	3547
山西省	511	2152	2254	160972	20	243	200
内蒙古自治区	403	1621	515	111561	51	137	
辽宁省	906	3472	1608	242161	32	869	6
其中:大连市	95	948	1560	23581		143	
吉林省	899	3424	1496	94843		361	
黑龙江省	1671	8142	1903	141618	12	724	75
上海市	3748	743	45	56623	51	196	
江苏省	4106	4926	1665	252823	166	911	17
浙江省	972	2993	3279	204382	2	1333	9
其中:宁波市	146	367	591	35673	2	63	
安徽省	1229	1877	456	269125	12	261	
福建省	1382	1987	390	137601	18	146	
其中:厦门市	85	158	17	11038	16	96	
江西省	870	5268	2325	192952	44	126	18
山东省	1883	11719	1073	335456	247	816	416
其中:青岛市	80	356	72	3266	16	80	
河南省	1726	17377	3715	320937	521	415	2412
湖北省	1706	4362	1203	178062	3237	692	
湖南省	2855	5351	2842	155599	276	492	40
广东省	1823	4140	1482	486503	193	5035	219
其中:深圳市	68	474	5	3303	70	526	106
广西壮族自治区	805	1018	1139	89913	25	475	10
海南省	179	436	343	28408	12	89	
重庆市	1184	1515	377	122557	10	357	
四川省	2182	2487	2180	303497		2340	8
贵州省	819	3112	445	118568	6	234	11
云南省	435	1765	1638	196831	52	1144	72
西藏自治区	171	109	559	31886		7	
陕西省	928	4832	780	173360	8	94	11
甘肃省	406	3627	3900	118377	13	196	7
青海省	124	126	309	54170		4	
宁夏回族自治区	184	118	607	25944	10	5	
新疆维吾尔自治区	937	1428	1836	41772	120	267	

2－108－8

单位:万元

地区	对个人和家庭的补助				对企事业单位的补贴		
	住房公积金	提租补贴	购房补贴	其他对个人和家庭的补助支出	小计	企业政策性补贴	事业单位补贴
地方合计	**450104**	**63074**	**123408**	**1056987**	**124864**	**11462**	**62681**
北京市	31638	9157	4146	11776	8358	62	2919
天津市	23062	500	795	3171	6217	5917	
河北省	9951	242	78	47964	3482	1602	866
山西省	5456	143	108	15821	10050		40
内蒙古自治区	3094	65	33	17893	273	15	117
辽宁省	15965	11585	1769	28808	6734	54	6445
其中:大连市	4711	715	538	10891	1860	54	1795
吉林省	3164	298	1	3303	139	2	125
黑龙江省	4572	545	63	18872	1815	128	1687
上海市	21872	73	1460	21910	1437		1347
江苏省	41038	9815	10097	203312	9921		5169
浙江省	72728	1212	11879	49218	21063	15	11978
其中:宁波市	9839	543	1503	10249	1676		489
安徽省	11516	386	290	37103	6684	132	1402
福建省	22959	7392	1545	30839	5282	1911	318
其中:厦门市	2697	2455	485	326	445		23
江西省	5650	9	262	45651	781		721
山东省	34457	19206	65461	63518	10317	478	5687
其中:青岛市	6883	1786	11112	6831	367		364
河南省	7826	592	1301	59923	4445	538	3256
湖北省	10438	241	3099	54747	1426		883
湖南省	11978	38	113	48710	1607		1403
广东省	49258	1038	12512	89118	10709	371	8170
其中:深圳市	1277	178	2202	4846	3258	363	2834
广西壮族自治区	9557	161	250	21393	1035	31	307
海南省	637	9	14	4818	2		
重庆市	4622	29	117	11812	2918	2	1795
四川省	10206	86	283	40224	1405		1401
贵州省	3967	128	6129	24995	4302		3405
云南省	11828	8	689	32508	2126	200	1540
西藏自治区	1061		153	3937	2		2
陕西省	9582	53	353	9701	1302		1244
甘肃省	2745	28	45	16659	243	4	237
青海省	1374			27049			
宁夏回族自治区	1301	1	142	6677	467		167
新疆维吾尔自治区	6602	34	221	5557	322		50

2－108－9

单位:万元

地　　区	对企事业单位的补贴		赠　与			债务利息支出	
	财政贴息	其他对企事业单位的补贴支出	小　计	对国内的赠　与	对国外的赠　与	小　计	国库券付　息
地　方　合　计	**12127**	**38594**	**149**	**138**	**11**	**981**	
北京市	953	4424					
天津市	300						
河北省	306	708	21	21			
山西省	89	9921				2	
内蒙古自治区	103	38				9	
辽宁省	11	224				13	
其中:大连市	11					2	
吉林省	2	10				10	
黑龙江省							
上海市		90					
江苏省	793	3959					
浙江省	720	8350	27	27			
其中:宁波市		1187					
安徽省	4278	872				168	
福建省	26	3027	1	1			
其中:厦门市		422					
江西省	45	15	40	40		252	
山东省	253	3899	48	48		26	
其中:青岛市		3	2	2			
河南省	347	304	12	1	11	70	
湖北省		543				131	
湖南省	8	196					
广东省	949	1219					
其中:深圳市		61					
广西壮族自治区	652	45					
海南省		2				49	
重庆市	1104	17					
四川省		4				115	
贵州省	237	660				46	
云南省	379	7				51	
西藏自治区							
陕西省		58					
甘肃省		2				39	
青海省							
宁夏回族自治区	300						
新疆维吾尔自治区	272						

二、地方财政预算收支情况

2－108－10

单位:万元

地　　区	债务利息支出					基本建设支出	
	向国家银行借款付息	其他国内借款付息	向国外政府借款付息	向国际组织借款付息	其他国外借款付息	小　计	房屋建筑物购　建
地　方　合　计	**203**	**447**	**24**	**205**	**102**	**1057144**	**668199**
北京市						100193	46675
天津市						38045	33811
河北省						28385	19187
山西省	2					11273	2597
内蒙古自治区				9		35798	26230
辽宁省			6	7		38256	24057
其中:大连市				2		8905	424
吉林省					10	10556	5300
黑龙江省						26182	20029
上海市						52675	27778
江苏省						94184	73292
浙江省						88634	62945
其中:宁波市						58046	42711
安徽省		168				16265	12314
福建省						30623	23633
其中:厦门市						15224	11562
江西省	146			106		31183	16891
山东省	4		16	6		37335	15443
其中:青岛市						10921	6415
河南省	5	12	2		51	32913	21068
湖北省		131				6047	3210
湖南省						18957	10327
广东省						91459	66130
其中:深圳市						4299	
广西壮族自治区						23972	16365
海南省				49		9848	4084
重庆市						31437	26856
四川省		97		7	11	50220	32037
贵州省	46					5437	4283
云南省				21	30	28374	15799
西藏自治区						9059	8653
陕西省						45598	7447
甘肃省		39				29097	16135
青海省						4877	2588
宁夏回族自治区						12157	8480
新疆维吾尔自治区						18105	14555

2－108－11

单位:万元

地区	基本建设支出							
	办公设备购置	专用设备购置	交通工具购置	基础设施建设	大型修缮	信息网络购建	物资储备	其他基本建设支出
地方合计	**8707**	**71484**	**3715**	**142699**	**26335**	**1955**	**267**	**133783**
北京市	1025	4056	24	31293	4477	203		12440
天津市		－4		4240				－2
河北省	241	770	45	5773	1030		1	1338
山西省	10	371	27	326				7942
内蒙古自治区	43	1339	83	6669	288	53		1093
辽宁省	588	1251	14	5696	806	37		5807
其中:大连市	28	116		2633	500	15		5189
吉林省	575	423	56	952	1240	1		2009
黑龙江省	109	2250		1599	1052	1		1142
上海市	377	2913	1550	59	1482	672		17844
江苏省	1256	4379	122	6609	1643	62		6821
浙江省	377	3325	535	14178	952	217	96	6009
其中:宁波市	142	743	50	11040	268	6		3086
安徽省	152	2101	1	694	255	26		722
福建省	234	2329	55	2608	397	41		1326
其中:厦门市	74	1512		1332	158			586
江西省	63	3814	31	4168	719	3	61	5433
山东省	947	8215	92	3958	2570	6	14	6090
其中:青岛市		460	19	149	970			2908
河南省	465	2543	102	6936	178	11	95	1515
湖北省	56	573	81	325	407	36		1359
湖南省	238	1421	36	1513	1249	91		4082
广东省	264	3797	216	12202	2183	288		6379
其中:深圳市								4299
广西壮族自治区	118	1507	124	4171	202	7		1478
海南省	16	5672	23		5	36		12
重庆市	239	438	22	934	410	45		2493
四川省	953	2309	60	11857	922	41		2041
贵州省	24	627	39	375	22	20		47
云南省	140	8740	274	3142		4		275
西藏自治区		70		115				221
陕西省	24	747	28	2258	2365	27		32702
甘肃省	10	628		7972	841			3511
青海省	40	1247	23	437	473	18		51
宁夏回族自治区	9	1194	10	931	3			1530
新疆维吾尔自治区	114	2439	42	709	164	9		73

2－108－12

单位:万元

地　　区	其他资本性支出						
	小　计	房屋建筑物购　　建	办公设备购　　置	专用设备购　　置	交通工具购　　置	基础设施建　　设	大型修缮
地　方　合　计	**2585176**	**456604**	**160618**	**1136461**	**89292**	**121363**	**159719**
北京市	191634	12856	6039	118845	2089	1734	17659
天津市	43720	10076	3142	15766	813	286	2754
河北省	83779	10492	4980	40902	3568	6220	7974
山西省	51288	3318	5308	26401	2955	2426	5289
内蒙古自治区	56409	13474	3244	24366	1602	5230	1735
辽宁省	110973	15740	14641	48394	4116	5869	11694
其中:大连市	13966	1215	1750	8268	431	1340	421
吉林省	58121	11195	3475	29862	2395	2609	7320
黑龙江省	50712	7034	4692	27460	2734	2420	4546
上海市	225228	14150	6261	121134	2485	2490	4651
江苏省	192619	59934	12444	61212	3628	3228	5283
浙江省	89431	27904	3870	29303	3297	5474	2354
其中:宁波市	8524	823	770	3704	417	1340	421
安徽省	83268	25233	4907	28989	4181	6261	2026
福建省	69196	37567	1952	18691	1672	1264	1940
其中:厦门市	40273	28469	388	7315	456	38	323
江西省	55657	12641	2477	22011	1152	1739	1968
山东省	173926	25385	11905	72727	5990	10407	12519
其中:青岛市	11650	642	1040	4201	249	232	378
河南省	90146	14741	7056	35480	2704	8820	3791
湖北省	107776	18269	5211	41087	2717	2525	15811
湖南省	76129	17590	5299	29579	5345	4150	4933
广东省	186671	14557	13824	95693	5520	4135	15716
其中:深圳市	20168	687	2026	11607	887	436	1079
广西壮族自治区	70974	9878	5568	35943	3405	3491	3346
海南省	19478	4061	995	6060	769	5324	731
重庆市	34937	8316	3657	9871	1126	1245	669
四川省	128250	23155	10019	51634	9924	9032	8010
贵州省	46436	6356	2815	14209	1346	3477	1863
云南省	83950	20001	3739	33748	3293	8840	1324
西藏自治区	9051	1107	590	3250	3008	97	331
陕西省	77126	10045	4160	35710	1765	6737	8747
甘肃省	42545	4323	2921	23951	1976	2698	2084
青海省	15349	3071	684	5555	2075	1024	976
宁夏回族自治区	18878	5236	601	8524	802	228	487
新疆维吾尔自治区	41519	8899	4142	20104	840	1883	1188

2－108－13 单位:万元

地区	其他资本性支出						
	信息网络购建	物资储备	土地补偿	安置补助	地上附着物和青苗补偿	拆迁补偿	其他资本性支出
地方合计	**47338**	**10485**	**2403**	**843**	**2290**	**1597**	**396163**
北京市	4447	61	4	1			27899
天津市	1561	40	532		2068		6682
河北省	2960	97	356	260		80	5890
山西省	598	149	27			18	4799
内蒙古自治区	805	9	15	1	2	83	5843
辽宁省	2818	5536		74		3	2088
其中:大连市	420	13					108
吉林省	787			195			283
黑龙江省	361	47					1418
上海市	3802						70255
江苏省	2628	205	110			55	43892
浙江省	2219	1	40				14969
其中:宁波市	363						686
安徽省	1558	132	40			550	9391
福建省	390		26				5694
其中:厦门市	34						3250
江西省	705	15	1			48	12900
山东省	3028	111	31	110			31713
其中:青岛市	147						4761
河南省	1343	54	82		178	59	15838
湖北省	1015	4	19				21118
湖南省	1236	4		5			7988
广东省	4738	5				5	32478
其中:深圳市	580	4					2862
广西壮族自治区	1179	152	106			81	7825
海南省	220		25				1293
重庆市	1409	1					8643
四川省	2913	70	763		10	132	12588
贵州省	778	230	4	10	11	7	15330
云南省	358	115	12			200	12320
西藏自治区	9						659
陕西省	936	2079	12	127	2	14	6792
甘肃省	636	12	57	60	19	262	3546
青海省	379	15					1570
宁夏回族自治区	110	43					2847
新疆维吾尔自治区	1412	1298	141				1612

二、地方财政预算收支情况

2－108－14

单位:万元

地区	贷款转贷及产权参股					其他支出		
	小计	国内贷款	国外贷款	产权参股	其他贷款转贷及产权参股支出	小计	补充全国社会保障基金	其他支出
地方合计	**1020**	**356**			**664**	**1043379**	**7016**	**1036363**
北京市						290318		290318
天津市						3616		3616
河北省						68193		68193
山西省						4408		4408
内蒙古自治区	1				1	143		143
辽宁省						9788		9788
其中:大连市						84		84
吉林省						3087		3087
黑龙江省	6	6				2294		2294
上海市						11212		11212
江苏省						69603		69603
浙江省						123980		123980
其中:宁波市						14003		14003
安徽省						16642		16642
福建省	4				4	31302		31302
其中:厦门市						3245		3245
江西省						23240		23240
山东省						7591		7591
其中:青岛市						8071		8071
河南省	25	25				19417	7016	12401
湖北省						76875		76875
湖南省	29				29	65402		65402
广东省						98225		98225
其中:深圳市						17706		17706
广西壮族自治区	21				21	22397		22397
海南省						5311		5311
重庆市	462				462	9941		9941
四川省	34				34	8562		8562
贵州省						32881		32881
云南省	25	25				6863		6863
西藏自治区						976		976
陕西省						17437		17437
甘肃省						3923		3923
青海省	113				113	3410		3410
宁夏回族自治区	300	300				1265		1265
新疆维吾尔自治区						5077		5077

2007 年各省、自治区、直辖市医疗卫生管理事务支出明细表

2－109－1　　　　　　　　　　　　　　　　　　　　　　　　单位:万元

地　区	合　计	工资福利支出				
		小　计	基本工资	津贴补贴	奖　金	社会保障缴　费
地　方　合　计	**1186878**	**380400**	**177657**	**107683**	**47575**	**18649**
北京市	28857	10702	2883	3845	2225	253
天津市	13221	5848	2041	2783	538	96
河北省	45402	19143	11101	4980	752	574
山西省	31267	11000	6416	3385	616	159
内蒙古自治区	20906	7433	4013	2766	307	103
辽宁省	27338	9645	4983	3369	564	292
其中:大连市	5619	1402	579	485	282	38
吉林省	19696	7551	4475	2386	461	57
黑龙江省	38361	10974	6375	3655	638	74
上海市	61442	15420	3684	1633	7510	927
江苏省	84257	24123	7429	5729	6915	1283
浙江省	93006	24735	6397	4859	7608	2380
其中:宁波市	9457	3980	608	640	1516	955
安徽省	31413	9279	4803	2882	415	269
福建省	19703	5898	2540	1662	388	272
其中:厦门市	5723	983	288	306	42	27
江西省	35694	12993	7399	3279	898	374
山东省	144178	38938	22175	8889	1103	5035
其中:青岛市	7699	4522	2115	1247	307	521
河南省	55817	19797	12934	4879	790	403
湖北省	38811	13644	6417	3574	1278	1506
湖南省	69209	23850	12471	4912	2633	1590
广东省	98127	25899	8752	10991	2710	975
其中:深圳市	19581	2986	480	1684	324	92
广西壮族自治区	19978	6164	3238	1583	655	139
海南省	7914	2089	1184	549	179	34
重庆市	17435	4405	1968	1181	647	182
四川省	50180	18519	8533	3551	4284	630
贵州省	23766	6308	3208	2122	429	52
云南省	25117	10727	4615	4936	629	291
西藏自治区	9600	5558	1834	3052	352	215
陕西省	26720	8897	5259	2404	592	71
甘肃省	23483	10046	6061	3341	414	30
青海省	7241	3200	1183	1697	142	3
宁夏回族自治区	5855	2028	973	850	80	29
新疆维吾尔自治区	12884	5587	2313	1959	823	351

2－109－2

单位:万元

地　　区	工资福利支出				商品和服务支出		
	伙食费	伙　食 补助费	绩效 工资	其他工资 福利支出	小　计	办公费	印刷费
地　方　合　计	**588**	**2286**	**1294**	**24668**	**544480**	**46300**	**12125**
北京市		30	325	1141	9503	557	293
天津市	14	54	13	309	2132	367	16
河北省	318	346	1	1071	18008	4628	596
山西省	28	47	31	318	15653	1761	810
内蒙古自治区	4	3	6	231	8198	1136	305
辽宁省	20	33	48	336	9843	2168	336
其中:大连市	6	7	5		2379	504	63
吉林省		41	73	58	7320	1330	276
黑龙江省	8	77	23	124	11351	4368	372
上海市	47	113	10	1496	33710	481	77
江苏省	33	317	70	2347	37254	1497	692
浙江省	3	279	166	3043	39683	1314	899
其中:宁波市	1	32		228	3332	76	46
安徽省	5	82	11	812	16217	1232	327
福建省		13	29	994	9857	732	137
其中:厦门市		9	2	309	3210	26	6
江西省	2	32	30	979	17658	1155	434
山东省	3	137	25	1571	84290	4217	1044
其中:青岛市		27	2	303	2055	151	140
河南省	22	38	98	633	24045	3380	881
湖北省	19	36	32	782	17042	872	298
湖南省	6	152	47	2039	30880	3600	639
广东省	26	49	82	2314	57208	2752	688
其中:深圳市	14	18		374	13586	395	55
广西壮族自治区		11		538	8544	637	247
海南省		5	1	137	2585	132	68
重庆市		29		398	8151	645	176
四川省	5	71	77	1368	22766	1903	788
贵州省		41	11	445	9494	1099	219
云南省	3	92	4	157	9969	1409	310
西藏自治区	5			100	2202	115	63
陕西省	10	68	35	458	11831	1190	493
甘肃省	3	3	14	180	8644	705	340
青海省	2	39	26	108	3350	218	71
宁夏回族自治区		4		92	2049	165	75
新疆维吾尔自治区	2	44	6	89	5043	535	155

2－109－3

单位:万元

地　　区	商品和服务支出						
	咨询费	手续费	水　费	电　费	邮电费	取暖费	物　业 管理费
地　方　合　计	**595**	**331**	**2825**	**9728**	**11197**	**5768**	**3539**
北京市	3		107	383	176	337	244
天津市	3		20	93	101	102	17
河北省	21	3	86	429	581	630	46
山西省	2	81	130	275	295	455	40
内蒙古自治区	20	2	31	69	272	288	13
辽宁省	8	2	49	139	370	624	34
其中:大连市			1	5	53	45	
吉林省	12	8	30	112	152	434	11
黑龙江省	2	5	47	166	203	509	95
上海市	27	8	36	390	354	15	599
江苏省	33	9	151	596	649	3	262
浙江省	16	6	51	504	787	13	284
其中:宁波市			4	26	53		71
安徽省	23	6	56	207	291	6	29
福建省	4	2	30	120	271		60
其中:厦门市			1	18	29		
江西省	7	10	85	340	357	6	57
山东省	186	14	643	1713	969	1296	873
其中:青岛市			6	25	70	60	19
河南省	45	18	172	612	591	141	58
湖北省	7	13	142	407	361	23	40
湖南省	18	29	276	799	531	83	80
广东省	35	17	195	902	1158	2	415
其中:深圳市	23		13	41	91		37
广西壮族自治区	6		33	151	195		39
海南省		10	12	31	69		21
重庆市	7	2	31	152	210	1	71
四川省	12	8	152	419	833	40	55
贵州省	11	8	35	115	188	25	4
云南省	13	3	40	89	348		26
西藏自治区		1	24	62	88	39	
陕西省	46	33	88	253	289	167	13
甘肃省	3	1	51	128	236	236	18
青海省		9	8	23	68	50	18
宁夏回族自治区	17	18	2	17	55	29	4
新疆维吾尔自治区	8	5	12	32	149	214	13

2－109－4

单位:万元

地区	商品和服务支出					
	交通费	差旅费	出国费	维修(护)费	租赁费	会议费
地方合计	**33551**	**15423**	**2387**	**31635**	**2788**	**21658**
北京市	839	49	122	246	192	407
天津市	235	75	10	48	36	66
河北省	1782	757	32	685	164	858
山西省	1435	638	12	1245	42	1110
内蒙古自治区	890	636	7	602	9	218
辽宁省	1164	459	9	365	43	414
其中:大连市	114	81		45	4	89
吉林省	782	419	8	1085	21	310
黑龙江省	873	563		743	8	404
上海市	1193	258	490	388	305	749
江苏省	1883	1038	337	1369	166	1993
浙江省	1589	1061	434	1200	205	1869
其中:宁波市	124	99	46	51	2	98
安徽省	743	442	19	282	31	461
福建省	602	339	68	336	43	285
其中:厦门市	74	61	5	21	4	17
江西省	1113	658	12	764	27	389
山东省	2724	987	112	13792	447	1455
其中:青岛市	192	34	12	34	71	53
河南省	1996	819	43	990	102	1047
湖北省	1032	464	22	765	104	696
湖南省	1580	662	311	1463	213	1259
广东省	3127	976	105	1493	349	1893
其中:深圳市	386	80	2	44	2	255
广西壮族自治区	606	235	5	188	6	275
海南省	219	135	2	185	8	156
重庆市	577	370	35	124	23	755
四川省	1981	826	57	803	52	1419
贵州省	816	328	17	299	6	412
云南省	672	387	30	189	11	835
西藏自治区	417	206		25		40
陕西省	1208	566	24	711	112	966
甘肃省	532	404	50	899	20	338
青海省	231	164	3	87	2	288
宁夏回族自治区	183	147	4	56	37	216
新疆维吾尔自治区	527	355	7	208	4	75

2－109－5

单位:万元

地　　区	商品和服务支出						
	培训费	招待费	专　用 材料费	被　装 购置费	专　用 燃料费	劳务费	委　托 业务费
地　方　合　计	**17036**	**22266**	**81105**	**2109**	**1000**	**8554**	**3867**
北京市	704	116	522		1	308	2
天津市	48	93	36			21	1
河北省	752	688	1035	147	106	417	535
山西省	769	612	1502	62	26	397	119
内蒙古自治区	311	355	357	86	25	134	38
辽宁省	544	441	990		11	309	30
其中:大连市	326	86	420			91	
吉林省	294	140	1322		84	125	124
黑龙江省	380	179	745	27		184	1
上海市	552	461	529	4		207	173
江苏省	967	1787	1280	146	22	982	405
浙江省	744	1766	3983	80	1	1291	523
其中:宁波市	15	155	15			50	
安徽省	496	754	677	3	5	162	16
福建省	171	494	595	3	7	140	171
其中:厦门市	14	25	26	2		31	9
江西省	694	1210	4482	1	49	80	14
山东省	832	1223	42367	48	69	637	513
其中:青岛市	24	93	52			14	
河南省	815	1428	3910	377	203	251	19
湖北省	480	1212	840	587	141	248	91
湖南省	778	2398	4964	156	62	273	171
广东省	2047	1640	5157	4	15	664	379
其中:深圳市	135	152	107			38	17
广西壮族自治区	314	430	364	23	24	94	41
海南省	141	110	56	1	1	77	
重庆市	274	209	226			128	17
四川省	1072	1467	1723	72	36	398	16
贵州省	582	764	364	2	13	145	19
云南省	695	824	526	109	9	148	149
西藏自治区	28	102	10	10	1		1
陕西省	603	608	1337	70	46	143	83
甘肃省	317	273	616	23	26	247	183
青海省	270	167	33		9	29	
宁夏回族自治区	172	99	59	39	6	57	26
新疆维吾尔自治区	190	216	498	29	2	258	7

2－109－6

单位:万元

地　　区	商品和服务支出			对个人和家庭的补助			
	工会经费	福利费	其他商品和服务支出	小　计	离休费	退休费	退职(役)费
地　方　合　计	**3108**	**6642**	**198943**	**100586**	**10960**	**48261**	**324**
北京市	140	29	3726	2220	111	920	
天津市	76	112	556	3754	405	2406	
河北省	83	233	2714	5350	837	3131	76
山西省	47	156	3632	3173	402	2049	5
内蒙古自治区	26	141	2227	638	37	249	
辽宁省	74	92	1168	2872	354	1190	7
其中:大连市	16	33	403	161			
吉林省	11	7	223	1815	458	1108	
黑龙江省	33	64	1380	5528	1079	3635	
上海市	103	933	25378	635	21	200	
江苏省	235	353	20399	9960	2108	5112	102
浙江省	410	896	19757	10571	1037	5017	35
其中:宁波市	40	85	2276	873	140	576	
安徽省	68	125	9756	2259	359	1028	1
福建省	53	77	5117	970	52	277	1
其中:厦门市	13	9	2819	119			
江西省	83	245	5386	3152	184	2241	
山东省	245	804	7080	7422	319	945	11
其中:青岛市	14	11	980	665	4	59	
河南省	117	309	5721	6189	604	2067	22
湖北省	85	235	7877	3880	511	2345	6
湖南省	380	341	9814	4167	420	2318	34
广东省	186	551	32458	4279	320	1629	3
其中:深圳市	4	122	11587	509		4	
广西壮族自治区	38	92	4501	2255	141	1634	2
海南省	4	7	1140	135		36	1
重庆市	67	62	3989	2442	2	24	
四川省	178	297	8159	3652	278	1771	4
贵州省	62	99	3862	4971	448	2776	
云南省	130	55	2962	1264	31	460	2
西藏自治区	27	3	940	1228	9	873	
陕西省	22	123	2637	3043	138	1195	6
甘肃省	22	79	2897	963	82	639	3
青海省	41	18	1543	45		9	2
宁夏回族自治区	13	17	536	290	47	176	1
新疆维吾尔自治区	49	87	1408	1464	166	801	

2－109－7

单位:万元

地　区	对个人和家庭的补助						
	抚恤金	生活补助	救济费	医疗费	助学金	奖励金	生产补贴
地方合计	**1742**	**2540**	**276**	**11999**	**47**	**1760**	**31**
北京市	30	8		125			－1
天津市	38	18		46		26	
河北省	144	186	1	457		25	
山西省	37	163	2	245		8	
内蒙古自治区	28	21	2	79		3	
辽宁省	106	97	4	535		125	
其中:大连市	36	16	3	47		57	
吉林省	22	48	14	81		6	
黑龙江省	70	91		366		36	
上海市	24	3		7		1	
江苏省	154	105	81	305	44	88	
浙江省	69	241	26	731		272	
其中:宁波市	1	6		43			
安徽省	54	55	51	113		16	
福建省	16	62		15		15	
其中:厦门市	1					2	
江西省	67	91	1	130	1	23	9
山东省	75	246	9	1200		43	21
其中:青岛市	3	2		59		2	
河南省	76	71	25	2194		2	1
湖北省	71	138		279		25	
湖南省	157	102	10	186		34	1
广东省	60	100	21	382		325	
其中:深圳市	1	2	3	83		117	
广西壮族自治区	43	57		53		33	
海南省	12	21	1	20		10	
重庆市	19	25		2112		164	
四川省	144	108	7	246		239	
贵州省	76	143	1	562		41	
云南省	29	53	12	132		168	
西藏自治区	11	11		170		1	
陕西省	37	100	4	1042		6	
甘肃省	16	87		15		2	
青海省	9	2	1	1		1	
宁夏回族自治区	18	23	1	4		5	
新疆维吾尔自治区	30	64	2	166	2	17	

2－109－8

单位:万元

地　　区	对个人和家庭的补助				对企事业单位的补贴		
	住房公积金	提租补贴	购房补贴	其他对个人和家庭的补助支出	小计	企业政策性补贴	事业单位补贴
地方合计	**8384**	**885**	**4390**	**8987**	**17348**	**18**	**15450**
北京市	672	160	53	142	105		104
天津市	702	8		105			
河北省	134	7	2	350	202		154
山西省	128	4		130			
内蒙古自治区	69		5	145	21		
辽宁省	100	246	3	105	849		751
其中:大连市		2			751		751
吉林省	72	3		3			
黑龙江省	167	23		61	754	18	736
上海市	91	1	84	203	267		252
江苏省	526	131	82	1122	1153		817
浙江省	1338	17	875	913	8622		8252
其中:宁波市	22	2	3	80	45		45
安徽省	238	5	6	333	173		136
福建省	238	54	4	236	171		20
其中:厦门市	97	18		1	15		15
江西省	148			257	7		2
山东省	1226	149	2561	617	958		895
其中:青岛市	120	51	283	82	284		284
河南省	77	2	2	1046	1428		1395
湖北省	292	2	10	201	124		118
湖南省	504			401	225		180
广东省	585	70	136	648	444		326
其中:深圳市		69	109	121			
广西壮族自治区	124	1		167			
海南省	4			30			
重庆市	27			69	5		
四川省	257		11	587	563		563
贵州省	87	2	487	348	746		245
云南省	110		67	200	50		50
西藏自治区	61			92			
陕西省	166			349	481		454
甘肃省	87			32			
青海省				20			
宁夏回族自治区	6			9			
新疆维吾尔自治区	148		2	66			

2－109－9

单位:万元

地　　区	对企事业单位的补贴		赠　与			债务利息支出	
	财政贴息	其他对企事业单位的补贴支出	小　计	对国内的赠　与	对国外的赠　与	小　计	国库券付　息
地方合计	**276**	**1604**	**19**	**19**		**45**	
北京市		1					
天津市							
河北省		48					
山西省							
内蒙古自治区		21					
辽宁省		98					
其中:大连市							
吉林省							
黑龙江省							
上海市		15					
江苏省		336					
浙江省	200	170	19	19			
其中:宁波市							
安徽省		37					
福建省		151					
其中:厦门市							
江西省		5					
山东省	50	13				6	
其中:青岛市							
河南省		33					
湖北省		6					
湖南省		45					
广东省	26	92					
其中:深圳市							
广西壮族自治区							
海南省							
重庆市		5					
四川省							
贵州省		501					
云南省							
西藏自治区							
陕西省		27					
甘肃省						39	
青海省							
宁夏回族自治区							
新疆维吾尔自治区							

2－109－10

单位:万元

地　　区	债务利息支出					基本建设支出	
	向国家银行借款付息	其他国内借款付息	向国外政府借款付息	向国际组织借款付息	其他国外借款付息	小　计	房屋建筑物购　　建
地 方 合 计		**39**		**6**		**32943**	**15002**
北京市						1582	543
天津市							
河北省						691	610
山西省							
内蒙古自治区						489	295
辽宁省						649	200
其中:大连市						415	
吉林省							
黑龙江省						65	65
上海市						6144	768
江苏省						5097	4360
浙江省						2994	2016
其中:宁波市						1000	1000
安徽省						305	262
福建省						1040	
其中:厦门市						1040	
江西省						382	380
山东省				6		1651	500
其中:青岛市							
河南省						410	
湖北省						221	120
湖南省						1414	335
广东省						788	
其中:深圳市							
广西壮族自治区						1711	1650
海南省						1014	1006
重庆市						943	135
四川省						384	302
贵州省						2	
云南省						318	310
西藏自治区						189	189
陕西省						169	168
甘肃省		39				3202	50
青海省						63	50
宁夏回族自治区						762	500
新疆维吾尔自治区						264	188

2－109－11　　　　单位:万元

地　　区	基本建设支出							
	办公设备购　　置	专用设备购　　置	交通工具购　　置	基础设施建　　设	大型修缮	信息网络购　　建	物资储备	其他基本建设支出
地　方　合　计	**1090**	**1547**	**534**	**2407**	**464**	**742**		**11157**
北京市	1		20			6		1012
天津市								
河北省			15	19	42			5
山西省								
内蒙古自治区	16	41		50	32	20		35
辽宁省	18			400		31		
其中:大连市				400		15		
吉林省								
黑龙江省								
上海市	111	27	138	56		600		4444
江苏省	610	96		2	4	25		
浙江省	125	159	173	200	48	26		247
其中:宁波市								
安徽省	39	4						
福建省		7		1032				1
其中:厦门市		7		1032				1
江西省		2						
山东省	31	435			297			388
其中:青岛市								
河南省	6	340	54	10				
湖北省	5	77		6				13
湖南省	14	6						1059
广东省	23	92	27	446		32		168
其中:深圳市								
广西壮族自治区	17		44					
海南省	8							
重庆市			8					800
四川省	57	4	20			1		
贵州省	2							
云南省	3	2	3					
西藏自治区								
陕西省						1		
甘肃省				167				2985
青海省		3			10			
宁夏回族自治区		252	3	7				
新疆维吾尔自治区	4		29	12	31			

2-109-12

单位:万元

地区	其他资本性支出						
	小计	房屋建筑物购建	办公设备购置	专用设备购置	交通工具购置	基础设施建设	大型修缮
地方合计	**89446**	**16315**	**11323**	**19682**	**10818**	**7339**	**5824**
北京市	1246	187	463	128	146	2	62
天津市	1487	1000	112	46	84	150	10
河北省	1635	21	324	538	278	6	115
山西省	1441	1	290	341	415	34	275
内蒙古自治区	4127	353	152	238	107	3095	15
辽宁省	3480	465	404	685	254	1087	246
其中:大连市	511		80	2	14	324	10
吉林省	2790	802	254	190	273	221	937
黑龙江省	9688	182	1532	5346	1981	87	510
上海市	4363		535	1903	742		31
江苏省	5477	2309	711	514	369	119	391
浙江省	5220	1312	745	1085	607	153	20
其中:宁波市	125		61	3	24		20
安徽省	1668	252	285	563	260	32	58
福建省	1395	15	220	599	156	3	104
其中:厦门市	227		46	10	22		102
江西省	1395	25	172	155	238	125	553
山东省	10831	2552	819	1825	586	424	190
其中:青岛市	70		60	2	16		
河南省	3041	394	498	808	358	122	419
湖北省	2548	237	180	98	257	22	12
湖南省	5121	3338	447	494	305	48	143
广东省	6938	328	640	1149	932	1	860
其中:深圳市	1796		90	69	326		
广西壮族自治区	785	180	163	10	170	9	17
海南省	1792	1179	19	4	119		79
重庆市	1033	400	215	35	95	22	53
四川省	4203	275	994	725	693	64	485
贵州省	1292	134	155	368	230	210	58
云南省	1774	173	283	305	257	501	65
西藏自治区	419		66	97	195	57	
陕西省	2143	132	230	805	285	523	6
甘肃省	525	37	137	84	139	10	54
青海省	346	10	58	10	65	7	30
宁夏回族自治区	717	14	65	428	131	68	6
新疆维吾尔自治区	526	8	155	106	91	137	20

2－109－13

单位:万元

地　　区	其他资本性支出						
	信息网络购　建	物资储备	土地补偿	安置补助	地上附着物和青苗补偿	拆迁补偿	其他资本性支　出
地方合计	**4499**	**15**	**606**	**1**		**81**	**12943**
北京市	59			1			198
天津市	40						45
河北省	295						58
山西省	36						49
内蒙古自治区	19		8				140
辽宁省	150	12					177
其中:大连市	76	5					
吉林省	95						18
黑龙江省	47						3
上海市	678						474
江苏省	263						801
浙江省	833						465
其中:宁波市							17
安徽省	47	2					169
福建省	16						282
其中:厦门市							47
江西省	15					10	102
山东省	180						4255
其中:青岛市	1						－9
河南省	61						381
湖北省	412						1330
湖南省	114	1					231
广东省	462						2566
其中:深圳市	53						1258
广西壮族自治区	62					71	103
海南省							392
重庆市	186						27
四川省	103		598				266
贵州省	29						108
云南省	50						140
西藏自治区							4
陕西省	56						106
甘肃省	29						35
青海省	156						10
宁夏回族自治区							5
新疆维吾尔自治区	6						3

2－109－14

单位:万元

地区	贷款转贷及产权参股					其他支出		
	小计	国内贷款	国外贷款	产权参股	其他贷款转贷及产权参股支出	小计	补充全国社会保障基金	其他支出
地方合计						**21611**		**21611**
北京市						3499		3499
天津市								
河北省						373		373
山西省								
内蒙古自治区								
辽宁省								
其中:大连市								
吉林省						220		220
黑龙江省						1		1
上海市						903		903
江苏省						1193		1193
浙江省						1162		1162
其中:宁波市						102		102
安徽省						1512		1512
福建省						372		372
其中:厦门市						129		129
江西省						107		107
山东省						82		82
其中:青岛市						103		103
河南省						907		907
湖北省						1352		1352
湖南省						3552		3552
广东省						2571		2571
其中:深圳市						704		704
广西壮族自治区						519		519
海南省						299		299
重庆市						456		456
四川省						93		93
贵州省						953		953
云南省						1015		1015
西藏自治区						4		4
陕西省						156		156
甘肃省						64		64
青海省						237		237
宁夏回族自治区						9		9
新疆维吾尔自治区								

2007年各省、自治区、直辖市医疗服务支出明细表

2-110-1　　　　单位:万元

地　　区	合　计	工资福利支出				
		小　计	基本工资	津贴补贴	奖　金	社会保障缴　费
地方合计	**43606599**	**11365505**	**3701353**	**2089421**	**2841969**	**961272**
北京市	2179342	413581	100116	93169	158521	13907
天津市	1081236	241351	72648	48763	36306	13304
河北省	1659081	424053	179396	48603	96496	50552
山西省	798131	228748	102105	44797	35779	14740
内蒙古自治区	641067	175384	73044	44079	25144	8653
辽宁省	1599828	418597	156588	75905	86191	62995
其中:大连市	277362	76749	23010	11125	17545	11098
吉林省	731396	196939	102895	53196	10162	6852
黑龙江省	1110494	300549	143886	68552	40583	23644
上海市	2738102	791070	193272	75912	344145	105119
江苏省	3623003	864491	222305	191689	301769	74434
浙江省	4134816	1011895	178949	162180	415946	97847
其中:宁波市	630168	152184	23202	23970	56688	25938
安徽省	1180230	304749	124998	53236	69612	17023
福建省	1368456	342634	86750	69272	76077	38704
其中:厦门市	230834	61193	8561	11257	13573	5139
江西省	926756	240102	104774	36887	48139	12304
山东省	2895533	726337	255241	170812	106976	103691
其中:青岛市	410220	108111	33755	22196	16899	22464
河南省	1766129	426632	205017	65233	59603	38854
湖北省	1452767	393099	169279	61309	87665	26801
湖南省	1430327	406662	161241	60066	92821	38035
广东省	4415514	1272815	252535	268258	339415	78083
其中:深圳市	859770	326118	30709	88348	54848	13970
广西壮族自治区	1093691	299993	109977	54074	36656	17658
海南省	219297	55985	24243	8859	9381	8041
重庆市	726365	180638	60857	11228	67355	6924
四川省	1623495	480218	173259	44429	137854	38993
贵州省	615820	186721	62736	39464	49209	6553
云南省	1089766	297241	97842	74637	20906	19111
西藏自治区	99600	48493	15761	24535	2518	2128
陕西省	801540	210913	106169	29295	32510	11099
甘肃省	473315	138976	59611	39347	6416	5740
青海省	173151	52324	21052	21131	2313	1551
宁夏回族自治区	228427	49246	20409	16407	4190	2223
新疆维吾尔自治区	729924	185069	64398	34097	41311	15709

2－110－2

单位:万元

地　　区	工资福利支出				商品和服务支出		
	伙食费	伙　食 补助费	绩效 工资	其他工资 福利支出	小　计	办公费	印刷费
地　方　合　计	**10603**	**143676**	**379259**	**1237952**	**28424538**	**219846**	**79331**
北京市	48	8921	752	38147	1503723	3922	2186
天津市	34	3493	49257	17546	703873	3070	2017
河北省	425	9217	5887	33477	1134744	13123	2753
山西省	195	2465	6352	22315	500982	6084	1936
内蒙古自治区	34	1401	7155	15874	391125	4426	1763
辽宁省	801	3152	10474	22491	1028287	9493	2934
其中:大连市	194	757	6175	6845	184535	1389	358
吉林省		1602	16916	5316	427019	5756	2071
黑龙江省	213	4195	6424	13052	690673	24726	1816
上海市	2015	12023	1728	56856	1794000	5417	5251
江苏省	6	3412	7789	63087	2400796	7899	5875
浙江省	1088	21906	589	133390	2878744	9737	6472
其中:宁波市	185	3580	103	18518	416110	1252	1006
安徽省	294	7862	1983	29741	776493	5013	2522
福建省	92	6856	6859	58024	925574	3711	2616
其中:厦门市		1466	923	20274	123113	527	333
江西省	72	3390	4798	29738	602764	3596	1844
山东省	845	6950	22652	59170	1910811	15168	5084
其中:青岛市	92	1189	2496	9020	265265	1347	606
河南省	852	5111	7026	44936	1229137	19265	3759
湖北省	519	2520	17544	27462	903433	4012	2445
湖南省	492	5423	10894	37690	914026	10099	3148
广东省	1422	12575	58697	261830	2809294	14632	8183
其中:深圳市	147	2643	45577	89876	503135	3515	1870
广西壮族自治区	147	3330	31714	46437	679550	4484	1946
海南省	11	222	537	4691	139639	771	519
重庆市		3054	5419	25801	498868	2855	1119
四川省	225	2460	29768	53230	1010710	15069	3158
贵州省	28	3704	2320	22707	347043	4794	1405
云南省	467	1356	34341	48581	708091	6812	1639
西藏自治区		35		3516	26075	670	175
陕西省	73	1423	10375	19969	495868	7653	2099
甘肃省	103	185	10211	17363	271959	3095	996
青海省	31	773	1473	4000	103829	759	354
宁夏回族自治区	18	86	1888	4025	146348	500	248
新疆维吾尔自治区	53	4574	7437	17490	471060	3235	998

2－110－3　　单位:万元

地　　区	商品和服务支出						
	咨询费	手续费	水　费	电　费	邮电费	取暖费	物　业 管理费
地　方　合　计	**9041**	**11637**	**150972**	**571230**	**78999**	**196790**	**184270**
北京市	125	151	6440	22220	2558	12852	13443
天津市	384	132	3662	12884	1697	6829	4256
河北省	230	168	5940	22232	3099	19558	3928
山西省	315	81	2859	9396	1407	9247	1610
内蒙古自治区	128	89	1742	5426	1152	7701	1813
辽宁省	158	131	6649	21450	2712	21582	6204
其中:大连市	27	7	921	2888	493	4546	947
吉林省	229	110	2962	9023	1191	13638	1334
黑龙江省	103	670	3709	12234	1780	16297	2862
上海市	646	160	5813	37505	3831	3862	23208
江苏省	248	500	12609	49540	4702	11073	14034
浙江省	457	388	10441	51598	9325		25053
其中:宁波市	40	28	1519	6577	607		5577
安徽省	239	218	5460	19590	1795	1896	3219
福建省	1080	114	3907	16008	1989		3703
其中:厦门市	7	9	498	2670	340		1048
江西省	316	42	4106	15262	1492	498	2304
山东省	579	1396	11169	39429	5579	26485	12182
其中:青岛市	40	602	1124	4961	722	3933	1682
河南省	384	776	8076	25722	3272	10885	6357
湖北省	1263	269	6563	25044	2368	3279	3420
湖南省	694	3370	6665	22737	2918	2393	6023
广东省	336	1227	11790	64273	9060	220	28927
其中:深圳市	37	151	2999	11626	2456		7837
广西壮族自治区	87	282	3489	14077	2015	1	3082
海南省	7	123	539	2290	474	1	968
重庆市	180	253	3569	11181	1532	189	2825
四川省	356	179	6509	20620	4264	794	5655
贵州省	53	82	2954	7576	1321	2518	1888
云南省	161	224	4259	7479	2183	39	1364
西藏自治区	1	2	241	1016	234	484	25
陕西省	95	112	4084	10662	1514	5125	1188
甘肃省	47	147	1614	5020	965	6395	571
青海省	27	10	541	1340	485	1890	75
宁夏回族自治区	12	3	490	2242	394	1432	127
新疆维吾尔自治区	101	228	2121	6154	1691	9627	2622

2－110－4　　单位:万元

地区	商品和服务支出					
	交通费	差旅费	出国费	维修(护)费	租赁费	会议费
地方合计	**168378**	**91454**	**6492**	**3356116**	**88340**	**36213**
北京市	4534	972	246	155340	4255	905
天津市	2211	1104	472	73970	269	452
河北省	9152	4851	126	160670	3190	1871
山西省	4648	2928	41	70925	1608	1557
内蒙古自治区	3561	2829	57	46248	831	646
辽宁省	9226	3312	117	144577	2261	1081
其中:大连市	1871	408	37	24183	727	110
吉林省	4717	2400	115	51828	1107	1790
黑龙江省	6058	3440	77	81180	3226	738
上海市	5183	2120	685	187603	3246	2490
江苏省	6897	5786	382	346860	6585	2210
浙江省	7863	4861	612	328055	11590	1699
其中:宁波市	625	539	100	36994	604	152
安徽省	4410	2736	175	75988	1863	690
福建省	3450	2789	286	109582	3425	404
其中:厦门市	457	238	46	17771	412	28
江西省	4089	2454	85	71655	1018	439
山东省	16507	6178	418	257010	5530	4404
其中:青岛市	1580	656	90	29659	1335	392
河南省	11566	5498	103	119675	3493	2226
湖北省	4241	3241	163	90360	2980	1535
湖南省	8079	4236	295	105077	1810	1216
广东省	15412	6069	379	322615	14801	4136
其中:深圳市	4077	1190	32	65217	6119	577
广西壮族自治区	4617	2568	130	70294	1921	403
海南省	1238	945	12	13678	992	218
重庆市	3101	2081	71	60516	1671	830
四川省	8759	4206	932	110252	3977	1590
贵州省	3222	1718	24	44925	1102	397
云南省	4586	2972	170	80375	2474	666
西藏自治区	817	782		1537	17	5
陕西省	4134	2644	16	60184	2226	746
甘肃省	1499	1783	151	28470	355	438
青海省	851	487	60	10534	45	68
宁夏回族自治区	730	656	3	14291	67	83
新疆维吾尔自治区	3020	2808	89	61842	405	280

2－110－5

单位:万元

地区	商品和服务支出						
	培训费	招待费	专用材料费	被装购置费	专用燃料费	劳务费	委托业务费
地方合计	**135901**	**165630**	**20094395**	**49426**	**75807**	**198880**	**41406**
北京市	2998	2293	1166973	454	1453	12028	2296
天津市	1669	1204	506673	172	3067	3102	80
河北省	5590	5380	775158	1701	1727	8784	365
山西省	2371	3812	322560	6416	2395	2512	296
内蒙古自治区	1719	2745	261243	1833	583	2502	1070
辽宁省	3111	4571	729892	383	4236	5878	1240
其中:大连市	717	567	135451		49	759	40
吉林省	2308	2295	298138		3346	2762	1484
黑龙江省	1986	2266	479751	2620	3018	4157	3240
上海市	5042	4793	1301228	2320	9121	13877	735
江苏省	7658	13143	1692037	2322	5189	13195	9188
浙江省	10358	9567	2185449	426	4954	16131	3970
其中:宁波市	2199	1613	327088	1		2663	419
安徽省	2638	5507	553622	1070	1143	6754	649
福建省	2434	3403	714166	273	297	3482	4420
其中:厦门市	339	303	88050	147		368	54
江西省	2741	4968	413418	1090	409	4646	318
山东省	8695	11176	1319548	4206	4983	22615	2260
其中:青岛市	875	1195	194555			953	753
河南省	8270	9681	867007	1040	4066	6947	2434
湖北省	12574	8555	592296	2622	3695	2594	739
湖南省	10390	19591	578454	4736	1280	4077	1675
广东省	13661	16528	1956788	1613	4565	19838	2415
其中:深圳市	4054	3204	331693	374	812	4708	1291
广西壮族自治区	4853	4605	488875	3124	1452	6543	234
海南省	514	1027	93760	339	86	1607	41
重庆市	2025	2657	355817	422	452	2602	102
四川省	7135	8746	699477	2361	7754	7589	313
贵州省	2410	2583	228003	742	1062	5319	180
云南省	6020	4932	492794	1128	1978	6070	405
西藏自治区	106	412	11734	1042	36	156	119
陕西省	2531	3714	323812	1921	1520	4497	302
甘肃省	1478	1633	178645	2202	833	775	514
青海省	522	560	68812	449	199	312	72
宁夏回族自治区	437	601	107341	185	227	466	158
新疆维吾尔自治区	1657	2682	330924	214	681	7063	92

2－110－6

单位:万元

地　　区	商品和服务支出			对个人和家庭的补助			
	工会经费	福利费	其他商品和服务支出	小　计	离休费	退休费	退职(役)费
地方合计	**108951**	**158125**	**2146908**	**1587794**	**59344**	**732955**	**2941**
北京市	7039	2940	75100	79967	5404	32199	15
天津市	2919	4292	67286	71450	2583	44216	34
河北省	3727	5608	75813	32456	1507	15034	26
山西省	1516	3765	40697	20706	1063	11476	16
内蒙古自治区	902	2656	37460	14250	447	7772	4
辽宁省	4332	3039	39718	58703	2088	20948	50
其中:大连市	798	504	6738	7277	137	22	14
吉林省	1680	1607	15128	56475	4620	45483	64
黑龙江省	2340	3620	28759	70951	5097	48707	90
上海市	7373	8852	153639	45004	1732	15491	25
江苏省	7406	10346	165112	160200	9877	75083	153
浙江省	10781	19540	149417	127188	2057	36677	116
其中:宁波市	1733	3117	21657	11785	57	1698	3
安徽省	2635	1880	74781	42147	1565	21663	29
福建省	3844	2321	37870	39464	594	8925	119
其中:厦门市	508	426	8534	5446	14	946	
江西省	2659	3069	60246	38363	750	20266	13
山东省	7356	7446	115408	134516	2565	12491	284
其中:青岛市	1600	955	15650	20583	71	118	24
河南省	4294	8668	95673	51760	2747	31124	184
湖北省	3787	8014	117374	64239	1932	40304	477
湖南省	4370	8079	102614	56039	2058	33960	255
广东省	11098	20530	260198	126791	1433	40522	186
其中:深圳市	2976	5874	40446	10138	135	3726	4
广西壮族自治区	2762	4312	53394	52747	1658	38197	39
海南省	402	922	18166	2807	133	12	17
重庆市	1654	2379	38785	15755	99	4288	11
四川省	4309	7091	79615	46124	994	22988	165
贵州省	1241	2950	28574	45611	1524	34170	42
云南省	3238	4264	71859	25885	394	8253	115
西藏自治区	403	199	5862	11671	24	7839	4
陕西省	1401	2855	50833	29367	1019	14405	270
甘肃省	883	1944	31506	20586	1534	14910	27
青海省	459	209	14709	6920	359	3514	8
宁夏回族自治区	479	999	14177	12390	292	4326	4
新疆维吾尔自治区	1662	3729	27135	27262	1195	17712	99

2－110－7

单位:万元

地　　区	对个人和家庭的补助						
	抚恤金	生活补助	救济费	医疗费	助学金	奖励金	生产补贴
地　方　合　计	**23387**	**26139**	**1737**	**87866**	**795**	**10550**	**629**
北京市	1636	631		2088	1	43	－1
天津市	542	410		2541		603	17
河北省	786	880	80	3234	12	240	
山西省	264	638	7	1102	1	185	6
内蒙古自治区	246	239	15	468	1	66	
辽宁省	575	1812	89	3644	32	559	6
其中:大连市	41	614	54	301		21	
吉林省	619	994	29	1335		296	
黑龙江省	842	1091	7	1771		362	75
上海市	2498	391	2	806	13	144	
江苏省	2247	813	32	8389	122	389	3
浙江省	533	907	22	11782		522	
其中:宁波市	80	183	2	406		27	
安徽省	721	748	197	2688	4	152	
福建省	785	230	33	1950	3	80	
其中:厦门市	38	59	17	16	3	74	
江西省	462	2763	28	3447	3	90	
山东省	996	3466	271	8011	18	409	299
其中:青岛市	49	176	28	176	2	73	
河南省	885	1122	79	2362	32	355	1
湖北省	850	558	28	4682	104	172	
湖南省	1884	1199	230	2590	209	141	36
广东省	1073	1553	53	14116	117	3201	111
其中:深圳市	64	456		147	69	326	
广西壮族自治区	542	514	26	853		318	
海南省	80	264	3	691	4	55	
重庆市	806	377	5	958	10	40	
四川省	1285	1189	232	1414		1189	
贵州省	371	373	2	567	6	110	
云南省	247	395	23	1316	1	580	61
西藏自治区	112	43	3	1058			
陕西省	486	1204	115	1625	2	20	10
甘肃省	178	782	5	376		11	5
青海省	76	55		1299			
宁夏回族自治区	109	30		235	10		
新疆维吾尔自治区	651	468	121	468	90	218	

2－110－8

单位:万元

地　　区	对个人和家庭的补助				对企事业单位的补贴		
	住房公积金	提租补贴	购房补贴	其他对个人和家庭的补助支出	小计	企业政策性补贴	事业单位补贴
地方合计	**353718**	**51841**	**94990**	**140902**	**25118**	**47**	**12681**
北京市	24624	6890	3597	2840	11		
天津市	18198	406	700	1200	300		
河北省	8725	200	73	1659	354	1	61
山西省	4518	125	106	1199	3886		40
内蒙古自治区	2598	63	10	2321	115		20
辽宁省	14784	10144	1704	2268	977	30	916
其中:大连市	4369	669	530	505	41	30	
吉林省	2262	252	1	520			
黑龙江省	3312	393	62	9142	245		245
上海市	16687	56	1276	5883	1		1
江苏省	30715	7977	8266	16134	2331		80
浙江省	55769	992	7811	10000	1177		811
其中:宁波市	6294	441	606	1988	47		47
安徽省	9687	282	276	4135	579		60
福建省	18522	5737	1441	1045	35		22
其中:厦门市	1691	2051	467	70			
江西省	4478	4	255	5804	50		
山东省	27928	16789	49873	11116	1666		1416
其中:青岛市	5913	1556	10141	2256			
河南省	6958	510	1105	4296	742	8	141
湖北省	7586	148	2879	4519	163		163
湖南省	9108	28	94	4247	1010		982
广东省	35296	350	9300	19480	7963	8	6981
其中:深圳市	1277		1282	2652	2502		2441
广西壮族自治区	7470	147	234	2749	757		105
海南省	593	9	4	942			
重庆市	3799	27	56	5279	1130		20
四川省	7833	78	238	8519	30		30
贵州省	3206	119	4318	803	205		33
云南省	10410	8	511	3571	583		320
西藏自治区	904		152	1532			
陕西省	7762	53	320	2076	3		3
甘肃省	2094	20	6	638	43		41
青海省	1334			275			
宁夏回族自治区	1197		142	6045	440		140
新疆维吾尔自治区	5361	34	180	665	322		50

2－110－9

单位:万元

地　　区	对企事业单位的补贴		赠　与			债务利息支出	
	财政贴息	其他对企事业单位的补贴支出	小　计	对国内的赠　与	对国外的赠　与	小　计	国库券付　息
地方合计	**6095**	**6295**				**46**	
北京市	11						
天津市	300						
河北省	290	2					
山西省		3846					
内蒙古自治区	93	2					
辽宁省	11	20					
其中:大连市	11						
吉林省							
黑龙江省							
上海市							
江苏省	652	1599					
浙江省	120	246					
其中:宁波市							
安徽省	396	123					
福建省		13					
其中:厦门市							
江西省	40	10					
山东省	200	50					
其中:青岛市							
河南省	340	253					
湖北省							
湖南省		28					
广东省	908	66					
其中:深圳市		61					
广西壮族自治区	652						
海南省							
重庆市	1104	6					
四川省							
贵州省	143	29				46	
云南省	263						
西藏自治区							
陕西省							
甘肃省		2					
青海省							
宁夏回族自治区	300						
新疆维吾尔自治区	272						

二、地方财政预算收支情况

2－110－10　　　　　　　　　　　　　　　　　　　　　　　　　　　　　　单位:万元

地区	债务利息支出					基本建设支出	
	向国家银行借款付息	其他国内借款付息	向国外政府借款付息	向国际组织借款付息	其他国外借款付息	小计	房屋建筑物购建
地方合计	**46**					**580811**	**418504**
北京市						59079	38497
天津市						36829	32835
河北省						11613	8980
山西省						10770	2299
内蒙古自治区						22195	16511
辽宁省						21896	16445
其中:大连市						3564	424
吉林省						7354	4335
黑龙江省						14387	13142
上海市						16296	6403
江苏省						65566	50755
浙江省						57719	44206
其中:宁波市						44868	35592
安徽省						8262	6940
福建省						11473	9440
其中:厦门市						6138	4779
江西省						13529	12419
山东省						25495	8635
其中:青岛市						7457	4520
河南省						14718	8083
湖北省						2918	2192
湖南省						4198	2214
广东省						53325	49540
其中:深圳市							
广西壮族自治区						11107	6981
海南省						5340	1860
重庆市						18253	16360
四川省						19187	13422
贵州省	46					2363	1306
云南省						13155	11765
西藏自治区						6443	6051
陕西省						18061	3682
甘肃省						12360	9352
青海省						989	703
宁夏回族自治区						5267	4434
新疆维吾尔自治区						10664	8717

2－110－11 单位:万元

地　　区	基本建设支出							
	办公设备购　置	专用设备购　置	交通工具购　置	基础设施建　设	大型修缮	信息网络购　建	物资储备	其他基本建设支出
地　方　合　计	**2496**	**35922**	**1672**	**56399**	**13289**	**330**		**52199**
北京市		3486		8959	3811	－1		4327
天津市		－4		4000				－2
河北省	241	366	19	1635	96			276
山西省		343		217				7911
内蒙古自治区		873	12	4138	211	10		440
辽宁省	380	740		2725	200			1406
其中:大连市				2065				1075
吉林省		275		355	389			2000
黑龙江省		280		410	175			380
上海市	23	1035	1180		1253	72		6330
江苏省	589	3832		5221	1575	33		3561
浙江省	55	1654	54	8523	282			2945
其中:宁波市	53	131		6030	160			2902
安徽省	43	723		186	200	5		165
福建省		1018		620	46	35		314
其中:厦门市		891		300	46			122
江西省		561		370				179
山东省	701	6568	45	3460	1175	4		4907
其中:青岛市		456	19					2462
河南省	11	1355	17	4367	40	3		842
湖北省		338	49	3	156	19		161
湖南省	61	775		10	877	80		181
广东省		1980		531	995	24		255
其中:深圳市								
广西壮族自治区	26	799	72	2223	58			948
海南省	7	3472				1		
重庆市	7	140		330	410			1006
四川省	190	775		4026	415	19		340
贵州省	18	619	38	375				7
云南省	24	487	161	714		4		
西藏自治区		70		101				221
陕西省		527	4	320	633			12895
甘肃省	10	135		2431	269			163
青海省	38	206	20			18		4
宁夏回族自治区		833						
新疆维吾尔自治区	72	1661	1	149	23	4		37

2－110－12

单位:万元

地　　区	其他资本性支出						
	小　计	房屋建筑物购　　建	办公设备购　　置	专用设备购　　置	交通工具购　　置	基础设施建　　设	大型修缮
地　方　合　计	**1430838**	**249660**	**83653**	**710932**	**21620**	**59688**	**97731**
北京市	119108	1270	2718	92578	345	1262	15565
天津市	24163	5624	1688	9144	204	6	1295
河北省	45064	4235	2848	26535	581	2110	4791
山西省	30108	1385	3456	17054	699	1045	2317
内蒙古自治区	37867	9926	2053	19146	774	1615	1349
辽宁省	67373	12286	12253	24216	1130	2440	8384
其中:大连市	5196	705	1056	2259	123	646	5
吉林省	41224	8707	1826	22870	706	1946	4495
黑龙江省	33503	5268	2632	18181	501	1859	3598
上海市	89835	5158	1061	27352	408	1831	1898
江苏省	111048	36571	7416	42515	848	583	2955
浙江省	40851	9789	53	18322	454	3725	842
其中:宁波市	2517	9	6	1384		1000	
安徽省	40917	13635	2285	19614	544	660	1062
福建省	43472	33887	155	7558	283	714	321
其中:厦门市	33905	28453	21	5028			168
江西省	28283	9487	1240	14207	363	247	542
山东省	96197	8912	6740	49713	1817	5602	7688
其中:青岛市	7552	314	744	2271	18	100	248
河南省	38502	4899	3307	19475	843	5374	1604
湖北省	74882	13932	2765	33193	641	743	12538
湖南省	34303	5354	3031	16307	1261	2588	1945
广东省	103452	4439	7598	62119	1550	1093	6442
其中:深圳市	13494	683	1442	8722	37	386	592
广西壮族自治区	44360	5731	3141	27700	463	617	2133
海南省	12065	2302	167	3601	75	5111	229
重庆市	8080	1631	886	3472	138	57	27
四川省	63960	9189	3432	35607	2107	3053	3343
贵州省	26397	5444	1565	12272	374	2802	1453
云南省	43739	7594	1178	21116	325	5919	852
西藏自治区	6842	720	314	2695	2258	20	331
陕西省	44114	7266	2353	19814	601	3373	6862
甘肃省	28118	2456	1821	17705	301	1495	1391
青海省	8438	1089	520	5182	378	329	376
宁夏回族自治区	14086	4468	262	5982	254	118	370
新疆维吾尔自治区	30487	7006	2889	15687	394	1351	733

2－110－13

单位:万元

地　　区	其他资本性支出						
	信息网络购建	物资储备	土地补偿	安置补助	地上附着物和青苗补偿	拆迁补偿	其他资本性支出
地方合计	**20588**	**6813**	**1117**	**370**	**2148**	**1411**	**175107**
北京市	1929	1	1				3439
天津市	433	39	532		2068		3130
河北省	584	64	220			80	3016
山西省	300	64				18	3770
内蒙古自治区	646	5		1		83	2269
辽宁省	1088	4336		74		1	1165
其中:大连市	286	8					108
吉林省	428			166			80
黑龙江省	277	43					1144
上海市	1079						51048
江苏省	1643	131					18386
浙江省	11		40				7615
其中:宁波市							118
安徽省	640					550	1927
福建省	36						518
其中:厦门市							235
江西省	538					38	1621
山东省	1999		31	110			13585
其中:青岛市	90						3767
河南省	449		74		48	52	2377
湖北省	352						10718
湖南省	672	3					3142
广东省	2709					4	17498
其中:深圳市	345						1287
广西壮族自治区	400		44				4131
海南省	26		3				551
重庆市	190						1679
四川省	1588	8	100		2	111	5420
贵州省	582				11		1894
云南省	153	105				200	6297
西藏自治区	9						495
陕西省	349	2014	1	17		12	1452
甘肃省	315		51	2	19	262	2300
青海省	140						424
宁夏回族自治区							2632
新疆维吾尔自治区	1023		20				1384

2－110－14

单位:万元

地　　区	贷款转贷及产权参股					其他支出		
	小　计	国内贷款	国外贷款	产权参股	其他贷款转贷及产权参股支出	小　计	补充全国社会保障基金	其他支出
地　方　合　计	**16**	**16**				**191933**	**78**	**191855**
北京市						3873		3873
天津市						3270		3270
河北省						10797		10797
山西省						2931		2931
内蒙古自治区						131		131
辽宁省						3995		3995
其中:大连市								
吉林省						2385		2385
黑龙江省						186		186
上海市						1896		1896
江苏省						18571		18571
浙江省						17242		17242
其中:宁波市						2657		2657
安徽省						7083		7083
福建省						5804		5804
其中:厦门市						1039		1039
江西省						3665		3665
山东省						511		511
其中:青岛市						1252		1252
河南省						4638	78	4560
湖北省						14033		14033
湖南省						14089		14089
广东省						41874		41874
其中:深圳市						4383		4383
广西壮族自治区						5177		5177
海南省						3461		3461
重庆市						3641		3641
四川省						3266		3266
贵州省						7434		7434
云南省	16	16				1056		1056
西藏自治区						76		76
陕西省						3214		3214
甘肃省						1273		1273
青海省						651		651
宁夏回族自治区						650		650
新疆维吾尔自治区						5060		5060

2007 年各省、自治区、直辖市社区卫生服务支出明细表

2－111－1　　　　　　　　　　　　　　　　　　　　　　单位:万元

地　区	合　计	工资福利支出				
		小　计	基本工资	津贴补贴	奖　金	社会保障缴　费
地方合计	**1782783**	**422752**	**120194**	**65045**	**101507**	**55380**
北京市	222021	44584	11634	10680	9561	2247
天津市	111306	16811	5475	4831	3047	1046
河北省	9251	1340	734	184	19	304
山西省	8250	2075	1277	408	147	112
内蒙古自治区	7885	1786	1148	375	71	111
辽宁省	28766	7057	3007	1029	77	2095
其中:大连市	833	123	35	15	8	57
吉林省	9197	1548	871	408	7	59
黑龙江省	19950	4265	1867	1036	147	912
上海市	589386	169310	43295	16947	56160	25757
江苏省	158945	34405	10812	7345	7148	5105
浙江省	216689	52695	8765	6965	14245	7167
其中:宁波市	92112	23963	3849	3343	5782	3922
安徽省	26480	4184	1761	598	250	503
福建省	32840	10090	2965	2403	685	1521
其中:厦门市	12623	2829	583	494	344	287
江西省	25151	2464	1313	270	220	137
山东省	11747	2866	1691	632	55	299
其中:青岛市	3392	781	772	9		
河南省	12197	1548	831	194	55	114
湖北省	40055	8008	3982	978	541	1662
湖南省	26891	7475	3760	909	1002	764
广东省	108855	28389	5326	6668	4611	2909
其中:深圳市	30215	8264	668	2775	782	404
广西壮族自治区	3536	276	217	21		7
海南省	1101	351	211	84	6	44
重庆市	19768	3771	1292	230	486	530
四川省	51114	13680	6271	929	2820	1646
贵州省	2733	317	232	29	6	10
云南省	8591	404	208	136	11	7
西藏自治区	220	166	40	113	13	
陕西省	14582	1606	578	228	53	255
甘肃省	8300	868	436	268	50	50
青海省	1232	70	21	43	6	
宁夏回族自治区	830	192	113	37	5	
新疆维吾尔自治区	4914	151	61	67	3	7

二、地方财政预算收支情况

2－111－2

单位:万元

地　　区	工资福利支出				商品和服务支出		
	伙食费	伙　食 补助费	绩效 工资	其他工资 福利支出	小　计	办公费	印刷费
地　方　合　计	**639**	**4909**	**7169**	**67909**	**1116708**	**16185**	**5661**
北京市	48	870	2188	7356	136974	882	525
天津市	7	175	292	1938	80512	422	187
河北省		6		93	3494	121	35
山西省	3	30	16	82	4166	262	220
内蒙古自治区		1	64	16	5179	554	106
辽宁省	9	29	288	523	10740	835	57
其中:大连市	8				165	55	2
吉林省		2	68	133	4891	467	57
黑龙江省	29	23	141	110	10377	680	78
上海市	463	2341	478	23869	386546	1876	1814
江苏省	18	105	73	3799	92907	741	426
浙江省	53	973	636	13891	141593	655	577
其中:宁波市	53	433		6581	60622	235	313
安徽省	1	17		1054	16041	705	102
福建省	3	51	144	2318	15292	163	91
其中:厦门市		27	22	1072	6080	41	25
江西省		2	89	433	15241	103	35
山东省		7	70	112	5521	340	63
其中:青岛市					864	24	
河南省		17	6	331	6730	374	108
湖北省			141	704	26394	491	69
湖南省	4	44	20	972	16396	376	88
广东省	1	49	1441	7384	72610	2590	225
其中:深圳市		8	1407	2220	21448	105	38
广西壮族自治区				31	1598	175	12
海南省				6	706	14	5
重庆市		24	73	1136	10883	159	78
四川省		101	468	1445	29657	1170	375
贵州省			7	33	2056	328	5
云南省		35		7	4349	260	53
西藏自治区					20	5	
陕西省		7	452	33	6882	343	101
甘肃省			12	52	4760	421	105
青海省					1083	5	
宁夏回族自治区				37	588	42	33
新疆维吾尔自治区			2	11	2522	626	31

2 - 111 - 3　　　　单位:万元

地区	商品和服务支出						
	咨询费	手续费	水费	电费	邮电费	取暖费	物业管理费
地方合计	**345**	**266**	**2837**	**12916**	**3840**	**3560**	**4053**
北京市		17	321	1396	424	1723	290
天津市	26	11	146	514	199	468	51
河北省			21	44	13	289	51
山西省			36	93	17	94	79
内蒙古自治区		1	5	19	11	69	3
辽宁省		50	30	161	71	259	32
其中:大连市				1	4	3	1
吉林省		1	5	17	13	143	17
黑龙江省			24	83	38	97	71
上海市	129	78	945	5118	1278	14	2071
江苏省	39	28	324	1309	399	42	83
浙江省	55	14	289	1516	537		511
其中:宁波市	26	6	141	663	226		228
安徽省	21	7	70	154	29	5	17
福建省	1		46	175	80		21
其中:厦门市			9	45	24		9
江西省	16	1	24	127	23		21
山东省	1	3	22	70	30	137	4
其中:青岛市							
河南省	5		28	52	19	12	
湖北省	1	4	50	284	88	3	18
湖南省	8	5	86	237	46	18	8
广东省	1	28	157	890	255	4	596
其中:深圳市		5	54	239	42		349
广西壮族自治区				2			
海南省			1	5	2		
重庆市	6	1	28	144	60	2	22
四川省	18	2	108	355	155	7	63
贵州省			2	4	4		
云南省	3		2	7	2		
西藏自治区				2		5	
陕西省	3	13	34	71	24	41	16
甘肃省	10	2	30	64	20	104	8
青海省							
宁夏回族自治区			3	3	2	18	
新疆维吾尔自治区	2				1	6	

2－111－4

单位:万元

地　　区	商品和服务支出					
	交通费	差旅费	出国费	维修(护)费	租赁费	会议费
地　方　合　计	**5504**	**2337**	**197**	**46153**	**9851**	**4169**
北京市	1108	93	6	2021	1430	495
天津市	195	95		2231	503	192
河北省	20	20		207	25	18
山西省	53	17		598	160	68
内蒙古自治区	66	76		211	32	14
辽宁省	50	33		745	241	25
其中:大连市	12	5		7	6	4
吉林省	85	20		658	126	50
黑龙江省	73	155		2517	115	38
上海市	1371	350	161	11624	1435	1421
江苏省	483	184	12	6322	584	269
浙江省	410	278	6	6109	1847	208
其中:宁波市	193	151	1	2812	512	65
安徽省	57	45		283	122	59
福建省	100	85	5	684	161	22
其中:厦门市	23	36	4	153	67	2
江西省	100	42		572	9	5
山东省	137	33	1	304	86	31
其中:青岛市				6		
河南省	88	64		538	64	136
湖北省	41	60		542	369	81
湖南省	136	134		1169	79	100
广东省	302	116		3612	1801	93
其中:深圳市	101	12		1415	1047	9
广西壮族自治区	1	18		81	9	17
海南省	1	4		29	10	
重庆市	67	47		1178	212	96
四川省	358	166	6	2008	258	336
贵州省	17	8		49	1	192
云南省	15	35		194	26	115
西藏自治区	4	2			1	
陕西省	85	77		1051	89	49
甘肃省	55	42		530	47	22
青海省	5	1				
宁夏回族自治区	7	8		24	6	1
新疆维吾尔自治区	14	29		62	3	16

2－111－5

单位:万元

地区	商品和服务支出						
	培训费	招待费	专用材料费	被装购置费	专用燃料费	劳务费	委托业务费
地方合计	**8742**	**7502**	**716768**	**1440**	**2360**	**20946**	**3945**
北京市	847	508	97010	9	163	2914	155
天津市	221	181	64751	715	19	2059	61
河北省	113	10	1174	7	1	57	282
山西省	311	25	1389	1	13	35	31
内蒙古自治区	281	46	2218	16	2	201	
辽宁省	558	70	3514			1688	24
其中:大连市	10	6	48			1	
吉林省	71	20	1374		1	6	233
黑龙江省	41	41	2031	42	3	665	298
上海市	1603	2151	308180	38	56	3725	124
江苏省	389	1577	51748	3	66	3122	1366
浙江省	643	839	97742	118	1356	2884	721
其中:宁波市	277	393	43092			943	140
安徽省	263	147	3259		28	168	73
福建省	79	186	8344	20	2	309	26
其中:厦门市	17	44	2439			19	3
江西省	143	84	4716		29	33	
山东省	54	61	1737	1	150	168	108
其中:青岛市	4						
河南省	386	75	1607		4	41	15
湖北省	170	181	4647	22	6	281	61
湖南省	139	269	8431	12	26	30	45
广东省	391	342	34653	125	279	764	22
其中:深圳市	43	66	6461			24	
广西壮族自治区	173	5	29				
海南省	46	12	140			5	33
重庆市	204	73	3461	7	5	207	56
四川省	453	491	11093	247	130	944	25
贵州省	396	8	187			6	
云南省	265	34	458	30	2	370	180
西藏自治区							
陕西省	196	35	1600	9	4	67	
甘肃省	137	19	396	4	6	123	6
青海省	91	1	10				
宁夏回族自治区	33	8	52	14	3	27	
新疆维吾尔自治区	45	3	817		6	47	

2－111－6

单位:万元

地　　区	商品和服务支出			对个人和家庭的补助			
	工会经费	福利费	其他商品和服务支出	小　计	离休费	退休费	退职(役)费
地　方　合　计	**4913**	**10386**	**221832**	**79024**	**1095**	**30511**	**30**
北京市	754	329	23554	4271	41	558	4
天津市	214	495	6556	11830	416	9560	7
河北省	19	13	954	1838	21	146	
山西省	3	50	611	129		106	
内蒙古自治区		24	1224	316	3	96	
辽宁省	54	93	2150	2086	61	1644	
其中:大连市				36			
吉林省	12	2	1513	1405	27	1289	
黑龙江省	22	83	3182	1886	65	424	
上海市	2260	5438	33286	11789	115	4655	1
江苏省	298	1537	21556	10558	152	3993	5
浙江省	656	846	22776	9721	41	1557	4
其中:宁波市	382	391	9432	3836	3	506	4
安徽省	4	66	10357	2175	8	394	
福建省	59	136	4497	2648	26	1428	1
其中:厦门市	33	22	3065	495	1	226	
江西省	19	82	9057	4133	2	177	
山东省	5	21	1954	396			2
其中:青岛市			830	24			
河南省	5	11	3098	1062	34	291	
湖北省	56	293	18576	2458	50	1098	
湖南省	40	223	4691	1383	15	881	
广东省	322	314	24728	3427		795	
其中:深圳市	168	2	11268	63			
广西壮族自治区			1076	1063			
海南省		2	397	4			
重庆市	16	28	4726	495		47	
四川省	91	245	10553	1387	3	654	3
贵州省		14	835	170		139	
云南省			2298	89	4	7	
西藏自治区			1	34		31	
陕西省	1	17	2956	452		45	
甘肃省	2	19	2588	1202	11	482	3
青海省			970	46			
宁夏回族自治区			304				
新疆维吾尔自治区	1	5	808	571		14	

2－111－7　　　　单位:万元

地　区	对个人和家庭的补助						
	抚恤金	生活补助	救济费	医疗费	助学金	奖励金	生产补贴
地　方　合　计	**1355**	**1453**	**228**	**11140**	**89**	**284**	**7**
北京市	78	52		522			
天津市	78	16		186		80	
河北省	8	3		1240	1		
山西省	5						
内蒙古自治区	2	3		14	49		
辽宁省	8	26	28	95		20	
其中:大连市		1	22	13			
吉林省	1	7		50		4	
黑龙江省	10	338		515		7	
上海市	819	100	22	312	1	23	
江苏省	134	223	67	1198		28	7
浙江省	31	43		1259		38	
其中:宁波市	24	29		110		6	
安徽省	5	3		702			
福建省	37	76		28		6	
其中:厦门市	10	69		1		6	
江西省	5	143	60	1619		3	
山东省	5	22		161			
其中:青岛市				8			
河南省	10	5	31	485			
湖北省	18	42		240			
湖南省	20	5	2	26		3	
广东省	14	10	15	288		65	
其中:深圳市	1	1					
广西壮族自治区				1061		1	
海南省							
重庆市	23	10		148			
四川省	33	60		54		3	
贵州省	3			26			
云南省				39	38		
西藏自治区							
陕西省	5	179		160			
甘肃省	3	70		217			
青海省							
宁夏回族自治区							
新疆维吾尔自治区		17	3	495		3	

2－111－8

单位:万元

地　　区	对个人和家庭的补助				对企事业单位的补贴		
	住　房公积金	提租补贴	购房补贴	其他对个人和家庭的补助支出	小　计	企业政策性补　　贴	事业单位补　　贴
地　方　合　计	**13327**	**1486**	**2258**	**15761**	**10810**	**400**	**6466**
北京市	1855	646	30	485	1461		8
天津市	1314	43	1	129			
河北省	18	1		400			
山西省				18			
内蒙古自治区				149	57		57
辽宁省	19	47	4	134	3593		3593
其中:大连市							
吉林省	20	2		5			
黑龙江省	85	30		412	590	40	550
上海市	3712	14	42	1973	219		219
江苏省	1741	429	720	1861	655		539
浙江省	2871	70	1306	2501	1355		366
其中:宁波市	1529	67	523	1035	397		132
安徽省	54		2	1007	644		242
福建省	359	174	19	494	426		8
其中:厦门市	101	48	18	15	426		8
江西省	23			2101			
山东省	45	3	127	31	118		118
其中:青岛市				16			
河南省	1			205	195		195
湖北省	117	8	1	884	531		45
湖南省	96		1	334			
广东省	689	13	1	1537	541	360	101
其中:深圳市				61	360	360	
广西壮族自治区				1	22		22
海南省				4			
重庆市	78		4	185	65		65
四川省	160	5		412	233		233
贵州省				2			
云南省				1	34		34
西藏自治区				3			
陕西省	37			26			
甘肃省	33	1		382	44		44
青海省				46			
宁夏回族自治区					27		27
新疆维吾尔自治区				39			

2－111－9

单位:万元

地　　区	对企事业单位的补贴		赠　与			债务利息支出	
	财政贴息	其他对企事业单位的补贴支出	小　计	对国内的赠　与	对国外的赠　与	小　计	国库券付　息
地　方　合　计		**3944**					
北京市		1453					
天津市							
河北省							
山西省							
内蒙古自治区							
辽宁省							
其中:大连市							
吉林省							
黑龙江省							
上海市							
江苏省		116					
浙江省		989					
其中:宁波市		265					
安徽省		402					
福建省		418					
其中:厦门市		418					
江西省							
山东省							
其中:青岛市							
河南省							
湖北省		486					
湖南省							
广东省		80					
其中:深圳市							
广西壮族自治区							
海南省							
重庆市							
四川省							
贵州省							
云南省							
西藏自治区							
陕西省							
甘肃省							
青海省							
宁夏回族自治区							
新疆维吾尔自治区							

2－111－10 单位:万元

地 区	债务利息支出					基本建设支出	
	向国家银行借款付息	其他国内借款付息	向国外政府借款付息	向国际组织借款付息	其他国外借款付息	小 计	房屋建筑物购建
地 方 合 计						**41500**	**10594**
北京市						27201	5156
天津市							
河北省							
山西省							
内蒙古自治区						44	15
辽宁省						37	
其中:大连市							
吉林省						71	
黑龙江省						303	200
上海市						3059	568
江苏省						1135	323
浙江省						2112	1382
其中:宁波市						1704	1322
安徽省						729	431
福建省						1491	1127
其中:厦门市						1419	1127
江西省						97	
山东省						219	3
其中:青岛市						130	
河南省						559	
湖北省						15	
湖南省						164	36
广东省						95	
其中:深圳市							
广西壮族自治区						22	
海南省							
重庆市						68	57
四川省						778	
贵州省							
云南省						525	10
西藏自治区							
陕西省						902	
甘肃省						395	180
青海省							
宁夏回族自治区							
新疆维吾尔自治区						1479	1106

2－111－11　　　　单位:万元

地　区	基本建设支出							
	办公设备购置	专用设备购置	交通工具购置	基础设施建设	大型修缮	信息网络购建	物资储备	其他基本建设支出
地方合计	**1279**	**1842**	**26**	**17540**	**1563**	**31**	**20**	**8605**
北京市	712	213	4	15259	656			5201
天津市								
河北省								
山西省								
内蒙古自治区		6				23		
辽宁省	37							
其中:大连市								
吉林省	4				67			
黑龙江省	49	54						
上海市	5	112	17		101			2256
江苏省	6	35		400	40	1		330
浙江省	72	215		45	313			85
其中:宁波市	69	202			108			3
安徽省	2	266			23	7		
福建省	37	62			16			249
其中:厦门市	30	13						249
江西省								97
山东省				69	18			129
其中:青岛市								130
河南省	311	202		21	5		20	
湖北省		11	4					
湖南省	5	30			42			51
广东省	9	83			2			1
其中:深圳市								
广西壮族自治区	1		1					20
海南省								
重庆市		11						
四川省	17	355		345				61
贵州省								
云南省	11	78		426				
西藏自治区								
陕西省		2		720	180			
甘肃省		15		50	25			125
青海省								
宁夏回族自治区								
新疆维吾尔自治区	1	92		205	75			

2－111－12

单位:万元

地　　区	其他资本性支出						
	小　计	房屋建筑物购　建	办公设备购　置	专用设备购　置	交通工具购　置	基础设施建　设	大型修缮
地　方　合　计	**83970**	**14166**	**6077**	**23861**	**1573**	**6457**	**8537**
北京市	7238	899	864	1663	242	89	538
天津市	2153	751	80	1170	10		62
河北省	896	1	41	220		156	45
山西省	1880		24	892	58		404
内蒙古自治区	503		40	107	17	79	35
辽宁省	4527	193	229	2585	291	301	323
其中:大连市	509		1		276	232	
吉林省	1231	6	195	512	25	55	334
黑龙江省	2529	387	137	1919		42	43
上海市	16164	2104	1804	4517	440	437	1512
江苏省	7669	1955	373	1033	71	717	129
浙江省	5515	2003	139	560	54	134	512
其中:宁波市	823	5	136	363	24	27	245
安徽省	2307	301	109	700	35	634	172
福建省	1873	66	78	763	48	145	288
其中:厦门市	954	16	15	472	48	38	
江西省	2016	30	19	1098	14	65	79
山东省	2033	434	32	241	3	108	117
其中:青岛市	632						
河南省	1341	321	77	442	88	8	21
湖北省	1687	920	68	137	24	9	274
湖南省	1183	43	31	182	11	65	774
广东省	3269	640	266	1375	3		360
其中:深圳市	80		15	65			
广西壮族自治区	366		6	1	10		199
海南省	40		2	38			
重庆市	4299	547	656	1088	47	922	291
四川省	4928	838	442	1176	61	390	986
贵州省	25		6	2			
云南省	2925	1513	62	974	10	196	41
西藏自治区							
陕西省	4540	106	123	276		1722	977
甘肃省	619	98	89	79	11	178	21
青海省							
宁夏回族自治区	23	10	5			5	
新疆维吾尔自治区	191		80	111			

2－111－13

单位:万元

地　　区	其他资本性支出						
	信息网络购　建	物资储备	土地补偿	安置补助	地上附着物和青苗补偿	拆迁补偿	其他资本性支　出
地　方　合　计	**2289**	**234**				**75**	**20701**
北京市	145						2798
天津市	4						76
河北省	5	7					421
山西省	220						282
内蒙古自治区	25						200
辽宁省	96	227					282
其中:大连市							
吉林省	54						50
黑龙江省							1
上海市	1157						4193
江苏省	147					55	3189
浙江省	29						2084
其中:宁波市							23
安徽省	13						343
福建省	36						449
其中:厦门市							365
江西省							711
山东省	17						1081
其中:青岛市							632
河南省							384
湖北省	9						246
湖南省	28						49
广东省	27						598
其中:深圳市							
广西壮族自治区							150
海南省							
重庆市	52						696
四川省	129					20	886
贵州省							17
云南省	37						92
西藏自治区							
陕西省							1336
甘肃省	56						87
青海省							
宁夏回族自治区	3						
新疆维吾尔自治区							

二、地方财政预算收支情况

2－111－14　　单位:万元

地　　区	贷款转贷及产权参股					其他支出		
	小　计	国内贷款	国外贷款	产权参股	其他贷款转贷及产权参股支出	小　计	补充全国社会保障基金	其他支出
地　方　合　计	**4**				**4**	**28015**		**28015**
北京市						292		292
天津市								
河北省						1683		1683
山西省								
内蒙古自治区								
辽宁省						726		726
其中:大连市								
吉林省						51		51
黑龙江省								
上海市						2299		2299
江苏省						11616		11616
浙江省						3698		3698
其中:宁波市						767		767
安徽省						400		400
福建省	4				4	1016		1016
其中:厦门市						420		420
江西省						1200		1200
山东省						594		594
其中:青岛市						961		961
河南省						762		762
湖北省						962		962
湖南省						290		290
广东省						524		524
其中:深圳市								
广西壮族自治区						189		189
海南省								
重庆市						187		187
四川省						451		451
贵州省						165		165
云南省						265		265
西藏自治区								
陕西省						200		200
甘肃省						412		412
青海省						33		33
宁夏回族自治区								
新疆维吾尔自治区								

2007 年各省、自治区、直辖市医疗保障支出明细表

2－112－1　　单位:万元

地　　区	合　计	工资福利支出				
		小　计	基本工资	津贴补贴	奖　金	社会保障缴　费
地　方　合　计	**9365697**	**1733495**	**19349**	**6940**	**4062**	**1686284**
北京市	592528	14337	26	36	10	14084
天津市	127773	44519	17	70	46	44384
河北省	495473	57657	1111	164	36	50137
山西省	232940	42880	642	204	38	40966
内蒙古自治区	167137	30042	265	103	23	29131
辽宁省	384102	109438	152	32	8	109101
其中:大连市	71936	32911		3		32908
吉林省	158723	50063	638	150	59	49197
黑龙江省	291706	109099	245	75	12	108677
上海市	270958	166428	2692	1104	199	162077
江苏省	556136	47052	970	246	520	45013
浙江省	443846	114569	437	248	276	112885
其中:宁波市	50698	689	7	20	26	635
安徽省	374271	56048	130	90	33	55620
福建省	299361	81841	759	185	63	80030
其中:厦门市	31880	15381	22	17	5	15177
江西省	285907	13168	2087	172	1097	9642
山东省	503775	76683	1240	512	90	74440
其中:青岛市	24481	3878	153	117	22	3469
河南省	527874	74515	3124	1114	43	68752
湖北省	471568	45107	1170	641	103	41022
湖南省	294805	17763	1019	413	84	15526
广东省	679914	51150	278	246	131	50295
其中:深圳市	8701	298	57	133	75	10
广西壮族自治区	208608	69465	509	179	48	68407
海南省	60324	20758	203	50	99	20270
重庆市	183401	49249	67	10	4	49127
四川省	478754	134587	66	16	24	134436
贵州省	191688	19168	363	245	861	17656
云南省	409106	157624	197	190	113	157062
西藏自治区	37098	115				104
陕西省	231658	6602	274	131	13	6116
甘肃省	159991	9397	61	37	7	8908
青海省	94590	6196	102	161	3	5896
宁夏回族自治区	47384	18962	68	35	6	18853
新疆维吾尔自治区	104298	39013	437	81	13	38470

二、地方财政预算收支情况

2－112－2　　　　单位:万元

地　　区	工资福利支出				商品和服务支出		
	伙食费	伙　食 补助费	绩效 工资	其他工资 福利支出	小　计	办公费	印刷费
地　方　合　计	**751**	**242**	**290**	**15577**	**928390**	**42892**	**6523**
北京市		5		176	18505	35	5
天津市				2	9549	292	
河北省	120	33		6056	29979	7083	405
山西省	9	10		1011	13551	285	260
内蒙古自治区	8	1		511	8689	448	227
辽宁省				145	2619	60	3
其中:大连市							
吉林省		1	11	7	9417	456	1506
黑龙江省	11	31		48	24682	20390	23
上海市	2	7		347	28509	96	18
江苏省	1	11	18	273	74196	744	106
浙江省		22		701	72392	321	107
其中:宁波市		1			9410	253	16
安徽省		7		168	20869	111	109
福建省	1	12		791	29430	72	151
其中:厦门市				160	2924	1	
江西省			5	165	37132	435	303
山东省	2	27		372	31479	2630	70
其中:青岛市	2	3		112	7855	1822	5
河南省	544	11	107	820	57261	2216	222
湖北省	19	4	83	2065	158337	524	557
湖南省	5	13	18	685	50064	2480	263
广东省	2			198	89805	241	231
其中:深圳市				23	2777	10	60
广西壮族自治区	1	1		320	23316	351	290
海南省	20	16	32	68	6458	48	77
重庆市		5		36	3675	281	93
四川省		1		44	15325	726	764
贵州省	4			39	15943	414	201
云南省			1	61	26036	965	136
西藏自治区				11	4020	4	
陕西省	2	2	9	55	31600	415	216
甘肃省			2	382	9631	403	42
青海省		21	3	10	6234	53	47
宁夏回族自治区					1815	31	32
新疆维吾尔自治区		1	1	10	17872	282	59

2－112－3

单位:万元

地　　区	商品和服务支出						
	咨询费	手续费	水　费	电　费	邮电费	取暖费	物业管理费
地 方 合 计	**32**	**296**	**172**	**3075**	**1085**	**257**	**70**
北京市					2		
天津市							
河北省			22	57	116	47	2
山西省	5	63	7	13	14	27	
内蒙古自治区			1	7	22	25	2
辽宁省				1	5	4	
其中:大连市							
吉林省	6		4	7	7	26	
黑龙江省			6	8	10	18	
上海市	2		6	2010	14	3	6
江苏省		1	2	8	29		
浙江省			1	18	35		3
其中:宁波市				1	2		
安徽省			2	7	12		
福建省		192	4	17	19		
其中:厦门市							
江西省	1	1	4	431	148	1	22
山东省	1	5	5	64	36	56	
其中:青岛市	1	1	2	16	9	12	
河南省		1	32	60	23		13
湖北省	6	1	17	67	62	4	3
湖南省	8	7	15	38	39	2	7
广东省		6	8	17	28		1
其中:深圳市			2	3	1		1
广西壮族自治区		3	2	4	36		
海南省		2	12	55	17		7
重庆市			4	18	12		2
四川省	1	12	4	110	307	1	1
贵州省			1	7	21		1
云南省	1			24	35		
西藏自治区							
陕西省		1	9	19	22	21	
甘肃省	1		3	3	3	8	
青海省				1	2	7	
宁夏回族自治区					1		
新疆维吾尔自治区		1	1	4	8	7	

2－112－4

单位:万元

地区	商品和服务支出					
	交通费	差旅费	出国费	维修(护)费	租赁费	会议费
地方合计	**2482**	**1524**	**27**	**7078**	**488**	**2429**
北京市	5	5		40	1	16
天津市	4	1				1
河北省	189	68	7	135	83	42
山西省	125	47		56	12	43
内蒙古自治区	178	114		93	2	48
辽宁省	50	28		1	5	7
其中:大连市						
吉林省	56	33		8	4	21
黑龙江省	39	13		3694	1	44
上海市	24	5		17	165	45
江苏省	20	26		56	30	54
浙江省	60	24		89	39	31
其中:宁波市	10	4		3		6
安徽省	28	53		30	1	93
福建省	54	62		120	5	79
其中:厦门市	2	9				
江西省	189	199		1039		262
山东省	154	51		873	47	144
其中:青岛市	43	9		12		12
河南省	224	86		71	16	177
湖北省	97	72		55	2	303
湖南省	225	102		77	11	202
广东省	49	62	6	63	3	148
其中:深圳市	1			21	3	
广西壮族自治区	76	41		34		65
海南省	46	67		52		34
重庆市	41	23		56	9	82
四川省	249	144		246	39	184
贵州省	78	58		68	3	83
云南省	67	33		18	5	121
西藏自治区						
陕西省	79	52	14	27	2	73
甘肃省	14	14		53	3	14
青海省	26	4		2		1
宁夏回族自治区	12	4		1		6
新疆维吾尔自治区	24	33		4		6

2－112－5

单位:万元

地　　区	商品和服务支出						
	培训费	招待费	专　用 材料费	被　装 购置费	专　用 燃料费	劳务费	委　托 业务费
地　方　合　计	**2526**	**2163**	**36849**	**330**	**228**	**1230**	**1521**
北京市	4	7	1				
天津市		2	2360			1	
河北省	106	56	324	45	42	30	
山西省	59	55	1298	10	6	15	
内蒙古自治区	83	64	624	67	9	15	
辽宁省		13	29			1	
其中:大连市							
吉林省	34	15	1102		40	19	13
黑龙江省	40	11	138		19	1	9
上海市	22	51	8193	13		144	1
江苏省	25	60	306		8	26	93
浙江省	21	62	384	30		144	8
其中:宁波市	1	2	32				
安徽省	52	68	47			2	4
福建省	20	98	435	1		23	367
其中:厦门市	1	6	1				
江西省	286	161	6766	87	1	5	2
山东省	41	104	4439		2	253	12
其中:青岛市	13	58	2060				
河南省	299	179	6243	4		67	5
湖北省	437	184	279	8	18	5	5
湖南省	90	266	386	20	1	18	4
广东省	88	70	490	11		145	304
其中:深圳市	1	1	376			1	
广西壮族自治区	43	87	48	1		18	
海南省	48	64	355	3		16	16
重庆市	45	40	118			53	1
四川省	261	182	240	5	33	104	
贵州省	55	59	216			15	109
云南省	70	88	107		2	10	22
西藏自治区			477				
陕西省	136	67	294		1		
甘肃省	38	14	934			86	543
青海省	77	15	5				3
宁夏回族自治区	3	7	2	12			
新疆维吾尔自治区	43	14	209	13	46	14	

二、地方财政预算收支情况

2-112-6

单位:万元

地　　区	商品和服务支出			对个人和家庭的补助			
	工会经费	福利费	其他商品和服务支出	小　计	离休费	退休费	退职(役)费
地　方　合　计	**127**	**6088**	**808898**	**5995611**	**2444**	**5466**	**666**
北京市	1	3	18380	268283			
天津市		460	6428	67745	15		
河北省	2	72	21046	354197	126	43	9
山西省		64	11087	175433	385	94	1
内蒙古自治区	1	188	6471	126177	9	28	
辽宁省	2	2	2408	262610		1	
其中:大连市				33946			
吉林省	1		6059	98871		5	
黑龙江省	1	30	187	155554	30	81	4
上海市	5	92	17577	65663	3	43	
江苏省	1	68	72533	400903	262	209	
浙江省	17	1055	69943	206975	217	228	
其中:宁波市	2	778	8300	38206		2	
安徽省	3	61	20186	289715	15	330	
福建省	6	64	27641	163414	42	38	3
其中:厦门市			2904	11243	37	29	
江西省		109	26680	220251	10	14	647
山东省	17	118	22357	374713	25	2328	
其中:青岛市	4	104	3672	7224			
河南省	11	61	47251	378671	164	259	2
湖北省	10	129	155492	222177	2	168	
湖南省	36	135	45632	197909	1073	69	
广东省		1412	86422	516739	13	374	
其中:深圳市			2296	2328			
广西壮族自治区		38	22179	103958		32	
海南省	5	35	5499	31240		36	
重庆市		65	2732	123221		15	
四川省	4	13	11695	325858		8	
贵州省		1640	12914	140557	2	7	
云南省	2	19	24311	222481		1026	
西藏自治区			3539	32234			
陕西省	1	65	30086	178921	51	25	
甘肃省		89	7366	138431			
青海省	1		5990	79688			
宁夏回族自治区		1	1703	26544			
新疆维吾尔自治区			17104	46478		5	

2－112－7

单位:万元

地　　区	对个人和家庭的补助						
	抚恤金	生活补助	救济费	医疗费	助学金	奖励金	生产补贴
地　方　合　计	**3885**	**51504**	**36991**	**5107340**	**3600**	**417**	**5793**
北京市	5	133	398	261871		2	－1
天津市	15	102	286	66107	51	2	
河北省	2121	2738	3160	297987	241	2	3505
山西省	50	828	2209	159035	18	1	55
内蒙古自治区	16	1041	448	110449	1	7	
辽宁省	1	189	539	236319			
其中:大连市	1	21	539	23081			
吉林省		1608	1403	93122		1	
黑龙江省	494	5943	1802	138301	5		
上海市	10	200		54625	9		
江苏省	87	1973	1100	237304			2
浙江省	6	558	3167	180443	2	55	
其中:宁波市		42	587	33229	2		
安徽省	122	221	127	261270			
福建省	7	689	346	134754	13		
其中:厦门市		2		10968	13		
江西省	12	1356	2106	183279	36		
山东省	33	5057	694	320319	2	8	
其中:青岛市		119	42	2948	2	4	
河南省	213	14601	2151	308493	53	8	2232
湖北省	210	2350	1087	169931	3025	2	
湖南省	43	3055	2507	151472	38	26	
广东省	118	794	945	465143	56	118	
其中:深圳市				2268			
广西壮族自治区		20	1075	86420	20		
海南省	39	39	214	27514		2	
重庆市		804	275	118625			
四川省	8	111	1799	299598		4	
贵州省	9	1987	424	115830		3	
云南省	5	282	1465	193315		8	
西藏自治区		22	547	30483			
陕西省	127	2308	325	169434		12	
甘肃省	117	2200	3851	117174	13	156	
青海省	12	7	308	52770			
宁夏回族自治区	5	6	565	25616			
新疆维吾尔自治区		282	1668	40337	17		

2－112－8

单位:万元

地　　区	对个人和家庭的补助				对企事业单位的补贴		
	住　房公积金	提租补贴	购房补贴	其他对个人和家庭的补助支出	小　计	企业政策性补　　贴	事业单位补　　贴
地　方　合　计	**993**	**16**	**80**	**776416**	**42061**	**9546**	**15023**
北京市	3	2		5870	5575	62	2591
天津市				1167	5917	5917	
河北省	7			44258	1488	939	26
山西省	13			12744			
内蒙古自治区	10			14168			
辽宁省	2			25559	1071		965
其中:大连市				10304	965		965
吉林省	7			2725	16	2	2
黑龙江省	66	3		8825			
上海市	11			10762	20		
江苏省	49	4	3	159910	2315		2205
浙江省	76			22223	3645		149
其中:宁波市				4344	516		114
安徽省	13			27617	4130		198
福建省	39	4	2	27477	3842	1911	1
其中:厦门市	6	3		185			
江西省	107		4	32680	697		697
山东省	82		64	46101	6338	478	2055
其中:青岛市	11		1	4097	4		4
河南省	123		1	50371	24		24
湖北省	145		1	45256	328		310
湖南省	45	2		39579	155		109
广东省	118		2	49058	474		32
其中:深圳市				60			
广西壮族自治区	13	1		16377	59	31	28
海南省	11			3385			
重庆市	5			3497	1606	2	1604
四川省	4			24326			
贵州省	4		3	22288	3146		3016
云南省	4			26376	473	200	273
西藏自治区				1182	2		2
陕西省	34			6605	736		736
甘肃省				14920	4	4	
青海省				26591			
宁夏回族自治区				352			
新疆维吾尔自治区	2			4167			

2－112－9 单位:万元

地区	对企事业单位的补贴		赠与			债务利息支出	
	财政贴息	其他对企事业单位的补贴支出	小计	对国内的赠与	对国外的赠与	小计	国库券付息
地方合计	**3883**	**13609**					
北京市		2922					
天津市							
河北省		523					
山西省							
内蒙古自治区							
辽宁省		106					
其中:大连市							
吉林省	2	10					
黑龙江省							
上海市		20					
江苏省		110					
浙江省		3496					
其中:宁波市		402					
安徽省	3881	51					
福建省		1930					
其中:厦门市							
江西省							
山东省		3805					
其中:青岛市							
河南省							
湖北省		18					
湖南省		46					
广东省		442					
其中:深圳市							
广西壮族自治区							
海南省							
重庆市							
四川省							
贵州省		130					
云南省							
西藏自治区							
陕西省							
甘肃省							
青海省							
宁夏回族自治区							
新疆维吾尔自治区							

2－112－10

单位:万元

地区	债务利息支出					基本建设支出	
	向国家银行借款付息	其他国内借款付息	向国外政府借款付息	向国际组织借款付息	其他国外借款付息	小计	房屋建筑物购建
地方合计						**8467**	**208**
北京市						21	9
天津市							
河北省						101	
山西省							
内蒙古自治区						1	
辽宁省						4114	
其中:大连市						4114	
吉林省							
黑龙江省							
上海市						1442	
江苏省							
浙江省						121	
其中:宁波市						72	
安徽省							
福建省						3	
其中:厦门市							
江西省							
山东省						1353	197
其中:青岛市						856	
河南省						186	
湖北省						48	
湖南省						53	
广东省						5	
其中:深圳市							
广西壮族自治区						45	
海南省							
重庆市						52	
四川省						14	
贵州省						26	
云南省						7	2
西藏自治区							
陕西省						297	
甘肃省							
青海省						200	
宁夏回族自治区							
新疆维吾尔自治区						378	

2－112－11　　　　单位:万元

地　　区	基本建设支出							
	办公设备购　置	专用设备购　置	交通工具购　置	基础设施建　设	大型修缮	信息网络购　建	物资储备	其他基本建设支出
地　方　合　计	**164**	**830**	**46**	**298**	**1105**	**73**		**5743**
北京市						－1		13
天津市								
河北省		90	11					
山西省								
内蒙古自治区	1							
辽宁省								4114
其中:大连市								4114
吉林省								
黑龙江省								
上海市								1442
江苏省								
浙江省	2					47		72
其中:宁波市								72
安徽省								
福建省								3
其中:厦门市								
江西省								
山东省	100	200			856			
其中:青岛市					856			
河南省	3	161	11					11
湖北省	31							17
湖南省	12		12			2		27
广东省		4						1
其中:深圳市								
广西壮族自治区	1				2	4		38
海南省								
重庆市		39	12			1		
四川省	14							
贵州省		6				20		
云南省								5
西藏自治区								
陕西省				250	47			
甘肃省								
青海省					200			
宁夏回族自治区								
新疆维吾尔自治区		330		48				

2－112－12　　单位:万元

地区	其他资本性支出						
	小计	房屋建筑物购建	办公设备购置	专用设备购置	交通工具购置	基础设施建设	大型修缮
地方合计	**79355**	**151**	**2875**	**5060**	**874**	**1218**	**302**
北京市	17940		71	7	15		
天津市	43		16		27		
河北省	2499	13	279	628	57		6
山西省	206		96		87		
内蒙古自治区	2228		116	458	38	20	
辽宁省	30						
其中:大连市							
吉林省	334		132	1	36	112	
黑龙江省	368		5	226		36	36
上海市	7214		7		22		
江苏省	7608		15	384			4
浙江省	1818	50	318	131	16		
其中:宁波市	118		11				
安徽省	870		64	262		516	
福建省	1580		166	303		14	98
其中:厦门市	1175			296			
江西省	4984		41	569	14	42	
山东省	7201		102	24	37	7	55
其中:青岛市	60		2	3	11	7	28
河南省	9068	33	210	1018	24		32
湖北省	2477		46	131	84		20
湖南省	541	39	121	75	129		21
广东省	1127	1	29	30	15	1	16
其中:深圳市							
广西壮族自治区	534		70		11		3
海南省	489		236	166			
重庆市	2788		176	92	96		
四川省	399	15	264	10	7	40	10
贵州省	1089		90	102	82	1	
云南省	2485		81	30	37	1	
西藏自治区	227		9	90			
陕西省	1486		25	8	31		
甘肃省	958		11	12		295	
青海省	158			5		78	1
宁夏回族自治区	49		16		9		
新疆维吾尔自治区	557		63	298		55	

2－112－13 单位:万元

地区	其他资本性支出						
	信息网络购建	物资储备	土地补偿	安置补助	地上附着物和青苗补偿	拆迁补偿	其他资本性支出
地方合计	**1481**	**5**	**4**	**108**		**7**	**67270**
北京市				－2			17849
天津市							
河北省	308						1208
山西省	20						3
内蒙古自治区	59						1537
辽宁省	2	5					23
其中:大连市							
吉林省	53						
黑龙江省							65
上海市	2						7183
江苏省							7205
浙江省	178						1125
其中:宁波市	104						3
安徽省	11						17
福建省	86						913
其中:厦门市							879
江西省	6						4312
山东省	2						6974
其中:青岛市							9
河南省	12					7	7732
湖北省	27						2169
湖南省	37						119
广东省	18						1017
其中:深圳市							
广西壮族自治区	20						430
海南省	83						4
重庆市	82						2342
四川省	23						30
贵州省	134		4				676
云南省	41						2295
西藏自治区							128
陕西省	4			110			1308
甘肃省	166						474
青海省	73						1
宁夏回族自治区	20						4
新疆维吾尔自治区	14						127

二、地方财政预算收支情况

2－112－14

单位:万元

地区	贷款转贷及产权参股					其他支出		
	小计	国内贷款	国外贷款	产权参股	其他贷款转贷及产权参股支出	小计	补充全国社会保障基金	其他支出
地方合计						**578318**	**6851**	**571467**
北京市						267867		267867
天津市								
河北省						49552		49552
山西省						870		870
内蒙古自治区								
辽宁省						4220		4220
其中:大连市								
吉林省						22		22
黑龙江省						2003		2003
上海市						1682		1682
江苏省						24062		24062
浙江省						44326		44326
其中:宁波市						1687		1687
安徽省						2639		2639
福建省						19251		19251
其中:厦门市						1157		1157
江西省						9675		9675
山东省						6008		6008
其中:青岛市						4604		4604
河南省						8149	6851	1298
湖北省						43094		43094
湖南省						28320		28320
广东省						20614		20614
其中:深圳市						3298		3298
广西壮族自治区						11231		11231
海南省						1379		1379
重庆市						2810		2810
四川省						2571		2571
贵州省						11759		11759
云南省								
西藏自治区						500		500
陕西省						12016		12016
甘肃省						1570		1570
青海省						2114		2114
宁夏回族自治区						14		14
新疆维吾尔自治区								

2007 年各省、自治区、直辖市疾病预防控制支出明细表

2－113－1　　　　单位:万元

地　　区	合　计	工资福利支出				
		小　计	基本工资	津贴补贴	奖　金	社会保障缴　费
地　方　合　计	**2690577**	**766648**	**337880**	**201423**	**101230**	**41767**
北京市	116531	17833	5253	4955	4891	512
天津市	39091	11348	3432	2818	2733	492
河北省	79480	28628	16382	6170	1219	1917
山西省	40460	17062	9099	5137	937	697
内蒙古自治区	48851	20881	11125	7643	1070	308
辽宁省	85707	33008	18649	8889	1735	2121
其中:大连市	10020	4376	1706	1125	620	749
吉林省	53636	21698	12760	6207	779	354
黑龙江省	53464	23869	13581	7976	1294	353
上海市	70940	27846	9011	3261	10844	2725
江苏省	189859	50184	14131	11705	13688	3528
浙江省	160057	38054	7963	7593	13529	3918
其中:宁波市	22886	5877	770	982	2369	1039
安徽省	91704	20454	10717	5374	1243	701
福建省	65977	16615	6566	4966	1352	1030
其中:厦门市	8627	1717	374	536	155	95
江西省	93555	21958	11979	4595	1954	703
山东省	160376	53270	24222	17418	2061	5522
其中:青岛市	12514	5394	1717	2155	282	748
河南省	149305	35527	22267	7286	1290	1571
湖北省	136552	37688	19276	7786	4343	2779
湖南省	142263	39409	19006	7661	5524	2829
广东省	336091	74780	20429	21364	10743	4407
其中:深圳市	68266	17160	2274	4856	2462	794
广西壮族自治区	77378	21558	9032	5283	2549	597
海南省	19737	6974	3608	1668	557	233
重庆市	50477	9970	4075	1189	3329	256
四川省	134300	38245	17943	6912	7981	1588
贵州省	49286	13266	6682	4369	902	159
云南省	97429	26040	12065	10474	1177	569
西藏自治区	12043	6142	1845	3800	311	135
陕西省	43293	15487	9778	3239	728	387
甘肃省	25795	12589	6144	5035	425	169
青海省	14797	7815	2813	4226	275	90
宁夏回族自治区	12325	3833	1790	1524	177	59
新疆维吾尔自治区	39818	14617	6257	4900	1590	1058

2－113－2

单位:万元

地　　区	工资福利支出				商品和服务支出		
	伙食费	伙　食 补助费	绩效 工资	其他工资 福利支出	小　计	办公费	印刷费
地　方　合　计	**693**	**5885**	**10937**	**66833**	**1448619**	**48062**	**19686**
北京市	17	376		1829	76210	562	2243
天津市	130	525	121	1097	19311	352	130
河北省	58	1002	23	1857	38878	2225	1160
山西省	15	136	59	982	17951	1159	729
内蒙古自治区	34	35	63	603	23296	1320	377
辽宁省	33	174	611	796	33918	2164	825
其中:大连市	22	45	36	73	4510	301	75
吉林省		97	1197	304	22524	1441	474
黑龙江省	102	172	164	227	19600	1402	419
上海市	28	275		1702	30162	3031	404
江苏省	31	540	340	6221	99204	2233	1067
浙江省	11	472		4568	84038	1324	1225
其中:宁波市	11	69		637	14168	271	260
安徽省	28	245	206	1940	54116	1195	368
福建省	3	64	207	2427	36044	625	366
其中:厦门市	1	57	55	444	5621	30	44
江西省	2	42	241	2442	47718	2003	405
山东省	33	254	594	3166	83491	3408	1050
其中:青岛市	6	39	66	381	5729	234	128
河南省	4	111	107	2891	88404	4312	1044
湖北省	14	197	900	2393	80436	1751	716
湖南省	16	216	194	3963	79000	2073	846
广东省	75	319	3452	13991	213012	3361	1577
其中:深圳市	7	156	2939	3672	45405	454	431
广西壮族自治区	20	21	301	3755	43204	1524	476
海南省	8	19	95	786	10995	266	278
重庆市		116	60	945	34251	686	279
四川省		106	1162	2553	74863	2663	1117
贵州省		60	7	1087	20402	1268	245
云南省	2	83	161	1509	57891	2055	600
西藏自治区	1			50	3788	55	11
陕西省	9	56	390	900	17769	1576	553
甘肃省		5	49	762	10577	560	176
青海省	8	57	108	238	5202	206	45
宁夏回族自治区	4	6		273	5048	144	155
新疆维吾尔自治区	7	104	125	576	17316	1118	326

2－113－3

单位:万元

地　　区	商品和服务支出						
	咨询费	手续费	水　费	电　费	邮电费	取暖费	物　业 管理费
地　方　合　计	**837**	**621**	**5386**	**23435**	**11494**	**13274**	**5154**
北京市	6	7	138	759	327	630	220
天津市	27	2	70	342	155	314	98
河北省	14	17	219	1001	464	1197	146
山西省	16	27	121	391	242	750	30
内蒙古自治区	1	5	64	255	256	824	45
辽宁省	46	40	193	890	516	2031	166
其中:大连市		1	14	96	73	270	19
吉林省	17	60	83	395	304	1491	81
黑龙江省	8	18	123	478	221	1427	91
上海市	3	10	57	715	334	21	643
江苏省	42	28	275	1848	691	19	396
浙江省	19	27	188	1219	735		284
其中:宁波市	2	1	26	187	89		49
安徽省	29	10	156	762	314	30	81
福建省	2	3	122	483	258		29
其中:厦门市		3	8	50	15		6
江西省	43	26	255	753	309	30	29
山东省	34	19	474	1860	775	1781	349
其中:青岛市			13	138	87	61	15
河南省	45	18	333	1423	506	532	235
湖北省	35	45	379	1439	456	63	154
湖南省	92	41	370	1374	530	96	119
广东省	39	54	434	2654	1246	1	1113
其中:深圳市	7	4	100	523	238		376
广西壮族自治区	5	16	141	614	322		52
海南省	5	4	46	154	94		53
重庆市	9	2	78	352	200	3	61
四川省	31	19	305	1108	786	38	243
贵州省	21	14	72	330	203	57	41
云南省	91	26	216	460	479		113
西藏自治区			21	66	42	19	
陕西省	13	42	219	604	257	337	165
甘肃省	7	8	72	233	145	431	36
青海省	6	11	28	142	89	323	4
宁夏回族自治区	85	2	23	89	50	140	18
新疆维吾尔自治区	46	20	111	242	188	689	59

2－113－4

单位:万元

地　　区	商品和服务支出					
	交通费	差旅费	出国费	维修(护)费	租赁费	会议费
地　方　合　计	**43556**	**24641**	**1988**	**46674**	**3115**	**20583**
北京市	1114	380	31	4266	456	1286
天津市	544	247	52	973	9	304
河北省	2470	992		1184	112	737
山西省	1212	618	12	851	35	631
内蒙古自治区	1266	961	6	1004	47	276
辽宁省	2437	983	18	1705	183	632
其中:大连市	232	113	1	73	3	50
吉林省	1538	851	15	1736	43	591
黑龙江省	1144	690	3	905	41	163
上海市	1199	325	83	642	29	718
江苏省	2209	1383	85	2797	132	1594
浙江省	1507	1253	69	1219	119	1099
其中:宁波市	205	160	8	156	5	106
安徽省	982	707	21	998	21	513
福建省	810	543	18	783	32	278
其中:厦门市	97	58	9	15		4
江西省	919	828	27	911	66	348
山东省	3284	1376	25	5423	291	1559
其中:青岛市	267	148	8	213	22	108
河南省	3113	1212	55	1830	212	1304
湖北省	1531	1149	16	2435	75	1238
湖南省	2233	1236	42	1765	36	1095
广东省	3602	1577	1278	6833	783	1682
其中:深圳市	750	327	27	2203	479	463
广西壮族自治区	1319	934	5	753	102	405
海南省	536	325	5	526	23	255
重庆市	672	537	28	782	60	367
四川省	2565	1540	32	2256	77	1384
贵州省	987	583	1	456	45	356
云南省	1233	992	47	952	24	794
西藏自治区	217	170		66		30
陕西省	990	602	4	783	28	482
甘肃省	448	341		606	21	201
青海省	374	134		164		30
宁夏回族自治区	238	189		281		78
新疆维吾尔自治区	863	983	10	789	13	153

2－113－5

单位:万元

地　　区	商品和服务支出						
	培训费	招待费	专用材料费	被装购置费	专用燃料费	劳务费	委托业务费
地方合计	**26805**	**28328**	**693712**	**3055**	**4671**	**33146**	**11113**
北京市	1458	208	49631	351	1	1374	8
天津市	237	132	12421	1	3	264	
河北省	869	751	14797	68	75	1182	335
山西省	714	443	5325	21	19	447	53
内蒙古自治区	436	402	5591	324	224	506	93
辽宁省	2123	747	12295		43	1280	249
其中:大连市	175	87	2236		5	216	14
吉林省	432	426	9124		609	396	351
黑龙江省	543	238	8536	69	59	534	73
上海市	462	342	7217	86	5	496	383
江苏省	1752	2385	47245	37	116	2397	1356
浙江省	1086	1405	39370	9	7	1810	1341
其中:宁波市	170	206	5021			271	35
安徽省	734	986	27796	260	140	737	265
福建省	456	865	20779	54	56	522	445
其中:厦门市	34	36	1219		11	19	
江西省	666	1506	22507	566	109	782	186
山东省	965	1728	42558	69	292	4410	1423
其中:青岛市	57	106	2223	3	35	82	1
河南省	1361	1880	45597	212	298	1570	460
湖北省	1082	1968	20771	80	409	1395	610
湖南省	1344	2914	39465	133	792	1654	488
广东省	2368	2771	131890	256	799	2926	780
其中:深圳市	876	476	28748		761	521	552
广西壮族自治区	863	1076	20543	30	170	1000	210
海南省	282	374	3881	9		314	8
重庆市	473	371	19836	38	3	950	352
四川省	1918	1601	33633	26	165	2142	232
贵州省	637	658	6876	7	60	962	29
云南省	1734	998	29241	131	63	1553	541
西藏自治区	10	70	58	5	5		1
陕西省	553	431	4763	98	71	712	340
甘肃省	383	196	3587	18	32	246	35
青海省	225	88	1004	24	17	44	82
宁夏回族自治区	148	95	1881	6	3	234	6
新疆维吾尔自治区	491	273	5494	67	26	307	378

2－113－6

单位:万元

地　　区	商品和服务支出			对个人和家庭的补助			
	工会经费	福利费	其他商品和服务支出	小　计	离休费	退休费	退职(役)费
地　方　合　计	**7579**	**14996**	**356708**	**145014**	**7946**	**65370**	**197**
北京市	301	211	10242	3342	229	1068	2
天津市	145	207	2282	3943	218	2140	
河北省	214	420	8229	3238	305	1418	1
山西省	88	256	3761	2385	208	904	
内蒙古自治区	107	386	8520	1286	47	449	1
辽宁省	414	415	3523	5835	608	3134	1
其中:大连市	66	96	294	174			
吉林省	169	114	1783	5905	837	4371	3
黑龙江省	163	360	1892	7955	866	5773	26
上海市	299	493	12165	1574	82	428	5
江苏省	652	1644	26821	14558	1585	7340	14
浙江省	533	1376	26814	7171	376	2856	18
其中:宁波市	82	116	6742	643	6	130	1
安徽省	141	194	16676	6081	239	1651	3
福建省	220	247	8048	3437	126	1625	12
其中:厦门市	46	23	3894	239		53	
江西省	234	330	13880	6628	152	2117	
山东省	387	502	9449	9721	235	955	23
其中:青岛市	13	3	1764	633		104	
河南省	334	952	19566	9112	337	2640	2
湖北省	408	846	41385	7292	241	3914	11
湖南省	487	841	18934	6341	259	3380	1
广东省	664	2514	41810	10249	116	3349	6
其中:深圳市	103	590	6396	1271	1	245	
广西壮族自治区	162	465	12017	4628	191	3066	12
海南省	36	76	3445	257			1
重庆市	187	148	7777	683	7	157	
四川省	427	701	19854	4763	38	1905	9
贵州省	106	241	6147	6976	255	4649	6
云南省	311	372	14865	2675	56	1049	24
西藏自治区	25	7	2910	1040		715	
陕西省	102	161	3883	3314	134	1431	2
甘肃省	46	205	2544	1325	62	852	10
青海省	72	23	2067	88		11	
宁夏回族自治区	30	39	1114	416	38	348	
新疆维吾尔自治区	115	250	4305	2796	99	1675	4

2－113－7　　　　单位:万元

地　　区	对个人和家庭的补助						
	抚恤金	生活补助	救济费	医疗费	助学金	奖励金	生产补贴
地　方　合　计	**2477**	**4462**	**1179**	**12721**	**118**	**2051**	**199**
北京市	45	9		234		1	
天津市	28	5		128		11	
河北省	71	376	47	242	1	30	39
山西省	35	55	3	180	1	36	139
内蒙古自治区	34	61	4	261		37	
辽宁省	92	250	1	215		119	
其中:大连市	6	38		17		63	
吉林省	83	124		125		9	
黑龙江省	91	112	21	325	6	54	
上海市	128	20		102	3	7	
江苏省	312	181	140	631		184	
浙江省	60	77	11	217		15	
其中:宁波市	4	7		6			
安徽省	76	90	55	1135	7	22	
福建省	64	65		15		26	
其中:厦门市	3			1		14	
江西省	54	151	18	543		2	2
山东省	117	394	24	487		129	
其中:青岛市	3	11		7			
河南省	150	258	308	3641	62	6	2
湖北省	130	586	58	777	2	165	
湖南省	223	269	13	225	7	126	1
广东省	93	274	92	1144	3	399	
其中:深圳市	1	1		4		29	
广西壮族自治区	44	116	7	51	4	48	
海南省	9	15	50	43	8	7	
重庆市	44	23		67		42	
四川省	128	248	5	409		247	1
贵州省	67	86	13	612		14	11
云南省	54	128	67	304	2	259	4
西藏自治区	31	27	9	50			
陕西省	53	328	210	482	1	35	
甘肃省	49	63		57		2	
青海省	10	22				2	
宁夏回族自治区	6	5					
新疆维吾尔自治区	96	44	23	19	11	17	

2－113－8

单位:万元

地　　区	对个人和家庭的补助				对企事业单位的补贴		
	住　房 公积金	提租 补贴	购房 补贴	其他对个人 和家庭的 补助支出	小　计	企业政策性 补　　贴	事业单位 补　　贴
地　方　合　计	**17784**	**2264**	**6537**	**21709**	**3609**	**54**	**2166**
北京市	1049	303	226	176	58		58
天津市	1039	15	66	293			
河北省	344	17		347	404	20	357
山西省	306	4	2	512			
内蒙古自治区	167		15	210	10		
辽宁省	404	738	19	254	88	20	68
其中:大连市	33	15	1	1	20	20	
吉林省	324	15		14			
黑龙江省	444	47		190	98	14	84
上海市	304		3	492			
江苏省	1311	256	314	2290	182		50
浙江省	2288	32	144	1077	995		306
其中:宁波市	82	2	16	389	416		98
安徽省	740	59	2	2002	12		
福建省	667	265	9	563	249		119
其中:厦门市	86	79		3			
江西省	297		2	3290	4		4
山东省	1527	412	4535	883	44		44
其中:青岛市	165	77	217	49	36		36
河南省	247	39	99	1321	721		721
湖北省	748	41	5	614	28		22
湖南省	844	2	2	989	127		44
广东省	1858	5	396	2514	180		
其中:深圳市			287	703			
广西壮族自治区	707	8		374	73		28
海南省	10			114			
重庆市	137	2		204			
四川省	530		5	1238	45		44
贵州省	193	2	608	460	67		67
云南省	271		31	426	145		102
西藏自治区	23			185			
陕西省	425		14	199	47		16
甘肃省	130	2	35	63	32		32
青海省	8			35			
宁夏回族自治区	7			12			
新疆维吾尔自治区	435		5	368			

2－113－9

单位:万元

地　　区	对企事业单位的补贴		赠　与			债务利息支出	
	财政贴息	其他对企事业单位的补贴支出	小　计	对国内的赠　与	对国外的赠　与	小　计	国库券付　息
地　方　合　计	**78**	**1311**	**30**	**30**		**162**	
北京市							
天津市							
河北省	16	11	21	21			
山西省							
内蒙古自治区	1	9				4	
辽宁省						13	
其中:大连市						2	
吉林省							
黑龙江省							
上海市							
江苏省	16	116					
浙江省		689	7	7			
其中:宁波市		318					
安徽省	1	11					
福建省		130					
其中:厦门市							
江西省							
山东省			2	2			
其中:青岛市			2	2			
河南省							
湖北省		6				131	
湖南省	8	75					
广东省		180					
其中:深圳市							
广西壮族自治区		45					
海南省							
重庆市							
四川省		1				7	
贵州省							
云南省	36	7				7	
西藏自治区							
陕西省		31					
甘肃省							
青海省							
宁夏回族自治区							
新疆维吾尔自治区							

二、地方财政预算收支情况

2－113－10

单位:万元

地　　区	债务利息支出					基本建设支出	
	向国家银行借款付息	其他国内借款付息	向国外政府借款付息	向国际组织借款付息	其他国外借款付息	小　计	房屋建筑物购建
地　方　合　计		**131**	**6**	**25**		**72147**	**37710**
北京市						2308	586
天津市						696	696
河北省						1408	860
山西省						61	61
内蒙古自治区				4		1689	1067
辽宁省			6	7		1688	109
其中:大连市				2		500	
吉林省						856	281
黑龙江省						474	419
上海市						1456	1110
江苏省						6085	5051
浙江省						9336	7790
其中:宁波市						282	160
安徽省						234	
福建省						2489	1048
其中:厦门市						616	
江西省						8507	1078
山东省						1750	1662
其中:青岛市							
河南省						5675	5360
湖北省		131				446	39
湖南省						3297	1708
广东省						10364	1936
其中:深圳市						19	
广西壮族自治区						623	105
海南省						284	220
重庆市						242	234
四川省				7		3719	1492
贵州省						89	61
云南省				7		1766	390
西藏自治区						875	861
陕西省						1894	135
甘肃省						45	5
青海省						48	
宁夏回族自治区						1843	1820
新疆维吾尔自治区						1900	1526

2-113-11 单位:万元

地区	基本建设支出							
	办公设备购置	专用设备购置	交通工具购置	基础设施建设	大型修缮	信息网络购建	物资储备	其他基本建设支出
地方合计	**1475**	**4206**	**403**	**14364**	**2543**	**72**	**32**	**11342**
北京市	287	162		549	10	-1		715
天津市								
河北省		190		346			1	11
山西省								
内蒙古自治区	12	6	15	579				10
辽宁省	70	235		511	500	1		262
其中:大连市					500			
吉林省	557	11		7				
黑龙江省	15	10			29	1		
上海市	44	302						
江苏省	24	109	53	118				730
浙江省	24	200	68	210				1044
其中:宁波市	8	64	50					
安徽省	6	42		23				163
福建省	36	784		508	43			70
其中:厦门市	20	486			40			70
江西省	25	357		2433	354		21	4239
山东省	32	14	9		33			
其中:青岛市								
河南省	25	226		36	10	8	10	
湖北省	19	83	1	102	201	1		
湖南省	1	122	2	210				1254
广东省	197	922	154	6215	781	23		136
其中:深圳市								19
广西壮族自治区	15	95	7	138				263
海南省		36	23		5			
重庆市		2				2		4
四川省	41	75	34	798	19	11		1249
贵州省	4	1	1		22			
云南省	4	24		1348				
西藏自治区				14				
陕西省	12	47	24	13	500	26		1137
甘肃省								40
青海省	1			40	2			5
宁夏回族自治区	9			1	3			10
新疆维吾尔自治区	15	151	12	165	31			

2－113－12 单位:万元

地区	其他资本性支出						
	小计	房屋建筑物购建	办公设备购置	专用设备购置	交通工具购置	基础设施建设	大型修缮
地方合计	**206352**	**42793**	**17039**	**85673**	**16488**	**7314**	**8672**
北京市	16603	10	571	14897	182	196	216
天津市	3793	55	409	1433	141		681
河北省	5436	613	385	2395	408	203	62
山西省	2894	492	316	1254	268	58	409
内蒙古自治区	1673	89	258	809	239	77	97
辽宁省	10937	123	651	5695	1955	1513	394
其中:大连市	438		56	244			132
吉林省	2529	496	395	1102	319	1	62
黑龙江省	1436	95	162	752	127	220	22
上海市	9227	4000	1179	2091	139		92
江苏省	15211	3942	1346	6290	1083	78	491
浙江省	19670	12101	1183	4206	1067	324	31
其中:宁波市	1372	190	123	702	65		
安徽省	9645	2738	887	1403	850	472	42
福建省	6159	692	486	3859	247	90	252
其中:厦门市	358		15	216	62		
江西省	4203	671	266	1914	109	150	87
山东省	12089	786	1341	5892	1716	281	617
其中:青岛市	508	21	67	346	8	26	
河南省	8782	1802	679	4620	393	157	317
湖北省	5799	228	608	1562	1083	154	870
湖南省	8962	2383	489	3386	1239	97	299
广东省	17186	3589	1252	6194	1067	101	2474
其中:深圳市	2171	4	231	1181	177		379
广西壮族自治区	5949	1083	298	1998	223	1218	171
海南省	1212	22	253	367	174	18	251
重庆市	4439	2616	366	728	115	37	22
四川省	12346	1709	975	3874	2421	1265	204
贵州省	1462	191	335	363	218	30	87
云南省	7745	1243	894	4263	399	201	54
西藏自治区	31	4	8	8			
陕西省	4294	370	306	2491	156	25	148
甘肃省	1111	318	123	428	11		123
青海省	1563	109	44	137	20	306	16
宁夏回族自治区	784	2	64	636	31	13	7
新疆维吾尔自治区	3182	221	510	626	88	29	74

2－113－13　　　　单位:万元

地　　区	其他资本性支出						
	信息网络购建	物资储备	土地补偿	安置补助	地上附着物和青苗补偿	拆迁补偿	其他资本性支出
地方合计	**6004**	**1521**	**207**	**33**	**132**		**20476**
北京市	14	60					457
天津市	1008						66
河北省	1102	26	120				122
山西省	6	1					90
内蒙古自治区	13				2		89
辽宁省	494	11					101
其中:大连市	6						
吉林省	23			29			102
黑龙江省	10	4					44
上海市	367						1359
江苏省	388	74					1519
浙江省	331						427
其中:宁波市	253						39
安徽省	466		35				2752
福建省	11						522
其中:厦门市	5						60
江西省	91						915
山东省	193	2					1261
其中:青岛市	29						11
河南省	33				130		651
湖北省	75						1219
湖南省	52			4			1013
广东省	325	5					2179
其中:深圳市	132	4					63
广西壮族自治区	345		52				561
海南省	13						114
重庆市	104	1					450
四川省	136	20					1742
贵州省	8	11					219
云南省	17	5					669
西藏自治区							11
陕西省	63	3					732
甘肃省	4						104
青海省							931
宁夏回族自治区	17						14
新疆维吾尔自治区	295	1298					41

二、地方财政预算收支情况

2-113-14

单位:万元

地区	贷款转贷及产权参股					其他支出		
	小计	国内贷款	国外贷款	产权参股	其他贷款转贷及产权参股支出	小计	补充全国社会保障基金	其他支出
地方合计	**48**	**31**			**17**	**47948**		**47948**
北京市						177		177
天津市								
河北省						1467		1467
山西省						107		107
内蒙古自治区						12		12
辽宁省						220		220
其中:大连市								
吉林省						124		124
黑龙江省	6	6				26		26
上海市						675		675
江苏省						4435		4435
浙江省						786		786
其中:宁波市						128		128
安徽省						1162		1162
福建省						984		984
其中:厦门市						76		76
江西省						4537		4537
山东省						9		9
其中:青岛市						212		212
河南省	25	25				1059		1059
湖北省						4732		4732
湖南省						5127		5127
广东省						10320		10320
其中:深圳市						2240		2240
广西壮族自治区						1343		1343
海南省						15		15
重庆市						892		892
四川省	17				17	295		295
贵州省						7024		7024
云南省						1160		1160
西藏自治区						167		167
陕西省						488		488
甘肃省						116		116
青海省						81		81
宁夏回族自治区						401		401
新疆维吾尔自治区						7		7

2007 年各省、自治区、直辖市卫生监督支出明细表

2－114－1

单位:万元

地　　区	合　计	工资福利支出				
		小　计	基本工资	津贴补贴	奖　金	社会保障缴　费
地　方　合　计	**494187**	**230165**	**90862**	**67773**	**35849**	**12137**
北京市	22484	8340	2452	3059	1370	182
天津市	4959	2060	756	599	278	63
河北省	16783	7384	4264	1607	389	356
山西省	15356	7409	4049	2267	294	344
内蒙古自治区	11335	6783	3514	2458	398	113
辽宁省	14194	7862	4030	2453	489	532
其中:大连市	3809	1969	882	459	216	330
吉林省	10681	5460	2805	1644	240	92
黑龙江省	12063	7335	4265	2459	264	74
上海市	19634	10677	3033	1204	4989	513
江苏省	37743	19898	5883	5117	5401	1314
浙江省	40358	21304	4425	4604	7624	2441
其中:宁波市	8209	5202	741	846	2272	856
安徽省	14238	6420	3144	1911	255	166
福建省	8581	4127	1368	1277	318	244
其中:厦门市	2772	1248	213	389	99	70
江西省	10973	5665	2801	1531	524	162
山东省	17997	8801	3627	3371	480	752
其中:青岛市	5604	3152	948	1322	216	527
河南省	27495	10768	5593	2803	177	1893
湖北省	16258	8116	3736	2153	1060	419
湖南省	22377	9052	4372	2489	915	496
广东省	58293	24480	4575	9821	4115	1019
其中:深圳市	34109	14409	1517	4857	2957	604
广西壮族自治区	16290	5577	2525	1707	683	103
海南省	1793	407	212	124	24	5
重庆市	10792	4492	1761	1259	817	65
四川省	23478	10497	4425	2213	2906	279
贵州省	9285	4382	2239	1461	248	39
云南省	12706	4807	2258	2152	271	49
西藏自治区	1189	225	62	144	10	9
陕西省	13427	6048	3570	1222	378	153
甘肃省	9393	4744	2124	1992	182	42
青海省	3512	1870	758	935	96	3
宁夏回族自治区	3420	1711	819	687	84	20
新疆维吾尔自治区	7100	3464	1417	1050	570	195

2－114－2

单位:万元

地　　区	工资福利支出				商品和服务支出		
	伙食费	伙　食 补助费	绩效 工资	其他工资 福利支出	小　计	办公费	印刷费
地　方　合　计	**290**	**2351**	**2547**	**18356**	**176714**	**15672**	**6271**
北京市	73	162	43	999	6851	518	267
天津市	23	39	89	213	1671	382	26
河北省	4	360	6	398	4532	674	162
山西省	30	34	26	365	4501	542	154
内蒙古自治区		11	6	283	3897	520	168
辽宁省	29	30	107	192	4424	488	144
其中:大连市	13	10	37	22	1422	147	47
吉林省		9	625	45	3007	524	114
黑龙江省	12	135	35	91	3226	534	180
上海市		148		790	6822	333	580
江苏省	2	224	198	1759	11633	584	281
浙江省	9	271	21	1909	13832	516	512
其中:宁波市	9	65		413	2318	85	65
安徽省	17	69	56	802	4239	449	162
福建省	2	46	90	782	2627	131	81
其中:厦门市	2	42	59	374	1014	25	34
江西省		7	10	630	4263	390	151
山东省	5	38	18	510	5792	606	206
其中:青岛市		15	15	109	1634	56	42
河南省		32		270	14140	1985	302
湖北省	5	63	117	563	6412	397	161
湖南省	4	59	42	675	10528	646	305
广东省	44	145	622	4139	27671	1535	800
其中:深圳市	31	120	557	3766	16783	768	266
广西壮族自治区	7	59	14	479	4015	320	114
海南省		7	3	32	589	32	38
重庆市		160	88	342	3121	270	180
四川省	3	44	50	577	7662	721	289
贵州省	1	30	11	353	3129	562	96
云南省		7	9	61	4699	569	204
西藏自治区					175	7	1
陕西省	11	77	168	469	5126	570	239
甘肃省	1	12	36	355	2804	384	203
青海省	5	10	40	23	1121	69	11
宁夏回族自治区		3		98	1121	122	74
新疆维吾尔自治区	3	60	17	152	3084	292	66

2－114－3

单位:万元

地　　区	商品和服务支出						
	咨询费	手续费	水　费	电　费	邮电费	取暖费	物　业 管理费
地　方　合　计	**132**	**82**	**738**	**2992**	**4153**	**2603**	**1470**
北京市			18	151	103	175	33
天津市	2		3	21	43	42	4
河北省	8	2	35	103	181	213	36
山西省	1	1	21	70	142	225	41
内蒙古自治区	2	3	11	30	88	217	14
辽宁省	4	7	25	134	169	413	37
其中:大连市	4	7	7	41	46	74	
吉林省	7	1	10	35	67	265	19
黑龙江省			21	76	71	335	39
上海市	4		30	252	153		234
江苏省	10	6	44	213	273	1	110
浙江省	7	2	39	231	372		102
其中:宁波市			6	29	42		
安徽省	9	1	19	100	96	7	3
福建省			10	61	80		26
其中:厦门市			2	25	16		12
江西省	3	1	18	56	82	3	2
山东省	2	3	28	116	176	170	74
其中:青岛市			1	23	49	27	17
河南省	9		73	135	118	44	58
湖北省	1	5	36	143	142	7	18
湖南省	25	23	56	164	191	64	12
广东省	3	7	100	460	564	2	465
其中:深圳市	1	3	73	288	184		267
广西壮族自治区	1		19	52	101		
海南省					11		
重庆市	1		18	59	92	1	11
四川省	21	12	26	120	297	6	49
贵州省			4	27	84	13	4
云南省	9		15	32	136		5
西藏自治区			1		3	1	
陕西省		4	40	95	95	103	66
甘肃省	2	1	10	34	109	139	2
青海省		1	1	3	26	29	
宁夏回族自治区	1	1	6	15	29	25	4
新疆维吾尔自治区		1	1	4	59	103	2

2-114-4

单位:万元

地　　区	商品和服务支出					
	交通费	差旅费	出国费	维修(护)费	租赁费	会议费
地 方 合 计	**20291**	**7926**	**314**	**6986**	**2274**	**6042**
北京市	526	59		111	161	441
天津市	193	26		94		53
河北省	888	311	2	180	27	191
山西省	734	225	10	344	79	148
内蒙古自治区	707	335	1	166	15	99
辽宁省	886	220	4	267	39	129
其中:大连市	269	60		69	27	43
吉林省	564	168	2	168	21	204
黑龙江省	587	311	3	255	21	59
上海市	495	112	48	214	12	383
江苏省	1223	547	20	260	43	496
浙江省	1386	681	46	389	411	417
其中:宁波市	240	132	6	74	57	49
安徽省	574	252	18	121	12	102
福建省	285	152	28	86	28	46
其中:厦门市	82	29	5	12	1	6
江西省	495	240		150	2	81
山东省	920	282	14	159	135	277
其中:青岛市	236	64		36	76	76
河南省	963	264	17	390	133	340
湖北省	736	274	30	335	15	310
湖南省	1031	515	8	143	4	321
广东省	2155	584	38	1810	658	691
其中:深圳市	924	175	11	1485	566	137
广西壮族自治区	533	260		89	54	80
海南省	84	55		52	5	19
重庆市	450	184	3	119	3	187
四川省	1049	505		200	116	289
贵州省	512	145	7	53	3	81
云南省	582	249	15	83	108	222
西藏自治区	9	16		1		
陕西省	833	430		449	153	192
甘肃省	354	207		136	13	111
青海省	97	51		60		18
宁夏回族自治区	133	102		45		51
新疆维吾尔自治区	307	164		57	3	4

2－114－5

单位:万元

地　　区	商品和服务支出						
	培训费	招待费	专用材料费	被装购置费	专用燃料费	劳务费	委托业务费
地方合计	**7596**	**10638**	**21880**	**1631**	**825**	**3584**	**1982**
北京市	186	51	886	574		17	48
天津市	29	20	40	56		9	
河北省	124	239	284	36	8	26	58
山西省	239	249	475	48	51	30	7
内蒙古自治区	128	189	232	110	96	59	
辽宁省	163	196	599	3	18	91	2
其中:大连市	53	40	357			54	
吉林省	84	73	240		217	29	4
黑龙江省	123	84	147	35	30	36	3
上海市	270	130	378	4		58	886
江苏省	540	991	619	28	20	408	44
浙江省	523	835	642	31	2	564	87
其中:宁波市	86	139	54	2		173	10
安徽省	248	350	219	36	17	55	8
福建省	57	187	56	16	16	52	100
其中:厦门市	16	17	5	3	7	34	25
江西省	220	449	289	70	19	25	8
山东省	147	264	327	26	5	95	204
其中:青岛市	39	62	108	2		4	
河南省	435	616	6956	19	48	139	5
湖北省	231	638	142	45	121	140	119
湖南省	430	1299	163	39	12	60	1
广东省	1475	1286	5928	55	6	1105	256
其中:深圳市	547	618	5535	19	1	895	221
广西壮族自治区	253	219	287	32	4	41	7
海南省	50	31	14	9		10	9
重庆市	183	192	241	26		120	28
四川省	432	532	328	75	4	136	4
贵州省	131	376	128	20	10	49	2
云南省	248	440	307	55	4	67	33
西藏自治区	3	12	1			1	
陕西省	201	322	299	56	34	60	6
甘肃省	150	193	113	62	35	24	13
青海省	190	44	40	26	5	6	1
宁夏回族自治区	51	55	99	28	7	31	
新疆维吾尔自治区	52	76	1401	11	36	41	39

2－114－6

单位:万元

地　　区	商品和服务支出			对个人和家庭的补助			
	工会经费	福利费	其他商品和服务支出	小　计	离休费	退休费	退职(役)费
地 方 合 计	**2211**	**4874**	**43547**	**25466**	**1498**	**9348**	**37**
北京市	115	36	2375	941		25	
天津市	7	28	593	373		37	
河北省	55	102	587	745	67	485	
山西省	40	113	512	562	39	271	
内蒙古自治区	22	182	503	241	1	98	1
辽宁省	100	108	178	1103	190	581	2
其中:大连市	19	58		32	11	14	
吉林省	48	18	125	1230	148	845	
黑龙江省	34	60	182	1283	136	899	
上海市	119	264	1863	393	26	107	
江苏省	217	457	4198	3740	410	1698	1
浙江省	401	813	4823	2912	130	759	
其中:宁波市	61	114	894	372	6	43	
安徽省	38	58	1285	639	35	202	
福建省	56	56	1017	630	24	231	1
其中:厦门市	25	11	622	178	8	22	
江西省	27	93	1389	516	26	269	
山东省	73	40	1443	1788	31	125	9
其中:青岛市	21	4	691	498	30	125	
河南省	50	246	795	1575	58	246	
湖北省	100	211	2055	651	22	252	
湖南省	137	225	4654	532	2	90	
广东省	184	1028	6476	1739	39	386	14
其中:深圳市	109	840	2850	593		10	8
广西壮族自治区	53	105	1391	720	23	448	
海南省		1	169	10			
重庆市	75	102	576	226	9	21	
四川省	82	133	2236	659	6	183	6
贵州省	36	79	707	856	26	509	1
云南省	77	110	1129	194		60	2
西藏自治区	2	1	116	38		7	
陕西省	12	80	787	457	9	165	
甘肃省	13	51	445	265	30	119	
青海省	9	3	431	22		8	
宁夏回族自治区	8	4	230	137	5	93	
新疆维吾尔自治区	21	67	277	289	6	129	

2-114-7

单位:万元

地　　区	对个人和家庭的补助						
	抚恤金	生活补助	救济费	医疗费	助学金	奖励金	生产补贴
地　方　合　计	**342**	**571**	**28**	**1758**	**6**	**407**	**108**
北京市	18	1		47			
天津市	1			6		46	
河北省	6	12		14		7	
山西省	7	31		4		2	
内蒙古自治区	4	21	6	6		12	
辽宁省	12	8	3	17		4	
其中:大连市		3	2				
吉林省	11	59		5		30	
黑龙江省	12	21	1	7		8	
上海市	28	2	1	4	1		
江苏省	70	28	7	67		8	
浙江省	11	44	2	72		38	
其中:宁波市	2	7		1		1	
安徽省	12	20	1	55		11	
福建省	3	5		30		5	
其中:厦门市				1			
江西省	6	13		17		1	
山东省	12	115	1	58		2	
其中:青岛市	3	13		12			
河南省	9	27		1125		18	
湖北省	10	6		29		2	
湖南省	9	10		26	1	5	2
广东省	21	38	2	40	2	88	106
其中:深圳市	1	9	2	2	1	49	106
广西壮族自治区	5	21		1		6	
海南省		1				2	
重庆市	7	12		18		2	
四川省	11	13		5		41	
贵州省	5	24		7		17	
云南省	2	1		1		43	
西藏自治区		1		4			
陕西省	10	19	3	32	2	7	
甘肃省	4	1		60		1	
青海省	6	2					
宁夏回族自治区	19	2					
新疆维吾尔自治区	11	13	1	1		1	

2－114－8

单位:万元

地区	对个人和家庭的补助				对企事业单位的补贴		
	住房公积金	提租补贴	购房补贴	其他对个人和家庭的补助支出	小计	企业政策性补贴	事业单位补贴
地方合计	**5859**	**830**	**1352**	**3322**	**248**	**17**	**184**
北京市	452	165	58	175			
天津市	209	2	2	70			
河北省	135	2		17			
山西省	128	8		72			
内蒙古自治区	47		3	42			
辽宁省	115	145		26	6		6
其中:大连市	2				6		6
吉林省	115	11		6			
黑龙江省	133	19		47	36	17	19
上海市	53			171			
江苏省	598	113	119	621	5		5
浙江省	1229	10	45	572	125		79
其中:宁波市	66	2		244			
安徽省	216	16	1	70			
福建省	195	113		23	20		20
其中:厦门市	75	69		3			
江西省	103			81			
山东省	302	73	545	515			
其中:青岛市	125	53	98	39			
河南省	48		38	6	16		16
湖北省	244	7	22	57			
湖南省	237		1	149	1		
广东省	391	145	275	192			
其中:深圳市		109	257	39			
广西壮族自治区	129			87			
海南省				7			
重庆市	54		57	46			
四川省	290		1	103			
贵州省	75	1	153	38	35		35
云南省	63		2	20	4		4
西藏自治区				26			
陕西省	165		1	44			
甘肃省	44		1	5			
青海省				6			
宁夏回族自治区	3			15			
新疆维吾尔自治区	86		28	13			

2－114－9　　　　单位:万元

地区	对企事业单位的补贴		赠与			债务利息支出	
	财政贴息	其他对企事业单位的补贴支出	小计	对国内的赠与	对国外的赠与	小计	国库券付息
地方合计		**47**				**2**	
北京市							
天津市							
河北省							
山西省						2	
内蒙古自治区							
辽宁省							
其中:大连市							
吉林省							
黑龙江省							
上海市							
江苏省							
浙江省		46					
其中:宁波市							
安徽省							
福建省							
其中:厦门市							
江西省							
山东省							
其中:青岛市							
河南省							
湖北省							
湖南省		1					
广东省							
其中:深圳市							
广西壮族自治区							
海南省							
重庆市							
四川省							
贵州省							
云南省							
西藏自治区							
陕西省							
甘肃省							
青海省							
宁夏回族自治区							
新疆维吾尔自治区							

二、地方财政预算收支情况

2－114－10

单位:万元

地　　区	债务利息支出					基本建设支出	
	向国家银行借款付息	其他国内借款付息	向国外政府借款付息	向国际组织借款付息	其他国外借款付息	小　计	房屋建筑物购建
地方合计	**2**					**8804**	**6868**
北京市							
天津市							
河北省						145	95
山西省	2					35	
内蒙古自治区						30	30
辽宁省						31	
其中:大连市							
吉林省						87	30
黑龙江省						7	
上海市						54	
江苏省						380	350
浙江省						258	31
其中:宁波市							
安徽省						82	
福建省						126	34
其中:厦门市						106	34
江西省						42	
山东省						66	
其中:青岛市							
河南省						122	
湖北省							
湖南省						41	
广东省						73	
其中:深圳市							
广西壮族自治区						3100	3100
海南省							
重庆市						2437	2257
四川省						6	
贵州省							
云南省						274	71
西藏自治区						199	199
陕西省						1179	669
甘肃省						2	2
青海省						3	
宁夏回族自治区							
新疆维吾尔自治区						25	

2－114－11

单位:万元

地区	基本建设支出							
	办公设备购置	专用设备购置	交通工具购置	基础设施建设	大型修缮	信息网络购建	物资储备	其他基本建设支出
地方合计	**404**	**416**	**344**	**70**	**121**	**10**		**571**
北京市								
天津市								
河北省				50				
山西省		18	17					
内蒙古自治区								
辽宁省	31							
其中:大连市								
吉林省	1		56					
黑龙江省								7
上海市	54							
江苏省								30
浙江省	57	89	57					24
其中:宁波市								
安徽省	21	23	1	3	24			10
福建省	7		13		72			
其中:厦门市					72			
江西省	7	2	31			2		
山东省	23	11	32					
其中:青岛市								
河南省	4	108	10					
湖北省								
湖南省			22		19			
广东省	26	40		7				
其中:深圳市								
广西壮族自治区								
海南省								
重庆市	108	62	2			8		
四川省					6			
贵州省								
云南省	55	48	100					
西藏自治区								
陕西省				10				500
甘肃省								
青海省			3					
宁夏回族自治区								
新疆维吾尔自治区	10	15						

2－114－12

单位:万元

地区	其他资本性支出						
	小计	房屋建筑物购建	办公设备购置	专用设备购置	交通工具购置	基础设施建设	大型修缮
地方合计	**45385**	**2556**	**6774**	**9890**	**19506**	**393**	**1992**
北京市	2041		324	659	263		328
天津市	855		276	459	96		
河北省	3837	5	69	1767	1592		3
山西省	2847	23	250	1348	1075	39	47
内蒙古自治区	384	57	96	59	119		14
辽宁省	768	31	483	146	63	9	7
其中:大连市	380		364	12	3		
吉林省	896	63	33	151	647		
黑龙江省	175		64	43	37	16	15
上海市	1688	165	406	545	83		55
江苏省	1703	10	478	205	480	3	71
浙江省	1871	75	594	347	482		
其中:宁波市	317		98	109	89		
安徽省	2835	43	159	388	2005	7	74
福建省	994	303	84	49	242		146
其中:厦门市	226		32	39	62		53
江西省	389	32	64	124	137		4
山东省	1550	340	273	197	378		152
其中:青岛市	311		50	92	78		
河南省	860	182	239	53	185	63	96
湖北省	1005	340	172	69	162	28	16
湖南省	2030	29	139	13	1704		77
广东省	3175	311	630	591	739	155	212
其中:深圳市	1369		238	375	347	9	101
广西壮族自治区	2838	91	384	353	1779		54
海南省	787		117	200	370		74
重庆市	474	177	111	35	62		
四川省	4573		477	1098	2496	3	465
贵州省	226		47	10	81		6
云南省	2728	18	109	722	1857	4	11
西藏自治区	541				541		
陕西省	558	14	183	84	115	66	37
甘肃省	1577	247	375	29	916		3
青海省	491		3		433		
宁夏回族自治区	451		66	136	249		
新疆维吾尔自治区	238		69	10	118		25

2－114－13

单位:万元

地　　区	其他资本性支出						
	信息网络购建	物资储备	土地补偿	安置补助	地上附着物和青苗补偿	拆迁补偿	其他资本性支出
地方合计	**1545**			**2**			**2727**
北京市	164			2			301
天津市	12						12
河北省	356						45
山西省	3						62
内蒙古自治区							39
辽宁省	27						2
其中:大连市	1						
吉林省	1						1
黑龙江省							
上海市	100						334
江苏省	12						444
浙江省	297						76
其中:宁波市							21
安徽省	142						17
福建省	31						139
其中:厦门市	20						20
江西省	1						27
山东省	16						194
其中:青岛市							91
河南省	2						40
湖北省	3						215
湖南省	13						55
广东省	98						439
其中:深圳市	48						251
广西壮族自治区	167						10
海南省	20						6
重庆市	14						75
四川省	18						16
贵州省	1						81
云南省							7
西藏自治区							
陕西省	36						23
甘肃省	2						5
青海省							55
宁夏回族自治区							
新疆维吾尔自治区	9						7

二、地方财政预算收支情况

2－114－14 单位:万元

地　　区	贷款转贷及产权参股					其他支出		
	小　计	国内贷款	国外贷款	产权参股	其他贷款转贷及产权参股支出	小　计	补充全国社会保障基金	其他支出
地方合计						**7403**		**7403**
北京市						4311		4311
天津市								
河北省						140		140
山西省								
内蒙古自治区								
辽宁省								
其中:大连市								
吉林省						1		1
黑龙江省						1		1
上海市								
江苏省						384		384
浙江省						56		56
其中:宁波市								
安徽省						23		23
福建省						57		57
其中:厦门市								
江西省						98		98
山东省								
其中:青岛市						9		9
河南省						14		14
湖北省						74		74
湖南省						193		193
广东省						1155		1155
其中:深圳市						955		955
广西壮族自治区						40		40
海南省								
重庆市						42		42
四川省						81		81
贵州省						657		657
云南省								
西藏自治区						11		11
陕西省						59		59
甘肃省						1		1
青海省						5		5
宁夏回族自治区								
新疆维吾尔自治区								

2007 年各省、自治区、直辖市妇幼保健支出明细表

2－115－1　　　　单位:万元

地　　区	合　计	工资福利支出				
		小　计	基本工资	津贴补贴	奖　金	社会保障缴　费
地　方　合　计	**1491710**	**508261**	**202488**	**105185**	**81019**	**32351**
北京市	78828	22853	4858	4817	7608	1233
天津市	17921	5972	1870	1267	1274	228
河北省	53679	22066	11545	4119	1798	2005
山西省	32202	15070	8003	4242	1147	605
内蒙古自治区	30497	12113	6873	3601	524	300
辽宁省	29105	12043	5640	2860	588	1055
其中:大连市	7139	3349	877	576	93	525
吉林省	28445	12165	6457	3176	962	146
黑龙江省	32614	13920	7377	4126	997	446
上海市	30732	7579	2497	907	2371	1018
江苏省	56228	17666	5533	3932	4442	1296
浙江省	59685	21830	4102	4307	6930	2293
其中:宁波市	9370	3445	362	501	1367	566
安徽省	24517	8470	4227	1906	459	299
福建省	50271	15521	3865	2854	3334	973
其中:厦门市	19321	4938	332	742	1961	263
江西省	39469	12345	6281	2069	954	481
山东省	95451	31417	12359	7786	3357	3984
其中:青岛市	3132	1490	375	584	96	302
河南省	72048	24787	15008	3035	3257	1660
湖北省	88106	29991	12020	4718	7734	1792
湖南省	79492	28321	11290	4918	3987	2125
广东省	204298	62328	16453	13084	11044	4739
其中:深圳市	45439	13040	1997	2770	1313	1005
广西壮族自治区	72974	23214	9638	3879	2155	1265
海南省	14043	4688	2041	765	387	224
重庆市	32903	10032	3501	1107	2263	329
四川省	104727	35526	13612	3700	8829	2134
贵州省	16740	6411	3201	1932	460	84
云南省	52471	16983	7141	6055	1030	365
西藏自治区	3760	1948	630	1147	101	51
陕西省	36397	13187	7450	2053	1509	528
甘肃省	19891	8102	4038	2885	349	132
青海省	2692	1538	633	742	57	3
宁夏回族自治区	14459	4728	1844	1479	578	184
新疆维吾尔自治区	17065	5447	2501	1717	534	374

2－115－2

单位:万元

地　　区	工资福利支出				商品和服务支出		
	伙食费	伙　食 补助费	绩效 工资	其他工资 福利支出	小　计	办公费	印刷费
地　方　合　计	**567**	**4874**	**14900**	**66877**	**726235**	**22097**	**6941**
北京市	17	231	19	4070	40186	290	134
天津市	33	91	529	680	6750	99	49
河北省	16	485	103	1995	24814	850	314
山西省	6	137	84	846	13061	1317	182
内蒙古自治区		14	38	763	12197	563	166
辽宁省	96	75	1203	526	10674	788	177
其中:大连市	93	22	941	222	2880	151	31
吉林省		47	891	486	11879	554	134
黑龙江省	7	90	364	513	12747	1120	188
上海市	46	77	222	441	4211	84	92
江苏省	13	193	9	2248	22222	437	195
浙江省	16	336	28	3818	32688	368	341
其中:宁波市	2	61		586	4895	69	71
安徽省	12	77	5	1485	10400	392	138
福建省	6	393	520	3576	24652	370	201
其中:厦门市		182	24	1434	8492	40	54
江西省	9	59	155	2337	22851	547	156
山东省	30	138	452	3311	51475	1422	656
其中:青岛市	2	13		118	1120	49	23
河南省	98	107	230	1392	35164	2321	427
湖北省	17	714	726	2270	45522	584	602
湖南省	8	277	304	5412	42046	1182	370
广东省	121	467	3602	12818	112752	1204	533
其中:深圳市	25		2955	2975	30270	140	80
广西壮族自治区	2	231	571	5473	40366	845	318
海南省	1	7	2	1261	7983	150	74
重庆市		71	370	2391	18045	374	138
四川省	4	248	2934	4065	50927	2080	518
贵州省		91	132	511	6431	518	83
云南省	1	89	411	1891	27175	1679	205
西藏自治区				19	960	22	6
陕西省	3	77	652	915	15924	922	298
甘肃省	1	10	145	542	7366	415	76
青海省	3	15	28	57	1022	75	3
宁夏回族自治区		2	92	549	6175	104	62
新疆维吾尔自治区	1	25	79	216	7570	421	105

2－115－3　　　　单位:万元

地　　区	商品和服务支出						
	咨询费	手续费	水　费	电　费	邮电费	取暖费	物　业 管理费
地　方　合　计	**579**	**538**	**5094**	**19169**	**4949**	**8067**	**4572**
北京市	3	9	176	760	118	391	497
天津市	4	2	41	142	43	112	37
河北省	15	7	224	668	234	833	111
山西省	6	12	99	271	120	577	52
内蒙古自治区	2	3	81	196	100	439	27
辽宁省	71	16	93	255	117	566	58
其中:大连市		14	37	77	21	152	28
吉林省		4	103	304	93	629	42
黑龙江省	2	10	105	261	84	637	70
上海市	20	8	36	201	75		113
江苏省	11	25	187	646	162	124	148
浙江省	4	8	129	880	326		209
其中:宁波市	2		21	134	37		36
安徽省	3	2	73	307	91	13	21
福建省	2	3	135	565	154		125
其中:厦门市		1	31	209	32		102
江西省	5	101	190	626	136	13	15
山东省	35	96	474	1434	406	1327	380
其中:青岛市			1	20	21	9	4
河南省	29	35	393	1122	187	488	177
湖北省	29	26	340	1916	262	424	364
湖南省	47	39	352	1263	237	117	283
广东省	92	45	398	2857	528	1	1148
其中:深圳市		11	78	568	99		561
广西壮族自治区	75	15	211	1014	241		83
海南省	13	20	24	188	51		166
重庆市	41	3	129	571	127	3	115
四川省	10	9	488	1362	469	46	243
贵州省	3	4	55	130	63	48	18
云南省	35	21	195	371	212	12	27
西藏自治区			6	30	7	15	
陕西省	8	6	208	516	116	528	13
甘肃省	3	6	79	134	68	290	4
青海省			4	14	28	64	
宁夏回族自治区		1	42	104	26	159	4
新疆维吾尔自治区	11	2	24	61	68	211	22

2－115－4

单位:万元

地　　区	商品和服务支出					
	交通费	差旅费	出国费	维修(护)费	租赁费	会议费
地　方　合　计	**13967**	**8502**	**314**	**68605**	**3390**	**5777**
北京市	360	40	14	4853	245	520
天津市	64	50	7	583		60
河北省	768	352		1641	38	229
山西省	384	195		859	222	119
内蒙古自治区	326	251	10	698	32	105
辽宁省	494	270	4	779	65	121
其中:大连市	112	63		234	8	16
吉林省	401	387	7	1985	33	84
黑龙江省	433	262	3	1591	49	65
上海市	115	45	10	255	44	96
江苏省	457	270		2614	64	230
浙江省	352	319	24	3086	344	213
其中:宁波市	40	64		296	36	37
安徽省	189	245		401	47	110
福建省	286	251	12	4188	41	136
其中:厦门市	48	35		2763	17	35
江西省	433	273	4	1312	12	31
山东省	1377	541	78	7442	257	514
其中:青岛市	45	17		31	10	36
河南省	986	430	40	3171	58	233
湖北省	529	466	14	6037	84	279
湖南省	890	609	21	2101	32	422
广东省	1024	685	32	11508	726	552
其中:深圳市	181	186		3849	493	40
广西壮族自治区	791	448	6	4078	78	164
海南省	148	75		1020	2	34
重庆市	367	231	1	1444	319	198
四川省	917	543	6	3376	333	447
贵州省	224	106		198	16	127
云南省	548	362	16	771	81	320
西藏自治区	41	45		70	1	19
陕西省	491	254		920	95	213
甘肃省	170	149	1	594	36	65
青海省	81	32		14	4	
宁夏回族自治区	90	80		635	16	29
新疆维吾尔自治区	231	236	4	381	16	42

2 - 115 - 5

单位:万元

地　　区	商品和服务支出						
	培训费	招待费	专　用 材料费	被　装 购置费	专　用 燃料费	劳务费	委　托 业务费
地　方　合　计	**10535**	**13082**	**361873**	**2558**	**2793**	**15788**	**3935**
北京市	225	248	23677		1	831	15
天津市	71	61	2947	5	30	143	
河北省	414	449	11721	216	82	568	185
山西省	306	272	4706	33	75	69	713
内蒙古自治区	241	211	5101	63	184	302	7
辽宁省	326	236	4428	4	142	345	79
其中:大连市	38	46	1527		58	50	2
吉林省	166	143	5883		327	73	47
黑龙江省	218	166	6258	98	31	169	22
上海市	90	89	1645	6		218	7
江苏省	276	772	10028	3	80	1154	323
浙江省	253	522	18516	107		957	315
其中:宁波市	41	107	2382	21		429	105
安徽省	116	347	4085	3	44	229	29
福建省	255	384	13132	62	11	408	43
其中:厦门市	49	21	3404	39		82	
江西省	174	643	9932	79	43	314	13
山东省	495	670	26458	112	64	1224	651
其中:青岛市	34	33	443	6	3	39	
河南省	685	814	15917	141	396	804	106
湖北省	846	981	20657	161	232	520	401
湖南省	639	1209	22048	433	79	321	301
广东省	1201	1238	59518	134	516	2698	321
其中:深圳市	178	117	10425		1	132	192
广西壮族自治区	505	653	21948	158	158	787	21
海南省	96	136	4052		11	321	
重庆市	214	334	10016	19	9	246	29
四川省	863	1040	27796	82	47	764	81
贵州省	219	243	2156	23	62	439	20
云南省	691	543	11961	63	46	1007	88
西藏自治区	31	25	372				
陕西省	377	272	7933	376	68	425	80
甘肃省	220	160	2219	104	27	77	34
青海省	143	26	198	4		17	
宁夏回族自治区	56	70	3354	27	18	22	
新疆维吾尔自治区	123	125	3211	42	10	336	4

2－115－6

单位:万元

地　　区	商品和服务支出			对个人和家庭的补助			
	工会经费	福利费	其他商品和服务支出	小　计	离休费	退休费	退职(役)费
地　方　合　计	**4897**	**9652**	**128561**	**70159**	**1497**	**29573**	**57**
北京市	434	146	6199	2280	30	336	2
天津市	58	104	2038	1476	66	940	2
河北省	116	285	4494	2941	113	1369	
山西省	58	173	2241	1955	67	941	
内蒙古自治区	43	186	2860	943	24	395	
辽宁省	144	273	823	1457	40	735	6
其中:大连市	56	106	53	197			4
吉林省	101	25	354	2496	110	1773	
黑龙江省	99	252	554	3659	175	2703	
上海市	117	163	682	549	9	290	
江苏省	260	529	3227	4534	195	2389	1
浙江省	299	546	4570	2574	32	932	1
其中:宁波市	45	79	843	350	1	52	
安徽省	70	193	3252	2307	32	862	
福建省	149	173	3566	1366	38	458	3
其中:厦门市	15	72	1443	276			
江西省	91	244	7464	1457	2	703	
山东省	255	753	4354	4867	96	487	6
其中:青岛市	6	19	271	325	14	127	
河南省	154	537	5513	4834	54	1388	
湖北省	282	555	8931	4381	66	2151	7
湖南省	369	700	7982	3477	80	1166	
广东省	615	1276	23902	5513	68	1996	12
其中:深圳市	245	273	12421	503		17	
广西壮族自治区	148	489	7132	3359	29	1695	6
海南省	89	108	1205	206			
重庆市	183	161	2773	1100		157	
四川省	304	635	8468	3856	35	1500	8
贵州省	33	127	1516	2790	71	1639	3
云南省	221	463	7237	1692	14	314	
西藏自治区	9	2	259	363		236	
陕西省	51	248	1506	1801	21	1064	
甘肃省	22	133	2280	724	22	318	
青海省	8	9	298	12			
宁夏回族自治区	76	31	1169	410	8	189	
新疆维吾尔自治区	39	133	1712	780		447	

2 - 115 - 7

单位:万元

地区	对个人和家庭的补助						
	抚恤金	生活补助	救济费	医疗费	助学金	奖励金	生产补贴
地方合计	**592**	**2584**	**2172**	**6391**	**225**	**1187**	**228**
北京市	36	26		82			
天津市	15	6		34		17	
河北省	32	67	287	301		180	
山西省	19	145	30	86		3	
内蒙古自治区	17	49	36	155		2	
辽宁省	8	132		33		7	
其中:大连市		54		1			
吉林省	19	325	33	51		8	
黑龙江省	15	154	60	225	1	9	
上海市	52						
江苏省	45	56	1	149		12	
浙江省	11	21	3	61		4	
其中:宁波市		1		2			
安徽省	13	196	5	313		2	
福建省	20	10	2	21		6	
其中:厦门市	2	1		1			
江西省	16	112	90	197		1	
山东省	32	180	2	252		45	41
其中:青岛市		1		3			
河南省	16	110	1083	1122	141	13	176
湖北省	30	106	22	309	79	293	
湖南省	53	275	53	225	4	138	
广东省	24	81		296		28	1
其中:深圳市		1		1		2	
广西壮族自治区	16	52	30	321		42	10
海南省		2	44	57			
重庆市	17	11	82	211		62	
四川省	35	77	111	490		276	
贵州省	8	13		430		7	
云南省	10	51	54	664		16	
西藏自治区	6	1		35		6	
陕西省	15	157	82	129		2	
甘肃省	2	85	3	93		2	
青海省						1	
宁夏回族自治区	3	3	41	13			
新疆维吾尔自治区	7	81	18	36		5	

二、地方财政预算收支情况

2－115－8　　　　单位:万元

地　　区	对个人和家庭的补助				对企事业单位的补贴		
	住　房 公积金	提租 补贴	购房 补贴	其他对个人 和家庭的 补助支出	小　计	企业政策性 补　　贴	事业单位 补　　贴
地　方　合　计	**11789**	**1379**	**2919**	**9566**	**3257**	**544**	**1255**
北京市	1111	340	46	271	943		
天津市	356	6	9	25			
河北省	258	12		322	7		
山西省	246	2		416			
内蒙古自治区	162			103	9		
辽宁省	231	173	20	72	65	4	61
其中:大连市	100	10	3	25	7	4	3
吉林省	162	6		9	8		8
黑龙江省	192	13	1	111	11	7	4
上海市	148		1	49			
江苏省	522	100	66	998	190		15
浙江省	1065	17	78	349	223		53
其中:宁波市	140	4	60	90			
安徽省	293	9	2	580			
福建省	550	135	6	117	126		100
其中:厦门市	200	35		37			
江西省	122	1		213	5		
山东省	815	460	2031	420	86		76
其中:青岛市	71	34	31	44			
河南省	269	38	17	407	1059	530	522
湖北省	898	26	160	234			
湖南省	580		13	890	1		
广东省	1812	37	286	872	421	3	393
其中:深圳市			253	229	396	3	393
广西壮族自治区	535		9	614			
海南省	10		10	83			
重庆市	169			391	23		23
四川省	475		5	844			
贵州省	102	1	111	405			
云南省	151		23	395	80		
西藏自治区	33			46			
陕西省	296		16	19			
甘肃省	123	3	3	70			
青海省	2			9			
宁夏回族自治区	19			134			
新疆维吾尔自治区	82		6	98			

2－115－9

单位:万元

地　区	对企事业单位的补贴		赠　与			债务利息支出	
	财政贴息	其他对企事业单位的补贴支出	小　计	对国内的赠　与	对国外的赠　与	小　计	国库券付　息
地　方　合　计	**1194**	**264**	**12**	**1**	**11**	**146**	
北京市	942	1					
天津市							
河北省		7					
山西省							
内蒙古自治区	9					5	
辽宁省							
其中:大连市							
吉林省						10	
黑龙江省							
上海市							
江苏省	125	50					
浙江省		170					
其中:宁波市							
安徽省							
福建省	26						
其中:厦门市							
江西省	5						
山东省		10					
其中:青岛市							
河南省	7		12	1	11	70	
湖北省							
湖南省		1					
广东省		25					
其中:深圳市							
广西壮族自治区							
海南省						49	
重庆市							
四川省							
贵州省							
云南省	80					12	
西藏自治区							
陕西省							
甘肃省							
青海省							
宁夏回族自治区							
新疆维吾尔自治区							

2-115-10

单位:万元

地区	债务利息支出					基本建设支出	
	向国家银行借款付息	其他国内借款付息	向国外政府借款付息	向国际组织借款付息	其他国外借款付息	小计	房屋建筑物购建
地方合计	**5**	**12**	**2**	**66**	**61**	**64581**	**47721**
北京市						1082	782
天津市							
河北省						864	435
山西省						198	167
内蒙古自治区				5		1374	791
辽宁省						910	252
其中:大连市						273	
吉林省					10	258	70
黑龙江省						855	163
上海市						17433	15122
江苏省						8016	7996
浙江省						373	235
其中:宁波市						52	
安徽省						638	72
福建省						5698	5449
其中:厦门市						5445	5339
江西省						601	367
山东省						316	274
其中:青岛市							
河南省	5	12	2		51	737	215
湖北省						101	40
湖南省						356	230
广东省						8970	8509
其中:深圳市							
广西壮族自治区						1022	170
海南省				49		327	144
重庆市						1269	712
四川省						3928	1947
贵州省						73	73
云南省				12		1152	1085
西藏自治区							
陕西省						3415	443
甘肃省						1683	753
青海省						41	40
宁夏回族自治区						1893	262
新疆维吾尔自治区						998	923

2－115－11　　　　单位:万元

地　　区	基本建设支出							
	办公设备购　置	专用设备购　置	交通工具购　置	基础设施建　设	大型修缮	信息网络购　建	物资储备	其他基本建设支出
地 方 合 计	**447**	**2908**	**126**	**4540**	**1785**	**248**	**14**	**6792**
北京市		100				200		
天津市								
河北省		58		160	121			90
山西省								31
内蒙古自治区		50	12	315	45			161
辽宁省	52	196	11	399				
其中:大连市	28	116		129				
吉林省	13	135			40			
黑龙江省				319	98			275
上海市	－5	173	75					2068
江苏省		20						
浙江省	17	59			16	1		45
其中:宁波市	9	43						
安徽省	16	550						
福建省	21	152		6	30			40
其中:厦门市	20	86						
江西省	1	62		60	40	1		70
山东省		4		4	16	2	14	2
其中:青岛市								
河南省		84	10	218				210
湖北省			18	30				13
湖南省	5	37		65		1		18
广东省		260		89				112
其中:深圳市								
广西壮族自治区	4	81		744		3		20
海南省		138				33		12
重庆市	5	17		304				231
四川省	302	488		686	413	2		90
贵州省								
云南省	3	25		30				9
西藏自治区								
陕西省	12	136		308	746			1770
甘肃省		50		655	220			5
青海省	1							
宁夏回族自治区		3		108				1520
新疆维吾尔自治区		30		40		5		

2－115－12

单位：万元

地　　区	其他资本性支出						
	小　计	房屋建筑物购　　建	办公设备购　　置	专用设备购　　置	交通工具购　　置	基础设施建　　设	大型修缮
地　方　合　计	**108587**	**28860**	**7329**	**50651**	**3044**	**2651**	**5473**
北京市	10828	6015	184	3752	88		373
天津市	3723	1959	217	1409	23		21
河北省	2452	91	384	1348	93	40	289
山西省	1918	82	179	1304	126	3	152
内蒙古自治区	3855	1743	217	1519	105	95	57
辽宁省	3936	1191	228	1916	174	214	182
其中：大连市	433		39	373	15		6
吉林省	1614	114	241	744	138	71	251
黑龙江省	1352	464	70	515	25	92	174
上海市	760		183	239	34		34
江苏省	3391	899	331	1613	83	10	138
浙江省	1773	283	204	877	48	110	65
其中：宁波市	588	274	77	234			
安徽省	2028	558	162	502	150	30	123
福建省	2688	887	185	1003	218	13	43
其中：厦门市	170		2	106	39		
江西省	1868	225	130	873	66	15	326
山东省	7290	1257	732	4157	291	77	331
其中：青岛市	171		19	119	12	11	10
河南省	4726	961	303	2445	150	83	152
湖北省	6952	1512	528	2717	212	17	1095
湖南省	4659	578	340	2783	75	254	157
广东省	12859	817	453	9806	153	132	318
其中：深圳市	1230		1	1188		41	
广西壮族自治区	3821	208	326	2248	96	245	122
海南省	788	178	103	306	15		68
重庆市	1839		123	853	50		
四川省	10068	4544	499	2821	215	553	380
贵州省	721	105	93	208	104	10	56
云南省	5252	2571	226	1734	123	122	103
西藏自治区	472	353	105		14		
陕西省	1828	201	237	743	72	3	165
甘肃省	1833	164	91	710	68	318	155
青海省	74		6	16	8		
宁夏回族自治区	951	277	72	504			32
新疆维吾尔自治区	2268	623	177	986	27	144	111

2－115－13

单位:万元

地区	其他资本性支出						
	信息网络购建	物资储备	土地补偿	安置补助	地上附着物和青苗补偿	拆迁补偿	其他资本性支出
地方合计	**1286**	**254**	**134**	**58**		**2**	**8845**
北京市	56						360
天津市	34						60
河北省	41						166
山西省	3		13				56
内蒙古自治区	25	4					90
辽宁省	26	1				2	2
其中:大连市							
吉林省	47						8
黑龙江省	11						1
上海市	59						211
江苏省	13						304
浙江省	34						152
其中:宁波市	3						
安徽省	16						487
福建省	103						236
其中:厦门市							23
江西省	19						214
山东省	105						340
其中:青岛市							
河南省	181	54					397
湖北省	46	2					823
湖南省	78						394
广东省	75						1105
其中:深圳市							
广西壮族自治区	18	150					408
海南省	2						116
重庆市	74						739
四川省	37						1019
贵州省	1	38					106
云南省	16	5					352
西藏自治区							
陕西省	52						355
甘肃省	16			58			253
青海省	10						34
宁夏回族自治区	49						17
新疆维吾尔自治区	39		121				40

二、地方财政预算收支情况

2－115－14

单位:万元

地　　区	贷款转贷及产权参股					其他支出		
	小　计	国内贷款	国外贷款	产权参股	其他贷款转贷及产权参股支出	小　计	补充全国社会保障基金	其他支出
地　方　合　计	**318**	**300**			**18**	**10154**	**25**	**10129**
北京市						656		656
天津市								
河北省						535		535
山西省								
内蒙古自治区	1				1			
辽宁省						20		20
其中:大连市								
吉林省						15		15
黑龙江省						70		70
上海市						200		200
江苏省						209		209
浙江省						224		224
其中:宁波市						40		40
安徽省						674		674
福建省						220		220
其中:厦门市								
江西省						342		342
山东省								
其中:青岛市						26		26
河南省						659	25	634
湖北省						1159		1159
湖南省						632		632
广东省						1455		1455
其中:深圳市								
广西壮族自治区						1192		1192
海南省						2		2
重庆市						595		595
四川省	17				17	405		405
贵州省						314		314
云南省						125		125
西藏自治区						17		17
陕西省						242		242
甘肃省						183		183
青海省						5		5
宁夏回族自治区	300	300				2		2
新疆维吾尔自治区						2		2

2007 年各省、自治区、直辖市农村卫生支出明细表

2 - 116 - 1　　　　单位:万元

地　　区	合　计	工资福利支出				
		小　计	基本工资	津贴补贴	奖　金	社会保障缴　费
地　方　合　计	**7494616**	**2415008**	**1087256**	**445883**	**300161**	**230786**
北京市	89243	25077	7425	7200	3711	1185
天津市	49940	15042	5748	3524	1979	656
河北省	233605	67897	42757	8050	3201	6830
山西省	117563	40822	27740	6608	1516	2421
内蒙古自治区	94627	31895	19654	7218	1262	1668
辽宁省	83081	25528	14387	3065	600	5755
其中:大连市	20222	4979	2124	1102	345	1221
吉林省	74481	29282	21010	6179	459	640
黑龙江省	89643	33027	20930	7280	1258	2641
上海市	130161	40310	10761	4348	11443	6365
江苏省	896798	280810	89977	59841	58432	36528
浙江省	636559	212465	37968	36803	55004	28341
其中:宁波市	129351	47944	6477	6149	14135	7092
安徽省	274247	82236	47635	14962	5833	3309
福建省	204537	73721	24655	16364	6832	11383
其中:厦门市	11579	3570	690	1037	333	525
江西省	232596	72942	42048	10793	5769	3925
山东省	471639	162020	77388	37353	3354	26714
其中:青岛市	39637	15833	6108	4071	198	3393
河南省	311937	95170	68296	7433	5259	7261
湖北省	302773	104651	72926	14021	2715	8656
湖南省	329466	122938	70452	15137	10055	15225
广东省	1225639	314834	86642	58079	69087	26106
其中:深圳市						
广西壮族自治区	222609	77945	36204	15268	5261	4976
海南省	43076	17242	8897	2697	1394	2096
重庆市	193701	62537	30744	4571	11712	5056
四川省	449798	163622	83612	18756	23887	15252
贵州省	131209	48671	25179	14154	2997	667
云南省	203460	70220	30086	26921	1558	2582
西藏自治区	8119	4841	1325	2939	152	44
陕西省	159854	56058	39642	7730	2278	2128
甘肃省	101758	35621	20249	11339	1022	598
青海省	26423	9203	3808	4114	244	90
宁夏回族自治区	25698	9636	4878	2985	505	179
新疆维吾尔自治区	80376	28745	14233	10151	1382	1509

2－116－2

单位:万元

地　　区	工资福利支出				商品和服务支出		
	伙食费	伙　食 补助费	绩效 工资	其他工资 福利支出	小　计	办公费	印刷费
地　方　合　计	**1473**	**14105**	**26679**	**308665**	**4048489**	**105909**	**29070**
北京市	11	218	311	5016	50080	729	202
天津市	15	126	337	2657	26710	902	120
河北省	25	424	511	6099	124268	5049	719
山西省	30	67	566	1874	55573	2240	670
内蒙古自治区	4	24	348	1717	44914	1838	436
辽宁省	44	67	272	1338	33034	2295	223
其中:大连市	16	30	89	52	8752	1024	39
吉林省		69	709	216	33723	2662	315
黑龙江省	17	173	437	291	33944	2053	329
上海市	108	645	117	6523	73858	506	439
江苏省	124	629	985	34294	511881	6727	2925
浙江省	201	3462	351	50335	339946	3662	2624
其中:宁波市	75	902		13114	63316	536	523
安徽省	86	636	361	9414	143967	3734	1412
福建省	81	710	859	12837	104453	1396	692
其中:厦门市	1	68	60	856	4893	47	17
江西省	35	186	892	9294	124304	3213	1351
山东省	65	454	1977	14715	249719	12954	1501
其中:青岛市		25	9	2029	18291	582	102
河南省	66	200	1345	5310	174611	10736	1694
湖北省	60	223	522	5528	157463	2901	1096
湖南省	24	794	1012	10239	156192	4528	1223
广东省	344	3216	1224	70136	818550	5908	4351
其中:深圳市							
广西壮族自治区	27	298	1571	14340	118685	4076	887
海南省		17	413	1728	20318	504	157
重庆市		381	864	9209	103384	2184	686
四川省	19	458	5154	16484	223872	7596	2282
贵州省	24	120	604	4926	50901	4081	394
云南省	10	245	1450	7368	101845	4378	563
西藏自治区				381	726	18	
陕西省	30	133	1847	2270	62858	3693	775
甘肃省	1	4	859	1549	45861	2346	407
青海省	15	80	269	583	9455	474	46
宁夏回族自治区	4	23	204	858	10918	518	129
新疆维吾尔自治区	3	23	308	1136	42476	2008	422

2－116－3 单位:万元

地　　区	商品和服务支出						
	咨询费	手续费	水　费	电　费	邮电费	取暖费	物业管理费
地　方　合　计	**1194**	**1801**	**16590**	**77050**	**19987**	**28867**	**13682**
北京市	1	14	126	956	169	1090	222
天津市	3	6	120	559	109	570	6
河北省	28	23	538	2421	829	4428	132
山西省	10	17	282	979	279	2102	35
内蒙古自治区	14	23	148	592	256	2447	34
辽宁省	3	7	106	712	208	1646	43
其中:大连市		2	13	138	51	414	25
吉林省	34	15	132	663	182	2029	21
黑龙江省	15	16	163	610	209	2076	44
上海市	4	19	219	1192	230		608
江苏省	75	423	2450	8693	2047	333	691
浙江省	101	86	948	5579	1988		1363
其中:宁波市	8	11	216	1183	248		425
安徽省	21	48	442	3249	645	121	158
福建省	34	15	305	1674	630		47
其中:厦门市		1	15	56	19		5
江西省	95	14	527	2361	878	69	153
山东省	32	123	847	5277	1340	4772	485
其中:青岛市	1	9	51	411	97	339	10
河南省	100	54	722	4061	693	1191	425
湖北省	179	69	861	3272	653	208	54
湖南省	94	124	933	3524	729	260	281
广东省	167	265	2844	18305	2995	20	7824
其中:深圳市							
广西壮族自治区	21	61	512	1667	570		112
海南省	2	3	136	292	125	4	66
重庆市	31	76	500	1756	714	22	115
四川省	55	82	1318	3986	1649	157	183
贵州省	12	47	216	665	299	217	59
云南省	20	55	337	1093	562	4	31
西藏自治区			1	10	3	36	
陕西省	31	39	411	1471	393	1293	13
甘肃省	6	17	254	870	268	1539	65
青海省			12	108	70	326	
宁夏回族自治区		4	31	129	49	531	2
新疆维吾尔自治区	6	56	149	324	216	1376	410

2-116-4

单位:万元

地　　区	商品和服务支出					
	交通费	差旅费	出国费	维修(护)费	租赁费	会议费
地　方　合　计	**52118**	**27766**	**315**	**316985**	**17031**	**12962**
北京市	1115	151	20	2320	154	265
天津市	372	76	15	1542	79	42
河北省	2134	906	3	8641	277	247
山西省	1112	599	3	5138	591	405
内蒙古自治区	973	662		2295	96	162
辽宁省	680	361	1	3693	140	99
其中:大连市	114	86	1	1277	16	31
吉林省	787	531	1	3091	500	302
黑龙江省	563	519	2	3119	94	71
上海市	417	109	13	909	158	229
江苏省	4541	2317	50	57297	1713	1206
浙江省	2255	1584	4	29643	2800	671
其中:宁波市	309	166		5997	327	159
安徽省	1861	1595	4	6912	245	914
福建省	846	811	19	9740	231	310
其中:厦门市	30	33		494		5
江西省	1852	1350	4	7343	134	193
山东省	6641	994	4	23505	1329	954
其中:青岛市	538	73		1493	49	186
河南省	3658	1568	19	12049	301	632
湖北省	1491	1535	10	12432	160	560
湖南省	2249	1554	11	9125	450	694
广东省	7252	1786	36	66934	5558	1426
其中:深圳市						
广西壮族自治区	2248	979	1	5680	210	322
海南省	204	308	2	843	132	65
重庆市	1351	1127	7	7494	341	372
四川省	3280	2597	55	16305	502	1514
贵州省	586	652		2470	131	180
云南省	1030	818	18	6343	239	366
西藏自治区	32	86		20		
陕西省	1110	992	11	4116	261	385
甘肃省	481	587	2	4221	74	226
青海省	177	82		926	21	12
宁夏回族自治区	178	93		548	68	15
新疆维吾尔自治区	642	437		2291	42	123

2 – 116 – 5　　单位:万元

地　区	商品和服务支出						
	培训费	招待费	专用材料费	被装购置费	专用燃料费	劳务费	委托业务费
地方合计	**38251**	**93961**	**2282320**	**9955**	**14242**	**68757**	**9897**
北京市	1041	762	26379		74	491	34
天津市	127	255	16325	14	83	803	13
河北省	1533	3146	76716	349	586	1584	14
山西省	981	1281	30143	437	378	842	77
内蒙古自治区	751	824	22588	619	195	403	102
辽宁省	328	512	17470	131	715	641	43
其中:大连市	39	102	4608		504	148	8
吉林省	582	539	19596	3	506	304	77
黑龙江省	429	487	20168	159	438	536	142
上海市	334	637	53611	6	2	789	51
江苏省	2925	12778	297921	651	1003	10019	2523
浙江省	2100	6785	195905	482	1933	11368	1968
其中:宁波市	410	1168	37025	24	75	1373	164
安徽省	1210	5032	80208	702	669	2115	90
福建省	813	3142	67173	139	241	1834	318
其中:厦门市	15	60	2762		83	55	
江西省	1458	4736	57351	852	284	936	58
山东省	1645	4983	143269	632	1031	5090	515
其中:青岛市	70	516	7784	42	4	327	5
河南省	1489	4602	100635	543	1244	2993	580
湖北省	1530	6010	68727	296	634	612	153
湖南省	2139	5733	87620	435	344	1493	396
广东省	4800	11820	455664	868	1027	10878	619
其中:深圳市							
广西壮族自治区	1294	3091	68818	495	804	2460	63
海南省	293	699	11990	123	44	277	5
重庆市	1259	2026	63727	72	66	1479	39
四川省	3480	6479	131290	343	605	2826	198
贵州省	789	1586	28692	84	79	1692	111
云南省	1357	2885	59177	99	239	2425	474
西藏自治区	2	6	67				
陕西省	1454	1683	33002	542	492	1133	1043
甘肃省	1333	748	19378	596	256	822	26
青海省	407	118	3887	38	94	52	
宁夏回族自治区	122	161	5856	14	34	362	2
新疆维吾尔自治区	246	415	18967	231	142	1498	163

2－116－6

单位:万元

地区	商品和服务支出			对个人和家庭的补助			
	工会经费	福利费	其他商品和服务支出	小计	离休费	退休费	退职(役)费
地方合计	**12349**	**42737**	**754693**	**397753**	**5873**	**219344**	**1021**
北京市	287	683	12795	3712	131	1446	7
天津市	159	392	4018	4435	161	2895	6
河北省	304	748	12913	7572	222	5278	13
山西省	94	729	6149	6431	94	4949	
内蒙古自治区	17	514	8925	3206	28	2376	54
辽宁省	73	439	2465	5218	109	2428	4
其中:大连市	25	87		1410			1
吉林省	87	98	666	6660	198	6031	13
黑龙江省	121	588	993	11196	511	9658	9
上海市	408	845	12123	3050	15	974	
江苏省	2146	7559	82868	70053	2053	36669	148
浙江省	1699	4393	60005	39040	123	9046	37
其中:宁波市	343	790	11836	6183	6	819	2
安徽省	127	898	31555	19221	229	15263	13
福建省	391	597	13055	12074	83	6627	48
其中:厦门市	27	19	1150	649	2	122	
江西省	264	1138	37690	13561	214	10387	8
山东省	530	2381	28885	23040	234	3925	350
其中:青岛市	62	270	5270	1069	12	164	23
河南省	438	3045	21139	16046	493	11299	26
湖北省	699	1968	51353	23325	259	18908	48
湖南省	748	1745	29760	11800	57	7896	11
广东省	1640	6194	199369	45336	182	15698	90
其中:深圳市							
广西壮族自治区	162	756	23396	9765	67	7028	10
海南省	11	273	3760	414		25	4
重庆市	474	846	16620	8491	30	5358	15
四川省	728	2735	33627	13917	38	7296	57
贵州省	100	552	7207	13807	127	11424	9
云南省	375	766	18191	5941	41	1943	18
西藏自治区	15		430	1733		836	
陕西省	84	648	7783	9406	81	7391	11
甘肃省	51	374	10914	3425	52	2224	6
青海省	15	52	2538	336		229	
宁夏回族自治区	11	53	2008	1228	21	961	5
新疆维吾尔自治区	91	728	11493	4314	20	2876	1

2－116－7

单位:万元

地　　区	对个人和家庭的补助						
	抚恤金	生活补助	救济费	医疗费	助学金	奖励金	生产补贴
地 方 合 计	**6885**	**16134**	**1931**	**30500**	**67**	**2007**	**97**
北京市	80	42		156	2		
天津市	42	49		96		1	
河北省	124	586	10	701	1	2	3
山西省	92	288	3	210		1	
内蒙古自治区	55	175	4	51		9	
辽宁省	96	750	940	563		2	
其中:大连市	11	199	940	83		2	
吉林省	127	156	15	62		6	
黑龙江省	133	370	6	105		247	
上海市	109	23		155		21	
江苏省	1001	1484	235	3540		152	5
浙江省	242	1003	34	8764		179	9
其中:宁波市	35	90	1	1623		29	
安徽省	218	521	18	1561	1	57	
福建省	431	835	7	208	1	7	
其中:厦门市	29	25		33			
江西省	225	602	19	715	4	2	7
山东省	599	2171	61	4191		173	55
其中:青岛市	22	34	1	53	12		
河南省	343	1094	17	1063		8	
湖北省	375	506	8	1009	24	19	
湖南省	464	422	27	717	17	18	
广东省	411	1235	354	2718	4	666	1
其中:深圳市							
广西壮族自治区	131	230	1	1082	1	22	
海南省	39	93	31	22		3	
重庆市	253	248	15	330		32	
四川省	528	630	22	532		297	7
贵州省	273	484	5	456		40	
云南省	88	807	17	678	10	25	7
西藏自治区	11			32			
陕西省	191	498	41	334	2	10	1
甘肃省	36	289	41	179		4	2
青海省	5	38		9			
宁夏回族自治区	21	47		13			
新疆维吾尔自治区	142	458		248		4	

二、地方财政预算收支情况

2－116－8

单位:万元

地　　区	对个人和家庭的补助				对企事业单位的补贴		
	住房公积金	提租补贴	购房补贴	其他对个人和家庭的补助支出	小　计	企业政策性补贴	事业单位补贴
地　方　合　计	**32862**	**3502**	**9627**	**67903**	**17033**	**674**	**7824**
北京市	1069	450	15	314	187		140
天津市	1014	16	9	146			
河北省	93		3	536	890	642	248
山西省	78			716	6075		
内蒙古自治区	25	2		427			
辽宁省	152	8	19	147	85		85
其中:大连市	139	6	4	25	70		70
吉林省	35	1		16	115		115
黑龙江省	84	7		66	71	32	39
上海市	601		20	1132	505		490
江苏省	5265	762	435	18304	2027		1386
浙江省	7437	51	1566	10549	3298		1880
其中:宁波市	1436	15	282	1845	242		50
安徽省	171	3	1	1165	876		633
福建省	2143	788	39	857	98		28
其中:厦门市	357	71		10	4		
江西省	212	4	1	1161			
山东省	2114	965	5080	3122	1042		1042
其中:青岛市	321	8	215	204	10		10
河南省	39	3	2	1659	238		237
湖北省	187	9	20	1953	165		161
湖南省	509	6		1656	72		72
广东省	8158	416	2082	13321	286		267
其中:深圳市							
广西壮族自治区	274	4	4	911	117		117
海南省	8			189	2		
重庆市	302			1908	66		66
四川省	560	3	23	3924	530		530
贵州省	274	2	251	462	4		4
云南省	807		55	1445	129		129
西藏自治区	40			814			
陕西省	530		2	314	35		35
甘肃省	180	2		410	120		120
青海省	10			45			
宁夏回族自治区	56			104			
新疆维吾尔自治区	435			130			

2-116-9

单位:万元

地区	对企事业单位的补贴		赠与			债务利息支出	
	财政贴息	其他对企事业单位的补贴支出	小计	对国内的赠与	对国外的赠与	小计	国库券付息
地方合计	**15**	**8520**	**1**	**1**		**168**	
北京市		47					
天津市							
河北省							
山西省		6075					
内蒙古自治区							
辽宁省							
其中:大连市							
吉林省							
黑龙江省							
上海市		15					
江苏省		641					
浙江省		1418	1	1			
其中:宁波市		192					
安徽省		243				168	
福建省		70					
其中:厦门市		4					
江西省							
山东省							
其中:青岛市							
河南省		1					
湖北省		4					
湖南省							
广东省	15	4					
其中:深圳市							
广西壮族自治区							
海南省		2					
重庆市							
四川省							
贵州省							
云南省							
西藏自治区							
陕西省							
甘肃省							
青海省							
宁夏回族自治区							
新疆维吾尔自治区							

二、地方财政预算收支情况

2－116－10

单位:万元

地区	债务利息支出					基本建设支出	
	向国家银行借款付息	其他国内借款付息	向国外政府借款付息	向国际组织借款付息	其他国外借款付息	小计	房屋建筑物购建
地方合计		**168**				**195858**	**104056**
北京市						1625	423
天津市						520	280
河北省						13215	7949
山西省						179	70
内蒙古自治区						9865	7521
辽宁省						8546	6721
其中:大连市						39	
吉林省						1921	584
黑龙江省						10061	6040
上海市						1882	750
江苏省						2029	930
浙江省						9326	2275
其中:宁波市						6391	1030
安徽省		168				5612	4590
福建省						4009	2381
其中:厦门市						321	144
江西省						7550	2598
山东省						5023	3003
其中:青岛市						1956	1486
河南省						10249	7300
湖北省						575	276
湖南省						8970	5437
广东省						7712	4102
其中:深圳市							
广西壮族自治区						5455	4091
海南省						2879	854
重庆市						7650	6609
四川省						21667	14396
贵州省						1959	1918
云南省						10919	2102
西藏自治区						312	312
陕西省						17834	630
甘肃省						11367	5754
青海省						3406	1710
宁夏回族自治区						2338	1464
新疆维吾尔自治区						1203	986

2－116－11 单位:万元

地　　区	基本建设支出							
	办公设备购　置	专用设备购　置	交通工具购　置	基础设施建　设	大型修缮	信息网络购　建	物资储备	其他基本建设支出
地　方　合　计	**1034**	**20254**	**154**	**36496**	**5032**	**148**	**96**	**28588**
北京市	1	65		124				1012
天津市				240				
河北省		11		3558	771			926
山西省				109				
内蒙古自治区		280	30	1587				447
辽宁省		80	3	1661	76	5		
其中:大连市				39				
吉林省		2		590	744	1		
黑龙江省	45	1876		870	750			480
上海市	69	61	30	3				969
江苏省	9	5	1	372		3		709
浙江省	23	802	14	5200	293	91	96	532
其中:宁波市	3	233		5010		6		109
安徽省	5	143		482	8			384
福建省	123	240	42	442	190	6		585
其中:厦门市	4	29						144
江西省	29	2523		1305	325			770
山东省		923	6	375	165			551
其中:青岛市		4		149	114			203
河南省	83	67		2224	123			452
湖北省	1	64	9	35	42			148
湖南省	102	441		1219	271	8		1492
广东省	2	297		1667	234			1410
其中:深圳市								
广西壮族自治区	54	24		1066	140			80
海南省		2025						
重庆市	118	137		300		34		452
四川省	330	587	4	6002	53			295
贵州省		1						40
云南省	40	7935	10	571				261
西藏自治区								
陕西省		22		523	259			16400
甘肃省		428		4669	323			193
青海省		1038		397	261			
宁夏回族自治区		54	5	815				
新疆维吾尔自治区		123		90	4			

2－116－12

单位:万元

地　　区	其他资本性支出						
	小　计	房屋建筑物购　　建	办公设备购　　置	专用设备购　　置	交通工具购　　置	基础设施建　　设	大型修缮
地　方　合　计	**331647**	**81134**	**18064**	**96448**	**7593**	**30615**	**22976**
北京市	3433	475	230	731	186	172	480
天津市	3233	645	214	1623	128	130	228
河北省	18013	5236	542	5359	192	3693	1829
山西省	8483	1258	684	3238	146	1247	1487
内蒙古自治区	4747	1296	236	1503	146	207	142
辽宁省	10063	695	227	6471	66	152	1314
其中:大连市	4888	510	105	3899		119	255
吉林省	2668	957	184	552	64	194	696
黑龙江省	1337	501	64	380	25	68	124
上海市	8700	1814	439	2549	110	22	933
江苏省	24755	5609	1317	4780	132	1205	905
浙江省	8590	1409	381	2444	34	987	654
其中:宁波市	1828	300	163	625	18	313	118
安徽省	19262	7329	799	2991	234	3910	370
福建省	7667	1496	362	2623	59	174	622
其中:厦门市	2068		190	271			
江西省	11057	2163	271	2383	127	1087	360
山东省	30577	9592	1528	8564	621	3485	2999
其中:青岛市	1704	307	72	777	81	88	92
河南省	14032	4858	1317	3282	273	1006	856
湖北省	8409	996	557	2253	171	451	576
湖南省	18103	5751	571	5748	501	1093	1497
广东省	27202	4149	1815	9758	367	2374	2399
其中:深圳市							
广西壮族自治区	8400	2049	831	2316	235	1321	424
海南省	2076	380	87	1247	16	185	25
重庆市	9990	2923	1003	2595	368	207	267
四川省	25092	6219	2507	5306	1571	3591	2085
贵州省	14144	425	442	710	152	415	107
云南省	14182	6721	747	3177	226	1532	177
西藏自治区	444		85	359			
陕西省	13003	1956	226	7831	115	836	462
甘肃省	5155	992	185	2940	49	396	303
青海省	3791	1784	48	87	1106	304	436
宁夏回族自治区	1409	455	28	548	126	4	72
新疆维吾尔自治区	3630	1001	137	2100	47	167	147

2-116-13

单位:万元

地区	其他资本性支出						
	信息网络购建	物资储备	土地补偿	安置补助	地上附着物和青苗补偿	拆迁补偿	其他资本性支出
地方合计	**3955**	**1568**	**323**	**261**	**10**	**21**	**68679**
北京市	55						1104
天津市	24						241
河北省	44		16	260			842
山西省	2	26	14				381
内蒙古自治区	18		7				1192
辽宁省	1	944					193
其中:大连市							
吉林省	16						5
黑龙江省	15						160
上海市	114						2719
江苏省	61		110				10636
浙江省	399						2282
其中:宁波市							291
安徽省	219	130	5				3275
福建省	17		26				2288
其中:厦门市							1607
江西省	31	15	1				4619
山东省	293	109					3386
其中:青岛市	27						260
河南省	206		8				2226
湖北省	84	2	19				3300
湖南省	215			1			2726
广东省	542					1	5797
其中:深圳市							
广西壮族自治区	131	2	10			10	1071
海南省	5		22				109
重庆市	679						1948
四川省	621	42	65		8	1	3076
贵州省	15	181				7	11690
云南省	19		3				1580
西藏自治区							
陕西省	55	62	11		2	2	1445
甘肃省	48	12	6				224
青海省							26
宁夏回族自治区		43					133
新疆维吾尔自治区	26						5

二、地方财政预算收支情况

2－116－14 单位:万元

地区	贷款转贷及产权参股					其他支出		
	小计	国内贷款	国外贷款	产权参股	其他贷款转贷及产权参股支出	小计	补充全国社会保障基金	其他支出
地方合计	**462**				**462**	**88197**	**62**	**88135**
北京市						5129		5129
天津市								
河北省						1750		1750
山西省								
内蒙古自治区								
辽宁省						607		607
其中:大连市						84		84
吉林省						112		112
黑龙江省						7		7
上海市						1856		1856
江苏省						5243		5243
浙江省						23893		23893
其中:宁波市						3447		3447
安徽省						2905		2905
福建省						2515		2515
其中:厦门市						74		74
江西省						3182		3182
山东省						218		218
其中:青岛市						774		774
河南省						1591	62	1529
湖北省						8185		8185
湖南省						11391		11391
广东省						11719		11719
其中:深圳市								
广西壮族自治区						2242		2242
海南省						145		145
重庆市	462				462	1121		1121
四川省						1098		1098
贵州省						1723		1723
云南省						224		224
西藏自治区						63		63
陕西省						660		660
甘肃省						209		209
青海省						232		232
宁夏回族自治区						169		169
新疆维吾尔自治区						8		8

2007 年各省、自治区、直辖市中医药支出明细表

2－117－1　　单位:万元

地区	合计	工资福利支出				
		小计	基本工资	津贴补贴	奖金	社会保障缴费
地方合计	**84454**	**11316**	**5316**	**3401**	**951**	**509**
北京市	5834	236	70	55	95	5
天津市	226					
河北省	2666	23	17			
山西省	1365	91	72	19		
内蒙古自治区	2664	320	182	102	4	31
辽宁省	976	170	96	28	6	10
其中:大连市						
吉林省	1603	299	168	107	18	
黑龙江省	798	446	344	102		
上海市	183					
江苏省	2091	30	9	7	11	1
浙江省	2650	395	249	36	13	45
其中:宁波市	93					
安徽省	3010	142	73	32	4	2
福建省	1168	84	65	3		
其中:厦门市	150					
江西省	9705	1647	991	180	117	84
山东省	5270	1522	899	205	164	205
其中:青岛市	416	125	123			2
河南省	3021	149	106	15	4	10
湖北省	2422	800	354	231	198	
湖南省	1953	142	125	2		5
广东省	16340	2159	226	1614	33	29
其中:深圳市	1462	1462		1422		
广西壮族自治区	3334	1085	428	388	158	16
海南省	537	92	56	1	2	21
重庆市	2766	88				
四川省	3204	468	243	9	87	36
贵州省	483	3				
云南省	2663	279	157	66	8	
西藏自治区	1554	21	3	13	1	
陕西省	1648	146	132	3	11	
甘肃省	1460	396	208	171	16	1
青海省	333					
宁夏回族自治区	523	15	7			
新疆维吾尔自治区	2004	68	36	12	1	8

2-117-2

单位:万元

地区	工资福利支出				商品和服务支出		
	伙食费	伙食补助费	绩效工资	其他工资福利支出	小计	办公费	印刷费
地方合计	**12**	**71**	**138**	**918**	**38852**	**894**	**353**
北京市	1	7		3	4787	6	23
天津市					226		
河北省		1		5	1234	16	61
山西省					371	12	1
内蒙古自治区				1	1687	134	2
辽宁省				30	188	2	1
其中:大连市							
吉林省			6		828	13	6
黑龙江省					292	32	
上海市					3		
江苏省			2		1043	25	17
浙江省				52	1134	5	5
其中:宁波市					73		
安徽省				31	1776	33	7
福建省				16	822	9	6
其中:厦门市					140		
江西省			55	220	6350	21	17
山东省		31		18	2559	83	28
其中:青岛市					80		
河南省	1	3	10		925	160	7
湖北省		7		10	1004	9	2
湖南省				10	1149	52	6
广东省	10	10	60	177	2586	18	25
其中:深圳市				40			
广西壮族自治区		1		94	1064	16	45
海南省				12	303	4	
重庆市				88	1988	11	5
四川省				93	2183	60	41
贵州省				3	217	29	1
云南省		8		40	1458	60	7
西藏自治区				4	297		
陕西省					440	23	4
甘肃省					793	21	31
青海省					252		
宁夏回族自治区				8	228	7	3
新疆维吾尔自治区		3	5	3	665	33	2

2－117－3　　　　单位:万元

地区	商品和服务支出						
	咨询费	手续费	水　费	电　费	邮电费	取暖费	物业管理费
地方合计	**28**	**2**	**120**	**296**	**117**	**212**	**25**
北京市			4	10	4	4	8
天津市							
河北省				1	2	4	
山西省						1	
内蒙古自治区			1	3	3	29	
辽宁省				5	2	11	
其中:大连市							
吉林省			1	14	5	23	
黑龙江省						73	
上海市							
江苏省			12	18	9		
浙江省				5	6		1
其中:宁波市							
安徽省	2			1	2		1
福建省					3		
其中:厦门市							
江西省			14	62	12	1	
山东省	1		24	64	15	30	14
其中:青岛市							
河南省	1		3	4	1		
湖北省							
湖南省				11	2	1	
广东省	3	1	34	37	20		
其中:深圳市							
广西壮族自治区	13		5	26	14		1
海南省			2	3	2		
重庆市	3						
四川省			5	12	4	1	
贵州省							
云南省	4		5	4	3		
西藏自治区						1	
陕西省				2	1		
甘肃省			10	12	3	27	
青海省							
宁夏回族自治区							
新疆维吾尔自治区	1	1		2	4	6	

2-117-4

单位:万元

地区	商品和服务支出					
	交通费	差旅费	出国费	维修(护)费	租赁费	会议费
地方合计	**386**	**427**	**54**	**3055**	**92**	**646**
北京市	11	7	12	76		43
天津市						
河北省	47	50		242		20
山西省	2	11		24	4	
内蒙古自治区	5	1		66		12
辽宁省	5	9		5		
其中:大连市						
吉林省	22	38		90		35
黑龙江省				30		3
上海市						
江苏省	10	20	16	55	20	94
浙江省	13	4		106	5	1
其中:宁波市						
安徽省	4	8				19
福建省	2	23	8	104		4
其中:厦门市						
江西省	40	30		616	4	54
山东省	96	22		407	8	24
其中:青岛市						
河南省	19	9		99		20
湖北省	1	3	3	9		13
湖南省	6	14		115	2	31
广东省	29	39		114	24	67
其中:深圳市						
广西壮族自治区	22	44		66		23
海南省		1		27		5
重庆市	1	4	6	513		28
四川省	32	30		75		115
贵州省	1	6		8		3
云南省	1	16	5	127		12
西藏自治区		3				3
陕西省	10	10	4			12
甘肃省	5	10		66		2
青海省		1				
宁夏回族自治区						
新疆维吾尔自治区	2	14		15	25	3

2 - 117 - 5

单位:万元

地　　区	商品和服务支出						
	培训费	招待费	专　用 材料费	被　装 购置费	专　用 燃料费	劳务费	委　托 业务费
地　方　合　计	**2442**	**225**	**10010**	**136**	**120**	**434**	**312**
北京市	225	2	214			23	6
天津市							
河北省	601	1	31				
山西省	24	1	213			51	
内蒙古自治区	42	2	980	39		1	
辽宁省	45	9				6	
其中:大连市							
吉林省	149	5	402		7	7	11
黑龙江省	11		3				
上海市							
江苏省	53	12	86			128	134
浙江省	2	6	312			2	6
其中:宁波市							
安徽省	50	4	1151		15	5	12
福建省	123	8	61			3	59
其中:厦门市							
江西省	148	31	3006		5	5	2
山东省	55	32	1056			58	
其中:青岛市	8						
河南省	65	16	109		12	3	2
湖北省	21	2	192			4	
湖南省	91	17	372		1		
广东省	136	15	69			16	
其中:深圳市							
广西壮族自治区	46	21	237			17	
海南省	53	5	99		5	11	
重庆市	50		123	3	25	13	2
四川省	113	4	203	36	46	31	23
贵州省	17		10			32	2
云南省	61	17	560		4	3	
西藏自治区	12	2	30				53
陕西省	7	4	4			3	
甘肃省	20	3	34	48		5	
青海省	32		2				
宁夏回族自治区	145		16				
新疆维吾尔自治区	45	6	435	10		7	

2－117－6

单位:万元

地　　区	商品和服务支出			对个人和家庭的补助			
	工会经费	福利费	其他商品和服务支出	小　计	离休费	退休费	退职(役)费
地方合计	**71**	**173**	**18222**	**2585**	**78**	**1045**	**1**
北京市	4	1	4104	70	15	32	
天津市			226				
河北省			158	20			
山西省			27	15	3	11	
内蒙古自治区			367	247		4	
辽宁省	2	1	85	149	8	24	
其中:大连市							
吉林省				130	12	108	
黑龙江省		5	135				
上海市			3				
江苏省			334	63		43	
浙江省		33	622	136		118	
其中:宁波市			73				
安徽省	1	1	460	46		25	
福建省			409				
其中:厦门市			140				
江西省	11	75	2196	111		49	
山东省	16	13	513	534		48	
其中:青岛市			72				
河南省		4	391	24			1
湖北省			745	139		42	
湖南省	3	3	422	15		14	
广东省	11	24	1904	72		52	
其中:深圳市							
广西壮族自治区	23	1	444	528	40	408	
海南省			86				
重庆市			1201	14			
四川省		3	1349	154		12	
贵州省			108				
云南省			569	15			
西藏自治区			193	25		24	
陕西省			356	44		26	
甘肃省		1	495	25			
青海省			217				
宁夏回族自治区			57				
新疆维吾尔自治区		8	46	9		5	

2－117－7

单位:万元

地区	对个人和家庭的补助						
	抚恤金	生活补助	救济费	医疗费	助学金	奖励金	生产补贴
地方合计	**6**	**33**	**6**	**332**	**147**	**25**	
北京市				2			
天津市							
河北省				20			
山西省	1						
内蒙古自治区							
辽宁省				107			
其中:大连市							
吉林省		2	2	6			
黑龙江省							
上海市							
江苏省				1		3	
浙江省							
其中:宁波市							
安徽省		5		11			
福建省							
其中:厦门市							
江西省	3			4			
山东省	1	19		114	145		
其中:青岛市							
河南省		5	4	10		2	
湖北省				43			
湖南省				1			
广东省				3	1	6	
其中:深圳市							
广西壮族自治区	1	2		2			
海南省							
重庆市						14	
四川省				1			
贵州省							
云南省					1		
西藏自治区				1			
陕西省				4			
甘肃省							
青海省							
宁夏回族自治区							
新疆维吾尔自治区				2			

二、地方财政预算收支情况

2－117－8

单位:万元

地　　区	对个人和家庭的补助				对企事业单位的补贴		
	住房公积金	提租补贴	购房补贴	其他对个人和家庭的补助支出	小计	企业政策性补贴	事业单位补贴
地方合计	**268**	**9**		**635**	**448**	**147**	**218**
北京市	17	4					
天津市							
河北省							
山西省							
内蒙古自治区				243			
辽宁省	5	5					
其中:大连市							
吉林省							
黑龙江省					10		10
上海市							
江苏省				16	79		67
浙江省	6			12	105	15	30
其中:宁波市							
安徽省	4			1	145	132	8
福建省							
其中:厦门市							
江西省	51			4	18		18
山东省	14			193	41		38
其中:青岛市					30		30
河南省	2						
湖北省	54						
湖南省							
广东省	10				10		10
其中:深圳市							
广西壮族自治区	71			4	7		7
海南省							
重庆市					17		17
四川省	8			133	4		1
贵州省					5		5
云南省				14	7		7
西藏自治区							
陕西省	14						
甘肃省	10			15			
青海省							
宁夏回族自治区							
新疆维吾尔自治区	2						

2－117－9

单位:万元

地　　区	对企事业单位的补贴		赠与			债务利息支出	
	财政贴息	其他对企事业单位的补贴支出	小计	对国内的赠与	对国外的赠与	小计	国库券付息
地方合计		**83**					
北京市							
天津市							
河北省							
山西省							
内蒙古自治区							
辽宁省							
其中:大连市							
吉林省							
黑龙江省							
上海市							
江苏省		12					
浙江省		60					
其中:宁波市							
安徽省		5					
福建省							
其中:厦门市							
江西省							
山东省		3					
其中:青岛市							
河南省							
湖北省							
湖南省							
广东省							
其中:深圳市							
广西壮族自治区							
海南省							
重庆市							
四川省		3					
贵州省							
云南省							
西藏自治区							
陕西省							
甘肃省							
青海省							
宁夏回族自治区							
新疆维吾尔自治区							

2-117-10

单位:万元

地　　区	债务利息支出					基本建设支出	
	向国家银行借款付息	其他国内借款付息	向国外政府借款付息	向国际组织借款付息	其他国外借款付息	小计	房屋建筑物购建
地方合计						**9383**	**5219**
北京市						10	
天津市							
河北省						5	
山西省							
内蒙古自治区							
辽宁省							
其中:大连市							
吉林省							
黑龙江省						30	
上海市							
江苏省						37	32
浙江省						810	810
其中:宁波市							
安徽省						26	
福建省						92	
其中:厦门市							
江西省						356	49
山东省							
其中:青岛市							
河南省						115	
湖北省						25	20
湖南省						93	
广东省						5251	2000
其中:深圳市							
广西壮族自治区						20	
海南省						4	
重庆市						103	73
四川省						10	5
贵州省							
云南省						141	
西藏自治区						1041	1041
陕西省						10	
甘肃省							
青海省						80	80
宁夏回族自治区						15	
新疆维吾尔自治区						1109	1109

2－117－11 单位:万元

地区	基本建设支出							
	办公设备购置	专用设备购置	交通工具购置	基础设施建设	大型修缮	信息网络购建	物资储备	其他基本建设支出
地方合计	**52**	**748**		**3064**	**198**	**2**	**65**	**35**
北京市	10							
天津市								
河北省				5				
山西省								
内蒙古自治区								
辽宁省								
其中:大连市								
吉林省								
黑龙江省		30						
上海市								
江苏省								5
浙江省								
其中:宁波市								
安徽省		26						
福建省	7	60						25
其中:厦门市								
江西省		307						
山东省								
其中:青岛市								
河南省				50			65	
湖北省								5
湖南省	34	10		9	40			
广东省		93		3000	158			
其中:深圳市								
广西壮族自治区		20						
海南省	1	1				2		
重庆市		30						
四川省		5						
贵州省								
云南省		141						
西藏自治区								
陕西省		10						
甘肃省								
青海省								
宁夏回族自治区		15						
新疆维吾尔自治区								

2－117－12

单位:万元

地　　区	其他资本性支出						
	小　计	房屋建筑物购　　建	办公设备购　　置	专用设备购　　置	交通工具购　　置	基础设施建　　设	大型修缮
地　方　合　计	**19298**	**267**	**281**	**13805**	**432**	**381**	**1736**
北京市	723		9	703			11
天津市							
河北省	1359	10		1339		10	
山西省	853			737	18		97
内蒙古自治区	410			330		20	
辽宁省	469		3	452	14		
其中:大连市							
吉林省	250	40	30	153		8	
黑龙江省	20			20			
上海市							
江苏省	839		24	723			
浙江省	25			25			
其中:宁波市	20			20			
安徽省	867		4	749			
福建省	146		7	100	39		
其中:厦门市	10			10			
江西省	903		18	563		1	16
山东省	614			147			10
其中:青岛市	78			78			
河南省	1808		77	1575	46	73	
湖北省	338		10	6			
湖南省	252	10	3	189	20		
广东省	5348	35	6	3080	59	100	1506
其中:深圳市							
广西壮族自治区	630	20	17	286	215		86
海南省	128		6	122			
重庆市	497	3	13	359			9
四川省	250	7	32	152		41	1
贵州省	137			59	21	5	
云南省	740	72	17	406		103	
西藏自治区	50	30				20	
陕西省	997			997			
甘肃省	246			220			
青海省	1		1				
宁夏回族自治区	245		1	203			
新疆维吾尔自治区	153	40	3	110			

2－117－13　　　　　　　　　　　　　　　　　　　　　　　　　　　　　单位:万元

地　　区	其他资本性支出						
	信息网络购　建	物资储备	土地补偿	安置补助	地上附着物和青苗补偿	拆迁补偿	其他资本性支　出
地方合计	**484**			**10**			**1902**
北京市							
天津市							
河北省							
山西省							1
内蒙古自治区							60
辽宁省							
其中:大连市							
吉林省							19
黑龙江省							
上海市							
江苏省	12						80
浙江省							
其中:宁波市							
安徽省							114
福建省							
其中:厦门市							
江西省							305
山东省							457
其中:青岛市							
河南省	1						36
湖北省							322
湖南省							30
广东省	459						103
其中:深圳市							
广西壮族自治区							6
海南省							
重庆市							113
四川省							17
贵州省				10			42
云南省	12						130
西藏自治区							
陕西省							
甘肃省							26
青海省							
宁夏回族自治区							41
新疆维吾尔自治区							

二、地方财政预算收支情况

2－117－14　　　　单位:万元

地区	贷款转贷及产权参股					其他支出		
	小计	国内贷款	国外贷款	产权参股	其他贷款转贷及产权参股支出	小计	补充全国社会保障基金	其他支出
地方合计						**2572**		**2572**
北京市						8		8
天津市								
河北省						25		25
山西省						35		35
内蒙古自治区								
辽宁省								
其中:大连市								
吉林省						96		96
黑龙江省								
上海市						180		180
江苏省								
浙江省						45		45
其中:宁波市								
安徽省						8		8
福建省						24		24
其中:厦门市								
江西省						320		320
山东省								
其中:青岛市						103		103
河南省								
湖北省						116		116
湖南省						302		302
广东省						914		914
其中:深圳市								
广西壮族自治区								
海南省						10		10
重庆市						59		59
四川省						135		135
贵州省						121		121
云南省						23		23
西藏自治区						120		120
陕西省						11		11
甘肃省								
青海省								
宁夏回族自治区						20		20
新疆维吾尔自治区								

2007 年各省、自治区、直辖市其他医疗卫生支出明细表

2－118－1 单位:万元

地　　区	合　计	工资福利支出				
		小　计	基本工资	津贴补贴	奖　金	社会保障缴　费
地　方　合　计	**1010440**	**174454**	**59196**	**35288**	**32552**	**17247**
北京市	83720	12756	3086	3204	4158	380
天津市	18284	3274	933	650	1205	160
河北省	27915	6033	2765	1270	522	555
山西省	9104	2384	1337	566	116	133
内蒙古自治区	7151	1663	795	562	130	67
辽宁省	34391	9212	4701	1415	992	1239
其中:大连市	10189	2883	863	387	863	430
吉林省	19509	5592	2708	1464	119	234
黑龙江省	8170	2606	1004	647	119	76
上海市	179031	22838	6397	2300	7647	3333
江苏省	97092	15465	3699	3409	4047	1347
浙江省	84424	11280	1741	1635	3352	2762
其中:宁波市	23943	4431	418	465	858	2133
安徽省	21318	2759	1292	626	180	188
福建省	27486	4633	1097	1111	252	592
其中:厦门市	6605	1362	236	318	63	59
江西省	14951	2080	1086	333	81	86
山东省	41571	10580	3893	3182	876	1227
其中:青岛市	7520	1814	428	472	398	305
河南省	38970	7619	4830	1319	240	479
湖北省	39533	7091	2753	1275	1292	427
湖南省	24385	3867	1900	595	384	370
广东省	96202	15505	3057	3679	2012	2392
其中:深圳市	44637	5177	555	1575	779	263
广西壮族自治区	22678	5410	1895	1250	951	292
海南省	2296	193	104	32	6	17
重庆市	11895	3060	582	360	1583	76
四川省	26395	5265	1914	767	932	255
贵州省	12482	2373	869	405	272	105
云南省	17319	1404	634	566	45	99
西藏自治区	842	113	24	75	5	2
陕西省	16698	3455	1703	745	342	142
甘肃省	15140	2495	1123	699	54	80
青海省	4348	1492	596	690	174	3
宁夏回族自治区	1869	571	227	201	40	22
新疆维吾尔自治区	5271	1386	451	256	424	107

2－118－2

单位:万元

地　　区	工资福利支出				商品和服务支出		
	伙食费	伙　食 补助费	绩效 工资	其他工资 福利支出	小　计	办公费	印刷费
地　方　合　计	**156**	**1810**	**3790**	**24415**	**478368**	**13421**	**6844**
北京市		101	3	1824	42624	815	695
天津市		48	48	230	8793	269	120
河北省	31	262	80	548	15664	390	190
山西省	21	17	50	144	4783	301	215
内蒙古自治区		4	1	104	4489	260	83
辽宁省		35	162	668	13838	442	388
其中:大连市		13	32	295	5543	142	261
吉林省		32	732	303	7891	620	273
黑龙江省	13	64	96	587	4755	1333	58
上海市	33	377	10	2741	59483	546	524
江苏省		152	34	2777	49289	703	365
浙江省		139	4	1647	25426	271	173
其中:宁波市		45		512	8967	70	67
安徽省	5	43		425	13158	419	1075
福建省		54	184	1343	12753	292	74
其中:厦门市		39		647	3385	30	4
江西省	10	5	24	455	8473	119	24
山东省		41	106	1255	20663	667	150
其中:青岛市		17	13	181	4234	56	26
河南省	1	34	50	666	19647	1849	481
湖北省	11	46	156	1131	21106	274	258
湖南省	9	11	48	550	16797	290	114
广东省	20	31	1110	3204	57324	1157	368
其中:深圳市	3	4	1040	958	27103	45	27
广西壮族自治区		43		979	11371	242	126
海南省	1	1	5	27	1855	35	35
重庆市		75	49	335	6135	321	286
四川省		41	464	892	16711	587	226
贵州省		40	17	665	4381	179	32
云南省				60	8449	197	62
西藏自治区		2		5	562	2	4
陕西省		21	186	316	6249	422	122
甘肃省		41	152	346	9593	162	254
青海省	1	2	9	17	1876	111	17
宁夏回族自治区		1		80	872	26	27
新疆维吾尔自治区		47	10	91	3358	120	25

2－118－3

单位:万元

地　　区	商品和服务支出						
	咨询费	手续费	水　费	电　费	邮电费	取暖费	物　业 管理费
地　方　合　计	**253**	**126**	**1410**	**7491**	**4208**	**3565**	**2087**
北京市	22	6	57	442	365	458	390
天津市	3	2	169	291	64	422	71
河北省	1	1	39	285	154	310	29
山西省	6	1	13	104	49	81	2
内蒙古自治区			5	59	42	78	2
辽宁省	24	30	47	159	161	274	16
其中:大连市	24	30	28	70	69	117	5
吉林省	12	2	28	158	180	515	23
黑龙江省	5	1	19	41	50	129	18
上海市	25	5	77	763	358	80	280
江苏省	12	7	98	794	329	6	113
浙江省	18	5	48	358	235		79
其中:宁波市	1		20	72	58		21
安徽省	2	1	24	147	97	5	12
福建省	5		39	167	143		75
其中:厦门市			2	19	52		60
江西省		9	21	156	55	5	11
山东省	18	2	84	486	191	478	132
其中:青岛市	5	1	10	94	31	22	27
河南省	42	20	150	523	315	247	172
湖北省	2	1	53	405	205	14	68
湖南省	12	3	30	136	89	4	30
广东省	28	18	152	948	420		265
其中:深圳市		1	27	269	43		53
广西壮族自治区		1	45	193	154		52
海南省	1	1	1	8	7		
重庆市	2		20	124	96	2	24
四川省	3	1	48	271	174	7	70
贵州省	1	5	27	88	41	20	40
云南省			17	44	37		56
西藏自治区				10	3		
陕西省	2	1	48	122	77	90	3
甘肃省	5		9	87	51	128	30
青海省			32	28	21	92	2
宁夏回族自治区	1	2	2	34	20	47	5
新疆维吾尔自治区	1	1	8	60	25	73	17

2－118－4

单位:万元

地区	商品和服务支出					
	交通费	差旅费	出国费	维修(护)费	租赁费	会议费
地方合计	**15314**	**6616**	**789**	**23189**	**3263**	**10878**
北京市	1265	144	180	4500	410	1874
天津市	147	160	59	249	20	460
河北省	726	297	24	1577	24	229
山西省	323	125	8	353	30	71
内蒙古自治区	122	128		449		71
辽宁省	865	266		1023	1187	334
其中:大连市	338	90		684	1164	157
吉林省	581	307	11	609	65	250
黑龙江省	416	119		146		35
上海市	1466	249	101	827	597	1253
江苏省	1264	538	80	2303	156	582
浙江省	775	295	52	1328	116	292
其中:宁波市	250	96	24	155	59	64
安徽省	236	153		112	12	155
福建省	459	202	33	481	87	190
其中:厦门市	137	31	10	30	43	43
江西省	191	134		160	14	57
山东省	1001	348	31	1437	148	266
其中:青岛市	114	77	31	63	44	18
河南省	1013	480	22	874	53	518
湖北省	506	248	48	982	22	316
湖南省	309	238	13	391	11	1257
广东省	1267	486	91	2497	134	834
其中:深圳市	166	114	3	1321	45	75
广西壮族自治区	405	370	9	428	26	230
海南省	37	23		28	1	11
重庆市	151	155	4	196	12	137
四川省	627	324	5	671	31	1147
贵州省	140	126		235	1	46
云南省	141	71	4	220	3	71
西藏自治区	14	24		4		
陕西省	312	340	7	166	75	133
甘肃省	290	122	2	581		39
青海省	54	30		32	23	1
宁夏回族自治区	56	35	2	53	5	10
新疆维吾尔自治区	155	79	3	277		9

2－118－5

单位:万元

地　　区	商品和服务支出						
	培训费	招待费	专用材料费	被装购置费	专用燃料费	劳务费	委托业务费
地方合计	**11720**	**7548**	**110633**	**442**	**731**	**9900**	**3028**
北京市	1829	185	8805	3	2	962	132
天津市	80	86	606	28	2	220	
河北省	165	172	7084		57	270	637
山西省	54	111	1396		28	17	352
内蒙古自治区	182	78	734		26	81	
辽宁省	1096	207	3112		33	1808	11
其中:大连市	54	63	1842		1	186	
吉林省	201	117	2443		49	348	10
黑龙江省	40	44	1559	72	8	29	3
上海市	940	540	9226	4		689	586
江苏省	324	898	12575	4	2	1285	192
浙江省	275	552	4788	16	12	936	128
其中:宁波市	125	167	1416			459	35
安徽省	287	244	913	4	6	108	1
福建省	633	231	4796	4	52	185	351
其中:厦门市	62	35	1223		39	28	75
江西省	159	140	3622		3	80	
山东省	673	292	8760		1	365	6
其中:青岛市	31	41	1129			41	
河南省	944	617	4973	9	55	374	134
湖北省	764	399	5154	85	52	209	93
湖南省	116	402	2343	4	13	91	7
广东省	676	839	11347	24	22	446	261
其中:深圳市	55	170	3767	21		50	93
广西壮族自治区	386	279	3286		40	191	13
海南省	16	24	38	1		27	1
重庆市	140	106	2179			257	10
四川省	497	359	2636	15	119	197	19
贵州省	54	142	1527	5	6	100	
云南省	172	105	1095	10		166	54
西藏自治区	4	47	40		4		
陕西省	297	148	1303	86	101	243	13
甘肃省	657	78	2126	67	18	77	
青海省	11	17	967		12	35	
宁夏回族自治区	16	34	259		8	18	5
新疆维吾尔自治区	32	55	941	1		86	9

2－118－6　　　　单位:万元

地　　区	商品和服务支出			对个人和家庭的补助			
	工会经费	福利费	其他商品和服务支出	小　计	离休费	退休费	退职(役)费
地　方　合　计	**2001**	**3858**	**229053**	**51839**	**1594**	**12976**	**110**
北京市	203	80	18800	4057	168	1092	
天津市	67	138	5060	1601	68	1111	
河北省	55	214	2734	1279	143	391	2
山西省	7	29	1107	695	26	494	
内蒙古自治区	14	28	2047	212	6	14	
辽宁省	79	64	2212	1566	15	190	
其中:大连市	51	18	149	152			
吉林省	49	19	1021	1371	106	960	
黑龙江省	23	67	540	505	57	295	
上海市	264	385	39698	2578	47	224	21
江苏省	225	588	25846	6707	273	2523	2
浙江省	124	296	14254	3969	65	771	
其中:宁波市	31	70	5707	864	2	79	
安徽省	29	39	9077	1794	35	148	
福建省	73	66	4115	1301	17	198	48
其中:厦门市	44	18	1400	189		1	
江西省	35	38	3440	3314		80	
山东省	155	105	4867	3063	60	246	8
其中:青岛市	28	3	2342	356	2	18	
河南省	79	147	5556	1916	43	359	
湖北省	51	194	10703	2704	59	573	13
湖南省	56	43	10795	824	18	136	
广东省	148	683	34213	4913	32	422	
其中:深圳市	47	295	20416	1923		123	
广西壮族自治区	49	231	4615	1254	36	769	
海南省			1560	147	2	8	
重庆市	24	62	1827	638	38	207	
四川省	60	69	8548	1186	7	87	8
贵州省	23	51	1492	1035	58	474	
云南省	15	15	5894	1312	144	621	
西藏自治区	2		404	124		9	
陕西省	19	74	2045	603	7	210	
甘肃省	17	44	4749	511	5	55	8
青海省	20	1	370	281	24	118	
宁夏回族自治区	16	26	165	224	29	107	
新疆维吾尔自治区	20	62	1299	155	6	84	

2－118－7　　　　　　　　　　　　　　　　　　　　　　　　　　　单位:万元

地　　区	对个人和家庭的补助						
	抚恤金	生活补助	救济费	医疗费	助学金	奖励金	生产补贴
地　方　合　计	**406**	**1087**	**85**	**15552**	**365**	**641**	
北京市	46	16		88		40	
天津市	2	2		140			
河北省	6	6		403	11	2	
山西省	1	4		110		7	
内蒙古自治区	1	11		78		1	
辽宁省	8	208	4	633		33	
其中:大连市		2		38			
吉林省	17	101		6		1	
黑龙江省	4	22	6	3		1	
上海市	80	4	20	612	24		
江苏省	56	63	2	1239		47	
浙江省	9	99	14	1053		210	
其中:宁波市		2	1	253			
安徽省	8	18	2	1277		1	
福建省	19	15	2	580	1	1	
其中:厦门市	2	2		17			
江西省	20	37	3	3001		4	
山东省	13	49	11	663	82	7	
其中:青岛市			1			1	
河南省	24	84	17	442	233	3	
湖北省	12	70		763	3	14	
湖南省	2	14		131		1	
广东省	9	55		2373	10	139	
其中:深圳市		4		798		3	
广西壮族自治区	23	6		69		5	
海南省		1		61		10	
重庆市	15	5		88		1	
四川省	10	51	4	748		44	
贵州省	7	2		78		2	
云南省		48		382		45	
西藏自治区		4		53			
陕西省	4	39		118	1	2	
甘肃省	1	50		206		18	
青海省	6			91			
宁夏回族自治区	3	2		63			
新疆维吾尔自治区		1				2	

2－118－8　　　　单位:万元

地　　区	对个人和家庭的补助				对企事业单位的补贴		
	住房公积金	提租补贴	购房补贴	其他对个人和家庭的补助支出	小计	企业政策性补贴	事业单位补贴
地方合计	**5120**	**862**	**1255**	**11786**	**4932**	**15**	**1414**
北京市	786	197	121	1503	18		18
天津市	230	4	8	36			
河北省	237	3		75	137		20
山西省	39			14	89		
内蒙古自治区	16			85	61	15	40
辽宁省	153	79		243			
其中:大连市	68	13		31			
吉林省	167	8		5			
黑龙江省	89	10		18			
上海市	265	2	34	1245	425		385
江苏省	311	43	92	2056	984		5
浙江省	649	23	54	1022	1518		52
其中:宁波市	270	10	13	234	13		3
安徽省	100	12		193	125		125
福建省	246	122	25	27	315		
其中:厦门市	84	81		2			
江西省	109			60			
山东省	404	355	645	520	24		3
其中:青岛市	157	7	126	44	3		
河南省	62		37	612	22		5
湖北省	167		1	1029	87		64
湖南省	55		2	465	16		16
广东省	341	2	34	1496	390		60
其中:深圳市			14	981			
广西壮族自治区	234		3	109			
海南省	1			64			
重庆市	51			233	6		
四川省	89			138			
贵州省	26	1	198	189	94		
云南省	12			60	621		621
西藏自治区			1	57			
陕西省	153			69			
甘肃省	44			124			
青海省	20			22			
宁夏回族自治区	13	1		6			
新疆维吾尔自治区	51			11			

2－118－9

单位:万元

地　　区	对企事业单位的补贴		赠　与			债务利息支出	
	财政贴息	其他对企事业单位的补贴支出	小　计	对国内的赠　与	对国外的赠　与	小　计	国库券付　息
地　方　合　计	**586**	**2917**	**87**	**87**		**412**	
北京市							
天津市							
河北省		117					
山西省	89						
内蒙古自治区		6					
辽宁省							
其中:大连市							
吉林省							
黑龙江省							
上海市		40					
江苏省		979					
浙江省	400	1066					
其中:宁波市		10					
安徽省							
福建省		315	1	1			
其中:厦门市							
江西省			40	40		252	
山东省	3	18	46	46		20	
其中:青岛市		3					
河南省		17					
湖北省		23					
湖南省							
广东省		330					
其中:深圳市							
广西壮族自治区							
海南省							
重庆市		6					
四川省						108	
贵州省	94						
云南省						32	
西藏自治区							
陕西省							
甘肃省							
青海省							
宁夏回族自治区							
新疆维吾尔自治区							

2－118－10

单位:万元

地　　区	债务利息支出					基本建设支出	
	向国家银行借款付息	其他国内借款付息	向国外政府借款付息	向国际组织借款付息	其他国外借款付息	小　计	房屋建筑物购　建
地　方　合　计	**150**	**97**	**16**	**108**	**41**	**42650**	**22317**
北京市						7285	679
天津市							
河北省						343	258
山西省						30	
内蒙古自治区						111	
辽宁省						385	330
其中:大连市							
吉林省						9	
黑龙江省							
上海市						4909	3057
江苏省						5839	3495
浙江省						5585	4200
其中:宁波市						3677	3607
安徽省						377	19
福建省						4202	4154
其中:厦门市						139	139
江西省	146			106		119	
山东省	4		16			1462	1169
其中:青岛市						522	409
河南省						142	110
湖北省						1698	523
湖南省						371	367
广东省						4876	43
其中:深圳市						4280	
广西壮族自治区						867	268
海南省							
重庆市						420	419
四川省		97			11	527	473
贵州省						925	925
云南省				2	30	117	64
西藏自治区							
陕西省						1837	1720
甘肃省						43	39
青海省						47	5
宁夏回族自治区						39	
新疆维吾尔自治区						85	

2－118－11 单位:万元

地　　区	基本建设支出							
	办公设备购　　置	专用设备购　　置	交通工具购　　置	基础设施建　　设	大型修缮	信息网络购　　建	物资储备	其他基本建设支出
地　方　合　计	**266**	**2811**	**410**	**7521**	**235**	**299**	**40**	**8751**
北京市	14	30		6402				160
天津市								
河北省		55						30
山西省	10	10	10					
内蒙古自治区	14	83	14					
辽宁省					30			25
其中:大连市								
吉林省								9
黑龙江省								
上海市	76	1203	110		128			335
江苏省	18	282	68	496	24			1456
浙江省	2	147	169			52		1015
其中:宁波市		70						
安徽省	20	324				14		
福建省	3	6						39
其中:厦门市								
江西省	1						40	78
山东省	60	60		50	10			113
其中:青岛市								113
河南省	22			10				
湖北省				149	8	16		1002
湖南省	4							
广东省	7	26	35	247	13	209		4296
其中:深圳市								4280
广西壮族自治区		488			2			109
海南省								
重庆市	1							
四川省	2	20	2		16	8		6
贵州省								
云南省				53				
西藏自治区								
陕西省		3		114				
甘肃省					4			
青海省								42
宁夏回族自治区		37	2					
新疆维吾尔自治区	12	37						36

2－118－12

单位:万元

地区	其他资本性支出						
	小计	房屋建筑物购建	办公设备购置	专用设备购置	交通工具购置	基础设施建设	大型修缮
地方合计	**190298**	**20702**	**7203**	**120459**	**7344**	**5307**	**6476**
北京市	12474	4000	605	3727	622	13	86
天津市	4270	42	130	482	100		457
河北省	2588	267	108	773	367	2	834
山西省	658	77	13	233	63		101
内蒙古自治区	615	10	76	197	57	22	26
辽宁省	9390	756	163	6228	169	153	844
其中:大连市	1611		49	1479		19	13
吉林省	4585	10	185	3587	187	1	545
黑龙江省	304	137	26	78	38		24
上海市	87277	909	647	81938	507	200	96
江苏省	14918	8639	433	3155	562	513	199
浙江省	4098	882	253	1306	535	41	230
其中:宁波市	816	45	95	264	197		38
安徽省	2869	377	153	1817	103		125
福建省	3222	221	209	1834	380	111	66
其中:厦门市	1180		67	867	223		
江西省	559	8	256	125	84	7	1
山东省	5544	1512	338	1967	541	423	360
其中:青岛市	564		26	513	25		
河南省	7986	1291	349	1762	344	1934	294
湖北省	3679	104	277	921	83	1101	410
湖南省	975	65	127	402	100	5	20
广东省	6115	248	1135	1591	635	178	1129
其中:深圳市	28		9	7			7
广西壮族自治区	3291	516	332	1031	203	81	137
海南省	101		5	9		10	5
重庆市	1498	19	108	614	155		
四川省	2431	359	397	865	353	32	51
贵州省	943	57	82	115	84	4	96
云南省	2380	96	142	1021	59	261	21
西藏自治区	25		3	1			
陕西省	4163		477	2661	390	189	90
甘肃省	2403	11	89	1744	481	6	34
青海省	487	79	4	118	65		117
宁夏回族自治区	163	10	22	87	2	20	
新疆维吾尔自治区	287		59	70	75		78

2－118－13

单位:万元

地区	其他资本性支出						
	信息网络购建	物资储备	土地补偿	安置补助	地上附着物和青苗补偿	拆迁补偿	其他资本性支出
地方合计	**5207**	**75**	**12**				**17513**
北京市	2025		3				1393
天津市	6	1					3052
河北省	225						12
山西省	8	58					105
内蒙古自治区							227
辽宁省	934						143
其中:大连市	51						
吉林省	70						
黑龙江省	1						
上海市	246						2734
江苏省	89						1328
浙江省	107	1					743
其中:宁波市	3						174
安徽省	4						290
福建省	54						347
其中:厦门市	9						14
江西省	4						74
山东省	223						180
其中:青岛市							
河南省	398						1614
湖北省	7						776
湖南省	27						229
广东省	23						1176
其中:深圳市	2						3
广西壮族自治区	36						955
海南省	71						1
重庆市	28						574
四川省	258						116
贵州省	8						497
云南省	13		9				758
西藏自治区							21
陕西省	321						35
甘肃省							38
青海省		15					89
宁夏回族自治区	21						1
新疆维吾尔自治区							5

二、地方财政预算收支情况

2-118-14　　　　　　　　　　　　　　　　　　　　　　　　单位:万元

地　区	贷款转贷及产权参股					其他支出		
	小　计	国内贷款	国外贷款	产权参股	其他贷款转贷及产权参股支出	小　计	补充全国社会保障基金	其他支出
地　方　合　计	**172**	**9**			**163**	**67228**		**67228**
北京市						4506		4506
天津市						346		346
河北省						1871		1871
山西省						465		465
内蒙古自治区								
辽宁省								
其中:大连市								
吉林省						61		61
黑龙江省								
上海市						1521		1521
江苏省						3890		3890
浙江省						32548		32548
其中:宁波市						5175		5175
安徽省						236		236
福建省						1059		1059
其中:厦门市						350		350
江西省						114		114
山东省						169		169
其中:青岛市						27		27
河南省						1638		1638
湖北省						3168		3168
湖南省	29				29	1506		1506
广东省						7079		7079
其中:深圳市						6126		6126
广西壮族自治区	21				21	464		464
海南省								
重庆市						138		138
四川省						167		167
贵州省						2731		2731
云南省	9	9				2995		2995
西藏自治区						18		18
陕西省						391		391
甘肃省						95		95
青海省	113				113	52		52
宁夏回族自治区								
新疆维吾尔自治区								

2007 年各省、自治区、直辖市环境保护类支出明细表

2－119－1　　　　单位:万元

地　区	合　计	工资福利支出				
		小　计	基本工资	津贴补贴	奖　金	社会保障缴　费
地 方 合 计	**8816915**	**727869**	**260625**	**167252**	**68513**	**152581**
北京市	358264	10223	2685	3467	1900	209
天津市	60570	7476	2506	3174	830	199
河北省	403827	25253	14298	6392	948	1513
山西省	386428	21665	11247	6486	982	1568
内蒙古自治区	646362	150504	30421	11575	1747	81033
辽宁省	263455	20371	10128	7529	873	1183
其中:大连市	46755	3730	1555	1218	371	491
吉林省	241981	39875	6677	3635	431	28784
黑龙江省	645106	10692	6240	3467	664	97
上海市	239697	18863	5038	2742	8734	841
江苏省	494204	47833	14395	12094	13216	2784
浙江省	336538	33506	7548	7470	11682	3013
其中:宁波市	43186	5306	834	934	2351	808
安徽省	249088	13022	6422	4169	696	335
福建省	91251	11310	4322	3492	983	773
其中:厦门市	12218	1661	403	446	216	70
江西省	195911	10510	5746	2472	599	197
山东省	280675	34710	15696	12856	1637	3261
其中:青岛市	25793	5814	1744	2619	344	901
河南省	401431	38126	22049	9444	734	5091
湖北省	319518	23252	10707	5645	1885	2818
湖南省	313299	24443	12184	6445	2506	1478
广东省	425058	44177	13297	17982	5292	1983
其中:深圳市	38350	8128	1615	4013	849	322
广西壮族自治区	131051	8233	3966	2619	1103	182
海南省	54259	2188	1200	463	160	135
重庆市	388098	7417	3769	2015	786	63
四川省	678095	23110	10004	4352	5423	996
贵州省	89058	11942	5605	2967	551	1868
云南省	160923	28984	10412	7910	958	4418
西藏自治区	26772	1927	603	1058	111	60
陕西省	444758	16769	8423	2465	1106	508
甘肃省	165153	21883	7547	6277	335	4881
青海省	71688	7485	3006	3460	139	152
宁夏回族自治区	53670	3706	1182	1063	104	1134
新疆维吾尔自治区	200727	8414	3302	2067	1398	1024

2－119－2

单位:万元

地区	工资福利支出				商品和服务支出		
	伙食费	伙食补助费	绩效工资	其他工资福利支出	小计	办公费	印刷费
地方合计	**432**	**3889**	**3060**	**71517**	**2786107**	**86480**	**14176**
北京市	37	62	103	1760	75853	533	499
天津市	48	229	19	471	10528	731	114
河北省	31	700	115	1256	62256	4536	816
山西省	6	129	33	1214	111093	4581	936
内蒙古自治区	2	10	20	25696	63133	4754	317
辽宁省	11	85	60	502	49906	4221	732
其中:大连市	3	25	31	36	6926	953	205
吉林省		42	278	28	59959	2422	309
黑龙江省	14	71	32	107	551247	4682	743
上海市	36	175	26	1271	69603	652	220
江苏省	51	638	408	4247	148746	3518	525
浙江省	12	454	9	3318	109016	2313	898
其中:宁波市	12	42		325	23675	367	82
安徽省	17	141	128	1114	63329	1291	312
福建省	14	28	234	1464	43175	1015	208
其中:厦门市		6	28	492	9610	28	3
江西省	7	15	16	1458	148146	1519	246
山东省	4	140	89	1027	95589	5993	940
其中:青岛市		24	10	172	7111	203	33
河南省		56	107	645	94073	12178	965
湖北省	29	65	308	1795	230801	1292	423
湖南省	31	154	18	1627	56585	2434	471
广东省	21	211	172	5219	128444	10279	1315
其中:深圳市		41		1288	21565	354	443
广西壮族自治区	1	12		350	30882	960	226
海南省		6	3	221	21658	157	53
重庆市		24		760	55380	1307	293
四川省	1	153	186	1995	180886	3002	941
贵州省	32	31	4	884	30085	1998	177
云南省	1	24	47	5214	65133	4460	431
西藏自治区		2		93	1236	82	15
陕西省	14	49	333	3871	36973	2812	523
甘肃省	2		11	2830	28956	1374	256
青海省	6	73	291	358	12165	248	23
宁夏回族自治区	1	2		220	9495	216	79
新疆维吾尔自治区	3	108	10	502	141776	920	170

2－119－3　　　　　　　　　　　　　　　　单位:万元

地　　区	商品和服务支出						
	咨询费	手续费	水　费	电　费	邮电费	取暖费	物　业管理费
地　方　合　计	**3558**	**884**	**10085**	**22242**	**14076**	**11158**	**4503**
北京市	10		66	464	375	335	140
天津市	110		51	197	207	119	171
河北省	774	73	329	1096	706	961	135
山西省	246	95	366	918	442	932	70
内蒙古自治区	159	6	55	972	317	2068	94
辽宁省	68	125	194	892	689	1375	245
其中:大连市	24		19	146	165	202	48
吉林省	90	8	125	179	310	624	214
黑龙江省	29	5	78	386	251	801	66
上海市	64	5	67	908	361	9	266
江苏省	148	73	346	2238	963	4	395
浙江省	316	70	1376	1019	1158		346
其中:宁波市	8		10	94	164		17
安徽省	18	25	63	970	279	19	65
福建省	26	4	85	407	363		130
其中:厦门市			8	48	44		101
江西省	89	4	85	241	287	31	35
山东省	181	51	2306	1730	1093	1621	256
其中:青岛市	3	3	1620	98	144	57	72
河南省	142	40	250	2009	738	170	330
湖北省	59	18	243	632	398	47	228
湖南省	133	21	198	886	377	63	86
广东省	293	42	2683	2494	1688	1	487
其中:深圳市	120	1	31	485	331		204
广西壮族自治区	30	2	37	191	236		21
海南省	1	1	2	15	36		19
重庆市	84	4	57	243	247	1	40
四川省	141	155	354	627	814	21	71
贵州省	76	4	83	177	238	28	17
云南省	188	4	176	439	418	5	83
西藏自治区			7	16	27	10	
陕西省	31	9	160	355	398	521	470
甘肃省	23	32	138	322	323	765	8
青海省			12	45	83	216	5
宁夏回族自治区	4	1	23	168	39	85	
新疆维吾尔自治区	25	7	70	1006	215	326	10

2－119－4

单位:万元

地　　区	商品和服务支出					
	交通费	差旅费	出国费	维修(护)费	租赁费	会议费
地　方　合　计	**67187**	**35666**	**3393**	**75565**	**4968**	**29804**
北京市	1152	245	133	557	119	714
天津市	761	282	125	879	18	429
河北省	4020	1556	88	6127	345	1425
山西省	3491	1785	83	6113	513	1532
内蒙古自治区	2856	2373	31	2150	58	1251
辽宁省	4309	1769	110	7360	196	1003
其中:大连市	819	345	4	217	61	182
吉林省	2051	954	91	1746	42	721
黑龙江省	2023	907	84	4543	170	612
上海市	1263	401	270	1686	73	947
江苏省	4098	2096	323	2313	586	2582
浙江省	3232	1995	380	1413	760	2063
其中:宁波市	330	286	62	64	30	273
安徽省	1334	716	54	505	101	480
福建省	1158	1001	125	5160	88	498
其中:厦门市	154	38	6	24	28	
江西省	1383	960	173	580	84	372
山东省	4244	1576	78	7047	268	2194
其中:青岛市	521	152	16	139	7	56
河南省	3752	1609	95	4989	224	1733
湖北省	2106	1138	44	1157	44	964
湖南省	2491	1507	194	1074	69	1165
广东省	4726	2640	487	6358	518	2638
其中:深圳市	1028	337	102	548	126	485
广西壮族自治区	1299	808	20	755	81	331
海南省	304	232		98	9	46
重庆市	1532	1077	24	695	25	836
四川省	3410	2508	99	1813	120	1769
贵州省	2091	883	43	876	47	571
云南省	2716	1259	73	1688	130	1022
西藏自治区	157	179		182		82
陕西省	1865	1058	106	4418	186	940
甘肃省	1456	837	28	1727	45	501
青海省	295	172		64	1	18
宁夏回族自治区	253	215	19	411	10	129
新疆维吾尔自治区	1359	928	13	1081	38	236

2-119-5

单位:万元

地　　区	商品和服务支出						
	培训费	招待费	专　用 材料费	被　装 购置费	专　用 燃料费	劳务费	委　托 业务费
地 方 合 计	**17438**	**37386**	**90468**	**6506**	**3879**	**68959**	**32325**
北京市	340	115	1189	24	5	352	470
天津市	201	298	348	3	7	490	668
河北省	612	1413	4862	284	198	1194	2704
山西省	1010	1218	4686	167	233	3924	1079
内蒙古自治区	1236	588	1702	220	177	1898	362
辽宁省	582	954	5365	7	95	803	3542
其中:大连市	97	144	706	1	3	123	2199
吉林省	568	292	5697		221	30357	679
黑龙江省	253	167	3772	475	47	1025	650
上海市	320	573	1118	764	9	183	752
江苏省	1330	3153	3760	114	57	2430	1694
浙江省	695	3594	1418	1137	107	1798	2010
其中:宁波市	97	661	517	536		195	1014
安徽省	358	974	1841	85	45	433	888
福建省	369	900	1146	34	61	610	4198
其中:厦门市	17	33	72	12		5	251
江西省	318	1648	2971	289	185	343	204
山东省	1022	1761	11550	971	323	2593	638
其中:青岛市	57	204	123	3	4	148	
河南省	1052	1969	17888	111	332	2008	799
湖北省	519	1884	1516	119	124	1240	442
湖南省	798	3144	1331	50	173	1118	100
广东省	1420	3836	2941	114	129	2246	5046
其中:深圳市	225	342	197	34	2	321	2229
广西壮族自治区	380	857	379	27	7	746	372
海南省	81	133	48	6	7	112	255
重庆市	435	800	2427	191	95	1145	452
四川省	1074	2348	2030	490	185	1869	441
贵州省	396	1138	553	4	111	1783	30
云南省	892	1806	5090	173	217	4885	1020
西藏自治区	12	56	8			5	
陕西省	524	820	2171	251	105	509	2120
甘肃省	243	360	1468	72	273	2156	494
青海省	55	191	263	303	40	319	5
宁夏回族自治区	84	44	89	2	15	132	60
新疆维吾尔自治区	259	352	841	19	296	253	151

二、地方财政预算收支情况

2－119－6　　　　单位:万元

地　　区	商品和服务支出			对个人和家庭的补助			
	工会经费	福利费	其他商品和服务支出	小　计	离休费	退休费	退职(役)费
地　方　合　计	**4947**	**9519**	**2130935**	**1087333**	**2138**	**24235**	**95**
北京市	137	33	67846	1504	56	356	
天津市	72	109	4138	2522	107	1200	
河北省	156	364	27482	22822	46	617	2
山西省	107	483	76083	93911	75	852	
内蒙古自治区	634	349	38506	255632		105	
辽宁省	205	267	14798	50937	151	1419	
其中:大连市	29	34	200	805		8	
吉林省	16	28	12215	44954	54	1214	2
黑龙江省	64	173	529241	8929	271	2295	19
上海市	151	433	58108	480	15	178	
江苏省	339	869	114792	8131	369	4032	
浙江省	519	1213	79186	5139	136	1372	5
其中:宁波市	99	40	18729	439	15	134	
安徽省	65	172	52236	10172	23	371	
福建省	158	267	25164	1283	15	296	4
其中:厦门市	41	25	8672	282			
江西省	75	187	135837	3428	11	299	
山东省	198	261	46694	8552	77	440	3
其中:青岛市	58	36	3354	790	54	335	
河南省	170	489	40031	46378	103	812	
湖北省	133	368	215663	9243	96	1043	23
湖南省	237	422	38043	12711	144	1577	17
广东省	479	682	74902	4260	35	684	4
其中:深圳市	81	93	13446	677			
广西壮族自治区	57	114	22946	4988	64	1062	
海南省	4	1	20038	6825			
重庆市	87	49	43234	130792		8	
四川省	192	309	156103	293285	47	741	2
贵州省	40	152	18569	12067	158	1267	
云南省	189	570	37199	9745	15	366	
西藏自治区	18	2	378	2036		55	
陕西省	182	205	16234	2338	39	524	
甘肃省	160	715	15180	14175	6	396	1
青海省	32	14	9761	3706		100	13
宁夏回族自治区	4	7	7406	11578		200	
新疆维吾尔自治区	67	212	132922	4810	25	354	

2－119－7 单位:万元

地区	对个人和家庭的补助						
	抚恤金	生活补助	救济费	医疗费	助学金	奖励金	生产补贴
地方合计	**1454**	**601759**	**393**	**5576**	**20**	**2911**	**103802**
北京市	23	2		55	3		
天津市	10	88		123		28	
河北省	32	10679	10	103		140	2986
山西省	319	51218	51	131		79	16890
内蒙古自治区	152	124880	118	80		16	16311
辽宁省	43	47667	7	121		48	590
其中:大连市	8	214	3	21			529
吉林省	15	42011	1	60		25	441
黑龙江省	35	3169	1	166		76	1849
上海市	32	19		21		11	
江苏省	85	107	33	234		267	
浙江省	47	34	4	144		255	85
其中:宁波市	22	2					
安徽省	18	8289	7	35		42	419
福建省	12	26		11		15	
其中:厦门市	1						
江西省	16	687	10	40		18	535
山东省	106	146	8	201		44	80
其中:青岛市	1	98		2		1	
河南省	19	16365	17	2239		110	10626
湖北省	42	3147	3	99	2	2	917
湖南省	41	3266	25	233	1	53	3086
广东省	20	131	2	183	1	448	10
其中:深圳市	1	14		13		259	
广西壮族自治区	33	376		5		44	1746
海南省	49	2770	2				1395
重庆市	18	125133		128		134	2102
四川省	21	137157	31	691		642	31744
贵州省	29	2878		32	12	74	3689
云南省	103	3168	23	61		183	2342
西藏自治区		1883	1				
陕西省	30	261	5	95	1	120	482
甘肃省	53	4661	33	188		7	3062
青海省	22	1075		22			838
宁夏回族自治区		8194		33			966
新疆维吾尔自治区	29	2272	1	42		30	611

二、地方财政预算收支情况

2－119－8

单位:万元

地区	对个人和家庭的补助				对企事业单位的补贴		
	住房公积金	提租补贴	购房补贴	其他对个人和家庭的补助支出	小计	企业政策性补贴	事业单位补贴
地方合计	**12631**	**3252**	**4694**	**324373**	**573706**	**184498**	**8636**
北京市	588	166	142	113	56921	49974	192
天津市	865	26	40	35	13947		274
河北省	347	18	1	7841	25771	13441	475
山西省	425	1		23870	28292	11264	348
内蒙古自治区	116	1826		112028	6493	683	272
辽宁省	275	458	73	85	28909	2647	601
其中:大连市	10	11	1		1379	888	491
吉林省	168	6		957	53211	34558	206
黑龙江省	252	40	2	754	2217	1443	334
上海市	73			131	6192	393	77
江苏省	1227	256	219	1302	50811	9366	366
浙江省	1970	15	366	706	34032	9631	1499
其中:宁波市	5			261	2481	856	59
安徽省	441	20	1	506	5563	1038	112
福建省	517	187	28	172	5160	1649	623
其中:厦门市	168	84	26	3			
江西省	148			1664	2093	1707	
山东省	904	48	2554	3941	22110	13565	103
其中:青岛市	104	23	81	91	8		
河南省	197	5	51	15834	10460	5926	1584
湖北省	564	17	11	3277	2851	2140	92
湖南省	526	8	5	3729	151173	463	218
广东省	1022	151	314	1255	4242	962	
其中:深圳市		139	238	13			
广西壮族自治区	161			1497	4231	4230	
海南省	11			2598			
重庆市	70			3199	1447	935	
四川省	458		360	121391	25174	7245	65
贵州省	160	2	483	3283	2016	445	172
云南省	240		43	3201	2348	283	143
西藏自治区	26			71	1665	1665	
陕西省	457			324	10873	1604	576
甘肃省	124	2		5642	7375	1077	29
青海省	19			1617	380		
宁夏回族自治区	12			2173	2066	1209	
新疆维吾尔自治区	268		1	1177	5683	4955	275

2－119－9　　　　　　　　　　　　　　　　　　　　　　　　　　　　单位:万元

地　　区	对企事业单位的补贴		赠　与			债务利息支出	
	财政贴息	其他对企事业单位的补贴支出	小　计	对国内的赠与	对国外的赠与	小　计	国库券付息
地方合计	**4365**	**376207**	**61**	**61**		**13316**	
北京市	696	6059					
天津市	15	13658				11000	
河北省		11855					
山西省		16680					
内蒙古自治区	31	5507					
辽宁省		25661				39	
其中:大连市							
吉林省		18447					
黑龙江省		440					
上海市		5722					
江苏省		41079					
浙江省	812	22090	30	30			
其中:宁波市		1566					
安徽省	40	4373				187	
福建省	423	2465	2	2			
其中:厦门市							
江西省		386	5	5			
山东省	1202	7240					
其中:青岛市		8					
河南省		2950					
湖北省		619	9	9			
湖南省		150492	4	4			
广东省		3280					
其中:深圳市							
广西壮族自治区		1	2	2			
海南省							
重庆市		512	6	6			
四川省	455	17409					
贵州省		1399				90	
云南省		1922	2	2		2000	
西藏自治区							
陕西省		8693	1	1			
甘肃省	91	6178					
青海省	180	200					
宁夏回族自治区		857					
新疆维吾尔自治区	420	33					

二、地方财政预算收支情况

2－119－10

单位:万元

地　　区	债务利息支出					基本建设支出	
	向国家银行借款付息	其他国内借款付息	向国外政府借款付息	向国际组织借款付息	其他国外借款付息	小　计	房屋建筑物购建
地方合计	**2090**	**11226**				**1193312**	**49343**
北京市						83478	44
天津市		11000				3804	604
河北省						43982	2063
山西省						11215	100
内蒙古自治区						114962	2107
辽宁省		39				59785	985
其中:大连市						29645	
吉林省						18382	6044
黑龙江省						38564	630
上海市						51502	2120
江苏省						48081	4374
浙江省						33332	787
其中:宁波市						4477	33
安徽省		187				35914	4678
福建省						12544	768
其中:厦门市						647	
江西省						14650	222
山东省						15347	738
其中:青岛市						2633	688
河南省						97196	6916
湖北省						18374	1941
湖南省						27689	2639
广东省						26775	1560
其中:深圳市						2088	
广西壮族自治区						9590	1079
海南省						13969	
重庆市						79595	1877
四川省						94848	541
贵州省	90					2095	563
云南省	2000					22072	1631
西藏自治区						14456	397
陕西省						71841	317
甘肃省						54073	1691
青海省						35379	118
宁夏回族自治区						15052	918
新疆维吾尔自治区						24766	891

2－119－11 单位:万元

地　　区	基本建设支出							
	办公设备购　置	专用设备购　置	交通工具购　置	基础设施建　设	大型修缮	信息网络购　建	物资储备	其他基本建设支出
地　方　合　计	**3461**	**33734**	**4085**	**506809**	**19551**	**1566**	**176**	**574587**
北京市	96	268	181	8782	375			73732
天津市				3200				
河北省	115	2376	332	23709	1718		10	13659
山西省	57	290	205	3869	121			6573
内蒙古自治区	68	625	361	54641	49	8		57103
辽宁省	53	744	10	24569	2911			30513
其中:大连市		311		6147	2057			21130
吉林省	30	2511	10	6075				3712
黑龙江省		531		22735	7412	90	15	7151
上海市	57	144	79	15170				33932
江苏省	42	709	72	33431	2223	18		7212
浙江省	212	1178	147	20389	1	159		10459
其中:宁波市	8	31		3867		10		528
安徽省	86	1539	102	19023				10486
福建省	87	471	165	6620	16	5		4412
其中:厦门市				632				15
江西省	64	1091	118	4536	14	2		8603
山东省	90	3060	49	1872	340	236		8962
其中:青岛市		1395						550
河南省	221	9203	120	63809	512			16415
湖北省	184	2118	549	2684	70	10		10818
湖南省	142	443	236	6265	205	4	1	17754
广东省	193	1109	406	7295	195	935		15082
其中:深圳市								2088
广西壮族自治区	30	347	197	3523	269			4145
海南省		182	2	12640				1145
重庆市	630	482	81	23338	1540			51647
四川省	554	2361	188	57747	208	29		33220
贵州省	82	14	144	351	45	7		889
云南省	240	232	165	15023	18	40		4723
西藏自治区				5605				8454
陕西省	18	562	43	13193	63			57645
甘肃省	61	584	65	26980	56	21	100	24515
青海省				5814	1140		50	28257
宁夏回族自治区	9	330	25	3561				10209
新疆维吾尔自治区	40	230	33	10360	50	2		13160

2－119－12

单位:万元

地区	其他资本性支出						
	小计	房屋建筑物购建	办公设备购置	专用设备购置	交通工具购置	基础设施建设	大型修缮
地方合计	**1155720**	**49754**	**22958**	**179946**	**26443**	**266870**	**36692**
北京市	86130	500	489	9085	459	11788	979
天津市	11293	488	510	1612	154	5032	137
河北省	53018	1327	821	6041	1486	16879	642
山西省	96265	228	3181	12524	1960	20099	10955
内蒙古自治区	55448	807	856	4374	2061	9705	160
辽宁省	49293	7396	691	10099	847	6708	870
其中:大连市	4270	2044	78	929	18	70	637
吉林省	23056	1141	535	4508	642	4108	117
黑龙江省	33169	13966	1435	4623	271	5914	4530
上海市	83956	217	476	2024	496	833	1287
江苏省	75639	2109	1969	9236	1723	11315	1436
浙江省	55177	3059	1575	11513	1954	7418	140
其中:宁波市	3939	984	180	948	55	1250	16
安徽省	48993	2436	374	4787	667	26140	227
福建省	8689	115	328	2146	575	2670	500
其中:厦门市	5		4	1			
江西省	10780	126	502	3528	720	1718	31
山东省	91106	1741	1613	42122	931	20741	1922
其中:青岛市	4333		75	617	50	1471	180
河南省	87288	4475	853	1753	883	43514	4404
湖北省	11783	219	232	913	707	3190	1203
湖南省	23864	3634	461	5240	637	1079	272
广东省	54395	2360	1479	7250	1468	19386	813
其中:深圳市	3208		390	591	636		186
广西壮族自治区	9750	26	406	3354	903	1976	2
海南省	5515	2	165	826	78	590	24
重庆市	32774	574	318	2918	444	1693	712
四川省	46144	165	1138	13331	1470	15999	514
贵州省	9174	219	694	441	616	3149	154
云南省	19422	324	480	2244	1256	9621	243
西藏自治区	5155		72	644	740	4	
陕西省	19574	235	658	2554	1250	6718	2086
甘肃省	25581	1100	294	8303	406	1908	904
青海省	5332		34	49	101	3929	10
宁夏回族自治区	8506	16	58	229	29	208	89
新疆维吾尔自治区	9451	749	261	1675	509	2838	1329

2－119－13　　　　单位:万元

地　　区	其他资本性支出						
	信息网络购　建	物资储备	土地补偿	安置补助	地上附着物和青苗补偿	拆迁补偿	其他资本性支　出
地　方　合　计	**15735**	**401**	**9287**	**6476**	**9200**	**25824**	**506134**
北京市	80						62750
天津市	2						3358
河北省	136		80	298	1030	2	24276
山西省	3767	36	4808	229	1341	65	37072
内蒙古自治区	455		383	2474	160	16668	17345
辽宁省	451		136		759		21336
其中:大连市	22		136		336		
吉林省	107	72			401		11425
黑龙江省	557		232	358	530		753
上海市	17				1	7469	71136
江苏省	268		124	1740	9	550	45160
浙江省	690		818		5	47	27958
其中:宁波市	11						495
安徽省	58		300		25		13979
福建省	292		151	2	2	1	1907
其中:厦门市							
江西省	7		300	30	71	64	3683
山东省	1367	236	25	142	202	57	20007
其中:青岛市							1940
河南省	4086		217		857	20	26226
湖北省	91		817	710	579		3122
湖南省	297		25	1	355		11863
广东省	1141	53	310			60	20075
其中:深圳市	48						1357
广西壮族自治区	29				304	410	2340
海南省					507		3323
重庆市	238						25877
四川省	167		5		13	80	13262
贵州省	54				28		3819
云南省	78	4			1012	230	3930
西藏自治区			69		79		3547
陕西省	876		100		95		5002
甘肃省	195		355	492	159		11465
青海省	4						1205
宁夏回族自治区					546	101	7230
新疆维吾尔自治区	225		32		130		1703

二、地方财政预算收支情况

2－119－14

单位:万元

地　　区	贷款转贷及产权参股					其他支出		
	小　计	国内贷款	国外贷款	产权参股	其他贷款转贷及产权参股支出	小　计	补充全国社会保障基金	其他支出
地方合计	**1876**	**1317**			**559**	**1277615**		**1277615**
北京市						44155		44155
天津市								
河北省						170725		170725
山西省	532	532				23455		23455
内蒙古自治区						190		190
辽宁省						4215		4215
其中:大连市								
吉林省						2544		2544
黑龙江省						288		288
上海市						9101		9101
江苏省	277				277	114686		114686
浙江省	61				61	66245		66245
其中:宁波市						2869		2869
安徽省	30	30				71878		71878
福建省						9088		9088
其中:厦门市						13		13
江西省						6299		6299
山东省						13261		13261
其中:青岛市						5104		5104
河南省	597	597				27313		27313
湖北省	70				70	23135		23135
湖南省						16830		16830
广东省						162765		162765
其中:深圳市						2684		2684
广西壮族自治区						63375		63375
海南省						4104		4104
重庆市						80687		80687
四川省	151				151	14497		14497
贵州省						21589		21589
云南省	158	158				11059		11059
西藏自治区						297		297
陕西省						286389		286389
甘肃省						13110		13110
青海省						7241		7241
宁夏回族自治区						3267		3267
新疆维吾尔自治区						5827		5827

2007 年各省、自治区、直辖市环境保护管理事务支出明细表

2－120－1

单位:万元

地区	合计	工资福利支出				
		小计	基本工资	津贴补贴	奖金	社会保障缴费
地方合计	**734596**	**310521**	**137986**	**95572**	**40368**	**15887**
北京市	21860	6958	2001	2528	1543	154
天津市	6631	3452	1108	1747	405	81
河北省	35112	18049	10433	4849	686	914
山西省	22535	12150	7008	3856	621	291
内蒙古自治区	16299	6858	3680	2705	265	58
辽宁省	21229	10565	5183	4061	587	439
其中:大连市	3581	2396	955	827	324	252
吉林省	9970	5390	3267	1771	258	41
黑龙江省	15227	7376	4491	2240	501	59
上海市	51803	7443	1859	867	3788	325
江苏省	60338	26250	7797	6613	8249	1282
浙江省	57074	19130	4302	4451	6618	1416
其中:宁波市	8635	2282	393	482	1000	286
安徽省	18756	7284	3845	2440	312	142
福建省	12762	6250	2599	2010	450	366
其中:厦门市	2242	909	198	218	119	19
江西省	11974	6003	3655	1364	384	101
山东省	53419	25654	12309	8986	1172	2251
其中:青岛市	3928	2494	809	1045	186	336
河南省	41261	21032	10860	5522	368	3786
湖北省	27674	11416	5352	3510	1265	511
湖南省	29979	16670	9138	4344	1431	951
广东省	69194	28062	8706	11956	3383	1186
其中:深圳市	10177	3868	677	2113	462	143
广西壮族自治区	10541	4297	2174	1396	552	66
海南省	10595	690	365	195	35	72
重庆市	10513	4326	2213	1335	541	40
四川省	31360	15243	6512	2978	3910	404
贵州省	11374	5225	2668	1863	302	44
云南省	22992	9483	4014	4073	536	330
西藏自治区	3106	1818	584	1023	106	57
陕西省	22621	9412	5449	1412	758	178
甘肃省	10665	6186	3085	2706	245	35
青海省	2419	1606	667	823	74	
宁夏回族自治区	2071	1255	546	590	52	5
新疆维吾尔自治区	13242	4988	2116	1358	971	302

二、地方财政预算收支情况

2－120－2

单位:万元

地　　区	工资福利支出				商品和服务支出		
	伙食费	伙　食 补助费	绩效 工资	其他工资 福利支出	小　计	办公费	印刷费
地　方　合　计	**194**	**2110**	**901**	**17503**	**268819**	**25171**	**6202**
北京市		47	68	617	7649	206	186
天津市	9	31	7	64	1168	76	54
河北省	3	445	68	651	12084	1701	394
山西省	3	53	19	299	8046	1065	244
内蒙古自治区		4	1	145	7498	1121	179
辽宁省	9	60	9	217	7906	1008	199
其中:大连市	1	23	7	7	1146	282	20
吉林省		10	31	12	3412	540	120
黑龙江省	12	20	14	39	5472	1307	437
上海市	14	107		483	11950	284	170
江苏省	49	311	39	1910	22855	1725	339
浙江省	6	268	4	2065	19523	1194	435
其中:宁波市	6	25		90	4010	185	46
安徽省	5	94	6	440	7905	609	143
福建省	2	9	82	732	4874	352	67
其中:厦门市		6	28	321	1186	21	3
江西省	4	8	2	485	4012	399	65
山东省	4	90	80	762	17552	2443	416
其中:青岛市		7		111	1044	52	5
河南省		45	29	422	15116	2119	298
湖北省	17	52	247	462	11591	712	206
湖南省	30	107	9	660	7600	903	162
广东省	7	101	44	2679	30522	2230	889
其中:深圳市		10		463	4755	197	334
广西壮族自治区		7		102	4060	409	81
海南省			3	20	9892	40	12
重庆市		22		175	4452	425	74
四川省	1	88	23	1327	12661	1043	358
贵州省		7		341	3764	477	43
云南省	1	19	39	471	11508	762	149
西藏自治区		2		46	733	71	13
陕西省	10	31	61	1513	7267	1053	289
甘肃省	2		4	109	3205	374	98
青海省	4	12	8	18	701	111	3
宁夏回族自治区		2		60	546	89	12
新疆维吾尔自治区	2	58	4	177	3295	323	67

2-120-3

单位:万元

地　　区	商品和服务支出						
	咨询费	手续费	水　费	电　费	邮电费	取暖费	物　业管理费
地 方 合 计	**1006**	**371**	**1568**	**5828**	**6748**	**4428**	**2189**
北京市	7		27	195	76	265	124
天津市	70		10	51	49	51	35
河北省	60	58	104	370	410	644	67
山西省	69	7	54	200	168	332	42
内蒙古自治区	55	4	18	68	187	187	19
辽宁省	35	69	54	229	315	649	121
其中:大连市	20		6	76	84	125	31
吉林省	22	8	27	59	103	279	31
黑龙江省	13		27	78	105	418	39
上海市	7	2	17	123	131		59
江苏省	45	58	129	630	510	3	261
浙江省	114	46	47	444	557		215
其中:宁波市			8	30	61		13
安徽省	5	6	25	102	118	1	43
福建省	4	3	22	103	184		93
其中:厦门市			3	25	35		75
江西省	22	1	27	81	131	6	12
山东省	50	17	261	537	544	898	120
其中:青岛市	1	2	3	35	32	20	14
河南省	37	10	64	480	273	47	300
湖北省	29	13	133	365	242	33	182
湖南省	24	4	74	199	177	4	27
广东省	111	17	139	648	1034		258
其中:深圳市	29	1	13	108	167		52
广西壮族自治区	4	1	21	82	117		18
海南省			1	2	3		
重庆市	5	1	21	95	119		32
四川省	59	36	62	231	407	12	36
贵州省	39	2	37	37	98	4	4
云南省	97	2	47	129	207		36
西藏自治区			5	14	26	9	
陕西省	15	4	78	173	217	231	5
甘肃省			22	40	94	127	2
青海省			3	12	39	39	3
宁夏回族自治区			1	5	11	13	
新疆维吾尔自治区	8	2	11	46	96	176	5

2－120－4　　　　单位:万元

地　　区	商品和服务支出					
	交通费	差旅费	出国费	维修(护)费	租赁费	会议费
地　方　合　计	**25379**	**12772**	**2019**	**10819**	**1749**	**12900**
北京市	498	149	116	123	77	249
天津市	169	43		46	5	72
河北省	1849	699	65	1201	152	698
山西省	1028	471	57	296	112	608
内蒙古自治区	846	572	13	280	11	1032
辽宁省	1325	645	89	228	46	451
其中:大连市	190	96		14	6	27
吉林省	495	247	55	212	4	280
黑龙江省	744	307		291	6	124
上海市	461	181	192	200	1	492
江苏省	1787	889	213	615	148	1234
浙江省	1432	904	241	281	303	915
其中:宁波市	168	109	39	11	26	80
安徽省	483	261	18	108	14	185
福建省	436	237	69	112	32	140
其中:厦门市	102	22	6	5	28	
江西省	521	318	84	164	8	116
山东省	1804	696	30	2893	150	761
其中:青岛市	196	44	10	10		5
河南省	1287	607	24	915	44	697
湖北省	1159	580	40	425	34	569
湖南省	763	531	110	203	22	327
广东省	2537	1330	374	773	287	1493
其中:深圳市	360	142	60	71	44	167
广西壮族自治区	510	298	17	96	56	108
海南省	78	38				4
重庆市	397	246	15	69	4	209
四川省	1499	749	41	370	60	919
贵州省	495	221	4	47	21	60
云南省	850	327	46	374	43	369
西藏自治区	130	71		10		82
陕西省	883	624	73	160	91	473
甘肃省	320	178	18	163	17	123
青海省	78	63		6		9
宁夏回族自治区	38	24	11	7		49
新疆维吾尔自治区	477	266	4	151	1	52

2－120－5

单位:万元

地　区	商品和服务支出						
	培训费	招待费	专用材料费	被装购置费	专用燃料费	劳务费	委托业务费
地方合计	**5945**	**16043**	**11984**	**1118**	**748**	**5718**	**5387**
北京市	192	46	226	4	2	140	58
天津市	62	40	9			8	38
河北省	278	709	240	149	90	269	194
山西省	210	479	177	7	12	400	124
内蒙古自治区	201	297	144	118	49	320	121
辽宁省	176	383	199	3	41	191	71
其中:大连市	12	54	15			46	3
吉林省	79	111	229		21	182	217
黑龙江省	76	49	671	177	3	148	2
上海市	141	170	187			38	157
江苏省	529	1384	448	18	7	575	230
浙江省	316	1275	93	13		563	213
其中:宁波市	35	176		13		32	
安徽省	126	459	213	6	7	58	69
福建省	70	370	45	12	3	150	281
其中:厦门市	13	9	1	12		5	251
江西省	72	526	61		42	25	36
山东省	468	936	1027	151	59	231	115
其中:青岛市	15	72	12			12	
河南省	431	555	4477		135	190	83
湖北省	225	1203	144	71	30	108	85
湖南省	181	1039	159	9	50	117	28
广东省	761	2236	492	17	42	828	2660
其中:深圳市	101	155	67			74	1289
广西壮族自治区	93	359	38	7		88	102
海南省	23	24	2		7	3	3
重庆市	113	197	15	78	1	80	3
四川省	393	1196	142	6	3	290	177
贵州省	79	439	61			183	13
云南省	196	616	1887	3	43	264	189
西藏自治区	12	55				5	
陕西省	248	511	455	233	11	108	16
甘肃省	78	160	31	14	64	57	27
青海省	12	69	8	20	6	2	
宁夏回族自治区	24	15	1				
新疆维吾尔自治区	80	135	103	2	20	97	75

2－120－6

单位:万元

地　　区	商品和服务支出			对个人和家庭的补助			
	工会经费	福利费	其他商品和服务支出	小　计	离休费	退休费	退职(役)费
地　方　合　计	**2031**	**3873**	**96823**	**34778**	**1661**	**14151**	**31**
北京市	94	23	4566	717		42	
天津市	8	57	215	1256	105	689	
河北省	96	204	1383	862	42	443	2
山西省	54	108	1722	1083	72	567	
内蒙古自治区	25	98	1533	247		99	
辽宁省	78	101	1200	1185	103	574	
其中:大连市	15	24		38		8	
吉林省	5	2	84	919	54	780	
黑龙江省	26	57	367	2142	214	1673	
上海市	58	152	8727	215	13	94	
江苏省	158	419	10501	4433	281	2370	
浙江省	274	721	8927	2571	92	833	3
其中:宁波市	40	1	2937	238	14	120	
安徽省	14	27	4805	574	23	160	
福建省	51	97	1941	629	5	179	4
其中:厦门市	13	11	546	131			
江西省	18	64	1213	326	8	157	
山东省	107	149	2689	3571	75	334	
其中:青岛市	11	6	487	329	21	137	
河南省	52	140	1851	2652	90	439	
湖北省	99	256	4648	1201	80	660	2
湖南省	126	262	2099	1847	101	863	17
广东省	211	361	10794	2400	35	398	
其中:深圳市	7	32	1285	532			
广西壮族自治区	20	32	1503	816	47	608	
海南省			9652	8			
重庆市	35	30	2188	226		5	
四川省	112	160	4300	1393	43	599	2
贵州省	22	57	1321	1074	114	601	
云南省	80	49	4743	310		50	
西藏自治区	18	2	210	146		55	
陕西省	129	87	1100	969	36	369	
甘肃省	18	44	1136	365	6	222	1
青海省	7	2	209	19		17	
宁夏回族自治区	1	2	243	65		54	
新疆维吾尔自治区	35	110	953	557	22	217	

2－120－7

单位:万元

地区	对个人和家庭的补助						
	抚恤金	生活补助	救济费	医疗费	助学金	奖励金	生产补贴
地方合计	**556**	**621**	**87**	**2935**	**8**	**1049**	**108**
北京市	11	1		13	3		
天津市	1	52		16		17	
河北省	17	43		72		10	
山西省	25	29	5	21		13	85
内蒙古自治区	6	25	7	3		6	
辽宁省	21	5	2	47		14	
其中:大连市	7	2	2	10			
吉林省	8	7	1	12		8	
黑龙江省	32	10		2		13	
上海市	16	13		5		1	
江苏省	67	65	23	115		89	
浙江省	39	20	2	72		119	4
其中:宁波市	22	1					
安徽省	8	18		22		12	
福建省	10	19		11			
其中:厦门市	1						
江西省	13	6	8	22		4	1
山东省	93	32	2	138		35	
其中:青岛市	1					1	
河南省	15	19	6	1912		7	3
湖北省	17	6	3	28	2	2	4
湖南省	28	34	18	173	1	21	1
广东省	17	101	2	80	1	364	
其中:深圳市	1	1				259	
广西壮族自治区	22	14		1		6	
海南省			2				
重庆市	12	11		47		43	
四川省	20	31		21		91	
贵州省	24	9				12	
云南省	3	1		3		74	3
西藏自治区			1				
陕西省	22	39	5	89	1	77	1
甘肃省	6	11				6	6
青海省							
宁夏回族自治区				2			
新疆维吾尔自治区	3			8		5	

2－120－8

单位:万元

地　　区	对个人和家庭的补助				对企事业单位的补贴		
	住房公积金	提租补贴	购房补贴	其他对个人和家庭的补助支出	小计	企业政策性补贴	事业单位补贴
地方合计	**7004**	**865**	**2685**	**3017**	**4399**	**229**	**1025**
北京市	436	124	64	23			
天津市	353	6	1	16	15		
河北省	171	14	1	47	78	5	47
山西省	205	1		60	243	26	30
内蒙古自治区	65			36	153		73
辽宁省	93	286	1	39	100	100	
其中:大连市	1	7	1				
吉林省	45	2		2	10		10
黑龙江省	122	14	2	60			
上海市	22			51	58		36
江苏省	633	136	158	496	378		40
浙江省	1040	8	106	233	1720	26	213
其中:宁波市	1			80	50		50
安徽省	258	8	1	64	78		18
福建省	259	89		53	27		
其中:厦门市	91	37		2			
江西省	80			27			
山东省	672	24	1929	237	833		1
其中:青岛市	83	21	40	25			
河南省	79	3	2	77	60		
湖北省	295	16	4	82	97		92
湖南省	304	8	5	273	40	40	
广东省	678	123	209	392			
其中:深圳市		115	146	10			
广西壮族自治区	69			49			
海南省	3			3			
重庆市	48			60			
四川省	343		13	230			
贵州省	93	1	183	37	37	22	3
云南省	92		5	79	10	10	
西藏自治区	22			68			
陕西省	283			47	442		442
甘肃省	49	2		56	20		20
青海省				2			
宁夏回族自治区	2			7			
新疆维吾尔自治区	190		1	111			

2-120-9

单位:万元

地　　区	对企事业单位的补贴		赠　与			债务利息支出	
	财政贴息	其他对企事业单位的补贴支出	小　计	对国内的赠　与	对国外的赠　与	小　计	国库券付　息
地　方　合　计	**40**	**3105**	**53**	**53**			
北京市							
天津市		15					
河北省		26					
山西省		187					
内蒙古自治区		80					
辽宁省							
其中:大连市							
吉林省							
黑龙江省							
上海市		22					
江苏省		338					
浙江省		1481	30	30			
其中:宁波市							
安徽省	40	20					
福建省		27					
其中:厦门市							
江西省							
山东省		832					
其中:青岛市							
河南省		60					
湖北省		5	9	9			
湖南省			4	4			
广东省							
其中:深圳市							
广西壮族自治区			1	1			
海南省							
重庆市			6	6			
四川省							
贵州省		12					
云南省			2	2			
西藏自治区							
陕西省			1	1			
甘肃省							
青海省							
宁夏回族自治区							
新疆维吾尔自治区							

二、地方财政预算收支情况

2－120－10

单位:万元

地　　区	债务利息支出					基本建设支出	
	向国家银行借款付息	其他国内借款付息	向国外政府借款付息	向国际组织借款付息	其他国外借款付息	小计	房屋建筑物购建
地方合计						**46436**	**4954**
北京市						3005	
天津市						604	604
河北省						586	
山西省							
内蒙古自治区						53	
辽宁省						97	
其中:大连市						1	
吉林省						17	
黑龙江省							
上海市						30120	2120
江苏省						23	
浙江省						3940	108
其中:宁波市						4	
安徽省						350	
福建省						152	
其中:厦门市							
江西省						220	50
山东省						225	
其中:青岛市							
河南省						25	
湖北省						683	292
湖南省						585	550
广东省						462	2
其中:深圳市							
广西壮族自治区						3	
海南省							
重庆市							
四川省						84	
贵州省						509	500
云南省						110	
西藏自治区						397	397
陕西省						281	281
甘肃省						18	
青海省						23	
宁夏回族自治区						50	50
新疆维吾尔自治区						3814	

2－120－11

单位:万元

地　　区	基本建设支出							
	办公设备购　置	专用设备购　置	交通工具购　置	基础设施建　设	大型修缮	信息网络购　建	物资储备	其他基本建设支出
地　方　合　计	**508**	**920**	**450**	**4828**	**126**	**288**		**34362**
北京市	8		13		30			2954
天津市								
河北省	5	15	22	544				
山西省								
内蒙古自治区	8							45
辽宁省	41	40	10					6
其中:大连市								1
吉林省		17						
黑龙江省								
上海市	34	121	45					27800
江苏省	5					18		
浙江省	160	484	70	1506	1	31		1580
其中:宁波市	4							
安徽省	20		27	200				103
福建省	10							142
其中:厦门市								
江西省	12	18		61				79
山东省	55	50				120		
其中:青岛市								
河南省	9							16
湖北省	28	17	98	39	70	8		131
湖南省	1	10	19	3		2		
广东省	83	47	131	19	6	49		125
其中:深圳市								
广西壮族自治区	3							
海南省								
重庆市								
四川省	8	46				29		1
贵州省	3				6			
云南省		55	15		5	29		6
西藏自治区								
陕西省								
甘肃省	10				8			
青海省								23
宁夏回族自治区								
新疆维吾尔自治区	5			2456		2		1351

2－120－12

单位:万元

地区	其他资本性支出						
	小计	房屋建筑物购建	办公设备购置	专用设备购置	交通工具购置	基础设施建设	大型修缮
地方合计	**47945**	**7953**	**5928**	**9033**	**6148**	**4079**	**3467**
北京市	1159	500	150	106	140		1
天津市	136		62	9	17		7
河北省	2761	882	283	249	414	247	385
山西省	1013	30	146	359	201	52	72
内蒙古自治区	1490	407	166	386	255	99	12
辽宁省	1376	220	288	249	134	462	23
其中:大连市							
吉林省	220	9	102	12	80		17
黑龙江省	235		37	131	14	39	
上海市	1420		156	14	139		260
江苏省	4138	295	641	471	585	304	1
浙江省	5032	1596	538	371	447	240	26
其中:宁波市	1131	984	73	18	18	11	16
安徽省	2058	172	141	1205	112	100	117
福建省	469		77	24	116	133	106
其中:厦门市	3		2	1			
江西省	1231	18	55	89	262	85	
山东省	5414	220	556	1123	404	780	48
其中:青岛市	61		19	17	25		
河南省	1700	545	184	182	103	427	253
湖北省	931	219	132	45	157	45	158
湖南省	1886	1058	112	131	205	182	33
广东省	4707	302	656	1853	858	249	171
其中:深圳市	686		187	97	397		3
广西壮族自治区	630	3	107	107	371	1	
海南省	5		5				
重庆市	1499	449	63	16	13	2	3
四川省	1874	76	421	392	279	348	111
贵州省	280	5	108	30	101	32	3
云南省	812	64	124	49	166	97	15
西藏自治区	12		2	10			
陕西省	3863	121	450	1387	262	71	1557
甘肃省	817	663	47		79	10	8
青海省	59		16			39	4
宁夏回族自治区	138				8		
新疆维吾尔自治区	580	99	103	33	226	35	76

2－120－13　　　　　　　　　　　　　　　　　　　　　　单位:万元

地　　区	其他资本性支出						
	信息网络购　建	物资储备	土地补偿	安置补助	地上附着物和青苗补偿	拆迁补偿	其他资本性支　出
地　方　合　计	**948**	**53**			**1**	**414**	**9921**
北京市							262
天津市							41
河北省	73						228
山西省	36						117
内蒙古自治区						118	47
辽宁省							
其中:大连市							
吉林省							
黑龙江省							14
上海市	11				1		839
江苏省	79						1762
浙江省	91						1723
其中:宁波市							11
安徽省	1						210
福建省	8						5
其中:厦门市							
江西省	1						721
山东省	369						1914
其中:青岛市							
河南省	5						1
湖北省	66						109
湖南省	16						149
广东省	153	53					412
其中:深圳市							2
广西壮族自治区							41
海南省							
重庆市	1						952
四川省	21					58	168
贵州省	1						
云南省						230	67
西藏自治区							
陕西省	10						5
甘肃省							10
青海省							
宁夏回族自治区						8	122
新疆维吾尔自治区	6						2

二、地方财政预算收支情况

2－120－14　　　　　　　　　　　　　　　　　　　　　　　　　　　单位:万元

地　　区	贷款转贷及产权参股					其他支出		
	小　计	国内贷款	国外贷款	产权参股	其他贷款转贷及产权参股支出	小　计	补充全国社会保障基金	其他支出
地方合计						**21645**		**21645**
北京市						2372		2372
天津市								
河北省						692		692
山西省								
内蒙古自治区								
辽宁省								
其中:大连市								
吉林省						2		2
黑龙江省						2		2
上海市						597		597
江苏省						2261		2261
浙江省						5128		5128
其中:宁波市						920		920
安徽省						507		507
福建省						361		361
其中:厦门市						13		13
江西省						182		182
山东省						170		170
其中:青岛市								
河南省						676		676
湖北省						1746		1746
湖南省						1347		1347
广东省						3041		3041
其中:深圳市						336		336
广西壮族自治区						734		734
海南省								
重庆市						4		4
四川省						105		105
贵州省						485		485
云南省						757		757
西藏自治区								
陕西省						386		386
甘肃省						54		54
青海省						11		11
宁夏回族自治区						17		17
新疆维吾尔自治区						8		8

2007 年各省、自治区、直辖市环境监测与监察支出明细表

2－121－1　　　　单位:万元

地　　区	合　计	工资福利支出				
		小　计	基本工资	津贴补贴	奖　金	社会保障缴　费
地 方 合 计	**502843**	**146942**	**59903**	**43772**	**21449**	**8021**
北京市	18185	2182	599	785	355	33
天津市	10414	3945	1374	1412	409	113
河北省	17759	2776	1334	570	131	223
山西省	20844	6613	2905	1872	297	872
内蒙古自治区	8343	3456	1624	1336	249	57
辽宁省	21382	7496	3765	2809	203	479
其中:大连市	2072	1174	510	348	46	213
吉林省	15775	4523	2633	1542	94	43
黑龙江省	10314	2904	1493	1110	149	30
上海市	24715	10257	2855	1720	4450	473
江苏省	40770	17128	5199	4650	4215	1005
浙江省	43154	13271	3106	2761	4602	1494
其中:宁波市	6548	2926	438	450	1278	522
安徽省	14659	4841	2286	1543	336	127
福建省	12948	4046	1420	1295	455	265
其中:厦门市	2662	721	195	220	90	49
江西省	16019	3338	1842	839	146	69
山东省	22239	6906	2504	3077	347	756
其中:青岛市	4488	2849	792	1392	139	451
河南省	26757	7911	5124	2182	245	179
湖北省	17286	4383	2427	1160	214	228
湖南省	17496	3845	1648	1193	267	277
广东省	37859	11336	3401	4167	1335	500
其中:深圳市	7579	2547	708	1064	179	89
广西壮族自治区	12263	3542	1652	1102	502	94
海南省	3982	1453	817	266	123	63
重庆市	8931	1613	806	523	208	21
四川省	29912	5944	2629	1181	1301	259
贵州省	5246	1540	699	540	118	23
云南省	8635	3216	1571	1284	176	93
西藏自治区	884					
陕西省	17281	2861	1502	675	220	63
甘肃省	10235	1986	925	819	79	21
青海省	2104	913	408	447	8	13
宁夏回族自治区	2173	913	420	405	36	26
新疆维吾尔自治区	4279	1804	935	507	179	122

二、地方财政预算收支情况

2－121－2　　　　单位:万元

地　　区	工资福利支出				商品和服务支出		
	伙食费	伙　食 补助费	绩效 工资	其他工资 福利支出	小　计	办公费	印刷费
地　方　合　计	**173**	**1318**	**1298**	**11008**	**210763**	**14725**	**2978**
北京市	37	15	35	323	6975	247	160
天津市	39	194	11	393	4071	274	34
河北省		117	27	374	7869	862	153
山西省	3	60	10	594	9094	736	178
内蒙古自治区		2	10	178	3074	298	33
辽宁省	2	18	40	180	9729	940	224
其中:大连市	2	2	24	29	538	85	3
吉林省		23	180	8	4333	596	76
黑龙江省	2	44	11	65	5148	1167	114
上海市	22	50	13	674	11199	336	42
江苏省	2	265	366	1426	13751	670	70
浙江省	6	182	5	1115	15510	550	239
其中:宁波市	6	17		215	2569	133	27
安徽省	10	44	122	373	6051	344	68
福建省	2	19	113	477	5197	189	39
其中:厦门市				167	1793	6	
江西省	3	1	14	424	7277	310	49
山东省		47	9	166	8807	811	88
其中:青岛市		17	10	48	1125	71	8
河南省		11	37	133	9659	1235	158
湖北省	7	9	57	281	9684	191	106
湖南省		31	5	424	6483	423	100
广东省	3	70	26	1834	19721	1149	232
其中:深圳市				507	4135	83	72
广西壮族自治区	1	3		188	5728	267	92
海南省		1		183	1496	48	13
重庆市		2		53	4817	275	75
四川省		58	163	353	12869	834	388
贵州省	32	3		125	1777	132	14
云南省		4	8	80	4012	494	56
西藏自治区					54	5	2
陕西省	1	17	13	370	10240	1001	78
甘肃省			4	138	2737	131	65
青海省	1	10	15	11	892	57	3
宁夏回族自治区				26	1077	59	19
新疆维吾尔自治区		18	4	39	1432	94	10

2－121－3

单位:万元

地　　区	商品和服务支出						
	咨询费	手续费	水　费	电　费	邮电费	取暖费	物　业 管理费
地　方　合　计	**1325**	**185**	**968**	**4197**	**3623**	**2159**	**1345**
北京市	3		35	213	62	62	12
天津市	32		33	89	76	50	120
河北省	599		21	107	97	113	30
山西省	76	10	37	135	130	157	25
内蒙古自治区	46		9	50	60	58	19
辽宁省	3	40	59	361	265	568	69
其中:大连市			4	44	43	59	10
吉林省	43		29	60	92	241	164
黑龙江省	1	3	27	66	76	257	20
上海市	54	2	34	371	211		150
江苏省	91	5	76	330	303		99
浙江省	30	1	69	327	347		108
其中:宁波市			2	41	52		4
安徽省	10	5	18	171	94	13	19
福建省	4	1	39	111	100		33
其中:厦门市			5	22	9		26
江西省	19		27	54	70	21	20
山东省	10	3	83	217	263	228	85
其中:青岛市	2	1	3	42	97	32	53
河南省	46	2	72	204	163	46	7
湖北省	24		48	149	74	3	35
湖南省	21	7	22	132	53	5	8
广东省	89	10	55	457	408	1	174
其中:深圳市	58		12	138	103		124
广西壮族自治区	14	1	13	75	70		1
海南省	1			9	21		19
重庆市	39	1	13	41	39		5
四川省	19	86	41	194	246	4	13
贵州省		1	7	24	30	5	4
云南省	34		24	70	77	1	15
西藏自治区							
陕西省	15	4	53	116	100	156	88
甘肃省		3	11	27	43	53	2
青海省			1	5	21	26	1
宁夏回族自治区	2		8	15	11	14	
新疆维吾尔自治区			4	17	21	77	

2－121－4

单位:万元

地　　区	商品和服务支出					
	交通费	差旅费	出国费	维修(护)费	租赁费	会议费
地　方　合　计	**17033**	**9885**	**729**	**9558**	**1538**	**5986**
北京市	366	63	16	121	29	231
天津市	451	167	125	597	11	261
河北省	673	513	13	360	11	254
山西省	967	596	10	227	31	266
内蒙古自治区	466	363	2	89	14	50
辽宁省	1687	590	8	864	79	259
其中:大连市	98	22		17	9	8
吉林省	568	298	24	548	4	134
黑龙江省	707	297	6	193	9	149
上海市	737	212	78	1020	72	421
江苏省	968	554	64	474	335	328
浙江省	1153	739	104	515	357	506
其中:宁波市	103	143	19	34	3	125
安徽省	432	252	33	149	53	131
福建省	374	258	14	184	33	68
其中:厦门市	47	12		19		
江西省	289	240	3	218	23	74
山东省	990	286	10	294	74	379
其中:青岛市	228	69	6	30	7	31
河南省	820	395	15	379	63	271
湖北省	380	291		187	6	242
湖南省	505	255	35	172	30	167
广东省	1237	720	70	1060	185	538
其中:深圳市	361	144	16	388	54	156
广西壮族自治区	378	319		140	6	128
海南省	119	139		57	9	39
重庆市	275	228		60	5	134
四川省	974	1117	53	881	30	443
贵州省	208	136	5	34	6	46
云南省	367	233	4	139	3	111
西藏自治区	16	6				
陕西省	442	208	33	448	41	214
甘肃省	192	158	4	98	7	111
青海省	79	49		11	1	
宁夏回族自治区	81	68		22	8	26
新疆维吾尔自治区	132	135		17	3	5

2－121－5　　　　单位:万元

地　　区	商品和服务支出						
	培训费	招待费	专　用 材料费	被　装 购置费	专　用 燃料费	劳务费	委　托 业务费
地　方　合　计	**4282**	**8670**	**19214**	**1468**	**451**	**5636**	**7619**
北京市	110	43	386	15	3	96	34
天津市	86	194	120	3	7	369	186
河北省	70	139	1169	82	14	148	375
山西省	232	267	1118	70	12	224	115
内蒙古自治区	89	82	228	60	2	80	73
辽宁省	234	379	795	1	5	197	814
其中:大连市	2	36	35	1		34	8
吉林省	147	88	485		41	50	203
黑龙江省	108	79	756		2	496	13
上海市	151	337	819	309	4	113	591
江苏省	333	773	1664	61	15	410	765
浙江省	227	1148	648	2	5	453	524
其中:宁波市	58	245	95	2		104	15
安徽省	113	215	293	79	9	208	176
福建省	85	223	237	6	14	61	908
其中:厦门市	4	23	70				
江西省	109	276	1033	74	29	19	78
山东省	168	387	1427	122	75	322	142
其中:青岛市	38	91	40	2	4	134	
河南省	160	352	2224	53	22	136	236
湖北省	109	455	1089	34	48	146	133
湖南省	320	543	234		8	98	66
广东省	420	792	1023	80	14	513	1360
其中:深圳市	92	113	120	34	2	156	377
广西壮族自治区	125	232	191	20	5	214	55
海南省	47	62	24	2		76	208
重庆市	107	201	277	11	11	206	6
四川省	248	634	1092	22	20	481	92
贵州省	27	148	43			37	
云南省	172	336	746	35	5	158	44
西藏自治区		1	8				
陕西省	161	114	544	1	40	248	68
甘肃省	51	86	323	35	35	28	264
青海省	12	19	36	274		3	
宁夏回族自治区	30	13	63			29	56
新疆维吾尔自治区	31	52	119	17	6	17	34

二、地方财政预算收支情况

2－121－6

单位:万元

地　　区	商品和服务支出			对个人和家庭的补助			
	工会经费	福利费	其他商品和服务支出	小　计	离休费	退休费	退职(役)费
地　方　合　计	**1479**	**2460**	**83250**	**18341**	**399**	**7629**	**32**
北京市	35	5	4628	671	56	314	
天津市	58	48	680	1250	2	505	
河北省	24	58	1984	239	3	102	
山西省	42	151	3282	554	3	200	
内蒙古自治区	14	92	797	92		6	
辽宁省	114	96	1078	1249	48	715	
其中:大连市	12	8		27			
吉林省	6	6	430	606		398	2
黑龙江省	36	55	511	872	54	560	19
上海市	81	228	4826	253	2	84	
江苏省	107	253	5003	2649	76	1441	
浙江省	230	407	6821	2060	44	534	2
其中:宁波市	59	38	1267	88	1	14	
安徽省	22	95	3049	424		166	
福建省	67	51	2098	527	10	102	
其中:厦门市	28	13	1509	146			
江西省	53	72	4117	253	3	140	
山东省	47	26	2270	1133	2	96	3
其中:青岛市	26	13	97	324	33	198	
河南省	58	94	2448	782	13	255	
湖北省	23	51	5860	444	7	155	
湖南省	40	72	3167	726	21	476	
广东省	201	203	8730	735		186	4
其中:深圳市	67	24	1441				
广西壮族自治区	34	67	3281	649	17	444	
海南省	4	1	598	99			
重庆市	34	10	2764	114		3	
四川省	63	99	4795	645	4	96	
贵州省	10	27	833	518	26	361	
云南省	22	46	820	202	2	36	
西藏自治区			16				
陕西省	14	58	5995	244	3	53	
甘肃省	13	35	962	46		6	
青海省	6	6	282	28		19	2
宁夏回族自治区	1	4	548	60		56	
新疆维吾尔自治区	20	44	577	217	3	120	

2 - 121 - 7

单位:万元

地　　区	对个人和家庭的补助						
	抚恤金	生活补助	救济费	医疗费	助学金	奖励金	生产补贴
地 方 合 计	**190**	**269**	**21**	**965**		**570**	**36**
北京市	12	1		31			
天津市	9	36		107		11	
河北省	10	5		2		12	
山西省	1	42		33		36	
内蒙古自治区	4	4		11		4	
辽宁省	20	22	5	69		33	1
其中:大连市	1	2	1	10			1
吉林省	4	37		39		1	
黑龙江省	2	11		9		17	24
上海市	16	6		13		10	
江苏省	15	29	1	64		52	
浙江省	8	7	2	67		36	
其中:宁波市		1					
安徽省	10	3	4	11		29	
福建省	2	2					
其中:厦门市							
江西省	3	10		14		1	
山东省	2	5	1	55		8	
其中:青岛市				1			
河南省	3	2		305		39	9
湖北省	24			42			
湖南省	5	1		36		30	
广东省	1	9		36		65	
其中:深圳市							
广西壮族自治区	11	2		4		3	
海南省							
重庆市	6	5		5		43	
四川省	1	6	1	4		42	2
贵州省	3	1		1			
云南省		2	7	2		66	
西藏自治区							
陕西省	4	17		4		25	
甘肃省						1	
青海省							
宁夏回族自治区		1					
新疆维吾尔自治区	14	3		1		6	

2-121-8

单位:万元

地　　区	对个人和家庭的补助				对企事业单位的补贴		
	住房公积金	提租补贴	购房补贴	其他对个人和家庭的补助支出	小计	企业政策性补贴	事业单位补贴
地方合计	**4271**	**456**	**1556**	**1947**	**3752**	**1304**	**888**
北京市	135	35	78	9	192		192
天津市	505	20	37	18	612		110
河北省	81	1		23	441	60	95
山西省	195			44	408		288
内蒙古自治区	38			25			
辽宁省	97	145	62	32	16		
其中:大连市	8	4					
吉林省	109	4		12	77		77
黑龙江省	130	26		20			
上海市	51			71	14		14
江苏省	425	94	48	404	1669	1229	70
浙江省	860	7	260	233	37	15	20
其中:宁波市	4			68	15	15	
安徽省	152	9		40	3		
福建省	223	92	28	68	9		
其中:厦门市	74	45	26	1			
江西省	43			39			
山东省	137	17	508	299	17		12
其中:青岛市	11	2	33	46			
河南省	44	2	48	62	6		6
湖北省	163		7	46			
湖南省	117			40	4		
广东省	289	4	13	128	28		
其中:深圳市							
广西壮族自治区	74			94			
海南省	8			91			
重庆市	11			41			
四川省	85		347	57	41		
贵州省	26		83	17	154		
云南省	38		37	12	4		4
西藏自治区							
陕西省	130			8			
甘肃省	38			1			
青海省	7				20		
宁夏回族自治区	3						
新疆维吾尔自治区	57			13			

2－121－9

单位:万元

地　　区	对企事业单位的补贴		赠　与			债务利息支出	
	财政贴息	其他对企事业单位的补贴支出	小　计	对国内的赠　与	对国外的赠　与	小　计	国库券付　息
地方合计		**1560**					
北京市							
天津市		502					
河北省		286					
山西省		120					
内蒙古自治区							
辽宁省		16					
其中:大连市							
吉林省							
黑龙江省							
上海市							
江苏省		370					
浙江省		2					
其中:宁波市							
安徽省		3					
福建省		9					
其中:厦门市							
江西省							
山东省		5					
其中:青岛市							
河南省							
湖北省							
湖南省		4					
广东省		28					
其中:深圳市							
广西壮族自治区							
海南省							
重庆市							
四川省		41					
贵州省		154					
云南省							
西藏自治区							
陕西省							
甘肃省							
青海省		20					
宁夏回族自治区							
新疆维吾尔自治区							

二、地方财政预算收支情况

2－121－10　　单位:万元

地　　区	债务利息支出					基本建设支出	
	向国家银行借款付息	其他国内借款付息	向国外政府借款付息	向国际组织借款付息	其他国外借款付息	小　计	房屋建筑物购　建
地方合计						**21549**	**7716**
北京市						1716	
天津市							
河北省						1485	
山西省						709	100
内蒙古自治区						451	
辽宁省						1230	575
其中:大连市						311	
吉林省						4266	4194
黑龙江省						437	380
上海市						61	
江苏省						890	673
浙江省						478	1
其中:宁波市						4	
安徽省						761	235
福建省						983	366
其中:厦门市							
江西省						1292	172
山东省						429	
其中:青岛市							
河南省						857	34
湖北省						575	
湖南省						238	6
广东省						1786	216
其中:深圳市							
广西壮族自治区						806	408
海南省						41	
重庆市						645	
四川省						376	
贵州省						110	50
云南省						92	16
西藏自治区							
陕西省						330	
甘肃省						276	95
青海省							
宁夏回族自治区							
新疆维吾尔自治区						229	195

2－121－11

单位:万元

地　　区	基本建设支出							
	办公设备购　置	专用设备购　置	交通工具购　置	基础设施建　设	大型修缮	信息网络购　建	物资储备	其他基本建设支出
地　方　合　计	**742**	**4245**	**1361**	**2702**	**1041**	**968**		**2774**
北京市	88	85	128	1380				35
天津市								
河北省	21	270	121	423				650
山西省	22	107						480
内蒙古自治区	14	70	57	193				117
辽宁省		329		105	221			
其中:大连市		311						
吉林省		62	10					
黑龙江省				17				40
上海市	11	16	34					
江苏省	18	81	50		19			49
浙江省	14	226	6	33		98		100
其中:宁波市		4						
安徽省	11	212	75					228
福建省	1	336		10				270
其中:厦门市								
江西省	3	969	118					30
山东省	14	396				19		
其中:青岛市								
河南省	10	30	21		512			250
湖北省	43	245	262	25				
湖南省	1	50	16	132	25			8
广东省	56	168	251		178	847		70
其中:深圳市								
广西壮族自治区	19	149	116		86			28
海南省		41						
重庆市	215		57					373
四川省	93	244	39					
贵州省	20			40				
云南省	8			44		4		20
西藏自治区								
陕西省		30		300				
甘肃省	46	109						26
青海省								
宁夏回族自治区								
新疆维吾尔自治区	14	20						

2－121－12

单位:万元

地区	其他资本性支出						
	小计	房屋建筑物购建	办公设备购置	专用设备购置	交通工具购置	基础设施建设	大型修缮
地方合计	**86190**	**3104**	**4848**	**48416**	**8244**	**1504**	**1012**
北京市	5449		262	4586	125		
天津市	536		57	236	81		21
河北省	2689	64	172	1195	284	18	21
山西省	3466	31	214	761	757	220	
内蒙古自治区	1270	26	82	304	495	28	15
辽宁省	1660		209	620	198	26	47
其中:大连市	22			6	16		
吉林省	1902	922	62	699	133	56	30
黑龙江省	953	180	143	440		12	
上海市	2892	217	291	1828	316	9	10
江苏省	2940	30	164	2003	395		15
浙江省	10794	139	477	8175	513	218	58
其中:宁波市	867		80	691	17		
安徽省	2089	368	148	970	171	375	1
福建省	2064		130	1342	282	38	1
其中:厦门市	2		2				
江西省	3475	67	401	1997	297	8	
山东省	4829	11	123	3721	278	65	41
其中:青岛市	76		37	14	1		
河南省	6892	50	250	710	102	49	50
湖北省	944		57	215	368	20	20
湖南省	4188	461	94	3153	148	17	
广东省	3750	459	464	1824	354	7	109
其中:深圳市	886		126	465	239		8
广西壮族自治区	1393		151	1019	111	1	
海南省	595	2	132	404	14	1	13
重庆市	1469		54	713	140		379
四川省	9698	9	337	8207	738	100	88
贵州省	315	6	81	78	106		17
云南省	524		35	104	336	10	10
西藏自治区	830		70	245	446		
陕西省	2647	15	90	224	922	208	4
甘肃省	5166	47	67	1945	94	18	62
青海省	51		8	29	14		
宁夏回族自治区	123		4	119			
新疆维吾尔自治区	597		19	550	26		

2－121－13

单位:万元

地区	其他资本性支出						
	信息网络购建	物资储备	土地补偿	安置补助	地上附着物和青苗补偿	拆迁补偿	其他资本性支出
地方合计	**7053**				**3**		**12006**
北京市	28						448
天津市	2						139
河北省	23						912
山西省	464						1019
内蒙古自治区	310						10
辽宁省	100						460
其中:大连市							
吉林省							
黑龙江省	141						37
上海市	5						216
江苏省	21						312
浙江省	265						949
其中:宁波市	11						68
安徽省	1						55
福建省	225						46
其中:厦门市							
江西省							705
山东省	157				2		431
其中:青岛市							24
河南省	3586						2095
湖北省	25						239
湖南省	250						65
广东省	172						361
其中:深圳市	48						
广西壮族自治区	28						83
海南省							29
重庆市	182						1
四川省	81				1		137
贵州省	15						12
云南省							29
西藏自治区							69
陕西省	805						379
甘肃省	165						2768
青海省							
宁夏回族自治区							
新疆维吾尔自治区	2						

2-121-14

单位:万元

地区	贷款转贷及产权参股					其他支出		
	小计	国内贷款	国外贷款	产权参股	其他贷款转贷及产权参股支出	小计	补充全国社会保障基金	其他支出
地方合计	**261**	**158**			**103**	**15045**		**15045**
北京市						1000		1000
天津市								
河北省						2260		2260
山西省								
内蒙古自治区								
辽宁省						2		2
其中:大连市								
吉林省						68		68
黑龙江省								
上海市						39		39
江苏省						1743		1743
浙江省	11				11	993		993
其中:宁波市						79		79
安徽省						490		490
福建省						122		122
其中:厦门市								
江西省						384		384
山东省						118		118
其中:青岛市						114		114
河南省						650		650
湖北省						1256		1256
湖南省						2012		2012
广东省						503		503
其中:深圳市						11		11
广西壮族自治区						145		145
海南省						298		298
重庆市						273		273
四川省	92				92	247		247
贵州省						832		832
云南省	158	158				427		427
西藏自治区								
陕西省						959		959
甘肃省						24		24
青海省						200		200
宁夏回族自治区								
新疆维吾尔自治区								

2007 年各省、自治区、直辖市污染防治支出明细表

2－122－1　　　　　　　　　　　　　　　　　　　　单位:万元

地　　区	合　计	工资福利支出				
		小　计	基本工资	津贴补贴	奖　金	社会保障缴　费
地　方　合　计	**3434859**	**37914**	**15808**	**8934**	**3668**	**3143**
北京市	199402	126	60	14	2	6
天津市	29423	24			11	
河北省	137804	3296	1965	678	68	318
山西省	206802	2063	973	677	53	185
内蒙古自治区	86683	288	110	96	12	3
辽宁省	151236	1924	983	528	74	224
其中:大连市	33093					
吉林省	64058	1240	764	313	75	17
黑龙江省	88857	303	188	84	9	8
上海市	74979	1069	250	153	478	43
江苏省	353924	4044	1318	773	607	451
浙江省	152298	689	89	144	285	99
其中:宁波市	19166					
安徽省	141861	510	164	119	34	53
福建省	60006	929	267	164	67	140
其中:厦门市	7123					
江西省	37134	825	228	248	69	27
山东省	190691	1910	811	696	110	239
其中:青岛市	14838	471	143	182	19	114
河南省	249040	6433	4311	1286	114	610
湖北省	105304	954	462	219	69	92
湖南省	92666	3261	1077	755	674	239
广东省	280800	2994	639	1318	255	161
其中:深圳市	5377	1136	172	541	132	43
广西壮族自治区	34280	257	79	70	41	17
海南省	20240	36	11	2	2	
重庆市	188785	215	88	46	1	2
四川省	143523	639	237	96	175	27
贵州省	36355	199	36	57	68	
云南省	63092	436	243	49	115	10
西藏自治区	914					
陕西省	91903	2188	109	97	35	45
甘肃省	57528	208	109	64	5	15
青海省	19541					
宁夏回族自治区	26703	100	34	23	10	21
新疆维吾尔自治区	49027	754	203	165	150	91

2－122－2

单位:万元

地　　区	工资福利支出				商品和服务支出		
	伙食费	伙　食 补助费	绩效 工资	其他工资 福利支出	小　计	办公费	印刷费
地　方　合　计	**33**	**318**	**302**	**5708**	**968802**	**34323**	**3531**
北京市				44	51652	49	152
天津市				13	4823	148	26
河北省	20	114	20	113	32993	1642	178
山西省		16		159	67825	2498	337
内蒙古自治区			7	60	14894	1372	76
辽宁省		7	11	97	23551	2095	297
其中:大连市					5026	569	177
吉林省		9	54	8	17676	905	64
黑龙江省		7	7		26789	1782	137
上海市		18	13	114	38612	28	4
江苏省		49	3	843	102631	1019	112
浙江省		2		70	47317	473	148
其中:宁波市					9850	26	2
安徽省	1	2		137	47932	280	78
福建省	10		39	242	31256	273	85
其中:厦门市					6491		
江西省		6		247	15057	637	45
山东省		3		51	60262	2246	348
其中:青岛市				13	4695	80	20
河南省			41	71	53457	6524	400
湖北省		1	2	109	71993	161	59
湖南省	1	16		499	32692	892	151
广东省		19	102	500	61547	6615	105
其中:深圳市		10		238	2899	29	21
广西壮族自治区		2		48	14231	217	23
海南省		5		16	3235	62	28
重庆市				78	23673	371	99
四川省		7		97	31196	850	103
贵州省		2		36	11226	601	70
云南省		1		18	21776	1012	156
西藏自治区					9	3	
陕西省				1902	17389	626	92
甘肃省			1	14	6178	471	44
青海省					3900	28	6
宁夏回族自治区				12	6689	31	21
新疆维吾尔自治区	1	32	2	110	26341	412	87

2－122－3

单位:万元

地　　区	商品和服务支出						
	咨询费	手续费	水　费	电　费	邮电费	取暖费	物业管理费
地　方　合　计	**881**	**273**	**7182**	**10005**	**2854**	**1917**	**843**
北京市			1	47	234	3	
天津市	8		8	55	82	18	16
河北省	22	13	203	568	169	161	32
山西省	66	77	262	553	108	396	3
内蒙古自治区	58	2	20	37	49	77	1
辽宁省	26	16	78	75	82	135	53
其中:大连市	4		6	21	31	9	5
吉林省	24		64	55	58	96	19
黑龙江省	12	2	21	240	68	113	6
上海市		1	16	413	18	9	49
江苏省	10	10	141	1274	148	1	35
浙江省	147	23	1259	217	234		23
其中:宁波市	8			12	40		
安徽省	3	14	15	691	65	5	3
福建省	18		24	192	71		4
其中:厦门市							
江西省	11	3	31	105	83	4	2
山东省	113	31	1957	763	281	487	41
其中:青岛市			1614	21	15	5	5
河南省	26	28	90	1289	271	62	20
湖北省	2		25	40	23	1	1
湖南省	87	10	83	525	142	54	47
广东省	58	1	2407	1229	166		39
其中:深圳市	28		4	207	22		19
广西壮族自治区	12		2	32	48		1
海南省			1	4	12		
重庆市	24		17	84	59		3
四川省	44	5	237	176	128	1	21
贵州省	20	1	13	51	52	8	9
云南省	50		48	132	46	1	32
西藏自治区							
陕西省		1	13	36	44	92	377
甘肃省	23	29	90	42	42	118	4
青海省			2	4	5	6	
宁夏回族自治区	2	1		135	6	14	
新疆维吾尔自治区	15	5	54	941	60	55	2

2－122－4

单位:万元

地区	商品和服务支出					
	交通费	差旅费	出国费	维修(护)费	租赁费	会议费
地方合计	**17563**	**8826**	**478**	**48135**	**1325**	**7871**
北京市	108	13	1	307	11	127
天津市	138	72		213	2	96
河北省	1241	254	10	4368	56	305
山西省	1180	596	13	5244	368	362
内蒙古自治区	690	617	5	714	22	136
辽宁省	1141	434	13	6247	41	250
其中:大连市	470	189	4	183	16	145
吉林省	845	317	12	678	34	252
黑龙江省	476	227	46	3993	155	211
上海市	63	8		435		31
江苏省	1284	610	46	1023	98	873
浙江省	445	234	26	560	93	409
其中:宁波市	27	11		1	1	60
安徽省	397	172	2	201	34	132
福建省	315	389	42	4789	23	183
其中:厦门市						
江西省	544	314	17	152	39	102
山东省	1365	586	38	3490	37	1010
其中:青岛市	97	39		99		20
河南省	1368	554	56	3214	94	534
湖北省	149	130		288	1	85
湖南省	1119	661	49	607	17	591
广东省	619	446	34	4074	33	453
其中:深圳市	159	41	26	13	26	123
广西壮族自治区	339	151	3	500	6	55
海南省	87	47		39		3
重庆市	573	445		427	10	379
四川省	707	349	5	319	27	288
贵州省	651	183	25	184	3	222
云南省	537	253	17	757	36	364
西藏自治区	3					
陕西省	408	102		3765	33	128
甘肃省	146	172	6	459	18	101
青海省	20	25		7		2
宁夏回族自治区	30	25	3	371	1	22
新疆维吾尔自治区	575	440	9	710	33	165

2－122－5

单位:万元

地　　区	商品和服务支出						
	培训费	招待费	专用材料费	被装购置费	专用燃料费	劳务费	委托业务费
地方合计	**4513**	**9823**	**46632**	**3689**	**2064**	**13187**	**16837**
北京市	27	1	573	5		116	378
天津市	53	61	219			65	436
河北省	204	479	1771	5	94	570	2126
山西省	306	436	3180	57	204	1828	800
内蒙古自治区	95	164	450	34	79	690	59
辽宁省	161	164	4271		36	360	2312
其中:大连市	82	51	633			43	2188
吉林省	321	88	3098		159	514	231
黑龙江省	58	37	1891	298	42	275	279
上海市	24	65	90	455	5	13	4
江苏省	447	961	1480	35	32	956	570
浙江省	99	719	385	1121	102	342	1029
其中:宁波市		72	147	521		10	999
安徽省	116	285	1321		27	65	618
福建省	109	279	664	16	44	257	2979
其中:厦门市							
江西省	137	601	1435	215	99	97	55
山东省	317	400	7910	692	188	1918	381
其中:青岛市	4	41	71	1		2	
河南省	365	952	9740	58	175	1059	425
湖北省	39	143	229	10	3	633	193
湖南省	254	1464	582	30	113	228	3
广东省	165	426	1077	17	73	711	549
其中:深圳市	24	39	8			84	181
广西壮族自治区	137	247	109		2	267	11
海南省	8	43	15	4		22	44
重庆市	153	332	1561	81	70	358	443
四川省	323	365	554	460	139	975	140
贵州省	89	282	186	2	20	180	16
云南省	237	480	1727	76	28	427	666
西藏自治区							
陕西省	67	100	1054	16	30	39	2036
甘肃省	68	79	455	2	17	107	12
青海省	4	15	206		5	3	
宁夏回族自治区	19	9	23		10	22	
新疆维吾尔自治区	111	146	376		268	90	42

二、地方财政预算收支情况

2－122－6

单位:万元

地　　区	商品和服务支出			对个人和家庭的补助			
	工会经费	福利费	其他商品和服务支出	小　计	离休费	退休费	退职(役)费
地　方　合计	**502**	**1613**	**723935**	**15196**	**29**	**965**	
北京市			49499	12			
天津市	6	4	3097	3			
河北省	28	94	18400	1133	1	37	
山西省	11	179	48761	3471		75	
内蒙古自治区	3	54	9390	410			
辽宁省	8	33	5223	210		97	
其中:大连市			200				
吉林省	5	20	9817	54		20	
黑龙江省	1	59	16360	242	3	56	
上海市	12	53	36816	11			
江苏省	67	187	91212	724		113	
浙江省	7	46	39176	181		3	
其中:宁波市		1	7912				
安徽省	28	46	43334	202		14	
福建省	40	96	20364	122		15	
其中:厦门市			6491				
江西省	4	50	10275	83		2	
山东省	42	71	35550	3632		10	
其中:青岛市	21	17	2523	20			
河南省	59	250	25844	299		111	
湖北省	3	35	69740	62		33	
湖南省	66	88	24829	516	22	231	
广东省	25	67	42158	803		98	
其中:深圳市	4	15	1826	24			
广西壮族自治区	2	12	12055	62		7	
海南省			2816	45			
重庆市	18	9	18157	57			
四川省	15	30	24935	2032		15	
贵州省	1	8	8349	80		3	
云南省	11	52	14631	39	3	9	
西藏自治区			3				
陕西省	30	36	8264	623		1	
甘肃省		14	3659	4			
青海省		2	3560				
宁夏回族自治区	2		5942	6			
新疆维吾尔自治区	8	18	21719	78		15	

2－122－7

单位:万元

地区	对个人和家庭的补助						
	抚恤金	生活补助	救济费	医疗费	助学金	奖励金	生产补贴
地方合计	**32**	**814**	**28**	**179**		**1056**	**2859**
北京市				11			
天津市							
河北省	5	15		29		63	
山西省	2	300		2		30	2699
内蒙古自治区			1			2	
辽宁省	1	2		3		1	
其中:大连市							
吉林省	3	1				16	
黑龙江省	1	175	1			6	
上海市				3			
江苏省		12	7	55		122	
浙江省		5		3		13	
其中:宁波市							
安徽省			3	2		1	
福建省		5				15	
其中:厦门市							
江西省		2	2			13	
山东省	11	11	5	7			
其中:青岛市				1			
河南省	1	7	1	22		64	20
湖北省		4		2			
湖南省	8	66	7	24		2	1
广东省		3		14		8	10
其中:深圳市							
广西壮族自治区						35	
海南省		1					
重庆市						48	
四川省		1				504	
贵州省						60	9
云南省						16	
西藏自治区							
陕西省		204		2		18	120
甘肃省							
青海省							
宁夏回族自治区							
新疆维吾尔自治区			1			19	

二、地方财政预算收支情况

2－122－8　　　　单位:万元

地　　区	对个人和家庭的补助				对企事业单位的补贴		
	住　房 公积金	提租 补贴	购房 补贴	其他对个人 和家庭的 补助支出	小　计	企业政策性 补　　贴	事业单位 补　　贴
地　方　合　计	**873**	**83**	**138**	**8140**	**350095**	**134215**	**4146**
北京市	1				56423	49974	
天津市			2	1	12305		164
河北省	48	2		933	23131	11297	333
山西省	24			339	27372	11223	30
内蒙古自治区	9			398	6045	683	34
辽宁省	72	21	10	3	28092	2422	25
其中:大连市					788	763	25
吉林省	14				18817	1467	119
黑龙江省					1633	1191	2
上海市				8	420	393	27
江苏省	166	24	11	214	48031	7628	102
浙江省	61			96	25961	7192	1166
其中:宁波市					1959	841	4
安徽省	18	1		163	5377	952	94
福建省	32	4		51	4266	1614	623
其中:厦门市							
江西省	23			41	2093	1707	
山东省	87	7	114	3380	21012	13535	90
其中:青岛市	10		8	1			
河南省	71			2	6507	3462	492
湖北省	16			7	1850	1437	
湖南省	97			58	2714	400	218
广东省	50	24		596	4214	962	
其中:深圳市		24					
广西壮族自治区	17			3	4231	4230	
海南省				44			
重庆市	9				1247	735	
四川省	12			1500	23448	7075	47
贵州省	2			6	1718	348	145
云南省	2		1	8	2241	273	135
西藏自治区							
陕西省	18			260	10322	1604	25
甘肃省	2			2	7346	1077	
青海省					360		
宁夏回族自治区	6				2066	1209	
新疆维吾尔自治区	16			27	853	125	275

2-122-9

单位:万元

地　　区	对企事业单位的补贴		赠　与			债务利息支出	
	财政贴息	其他对企事业单位的补贴支出	小　计	对国内的赠　与	对国外的赠　与	小　计	国库券付　息
地方合计	**3843**	**207891**	**8**	**8**		**316**	
北京市	696	5753					
天津市		12141					
河北省		11501					
山西省		16119					
内蒙古自治区	31	5297					
辽宁省		25645				39	
其中:大连市							
吉林省		17231					
黑龙江省		440					
上海市							
江苏省		40301					
浙江省	762	16841					
其中:宁波市		1114					
安徽省		4331				187	
福建省	19	2010	2	2			
其中:厦门市							
江西省		386	5	5			
山东省	1202	6185					
其中:青岛市							
河南省		2553					
湖北省		413					
湖南省		2096					
广东省		3252					
其中:深圳市							
广西壮族自治区		1	1	1			
海南省							
重庆市		512					
四川省	442	15884					
贵州省		1225				90	
云南省		1833					
西藏自治区							
陕西省		8693					
甘肃省	91	6178					
青海省	180	180					
宁夏回族自治区		857					
新疆维吾尔自治区	420	33					

二、地方财政预算收支情况

2－122－10

单位：万元

地　　　区	债务利息支出					基本建设支出	
	向国家银行借款付息	其他国内借款付息	向国外政府借款付息	向国际组织借款付息	其他国外借款付息	小计	房屋建筑物购建
地方合计	**90**	**226**				**748845**	**31025**
北京市						27752	44
天津市						3200	
河北省						23995	1003
山西省						5145	
内蒙古自治区						26626	455
辽宁省		39				48679	410
其中：大连市						23573	
吉林省						13189	1780
黑龙江省						34425	100
上海市						21321	
江苏省						37039	3446
浙江省						20598	673
其中：宁波市						4219	33
安徽省		187				34624	4443
福建省						9844	106
其中：厦门市						632	
江西省						11091	
山东省						14508	738
其中：青岛市						2613	688
河南省						94468	6882
湖北省						10820	
湖南省						26005	2083
广东省						22271	1342
其中：深圳市							
广西壮族自治区						6033	601
海南省						12928	
重庆市						69469	1836
四川省						53863	541
贵州省	90					548	13
云南省						17154	1572
西藏自治区							
陕西省						43358	
甘肃省						21509	1467
青海省						15072	
宁夏回族自治区						11539	868
新疆维吾尔自治区						11772	622

2－122－11　　　　　　　　　　　　　　　　单位:万元

地　区	基本建设支出							
	办公设备购　置	专用设备购　置	交通工具购　置	基础设施建　设	大型修缮	信息网络购　建	物资储备	其他基本建设支出
地　方　合　计	**1718**	**25222**	**1991**	**372965**	**15301**	**220**	**1**	**300402**
北京市		183	40	956	345			26184
天津市				3200				
河北省	74	1757	189	15479	1427			4066
山西省	34	154	205	2774	121			1857
内蒙古自治区	24	367	304	18009		8		7459
辽宁省	12	375		22107	2633			23142
其中:大连市				6024	2000			15549
吉林省	20	2212		5640				3537
黑龙江省		531		21272	7402			5120
上海市	12	7		15170				6132
江苏省	19	442	22	26523	21			6566
浙江省	22	432	71	10919		30		8451
其中:宁波市	4	27		3717		10		428
安徽省	1	1327		18736				10117
福建省	76	135	165	5372	6	5		3979
其中:厦门市				632				
江西省	44	104		4279	14	2		6648
山东省	21	2614	49	1842	290	97		8857
其中:青岛市		1395						530
河南省	179	9063	99	63303				14942
湖北省	56	283	153	84		2		10242
湖南省	99	382	201	5914	180	2	1	17143
广东省	9	846		7256	11	39		12768
其中:深圳市								
广西壮族自治区	7	198	81	1616	183			3347
海南省		141	2	12640				145
重庆市	415	205	17	20985	1204			44807
四川省	326	1971	54	39611	200			11160
贵州省	23		113	140		7		252
云南省	205	160	62	13742	13	7		1393
西藏自治区								
陕西省	10	532	43	12773	63			29937
甘肃省		451	65	11365	6	21		8134
青海省				4000	1132			9940
宁夏回族自治区	9	140	25	3561				6936
新疆维吾尔自治区	21	210	31	3697	50			7141

2－122－12

单位:万元

地区	其他资本性支出						
	小计	房屋建筑物购建	办公设备购置	专用设备购置	交通工具购置	基础设施建设	大型修缮
地方合计	**718083**	**31351**	**10995**	**121163**	**10534**	**211423**	**30200**
北京市	29862		77	4353	144	3102	858
天津市	9068	488	391	1367	56	3555	109
河北省	23054	380	200	4585	788	12144	236
山西省	81499	152	2694	11345	983	19594	10695
内蒙古自治区	38420	374	574	3650	1149	7411	133
辽宁省	44640	7176	188	9230	515	5900	800
其中:大连市	3706	2044	78	923	2		637
吉林省	11248	210	363	3751	413	3842	70
黑龙江省	25446	9536	1206	4040	41	5264	4530
上海市	5135		29	182	41	784	1017
江苏省	54021	1004	1134	6514	720	9794	1377
浙江省	25148	1311	484	2952	685	4352	50
其中:宁波市	1824		25	239	20	1190	
安徽省	44086	1896	80	2609	362	25407	109
福建省	5451	115	114	780	159	2351	129
其中:厦门市							
江西省	4341	41	38	1242	129	1499	31
山东省	77164	1510	911	37197	249	19196	1558
其中:青岛市	2084		19	586	24	1250	180
河南省	66220	2749	399	861	673	40146	4101
湖北省	5136		34	624	156	1094	1025
湖南省	15730	2115	209	1947	274	770	212
广东省	33335	1030	232	3532	229	8717	353
其中:深圳市	547		17	29			
广西壮族自治区	6600	23	147	2219	400	1874	2
海南省	2223		14	421	62	529	
重庆市	24990	125	133	2158	138	812	15
四川省	27745	80	336	4519	403	13820	311
贵州省	6479	45	361	277	367	2502	101
云南省	13565	173	238	1948	513	8117	192
西藏自治区	742			389	294		
陕西省	10673	98	103	943	66	4574	525
甘肃省	15255	206	137	6352	233	1716	334
青海省	69			5	62		
宁夏回族自治区	3272	15	50	84	20	43	89
新疆维吾尔自治区	7466	499	119	1087	210	2514	1238

2－122－13

单位:万元

地　　区	其他资本性支出						
	信息网络购　建	物资储备	土地补偿	安置补助	地上附着物和青苗补偿	拆迁补偿	其他资本性支　出
地　方　合　计	**7554**	**344**	**6190**	**2374**	**971**	**16586**	**268398**
北京市	52						21276
天津市							3102
河北省	40		20	261			4400
山西省	3267	36	4808			65	27860
内蒙古自治区	144					15422	9563
辽宁省	351				18		20462
其中:大连市	22						
吉林省	102	72					2425
黑龙江省	413		20	200			196
上海市	1						3081
江苏省	163		13	1740		550	31012
浙江省	329		55				14930
其中:宁波市							350
安徽省	56		285				13282
福建省	59		149				1595
其中:厦门市							
江西省	6		300	30			1025
山东省	829	236	25	142	200	37	15074
其中:青岛市							25
河南省	495		169		393	20	16214
湖北省							2203
湖南省	11		5	1	3		10183
广东省	716		310			60	18156
其中:深圳市							501
广西壮族自治区	1				243	410	1281
海南省							1197
重庆市	55						21554
四川省	52		4		12	22	8186
贵州省	37						2789
云南省	67				5		2312
西藏自治区							59
陕西省	61				95		4208
甘肃省	30		27		2		6218
青海省							2
宁夏回族自治区							2971
新疆维吾尔自治区	217						1582

二、地方财政预算收支情况

2－122－14　　　　　　　　　　　　　　　　　　　　　　　　单位:万元

地　　区	贷款转贷及产权参股					其他支出		
	小　计	国内贷款	国外贷款	产权参股	其他贷款转贷及产权参股支出	小　计	补充全国社会保障基金	其他支出
地　方　合　计	**1556**	**1159**			**397**	**594044**		**594044**
北京市						33575		33575
天津市								
河北省						30202		30202
山西省	532	532				18895		18895
内蒙古自治区								
辽宁省						4101		4101
其中:大连市								
吉林省						1834		1834
黑龙江省						19		19
上海市						8411		8411
江苏省	277				277	107157		107157
浙江省	50				50	32354		32354
其中:宁波市						1314		1314
安徽省	30	30				8913		8913
福建省						8136		8136
其中:厦门市								
江西省						3639		3639
山东省						12203		12203
其中:青岛市						4955		4955
河南省	597	597				21059		21059
湖北省	70				70	14419		14419
湖南省						11748		11748
广东省						155636		155636
其中:深圳市						771		771
广西壮族自治区						2865		2865
海南省						1773		1773
重庆市						69134		69134
四川省						4600		4600
贵州省						16015		16015
云南省						7881		7881
西藏自治区						163		163
陕西省						7350		7350
甘肃省						7028		7028
青海省						140		140
宁夏回族自治区						3031		3031
新疆维吾尔自治区						1763		1763

2007 年各省、自治区、直辖市自然生态保护支出明细表

2－123－1　　　　单位:万元

地　　区	合　计	工资福利支出				
		小　计	基本工资	津贴补贴	奖　金	社会保障缴　费
地　方　合　计	**257180**	**3358**	**1192**	**743**	**219**	**113**
北京市	29873	777	17			
天津市	1279	55	24	15	5	5
河北省	11014					
山西省	3863	15	7	5		1
内蒙古自治区	5574	534	298	182	18	7
辽宁省	5485	207	118	56	3	30
其中:大连市	3316	160	90	43	1	26
吉林省	3107	27	13	9		2
黑龙江省	2309	68	45	19	3	
上海市	10609	60	60			
江苏省	27200	274	66	47	55	28
浙江省	73232	320	51	114	101	4
其中:宁波市	2687	26	3	2	1	
安徽省	835	62	50	11		
福建省	3746	69	32	18	7	2
其中:厦门市	175	23	6	8	3	2
江西省	7718	15	12	2		
山东省	10314	12	5	2		5
其中:青岛市	1869					
河南省	3152	80	53	24	2	1
湖北省	6044	28	24	3		1
湖南省	1132	130	80	40	2	2
广东省	5734	15	8	6		
其中:深圳市	1925					
广西壮族自治区	2135	81	33	37	7	4
海南省	705	9	7			
重庆市	3656					
四川省	3294	14			1	
贵州省	205					
云南省	2187	149	74	67	6	2
西藏自治区	1016	30	11	15	1	3
陕西省	4488	5	5			
甘肃省	1760	10	4	4		2
青海省	14994	40	18	17		1
宁夏回族自治区	577	85	43	25	3	7
新疆维吾尔自治区	9943	187	34	25	5	6

2－123－2

单位:万元

地　　区	工资福利支出				商品和服务支出		
	伙食费	伙　食 补助费	绩效 工资	其他工资 福利支出	小　计	办公费	印刷费
地　方　合　计	**1**	**24**	**8**	**1058**	**79999**	**2311**	**524**
北京市				760	5361	26	1
天津市		4	1	1	287	224	
河北省					3501	17	47
山西省			1	1	2046	45	48
内蒙古自治区		4		25	822	69	10
辽宁省					506	71	8
其中:大连市					212	17	5
吉林省			3		1128	58	5
黑龙江省				1	1583	265	55
上海市					2428		
江苏省		13		65	4973	22	1
浙江省		2		48	18985	82	72
其中:宁波市				20	1783	18	6
安徽省				1	574	3	18
福建省				10	1191	126	12
其中:厦门市				4	132	1	
江西省				1	7492	66	76
山东省					6682	66	63
其中:青岛市							
河南省					2199	851	17
湖北省					3888	5	1
湖南省				6	755	43	19
广东省				1	4147	17	27
其中:深圳市					1886		4
广西壮族自治区					364	20	1
海南省				2	124	7	
重庆市					1060	17	1
四川省				13	2040	111	35
贵州省					99	14	
云南省					898	62	5
西藏自治区					185	3	
陕西省					650		
甘肃省					201		1
青海省		1	3		752	1	
宁夏回族自治区	1			6	281	5	1
新疆维吾尔自治区				117	4797	15	

2-123-3

单位:万元

地区	商品和服务支出						
	咨询费	手续费	水费	电费	邮电费	取暖费	物业管理费
地方合计	**176**	**21**	**56**	**98**	**85**	**82**	**28**
北京市							
天津市				2			
河北省					5	19	6
山西省	35						
内蒙古自治区			1	3	15	25	5
辽宁省	2		3	7	9	13	
其中:大连市			3	5	7	9	
吉林省					1	8	
黑龙江省	3		3	2	2	10	1
上海市							8
江苏省				4	1		
浙江省	25		1	25	16		
其中:宁波市				5	7		
安徽省							
福建省				1			
其中:厦门市				1			
江西省	37			1	1		
山东省	8			1			
其中:青岛市							
河南省	33		11	10	4		
湖北省					1		
湖南省	1		9	10	3		4
广东省	7		3	8	5		3
其中:深圳市	5						
广西壮族自治区			1	2	1		
海南省							
重庆市	3	2	2	3			
四川省	15	19	6	9	13		1
贵州省							
云南省	7		2	1	2		
西藏自治区					1		
陕西省							
甘肃省							
青海省					2	3	
宁夏回族自治区			14	9	1	1	
新疆维吾尔自治区					2	3	

2－123－4

单位:万元

地区	商品和服务支出					
	交通费	差旅费	出国费	维修(护)费	租赁费	会议费
地方合计	**1060**	**976**	**138**	**1831**	**109**	**1097**
北京市	160	20				103
天津市	1			21		
河北省	29	12		12		50
山西省	1	3		59		65
内蒙古自治区	92	146	7	45		15
辽宁省	69	42		3	30	3
其中:大连市	61	38		1	30	2
吉林省	31	20		231		24
黑龙江省	88	72	32	15		118
上海市				29		
江苏省	41	16		176	4	71
浙江省	122	101	9	25	3	168
其中:宁波市	15	13	4	2		6
安徽省	9	24		19		27
福建省	24	113		11		102
其中:厦门市	5	1				
江西省	9	57	69	35	14	21
山东省	35	2		122		41
其中:青岛市						
河南省	16	2		395	8	27
湖北省	1	1				1
湖南省	35	43		11		46
广东省	22	52	9	129	11	70
其中:深圳市	1	8				20
广西壮族自治区	28	30		19	13	16
海南省	11	5		2		
重庆市	11	10	9	1	3	10
四川省	107	124		94	1	44
贵州省	7			5		1
云南省	33	25		29	21	27
西藏自治区	3	3		172		
陕西省	19			13		2
甘肃省		2		4		25
青海省	7	3				4
宁夏回族自治区	22	36	3	4	1	14
新疆维吾尔自治区	27	12		150		2

2－123－5　　　　单位:万元

地　　区	商品和服务支出						
	培训费	招待费	专　用 材料费	被　装 购置费	专　用 燃料费	劳务费	委　托 业务费
地　方　合　计	**416**	**1059**	**2626**	**11**	**80**	**1683**	**1298**
北京市	7	18					
天津市						1	8
河北省	29	11	89			72	
山西省	13	5	36			44	30
内蒙古自治区	19	30	39		39	29	1
辽宁省	5	11	74		13	43	
其中:大连市	1	3	23		3		
吉林省	4		221			127	25
黑龙江省	11	2	48			6	356
上海市			22			16	
江苏省	5	20	75		3	432	79
浙江省	15	415	255	1		364	207
其中:宁波市	2	168	240			8	
安徽省		7					
福建省	101	14	9			142	26
其中:厦门市		1					
江西省		140				55	30
山东省	55	10	1120	6		79	
其中:青岛市							
河南省	36	12	324			8	44
湖北省		1	1				
湖南省	34	29	30	1	2	15	
广东省	16	219	25			35	399
其中:深圳市	2	9					304
广西壮族自治区	10	8	21			10	25
海南省		4	7			2	
重庆市	5	1				2	
四川省	32	40	169			45	22
贵州省	1	3				15	
云南省	15	49	21	3		55	46
西藏自治区							
陕西省						5	
甘肃省	1		31				
青海省	1		2		21	55	
宁夏回族自治区		6	2		2	24	
新疆维吾尔自治区	1	4	5			2	

2－123－6

单位:万元

地区	商品和服务支出			对个人和家庭的补助			
	工会经费	福利费	其他商品和服务支出	小计	离休费	退休费	退职(役)费
地方合计	**20**	**82**	**64132**	**1979**	**12**	**113**	
北京市		1	5025	80			
天津市			30	13		6	
河北省			3103	166			
山西省			1662				
内蒙古自治区	1	4	227	9			
辽宁省	3	2	95	17		9	
其中:大连市	2	2		2			
吉林省			373	30		16	
黑龙江省	1		493	9		2	
上海市			2353				
江苏省	2	3	4018	133	12	54	
浙江省	8	37	17034	315		2	
其中:宁波市			1289	113			
安徽省			467	3		3	
福建省		23	487	5			
其中:厦门市		1	122	5			
江西省			6881				
山东省			5074	80			
其中:青岛市							
河南省		2	399	23			
湖北省			3876	1			
湖南省	1		419				
广东省			3090	125		2	
其中:深圳市			1533				
广西壮族自治区	1	2	156	3		3	
海南省			86	24			
重庆市			980				
四川省			1153	326			
贵州省		4	49	1			
云南省	2	3	490	48			
西藏自治区			3	3			
陕西省			611	60			
甘肃省			137	1			
青海省	1		652	447			
宁夏回族自治区		1	135	19		14	
新疆维吾尔自治区			4574	38		2	

2－123－7　　　　单位:万元

地　　区	对个人和家庭的补助						
	抚恤金	生活补助	救济费	医疗费	助学金	奖励金	生产补贴
地方合计	**3**	**25**		**3**		**119**	**254**
北京市							
天津市							
河北省		1				5	
山西省							
内蒙古自治区	2					4	
辽宁省				1			
其中:大连市				1			
吉林省		14					
黑龙江省		7					
上海市							
江苏省	1						
浙江省		2				83	81
其中:宁波市							
安徽省							
福建省							
其中:厦门市							
江西省							
山东省							80
其中:青岛市							
河南省							
湖北省							
湖南省							
广东省							
其中:深圳市							
广西壮族自治区							
海南省							
重庆市							
四川省							
贵州省		1					
云南省						27	
西藏自治区							
陕西省							60
甘肃省							
青海省							33
宁夏回族自治区				2			
新疆维吾尔自治区							

二、地方财政预算收支情况

2－123－8　　　　单位:万元

地　　区	对个人和家庭的补助				对企事业单位的补贴		
	住　房 公积金	提租 补贴	购房 补贴	其他对个人 和家庭的 补助支出	小　计	企业政策性 补　　贴	事业单位 补　　贴
地　方　合　计	**36**	**4**	**1**	**1409**	**9816**	**4755**	**324**
北京市				80	162		
天津市	7				15		
河北省				160	1918	1918	
山西省					195		
内蒙古自治区	1			2	70		70
辽宁省	5	2					
其中:大连市	1						
吉林省					1411	195	
黑龙江省							
上海市							
江苏省	1			65	633	479	154
浙江省	6			141	5070	2098	100
其中:宁波市				113	104		5
安徽省							
福建省	3	2			81	35	
其中:厦门市	3	2					
江西省							
山东省					248	30	
其中:青岛市					8		
河南省	2		1	20			
湖北省	1						
湖南省							
广东省	2			121			
其中:深圳市							
广西壮族自治区							
海南省				24			
重庆市							
四川省				326	13		
贵州省							
云南省				21			
西藏自治区	2			1			
陕西省							
甘肃省	1						
青海省				414			
宁夏回族自治区	1			2			
新疆维吾尔自治区	4			32			

2－123－9 单位:万元

地区	对企事业单位的补贴		赠与			债务利息支出	
	财政贴息	其他对企事业单位的补贴支出	小计	对国内的赠与	对国外的赠与	小计	国库券付息
地方合计	**65**	**4672**					
北京市		162					
天津市	15						
河北省							
山西省		195					
内蒙古自治区							
辽宁省							
其中:大连市							
吉林省		1216					
黑龙江省							
上海市							
江苏省							
浙江省	50	2822					
其中:宁波市		99					
安徽省							
福建省		46					
其中:厦门市							
江西省							
山东省		218					
其中:青岛市		8					
河南省							
湖北省							
湖南省							
广东省							
其中:深圳市							
广西壮族自治区							
海南省							
重庆市							
四川省		13					
贵州省							
云南省							
西藏自治区							
陕西省							
甘肃省							
青海省							
宁夏回族自治区							
新疆维吾尔自治区							

二、地方财政预算收支情况

2－123－10 单位:万元

地 区	债务利息支出					基本建设支出	
	向国家银行借款付息	其他国内借款付息	向国外政府借款付息	向国际组织借款付息	其他国外借款付息	小 计	房屋建筑物购建
地 方 合 计						**64538**	**691**
北京市						12641	
天津市							
河北省						530	
山西省						530	
内蒙古自治区						1973	
辽宁省						4172	
其中:大连市						2872	
吉林省						375	70
黑龙江省						252	
上海市							
江苏省						6908	
浙江省						8311	
其中:宁波市						250	
安徽省						38	
福建省						1565	296
其中:厦门市						15	
江西省						75	
山东省						90	
其中:青岛市							
河南省						179	
湖北省						58	
湖南省						82	
广东省						47	
其中:深圳市							
广西壮族自治区						1628	70
海南省							
重庆市						2201	41
四川省						41	
贵州省							
云南省						733	
西藏自治区						63	
陕西省						2210	
甘肃省						1333	129
青海省						13745	15
宁夏回族自治区							
新疆维吾尔自治区						4758	70

2－123－11　　　　单位:万元

地　区	基本建设支出							
	办公设备购　置	专用设备购　置	交通工具购　置	基础设施建　设	大型修缮	信息网络购　建	物资储备	其他基本建设支出
地　方　合　计	**33**	**265**		**29336**	**277**	**60**	**50**	**33826**
北京市				2136				10505
天津市								
河北省				25	200			305
山西省				30				500
内蒙古自治区				332				1641
辽宁省				1113	57			3002
其中:大连市				123	57			2692
吉林省		150		125				30
黑龙江省				141		60		51
上海市								
江苏省				6908				
浙江省	16	36		7931				328
其中:宁波市				150				100
安徽省								38
福建省				1238	10			21
其中:厦门市								15
江西省	5							70
山东省				30				60
其中:青岛市								
河南省		60		104				15
湖北省								58
湖南省	11	1		60				10
广东省				20				27
其中:深圳市								
广西壮族自治区	1			1557				
海南省								
重庆市				1823				337
四川省				16				25
贵州省								
云南省				150				583
西藏自治区								63
陕西省								2210
甘肃省		18		995	10			181
青海省				395			50	13285
宁夏回族自治区								
新疆维吾尔自治区				4207				481

2－123－12

单位:万元

地　　区	其他资本性支出						
	小　计	房屋建筑物购　　建	办公设备购　　置	专用设备购　　置	交通工具购　　置	基础设施建　　设	大型修缮
地　方　合　计	**60407**	**316**	**264**	**401**	**447**	**18186**	**501**
北京市	7302				50	6267	120
天津市	909					833	
河北省	2838	1	5	4		2741	
山西省	1077	15	10	3		41	10
内蒙古自治区	1976		34	22	58	417	
辽宁省	483					70	
其中:大连市	70					70	
吉林省	66			20	16	30	
黑龙江省	197		7	3	19	60	
上海市	8121					40	
江苏省	12602	123	2	38		1217	
浙江省	13699	13	62	15	220	2435	6
其中:宁波市	116		1			49	
安徽省	158		3	3	22	82	
福建省	539		4			129	264
其中:厦门市							
江西省	110		1			58	
山东省	2432		23	72		540	75
其中:青岛市	1826					221	
河南省	650	62	11		3	522	
湖北省	1714			2			
湖南省	68		25	5		26	
广东省	1240	69	20	24		819	5
其中:深圳市	22		11				
广西壮族自治区	48			9	21		
海南省	142		14		2	60	11
重庆市	385						
四川省	595		29	181		173	4
贵州省	67	2	13		17	22	6
云南省	265	30				23	
西藏自治区	635						
陕西省	1563					1338	
甘肃省	200						
青海省	10						
宁夏回族自治区	153	1				100	
新疆维吾尔自治区	163		1		19	143	

2－123－13　　　　单位:万元

地　区	其他资本性支出						
	信息网络购建	物资储备	土地补偿	安置补助	地上附着物和青苗补偿	拆迁补偿	其他资本性支出
地方合计	**28**		**1342**	**628**	**1453**	**8717**	**28124**
北京市							865
天津市							76
河北省							87
山西省					860		138
内蒙古自治区			63			1128	254
辽宁省					5		408
其中:大连市							
吉林省							
黑龙江省	3						105
上海市						7469	612
江苏省			111		9		11102
浙江省			763		5	47	10133
其中:宁波市							66
安徽省							48
福建省			2	2	2	1	135
其中:厦门市							
江西省							51
山东省	12					20	1690
其中:青岛市							1605
河南省							52
湖北省			402	626	569		115
湖南省							12
广东省							303
其中:深圳市							11
广西壮族自治区					3		15
海南省							55
重庆市							385
四川省	13		1				194
贵州省							7
云南省							212
西藏自治区							635
陕西省							225
甘肃省							200
青海省							10
宁夏回族自治区						52	
新疆维吾尔自治区							

二、地方财政预算收支情况

2－123－14　　　　单位:万元

地　　区	贷款转贷及产权参股					其他支出		
	小　计	国内贷款	国外贷款	产权参股	其他贷款转贷及产权参股支出	小　计	补充全国社会保障基金	其他支出
地　方　合　计						**37083**		**37083**
北京市						3550		3550
天津市								
河北省						2061		2061
山西省								
内蒙古自治区						190		190
辽宁省						100		100
其中:大连市								
吉林省						70		70
黑龙江省						200		200
上海市								
江苏省						1677		1677
浙江省						26532		26532
其中:宁波市						295		295
安徽省								
福建省						296		296
其中:厦门市								
江西省						26		26
山东省						770		770
其中:青岛市						35		35
河南省						21		21
湖北省						355		355
湖南省						97		97
广东省						160		160
其中:深圳市						17		17
广西壮族自治区						11		11
海南省						406		406
重庆市						10		10
四川省						265		265
贵州省						38		38
云南省						94		94
西藏自治区						100		100
陕西省								
甘肃省						15		15
青海省								
宁夏回族自治区						39		39
新疆维吾尔自治区								

2007 年各省、自治区、直辖市天然林保护支出明细表

2－124－1　　　　　　　　　　　　　　　　　　　　　　　　　　　　单位:万元

地　　区	合　计	工资福利支出				
		小　计	基本工资	津贴补贴	奖　金	社会保障缴费
地　方　合　计	**1125844**	**221791**	**43049**	**16327**	**1709**	**125066**
北京市	80					
天津市						
河北省	50					
山西省	15071	623	236	31		215
内蒙古自治区	164272	139315	24678	7234	1203	80908
辽宁省	66					
其中:大连市						
吉林省	97986	28681				28681
黑龙江省	510114					
上海市						
江苏省	80					
浙江省	82					
其中:宁波市	8					
安徽省	23	20	11	8		
福建省	8					
其中:厦门市	4					
江西省	342					
山东省						
其中:青岛市						
河南省	5174	2301	1393	372	2	515
湖北省	25050	5431	2068	495	88	1931
湖南省	246	74	39	11	6	1
广东省	38					
其中:深圳市	25					
广西壮族自治区	26					
海南省	4042					
重庆市	14073	1134	602	77	2	
四川省	118624	1204	605	78	16	303
贵州省	19053	4970	2198	506	63	1801
云南省	49848	15427	4423	2360	119	3983
西藏自治区	2502	79	8	20	4	
陕西省	41499	2134	1299	247	47	204
甘肃省	31869	13451	3424	2684	6	4808
青海省	11721	4916	1913	2173	57	138
宁夏回族自治区	3694	1352	139	20	3	1075
新疆维吾尔自治区	10211	679	13	11	93	503

2－124－2

单位:万元

地　　区	工资福利支出				商品和服务支出		
	伙食费	伙　食 补助费	绩效 工资	其他工资 福利支出	小　计	办公费	印刷费
地　方　合　计	**6**	**71**	**531**	**35032**	**724389**	**5612**	**295**
北京市							
天津市							
河北省					9		
山西省				141	9169	125	46
内蒙古自治区	2		2	25288	14989	1701	19
辽宁省					22	18	
其中:大连市							
吉林省					30221		
黑龙江省					510114		
上海市							
江苏省							
浙江省					82		
其中:宁波市					8		
安徽省		1			3		
福建省					4		
其中:厦门市					4		
江西省					342		
山东省							
其中:青岛市							
河南省				19	1885	380	21
湖北省				849	15981	114	23
湖南省			4	13	163		
广东省					38		2
其中:深圳市					25		2
广西壮族自治区					5	1	
海南省					4041		
重庆市				453	2843	122	11
四川省				202	88816	59	1
贵州省		19	4	379	8483	695	39
云南省				4542	21831	1841	59
西藏自治区				47	117		
陕西省	3	1	254	79	401	37	13
甘肃省			2	2527	7658	388	47
青海省	1	50	265	319	4014	38	5
宁夏回族自治区				115	724	26	3
新疆维吾尔自治区				59	2434	67	6

2－124－3

单位:万元

地　　区	商品和服务支出						
	咨询费	手续费	水　费	电　费	邮电费	取暖费	物　业 管理费
地　方　合　计	**6**	**8**	**170**	**1348**	**454**	**2469**	**6**
北京市							
天津市							
河北省							
山西省			3	11	12	26	
内蒙古自治区			7	808	4	1719	
辽宁省							
其中:大连市							
吉林省							
黑龙江省							
上海市							
江苏省							
浙江省							
其中:宁波市							
安徽省							
福建省							
其中:厦门市							
江西省							
山东省							
其中:青岛市							
河南省			10	18	21	14	2
湖北省		5	33	67	34	9	
湖南省							
广东省							
其中:深圳市							
广西壮族自治区							
海南省		1					
重庆市	1		2	10	16	1	
四川省	1		6	11	7	4	
贵州省	4		26	63	57	8	
云南省		2	55	106	79	3	
西藏自治区			2			1	
陕西省			5	16	23	30	
甘肃省			15	211	143	464	
青海省			6	24	16	133	1
宁夏回族自治区				3	8	43	
新疆维吾尔自治区					34	14	3

2-124-4

单位:万元

地　　区	商品和服务支出					
	交通费	差旅费	出国费	维修(护)费	租赁费	会议费
地 方 合 计	**3992**	**2146**	**7**	**3411**	**62**	**748**
北京市						
天津市						
河北省						
山西省	111	41	3	250		130
内蒙古自治区	714	600	4	1019	10	7
辽宁省						
其中:大连市						
吉林省	2					
黑龙江省						
上海市						
江苏省						
浙江省						
其中:宁波市						
安徽省						
福建省						
其中:厦门市						
江西省						
山东省						
其中:青岛市						
河南省	189	31		56	2	41
湖北省	116	80		250		40
湖南省				50		
广东省				21		
其中:深圳市				7		
广西壮族自治区		1				
海南省	5					
重庆市	141	69		40	1	35
四川省	42	38		101	1	9
贵州省	667	309		544	17	198
云南省	859	384		378	27	106
西藏自治区	5	99				
陕西省	49	32		15	1	19
甘肃省	791	321		595	3	133
青海省	111	31		32		3
宁夏回族自治区	59	50		7		15
新疆维吾尔自治区	131	60		53		12

2 – 124 – 5

单位:万元

地区	商品和服务支出						
	培训费	招待费	专用材料费	被装购置费	专用燃料费	劳务费	委托业务费
地方合计	**1822**	**776**	**3002**	**134**	**489**	**37442**	**85**
北京市							
天津市							
河北省						7	
山西省	210	8	118	28	4	580	
内蒙古自治区	827	3	816	8	3	747	
辽宁省						4	
其中:大连市							
吉林省	1		250			29468	
黑龙江省							
上海市							
江苏省							
浙江省						8	
其中:宁波市						8	
安徽省							
福建省							
其中:厦门市							
江西省			288				
山东省							
其中:青岛市							
河南省	30	37	325			268	1
湖北省	140	45	28		36	11	2
湖南省							
广东省		2	1				3
其中:深圳市		2	2				3
广西壮族自治区							
海南省	3						
重庆市	21	41	216	21	10	454	
四川省	60	20	10	2	23	48	
贵州省	185	239	263	2	91	1242	1
云南省	227	225	429	56	141	3870	69
西藏自治区							
陕西省	11	24	4		14	4	
甘肃省	37	35	177	6	157	380	
青海省	26	88	11	9	8	254	5
宁夏回族自治区	9	1		2		50	4
新疆维吾尔自治区	35	8	66		2	47	

2－124－6　　　　单位:万元

地　　区	商品和服务支出			对个人和家庭的补助			
	工会经费	福利费	其他商品和服务支出	小　计	离休费	退休费	退职(役)费
地　方　合　计	**822**	**1230**	**657853**	**55253**	**37**	**1113**	**32**
北京市							
天津市							
河北省			2	11			
山西省		18	7445	415		4	
内蒙古自治区	591	101	5281	1990			
辽宁省							
其中:大连市							
吉林省			500	39082			
黑龙江省			510114				
上海市							
江苏省							
浙江省			74				
其中:宁波市							
安徽省			3				
福建省			4				
其中:厦门市			4				
江西省			54				
山东省							
其中:青岛市							
河南省	1	3	435	1			
湖北省	7	10	14931	1244	9	156	21
湖南省			113				
广东省			9				
其中:深圳市			9				
广西壮族自治区			3				
海南省			4032				
重庆市			1631	3364			
四川省	2	17	88354	205		31	
贵州省	7	48	3778	2263	18	302	
云南省	74	418	12423	3825	10	271	
西藏自治区			10	4			
陕西省	6	24	74	135		101	
甘肃省	116	547	3092	1822		108	
青海省	18	4	3191	396		64	11
宁夏回族自治区			444	450		76	
新疆维吾尔自治区		40	1856	46			

2－124－7

单位:万元

地　　区	对个人和家庭的补助						
	抚恤金	生活补助	救济费	医疗费	助学金	奖励金	生产补贴
地 方 合 计	**188**	**43206**	**126**	**504**		**7**	**614**
北京市							
天津市							
河北省		1					
山西省		172					58
内蒙古自治区		1193	110	66			24
辽宁省							
其中:大连市							
吉林省		39082					
黑龙江省							
上海市							
江苏省							
浙江省							
其中:宁波市							
安徽省							
福建省							
其中:厦门市							
江西省							
山东省							
其中:青岛市							
河南省							
湖北省	1	357		7			
湖南省							
广东省							
其中:深圳市							
广西壮族自治区							
海南省							
重庆市		452		76			
四川省		20		19		5	
贵州省	2	322		16		2	249
云南省	100	999	16	56			253
西藏自治区							
陕西省	4	1					
甘肃省	47	385		188			
青海省	22	88		14			
宁夏回族自治区		134		29			30
新疆维吾尔自治区	12			33			

2－124－8

单位:万元

地　　区	对个人和家庭的补助				对企事业单位的补贴		
	住　房 公积金	提租 补贴	购房 补贴	其他对个人和家庭的补助支出	小　计	企业政策性补　贴	事业单位补　贴
地　方　合　计	**284**	**1**	**217**	**8924**	**4944**	**3385**	**159**
北京市							
天津市							
河北省				10			
山西省				181			
内蒙古自治区				597			
辽宁省							
其中:大连市							
吉林省							
黑龙江省							
上海市							
江苏省							
浙江省							
其中:宁波市							
安徽省							
福建省							
其中:厦门市							
江西省							
山东省							
其中:青岛市							
河南省	1				7		7
湖北省	44			649	455	455	
湖南省							
广东省							
其中:深圳市							
广西壮族自治区							
海南省							
重庆市				2836			
四川省	18			112	1339	25	6
贵州省	39	1	217	1095	107	75	24
云南省	108			2012	88		4
西藏自治区	2			2			
陕西省	25			4	109		109
甘肃省	34			1060	9		9
青海省	12			185			
宁夏回族自治区				181			
新疆维吾尔自治区	1				2830	2830	

2－124－9

单位:万元

地　　区	对企事业单位的补贴		赠　与			债务利息支出	
	财政贴息	其他对企事业单位的补贴支出	小　计	对国内的赠　与	对国外的赠　与	小　计	国库券付　息
地方合计		**1400**					
北京市							
天津市							
河北省							
山西省							
内蒙古自治区							
辽宁省							
其中:大连市							
吉林省							
黑龙江省							
上海市							
江苏省							
浙江省							
其中:宁波市							
安徽省							
福建省							
其中:厦门市							
江西省							
山东省							
其中:青岛市							
河南省							
湖北省							
湖南省							
广东省							
其中:深圳市							
广西壮族自治区							
海南省							
重庆市							
四川省		1308					
贵州省		8					
云南省		84					
西藏自治区							
陕西省							
甘肃省							
青海省							
宁夏回族自治区							
新疆维吾尔自治区							

2－124－10

单位:万元

地区	债务利息支出					基本建设支出	
	向国家银行借款付息	其他国内借款付息	向国外政府借款付息	向国际组织借款付息	其他国外借款付息	小计	房屋建筑物购建
地方合计						**61779**	**171**
北京市							
天津市							
河北省						30	
山西省						1896	
内蒙古自治区						7065	
辽宁省						44	
其中:大连市							
吉林省							
黑龙江省							
上海市							
江苏省							
浙江省							
其中:宁波市							
安徽省							
福建省							
其中:厦门市							
江西省							
山东省							
其中:青岛市							
河南省						293	
湖北省						402	21
湖南省							
广东省							
其中:深圳市							
广西壮族自治区						21	
海南省							
重庆市						2727	
四川省						21975	
贵州省						740	
云南省						3784	43
西藏自治区						111	
陕西省						13885	
甘肃省						6921	
青海省						936	103
宁夏回族自治区						943	
新疆维吾尔自治区						6	4

2-124-11

单位:万元

地　　区	基本建设支出							
	办公设备购　　置	专用设备购　　置	交通工具购　　置	基础设施建　　设	大型修缮	信息网络购　　建	物资储备	其他基本建设支出
地　方　合　计	**210**	**598**	**128**	**10822**	**121**			**49729**
北京市								
天津市								
河北省								30
山西省								1896
内蒙古自治区	12			2413	49			4591
辽宁省				44				
其中:大连市								
吉林省								
黑龙江省								
上海市								
江苏省								
浙江省								
其中:宁波市								
安徽省								
福建省								
其中:厦门市								
江西省								
山东省								
其中:青岛市								
河南省	22			1				270
湖北省								381
湖南省								
广东省								
其中:深圳市								
广西壮族自治区								21
海南省								
重庆市		277	7	226				2217
四川省	127	100		6219	8			15521
贵州省	35	14	31	121	39			500
云南省	9	17	88	1028				2599
西藏自治区								111
陕西省	5			120				13760
甘肃省				630	17			6274
青海省				20	8			805
宁夏回族自治区		190						753
新疆维吾尔自治区			2					

2－124－12　　　　单位:万元

地　　区	其他资本性支出						
	小　计	房屋建筑物购　　建	办公设备购　　置	专用设备购　　置	交通工具购　　置	基础设施建　　设	大型修缮
地　方　合　计	**19659**	**453**	**316**	**222**	**515**	**4121**	**135**
北京市	80					50	
天津市							
河北省							
山西省	1088		20			160	21
内蒙古自治区	913			12	74	57	
辽宁省							
其中:大连市							
吉林省							
黑龙江省							
上海市							
江苏省	80						
浙江省							
其中:宁波市							
安徽省							
福建省	4					4	
其中:厦门市							
江西省							
山东省							
其中:青岛市							
河南省	344	49	3		2		
湖北省	315		4	8		31	
湖南省	9					9	
广东省							
其中:深圳市							
广西壮族自治区							
海南省	1			1			
重庆市	3159		2		119	689	
四川省	4337		3			1141	
贵州省	978	161	128	56	25	127	27
云南省	3325	57	79	93	241	1150	26
西藏自治区	2191						
陕西省	86	1	1				
甘肃省	1499	184	43	6		45	40
青海省	920		10	15	25	582	6
宁夏回族自治区	165		4	26	1	26	
新疆维吾尔自治区	165	1	19	5	28	50	15

2－124－13

单位:万元

地区	其他资本性支出						
	信息网络购建	物资储备	土地补偿	安置补助	地上附着物和青苗补偿	拆迁补偿	其他资本性支出
地方合计	**13**			**744**	**837**		**12303**
北京市							30
天津市							
河北省							
山西省				1			886
内蒙古自治区	1			167			602
辽宁省							
其中:大连市							
吉林省							
黑龙江省							
上海市							
江苏省							80
浙江省							
其中:宁波市							
安徽省							
福建省							
其中:厦门市							
江西省							
山东省							
其中:青岛市							
河南省							290
湖北省				84			188
湖南省							
广东省							
其中:深圳市							
广西壮族自治区							
海南省							
重庆市							2349
四川省							3193
贵州省	1						453
云南省	11				817		851
西藏自治区							2191
陕西省							84
甘肃省				492			689
青海省							282
宁夏回族自治区					5		103
新疆维吾尔自治区					15		32

2－124－14

单位:万元

地　　区	贷款转贷及产权参股					其他支出		
	小　计	国内贷款	国外贷款	产权参股	其他贷款转贷及产权参股支出	小　计	补充全国社会保障基金	其他支出
地方合计						**38029**		**38029**
北京市								
天津市								
河北省								
山西省						1880		1880
内蒙古自治区								
辽宁省								
其中:大连市								
吉林省						2		2
黑龙江省								
上海市								
江苏省								
浙江省								
其中:宁波市								
安徽省								
福建省								
其中:厦门市								
江西省								
山东省								
其中:青岛市								
河南省						343		343
湖北省						1222		1222
湖南省								
广东省								
其中:深圳市								
广西壮族自治区								
海南省								
重庆市						846		846
四川省						748		748
贵州省						1512		1512
云南省						1568		1568
西藏自治区								
陕西省						24749		24749
甘肃省						509		509
青海省						539		539
宁夏回族自治区						60		60
新疆维吾尔自治区						4051		4051

2007 年各省、自治区、直辖市退耕还林支出明细表

2－125－1　　　　　　　　　　　　　　　　　　　　　　　　单位:万元

地　　区	合　计	工资福利支出				
		小　计	基本工资	津贴补贴	奖　金	社会保障缴　费
地　方　合　计	**2180116**	**1040**	**413**	**122**	**13**	**2**
北京市	5734					
天津市						
河北省	159735	61				
山西省	113050	13	11	1		
内蒙古自治区	228055					
辽宁省	62730					
其中:大连市	4693					
吉林省	50476					
黑龙江省	13600					
上海市						
江苏省	720					
浙江省	131					
其中:宁波市	131					
安徽省	72107	30	19	6	2	
福建省						
其中:厦门市						
江西省	121517	297	2			
山东省	920					
其中:青岛市	534					
河南省	72560	252	203	46	3	
湖北省	125118	36	25	7		2
湖南省	169465	167	115	46	2	
广东省						
其中:深圳市						
广西壮族自治区	71619					
海南省	14672					
重庆市	158100					
四川省	323514					
贵州省	16678	4	1			
云南省	11183	78				
西藏自治区	4610					
陕西省	266237	59	37	16	6	
甘肃省	33460	42				
青海省	15394					
宁夏回族自治区	14419	1				
新疆维吾尔自治区	54312					

二、地方财政预算收支情况

2－125－2

单位:万元

地　　区	工资福利支出				商品和服务支出		
	伙食费	伙　食 补助费	绩效 工资	其他工资 福利支出	小　计	办公费	印刷费
地 方 合 计	**1**			**489**	**420169**	**2516**	**374**
北京市					1114	1	
天津市							
河北省				61	3081	60	4
山西省				1	13745	94	78
内蒙古自治区					19494	137	
辽宁省					7143	32	
其中:大连市					4		
吉林省					2724	297	33
黑龙江省					2120	160	
上海市							
江苏省							
浙江省					34		
其中:宁波市					34		
安徽省	1			2	534	29	
福建省							
其中:厦门市							
江西省				295	113293	60	2
山东省					507	350	
其中:青岛市					121		
河南省					9530	530	59
湖北省				2	115786	91	16
湖南省				4	7048	159	39
广东省							
其中:深圳市							
广西壮族自治区					6368	39	28
海南省					2847		
重庆市					16909	13	13
四川省					28923	33	10
贵州省				3	4604	74	11
云南省				78	4574	259	4
西藏自治区					115		
陕西省					741	92	48
甘肃省				42	7484		1
青海省					1459		5
宁夏回族自治区				1	178	6	23
新疆维吾尔自治区					49814		

2 - 125 - 3

单位:万元

地区	商品和服务支出						
	咨询费	手续费	水费	电费	邮电费	取暖费	物业管理费
地方合计	**14**	**1**	**32**	**81**	**124**	**21**	**4**
北京市			1	3			
天津市							
河北省				25			
山西省		1	10	18	23	20	
内蒙古自治区					1		
辽宁省							2
其中:大连市							2
吉林省	1				56		
黑龙江省							
上海市							
江苏省							
浙江省							
其中:宁波市							
安徽省			5	6	1		
福建省							
其中:厦门市							
江西省					2		
山东省							
其中:青岛市							
河南省			3	6	4		1
湖北省	1		3	3	14		
湖南省			3	5	2		
广东省							
其中:深圳市							
广西壮族自治区							1
海南省							
重庆市				1	3		
四川省							
贵州省	12			2	1	1	
云南省				1	6		
西藏自治区							
陕西省			7	8	8		
甘肃省				2			
青海省							
宁夏回族自治区				1	2		
新疆维吾尔自治区					1		

2－125－4

单位:万元

地区	商品和服务支出					
	交通费	差旅费	出国费	维修(护)费	租赁费	会议费
地方合计	**986**	**446**	**12**	**583**	**96**	**456**
北京市	17					4
天津市						
河北省	18	2		106	75	1
山西省	192	72		30		94
内蒙古自治区	12	30		3		
辽宁省				5		1
其中:大连市				2		
吉林省	88	48		76		21
黑龙江省	8	4		51		7
上海市						
江苏省						
浙江省						
其中:宁波市						
安徽省	1	2				2
福建省						
其中:厦门市						
江西省	19	10		2		
山东省						
其中:青岛市						
河南省	51	13		9	3	118
湖北省	271	27		2		13
湖南省	60	15		24		31
广东省						
其中:深圳市						
广西壮族自治区	26	7				24
海南省						
重庆市	22	11		1		14
四川省	10	34				13
贵州省	57	32	4	8		33
云南省	45	32	6	11		43
西藏自治区						
陕西省	58	88		9	18	26
甘肃省	7	5		246		8
青海省						
宁夏回族自治区	23	12	2			3
新疆维吾尔自治区	1	2				

2－125－5 单位:万元

地　　区	商品和服务支出						
	培训费	招待费	专　用 材料费	被　装 购置费	专　用 燃料费	劳务费	委　托 业务费
地　方　合　计	**194**	**396**	**4659**	**1**	**39**	**4613**	**382**
北京市		5	4				
天津市							
河北省			745			75	
山西省	37	21	57	1	1	848	
内蒙古自治区	1	1	7			16	
辽宁省						6	
其中:大连市							
吉林省	6		1404			16	3
黑龙江省			406			100	
上海市							
江苏省							
浙江省							
其中:宁波市							
安徽省		2	14		2	72	
福建省							
其中:厦门市							
江西省		88	137		15	144	
山东省						9	
其中:青岛市							
河南省	19	21	564			332	
湖北省	2	11	3		5	341	
湖南省	8	29	295			660	3
广东省							
其中:深圳市							
广西壮族自治区	15	5	15			167	179
海南省						9	
重庆市	4	3	274		3	1	
四川省	6	27	1			5	
贵州省	12	27				126	
云南省	42	87	3			67	6
西藏自治区							
陕西省	31	69	107		10	83	
甘肃省	8		451			1527	191
青海省						2	
宁夏回族自治区	2				3	7	
新疆维吾尔自治区	1		172				

2－125－6

单位:万元

地区	商品和服务支出			对个人和家庭的补助			
	工会经费	福利费	其他商品和服务支出	小计	离休费	退休费	退职(役)费
地方合计	**13**	**110**	**404016**	**901115**		**91**	
北京市			1079				
天津市							
河北省			1970	20242			
山西省		23	12125	88379			
内蒙古自治区			19286	200667			
辽宁省			7097	48236			
其中:大连市				738			
吉林省			675	4263			
黑龙江省			1384	5659			
上海市							
江苏省							
浙江省			34				
其中:宁波市			34				
安徽省		1	397	8951		25	
福建省							
其中:厦门市							
江西省			112814	2750			
山东省			148	117			
其中:青岛市			121	117			
河南省			7797	42611			
湖北省			114983	6009			
湖南省			5715	9608		6	
广东省							
其中:深圳市							
广西壮族自治区			5862	3454			
海南省			2838	6649			
重庆市			16546	127019			
四川省		1	28783	281280			
贵州省		8	4196	8131			
云南省		2	3960	5321			
西藏自治区			115	1883			
陕西省			79	307			
甘肃省	13	75	4950	11937		60	
青海省			1452	2790			
宁夏回族自治区			94	10978			
新疆维吾尔自治区			49637	3874			

2－125－7

单位:万元

地　　区	对个人和家庭的补助						
	抚恤金	生活补助	救济费	医疗费	助学金	奖励金	生产补贴
地　方　合　计	**480**	**521708**	**129**	**927**	**12**	**90**	**96980**
北京市							
天津市							
河北省		10611	10			50	2906
山西省	291	50675	46	73			14048
内蒙古自治区	140	92613					14046
辽宁省		47638					589
其中:大连市		210					528
吉林省		2870		9			441
黑龙江省		2966		155		40	1825
上海市							
江苏省							
浙江省							
其中:宁波市							
安徽省		8268					419
福建省							
其中:厦门市							
江西省		669					534
山东省		98					
其中:青岛市		98					
河南省		16334	10				10594
湖北省		2780		20			913
湖南省		3165					3084
广东省							
其中:深圳市							
广西壮族自治区		360					1746
海南省	49	2769					1395
重庆市		124665					2102
四川省		133053	30	647			31112
贵州省		2545		15	12		3431
云南省		2166					2086
西藏自治区		1883					
陕西省							301
甘肃省		4265	33				3056
青海省		987		8			805
宁夏回族自治区		8059					936
新疆维吾尔自治区		2269					611

2－125－8

单位:万元

地　　区	对个人和家庭的补助				对企事业单位的补贴		
	住房公积金	提租补贴	购房补贴	其他对个人和家庭的补助支出	小计	企业政策性补贴	事业单位补贴
地方合计	**2**	**1826**		**278870**	**188986**	**37827**	**2047**
北京市							
天津市							
河北省				6665	203	161	
山西省				23246	59		
内蒙古自治区		1826		92042	225		95
辽宁省				9	666	125	541
其中:大连市					591	125	466
吉林省				943	32896	32896	
黑龙江省				673	584	252	332
上海市							
江苏省							
浙江省					44		
其中:宁波市					44		
安徽省				239			
福建省							
其中:厦门市							
江西省				1547			
山东省				19			
其中:青岛市				19			
河南省				15673	3880	2464	1079
湖北省				2296	328	248	
湖南省	1			3352	148392		
广东省							
其中:深圳市							
广西壮族自治区				1348			
海南省				2436			
重庆市				252			
四川省				116438	39	16	
贵州省				2128			
云南省				1069	5		
西藏自治区					1665	1665	
陕西省	1			5			
甘肃省				4523			
青海省				990			
宁夏回族自治区				1983			
新疆维吾尔自治区				994			

2 - 125 - 9

单位:万元

地区	对企事业单位的补贴		赠与			债务利息支出	
	财政贴息	其他对企事业单位的补贴支出	小计	对国内的赠与	对国外的赠与	小计	国库券付息
地方合计	**13**	**149099**					
北京市							
天津市							
河北省		42					
山西省		59					
内蒙古自治区		130					
辽宁省							
其中:大连市							
吉林省							
黑龙江省							
上海市							
江苏省							
浙江省		44					
其中:宁波市		44					
安徽省							
福建省							
其中:厦门市							
江西省							
山东省							
其中:青岛市							
河南省		337					
湖北省		80					
湖南省		148392					
广东省							
其中:深圳市							
广西壮族自治区							
海南省							
重庆市							
四川省	13	10					
贵州省							
云南省		5					
西藏自治区							
陕西省							
甘肃省							
青海省							
宁夏回族自治区							
新疆维吾尔自治区							

2－125－10

单位:万元

地　　区	债务利息支出					基本建设支出	
	向国家银行借款付息	其他国内借款付息	向国外政府借款付息	向国际组织借款付息	其他国外借款付息	小　计	房屋建筑物购建
地方合计						**58099**	**385**
北京市						33	
天津市							
河北省						3710	235
山西省						517	
内蒙古自治区						6163	
辽宁省						5563	
其中:大连市						2888	
吉林省						405	
黑龙江省						3100	150
上海市							
江苏省							
浙江省							
其中:宁波市							
安徽省						75	
福建省							
其中:厦门市							
江西省						1972	
山东省						10	
其中:青岛市						10	
河南省						1373	
湖北省						117	
湖南省						753	
广东省							
其中:深圳市							
广西壮族自治区						1099	
海南省						1000	
重庆市						3682	
四川省						4306	
贵州省						188	
云南省						113	
西藏自治区						168	
陕西省						11741	
甘肃省						8600	
青海省						571	
宁夏回族自治区						2520	
新疆维吾尔自治区						320	

2－125－11

单位：万元

地区	基本建设支出							
	办公设备购置	专用设备购置	交通工具购置	基础设施建设	大型修缮	信息网络购建	物资储备	其他基本建设支出
地方合计	**74**	**51**		**13996**	**55**	**30**	**125**	**43383**
北京市								33
天津市								
河北省	15			1650	30		10	1770
山西省	1	1		65				450
内蒙古自治区				1870				4293
辽宁省				1200				4363
其中：大连市								2888
吉林省	10			250				145
黑龙江省				955	10	30	15	1940
上海市								
江苏省								
浙江省								
其中：宁波市								
安徽省				75				
福建省								
其中：厦门市								
江西省				196				1776
山东省								10
其中：青岛市								10
河南省		50		401				922
湖北省				113				4
湖南省	30			130				593
广东省								
其中：深圳市								
广西壮族自治区				350				749
海南省								1000
重庆市				189				3493
四川省				2942				1364
贵州省	1			50				137
云南省	14			9				90
西藏自治区								168
陕西省	3							11738
甘肃省				3546	15		100	4939
青海省				5				566
宁夏回族自治区								2520
新疆维吾尔自治区								320

2－125－12

单位:万元

地　　区	其他资本性支出 小　计	房屋建筑物购　　建	办公设备购　　置	专用设备购　　置	交通工具购　　置	基础设施建　　设	大型修缮
地　方　合　计	**59414**	**1250**	**115**	**61**	**22**	**8622**	**124**
北京市	4573						
天津市							
河北省	1379			8		437	
山西省	7719		82			32	124
内蒙古自治区	1506					38	
辽宁省	1122					250	
其中:大连市	472						
吉林省	9620		8	26		180	
黑龙江省	2070	230				539	
上海市							
江苏省							
浙江省							
其中:宁波市							
安徽省	586		2			160	
福建省							
其中:厦门市							
江西省	1156		7	20	15	68	
山东省	286						
其中:青岛市	286						
河南省	10777	1020				1825	
湖北省	646		1		7		
湖南省	1897		6			60	
广东省							
其中:深圳市							
广西壮族自治区	1078					100	
海南省	2549						
重庆市	792					160	
四川省	1469					375	
贵州省	1055		3			466	
云南省	760		3	7		124	
西藏自治区	745					4	
陕西省	446		3			242	
甘肃省	2034					119	
青海省	4223					3308	
宁夏回族自治区	622					39	
新疆维吾尔自治区	304					96	

2 - 125 - 13　　　　单位:万元

地　区	其他资本性支出						
	信息网络购建	物资储备	土地补偿	安置补助	地上附着物和青苗补偿	拆迁补偿	其他资本性支出
地方合计	**29**	**4**	**1755**	**440**	**5125**	**105**	**41762**
北京市							4573
天津市							
河北省			60	37	380		457
山西省				228	481		6772
内蒙古自治区			320	17			1131
辽宁省			136		736		
其中:大连市			136		336		
吉林省	5				401		9000
黑龙江省			212	158	530		401
上海市							
江苏省							
浙江省							
其中:宁波市							
安徽省			15		25		384
福建省							
其中:厦门市							
江西省					71	64	911
山东省							286
其中:青岛市							286
河南省			48		464		7420
湖北省			415		10		213
湖南省	20		20		352		1439
广东省							
其中:深圳市							
广西壮族自治区					58		920
海南省					507		2042
重庆市							632
四川省							1094
贵州省					28		558
云南省		4			190		432
西藏自治区			69		79		593
陕西省			100				101
甘肃省			328		157		1430
青海省	4						911
宁夏回族自治区					541	41	1
新疆维吾尔自治区			32		115		61

二、地方财政预算收支情况

2－125－14

单位:万元

地　　区	贷款转贷及产权参股					其他支出		
	小　计	国内贷款	国外贷款	产权参股	其他贷款转贷及产权参股支出	小　计	补充全国社会保障基金	其他支出
地　方　合　计						**551293**		**551293**
北京市						14		14
天津市								
河北省						131059		131059
山西省						2618		2618
内蒙古自治区								
辽宁省								
其中:大连市								
吉林省						568		568
黑龙江省						67		67
上海市								
江苏省						720		720
浙江省						53		53
其中:宁波市						53		53
安徽省						61931		61931
福建省								
其中:厦门市								
江西省						2049		2049
山东省								
其中:青岛市								
河南省						4137		4137
湖北省						2196		2196
湖南省						1600		1600
广东省								
其中:深圳市								
广西壮族自治区						59620		59620
海南省						1627		1627
重庆市						9698		9698
四川省						7497		7497
贵州省						2696		2696
云南省						332		332
西藏自治区						34		34
陕西省						252943		252943
甘肃省						3363		3363
青海省						6351		6351
宁夏回族自治区						120		120
新疆维吾尔自治区								

2007 年各省、自治区、直辖市风沙荒漠治理支出明细表

2－126－1　　　　　　　　　　　　单位:万元

地区	合计	工资福利支出				
		小计	基本工资	津贴补贴	奖金	社会保障缴费
地方合计	**148246**					
北京市	37066					
天津市	244					
河北省	38270					
山西省	2112					
内蒙古自治区	70336					
辽宁省						
其中:大连市						
吉林省						
黑龙江省						
上海市						
江苏省						
浙江省						
其中:宁波市						
安徽省	24					
福建省						
其中:厦门市						
江西省						
山东省						
其中:青岛市						
河南省						
湖北省						
湖南省						
广东省						
其中:深圳市						
广西壮族自治区						
海南省						
重庆市						
四川省						
贵州省						
云南省						
西藏自治区						
陕西省	17					
甘肃省	177					
青海省						
宁夏回族自治区						
新疆维吾尔自治区						

2－126－2

单位:万元

地　　区	工资福利支出				商品和服务支出		
	伙食费	伙　食 补助费	绩效 工资	其他工资 福利支出	小　计	办公费	印刷费
地　方　合　计					**4533**	**26**	**4**
北京市					1558		
天津市							
河北省					151	5	4
山西省					732		
内蒙古自治区					1889	19	
辽宁省							
其中:大连市							
吉林省							
黑龙江省							
上海市							
江苏省							
浙江省							
其中:宁波市							
安徽省					12	1	
福建省							
其中:厦门市							
江西省							
山东省							
其中:青岛市							
河南省							
湖北省							
湖南省							
广东省							
其中:深圳市							
广西壮族自治区							
海南省							
重庆市							
四川省							
贵州省							
云南省							
西藏自治区							
陕西省					17		
甘肃省					174	1	
青海省							
宁夏回族自治区							
新疆维吾尔自治区							

2－126－3

单位:万元

地　　区	商品和服务支出						
	咨询费	手续费	水　费	电　费	邮电费	取暖费	物业管理费
地方合计					**1**	**3**	
北京市							
天津市							
河北省							
山西省							
内蒙古自治区							
辽宁省							
其中:大连市							
吉林省							
黑龙江省							
上海市							
江苏省							
浙江省							
其中:宁波市							
安徽省							
福建省							
其中:厦门市							
江西省							
山东省							
其中:青岛市							
河南省							
湖北省							
湖南省							
广东省							
其中:深圳市							
广西壮族自治区							
海南省							
重庆市							
四川省							
贵州省							
云南省							
西藏自治区							
陕西省							
甘肃省					1	3	
青海省							
宁夏回族自治区							
新疆维吾尔自治区							

2－126－4

单位:万元

地　　区	商品和服务支出					
	交通费	差旅费	出国费	维修(护)费	租赁费	会议费
地 方 合 计	**24**	**20**		**172**		**39**
北京市						
天津市						
河北省	5	7				29
山西省						
内蒙古自治区	18	12				10
辽宁省						
其中:大连市						
吉林省						
黑龙江省						
上海市						
江苏省						
浙江省						
其中:宁波市						
安徽省	1			10		
福建省						
其中:厦门市						
江西省						
山东省						
其中:青岛市						
河南省						
湖北省						
湖南省						
广东省						
其中:深圳市						
广西壮族自治区						
海南省						
重庆市						
四川省						
贵州省						
云南省						
西藏自治区						
陕西省						
甘肃省		1		162		
青海省						
宁夏回族自治区						
新疆维吾尔自治区						

2 - 126 - 5

单位:万元

地　　区	商品和服务支出						
	培训费	招待费	专　用 材料费	被　装 购置费	专　用 燃料费	劳务费	委　托 业务费
地　方　合　计			**4**			**67**	**63**
北京市							
天津市							
河北省						46	
山西省							
内蒙古自治区			4			4	63
辽宁省							
其中:大连市							
吉林省							
黑龙江省							
上海市							
江苏省							
浙江省							
其中:宁波市							
安徽省							
福建省							
其中:厦门市							
江西省							
山东省							
其中:青岛市							
河南省							
湖北省							
湖南省							
广东省							
其中:深圳市							
广西壮族自治区							
海南省							
重庆市							
四川省							
贵州省							
云南省							
西藏自治区							
陕西省						17	
甘肃省							
青海省							
宁夏回族自治区							
新疆维吾尔自治区							

2－126－6

单位:万元

地区	商品和服务支出			对个人和家庭的补助			
	工会经费	福利费	其他商品和服务支出	小计	离休费	退休费	退职(役)费
地方合计			**4110**	**20558**			
北京市			1558	1			
天津市							
河北省			55	80			
山西省			732				
内蒙古自治区			1759	20477			
辽宁省							
其中:大连市							
吉林省							
黑龙江省							
上海市							
江苏省							
浙江省							
其中:宁波市							
安徽省							
福建省							
其中:厦门市							
江西省							
山东省							
其中:青岛市							
河南省							
湖北省							
湖南省							
广东省							
其中:深圳市							
广西壮族自治区							
海南省							
重庆市							
四川省							
贵州省							
云南省							
西藏自治区							
陕西省							
甘肃省			6				
青海省							
宁夏回族自治区							
新疆维吾尔自治区							

2－126－7　　　　单位:万元

地　　区	对个人和家庭的补助						
	抚恤金	生活补助	救济费	医疗费	助学金	奖励金	生产补贴
地 方 合 计		**10402**					**451**
北京市							
天津市							
河北省							80
山西省							
内蒙古自治区		10402					371
辽宁省							
其中:大连市							
吉林省							
黑龙江省							
上海市							
江苏省							
浙江省							
其中:宁波市							
安徽省							
福建省							
其中:厦门市							
江西省							
山东省							
其中:青岛市							
河南省							
湖北省							
湖南省							
广东省							
其中:深圳市							
广西壮族自治区							
海南省							
重庆市							
四川省							
贵州省							
云南省							
西藏自治区							
陕西省							
甘肃省							
青海省							
宁夏回族自治区							
新疆维吾尔自治区							

2-126-8

单位:万元

地区	对个人和家庭的补助				对企事业单位的补贴		
	住房公积金	提租补贴	购房补贴	其他对个人和家庭的补助支出	小计	企业政策性补贴	事业单位补贴
地方合计				**9705**	**12**		
北京市				1			
天津市							
河北省							
山西省							
内蒙古自治区				9704			
辽宁省							
其中:大连市							
吉林省							
黑龙江省							
上海市							
江苏省							
浙江省							
其中:宁波市							
安徽省					12		
福建省							
其中:厦门市							
江西省							
山东省							
其中:青岛市							
河南省							
湖北省							
湖南省							
广东省							
其中:深圳市							
广西壮族自治区							
海南省							
重庆市							
四川省							
贵州省							
云南省							
西藏自治区							
陕西省							
甘肃省							
青海省							
宁夏回族自治区							
新疆维吾尔自治区							

2－126－9　　　　单位:万元

地区	对企事业单位的补贴		赠与			债务利息支出	
	财政贴息	其他对企事业单位的补贴支出	小计	对国内的赠与	对国外的赠与	小计	国库券付息
地方合计		**12**					
北京市							
天津市							
河北省							
山西省							
内蒙古自治区							
辽宁省							
其中:大连市							
吉林省							
黑龙江省							
上海市							
江苏省							
浙江省							
其中:宁波市							
安徽省		12					
福建省							
其中:厦门市							
江西省							
山东省							
其中:青岛市							
河南省							
湖北省							
湖南省							
广东省							
其中:深圳市							
广西壮族自治区							
海南省							
重庆市							
四川省							
贵州省							
云南省							
西藏自治区							
陕西省							
甘肃省							
青海省							
宁夏回族自治区							
新疆维吾尔自治区							

2－126－10

单位:万元

地区	债务利息支出					基本建设支出	
	向国家银行借款付息	其他国内借款付息	向国外政府借款付息	向国际组织借款付息	其他国外借款付息	小计	房屋建筑物购建
地方合计						**93508**	**1495**
北京市						34601	
天津市							
河北省						13608	787
山西省						1360	
内蒙古自治区						43939	708
辽宁省							
其中:大连市							
吉林省							
黑龙江省							
上海市							
江苏省							
浙江省							
其中:宁波市							
安徽省							
福建省							
其中:厦门市							
江西省							
山东省							
其中:青岛市							
河南省							
湖北省							
湖南省							
广东省							
其中:深圳市							
广西壮族自治区							
海南省							
重庆市							
四川省							
贵州省							
云南省							
西藏自治区							
陕西省							
甘肃省							
青海省							
宁夏回族自治区							
新疆维吾尔自治区							

2－126－11　　　　单位:万元

地　　区	基本建设支出							
	办公设备购　置	专用设备购　置	交通工具购　置	基础设施建　设	大型修缮	信息网络购　建	物资储备	其他基本建设支出
地　方　合　计	**10**	**411**		**28508**	**61**			**63023**
北京市				1666				32935
天津市								
河北省		334		5588	61			6838
山西省								1360
内蒙古自治区	10	77		21254				21890
辽宁省								
其中:大连市								
吉林省								
黑龙江省								
上海市								
江苏省								
浙江省								
其中:宁波市								
安徽省								
福建省								
其中:厦门市								
江西省								
山东省								
其中:青岛市								
河南省								
湖北省								
湖南省								
广东省								
其中:深圳市								
广西壮族自治区								
海南省								
重庆市								
四川省								
贵州省								
云南省								
西藏自治区								
陕西省								
甘肃省								
青海省								
宁夏回族自治区								
新疆维吾尔自治区								

2－126－12

单位:万元

地　　区	其他资本性支出						
	小　计	房屋建筑物购　　建	办公设备购　　置	专用设备购　　置	交通工具购　　置	基础设施建　　设	大型修缮
地　方　合　计	**24605**					**1673**	
北京市	250						
天津市	244					244	
河北省	20080					1283	
山西省							
内蒙古自治区	4031					146	
辽宁省							
其中:大连市							
吉林省							
黑龙江省							
上海市							
江苏省							
浙江省							
其中:宁波市							
安徽省							
福建省							
其中:厦门市							
江西省							
山东省							
其中:青岛市							
河南省							
湖北省							
湖南省							
广东省							
其中:深圳市							
广西壮族自治区							
海南省							
重庆市							
四川省							
贵州省							
云南省							
西藏自治区							
陕西省							
甘肃省							
青海省							
宁夏回族自治区							
新疆维吾尔自治区							

2－126－13 单位:万元

地　　区	其他资本性支出						
	信息网络购　建	物资储备	土地补偿	安置补助	地上附着物和青苗补偿	拆迁补偿	其他资本性支　出
地　方　合　计					**650**		**22282**
北京市							250
天津市							
河北省					650		18147
山西省							
内蒙古自治区							3885
辽宁省							
其中:大连市							
吉林省							
黑龙江省							
上海市							
江苏省							
浙江省							
其中:宁波市							
安徽省							
福建省							
其中:厦门市							
江西省							
山东省							
其中:青岛市							
河南省							
湖北省							
湖南省							
广东省							
其中:深圳市							
广西壮族自治区							
海南省							
重庆市							
四川省							
贵州省							
云南省							
西藏自治区							
陕西省							
甘肃省							
青海省							
宁夏回族自治区							
新疆维吾尔自治区							

2－126－14

单位:万元

地区	贷款转贷及产权参股					其他支出		
	小计	国内贷款	国外贷款	产权参股	其他贷款转贷及产权参股支出	小计	补充全国社会保障基金	其他支出
地方合计						**5030**		**5030**
北京市						656		656
天津市								
河北省						4351		4351
山西省						20		20
内蒙古自治区								
辽宁省								
其中:大连市								
吉林省								
黑龙江省								
上海市								
江苏省								
浙江省								
其中:宁波市								
安徽省								
福建省								
其中:厦门市								
江西省								
山东省								
其中:青岛市								
河南省								
湖北省								
湖南省								
广东省								
其中:深圳市								
广西壮族自治区								
海南省								
重庆市								
四川省								
贵州省								
云南省								
西藏自治区								
陕西省								
甘肃省						3		3
青海省								
宁夏回族自治区								
新疆维吾尔自治区								

2007 年各省、自治区、直辖市退牧还草支出明细表

2－127－1

单位:万元

地区	合计	工资福利支出				
		小计	基本工资	津贴补贴	奖金	社会保障缴费
地方合计	**187064**					
北京市						
天津市						
河北省						
山西省	30					
内蒙古自治区	66302					
辽宁省						
其中:大连市						
吉林省						
黑龙江省						
上海市						
江苏省						
浙江省						
其中:宁波市						
安徽省						
福建省						
其中:厦门市						
江西省						
山东省						
其中:青岛市						
河南省	7					
湖北省						
湖南省						
广东省						
其中:深圳市						
广西壮族自治区						
海南省						
重庆市						
四川省	25339					
贵州省						
云南省						
西藏自治区	13717					
陕西省						
甘肃省	18149					
青海省	4947					
宁夏回族自治区	3980					
新疆维吾尔自治区	54593					

2－127－2

单位:万元

地　　区	工资福利支出				商品和服务支出		
	伙食费	伙　食 补助费	绩效 工资	其他工资 福利支出	小　计	办公费	印刷费
地　方　合　计					**57753**	**21**	**1**
北京市							
天津市							
河北省							
山西省					30		
内蒙古自治区					183	15	
辽宁省							
其中:大连市							
吉林省							
黑龙江省							
上海市							
江苏省							
浙江省							
其中:宁波市							
安徽省							
福建省							
其中:厦门市							
江西省							
山东省							
其中:青岛市							
河南省					7		
湖北省							
湖南省							
广东省							
其中:深圳市							
广西壮族自治区							
海南省							
重庆市							
四川省					3136		
贵州省							
云南省							
西藏自治区							
陕西省							
甘肃省					1185	2	
青海省					39	1	1
宁夏回族自治区							
新疆维吾尔自治区					53173	3	

2－127－3

单位:万元

地　　区	商品和服务支出						
	咨询费	手续费	水　费	电　费	邮电费	取暖费	物　业 管理费
地　方　合　计	**2**			**1**		**9**	
北京市							
天津市							
河北省							
山西省							
内蒙古自治区							
辽宁省							
其中:大连市							
吉林省							
黑龙江省							
上海市							
江苏省							
浙江省							
其中:宁波市							
安徽省							
福建省							
其中:厦门市							
江西省							
山东省							
其中:青岛市							
河南省							
湖北省							
湖南省							
广东省							
其中:深圳市							
广西壮族自治区							
海南省							
重庆市							
四川省							
贵州省							
云南省							
西藏自治区							
陕西省							
甘肃省							
青海省						9	
宁夏回族自治区							
新疆维吾尔自治区	2			1			

2－127－4

单位:万元

地　　区	商品和服务支出					
	交通费	差旅费	出国费	维修(护)费	租赁费	会议费
地方合计	**3**	**2**				
北京市						
天津市						
河北省						
山西省						
内蒙古自治区	1					
辽宁省						
其中:大连市						
吉林省						
黑龙江省						
上海市						
江苏省						
浙江省						
其中:宁波市						
安徽省						
福建省						
其中:厦门市						
江西省						
山东省						
其中:青岛市						
河南省						
湖北省						
湖南省						
广东省						
其中:深圳市						
广西壮族自治区						
海南省						
重庆市						
四川省						
贵州省						
云南省						
西藏自治区						
陕西省						
甘肃省						
青海省		1				
宁夏回族自治区						
新疆维吾尔自治区	2	1				

2－127－5

单位:万元

地　　区	商品和服务支出						
	培训费	招待费	专　用 材料费	被　装 购置费	专　用 燃料费	劳务费	委　托 业务费
地　方　合　计			**3**				
北京市							
天津市							
河北省							
山西省							
内蒙古自治区			3				
辽宁省							
其中:大连市							
吉林省							
黑龙江省							
上海市							
江苏省							
浙江省							
其中:宁波市							
安徽省							
福建省							
其中:厦门市							
江西省							
山东省							
其中:青岛市							
河南省							
湖北省							
湖南省							
广东省							
其中:深圳市							
广西壮族自治区							
海南省							
重庆市							
四川省							
贵州省							
云南省							
西藏自治区							
陕西省							
甘肃省							
青海省							
宁夏回族自治区							
新疆维吾尔自治区							

2-127-6

单位:万元

地　　区	商品和服务支出			对个人和家庭的补助			
	工会经费	福利费	其他商品和服务支出	小　计	离休费	退休费	退职(役)费
地　方　合　计			**57711**	**39166**			
北京市							
天津市							
河北省							
山西省			30				
内蒙古自治区			164	31737			
辽宁省							
其中:大连市							
吉林省							
黑龙江省							
上海市							
江苏省							
浙江省							
其中:宁波市							
安徽省							
福建省							
其中:厦门市							
江西省							
山东省							
其中:青岛市							
河南省			7				
湖北省							
湖南省							
广东省							
其中:深圳市							
广西壮族自治区							
海南省							
重庆市							
四川省			3136	7403			
贵州省							
云南省							
西藏自治区							
陕西省							
甘肃省			1183				
青海省			27	26			
宁夏回族自治区							
新疆维吾尔自治区			53164				

2－127－7

单位:万元

地区	对个人和家庭的补助						
	抚恤金	生活补助	救济费	医疗费	助学金	奖励金	生产补贴
地方合计		**24689**					**2500**
北京市							
天津市							
河北省							
山西省							
内蒙古自治区		20643					1870
辽宁省							
其中:大连市							
吉林省							
黑龙江省							
上海市							
江苏省							
浙江省							
其中:宁波市							
安徽省							
福建省							
其中:厦门市							
江西省							
山东省							
其中:青岛市							
河南省							
湖北省							
湖南省							
广东省							
其中:深圳市							
广西壮族自治区							
海南省							
重庆市							
四川省		4046					630
贵州省							
云南省							
西藏自治区							
陕西省							
甘肃省							
青海省							
宁夏回族自治区							
新疆维吾尔自治区							

2－127－8

单位:万元

地　　区	对个人和家庭的补助				对企事业单位的补贴		
	住房公积金	提租补贴	购房补贴	其他对个人和家庭的补助支出	小　计	企业政策性补贴	事业单位补贴
地方合计				**11977**	**8**		
北京市							
天津市							
河北省							
山西省							
内蒙古自治区				9224			
辽宁省							
其中:大连市							
吉林省							
黑龙江省							
上海市							
江苏省							
浙江省							
其中:宁波市							
安徽省							
福建省							
其中:厦门市							
江西省							
山东省							
其中:青岛市							
河南省							
湖北省							
湖南省							
广东省							
其中:深圳市							
广西壮族自治区							
海南省							
重庆市							
四川省				2727	8		
贵州省							
云南省							
西藏自治区							
陕西省							
甘肃省							
青海省				26			
宁夏回族自治区							
新疆维吾尔自治区							

2－127－9　　　　　　单位:万元

地　区	对企事业单位的补贴		赠　与			债务利息支出	
	财政贴息	其他对企事业单位的补贴支出	小　计	对国内的赠与	对国外的赠与	小　计	国库券付息
地方合计		**8**					
北京市							
天津市							
河北省							
山西省							
内蒙古自治区							
辽宁省							
其中:大连市							
吉林省							
黑龙江省							
上海市							
江苏省							
浙江省							
其中:宁波市							
安徽省							
福建省							
其中:厦门市							
江西省							
山东省							
其中:青岛市							
河南省							
湖北省							
湖南省							
广东省							
其中:深圳市							
广西壮族自治区							
海南省							
重庆市							
四川省		8					
贵州省							
云南省							
西藏自治区							
陕西省							
甘肃省							
青海省							
宁夏回族自治区							
新疆维吾尔自治区							

2－127－10

单位：万元

地区	债务利息支出					基本建设支出	
	向国家银行借款付息	其他国内借款付息	向国外政府借款付息	向国际组织借款付息	其他国外借款付息	小计	房屋建筑物购建
地方合计						**77384**	**944**
北京市							
天津市							
河北省							
山西省							
内蒙古自治区						28578	944
辽宁省							
其中：大连市							
吉林省							
黑龙江省							
上海市							
江苏省							
浙江省							
其中：宁波市							
安徽省							
福建省							
其中：厦门市							
江西省							
山东省							
其中：青岛市							
河南省							
湖北省							
湖南省							
广东省							
其中：深圳市							
广西壮族自治区							
海南省							
重庆市							
四川省						13812	
贵州省							
云南省							
西藏自治区						13717	
陕西省							
甘肃省						14975	
青海省						4882	
宁夏回族自治区							
新疆维吾尔自治区						1420	

2－127－11　　　　　　　　　　　　　　　　　　　　　　　单位：万元

地　　区	基本建设支出							
	办公设备购　置	专用设备购　置	交通工具购　置	基础设施建　设	大型修缮	信息网络购　建	物资储备	其他基本建设支出
地　方　合　计		**41**		**36492**				**39907**
北京市								
天津市								
河北省								
山西省								
内蒙古自治区		41		10540				17053
辽宁省								
其中：大连市								
吉林省								
黑龙江省								
上海市								
江苏省								
浙江省								
其中：宁波市								
安徽省								
福建省								
其中：厦门市								
江西省								
山东省								
其中：青岛市								
河南省								
湖北省								
湖南省								
广东省								
其中：深圳市								
广西壮族自治区								
海南省								
重庆市								
四川省				8959				4853
贵州省								
云南省								
西藏自治区				5605				8112
陕西省								
甘肃省				10144				4831
青海省				1244				3638
宁夏回族自治区								
新疆维吾尔自治区								1420

二、地方财政预算收支情况

2－127－12　　　　　　　　　　　　　　　　　　　　单位:万元

地　　区	其他资本性支出						
	小　计	房屋建筑物购　　建	办公设备购　　置	专用设备购　　置	交通工具购　置	基础设施建　　设	大型修缮
地　方　合　计	**9784**					**1502**	
北京市							
天津市							
河北省							
山西省							
内蒙古自治区	5804					1502	
辽宁省							
其中:大连市							
吉林省							
黑龙江省							
上海市							
江苏省							
浙江省							
其中:宁波市							
安徽省							
福建省							
其中:厦门市							
江西省							
山东省							
其中:青岛市							
河南省							
湖北省							
湖南省							
广东省							
其中:深圳市							
广西壮族自治区							
海南省							
重庆市							
四川省							
贵州省							
云南省							
西藏自治区							
陕西省							
甘肃省							
青海省							
宁夏回族自治区	3980						
新疆维吾尔自治区							

2－127－13

单位:万元

地　　区	其他资本性支出						
	信息网络购建	物资储备	土地补偿	安置补助	地上附着物和青苗补偿	拆迁补偿	其他资本性支出
地　方　合　计				**2290**	**160**		**5832**
北京市							
天津市							
河北省							
山西省							
内蒙古自治区				2290	160		1852
辽宁省							
其中:大连市							
吉林省							
黑龙江省							
上海市							
江苏省							
浙江省							
其中:宁波市							
安徽省							
福建省							
其中:厦门市							
江西省							
山东省							
其中:青岛市							
河南省							
湖北省							
湖南省							
广东省							
其中:深圳市							
广西壮族自治区							
海南省							
重庆市							
四川省							
贵州省							
云南省							
西藏自治区							
陕西省							
甘肃省							
青海省							
宁夏回族自治区							3980
新疆维吾尔自治区							

2－127－14　　　　单位：万元

地　区	贷款转贷及产权参股					其他支出		
	小　计	国内贷款	国外贷款	产权参股	其他贷款转贷及产权参股支出	小　计	补充全国社会保障基金	其他支出
地方合计						**2969**		**2969**
北京市								
天津市								
河北省								
山西省								
内蒙古自治区								
辽宁省								
其中：大连市								
吉林省								
黑龙江省								
上海市								
江苏省								
浙江省								
其中：宁波市								
安徽省								
福建省								
其中：厦门市								
江西省								
山东省								
其中：青岛市								
河南省								
湖北省								
湖南省								
广东省								
其中：深圳市								
广西壮族自治区								
海南省								
重庆市								
四川省						980		980
贵州省								
云南省								
西藏自治区								
陕西省								
甘肃省						1989		1989
青海省								
宁夏回族自治区								
新疆维吾尔自治区								

2007 年各省、自治区、直辖市已垦草原退耕还草支出明细表

2－128－1 单位:万元

地　　区	合　计	工资福利支出				
		小　计	基本工资	津贴补贴	奖　金	社会保障缴　费
地　方　合　计						
北京市						
天津市						
河北省						
山西省						
内蒙古自治区						
辽宁省						
其中:大连市						
吉林省						
黑龙江省						
上海市						
江苏省						
浙江省						
其中:宁波市						
安徽省						
福建省						
其中:厦门市						
江西省						
山东省						
其中:青岛市						
河南省						
湖北省						
湖南省						
广东省						
其中:深圳市						
广西壮族自治区						
海南省						
重庆市						
四川省						
贵州省						
云南省						
西藏自治区						
陕西省						
甘肃省						
青海省						
宁夏回族自治区						
新疆维吾尔自治区						

二、地方财政预算收支情况

2－128－2

单位：万元

地　　区	工资福利支出				商品和服务支出		
	伙食费	伙　食 补助费	绩效 工资	其他工资 福利支出	小　计	办公费	印刷费
地　方　合　计							
北京市							
天津市							
河北省							
山西省							
内蒙古自治区							
辽宁省							
其中：大连市							
吉林省							
黑龙江省							
上海市							
江苏省							
浙江省							
其中：宁波市							
安徽省							
福建省							
其中：厦门市							
江西省							
山东省							
其中：青岛市							
河南省							
湖北省							
湖南省							
广东省							
其中：深圳市							
广西壮族自治区							
海南省							
重庆市							
四川省							
贵州省							
云南省							
西藏自治区							
陕西省							
甘肃省							
青海省							
宁夏回族自治区							
新疆维吾尔自治区							

2－128－3 单位:万元

地区	商品和服务支出						
	咨询费	手续费	水费	电费	邮电费	取暖费	物业管理费
地方合计							
北京市							
天津市							
河北省							
山西省							
内蒙古自治区							
辽宁省							
其中:大连市							
吉林省							
黑龙江省							
上海市							
江苏省							
浙江省							
其中:宁波市							
安徽省							
福建省							
其中:厦门市							
江西省							
山东省							
其中:青岛市							
河南省							
湖北省							
湖南省							
广东省							
其中:深圳市							
广西壮族自治区							
海南省							
重庆市							
四川省							
贵州省							
云南省							
西藏自治区							
陕西省							
甘肃省							
青海省							
宁夏回族自治区							
新疆维吾尔自治区							

2－128－4

单位:万元

地　　区	商品和服务支出					
	交通费	差旅费	出国费	维修(护)费	租赁费	会议费
地 方 合 计						
北京市						
天津市						
河北省						
山西省						
内蒙古自治区						
辽宁省						
其中:大连市						
吉林省						
黑龙江省						
上海市						
江苏省						
浙江省						
其中:宁波市						
安徽省						
福建省						
其中:厦门市						
江西省						
山东省						
其中:青岛市						
河南省						
湖北省						
湖南省						
广东省						
其中:深圳市						
广西壮族自治区						
海南省						
重庆市						
四川省						
贵州省						
云南省						
西藏自治区						
陕西省						
甘肃省						
青海省						
宁夏回族自治区						
新疆维吾尔自治区						

2－128－5 单位:万元

地区	商品和服务支出						
	培训费	招待费	专用材料费	被装购置费	专用燃料费	劳务费	委托业务费
地方合计							
北京市							
天津市							
河北省							
山西省							
内蒙古自治区							
辽宁省							
其中:大连市							
吉林省							
黑龙江省							
上海市							
江苏省							
浙江省							
其中:宁波市							
安徽省							
福建省							
其中:厦门市							
江西省							
山东省							
其中:青岛市							
河南省							
湖北省							
湖南省							
广东省							
其中:深圳市							
广西壮族自治区							
海南省							
重庆市							
四川省							
贵州省							
云南省							
西藏自治区							
陕西省							
甘肃省							
青海省							
宁夏回族自治区							
新疆维吾尔自治区							

2－128－6

单位:万元

地　　区	商品和服务支出			对个人和家庭的补助			
	工会经费	福利费	其他商品和服务支出	小　计	离休费	退休费	退职(役)费
地　方　合　计							
北京市							
天津市							
河北省							
山西省							
内蒙古自治区							
辽宁省							
其中:大连市							
吉林省							
黑龙江省							
上海市							
江苏省							
浙江省							
其中:宁波市							
安徽省							
福建省							
其中:厦门市							
江西省							
山东省							
其中:青岛市							
河南省							
湖北省							
湖南省							
广东省							
其中:深圳市							
广西壮族自治区							
海南省							
重庆市							
四川省							
贵州省							
云南省							
西藏自治区							
陕西省							
甘肃省							
青海省							
宁夏回族自治区							
新疆维吾尔自治区							

2－128－7

单位:万元

地　　区	对个人和家庭的补助						
	抚恤金	生活补助	救济费	医疗费	助学金	奖励金	生产补贴
地方合计							
北京市							
天津市							
河北省							
山西省							
内蒙古自治区							
辽宁省							
其中:大连市							
吉林省							
黑龙江省							
上海市							
江苏省							
浙江省							
其中:宁波市							
安徽省							
福建省							
其中:厦门市							
江西省							
山东省							
其中:青岛市							
河南省							
湖北省							
湖南省							
广东省							
其中:深圳市							
广西壮族自治区							
海南省							
重庆市							
四川省							
贵州省							
云南省							
西藏自治区							
陕西省							
甘肃省							
青海省							
宁夏回族自治区							
新疆维吾尔自治区							

2－128－8

单位：万元

地　　区	对个人和家庭的补助				对企事业单位的补贴		
	住房公积金	提租补贴	购房补贴	其他对个人和家庭的补助支出	小计	企业政策性补贴	事业单位补贴
地方合计							
北京市							
天津市							
河北省							
山西省							
内蒙古自治区							
辽宁省							
其中：大连市							
吉林省							
黑龙江省							
上海市							
江苏省							
浙江省							
其中：宁波市							
安徽省							
福建省							
其中：厦门市							
江西省							
山东省							
其中：青岛市							
河南省							
湖北省							
湖南省							
广东省							
其中：深圳市							
广西壮族自治区							
海南省							
重庆市							
四川省							
贵州省							
云南省							
西藏自治区							
陕西省							
甘肃省							
青海省							
宁夏回族自治区							
新疆维吾尔自治区							

2－128－9　　　　　　　　　　　　　　　　　　　　　　　　单位：万元

地　　区	对企事业单位的补贴		赠　与			债务利息支出	
	财政贴息	其他对企事业单位的补贴支出	小　计	对国内的赠　与	对国外的赠　与	小　计	国库券付　息
地　方　合　计							
北京市							
天津市							
河北省							
山西省							
内蒙古自治区							
辽宁省							
其中：大连市							
吉林省							
黑龙江省							
上海市							
江苏省							
浙江省							
其中：宁波市							
安徽省							
福建省							
其中：厦门市							
江西省							
山东省							
其中：青岛市							
河南省							
湖北省							
湖南省							
广东省							
其中：深圳市							
广西壮族自治区							
海南省							
重庆市							
四川省							
贵州省							
云南省							
西藏自治区							
陕西省							
甘肃省							
青海省							
宁夏回族自治区							
新疆维吾尔自治区							

二、地方财政预算收支情况

2－128－10

单位:万元

地　　区	债务利息支出					基本建设支出	
	向国家银行借款付息	其他国内借款付息	向国外政府借款付息	向国际组织借款付息	其他国外借款付息	小　计	房屋建筑物购建
地方合计							
北京市							
天津市							
河北省							
山西省							
内蒙古自治区							
辽宁省							
其中:大连市							
吉林省							
黑龙江省							
上海市							
江苏省							
浙江省							
其中:宁波市							
安徽省							
福建省							
其中:厦门市							
江西省							
山东省							
其中:青岛市							
河南省							
湖北省							
湖南省							
广东省							
其中:深圳市							
广西壮族自治区							
海南省							
重庆市							
四川省							
贵州省							
云南省							
西藏自治区							
陕西省							
甘肃省							
青海省							
宁夏回族自治区							
新疆维吾尔自治区							

2－128－11 单位:万元

地区	基本建设支出							
	办公设备购置	专用设备购置	交通工具购置	基础设施建设	大型修缮	信息网络购建	物资储备	其他基本建设支出
地方合计								
北京市								
天津市								
河北省								
山西省								
内蒙古自治区								
辽宁省								
其中:大连市								
吉林省								
黑龙江省								
上海市								
江苏省								
浙江省								
其中:宁波市								
安徽省								
福建省								
其中:厦门市								
江西省								
山东省								
其中:青岛市								
河南省								
湖北省								
湖南省								
广东省								
其中:深圳市								
广西壮族自治区								
海南省								
重庆市								
四川省								
贵州省								
云南省								
西藏自治区								
陕西省								
甘肃省								
青海省								
宁夏回族自治区								
新疆维吾尔自治区								

2－128－12

单位:万元

地　　区	其他资本性支出						
	小　计	房屋建筑物购　　建	办公设备购　　置	专用设备购　　置	交通工具购　　置	基础设施建　　设	大型修缮
地　方　合　计							
北京市							
天津市							
河北省							
山西省							
内蒙古自治区							
辽宁省							
其中:大连市							
吉林省							
黑龙江省							
上海市							
江苏省							
浙江省							
其中:宁波市							
安徽省							
福建省							
其中:厦门市							
江西省							
山东省							
其中:青岛市							
河南省							
湖北省							
湖南省							
广东省							
其中:深圳市							
广西壮族自治区							
海南省							
重庆市							
四川省							
贵州省							
云南省							
西藏自治区							
陕西省							
甘肃省							
青海省							
宁夏回族自治区							
新疆维吾尔自治区							

2－128－13

单位:万元

地　　区	其他资本性支出						
	信息网络购建	物资储备	土地补偿	安置补助	地上附着物和青苗补偿	拆迁补偿	其他资本性支出
地方合计							
北京市							
天津市							
河北省							
山西省							
内蒙古自治区							
辽宁省							
其中:大连市							
吉林省							
黑龙江省							
上海市							
江苏省							
浙江省							
其中:宁波市							
安徽省							
福建省							
其中:厦门市							
江西省							
山东省							
其中:青岛市							
河南省							
湖北省							
湖南省							
广东省							
其中:深圳市							
广西壮族自治区							
海南省							
重庆市							
四川省							
贵州省							
云南省							
西藏自治区							
陕西省							
甘肃省							
青海省							
宁夏回族自治区							
新疆维吾尔自治区							

二、地方财政预算收支情况

2－128－14

单位:万元

地　　区	贷款转贷及产权参股					其他支出		
	小　计	国内贷款	国外贷款	产权参股	其他贷款转贷及产权参股支出	小　计	补充全国社会保障基金	其他支出
地方合计								
北京市								
天津市								
河北省								
山西省								
内蒙古自治区								
辽宁省								
其中:大连市								
吉林省								
黑龙江省								
上海市								
江苏省								
浙江省								
其中:宁波市								
安徽省								
福建省								
其中:厦门市								
江西省								
山东省								
其中:青岛市								
河南省								
湖北省								
湖南省								
广东省								
其中:深圳市								
广西壮族自治区								
海南省								
重庆市								
四川省								
贵州省								
云南省								
西藏自治区								
陕西省								
甘肃省								
青海省								
宁夏回族自治区								
新疆维吾尔自治区								

2007 年各省、自治区、直辖市其他环境保护支出明细表

2－129－1　　　　单位:万元

地　　区	合　计	工资福利支出				
		小　计	基本工资	津贴补贴	奖　金	社会保障缴　费
地　方　合　计	**246167**	**6303**	**2274**	**1782**	**1087**	**349**
北京市	46064	180	8	140		16
天津市	12579					
河北省	4083	1071	566	295	63	58
山西省	2121	188	107	44	11	4
内蒙古自治区	498	53	31	22		
辽宁省	1327	179	79	75	6	11
其中:大连市						
吉林省	609	14			4	
黑龙江省	4685	41	23	14	2	
上海市	77591	34	14	2	18	
江苏省	11172	137	15	11	90	18
浙江省	10567	96			76	
其中:宁波市	6011	72			72	
安徽省	823	275	47	42	12	13
福建省	1781	16	4	5	4	
其中:厦门市	12	8	4		4	
江西省	1207	32	7	19		
山东省	3092	228	67	95	8	10
其中:青岛市	136					
河南省	3480	117	105	12		
湖北省	13042	1004	349	251	249	53
湖南省	2315	296	87	56	124	8
广东省	31433	1770	543	535	319	136
其中:深圳市	13267	577	58	295	76	47
广西壮族自治区	187	56	28	14	1	1
海南省	23					
重庆市	4040	129	60	34	34	
四川省	2529	66	21	19	20	3
贵州省	147	4	3	1		
云南省	2986	195	87	77	6	
西藏自治区	23					
陕西省	712	110	22	18	40	18
甘肃省	1310					
青海省	568	10				
宁夏回族自治区	53					
新疆维吾尔自治区	5120	2	1	1		

二、地方财政预算收支情况

2－129－2

单位:万元

地区	工资福利支出				商品和服务支出		
	伙食费	伙食补助费	绩效工资	其他工资福利支出	小计	办公费	印刷费
地方合计	**24**	**48**	**20**	**719**	**50880**	**1775**	**267**
北京市				16	1544	4	
天津市					179	9	
河北省	8	24		57	2568	249	36
山西省			3	19	406	18	5
内蒙古自治区					290	22	
辽宁省				8	1049	57	4
其中:大连市							
吉林省			10		465	26	11
黑龙江省				2	21	1	
上海市					5414	4	4
江苏省				3	4536	82	3
浙江省				20	7565	14	4
其中:宁波市					5421	5	1
安徽省				161	318	25	5
福建省				3	653	75	5
其中:厦门市					4		
江西省				6	673	47	9
山东省				48	1779	77	25
其中:青岛市					126		
河南省					2220	539	12
湖北省	5	3	2	92	1878	18	12
湖南省				21	1844	14	
广东省	11	21		205	12469	268	60
其中:深圳市		21		80	7865	45	10
广西壮族自治区				12	126	7	1
海南省					23		
重庆市				1	1626	84	20
四川省				3	1245	72	46
贵州省					132	5	
云南省				25	534	30	2
西藏自治区					23		
陕西省			5	7	268	3	3
甘肃省					134	7	
青海省				10	408	12	
宁夏回族自治区							
新疆维吾尔自治区					490	6	

2－129－3

单位:万元

地　　区	商品和服务支出						
	咨询费	手续费	水　费	电　费	邮电费	取暖费	物　业 管理费
地 方 合 计	**148**	**25**	**109**	**684**	**187**	**70**	**88**
北京市			2	6	3	5	4
天津市							
河北省	93	2	1	26	25	24	
山西省				1	1	1	
内蒙古自治区				6	1	2	50
辽宁省	2			220	18	10	
其中:大连市							
吉林省			5	5			
黑龙江省						3	
上海市	3			1	1		
江苏省	2				1		
浙江省				6	4		
其中:宁波市				6	4		
安徽省					1		
福建省					8		
其中:厦门市							
江西省							1
山东省			5	212	5	8	10
其中:青岛市							
河南省				2	2	1	
湖北省	3		1	8	10	1	10
湖南省			7	15			
广东省	28	14	79	152	75		13
其中:深圳市			2	32	39		9
广西壮族自治区							
海南省							
重庆市	12		2	9	11		
四川省	3	9	2	6	13		
贵州省	1					2	
云南省					1		
西藏自治区				2			
陕西省	1		4	6	6	12	
甘肃省							
青海省							
宁夏回族自治区							
新疆维吾尔自治区			1	1	1	1	

2－129－4

单位:万元

地区	商品和服务支出					
	交通费	差旅费	出国费	维修(护)费	租赁费	会议费
地方合计	**1147**	**593**	**10**	**1056**	**89**	**707**
北京市	3			6	2	
天津市	2			2		
河北省	205	69		80	51	88
山西省	12	6		7	2	7
内蒙古自治区	17	33			1	1
辽宁省	87	58		13		39
其中:大连市						
吉林省	22	24		1		10
黑龙江省						3
上海市	2			2		3
江苏省	18	27		25	1	76
浙江省	80	17		32	4	65
其中:宁波市	17	10		16		2
安徽省	11	5	1	18		3
福建省	9	4		64		5
其中:厦门市		3				
江西省	1	21		9		59
山东省	50	6		248	7	3
其中:青岛市						
河南省	21	7		21	10	45
湖北省	30	29	4	5	3	14
湖南省	9	2		7		3
广东省	311	92		301	2	84
其中:深圳市	147	2		69	2	19
广西壮族自治区	18	2				
海南省	4	3				
重庆市	113	68		97	2	55
四川省	71	97		48	1	53
贵州省	6	2	5	54		11
云南省	25	5				2
西藏自治区						
陕西省	6	4		8	2	78
甘肃省						
青海省				8		
宁夏回族自治区						
新疆维吾尔自治区	14	12			1	

2－129－5

单位:万元

地　　区	商品和服务支出						
	培训费	招待费	专用材料费	被装购置费	专用燃料费	劳务费	委托业务费
地方合计	**266**	**619**	**2344**	**85**	**8**	**613**	**654**
北京市	4	2					
天津市		3				47	
河北省	31	75	848	48		7	9
山西省	2	2		4			10
内蒙古自治区	4	11	11		5	12	45
辽宁省	6	17	26	3		2	345
其中:大连市							
吉林省	10	5	10				
黑龙江省							
上海市	4	1				3	
江苏省	16	15	93			57	50
浙江省	38	37	37			68	37
其中:宁波市	2		35			33	
安徽省	3	6				30	25
福建省	4	14	191				4
其中:厦门市			1				
江西省		17	17			3	5
山东省	14	28	66		1	34	
其中:青岛市							
河南省	11	40	234			15	10
湖北省	4	26	22	4	2	1	29
湖南省	1	40	31	10			
广东省	58	161	323			159	75
其中:深圳市	6	24				7	75
广西壮族自治区		6	5				
海南省							
重庆市	32	25	84			44	
四川省	12	66	62			25	10
贵州省	3						
云南省	3	13	277			44	
西藏自治区							
陕西省	6	2	7	1		5	
甘肃省				15		57	
青海省							
宁夏回族自治区							
新疆维吾尔自治区		7					

二、地方财政预算收支情况

2－129－6　　　　　　　　单位:万元

地　　区	商品和服务支出			对个人和家庭的补助			
	工会经费	福利费	其他商品和服务支出	小　计	离休费	退休费	退职(役)费
地　方　合　计	**80**	**151**	**39105**	**947**		**173**	
北京市	8	4	1491	23			
天津市			116				
河北省	8	8	585	89		35	
山西省		4	324	9		6	
内蒙古自治区			69	3			
辽宁省	2	35	105	40		24	
其中:大连市							
吉林省			336				
黑龙江省		2	12	5		4	
上海市			5386	1			
江苏省	5	7	4058	192		54	
浙江省		2	7120	12			
其中:宁波市			5290				
安徽省	1	3	181	18		3	
福建省			270				
其中:厦门市							
江西省		1	483	16			
山东省	2	15	963	19			
其中:青岛市			126				
河南省			1250	10		7	
湖北省	1	16	1625	282		39	
湖南省	4		1701	14		1	
广东省	42	51	10121	197			
其中:深圳市	3	22	7352	121			
广西壮族自治区		1	86	4			
海南省			16				
重庆市			968	12			
四川省		2	647	1			
贵州省			43				
云南省			132				
西藏自治区			21				
陕西省	3		111				
甘肃省			55				
青海省			388				
宁夏回族自治区							
新疆维吾尔自治区	4		442				

2－129－7 单位:万元

地　　区	对个人和家庭的补助						
	抚恤金	生活补助	救济费	医疗费	助学金	奖励金	生产补贴
地方合计	**5**	**25**	**2**	**63**		**20**	
北京市							
天津市							
河北省		3					
山西省				2			
内蒙古自治区							
辽宁省	1			1			
其中:大连市							
吉林省							
黑龙江省							
上海市							
江苏省	2	1	2			4	
浙江省				2		4	
其中:宁波市							
安徽省							
福建省							
其中:厦门市							
江西省				4			
山东省				1		1	
其中:青岛市							
河南省		3					
湖北省							
湖南省							
广东省	2	18		53		11	
其中:深圳市		13		13			
广西壮族自治区							
海南省							
重庆市							
四川省							
贵州省							
云南省							
西藏自治区							
陕西省							
甘肃省							
青海省							
宁夏回族自治区							
新疆维吾尔自治区							

2－129－8

单位:万元

地　　区	对个人和家庭的补助				对企事业单位的补贴		
	住　房 公积金	提租 补贴	购房 补贴	其他对个人和家庭的补助支出	小　计	企业政策性补　贴	事业单位补　贴
地 方 合 计	**161**	**17**	**97**	**384**	**11694**	**2783**	**47**
北京市	16	7			144		
天津市					1000		
河北省	47	1		3			
山西省	1				15	15	
内蒙古自治区	3						
辽宁省	8	4		2	35		35
其中:大连市							
吉林省							
黑龙江省				1			
上海市				1	5700		
江苏省	2	2	2	123	100	30	
浙江省	3			3	1200	300	
其中:宁波市					309		
安徽省	13	2			93	86	
福建省					777		
其中:厦门市							
江西省	2			10			
山东省	8		3	6			
其中:青岛市							
河南省							
湖北省	45	1		197	121		
湖南省	7			6	23	23	
广东省	3		92	18			
其中:深圳市			92	3			
广西壮族自治区	1			3			
海南省							
重庆市	2			10	200	200	
四川省				1	286	129	12
贵州省							
云南省							
西藏自治区							
陕西省							
甘肃省							
青海省							
宁夏回族自治区							
新疆维吾尔自治区					2000	2000	

2－129－9

单位:万元

地　　区	对企事业单位的补贴		赠　与			债务利息支出	
	财政贴息	其他对企事业单位的补贴支出	小　计	对国内的赠　与	对国外的赠　与	小　计	国库券付　息
地 方 合 计	**404**	**8460**				**13000**	
北京市		144					
天津市		1000				11000	
河北省							
山西省							
内蒙古自治区							
辽宁省							
其中:大连市							
吉林省							
黑龙江省							
上海市		5700					
江苏省		70					
浙江省		900					
其中:宁波市		309					
安徽省		7					
福建省	404	373					
其中:厦门市							
江西省							
山东省							
其中:青岛市							
河南省							
湖北省		121					
湖南省							
广东省							
其中:深圳市							
广西壮族自治区							
海南省							
重庆市							
四川省		145					
贵州省							
云南省						2000	
西藏自治区							
陕西省							
甘肃省							
青海省							
宁夏回族自治区							
新疆维吾尔自治区							

2－129－10

单位:万元

地　　区	债务利息支出					基本建设支出	
	向国家银行借款付息	其他国内借款付息	向国外政府借款付息	向国际组织借款付息	其他国外借款付息	小　计	房屋建筑物购　建
地方合计	**2000**	**11000**				**21174**	**1962**
北京市						3730	
天津市		11000					
河北省						38	38
山西省						1058	
内蒙古自治区						114	
辽宁省							
其中:大连市							
吉林省						130	
黑龙江省						350	
上海市							
江苏省						3221	255
浙江省						5	5
其中:宁波市							
安徽省						66	
福建省							
其中:厦门市							
江西省							
山东省						85	
其中:青岛市						10	
河南省						1	
湖北省						5719	1628
湖南省						26	
广东省						2209	
其中:深圳市						2088	
广西壮族自治区							
海南省							
重庆市						871	
四川省						391	
贵州省							
云南省	2000					86	
西藏自治区							
陕西省						36	36
甘肃省						441	
青海省						150	
宁夏回族自治区							
新疆维吾尔自治区						2447	

2-129-11

单位:万元

地　区	基本建设支出							
	办公设备购置	专用设备购置	交通工具购置	基础设施建设	大型修缮	信息网络购建	物资储备	其他基本建设支出
地方合计	**166**	**1981**	**155**	**7160**	**2569**			**7181**
北京市				2644				1086
天津市								
河北省								
山西省		28		1000				30
内蒙古自治区		70		30				14
辽宁省								
其中:大连市								
吉林省		70		60				
黑龙江省				350				
上海市								
江苏省		186			2183			597
浙江省								
其中:宁波市								
安徽省	54			12				
福建省								
其中:厦门市								
江西省								
山东省					50			35
其中:青岛市								10
河南省	1							
湖北省	57	1573	36	2423				2
湖南省				26				
广东省	45	48	24					2092
其中:深圳市								2088
广西壮族自治区								
海南省								
重庆市				115	336			420
四川省			95					296
贵州省								
云南省	4			50				32
西藏自治区								
陕西省								
甘肃省	5	6		300				130
青海省				150				
宁夏回族自治区								
新疆维吾尔自治区								2447

2－129－12　　　　单位:万元

地　　区	其他资本性支出						
	小　计	房屋建筑物购　　建	办公设备购　　置	专用设备购　　置	交通工具购　　置	基础设施建　　设	大型修缮
地　方　合　计	**129633**	**5327**	**492**	**650**	**533**	**15760**	**1253**
北京市	37455			40		2369	
天津市	400					400	
河北省	217		161			9	
山西省	403		15	56	19		33
内蒙古自治区	38				30	7	
辽宁省	12		6				
其中:大连市							
吉林省							
黑龙江省	4268	4020	42	9	197		
上海市	66388						
江苏省	1858	657	28	210	23		43
浙江省	504		14		89	173	
其中:宁波市	1		1				
安徽省	16					16	
福建省	162		3		18	15	
其中:厦门市							
江西省	467			180	17		
山东省	981			9		160	200
其中:青岛市							
河南省	705		6			545	
湖北省	2097		4	19	19	2000	
湖南省	86		15	4	10	15	27
广东省	11363	500	107	17	27	9594	175
其中:深圳市	1067		49				175
广西壮族自治区	1		1				
海南省							
重庆市	480		66	31	34	30	315
四川省	426		12	32	50	42	
贵州省							
云南省	171		1	43		100	
西藏自治区							
陕西省	296		11			285	
甘肃省	610						460
青海省							
宁夏回族自治区	53						
新疆维吾尔自治区	176	150					

2－129－13

单位:万元

地　　区	其他资本性支出						
	信息网络购建	物资储备	土地补偿	安置补助	地上附着物和青苗补偿	拆迁补偿	其他资本性支出
地方合计	**110**					**2**	**105506**
北京市							35046
天津市							
河北省						2	45
山西省							280
内蒙古自治区							1
辽宁省							6
其中:大连市							
吉林省							
黑龙江省							
上海市							66388
江苏省	5						892
浙江省	5						223
其中:宁波市							
安徽省							
福建省							126
其中:厦门市							
江西省							270
山东省							612
其中:青岛市							
河南省							154
湖北省							55
湖南省							15
广东省	100						843
其中:深圳市							843
广西壮族自治区							
海南省							
重庆市							4
四川省							290
贵州省							
云南省							27
西藏自治区							
陕西省							
甘肃省							150
青海省							
宁夏回族自治区							53
新疆维吾尔自治区							26

2－129－14

单位:万元

地区	贷款转贷及产权参股					其他支出		
	小计	国内贷款	国外贷款	产权参股	其他贷款转贷及产权参股支出	小计	补充全国社会保障基金	其他支出
地方合计	**59**				**59**	**12477**		**12477**
北京市						2988		2988
天津市								
河北省						100		100
山西省						42		42
内蒙古自治区								
辽宁省						12		12
其中:大连市								
吉林省								
黑龙江省								
上海市						54		54
江苏省						1128		1128
浙江省						1185		1185
其中:宁波市						208		208
安徽省						37		37
福建省						173		173
其中:厦门市								
江西省						19		19
山东省								
其中:青岛市								
河南省						427		427
湖北省						1941		1941
湖南省						26		26
广东省						3425		3425
其中:深圳市						1549		1549
广西壮族自治区								
海南省								
重庆市						722		722
四川省	59				59	55		55
贵州省						11		11
云南省								
西藏自治区								
陕西省						2		2
甘肃省						125		125
青海省								
宁夏回族自治区								
新疆维吾尔自治区						5		5

2007 年各省、自治区、直辖市城乡社区事务类支出明细表

2－130－1

单位：万元

地　　区	合　计	工资福利支出				
		小　计	基本工资	津贴补贴	奖　金	社会保障缴　费
地方合计	**105615810**	**4763150**	**1799458**	**1172783**	**657028**	**385137**
北京市	6216906	265584	70179	71747	44662	20510
天津市	2836258	116145	40545	37847	13943	8653
河北省	3551549	183039	93874	39251	6378	17661
山西省	1518782	103955	49297	27175	4886	8776
内蒙古自治区	2667381	104787	45147	32532	4255	9410
辽宁省	6243164	233869	109222	64396	7778	28177
其中：大连市	2033488	36688	14640	9564	2958	6377
吉林省	1305648	119486	65967	35976	3400	4839
黑龙江省	2638206	160344	86264	49312	8465	6217
上海市	5072265	328467	83360	39214	138888	22469
江苏省	10721076	392195	103276	75273	91003	38271
浙江省	7724925	328139	62323	52915	113833	40827
其中：宁波市	1374062	69289	9178	9959	28271	10464
安徽省	4143138	106918	47621	27920	4834	6539
福建省	4773706	113772	35331	26880	9465	11273
其中：厦门市	2465962	27859	5910	8442	2644	1609
江西省	2484300	106793	55367	23184	7307	5696
山东省	6807174	260074	105381	81136	12441	34355
其中：青岛市	1331961	49920	14097	16714	4217	7270
河南省	2548092	215509	119453	56957	6311	17072
湖北省	3437897	146049	67361	32472	14586	10256
湖南省	2152531	206691	101378	46274	15586	17163
广东省	11105796	466428	124801	158320	50117	32613
其中：深圳市	2565842	134920	25658	52091	14676	5992
广西壮族自治区	1259510	91613	40012	18791	10101	6605
海南省	438973	32458	12379	5778	1756	1047
重庆市	3993489	72367	28064	14370	11676	4136
四川省	6661210	201529	74956	27604	46713	14087
贵州省	826985	57541	26211	16463	3976	1710
云南省	1180447	69627	26793	25221	4226	2517
西藏自治区	95093	21461	6867	11143	739	888
陕西省	946481	100015	51405	21479	6106	4240
甘肃省	578069	55671	26162	22299	1939	1290
青海省	130323	12944	5187	5861	480	148
宁夏回族自治区	572714	26421	10854	10610	1463	1270
新疆维吾尔自治区	983722	63259	24421	14383	9715	6422

2－130－2

单位:万元

地　　区	工资福利支出				商品和服务支出		
	伙食费	伙　食 补助费	绩效 工资	其他工资 福利支出	小　计	办公费	印刷费
地　方　合　计	**6081**	**41542**	**43396**	**657725**	**23805623**	**580389**	**60820**
北京市	401	3160	3942	50983	1297646	32965	2881
天津市	139	2752	918	11348	721950	5963	716
河北省	615	6624	1080	17556	666285	25241	1843
山西省	83	1013	620	12105	269989	12214	3247
内蒙古自治区	18	140	653	12632	536202	35850	1578
辽宁省	484	1020	5300	17492	837701	74708	2527
其中:大连市	189	220	2511	229	123433	25298	690
吉林省		367	3998	4939	206280	18044	1643
黑龙江省	334	1396	2779	5577	333485	38156	1497
上海市	997	2244	790	40505	1216102	12936	2284
江苏省	441	4257	4860	74814	2310947	30825	3935
浙江省	163	3666	1099	53313	1508544	19042	3642
其中:宁波市	77	715	33	10592	316179	2767	318
安徽省	193	1433	831	17547	790290	8686	1264
福建省	59	422	2832	27510	769880	6238	1132
其中:厦门市	15	258	671	8310	87756	792	68
江西省	122	198	684	14235	676313	9833	1673
山东省	311	1368	3307	21775	1370806	49367	6737
其中:青岛市	63	360	2072	5127	86271	2136	526
河南省	47	283	829	14557	768805	41983	3305
湖北省	188	751	1519	18916	1802631	8288	1407
湖南省	172	1001	865	24252	631449	13360	2515
广东省	800	2570	1035	96172	3848122	49366	6445
其中:深圳市	351	1256	144	34752	2008410	12138	1467
广西壮族自治区	19	93	331	15661	383772	11253	832
海南省	6	27	305	11160	161298	1166	307
重庆市		1072	268	12781	494045	9894	1238
四川省	35	957	1196	35981	686890	15792	3835
贵州省	17	214	223	8727	503959	6768	831
云南省	261	2096	479	8034	227041	15679	690
西藏自治区		1		1823	6022	347	18
陕西省	57	883	1512	14333	210496	15667	1220
甘肃省	1	30	214	3736	121137	3851	629
青海省	14	70	177	1007	30252	1490	124
宁夏回族自治区	13	57	64	2090	113258	1291	232
新疆维吾尔自治区	91	1377	686	6164	304026	4126	593

2－130－3

单位:万元

地区	商品和服务支出						
	咨询费	手续费	水费	电费	邮电费	取暖费	物业管理费
地方合计	**20171**	**26326**	**63407**	**304676**	**71186**	**92733**	**70279**
北京市	2414	73	5703	10053	2202	7140	2320
天津市	506	197	1317	4816	1374	3167	2309
河北省	2608	138	2181	11883	2899	6405	2239
山西省	748	455	1381	13274	1419	3344	537
内蒙古自治区	864	165	1458	7220	1092	5016	647
辽宁省	1665	2727	2106	21083	3535	23086	5577
其中:大连市	427	2262	261	7091	663	2352	2524
吉林省	460	659	1010	5509	1240	6103	5890
黑龙江省	343	400	1072	18714	1541	8734	1944
上海市	532	99	1640	7857	6492	42	6073
江苏省	921	1144	7410	29284	5467	133	6652
浙江省	2346	3269	3064	13701	5360		3279
其中:宁波市	61	746	739	5755	654		735
安徽省	182	251	1079	3389	1539	256	1341
福建省	177	158	1255	4667	1689		904
其中:厦门市	27	15	406	438	242		200
江西省	229	226	1009	4742	1374	176	2460
山东省	1477	12500	4830	23440	5215	17459	6289
其中:青岛市	96	4	223	3982	752	604	712
河南省	456	498	4023	18930	2342	723	3266
湖北省	216	181	1297	3083	1997	219	882
湖南省	524	366	1652	8833	2065	379	1601
广东省	1290	921	8128	35004	9332	43	9326
其中:深圳市	254	36	1307	6331	2401	21	4418
广西壮族自治区	239	106	1089	7860	985		90
海南省	40	61	405	1578	295		56
重庆市	257	515	1377	6273	1492	37	875
四川省	779	488	1964	15082	4665	181	2848
贵州省	91	66	410	2940	813	137	222
云南省	225	190	928	5466	1201		630
西藏自治区	4		37	230	88	136	
陕西省	190	126	1759	10134	1370	1652	940
甘肃省	81	128	891	2540	756	2868	330
青海省	9	4	62	1338	270	345	23
宁夏回族自治区	30	6	379	1690	241	573	150
新疆维吾尔自治区	268	209	2491	4063	836	4379	579

2－130－4

单位:万元

地　　区	商品和服务支出					
	交通费	差旅费	出国费	维修(护)费	租赁费	会议费
地　方　合　计	**460051**	**123569**	**13542**	**1417231**	**63592**	**109017**
北京市	24221	3049	1213	96840	9084	6233
天津市	8640	1899	497	19463	1382	2951
河北省	18211	4131	293	85408	2107	3756
山西省	13323	4462	145	35845	3202	2748
内蒙古自治区	12412	4554	59	29247	728	1148
辽宁省	40089	5250	640	194060	2741	3176
其中:大连市	6111	1070	107	54027	865	935
吉林省	14292	3746	202	37568	2090	1895
黑龙江省	14156	3391	175	107697	1892	1602
上海市	15296	6652	2748	55072	5022	11194
江苏省	27831	8831	1306	64916	6052	9918
浙江省	25598	9244	1805	35874	4537	7323
其中:宁波市	4608	1971	501	7970	790	1221
安徽省	8065	2899	129	14330	1124	1834
福建省	13046	3049	267	11237	970	1488
其中:厦门市	3735	619	96	2260	416	107
江西省	8655	4230	108	17178	433	1372
山东省	31046	7265	259	165326	4760	8056
其中:青岛市	4373	1005	63	8614	551	695
河南省	19029	4610	101	35180	2560	5460
湖北省	10450	3768	107	66269	272	3048
湖南省	15515	5651	381	21493	1062	4879
广东省	45627	10025	1345	111952	5441	10885
其中:深圳市	11504	2100	106	20866	2299	2397
广西壮族自治区	9208	2479	65	11656	415	1035
海南省	5276	797	69	3505	75	254
重庆市	10504	4013	466	39433	1436	3991
四川省	24155	8068	519	45372	2106	7920
贵州省	7882	1487	101	6434	243	1017
云南省	9616	1598	217	20386	631	1923
西藏自治区	1064	610		973	29	27
陕西省	10416	3106	134	41008	1680	2523
甘肃省	3467	1251	111	21109	386	576
青海省	1157	391	23	1802	215	70
宁夏回族自治区	2242	712	34	5330	338	230
新疆维吾尔自治区	9562	2351	23	15268	579	485

2－130－5

单位:万元

地　　区	商品和服务支出						
	培训费	招待费	专用材料费	被装购置费	专用燃料费	劳务费	委托业务费
地方合计	**68597**	**185271**	**827013**	**23089**	**128335**	**449610**	**377399**
北京市	4347	2335	29674	693	7505	9486	133201
天津市	1513	1363	29231	475	1861	4730	5374
河北省	2464	3901	64158	997	3613	18191	10849
山西省	1753	3404	11112	374	3347	8695	2394
内蒙古自治区	1251	2383	8993	730	3026	17587	9112
辽宁省	3063	5130	41876	1286	6826	25331	8121
其中:大连市	618	918	7164	331	664	4567	1165
吉林省	1397	1428	51940	47	6386	10424	5715
黑龙江省	946	1442	30516	1074	6007	10845	3096
上海市	5132	11003	14342	2359	543	11437	37717
江苏省	6432	23848	134434	999	3432	32499	10943
浙江省	3896	18689	14614	1043	2105	33385	43428
其中:宁波市	401	3596	4480	462	113	5898	1928
安徽省	1569	4808	17672	1640	1794	11732	2711
福建省	1111	4566	21664	1106	1046	7927	6953
其中:厦门市	170	617	1009	119	13	1356	657
江西省	1669	8644	5269	537	1776	8008	2814
山东省	3695	9047	160325	1690	44720	31958	9269
其中:青岛市	415	1362	3103	324	155	897	1863
河南省	2477	7545	76983	1056	5335	26076	6136
湖北省	1829	6240	6000	608	4678	9838	2625
湖南省	2807	13258	13021	909	3215	22561	3594
广东省	9243	21661	30068	1555	9158	50207	34620
其中:深圳市	3320	4211	4900	48	3269	18181	18423
广西壮族自治区	892	4053	6194	274	1215	27785	836
海南省	264	949	913	114	623	820	318
重庆市	1643	3784	6871	233	800	13326	5235
四川省	3348	11388	13375	680	2427	24484	11208
贵州省	1150	4043	2464	106	1010	5224	2526
云南省	1525	4169	11486	371	2329	7281	2687
西藏自治区	29	55	105	9	64	39	113
陕西省	1654	2931	8578	696	1163	9650	4897
甘肃省	606	1005	2538	1136	853	3023	452
青海省	76	363	471	5	178	272	286
宁夏回族自治区	197	616	1720	104	251	1100	306
新疆维吾尔自治区	619	1220	10406	183	1049	5689	9863

2－130－6

单位:万元

地　　区	商品和服务支出			对个人和家庭的补助			
	工会经费	福利费	其他商品和服务支出	小　计	离休费	退休费	退职(役)费
地方合计	**40993**	**168651**	**18059676**	**1733834**	**26126**	**378919**	**1917**
北京市	3393	3837	896784	60774	1125	16418	14
天津市	1230	4140	616836	103384	1492	31375	33
河北省	1164	2488	389117	86873	1704	12105	29
山西省	557	2406	139603	21370	1327	8288	201
内蒙古自治区	316	1937	388829	24296	67	1856	8
辽宁省	1931	4965	356202	58226	1586	25549	39
其中:大连市	395	1611	1317	5724	21	84	3
吉林省	409	670	27513	43003	1370	25023	23
黑龙江省	688	2421	75136	55147	2127	31825	95
上海市	3011	7488	989131	37979	1451	6762	37
江苏省	3456	11326	1878953	448664	3621	42071	157
浙江省	4798	13918	1234584	132190	1678	19047	103
其中:宁波市	794	2165	267506	30933	159	1984	3
安徽省	792	2349	698855	60817	732	10515	25
福建省	1151	3148	674931	42116	205	6927	28
其中:厦门市	485	444	73465	8781		173	
江西省	771	3847	589280	22363	234	6863	13
山东省	1644	4182	760250	59733	1093	6225	58
其中:青岛市	324	668	52824	11047	614	2044	2
河南省	1115	2790	496826	28820	903	10411	14
湖北省	1115	4391	1663823	35943	925	17572	215
湖南省	1983	5149	484676	37698	669	16603	33
广东省	4717	74239	3307524	107275	504	21056	603
其中:深圳市	801	2162	1885450	11543	5	245	489
广西壮族自治区	866	2332	292013	16976	214	9268	11
海南省	55	165	143193	2487		83	7
重庆市	1009	1567	377776	21928	292	4225	8
四川省	2381	3110	480715	140867	491	13529	61
贵州省	341	982	456671	23267	1025	12247	27
云南省	603	739	136471	11585	109	2555	31
西藏自治区	104	11	1930	2978		2297	
陕西省	386	1613	87003	14224	308	3545	5
甘肃省	246	738	71566	13137	429	8267	7
青海省	67	96	21115	2200		64	
宁夏回族自治区	169	262	95055	1950	90	467	6
新疆维吾尔自治区	525	1345	227315	15564	355	5881	26

2 - 130 - 7

单位:万元

地　　区	对个人和家庭的补助						
	抚恤金	生活补助	救济费	医疗费	助学金	奖励金	生产补贴
地　方　合　计	**12435**	**103988**	**6044**	**40483**	**376**	**18541**	**14479**
北京市	642	1704	12	5080	11	59	- 1
天津市	292	692	7	2043	18	623	1369
河北省	384	4239	44	1303	10	482	1525
山西省	258	3839	32	253	137	144	1740
内蒙古自治区	127	497	640	68	1	251	140
辽宁省	764	6123	1161	1382		1819	279
其中:大连市	89	1835	7	106		1100	278
吉林省	278	1098	92	521		393	
黑龙江省	708	5000	51	615		609	180
上海市	1007	278	811	265	12	339	2312
江苏省	1252	6255	338	3403	3	1236	345
浙江省	332	1901	247	8006		1390	188
其中:宁波市	64	201	12	151		41	4
安徽省	311	940	325	793		906	17
福建省	355	411	39	353	7	170	68
其中:厦门市	105	29		12		39	
江西省	238	1328	22	953	1	73	1259
山东省	525	6526	61	2529	6	630	1070
其中:青岛市	64	57	22	49	2	8	100
河南省	415	2911	91	590		344	340
湖北省	508	624	58	931	22	45	189
湖南省	877	1413	447	1878	31	934	102
广东省	720	2134	160	4142	53	3757	573
其中:深圳市	80	473	80	31	5	1433	
广西壮族自治区	223	575	4	308	7	561	2
海南省	65	550	16	23	2	32	39
重庆市	529	1001	16	1126	25	353	1203
四川省	546	49127	771	3068		1020	359
贵州省	311	1095	156	134		215	207
云南省	117	901	42	79	14	1786	1
西藏自治区	44	106		95		1	1
陕西省	160	1020	35	293	7	160	348
甘肃省	214	296		81	2	29	35
青海省	7	14	145	2		11	280
宁夏回族自治区	46	146	177	24		18	9
新疆维吾尔自治区	180	1244	44	142	7	151	300

2-130-8

单位:万元

地　　区	对个人和家庭的补助				对企事业单位的补贴		
	住　房 公积金	提租 补贴	购房 补贴	其他对个人 和家庭的 补助支出	小　计	企业政策性 补　贴	事业单位 补　贴
地　方　合　计	**142740**	**22141**	**111784**	**853861**	**1232428**	**286538**	**99085**
北京市	13614	3892	4235	13969	92879	7502	1859
天津市	11402	231	118	53689	76577	24749	12
河北省	3906	155	162	60825	45681	31447	2549
山西省	2641	67	19	2424	14912	3900	2112
内蒙古自治区	1289	159	6278	12915	48951	28014	892
辽宁省	5574	3762	3980	6208	114541	28476	8086
其中:大连市	1883	190	120	8	37603	13078	5374
吉林省	1672	73		12460	34771	2164	16770
黑龙江省	3628	745	8352	1212	20608	17060	1321
上海市	3759	16	2901	18029	60409		6566
江苏省	12113	3003	1509	373358	184558	50402	23851
浙江省	18830	124	4456	75888	98386	3814	5288
其中:宁波市	1025	30	101	27158	20429	898	1682
安徽省	4725	491	25113	15924	59682	9333	1517
福建省	5504	2402	1612	24035	22686	2216	1133
其中:厦门市	1852	1312	48	5211	2507		1
江西省	1733	10	34	9602	14992	7337	3859
山东省	10205	2960	17179	10666	61000	21350	6716
其中:青岛市	2730	1065	1241	3049	14259		
河南省	2749	568	2036	7448	110907	6253	721
湖北省	4533	292	2691	7338	8506	172	1391
湖南省	4962	152	27	9570	11859	157	1327
广东省	11040	1341	17112	44080	30288	1864	6860
其中:深圳市		1003	2474	5225	538	174	22
广西壮族自治区	2011	48	42	3702	5593	427	447
海南省	82			1588			
重庆市	1637		355	11158	13124	1840	151
四川省	5647	960	2683	62605	43750	26467	527
贵州省	1255	72	3557	2966	13861	3759	4145
云南省	1377	53	2874	1646	7903	298	121
西藏自治区	114		23	297	433		
陕西省	2784	113	3648	1798	2459	1772	17
甘肃省	1105	275	376	2021	5955	327	412
青海省	32	171	3	1471			
宁夏回族自治区	273	4	14	676	18161	597	
新疆维吾尔自治区	2544	2	395	4293	8996	4841	435

2－130－9　　　　单位:万元

地　　区	对企事业单位的补贴		赠　与			债务利息支出	
	财政贴息	其他对企事业单位的补贴支出	小　计	对国内的赠　与	对国外的赠　与	小　计	国库券付　息
地　方　合　计	**165324**	**681481**	**3403**	**3403**		**176262**	**409**
北京市	42314	41204					
天津市	25441	26375					
河北省	1378	10307	4	4			
山西省	103	8797					
内蒙古自治区	144	19901				719	
辽宁省	34620	43359				23518	
其中:大连市	415	18736					
吉林省		15837				66648	
黑龙江省	966	1261					
上海市	3100	50743					
江苏省	22114	88191	13	13			
浙江省	82	89202	132	132			
其中:宁波市	65	17784					
安徽省	1000	47832	1	1		12475	133
福建省	4875	14462	149	149		308	
其中:厦门市	2500	6	148	148			
江西省	1350	2446					
山东省	2025	30909	2576	2576		6828	
其中:青岛市		14259					
河南省	66	103867	1	1		1419	
湖北省		6943				2718	
湖南省		10375	27	27		13453	
广东省	10775	10789	337	337			
其中:深圳市		342	8	8			
广西壮族自治区	398	4321				4368	
海南省			142	142			
重庆市		11133					
四川省	3327	13429	12	12		16419	
贵州省	2453	3504				4035	
云南省	5852	1632				20313	
西藏自治区		433					
陕西省		670	3	3			
甘肃省	10	5206				2848	276
青海省							
宁夏回族自治区	2900	14664				193	
新疆维吾尔自治区	31	3689	6	6			

二、地方财政预算收支情况

2-130-10

单位:万元

地　　区	债务利息支出					基本建设支出	
	向国家银行借款付息	其他国内借款付息	向国外政府借款付息	向国际组织借款付息	其他国外借款付息	小　计	房屋建筑物购建
地方合计	**117796**	**40385**	**413**	**16251**	**1008**	**16456257**	**552648**
北京市						1773046	22470
天津市						55220	400
河北省						348652	13067
山西省						167767	2154
内蒙古自治区	339	60		320		416486	42103
辽宁省	7121	15864	410	123		1015608	25188
其中:大连市						550217	16732
吉林省	50817	31		15800		112185	5820
黑龙江省						505821	17685
上海市						1430846	13410
江苏省						580086	34656
浙江省						1158686	42485
其中:宁波市						250434	8729
安徽省	8106	4236				354882	4795
福建省		308				1202969	32128
其中:厦门市						997731	26309
江西省						437961	20448
山东省	6674	154				497230	42319
其中:青岛市						205971	21311
河南省	660	759				302271	13502
湖北省	2718					104771	3759
湖南省	13428		3	8	14	264442	15249
广东省						2127095	39493
其中:深圳市						275635	
广西壮族自治区		4368				196822	16060
海南省						107123	608
重庆市						1728202	15880
四川省	1574	13851			994	584000	50894
贵州省	4035					36410	3564
云南省	19752	561				313400	11883
西藏自治区						34685	6959
陕西省						176986	4224
甘肃省	2572					61966	7743
青海省						42192	404
宁夏回族自治区		193				58882	3219
新疆维吾尔自治区						259565	40079

2－130－11

单位:万元

地区	基本建设支出							
	办公设备购置	专用设备购置	交通工具购置	基础设施建设	大型修缮	信息网络购建	物资储备	其他基本建设支出
地方合计	**12100**	**30836**	**12040**	**9906943**	**141205**	**11447**	**1146**	**5787892**
北京市	434	336	184	965952	26587	807		756276
天津市				54597	223			
河北省	87	1304	491	310233	2376	598	4	20492
山西省	3098	69	365	146772	3513			11796
内蒙古自治区	61	1755	259	343425	1048	226		27609
辽宁省	270	835	282	894200	1968	27		92838
其中:大连市	6	26	163	440248	1326	22		91694
吉林省	3	862	61	99974	1364	52		4049
黑龙江省	7	361	110	406769	2720	1403	67	76699
上海市	309	304	280	453329	14845	237		948132
江苏省	903	511	2415	432582	22631	370		86018
浙江省	1461	835	1315	882706	6188	334	76	223286
其中:宁波市	132	88	176	204946	2002	6		34355
安徽省	89	942	81	259263	1645	70		87997
福建省	228	319	259	1080009	345	26		89655
其中:厦门市	180	243	86	896882	249	26		73756
江西省	106	499	68	270535	2452	400		143453
山东省	412	5270	710	219885	7679	915	5	220035
其中:青岛市	222	2573	342	57074	151	358	5	123935
河南省	1720	1886	661	226948	4015	290	30	53219
湖北省	133	797	115	34663	308	651		64345
湖南省	180	621	381	185567	4252	2330	3	55859
广东省	617	9355	1034	816323	4341	420		1255512
其中:深圳市				253925	20			21690
广西壮族自治区	280	935	774	124410	435	3		53925
海南省	22	75	51	96079	115			10173
重庆市	222	560	338	399722	7778	98		1303604
四川省	501	1327	1044	444607	7827	550	961	76289
贵州省	48	406	73	18789	64	10		13456
云南省	65	214	357	264198	9810	1029		25844
西藏自治区				23378	2061			2287
陕西省	508	50	225	143938	1442	282		26317
甘肃省	2	155		40847	2024			11195
青海省	2		13	33414	19			8340
宁夏回族自治区				40286	13			15364
新疆维吾尔自治区	332	253	94	193543	1117	319		23828

2－130－12

单位：万元

地　　区	其他资本性支出						
	小　计	房屋建筑物购　建	办公设备购　置	专用设备购　置	交通工具购　置	基础设施建　设	大型修缮
地　方　合　计	**46797674**	**1012942**	**164101**	**208864**	**160581**	**17658550**	**883154**
北京市	1821913	13846	12517	15168	14874	366093	76578
天津市	1634751	11138	1558	3013	3334	1258223	38031
河北省	1811172	20789	1934	8607	4120	895138	53163
山西省	911014	12172	11143	30228	5909	391700	58130
内蒙古自治区	1511175	30129	2713	4831	4510	620769	36273
辽宁省	3851019	61349	57536	16354	13316	2114116	48376
其中：大连市	1274582	7939	54342	1650	1447	864500	11672
吉林省	617974	12582	1818	6718	3883	224891	15588
黑龙江省	1454615	26333	1293	4970	3620	500148	32816
上海市	1618669	29947	7928	6298	5971	304290	185709
江苏省	6196079	70473	11937	14969	10497	1956406	36971
浙江省	3243773	137367	5453	6867	8234	1121601	24415
其中：宁波市	537273	4903	728	1423	1316	145209	6065
安徽省	2477754	60042	2067	3266	3466	1089091	9592
福建省	2342358	159957	2332	5266	5117	577825	12782
其中：厦门市	1272073	150081	360	3079	1241	34695	4038
江西省	939767	16652	1231	3430	2216	315194	2367
山东省	4111393	35711	9286	21233	7897	1486852	60186
其中：青岛市	591711	2961	605	2222	817	74344	232
河南省	926747	18157	2523	10465	4148	427402	21270
湖北省	637614	13133	1675	2471	2320	158595	3796
湖南省	419040	19556	2664	3767	4519	136867	12045
广东省	3253663	25714	9011	6381	12638	793752	49375
其中：深圳市	59680	3382	3237	1153	5025	8777	4251
广西壮族自治区	393377	5979	1988	2454	4085	116515	2984
海南省	121547	3231	705	235	1132	63849	160
重庆市	1284780	27448	1588	1830	1554	391390	7976
四川省	3344584	138331	4844	8959	19705	1651945	58521
贵州省	168814	8482	1416	2005	2859	74602	1693
云南省	484288	7911	1815	1484	2710	118773	5361
西藏自治区	28307	11278	13	213	250	15300	95
陕西省	323490	4955	1648	8666	3865	207465	5630
甘肃省	295267	5438	672	2700	1043	104317	2596
青海省	38517	1809	242	419	158	6883	215
宁夏回族自治区	233740	9619	562	1034	558	65363	10465
新疆维吾尔自治区	300473	13414	1989	4563	2073	103195	9995

2－130－13

单位:万元

地　　区	其他资本性支出						
	信息网络购　　建	物资储备	土地补偿	安置补助	地上附着物和青苗补偿	拆迁补偿	其他资本性支　　出
地 方 合 计	**43436**	**23316**	**5778775**	**1050809**	**566835**	**5121447**	**14124864**
北京市	4333	90	135028	881		963	1181542
天津市	241		84255	2709	299	9759	222191
河北省	842	1600	312567	65102	21938	122009	303363
山西省	3760	81	145315	5940	6153	89502	150981
内蒙古自治区	521		338721	21514	102083	87942	261169
辽宁省	2362	11035	469541	104610	14345	447362	490717
其中:大连市	970	11025	56530	16084	150	78446	169827
吉林省	1747	728	135159	12460	90853	77558	33989
黑龙江省	1404	198	177298	25173	2629	145297	533436
上海市	3959		149814	36717	21255	167459	699322
江苏省	2513		236376	190541	15594	735591	2914211
浙江省	2940		294173	51998	15088	399629	1176008
其中:宁波市	512		7072	9250	8983	125988	225824
安徽省	410	4	205110	36987	6897	546522	514300
福建省	947	16	400182	30566	45441	388564	713363
其中:厦门市	88		214318	1511		287301	575361
江西省	205	1	122077	24547	5076	107112	339659
山东省	3638	3967	1233361	62571	53156	306425	827110
其中:青岛市	212		417343	543	3331	40216	48885
河南省	2570	4171	146022	47432	24654	57711	160222
湖北省	527		36883	14549	4044	105084	294537
湖南省	2088	2	60695	31516	2741	40132	102448
广东省	1635	214	391004	26352	19775	335702	1582110
其中:深圳市	450	211				2000	31194
广西壮族自治区	613		76429	24311	4073	24277	129669
海南省			12789	5367	1059	9854	23166
重庆市	1649		98058	21829	17481	136548	577429
四川省	2549	60	210178	150875	76444	437661	584512
贵州省	143		31008	2780	269	16202	27355
云南省	892	85	129179	9345	1545	94581	110607
西藏自治区			483				675
陕西省	501	3	36242	2624	581	8554	42756
甘肃省	225		38406	25800	4924	72645	36501
青海省	53		263		138	470	27867
宁夏回族自治区	44		21110	7182	2590	102298	12915
新疆维吾尔自治区	125	1061	51049	8531	5710	48034	50734

二、地方财政预算收支情况

2－130－14

单位:万元

地区	贷款转贷及产权参股					其他支出		
	小计	国内贷款	国外贷款	产权参股	其他贷款转贷及产权参股支出	小计	补充全国社会保障基金	其他支出
地方合计	**293873**	**124715**		**112291**	**56867**	**10353306**		**10353306**
北京市	81094	53000			28094	823970		823970
天津市	21000	21000				107231		107231
河北省	37278	13218			24060	372565		372565
山西省	4597			4231	366	25178		25178
内蒙古自治区	9537	4137		5400		15228		15228
辽宁省	1463	1463				107219		107219
其中:大连市						5241		5241
吉林省	2692	2692				102609		102609
黑龙江省	466	466				107720		107720
上海市						379793		379793
江苏省	60000			60000		548534		548534
浙江省						1255075		1255075
其中:宁波市						149525		149525
安徽省	9000	9000				271319		271319
福建省	2656			2450	206	276812		276812
其中:厦门市						69107		69107
江西省	3700			3700		282411		282411
山东省	356	356				437178		437178
其中:青岛市						372782		372782
河南省						193613		193613
湖北省	30000			30000		669665		669665
湖南省						567872		567872
广东省	15553	15553				1257035		1257035
其中:深圳市						75108		75108
广西壮族自治区						166989		166989
海南省	497				497	13421		13421
重庆市	2844	800			2044	376199		376199
四川省	7970	2970		5000		1635189		1635189
贵州省	600				600	18498		18498
云南省						46290		46290
西藏自治区						1207		1207
陕西省						118808		118808
甘肃省	1000				1000	21088		21088
青海省						4218		4218
宁夏回族自治区	60	60				120049		120049
新疆维吾尔自治区	1510			1510		30323		30323

2007 年各省、自治区、直辖市城乡社区管理事务支出明细表

2－131－1

单位:万元

地　区	合　计	工资福利支出				
		小　计	基本工资	津贴补贴	奖　金	社会保障缴　费
地 方 合 计	**6825115**	**2338213**	**869492**	**618552**	**397021**	**150250**
北京市	346407	97461	25294	31152	17640	3510
天津市	117108	42701	13510	15046	5614	2829
河北省	172333	81049	44492	18499	2996	6612
山西省	100763	39298	20053	12119	1489	2455
内蒙古自治区	149083	51986	21243	16477	1951	7319
辽宁省	314218	84890	38248	29073	4095	7127
其中:大连市	120263	20341	8449	6054	1693	2911
吉林省	99328	39594	21339	12957	1685	1329
黑龙江省	151617	61354	32574	19376	4452	1292
上海市	769454	235152	53767	29009	108077	13276
江苏省	627920	204159	51487	42281	56580	15044
浙江省	599432	181027	34976	31109	70035	17272
其中:宁波市	123886	38783	5243	5490	17749	5014
安徽省	199060	50436	23811	14035	2211	2052
福建省	138738	47143	15622	12861	4471	4085
其中:厦门市	34095	12733	2502	4443	1219	476
江西省	124918	49013	25919	11608	3675	2301
山东省	450388	147247	62771	49761	7214	17188
其中:青岛市	73641	27021	8248	11338	2231	3213
河南省	185968	87679	53614	23840	2159	2964
湖北省	211489	71533	30204	16865	7920	4477
湖南省	236047	100362	51548	25815	8089	7283
广东省	700779	254783	72425	94072	29566	15007
其中:深圳市	222612	68752	15844	26095	8128	2793
广西壮族自治区	109300	33817	15102	9111	4273	1173
海南省	46098	12188	5914	2838	841	291
重庆市	131648	29200	11731	7440	3983	668
四川省	284278	108215	41118	15501	30597	6118
贵州省	95864	34653	16658	10731	2350	654
云南省	95033	37141	15180	14887	2222	1048
西藏自治区	41612	18346	5975	9652	718	735
陕西省	117437	45379	24871	10872	3607	1418
甘肃省	73698	31579	15332	12779	1175	481
青海省	20421	10085	3948	4821	404	69
宁夏回族自治区	29711	12518	5340	5153	742	481
新疆维吾尔自治区	84965	38225	15426	8812	6190	3692

2－131－2

单位:万元

地　　区	工资福利支出				商品和服务支出		
	伙食费	伙　食补助费	绩效工资	其他工资福利支出	小　计	办公费	印刷费
地　方　合　计	**3154**	**20164**	**14657**	**264923**	**2541560**	**176412**	**28010**
北京市	43	160	2189	17473	102692	5885	1899
天津市	81	806	286	4529	39744	3399	422
河北省	362	2677	222	5189	62297	7062	601
山西省	36	365	283	2498	30771	4617	727
内蒙古自治区	6	94	87	4809	64654	5942	738
辽宁省	181	463	1384	4319	105448	10926	1171
其中:大连市	45	106	935	148	34460	3720	362
吉林省		145	543	1596	27684	4856	487
黑龙江省	136	804	1234	1486	45039	8447	601
上海市	740	1747	500	28036	295932	8884	1195
江苏省	297	2739	1037	34694	259254	12508	1991
浙江省	114	2180	649	24692	227045	7040	2168
其中:宁波市	56	405	11	4815	35799	1272	180
安徽省	116	540	731	6940	56813	4075	661
福建省	35	246	668	9155	40574	2410	539
其中:厦门市	11	167	53	3862	12623	483	63
江西省	6	141	176	5187	48228	3624	703
山东省	171	920	692	8530	181817	14813	2848
其中:青岛市	33	225	123	1610	16160	1088	230
河南省	46	108	283	4665	69065	12752	1377
湖北省	82	348	667	10970	96375	3203	821
湖南省	81	548	270	6728	79309	5727	1263
广东省	469	1608	762	40874	304308	16704	2886
其中:深圳市	170	898	144	14680	114167	3826	790
广西壮族自治区		43	104	4011	38914	3266	382
海南省	6	10	77	2211	22009	614	137
重庆市		395	107	4876	54487	3933	477
四川省	14	615	547	13705	109460	8556	1649
贵州省	13	87	122	4038	34082	3556	521
云南省	20	780	52	2952	36453	4329	273
西藏自治区		1		1265	3323	299	18
陕西省	27	670	729	3185	42753	4103	659
甘肃省	1	23	27	1761	21950	1903	368
青海省	14	60	86	683	6767	364	73
宁夏回族自治区	1	46	29	726	8692	426	105
新疆维吾尔自治区	56	795	114	3140	25621	2189	250

2-131-3

单位:万元

地　　区	商品和服务支出						
	咨询费	手续费	水　费	电　费	邮电费	取暖费	物业管理费
地方合计	**6116**	**5905**	**14939**	**60055**	**40331**	**29070**	**26707**
北京市	14	4	596	2296	1172	1888	1591
天津市	377	158	339	1077	657	726	615
河北省	74	60	729	2090	1303	3175	1176
山西省	234	44	242	921	654	1091	76
内蒙古自治区	69	55	320	1071	657	1832	217
辽宁省	1324	2356	604	6534	1927	6397	1796
其中:大连市	369	2257	148	3915	486	1202	437
吉林省	62	38	188	746	475	1800	282
黑龙江省	34	177	281	1308	795	3127	567
上海市	234	72	751	4315	3832	28	4001
江苏省	303	524	1117	4318	3318	63	2312
浙江省	676	691	974	3460	3330		1631
其中:宁波市	29	434	283	652	389		456
安徽省	90	170	344	1311	856	111	284
福建省	60	32	258	1135	875		360
其中:厦门市	23	12	79	269	150		169
江西省	122	104	267	1636	709	62	386
山东省	683	227	1376	4831	3507	4181	2323
其中:青岛市	16	3	60	294	425	269	162
河南省	119	237	583	2122	1069	276	1151
湖北省	120	45	493	1454	1084	91	640
湖南省	147	129	544	1690	991	100	341
广东省	551	205	1892	8240	5833	28	4466
其中:深圳市	141	22	538	3306	1458	21	3134
广西壮族自治区	150	56	185	750	509		27
海南省	23	2	211	258	184		33
重庆市	87	40	418	1115	727	5	516
四川省	240	163	586	2484	2492	79	1106
贵州省	36	33	148	899	493	61	130
云南省	154	170	302	766	779		206
西藏自治区			24	95	72	132	
陕西省	25	23	503	999	725	837	185
甘肃省	21	28	221	1047	451	1193	90
青海省	5	3	44	279	219	273	16
宁夏回族自治区	12	4	33	294	120	124	45
新疆维吾尔自治区	70	55	366	514	516	1390	138

2－131－4

单位:万元

地区	商品和服务支出					
	交通费	差旅费	出国费	维修(护)费	租赁费	会议费
地方合计	**180195**	**61698**	**8139**	**175532**	**28285**	**57124**
北京市	5820	1378	523	9809	4679	3644
天津市	3434	1079	225	1116	918	2160
河北省	7502	2158	67	9955	886	1391
山西省	3846	1209	44	2755	430	1160
内蒙古自治区	4909	2363	49	4584	140	700
辽宁省	11492	2275	190	20585	1465	1553
其中:大连市	2154	679	78	9878	665	552
吉林省	4232	1525	98	5274	188	714
黑龙江省	4872	1319	41	9322	507	599
上海市	9811	3967	2011	4906	3541	7439
江苏省	12514	4470	832	9325	2799	5572
浙江省	10860	5337	1260	11710	2748	4476
其中:宁波市	2153	1162	343	847	340	719
安徽省	4058	1501	57	1864	513	1052
福建省	4283	1630	207	1294	578	723
其中:厦门市	1409	329	86	250	310	58
江西省	4137	1848	47	2631	160	615
山东省	14756	4029	177	16686	2411	4537
其中:青岛市	2264	513	63	994	255	389
河南省	6531	1901	31	4346	676	2099
湖北省	5093	1951	44	4079	107	1568
湖南省	5752	2176	180	3490	323	2030
广东省	19007	5173	808	22427	2567	5358
其中:深圳市	6033	1054	86	2093	1159	1481
广西壮族自治区	3046	1262	40	2564	186	388
海南省	2033	400	42	742	31	126
重庆市	3365	1629	375	5120	265	1929
四川省	10277	4629	369	8961	720	4115
贵州省	4312	870	59	1074	83	514
云南省	3388	861	137	1741	189	750
西藏自治区	764	567		61	4	25
陕西省	4334	1586	118	2234	620	1288
甘肃省	1510	682	84	4105	215	252
青海省	729	253	8	335	97	32
宁夏回族自治区	717	279	12	1322	69	83
新疆维吾尔自治区	2811	1391	4	1115	170	232

2－131－5

单位:万元

地　　区	商品和服务支出						
	培训费	招待费	专　用 材料费	被　装 购置费	专　用 燃料费	劳务费	委　托 业务费
地　方　合　计	**34558**	**98142**	**97116**	**10216**	**18354**	**101690**	**42397**
北京市	2707	967	3185	267	24	6028	3232
天津市	604	601	1154	443	620	714	2437
河北省	877	2201	2647	571	555	2656	1642
山西省	629	1283	570	106	151	1051	118
内蒙古自治区	654	1141	1413	355	599	2186	449
辽宁省	1567	2083	9050	834	989	5284	610
其中:大连市	420	512	3177	242	364	1471	120
吉林省	430	539	2252	47	644	841	514
黑龙江省	432	631	2674	387	287	2108	252
上海市	2990	6951	1862	300	26	3478	1125
江苏省	4108	14781	6152	435	209	11671	2284
浙江省	2116	9805	6495	504	444	8964	5502
其中:宁波市	200	2140	3182	191	12	2199	261
安徽省	700	2741	2182	837	305	1722	577
福建省	504	2357	439	802	159	1330	1095
其中:厦门市	113	389	98	115	10	486	196
江西省	699	4263	931	215	243	549	296
山东省	2243	5089	27972	723	6411	6967	1279
其中:青岛市	230	845	374	103	49	517	155
河南省	1129	3118	5468	258	1079	4233	1618
湖北省	690	3525	2025	236	2717	1600	163
湖南省	1214	6200	2629	571	590	1970	418
广东省	4596	10971	9913	778	701	23922	12330
其中:深圳市	1609	2333	1147	38	511	11156	10006
广西壮族自治区	383	2016	645	114	289	952	133
海南省	157	566	39	94	71	235	196
重庆市	719	1669	779	76	52	2184	857
四川省	1338	6656	1861	297	225	4175	531
贵州省	645	2646	873	84	196	1981	1102
云南省	651	2154	798	217	191	1391	385
西藏自治区	26	50	20	3	63	6	112
陕西省	967	1457	913	458	289	971	2456
甘肃省	281	528	498	140	84	336	59
青海省	49	243	61	4	27	71	2
宁夏回族自治区	93	264	996	17	52	107	71
新疆维吾尔自治区	360	646	620	43	62	2007	552

2－131－6

单位:万元

地　　区	商品和服务支出			对个人和家庭的补助			
	工会经费	福利费	其他商品和服务支出	小　计	离休费	退休费	退职(役)费
地　方　合　计	**18766**	**44807**	**1176996**	**352376**	**17493**	**131712**	**640**
北京市	906	904	43274	15578	17	760	4
天津市	317	764	15388	15375	789	7572	8
河北省	487	984	11448	9296	1074	4837	4
山西省	144	731	7938	5956	1102	2880	1
内蒙古自治区	136	898	33177	3137	42	961	1
辽宁省	661	2085	11690	17130	995	7772	7
其中:大连市	212	834	206	2826	21	82	3
吉林省	122	159	1171	6530	759	4633	
黑龙江省	226	1047	4998	16962	1372	11743	23
上海市	2119	4971	217123	17760	1311	4257	28
江苏省	1772	5576	150300	38294	2640	15856	24
浙江省	2622	6259	127973	32121	1456	8412	53
其中:宁波市	451	805	17099	4167	135	1287	
安徽省	275	923	29604	7214	389	3214	4
福建省	470	1446	17588	7385	96	1673	12
其中:厦门市	207	168	7151	2641		14	
江西省	279	1278	22424	5404	173	2240	1
山东省	853	1922	50973	25832	923	4228	44
其中:青岛市	145	238	6479	4518	599	1585	
河南省	370	981	15541	4130	360	2368	9
湖北省	512	1780	62334	14071	712	7391	195
湖南省	930	1996	37908	13477	420	7005	11
广东省	2194	5069	137689	36828	340	6191	103
其中:深圳市	488	1106	60631	7822	5	109	6
广西壮族自治区	384	519	20668	6180	184	3622	4
海南省	18	34	15763	793		48	
重庆市	402	403	27345	2883	57	1090	
四川省	1341	1541	45069	16839	427	7548	37
贵州省	198	456	13112	12336	860	6460	27
云南省	297	324	16000	4784	78	969	22
西藏自治区	79	10	893	1585		1075	
陕西省	124	480	16399	4691	241	2235	4
甘肃省	119	329	7406	3609	290	2489	4
青海省	46	78	3456	72		2	
宁夏回族自治区	58	87	3302	716	85	314	6
新疆维吾尔自治区	305	773	9042	5408	301	1867	4

2－131－7

单位:万元

地　　区	对个人和家庭的补助						
	抚恤金	生活补助	救济费	医疗费	助学金	奖励金	生产补贴
地　方　合　计	**5375**	**14690**	**2131**	**11488**	**134**	**9663**	**1191**
北京市	159	336		721		8	
天津市	116	184	3	741	12	592	
河北省	186	819	33	529	10	102	9
山西省	134	214	21	80	2	45	3
内蒙古自治区	62	246	519	32		86	140
辽宁省	226	1228	71	431		1244	
其中:大连市	54	445	5	81		999	
吉林省	81	280	5	109		91	
黑龙江省	304	480	38	124		395	10
上海市	520	101	616	196	7	82	312
江苏省	567	1591	244	1217	3	887	8
浙江省	206	620	46	1979		921	69
其中:宁波市	49	48	7	66		5	
安徽省	172	243	23	170		163	15
福建省	90	105	23	106	4	66	11
其中:厦门市	8	8		10		28	
江西省	90	453	8	422		48	11
山东省	231	1147	38	1303	3	136	270
其中:青岛市	55	16	21	31	2	6	
河南省	96	125	44	83		145	28
湖北省	209	192	20	409	6	25	158
湖南省	464	265	139	638	8	514	30
广东省	388	1324	156	1371	47	1804	21
其中:深圳市	79	234	79	15	1	668	
广西壮族自治区	86	266		166		324	
海南省	10	456	15	8	1	13	12
重庆市	135	302	1	113	25	117	
四川省	233	1867	24	167		626	78
贵州省	211	395	22	47		105	1
云南省	73	518	2	22		827	1
西藏自治区	42	106		64			1
陕西省	64	354	17	121		125	3
甘肃省	106	86		16		25	
青海省	5	14		2		11	
宁夏回族自治区	18	48	1	16		15	
新疆维吾尔自治区	91	325	2	85	6	121	

2－131－8

单位:万元

地　　区	对个人和家庭的补助				对企事业单位的补贴		
	住　房 公积金	提租 补贴	购房 补贴	其他对个人 和家庭的 补助支出	小　计	企业政策性 补　　贴	事业单位 补　　贴
地　方　合　计	**63622**	**7576**	**26293**	**60368**	**64879**	**4737**	**20143**
北京市	5343	1276	492	6462	3660	1356	1252
天津市	4615	76	97	570			
河北省	1113	47	10	523	614		119
山西省	790	28	16	640	1191		1036
内蒙古自治区	824	23	4	197	6920	145	573
辽宁省	2156	1352	459	1189	3701	433	2501
其中:大连市	1025	101	7	3	2845	433	2106
吉林省	512	27		33	208	208	
黑龙江省	1685	327	3	458	144	123	21
上海市	2289	12	2592	5437	9243		5060
江苏省	5866	1427	592	7372	8894	955	2867
浙江省	10431	57	2465	5406	5609	70	1252
其中:宁波市	433	14	40	2083	1046	18	425
安徽省	1646	59	25	1091	2216	60	114
福建省	2241	1015	45	1898	908	26	471
其中:厦门市	850	629	36	1058	6		
江西省	719		24	1215	1845	23	771
山东省	4564	705	9847	2393	1122		478
其中:青岛市	1058	362	421	362	11		
河南省	448	1	17	406	1237	418	567
湖北省	1979	98	306	2371	1298		885
湖南省	2368		22	1593	1383	8	774
广东省	5700	981	6522	11880	7543	52	789
其中:深圳市		906	1805	3915	291	53	18
广西壮族自治区	646	3	7	872	114		114
海南省	24			206			
重庆市	324		26	693	265	230	1
四川省	2679	4	9	3140	505	262	225
贵州省	706	22	1745	1735	152	70	
云南省	513		664	1095	5323	298	15
西藏自治区	89			208			
陕西省	1158	16		353	130		9
甘肃省	413	15		165	483		78
青海省	19			19			
宁夏回族自治区	122	4	7	80			
新疆维吾尔自治区	1640	1	297	668	171		171

2-131-9

单位:万元

地　　区	对企事业单位的补贴		赠　与			债务利息支出	
	财政贴息	其他对企事业单位的补贴支出	小　计	对国内的赠　与	对国外的赠　与	小　计	国库券付　息
地　方　合　计	**11496**	**28503**	**123**	**123**		**13656**	
北京市	90	962					
天津市							
河北省		495	4	4			
山西省		155					
内蒙古自治区		6202					
辽宁省	66	701				116	
其中:大连市		306					
吉林省							
黑龙江省							
上海市		4183					
江苏省		5072	7	7			
浙江省	17	4270	77	77			
其中:宁波市		603					
安徽省		2042				200	
福建省	373	38					
其中:厦门市		6					
江西省		1051					
山东省		644	3	3			
其中:青岛市		11					
河南省		252					
湖北省		413					
湖南省		601	5	5		13301	
广东省	6000	702	3	3			
其中:深圳市		220	4	4			
广西壮族自治区							
海南省			5	5			
重庆市		34					
四川省		18	12	12		39	
贵州省		82					
云南省	4950	60					
西藏自治区							
陕西省		121	1	1			
甘肃省		405					
青海省							
宁夏回族自治区							
新疆维吾尔自治区			6	6			

二、地方财政预算收支情况

2－131－10

单位:万元

地　　区	债务利息支出					基本建设支出	
	向国家银行借款付息	其他国内借款付息	向国外政府借款付息	向国际组织借款付息	其他国外借款付息	小　计	房屋建筑物购建
地　方　合　计	**13315**	**316**	**3**	**8**	**14**	**384477**	**19281**
北京市						38196	879
天津市							
河北省						1724	2
山西省						2877	10
内蒙古自治区						2326	925
辽宁省		116				25994	356
其中:大连市						25230	
吉林省						12209	
黑龙江省						4449	300
上海市						104154	4176
江苏省						18741	3304
浙江省						27988	3130
其中:宁波市						1186	
安徽省		200				40519	471
福建省						20816	41
其中:厦门市						879	41
江西省						3335	
山东省						13540	359
其中:青岛市						7549	
河南省						6606	50
湖北省						1963	
湖南省	13276		3	8	14	3458	246
广东省						6758	155
其中:深圳市							
广西壮族自治区						4506	419
海南省						4405	
重庆市						6320	440
四川省	39					13026	1358
贵州省						553	25
云南省						2352	138
西藏自治区						160	160
陕西省						6051	450
甘肃省						4479	1104
青海省						1595	
宁夏回族自治区						1064	
新疆维吾尔自治区						4313	783

2－131－11

单位:万元

地　　区	基本建设支出							
	办公设备购　置	专用设备购　置	交通工具购　置	基础设施建　设	大型修缮	信息网络购　建	物资储备	其他基本建设支出
地　方　合　计	**2934**	**3647**	**2668**	**207545**	**3552**	**675**	**7**	**144168**
北京市	151	260	119	16650		1		20136
天津市								
河北省	60	4	24	1563	62		4	5
山西省	358	17	50	102				2340
内蒙古自治区	5		37	791	30	26		512
辽宁省	62		83	6655		14		18824
其中:大连市	6		13	6393		14		18804
吉林省	2		61	11994	50	52		50
黑龙江省	4			4145				
上海市	103	26	134	52648		4		47063
江苏省	483	125	168	11810	1070	50		1731
浙江省	761	132	532	4165	85	223		18960
其中:宁波市	70	19	69	1	5	6		1016
安徽省	33	62	32	36380				3541
福建省	117	129	190	19741	76	26		496
其中:厦门市	111	100	86	142		26		373
江西省	19	8	5	2881	290			132
山东省	29	2420	39	2052	276	22		8343
其中:青岛市	14	26	19	13		22		7455
河南省	145	82	234	5446	205	12		432
湖北省	65		38	1588	17	22		233
湖南省	37	67	146	1440	208	5	3	1306
广东省	130	75	340	1916	624	25		3493
其中:深圳市								
广西壮族自治区	31	25	40	3560	144	2		285
海南省	10		1	2929				1465
重庆市	3	25	62	2277		10		3503
四川省	120	46	24	3161	115	17		8185
贵州省	22		56	352	7	10		81
云南省	45	86	48	1964				71
西藏自治区								
陕西省	111	50	173	4131	206	152		778
甘肃省				3339				36
青海省	1		9	1570				15
宁夏回族自治区				8	8			1048
新疆维吾尔自治区	27	8	23	2287	79	2		1104

2－131－12

单位:万元

地　　区	其他资本性支出						
	小　计	房屋建筑物购　建	办公设备购　置	专用设备购　置	交通工具购　置	基础设施建　设	大型修缮
地　方　合　计	**828268**	**81781**	**41484**	**28310**	**55834**	**287144**	**54281**
北京市	58638	268	3205	5090	5327	9908	918
天津市	19288	2434	967	680	1447	11870	1640
河北省	13016	1907	920	859	1681	5720	468
山西省	20184	474	667	670	1387	4984	3710
内蒙古自治区	20060	3987	813	567	1389	4102	3778
辽宁省	76177	7078	1493	1342	3063	43079	8761
其中:大连市	34561	793	170	190	433	26299	5318
吉林省	12099	432	619	385	705	7005	490
黑龙江省	23667	5382	364	425	1013	10066	2356
上海市	79239	19568	5434	641	3118	2042	2674
江苏省	63312	5178	4518	2188	4330	18751	8346
浙江省	58517	1545	3369	1621	3111	30729	921
其中:宁波市	24848	21	474	499	410	15269	27
安徽省	34967	2170	1048	696	1706	13201	739
福建省	18325	411	985	448	1938	8066	1569
其中:厦门市	3812		277	101	394	156	849
江西省	8275	1671	701	561	1132	2276	32
山东省	68536	5057	2241	5254	2986	20161	1777
其中:青岛市	11344	1	288	56	359	5075	32
河南省	14552	625	746	382	1218	5620	1051
湖北省	18991	1743	703	582	1236	3514	351
湖南省	17481	2139	866	575	1594	5862	489
广东省	41313	3261	4357	1652	6905	6888	4430
其中:深圳市	16241	105	1923	411	3429	2326	3120
广西壮族自治区	18634	626	567	241	1110	4800	595
海南省	5954	1408	233	70	350	1408	18
重庆市	20301	828	651	98	400	9496	264
四川省	31723	619	2285	906	2596	16875	2560
贵州省	12414	338	735	276	1442	6783	186
云南省	8271	255	758	302	976	3095	183
西藏自治区	18047	8279	13	3	44	9408	
陕西省	16643	705	790	697	1600	10898	522
甘肃省	10288	719	259	298	553	5420	630
青海省	1655	858	198	62	109	242	55
宁夏回族自治区	6629	1032	124	124	237	136	4355
新疆维吾尔自治区	11072	784	855	615	1131	4739	413

2－131－13　　　　单位:万元

地　　区	其他资本性支出						
	信息网络购建	物资储备	土地补偿	安置补助	地上附着物和青苗补偿	拆迁补偿	其他资本性支出
地方合计	**16268**	**259**	**8294**	**2397**	**878**	**24311**	**227027**
北京市	3990		318	874			28740
天津市	150					17	83
河北省	32		421	201	199	276	332
山西省	439		1207	392		1037	5217
内蒙古自治区	110		45	1		2213	3055
辽宁省	946	33	19	121	16	5766	4460
其中:大连市	753	25				580	
吉林省	64		114	284		501	1500
黑龙江省	663	198		25		689	2486
上海市	1565		5		19		44173
江苏省	1458			9	30	131	18373
浙江省	1037					238	15946
其中:宁波市	74						8074
安徽省	177	4	1886		16	4195	9129
福建省	384	16	1201	25	4		3278
其中:厦门市	88						1947
江西省	13	1				10	1878
山东省	1367	4	1624	108	50	1677	26230
其中:青岛市	38		983			966	3546
河南省	1381	3	29		334	385	2778
湖北省	325			30		809	9698
湖南省	350		177	65	32		5332
广东省	668		10			1126	12016
其中:深圳市	22						4905
广西壮族自治区	8		507	54	51	535	9540
海南省						1	2466
重庆市	10		57				8497
四川省	650		121	29	93	1047	3942
贵州省	100		401	16	20	1569	548
云南省	107			13		61	2521
西藏自治区							300
陕西省	84		32	30		297	988
甘肃省	23		114	8	14	284	1966
青海省	48						83
宁夏回族自治区	4						617
新疆维吾尔自治区	115		6	112		1447	855

2－131－14

单位:万元

地区	贷款转贷及产权参股					其他支出		
	小计	国内贷款	国外贷款	产权参股	其他贷款转贷及产权参股支出	小计	补充全国社会保障基金	其他支出
地方合计	**1**				**1**	**301562**		**301562**
北京市						30182		30182
天津市								
河北省						4333		4333
山西省						486		486
内蒙古自治区								
辽宁省						762		762
其中:大连市								
吉林省						1004		1004
黑龙江省						2		2
上海市						27974		27974
江苏省						35259		35259
浙江省						67048		67048
其中:宁波市						18057		18057
安徽省						6695		6695
福建省	1				1	3586		3586
其中:厦门市						1401		1401
江西省						8818		8818
山东省						12291		12291
其中:青岛市						7038		7038
河南省						2699		2699
湖北省						7258		7258
湖南省						7271		7271
广东省						49243		49243
其中:深圳市						15335		15335
广西壮族自治区						7135		7135
海南省						744		744
重庆市						18192		18192
四川省						4459		4459
贵州省						1674		1674
云南省						709		709
西藏自治区						151		151
陕西省						1789		1789
甘肃省						1310		1310
青海省						247		247
宁夏回族自治区						92		92
新疆维吾尔自治区						149		149

2007 年各省、自治区、直辖市城乡社区规划与管理支出明细表

2－132－1　　　　单位:万元

地　　区	合　计	工资福利支出				
		小　计	基本工资	津贴补贴	奖　金	社会保障缴　费
地 方 合 计	**1163529**	**162788**	**62287**	**38797**	**29099**	**13536**
北京市	84949	8994	2026	2337	3358	626
天津市	4869	379	74	89	16	15
河北省	54978	4466	2244	895	166	529
山西省	29924	3387	884	478	1005	107
内蒙古自治区	31406	2802	1386	975	132	127
辽宁省	40875	5309	2682	1831	239	316
其中:大连市	16915	1466	465	734	182	55
吉林省	11336	2407	1428	565	35	99
黑龙江省	36424	7090	3589	2556	400	308
上海市	33937	8146	2056	901	4135	657
江苏省	151183	27546	7465	4816	7092	2886
浙江省	89669	14762	3179	2878	5356	1618
其中:宁波市	13818	2345	250	298	1092	254
安徽省	24930	3826	1468	1083	351	265
福建省	36956	4812	2008	1116	348	729
其中:厦门市	6370	974	228	307	109	112
江西省	15750	2964	1702	630	191	106
山东省	90464	7136	3079	2449	468	727
其中:青岛市	10009	1484	552	527	58	212
河南省	34195	5219	3482	1091	148	254
湖北省	32948	6987	3576	1509	878	589
湖南省	40208	11573	6281	2477	968	1059
广东省	100765	13027	4041	4920	1448	1046
其中:深圳市	4195	907	33	349	184	24
广西壮族自治区	32903	2470	1138	750	362	112
海南省	12301	674	232	291	82	5
重庆市	30845	1354	741	219	151	31
四川省	63746	8270	2647	1189	1255	956
贵州省	10223	1095	582	245	100	21
云南省	14249	1460	614	626	90	47
西藏自治区	429	123	11	44	2	
陕西省	32679	4364	2653	1050	208	223
甘肃省	5550	1040	503	393	38	27
青海省	1786	64	15	26	1	
宁夏回族自治区	5196	356	175	160	13	1
新疆维吾尔自治区	7856	686	326	208	63	50

2－132－2

单位:万元

地区	工资福利支出				商品和服务支出		
	伙食费	伙食补助费	绩效工资	其他工资福利支出	小计	办公费	印刷费
地方合计	**139**	**995**	**3036**	**14899**	**463800**	**30559**	**5643**
北京市		44	6	597	30456	2170	363
天津市	1	9	8	167	3752	47	3
河北省	5	98	38	491	17462	954	169
山西省	1	18	154	740	10211	361	1040
内蒙古自治区		1	5	176	11456	483	77
辽宁省	1	16	17	207	14089	912	100
其中:大连市	1	1	4	24	6146	207	35
吉林省			275	5	3600	488	74
黑龙江省	14	50	64	109	16093	10018	192
上海市	11	64	16	306	16356	492	218
江苏省	27	261	2008	2991	46740	1159	655
浙江省	12	172	89	1458	51768	750	394
其中:宁波市	4	25		422	6336	140	10
安徽省	3	35	6	615	10981	426	122
福建省	9	14	18	570	16861	777	157
其中:厦门市		4	9	205	5052	23	
江西省			1	334	7204	406	103
山东省	8	25	137	243	28977	2267	527
其中:青岛市	5	11	16	103	2585	79	38
河南省			42	202	13953	1456	215
湖北省	1	3	29	402	16150	531	60
湖南省	22	38	4	724	18750	1409	263
广东省	9	58	19	1486	37396	1607	218
其中:深圳市				317	2416	20	5
广西壮族自治区	1	2	10	95	11707	270	54
海南省				64	9984	50	12
重庆市		5	6	201	8302	423	42
四川省		40	9	2174	30515	948	327
贵州省		15	5	127	6204	406	59
云南省	1	6		76	5714	715	11
西藏自治区				66	1	1	
陕西省	13	9	61	147	12005	791	112
甘肃省			6	73	2902	141	46
青海省		1		21	360	6	
宁夏回族自治区				7	1053	44	19
新疆维吾尔自治区		11	3	25	2798	51	11

2－132－3

单位:万元

地区	商品和服务支出						
	咨询费	手续费	水费	电费	邮电费	取暖费	物业管理费
地方合计	**7574**	**478**	**1340**	**5910**	**3214**	**2042**	**3233**
北京市	2295	12	173	438	88	158	170
天津市	10		10	12	3	6	3
河北省	2331	1	46	429	117	191	83
山西省	174	2	20	200	102	86	
内蒙古自治区	448	1	12	24	58	84	24
辽宁省	10		31	211	110	283	40
其中:大连市			5	18	55	64	18
吉林省	120	6	10	31	45	154	66
黑龙江省	2	2	32	116	99	544	41
上海市	117	4	23	223	137	2	65
江苏省	175	34	144	618	415	6	215
浙江省	586	3	38	226	258		42
其中:宁波市	29			7	19		
安徽省	65	38	34	102	96	18	27
福建省	34		32	92	69		75
其中:厦门市			1	8	7		3
江西省	17		18	119	59	16	14
山东省	378	122	252	351	221	213	1236
其中:青岛市	16		8	14	33	13	230
河南省	158	136	48	120	138	28	9
湖北省	22	2	92	213	112	5	27
湖南省	42	20	57	227	187	11	195
广东省	170	40	104	763	357	3	748
其中:深圳市	80			37	17		7
广西壮族自治区	11	1	15	82	43		32
海南省	3		5	41	12		1
重庆市	1	30	23	164	49		2
四川省	314	14	64	397	284	17	101
贵州省	12	10	1	25	27	4	3
云南省	2		4	20	16		3
西藏自治区							
陕西省	63		42	256	71	178	9
甘肃省	6		3	53	19	13	1
青海省			6	8	1	1	
宁夏回族自治区	8			4	6	1	
新疆维吾尔自治区			1	345	15	20	1

2－132－4

单位:万元

地区	商品和服务支出					
	交通费	差旅费	出国费	维修(护)费	租赁费	会议费
地方合计	**14944**	**9821**	**1366**	**27377**	**2374**	**6780**
北京市	304	302	211	2948	218	448
天津市	22	9	10	6	11	37
河北省	667	244	31	1043	123	242
山西省	565	996	54	403	67	183
内蒙古自治区	529	455	4	273	88	73
辽宁省	872	241	20	6238	82	92
其中:大连市	256	108	2	4724	57	16
吉林省	387	159	16	329	28	70
黑龙江省	859	497	30	668	129	105
上海市	431	319	224	333	22	379
江苏省	1251	975	240	1386	321	735
浙江省	826	849	258	466	331	467
其中:宁波市	48	77	25	27	103	89
安徽省	349	271	18	331	86	201
福建省	356	194	5	121	12	134
其中:厦门市	61	17	5	6	8	8
江西省	226	274	4	159	10	51
山东省	747	487	52	3231	196	576
其中:青岛市	125	89		30	100	59
河南省	722	354	23	971	114	312
湖北省	501	289	14	484	45	174
湖南省	1025	343	5	471	45	328
广东省	1494	675	79	2091	135	620
其中:深圳市	38	1		54	2	9
广西壮族自治区	265	190	3	215	80	124
海南省	171	66	12	26	4	8
重庆市	201	116		315	15	141
四川省	1080	838	32	2115	112	721
贵州省	239	160	6	215	20	60
云南省	126	70	2	341	15	96
西藏自治区						
陕西省	507	286	13	737	62	343
甘肃省	71	40		1276		32
青海省	7	3		31	3	
宁夏回族自治区	29	45		38		27
新疆维吾尔自治区	115	74		116		1

2－132－5

单位:万元

地　　区	商品和服务支出						
	培训费	招待费	专用材料费	被装购置费	专用燃料费	劳务费	委托业务费
地方合计	**3684**	**11662**	**13025**	**601**	**640**	**29094**	**45351**
北京市	105	220	102			779	6107
天津市	1	22	8		1		106
河北省	84	211	398	32	24	3994	3888
山西省	93	476	618	27	24	408	431
内蒙古自治区	90	181	132	16	49	979	2839
辽宁省	78	162	286	18	30	506	1109
其中:大连市	13	72	46		4	52	373
吉林省	44	89	407		27	56	787
黑龙江省	76	146	552	38	17	683	423
上海市	203	369	69			233	3290
江苏省	541	1545	282	27	39	3484	4450
浙江省	319	1266	506	11		1854	8282
其中:宁波市	12	229				607	215
安徽省	130	362	251	83	15	964	220
福建省	63	325	414	56	9	1983	705
其中:厦门市	5	10					
江西省	63	455	68	27	31	172	415
山东省	137	349	2364	10	87	3907	2050
其中:青岛市	29	87	4	1	10	12	572
河南省	165	444	792	6	48	1125	461
湖北省	86	536	335	36	39	214	1359
湖南省	286	1079	447	47	21	599	1198
广东省	501	1789	1340	19	30	602	1545
其中:深圳市	31	65				31	204
广西壮族自治区	52	172	33	2	18	142	69
海南省	33	25		1		13	60
重庆市	68	181	263	26	10	270	
四川省	196	653	1664	46	29	4322	3760
贵州省	41	209	34	4	6	289	352
云南省	73	116	132	20	39	394	266
西藏自治区							
陕西省	118	152	1166	46	41	446	550
甘肃省	24	45	27		3	423	34
青海省		4	10	1			6
宁夏回族自治区	3	22				25	33
新疆维吾尔自治区	11	57	325	2	3	228	556

2－132－6　　单位:万元

地　区	商品和服务支出			对个人和家庭的补助			
	工会经费	福利费	其他商品和服务支出	小　计	离休费	退休费	退职(役)费
地方合计	**1711**	**4224**	**231153**	**26012**	**675**	**9144**	**42**
北京市	182	35	12628	2776	58	306	
天津市	3	8	3414	77		13	
河北省	42	172	1946	307	10	113	
山西省	12	48	3821	193	9	102	
内蒙古自治区	13	49	4475	87	4	4	2
辽宁省	32	29	2597	224	5	67	1
其中:大连市	12	9		35		2	
吉林省	12	44	151	415	47	302	1
黑龙江省	33	125	666	1697	99	1262	3
上海市	123	183	8897	354	7	72	
江苏省	317	917	26809	5762	161	2894	6
浙江省	203	796	33037	2411	42	434	3
其中:宁波市	5	45	4649	40		3	
安徽省	82	133	6557	1555	54	334	
福建省	45	112	11091	523	28	50	3
其中:厦门市	15	15	4860	172			
江西省	29	69	4399	416	5	98	
山东省	37	195	8985	1359	18	120	
其中:青岛市	2	11	1023	277		10	
河南省	20	61	6027	241	6	128	
湖北省	28	389	10557	1023	38	617	
湖南省	143	320	9982	1367	25	620	19
广东省	156	179	22131	2288	34	831	1
其中:深圳市	3		1812	7			
广西壮族自治区	12	29	9793	169		81	
海南省		11	9430	179			
重庆市	11	12	5939	85		3	
四川省	140	159	12182	1427	6	447	3
贵州省	4	20	3998	176	6	116	
云南省	13	10	3230	388		3	
西藏自治区				5			
陕西省	14	74	5928	332	13	73	
甘肃省	2	18	625	30		2	
青海省			273	30			
宁夏回族自治区		1	748	3			
新疆维吾尔自治区	3	26	837	113		52	

2－132－7　　　　单位:万元

地　　区	对个人和家庭的补助						
	抚恤金	生活补助	救济费	医疗费	助学金	奖励金	生产补贴
地　方　合　计	**300**	**765**	**29**	**821**	**7**	**1020**	**212**
北京市	5	29		46			
天津市				1			
河北省	4	6		33		2	
山西省	11	9		2			
内蒙古自治区	3	1	2			9	
辽宁省	8	7	2	7		4	
其中:大连市	4	3		2			
吉林省	3	11		1		7	
黑龙江省	33	13	4	21		2	10
上海市	3	16					
江苏省	62	56	7	114		11	
浙江省	5	44	6	116		71	
其中:宁波市				2		2	
安徽省	11	19	8	17		651	2
福建省	9	6		9			
其中:厦门市	2	4					
江西省		5		22		1	4
山东省	5	12		80		10	134
其中:青岛市							
河南省	22			26		1	
湖北省	15	26		60			
湖南省	32	4		90	6	15	
广东省	22	61		119		89	29
其中:深圳市				2			
广西壮族自治区	1	1		1			
海南省	6					3	
重庆市	2	7		12		7	
四川省	33	98		8		59	
贵州省		3				1	
云南省		272		2		71	
西藏自治区							
陕西省	5	53		8		3	3
甘肃省		6					
青海省							30
宁夏回族自治区						3	
新疆维吾尔自治区				26	1		

2-132-8　　　　单位:万元

地　　区	对个人和家庭的补助				对企事业单位的补贴		
	住房公积金	提租补贴	购房补贴	其他对个人和家庭的补助支出	小计	企业政策性补贴	事业单位补贴
地方合计	**6208**	**717**	**1354**	**4718**	**7473**	**41**	**1515**
北京市	507	188	47	1590	300		300
天津市	59		3	1			
河北省	120	2		17	100		76
山西省	57			3	340		
内蒙古自治区	10			52	10		
辽宁省	39	81	2	1	60		60
其中:大连市	14	8	2		60		60
吉林省	40			3			
黑龙江省	180	44	3	23	24		20
上海市	83			173	3100		
江苏省	1066	265	289	831	871		181
浙江省	1382	11	38	259	311		114
其中:宁波市	4			29	120		
安徽省	343	7	22	87	1076		
福建省	250	107	1	60	37	32	2
其中:厦门市	78	73		15			
江西省	110			171	15		
山东省	219	7	410	344	138		129
其中:青岛市	78	1		188			
河南省	42		11	5			
湖北省	209		2	56	28		28
湖南省	304			252	353		76
广东省	612	5	212	273	52	9	34
其中:深圳市				5	22	9	4
广西壮族自治区	68			17	390		333
海南省				170			
重庆市	25			29	91		
四川省	261		289	223			
贵州省	14		25	11			
云南省	29			11			
西藏自治区				5			
陕西省	144			30	15		
甘肃省	8			14	162		162
青海省							
宁夏回族自治区							
新疆维吾尔自治区	27			7			

2－132－9　　　　　　　　　　　　　　　　　　　　　　　　　　单位:万元

地　　区	对企事业单位的补贴		赠　与			债务利息支出	
	财政贴息	其他对企事业单位的补贴支出	小　计	对国内的赠　与	对国外的赠　与	小　计	国库券付　息
地　方　合　计	**4100**	**1817**	**9**	**9**			
北京市							
天津市							
河北省		24					
山西省		340					
内蒙古自治区		10					
辽宁省							
其中:大连市							
吉林省							
黑龙江省		4					
上海市	3100						
江苏省		690	6	6			
浙江省		197	3	3			
其中:宁波市		120					
安徽省	1000	76					
福建省		3					
其中:厦门市							
江西省		15					
山东省		9					
其中:青岛市							
河南省							
湖北省							
湖南省		277					
广东省		9					
其中:深圳市		9					
广西壮族自治区		57					
海南省							
重庆市		91					
四川省							
贵州省							
云南省							
西藏自治区							
陕西省		15					
甘肃省							
青海省							
宁夏回族自治区							
新疆维吾尔自治区							

二、地方财政预算收支情况

2－132－10

单位:万元

地　　区	债务利息支出					基本建设支出	
	向国家银行借款付息	其他国内借款付息	向国外政府借款付息	向国际组织借款付息	其他国外借款付息	小　计	房屋建筑物购建
地 方 合 计						**71096**	**4331**
北京市						2265	
天津市							
河北省						7710	1519
山西省						1387	
内蒙古自治区						1346	600
辽宁省						11929	
其中:大连市						7102	
吉林省						2305	740
黑龙江省						529	
上海市						1179	302
江苏省						3178	
浙江省						4421	302
其中:宁波市						20	
安徽省						1081	
福建省						3762	
其中:厦门市						10	
江西省						289	
山东省						6271	5
其中:青岛市						1524	
河南省						4044	180
湖北省						1739	68
湖南省						1623	355
广东省						3388	30
其中:深圳市							
广西壮族自治区						1062	
海南省						97	
重庆市						895	110
四川省						3697	10
贵州省						233	
云南省						926	
西藏自治区							
陕西省						2290	
甘肃省						457	
青海省						1303	
宁夏回族自治区						265	110
新疆维吾尔自治区						1425	

2－132－11　　　　单位:万元

地　　区	基本建设支出							
	办公设备购　　置	专用设备购　　置	交通工具购　　置	基础设施建　　设	大型修缮	信息网络购　　建	物资储备	其他基本建设支出
地　方　合　计	**454**	**466**	**406**	**48052**	**393**	**731**		**16263**
北京市	7			1517		500		241
天津市								
河北省	2	54		5702	30	22		381
山西省		24		1363				
内蒙古自治区		28		389				329
辽宁省	16			11913				
其中:大连市				7102				
吉林省				270	200			1095
黑龙江省		22		490	6	9		2
上海市		32		694				151
江苏省	43		140	1325		5		1665
浙江省	66	3	10	923		5		3112
其中:宁波市								20
安徽省		261		504				316
福建省	12			2399				1351
其中:厦门市								10
江西省				253				36
山东省	39	7	96	4423	35			1666
其中:青岛市				115				1409
河南省	14	8	19	3798	10			15
湖北省	30	12	44	405		180		1000
湖南省	35			589				644
广东省	99		97	1583	17			1562
其中:深圳市								
广西壮族自治区	88	12		399	10			553
海南省				45				52
重庆市				262				523
四川省	1	3		3566	43			74
贵州省				37				196
云南省				355		10		561
西藏自治区								
陕西省				2230	42			18
甘肃省				457				
青海省				654				649
宁夏回族自治区				127				28
新疆维吾尔自治区	2			1380				43

2－132－12

单位:万元

地区	其他资本性支出						
	小计	房屋建筑物购建	办公设备购置	专用设备购置	交通工具购置	基础设施建设	大型修缮
地方合计	**338026**	**7274**	**4862**	**5180**	**4874**	**155980**	**11699**
北京市	34226		204	86	142	7173	28
天津市	661		6			621	
河北省	19039	43	232	196	217	12973	905
山西省	13481	26	122	154	286	4113	1591
内蒙古自治区	15705	663	193	38	339	12662	675
辽宁省	6810	224	92	96	397	2554	1383
其中:大连市	2106		5			1100	851
吉林省	2521		50	32	106	1854	
黑龙江省	9581	273	138	523	71	7284	356
上海市	1794	3	281	54	184		10
江苏省	46544	310	609	263	444	19762	1550
浙江省	10419	14	427	17	231	1310	141
其中:宁波市	1831		65				
安徽省	4778	280	99	86	215	2451	29
福建省	7298		178	154	207	404	23
其中:厦门市	151		3	13	69	15	
江西省	3717	52	94	38	59	1191	
山东省	43265	3791	326	1267	144	29110	76
其中:青岛市	562		56	10	49	8	5
河南省	10172	416	163	347	145	5512	225
湖北省	2512	158	183	12	120	1474	
湖南省	3984	158	156	91	275	1572	83
广东省	29182	239	575	394	629	18179	2287
其中:深圳市	809		45		149	615	
广西壮族自治区	4368	18	92	246	34	1330	159
海南省	546	20	18			436	
重庆市	19993		63	1	53	2878	20
四川省	19618	33	160	622	208	11155	587
贵州省	1450	36	100	20	193	639	12
云南省	5596	100	158	26	89	1514	
西藏自治区							
陕西省	13557	11	85	348	25	5841	1212
甘肃省	856		33	2	20	210	
青海省	24						
宁夏回族自治区	3519	277	13	5		398	28
新疆维吾尔自治区	2810	129	12	62	41	1380	319

2－132－13

单位:万元

地　　区	其他资本性支出						
	信息网络购　建	物资储备	土地补偿	安置补助	地上附着物和青苗补偿	拆迁补偿	其他资本性支　出
地　方　合　计	**1159**	**1063**	**32061**	**1027**	**2175**	**17058**	**93614**
北京市			25017				1576
天津市							34
河北省	7	1000	1161	100	278	1377	550
山西省	90					161	6938
内蒙古自治区	1			11		5	1118
辽宁省	26		150	240	721	819	108
其中:大连市					150		
吉林省	50		375		20	27	7
黑龙江省	84					804	48
上海市	38		531			214	479
江苏省	277					43	23286
浙江省	39		348		20	94	7778
其中:宁波市			33				1733
安徽省	27					254	1337
福建省	8		115			5000	1209
其中:厦门市							51
江西省	12					1568	703
山东省	9		1228		1040	735	5539
其中:青岛市	4						430
河南省	293		73	1	94	205	2698
湖北省	3						562
湖南省	4						1645
广东省	103	3	398	23		55	6297
其中:深圳市							
广西壮族自治区			207		2		2280
海南省							72
重庆市	4						16974
四川省	15	60		586		4931	1261
贵州省	16		10			56	368
云南省	53		110	55		398	3093
西藏自治区							
陕西省			59	6		2	5968
甘肃省						50	541
青海省							24
宁夏回族自治区			2279			260	259
新疆维吾尔自治区				5			862

二、地方财政预算收支情况

2－132－14

单位:万元

地　　区	贷款转贷及产权参股					其他支出		
	小　计	国内贷款	国外贷款	产权参股	其他贷款转贷及产权参股支出	小　计	补充全国社会保障基金	其他支出
地方合计	**25**				**25**	**94300**		**94300**
北京市						5932		5932
天津市								
河北省						5894		5894
山西省						925		925
内蒙古自治区								
辽宁省						2454		2454
其中:大连市								
吉林省						88		88
黑龙江省						1410		1410
上海市						3008		3008
江苏省						20536		20536
浙江省						5574		5574
其中:宁波市						3126		3126
安徽省						1633		1633
福建省	25				25	3638		3638
其中:厦门市						11		11
江西省						1145		1145
山东省						3318		3318
其中:青岛市						3577		3577
河南省						566		566
湖北省						4509		4509
湖南省						2558		2558
广东省						15432		15432
其中:深圳市						34		34
广西壮族自治区						12737		12737
海南省						821		821
重庆市						125		125
四川省						219		219
贵州省						1065		1065
云南省						165		165
西藏自治区						300		300
陕西省						116		116
甘肃省						103		103
青海省						5		5
宁夏回族自治区								
新疆维吾尔自治区						24		24

2007 年各省、自治区、直辖市城乡社区公共设施支出明细表

2－133－1　　　　单位:万元

地　　区	合　计	工资福利支出				
		小　计	基本工资	津贴补贴	奖　金	社会保障缴　费
地　方　合　计	**21561287**	**393510**	**180951**	**97164**	**37760**	**35825**
北京市	448566	3996	1083	967	909	318
天津市	1102368	38889	14791	12475	5451	3625
河北省	846232	24195	13276	5765	593	2623
山西省	423523	18006	9552	4026	830	2211
内蒙古自治区	910956	13917	6503	4884	695	683
辽宁省	1115430	23067	13991	5073	351	2829
其中:大连市	296640	2440	1005	839	76	452
吉林省	253504	14455	9045	4733	157	243
黑龙江省	723737	21525	13174	5855	746	1051
上海市	2153543	7958	2448	1018	2835	840
江苏省	2594202	23430	8404	4682	4229	2489
浙江省	1327001	17276	3456	2838	6283	2525
其中:宁波市	427522	6120	801	1148	2050	1253
安徽省	754311	7303	3380	2163	385	593
福建省	345480	7871	2379	2313	742	740
其中:厦门市	177173	3070	908	947	288	163
江西省	281934	9042	4847	2232	641	415
山东省	1847423	27265	10132	6047	726	4715
其中:青岛市	288204	7632	1603	701	164	1221
河南省	621323	18719	13411	3465	534	852
湖北省	329292	8083	4994	1559	574	422
湖南省	612228	25491	12891	4265	2033	2247
广东省	1532728	26483	6891	8985	3725	2420
其中:深圳市	109411	5317	631	2499	640	200
广西壮族自治区	318540	4986	2636	1025	524	334
海南省	61126	3417	1729	669	152	235
重庆市	545532	3723	1667	428	437	224
四川省	896320	15017	6166	2878	2463	1642
贵州省	119677	2984	1518	795	82	78
云南省	242187	3181	1206	1116	312	119
西藏自治区	33282	723	257	398	7	37
陕西省	447269	12086	6715	3171	312	472
甘肃省	159727	2866	1466	1141	64	85
青海省	55160	1152	500	559	16	12
宁夏回族自治区	107681	1780	705	813	93	67
新疆维吾尔自治区	351005	4624	1738	826	859	679

2－133－2

单位:万元

地　　区	工资福利支出				商品和服务支出		
	伙食费	伙　食 补助费	绩效 工资	其他工资 福利支出	小　计	办公费	印刷费
地　方　合　计	**272**	**3544**	**5506**	**32488**	**4285272**	**101769**	**5703**
北京市	12	71	14	622	75566	18728	2
天津市	16	1303	504	724	343490	697	97
河北省	105	399	191	1243	98364	1971	160
山西省	13	259	19	1096	79738	1711	333
内蒙古自治区		13	81	1058	171760	18111	88
辽宁省	11	60	274	478	204183	11793	273
其中:大连市		25	28	15	26484	6687	174
吉林省		20	169	88	60518	1677	187
黑龙江省	20	217	158	304	84015	2680	151
上海市	39	40	33	705	377233	257	119
江苏省	18	247	361	3000	405006	3764	125
浙江省	3	207	179	1785	228974	1394	68
其中:宁波市	3	57		808	112036	454	7
安徽省		57	9	716	88409	733	53
福建省	1	16	324	1356	47837	251	11
其中:厦门市		11	68	685	12608	43	1
江西省	8	3	110	786	78459	2609	172
山东省	4	102	1926	3613	383765	8303	1916
其中:青岛市		33	1887	2023	30943	172	13
河南省		7	3	447	114609	10340	314
湖北省		5	61	468	159585	605	83
湖南省	13	51	294	3697	153106	1484	149
广东省	7	52	24	4379	478709	5165	850
其中:深圳市		19		1328	89958	1302	20
广西壮族自治区		1	30	436	104447	1038	15
海南省		3	162	467	9974	110	20
重庆市		49		918	94194	967	14
四川省	1	65	64	1738	112416	1175	261
贵州省		17	30	464	44381	508	31
云南省		26	6	396	55831	2253	57
西藏自治区				24	1290	19	
陕西省		22	256	1138	68382	1937	62
甘肃省			24	86	43557	819	58
青海省			59	6	11808	56	1
宁夏回族自治区	1	1	2	98	29161	208	9
新疆维吾尔自治区		231	139	152	76505	406	24

2-133-3 单位:万元

地 区	商品和服务支出						
	咨询费	手续费	水 费	电 费	邮电费	取暖费	物业管理费
地方合计	**1873**	**12753**	**13584**	**115921**	**5616**	**27292**	**12024**
北京市	59	1	172	674	33	307	10
天津市	69	18	444	2973	493	2065	1052
河北省	75	4	295	4196	734	668	96
山西省	306	76	396	8330	176	874	109
内蒙古自治区	273	62	432	3667	139	2170	215
辽宁省	207	5	378	8628	176	6859	905
其中:大连市	48		17	2524	36	235	627
吉林省	26	36	282	3010	81	428	3472
黑龙江省	5	63	401	5639	198	2210	102
上海市	3	9	51	283	157	7	127
江苏省	32	50	3634	13121	310	7	906
浙江省	127	29	187	5047	303		489
其中:宁波市		1	81	2402	46		162
安徽省	2	2	157	698	205	37	512
福建省	5	15	342	1271	81		22
其中:厦门市	3	3	220	10	19		6
江西省	13	9	218	1510	120	7	319
山东省	107	11615	1034	9598	343	8905	1047
其中:青岛市	13		93	3183	44	118	93
河南省	12	3	846	5343	178	54	424
湖北省	30	109	69	195	77	25	5
湖南省	158	69	288	2372	225	63	150
广东省	63	283	1904	8771	518	3	793
其中:深圳市		1	199	1222	184		348
广西壮族自治区	8		158	5428	37		
海南省	4	53	11	918	34		
重庆市	20	12	82	1893	89		59
四川省	76	57	458	5397	405	11	321
贵州省	1		90	847	43	22	1
云南省	43	9	112	3452	122		65
西藏自治区				68	4	1	
陕西省	6	8	698	7968	129	120	412
甘肃省	26	24	177	1032	117	900	41
青海省			4	1023	4	47	5
宁夏回族自治区	8		16	714	27	152	45
新疆维吾尔自治区	109	132	248	1855	58	1350	320

2－133－4　　　　单位:万元

地　　区	商品和服务支出					
	交通费	差旅费	出国费	维修(护)费	租赁费	会议费
地方合计	**38047**	**10333**	**848**	**543173**	**7341**	**7235**
北京市	966	25	17	7493	134	106
天津市	2045	283	168	4304	300	339
河北省	1387	271	52	32748	183	206
山西省	1797	1122	16	15617	1402	382
内蒙古自治区	1705	588	1	16368	242	120
辽宁省	3731	464	30	77122	67	203
其中:大连市	513	48	13	12995		45
吉林省	1256	407	67	19535	946	228
黑龙江省	1704	327	37	42416	916	153
上海市	565	199	80	23619	153	298
江苏省	1533	637	31	30253	36	267
浙江省	1180	633	73	8917	333	390
其中:宁波市	387	199	41	4004	46	90
安徽省	481	164	4	9571	99	82
福建省	645	178	6	2764	26	43
其中:厦门市	391	59	3	1406	15	9
江西省	535	313	7	6196	45	135
山东省	2763	750	19	90711	442	372
其中:青岛市	1003	135		3037	2	21
河南省	2344	501		11533	282	488
湖北省	580	288		5268	3	175
湖南省	1771	598	29	6223	93	653
广东省	3199	697	145	43657	435	1086
其中:深圳市	565	178		14588	277	59
广西壮族自治区	284	101		4359	5	69
海南省	445	62	6	2390	29	13
重庆市	647	165	6	8646	60	74
四川省	2284	556	10	13018	334	644
贵州省	378	69	10	3067	27	63
云南省	624	109	17	10903	232	208
西藏自治区	20	7		776		2
陕西省	730	358	3	25116	69	254
甘肃省	268	161	14	11848	64	80
青海省	61	29		1046	100	6
宁夏回族自治区	267	80		1383	20	43
新疆维吾尔自治区	1852	191		6306	264	53

2－133－5　　单位:万元

地　　区	商品和服务支出						
	培训费	招待费	专用材料费	被装购置费	专用燃料费	劳务费	委托业务费
地方合计	**5517**	**14230**	**191635**	**2589**	**48311**	**56801**	**23750**
北京市	85	70	101	43	3404	263	4
天津市	355	366	19593	5	91	1176	16
河北省	101	361	6627	57	1224	2554	540
山西省	284	457	5289	105	1079	1393	23
内蒙古自治区	121	438	3927	27	855	1772	2717
辽宁省	262	577	10332	67	644	7515	933
其中:大连市	28	40	1067		98	987	171
吉林省	161	129	19977		1905	1887	175
黑龙江省	90	118	11750	18	829	1383	747
上海市	107	278	7570	201		133	
江苏省	181	1134	3477	50	123	1205	350
浙江省	227	1773	1918	173	117	1513	2888
其中:宁波市	31	337	615	123	98	395	229
安徽省	282	253	1443	43	141	535	510
福建省	153	198	1950	6	20	1057	352
其中:厦门市	11	39	16	3	3	274	208
江西省	99	500	799	34	119	254	117
山东省	236	800	51523	284	35007	5266	2942
其中:青岛市	26	171	1420		85	30	94
河南省	235	604	15289	239	640	4428	327
湖北省	119	376	526	55	255	2416	122
湖南省	361	1520	4802	103	346	9131	628
广东省	964	1938	4301	180	111	4349	8355
其中:深圳市	111	186	1454		38	1219	2663
广西壮族自治区	28	106	1514	5	37	790	37
海南省	30	89	139		256	49	41
重庆市	43	134	718	25		979	171
四川省	525	821	3686	4	108	3018	65
贵州省	34	196	673		12	330	87
云南省	107	368	4846	64	418	860	432
西藏自治区		2	27	3		21	
陕西省	155	282	4070	55	44	689	804
甘肃省	90	95	501	724	85	758	46
青海省	4	33	289		142	59	247
宁夏回族自治区	23	103	80	16	10	230	27
新疆维吾尔自治区	55	111	3898	3	289	788	47

2－133－6　　单位:万元

地　　区	商品和服务支出			对个人和家庭的补助			
	工会经费	福利费	其他商品和服务支出	小　计	离休费	退休费	退职(役)费
地方合计	**4227**	**13435**	**3021265**	**103583**	**1781**	**42091**	**145**
北京市	58	64	42747	432		30	
天津市	532	2148	303861	17830	584	12398	9
河北省	151	328	43375	3151	48	1013	
山西省	112	304	38045	2930	44	1248	
内蒙古自治区	46	290	117386	591		28	
辽宁省	164	490	72358	3381	41	1542	
其中:大连市	35	81	15	223			
吉林省	17	31	4598	1996	168	1557	22
黑龙江省	160	255	11663	11902	178	3051	57
上海市	95	224	342698	660	5	304	
江苏省	206	635	342939	12147	159	4369	3
浙江省	263	1067	199865	3441	41	1031	4
其中:宁波市	71	413	101804	835	8	210	
安徽省	51	94	72257	2473	88	1203	
福建省	115	73	38253	2241	40	948	2
其中:厦门市	51	42	9773	665			
江西省	78	956	63295	1206	6	684	2
山东省	182	633	148967	5954	45	317	3
其中:青岛市	76	214	20900	2531	8	131	
河南省	94	238	59853	2095	51	1136	
湖北省	48	221	147935	2349	81	1807	
湖南省	175	642	121073	6427	69	2698	2
广东省	1036	3325	386581	11855	8	1728	2
其中:深圳市	16	107	65221	48		15	
广西壮族自治区	61	85	90282	660	6	461	
海南省	27	31	5217	170			7
重庆市	47	153	79190	310		11	2
四川省	259	326	78597	2865	16	1078	
贵州省	18	74	37800	1083	40	662	
云南省	30	47	30453	698	8	233	8
西藏自治区	7	1	332	475		406	
陕西省	97	481	23835	971	10	287	
甘肃省	20	63	25546	856	32	468	
青海省	16	2	8634	435		56	
宁夏回族自治区	9	38	25653	202			
新疆维吾尔自治区	53	116	57977	1797	13	1337	22

2－133－7 单位:万元

地　　区	对个人和家庭的补助						
	抚恤金	生活补助	救济费	医疗费	助学金	奖励金	生产补贴
地　方　合　计	**996**	**5781**	**140**	**2794**	**148**	**1040**	**938**
北京市	7	4		77			
天津市	87	454	4	662	5	6	
河北省	16	327	1	68		9	24
山西省	41	55	9	88	135	6	5
内蒙古自治区	17	77		20	1	133	
辽宁省	49	118	3	59		42	
其中:大连市	2	37		3		10	
吉林省	8	73	8	33		69	
黑龙江省	96	456	6	72		23	
上海市	61	21	2	4		21	
江苏省	80	2491	5	315		22	20
浙江省	4	222	14	87		113	11
其中:宁波市		65				3	
安徽省	20	26	52	128		4	
福建省	65	17	2	8	2	9	
其中:厦门市	43					2	
江西省	40	28		97		4	
山东省	41	183	3	146		168	339
其中:青岛市	2	24		5			
河南省	26	101	3	29		4	110
湖北省	8	19	6	94		6	
湖南省	129	387	5	181	5	20	38
广东省	28	20		409		97	
其中:深圳市		2				15	
广西壮族自治区	18	35	4	13			
海南省		7		1		5	
重庆市	25	57	2	34		6	
四川省	55	324		57		13	15
贵州省	13	11		31		7	18
云南省	5	11		4		235	
西藏自治区				8			
陕西省	19	116	10	37		14	73
甘肃省	14	30		17		1	35
青海省							250
宁夏回族自治区	5	7					
新疆维吾尔自治区	19	104	1	15		3	

2－133－8

单位:万元

地区	对个人和家庭的补助				对企事业单位的补贴		
	住房公积金	提租补贴	购房补贴	其他对个人和家庭的补助支出	小计	企业政策性补贴	事业单位补贴
地方合计	**13655**	**1239**	**9768**	**23067**	**276736**	**91282**	**10806**
北京市	217	56	2	39	5045		
天津市	3410	61		150	28643	3100	
河北省	568	14		1063	4700	1035	1762
山西省	749	14		536	4444	3470	680
内蒙古自治区	44			271	20224	17717	165
辽宁省	413	128	28	958	46224	1283	1027
其中:大连市	138	33			9205	952	780
吉林省	56			2	745	65	
黑龙江省	311	71	7484	97	8061	6878	217
上海市	137			105	637		87
江苏省	758	211	60	3654	84457	47010	3120
浙江省	988	2	39	885	17139	441	11
其中:宁波市	22		2	525	1804	282	
安徽省	685	5	26	236	4942	608	25
福建省	548	308	2	290	2670	512	107
其中:厦门市	224	167		229			
江西省	122			223	3464	14	2900
山东省	1075	346	1139	2149	17531	130	65
其中:青岛市	385	330	10	1636	11207		
河南省	161	12	189	273	3791	400	
湖北省	136	1	10	181	775		
湖南省	927			1966	8035	78	72
广东省	857		405	8301	436	29	41
其中:深圳市			11	5			
广西壮族自治区	39			84	640		
海南省	33			117			
重庆市	17		87	69	573	363	
四川省	614	1	3	689	3480	1908	159
贵州省	53	1	168	79	1121		
云南省	153		3	38	994		106
西藏自治区	13		23	25			
陕西省	232			173	1232	1214	
甘肃省	92	7	100	60	338	180	18
青海省				129			
宁夏回族自治区	8			182	1508	447	
新疆维吾尔自治区	239	1		43	4887	4400	244

2－133－9

单位:万元

地　　区	对企事业单位的补贴		赠与			债务利息支出	
	财政贴息	其他对企事业单位的补贴支出	小　计	对国内的赠　与	对国外的赠　与	小　计	国库券付　息
地　方　合　计	**45962**	**128686**	**2584**	**2584**		**39778**	**133**
北京市		5045					
天津市		25543					
河北省	1017	886					
山西省	103	191					
内蒙古自治区	144	2198				719	
辽宁省	33919	9995				7673	
其中:大连市		7473					
吉林省		680				331	
黑龙江省	966						
上海市		550					
江苏省	4000	30327					
浙江省		16687					
其中:宁波市		1522					
安徽省		4309	1	1		7217	133
福建省	1997	54					
其中:厦门市							
江西省		550					
山东省	1587	15749	2571	2571		502	
其中:青岛市		11207					
河南省	20	3371				1115	
湖北省		775					
湖南省		7885	9	9		48	
广东省		366					
其中:深圳市							
广西壮族自治区	398	242				2319	
海南省			2	2			
重庆市		210					
四川省	290	1123				892	
贵州省	1015	106				2599	
云南省	475	413				16190	
西藏自治区							
陕西省		18	1	1			
甘肃省		140					
青海省							
宁夏回族自治区		1061				173	
新疆维吾尔自治区	31	212					

二、地方财政预算收支情况

2－133－10　　　　　　　　　　　　　　　　　　　　单位:万元

地　　区	债务利息支出					基本建设支出	
	向国家银行借款付息	其他国内借款付息	向国外政府借款付息	向国际组织借款付息	其他国外借款付息	小　计	房屋建筑物购　建
地　方　合　计	**29621**	**9171**	**410**	**443**		**5417166**	**98729**
北京市						160036	2384
天津市						53640	400
河北省						61025	2760
山西省						34680	302
内蒙古自治区	339	60		320		253735	10068
辽宁省	5694	1446	410	123		364912	2504
其中:大连市						207568	50
吉林省	317	14				62876	4953
黑龙江省						225020	12885
上海市						1042029	7562
江苏省						224945	13310
浙江省						465259	3950
其中:宁波市						150077	3418
安徽省	3188	3896				174910	96
福建省						175512	3054
其中:厦门市						141527	1014
江西省						77098	45
山东省	348	154				153489	1926
其中:青岛市						46102	
河南省	650	465				138087	6539
湖北省						54236	39
湖南省	48					158900	4680
广东省						415690	2992
其中:深圳市						6413	
广西壮族自治区		2319				127272	289
海南省						31131	
重庆市						284389	816
四川省	809	83				198356	4941
贵州省	2599					16181	22
云南省	15629	561				49280	1100
西藏自治区						24465	
陕西省						131071	2774
甘肃省						39709	5453
青海省						32839	370
宁夏回族自治区		173				36928	272
新疆维吾尔自治区						149466	2243

2 - 133 - 11

单位:万元

地区	基本建设支出							
	办公设备购置	专用设备购置	交通工具购置	基础设施建设	大型修缮	信息网络购建	物资储备	其他基本建设支出
地方合计	**4225**	**5627**	**2226**	**3575596**	**42374**	**2855**		**1685534**
北京市	10			96963				60679
天津市				53017	223			
河北省	13	617	79	55823	617			1116
山西省	2709	26	206	21777	2795			6865
内蒙古自治区	12	1026	163	225728	431			16307
辽宁省	77	758	34	287639	1010	5		72885
其中:大连市				135008	500			72010
吉林省		301		54763				2859
黑龙江省		96	29	139736	1842	180		70252
上海市	12	246	131	315790	1462	170		716656
江苏省	248	312	517	161530	12647	256		36125
浙江省	48	179	41	435004	4504			21533
其中:宁波市		35		134644	1712			10268
安徽省	4	367		154901	1284			18258
福建省	14			167280				5164
其中:厦门市				139245				1268
江西省	83	116	35	53783	230			22806
山东省	117	82	85	61497	5620	555		83607
其中:青岛市				5196				40906
河南省	220	517	110	90069	1573			39059
湖北省		23		26450	9			27715
湖南省	10	194	159	126703	2640	942		23572
广东省	144	11	28	252541	543	344		159087
其中:深圳市					20			6393
广西壮族自治区	12	12	38	86916	80			39925
海南省			2	23332	46			7751
重庆市	50	21	27	111282	336			171857
四川省	2	12	487	176289	614	20		15991
贵州省	21	406	9	10108	39			5576
云南省	17	6	46	45529	725	4		1853
西藏自治区				22178				2287
陕西省	394			110022	587	100		17194
甘肃省		111		25558	1616			6971
青海省				24897				7572
宁夏回族自治区				32255	5			4396
新疆维吾尔自治区	8	188		126236	896	279		19616

2－133－12

单位:万元

地　区	其他资本性支出						
	小　计	房屋建筑物购　建	办公设备购　置	专用设备购　置	交通工具购　置	基础设施建　设	大型修缮
地　方　合　计	**9837450**	**242467**	**19147**	**68187**	**31952**	**5539992**	**473536**
北京市	141254	414	71	3224	978	26048	69831
天津市	606324	3370	383	1076	1145	472040	30170
河北省	552091	9131	97	642	323	445232	39434
山西省	275968	861	5218	21963	944	124950	34085
内蒙古自治区	438662	5879	488	1675	885	298189	17129
辽宁省	443540	11716	1085	6102	3719	335177	11147
其中:大连市	50720	123	815	289	19	47715	1577
吉林省	103456	4182	65	1091	333	75085	4485
黑龙江省	349758	10579	242	1393	651	156508	18247
上海市	631264	4860	285	50	342	104218	124123
江苏省	1792591	5402	4385	7122	1844	653177	12645
浙江省	493899	87753	274	591	779	216149	12920
其中:宁波市	123117	1017	59	261	430	33831	3452
安徽省	428742	55559	147	1057	99	263663	8437
福建省	86192	39	59	2778	131	42959	4468
其中:厦门市	18085			2457	23	12540	3030
江西省	65852	1616	104	151	209	49576	393
山东省	1127279	5062	3239	5441	1387	676915	14010
其中:青岛市	67110	2	4	360	257	37747	103
河南省	289501	4409	170	1999	579	235392	4489
湖北省	79374	1406	116	498	52	55275	91
湖南省	121368	2489	512	1235	460	46992	10718
广东省	515617	10858	600	606	1227	330443	14258
其中:深圳市	6407	2574	188	37	67	3150	101
广西壮族自治区	56176	345	91	349	484	36620	768
海南省	13692	435	325	67	216	10493	32
重庆市	127119	1130	102	130	185	71633	465
四川省	560599	5301	409	1718	12768	458425	29051
贵州省	47624	2072	120	1093	311	32958	1152
云南省	104270	768	110	537	280	52335	849
西藏自治区	6275			191	45	5557	95
陕西省	179080	144	106	1890	1300	140011	2478
甘肃省	62709	971	43	561	84	57783	983
青海省	7079	731		303	16	5524	18
宁夏回族自治区	31877	2929	40	529	76	15531	353
新疆维吾尔自治区	98218	2056	261	2125	100	45134	6212

2－133－13

单位:万元

地　　区	其他资本性支出						
	信息网络购建	物资储备	土地补偿	安置补助	地上附着物和青苗补偿	拆迁补偿	其他资本性支出
地方合计	**7173**	**2477**	**147757**	**85776**	**50350**	**290474**	**2878162**
北京市	54	90					40544
天津市	78		247			2017	95798
河北省	30		3459	1052	12161	5444	35086
山西省	746	1	6122	990	438	8304	71346
内蒙古自治区	36		3466	5200	183	39352	66180
辽宁省	663		3024	88	152	14874	55793
其中:大连市	147					35	
吉林省	607	20	464	4260	4297	7480	1087
黑龙江省	440		6380	1917		4283	149118
上海市	801					10000	386585
江苏省	197		13539	23258	6787	57850	1006385
浙江省	473		348	93	105	1623	172791
其中:宁波市	280		41				83746
安徽省			345	4895	227	1056	93257
福建省	19		25833	8182		9	1715
其中:厦门市						9	26
江西省	8		2151	510	1030	2375	7729
山东省	869	2223	19784	5041	9494	50758	333056
其中:青岛市			1283		641	5299	21414
河南省	133	58	5874	2504	1497	4562	27835
湖北省	141		2381	300	14	500	18600
湖南省	503		5256	9612		13682	29909
广东省	37		13014	5067	1806	33817	103884
其中:深圳市							290
广西壮族自治区	337		2302	400	548	651	13281
海南省			46		5	31	2042
重庆市	30		7285	9009	8129	5138	23883
四川省	697		11098	27	1211	1404	38490
贵州省	5		78	49		349	9437
云南省	189	85	2953	1271	514	499	43880
西藏自治区			329				58
陕西省	70		2475	1566	161	6820	22059
甘肃省			778		9	439	1058
青海省							487
宁夏回族自治区	10		3994	480	1582	2826	3527
新疆维吾尔自治区			4732	5		14331	23262

二、地方财政预算收支情况

2－133－14

单位:万元

地区	贷款转贷及产权参股					其他支出		
	小计	国内贷款	国外贷款	产权参股	其他贷款转贷及产权参股支出	小计	补充全国社会保障基金	其他支出
地方合计	**41188**	**7587**		**6351**	**27250**	**1164020**		**1164020**
北京市						62237		62237
天津市						13552		13552
河北省	26527	2467			24060	76179		76179
山西省	366				366	7391		7391
内蒙古自治区	7828	2428		5400		3520		3520
辽宁省						22450		22450
其中:大连市								
吉林省	2692	2692				6435		6435
黑龙江省						23456		23456
上海市						93762		93762
江苏省						51626		51626
浙江省						101013		101013
其中:宁波市						33533		33533
安徽省						40314		40314
福建省	180				180	22977		22977
其中:厦门市						1218		1218
江西省						46813		46813
山东省						129067		129067
其中:青岛市						122679		122679
河南省						53406		53406
湖北省						24890		24890
湖南省						138844		138844
广东省						83938		83938
其中:深圳市						1268		1268
广西壮族自治区						22040		22040
海南省						2740		2740
重庆市	2044				2044	33180		33180
四川省						2695		2695
贵州省	600				600	3104		3104
云南省						11743		11743
西藏自治区						54		54
陕西省						54446		54446
甘肃省						9692		9692
青海省						1847		1847
宁夏回族自治区						6052		6052
新疆维吾尔自治区	951			951		14557		14557

2007 年各省、自治区、直辖市城乡社区住宅支出明细表

2 - 134 - 1　　　　单位:万元

地区	合计	工资福利支出				
		小计	基本工资	津贴补贴	奖金	社会保障缴费
地方合计	**1198304**	**156388**	**63010**	**32494**	**22556**	**20568**
北京市	40413	2325	609	857	391	192
天津市	100741	1232	542	347	149	122
河北省	57572	5963	3173	975	283	1070
山西省	12903	2779	1469	585	143	280
内蒙古自治区	19978	3635	2015	981	212	188
辽宁省	88011	15768	7647	3477	267	3403
其中:大连市	3576	1070	410	21	30	459
吉林省	8871	1901	1060	475	38	233
黑龙江省	29811	6286	3550	1671	238	629
上海市	113991	6911	1769	841	2944	725
江苏省	127477	17267	4901	3019	5357	2066
浙江省	65538	11872	2199	1913	4579	1560
其中:宁波市	23800	2410	344	312	760	492
安徽省	35107	6747	3405	1654	332	604
福建省	22521	3105	1037	646	188	581
其中:厦门市	10941	40	10	8	2	4
江西省	19739	7991	4209	1618	529	879
山东省	55091	5984	2460	1712	282	1318
其中:青岛市	24432	780	195	318	62	199
河南省	24195	4315	2775	822	120	360
湖北省	8910	1805	1066	337	92	181
湖南省	29350	8109	4027	1354	777	1044
广东省	116306	14125	3251	4170	1195	1283
其中:深圳市	9667	6031	790	1151	499	510
广西壮族自治区	12964	1880	949	438	234	184
海南省	10053	844	372	227	72	93
重庆市	25844	6545	2357	850	839	1728
四川省	51671	8551	3229	861	2555	783
贵州省	10521	2611	1229	619	349	135
云南省	17948	1223	421	373	88	123
西藏自治区	9952	106	39	64		3
陕西省	19519	4042	2004	855	164	599
甘肃省	9251	1191	624	356	28	131
青海省	4756	50	22	22		
宁夏回族自治区	3204	774	411	304	19	32
新疆维吾尔自治区	46096	451	189	71	92	39

二、地方财政预算收支情况

2－134－2

单位:万元

地区	工资福利支出				商品和服务支出		
	伙食费	伙食补助费	绩效工资	其他工资福利支出	小计	办公费	印刷费
地方合计	**199**	**1109**	**1535**	**14917**	**343908**	**17721**	**4962**
北京市		36		240	27707	275	39
天津市	14			58	41248	188	39
河北省	3	226	102	131	4793	348	284
山西省	4	10	41	247	4172	237	400
内蒙古自治区		7	8	224	3092	205	89
辽宁省	7	32	405	530	24198	1332	388
其中:大连市	1		149		950	221	3
吉林省		4	89	2	1900	193	55
黑龙江省	2	67	113	16	7354	724	214
上海市	3	28	17	584	42050	121	254
江苏省	6	129	129	1660	25502	1167	581
浙江省	3	144	28	1446	25885	454	302
其中:宁波市	3	20		479	6547	127	32
安徽省	1	53		698	11873	615	176
福建省		2	196	455	6023	139	145
其中:厦门市				16	3479		
江西省		5	53	698	7920	322	193
山东省		15		197	7308	1056	209
其中:青岛市				6	616	35	53
河南省		18	49	171	8250	469	141
湖北省	7	7	41	74	4268	129	30
湖南省	4	71		832	8325	555	150
广东省	138	25	28	4035	28789	4854	448
其中:深圳市	116	19		2946	1895	131	83
广西壮族自治区				75	5225	154	23
海南省			5	75	930	93	61
重庆市		163		608	9995	904	89
四川省		12	56	1055	15312	394	337
贵州省		22	18	239	3783	121	33
云南省	1	11	94	112	3909	794	101
西藏自治区					48	4	
陕西省	6	9	53	352	3829	786	56
甘肃省				52	1409	58	21
青海省			6		1445	958	
宁夏回族自治区			3	5	818	23	30
新疆维吾尔自治区		13	1	46	6548	49	74

2－134－3 单位:万元

地　　区	商品和服务支出						
	咨询费	手续费	水　费	电　费	邮电费	取暖费	物　业 管理费
地　方　合　计	**613**	**1077**	**1253**	**3940**	**2664**	**4200**	**3665**
北京市			6	78	32	67	61
天津市		3	8	22	8	18	36
河北省	1	1	40	104	99	279	49
山西省	1		34	81	29	122	12
内蒙古自治区	15	16	9	29	32	190	52
辽宁省	8	61	174	341	313	1341	530
其中:大连市		1	1	5	3	121	
吉林省		7	30	52	54	64	163
黑龙江省	276	139	42	161	99	658	106
上海市	29		22	111	159		175
江苏省	132	91	178	615	310	29	543
浙江省	8	322	52	253	227		267
其中:宁波市	1	299	13	71	33		73
安徽省	2	5	27	204	63	20	144
福建省	6		15	109	67		155
其中:厦门市							
江西省	1	29	44	112	113	10	145
山东省	17	15	49	184	150	210	229
其中:青岛市			1	19	19	47	15
河南省		2	26	113	47	5	20
湖北省	9	3	8	25	32	5	6
湖南省	1	2	66	202	102	89	55
广东省	29	28	44	345	248		256
其中:深圳市	6	2	13	70	48		56
广西壮族自治区			6	25	31		5
海南省				3	1		4
重庆市	16	335	22	137	107	1	29
四川省	32	9	81	292	159	4	554
贵州省	2	2	12	58	53	6	38
云南省	2		7	10	24		20
西藏自治区	4				2		
陕西省	21		23	53	70	57	6
甘肃省	1	7	6	9	14	279	
青海省						2	
宁夏回族自治区			1	5	9	10	1
新疆维吾尔自治区			221	207	10	734	4

2－134－4

单位:万元

地　　区	商品和服务支出					
	交通费	差旅费	出国费	维修(护)费	租赁费	会议费
地　方　合　计	**7557**	**4565**	**201**	**42234**	**3208**	**3861**
北京市	157	59	4	13231	454	151
天津市	135	21		1547		25
河北省	263	206	3	812	83	112
山西省	142	74		411	20	51
内蒙古自治区	185	98		247	15	27
辽宁省	1342	367	30	5894	155	168
其中:大连市	24	6		324		5
吉林省	98	158	6	523		56
黑龙江省	570	217	4	1542	32	124
上海市	271	132	22	844	41	304
江苏省	531	363	40	4345	291	363
浙江省	427	316	22	1473	81	186
其中:宁波市	71	79	5	184	10	29
安徽省	220	311	6	182	62	69
福建省	130	94	10	300	24	81
其中:厦门市					17	
江西省	279	235	2	1407	7	60
山东省	401	206	3	1118	25	216
其中:青岛市	96	18		11		24
河南省	173	73	6	394	135	62
湖北省	104	56		92	6	68
湖南省	284	316	14	521	21	275
广东省	553	410	29	1469	659	428
其中:深圳市	104	32		41	106	114
广西壮族自治区	103	42		538	14	15
海南省	35	5		3		
重庆市	283	248		1781	862	262
四川省	365	246		1321	11	621
贵州省	105	37		123	42	44
云南省	52	13		597	5	17
西藏自治区	5	1			25	
陕西省	177	160		427	74	73
甘肃省	72	38		141	15	3
青海省		4		35	15	
宁夏回族自治区	12	14		613	33	
新疆维吾尔自治区	83	45		303	1	

2-134-5 单位:万元

地　　区	商品和服务支出						
	培训费	招待费	专　用 材料费	被　装 购置费	专　用 燃料费	劳务费	委　托 业务费
地　方　合　计	**2300**	**6396**	**7177**	**856**	**3611**	**4172**	**10670**
北京市	29	17	14	3		480	146
天津市	53	60	2			16	
河北省	66	128	253	35	48	127	
山西省	44	75	8	1	5	37	14
内蒙古自治区	35	66	127	35	5	16	44
辽宁省	137	248	1410		3318	261	37
其中:大连市	1	11	177				
吉林省	18	28	168		11	152	
黑龙江省	66	71	290	60	24	152	14
上海市	128	220	91	8	1	319	347
江苏省	246	880	1295	18	16	376	99
浙江省	116	730	164		2	222	7423
其中:宁波市	21	186				44	20
安徽省	97	300	490	589	28	221	20
福建省	41	131	33		5	32	12
其中:厦门市		2					
江西省	88	598	189	39	10	46	4
山东省	120	317	467	5	4	170	398
其中:青岛市	10	48				76	
河南省	54	192	1318	5	17	109	2
湖北省	23	163	50	32	41	8	16
湖南省	114	625	271	9	50	132	7
广东省	341	565	141		4	787	2002
其中:深圳市	131	72	61			16	68
广西壮族自治区	23	73	58	11		16	
海南省		6	3				
重庆市	97	329	18		1	163	15
四川省	185	250	114			183	17
贵州省	30	77				10	2
云南省	13	33	63			23	
西藏自治区		3					
陕西省	77	159	20	3	20	84	3
甘肃省	21	16	77			1	
青海省		2					
宁夏回族自治区	4	8	36			2	
新疆维吾尔自治区	34	26	7	3	1	27	48

2－134－6

单位:万元

地区	商品和服务支出			对个人和家庭的补助			
	工会经费	福利费	其他商品和服务支出	小计	离休费	退休费	退职(役)费
地方合计	**1456**	**4938**	**200611**	**168298**	**1069**	**13048**	**37**
北京市	21	70	12313	310	6	94	
天津市	6	170	38891	52324	15	38	
河北省	44	144	1264	42263	62	367	
山西省	7	75	2292	489	7	176	
内蒙古自治区	10	44	1501	6889	1	19	
辽宁省	165	397	5781	5675	175	1409	2
其中:大连市		47		48			
吉林省	12	31	21	226	2	144	
黑龙江省	42	129	1598	2367	101	1428	1
上海市	87	73	38291	9422	25	338	
江苏省	185	622	12186	4744	221	2357	1
浙江省	226	628	11984	3444	49	729	
其中:宁波市	49	82	5118	1165	4	81	
安徽省	47	274	7701	7354	45	602	1
福建省	21	47	4426	500	2	112	5
其中:厦门市			3460	5			
江西省	55	309	3623	1565	23	950	10
山东省	55	180	1504	1791	26	138	4
其中:青岛市	10	7	127	243	4	20	2
河南省	23	74	4790	2944	74	385	
湖北省	14	211	3137	229	3	75	3
湖南省	125	551	3788	1413	57	734	
广东省	121	250	14778	2242	7	112	5
其中:深圳市	4	154	583	777		14	
广西壮族自治区	10	115	3963	664	5	455	
海南省	1	3	712	17			
重庆市	68	296	3932	2056	86	769	2
四川省	59	82	9996	6902	15	381	
贵州省	28	66	2894	1419	10	643	
云南省	6	27	2102	292	4	60	
西藏自治区	1		3	16		15	
陕西省	3	40	1437	4366	25	157	1
甘肃省	8	13	609	1617	20	319	2
青海省			429	1590			
宁夏回族自治区	3	7	7	64	3	42	
新疆维吾尔自治区	3	10	4658	3104			

2－134－7 单位:万元

地　　区	对个人和家庭的补助						
	抚恤金	生活补助	救济费	医疗费	助学金	奖励金	生产补贴
地方合计	**500**	**2205**	**1349**	**1899**	**9**	**342**	**9**
北京市		3		44	1		
天津市		1		3			
河北省	11	87	4	73		2	
山西省	8	24		10		2	
内蒙古自治区	8	20	50	2		1	
辽宁省	57	415	10	186		10	
其中:大连市		48					
吉林省		21		6		1	
黑龙江省	42	268	1	34		22	
上海市	17	3		19	1	7	
江苏省	87	40	7	343		14	5
浙江省	5	50	135	175		23	
其中:宁波市		5		2			
安徽省	8	120	198	175		5	
福建省	7	11		10	1	3	
其中:厦门市							
江西省	25	32	11	102		16	
山东省	28	106	1	180		40	3
其中:青岛市	3						
河南省	9	244	9	19			
湖北省	3	3		13	1		1
湖南省	33	30	1	49	4	8	
广东省	3	94		78		49	
其中:深圳市		8		1		4	
广西壮族自治区	8	33		27		10	
海南省	1					1	
重庆市	67	54		314		31	
四川省	14	58	671	2		19	
贵州省	11	5	44	15		57	
云南省		1	22	4		1	
西藏自治区							
陕西省	10	22		5	1	5	
甘肃省	36	26		8			
青海省			145				
宁夏回族自治区	2	10		3			
新疆维吾尔自治区		424	40			15	

2－134－8

单位:万元

地　　区	对个人和家庭的补助				对企事业单位的补贴		
	住　房公积金	提租补贴	购房补贴	其他对个人和家庭的补助支出	小　计	企业政策性补　贴	事业单位补　贴
地　方　合　计	**6207**	**2609**	**15258**	**123757**	**21185**	**1839**	**475**
北京市	70	28	18	46			
天津市	60			52207			
河北省	178	42	136	41301	20		
山西省	71	8	3	180	520	430	
内蒙古自治区	33	126	6211	418	35		25
辽宁省	547	346	521	1997	188		100
其中:大连市							
吉林省	52				978	978	
黑龙江省	191	46		233	5		
上海市	193	1	1	8817			
江苏省	741	219	41	668	15382		86
浙江省	646	7	236	1389	388		54
其中:宁波市	48	3	47	975			
安徽省	463	316	2476	2945	66		66
福建省	241	69	8	31	37		
其中:厦门市	2	3					
江西省	253			143			
山东省	351	88	454	372			
其中:青岛市	72	3	34	105			
河南省	88	545	182	1389			
湖北省	75	12		40	9		
湖南省	222	152		123	4		
广东省	435	23	161	1275	2917	149	
其中:深圳市			129	621			
广西壮族自治区	96			30			
海南省	10			5			
重庆市	453		2	278			
四川省	395	12	668	4667	282	282	
贵州省	90	16	236	292			
云南省	48	52	2	98			
西藏自治区				1			
陕西省	124	94	3646	276			
甘肃省	58	236	187	725	234		144
青海省		171	3	1271			
宁夏回族自治区	4				120		
新疆维吾尔自治区	19		66	2540			

2－134－9

单位:万元

地　　区	对企事业单位的补贴		赠与			债务利息支出	
	财政贴息	其他对企事业单位的补贴支出	小　计	对国内的赠　与	对国外的赠　与	小　计	国库券付　息
地　方　合　计	**14747**	**4124**	**10**		**10**		
北京市							
天津市							
河北省		20					
山西省		90					
内蒙古自治区		10					
辽宁省		88					
其中:大连市							
吉林省							
黑龙江省		5					
上海市							
江苏省	14747	549					
浙江省		334					
其中:宁波市							
安徽省							
福建省		37					
其中:厦门市							
江西省							
山东省							
其中:青岛市							
河南省							
湖北省		9					
湖南省		4	10		10		
广东省		2768					
其中:深圳市							
广西壮族自治区							
海南省							
重庆市							
四川省							
贵州省							
云南省							
西藏自治区							
陕西省							
甘肃省		90					
青海省							
宁夏回族自治区		120					
新疆维吾尔自治区							

2－134－10 单位:万元

地区	债务利息支出					基本建设支出	
	向国家银行借款付息	其他国内借款付息	向国外政府借款付息	向国际组织借款付息	其他国外借款付息	小计	房屋建筑物购建
地方合计						**167578**	**56667**
北京市						4032	
天津市							
河北省						896	563
山西省						8	
内蒙古自治区						2317	1177
辽宁省						6262	5
其中:大连市							
吉林省							
黑龙江省						1403	180
上海市						13992	
江苏省						11361	810
浙江省						7019	1852
其中:宁波市						1964	660
安徽省						2081	1551
福建省						7370	7367
其中:厦门市						7367	7367
江西省						407	148
山东省						22187	
其中:青岛市						22165	
河南省						2159	859
湖北省						46	
湖南省						6022	4653
广东省						27480	
其中:深圳市							
广西壮族自治区						3131	2266
海南省						713	600
重庆市						1123	425
四川省						4749	3467
贵州省						507	507
云南省						5023	3730
西藏自治区						6799	6799
陕西省						3910	
甘肃省						1598	820
青海省						872	34
宁夏回族自治区						78	
新疆维吾尔自治区						24033	18854

2－134－11

单位:万元

地区	基本建设支出							
	办公设备购置	专用设备购置	交通工具购置	基础设施建设	大型修缮	信息网络购建	物资储备	其他基本建设支出
地方合计	**580**	**38**	**92**	**24620**	**24944**	**428**		**60209**
北京市					1400			2632
天津市								
河北省				2	25	306		
山西省								8
内蒙古自治区				80	70			990
辽宁省		36		6210	11			
其中:大连市								
吉林省								
黑龙江省				1020	198			5
上海市	127				12910			955
江苏省	10		74	685	8761	21		1000
浙江省	130			1671	850	56		2460
其中:宁波市	1			1263				40
安徽省	1							529
福建省	2			1				
其中:厦门市								
江西省				240				19
山东省					20	2		22165
其中:青岛市								22165
河南省	65		16	1182		13		24
湖北省								46
湖南省	8	2	2		597			760
广东省				7261				20219
其中:深圳市								
广西壮族自治区				124	10			731
海南省								113
重庆市				8				690
四川省	18			432	55			777
贵州省								
云南省				636				657
西藏自治区								
陕西省					20	30		3860
甘肃省				778				
青海省				805				33
宁夏回族自治区				78				
新疆维吾尔自治区	219			3407	17			1536

2－134－12

单位:万元

地　　区	其他资本性支出						
	小　计	房屋建筑物购　　建	办公设备购　　置	专用设备购　　置	交通工具购　　置	基础设施建　　设	大型修缮
地　方　合　计	**268844**	**59864**	**5209**	**2246**	**2748**	**39723**	**48073**
北京市	5378		356	36	72	115	413
天津市	5937	4000	18		65		1854
河北省	2934	329	147	93	91	1318	141
山西省	4807	2509	79	13	82	107	165
内蒙古自治区	4010	2002	480	99	171	743	67
辽宁省	32535	17590	257	151	437	3749	2919
其中:大连市	1508		2			1441	65
吉林省	3221	938	9	41	67	1397	612
黑龙江省	12096	745	63	3	24	440	122
上海市	39404	1428	151	45	60	2500	25296
江苏省	30803	3341	387	135	261	106	6595
浙江省	15263	1095	155	153	69	11047	680
其中:宁波市	11303		17	153		10727	
安徽省	3961	1785	271	125	116	1253	74
福建省	1111	258	300	8	74		19
其中:厦门市	12				12		
江西省	1568	557	59	25	61	498	174
山东省	7283	269	276	73	28	2444	1999
其中:青岛市	375		11			206	
河南省	4540	230	117		12	3334	61
湖北省	1260	818	116	35	20	74	105
湖南省	2742	1471	507	132	215	7	132
广东省	36414	3112	621	234	298	560	578
其中:深圳市	789		92	19	71		19
广西壮族自治区	1389	495	47		121	284	1
海南省	7549	197	29			134	
重庆市	5915		88	600	28	90	4167
四川省	8162	3877	189	197	134	754	155
贵州省	1672	308	58	27	73	50	97
云南省	6615	1929	19		44	4206	5
西藏自治区	2983	2983					
陕西省	2469	818	338	2	38	175	96
甘肃省	3074	1665	32		44	283	323
青海省	469	187				140	
宁夏回族自治区	1320		20	9		201	20
新疆维吾尔自治区	11960	4928	20	10	43	3714	1203

2－134－13　　　　单位:万元

地　区	其他资本性支出						
	信息网络购建	物资储备	土地补偿	安置补助	地上附着物和青苗补偿	拆迁补偿	其他资本性支出
地方合计	**2374**		**3122**	**9373**	**51**	**12893**	**83168**
北京市	23						4363
天津市							
河北省	71			18		55	671
山西省							1852
内蒙古自治区	78			87		241	42
辽宁省	161		1222	128		4794	1127
其中:大连市							
吉林省	14					143	
黑龙江省	144			25		402	10128
上海市	754			5250			3920
江苏省	255		1454	1269	51	4655	12294
浙江省	258			1001			805
其中:宁波市	2						404
安徽省	141			95		92	9
福建省	44						408
其中:厦门市							
江西省	12						182
山东省	81					151	1962
其中:青岛市							158
河南省				62			724
湖北省							92
湖南省	44		10	63		35	126
广东省	10			9			30992
其中:深圳市							588
广西壮族自治区							441
海南省				36			7153
重庆市							942
四川省	98			6		15	2737
贵州省	12					841	206
云南省	21						391
西藏自治区							
陕西省	153		436	300			113
甘肃省						723	4
青海省							142
宁夏回族自治区				1000		60	10
新疆维吾尔自治区				24		686	1332

2－134－14

单位:万元

地区	贷款转贷及产权参股					其他支出		
	小计	国内贷款	国外贷款	产权参股	其他贷款转贷及产权参股支出	小计	补充全国社会保障基金	其他支出
地方合计	**279**	**279**				**71814**		**71814**
北京市						661		661
天津市								
河北省						703		703
山西省						128		128
内蒙古自治区								
辽宁省						3385		3385
其中:大连市								
吉林省						645		645
黑龙江省						300		300
上海市						2212		2212
江苏省						22418		22418
浙江省						1667		1667
其中:宁波市						411		411
安徽省						3025		3025
福建省						4375		4375
其中:厦门市						38		38
江西省						288		288
山东省	279	279				10259		10259
其中:青岛市						253		253
河南省						1987		1987
湖北省						1293		1293
湖南省						2725		2725
广东省						4339		4339
其中:深圳市						175		175
广西壮族自治区						675		675
海南省								
重庆市						210		210
四川省						7713		7713
贵州省						529		529
云南省						886		886
西藏自治区								
陕西省						903		903
甘肃省						128		128
青海省						330		330
宁夏回族自治区						30		30
新疆维吾尔自治区								

2007 年各省、自治区、直辖市城乡社区环境卫生支出明细表

2－135－1 单位:万元

地　　区	合　计	工资福利支出				
		小　计	基本工资	津贴补贴	奖　金	社会保障缴　费
地　方　合　计	**5049124**	**1287522**	**474435**	**293535**	**112645**	**110648**
北京市	676137	137809	34044	34252	20548	14982
天津市	150454	32199	11318	9634	2639	1981
河北省	195175	52733	24770	10489	1900	5780
山西省	135626	33933	14240	8578	990	3062
内蒙古自治区	83715	28389	12273	8041	1059	816
辽宁省	280788	94691	42709	22982	2365	12228
其中:大连市	53315	10345	4022	1798	840	2337
吉林省	112642	47660	26921	13906	801	1506
黑龙江省	148622	58260	30426	18197	1983	2613
上海市	449471	44714	17205	5004	11600	4692
江苏省	389489	81720	20745	13329	10568	11054
浙江省	336144	67948	12894	9521	17448	7347
其中:宁波市	65221	10890	1283	1311	3390	1800
安徽省	81975	27876	11160	6121	1202	2162
福建省	136110	41162	11180	8207	2811	3766
其中:厦门市	39918	9322	1792	2356	844	727
江西省	76418	29865	15030	5674	1546	1316
山东省	206038	49895	19392	14361	1683	6597
其中:青岛市	46285	3721	1081	1005	42	872
河南省	155494	48744	26461	10169	1492	2169
湖北省	131168	40438	19693	8473	3443	3122
湖南省	111358	41326	17243	8266	2170	3572
广东省	447551	108569	25672	33179	8606	8421
其中:深圳市	119564	28617	3427	14688	3005	1125
广西壮族自治区	115097	40515	15489	6418	3985	4232
海南省	38696	14718	3843	1657	593	371
重庆市	56546	12839	4556	1748	1259	825
四川省	167559	46774	16478	5445	5932	3192
贵州省	41895	13762	5158	3400	879	714
云南省	76777	22887	8074	7090	1249	988
西藏自治区	6343	2053	531	934	12	108
陕西省	92821	26454	11303	4466	1309	917
甘肃省	36350	15417	6553	6679	561	397
青海省	4168	795	412	155	8	404
宁夏回族自治区	33860	9053	3483	3544	485	404
新疆维吾尔自治区	74637	14324	5179	3616	1519	1314

2－135－2

单位:万元

地　　区	工资福利支出				商品和服务支出		
	伙食费	伙　食 补助费	绩效 工资	其他工资 福利支出	小　计	办公费	印刷费
地　方　合　计	**1811**	**11959**	**12542**	**269947**	**2057668**	**53795**	**3860**
北京市	342	2704	1725	29212	254018	2779	432
天津市	27	633	114	5853	52739	399	26
河北省	75	2578	489	6652	46374	1572	110
山西省	25	335	100	6603	48109	1272	124
内蒙古自治区	12	4	432	5752	36169	838	76
辽宁省	258	346	2482	11321	107094	5095	160
其中:大连市	134	40	1149	25	15026	2078	32
吉林省		122	1402	3002	33455	2610	101
黑龙江省	150	211	1168	3512	57998	2201	171
上海市	109	271	141	5692	220972	870	103
江苏省	34	441	545	25004	152946	5235	148
浙江省	17	646	82	19993	162741	1474	114
其中:宁波市	3	99	2	3002	39936	494	15
安徽省	63	659	8	6501	31483	1396	66
福建省	7	117	993	14081	60695	1031	85
其中:厦门市		68	458	3077	23247	136	2
江西省	103	38	220	5938	33996	851	90
山东省	125	143	283	7311	82649	3587	189
其中:青岛市	5	4	4	708	11049	362	27
河南省		142	246	8065	54254	3943	321
湖北省	58	139	293	5217	60578	960	64
湖南省	37	192	241	9605	48064	1248	183
广东省	88	291	102	32210	203789	3710	448
其中:深圳市	1	47		6324	66540	499	18
广西壮族自治区	9	25	176	10181	46209	4375	180
海南省		14	61	8179	8944	156	21
重庆市		109	10	4332	30781	466	26
四川省	11	174	420	15122	74324	1064	179
贵州省	4	64	36	3507	15709	743	111
云南省	239	1225	313	3709	26210	3224	41
西藏自治区				468	1192	17	
陕西省	7	118	230	8104	42495	1549	198
甘肃省		3	133	1091	10237	338	30
青海省		1		219	2470	50	5
宁夏回族自治区	11	7	7	1112	13358	197	23
新疆维吾尔自治区		207	90	2399	37616	545	35

2－135－3

单位:万元

地区	商品和服务支出						
	咨询费	手续费	水　费	电　费	邮电费	取暖费	物业管理费
地方合计	**475**	**977**	**25562**	**36394**	**8400**	**19541**	**15301**
北京市	40	39	4641	5973	732	4401	323
天津市	36	12	510	714	180	338	601
河北省	23	5	702	1468	294	1274	675
山西省	10	269	585	1441	223	789	80
内蒙古自治区	10	10	650	1267	116	527	59
辽宁省	17	14	729	1691	487	4705	1496
其中:大连市	4		74	523	50	651	1027
吉林省	6	128	288	616	227	2794	662
黑龙江省	19	19	277	2661	176	1659	1007
上海市	13	8	469	962	561		570
江苏省	23	30	1447	2252	443	21	1689
浙江省	9	20	1592	1587	574		547
其中:宁波市	1	3	335	226	60		20
安徽省	3	30	392	635	152	22	198
福建省	5	5	461	724	216		248
其中:厦门市	1		81	130	37		15
江西省	4	36	255	513	96	68	1463
山东省	35	18	1540	2027	440	1192	680
其中:青岛市	4	1	26	249	45	25	
河南省	14	11	1639	1200	237	116	992
湖北省	31	4	440	658	396	42	83
湖南省	10	47	444	653	161	12	637
广东省	27	141	3394	2961	1254	9	1957
其中:深圳市	19	3	334	611	304		481
广西壮族自治区	17	26	678	710	206		14
海南省		3	170	254	45		3
重庆市	2	1	556	845	151		124
四川省	17	64	579	1203	389	38	332
贵州省	21	10	138	591	97	29	23
云南省	2	6	454	642	123		289
西藏自治区			13	67	8	3	
陕西省	62	12	419	588	225	254	267
甘肃省	12	3	432	260	61	356	173
青海省	2		3	19	22	3	
宁夏回族自治区		2	261	317	47	220	31
新疆维吾尔自治区	5	4	1404	895	61	669	78

2－135－4

单位:万元

地　　区	商品和服务支出					
	交通费	差旅费	出国费	维修(护)费	租赁费	会议费
地　方　合　计	**172888**	**14279**	**954**	**215330**	**9955**	**9144**
北京市	15929	935	238	46726	3219	1244
天津市	2900	164	36	7239	100	323
河北省	6643	495	5	8810	325	272
山西省	5294	462	16	4879	270	155
内蒙古自治区	4271	379		4505	122	48
辽宁省	18554	926	182	21068	613	353
其中:大连市	2828	162	14	1874	98	94
吉林省	5411	381	8	3401	109	141
黑龙江省	4848	512	7	8627	194	183
上海市	3179	688	146	11898	218	849
江苏省	9211	757	30	14442	2022	581
浙江省	10387	802	45	5156	393	546
其中:宁波市	1688	188	24	2344	58	123
安徽省	2405	276	2	1597	139	91
福建省	6779	521	22	2634	120	96
其中:厦门市	1805	185	2	410	41	15
江西省	2353	597	2	4320	42	132
山东省	10019	736	3	13360	464	676
其中:青岛市	428	46		1885	18	32
河南省	5827	434	7	4131	439	401
湖北省	3058	657		1621	66	423
湖南省	4490	536	32	7890	159	338
广东省	15802	1226	80	11230	257	1136
其中:深圳市	2333	419		1563	68	178
广西壮族自治区	4528	443	12	3018	39	158
海南省	2268	132	5	240	9	56
重庆市	3673	339	4	4908	96	166
四川省	7469	529	47	6645	174	267
贵州省	2136	134		911	29	71
云南省	4682	310	8	3305	42	175
西藏自治区	273	24		136		
陕西省	4042	405		8158	194	217
甘肃省	1249	98	9	781	24	17
青海省	177	16		177		
宁夏回族自治区	955	129	8	1281	30	11
新疆维吾尔自治区	4076	236		2236	47	18

2－135－5

单位:万元

地区	商品和服务支出						
	培训费	招待费	专用材料费	被装购置费	专用燃料费	劳务费	委托业务费
地方合计	**6927**	**22762**	**139373**	**4083**	**47629**	**158064**	**57054**
北京市	869	659	24111	295	3878	1544	1780
天津市	432	248	7542	14	1125	2487	1787
河北省	181	436	5564	204	1035	5862	406
山西省	188	522	2788	95	1754	4165	351
内蒙古自治区	114	278	3051	152	1418	10325	104
辽宁省	335	1020	10971	46	1375	7280	692
其中:大连市	77	128	1881	23	187	1643	4
吉林省	160	273	8081		2357	3474	125
黑龙江省	121	240	7177	507	3640	3690	1012
上海市	264	1430	3449	154	510	2505	31595
江苏省	539	2600	4167	290	2776	12544	2144
浙江省	377	2357	3413	291	1473	17427	5356
其中:宁波市	37	266	398	141	1	2273	1148
安徽省	138	595	1283	38	1004	7777	117
福建省	117	685	3037	90	828	2893	234
其中:厦门市	15	148	833	1		595	1
江西省	220	1096	1668	103	941	2555	390
山东省	236	1017	12577	287	1976	9796	475
其中:青岛市	22	72	535	192		163	260
河南省	268	961	6364	152	2110	6311	418
湖北省	244	830	2171	112	1465	4457	372
湖南省	176	1378	2986	102	1831	9602	3
广东省	887	2439	8447	485	8206	12221	4580
其中:深圳市	367	584	1252		2651	3111	3127
广西壮族自治区	199	679	3485	85	867	2142	16
海南省	17	137	380	18	291	511	19
重庆市	105	265	3563	27	706	6128	107
四川省	204	919	3961	110	1790	7801	1407
贵州省	106	327	544	6	791	1752	86
云南省	125	472	2611	59	1537	2987	133
西藏自治区	3		58	3	1	12	1
陕西省	164	549	2113	109	536	6398	932
甘肃省	59	118	778	221	572	947	17
青海省		14	104		6	110	
宁夏回族自治区	41	97	585		142	368	71
新疆维吾尔自治区	38	121	2344	28	688	1993	2324

2－135－6

单位:万元

地　　区	商品和服务支出			对个人和家庭的补助			
	工会经费	福利费	其他商品和服务支出	小　计	离休费	退休费	退职(役)费
地　方　合　计	**10475**	**27226**	**997220**	**264295**	**3842**	**152226**	**935**
北京市	2098	2403	128730	30654	1044	10321	7
天津市	358	1027	24141	16048	104	11227	16
河北省	351	589	9073	8732	328	4902	
山西省	223	707	21447	5816	154	3732	200
内蒙古自治区	100	503	7246	1467	20	790	5
辽宁省	819	1456	27010	21509	319	14360	28
其中:大连市	130	428	1016	1320			
吉林省	169	275	1658	17124	233	15732	
黑龙江省	180	606	18264	16355	345	13444	11
上海市	383	1219	158929	3876	78	1191	2
江苏省	593	2556	86406	21677	290	12256	79
浙江省	939	3853	104009	12633	53	4996	40
其中:宁波市	124	563	29406	1420	9	330	1
安徽省	186	577	12364	5643	100	3898	7
福建省	390	1011	38463	7805	28	3770	4
其中:厦门市	201	211	18382	1396		151	
江西省	119	846	15236	3301	17	2047	
山东省	381	792	20146	9224	81	1238	6
其中:青岛市	39	70	6548	999	3	85	
河南省	247	790	16921	7860	185	4479	5
湖北省	351	1098	40975	10051	80	6846	14
湖南省	365	860	13921	7522	42	4642	1
广东省	728	1964	120200	20454	96	11050	483
其中:深圳市	124	296	48198	1082		34	483
广西壮族自治区	342	1385	22605	6987	19	4384	7
海南省	8	78	4123	1270		35	
重庆市	219	451	7853	1200		71	
四川省	330	687	38119	5346	24	2732	18
贵州省	81	259	6713	6107	63	4085	
云南省	177	266	4540	2572	19	1285	1
西藏自治区	16		557	885		789	
陕西省	71	367	14666	2664	17	669	
甘肃省	71	243	3368	5802	85	4760	1
青海省		3	1759	3			
宁夏回族自治区	67	82	8393	139		21	
新疆维吾尔自治区	113	273	19385	3569	18	2474	

2 – 135 – 7

单位:万元

地　　区	对个人和家庭的补助						
	抚恤金	生活补助	救济费	医疗费	助学金	奖励金	生产补贴
地　方　合　计	**4248**	**7852**	**275**	**12074**	**50**	**3070**	**798**
北京市	446	120	12	4158	9	35	
天津市	89	53		636	1	25	
河北省	115	710	6	473		73	71
山西省	63	257	2	66		22	
内蒙古自治区	35	140	1	11		5	
辽宁省	406	706	64	560		399	279
其中:大连市	29	208	2	20		87	278
吉林省	172	246	14	311		57	
黑龙江省	200	424	1	341		150	8
上海市	315	109		22	4	202	
江苏省	322	533	51	1087		140	46
浙江省	97	216	9	766		76	17
其中:宁波市	15	81	5	64		16	
安徽省	63	64	5	89		44	
福建省	165	111	1	61		83	
其中:厦门市	52	13		2		9	
江西省	55	335	1	168		2	2
山东省	200	459	17	636		140	135
其中:青岛市	2	13	1			1	
河南省	140	1616	16	55		154	189
湖北省	203	89	32	284	13	9	
湖南省	169	230	19	324	8	90	4
广东省	247	226	2	1548	1	675	45
其中:深圳市	1	11	1	6		118	
广西壮族自治区	108	210		89	7	33	2
海南省	45	73	1	14	1	10	
重庆市	144	71	13	126		90	
四川省	159	194		69		47	
贵州省	69	129		35		28	
云南省	38	65		21		456	
西藏自治区	2			23		1	
陕西省	48	311	6	57	6	12	
甘肃省	57	65		32		2	
青海省							
宁夏回族自治区	9	23	1	2			
新疆维吾尔自治区	67	67	1	10		10	

2－135－8 单位:万元

地　区	对个人和家庭的补助				对企事业单位的补贴		
	住房公积金	提租补贴	购房补贴	其他对个人和家庭的补助支出	小计	企业政策性补贴	事业单位补贴
地方合计	**34777**	**5995**	**10614**	**27539**	**71197**	**9224**	**10243**
北京市	6930	2235	3097	2240	891	300	
天津市	3191	94	18	594	8961	8149	12
河北省	1671	43		340	317		10
山西省	886	13		421	129		
内蒙古自治区	123		3	334	504	197	47
辽宁省	1976	1642	162	608	11764	337	442
其中:大连市	652	44			11240	271	12
吉林省	310	16		33	22		22
黑龙江省	1040	177		214	43	6	
上海市	653	2	6	1292	18690		145
江苏省	2108	628	365	3772	16556	159	3269
浙江省	3623	40	208	2492	3746	72	2239
其中:宁波市	332	11	5	551	1723		1138
安徽省	868	76	12	417	670	4	636
福建省	1576	757	83	1166	196		40
其中:厦门市	586	395		188			
江西省	298			376	26		16
山东省	1341	22	3907	1042	3595		597
其中:青岛市	165	18	409	302	2994		
河南省	412		94	515	137		14
湖北省	947	164	372	998	363		222
湖南省	764			1229	405		355
广东省	1578	24	705	3774	2462		2040
其中:深圳市			139	289	49		
广西壮族自治区	894	36	34	1164	20		
海南省	7			1084			
重庆市	84		240	361	137		137
四川省	924		10	1169	1292		
贵州省	328	12	1233	125	78		
云南省	478	1	25	183	40		
西藏自治区	12			58			
陕西省	820	3	2	713	153		
甘肃省	442	10	17	331			
青海省	2			1			
宁夏回族自治区	54			29			
新疆维吾尔自治区	437		21	464			

2－135－9　　　　单位:万元

地区	对企事业单位的补贴		赠与			债务利息支出	
	财政贴息	其他对企事业单位的补贴支出	小计	对国内的赠与	对国外的赠与	小计	国库券付息
地方合计	**299**	**51431**	**141**	**141**		**810**	
北京市		591					
天津市		800					
河北省	295	12					
山西省		129					
内蒙古自治区		260					
辽宁省		10985					
其中:大连市		10957					
吉林省						17	
黑龙江省		37					
上海市		18545					
江苏省		13128					
浙江省		1435					
其中:宁波市		585					
安徽省		30					
福建省		156					
其中:厦门市							
江西省		10					
山东省	4	2994	2	2			
其中:青岛市		2994					
河南省		123					
湖北省		141					
湖南省		50	3	3		104	
广东省		422	1	1			
其中:深圳市		49	1	1			
广西壮族自治区		20					
海南省			135	135			
重庆市							
四川省		1292					
贵州省		78				689	
云南省		40					
西藏自治区							
陕西省		153					
甘肃省							
青海省							
宁夏回族自治区							
新疆维吾尔自治区							

2－135－10　　　　单位:万元

地　　区	债务利息支出					基本建设支出	
	向国家银行借款付息	其他国内借款付息	向国外政府借款付息	向国际组织借款付息	其他国外借款付息	小　计	房屋建筑物购建
地　方　合　计	**793**	**17**				**270747**	**20925**
北京市						41810	4760
天津市						724	
河北省						23500	20
山西省						3306	1000
内蒙古自治区						2767	1
辽宁省						5414	
其中:大连市						3434	
吉林省		17				4297	
黑龙江省						2383	
上海市						13737	450
江苏省						49377	13250
浙江省						7219	90
其中:宁波市						2045	
安徽省						4418	
福建省						4998	174
其中:厦门市						3738	124
江西省						3241	
山东省						18346	107
其中:青岛市						13929	106
河南省						8158	
湖北省						3275	24
湖南省	104					4130	34
广东省						20185	
其中:深圳市						600	
广西壮族自治区						4037	15
海南省						3413	
重庆市						2462	25
四川省						13093	531
贵州省	689					861	5
云南省						13095	315
西藏自治区						1200	
陕西省						1121	
甘肃省						1097	8
青海省						427	
宁夏回族自治区						1091	
新疆维吾尔自治区						7565	116

2－135－11

单位:万元

地　　区	基本建设支出							
	办公设备购　置	专用设备购　置	交通工具购　置	基础设施建　设	大型修缮	信息网络购　建	物资储备	其他基本建设支出
地 方 合 计	**709**	**8638**	**2946**	**142834**	**9908**	**511**		**84276**
北京市	46	76	65	20871	577	6		15409
天津市				724				
河北省	1	617	381	21228	50	220		983
山西省	1		84	2221				
内蒙古自治区	3	544	32	1216				971
辽宁省		41	15	4985	322			51
其中:大连市		26		3108	300			
吉林省	1	561		3159	576			
黑龙江省		122	27	2234				
上海市	61			4953	268	63		7942
江苏省	28	50	306	13302	60			22381
浙江省	38	262	593	4618	445			1173
其中:宁波市	28	1	62	1607	285			62
安徽省	1	190	21	2620	21			1565
福建省	30	183	69	2387	259			1896
其中:厦门市	29	136		1311	249			1889
江西省		1	8	2670	60			502
山东省	42	248	199	1321	43			16386
其中:青岛市	38	34	49	74	39			13589
河南省	53	37	116	7239	104			609
湖北省	7	338	18	1101	166	219		1402
湖南省	87	89	43	3526				351
广东省	31	4051	174	12247	73	1		3608
其中:深圳市								600
广西壮族自治区	92	886	296	1429	99	1		1219
海南省	8	68	48	2819	17			453
重庆市	51	80	118	815	178	1		1194
四川省	113	93	30	3445	6378			2503
贵州省			6	354	13			483
云南省	1	82	242	10960				1495
西藏自治区				1200				
陕西省	3			938	180			
甘肃省				486				603
青海省	1		4	403	19			
宁夏回族自治区				1045				46
新疆维吾尔自治区	10	19	51	6318				1051

2－135－12

单位:万元

地区	其他资本性支出						
	小计	房屋建筑物购建	办公设备购置	专用设备购置	交通工具购置	基础设施建设	大型修缮
地方合计	**805653**	**16303**	**16241**	**60758**	**44392**	**320846**	**60428**
北京市	162777	1613	8449	5843	7845	101916	3547
天津市	8723	1015	180	1135	620	3573	424
河北省	56414	577	198	1163	1171	43103	3466
山西省	44289	392	845	6346	2561	12902	1930
内蒙古自治区	14418	540	231	2042	1249	5398	760
辽宁省	39730	715	1493	3389	3514	27664	1887
其中:大连市	11950		924	122	320	10457	
吉林省	9369	574	143	2052	1783	3068	665
黑龙江省	13117	1231	130	2226	1446	3802	3210
上海市	108694	453	424	4938	1811	16496	9517
江苏省	53412	968	652	3630	2061	13160	563
浙江省	46221	497	330	2953	2658	10484	4881
其中:宁波市	5883	14	24	455	420	1239	2413
安徽省	8361	147	182	974	791	2287	98
福建省	12720	223	252	1202	1865	3464	476
其中:厦门市	1859	20	73	405	743	411	23
江西省	4263	148	75	1231	381	1424	9
山东省	33070	2025	492	2677	2482	16481	1181
其中:青岛市	5446	24	29	486	14	3046	22
河南省	33496	225	285	1921	1252	13928	10280
湖北省	9127	64	84	523	555	3948	10
湖南省	6142	461	188	1578	1071	1141	430
广东省	33798	2212	490	1237	1401	4685	2046
其中:深圳市	7444	287	94	28	408	458	524
广西壮族自治区	10411	268	248	1465	1569	2695	338
海南省	10034	44	13	92	357	775	31
重庆市	7867	3	102	209	396	1632	1933
四川省	25508	1218	194	3177	2541	5272	7289
贵州省	4081	108	190	283	576	1126	159
云南省	9675	320	80	404	1041	2932	166
西藏自治区	625			19	161	138	
陕西省	18542	32	69	5538	429	8488	1000
甘肃省	3684	37	89	1073	50	500	352
青海省	424	13	1	20		146	142
宁夏回族自治区	9888	1	54	94	89	5530	3197
新疆维吾尔自治区	6773	179	78	1324	666	2688	441

2－135－13

单位:万元

地　　区	其他资本性支出						
	信息网络购　建	物资储备	土地补偿	安置补助	地上附着物和青苗补偿	拆迁补偿	其他资本性支　出
地　方　合　计	**1205**	**98**	**4073**	**635**	**2137**	**3803**	**274734**
北京市	2					652	32910
天津市	13				69	456	1238
河北省	16		185		95	5	6435
山西省	224	80	842	416	25	100	17626
内蒙古自治区	4		21		110	462	3601
辽宁省	6	2			316	13	731
其中:大连市							127
吉林省	1		407		6		670
黑龙江省	19						1053
上海市	598					87	74370
江苏省	1		1		21	10	32345
浙江省	73		65		2	56	24222
其中:宁波市							1318
安徽省	4		57	162	2		3657
福建省	1		1129	54	184	216	3654
其中:厦门市				54			130
江西省							995
山东省	13	10	164		186		7359
其中:青岛市							1825
河南省	58	4	406		468	169	4500
湖北省			4		44	826	3069
湖南省	5	2			9		1257
广东省	126		392		60	30	21119
其中:深圳市	110						5535
广西壮族自治区	5		230				3593
海南省							8722
重庆市	7						3585
四川省	10		104	3	7		5693
贵州省	3				3		1633
云南省	2		20		506		4204
西藏自治区							307
陕西省	12		41			713	2220
甘肃省							1583
青海省							102
宁夏回族自治区							923
新疆维吾尔自治区	2		5		24	8	1358

2－135－14

单位:万元

地区	贷款转贷及产权参股					其他支出		
	小计	国内贷款	国外贷款	产权参股	其他贷款转贷及产权参股支出	小计	补充全国社会保障基金	其他支出
地方合计	**28637**	**543**			**28094**	**262454**		**262454**
北京市	28094				28094	20084		20084
天津市						31060		31060
河北省						7105		7105
山西省						44		44
内蒙古自治区						1		1
辽宁省						586		586
其中:大连市								
吉林省						698		698
黑龙江省	466	466						
上海市						38788		38788
江苏省						13801		13801
浙江省						35636		35636
其中:宁波市						3324		3324
安徽省						3524		3524
福建省						8534		8534
其中:厦门市						356		356
江西省						1726		1726
山东省	77	77				9180		9180
其中:青岛市						8147		8147
河南省						2845		2845
湖北省						7336		7336
湖南省						3662		3662
广东省						58293		58293
其中:深圳市						15231		15231
广西壮族自治区						6918		6918
海南省						182		182
重庆市						1260		1260
四川省						1222		1222
贵州省						608		608
云南省						2298		2298
西藏自治区						388		388
陕西省						1392		1392
甘肃省						113		113
青海省						49		49
宁夏回族自治区						331		331
新疆维吾尔自治区						4790		4790

2007 年各省、自治区、直辖市建设市场管理与监督支出明细表

2－136－1　　　　单位:万元

地　　区	合　计	工资福利支出				
		小　计	基本工资	津贴补贴	奖　金	社会保障缴　费
地　方　合　计	**293871**	**108885**	**39446**	**25079**	**19631**	**11756**
北京市	2515	664	174	237	117	47
天津市	717	110	41	31	23	11
河北省	6873	3036	1388	799	144	442
山西省	4881	2739	1534	587	143	298
内蒙古自治区	5410	1783	811	511	103	180
辽宁省	8233	3323	1576	860	249	430
其中:大连市	1843	631	230	95	128	130
吉林省	2293	1374	792	379	52	87
黑龙江省	7876	3329	1595	972	377	230
上海市	17009	9852	2197	1050	4864	1032
江苏省	41289	14152	3937	2899	3604	1622
浙江省	22305	10344	2059	1878	3951	1416
其中:宁波市	7437	4019	613	676	1669	704
安徽省	16023	3629	1542	851	115	332
福建省	9112	3036	1102	599	197	502
其中:厦门市	385	56	16	14	8	8
江西省	8325	2644	1303	493	237	215
山东省	20070	6608	2454	2132	301	1107
其中:青岛市	5769	1576	432	656	136	261
河南省	8398	3432	2116	808	59	351
湖北省	8191	2913	1622	525	228	346
湖南省	18824	6211	3045	1511	539	637
广东省	41384	13785	3078	4688	1764	1087
其中:深圳市	16230	7300	1338	2725	872	456
广西壮族自治区	6930	1909	846	352	309	204
海南省	147	75	64	3	6	
重庆市	8093	1960	783	408	497	132
四川省	10523	4368	1767	663	1059	395
贵州省	2359	893	379	258	58	66
云南省	1410	588	274	208	44	57
西藏自治区	145	110	54	51		5
陕西省	6738	2628	1505	366	145	245
甘肃省	2871	1300	717	413	40	66
青海省	385	284	116	115	11	6
宁夏回族自治区	2252	706	262	241	28	49
新疆维吾尔自治区	2290	1100	313	191	367	159

2－136－2

单位:万元

地区	工资福利支出				商品和服务支出		
	伙食费	伙食补助费	绩效工资	其他工资福利支出	小计	办公费	印刷费
地方合计	**112**	**872**	**1238**	**10751**	**108636**	**8966**	**1613**
北京市	1	3		85	1633	79	78
天津市				4	602	2	
河北省	9	81	21	152	2833	469	17
山西省		19	18	140	1524	205	36
内蒙古自治区		14	40	124	2529	765	81
辽宁省	6	19	21	162	3372	321	130
其中:大连市	3	18	10	17	646	58	46
吉林省		5	57	2	730	112	22
黑龙江省	8	44	37	66	3779	239	33
上海市	17	40	26	626	5562	228	67
江苏省	29	119	319	1623	16399	817	192
浙江省	7	136	10	887	7717	438	135
其中:宁波市	7	54	5	291	2688	152	49
安徽省	3	63	1	722	3240	342	38
福建省		15	278	343	4010	244	45
其中:厦门市			10		284		
江西省		6	4	386	4889	269	41
山东省		32	62	520	5218	666	141
其中:青岛市	18	6	1	66	737	59	29
河南省	1		7	90	2391	394	48
湖北省	4	6	61	121	2942	156	22
湖南省	11	16	10	442	5886	412	63
广东省	15	177	79	2897	14667	1179	151
其中:深圳市	10	163		1736	6553	238	22
广西壮族自治区				198	4255	138	68
海南省				2	72	1	
重庆市		15		125	3089	447	24
四川省	1	11	34	438	4095	368	95
贵州省		9	7	116	973	87	8
云南省		2		3	380	116	1
西藏自治区					23	7	
陕西省		17	105	245	2695	194	40
甘肃省			3	61	960	107	22
青海省		5	20	11	87	15	1
宁夏回族自治区		2	16	108	1223	107	3
新疆维吾尔自治区		16	2	52	861	42	11

2－136－3

单位:万元

地　　区	商品和服务支出						
	咨询费	手续费	水　费	电　费	邮电费	取暖费	物　业 管理费
地　方　合　计	**305**	**153**	**607**	**2417**	**2200**	**1232**	**1672**
北京市			1	20	9	19	1
天津市				1	1	1	2
河北省	2	1	8	25	50	90	18
山西省	2		12	22	31	53	9
内蒙古自治区	7	1	15	19	34	127	13
辽宁省	1	13	22	64	77	229	63
其中:大连市		4	4	25	11	47	24
吉林省			11	21	19	44	17
黑龙江省	4		18	58	83	232	9
上海市	87		32	204	235	3	225
江苏省	23	54	73	326	283	4	283
浙江省	12	19	45	156	219		134
其中:宁波市			12	69	62		5
安徽省	8	3	11	140	50	27	57
福建省	48	6	17	86	76		5
其中:厦门市							
江西省	16		10	71	53	3	33
山东省	2	2	81	184	154	184	184
其中:青岛市			3	35	38	19	17
河南省	6		14	35	47	20	34
湖北省	1	6	51	35	57	3	1
湖南省	1	27	37	114	96	15	42
广东省	25	7	64	517	291		386
其中:深圳市	1	1	15	335	124		243
广西壮族自治区	40	10	25	42	38		1
海南省							
重庆市			12	41	51		1
四川省	9	2	17	136	114	8	119
贵州省			2	9	16	9	1
云南省				5	10		
西藏自治区					2		
陕西省	10	1	15	43	43	48	7
甘肃省	1		4	18	26	47	16
青海省			4	3			
宁夏回族自治区			4	19	13	39	7
新疆维吾尔自治区		1	2	3	22	27	4

2－136－4

单位:万元

地区	商品和服务支出					
	交通费	差旅费	出国费	维修(护)费	租赁费	会议费
地方合计	**8149**	**4207**	**656**	**7164**	**1737**	**4008**
北京市	81	64	146	3	1	102
天津市	2	2			23	2
河北省	337	75		339	40	150
山西省	182	91		68	15	68
内蒙古自治区	187	191	4	303	4	47
辽宁省	487	194	112	363	12	177
其中:大连市	68	34		114		23
吉林省	227	58		36	4	41
黑龙江省	357	135	4	1799	42	88
上海市	459	237	165	138	221	297
江苏省	781	516	46	292	223	855
浙江省	448	382	46	138	157	295
其中:宁波市	138	176	34	67	89	115
安徽省	175	125	15	97	7	77
福建省	246	161	17	152	41	127
其中:厦门市	8					
江西省	230	131		41	37	65
山东省	585	195	5	231	200	255
其中:青岛市	134	36		29	1	33
河南省	124	100		113	139	97
湖北省	169	107	5	80	6	45
湖南省	522	238	4	231	23	249
广东省	1334	388	3	2066	288	434
其中:深圳市	710	179		1236	200	158
广西壮族自治区	135	74	10	25		42
海南省	8	7				
重庆市	233	194	6	255	13	183
四川省	297	205	43	161	76	140
贵州省	102	49	21	14	3	14
云南省	44	10		1		8
西藏自治区	2	11				
陕西省	172	87		78	62	87
甘肃省	68	68	4	112	18	47
青海省	16	7		1		
宁夏回族自治区	63	57		18	82	11
新疆维吾尔自治区	76	48		9		5

2－136－5　　　　单位:万元

地　区	商品和服务支出						
	培训费	招待费	专用材料费	被装购置费	专用燃料费	劳务费	委托业务费
地方合计	**2544**	**6461**	**2867**	**335**	**425**	**3139**	**4681**
北京市	101	6				34	562
天津市	2						
河北省	26	70	194	5	6	362	14
山西省	53	73	9	28	12	15	15
内蒙古自治区	97	57	32	2	3	41	
辽宁省	56	172	248		39	70	18
其中:大连市	22	47	68			8	
吉林省	10	41	42		5	4	1
黑龙江省	26	56	56	24	11	140	23
上海市	129	221	20	8	4	54	3
江苏省	380	1288	347	62	2	375	986
浙江省	180	619	97	3	4	114	183
其中:宁波市	47	198	54	3	2	26	3
安徽省	41	225	50	1		21	15
福建省	77	198	60	30	22	61	1079
其中:厦门市							129
江西省	49	395	11	9	7	146	2
山东省	145	306	167	2	158	154	13
其中:青岛市	37	31	25				
河南省	39	91	468	20	36	37	314
湖北省	81	195	13	1	27	11	50
湖南省	167	614	157	11	20	59	10
广东省	445	1005	424	15	9	481	1095
其中:深圳市	194	226	178	10	1	47	1037
广西壮族自治区	38	79	179			65	182
海南省							
重庆市	122	199	150	59	7	203	2
四川省	108	265	84		18	185	4
贵州省	40	83	19	8	5	39	2
云南省	8	21	2			2	6
西藏自治区							
陕西省	63	63	10	5	8	115	98
甘肃省	29	40	8	9	5	17	2
青海省	3	6				1	
宁夏回族自治区	12	31	16	33	16	312	
新疆维吾尔自治区	17	42	4		1	21	2

2－136－6

单位:万元

地　　区	商品和服务支出			对个人和家庭的补助			
	工会经费	福利费	其他商品和服务支出	小　计	离休费	退休费	退职(役)费
地　方　合　计	**1087**	**3343**	**38668**	**13350**	**200**	**3968**	**3**
北京市	2	17	307	70		2	
天津市			564	5		3	
河北省	27	78	430	243	6	97	
山西省	7	53	465	123	2	35	
内蒙古自治区	6	62	431	111		35	
辽宁省	19	79	406	612	31	202	
其中:大连市	5	38		184			
吉林省	2		13	106		54	
黑龙江省	18	64	260	661	20	391	
上海市	109	539	1877	574		149	
江苏省	155	497	7539	2552	44	955	2
浙江省	188	283	3422	1339	6	243	1
其中:宁波市	58	16	1313	387	3	48	
安徽省	32	120	1563	437	5	105	
福建省	42	166	1004	439		123	
其中:厦门市	2	1	144	19		8	
江西省	22	118	3130	319	1	132	
山东省	34	161	1009	1381		85	
其中:青岛市	11	4	196	522		109	
河南省	18	39	158	94	1	47	
湖北省	26	69	1725	407	9	194	
湖南省	69	197	2508	777	42	363	
广东省	128	480	3452	1224		220	
其中:深圳市	55	262	1081	518		38	
广西壮族自治区	24	82	2958	330		132	
海南省			56				
重庆市	13	27	847	194		14	
四川省	70	48	1523	325	1	70	
贵州省	4	37	401	336	28	133	
云南省	4	3	139	63		5	
西藏自治区	1			12		12	
陕西省	18	75	1353	209	2	64	
甘肃省	11	27	254	130	2	75	
青海省	3	3	24				
宁夏回族自治区	20	1	359	133		23	
新疆维吾尔自治区	15	18	491	144		5	

2－136－7

单位:万元

地　　区	对个人和家庭的补助						
	抚恤金	生活补助	救济费	医疗费	助学金	奖励金	生产补贴
地　方　合　计	**185**	**461**	**21**	**686**	**9**	**163**	**9**
北京市				4	1		
天津市							
河北省	4	2		8		2	
山西省	1	4		1		8	
内蒙古自治区	2		1	3			
辽宁省	9	54		25		12	
其中:大连市		18					
吉林省	1			5			
黑龙江省	17	3	1	19		5	
上海市	32	4		5		1	
江苏省	35	88	11	209		17	
浙江省	5	5	1	50		4	4
其中:宁波市		1		5			4
安徽省	1	4	2	29		5	
福建省				12		1	
其中:厦门市							
江西省	14	9	2	43	1		
山东省	7	26		63	3	7	1
其中:青岛市				5		1	
河南省		4		4		1	
湖北省	4	3		19	1	3	
湖南省	19	3		72		11	
广东省	16	202		34	1	41	4
其中:深圳市		179				27	
广西壮族自治区				4		1	
海南省							
重庆市		7		40			
四川省	6	2	3	7		4	
贵州省	4			6			
云南省						38	
西藏自治区							
陕西省	6	26		13			
甘肃省	1	10		5	2		
青海省							
宁夏回族自治区	1	5		1			
新疆维吾尔自治区				5		2	

2-136-8

单位:万元

地区	对个人和家庭的补助				对企事业单位的补贴		
	住房公积金	提租补贴	购房补贴	其他对个人和家庭的补助支出	小计	企业政策性补贴	事业单位补贴
地方合计	**3984**	**303**	**1327**	**2031**	**1324**		**960**
北京市	45	12	5	1			
天津市				2			
河北省	93	2	2	27			
山西省	60			12	5		
内蒙古自治区	25		6	39			
辽宁省	95	44	127	13	66		
其中:大连市	46	4	111	5			
吉林省	38			8			
黑龙江省	173	21		11			
上海市	239	1		143			
江苏省	618	87	44	442	438		355
浙江省	650	6	66	298			
其中:宁波市	128	2	7	189			
安徽省	229	7	2	48	81		81
福建省	182	61	7	53	26		
其中:厦门市	6		5				
江西省	81			36			
山东省	282	48	634	225	468		468
其中:青岛市	107	17	224	59			
河南省	25			12			
湖北省	127	2	2	43	71		56
湖南省	170		1	96			
广东省	175	2	311	218	45		
其中:深圳市			266	8	9		
广西壮族自治区	134	9	1	49			
海南省							
重庆市	77			56			
四川省	170		1	61			
贵州省	35	1	117	12			
云南省	20						
西藏自治区							
陕西省	94			4			
甘肃省	33			2	124		
青海省							
宁夏回族自治区	54			49			
新疆维吾尔自治区	60		1	71			

2－136－9

单位:万元

地　　区	对企事业单位的补贴		赠　与			债务利息支出	
	财政贴息	其他对企事业单位的补贴支出	小　计	对国内的赠　与	对国外的赠　与	小　计	国库券付　息
地　方　合　计		**364**	**42**	**42**			
北京市							
天津市							
河北省							
山西省		5					
内蒙古自治区							
辽宁省		66					
其中:大连市							
吉林省							
黑龙江省							
上海市							
江苏省		83					
浙江省			40	40			
其中:宁波市							
安徽省							
福建省		26					
其中:厦门市							
江西省							
山东省							
其中:青岛市							
河南省							
湖北省		15					
湖南省							
广东省		45	2	2			
其中:深圳市		9	3	3			
广西壮族自治区							
海南省							
重庆市							
四川省							
贵州省							
云南省							
西藏自治区							
陕西省							
甘肃省		124					
青海省							
宁夏回族自治区							
新疆维吾尔自治区							

2－136－10

单位:万元

地　　区	债务利息支出					基本建设支出	
	向国家银行借款付息	其他国内借款付息	向国外政府借款付息	向国际组织借款付息	其他国外借款付息	小　计	房屋建筑物购　建
地方合计						**7821**	**1217**
北京市							
天津市							
河北省							
山西省							
内蒙古自治区						41	15
辽宁省						2	2
其中:大连市							
吉林省							
黑龙江省							
上海市						6	
江苏省						2596	899
浙江省						191	100
其中:宁波市						85	
安徽省						113	99
福建省							
其中:厦门市							
江西省						102	100
山东省						32	
其中:青岛市							
河南省						626	
湖北省						6	
湖南省						3627	
广东省						43	
其中:深圳市							
广西壮族自治区						11	
海南省							
重庆市						166	
四川省						1	
贵州省						42	2
云南省							
西藏自治区							
陕西省						28	
甘肃省						110	
青海省							
宁夏回族自治区							
新疆维吾尔自治区						78	

2－136－11 单位:万元

地　　区	基本建设支出							
	办公设备购　置	专用设备购　置	交通工具购　置	基础设施建　设	大型修缮	信息网络购　建	物资储备	其他基本建设支出
地　方　合　计	**189**	**102**	**241**	**4520**	**83**	**59**		**1410**
北京市								
天津市								
河北省								
山西省								
内蒙古自治区				26				
辽宁省								
其中:大连市								
吉林省								
黑龙江省								
上海市	6							
江苏省	62		110	126	55	21		1323
浙江省	37	33	20	1				
其中:宁波市	32	33	20					
安徽省			14					
福建省								
其中:厦门市								
江西省								2
山东省				32				
其中:青岛市								
河南省	5	10	1	610				
湖北省	2							4
湖南省			13	3564				50
广东省	14		29					
其中:深圳市								
广西壮族自治区				11				
海南省								
重庆市	23	59	54					30
四川省								1
贵州省				40				
云南省								
西藏自治区								
陕西省					28			
甘肃省				110				
青海省								
宁夏回族自治区								
新疆维吾尔自治区	40					38		

二、地方财政预算收支情况

2－136－12　　　　单位：万元

地　　区	其他资本性支出						
	小　计	房屋建筑物购　建	办公设备购　置	专用设备购　置	交通工具购　置	基础设施建　设	大型修缮
地　方　合　计	**30998**	**9901**	**2583**	**2451**	**2433**	**8784**	**1821**
北京市	34		13				
天津市							
河北省	670		48	49	85	2	484
山西省	414		49	41	49	192	32
内蒙古自治区	946	357	80	124	110	118	83
辽宁省	827	86	79	71	23	290	265
其中：大连市	382	86	11	13			265
吉林省	83		19		48	16	
黑龙江省	107		55	21	28		
上海市	260		72	2	180		2
江苏省	4284	1531	600	234	216	749	260
浙江省	1952	762	230	335	149		176
其中：宁波市	115		32	27	56		
安徽省	557	61	54	63	67	161	2
福建省	1479	748	226	264	79	83	12
其中：厦门市	1			1			
江西省	250	104	57	13	37		12
山东省	6363	3000	157	305	73	2753	2
其中：青岛市	2929	2900	5	20			
河南省	1530	883	29	93	8	169	
湖北省	470		16	3	46	165	30
湖南省	710	148	89	18	143	43	48
广东省	3212	86	273	567	475	1230	124
其中：深圳市	882	54	189	398	151		5
广西壮族自治区	376	191	98	12	48	22	
海南省							
重庆市	2671	246	27	1	60	2159	
四川省	1686	978	96	84	164	58	210
贵州省	43		8		35		
云南省	379			6	23	350	
西藏自治区							
陕西省	1177	720	63	27	100	223	33
甘肃省	236		98	20	92	1	10
青海省							
宁夏回族自治区	190		14	95	45		36
新疆维吾尔自治区	92		33	3	50		

2－136－13

单位:万元

地　　区	其他资本性支出						
	信息网络购建	物资储备	土地补偿	安置补助	地上附着物和青苗补偿	拆迁补偿	其他资本性支出
地 方 合 计	**377**		**35**			**45**	**2568**
北京市							21
天津市							
河北省	2						
山西省	17						34
内蒙古自治区	19					38	17
辽宁省	13						
其中:大连市	7						
吉林省							
黑龙江省	3						
上海市	2						2
江苏省	37						657
浙江省	28						272
其中:宁波市							
安徽省	15						134
福建省							67
其中:厦门市							
江西省							27
山东省	11		28				34
其中:青岛市							4
河南省	90						258
湖北省	1		7			7	195
湖南省	2						219
广东省	56						401
其中:深圳市	42						43
广西壮族自治区							5
海南省							
重庆市	3						175
四川省	60						36
贵州省							
云南省							
西藏自治区							
陕西省	8						3
甘肃省	10						5
青海省							
宁夏回族自治区							
新疆维吾尔自治区							6

2－136－14

单位:万元

地　　区	贷款转贷及产权参股					其他支出		
	小　计	国内贷款	国外贷款	产权参股	其他贷款转贷及产权参股支出	小　计	补充全国社会保障基金	其他支出
地方合计						**22815**		**22815**
北京市						114		114
天津市								
河北省						91		91
山西省						76		76
内蒙古自治区								
辽宁省						31		31
其中:大连市								
吉林省								
黑龙江省								
上海市						755		755
江苏省						868		868
浙江省						722		722
其中:宁波市						143		143
安徽省						7966		7966
福建省						122		122
其中:厦门市						25		25
江西省						121		121
山东省								
其中:青岛市						5		5
河南省						325		325
湖北省						1382		1382
湖南省						1613		1613
广东省						8406		8406
其中:深圳市						965		965
广西壮族自治区						49		49
海南省								
重庆市						13		13
四川省						48		48
贵州省						72		72
云南省								
西藏自治区								
陕西省						1		1
甘肃省						11		11
青海省						14		14
宁夏回族自治区								
新疆维吾尔自治区						15		15

2007 年各省、自治区、直辖市政府住房基金支出明细表

2－137－1　　　　单位:万元

地　　区	合　计	工资福利支出				
		小　计	基本工资	津贴补贴	奖　金	社会保障缴　费
地　方　合　计	**454687**	**30253**	**8882**	**7339**	**5338**	**3753**
北京市	69273	3171	568	1221	989	
天津市						
河北省	11546	971	429	116	48	166
山西省	1980	500	129	221	21	99
内蒙古自治区	2883	633	194	137	45	85
辽宁省	19991	1693	489	291	39	275
其中:大连市	10421					
吉林省	3817	1360	411	371	29	294
黑龙江省	7248	123	60	38	12	13
上海市	3411	1283	121	144	312	264
江苏省	59033	253	78	105	30	25
浙江省	4766	1859	414	260	622	287
其中:宁波市	862	420	96	66	130	93
安徽省	4787	650	259	126	28	97
福建省	10281	1478	448	354	59	321
其中:厦门市	633	273	51	64	18	30
江西省	5716	1500	706	288	198	152
山东省	9805	2706	784	651	707	409
其中:青岛市	4519	1794	409	401	638	257
河南省	121072	1515	682	461	64	129
湖北省	13842	112	11	57	23	11
湖南省	5822	427	105	184		78
广东省	16063	1484	339	624	112	118
其中:深圳市						
广西壮族自治区	10701	867	259	223	229	118
海南省	609	214	113	60	6	31
重庆市	5892	26	10	4	8	2
四川省	38836	3109	878	463	1038	336
贵州省	3365	473	208	183	56	13
云南省	9398	725	169	237	79	92
西藏自治区						
陕西省	3977	669	211	116	184	92
甘肃省	3120	510	332	109	18	33
青海省	2141	187	71	39	31	12
宁夏回族自治区	77					
新疆维吾尔自治区	5235	1755	404	256	351	201

2－137－2

单位:万元

地区	工资福利支出				商品和服务支出		
	伙食费	伙食补助费	绩效工资	其他工资福利支出	小计	办公费	印刷费
地方合计	**55**	**415**	**1123**	**3348**	**193248**	**3578**	**1356**
北京市		81		312	18264	208	19
天津市							
河北省		55	10	147	7996	184	60
山西省				30	576	156	8
内蒙古自治区		6		166	902	157	67
辽宁省	7		420	172	2040	170	32
其中:大连市					48	1	3
吉林省		15	130	110	1655	199	42
黑龙江省					2216	31	22
上海市				442	2124	18	11
江苏省		8		7	7104	11	
浙江省		17	16	243	1827	118	39
其中:宁波市		5	15	15	377	34	11
安徽省	6	9	75	50	907	151	33
福建省		1	72	223	1838	201	23
其中:厦门市				110	254	83	
江西省				156	1495	222	49
山东省		85	1	69	3057	362	153
其中:青岛市		39		50	1155	58	65
河南省		3		176	113494	296	178
湖北省				10	5058	142	7
湖南省		6		54	2577	75	56
广东省			7	284	3774	117	120
其中:深圳市							
广西壮族自治区		15		23	2114	78	28
海南省				4	273	37	15
重庆市				2	415	17	9
四川省	7	3	48	336	5671	289	204
贵州省				13	758	51	18
云南省		7	13	128	1550	172	28
西藏自治区							
陕西省		26		40	1480	26	14
甘肃省		4		14	1901	52	23
青海省		3	6	25	1015	12	12
宁夏回族自治区					19		
新疆维吾尔自治区	35	71	325	112	1148	26	86

2－137－3 单位:万元

地　　区	商品和服务支出						
	咨询费	手续费	水　费	电　费	邮电费	取暖费	物　业 管理费
地　方　合　计	**118**	**67**	**192**	**850**	**1357**	**539**	**845**
北京市		1	11	2	67	77	3
天津市							
河北省			3	23	29	48	4
山西省					1		
内蒙古自治区		3	2	15	31	34	5
辽宁省	5		33	215	172	115	213
其中:大连市							
吉林省	11		4	25	41	62	22
黑龙江省			2	5	12	27	4
上海市	24		33	49	26		35
江苏省			1		1		17
浙江省	2	12	7	37	62		52
其中:宁波市		9	4	20	15		11
安徽省		2	1	34	16		40
福建省	2			7	107		15
其中:厦门市					24		7
江西省	1		1	18	68	2	14
山东省	5	1	15	110	155	69	112
其中:青岛市			9	80	103	41	82
河南省	13	29	15	36	74	23	115
湖北省			1	4	8		1
湖南省	5		3	22	42		2
广东省	28	4	12	39	51		18
其中:深圳市							
广西壮族自治区	5	1	9	27	54		7
海南省				10	6		3
重庆市			1	3	1		
四川省	15	10	28	104	145	4	73
贵州省	1			11	36		
云南省	1	2	5	11	37		36
西藏自治区							
陕西省			1	10	12		21
甘肃省		1		8	11	13	1
青海省		1	1	6	13	6	2
宁夏回族自治区							6
新疆维吾尔自治区			3	19	79	59	24

2－137－4

单位:万元

地区	商品和服务支出					
	交通费	差旅费	出国费	维修(护)费	租赁费	会议费
地方合计	**2879**	**1297**	**88**	**2776**	**2163**	**1509**
北京市	79	26		24		39
天津市						
河北省	74	29		49	46	66
山西省	78	4			104	15
内蒙古自治区	65	83	1	68	8	44
辽宁省	243	77		82	47	74
其中:大连市						2
吉林省	198	104		84	42	53
黑龙江省	41	31		126	7	13
上海市	77	20	26	716	33	7
江苏省	10	4		1		
浙江省	75	57	26	33	34	98
其中:宁波市	23	24	16	20	25	12
安徽省	38	24	4	27	66	26
福建省	111	53		19	98	77
其中:厦门市	9	6		1	5	9
江西省	147	81		60	47	28
山东省	321	48		110	466	226
其中:青岛市	101	20		52	80	29
河南省	237	126		103	49	179
湖北省	13	12				5
湖南省	67	33	14	12	65	16
广东省	153	56	4	627	170	40
其中:深圳市						
广西壮族自治区	128	49		70	7	61
海南省	20	38	4	23		
重庆市	17	7		27		10
四川省	325	179		236	214	237
贵州省	64	24		47	15	18
云南省	87	17	9	145	10	58
西藏自治区						
陕西省	45	23		23	549	29
甘肃省	30	7		15	3	28
青海省	26	13		1		14
宁夏回族自治区	2	1		1		1
新疆维吾尔自治区	108	71		47	83	47

2 - 137 - 5

单位:万元

地　　区	商品和服务支出						
	培训费	招待费	专用材料费	被装购置费	专用燃料费	劳务费	委托业务费
地方合计	**1023**	**2115**	**270**	**105**	**47**	**615**	**1627**
北京市	29	56				55	
天津市							
河北省	16	38	11			1	
山西省	143		3			3	
内蒙古自治区	38	36	15	25	8	21	
辽宁省	80	62	13			116	3
其中:大连市	36		1			2	3
吉林省	15	84	8			6	49
黑龙江省	5	15	40	39	11		
上海市	9	65				1	835
江苏省		19					
浙江省	31	184	15	4		64	30
其中:宁波市	8	45	7	4		3	
安徽省	20	39				9	
福建省	13	157	22			1	360
其中:厦门市	4	6					
江西省	55	172	19				
山东省	52	128	21			66	32
其中:青岛市	3	42	21				
河南省	55	93	14	17	5	9	3
湖北省	4	17				3	
湖南省	8	31					
广东省	59	105	18	20		21	43
其中:深圳市							
广西壮族自治区	34	109	15		2	128	151
海南省		11				8	2
重庆市	1	8					11
四川省	184	332	14		1	17	82
贵州省	31	77	5			46	12
云南省	47	182	11		20	8	14
西藏自治区							
陕西省	28	7	2			2	
甘肃省	12	28	1			14	
青海省	3	14	1			2	
宁夏回族自治区	2	5				1	
新疆维吾尔自治区	49	41	22			13	

2－137－6　　　　单位:万元

地　　区	商品和服务支出			对个人和家庭的补助			
	工会经费	福利费	其他商品和服务支出	小　计	离休费	退休费	退职(役)费
地　方　合　计	**396**	**725**	**166711**	**37114**		**403**	**4**
北京市	63		17505	950		69	
天津市							
河北省	6	22	7287	75		15	
山西省	2	14	45	43			
内蒙古自治区	3	38	135	347			
辽宁省	10	109	169	3834		13	
其中:大连市							
吉林省	9	8	589	661		12	
黑龙江省	10	27	1748	2817			
上海市	2	1	136	4		4	
江苏省	5		7035	44		7	
浙江省	37	60	750	306		27	
其中:宁波市	14	1	71	19		5	
安徽省	8	2	367	378		10	
福建省	8	76	488	5571		8	2
其中:厦门市		4	96				
江西省	18	31	462	382		33	
山东省	18	65	522	604			
其中:青岛市	10	65	294	469		11	
河南省	19	40	111766	2625		24	
湖北省		5	4836	3385			
湖南省	12	5	2109	419		6	
广东省	10	6	2053	8978		85	
其中:深圳市							
广西壮族自治区	10	36	1105	215		41	
海南省	1		95	10			
重庆市	1		302	30		4	
四川省	43	49	2886	2761		25	2
贵州省	8	8	286	173		2	
云南省	62	20	568	2263			
西藏自治区							
陕西省	4	4	680	37		1	
甘肃省	7	18	1629	92		9	
青海省	2	6	880	19		6	
宁夏回族自治区				13			
新疆维吾尔自治区	18	75	278	78		2	

2－137－7

单位:万元

地　　区	对个人和家庭的补助						
	抚恤金	生活补助	救济费	医疗费	助学金	奖励金	生产补贴
地　方　合　计	**10**	**2936**	**1072**	**471**		**576**	**162**
北京市							
天津市							
河北省				2		1	
山西省		6					
内蒙古自治区							
辽宁省	3	3	1007	78			
其中:大连市							
吉林省		331	65	6		148	
黑龙江省		2523					
上海市							
江苏省				1		2	
浙江省	4	7		40		25	
其中:宁波市				2			
安徽省	1			13			
福建省				2			
其中:厦门市							
江西省				22			
山东省		1		14			
其中:青岛市							
河南省		34		10			
湖北省							
湖南省		9		267		83	
广东省				7		22	162
其中:深圳市							
广西壮族自治区		1		1		78	
海南省							
重庆市				2			
四川省		15		3		127	
贵州省		6					
云南省						89	
西藏自治区							
陕西省							
甘肃省				3		1	
青海省	2						
宁夏回族自治区							
新疆维吾尔自治区							

2－137－8　　　　单位:万元

地区	对个人和家庭的补助				对企事业单位的补贴		
	住房公积金	提租补贴	购房补贴	其他对个人和家庭的补助支出	小计	企业政策性补贴	事业单位补贴
地方合计	**3641**	**813**	**20025**	**7001**	**4193**	**3545**	**631**
北京市	207	41	571	62			
天津市							
河北省	54	1		2			
山西省	5			32			
内蒙古自治区	228		54	65	79		79
辽宁省	243	91	2393	3	2311	2311	
其中:大连市					2311	2311	
吉林省	85	10		4			
黑龙江省	12	2	280		552		552
上海市							
江苏省	25	2	5	2			
浙江省	126		29	48			
其中:宁波市	7			5			
安徽省	87	3	120	144			
福建省	222	19	1458	3860	17		
其中:厦门市							
江西省	49	10	10	258			
山东省	319	159	75	36			
其中:青岛市	255	153	28	22			
河南省	55		1533	969	1234	1234	
湖北省	644		1993	748			
湖南省	34			20			
广东省	640	209	7746	107			
其中:深圳市							
广西壮族自治区	87			7			
海南省	8			2			
重庆市	1			23			
四川省	243	266	1667	413			
贵州省	1			164			
云南省	119		2030	25			
西藏自治区							
陕西省	35			1			
甘肃省	34		45				
青海省	11						
宁夏回族自治区			7	6			
新疆维吾尔自治区	67		9				

2－137－9

单位:万元

地　　区	对企事业单位的补贴		赠　与			债务利息支出	
	财政贴息	其他对企事业单位的补贴支出	小　计	对国内的赠　与	对国外的赠　与	小　计	国库券付　息
地　方　合　计		**17**					
北京市							
天津市							
河北省							
山西省							
内蒙古自治区							
辽宁省							
其中:大连市							
吉林省							
黑龙江省							
上海市							
江苏省							
浙江省							
其中:宁波市							
安徽省							
福建省		17					
其中:厦门市							
江西省							
山东省							
其中:青岛市							
河南省							
湖北省							
湖南省							
广东省							
其中:深圳市							
广西壮族自治区							
海南省							
重庆市							
四川省							
贵州省							
云南省							
西藏自治区							
陕西省							
甘肃省							
青海省							
宁夏回族自治区							
新疆维吾尔自治区							

二、地方财政预算收支情况

2－137－10　　　　单位:万元

地　　区	债务利息支出					基本建设支出	
	向国家银行借款付息	其他国内借款付息	向国外政府借款付息	向国际组织借款付息	其他国外借款付息	小　计	房屋建筑物购　建
地　方　合　计						**4926**	**2994**
北京市							
天津市							
河北省							
山西省						2	
内蒙古自治区							
辽宁省							
其中:大连市							
吉林省							
黑龙江省						500	
上海市							
江苏省							
浙江省						157	
其中:宁波市						26	
安徽省							
福建省						525	525
其中:厦门市							
江西省						35	
山东省						296	
其中:青岛市							
河南省						1450	1350
湖北省							
湖南省						211	211
广东省						65	
其中:深圳市							
广西壮族自治区							
海南省							
重庆市							
四川省						198	148
贵州省							
云南省						930	250
西藏自治区							
陕西省							
甘肃省							
青海省							
宁夏回族自治区							
新疆维吾尔自治区						557	510

2－137－11

单位:万元

地　　区	基本建设支出							
	办公设备购置	专用设备购置	交通工具购置	基础设施建设	大型修缮	信息网络购建	物资储备	其他基本建设支出
地方合计	**65**	**58**	**91**	**430**	**595**	**58**		**635**
北京市								
天津市								
河北省								
山西省		2						
内蒙古自治区								
辽宁省								
其中:大连市								
吉林省								
黑龙江省					500			
上海市								
江苏省								
浙江省	15	32	25		85			
其中:宁波市	1		25					
安徽省								
福建省								
其中:厦门市								
江西省								35
山东省								296
其中:青岛市								
河南省	9	1			10	51		29
湖北省								
湖南省								
广东省	14		26					25
其中:深圳市								
广西壮族自治区								
海南省								
重庆市								
四川省	23		20			7		
贵州省								
云南省				430				250
西藏自治区								
陕西省								
甘肃省								
青海省								
宁夏回族自治区								
新疆维吾尔自治区	4	23	20					

二、地方财政预算收支情况

2－137－12

单位:万元

地区	其他资本性支出						
	小计	房屋建筑物购建	办公设备购置	专用设备购置	交通工具购置	基础设施建设	大型修缮
地方合计	**102065**	**19351**	**1921**	**1581**	**1600**	**11080**	**715**
北京市	44040						40
天津市							
河北省	979		28	322	29		17
山西省	859		133		19		200
内蒙古自治区	922	393	187	45	137	106	23
辽宁省	10113	450	28	10	81	8019	71
其中:大连市	8062					8000	62
吉林省	141	6	46	45	42		2
黑龙江省	1040	140	100		41	734	
上海市							
江苏省	12730		14		35		
浙江省	432	94	13	58			5
其中:宁波市	20		3	12			5
安徽省	2603	2368	126	12	51		
福建省	852	366	86	216	103		2
其中:厦门市	106		4	102			
江西省	1755	664	21	41	95	10	
山东省	2938	102	137	603	265		52
其中:青岛市	922		71	498			25
河南省	657	38	183	17	118	9	
湖北省	5076	5070	3				
湖南省	48	3	44				1
广东省	775	400	40			203	
其中:深圳市							
广西壮族自治区	2663	739	47		15		
海南省	112		62		50		
重庆市	46		31				14
四川省	3268	1828	192	63	108	93	271
贵州省	1945	1591	39	87	114		
云南省	3919	2084	185	48	137	1366	
西藏自治区							
陕西省	1791	1490	111		62		17
甘肃省	575	454	10		44		
青海省	73		21	14	33		
宁夏回族自治区	45						
新疆维吾尔自治区	1668	1071	34		21	540	

2－137－13

单位:万元

地　　区	其他资本性支出						
	信息网络购建	物资储备	土地补偿	安置补助	地上附着物和青苗补偿	拆迁补偿	其他资本性支出
地 方 合 计	**2608**			**456**		**20**	**62733**
北京市							44000
天津市							
河北省	82						501
山西省	507						
内蒙古自治区	21						10
辽宁省	107						1347
其中:大连市							
吉林省							
黑龙江省				25			
上海市							
江苏省	52			30			12599
浙江省	262						
其中:宁波市							
安徽省	46						
福建省	20			27			32
其中:厦门市							
江西省	34			370			520
山东省	220						1559
其中:青岛市	170						158
河南省	254						38
湖北省	3						
湖南省							
广东省	77					15	40
其中:深圳市							
广西壮族自治区	45						1817
海南省							
重庆市							1
四川省	600			4		5	104
贵州省	6						108
云南省	99						
西藏自治区							
陕西省	111						
甘肃省	57						10
青海省	5						
宁夏回族自治区							45
新疆维吾尔自治区							2

2－137－14

单位:万元

地区	贷款转贷及产权参股					其他支出		
	小计	国内贷款	国外贷款	产权参股	其他贷款转贷及产权参股支出	小计	补充全国社会保障基金	其他支出
地方合计						**82888**		**82888**
北京市						2848		2848
天津市								
河北省						1525		1525
山西省								
内蒙古自治区								
辽宁省								
其中:大连市								
吉林省								
黑龙江省								
上海市								
江苏省						38902		38902
浙江省						185		185
其中:宁波市								
安徽省						249		249
福建省								
其中:厦门市								
江西省						549		549
山东省						204		204
其中:青岛市						179		179
河南省						97		97
湖北省						211		211
湖南省						2140		2140
广东省						987		987
其中:深圳市								
广西壮族自治区						4842		4842
海南省								
重庆市						5375		5375
四川省						23829		23829
贵州省						16		16
云南省						11		11
西藏自治区								
陕西省								
甘肃省						42		42
青海省						847		847
宁夏回族自治区								
新疆维吾尔自治区						29		29

2007 年各省、自治区、直辖市国有土地使用权出让金支出明细表

2 - 138 - 1　　　　　　单位:万元

地　　区	合　计	工资福利支出				
		小　计	基本工资	津贴补贴	奖　金	社会保障缴　费
地　方　合　计	**59475814**	**50863**	**15211**	**10031**	**3236**	**14082**
北京市	3246744	542	224	80		
天津市	1254036					
河北省	1927582	1650	868	373	37	170
山西省	754985	1129	225	199	136	99
内蒙古自治区	1334354	571	206	35	13	8
辽宁省	4098025	1090	164	79	20	683
其中:大连市	1485471					
吉林省	725262	5472	2790	1560	288	510
黑龙江省	1404593	897	441	121	222	56
上海市	675000	135	40	11	47	34
江苏省	5688286	2643	642	561	150	171
浙江省	4657203	7224	92	56	371	6657
其中:宁波市	664742	4			4	
安徽省	2755515	834	136	74	11	152
福建省	3781221	656	381	52	24	119
其中:厦门市	2053723					
江西省	1783835	1587	588	323	116	108
山东省	3544761	908	257	301	47	197
其中:青岛市	732893	465	137	160	31	86
河南省	1067732	13786	4142	4908	259	4336
湖北省	2329460	2149	372	454	165	160
湖南省	978204	1636	31	192	379	54
广东省	6915488	1039	173	88	48	27
其中:深圳市	1903129					
广西壮族自治区	570317	2835	2287	79	47	70
海南省	215029	123	36	4		
重庆市	2570227					
四川省	4874290	2583	747	219	745	185
贵州省	492540	175			32	8
云南省	666957	134	34		8	5
西藏自治区	2689					
陕西省	172489	111	26	74	5	4
甘肃省	257027	61	3	1	1	2
青海省	39461	44				40
宁夏回族自治区	337824	167			7	150
新疆维吾尔自治区	354678	682	306	187	58	77

2－138－2

单位：万元

地　　区	工资福利支出				商品和服务支出		
	伙食费	伙食补助费	绩效工资	其他工资福利支出	小　计	办公费	印刷费
地 方 合 计	**8**	**120**	**429**	**7746**	**11147451**	**124384**	**5117**
北京市				238	332881	134	1
天津市					209665	588	126
河北省		11		191	371030	11338	385
山西省		1		469	72366	2859	479
内蒙古自治区		1		308	189103	851	322
辽宁省		3	5	136	318703	37116	150
其中：大连市					30390	7090	5
吉林省		30	251	43	58552	6984	429
黑龙江省	4			53	100709	12962	100
上海市		2		1	40355	5	
江苏省		11	10	1098	1123399	2919	14
浙江省		1		47	690242	6616	169
其中：宁波市					95082	5	
安徽省				461	509272	225	29
福建省		2	19	59	552157	426	39
其中：厦门市					24872	9	1
江西省			113	339	411729	907	267
山东省		7		99	575309	11459	343
其中：青岛市		7		44	11668	7	13
河南省				141	265700	6074	361
湖北省		26		972	1250738	1367	117
湖南省	2	3	17	958	258333	969	191
广东省				703	2371626	4900	340
其中：深圳市					1599668		
广西壮族自治区	1	7	6	338	149919	592	52
海南省				83	100086	55	37
重庆市					212442	1856	134
四川省	1	10		676	288171	1942	640
贵州省				135	358750	757	39
云南省				87	87837	3551	144
西藏自治区							
陕西省				2	24825	5684	12
甘肃省				54	31277	277	44
青海省				4	5652	20	29
宁夏回族自治区		1		9	47629	229	25
新疆维吾尔自治区		4	8	42	138994	722	99

2-138-3

单位:万元

地　　区	商品和服务支出						
	咨询费	手续费	水　费	电　费	邮电费	取暖费	物业管理费
地方合计	**2129**	**1454**	**1475**	**6903**	**2312**	**2588**	**2070**
北京市	6		1	12	1		86
天津市	14	6			3		
河北省	74	60	210	381	181	213	70
山西省	21	44	60	192	179	239	192
内蒙古自治区	25	17	13	53	19	31	26
辽宁省	82	143	11	667	60	985	410
其中:大连市				30	1		387
吉林省	187	298	99	316	144	328	67
黑龙江省	3		9	316	67	198	101
上海市					1		
江苏省	12		33	114	80		17
浙江省	911	2	9	75	86		22
其中:宁波市							
安徽省	1		53	21	18		2
福建省	14	83	29	53	31		
其中:厦门市							
江西省	50	46	122	339	120	4	67
山东省	32	456	137	322	95	274	176
其中:青岛市			7	34	4	2	97
河南省	94	31	174	301	208	85	164
湖北省	2		24	90	85	24	44
湖南省	85	20	47	170	132	38	115
广东省	253	4	16	172	50		166
其中:深圳市							
广西壮族自治区	6	10	1	44	24		
海南省	10	3	8	12	9		12
重庆市	39	10	33	1000	88	1	86
四川省	75	129	78	1669	436	16	203
贵州省	12		12	35	29	3	24
云南省	21	3	32	483	45		6
西藏自治区							
陕西省	2	7		2	17	7	
甘肃省	14	65	23	16	28	33	
青海省	2				10	12	
宁夏回族自治区	2		7	20	11	10	13
新疆维吾尔自治区	80	17	234	28	55	87	1

2－138－4　　　　单位:万元

地　　区	商品和服务支出					
	交通费	差旅费	出国费	维修(护)费	租赁费	会议费
地　方　合　计	**15277**	**8984**	**657**	**256443**	**3513**	**10390**
北京市	96	40	66	6963		217
天津市	25	318		18	29	31
河北省	1064	249	130	24013	376	1207
山西省	1007	350	15	2147	703	611
内蒙古自治区	512	357		2109	106	79
辽宁省	1616	453	46	50765	70	368
其中:大连市	62	8		21364	18	162
吉林省	1158	608	4	7615	488	402
黑龙江省	864	321	52	39043	29	319
上海市	3	2				3
江苏省	340	131		630	69	520
浙江省	529	399	8	3655	170	298
其中:宁波市	1					1
安徽省	101	68	5	45	81	149
福建省	159	57		2725	34	38
其中:厦门市				57		
江西省	453	537	40	1898	50	196
山东省	608	491		22715	127	732
其中:青岛市	27	71		114		74
河南省	1390	635	14	7875	392	1369
湖北省	195	145	40	53416	12	378
湖南省	617	948	99	1894	294	614
广东省	584	593	37	1529	26	658
其中:深圳市						
广西壮族自治区	328	157		304	48	128
海南省	267	78		59	2	48
重庆市	638	514	20	2892	43	347
四川省	1374	683	17	11053	208	744
贵州省	313	99		729	8	105
云南省	396	173	40	2555	13	440
西藏自治区						
陕西省	93	72		2666	13	124
甘肃省	67	92		1698	19	87
青海省	30	56	5	35		15
宁夏回族自治区	89	88		440	98	46
新疆维吾尔自治区	361	270	19	4957	5	117

2－138－5 单位:万元

地　　区	商品和服务支出						
	培训费	招待费	专　用 材料费	被　装 购置费	专　用 燃料费	劳务费	委　托 业务费
地　方　合　计	**5672**	**10257**	**328498**	**1028**	**6477**	**64320**	**175610**
北京市	78	10	119			48	121237
天津市	56	26	167	13	24	26	1014
河北省	1046	356	47874	70	696	2397	3078
山西省	275	416	1401		231	1374	1386
内蒙古自治区	95	176	175	100	80	1395	1004
辽宁省	293	661	7705	116	283	3387	4585
其中:大连市	2	57	392	52	2	194	484
吉林省	242	113	13969		1318	3102	3683
黑龙江省	114	153	7521		1124	2449	562
上海市		3					
江苏省	41	58	113689		217	434	353
浙江省	196	689	568	8	30	918	12820
其中:宁波市		11					
安徽省	75	104	11818			46	1164
福建省	60	139	14777			333	2895
其中:厦门市	19	2					
江西省	278	783	1155	82	411	3963	1138
山东省	198	415	56103	313	919	4547	923
其中:青岛市	6	17	171			44	
河南省	314	1199	38237	34	618	5456	1844
湖北省	481	123	559	26	2	798	451
湖南省	275	858	922			694	630
广东省	167	704	1710	5		494	1365
其中:深圳市							
广西壮族自治区	44	404	172	35		23421	206
海南省	27	100	352		5	4	
重庆市	262	290	885	4	6	642	1155
四川省	471	1114	1727	73	244	4498	5320
贵州省	78	303	145			686	802
云南省	360	664	2964	7	123	1520	1397
西藏自治区							
陕西省	25	85	103		67	572	9
甘肃省	48	80	570		49	482	238
青海省	17	33	6		2	24	31
宁夏回族自治区	12	71	2	38	23	43	104
新疆维吾尔自治区	44	127	3103	104	5	567	6216

2－138－6

单位:万元

地　　区	商品和服务支出			对个人和家庭的补助			
	工会经费	福利费	其他商品和服务支出	小　计	离休费	退休费	退职(役)费
地　方　合　计	**607**	**64242**	**10047044**	**658795**	**157**	**8231**	**1**
北京市			203766	2514			
天津市			207181	1412			
河北省	21	117	275424	18553			
山西省	26	397	57762	5507		19	
内蒙古自治区		44	181514	11634		5	
辽宁省	49	60	208622	4963	8	114	1
其中:大连市			80	1053			
吉林省	27	95	16876	11865	101	2088	
黑龙江省	17	45	34340	1917		212	
上海市	2	2	40334	811			
江苏省	15	29	1003684	343515	6	601	
浙江省	56	98	661910	57130		2987	
其中:宁波市			95064	22714			
安徽省	1	7	495259	33419		500	
福建省	8	92	530165	13669	3	25	
其中:厦门市			24784	3664			
江西省	53	164	398606	9073	6	477	
山东省	30	55	473839	10262			
其中:青岛市	1	1	10978	212			
河南省	36	195	198600	4833	25	112	
湖北省	28	48	1192283	2852		56	
湖南省	64	148	248509	973		25	
广东省	3	62374	2295476	17255			
其中:深圳市			1599668				
广西壮族自治区	9	28	123906	1477		2	
海南省			98998	33			
重庆市	39	70	201388	996	7	25	
四川省	101	70	255286	101021	1	937	
贵州省		47	354524	606			
云南省	4	16	72880	233			
西藏自治区							
陕西省	11		15254	182			
甘肃省		16	27331	800		1	
青海省			5325	51			
宁夏回族自治区		3	46255	560			
新疆维吾尔自治区	7	22	121747	679		45	

2 – 138 – 7

单位:万元

地区	对个人和家庭的补助						
	抚恤金	生活补助	救济费	医疗费	助学金	奖励金	生产补贴
地方合计	**137**	**63105**	**424**	**8389**	**14**	**745**	**6315**
北京市		27					
天津市							1330
河北省	5	2082		28		7	708
山西省		3263		6		61	1728
内蒙古自治区		13	67				
辽宁省	4	3423		2		95	
其中:大连市		1053					
吉林省	3	27		35		18	
黑龙江省	13	712		4			152
上海市				1			
江苏省	22	5		8			266
浙江省	6	674		4680		68	70
其中:宁波市							
安徽省		347	5	141			
福建省		70					55
其中:厦门市							
江西省	2	358		63			1242
山东省	2	4568		1			142
其中:青岛市	2			1			100
河南省	3	525	5	254		2	
湖北省		278		1		2	
湖南省		185		170		177	30
广东省		91		101		1	
其中:深圳市							
广西壮族自治区				1		90	
海南省	2	1					27
重庆市	41	285		126		62	1
四川省	30	45966	67	2741		84	185
贵州省		19	87			10	16
云南省	1		18	26	14	68	
西藏自治区							
陕西省		8					54
甘肃省		42					
青海省							
宁夏回族自治区		50	175				9
新疆维吾尔自治区	3	86					300

二、地方财政预算收支情况

2－138－8

单位:万元

地　　区	对个人和家庭的补助				对企事业单位的补贴		
	住房公积金	提租补贴	购房补贴	其他对个人和家庭的补助支出	小　计	企业政策性补贴	事业单位补贴
地方合计	**2250**	**2039**	**24423**	**542565**	**611629**	**143281**	**41678**
北京市				2487	46551	4450	
天津市				82	33676	13500	
河北省	26		14	15683	37465	30412	333
山西省				430	7699		346
内蒙古自治区		10		11539	13821	2744	3
辽宁省	31	16	281	988	38719	23481	2016
其中:大连市					9986	8480	1506
吉林省	211	7		9375	31735	913	16748
黑龙江省	30	56	582	156	11690	9964	511
上海市	5			805			
江苏省	80	44		342483	46768	260	12335
浙江省	163		1001	47481	57002	2506	859
其中:宁波市				22714	13078		
安徽省	28	6	22429	9963	49728	8621	500
福建省	20			13496	16874	173	219
其中:厦门市				3664	2500		
江西省	28			6897	9262	7300	50
山东省	1241	1375	47	2886	31392	20946	2470
其中:青岛市	34		7	68			
河南省	78	10	3	3816	103133	4141	140
湖北省	19	3		2493	4878	122	
湖南省	3		4	379	1193	21	
广东省	11			17051	7770	196	995
其中:深圳市							
广西壮族自治区	14			1370	4272	427	
海南省				3			
重庆市	27			422	10024	1044	13
四川省	226	485	36	50263	15100	7783	143
贵州省		20		454	11465	3689	3969
云南省				106	258		
西藏自治区					433		
陕西省				120	371		8
甘肃省	2	7	26	722	4564	147	
青海省				51			
宁夏回族自治区				326	14736		
新疆维吾尔自治区	7			238	1050	441	20

2－138－9

单位:万元

地　　区	对企事业单位的补贴		赠　与			债务利息支出	
	财政贴息	其他对企事业单位的补贴支出	小　计	对国内的赠与	对国外的赠与	小　计	国库券付息
地　方　合　计	**75209**	**351461**	**334**	**334**		**105900**	**276**
北京市	40610	1491					
天津市	20144	32					
河北省		6720					
山西省		7353					
内蒙古自治区		11074					
辽宁省		13222				15301	
其中:大连市							
吉林省		14074				66300	
黑龙江省		1215					
上海市							
江苏省	3000	31173					
浙江省	65	53572					
其中:宁波市	65	13013					
安徽省		40607					
福建省	2505	13977	1	1		308	
其中:厦门市	2500						
江西省	1350	562					
山东省	34	7942					
其中:青岛市							
河南省		98852	1	1		173	
湖北省		4756					
湖南省		1172					
广东省	3575	3004	331	331			
其中:深圳市							
广西壮族自治区		3845				2049	
海南省							
重庆市		8967					
四川省	1217	5957				14470	
贵州省	1260	2547				608	
云南省	28	230				3823	
西藏自治区		433					
陕西省		363	1	1			
甘肃省	10	4407				2848	276
青海省							
宁夏回族自治区	1411	13325				20	
新疆维吾尔自治区		589					

二、地方财政预算收支情况

2－138－10

单位:万元

地　　区	债务利息支出					基本建设支出	
	向国家银行借款付息	其他国内借款付息	向国外政府借款付息	向国际组织借款付息	其他国外借款付息	小　计	房屋建筑物购　　建
地　方　合　计	**58946**	**29884**		**15800**	**994**	**8932037**	**313668**
北京市						1355012	5497
天津市							
河北省						239848	6321
山西省						124255	842
内蒙古自治区						153613	29309
辽宁省	999	14302				563486	21971
其中:大连市						301845	16682
吉林省	50500			15800		24980	127
黑龙江省						263106	2500
上海市						25595	
江苏省						237759	1004
浙江省						591430	31349
其中:宁波市						92180	4651
安徽省						121023	1958
福建省		308				967437	20725
其中:厦门市						835401	17753
江西省						342462	16635
山东省						203736	32991
其中:青岛市						83216	21205
河南省	10	163				119091	4226
湖北省						37353	3628
湖南省						82970	5064
广东省						1351554	36284
其中:深圳市						267545	
广西壮族自治区		2049				54345	13031
海南省						52054	8
重庆市						1312520	12664
四川省	434	13042			994	340458	39731
贵州省	608					15720	2890
云南省	3823					229479	4441
西藏自治区						2061	
陕西省						29828	1000
甘肃省	2572					10949	348
青海省						4621	
宁夏回族自治区		20				17114	2122
新疆维吾尔自治区						58178	17002

2－138－11

单位:万元

地　区	基本建设支出							
	办公设备购　置	专用设备购　置	交通工具购　置	基础设施建　设	大型修缮	信息网络购　建	物资储备	其他基本建设支出
地　方　合　计	**1246**	**5134**	**1131**	**5343938**	**31123**	**3092**	**1139**	**3231566**
北京市	120			702935	5335	301		640824
天津市								
河北省	6	12	7	216635	544	35		16288
山西省			15	120097	718			2583
内蒙古自治区	41	157	27	114883	517	200		8479
辽宁省	113			541195	99	8		100
其中:大连市				285155		8		
吉林省				24315	538			
黑龙江省	3	85	54	253756	150	51	67	6440
上海市								25595
江苏省				217582				19173
浙江省	343	194	38	419438	82	50	76	139860
其中:宁波市				64976				22553
安徽省	30		14	58380	40	10		60591
福建省	39			869488	10			77175
其中:厦门市	36			748982				68630
江西省	4	311	20	209714		400		115378
山东省	102	2152		109498	1685	38	5	57265
其中:青岛市	94	2152		32615	112	38	5	26995
河南省	140	1035	74	103227	50	95	30	10214
湖北省				973				32752
湖南省	2		3	47385	800	1383		28333
广东省				474192	3042			838036
其中:深圳市				253925				13620
广西壮族自治区	56		400	31747	92			9019
海南省	4	7		51889	52			94
重庆市	5	13		233738	5439			1060661
四川省	215	1094	458	254457	435	506	961	42601
贵州省	1			6762	5			6062
云南省	1	15	21	198132	9049	15		17805
西藏自治区					2061			
陕西省				25508	18			3302
甘肃省	2	44		7024	251			3280
青海省				4615				6
宁夏回族自治区				5820				9172
新疆维吾尔自治区	19	15		40553	111			478

2－138－12

单位:万元

地区	其他资本性支出						
	小计	房屋建筑物购建	办公设备购置	专用设备购置	交通工具购置	基础设施建设	大型修缮
地方合计	**31136883**	**530209**	**62992**	**25414**	**8446**	**10147109**	**137959**
北京市	1052154	5818		518	260	148454	643
天津市	954775	319				753820	
河北省	1004849	8556	202	5066	312	351109	6327
山西省	524219	7812	3428	495	472	233948	14343
内蒙古自治区	954259	16138	214	15	206	259916	4969
辽宁省	3083531	20268	51750	3510	1047	1619898	17531
其中:大连市	1142197	6857	51620	5	95	760031	3227
吉林省	435022	6180	206	2356	414	110570	7432
黑龙江省	944316	7983	200	318	271	292803	7196
上海市	505614		41		31	55555	81
江苏省	3653957	49120	166	732	252	1070735	3667
浙江省	2451265	43113	331	920	790	787183	1070
其中:宁波市	352906	2500				81797	
安徽省	1846858	－2514	38		27	783443	68
福建省	2086463	157912	100	129	552	511936	5629
其中:厦门市	1138487	150061				20778	20
江西省	802663	11701	96	187	130	248353	1697
山东省	2482802	15148	1093	1498	187	618396	23026
其中:青岛市	435603		5	211	18	11161	
河南省	467413	6882	520	4993	372	138916	1396
湖北省	507463	3874	396	701	144	90261	3085
湖南省	243029	12431	188	83	635	64213	24
广东省	2287794	3539	499	682	364	325616	16489
其中:深圳市	15274		19				
广西壮族自治区	267352	3038	680	69	594	66076	396
海南省	53833	1127	1		153	32013	61
重庆市	946175	19420	301	233	85	273428	60
四川省	2563832	117431	1213	1918	853	1111414	14961
贵州省	95090	3443	152	156	82	31089	68
云南省	323573	1840	445	134	84	47082	3987
西藏自治区	170	16					
陕西省	62314	1006	19		5	19187	131
甘肃省	196436	995	100	338	49	34629	107
青海省	28347	20	22	20		582	
宁夏回族自治区	165504	5250	275	4	75	30476	2348
新疆维吾尔自治区	145811	2343	316	339		36008	1167

2 - 138 - 13

单位:万元

地区	其他资本性支出						
	信息网络购建	物资储备	土地补偿	安置补助	地上附着物和青苗补偿	拆迁补偿	其他资本性支出
地方合计	**9331**	**19054**	**5172604**	**923429**	**490912**	**4362534**	**9246890**
北京市	228		109358			311	786564
天津市			74605	2709		6339	116983
河北省	542	600	194325	63731	9160	112884	252035
山西省	1734		134944	3964	5613	74855	42611
内蒙古自治区	252		329324	16215	101009	43814	182187
辽宁省	317	11000	436356	100093	12503	396819	412439
其中:大连市	30	11000	56070	15084		71491	166687
吉林省	197	708	131813	6146	86338	65178	17484
黑龙江省	51		165384	23181	2611	137902	306416
上海市			148555	31463	21236	157154	91498
江苏省	61		208281	165555	6755	535185	1613448
浙江省	499		288210	46565	14569	350331	917684
其中:宁波市			6998	5723	8983	125233	121672
安徽省			109501	31509	6494	538336	379956
福建省	421		364419	21578	45108	294142	684537
其中:厦门市			209010	1457		200214	556947
江西省	126		101805	23176	3592	98532	313268
山东省	983	1616	1167417	51938	40626	229073	331801
其中:青岛市			378808	543	2588	31797	10472
河南省	345	4066	129697	44138	15607	44796	75685
湖北省	54		34380	14143	3986	102563	253876
湖南省	1147		55100	21496	2585	26386	58741
广东省	133		364616	20697	17235	284085	1253839
其中:深圳市							15255
广西壮族自治区	188		57725	23829	3412	22793	88552
海南省			9743	4271	234	4587	1643
重庆市	1535		87625	10169	6251	130140	416928
四川省	370		191421	148697	73164	404170	498220
贵州省	1		30090	2425	246	13326	14012
云南省	4		121497	5733	500	90726	51541
西藏自治区			154				
陕西省	2	3	31098	627	420	341	9475
甘肃省	135		35557	25792	4901	69795	24038
青海省			160		138	470	26935
宁夏回族自治区			14787	5682	988	99072	6547
新疆维吾尔自治区	6	1061	44657	7907	5631	28429	17947

2－138－14

单位:万元

地　　区	贷款转贷及产权参股					其他支出		
	小　计	国内贷款	国外贷款	产权参股	其他贷款转贷及产权参股支出	小　计	补充全国社会保障基金	其他支出
地　方　合　计	**150868**	**104378**		**45490**	**1000**	**6681054**		**6681054**
北京市	53000	53000				404090		404090
天津市	21000	21000				33508		33508
河北省	10332	10332				243855		243855
山西省	4231			4231		15579		15579
内蒙古自治区						11353		11353
辽宁省	1463	1463				70769		70769
其中:大连市								
吉林省						91336		91336
黑龙江省						81958		81958
上海市						102490		102490
江苏省						280245		280245
浙江省						802910		802910
其中:宁波市						88778		88778
安徽省						194381		194381
福建省	2000			2000		141656		141656
其中:厦门市						48799		48799
江西省	3700			3700		203359		203359
山东省						240352		240352
其中:青岛市						201729		201729
河南省						93602		93602
湖北省	30000			30000		494027		494027
湖南省						390070		390070
广东省	15553	15553				862566		862566
其中:深圳市						20642		20642
广西壮族自治区						88068		88068
海南省						8900		8900
重庆市						88070		88070
四川省	7970	2970		5000		1540685		1540685
贵州省						10126		10126
云南省						21620		21620
西藏自治区						25		25
陕西省						54857		54857
甘肃省	1000				1000	9092		9092
青海省						746		746
宁夏回族自治区	60	60				92034		92034
新疆维吾尔自治区	559			559		8725		8725

2007 年各省、自治区、直辖市城市公用事业附加支出明细表

2－139－1　　　　　　　　　　　　　　　　　　　　　　　　　单位:万元

地　　区	合　计	工资福利支出				
		小　计	基本工资	津贴补贴	奖　金	社会保障缴费
地　方　合　计	**1272373**	**17476**	**6908**	**4336**	**1837**	**2806**
北京市	146601	1858	965		400	473
天津市	11128	35	12	9	4	10
河北省	74764	781	656	49	33	12
山西省	15237	304	221	52	14	9
内蒙古自治区	23745					
辽宁省	41235	991	387	71	86	363
其中:大连市	10997					
吉林省	33163	15		6	1	5
黑龙江省	18578					
上海市	189805	178	45	54	18	40
江苏省	89113	1376	317	187	64	737
浙江省	29902	2491	304	422	806	539
其中:宁波市	8086	2419	283	389	806	523
安徽省	27756					
福建省	30699	391	86	95	51	68
其中:厦门市	4702					
江西省	4185	8				
山东省	81132	82	35	23	11	13
其中:青岛市	4113					
河南省	44879	7078	3127	3243	252	358
湖北省	52352	488	306	35	17	122
湖南省	27399	433	277	64	11	37
广东省	165727	122	93	16		1
其中:深圳市						
广西壮族自治区	13084	65	44	9	3	2
海南省	600					
重庆市	42750	174				
四川省	51629	123	11		46	
贵州省	10904	13				
云南省	791	3				
西藏自治区						
陕西省	9682	383			2	
甘肃省	4444	14				
青海省	896					
宁夏回族自治区	24903	57	22	1	6	17
新疆维吾尔自治区	5290	13			12	

2－139－2

单位:万元

地　　区	工资福利支出				商品和服务支出		
	伙食费	伙食补助费	绩效工资	其他工资福利支出	小　计	办公费	印刷费
地　方　合　计	**9**	**70**	**2**	**1508**	**495046**	**11942**	**299**
北京市				20	107708	92	
天津市					193		
河北省		28		3	17603	561	21
山西省	4			4	6287	417	6
内蒙古自治区					8449	193	
辽宁省				84	16131	4877	1
其中:大连市					5271	4627	
吉林省				3	3319	259	
黑龙江省					9937	302	3
上海市				21	44271		109
江苏省	5			66	37590	887	6
浙江省		39		381	9947	24	
其中:宁波市		39		379	5274		
安徽省					21079	37	5
福建省				91	7807	298	1
其中:厦门市					349		
江西省				8	2967	5	1
山东省					31437	2479	17
其中:青岛市					1308		
河南省		1		97	14044	692	12
湖北省				8	28002	16	1
湖南省		1	2	41	17294	92	21
广东省				12	70968	173	9
其中:深圳市							
广西壮族自治区				7	3000	53	
海南省					76		
重庆市				174	2789	23	6
四川省				66	13023	87	36
贵州省				13	8137	114	
云南省		1		2	521	15	18
西藏自治区							
陕西省				381	1464	192	26
甘肃省				14	431	3	
青海省					418		
宁夏回族自治区				11	6848	26	
新疆维吾尔自治区				1	3306	25	

2－139－3 单位:万元

地　　区	商品和服务支出						
	咨询费	手续费	水　费	电　费	邮电费	取暖费	物　业 管理费
地　方　合　计	**30**	**488**	**1325**	**57057**	**1476**	**1744**	**1782**
北京市		16	54	398	20	98	71
天津市							
河北省		1	126	3104	42	342	
山西省		18	9	2056	4	37	20
内蒙古自治区				1066	2	3	
辽宁省		120	7	2323	20	1197	
其中:大连市			2	10	14	13	
吉林省		11		432		1	800
黑龙江省				8432	1	5	
上海市			189	1219	1120		720
江苏省		76	620	7239	12		
浙江省				2487	5		
其中:宁波市				2242			
安徽省			4	83	6		
福建省	1		25	887	2		1
其中:厦门市							
江西省			21	92	1		
山东省	26	12	76	5141		45	
其中:青岛市							
河南省	3		87	3644	50	1	6
湖北省			4	170	6	2	
湖南省			25	3098	13	13	31
广东省		122	66	10163	18		131
其中:深圳市							
广西壮族自治区		2	4	687	2		1
海南省				76			
重庆市		36	7	459	3		
四川省		39	1	3133	106		1
贵州省				430	11		
云南省							
西藏自治区							
陕西省		35		59	32		
甘肃省							
青海省							
宁夏回族自治区							
新疆维吾尔自治区				179			

2－139－4 单位:万元

地区	商品和服务支出					
	交通费	差旅费	出国费	维修(护)费	租赁费	会议费
地方合计	**2210**	**896**	**46**	**56107**	**442**	**455**
北京市	168	14		225		5
天津市						
河北省	111	31		6943	1	49
山西省	235	81		553	99	5
内蒙古自治区	17	6		160		
辽宁省	474	15		5998	12	6
其中:大连市	111	1		310	1	
吉林省	50	24		92	10	
黑龙江省	4	3		580		
上海市		376	24	8047	24	51
江苏省	125	19		2675		24
浙江省	1			7	1	
其中:宁波市						
安徽省	16	15		57		6
福建省	32	16		133		
其中:厦门市				20		
江西省	25	16		100		20
山东省	19	12		7665	135	13
其中:青岛市				1289		
河南省	316	63	3	621	35	38
湖北省	53	29	4	282		12
湖南省	56	86		67		19
广东省	64	7		20254	69	21
其中:深圳市						
广西壮族自治区	91	19		70		22
海南省						
重庆市	86	8	15			17
四川省	80	39		835	45	83
贵州省	12			110	4	
云南省	19			261		3
西藏自治区						
陕西省	78	12		165	1	60
甘肃省	3	1		46		1
青海省				118		
宁夏回族自治区	75	4		43	6	
新疆维吾尔自治区						

2-139-5 单位:万元

地区	商品和服务支出						
	培训费	招待费	专用材料费	被装购置费	专用燃料费	劳务费	委托业务费
地方合计	**1177**	**731**	**11946**	**1826**	**302**	**2374**	**2112**
北京市	31	19	1960			3	54
天津市							
河北省	44	33	159	21		4	5
山西省	6	7	165	9	85	72	8
内蒙古自治区	1	4	120	5		424	
辽宁省	3	8	179	134	31	85	
其中:大连市	1		107	14		59	
吉林省	1	17	962			18	120
黑龙江省			109				
上海市	831	36		1591			
江苏省	46	27	646	4	2	5	130
浙江省	2	16	37			60	
其中:宁波市							
安徽省		5	21		5	6	
福建省	4	6	775	6	1	80	20
其中:厦门市							
江西省		31				20	
山东省	12		4581	33	33	317	289
其中:青岛市							
河南省	16	148	756	20	94	278	129
湖北省	8	19	11		1	123	
湖南省	3	88	252		37	64	348
广东省	24	32	1054			655	882
其中:深圳市							
广西壮族自治区		57	31			13	
海南省							
重庆市	3	10				4	118
四川省	18	55	115	3	5	87	4
贵州省	87	3	3			1	
云南省	4	62	7			10	
西藏自治区							
陕西省	30	40				33	
甘肃省	3		3				1
青海省		8					
宁夏回族自治区					8	12	
新疆维吾尔自治区							4

2－139－6

单位:万元

地区	商品和服务支出			对个人和家庭的补助			
	工会经费	福利费	其他商品和服务支出	小计	离休费	退休费	退职(役)费
地方合计	**128**	**659**	**337492**	**6002**	**124**	**1012**	
北京市	16	321	104143	189			
天津市			193				
河北省	8	5	5992	27		14	
山西省	2	4	2389	31		2	
内蒙古自治区	2	4	6442				
辽宁省		5	636	21			
其中:大连市		1		21			
吉林省		5	517	2999			
黑龙江省			498				
上海市			29934	88	3	71	
江苏省	1	6	25040	68		14	
浙江省		40	7267				
其中:宁波市		40	2992				
安徽省			20813	10			
福建省	8	1	5510	45		7	
其中:厦门市			329				
江西省		4	2631				
山东省			10532	71			
其中:青岛市			19				
河南省	41	50	6941	1053	116	644	
湖北省	18	63	27180	62		25	
湖南省	28	110	12843	475	5	228	
广东省		21	37203	10			
其中:深圳市							
广西壮族自治区	1		1947	50		7	
海南省							
重庆市			1994	645			
四川省	3	20	8228	49			
贵州省			7362	1			
云南省			122	73			
西藏自治区							
陕西省			701	35			
甘肃省			370				
青海省			292				
宁夏回族自治区			6674				
新疆维吾尔自治区			3098				

2 - 139 - 7　　　　单位:万元

地　　区	对个人和家庭的补助						
	抚恤金	生活补助	救济费	医疗费	助学金	奖励金	生产补贴
地　方　合　计	**47**	**68**	**1**	**115**		**37**	**647**
北京市		1				16	-1
天津市							
河北省	1			2		1	
山西省							
内蒙古自治区							
辽宁省		21					
其中:大连市		21					
吉林省							
黑龙江省							
上海市	14						
江苏省						1	
浙江省							
其中:宁波市							
安徽省							
福建省						1	2
其中:厦门市							
江西省							
山东省		1		2			
其中:青岛市							
河南省	31	21	1	69			1
湖北省							
湖南省				41			
广东省							
其中:深圳市							
广西壮族自治区	1					18	
海南省							
重庆市							645
四川省		24		1			
贵州省							
云南省							
西藏自治区							
陕西省							
甘肃省							
青海省							
宁夏回族自治区							
新疆维吾尔自治区							

2－139－8

单位:万元

地　　区	对个人和家庭的补助				对企事业单位的补贴		
	住　房 公积金	提租 补贴	购房 补贴	其他对个人和家庭的补助支出	小　计	企业政策性补贴	事业单位补贴
地　方　合　计	**425**	**33**	**20**	**3473**	**36429**	**15639**	**1604**
北京市	155	17	1		5656		
天津市							
河北省	7			2	122		69
山西省	2			27	510		50
内蒙古自治区					132		
辽宁省					3237		224
其中:大连市					224		224
吉林省	6			2993	1083		
黑龙江省					89	89	
上海市							
江苏省	5	1		47	3042		1203
浙江省					155	32	
其中:宁波市					32	32	
安徽省				10	1118		
福建省	22	9	1	3	1465	1465	
其中:厦门市							
江西省					69		
山东省	4		11	53	158		58
其中:青岛市							
河南省	158		7	5	117	60	
湖北省	28	6		3	110	50	
湖南省	15			186	170		
广东省				10	1517	317	
其中:深圳市							
广西壮族自治区	3			21	6		
海南省							
重庆市					519		
四川省	20			4	14823	13539	
贵州省				1	610		
云南省				73			
西藏自治区							
陕西省				35	87	87	
甘肃省							
青海省							
宁夏回族自治区					1603		
新疆维吾尔自治区					31		

2－139－9

单位:万元

地　　区	对企事业单位的补贴		赠与			债务利息支出	
	财政贴息	其他对企事业单位的补贴支出	小　计	对国内的赠　与	对国外的赠　与	小　计	国库券付　息
地　方　合　计	**4447**	**14739**				**281**	
北京市	1614	4042					
天津市							
河北省	53						
山西省		460					
内蒙古自治区		132					
辽宁省		3013					
其中:大连市							
吉林省		1083					
黑龙江省							
上海市							
江苏省		1839					
浙江省		123					
其中:宁波市							
安徽省		1118					
福建省							
其中:厦门市							
江西省		69					
山东省	100						
其中:青岛市							
河南省		57				131	
湖北省		60					
湖南省		170					
广东省	1200						
其中:深圳市							
广西壮族自治区		6					
海南省							
重庆市		519					
四川省	35	1249				150	
贵州省		610					
云南省							
西藏自治区							
陕西省							
甘肃省							
青海省							
宁夏回族自治区	1445	158					
新疆维吾尔自治区		31					

2-139-10

单位:万元

地　　区	债务利息支出					基本建设支出	
	向国家银行借款付息	其他国内借款付息	向国外政府借款付息	向国际组织借款付息	其他国外借款付息	小计	房屋建筑物购建
地方合计	**150**	**131**				**83554**	**7135**
北京市						381	
天津市							
河北省						5159	310
山西省						1120	
内蒙古自治区						107	
辽宁省						1153	200
其中:大连市							
吉林省						4710	
黑龙江省						36	
上海市							
江苏省						7176	
浙江省						1931	
其中:宁波市							
安徽省						313	
福建省						9138	
其中:厦门市						863	
江西省						452	
山东省						7383	6122
其中:青岛市							
河南省		131				4301	
湖北省						1136	
湖南省						635	
广东省						6410	15
其中:深圳市							
广西壮族自治区						6	
海南省						11	
重庆市						27105	
四川省	150					1551	15
贵州省						15	
云南省						35	
西藏自治区							
陕西省						1338	
甘肃省						177	
青海省						400	
宁夏回族自治区						1334	473
新疆维吾尔自治区						41	

2－139－11

单位:万元

地　区	基本建设支出							
	办公设备购　置	专用设备购　置	交通工具购　置	基础设施建　设	大型修缮	信息网络购　建	物资储备	其他基本建设支出
地 方 合 计	**60**	**317**	**55**	**38057**	**378**	**118**		**37434**
北京市						－1		382
天津市								
河北省	1			4273				575
山西省	30		10	1080				
内蒙古自治区				107				
辽宁省				953				
其中:大连市								
吉林省				4710				
黑龙江省		36						
上海市								
江苏省				5332	15			1829
浙江省				1931				
其中:宁波市								
安徽省				313				
福建省				8230				908
其中:厦门市				699				164
江西省								452
山东省	7		17	1104				133
其中:青岛市								
河南省	10	6	3	3900		119		263
湖北省	1	177		210				748
湖南省		19		279				337
广东省				2275				4120
其中:深圳市								
广西壮族自治区				6				
海南省								11
重庆市				169				26936
四川省	9	79	25	912	51			460
贵州省								15
云南省	1			34				
西藏自治区								
陕西省				918	155			265
甘肃省				20	157			
青海省				400				
宁夏回族自治区				861				
新疆维吾尔自治区	1			40				

二、地方财政预算收支情况

2－139－12

单位:万元

地区	其他资本性支出						
	小计	房屋建筑物购建	办公设备购置	专用设备购置	交通工具购置	基础设施建设	大型修缮
地方合计	**436314**	**3011**	**827**	**2195**	**1373**	**272333**	**32720**
北京市	3567		6	32	18	2595	35
天津市	10900					5306	
河北省	32430	146	15	140	141	26837	1317
山西省	6664	3	1	546	29	3578	1321
内蒙古自治区	15057		7	216		13959	35
辽宁省	19146	5	118	37	584	14852	320
其中:大连市	5094		118	27	580	1016	307
吉林省	19642		17			9387	526
黑龙江省	8516				67	3615	212
上海市	130435		245	312		82694	18691
江苏省	27610	210	46	319	35	7521	280
浙江省	5753					4400	
其中:宁波市							
安徽省	4106					2889	
福建省	6491		1		38	4338	2
其中:厦门市	1131					627	
江西省	74		2			34	
山东省	37559	199	224	346	48	24664	1362
其中:青岛市	22			22			
河南省	13280	190	41		17	10895	1460
湖北省	3175		9			1830	15
湖南省	5802	11	9	1	10	3388	
广东省	40557		14		17	24105	4095
其中:深圳市							
广西壮族自治区	527	5	10		24	123	
海南省	513					513	
重庆市	4696	1379	30		25	1435	50
四川省	20777	229	12	11	118	10537	2784
贵州省	1092	560	7			515	9
云南省	159	65	2		12	62	
西藏自治区							
陕西省	1748		2	87	186	1190	100
甘肃省	3822	9				893	
青海省	48					48	
宁夏回族自治区	10269		9	148	4	9257	106
新疆维吾尔自治区	1899					873	

2－139－13

单位:万元

地　　区	其他资本性支出						
	信息网络购　建	物资储备	土地补偿	安置补助	地上附着物和青苗补偿	拆迁补偿	其他资本性支　出
地　方　合　计	**360**	**35**	**1418**	**40**	**65**	**2372**	**119565**
北京市				5			876
天津市							5594
河北省	56		125		45	208	3400
山西省			22	15		112	1037
内蒙古自治区						148	692
辽宁省	43					2	3185
其中:大连市	33						3013
吉林省			185			1229	8298
黑龙江省			164				4458
上海市	149						28344
江苏省	12						19187
浙江省							1353
其中:宁波市							
安徽省						390	827
福建省	1		118				1993
其中:厦门市							504
江西省							38
山东省	53	35	58			58	10512
其中:青岛市							
河南省	16		8				653
湖北省							1321
湖南省							2383
广东省						202	12124
其中:深圳市							
广西壮族自治区							365
海南省							
重庆市							1777
四川省							7086
贵州省							1
云南省						8	10
西藏自治区							
陕西省							183
甘肃省							2920
青海省							
宁夏回族自治区	29		50	20	20	15	611
新疆维吾尔自治区	1		688				337

二、地方财政预算收支情况

2－139－14

单位:万元

地区	贷款转贷及产权参股					其他支出		
	小计	国内贷款	国外贷款	产权参股	其他贷款转贷及产权参股支出	小计	补充全国社会保障基金	其他支出
地方合计	**419**	**419**				**196852**		**196852**
北京市						27242		27242
天津市								
河北省	419	419				18223		18223
山西省						321		321
内蒙古自治区								
辽宁省						556		556
其中:大连市						387		387
吉林省						1395		1395
黑龙江省								
上海市						14833		14833
江苏省						12251		12251
浙江省						9625		9625
其中:宁波市						361		361
安徽省						1130		1130
福建省						5362		5362
其中:厦门市						2359		2359
江西省						615		615
山东省						4442		4442
其中:青岛市						2783		2783
河南省						4875		4875
湖北省						19379		19379
湖南省						2590		2590
广东省						46143		46143
其中:深圳市								
广西壮族自治区						9430		9430
海南省								
重庆市						6822		6822
四川省						1133		1133
贵州省						1036		1036
云南省								
西藏自治区								
陕西省						4627		4627
甘肃省								
青海省						30		30
宁夏回族自治区						4792		4792
新疆维吾尔自治区								

2007 年各省、自治区、直辖市国有土地收益基金支出明细表

2－140－1　　　　单位:万元

地　　区	合　计	工资福利支出				
		小　计	基本工资	津贴补贴	奖　金	社会保障缴　费
地 方 合 计	**1422975**	**504**	**133**	**79**	**27**	**104**
北京市						
天津市	6143					
河北省	123024					
山西省	5340					
内蒙古自治区	1306					
辽宁省	21722					
其中:大连市						
吉林省	10532					
黑龙江省	59887					
上海市	32521					
江苏省	222475					
浙江省	80359					
其中:宁波市	7059					
安徽省	93695					
福建省	124251	79	14	13	4	15
其中:厦门市	115459					
江西省	55183					
山东省	118788					
其中:青岛市	37269					
河南省	73147	303	119	66	23	12
湖北省	56296					
湖南省	17803					
广东省	52842					
其中:深圳市						
广西壮族自治区	21089					
海南省	37154					
重庆市	62890					
四川省	92139	77				77
贵州省	6957					
云南省	22970	45				
西藏自治区						
陕西省	22079					
甘肃省	2248					
青海省						
宁夏回族自治区	95					
新疆维吾尔自治区	40					

2－140－2

单位:万元

地区	工资福利支出				商品和服务支出		
	伙食费	伙食补助费	绩效工资	其他工资福利支出	小计	办公费	印刷费
地方合计		**2**	**5**	**154**	**221115**	**979**	**34**
北京市							
天津市					6061		
河北省					8174	23	10
山西省					833	3	
内蒙古自治区					125		
辽宁省					1047	40	
其中:大连市							
吉林省					390	172	
黑龙江省					161		
上海市					15000		
江苏省					46185		
浙江省					4664		
其中:宁波市							
安徽省					22868		
福建省			5	28	4695	6	10
其中:厦门市							
江西省					11237	2	
山东省					20544		
其中:青岛市							
河南省		2		81	6739	592	2
湖北省					40647		
湖南省					9227	15	1
广东省					5788		
其中:深圳市							
广西壮族自治区					748		
海南省					207		
重庆市					200		
四川省					3798	118	11
贵州省					5418		
云南省				45	3193	8	
西藏自治区							
陕西省					3136		
甘肃省							
青海省							
宁夏回族自治区					30		
新疆维吾尔自治区							

2－140－3　　　　单位:万元

地　　区	商品和服务支出						
	咨询费	手续费	水　费	电　费	邮电费	取暖费	物　业 管理费
地 方 合 计	**16**	**1**	**19**	**110**	**31**	**6**	**8**
北京市							
天津市							
河北省							
山西省							
内蒙古自治区							
辽宁省							
其中:大连市							
吉林省							
黑龙江省							
上海市							
江苏省							
浙江省							
其中:宁波市							
安徽省							
福建省			1	2	1		1
其中:厦门市							
江西省							
山东省							
其中:青岛市							
河南省	6	1	8	106	18	6	7
湖北省							
湖南省	10		10		1		
广东省							
其中:深圳市							
广西壮族自治区					6		
海南省							
重庆市							
四川省				2	4		
贵州省							
云南省					1		
西藏自治区							
陕西省							
甘肃省							
青海省							
宁夏回族自治区							
新疆维吾尔自治区							

2－140－4

单位:万元

地　　区	商品和服务支出					
	交通费	差旅费	出国费	维修(护)费	租赁费	会议费
地　方　合　计	**290**	**157**		**2345**	**2**	**251**
北京市						
天津市						
河北省						
山西省	3	2				1
内蒙古自治区						
辽宁省	140	100		610		50
其中:大连市						
吉林省						
黑龙江省		9		50		
上海市						
江苏省						
浙江省						6
其中:宁波市						
安徽省						
福建省	6	1		3		4
其中:厦门市						
江西省	9	11				3
山东省				1303		
其中:青岛市						
河南省	38	15		76	1	26
湖北省						
湖南省	13					13
广东省						
其中:深圳市						
广西壮族自治区	7	7		13		7
海南省						
重庆市					1	1
四川省	68	9		105		9
贵州省						
云南省	6	3		185		131
西藏自治区						
陕西省						
甘肃省						
青海省						
宁夏回族自治区						
新疆维吾尔自治区						

2－140－5　　　　单位:万元

地　　区	商品和服务支出						
	培训费	招待费	专用材料费	被装购置费	专用燃料费	劳务费	委托业务费
地方合计	**263**	**190**	**1524**		**16**	**282**	**105**
北京市							
天津市							
河北省							
山西省	2	5				3	
内蒙古自治区							
辽宁省	82		25				
其中:大连市							
吉林省			187			24	
黑龙江省							63
上海市							
江苏省			721				
浙江省	9	27	2			1	
其中:宁波市							
安徽省							18
福建省	2	6					
其中:厦门市							
江西省	20	51				133	
山东省							
其中:青岛市							
河南省	23	48	545		15	51	
湖北省							
湖南省	6	4					
广东省							
其中:深圳市							
广西壮族自治区	4	28	11				
海南省							
重庆市	5						
四川省	4	18	33		1	21	
贵州省							
云南省	106	3				49	24
西藏自治区							
陕西省							
甘肃省							
青海省							
宁夏回族自治区							
新疆维吾尔自治区							

2－140－6

单位:万元

地　　区	商品和服务支出			对个人和家庭的补助			
	工会经费	福利费	其他商品和服务支出	小　计	离休费	退休费	退职(役)费
地　方　合　计	**24**	**50**	**214412**	**12166**	**24**	**134**	**1**
北京市							
天津市			6061	82			
河北省			8141	349			
山西省		1	813				
内蒙古自治区			125				
辽宁省				438			
其中:大连市							
吉林省			7				
黑龙江省			39				
上海市			15000				
江苏省			45464	10415			
浙江省	15	1	4603				
其中:宁波市							
安徽省			22850				
福建省	1	1	4650	56		28	
其中:厦门市							
江西省	3	19	10986	231		13	
山东省			19241	305			
其中:青岛市							
河南省	4	25	5126	149	24	93	
湖北省			40647				
湖南省			9154				
广东省			5788				
其中:深圳市							
广西壮族自治区	1	3	661				
海南省			207				
重庆市			193				
四川省			3395	137			1
贵州省			5418				
云南省			2677	4			
西藏自治区							
陕西省			3136				
甘肃省							
青海省							
宁夏回族自治区			30				
新疆维吾尔自治区							

2－140－7

单位:万元

地区	对个人和家庭的补助						
	抚恤金	生活补助	救济费	医疗费	助学金	奖励金	生产补贴
地方合计	**7**	**43**		**7**		**5**	
北京市							
天津市							
河北省						5	
山西省							
内蒙古自治区							
辽宁省							
其中:大连市							
吉林省							
黑龙江省							
上海市							
江苏省							
浙江省							
其中:宁波市							
安徽省							
福建省		1		1			
其中:厦门市							
江西省	1			1			
山东省							
其中:青岛市							
河南省	6	6		5			
湖北省							
湖南省							
广东省							
其中:深圳市							
广西壮族自治区							
海南省							
重庆市							
四川省		36					
贵州省							
云南省							
西藏自治区							
陕西省							
甘肃省							
青海省							
宁夏回族自治区							
新疆维吾尔自治区							

2－140－8

单位:万元

地　　区	对个人和家庭的补助				对企事业单位的补贴		
	住房公积金	提租补贴	购房补贴	其他对个人和家庭的补助支出	小计	企业政策性补贴	事业单位补贴
地方合计	**24**			**11921**	**2975**	**1000**	**100**
北京市							
天津市				82			
河北省				344			
山西省							
内蒙古自治区							
辽宁省				438			
其中:大连市							
吉林省							
黑龙江省							
上海市							
江苏省				10415	36		
浙江省					65		
其中:宁波市							
安徽省							
福建省	6			20			
其中:厦门市							
江西省	4			212			
山东省				305	100		100
其中:青岛市							
河南省	14			1			
湖北省							
湖南省							
广东省					1000	1000	
其中:深圳市							
广西壮族自治区							
海南省							
重庆市							
四川省				100	1741		
贵州省							
云南省				4	33		
西藏自治区							
陕西省							
甘肃省							
青海省							
宁夏回族自治区							
新疆维吾尔自治区							

2－140－9

单位:万元

地　　区	对企事业单位的补贴		赠与			债务利息支出	
	财政贴息	其他对企事业单位的补贴支出	小计	对国内的赠与	对国外的赠与	小计	国库券付息
地方合计	**1691**	**184**				**150**	
北京市							
天津市							
河北省							
山西省							
内蒙古自治区							
辽宁省							
其中:大连市							
吉林省							
黑龙江省							
上海市							
江苏省		36					
浙江省		65					
其中:宁波市							
安徽省							
福建省							
其中:厦门市							
江西省							
山东省							
其中:青岛市							
河南省							
湖北省							
湖南省							
广东省							
其中:深圳市							
广西壮族自治区							
海南省							
重庆市							
四川省	1691	50				150	
贵州省							
云南省		33					
西藏自治区							
陕西省							
甘肃省							
青海省							
宁夏回族自治区							
新疆维吾尔自治区							

2－140－10

单位:万元

地区	债务利息支出					基本建设支出	
	向国家银行借款付息	其他国内借款付息	向国外政府借款付息	向国际组织借款付息	其他国外借款付息	小计	房屋建筑物购建
地方合计		**150**				**45088**	**2144**
北京市							
天津市							
河北省						56	
山西省							
内蒙古自治区							
辽宁省						686	
其中:大连市							
吉林省						65	
黑龙江省							
上海市							
江苏省						813	50
浙江省						6137	
其中:宁波市						145	
安徽省							
福建省						6027	72
其中:厦门市						5024	
江西省						1188	21
山东省						2939	
其中:青岛市							
河南省						2921	
湖北省							
湖南省							
广东省							
其中:深圳市							
广西壮族自治区						72	
海南省						14843	
重庆市						4999	
四川省		150				1389	455
贵州省						436	110
云南省						2477	1436
西藏自治区							
陕西省							
甘肃省							
青海省							
宁夏回族自治区							
新疆维吾尔自治区						40	

2－140－11

单位:万元

地　　区	基本建设支出							
	办公设备购　　置	专用设备购　　置	交通工具购　　置	基础设施建　　设	大型修缮	信息网络购　　建	物资储备	其他基本建设支出
地　方　合　计	**1007**	**25**		**35693**	**16**			**6203**
北京市								
天津市								
河北省								56
山西省								
内蒙古自治区								
辽宁省				686				
其中:大连市								
吉林省				65				
黑龙江省								
上海市								
江苏省				763				
浙江省				5861				276
其中:宁波市				145				
安徽省								
福建省				5955				
其中:厦门市				5024				
江西省				44				1123
山东省								2939
其中:青岛市								
河南省	1007			1914				
湖北省								
湖南省								
广东省								
其中:深圳市								
广西壮族自治区								72
海南省				14843				
重庆市				4999				
四川省				323				611
贵州省								326
云南省		25		200	16			800
西藏自治区								
陕西省								
甘肃省								
青海省								
宁夏回族自治区								
新疆维吾尔自治区				40				

2-140-12　　　　单位:万元

地区	其他资本性支出						
	小计	房屋建筑物购建	办公设备购置	专用设备购置	交通工具购置	基础设施建设	大型修缮
地方合计	**922144**	**1269**	**49**	**149**	**91**	**66996**	**72**
北京市							
天津市							
河北省	112416					1607	
山西省	4466	5				71	
内蒙古自治区	1181						
辽宁省	18551					8810	
其中:大连市							
吉林省	10077			26	44	6291	
黑龙江省	59191			22		461	
上海市							
江苏省	162371	1000				313	
浙江省	60341					185	
其中:宁波市	6914						
安徽省	70827						
福建省	107451			23		1121	
其中:厦门市	104845						
江西省	33676	50	9		14	1807	
山东省	94900					1417	
其中:青岛市	37269						
河南省	51901		18	25		1357	
湖北省	343						
湖南省	22						
广东省	21547						
其中:深圳市							
广西壮族自治区	6562					240	
海南省	22104					17489	
重庆市	8877					50	
四川省	36207	20	12	23	33	3466	4
贵州省	1090	17				125	
云南省	16820	177	10			3447	68
西藏自治区							
陕西省	18943			30		18739	
甘肃省	2215						
青海省							
宁夏回族自治区	65						
新疆维吾尔自治区							

2－140－13

单位:万元

地区	其他资本性支出						
	信息网络购建	物资储备	土地补偿	安置补助	地上附着物和青苗补偿	拆迁补偿	其他资本性支出
地方合计	**502**		**276581**	**17377**	**10773**	**308809**	**239476**
北京市							
天津市							
河北省			106313			1726	2770
山西省	2		104	36		2896	1352
内蒙古自治区			467			684	30
辽宁省			1707	2940		5094	
其中:大连市							
吉林省			599	1665	99	1353	
黑龙江省			4816			10	53882
上海市							
江苏省			1835			106738	52485
浙江省			3318	2966		42202	11670
其中:宁波市				2166			4748
安徽省			67128	326		1206	2167
福建省			5308			85240	15759
其中:厦门市			5308			84078	15459
江西省			17525	491	454	4609	8717
山东省			39749	2628	386	15386	35334
其中:青岛市			36269				1000
河南省			4721	90	4784	3428	37478
湖北省							343
湖南省						22	
广东省			8356		29	12901	261
其中:深圳市							
广西壮族自治区			652				5670
海南省						4115	500
重庆市			1735	2546	3090	1240	216
四川省	30		5581	1216	1906	17067	6849
贵州省			219	200		61	468
云南省	417		4591	2273	25	2293	3519
西藏自治区							
陕西省	53					121	
甘肃省			1857			352	6
青海省							
宁夏回族自治区						65	
新疆维吾尔自治区							

二、地方财政预算收支情况

2－140－14

单位:万元

地　　区	贷款转贷及产权参股					其他支出		
	小　计	国内贷款	国外贷款	产权参股	其他贷款转贷及产权参股支出	小　计	补充全国社会保障基金	其他支出
地方合计	**800**	**800**				**218033**		**218033**
北京市								
天津市								
河北省						2029		2029
山西省						41		41
内蒙古自治区								
辽宁省						1000		1000
其中:大连市								
吉林省								
黑龙江省						535		535
上海市						17521		17521
江苏省						2655		2655
浙江省						9152		9152
其中:宁波市								
安徽省								
福建省						5943		5943
其中:厦门市						5590		5590
江西省						8851		8851
山东省								
其中:青岛市								
河南省						11134		11134
湖北省						15306		15306
湖南省						8554		8554
广东省						24507		24507
其中:深圳市								
广西壮族自治区						13707		13707
海南省								
重庆市	800	800				48014		48014
四川省						48640		48640
贵州省						13		13
云南省						398		398
西藏自治区								
陕西省								
甘肃省						33		33
青海省								
宁夏回族自治区								
新疆维吾尔自治区								

2007 年各省、自治区、直辖市农业土地开发资金支出明细表

2－141－1

单位:万元

地　区	合　计	工资福利支出				
		小　计	基本工资	津贴补贴	奖　金	社会保障缴　费
地方合计	**587152**	**49**	**3**	**3**		**1**
北京市	14174					
天津市	12991					
河北省	18497					
山西省	11389					
内蒙古自治区	2823					
辽宁省	24686					
其中:大连市	9180					
吉林省	13644					
黑龙江省	10510	1				1
上海市	28141					
江苏省	100463	2				
浙江省	65287					
其中:宁波市	8768					
安徽省	29119					
福建省	21437	16				
其中:厦门市	10328	16				
江西省	11962					
山东省	53708					
其中:青岛市	5060					
河南省	10960	5				
湖北省	9740					
湖南省	13887					
广东省	61522	12	3	3		
其中:深圳市						
广西壮族自治区	1703					
海南省	121					
重庆市	17166					
四川省	31501	2				
贵州省	4662	6				
云南省	271					
西藏自治区						
陕西省	4984					
甘肃省	1195					
青海省						
宁夏回族自治区	691					
新疆维吾尔自治区	9918	5				

二、地方财政预算收支情况

2－141－2

单位:万元

地　　区	工资福利支出				商品和服务支出		
	伙食费	伙　食 补助费	绩效 工资	其他工资 福利支出	小　计	办公费	印刷费
地　方　合　计			**5**	**37**	**145118**	**3310**	**131**
北京市					3580		
天津市					774	25	
河北省					6269	355	1
山西省					2725	66	35
内蒙古自治区					1157		
辽宁省					3566	15	
其中:大连市					540		
吉林省					523		
黑龙江省					1120	136	
上海市					1241	2	
江苏省				2	37413	9	3
浙江省					18295	19	15
其中:宁波市					2776	16	
安徽省					476		
福建省				16	10840	5	1
其中:厦门市				16	1668	5	1
江西省					3631	2	
山东省					6835	19	44
其中:青岛市					525	5	43
河南省			5		1152	395	3
湖北省					7442		
湖南省					3223	16	13
广东省				6	18046	2075	2
其中:深圳市							
广西壮族自治区					350		
海南省					121		
重庆市					3645		
四川省				2	7687	34	3
贵州省				6	2598	127	6
云南省					156		
西藏自治区							
陕西省					832	10	5
甘肃省					350		
青海省							
宁夏回族自治区					405		
新疆维吾尔自治区				5	666		

2－141－3　　　　　　　　　　　　　　　　　　　　　　　　　　　　单位:万元

地区	商品和服务支出						
	咨询费	手续费	水费	电费	邮电费	取暖费	物业管理费
地方合计	**108**		**44**	**68**	**14**	**17**	**115**
北京市							
天津市							
河北省							
山西省			2	5	5	3	35
内蒙古自治区							
辽宁省							80
其中:大连市							
吉林省							
黑龙江省			1	2			
上海市	2						
江苏省			1	1	1		
浙江省				2	2		
其中:宁波市							
安徽省							
福建省							
其中:厦门市							
江西省							
山东省	106			1	1	2	
其中:青岛市	6						
河南省			8	9	1		
湖北省							
湖南省							
广东省				2			
其中:深圳市							
广西壮族自治区							
海南省							
重庆市							
四川省			31	44			
贵州省				2	4		
云南省							
西藏自治区							
陕西省			1			12	
甘肃省							
青海省							
宁夏回族自治区							
新疆维吾尔自治区							

2－141－4

单位:万元

地区	商品和服务支出					
	交通费	差旅费	出国费	维修(护)费	租赁费	会议费
地方合计	**197**	**115**	**5**	**3229**	**99**	**272**
北京市						
天津市						
河北省	11	3		27		2
山西省	54	12		62	1	24
内蒙古自治区				36		
辽宁省				558		
其中:大连市				540		
吉林省						
黑龙江省	2	2		804	10	3
上海市						
江苏省	13	32		4	15	22
浙江省	10	14		3	3	35
其中:宁波市		4		3		4
安徽省						
福建省	2			33		2
其中:厦门市	2					2
江西省						
山东省	22	2		931	11	91
其中:青岛市	9	1			2	15
河南省	9	6		10		1
湖北省						
湖南省	1	1				
广东省	6	4		529	4	11
其中:深圳市						
广西壮族自治区						
海南省						
重庆市	4			6		13
四川省	11	4		33	55	8
贵州省	42	25	5	29		57
云南省						
西藏自治区						
陕西省	10	10				3
甘肃省				85		
青海省						
宁夏回族自治区						
新疆维吾尔自治区				79		

2-141-5

单位:万元

地区	商品和服务支出						
	培训费	招待费	专用材料费	被装购置费	专用燃料费	劳务费	委托业务费
地方合计	**229**	**152**	**5253**	**4**	**14**	**885**	**986**
北京市			57				
天津市	5		261				14
河北省	2		307			73	599
山西省	14	20	208		3	153	41
内蒙古自治区						298	
辽宁省			80			47	
其中:大连市							
吉林省			76				
黑龙江省	13		63				
上海市			237				
江苏省	13	2	2158			10	
浙江省	85	39	35			19	59
其中:宁波市	31	15	6			5	
安徽省							
福建省		5					
其中:厦门市		5					
江西省							
山东省	31	12	442		8	108	48
其中:青岛市	17	5	331		8		45
河南省		5	152			10	94
湖北省							
湖南省					3	35	
广东省	6	6	1035			9	51
其中:深圳市							
广西壮族自治区							
海南省							
重庆市			52			23	
四川省	6	15	17			2	
贵州省	46	48	73	4		43	80
云南省							
西藏自治区							
陕西省						55	
甘肃省	8						
青海省							
宁夏回族自治区							
新疆维吾尔自治区							

2－141－6

单位:万元

地　　区	商品和服务支出			对个人和家庭的补助			
	工会经费	福利费	其他商品和服务支出	小　计	离休费	退休费	退职(役)费
地　方　合　计	**14**	**87**	**129770**	**14456**			
北京市			3523				
天津市			469				
河北省			4889	12			
山西省	14	49	1919	26			
内蒙古自治区			823				
辽宁省			2786	15			
其中:大连市							
吉林省			447				
黑龙江省			84	60			
上海市			1000	2000			
江苏省			35129	1949			
浙江省		28	17927	8432			
其中:宁波市		28	2664	15			
安徽省			476				
福建省			10792	121			
其中:厦门市			1653				
江西省			3629	16			
山东省		3	4953	173			
其中:青岛市			38	127			
河南省			449	8			
湖北省			7442	35			
湖南省			3154	11			
广东省			14306	652			
其中:深圳市							
广西壮族自治区			350				
海南省			121				
重庆市			3547	4			
四川省			7424	411			
贵州省		7	2000	205			
云南省			156				
西藏自治区							
陕西省			726	306			
甘肃省			257				
青海省							
宁夏回族自治区			405				
新疆维吾尔自治区			587	20			

2－141－7　　　　单位:万元

地　　区	对个人和家庭的补助						
	抚恤金	生活补助	救济费	医疗费	助学金	奖励金	生产补贴
地 方 合 计		**586**	**6**			**36**	**2843**
北京市							
天津市							
河北省							
山西省							3
内蒙古自治区							
辽宁省			3				
其中:大连市							
吉林省							
黑龙江省		60					
上海市							2000
江苏省		400					
浙江省						26	17
其中:宁波市						15	
安徽省							
福建省		55					
其中:厦门市							
江西省							
山东省							46
其中:青岛市							
河南省							
湖北省							
湖南省							
广东省						10	312
其中:深圳市							
广西壮族自治区							
海南省							
重庆市		2					2
四川省		7					78
贵州省			3				172
云南省							
西藏自治区							
陕西省		62					213
甘肃省							
青海省							
宁夏回族自治区							
新疆维吾尔自治区							

2－141－8 单位:万元

地区	对个人和家庭的补助				对企事业单位的补贴		
	住房公积金	提租补贴	购房补贴	其他对个人和家庭的补助支出	小计	企业政策性补贴	事业单位补贴
地方合计	**16**			**10969**	**15760**	**4441**	**2997**
北京市							
天津市							
河北省				12	286		
山西省				23	46		
内蒙古自治区							
辽宁省				12	425		10
其中:大连市					425		10
吉林省							
黑龙江省							
上海市							
江苏省				1549	2776	1990	300
浙江省				8389	3004	122	178
其中:宁波市					1312	32	72
安徽省					－407		
福建省	15			51	1		1
其中:厦门市					1		1
江西省				16			
山东省				127	2446	114	2332
其中:青岛市				127			
河南省				8	133		
湖北省				35			
湖南省				11	62		
广东省				330	3082		
其中:深圳市							
广西壮族自治区							
海南省							
重庆市							
四川省	1			325	3715	2215	
贵州省				30	191		176
云南省							
西藏自治区							
陕西省				31			
甘肃省							
青海省							
宁夏回族自治区							
新疆维吾尔自治区				20			

2－141－9 单位:万元

地　　区	对企事业单位的补贴		赠　与			债务利息支出	
	财政贴息	其他对企事业单位的补贴支出	小　计	对国内的赠　与	对国外的赠　与	小　计	国库券付　息
地　方　合　计	**415**	**7907**					
北京市							
天津市							
河北省		286					
山西省		46					
内蒙古自治区							
辽宁省	415						
其中:大连市	415						
吉林省							
黑龙江省							
上海市							
江苏省		486					
浙江省		2704					
其中:宁波市		1208					
安徽省		－407					
福建省							
其中:厦门市							
江西省							
山东省							
其中:青岛市							
河南省		133					
湖北省							
湖南省		62					
广东省		3082					
其中:深圳市							
广西壮族自治区							
海南省							
重庆市							
四川省		1500					
贵州省		15					
云南省							
西藏自治区							
陕西省							
甘肃省							
青海省							
宁夏回族自治区							
新疆维吾尔自治区							

2－141－10

单位:万元

地　　区	债务利息支出					基本建设支出	
	向国家银行借款付息	其他国内借款付息	向国外政府借款付息	向国际组织借款付息	其他国外借款付息	小　计	房屋建筑物购建
地　方　合　计						**32324**	**172**
北京市						1045	
天津市							
河北省						2324	
山西省						110	
内蒙古自治区							
辽宁省						275	
其中:大连市							
吉林省						19	
黑龙江省						171	
上海市							
江苏省						841	
浙江省						4605	
其中:宁波市						932	
安徽省						67	
福建省						1260	10
其中:厦门市						1260	10
江西省						2724	5
山东省						2813	
其中:青岛市							
河南省						2600	
湖北省							
湖南省						373	
广东省						4181	
其中:深圳市							
广西壮族自治区							
海南省							
重庆市						1339	
四川省						4548	157
贵州省						256	
云南省						40	
西藏自治区							
陕西省							
甘肃省						121	
青海省							
宁夏回族自治区							
新疆维吾尔自治区						2612	

2－141－11　　　　　　　　　　　　　　　　　　　　单位:万元

地　区	基本建设支出							
	办公设备购　置	专用设备购　置	交通工具购　置	基础设施建　设	大型修缮	信息网络购　建	物资储备	其他基本建设支出
地　方　合　计	**4**	**30**		**18712**	**39**			**13367**
北京市								1045
天津市								
河北省				2103				221
山西省				110				
内蒙古自治区								
辽宁省				275				
其中:大连市								
吉林省				19				
黑龙江省				171				
上海市								
江苏省				833				8
浙江省				1505				3100
其中:宁波市				932				
安徽省								67
福建省				1250				
其中:厦门市				1250				
江西省				118				2601
山东省				2798				15
其中:青岛市								
河南省				1704				896
湖北省								
湖南省		30		289				54
广东省				2970	3			1208
其中:深圳市								
广西壮族自治区								
海南省								
重庆市				1234				105
四川省				575	36			3780
贵州省	4							252
云南省				40				
西藏自治区								
陕西省								
甘肃省				106				15
青海省								
宁夏回族自治区								
新疆维吾尔自治区				2612				

二、地方财政预算收支情况

2－141－12　　　　　　　　　　　　　　　　　　　　　　　　　　　单位:万元

地　　区	其他资本性支出						
	小　计	房屋建筑物购　　建	办公设备购　　置	专用设备购　　置	交通工具购　　置	基础设施建　　设	大型修缮
地　方　合　计	**282338**	**768**	**925**	**886**	**106**	**104839**	**3740**
北京市	2216					115	
天津市	473						
河北省	5421					3606	
山西省	8368		2		25	4074	653
内蒙古自治区	1666					90	31
辽宁省	15341		677	100		7907	486
其中:大连市	3361		677			2224	
吉林省	12481			106		6371	
黑龙江省	9109					2173	517
上海市	21245					5000	
江苏省	32764	14	1	101		7392	
浙江省	14686		24	7		6106	
其中:宁波市	2699		4			191	
安徽省	28983					1353	
福建省	1408		13	33	45	184	
其中:厦门市	128						
江西省	3272					786	48
山东省	40089	29	20		20	23284	
其中:青岛市	3413		19				
河南省	6022			479		3356	
湖北省	1231					435	
湖南省	7134					6757	
广东省	29584		184	51		8482	1889
其中:深圳市							
广西壮族自治区	1293					691	
海南省							
重庆市	11931					6177	6
四川省	14717	650				4425	100
贵州省	1406		4	9	16	860	10
云南省	75	75					
西藏自治区							
陕西省	3802					508	
甘肃省	720					523	
青海省							
宁夏回族自治区	286						
新疆维吾尔自治区	6615					4184	

2－141－13

单位:万元

地区	其他资本性支出						
	信息网络购建	物资储备	土地补偿	安置补助	地上附着物和青苗补偿	拆迁补偿	其他资本性支出
地方合计	**3**		**47575**	**3335**	**3073**	**9768**	**107320**
北京市							2101
天津市							473
河北省			928			34	853
山西省	1		2074	127	77	143	1192
内蒙古自治区			70		781	345	349
辽宁省			2388		612		3171
其中:大连市			460				
吉林省			1202	88	13		4701
黑龙江省			554		18		5847
上海市							16245
江苏省			2579	345	129	2956	19247
浙江省	2		1849	1361		755	4582
其中:宁波市				1361		755	388
安徽省			26093		88		1449
福建省			717				416
其中:厦门市							128
江西省			596			18	1824
山东省			990	296	349	404	14697
其中:青岛市					102		3292
河南省			399		478	701	609
湖北省				11			785
湖南省			150				227
广东省			1849	510	399	321	15899
其中:深圳市							
广西壮族自治区							602
海南省							
重庆市			884		11		4853
四川省			1015	29	63	3618	4817
贵州省			176	90			241
云南省							
西藏自治区							
陕西省			2101			138	1055
甘肃省							197
青海省							
宁夏回族自治区							286
新疆维吾尔自治区			961	478	55	335	602

二、地方财政预算收支情况

2－141－14　　　　单位：万元

地　区	贷款转贷及产权参股					其他支出		
	小　计	国内贷款	国外贷款	产权参股	其他贷款转贷及产权参股支出	小　计	补充全国社会保障基金	其他支出
地方合计						**97107**		**97107**
北京市						7333		7333
天津市						11744		11744
河北省						4185		4185
山西省						114		114
内蒙古自治区								
辽宁省						5064		5064
其中：大连市						4854		4854
吉林省						621		621
黑龙江省						49		49
上海市						3655		3655
江苏省						24718		24718
浙江省						16265		16265
其中：宁波市						1034		1034
安徽省								
福建省						7791		7791
其中：厦门市						7255		7255
江西省						2319		2319
山东省						1352		1352
其中：青岛市						995		995
河南省						1040		1040
湖北省						1032		1032
湖南省						3084		3084
广东省						5965		5965
其中：深圳市								
广西壮族自治区						60		60
海南省								
重庆市						247		247
四川省						421		421
贵州省								
云南省								
西藏自治区								
陕西省						44		44
甘肃省						4		4
青海省								
宁夏回族自治区								
新疆维吾尔自治区								

2007 年各省、自治区、直辖市其他城乡社区事务支出明细表

2－142－1　　　　单位:万元

地　　区	合　计	工资福利支出				
		小　计	基本工资	津贴补贴	奖　金	社会保障缴　费
地　方　合　计	**6311579**	**216699**	**78700**	**45374**	**27878**	**21808**
北京市	1141127	8764	5192	644	310	362
天津市	75703	600	257	216	47	60
河北省	62973	8195	2578	1291	178	257
山西省	22231	1880	990	330	115	156
内蒙古自治区	101722	1071	516	491	45	4
辽宁省	189950	3047	1329	659	67	523
其中:大连市	24867	395	59	23	9	33
吉林省	31256	5248	2181	1024	314	533
黑龙江省	39303	1479	855	526	35	24
上海市	605982	14138	3712	1182	4056	909
江苏省	630146	19647	5300	3394	3329	2177
浙江省	447319	13336	2750	2040	4382	1606
其中:宁波市	22861	1879	265	269	621	331
安徽省	120860	5617	2460	1813	199	282
福建省	116900	4023	1074	624	570	347
其中:厦门市	12235	1375	403	303	156	89
江西省	96335	2179	1063	318	174	204
山东省	329506	12243	4017	3699	1002	2084
其中:青岛市	99767	5447	1440	1608	855	949
河南省	200729	24714	9524	8084	1201	5287
湖北省	254209	11541	5517	2658	1246	826
湖南省	61401	11123	5930	2146	620	1152
广东省	954641	32999	8835	7575	3653	3203
其中:深圳市	181034	17996	3595	4584	1348	884
广西壮族自治区	46882	2269	1262	386	135	176
海南省	17039	205	76	29	4	21
重庆市	496056	16546	6219	3273	4502	526
四川省	98718	4440	1915	385	1023	403
贵州省	28018	876	479	232	70	21
云南省	32456	2240	821	684	134	38
西藏自治区	641					
陕西省	16807	3899	2117	509	170	270
甘肃省	22588	1693	632	428	14	68
青海省	1149	283	103	124	9	9
宁夏回族自治区	27220	1010	456	394	70	69
新疆维吾尔自治区	41712	1394	540	216	204	211

2－142－2

单位:万元

地　　区	工资福利支出				商品和服务支出		
	伙食费	伙　食 补助费	绩效 工资	其他工资 福利支出	小　计	办公费	印刷费
地　方　合　计	**322**	**2292**	**3318**	**37007**	**1802801**	**46974**	**4092**
北京市	3	61	8	2184	343141	2615	48
天津市		1	6	13	23682	618	3
河北省	56	471	7	3357	23090	404	25
山西省		6	5	278	12677	310	59
内蒙古自治区				15	46806	8305	40
辽宁省	13	81	292	83	37830	2111	122
其中:大连市	5	30	236		3472	609	30
吉林省		26	1082	88	13954	494	246
黑龙江省		3	5	31	5064	416	10
上海市	78	52	57	4092	155006	2059	208
江苏省	25	302	451	4669	153409	2349	220
浙江省	7	124	46	2381	79439	715	238
其中:宁波市	1	11		381	9328	73	14
安徽省	1	17	1	844	32889	686	81
福建省	7	9	259	1133	16543	450	76
其中:厦门市	4	8	73	339	3320	10	
江西省	5	5	7	403	64558	614	54
山东省	3	39	206	1193	43890	4356	350
其中:青岛市	2	35	41	517	9525	271	15
河南省		2	194	422	105154	4580	333
湖北省	36	217	367	674	130846	1179	202
湖南省	2	75	27	1171	27355	1358	162
广东省	74	359	14	9286	310262	8882	973
其中:深圳市	54	110		7421	127213	6122	529
广西壮族自治区	8		5	297	16884	1289	30
海南省				75	8622	50	4
重庆市		336	145	1545	73706	858	417
四川省		27	18	669	22418	817	93
贵州省			5	69	23166	298	5
云南省		38	1	524	5287	502	16
西藏自治区					145		
陕西省	4	12	78	739	6600	395	36
甘肃省			21	530	6163	153	17
青海省				38	230	9	3
宁夏回族自治区			7	14	4022	31	18
新疆维吾尔自治区		29	4	190	9963	71	3

2－142－3

单位:万元

地区	商品和服务支出						
	咨询费	手续费	水费	电费	邮电费	取暖费	物业管理费
地方合计	**814**	**2973**	**3067**	**15051**	**3571**	**4462**	**2857**
北京市			48	162	48	125	4
天津市			6	17	29	13	
河北省	28	5	22	63	50	125	68
山西省		2	21	26	15	50	4
内蒙古自治区	17		5	9	4	18	36
辽宁省	11	15	117	409	193	975	44
其中:大连市	6		10	41	7	19	4
吉林省	48	135	98	260	154	428	339
黑龙江省			9	16	11	74	7
上海市	23	6	70	491	264	2	155
江苏省	221	285	162	680	294	3	670
浙江省	15	2171	160	371	294		95
其中:宁波市	1		11	66	30		8
安徽省	11	1	56	161	77	21	77
福建省	2	17	75	301	164		22
其中:厦门市			25	21	5		
江西省	5	2	53	332	35	4	19
山东省	86	32	270	691	149	2184	302
其中:青岛市	41		16	74	41	70	16
河南省	31	48	575	5901	275	109	344
湖北省	1	12	115	239	140	22	75
湖南省	65	52	131	285	115	38	33
广东省	144	87	632	3031	712		405
其中:深圳市	7	7	208	750	266		149
广西壮族自治区	2		8	65	35		3
海南省				6	4		
重庆市	92	51	223	616	226	30	58
四川省	1	1	41	221	131	4	38
贵州省	6	11	7	33	4	3	2
云南省			12	77	44		5
西藏自治区							
陕西省	1	40	57	156	46	139	33
甘肃省			25	97	29	34	8
青海省					1	1	
宁夏回族自治区			57	317	8	17	2
新疆维吾尔自治区	4		12	18	20	43	9

2－142－4

单位:万元

地区	商品和服务支出					
	交通费	差旅费	出国费	维修(护)费	租赁费	会议费
地方合计	**17418**	**7217**	**582**	**85521**	**4473**	**7988**
北京市	621	206	8	9418	379	277
天津市	77	23	58	5233	1	34
河北省	152	370	5	669	44	59
山西省	120	59		8950	91	93
内蒙古自治区	32	34		594	3	10
辽宁省	1138	138	30	4777	218	132
其中:大连市	95	24		1904	26	36
吉林省	1275	322	3	679	275	190
黑龙江省	35	18		2720	26	15
上海市	500	712	50	4571	769	1567
江苏省	1522	927	87	1563	276	979
浙江省	855	455	67	4316	286	526
其中:宁波市	99	62	13	474	119	39
安徽省	222	144	18	559	71	81
福建省	297	144		1059	37	163
其中:厦门市	50	23		110	20	6
江西省	261	187	6	366	35	67
山东省	805	309		7265	283	362
其中:青岛市	186	76		1173	93	19
河南省	1318	402	17	5007	298	388
湖北省	684	234		947	27	200
湖南省	917	376	4	694	39	344
广东省	3431	796	160	6073	831	1093
其中:深圳市	1721	237	20	1291	487	398
广西壮族自治区	293	135		480	36	21
海南省	29	9		22		3
重庆市	1357	793	40	15483	81	848
四川省	525	151	1	889	157	331
贵州省	179	20		115	12	71
云南省	192	32	4	352	125	37
西藏自治区						
陕西省	228	107		1404	36	45
甘肃省	129	64		1002	28	29
青海省	111	10	10	23		3
宁夏回族自治区	33	15	14	191		8
新疆维吾尔自治区	80	25		100	9	12

2-142-5　　　　单位:万元

地　区	商品和服务支出						
	培训费	招待费	专用材料费	被装购置费	专用燃料费	劳务费	委托业务费
地方合计	**4703**	**12173**	**28329**	**1446**	**2509**	**28174**	**13056**
北京市	313	311	25	85	199	252	79
天津市	5	40	504			311	
河北省	21	67	124	2	25	161	677
山西省	22	70	53	3	3	21	7
内蒙古自治区	6	6	1	13	9	130	1955
辽宁省	170	137	1577	71	117	780	134
其中:大连市	18	51	248		9	151	10
吉林省	316	115	5811		119	860	261
黑龙江省	3	12	284	1	64	240	
上海市	471	1430	1044	97	2	4714	522
江苏省	337	1514	1500	113	48	2395	147
浙江省	238	1184	1364	49	35	2229	885
其中:宁波市	14	169	218			346	52
安徽省	86	184	134	49	296	431	70
福建省	77	359	157	116	2	157	201
其中:厦门市	3	16	62			1	123
江西省	98	300	429	28	14	170	452
山东省	285	614	4108	33	117	660	820
其中:青岛市	35	44	222	28	3	55	737
河南省	179	642	7580	305	673	4029	926
湖北省	93	456	310	110	131	208	92
湖南省	197	861	555	66	317	275	352
广东省	1253	2107	1685	53	97	6666	2372
其中:深圳市	877	745	808		68	2601	1318
广西壮族自治区	87	330	51	22	2	116	42
海南省		15		1			
重庆市	218	699	443	16	18	2730	2799
四川省	109	290	99	147	6	175	18
贵州省	12	74	95			47	1
云南省	31	94	52	4	1	37	30
西藏自治区							
陕西省	27	137	181	20	158	285	45
甘肃省	31	55	75	42	55	45	55
青海省		6			1	5	
宁夏回族自治区	7	15	5				
新疆维吾尔自治区	11	49	83			45	114

2－142－6

单位:万元

地区	商品和服务支出			对个人和家庭的补助			
	工会经费	福利费	其他商品和服务支出	小计	离休费	退休费	退职(役)费
地方合计	**2102**	**4915**	**1498334**	**77387**	**761**	**16950**	**109**
北京市	47	23	327848	7301		4836	3
天津市	14	23	16673	231		124	
河北省	27	49	19848	3865	176	747	25
山西省	8	23	2667	256	9	94	
内蒙古自治区		5	35574	33		14	
辽宁省	12	255	24147	424	12	70	
其中:大连市	1	173		14			
吉林省	39	22	1465	1081	60	501	
黑龙江省	2	123	978	409	12	294	
上海市	91	276	134912	2430	22	376	7
江苏省	207	488	136422	7497	100	2762	42
浙江省	249	805	61837	10933	31	188	2
其中:宁波市	22	172	7326	171		20	2
安徽省	110	219	29044	2334	51	649	13
福建省	43	123	12501	3761	8	183	
其中:厦门市	9	3	2833	219			
江西省	115	53	60859	450	3	189	
山东省	54	176	19579	2777		99	1
其中:青岛市	30	58	6222	1149		93	
河南省	243	297	70654	2788	61	995	
湖北省	90	507	124772	1479	2	561	3
湖南省	72	320	19727	4837	9	282	
广东省	341	571	267867	5489	19	839	9
其中:深圳市	111	237	108256	1289		35	
广西壮族自治区	12	50	13775	244		83	
海南省		8	8471	15			
重庆市	209	155	45246	13525	142	2238	4
四川省	35	128	18010	2784	1	311	
贵州省		8	22163	825	18	146	
云南省	10	26	3604	215			
西藏自治区			145				
陕西省	44	92	2888	431		59	
甘肃省	8	11	4171	201		144	
青海省		4	43				
宁夏回族自治区	12	43	3229	120	2	67	
新疆维吾尔自治区	8	32	9215	652	23	99	

2－142－7

单位:万元

地　　区	对个人和家庭的补助						
	抚恤金	生活补助	救济费	医疗费	助学金	奖励金	生产补贴
地　方　合　计	**630**	**5496**	**596**	**1739**	**5**	**1844**	**1355**
北京市	25	1184		30			
天津市							39
河北省	42	206		87		278	713
山西省		7					1
内蒙古自治区						17	
辽宁省	2	148	1	34		13	
其中:大连市		2				4	
吉林省	10	109		15		2	
黑龙江省	3	61				12	
上海市	45	24	193	18		26	
江苏省	77	1051	13	109		142	
浙江省		63	36	113		63	
其中:宁波市		1		10			
安徽省	35	117	32	31		34	
福建省	19	35	13	144		7	
其中:厦门市		4					
江西省	11	108		13		2	
山东省	11	23	2	104		129	
其中:青岛市		4		7			
河南省	82	235	13	36		37	12
湖北省	66	14		51	1		30
湖南省	31	300	283	46		16	
广东省	16	116	2	475	4	969	
其中:深圳市		39		7	4	601	
广西壮族自治区	1	29		6		7	
海南省	1	13					
重庆市	115	216		359		40	555
四川省	16	536	6	13		41	3
贵州省	3	527				7	
云南省		34				1	
西藏自治区							
陕西省	8	68	2	52		1	2
甘肃省		31					
青海省							
宁夏回族自治区	11	3		2			
新疆维吾尔自治区		238		1			

2－142－8

单位:万元

地　　区	对个人和家庭的补助				对企事业单位的补贴		
	住　房 公积金	提租 补贴	购房 补贴	其他对个人和家庭的补助支出	小　计	企业政策性补　贴	事业单位补　贴
地　方　合　计	**7931**	**817**	**2702**	**36452**	**118648**	**11509**	**7933**
北京市	140	39	2	1042	30776	1396	307
天津市	67			1	5297		
河北省	76	4		1511	2057		180
山西省	21	4		120	28		
内蒙古自治区	2				7226	7211	
辽宁省	74	62	7	1	7846	631	1706
其中:大连市	8				1307	631	676
吉林省	362	13		9			
黑龙江省	6	1		20			
上海市	160		302	1257	28739		1274
江苏省	846	119	113	2123	5338	28	135
浙江省	821	1	374	9241	10967	571	581
其中:宁波市	51			87	1314	534	47
安徽省	376	12	1	983	192	40	95
福建省	181	57	7	3107	455	8	293
其中:厦门市	106	45	7	57			
江西省	69			55	311		122
山东省	809	210	655	734	4050	160	19
其中:青岛市	576	181	108	180	47		
河南省	1268			49	1125		
湖北省	369	6	6	370	974		200
湖南省	155			3715	254	50	50
广东省	1032	97	1050	861	3464	112	2961
其中:深圳市		97	124	382	167	112	
广西壮族自治区	30			88	151		
海南省				1			
重庆市	629			9227	1515	203	
四川省	114	192		1551	2812	478	
贵州省	28		33	63	244		
云南省	17		150	13	1255		
西藏自治区							
陕西省	177			62	471	471	
甘肃省	23		1	2	50		10
青海省							
宁夏回族自治区	31			4	194	150	
新疆维吾尔自治区	48		1	242	2857		

2－142－9

单位:万元

地　　区	对企事业单位的补贴		赠　与			债务利息支出	
	财政贴息	其他对企事业单位的补贴支出	小　计	对国内的赠与	对国外的赠与	小　计	国库券付息
地方合计	**6958**	**92248**	**160**	**160**		**15687**	
北京市		29073					
天津市	5297						
河北省	13	1864					
山西省		28					
内蒙古自治区		15					
辽宁省	220	5289				428	
其中:大连市							
吉林省							
黑龙江省							
上海市		27465					
江苏省	367	4808					
浙江省		9815	12	12			
其中:宁波市		733					
安徽省		57				5058	
福建省		154	148	148			
其中:厦门市			148	148			
江西省		189					
山东省	300	3571				6326	
其中:青岛市		47					
河南省	46	1079					
湖北省		774				2718	
湖南省		154					
广东省		391					
其中:深圳市		55					
广西壮族自治区		151					
海南省							
重庆市		1312					
四川省	94	2240				718	
贵州省	178	66				139	
云南省	399	856				300	
西藏自治区							
陕西省							
甘肃省		40					
青海省							
宁夏回族自治区	44						
新疆维吾尔自治区		2857					

二、地方财政预算收支情况

2-142-10

单位:万元

地区	债务利息支出					基本建设支出	
	向国家银行借款付息	其他国内借款付息	向国外政府借款付息	向国际组织借款付息	其他国外借款付息	小计	房屋建筑物购建
地方合计	**14971**	**716**				**1039443**	**25385**
北京市						170269	8950
天津市						856	
河北省						6410	1572
山西省						22	
内蒙古自治区						234	8
辽宁省	428					35495	150
其中:大连市						5038	
吉林省						724	
黑龙江省						8224	1820
上海市						230154	920
江苏省						23299	2029
浙江省						42329	1712
其中:宁波市						1774	
安徽省	4918	140				10357	620
福建省						6124	160
其中:厦门市						1662	
江西省						6628	3494
山东省	6326					66198	809
其中:青岛市						31486	
河南省						12228	298
湖北省	2718					5017	
湖南省						2493	6
广东省						291341	17
其中:深圳市						1077	
广西壮族自治区						2380	40
海南省						456	
重庆市						86884	1400
四川省	142	576				2934	81
贵州省	139					1606	3
云南省	300					9763	473
西藏自治区							
陕西省						1349	
甘肃省						3269	10
青海省						135	
宁夏回族自治区						1008	242
新疆维吾尔自治区						11257	571

2－142－11　　　　单位:万元

地　　区	基本建设支出							
	办公设备购　　置	专用设备购　　置	交通工具购　　置	基础设施建　　设	大型修缮	信息网络购　　建	物资储备	其他基本建设支出
地　方　合　计	**627**	**6754**	**2184**	**466946**	**27800**	**2920**		**506827**
北京市	100			127016	19275			14928
天津市				856				
河北省	4			2904	1048	15		867
山西省				22				
内蒙古自治区				205				21
辽宁省	2		150	33689	526			978
其中:大连市			150	3482	526			880
吉林省				679				45
黑龙江省				5217	24	1163		
上海市			15	79244	205			149770
江苏省	29	24	1100	19294	23	17		783
浙江省	23		56	7589	137			32812
其中:宁波市				1378				396
安徽省	20	62		6165	300	60		3130
福建省	14	7		3278				2665
其中:厦门市	4	7		229				1422
江西省		63		832	1872			367
山东省	76	361	274	37160		298		27220
其中:青岛市	76	361	274	19061		298		11416
河南省	52	190	88	7859	2063			1678
湖北省	28	247	15	3936	116	230		445
湖南省	1	220	15	1792	7			452
广东省	185	5218	340	61338	39	50		224154
其中:深圳市								1077
广西壮族自治区	1			218				2121
海南省				222				234
重庆市	90	362	77	44938	1825	87		38105
四川省				1447	100			1306
贵州省			2	1136				465
云南省				5918	20	1000		2352
西藏自治区								
陕西省			52	191	206			900
甘肃省				2969				290
青海省				70				65
宁夏回族自治区				92				674
新疆维吾尔自治区	2			10670	14			

二、地方财政预算收支情况

2－142－12

单位:万元

地　　区	其他资本性支出						
	小　计	房屋建筑物购　　建	办公设备购　　置	专用设备购　　置	交通工具购　　置	基础设施建　　设	大型修缮
地　方　合　计	**1808691**	**40744**	**7861**	**11507**	**6732**	**703724**	**58110**
北京市	317629	5733	213	339	232	69769	1123
天津市	27670		4	122	57	10993	3943
河北省	10913	100	47	77	70	3631	604
山西省	7295	90	599		55	2781	100
内蒙古自治区	44289	170	20	10	24	25486	8723
辽宁省	104718	3217	464	1546	451	42117	3606
其中:大连市	14641	80		1004		6217	
吉林省	9862	270	644	584	341	3847	1376
黑龙江省	24117		1	39	8	22262	600
上海市	100720	3635	995	256	245	35785	5315
江苏省	315701	3399	559	245	1019	164740	3065
浙江省	85025	2494	300	212	447	54008	3621
其中:宁波市	7637	1351	50	16		2155	168
安徽省	43011	186	102	253	394	18390	145
福建省	12568		132	11	85	5270	582
其中:厦门市	3456		3			168	116
江西省	14402	89	13	1183	98	9239	2
山东省	167309	1029	1081	3769	277	71227	16701
其中:青岛市	26716	34	117	559	120	17101	45
河南省	33683	4259	251	209	427	8914	2308
湖北省	8592		49	117	147	1619	109
湖南省	10578	245	105	54	116	6892	120
广东省	213870	2007	1358	958	1322	73361	3179
其中:深圳市	11834	362	687	260	750	2228	482
广西壮族自治区	23626	254	108	72	86	3634	727
海南省	7210		24	6	6	588	18
重庆市	129189	4442	193	558	322	22412	997
四川省	58487	6147	82	240	182	29471	549
贵州省	907	9	3	54	17	457	
云南省	4936	298	48	27	24	2384	103
西藏自治区	207					197	
陕西省	3424	29	65	47	120	2205	41
甘肃省	10652	588	8	408	107	4075	191
青海省	398					201	
宁夏回族自治区	4148	130	13	26	32	3834	22
新疆维吾尔自治区	13555	1924	380	85	21	3935	240

2－142－13

单位:万元

地　　区	其他资本性支出						
	信息网络购　建	物资储备	土地补偿	安置补助	地上附着物和青苗补偿	拆迁补偿	其他资本性支　出
地　方　合　计	**2076**	**330**	**85255**	**6964**	**6421**	**89360**	**789607**
北京市	36		335	2			239847
天津市			9403		230	930	1988
河北省	4		5650				730
山西省						1894	1776
内蒙古自治区			5328			640	3888
辽宁省	80		24675	1000	25	19181	8356
其中:大连市				1000		6340	
吉林省	814			17	80	1647	242
黑龙江省						1207	
上海市	52		723	4		4	53706
江苏省	163		8687	75	1821	28023	103905
浙江省	269		35	12	392	4330	18905
其中:宁波市	156						3741
安徽省			100		70	993	22378
福建省	49		1342	700	145	3957	295
其中:厦门市						3000	169
江西省							3778
山东省	32	79	2319	2560	1025	8183	59027
其中:青岛市						2154	6586
河南省		40	4815	637	1392	3465	6966
湖北省			111	65		379	5996
湖南省	33		2	280	115	7	2609
广东省	425	211	2369	46	246	3150	125238
其中:深圳市	276	211				2000	4578
广西壮族自治区	30		14806	28	60	298	3523
海南省			3000	1060	820	1120	568
重庆市	60		472	105		30	99598
四川省	19		838	278		5404	15277
贵州省			34				333
云南省			8			596	1448
西藏自治区							10
陕西省	8			95		122	692
甘肃省			100			1002	4173
青海省			103				94
宁夏回族自治区	1						90
新疆维吾尔自治区	1					2798	4171

二、地方财政预算收支情况

2－142－14

单位:万元

地　区	贷款转贷及产权参股					其他支出		
	小　计	国内贷款	国外贷款	产权参股	其他贷款转贷及产权参股支出	小　计	补充全国社会保障基金	其他支出
地　方　合　计	**71656**	**10709**		**60450**	**497**	**1160407**		**1160407**
北京市						263247		263247
天津市						17367		17367
河北省						8443		8443
山西省						73		73
内蒙古自治区	1709	1709				354		354
辽宁省						162		162
其中:大连市								
吉林省						387		387
黑龙江省						10		10
上海市						74795		74795
江苏省	60000			60000		45255		45255
浙江省						205278		205278
其中:宁波市						758		758
安徽省	9000	9000				12402		12402
福建省	450			450		72828		72828
其中:厦门市						2055		2055
江西省						7807		7807
山东省						26713		26713
其中:青岛市						25397		25397
河南省						21037		21037
湖北省						93042		93042
湖南省						4761		4761
广东省						97216		97216
其中:深圳市						21458		21458
广西壮族自治区						1328		1328
海南省	497				497	34		34
重庆市						174691		174691
四川省						4125		4125
贵州省						255		255
云南省						8460		8460
西藏自治区						289		289
陕西省						633		633
甘肃省						560		560
青海省						103		103
宁夏回族自治区						16718		16718
新疆维吾尔自治区						2034		2034

2007 年各省、自治区、直辖市农林水事务类支出明细表

2－143－1　　　　　　　　　　　　　　　　　　　　　　　　　　单位:万元

地　　区	合　计	工资福利支出				
		小　计	基本工资	津贴补贴	奖　金	社会保障缴　费
地 方 合 计	**37859897**	**5428819**	**2919141**	**1467085**	**433261**	**266232**
北京市	1466256	106812	33420	30110	20194	8415
天津市	231616	39809	15556	14995	3177	1900
河北省	1261644	207860	129404	46510	5879	10905
山西省	1036931	164792	98231	47998	7040	5127
内蒙古自治区	1206864	204212	124839	63364	7572	2888
辽宁省	1454433	159451	91676	44853	4729	9373
其中:大连市	213453	15594	6968	4428	1210	2587
吉林省	947578	160725	100786	43357	3824	2616
黑龙江省	1298768	188909	112746	59803	9244	3601
上海市	982276	69961	19864	12356	25502	6613
江苏省	2571264	332705	122650	80521	60638	34906
浙江省	2392382	296236	71523	65435	94094	29612
其中:宁波市	361945	56389	8763	9819	23357	7803
安徽省	1298711	157128	91573	44582	5759	4185
福建省	834531	128893	65550	33762	7453	8134
其中:厦门市	68959	7747	2238	2036	787	293
江西省	1219478	181555	122260	34906	7435	6446
山东省	1815897	351893	190785	105164	11788	28059
其中:青岛市	182640	30670	10555	10748	1509	4566
河南省	1618464	263258	195636	47322	3449	9178
湖北省	1884952	192950	115984	44317	9667	10933
湖南省	1839904	327622	201637	66652	17820	22535
广东省	2447551	241770	99759	79093	21816	15426
其中:深圳市	170138	14891	2950	6468	2380	617
广西壮族自治区	1104123	158407	95654	36320	13722	5182
海南省	284163	26595	15767	4495	1625	1070
重庆市	646065	84367	52467	17092	8398	1494
四川省	1948935	266019	158367	48569	33523	9381
贵州省	840492	159339	89081	52848	8483	1499
云南省	1275707	271132	129716	114094	12129	3949
西藏自治区	386157	43343	13135	25492	2146	1309
陕西省	1170068	213084	145126	42192	6989	4147
甘肃省	872249	170730	93230	63847	5632	2033
青海省	263221	57473	22713	29704	1643	539
宁夏回族自治区	309867	52761	28215	19694	2491	831
新疆维吾尔自治区	949350	149028	71791	47638	9400	13946

2－143－2

单位:万元

地区	工资福利支出				商品和服务支出		
	伙食费	伙食补助费	绩效工资	其他工资福利支出	小计	办公费	印刷费
地方合计	**3238**	**25598**	**33809**	**280455**	**12751199**	**705386**	**76941**
北京市	69	926	910	12768	595623	5446	991
天津市	71	789	445	2876	56308	8920	150
河北省	401	5025	1190	8546	341701	39547	3573
山西省	50	427	602	5317	318287	37221	4943
内蒙古自治区	73	156	326	4994	387666	22511	2930
辽宁省	184	478	4098	4060	396072	36138	3505
其中:大连市	60	96	111	134	39306	6682	231
吉林省		158	4453	5531	262857	30296	2379
黑龙江省	107	771	470	2167	429898	44106	2217
上海市	186	528	383	4529	300231	1911	563
江苏省	323	3519	850	29298	783484	31483	2416
浙江省	201	3599	372	31400	703806	13187	3183
其中:宁波市	90	492	8	6057	88032	2838	127
安徽省	136	1193	280	9420	382085	20028	2337
福建省	24	280	993	12697	276279	14733	1873
其中:厦门市		127	188	2078	18003	287	38
江西省	64	332	1023	9089	459660	22365	2247
山东省	124	779	902	14292	660462	74806	5950
其中:青岛市	8	138	91	3055	59376	6091	232
河南省	128	306	567	6672	542033	75627	6054
湖北省	248	577	1421	9803	1117041	13794	3266
湖南省	258	1552	705	16463	596131	22630	4988
广东省	193	402	654	24427	981700	36422	3042
其中:深圳市	15	83		2378	119836	839	216
广西壮族自治区	15	128	232	7154	332397	12101	1664
海南省	8	43	169	3418	84237	1509	438
重庆市		367	211	4338	171272	9988	1139
四川省	174	535	718	14752	727180	29284	4123
贵州省	9	118	209	7092	243532	14488	1385
云南省	41	381	1659	9163	629049	38018	3761
西藏自治区		1		1260	35510	778	79
陕西省	57	904	7039	6630	249771	23580	3867
甘肃省	5	33	1051	4899	193153	9478	1495
青海省	23	498	1130	1223	69025	2435	187
宁夏回族自治区	39	107	100	1284	74820	1831	539
新疆维吾尔自治区	27	686	647	4893	349929	10725	1657

2－143－3

单位:万元

地　　区	商品和服务支出						
	咨询费	手续费	水　费	电　费	邮电费	取暖费	物　业 管理费
地　方　合　计	**11745**	**6846**	**33355**	**102143**	**74058**	**71948**	**17872**
北京市	138	10	896	4208	1156	4611	960
天津市	28	6	223	958	537	624	195
河北省	261	645	1179	3574	2977	5754	270
山西省	1018	214	1520	3383	2521	5981	193
内蒙古自治区	263	120	1156	2787	2626	6467	327
辽宁省	429	343	1302	3402	3158	8157	841
其中:大连市	52	58	80	211	322	548	53
吉林省	632	168	648	2320	1706	6991	320
黑龙江省	625	233	1202	2635	1904	9530	572
上海市	73	323	246	2311	1155	167	1086
江苏省	247	1087	1298	7270	3563	90	1948
浙江省	363	309	763	4001	4538		886
其中:宁波市	23	39	79	561	379		164
安徽省	202	83	655	3215	1974	245	428
福建省	220	415	805	2540	2305	3	241
其中:厦门市	5	1	31	65	71		16
江西省	251	66	805	2992	2237	139	445
山东省	1369	537	4464	9597	5550	6630	1544
其中:青岛市	122	1	77	413	346	293	119
河南省	554	97	2011	4236	2898	766	722
湖北省	357	204	1647	6876	2787	646	1495
湖南省	692	294	2193	6319	4040	1014	1212
广东省	547	272	1745	6615	5964	9	1807
其中:深圳市	37		73	387	279		341
广西壮族自治区	198	61	734	2286	1896	1	200
海南省	98	16	135	387	339	4	34
重庆市	195	99	513	1552	1410	25	307
四川省	450	367	1976	4180	5291	312	385
贵州省	472	146	400	1213	1702	201	160
云南省	608	118	992	2059	3244	5	323
西藏自治区	31	2	135	393	351	325	2
陕西省	281	161	1722	3658	2281	3563	262
甘肃省	227	88	797	2222	1306	2856	140
青海省	36	6	206	392	737	1259	42
宁夏回族自治区	68	42	216	2663	377	722	105
新疆维吾尔自治区	812	314	771	1899	1528	4851	420

2－143－4

单位:万元

地　　区	商品和服务支出					
	交通费	差旅费	出国费	维修(护)费	租赁费	会议费
地 方 合 计	**325045**	**196344**	**11925**	**473938**	**24624**	**185813**
北京市	7517	2087	479	5581	1480	5623
天津市	1909	437	9	920	123	945
河北省	14208	6903	293	25360	1752	8105
山西省	11076	6384	223	13826	405	8497
内蒙古自治区	18413	10934	211	16799	287	3027
辽宁省	18919	8722	356	41699	1142	6784
其中:大连市	1602	748	29	8329	122	636
吉林省	9742	6451	113	28227	408	4321
黑龙江省	10748	7170	969	56887	863	3425
上海市	4229	1199	425	6260	1030	3371
江苏省	13858	7896	637	15667	1567	11543
浙江省	13542	10296	1447	9075	2123	11888
其中:宁波市	1316	1583	251	384	254	1821
安徽省	8035	5006	261	24594	605	4853
福建省	7347	6391	484	9999	402	4311
其中:厦门市	377	179	36	321	2	98
江西省	8839	7348	361	6803	369	4282
山东省	22093	9210	447	41389	2103	13192
其中:青岛市	1593	705	55	2701	601	698
河南省	14378	7638	268	17700	2137	9717
湖北省	10783	7883	512	9086	484	8830
湖南省	18189	11862	603	13913	608	11926
广东省	20746	10860	1264	47853	1409	13179
其中:深圳市	2012	454	49	1236	127	558
广西壮族自治区	10606	5717	220	5021	489	5135
海南省	3301	1649	170	1282	233	985
重庆市	4762	4983	118	3598	315	5175
四川省	16457	14614	446	11861	734	12515
贵州省	8536	4339	351	5877	233	3808
云南省	13948	8445	582	11068	1291	8087
西藏自治区	2665	1670	2	531	582	413
陕西省	10713	6252	270	11609	700	6105
甘肃省	5728	4521	134	14102	270	2557
青海省	2349	964	26	1498	47	354
宁夏回族自治区	1988	1216	69	1816	136	764
新疆维吾尔自治区	9421	7297	175	14037	297	2096

2－143－5　　单位:万元

地　　区	商品和服务支出						
	培训费	招待费	专用材料费	被装购置费	专用燃料费	劳务费	委托业务费
地方合计	**250210**	**223499**	**1114397**	**15026**	**42131**	**286468**	**108799**
北京市	5190	2023	43207	128	118	1874	3364
天津市	948	623	4551	48	189	356	301
河北省	10160	4679	49586	425	2338	16737	8265
山西省	12834	3881	34725	522	1150	8883	2678
内蒙古自治区	7895	3246	48764	1186	2566	8261	1769
辽宁省	11792	4932	65002	334	4991	23816	7126
其中:大连市	557	563	10614	50	593	6063	396
吉林省	8679	1994	71545	8	2719	25558	3092
黑龙江省	10045	1902	57591	473	3101	10607	2916
上海市	1469	2936	18735	448	913	1895	481
江苏省	8805	18000	31295	260	1353	9165	5270
浙江省	7777	21955	15017	513	1702	11357	9692
其中:宁波市	680	3126	1121	318	682	1923	709
安徽省	7005	7110	31318	128	722	4658	1208
福建省	3219	7203	15531	614	394	10656	4311
其中:厦门市	213	224	2779	161	4	257	48
江西省	6225	11960	12578	719	641	5513	667
山东省	25789	8340	104172	1694	2751	27599	3038
其中:青岛市	822	586	6364	204	106	1787	151
河南省	13987	8673	179576	914	4494	26540	3504
湖北省	8319	12197	32709	497	987	6157	2517
湖南省	11621	24939	32114	702	1027	12248	2041
广东省	11657	16103	47613	1011	1338	13916	19827
其中:深圳市	475	966	1171	11	15	1079	864
广西壮族自治区	8480	8042	23402	495	2282	7303	4888
海南省	3292	1679	4380	89	414	1219	657
重庆市	5406	3734	19116	185	76	3219	826
四川省	16490	13559	56623	445	1025	8631	2996
贵州省	9288	7795	20611	112	832	4506	974
云南省	10790	13593	45594	630	1661	12324	4684
西藏自治区	1566	639	367	53	615	55	948
陕西省	5422	4518	19079	374	726	4993	8067
甘肃省	5485	2209	13504	1247	359	8515	1353
青海省	4531	859	1418	63	100	1067	244
宁夏回族自治区	1703	734	2332	361	195	1067	93
新疆维吾尔自治区	4341	3442	12342	348	352	7773	1002

二、地方财政预算收支情况

2－143－6

单位:万元

地区	商品和服务支出			对个人和家庭的补助			
	工会经费	福利费	其他商品和服务支出	小计	离休费	退休费	退职(役)费
地方合计	**27421**	**73028**	**8292237**	**3271352**	**49183**	**562893**	**3280**
北京市	1210	2945	494381	32128	353	3375	3
天津市	303	652	32353	34560	1490	9633	15
河北省	1022	2504	131584	179041	2691	21000	37
山西省	741	2277	153191	79629	1852	14086	13
内蒙古自治区	715	2404	222002	95207	442	10419	285
辽宁省	688	2249	140245	167378	1235	13115	151
其中:大连市	85	225	457	5196		1	
吉林省	281	619	53640	96048	2421	25188	15
黑龙江省	934	2027	197216	174100	6775	65701	52
上海市	744	2078	246183	13452	107	1351	79
江苏省	1844	5850	601072	229464	6804	62748	428
浙江省	3206	10236	546750	137545	3629	33121	280
其中:宁波市	435	929	68290	17369	412	4045	35
安徽省	565	1905	254945	207963	1471	15990	38
福建省	860	2280	179142	57993	722	7918	95
其中:厦门市	91	93	12606	3327		90	4
江西省	651	2342	358815	121951	1608	23177	24
山东省	1303	2354	284541	214872	1077	6956	687
其中:青岛市	106	83	35120	10900	167	807	51
河南省	865	2381	156296	163632	2124	19092	41
湖北省	1094	3925	979989	100515	2000	26006	228
湖南省	1847	4412	404697	196348	3535	27989	89
广东省	1191	4625	712685	94398	941	12755	133
其中:深圳市	63	285	108299	1715	52	412	
广西壮族自治区	551	1696	228929	67953	1062	30981	56
海南省	99	286	61542	14862	29	205	3
重庆市	570	871	103090	74837	31	834	15
四川省	1679	3466	519271	323311	541	17523	164
贵州省	590	1909	153604	118232	2801	45652	38
云南省	1554	1979	443691	61685	180	6020	139
西藏自治区	376	93	22839	20038	24	10298	
陕西省	381	1045	130142	67413	1052	19167	38
甘肃省	447	1231	112882	48421	541	9357	32
青海省	244	96	49865	9447		14	4
宁夏回族自治区	117	161	55505	19332	519	5285	17
新疆维吾尔自治区	749	2130	261150	49597	1126	17937	81

2－143－7

单位:万元

地区	对个人和家庭的补助						
	抚恤金	生活补助	救济费	医疗费	助学金	奖励金	生产补贴
地方合计	**23489**	**700753**	**44029**	**23306**	**1606**	**24253**	**902172**
北京市	348	2057	10	1733	3	144	698
天津市	240	9721	983	324		123	5906
河北省	900	57368	2043	572	26	543	58105
山西省	438	26007	903	369	9	224	18449
内蒙古自治区	457	15437	457	324	4	792	38588
辽宁省	480	40859	4818	573	1	1355	61564
其中:大连市	38	3077	875	34		101	854
吉林省	590	20114	529	222		469	33167
黑龙江省	1192	30563	3211	303	7	690	54644
上海市	293	159	8	161	173	51	7862
江苏省	2055	44463	3008	1975		1841	19447
浙江省	731	18429	684	3618		2333	22009
其中:宁波市	106	2401	154	1401		509	2521
安徽省	787	30080	6889	538	14	281	79013
福建省	562	10024	1735	408		404	13032
其中:厦门市	29	106	2	4		4	
江西省	540	27017	420	953	91	124	21699
山东省	1392	58785	2364	2180	4	2496	59703
其中:青岛市	31	855	2	21	1	63	2138
河南省	582	39764	818	257	204	301	49236
湖北省	717	13296	331	1881	197	111	29290
湖南省	2890	26270	677	2052	151	961	62884
广东省	503	5876	5806	1931	52	1232	9893
其中:深圳市	21	83		4		175	
广西壮族自治区	821	5450	26	463		943	16672
海南省	107	3346	440	18	39	11	4475
重庆市	529	25590	289	368		401	26460
四川省	1293	111279	5124	182		3754	109139
贵州省	1261	17791	143	239	131	883	29619
云南省	559	13797	1213	191	72	3200	25447
西藏自治区	249	1952	35	297	3	6	2161
陕西省	562	18029	195	459	5	165	13192
甘肃省	842	12901	249	367	54	42	11428
青海省	47	1991	154	12		11	3993
宁夏回族自治区	189	2968	72	50	360	46	5221
新疆维吾尔自治区	1333	9370	395	286	6	316	9176

2－143－8

单位:万元

地　　区	对个人和家庭的补助				对企事业单位的补贴		
	住房公积金	提租补贴	购房补贴	其他对个人和家庭的补助支出	小计	企业政策性补贴	事业单位补贴
地方合计	**93275**	**10746**	**30539**	**801828**	**851834**	**180697**	**81563**
北京市	5689	1520	541	15654	19832	8683	1891
天津市	4012	100	85	1928	1463	715	240
河北省	2157	61	8	33530	31417	11187	3189
山西省	2641	32	101	14505	7998	505	1058
内蒙古自治区	892	1706	40	25364	16812	2238	8831
辽宁省	1899	2318	499	38511	66502	20391	8818
其中:大连市	128	37	4	47	43406	16922	4496
吉林省	1524	39		11770	66370	7513	3966
黑龙江省	1917	279	93	8673	62114	45671	1258
上海市	681		29	2498	30122	2018	430
江苏省	6470	1375	447	78403	46726	2859	8271
浙江省	15126	99	708	36778	109150	10155	6842
其中:宁波市	294	2	23	5466	33211	2472	2340
安徽省	3639	123	214	68886	28152	1998	3712
福建省	3801	999	86	18207	21304	1763	2916
其中:厦门市	513	242	19	2314	1368	230	33
江西省	1768	10	1106	43414	5258	709	593
山东省	7583	1370	20270	50005	42145	4959	9990
其中:青岛市	1138	265	431	4930	2163		233
河南省	684	63	230	50236	82880	6346	2202
湖北省	3635	37	204	22582	8485	3535	1806
湖南省	3748	33	126	64943	54420	1530	1991
广东省	5627	489	741	48419	17433	2242	2843
其中:深圳市		380	254	334	861		14
广西壮族自治区	1874	16	834	8755	16578	9016	857
海南省	123	3	2	6061	279	86	
重庆市	443		119	19758	14830	2149	1335
四川省	2894	1	65	71352	29769	5997	1083
贵州省	2100	25	3717	13832	6634	2063	1533
云南省	2542	5	190	8130	29472	17924	3598
西藏自治区	505			4508	225	100	30
陕西省	4315	15	28	10191	11474	1704	329
甘肃省	1835	25	38	10710	5614	926	427
青海省	22			3199	1694		21
宁夏回族自治区	54		2	4549	6561	159	640
新疆维吾尔自治区	3075	3	16	6477	10121	5556	863

2－143－9 单位:万元

地　　区	对企事业单位的补贴		赠　与			债务利息支出	
	财政贴息	其他对企事业单位的补贴支出	小　计	对国内的赠　与	对国外的赠　与	小　计	国库券付　息
地　方　合　计	**108508**	**481066**	**23138**	**23114**	**24**	**7250**	
北京市	1915	7343					
天津市		508				545	
河北省	3391	13650				5	
山西省	1511	4924					
内蒙古自治区	1595	4148	4	4		37	
辽宁省	3157	34136	8569	8569		1544	
其中:大连市	49	21939					
吉林省	4572	50319	300	300		93	
黑龙江省	1857	13328					
上海市	339	27335					
江苏省	1804	33792	6369	6369			
浙江省	808	91345	2808	2808		40	
其中:宁波市	94	28305	2324	2324			
安徽省	1773	20669	21	21		104	
福建省	1008	15617	3025	3025		84	
其中:厦门市	12	1093	2781	2781			
江西省	1108	2848					
山东省	3468	23728	428	418	10	403	
其中:青岛市	16	1914	130	130			
河南省	57002	17330				2	
湖北省	693	2451				240	
湖南省	1285	49614	79	79		644	
广东省	4605	7743	1253	1253			
其中:深圳市		847	628	628			
广西壮族自治区	1940	4765	10	10			
海南省	100	93	42	42			
重庆市	5730	5616	60	60			
四川省	1641	21048	116	116		367	
贵州省	1428	1610	31	31			
云南省	2167	5783	17	3	14	2895	
西藏自治区	62	33					
陕西省	462	8979	4	4			
甘肃省	1992	2269					
青海省	403	1270				247	
宁夏回族自治区	343	5419	2	2			
新疆维吾尔自治区	349	3353					

二、地方财政预算收支情况

2-143-10

单位:万元

地区	债务利息支出					基本建设支出	
	向国家银行借款付息	其他国内借款付息	向国外政府借款付息	向国际组织借款付息	其他国外借款付息	小计	房屋建筑物购建
地方合计	**2643**	**2211**	**26**	**1853**	**517**	**4174933**	**139696**
北京市						163728	539
天津市		545				3143	313
河北省		5				112486	7291
山西省						66567	148
内蒙古自治区				37		215389	7448
辽宁省	10	177		1357		225809	9360
其中:大连市						33950	660
吉林省		93				92266	2599
黑龙江省						163599	10880
上海市						89946	
江苏省						180657	8767
浙江省				40		190126	5603
其中:宁波市						65687	829
安徽省		104				79647	2957
福建省				35	49	66490	1592
其中:厦门市						11718	112
江西省						151847	6210
山东省		203		200		110341	8710
其中:青岛市						20876	84
河南省			2			251710	2607
湖北省		89		151		132921	3015
湖南省	75	77	24		468	156174	6509
广东省						181840	8946
其中:深圳市							
广西壮族自治区						111757	1863
海南省						53331	450
重庆市						121745	720
四川省		367				255620	13680
贵州省						47792	1040
云南省	2558	304		33		79793	1865
西藏自治区						124955	12027
陕西省						189550	2167
甘肃省						241781	5792
青海省		247				44205	1678
宁夏回族自治区						67852	2184
新疆维吾尔自治区						201866	2736

2－143－11

单位:万元

地区	基本建设支出							
	办公设备购置	专用设备购置	交通工具购置	基础设施建设	大型修缮	信息网络购建	物资储备	其他基本建设支出
地方合计	**9170**	**68009**	**9451**	**2394263**	**123020**	**7761**	**4375**	**1419188**
北京市	90	154	175	28130	164	58		134418
天津市			44	2102				684
河北省	587	6708	216	66273	2730	492	429	27760
山西省	234	2148	240	52898	451	162		10286
内蒙古自治区	846	8706	956	125500	4611	273	376	66673
辽宁省	76	3061	20	171961	5395	1112	474	34350
其中:大连市		5		12751		714	50	19770
吉林省	242	7355	1137	60485	7543	109	788	12008
黑龙江省	297	5105	57	116457	14079	757	230	15737
上海市	17	898		10265	2969	10	20	75767
江苏省	92	1843	261	83583	272	658	32	85149
浙江省	373	1036	507	102017	2925	257	24	77384
其中:宁波市	24	58	23	23991				40762
安徽省	49	1145	22	51774	3408	27	22	20243
福建省	315	342	226	33429	287	508	26	29765
其中:厦门市	30	39	23	6994				4520
江西省	280	3714	435	63854	2375	68	23	74888
山东省	146	814	639	38667	1563	572	121	59109
其中:青岛市	13	112		10890	160	40	2	9575
河南省	514	9405	495	178882	4836	429	316	54226
湖北省	248	2210	147	42732	3383	215	224	80747
湖南省	914	1706	290	68632	40497	307	79	37240
广东省	350	929	399	99241	2623	317	282	68753
其中:深圳市								
广西壮族自治区	331	773	299	82046	1319	301	138	24687
海南省	34	28	139	26699	10556		8	15417
重庆市	26	2056	426	81547	710	40	48	36172
四川省	1605	3494	298	176560	2348	520	226	56889
贵州省	178	816	442	31275	226		176	13639
云南省	806	302	880	57712	663	193	30	17342
西藏自治区			3	63393				49532
陕西省	219	312	156	50274	723	80	210	135409
甘肃省	93	2012	75	174474	4570	201	38	54526
青海省	21	125	100	23950	124	12		18195
宁夏回族自治区	86	460		41954	308		1	22859
新疆维吾尔自治区	101	352	367	187497	1362	83	34	9334

二、地方财政预算收支情况

2－143－12

单位:万元

地区	其他资本性支出						
	小计	房屋建筑物购建	办公设备购置	专用设备购置	交通工具购置	基础设施建设	大型修缮
地方合计	**7111292**	**180839**	**71211**	**176031**	**78115**	**3362462**	**289919**
北京市	247220	2209	2058	4256	3092	26288	2238
天津市	83826	320	405	853	662	13424	793
河北省	249153	3022	2201	6623	2164	187735	4667
山西省	263952	2787	5797	6455	3552	119263	12305
内蒙古自治区	249387	5766	6356	5214	4021	136127	2666
辽宁省	345637	4987	4260	9356	2870	213759	33011
其中:大连市	38416	554	978	2352	318	8664	19629
吉林省	255880	4772	1870	10883	1269	140474	7339
黑龙江省	265354	35285	1389	40804	1558	139039	13240
上海市	371183	249	1015	2244	1530	62020	37141
江苏省	538981	6699	2647	6022	3388	174554	17314
浙江省	524753	5245	4439	4007	5133	167155	14732
其中:宁波市	57428	1156	356	381	506	28343	43
安徽省	232944	5508	1591	2347	2508	152698	4438
福建省	114611	3197	1705	4007	2428	60025	13555
其中:厦门市	12643	212	90	295	239	3794	7810
江西省	151586	3990	1288	1833	2362	71008	3167
山东省	383476	8433	4867	22072	4343	174179	24555
其中:青岛市	23786	73	222	843	362	6340	142
河南省	223112	2135	1408	2914	2219	125262	8565
湖北省	120919	7470	2302	3745	2281	54896	1767
湖南省	194793	7741	2783	5156	3765	87294	21650
广东省	502265	7209	4551	9696	4736	233684	30321
其中:深圳市	8029	34	303	342	605	210	430
广西壮族自治区	209542	3414	1347	3508	3911	126837	3986
海南省	77758	420	978	715	1097	54426	1985
重庆市	118111	3356	833	1813	1684	68789	2487
四川省	286935	4900	3699	6411	4175	178320	7845
贵州省	168238	2316	1485	1168	2265	98590	1518
云南省	176693	6108	4537	1986	4172	106393	1764
西藏自治区	156086	33191	43	388	304	53269	140
陕西省	215958	2555	1469	1276	2053	122894	12537
甘肃省	165115	2567	991	3245	1419	103842	1780
青海省	35786	898	295	813	570	10914	809
宁夏回族自治区	63725	432	770	3450	317	27003	101
新疆维吾尔自治区	118313	3658	1832	2771	2267	72301	1503

2－143－13　　　　单位:万元

地　　区	其他资本性支出						
	信息网络购　建	物资储备	土地补偿	安置补助	地上附着物和青苗补偿	拆迁补偿	其他资本性支　出
地　方　合　计	**22045**	**22358**	**79512**	**86798**	**59358**	**32780**	**2649864**
北京市	299	1006	1377	2	186	1266	202943
天津市	135	8		60	50	29	67087
河北省	915	1581	4758	2330	4737	900	27520
山西省	1174	584	8051	6547	4875	1219	91343
内蒙古自治区	174	554	8186	1474	2137	354	76358
辽宁省	1122	1061	2677	9520	5733	1325	55956
其中:大连市	272	92	462	1811	632	25	2627
吉林省	742	3943	2569	3705	6651	780	70883
黑龙江省	704	289	3020	367	2564	50	27045
上海市	181	69	152	250	116	50	266166
江苏省	524	864	8639	14	2451	2554	313311
浙江省	1778	168	798	4192	1252	476	315378
其中:宁波市	41		264	56		443	25839
安徽省	829	162	643	3342	518	243	58117
福建省	705	596	204	2510	1636	219	23824
其中:厦门市	3	3		52		4	141
江西省	2136	112	1433	3970	385	1630	58272
山东省	992	696	15167	4243	6636	2191	115102
其中:青岛市	10	1	320		15	331	15127
河南省	1211	1627	3122	5735	1706	1294	65914
湖北省	360	769	6	36	37	207	47043
湖南省	375	321	1840	13815	1744	10197	38112
广东省	1175	615	2173	5721	7307	3088	191989
其中:深圳市	9	14	6				6076
广西壮族自治区	340	266	151	241	387	75	65079
海南省	362	63	519	382	1756		15055
重庆市	611	61	37	955	132		37353
四川省	476	839	1579	2525	504	120	75542
贵州省	358	93	1758	5436	468	1515	51268
云南省	2084	483	93	191	1324	563	46995
西藏自治区	71	136		570	72		67902
陕西省	1751	3901	1924	1568	1227	761	62042
甘肃省	306	770	2003	5202	838	657	41495
青海省	33	26	4220	1169	50	3	15986
宁夏回族自治区	51	133	1503	172	1371	84	28338
新疆维吾尔自治区	71	562	910	554	508	930	30446

二、地方财政预算收支情况

2－143－14

单位:万元

地　区	贷款转贷及产权参股					其他支出		
	小　计	国内贷款	国外贷款	产权参股	其他贷款转贷及产权参股支出	小　计	补充全国社会保障基金	其他支出
地方合计	**15936**	**7517**		**5020**	**3399**	**4224144**	**2337**	**4221807**
北京市						300913		300913
天津市						11962		11962
河北省	2875	2875				137106		137106
山西省						135706		135706
内蒙古自治区	1030	1030				37120		37120
辽宁省	4020			4020		79451		79451
其中:大连市						37585		37585
吉林省						13039		13039
黑龙江省						14794		14794
上海市	17	17				107364		107364
江苏省						452878		452878
浙江省						427918		427918
其中:宁波市						41505		41505
安徽省						210667		210667
福建省	2225				2225	163627		163627
其中:厦门市						11372		11372
江西省	1156	156			1000	146465		146465
山东省	6	6				51871		51871
其中:青岛市						34739		34739
河南省						91837	2337	89500
湖北省						211881		211881
湖南省	29	29				313664		313664
广东省	442	422			20	426450		426450
其中:深圳市						24178		24178
广西壮族自治区	123	123				207356		207356
海南省						27059		27059
重庆市	174	20			154	60669		60669
四川省	3510	2510		1000		56108		56108
贵州省	3	3				96691		96691
云南省	26	26				24945		24945
西藏自治区						6000		6000
陕西省						222814		222814
甘肃省						47435		47435
青海省						45344		45344
宁夏回族自治区	300	300				24514		24514
新疆维吾尔自治区						70496		70496

2007 年各省、自治区、直辖市农业支出明细表

2－144－1 单位:万元

地区	合计	工资福利支出				
		小计	基本工资	津贴补贴	奖金	社会保障缴费
地方合计	**16231798**	**3049874**	**1643852**	**827013**	**243570**	**136277**
北京市	535015	43299	15118	13888	6104	1954
天津市	108769	22746	8804	8420	1876	772
河北省	614921	112202	70102	26066	3064	4324
山西省	423440	96485	57270	28621	4044	2831
内蒙古自治区	504221	107283	65446	33428	3898	1227
辽宁省	635242	91995	54700	25908	2961	4369
其中:大连市	122296	10228	4417	3042	850	1654
吉林省	443905	95820	62120	25681	2140	1079
黑龙江省	628363	111750	68418	35379	5394	947
上海市	499454	36885	10818	6667	13497	3037
江苏省	1288688	213614	78730	50870	38525	21457
浙江省	932824	181549	42701	40034	59090	18209
其中:宁波市	146921	39779	5938	7026	16185	5402
安徽省	533343	80187	46841	23866	2583	1446
福建省	331832	70656	36117	18134	3914	3719
其中:厦门市	37867	5166	1599	1209	568	177
江西省	552864	89732	64282	16274	3052	1849
山东省	945689	216511	117649	65442	7242	17671
其中:青岛市	79757	22921	8086	8201	1103	3442
河南省	849304	156114	116648	28428	1819	4447
湖北省	775955	96118	58578	21215	3900	5087
湖南省	772116	169424	104495	35518	9185	9752
广东省	690562	121354	50220	39948	10873	7149
其中:深圳市	53258	8471	1839	3871	1295	372
广西壮族自治区	405688	87466	53024	20653	7714	1880
海南省	89512	16899	10032	3038	1052	539
重庆市	319681	57179	35999	11119	5732	1002
四川省	1045328	165951	99769	29026	19299	5932
贵州省	358527	94548	52253	31053	4978	787
云南省	500147	150187	71599	62144	6466	1931
西藏自治区	126031	24587	7381	14324	1255	854
陕西省	451430	98924	65634	19863	3442	1710
甘肃省	304565	87078	47346	33301	3084	624
青海省	100416	32536	12580	17093	799	297
宁夏回族自治区	117085	26746	14323	10072	1237	340
新疆维吾尔自治区	346881	94049	44855	31540	5351	9055

2－144－2

单位:万元

地区	工资福利支出				商品和服务支出		
	伙食费	伙食补助费	绩效工资	其他工资福利支出	小计	办公费	印刷费
地方合计	**1671**	**14093**	**16374**	**167024**	**6044204**	**475488**	**44525**
北京市	49	427	266	5493	239260	3096	640
天津市	29	409	197	2239	34429	8314	90
河北省	196	2817	131	5502	212436	29784	2068
山西省	26	259	281	3153	174889	29837	3187
内蒙古自治区	26	89	82	3087	180011	14415	1640
辽宁省	93	296	1250	2418	177637	23665	2150
其中:大连市	28	70	68	99	24013	4681	144
吉林省		51	2787	1962	116826	16557	1399
黑龙江省	76	500	229	807	208083	33697	1591
上海市	100	276	144	2346	187121	1165	318
江苏省	204	1742	401	21685	406097	25150	1519
浙江省	132	2166	163	19054	347739	8044	1748
其中:宁波市	58	328	5	4837	50539	2064	102
安徽省	35	638	78	4700	211888	14008	1298
福建省	17	190	498	8067	124536	8960	881
其中:厦门市		85	146	1382	10368	189	33
江西省	29	111	333	3802	233943	15531	1169
山东省	92	418	565	7432	387529	54169	3646
其中:青岛市		105	76	1908	25369	3005	179
河南省	58	122	366	4226	347944	56323	4160
湖北省	63	278	981	6016	459126	7646	2045
湖南省	99	839	532	9004	280618	12593	2475
广东省	92	209	455	12408	313871	18453	1836
其中:深圳市	9	59		1026	34494	403	107
广西壮族自治区	11	98	90	3996	179609	6219	878
海南省	7	27	100	2104	38216	885	251
重庆市		279	18	3030	89454	6455	754
四川省	144	299	412	11070	352137	20586	2357
贵州省	3	64	125	5285	123075	9417	744
云南省	21	154	1391	6481	193192	18214	1216
西藏自治区				773	19214	269	17
陕西省	29	611	2871	4764	114745	15320	2039
甘肃省	3	8	520	2192	80690	5857	835
青海省	7	297	668	795	27298	1668	135
宁夏回族自治区	3	87	11	673	33133	1005	339
新疆维吾尔自治区	27	332	429	2460	149458	8186	1100

2－144－3

单位:万元

地区	商品和服务支出						
	咨询费	手续费	水费	电费	邮电费	取暖费	物业管理费
地方合计	**4485**	**2053**	**17060**	**45549**	**38090**	**39287**	**7536**
北京市	103	10	302	1432	496	1688	390
天津市	22	4	108	397	262	312	70
河北省	111	48	698	1974	1540	3176	131
山西省	141	89	1091	2172	1566	3921	97
内蒙古自治区	64	36	370	1295	1193	3526	227
辽宁省	261	115	624	1792	1798	4873	348
其中:大连市	17	33	26	126	224	379	7
吉林省	152	36	303	897	752	3559	96
黑龙江省	43	18	553	1660	1173	5853	353
上海市	51	7	148	1002	511	119	417
江苏省	104	287	688	2019	2064	20	1012
浙江省	151	115	383	1878	2394		406
其中:宁波市	16	23	56	362	257		107
安徽省	58	22	229	906	836	29	59
福建省	75	57	425	1111	1083	2	144
其中:厦门市	4		22	39	41		14
江西省	70	23	472	1248	954	34	179
山东省	561	166	2387	5431	3372	3807	1101
其中:青岛市	96	1	53	324	238	217	90
河南省	263	67	1128	2312	1639	419	399
湖北省	217	40	798	2326	1241	396	188
湖南省	370	120	1161	2906	1935	398	265
广东省	304	76	773	2877	2947	3	571
其中:深圳市	28		44	211	172		178
广西壮族自治区	114	26	401	1181	959		90
海南省	92	12	55	201	178		23
重庆市	143	77	340	927	873	9	164
四川省	163	78	1117	2118	2609	158	140
贵州省	244	65	217	676	927	84	81
云南省	152	74	479	1031	1467	4	135
西藏自治区			57	201	166	201	1
陕西省	45	29	841	1617	1060	1500	118
甘肃省	135	34	262	616	629	1261	53
青海省	17	6	149	243	436	826	19
宁夏回族自治区	17	32	105	221	177	294	54
新疆维吾尔自治区	242	284	396	882	853	2815	205

2－144－4　　单位:万元

地区	商品和服务支出					
	交通费	差旅费	出国费	维修(护)费	租赁费	会议费
地方合计	**164793**	**100916**	**7333**	**166189**	**11890**	**107085**
北京市	3541	1227	388	2746	698	3705
天津市	928	248		538	89	612
河北省	7307	3193	159	10429	817	3497
山西省	5745	3680	140	6765	222	4571
内蒙古自治区	9829	4775	137	4135	208	1667
辽宁省	10522	4759	257	16930	793	4609
其中:大连市	1112	466	23	5401	43	478
吉林省	3966	3001	70	11026	183	2403
黑龙江省	6023	4207	814	27292	621	2268
上海市	2446	657	211	2815	740	2268
江苏省	7802	4702	432	6810	561	6948
浙江省	7206	6213	835	2664	969	7537
其中:宁波市	829	1143	150	138	181	1433
安徽省	3571	2337	185	2405	249	2548
福建省	3037	2694	279	4231	145	2241
其中:厦门市	259	123	20	229	1	85
江西省	3064	3401	254	2625	115	2058
山东省	13308	5546	243	17673	1153	8323
其中:青岛市	1028	454	35	910	203	357
河南省	7980	4620	192	6010	999	6098
湖北省	4970	4459	304	2693	260	4900
湖南省	8816	5601	240	5757	325	6624
广东省	9985	4774	812	7490	676	6784
其中:深圳市	1200	219	20	289	101	201
广西壮族自治区	5549	2976	97	2430	282	2916
海南省	1954	953	132	616	138	612
重庆市	2858	3250	104	1152	143	3391
四川省	7932	6897	135	4321	418	7467
贵州省	4712	2450	159	1807	128	2268
云南省	5776	3171	370	4459	256	3978
西藏自治区	1376	753		144	1	167
陕西省	4746	2928	153	3237	318	3409
甘肃省	2311	2232	86	2750	156	1269
青海省	1256	583	12	608	19	257
宁夏回族自治区	939	599	49	531	54	381
新疆维吾尔自治区	5338	4030	84	3100	154	1309

2－144－5

单位:万元

地　　区	商品和服务支出						
	培训费	招待费	专　用 材料费	被　装 购置费	专　用 燃料费	劳务费	委　托 业务费
地　方　合　计	**186569**	**112733**	**716747**	**6135**	**20445**	**109122**	**39721**
北京市	3912	1100	21658	41	102	1281	850
天津市	782	351	4268	43	135	253	266
河北省	8018	2285	35776	238	1100	10203	3178
山西省	9292	2120	20782	247	480	4835	668
内蒙古自治区	5169	1627	34165	360	1330	2019	608
辽宁省	9922	2830	26865	69	3805	8375	4552
其中:大连市	396	376	5805	2	300	3370	131
吉林省	7238	872	29635		762	5854	1339
黑龙江省	7396	1074	42566	166	1127	4462	451
上海市	1097	1798	17966	353	25	1564	414
江苏省	5948	10978	14262	108	427	4917	2987
浙江省	5555	11587	11952	268	1636	5155	2164
其中:宁波市	480	2175	766	188	677	950	346
安徽省	5455	3218	21742	51	264	1237	595
福建省	1875	3573	7681	314	87	2451	2273
其中:厦门市	180	138	1685	154		183	26
江西省	4181	4610	7042	106	183	1025	75
山东省	21619	4930	71366	779	1645	13114	2087
其中:青岛市	653	383	5598	40	76	859	97
河南省	11442	5024	124540	179	2657	9817	2843
湖北省	6152	5666	21438	277	547	3365	1680
湖南省	8259	12216	23915	244	321	2890	1176
广东省	6548	6725	23049	452	828	6220	5304
其中:深圳市	203	426	819	9	11	566	218
广西壮族自治区	6384	3749	21032	204	713	2369	661
海南省	1853	886	1325	54	280	191	631
重庆市	4816	2263	14134	95	28	1704	117
四川省	13525	6972	49838	31	574	3953	544
贵州省	5707	4240	16531	85	255	1956	306
云南省	7800	5832	25264	113	318	2474	765
西藏自治区	1398	204	232	27	22	21	926
陕西省	3874	2117	11910	74	312	1335	990
甘肃省	3763	1129	7208	867	198	2157	351
青海省	2598	445	1014	30	42	294	204
宁夏回族自治区	1404	331	619	15	35	525	76
新疆维吾尔自治区	3587	1981	6972	245	207	3106	640

二、地方财政预算收支情况

2－144－6 单位:万元

地　　区	商品和服务支出			对个人和家庭的补助			
	工会经费	福利费	其他商品和服务支出	小　计	离休费	退休费	退职(役)费
地　方　合　计	**13000**	**34060**	**3573393**	**2132526**	**28027**	**318304**	**2217**
北京市	379	404	189071	10061	146	1685	1
天津市	138	263	15936	27681	904	6036	15
河北省	365	889	85452	110394	1451	9959	11
山西省	534	1448	71259	54057	1013	8732	10
内蒙古自治区	249	780	90187	59904	298	5871	177
辽宁省	340	847	46536	121712	798	8366	143
其中:大连市	50	166	257	4887			
吉林省	72	225	26429	70165	1363	15430	15
黑龙江省	489	1452	62734	131044	4167	43592	32
上海市	349	968	149712	10655	62	548	64
江苏省	830	2998	302524	186386	3788	39890	332
浙江省	1710	5633	261536	66442	2072	19905	187
其中:宁波市	300	644	37152	10321	282	2871	24
安徽省	197	547	149842	101467	659	7948	25
福建省	433	961	79523	27975	156	3648	43
其中:厦门市	43	41	6859	2839		48	2
江西省	188	1019	184317	65732	1086	12590	18
山东省	670	1264	149169	116924	535	3860	326
其中:青岛市	78	55	10340	7961	101	532	29
河南省	469	1260	97104	114034	1374	11344	32
湖北省	430	1688	385400	73524	1146	14597	206
湖南省	794	1859	179358	114520	2437	13768	72
广东省	518	1949	203917	45619	565	6538	118
其中:深圳市	48	134	28887	1050	52	377	
广西壮族自治区	256	794	119329	38738	586	16184	31
海南省	74	176	26644	8030	6	55	
重庆市	379	540	44738	54165	30	477	12
四川省	924	1815	217465	264821	324	9534	154
贵州省	324	1011	68681	69888	1430	22751	28
云南省	754	883	108207	50495	75	2777	98
西藏自治区	206	79	12746	12124	12	7003	
陕西省	124	355	56294	49011	432	9324	14
甘肃省	204	634	45693	26700	228	2810	18
青海省	118	57	16262	6716		4	4
宁夏回族自治区	48	81	25202	10782	309	2933	8
新疆维吾尔自治区	435	1181	102126	32760	575	10145	23

2－144－7 单位:万元

地　　区	对个人和家庭的补助						
	抚恤金	生活补助	救济费	医疗费	助学金	奖励金	生产补贴
地　方　合　计	**12076**	**468643**	**29960**	**10407**	**884**	**16534**	**723505**
北京市	137	902	10	342	3	101	591
天津市	127	9655	983	77		107	5806
河北省	597	35768	1699	125	24	272	42903
山西省	266	14209	361	250	9	144	15223
内蒙古自治区	211	9395	385	183		768	28678
辽宁省	292	35021	4486	278	1	755	43586
其中:大连市	26	2903	871	24		92	834
吉林省	382	17245	443	152		401	30087
黑龙江省	745	26995	2865	178	7	632	42551
上海市	184	96	3	11	172	11	7820
江苏省	1303	39993	2744	877		1357	18118
浙江省	426	3383	577	1841		1772	16565
其中:宁波市	101	1419	154	628		501	1416
安徽省	387	12266	4015	243		207	41483
福建省	284	6145	1634	220		309	5591
其中:厦门市	11	17		4		2	
江西省	240	6531	392	485	91	58	17958
山东省	588	22579	676	958	3	1061	48977
其中:青岛市	22	842	2	12	1	63	965
河南省	339	22852	503	122	204	272	46064
湖北省	345	10266	235	993	166	25	26844
湖南省	864	10868	499	945	103	797	53852
广东省	266	3820	171	774	31	818	7354
其中:深圳市	21	23		4		129	
广西壮族自治区	458	2314	26	178		634	13773
海南省	57	2390	439	9	1	9	2426
重庆市	266	19555	194	197		328	24203
四川省	785	95537	4441	104		2573	105170
贵州省	643	12663	118	80		484	22559
云南省	240	12474	1117	87	2	2243	23636
西藏自治区	139	1350	35	170	3	6	1315
陕西省	264	17003	181	161	4	118	10163
甘肃省	215	7066	186	146	54	21	6756
青海省	33	1867	95	5			2644
宁夏回族自治区	95	1588	69	44		25	3119
新疆维吾尔自治区	898	6847	378	172	6	226	7690

2－144－8

单位:万元

地区	对个人和家庭的补助				对企事业单位的补贴		
	住房公积金	提租补贴	购房补贴	其他对个人和家庭的补助支出	小计	企业政策性补贴	事业单位补贴
地方合计	**47874**	**5023**	**16559**	**452513**	**523160**	**117726**	**52079**
北京市	2106	699	180	3158	11011	3768	1637
天津市	2125	61	50	1735	1079	441	240
河北省	1028	17	2	16538	22402	8502	1808
山西省	1493	18	18	12311	4737	250	850
内蒙古自治区	463	3	2	13470	14098	2088	8489
辽宁省	980	1272	51	25683	57574	16219	6571
其中:大连市	66	29	1	41	39466	13729	3749
吉林省	467	19		4161	57411	5723	2433
黑龙江省	1104	167	92	7917	16578	6941	456
上海市	169		16	1499	15042	1018	180
江苏省	3782	777	200	73225	34122	1905	4749
浙江省	8180	46	399	11089	59306	7291	4331
其中:宁波市	241	2	5	2677	15892	2426	1685
安徽省	1513	55	15	32651	20985	1843	1982
福建省	2010	631	52	7252	11587	1586	610
其中:厦门市	297	170	19	2269	1317	230	33
江西省	654	10	4	25615	2821	596	151
山东省	4723	974	12316	19348	23749	4921	5017
其中:青岛市	850	180	360	4002	1826		233
河南省	353	63	208	30304	15003	6219	1699
湖北省	1625	5	136	16935	4997	3446	758
湖南省	1906	8	114	28287	51775	1487	1783
广东省	2536	154	385	22089	7102	1706	843
其中:深圳市		123	159	162	739		14
广西壮族自治区	940	11	20	3583	12991	8864	449
海南省	96		2	2540	186	86	
重庆市	240		12	8651	9113	2068	1240
四川省	1792	1	38	44368	22622	5228	528
贵州省	1280	15	2106	5731	4182	1567	879
云南省	1349	4	85	6308	24231	17620	2858
西藏自治区	290			1801	65	30	30
陕西省	2001	1	25	9320	2829	1636	220
甘肃省	835	12	16	8337	3917	858	400
青海省	2			2062	1197		21
宁夏回族自治区	22			2570	5212	3	533
新疆维吾尔自治区	1810		15	3975	5236	3816	334

2－144－9

单位:万元

地区	对企事业单位的补贴		赠与			债务利息支出	
	财政贴息	其他对企事业单位的补贴支出	小计	对国内的赠与	对国外的赠与	小计	国库券付息
地方合计	**27634**	**325721**	**209**	**195**	**14**	**4502**	
北京市	707	4899					
天津市		398				545	
河北省	1951	10141					
山西省	422	3215					
内蒙古自治区	1160	2361				17	
辽宁省	1979	32805				729	
其中:大连市	49	21939					
吉林省	4124	45131				2	
黑龙江省	552	8629					
上海市	212	13632					
江苏省	1355	26113	2	2			
浙江省	48	47636	132	132			
其中:宁波市	18	11763					
安徽省	195	16965	1	1			
福建省	748	8643					
其中:厦门市		1054					
江西省	105	1969					
山东省	2668	11143				13	
其中:青岛市		1593					
河南省	1447	5638					
湖北省	41	752				151	
湖南省	540	47965	27	27			
广东省	225	4328					
其中:深圳市		725					
广西壮族自治区	495	3183					
海南省	100						
重庆市	4146	1659					
四川省	1537	15329				362	
贵州省	598	1138	29	29			
云南省	893	2860	16	2	14	2683	
西藏自治区	5						
陕西省	81	892	2	2			
甘肃省	1014	1645					
青海省	50	1126					
宁夏回族自治区	14	4662					
新疆维吾尔自治区	222	864					

2－144－10

单位:万元

地　　区	债务利息支出					基本建设支出	
	向国家银行借款付息	其他国内借款付息	向国外政府借款付息	向国际组织借款付息	其他国外借款付息	小　计	房屋建筑物购　建
地方合计	**2558**	**1078**		**866**		**1107317**	**68704**
北京市						35891	539
天津市		545				3011	300
河北省						54207	2282
山西省						2647	91
内蒙古自治区				17		50259	4417
辽宁省		31		698		73299	9185
其中:大连市						20674	660
吉林省		2				42672	1918
黑龙江省						60522	6577
上海市						9391	
江苏省						41151	3359
浙江省						24214	1553
其中:宁波市						5251	719
安徽省						26449	1347
福建省						21097	671
其中:厦门市						6157	112
江西省						45819	499
山东省		13				30077	6776
其中:青岛市						5226	84
河南省						68707	2237
湖北省				151		20264	404
湖南省						39339	1283
广东省						19654	2466
其中:深圳市							
广西壮族自治区						32328	1553
海南省						12446	438
重庆市						53800	455
四川省		362				105824	9843
贵州省						7163	704
云南省	2558	125				16583	1604
西藏自治区						22267	1197
陕西省						88882	1919
甘肃省						59706	1640
青海省						11210	242
宁夏回族自治区						12808	655
新疆维吾尔自治区						15630	2550

2-144-11

单位:万元

地区	基本建设支出							
	办公设备购置	专用设备购置	交通工具购置	基础设施建设	大型修缮	信息网络购建	物资储备	其他基本建设支出
地方合计	**4618**	**46082**	**3612**	**527725**	**26555**	**4071**	**1718**	**424232**
北京市	87	72	175	7677	164	59		27118
天津市				2071				640
河北省	301	6246	106	33153	455	451	375	10838
山西省	73	1693	47	217	20	75		431
内蒙古自治区	589	5565	518	19825	518	139	108	18580
辽宁省	60	2762		31019	940	375	333	28625
其中:大连市		5		239				19770
吉林省	90	6769	36	29536	528	106	500	3189
黑龙江省	175	2476	17	36288	7324	410	125	7130
上海市	10	744		1629	2639			4369
江苏省	46	816	125	10055		321		26429
浙江省	147	323	100	13178	4	70		8839
其中:宁波市	7	22	23	1089				3391
安徽省	31	883	20	16851	5	27	22	7263
福建省	230	116	172	6410	79	350	2	13067
其中:厦门市	30	9	23	2895				3088
江西省	38	3470	218	18277	121	8	5	23183
山东省	79	535	318	12464	465	439	76	8925
其中:青岛市	11	97		3812		40		1182
河南省	481	6084	376	43018	650	20	53	15788
湖北省	79	357	98	6125	361	18	25	12797
湖南省	202	842	129	24215	656	138		11874
广东省	248	511	315	9912	858	279	1	5064
其中:深圳市								
广西壮族自治区	83	152	62	20276	388	151	9	9654
海南省	2	16	110	838	9558			1484
重庆市	15	1534	244	28385	91	40		23036
四川省	957	1933	93	60179	197	389	70	32163
贵州省	145	167	33	2117	23		4	3970
云南省	244	247	95	10387	181	172		3653
西藏自治区				14583				6487
陕西省	92	244	69	19937	43		10	66568
甘肃省	87	1162	21	23722	82			32992
青海省	2	62	58	4815	72	12		5947
宁夏回族自治区		38		10631				1484
新疆维吾尔自治区	25	263	57	9935	133	22		2645

2－144－12

单位:万元

地　区	其他资本性支出						
	小 计	房屋建筑物购　建	办公设备购　置	专用设备购　置	交通工具购　置	基础设施建　设	大型修缮
地 方 合 计	**2006397**	**63177**	**30699**	**110533**	**36022**	**795014**	**50135**
北京市	73698	1465	1186	1563	1174	13250	1109
天津市	17340	105	165	689	334	3535	75
河北省	55310	1979	906	3367	628	36255	1351
山西省	69125	720	1243	1472	1284	17680	2605
内蒙古自治区	63971	2011	1230	2540	1940	27428	707
辽宁省	96380	3675	2448	5317	1599	45259	3287
其中:大连市	11768	461	177	2283	188	5422	372
吉林省	55195	1027	532	8181	605	27959	1712
黑龙江省	95232	2836	448	36904	479	39269	2148
上海市	168439	249	566	1404	1062	41195	814
江苏省	209041	4125	1658	3565	1847	57693	5411
浙江省	89737	2387	2434	1868	3311	35246	1026
其中:宁波市	11639	691	189	288	391	4099	30
安徽省	49623	3167	532	936	987	27144	663
福建省	42601	1652	752	3142	1130	15186	9330
其中:厦门市	8836	212	87	253	77	257	7810
江西省	50497	901	617	485	497	25335	1059
山东省	156470	6590	2720	10173	2505	62734	6772
其中:青岛市	7084	73	98	774	251	1877	100
河南省	97175	1214	653	1764	1012	49101	2211
湖北省	23263	3968	934	3213	1182	4739	838
湖南省	54098	5458	1054	1032	1659	31001	950
广东省	73537	992	2078	6140	2231	25854	1190
其中:深圳市	1988	34	181	266	524		60
广西壮族自治区	32355	1623	638	2562	2284	10860	522
海南省	7122	325	632	388	711	2500	374
重庆市	28597	526	586	674	409	13499	176
四川省	105317	3712	1744	4921	1691	60135	1583
贵州省	34311	547	739	516	1385	17725	612
云南省	53699	3280	1524	679	1413	24958	330
西藏自治区	44701	3635	22	253	106	9141	70
陕西省	56540	574	754	685	930	39888	2152
甘肃省	30499	1182	644	1899	464	13629	235
青海省	6165	753	79	612	208	1244	81
宁夏回族自治区	23465	241	120	1354	139	4347	3
新疆维吾尔自治区	42894	2258	1061	2235	816	11225	739

2－144－13　　　　单位:万元

地　　区	其他资本性支出						
	信息网络购　建	物资储备	土地补偿	安置补助	地上附着物和青苗补偿	拆迁补偿	其他资本性支　出
地　方　合　计	**9751**	**10323**	**32642**	**8122**	**18487**	**7840**	**833652**
北京市	105	220	23	1	186	1244	52172
天津市	127	5		60	13	9	12223
河北省	125	1091	1753	262	2332	617	4644
山西省	611	316	1522	357	903	163	40249
内蒙古自治区	132	211	1225	11	1401	74	25061
辽宁省	322	195	1665	1020	2128	140	29325
其中:大连市	6	34	135	340	356	15	1979
吉林省	410	900	1279	1243	613	136	10598
黑龙江省	265	62	1009	160	809		10843
上海市	110		152	250	116	50	122471
江苏省	168	127	5962		1037	894	126554
浙江省	757	38	267	13	162	5	42223
其中:宁波市	41						5910
安徽省	380		319	95	343	14	15043
福建省	179	275	111	117	294	5	10428
其中:厦门市				52		4	84
江西省	204	5	225	313	303	406	20147
山东省	403	217	11829	562	4053	528	47384
其中:青岛市	5		320				3586
河南省	147	1042	1228	136	962	680	37025
湖北省	217	614	6	3	34		7515
湖南省	183	85	274	16	229	227	11930
广东省	390	68	100	173	405	1291	32625
其中:深圳市							923
广西壮族自治区	314	83		20	100	34	13315
海南省	60						2132
重庆市	49	40		110	105		12423
四川省	236	26	1171	301	320	40	29437
贵州省	130	7	850	275	48	250	11227
云南省	1820	103	66	72	74		19380
西藏自治区	20	5					31449
陕西省	1637	3542	448	1538	633	401	3358
甘肃省	200	606	283	937	104	505	9811
青海省	6					3	3179
宁夏回族自治区	2	21	159	14	640		16425
新疆维吾尔自治区	42	419	716	63	140	124	23056

二、地方财政预算收支情况

2－144－14　　单位:万元

地区	贷款转贷及产权参股					其他支出		
	小计	国内贷款	国外贷款	产权参股	其他贷款转贷及产权参股支出	小计	补充全国社会保障基金	其他支出
地方合计	**2006**	**285**		**1000**	**721**	**1361603**	**2312**	**1359291**
北京市						121795		121795
天津市						1938		1938
河北省	22	22				47948		47948
山西省						21500		21500
内蒙古自治区						28678		28678
辽宁省						15916		15916
其中:大连市						11260		11260
吉林省						5814		5814
黑龙江省						5154		5154
上海市	17	17				71904		71904
江苏省						198275		198275
浙江省						163705		163705
其中:宁波市						13500		13500
安徽省						42743		42743
福建省	567				567	32813		32813
其中:厦门市						3184		3184
江西省	9	9				64311		64311
山东省	6	6				14410		14410
其中:青岛市						9370		9370
河南省						50327	2312	48015
湖北省						98512		98512
湖南省						62315		62315
广东省						109425		109425
其中:深圳市						6516		6516
广西壮族自治区	123	123				22078		22078
海南省						6613		6613
重庆市	174	20			154	27199		27199
四川省	1062	62		1000		27232		27232
贵州省						25331		25331
云南省	26	26				9035		9035
西藏自治区						3073		3073
陕西省						40497		40497
甘肃省						15975		15975
青海省						15294		15294
宁夏回族自治区						4939		4939
新疆维吾尔自治区						6854		6854

2007 年各省、自治区、直辖市林业支出明细表

2 – 145 – 1 单位:万元

地区	合计	工资福利支出				
		小计	基本工资	津贴补贴	奖金	社会保障缴费
地方合计	**4019526**	**996023**	**546064**	**277121**	**64361**	**48761**
北京市	241185	23362	7193	6793	4011	1735
天津市	12949	3710	1524	1438	303	139
河北省	125273	37761	24554	7967	753	2123
山西省	113547	29010	17619	8412	1166	905
内蒙古自治区	206362	48932	30009	15065	1555	1013
辽宁省	154209	27480	15842	8495	731	1121
其中:大连市	25826	2286	1112	649	159	302
吉林省	118492	28996	17282	6766	660	589
黑龙江省	201340	35625	19363	11598	1648	1645
上海市	44969	2648	829	561	968	184
江苏省	93760	11731	4692	3040	1789	1245
浙江省	202353	48079	12668	11507	13690	4752
其中:宁波市	22745	5903	1160	1042	2313	908
安徽省	88511	25004	14114	7051	888	809
福建省	159279	34615	17800	8977	1951	3098
其中:厦门市	7980	1091	248	392	103	56
江西省	183745	53187	32832	10418	2732	3310
山东省	144343	47491	26333	13998	1195	3565
其中:青岛市	14134	3214	833	1020	181	453
河南省	159917	35798	26108	6418	441	1340
湖北省	109701	29700	17493	7688	1454	1626
湖南省	251047	79684	48480	15581	4429	7091
广东省	276662	46722	19925	16067	3458	3715
其中:深圳市	11186	1774	424	738	221	80
广西壮族自治区	161860	38406	23409	8375	2869	1784
海南省	35995	5201	2995	740	296	279
重庆市	38437	12532	7737	2554	1267	251
四川省	130816	42124	24362	8996	5413	1216
贵州省	97565	32706	18539	11027	1772	358
云南省	215499	69252	33031	30409	3148	1051
西藏自治区	35818	6930	2040	4216	339	135
陕西省	129715	47847	33153	9090	1526	935
甘肃省	110840	41479	23086	14902	1198	426
青海省	30618	11235	4230	5858	427	136
宁夏回族自治区	34979	11813	6208	4485	532	286
新疆维吾尔自治区	109740	26963	12614	8629	1752	1899

2－145－2

单位:万元

地　　区	工资福利支出				商品和服务支出		
	伙食费	伙　食补助费	绩效工资	其他工资福利支出	小　计	办公费	印刷费
地　方　合　计	**477**	**3868**	**6723**	**48648**	**1572811**	**82908**	**12991**
北京市	15	173	457	2985	95873	1304	264
天津市	18	86	47	155	6156	102	11
河北省	105	786	285	1188	38454	2230	596
山西省	14	65	107	722	45964	2494	435
内蒙古自治区	21	41	114	1114	81687	3162	534
辽宁省	33	52	293	913	67181	4456	432
其中:大连市	7	13	11	33	7098	938	45
吉林省		79	823	2797	62227	5682	529
黑龙江省	7	90	110	1164	78067	2357	156
上海市	1	14		91	17496	66	55
江苏省	5	126	24	810	34884	1176	225
浙江省	30	500	36	4896	81881	2259	593
其中:宁波市	11	38		431	8246	183	9
安徽省	72	236	20	1814	33243	1764	287
福建省	2	50	277	2460	64448	3356	587
其中:厦门市		24	16	252	2056	37	
江西省		75	472	3348	78036	2838	547
山东省	4	80	95	2221	58081	4764	537
其中:青岛市	3	3	8	713	7210	199	25
河南省	21	69	75	1326	56549	6915	746
湖北省	6	37	133	1263	50373	1901	359
湖南省	15	447	94	3547	94100	3620	1155
广东省	54	46	66	3391	108931	6372	631
其中:深圳市				311	6830	127	9
广西壮族自治区	1	17	84	1867	63797	2188	379
海南省		3	49	839	11807	257	83
重庆市		35	10	678	14205	971	133
四川省	18	91	134	1894	59018	2836	605
贵州省	5	34	37	934	31409	1921	269
云南省	10	145	125	1333	110963	10753	1545
西藏自治区				200	6581	101	2
陕西省	14	144	2182	803	33975	3342	731
甘肃省	1	6	278	1582	37439	1799	302
青海省	4	117	199	264	9116	267	28
宁夏回族自治区	1	9	29	263	7412	279	43
新疆维吾尔自治区		215	68	1786	33458	1376	192

2 – 145 – 3　　　　单位:万元

地　　区	商品和服务支出						
	咨询费	手续费	水　费	电　费	邮电费	取暖费	物　业 管理费
地　方　合　计	**1446**	**863**	**5527**	**14857**	**13470**	**13163**	**2754**
北京市	25		160	985	206	926	107
天津市	4	1	28	76	37	79	2
河北省	20	6	116	405	417	838	33
山西省	2	10	144	378	322	682	14
内蒙古自治区	48	21	195	597	537	1480	36
辽宁省	17	48	215	490	545	1449	315
其中:大连市		6	7	30	44	89	46
吉林省	128	44	178	426	422	1418	131
黑龙江省	7	14	113	378	249	1618	80
上海市	6	1	5	43	61		24
江苏省	25	17	43	155	167	1	116
浙江省	113	23	117	567	849		145
其中:宁波市	4	15	4	47	30		3
安徽省	31	24	115	366	339	11	43
福建省	34	68	195	534	674	1	64
其中:厦门市			3	9	12		
江西省	82	21	138	821	640	74	69
山东省	87	129	584	876	684	790	148
其中:青岛市			9	20	39	45	20
河南省	55	14	256	657	465	119	234
湖北省	36	10	196	509	455	27	85
湖南省	119	86	371	1108	908	372	365
广东省	66	27	389	1169	1148	1	118
其中:深圳市	7		7	55	38		38
广西壮族自治区	32	8	151	476	448		60
海南省	2	3	22	95	75	4	4
重庆市	11	5	84	247	229	1	39
四川省	61	118	249	663	976	70	75
贵州省	74	77	95	195	336	93	52
云南省	241	27	286	508	952	1	104
西藏自治区			20	65	58	46	
陕西省	33	30	363	844	455	828	73
甘肃省	7	13	384	505	316	867	16
青海省			33	63	134	242	2
宁夏回族自治区	8	5	36	192	92	220	12
新疆维吾尔自治区	72	13	246	464	274	905	188

2－145－4

单位:万元

地　　区	商品和服务支出					
	交通费	差旅费	出国费	维修(护)费	租赁费	会议费
地　方　合　计	**68555**	**40821**	**1581**	**44167**	**4071**	**27874**
北京市	1582	375	46	1276	326	642
天津市	252	51	5	102	6	149
河北省	2468	1269	60	1198	323	1604
山西省	1823	875	8	1193	41	1131
内蒙古自治区	4137	2640	42	2948	50	600
辽宁省	3865	1643	11	3939	48	724
其中:大连市	226	136	2	334	8	43
吉林省	2895	1819	1	3068	50	794
黑龙江省	1655	1060	23	3399	19	326
上海市	157	34	13	22	34	44
江苏省	716	462	45	513	17	606
浙江省	2433	1712	185	630	314	1493
其中:宁波市	172	142	32	10	11	164
安徽省	1600	870	52	639	37	755
福建省	2696	1939	105	1534	84	928
其中:厦门市	66	24	4	4		2
江西省	3617	2266	50	1100	121	1149
山东省	2877	1228	129	3060	252	1437
其中:青岛市	280	104	14	813	55	116
河南省	2799	1357	40	1082	516	1591
湖北省	1917	1068	12	567	96	1088
湖南省	4665	3227	165	1998	84	1912
广东省	4718	3384	164	2152	238	2557
其中:深圳市	253	25		166	4	43
广西壮族自治区	2939	1255	21	716	65	930
海南省	682	373	27	101	50	120
重庆市	769	776	8	594	47	711
四川省	2758	2845	56	1004	55	1766
贵州省	1560	784	114	562	44	667
云南省	4980	2693	94	1460	875	2133
西藏自治区	466	293	2	24		56
陕西省	2576	1476	23	1611	150	874
甘肃省	1819	1339	24	4143	62	534
青海省	488	155	6	78	4	26
宁夏回族自治区	537	208	9	163	33	82
新疆维吾尔自治区	2109	1345	41	3291	30	445

2－145－5

单位:万元

地　　区	商品和服务支出						
	培训费	招待费	专　用 材料费	被　装 购置费	专　用 燃料费	劳务费	委　托 业务费
地　方　合　计	**20575**	**46424**	**135085**	**4136**	**7511**	**95501**	**11456**
北京市	709	310	10867	72	7	510	119
天津市	46	66	176	3		27	35
河北省	635	748	8163	112	924	3135	117
山西省	746	594	7095	177	157	1550	187
内蒙古自治区	592	710	9971	366	428	3977	160
辽宁省	730	813	12549	157	712	9664	780
其中:大连市	47	64	2128	48	293	2097	236
吉林省	636	479	19309	8	333	15165	486
黑龙江省	309	298	3476	50	197	1525	277
上海市	62	108	124		853	38	5
江苏省	442	654	3876	21	39	859	1053
浙江省	778	4178	1569	196	20	3511	962
其中:宁波市	44	251	264	128		796	18
安徽省	458	1616	1842	59	110	564	232
福建省	706	2055	1577	236	269	5913	1232
其中:厦门市	4	17	614			48	
江西省	684	4835	1839	257	254	3090	119
山东省	1606	1011	10124	239	169	4632	24
其中:青岛市	80	83	698	158	17	897	17
河南省	1103	1483	12715	430	225	6367	90
湖北省	418	2278	459	69	170	831	27
湖南省	1233	6326	2732	86	158	3737	406
广东省	2217	3452	5213	243	308	4458	2930
其中:深圳市	79	154	217	2		211	49
广西壮族自治区	1033	2725	1535	170	148	4301	666
海南省	232	390	397	34	94	918	15
重庆市	228	550	1238	49	32	609	8
四川省	1048	2250	2157	133	289	1769	155
贵州省	787	1552	988	25	39	1444	145
云南省	1537	4177	4927	416	1130	6928	490
西藏自治区	26	107	3		4	15	2
陕西省	650	925	3271	129	171	1111	218
甘肃省	437	558	2946	277	87	4668	263
青海省	40	224	299	33	45	547	5
宁夏回族自治区	48	203	354	4	17	235	
新疆维吾尔自治区	399	749	3294	85	122	3403	248

2－145－6

单位:万元

地　　区	商品和服务支出			对个人和家庭的补助			
	工会经费	福利费	其他商品和服务支出	小　计	离休费	退休费	退职(役)费
地　方　合　计	**5290**	**12391**	**899394**	**267218**	**7753**	**104736**	**384**
北京市	261	537	74257	11674	49	652	
天津市	23	59	4816	1090	36	561	
河北省	231	816	11990	16347	423	6151	3
山西省	86	313	25507	4660	315	2474	1
内蒙古自治区	127	679	47650	14786	109	3337	104
辽宁省	108	298	23173	12563	181	2649	2
其中:大连市	16	15	200	99			
吉林省	68	211	7947	6462	513	4226	
黑龙江省	134	276	60071	17855	1214	10569	6
上海市	22	81	15638	224	5	8	
江苏省	84	232	23340	4418	210	2175	7
浙江省	506	1171	57557	13037	446	4369	41
其中:宁波市	35	85	5799	1291	30	308	
安徽省	109	164	21156	16393	214	2710	5
福建省	246	505	38910	6976	493	2752	11
其中:厦门市	14	25	1173	122			
江西省	276	605	52544	12583	302	5355	1
山东省	235	316	22143	8226	109	664	57
其中:青岛市	14	9	3498	1539	18	99	4
河南省	122	238	16930	5033	233	2549	
湖北省	137	376	37282	7700	402	4255	4
湖南省	564	1221	57482	19998	411	5787	13
广东省	259	706	66011	11276	221	2072	
其中:深圳市	3	42	5301	122		13	
广西壮族自治区	156	532	42863	15278	185	7802	18
海南省	8	40	7781	1051		116	1
重庆市	76	150	6640	847		219	
四川省	329	798	35953	6646	64	3475	1
贵州省	124	408	19054	15811	802	11677	7
云南省	487	639	63580	5907	40	1902	31
西藏自治区	52	7	5232	3086	6	1836	
陕西省	100	279	13712	6674	218	4495	7
甘肃省	142	306	15625	8555	218	4572	5
青海省	52	19	6326	348		7	
宁夏回族自治区	20	56	4556	1935	69	1145	2
新疆维吾尔自治区	146	353	13668	9779	265	4175	57

2 - 145 - 7

单位:万元

地区	对个人和家庭的补助						
	抚恤金	生活补助	救济费	医疗费	助学金	奖励金	生产补贴
地方合计	**4052**	**20140**	**274**	**3576**	**31**	**2470**	**42206**
北京市	49	569		126		6	-1
天津市	18	11		21			78
河北省	88	1734	4	289		116	4428
山西省	71	190		56		52	111
内蒙古自治区	139	1821	1	90		24	2310
辽宁省	64	877	16	112		65	1583
其中:大连市	7	46	4	10		6	
吉林省	76	1046	53	21		55	151
黑龙江省	202	1820	12	55		6	3474
上海市			4			2	
江苏省	50	114	2	61		284	500
浙江省	75	1571	14	294		312	1180
其中:宁波市		4		34		8	667
安徽省	98	133	11	95	1	21	12120
福建省	159	798	33	139		41	626
其中:厦门市	5	7				1	
江西省	138	552	8	260		53	2755
山东省	146	700	15	272	1	42	1903
其中:青岛市	5	4		9			1173
河南省	48	428	7	33		15	656
湖北省	143	243	10	236	6	6	459
湖南省	417	1347	37	504	13	94	4047
广东省	91	150	3	233	7	155	974
其中:深圳市							
广西壮族自治区	170	253		201		197	931
海南省	36	109					179
重庆市	72	154		48		31	13
四川省	249	321	9	21		571	383
贵州省	320	1012	7	116	1	76	52
云南省	174	631	13	75	2	151	849
西藏自治区	30	559		49			64
陕西省	134	478	3	82		8	43
甘肃省	571	616	4	43		13	1206
青海省	4	90		3		11	
宁夏回族自治区	43	138	1	1		8	158
新疆维吾尔自治区	177	1675	7	40		55	974

2－145－8

单位:万元

地　　区	对个人和家庭的补助				对企事业单位的补贴		
	住房公积金	提租补贴	购房补贴	其他对个人和家庭的补助支出	小计	企业政策性补贴	事业单位补贴
地方合计	**15823**	**3051**	**4678**	**58044**	**108277**	**40928**	**12653**
北京市	1342	401	289	8192	3395	1969	209
天津市	325	14	1	25			
河北省	216	4	3	2888	760	44	342
山西省	445	6	1	938	813	126	80
内蒙古自治区	195	1703		4953	2174	70	316
辽宁省	304	408	10	6292	4470	2407	681
其中:大连市	13	6	3	4	2607	2173	434
吉林省	193	4		124	2087		1467
黑龙江省	187	35		275	34394	32697	500
上海市	26			179	13532		250
江苏省	261	77	14	663	901	25	158
浙江省	2668	23	126	1918	15374	1513	1197
其中:宁波市	28		2	210	2651		47
安徽省	565	33	11	376	2577	76	1428
福建省	1026	192	10	696	5105	9	1256
其中:厦门市	64	37		8	16		
江西省	491			2668	1330	95	430
山东省	972	100	2250	995	2400		712
其中:青岛市	92	43	12	80	88		
河南省	64		5	995	587	1	199
湖北省	422	1	26	1487	2154	5	365
湖南省	927			6401	326		31
广东省	988	38	78	6266	2528	25	1827
其中:深圳市			18	91			
广西壮族自治区	527	2	814	4178	2422	95	300
海南省	18			592			
重庆市	85			225	296	10	85
四川省	450		5	1097	4325	154	45
贵州省	432	5	972	332	230		160
云南省	703	1	58	1277	1799	219	492
西藏自治区	78			464	103	70	
陕西省	913		2	291	59		59
甘肃省	432	4	2	869	73		27
青海省				233	2		
宁夏回族自治区	5			365	397	37	37
新疆维吾尔自治区	563		1	1790	3664	1281	

2－145－9 单位:万元

地　　区	对企事业单位的补贴		赠　与			债务利息支出	
	财政贴息	其他对企事业单位的补贴支出	小　计	对国内的赠　与	对国外的赠　与	小　计	国库券付　息
地　方　合　计	**5841**	**48855**	**17**	**17**		**1435**	
北京市	597	620					
天津市							
河北省	147	227					
山西省	350	257					
内蒙古自治区	151	1637	4	4			
辽宁省	408	974				664	
其中:大连市							
吉林省		620					
黑龙江省		1197					
上海市		13282					
江苏省	142	576					
浙江省	470	12194	6	6		40	
其中:宁波市		2604					
安徽省	37	1036				104	
福建省	191	3649				49	
其中:厦门市	12	4					
江西省	248	557					
山东省	502	1186					
其中:青岛市	16	72					
河南省	127	260					
湖北省	436	1348					
湖南省	24	271	2	2		578	
广东省	31	645					
其中:深圳市							
广西壮族自治区	1445	582					
海南省							
重庆市	119	82					
四川省	10	4116	4	4			
贵州省		70					
云南省	320	768					
西藏自治区		33					
陕西省			1	1			
甘肃省	2	44					
青海省	2						
宁夏回族自治区	82	241					
新疆维吾尔自治区		2383					

2－145－10

单位:万元

地　　区	债务利息支出					基本建设支出	
	向国家银行借款付息	其他国内借款付息	向国外政府借款付息	向国际组织借款付息	其他国外借款付息	小　计	房屋建筑物购建
地方合计	**9**	**186**	**24**	**699**	**517**	**230966**	**17340**
北京市						18809	
天津市						132	13
河北省						6522	407
山西省						6382	
内蒙古自治区						22752	2261
辽宁省		5		659		10911	
其中:大连市						4287	
吉林省						5832	401
黑龙江省						20731	4182
上海市						6920	
江苏省						4684	696
浙江省				40		4445	3234
其中:宁波市						26	
安徽省		104				2806	731
福建省					49	3661	643
其中:厦门市						962	
江西省						6008	1568
山东省						1873	
其中:青岛市						267	
河南省						31583	218
湖北省						1870	569
湖南省	9	77	24		468	4247	100
广东省						6777	430
其中:深圳市							
广西壮族自治区						6003	220
海南省						2619	12
重庆市						1921	50
四川省						7966	806
贵州省						3627	
云南省						4591	126
西藏自治区						1561	
陕西省						12533	30
甘肃省						8163	201
青海省						2154	73
宁夏回族自治区						9399	304
新疆维吾尔自治区						3484	65

2－145－11 单位:万元

地　区	基本建设支出							
	办公设备购置	专用设备购置	交通工具购置	基础设施建设	大型修缮	信息网络购建	物资储备	其他基本建设支出
地方合计	**2084**	**9669**	**3936**	**55146**	**3023**	**1510**	**1209**	**137049**
北京市		82				1		18726
天津市			44	31				44
河北省	215	133	34	2877	210	37	9	2600
山西省	132	92	20	35		1		6102
内蒙古自治区	229	3073	370	5311	364	134	247	10763
辽宁省		77		5611	180	660	141	4242
其中:大连市				3577		660	50	
吉林省	43	342	1101	1779	675	1	258	1232
黑龙江省	23	2629	40	9067	891	38	105	3756
上海市					230			6690
江苏省	4	87	88	102				3707
浙江省	46	23	114	759		6		263
其中:宁波市								26
安徽省	15	15	2	58				1985
福建省	52	150	38	1041		55	1	1681
其中:厦门市				450				512
江西省	221		49	373				3797
山东省	1	104	31	850	13	70	2	802
其中:青岛市		15		30			2	220
河南省	23	997	60	2974	29	234	118	26930
湖北省	19	184	14	185		75		824
湖南省	9	88	58	1448	70			2474
广东省	85	100	72	3242	100	5	24	2719
其中:深圳市								
广西壮族自治区	188	129	90	1917	10	36		3413
海南省	28	6	29	606	6			1932
重庆市	1	22	159	582	2		48	1057
四川省	135	417	103	2509	98	121	43	3734
贵州省	12	476	366	413			170	2190
云南省	528	51	738	2279			5	864
西藏自治区				1				1560
陕西省	45	19		3970				8469
甘肃省	6	17	25	3243	84	1	38	4548
青海省	4	10	32	139	52			1844
宁夏回族自治区		327		2183				6585
新疆维吾尔自治区	20	19	259	1561	9	35		1516

2－145－12 单位:万元

地　　区	其他资本性支出						
	小　计	房屋建筑物购　　建	办公设备购　　置	专用设备购　　置	交通工具购　　置	基础设施建　　设	大型修缮
地　方　合　计	**455501**	**22994**	**12266**	**18113**	**18177**	**104923**	**8234**
北京市	54104	686	328	1679	1142	603	575
天津市	1837		38	3	30	422	
河北省	16963	746	193	727	532	7870	170
山西省	19747	279	517	1227	548	5203	799
内蒙古自治区	35970	2850	645	1320	1305	12084	659
辽宁省	20392	325	339	743	394	9930	315
其中:大连市	1245		11	14	62	727	4
吉林省	10876	842	524	1053	212	1623	463
黑龙江省	12419	874	136	657	506	5774	502
上海市	2176		11	35	31		
江苏省	13738	80	95	166	329	3166	32
浙江省	12555	1003	845	401	747	2428	47
其中:宁波市	787	143	44	2	44	308	1
安徽省	4701	1026	258	194	601	247	105
福建省	13581	176	559	320	689	3560	290
其中:厦门市	11		3		5	3	
江西省	15971	2354	379	186	1213	1817	178
山东省	25305	624	451	4681	762	7497	343
其中:青岛市	1148		15	37	81	563	
河南省	17192	374	381	465	680	6852	86
湖北省	3358	788	202	282	487	36	131
湖南省	18989	1124	1077	474	979	1178	382
广东省	35194	847	853	699	1112	10182	312
其中:深圳市	763		17	32	19	2	2
广西壮族自治区	16386	1404	344	388	1031	945	203
海南省	6620	24	145	43	132	469	1184
重庆市	6553	1973	112	141	279	2080	
四川省	7790	593	672	417	667	718	338
贵州省	9086	473	349	104	473	1214	57
云南省	17531	918	1833	895	1594	3676	251
西藏自治区	16494	19	7	15	128	183	
陕西省	14723	1324	313	109	258	7421	422
甘肃省	8536	238	178	256	387	1359	15
青海省	1580	9	23	36	29	44	1
宁夏回族自治区	3621	88	99	92	61	833	11
新疆维吾尔自治区	11513	933	360	305	839	5509	363

2－145－13

单位:万元

地区	其他资本性支出						
	信息网络购建	物资储备	土地补偿	安置补助	地上附着物和青苗补偿	拆迁补偿	其他资本性支出
地方合计	**4224**	**2070**	**10895**	**1791**	**25399**	**2353**	**224062**
北京市		563	121	1			48406
天津市	1						1343
河北省	183	31	1607	2	1238		3664
山西省	80	62	1253	6	2581	17	7175
内蒙古自治区	29	66	439	3	736		15834
辽宁省	75	56	555		3234	6	4420
其中:大连市		48			104		275
吉林省	78		125	132	5795		29
黑龙江省	2	138	327	73	1326	50	2054
上海市	1						2098
江苏省	9		13		511		9337
浙江省	472	37	75	167	474		5859
其中:宁波市							245
安徽省	50	60	150		46	18	1946
福建省	264	80	20		1325		6298
其中:厦门市							
江西省	1460	76	99	590	52	1174	6393
山东省	162	37	812	89	629	119	9099
其中:青岛市		1					451
河南省	742	120	1528	46	637	81	5200
湖北省	104			30		3	1295
湖南省	35	45	64	51	1287	55	12238
广东省	119	118	1960	509	1064	417	17002
其中:深圳市	5	4	6				676
广西壮族自治区	16	71	10		214	40	11720
海南省			242		1223		3158
重庆市	26	11					1931
四川省	32	10	62		131		4150
贵州省	49		62	17	341		5947
云南省	137	250	3	12	1154		6808
西藏自治区					72		16070
陕西省	9	103	488	14	544	360	3358
甘肃省	67	136	844	39	312		4705
青海省					50		1388
宁夏回族自治区	3		36	10	67	13	2308
新疆维吾尔自治区	19				356		2829

二、地方财政预算收支情况

2－145－14

单位:万元

地区	贷款转贷及产权参股					其他支出		
	小计	国内贷款	国外贷款	产权参股	其他贷款转贷及产权参股支出	小计	补充全国社会保障基金	其他支出
地方合计	**1685**				**1685**	**385593**	**4**	**385589**
北京市						33968		33968
天津市						24		24
河北省						8466		8466
山西省						6971		6971
内蒙古自治区						57		57
辽宁省						10548		10548
其中:大连市						8204		8204
吉林省						2012		2012
黑龙江省						2249		2249
上海市						1973		1973
江苏省						23404		23404
浙江省						26936		26936
其中:宁波市						3841		3841
安徽省						3683		3683
福建省	685				685	30159		30159
其中:厦门市						3722		3722
江西省	1000				1000	15630		15630
山东省						967		967
其中:青岛市						668		668
河南省						13175	4	13171
湖北省						14546		14546
湖南省						33123		33123
广东省						65234		65234
其中:深圳市						1697		1697
广西壮族自治区						19568		19568
海南省						8697		8697
重庆市						2083		2083
四川省						2943		2943
贵州省						4696		4696
云南省						5456		5456
西藏自治区						1063		1063
陕西省						13903		13903
甘肃省						6595		6595
青海省						6183		6183
宁夏回族自治区						402		402
新疆维吾尔自治区						20879		20879

2007 年各省、自治区、直辖市水利支出明细表

2－146－1 单位:万元

地　　区	合　计	工资福利支出				
		小　计	基本工资	津贴补贴	奖　金	社会保障缴　费
地　方　合　计	**12196905**	**1273793**	**669878**	**329654**	**118220**	**77829**
北京市	433207	39894	11068	9324	10050	4720
天津市	98129	12754	5154	4834	980	847
河北省	365529	52408	31501	10892	1787	4370
山西省	362372	36641	21706	10171	1715	1349
内蒙古自治区	326933	42605	26086	12972	1963	635
辽宁省	503503	39118	20764	10214	986	3722
其中:大连市	46389	3068	1434	734	200	628
吉林省	287053	34178	20311	10283	1008	948
黑龙江省	292555	37078	22143	11615	1976	876
上海市	362970	30147	8155	5045	10983	3334
江苏省	804115	99999	35876	25049	19291	11612
浙江省	1001607	63751	15469	13284	20207	6396
其中:宁波市	162587	10069	1559	1601	4601	1402
安徽省	502014	50042	29713	12953	2226	1901
福建省	232169	21248	10529	5944	1444	1228
其中:厦门市	13411	1280	295	430	116	60
江西省	319808	34979	22818	7409	1467	1232
山东省	568616	83961	44597	24557	3204	6587
其中:青岛市	71181	4287	1484	1470	214	652
河南省	470148	64961	48424	10829	1077	3341
湖北省	712829	63165	37489	14327	4159	4087
湖南省	618537	68495	42508	13516	3687	5011
广东省	1236924	71409	28935	22640	7306	4512
其中:深圳市	48603	4261	609	1721	788	152
广西壮族自治区	348273	28647	16969	6165	2752	1489
海南省	93524	3616	2206	547	204	240
重庆市	180966	12764	7810	2835	1239	218
四川省	472693	53298	31906	9178	8349	2108
贵州省	166999	27072	15284	9162	1488	304
云南省	255021	45560	22115	18803	2246	923
西藏自治区	88990	8540	2634	5043	406	226
陕西省	361402	57791	41087	10599	1689	1432
甘肃省	257914	38248	20801	14054	1161	963
青海省	62692	12304	5330	6052	339	96
宁夏回族自治区	79677	12258	6744	4301	609	195
新疆维吾尔自治区	329736	26862	13746	7057	2222	2927

2－146－2

单位:万元

地　　区	工资福利支出				商品和服务支出		
	伙食费	伙　食 补助费	绩效 工资	其他工资 福利支出	小　计	办公费	印刷费
地　方　合　计	**955**	**7142**	**10439**	**59676**	**3288850**	**102591**	**15247**
北京市	5	323	159	4245	155493	984	68
天津市	4	294	172	469	7162	418	10
河北省	88	1312	772	1686	62712	4809	763
山西省	10	89	211	1390	58677	4120	1016
内蒙古自治区	26	26	130	767	71266	3650	631
辽宁省	58	127	2551	696	129697	6374	844
其中:大连市	25	13	32	2	5610	974	38
吉林省		27	840	761	51046	4953	414
黑龙江省	20	162	125	161	78811	5479	311
上海市	85	224	236	2085	83361	679	190
江苏省	100	1524	417	6130	203841	4444	525
浙江省	38	902	173	7282	237533	2662	634
其中:宁波市	21	123	3	759	22921	535	16
安徽省	21	305	180	2743	112610	2950	658
福建省	5	32	217	1849	61074	1749	333
其中:厦门市		18	26	335	3156	61	5
江西省	35	138	217	1663	95472	2390	438
山东省	28	268	215	4505	152613	9443	1270
其中:青岛市	5	30	6	426	20066	1219	25
河南省	44	115	125	1006	112357	8726	873
湖北省	175	260	306	2362	436366	2929	672
湖南省	91	205	33	3444	163118	3645	877
广东省	46	141	126	7703	426065	10012	496
其中:深圳市	5	18		968	32604	298	82
广西壮族自治区	1	13	58	1200	71210	2403	339
海南省	1	12	17	389	14669	177	57
重庆市		50	183	429	30893	1787	200
四川省	6	127	163	1461	137569	4153	946
贵州省	1	18	47	768	37083	1938	265
云南省	7	76	129	1261	96985	4632	775
西藏自治区		1		230	6566	363	42
陕西省	14	141	1924	905	78041	3888	956
甘肃省	1	18	251	999	34643	1191	258
青海省	11	76	255	145	10535	358	4
宁夏回族自治区	34	10	59	306	20444	333	82
新疆维吾尔自治区		126	148	636	50938	952	300

2-146-3 单位:万元

地　　区	商品和服务支出						
	咨询费	手续费	水　费	电　费	邮电费	取暖费	物业管理费
地　方　合　计	**5114**	**3753**	**9878**	**39703**	**19733**	**18393**	**7222**
北京市	8		433	1778	445	1987	457
天津市	2	1	85	482	224	226	123
河北省	123	590	352	1140	838	1595	101
山西省	775	89	261	796	537	1301	75
内蒙古自治区	132	62	555	860	790	1350	55
辽宁省	134	180	448	1087	779	1808	168
其中:大连市	35	19	41	27	54	79	
吉林省	345	86	147	962	477	1959	91
黑龙江省	517	191	495	544	408	1917	132
上海市	16	315	92	1265	580	48	645
江苏省	86	781	541	5015	1205	69	779
浙江省	85	170	262	1532	1215		332
其中:宁波市	3	1	19	149	80		52
安徽省	113	37	286	1884	752	204	322
福建省	108	288	179	691	495		29
其中:厦门市			5	16	17		1
江西省	84	20	178	840	536	31	182
山东省	670	163	1188	2970	1138	1893	262
其中:青岛市	26		15	69	69	31	9
河南省	199	5	586	1118	623	207	77
湖北省	101	153	631	3940	1002	217	1209
湖南省	159	85	572	2099	1001	220	541
广东省	146	169	574	2410	1830	5	1098
其中:深圳市	1		21	101	64		105
广西壮族自治区	50	20	179	602	419	1	49
海南省			57	85	72		5
重庆市	38	17	83	343	278	15	78
四川省	136	169	588	1326	1499	75	165
贵州省	137	4	78	323	349	24	22
云南省	177	16	211	474	666		82
西藏自治区	28	1	51	105	92	57	
陕西省	191	99	459	1124	619	1139	61
甘肃省	73	28	126	1079	303	667	33
青海省	19		23	85	135	170	9
宁夏回族自治区	11		51	2209	63	104	14
新疆维吾尔自治区	451	14	107	535	363	1104	26

2－146－4

单位：万元

地　　区	商品和服务支出					
	交通费	差旅费	出国费	维修(护)费	租赁费	会议费
地方合计	**77341**	**46071**	**2517**	**219562**	**6881**	**40609**
北京市	2364	466	45	1502	442	1132
天津市	638	126	4	275	28	162
河北省	3606	2127	35	12062	491	2197
山西省	2959	1489	73	4650	106	2214
内蒙古自治区	3534	2961	10	6140	19	384
辽宁省	4190	2213	79	18361	298	1265
其中:大连市	263	146	4	2356	71	115
吉林省	2594	1450	24	7978	134	961
黑龙江省	2639	1528	19	15688	117	592
上海市	1620	502	201	3423	256	1056
江苏省	4717	2395	129	8073	405	3340
浙江省	3645	2118	414	5672	771	2539
其中:宁波市	285	194	56	219	11	177
安徽省	2529	1546	21	21058	308	1337
福建省	1367	1460	81	3537	159	912
其中:厦门市	51	20	10	87		8
江西省	1782	1404	51	2356	30	886
山东省	4802	2164	75	15125	493	2781
其中:青岛市	270	144	6	966	340	220
河南省	2769	1263	19	10192	419	1382
湖北省	3452	2031	156	5419	101	2427
湖南省	3707	2430	159	5610	185	2861
广东省	5737	2432	284	37294	490	3505
其中:深圳市	482	158	29	293	20	282
广西壮族自治区	1687	1094	97	1663	131	1044
海南省	414	221	5	514	33	140
重庆市	876	773	6	637	101	814
四川省	4677	4099	248	5172	223	2241
贵州省	1592	776	33	1180	56	632
云南省	2311	2178	110	4712	151	1363
西藏自治区	651	487		346	546	55
陕西省	2679	1491	65	6219	199	1385
甘肃省	1310	730	20	6048	41	533
青海省	462	161	5	285	2	30
宁夏回族自治区	306	229	11	902	37	146
新疆维吾尔自治区	1725	1727	38	7469	109	293

2－146－5

单位:万元

地区	商品和服务支出						
	培训费	招待费	专用材料费	被装购置费	专用燃料费	劳务费	委托业务费
地方合计	**20712**	**53740**	**189958**	**3639**	**11763**	**60477**	**54358**
北京市	525	592	8657	15	9	58	2375
天津市	113	187	107	2	54	76	
河北省	829	1358	5018	38	169	3200	4434
山西省	852	960	5234	83	458	1742	839
内蒙古自治区	321	707	2290	287	705	2106	888
辽宁省	884	1189	21221	106	468	5280	1784
其中:大连市	94	112	708			382	29
吉林省	514	583	13408		892	2063	1232
黑龙江省	362	413	5251	30	1351	1503	2050
上海市	309	1018	645	95	35	293	62
江苏省	1986	5753	12418	129	887	2761	1015
浙江省	1188	5672	1212	49	42	2379	6456
其中:宁波市	87	577	12	2	5	147	312
安徽省	874	2140	6565	18	306	2795	376
福建省	453	1178	4853	24	36	1252	730
其中:厦门市	8	64	479	6	3	25	21
江西省	542	1938	2352	355	75	1082	449
山东省	1396	2239	15925	606	770	5618	800
其中:青岛市	85	117	31	1	11	22	37
河南省	963	1775	35036	295	1495	9310	537
湖北省	912	3645	7272	149	244	1787	607
湖南省	976	4998	5073	305	368	2246	428
广东省	1933	5586	16971	314	196	2901	11589
其中:深圳市	193	314	106		4	247	592
广西壮族自治区	588	1174	690	112	1303	598	3518
海南省	100	210	57	1	22	67	7
重庆市	249	692	2452	37	13	488	699
四川省	1347	3177	3996	276	139	2674	2219
贵州省	385	1324	889	2	532	768	498
云南省	782	2602	5156	31	169	2524	3421
西藏自治区	78	268	132	12	587	18	20
陕西省	580	1159	3564	171	231	2172	6859
甘肃省	271	377	1385	77	65	1278	335
青海省	91	93	96		11	151	1
宁夏回族自治区	56	119	177	4	115	96	16
新疆维吾尔自治区	253	614	1856	16	16	1191	114

二、地方财政预算收支情况

2-146-6

单位:万元

地　区	商品和服务支出			对个人和家庭的补助			
	工会经费	福利费	其他商品和服务支出	小　计	离休费	退休费	退职(役)费
地方合计	**8539**	**25169**	**2245880**	**736300**	**12829**	**133086**	**629**
北京市	568	2004	128579	10018	158	1038	2
天津市	134	314	3371	5766	550	3036	
河北省	297	735	15805	46180	807	4585	23
山西省	118	471	27459	17082	524	2791	2
内蒙古自治区	331	892	41606	9886	32	1185	4
辽宁省	237	1031	59269	21488	256	2064	6
其中:大连市	19	44		94		1	
吉林省	140	183	9456	16395	535	5482	
黑龙江省	298	264	36712	16972	1346	10978	14
上海市	372	1019	68625	2494	40	790	15
江苏省	896	2537	142955	34008	2591	19505	52
浙江省	913	3240	194331	52849	1085	8612	52
其中:宁波市	92	197	19693	5092	100	833	11
安徽省	254	1191	64086	88324	592	5221	8
福建省	171	775	40214	20770	73	1499	41
其中:厦门市	33	26	2210	256		42	2
江西省	169	648	76654	38369	187	4904	5
山东省	380	730	79712	79667	406	2305	303
其中:青岛市	14	19	16320	955	48	170	18
河南省	257	826	33405	43219	506	5007	7
湖北省	515	1826	394969	15592	442	6624	17
湖南省	445	1201	122927	57774	586	8109	4
广东省	411	1881	317801	25517	155	4076	15
其中:深圳市	12	103	29097	432		8	
广西壮族自治区	131	323	52995	12913	275	6360	2
海南省	14	68	12343	5515	23	33	2
重庆市	106	172	19939	18238	1	120	3
四川省	405	762	96857	44355	153	4378	9
贵州省	132	379	24765	21182	546	10707	3
云南省	279	413	63750	3688	65	1281	9
西藏自治区	93	7	2527	1628	6	1097	
陕西省	124	391	42216	8381	380	4745	17
甘肃省	98	264	18053	8203	89	1877	9
青海省	71	17	8256	372		3	
宁夏回族自治区	15	22	15326	3024	134	1093	4
新疆维吾尔自治区	165	583	30917	6431	286	3581	1

2－146－7

单位:万元

地　　区	对个人和家庭的补助						
	抚恤金	生活补助	救济费	医疗费	助学金	奖励金	生产补贴
地方合计	**6804**	**202428**	**4644**	**8821**	**46**	**2475**	**77793**
北京市	162	586		1265		1	－2
天津市	95	54		226		16	22
河北省	210	18514	273	147	2	106	7463
山西省	100	11261	542	63		28	21
内蒙古自治区	95	4017	3	51			917
辽宁省	124	4367	15	183		75	10678
其中:大连市	5	12				3	20
吉林省	132	1772	14	48		13	202
黑龙江省	242	1555	4	61		31	1618
上海市	109	63	1	150	1	38	
江苏省	639	3874	57	997		197	71
浙江省	220	12832	30	1462		204	1003
其中:宁波市	5	978		737			
安徽省	299	17445	2833	192	13	51	25258
福建省	119	2886	8	44		44	6266
其中:厦门市	13	2	2			1	
江西省	159	19917	19	198		3	782
山东省	312	34204	24	947		35	4784
其中:青岛市	4	9					
河南省	179	16300	29	101		14	2244
湖北省	217	2759	7	640	1	33	164
湖南省	1591	13593	31	580	24	58	4302
广东省	146	426	12	612	1	255	709
其中:深圳市		6				46	
广西壮族自治区	184	2877		77		107	1937
海南省	10	829	1	9		2	1846
重庆市	190	5604	34	120		12	1451
四川省	247	15219	546	55		497	2827
贵州省	287	3685		41	3	65	1412
云南省	143	375	30	27		528	502
西藏自治区	77	39		61			7
陕西省	149	519	9	203	1	15	485
甘肃省	53	5217	54	178		8	25
青海省	10	29	58	4			
宁夏回族自治区	46	910		5		6	687
新疆维吾尔自治区	258	700	10	74		33	112

2－146－8

单位:万元

地　　区	对个人和家庭的补助				对企事业单位的补贴		
	住　房公积金	提租补贴	购房补贴	其他对个人和家庭的补助支出	小　计	企业政策性补　贴	事业单位补　贴
地　方　合　计	**28292**	**2588**	**7548**	**248317**	**81470**	**5357**	**13061**
北京市	2233	415	71	4089	1068		25
天津市	1540	25	34	168	120	10	
河北省	846	39		13165	3224	858	942
山西省	667	8		1075	768		118
内蒙古自治区	208		5	3369	155	20	
辽宁省	607	609	438	2066	1331	886	445
其中:大连市	49	2		2	1066	810	256
吉林省	860	16		7321	50		33
黑龙江省	588	75	1	459	5847	1949	207
上海市	481		13	793	42		
江苏省	2288	500	216	3021	8009	150	3360
浙江省	4139	30	180	23000	28757	453	1094
其中:宁波市	25		16	2387	13986		581
安徽省	1505	34	188	34685	2319		282
福建省	729	172	23	8866	2974		794
其中:厦门市	152	35		7	35		
江西省	564		2	11629	525		11
山东省	1828	294	5501	28724	13433	18	3811
其中:青岛市	191	42	59	414	60		
河南省	250		17	18565	289	2	185
湖北省	1534	30	28	3096	1012		661
湖南省	813	14	12	28057	348	8	168
广东省	2087	293	196	16534	3348	511	133
其中:深圳市		257	77	38	48		
广西壮族自治区	366	3		725	677	57	108
海南省	8			2752	93		
重庆市	101		7	10595	3432		6
四川省	632		4	19788	135		37
贵州省	358	5	561	3509	162		25
云南省	449		46	233	2092		37
西藏自治区	98			243			
陕西省	1287	14	1	556	52		50
甘肃省	512	9	2	170	61		
青海省	11			257	34		
宁夏回族自治区	27		2	110	10		
新疆维吾尔自治区	676	3		697	1103	435	529

2－146－9

单位:万元

地　　区	对企事业单位的补贴		赠　与			债务利息支出	
	财政贴息	其他对企事业单位的补贴支出	小　计	对国内的赠　与	对国外的赠　与	小　计	国库券付　息
地　方　合　计	**4082**	**58970**	**102**	**92**	**10**	**436**	
北京市		1043					
天津市		110					
河北省	121	1303					
山西省	1	649					
内蒙古自治区	50	85					
辽宁省						151	
其中:大连市							
吉林省		17				91	
黑龙江省	837	2854					
上海市		42					
江苏省		4499					
浙江省		27210	6	6			
其中:宁波市		13405					
安徽省	88	1949	20	20			
福建省		2180				35	
其中:厦门市		35					
江西省	509	5					
山东省	15	9589	13	3	10		
其中:青岛市		60					
河南省		102				2	
湖北省		351					
湖南省	20	152				16	
广东省	1835	869					
其中:深圳市		48					
广西壮族自治区		512					
海南省		93					
重庆市	90	3336	60	60			
四川省		98					
贵州省	36	101	2	2			
云南省	418	1637				141	
西藏自治区							
陕西省		2	1	1			
甘肃省	29	32					
青海省		34					
宁夏回族自治区		10					
新疆维吾尔自治区	33	106					

二、地方财政预算收支情况

2－146－10　　　　单位:万元

地　　区	债务利息支出					基本建设支出	
	向国家银行借款付息	其他国内借款付息	向国外政府借款付息	向国际组织借款付息	其他国外借款付息	小计	房屋建筑物购建
地方合计	**26**	**348**	**2**	**60**		**2427299**	**30345**
北京市						102568	
天津市							
河北省						38808	4507
山西省						51521	
内蒙古自治区						120360	
辽宁省	10	141				137399	
其中:大连市						8942	
吉林省		91				35913	225
黑龙江省						58341	121
上海市						43350	
江苏省						121046	2912
浙江省						155751	504
其中:宁波市						56223	110
安徽省						45000	879
福建省				35		36820	268
其中:厦门市						3997	
江西省						80611	3885
山东省						71927	1740
其中:青岛市						14518	
河南省			2			140353	152
湖北省						86715	1938
湖南省	16					104158	5061
广东省						147922	5817
其中:深圳市							
广西壮族自治区						61288	90
海南省						33865	
重庆市						58630	
四川省						122531	1404
贵州省						21739	20
云南省		116		25		45986	111
西藏自治区						63648	
陕西省						80361	
甘肃省						130269	380
青海省						24120	220
宁夏回族自治区						25127	
新疆维吾尔自治区						181172	111

2 – 146 – 11

单位:万元

地　　区	基本建设支出							
	办公设备购　置	专用设备购　置	交通工具购　置	基础设施建　设	大型修缮	信息网络购　建	物资储备	其他基本建设支出
地　方　合　计	**1838**	**10811**	**1493**	**1556860**	**85856**	**1747**	**1442**	**736907**
北京市	3			14893		－1		87673
天津市								
河北省	21	325	3	23287	2057		45	8563
山西省	24	343	173	48472	212	86		2211
内蒙古自治区	11	47	10	86833	3729		21	29709
辽宁省	16	222	20	131336	4275	47		1483
其中:大连市				8895		47		
吉林省	109	244		22868	6340	2	30	6095
黑龙江省	43			52718	1391	309		3759
上海市	7	154		7936	100	10	20	35123
江苏省	42	940	48	69548	242	337	32	46945
浙江省	159	651	270	86279	2921	181	24	64762
其中:宁波市	6			22204				33903
安徽省	3	245		30972	3403			9498
福建省	33	75	16	23149	73		23	13183
其中:厦门市		30		3617				350
江西省	21	219	168	27987	2254		18	46059
山东省	35	103	238	20840	1085	60	38	47788
其中:青岛市	2			6944	160			7412
河南省	9	2300	44	125588	4147	167	145	7801
湖北省	35	1638	35	20050	2738	98	199	59984
湖南省	498	703	98	36130	39713	168	78	21709
广东省	17	298	12	82753	1466	33	257	57269
其中:深圳市								
广西壮族自治区	52	492	90	49742	921	114	129	9658
海南省	4	6		23589	98		8	10160
重庆市				47860	617			10153
四川省	505	644	72	97753	2053	10	113	19977
贵州省	12	173	25	18617	190		2	2700
云南省	26		4	36623	472	20	25	8705
西藏自治区				24177				39471
陕西省	82	40	87	22340	380	80	200	57152
甘肃省		832	29	119402	3859			5767
青海省	15	35		16257				7593
宁夏回族自治区		12		14170			1	10944
新疆维吾尔自治区	56	70	51	174691	1120	26	34	5013

二、地方财政预算收支情况

2－146－12

单位:万元

地　　区	其他资本性支出						
	小　计	房屋建筑物购　　建	办公设备购　　置	专用设备购　　置	交通工具购　置	基础设施建　　设	大型修缮
地　方　合　计	**3032156**	**55442**	**21902**	**35428**	**19671**	**1535325**	**206907**
北京市	74781	58	500	200	743	5073	76
天津市	62327	215	192	161	278	7992	718
河北省	120458	163	1046	1718	771	97444	2418
山西省	104129	908	2293	2688	1543	58671	5684
内蒙古自治区	80537	279	4382	435	515	48995	1250
辽宁省	138103	555	813	3208	790	85250	28800
其中:大连市	22087	93	215	55	68	1825	18979
吉林省	147020	2667	636	885	421	78835	4924
黑龙江省	94246	31419	242	3169	551	44655	7526
上海市	176513		436	563	437	16487	36327
江苏省	215702	1267	614	1802	1072	90094	10891
浙江省	308212	1812	1074	1640	965	118000	13454
其中:宁波市	40161	322	100	90	71	22453	12
安徽省	70279	1247	788	1198	828	42401	2909
福建省	45261	1173	360	528	366	31149	3788
其中:厦门市	1353			42	45	1203	
江西省	28601	55	232	1049	577	9924	1743
山东省	141978	982	1156	5121	896	77831	14765
其中:青岛市	12867		100	32	23	3791	42
河南省	85125	322	288	521	367	50007	6173
湖北省	54928	2714	1124	250	538	26516	523
湖南省	89483	1097	544	3155	819	29620	20245
广东省	359810	5087	1552	2343	1354	181199	28121
其中:深圳市	5241		105	35	62	180	368
广西壮族自治区	151202	162	310	547	348	109927	3259
海南省	31532		106	143	169	24830	282
重庆市	47176	341	92	917	875	29161	2085
四川省	105548	166	949	620	1545	65839	5121
贵州省	50020	262	267	496	276	22664	787
云南省	56882	1245	980	361	775	40247	1074
西藏自治区	7207	125	13	36	30	4844	35
陕西省	63166	657	282	470	647	51339	1766
甘肃省	38865	146	142	739	412	24914	1288
青海省	11462		61	163	225	2614	410
宁夏回族自治区	10306	4	41	71	12	5202	68
新疆维吾尔自治区	61297	314	387	231	526	53601	397

2－146－13

单位:万元

地　　区	其他资本性支出						
	信息网络购建	物资储备	土地补偿	安置补助	地上附着物和青苗补偿	拆迁补偿	其他资本性支出
地方合计	**6813**	**8837**	**12311**	**70214**	**7945**	**18762**	**1032599**
北京市	194	223	75	2		22	67615
天津市	7	3			37	20	52704
河北省	400	459		2060		55	13924
山西省	457	200	2957	5294	623	762	22049
内蒙古自治区	3	17	120	1460		280	22801
辽宁省	721	685	218	6273	209	1129	9452
其中:大连市	266	10	90	50	172	10	254
吉林省	214	3033	255	2176	8	304	52662
黑龙江省	119	89	730	51			5695
上海市	70	69					122124
江苏省	241	187	32	14	35	445	109008
浙江省	352	93	30	3947	35		166810
其中:宁波市							17113
安徽省	382	102	152	3247	129	211	16685
福建省	230	227	40	2359	12	154	4875
其中:厦门市	3	3					57
江西省	427	31	26	2932			11605
山东省	407	442	201	2206	785	1099	36087
其中:青岛市							8879
河南省	315	382	306	5550	86	533	20275
湖北省	36	155		3	3	45	23021
湖南省	102	191	1359	13548	48	9744	9011
广东省	666	429	67	4955	5650	1380	127007
其中:深圳市	4	10					4477
广西壮族自治区	10	112	55	221	29		36222
海南省	299	63		382			5258
重庆市	521			832			12352
四川省	198	794		1804	3	80	28429
贵州省	115	86	206	5144	75	1167	18475
云南省	114	119	24	107	96	526	11214
西藏自治区	51	131					1942
陕西省	98	256	987	16	50		6598
甘肃省	33	28	10	4058	20		7075
青海省	27		4220	1169			2573
宁夏回族自治区	2	88	100	13			4705
新疆维吾尔自治区	2	143	141	391	12	806	4346

二、地方财政预算收支情况

2－146－14　　单位:万元

地区	贷款转贷及产权参股					其他支出		
	小计	国内贷款	国外贷款	产权参股	其他贷款转贷及产权参股支出	小计	补充全国社会保障基金	其他支出
地方合计	**4237**	**3404**			**833**	**1352262**	**21**	**1352241**
北京市						49385		49385
天津市						10000		10000
河北省	2853	2853				38886		38886
山西省						93554		93554
内蒙古自治区						2124		2124
辽宁省						36216		36216
其中:大连市						5522		5522
吉林省						2360		2360
黑龙江省						1260		1260
上海市						27063		27063
江苏省						121510		121510
浙江省						154748		154748
其中:宁波市						14135		14135
安徽省						133420		133420
福建省	833				833	43154		43154
其中:厦门市						3334		3334
江西省						41251		41251
山东省						25024		25024
其中:青岛市						18428		18428
河南省						23842	21	23821
湖北省						55051		55051
湖南省	29	29				135116		135116
广东省	422	422				202431		202431
其中:深圳市						6017		6017
广西壮族自治区						22336		22336
海南省						4234		4234
重庆市						9773		9773
四川省	100	100				9157		9157
贵州省						9739		9739
云南省						3687		3687
西藏自治区						1401		1401
陕西省						73609		73609
甘肃省						7625		7625
青海省						3865		3865
宁夏回族自治区						8508		8508
新疆维吾尔自治区						1933		1933

2007 年各省、自治区、直辖市南水北调支出明细表

2－147－1　　　　单位:万元

地　区	合　计	工资福利支出				
		小　计	基本工资	津贴补贴	奖　金	社会保障缴费
地方合计	**68133**	**1732**	**734**	**782**	**88**	**16**
北京市	1616	157	36	45	29	1
天津市	169	123	36	87		
河北省	4306	366	160	151	11	6
山西省						
内蒙古自治区						
辽宁省						
其中:大连市						
吉林省						
黑龙江省						
上海市						
江苏省	50513	57	16	12	10	1
浙江省						
其中:宁波市						
安徽省						
福建省						
其中:厦门市						
江西省						
山东省	206	152	53	81	18	
其中:青岛市						
河南省	10228	806	401	378	17	5
湖北省	570	71	32	28	3	3
湖南省	203					
广东省	6					
其中:深圳市						
广西壮族自治区						
海南省						
重庆市						
四川省						
贵州省						
云南省	11					
西藏自治区						
陕西省	305					
甘肃省						
青海省						
宁夏回族自治区						
新疆维吾尔自治区						

2－147－2

单位:万元

地区	工资福利支出				商品和服务支出		
	伙食费	伙食补助费	绩效工资	其他工资福利支出	小计	办公费	印刷费
地方合计	**5**	**28**	**28**	**51**	**8023**	**251**	**29**
北京市		3	28	15	895	12	
天津市					26	2	
河北省	5	22		11	822	73	11
山西省							
内蒙古自治区							
辽宁省							
其中:大连市							
吉林省							
黑龙江省							
上海市							
江苏省		3		15	1674	4	
浙江省							
其中:宁波市							
安徽省							
福建省							
其中:厦门市							
江西省							
山东省					40	1	
其中:青岛市							
河南省				5	3935	143	16
湖北省				5	417	15	2
湖南省					203		
广东省							
其中:深圳市							
广西壮族自治区							
海南省							
重庆市							
四川省							
贵州省							
云南省					6	1	
西藏自治区							
陕西省					5		
甘肃省							
青海省							
宁夏回族自治区							
新疆维吾尔自治区							

2－147－3 单位:万元

地　　区	商品和服务支出						
	咨询费	手续费	水　费	电　费	邮电费	取暖费	物　业 管理费
地　方　合　计	**17**	**1**	**14**	**71**	**58**	**22**	**21**
北京市			1	12	5	10	6
天津市			1		7		
河北省				1	13	7	
山西省							
内蒙古自治区							
辽宁省							
其中:大连市							
吉林省							
黑龙江省							
上海市							
江苏省					5		13
浙江省							
其中:宁波市							
安徽省							
福建省							
其中:厦门市							
江西省							
山东省						5	
其中:青岛市							
河南省	15		10	38	21		2
湖北省	2	1	2	20	7		
湖南省							
广东省							
其中:深圳市							
广西壮族自治区							
海南省							
重庆市							
四川省							
贵州省							
云南省							
西藏自治区							
陕西省							
甘肃省							
青海省							
宁夏回族自治区							
新疆维吾尔自治区							

2－147－4

单位:万元

地　　区	商品和服务支出					
	交通费	差旅费	出国费	维修(护)费	租赁费	会议费
地　方　合　计	**287**	**186**	**56**	**31**	**178**	**205**
北京市	15	6		1		4
天津市	3	7				
河北省	51	40		1		31
山西省						
内蒙古自治区						
辽宁省						
其中:大连市						
吉林省						
黑龙江省						
上海市						
江苏省	31	26	17		5	8
浙江省						
其中:宁波市						
安徽省						
福建省						
其中:厦门市						
江西省						
山东省						
其中:青岛市						
河南省	111	62	4	23	156	144
湖北省	74	45	35	6	17	18
湖南省						
广东省						
其中:深圳市						
广西壮族自治区						
海南省						
重庆市						
四川省						
贵州省						
云南省	2					
西藏自治区						
陕西省						
甘肃省						
青海省						
宁夏回族自治区						
新疆维吾尔自治区						

2－147－5

单位:万元

地　　区	商品和服务支出						
	培训费	招待费	专 用 材料费	被 装 购置费	专 用 燃料费	劳务费	委 托 业务费
地 方 合 计	**116**	**189**	**2275**	**7**		**376**	**152**
北京市	4	2					
天津市	1						
河北省	81	5				17	136
山西省							
内蒙古自治区							
辽宁省							
其中:大连市							
吉林省							
黑龙江省							
上海市							
江苏省	1	7				8	
浙江省							
其中:宁波市							
安徽省							
福建省							
其中:厦门市							
江西省							
山东省	3		6				
其中:青岛市							
河南省	24	61	2268	7		343	
湖北省	2	112	1			8	16
湖南省							
广东省							
其中:深圳市							
广西壮族自治区							
海南省							
重庆市							
四川省							
贵州省							
云南省		2					
西藏自治区							
陕西省							
甘肃省							
青海省							
宁夏回族自治区							
新疆维吾尔自治区							

2－147－6

单位:万元

地区	商品和服务支出			对个人和家庭的补助			
	工会经费	福利费	其他商品和服务支出	小计	离休费	退休费	退职(役)费
地方合计	**14**	**28**	**3439**	**49**			
北京市	2		815	14			
天津市	1	2	2	20			
河北省	3	4	348	3			
山西省							
内蒙古自治区							
辽宁省							
其中:大连市							
吉林省							
黑龙江省							
上海市							
江苏省			1549				
浙江省							
其中:宁波市							
安徽省							
福建省							
其中:厦门市							
江西省							
山东省	3	7	15	7			
其中:青岛市							
河南省	5	11	471	1			
湖北省		4	30	4			
湖南省			203				
广东省							
其中:深圳市							
广西壮族自治区							
海南省							
重庆市							
四川省							
贵州省							
云南省			1				
西藏自治区							
陕西省			5				
甘肃省							
青海省							
宁夏回族自治区							
新疆维吾尔自治区							

2 – 147 – 7 单位:万元

地　区	对个人和家庭的补助						
	抚恤金	生活补助	救济费	医疗费	助学金	奖励金	生产补贴
地 方 合 计		**1**	**1**			**3**	
北京市							
天津市							
河北省						3	
山西省							
内蒙古自治区							
辽宁省							
其中:大连市							
吉林省							
黑龙江省							
上海市							
江苏省							
浙江省							
其中:宁波市							
安徽省							
福建省							
其中:厦门市							
江西省							
山东省							
其中:青岛市							
河南省			1				
湖北省		1					
湖南省							
广东省							
其中:深圳市							
广西壮族自治区							
海南省							
重庆市							
四川省							
贵州省							
云南省							
西藏自治区							
陕西省							
甘肃省							
青海省							
宁夏回族自治区							
新疆维吾尔自治区							

2－147－8

单位：万元

地　　区	对个人和家庭的补助				对企事业单位的补贴		
	住房公积金	提租补贴	购房补贴	其他对个人和家庭的补助支出	小计	企业政策性补贴	事业单位补贴
地方合计	**36**	**7**	**1**		**1288**		
北京市	8	5	1				
天津市	20						
河北省							
山西省							
内蒙古自治区							
辽宁省							
其中：大连市							
吉林省							
黑龙江省							
上海市							
江苏省					1288		
浙江省							
其中：宁波市							
安徽省							
福建省							
其中：厦门市							
江西省							
山东省	5	2					
其中：青岛市							
河南省							
湖北省	3						
湖南省							
广东省							
其中：深圳市							
广西壮族自治区							
海南省							
重庆市							
四川省							
贵州省							
云南省							
西藏自治区							
陕西省							
甘肃省							
青海省							
宁夏回族自治区							
新疆维吾尔自治区							

2－147－9

单位:万元

地区	对企事业单位的补贴		赠与			债务利息支出	
	财政贴息	其他对企事业单位的补贴支出	小计	对国内的赠与	对国外的赠与	小计	国库券付息
地方合计		**1288**					
北京市							
天津市							
河北省							
山西省							
内蒙古自治区							
辽宁省							
其中:大连市							
吉林省							
黑龙江省							
上海市							
江苏省		1288					
浙江省							
其中:宁波市							
安徽省							
福建省							
其中:厦门市							
江西省							
山东省							
其中:青岛市							
河南省							
湖北省							
湖南省							
广东省							
其中:深圳市							
广西壮族自治区							
海南省							
重庆市							
四川省							
贵州省							
云南省							
西藏自治区							
陕西省							
甘肃省							
青海省							
宁夏回族自治区							
新疆维吾尔自治区							

二、地方财政预算收支情况

2－147－10　　　　　　　　　　　　　　　　　　　　　　　　　　　　单位:万元

地　　区	债务利息支出					基本建设支出	
	向国家银行借款付息	其他国内借款付息	向国外政府借款付息	向国际组织借款付息	其他国外借款付息	小　计	房屋建筑物购建
地　方　合　计						**6690**	
北京市						429	
天津市							
河北省						100	
山西省							
内蒙古自治区							
辽宁省							
其中:大连市							
吉林省							
黑龙江省							
上海市							
江苏省						5444	
浙江省							
其中:宁波市							
安徽省							
福建省							
其中:厦门市							
江西省							
山东省							
其中:青岛市							
河南省						417	
湖北省							
湖南省							
广东省							
其中:深圳市							
广西壮族自治区							
海南省							
重庆市							
四川省							
贵州省							
云南省							
西藏自治区							
陕西省						300	
甘肃省							
青海省							
宁夏回族自治区							
新疆维吾尔自治区							

2－147－11　　　　单位:万元

地　　区	基本建设支出							
	办公设备购置	专用设备购置	交通工具购置	基础设施建设	大型修缮	信息网络购建	物资储备	其他基本建设支出
地方合计		**1**		**529**	**300**	**8**		**5852**
北京市				429				
天津市								
河北省				100				
山西省								
内蒙古自治区								
辽宁省								
其中:大连市								
吉林省								
黑龙江省								
上海市								
江苏省								5444
浙江省								
其中:宁波市								
安徽省								
福建省								
其中:厦门市								
江西省								
山东省								
其中:青岛市								
河南省		1				8		408
湖北省								
湖南省								
广东省								
其中:深圳市								
广西壮族自治区								
海南省								
重庆市								
四川省								
贵州省								
云南省								
西藏自治区								
陕西省					300			
甘肃省								
青海省								
宁夏回族自治区								
新疆维吾尔自治区								

2－147－12

单位:万元

地　　区	其他资本性支出						
	小　计	房屋建筑物购　建	办公设备购　置	专用设备购　置	交通工具购　置	基础设施建　设	大型修缮
地　方　合　计	**6706**		**69**	**72**	**88**	**5968**	
北京市	121		16	72	33		
天津市							
河北省	1078		11			1064	
山西省							
内蒙古自治区							
辽宁省							
其中:大连市							
吉林省							
黑龙江省							
上海市							
江苏省	403					403	
浙江省							
其中:宁波市							
安徽省							
福建省							
其中:厦门市							
江西省							
山东省	7						
其中:青岛市							
河南省	5069		25		53	4501	
湖北省	17		14				
湖南省							
广东省	6						
其中:深圳市							
广西壮族自治区							
海南省							
重庆市							
四川省							
贵州省							
云南省	5		3		2		
西藏自治区							
陕西省							
甘肃省							
青海省							
宁夏回族自治区							
新疆维吾尔自治区							

2 – 147 – 13

单位:万元

地 区	其他资本性支出						
	信息网络购建	物资储备	土地补偿	安置补助	地上附着物和青苗补偿	拆迁补偿	其他资本性支出
地方合计	**10**			**7**		**3**	**489**
北京市							
天津市							
河北省						3	
山西省							
内蒙古自治区							
辽宁省							
其中:大连市							
吉林省							
黑龙江省							
上海市							
江苏省							
浙江省							
其中:宁波市							
安徽省							
福建省							
其中:厦门市							
江西省							
山东省				7			
其中:青岛市							
河南省	7						483
湖北省	3						
湖南省							
广东省							6
其中:深圳市							
广西壮族自治区							
海南省							
重庆市							
四川省							
贵州省							
云南省							
西藏自治区							
陕西省							
甘肃省							
青海省							
宁夏回族自治区							
新疆维吾尔自治区							

二、地方财政预算收支情况

2－147－14

单位:万元

地　　　区	贷款转贷及产权参股					其他支出		
	小　计	国内贷款	国外贷款	产权参股	其他贷款转贷及产权参股支出	小　计	补充全国社会保障基金	其他支出
地　方　合　计						**43645**		**43645**
北京市								
天津市								
河北省						1937		1937
山西省								
内蒙古自治区								
辽宁省								
其中:大连市								
吉林省								
黑龙江省								
上海市								
江苏省						41647		41647
浙江省								
其中:宁波市								
安徽省								
福建省								
其中:厦门市								
江西省								
山东省								
其中:青岛市								
河南省								
湖北省						61		61
湖南省								
广东省								
其中:深圳市								
广西壮族自治区								
海南省								
重庆市								
四川省								
贵州省								
云南省								
西藏自治区								
陕西省								
甘肃省								
青海省								
宁夏回族自治区								
新疆维吾尔自治区								

2007 年各省、自治区、直辖市扶贫支出明细表

2－148－1　　　　单位:万元

地　　区	合　计	工资福利支出				
		小　计	基本工资	津贴补贴	奖　金	社会保障缴　费
地 方 合 计	**2615174**	**47318**	**25263**	**16374**	**2883**	**741**
北京市	1772					
天津市	5702					
河北省	82190	1954	1188	518	155	18
山西省	71884	1171	729	335	50	26
内蒙古自治区	98737	3091	1777	1172	116	10
辽宁省	52747	291	182	80	6	3
其中:大连市	2538					
吉林省	38492	98	72	23	2	
黑龙江省	67727	568	344	169	32	1
上海市	1299					
江苏省	41054	106	20	14	59	8
浙江省	72907	702	202	196	157	73
其中:宁波市	9832	216	48	64	64	28
安徽省	73546	522	289	162	22	15
福建省	56598	647	372	131	26	39
其中:厦门市	7957	85	65			
江西省	82420	1683	1099	418	92	22
山东省	25335	210	129	56	1	1
其中:青岛市	1746					
河南省	27343	1653	1101	498	41	4
湖北省	134609	1672	880	516	107	60
湖南省	96557	1849	1054	451	129	108
广东省	160675	1674	578	293	78	29
其中:深圳市	33335	128	58	53	14	3
广西壮族自治区	127801	3034	1738	924	313	11
海南省	33131	545	355	95	56	6
重庆市	64890	751	425	222	44	14
四川省	151158	3759	1901	1128	429	60
贵州省	181018	3385	1996	1128	167	34
云南省	225062	5247	2514	2438	198	31
西藏自治区	108744	2841	940	1665	129	90
陕西省	161786	3804	2432	1107	150	15
甘肃省	155636	3016	1544	1259	156	19
青海省	48165	1183	501	570	73	9
宁夏回族自治区	51616	1345	648	603	72	8
新疆维吾尔自治区	114573	517	253	203	23	27

二、地方财政预算收支情况

2－148－2

单位:万元

地　　区	工资福利支出				商品和服务支出		
	伙食费	伙　食补助费	绩效工资	其他工资福利支出	小　计	办公费	印刷费
地方合计	**16**	**114**	**83**	**1844**	**965991**	**13999**	**1665**
北京市					1599	10	
天津市					5702		
河北省		28		47	11942	1388	54
山西省		2		29	19942	413	110
内蒙古自治区				16	25875	597	82
辽宁省		1		19	10134	291	20
其中:大连市					182	6	
吉林省			1		17005	642	15
黑龙江省		2	2	18	20386	180	35
上海市					569		
江苏省		2		3	5447	92	21
浙江省		7		67	11396	60	14
其中:宁波市				12	2287	26	
安徽省	1	7		26	2300	62	12
福建省				79	16058	168	25
其中:厦门市				20	1968		
江西省		5		47	22333	1120	49
山东省			3	20	7675	596	26
其中:青岛市					799	275	
河南省				9	5081	721	87
湖北省	3	2	1	103	84115	287	80
湖南省		18	3	86	40180	521	319
广东省			7	689	88794	1379	58
其中:深圳市					28427	2	10
广西壮族自治区	1			47	10012	923	56
海南省			1	32	9038	92	43
重庆市		1		45	25729	620	14
四川省	6	15		220	122886	571	127
贵州省				60	39951	669	60
云南省	3	6	6	51	190483	1328	94
西藏自治区				17	1778	38	16
陕西省		2	54	44	8196	398	70
甘肃省		1	1	36	28257	455	66
青海省	1	8	3	18	13859	122	19
宁夏回族自治区	1			13	7572	161	69
新疆维吾尔自治区		7	1	3	111697	95	24

2-148-3

单位:万元

地　　区	商品和服务支出						
	咨询费	手续费	水　费	电　费	邮电费	取暖费	物业管理费
地方合计	**151**	**50**	**180**	**649**	**1292**	**474**	**149**
北京市							
天津市							
河北省	1		8	20	80	45	4
山西省	2	22	6	11	42	27	6
内蒙古自治区	11	1	14	27	89	94	4
辽宁省			1	3	22	6	10
其中:大连市							
吉林省			3	12	3	31	
黑龙江省			4	5	19	29	
上海市							
江苏省			1	5	5		
浙江省				7	27		2
其中:宁波市				3	4		2
安徽省			3	11	13	1	
福建省	3	2	2	8	35		4
其中:厦门市	1	1	1	1	1		1
江西省	3		6	42	54		10
山东省	3		4	6	9	1	5
其中:青岛市							
河南省	4	1	4	16	51	1	3
湖北省			7	32	51	2	2
湖南省	9		31	77	70	3	13
广东省	16		4	135	29		15
其中:深圳市			1	4	3		15
广西壮族自治区	2		3	21	66		1
海南省		1	1	4	12		1
重庆市	2		2	12	16		18
四川省	36	1	13	57	166	7	1
贵州省	6		5	11	61		3
云南省	4	1	8	24	137		
西藏自治区	3	1	7	22	34	18	1
陕西省	12		12	29	88	41	1
甘肃省	4	13	3	14	34	50	7
青海省			1		31	20	12
宁夏回族自治区	30	5	24	36	32	91	25
新疆维吾尔自治区		2	3	2	16	7	1

2－148－4　　　　单位:万元

地　　区	商品和服务支出					
	交通费	差旅费	出国费	维修(护)费	租赁费	会议费
地　方　合　计	**6410**	**3992**	**216**	**21954**	**407**	**3906**
北京市						
天津市						
河北省	246	85	11	459	105	187
山西省	237	148		651	30	316
内蒙古自治区	564	363	8	352	6	196
辽宁省	161	32	5	2161	2	26
其中:大连市						
吉林省	16	46		4798	5	15
黑龙江省	106	91	61	6257		66
上海市						
江苏省	36	10			27	195
浙江省	96	79	8	21	26	88
其中:宁波市	25	49	8	12	26	16
安徽省	64	26		193	1	29
福建省	145	111	10	368	10	78
其中:厦门市	1	12	2	1	1	1
江西省	167	140	4	314	35	71
山东省	67	17		162	14	48
其中:青岛市						
河南省	220	116	12	163	15	158
湖北省	221	181	3	46	6	211
湖南省	299	240	8	432		168
广东省	186	137	4	363	3	252
其中:深圳市	30	52				30
广西壮族自治区	375	361	5	108	11	214
海南省	147	59		48	6	43
重庆市	123	79		49		53
四川省	784	477	7	278	21	420
贵州省	461	221	44	2257	2	139
云南省	630	198	8	325	8	353
西藏自治区	141	122		17	35	135
陕西省	367	243	10	179	17	158
甘肃省	198	140		1134	9	112
青海省	126	57	3	521		41
宁夏回族自治区	124	138		188	12	116
新疆维吾尔自治区	103	75	5	110	1	18

2－148－5 单位:万元

地　　区	商品和服务支出						
	培训费	招待费	专　用 材料费	被　装 购置费	专　用 燃料费	劳务费	委　托 业务费
地　方　合　计	**16951**	**4893**	**32456**	**704**	**295**	**8425**	**1301**
北京市							
天津市							
河北省	405	92	144	19	12	24	156
山西省	1526	59	633	15	5	203	346
内蒙古自治区	1733	137	1169	148	94	61	107
辽宁省	97	43	2208	2	1	218	4
其中:大连市			176				
吉林省	57	1	6104		23	1073	30
黑龙江省	1102	17	2185	22		72	
上海市							
江苏省	91	26	70			8	7
浙江省	136	143	2			32	2
其中:宁波市	44	61					
安徽省	69	51	499			1	
福建省	111	221	874	1	2	875	3
其中:厦门市	6	5	1	1	1	1	1
江西省	697	239	969		11	155	4
山东省	764	10	775	33	12	48	
其中:青岛市							
河南省	147	98	1379		6	444	4
湖北省	780	307	1570	2	15	67	167
湖南省	878	560	234		2	3306	1
广东省	836	219	1630	2		107	
其中:深圳市		40					
广西壮族自治区	306	319	55	7	23	19	14
海南省	1037	59	121		1	14	
重庆市	64	101	1089	4	3	312	
四川省	321	631	93		15	47	
贵州省	2258	478	1727		6	277	17
云南省	294	609	7022	70	23	298	
西藏自治区	59	46		14	2	1	
陕西省	171	174	117		2	77	
甘肃省	983	72	1280	26	8	394	404
青海省	1802	83	9		2	75	34
宁夏回族自治区	193	62	447	338	27	209	1
新疆维吾尔自治区	34	36	51	1		8	

2－148－6

单位:万元

地　　区	商品和服务支出			对个人和家庭的补助			
	工会经费	福利费	其他商品和服务支出	小　计	离休费	退休费	退职(役)费
地　方　合　计	**232**	**534**	**844706**	**96924**	**101**	**2673**	**5**
北京市			1589				
天津市			5702				
河北省	18	25	8354	4882		46	
山西省	1	23	15110	3549		63	
内蒙古自治区	7	18	19993	9726	3	22	
辽宁省		3	4818	11024		8	
其中:大连市				116			
吉林省			4131	2628	2		
黑龙江省	5	20	10110	5471	5	30	
上海市			569				
江苏省	1	1	4851	684		29	
浙江省	6	3	10644	2300	15	87	
其中:宁波市	3		2008	539		33	
安徽省		2	1263	75	3	45	
福建省	3	29	12970	1765		14	
其中:厦门市	1	1	1926	30			
江西省	3	12	18228	4374	3	108	
山东省	1	5	5069	4900		4	
其中:青岛市			524	423			
河南省	5	22	1404	487	9	71	2
湖北省	9	17	80052	2634		144	
湖南省	11	56	32942	3066	6	43	
广东省	1	78	83340	11556		20	
其中:深圳市			28240	104		10	
广西壮族自治区	8	11	7104	861	10	540	
海南省	3	1	7345	233			
重庆市	5	5	23158	669		10	
四川省	20	44	118749	1426		73	
贵州省	8	98	31143	9847	20	368	
云南省	27	19	179003	781		60	
西藏自治区	25		1041	1455		308	
陕西省	28	13	5989	2502	12	359	
甘肃省	2	21	22828	4945	6	96	
青海省	2	3	10896	2011			
宁夏回族自治区	32		5212	3016	7	114	3
新疆维吾尔自治区	1	5	111099	57		11	

2－148－7

单位:万元

地区	对个人和家庭的补助						
	抚恤金	生活补助	救济费	医疗费	助学金	奖励金	生产补贴
地方合计	**76**	**6419**	**8585**	**393**	**563**	**745**	**45602**
北京市							
天津市							
河北省		1240	47	9		1	2820
山西省		339					2895
内蒙古自治区	12	204	68		4		5965
辽宁省		512	301			60	5674
其中:大连市		116					
吉林省			19				2607
黑龙江省		180	330	9			4889
上海市							
江苏省		6	75			1	
浙江省		627	63	4		7	962
其中:宁波市							376
安徽省		2		2		1	
福建省		57	59	2		10	310
其中:厦门市							
江西省		5		7		7	190
山东省		558	1359				2272
其中:青岛市							
河南省	9	1	271	1			89
湖北省	4	24	79	6	24	47	1523
湖南省	3	383	78	7			608
广东省		1305	5620	312	2	1	852
其中:深圳市		54					
广西壮族自治区	9	3		6		5	12
海南省	4	16			38		
重庆市	1	35	13			30	458
四川省	9	102	122	2		61	405
贵州省	7	253	18	2	127	219	4958
云南省		191	53	2	8	269	47
西藏自治区	3	4		16			
陕西省	9	7	2	6		17	2038
甘肃省	1	1	5				3432
青海省		5	1				1349
宁夏回族自治区	5	332	2		360	7	1247
新疆维吾尔自治区		27				2	

2－148－8

单位:万元

地　　区	对个人和家庭的补助				对企事业单位的补贴		
	住　房 公积金	提租 补贴	购房 补贴	其他对个人和家庭的补助支出	小　计	企业政策性补　贴	事业单位补　贴
地　方　合　计	**504**	**20**	**1415**	**29823**	**28157**	**3533**	**528**
北京市							
天津市							
河北省	28			691	3778	1727	52
山西省	20		82	150	672	32	
内蒙古自治区	23		33	3392	224	5	
辽宁省	4	8		4457	701	35	47
其中:大连市					47		47
吉林省					100	20	30
黑龙江省	7	2		19	1536	1206	95
上海市					64		
江苏省	5	4		564	28		2
浙江省	25			510	2212	11	78
其中:宁波市				130	87	11	
安徽省	18			4	950		
福建省	14	1		1298	1113	83	10
其中:厦门市				30			
江西省	32		1100	2922	144	18	
山东省			7	700	402	20	2
其中:青岛市				423	80		
河南省	4			30	5690		
湖北省	34	1	14	734	181		20
湖南省	35	1		1902	1459	35	8
广东省	5		82	3357	3608		40
其中:深圳市				40			
广西壮族自治区	26			250	373		
海南省	1	3		171			
重庆市	9			113	1078	71	
四川省	13		18	621	132		15
贵州省	24		60	3791	943	15	47
云南省	32		1	118	95		12
西藏自治区	36			1088	57		
陕西省	39			13	90	68	
甘肃省	52		18	1334	1181	68	
青海省	9			647	394		
宁夏回族自治区				939	942	119	70
新疆维吾尔自治区	9			8	10		

2－148－9

单位:万元

地　　区	对企事业单位的补贴		赠　与			债务利息支出	
	财政贴息	其他对企事业单位的补贴支出	小　计	对国内的赠　与	对国外的赠　与	小　计	国库券付　息
地　方　合　计	**9745**	**14351**	**22809**	**22809**		**167**	
北京市							
天津市							
河北省	905	1094					
山西省	560	80					
内蒙古自治区	154	65				20	
辽宁省	350	269	8569	8569			
其中:大连市							
吉林省	50		300	300			
黑龙江省	235						
上海市		64					
江苏省	1	25	6367	6367			
浙江省	170	1953	2664	2664			
其中:宁波市	76		2324	2324			
安徽省	950						
福建省	69	951	3025	3025			
其中:厦门市			2781	2781			
江西省	60	66					
山东省		380	415	415			
其中:青岛市		80	130	130			
河南省		5690					
湖北省	161					89	
湖南省	244	1172	50	50		50	
广东省	2501	1067	1253	1253			
其中:深圳市			628	628			
广西壮族自治区		373	10	10			
海南省			42	42			
重庆市	1007						
四川省		117	112	112			
贵州省	744	137					
云南省	83					8	
西藏自治区	57						
陕西省	20	2					
甘肃省	883	230					
青海省	284	110					
宁夏回族自治区	247	506	2	2			
新疆维吾尔自治区	10						

2－148－10

单位:万元

地区	债务利息支出					基本建设支出	
	向国家银行借款付息	其他国内借款付息	向国外政府借款付息	向国际组织借款付息	其他国外借款付息	小计	房屋建筑物购建
地方合计	**50**	**89**		**28**		**247255**	**19155**
北京市							
天津市							
河北省						5577	7
山西省						4680	57
内蒙古自治区				20		15348	770
辽宁省						988	30
其中:大连市							
吉林省						1680	40
黑龙江省						11443	
上海市							
江苏省						878	
浙江省						2157	216
其中:宁波市						863	
安徽省						2804	
福建省						2878	10
其中:厦门市						480	
江西省						11976	
山东省						565	
其中:青岛市							
河南省						6493	
湖北省		89				15353	104
湖南省	50					6995	65
广东省						4994	71
其中:深圳市							
广西壮族自治区						11707	
海南省						1736	
重庆市						3881	215
四川省						8752	1440
贵州省						14549	316
云南省				8		5946	
西藏自治区						33481	10830
陕西省						7132	
甘肃省						43380	3556
青海省						4717	193
宁夏回族自治区						16500	1225
新疆维吾尔自治区						665	10

2－148－11

单位:万元

地　　区	基本建设支出							
	办公设备购　置	专用设备购　置	交通工具购　置	基础设施建　设	大型修缮	信息网络购　建	物资储备	其他基本建设支出
地　方　合　计	**387**	**729**	**237**	**181377**	**3462**	**208**	**1**	**41699**
北京市								
天津市								
河北省			18	5372	8			172
山西省				3354	109			1160
内蒙古自治区		10	50	11575				2943
辽宁省				958				
其中:大连市								
吉林省				1640				
黑龙江省	56			9256	2071			60
上海市								
江苏省				823	30			25
浙江省	11	36	23	1657				214
其中:宁波市	11	36		648				168
安徽省		2		2332				470
福建省				1827	4	3		1034
其中:厦门市				30				450
江西省				11061				915
山东省				545				20
其中:青岛市								
河南省				4948				1545
湖北省	16			13637	284	5		1307
湖南省	194	46	5	5782	51		1	851
广东省		20		2224	29			2650
其中:深圳市								
广西壮族自治区	8		57	9933				1709
海南省				1666				70
重庆市		500		2333				833
四川省	8		30	6855				419
贵州省	1		18	9761	13			4440
云南省	7	4	23	3787	10			2115
西藏自治区			3	21649				999
陕西省		9		3983				3140
甘肃省		1		28064	545	200		11014
青海省		18	10	2410				2086
宁夏回族自治区	86	83		13290	308			1508
新疆维吾尔自治区				655				

二、地方财政预算收支情况

2－148－12　　　　　　　　　　　　　　　　　　　　　　　　　　单位:万元

地　区	其他资本性支出						
	小　计	房屋建筑物购　建	办公设备购　置	专用设备购　置	交通工具购　置	基础设施建　设	大型修缮
地　方　合　计	**731580**	**36695**	**3533**	**4080**	**2041**	**472839**	**13184**
北京市							
天津市							
河北省	25229		15	57	3	21612	649
山西省	32908	745	1525	3	39	18036	1433
内蒙古自治区	43585	536	70	60	163	32448	50
辽宁省	18679	18	33	3	15	15704	156
其中:大连市	1446					42	
吉林省	16571	236	27	150		13619	153
黑龙江省	25561	132	516	62		21084	4
上海市							
江苏省	5958	1000	12	32		2514	
浙江省	42407	43	28		41	7984	5
其中:宁波市	846					703	
安徽省	53788		3		8	33831	200
福建省	9036	162	21	7	211	8189	33
其中:厦门市	2411				80	2331	
江西省	30335		14	62	49	18623	170
山东省	9850	53		433		6548	896
其中:青岛市	39						
河南省	6445		11		34	5748	27
湖北省	16033		15		55	9308	205
湖南省	29925		22	398	139	24512	50
广东省	20520	248	24	309	11	14177	590
其中:深圳市	28					28	
广西壮族自治区	8249	225	47	1	212	4835	2
海南省	19434	26	87		38	15097	145
重庆市	17419	498	21	40	101	10816	25
四川省	12990	409	152	13	188	9912	35
贵州省	62063	1034	97	43	65	49030	62
云南省	19709	661	75	49	321	16408	26
西藏自治区	68805	29412	1	67	40	27533	
陕西省	45635		60	8	85	20223	8144
甘肃省	61304	912	17	348	113	46850	59
青海省	8217	96	131	2	31	4585	49
宁夏回族自治区	19488	99	498	1933	23	12516	16
新疆维吾尔自治区	1437	150	11		56	1097	

2－148－13

单位:万元

地　　区	其他资本性支出						
	信息网络购　建	物资储备	土地补偿	安置补助	地上附着物和青苗补偿	拆迁补偿	其他资本性支　出
地方合计	**372**	**446**	**1260**	**4951**	**2526**	**411**	**189242**
北京市							
天津市							
河北省	7		27		800		2059
山西省	9		798	825	610		8885
内蒙古自治区	10	232	71				9945
辽宁省		125		2210			415
其中:大连市				1404			
吉林省	40	10					2336
黑龙江省							3763
上海市							
江苏省	7				10		2383
浙江省	146		25	65	8		34062
其中:宁波市				56			87
安徽省							19746
福建省	3	10		34		60	306
其中:厦门市							
江西省	40			120			11257
山东省				7			1913
其中:青岛市							39
河南省							625
湖北省						140	6310
湖南省	14			200	180	100	4310
广东省				84	15		5062
其中:深圳市							
广西壮族自治区						1	2926
海南省	3				533		3505
重庆市	15		12	13	12		5866
四川省		9		420			1852
贵州省	5				4		11723
云南省	8	10				37	2114
西藏自治区				570			11182
陕西省	7						17108
甘肃省	6		205	168	10	2	12614
青海省		26					3297
宁夏回族自治区	44	24	122	135	344	71	3663
新疆维吾尔自治区	8			100			15

2－148－14

单位:万元

地 区	贷款转贷及产权参股					其他支出		
	小 计	国内贷款	国外贷款	产权参股	其他贷款转贷及产权参股支出	小 计	补充全国社会保障基金	其他支出
地 方 合 计	**168**	**8**			**160**	**474805**		**474805**
北京市						173		173
天津市								
河北省						28828		28828
山西省						8962		8962
内蒙古自治区						868		868
辽宁省						2361		2361
其中:大连市						747		747
吉林省						110		110
黑龙江省						2762		2762
上海市						666		666
江苏省						21586		21586
浙江省						9069		9069
其中:宁波市						2670		2670
安徽省						13107		13107
福建省	140				140	21936		21936
其中:厦门市						202		202
江西省						11575		11575
山东省						1318		1318
其中:青岛市						275		275
河南省						1494		1494
湖北省						14532		14532
湖南省						12983		12983
广东省	20				20	28256		28256
其中:深圳市						4020		4020
广西壮族自治区						93555		93555
海南省						2103		2103
重庆市						15363		15363
四川省	8	8				1093		1093
贵州省						50280		50280
云南省						2793		2793
西藏自治区						327		327
陕西省						94427		94427
甘肃省						13553		13553
青海省						17784		17784
宁夏回族自治区						2751		2751
新疆维吾尔自治区						190		190

2007 年各省、自治区、直辖市农业综合开发支出明细表

2－149－1　　　　　　　　　　　　　　　　　　　　　　　　　　单位:万元

地　　区	合　计	工资福利支出				
		小　计	基本工资	津贴补贴	奖　金	社会保障缴　费
地 方 合 计	**2003878**	**26677**	**14635**	**7942**	**1861**	**758**
北京市	93621	14				
天津市	4286					
河北省	60248	2956	1764	847	105	63
山西省	61224	1407	847	444	62	16
内蒙古自治区	67974	1001	586	362	40	3
辽宁省	91038	291	110	114	27	21
其中:大连市	14860	12	5	3	1	3
吉林省	56900	539	278	234	14	
黑龙江省	100447	1700	992	585	79	2
上海市	36190					
江苏省	208298	2831	1132	748	413	162
浙江省	104448	918	205	175	394	86
其中:宁波市	16520	178	24	43	96	12
安徽省	70389	438	210	156	28	8
福建省	39671	227	107	52	10	16
其中:厦门市	20					
江西省	65767	1132	670	286	71	26
山东省	102085	1632	887	532	58	101
其中:青岛市	12626	178	124	32	8	14
河南省	86926	2472	1656	685	47	38
湖北省	116391	319	175	92	26	20
湖南省	76133	2781	1715	623	156	88
广东省	50509	9	1	1		
其中:深圳市	4772					
广西壮族自治区	51376	88	67	15	5	1
海南省	30836	286	167	59	17	6
重庆市	34781	527	276	200	36	
四川省	112541	12	4		1	1
贵州省	28562	897	579	262	40	7
云南省	54537	87	47	37	2	
西藏自治区	22123	173	74	83	7	1
陕西省	50337	2235	1253	728	114	51
甘肃省	39740	598	275	233	20	1
青海省	20515	86	30	50	3	1
宁夏回族自治区	21446	390	209	131	34	2
新疆维吾尔自治区	44539	631	319	208	52	37

二、地方财政预算收支情况

2－149－2　　　　单位:万元

地　　区	工资福利支出				商品和服务支出		
	伙食费	伙　食 补助费	绩效 工资	其他工资 福利支出	小　计	办公费	印刷费
地　方　合　计	**20**	**208**	**34**	**1219**	**597515**	**17351**	**1266**
北京市				14	38556	9	6
天津市					1712	62	29
河北省	7	58	1	111	11362	723	74
山西省		12	3	23	17079	309	126
内蒙古自治区				10	28060	662	38
辽宁省		1	4	14	6160	262	57
其中:大连市					1881	7	4
吉林省		1	2	10	15281	2377	19
黑龙江省	4	17	4	17	42824	2229	120
上海市					9767		
江苏省	2	50	4	320	100564	219	33
浙江省	1	11		46	12487	73	19
其中:宁波市		3			2147	10	
安徽省		3		33	4595	141	29
福建省		2		40	3574	85	7
其中:厦门市					8		
江西省		1	1	77	23650	176	22
山东省		12		42	42919	4246	246
其中:青岛市					3827	1393	3
河南省	5		1	40	12160	1670	128
湖北省				6	66525	447	19
湖南省	1	25	2	171	8429	458	57
广东省				7	22761	64	8
其中:深圳市					4668	2	
广西壮族自治区					6573	226	7
海南省			1	36	9919	98	3
重庆市		2		13	8406	74	21
四川省				6	42097	702	51
贵州省				9	7058	107	15
云南省			1		25136	1331	16
西藏自治区				8	660	6	
陕西省		6	6	77	2853	303	53
甘肃省			1	68	11616	149	30
青海省			1	1	7806	4	
宁夏回族自治区		1	1	12	5059	50	2
新疆维吾尔自治区		6	1	8	1867	89	31

2－149－3

单位:万元

地　区	商品和服务支出						
	咨询费	手续费	水　费	电　费	邮电费	取暖费	物　业管理费
地 方 合 计	**280**	**113**	**350**	**604**	**807**	**411**	**139**
北京市				1			
天津市							
河北省	3	1	5	23	84	73	1
山西省	9	3	18	22	51	38	1
内蒙古自治区	8		1	3	14	9	5
辽宁省	17				13	18	
其中:大连市						1	
吉林省	7	2	8	9	45	6	2
黑龙江省	58	10	37	46	50	111	7
上海市							
江苏省	14	1	7	49	77		28
浙江省	3			7	23		1
其中:宁波市							
安徽省			2	7	11		4
福建省				6	10		
其中:厦门市							
江西省			1	21	36		4
山东省	46	75	189	182	95	76	25
其中:青岛市							
河南省	9	9	7	51	64	10	7
湖北省			2	22	8		
湖南省	14	1	34	71	67	3	4
广东省	9			13	1		1
其中:深圳市				13			1
广西壮族自治区		6		1	1		
海南省	4			1	1		1
重庆市			3	8	10		7
四川省	14	1	5	8	22		
贵州省	10		4	8	23		1
云南省	8		2	3	6		
西藏自治区							
陕西省		3	14	24	41	34	9
甘肃省	8		2	8	24	10	31
青海省					1	1	
宁夏回族自治区	2			4	12	7	
新疆维吾尔自治区	37	1	9	6	17	15	

二、地方财政预算收支情况

2－149－4　　　　　　　　　　　　　　　　　　　　　　单位:万元

地　　区	商品和服务支出					
	交通费	差旅费	出国费	维修(护)费	租赁费	会议费
地　方　合　计	**5276**	**2728**	**167**	**16906**	**944**	**3800**
北京市	12	2		6		95
天津市	12	1				18
河北省	469	138	28	879	5	454
山西省	257	165	2	95	6	250
内蒙古自治区	318	161		3174	4	129
辽宁省	149	63	4	3	1	145
其中:大连市	1					
吉林省	261	127	18	1348	36	140
黑龙江省	299	275	52	4237	106	165
上海市						
江苏省	348	158	14	68	543	278
浙江省	116	48	5	12	38	138
其中:宁波市	4	12	5		25	12
安徽省	65	45	3	112	10	72
福建省	47	126	9	24	4	60
其中:厦门市						
江西省	148	96		157	68	77
山东省	669	148		4259	51	309
其中:青岛市	15	3		12	3	5
河南省	389	169	1	57	19	251
湖北省	62	47		280		31
湖南省	406	165		47	5	155
广东省	55	124		36		55
其中:深圳市	12			22		
广西壮族自治区	27	7		79		7
海南省	83	38		3	6	64
重庆市	98	57		901	15	89
四川省	181	171		1020	16	335
贵州省	152	64	1	9	3	79
云南省	110	43		11		54
西藏自治区	11	5				
陕西省	246	61	19	46	7	188
甘肃省	84	76	4	17	1	102
青海省	12	2		2		
宁夏回族自治区	65	39		8		39
新疆维吾尔自治区	125	107	7	16		21

2-149-5

单位:万元

地区	商品和服务支出						
	培训费	招待费	专用材料费	被装购置费	专用燃料费	劳务费	委托业务费
地方合计	**3196**	**3173**	**29499**	**173**	**1303**	**10380**	**999**
北京市	11	1	2			4	
天津市	2	1					
河北省	128	156	367		103	157	5
山西省	351	138	977		47	539	638
内蒙古自治区	73	59	1114	22	8	96	2
辽宁省	101	52	1955		5	180	5
其中:大连市	5	11	1698			154	
吉林省	218	53	2902		709	1355	5
黑龙江省	438	95	3694	133	24	2959	138
上海市							
江苏省	138	164	68			88	3
浙江省	56	226	133			94	1
其中:宁波市	19	25	79			28	
安徽省	36	48	400		41	9	5
福建省	19	97	290			111	38
其中:厦门市							
江西省	93	231	243	1	116	89	16
山东省	288	91	5323	11	122	3952	21
其中:青岛市	4	1	37	5	2	9	
河南省	213	183	3225		107	211	13
湖北省	19	69	1966			14	4
湖南省	151	450	25	3	8	25	5
广东省	109	41	720			181	
其中:深圳市		1	25			8	
广西壮族自治区	159	23	63	2		3	29
海南省	68	106	2478			29	4
重庆市	22	82	95			43	2
四川省	155	299	350		1	135	61
贵州省	94	144	2			30	4
云南省	66	93	1657		1	23	
西藏自治区	5	7					
陕西省	94	103	28		3	2	
甘肃省	29	71	643			12	
青海省		13					
宁夏回族自治区	2	15	735		1	2	
新疆维吾尔自治区	58	62	44	1	7	37	

二、地方财政预算收支情况

2－149－6

单位:万元

地　　　区	商品和服务支出			对个人和家庭的补助			
	工会经费	福利费	其他商品和服务支出	小　计	离休费	退休费	退职(役)费
地　方　合　计	**213**	**420**	**497017**	**13963**	**136**	**1554**	
北京市			38407	110			
天津市			1587				
河北省	108	31	7347	779	10	255	
山西省	2	20	13015	276		26	
内蒙古自治区	1	32	22127	700		4	
辽宁省	3		3127	80		5	
其中:大连市							
吉林省	1		5633	227	8	50	
黑龙江省	6	13	27522	2212	18	262	
上海市			9767	40			
江苏省	22	32	98212	1397	89	380	
浙江省	18	58	11418	2509		30	
其中:宁波市	5	3	1920	67			
安徽省	2	1	3552	602		32	
福建省	6	3	2632	40		5	
其中:厦门市			8				
江西省	2	47	22006	61		26	
山东省	5	21	22469	1367	6	41	
其中:青岛市			2335	22		6	
河南省	7	16	5344	656	2	112	
湖北省	1	4	63530	295		12	
湖南省	15	35	6225	181		86	
广东省			21344	86			
其中:深圳市			4584				
广西壮族自治区		32	5901	19		1	
海南省		1	6931	19			
重庆市	4	3	6872	230		8	
四川省		44	38526	266			
贵州省	2	8	6298	1009		97	
云南省			21712	66			
西藏自治区			626	11		9	
陕西省	3	4	1568	662	3	88	
甘肃省	1	6	10308	6			
青海省			7771				
宁夏回族自治区	2	2	4072	10			
新疆维吾尔自治区	2	7	1168	47		25	

2－149－7

单位:万元

地区	对个人和家庭的补助						
	抚恤金	生活补助	救济费	医疗费	助学金	奖励金	生产补贴
地方合计	**36**	**224**	**80**	**54**	**11**	**107**	**9128**
北京市							110
天津市							
河北省	5	8		2		12	391
山西省	1	8					199
内蒙古自治区							587
辽宁省						8	43
其中:大连市							
吉林省				1			
黑龙江省		5				21	1873
上海市							40
江苏省	5	40	72	18		1	528
浙江省				4		5	2250
其中:宁波市				2			62
安徽省	3	55		6			89
福建省			1				14
其中:厦门市							
江西省		7		1		1	12
山东省	8	37		3		17	1044
其中:青岛市							
河南省	7	21	7				152
湖北省				1			274
湖南省		4		8		4	22
广东省					11		
其中:深圳市							
广西壮族自治区		1		1			9
海南省							16
重庆市		1		3			207
四川省		18				18	198
贵州省	1	1				13	531
云南省							66
西藏自治区				1			
陕西省	4	16		5		7	463
甘肃省	2	1					
青海省							
宁夏回族自治区							10
新疆维吾尔自治区		1					

2－149－8

单位:万元

地　　区	对个人和家庭的补助				对企事业单位的补贴		
	住房公积金	提租补贴	购房补贴	其他对个人和家庭的补助支出	小计	企业政策性补贴	事业单位补贴
地方合计	**494**	**36**	**148**	**1955**	**97018**	**8257**	**1200**
北京市					1108	300	
天津市					264	264	
河北省	39	1	3	53	538		
山西省	16			26	927	91	10
内蒙古自治区	3			106	160	55	25
辽宁省	4	18		2	698	180	10
其中:大连市					190	180	10
吉林省	4			164	6689	1770	3
黑龙江省	31			2	3547	2677	
上海市					1152	1000	
江苏省	92	17	2	153	1233		1
浙江省	57		3	160	2505	700	142
其中:宁波市				3	514		27
安徽省	23			394	756		20
福建省	4			16	203	85	8
其中:厦门市							
江西省	14				312		
山东省	40		133	38	2057		426
其中:青岛市	5			11	40		
河南省	13			342	61253	109	76
湖北省	7			1	139	84	
湖南省	37			20	508		
广东省				75	768		
其中:深圳市							
广西壮族自治区	7				65		
海南省				3			
重庆市	8			3	907		
四川省				32	914	437	
贵州省	6		7	353	1110	481	422
云南省					204		57
西藏自治区	1						
陕西省	68			8	8444		
甘肃省	3				382		
青海省					67		
宁夏回族自治区							
新疆维吾尔自治区	17			4	108	24	

2－149－9　　　　单位:万元

地　　区	对企事业单位的补贴		赠与			债务利息支出	
	财政贴息	其他对企事业单位的补贴支出	小计	对国内的赠与	对国外的赠与	小计	国库券付息
地方合计	**60346**	**27215**				**252**	
北京市	226	582					
天津市							
河北省	167	371					
山西省	178	648					
内蒙古自治区	80						
辽宁省	420	88					
其中:大连市							
吉林省	385	4531					
黑龙江省	233	637					
上海市	127	25					
江苏省	306	926					
浙江省	120	1543					
其中:宁波市		487					
安徽省	503	233					
福建省		110					
其中:厦门市							
江西省	186	126					
山东省	283	1348					
其中:青岛市		40					
河南省	55428	5640					
湖北省	55						
湖南省	457	51					
广东省	13	755					
其中:深圳市							
广西壮族自治区		65					
海南省							
重庆市	368	539					
四川省	94	383				5	
贵州省	50	157					
云南省	91	56					
西藏自治区							
陕西省	361	8083					
甘肃省	64	318					
青海省	67					247	
宁夏回族自治区							
新疆维吾尔自治区	84						

2－149－10

单位:万元

地　　区	债务利息支出					基本建设支出	
	向国家银行借款付息	其他国内借款付息	向国外政府借款付息	向国际组织借款付息	其他国外借款付息	小　计	房屋建筑物购建
地方合计		**252**				**99473**	**1487**
北京市						411	
天津市							
河北省						7207	88
山西省						1337	
内蒙古自治区						6520	
辽宁省						128	
其中:大连市							
吉林省						6080	
黑龙江省						12308	
上海市						1133	
江苏省						1777	
浙江省						3295	96
其中:宁波市						3144	
安徽省						267	
福建省						198	
其中:厦门市							
江西省						5800	120
山东省						5346	194
其中:青岛市						865	
河南省						3912	
湖北省						8144	
湖南省						1342	
广东省						2147	
其中:深圳市							
广西壮族自治区						398	
海南省						2665	
重庆市						3314	
四川省		5				10209	
贵州省						694	
云南省						5592	24
西藏自治区						2703	
陕西省						124	
甘肃省						65	15
青海省		247				2004	950
宁夏回族自治区						3856	
新疆维吾尔自治区						497	

2－149－11

单位:万元

地 区	基本建设支出							
	办公设备购 置	专用设备购 置	交通工具购 置	基础设施建 设	大型修缮	信息网络购 建	物资储备	其他基本建设支出
地 方 合 计	**137**	**659**	**96**	**56835**	**3416**	**9**	**5**	**36829**
北京市								411
天津市								
河北省	50	4	50	1452		4		5559
山西省	5	20		820	110			382
内蒙古自治区	17	11	8	1806				4678
辽宁省				128				
其中:大连市								
吉林省				4588				1492
黑龙江省				8874	2402			1032
上海市				700				433
江苏省				1777				
浙江省	10	3		60				3126
其中:宁波市				50				3094
安徽省				146				121
福建省		1		135				62
其中:厦门市								
江西省		25		5010				645
山东省	25	72		3505		3	5	1542
其中:青岛市				104				761
河南省	1		15	2327	10			1559
湖北省				2735		2		5407
湖南省	11	23		976				332
广东省				1100				1047
其中:深圳市								
广西壮族自治区				148				250
海南省					894			1771
重庆市	10		23	2281				1000
四川省		500		9120				589
贵州省	8			357				329
云南省				3849				1719
西藏自治区				2703				
陕西省				44				80
甘肃省								50
青海省				329				725
宁夏回族自治区				1518				2338
新疆维吾尔自治区				347				150

2－149－12

单位:万元

地　　区	其他资本性支出						
	小　计	房屋建筑物购　　建	办公设备购　　置	专用设备购　　置	交通工具购　　置	基础设施建　　设	大型修缮
地　方　合　计	**739803**	**1168**	**2037**	**6413**	**1392**	**398591**	**4859**
北京市	12468		10	240		1373	
天津市	2310		10		20	1463	
河北省	28169	134	23	721	183	21961	
山西省	36746	125	196	1003	135	18928	1777
内蒙古自治区	25110	87	27	859	98	15070	
辽宁省	66179		580		72	54633	80
其中:大连市	925		575				
吉林省	25341		13	614	31	18415	87
黑龙江省	34487		47	12	22	28257	2
上海市	19792			242		4069	
江苏省	71916	168	189	435	82	18331	3
浙江省	69069		23	2	49	3431	
其中:宁波市	3949		7	1		780	
安徽省	48667		7		44	47064	78
福建省	3152	20	11	10		1387	9
其中:厦门市							
江西省	21954	180	29	23	23	13974	6
山东省	39367	125	505	1573	107	15800	1466
其中:青岛市	1924		9		7	109	
河南省	4907	195	43	145	73	3505	60
湖北省	18364		5		19	10294	70
湖南省	1198		43		100	595	
广东省	12679		32	205		2183	65
其中:深圳市	9			9			
广西壮族自治区	893					250	
海南省	12861	45	8	141		11511	
重庆市	16859		15		12	12852	13
四川省	41886		91	169	10	31384	638
贵州省	11707		3	1	34	7556	
云南省	21146		32	2	50	16991	
西藏自治区	18561			9		11480	
陕西省	35736		59	4	133	3866	53
甘肃省	23620	86	10	3	43	14952	183
青海省	8213		1			2427	262
宁夏回族自治区	5417		12		22	3863	3
新疆维吾尔自治区	1029	3	13		30	726	4

2－149－13 单位:万元

地　区	其他资本性支出						
	信息网络购建	物资储备	土地补偿	安置补助	地上附着物和青苗补偿	拆迁补偿	其他资本性支出
地方合计	**317**	**65**	**18817**	**700**	**3647**	**2319**	**299478**
北京市				－2			10847
天津市							817
河北省	200		1315	6	347	215	3064
山西省	17	6	1518	65	157	273	12546
内蒙古自治区			6331				2638
辽宁省	4		239		12		10559
其中:大连市			237				113
吉林省			910		83		5188
黑龙江省	1		954	83	429		4680
上海市							15481
江苏省	58	50	2053		443	1205	48899
浙江省	3		401			443	64717
其中:宁波市			264			443	2454
安徽省	1						1473
福建省	7	4	33		5		1666
其中:厦门市							
江西省	5		1083	15	30	50	6536
山东省	20		1760	532	1154	114	16211
其中:青岛市	5				15		1779
河南省		5	55	1	12		813
湖北省						19	7957
湖南省	1		40				419
广东省			46		173		9975
其中:深圳市							
广西壮族自治区			86		40		517
海南省			277				879
重庆市			25		10		3932
四川省			346		40		9208
贵州省			630				3483
云南省							4071
西藏自治区							7072
陕西省			1				31620
甘肃省			661		392		7290
青海省							5523
宁夏回族自治区					320		1197
新疆维吾尔自治区			53				200

二、地方财政预算收支情况

2－149－14 单位：万元

地　　区	贷款转贷及产权参股					其他支出		
	小　计	国内贷款	国外贷款	产权参股	其他贷款转贷及产权参股支出	小　计	补充全国社会保障基金	其他支出
地方合计	**7540**	**3520**		**4020**		**421637**		**421637**
北京市						40954		40954
天津市								
河北省						9237		9237
山西省						3452		3452
内蒙古自治区	1030	1030				5393		5393
辽宁省	4020			4020		13482		13482
其中：大连市						11852		11852
吉林省						2743		2743
黑龙江省						3369		3369
上海市						4306		4306
江苏省						28580		28580
浙江省						13665		13665
其中：宁波市						6521		6521
安徽省						15064		15064
福建省						32277		32277
其中：厦门市						12		12
江西省	147	147				12711		12711
山东省						9397		9397
其中：青岛市						5770		5770
河南省						1566		1566
湖北省						22605		22605
湖南省						61694		61694
广东省						12059		12059
其中：深圳市						95		95
广西壮族自治区						43340		43340
海南省						5086		5086
重庆市						4538		4538
四川省	2340	2340				14812		14812
贵州省	3	3				6084		6084
云南省						2306		2306
西藏自治区						15		15
陕西省						283		283
甘肃省						3453		3453
青海省						2092		2092
宁夏回族自治区						6714		6714
新疆维吾尔自治区						40360		40360

2007 年各省、自治区、直辖市其他农林水事务支出明细表

2－150－1 单位:万元

地　　区	合　计	工资福利支出				
		小　计	基本工资	津贴补贴	奖　金	社会保障缴　费
地　方　合　计	**724483**	**33402**	**18715**	**8199**	**2278**	**1850**
北京市	159840	86	5	60		5
天津市	1612	476	38	216	18	142
河北省	9177	213	135	69	4	1
山西省	4464	78	60	15	3	
内蒙古自治区	2637	1300	935	365		
辽宁省	17694	276	78	42	18	137
其中:大连市	1544					
吉林省	2736	1094	723	370		
黑龙江省	8336	2188	1486	457	115	130
上海市	37394	281	62	83	54	58
江苏省	84836	4367	2184	788	551	421
浙江省	78243	1237	278	239	556	96
其中:宁波市	3340	244	34	43	98	51
安徽省	30908	935	406	394	12	6
福建省	14982	1500	625	524	108	34
其中:厦门市	1724	125	31	5		
江西省	14874	842	559	101	21	7
山东省	29623	1936	1137	498	70	134
其中:青岛市	3196	70	28	25	3	5
河南省	14598	1454	1298	86	7	3
湖北省	34897	1905	1337	451	18	50
湖南省	25311	5389	3385	963	234	485
广东省	32213	602	100	144	101	21
其中:深圳市	18984	257	20	85	62	10
广西壮族自治区	9125	766	447	188	69	17
海南省	1165	48	12	16		
重庆市	7310	614	220	162	80	9
四川省	36399	875	425	241	32	64
贵州省	7821	731	430	216	38	9
云南省	25430	799	410	263	69	13
西藏自治区	4451	272	66	161	10	3
陕西省	15093	2483	1567	805	68	4
甘肃省	3554	311	178	98	13	
青海省	815	129	42	81	2	
宁夏回族自治区	5064	209	83	102	7	
新疆维吾尔自治区	3881	6	4	1		1

二、地方财政预算收支情况

2－150－2

单位:万元

地　　区	工资福利支出				商品和服务支出		
	伙食费	伙　食 补助费	绩效 工资	其他工资 福利支出	小　计	办公费	印刷费
地　方　合　计	**94**	**145**	**128**	**1993**	**273805**	**12798**	**1218**
北京市				16	63947	31	13
天津市	20		29	13	1121	22	10
河北省		2	1	1	3973	540	7
山西省					1736	48	69
内蒙古自治区					767	25	5
辽宁省		1			5263	1090	2
其中:大连市					522	76	
吉林省				1	472	85	3
黑龙江省					1727	164	4
上海市		14	3	7	1917	1	
江苏省	12	72	4	335	30977	398	93
浙江省		13		55	12770	89	175
其中:宁波市				18	1892	20	
安徽省	7	4	2	104	17449	1103	53
福建省		6	1	202	6589	415	40
其中:厦门市				89	447		
江西省		2		152	6226	310	22
山东省		1	24	72	11605	1587	225
其中:青岛市			1	8	2105		
河南省				60	4007	1129	44
湖北省	1			48	20119	569	89
湖南省	52	18	41	211	9483	1793	105
广东省	1	6		229	21278	142	13
其中:深圳市	1	6		73	12813	7	8
广西壮族自治区	1			44	1196	142	5
海南省		1	1	18	588		1
重庆市				143	2585	81	17
四川省		3	9	101	13473	436	37
贵州省		2		36	4956	436	32
云南省			7	37	12284	1759	115
西藏自治区				32	711	1	2
陕西省			2	37	11956	329	18
甘肃省				22	508	27	4
青海省			4		411	16	1
宁夏回族自治区				17	1200	3	4
新疆维吾尔自治区					2511	27	10

2－150－3　　　　单位:万元

地　　区	商品和服务支出						
	咨询费	手续费	水　费	电　费	邮电费	取暖费	物　业 管理费
地　方　合　计	**252**	**13**	**346**	**710**	**608**	**198**	**51**
北京市	2				4		
天津市			1	3	7	7	
河北省	3			11	5	20	
山西省	89	1		4	3	12	
内蒙古自治区			21	5	3	8	
辽宁省			14	30	1	3	
其中:大连市			6	28			
吉林省			9	14	7	18	
黑龙江省				2	5	2	
上海市			1	1	3		
江苏省	18	1	18	27	40		
浙江省	11	1	1	10	30		
其中:宁波市					8		
安徽省			20	41	23		
福建省			4	190	8		
其中:厦门市							
江西省	12	2	10	20	17		1
山东省	2	4	112	132	252	58	3
其中:青岛市							
河南省	9	1	20	44	35	10	
湖北省	1		11	27	23	4	11
湖南省	21	2	24	58	59	18	24
广东省	6		5	11	9		4
其中:深圳市	1			3	2		4
广西壮族自治区		1		5	3		
海南省				1	1		
重庆市	1		1	15	4		1
四川省	40		4	8	19	2	4
贵州省	1		1		6		1
云南省	26		6	19	16		2
西藏自治区					1	3	
陕西省			33	20	18	21	
甘肃省			20			1	
青海省				1			
宁夏回族自治区				1	1	6	
新疆维吾尔自治区	10		10	10	5	5	

2－150－4

单位:万元

地　　区	商品和服务支出					
	交通费	差旅费	出国费	维修(护)费	租赁费	会议费
地　方　合　计	**2383**	**1630**	**55**	**5129**	**253**	**2334**
北京市	3	11		50	14	45
天津市	76	4		5		4
河北省	61	51		332	11	135
山西省	55	27		472		15
内蒙古自治区	31	34	14	50		51
辽宁省	32	12		305		15
其中:大连市				238		
吉林省	10	8		9		8
黑龙江省	26	9		14		8
上海市	6	6				3
江苏省	208	143		203	9	168
浙江省	46	126		76	5	93
其中:宁波市	1	43		5		19
安徽省	206	182		187		112
福建省	55	61		305		92
其中:厦门市						2
江西省	61	41	2	251		41
山东省	370	107		1110	140	294
其中:青岛市						
河南省	110	51		173	13	93
湖北省	87	52	2	75	4	155
湖南省	296	199	31	69	9	206
广东省	65	9		518	2	26
其中:深圳市	35			466	2	2
广西壮族自治区	29	24		25		24
海南省	21	5	6			6
重庆市	38	48		265	9	117
四川省	125	125		66	1	286
贵州省	59	44		62		23
云南省	139	162		101	1	206
西藏自治区	20	10				
陕西省	99	53		317	9	91
甘肃省	6	4		10	1	7
青海省	5	6		4	22	
宁夏回族自治区	17	3		24		
新疆维吾尔自治区	21	13		51	3	10

2－150－5 单位:万元

地区	商品和服务支出						
	培训费	招待费	专用材料费	被装购置费	专用燃料费	劳务费	委托业务费
地方合计	**2091**	**2347**	**8377**	**232**	**814**	**2187**	**812**
北京市	29	18	2023			21	20
天津市	4	18					
河北省	64	35	118	18	30	1	239
山西省	67	10	4		3	14	
内蒙古自治区	7	6	55	3	1	2	4
辽宁省	58	5	204			99	1
其中:大连市	15		99			60	
吉林省	16	6	187			48	
黑龙江省	438	5	419	72	402	86	
上海市	1	12					
江苏省	199	418	601	2		524	205
浙江省	64	149	149		4	186	107
其中:宁波市	6	37				2	33
安徽省	113	37	270		1	52	
福建省	55	79	256	39		54	35
其中:厦门市	15						
江西省	28	107	133		2	72	4
山东省	113	59	653	26	33	235	106
其中:青岛市		2					
河南省	95	49	413	3	4	48	17
湖北省	36	120	3		11	85	16
湖南省	124	389	135	64	170	44	25
广东省	14	80	30		6	49	4
其中:深圳市		31	4			47	5
广西壮族自治区	10	52	27		95	13	
海南省	2	28	2		17		
重庆市	27	46	108			63	
四川省	94	230	189	5	7	53	17
贵州省	57	57	474			31	4
云南省	311	278	1568		20	77	8
西藏自治区		7					
陕西省	53	40	189		7	296	
甘肃省	2	2	42		1	6	
青海省		1					
宁夏回族自治区		4					
新疆维吾尔自治区	10		125			28	

2－150－6

单位:万元

地区	商品和服务支出			对个人和家庭的补助			
	工会经费	福利费	其他商品和服务支出	小计	离休费	退休费	退职(役)费
地方合计	**133**	**426**	**228408**	**24372**	**337**	**2540**	**45**
北京市			61663	251			
天津市	7	14	939	3			
河北省		4	2288	456		4	
山西省		2	841	5			
内蒙古自治区		3	439	205			
辽宁省		70	3322	511		23	
其中:大连市							
吉林省			44	171			
黑龙江省	2	2	67	546	25	270	
上海市	1	10	1872	39		5	
江苏省	11	50	27641	2571	126	769	37
浙江省	53	131	11264	408	11	118	
其中:宁波市			1718	59			
安徽省	3		15046	1102	3	34	
福建省	1	7	4893	467			
其中:厦门市			430	80			
江西省	13	11	5066	832	30	194	
山东省	9	11	5964	3781	21	82	1
其中:青岛市			2103				
河南省		8	1638	202		9	
湖北省	2	10	18726	766	10	374	1
湖南省	18	40	5560	809	95	196	
广东省	2	11	20272	344		49	
其中:深圳市		6	12190	7		4	
广西壮族自治区		4	737	144	6	94	5
海南省			498	14		1	
重庆市		1	1743	688			
四川省	1	3	11721	5797		63	
贵州省		5	3663	495	3	52	
云南省	7	25	7438	748			1
西藏自治区			667	1734		45	
陕西省	2	3	10358	183	7	156	
甘肃省			375	12		2	
青海省	1		354				
宁夏回族自治区			1137	565			
新疆维吾尔自治区		1	2172	523			

2－150－7 单位:万元

地区	对个人和家庭的补助						
	抚恤金	生活补助	救济费	医疗费	助学金	奖励金	生产补贴
地方合计	**445**	**2898**	**485**	**55**	**71**	**1919**	**3938**
北京市						36	
天津市		1					
河北省		104	20			33	100
山西省							
内蒙古自治区							131
辽宁省		82				392	
其中:大连市							
吉林省		51					120
黑龙江省	3	8					239
上海市							2
江苏省	58	436	58	22		1	230
浙江省	10	16		13		33	49
其中:宁波市							
安徽省		179	30			1	63
福建省		138		3			225
其中:厦门市		80					
江西省	3	5	1	2		2	2
山东省	338	707	290			1341	723
其中:青岛市							
河南省		162					31
湖北省	8	3		5			26
湖南省	15	75	32	8	11	8	53
广东省		175				3	4
其中:深圳市							
广西壮族自治区		2					10
海南省		2					8
重庆市		241	48				128
四川省	3	82	6			34	156
贵州省	3	177				26	107
云南省	2	126			60	9	347
西藏自治区							775
陕西省	2	6		2			
甘肃省							9
青海省							
宁夏回族自治区							
新疆维吾尔自治区		120					400

2－150－8

单位：万元

地　　区	对个人和家庭的补助				对企事业单位的补贴		
	住　房公积金	提租补贴	购房补贴	其他对个人和家庭的补助支出	小　计	企业政策性补　贴	事业单位补　贴
地　方　合　计	**252**	**21**	**190**	**11176**	**12464**	**4896**	**2042**
北京市				215	3250	2646	20
天津市	2						
河北省				195	715	56	45
山西省				5	81	6	
内蒙古自治区				74	1		1
辽宁省		3		11	1728	664	1064
其中：大连市					30	30	
吉林省					33		
黑龙江省				1	212	201	
上海市	5			27	290		
江苏省	42		15	777	1145	779	1
浙江省	57			101	996	187	
其中：宁波市				59	81	35	
安徽省	15	1		776	565	79	
福建省	18	3	1	79	322		238
其中：厦门市							
江西省	13			580	126		1
山东省	15		63	200	104		22
其中：青岛市					69		
河南省					58	15	43
湖北省	10			329	2		2
湖南省	30	10		276	4		1
广东省	11	4		98	79		
其中：深圳市				3	74		
广西壮族自治区	8			19	50		
海南省				3			
重庆市			100	171	4		4
四川省	7			5446	1641	178	458
贵州省			11	116	7		
云南省	9			194	1051	85	142
西藏自治区	2			912			
陕西省	7			3			
甘肃省	1						
青海省							
宁夏回族自治区				565			
新疆维吾尔自治区				3			

2-150-9

单位:万元

地区	对企事业单位的补贴		赠与			债务利息支出	
	财政贴息	其他对企事业单位的补贴支出	小计	对国内的赠与	对国外的赠与	小计	国库券付息
地方合计	**860**	**4666**	**1**	**1**		**458**	
北京市	385	199					
天津市							
河北省	100	514				5	
山西省		75					
内蒙古自治区							
辽宁省							
其中:大连市							
吉林省	13	20					
黑龙江省		11					
上海市		290					
江苏省		365					
浙江省		809					
其中:宁波市		46					
安徽省		486					
福建省		84					
其中:厦门市							
江西省		125					
山东省		82				390	
其中:青岛市		69					
河南省							
湖北省							
湖南省		3					
广东省		79					
其中:深圳市		74					
广西壮族自治区		50					
海南省							
重庆市							
四川省		1005					
贵州省		7					
云南省	362	462	1	1		63	
西藏自治区							
陕西省							
甘肃省							
青海省							
宁夏回族自治区							
新疆维吾尔自治区							

二、地方财政预算收支情况

2-150-10　　　　单位:万元

地　　区	债务利息支出					基本建设支出	
	向国家银行借款付息	其他国内借款付息	向国外政府借款付息	向国际组织借款付息	其他国外借款付息	小　计	房屋建筑物购　建
地方合计		**258**		**200**		**55933**	**2665**
北京市						5620	
天津市							
河北省		5				65	
山西省							
内蒙古自治区						150	
辽宁省						3084	145
其中:大连市						47	
吉林省						89	15
黑龙江省						254	
上海市						29152	
江苏省						5677	1800
浙江省						264	
其中:宁波市						180	
安徽省						2321	
福建省						1836	
其中:厦门市						122	
江西省						1633	138
山东省		190		200		553	
其中:青岛市							
河南省						245	
湖北省						575	
湖南省						93	
广东省						346	162
其中:深圳市							
广西壮族自治区						33	
海南省							
重庆市						199	
四川省						338	187
贵州省						20	
云南省		63				1095	
西藏自治区						1295	
陕西省						218	218
甘肃省						198	
青海省							
宁夏回族自治区						162	
新疆维吾尔自治区						418	

2－150－11　　　　　　　　　　　　　　　　　　　　　　单位:万元

地　　区	基本建设支出							
	办公设备购　　置	专用设备购　　置	交通工具购　　置	基础设施建　　设	大型修缮	信息网络购　　建	物资储备	其他基本建设支出
地　方　合　计	**106**	**58**	**77**	**15791**	**408**	**208**		**36620**
北京市				5131		－1		490
天津市								
河北省			5	32				28
山西省								
内蒙古自治区				150				
辽宁省				2909		30		
其中:大连市				40		7		
吉林省				74				
黑龙江省				254				
上海市								29152
江苏省				1278				2599
浙江省				84				180
其中:宁波市								180
安徽省				1415				906
福建省				867	131	100		738
其中:厦门市				2				120
江西省				1146		60		289
山东省	6		52	463				32
其中:青岛市								
河南省		23		27				195
湖北省	99	31				17		428
湖南省		4		81	7	1		
广东省				10	170			4
其中:深圳市								
广西壮族自治区				30				3
海南省								
重庆市				106				93
四川省				144				7
贵州省				10				10
云南省	1		20	787		1		286
西藏自治区				280				1015
陕西省								
甘肃省				43				155
青海省								
宁夏回族自治区				162				
新疆维吾尔自治区				308	100			10

2－150－12　　　　单位:万元

地　　区	其他资本性支出						
	小　计	房屋建筑物购　建	办公设备购　置	专用设备购　置	交通工具购　置	基础设施建　设	大型修缮
地　方　合　计	**139149**	**1363**	**705**	**1392**	**724**	**49802**	**6600**
北京市	32048		18	502		5989	478
天津市	12					12	
河北省	1946		7	33	47	1529	79
山西省	1297	10	23	62	3	745	7
内蒙古自治区	214	3	2			102	
辽宁省	5904	414	47	85		2983	373
其中:大连市	945					648	274
吉林省	877		138			23	
黑龙江省	3409	24					3058
上海市	4263		2			269	
江苏省	22223	59	79	22	58	2353	977
浙江省	2773		35	96	20	66	200
其中:宁波市	46		16				
安徽省	5886	68	3	19	40	2011	483
福建省	980	14	2		32	554	105
其中:厦门市	32				32		
江西省	4228	500	17	28	3	1335	11
山东省	10499	59	35	91	73	3769	313
其中:青岛市	724						
河南省	7199	30	7	19		5548	8
湖北省	4956		8			4003	
湖南省	1100	62	43	97	69	388	23
广东省	519	35	12		28	89	43
其中:深圳市							
广西壮族自治区	457		8	10	36	20	
海南省	189				47	19	
重庆市	1507	18	7	41	8	381	188
四川省	13404	20	91	271	74	10332	130
贵州省	1051		30	8	32	401	
云南省	7721	4	90		17	4113	83
西藏自治区	318			8		88	35
陕西省	158		1			157	
甘肃省	2291	3				2138	
青海省	149	40			77		6
宁夏回族自治区	1428				60	242	
新疆维吾尔自治区	143					143	

2－150－13

单位:万元

地　　区	其他资本性支出						
	信息网络购　建	物资储备	土地补偿	安置补助	地上附着物和青苗补偿	拆迁补偿	其他资本性支　出
地　方　合　计	**558**	**617**	**3587**	**1013**	**1354**	**1092**	**70342**
北京市			1158				23903
天津市							
河北省			56		20	10	165
山西省			3		1	4	439
内蒙古自治区		28					79
辽宁省				17	150	50	1785
其中:大连市				17			6
吉林省				154	152	340	70
黑龙江省	317						10
上海市							3992
江苏省	41	500	579		415	10	17130
浙江省	48				573	28	1707
其中:宁波市							30
安徽省	16		22				3224
福建省	22						251
其中:厦门市							
江西省							2334
山东省			565	840	15	331	4408
其中:青岛市						331	393
河南省		78	5	2	9		1493
湖北省							945
湖南省	40		103			71	204
广东省							312
其中:深圳市							
广西壮族自治区					4		379
海南省							123
重庆市		10			5		849
四川省	10				10		2466
贵州省	59		10			98	413
云南省	5	1					3408
西藏自治区							187
陕西省							
甘肃省						150	
青海省							26
宁夏回族自治区			1086				40
新疆维吾尔自治区							

二、地方财政预算收支情况

2－150－14

单位:万元

地区	贷款转贷及产权参股					其他支出		
	小计	国内贷款	国外贷款	产权参股	其他贷款转贷及产权参股支出	小计	补充全国社会保障基金	其他支出
地方合计	**300**	**300**				**184599**		**184599**
北京市						54638		54638
天津市								
河北省						1804		1804
山西省						1267		1267
内蒙古自治区								
辽宁省						928		928
其中:大连市								
吉林省								
黑龙江省								
上海市						1452		1452
江苏省						17876		17876
浙江省						59795		59795
其中:宁波市						838		838
安徽省						2650		2650
福建省						3288		3288
其中:厦门市						918		918
江西省						987		987
山东省						755		755
其中:青岛市						228		228
河南省						1433		1433
湖北省						6574		6574
湖南省						8433		8433
广东省						9045		9045
其中:深圳市						5833		5833
广西壮族自治区						6479		6479
海南省						326		326
重庆市						1713		1713
四川省						871		871
贵州省						561		561
云南省						1668		1668
西藏自治区						121		121
陕西省						95		95
甘肃省						234		234
青海省						126		126
宁夏回族自治区	300	300				1200		1200
新疆维吾尔自治区						280		280

2007 年各省、自治区、直辖市交通运输类支出明细表

2－151－1

单位:万元

地区	合计	工资福利支出				
		小计	基本工资	津贴补贴	奖金	社会保障缴费
地方合计	**33396478**	**2129736**	**990592**	**450079**	**228624**	**240149**
北京市	855436	24224	7488	6783	3782	1612
天津市	280780	6139	2671	1896	534	596
河北省	1885025	140911	69275	24741	9035	21955
山西省	1203547	79294	46013	10739	2439	10794
内蒙古自治区	737500	25360	13877	6853	1006	2408
辽宁省	1419870	79620	37993	14915	2517	13063
其中:大连市	156233	5834	2506	1813	516	783
吉林省	507215	31945	19728	6152	890	3318
黑龙江省	982690	54904	30067	14859	2750	5297
上海市	764784	25101	6407	4786	9423	1748
江苏省	2535730	216926	58893	39626	55090	25018
浙江省	1574070	110080	25373	19834	37632	12955
其中:宁波市	267709	18424	2624	2797	7556	2803
安徽省	917437	65014	35701	12600	3962	5713
福建省	1116105	36734	14407	8666	2564	5888
其中:厦门市	83233	3938	764	1407	348	229
江西省	998498	88237	44064	17247	8470	8418
山东省	2586549	210844	86145	51925	20772	34577
其中:青岛市	247046	26678	8118	9564	1565	4008
河南省	1627756	127390	76907	23166	3105	12818
湖北省	893852	82121	52228	12108	4054	9351
湖南省	1362068	120542	84604	14138	3862	11923
广东省	2227818	119895	40430	42196	13947	11210
其中:深圳市	127479	8829	1891	4360	1135	367
广西壮族自治区	959655	72261	35487	14799	8220	6312
海南省	234839	21530	12894	2642	1103	3520
重庆市	658442	30239	14294	6953	4134	2385
四川省	1708875	92577	42952	12243	16578	8745
贵州省	699958	43435	27036	10124	2454	1824
云南省	930080	29438	13461	10705	1435	1597
西藏自治区	350330	36289	12334	19193	336	2436
陕西省	1264648	31571	18205	6843	1690	1871
甘肃省	623137	14208	7866	4583	351	399
青海省	209872	27156	10970	10510	2043	2735
宁夏回族自治区	278748	21903	11739	5194	899	1926
新疆维吾尔自治区	1001164	63848	31083	13060	3547	7737

二、地方财政预算收支情况

2－151－2

单位:万元

地区	工资福利支出				商品和服务支出		
	伙食费	伙食补助费	绩效工资	其他工资福利支出	小计	办公费	印刷费
地方合计	**4310**	**14367**	**34846**	**166769**	**6395417**	**200257**	**39947**
北京市	33	200	720	3606	248678	1080	705
天津市	17	10	16	399	4416	276	25
河北省	180	1920	1887	11918	558190	16614	4371
山西省	211	669	1331	7098	124083	7767	1983
内蒙古自治区	20	101	114	981	147695	3371	1383
辽宁省	190	794	6437	3711	96066	8210	2292
其中:大连市	31	8	108	69	10547	2407	155
吉林省		127	1530	200	76478	5375	947
黑龙江省	133	140	870	788	240613	10748	1781
上海市	16	264	143	2314	40521	847	1024
江苏省	1404	4040	4805	28050	301033	10736	3055
浙江省	102	1439	572	12173	292663	6335	1671
其中:宁波市	21	194	48	2381	27603	426	99
安徽省	232	240	1478	5088	120064	4891	1250
福建省	59	178	886	4086	72908	2926	1317
其中:厦门市	12	65	12	1101	5326	133	35
江西省	34	988	1045	7971	159748	3784	774
山东省	33	335	1828	15229	375936	21955	5696
其中:青岛市		39	606	2778	20161	4893	238
河南省	50	215	5266	5863	222379	20123	2265
湖北省	30	78	1262	3010	317259	3575	1162
湖南省	943	156	372	4544	778890	9948	683
广东省	363	271	354	11124	504497	15954	1834
其中:深圳市	218	7		851	113121	689	89
广西壮族自治区	18	535	67	6823	112071	5623	1151
海南省	5	42	23	1301	62699	966	184
重庆市		73	90	2310	72467	4907	885
四川省	140	357	1298	10264	200710	7376	901
贵州省	55	86	100	1756	49558	2750	368
云南省		36	35	2169	195105	9110	383
西藏自治区		36	364	1590	23378	557	47
陕西省	24	290	730	1918	417636	4280	612
甘肃省		1	235	773	379918	4963	359
青海省	3	181	219	495	18040	868	107
宁夏回族自治区	13	206	657	1269	22146	836	282
新疆维吾尔自治区	2	359	112	7948	159572	3506	450

2－151－3　　　　单位:万元

地　　区	商品和服务支出						
	咨询费	手续费	水　费	电　费	邮电费	取暖费	物　业管理费
地　方　合　计	**4467**	**14568**	**21196**	**68020**	**38906**	**45505**	**22943**
北京市	493	148	133	925	334	1389	839
天津市			52	122	69	123	9
河北省	328	8278	1759	6197	2838	7366	1085
山西省	241	83	999	3857	649	3397	1814
内蒙古自治区	4	61	218	606	452	1615	198
辽宁省	564	213	738	5213	2092	5760	702
其中:大连市	424	35	61	117	134	284	437
吉林省	116	239	989	1120	659	3009	999
黑龙江省	35	102	333	1082	814	3276	228
上海市	24	2	164	1076	539	3	450
江苏省	564	1908	1548	5884	3839	213	4194
浙江省	184	556	497	2957	2693		2036
其中:宁波市	71	4	57	463	263		240
安徽省	92	119	611	1762	1259	217	657
福建省	27	28	454	1743	1200	5	226
其中:厦门市		1	20	60	73	5	58
江西省	14	521	524	3186	1398	278	471
山东省	74	231	3492	8061	4321	8487	1766
其中:青岛市	8	2	356	765	394	946	450
河南省	108	107	1118	3832	1272	661	1349
湖北省	40	85	1061	2405	1491	386	417
湖南省	135	261	1253	2928	1409	1135	528
广东省	705	411	826	4865	2707	1	1869
其中:深圳市	5	2	60	917	243		680
广西壮族自治区	311	406	1357	3199	2206	1	374
海南省	9	29	139	330	317		195
重庆市	15	312	405	600	953	8	488
四川省	81	303	800	2009	2274	289	1074
贵州省	25	22	182	382	359	169	124
云南省	101	75	279	623	562		142
西藏自治区	1	3	126	346	200	271	5
陕西省	79	19	342	547	515	752	314
甘肃省	34	13	123	137	214	320	51
青海省	17	10	135	218	236	877	30
宁夏回族自治区	27	13	84	682	335	979	60
新疆维吾尔自治区	19	10	455	1126	700	4518	249

2-151-4

单位:万元

地　　区	商品和服务支出					
	交通费	差旅费	出国费	维修(护)费	租赁费	会议费
地　方　合　计	**230062**	**89907**	**4499**	**711497**	**18792**	**76955**
北京市	2575	284	241	1416	1637	1437
天津市	432	132		237	36	87
河北省	18675	6448	94	360137	696	6588
山西省	7298	2899	127	22004	2029	2741
内蒙古自治区	3187	1351	82	7339	19	382
辽宁省	14318	4278	124	13814	692	1756
其中:大连市	1240	169	93	1351	50	168
吉林省	7546	2280	70	11721	384	1204
黑龙江省	11255	3290	126	59067	262	937
上海市	2361	724	494	2193	1489	883
江苏省	16921	6288	585	9819	1029	11503
浙江省	9857	4000	601	7604	751	4371
其中:宁波市	1132	657	155	1200	133	599
安徽省	8911	2794	135	4330	232	1938
福建省	3730	1995	163	3185	416	1534
其中:厦门市	363	218	65	59	42	60
江西省	6589	3921	119	6224	150	1253
山东省	23877	7882	237	14245	1375	9521
其中:青岛市	2130	343	14	1166	274	856
河南省	10886	3078	63	17481	965	4514
湖北省	5479	2976	78	7890	101	2640
湖南省	8307	4119	195	4423	310	3631
广东省	13818	4553	410	49867	1830	5668
其中:深圳市	1862	144	51	907	59	281
广西壮族自治区	9040	5471	315	2949	263	2269
海南省	3163	906	39	1320	683	424
重庆市	5970	2517	1	9518	691	3185
四川省	10656	4825	55	17155	1035	3656
贵州省	5018	1524	20	3181	126	834
云南省	4899	2802	11	35357	76	1283
西藏自治区	1846	1510	41	9849	2	80
陕西省	4198	1567	44	8817	236	1269
甘肃省	872	577	5	14590	533	549
青海省	1171	616	8	843	151	145
宁夏回族自治区	1967	800	16	2135	259	354
新疆维吾尔自治区	5240	3500		2787	334	319

2-151-5

单位:万元

地区	商品和服务支出						
	培训费	招待费	专用材料费	被装购置费	专用燃料费	劳务费	委托业务费
地方合计	**39601**	**119908**	**313808**	**17764**	**25597**	**58411**	**26372**
北京市	996	321	210	59	4	750	3433
天津市	74	155	53	59	27	28	
河北省	3203	5332	27439	2294	1965	6414	368
山西省	1335	2022	4708	1091	3243	3433	821
内蒙古自治区	436	745	4381	470	389	1981	91
辽宁省	1191	3699	5976	783	1310	2851	697
其中:大连市	56	177	1034	92		1800	136
吉林省	790	1091	18833	5	1065	1611	173
黑龙江省	634	468	26210	159	2879	1366	68
上海市	414	617	811	314	99	1071	961
江苏省	4941	16301	5126	1405	2351	5935	3294
浙江省	2311	8564	2141	289	165	2710	406
其中:宁波市	216	1227	176	70	3	151	234
安徽省	944	4492	5723	778	928	1310	2417
福建省	1016	3232	905	331	745	1079	1235
其中:厦门市	42	232	110	17	2	4	410
江西省	1400	6755	6882	599	897	5093	484
山东省	3395	8374	135668	596	826	4208	1776
其中:青岛市	297	322	685	66	146	573	254
河南省	1521	4980	15247	432	785	1625	607
湖北省	1322	5831	6446	1061	1144	879	1315
湖南省	1897	10152	3981	746	1081	1277	127
广东省	3600	11156	20415	737	1466	4049	3221
其中:深圳市	160	360	284			866	394
广西壮族自治区	1781	6505	7221	120	605	735	2470
海南省	287	979	1580	135	136	132	54
重庆市	1013	2811	1779	469	38	1097	349
四川省	2247	6141	2125	696	743	2385	517
贵州省	513	2001	941	259	440	802	194
云南省	730	2669	1958	16	103	1058	232
西藏自治区	87	388	1637	78	771	117	89
陕西省	462	1406	1129	168	374	958	367
甘肃省	117	351	344	2822	95	414	495
青海省	95	209	532	72	399	70	5
宁夏回族自治区	267	525	2719	499	493	1068	83
新疆维吾尔自治区	582	1636	688	222	31	1905	23

2－151－6

单位:万元

地　　区	商品和服务支出			对个人和家庭的补助			
	工会经费	福利费	其他商品和服务支出	小　计	离休费	退休费	退职(役)费
地　方　合　计	**17815**	**66443**	**4122177**	**561056**	**25196**	**290433**	**2076**
北京市	346	331	228592	11900	475	7575	13
天津市	34	144	2242	2838	150	1715	
河北省	1053	4812	63836	27953	2543	7294	27
山西省	587	1520	47435	17704	1801	11474	18
内蒙古自治区	134	596	118204	1589	143	600	4
辽宁省	629	1241	16923	21870	1260	10246	219
其中:大连市	42	78	7	325		58	1
吉林省	233	1131	14888	9756	1004	5487	9
黑龙江省	457	768	114268	11077	1479	7151	12
上海市	330	480	23151	2096	159	861	
江苏省	1680	6676	175238	49922	2160	23881	106
浙江省	1760	6415	223789	29625	1399	10578	164
其中:宁波市	189	521	19317	3605	202	1134	14
安徽省	609	1070	72595	25957	1585	14002	53
福建省	535	1361	43520	7891	207	1213	48
其中:厦门市	80	54	3183	692		131	
江西省	698	2629	105105	17113	427	8300	364
山东省	1109	9783	98981	49750	1184	5776	226
其中:青岛市	273	119	4591	5208	131	910	23
河南省	836	4546	123978	13089	882	7614	2
湖北省	757	2785	265933	16860	841	9607	107
湖南省	562	1735	718067	31292	1322	20801	12
广东省	1268	3841	349426	32180	843	10698	372
其中:深圳市	41	194	104833	106		15	
广西壮族自治区	777	4439	52483	37897	782	27508	35
海南省	233	244	50215	1730	41	194	
重庆市	213	985	33258	6514	164	2905	1
四川省	866	1435	131066	17741	728	8010	119
贵州省	273	2421	26630	35309	1557	27902	70
云南省	264	246	132126	6286	275	2959	
西藏自治区	80	680	4567	23368	13	22368	
陕西省	267	470	388444	4635	226	1849	10
甘肃省	32	298	351610	3115	292	2259	6
青海省	282	860	10084	11506	202	9190	30
宁夏回族自治区	205	1279	6179	8082	351	4425	8
新疆维吾尔自治区	706	1222	129344	24411	701	15991	41

2 - 151 - 7　　　　单位:万元

地　　区	对个人和家庭的补助						
	抚恤金	生活补助	救济费	医疗费	助学金	奖励金	生产补贴
地　方　合　计	**13049**	**12676**	**855**	**30670**	**457**	**9352**	**1424**
北京市	247	57		1205	1	5	
天津市	15	4		40	2		
河北省	514	486	29	1984		139	77
山西省	280	96	12	720	200	379	9
内蒙古自治区	71	42		92		54	
辽宁省	1231	663	32	487		573	5
其中:大连市	11	44	11	21			5
吉林省	239	408	17	750		62	
黑龙江省	125	376		92		38	82
上海市	129	34		46		2	
江苏省	909	1218	334	2756	1	653	340
浙江省	381	788	84	2391		415	9
其中:宁波市	102	117		117		6	
安徽省	390	597	91	1172	18	152	23
福建省	98	124	25	164		2374	
其中:厦门市	22	5					
江西省	251	754	35	2115	64	139	22
山东省	877	1185	74	4243	11	353	
其中:青岛市	55	5	3	30		26	
河南省	159	169	8	620		241	75
湖北省	665	144	25	1441	23	18	
湖南省	1383	537	12	1782	36	140	124
广东省	334	861	15	2585	9	1206	585
其中:深圳市				1		1	
广西壮族自治区	543	645	6	1811	29	1208	
海南省	69	288	2	117	31	35	6
重庆市	206	706	5	683		6	
四川省	457	611	7	357	12	296	29
贵州省	1095	430		800	6	22	33
云南省	277	59		213		417	
西藏自治区	358	160	10	244		1	5
陕西省	95	226	16	594		38	
甘肃省	34	44		56		1	
青海省	244	199	15	37			
宁夏回族自治区	200	219	1	74	9	104	
新疆维吾尔自治区	1173	546		999	5	281	

二、地方财政预算收支情况

2-151-8

单位:万元

地　区	对个人和家庭的补助				对企事业单位的补贴		
	住　房 公积金	提租 补贴	购房 补贴	其他对个人 和家庭的 补助支出	小　计	企业政策性 补　　贴	事业单位 补　　贴
地　方　合　计	**82366**	**3992**	**22825**	**65685**	**1063718**	**532615**	**86961**
北京市	1375	359	264	324	281223	278301	
天津市	637	11		264	70100	28313	
河北省	4620	61	88	10091	12867	938	2937
山西省	883	7	3	1822	20563	5255	427
内蒙古自治区	276			307	3098	58	241
辽宁省	3329	1004	58	2763	37353	13015	1596
其中:大连市	155	18		1	30467	8217	1011
吉林省	1730	26		24	6735	77	499
黑龙江省	866	174	139	543	15353	13284	573
上海市	537			328	59708	11631	
江苏省	5763	959	1384	9458	68360	33491	6766
浙江省	8434	125	1263	3594	49077	13213	15609
其中:宁波市	859	8	24	1022	16145	12896	2373
安徽省	5042	143	31	2658	6710	2919	608
福建省	1842	626	60	1110	10074	5722	475
其中:厦门市	283	239		12	4249	3479	55
江西省	2757			1885	2633	567	177
山东省	13952	460	15730	5679	193934	1457	1341
其中:青岛市	2774	112	808	331	56	15	
河南省	2691	3	71	554	5426	131	1029
湖北省	2294		14	1681	6976	639	3537
湖南省	3285	3	43	1812	17576	132	15047
广东省	5818	16	704	8134	14831	540	2981
其中:深圳市			11	78			
广西壮族自治区	3167	8	12	2143	10415	279	1183
海南省	397	1		549	2030	2030	
重庆市	1107			731	3696	92	2190
四川省	2767	2	50	4296	12125	6592	1720
贵州省	1377	2	1228	787	587		459
云南省	976		56	1054	131764	107002	23102
西藏自治区	48			161	32	20	
陕西省	599		22	960	6403	4459	297
甘肃省	409			14	10801	450	4161
青海省	1173		16	400	924		
宁夏回族自治区	912		1589	190	302		6
新疆维吾尔自治区	3303	2		1369	2042	2008	

2－151－9

单位:万元

地区	对企事业单位的补贴		赠与			债务利息支出	
	财政贴息	其他对企事业单位的补贴支出	小计	对国内的赠与	对国外的赠与	小计	国库券付息
地方合计	**36514**	**407628**	**90**	**90**		**68791**	
北京市		2922					
天津市		41787					
河北省	527	8465					
山西省	542	14339					
内蒙古自治区	50	2749				3701	
辽宁省	1188	21554				112	
其中:大连市		21239					
吉林省		6159				23	
黑龙江省		1496					
上海市	11314	36763					
江苏省	13118	14985	16	16			
浙江省	2627	17628				75	
其中:宁波市	107	769					
安徽省		3183	2	2		32	
福建省	272	3605				20459	
其中:厦门市		715					
江西省	401	1488	63	63			
山东省	200	190936				47	
其中:青岛市		41					
河南省	22	4244				23653	
湖北省		2800	6	6		1134	
湖南省	120	2277	2	2		158	
广东省	1470	9840					
其中:深圳市							
广西壮族自治区		8953				552	
海南省							
重庆市		1414					
四川省	3235	578	1	1		612	
贵州省		128				387	
云南省	1394	266				17846	
西藏自治区		12					
陕西省		1647					
甘肃省		6190					
青海省		924					
宁夏回族自治区		296					
新疆维吾尔自治区	34						

二、地方财政预算收支情况

2－151－10

单位:万元

地区	债务利息支出					基本建设支出	
	向国家银行借款付息	其他国内借款付息	向国外政府借款付息	向国际组织借款付息	其他国外借款付息	小计	房屋建筑物购建
地方合计	**42563**	**26189**	**16**	**4**	**19**	**5620330**	**105485**
北京市						87443	
天津市							
河北省						90815	36
山西省						219709	4047
内蒙古自治区		3701				383884	51830
辽宁省	112					14681	20
其中:大连市						3807	
吉林省		23				98058	700
黑龙江省						97598	7
上海市						24875	
江苏省						251748	24659
浙江省		75				273619	4444
其中:宁波市						81765	956
安徽省		32				142500	1306
福建省		20459				162706	
其中:厦门市						62075	
江西省						161752	256
山东省		47				318275	4406
其中:青岛市						46424	
河南省	23614		16	4	19	371097	170
湖北省		1134				94964	2056
湖南省	158					212092	182
广东省						650999	4091
其中:深圳市							
广西壮族自治区	552					66231	2191
海南省						128369	1239
重庆市						83910	
四川省		612				167187	
贵州省	281	106				149020	1176
云南省	17846					209355	463
西藏自治区						259635	
陕西省						233837	
甘肃省						104337	100
青海省						36464	2106
宁夏回族自治区						65398	
新疆维吾尔自治区						459772	

2－151－11　　　　单位:万元

地　　区	基本建设支出							
	办公设备购　　置	专用设备购　　置	交通工具购　　置	基础设施建　　设	大型修缮	信息网络购　　建	物资储备	其他基本建设支出
地　方　合　计	**1489**	**7191**	**40768**	**3948910**	**164366**	**2077**	**19**	**1350025**
北京市			31	79682		41		7689
天津市								
河北省	11	290	2427	86804	12			1235
山西省			8	188473	405			26776
内蒙古自治区				147538	460			184056
辽宁省		820		13494	54	63		230
其中:大连市				3807				
吉林省		280	4694	88495	3645		19	225
黑龙江省	111	115		85146	7680			4539
上海市	6		28	12514				12327
江苏省	35	12	58	160155	772	24		66033
浙江省	426	731	128	116199	35097	236		116358
其中:宁波市	10	30	58	35373	14021			31317
安徽省	23	3	27	130143	1017	268		9713
福建省		9	50	118616	1009			43022
其中:厦门市			20	59029				3026
江西省	46	150	117	65377	9818	148		85840
山东省	6	6	64	131315	7072			175406
其中:青岛市	4	6	19	13844	5500			27051
河南省	300	2539	212	240284	61463	5		66124
湖北省	75	371	515	59120	7812	38		24977
湖南省	17	107	29831	139042	16104	22		26787
广东省	116	1548	748	602476	199	1071		40750
其中:深圳市								
广西壮族自治区	34	27	112	48298	70	10		15489
海南省				5147				121983
重庆市	137	25	27	59558	316			23847
四川省	71	23	99	146496	270	11		20217
贵州省		54	7	38184	4208	140		105251
云南省	34		1030	173585	3522			30721
西藏自治区				257109				2526
陕西省		11	353	131544	705			101224
甘肃省	2		41	74117	2163			27914
青海省				28850				5508
宁夏回族自治区	18	26	90	63113	337			1814
新疆维吾尔自治区	21	44	71	458036	156			1444

2－151－12

单位:万元

地区	其他资本性支出						
	小计	房屋建筑物购建	办公设备购置	专用设备购置	交通工具购置	基础设施建设	大型修缮
地方合计	**12422232**	**118611**	**43650**	**107481**	**85716**	**5608637**	**2577794**
北京市	145184	115	1125	1106	1393	75367	44859
天津市	197228	2	3	13	54	100	195614
河北省	930439	2171	2246	9615	4071	753524	106658
山西省	727572	459	3791	18955	3248	71423	52835
内蒙古自治区	171394	334	585	239	2002	137609	4246
辽宁省	1126587	4836	7567	4926	3927	724179	336629
其中:大连市	101877		6651	66	12	95011	
吉林省	205413	1665	826	716	7403	190720	2978
黑龙江省	561504	3763	1203	8675	17114	190785	3838
上海市	602775	1760	1841	824	973	124	518429
江苏省	1257948	36896	3392	18398	5767	466098	552277
浙江省	533135	7513	1945	2460	2004	152623	32194
其中:宁波市	29547	1070	467	1061	560	3995	9289
安徽省	441610	5069	1336	1793	1614	205492	90886
福建省	406843	2519	1614	1863	1979	45192	338168
其中:厦门市	4550	113	62	15	61	2335	1521
江西省	93089	6678	1197	1572	3316	37800	15872
山东省	1402667	13087	3145	9194	6463	138275	92121
其中:青岛市	122374	3	360	867	680	4407	41755
河南省	251882	5051	810	2384	2840	140929	37746
湖北省	278433	778	627	1317	2795	137471	4341
湖南省	113041	3557	469	433	1936	77202	803
广东省	188595	3326	3224	5239	3439	52552	31798
其中:深圳市	3672	10	362	38	565	206	190
广西壮族自治区	407202	8539	1062	7404	1721	105038	70352
海南省	12817	871	416	689	464	2377	143
重庆市	388403	413	804	848	980	271930	3689
四川省	920913	3683	1541	3124	4360	848859	8669
贵州省	109816	492	599	1134	1332	31843	262
云南省	292373	1132	695	342	1086	231789	9225
西藏自治区	2076	958	63	28	361	384	217
陕西省	119512	453	688	969	878	74035	2747
甘肃省	87996	272	104	787	166	67042	3516
青海省	113816	191	115	60	141	113124	
宁夏回族自治区	158823	1295	354	1974	589	138014	14830
新疆维吾尔自治区	173146	733	263	400	1300	126737	1852

2－151－13　　　　单位:万元

地　　区	其他资本性支出						
	信息网络购　建	物资储备	土地补偿	安置补助	地上附着物和青苗补偿	拆迁补偿	其他资本性支　出
地　方　合　计	**44797**	**916**	**19472**	**2517**	**5733**	**22547**	**3784361**
北京市	6306						14913
天津市							1442
河北省	624	265	135	6	35	2045	49044
山西省	1159	193	2101	440	79	415	572474
内蒙古自治区	178		450			1849	23902
辽宁省	3319	19	123	52	158	2505	38347
其中:大连市	27		50		10	40	10
吉林省	480						625
黑龙江省	2171		1184	29	5	226	332511
上海市	503		215				78106
江苏省	10470		1266		445	90	162849
浙江省	2750		2140	215	71	3	329217
其中:宁波市	30						13075
安徽省	309		321	12	41	386	134351
福建省	1158			1			14349
其中:厦门市	239						204
江西省	57						26597
山东省	587		1204	56	1655	120	1136760
其中:青岛市							74302
河南省	8078	360	456	464	2587	1282	48895
湖北省	630		341	240	172	124	129597
湖南省	655		183	136	22	1291	26354
广东省	2626	50	93	83	22	2510	83633
其中:深圳市	21						2280
广西壮族自治区	372		26			204	212484
海南省	103		3100			3280	1374
重庆市	236						109503
四川省	1184		680	728	294	2620	45171
贵州省	34		197		7	1445	72471
云南省	216	29	3913	55	62	1420	42409
西藏自治区	45						20
陕西省	134		1248		65	542	37753
甘肃省	3		1		6	17	16082
青海省			51				134
宁夏回族自治区	314		44		7	135	1267
新疆维吾尔自治区	96					38	41727

二、地方财政预算收支情况

2－151－14

单位:万元

地　　区	贷款转贷及产权参股					其他支出		
	小　计	国内贷款	国外贷款	产权参股	其他贷款转贷及产权参股支出	小　计	补充全国社会保障基金	其他支出
地　方　合　计	**737358**	**736206**			**1152**	**4397750**		**4397750**
北京市						56784		56784
天津市						59		59
河北省	10720	10720				113130		113130
山西省	120	120				14502		14502
内蒙古自治区	500	500				279		279
辽宁省	33424	33424				10157		10157
其中:大连市						3376		3376
吉林省	10340	10340				68467		68467
黑龙江省	677	677				964		964
上海市						9708		9708
江苏省	1360	760			600	388417		388417
浙江省						285796		285796
其中:宁波市						90620		90620
安徽省	87485	87485				28063		28063
福建省	406	328			78	398084		398084
其中:厦门市						2403		2403
江西省						475863		475863
山东省						35096		35096
其中:青岛市						26145		26145
河南省	481714	481714				131126		131126
湖北省	1200	1200				94899		94899
湖南省						88475		88475
广东省	69068	69068				647753		647753
其中:深圳市						1751		1751
广西壮族自治区						253026		253026
海南省						5664		5664
重庆市	561	87			474	72652		72652
四川省	3654	3654				293355		293355
贵州省	611	611				311235		311235
云南省	35518	35518				12395		12395
西藏自治区						5552		5552
陕西省						451054		451054
甘肃省						22762		22762
青海省						1966		1966
宁夏回族自治区						2094		2094
新疆维吾尔自治区						118373		118373

2007 年各省、自治区、直辖市公路水路运输支出明细表

2 - 152 - 1　　　　单位:万元

地　　区	合　计	工资福利支出				
		小　计	基本工资	津贴补贴	奖　金	社会保障缴　费
地　方　合　计	**30990276**	**2059040**	**960610**	**434159**	**221547**	**232147**
北京市	660080	24104	7444	6764	3770	1598
天津市	241031	5649	2308	1855	530	514
河北省	1843764	139763	68721	24589	8933	21800
山西省	1152880	76662	44147	10579	2430	10329
内蒙古自治区	651698	25175	13707	6844	1004	2408
辽宁省	1373697	75968	37521	14655	2467	12943
其中:大连市	130364	5832	2506	1811	516	783
吉林省	478736	30554	18694	6031	817	3212
黑龙江省	931173	52349	28654	14216	2704	4995
上海市	656783	24124	6241	4702	9200	1679
江苏省	2396967	209068	56922	37848	52824	23958
浙江省	1398784	105720	24511	19069	36462	12350
其中:宁波市	230076	18184	2563	2768	7457	2769
安徽省	794814	62421	34198	11776	3848	5626
福建省	1016189	33858	13280	8112	2361	5431
其中:厦门市	45029	3318	605	1318	272	139
江西省	979544	83151	41864	16199	8263	7134
山东省	2515654	204852	82826	50544	20521	33654
其中:青岛市	230836	26678	8118	9564	1565	4008
河南省	1558229	123135	75193	20898	3013	12697
湖北省	736951	79117	51188	11136	3504	9024
湖南省	1285494	118622	83750	13658	3670	11757
广东省	1935195	115086	38246	40797	13679	10568
其中:深圳市	94808	8699	1851	4296	1132	366
广西壮族自治区	819117	71700	35220	14681	8159	6237
海南省	214443	20900	12695	2537	1044	3477
重庆市	630528	29834	14194	6895	4071	2282
四川省	1612211	87888	41191	11949	16055	8302
贵州省	650722	43042	26894	10014	2396	1789
云南省	907807	29098	13316	10570	1420	1586
西藏自治区	346943	35814	12185	18923	314	2426
陕西省	1206221	30015	17075	6632	1617	1794
甘肃省	608582	13536	7601	4325	320	309
青海省	199348	23818	9548	9204	1717	2669
宁夏回族自治区	274940	21751	11670	5149	896	1905
新疆维吾尔自治区	911751	62266	29606	13008	3538	7694

2－152－2 单位:万元

地　　区	工资福利支出				商品和服务支出		
	伙食费	伙　食 补助费	绩效 工资	其他工资 福利支出	小　计	办公费	印刷费
地　方　合　计	**4185**	**14000**	**34084**	**158308**	**5994868**	**190350**	**38684**
北京市	29	199	720	3580	247740	1046	705
天津市	17	10	16	399	3018	265	22
河北省	180	1910	1887	11743	534094	15859	4307
山西省	211	668	1313	6985	110283	7316	1819
内蒙古自治区	20	100	111	981	139955	3342	1363
辽宁省	190	794	6437	961	90153	7684	2288
其中:大连市	31	8	108	69	9802	2270	155
吉林省		82	1518	200	73036	5000	869
黑龙江省	115	129	860	676	213833	9271	1723
上海市	13	261	140	1888	37471	779	997
江苏省	1378	3960	4715	27463	283287	10090	3002
浙江省	100	1389	563	11276	279325	6185	1630
其中:宁波市	21	193	48	2365	25859	420	96
安徽省	220	221	1478	5054	112089	4819	1217
福建省	52	162	736	3724	68852	2826	1265
其中:厦门市	10	59	1	914	4558	117	33
江西省	34	981	839	7837	154362	3610	766
山东省	27	335	1828	15117	363301	21378	5610
其中:青岛市		39	606	2778	19998	4889	238
河南省	50	214	5266	5804	214025	19599	2191
湖北省	30	78	1262	2895	273730	3401	1125
湖南省	927	156	372	4332	768125	9811	662
广东省	362	237	341	10856	450927	15410	1733
其中:深圳市	218	7		829	80612	512	89
广西壮族自治区	18	535	67	6783	110222	5558	1145
海南省	5	39	23	1080	55626	918	170
重庆市		61	90	2241	67800	4768	867
四川省	110	331	1206	8744	184272	6796	825
贵州省	55	80	100	1714	48284	2726	359
云南省		36	29	2141	186275	7495	383
西藏自治区		36	364	1566	21683	552	47
陕西省	24	272	719	1882	408765	4100	595
甘肃省		1	207	773	377852	4901	322
青海省	3	161	120	396	14619	616	59
宁夏回族自治区	13	204	645	1269	20868	810	246
新疆维吾尔自治区	2	358	112	7948	80996	3419	372

2 - 152 - 3

单位:万元

地　　区	商品和服务支出						
	咨询费	手续费	水　费	电　费	邮电费	取暖费	物　业 管理费
地　方　合　计	**4270**	**14371**	**20380**	**65633**	**37829**	**44184**	**22540**
北京市	493	148	129	915	330	1380	832
天津市			50	86	62	117	9
河北省	287	8278	1732	6106	2792	7293	1085
山西省	241	81	929	3719	639	3319	1810
内蒙古自治区	4	61	218	605	450	1615	198
辽宁省	564	198	735	5199	2063	5676	702
其中:大连市	424	35	61	117	134	284	437
吉林省	116	238	922	940	643	2803	992
黑龙江省	34	86	276	987	779	3033	212
上海市	24	2	161	1042	527	3	447
江苏省	538	1907	1524	5791	3707	213	4174
浙江省	172	540	482	2877	2617		2033
其中:宁波市	71	4	57	462	262		238
安徽省	87	117	586	1694	1222	217	653
福建省	27	27	449	1667	1180	5	219
其中:厦门市		1	20	56	68	5	54
江西省	13	515	494	3133	1371	264	469
山东省	68	134	3354	7822	4219	8199	1727
其中:青岛市	8	2	356	765	394	946	450
河南省	64	106	1075	3733	1254	658	1347
湖北省	40	85	1042	2264	1451	377	414
湖南省	135	259	1226	2842	1345	1133	522
广东省	675	380	722	4459	2643	1	1656
其中:深圳市	5	2	59	909	243		679
广西壮族自治区	311	406	1357	3173	2195	1	374
海南省	9	29	136	323	301		177
重庆市	15	312	401	573	887	8	487
四川省	78	300	766	1848	2170	280	1073
贵州省	25	22	178	364	352	161	124
云南省	101	75	279	620	557		142
西藏自治区		3	113	337	185	271	5
陕西省	79	19	317	520	489	721	305
甘肃省	34	13	119	127	205	308	50
青海省		8	103	118	171	739	20
宁夏回族自治区	17	12	83	676	327	957	54
新疆维吾尔自治区	19	10	422	1073	696	4432	228

2－152－4　　单位:万元

地　　区	商品和服务支出					
	交通费	差旅费	出国费	维修(护)费	租赁费	会议费
地　方　合　计	**219098**	**86344**	**4436**	**697223**	**18007**	**73822**
北京市	2507	284	241	1391	1618	1409
天津市	432	127		236	36	87
河北省	18285	6377	94	355510	693	6539
山西省	7071	2853	123	21297	1960	2613
内蒙古自治区	3168	1341	82	6417	19	382
辽宁省	13431	4117	122	13371	681	1687
其中:大连市	1240	168	93	1216	50	168
吉林省	7330	2159	70	10813	384	1189
黑龙江省	10155	3050	121	57970	191	867
上海市	2294	702	494	1900	1459	819
江苏省	16320	5986	580	9727	924	10954
浙江省	9611	3842	592	7446	619	4245
其中:宁波市	1121	639	151	1200	120	584
安徽省	6537	2746	126	4147	227	1903
福建省	3553	1931	163	3095	389	1431
其中:厦门市	312	189	65	57	35	48
江西省	6470	3809	119	6112	148	1223
山东省	23173	7463	232	13662	1346	9048
其中:青岛市	2130	343	14	1166	274	856
河南省	10497	2980	63	17246	935	4430
湖北省	5114	2890	78	7736	88	2538
湖南省	8061	3955	181	4354	302	3449
广东省	13175	4245	403	48930	1785	5256
其中:深圳市	1857	144	51	890	28	228
广西壮族自治区	8950	5436	315	2920	263	2256
海南省	2939	776	39	1271	671	392
重庆市	5728	2474	1	9386	690	3086
四川省	10043	4535	52	16877	1026	3371
贵州省	4940	1450	20	3171	126	822
云南省	4842	2769	11	35308	76	1275
西藏自治区	1786	1452	41	9720	2	80
陕西省	3944	1503	44	7087	225	1197
甘肃省	822	545	5	14471	512	540
青海省	898	362	8	763	34	136
宁夏回族自治区	1911	752	16	2104	244	311
新疆维吾尔自治区	5111	3433		2785	334	287

2－152－5

单位:万元

地　　区	商品和服务支出						
	培训费	招待费	专用材料费	被装购置费	专用燃料费	劳务费	委托业务费
地方合计	**37936**	**114635**	**308686**	**16853**	**24570**	**55928**	**23576**
北京市	987	309	204	44	4	750	3433
天津市	74	131	53	59	27	28	
河北省	3149	5279	27433	2255	1946	6400	356
山西省	1216	1943	4698	1030	3236	3423	821
内蒙古自治区	433	735	4381	470	385	1976	91
辽宁省	1177	3014	5655	782	1305	2550	392
其中:大连市	55	177	808	92		1555	136
吉林省	764	1080	18508	5	965	1504	142
黑龙江省	606	374	25827	120	2873	1325	48
上海市	393	571	811	144	99	793	961
江苏省	4724	15792	5076	1371	2347	5851	2493
浙江省	2246	8170	1672	287	165	2668	406
其中:宁波市	215	1200	176	70	3	137	234
安徽省	914	4401	5713	774	928	1288	2415
福建省	991	3120	750	325	738	1079	942
其中:厦门市	40	204	5	17	2	4	410
江西省	1392	6491	6822	599	828	5087	478
山东省	3247	8060	134214	543	817	3886	657
其中:青岛市	297	322	685	66	146	573	254
河南省	1432	4742	14002	401	767	1532	577
湖北省	1310	5595	6429	973	1144	871	1311
湖南省	1813	9729	3933	744	1014	1157	77
广东省	3341	10396	20178	728	980	3992	3212
其中:深圳市	136	354	269			866	394
广西壮族自治区	1776	6448	7216	120	595	707	2452
海南省	264	929	1571	132	71	92	54
重庆市	939	2689	1777	468	38	802	349
四川省	2074	5700	2089	635	743	2370	459
贵州省	508	1980	938	259	440	341	194
云南省	727	2614	1939	14	83	985	219
西藏自治区	68	379	1622	68	734	117	64
陕西省	439	1357	1073	165	353	931	367
甘肃省	103	337	339	2819	94	406	495
青海省	68	179	363	23	327	58	5
宁夏回族自治区	266	515	2712	491	493	1056	83
新疆维吾尔自治区	495	1576	688	5	31	1903	23

2－152－6

单位:万元

地 区	商品和服务支出			对个人和家庭的补助			
	工会经费	福利费	其他商品和服务支出	小 计	离休费	退休费	退职(役)费
地 方 合 计	**17036**	**64105**	**3794372**	**543270**	**25067**	**287878**	**2042**
北京市	331	327	227923	11887	475	7575	13
天津市	34	144	939	2703	134	1656	
河北省	1044	4763	46232	27816	2543	7292	27
山西省	582	1499	36045	17673	1801	11470	18
内蒙古自治区	134	595	111490	1589	143	600	4
辽宁省	623	1198	14939	19991	1257	10201	219
其中:大连市	42	78	7	325		58	1
吉林省	220	1073	14307	9697	1004	5456	9
黑龙江省	453	675	92777	10833	1467	7105	12
上海市	303	414	21332	2038	155	850	
江苏省	1622	6501	162073	48555	2147	23447	81
浙江省	1514	6224	213082	29119	1398	10545	163
其中:宁波市	187	521	17691	3591	202	1132	14
安徽省	595	979	67784	25452	1573	13851	53
福建省	504	1258	40918	7638	207	1184	44
其中:厦门市	72	48	2696	626		111	
江西省	675	2482	100992	15916	411	7461	363
山东省	1054	9680	93708	48620	1184	5766	224
其中:青岛市	273	119	4432	5184	131	910	23
河南省	810	4412	119172	12931	879	7513	2
湖北省	740	2672	224042	16667	838	9469	107
湖南省	549	1633	709239	30932	1319	20717	12
广东省	1165	3389	302073	24753	843	10632	372
其中:深圳市	41	190	72666	106		15	
广西壮族自治区	767	4414	51067	37528	782	27496	35
海南省	229	230	43903	1652	41	194	
重庆市	201	967	29887	6501	164	2897	1
四川省	842	1299	118021	17212	692	7789	118
贵州省	265	2390	26129	35200	1557	27877	70
云南省	260	239	125262	6232	275	2935	
西藏自治区	75	678	3284	23211	13	22242	
陕西省	262	439	382234	3931	219	1807	10
甘肃省	26	291	349968	3107	292	2259	6
青海省	248	744	8569	11462	202	9183	30
宁夏回族自治区	204	1275	5253	8021	351	4420	8
新疆维吾尔自治区	705	1221	51728	24403	701	15989	41

2－152－7

单位:万元

地　　区	对个人和家庭的补助						
	抚恤金	生活补助	救济费	医疗费	助学金	奖励金	生产补贴
地　方　合　计	**12959**	**11954**	**740**	**30167**	**427**	**8361**	**864**
北京市	247	57		1205		5	
天津市	15	4		40	2		
河北省	514	485	29	1984		139	77
山西省	280	96	12	720	200	374	9
内蒙古自治区	71	42		92		54	
辽宁省	1231	657	32	482		573	5
其中:大连市	11	44	11	21			5
吉林省	239	408	17	750		62	
黑龙江省	125	374		77		24	
上海市	128	33		46		2	
江苏省	907	1199	322	2715	1	651	340
浙江省	379	782	80	2328		378	9
其中:宁波市	102	117		114		6	
安徽省	374	566	29	1117	17	151	23
福建省	94	119	25	157		2373	
其中:厦门市	20	5					
江西省	244	698	13	2025	64	139	22
山东省	870	988	59	4089	11	303	
其中:青岛市	55	5	3	30		2	
河南省	159	166	8	614		223	75
湖北省	663	144	25	1433	23	18	
湖南省	1365	514	12	1775	35	140	124
广东省	330	504	15	2553	9	369	112
其中:深圳市				1		1	
广西壮族自治区	542	645	6	1810	29	1208	
海南省	69	288	2	115	4	30	6
重庆市	205	706	5	683		6	
四川省	443	601	7	355	12	293	29
贵州省	1095	430		800	6	15	33
云南省	275	58		212		406	
西藏自治区	356	160	10	244		1	
陕西省	91	224	16	583		38	
甘肃省	34	44		54		1	
青海省	244	197	15	37			
宁夏回族自治区	197	219	1	73	9	104	
新疆维吾尔自治区	1173	546		999	5	281	

2－152－8

单位:万元

地　　区	对个人和家庭的补助				对企事业单位的补贴		
	住房公积金	提租补贴	购房补贴	其他对个人和家庭的补助支出	小计	企业政策性补贴	事业单位补贴
地方合计	**80212**	**3862**	**22257**	**56480**	**621952**	**240634**	**84781**
北京市	1373	352	264	321	92713	90782	
天津市	577	11		264	32436		
河北省	4578	61	88	9999	5518	554	2844
山西省	867	7	3	1816	3320		427
内蒙古自治区	276			307	1113	36	49
辽宁省	3305	997	58	974	11857	9457	1152
其中:大连市	155	18		1	9228	8217	1011
吉林省	1702	26		24	5893	77	499
黑龙江省	825	170	128	526	14355	12302	557
上海市	511			313	12247		
江苏省	5276	926	1369	9174	17097	3802	5598
浙江省	8168	123	1258	3508	40920	12904	15609
其中:宁波市	855	8	23	1018	15719	12587	2373
安徽省	4922	124	21	2631	3677	1084	608
福建省	1719	570	60	1086	2546	679	475
其中:厦门市	264	214		12	690	620	55
江西省	2733			1743	1966		177
山东省	13759	458	15263	5646	188931	8	1316
其中:青岛市	2774	112	808	331	41		
河南省	2673	3	71	545	5006	81	879
湖北省	2268		14	1665	4606	285	3530
湖南省	3173	3	43	1700	17434	101	14962
广东省	5527	16	703	2768	7395	540	2981
其中:深圳市			11	78			
广西壮族自治区	3138	8	12	1817	5922		1183
海南省	389	1		513			
重庆市	1107			727	2373	92	2190
四川省	2625	2	50	4196	5299	116	1720
贵州省	1360	2	1169	786	587		459
云南省	973		56	1042	131371	106862	23102
西藏自治区	48			137			
陕西省	590		22	331	2667	723	297
甘肃省	409			8	4351		4161
青海省	1138		16	400			
宁夏回族自治区	904		1589	146	169		6
新疆维吾尔自治区	3299	2		1367	183	149	

2－152－9

单位:万元

地　　区	对企事业单位的补贴		赠　与			债务利息支出	
	财政贴息	其他对企事业单位的补贴支出	小　计	对国内的赠　与	对国外的赠　与	小　计	国库券付　息
地　方　合　计	**22560**	**273977**	**32**	**32**		**63970**	
北京市		1931					
天津市		32436					
河北省	499	1621					
山西省	142	2751					
内蒙古自治区		1028					
辽宁省	1188	60				112	
其中:大连市							
吉林省		5317				23	
黑龙江省		1496					
上海市	11314	933					
江苏省		7697	16	16			
浙江省	2520	9887				75	
其中:宁波市		759					
安徽省		1985	2	2		32	
福建省	272	1120				20459	
其中:厦门市		15					
江西省	401	1388	6	6			
山东省	200	187407				47	
其中:青岛市		41					
河南省	22	4024				23653	
湖北省		791	6	6		14	
湖南省	120	2251	2	2		158	
广东省	1470	2404					
其中:深圳市							
广西壮族自治区		4739				552	
海南省							
重庆市		91					
四川省	3235	228				612	
贵州省		128				387	
云南省	1143	264				17846	
西藏自治区							
陕西省		1647					
甘肃省		190					
青海省							
宁夏回族自治区		163					
新疆维吾尔自治区	34						

二、地方财政预算收支情况

2－152－10

单位:万元

地　　区	债务利息支出					基本建设支出	
	向国家银行借款付息	其他国内借款付息	向国外政府借款付息	向国际组织借款付息	其他国外借款付息	小　计	房屋建筑物购建
地　方　合　计	**42563**	**21368**	**16**	**4**	**19**	**5031105**	**50639**
北京市						87003	
天津市							
河北省						90564	36
山西省						219709	4047
内蒙古自治区						324721	380
辽宁省	112					14681	20
其中:大连市						3807	
吉林省		23				77551	700
黑龙江省						82098	7
上海市						24875	
江苏省						250672	24659
浙江省		75				234885	4218
其中:宁波市						58664	956
安徽省		32				47597	1306
福建省		20459				88324	
其中:厦门市						30023	
江西省						161316	256
山东省		47				310716	1818
其中:青岛市						46424	
河南省	23614		16	4	19	319080	101
湖北省		14				90451	2056
湖南省	158					162211	182
广东省						586901	4091
其中:深圳市							
广西壮族自治区	552					65179	2191
海南省						125086	726
重庆市						69127	
四川省		612				136648	
贵州省	281	106				143635	1176
云南省	17846					207082	463
西藏自治区						258639	
陕西省						195485	
甘肃省						103527	100
青海省						35606	2106
宁夏回族自治区						63597	
新疆维吾尔自治区						454139	

2－152－11 单位:万元

地区	基本建设支出							
	办公设备购置	专用设备购置	交通工具购置	基础设施建设	大型修缮	信息网络购建	物资储备	其他基本建设支出
地方合计	**1115**	**7054**	**10876**	**3558594**	**146038**	**2077**	**19**	**1254693**
北京市			31	79682		41		7249
天津市								
河北省	9	290	2427	86575	12			1215
山西省			8	188473	405			26776
内蒙古自治区				144403	460			179478
辽宁省		820		13494	54	63		230
其中:大连市				3807				
吉林省		280	4694	70018	1645		19	195
黑龙江省	111	115		70646	7680			3539
上海市	6		28	12514				12327
江苏省	35	12	58	159079	772	24		66033
浙江省	426	731	128	102714	35097	236		91335
其中:宁波市	10	30	58	35373	14021			8216
安徽省	23	3	27	36260	17	268		9693
福建省		9	40	44272	1009			42994
其中:厦门市			20	27005				2998
江西省		150	115	65247	9778	148		85622
山东省	6	6	64	126651	6822			175349
其中:青岛市	4	6	19	13844	5500			27051
河南省	51	2534	194	189697	61463	5		65035
湖北省	75	371	515	54607	7812	38		24977
湖南省	12	19	40	134311	1066	22		26559
广东省	116	1548	748	538426	199	1071		40702
其中:深圳市								
广西壮族自治区	34	27	112	47396	70	10		15339
海南省				2377				121983
重庆市	115	25	27	59346	316			9298
四川省	71	23	99	117511	270	11		18663
贵州省		54	7	38179	4208	140		99871
云南省	5		1030	171916	3522			30146
西藏自治区				257109				1530
陕西省		11	353	130589	705			63827
甘肃省	2		41	73362	2163			27859
青海省				28097				5403
宁夏回族自治区	18	26	90	63104	337			22
新疆维吾尔自治区				452539	156			1444

2－152－12

单位:万元

地　　区	其他资本性支出						
	小　计	房屋建筑物购　　建	办公设备购　　置	专用设备购　　置	交通工具购　　置	基础设施建　　设	大型修缮
地　方　合　计	**11996320**	**109292**	**41946**	**104384**	**82367**	**5519429**	**2553204**
北京市	140184	115	1125	1106	1393	75367	44859
天津市	197225	2	3	13	51	100	195614
河北省	925043	2171	2246	9615	4071	751250	106658
山西省	717256	434	3763	18849	2489	69423	49754
内蒙古自治区	158366	284	585	232	1742	126454	3068
辽宁省	1121407	4525	6880	4536	3448	722841	335449
其中:大连市	101370		6144	66	12	95011	
吉林省	204678	1665	826	716	7403	190300	2663
黑龙江省	556578	3443	1190	8674	17092	186774	3836
上海市	547886	1760	1809	824	973	124	518420
江苏省	1213107	31861	3349	18347	5626	457080	545092
浙江省	500387	7484	1912	2245	1980	137195	30540
其中:宁波市	21547	1070	467	1061	560	3995	9289
安徽省	439279	5069	1279	1776	1581	203490	90886
福建省	398212	2103	1595	1840	1939	43730	333542
其中:厦门市	4362	46	60	15	52	2320	1521
江西省	89473	6678	1165	1344	3305	37287	13260
山东省	1384704	11864	2995	9144	6201	129716	90337
其中:青岛市	119348	3	360	867	680	4381	41755
河南省	249002	5051	785	1379	2837	140686	37713
湖北省	183027	778	608	1313	2735	120537	4341
湖南省	111332	3557	448	422	1917	76429	784
广东省	154893	1645	2984	4847	3283	50926	31207
其中:深圳市	3643	10	356	38	558	206	190
广西壮族自治区	406083	8517	1056	7404	1665	104150	70352
海南省	5951	871	392	689	443	2139	143
重庆市	383186	386	635	846	822	270466	3651
四川省	910030	3683	1475	2871	4170	845000	8649
贵州省	67990	492	591	1133	1332	31049	262
云南省	282410	1132	691	342	1086	230753	9225
西藏自治区	2049	958	63	18	347	384	217
陕西省	117659	453	686	859	869	73575	2690
甘肃省	85427	272	96	787	158	64981	3472
青海省	113503	11	109	58	64	113124	
宁夏回族自治区	158602	1295	353	1974	589	137974	14830
新疆维吾尔自治区	171391	733	252	181	756	126125	1690

2－152－13

单位:万元

地　　区	其他资本性支出						
	信息网络购　建	物资储备	土地补偿	安置补助	地上附着物和青苗补偿	拆迁补偿	其他资本性支　出
地　方　合　计	**43848**	**866**	**13245**	**1900**	**4273**	**16006**	**3505560**
北京市	6306						9913
天津市							1442
河北省	624	265	135	6	35	2045	45922
山西省	1159	193	1901		79	300	568912
内蒙古自治区	174		319			1786	23722
辽宁省	3265	19	123		158	2505	37658
其中:大连市	27		50		10	40	10
吉林省	480						625
黑龙江省	1619		1179	29	5	226	332511
上海市	503		215				23258
江苏省	10464		1266		445	90	139487
浙江省	2749		2140	215	71	3	313853
其中:宁波市	30						5075
安徽省	309		321	12	41	386	134129
福建省	1111			1			12351
其中:厦门市	239						109
江西省	57						26377
山东省	582		1134	56	195	120	1132360
其中:青岛市							71302
河南省	8063	360	456	464	2587	1282	47339
湖北省	630		341	240	172	124	51208
湖南省	653		183	11	22	1061	25845
广东省	2457		93	83	22	201	57145
其中:深圳市	21						2264
广西壮族自治区	372		26			188	212353
海南省	103						1171
重庆市	231						106149
四川省	1095		180	728	294	2557	39328
贵州省	34		197		7	1445	31448
云南省	216	29	2313	55	62	1420	35086
西藏自治区	45						17
陕西省	134		627		65	137	37564
甘肃省	3		1		6	17	15634
青海省			51				86
宁夏回族自治区	314		44		7	75	1147
新疆维吾尔自治区	96					38	41520

二、地方财政预算收支情况

2-152-14　　　　　　　　　　　　　　　　　　　　　　单位:万元

地区	贷款转贷及产权参股					其他支出		
	小计	国内贷款	国外贷款	产权参股	其他贷款转贷及产权参股支出	小计	补充全国社会保障基金	其他支出
地方合计	**728585**	**727433**			**1152**	**3951134**		**3951134**
北京市						56449		56449
天津市								
河北省	10720	10720				110246		110246
山西省	120	120				7857		7857
内蒙古自治区	500	500				279		279
辽宁省	33424	33424				6104		6104
其中:大连市								
吉林省	9607	9607				67697		67697
黑龙江省	677	677				450		450
上海市						8142		8142
江苏省	1360	760			600	373805		373805
浙江省						208353		208353
其中:宁波市						86512		86512
安徽省	81145	81145				23120		23120
福建省	406	328			78	395894		395894
其中:厦门市						1452		1452
江西省						473354		473354
山东省						14483		14483
其中:青岛市						13163		13163
河南省	481714	481714				129683		129683
湖北省						89333		89333
湖南省						76678		76678
广东省	68568	68568				526672		526672
其中:深圳市						1748		1748
广西壮族自治区						121931		121931
海南省						5228		5228
重庆市	561	87			474	71146		71146
四川省	3654	3654				266596		266596
贵州省	611	611				310986		310986
云南省	35518	35518				11975		11975
西藏自治区						5547		5547
陕西省						447699		447699
甘肃省						20782		20782
青海省						340		340
宁夏回族自治区						1932		1932
新疆维吾尔自治区						118373		118373

2007 年各省、自治区、直辖市铁路运输支出明细表

2－153－1　　　　单位:万元

地　　区	合　计	工资福利支出				
		小　计	基本工资	津贴补贴	奖　金	社会保障缴　费
地 方 合 计	**865677**	**8249**	**3485**	**2202**	**204**	**495**
北京市	42	6	1	4	1	
天津市	2833					
河北省	4176	19	15	4		
山西省	11159	1868	1411			389
内蒙古自治区	31770	3	2	1		
辽宁省	1811	439				
其中:大连市						
吉林省	21363	97	48	49		
黑龙江省	21436					
上海市	436	293	10	11	36	
江苏省	13195	512	241	186	52	21
浙江省	74103	179	36	32	74	29
其中:宁波市	397	132	17	21	68	25
安徽省	96575					
福建省	69822	33	16	11	1	2
其中:厦门市	32000					
江西省	279					
山东省	14127	284	113	79	21	51
其中:青岛市	3000					
河南省	29637	1803	37	1766		
湖北省	40508	79	43	25	3	3
湖南省	32436	59	50	4	2	
广东省	142292	40	18	5	5	
其中:深圳市	27					
广西壮族自治区	103700					
海南省	9155					
重庆市	4245					
四川省	17569	1055				
贵州省	40461					
云南省	2304					
西藏自治区	1834					
陕西省	37347	47	28	8	9	
甘肃省	775					
青海省	885					
宁夏回族自治区						
新疆维吾尔自治区	39402	1433	1416	17		

2－153－2

单位:万元

地　　区	工资福利支出				商品和服务支出		
	伙食费	伙　食补助费	绩效工资	其他工资福利支出	小　计	办公费	印刷费
地　方　合　计	**4**	**5**	**2**	**1852**	**114715**	**1125**	**304**
北京市					7	4	
天津市					362		
河北省					4157	56	18
山西省				68	3322	371	116
内蒙古自治区					644	14	
辽宁省				439	673	8	1
其中:大连市							
吉林省					142	16	
黑龙江省					19694	30	
上海市		1		235	143		
江苏省	1	2		9	834	59	11
浙江省		2	2	4	258	6	3
其中:宁波市		1			219	5	3
安徽省					1047		
福建省				3	1733	7	1
其中:厦门市							
江西省					9		1
山东省				20	1106	22	1
其中:青岛市							
河南省					203	71	9
湖北省				5	34274	35	9
湖南省	3				2539	19	2
广东省				12	1124	3	
其中:深圳市					27		
广西壮族自治区							
海南省					5		
重庆市							
四川省				1055	1685	332	61
贵州省					460		
云南省					81	21	
西藏自治区					838		
陕西省				2	5168	9	1
甘肃省					20		
青海省					880		
宁夏回族自治区							
新疆维吾尔自治区					33307	42	70

2－153－3

单位:万元

地　　区	商品和服务支出						
	咨询费	手续费	水　费	电　费	邮电费	取暖费	物　业 管理费
地 方 合 计	**23**		**91**	**234**	**36**	**158**	**27**
北京市							
天津市							
河北省					1		
山西省			50	111	3	62	4
内蒙古自治区							
辽宁省				1		1	
其中:大连市							
吉林省					8	5	
黑龙江省						10	11
上海市			2	20	1		
江苏省	23		5		4		3
浙江省				1			2
其中:宁波市				1			2
安徽省							
福建省			1	1			
其中:厦门市							
江西省							
山东省			2		10	8	
其中:青岛市							
河南省				4	1		
湖北省			2	9	4	3	
湖南省			3	40	1	2	
广东省							
其中:深圳市							
广西壮族自治区							
海南省							
重庆市							
四川省					1		
贵州省							
云南省					1		
西藏自治区							
陕西省			1	2	1	3	7
甘肃省							
青海省							
宁夏回族自治区							
新疆维吾尔自治区			25	45		64	

2－153－4

单位:万元

地　　区	商品和服务支出					
	交通费	差旅费	出国费	维修(护)费	租赁费	会议费
地　方　合　计	**405**	**411**	**8**	**4701**	**99**	**735**
北京市						
天津市						
河北省	15	9		4000		35
山西省	68	23	4	517	61	125
内蒙古自治区		3				
辽宁省	5	2				33
其中:大连市						
吉林省	41	27				1
黑龙江省	5					
上海市	3			90		
江苏省	56	119		1	17	299
浙江省	12	17	4		13	14
其中:宁波市	10	15	4		13	14
安徽省						
福建省	1	2		1		
其中:厦门市						
江西省		3				
山东省	19	30		55	8	7
其中:青岛市						
河南省	3	25		19		
湖北省	26	17				25
湖南省						
广东省	1					
其中:深圳市						
广西壮族自治区						
海南省						
重庆市						
四川省	38	60		16		162
贵州省						
云南省	4	8				
西藏自治区						
陕西省	24	14		2		3
甘肃省		14				
青海省						
宁夏回族自治区						
新疆维吾尔自治区	84	38				31

2－153－5

单位:万元

地　　区	商品和服务支出						
	培训费	招待费	专　用 材料费	被　装 购置费	专　用 燃料费	劳务费	委　托 业务费
地　方　合　计	**361**	**451**	**50**	**262**	**44**	**541**	**62**
北京市							
天津市							
河北省	13	10					
山西省	116	54	10	45	7		
内蒙古自治区							
辽宁省						45	
其中:大连市							
吉林省	2	1			36	3	
黑龙江省							
上海市							
江苏省	27	68	5			8	
浙江省	2	30				14	
其中:宁波市	1	26				14	
安徽省							
福建省	1	1					
其中:厦门市							
江西省		3					
山东省		8					
其中:青岛市							
河南省							
湖北省	2	52					4
湖南省		30	30				
广东省		2				1	
其中:深圳市							
广西壮族自治区							
海南省							
重庆市							
四川省	111	94					58
贵州省						460	
云南省		36				10	
西藏自治区							
陕西省		9					
甘肃省			5		1		
青海省							
宁夏回族自治区							
新疆维吾尔自治区	87	53		217			

2－153－6　　　　单位:万元

地　　区	商品和服务支出			对个人和家庭的补助			
	工会经费	福利费	其他商品和服务支出	小　计	离休费	退休费	退职(役)费
地　方　合　计	**13**	**61**	**104513**	**244**		**57**	
北京市		2	1	1			
天津市			362				
河北省							
山西省	1	17	1557	24			
内蒙古自治区			627				
辽宁省			577	22			
其中:大连市							
吉林省	2			7		7	
黑龙江省			19638	4			
上海市		27					
江苏省	3	5	121	64		30	
浙江省	4	9	127	12		3	
其中:宁波市	1		110	6		2	
安徽省			1047				
福建省			1717	1			
其中:厦门市							
江西省			2				
山东省	3		933	75			
其中:青岛市							
河南省			71	6		6	
湖北省			34086	3			
湖南省			2412	2		2	
广东省		1	1116	1			
其中:深圳市			27				
广西壮族自治区							
海南省			5				
重庆市							
四川省			752				
贵州省							
云南省			1	10			
西藏自治区			838				
陕西省			5092	12		9	
甘肃省							
青海省			880				
宁夏回族自治区							
新疆维吾尔自治区			32551				

2－153－7

单位:万元

地　　区	对个人和家庭的补助						
	抚恤金	生活补助	救济费	医疗费	助学金	奖励金	生产补贴
地方合计		**1**		**8**	**1**	**15**	
北京市					1		
天津市							
河北省							
山西省						5	
内蒙古自治区							
辽宁省							
其中:大连市							
吉林省							
黑龙江省							
上海市							
江苏省							
浙江省							
其中:宁波市							
安徽省							
福建省							
其中:厦门市							
江西省							
山东省				8			
其中:青岛市							
河南省							
湖北省							
湖南省							
广东省		1					
其中:深圳市							
广西壮族自治区							
海南省							
重庆市							
四川省							
贵州省							
云南省						10	
西藏自治区							
陕西省							
甘肃省							
青海省							
宁夏回族自治区							
新疆维吾尔自治区							

2－153－8

单位:万元

地区	对个人和家庭的补助				对企事业单位的补贴		
	住房公积金	提租补贴	购房补贴	其他对个人和家庭的补助支出	小计	企业政策性补贴	事业单位补贴
地方合计	**67**	**8**	**45**	**42**	**3732**	**318**	**192**
北京市					28		
天津市					2412		
河北省							
山西省	13			6	400		
内蒙古自治区					192		192
辽宁省				22			
其中:大连市							
吉林省					382		
黑龙江省				4	238	238	
上海市							
江苏省	26	6		2			
浙江省	3		1	5			
其中:宁波市	1		1	2			
安徽省					80	80	
福建省	1						
其中:厦门市							
江西省							
山东省	18	2	44	3			
其中:青岛市							
河南省							
湖北省	3						
湖南省							
广东省							
其中:深圳市							
广西壮族自治区							
海南省							
重庆市							
四川省							
贵州省							
云南省							
西藏自治区							
陕西省	3						
甘肃省							
青海省							
宁夏回族自治区							
新疆维吾尔自治区							

2－153－9

单位:万元

地　　区	对企事业单位的补贴		赠　与			债务利息支出	
	财政贴息	其他对企事业单位的补贴支出	小　计	对国内的赠　与	对国外的赠　与	小　计	国库券付　息
地方合计	**400**	**2822**				**1120**	
北京市		28					
天津市		2412					
河北省							
山西省	400						
内蒙古自治区							
辽宁省							
其中:大连市							
吉林省		382					
黑龙江省							
上海市							
江苏省							
浙江省							
其中:宁波市							
安徽省							
福建省							
其中:厦门市							
江西省							
山东省							
其中:青岛市							
河南省							
湖北省						1120	
湖南省							
广东省							
其中:深圳市							
广西壮族自治区							
海南省							
重庆市							
四川省							
贵州省							
云南省							
西藏自治区							
陕西省							
甘肃省							
青海省							
宁夏回族自治区							
新疆维吾尔自治区							

二、地方财政预算收支情况

2－153－10 单位:万元

地区	债务利息支出					基本建设支出	
	向国家银行借款付息	其他国内借款付息	向国外政府借款付息	向国际组织借款付息	其他国外借款付息	小计	房屋建筑物购建
地方合计		**1120**				**384326**	**20069**
北京市							
天津市							
河北省							
山西省							
内蒙古自治区						23120	20000
辽宁省							
其中:大连市							
吉林省						20000	
黑龙江省						1500	
上海市							
江苏省							
浙江省						1587	
其中:宁波市							
安徽省						91793	
福建省						67255	
其中:厦门市						32000	
江西省						253	
山东省						400	
其中:青岛市							
河南省						27625	69
湖北省		1120				4513	
湖南省						29777	
广东省						64038	
其中:深圳市							
广西壮族自治区							
海南省						2770	
重庆市						2386	
四川省						11470	
贵州省							
云南省						10	
西藏自治区						996	
陕西省						31030	
甘肃省						755	
青海省						5	
宁夏回族自治区							
新疆维吾尔自治区						3043	

2－153－11 单位:万元

地区	基本建设支出							
	办公设备购置	专用设备购置	交通工具购置	基础设施建设	大型修缮	信息网络购建	物资储备	其他基本建设支出
地方合计	**288**	**46**	**29776**	**294056**	**2040**			**38051**
北京市								
天津市								
河北省								
山西省								
内蒙古自治区				2120				1000
辽宁省								
其中:大连市								
吉林省				18000	2000			
黑龙江省				500				1000
上海市								
江苏省								
浙江省				1587				
其中:宁波市								
安徽省				91793				
福建省				67255				
其中:厦门市				32000				
江西省	46		2		40			165
山东省				400				
其中:青岛市								
河南省	242			26225				1089
湖北省				4513				
湖南省		46	29731					
广东省				64038				
其中:深圳市								
广西壮族自治区								
海南省				2770				
重庆市								2386
四川省				11090				380
贵州省								
云南省				10				
西藏自治区								996
陕西省								31030
甘肃省				755				
青海省								5
宁夏回族自治区								
新疆维吾尔自治区			43	3000				

2-153-12 单位:万元

地区	其他资本性支出						
	小计	房屋建筑物购建	办公设备购置	专用设备购置	交通工具购置	基础设施建设	大型修缮
地方合计	**82788**	**5075**	**45**	**325**	**1276**	**18257**	**1489**
北京市							
天津市							
河北省							
山西省	1068	25	17	106	739		81
内蒙古自治区	7811	50				6272	1178
辽宁省							
其中:大连市							
吉林省							
黑龙江省							
上海市							
江苏省	5075	5000	5		20		50
浙江省	7501					7501	
其中:宁波市							
安徽省							
福建省							
其中:厦门市							
江西省	17		17				
山东省	4629					159	
其中:青岛市	3000						
河南省							
湖北省	519		3			516	
湖南省							
广东省	18						18
其中:深圳市							
广西壮族自治区							
海南省	6380						
重庆市	1500						
四川省	3358				12	2633	
贵州省	40000						
云南省	2203		3			600	
西藏自治区							
陕西省	1090						
甘肃省							
青海省							
宁夏回族自治区							
新疆维吾尔自治区	1619			219	505	576	162

2 – 153 – 13 单位:万元

地区	其他资本性支出						
	信息网络购建	物资储备	土地补偿	安置补助	地上附着物和青苗补偿	拆迁补偿	其他资本性支出
地方合计			**6001**			**3743**	**46577**
北京市							
天津市							
河北省							
山西省							100
内蒙古自治区			131				180
辽宁省							
其中:大连市							
吉林省							
黑龙江省							
上海市							
江苏省							
浙江省							
其中:宁波市							
安徽省							
福建省							
其中:厦门市							
江西省							
山东省			70				4400
其中:青岛市							3000
河南省							
湖北省							
湖南省							
广东省							
其中:深圳市							
广西壮族自治区							
海南省			3100			3280	
重庆市							1500
四川省			500			63	150
贵州省							40000
云南省			1600				
西藏自治区							
陕西省			600			400	90
甘肃省							
青海省							
宁夏回族自治区							
新疆维吾尔自治区							157

2－153－14

单位:万元

地区	贷款转贷及产权参股					其他支出		
	小计	国内贷款	国外贷款	产权参股	其他贷款转贷及产权参股支出	小计	补充全国社会保障基金	其他支出
地方合计	**1233**	**1233**				**269270**		**269270**
北京市								
天津市						59		59
河北省								
山西省						4477		4477
内蒙古自治区								
辽宁省						677		677
其中:大连市								
吉林省	733	733				2		2
黑龙江省								
上海市								
江苏省						6710		6710
浙江省						64566		64566
其中:宁波市						40		40
安徽省						3655		3655
福建省						800		800
其中:厦门市								
江西省								
山东省						7633		7633
其中:青岛市								
河南省								
湖北省								
湖南省						59		59
广东省	500	500				76571		76571
其中:深圳市								
广西壮族自治区						103700		103700
海南省								
重庆市						359		359
四川省						1		1
贵州省						1		1
云南省								
西藏自治区								
陕西省								
甘肃省								
青海省								
宁夏回族自治区								
新疆维吾尔自治区								

2007 年各省、自治区、直辖市民用航空运输支出明细表

2－154－1　　　　单位:万元

地　　区	合　计	工资福利支出				
		小　计	基本工资	津贴补贴	奖　金	社会保障缴　费
地方合计	**427934**	**2074**	**1232**	**313**	**95**	**170**
北京市						
天津市	6939					
河北省	10540					
山西省	17250	15	13	1	1	
内蒙古自治区	47371					
辽宁省	5879	19	13	4	1	1
其中:大连市	3713					
吉林省	205					
黑龙江省	18052	14	9	4	1	
上海市	54019					
江苏省	6374	59	22	22	9	4
浙江省	5992					
其中:宁波市	2324					
安徽省	5441	337	222	96		19
福建省	2071					
其中:厦门市						
江西省	2401					
山东省	14444	80	29	23	4	24
其中:青岛市	700					
河南省	24592					
湖北省	4549	67	29	23		11
湖南省	25717					
广东省	23334	892	655	101	38	88
其中:深圳市	1441	43		43		
广西壮族自治区	33172					
海南省	2073					
重庆市	12780					
四川省	23166	567	216	39	41	23
贵州省	5537	24	24			
云南省	9526					
西藏自治区	35					
陕西省	9800					
甘肃省	6510					
青海省	680					
宁夏回族自治区	1591					
新疆维吾尔自治区	47894					

2－154－2

单位：万元

地区	工资福利支出				商品和服务支出		
	伙食费	伙食补助费	绩效工资	其他工资福利支出	小计	办公费	印刷费
地方合计		**10**	**56**	**198**	**80174**	**2554**	**37**
北京市							
天津市							
河北省					317		
山西省					6225	13	
内蒙古自治区					3241		
辽宁省					1133		
其中：大连市					337		
吉林省					115		
黑龙江省					2728	800	
上海市							
江苏省		2			3323	66	
浙江省					3562		
其中：宁波市							
安徽省					683	4	2
福建省							
其中：厦门市							
江西省					1648	9	
山东省					3615	14	
其中：青岛市							
河南省					481	14	10
湖北省				4	2208	5	
湖南省					694		
广东省				10	2065	46	
其中：深圳市					1398	30	
广西壮族自治区					58		
海南省							
重庆市							
四川省		8	56	184	1960	17	6
贵州省							
云南省					1580	1532	
西藏自治区					15		
陕西省					28	28	
甘肃省							
青海省							
宁夏回族自治区					179	6	19
新疆维吾尔自治区					44316		

2 - 154 - 3

单位:万元

地区	商品和服务支出						
	咨询费	手续费	水费	电费	邮电费	取暖费	物业管理费
地方合计	**53**		**75**	**171**	**94**	**36**	**24**
北京市							
天津市							
河北省	40				34	9	
山西省						1	
内蒙古自治区							
辽宁省						2	
其中:大连市							
吉林省							
黑龙江省				1	1		
上海市							
江苏省							
浙江省							
其中:宁波市							
安徽省	5		3	33	10		3
福建省							
其中:厦门市							
江西省	1				4		
山东省			1	2	1	3	
其中:青岛市							
河南省			20	20			
湖北省							
湖南省							
广东省			22	52			
其中:深圳市							
广西壮族自治区							
海南省							
重庆市							
四川省			23	56	41	3	
贵州省							
云南省							
西藏自治区							
陕西省							
甘肃省							
青海省							
宁夏回族自治区	7			2	2		
新疆维吾尔自治区			6	5	1	18	21

2－154－4 单位:万元

地　　区	商品和服务支出					
	交通费	差旅费	出国费	维修(护)费	租赁费	会议费
地　方　合　计	**665**	**395**	**7**	**944**	**35**	**200**
北京市						
天津市						
河北省	24	45				1
山西省						
内蒙古自治区				615		
辽宁省	2	27				
其中:大连市						
吉林省						
黑龙江省	308	2				
上海市						
江苏省	30					
浙江省						
其中:宁波市						
安徽省		11		104		9
福建省						
其中:厦门市						
江西省	35	28				5
山东省	33	94		16		84
其中:青岛市						
河南省	30	20		40	20	20
湖北省	5	18		4		
湖南省						
广东省	103	20	7	129		27
其中:深圳市						
广西壮族自治区						
海南省						
重庆市						
四川省	67	85		35		15
贵州省						
云南省						
西藏自治区						
陕西省						
甘肃省						
青海省						
宁夏回族自治区	10	40			15	39
新疆维吾尔自治区	18	5		1		

2－154－5 单位:万元

地　　区	商品和服务支出						
	培训费	招待费	专用材料费	被装购置费	专用燃料费	劳务费	委托业务费
地方合计	**157**	**268**	**403**	**6**	**60**	**195**	**1148**
北京市							
天津市							
河北省	22	16				14	
山西省							
内蒙古自治区							
辽宁省			226			111	
其中:大连市			226			111	
吉林省							
黑龙江省							
上海市							
江苏省							
浙江省							
其中:宁波市							
安徽省	10	2					
福建省							
其中:厦门市							
江西省		20				6	
山东省		18				30	1118
其中:青岛市							
河南省	60	20	157			20	30
湖北省		12					
湖南省					60		
广东省	35	64					
其中:深圳市							
广西壮族自治区							
海南省							
重庆市							
四川省	15	110	20	6		1	
贵州省							
云南省							
西藏自治区	15						
陕西省							
甘肃省							
青海省							
宁夏回族自治区		3				12	
新疆维吾尔自治区		3				1	

二、地方财政预算收支情况

2－154－6　　　　单位:万元

地　　区	商品和服务支出			对个人和家庭的补助			
	工会经费	福利费	其他商品和服务支出	小　计	离休费	退休费	退职(役)费
地　方　合　计	**28**	**190**	**72429**	**420**		**134**	
北京市							
天津市							
河北省			112				
山西省			6211	2			
内蒙古自治区			2626				
辽宁省			765	3			
其中:大连市							
吉林省			115				
黑龙江省			1616				
上海市							
江苏省			3227				
浙江省			3562				
其中:宁波市							
安徽省	5	34	448	42		14	
福建省							
其中:厦门市							
江西省			1540				
山东省			2201	13			
其中:青岛市							
河南省							
湖北省			2164	118		113	
湖南省			634	3			
广东省	15	106	1439	126		7	
其中:深圳市			1368				
广西壮族自治区			58	108			
海南省							
重庆市							
四川省	8	50	1402	5			
贵州省							
云南省			48				
西藏自治区							
陕西省							
甘肃省							
青海省							
宁夏回族自治区			24				
新疆维吾尔自治区			44237				

2－154－7　　　　单位:万元

地　　区	对个人和家庭的补助						
	抚恤金	生活补助	救济费	医疗费	助学金	奖励金	生产补贴
地　方　合　计				**19**			
北京市							
天津市							
河北省							
山西省							
内蒙古自治区							
辽宁省							
其中:大连市							
吉林省							
黑龙江省							
上海市							
江苏省							
浙江省							
其中:宁波市							
安徽省				19			
福建省							
其中:厦门市							
江西省							
山东省							
其中:青岛市							
河南省							
湖北省							
湖南省							
广东省							
其中:深圳市							
广西壮族自治区							
海南省							
重庆市							
四川省							
贵州省							
云南省							
西藏自治区							
陕西省							
甘肃省							
青海省							
宁夏回族自治区							
新疆维吾尔自治区							

2－154－8　　　　单位：万元

地　　区	对个人和家庭的补助				对企事业单位的补贴		
	住房公积金	提租补贴	购房补贴	其他对个人和家庭的补助支出	小计	企业政策性补贴	事业单位补贴
地方合计	**139**	**2**	**10**	**116**	**56481**	**15650**	**409**
北京市							
天津市					6939		
河北省					6670		
山西省	2				10808	220	
内蒙古自治区					701		
辽宁省	1	2			693	39	409
其中：大连市							
吉林省							
黑龙江省							
上海市							
江苏省					1282		
浙江省							
其中：宁波市							
安徽省	9				1610	1610	
福建省					17		
其中：厦门市							
江西省					559	559	
山东省	3		10		2526		
其中：青岛市							
河南省							
湖北省	5				154	154	
湖南省				3			
广东省	119						
其中：深圳市							
广西壮族自治区				108	4210		
海南省					2030	2030	
重庆市							
四川省				5	6176	5862	
贵州省							
云南省					250		
西藏自治区					20	20	
陕西省					3306	3306	
甘肃省					6450	450	
青海省					680		
宁夏回族自治区							
新疆维吾尔自治区					1400	1400	

2－154－9

单位:万元

地　　区	对企事业单位的补贴		赠　与			债务利息支出	
	财政贴息	其他对企事业单位的补贴支出	小　计	对国内的赠　与	对国外的赠　与	小　计	国库券付　息
地　方　合　计	**250**	**40172**	**57**	**57**		**3701**	
北京市							
天津市		6939					
河北省		6670					
山西省		10588					
内蒙古自治区		701				3701	
辽宁省		245					
其中:大连市							
吉林省							
黑龙江省							
上海市							
江苏省		1282					
浙江省							
其中:宁波市							
安徽省							
福建省		17					
其中:厦门市							
江西省			57	57			
山东省		2526					
其中:青岛市							
河南省							
湖北省							
湖南省							
广东省							
其中:深圳市							
广西壮族自治区		4210					
海南省							
重庆市							
四川省		314					
贵州省							
云南省	250						
西藏自治区							
陕西省							
甘肃省		6000					
青海省		680					
宁夏回族自治区							
新疆维吾尔自治区							

2－154－10 单位:万元

地区	债务利息支出					基本建设支出	
	向国家银行借款付息	其他国内借款付息	向国外政府借款付息	向国际组织借款付息	其他国外借款付息	小计	房屋建筑物购建
地方合计		**3701**				**139566**	**31450**
北京市							
天津市							
河北省							
山西省							
内蒙古自治区		3701				35660	31450
辽宁省							
其中:大连市							
吉林省							
黑龙江省						14000	
上海市							
江苏省							
浙江省							
其中:宁波市							
安徽省						2622	
福建省						2054	
其中:厦门市							
江西省							
山东省						4514	
其中:青岛市							
河南省						24111	
湖北省							
湖南省						15020	
广东省							
其中:深圳市							
广西壮族自治区						810	
海南省							
重庆市						10951	
四川省						14072	
贵州省						5380	
云南省						596	
西藏自治区							
陕西省						6367	
甘肃省						40	
青海省							
宁夏回族自治区						1291	
新疆维吾尔自治区						2078	

2－154－11

单位:万元

地　　区	基本建设支出							
	办公设备购　置	专用设备购　置	交通工具购　置	基础设施建　设	大型修缮	信息网络购　建	物资储备	其他基本建设支出
地　方　合　计	**50**	**44**	**28**	**63473**	**16270**			**28251**
北京市								
天津市								
河北省								
山西省								
内蒙古自治区				775				3435
辽宁省								
其中:大连市								
吉林省								
黑龙江省				14000				
上海市								
江苏省								
浙江省								
其中:宁波市								
安徽省				1602	1000			20
福建省				2054				
其中:厦门市								
江西省								
山东省				4264	250			
其中:青岛市								
河南省				24111				
湖北省								
湖南省					15020			
广东省								
其中:深圳市								
广西壮族自治区				810				
海南省								
重庆市								10951
四川省				13872				200
贵州省								5380
云南省	29							567
西藏自治区								
陕西省								6367
甘肃省								40
青海省								
宁夏回族自治区								1291
新疆维吾尔自治区	21	44	28	1985				

2－154－12

单位:万元

地　　区	其他资本性支出						
	小　计	房屋建筑物购　　建	办公设备购　　置	专用设备购　　置	交通工具购　　置	基础设施建　　设	大型修缮
地　方　合　计	**76915**	**160**	**73**	**253**	**104**	**11014**	
北京市							
天津市							
河北省	2703					1370	
山西省	200						
内蒙古自治区	4068					4068	
辽宁省	655					260	
其中:大连市							
吉林省	90					90	
黑龙江省	1310	160				1150	
上海市	54019						
江苏省	100						
浙江省	106			106			
其中:宁波市							
安徽省	147						
福建省							
其中:厦门市							
江西省							
山东省	2996		5			2991	
其中:青岛市							
河南省							
湖北省	2		2				
湖南省							
广东省	251		44	129	59		
其中:深圳市							
广西壮族自治区	733					733	
海南省							
重庆市	1829						
四川省	286		10	18	6	252	
贵州省							
云南省	7100					100	
西藏自治区							
陕西省	99						
甘肃省							
青海省							
宁夏回族自治区	121		1				
新疆维吾尔自治区	100		11		39		

2－154－13

单位:万元

地　　区	其他资本性支出						
	信息网络购　建	物资储备	土地补偿	安置补助	地上附着物和青苗补偿	拆迁补偿	其他资本性支　出
地　方　合　计	**19**		**200**				**65092**
北京市							
天津市							
河北省							1333
山西省			200				
内蒙古自治区							
辽宁省							395
其中:大连市							
吉林省							
黑龙江省							
上海市							54019
江苏省							100
浙江省							
其中:宁波市							
安徽省							147
福建省							
其中:厦门市							
江西省							
山东省							
其中:青岛市							
河南省							
湖北省							
湖南省							
广东省	19						
其中:深圳市							
广西壮族自治区							
海南省							
重庆市							1829
四川省							
贵州省							
云南省							7000
西藏自治区							
陕西省							99
甘肃省							
青海省							
宁夏回族自治区							120
新疆维吾尔自治区							50

2－154－14

单位:万元

地区	贷款转贷及产权参股					其他支出		
	小计	国内贷款	国外贷款	产权参股	其他贷款转贷及产权参股支出	小计	补充全国社会保障基金	其他支出
地方合计						**68546**		**68546**
北京市								
天津市								
河北省						850		850
山西省								
内蒙古自治区								
辽宁省						3376		3376
其中:大连市						3376		3376
吉林省								
黑龙江省								
上海市								
江苏省						1610		1610
浙江省						2324		2324
其中:宁波市						2324		2324
安徽省								
福建省								
其中:厦门市								
江西省						137		137
山东省						700		700
其中:青岛市						700		700
河南省								
湖北省						2000		2000
湖南省						10000		10000
广东省						20000		20000
其中:深圳市								
广西壮族自治区						27253		27253
海南省						43		43
重庆市								
四川省						100		100
贵州省						133		133
云南省								
西藏自治区								
陕西省								
甘肃省						20		20
青海省								
宁夏回族自治区								
新疆维吾尔自治区								

2007年各省、自治区、直辖市其他交通运输支出明细表

2－155－1　　　　　　　　　　　　　　　　　　　　单位:万元

地　　区	合　计	工资福利支出				
		小　计	基本工资	津贴补贴	奖　金	社会保障缴　费
地　方　合　计	**1112591**	**60373**	**25265**	**13405**	**6778**	**7337**
北京市	195314	114	43	15	11	14
天津市	29977	490	363	41	4	82
河北省	26545	1129	539	148	102	155
山西省	22258	749	442	159	8	76
内蒙古自治区	6661	182	168	8	2	
辽宁省	38483	3194	459	256	49	119
其中:大连市	22156	2		2		
吉林省	6911	1294	986	72	73	106
黑龙江省	12029	2541	1404	639	45	302
上海市	53546	684	156	73	187	69
江苏省	119194	7287	1708	1570	2205	1035
浙江省	95191	4181	826	733	1096	576
其中:宁波市	34912	108	44	8	31	9
安徽省	20607	2256	1281	728	114	68
福建省	28023	2843	1111	543	202	455
其中:厦门市	6204	620	159	89	76	90
江西省	16274	5086	2200	1048	207	1284
山东省	42324	5628	3177	1279	226	848
其中:青岛市	12510					
河南省	15298	2452	1677	502	92	121
湖北省	111844	2858	968	924	547	313
湖南省	18421	1861	804	476	190	166
广东省	126997	3877	1511	1293	225	554
其中:深圳市	31203	87	40	21	3	1
广西壮族自治区	3666	561	267	118	61	75
海南省	9168	630	199	105	59	43
重庆市	10889	405	100	58	63	103
四川省	55929	3067	1545	255	482	420
贵州省	3238	369	118	110	58	35
云南省	10443	340	145	135	15	11
西藏自治区	1518	475	149	270	22	10
陕西省	11280	1509	1102	203	64	77
甘肃省	7270	672	265	258	31	90
青海省	8959	3338	1422	1306	326	66
宁夏回族自治区	2217	152	69	45	3	21
新疆维吾尔自治区	2117	149	61	35	9	4

2－155－2

单位：万元

地　　区	工资福利支出				商品和服务支出		
	伙食费	伙　食补助费	绩效工资	其他工资福利支出	小　计	办公费	印刷费
地 方 合 计	**121**	**352**	**704**	**6411**	**205660**	**6228**	**922**
北京市	4	1		26	931	30	
天津市					1036	11	3
河北省		10		175	19622	699	46
山西省		1	18	45	4253	67	48
内蒙古自治区		1	3		3855	15	20
辽宁省				2311	4107	518	3
其中：大连市					408	137	
吉林省		45	12		3185	359	78
黑龙江省	18	11	10	112	4358	647	58
上海市	3	2	3	191	2907	68	27
江苏省	25	76	90	578	13589	521	42
浙江省	2	48	7	893	9518	144	38
其中：宁波市				16	1525	1	
安徽省	12	19		34	6245	68	31
福建省	7	16	150	359	2323	93	51
其中：厦门市	2	6	11	187	768	16	2
江西省		7	206	134	3729	165	7
山东省	6			92	7914	541	85
其中：青岛市					163	4	
河南省		1		59	7670	439	55
湖北省				106	7047	134	28
湖南省	13			212	7532	118	19
广东省	1	34	13	246	50381	495	101
其中：深圳市				22	31084	147	
广西壮族自治区				40	1791	65	6
海南省		3		221	7068	48	14
重庆市		12		69	4667	139	18
四川省	30	18	36	281	12793	231	9
贵州省		6		42	814	24	9
云南省			6	28	7169	62	
西藏自治区				24	842	5	
陕西省		18	11	34	3675	143	16
甘肃省			28		2046	62	37
青海省		20	99	99	2541	252	48
宁夏回族自治区		2	12		1099	20	17
新疆维吾尔自治区		1			953	45	8

2－155－3

单位:万元

地区	商品和服务支出						
	咨询费	手续费	水费	电费	邮电费	取暖费	物业管理费
地方合计	**121**	**197**	**650**	**1982**	**947**	**1127**	**352**
北京市			4	10	4	9	7
天津市			2	36	7	6	
河北省	1		27	91	11	64	
山西省		2	20	27	7	15	
内蒙古自治区				1	2		
辽宁省		15	3	13	29	81	
其中:大连市							
吉林省		1	67	180	8	201	7
黑龙江省	1	16	57	94	34	233	5
上海市			1	14	11		3
江苏省	3	1	19	93	128		17
浙江省	12	16	15	79	76		1
其中:宁波市					1		
安徽省		2	22	35	27		1
福建省		1	4	75	20		7
其中:厦门市				4	5		4
江西省		6	30	53	23	14	2
山东省	6	97	135	237	91	277	39
其中:青岛市							
河南省	44	1	23	75	17	3	2
湖北省			17	132	36	6	3
湖南省		2	24	46	63		6
广东省	30	31	82	354	64		213
其中:深圳市			1	8			1
广西壮族自治区				26	11		
海南省			3	7	16		18
重庆市			4	27	66		1
四川省	3	3	11	105	62	6	1
贵州省			4	18	7	8	
云南省				3	4		
西藏自治区	1		13	9	15		
陕西省			24	25	25	28	2
甘肃省			4	10	9	12	1
青海省	17	2	32	100	65	138	10
宁夏回族自治区	3	1	1	4	6	22	6
新疆维吾尔自治区			2	3	3	4	

2－155－4

单位:万元

地区	商品和服务支出					
	交通费	差旅费	出国费	维修(护)费	租赁费	会议费
地方合计	**9894**	**2757**	**48**	**8629**	**651**	**2198**
北京市	68			25	19	28
天津市		5		1		
河北省	351	17		627	3	13
山西省	159	23		190	8	3
内蒙古自治区	19	7		307		
辽宁省	880	132	2	443	11	36
其中:大连市		1		135		
吉林省	175	94		908		14
黑龙江省	787	238	5	1097	71	70
上海市	64	22		203	30	64
江苏省	515	183	5	91	88	250
浙江省	234	141	5	158	119	112
其中:宁波市	1	3				1
安徽省	2374	37	9	79	5	26
福建省	176	62		89	27	103
其中:厦门市	51	29		2	7	12
江西省	84	81		112	2	25
山东省	652	295	5	512	21	382
其中:青岛市						
河南省	356	53		176	10	64
湖北省	334	51		150	13	77
湖南省	246	164	14	69	8	182
广东省	539	288		808	45	385
其中:深圳市	5			17	31	53
广西壮族自治区	90	35		29		13
海南省	224	130		49	12	32
重庆市	242	43		132	1	99
四川省	508	145	3	227	9	108
贵州省	78	74		10		12
云南省	53	25		49		8
西藏自治区	60	58		129		
陕西省	230	50		1728	11	69
甘肃省	50	18		119	21	9
青海省	273	254		80	117	9
宁夏回族自治区	46	8		31		4
新疆维吾尔自治区	27	24		1		1

2－155－5

单位:万元

地区	商品和服务支出						
	培训费	招待费	专用材料费	被装购置费	专用燃料费	劳务费	委托业务费
地方合计	**1147**	**4554**	**4669**	**643**	**923**	**1747**	**1586**
北京市	9	12	6	15			
天津市		24					
河北省	19	27	6	39	19		12
山西省	3	25		16		10	
内蒙古自治区	3	10			4	5	
辽宁省	14	685	95	1	5	145	305
其中:大连市	1					134	
吉林省	24	10	325		64	104	31
黑龙江省	28	94	383	39	6	41	20
上海市	21	46		170		278	
江苏省	190	441	45	34	4	76	801
浙江省	63	364	469	2		28	
其中:宁波市		1					
安徽省	20	89	10	4		22	2
福建省	24	111	155	6	7		293
其中:厦门市	2	28	105				
江西省	8	241	60		69		6
山东省	148	288	1454	53	9	292	1
其中:青岛市							
河南省	29	218	1088	31	18	73	
湖北省	10	172	17	88		8	
湖南省	84	393	18	2	7	120	50
广东省	224	694	237	9	486	56	9
其中:深圳市	24	6	15				
广西壮族自治区	5	57	5		10	28	18
海南省	23	50	9	3	65	40	
重庆市	74	122	2	1		295	
四川省	47	237	16	55		14	
贵州省	5	21	3			1	
云南省	3	19	19	2	20	63	13
西藏自治区	4	9	15	10	37		25
陕西省	23	40	56	3	21	27	
甘肃省	14	14		3		8	
青海省	27	30	169	49	72	12	
宁夏回族自治区	1	7	7	8			
新疆维吾尔自治区		4				1	

2－155－6

单位:万元

地　　区	商品和服务支出			对个人和家庭的补助			
	工会经费	福利费	其他商品和服务支出	小　计	离休费	退休费	退职(役)费
地　方　合　计	**738**	**2087**	**150863**	**17122**	**129**	**2364**	**34**
北京市	15	2	668	12			
天津市			941	135	16	59	
河北省	9	49	17492	137		2	
山西省	4	4	3622	5		4	
内蒙古自治区		1	3461				
辽宁省	6	43	642	1854	3	45	
其中:大连市							
吉林省	11	58	466	52		24	
黑龙江省	4	93	237	240	12	46	
上海市	27	39	1819	58	4	11	
江苏省	55	170	9817	1303	13	404	25
浙江省	242	182	7018	494	1	30	1
其中:宁波市	1		1516	8			
安徽省	9	57	3316	463	12	137	
福建省	31	103	885	252		29	4
其中:厦门市	8	6	487	66		20	
江西省	23	147	2571	1197	16	839	1
山东省	52	103	2139	1042		10	2
其中:青岛市			159	24			
河南省	26	134	4735	152	3	95	
湖北省	17	113	5641	72	3	25	
湖南省	13	102	5782	355	3	82	
广东省	88	345	44798	7300		59	
其中:深圳市		4	30772				
广西壮族自治区	10	25	1358	261		12	
海南省	4	14	6307	78			
重庆市	12	18	3371	13		8	
四川省	16	86	10891	524	36	221	1
贵州省	8	31	501	109		25	
云南省	4	7	6815	44		24	
西藏自治区	5	2	445	157		126	
陕西省	5	31	1118	692	7	33	
甘肃省	6	7	1642	8			
青海省	34	116	635	44		7	
宁夏回族自治区	1	4	902	61		5	
新疆维吾尔自治区	1	1	828	8		2	

2－155－7

单位:万元

地区	对个人和家庭的补助						
	抚恤金	生活补助	救济费	医疗费	助学金	奖励金	生产补贴
地方合计	**90**	**721**	**115**	**476**	**29**	**976**	**560**
北京市							
天津市							
河北省		1					
山西省							
内蒙古自治区							
辽宁省		6		5			
其中:大连市							
吉林省							
黑龙江省		2		15		14	82
上海市	1	1					
江苏省	2	19	12	41		2	
浙江省	2	6	4	63		37	
其中:宁波市				3			
安徽省	16	31	62	36	1	1	
福建省	4	5		7		1	
其中:厦门市	2						
江西省	7	56	22	90			
山东省	7	197	15	146		50	
其中:青岛市						24	
河南省		3		6		18	
湖北省	2			8			
湖南省	18	23		7	1		
广东省	4	356		32		837	473
其中:深圳市							
广西壮族自治区	1			1			
海南省				2	27	5	
重庆市	1						
四川省	14	10		2		3	
贵州省						7	
云南省	2	1		1		1	
西藏自治区	2						5
陕西省	4	2		11			
甘肃省				2			
青海省		2					
宁夏回族自治区	3			1			
新疆维吾尔自治区							

2－155－8

单位:万元

地区	对个人和家庭的补助				对企事业单位的补贴		
	住房公积金	提租补贴	购房补贴	其他对个人和家庭的补助支出	小计	企业政策性补贴	事业单位补贴
地方合计	**1948**	**120**	**513**	**9047**	**381553**	**276013**	**1579**
北京市	2	7		3	188482	187519	
天津市	60				28313	28313	
河北省	42			92	679	384	93
山西省	1				6035	5035	
内蒙古自治区					1092	22	
辽宁省	23	5		1767	24803	3519	35
其中:大连市					21239		
吉林省	28				460		
黑龙江省	41	4	11	13	760	744	16
上海市	26			15	47461	11631	
江苏省	461	27	15	282	49981	29689	1168
浙江省	263	2	4	81	8157	309	
其中:宁波市	3			2	426	309	
安徽省	111	19	10	27	1343	145	
福建省	122	56		24	7511	5043	
其中:厦门市	19	25			3559	2859	
江西省	24			142	108	8	
山东省	172		413	30	2477	1449	25
其中:青岛市					15	15	
河南省	18			9	420	50	150
湖北省	18			16	2216	200	7
湖南省	112			109	142	31	85
广东省	172		1	5366	7436		
其中:深圳市							
广西壮族自治区	29			218	283	279	
海南省	8			36			
重庆市				4	1323		
四川省	142			95	650	614	
贵州省	17		59	1			
云南省	3			12	143	140	
西藏自治区				24	12		
陕西省	6			629	430	430	
甘肃省				6			
青海省	35				244		
宁夏回族自治区	8			44	133		
新疆维吾尔自治区	4			2	459	459	

2－155－9

单位:万元

地　　区	对企事业单位的补贴		赠　与			债务利息支出	
	财政贴息	其他对企事业单位的补贴支出	小　计	对国内的赠　与	对国外的赠　与	小　计	国库券付　息
地 方 合 计	**13304**	**90657**	**1**	**1**			
北京市		963					
天津市							
河北省	28	174					
山西省		1000					
内蒙古自治区	50	1020					
辽宁省		21249					
其中:大连市		21239					
吉林省		460					
黑龙江省							
上海市		35830					
江苏省	13118	6006					
浙江省	107	7741					
其中:宁波市	107	10					
安徽省		1198					
福建省		2468					
其中:厦门市		700					
江西省		100					
山东省		1003					
其中:青岛市							
河南省		220					
湖北省		2009					
湖南省		26					
广东省		7436					
其中:深圳市							
广西壮族自治区		4					
海南省							
重庆市		1323					
四川省		36	1	1			
贵州省							
云南省	1	2					
西藏自治区		12					
陕西省							
甘肃省							
青海省		244					
宁夏回族自治区		133					
新疆维吾尔自治区							

2－155－10

单位:万元

地　　区	债务利息支出					基本建设支出	
	向国家银行借款付息	其他国内借款付息	向国外政府借款付息	向国际组织借款付息	其他国外借款付息	小　计	房屋建筑物购建
地方合计						**65333**	**3327**
北京市						440	
天津市							
河北省						251	
山西省							
内蒙古自治区						383	
辽宁省							
其中:大连市							
吉林省						507	
黑龙江省							
上海市							
江苏省						1076	
浙江省						37147	226
其中:宁波市						23101	
安徽省						488	
福建省						5073	
其中:厦门市						52	
江西省						183	
山东省						2645	2588
其中:青岛市							
河南省						281	
湖北省							
湖南省						5084	
广东省						60	
其中:深圳市							
广西壮族自治区						242	
海南省						513	513
重庆市						1446	
四川省						4997	
贵州省						5	
云南省						1667	
西藏自治区							
陕西省						955	
甘肃省						15	
青海省						853	
宁夏回族自治区						510	
新疆维吾尔自治区						512	

2－155－11　　　　单位:万元

地　　区	基本建设支出							
	办公设备购　　置	专用设备购　　置	交通工具购　　置	基础设施建　　设	大型修缮	信息网络购　　建	物资储备	其他基本建设支出
地　方　合　计	**36**	**47**	**88**	**32787**	**18**			**29030**
北京市								440
天津市								
河北省	2			229				20
山西省								
内蒙古自治区				240				143
辽宁省								
其中:大连市								
吉林省				477				30
黑龙江省								
上海市								
江苏省				1076				
浙江省				11898				25023
其中:宁波市								23101
安徽省				488				
福建省			10	5035				28
其中:厦门市				24				28
江西省				130				53
山东省								57
其中:青岛市								
河南省	7	5	18	251				
湖北省								
湖南省	5	42	60	4731	18			228
广东省				12				48
其中:深圳市								
广西壮族自治区				92				150
海南省								
重庆市	22			212				1212
四川省				4023				974
贵州省				5				
云南省				1659				8
西藏自治区								
陕西省				955				
甘肃省								15
青海省				753				100
宁夏回族自治区				9				501
新疆维吾尔自治区				512				

2－155－12

单位:万元

地　　区	其他资本性支出						
	小　计	房屋建筑物购　　建	办公设备购　　置	专用设备购　　置	交通工具购　　置	基础设施建　　设	大型修缮
地　方　合　计	**266209**	**4084**	**1586**	**2519**	**1969**	**59937**	**23101**
北京市	5000						
天津市	3				3		
河北省	2693					904	
山西省	9048		11		20	2000	3000
内蒙古自治区	1149			7	260	815	
辽宁省	4525	311	687	390	479	1078	1180
其中:大连市	507		507				
吉林省	645					330	315
黑龙江省	3616	160	13	1	22	2861	2
上海市	870		32				9
江苏省	39666	35	38	51	121	9018	7135
浙江省	25141	29	33	109	24	7927	1654
其中:宁波市	8000						
安徽省	2184		57	17	33	2002	
福建省	8631	416	19	23	40	1462	4626
其中:厦门市	188	67	2		9	15	
江西省	3599		15	228	11	513	2612
山东省	10338	1223	145	50	262	5409	1784
其中:青岛市	26					26	
河南省	2880		25	1005	3	243	33
湖北省	94885		14	4	60	16418	
湖南省	1709		21	11	19	773	19
广东省	33433	1681	196	263	97	1626	573
其中:深圳市	29		6		7		
广西壮族自治区	386	22	6		56	155	
海南省	486		24		21	238	
重庆市	1888	27	169	2	158	1464	38
四川省	7239		56	235	172	974	20
贵州省	1826		8	1		794	
云南省	660		1			336	
西藏自治区	27			10	14		
陕西省	664		2	110	9	460	57
甘肃省	2569		8		8	2061	44
青海省	313	180	6	2	77		
宁夏回族自治区	100					40	
新疆维吾尔自治区	36					36	

2－155－13　　　　单位:万元

地　　区	其他资本性支出						
	信息网络购　建	物资储备	土地补偿	安置补助	地上附着物和青苗补偿	拆迁补偿	其他资本性支　出
地　方　合　计	**930**	**50**	**26**	**617**	**1460**	**2798**	**167132**
北京市							5000
天津市							
河北省							1789
山西省				440		115	3462
内蒙古自治区	4					63	
辽宁省	54			52			294
其中:大连市							
吉林省							
黑龙江省	552		5				
上海市							829
江苏省	6						23262
浙江省	1						15364
其中:宁波市							8000
安徽省							75
福建省	47						1998
其中:厦门市							95
江西省							220
山东省	5				1460		
其中:青岛市							
河南省	15						1556
湖北省							78389
湖南省	2			125		230	509
广东省	150	50				2309	26488
其中:深圳市							16
广西壮族自治区						16	131
海南省							203
重庆市	5						25
四川省	89						5693
贵州省							1023
云南省							323
西藏自治区							3
陕西省			21			5	
甘肃省							448
青海省							48
宁夏回族自治区						60	
新疆维吾尔自治区							

二、地方财政预算收支情况

2－155－14

单位:万元

地区	贷款转贷及产权参股					其他支出		
	小计	国内贷款	国外贷款	产权参股	其他贷款转贷及产权参股支出	小计	补充全国社会保障基金	其他支出
地方合计	**7540**	**7540**				**108800**		**108800**
北京市						335		335
天津市								
河北省						2034		2034
山西省						2168		2168
内蒙古自治区								
辽宁省								
其中:大连市								
吉林省						768		768
黑龙江省						514		514
上海市						1566		1566
江苏省						6292		6292
浙江省						10553		10553
其中:宁波市						1744		1744
安徽省	6340	6340				1288		1288
福建省						1390		1390
其中:厦门市						951		951
江西省						2372		2372
山东省						12280		12280
其中:青岛市						12282		12282
河南省						1443		1443
湖北省	1200	1200				3566		3566
湖南省						1738		1738
广东省						24510		24510
其中:深圳市						3		3
广西壮族自治区						142		142
海南省						393		393
重庆市						1147		1147
四川省						26658		26658
贵州省						115		115
云南省						420		420
西藏自治区						5		5
陕西省						3355		3355
甘肃省						1960		1960
青海省						1626		1626
宁夏回族自治区						162		162
新疆维吾尔自治区								

2007 年各省、自治区、直辖市工业、商业、金融等事务类支出明细表

2－156－1　　　　单位：万元

地区	合计	工资福利支出				
		小计	基本工资	津贴补贴	奖金	社会保障缴费
地方合计	**31137827**	**1648293**	**784658**	**528088**	**144802**	**89532**
北京市	1192826	25584	7487	8324	5227	1201
天津市	528653	11363	4807	4440	698	656
河北省	1035735	62232	36516	16771	2429	2920
山西省	1119414	82917	47575	19126	4343	4043
内蒙古自治区	766184	24224	11850	8392	1809	639
辽宁省	1601951	68059	35566	22766	3192	4367
其中：大连市	391779	8197	2895	3467	1013	708
吉林省	1221996	47176	26510	12415	1119	2648
黑龙江省	1345491	64131	36714	20157	3592	1664
上海市	3172663	27184	6191	4884	10235	1138
江苏省	2047479	72114	23108	17972	18925	4905
浙江省	1644192	191371	23135	123648	26415	10122
其中：宁波市	389962	14784	2398	2673	7259	1644
安徽省	1351195	58964	36313	14447	2232	1994
福建省	664857	34100	15130	9583	2272	2930
其中：厦门市	200908	4073	932	1412	364	212
江西省	982571	80006	52313	15728	5196	3003
山东省	2000223	86352	41115	28559	4665	7940
其中：青岛市	218780	10963	3070	4586	1161	1487
河南省	1439753	72335	45109	20529	2587	2580
湖北省	1235287	54808	26193	15479	4542	3031
湖南省	1040227	78732	42076	19321	5222	7703
广东省	1381701	85354	32261	35238	7015	5612
其中：深圳市	258264	9421	2101	4377	1392	421
广西壮族自治区	560788	42165	22720	10811	4746	2588
海南省	150434	8933	5799	1227	513	526
重庆市	721492	26103	13131	7161	2448	597
四川省	1433311	110235	64832	20446	13943	3696
贵州省	324350	47451	26633	13951	2771	1788
云南省	437976	47128	22362	16647	2073	3761
西藏自治区	87458	9588	3478	5389	412	157
陕西省	762358	55888	35490	12100	2747	2656
甘肃省	286904	37967	21722	12200	1184	1940
青海省	114153	3820	1603	1630	151	170
宁夏回族自治区	100642	11505	6628	3568	332	56
新疆维吾尔自治区	385563	20504	10291	5179	1767	199

2－156－2

单位:万元

地　　区	工资福利支出				商品和服务支出		
	伙食费	伙　食 补助费	绩效 工资	其他工资 福利支出	小　计	办公费	印刷费
地　方　合　计	**1128**	**7684**	**11702**	**80699**	**8232023**	**447413**	**41820**
北京市	26	112	441	2766	270124	3855	694
天津市	36	164	50	512	172610	689	120
河北省	75	1176	179	2166	111254	8349	3844
山西省	130	574	356	6770	300207	15827	3315
内蒙古自治区		110	96	1328	139415	5819	1274
辽宁省	96	197	629	1246	196399	20463	2991
其中:大连市	6	14	82	12	36646	4053	577
吉林省		49	4078	357	98931	14657	1615
黑龙江省	94	268	169	1473	648410	142100	1871
上海市	77	172	48	4439	720934	4561	490
江苏省	72	832	212	6088	493966	15279	1488
浙江省	41	975	563	6472	360351	5081	2339
其中:宁波市	22	169		619	46089	1088	336
安徽省	104	319	478	3077	244269	5536	1332
福建省	14	205	425	3541	203256	4636	740
其中:厦门市		96	107	950	61127	1584	44
江西省	16	143	199	3408	568456	7804	1080
山东省	37	197	574	3265	360975	34049	2062
其中:青岛市		21	64	574	35762	2908	167
河南省	11	66	79	1374	393230	44034	2732
湖北省	112	145	405	4901	797242	6408	1203
湖南省	55	383	277	3695	242321	9016	1466
广东省	50	161	431	4586	575610	41084	2363
其中:深圳市		64		1066	233357	1135	816
广西壮族自治区	9	31	7	1253	139754	3947	558
海南省	2	6	11	849	36371	488	156
重庆市		175	840	1751	149532	3620	707
四川省	25	407	255	6631	256501	15258	2709
贵州省	5	96	56	2151	121537	5335	653
云南省	5	252	232	1796	182294	11555	1134
西藏自治区	2			150	9911	290	90
陕西省	12	216	434	2233	91952	6501	1292
甘肃省	2	103	118	698	54358	2857	659
青海省	1	17	42	206	24166	305	184
宁夏回族自治区	1	13	2	398	27667	553	111
新疆维吾尔自治区	18	120	16	1119	240020	7457	548

2－156－3

单位:万元

地区	商品和服务支出						
	咨询费	手续费	水费	电费	邮电费	取暖费	物业管理费
地方合计	**9231**	**5234**	**10479**	**32945**	**37368**	**37001**	**14145**
北京市	131	32	128	640	347	988	375
天津市	31	1	77	313	260	218	67
河北省	346	240	378	1109	1628	2406	271
山西省	175	131	671	1998	1652	3720	126
内蒙古自治区	247	371	123	351	664	938	127
辽宁省	654	1032	750	2034	2446	7208	1729
其中:大连市	203	52	54	162	381	347	600
吉林省	194	200	231	729	842	4194	365
黑龙江省	573	172	480	1330	1320	9003	456
上海市	256	320	43	520	1027	18	742
江苏省	481	353	335	1174	1645	36	667
浙江省	273	198	278	1142	1990		1075
其中:宁波市	65	4	36	171	219		308
安徽省	298	224	353	1139	1071	158	306
福建省	399	121	191	851	1052	1	304
其中:厦门市	40	11	7	101	171		13
江西省	192	136	486	1591	1474	200	1551
山东省	1318	304	1001	3431	2972	2809	622
其中:青岛市	63	2	9	104	295	135	79
河南省	227	40	632	1724	1760	401	339
湖北省	44	123	491	1488	1208	229	179
湖南省	283	72	814	2216	1675	239	686
广东省	477	421	466	1999	2719	5	1822
其中:深圳市	248	3	25	155	280		542
广西壮族自治区	339	22	234	738	912		168
海南省	12	1	12	138	138		53
重庆市	325	130	182	671	710	5	201
四川省	450	349	656	1875	2858	196	385
贵州省	325	50	131	493	785	77	190
云南省	236	37	324	603	1298	1	408
西藏自治区			35	121	167	84	
陕西省	313	88	569	1357	1344	1329	400
甘肃省	388	41	187	563	607	949	195
青海省	63		14	74	110	150	32
宁夏回族自治区	16		27	157	141	334	214
新疆维吾尔自治区	165	25	180	376	546	1105	90

2－156－4

单位:万元

地区	商品和服务支出					
	交通费	差旅费	出国费	维修(护)费	租赁费	会议费
地方合计	**186903**	**99130**	**18219**	**133358**	**36183**	**119140**
北京市	2168	718	648	1435	2024	2675
天津市	633	158	80	1023	381	669
河北省	7897	3510	195	3083	1383	4168
山西省	9775	4552	123	12843	1411	5860
内蒙古自治区	5043	3326	236	3684	647	1937
辽宁省	12079	6118	1391	9350	2906	8380
其中:大连市	1617	1532	313	1996	1215	2783
吉林省	5503	3574	751	4349	606	3052
黑龙江省	33156	5187	420	22164	2361	3719
上海市	1579	748	1219	1956	1560	2444
江苏省	7124	4943	868	3772	1735	9366
浙江省	6238	5414	2113	1812	2064	7853
其中:宁波市	725	1205	534	380	586	1928
安徽省	3433	3584	423	2889	707	2487
福建省	5235	2260	845	2694	558	1840
其中:厦门市	267	165	152	996	138	171
江西省	5633	4990	285	3658	674	3422
山东省	10707	5029	1581	17279	3104	9765
其中:青岛市	1059	598	509	160	302	675
河南省	7469	4637	513	6224	3496	7807
湖北省	4725	3178	616	2003	317	4546
湖南省	6639	4682	579	2511	1196	6071
广东省	9622	5503	2386	6588	2109	8273
其中:深圳市	1100	909	349	377	363	1705
广西壮族自治区	5498	2632	120	2408	428	1580
海南省	884	701	77	138	435	466
重庆市	2944	2248	205	1447	781	2693
四川省	9971	7681	672	5936	1200	7110
贵州省	5981	2403	213	1912	1116	1881
云南省	5105	2892	531	2886	1477	4826
西藏自治区	560	656	25	508	1	226
陕西省	5919	3071	439	4006	783	2963
甘肃省	2173	1677	239	2279	317	1396
青海省	304	295	43	596	59	158
宁夏回族自治区	712	865	214	386	31	516
新疆维吾尔自治区	2194	1898	169	1539	316	991

2－156－5

单位:万元

地区	商品和服务支出						
	培训费	招待费	专用材料费	被装购置费	专用燃料费	劳务费	委托业务费
地方合计	**57529**	**114364**	**185090**	**7227**	**70125**	**79775**	**66780**
北京市	1153	909	1320	20	114	984	25897
天津市	235	445	226	2	34	961	95
河北省	2159	2510	3237	130	3373	2204	1771
山西省	4374	4414	6282	365	1898	3294	2022
内蒙古自治区	1217	1403	1199	712	2986	2334	2541
辽宁省	2783	4811	7296	105	17644	11686	6572
其中:大连市	745	1208	1270	54	7016	1434	5265
吉林省	2722	1185	3162	1	1410	2591	2942
黑龙江省	1754	2059	12088	1443	2897	2036	788
上海市	1518	1676	792	38	35	2132	925
江苏省	3218	7644	9071	147	222	2779	2661
浙江省	3828	10392	513	274	15759	6575	2558
其中:宁波市	674	1956	112	158	249	823	673
安徽省	1296	3054	3512	254	622	3280	3756
福建省	948	2838	1992	43	7077	1598	713
其中:厦门市	182	106	45	4	4552	205	21
江西省	1623	6217	2840	304	436	2760	514
山东省	3370	5607	47808	222	2579	7032	2090
其中:青岛市	274	880	135	44	11	2051	860
河南省	3190	5309	59828	414	1106	3073	853
湖北省	1606	5102	968	206	580	495	622
湖南省	2467	9949	1212	221	230	2382	143
广东省	3423	7219	7033	330	2311	7163	3147
其中:深圳市	592	758	254	24	1	858	882
广西壮族自治区	787	2825	1603	101	1091	3258	539
海南省	99	576	61	4	1816	67	13
重庆市	1211	1907	1761	41	86	2629	318
四川省	4132	9400	2931	610	443	2247	1536
贵州省	1575	4106	610	104	1163	1314	836
云南省	2700	6038	1268	115	1456	1986	969
西藏自治区	187	321	25	1	33	3	90
陕西省	2132	2772	1478	601	1198	934	1074
甘肃省	741	1671	1209	209	838	730	368
青海省	229	185	2213	33	201	81	55
宁夏回族自治区	239	881	85		228	179	35
新疆维吾尔自治区	613	939	1467	177	259	988	337

2－156－6

单位:万元

地　　区	商品和服务支出			对个人和家庭的补助			
	工会经费	福利费	其他商品和服务支出	小　计	离休费	退休费	退职(役)费
地　方　合　计	**11738**	**38182**	**6372644**	**1895929**	**52161**	**402044**	**2189**
北京市	256	281	222332	7084	779	3283	5
天津市	93	161	165638	13233	850	3876	2
河北省	406	772	55885	32852	2657	7808	32
山西省	374	1674	213331	29664	2430	9308	435
内蒙古自治区	100	383	101753	125292	144	842	2
辽宁省	462	1373	64136	52038	2666	9092	46
其中:大连市	63	279	3427	831		6	1
吉林省	264	1448	42344	50322	2214	26824	214
黑龙江省	339	897	399797	80042	4984	36432	18
上海市	245	561	695529	11593	87	193	15
江苏省	538	1471	416949	76430	6983	32554	115
浙江省	930	4210	277442	77118	3404	21999	220
其中:宁波市	179	227	33453	20302	700	4092	4
安徽省	413	1483	202659	94001	1296	6549	38
福建省	316	1344	164660	7561	349	2320	20
其中:厦门市	62	50	52040	940		184	
江西省	687	3872	516027	54176	1803	38343	47
山东省	489	2275	193470	52488	947	3239	343
其中:青岛市	98	30	24314	4431	410	996	20
河南省	510	1353	235559	502216	2003	6966	30
湖北省	443	893	759569	33564	2016	14948	33
湖南省	777	1420	185375	60819	3824	37922	331
广东省	728	3015	455404	33001	518	2696	3
其中:深圳市	85	235	221661	622		48	
广西壮族自治区	366	1499	108101	50938	1616	35070	74
海南省	36	40	29960	14216	75	19	1
重庆市	194	447	124069	5532	11	262	2
四川省	1296	2131	174469	267712	1197	9346	21
贵州省	319	776	89189	51564	3614	36788	17
云南省	341	791	133317	15163	252	1321	40
西藏自治区	84	24	6380	19497	32	2594	1
陕西省	248	1253	49888	20686	1086	11314	16
甘肃省	246	1412	32407	33382	2190	24734	33
青海省	24	60	18698	1372		1	
宁夏回族自治区	68	421	21254	12466	732	8724	11
新疆维吾尔自治区	146	442	217053	9907	1402	6677	24

2－156－7 单位:万元

地　　区	对个人和家庭的补助						
	抚恤金	生活补助	救济费	医疗费	助学金	奖励金	生产补贴
地方合计	**14017**	**55575**	**3270**	**17713**	**236**	**44111**	**1077731**
北京市	114	280		176	10	15	
天津市	141	474	14	147		5649	590
河北省	578	4997	373	120		2282	4357
山西省	448	2920	49	261	4	2232	4160
内蒙古自治区	87	1591	8	57	25	76	120598
辽宁省	487	5298	61	635	44	3968	18161
其中:大连市	114	192		5		247	204
吉林省	235	1360	161	259		1424	3747
黑龙江省	654	6728	68	152	103	1507	20567
上海市	108	261		13	1	12	10047
江苏省	890	4427	124	868		1334	6825
浙江省	764	1724	183	1732		5209	28498
其中:宁波市	84	125	19	58		342	13053
安徽省	524	585	76	470	19	1029	72503
福建省	324	325		329		363	1199
其中:厦门市	19	13		5		120	
江西省	1155	1029	13	3854	5	118	3188
山东省	469	882	1111	713	9	5575	21234
其中:青岛市	85	29	19	33		32	1367
河南省	212	1201	71	182		1496	485690
湖北省	358	758	93	528	3	173	5804
湖南省	1366	2948	378	2260	2	450	1574
广东省	97	329	7	566	1	590	12065
其中:深圳市	1	11				117	
广西壮族自治区	932	604	50	493		1905	4225
海南省	16	3345	3	3		9	6002
重庆市	177	715	211	504		268	874
四川省	750	5084	73	120		4922	235058
贵州省	1190	1643	24	1056	5	785	519
云南省	214	1503	47	555	1	2154	2278
西藏自治区	19	945	48	75		11	2895
陕西省	331	3086	13	567		349	1433
甘肃省	809	274		924	4	29	1942
青海省	52	2		4		5	163
宁夏回族自治区	331	151	1	22		8	1435
新疆维吾尔自治区	185	106	10	68		164	100

二、地方财政预算收支情况

2－156－8　　单位:万元

地　　区	对个人和家庭的补助				对企事业单位的补贴		
	住　房公积金	提租补贴	购房补贴	其他对个人和家庭的补助支出	小　计	企业政策性补　　贴	事业单位补　　贴
地　方　合　计	**35422**	**3532**	**24799**	**163129**	**10141829**	**4399834**	**66655**
北京市	1395	340	76	611	325960	101544	592
天津市	939	12	4	535	271160	111211	97
河北省	753	14	2	8879	289425	61811	2832
山西省	1807	44	4	5562	233152	15479	660
内蒙古自治区	162		10	1690	264820	173541	500
辽宁省	1622	1227	63	8668	637070	262321	4096
其中:大连市	35	26	1		263009	109883	2543
吉林省	331	21	5	13527	825608	691263	1814
黑龙江省	1361	141	2274	5053	362957	322329	3172
上海市	103		18	735	1857162	747021	50
江苏省	1689	475	191	19955	688127	198327	8185
浙江省	4700	7	1643	7035	668776	172970	438
其中:宁波市	141	1	2	1681	200044	61106	18
安徽省	1879	110	15	8908	538650	273879	15912
福建省	1168	342	90	732	149506	76640	667
其中:厦门市	327	153	69	50	66755	51365	
江西省	1503	1	53	3064	133668	76667	317
山东省	2651	222	6193	8900	637219	285270	6980
其中:青岛市	385	123	224	708	13582	2592	
河南省	277	181	33	3874	290178	163989	1867
湖北省	1493	34	126	7197	153463	37889	2086
湖南省	1854	2	30	7878	432072	21758	962
广东省	2976	263	186	12704	209386	112938	3091
其中:深圳市	63	254	117	11	566		435
广西壮族自治区	504	4	491	4970	90527	30934	2234
海南省	32	2		4709	68063	59736	230
重庆市	182		2	2324	61484	13700	17
四川省	1455		33	9653	530079	236127	1330
贵州省	639	83	1066	4135	60264	21621	3364
云南省	490	1	167	6140	101604	25440	2492
西藏自治区	87		12000	790	6465	3035	359
陕西省	1402	6	14	1069	101989	59028	465
甘肃省	1092			1351	50786	10420	794
青海省	24			1121	35365	4010	253
宁夏回族自治区	220		1	830	14089	8172	
新疆维吾尔自治区	632		9	530	52755	20764	799

2－156－9 单位:万元

地区	对企事业单位的补贴		赠与			债务利息支出	
	财政贴息	其他对企事业单位的补贴支出	小计	对国内的赠与	对国外的赠与	小计	国库券付息
地方合计	**436803**	**5238537**	**508**	**508**		**88412**	
北京市	36367	187457					
天津市	1016	158836					
河北省	7667	217115					
山西省	2343	214670					
内蒙古自治区	3052	87727				3627	
辽宁省	130563	240090				2267	
其中:大连市	1361	149222				133	
吉林省	7036	125495				50000	
黑龙江省	9927	27529					
上海市	11142	1098949					
江苏省	17051	464564	9	9			
浙江省	47240	448128	424	424			
其中:宁波市	25477	113443	300	300			
安徽省	24561	224298	11	11		3295	
福建省	21907	50292				7459	
其中:厦门市	9064	6326				7419	
江西省	1186	55498	1	1		256	
山东省	23446	321523				906	
其中:青岛市	313	10677					
河南省	8583	115739				13	
湖北省	5144	108344	6	6		16381	
湖南省	6531	402821	34	34		200	
广东省	932	92425	2	2			
其中:深圳市		131	2	2			
广西壮族自治区	3290	54069					
海南省	76	8021					
重庆市	2239	45528	2	2			
四川省	30037	262585				1637	
贵州省	3615	31664	9	9		16	
云南省	20863	52809				148	
西藏自治区	53	3018					
陕西省	4647	37849					
甘肃省	741	38831				349	
青海省	2097	29005				1858	
宁夏回族自治区	323	5594					
新疆维吾尔自治区	3128	28064	10	10			

二、地方财政预算收支情况

2－156－10　　　　单位：万元

地区	债务利息支出					基本建设支出	
	向国家银行借款付息	其他国内借款付息	向国外政府借款付息	向国际组织借款付息	其他国外借款付息	小计	房屋建筑物购建
地方合计	**66646**	**16745**		**5021**		**1428479**	**470048**
北京市						61073	372
天津市						2042	
河北省						14346	1620
山西省						55883	10297
内蒙古自治区	3627					46050	6683
辽宁省		2267				169342	18740
其中：大连市		133				58582	
吉林省	35000	10000		5000		31284	1070
黑龙江省						54367	3942
上海市						5616	
江苏省						352761	330021
浙江省						11016	2201
其中：宁波市						1131	354
安徽省	3295					12977	826
福建省	7419	40				50411	5456
其中：厦门市	7419					25151	3676
江西省		256				21662	2173
山东省	906					25515	1796
其中：青岛市						4331	
河南省	13					30427	320
湖北省	15051	1330				7068	1408
湖南省		200				27298	3926
广东省						21147	300
其中：深圳市						1000	
广西壮族自治区						24838	1428
海南省						7935	30
重庆市						121356	57250
四川省	250	1387				64630	10128
贵州省		16				5085	71
云南省	77	71				20123	3801
西藏自治区						1846	
陕西省						66805	106
甘肃省	200	128		21		53039	490
青海省	808	1050				34475	849
宁夏回族自治区						2856	1257
新疆维吾尔自治区						25206	3487

2－156－11　　　　单位:万元

地　　区	基本建设支出							
	办公设备购　　置	专用设备购　　置	交通工具购　　置	基础设施建　　设	大型修缮	信息网络购　　建	物资储备	其他基本建设支出
地　方　合　计	**3303**	**66991**	**5910**	**428944**	**15020**	**19141**	**3701**	**415421**
北京市	34	87	38	42443		1745		16354
天津市						467		1575
河北省	146	980	810	4001	1329	39	36	5385
山西省	75	5185		13265	248	20	55	26738
内蒙古自治区	184	510	178	23115	830	650		13900
辽宁省	3	25556	217	50854	717	518		72737
其中:大连市			15	29	49	70		58419
吉林省	33	60	13	15748	991	151	440	12778
黑龙江省	85	6509	396	39843	2559	504	86	443
上海市	25	665	60			3863		1003
江苏省	124	779	149	2591	447	18		18632
浙江省	225	338	310	2541		304		5097
其中:宁波市	24	162				89		502
安徽省	66	408	17	7125	62	352	87	4034
福建省	197	822	1294	27889	306	470	10	13967
其中:厦门市	1		830	17381		190		3073
江西省	28	442	72	5154	86	17	317	13373
山东省	189	1304	331	7046	1412	1007	40	12390
其中:青岛市	67					122		4142
河南省	58	525	439	16612	351	583	337	11202
湖北省	191	834	68	273	432	933	15	2914
湖南省	226	1496	122	7765	652	120	1435	11556
广东省	348	514	140	9687	62	2428		7668
其中:深圳市								1000
广西壮族自治区	75	27	68	15072	604	1956		5608
海南省	31		26		94	615		7139
重庆市	105	11804	165	24093	2580	205		25154
四川省	263	1481	152	33974	291	176		18165
贵州省	154	1250	18	622		40		2930
云南省	83	1258	474	6399	708	896	404	6100
西藏自治区	32		24	1310				480
陕西省	41	404	9	15076	15	500	388	50266
甘肃省	4	975		34691	25	338	24	16492
青海省	38	2404	121	897	27	31		30108
宁夏回族自治区	7		45	950	30			567
新疆维吾尔自治区	233	374	154	19908	162	195	27	666

2－156－12 单位:万元

地　区	其他资本性支出						
	小　计	房屋建筑物购　建	办公设备购　置	专用设备购　置	交通工具购　置	基础设施建　设	大型修缮
地　方　合　计	**2867377**	**116387**	**49220**	**138454**	**51382**	**504877**	**112696**
北京市	354684	7289	881	4539	521	18046	827
天津市	18446	3941	206	3766	313	4738	1106
河北省	62506	4149	1958	2056	2384	13391	11636
山西省	167863	4264	2107	5133	3978	46802	16659
内蒙古自治区	100629	3900	934	7433	2051	13011	7518
辽宁省	193957	4579	12736	11045	2229	59906	10518
其中:大连市	16559	446	10764	799	319	1682	1721
吉林省	44613	2446	835	18582	1423	14329	766
黑龙江省	130531	22820	584	5920	1207	52830	26279
上海市	132723	20	1053	635	433	1000	55
江苏省	157244	2291	2104	4771	1861	27415	1807
浙江省	50527	2633	2313	3362	3189	5484	1023
其中:宁波市	7650	161	829	350	1552	718	
安徽省	40148	2023	833	3033	1685	10823	2060
福建省	35016	3939	1355	5175	2072	11963	4252
其中:厦门市	2676		116	186	116	293	94
江西省	60596	1366	745	2072	1717	26277	919
山东省	245647	3977	3521	23483	3411	36941	12771
其中:青岛市	38629	121	106	1179	363	1209	
河南省	98930	1258	1762	6436	1776	33573	2696
湖北省	44823	3206	811	960	1418	4402	473
湖南省	32445	4502	828	4842	1598	2669	1587
广东省	81301	14427	1953	2057	3869	5712	3210
其中:深圳市	10836		403	153	337		
广西壮族自治区	69716	2567	803	5395	1438	9092	583
海南省	5513	1617	642	2182	302	376	8
重庆市	289800	2972	500	1092	731	16758	305
四川省	164320	3812	4175	2673	3336	17733	1516
贵州省	16305	1392	891	3320	2066	1216	518
云南省	49756	3606	1224	1164	1777	16380	1096
西藏自治区	30828	635	121	1457	474	334	
陕西省	133917	1185	1798	2440	1970	37279	1206
甘肃省	15071	2057	430	1344	614	4397	475
青海省	8318	8	63	54	183	2454	27
宁夏回族自治区	9025	1706	440	398	540	1107	36
新疆维吾尔自治区	22179	1800	614	1635	816	8439	764

2－156－13

单位:万元

地　　区	其他资本性支出						
	信息网络购　建	物资储备	土地补偿	安置补助	地上附着物和青苗补偿	拆迁补偿	其他资本性支　出
地　方　合　计	**38844**	**24499**	**120535**	**69384**	**12495**	**34385**	**1594219**
北京市	569		7991	331		723	312967
天津市	1209	130	30			313	2694
河北省	667	533	1383	2278	1337	487	20247
山西省	4652	797	908	888	1341	408	79926
内蒙古自治区	254	46	566	263	126	1095	63432
辽宁省	5591	877	34139	5548	51	2833	43905
其中:大连市	562	23		85			158
吉林省	1834	69	818	368	16	28	3099
黑龙江省	1321	822	172	4339		136	14101
上海市	3259						126268
江苏省	1064	453	5242	58	82	3511	106585
浙江省	377		2879	20	120		29127
其中:宁波市	101		2557				1382
安徽省	859	849	1833	175	98	276	15601
福建省	484	582	60	15	487	165	4467
其中:厦门市	83						1788
江西省	1628	813	1412	1125	2965	344	19213
山东省	2187	3246	28302	26229	3024	6535	92020
其中:青岛市	11		561	100	2000	4700	28279
河南省	527	958	22093	2657	259	818	24117
湖北省	2951	1246	2221	305	6	2801	24023
湖南省	735	1190	640	4273	37	482	9062
广东省	2989	4498	1296	30	127	648	40485
其中:深圳市	54						9889
广西壮族自治区	559	1000	5783	17266	1274	921	23035
海南省						39	347
重庆市	704			275			266463
四川省	1539	3486	1290	1558	961	10453	111788
贵州省	1246	520	6	194		12	4924
云南省	614	641	214	177	39	542	22282
西藏自治区		40					27767
陕西省	816	1590	1038	600	100	593	83302
甘肃省	84	17	24	218	45	10	5356
青海省			195				5334
宁夏回族自治区	15			103		73	4607
新疆维吾尔自治区	110	96		91		139	7675

二、地方财政预算收支情况

2－156－14

单位:万元

地区	贷款转贷及产权参股					其他支出		
	小计	国内贷款	国外贷款	产权参股	其他贷款转贷及产权参股支出	小计	补充全国社会保障基金	其他支出
地方合计	**356748**	**8519**		**312139**	**36090**	**4478229**		**4478229**
北京市	586			586		147731		147731
天津市	32800			32800		6999		6999
河北省	10361			7608	2753	452759		452759
山西省	1496			1496		248232		248232
内蒙古自治区	33668			33668		28459		28459
辽宁省	17297	81		17200	16	265522		265522
其中:大连市	81	81				7741		7741
吉林省	49601	5901		43700		24461		24461
黑龙江省	1518	1518				3535		3535
上海市	19000				19000	398451		398451
江苏省	10252				10252	196576		196576
浙江省						284609		284609
其中:宁波市						99662		99662
安徽省	3543	166		975	2402	355337		355337
福建省	107				107	177441		177441
其中:厦门市						32767		32767
江西省	66			66		63684		63684
山东省	411	411				590710		590710
其中:青岛市	319	319				110763		110763
河南省	1110			110	1000	51314		51314
湖北省	1000			1000		126932		126932
湖南省						166306		166306
广东省	129327	130		128900	297	246573		246573
其中:深圳市						2460		2460
广西壮族自治区	540			540		142310		142310
海南省						9403		9403
重庆市	463	300			163	67220		67220
四川省	3000			3000		35197		35197
贵州省	410			310	100	21709		21709
云南省	3812	12		3800		17948		17948
西藏自治区						9323		9323
陕西省	800			800		290321		290321
甘肃省	30000			30000		11952		11952
青海省						4779		4779
宁夏回族自治区						23034		23034
新疆维吾尔自治区	5580			5580		9402		9402

2007 年各省、自治区、直辖市采掘业支出明细表

2－157－1

单位:万元

地　　区	合　计	工资福利支出				
		小　计	基本工资	津贴补贴	奖　金	社会保障缴　费
地　方　合　计	**1457723**	**381355**	**234385**	**82162**	**18183**	**30562**
北京市	8495	566	376	60	106	2
天津市						
河北省	50322	7280	6414	366	435	55
山西省	39201	10322	5159	2571	777	609
内蒙古自治区	59101	4931	1490	1572	827	243
辽宁省	82397	14531	9094	3351	830	1051
其中:大连市						
吉林省	69892	21939	11487	4788	32	2055
黑龙江省	78343	11553	5981	4280	607	282
上海市						
江苏省	22705	1819	980	315	376	75
浙江省	33002	13386	6698	2202	62	3799
其中:宁波市	8					
安徽省	63006	27854	21126	4468	562	805
福建省	19082	5608	3006	1208	128	548
其中:厦门市						
江西省	149537	36722	26135	5278	2847	1879
山东省	108429	7937	3985	2941	241	660
其中:青岛市						
河南省	51848	13698	7829	3898	959	705
湖北省	6453	1172	772	234	75	61
湖南省	73402	9525	3271	2006	659	2947
广东省	48732	26208	12247	10508	459	2856
其中:深圳市						
广西壮族自治区	61119	15821	8605	3388	1799	1829
海南省	9644	3719	3247	217	60	176
重庆市	44104	7769	4681	1380	424	129
四川省	73674	46222	35242	6307	3006	794
贵州省	86551	21073	12548	5466	1028	994
云南省	36763	17720	9387	3891	236	3049
西藏自治区	1600					
陕西省	54705	19299	13877	2536	608	1473
甘肃省	67175	18337	11175	4798	382	1791
青海省	6754	856	390	377		89
宁夏回族自治区	27457	6833	4574	1470	138	494
新疆维吾尔自治区	24230	8655	4609	2286	520	1112

2－157－2

单位:万元

地区	工资福利支出				商品和服务支出		
	伙食费	伙食补助费	绩效工资	其他工资福利支出	小计	办公费	印刷费
地方合计	**95**	**801**	**6511**	**8656**	**333845**	**17286**	**2384**
北京市		21		1	1519	11	
天津市							
河北省		2		8	3771	158	1
山西省	27	208	128	843	24029	737	325
内蒙古自治区		84	78	637	4618	211	249
辽宁省	5	17	121	62	13460	531	48
其中:大连市							
吉林省			3575	2	12781	495	40
黑龙江省	24	39	51	289	15811	742	63
上海市							
江苏省				73	2982	215	11
浙江省			536	89	3599	223	17
其中:宁波市							
安徽省	11	36	142	704	17665	943	230
福建省		82	9	627	9167	302	20
其中:厦门市							
江西省		33	130	420	25455	1405	146
山东省		12		98	15405	1897	126
其中:青岛市							
河南省		26	44	237	31052	1485	274
湖北省	8		13	9	3286	147	4
湖南省	6	23	225	388	18860	839	148
广东省	8	26	48	56	18475	887	64
其中:深圳市							
广西壮族自治区		18		182	15637	544	43
海南省				19	684	76	3
重庆市		78	838	239	6257	121	41
四川省			100	773	15764	2126	210
贵州省		47	33	957	12662	962	65
云南省	4	13	223	917	13789	575	68
西藏自治区							
陕西省	2	3	127	673	18347	957	117
甘肃省		6	88	97	9166	302	54
青海省					2352	5	3
宁夏回族自治区		10		147	10661	170	5
新疆维吾尔自治区		17	2	109	6591	220	9

2－157－3 单位:万元

地　　区	商品和服务支出						
	咨询费	手续费	水　费	电　费	邮电费	取暖费	物业管理费
地方合计	**444**	**271**	**2714**	**7866**	**3704**	**10187**	**2456**
北京市			11	41	4	65	
天津市							
河北省		1	35	51	22	162	
山西省	28	5	78	298	213	510	54
内蒙古自治区	30	148	6	48	30	96	1
辽宁省	6	4	88	671	171	3669	105
其中:大连市							
吉林省	7	2	102	220	162	2197	63
黑龙江省	21	4	197	358	120	833	48
上海市							
江苏省	12		13	42	35	1	51
浙江省	5		26	124	93		51
其中:宁波市							
安徽省	19	4	216	587	178	125	130
福建省	7		44	160	85	1	48
其中:厦门市							
江西省	30	2	268	806	351	119	526
山东省	22	25	153	949	106	235	16
其中:青岛市							
河南省	18	1	202	426	189	170	57
湖北省			22	61	21	6	2
湖南省	3	2	108	327	233	66	243
广东省	21	26	127	438	302	1	174
其中:深圳市							
广西壮族自治区	39		137	324	126		37
海南省			7	63	14		6
重庆市	3		36	81	57	2	8
四川省	28	18	198	235	327	114	47
贵州省	17	21	63	215	210	40	100
云南省	33		132	244	157		247
西藏自治区							
陕西省	72	6	230	513	209	487	132
甘肃省	11	1	120	329	141	503	151
青海省				9	7	24	
宁夏回族自治区	5		18	99	28	264	138
新疆维吾尔自治区	7	1	77	147	113	497	21

2－157－4

单位:万元

地　　区	商品和服务支出					
	交通费	差旅费	出国费	维修(护)费	租赁费	会议费
地方合计	**16460**	**14570**	**611**	**18669**	**2824**	**6788**
北京市	17	12		68		10
天津市						
河北省	164	76	3	82	105	12
山西省	753	582	19	1389	162	986
内蒙古自治区	489	253		63	60	70
辽宁省	1011	628	45	2894	162	191
其中:大连市						
吉林省	718	594	7	778	8	260
黑龙江省	1020	495		2908	234	114
上海市						
江苏省	92	180		11	3	41
浙江省	130	224		233	21	160
其中:宁波市						
安徽省	596	1302	18	932	233	356
福建省	315	288	42	158	96	177
其中:厦门市						
江西省	1332	1483	47	1580	172	386
山东省	652	386	7	997	328	176
其中:青岛市						
河南省	1049	656	28	1081	525	477
湖北省	127	72		86	1	65
湖南省	1128	1031	76	542	33	743
广东省	1128	1043	8	805	23	336
其中:深圳市						
广西壮族自治区	734	718	26	679	30	113
海南省	65	108		8	56	20
重庆市	372	289	29	169	92	205
四川省	1106	1207		541	65	401
贵州省	1248	555	13	394	189	272
云南省	550	481		292	9	471
西藏自治区						
陕西省	868	826	132	1067	200	341
甘肃省	267	437	58	625	12	250
青海省		38		3		
宁夏回族自治区	145	210	22	180	1	117
新疆维吾尔自治区	384	396	31	104	4	38

2－157－5

单位:万元

地　　区	商品和服务支出						
	培训费	招待费	专　用 材料费	被　装 购置费	专　用 燃料费	劳务费	委　托 业务费
地　方　合　计	**5608**	**11127**	**49289**	**1995**	**2333**	**17892**	**3222**
北京市	5	4	80				
天津市							
河北省	59	94	47	30			
山西省	286	518	1082	16	106	233	5
内蒙古自治区	43	68	315	474	49	371	
辽宁省	143	365	623		95	279	105
其中:大连市							
吉林省	164	210	396		91	732	600
黑龙江省	179	347	3288	1001	1180	253	216
上海市							
江苏省	37	202	8			45	111
浙江省	61	173	33			160	
其中:宁波市							
安徽省	218	373	2467	52	125	2523	1602
福建省	83	299	32	2	5	142	
其中:厦门市							
江西省	408	1458	1554	88	93	2085	86
山东省	250	258	6758	1	121	1141	1
其中:青岛市							
河南省	285	613	20173	53	33	1208	17
湖北省	17	138	579		17	4	
湖南省	375	1459	160	3	57	245	9
广东省	288	299	4600	4	26	2861	50
其中:深圳市							
广西壮族自治区	102	414	1112	27		2699	85
海南省	10	129	39	1		21	1
重庆市	128	237	480	39		1567	2
四川省	359	242	762	35	44	125	
贵州省	690	993	254	3	138	485	17
云南省	384	568	128	36	19	123	1
西藏自治区							
陕西省	595	485	719	88	68	156	284
甘肃省	358	385	600	2	34	260	6
青海省		33	2132		7		
宁夏回族自治区	42	637	39		25	52	18
新疆维吾尔自治区	39	126	829	40		122	6

二、地方财政预算收支情况

2－157－6

单位:万元

地区	商品和服务支出			对个人和家庭的补助			
	工会经费	福利费	其他商品和服务支出	小计	离休费	退休费	退职(役)费
地方合计	**3897**	**16791**	**114457**	**254249**	**8500**	**194890**	**554**
北京市	11	59	1121	719	40	486	5
天津市							
河北省	43	27	2599	126	28	56	26
山西省	59	339	15246	1020	72	461	
内蒙古自治区	45	85	1414	2083	37	132	
辽宁省	106	506	1014	8649		453	
其中:大连市							
吉林省	197	1337	3401	23054	910	20836	203
黑龙江省	119	350	1721	17122	480	12965	3
上海市							
江苏省	19	52	1801	6239	293	5728	
浙江省	76	397	1392	12699	353	7339	57
其中:宁波市				8			
安徽省	217	1162	3057	3382	3	1736	21
福建省	58	280	6523	512	1	21	6
其中:厦门市							
江西省	486	3121	7423	37889	932	31225	45
山东省	24	157	619	2221	7	46	4
其中:青岛市							
河南省	214	570	1248	263	4	133	
湖北省	37	30	1850	198	14	49	
湖南省	172	466	10392	24523	655	20372	104
广东省	318	1790	2856	1532		30	
其中:深圳市							
广西壮族自治区	185	1166	6297	25960	433	24027	36
海南省	12	26	19	93			
重庆市	86	213	2000	469		45	
四川省	776	1017	5781	453	193	54	
贵州省	97	367	5254	30010	854	24817	8
云南省	134	588	8549	1948	9	42	
西藏自治区							
陕西省	92	980	8723	10557	488	8168	5
甘肃省	179	1225	2856	29182	2064	23972	29
青海省	4	28	59				
宁夏回族自治区	59	389	7998	8214	291	7265	
新疆维吾尔自治区	72	64	3244	5132	339	4432	2

2 – 157 – 7

单位:万元

地　　区	对个人和家庭的补助						
	抚恤金	生活补助	救济费	医疗费	助学金	奖励金	生产补贴
地　方　合　计	**4983**	**8512**	**1339**	**9652**	**22**	**1290**	**1483**
北京市	5						
天津市							
河北省	8	2					
山西省	54	14	8	36			
内蒙古自治区	6	384		18	1		1451
辽宁省	45	2705	21	302		5	
其中:大连市							
吉林省	85	236	22	201		500	
黑龙江省	100	836	12	83		3	
上海市							
江苏省	116	31					
浙江省	444	827	73	1005			8
其中:宁波市							8
安徽省	193	215	13	225	12	4	
福建省	3	4		187			
其中:厦门市							
江西省	872	189	2	3470	1	38	24
山东省	12	7	1008	50		157	
其中:青岛市							
河南省	7	58		11			
湖北省	4			12			
湖南省	471	839	109	683		3	
广东省	25	41		218		19	
其中:深圳市							
广西壮族自治区	514	306	49	276		8	
海南省	3	1		3		3	
重庆市	64	87		96		57	
四川省	19	92		2		81	
贵州省	670	528		945	5	109	
云南省	15	341	13	488		211	
西藏自治区							
陕西省	190	572	3	422		90	
甘肃省	743	138		912	3		
青海省							
宁夏回族自治区	285	49		5			
新疆维吾尔自治区	30	10	6	2		2	

2－157－8

单位:万元

地　　区	对个人和家庭的补助				对企事业单位的补贴		
	住　房公积金	提租补贴	购房补贴	其他对个人和家庭的补助支出	小　计	企业政策性补　　贴	事业单位补　　贴
地　方　合　计	**7599**	**222**	**4662**	**10541**	**243806**	**88317**	**1229**
北京市	54	1		128			
天津市							
河北省				6	34918	51	21
山西省	273	5		97	1953		
内蒙古自治区	43			11	6548	6288	62
辽宁省	72	96		4950	36581	29643	
其中:大连市							
吉林省	33			28	3026	703	
黑龙江省	287	31	2262	60	17716	12929	
上海市							
江苏省				71	2639	1443	
浙江省	924		1492	177	2741		
其中:宁波市							
安徽省	637	66		257	11079	6650	655
福建省	159	13		118	1326		
其中:厦门市							
江西省	682			409	37587	15991	
山东省	392		506	32	59634	3489	
其中:青岛市							
河南省	46			4	3466	40	
湖北省	80	2		37	38		
湖南省	483	2	18	784	1017	56	46
广东省	1061		34	104			
其中:深圳市							
广西壮族自治区	162			149			
海南省	18			65	600	600	
重庆市	10			110	594	236	
四川省	5			7	2042	361	
贵州省	143		212	1719	16749	9659	444
云南省	247		138	444	944	10	
西藏自治区							
陕西省	484	6		129	279	97	1
甘肃省	882			439	1643		
青海省					615		
宁夏回族自治区	156			163			
新疆维吾尔自治区	266			43	71	71	

2－157－9 单位:万元

地区	对企事业单位的补贴		赠与			债务利息支出	
	财政贴息	其他对企事业单位的补贴支出	小计	对国内的赠与	对国外的赠与	小计	国库券付息
地方合计	**2886**	**151374**	**6**	**6**			
北京市							
天津市							
河北省	82	34764					
山西省		1953					
内蒙古自治区		198					
辽宁省		6938					
其中:大连市							
吉林省		2323					
黑龙江省		4787					
上海市							
江苏省		1196					
浙江省	2721	20					
其中:宁波市							
安徽省		3774					
福建省		1326					
其中:厦门市							
江西省		21596					
山东省		56145					
其中:青岛市							
河南省		3426					
湖北省		38					
湖南省		915					
广东省							
其中:深圳市							
广西壮族自治区							
海南省							
重庆市		358	1	1			
四川省		1681					
贵州省	83	6563	5	5			
云南省		934					
西藏自治区							
陕西省		181					
甘肃省		1643					
青海省		615					
宁夏回族自治区							
新疆维吾尔自治区							

2－157－10

单位:万元

地　　区	债务利息支出					基本建设支出	
	向国家银行借款付息	其他国内借款付息	向国外政府借款付息	向国际组织借款付息	其他国外借款付息	小　计	房屋建筑物购　　建
地方合计						**69509**	**9912**
北京市							
天津市							
河北省						2629	
山西省						160	
内蒙古自治区						24666	3000
辽宁省						6178	569
其中:大连市							
吉林省						3630	
黑龙江省						2904	2418
上海市							
江苏省						1103	1103
浙江省							
其中:宁波市							
安徽省						24	
福建省						2025	
其中:厦门市							
江西省						1852	997
山东省						242	
其中:青岛市							
河南省							
湖北省							
湖南省						7284	153
广东省							
其中:深圳市							
广西壮族自治区						272	
海南省						300	
重庆市						321	300
四川省						4671	
贵州省						190	
云南省						221	14
西藏自治区							
陕西省						4641	
甘肃省						3596	
青海省						1152	
宁夏回族自治区						1183	1178
新疆维吾尔自治区						265	180

2－157－11 单位:万元

地区	基本建设支出							
	办公设备购置	专用设备购置	交通工具购置	基础设施建设	大型修缮	信息网络购建	物资储备	其他基本建设支出
地方合计	**22**	**1553**	**167**	**28013**	**860**	**543**		**28439**
北京市								
天津市								
河北省								2629
山西省					160			
内蒙古自治区		215		17694	700	500		2557
辽宁省		363		4896				350
其中:大连市								
吉林省				115				3515
黑龙江省		148		338				
上海市								
江苏省								
浙江省								
其中:宁波市								
安徽省		24						
福建省								2025
其中:厦门市								
江西省		124						731
山东省	1							241
其中:青岛市								
河南省								
湖北省								
湖南省	15	611	73	577		3		5852
广东省								
其中:深圳市								
广西壮族自治区								272
海南省								300
重庆市		1						20
四川省				4393				278
贵州省		60	10			40		80
云南省		7						200
西藏自治区								
陕西省								4641
甘肃省								3596
青海省								1152
宁夏回族自治区	5							
新疆维吾尔自治区	1		84					

2－157－12　　单位:万元

地　　区	其他资本性支出						
	小　计	房屋建筑物购　　建	办公设备购　　置	专用设备购　　置	交通工具购　　置	基础设施建　　设	大型修缮
地　方　合　计	**138093**	**14839**	**3398**	**21555**	**3612**	**14008**	**6642**
北京市	524	3	21				
天津市							
河北省	519	98	32	68			21
山西省	1717	30	106	495	581	72	142
内蒙古自治区	16255		74	1568	433	1163	
辽宁省	2717		421	1820	101	355	
其中:大连市							
吉林省	4940		91	3458	52	469	295
黑龙江省	13162	11522	65	462	91	771	245
上海市							
江苏省	6502		272	49	267		
浙江省	355			306	25		24
其中:宁波市							
安徽省	2382		81	818	25	300	37
福建省	315	52	62	4	170		
其中:厦门市							
江西省	6044	419	274	668	353	95	132
山东省	22518	740	397	5591	86	7108	5119
其中:青岛市							
河南省	2910	15	415	695	204	1254	40
湖北省	1504	965	47	385	15		
湖南省	8045	283	120	909	226	52	170
广东省	1014	486	64	138	117	38	54
其中:深圳市							
广西壮族自治区	1897		50	60	211	4	
海南省	55		13	2	40		
重庆市	28195	18	30	371	59		15
四川省	4522	15	33	345	58		110
贵州省	3665	93	159	1926	268	24	29
云南省	1994		6	7	35	430	
西藏自治区							
陕西省	1582	100	241	195	58	285	89
甘肃省	979		92	513	108	55	115
青海省	1754					1500	
宁夏回族自治区	512		162	230			4
新疆维吾尔自治区	1515		70	472	29	33	1

2－157－13　　单位:万元

地　　区	其他资本性支出						
	信息网络购　建	物资储备	土地补偿	安置补助	地上附着物和青苗补偿	拆迁补偿	其他资本性支　出
地 方 合 计	**1355**	**2823**	**134**	**3794**	**356**	**3523**	**62054**
北京市							500
天津市							
河北省							300
山西省	36	23					232
内蒙古自治区							13017
辽宁省	20						
其中:大连市							
吉林省	28						547
黑龙江省	6						
上海市							
江苏省						3000	2914
浙江省							
其中:宁波市							
安徽省					20	164	937
福建省							27
其中:厦门市							
江西省	2				11		4090
山东省	15	2800			308	25	329
其中:青岛市							
河南省	108		131				48
湖北省							92
湖南省	211			3754		200	2120
广东省	11		3		7		96
其中:深圳市							
广西壮族自治区	85						1487
海南省							
重庆市	4						27698
四川省						50	3911
贵州省	823						343
云南省							1516
西藏自治区							
陕西省	6						608
甘肃省					10		86
青海省							254
宁夏回族自治区							116
新疆维吾尔自治区				40		84	786

二、地方财政预算收支情况

2－157－14 单位:万元

地区	贷款转贷及产权参股					其他支出		
	小计	国内贷款	国外贷款	产权参股	其他贷款转贷及产权参股支出	小计	补充全国社会保障基金	其他支出
地方合计	**2000**			**2000**		**34860**		**34860**
北京市						5167		5167
天津市								
河北省						1079		1079
山西省								
内蒙古自治区								
辽宁省						281		281
其中:大连市								
吉林省						522		522
黑龙江省						75		75
上海市								
江苏省						1421		1421
浙江省						222		222
其中:宁波市								
安徽省						620		620
福建省						129		129
其中:厦门市								
江西省						3988		3988
山东省						472		472
其中:青岛市								
河南省						459		459
湖北省						255		255
湖南省						4148		4148
广东省						1503		1503
其中:深圳市								
广西壮族自治区						1532		1532
海南省						4193		4193
重庆市						498		498
四川省								
贵州省						2197		2197
云南省						147		147
西藏自治区						1600		1600
陕西省								
甘肃省						4272		4272
青海省						25		25
宁夏回族自治区						54		54
新疆维吾尔自治区	2000			2000		1		1

2007 年各省、自治区、直辖市制造业支出明细表

2－158－1

单位:万元

地　　区	合　计	工资福利支出				
		小　计	基本工资	津贴补贴	奖　金	社会保障缴　费
地　方　合　计	**2571201**	**198314**	**41809**	**135002**	**8918**	**7643**
北京市	82511	4284	1395	1081	828	583
天津市	64814	888	435	298	45	86
河北省	20235	1545	725	359	48	340
山西省	15457	3152	1648	1002	213	144
内蒙古自治区	56399	877	418	326	94	14
辽宁省	280372	4121	1658	1737	249	270
其中:大连市	98089	1685	589	806	154	133
吉林省	82042	2162	1423	572	64	78
黑龙江省	192164	4123	2183	1227	385	74
上海市	57390	1818	646	239	447	280
江苏省	189240	3354	1349	781	535	414
浙江省	320157	110984	824	107958	1394	443
其中:宁波市	33075	324	72	68	134	35
安徽省	113233	5226	2555	1525	192	403
福建省	58291	3028	1194	1022	346	309
其中:厦门市	39367	24	7	6	4	5
江西省	52726	3658	2031	1000	172	101
山东省	288151	9216	4032	3315	555	1089
其中:青岛市	9773	109	17	67	5	20
河南省	54168	1875	1065	515	103	147
湖北省	131519	7416	3834	2482	325	483
湖南省	61235	7516	3461	2515	530	715
广东省	70780	1146	439	467	70	40
其中:深圳市	10964					
广西壮族自治区	88586	5967	3063	1798	789	159
海南省	252	81	57	16	2	5
重庆市	57383	420	205	159	33	15
四川省	98777	5820	2506	1499	864	689
贵州省	22031	549	206	122	21	165
云南省	10231	1731	862	680	80	88
西藏自治区						
陕西省	64546	4029	1880	1242	344	286
甘肃省	10289	724	404	273	22	8
青海省	4049	291	127	132	21	10
宁夏回族自治区	12580	848	359	414	24	6
新疆维吾尔自治区	11593	1465	825	246	123	199

2－158－2

单位:万元

地　　区	工资福利支出				商品和服务支出		
	伙食费	伙　食 补助费	绩效 工资	其他工资 福利支出	小　计	办公费	印刷费
地　方　合　计	**125**	**434**	**712**	**3671**	**652387**	**27449**	**1803**
北京市	10	34	66	287	8846	2249	85
天津市		11	2	11	45779	34	
河北省		9	10	54	4275	191	25
山西省		14	22	109	3183	504	36
内蒙古自治区				25	15157	327	29
辽宁省	25	5	89	88	19595	6043	114
其中:大连市	1	2			5939	118	98
吉林省		1	22	2	5902	315	59
黑龙江省	16	27	8	203	73552	5019	33
上海市	7	1	36	162	20027	69	20
江苏省		48	24	203	33502	162	27
浙江省		63	3	299	57313	199	63
其中:宁波市		4		11	394	9	2
安徽省	33	22	294	202	30528	597	100
福建省		8	32	117	7388	220	21
其中:厦门市		1	1		1828	1	
江西省		25	38	291	17216	405	19
山东省	16	26	5	178	81128	5696	254
其中:青岛市					4468	492	
河南省			12	33	27334	1042	144
湖北省	4	23	17	248	73316	510	39
湖南省		38	8	249	8721	439	62
广东省	1	3		126	30398	200	71
其中:深圳市					10964		
广西壮族自治区		4		154	27775	488	109
海南省				1	104	3	
重庆市		1		7	12345	206	12
四川省		9	1	252	16985	1611	397
贵州省	3		2	30	15801	109	9
云南省		2		19	2699	262	1
西藏自治区							
陕西省		59	17	201	7329	272	28
甘肃省				17	922	165	3
青海省				1	296	9	
宁夏回族自治区			1	44	3569	50	17
新疆维吾尔自治区	10	1	3	58	1402	53	26

2－158－3　　单位:万元

地　　区	商品和服务支出						
	咨询费	手续费	水　费	电　费	邮电费	取暖费	物　业 管理费
地　方　合计	**789**	**324**	**857**	**2199**	**2777**	**2595**	**1214**
北京市	9		21	175	58	138	31
天津市			4	13	5	43	
河北省	2	2	14	24	63	75	25
山西省	1	1	39	49	78	186	8
内蒙古自治区	14	5		3	51	25	1
辽宁省	115	14	10	40	190	311	64
其中:大连市	20	10	5	17	69	40	56
吉林省	17	5	5	11	32	314	6
黑龙江省	23		24	45	76	429	11
上海市	1		6	110	42	5	157
江苏省	6	84	22	62	55	2	23
浙江省	36	14	18	63	109		323
其中:宁波市				3	4		7
安徽省	56	71	23	73	162	9	32
福建省	221	16	12	70	67		6
其中:厦门市				1	1		1
江西省	9	12	14	56	85	11	251
山东省	65	39	175	426	402	541	61
其中:青岛市		2		1	1	1	
河南省	15		63	166	94	4	9
湖北省	2		62	129	139	122	8
湖南省	22	6	92	246	175	25	40
广东省	6	1	11	34	34		9
其中:深圳市	3						
广西壮族自治区	31	4	33	101	232		23
海南省					2		
重庆市		12	4	10	19		5
四川省	125	26	95	93	271	10	46
贵州省			1	5	16		3
云南省		11	24	32	47		9
西藏自治区							
陕西省		1	60	116	135	114	45
甘肃省	1		14	16	37	51	1
青海省			3	8	3	5	1
宁夏回族自治区	10		1	12	28	25	12
新疆维吾尔自治区	2		7	11	70	150	4

2－158－4　　单位:万元

地区	商品和服务支出					
	交通费	差旅费	出国费	维修(护)费	租赁费	会议费
地方合计	**7509**	**6421**	**1033**	**15394**	**1109**	**5405**
北京市	293	76	211	354	382	272
天津市	3	1		17		8
河北省	182	120	16	38	23	141
山西省	318	163		231	30	88
内蒙古自治区	142	161	11	36	3	58
辽宁省	613	362	54	120	24	661
其中:大连市	240	182	2	57	18	291
吉林省	173	106	36	216	4	96
黑龙江省	267	207		9767	31	81
上海市	59	50	14	147	75	61
江苏省	194	146	5	79	48	240
浙江省	313	182	149	57	61	512
其中:宁波市	13	21	18	8	1	3
安徽省	336	309	5	276	24	301
福建省	227	261	84	178	19	96
其中:厦门市	6	4			7	2
江西省	249	307	31	48	11	143
山东省	760	518	34	2339	136	296
其中:青岛市	8	8		1	16	4
河南省	166	262		209	85	252
湖北省	411	365	55	187	15	375
湖南省	424	358	41	202	19	325
广东省	179	98	63	25	31	178
其中:深圳市						
广西壮族自治区	645	496	50	143	11	379
海南省	6	7		3		3
重庆市	45	36		44	18	100
四川省	668	1153	120	306	22	227
贵州省	74	78		4	3	87
云南省	122	106		99	15	114
西藏自治区						
陕西省	309	169	39	79	12	182
甘肃省	46	36		137		22
青海省	16	19				2
宁夏回族自治区	117	122	10	27	7	66
新疆维吾尔自治区	152	147	5	26		39

2－158－5

单位:万元

地　　区	商品和服务支出						
	培训费	招待费	专　用 材料费	被　装 购置费	专　用 燃料费	劳务费	委　托 业务费
地　方　合　计	**2063**	**5082**	**33381**	**312**	**522**	**3294**	**5510**
北京市	30	67	443	7	19	44	31
天津市	29	8	1			1	
河北省	34	91	68		11	56	33
山西省	42	101	42	5	1	17	69
内蒙古自治区	29	95	2			157	10
辽宁省	102	177	41		4	784	3663
其中:大连市	60	96	8			699	3659
吉林省	384	29	145		1	41	1003
黑龙江省	32	57	2895	1	37	385	
上海市	192	28	13	20		36	1
江苏省	60	238	52	2	15	112	13
浙江省	78	380	3	29	7	34	83
其中:宁波市	1	14				2	
安徽省	66	333	39	2	3	304	45
福建省	22	207	356		2	61	17
其中:厦门市		10					
江西省	142	302	12	29	3	22	22
山东省	130	473	23819	13	248	498	62
其中:青岛市	1	10				1	
河南省	69	181	4688	3	117	169	28
湖北省	78	393	103	19	9	125	11
湖南省	117	504	137	35	10	51	4
广东省	46	88	260			54	203
其中:深圳市							
广西壮族自治区	119	572	8	7	3	161	58
海南省		6					
重庆市	20	19	5			23	3
四川省	124	418	209	3		42	46
贵州省	8	37		31		1	
云南省	15	64	35		8	59	
西藏自治区							
陕西省	58	134	2	98	21	12	1
甘肃省	6	16	1	3	3	6	
青海省		6				3	6
宁夏回族自治区	22	25	2			6	6
新疆维吾尔自治区	9	33		5		30	92

2－158－6

单位:万元

地　　区	商品和服务支出			对个人和家庭的补助			
	工会经费	福利费	其他商品和服务支出	小　计	离休费	退休费	退职(役)费
地方合计	**653**	**1613**	**523079**	**68603**	**9541**	**39812**	**215**
北京市	34	64	3753	3402	554	2262	
天津市	8	8	45596	563	85	360	
河北省	14	11	3016	561	49	163	
山西省	14	68	1092	2523	618	1564	
内蒙古自治区	1	9	13988	63	3	41	
辽宁省	41	227	5821	4083	875	2367	1
其中:大连市	17	177		83			
吉林省	2	6	2896	2104	364	1364	
黑龙江省	26	28	54078	6572	1273	4141	
上海市	21	72	18828	300	81	107	
江苏省	26	74	31755	5293	755	3625	1
浙江省	42	106	54452	4699	654	2510	
其中:宁波市	4	13	271	17			
安徽省	62	75	27225	2008	181	696	2
福建省	34	65	5126	713	34	290	2
其中:厦门市		1	1794	10		1	
江西省	16	56	14961	1357	87	773	
山东省	50	176	43917	2606	189	521	183
其中:青岛市		1	3921	39		14	
河南省	9	19	19540	1211	255	862	1
湖北省	46	145	69968	3034	260	2103	1
湖南省	71	101	5215	10909	1206	7094	3
广东省	5	5	28797	486	14	231	
其中:深圳市			10961				
广西壮族自治区	24	40	24038	4215	475	3163	
海南省			74	14			1
重庆市	5	9	11750	445			
四川省	62	142	10769	4227	463	2595	
贵州省	2	7	15326	1186	151	520	
云南省	9	14	1653	241		13	
西藏自治区							
陕西省	9	12	5421	2451	57	346	1
甘肃省	3	15	340	81		45	
青海省	4	2	209	1			
宁夏回族自治区		16	2988	1429	288	1064	
新疆维吾尔自治区	13	41	487	1826	570	992	19

2-158-7

单位:万元

地　　区	对个人和家庭的补助						
	抚恤金	生活补助	救济费	医疗费	助学金	奖励金	生产补贴
地方合计	**1806**	**4912**	**26**	**1473**	**5**	**2487**	**742**
北京市	66	15		19			
天津市	23	13		9		1	
河北省	5	22		3		242	
山西省	100	50		31		5	
内蒙古自治区	7	7		1		3	
辽宁省	104	82		60		55	461
其中:大连市	40	36		1			
吉林省	27	203	3	8		94	
黑龙江省	132	329	3	8	3	183	89
上海市	45	9					
江苏省	124	227	9	111		23	
浙江省	27	73	3	39		871	36
其中:宁波市							
安徽省	41	89		63	2	1	127
福建省	161	9		11		1	
其中:厦门市				3			
江西省	21	97	1	99		1	
山东省	87	39	2	184		36	7
其中:青岛市							
河南省	14	32		1		11	
湖北省	77	43		97			
湖南省	269	1094		588		37	22
广东省	1	1		14		3	
其中:深圳市							
广西壮族自治区	165	48		9		53	
海南省							
重庆市		327		4		89	
四川省	133	13		6		392	
贵州省	57	403		27			
云南省		1		6		204	
西藏自治区							
陕西省	12	1625	4	39		182	
甘肃省		12		4			
青海省				1			
宁夏回族自治区	37	14	1	5			
新疆维吾尔自治区	71	35		26			

2－158－8　　　　单位:万元

地　　区	对个人和家庭的补助				对企事业单位的补贴		
	住房公积金	提租补贴	购房补贴	其他对个人和家庭的补助支出	小计	企业政策性补贴	事业单位补贴
地方合计	**2941**	**200**	**927**	**3516**	**935347**	**411026**	**6730**
北京市	184	44	16	242	2917	473	31
天津市	48	2		22	13517	6024	
河北省	35			42	10232	1757	105
山西省	109	7		39	5332	30	20
内蒙古自治区	1				21444	15843	
辽宁省	44	28	3	3	83106	3723	293
其中:大连市	2	4			41130	2734	293
吉林省	34	1	2	4	50410	5359	146
黑龙江省	76	20		315	73450	71303	33
上海市	12		10	36	18157	3811	
江苏省	126	32	7	253	110708	29984	5785
浙江省	214		2	270	96226	47851	
其中:宁波市	1			16	12182	9443	
安徽省	193	11	1	601	67499	23798	
福建省	105	30	3	67	42373	37346	16
其中:厦门市	3	3			36901	36901	
江西省	143			135	7977	4712	102
山东省	339	23	872	124	152101	83741	50
其中:青岛市	7	1	14	3	1951		
河南省	15			20	12802	3293	34
湖北省	215			238	22088	15809	
湖南省	220		2	374	8077	542	2
广东省	17			205	29019	22433	
其中:深圳市							
广西壮族自治区	66	2	6	228	3862	80	
海南省	3			10	50	50	
重庆市				25	14761	4649	
四川省	501			124	49561	6050	56
贵州省	14		3	11	1642	627	
云南省	15			2	3958	2563	
西藏自治区							
陕西省	145			40	24380	15481	57
甘肃省	17			3	4323	1280	
青海省					1030	215	
宁夏回族自治区	8			12	1894	677	
新疆维吾尔自治区	42			71	2451	1522	

2－158－9

单位:万元

地区	对企事业单位的补贴		赠与			债务利息支出	
	财政贴息	其他对企事业单位的补贴支出	小计	对国内的赠与	对国外的赠与	小计	国库券付息
地方合计	**43639**	**473952**	**36**	**36**		**1059**	
北京市		2413					
天津市		7493					
河北省	24	8346					
山西省		5282					
内蒙古自治区		5601					
辽宁省	26242	52848				1030	
其中:大连市		38103					
吉林省	18	44887					
黑龙江省	1438	676					
上海市		14346					
江苏省	1737	73202					
浙江省	8829	39546	30	30			
其中:宁波市	271	2468					
安徽省	15	43686					
福建省	544	4467					
其中:厦门市							
江西省		3163					
山东省	355	67955					
其中:青岛市		1951					
河南省	2092	7383				13	
湖北省	112	6167					
湖南省	316	7217	6	6			
广东省		6586					
其中:深圳市							
广西壮族自治区	137	3645					
海南省							
重庆市	1000	9112					
四川省	520	42935					
贵州省		1015				16	
云南省	250	1145					
西藏自治区							
陕西省		8842					
甘肃省	10	3033					
青海省		815					
宁夏回族自治区		1217					
新疆维吾尔自治区		929					

二、地方财政预算收支情况

2－158－10　　　　单位:万元

地　　区	债务利息支出					基本建设支出	
	向国家银行借款付息	其他国内借款付息	向国外政府借款付息	向国际组织借款付息	其他国外借款付息	小　计	房屋建筑物购　建
地方合计	**13**	**1046**				**168522**	**3690**
北京市						1099	
天津市						1562	
河北省						2	
山西省						230	
内蒙古自治区						520	150
辽宁省		1030				90664	1981
其中:大连市						48260	
吉林省						5709	733
黑龙江省						8101	
上海市						615	
江苏省						6770	
浙江省						593	
其中:宁波市							
安徽省						2237	
福建省						2016	
其中:厦门市						473	
江西省						1869	179
山东省						1065	
其中:青岛市							
河南省	13					3546	
湖北省						514	116
湖南省						1963	
广东省						880	
其中:深圳市							
广西壮族自治区						10771	214
海南省							
重庆市						2145	
四川省						6689	100
贵州省		16				179	
云南省						10	
西藏自治区							
陕西省						11007	
甘肃省						1708	
青海省						2405	
宁夏回族自治区						62	17
新疆维吾尔自治区						3591	200

2－158－11

单位:万元

地　　区	基本建设支出							
	办公设备购　置	专用设备购　置	交通工具购　置	基础设施建　设	大型修缮	信息网络购　建	物资储备	其他基本建设支出
地　方　合　计	**124**	**28072**	**90**	**37583**	**1576**	**698**	**13**	**96676**
北京市						299		800
天津市						307		1255
河北省	2							
山西省		230						
内蒙古自治区	7	37	4	154		20		148
辽宁省		22427		5495				60761
其中:大连市								48260
吉林省	3	40		1423				3510
黑龙江省		2479		3800	1559			263
上海市		615						
江苏省	1			1575				5194
浙江省	3	20		323		2		245
其中:宁波市								
安徽省	3	18		2198				18
福建省		305		1028		40		643
其中:厦门市				473				
江西省		95		1029	1			565
山东省	4			456				605
其中:青岛市								
河南省	2		16	3481			13	34
湖北省		390			2			6
湖南省		637		76				1250
广东省		200						680
其中:深圳市								
广西壮族自治区	5			8998				1554
海南省								
重庆市	5			840				1300
四川省	2	25		3299	14	30		3219
贵州省		179						
云南省	4			6				
西藏自治区								
陕西省	31	330						10646
甘肃省		45		188				1475
青海省								2405
宁夏回族自治区			45					
新疆维吾尔自治区	52		25	3214				100

2－158－12

单位:万元

地　　区	其他资本性支出						
	小　计	房屋建筑物购　　建	办公设备购　　置	专用设备购　　置	交通工具购　　置	基础设施建　　设	大型修缮
地　方　合　计	**356521**	**8237**	**1743**	**30506**	**2767**	**42563**	**14063**
北京市	52280	8	76	669	45	27	13
天津市	2505					5	
河北省	835		14	20	38		1
山西省	942		36	409	174	55	240
内蒙古自治区	17238		16	566	200	57	28
辽宁省	60764		240	3984	97	8884	239
其中:大连市	992		223	301	24		235
吉林省	14276		5	12690	50	902	31
黑龙江省	26020	5896	21	1386	104	6975	9291
上海市	14308		74	117	24		15
江苏省	25540	36	47	34	379		37
浙江省	3411		166	416	67	1187	398
其中:宁波市	97		97				
安徽省	4063		121	168	155	807	
福建省	1324		50	197	81	583	7
其中:厦门市	3		3				
江西省	5299	23	51	91	85	1002	25
山东省	37899	1628	246	5485	184	10258	3546
其中:青岛市	1569		2		20		
河南省	6252		43	345	25	850	
湖北省	18391	146	83	151	150	658	80
湖南省	4567	154	48	2676	151	454	12
广东省	1168		24	250		300	3
其中:深圳市							
广西壮族自治区	14008	43	146	146	333	4975	26
海南省	3		3				
重庆市	24068	10	100	30	44	3093	16
四川省	13675	10	53	157	86	25	20
贵州省	44		6		18		20
云南省	742	8	5	17			5
西藏自治区							
陕西省	4037		56	221	142	356	10
甘肃省	1324	250	2	279		619	
青海省							
宁夏回族自治区	1204	25	9		135	161	
新疆维吾尔自治区	334		2	2		330	

2－158－13

单位:万元

地　　区	其他资本性支出						
	信息网络购　建	物资储备	土地补偿	安置补助	地上附着物和青苗补偿	拆迁补偿	其他资本性支　出
地　方　合　计	**416**	**51**	**40797**	**8711**	**644**	**3641**	**202382**
北京市	33						51409
天津市							2500
河北省	9		100			273	380
山西省							28
内蒙古自治区			330	12	126	44	15859
辽宁省	53		32846			2702	11719
其中:大连市	51						158
吉林省			582		16		
黑龙江省	6			2341			
上海市	2						14076
江苏省	1		1			1	25004
浙江省							1177
其中:宁波市							
安徽省	1			56			2755
福建省	23	25	60			30	268
其中:厦门市							
江西省	19		1101	434		21	2447
山东省	55	11	526	133	229	30	15568
其中:青岛市	1						1546
河南省	167		182	1700	100	150	2690
湖北省	9		2132	90		390	14502
湖南省	3		115	2			952
广东省							591
其中:深圳市							
广西壮族自治区	29		1897	3943	173		2297
海南省							
重庆市							20775
四川省	6						13318
贵州省							
云南省							707
西藏自治区							
陕西省			925				2327
甘肃省		15					159
青海省							
宁夏回族自治区							874
新疆维吾尔自治区							

2－158－14

单位:万元

地　　区	贷款转贷及产权参股					其他支出		
	小　计	国内贷款	国外贷款	产权参股	其他贷款转贷及产权参股支　　出	小　计	补充全国社会保障基　　金	其他支出
地　方　合　计	**17950**			**17700**	**250**	**172462**		**172462**
北京市						9683		9683
天津市								
河北省	200			200		2585		2585
山西省						95		95
内蒙古自治区						1100		1100
辽宁省	17000			17000		9		9
其中:大连市								
吉林省						1479		1479
黑龙江省						346		346
上海市						2165		2165
江苏省	250				250	3823		3823
浙江省						46901		46901
其中:宁波市						20061		20061
安徽省						1672		1672
福建省						1449		1449
其中:厦门市						128		128
江西省						15350		15350
山东省						4136		4136
其中:青岛市						1637		1637
河南省						1135		1135
湖北省						6760		6760
湖南省						19476		19476
广东省						7683		7683
其中:深圳市								
广西壮族自治区						21988		21988
海南省								
重庆市						3199		3199
四川省						1820		1820
贵州省						2614		2614
云南省						850		850
西藏自治区								
陕西省						11313		11313
甘肃省						1207		1207
青海省						26		26
宁夏回族自治区						3574		3574
新疆维吾尔自治区	500			500		24		24

2007 年各省、自治区、直辖市建筑业支出明细表

2-159-1　　　　单位:万元

地　区	合　计	工资福利支出				
		小　计	基本工资	津贴补贴	奖　金	社会保障缴　费
地方合计	**505578**	**34840**	**12242**	**10163**	**5719**	**3486**
北京市	45536	2027	630	754	327	112
天津市	15375	566	219	181	23	109
河北省	7599	1940	1053	322	65	338
山西省	2213	422	188	87	57	53
内蒙古自治区	10854	104	57	28	11	4
辽宁省	17785	922	441	224	57	150
其中:大连市	1049	170	72	41	5	42
吉林省	9416	226	90	79	5	30
黑龙江省	21242	479	194	108	96	19
上海市	49921	982	254	118	460	55
江苏省	55213	7928	2213	1996	1990	1015
浙江省	27674	3645	928	527	1361	425
其中:宁波市	10671	159	43	46	47	15
安徽省	21297	560	200	121	35	40
福建省	16699	496	147	98	21	81
其中:厦门市	12006					
江西省	11398	1150	613	311	126	44
山东省	32040	883	382	273	59	140
其中:青岛市	4444	130	58	10	45	17
河南省	16546	1741	1002	351	71	260
湖北省	20054	562	394	95	7	31
湖南省	9539	1344	367	467	113	192
广东省	17874	5205	1475	2498	599	247
其中:深圳市	4983	2586	814	1052	326	93
广西壮族自治区	4012	151	55	31	17	10
海南省	66	57	47	2	2	5
重庆市	44421	241	78	20	9	5
四川省	16270	212	110	23	41	18
贵州省	429	55	26	12	8	6
云南省	4327	82	31	33	3	2
西藏自治区	18732	1833	543	1173	66	12
陕西省	3164	405	132	93	35	51
甘肃省	833	79	46	26	2	3
青海省	458	11	11			
宁夏回族自治区	1525	237	98	102	13	19
新疆维吾尔自治区	3066	295	218	10	40	10

2－159－2

单位:万元

地　　区	工资福利支出				商品和服务支出		
	伙食费	伙　食 补助费	绩效 工资	其他工资 福利支出	小　计	办公费	印刷费
地　方　合　计	**16**	**254**	**217**	**2743**	**166442**	**6649**	**964**
北京市	6	5	12	181	19347	151	50
天津市		22	9	3	8137	37	
河北省		48	47	67	3037	439	53
山西省		4	8	25	831	110	18
内蒙古自治区				4	4202	13	
辽宁省	1	2	20	27	4633	244	64
其中:大连市	1		9		742	6	11
吉林省			4	18	1149	254	11
黑龙江省		13	9	40	8471	1162	16
上海市	1	32	2	60	20656	32	1
江苏省	2	48	18	646	15355	713	230
浙江省	3	34	5	362	8475	174	52
其中:宁波市		1		7	283	2	2
安徽省		2	18	144	13408	102	33
福建省		6	28	115	3512	147	11
其中:厦门市					2432		
江西省		1	4	51	3696	271	23
山东省	2	1		26	4463	575	44
其中:青岛市					49	3	1
河南省			13	44	6278	597	113
湖北省			5	30	9977	205	13
湖南省	1	4	3	197	5057	172	70
广东省			10	376	10382	858	114
其中:深圳市				301	2018	277	45
广西壮族自治区				38	936	47	17
海南省				1	7	7	
重庆市				129	4727	24	3
四川省				20	3884	47	10
贵州省				3	269	11	
云南省			2	11	1355	17	
西藏自治区				39	545	44	
陕西省		28		66	844	149	11
甘肃省				2	659	7	
青海省					437	1	
宁夏回族自治区				5	541	13	1
新疆维吾尔自治区		4		13	1172	26	6

2－159－3

单位:万元

地　区	商品和服务支出						
	咨询费	手续费	水　费	电　费	邮电费	取暖费	物　业 管理费
地　方　合　计	**127**	**508**	**173**	**781**	**919**	**346**	**631**
北京市			11	85	25	38	24
天津市			10	21	3	20	
河北省	12	20	6	33	54	57	4
山西省				8	12	11	5
内蒙古自治区				1	2	3	
辽宁省	22	37	3	14	38	59	2
其中:大连市				1	3	10	
吉林省		3	2	3	13	18	
黑龙江省	5	1	3	10	15	29	
上海市	5		5	14	15		6
江苏省	29	91	47	159	207	7	81
浙江省	6	133	4	49	83		14
其中:宁波市					1		
安徽省	6	31	1	23	32	2	14
福建省	5	39	5	15	20		6
其中:厦门市							
江西省	1	42	4	17	27	10	21
山东省	9	5	14	21	24	30	16
其中:青岛市				2	4		
河南省	9	2	14	74	37	17	28
湖北省			9	40	17	1	2
湖南省	10	3	5	36	46	1	25
广东省		80	14	100	167	4	359
其中:深圳市			7	54	89		191
广西壮族自治区	5		1	4	12		1
海南省							
重庆市	2			4	7		3
四川省			3	3	7		2
贵州省				2	2		1
云南省					3		
西藏自治区			7	25	30	11	
陕西省		18	5	14	6	12	13
甘肃省				1	3	2	2
青海省							
宁夏回族自治区				4	4		1
新疆维吾尔自治区	1	3		1	8	14	1

2－159－4　　单位:万元

地　区	商品和服务支出					
	交通费	差旅费	出国费	维修(护)费	租赁费	会议费
地方合计	**3538**	**2283**	**130**	**2798**	**453**	**2462**
北京市	139	108		32	11	113
天津市	51	24		79	7	25
河北省	184	130	8	67	33	172
山西省	203	39	5	27	15	36
内蒙古自治区	17	6		3		
辽宁省	293	108	40	693	62	167
其中:大连市	23	6		527	23	19
吉林省	80	54		75		47
黑龙江省	63	52	2	336	6	29
上海市	86	11	1	4	10	64
江苏省	671	439	23	159	98	801
浙江省	256	168	4	23	48	246
其中:宁波市	11	3				3
安徽省	75	89	14	184	6	77
福建省	55	66		25		32
其中:厦门市						
江西省	118	114		68		77
山东省	136	68	9	104	7	53
其中:青岛市	7	9	9			1
河南省	239	111		82	23	134
湖北省	38	36		16		5
湖南省	137	115	9	107	1	136
广东省	386	300	15	67	108	106
其中:深圳市	182	161	12	19	91	66
广西壮族自治区	42	29		19		44
海南省						
重庆市	26	26		25	8	9
四川省	38	17		452		18
贵州省	24	8		3	2	3
云南省	11	9		11	5	4
西藏自治区	78	74		23		19
陕西省	45	26		27	3	18
甘肃省	11	10		1		5
青海省						
宁夏回族自治区	11	18		83		9
新疆维吾尔自治区	25	28		3		13

2－159－5　　　　　　　　　　　　　　　　　　　　　　　　单位:万元

地　　区	商品和服务支出						
	培训费	招待费	专用材料费	被装购置费	专用燃料费	劳务费	委托业务费
地方合计	**1077**	**3245**	**3050**	**66**	**137**	**1734**	**2383**
北京市	38	91	35			51	96
天津市	1	54				631	
河北省	25	92	157	20	7	3	7
山西省	7	36	62		10	12	1
内蒙古自治区	5	2					
辽宁省	55	125	143		1	97	36
其中:大连市	5	2	43			31	20
吉林省	5	11	281		4	2	10
黑龙江省	6	11	555	3	20	84	12
上海市	17	50	37			13	
江苏省	386	1000	168	1		253	1639
浙江省	100	395	59		24	56	420
其中:宁波市	2	16				4	5
安徽省	23	109	176	6	7	60	
福建省	12	65	30	2	8	12	
其中:厦门市							
江西省	68	180	122	6	8	5	6
山东省	34	46	576		1	57	10
其中:青岛市	2	7					
河南省	30	154	351	17	2	100	13
湖北省	28	50	2		1		
湖南省	65	192	48		13	2	
广东省	99	342	29	5		165	43
其中:深圳市	32	69				74	43
广西壮族自治区	11	28			1	9	60
海南省							
重庆市	9	18				10	
四川省	4	99				9	
贵州省	7	9		6		80	
云南省		8	19		1	1	
西藏自治区	5	27	16		22		
陕西省	26	21	84		6	18	
甘肃省	5	5	56		1		
青海省	1						
宁夏回族自治区	3	7				1	
新疆维吾尔自治区	2	18	44			3	30

2－159－6

单位:万元

地　　区	商品和服务支出			对个人和家庭的补助			
	工会经费	福利费	其他商品和服务支出	小　计	离休费	退休费	退职(役)费
地方合计	**257**	**1142**	**130589**	**20830**	**853**	**3992**	**30**
北京市	9	2	18238	216		17	
天津市	15	18	7141	133	7	64	
河北省	12	31	1411	116	3	29	
山西省	1	26	187	194	47	111	
内蒙古自治区	1	2	4147	3		1	
辽宁省	6	16	2308	195		17	
其中:大连市	1	2	9	13			
吉林省	1		275	34		2	
黑龙江省	11	16	6024	338		165	
上海市	8	56	20221	179	2	13	
江苏省	32	147	7974	3095	284	1792	20
浙江省	35	286	5840	1001	3	118	
其中:宁波市	1	5	228	1			
安徽省	2	20	12316	117		22	
福建省	1	69	2887	40			1
其中:厦门市			2432				
江西省	11	69	2428	55		25	
山东省	5	5	2614	154		9	
其中:青岛市	2		2	44			
河南省	16	45	4070	288	12	176	
湖北省	4	14	9496	590	52	410	
湖南省	19	13	3832	984	212	713	
广东省	37	236	6748	475	45	96	
其中:深圳市	25	89	492	36			
广西壮族自治区		12	594	20			
海南省							
重庆市			4553	33			
四川省	15	49	3111	20		6	
贵州省		1	110	45		35	
云南省		1	1265	9			
西藏自治区	13		151	12179		133	
陕西省	1	1	340	56	4	8	
甘肃省		6	544	8			
青海省			435	10			
宁夏回族自治区			386	19			9
新疆维吾尔自治区	2	1	943	224	182	30	

2－159－7　　　　　　　　　　　　　　　　　　　　　　　　　　单位:万元

地　　区	对个人和家庭的补助						
	抚恤金	生活补助	救济费	医疗费	助学金	奖励金	生产补贴
地　方　合　计	**113**	**332**	**50**	**252**		**555**	**82**
北京市	4	5		39			
天津市	1	23		6			
河北省	1	2	2	9		11	
山西省	6			2			
内蒙古自治区							
辽宁省		110		1		11	
其中:大连市							
吉林省				5		3	
黑龙江省	14	72				30	31
上海市	5			1			
江苏省	56	74	14	105		33	20
浙江省	6	10	32	24		380	31
其中:宁波市							
安徽省			2	9			
福建省		3				4	
其中:厦门市							
江西省		8		7			
山东省				4		25	
其中:青岛市						15	
河南省	1	1		1			
湖北省	3	4		1			
湖南省	9			4		17	
广东省	4	9				34	
其中:深圳市	1	6				27	
广西壮族自治区		3					
海南省							
重庆市				17			
四川省							
贵州省	3	1					
云南省		6					
西藏自治区		1		15			
陕西省							
甘肃省						1	
青海省				2			
宁夏回族自治区							
新疆维吾尔自治区						6	

2－159－8

单位:万元

地　　区	对个人和家庭的补助				对企事业单位的补贴		
	住　房 公积金	提租 补贴	购房 补贴	其他对个人和家庭的补助支出	小　计	企业政策性补　贴	事业单位补　贴
地　方　合　计	**1433**	**90**	**12153**	**895**	**105361**	**41177**	**244**
北京市	101	41		9	3380	413	
天津市	32				518		
河北省	43	1		15	1334	779	6
山西省	18			10	357	5	
内蒙古自治区	2				6067	3498	
辽宁省	35	15		6	3034	1036	
其中:大连市	13						
吉林省	18		3	3	4283	3256	
黑龙江省	14	5		7	8420	8225	67
上海市	5			153	23853	7387	
江苏省	307	20	11	359	17902	9136	8
浙江省	289		51	57	2344	1441	26
其中:宁波市	1				798	792	
安徽省	29	1		54	2174	1166	
福建省	19	6		7	940	289	20
其中:厦门市					248	238	
江西省	12			3	2949	1114	
山东省	28	1	79	8	15759	1980	5
其中:青岛市	9	1	16	3	1633		
河南省	26			71	3450	240	
湖北省	113			7	306		
湖南省	26			3	251	55	
广东省	234		8	45	5		
其中:深圳市				2			
广西壮族自治区	10			7	710		
海南省							
重庆市	2			14	411	250	
四川省	14				5144	698	
贵州省	5			1			
云南省	2			1	351	9	112
西藏自治区	10		12000	20			
陕西省	13			31			
甘肃省	7						
青海省	8						
宁夏回族自治区	7		1	2	107	24	
新疆维吾尔自治区	4			2	1312	176	

2-159-9

单位:万元

地区	对企事业单位的补贴		赠与			债务利息支出	
	财政贴息	其他对企事业单位的补贴支出	小计	对国内的赠与	对国外的赠与	小计	国库券付息
地方合计	**477**	**63463**	**48**	**48**			
北京市		2967					
天津市		518					
河北省		549					
山西省		352					
内蒙古自治区		2569					
辽宁省	71	1927					
其中:大连市							
吉林省		1027					
黑龙江省		128					
上海市		16466					
江苏省	52	8706					
浙江省	14	863	47	47			
其中:宁波市		6					
安徽省	4	1004					
福建省		631					
其中:厦门市		10					
江西省		1835	1	1			
山东省		13774					
其中:青岛市		1633					
河南省		3210					
湖北省		306					
湖南省		196					
广东省		5					
其中:深圳市							
广西壮族自治区	336	374					
海南省							
重庆市		161					
四川省		4446					
贵州省							
云南省		230					
西藏自治区							
陕西省							
甘肃省							
青海省							
宁夏回族自治区		83					
新疆维吾尔自治区		1136					

2－159－10

单位:万元

地　　区	债务利息支出					基本建设支出	
	向国家银行借款付息	其他国内借款付息	向国外政府借款付息	向国际组织借款付息	其他国外借款付息	小　计	房屋建筑物购　　建
地方合计						**55506**	**44489**
北京市							
天津市							
河北省						75	
山西省							
内蒙古自治区						32	
辽宁省						3141	977
其中:大连市						15	
吉林省						160	
黑龙江省						80	80
上海市							
江苏省						1543	1480
浙江省						175	78
其中:宁波市							
安徽省						54	
福建省						9562	3676
其中:厦门市						9244	3676
江西省						393	
山东省							
其中:青岛市							
河南省						336	
湖北省							
湖南省							
广东省							
其中:深圳市							
广西壮族自治区						619	542
海南省							
重庆市						37834	37422
四川省						1397	234
贵州省							
云南省						20	
西藏自治区						32	
陕西省						53	
甘肃省							
青海省							
宁夏回族自治区							
新疆维吾尔自治区							

2－159－11

单位:万元

地区	基本建设支出							
	办公设备购置	专用设备购置	交通工具购置	基础设施建设	大型修缮	信息网络购建	物资储备	其他基本建设支出
地方合计	**67**	**113**	**84**	**9062**	**15**	**30**		**1646**
北京市								
天津市								
河北省				60	15			
山西省								
内蒙古自治区	1	4	19					8
辽宁省		21	15	2128				
其中:大连市			15					
吉林省				160				
黑龙江省								
上海市								
江苏省	3		27					33
浙江省	23	51	23					
其中:宁波市								
安徽省				54				
福建省	1			5570				315
其中:厦门市				5568				
江西省		25		76				292
山东省								
其中:青岛市								
河南省		12						324
湖北省								
湖南省								
广东省								
其中:深圳市								
广西壮族自治区	5			67				5
海南省								
重庆市								412
四川省				876		30		257
贵州省								
云南省				20				
西藏自治区	32							
陕西省	2			51				
甘肃省								
青海省								
宁夏回族自治区								
新疆维吾尔自治区								

二、地方财政预算收支情况

2－159－12　　　　单位:万元

地　　区	其他资本性支出						
	小　计	房屋建筑物购　　建	办公设备购　　置	专用设备购　　置	交通工具购　　置	基础设施建　　设	大型修缮
地　方　合计	**52563**	**5529**	**1351**	**3529**	**1013**	**18154**	**1022**
北京市	1564	542	181	38		180	
天津市	47		19			28	
河北省	785		37		111	223	50
山西省	379	142	15		39		1
内蒙古自治区	446	77				53	
辽宁省	4469		30	50	36	211	203
其中:大连市	109						109
吉林省	3329	1155	5	252	38	1685	9
黑龙江省	3443	94	5	43	22	144	59
上海市	232		45				
江苏省	5036	100	148	33	150	1267	112
浙江省	129	10	47	17	49	3	3
其中:宁波市							
安徽省	3004	544	84		45	2079	
福建省	1209	24	112	36	96	914	
其中:厦门市							
江西省	1721	10	8	42	30	287	64
山东省	9861	10	45	2512	23	4167	220
其中:青岛市	1749						
河南省	1836	21	61	15	22	1673	29
湖北省	2467		2	28		2060	15
湖南省	475	15	5	402	53		
广东省	1458		447	23	102	800	
其中:深圳市	343		231		79		
广西壮族自治区	1056	320	7		29	81	5
海南省	2		2				
重庆市	691	404	2			143	141
四川省	5548	1982	5	3	47	1353	84
贵州省	60	6	3	29		6	
云南省	2341	9				160	5
西藏自治区	3		3				
陕西省	768	41	11	6	40	623	
甘肃省	52		9		20	13	
青海省							
宁夏回族自治区	89		7		27	1	22
新疆维吾尔自治区	63	23	6		34		

2－159－13

单位:万元

地　　区	其他资本性支出						
	信息网络购　建	物资储备	土地补偿	安置补助	地上附着物和青苗补偿	拆迁补偿	其他资本性支　出
地　方　合　计	**208**		**92**	**18**		**48**	**21599**
北京市							623
天津市							
河北省				18			346
山西省	5						177
内蒙古自治区							316
辽宁省							3939
其中:大连市							
吉林省							185
黑龙江省						26	3050
上海市							187
江苏省	13						3213
浙江省							
其中:宁波市							
安徽省							252
福建省	3						24
其中:厦门市							
江西省							1280
山东省	5		92			12	2775
其中:青岛市							1749
河南省							15
湖北省							362
湖南省							
广东省	81						5
其中:深圳市	33						
广西壮族自治区							614
海南省							
重庆市							1
四川省	101						1973
贵州省							16
云南省							2167
西藏自治区							
陕西省							47
甘肃省							10
青海省							
宁夏回族自治区						10	22
新疆维吾尔自治区							

二、地方财政预算收支情况

2－159－14

单位:万元

地区	贷款转贷及产权参股					其他支出		
	小计	国内贷款	国外贷款	产权参股	其他贷款转贷及产权参股支出	小计	补充全国社会保障基金	其他支出
地方合计						**69988**		**69988**
北京市						19002		19002
天津市						5974		5974
河北省						312		312
山西省						30		30
内蒙古自治区								
辽宁省						1391		1391
其中:大连市								
吉林省						235		235
黑龙江省						11		11
上海市						4019		4019
江苏省						4354		4354
浙江省						11858		11858
其中:宁波市						9430		9430
安徽省						1980		1980
福建省						940		940
其中:厦门市						82		82
江西省						1433		1433
山东省						920		920
其中:青岛市						839		839
河南省						2617		2617
湖北省						6152		6152
湖南省						1428		1428
广东省						349		349
其中:深圳市								
广西壮族自治区						520		520
海南省								
重庆市						484		484
四川省						65		65
贵州省								
云南省						169		169
西藏自治区						4140		4140
陕西省						1038		1038
甘肃省						35		35
青海省								
宁夏回族自治区						532		532
新疆维吾尔自治区								

2007年各省、自治区、直辖市电力支出明细表

2－160－1　　　　单位:万元

地　　区	合　计	工资福利支出				
		小　计	基本工资	津贴补贴	奖　金	社会保障缴　费
地方合计	**1129288**	**19683**	**14554**	**1125**	**723**	**512**
北京市	4298					
天津市						
河北省	1935	31	10	7	14	
山西省	476957	16660	13085	262	328	243
内蒙古自治区	38192	22		16	6	
辽宁省	17503	1113	375	263	226	249
其中:大连市	1788	391	70	4	226	91
吉林省	8068					
黑龙江省	69252	78	54	22	2	
上海市	3949	16	6	1	8	
江苏省	706					
浙江省	1877	2			2	
其中:宁波市	110					
安徽省	2676	39	22	12	1	
福建省	3900	31	21	9		
其中:厦门市	1054					
江西省	218					
山东省	7145	49	33	15		1
其中:青岛市						
河南省	6117	164	47	109	6	
湖北省	11119	3	3			
湖南省	1431					
广东省	58467	18	15	1	2	
其中:深圳市	158					
广西壮族自治区	5288					
海南省	476					
重庆市	180901	3				
四川省	71625	595	515		80	
贵州省	267					
云南省	2310	6	3	3		
西藏自治区	30517	852	365	405	47	19
陕西省	66972					
甘肃省	30575	1			1	
青海省	5430					
宁夏回族自治区	100					
新疆维吾尔自治区	21017					

2－160－2

单位:万元

地　　区	工资福利支出				商品和服务支出		
	伙食费	伙　食 补助费	绩效 工资	其他工资 福利支出	小　计	办公费	印刷费
地　方　合　计	**86**	**11**		**2672**	**314311**	**25577**	**888**
北京市							
天津市							
河北省					423	3	
山西省	86	11		2645	137040	3730	770
内蒙古自治区					1137	12	1
辽宁省					2939	148	71
其中:大连市					236	5	12
吉林省					241	43	
黑龙江省					67962	897	6
上海市				1	12	2	
江苏省					319		
浙江省					1214		
其中:宁波市							
安徽省				4	129	1	1
福建省				1	358	1	
其中:厦门市							
江西省					23	1	
山东省					5451	7	1
其中:青岛市							
河南省				2	2613	717	11
湖北省					7976	66	9
湖南省					549	12	
广东省					29420	19533	
其中:深圳市					13		
广西壮族自治区					772	8	
海南省							
重庆市				3	32261	9	1
四川省					1655	278	17
贵州省					232	24	
云南省					254	62	
西藏自治区				16	537	7	
陕西省					8	8	
甘肃省					96	8	
青海省							
宁夏回族自治区					100		
新疆维吾尔自治区					20590		

2－160－3

单位:万元

地　　区	商品和服务支出						
	咨询费	手续费	水　费	电　费	邮电费	取暖费	物　业 管理费
地　方　合　计	**5**	**7**	**106**	**985**	**247**	**903**	**85**
北京市							
天津市							
河北省			4	98	1	2	
山西省	5	4	62	425	155	816	8
内蒙古自治区			1	1	1	8	
辽宁省			18	40	37	68	26
其中:大连市					7	2	13
吉林省				100			
黑龙江省			2	1	3		
上海市							
江苏省							
浙江省							
其中:宁波市							
安徽省		1		12	2		
福建省				1			
其中:厦门市							
江西省							
山东省				19		1	
其中:青岛市							
河南省			1	1	1		51
湖北省			15	165	1		
湖南省							
广东省							
其中:深圳市							
广西壮族自治区							
海南省							
重庆市					4		
四川省		2		28	17		
贵州省							
云南省				10			
西藏自治区			3	13	10	8	
陕西省							
甘肃省				68			
青海省							
宁夏回族自治区							
新疆维吾尔自治区				3	15		

2－160－4 单位:万元

地区	商品和服务支出					
	交通费	差旅费	出国费	维修(护)费	租赁费	会议费
地方合计	**2210**	**786**	**42**	**7407**	**130**	**1142**
北京市						
天津市						
河北省	4	3				4
山西省	1757	479	17	5918	122	982
内蒙古自治区	9	5				
辽宁省	76	76		79		63
其中:大连市	20	19		22		21
吉林省						
黑龙江省	44	55	25	696	2	3
上海市	1				2	5
江苏省						1
浙江省						
其中:宁波市						
安徽省	4	5			2	3
福建省	1	1				
其中:厦门市						
江西省						
山东省	4			234	2	
其中:青岛市						
河南省	15	6		384		6
湖北省	24	18		35		11
湖南省	3					
广东省	2	1		1		8
其中:深圳市		1				6
广西壮族自治区				3		
海南省						
重庆市	11	47		23		21
四川省	204	42		4		19
贵州省	13	16				
云南省						
西藏自治区	38	32		2		16
陕西省						
甘肃省						
青海省						
宁夏回族自治区						
新疆维吾尔自治区				28		

2－160－5

单位:万元

地区	商品和服务支出						
	培训费	招待费	专用材料费	被装购置费	专用燃料费	劳务费	委托业务费
地方合计	**1709**	**1032**	**4363**	**256**	**179**	**1346**	**1469**
北京市							
天津市							
河北省		4	120				
山西省	1497	772	3378	162	152	1140	1433
内蒙古自治区		3	35				
辽宁省	69	57	117			80	
其中:大连市	16		57				
吉林省			6				
黑龙江省	2	38	181		24	10	
上海市		1					
江苏省		3				25	
浙江省							
其中:宁波市							
安徽省		4		1	2		
福建省		2	5				
其中:厦门市							
江西省							
山东省		1	100		1		
其中:青岛市							
河南省	15	29	328	93			
湖北省	6	3					
湖南省		5					
广东省	2		1				7
其中:深圳市							2
广西壮族自治区						1	
海南省							
重庆市	20	3	46			89	9
四川省	94	6	30			1	
贵州省		88					
云南省			7				
西藏自治区	4	13	9				
陕西省							
甘肃省							20
青海省							
宁夏回族自治区							
新疆维吾尔自治区							

2－160－6　　　　单位:万元

地　　区	商品和服务支出			对个人和家庭的补助			
	工会经费	福利费	其他商品和服务支出	小　计	离休费	退休费	退职(役)费
地　方　合　计	**13**	**126**	**263298**	**5384**	**33**	**887**	**14**
北京市							
天津市							
河北省			180	40			
山西省	8	77	113171	3033	11	389	14
内蒙古自治区			1061				
辽宁省		43	1871	82		6	
其中:大连市		42		4			
吉林省			92				
黑龙江省		1	65972	3		3	
上海市			1				
江苏省			290				
浙江省			1214				
其中:宁波市							
安徽省			91				
福建省			347	3			
其中:厦门市							
江西省			22				
山东省			5081	38			
其中:青岛市							
河南省			955				
湖北省			7623	44			
湖南省			529				
广东省		4	9861				
其中:深圳市			4				
广西壮族自治区			760				
海南省							
重庆市			31978	982			
四川省			913	391			
贵州省			91	1			
云南省			175	110			
西藏自治区	5	1	376	557	22	489	
陕西省							
甘肃省							
青海省							
宁夏回族自治区			100				
新疆维吾尔自治区			20544	100			

2－160－7

单位:万元

地　　区	对个人和家庭的补助						
	抚恤金	生活补助	救济费	医疗费	助学金	奖励金	生产补贴
地　方　合　计	**10**	**409**	**206**	**32**		**790**	**1358**
北京市							
天津市							
河北省						40	
山西省	5	219		31		560	942
内蒙古自治区							
辽宁省				1		4	
其中:大连市						4	
吉林省							
黑龙江省							
上海市							
江苏省							
浙江省							
其中:宁波市							
安徽省							
福建省							3
其中:厦门市							
江西省							
山东省						30	
其中:青岛市							
河南省							
湖北省		44					
湖南省							
广东省							
其中:深圳市							
广西壮族自治区							
海南省							
重庆市		145	206				117
四川省						45	196
贵州省						1	
云南省						110	
西藏自治区	5	1					
陕西省							
甘肃省							
青海省							
宁夏回族自治区							
新疆维吾尔自治区							100

2－160－8

单位:万元

地　区	对个人和家庭的补助				对企事业单位的补贴		
	住房公积金	提租补贴	购房补贴	其他对个人和家庭的补助支出	小　计	企业政策性补贴	事业单位补贴
地方合计	**528**		**8**	**1109**	**205170**	**76530**	**18**
北京市							
天津市							
河北省					123		
山西省	453			409	88197	2254	18
内蒙古自治区					581	337	
辽宁省	71				30		
其中:大连市							
吉林省					1626	123	
黑龙江省					424	124	
上海市							
江苏省					237	77	
浙江省					161	161	
其中:宁波市					110	110	
安徽省					1260	910	
福建省					409		
其中:厦门市							
江西省					10	10	
山东省			8		1265		
其中:青岛市							
河南省					973	3	
湖北省					944		
湖南省					32	32	
广东省					17444	11110	
其中:深圳市							
广西壮族自治区					243	12	
海南省					476	476	
重庆市				514	28343	190	
四川省				150	61019	60316	
贵州省							
云南省					608	70	
西藏自治区	4			36	95	95	
陕西省							
甘肃省					10		
青海省					430		
宁夏回族自治区							
新疆维吾尔自治区					230	230	

2－160－9 单位:万元

地 区	对企事业单位的补贴		赠 与			债务利息支出	
	财政贴息	其他对企事业单位的补贴支出	小 计	对国内的赠与	对国外的赠与	小 计	国库券付息
地 方 合 计	**2035**	**126587**				**128**	
北京市							
天津市							
河北省		123					
山西省	3	85922					
内蒙古自治区		244					
辽宁省		30					
其中:大连市							
吉林省	1000	503					
黑龙江省		300					
上海市							
江苏省		160					
浙江省							
其中:宁波市							
安徽省		350					
福建省		409					
其中:厦门市							
江西省							
山东省		1265					
其中:青岛市							
河南省		970					
湖北省		944					
湖南省							
广东省		6334					
其中:深圳市							
广西壮族自治区	114	117					
海南省							
重庆市	878	27275					
四川省	40	663				128	
贵州省							
云南省		538					
西藏自治区							
陕西省							
甘肃省		10					
青海省		430					
宁夏回族自治区							
新疆维吾尔自治区							

2－160－10

单位:万元

地　　区	债务利息支出					基本建设支出	
	向国家银行借款付息	其他国内借款付息	向国外政府借款付息	向国际组织借款付息	其他国外借款付息	小　计	房屋建筑物购　建
地方合计	**128**					**196294**	**25349**
北京市						1483	
天津市							
河北省							
山西省						54558	10297
内蒙古自治区						5473	
辽宁省						21	
其中:大连市							
吉林省						300	
黑龙江省						400	
上海市							
江苏省						95	
浙江省						172	
其中:宁波市							
安徽省							
福建省						1104	
其中:厦门市						1054	
江西省							
山东省						35	
其中:青岛市							
河南省						36	
湖北省						124	
湖南省							
广东省						6315	
其中:深圳市							
广西壮族自治区						116	
海南省							
重庆市						67625	14952
四川省	128					4808	100
贵州省							
云南省						282	
西藏自治区						1120	
陕西省						16819	
甘肃省						30408	
青海省						5000	
宁夏回族自治区							
新疆维吾尔自治区							

2－160－11

单位:万元

地　　区	基本建设支出							
	办公设备购　　置	专用设备购　　置	交通工具购　　置	基础设施建　　设	大型修缮	信息网络购　　建	物资储备	其他基本建设支出
地　方　合　计	**27**	**17056**		**78845**	**580**			**74437**
北京市								1483
天津市								
河北省								
山西省	27	4873		13023	80			26258
内蒙古自治区				373				5100
辽宁省				21				
其中:大连市								
吉林省				300				
黑龙江省					400			
上海市								
江苏省		95						
浙江省				172				
其中:宁波市								
安徽省								
福建省				1104				
其中:厦门市				1054				
江西省								
山东省								35
其中:青岛市								
河南省				6				30
湖北省								124
湖南省								
广东省				6315				
其中:深圳市								
广西壮族自治区								116
海南省								
重庆市		11788		22306				18579
四川省		300		2793	100			1515
贵州省								
云南省				282				
西藏自治区				1120				
陕西省				845				15974
甘肃省				30185				223
青海省								5000
宁夏回族自治区								
新疆维吾尔自治区								

2－160－12　　　　单位:万元

地　　区	其他资本性支出						
	小　计	房屋建筑物购　　建	办公设备购　　置	专用设备购　　置	交通工具购　　置	基础设施建　　设	大型修缮
地　方　合　计	**187602**	**4323**	**958**	**2774**	**922**	**70149**	**11308**
北京市	2725						
天津市							
河北省	654					638	
山西省	113460	2893	834	2439	745	43973	10841
内蒙古自治区	979		30			829	
辽宁省	11718		58		38	11542	80
其中:大连市	338				38	300	
吉林省							
黑龙江省	385			42	38	296	9
上海市	2		2				
江苏省							
浙江省							
其中:宁波市							
安徽省	1144					1144	
福建省	175					175	
其中:厦门市							
江西省	50						
山东省	257		2	242	3		
其中:青岛市							
河南省	2010				11	132	
湖北省	581			51		316	74
湖南省	500					500	
广东省	1673		16				
其中:深圳市	135						
广西壮族自治区	3633					68	
海南省							
重庆市	16297	790				9989	
四川省	2928	5	16		2	84	
贵州省	30						
云南省	923					336	304
西藏自治区	27311	635			65		
陕西省	10					10	
甘肃省	60				20	20	
青海省							
宁夏回族自治区							
新疆维吾尔自治区	97					97	

2－160－13

单位:万元

地区	其他资本性支出						
	信息网络购建	物资储备	土地补偿	安置补助	地上附着物和青苗补偿	拆迁补偿	其他资本性支出
地方合计	**399**	**2**	**1202**	**1153**	**1341**	**411**	**92660**
北京市							2725
天津市							
河北省							16
山西省	393	2	902	50	1341	408	48639
内蒙古自治区							120
辽宁省							
其中:大连市							
吉林省							
黑龙江省							
上海市							
江苏省							
浙江省							
其中:宁波市							
安徽省							
福建省							
其中:厦门市							
江西省							50
山东省							10
其中:青岛市							
河南省	3						1864
湖北省							140
湖南省							
广东省							1657
其中:深圳市							135
广西壮族自治区			300	911			2354
海南省							
重庆市				192			5326
四川省	3						2818
贵州省							30
云南省						3	280
西藏自治区							26611
陕西省							
甘肃省							20
青海省							
宁夏回族自治区							
新疆维吾尔自治区							

2－160－14 单位:万元

地　　区	贷款转贷及产权参股					其他支出		
	小　计	国内贷款	国外贷款	产权参股	其他贷款转贷及产权参股支出	小　计	补充全国社会保障基金	其他支出
地　方　合　计	**35901**	**5901**		**30000**		**164815**		**164815**
北京市						90		90
天津市								
河北省						664		664
山西省						64009		64009
内蒙古自治区	30000			30000				
辽宁省						1600		1600
其中:大连市						819		819
吉林省	5901	5901						
黑龙江省								
上海市						3919		3919
江苏省						55		55
浙江省						328		328
其中:宁波市								
安徽省						104		104
福建省						1820		1820
其中:厦门市								
江西省						135		135
山东省						50		50
其中:青岛市								
河南省						321		321
湖北省						1447		1447
湖南省						350		350
广东省						3597		3597
其中:深圳市						10		10
广西壮族自治区						524		524
海南省								
重庆市						35390		35390
四川省						101		101
贵州省						4		4
云南省						127		127
西藏自治区						45		45
陕西省						50135		50135
甘肃省								
青海省								
宁夏回族自治区								
新疆维吾尔自治区								

2007 年各省、自治区、直辖市信息产业支出明细表

2－161－1　　　　单位:万元

地　　区	合　计	工资福利支出				
		小　计	基本工资	津贴补贴	奖　金	社会保障缴　费
地方合计	**463805**	**42778**	**16394**	**14296**	**6321**	**1850**
北京市	38234	2347	786	622	383	176
天津市	6918	471	128	175	73	54
河北省	23589	1803	923	528	86	62
山西省	5284	300	84	139	28	5
内蒙古自治区	5440	439	187	147	29	9
辽宁省	31903	2933	1240	1108	196	172
其中:大连市	18423	729	243	308	76	78
吉林省	9805	1278	648	447	117	37
黑龙江省	15120	2511	1473	780	146	39
上海市	28027	3663	891	687	1689	144
江苏省	59281	2244	597	653	420	101
浙江省	18212	2276	510	467	805	191
其中:宁波市	4257	896	148	160	439	131
安徽省	7016	1649	550	736	105	25
福建省	21078	1728	648	677	109	36
其中:厦门市	3592	618	141	215	57	24
江西省	7095	878	427	278	65	10
山东省	32572	3247	1179	1337	261	268
其中:青岛市	4664	348	71	180	36	35
河南省	6701	939	468	392	38	14
湖北省	18036	2295	960	914	307	45
湖南省	4235	528	250	133	50	55
广东省	24760	2772	849	1307	334	110
其中:深圳市	953	339	42	205	51	21
广西壮族自治区	13640	1072	411	385	162	42
海南省	8558	591	332	92	147	6
重庆市	8449	746	241	325	115	28
四川省	16195	1761	633	417	331	68
贵州省	7180	1190	520	411	102	29
云南省	10909	773	396	332	25	9
西藏自治区	2670	259	94	156	7	
陕西省	16555	1036	502	337	53	60
甘肃省	2207					
青海省	4989	223	84	93	12	4
宁夏回族自治区	1677	145	29	111		
新疆维吾尔自治区	7470	681	354	110	126	51

二、地方财政预算收支情况

2－161－2

单位:万元

地　　区	工资福利支出				商品和服务支出		
	伙食费	伙　食 补助费	绩效 工资	其他工资 福利支出	小　计	办公费	印刷费
地　方　合　计	**23**	**445**	**191**	**3258**	**165495**	**8549**	**1100**
北京市		9	68	303	29090	157	92
天津市	9	20		12	3012	25	13
河北省		93	4	107	5674	195	91
山西省			4	40	1944	73	8
内蒙古自治区		3		64	1443	87	12
辽宁省	1	19	62	135	5022	207	69
其中:大连市			22	2	1657	60	39
吉林省			11	18	2909	279	52
黑龙江省	6	25	1	41	6013	591	65
上海市		40		212	15886	3648	170
江苏省		45	15	413	8310	167	46
浙江省		52		251	5449	170	61
其中:宁波市		10		8	1248	38	8
安徽省		23		210	2452	112	33
福建省		37		221	5413	152	21
其中:厦门市		35		146	777	8	1
江西省				98	2083	68	12
山东省		10	3	189	10834	546	52
其中:青岛市				26	771	141	3
河南省			2	25	5120	252	38
湖北省			6	63	6727	184	28
湖南省	2	1		37	1450	52	7
广东省	1		4	167	10710	332	53
其中:深圳市				20	382	6	
广西壮族自治区		1		71	4771	220	13
海南省				14	3374	61	2
重庆市		19		18	5171	155	8
四川省	3	6		303	7109	212	30
贵州省		19		109	2614	110	35
云南省	1	8		2	4741	185	43
西藏自治区				2	291	11	7
陕西省		8		76	2749	207	19
甘肃省					2185	6	
青海省		5	11	14	456	18	2
宁夏回族自治区				5	132	10	
新疆维吾尔自治区		2		38	2361	57	18

2－161－3 单位:万元

地区	商品和服务支出						
	咨询费	手续费	水费	电费	邮电费	取暖费	物业管理费
地方合计	**511**	**38**	**328**	**2217**	**4289**	**1291**	**1589**
北京市	29		3	59	77	64	125
天津市	2		17	74	73	12	41
河北省	15		22	78	207	138	103
山西省			1	19	20	53	5
内蒙古自治区			3	22	51	65	21
辽宁省	112	1	13	104	404	145	85
其中:大连市	101		1	3	55	18	4
吉林省	24	2	23	95	76	226	100
黑龙江省	3	1	11	117	437	250	13
上海市	35	1	3	253	599		252
江苏省	5		5	92	86	12	146
浙江省	7	1	6	99	135		132
其中:宁波市				7	14		18
安徽省	11	4	5	78	74	1	35
福建省	11	8	14	199	299		86
其中:厦门市			1	70	129		11
江西省			5	62	84	5	21
山东省	9		40	152	280	133	42
其中:青岛市	7			11	82	4	6
河南省	9		12	28	63		10
湖北省	23	7	64	45	78	32	21
湖南省	5		6	37	129		5
广东省	39		11	187	300		42
其中:深圳市					1		
广西壮族自治区	36	3	9	75	55		50
海南省			1	44	24		23
重庆市			1	13	34	1	7
四川省	1		18	85	88	1	28
贵州省	1	2	7	55	42	4	8
云南省	24	1	16	59	327		37
西藏自治区					13	4	
陕西省	94	1	8	27	140	53	114
甘肃省		1		1	3		
青海省	8			12	46	22	2
宁夏回族自治区				3	5	9	8
新疆维吾尔自治区	8	5	4	43	40	61	27

2－161－4

单位:万元

地　区	商品和服务支出					
	交通费	差旅费	出国费	维修(护)费	租赁费	会议费
地 方 合 计	**7015**	**4580**	**1107**	**12214**	**7331**	**6775**
北京市	250	226	88	109	813	405
天津市	70	30	10	48	42	13
河北省	551	289	12	354	134	590
山西省	110	48		77	8	49
内蒙古自治区	208	138		219	30	109
辽宁省	447	194	45	742	202	314
其中:大连市	89	49		416	155	129
吉林省	241	213	24	473	22	160
黑龙江省	430	261	22	409	42	118
上海市	270	201	209	1528	767	630
江苏省	287	198	69	768	327	1300
浙江省	284	232	149	203	274	336
其中:宁波市	39	50	19	15	149	98
安徽省	272	137	56	179	116	132
福建省	337	198	83	333	78	206
其中:厦门市	33	15		167	40	
江西省	195	117	13	120	43	99
山东省	494	330	30	1090	195	394
其中:青岛市	71	43	4	24		34
河南省	136	112	6	135	1423	261
湖北省	266	238	87	47	12	262
湖南省	200	64	12	93		21
广东省	369	207	87	2096	51	206
其中:深圳市	10	1		2		6
广西壮族自治区	234	160	4	769	191	213
海南省	97	100	1	67	361	68
重庆市	81	40		286	301	23
四川省	277	144	27	504	68	193
贵州省	172	196	21	63	540	112
云南省	190	182	7	528	1140	243
西藏自治区	19	29	4	138		6
陕西省	255	123	36	755	55	186
甘肃省	2	2		4		
青海省	55	53	5	29	25	23
宁夏回族自治区	23	15		10	1	33
新疆维吾尔自治区	193	103		38	70	70

2－161－5

单位:万元

地　　区	商品和服务支出						
	培训费	招待费	专用材料费	被装购置费	专用燃料费	劳务费	委托业务费
地 方 合 计	**2847**	**4258**	**5346**	**432**	**66**	**2191**	**26989**
北京市	95	99	43			434	25103
天津市	4	21	161		1	2	5
河北省	344	100	19	2	3	86	408
山西省	73	26	2		2		5
内蒙古自治区	86	84	51	42		7	
辽宁省	96	126	236		5	47	1
其中:大连市	15	33	52			9	
吉林省	63	88	160		22	108	31
黑龙江省	117	79	436	104	6	20	17
上海市	225	183	725	4		144	501
江苏省	283	218	1900	29		65	130
浙江省	103	312	31			176	11
其中:宁波市	18	57	14			43	
安徽省	57	160	39			49	51
福建省	38	176	51			41	248
其中:厦门市	1	3	16				
江西省	60	182	135			6	14
山东省	159	231	431		3	309	45
其中:青岛市	2	74				31	
河南省	136	76	410		2	15	
湖北省	153	345	22	26	6	95	
湖南省	22	216	11	1		7	1
广东省	132	448	70	5		70	24
其中:深圳市	1	3	1				
广西壮族自治区	113	148	100	3		12	205
海南省	7	43				25	5
重庆市	22	32	1			18	7
四川省	71	303	80			82	2
贵州省	74	197	15	3	2	76	80
云南省	127	184	19		2	207	95
西藏自治区	9	14					
陕西省	92	61	102	211	10	20	
甘肃省	5		2		1		
青海省	34	24	34		1	24	
宁夏回族自治区		8					
新疆维吾尔自治区	47	74	60	2		46	

2－161－6

单位:万元

地　　区	商品和服务支出			对个人和家庭的补助			
	工会经费	福利费	其他商品和服务支出	小　计	离休费	退休费	退职(役)费
地　方　合　计	**497**	**944**	**62991**	**6606**	**468**	**2756**	**2**
北京市	31	11	777	193		17	
天津市	13	13	2322	147		19	
河北省	32	31	1870	367	38	145	
山西省	4	2	1359	16		4	
内蒙古自治区		10	198	30		13	
辽宁省	27	63	1337	464	49	294	
其中:大连市	5	9	415				
吉林省	5	5	417	290	69	186	
黑龙江省	37	19	2408	603	100	439	
上海市	33	99	5406	31		1	
江苏省	26	27	2124	787	83	576	
浙江省	37	308	2382	674	71	227	
其中:宁波市	20	3	628	57		2	
安徽省	38	23	790	294		17	
福建省	27	17	2790	126		16	
其中:厦门市	12	10	260	96			
江西省	10	31	801	229	4	65	
山东省	13	36	5820	675	13	70	1
其中:青岛市	4	2	228	68		38	
河南省	12	13	1971	16		6	
湖北省	26	44	4616	411	33	213	
湖南省	7	1	553	187		166	
广东省	17	59	5905	256	4	37	
其中:深圳市			351	63			
广西壮族自治区	20	16	2122	110		47	
海南省	6	1	2438	21		6	
重庆市	2	8	4131	15			
四川省	16	27	4852	43		5	
贵州省	17	31	751	311	4	151	
云南省	14	6	1105	27		2	
西藏自治区	4	20	13	19			
陕西省	16	1	163	132		3	
甘肃省			2158				
青海省	2		37	9		1	
宁夏回族自治区		4	3	42		1	1
新疆维吾尔自治区	5	18	1372	81		29	

2－161－7　　　　单位:万元

地　　区	对个人和家庭的补助						
	抚恤金	生活补助	救济费	医疗费	助学金	奖励金	生产补贴
地　方　合　计	**62**	**91**	**24**	**205**	**1**	**145**	
北京市				9			
天津市	2			14			
河北省	2	5	2			5	
山西省	3						
内蒙古自治区						1	
辽宁省	10			5			
其中:大连市							
吉林省	1	1		1			
黑龙江省	4	4					
上海市				3	1		
江苏省		5	7	18		4	
浙江省	6	1		25		9	
其中:宁波市				1			
安徽省	7	1	11	4		41	
福建省	2			8			
其中:厦门市	1						
江西省		2		17			
山东省	11	3		19		5	
其中:青岛市	2						
河南省							
湖北省	3	5		22			
湖南省		1		2			
广东省	2	6		9		11	
其中:深圳市							
广西壮族自治区		6		2		5	
海南省						2	
重庆市	5					7	
四川省						1	
贵州省	3	46	2	1		1	
云南省						17	
西藏自治区				1			
陕西省		5		32		35	
甘肃省							
青海省							
宁夏回族自治区				12			
新疆维吾尔自治区	1		2	1		1	

二、地方财政预算收支情况

2－161－8　　　　单位:万元

地　　区	对个人和家庭的补助				对企事业单位的补贴		
	住　房 公积金	提租 补贴	购房 补贴	其他对个人 和家庭的 补助支出	小　计	企业政策性 补　　贴	事业单位 补　　贴
地　方　合　计	**1567**	**89**	**506**	**690**	**91075**	**22399**	**894**
北京市	126	16	21	4			
天津市	105	2		5			
河北省	68	1		101	8788	30	
山西省	5			4			
内蒙古自治区	13		2	1	20		
辽宁省	32	29	1	44	16149	10000	40
其中:大连市					15954	10000	40
吉林省	26	1		5	1675	105	
黑龙江省	42	7		7	1		
上海市	19		1	6	569		
江苏省	27	14	7	46	38808	2670	778
浙江省	203		3	129	3897	1855	14
其中:宁波市	19			35	784	369	
安徽省	158	9	3	43	798	695	
福建省	55		41	4	177	145	
其中:厦门市	53		41	1	115	115	
江西省	83	1	1	56	2		
山东省	110	1	368	74	9414	4755	5
其中:青岛市	5	1	7	15			
河南省			10		130	130	
湖北省	124	6		5			
湖南省	15			3			
广东省	178		3	6			
其中:深圳市	63						
广西壮族自治区	26			24	21		
海南省	1			12			
重庆市			2	1	521	521	
四川省	16		9	12	4144	840	
贵州省	11	2	34	56	516		37
云南省	2			6	92		
西藏自治区				18	650	650	
陕西省	57				4687		20
甘肃省					6	3	
青海省				8	10		
宁夏回族自治区	28						
新疆维吾尔自治区	37			10			

2-161-9 单位:万元

地区	对企事业单位的补贴		赠与			债务利息支出	
	财政贴息	其他对企事业单位的补贴支出	小计	对国内的赠与	对国外的赠与	小计	国库券付息
地方合计	**1348**	**66434**	**8**	**8**			
北京市							
天津市							
河北省		8758					
山西省							
内蒙古自治区		20					
辽宁省		6109					
其中:大连市		5914					
吉林省		1570					
黑龙江省		1					
上海市		569					
江苏省		35360	8	8			
浙江省		2028					
其中:宁波市		415					
安徽省		103					
福建省		32					
其中:厦门市							
江西省		2					
山东省	160	4494					
其中:青岛市							
河南省							
湖北省							
湖南省							
广东省							
其中:深圳市							
广西壮族自治区		21					
海南省							
重庆市							
四川省		3304					
贵州省		479					
云南省	88	4					
西藏自治区							
陕西省	1100	3567					
甘肃省		3					
青海省		10					
宁夏回族自治区							
新疆维吾尔自治区							

二、地方财政预算收支情况

2－161－10　　　　单位:万元

地　　区	债务利息支出					基本建设支出	
	向国家银行借款付息	其他国内借款付息	向国外政府借款付息	向国际组织借款付息	其他国外借款付息	小　计	房屋建筑物购　建
地　方　合　计						**41685**	**7747**
北京市						650	
天津市							
河北省						553	
山西省							
内蒙古自治区							
辽宁省							
其中:大连市							
吉林省							
黑龙江省						2550	
上海市						3914	
江苏省						4123	4000
浙江省						370	
其中:宁波市						260	
安徽省						391	
福建省						4562	1720
其中:厦门市						1631	
江西省						309	
山东省						1027	
其中:青岛市						302	
河南省						120	120
湖北省						4365	905
湖南省						115	
广东省						4984	
其中:深圳市							
广西壮族自治区						2447	12
海南省						393	
重庆市						1359	
四川省						1062	155
贵州省						729	
云南省						2200	
西藏自治区							
陕西省						1810	
甘肃省						6	3
青海省						3646	832
宁夏回族自治区							
新疆维吾尔自治区							

2-161-11　　　　　　　　　　　　　　　　　　　　　　　　　　　　单位:万元

地　　区	基本建设支出							
	办公设备购　置	专用设备购　置	交通工具购　置	基础设施建　设	大型修缮	信息网络购　建	物资储备	其他基本建设支出
地　方　合　计	**577**	**8265**	**288**	**2346**	**420**	**12626**		**9416**
北京市								650
天津市								
河北省	10	134				39		370
山西省								
内蒙古自治区								
辽宁省								
其中:大连市								
吉林省								
黑龙江省	70	1976				504		
上海市	1	50				3863		
江苏省	30			50				43
浙江省		211				143		16
其中:宁波市		161				83		16
安徽省		10		25		346		10
福建省	156	339		1631	3	31		682
其中:厦门市				1631				
江西省		140		118	51			
山东省	3	200	26			618		180
其中:青岛市						122		180
河南省								
湖北省	35	384	17		366	875		1783
湖南省		14				90		11
广东省	187	288	34	273		2356		1846
其中:深圳市								
广西壮族自治区	21	5	25	9		1927		448
海南省	12		26			276		79
重庆市			23			162		1174
四川省	7	770	21	109				
贵州省	2	137		6				584
云南省	2	1177				896		125
西藏自治区								
陕西省		61		125		500		1124
甘肃省	3							
青海省	38	2369	116					291
宁夏回族自治区								
新疆维吾尔自治区								

2－161－12

单位:万元

地区	其他资本性支出						
	小计	房屋建筑物购建	办公设备购置	专用设备购置	交通工具购置	基础设施建设	大型修缮
地方合计	**106017**	**14594**	**4772**	**41484**	**5460**	**6153**	**724**
北京市	5921	65	217	3482	90	9	
天津市	3287	245	49	2891			
河北省	5110	23	707	1542	251	1905	
山西省	3024		60	339	529	300	
内蒙古自治区	3508	940	110	1959	446		
辽宁省	6668		102	2077	59		3
其中:大连市	83		3	39	25		
吉林省	2020		52	229	169	23	
黑龙江省	3418	213	22	2649	23		
上海市	3680		521	362	98		
江苏省	4454	63	483	3118	74	200	36
浙江省	5007	1765	242	1769	126		240
其中:宁波市	806	66	46	216			
安徽省	1381	145	78	879	96	4	9
福建省	8769	3473	164	3878	963		8
其中:厦门市	270		13	114	22		
江西省	3144	286	87	910	414		31
山东省	5645	110	450	2479	752	15	117
其中:青岛市	1455	102	8	1156	179		
河南省	376		7	218	62	30	
湖北省	4169		24	142	51		
湖南省	690		37	374	9		
广东省	4963		96	769	22	1316	1
其中:深圳市	169		9				
广西壮族自治区	5214	226	185	4674	25	3	98
海南省	4179	1453	472	2118	136		
重庆市	637		17	31	49	46	93
四川省	1915	328	177	430	196		1
贵州省	1820	483	132	793	208	1	36
云南省	3076	1816	103	301	272	95	12
西藏自治区	1451			1451			
陕西省	6137	382	108	1071	86		
甘肃省	4		4				
青海省	645		3	53			
宁夏回族自治区	1358	1244	4		110		
新疆维吾尔自治区	4347	1334	59	496	144	2206	39

2－161－13 单位:万元

地区	其他资本性支出						
	信息网络购建	物资储备	土地补偿	安置补助	地上附着物和青苗补偿	拆迁补偿	其他资本性支出
地方合计	**20192**	**15**	**508**				**12115**
北京市	224						1834
天津市	98						4
河北省	510						172
山西省	1790		6				
内蒙古自治区	48						5
辽宁省	3918		500				9
其中:大连市	16						
吉林省	1530	15	2				
黑龙江省	511						
上海市	2246						453
江苏省	276						204
浙江省	73						792
其中:宁波市							478
安徽省	151						19
福建省	219						64
其中:厦门市	57						64
江西省	1364						52
山东省	1123						599
其中:青岛市	10						
河南省	59						
湖北省	2576						1376
湖南省	270						
广东省	1939						820
其中:深圳市							160
广西壮族自治区							3
海南省							
重庆市	201						200
四川省	362						421
贵州省	107						60
云南省	477						
西藏自治区							
陕西省	52						4438
甘肃省							
青海省							589
宁夏回族自治区							
新疆维吾尔自治区	68						1

二、地方财政预算收支情况

2－161－14　　　　单位:万元

地　　区	贷款转贷及产权参股					其他支出		
	小　计	国内贷款	国外贷款	产权参股	其他贷款转贷及产权参股支出	小　计	补充全国社会保障基金	其他支出
地方合计	**313**				**313**	**9828**		**9828**
北京市						33		33
天津市						1		1
河北省						1294		1294
山西省								
内蒙古自治区								
辽宁省	16				16	651		651
其中:大连市								
吉林省						1633		1633
黑龙江省						24		24
上海市						284		284
江苏省						547		547
浙江省						539		539
其中:宁波市						206		206
安徽省						51		51
福建省						303		303
其中:厦门市						85		85
江西省						450		450
山东省						1730		1730
其中:青岛市						1720		1720
河南省								
湖北省						69		69
湖南省						1265		1265
广东省	297				297	778		778
其中:深圳市								
广西壮族自治区						5		5
海南省								
重庆市								
四川省						161		161
贵州省								
云南省								
西藏自治区								
陕西省						4		4
甘肃省						6		6
青海省								
宁夏回族自治区								
新疆维吾尔自治区								

2007 年各省、自治区、直辖市旅游业支出明细表

2－162－1 单位:万元

地区	合计	工资福利支出				
		小计	基本工资	津贴补贴	奖金	社会保障缴费
地方合计	**914231**	**126002**	**54884**	**37014**	**16482**	**5912**
北京市	37565	3528	974	1238	709	115
天津市	8467	1948	1144	390	84	251
河北省	20507	3069	1632	904	135	136
山西省	15739	2574	1237	806	169	68
内蒙古自治区	25133	2484	1283	1003	93	42
辽宁省	41023	4522	2606	1260	145	262
其中:大连市	10163	652	208	297	63	51
吉林省	14140	1919	1018	750	67	31
黑龙江省	26430	2212	1154	855	134	19
上海市	21534	2107	433	372	1054	80
江苏省	64243	7327	1819	1691	2543	297
浙江省	92217	10979	2496	2315	3886	887
其中:宁波市	17129	1825	280	338	843	224
安徽省	20310	2369	1050	764	206	66
福建省	30061	4929	1862	1684	369	254
其中:厦门市	9830	1515	298	516	158	111
江西省	15100	2423	1328	687	134	34
山东省	51838	9850	4958	2562	597	891
其中:青岛市	8018	1360	324	665	117	173
河南省	55919	6052	3639	1728	191	270
湖北省	26621	2823	1344	911	331	59
湖南省	33252	5118	2678	1241	362	269
广东省	46529	6088	2112	2547	853	272
其中:深圳市	3979	515	114	259	83	44
广西壮族自治区	13879	2316	1195	769	233	17
海南省	6999	966	502	303	98	25
重庆市	17779	2121	1117	705	198	15
四川省	85081	17379	6733	3835	2814	1041
贵州省	19941	2924	1717	867	158	48
云南省	36235	5389	2433	2326	202	130
西藏自治区	5787	2350	970	1204	102	37
陕西省	36872	4063	2368	981	220	199
甘肃省	17362	2996	1681	1078	120	21
青海省	6009	997	391	512	45	1
宁夏回族自治区	3538	497	217	228	25	2
新疆维吾尔自治区	18121	1683	793	498	205	73

2－162－2

单位:万元

地　　区	工资福利支出				商品和服务支出		
	伙食费	伙　食 补助费	绩效 工资	其他工资 福利支出	小　计	办公费	印刷费
地　方　合　计	**78**	**953**	**823**	**9856**	**463516**	**31193**	**12781**
北京市	2	13	73	404	18650	375	110
天津市	6		14	59	4381	34	66
河北省		76	22	164	10488	597	443
山西省	1	46	12	235	9184	597	800
内蒙古自治区			3	60	12178	1433	585
辽宁省	3	13	75	158	18156	2840	861
其中:大连市		1	22	10	5380	203	234
吉林省		2	17	34	10291	1788	964
黑龙江省	2	17	6	25	16155	1036	897
上海市	2	6	10	150	13741	72	82
江苏省		76	4	897	23560	882	287
浙江省	4	202		1189	49505	1073	1044
其中:宁波市	4	34		102	9731	249	166
安徽省	3	26	3	251	11467	587	489
福建省	9	37	87	627	11466	241	185
其中:厦门市		36	48	348	3955	31	2
江西省	7	27		206	8812	619	297
山东省		15	423	404	31517	2031	404
其中:青岛市		2	1	78	6085	47	76
河南省		3		221	17540	2311	863
湖北省	12	9	28	129	19116	416	184
湖南省	12	30		526	17219	630	384
广东省	7	6	3	288	28387	963	543
其中:深圳市		5		10	3027	32	90
广西壮族自治区		2		100	6964	346	160
海南省	1		2	35	4230	46	37
重庆市		29		57	12000	545	115
四川省	4	235	11	2706	42893	4461	1126
贵州省	2	5		127	12943	1146	200
云南省		24	1	273	22368	3868	435
西藏自治区	1			36	1813	40	77
陕西省		16	12	267	8754	979	395
甘肃省		8	8	80	7960	665	333
青海省		4	7	37	1263	104	46
宁夏回族自治区				25	1688	53	31
新疆维吾尔自治区		26	2	86	8827	415	338

2－162－3

单位:万元

地区	商品和服务支出						
	咨询费	手续费	水费	电费	邮电费	取暖费	物业管理费
地方合计	**2985**	**1001**	**1064**	**3243**	**4377**	**1489**	**1764**
北京市	9		44	108	53	121	20
天津市	3		6	100	24	24	9
河北省	108	5	21	78	150	75	19
山西省	66	6	39	54	86	144	
内蒙古自治区	45	15	19	79	91	52	11
辽宁省	7	537	407	255	220	316	882
其中:大连市			37	70	44	64	78
吉林省	80	27	6	17	70	88	2
黑龙江省	416	4	13	45	109	152	5
上海市		1	1	17	68		
江苏省	147	24	87	115	199		61
浙江省	67	5	25	151	413		85
其中:宁波市	6	3	4	29	42		28
安徽省	101	80	8	37	117	2	13
福建省	9		8	69	113		27
其中:厦门市			4	17	19		1
江西省	34	9	11	89	101	8	16
山东省	749	12	53	406	358	162	61
其中:青岛市				5	37	11	
河南省	98	5	23	123	224	18	19
湖北省	9	3	12	112	109	3	16
湖南省	57		7	67	133	10	98
广东省	165	6	22	231	333		287
其中:深圳市	90	1	1	1	14		4
广西壮族自治区			16	37	77		23
海南省	3		3	14	30		5
重庆市	181		17	54	86		12
四川省	194	229	84	597	566	22	28
贵州省	257	23	6	44	98		3
云南省	15	2	26	61	161	1	32
西藏自治区			2	14	29	30	
陕西省	27	5	65	190	178	79	8
甘肃省	25	3	12	30	78	56	4
青海省	5		5	4	16	18	1
宁夏回族自治区			2	7	17	6	6
新疆维吾尔自治区	108		14	38	70	102	11

2－162－4　　　　单位:万元

地　　区	商品和服务支出					
	交通费	差旅费	出国费	维修(护)费	租赁费	会议费
地　方　合　计	**18619**	**17374**	**4344**	**15744**	**5252**	**21188**
北京市	357	52	90	157	142	448
天津市	69	14	23	591	51	130
河北省	625	352	38	713	146	727
山西省	420	509	35	1321	154	598
内蒙古自治区	827	870	39	436	125	822
辽宁省	841	551	147	745	192	1887
其中:大连市	89	200	13	239	56	1159
吉林省	483	1138	135	400	91	695
黑龙江省	990	1597	47	676	1494	1992
上海市	117	130	396	24	73	257
江苏省	792	827	41	1484	257	1066
浙江省	1152	1227	417	189	625	1468
其中:宁波市	137	262	65	34	252	397
安徽省	333	367	166	253	94	467
福建省	444	336	23	1000	46	95
其中:厦门市	102	21		814	2	
江西省	423	389	99	149	90	462
山东省	1096	773	381	2265	260	2171
其中:青岛市	129	122	108	10	70	250
河南省	943	949	183	453	190	783
湖北省	413	399	215	127	48	294
湖南省	744	714	211	163	163	605
广东省	1255	940	699	298	314	865
其中:深圳市	77	128	220	95	75	156
广西壮族自治区	358	225	11	162	20	215
海南省	173	150	27	3	10	151
重庆市	296	272	10	46	44	218
四川省	2354	1743	246	1664	232	2519
贵州省	836	565	60	325	68	311
云南省	640	570	296	483	83	398
西藏自治区	127	110	21	5		21
陕西省	566	439	102	376	61	540
甘肃省	290	595	73	425	71	348
青海省	57	52		9	14	50
宁夏回族自治区	93	154	70	23	5	53
新疆维吾尔自治区	505	365	43	779	89	532

2－162－5

单位:万元

地区	商品和服务支出						
	培训费	招待费	专用材料费	被装购置费	专用燃料费	劳务费	委托业务费
地方合计	**5591**	**22952**	**5031**	**1314**	**939**	**13985**	**8569**
北京市	89	127	21			59	48
天津市	38	132	10		30	32	
河北省	115	492	153	2	19	457	365
山西省	113	374	347	49	3	102	97
内蒙古自治区	210	317	154	46	9	1419	104
辽宁省	359	398	556		485	1165	146
其中:大连市	69	72	186		3	88	62
吉林省	243	299	288		9	464	934
黑龙江省	672	748	195	52	24	485	106
上海市	39	433				51	397
江苏省	289	993	335	56	8	374	251
浙江省	469	2563	87	77	91	4455	1402
其中:宁波市	88	390	44	77	10	148	398
安徽省	108	437	71	19	6	87	774
福建省	59	531	35	8	6	83	86
其中:厦门市	14	20	1			16	1
江西省	156	831	70	23	28	241	282
山东省	279	904	342	6	10	420	685
其中:青岛市	24	168				52	74
河南省	222	1042	812	24	57	347	166
湖北省	103	518	7	50	13	64	371
湖南省	181	1630	39		9	333	34
广东省	345	1719	798	120	4	882	656
其中:深圳市	105	283	4			139	467
广西壮族自治区	82	462	7	25	1	59	10
海南省	20	152	1			1	
重庆市	63	253	11		11	97	112
四川省	445	2757	434	497	18	894	358
贵州省	234	745	64	1		274	611
云南省	237	2137	45		42	381	161
西藏自治区	8	63				2	90
陕西省	179	587	28	104	26	280	75
甘肃省	99	825	33	143	18	154	116
青海省	15	30	2		2	30	15
宁夏回族自治区	10	46	1			35	
新疆维吾尔自治区	110	407	85	12	10	258	117

2－162－6

单位:万元

地　　区	商品和服务支出			对个人和家庭的补助			
	工会经费	福利费	其他商品和服务支出	小　计	离休费	退休费	退职(役)费
地　方　合　计	**857**	**2021**	**259839**	**13079**	**598**	**5050**	**52**
北京市	34	35	16151	364	6	82	
天津市	12	53	2930	473	48	256	
河北省	22	28	4738	173		83	
山西省	5	17	3248	147		67	
内蒙古自治区	6	76	4388	56	3	32	
辽宁省	40	93	4226	698		364	1
其中:大连市	4	1	2409	7			1
吉林省	2	1	2067	330	24	258	
黑龙江省	14	6	4380	303	52	196	
上海市	18	22	11543	58		14	
江苏省	44	80	14861	1549	172	806	
浙江省	161	394	31865	1737	77	454	1
其中:宁波市	24	17	6861	218		86	
安徽省	13	85	6753	215	11	25	
福建省	28	72	7962	503		147	
其中:厦门市	21	19	2850	329		124	
江西省	5	27	4353	193	1	86	
山东省	67	340	17282	1202	28	162	
其中:青岛市	8	1	4893	280	18	82	
河南省	18	61	7606	245	14	101	26
湖北省	12	46	15572	262	5	157	
湖南省	35	39	10933	330	8	116	14
广东省	28	68	16846	647	68	138	
其中:深圳市	2	18	1025	89			
广西壮族自治区	14	14	4640	272	39	155	
海南省	7	5	3392	23		2	
重庆市	11	16	9530	54		3	
四川省	112	176	21137	1408	3	442	9
贵州省	9	18	7045	594	28	286	
云南省	35	25	12234	224	4	14	
西藏自治区	17		1157	408		311	
陕西省	63	25	3377	321	2	202	
甘肃省	9	22	3533	54		24	1
青海省	5	1	782	5			
宁夏回族自治区	3	3	1070	44	5	36	
新疆维吾尔自治区	8	173	4238	187		31	

2－162－7

单位:万元

地区	对个人和家庭的补助						
	抚恤金	生活补助	救济费	医疗费	助学金	奖励金	生产补贴
地方合计	**207**	**260**	**43**	**411**	**1**	**788**	**33**
北京市	3	1		3			
天津市	1	1	1	14			
河北省	19	9		8		3	
山西省	2	20	1	6		2	
内蒙古自治区	8		1	1		1	5
辽宁省	10	1		15		11	
其中:大连市	4	1					
吉林省	1	1	7	7		5	
黑龙江省	6			5		5	
上海市				2		8	
江苏省	13	19	3	34		32	
浙江省	20	32	2	52		326	1
其中:宁波市		2				76	
安徽省	2	4	12	1		65	
福建省	2	19		4		12	
其中:厦门市		12		1			
江西省	14	12		1		12	1
山东省	6	19	12	18		11	14
其中:青岛市			8				
河南省	2	24	1	19			2
湖北省	8	6	1	17			
湖南省	7	7	1	12		10	10
广东省		25		77		18	
其中:深圳市						13	
广西壮族自治区	8	1		3		17	
海南省		2					
重庆市	10					3	
四川省	14	7	1	44		79	
贵州省	6	10		18		16	
云南省	9	12		2		131	
西藏自治区	6			42			
陕西省	7	25		5			
甘肃省	6	2			1	1	
青海省							
宁夏回族自治区		1					
新疆维吾尔自治区	17			1		20	

2－162－8

单位:万元

地　　区	对个人和家庭的补助				对企事业单位的补贴		
	住房公积金	提租补贴	购房补贴	其他对个人和家庭的补助支出	小计	企业政策性补贴	事业单位补贴
地方合计	**2941**	**280**	**580**	**1835**	**29230**	**10544**	**2150**
北京市	185	59	17	8			
天津市	148	1		3			
河北省	47	1		3	524		35
山西省	45	1		3	2201		
内蒙古自治区	5				379		
辽宁省	229	48	1	18	1354	625	729
其中:大连市	1				1354	625	729
吉林省	25	1		1	6		6
黑龙江省	34	1		4	2985	2522	48
上海市	17			17	3907	1869	50
江苏省	96	30	15	329	2562	197	
浙江省	580	1	29	162	4083	2072	32
其中:宁波市	1		1	52	1300	1300	
安徽省	75	1	2	17	888	243	50
福建省	223	39		57	447		181
其中:厦门市	151	25		16			
江西省	37		1	28			
山东省	270	41	425	196	824		10
其中:青岛市	73	39	25	35			
河南省	41		2	13	568	174	
湖北省	49			19	345		
湖南省	65			80	411	4	93
广东省	189	55	29	48	402		41
其中:深圳市		55	20	1			
广西壮族自治区	35			14	64		1
海南省	7			12			
重庆市	4			34	322	307	
四川省	294			515	2126		13
贵州省	43		51	136	121	5	
云南省	34	1		17	888	22	836
西藏自治区	21			28	30		
陕西省	70			10	2664	2484	
甘肃省	18			1	45	20	25
青海省	2			3			
宁夏回族自治区				2			
新疆维吾尔自治区	53		8	57	1084		

2－162－9

单位:万元

地　　区	对企事业单位的补贴		赠　与			债务利息支出	
	财政贴息	其他对企事业单位的补贴支出	小　计	对国内的赠　与	对国外的赠　与	小　计	国库券付　息
地　方　合　计	**750**	**15786**	**69**	**69**			
北京市							
天津市							
河北省	343	146					
山西省		2201					
内蒙古自治区	6	373					
辽宁省							
其中:大连市							
吉林省							
黑龙江省		415					
上海市		1988					
江苏省		2365					
浙江省	145	1834	28	28			
其中:宁波市							
安徽省		595	1	1			
福建省		266					
其中:厦门市							
江西省							
山东省		814					
其中:青岛市							
河南省	202	192					
湖北省		345					
湖南省	54	260	25	25			
广东省		361	2	2			
其中:深圳市			2	2			
广西壮族自治区		63					
海南省							
重庆市		15	1	1			
四川省		2113					
贵州省		116	2	2			
云南省		30					
西藏自治区		30					
陕西省		180					
甘肃省							
青海省							
宁夏回族自治区							
新疆维吾尔自治区		1084	10	10			

2－162－10

单位:万元

地　　区	债务利息支出					基本建设支出	
	向国家银行借款付息	其他国内借款付息	向国外政府借款付息	向国际组织借款付息	其他国外借款付息	小　计	房屋建筑物购　建
地方合计						**84896**	**16881**
北京市						10622	
天津市							
河北省						990	
山西省							
内蒙古自治区						3555	1506
辽宁省						2852	200
其中:大连市						29	
吉林省						650	
黑龙江省						1111	
上海市						1003	
江苏省						21800	9620
浙江省						1957	
其中:宁波市						80	
安徽省						1775	
福建省						3149	
其中:厦门市						73	
江西省						1385	600
山东省						272	137
其中:青岛市						34	
河南省						7308	
湖北省						385	
湖南省						867	30
广东省						1528	
其中:深圳市							
广西壮族自治区						1428	
海南省						1708	
重庆市						662	192
四川省						7299	1646
贵州省						215	71
云南省						2928	1410
西藏自治区						60	
陕西省						1495	
甘肃省						2560	
青海省						710	
宁夏回族自治区						740	62
新疆维吾尔自治区						3882	1407

2－162－11

单位:万元

地区	基本建设支出							
	办公设备购置	专用设备购置	交通工具购置	基础设施建设	大型修缮	信息网络购建	物资储备	其他基本建设支出
地方合计	**433**	**116**	**727**	**30555**	**2121**	**68**	**15**	**33980**
北京市			38					10584
天津市								
河北省				618	255			117
山西省								
内蒙古自治区	10		8	1336				695
辽宁省			10	2349	273			20
其中:大连市				29				
吉林省	20			580	50			
黑龙江省	15			976	20			100
上海市	1							1002
江苏省	34			26		12		12108
浙江省	3		21	1794		9		130
其中:宁波市								80
安徽省	10		12	1400	3			350
福建省	1		384	2691				73
其中:厦门市								73
江西省	10	8	23	454		2		288
山东省	41		1	35		38		20
其中:青岛市	34							
河南省	1		3	5059	91			2154
湖北省	2		30	180	64	1	15	93
湖南省	14	24		771				28
广东省	3			68				1457
其中:深圳市								
广西壮族自治区	13		13	452	600			350
海南省	13							1695
重庆市	5		23	152	270			20
四川省	208		131	4417	16	5		876
贵州省			8	56				80
云南省	26		22	1010	320			140
西藏自治区				60				
陕西省				545				950
甘肃省				2468	10			82
青海省				278		1		431
宁夏回族自治区	1			647	30			
新疆维吾尔自治区	2	84		2133	119			137

2－162－12

单位:万元

地　　区	其他资本性支出						
	小　计	房屋建筑物购　　建	办公设备购　　置	专用设备购　　置	交通工具购　　置	基础设施建　　设	大型修缮
地　方　合　计	**114493**	**9134**	**5125**	**1370**	**5254**	**44304**	**16178**
北京市	277		61	6	38		
天津市	1665		19	5	85	1256	300
河北省	4202	1011	71	144	132	1907	186
山西省	1618	360	54	20	52	366	584
内蒙古自治区	6081	1504	68	50	205	3169	405
辽宁省	10817	65	137	79	301	4779	5135
其中:大连市	117	65	4		18	30	
吉林省	865		70	9	283	221	25
黑龙江省	1691	378	22	69	138	983	88
上海市	239		20		71		
江苏省	3567	200	137	19	84	710	189
浙江省	5846	43	341	14	316	1413	5
其中:宁波市	2804		42		25	79	
安徽省	2690	10	109	34	345	513	1038
福建省	3677	3	87	145	96	2416	100
其中:厦门市	785		12	47		293	
江西省	1533	157	22	22	33	576	506
山东省	3955	116	226	262	349	2141	55
其中:青岛市	256		18			229	
河南省	17725	175	200	76	80	7570	1668
湖北省	828	5	46	3	271	384	27
湖南省	7046	3218	72	43	220	643	1006
广东省	3879	101	38	4	197	404	2379
其中:深圳市	58		8				
广西壮族自治区	1901	5	106	36	110	1198	175
海南省	58		18		40		
重庆市	2289		44	17	116	1885	20
四川省	9752	60	2552	37	763	4187	605
贵州省	1383		135	52	321	524	182
云南省	4438	363	162	50	267	1643	386
西藏自治区	387		38		26	243	
陕西省	6984	19	116	63	110	1913	586
甘肃省	3548	1263	23	18	113	1783	26
青海省	2929	8	16			72	
宁夏回族自治区	559		11		25	208	10
新疆维吾尔自治区	2064	70	104	93	67	1197	492

2－162－13

单位:万元

地　　区	其他资本性支出						
	信息网络购　建	物资储备	土地补偿	安置补助	地上附着物和青苗补偿	拆迁补偿	其他资本性支　出
地　方　合　计	**1372**		**3320**	**655**	**264**	**297**	**27220**
北京市	9			1			162
天津市							
河北省	4		110	27			610
山西省							182
内蒙古自治区			20			99	561
辽宁省	2		202	14			103
其中:大连市							
吉林省	159		20				78
黑龙江省	13						
上海市	11						137
江苏省	45				82	57	2044
浙江省	86		2557	20			1051
其中:宁波市	61		2557				40
安徽省	24						617
福建省	52						778
其中:厦门市	26						407
江西省	3						214
山东省	2						804
其中:青岛市							9
河南省	42		11	510		49	7344
湖北省	64				6		22
湖南省			200				1644
广东省	40					9	707
其中:深圳市							50
广西壮族自治区	28				24		219
海南省							
重庆市	21			83			103
四川省	648		48		20		832
贵州省	13		6				150
云南省	2		19				1546
西藏自治区							80
陕西省	77		3		100	73	3924
甘肃省	19		24		32	10	237
青海省			100				2733
宁夏回族自治区							305
新疆维吾尔自治区	8						33

二、地方财政预算收支情况

2－162－14

单位:万元

地区	贷款转贷及产权参股					其他支出		
	小计	国内贷款	国外贷款	产权参股	其他贷款转贷及产权参股支出	小计	补充全国社会保障基金	其他支出
地方合计	**400**			**400**		**82546**		**82546**
北京市						4124		4124
天津市								
河北省						1061		1061
山西省						15		15
内蒙古自治区	400			400				
辽宁省						2624		2624
其中:大连市						2624		2624
吉林省						79		79
黑龙江省						1973		1973
上海市						479		479
江苏省						3878		3878
浙江省						18082		18082
其中:宁波市						1171		1171
安徽省						905		905
福建省						5890		5890
其中:厦门市						3173		3173
江西省						754		754
山东省						4218		4218
其中:青岛市						3		3
河南省						6481		6481
湖北省						2862		2862
湖南省						2236		2236
广东省						5596		5596
其中:深圳市						288		288
广西壮族自治区						934		934
海南省						14		14
重庆市						330		330
四川省						4224		4224
贵州省						1759		1759
云南省								
西藏自治区						739		739
陕西省						12591		12591
甘肃省						199		199
青海省						105		105
宁夏回族自治区						10		10
新疆维吾尔自治区						384		384

2007 年各省、自治区、直辖市涉外发展支出明细表

2－163－1　　　　单位:万元

地　　区	合　计	工资福利支出				
		小　计	基本工资	津贴补贴	奖　金	社会保障缴　费
地　方　合　计	**977862**	**11930**	**4812**	**3850**	**1818**	**489**
北京市	24845					
天津市	39481	5			2	
河北省	18496	218	109	75	7	22
山西省	26476	126	53	62	3	
内蒙古自治区	15160	54	23	27	4	
辽宁省	73731	2676	1085	1215	220	103
其中:大连市	21597	1122	375	519	185	42
吉林省	24531	146	86	25	33	1
黑龙江省	68660	458	151	159	126	12
上海市	21002					
江苏省	44791	1376	431	400	425	37
浙江省	78224	715	147	143	329	65
其中:宁波市	34802	168	31	34	82	16
安徽省	32566	112	105			
福建省	31461	310	143	88	48	18
其中:厦门市	7563					
江西省	45595	674	422	176	23	3
山东省	74649	1118	495	374	70	82
其中:青岛市	10840	478	147	195	41	57
河南省	22467	129	87	16	2	1
湖北省	83345	790	302	175	184	28
湖南省	28166	292	105	84	50	16
广东省	70044	1456	679	223	198	87
其中:深圳市	22374	43			43	
广西壮族自治区	13					
海南省	4827	11				
重庆市	21633	272	128	92	26	3
四川省	24811	4			2	1
贵州省	10750					
云南省	10510	431	31	328	42	1
西藏自治区	2728					
陕西省	27917	176	119	29	13	6
甘肃省	12527	185	101	69	10	
青海省	5144					
宁夏回族自治区	6533	172		81		
新疆维吾尔自治区	26779	24	10	9	1	3

2－163－2

单位:万元

地　　区	工资福利支出				商品和服务支出		
	伙食费	伙　食 补助费	绩效 工资	其他工资 福利支出	小　计	办公费	印刷费
地　方　合　计	**1**	**69**	**143**	**748**	**301979**	**9985**	**1148**
北京市					1569		
天津市				3	33980	3	
河北省		2		3	3298	368	1
山西省				8	2704	289	4
内蒙古自治区					5242	53	8
辽宁省	1	11		41	17837	1794	319
其中:大连市		1			5028	891	84
吉林省			1		5155	706	51
黑龙江省		10			18059	428	17
上海市					100		
江苏省		23		60	18809	119	137
浙江省		10		21	10577	80	55
其中:宁波市		2		3	1959	28	3
安徽省				7	9403	488	9
福建省			8	5	4490	117	14
其中:厦门市					293		
江西省		2		48	3131	101	37
山东省				97	13630	997	116
其中:青岛市				38	2754	10	12
河南省				23	10651	2416	10
湖北省		4	3	94	48201	215	7
湖南省		3		34	8253	155	21
广东省			131	138	37910	223	82
其中:深圳市					22316		
广西壮族自治区					13	8	
海南省				11	169	5	6
重庆市		1		22	3987	340	142
四川省				1	11097	367	50
贵州省					4611	66	
云南省				29	5514	442	49
西藏自治区					1921	11	
陕西省				9	1190	94	9
甘肃省		2		3	1378	13	1
青海省					2823	12	2
宁夏回族自治区				91	1748	26	
新疆维吾尔自治区		1			14529	49	1

2－163－3

单位:万元

地　　区	商品和服务支出						
	咨询费	手续费	水　费	电　费	邮电费	取暖费	物　业 管理费
地　方　合　计	**230**	**20**	**72**	**268**	**659**	**262**	**293**
北京市							
天津市							
河北省			1	4	11	3	
山西省			1	2	1		
内蒙古自治区			3	5	5	45	27
辽宁省	105	2	7	40	189	151	91
其中:大连市	7	2		14	82	35	75
吉林省	5	2		5	6		13
黑龙江省	13		15	23	20	15	30
上海市							
江苏省	6		4	30	43		16
浙江省		1	2	14	47		6
其中:宁波市				6	6		5
安徽省				4	9		1
福建省			2	4	11		2
其中:厦门市							
江西省	17		3	14	30		
山东省	17	7	5	8	91	29	19
其中:青岛市					13		
河南省	5	5	10	17	9	1	
湖北省	1	1	2	14	9		40
湖南省	4	2	6	7	31		
广东省	37		7	59	90		14
其中:深圳市							
广西壮族自治区					1		
海南省					2		
重庆市	4		1	10	15		2
四川省				2	16		
贵州省	5						
云南省	10				7		30
西藏自治区							
陕西省			3	5	7	8	2
甘肃省	1			1	7	7	
青海省							
宁夏回族自治区							
新疆维吾尔自治区					2	3	

2－163－4

单位:万元

地　　区	商品和服务支出					
	交通费	差旅费	出国费	维修(护)费	租赁费	会议费
地 方 合 计	**3347**	**5014**	**5623**	**1740**	**1255**	**10995**
北京市						6
天津市				23		283
河北省	22	13	4	18		20
山西省	20	24	5	15		51
内蒙古自治区	45	106	126	82	1	55
辽宁省	1239	1327	812	238	719	1540
其中:大连市	766	793	243	59	330	829
吉林省	219	56	441	107	134	306
黑龙江省	119	384	262	169	101	149
上海市						
江苏省	160	831	420	12	5	1166
浙江省	67	452	435	1	27	372
其中:宁波市	20	144	245	1	1	137
安徽省	137	35	21			138
福建省	37	63	348	5	9	390
其中:厦门市			149			120
江西省	83	216	18	8	15	874
山东省	341	425	838	186	14	717
其中:青岛市	87	93	333	11		83
河南省	29	26	139	89		2128
湖北省	100	83	68	164	8	83
湖南省	136	79	36	11		71
广东省	318	195	1053	58	140	1363
其中:深圳市						79
广西壮族自治区		1				
海南省	5	47	14	16		20
重庆市	101	162	155	356	11	165
四川省	47	99	159	4		139
贵州省	1	41		7		227
云南省	63	88	139	20	4	553
西藏自治区	1	105		43		
陕西省	40	47	14	29	50	117
甘肃省	12	12		19	16	9
青海省	1	4		51		6
宁夏回族自治区		56	96			
新疆维吾尔自治区	4	37	20	9	1	47

2－163－5　　　　单位:万元

地　　区	商品和服务支出						
	培训费	招待费	专　用 材料费	被　装 购置费	专　用 燃料费	劳务费	委　托 业务费
地　方　合　计	**2609**	**4123**	**1862**	**39**	**37**	**1773**	**1317**
北京市							
天津市							
河北省	266	12	26		1	10	
山西省	73	21		39		1	
内蒙古自治区	32	2	10			16	15
辽宁省	307	1370	305		30	876	418
其中:大连市	111	348	72		11	205	
吉林省	112	32	231		1	119	18
黑龙江省	93	134	386			12	54
上海市							
江苏省	139	240	91			6	30
浙江省	117	325	1			67	34
其中:宁波市	1	70				43	
安徽省	121	66	229			15	22
福建省	23	72	101				17
其中:厦门市							
江西省	37	187	10		2	34	12
山东省	129	417	212		1	100	126
其中:青岛市	12	242				73	10
河南省	157	46	63			5	85
湖北省	43	115					16
湖南省	67	164	19			1	10
广东省	284	223	19			447	297
其中:深圳市						248	63
广西壮族自治区	1	2					
海南省	1	2				1	7
重庆市	88	248	12			3	46
四川省	74	121	16			9	3
贵州省	4	4	93				
云南省	226	247	13			4	9
西藏自治区	21	15				1	
陕西省	2	38	17		2		
甘肃省	14	8	4			44	96
青海省	35	2					2
宁夏回族自治区	21						
新疆维吾尔自治区	122	10	4			2	

2－163－6

单位:万元

地区	商品和服务支出			对个人和家庭的补助			
	工会经费	福利费	其他商品和服务支出	小计	离休费	退休费	退职(役)费
地方合计	**65**	**131**	**249112**	**6058**	**230**	**1140**	**204**
北京市			1563				
天津市			33671	48			
河北省		10	2508	192	26	68	
山西省			2158	11			
内蒙古自治区			4606	44			
辽宁省	15	11	5932	1645	55	273	10
其中:大连市	6	8	57	79		2	
吉林省			2591	71			
黑龙江省	3	14	15618	460	25	165	
上海市			100				
江苏省	9	4	15341	461	78	309	
浙江省	1	14	8459	312	9	70	
其中:宁波市			1249	192	5	31	
安徽省			8108	374			
福建省	1	7	3267	107	8	35	
其中:厦门市			24				
江西省	1	19	1413	129	4	14	
山东省	23	6	8806	169	5	11	
其中:青岛市	20		1755	50			
河南省		8	5403	387	1	57	
湖北省	1	17	47214	306	8	92	
湖南省	1	3	7429	266	1	2	194
广东省	5	8	32988	321		1	
其中:深圳市			21926				
广西壮族自治区							
海南省			43	20			
重庆市	2	2	2122	63		18	
四川省		3	9988	252			
贵州省			4163	54			
云南省	1		3609	85		1	
西藏自治区			1724				
陕西省			706	239	2	6	
甘肃省	2	5	1107	16			
青海省			2708				
宁夏回族自治区			1549				
新疆维吾尔自治区			14218	26	8	18	

2－163－7　　　　单位:万元

地　区	对个人和家庭的补助						
	抚恤金	生活补助	救济费	医疗费	助学金	奖励金	生产补贴
地　方　合　计	**58**	**98**	**74**	**44**		**1524**	**621**
北京市							
天津市						48	
河北省	1	9				22	34
山西省							
内蒙古自治区		33					
辽宁省	20		1	9		917	27
其中:大连市	17			1		43	
吉林省						71	
黑龙江省	13	13				27	52
上海市							
江苏省	5	6		2		24	
浙江省	1	2		1		34	3
其中:宁波市	1	2		1			
安徽省						16	
福建省	5	4				1	
其中:厦门市							
江西省	2	7		24		3	62
山东省	4	3		6		5	32
其中:青岛市	1	1		6			
河南省			2				80
湖北省	3	4	70			91	
湖南省				2		2	44
广东省		1				102	
其中:深圳市							
广西壮族自治区							
海南省							
重庆市	4	15					6
四川省						83	27
贵州省							54
云南省						78	
西藏自治区							
陕西省		1	1				200
甘肃省							
青海省							
宁夏回族自治区							
新疆维吾尔自治区							

2-163-8　　　　单位:万元

地　　区	对个人和家庭的补助				对企事业单位的补贴		
	住　房 公积金	提租 补贴	购房 补贴	其他对个人 和家庭的 补助支出	小　计	企业政策性 补　　贴	事业单位 补　　贴
地　方　合　计	**392**	**301**	**35**	**1337**	**424863**	**217073**	**1257**
北京市					13500	11058	
天津市					5438		
河北省	19			13	7982	1734	71
山西省				11	9476	602	
内蒙古自治区				11	6106	573	
辽宁省	124	129		80	45177	33544	60
其中:大连市		16			14275	14254	
吉林省					18497	4188	
黑龙江省	48	2	2	113	37667	29902	
上海市					20902		
江苏省	25	1	9	2	17062	8567	
浙江省	35			157	36899	13128	
其中:宁波市				152	19249	6676	
安徽省	6			352	17346	3325	34
福建省	17	3		34	9861	3665	
其中:厦门市					7154	2871	
江西省	3			10	38490	38097	
山东省	53		24	26	48475	41231	100
其中:青岛市	36			6	140		
河南省		166		81	8645	1694	12
湖北省	24			14	22636	2019	62
湖南省	4			17	7315	2644	339
广东省	2			215	13902	6780	497
其中:深圳市							
广西壮族自治区							
海南省				20	4548	4518	
重庆市	15			5	714	381	4
四川省				142	11272	3486	10
贵州省					1285	300	
云南省	1			5	2601	889	7
西藏自治区					539		
陕西省	16			13	4782	2247	
甘肃省				16	9907	1471	
青海省					1999	29	1
宁夏回族自治区					648	326	
新疆维吾尔自治区					1192	675	60

2－163－9 单位:万元

地区	对企事业单位的补贴		赠与			债务利息支出	
	财政贴息	其他对企事业单位的补贴支出	小计	对国内的赠与	对国外的赠与	小计	国库券付息
地方合计	**8111**	**198422**					
北京市	2442						
天津市	300	5138					
河北省	130	6047					
山西省	3	8871					
内蒙古自治区	177	5356					
辽宁省	1247	10326					
其中:大连市		21					
吉林省	85	14224					
黑龙江省	80	7685					
上海市		20902					
江苏省		8495					
浙江省	711	23060					
其中:宁波市		12573					
安徽省	443	13544					
福建省	1024	5172					
其中:厦门市	1024	3259					
江西省		393					
山东省	484	6660					
其中:青岛市		140					
河南省		6939					
湖北省		20555					
湖南省		4332					
广东省		6625					
其中:深圳市							
广西壮族自治区							
海南省		30					
重庆市		329					
四川省	862	6914					
贵州省	18	967					
云南省	58	1647					
西藏自治区		539					
陕西省	47	2488					
甘肃省		8436					
青海省		1969					
宁夏回族自治区		322					
新疆维吾尔自治区		457					

2－163－10

单位:万元

地　　区	债务利息支出					基本建设支出	
	向国家银行借款付息	其他国内借款付息	向国外政府借款付息	向国际组织借款付息	其他国外借款付息	小计	房屋建筑物购建
地方合计						**17075**	**478**
北京市							
天津市							
河北省						45	
山西省							
内蒙古自治区						275	
辽宁省						558	
其中:大连市							
吉林省							
黑龙江省						2974	
上海市							
江苏省							
浙江省						482	456
其中:宁波市							
安徽省						234	
福建省						50	
其中:厦门市							
江西省						7	
山东省						270	
其中:青岛市							
河南省						805	
湖北省							
湖南省						33	
广东省						118	
其中:深圳市							
广西壮族自治区							
海南省							
重庆市						652	
四川省						54	
贵州省							
云南省						52	22
西藏自治区						130	
陕西省						32	
甘肃省						129	
青海省						85	
宁夏回族自治区						1	
新疆维吾尔自治区						10089	

2－163－11　　　　单位:万元

地　　区	基本建设支出							
	办公设备购　置	专用设备购　置	交通工具购　置	基础设施建　设	大型修缮	信息网络购　建	物资储备	其他基本建设支出
地 方 合 计	**150**	**44**	**45**	**15045**	**127**	**26**	**385**	**775**
北京市								
天津市								
河北省		7		2			36	
山西省								
内蒙古自治区	48	3	24	100	100			
辽宁省				558				
其中:大连市								
吉林省								
黑龙江省				2974				
上海市								
江苏省								
浙江省	12		6					8
其中:宁波市								
安徽省	34							200
福建省								50
其中:厦门市								
江西省				7				
山东省	41		10	86			40	93
其中:青岛市								
河南省				351		15	309	130
湖北省								
湖南省		33						
广东省		1		20				97
其中:深圳市								
广西壮族自治区								
海南省								
重庆市				645				7
四川省	6			30		11		7
贵州省								
云南省	8			5				17
西藏自治区				130				
陕西省								32
甘肃省				48				81
青海省			5		27			53
宁夏回族自治区	1							
新疆维吾尔自治区				10089				

2－163－12　　　　单位:万元

地　　区	其他资本性支出						
	小　计	房屋建筑物购　　建	办公设备购　　置	专用设备购　　置	交通工具购　　置	基础设施建　　设	大型修缮
地　方　合　计	**78768**	**3157**	**1924**	**1820**	**907**	**10422**	**1096**
北京市	9716					160	
天津市	10						
河北省	2184		18	5	102	295	25
山西省	10401	50	61	55		96	
内蒙古自治区	3268	77	3			402	
辽宁省	2441		785	295	91	54	142
其中:大连市	1093		600	17			
吉林省	662		60	172	26	258	
黑龙江省	9036	2143		98		6014	434
上海市							
江苏省	1254		45		38		13
浙江省	1686		95	172	44		
其中:宁波市	122		35		44		
安徽省	739		1		46	171	
福建省	241		37		63	20	
其中:厦门市							
江西省	496		6		26	329	
山东省	2172		28	661	69	394	137
其中:青岛市	10		10				
河南省	1587	22	10	73	16	322	61
湖北省	2422		2		19		
湖南省	1155	63	18		27	27	
广东省	8776		31		36	1022	
其中:深圳市							
广西壮族自治区							
海南省	57		37			20	
重庆市	15674		33	38	35		
四川省	1787	382	146	138	7	405	20
贵州省	87		12	1		18	
云南省	1212	35	50	12	37	98	247
西藏自治区	133				133		
陕西省	332		226	14	42		17
甘肃省	495		10	6	21	282	
青海省	38		1		19	12	
宁夏回族自治区	626	377	149	80		20	
新疆维吾尔自治区	81	8	60		10	3	

2－163－13

单位:万元

地　　区	其他资本性支出						
	信息网络购建	物资储备	土地补偿	安置补助	地上附着物和青苗补偿	拆迁补偿	其他资本性支出
地方合计	**1381**	**83**	**9**	**209**		**2741**	**55019**
北京市							9556
天津市	10						
河北省	13					71	1655
山西省		68					10071
内蒙古自治区		15					2771
辽宁省	784		9	70			211
其中:大连市	476						
吉林省	7			139			
黑龙江省	281						66
上海市							
江苏省							1158
浙江省	30						1345
其中:宁波市	29						14
安徽省							521
福建省	61						60
其中:厦门市							
江西省							135
山东省							883
其中:青岛市							
河南省							1083
湖北省	3					2396	2
湖南省							1020
广东省	29					274	7384
其中:深圳市							
广西壮族自治区							
海南省							
重庆市							15568
四川省	129						560
贵州省							56
云南省	11						722
西藏自治区							
陕西省							33
甘肃省	23						153
青海省							6
宁夏回族自治区							
新疆维吾尔自治区							

2－163－14

单位:万元

地　　区	贷款转贷及产权参股					其他支出		
	小　计	国内贷款	国外贷款	产权参股	其他贷款转贷及产权参股支出	小　计	补充全国社会保障基金	其他支出
地　方　合　计	**3**				**3**	**137186**		**137186**
北京市						60		60
天津市								
河北省						4577		4577
山西省						3758		3758
内蒙古自治区						171		171
辽宁省						3397		3397
其中:大连市								
吉林省								
黑龙江省						6		6
上海市								
江苏省						5829		5829
浙江省						27553		27553
其中:宁波市						13112		13112
安徽省						4358		4358
福建省	3				3	16399		16399
其中:厦门市						116		116
江西省						2668		2668
山东省						8815		8815
其中:青岛市						7408		7408
河南省						263		263
湖北省						8990		8990
湖南省						10852		10852
广东省						7561		7561
其中:深圳市						15		15
广西壮族自治区								
海南省						22		22
重庆市						271		271
四川省						345		345
贵州省						4713		4713
云南省						615		615
西藏自治区						5		5
陕西省						21166		21166
甘肃省						417		417
青海省						199		199
宁夏回族自治区						3338		3338
新疆维吾尔自治区						838		838

2007 年各省、自治区、直辖市粮油事务支出明细表

2 – 164 – 1

单位:万元

地区	合计	工资福利支出				
		小计	基本工资	津贴补贴	奖金	社会保障缴费
地方合计	**6279617**	**184635**	**99561**	**52632**	**15393**	**8654**
北京市	52359	1010	218	283	303	71
天津市	10354	1369	449	664	99	9
河北省	388788	10638	6475	2943	276	400
山西省	177981	7988	4603	2111	288	655
内蒙古自治区	277873	3692	2144	1235	162	36
辽宁省	294135	6750	3928	2159	157	299
其中:大连市	16173	184	86	52	27	18
吉林省	617513	6155	4042	1746	190	69
黑龙江省	202371	8248	4798	2568	391	290
上海市	90385	2424	288	1511	545	15
江苏省	334185	10182	3388	2647	2685	552
浙江省	104323	6543	1599	1285	2633	495
其中:宁波市	3854	1173	173	235	593	122
安徽省	401869	6104	3378	1896	264	172
福建省	103857	4229	2019	1136	314	389
其中:厦门市	7634	413	86	200	23	1
江西省	431999	6346	4307	1350	297	172
山东省	446605	12093	6060	3548	611	1231
其中:青岛市	30412	1167	318	454	114	191
河南省	521565	10649	7426	2752	197	207
湖北省	319092	7854	4100	2261	491	539
湖南省	291717	19092	11952	3920	1182	1452
广东省	242321	6671	2885	2604	555	307
其中:深圳市	16200					
广西壮族自治区	26647	6250	3854	1488	517	113
海南省	28627	1295	692	204	59	303
重庆市	112732	2666	1444	909	160	43
四川省	368764	11048	6044	2550	1558	353
贵州省	28433	4471	2502	1452	317	46
云南省	29430	5897	2757	2622	325	75
西藏自治区	8366	1268	511	672	42	40
陕西省	211165	6586	4079	1665	454	134
甘肃省	9797	3636	2029	1343	144	11
青海省	3669	312	125	124	18	14
宁夏回族自治区	2307	836	440	326	42	18
新疆维吾尔自治区	140388	2333	1025	658	117	144

2－164－2

单位:万元

地　　区	工资福利支出				商品和服务支出		
	伙食费	伙　食 补助费	绩效 工资	其他工资 福利支出	小　计	办公费	印刷费
地　方　合　计	**93**	**802**	**567**	**6933**	**1298137**	**18841**	**1622**
北京市		14	24	97	9682	48	5
天津市		8		140	3527	49	
河北省	7	113		424	7701	520	55
山西省		24	41	266	15660	2385	115
内蒙古自治区			1	114	6173	557	62
辽宁省	3	18	68	118	6509	1358	210
其中:大连市		1			444	374	
吉林省		6	100	2	3255	418	55
黑龙江省	27	29	38	107	174522	1555	55
上海市	4	27		34	10316	31	4
江苏省	14	157	25	714	14664	504	63
浙江省	1	70		460	9792	201	44
其中:宁波市		7		43	685	32	8
安徽省	5	50		339	17009	426	37
福建省	4	1	48	318	9102	215	44
其中:厦门市				103	379	8	1
江西省	2	6	1	211	411118	256	49
山东省		26	18	599	12945	1647	66
其中:青岛市				90	1554	13	5
河南省	3	6	2	56	14429	2990	155
湖北省	5	15	38	405	272926	624	122
湖南省	4	111	31	440	12880	633	101
广东省	7	2	11	300	46502	606	36
其中:深圳市					13200		
广西壮族自治区	4	1	7	266	6190	348	24
海南省			7	30	8833	54	42
重庆市		13		97	2653	170	23
四川省	2	54	35	452	41791	712	78
贵州省		3		151	10982	301	33
云南省		10		108	10964	821	28
西藏自治区				3	1711	45	
陕西省	1	12	49	192	22252	937	91
甘肃省		1	4	104	2303	199	17
青海省		1	18	12	675	16	
宁夏回族自治区		1	1	8	349	18	2
新疆维吾尔自治区		23		366	130722	197	6

2－164－3　　　　　　　　　　　　　　　　　　　　单位:万元

地　　区	商品和服务支出						
	咨询费	手续费	水　费	电　费	邮电费	取暖费	物　业 管理费
地　方　合　计	**182**	**230**	**1212**	**3458**	**3873**	**3496**	**979**
北京市			3	39	12	64	85
天津市			8	16	31	27	13
河北省	59	2	78	188	187	370	3
山西省	13	17	68	194	137	367	2
内蒙古自治区	11		12	39	82	165	37
辽宁省	27	75	58	252	122	553	14
其中:大连市			1	1	5	7	
吉林省	1		39	93	133	392	35
黑龙江省	8	1	47	112	166	588	164
上海市			4	11	28		44
江苏省	8	4	36	175	184		80
浙江省	13	1	19	148	197		71
其中:宁波市			5	24	17		11
安徽省	1	1	45	115	129	2	34
福建省		2	27	100	119		13
其中:厦门市				4	6		
江西省	10		17	89	102	5	17
山东省	4	2	127	259	297	389	33
其中:青岛市	1		3	3	18	20	
河南省	2	1	75	198	191	35	23
湖北省		7	95	281	184	10	46
湖南省	3	21	113	240	254	10	65
广东省	1	50	49	196	196		89
其中:深圳市							
广西壮族自治区	1		15	60	100		8
海南省	2	1	1	13	19		3
重庆市	2		14	65	66	1	19
四川省	5	4	87	243	381	17	27
贵州省	1		15	36	83	9	13
云南省		2	37	42	138		2
西藏自治区			14	23	26	8	
陕西省	7	8	82	165	162	183	17
甘肃省	1	26	12	25	62	104	
青海省			6	19	16	56	7
宁夏回族自治区			1	3	15	15	1
新疆维吾尔自治区	2	5	8	19	54	126	14

2－164－4 单位:万元

地区	商品和服务支出					
	交通费	差旅费	出国费	维修(护)费	租赁费	会议费
地方合计	**10897**	**7168**	**600**	**13434**	**873**	**6361**
北京市	96	65	32	191	25	107
天津市	63	9		55	2	17
河北省	607	318	15	577	33	191
山西省	430	222	6	656	12	285
内蒙古自治区	398	264	2	1018	28	311
辽宁省	494	312		328	30	435
其中:大连市	6	5		1	3	2
吉林省	336	350	5	389	20	254
黑龙江省	456	394	10	1239	14	193
上海市	92	27	50	97	15	85
江苏省	654	394	22	323	70	540
浙江省	351	341	73	188	86	370
其中:宁波市	37	69	14	5	4	43
安徽省	346	311	60	719	50	204
福建省	269	240	12	191	21	156
其中:厦门市	31	19		3	19	1
江西省	268	288		582	85	80
山东省	775	307	105	1622	35	313
其中:青岛市	67	18	13	9		7
河南省	449	432	6	713	43	329
湖北省	677	409	11	625	11	506
湖南省	796	445	72	447	16	332
广东省	512	236	14	1111	103	248
其中:深圳市						
广西壮族自治区	272	171		209	23	95
海南省	137	60	4	22	1	53
重庆市	171	162	1	64	12	138
四川省	813	438	16	614	7	413
贵州省	243	120	24	384	39	57
云南省	326	169		88		209
西藏自治区	63	69		59		16
陕西省	461	323	20	438	72	289
甘肃省	151	64		278	1	49
青海省	31	27	5	177		7
宁夏回族自治区	20	28	4	6		32
新疆维吾尔自治区	140	173	31	24	19	47

2－164－5

单位:万元

地区	商品和服务支出						
	培训费	招待费	专用材料费	被装购置费	专用燃料费	劳务费	委托业务费
地方合计	**2765**	**8739**	**3284**	**238**	**201**	**1794**	**1154**
北京市	69	32	76			33	23
天津市	27	15				2	
河北省	117	244	83		2	154	17
山西省	130	245	80	5	2	195	8
内蒙古自治区	103	152	29	12	12	80	6
辽宁省	149	241	279		46	42	33
其中:大连市		1	11			8	18
吉林省	132	53	169		4	42	44
黑龙江省	35	89	59		6	40	97
上海市	27	63				2	
江苏省	173	463	111			47	22
浙江省	60	724	42	4		86	15
其中:宁波市	1	127	2			2	
安徽省	51	355	99		3	79	143
福建省	28	310	652	9	1	22	5
其中:厦门市	1	10	4				
江西省	53	237	169	17	3	23	
山东省	106	381	395		8	175	1
其中:青岛市	10	10				3	
河南省	120	432	284	42	37	107	180
湖北省	178	843	65	29	4	18	
湖南省	171	1125	56	56	18	71	1
广东省	116	508	134	2	8	293	219
其中:深圳市							
广西壮族自治区	61	241	20		1	3	
海南省	5	95	16		1		
重庆市	134	127	55		1	13	2
四川省	197	634	36	1	9	69	11
贵州省	77	254	6			15	
云南省	127	368	68		7	83	
西藏自治区	9	76			9		
陕西省	233	280	162	1	6	56	300
甘肃省	23	48	25		2	2	24
青海省	10	17	26			6	
宁夏回族自治区	8	10	3			1	
新疆维吾尔自治区	36	77	85	60	11	35	3

二、地方财政预算收支情况

2－164－6　　　　单位：万元

地　　区	商品和服务支出			对个人和家庭的补助			
	工会经费	福利费	其他商品和服务支出	小　计	离休费	退休费	退职(役)费
地　方　合　计	**935**	**2586**	**1203215**	**1030501**	**11873**	**53933**	**658**
北京市	14	14	8649	161	4	54	
天津市	5	23	3165	2866	395	1504	1
河北省	33	64	3784	6149	910	2661	4
山西省	29	140	9917	6423	634	1988	415
内蒙古自治区	20	30	2743	118970	81	355	1
辽宁省	35	49	1367	3448	480	1543	2
其中：大连市		1		10			
吉林省	2	25	264	2472	389	1787	
黑龙江省	36	35	169123	8128	1276	6010	9
上海市	7	41	9688	10317			
江苏省	55	63	10673	9342	1683	4520	24
浙江省	85	458	6215	6442	926	3519	64
其中：宁波市	20	94	170	1051	99	677	2
安徽省	21	10	13768	73038	405	1689	4
福建省	39	503	6124	1390	99	605	9
其中：厦门市	6	4	262	75			
江西省	20	31	408717	3510	236	1712	
山东省	40	85	5773	3927	268	704	74
其中：青岛市	9	6	1339	451	108	189	10
河南省	60	78	7447	483042	485	1478	
湖北省	62	107	268012	4377	453	2912	9
湖南省	118	246	7470	9897	633	3505	1
广东省	37	115	41623	2846	143	548	1
其中：深圳市			13200				
广西壮族自治区	12	25	4501	8149	306	4762	31
海南省	3	6	8295	8458	68		
重庆市	12	26	1375	308			
四川省	73	188	36718	236970	238	2980	4
贵州省	22	68	9182	8142	1006	5408	3
云南省	37	31	8381	1956	108	608	
西藏自治区	11		1283	5070		717	
陕西省	17	63	17879	2585	293	1096	2
甘肃省	7	23	1160	816	101	444	
青海省	4	7	238	4			
宁夏回族自治区	1	4	177	255	89	136	
新疆维吾尔自治区	18	28	129504	1043	164	688	

2－164－7

单位:万元

地　　区	对个人和家庭的补助						
	抚恤金	生活补助	救济费	医疗费	助学金	奖励金	生产补贴
地　方　合　计	**2611**	**17170**	**345**	**1469**	**8**	**327**	**916198**
北京市		1		5			
天津市	44	219		5		3	390
河北省	121	1098	2	34		10	27
山西省	151	1158	4	10		5	77
内蒙古自治区	26	215		10			117547
辽宁省	76	566		78		9	47
其中:大连市	9	1					
吉林省	47	158		15		3	
黑龙江省	184	314	2	2		3	150
上海市	33	232					10047
江苏省	180	714	10	187		5	201
浙江省	107	378	35	147		29	179
其中:宁波市	12	14		18			
安徽省	124	89	2	73	1	46	70300
福建省	68	66		32			224
其中:厦门市	9						
江西省	69	97	1	21			1166
山东省	99	461	32	83	7	4	812
其中:青岛市	13	5	8	3			
河南省	58	324	2	84			480444
湖北省	99	85	2	78			82
湖南省	187	556	188	340		15	289
广东省	38	78	1	32		37	27
其中:深圳市							
广西壮族自治区	162	155		79		21	1002
海南省	13	3342	3			1	1571
重庆市	48	71		37			1
四川省	266	4326	1	20		59	228074
贵州省	210	300	12	45		17	35
云南省	74	947	1	22		42	20
西藏自治区	1	887	46				2847
陕西省	45	262	1	22		11	639
甘肃省	26	25					
青海省	3	1					
宁夏回族自治区	2	8				3	
新疆维吾尔自治区	50	37		8		4	

2-164-8

单位:万元

地　　区	对个人和家庭的补助				对企事业单位的补贴		
	住房公积金	提租补贴	购房补贴	其他对个人和家庭的补助支出	小计	企业政策性补贴	事业单位补贴
地方合计	**3453**	**467**	**1063**	**20926**	**1385329**	**817148**	**6104**
北京市	62	14	13	8			
天津市	112	2		191	1282	833	
河北省	91	1	1	1189	12419	1146	83
山西省	141	12	2	1826	4710	2210	15
内蒙古自治区	20			715	119239	118762	45
辽宁省	138	143		366	43157	19148	351
其中:大连市					14588	1669	
吉林省	32	2		39	603792	600923	20
黑龙江省	105	21		52	6785	5857	204
上海市				5	64317	200	
江苏省	255	89	6	1468	2921	886	102
浙江省	423	2	13	620	74883	1728	18
其中:宁波市	18			211	806	132	
安徽省	162	4		139	22057	8496	241
福建省	133	67	27	60	7711	5869	
其中:厦门市	15	33	18		226	225	
江西省	86			122	4506	3507	119
山东省	284	30	807	262	20106	6483	1627
其中:青岛市	40	19	19	37	1414		
河南省	30		14	123	9437	3041	939
湖北省	212	3	10	432	13509	4919	479
湖南省	325		5	3853	243485	584	225
广东省	187	3	4	1747	28802	12250	18
其中:深圳市							
广西壮族自治区	61		3	1567	1534	1352	29
海南省	2	2		3456	6814	145	180
重庆市	13			138	2350	1106	
四川省	168		3	831	70637	6120	26
贵州省	85	72	139	810	1892	841	51
云南省	49		12	73	5951	3251	677
西藏自治区	19			553	140	140	
陕西省	161		4	49	4769	3990	105
甘肃省	32			188	1657	857	111
青海省					1999	599	
宁夏回族自治区	11			6	772	172	
新疆维吾尔自治区	54			38	3696	1733	439

2－164－9

单位:万元

地区	对企事业单位的补贴		赠与			债务利息支出	
	财政贴息	其他对企事业单位的补贴支出	小计	对国内的赠与	对国外的赠与	小计	国库券付息
地方合计	**48151**	**513926**	**27**	**27**		**5702**	
北京市							
天津市		449					
河北省	1972	9218					
山西省	140	2345					
内蒙古自治区	293	139				3232	
辽宁省	10728	12930				133	
其中:大连市	1229	11690				133	
吉林省	465	2384					
黑龙江省	619	105					
上海市	994	63123					
江苏省	685	1248					
浙江省	110	73027	17	17			
其中:宁波市		674					
安徽省	10203	3117	10	10		836	
福建省	836	1006					
其中:厦门市		1					
江西省	294	586				256	
山东省	8045	3951					
其中:青岛市	313	1101					
河南省	1627	3830					
湖北省	782	7329				108	
湖南省	727	241949					
广东省	387	16147					
其中:深圳市							
广西壮族自治区		153					
海南省	76	6413					
重庆市	190	1054					
四川省	6542	57949				1044	
贵州省	492	508					
云南省	985	1038				93	
西藏自治区							
陕西省	458	216					
甘肃省	218	471					
青海省		1400					
宁夏回族自治区		600					
新疆维吾尔自治区	283	1241					

二、地方财政预算收支情况

2－164－10　　单位:万元

地区	债务利息支出					基本建设支出	
	向国家银行借款付息	其他国内借款付息	向国外政府借款付息	向国际组织借款付息	其他国外借款付息	小计	房屋建筑物购建
地方合计	**4207**	**1495**				**311220**	**293935**
北京市						8	
天津市							
河北省						282	30
山西省						8	
内蒙古自治区	3232					74	
辽宁省		133				1253	
其中:大连市		133					
吉林省						1022	
黑龙江省						1310	
上海市						73	
江苏省						292541	292252
浙江省						255	53
其中:宁波市							
安徽省	836					1519	70
福建省						3678	60
其中:厦门市						3255	
江西省		256				646	80
山东省						1422	295
其中:青岛市						20	
河南省						382	200
湖北省	51	57				300	186
湖南省						1325	
广东省						61	
其中:深圳市							
广西壮族自治区						71	
海南省						160	
重庆市						167	50
四川省	66	978				228	87
贵州省						25	
云南省	22	71				617	
西藏自治区							
陕西省						2597	53
甘肃省						415	300
青海省						52	
宁夏回族自治区							
新疆维吾尔自治区						729	219

2－164－11

单位:万元

地　区	基本建设支出							
	办公设备购置	专用设备购置	交通工具购置	基础设施建设	大型修缮	信息网络购建	物资储备	其他基本建设支出
地方合计	**242**	**501**	**136**	**7841**	**2523**	**236**	**1268**	**4538**
北京市				8				
天津市								
河北省	104		8	92	8			40
山西省					8			
内蒙古自治区	3	9	26	10				26
辽宁省				858	395			
其中:大连市								
吉林省					882	140		
黑龙江省				1290	20			
上海市	13		60					
江苏省	11	2		20	162	4		90
浙江省	14	5	21					162
其中:宁波市								
安徽省	3	160		130	49		87	1020
福建省	1			3560	15	12		30
其中:厦门市				3255				
江西省				8	34		225	299
山东省	11	74		1002	25			15
其中:青岛市	5							15
河南省	2			20	138	17		5
湖北省			21	93				
湖南省	14	12		217	579		263	240
广东省					20			41
其中:深圳市								
广西壮族自治区	15			20	4	7		25
海南省	3				94	39		24
重庆市	44	15		20		17		21
四川省		4		32	70			35
贵州省				10				15
云南省				174	10		305	128
西藏自治区								
陕西省	4			90			388	2062
甘肃省				82	10			23
青海省		35		5				12
宁夏回族自治区								
新疆维吾尔自治区		185		100				225

2－164－12

单位:万元

地　　区	其他资本性支出						
	小　计	房屋建筑物购　　建	办公设备购　　置	专用设备购　　置	交通工具购　　置	基础设施建　　设	大型修缮
地　方　合　计	**222380**	**5635**	**2741**	**2318**	**2407**	**9525**	**6570**
北京市	32146	38	10	213	18	15	
天津市	1310		8		44	997	7
河北省	2683	432	72	7	141	376	259
山西省	7589	473	59	23	145	474	772
内蒙古自治区	2851	316	46	10		2059	151
辽宁省	8032		1014	323	40	632	278
其中:大连市	814		814				
吉林省	582		20	19	76	140	197
黑龙江省	3225	29	52	35		786	375
上海市	1118		26		10	1000	
江苏省	2882	156	130	18	119	31	572
浙江省	4312	716	94	70	102		
其中:宁波市	13		12	1			
安徽省	4796	520	38	903	174	289	930
福建省	1824	163	45	21	91	59	224
其中:厦门市	137		16	19	22		80
江西省	3359	249	8	64	52	151	129
山东省	3676	238	198	34	147	512	615
其中:青岛市	217		13				
河南省	2594	360	142	54	96	310	683
湖北省	3502		43	55	128	431	181
湖南省	951	52	100	12	113	154	225
广东省	11663	125	59	14	118	91	89
其中:深圳市	3000						
广西壮族自治区	3180	10	22	2	50	20	43
海南省	329	164	7	12			
重庆市	103780		112	22	29		20
四川省	3672	428	104	129	109	203	331
贵州省	1948	677	24	3	110	12	29
云南省	1801	3	71	18	119	5	20
西藏自治区	141		2				
陕西省	6793	181	136	141	195	550	220
甘肃省	621	103	17	38	10	94	73
青海省	139		14		17	14	27
宁夏回族自治区	83		31		21		
新疆维吾尔自治区	798	202	37	78	133	120	120

2－164－13

单位:万元

地　　区	其他资本性支出						
	信息网络购　建	物资储备	土地补偿	安置补助	地上附着物和青苗补偿	拆迁补偿	其他资本性支　出
地　方　合　计	**1440**	**12647**	**549**	**9157**	**8**	**684**	**168699**
北京市							31852
天津市		125	30			99	
河北省		7	154	33			1202
山西省	237	638		826			3942
内蒙古自治区							269
辽宁省	24	322		3540		131	1728
其中:大连市							
吉林省	7			109		14	
黑龙江省	76	820		915			137
上海市							82
江苏省	8	453					1395
浙江省	8						3322
其中:宁波市							
安徽省	391	827					724
福建省	3	557					661
其中:厦门市							
江西省	1	798					1907
山东省	27	310	225	333			1037
其中:青岛市			150				54
河南省		330		237			382
湖北省	21	1113	84			15	1431
湖南省	23	46			8	65	153
广东省	37	3517					7613
其中:深圳市							3000
广西壮族自治区				1978		321	734
海南省						39	107
重庆市	29						103568
四川省	7	48	56				2257
贵州省		507		181			405
云南省	13	606		176			770
西藏自治区							139
陕西省	505	1527		600			2738
甘肃省	1			208			77
青海省							67
宁夏回族自治区	15			16			
新疆维吾尔自治区	7	96		5			

二、地方财政预算收支情况

2－164－14

单位:万元

地　　区	贷款转贷及产权参股					其他支出		
	小　计	国内贷款	国外贷款	产权参股	其他贷款转贷及产权参股支出	小　计	补充全国社会保障基金	其他支出
地　方　合　计	**1133**	**166**		**967**		**1840553**		**1840553**
北京市						9352		9352
天津市								
河北省						348916		348916
山西省						135603		135603
内蒙古自治区						23642		23642
辽宁省						224853		224853
其中:大连市								
吉林省						235		235
黑龙江省						153		153
上海市						1820		1820
江苏省						1653		1653
浙江省						2079		2079
其中:宁波市						126		126
安徽省	166	166				276334		276334
福建省						75923		75923
其中:厦门市						3149		3149
江西省						2258		2258
山东省						392436		392436
其中:青岛市						25589		25589
河南省						1032		1032
湖北省						16516		16516
湖南省						4087		4087
广东省						145776		145776
其中:深圳市								
广西壮族自治区						1273		1273
海南省						2738		2738
重庆市						808		808
四川省						3374		3374
贵州省						973		973
云南省						2151		2151
西藏自治区						36		36
陕西省						165583		165583
甘肃省						349		349
青海省						488		488
宁夏回族自治区						12		12
新疆维吾尔自治区	967			967		100		100

2007 年各省、自治区、直辖市商业流通事务支出明细表

2－165－1　　　　单位:万元

地　区	合　计	工资福利支出				
		小　计	基本工资	津贴补贴	奖　金	社会保障缴　费
地方合计	**1353740**	**159551**	**86421**	**44333**	**12510**	**8863**
北京市	31673	404	104	166	104	6
天津市	16664	1117	601	288	59	45
河北省	44056	5862	3337	1596	160	292
山西省	44001	6880	4067	2089	297	240
内蒙古自治区	18400	3448	2016	1176	113	79
辽宁省	54665	7944	4061	2688	259	667
其中:大连市	6101	879	410	277	85	102
吉林省	11412	3703	2371	970	88	41
黑龙江省	88572	6177	3826	1845	360	84
上海市	225411	505	112	67	208	15
江苏省	70922	10846	4033	2715	2293	837
浙江省	57841	5642	1615	1056	2111	583
其中:宁波市	13364	1418	204	214	833	121
安徽省	92208	4687	2450	1485	170	218
福建省	25985	5513	2702	1232	297	802
其中:厦门市	4167	376	115	69	27	50
江西省	20182	7561	4758	1858	330	270
山东省	134565	13879	7239	3993	578	1425
其中:青岛市	9818	1828	589	550	214	366
河南省	37563	9789	6741	2448	153	287
湖北省	94110	10939	5951	2755	746	865
湖南省	58094	15905	10095	3690	754	835
广东省	44357	5725	2097	2468	445	292
其中:深圳市	1225	71	31	29	8	2
广西壮族自治区	12038	2526	1509	632	255	52
海南省	1559	150	78	21	10	1
重庆市	22100	2325	1192	821	236	15
四川省	45882	7580	4113	1385	1447	340
贵州省	15128	3838	2151	1304	220	77
云南省	17474	5382	2504	2335	333	114
西藏自治区	265					
陕西省	40310	6276	4135	1352	258	233
甘肃省	11684	2747	1490	1044	111	26
青海省	2202	318	139	150	16	2
宁夏回族自治区	7590	763	391	319	30	14
新疆维吾尔自治区	6827	1120	543	385	69	106

二、地方财政预算收支情况

2－165－2

单位：万元

地　　区	工资福利支出				商品和服务支出		
	伙食费	伙食补助费	绩效工资	其他工资福利支出	小　计	办公费	印刷费
地　方　合　计	**88**	**770**	**667**	**5899**	**351303**	**15838**	**1215**
北京市			4	20	10261	30	2
天津市		57	11	56	12051	19	2
河北省	8	159	26	284	7319	914	69
山西省	1	39	5	142	6440	505	72
内蒙古自治区		4	9	51	8311	233	20
辽宁省	7	31	111	120	8407	1177	53
其中：大连市	4	1			722	75	2
吉林省		8	58	167	4414	345	29
黑龙江省	2	15	21	24	5261	1572	35
上海市				103	42708	33	5
江苏省	10	138	21	799	10885	537	56
浙江省		62	3	212	16849	487	41
其中：宁波市		14		32	2306	23	6
安徽省	1	46	6	311	29170	473	46
福建省	1	11	96	372	9017	410	28
其中：厦门市		10	50	55	235	102	
江西省	3	12	10	320	6482	365	30
山东省		26	85	533	13754	1767	108
其中：青岛市		5	48	56	3505	43	4
河南省		5	4	151	14997	2301	118
湖北省	29	20	81	492	70188	582	106
湖南省	4	80	6	441	14802	678	86
广东省	12	5		406	10532	408	47
其中：深圳市				1	1124	12	
广西壮族自治区	4	1		73	4332	806	5
海南省				40	867	24	
重庆市		1		60	6334	197	50
四川省	1	20	8	266	17020	491	88
贵州省		1	4	81	2962	210	20
云南省		13	2	81	4370	349	8
西藏自治区					3		
陕西省	5	15	83	195	6810	626	54
甘肃省		1	7	68	1522	155	16
青海省			4	7	996	28	1
宁夏回族自治区				9	965	35	3
新疆维吾尔自治区			2	15	3274	81	17

2－165－3

单位:万元

地　　区	商品和服务支出						
	咨询费	手续费	水　费	电　费	邮电费	取暖费	物　业 管理费
地　方　合　计	**325**	**156**	**957**	**2666**	**3049**	**2829**	**587**
北京市			1	8	5	5	
天津市		1	3	18	37	27	1
河北省	32	19	27	117	107	263	29
山西省	3	6	44	94	100	278	2
内蒙古自治区	1	21	6	18	58	188	4
辽宁省		52	28	122	189	566	4
其中:大连市			3	11	38	94	
吉林省			13	36	55	202	7
黑龙江省	11		33	125	67	620	60
上海市				11	3		1
江苏省	7	8	32	110	200	1	70
浙江省		1	23	85	147		43
其中:宁波市			3	15	17		
安徽省		1	25	48	88	2	12
福建省	23		53	114	116		54
其中:厦门市					2		
江西省			44	101	129	4	10
山东省	214	14	152	395	323	358	63
其中:青岛市	2		3	29	30	22	23
河南省	5	1	36	140	155	24	4
湖北省	3		73	189	196	23	10
湖南省	2	1	162	349	174	13	98
广东省	2	8	37	128	176		41
其中:深圳市							
广西壮族自治区			7	39	48		
海南省				1	3		
重庆市	4		12	52	82		9
四川省	4	19	46	139	239	4	10
贵州省		1	9	21	43	7	3
云南省			28	47	122		18
西藏自治区							
陕西省		2	40	103	90	126	6
甘肃省		1	3	23	50	59	23
青海省	4			1	8	2	2
宁夏回族自治区			2	5	8	8	
新疆维吾尔自治区	10		18	27	31	49	3

2－165－4

单位:万元

地　　区	商品和服务支出					
	交通费	差旅费	出国费	维修(护)费	租赁费	会议费
地 方 合 计	**8729**	**5643**	**467**	**5479**	**1257**	**5051**
北京市	35	5	8	6	2	37
天津市	87	18	24	17	13	52
河北省	395	162	39	278	27	213
山西省	407	243	14	264	25	158
内蒙古自治区	272	162	6	156	89	112
辽宁省	678	339	4	453	66	290
其中:大连市	61	46		39		6
吉林省	199	101	3	208	9	46
黑龙江省	324	336	11	373	16	84
上海市	24	8		5	66	21
江苏省	603	452	30	157	69	476
浙江省	239	249	66	159	109	308
其中:宁波市	34	48	15	72	35	61
安徽省	254	239	1	82	7	111
福建省	203	207	46	136	13	121
其中:厦门市	1	3		6		1
江西省	330	341	1	115	46	86
山东省	944	459	26	441	221	475
其中:青岛市	124	36	9	73	138	25
河南省	473	285	1	667	96	344
湖北省	568	363	48	251	62	359
湖南省	532	333	43	287	50	346
广东省	382	219	20	149	7	317
其中:深圳市						
广西壮族自治区	117	91	1	57	7	66
海南省	20	11		2		5
重庆市	141	164	3	33	6	147
四川省	547	335	3	380	71	332
贵州省	184	102	20	72	5	81
云南省	277	102	9	111	98	161
西藏自治区						
陕西省	272	166	7	359	57	151
甘肃省	108	60		133	4	64
青海省	30	10	33	19		18
宁夏回族自治区	25	46		35	2	31
新疆维吾尔自治区	59	35		74	14	39

2－165－5

单位:万元

地区	商品和服务支出						
	培训费	招待费	专用材料费	被装购置费	专用燃料费	劳务费	委托业务费
地方合计	**2012**	**7867**	**5181**	**174**	**572**	**2214**	**1368**
北京市	10	10					
天津市	20	24				79	
河北省	50	171	524	19	57	23	15
山西省	77	189	70	5	5	138	
内蒙古自治区	113	90	24	2	1	3	47
辽宁省	140	273	879	4	37	69	34
其中:大连市	2	30	249			2	
吉林省	26	70	218		4	728	131
黑龙江省	34	69	613	2	1	129	10
上海市	2	6					
江苏省	152	768	144	6	2	47	10
浙江省	69	523	61	50		130	7
其中:宁波市	5	93	49			109	
安徽省	37	262	11		3	6	1
福建省	38	342	10	2	2	141	57
其中:厦门市		1					
江西省	37	521	58		22	18	1
山东省	200	583	423		10	235	790
其中:青岛市	4	72	51		3	51	746
河南省	87	343	944	25	6	46	130
湖北省	108	777	51		7	13	3
湖南省	141	1120	439	24	8	109	10
广东省	51	323	55	6	2	3	7
其中:深圳市		10					
广西壮族自治区	17	82	3			1	
海南省	1	14			189		
重庆市	81	120	170			4	
四川省	173	472	123		1	180	4
贵州省	33	192	54		1	23	2
云南省	128	260	4		6	31	
西藏自治区							
陕西省	81	184	179	19	2	24	101
甘肃省	7	37	104	10	4	3	8
青海省	28	13			1	1	
宁夏回族自治区	34	22			1	14	
新疆维吾尔自治区	37	7	20		200	16	

二、地方财政预算收支情况

2－165－6　　　　　　　　　　　　　　　　　　　　　　　　　　　　　单位:万元

地　　区	商品和服务支出			对个人和家庭的补助			
	工会经费	福利费	其他商品和服务支出	小　计	离休费	退休费	退职(役)费
地　方　合　计	**934**	**2704**	**274029**	**89705**	**9679**	**37435**	**224**
北京市	5	1	10091	420	175	210	
天津市	25	7	11577	1469	155	728	1
河北省	41	112	3616	2059	225	524	
山西省	31	69	3641	3345	456	1627	4
内蒙古自治区	11	24	6650	622	20	191	1
辽宁省	49	77	2824	6566	1026	2115	1
其中:大连市	15	24	25	63			
吉林省	2	12	1970	1556	197	616	
黑龙江省	26	47	663	4979	758	2952	1
上海市	4	1	42518	2		1	
江苏省	80	133	6735	9224	1776	5557	30
浙江省	68	592	13392	4043	438	2458	36
其中:宁波市	20	1	1700	1003	99	681	2
安徽省	13	15	27433	3176	429	1127	1
福建省	46	194	6661	1606	167	869	
其中:厦门市	4	3	112	154		59	
江西省	35	93	4095	2825	201	1751	
山东省	53	313	5187	4610	296	809	65
其中:青岛市	19	11	1987	588	99	156	4
河南省	53	93	8620	6486	408	1328	1
湖北省	58	188	66150	6210	499	3368	16
湖南省	86	208	9503	7521	574	2787	3
广东省	62	91	7991	1198	155	620	
其中:深圳市			1102				
广西壮族自治区	11	49	2925	1944	203	1293	4
海南省			597	4			
重庆市	21	52	4986	365	11	118	
四川省	59	145	13155	8935	179	1159	5
贵州省	23	83	1773	4948	840	3261	4
云南省	26	17	2568	2339	97	487	40
西藏自治区			3	116			
陕西省	19	18	4124	1824	181	867	4
甘肃省	5	39	606	279	18	111	3
青海省	5		792	1			
宁夏回族自治区	3	1	690	266	59	172	1
新疆维吾尔自治区	14	30	2493	767	136	329	3

2－165－7

单位:万元

地　　区	对个人和家庭的补助						
	抚恤金	生活补助	救济费	医疗费	助学金	奖励金	生产补贴
地　方　合　计	**1717**	**3898**	**210**	**1426**	**53**	**5006**	**15130**
北京市	20						
天津市	51	188	13	56			
河北省	82	301	4	15		402	229
山西省	30	96	19	6			823
内蒙古自治区	20	90		1		1	262
辽宁省	108	446	7	105	44	945	309
其中:大连市	26	16		3		1	10
吉林省	30	46		4		34	411
黑龙江省	71	529		24		8	527
上海市				1			
江苏省	161	180	24	122		32	
浙江省	42	178	2	108		117	
其中:宁波市	8	88		18		80	
安徽省	65	85	19	44	4	507	601
福建省	60	44		49		3	7
其中:厦门市	9						
江西省	67	241	5	96			2
山东省	118	155	40	93		6	1279
其中:青岛市	20	4		3		1	
河南省	43	182	29	16		827	2967
湖北省	89	85	10	156	3		1483
湖南省	207	153	1	290	2	55	913
广东省	16	36	2	59		33	
其中:深圳市							
广西壮族自治区	26	50		96		15	
海南省							
重庆市	24	45		5		58	
四川省	98	293	27	14		1911	3590
贵州省	164	139	4	13		23	1
云南省	71	51	1	9		27	1445
西藏自治区		52					
陕西省	37	201	3	16		1	186
甘肃省	4	10		3		1	95
青海省		1					
宁夏回族自治区	7	4					
新疆维吾尔自治区	6	17		25			

2－165－8

单位:万元

地　　区	对个人和家庭的补助				对企事业单位的补贴		
	住房公积金	提租补贴	购房补贴	其他对个人和家庭的补助支出	小计	企业政策性补贴	事业单位补贴
地方合计	**3102**	**440**	**1268**	**10117**	**416276**	**239283**	**17644**
北京市	11	4			12041	3344	200
天津市	117	1	1	158	1764	1744	
河北省	79	1		197	17185	10755	142
山西省	112	10	1	161	25395	91	
内蒙古自治区	11			25	4111	3081	15
辽宁省	210	245	8	997	21921	10094	743
其中:大连市	7				467	453	14
吉林省	18	1		199	1185	338	136
黑龙江省	58	11		40	68376	66710	38
上海市					77341	59531	
江苏省	315	63	11	953	25342	18737	457
浙江省	259	1	12	392	23678	6689	
其中:宁波市	12	1		14	8055	4496	
安徽省	86	11	1	196	53556	24336	14305
福建省	201	58	7	141	6684	2757	22
其中:厦门市	28	28		30	2984	1831	
江西省	93		28	341	431	22	
山东省	435	25	1001	288	21794	4312	13
其中:青岛市	93	15	72	121	5		
河南省	24		1	660	2610	1912	236
湖北省	270	9	10	212	1670	585	373
湖南省	218		1	2317	5229	878	17
广东省	124			153	18122	13160	166
其中:深圳市							
广西壮族自治区	32			225	1042	36	
海南省				4	50		50
重庆市	20			84	285	111	
四川省	98		4	1557	5783	2290	15
贵州省	61		168	270	1045	358	180
云南省	50		4	57	1433	531	
西藏自治区				64			
陕西省	137		10	181	5724	600	29
甘肃省	25			9	5409	424	507
青海省					801	187	
宁夏回族自治区	4			19	5244	4921	
新疆维吾尔自治区	34			217	1025	749	

2－165－9

单位:万元

地区	对企事业单位的补贴		赠与			债务利息支出	
	财政贴息	其他对企事业单位的补贴支出	小计	对国内的赠与	对国外的赠与	小计	国库券付息
地方合计	**34431**	**124918**				**251**	
北京市	482	8015					
天津市		20					
河北省	47	6241					
山西省	10	25294					
内蒙古自治区	180	835					
辽宁省	4743	6341				204	
其中:大连市							
吉林省	25	686					
黑龙江省	954	674					
上海市	354	17456					
江苏省	69	6079					
浙江省	3378	13611					
其中:宁波市	206	3353					
安徽省	9502	5413					
福建省	1458	2447					
其中:厦门市	25	1128					
江西省	82	327					
山东省	9839	7630					
其中:青岛市		5					
河南省	30	432					
湖北省	236	476					
湖南省	286	4048					
广东省		4796					
其中:深圳市							
广西壮族自治区	767	239					
海南省							
重庆市		174					
四川省	630	2848				42	
贵州省	267	240					
云南省	282	620				5	
西藏自治区							
陕西省	19	5076					
甘肃省	138	4340					
青海省	54	560					
宁夏回族自治区	323						
新疆维吾尔自治区	276						

2－165－10

单位：万元

地　　区	债务利息支出					基本建设支出	
	向国家银行借款付息	其他国内借款付息	向国外政府借款付息	向国际组织借款付息	其他国外借款付息	小　计	房屋建筑物购　　建
地　方　合　计	**7**	**244**				**24108**	**10096**
北京市						61	
天津市							
河北省						1745	
山西省						91	
内蒙古自治区						120	120
辽宁省		204				878	675
其中：大连市							
吉林省						321	62
黑龙江省						356	
上海市							
江苏省						8859	8699
浙江省						402	80
其中：宁波市							
安徽省						123	80
福建省						664	
其中：厦门市						400	
江西省						30	
山东省						65	
其中：青岛市							
河南省						150	
湖北省						34	34
湖南省						1976	
广东省						1524	
其中：深圳市							
广西壮族自治区						8	
海南省							
重庆市						2282	30
四川省	2	40				564	
贵州省						15	
云南省	5					76	
西藏自治区						50	
陕西省						3045	
甘肃省						204	66
青海省						35	
宁夏回族自治区							
新疆维吾尔自治区						430	250

2 – 165 – 11

单位:万元

地　　区	基本建设支出							
	办公设备购　置	专用设备购　置	交通工具购　置	基础设施建　设	大型修缮	信息网络购　建	物资储备	其他基本建设支出
地　方　合　计	**79**	**442**	**130**	**5200**	**1222**	**186**	**1342**	**5411**
北京市	1			35		25		
天津市								
河北省	3			399	1051			292
山西省							55	36
内蒙古自治区								
辽宁省	1	192		10				
其中:大连市								
吉林省			13	65				181
黑龙江省		216		100	40			
上海市								
江苏省				160				
浙江省		8	27	40				247
其中:宁波市								
安徽省	3				10	1		29
福建省	1			432	61	30	10	130
其中:厦门市				400				
江西省				25				5
山东省	10			30				25
其中:青岛市								
河南省	13	26	34	34		23	10	10
湖北省								
湖南省	7			597			1167	205
广东省	4		25		13	52		1430
其中:深圳市								
广西壮族自治区			8					
海南省								
重庆市	16		23	20	15	25		2153
四川省	5			10	17			532
贵州省	15							
云南省							76	
西藏自治区								50
陕西省				3030	15			
甘肃省				33			24	81
青海省						30		5
宁夏回族自治区								
新疆维吾尔自治区				180				

2－165－12

单位:万元

地　区	其他资本性支出						
	小 计	房屋建筑物购　建	办公设备购　置	专用设备购　置	交通工具购　置	基础设施建　设	大型修缮
地　方　合　计	**155955**	**2913**	**1806**	**1756**	**2446**	**8599**	**3418**
北京市	4310				69	2158	120
天津市	263		8		20	228	2
河北省	4802		81	47	19	539	
山西省	1802	15	51	67	95	93	42
内蒙古自治区	1466		165		6	49	14
辽宁省	3664	450	95	182	74	982	528
其中:大连市	116				8		
吉林省	203	6	15	26	54		
黑龙江省	3368	1049	74	10	39	71	1596
上海市	96047		16				31
江苏省	1991	35	89		137		25
浙江省	1981		147	93	151	7	12
其中:宁波市	136		11	12			
安徽省	892	535	30	33	55	75	
福建省	727		41	31	53	376	59
其中:厦门市	18		4				14
江西省	1039	40	33	35	73	254	30
山东省	7466	411	246	119	572	578	541
其中:青岛市	571	19	7				
河南省	2478		39	9	69	753	68
湖北省	621	65	119	2	164	89	71
湖南省	2139	109	102	191	165	119	47
广东省	1647	10	26		20	474	
其中:深圳市							
广西壮族自治区	1004		82		76		36
海南省	372		2		28	342	
重庆市	8520		10		15		
四川省	3378	35	63	297	74	383	134
贵州省	2075	18	44		96	30	24
云南省	1625	47	28	596	37	369	
西藏自治区	40						
陕西省	952	55	165	2	148	5	5
甘肃省	697	33	25	16	76	396	33
青海省	41		7		34		
宁夏回族自治区	134		2		27	29	
新疆维吾尔自治区	211		1			200	

2-165-13

单位:万元

地　　区	其他资本性支出						
	信息网络购建	物资储备	土地补偿	安置补助	地上附着物和青苗补偿	拆迁补偿	其他资本性支出
地方合计	**1536**	**3371**	**708**	**1470**		**2445**	**125487**
北京市							1963
天津市		5					
河北省	50	501	10	281		26	3248
山西省	45	56		9			1329
内蒙古自治区		10				894	328
辽宁省		423	200	85			645
其中:大连市		23		85			
吉林省	50	49					3
黑龙江省				529			
上海市							96000
江苏省	691						1014
浙江省	22						1549
其中:宁波市							113
安徽省	7						157
福建省				15		30	122
其中:厦门市							
江西省							574
山东省	128	90	411	100		202	4068
其中:青岛市			411	100			34
河南省	12	113		160		619	636
湖北省	13		5				93
湖南省	22	1144	2	142			96
广东省	8	859					250
其中:深圳市							
广西壮族自治区	1			149		600	60
海南省							
重庆市	442						8053
四川省	10					32	2350
贵州省	1	13				12	1837
云南省	34	5				30	479
西藏自治区		40					
陕西省		63	80				429
甘肃省							118
青海省							
宁夏回族自治区							76
新疆维吾尔自治区							10

2－165－14

单位:万元

地　　区	贷款转贷及产权参股 小　计	国内贷款	国外贷款	产权参股	其他贷款转贷及产权参股支出	其他支出 小　计	补充全国社会保障基金	其他支出
地　方　合　计	**58**	**42**			**16**	**156533**		**156533**
北京市						4176		4176
天津市								
河北省						5084		5084
山西省						48		48
内蒙古自治区						322		322
辽宁省						5081		5081
其中:大连市						3854		3854
吉林省						30		30
黑龙江省						55		55
上海市						8808		8808
江苏省						3775		3775
浙江省						5246		5246
其中:宁波市						446		446
安徽省						604		604
福建省	16				16	1758		1758
其中:厦门市								
江西省						1814		1814
山东省						72997		72997
其中:青岛市						3321		3321
河南省						1053		1053
湖北省						4448		4448
湖南省						10522		10522
广东省	30	30				5579		5579
其中:深圳市						30		30
广西壮族自治区						1182		1182
海南省						116		116
重庆市						1989		1989
四川省						2580		2580
贵州省						245		245
云南省	12	12				2232		2232
西藏自治区						56		56
陕西省						15679		15679
甘肃省						826		826
青海省						10		10
宁夏回族自治区						218		218
新疆维吾尔自治区								

2007 年各省、自治区、直辖市物资储备支出明细表

2－166－1

单位:万元

地区	合计	工资福利支出				
		小计	基本工资	津贴补贴	奖金	社会保障缴费
地方合计	**49328**	**10461**	**6051**	**2788**	**403**	**769**
北京市	13089	65	18	30	10	2
天津市	823					
河北省	1051	442	204	94	14	81
山西省	1374	513	260	130	37	74
内蒙古自治区	246	9	2	1		
辽宁省	1529	442	225	145	15	39
其中:大连市	411	69	31	18	9	11
吉林省	1216	546	333	107	34	28
黑龙江省	1912	657	382	256	18	
上海市	568	214	118	80	9	5
江苏省	1276	399	167	86	59	41
浙江省	376	49	27	8	1	5
其中:宁波市						
安徽省	1546	674	374	202	32	30
福建省	719	58	41	13	1	2
其中:厦门市						
江西省	1693	893	628	193	30	22
山东省	4142	2168	1067	706	56	243
其中:青岛市	2323	1042	282	491	44	140
河南省	3034	1244	931	242	26	36
湖北省	1045	446	268	93	10	36
湖南省	2763	1021	540	300	27	123
广东省	1186	37	21	15	1	
其中:深圳市	559					
广西壮族自治区	781	150	136			
海南省	31					
重庆市	3635					
四川省	3527	25	11	4	3	
贵州省	201	39	21	12	4	2
云南省	115					
西藏自治区						
陕西省	675	221	174	37	7	
甘肃省	123	108	75	28	3	
青海省						
宁夏回族自治区	47	22	22			
新疆维吾尔自治区	605	19	6	6	6	

2－166－2

单位:万元

地　　区	工资福利支出				商品和服务支出		
	伙食费	伙　食 补助费	绩效 工资	其他工资 福利支出	小　计	办公费	印刷费
地　方　合　计	**21**	**21**	**94**	**314**	**8080**	**938**	**82**
北京市		2		3	209	6	1
天津市					819		
河北省	20	6	16	7	236	26	
山西省		2		10	319	123	2
内蒙古自治区				6	7	3	4
辽宁省			4	14	258	25	3
其中:大连市					32	2	
吉林省		1	43		342	15	2
黑龙江省				1	312	35	10
上海市		1		1	158	34	
江苏省		3		43	258	23	
浙江省				8	66	18	
其中:宁波市							
安徽省		3		33	402	89	3
福建省				1	532	3	
其中:厦门市							
江西省				20	321	41	
山东省			15	81	851	147	2
其中:青岛市			15	70	463	57	
河南省				9	949	173	13
湖北省		1	15	23	287	23	1
湖南省				31	419	66	2
广东省					590	3	
其中:深圳市					559		
广西壮族自治区				14	311	12	29
海南省							
重庆市					100	14	
四川省				7	44		
贵州省					38	5	
云南省					44		
西藏自治区							
陕西省		2		1	170	45	10
甘肃省			1	1	13	9	
青海省							
宁夏回族自治区					25		
新疆维吾尔自治区	1						

2 – 166 – 3 单位:万元

地　　区	商品和服务支出						
	咨询费	手续费	水　费	电　费	邮电费	取暖费	物　业 管理费
地　方　合　计	**3**	**5**	**43**	**129**	**145**	**205**	**57**
北京市					1	2	
天津市							
河北省			3	8	5	40	2
山西省	1		3	5	3	24	2
内蒙古自治区							
辽宁省	2	4	2	2	12	27	
其中:大连市						4	
吉林省			1	10	6	35	25
黑龙江省			2	4	2	18	2
上海市			4	2	3	1	
江苏省			1	6	4		2
浙江省							
其中:宁波市							
安徽省			3	8	14	2	
福建省							
其中:厦门市							
江西省			3	9	14		1
山东省		1	8	18	38	52	8
其中:青岛市				1	18	30	
河南省			6	25	13	1	5
湖北省			2	7	5		
湖南省			3	14	14	1	5
广东省				2			
其中:深圳市							
广西壮族自治区			1	4	5		5
海南省							
重庆市							
四川省							
贵州省					3		
云南省							
西藏自治区							
陕西省			1	5	3	2	
甘肃省							
青海省							
宁夏回族自治区							
新疆维吾尔自治区							

2－166－4　　　　单位:万元

地　区	商品和服务支出					
	交通费	差旅费	出国费	维修(护)费	租赁费	会议费
地　方　合　计	**547**	**261**	**39**	**849**	**209**	**122**
北京市	6	1		1	18	14
天津市						
河北省	17	12		9	6	4
山西省	30	12		24	3	1
内蒙古自治区						
辽宁省	37	12	4	45	41	4
其中:大连市	6	1		18		
吉林省	16	10		182	7	9
黑龙江省	24	10		12		6
上海市	20	7	27	11	8	3
江苏省	24	10		5		7
浙江省	1	1				
其中:宁波市						
安徽省	27	22		13	2	4
福建省				12		
其中:厦门市						
江西省	29	28		25		4
山东省	147	59	8	27	49	10
其中:青岛市	101	44	8	4	49	7
河南省	63	25		415		32
湖北省	20	13		5		3
湖南省	43	20		11		2
广东省	2	1				
其中:深圳市						
广西壮族自治区	7	10		3	72	10
海南省						
重庆市	24	4		9		8
四川省	1				1	
贵州省		3		7		
云南省						
西藏自治区						
陕西省	6	1		33	2	1
甘肃省	3					
青海省						
宁夏回族自治区						
新疆维吾尔自治区						

2－166－5 单位:万元

地　　区	商品和服务支出						
	培训费	招待费	专　用 材料费	被　装 购置费	专　用 燃料费	劳务费	委　托 业务费
地　方　合　计	**95**	**491**	**60**		**26**	**169**	**34**
北京市	13	60	3			11	
天津市							
河北省	2	9					
山西省	2	21				15	
内蒙古自治区							
辽宁省	3	20	4		3	2	
其中:大连市		1					
吉林省	1	8	4		3		
黑龙江省	2	3	10				1
上海市	4	9				1	
江苏省	3	22				4	
浙江省		4					
其中:宁波市							
安徽省	4	39	1				
福建省							
其中:厦门市							
江西省	5	44			4	1	
山东省	13	69	2		6	39	
其中:青岛市	7	45	2			35	
河南省	11	47	26		7	3	
湖北省	2	43	10		3		
湖南省	3	45					
广东省		1					
其中:深圳市							
广西壮族自治区	15	9				58	33
海南省							
重庆市	11	18					
四川省		1					
贵州省		11					
云南省							
西藏自治区							
陕西省	1	7				35	
甘肃省		1					
青海省							
宁夏回族自治区							
新疆维吾尔自治区							

二、地方财政预算收支情况

2－166－6 单位:万元

地　　区	商品和服务支出			对个人和家庭的补助			
	工会经费	福利费	其他商品和服务支出	小　计	离休费	退休费	退职(役)费
地 方 合 计	**41**	**129**	**3401**	**7016**	**1193**	**3634**	**5**
北京市		3	69	9			
天津市			819	4	4		
河北省	6	6	81	336	28	151	
山西省		23	25	466	109	301	
内蒙古自治区							
辽宁省			6	151	3	90	
其中:大连市				10			
吉林省	2	2	4	221	51	147	
黑龙江省	1		170	428	121	281	
上海市	1	2	21	20			
江苏省	1	7	139	607	190	377	
浙江省			42	260	64	153	
其中:宁波市							
安徽省	1	8	162	243	55	127	
福建省			517	120	16	98	
其中:厦门市							
江西省	2	7	104	326	63	236	
山东省	9	16	123	1035	45	113	3
其中:青岛市	8	2	45	732	178	458	2
河南省	3	8	73	734	134	329	2
湖北省	1	2	147	250	25	191	
湖南省	11	26	153	1259	224	809	
广东省			581	34	5	26	
其中:深圳市			559				
广西壮族自治区	2	10	26	157	24	100	
海南省							
重庆市			12				
四川省		1	40				
贵州省	1	6	2	121	25	67	
云南省			44				
西藏自治区							
陕西省		2	16	233	7	38	
甘肃省				2			
青海省							
宁夏回族自治区			25				
新疆维吾尔自治区							

2-166-7　　　　单位:万元

地区	对个人和家庭的补助						
	抚恤金	生活补助	救济费	医疗费	助学金	奖励金	生产补贴
地方合计	**177**	**254**	**3**	**165**		**9**	**16**
北京市							
天津市							
河北省	4	104		22		5	
山西省	5	8					
内蒙古自治区							
辽宁省	5	34		2			
其中:大连市	2	3					
吉林省	5	6					
黑龙江省	13	13					
上海市	19			1			
江苏省	14	6					
浙江省		1					
其中:宁波市							
安徽省	7	2		8		4	
福建省							
其中:厦门市							
江西省		11					
山东省	41	26		1			
其中:青岛市	35	11					
河南省	18	5	3	11			
湖北省	2	16					
湖南省	36	15		103			
广东省	1						
其中:深圳市							
广西壮族自治区				17			
海南省							
重庆市							
四川省							
贵州省	3						16
云南省							
西藏自治区							
陕西省	4	5					
甘肃省		2					
青海省							
宁夏回族自治区							
新疆维吾尔自治区							

2－166－8

单位:万元

地　区	对个人和家庭的补助				对企事业单位的补贴		
	住房公积金	提租补贴	购房补贴	其他对个人和家庭的补助支出	小计	企业政策性补贴	事业单位补贴
地方合计	**169**	**18**	**89**	**1284**	**984**	**152**	**48**
北京市	2			7			
天津市							
河北省	16	1		5	12		12
山西省	6			37			
内蒙古自治区					70		
辽宁省	10	7			80		
其中:大连市	5						
吉林省	3			9			
黑龙江省					13	13	
上海市					99	99	
江苏省	13	5		2			
浙江省	1			41			
其中:宁波市							
安徽省	25			15	200		
福建省	3	3			5		
其中:厦门市							
江西省	3			13	7	7	
山东省	29	2	89	686			
其中:青岛市	9		5	34			
河南省	7			225	1	1	
湖北省	16				10		
湖南省	14			58	5		
广东省				2	50		36
其中:深圳市							
广西壮族自治区	15			1			
海南省							
重庆市							
四川省							
贵州省	5			5			
云南省					32	32	
西藏自治区							
陕西省	1			178			
甘肃省							
青海省							
宁夏回族自治区							
新疆维吾尔自治区					400		

2－166－9

单位:万元

地　　区	对企事业单位的补贴		赠　与			债务利息支出	
	财政贴息	其他对企事业单位的补贴支出	小　计	对国内的赠　与	对国外的赠　与	小　计	国库券付　息
地　方　合　计	**205**	**579**					
北京市							
天津市							
河北省							
山西省							
内蒙古自治区		70					
辽宁省		80					
其中:大连市							
吉林省							
黑龙江省							
上海市							
江苏省							
浙江省							
其中:宁波市							
安徽省	200						
福建省	5						
其中:厦门市							
江西省							
山东省							
其中:青岛市							
河南省							
湖北省		10					
湖南省		5					
广东省		14					
其中:深圳市							
广西壮族自治区							
海南省							
重庆市							
四川省							
贵州省							
云南省							
西藏自治区							
陕西省							
甘肃省							
青海省							
宁夏回族自治区							
新疆维吾尔自治区		400					

二、地方财政预算收支情况

2－166－10

单位:万元

地区	债务利息支出					基本建设支出	
	向国家银行借款付息	其他国内借款付息	向国外政府借款付息	向国际组织借款付息	其他国外借款付息	小计	房屋建筑物购建
地方合计						**7425**	**541**
北京市						3220	372
天津市							
河北省							
山西省						40	
内蒙古自治区						60	30
辽宁省							
其中:大连市							
吉林省						102	
黑龙江省						241	
上海市							
江苏省							
浙江省							
其中:宁波市							
安徽省							
福建省							
其中:厦门市							
江西省						122	
山东省							
其中:青岛市							
河南省						9	
湖北省						50	50
湖南省						5	
广东省							
其中:深圳市							
广西壮族自治区						16	
海南省						30	30
重庆市						3335	
四川省							
贵州省							
云南省						9	
西藏自治区							
陕西省							
甘肃省							
青海省							
宁夏回族自治区							
新疆维吾尔自治区						186	59

2－166－11

单位:万元

地区	基本建设支出							
	办公设备购置	专用设备购置	交通工具购置	基础设施建设	大型修缮	信息网络购建	物资储备	其他基本建设支出
地方合计	**4**	**100**	**30**	**1525**	**2295**		**286**	**2644**
北京市				1400				1448
天津市								
河北省								
山西省								40
内蒙古自治区		30						
辽宁省								
其中:大连市								
吉林省		20		20			62	
黑龙江省		50		105			86	
上海市								
江苏省								
浙江省								
其中:宁波市								
安徽省								
福建省								
其中:厦门市								
江西省			30				92	
山东省								
其中:青岛市								
河南省	4						5	
湖北省								
湖南省							5	
广东省								
其中:深圳市								
广西壮族自治区								16
海南省								
重庆市					2295			1040
四川省								
贵州省								
云南省							9	
西藏自治区								
陕西省								
甘肃省								
青海省								
宁夏回族自治区								
新疆维吾尔自治区							27	100

2－166－12

单位:万元

地区	其他资本性支出						
	小计	房屋建筑物购建	办公设备购置	专用设备购置	交通工具购置	基础设施建设	大型修缮
地方合计	**13803**	**6679**	**122**	**31**	**123**	**77**	**187**
北京市	9110	6633					
天津市							
河北省	25						
山西省	36	11					25
内蒙古自治区							
辽宁省	288		1			2	
其中:大连市							
吉林省	5						
黑龙江省	261		4	23	18	75	139
上海市	77		46	6			
江苏省	1		1				
浙江省	1		1				
其中:宁波市							
安徽省	20		6		2		
福建省							
其中:厦门市							
江西省	24		3		2		
山东省	88	35	6	2	45		
其中:青岛市	51		6		45		
河南省	49				21		
湖北省							
湖南省	7		2		5		
广东省	5						
其中:深圳市							
广西壮族自治区	104		35		25		23
海南省							
重庆市	200						
四川省	3418						
贵州省	3		1				
云南省	30						
西藏自治区							
陕西省	51		16		5		
甘肃省							
青海省							
宁夏回族自治区							
新疆维吾尔自治区							

2－166－13

单位:万元

地　　区	其他资本性支出						
	信息网络购　建	物资储备	土地补偿	安置补助	地上附着物和青苗补偿	拆迁补偿	其他资本性支　出
地　方　合　计	**27**	**3649**	**30**	**102**	**51**		**2725**
北京市							2477
天津市							
河北省		25					
山西省							
内蒙古自治区							
辽宁省		132		102	51		
其中:大连市							
吉林省		5					
黑龙江省		2					
上海市	25						
江苏省							
浙江省							
其中:宁波市							
安徽省		12					
福建省							
其中:厦门市							
江西省		15					4
山东省							
其中:青岛市							
河南省		5					23
湖北省							
湖南省							
广东省		5					
其中:深圳市							
广西壮族自治区							21
海南省							
重庆市							200
四川省		3418					
贵州省	2						
云南省		30					
西藏自治区							
陕西省			30				
甘肃省							
青海省							
宁夏回族自治区							
新疆维吾尔自治区							

2－166－14

单位:万元

地　　区	贷款转贷及产权参股					其他支出		
	小　计	国内贷款	国外贷款	产权参股	其他贷款转贷及产权参股支出	小　计	补充全国社会保障基金	其他支出
地方合计						**1559**		**1559**
北京市						476		476
天津市								
河北省								
山西省								
内蒙古自治区						100		100
辽宁省						310		310
其中:大连市						300		300
吉林省								
黑龙江省								
上海市								
江苏省						11		11
浙江省								
其中:宁波市								
安徽省						7		7
福建省						4		4
其中:厦门市								
江西省								
山东省								
其中:青岛市						35		35
河南省						48		48
湖北省						2		2
湖南省						47		47
广东省						470		470
其中:深圳市								
广西壮族自治区						43		43
海南省						1		1
重庆市								
四川省						40		40
贵州省								
云南省								
西藏自治区								
陕西省								
甘肃省								
青海省								
宁夏回族自治区								
新疆维吾尔自治区								

2007 年各省、自治区、直辖市金融业支出明细表

2－167－1

单位:万元

地　　区	合　计	工资福利支出				
		小　计	基本工资	津贴补贴	奖　金	社会保障缴　费
地　方　合　计	**816726**	**1568**	**416**	**613**	**319**	**128**
北京市	19439					
天津市	20119					
河北省	64184					
山西省	66362	3	3			
内蒙古自治区	13971	24	8	6	1	3
辽宁省	42495	236	97	119	15	4
其中:大连市	31016	115	32	71	10	2
吉林省	58186	14	4	3		2
黑龙江省	66442					
上海市	113616					
江苏省	31535	174	22	29	28	31
浙江省	10747	211			211	
其中:宁波市	3699	193			193	
安徽省	58890					
福建省	1564	5				
其中:厦门市	100					
江西省	6438					
山东省	9230	4	2	1		1
其中:青岛市	60					
河南省	22660					
湖北省	28281	15	12	3		
湖南省	29741	280	105	113	31	29
广东省	59054	547	131	325	30	53
其中:深圳市	32268	138	13	68	10	47
广西壮族自治区	12295					
海南省	482					
重庆市	10444	7	6	1		
四川省	7547					
贵州省	406	5		5		
云南省	8268					
西藏自治区	42					
陕西省	15543					
甘肃省	31296	1	1			
青海省	10					
宁夏回族自治区	533	42	25	8	3	5
新疆维吾尔自治区	6906					

2－167－2

单位:万元

地区	工资福利支出				商品和服务支出		
	伙食费	伙食补助费	绩效工资	其他工资福利支出	小计	办公费	印刷费
地方合计		**2**	**5**	**85**	**181260**	**38518**	**381**
北京市					15000		
天津市					1401		
河北省					1976	203	11
山西省					7414	526	59
内蒙古自治区				6	2630	205	7
辽宁省				1	1959	754	29
其中:大连市					493	361	3
吉林省			5		1782	152	
黑龙江省					41603	33397	60
上海市					424		
江苏省				64	15933	201	
浙江省					3866	292	
其中:宁波市					323	61	
安徽省					5204	89	
福建省				5	521	22	11
其中:厦门市							
江西省					3389	57	
山东省					2051	1367	
其中:青岛市							
河南省					9044	31	
湖北省					15644	96	
湖南省		1		1	3525	124	3
广东省		1		7	34782	243	178
其中:深圳市					32125	59	150
广西壮族自治区					772	37	
海南省					76	13	
重庆市					256	69	1
四川省					667	117	
贵州省					254	59	3
云南省					6353	162	6
西藏自治区					30		
陕西省					271	84	13
甘肃省					225	168	
青海省					10	10	
宁夏回族自治区				1	40	2	
新疆维吾尔自治区					4158	38	

2－167－3

单位:万元

地　　区	商品和服务支出						
	咨询费	手续费	水　费	电　费	邮电费	取暖费	物　业 管理费
地　方　合　计	**19**	**973**	**42**	**147**	**108**	**155**	**40**
北京市							
天津市							
河北省	3	77	2	4	1	2	
山西省		32	7	14	4	37	
内蒙古自治区		32	8	7		15	
辽宁省		74	4	10	20	21	5
其中:大连市			2	8	8	6	5
吉林省		136	3	4		1	
黑龙江省	10	21	4	46	16	70	10
上海市							
江苏省				12	10		6
浙江省							
其中:宁波市							
安徽省		16					
福建省		44	1	4			
其中:厦门市							
江西省		57					
山东省		10					
其中:青岛市							
河南省							
湖北省		98					
湖南省		34	2	5	21	2	5
广东省	3	233	3	28	21		13
其中:深圳市			2	12	3		
广西壮族自治区		11					
海南省							
重庆市	1	31	1	4	2		1
四川省		27	2	3	1		
贵州省		1					
云南省		7					
西藏自治区							
陕西省	2	24	5	6	9	2	
甘肃省		2				4	
青海省							
宁夏回族自治区					3	1	
新疆维吾尔自治区		6					

2-167-4　　　　单位:万元

地　区	商品和服务支出					
	交通费	差旅费	出国费	维修(护)费	租赁费	会议费
地　方　合　计	**461**	**595**	**31**	**2198**	**425**	**1388**
北京市						
天津市						
河北省	53	73		65	55	17
山西省	25	16		32		6
内蒙古自治区	9	26		33		2
辽宁省	73	50		11	75	38
其中:大连市	22	10			50	5
吉林省	5	3		37		23
黑龙江省	22	24		1518		32
上海市						
江苏省	16	10		31		15
浙江省						1
其中:宁波市						1
安徽省		1				1
福建省	42	2				4
其中:厦门市						
江西省						
山东省						4
其中:青岛市						
河南省				176	263	
湖北省	2	2		1		
湖南省	31	35		2		57
广东省	150	323	31	258		1130
其中:深圳市	98	237		1		914
广西壮族自治区				5		
海南省						
重庆市	8	10		1	2	12
四川省		1				5
贵州省	3	2		23		6
云南省	4	6		3		21
西藏自治区						
陕西省	14	5		2	30	14
甘肃省						
青海省						
宁夏回族自治区	4	6				
新疆维吾尔自治区						

2－167－5　　　　单位:万元

地区	商品和服务支出						
	培训费	招待费	专用材料费	被装购置费	专用燃料费	劳务费	委托业务费
地方合计	**192**	**300**	**688**	**2**		**217**	**717**
北京市							
天津市							
河北省	3	5	192				
山西省	12						15
内蒙古自治区	4	11				11	30
辽宁省	14	2	26			1	472
其中:大连市	11	1					
吉林省	8		10				
黑龙江省	24	8	214			10	
上海市							
江苏省	2	25	80				
浙江省			45				
其中:宁波市							
安徽省		5	34				
福建省	6			2			49
其中:厦门市							
江西省							
山东省			21				20
其中:青岛市							
河南省							
湖北省		26					
湖南省	3	14				151	18
广东省	51	156	60			19	96
其中:深圳市		11					
广西壮族自治区							
海南省							
重庆市	6	10	2			3	
四川省						7	
贵州省		3					
云南省	8	30				1	5
西藏自治区	30						
陕西省	21	2					10
甘肃省							
青海省							
宁夏回族自治区		3	4				
新疆维吾尔自治区						14	2

二、地方财政预算收支情况

2－167－6　　单位:万元

地　区	商品和服务支出			对个人和家庭的补助			
	工会经费	福利费	其他商品和服务支出	小　计	离休费	退休费	退职(役)费
地方合计	**12**	**160**	**133491**	**2261**	**22**	**102**	
北京市			15000				
天津市			1401				
河北省		2	1208	156			
山西省		125	6504	156			
内蒙古自治区			2230	103			
辽宁省	1	1	278	401			
其中:大连市	1			1			
吉林省			1400	3			
黑龙江省			6117	344			
上海市			424				
江苏省		28	15497	174			
浙江省			3528				
其中:宁波市			261				
安徽省			5058	350			
福建省			334				
其中:厦门市							
江西省			3275				
山东省			629	16			
其中:青岛市							
河南省			8574	19			
湖北省			15419				
湖南省	4	3	3011	170	22	102	
广东省	7	1	31778	74			
其中:深圳市			30638				
广西壮族自治区			719				
海南省			63				
重庆市			92				
四川省			504	135			
贵州省			154	10			
云南省			6100	140			
西藏自治区							
陕西省			28				
甘肃省			51				
青海省							
宁夏回族自治区			17	2			
新疆维吾尔自治区			4098	8			

2－167－7

单位:万元

地　区	对个人和家庭的补助						
	抚恤金	生活补助	救济费	医疗费	助学金	奖励金	生产补贴
地方合计	**3**	**561**		**7**	**24**	**588**	**227**
北京市							
天津市							
河北省						156	
山西省							156
内蒙古自治区					24	2	71
辽宁省		389					
其中:大连市							
吉林省							
黑龙江省		172				120	
上海市							
江苏省						29	
浙江省							
其中:宁波市							
安徽省						53	
福建省							
其中:厦门市							
江西省							
山东省						15	
其中:青岛市							
河南省							
湖北省							
湖南省	3			7		12	
广东省						5	
其中:深圳市							
广西壮族自治区							
海南省							
重庆市							
四川省						133	
贵州省						7	
云南省						48	
西藏自治区							
陕西省							
甘肃省							
青海省							
宁夏回族自治区							
新疆维吾尔自治区						8	

二、地方财政预算收支情况

2－167－8　　　　　　　　　　　　　　　　　　　　单位:万元

地　　区	对个人和家庭的补助				对企事业单位的补贴		
	住房公积金	提租补贴	购房补贴	其他对个人和家庭的补助支出	小计	企业政策性补贴	事业单位补贴
地方合计	**80**	**21**	**8**	**618**	**361071**	**49839**	**1214**
北京市					3218		
天津市					17655	8205	
河北省					59262	1558	254
山西省					32206	6152	99
内蒙古自治区				6	9503		
辽宁省	5	6	1		37889	1371	16
其中:大连市			1		30154	454	
吉林省	3				12487		
黑龙江省				52	19029	14020	
上海市					94192	7282	
江苏省	12		2	131	8472	1513	20
浙江省					2139	990	20
其中:宁波市					933	933	
安徽省	21			276	48904	3523	
福建省					613	100	
其中:厦门市					100	100	
江西省					1139	1007	
山东省			1		5633	1736	
其中:青岛市							
河南省		15		4	2937	450	
湖北省					1876	1518	
湖南省	12		4	8			
广东省	22			47	426	2	205
其中:深圳市							
广西壮族自治区					140	62	
海南省					108	108	
重庆市					51	23	
四川省				2	1454	156	600
贵州省	3				8		
云南省				92	271	40	
西藏自治区							
陕西省							
甘肃省					932	23	
青海省							
宁夏回族自治区	2						
新疆维吾尔自治区					527		

2－167－9　　　　单位:万元

地　　区	对企事业单位的补贴		赠与			债务利息支出	
	财政贴息	其他对企事业单位的补贴支出	小计	对国内的赠与	对国外的赠与	小计	国库券付息
地方合计	**17280**	**292738**				**1297**	
北京市	1918	1300					
天津市		9450					
河北省	800	56650					
山西省	1467	24488					
内蒙古自治区	180	9323				395	
辽宁省	4565	31937				838	
其中:大连市		29700					
吉林省	21	12466					
黑龙江省	2733	2276					
上海市	118	86792					
江苏省	1061	5878					
浙江省	324	805					
其中:宁波市							
安徽省	262	45119					
福建省	63	450					
其中:厦门市							
江西省	132						
山东省	2589	1308					
其中:青岛市							
河南省	570	1917					
湖北省	99	259					
湖南省							
广东省		219					
其中:深圳市							
广西壮族自治区	74	4					
海南省							
重庆市		28					
四川省	260	438				50	
贵州省	8						
云南省	14	217					
西藏自治区							
陕西省							
甘肃省		909				14	
青海省							
宁夏回族自治区							
新疆维吾尔自治区	22	505					

二、地方财政预算收支情况

2－167－10

单位:万元

地区	债务利息支出					基本建设支出	
	向国家银行借款付息	其他国内借款付息	向国外政府借款付息	向国际组织借款付息	其他国外借款付息	小计	房屋建筑物购建
地方合计	**395**	**902**				**5522**	**2869**
北京市							
天津市							
河北省							
山西省						40	
内蒙古自治区	395						
辽宁省		838					
其中:大连市							
吉林省							
黑龙江省							
上海市							
江苏省						4269	2803
浙江省						75	66
其中:宁波市							
安徽省						171	
福建省							
其中:厦门市							
江西省							
山东省						341	
其中:青岛市							
河南省						61	
湖北省							
湖南省						561	
广东省							
其中:深圳市							
广西壮族自治区						4	
海南省							
重庆市							
四川省		50					
贵州省							
云南省							
西藏自治区							
陕西省							
甘肃省		14					
青海省							
宁夏回族自治区							
新疆维吾尔自治区							

2－167－11

单位:万元

地区	基本建设支出							
	办公设备购置	专用设备购置	交通工具购置	基础设施建设	大型修缮	信息网络购建	物资储备	其他基本建设支出
地方合计	**65**	**844**		**513**	**280**	**366**		**585**
北京市								
天津市								
河北省								
山西省	20					20		
内蒙古自治区								
辽宁省								
其中:大连市								
吉林省								
黑龙江省								
上海市								
江苏省	32	617		513	280			24
浙江省	9							
其中:宁波市								
安徽省		166				5		
福建省								
其中:厦门市								
江西省								
山东省						341		
其中:青岛市								
河南省		61						
湖北省								
湖南省								561
广东省								
其中:深圳市								
广西壮族自治区	4							
海南省								
重庆市								
四川省								
贵州省								
云南省								
西藏自治区								
陕西省								
甘肃省								
青海省								
宁夏回族自治区								
新疆维吾尔自治区								

2－167－12

单位:万元

地　　区	其他资本性支出						
	小　计	房屋建筑物购　　建	办公设备购　　置	专用设备购　　置	交通工具购　　置	基础设施建　　设	大型修缮
地　方　合　计	**37032**	**112**	**378**	**111**	**250**	**1922**	**658**
北京市	975						
天津市	1063					563	500
河北省	235		1				
山西省	2146		65	43		81	
内蒙古自治区	401	10	3	3		287	
辽宁省	591		44		100		
其中:大连市	135		35		100		
吉林省	200		100		100		
黑龙江省	4914		6			678	
上海市							
江苏省	156						
浙江省							
其中:宁波市							
安徽省	2301	102	24				
福建省							
其中:厦门市							
江西省	131						
山东省	371		13	8			
其中:青岛市							
河南省	22		22				
湖北省	213						
湖南省	317		25		25		
广东省	1887		38		25		158
其中:深圳市	5		5				
广西壮族自治区							
海南省	53		3	50			
重庆市	5149					295	
四川省	404						
贵州省	64		2				
云南省	38		25			8	
西藏自治区	12		7	5			
陕西省	15237					10	
甘肃省							
青海省							
宁夏回族自治区	2			2			
新疆维吾尔自治区	150						

2－167－13

单位:万元

地　　区	其他资本性支出						
	信息网络购建	物资储备	土地补偿	安置补助	地上附着物和青苗补偿	拆迁补偿	其他资本性支出
地方合计	**685**	**133**					**32783**
北京市							975
天津市							
河北省	17						217
山西省	8						1949
内蒙古自治区	13						85
辽宁省							447
其中:大连市							
吉林省							
黑龙江省	284						3946
上海市							
江苏省							156
浙江省							
其中:宁波市							
安徽省							2175
福建省							
其中:厦门市							
江西省							131
山东省	350						
其中:青岛市							
河南省							
湖北省		133					80
湖南省							267
广东省	5						1661
其中:深圳市							
广西壮族自治区							
海南省							
重庆市							4854
四川省	3						401
贵州省							62
云南省	5						
西藏自治区							
陕西省							15227
甘肃省							
青海省							
宁夏回族自治区							
新疆维吾尔自治区							150

二、地方财政预算收支情况

2－167－14 　　单位:万元

地区	贷款转贷及产权参股					其他支出		
	小计	国内贷款	国外贷款	产权参股	其他贷款转贷及产权参股支出	小计	补充全国社会保障基金	其他支出
地方合计	**95829**			**76829**	**19000**	**130886**		**130886**
北京市						246		246
天津市								
河北省						2555		2555
山西省						24397		24397
内蒙古自治区						915		915
辽宁省						581		581
其中:大连市						118		118
吉林省	43700			43700				
黑龙江省						552		552
上海市	19000				19000			
江苏省						2357		2357
浙江省						4456		4456
其中:宁波市						2250		2250
安徽省						1960		1960
福建省						425		425
其中:厦门市								
江西省	66			66		1713		1713
山东省						814		814
其中:青岛市						60		60
河南省						10577		10577
湖北省	1000			1000		9533		9533
湖南省						24888		24888
广东省						21338		21338
其中:深圳市								
广西壮族自治区						11379		11379
海南省						245		245
重庆市						4981		4981
四川省						4837		4837
贵州省						65		65
云南省						1466		1466
西藏自治区								
陕西省						35		35
甘肃省	30000			30000		124		124
青海省								
宁夏回族自治区						447		447
新疆维吾尔自治区	2063			2063				

2007 年各省、自治区、直辖市烟草事务支出明细表

2－168－1　　　　单位:万元

地　区	合　计	工资福利支出				
		小　计	基本工资	津贴补贴	奖　金	社会保障缴　费
地方合计	**92702**	**997**	**532**	**267**	**149**	**9**
北京市	578					
天津市	35					
河北省	132	5	4	1		
山西省	108	65	55	6	4	
内蒙古自治区	214	22	11	9	2	
辽宁省	269					
其中:大连市	32					
吉林省	252					
黑龙江省	240					
上海市	339					
江苏省	7875					
浙江省	458					
其中:宁波市						
安徽省	333	29	15	10		
福建省	4					
其中:厦门市						
江西省	57	19	13		1	
山东省	447					
其中:青岛市	4					
河南省	1728	91	47	36	5	1
湖北省	3903					
湖南省	55552	147	95	13	21	8
广东省	1028					
其中:深圳市						
广西壮族自治区	2103	56	34	13	7	
海南省						
重庆市	1318	20	14	3	1	
四川省	1829	29	18	7	4	
贵州省	1152	88	50	35	3	
云南省	11912	294	90	102	97	
西藏自治区	10					
陕西省	416	45	37	7	1	
甘肃省	308	83	47	23	3	
青海省	18	4	2	2		
宁夏回族自治区	7					
新疆维吾尔自治区	77					

2－168－2

单位:万元

地　　区	工资福利支出				商品和服务支出		
	伙食费	伙　食 补助费	绩效 工资	其他工资 福利支出	小　计	办公费	印刷费
地　方　合　计		**5**		**35**	**23442**	**2362**	**25**
北京市					184		
天津市					35	11	
河北省					97	85	
山西省					25	9	3
内蒙古自治区					190	10	
辽宁省					47	10	1
其中:大连市					8	8	
吉林省					162	43	
黑龙江省					240	130	
上海市					339		
江苏省					529	3	
浙江省					190	10	
其中:宁波市							
安徽省		2		2	175	12	1
福建省					1		
其中:厦门市							
江西省				5	15		
山东省					420	21	
其中:青岛市					4		
河南省				2	115	78	
湖北省					2822	35	
湖南省				10	2938	83	3
广东省					188	40	
其中:深圳市							
广西壮族自治区				2	1682	72	1
海南省							
重庆市				2	430	16	
四川省					758	21	3
贵州省					827	23	1
云南省		3		2	10413	1429	6
西藏自治区					10		
陕西省					345	45	4
甘肃省				10	212	165	2
青海省					1		
宁夏回族自治区					7		
新疆维吾尔自治区					45	11	

2 - 168 - 3

单位:万元

地 区	商品和服务支出						
	咨询费	手续费	水 费	电 费	邮电费	取暖费	物业管理费
地方合计	**4**	**4**	**11**	**27**	**40**	**10**	**2**
北京市							
天津市							
河北省							
山西省			2	2	1	3	
内蒙古自治区							
辽宁省		3				1	
其中:大连市							
吉林省							
黑龙江省							
上海市							
江苏省							
浙江省							
其中:宁波市							
安徽省				4	1		
福建省							
其中:厦门市							
江西省							
山东省							
其中:青岛市							
河南省					1		
湖北省				2			
湖南省			1	1	11	5	
广东省							
其中:深圳市							
广西壮族自治区	4		4	9	3		
海南省							
重庆市				1	4		
四川省			1	2	3		
贵州省					1		
云南省			3	4	12		
西藏自治区							
陕西省				1			
甘肃省		1		1	3	1	
青海省							
宁夏回族自治区							2
新疆维吾尔自治区							

2－168－4

单位:万元

地　　区	商品和服务支出					
	交通费	差旅费	出国费	维修(护)费	租赁费	会议费
地方合计	**599**	**352**	**19**	**104**	**7**	**307**
北京市						
天津市						
河北省		6				
山西省						2
内蒙古自治区						
辽宁省		2				3
其中:大连市						
吉林省	83					
黑龙江省						
上海市						
江苏省						
浙江省						
其中:宁波市						
安徽省	7	1	8			4
福建省						
其中:厦门市						
江西省		3				
山东省				3		13
其中:青岛市						
河南省	4	1				
湖北省						
湖南省	54	43		1		66
广东省						
其中:深圳市						
广西壮族自治区	65	35		6		28
海南省						
重庆市	4	2				7
四川省	12	4		1	6	4
贵州省	15	3				2
云南省	336	245	11	28		124
西藏自治区						
陕西省	2	2		65	1	54
甘肃省	17	5				
青海省						
宁夏回族自治区						
新疆维吾尔自治区						

2－168－5

单位:万元

地　　区	商品和服务支出						
	培训费	招待费	专用材料费	被装购置费	专用燃料费	劳务费	委托业务费
地　方　合　计	**314**	**390**	**138**		**20**	**165**	**18**
北京市							
天津市							
河北省							
山西省							
内蒙古自治区							
辽宁省							
其中:大连市							
吉林省							
黑龙江省			82			12	
上海市							
江苏省							
浙江省							
其中:宁波市							
安徽省	12	7	4			4	
福建省							
其中:厦门市							
江西省		3					
山东省							
其中:青岛市							
河南省	1	2					18
湖北省							
湖南省	5	77	2			5	
广东省							
其中:深圳市							
广西壮族自治区	20	25			7		
海南省							
重庆市		9					
四川省	1	6	1			1	
贵州省	3	6	31			3	
云南省	168	250	17		13	139	
西藏自治区							
陕西省	100	2					
甘肃省	4	3	1			1	
青海省							
宁夏回族自治区							
新疆维吾尔自治区							

二、地方财政预算收支情况

2－168－6

单位:万元

地　区	商品和服务支出			对个人和家庭的补助			
	工会经费	福利费	其他商品和服务支出	小　计	离休费	退休费	退职(役)费
地方合计	**1**	**56**	**18467**	**1959**		**50**	
北京市			184				
天津市			24				
河北省			6				
山西省			3				
内蒙古自治区			180				
辽宁省			27				
其中:大连市							
吉林省			36				
黑龙江省			16				
上海市			339				
江苏省			526	21			
浙江省			180				
其中:宁波市							
安徽省			110	84			
福建省			1				
其中:厦门市							
江西省			9	8		5	
山东省			383	12			
其中:青岛市			4				
河南省			10	50			
湖北省			2785	10			
湖南省		3	2578	5			
广东省			148				
其中:深圳市							
广西壮族自治区		2	1401	12		6	
海南省							
重庆市			387				
四川省		6	686	890			
贵州省			739	83		17	
云南省	1	45	7582	735		6	
西藏自治区			10				
陕西省			69	17		16	
甘肃省			8				
青海省			1				
宁夏回族自治区			5				
新疆维吾尔自治区			34	32			

2－168－7

单位:万元

地　　区	对个人和家庭的补助						
	抚恤金	生活补助	救济费	医疗费	助学金	奖励金	生产补贴
地方合计	**4**	**1**				**1155**	**582**
北京市							
天津市							
河北省							
山西省							
内蒙古自治区							
辽宁省							
其中:大连市							
吉林省							
黑龙江省							
上海市							
江苏省							
浙江省							
其中:宁波市							
安徽省							84
福建省							
其中:厦门市							
江西省						3	
山东省						12	
其中:青岛市							
河南省							49
湖北省						10	
湖南省							
广东省							
其中:深圳市							
广西壮族自治区						4	2
海南省							
重庆市							
四川省	4	1				860	
贵州省							28
云南省						234	419
西藏自治区							
陕西省							
甘肃省							
青海省							
宁夏回族自治区							
新疆维吾尔自治区						32	

2－168－8

单位:万元

地　　区	对个人和家庭的补助				对企事业单位的补贴		
	住　房 公积金	提租 补贴	购房 补贴	其他对个人 和家庭的 补助支出	小　计	企业政策性 补　　贴	事业单位 补　　贴
地　方　合　计	**5**		**37**	**125**	**47145**	**97**	**148**
北京市					2		
天津市							
河北省					5		
山西省							
内蒙古自治区					2		1
辽宁省					135		110
其中:大连市							
吉林省					90		
黑龙江省							
上海市							
江苏省				21	41	4	28
浙江省					21		
其中:宁波市							
安徽省					12	9	
福建省							
其中:厦门市							
江西省					9	5	
山东省					14		
其中:青岛市							
河南省				1	1350	3	
湖北省					918		
湖南省	3			2	44300		
广东省					10		
其中:深圳市							
广西壮族自治区					34		
海南省							
重庆市					38	38	
四川省				25	55		
贵州省	1		37		13		3
云南省				76	89	38	4
西藏自治区							
陕西省	1				5		
甘肃省					2		2
青海省							
宁夏回族自治区							
新疆维吾尔自治区							

2－168－9　　　　单位:万元

地　　区	对企事业单位的补贴		赠　与			债务利息支出	
	财政贴息	其他对企事业单位的补贴支出	小　计	对国内的赠　与	对国外的赠　与	小　计	国库券付　息
地　方　合　计		**46900**					
北京市		2					
天津市							
河北省		5					
山西省							
内蒙古自治区		1					
辽宁省		25					
其中:大连市							
吉林省		90					
黑龙江省							
上海市							
江苏省		9					
浙江省		21					
其中:宁波市							
安徽省		3					
福建省							
其中:厦门市							
江西省		4					
山东省		14					
其中:青岛市							
河南省		1347					
湖北省		918					
湖南省		44300					
广东省		10					
其中:深圳市							
广西壮族自治区		34					
海南省							
重庆市							
四川省		55					
贵州省		10					
云南省		47					
西藏自治区							
陕西省		5					
甘肃省							
青海省							
宁夏回族自治区							
新疆维吾尔自治区							

2－168－10

单位:万元

地区	债务利息支出					基本建设支出	
	向国家银行借款付息	其他国内借款付息	向国外政府借款付息	向国际组织借款付息	其他国外借款付息	小计	房屋建筑物购建
地方合计						**15**	
北京市							
天津市							
河北省							
山西省							
内蒙古自治区							
辽宁省							
其中:大连市							
吉林省							
黑龙江省							
上海市							
江苏省							
浙江省							
其中:宁波市							
安徽省							
福建省							
其中:厦门市							
江西省							
山东省							
其中:青岛市							
河南省							
湖北省							
湖南省							
广东省							
其中:深圳市							
广西壮族自治区							
海南省							
重庆市							
四川省							
贵州省							
云南省						15	
西藏自治区							
陕西省							
甘肃省							
青海省							
宁夏回族自治区							
新疆维吾尔自治区							

2－168－11

单位:万元

地　　区	基本建设支出							
	办公设备购置	专用设备购置	交通工具购置	基础设施建设	大型修缮	信息网络购建	物资储备	其他基本建设支出
地方合计	**15**							
北京市								
天津市								
河北省								
山西省								
内蒙古自治区								
辽宁省								
其中:大连市								
吉林省								
黑龙江省								
上海市								
江苏省								
浙江省								
其中:宁波市								
安徽省								
福建省								
其中:厦门市								
江西省								
山东省								
其中:青岛市								
河南省								
湖北省								
湖南省								
广东省								
其中:深圳市								
广西壮族自治区								
海南省								
重庆市								
四川省								
贵州省								
云南省	15							
西藏自治区								
陕西省								
甘肃省								
青海省								
宁夏回族自治区								
新疆维吾尔自治区								

2－168－12

单位:万元

地　　区	其他资本性支出						
	小　计	房屋建筑物购　　建	办公设备购　　置	专用设备购　　置	交通工具购　　置	基础设施建　　设	大型修缮
地　方　合　计	**1015**	**38**	**54**	**125**	**120**	**134**	**6**
北京市	382						
天津市							
河北省	20						
山西省	18		18				
内蒙古自治区							
辽宁省	4		4				
其中:大连市	4		4				
吉林省							
黑龙江省							
上海市							
江苏省	9						
浙江省							
其中:宁波市							
安徽省							
福建省							
其中:厦门市							
江西省	1	1					
山东省							
其中:青岛市							
河南省	120			120			
湖北省							
湖南省							
广东省	36						
其中:深圳市							
广西壮族自治区	33		15		18		
海南省							
重庆市							
四川省	10						
贵州省	80					80	
云南省	285	37	12	5	94	50	6
西藏自治区							
陕西省	4					4	
甘肃省	5		5				
青海省	8				8		
宁夏回族自治区							
新疆维吾尔自治区							

2-168-13

单位:万元

地　　区	其他资本性支出						
	信息网络购　建	物资储备	土地补偿	安置补助	地上附着物和青苗补偿	拆迁补偿	其他资本性支　出
地方合计							**538**
北京市							382
天津市							
河北省							20
山西省							
内蒙古自治区							
辽宁省							
其中:大连市							
吉林省							
黑龙江省							
上海市							
江苏省							9
浙江省							
其中:宁波市							
安徽省							
福建省							
其中:厦门市							
江西省							
山东省							
其中:青岛市							
河南省							
湖北省							
湖南省							
广东省							36
其中:深圳市							
广西壮族自治区							
海南省							
重庆市							
四川省							10
贵州省							
云南省							81
西藏自治区							
陕西省							
甘肃省							
青海省							
宁夏回族自治区							
新疆维吾尔自治区							

2－168－14

单位:万元

地　　区	贷款转贷及产权参股					其他支出		
	小　计	国内贷款	国外贷款	产权参股	其他贷款转贷及产权参股支出	小　计	补充全国社会保障基金	其他支出
地方合计						**18129**		**18129**
北京市						10		10
天津市								
河北省						5		5
山西省								
内蒙古自治区								
辽宁省						83		83
其中:大连市						20		20
吉林省								
黑龙江省								
上海市								
江苏省						7275		7275
浙江省						247		247
其中:宁波市								
安徽省						33		33
福建省						3		3
其中:厦门市								
江西省						5		5
山东省						1		1
其中:青岛市								
河南省						2		2
湖北省						153		153
湖南省						8162		8162
广东省						794		794
其中:深圳市								
广西壮族自治区						286		286
海南省								
重庆市						830		830
四川省						87		87
贵州省						61		61
云南省						81		81
西藏自治区								
陕西省								
甘肃省						6		6
青海省						5		5
宁夏回族自治区								
新疆维吾尔自治区								

2007 年各省、自治区、直辖市安全生产支出明细表

2 – 169 – 1

单位:万元

地区	合计	工资福利支出				
		小计	基本工资	津贴补贴	奖金	社会保障缴费
地方合计	**835571**	**193364**	**83406**	**59731**	**25766**	**7187**
北京市	22067	3919	1024	1370	665	48
天津市	3131	1513	473	794	155	7
河北省	71287	10509	5810	3081	381	363
山西省	105598	22343	10688	6328	1638	1471
内蒙古自治区	11262	3647	1873	1290	220	37
辽宁省	102793	6388	3079	2619	321	200
其中:大连市	13620	870	314	417	103	28
吉林省	21898	3842	2212	1105	216	64
黑龙江省	10837	4164	2274	1501	280	36
上海市	11863	3765	882	578	1871	110
江苏省	47449	13405	3746	3478	4157	537
浙江省	42806	16189	3523	3390	6187	1201
其中:宁波市	7039	3099	480	537	1535	334
安徽省	20192	3862	2013	1067	225	77
福建省	7866	2894	1114	808	327	109
其中:厦门市	1859	646	194	158	59	17
江西省	21692	4903	2529	1240	359	162
山东省	33198	9288	4118	3601	538	591
其中:青岛市	3059	1658	473	734	156	161
河南省	26527	10549	6279	3323	311	361
湖北省	17484	5078	2408	1600	490	163
湖南省	22487	7570	3699	2231	726	339
广东省	59811	15069	4697	6499	1722	496
其中:深圳市	13969	2994	604	1404	475	99
广西壮族自治区	9665	3335	1717	1018	381	19
海南省	1175	478	238	166	49	3
重庆市	13097	3913	1634	1303	370	64
四川省	50499	10356	4587	2035	2130	224
贵州省	30770	7834	4125	2609	503	68
云南省	22383	6431	2712	2788	545	106
西藏自治区	1415	798	291	397	49	19
陕西省	17787	4360	2470	1190	307	96
甘肃省	14490	3249	1681	1281	162	8
青海省	4912	409	128	127	24	12
宁夏回族自治区	1726	467	204	206	26	3
新疆维吾尔自治区	7404	2837	1178	708	431	193

二、地方财政预算收支情况

2－169－2

单位:万元

地区	工资福利支出				商品和服务支出		
	伙食费	伙食补助费	绩效工资	其他工资福利支出	小计	办公费	印刷费
地方合计	**182**	**1400**	**667**	**15025**	**321105**	**28687**	**8035**
北京市	8	5	121	678	11576	410	228
天津市	21	15		48	1323	96	32
河北省	11	198	13	652	13563	1566	374
山西省	12	185	94	1927	64939	2495	733
内蒙古自治区		5		222	6233	685	149
辽宁省	16	29	20	104	13760	1691	601
其中:大连市		4	4		1787	425	50
吉林省		12	147	86	4434	643	209
黑龙江省	12	27		34	5232	1061	179
上海市	2	29		293	5716	198	100
江苏省	21	197	91	1178	16060	1202	420
浙江省	11	204		1673	19239	1045	629
其中:宁波市	7	39		167	3239	268	82
安徽省		43	4	433	6692	792	168
福建省		19	33	484	3528	297	76
其中:厦门市		12	8	198	729	60	8
江西省		9		604	6498	596	147
山东省	10	39	6	385	10115	1673	411
其中:青岛市		9		125	1023	74	40
河南省	7	25		243	13480	2825	484
湖北省	3	26	60	328	9525	675	266
湖南省	4	45	4	522	10017	970	202
广东省	13	89	10	1543	29875	2207	985
其中:深圳市		50		362	8371	588	492
广西壮族自治区		4		196	5060	469	67
海南省	1	2		19	620	34	47
重庆市		19	2	521	7107	782	203
四川省	14	42	15	1309	21740	1624	379
贵州省		17	3	509	10611	1216	250
云南省		31	3	246	11391	1808	200
西藏自治区	1			41	440	31	3
陕西省	4	35	30	228	5415	748	267
甘肃省	2		3	112	2345	377	89
青海省	1	7	2	108	497	57	22
宁夏回族自治区	1	1		26	963	77	18
新疆维吾尔自治区	7	41	6	273	3111	337	97

2 – 169 – 3

单位:万元

地　　区	商品和服务支出						
	咨询费	手续费	水　费	电　费	邮电费	取暖费	物　业 管理费
地　方　合　计	**613**	**182**	**903**	**3126**	**6299**	**2539**	**886**
北京市	10	32	11	70	41	76	9
天津市	26		3	9	41	14	3
河北省	4	2	65	202	388	369	14
山西省	12	26	204	527	523	795	20
内蒙古自治区	5	2	15	28	141	77	8
辽宁省	19	57	18	245	358	336	68
其中:大连市	5		1	4	39	24	
吉林省	31	1	11	43	145	199	1
黑龙江省	2		24	61	117	204	14
上海市	4	4	3	33	77		1
江苏省	81	5	38	199	343	13	100
浙江省	31	12	21	128	375		60
其中:宁波市	9		2	28	51		28
安徽省	10		7	54	124	3	15
福建省	8		3	24	101		9
其中:厦门市	5			2	4		
江西省	16	1	14	82	178	10	7
山东省	9	3	55	112	374	169	67
其中:青岛市				14	40	15	
河南省	14	10	75	207	347	33	40
湖北省	5	1	39	149	196	13	8
湖南省	11	1	20	99	175	4	44
广东省	97	4	134	300	594		227
其中:深圳市	87		10	40	81		139
广西壮族自治区	3		3	35	155		
海南省				1	13		
重庆市	31		30	140	211		64
四川省	26	8	49	175	515	8	21
贵州省	4	2	15	72	180	12	37
云南省	6		13	39	201		25
西藏自治区			2	4	9	6	
陕西省	96	8	16	44	176	69	14
甘肃省	3		8	18	87	45	
青海省	44			2	10	12	4
宁夏回族自治区			1	2	17	2	3
新疆维吾尔自治区	5	3	6	22	87	70	3

2－169－4 单位:万元

地　区	商品和服务支出					
	交通费	差旅费	出国费	维修(护)费	租赁费	会议费
地　方　合　计	**31788**	**13695**	**1372**	**8140**	**5247**	**17882**
北京市	478	90	115	315	297	487
天津市	159	27	23	125	266	65
河北省	2125	732	15	246	361	892
山西省	3506	1340	15	1664	555	1624
内蒙古自治区	1064	550	22	206	91	132
辽宁省	1835	642	70	740	457	777
其中:大连市	132	44	40	210	32	182
吉林省	841	407	28	413	83	320
黑龙江省	970	431	3	298	125	232
上海市	371	111	70	22	86	446
江苏省	1472	677	102	214	223	1179
浙江省	1331	829	249	178	472	1503
其中:宁波市	164	169	43	7	46	353
安徽省	567	311	40	131	135	285
福建省	425	203	59	61	14	230
其中:厦门市	51	14	3	2		5
江西省	765	393	18	218	63	178
山东省	1446	379	27	264	411	898
其中:青岛市	172	49	2	1	25	62
河南省	1908	680	41	322	430	987
湖北省	836	390	23	119	48	780
湖南省	1153	444	26	179	47	726
广东省	2154	888	261	966	471	1786
其中:深圳市	404	239	112	220	170	253
广西壮族自治区	717	331	13	60	47	159
海南省	104	76	2	3	7	35
重庆市	923	571		102	43	978
四川省	2022	1307	19	381	182	1260
贵州省	1573	411	18	162	57	453
云南省	1140	449	46	332	52	693
西藏自治区	78	46		6	1	57
陕西省	811	324	20	158	96	427
甘肃省	350	147	19	144	70	123
青海省	41	45		1	17	31
宁夏回族自治区	114	104	9	4	9	70
新疆维吾尔自治区	509	360	19	106	31	69

2－169－5

单位:万元

地　　区	商品和服务支出						
	培训费	招待费	专用材料费	被装购置费	专用燃料费	劳务费	委托业务费
地　方　合　计	**15274**	**20153**	**6911**	**1422**	**1458**	**8356**	**1825**
北京市	393	145	557			266	261
天津市	54	48	52	2	3	56	
河北省	363	799	159	43	47	766	360
山西省	1319	1427	975	84	561	596	75
内蒙古自治区	153	219	72	132	56	88	18
辽宁省	747	559	354	98	103	1614	53
其中:大连市	196	37	86	54	3	213	
吉林省	323	173	230	1	61	100	14
黑龙江省	127	220	213	48	64	54	
上海市	522	236	1			124	
江苏省	1061	1399	210	51	30	670	39
浙江省	1779	1696	113	88	9	664	49
其中:宁波市	257	246		80	7	118	5
安徽省	261	416	125	53		78	19
福建省	232	359	106	10	7	151	84
其中:厦门市	16	39	24	4		85	2
江西省	216	810	272	117	18	48	18
山东省	369	513	510	114	30	116	32
其中:青岛市	76	62	5	44		9	
河南省	788	1303	689	46	133	315	32
湖北省	343	714	62	13	14	52	126
湖南省	420	1424	85	41	39	108	18
广东省	1346	1915	458	158	12	926	289
其中:深圳市	307	257	241			274	64
广西壮族自治区	120	469	49	29	3	87	1
海南省	29	26	2	2		9	
重庆市	349	457	18		47	411	6
四川省	2257	1738	546	71	13	362	131
贵州省	328	1095	79	35	43	236	70
云南省	698	1198	768	75	9	59	27
西藏自治区	18	36		1	2		
陕西省	318	392	85	49	79	120	93
甘肃省	111	137	10	35	68	36	5
青海省	103	29			2		
宁夏回族自治区	6	48	5		2		
新疆维吾尔自治区	121	153	106	26	3	244	5

2－169－6

单位:万元

地　　区	商品和服务支出			对个人和家庭的补助			
	工会经费	福利费	其他商品和服务支出	小　计	离休费	退休费	退职(役)费
地　方　合　计	**1395**	**3660**	**131257**	**21079**	**537**	**5012**	**15**
北京市	31	31	7223	362		13	
天津市	3	6	210	208		38	
河北省	47	151	3473	1343	42	203	
山西省	179	658	45026	3497	131	1273	
内蒙古自治区	8	66	2246	142		19	
辽宁省	39	163	2116	858	3	52	
其中:大连市	4	6		193			
吉林省	5	32	120	394	12	173	
黑龙江省	11	102	672	678	27	432	2
上海市	90	82	3135	163		16	
江苏省	165	286	5881	1959	75	716	
浙江省	209	534	7235	2185	30	205	5
其中:宁波市	30	20	1226	223		12	
安徽省	21	41	3036	456	45	161	
福建省	40	41	988	232		17	
其中:厦门市	6	8	391	85			
江西省	19	260	2034	477	26	208	
山东省	35	61	2037	1240		26	
其中:青岛市	9	3	321	199		18	
河南省	54	189	1528	437	64	212	
湖北省	30	93	4530	1011	37	458	
湖南省	67	100	3614	446	5	13	4
广东省	107	284	13306	1385		44	1
其中:深圳市	36	67	4290	342		7	
广西壮族自治区	7	27	2209	391	17	124	
海南省	4		226	15		11	
重庆市	26	48	1667	200		19	
四川省	84	126	8436	1123	14	309	2
贵州省	21	65	4177	704		106	1
云南省	63	44	3446	481	2	23	
西藏自治区	4	2	134	28		8	
陕西省	11	60	934	233	4	27	
甘肃省	7	20	436	60		7	
青海省		15	62	4			
宁夏回族自治区		1	471	19		7	
新疆维吾尔自治区	8	72	649	348	3	92	

2－169－7

单位:万元

地　　区	对个人和家庭的补助						
	抚恤金	生活补助	救济费	医疗费	助学金	奖励金	生产补贴
地　方　合　计	**319**	**754**	**114**	**509**	**6**	**4293**	**287**
北京市				7		1	
天津市		6		2		1	
河北省	16	22	1	6		468	
山西省	67	157	5	82	4	1047	
内蒙古自治区	15	1	5	6		47	
辽宁省	27	35	16	12		315	18
其中:大连市	10					164	18
吉林省	5	102	1	7		38	
黑龙江省	8	8		12		94	
上海市				3		2	
江苏省	13	73	36	77		182	
浙江省	11	20	6	62		600	6
其中:宁波市	7	2		2		25	
安徽省	4	14	2	3		22	4
福建省		9		2		38	
其中:厦门市		1		1		6	
江西省	13	13		30		3	
山东省	2	39	10	27		35	11
其中:青岛市						13	11
河南省	16	17	3	16		26	
湖北省	5	20	6	54		1	150
湖南省	18	10	5	35		119	2
广东省	4	62	2	12	1	243	86
其中:深圳市		3				72	
广西壮族自治区	24	13		1		67	
海南省						3	
重庆市		7	4	14		37	
四川省	43	82	2	7		286	2
贵州省	5	14	6	5		317	6
云南省	9	11		13	1	181	1
西藏自治区			2			2	
陕西省	6	11		8		17	1
甘肃省	3	3		1		1	
青海省						4	
宁夏回族自治区						5	
新疆维吾尔自治区	5	5	2	5		91	

2－169－8

单位:万元

地　　区	对个人和家庭的补助				对企事业单位的补贴		
	住房公积金	提租补贴	购房补贴	其他对个人和家庭的补助支出	小计	企业政策性补贴	事业单位补贴
地方合计	**4184**	**625**	**1086**	**3338**	**125151**	**47824**	**1157**
北京市	247	51	3	40			
天津市	150	2	1	8			
河北省	86	3		496	41674	3	24
山西省	455	6	1	269	10889	9	156
内蒙古自治区	31		8	10	155	20	15
辽宁省	114	175	20	71	38226	38167	53
其中:大连市		1			2167	2114	53
吉林省	53	3					
黑龙江省	44	10		41			
上海市	9		1	132	1250	1250	
江苏省	315	63	102	307	761	108	
浙江省	770	2	11	457	1690	281	5
其中:宁波市	8			167	200	56	
安徽省	102	2		97	7771	7274	4
福建省	89	49	10	18	5		1
其中:厦门市	38	27	10	2	4		
江西省	91		22	71	5		5
山东省	228	53	709	100	9986		290
其中:青岛市	45	40	10	62	10		
河南省	62		2	19	30		
湖北省	160	3	4	113	58		
湖南省	136			99	51	1	30
广东省	397	202	62	269	954		435
其中:深圳市		199	58	3	435		435
广西壮族自治区	41	1		103	35		
海南省	1						
重庆市	34			85	13		13
四川省	127		16	233	273	20	14
贵州省	104		100	40	8877		17
云南省	63		13	164	1484	691	95
西藏自治区	5			11			
陕西省	130			29			
甘肃省	40			5	14		
青海省					950		
宁夏回族自治区	3			4			
新疆维吾尔自治区	97		1	47			

2-169-9

单位:万元

地　　区	对企事业单位的补贴		赠　与			债务利息支出	
	财政贴息	其他对企事业单位的补贴支出	小　计	对国内的赠　与	对国外的赠　与	小　计	国库券付　息
地　方　合　计	**185**	**75985**	**11**	**11**			
北京市							
天津市							
河北省		41647					
山西省		10724					
内蒙古自治区		120					
辽宁省		6					
其中:大连市							
吉林省							
黑龙江省							
上海市							
江苏省		653	1	1			
浙江省		1404	2	2			
其中:宁波市		144					
安徽省	175	318					
福建省		4					
其中:厦门市		4					
江西省							
山东省		9696					
其中:青岛市		10					
河南省		30					
湖北省		58	6	6			
湖南省		20					
广东省		519					
其中:深圳市							
广西壮族自治区		35					
海南省							
重庆市							
四川省		239					
贵州省		8860	2	2			
云南省	10	688					
西藏自治区							
陕西省							
甘肃省		14					
青海省		950					
宁夏回族自治区							
新疆维吾尔自治区							

二、地方财政预算收支情况

2－169－10

单位：万元

地区	债务利息支出					基本建设支出	
	向国家银行借款付息	其他国内借款付息	向国外政府借款付息	向国际组织借款付息	其他国外借款付息	小计	房屋建筑物购建
地方合计						**104191**	**9041**
北京市						1499	
天津市							
河北省						912	
山西省						6	
内蒙古自治区						163	66
辽宁省						37973	
其中：大连市						7483	
吉林省						12242	
黑龙江省							
上海市						10	
江苏省						8703	8609
浙江省						492	30
其中：宁波市							
安徽省						140	
福建省						306	
其中：厦门市						15	
江西省						8813	
山东省						157	
其中：青岛市							
河南省						416	
湖北省						153	117
湖南省						314	
广东省						358	
其中：深圳市							
广西壮族自治区						65	
海南省							
重庆市						59	
四川省						12562	50
贵州省						959	
云南省						190	20
西藏自治区						24	
陕西省						6106	
甘肃省						8499	4
青海省						2875	
宁夏回族自治区							
新疆维吾尔自治区						195	145

2－169－11

单位:万元

地　　区	基本建设支出							
	办公设备购　　置	专用设备购　　置	交通工具购　　置	基础设施建　　设	大型修缮	信息网络购　　建	物资储备	其他基本建设支出
地　方　合　计	**606**	**2080**	**854**	**55504**	**79**	**2380**		**33647**
北京市	15	87				1397		
天津市								
河北省	27	809	76					
山西省	6							
内蒙古自治区			97					
辽宁省	2	1	15	30413				7542
其中:大连市								7483
吉林省				12222	9	11		
黑龙江省								
上海市	10							
江苏省	13	5	57	12	5	2		
浙江省	103	13	192	25		129		
其中:宁波市								
安徽省	11	15	5					109
福建省	34	10	95			167		
其中:厦门市			15					
江西省	3		19					8791
山东省	6	6	65	66	9	5		
其中:青岛市								
河南省	33	59	43		13	268		
湖北省	14					22		
湖南省	63	63	30	150		8		
广东省	142	25	81	61	29	20		
其中:深圳市								
广西壮族自治区	6	22	17			20		
海南省								
重庆市	18					1		40
四川省	9	8		12408	10			77
贵州省	85	874						
云南省	2	70		1				97
西藏自治区			24					
陕西省	2	13		136				5955
甘肃省				4		330		8161
青海省								2875
宁夏回族自治区								
新疆维吾尔自治区	2		38	6	4			

二、地方财政预算收支情况

2－169－12

单位：万元

地　　区	其他资本性支出						
	小　计	房屋建筑物购　　建	办公设备购　　置	专用设备购　　置	交通工具购　　置	基础设施建　　设	大型修缮
地　方　合　计	**52035**	**6010**	**7152**	**6677**	**17213**	**2064**	**3166**
北京市	3229		185	113	201	3	595
天津市	87		35	2	50		
河北省	2052	220	490	206	977	32	38
山西省	3834	96	528	438	1280	111	812
内蒙古自治区	922		174	66	556		3
辽宁省	5568	865	483	1417	1146	626	442
其中：大连市	1120	381	19	106	106	228	280
吉林省	956	30	103	72	276	440	5
黑龙江省	763		154	74	492		
上海市	857	20	121	101	137		
江苏省	2117	4	505	372	507		325
浙江省	1512	1	396	168	700	1	78
其中：宁波市	187		49	54	83	1	
安徽省	967		106	190	620		14
福建省	574		93	47	332	57	25
其中：厦门市	99		13	6	72		
江西省	850	121	97	84	428		
山东省	2286		434	435	556	45	120
其中：青岛市	121		20	23	78		
河南省	1574	9	291	232	680		62
湖北省	745	24	105	59	232	2	14
湖南省	768	25	122	180	319	40	19
广东省	9566	4040	642	494	2824	28	280
其中：深圳市	671		97	153	189		
广西壮族自治区	732	24	67	71	254		100
海南省	62		34		28		
重庆市	1328	100	92	508	243	41	
四川省	3830	245	555	885	1426	311	65
贵州省	1581	42	309	11	953	1	12
云南省	2150	40	422	53	573	63	3
西藏自治区	21		20	1			
陕西省	1670	1	325	52	762	261	147
甘肃省	266	5	65	11	161	1	
青海省	120		18	1	101		
宁夏回族自治区	142		38	26	78		
新疆维吾尔自治区	906	98	143	308	321	1	7

2－169－13

单位:万元

地　　区	其他资本性支出						
	信息网络购　建	物资储备	土地补偿	安置补助	地上附着物和青苗补偿	拆迁补偿	其他资本性支　出
地　方　合　计	**2684**	**40**	**402**	**336**		**732**	**5559**
北京市	184			330		723	895
天津市							
河北省	44						45
山西省	122						447
内蒙古自治区	91						32
辽宁省	143		301				145
其中:大连市							
吉林省							30
黑龙江省	43						
上海市	261						217
江苏省	29						375
浙江省	62						106
其中:宁波市							
安徽省	15	10					12
福建省	12						8
其中:厦门市							8
江西省	40						80
山东省	253			6			437
其中:青岛市							
河南省	127	10	100				63
湖北省	223						86
湖南省	1						62
广东省	363		1				894
其中:深圳市	11						221
广西壮族自治区	12						204
海南省							
重庆市	5						339
四川省	198	20					125
贵州省	246						7
云南省	55					9	932
西藏自治区							
陕西省	114						8
甘肃省	19						4
青海省							
宁夏回族自治区							
新疆维吾尔自治区	22						6

二、地方财政预算收支情况

2－169－14

单位:万元

地区	贷款转贷及产权参股					其他支出		
	小计	国内贷款	国外贷款	产权参股	其他贷款转贷及产权参股支出	小计	补充全国社会保障基金	其他支出
地方合计						**18635**		**18635**
北京市						1482		1482
天津市								
河北省						1234		1234
山西省						90		90
内蒙古自治区								
辽宁省						20		20
其中:大连市								
吉林省						30		30
黑龙江省								
上海市						102		102
江苏省						4443		4443
浙江省						1497		1497
其中:宁波市						91		91
安徽省						304		304
福建省						327		327
其中:厦门市						281		281
江西省						146		146
山东省						126		126
其中:青岛市						48		48
河南省						41		41
湖北省						908		908
湖南省						3321		3321
广东省						2604		2604
其中:深圳市						1156		1156
广西壮族自治区						47		47
海南省								
重庆市						477		477
四川省						615		615
贵州省						202		202
云南省						256		256
西藏自治区						104		104
陕西省						3		3
甘肃省						57		57
青海省						57		57
宁夏回族自治区						135		135
新疆维吾尔自治区						7		7

2007 年各省、自治区、直辖市国有资产监管支出明细表

2－170－1

单位:万元

地　　区	合　计	工资福利支出				
		小　计	基本工资	津贴补贴	奖　金	社会保障缴　费
地　方　合　计	**415621**	**92732**	**35619**	**34420**	**13324**	**3016**
北京市	20327	5864	1542	2140	1480	52
天津市	1923	591	171	368	47	2
河北省	35438	8840	4022	3748	355	280
山西省	8105	2756	1449	881	150	106
内蒙古自治区	3267	919	515	325	43	6
辽宁省	13563	4940	2053	2469	130	188
其中:大连市	2261	812	245	500	20	41
吉林省	21342	1663	734	737	95	95
黑龙江省	4285	1219	538	411	199	31
上海市	14025	6959	1841	814	3503	291
江苏省	38551	2725	921	774	801	96
浙江省	9060	3250	787	581	1287	174
其中:宁波市	1925	810	131	145	423	73
安徽省	8050	2730	930	1109	295	66
福建省	4016	1757	559	725	149	117
其中:厦门市	932	455	89	242	27	2
江西省	4934	2466	1421	841	50	69
山东省	38064	4166	1496	1942	453	136
其中:青岛市	3478	1046	252	573	144	74
河南省	11770	4647	2268	2006	224	112
湖北省	13701	4039	1576	1456	546	170
湖南省	16827	2915	1191	976	212	174
广东省	51743	9689	2628	4313	1436	365
其中:深圳市	5962	2009	307	1009	314	90
广西壮族自治区	7664	1624	634	679	275	5
海南省	6993	1511	535	205	85	2
重庆市	8540	1213	494	654	53	8
四川省	28788	4040	1671	1419	692	61
贵州省	19315	2383	1179	747	211	188
云南省	3979	1280	563	600	58	56
西藏自治区	3903	1733	554	1063	84	21
陕西省	8268	3513	1800	1208	208	40
甘肃省	3616	1603	770	738	55	6
青海省	1652	278	154	88	14	20
宁夏回族自治区	1045	463	172	241	26	
新疆维吾尔自治区	2867	956	451	162	108	79

2-170-2

单位:万元

地　　区	工资福利支出				商品和服务支出		
	伙食费	伙　食 补助费	绩效 工资	其他工资 福利支出	小　计	办公费	印刷费
地　方　合　计	**142**	**538**	**186**	**5487**	**150381**	**10877**	**1880**
北京市		9	7	634	11814	331	40
天津市				3	1001	76	2
河北省		177	34	224	5844	827	197
山西省		10	14	146	4692	509	118
内蒙古自治区		9		21	1502	253	29
辽宁省	1	29	6	64	4394	619	74
其中:大连市		1	5		487	43	4
吉林省				2	5230	150	24
黑龙江省		21		19	2402	653	41
上海市	57	30		423	6421	388	77
江苏省	13	21		99	5660	805	71
浙江省	2	97		322	3867	204	91
其中:宁波市		10		28	659	47	3
安徽省	49	32	11	238	2830	103	47
福建省			26	181	1672	207	24
其中:厦门市				95	398	13	4
江西省	1	1		83	1801	184	20
山东省		8		131	6656	445	128
其中:青岛市				3	2327	25	13
河南省				37	3776	557	83
湖北省	16	5	8	262	7724	601	132
湖南省		8		354	9937	297	86
广东省	1	21	40	885	20593	903	93
其中:深圳市		9		280	3592	116	18
广西壮族自治区	1			30	1432	134	40
海南省		4	2	678	5207	149	13
重庆市				4	2325	213	15
四川省	1	16		180	9642	748	149
贵州省		1		57	13602	258	15
云南省		3			2173	324	27
西藏自治区				11	1072	87	3
陕西省		30	38	189	3705	471	153
甘肃省		1		33	1694	162	71
青海省				2	211	31	
宁夏回族自治区		1		23	383	32	12
新疆维吾尔自治区		4		152	1119	156	5

2－170－3

单位:万元

地　　区	商品和服务支出						
	咨询费	手续费	水　费	电　费	邮电费	取暖费	物　业 管理费
地　方　合　计	**427**	**784**	**320**	**1239**	**2707**	**1861**	**1385**
北京市	62		5	13	41	376	76
天津市					17	1	
河北省		18	27	71	216	573	9
山西省	28	4	8	56	122	91	10
内蒙古自治区		139	3	7	54	49	7
辽宁省	34	42	12	72	188	284	1
其中:大连市	22	10	1	24	13	33	
吉林省			6	37	42	106	84
黑龙江省		116	2	35	39	75	9
上海市	9	314	14	40	143		80
江苏省	4		5	32	87		15
浙江省	9	26	6	81	134		137
其中:宁波市				2	10		61
安徽省			8	36	60	4	17
福建省	13		3	29	52		22
其中:厦门市				1	4		
江西省			10	27	59	13	15
山东省	22	1	28	69	169	78	183
其中:青岛市	1			23	16	11	49
河南省	26	1	22	45	119	46	37
湖北省			20	72	65	8	14
湖南省	42	1	30	65	65		45
广东省	75	13	25	153	333		354
其中:深圳市	48	2	1	19	68		195
广西壮族自治区			2	22	49		
海南省	5			2	31		16
重庆市	4	87	13	34	26		61
四川省	23	5	29	101	204	9	116
贵州省	38		7	27	60	3	22
云南省	1		10	16	54		5
西藏自治区			7	41	42	17	
陕西省	8	15	16	29	108	62	2
甘肃省	22			12	71	37	3
青海省				6	4	11	15
宁夏回族自治区			1		11	1	24
新疆维吾尔自治区	2	2	1	9	42	17	6

二、地方财政预算收支情况

2－170－4　　　　　　　　　　　　　　　　　　　　　　　　　　单位：万元

地　　区	商品和服务支出					
	交通费	差旅费	出国费	维修(护)费	租赁费	会议费
地　方　合　计	**9225**	**6243**	**1368**	**3232**	**4683**	**7602**
北京市	396	27	57	77	292	392
天津市	33	5		2		13
河北省	695	740	32	123	190	561
山西省	347	317		137	264	132
内蒙古自治区	204	218		21	151	48
辽宁省	581	287	18	47	186	100
其中：大连市	79	28	4	2	141	17
吉林省	123	101	22	270	67	73
黑龙江省	192	208	3	96	231	115
上海市	425	105	344	28	429	380
江苏省	369	213	45	19	505	805
浙江省	190	203	207	252	203	248
其中：宁波市	31	58	46	4		28
安徽省	167	153	28	21	31	141
福建省	169	147	64	43	68	129
其中：厦门市	28	55		3		3
江西省	198	174	13	48	9	130
山东省	477	298	74	71	448	539
其中：青岛市	59	84	19	8	3	105
河南省	490	357	64	500	9	211
湖北省	366	235	45	80	8	512
湖南省	325	200	11	46	134	309
广东省	996	436	75	252	620	852
其中：深圳市	249	94	1	19	21	157
广西壮族自治区	142	77		23	10	32
海南省	179	135	29	5		111
重庆市	109	115		40	201	139
四川省	586	392	69	498	269	564
贵州省	327	152	16	32	93	159
云南省	187	161	18	43	60	221
西藏自治区	117	172		181		79
陕西省	485	273	37	229	64	280
甘肃省	168	110	89	39	140	244
青海省	3	28		4		6
宁夏回族自治区	56	41	2	5	1	31
新疆维吾尔自治区	123	163	6			46

2－170－5

单位:万元

地区	商品和服务支出						
	培训费	招待费	专用材料费	被装购置费	专用燃料费	劳务费	委托业务费
地方合计	**3596**	**5128**	**458**	**236**	**116**	**6353**	**4246**
北京市	374	116	3	13		63	316
天津市	8	10	1				
河北省	371	98	11	3	1	71	14
山西省	67	67	8			64	273
内蒙古自治区	45	45	1		6	6	12
辽宁省	87	86	28		1	219	9
其中:大连市	31	15	7				
吉林省	35	39			3	95	77
黑龙江省	55	19				326	14
上海市	245	267		11		81	17
江苏省	244	247	8			44	226
浙江省	190	347	3	1		127	57
其中:宁波市	17	59		1		41	46
安徽省	24	63	12	100	11	44	1049
福建省	40	80				58	
其中:厦门市	14	12				18	
江西省	57	196		2	5	14	
山东省	238	127	2		9	1991	62
其中:青岛市	19	35				1776	
河南省	99	148	66	12	56	275	158
湖北省	215	283	36	4	2	92	30
湖南省	77	409		2		1137	3
广东省	419	785	21		2	769	483
其中:深圳市	120	86	1		1	43	243
广西壮族自治区	34	113		9	4	74	27
海南省	26	101	1	1		8	
重庆市	19	35	190	2		152	41
四川省	164	616	8	3		276	915
贵州省	83	230	10	25		58	17
云南省	93	126			2	101	104
西藏自治区	83	58					
陕西省	146	291	28	15	12	143	124
甘肃省	29	83	18		1	19	93
青海省	2	7	1	33		6	32
宁夏回族自治区	10	17				1	11
新疆维吾尔自治区	17	19	2		1	39	82

2－170－6

单位:万元

地　　区	商品和服务支出			对个人和家庭的补助			
	工会经费	福利费	其他商品和服务支出	小　计	离休费	退休费	退职(役)费
地　方　合　计	**807**	**1804**	**73804**	**23779**	**2482**	**10889**	**9**
北京市	70	19	8655	799		142	
天津市	7	6	820	74		4	
河北省	85	184	727	3158	573	1678	
山西省	8	38	2024	420	139	181	2
内蒙古自治区		22	182	114			
辽宁省	37	24	1358	445		26	
其中:大连市	5	8		36		4	
吉林省	6	14	3856	167	4	123	
黑龙江省	15	10	148	129		58	
上海市	52	94	2878	252		29	
江苏省	22	245	1649	6394	984	4262	
浙江省	57	502	592	435	4	88	
其中:宁波市	11	11	183	30		3	
安徽省	19	12	680	655	36	270	
福建省	31	22	471	176		5	
其中:厦门市	13	5	225	73			
江西省	17	36	574	408	28	293	
山东省	37	10	1150	663	6	108	2
其中:青岛市	8	1	72	63	7	41	
河南省	19	24	352	1216	189	748	
湖北省	39	66	4799	1194	185	806	1
湖南省	26	52	6575	226	3	99	
广东省	79	140	12715	802		69	
其中:深圳市	17	49	2024	86		41	
广西壮族自治区	13	11	616	140		64	
海南省	4	1	4390	146	7		
重庆市	12	6	811	116			
四川省	50	64	3784	2579	7	80	
贵州省	20	88	11862	1483	282	776	1
云南省	13	7	600	92		4	
西藏自治区	26		159	909	10	823	1
陕西省	12	56	646	365	25	100	2
甘肃省	24	31	228	83		33	
青海省		7	15	56			
宁夏回族自治区	2		125	8		7	
新疆维吾尔自治区	5	13	363	75		13	

2-170-7

单位:万元

地　　区	对个人和家庭的补助						
	抚恤金	生活补助	救济费	医疗费	助学金	奖励金	生产补贴
地　方　合　计	**493**	**1749**	**12**	**418**	**10**	**490**	**12**
北京市		58		94	10		
天津市						1	
河北省	169	486		14		11	
山西省	1	1	1	5			
内蒙古自治区		110					
辽宁省	9	38	5	5		200	
其中:大连市	3	24					
吉林省	2			1		1	
黑龙江省		1				1	
上海市	6	20		2		2	
江苏省	111	400		27			
浙江省	9	2		20		18	
其中:宁波市				7			
安徽省	35	23		1		7	
福建省		3		13			
其中:厦门市							
江西省	6			20			
山东省	6	17		32		8	
其中:青岛市	5	1				1	
河南省	2	242	1	10			
湖北省	18	70		13		3	
湖南省	6	4		28			5
广东省	3	3	2	47		60	1
其中:深圳市		1				1	
广西壮族自治区		2		1		6	
海南省							
重庆市				58			
四川省	9	117	2			37	
贵州省	33	76				47	
云南省						79	
西藏自治区	7	4		16		9	
陕西省	7	69	1	8			
甘肃省	2	3		2			6
青海省	49			1			
宁夏回族自治区							
新疆维吾尔自治区	3						

2－170－8

单位:万元

地区	对个人和家庭的补助				对企事业单位的补贴		
	住房公积金	提租补贴	购房补贴	其他对个人和家庭的补助支出	小计	企业政策性补贴	事业单位补贴
地方合计	**2690**	**373**	**556**	**3596**	**40841**	**8415**	**1145**
北京市	349	87	6	53	76	22	
天津市	66	1		2			
河北省	152	3		72	15015	7516	
山西省	71	3		16			
内蒙古自治区				4	69		
辽宁省	71	86		5	1144	1	1107
其中:大连市	4	1			855		855
吉林省	30	5		1	118	18	
黑龙江省	68	1			236	136	
上海市	20		6	167			
江苏省	82	130	20	378	15476		8
浙江省	262		2	30	67		
其中:宁波市	7			13			
安徽省	245	5	7	26	495		2
福建省	91	49		15	114		
其中:厦门市	37	35		1			
江西省	59			2			
山东省	108		354	22			
其中:青岛市				8			
河南省	5		1	18			
湖北省	57		25	16	51		
湖南省	61			20	2		
广东省	411	3	46	157	2017		
其中:深圳市			39	4	119		
广西壮族自治区	23			44	2789		
海南省				139	47		
重庆市	28			30	205		
四川省	111			2216	1046		18
贵州省	133		89	46	1274	338	10
云南省	9				143		
西藏自治区	22			17			
陕西省	84			69	67		
甘肃省	32			5	106	100	
青海省	2			4			
宁夏回族自治区				1	89	89	
新疆维吾尔自治区	38			21	195	195	

2－170－9

单位:万元

地　　区	对企事业单位的补贴		赠与			债务利息支出	
	财政贴息	其他对企事业单位的补贴支出	小　计	对国内的赠　与	对国外的赠　与	小　计	国库券付　息
地　方　合　计	**11565**	**19716**					
北京市		54					
天津市							
河北省	202	7297					
山西省							
内蒙古自治区	15	54					
辽宁省		36					
其中:大连市							
吉林省		100					
黑龙江省		100					
上海市							
江苏省	11348	4120					
浙江省		67					
其中:宁波市							
安徽省		493					
福建省		114					
其中:厦门市							
江西省							
山东省							
其中:青岛市							
河南省							
湖北省		51					
湖南省		2					
广东省		2017					
其中:深圳市		119					
广西壮族自治区		2789					
海南省		47					
重庆市		205					
四川省		1028					
贵州省		926					
云南省		143					
西藏自治区							
陕西省		67					
甘肃省		6					
青海省							
宁夏回族自治区							
新疆维吾尔自治区							

二、地方财政预算收支情况

2－170－10　　　　单位:万元

地　　区	债务利息支出					基本建设支出	
	向国家银行借款付息	其他国内借款付息	向国外政府借款付息	向国际组织借款付息	其他国外借款付息	小　计	房屋建筑物购建
地　方　合　计						**14296**	**4517**
北京市						18	
天津市							
河北省							
山西省							
内蒙古自治区							
辽宁省						70	
其中:大连市						70	
吉林省							
黑龙江省						40	
上海市							
江苏省						47	
浙江省						45	4
其中:宁波市						11	
安徽省							
福建省							
其中:厦门市							
江西省						15	
山东省						41	1
其中:青岛市						20	
河南省						1	
湖北省						35	
湖南省						1563	
广东省						8	
其中:深圳市							
广西壮族自治区						160	160
海南省						3	
重庆市						4272	4160
四川省						7126	
贵州省						52	
云南省						101	
西藏自治区							
陕西省							
甘肃省						8	
青海省						289	
宁夏回族自治区							
新疆维吾尔自治区						402	192

2－170－11　　　　单位:万元

地区	基本建设支出							
	办公设备购置	专用设备购置	交通工具购置	基础设施建设	大型修缮	信息网络购建	物资储备	其他基本建设支出
地方合计	**421**	**35**	**143**	**76**	**169**	**108**		**8827**
北京市	18							
天津市								
河北省								
山西省								
内蒙古自治区								
辽宁省						70		
其中:大连市						70		
吉林省								
黑龙江省				40				
上海市								
江苏省			47					
浙江省	39	1						1
其中:宁波市	10							1
安徽省								
福建省								
其中:厦门市								
江西省	15							
山东省	40							
其中:青岛市	20							
河南省	1							
湖北省						35		
湖南省	31				32			1500
广东省	8							
其中:深圳市								
广西壮族自治区								
海南省	3							
重庆市	16		96					
四川省	26			35	37			7028
贵州省	52							
云南省				1	100			
西藏自治区								
陕西省								
甘肃省						3		5
青海省								289
宁夏回族自治区								
新疆维吾尔自治区	172	34						4

2－170－12

单位:万元

地　　区	其他资本性支出						
	小　计	房屋建筑物购　建	办公设备购　置	专用设备购　置	交通工具购　置	基础设施建　设	大型修缮
地　方　合　计	**63600**	**10052**	**2743**	**114**	**2626**	**880**	**320**
北京市	1093		99		37		
天津市	257		52		25		10
河北省	308		197		74		15
山西省	234		53	1	115		60
内蒙古自治区	559		62		141		
辽宁省	1427	48	57	1	9		1
其中:大连市	1		1				
吉林省	954		21	33			
黑龙江省	259	68	113		78		
上海市	329		148		68		
江苏省	7722		46		25		101
浙江省	241		93		108		
其中:宁波市	44		5		39		
安徽省	235		68	2	74		30
福建省	151		69		71		
其中:厦门市	3		3				
江西省	149		43		43		2
山东省	26431		191		86		22
其中:青岛市	22				22		
河南省	305	85	138	1	78		
湖北省	443		239	8	151		1
湖南省	231		67	1	82		
广东省	17154	9665	209	44	224		43
其中:深圳市	29		11		18		
广西壮族自治区	1297		46		274		
海南省	79		49		30		
重庆市	220		4				
四川省	998	100	238	12	154	1	23
贵州省	376	70	29		55		
云南省	190		49		91	50	
西藏自治区	189		14		175		
陕西省	618	16	157	10	222	13	12
甘肃省	122		90	1	30		
青海省	818		2			816	
宁夏回族自治区	91		4		87		
新疆维吾尔自治区	120		96		19		

2－170－13

单位:万元

地　　区	其他资本性支出						
	信息网络购　建	物资储备	土地补偿	安置补助	地上附着物和青苗补偿	拆迁补偿	其他资本性支　出
地　方　合　计	**806**	**36**	**30**	**26942**	**30**	**58**	**18963**
北京市	119						838
天津市	1						169
河北省	20						2
山西省							5
内蒙古自治区	2					58	296
辽宁省	33			1272			6
其中:大连市							
吉林省							900
黑龙江省							
上海市	104						9
江苏省							7550
浙江省	40						
其中:宁波市							
安徽省	61						
福建省	11						
其中:厦门市							
江西省	48						13
山东省	122			25657			353
其中:青岛市							
河南省							3
湖北省	40						4
湖南省	3						78
广东省	58	36	30		30		6815
其中:深圳市							
广西壮族自治区	77			1			899
海南省							
重庆市	2						214
四川省	60						410
贵州省				12			210
云南省							
西藏自治区							
陕西省	5						183
甘肃省							1
青海省							
宁夏回族自治区							
新疆维吾尔自治区							5

二、地方财政预算收支情况

2－170－14　　　　　　　　　　　　　　　　　　　　　　　　　　单位:万元

地　　区	贷款转贷及产权参股					其他支出		
	小　计	国内贷款	国外贷款	产权参股	其他贷款转贷及产权参股支出	小　计	补充全国社会保障基金	其他支出
地方合计	**4149**	**92**		**2794**	**1263**	**25843**		**25843**
北京市	586			586		77		77
天津市								
河北省	2208			2208		65		65
山西省						3		3
内蒙古自治区						104		104
辽宁省						1143		1143
其中:大连市								
吉林省						13210		13210
黑龙江省								
上海市						64		64
江苏省						527		527
浙江省						1155		1155
其中:宁波市						371		371
安徽省	1100				1100	5		5
福建省						146		146
其中:厦门市						3		3
江西省						95		95
山东省	92	92				15		15
其中:青岛市								
河南省						1825		1825
湖北省						215		215
湖南省						1953		1953
广东省						1480		1480
其中:深圳市						127		127
广西壮族自治区						222		222
海南省								
重庆市	163				163	26		26
四川省						3357		3357
贵州省						145		145
云南省								
西藏自治区								
陕西省								
甘肃省								
青海省								
宁夏回族自治区						11		11
新疆维吾尔自治区								

2007 年各省、自治区、直辖市中小企业事务支出明细表

2－171－1

单位:万元

地　　区	合　计	工资福利支出				
		小　计	基本工资	津贴补贴	奖　金	社会保障缴　费
地　方　合　计	**3455576**	**104142**	**52473**	**29020**	**11527**	**5171**
北京市	291556	1570	420	580	312	34
天津市	55564	2058	859	958	91	44
河北省	72005	9338	5384	2604	437	433
山西省	37181	6372	3693	1971	255	133
内蒙古自治区	82788	2258	1301	776	88	26
辽宁省	166180	4311	2259	1354	154	343
其中:大连市	94879	457	185	145	48	56
吉林省	38466	2800	1464	952	149	96
黑龙江省	64557	4761	2573	1558	451	75
上海市	905501	956	353	341	196	32
江苏省	295041	4466	1740	879	972	406
浙江省	170062	11216	2357	2386	4344	1180
其中:宁波市	80201	4673	823	887	2126	570
安徽省	170864	2498	1332	814	110	61
福建省	55052	1562	661	385	65	109
其中:厦门市	3101	24	2	6	7	2
江西省	57387	5530	3495	1151	456	121
山东省	138591	7290	3763	2249	321	672
其中:青岛市	9998	1160	405	349	143	218
河南省	106807	8935	6072	2243	220	154
湖北省	103119	5978	2695	1808	862	303
湖南省	109527	2676	1507	488	204	218
广东省	91245	2082	979	629	154	151
其中:深圳市	14466	542	103	258	71	18
广西壮族自治区	62548	2115	1140	434	202	273
海南省	52816	43	42	1		
重庆市	22560	1459	852	360	155	31
四川省	94715	4046	2211	728	819	78
贵州省	23541	2111	1060	712	136	110
云南省	59736	1184	460	489	87	14
西藏自治区	9782	440	148	266	15	9
陕西省	46481	3016	1983	774	114	43
甘肃省	16412	2973	1622	1115	138	20
青海省	13497					
宁夏回族自治区	8213	21	13	3	1	
新疆维吾尔自治区	33782	77	35	12	19	2

2－171－2

单位:万元

地　　区	工资福利支出				商品和服务支出		
	伙食费	伙　食 补助费	绩效 工资	其他工资 福利支出	小　计	办公费	印刷费
地　方　合　计	**124**	**813**	**457**	**4557**	**933053**	**43216**	**4906**
北京市			66	158	88678	77	80
天津市		13	11	82	5181	138	4
河北省	29	288	7	156	16926	1758	2464
山西省	2	27	18	273	6950	686	154
内蒙古自治区				67	20106	268	45
辽宁省	15	16	38	132	10296	1126	238
其中:大连市		3	20		3856	460	15
吉林省		19	94	26	10453	1418	88
黑龙江省	5	35	7	57	21105	931	148
上海市	4	1		29	260072	18	26
江苏省		34	12	423	72439	6692	48
浙江省	20	132	16	781	36089	637	126
其中:宁波市	11	46		210	8724	318	35
安徽省	2	29		150	40499	476	53
福建省		2	23	317	15869	97	15
其中:厦门市		2		5	130		
江西省	2	9	2	294	17303	433	83
山东省	9	5	13	258	51079	8466	122
其中:青岛市				45	3300	1418	
河南省	1		2	243	40713	9547	341
湖北省	22	25	99	164	59869	1658	161
湖南省	13	28		218	44776	590	104
广东省		7		162	38797	475	51
其中:深圳市				92	10525	35	21
广西壮族自治区				66	15231	136	4
海南省					755	5	
重庆市		9		52	3885	281	85
四川省		22	2	186	14727	399	64
贵州省		2		91	10245	602	11
云南省		100	1	33	8964	218	212
西藏自治区				2	1382	13	
陕西省		7	41	54	4406	412	46
甘肃省		2	5	71	3639	274	37
青海省					1547	1	88
宁夏回族自治区				4	1481	19	4
新疆维吾尔自治区		1		8	9591	5365	4

2－171－3

单位:万元

地　　区	商品和服务支出						
	咨询费	手续费	水　费	电　费	邮电费	取暖费	物　业 管理费
地　方　合　计	**855**	**272**	**774**	**2131**	**2351**	**1843**	**978**
北京市	12		18	42	30	39	5
天津市			6	15	19	23	
河北省	3	33	48	110	194	245	63
山西省	2	19	32	85	101	223	
内蒙古自治区	34	9	10	47	57	66	10
辽宁省	87	35	39	82	109	275	345
其中:大连市	48	30	3	9	11	10	342
吉林省	16	22	18	47	77	261	26
黑龙江省	2		51	103	69	282	36
上海市	202		1	1	20	12	188
江苏省	3	54	15	55	50		4
浙江省	96	1	35	130	150		150
其中:宁波市	50	1	16	47	57		150
安徽省	94		7	50	74	6	3
福建省	6		3	20	24		4
其中:厦门市							
江西省	16	5	40	130	117	5	6
山东省	40	61	94	271	228	193	9
其中:青岛市	17		1	1	21	12	
河南省	8	14	41	196	284	51	54
湖北省	1	6	41	133	132	3	1
湖南省	52		175	295	91	5	5
广东省	7		15	49	87		4
其中:深圳市			2	13	22		3
广西壮族自治区	32	4	3	19	33		1
海南省							
重庆市	15		7	35	54		4
四川省	5	3	23	64	141	8	8
贵州省			2	10	36	2	
云南省	113		18	18	34		
西藏自治区				1	8		
陕西省	3		25	105	80	81	47
甘肃省	5	6	7	17	48	58	5
青海省							
宁夏回族自治区	1			1	3	3	
新疆维吾尔自治区					1	2	

2－171－4

单位:万元

地　　区	商品和服务支出					
	交通费	差旅费	出国费	维修(护)费	租赁费	会议费
地　方　合　计	**8522**	**6689**	**710**	**8587**	**2766**	**12710**
北京市	101	56	47	92	42	381
天津市	94	22		5		24
河北省	782	345	3	371	111	398
山西省	453	285	7	287	48	476
内蒙古自治区	293	340	24	620	50	79
辽宁省	587	489	29	1593	458	612
其中:大连市	76	120	11	333	407	115
吉林省	318	318	37	413	127	534
黑龙江省	483	378	13	406	23	351
上海市	35	39	79	48	6	148
江苏省	263	164	86	273	39	889
浙江省	604	932	179	276	98	1356
其中:宁波市	137	336	53	226	93	718
安徽省	178	194	4	57	6	147
福建省	140	108	50	226	83	92
其中:厦门市		1				
江西省	298	287	5	256	13	225
山东省	659	329		1899	605	1472
其中:青岛市	65	24				63
河南省	769	548	18	616	224	1686
湖北省	534	378	57	81	97	1008
湖南省	291	306	18	45	567	1433
广东省	155	207	4	119	24	239
其中:深圳市	63	43	4	16	6	46
广西壮族自治区	101	77	5	98	14	37
海南省	1					
重庆市	164	144	7	36	10	352
四川省	423	280		151	11	320
贵州省	112	60	38	115	3	24
云南省	159	80		336	8	69
西藏自治区	39	19		1		12
陕西省	321	151		86	48	159
甘肃省	119	112		69	1	168
青海省		13				2
宁夏回族自治区	24	12		11		17
新疆维吾尔自治区	22	16		1	50	

2－171－5

单位:万元

地　　区	商品和服务支出						
	培训费	招待费	专　用 材料费	被　装 购置费	专　用 燃料费	劳务费	委　托 业务费
地　方　合　计	**6846**	**8229**	**13192**	**398**	**715**	**4063**	**3329**
北京市	37	158	59			23	
天津市	52	96	1			2	
河北省	271	204	803	10	68	175	354
山西省	320	233	172		4	404	11
内蒙古自治区	65	201	331	4	4	79	220
辽宁省	324	206	1272		6	120	1515
其中:大连市	221	51	2			80	1506
吉林省	761	102	323		115	77	16
黑龙江省	316	65	92	197		10	181
上海市	3	42		3	35	1350	
江苏省	199	652	2523	2	1	381	100
浙江省	372	1523	12			284	222
其中:宁波市	131	764	2			200	192
安徽省	125	213	51	14	15	21	50
福建省	252	134	304		45	50	63
其中:厦门市	61						
江西省	223	532	57	1	7	35	2
山东省	663	561	5901	23	40	207	37
其中:青岛市	105	105	77			10	
河南省	1094	632	424	83	28	247	23
湖北省	278	620	17	18	14	12	19
湖南省	483	643	48	1	68	83	7
广东省	173	198	374	6	253	344	210
其中:深圳市	24	37	3			53	
广西壮族自治区	46	103	24	1	3	14	35
海南省		6					
重庆市	224	132	50			19	90
四川省	63	429	194		3	68	26
贵州省	26	129				13	20
云南省	190	113	28			4	53
西藏自治区		19					
陕西省	216	182	54	13		9	75
甘肃省	44	72	25	15	6	5	
青海省		17				1	
宁夏回族自治区	26	11	31			16	
新疆维吾尔自治区		1	22	7		10	

二、地方财政预算收支情况

2－171－6　　　　单位:万元

地　　区	商品和服务支出			对个人和家庭的补助			
	工会经费	福利费	其他商品和服务支出	小　计	离休费	退休费	退职(役)费
地　方　合　计	**757**	**2559**	**795655**	**61836**	**3982**	**22792**	**91**
北京市	17	42	87320	162			
天津市	3	18	4659	6451	59	562	
河北省	64	93	7956	5945	728	2033	2
山西省	16	46	2886	1930	143	959	
内蒙古自治区	6	18	17226	101		22	
辽宁省	27	32	690	2304	15	594	
其中:大连市	5	1		332			
吉林省	10	14	5315	1821	153	1152	11
黑龙江省	23	65	16880	8245	671	3605	3
上海市	3	31	257782	21			
江苏省	19	91	59836	2213	134	1131	39
浙江省	127	438	28341	6980	692	3800	19
其中:宁波市	49	63	5086	3984	497	2584	
安徽省	6	30	38625	1407	78	444	1
福建省	1	42	14110	297	24	152	
其中:厦门市			68	4			
江西省	16	49	14462	2428	91	917	1
山东省	38	892	28269	5168	68	174	10
其中:青岛市	8	3	1370	178			4
河南省	44	233	23508	2471	425	1518	
湖北省	111	86	54403	2368	203	1688	
湖南省	55	48	39363	1017	8	157	
广东省	11	99	35693	333	13	51	
其中:深圳市	4	8	10122	6			
广西壮族自治区	2	11	14428	1924	46	801	
海南省			743	19			
重庆市	5	15	2156	192		25	2
四川省	32	118	11894	2989	99	1568	1
贵州省	104	21	8917	2079	299	853	
云南省	3	8	7300	1896	7	83	
西藏自治区	4	1	1265	136		111	
陕西省	3	2	2288	643	19	307	2
甘肃省	7	16	2523	266	7	83	
青海省			1425	23			
宁夏回族自治区			1302				
新疆维吾尔自治区			4090	7		2	

2－171－7

单位:万元

地　　区	对个人和家庭的补助						
	抚恤金	生活补助	救济费	医疗费	助学金	奖励金	生产补贴
地 方 合 计	**913**	**4479**	**251**	**650**	**1**	**14778**	**4143**
北京市	7					14	
天津市	13	6				5595	
河北省	150	1864	72	9		661	91
山西省	20	42		39		559	15
内蒙古自治区	1	27				10	30
辽宁省	34	372	2	20		472	270
其中:大连市	3	111				35	176
吉林省	29	21		6		390	
黑龙江省	76	868	30	3		428	2324
上海市							
江苏省	42	188	8	45		344	6
浙江省	75	71	22	211		682	1
其中:宁波市	48	17	19	11		150	
安徽省	24	45	13	20		263	
福建省	5	52		5			
其中:厦门市							
江西省	39	31	3	31	1	38	131
山东省	32	35	5	75		3203	695
其中:青岛市	9	7	3	21		2	
河南省	51	101	26	13		245	
湖北省	32	140	4	19		68	
湖南省	14	233	62	34		125	230
广东省	2	17		5		21	
其中:深圳市		1				4	
广西壮族自治区	16	8		9			
海南省							
重庆市	13	16	1	82			
四川省	160	117	3	15		749	89
贵州省	33	39		2		245	159
云南省	10	21		1		628	1
西藏自治区				1			
陕西省	10	107		4		13	69
甘肃省	25	58		1		25	32
青海省							
宁夏回族自治区							
新疆维吾尔自治区							

2－171－8

单位:万元

地区	对个人和家庭的补助				对企事业单位的补贴		
	住房公积金	提租补贴	购房补贴	其他对个人和家庭的补助支出	小计	企业政策性补贴	事业单位补贴
地方合计	**2016**	**168**	**847**	**6725**	**1545938**	**736170**	**6001**
北京市	74	23		44	83469	19605	340
天津市	98	1		117	36775	6391	97
河北省	117	2	1	215	25111	7164	1411
山西省	82			71	13473	627	110
内蒙古自治区	6			5	41805	14010	
辽宁省	42	79	17	387	110751	76971	224
其中:大连市	3	4			80952	65217	224
吉林省	51	7		1	19995	3432	1077
黑龙江省	181	20	10	26	26406	20257	17
上海市				21	416405	242440	
江苏省	43	9	1	223	171314	54965	240
浙江省	459	1	6	941	76130	38686	183
其中:宁波市	74		1	583	40443	19767	8
安徽省	50		1	468	103120	59221	
福建省	34	20	1	4	17114	9692	
其中:厦门市	2	2			2745	2407	
江西省	85		1	1059	14626	6000	17
山东省	230	5	568	68	51551	30674	1349
其中:青岛市	46		35	51	1425	1118	
河南省	17		3	72	25471	8921	100
湖北省	91	1	75	47	19544	4994	131
湖南省	76			78	31353	10793	44
广东省	4			220	32707	12567	45
其中:深圳市				1			
广西壮族自治区	28			1016	27315	16452	
海南省				19	51445	51254	
重庆市	9			44	4314	1989	
四川省	115		1	72	63317	8580	301
贵州省	15		162	272	4535	1444	60
云南省	13			1132	28420	11602	5
西藏自治区	6			18	4135	2121	
陕西省	57			55	9333	5721	5
甘肃省	29			6	4349	1465	95
青海省				23	11731	2864	
宁夏回族自治区					3653	816	
新疆维吾尔自治区	4			1	16271	4452	150

2－171－9

单位:万元

地区	对企事业单位的补贴		赠与			债务利息支出	
	财政贴息	其他对企事业单位的补贴支出	小计	对国内的赠与	对国外的赠与	小计	国库券付息
地方合计	**17659**	**786108**				**62**	
北京市	4468	59056					
天津市	716	29571					
河北省	45	16491					
山西省	79	12657					
内蒙古自治区	98	27697					
辽宁省	1134	32422				62	
其中:大连市	100	15411					
吉林省	1850	13636					
黑龙江省	322	5810					
上海市	55	173910					
江苏省	665	115444					
浙江省	336	36925					
其中:宁波市		20668					
安徽省	1095	42804					
福建省	574	6848					
其中:厦门市		338					
江西省	579	8030					
山东省	288	19240					
其中:青岛市		307					
河南省	970	15480					
湖北省	15	14404					
湖南省	10	20506					
广东省	260	19835					
其中:深圳市							
广西壮族自治区	760	10103					
海南省		191					
重庆市		2325					
四川省	323	54113					
贵州省	1030	2001					
云南省	996	15817					
西藏自治区		2014					
陕西省	23	3584					
甘肃省	290	2499					
青海省	668	8199					
宁夏回族自治区		2837					
新疆维吾尔自治区	10	11659					

二、地方财政预算收支情况

2－171－10　　　　　　　　　　　　　　　　单位:万元

地　　区	债务利息支出					基本建设支出	
	向国家银行借款付息	其他国内借款付息	向国外政府借款付息	向国际组织借款付息	其他国外借款付息	小　计	房屋建筑物购建
地方合计		**62**				**85725**	**6919**
北京市						40167	
天津市						160	
河北省						1203	590
山西省						147	
内蒙古自治区						3350	1172
辽宁省		62				2457	
其中:大连市						49	
吉林省						823	180
黑龙江省						26	
上海市							
江苏省						330	95
浙江省						404	302
其中:宁波市						389	302
安徽省						1627	
福建省						466	
其中:厦门市						191	
江西省						3113	
山东省						2173	60
其中:青岛市							
河南省						4518	
湖北省						310	
湖南省						5890	3671
广东省						462	
其中:深圳市							
广西壮族自治区						2277	
海南省						300	
重庆市							
四川省						347	
贵州省						83	
云南省						684	26
西藏自治区							
陕西省						10457	
甘肃省						1176	
青海省						33	
宁夏回族自治区						95	
新疆维吾尔自治区						2647	823

2－171－11

单位:万元

地　　区	基本建设支出							
	办公设备购　置	专用设备购　置	交通工具购　置	基础设施建　设	大型修缮	信息网络购　建	物资储备	其他基本建设支出
地　方　合　计	**287**	**637**	**378**	**62219**	**424**	**1361**		**13500**
北京市				39000		24		1143
天津市						160		
河北省				333				280
山西省	22	82		28				15
内蒙古自治区	85			1548				545
辽宁省		382	163	400	49	198		1265
其中:大连市					49			
吉林省	10			633				
黑龙江省			26					
上海市								
江苏省				235				
浙江省	15					17		70
其中:宁波市	13					4		70
安徽省		15		1557				55
福建省	3	107				190		166
其中:厦门市	1					190		
江西省				3065				48
山东省	14	47				5		2047
其中:青岛市								
河南省	2		175	1217	82	260		2782
湖北省	110							200
湖南省	17			688	10	15		1489
广东省								462
其中:深圳市								
广西壮族自治区	5		5	2		2		2263
海南省						300		
重庆市								
四川省				337				10
贵州省								83
云南省	4	4		310	278			62
西藏自治区								
陕西省			9	10088				360
甘肃省				1071	5			100
青海省								33
宁夏回族自治区				73				22
新疆维吾尔自治区				1634		190		

2－171－12　　　　单位:万元

地　区	其他资本性支出						
	小　计	房屋建筑物购　建	办公设备购　置	专用设备购　置	交通工具购　置	基础设施建　设	大型修缮
地　方　合　计	**201660**	**7749**	**9927**	**9109**	**3493**	**51686**	**11984**
北京市	11908		31	18	23	2352	99
天津市	4939	2704	16	668	43	1124	164
河北省	4012		33	17	298	927	
山西省	2459	1	109	614	132	576	139
内蒙古自治区	13558	175	46	796	44	2371	6791
辽宁省	18429	758	7774	304	91	4498	3231
其中:大连市	9152		7683			368	1092
吉林省	1613	132	185	345	154	388	56
黑龙江省	3972		1	529	21	1681	1004
上海市	7364		6		25		
江苏省	17326		146	16		3118	30
浙江省	4084	98	92	119	1439	609	
其中:宁波市	1806	95	45	10	1361	44	
安徽省	7347	149	50		27	4510	2
福建省	1397	9	25	2	40	949	
其中:厦门市							
江西省	6861		64	1	76	3467	
山东省	17277	82	399	1443	87	6281	13
其中:青岛市	537		10		19		
河南省	14219	570	349	2513	198	4556	
湖北省	1362	500	80	62	151	2	10
湖南省	1674	462	24		63	300	52
广东省	7207		113	288	71	35	103
其中:深圳市	3109		42		51		
广西壮族自治区	10662		7	153	33	151	71
海南省	235						
重庆市	7770	1631	20	1	107	611	
四川省	6418	216	76	8	191	1474	33
贵州省	1423		13	412	23	32	186
云南省	10337	10	187	7	2	9296	
西藏自治区	1124		37		75	91	
陕西省	9372	14	19	446	36	1229	
甘肃省	2526	173	15	317	43	42	
青海省	1		1				
宁夏回族自治区	1943	30	7	30		7	
新疆维吾尔自治区	2841	35	2			1009	

2－171－13　　单位:万元

地　　区	其他资本性支出						
	信息网络购　建	物资储备	土地补偿	安置补助	地上附着物和青苗补偿	拆迁补偿	其他资本性支　出
地方合计	**1914**	**573**	**6243**	**8904**	**2130**	**2887**	**85061**
北京市			801				8584
天津市						214	6
河北省			541	49	1282	3	862
山西省	11						877
内蒙古自治区				251			3084
辽宁省	24		81	14			1654
其中:大连市	9						
吉林省	53		180	120			
黑龙江省			165	364			207
上海市	610						6723
江苏省	1		280			252	13483
浙江省	47		147				1533
其中:宁波市	11						240
安徽省	156			59			2394
福建省	100						272
其中:厦门市							
江西省	151		21	582			2499
山东省	14		1146		300	1374	6138
其中:青岛市							508
河南省	4	483	1489		159		3898
湖北省				45			512
湖南省	200		2	351		2	218
广东省	387	90	30	30	90	365	5605
其中:深圳市	10						3006
广西壮族自治区	147		85	6448			3567
海南省							235
重庆市							5400
四川省	2		1080	458	299	177	2404
贵州省							757
云南省			195				640
西藏自治区							921
陕西省	7					500	7121
甘肃省							1936
青海省							
宁夏回族自治区				87			1782
新疆维吾尔自治区				46			1749

2－171－14

单位:万元

地区	贷款转贷及产权参股					其他支出		
	小计	国内贷款	国外贷款	产权参股	其他贷款转贷及产权参股支出	小计	补充全国社会保障基金	其他支出
地方合计	**9878**	**400**		**7146**	**2332**	**513282**		**513282**
北京市						65602		65602
天津市								
河北省	30				30	9440		9440
山西省	1496			1496		4354		4354
内蒙古自治区						1610		1610
辽宁省	281	81		200		17289		17289
其中:大连市	81	81						
吉林省						961		961
黑龙江省						42		42
上海市						220683		220683
江苏省						26953		26953
浙江省						35159		35159
其中:宁波市						20182		20182
安徽省	1302				1302	13064		13064
福建省						18347		18347
其中:厦门市						7		7
江西省						7526		7526
山东省	319	319				3734		3734
其中:青岛市	319	319				3079		3079
河南省	1000				1000	9480		9480
湖北省						13688		13688
湖南省						22141		22141
广东省						9657		9657
其中:深圳市						284		284
广西壮族自治区	540			540		2484		2484
海南省						19		19
重庆市						4940		4940
四川省						2871		2871
贵州省	310			310		2755		2755
云南省	3800			3800		4451		4451
西藏自治区						2565		2565
陕西省	800			800		8454		8454
甘肃省						1483		1483
青海省						162		162
宁夏回族自治区						1020		1020
新疆维吾尔自治区						2348		2348

2007年各省、自治区、直辖市可再生资源支出明细表

2-172-1

单位:万元

地　　区	合　计	工资福利支出				
		小　计	基本工资	津贴补贴	奖　金	社会保障缴　费
地　方　合　计	**280499**	**94**	**52**	**34**	**2**	**3**
北京市	2099					
天津市	816					
河北省	4533	3	2	1		
山西省						
内蒙古自治区	1229					
辽宁省	2641	48	24	18	1	2
其中:大连市	1660					
吉林省	58552					
黑龙江省	43946					
上海市	1094					
江苏省	5					
浙江省	268					
其中:宁波市	135					
安徽省	80852	31	16	14		1
福建省	275					
其中:厦门市						
江西省	2000					
山东省	2357					
其中:青岛市						
河南省	74198					
湖北省	883	12	10	1	1	
湖南省	1586					
广东省	763					
其中:深圳市	678					
广西壮族自治区						
海南省	27					
重庆市						
四川省	553					
贵州省						
云南省	1620					
西藏自治区						
陕西省	182					
甘肃省	10					
青海省	10					
宁夏回族自治区						
新疆维吾尔自治区						

2－172－2

单位:万元

地区	工资福利支出				商品和服务支出		
	伙食费	伙食补助费	绩效工资	其他工资福利支出	小计	办公费	印刷费
地方合计				**3**	**6524**	**36**	**9**
北京市							
天津市							
河北省					101	4	1
山西省							
内蒙古自治区					690	3	
辽宁省				3	776	6	7
其中:大连市							
吉林省					20		
黑龙江省							
上海市							
江苏省					5		
浙江省							
其中:宁波市							
安徽省					14	2	1
福建省							
其中:厦门市							
江西省					2000		
山东省					622		
其中:青岛市							
河南省					350		
湖北省					321	1	
湖南省					10	10	
广东省					763		
其中:深圳市					678		
广西壮族自治区							
海南省							
重庆市							
四川省							
贵州省							
云南省					700		
西藏自治区							
陕西省					132		
甘肃省					10	10	
青海省					10		
宁夏回族自治区							
新疆维吾尔自治区							

2－172－3

单位:万元

地　　区	商品和服务支出						
	咨询费	手续费	水　费	电　费	邮电费	取暖费	物　业 管理费
地　方　合　计		**2**	**1**	**1**	**4**	**6**	
北京市							
天津市							
河北省							
山西省							
内蒙古自治区							
辽宁省		2	1	1	2	6	
其中:大连市							
吉林省							
黑龙江省							
上海市							
江苏省							
浙江省							
其中:宁波市							
安徽省					1		
福建省							
其中:厦门市							
江西省							
山东省							
其中:青岛市							
河南省					1		
湖北省							
湖南省							
广东省							
其中:深圳市							
广西壮族自治区							
海南省							
重庆市							
四川省							
贵州省							
云南省							
西藏自治区							
陕西省							
甘肃省							
青海省							
宁夏回族自治区							
新疆维吾尔自治区							

2－172－4

单位:万元

地　　区	商品和服务支出					
	交通费	差旅费	出国费	维修(护)费	租赁费	会议费
地 方 合 计	**25**	**17**		**12**	**5**	**51**
北京市						
天津市						
河北省						33
山西省						
内蒙古自治区				8		17
辽宁省	8	6		2	5	1
其中:大连市						
吉林省						
黑龙江省						
上海市						
江苏省						
浙江省						
其中:宁波市						
安徽省	2	1		2		
福建省						
其中:厦门市						
江西省						
山东省						
其中:青岛市						
河南省	5	8				
湖北省	10	2				
湖南省						
广东省						
其中:深圳市						
广西壮族自治区						
海南省						
重庆市						
四川省						
贵州省						
云南省						
西藏自治区						
陕西省						
甘肃省						
青海省						
宁夏回族自治区						
新疆维吾尔自治区						

2－172－5

单位:万元

地　　区	商品和服务支出						
	培训费	招待费	专用材料费	被装购置费	专用燃料费	劳务费	委托业务费
地方合计	**1**	**45**	**5**		**3**	**750**	**7**
北京市							
天津市							
河北省		19				44	
山西省							
内蒙古自治区		3	4				
辽宁省		12			3	705	7
其中:大连市							
吉林省							
黑龙江省							
上海市							
江苏省							
浙江省							
其中:宁波市							
安徽省		2	1			1	
福建省							
其中:厦门市							
江西省							
山东省							
其中:青岛市							
河南省							
湖北省	1	9					
湖南省							
广东省							
其中:深圳市							
广西壮族自治区							
海南省							
重庆市							
四川省							
贵州省							
云南省							
西藏自治区							
陕西省							
甘肃省							
青海省							
宁夏回族自治区							
新疆维吾尔自治区							

2－172－6　　　　　　　　　　　　　　　　　　　　　　　　　　单位:万元

地　　区	商品和服务支出			对个人和家庭的补助			
	工会经费	福利费	其他商品和服务支出	小　计	离休费	退休费	退职(役)费
地　方　合　计		**2**	**5542**	**5**		**4**	
北京市							
天津市							
河北省							
山西省							
内蒙古自治区			655				
辽宁省		2		2		2	
其中:大连市							
吉林省			20				
黑龙江省							
上海市							
江苏省			5				
浙江省							
其中:宁波市							
安徽省			1	1			
福建省							
其中:厦门市							
江西省			2000				
山东省			622				
其中:青岛市							
河南省			336				
湖北省			298	2		2	
湖南省							
广东省			763				
其中:深圳市			678				
广西壮族自治区							
海南省							
重庆市							
四川省							
贵州省							
云南省			700				
西藏自治区							
陕西省			132				
甘肃省							
青海省			10				
宁夏回族自治区							
新疆维吾尔自治区							

2－172－7　　　　单位:万元

地　　区	对个人和家庭的补助						
	抚恤金	生活补助	救济费	医疗费	助学金	奖励金	生产补贴
地　方　合　计		**1**					
北京市							
天津市							
河北省							
山西省							
内蒙古自治区							
辽宁省							
其中:大连市							
吉林省							
黑龙江省							
上海市							
江苏省							
浙江省							
其中:宁波市							
安徽省		1					
福建省							
其中:厦门市							
江西省							
山东省							
其中:青岛市							
河南省							
湖北省							
湖南省							
广东省							
其中:深圳市							
广西壮族自治区							
海南省							
重庆市							
四川省							
贵州省							
云南省							
西藏自治区							
陕西省							
甘肃省							
青海省							
宁夏回族自治区							
新疆维吾尔自治区							

2－172－8

单位:万元

地　　区	对个人和家庭的补助				对企事业单位的补贴		
	住　房 公积金	提租 补贴	购房 补贴	其他对个人和家庭的补助支出	小　计	企业政策性补　　贴	事业单位补　　贴
地　方　合　计					**261554**	**257061**	**2**
北京市							
天津市							
河北省							
山西省							
内蒙古自治区					126		2
辽宁省					1660		
其中:大连市					1660		
吉林省					58532	58472	
黑龙江省					43946	43946	
上海市							
江苏省							
浙江省					135		
其中:宁波市					135		
安徽省					79988	79675	
福建省					40	40	
其中:厦门市							
江西省							
山东省					1735	1417	
其中:青岛市							
河南省					73481	73481	
湖北省					548		
湖南省							
广东省							
其中:深圳市							
广西壮族自治区							
海南省							
重庆市							
四川省					453	30	
贵州省							
云南省					910		
西藏自治区							
陕西省							
甘肃省							
青海省							
宁夏回族自治区							
新疆维吾尔自治区							

2－172－9

单位:万元

地　　区	对企事业单位的补贴		赠　与			债务利息支出	
	财政贴息	其他对企事业单位的补贴支出	小　计	对国内的赠　与	对国外的赠　与	小　计	国库券付　息
地方合计		**4491**					
北京市							
天津市							
河北省							
山西省							
内蒙古自治区		124					
辽宁省		1660					
其中:大连市		1660					
吉林省		60					
黑龙江省							
上海市							
江苏省							
浙江省		135					
其中:宁波市		135					
安徽省		313					
福建省							
其中:厦门市							
江西省							
山东省		318					
其中:青岛市							
河南省							
湖北省		548					
湖南省							
广东省							
其中:深圳市							
广西壮族自治区							
海南省							
重庆市							
四川省		423					
贵州省							
云南省		910					
西藏自治区							
陕西省							
甘肃省							
青海省							
宁夏回族自治区							
新疆维吾尔自治区							

二、地方财政预算收支情况

2－172－10

单位:万元

地　　区	债务利息支出					基本建设支出	
	向国家银行借款付息	其他国内借款付息	向国外政府借款付息	向国际组织借款付息	其他国外借款付息	小计	房屋建筑物购建
地方合计						**2648**	**1399**
北京市							
天津市						320	
河北省						1000	1000
山西省							
内蒙古自治区						409	399
辽宁省						155	
其中:大连市							
吉林省							
黑龙江省							
上海市							
江苏省							
浙江省						20	
其中:宁波市							
安徽省							
福建省						200	
其中:厦门市							
江西省							
山东省							
其中:青岛市							
河南省						367	
湖北省							
湖南省							
广东省							
其中:深圳市							
广西壮族自治区							
海南省						27	
重庆市							
四川省						100	
贵州省							
云南省							
西藏自治区							
陕西省						50	
甘肃省							
青海省							
宁夏回族自治区							
新疆维吾尔自治区							

2－172－11

单位:万元

地　　区	基本建设支出							
	办公设备购　　置	专用设备购　　置	交通工具购　　置	基础设施建　　设	大型修缮	信息网络购　　建	物资储备	其他基本建设支出
地　方　合　计		**367**		**255**				**627**
北京市								
天津市								320
河北省								
山西省								
内蒙古自治区								10
辽宁省				155				
其中:大连市								
吉林省								
黑龙江省								
上海市								
江苏省								
浙江省								20
其中:宁波市								
安徽省								
福建省								200
其中:厦门市								
江西省								
山东省								
其中:青岛市								
河南省		367						
湖北省								
湖南省								
广东省								
其中:深圳市								
广西壮族自治区								
海南省								27
重庆市								
四川省				100				
贵州省								
云南省								
西藏自治区								
陕西省								50
甘肃省								
青海省								
宁夏回族自治区								
新疆维吾尔自治区								

二、地方财政预算收支情况

2－172－12

单位:万元

地区	其他资本性支出						
	小计	房屋建筑物购建	办公设备购置	专用设备购置	交通工具购置	基础设施建设	大型修缮
地方合计	**5761**	**2061**		**2**		**1595**	
北京市	2099						
天津市	496	496					
河北省	3125	1565				1560	
山西省							
内蒙古自治区	4						
辽宁省							
其中:大连市							
吉林省							
黑龙江省							
上海市							
江苏省							
浙江省							
其中:宁波市							
安徽省	2			2			
福建省	35					35	
其中:厦门市							
江西省							
山东省							
其中:青岛市							
河南省							
湖北省							
湖南省							
广东省							
其中:深圳市							
广西壮族自治区							
海南省							
重庆市							
四川省							
贵州省							
云南省							
西藏自治区							
陕西省							
甘肃省							
青海省							
宁夏回族自治区							
新疆维吾尔自治区							

2－172－13

单位:万元

地　　区	其他资本性支出						
	信息网络购　建	物资储备	土地补偿	安置补助	地上附着物和青苗补偿	拆迁补偿	其他资本性支　出
地 方 合 计							**2103**
北京市							2099
天津市							
河北省							
山西省							
内蒙古自治区							4
辽宁省							
其中:大连市							
吉林省							
黑龙江省							
上海市							
江苏省							
浙江省							
其中:宁波市							
安徽省							
福建省							
其中:厦门市							
江西省							
山东省							
其中:青岛市							
河南省							
湖北省							
湖南省							
广东省							
其中:深圳市							
广西壮族自治区							
海南省							
重庆市							
四川省							
贵州省							
云南省							
西藏自治区							
陕西省							
甘肃省							
青海省							
宁夏回族自治区							
新疆维吾尔自治区							

2－172－14

单位:万元

地　　区	贷款转贷及产权参股					其他支出		
	小　计	国内贷款	国外贷款	产权参股	其他贷款转贷及产权参股支出	小　计	补充全国社会保障基金	其他支出
地　方　合　计						**3913**		**3913**
北京市								
天津市								
河北省						304		304
山西省								
内蒙古自治区								
辽宁省								
其中:大连市								
吉林省								
黑龙江省								
上海市						1094		1094
江苏省								
浙江省						113		113
其中:宁波市								
安徽省						816		816
福建省								
其中:厦门市								
江西省								
山东省								
其中:青岛市								
河南省								
湖北省								
湖南省						1576		1576
广东省								
其中:深圳市								
广西壮族自治区								
海南省								
重庆市								
四川省								
贵州省								
云南省						10		10
西藏自治区								
陕西省								
甘肃省								
青海省								
宁夏回族自治区								
新疆维吾尔自治区								

2007 年各省、自治区、直辖市能源节约利用支出明细表

2－173－1　　　　单位:万元

地　　区	合　计	工资福利支出				
		小　计	基本工资	津贴补贴	奖　金	社会保障缴　费
地　方　合　计	**369350**	**2422**	**1102**	**633**	**310**	**207**
北京市	1000					
天津市						
河北省	12872	24	17	5	2	
山西省	15210					
内蒙古自治区	5255	51	26	10	5	4
辽宁省	24020	236	136	36	3	59
其中:大连市	3450					
吉林省	5949	44	38	5	1	
黑龙江省	23232	251	103	123	7	
上海市	1978	273	174	47	30	15
江苏省	29837	534	185	117	177	13
浙江省	15435	118	27	23	43	20
其中:宁波市	3082					
安徽省	46195	9	8	1		
福建省	9060	1				
其中:厦门市	273					
江西省	4489	39	17	7	4	3
山东省	38870	301	105	116	13	48
其中:青岛市	2200					
河南省	73376	56	30	23	1	2
湖北省	9205	120	45	20	11	24
湖南省	5856	89	38	18	1	7
广东省	2195					
其中:深圳市	1000					
广西壮族自治区	250					
海南省	1335					
重庆市	3650					
四川省	10698	30	5	4	7	
贵州省	1099	9			2	7
云南省	1481	71	45	26		
西藏自治区						
陕西省	3358	112	70	40		
甘肃省	12731	12	6	5	1	
青海省						
宁夏回族自治区	849					
新疆维吾尔自治区	9865	42	27	7	2	5

二、地方财政预算收支情况

2－173－2　　　　　　　　　　　　　　　　　　　　　　　　单位:万元

地　区	工资福利支出				商品和服务支出		
	伙食费	伙　食 补助费	绩效 工资	其他工资 福利支出	小　计	办公费	印刷费
地　方　合　计	**11**	**7**	**26**	**126**	**98650**	**8645**	**153**
北京市							
天津市							
河北省					780	30	3
山西省					260	1	1
内蒙古自治区				6	1011	1	
辽宁省			2		226	20	20
其中:大连市							
吉林省					927	11	
黑龙江省			18		953	3	
上海市		3		4	1606	17	3
江苏省	11	2		29	7049	36	24
浙江省		1		4	3172	8	3
其中:宁波市					33		
安徽省					5900	69	
福建省				1	2614		
其中:厦门市					12		
江西省				8	577	45	2
山东省			4	15	8854	286	62
其中:青岛市					73	7	8
河南省					42720	7711	5
湖北省		1	2	17	6708	19	
湖南省				25	2145	13	17
广东省					203	3	
其中:深圳市							
广西壮族自治区							
海南省							
重庆市							
四川省				14	1474	276	8
贵州省					560		
云南省					872	46	1
西藏自治区							
陕西省				2	398	19	
甘肃省					849	24	4
青海省							
宁夏回族自治区					94		
新疆维吾尔自治区				1	8698	7	

2－173－3

单位:万元

地区	商品和服务支出						
	咨询费	手续费	水费	电费	邮电费	取暖费	物业管理费
地方合计	**454**	**16**	**132**	**91**	**79**	**118**	**29**
北京市							
天津市							
河北省	21		1				
山西省					1		
内蒙古自治区							
辽宁省	3		4	7	12	18	
其中:大连市							
吉林省						5	
黑龙江省			1	3	3	16	
上海市			2	6	15		13
江苏省		1	7	15	11		
浙江省			75	2	3		
其中:宁波市							
安徽省							
福建省	9						
其中:厦门市							
江西省					1		2
山东省	75	15	33	37	18	46	12
其中:青岛市	33						
河南省				1	1		
湖北省				2	2		
湖南省			9	3	3	30	
广东省							
其中:深圳市							
广西壮族自治区							
海南省							
重庆市							
四川省	1				6		
贵州省							
云南省	32						
西藏自治区							
陕西省	4			14	1		
甘肃省	309			1	2	1	2
青海省							
宁夏回族自治区							
新疆维吾尔自治区						2	

2－173－4

单位:万元

地　　区	商品和服务支出					
	交通费	差旅费	出国费	维修(护)费	租赁费	会议费
地 方 合 计	**318**	**320**	**40**	**336**	**39**	**414**
北京市						
天津市						
河北省	9	17		3		52
山西省	2	1		1		1
内蒙古自治区	2	1		1		
辽宁省	25	14	11	6	12	7
其中:大连市						
吉林省	4			1	2	
黑龙江省	3	3		1		
上海市	39	27	25	11	3	14
江苏省	37	48	4	21		49
浙江省	31	37			10	41
其中:宁波市		2				25
安徽省		2				1
福建省		12		140		6
其中:厦门市		11				
江西省	10	19		3		7
山东省	65	57		41	5	66
其中:青岛市	8			9		
河南省	16	7				37
湖北省	27	1		6		2
湖南省	10	8		23		29
广东省						
其中:深圳市						
广西壮族自治区						
海南省						
重庆市						
四川省	15	20		8	7	22
贵州省						
云南省	6	14		50		65
西藏自治区						
陕西省	10	2		15		5
甘肃省	4	16		5		10
青海省						
宁夏回族自治区		6				
新疆维吾尔自治区	3	8				

2－173－5

单位:万元

地　区	商品和服务支出						
	培训费	招待费	专用材料费	被装购置费	专用燃料费	劳务费	委托业务费
地方合计	**630**	**175**	**4868**	**43**	**542**	**77**	**220**
北京市							
天津市							
河北省	11	2				5	
山西省		1					
内蒙古自治区	11	2			17		
辽宁省	5	12	14		7	11	4
其中:大连市							
吉林省		4	20			10	
黑龙江省						2	
上海市	11	9	5			2	9
江苏省	5	21	40			1	11
浙江省	16	19		20		21	
其中:宁波市	5	1					
安徽省							
福建省	31	2	60				2
其中:厦门市		1					
江西省	4	9	360		5		
山东省	499	16	769	20	505	16	58
其中:青岛市	8						
河南省		3	3547				
湖北省	1	1					40
湖南省	13	13	28	3			
广东省							
其中:深圳市							
广西壮族自治区							
海南省							
重庆市							
四川省	10	13	15				
贵州省		1				1	
云南省	5	26				5	96
西藏自治区							
陕西省		1				1	
甘肃省	8	18	10		8	1	
青海省							
宁夏回族自治区		1					
新疆维吾尔自治区		1				1	

2－173－6

单位:万元

地区	商品和服务支出			对个人和家庭的补助			
	工会经费	福利费	其他商品和服务支出	小计	离休费	退休费	退职(役)费
地方合计	**19**	**31**	**80861**	**1852**	**21**	**275**	**2**
北京市							
天津市							
河北省			626	247	2	4	
山西省		1	250				
内蒙古自治区	1	1	974	2			
辽宁省	1	7	6	23		15	
其中:大连市							
吉林省			870				
黑龙江省	2		916	118	10	108	
上海市	4	6	1385	35	4	9	
江苏省	5	4	6709	619		93	
浙江省	1	7	2878	55	4	19	2
其中:宁波市				6			
安徽省			5828	170			
福建省			2352				
其中:厦门市							
江西省			110				
山东省			6153	44		5	
其中:青岛市							
河南省	1		31391	481			
湖北省			6607	10		4	
湖南省	1		1942	17		7	
广东省			200				
其中:深圳市							
广西壮族自治区							
海南省							
重庆市							
四川省			1073				
贵州省			558				
云南省	2	1	523				
西藏自治区							
陕西省			326	20	1	6	
甘肃省		4	422	3			
青海省							
宁夏回族自治区			87				
新疆维吾尔自治区	1		8675	8		5	

2－173－7

单位:万元

地　　区	对个人和家庭的补助						
	抚恤金	生活补助	救济费	医疗费	助学金	奖励金	生产补贴
地方合计	**5**	**6**		**29**		**13**	**974**
北京市							
天津市							
河北省		1					
山西省							
内蒙古自治区							
辽宁省							
其中:大连市							
吉林省							
黑龙江省							
上海市							
江苏省		2		24			500
浙江省						6	
其中:宁波市						6	
安徽省							
福建省							
其中:厦门市							
江西省							
山东省	3						
其中:青岛市							
河南省						7	474
湖北省							
湖南省				5			
广东省							
其中:深圳市							
广西壮族自治区							
海南省							
重庆市							
四川省							
贵州省							
云南省							
西藏自治区							
陕西省		1					
甘肃省		2					
青海省							
宁夏回族自治区							
新疆维吾尔自治区	2						

2－173－8

单位:万元

地　　区	对个人和家庭的补助				对企事业单位的补贴		
	住房公积金	提租补贴	购房补贴	其他对个人和家庭的补助支出	小　计	企业政策性补贴	事业单位补贴
地方合计	**53**	**1**	**44**	**429**	**137979**	**45682**	**8**
北京市							
天津市							
河北省				240	8555	3720	
山西省							
内蒙古自治区	2				332	282	
辽宁省	3	1	2	2	16820		
其中:大连市					3450		
吉林省					3060	100	
黑龙江省					1367	1356	
上海市	10			12			
江苏省					16813	480	
浙江省	10		14		9425	5606	
其中:宁波市					2887	2632	
安徽省				170	13986	4494	
福建省					2891	981	
其中:厦门市					261	261	
江西省					1113	130	
山东省	8		26	2	22214	11313	5
其中:青岛市							
河南省					18642	7842	
湖北省	1		2	3	2022	1160	
湖南省	5				2129	2006	
广东省					144		
其中:深圳市							
广西壮族自治区							
海南省							
重庆市							
四川省					5779	3455	
贵州省					530		
云南省					358	7	
西藏自治区							
陕西省	12						
甘肃省	1				10899	1850	3
青海省							
宁夏回族自治区							
新疆维吾尔自治区	1				900	900	

2－173－9

单位:万元

地　　区	对企事业单位的补贴		赠　与			债务利息支出	
	财政贴息	其他对企事业单位的补贴支出	小　计	对国内的赠　与	对国外的赠　与	小　计	国库券付　息
地 方 合 计	**625**	**91664**					
北京市							
天津市							
河北省	100	4735					
山西省							
内蒙古自治区	30	20					
辽宁省		16820					
其中:大连市		3450					
吉林省		2960					
黑龙江省		11					
上海市							
江苏省		16333					
浙江省	335	3484					
其中:宁波市		255					
安徽省		9492					
福建省		1910					
其中:厦门市							
江西省		983					
山东省		10896					
其中:青岛市							
河南省		10800					
湖北省		862					
湖南省		123					
广东省		144					
其中:深圳市							
广西壮族自治区							
海南省							
重庆市							
四川省		2324					
贵州省		530					
云南省	160	191					
西藏自治区							
陕西省							
甘肃省		9046					
青海省							
宁夏回族自治区							
新疆维吾尔自治区							

2－173－10

单位:万元

地　　区	债务利息支出					基本建设支出	
	向国家银行借款付息	其他国内借款付息	向国外政府借款付息	向国际组织借款付息	其他国外借款付息	小　计	房屋建筑物购建
地方合计						**36476**	**2231**
北京市							
天津市							
河北省						1030	
山西省							
内蒙古自治区						3252	
辽宁省						5694	1000
其中:大连市							
吉林省						895	65
黑龙江省						6071	570
上海市							
江苏省						420	
浙江省						738	306
其中:宁波市							
安徽省						1880	
福建省						1249	
其中:厦门市							
江西省						1720	
山东省						1697	
其中:青岛市						627	
河南省						4197	
湖北省						40	
湖南省						50	
广东省						1000	
其中:深圳市						1000	
广西壮族自治区							
海南省						1335	
重庆市							
四川省						2483	290
贵州省							
云南省							
西藏自治区							
陕西省						2505	
甘肃省						220	
青海省							
宁夏回族自治区							
新疆维吾尔自治区							

2－173－11　　　　单位:万元

地　　区	基本建设支出							
	办公设备购　置	专用设备购　置	交通工具购　置	基础设施建　设	大型修缮	信息网络购　建	物资储备	其他基本建设支出
地　方　合　计	**30**	**3490**	**15**	**9855**	**70**	**252**		**20533**
北京市								
天津市								
河北省		30						1000
山西省								
内蒙古自治区		195		380				2677
辽宁省		1450		2956		250		38
其中:大连市								
吉林省				230	50			550
黑龙江省		1640		3861				
上海市								
江苏省		60						360
浙江省	1	9				2		420
其中:宁波市								
安徽省				540				1340
福建省		61						1188
其中:厦门市								
江西省		20						1700
山东省								1697
其中:青岛市								627
河南省			15	975	20			3187
湖北省	29							11
湖南省								50
广东省								1000
其中:深圳市								1000
广西壮族自治区								
海南省								1335
重庆市								
四川省		25		913				1255
贵州省								
云南省								
西藏自治区								
陕西省								2505
甘肃省								220
青海省								
宁夏回族自治区								
新疆维吾尔自治区								

2－173－12

单位:万元

地区	其他资本性支出						
	小计	房屋建筑物购建	办公设备购置	专用设备购置	交通工具购置	基础设施建设	大型修缮
地方合计	**42007**	**471**	**122**	**1898**	**166**	**11120**	**9598**
北京市							
天津市							
河北省	932					492	
山西省	9950			50			3000
内蒙古自治区	607	1					
辽宁省	1021	460	10	1			
其中:大连市							
吉林省	1003					855	148
黑龙江省	14472			342		6684	6289
上海市	64		15	49			
江苏省	1269			26			6
浙江省	291		5	1		6	95
其中:宁波市							
安徽省	100					100	
福建省	85			55			
其中:厦门市							
江西省							
山东省	1591	10	63	736	44	332	55
其中:青岛市							
河南省	3903		10	244		1749	
湖北省	148		2	13	35	96	
湖南省	25			2	8		
广东省							
其中:深圳市							
广西壮族自治区	250			250			
海南省							
重庆市	3650						
四川省	822		8	8	21	500	
贵州省							
云南省	130						
西藏自治区							
陕西省	323		8				5
甘肃省	449		1		12	306	
青海省							
宁夏回族自治区	755						
新疆维吾尔自治区	167			121	46		

2－173－13

单位:万元

地　　区	其他资本性支出						
	信息网络购　建	物资储备	土地补偿	安置补助	地上附着物和青苗补偿	拆迁补偿	其他资本性支　出
地 方 合 计	**2614**	**35**					**15983**
北京市							
天津市							
河北省							440
山西省	2000						4900
内蒙古自治区							606
辽宁省	550						
其中:大连市							
吉林省							
黑龙江省							1157
上海市							
江苏省							1237
浙江省							184
其中:宁波市							
安徽省							
福建省							30
其中:厦门市							
江西省							
山东省	63	35					253
其中:青岛市							
河南省							1900
湖北省	1						1
湖南省							15
广东省							
其中:深圳市							
广西壮族自治区							
海南省							
重庆市							3650
四川省							285
贵州省							
云南省							130
西藏自治区							
陕西省							310
甘肃省							130
青海省							
宁夏回族自治区							755
新疆维吾尔自治区							

2－173－14

单位:万元

地区	贷款转贷及产权参股					其他支出		
	小计	国内贷款	国外贷款	产权参股	其他贷款转贷及产权参股支出	小计	补充全国社会保障基金	其他支出
地方合计	**50**			**50**		**49914**		**49914**
北京市						1000		1000
天津市								
河北省						1304		1304
山西省						5000		5000
内蒙古自治区								
辽宁省								
其中:大连市								
吉林省						20		20
黑龙江省								
上海市								
江苏省						3133		3133
浙江省						1636		1636
其中:宁波市						156		156
安徽省						24150		24150
福建省						2220		2220
其中:厦门市								
江西省						1040		1040
山东省						4169		4169
其中:青岛市						1500		1500
河南省						3377		3377
湖北省						157		157
湖南省						1401		1401
广东省						848		848
其中:深圳市								
广西壮族自治区								
海南省								
重庆市								
四川省						110		110
贵州省								
云南省						50		50
西藏自治区								
陕西省								
甘肃省						299		299
青海省								
宁夏回族自治区								
新疆维吾尔自治区	50			50				

2007 年各省、自治区、直辖市石油价格改革财政补贴支出明细表

2－174－1　　单位:万元

地　　区	合　计	工资福利支出				
		小　计	基本工资	津贴补贴	奖　金	社会保障缴费
地　方　合　计	**1496561**	**365**	**199**	**38**	**16**	**4**
北京市	68384					
天津市	18092					
河北省	74397	3		3		
山西省	20058	12	6	6		
内蒙古自治区	23710					
辽宁省	91059					
其中:大连市	29260					
吉林省	45677					
黑龙江省	81199					
上海市	64860					
江苏省	79524					
浙江省	175695	46		16	2	
其中:宁波市	26664	2				
安徽省	29725					
福建省	94932	24		1	1	
其中:厦门市	5333					
江西省	18521	50	50			
山东省	122903					
其中:青岛市	14865					
河南省	34529	39	39			
湖北省	68598	14	14			
湖南省	52705					
广东省	108153	6	4	1	1	
其中:深圳市	16577					
广西壮族自治区	56292	58				
海南省	19083					
重庆市	17549					
四川省	33963	27		11	12	4
贵州省	17035					
云南省	22656					
西藏自治区	150					
陕西省	17199					
甘肃省	14813	86	86			
青海省	5573					
宁夏回族自治区	8656					
新疆维吾尔自治区	10871					

2－174－2

单位:万元

地　　区	工资福利支出				商品和服务支出		
	伙食费	伙　食 补助费	绩效 工资	其他工资 福利支出	小　计	办公费	印刷费
地　方　合　计				**108**	**481924**	**3707**	**106**
北京市					107		
天津市							
河北省					8010	34	
山西省					4670	33	4
内蒙古自治区					16196	24	
辽宁省					24691	79	4
其中:大连市					7496	30	
吉林省					14673	4	3
黑龙江省					41885	340	4
上海市							
江苏省					23429	16	
浙江省				28	74548	49	2
其中:宁波市				2	1940		
安徽省					6033	50	
福建省				22	54684	35	11
其中:厦门市					5149		
江西省					10285	25	2
山东省					24805	1855	21
其中:青岛市					1592	525	
河南省					13683	662	13
湖北省					34239	1	2
湖南省					132		
广东省					48405		
其中:深圳市					16577		
广西壮族自治区				58	17920	36	1
海南省					7260	2	6
重庆市					4221	18	
四川省					8373	27	4
贵州省					10173	160	3
云南省					12893	72	4
西藏自治区					102		
陕西省					5694	177	22
甘肃省					3570	2	
青海省					3386	5	
宁夏回族自治区					1130		
新疆维吾尔自治区					6727	1	

2－174－3 单位:万元

地　　区	商品和服务支出						
	咨询费	手续费	水　费	电　费	邮电费	取暖费	物　业 管理费
地　方　合　计	**3**	**6**	**28**	**53**	**14**	**74**	**26**
北京市							
天津市							
河北省			10	20		10	
山西省						1	2
内蒙古自治区							
辽宁省							
其中:大连市							
吉林省				2		55	
黑龙江省					1		
上海市							
江苏省	3	5					
浙江省		1			3		2
其中:宁波市							
安徽省							
福建省			3				
其中:厦门市							
江西省							
山东省			6	15		3	
其中:青岛市							
河南省				6	2		
湖北省			1		4		
湖南省							
广东省							
其中:深圳市							
广西壮族自治区				1			
海南省							
重庆市							
四川省							
贵州省			5	4	1		
云南省							
西藏自治区							
陕西省			3	5	3	5	
甘肃省							4
青海省							
宁夏回族自治区							18
新疆维吾尔自治区							

2－174－4

单位:万元

地　　区	商品和服务支出					
	交通费	差旅费	出国费	维修(护)费	租赁费	会议费
地　方　合　计	**48905**	**287**	**4**	**1788**	**18**	**419**
北京市						
天津市						
河北省	1267					21
山西省	468	11		275		3
内蒙古自治区	734	2				
辽宁省	2400	30				45
其中:大连市						
吉林省	1568	1		113		2
黑龙江省	27226	12		828		21
上海市						
江苏省	1096	3				25
浙江省	934	16		1		58
其中:宁波市	25					13
安徽省	74	15				11
福建省	2462	26				5
其中:厦门市						
江西省	507	5		2		4
山东省	1885	8		19		13
其中:青岛市	99					
河南省	445	23		16		34
湖北省	197	5	4	1		3
湖南省						
广东省	1489			154	14	131
其中:深圳市						
广西壮族自治区	1936	1		9		2
海南省	96	7		1		
重庆市	268	10				3
四川省	271	1		24		4
贵州省	1084	14		15		7
云南省	682	2		8		19
西藏自治区						
陕西省	1217	91		66	4	3
甘肃省	526	1		4		
青海省	50			252		5
宁夏回族自治区	17					
新疆维吾尔自治区	6	3				

2－174－5

单位:万元

地　　区	商品和服务支出						
	培训费	招待费	专　用 材料费	被　装 购置费	专　用 燃料费	劳务费	委　托 业务费
地　方　合　计	**91**	**153**	**5316**	**1**	**61720**	**3831**	**2054**
北京市					95		
天津市							
河北省	20		128		3030	10	
山西省	1	1	7		1008	1	
内蒙古自治区	3	1	86		2823	3	1973
辽宁省	7		1503		16694	2984	6
其中:大连市			467		6999		
吉林省		3	238		1081		19
黑龙江省			513		1501	65	9
上海市							
江苏省			1669		157		
浙江省	28	13			15575	8	6
其中:宁波市	12				232		
安徽省			5		444		
福建省		36	49		6997	722	12
其中:厦门市					4552		
江西省	2	3			225		
山东省	8	45	261		1523		
其中:青岛市					8		
河南省		2	234		627	12	
湖北省		9	13	1	476		
湖南省							
广东省	6		39		2004	10	
其中:深圳市							
广西壮族自治区			242		1068		
海南省		2	2		1626	2	
重庆市	4	5	19		27		
四川省	3		39		350		
贵州省	1	9			979	11	19
云南省	8	22	31		1344	3	
西藏自治区							
陕西省		2	5		955		10
甘肃省			233		689		
青海省					188		
宁夏回族自治区					200		
新疆维吾尔自治区					34		

2－174－6

单位:万元

地　　区	商品和服务支出			对个人和家庭的补助			
	工会经费	福利费	其他商品和服务支出	小　计	离休费	退休费	退职(役)费
地　方　合　计	**75**	**34**	**353211**	**210665**		**1**	
北京市			12				
天津市							
河北省			3460	10419			
山西省			2855	4646			
内蒙古自治区			10547	2117			
辽宁省			939	18486			
其中:大连市							
吉林省			11584	17229			
黑龙江省			11365	17849			
上海市							
江苏省			20455	21063			
浙江省			57852	30712			
其中:宁波市			1658	13076			
安徽省			5434	4273			
福建省		1	44325	1202			
其中:厦门市			597				
江西省		9	9501	1919			
山东省		1	19142	23868			
其中:青岛市			960	1688			
河南省			11607	4171			
湖北省		2	33520	7465			
湖南省			132				
广东省			44558	21336			
其中:深圳市			16577				
广西壮族自治区	75		14549	3497		1	
海南省		1	5515	5079			
重庆市			3867	1370			
四川省			7650	5686			
贵州省			7861	788			
云南省			10698	904			
西藏自治区			102	47			
陕西省		20	3106	738			
甘肃省			2111	2428			
青海省			2886	1245			
宁夏回族自治区			895	2128			
新疆维吾尔自治区			6683				

2－174－7

单位：万元

地区	对个人和家庭的补助						
	抚恤金	生活补助	救济费	医疗费	助学金	奖励金	生产补贴
地方合计	**1**	**6104**	**136**			**249**	**127524**
北京市							
天津市							
河北省		369				47	3976
山西省		173					2086
内蒙古自治区		160					1231
辽宁省							16983
其中：大连市							
吉林省		528	128				3336
黑龙江省		1699				187	12076
上海市							
江苏省		2263					6077
浙江省		1	6			5	28117
其中：宁波市							13045
安徽省			2				1387
福建省		63					961
其中：厦门市							
江西省		241					1053
山东省		31					16869
其中：青岛市							1356
河南省		15				8	1659
湖北省	1	141					4089
湖南省							
广东省		39					11931
其中：深圳市							
广西壮族自治区						2	3221
海南省							4431
重庆市							750
四川省		19					3072
贵州省		83					200
云南省		22					319
西藏自治区							25
陕西省		163					292
甘肃省		19					1785
青海省							163
宁夏回族自治区		75					1435
新疆维吾尔自治区							

2－174－8

单位：万元

地　　区	对个人和家庭的补助				对企事业单位的补贴		
	住　房 公积金	提租 补贴	购房 补贴	其他对个人和家庭的补助支出	小　计	企业政策性补　贴	事业单位补　贴
地　方　合　计	**2**			**76648**	**541744**	**251022**	**13611**
北京市					50041	35437	
天津市					17569	17569	
河北省				6027	6871	3994	658
山西省				2387	9495	2423	170
内蒙古自治区				726	1769	1180	357
辽宁省				1503	43921	26175	7
其中：大连市					21764	6911	
吉林省				13237	12116	6490	20
黑龙江省				3887	19198	16522	1985
上海市					64860		
江苏省				12723	26484	17803	3
浙江省				2583	44136	14728	101
其中：宁波市				31	10695	4904	10
安徽省				2884	13797	7613	621
福建省				178	24799	6576	15
其中：厦门市					104	81	
江西省				625	2686	1826	
山东省				6968	43813	28123	3476
其中：青岛市				332	1225	1045	
河南省	2			2487	11041	9364	546
湖北省				3234	19196	2939	979
湖南省					52565		
广东省				9366	20095	8599	1570
其中：深圳市							
广西壮族自治区				273	14816	11616	2204
海南省				648	1180	1180	
重庆市				620	1636	1288	
四川省				2595	17746	16191	167
贵州省				505	2539	2079	7
云南省				563	5364	4061	426
西藏自治区				22			
陕西省				283	6344	4521	248
甘肃省				624	6300	1623	51
青海省				1082	316	51	
宁夏回族自治区				618	986	986	
新疆维吾尔自治区					65	65	

2-174-9

单位:万元

地区	对企事业单位的补贴		赠与			债务利息支出	
	财政贴息	其他对企事业单位的补贴支出	小计	对国内的赠与	对国外的赠与	小计	国库券付息
地方合计	**9494**	**267617**					
北京市		14604					
天津市							
河北省		2219					
山西省		6902					
内蒙古自治区		232					
辽宁省		17739					
其中:大连市		14853					
吉林省		5606					
黑龙江省		691					
上海市		64860					
江苏省	4	8674					
浙江省	1858	27449					
其中:宁波市		5781					
安徽省		5563					
福建省	7001	11207					
其中:厦门市		23					
江西省		860					
山东省		12214					
其中:青岛市		180					
河南省	86	1045					
湖北省	276	15002					
湖南省		52565					
广东省		9926					
其中:深圳市							
广西壮族自治区		996					
海南省							
重庆市		348					
四川省		1388					
贵州省	43	410					
云南省	226	651					
西藏自治区							
陕西省		1575					
甘肃省		4626					
青海省		265					
宁夏回族自治区							
新疆维吾尔自治区							

2－174－10

单位:万元

地　　区	债务利息支出					基本建设支出	
	向国家银行借款付息	其他国内借款付息	向国外政府借款付息	向国际组织借款付息	其他国外借款付息	小　计	房屋建筑物购建
地方合计						**12201**	**1**
北京市							
天津市							
河北省						1077	
山西省						366	
内蒙古自治区						1076	
辽宁省						3	
其中:大连市							
吉林省						378	
黑龙江省						987	
上海市							
江苏省						277	
浙江省						496	
其中:宁波市						292	
安徽省						212	
福建省						18	
其中:厦门市							
江西省						40	
山东省							
其中:青岛市							
河南省						863	
湖北省						195	
湖南省							
广东省						1	
其中:深圳市							
广西壮族自治区						82	
海南省						3529	
重庆市							
四川省						69	
贵州省						28	
云南省						2118	1
西藏自治区							
陕西省						20	
甘肃省						265	
青海省						99	
宁夏回族自治区						2	
新疆维吾尔自治区							

2－174－11

单位:万元

地　　区	基本建设支出							
	办公设备购　　置	专用设备购　　置	交通工具购　　置	基础设施建　　设	大型修缮	信息网络购　　建	物资储备	其他基本建设支出
地　方　合　计	**2**		**1565**	**1574**	**420**		**392**	**8247**
北京市								
天津市								
河北省			700	70				307
山西省								366
内蒙古自治区				415				661
辽宁省			3					
其中:大连市								
吉林省							378	
黑龙江省			370	197	420			
上海市								
江苏省								277
浙江省				136				360
其中:宁波市								292
安徽省	2							210
福建省				18				
其中:厦门市								
江西省				26				14
山东省								
其中:青岛市								
河南省			153	11				699
湖北省								195
湖南省								
广东省								1
其中:深圳市								
广西壮族自治区								82
海南省								3529
重庆市								
四川省				69				
贵州省								28
云南省			339	426			14	1338
西藏自治区								
陕西省				20				
甘肃省				186				79
青海省								99
宁夏回族自治区								2
新疆维吾尔自治区								

2－174－12　　　　单位:万元

地　　区	其他资本性支出						
	小　计	房屋建筑物购　　建	办公设备购　　置	专用设备购　　置	交通工具购　　置	基础设施建　　设	大型修缮
地　方　合　计	**83510**	**290**	**157**	**19**	**351**	**5666**	**13634**
北京市	18236						
天津市							
河北省	13346		54		66	2760	9785
山西省	682					105	1
内蒙古自治区	2531		2			309	
辽宁省	61	30		4		15	
其中:大连市							
吉林省	443				109	31	
黑龙江省	982		2		132	650	
上海市							
江苏省	3643						
浙江省	4653		14	7		152	
其中:宁波市	341			7		94	
安徽省	662		10			364	
福建省	3958		1			76	3829
其中:厦门市							
江西省	646					63	
山东省	18226	75				223	15
其中:青岛市							
河南省	1041		2		2	83	
湖北省	770						
湖南省	8						
广东省	1200				35	253	
其中:深圳市							
广西壮族自治区	811					123	
海南省							
重庆市	7759		2				
四川省	656		2				
贵州省	851	3	3	8	3	160	
云南省	639	2	1			226	
西藏自治区	1						
陕西省	312					73	4
甘肃省	1356	180	64				
青海省	8				4		
宁夏回族自治区	29						
新疆维吾尔自治区							

2-174-13

单位:万元

地　　区	其他资本性支出						
	信息网络购　建	物资储备	土地补偿	安置补助	地上附着物和青苗补偿	拆迁补偿	其他资本性支　出
地方合计		**21**	**8**	**68**	**34**		**63262**
北京市							18236
天津市							
河北省					2		679
山西省				3			573
内蒙古自治区		21					2199
辽宁省				12			
其中:大连市							
吉林省							303
黑龙江省			7				191
上海市							
江苏省							3643
浙江省							4480
其中:宁波市							240
安徽省							288
福建省							52
其中:厦门市							
江西省							583
山东省			1		32		17880
其中:青岛市							
河南省							954
湖北省							770
湖南省							8
广东省							912
其中:深圳市							
广西壮族自治区				53			635
海南省							
重庆市							7757
四川省							654
贵州省							674
云南省							410
西藏自治区							1
陕西省							235
甘肃省							1112
青海省							4
宁夏回族自治区							29
新疆维吾尔自治区							

二、地方财政预算收支情况

2－174－14

单位:万元

地区	贷款转贷及产权参股					其他支出		
	小计	国内贷款	国外贷款	产权参股	其他贷款转贷及产权参股支出	小计	补充全国社会保障基金	其他支出
地方合计	**90**				**90**	**166062**		**166062**
北京市								
天津市						523		523
河北省						34671		34671
山西省						187		187
内蒙古自治区						21		21
辽宁省						3897		3897
其中:大连市								
吉林省						838		838
黑龙江省						298		298
上海市								
江苏省	2				2	4626		4626
浙江省						21104		21104
其中:宁波市						318		318
安徽省						4748		4748
福建省	88				88	10159		10159
其中:厦门市						80		80
江西省						2895		2895
山东省						12191		12191
其中:青岛市						10360		10360
河南省						3691		3691
湖北省						6719		6719
湖南省								
广东省						17110		17110
其中:深圳市								
广西壮族自治区						19108		19108
海南省						2035		2035
重庆市						2563		2563
四川省						1406		1406
贵州省						2656		2656
云南省						738		738
西藏自治区								
陕西省						4091		4091
甘肃省						808		808
青海省						519		519
宁夏回族自治区						4381		4381
新疆维吾尔自治区						4079		4079

2007 年各省、自治区、直辖市其他工业、商业、金融等事务支出明细表

2 – 175 – 1

单位:万元

地区	合计	工资福利支出				
		小计	基本工资	津贴补贴	奖金	社会保障缴费
地方合计	**7672848**	**83060**	**39746**	**19967**	**6919**	**5067**
北京市	428771					
天津市	266077	837	328	324	20	49
河北省	124309	682	395	134	14	118
山西省	62109	2429	1297	675	99	242
内蒙古自治区	117690	1243	496	445	111	136
辽宁省	263888	5946	3205	2001	214	309
其中:大连市	41807	62	35	12	2	13
吉林省	123639	739	560	129	28	21
黑龙江省	286687	17240	11030	4464	390	703
上海市	1561200	3502	193	29	215	96
江苏省	675100	5335	1517	1411	1464	453
浙江省	485758	6120	1597	1291	1757	654
其中:宁波市	149947	44	13	9	11	3
安徽省	180367	531	189	223	35	30
福建省	180955	1927	1013	497	97	156
其中:厦门市	104097	2			2	
江西省	131510	6694	4139	1358	302	113
山东省	436427	4863	2201	1586	312	462
其中:青岛市	104824	637	134	318	102	35
河南省	312230	1738	1139	447	80	23
湖北省	278719	5252	1505	671	156	224
湖南省	182112	4714	2722	1126	300	324
广东省	382659	2635	1003	833	156	336
其中:深圳市	111949	184	73	93	11	7
广西壮族自治区	183968	724	367	176	109	69
海南省	7484	31	29		1	
重庆市	131197	2928	1045	429	668	241
四川省	400113	1061	433	222	133	25
贵州省	40121	882	528	197	58	48
云南省	147637	457	88	92	40	117
西藏自治区	1491	55	2	53		
陕西省	130243	2751	1864	609	125	35
甘肃省	30656	1147	508	379	30	46
青海省	49777	121	52	25	1	18
宁夏回族自治区	16259	159	84	59	4	2
新疆维吾尔自治区	53695	317	217	82		17

2－175－2

单位:万元

地　　区	工资福利支出				商品和服务支出		
	伙食费	伙食补助费	绩效工资	其他工资福利支出	小计	办公费	印刷费
地方合计	**43**	**359**	**436**	**10523**	**1980189**	**149060**	**2338**
北京市					43592	10	1
天津市		18	3	95	51983	167	1
河北省		5		16	17735	431	56
山西省	1	4	10	101	9923	2515	93
内蒙古自治区		5	5	45	32389	1441	74
辽宁省	18	7	13	179	43434	1791	205
其中:大连市					2339	992	25
吉林省			1		14811	7578	28
黑龙江省		10	10	633	148872	92548	242
上海市		2		2967	322752	19	2
江苏省	1	40	2	447	224218	3002	68
浙江省		48		773	56541	211	111
其中:宁波市		2		6	14565	13	21
安徽省		5		49	45289	125	81
福建省		2	35	127	63922	2170	259
其中:厦门市					44810	1361	28
江西省	1	18	14	749	48251	2932	213
山东省		29	2	271	66395	4626	145
其中:青岛市		5		43	7794	53	5
河南省		1		48	138386	8339	67
湖北省	13	16	30	2637	148390	350	129
湖南省	9	11		222	80631	3253	170
广东省		1	174	132	178698	13200	46
其中:深圳市					107886	10	
广西壮族自治区				3	29956	236	45
海南省				1	4185	9	
重庆市		5		540	45473	460	8
四川省		3	83	162	40878	1741	96
贵州省		1	14	36	12151	73	8
云南省		45		75	62437	915	46
西藏自治区					54	1	
陕西省		1	37	80	3133	271	53
甘肃省		82	2	100	15610	146	32
青海省				25	9206	8	20
宁夏回族自治区				10	3791	48	18
新疆维吾尔自治区			1		17103	444	21

2－175－3

单位:万元

地区	商品和服务支出						
	咨询费	手续费	水费	电费	邮电费	取暖费	物业管理费
地方合计	**1255**	**435**	**742**	**2318**	**1727**	**6792**	**1144**
北京市							
天津市			20	47	10	27	
河北省	87	61	14	23	22	22	
山西省	16	11	83	166	95	181	8
内蒙古自治区	107		37	46	41	84	
辽宁省	115	93	38	77	185	402	37
其中:大连市					7		27
吉林省	13		2	6	25	95	3
黑龙江省	59	24	51	242	60	5422	54
上海市				22	14		
江苏省	170	77	23	70	131		12
浙江省	3	2	18	68	101		1
其中:宁波市			6	10			
安徽省		15	5	10	6		
福建省	87	12	13	42	45		27
其中:厦门市	35	11	2	6	6		
江西省	59	8	53	109	196	10	658
山东省	83	109	58	274	264	390	32
其中:青岛市	2		2	14	15	9	1
河南省	18		52	71	29	1	2
湖北省			34	87	50	8	11
湖南省	72	1	75	425	120	67	8
广东省	24		11	94	86		209
其中:深圳市	20		2	16	2		10
广西壮族自治区	188		3	8	16		20
海南省	2						
重庆市	78		46	168	43	1	6
四川省	38	8	21	105	76	3	52
贵州省	2		1	2	10		
云南省	2	14	17	31	35		3
西藏自治区							
陕西省			10	15	37	46	
甘肃省	10		11	20	15	21	
青海省	2			13			
宁夏回族自治区			1	21	2		1
新疆维吾尔自治区	20		45	56	13	12	

2－175－4

单位:万元

地区	商品和服务支出					
	交通费	差旅费	出国费	维修(护)费	租赁费	会议费
地方合计	**8189**	**6832**	**679**	**15233**	**2300**	**12078**
北京市				33		3
天津市	4	8		61		39
河北省	215	122	10	139	159	120
山西省	526	261		525	13	382
内蒙古自治区	330	224	6	782	19	122
辽宁省	841	689	112	614	215	1245
其中:大连市	8	29		73		8
吉林省	96	122	13	274	32	227
黑龙江省	523	340	22	2432	42	199
上海市	40	32	4	31	20	330
江苏省	394	351	21	216	91	766
浙江省	355	321	185	52	30	874
其中:宁波市	77	43	16	8	5	48
安徽省	58	90	2	40	1	104
福建省	109	102	34	186	111	101
其中:厦门市	15	22		1	70	39
江西省	828	826	40	436	127	667
山东省	826	633	42	5677	388	2155
其中:青岛市	62	68	4	10	1	34
河南省	270	149	27	366	185	106
湖北省	109	169	3	172	7	278
湖南省	632	487	24	352	166	870
广东省	145	409	56	229	203	508
其中:深圳市	17	5		5		22
广西壮族自治区	128	210	10	163	3	187
海南省	1			8		
重庆市	200	194		213	33	168
四川省	587	498	13	404	259	670
贵州省	72	77	3	306	117	80
云南省	412	228	5	454	3	1461
西藏自治区				50		
陕西省	237	103	32	222	28	196
甘肃省	99	70		396	2	104
青海省	20	6		51	3	8
宁夏回族自治区	63	47	1	2	5	57
新疆维吾尔自治区	69	64	14	347	38	51

2－175－5

单位:万元

地区	商品和服务支出						
	培训费	招待费	专用材料费	被装购置费	专用燃料费	劳务费	委托业务费
地方合计	**4209**	**10875**	**42667**	**299**	**539**	**9571**	**2349**
北京市							19
天津市	2	37				156	90
河北省	108	74	747	1	127	344	198
山西省	355	382	57		44	376	30
内蒙古自治区	315	108	85		9	94	106
辽宁省	176	782	916	3	124	2591	70
其中:大连市	8	521	30			99	
吉林省	465	64	443		11	73	45
黑龙江省	60	172	2356	35	34	139	71
上海市	231	349	11			328	
江苏省	185	1153	1732		9	705	79
浙江省	386	1395	23	5	53	307	252
其中:宁波市	136	109	1			113	27
安徽省	189	210	148	7	3	9	
福建省	84	223	201	8	4	115	73
其中:厦门市	75	10				86	18
江西省	155	722	21	21	13	228	71
山东省	293	982	7286	45	63	1728	161
其中:青岛市	4	50				10	30
河南省	76	256	26789	16	1	224	3
湖北省	52	215	1	46	14	20	6
湖南省	324	909	140	55	8	79	28
广东省	65	214	115	24		320	563
其中:深圳市	3	2	4	24		27	
广西壮族自治区	46	157	38			80	25
海南省							
重庆市	33	184	702			220	
四川省	93	1545	438		5	122	40
贵州省	7	103	4			38	
云南省	286	437	86	4	3	785	418
西藏自治区							
陕西省	64	103	13	3	11	60	1
甘肃省	28	33	87	1	3	199	
青海省	1	7	18			10	
宁夏回族自治区	57	46				53	
新疆维吾尔自治区	73	13	210	25		168	

二、地方财政预算收支情况

2－175－6

单位:万元

地　　区	商品和服务支出			对个人和家庭的补助			
	工会经费	福利费	其他商品和服务支出	小　计	离休费	退休费	退职(役)费
地　方　合　计	**523**	**1689**	**1696346**	**70462**	**2149**	**19390**	**114**
北京市			43526	277			
天津市	2	9	51303	797	97	341	
河北省	7	22	14626	1465	5	10	
山西省	20	45	3739	1837	70	383	
内蒙古自治区	1	40	28318	842		36	
辽宁省	38	59	32016	3538	160	881	31
其中:大连市			512				
吉林省	30		5166	576	41	180	
黑龙江省	15	204	43526	13743	191	4912	
上海市	4	55	321260	215		3	15
江苏省	35	230	214698	7390	476	3062	1
浙江省	31	174	51583	4884	79	1039	36
其中:宁波市			13932	436		16	
安徽省		2	44184	3758	53	235	9
福建省	10	31	59875	534		65	2
其中:厦门市			43025	114			
江西省	49	64	39745	2423	130	1033	1
山东省	95	177	39863	4840	22	481	1
其中:青岛市	3		7417	51			
河南省	7	12	101320	699	12	18	
湖北省	16	53	146560	5822	242	2495	6
湖南省	104	111	72151	3062	273	1980	8
广东省	15	115	162047	1276	71	805	1
其中:深圳市	1	4	107712				
广西壮族自治区	1	116	28276	4147	73	527	3
海南省			4165	324			
重庆市	12	52	42652	920		34	
四川省	17	69	33978	1611	1	148	
贵州省	3	21	11224	1005	125	491	
云南省	3	4	56785	3976	25	38	
西藏自治区			3	28		2	
陕西省	5	13	1610	272	3	124	
甘肃省	3	6	14324	104		15	
青海省			9039	14			
宁夏回族自治区		3	3366	40		36	
新疆维吾尔自治区		2	15418	43		16	

2－175－7

单位:万元

地　　区	对个人和家庭的补助						
	抚恤金	生活补助	救济费	医疗费	助学金	奖励金	生产补贴
地方合计	**535**	**5984**	**437**	**971**	**105**	**9624**	**8319**
北京市	9	200					
天津市	6	18		41			200
河北省		703	290			199	
山西省	4	982	11	13		54	61
内蒙古自治区	4	564	2	20		11	1
辽宁省	39	520	9	20		1024	46
其中:大连市							
吉林省	3	58		4		285	
黑龙江省	33	1870	21	15	100	418	5318
上海市							
江苏省	55	239	13	116		626	21
浙江省	16	128	2	38		2132	116
其中:宁波市	8					5	
安徽省	22	17		19			
福建省	18	49		18		304	4
其中:厦门市						114	
江西省	52	80	1	38	3	20	749
山东省	48	47	2	121	2	2023	1515
其中:青岛市							
河南省		200	4			372	15
湖北省	14	95		59			
湖南省	139	36	12	127		55	59
广东省	1	11		93		4	20
其中:深圳市							
广西壮族自治区	17	12	1			1707	
海南省							
重庆市	9	2		191		17	
四川省	4	17	37	12		206	8
贵州省	3	4				2	20
云南省	26	91	32	14		164	73
西藏自治区							23
陕西省	13	39		11			46
甘肃省				1			24
青海省						1	
宁夏回族自治区							
新疆维吾尔自治区		2					

2－175－8

单位:万元

地　　区	对个人和家庭的补助				对企事业单位的补贴		
	住　房 公积金	提租 补贴	购房 补贴	其他对个人和家庭的补助支出	小　计	企业政策性补　　贴	事业单位补　　贴
地　方　合　计	**2267**	**237**	**930**	**19400**	**3242965**	**1080075**	**7051**
北京市				68	157316	31192	21
天津市	63		2	29	176642	70445	
河北省				258	39415	21604	10
山西省	37			222	29468	1076	72
内蒙古自治区	28			176	46494	9667	3
辽宁省	422	140	10	236	135935	11823	363
其中:大连市					34239	5452	335
吉林省	5				34710	7756	409
黑龙江省	404	12		449	36938	28507	780
上海市	11			186	1071310	423152	
江苏省	73	19		2689	230585	51757	756
浙江省	271		8	1019	290121	37754	39
其中:宁波市				407	101467	9496	
安徽省	90			3313	93720	42451	
福建省	39	5	1	29	33997	9180	412
其中:厦门市					15913	6335	
江西省	126			190	22131	4239	74
山东省	137	41	356	44	172901	66016	50
其中:青岛市	22	7	21	1	5779	429	
河南省	2			76	115144	53400	
湖北省	81	10		2820	47704	3946	62
湖南省	191			182	35850	4163	166
广东省	150			120	45287	26037	78
其中:深圳市					12		
广西壮族自治区	5	1	482	1319	37922	1324	
海南省				324	2745	1405	
重庆市	47			620	6926	2611	
四川省	6			1172	228228	127534	110
贵州省	16	9	71	264	19238	5970	2555
云南省	5			3508	47707	1624	330
西藏自治区				3	876	29	359
陕西省	34			2	38955	23887	
甘肃省	9			55	5184	1304	
青海省	12			1	15484	65	252
宁夏回族自治区	1			3	696	161	
新疆维吾尔自治区	2			23	23336	9996	150

2－175－9

单位:万元

地　　区	对企事业单位的补贴		赠与			债务利息支出	
	财政贴息	其他对企事业单位的补贴支出	小　计	对国内的赠　与	对国外的赠　与	小　计	国库券付　息
地方合计	**237962**	**1917877**	**303**	**303**		**79913**	
北京市	27057	99046					
天津市		106197					
河北省	3922	13879					
山西省	641	27679					
内蒙古自治区	2073	34751					
辽宁省	81833	41916					
其中:大连市	32	28420					
吉林省	3572	22973				50000	
黑龙江省	3781	3870					
上海市	9621	638537					
江苏省	1430	176642					
浙江省	28479	223849	300	300			
其中:宁波市	25000	66971	300	300			
安徽省	2662	48607				2459	
福建省	10402	14003				7459	
其中:厦门市	8015	1563				7419	
江西省	99	17719					
山东省	1686	105149				906	
其中:青岛市		5350					
河南省	3006	58738					
湖北省	3624	40072				16273	
湖南省	5138	26383	3	3		200	
广东省	285	18887					
其中:深圳市		12					
广西壮族自治区	1102	35496					
海南省		1340					
重庆市	171	4144					
四川省	20860	79724				373	
贵州省	1674	9039					
云南省	17794	27959				50	
西藏自治区	53	435					
陕西省	3000	12068					
甘肃省	85	3795				335	
青海省	1375	13792				1858	
宁夏回族自治区		535					
新疆维吾尔自治区	2537	10653					

二、地方财政预算收支情况

2－175－10

单位:万元

地　　区	债务利息支出					基本建设支出	
	向国家银行借款付息	其他国内借款付息	向国外政府借款付息	向国际组织借款付息	其他国外借款付息	小　计	房屋建筑物购建
地　方　合　计	**61896**	**12996**		**5021**		**191165**	**29953**
北京市						2246	
天津市							
河北省						2803	
山西省						237	
内蒙古自治区						3025	240
辽宁省						17445	13338
其中:大连市						2676	
吉林省	35000	10000		5000		5052	30
黑龙江省						27216	874
上海市						1	
江苏省						1881	1360
浙江省						4340	826
其中:宁波市						99	52
安徽省	2459					2590	676
福建省	7419	40				21362	
其中:厦门市	7419					8815	
江西省						1348	317
山东省	906					16708	1303
其中:青岛市						3328	
河南省						7312	
湖北省	15000	1273				563	
湖南省		200				5352	72
广东省						3908	300
其中:深圳市							
广西壮族自治区						6502	500
海南省						150	
重庆市						643	144
四川省	54	319				15171	7466
贵州省						2610	
云南省	50					10600	2308
西藏自治区						430	
陕西省						6168	53
甘肃省	200	114		21		3845	117
青海省	808	1050				18094	17
宁夏回族自治区						773	
新疆维吾尔自治区						2790	12

2－175－11

单位:万元

地　　区	基本建设支出							
	办公设备购　置	专用设备购　置	交通工具购　置	基础设施建　设	大型修缮	信息网络购　建	物资储备	其他基本建设支出
地　方　合　计	**152**	**3276**	**1258**	**82933**	**1839**	**261**		**71493**
北京市				2000				246
天津市								
河北省			26	2427				350
山西省				214				23
内蒙古自治区	30	17		1105	30	130		1473
辽宁省		720	11	615				2761
其中:大连市								2676
吉林省								5022
黑龙江省				26162	100			80
上海市								1
江苏省			18					503
浙江省	3	20	20	51		2		3418
其中:宁波市	1	1				2		43
安徽省				1221				693
福建省			815	11855	227			8465
其中:厦门市			815	5000				3000
江西省		30		346		15		640
山东省	18	977	229	5371	1378			7432
其中:青岛市	8							3320
河南省				5458	7			1847
湖北省	1	60						502
湖南省	65	102	19	4689	31	4		370
广东省	4			2950				654
其中:深圳市								
广西壮族自治区	1			5524				477
海南省								150
重庆市	1			110				388
四川省		349		4153	27	100		3076
贵州省				550				2060
云南省	22		113	4164				3993
西藏自治区								430
陕西省	2			146				5967
甘肃省	1	930		426		5		2366
青海省				614				17463
宁夏回族自治区				230				543
新疆维吾尔自治区	4	71	7	2552	39	5		100

2－175－12

单位:万元

地区	其他资本性支出						
	小计	房屋建筑物购建	办公设备购置	专用设备购置	交通工具购置	基础设施建设	大型修缮
地方合计	**954562**	**14564**	**4747**	**13256**	**2252**	**205856**	**12122**
北京市	198189					13142	
天津市	2517	496		200	46	537	123
河北省	16677	800	151		175	1737	1256
山西省	7572	193	58	140	91	500	
内蒙古自治区	29955	800	135	2415	20	2263	126
辽宁省	55278	1903	1481	508	46	27326	236
其中:大连市	2485		1378	336		756	5
吉林省	12562	1123	108	1277	36	8917	
黑龙江省	41160	1428	43	158	11	27022	6750
上海市	8406		13				9
江苏省	73775	1697	55	1086	81	22089	361
浙江省	17018		580	210	62	2106	168
其中:宁波市	1294		487	50		500	
安徽省	7423	18	27	4	21	467	
福建省	10555	215	569	759	16	6303	
其中:厦门市	1361		52				
江西省	29249	60	49	155	102	20053	
山东省	85928	522	577	3474	408	4887	2196
其中:青岛市	32071		12			980	
河南省	39929	1	33	1841	212	14291	85
湖北省	6657	1501	19	1	51	364	
湖南省	3847	121	86	52	132	380	56
广东省	8005		150	33	78	951	100
其中:深圳市	3317						
广西壮族自治区	23934	1939	35	3		2469	6
海南省	29		2			14	8
重庆市	63573	19	34	74	34	655	
四川省	100587	6	147	224	202	8807	90
贵州省	815		19	85	11	328	
云南省	17805	1236	103	98	250	3551	108
西藏自治区	15						
陕西省	78735	376	214	219	124	31947	111
甘肃省	2567	50	8	145		786	228
青海省	1817		1			40	
宁夏回族自治区	1498	30	16	30	30	681	
新疆维吾尔自治区	8485	30	34	65	13	3243	105

2－175－13

单位:万元

地　　区	其他资本性支出						
	信息网络购　建	物资储备	土地补偿	安置补助	地上附着物和青苗补偿	拆迁补偿	其他资本性支　出
地　方　合　计	**1815**	**1020**	**66503**	**7865**	**7637**	**16918**	**600007**
北京市			7190				177857
天津市	1100						15
河北省			468	1870	53	114	10053
山西省	5	10					6575
内蒙古自治区	100		216				23880
辽宁省	40			439			23299
其中:大连市	10						
吉林省			34			14	1053
黑龙江省	101			190		110	5347
上海市							8384
江苏省			4961	58		201	43186
浙江省	9		175		120		13588
其中:宁波市							257
安徽省	53		1833	60	78	112	4750
福建省					487	105	2101
其中:厦门市							1309
江西省			290	109	2954	323	5154
山东省	30		25901		2155	4892	40886
其中:青岛市					2000	4700	24379
河南省	5	17	20180	50			3214
湖北省	1			170			4550
湖南省	2		321	24	29	215	2429
广东省	31	－9	1232				5439
其中:深圳市							3317
广西壮族自治区	180	1000	3501	3783	1077		9941
海南省							5
重庆市							62757
四川省	10		106	1100	642	10194	79059
贵州省	54			1			317
云南省	17			1	39	500	11902
西藏自治区							15
陕西省	50					20	45674
甘肃省	22	2		10	3		1313
青海省			95				1681
宁夏回族自治区						63	648
新疆维吾尔自治区	5					55	4935

二、地方财政预算收支情况

2－175－14

单位:万元

地区	贷款转贷及产权参股					其他支出		
	小计	国内贷款	国外贷款	产权参股	其他贷款转贷及产权参股支出	小计	补充全国社会保障基金	其他支出
地方合计	**188994**	**1918**		**174253**	**12823**	**881235**		**881235**
北京市						27151		27151
天津市	32800			32800		501		501
河北省	7923			5200	2723	37609		37609
山西省						10643		10643
内蒙古自治区	3268			3268		474		474
辽宁省						2312		2312
其中:大连市						6		6
吉林省						5189		5189
黑龙江省	1518	1518						
上海市						155014		155014
江苏省	10000				10000	121916		121916
浙江省						106434		106434
其中:宁波市						31742		31742
安徽省	975			975		23622		23622
福建省						41199		41199
其中:厦门市						25663		25663
江西省						21414		21414
山东省						83886		83886
其中:青岛市						55164		55164
河南省	110			110		8912		8912
湖北省						48058		48058
湖南省						48453		48453
广东省	129000	100		128900		13850		13850
其中:深圳市						550		550
广西壮族自治区						80783		80783
海南省						20		20
重庆市	300	300				10434		10434
四川省	3000			3000		9204		9204
贵州省	100				100	3320		3320
云南省						4605		4605
西藏自治区						33		33
陕西省						229		229
甘肃省						1864		1864
青海省						3183		3183
宁夏回族自治区						9302		9302
新疆维吾尔自治区						1621		1621

2007 年各省、自治区、直辖市其他支出类支出明细表

2－176－1

单位:万元

地　　区	合　计	工资福利支出				
		小　计	基本工资	津贴补贴	奖　金	社会保障缴　费
地　方　合　计	**28261632**	**666366**	**132890**	**218818**	**67483**	**37746**
北京市	2200346	23434	1094	2198	507	327
天津市	352668	5229	1729	855	1037	318
河北省	1025175	122487	13810	96114	772	956
山西省	649908	20884	7530	5307	1260	686
内蒙古自治区	303349	3463	633	448	58	104
辽宁省	834715	23403	8480	12424	396	1327
其中:大连市	256323	3252	1984	532	254	330
吉林省	150631	3304	570	483	1618	72
黑龙江省	359658	3629	1730	973	238	335
上海市	3281698	17597	3711	1869	7631	813
江苏省	1931706	27233	8750	4296	6284	2421
浙江省	1299098	26923	943	2187	7555	1313
其中:宁波市	296608	1810	128	251	1070	177
安徽省	551392	14288	5501	8143	481	682
福建省	753589	15744	2668	1546	860	928
其中:厦门市	342315	8235	777	49	4	14
江西省	419622	12320	6670	2235	906	629
山东省	1115640	25195	－1079	11044	674	10123
其中:青岛市	288880	28669	7143	8580	286	9344
河南省	842765	38778	12566	12975	698	1550
湖北省	1496314	39608	13062	9529	2435	601
湖南省	762466	48586	19125	12145	6559	3728
广东省	5799160	124286	16177	10437	12529	8801
其中:深圳市	2742648	7124	1241	1206	753	461
广西壮族自治区	398294	7872	1223	2157	2011	274
海南省	194335	1613	735	149	42	291
重庆市	381078	3796	－3629	4368	224	293
四川省	830673	27510	4755	6279	7107	55
贵州省	384792	8634	2515	4852	645	30
云南省	603643	5088	107	3249	306	28
西藏自治区	273093	325		66	120	
陕西省	467308	331	－143	243	78	42
甘肃省	210463	7430	2255	1405	2378	115
青海省	95653	3692	219	300	994	381
宁夏回族自治区	96854	181	71	39	4	58
新疆维吾尔自治区	195546	3503	1112	503	1076	465

2－176－2

单位:万元

地区	工资福利支出				商品和服务支出		
	伙食费	伙食补助费	绩效工资	其他工资福利支出	小计	办公费	印刷费
地方合计	**821**	**5326**	**4231**	**199051**	**7919416**	**252662**	**21554**
北京市	12	32	213	19051	262446	1123	217
天津市	18	100	1	1171	165646	1045	282
河北省	4	111	111	10609	152358	15867	1528
山西省	15	259	239	5588	155701	8960	1822
内蒙古自治区	5	1		2214	98623	2523	148
辽宁省	58	170	178	370	135997	27171	925
其中:大连市	55	5	38	54	45828	18000	584
吉林省		173	137	251	32203	5407	113
黑龙江省	3	64	153	133	109891	8668	147
上海市	195	616	44	2718	286507	1521	387
江苏省	44	342	334	4762	636250	12239	1337
浙江省	8	445	54	14418	337773	2126	605
其中:宁波市	1	12		171	17529	99	37
安徽省	13	182	117	－831	175756	3526	354
福建省	3	51	54	9634	156735	4910	1458
其中:厦门市				7391	46460	212	6
江西省	38	88	12	1742	215721	4438	544
山东省	7	15	1157	3254	384508	26499	1647
其中:青岛市			1014	2302	21507	345	20
河南省	6	1458	50	9475	375011	44260	4705
湖北省	28	43	216	13694	883169	14785	198
湖南省	72	262	152	6543	291064	10674	1292
广东省	256	706	297	75083	1849765	26361	1639
其中:深圳市	39	17	45	3362	1308988	790	233
广西壮族自治区		15	2	2190	118710	3237	174
海南省		4	7	385	31437	956	115
重庆市		15	299	2226	68988	1516	139
四川省	16	33	196	9069	230781	5017	441
贵州省	1	40	1	550	138645	6991	222
云南省	10	4	8	1376	295448	4350	172
西藏自治区				139	41807	369	9
陕西省	1	7	20	83	95810	2390	121
甘肃省	1	20	39	1217	63641	2933	472
青海省		15	4	1779	8407	241	39
宁夏回族自治区	2	1		6	26816	338	168
新疆维吾尔自治区	5	54	136	152	93802	2221	134

2－176－3

单位:万元

地　　区	商品和服务支出						
	咨询费	手续费	水　费	电　费	邮电费	取暖费	物　业 管理费
地　方　合　计	**5592**	**12772**	**9125**	**23545**	**13059**	**16182**	**12000**
北京市	38	41	95	469	85	459	361
天津市	165	24	93	308	177	103	1432
河北省	236	191	269	815	434	2029	59
山西省	51	598	709	1804	510	4180	329
内蒙古自治区	206	87	27	92	56	219	2
辽宁省	1308	1399	289	700	351	2197	628
其中:大连市	1174	418	102	367	170	180	414
吉林省	11	634	22	52	104	497	10
黑龙江省	6	39	84	230	215	409	40
上海市	56	54	105	557	425		1259
江苏省	464	1523	842	1744	1237	205	823
浙江省	101	12	166	803	656		158
其中:宁波市	1		5	27	17		5
安徽省	41	9	187	581	266	39	305
福建省	53	39	184	701	400		142
其中:厦门市		7	6	60			73
江西省	97	61	270	631	789	86	53
山东省	493	710	1212	2299	1945	3311	2582
其中:青岛市	8	1	45	265	20	10	13
河南省	227	1175	1497	2992	942	522	773
湖北省	77	1409	109	473	181	41	47
湖南省	221	375	622	1658	1017	312	199
广东省	503	2512	628	3540	1452	2	1880
其中:深圳市	51		60	368	77		380
广西壮族自治区	8	31	324	459	158		32
海南省	5	15	29	138	40		27
重庆市	56	168	121	485	139		302
四川省	47	783	184	479	522	11	87
贵州省	4	209	50	252	151	37	63
云南省	22	50	53	133	112		195
西藏自治区		101		16	3	11	
陕西省	46	75	393	446	123	256	93
甘肃省	37	383	90	209	311	638	5
青海省	2		8	26	60	63	29
宁夏回族自治区	4	1	16	23	23	54	2
新疆维吾尔自治区	1007	64	447	430	175	501	83

2－176－4

单位：万元

地　　区	商品和服务支出					
	交通费	差旅费	出国费	维修(护)费	租赁费	会议费
地　方　合　计	**57080**	**31812**	**5827**	**166456**	**10577**	**63676**
北京市	840	267	114	2013	1345	1224
天津市	628	311	337	2439	412	1268
河北省	3110	1080	51	5051	308	1967
山西省	3334	1902	75	12632	1002	2561
内蒙古自治区	600	436	3	1695	60	166
辽宁省	2167	1310	497	7928	567	2429
其中：大连市	799	487	127	3290	415	1232
吉林省	1050	336	11	1567	34	318
黑龙江省	644	417	24	9474	178	51
上海市	1153	639	287	5812	346	1429
江苏省	3340	1898	533	17794	603	4111
浙江省	2356	1268	235	1602	1027	1669
其中：宁波市	114	51	9	50	5	104
安徽省	1829	671	45	949	164	885
福建省	1639	1363	465	3708	266	2579
其中：厦门市	26	16		53	4	5
江西省	1867	1921	57	1281	261	1642
山东省	3996	2075	36	30545	891	15897
其中：青岛市	115	112	5	170	16	247
河南省	4674	2982	77	11993	582	4505
湖北省	855	587	51	5059	148	1087
湖南省	5449	3382	434	4138	365	5456
广东省	7055	3115	1309	12720	1148	7519
其中：深圳市	825	415	15	542	244	324
广西壮族自治区	1153	581	1015	1284	50	207
海南省	766	246	5	866	59	390
重庆市	797	567	19	4376	121	618
四川省	2508	1461	52	5482	235	1524
贵州省	1230	344	33	916	15	581
云南省	704	274	6	2311	26	854
西藏自治区	298	83		991		39
陕西省	791	760		2834	131	1406
甘肃省	941	613	43	4983	107	1007
青海省	187	132		462	12	82
宁夏回族自治区	254	143	9	523	13	68
新疆维吾尔自治区	865	648	4	3028	101	137

2－176－5

单位:万元

地　　区	商品和服务支出						
	培训费	招待费	专用材料费	被装购置费	专用燃料费	劳务费	委托业务费
地方合计	**29910**	**78201**	**66423**	**5843**	**6843**	**47603**	**36798**
北京市	600	378	280	47	16	437	221
天津市	566	481	432	68	15	1217	206
河北省	1024	2859	2687	251	827	912	594
山西省	1474	2616	2075	285	260	2334	516
内蒙古自治区	307	467	473	215	46	200	589
辽宁省	1414	3639	7503	94	621	9486	4060
其中:大连市	915	978	3982	20	411	5057	553
吉林省	542	235	2020	12	14	22	32
黑龙江省	36	127	912	140	176	226	98
上海市	785	1553	1073	199	2	639	716
江苏省	4428	8019	2637	471	1078	2312	3210
浙江省	825	4767	586	76	137	4550	3749
其中:宁波市	43	161	7	6		83	85
安徽省	485	1553	543	103	417	470	154
福建省	1319	2947	3278	747	58	1921	806
其中:厦门市	1	34	16	6		17	
江西省	647	3722	1430	203	321	444	292
山东省	2287	4140	14791	889	342	4502	687
其中:青岛市	93	480	52	2	15	52	4
河南省	2673	5298	13782	402	584	3427	454
湖北省	401	1467	456	129	34	214	173
湖南省	1938	10909	1884	204	405	1414	434
广东省	3623	10581	3544	320	505	7592	16607
其中:深圳市	265	1007	921	5	195	391	264
广西壮族自治区	210	1002	121	11	22	461	121
海南省	606	1517	196	78	119	283	365
重庆市	308	565	2540	26	308	291	
四川省	1090	2280	867	294	72	846	430
贵州省	483	1937	197	37	26	575	156
云南省	665	1625	219	53	36	364	1292
西藏自治区	38	626		22		13	19
陕西省	157	480	215	14	110	305	360
甘肃省	499	1063	943	229	272	827	132
青海省	43	309	167	1	4	16	39
宁夏回族自治区	92	178	69	137	14	76	84
新疆维吾尔自治区	345	861	503	86	2	1227	202

2－176－6

单位:万元

地　　区	商品和服务支出			对个人和家庭的补助			
	工会经费	福利费	其他商品和服务支出	小　计	离休费	退休费	退职(役)费
地　方　合　计	**8155**	**18298**	**6919423**	**3319859**	**4822**	**32549**	**455**
北京市	44	156	251576	22739		131	
天津市	11	47	153579	30602	180	698	
河北省	182	242	109785	131312	30	475	133
山西省	159	442	105071	43439	120	1340	1
内蒙古自治区	2	58	89946	96367		32	
辽宁省	489	658	58167	232874	39	300	19
其中:大连市	26	460	5667	62397			15
吉林省	18	198	18944	44268	97	338	1
黑龙江省	19	270	87261	84259	302	727	
上海市	149	546	266815	177304	81	343	6
江苏省	517	1555	563330	394883	443	2404	12
浙江省	778	892	308629	147385	164	1730	27
其中:宁波市	7	13	16600	68164		5	
安徽省	319	712	161149	128180	25	174	16
福建省	315	616	126821	107613	33	190	2
其中:厦门市	42	1	45875	1801	4	41	
江西省	317	603	193744	46128	19	363	6
山东省	386	3205	259141	99115	21	309	5
其中:青岛市	12	31	19374	35230			1
河南省	1438	1025	264022	107463	2331	2135	31
湖北省	125	583	854480	100220	275	11415	10
湖南省	1202	1656	235424	102348	225	5341	102
广东省	493	3350	1731767	232159	119	1758	45
其中:深圳市	49	818	1300749	3283		21	
广西壮族自治区	23	158	107868	96996	14	222	6
海南省	12	125	24479	30847	23	12	4
重庆市	38	71	55417	61441	21	260	
四川省	144	298	205627	251299	85	1093	10
贵州省	26	48	124062	115775	142	378	
云南省	487	161	281284	164679		25	
西藏自治区	34	75	39060	27203			
陕西省	6	42	84256	79689	31	33	
甘肃省	329	142	46433	42184	2	54	1
青海省	39	244	6202	51393		5	
宁夏回族自治区		7	24520	40017		18	
新疆维吾尔自治区	54	113	80564	29678		246	18

2－176－7

单位:万元

地区	对个人和家庭的补助						
	抚恤金	生活补助	救济费	医疗费	助学金	奖励金	生产补贴
地方合计	**4477**	**39298**	**6916**	**8031**	**6770**	**41115**	**9848**
北京市	36	1168		362		15	
天津市	88	173		113		282	
河北省	33	2367	173	469		3951	708
山西省	2030	1216	900	69	4081	1645	1028
内蒙古自治区	1	107		18	6		50
辽宁省	299	2793	219	100	51	2570	367
其中:大连市	284	1879	147	17		705	158
吉林省	21	952		11			56
黑龙江省	1	629	70			127	448
上海市	49	4603	352	107	25	68	
江苏省	70	2601	54	400		1923	15
浙江省	41	581	173	1569		1101	144
其中:宁波市		2		1		7	
安徽省	157	2053	103	210	1	2663	1384
福建省	96	742	70	64	226	387	252
其中:厦门市	1	8				16	
江西省	63	2411	476	50		336	431
山东省	134	595	539	275	187	4440	628
其中:青岛市	5	134				10	
河南省	227	1406	254	46	11	1736	939
湖北省	101	505	6	221	520	2913	1
湖南省	300	1062	298	530	331	434	756
广东省	195	3574	511	2133	983	7055	335
其中:深圳市		88	1		3	1886	
广西壮族自治区	21	1389	30	28	16	677	29
海南省	288	196	575	19	3	50	798
重庆市	55	198		76	6	13	
四川省	26	2077	831	68	125	6203	613
贵州省	42	666	509	918	1	1455	202
云南省		274	82	113	193	566	278
西藏自治区	16	1614	19	24		10	
陕西省	32	1505	525	6		4	328
甘肃省	4	294	86	16	2	431	7
青海省	1	6		10		12	
宁夏回族自治区	1	230				3	51
新疆维吾尔自治区	49	1311	61	6	2	45	

2－176－8

单位:万元

地　　区	对个人和家庭的补助				对企事业单位的补贴		
	住房公积金	提租补贴	购房补贴	其他对个人和家庭的补助支出	小计	企业政策性补贴	事业单位补贴
地方合计	**2090138**	**191437**	**631183**	**252820**	**810489**	**113730**	**47742**
北京市	4206	26	6737	10058	90522		32
天津市	5431	152	23023	462	44629	15893	
河北省	79167	1470	1357	40979	34154	5218	11347
山西省	20347	949	2676	7037	57245	11957	2604
内蒙古自治区	76836	5	15716	3596	6995	2419	10
辽宁省	132876	53228	37035	2978	39279	6164	6151
其中:大连市	41681	1244	15168	1099	28910	4720	5947
吉林省	36274	2736	3468	314	2000	373	28
黑龙江省	54079	12958	13794	1124	20637	9721	902
上海市	95823	579	72579	2689	57223		8
江苏省	226338	78018	71379	11226	89483	3119	3342
浙江省	96445	1890	39400	4120	41127	5650	417
其中:宁波市	52093	1792	14109	155	2137	128	48
安徽省	100659	8804	6587	5344	15570	2670	880
福建省	72363	14835	14888	3465	9948	4972	353
其中:厦门市	33	1	1323	374	4324	4100	
江西省	35650	4	1192	5127	13681	1637	4161
山东省	60741	1621	23721	5899	35411	8897	3769
其中:青岛市	17597	1375	15939	169	159		
河南省	91222	376	416	6333	65789	6345	934
湖北省	50191	10720	13991	9351	73424	12951	246
湖南省	50992	75	33383	8519	8786	3271	1085
广东省	132036	216	65932	17267	14223	81	1648
其中:深圳市			175	1109	1155		
广西壮族自治区	77524	57	12149	4834	10859	4031	6
海南省	19052		7375	2452	1093		
重庆市	46664		10088	4060	3447	30	67
四川省	166939	126	8529	64574	17828	2077	1668
贵州省	34213	2052	67477	7720	22441	424	7874
云南省	114711	1	41769	6667	5099	1092	115
西藏自治区	16780		3727	5013	303	71	
陕西省	46826		22668	7731	11943	15	23
甘肃省	37042	509	1668	2068	4162	783	18
青海省	50114	6	354	885	3616		32
宁夏回族自治区	32621	24	6621	448	2118	418	
新疆维吾尔自治区	25976		1484	480	7454	3451	22

2－176－9

单位:万元

地区	对企事业单位的补贴		赠与			债务利息支出	
	财政贴息	其他对企事业单位的补贴支出	小计	对国内的赠与	对国外的赠与	小计	国库券付息
地方合计	**65758**	**583259**	**3768**	**3768**		**131195**	**257**
北京市	416	90074					
天津市		28736					
河北省	1604	15985				656	
山西省	656	42028				717	
内蒙古自治区	510	4056				2015	257
辽宁省	7152	19812				27996	
其中:大连市	50	18193					
吉林省	479	1120				3022	
黑龙江省	7772	2242				323	
上海市	5242	51973	52	52			
江苏省	2894	80128	213	213			
浙江省	1003	34057	153	153		1865	
其中:宁波市		1961	100	100		1243	
安徽省	3348	8672	180	180		983	
福建省	1376	3247	20	20		43729	
其中:厦门市		224	20	20		32978	
江西省	75	7808					
山东省	1829	20916	136	136		6737	
其中:青岛市	142	17					
河南省	7535	50975	1	1		8320	
湖北省	582	59645	300	300		2572	
湖南省	494	3936	55	55		710	
广东省	565	11929	51	51			
其中:深圳市		1155					
广西壮族自治区	51	6771	162	162		48	
海南省	561	532	558	558		293	
重庆市	1816	1534					
四川省	1129	12954	427	427		23741	
贵州省	11064	3079	10	10			
云南省	1301	2591	700	700		4372	
西藏自治区	86	146					
陕西省	2590	9315	200	200			
甘肃省	1403	1958				3096	
青海省		3584					
宁夏回族自治区		1700					
新疆维吾尔自治区	2225	1756	550	550			

2－176－10

单位：万元

地　　区	债务利息支出					基本建设支出	
	向国家银行借款付息	其他国内借款付息	向国外政府借款付息	向国际组织借款付息	其他国外借款付息	小　计	房屋建筑物购　建
地方合计	**55490**	**68810**	**2171**	**2364**	**2103**	**4764614**	**264831**
北京市						39557	854
天津市						2895	
河北省	220		435	1		11692	1134
山西省	617			100		26432	5500
内蒙古自治区	47	1465	77	124	45	52035	1731
辽宁省	18769	7748		1479		120196	1548
其中：大连市						61239	770
吉林省	1636	1354			32	8252	6577
黑龙江省	323					124020	2020
上海市						2105150	11061
江苏省						43191	23920
浙江省	373	1315	3	3	171	102955	35783
其中：宁波市		1243				25085	1000
安徽省	852	43			88	6051	2639
福建省	19303	24418	8			32662	3189
其中：厦门市	13046	19932				1723	1130
江西省						12747	635
山东省	53	6684				10351	6655
其中：青岛市						318	
河南省	1411	5164			1745	94103	10055
湖北省	488	2084				23909	8013
湖南省	66	644				17162	2290
广东省						1416278	101464
其中：深圳市						1249358	90605
广西壮族自治区		48				24256	1265
海南省		283			10	92676	203
重庆市						63241	1164
四川省	6055	16165	1473	48		38181	5123
贵州省						2881	1111
云南省	3473	840	6	41	12	39501	1419
西藏自治区						42941	21598
陕西省						165417	464
甘肃省	1804	555	169	568		20622	3323
青海省						1802	507
宁夏回族自治区						4479	907
新疆维吾尔自治区						18979	2679

2－176－11

单位:万元

地　　区	基本建设支出							
	办公设备购　　置	专用设备购　　置	交通工具购　　置	基础设施建　　设	大型修缮	信息网络购　　建	物资储备	其他基本建设支出
地　方　合　计	**9195**	**24170**	**5872**	**1773264**	**43239**	**48157**	**1321**	**2594565**
北京市	21		15	15061		1		23605
天津市	28			2293				574
河北省	135	467	65	6904	88	10		2889
山西省	298	1046	270	10422	767	54		8075
内蒙古自治区	34		22	39390	568			10290
辽宁省			84	51402		15		67147
其中:大连市				11044				49425
吉林省	68	100		57	1450			
黑龙江省	2	38		116807	34			5119
上海市	108	37	2327	1091453	17632	37651		944881
江苏省	75	216	280	5271	1344	139		11946
浙江省	250	80	265	38175	5	88	156	28153
其中:宁波市				4000		36		20049
安徽省	62	4	29	1158	15			2144
福建省	485	243	102	4962	514	370		22797
其中:厦门市	298	155						140
江西省	1	62	20	8363	30	128		3508
山东省	284	34	304	2668	74	69		263
其中:青岛市				299				19
河南省	2403	626	80	12193	3246	1078		64422
湖北省	22	225	52	1538	1693	168		12198
湖南省	197	204	38	8378	173	63		5819
广东省	4452	19115	1143	125863	14446	7917	1165	1140713
其中:深圳市	4188	18706	488	105794	11827	5840		1011910
广西壮族自治区	11		537	6416	108	6		15913
海南省	32	59	2	260	205			91915
重庆市	11	15	20	45318	270	195		16248
四川省	143	214	71	28224	420	134		3852
贵州省	14		39	1704	3			10
云南省	3			29842		20		8217
西藏自治区				19055				2288
陕西省		60	25	86377		6		78485
甘肃省	13	2	21	4238	126	44		12855
青海省			6	－180		1		1468
宁夏回族自治区	8			1133	13			2418
新疆维吾尔自治区	35	1323	55	8519	15			6353

2-176-12

单位:万元

地区	其他资本性支出						
	小计	房屋建筑物购建	办公设备购置	专用设备购置	交通工具购置	基础设施建设	大型修缮
地方合计	**4510497**	**322272**	**56125**	**66577**	**45432**	**1245417**	**160315**
北京市	1181573	1560	976	1336	3801	395929	3367
天津市	48364	19734	913	831	2452	8421	3117
河北省	132688	9475	1242	2360	712	22513	5037
山西省	278616	14238	13872	14647	1159	72595	37870
内蒙古自治区	32454	7811	495	265	137	3617	1478
辽宁省	172172	6907	2781	5190	3278	81400	8077
其中:大连市	47835	4078	1725	3036	106	5135	4872
吉林省	20830	308	1098	293	697	15068	748
黑龙江省	12894	370	282	1188	39	1238	286
上海市	53672	568	1608	1849	908	36922	2969
江苏省	193315	22064	2384	1796	2183	6036	5124
浙江省	264327	4612	1818	1210	2688	131454	587
其中:宁波市	121661		13	87	14	93473	
安徽省	47104	1533	619	1069	1036	7120	852
福建省	88953	4432	2170	7132	1365	20956	6972
其中:厦门市	35049		440	58	37	777	3
江西省	38508	8859	220	685	765	9545	225
山东省	384059	12671	11531	11708	5882	90457	42317
其中:青岛市	133243		197	945	110	10540	129
河南省	69248	6234	1746	1131	865	20467	2049
湖北省	58321	7481	305	169	1099	10175	1618
湖南省	47314	3778	1687	1261	2150	8784	831
广东省	799177	113992	3894	7928	5827	117814	22370
其中:深圳市	116894	8203	409	711	277	18225	175
广西壮族自治区	52831	2954	491	377	1987	23910	3837
海南省	21063	2094	200	94	222	5768	998
重庆市	110292	19611	357	279	266	14680	281
四川省	116534	16468	2119	1876	3050	39260	2585
贵州省	46728	2498	566	145	745	8458	39
云南省	70281	4974	619	247	368	43629	362
西藏自治区	11285	6438	448	231	563	766	100
陕西省	84607	13219	372	168	74	26071	2281
甘肃省	24762	4892	721	367	498	8072	2833
青海省	25678	124	111	12	211	872	81
宁夏回族自治区	6253	1202	224	35	114	1976	819
新疆维吾尔自治区	16594	1171	256	698	291	11444	205

2－176－13

单位:万元

地　　区	其他资本性支出						
	信息网络购建	物资储备	土地补偿	安置补助	地上附着物和青苗补偿	拆迁补偿	其他资本性支出
地　方　合　计	**60335**	**3624**	**226137**	**23014**	**37168**	**201752**	**2062329**
北京市	444		752				773408
天津市	195						12701
河北省	329		5190	177	1542	3087	81024
山西省	31182	164	10848	79	78	135	81749
内蒙古自治区	367		1079			915	16290
辽宁省	967		18701	1336	93	10465	32977
其中:大连市	95		17371	1200		1099	9118
吉林省	64		31				2523
黑龙江省	6		771	282			8432
上海市	1571	4	150			3245	3878
江苏省	2087	3	4485	24	1091	2761	143277
浙江省	466	20	2144	124	762	400	118042
其中:宁波市	85		6				27983
安徽省	244		1586	1400	2158	3572	25915
福建省	721		814	408	32	1806	42145
其中:厦门市							33734
江西省	775	30	568			313	16523
山东省	2997	3031	127046	5247	7256	9729	54187
其中:青岛市	6		110304				11012
河南省	1969	5	4839	4247	705	369	24622
湖北省	407		3631			1102	32334
湖南省	415	147	5381	3227	6665	1345	11643
广东省	4984	50	11111	582	5932	158250	346443
其中:深圳市	38		48			140	88668
广西壮族自治区	98		9727	2493	109	518	6330
海南省	40		1324	622	702	49	8950
重庆市	841		168	343		155	73311
四川省	255		75	321	10009	151	40365
贵州省	31		2551	611	7	60	31017
云南省	318		10754	7		1008	7995
西藏自治区	184			691			1864
陕西省	8083		460	460	5	1660	31754
甘肃省	181		933	211	5	372	5677
青海省	15					22	24230
宁夏回族自治区	3		112	118	7	110	1533
新疆维吾尔自治区	96	170	906	4	10	153	1190

二、地方财政预算收支情况

2－176－14

单位:万元

地　　区	贷款转贷及产权参股					其他支出		
	小　计	国内贷款	国外贷款	产权参股	其他贷款转贷及产权参股支出	小　计	补充全国社会保障基金	其他支出
地　方　合　计	**106484**	**73928**		**16333**	**16223**	**6028944**	**6**	**6028938**
北京市						580075		580075
天津市						55303		55303
河北省	5000				5000	434828		434828
山西省	836				836	66038		66038
内蒙古自治区	5502	5502				5895		5895
辽宁省	612	612				82186		82186
其中:大连市						6862		6862
吉林省						36752		36752
黑龙江省	500			500		3505		3505
上海市						584193		584193
江苏省	550			550		546588		546588
浙江省						376590		376590
其中:宁波市						58879		58879
安徽省						163280		163280
福建省	2302			2000	302	295883		295883
其中:厦门市						211725		211725
江西省						80517		80517
山东省						170128		170128
其中:青岛市						69754		69754
河南省	8	8				84044	6	84038
湖北省	200	200				314591		314591
湖南省						246441		246441
广东省	61525	61525				1301696		1301696
其中:深圳市						55846		55846
广西壮族自治区						86560		86560
海南省						14755		14755
重庆市						69873		69873
四川省	1604	519		1000	85	122768		122768
贵州省	10111	111			10000	39567		39567
云南省	6638	4638		2000		11837		11837
西藏自治区						149229		149229
陕西省	784	784				28527		28527
甘肃省	29	29				44537		44537
青海省						1065		1065
宁夏回族自治区						16990		16990
新疆维吾尔自治区	10283			10283		14703		14703

2007 年各省、自治区、直辖市住房改革支出明细表

2 - 177 - 1

单位:万元

地　　区	合　计	工资福利支出				
		小　计	基本工资	津贴补贴	奖　金	社会保障缴　费
地 方 合 计	**3093103**	**1196**	**212**	**10**	**1**	**479**
北京市	10937					
天津市	45220					
河北省	110728	42	42			
山西省	24014					
内蒙古自治区	94182	53				53
辽宁省	220474					
其中:大连市	54591					
吉林省	42810					
黑龙江省	80721					
上海市	196084	9				9
江苏省	387408					
浙江省	157243	16				
其中:宁波市	70626					
安徽省	116972					
福建省	104581	7		7		
其中:厦门市	1347					
江西省	38275					
山东省	100136	62				62
其中:青岛市	48524	62				62
河南省	95039	224				224
湖北省	93415	3			1	
湖南省	84176	1				
广东省	198427	139		2		
其中:深圳市	500					
广西壮族自治区	97593	3				3
海南省	26424					
重庆市	80030	576	170			70
四川省	176675	2				
贵州省	102980	1		1		
云南省	155549					
西藏自治区	20370					
陕西省	73786					
甘肃省	40110					
青海省	51200					
宁夏回族自治区	39454	58				58
新疆维吾尔自治区	28090					

2－177－2

单位:万元

地　　区	工资福利支出				商品和服务支出		
	伙食费	伙　食 补助费	绩效 工资	其他工资 福利支出	小　计	办公费	印刷费
地　方　合　计			**293**	**201**	**97388**	**1354**	**115**
北京市					172		6
天津市					12000		
河北省					456		
山西省					100		
内蒙古自治区					1889		
辽宁省							
其中:大连市							
吉林省					806	15	
黑龙江省					264	264	
上海市					10709		
江苏省					2668	600	
浙江省				16	21359		
其中:宁波市					1031		
安徽省					1031		
福建省					2708	1	
其中:厦门市							
江西省					826		
山东省					954	190	
其中:青岛市							
河南省					2370		6
湖北省				2	19029		
湖南省				1	1095	19	
广东省				137	3418	10	59
其中:深圳市					500		
广西壮族自治区					8435	1	
海南省					4	2	
重庆市			293	43	2191	100	13
四川省				2	1257		
贵州省					381	152	30
云南省					1127		
西藏自治区							
陕西省					8		1
甘肃省							
青海省					1312		
宁夏回族自治区					58		
新疆维吾尔自治区					761		

2 - 177 - 3

单位:万元

地区	商品和服务支出						
	咨询费	手续费	水费	电费	邮电费	取暖费	物业管理费
地方合计		**1**	**1**	**46**	**21**	**1**	**29**
北京市							
天津市							
河北省							
山西省							
内蒙古自治区							
辽宁省							
其中:大连市							
吉林省							
黑龙江省							
上海市							
江苏省							
浙江省							
其中:宁波市							
安徽省							
福建省							
其中:厦门市							
江西省							
山东省							
其中:青岛市							
河南省							
湖北省							
湖南省							
广东省							
其中:深圳市							
广西壮族自治区							
海南省							
重庆市		1	1	45	21		29
四川省							
贵州省							
云南省							
西藏自治区							
陕西省				1		1	
甘肃省							
青海省							
宁夏回族自治区							
新疆维吾尔自治区							

2－177－4

单位:万元

地　　区	商品和服务支出					
	交通费	差旅费	出国费	维修(护)费	租赁费	会议费
地 方 合 计	**97**	**124**	**3**	**406**	**7**	**106**
北京市						34
天津市						
河北省		2				
山西省						
内蒙古自治区						
辽宁省						
其中:大连市						
吉林省						
黑龙江省						
上海市						
江苏省						
浙江省						
其中:宁波市						
安徽省						
福建省						
其中:厦门市						
江西省						
山东省						
其中:青岛市						
河南省		21		176		
湖北省				197		
湖南省	3					
广东省						
其中:深圳市						
广西壮族自治区						
海南省	1	1				
重庆市	53	50	3	33	7	72
四川省						
贵州省	40	50				
云南省						
西藏自治区						
陕西省						
甘肃省						
青海省						
宁夏回族自治区						
新疆维吾尔自治区						

2－177－5

单位:万元

地　　区	商品和服务支出						
	培训费	招待费	专用材料费	被装购置费	专用燃料费	劳务费	委托业务费
地方合计	**20**	**35**	**872**	**2**		**28**	
北京市							
天津市							
河北省							
山西省				2			
内蒙古自治区							
辽宁省							
其中:大连市							
吉林省			791				
黑龙江省							
上海市							
江苏省			50				
浙江省							
其中:宁波市							
安徽省							
福建省							
其中:厦门市							
江西省							
山东省							
其中:青岛市							
河南省							
湖北省							
湖南省							
广东省						12	
其中:深圳市							
广西壮族自治区							
海南省							
重庆市	20	35	22			9	
四川省							
贵州省			7				
云南省			2			7	
西藏自治区							
陕西省							
甘肃省							
青海省							
宁夏回族自治区							
新疆维吾尔自治区							

二、地方财政预算收支情况

2－177－6

单位:万元

地区	商品和服务支出			对个人和家庭的补助			
	工会经费	福利费	其他商品和服务支出	小计	离休费	退休费	退职(役)费
地方合计	**35**	**134**	**93951**	**2901300**	**1**	**101**	
北京市			132	10735			
天津市			12000	28220			
河北省			454	105277		95	
山西省			98	23533			
内蒙古自治区			1889	92203			
辽宁省				218957			
其中:大连市				54591			
吉林省				41989			
黑龙江省				80457			
上海市			10709	168439			
江苏省			2018	370279			
浙江省			21359	133326	1		
其中:宁波市			1031	67914			
安徽省			1031	115584			
福建省		6	2701	101463			
其中:厦门市				1347			
江西省			826	37146			
山东省			764	85225			
其中:青岛市				34847			
河南省			2167	91455			
湖北省			18832	73745		1	
湖南省	18		1055	82721			
广东省		57	3280	193950			
其中:深圳市			500				
广西壮族自治区		50	8384	88993			
海南省				26416		4	
重庆市	17	21	1639	56563		1	
四川省			1257	175110			
贵州省			102	100618			
云南省			1118	153858			
西藏自治区				19676			
陕西省			5	68778			
甘肃省				40095			
青海省			1312	49888			
宁夏回族自治区			58	39272			
新疆维吾尔自治区			761	27329			

2－177－7

单位:万元

地　　区	对个人和家庭的补助						
	抚恤金	生活补助	救济费	医疗费	助学金	奖励金	生产补贴
地方合计		**149**		**44**	**6**		**454**
北京市							
天津市							
河北省				1			
山西省							
内蒙古自治区							
辽宁省							
其中:大连市							
吉林省							
黑龙江省							
上海市							
江苏省							
浙江省							
其中:宁波市							
安徽省							
福建省							
其中:厦门市							
江西省							430
山东省							
其中:青岛市							
河南省		149					5
湖北省							1
湖南省							
广东省							1
其中:深圳市							
广西壮族自治区				7			
海南省							
重庆市				36	6		
四川省							
贵州省							
云南省							11
西藏自治区							
陕西省							
甘肃省							
青海省							
宁夏回族自治区							6
新疆维吾尔自治区							

2－177－8

单位:万元

地　　区	对个人和家庭的补助				对企事业单位的补贴		
	住　房 公积金	提租 补贴	购房 补贴	其他对个人和家庭的补助支出	小　计	企业政策性补　　贴	事业单位补　　贴
地　方　合　计	**2073330**	**190692**	**607911**	**28612**	**1884**		**615**
北京市	4004	8	6723				
天津市	5087	150	22983				
河北省	78565	1459	1330	23827			
山西省	20010	949	2574				
内蒙古自治区	76627	4	15571	1	37		9
辽宁省	132514	53144	33284	15			
其中:大连市	41620	1243	11713	15			
吉林省	35796	2725	3468				
黑龙江省	53983	12937	13537				
上海市	95581	576	72282				
江苏省	224829	77680	67050	720			
浙江省	94979	1882	36393	71	1222		
其中:宁波市	52042	1790	14062	20	1181		
安徽省	100190	8799	6585	10			
福建省	71761	14814	14874	14	16		
其中:厦门市	24		1323				
江西省	35521	4	1191				
山东省	59545	1420	22974	1286			
其中:青岛市	17550	1362	15935				
河南省	90533	371	397		3		
湖北省	49333	10719	13691				
湖南省	49285	71	33365				
广东省	130833	215	62615	286			
其中:深圳市							
广西壮族自治区	77091	57	11838				
海南省	19037		7375				
重庆市	46425		10072	23			
四川省	166501	126	8464	19			
贵州省	34137	2052	64429		606		606
云南省	114588	1	38598	660			
西藏自治区	16003		3651	22			
陕西省	45802		22666	310			
甘肃省	36776	499	1472	1348			
青海省	49528	6	354				
宁夏回族自治区	32621	24	6621				
新疆维吾尔自治区	25845		1484				

2－177－9

单位:万元

地区	对企事业单位的补贴		赠与			债务利息支出	
	财政贴息	其他对企事业单位的补贴支出	小计	对国内的赠与	对国外的赠与	小计	国库券付息
地方合计	**3**	**1266**					
北京市							
天津市							
河北省							
山西省							
内蒙古自治区		28					
辽宁省							
其中:大连市							
吉林省							
黑龙江省							
上海市							
江苏省							
浙江省		1222					
其中:宁波市		1181					
安徽省							
福建省		16					
其中:厦门市							
江西省							
山东省							
其中:青岛市							
河南省	3						
湖北省							
湖南省							
广东省							
其中:深圳市							
广西壮族自治区							
海南省							
重庆市							
四川省							
贵州省							
云南省							
西藏自治区							
陕西省							
甘肃省							
青海省							
宁夏回族自治区							
新疆维吾尔自治区							

2－177－10

单位:万元

地　　区	债务利息支出					基本建设支出	
	向国家银行借款付息	其他国内借款付息	向国外政府借款付息	向国际组织借款付息	其他国外借款付息	小　计	房屋建筑物购　　建
地　方　合　计						**21872**	**489**
北京市							
天津市							
河北省							
山西省							
内蒙古自治区							
辽宁省							
其中:大连市							
吉林省							
黑龙江省							
上海市						16513	369
江苏省						2	
浙江省						38	
其中:宁波市						38	
安徽省							
福建省							
其中:厦门市							
江西省							
山东省							
其中:青岛市							
河南省						37	
湖北省							
湖南省							
广东省						60	
其中:深圳市							
广西壮族自治区							
海南省							
重庆市							
四川省						120	120
贵州省							
云南省						102	
西藏自治区							
陕西省						5000	
甘肃省							
青海省							
宁夏回族自治区							
新疆维吾尔自治区							

2－177－11

单位:万元

地区	基本建设支出							
	办公设备购置	专用设备购置	交通工具购置	基础设施建设	大型修缮	信息网络购建	物资储备	其他基本建设支出
地方合计				**19**				**21364**
北京市								
天津市								
河北省								
山西省								
内蒙古自治区								
辽宁省								
其中:大连市								
吉林省								
黑龙江省								
上海市								16144
江苏省								2
浙江省								38
其中:宁波市								38
安徽省								
福建省								
其中:厦门市								
江西省								
山东省								
其中:青岛市								
河南省				17				20
湖北省								
湖南省								
广东省								60
其中:深圳市								
广西壮族自治区								
海南省								
重庆市								
四川省								
贵州省								
云南省				2				100
西藏自治区								
陕西省								5000
甘肃省								
青海省								
宁夏回族自治区								
新疆维吾尔自治区								

2－177－12

单位:万元

地　　区	其他资本性支出						
	小　计	房屋建筑物购　　建	办公设备购　　置	专用设备购　　置	交通工具购　　置	基础设施建　　设	大型修缮
地　方　合　计	**8989**	**5034**	**89**		**85**	**30**	
北京市							
天津市	5000	5000					
河北省							
山西省							
内蒙古自治区							
辽宁省							
其中:大连市							
吉林省	15					15	
黑龙江省							
上海市							
江苏省	14						
浙江省	17						
其中:宁波市							
安徽省							
福建省	49					15	
其中:厦门市							
江西省							
山东省	280						
其中:青岛市							
河南省	638						
湖北省	10	10					
湖南省	22	22					
广东省	716						
其中:深圳市							
广西壮族自治区							
海南省	4		4				
重庆市	366		85		85		
四川省	2	2					
贵州省	699						
云南省	462						
西藏自治区	691						
陕西省							
甘肃省	4						
青海省							
宁夏回族自治区							
新疆维吾尔自治区							

2－177－13

单位:万元

地　　区	其他资本性支出						
	信息网络购建	物资储备	土地补偿	安置补助	地上附着物和青苗补偿	拆迁补偿	其他资本性支出
地方合计	**194**			**691**			**2866**
北京市							
天津市							
河北省							
山西省							
内蒙古自治区							
辽宁省							
其中:大连市							
吉林省							
黑龙江省							
上海市							
江苏省							14
浙江省							17
其中:宁波市							
安徽省							
福建省							34
其中:厦门市							
江西省							
山东省							280
其中:青岛市							
河南省							638
湖北省							
湖南省							
广东省							716
其中:深圳市							
广西壮族自治区							
海南省							
重庆市	194						2
四川省							
贵州省							699
云南省							462
西藏自治区				691			
陕西省							
甘肃省							4
青海省							
宁夏回族自治区							
新疆维吾尔自治区							

二、地方财政预算收支情况

2－177－14

单位:万元

地区	贷款转贷及产权参股					其他支出		
	小计	国内贷款	国外贷款	产权参股	其他贷款转贷及产权参股支出	小计	补充全国社会保障基金	其他支出
地方合计						**60474**		**60474**
北京市						30		30
天津市								
河北省						4953		4953
山西省						381		381
内蒙古自治区								
辽宁省						1517		1517
其中:大连市								
吉林省								
黑龙江省								
上海市						414		414
江苏省						14445		14445
浙江省						1265		1265
其中:宁波市						462		462
安徽省						357		357
福建省						338		338
其中:厦门市								
江西省						303		303
山东省						13615		13615
其中:青岛市						13615		13615
河南省						312		312
湖北省						628		628
湖南省						337		337
广东省						144		144
其中:深圳市								
广西壮族自治区						162		162
海南省								
重庆市						20334		20334
四川省						184		184
贵州省						675		675
云南省								
西藏自治区						3		3
陕西省								
甘肃省						11		11
青海省								
宁夏回族自治区						66		66
新疆维吾尔自治区								

2007 年各省、自治区、直辖市其他支出(款)支出明细表

2－178－1

单位:万元

地　　区	合　计	工资福利支出				
		小　计	基本工资	津贴补贴	奖　金	社会保障缴　费
地方合计	**25168529**	**665170**	**132678**	**218808**	**67482**	**37267**
北京市	2189409	23434	1094	2198	507	327
天津市	307448	5229	1729	855	1037	318
河北省	914447	122445	13768	96114	772	956
山西省	625894	20884	7530	5307	1260	686
内蒙古自治区	209167	3410	633	448	58	51
辽宁省	614241	23403	8480	12424	396	1327
其中:大连市	201732	3252	1984	532	254	330
吉林省	107821	3304	570	483	1618	72
黑龙江省	278937	3629	1730	973	238	335
上海市	3085614	17588	3711	1869	7631	804
江苏省	1544298	27233	8750	4296	6284	2421
浙江省	1141855	26907	943	2187	7555	1313
其中:宁波市	225982	1810	128	251	1070	177
安徽省	434420	14288	5501	8143	481	682
福建省	649008	15737	2668	1539	860	928
其中:厦门市	340968	8235	777	49	4	14
江西省	381347	12320	6670	2235	906	629
山东省	1015504	25133	－1079	11044	674	10061
其中:青岛市	240356	28607	7143	8580	286	9282
河南省	747726	38554	12566	12975	698	1326
湖北省	1402899	39605	13062	9529	2434	601
湖南省	678290	48585	19125	12145	6559	3728
广东省	5600733	124147	16177	10435	12529	8801
其中:深圳市	2742148	7124	1241	1206	753	461
广西壮族自治区	300701	7869	1223	2157	2011	271
海南省	167911	1613	735	149	42	291
重庆市	301048	3220	－3799	4368	224	223
四川省	653998	27508	4755	6279	7107	55
贵州省	281812	8633	2515	4851	645	30
云南省	448094	5088	107	3249	306	28
西藏自治区	252723	325		66	120	
陕西省	393522	331	－143	243	78	42
甘肃省	170353	7430	2255	1405	2378	115
青海省	44453	3692	219	300	994	381
宁夏回族自治区	57400	123	71	39	4	
新疆维吾尔自治区	167456	3503	1112	503	1076	465

2－178－2

单位:万元

地区	工资福利支出				商品和服务支出		
	伙食费	伙食补助费	绩效工资	其他工资福利支出	小计	办公费	印刷费
地方合计	**821**	**5326**	**3938**	**198850**	**7822028**	**251308**	**21439**
北京市	12	32	213	19051	262274	1123	211
天津市	18	100	1	1171	153646	1045	282
河北省	4	111	111	10609	151902	15867	1528
山西省	15	259	239	5588	155601	8960	1822
内蒙古自治区	5	1		2214	96734	2523	148
辽宁省	58	170	178	370	135997	27171	925
其中:大连市	55	5	38	54	45828	18000	584
吉林省		173	137	251	31397	5392	113
黑龙江省	3	64	153	133	109627	8404	147
上海市	195	616	44	2718	275798	1521	387
江苏省	44	342	334	4762	633582	11639	1337
浙江省	8	445	54	14402	316414	2126	605
其中:宁波市	1	12		171	16498	99	37
安徽省	13	182	117	－831	174725	3526	354
福建省	3	51	54	9634	154027	4909	1458
其中:厦门市				7391	46460	212	6
江西省	38	88	12	1742	214895	4438	544
山东省	7	15	1157	3254	383554	26309	1647
其中:青岛市			1014	2302	21507	345	20
河南省	6	1458	50	9475	372641	44260	4699
湖北省	28	43	216	13692	864140	14785	198
湖南省	72	262	152	6542	289969	10655	1292
广东省	256	706	297	74946	1846347	26351	1580
其中:深圳市	39	17	45	3362	1308488	790	233
广西壮族自治区		15	2	2190	110275	3236	174
海南省		4	7	385	31433	954	115
重庆市		15	6	2183	66797	1416	126
四川省	16	33	196	9067	229524	5017	441
贵州省	1	40	1	550	138264	6839	192
云南省	10	4	8	1376	294321	4350	172
西藏自治区				139	41807	369	9
陕西省	1	7	20	83	95802	2390	120
甘肃省	1	20	39	1217	63641	2933	472
青海省		15	4	1779	7095	241	39
宁夏回族自治区	2	1		6	26758	338	168
新疆维吾尔自治区	5	54	136	152	93041	2221	134

2－178－3

单位:万元

地区	商品和服务支出						
	咨询费	手续费	水费	电费	邮电费	取暖费	物业管理费
地方合计	**5592**	**12771**	**9124**	**23499**	**13038**	**16181**	**11971**
北京市	38	41	95	469	85	459	361
天津市	165	24	93	308	177	103	1432
河北省	236	191	269	815	434	2029	59
山西省	51	598	709	1804	510	4180	329
内蒙古自治区	206	87	27	92	56	219	2
辽宁省	1308	1399	289	700	351	2197	628
其中:大连市	1174	418	102	367	170	180	414
吉林省	11	634	22	52	104	497	10
黑龙江省	6	39	84	230	215	409	40
上海市	56	54	105	557	425		1259
江苏省	464	1523	842	1744	1237	205	823
浙江省	101	12	166	803	656		158
其中:宁波市	1		5	27	17		5
安徽省	41	9	187	581	266	39	305
福建省	53	39	184	701	400		142
其中:厦门市		7	6	60			73
江西省	97	61	270	631	789	86	53
山东省	493	710	1212	2299	1945	3311	2582
其中:青岛市	8	1	45	265	20	10	13
河南省	227	1175	1497	2992	942	522	773
湖北省	77	1409	109	473	181	41	47
湖南省	221	375	622	1658	1017	312	199
广东省	503	2512	628	3540	1452	2	1880
其中:深圳市	51		60	368	77		380
广西壮族自治区	8	31	324	459	158		32
海南省	5	15	29	138	40		27
重庆市	56	167	120	440	118		273
四川省	47	783	184	479	522	11	87
贵州省	4	209	50	252	151	37	63
云南省	22	50	53	133	112		195
西藏自治区		101		16	3	11	
陕西省	46	75	393	445	123	255	93
甘肃省	37	383	90	209	311	638	5
青海省	2		8	26	60	63	29
宁夏回族自治区	4	1	16	23	23	54	2
新疆维吾尔自治区	1007	64	447	430	175	501	83

2－178－4

单位:万元

地　　区	商品和服务支出					
	交通费	差旅费	出国费	维修(护)费	租赁费	会议费
地　方　合　计	**56983**	**31688**	**5824**	**166050**	**10570**	**63570**
北京市	840	267	114	2013	1345	1190
天津市	628	311	337	2439	412	1268
河北省	3110	1078	51	5051	308	1967
山西省	3334	1902	75	12632	1002	2561
内蒙古自治区	600	436	3	1695	60	166
辽宁省	2167	1310	497	7928	567	2429
其中:大连市	799	487	127	3290	415	1232
吉林省	1050	336	11	1567	34	318
黑龙江省	644	417	24	9474	178	51
上海市	1153	639	287	5812	346	1429
江苏省	3340	1898	533	17794	603	4111
浙江省	2356	1268	235	1602	1027	1669
其中:宁波市	114	51	9	50	5	104
安徽省	1829	671	45	949	164	885
福建省	1639	1363	465	3708	266	2579
其中:厦门市	26	16		53	4	5
江西省	1867	1921	57	1281	261	1642
山东省	3996	2075	36	30545	891	15897
其中:青岛市	115	112	5	170	16	247
河南省	4674	2961	77	11817	582	4505
湖北省	855	587	51	4862	148	1087
湖南省	5446	3382	434	4138	365	5456
广东省	7055	3115	1309	12720	1148	7519
其中:深圳市	825	415	15	542	244	324
广西壮族自治区	1153	581	1015	1284	50	207
海南省	765	245	5	866	59	390
重庆市	744	517	16	4343	114	546
四川省	2508	1461	52	5482	235	1524
贵州省	1190	294	33	916	15	581
云南省	704	274	6	2311	26	854
西藏自治区	298	83		991		39
陕西省	791	760		2834	131	1406
甘肃省	941	613	43	4983	107	1007
青海省	187	132		462	12	82
宁夏回族自治区	254	143	9	523	13	68
新疆维吾尔自治区	865	648	4	3028	101	137

2－178－5

单位:万元

地区	商品和服务支出						
	培训费	招待费	专用材料费	被装购置费	专用燃料费	劳务费	委托业务费
地方合计	**29890**	**78166**	**65551**	**5841**	**6843**	**47575**	**36798**
北京市	600	378	280	47	16	437	221
天津市	566	481	432	68	15	1217	206
河北省	1024	2859	2687	251	827	912	594
山西省	1474	2616	2075	283	260	2334	516
内蒙古自治区	307	467	473	215	46	200	589
辽宁省	1414	3639	7503	94	621	9486	4060
其中:大连市	915	978	3982	20	411	5057	553
吉林省	542	235	1229	12	14	22	32
黑龙江省	36	127	912	140	176	226	98
上海市	785	1553	1073	199	2	639	716
江苏省	4428	8019	2587	471	1078	2312	3210
浙江省	825	4767	586	76	137	4550	3749
其中:宁波市	43	161	7	6		83	85
安徽省	485	1553	543	103	417	470	154
福建省	1319	2947	3278	747	58	1921	806
其中:厦门市	1	34	16	6		17	
江西省	647	3722	1430	203	321	444	292
山东省	2287	4140	14791	889	342	4502	687
其中:青岛市	93	480	52	2	15	52	4
河南省	2673	5298	13782	402	584	3427	454
湖北省	401	1467	456	129	34	214	173
湖南省	1938	10909	1884	204	405	1414	434
广东省	3623	10581	3544	320	505	7580	16607
其中:深圳市	265	1007	921	5	195	391	264
广西壮族自治区	210	1002	121	11	22	461	121
海南省	606	1517	196	78	119	283	365
重庆市	288	530	2518	26	308	282	
四川省	1090	2280	867	294	72	846	430
贵州省	483	1937	190	37	26	575	156
云南省	665	1625	217	53	36	357	1292
西藏自治区	38	626		22		13	19
陕西省	157	480	215	14	110	305	360
甘肃省	499	1063	943	229	272	827	132
青海省	43	309	167	1	4	16	39
宁夏回族自治区	92	178	69	137	14	76	84
新疆维吾尔自治区	345	861	503	86	2	1227	202

二、地方财政预算收支情况

2－178－6

单位:万元

地区	商品和服务支出			对个人和家庭的补助			
	工会经费	福利费	其他商品和服务支出	小计	离休费	退休费	退职(役)费
地方合计	**8120**	**18164**	**6825472**	**418559**	**4821**	**32448**	**455**
北京市	44	156	251444	12004		131	
天津市	11	47	141579	2382	180	698	
河北省	182	242	109331	26035	30	380	133
山西省	159	442	104973	19906	120	1340	1
内蒙古自治区	2	58	88057	4164		32	
辽宁省	489	658	58167	13917	39	300	19
其中:大连市	26	460	5667	7806			15
吉林省	18	198	18944	2279	97	338	1
黑龙江省	19	270	87261	3802	302	727	
上海市	149	546	256106	8865	81	343	6
江苏省	517	1555	561312	24604	443	2404	12
浙江省	778	892	287270	14059	163	1730	27
其中:宁波市	7	13	15569	250		5	
安徽省	319	712	160118	12596	25	174	16
福建省	315	610	124120	6150	33	190	2
其中:厦门市	42	1	45875	454	4	41	
江西省	317	603	192918	8982	19	363	6
山东省	386	3205	258377	13890	21	309	5
其中:青岛市	12	31	19374	383			1
河南省	1438	1025	261855	16008	2331	2135	31
湖北省	125	583	835648	26475	275	11414	10
湖南省	1184	1656	234369	19627	225	5341	102
广东省	493	3293	1728487	38209	119	1758	45
其中:深圳市	49	818	1300249	3283		21	
广西壮族自治区	23	108	99484	8003	14	222	6
海南省	12	125	24479	4431	23	8	4
重庆市	21	50	53778	4878	21	259	
四川省	144	298	204370	76189	85	1093	10
贵州省	26	48	123960	15157	142	378	
云南省	487	161	280166	10821		25	
西藏自治区	34	75	39060	7527			
陕西省	6	42	84251	10911	31	33	
甘肃省	329	142	46433	2089	2	54	1
青海省	39	244	4890	1505		5	
宁夏回族自治区		7	24462	745		18	
新疆维吾尔自治区	54	113	79803	2349		246	18

2－178－7

单位:万元

地　　区	对个人和家庭的补助						
	抚恤金	生活补助	救济费	医疗费	助学金	奖励金	生产补贴
地　方　合　计	**4477**	**39149**	**6916**	**7987**	**6764**	**41115**	**9394**
北京市	36	1168		362		15	
天津市	88	173		113		282	
河北省	33	2367	173	468		3951	708
山西省	2030	1216	900	69	4081	1645	1028
内蒙古自治区	1	107		18	6		50
辽宁省	299	2793	219	100	51	2570	367
其中:大连市	284	1879	147	17		705	158
吉林省	21	952		11			56
黑龙江省	1	629	70			127	448
上海市	49	4603	352	107	25	68	
江苏省	70	2601	54	400		1923	15
浙江省	41	581	173	1569		1101	144
其中:宁波市		2		1		7	
安徽省	157	2053	103	210	1	2663	1384
福建省	96	742	70	64	226	387	252
其中:厦门市	1	8				16	
江西省	63	2411	476	50		336	1
山东省	134	595	539	275	187	4440	628
其中:青岛市	5	134				10	
河南省	227	1257	254	46	11	1736	934
湖北省	101	505	6	221	520	2913	
湖南省	300	1062	298	530	331	434	756
广东省	195	3574	511	2133	983	7055	334
其中:深圳市		88	1		3	1886	
广西壮族自治区	21	1389	30	21	16	677	29
海南省	288	196	575	19	3	50	798
重庆市	55	198		40		13	
四川省	26	2077	831	68	125	6203	613
贵州省	42	666	509	918	1	1455	202
云南省		274	82	113	193	566	267
西藏自治区	16	1614	19	24		10	
陕西省	32	1505	525	6		4	328
甘肃省	4	294	86	16	2	431	7
青海省	1	6		10		12	
宁夏回族自治区	1	230				3	45
新疆维吾尔自治区	49	1311	61	6	2	45	

2－178－8

单位:万元

地　　区	对个人和家庭的补助				对企事业单位的补贴		
	住　房 公积金	提租 补贴	购房 补贴	其他对个人 和家庭的 补助支出	小　计	企业政策性 补　　贴	事业单位 补　　贴
地　方　合　计	**16808**	**745**	**23272**	**224208**	**808605**	**113730**	**47127**
北京市	202	18	14	10058	90522		32
天津市	344	2	40	462	44629	15893	
河北省	602	11	27	17152	34154	5218	11347
山西省	337		102	7037	57245	11957	2604
内蒙古自治区	209	1	145	3595	6958	2419	1
辽宁省	362	84	3751	2963	39279	6164	6151
其中:大连市	61	1	3455	1084	28910	4720	5947
吉林省	478	11		314	2000	373	28
黑龙江省	96	21	257	1124	20637	9721	902
上海市	242	3	297	2689	57223		8
江苏省	1509	338	4329	10506	89483	3119	3342
浙江省	1466	8	3007	4049	39905	5650	417
其中:宁波市	51	2	47	135	956	128	48
安徽省	469	5	2	5334	15570	2670	880
福建省	602	21	14	3451	9932	4972	353
其中:厦门市	9	1		374	4324	4100	
江西省	129		1	5127	13681	1637	4161
山东省	1196	201	747	4613	35411	8897	3769
其中:青岛市	47	13	4	169	159		
河南省	689	5	19	6333	65786	6345	934
湖北省	858	1	300	9351	73424	12951	246
湖南省	1707	4	18	8519	8786	3271	1085
广东省	1203	1	3317	16981	14223	81	1648
其中:深圳市			175	1109	1155		
广西壮族自治区	433		311	4834	10859	4031	6
海南省	15			2452	1093		
重庆市	239		16	4037	3447	30	67
四川省	438		65	64555	17828	2077	1668
贵州省	76		3048	7720	21835	424	7268
云南省	123		3171	6007	5099	1092	115
西藏自治区	777		76	4991	303	71	
陕西省	1024		2	7421	11943	15	23
甘肃省	266	10	196	720	4162	783	18
青海省	586			885	3616		32
宁夏回族自治区				448	2118	418	
新疆维吾尔自治区	131			480	7454	3451	22

2－178－9

单位:万元

地区	对企事业单位的补贴		赠与			债务利息支出	
	财政贴息	其他对企事业单位的补贴支出	小计	对国内的赠与	对国外的赠与	小计	国库券付息
地方合计	**65755**	**581993**	**3768**	**3768**		**131195**	**257**
北京市	416	90074					
天津市		28736					
河北省	1604	15985				656	
山西省	656	42028				717	
内蒙古自治区	510	4028				2015	257
辽宁省	7152	19812				27996	
其中:大连市	50	18193					
吉林省	479	1120				3022	
黑龙江省	7772	2242				323	
上海市	5242	51973	52	52			
江苏省	2894	80128	213	213			
浙江省	1003	32835	153	153		1865	
其中:宁波市		780	100	100		1243	
安徽省	3348	8672	180	180		983	
福建省	1376	3231	20	20		43729	
其中:厦门市		224	20	20		32978	
江西省	75	7808					
山东省	1829	20916	136	136		6737	
其中:青岛市	142	17					
河南省	7532	50975	1	1		8320	
湖北省	582	59645	300	300		2572	
湖南省	494	3936	55	55		710	
广东省	565	11929	51	51			
其中:深圳市		1155					
广西壮族自治区	51	6771	162	162		48	
海南省	561	532	558	558		293	
重庆市	1816	1534					
四川省	1129	12954	427	427		23741	
贵州省	11064	3079	10	10			
云南省	1301	2591	700	700		4372	
西藏自治区	86	146					
陕西省	2590	9315	200	200			
甘肃省	1403	1958				3096	
青海省		3584					
宁夏回族自治区		1700					
新疆维吾尔自治区	2225	1756	550	550			

2－178－10

单位:万元

地区	债务利息支出					基本建设支出	
	向国家银行借款付息	其他国内借款付息	向国外政府借款付息	向国际组织借款付息	其他国外借款付息	小计	房屋建筑物购建
地方合计	**55490**	**68810**	**2171**	**2364**	**2103**	**4742742**	**264342**
北京市						39557	854
天津市						2895	
河北省	220		435	1		11692	1134
山西省	617			100		26432	5500
内蒙古自治区	47	1465	77	124	45	52035	1731
辽宁省	18769	7748		1479		120196	1548
其中:大连市						61239	770
吉林省	1636	1354			32	8252	6577
黑龙江省	323					124020	2020
上海市						2088637	10692
江苏省						43189	23920
浙江省	373	1315	3	3	171	102917	35783
其中:宁波市		1243				25047	1000
安徽省	852	43			88	6051	2639
福建省	19303	24418	8			32662	3189
其中:厦门市	13046	19932				1723	1130
江西省						12747	635
山东省	53	6684				10351	6655
其中:青岛市						318	
河南省	1411	5164			1745	94066	10055
湖北省	488	2084				23909	8013
湖南省	66	644				17162	2290
广东省						1416218	101464
其中:深圳市						1249358	90605
广西壮族自治区		48				24256	1265
海南省		283			10	92676	203
重庆市						63241	1164
四川省	6055	16165	1473	48		38061	5003
贵州省						2881	1111
云南省	3473	840	6	41	12	39399	1419
西藏自治区						42941	21598
陕西省						160417	464
甘肃省	1804	555	169	568		20622	3323
青海省						1802	507
宁夏回族自治区						4479	907
新疆维吾尔自治区						18979	2679

2－178－11

单位:万元

地区	基本建设支出							
	办公设备购置	专用设备购置	交通工具购置	基础设施建设	大型修缮	信息网络购建	物资储备	其他基本建设支出
地方合计	**9195**	**24170**	**5872**	**1773245**	**43239**	**48157**	**1321**	**2573201**
北京市	21		15	15061		1		23605
天津市	28			2293				574
河北省	135	467	65	6904	88	10		2889
山西省	298	1046	270	10422	767	54		8075
内蒙古自治区	34		22	39390	568			10290
辽宁省			84	51402		15		67147
其中:大连市				11044				49425
吉林省	68	100		57	1450			
黑龙江省	2	38		116807	34			5119
上海市	108	37	2327	1091453	17632	37651		928737
江苏省	75	216	280	5271	1344	139		11944
浙江省	250	80	265	38175	5	88	156	28115
其中:宁波市				4000		36		20011
安徽省	62	4	29	1158	15			2144
福建省	485	243	102	4962	514	370		22797
其中:厦门市	298	155						140
江西省	1	62	20	8363	30	128		3508
山东省	284	34	304	2668	74	69		263
其中:青岛市				299				19
河南省	2403	626	80	12176	3246	1078		64402
湖北省	22	225	52	1538	1693	168		12198
湖南省	197	204	38	8378	173	63		5819
广东省	4452	19115	1143	125863	14446	7917	1165	1140653
其中:深圳市	4188	18706	488	105794	11827	5840		1011910
广西壮族自治区	11		537	6416	108	6		15913
海南省	32	59	2	260	205			91915
重庆市	11	15	20	45318	270	195		16248
四川省	143	214	71	28224	420	134		3852
贵州省	14		39	1704	3			10
云南省	3			29840		20		8117
西藏自治区				19055				2288
陕西省		60	25	86377		6		73485
甘肃省	13	2	21	4238	126	44		12855
青海省			6	－180		1		1468
宁夏回族自治区	8			1133	13			2418
新疆维吾尔自治区	35	1323	55	8519	15			6353

2－178－12

单位:万元

地　　区	其他资本性支出						
	小　计	房屋建筑物购　建	办公设备购　置	专用设备购　置	交通工具购　置	基础设施建　设	大型修缮
地　方　合　计	**4501508**	**317238**	**56036**	**66577**	**45347**	**1245387**	**160315**
北京市	1181573	1560	976	1336	3801	395929	3367
天津市	43364	14734	913	831	2452	8421	3117
河北省	132688	9475	1242	2360	712	22513	5037
山西省	278616	14238	13872	14647	1159	72595	37870
内蒙古自治区	32454	7811	495	265	137	3617	1478
辽宁省	172172	6907	2781	5190	3278	81400	8077
其中:大连市	47835	4078	1725	3036	106	5135	4872
吉林省	20815	308	1098	293	697	15053	748
黑龙江省	12894	370	282	1188	39	1238	286
上海市	53672	568	1608	1849	908	36922	2969
江苏省	193301	22064	2384	1796	2183	6036	5124
浙江省	264310	4612	1818	1210	2688	131454	587
其中:宁波市	121661		13	87	14	93473	
安徽省	47104	1533	619	1069	1036	7120	852
福建省	88904	4432	2170	7132	1365	20941	6972
其中:厦门市	35049		440	58	37	777	3
江西省	38508	8859	220	685	765	9545	225
山东省	383779	12671	11531	11708	5882	90457	42317
其中:青岛市	133243		197	945	110	10540	129
河南省	68610	6234	1746	1131	865	20467	2049
湖北省	58311	7471	305	169	1099	10175	1618
湖南省	47292	3756	1687	1261	2150	8784	831
广东省	798461	113992	3894	7928	5827	117814	22370
其中:深圳市	116894	8203	409	711	277	18225	175
广西壮族自治区	52831	2954	491	377	1987	23910	3837
海南省	21059	2094	196	94	222	5768	998
重庆市	109926	19611	272	279	181	14680	281
四川省	116532	16466	2119	1876	3050	39260	2585
贵州省	46029	2498	566	145	745	8458	39
云南省	69819	4974	619	247	368	43629	362
西藏自治区	10594	6438	448	231	563	766	100
陕西省	84607	13219	372	168	74	26071	2281
甘肃省	24758	4892	721	367	498	8072	2833
青海省	25678	124	111	12	211	872	81
宁夏回族自治区	6253	1202	224	35	114	1976	819
新疆维吾尔自治区	16594	1171	256	698	291	11444	205

2－178－13

单位:万元

地　　区	其他资本性支出						
	信息网络购建	物资储备	土地补偿	安置补助	地上附着物和青苗补偿	拆迁补偿	其他资本性支出
地方合计	**60141**	**3624**	**226137**	**22323**	**37168**	**201752**	**2059463**
北京市	444		752				773408
天津市	195						12701
河北省	329		5190	177	1542	3087	81024
山西省	31182	164	10848	79	78	135	81749
内蒙古自治区	367		1079			915	16290
辽宁省	967		18701	1336	93	10465	32977
其中:大连市	95		17371	1200		1099	9118
吉林省	64		31				2523
黑龙江省	6		771	282			8432
上海市	1571	4	150			3245	3878
江苏省	2087	3	4485	24	1091	2761	143263
浙江省	466	20	2144	124	762	400	118025
其中:宁波市	85		6				27983
安徽省	244		1586	1400	2158	3572	25915
福建省	721		814	408	32	1806	42111
其中:厦门市							33734
江西省	775	30	568			313	16523
山东省	2997	3031	127046	5247	7256	9729	53907
其中:青岛市	6		110304				11012
河南省	1969	5	4839	4247	705	369	23984
湖北省	407		3631			1102	32334
湖南省	415	147	5381	3227	6665	1345	11643
广东省	4984	50	11111	582	5932	158250	345727
其中:深圳市	38		48			140	88668
广西壮族自治区	98		9727	2493	109	518	6330
海南省	40		1324	622	702	49	8950
重庆市	647		168	343		155	73309
四川省	255		75	321	10009	151	40365
贵州省	31		2551	611	7	60	30318
云南省	318		10754	7		1008	7533
西藏自治区	184						1864
陕西省	8083		460	460	5	1660	31754
甘肃省	181		933	211	5	372	5673
青海省	15					22	24230
宁夏回族自治区	3		112	118	7	110	1533
新疆维吾尔自治区	96	170	906	4	10	153	1190

二、地方财政预算收支情况

2-178-14

单位:万元

地区	贷款转贷及产权参股					其他支出		
	小计	国内贷款	国外贷款	产权参股	其他贷款转贷及产权参股支出	小计	补充全国社会保障基金	其他支出
地方合计	**106484**	**73928**		**16333**	**16223**	**5968470**	**6**	**5968464**
北京市						580045		580045
天津市						55303		55303
河北省	5000				5000	429875		429875
山西省	836				836	65657		65657
内蒙古自治区	5502	5502				5895		5895
辽宁省	612	612				80669		80669
其中:大连市						6862		6862
吉林省						36752		36752
黑龙江省	500			500		3505		3505
上海市						583779		583779
江苏省	550			550		532143		532143
浙江省						375325		375325
其中:宁波市						58417		58417
安徽省						162923		162923
福建省	2302			2000	302	295545		295545
其中:厦门市						211725		211725
江西省						80214		80214
山东省						156513		156513
其中:青岛市						56139		56139
河南省	8	8				83732	6	83726
湖北省	200	200				313963		313963
湖南省						246104		246104
广东省	61525	61525				1301552		1301552
其中:深圳市						55846		55846
广西壮族自治区						86398		86398
海南省						14755		14755
重庆市						49539		49539
四川省	1604	519		1000	85	122584		122584
贵州省	10111	111			10000	38892		38892
云南省	6638	4638		2000		11837		11837
西藏自治区						149226		149226
陕西省	784	784				28527		28527
甘肃省	29	29				44526		44526
青海省						1065		1065
宁夏回族自治区						16924		16924
新疆维吾尔自治区	10283			10283		14703		14703

2007 年各省、自治区、直辖市预算结余结转下年使用情况表

2－179－1

单位:万元

地区	合计	一般公共服务						
		小计	人大事务	政协事务	政府办公厅(室)及相关机构事务	发展与改革事务	统计信息事务	财政事务
地方合计	**53171181**	**5828623**	**146994**	**27562**	**831665**	**65695**	**19926**	**476700**
北京市	756620	28626	273		2320	357	464	3257
天津市	988019	65149	235	415	7124	2975	53	4916
河北省	1402251	188072	418	351	21863	1778	207	28295
山西省	1808727	266222	3578	1227	82522	1409	1050	14125
内蒙古自治区	2000493	243237	592	360	22943	1099	115	5638
辽宁省	1944477	269288	1846	501	25962	2306	330	19075
其中:大连市	286107	42283	323	228	18766	1380	305	569
吉林省	1484229	162958	468	501	63108	1229	54	9848
黑龙江省	1948874	38291						
上海市								
江苏省	3013977	371307	1197	851	58951	3495	1330	32233
浙江省	4981315	520707	3758	2989	77485	4869	1436	96515
其中:宁波市	311742	66797	45	350	7755	766	409	13588
安徽省	861773	128105	951	588	18167	1235	704	18134
福建省	1614864	100249	505	210	20642	519	448	13252
其中:厦门市	33304	3028			968		2	409
江西省	2760231	149451	314	218	23444	1102	97	13961
山东省	2826828	358837	7613	718	37788	1909	773	26727
其中:青岛市	743816	87370	238	377	2833	1087	579	1936
河南省	683411	128305	143	160	10067	696	188	7002
湖北省	2025492	112788	469	211	27088	1820	479	5451
湖南省	2380774	409824	7906	1123	70868	2678	2674	16591
广东省	6941603	712403	7477	2319	89899	15311	6794	103283
其中:深圳市	67195	7733	101	45	119	84	97	530
广西壮族自治区	1453713	162218	3038	1116	17320	3237	447	9807
海南省	312626	25177	415	37	2873	33	2	2441
重庆市	1933790	201061	533	261	24128	374	402	3376
四川省	1960779	290143	3052	4207	10902	7332	597	8922
贵州省	456332	69850	91	155	4702	98	26	1512
云南省	836065	188812	1307	644	13975	4184	220	3820
西藏自治区	848060	166281	92935	60	2456	46	6	583
陕西省	1769545	155407	2839	3296	47394	3902	428	16625
甘肃省	787182	117258	130	127	8731	352	118	3417
青海省	648004	98678	2228	2895	26964	1052	432	974
宁夏回族自治区	941597	90173	2388	1983	9967	172	13	6064
新疆维吾尔自治区	799530	9746	295	39	2012	126	39	856

二、地方财政预算收支情况

2－179－2

单位:万元

地　　区	一般公共服务							
	税收事务	审计事务	海关事务	人事事务	纪检监察事务	人口与计划生育事务	商贸事务	知识产权事务
地 方 合 计	**355998**	**32796**	**7782**	**138460**	**23136**	**201479**	**81986**	**7933**
北京市	489	115	285	2701	20	3322		
天津市	3935	40		488	4	636		
河北省	7326	676		6105	824	5020	1426	
山西省	7108	1119		4087	1371	7872	11555	
内蒙古自治区	4266	151	1280	1630	187	1602	1486	1
辽宁省	18134	154	125	2156	428	3381	432	
其中:大连市	1557		120	560	266	393	10	
吉林省	5686	1228		3429	3034	3870	3992	
黑龙江省				2204				82
上海市								
江苏省	33626	1375	589	17863	985	12299	4794	762
浙江省	69502	1799	696	7008	750	7670	17245	116
其中:宁波市	5573	262	187	4364	181	797	607	3
安徽省	6358	884	231	4283	1309	5234	2001	
福建省	5590	358	143	3695	167	4872	636	88
其中:厦门市	191		10	97			82	
江西省	35261	324	362	7315	124	9114	1043	128
山东省	7459	961	50	4649	292	7326	2523	57
其中:青岛市	3704	365		1241	134	712	2008	22
河南省	632	14		2663	26	1433	511	1
湖北省	6834	803		5345	69	5116	2363	17
湖南省	11888	2702	524	4273	466	9524	3058	186
广东省	64053	7778	1401	26279	3168	25281	17564	3784
其中:深圳市				208	165	551	4	189
广西壮族自治区	15959	898	135	7747	1129	21969	3738	
海南省	984	32	120	3	16	1704	2	
重庆市	4308	371	493	3699	1432	9571	105	
四川省	19073	7488	1348	14899	4453	6346	2855	2558
贵州省	1200	27		108	40	607	30	
云南省	10431	1404		2269	1285	21183	1901	147
西藏自治区		35		67	95	977	33	
陕西省	4541	1165		997	888	4601	1026	2
甘肃省	8342	59		942	222	13639	55	4
青海省	1396	345		1379	209	5316	1080	
宁夏回族自治区	1612	469		111	118	1666	496	
新疆维吾尔自治区	5	22		66	25	328	36	

2－179－3

单位:万元

地区	一般公共服务						
	工商行政管理事务	食品和药品监督管理事务	质量技术监督与检验检疫事务	国土资源事务	海洋管理事务	测绘事务	地震事务
地方合计	**73049**	**132165**	**87945**	**1713416**	**75419**	**8112**	**10584**
北京市		1110		11415			15
天津市	6	2280	1191	8285	128		11
河北省	6345	10669	2705	65456	1119	54	450
山西省	3	4185	130	73566	1	327	160
内蒙古自治区	12	3657	12	174682		342	13
辽宁省	19	538	2774	158575	14226		324
其中:大连市	10	527	1413	3910	4050		322
吉林省	1164	3048	2663	18869		597	79
黑龙江省					67		
上海市							
江苏省	616	7	553	80711	1059		451
浙江省	9082	6540	5044	42672	123	522	407
其中:宁波市	161	182	438	550	42	251	280
安徽省	1653	1045	252	25142	3		301
福建省	430	190	240	27552	5520	106	287
其中:厦门市	17			788	330		
江西省	2696	6050	1439	21038		1	185
山东省	576	6449	932	160758	34346	3	1045
其中:青岛市	576	1146	922	11943	24687	3	604
河南省	28	743	30	86755		25	79
湖北省	2465	8873	7638	11068		1079	
湖南省	6524	16198	7068	158531		600	238
广东省	10479	9955	29299	61711	13323	1918	2589
其中:深圳市			455	705			
广西壮族自治区	13643	7386	4237	20311	2411	542	429
海南省	3661	2225		6000	3093	29	
重庆市	1104	7302	993	111834			
四川省	6564	10508	11363	124038		1274	946
贵州省		4415		54815			
云南省	3705	4999	3570	85296		46	1886
西藏自治区	592	1415	1260	4931		381	
陕西省	624	5597	3318	7215			82
甘肃省		2678	110	59495			14
青海省	1058	226	918	19458		266	
宁夏回族自治区		2091	206	30112			593
新疆维吾尔自治区		1786		3125			

2－179－4

单位:万元

地区	一般公共服务						
	气象事务	民族事务	宗教事务	港澳台侨事务	档案事务	共产党事务	民主党派及工商联事务
地方合计	**20131**	**12592**	**4156**	**19022**	**26667**	**287617**	**15784**
北京市	1	872			87	273	
天津市	179				200	489	145
河北省	3	214	83	230	466	7851	19
山西省	46	7	3	7	300	17002	160
内蒙古自治区	139	2252	10		62	5135	21
辽宁省	113	373	167	34	596	918	375
其中:大连市	53	114		34	495	385	375
吉林省	12	266	142	10	111	8226	28
黑龙江省		258					
上海市							
江苏省	2	86	652	185	926	12566	414
浙江省	1539	122	119	817	6846	31355	1605
其中:宁波市	108			18	611	1970	
安徽省	5	415	80	12	193	4923	100
福建省	415	100	78	3953	246	4467	11
其中:厦门市				7		12	3
江西省	67	112	27	36	940	3749	53
山东省	384	21	6	100	420	11263	4046
其中:青岛市	384			71	309	7602	121
河南省	163	79	1	67	130	1135	43
湖北省	1900	947	60	46	87	15434	78
湖南省	4270	398	415	100	1141	19254	1082
广东省	5800	639	215	3506	6856	74501	1528
其中:深圳市				17	30	849	77
广西壮族自治区	544	668	202	2012	1183	7263	773
海南省		15		526	21	348	2
重庆市	3	60	52	124	100	4599	316
四川省	3178	3668	1103	3647	4327	10268	3850
贵州省		30			16	618	3
云南省		198	118	3503	495	10171	417
西藏自治区		531	17	100		446	60
陕西省	910	57	90	7	539	14068	260
甘肃省		20	2		20	3298	10
青海省	458	179	420		258	11096	315
宁夏回族自治区		5	94		101	6294	70
新疆维吾尔自治区						607	

2－179－5

单位:万元

地　　区	一般公共服务			外交	国防	公共安全				
	群众团体事务	国债事务	其他一般公共服务支出			小计	武装警察	公安	国家安全	检察
地方合计	**35873**	**73406**	**814573**	**3701**	**79885**	**1739721**	**96456**	**816802**	**19086**	**94180**
北京市	62		1188		30	11311	140	4861		225
天津市	156		31258		1215	9801	70	3783	50	1529
河北省	434	317	17368		1156	53094	904	32182	20	4904
山西省	714	6538	26050		282	59662	597	33336	5	6864
内蒙古自治区	231	573	14746		57	25852	1021	10114	7	1874
辽宁省	5581		9845		7202	30014	1468	13602	113	1432
其中:大连市	5560		558		300	6123	1148	1346	113	42
吉林省	61	2877	28358		690	37768	3483	11151	41	4654
黑龙江省		718	34962		6478	25829			49	
上海市										
江苏省	3971		98758		7376	145495	7886	58224	66	6953
浙江省	4094	4437	113545		13803	152909	6968	90438	1139	3358
其中:宁波市	205	4302	22792		448	14601	563	10156	20	115
安徽省	630	391	32881		911	23542	1015	11128	62	1289
福建省	349	396	4784		8067	50293	2340	26035	470	4128
其中:厦门市	87		25		888	1908	145	946		238
江西省	351	53	19847		1994	44393	481	19505	17	3907
山东省	525	47	39071	8	1142	55533	7282	31163		1729
其中:青岛市	143		23623		476	31577	3476	20310		53
河南省	35	2840	12616		193	18905	1292	13159		714
湖北省	437		6611		6	73739	5001	54588	563	2103
湖南省	5224	3290	51030	10	286	81994	1232	47848	27	9803
广东省	6133	10	109550	2056	3457	356431	23946	140270	7498	13300
其中:深圳市			3507			3373		2011		22
广西壮族自治区	616	12	13446		7472	86866	2401	45022	1224	4096
海南省	7	194	394	20		9564	37	4589		802
重庆市	1116		24405		12045	60999	9527	13811	2	2353
四川省	1162	1905	8310	1	4021	104959	6414	29252	7029	1179
贵州省	149		1208			10057	785	2232		118
云南省	1795		9843		169	63594	590	41710	17	3749
西藏自治区	17		59238	961	33	37043		27149		3071
陕西省	698	18011	16227		193	36031	1574	16941	14	3607
甘肃省	1065	8	14400		1149	10874	7020	2123		453
青海省	66	17701	1989			31260	600	16634	663	3458
宁夏回族自治区	19	13088	12441		263	29224	2282	14265	10	2353
新疆维吾尔自治区	175		204	645	195	2685	100	1687		175

2－179－6

单位:万元

地　　区	公共安全							教育	
	法　院	司　法	监　狱	劳　教	国家保密	缉私警察	其他公共安全支出	小　计	教育管理事　　务
地　方　合　计	**251893**	**45107**	**140159**	**53820**	**1972**		**220246**	**5137736**	**85982**
北京市	5104	244					737	91567	826
天津市	496	50	989	33			2801	52630	10
河北省	9794	869	1168	1863	8		1382	115390	1418
山西省	14214	2367	1102		25		1152	280956	3992
内蒙古自治区	3209	514	5914	1080			2119	87921	679
辽宁省	10809	652	1422	516				78176	1116
其中:大连市	1863	10	1191	410				27354	709
吉林省	6940	1745	6982	671			2101	57910	241
黑龙江省		1553	3031		40		21156	88887	
上海市									
江苏省	31840	1249	2661	1173	42		35401	321494	3600
浙江省	20104	3872	4445	1274			21311	664287	9164
其中:宁波市	1469	211	1270				797	31487	11
安徽省	1959	395	2484	92			5118	125290	1303
福建省	12714	347	433	1782	48		1996	131441	389
其中:厦门市	446	11					122	4987	2
江西省	8117	1196	6393	1955			2822	139688	1207
山东省	7150	2417	2225	187	18		3362	166759	3923
其中:青岛市	3375	101	725	187	18		3332	52128	
河南省	1477	1049	708	499	2		5	62924	443
湖北省	5007	1269	4890	242	73		3	147963	171
湖南省	11343	3775	5894	667	20		1385	211883	2102
广东省	37150	8114	44422	25425	1248		55058	906275	10921
其中:深圳市	1340							16665	1786
广西壮族自治区	12748	1317	2961	2383	1		14713	180094	1803
海南省	1946	65	800				1325	28555	98
重庆市	9793	1343	4746	2365	125		16934	136010	583
四川省	15134	5273	17302	9570	301		13505	305875	16231
贵州省	1245	129					5548	70571	249
云南省	5404	694	9700	1419			311	146080	462
西藏自治区	4133	340	2250	100				93008	12405
陕西省	6503	965	1096	229	2		5100	207553	6500
甘肃省	843	335					100	63113	22
青海省	2875	2185	4630	215				84599	6058
宁夏回族自治区	3209	755	1511	80	19		4740	52973	3
新疆维吾尔自治区	633	29					61	37864	63

2－179－7

单位:万元

地　　区	教育								
	普通教育	职业教育	成人教育	广播电视教育	留学教育	特殊教育	教师进修及干部继续教育	教育附加及基金支出	其他教育支出
地方合计	**2750043**	**516218**	**10852**	**8902**	**53**	**23642**	**78144**	**904385**	**759515**
北京市	8671	969					3914	75619	1568
天津市	12584	1555		11		20	110	32912	5428
河北省	63219	13130	15	163		255	756	18174	18260
山西省	203622	7580	281	52		13	1125	29374	34917
内蒙古自治区	54338	4003	35	1		38	336	17874	10617
辽宁省	43737	4036		3		70	168	28811	235
其中:大连市	6638	2422		3			152	17315	115
吉林省	32862	7866		27		131	346	11209	5228
黑龙江省			2563						86324
上海市									
江苏省	98126	33238	169	89		999	3099	137556	44618
浙江省	294586	55769	122	566		1736	8321	152921	141102
其中:宁波市	11146	4970	65			38	64	15011	182
安徽省	75273	8990	10	16		37	570	21202	17889
福建省	71029	11528	439	12		79	3134	30856	13975
其中:厦门市	977	436						3572	
江西省	87786	6831	4	13		138	642	19622	23445
山东省	51249	11617	50	518		246	15348	72603	11205
其中:青岛市	3042	7438		502			4	35944	5198
河南省	36671	6458		654		25	409	14761	3503
湖北省	126824	666		2		6	63	18882	1349
湖南省	145584	35730	174	61		2148	3194	14511	8379
广东省	468516	175556	2505	859		3393	18565	96203	129757
其中:深圳市	1928	1239	3	1				11677	31
广西壮族自治区	92591	45100	63	7	12	230	5629	30121	4538
海南省	22318	2727		3		170	125	1913	1201
重庆市	109436	7315	5			36	643	16889	1103
四川省	84821	17980	3779	5730	41	13448	8303	15284	140258
贵州省	62724	1969		1				5614	14
云南省	126947	12999	15			65	403	4994	195
西藏自治区	32359	30						350	47864
陕西省	166392	14741	283	114		134	1896	13889	3604
甘肃省	42548	8526				50	30	9542	2395
青海省	72279	3827	337			125	727	1207	39
宁夏回族自治区	35136	12535	3			50	270	4487	489
新疆维吾尔自治区	27815	2947					18	7005	16

二、地方财政预算收支情况

2－179－8

单位:万元

地区	科学技术									
	小计	科学技术管理事务	基础研究	应用研究	技术研究与开发	科技条件与服务	社会科学	科学技术普及	科技交流与合作	其他科学技术支出
地方合计	**671425**	**14932**	**10518**	**25929**	**374253**	**27075**	**12051**	**60909**	**1891**	**143867**
北京市	37146			341	28390			645		7770
天津市	13031			450	4250			18		8313
河北省	11197	1557		1401	5543	218	46	1338	11	1083
山西省	6414	254	2	1281	3374	6	43	397		1057
内蒙古自治区	14518	40	489	396	10734	1672		200	160	827
辽宁省	13634	372	300	670	9859	725	33	459	20	1196
其中:大连市	11291	235		30	9265	725		236		800
吉林省	12605	94		52	8176	43	44	155		4041
黑龙江省	3002				1500	1448			54	
上海市										
江苏省	68075	4352	402	2524	45578	1277	37	387	38	13480
浙江省	81434	1064		3053	37205	3716	2077	2177	434	31708
其中:宁波市	7777	62		3	3378	40		41		4253
安徽省	8443	149	4	51	7622	4	7	207		399
福建省	16145	258	45	511	8057	2337	81	745	25	4086
其中:厦门市	1780				1693					87
江西省	16282	414	87	508	8919	286	1343	231		4494
山东省	43870	270	138	4518	30782	107	201	733	126	6995
其中:青岛市	23810	84		2068	16938		120	50		4550
河南省	3952	49	68	1080	2304	115		140	85	111
湖北省	22656	61	60	42	19418	737	90	328		1920
湖南省	43724	867	789	1009	26246	1867	1413	7275	6	4252
广东省	153888	2077	3574	2526	59158	7633	2800	39003	398	36719
其中:深圳市	4826	45			4519	31	31			200
广西壮族自治区	16712	446	2259	1857	7620	436	470	1042	118	2464
海南省	3950		5	30	3641			11		263
重庆市	22554	344		182	18710		130	460		2728
四川省	14902	1471	1516	1432	5171	1281	967	772	406	1886
贵州省	958	20		180	688			65		5
云南省	12073	49	340	813	6433	1329	2001	164		944
西藏自治区	6593				4913	1400	2	278		
陕西省	3952	503	33	446	1762	76	24	132		976
甘肃省	2222	10		210	1079		22	85		816
青海省	3654	130	47	266	1834	154	19	902	10	292
宁夏回族自治区	11776	76		100	3602	208	195	2560		5035
新疆维吾尔自治区	2063	5	360		1685		6			7

2－179－9

单位:万元

地　区	文化体育与传媒							社会保障和就业	
	小　计	文　化	文　物	体　育	广播影视	新闻出版	其他文化体育与传媒支出	小　计	社会保障和就业管理事务
地方合计	**1096953**	**323232**	**227253**	**148374**	**131814**	**10553**	**255727**	**3512707**	**129962**
北京市	36176	7218	24030	4773	3		152	49346	1668
天津市	34606	1513	430	425	376	17	31845	38950	634
河北省	24163	4492	6998	1755	8100	221	2597	84572	5293
山西省	14414	4594	4884	1946	2188	59	743	171302	10782
内蒙古自治区	22791	2139	8805	2003	6116		3728	26664	1806
辽宁省	10880	3933	2892	695	1173	75	2112	82921	510
其中:大连市	5331	2517	1025	323	216	40	1210	10189	82
吉林省	33879	13624	4112	10267	3024	83	2769	284625	22656
黑龙江省	33716		25142	2547	5632		395	380953	
上海市									
江苏省	55148	22067	5624	1809	3778	7	21863	264641	10455
浙江省	124983	65377	12038	4640	7831	314	34783	169810	15343
其中:宁波市	10299	2620	2607	1300	1355		2417	22424	4204
安徽省	23447	1491	1126	821	8406	880	10723	115729	833
福建省	15044	5932	4096	2523	630	25	1838	76190	1165
其中:厦门市	255	163		10	35		47	1077	26
江西省	24650	11392	5014	1998	1656	803	3787	91483	727
山东省	86371	6023	15241	35495	1979	7	27626	158371	7948
其中:青岛市	12829	3543	2626	2258	565	7	3830	33550	3302
河南省	5311	2532	978	1245	253	58	245	61154	1507
湖北省	88653	12508	2089	1428	3955	28	68645	50423	1427
湖南省	75036	35918	13982	4731	16092	300	4013	229034	8111
广东省	201803	69390	59469	36713	20626	1249	14356	296819	19034
其中:深圳市	2509	1670		172		544	123	4500	75
广西壮族自治区	30175	11659	4278	2397	9364	489	1988	99584	1520
海南省	4936	990	1272	67	831	259	1517	17497	99
重庆市	31241	8010	5100	11598	1333	81	5119	54899	2087
四川省	20652	7168	429	1505	547	1303	9700	238796	7861
贵州省	647	33	25	425	142		22	12616	40
云南省	24051	5917	3797	172	12248	452	1465	36102	2062
西藏自治区	9456	2496	2615	245	2419	383	1298	14336	1020
陕西省	20595	4908	4241	1793	6161	3225	267	68375	2439
甘肃省	5075	1508	1930	266	738		633	44029	124
青海省	9208	2808	1053	2978	2075	159	135	123522	1743
宁夏回族自治区	27568	7381	5063	11078	3089	74	883	161611	1041
新疆维吾尔自治区	2278	211	500	36	1049	2	480	8353	27

二、地方财政预算收支情况

2－179－10

单位:万元

地区	社会保障和就业								
	民政管理事务	财政对社会保险基金的补助	行政事业单位离退休	企业改革补助	就业补助	抚恤	退役安置	社会福利	残疾人事业
地方合计	**77963**	**217925**	**249929**	**491420**	**283802**	**306815**	**198463**	**54818**	**37404**
北京市	9926	1164	124	1642	4250	2886	1127	4280	553
天津市	1215	1909	973		3412	5357	5823	750	155
河北省	1610	834	10487	997	2945	24588	13946	1476	507
山西省	1279	19481	39100	600	7365	10745	4097	56	747
内蒙古自治区	279	3263	1407	264	4238	3881	2128	440	713
辽宁省	4272	1240	2771	7784	36169	4872	4925	1426	491
其中:大连市	117		2713	1322	1549	548	1735	340	243
吉林省	1659	2072	683	47848	41586	7346	9096	922	116
黑龙江省					5378	5903	9021	1528	
上海市									
江苏省	4687	38729	1219	470	29398	36294	18248	9483	5021
浙江省	9731	13162	2910	341	10022	22528	6258	2420	1048
其中:宁波市	2016	417	363		3129	1858	1235	925	346
安徽省	2270	22181	3845	1622	8929	14518	8890	401	282
福建省	4256	7616	2106	2625	10415	15213	7738	1433	859
其中:厦门市	266	34			241	151	113		25
江西省	1134	4251	9598	2627	7329	6927	7230	640	399
山东省	5337	9338	1944	43172	12568	26189	23372	3198	1259
其中:青岛市	816	4628	139		330	4159	14313	431	509
河南省	1571	656	2731	38260	2847	1267	3609	370	463
湖北省	169	6206	2058	2631	1362	1736	1679	7472	1619
湖南省	2243	9359	3467	138967	1193	12886	4220	1168	2690
广东省	8222	16285	29104	24379	47726	15932	18370	2986	14341
其中:深圳市	38		160		1560	277	2340	50	
广西壮族自治区	2709	1327	17849	19215	7183	18045	6366	2098	1515
海南省	214	3109	452	870	543	3969	1443		91
重庆市	1876	2	1182	3014	5882	6175	3292	642	569
四川省	6383	35888	56947	1604	13064	16565	7365	8299	2438
贵州省	139	2030		307	304	2817	343	8	48
云南省	1070	37	3515		1133	7897	3241	130	656
西藏自治区	103	996	9	290	920	1568	506	769	82
陕西省	2771	1725	4024	962	1437	15761	18210	917	455
甘肃省	143		12	28509	666	536	1119		66
青海省	2163	15059	50736	7233	2814	11386	2880	586	133
宁夏回族自治区	365	6	18	115187	11586	2129	2609	453	49
新疆维吾尔自治区	167		658		1138	899	1312	467	39

2－179－11

单位:万元

地　　区	社会保障和就业					
	城市居民最低生活保障	其他城镇社会救济	自然灾害生活救助	红十字事业	农村最低生活保障	其他农村社会救济
地方合计	**193651**	**52712**	**147251**	**1690**	**31352**	**97473**
北京市	10531	1332	3528		1867	23
天津市	6960	12	396	1	175	1577
河北省	2188	1333	7115	270	734	2044
山西省	6539	924	5860	8	252	2462
内蒙古自治区	424	511	2223	11	295	879
辽宁省	762	3509	4365		109	1061
其中:大连市		45	300			
吉林省	37107	1046	2994	3	601	7916
黑龙江省				199		22320
上海市						
江苏省	5359	848	9870	9	339	5280
浙江省	3082	2478	13059	179	2891	9459
其中:宁波市	790	323	1293	5	235	566
安徽省	21979	3039	7486	4		4625
福建省	4007	269	11720	12	2941	2031
其中:厦门市	38		165			5
江西省	8011	1768	5353	2	1098	4088
山东省	1573	191	5264	82	3454	1207
其中:青岛市		16	259	20		218
河南省	174	713	1106	2	177	161
湖北省	17587	715	262	67	309	210
湖南省	529	985	7753	69	217	1158
广东省	10626	1821	8424	337	1385	3180
其中:深圳市						
广西壮族自治区	2195	661	9623	179	181	2739
海南省	467	440	1930			297
重庆市	2282	882	7725		107	1793
四川省	28861	11704	10165	217	11244	3491
贵州省	195	110	338		124	949
云南省		503	1775	19		
西藏自治区	4361	112	2940			60
陕西省	683	999	5172	20	372	6586
甘肃省	1038	190	1445			5323
青海省	4683	15299	2322		2480	2117
宁夏回族自治区	8491	200	6667			4306
新疆维吾尔自治区	2957	118	371			131

二、地方财政预算收支情况

2－179－12

单位:万元

地　　区	社会保障和就业	医疗卫生							
	其他社会保障和就业支出	小　计	医疗卫生管理事务	医疗服务	社区卫生服务	医疗保障	疾病预防控制	卫生监督	妇幼保健
地方合计	**940077**	**2324088**	**79992**	**275108**	**102519**	**674004**	**462802**	**21554**	**56902**
北京市	4445	56625	1909	4220	4423	38770	1609	287	202
天津市	9601	13378	103	2717	733	6071	593	13	498
河北省	8205	99690	983	11629	9820	18248	33700	2676	4680
山西省	61005	67668	3924	10156	946	18110	17537	343	2402
内蒙古自治区	3902	31011	499	8174	2431	4793	8274	75	246
辽宁省	8655	23243	222	3232	2328	10638	2854	112	257
其中:大连市	1195	2615	104	1253	7	925	121	22	5
吉林省	100974	44931	548	3295	2927	19386	10284	156	1023
黑龙江省	336604	39131			91				
上海市									
江苏省	88932	136509	3150	6631	8657	57873	23118	1244	606
浙江省	54899	182110	25431	18510	7652	38785	15927	795	656
其中:宁波市	4719	20621	254	11370	412	3872	242	35	27
安徽省	14825	56702	595	3669	682	16642	20309	769	1783
福建省	1784	129394	632	3422	2774	104854	7092	366	629
其中:厦门市	13	1309	10		146	239	174	227	23
江西省	30301	70753	828	5916	949	18437	23622	388	3745
山东省	12275	94683	1120	11405	5835	28197	24157	412	413
其中:青岛市	4410	17646	586	3932	1467	5943	534	3	40
河南省	5540	16101	802	2463	147	2640	1370	50	381
湖北省	4914	60013	1664	1689	6754	17101	12964	1714	1799
湖南省	34019	111293	3427	8212	2945	15558	55195	2433	2946
广东省	74667	391451	6218	78572	14423	105682	47702	1278	3797
其中:深圳市		877	19		523	131	204		
广西壮族自治区	6179	71341	828	10734	3589	19418	10058	1971	4440
海南省	3573	14141	498	513	558	4552	2054	15	123
重庆市	17389	103376	2025	6280	5663	10014	12974	544	2433
四川省	16700	97939	5905	9005	8699	7902	14773	3591	12251
贵州省	4864	40296	6	2360	285	7705	20293	2	3002
云南省	14064	68890	117	18890	213	4513	38878	104	1044
西藏自治区	600	37249	9359	5118		9040	887	14	120
陕西省	5842	120818	4239	22622	5134	43939	18206	850	717
甘肃省	4858	30430	5	3778	368	4059	12237	124	3304
青海省	1888	47854	3188	7358	577	26425	3174	693	296
宁夏回族自治区	8504	34116	1757	3148	1295	10545	6996	17	790
新疆维吾尔自治区	69	32952	10	1390	1621	4107	15965	518	2319

2－179－13

单位:万元

地区	医疗卫生			环境保护						
	农村卫生	中医药	其他医疗卫生支出	小计	环境保护管理事务	环境监测与监察	污染防治	自然生态保护	天然林保护	退耕还林
地方合计	**266929**	**92422**	**291856**	**3018314**	**149072**	**149652**	**2038473**	**64242**	**32654**	**279399**
北京市	1422	526	3257	52721	181	742	28427			447
天津市	1823		827	18348	15	367	13623	1143		
河北省	14070	3293	591	156997	739	4275	129554	521		4058
山西省	10399	2589	1262	182501	986	3756	144766	141	131	10582
内蒙古自治区	3403	2919	197	152850	223	2348	70241	705	2989	12645
辽宁省	3171		429	113589	284	1872	105704	60		5297
其中:大连市	155		23	22674		1076	21402			
吉林省	3671	2863	778	96199	461	1067	74438	1331		13120
黑龙江省		4201	34839	150584		3005	86786			4127
上海市										
江苏省	16122	673	18435	446875	3827	9173	429506	737		
浙江省	19457	309	54588	295007	96678	3021	146689	40320	198	13
其中:宁波市	1638		2771	8636	345	216	6941	647		13
安徽省	8554	1167	2532	35788	278	1847	33246	135		278
福建省	6541	828	2256	32053	2995	800	27379	731		
其中:厦门市	483	7		691	20	232	334	100		
江西省	8997	1409	6462	68870	1944	4300	57526	452		4159
山东省	17134	1190	4820	158024	4109	2796	148013	410		
其中:青岛市	1256	508	3377	20915	95	230	19060			
河南省	6401	1648	199	21576	924	1534	18903	55		160
湖北省	389	4136	11803	60529	70	49233	6878	398		3900
湖南省	15084	4102	1391	101842	1136	6897	74934	720		17197
广东省	43836	23303	66640	115755	7540	15611	78588	280		
其中:深圳市				4777	955	52	3770			
广西壮族自治区	10802	3839	5662	52444	826	4526	39495	351	50	6432
海南省	12	655	5161	12874		460	10781	1094	20	519
重庆市	13644	4106	45693	232767	1053	1036	73998	1191	4369	149547
四川省	19773	7510	8530	88114	18607	14728	16112	2352	12093	12426
贵州省	3947	2394	302	33045	261	30	30334	205	58	2157
云南省	2185	2345	601	74222	97	5996	63880	369	1237	1795
西藏自治区	2751	1317	8643	14869	4248	2204	2207	433		90
陕西省	13861	8406	2844	42339	1013	4033	35870	914	244	57
甘肃省	5708	524	323	46871	19	682	19761	25	7722	18589
青海省	5019	739	385	71123	161	242	2707	7531	3230	6782
宁夏回族自治区	5339	1823	2406	59899	396	2973	41262	1283	261	3170
新疆维吾尔自治区	3414	3608		29639	1	98	26865	355	52	1852

2-179-14

单位：万元

地　　区	环境保护				城乡社区事务			
	风沙荒漠治　理	退牧还草	已垦草原退耕还草	其他环境保护支出	小　计	城乡社区管理事务	城乡社区规划与管理	城乡社区公共设施
地　方　合　计	**148296**	**35880**		**120646**	**2614423**	**200821**	**70262**	**1166189**
北京市	12002			10922	100355	993	209	2377
天津市	800			2400	250706	60403	226	176862
河北省	17564			286	27539	2003	675	17144
山西省	22100			39	59578	3403	1778	22207
内蒙古自治区	56436	5786		1477	88516	1260	8900	40836
辽宁省				372	113205	8849	1664	59035
其中：大连市				196	32931	5450	223	24190
吉林省				5782	76355	3873	1634	54343
黑龙江省				56666	2635			
上海市								
江苏省				3632	150367	26931	4614	55722
浙江省				8088	250935	12312	9231	133144
其中：宁波市				474	23873	1402	892	16563
安徽省				4	38405	1448	190	12869
福建省				148	31264	4576	2164	16402
其中：厦门市				5	6077	338	50	3811
江西省				489	83688	1827	1209	23101
山东省	352			2344	167841	5249	6235	94097
其中：青岛市				1530	67022	2782	4968	38005
河南省					29432	3613	1500	6498
湖北省				50	100281	3368	372	11016
湖南省				958	114870	6882	4123	72751
广东省				13736	194869	14078	7335	106970
其中：深圳市					6478	3209	683	1111
广西壮族自治区				764	69455	8413	3140	36236
海南省					8799	489	20	1442
重庆市				1573	269480	9131	7688	74864
四川省	561	3732		7503	105890	9668	4933	37363
贵州省					18281	484	254	446
云南省		848			14441	656	40	7611
西藏自治区		2687		3000	66264	3558	50	10770
陕西省				208	55738	2484	1639	9567
甘肃省				73	30484	3056	328	13425
青海省	38481	11947		42	14755	1516	39	10575
宁夏回族自治区		10464		90	62139	288	46	43700
新疆维吾尔自治区		416			17856	10	26	14816

2－179－15

单位:万元

地区	城乡社区事务				农林水事务				
	城乡社区住宅	城乡社区环境卫生	建设市场管理与监督	其他城乡社区事务支出	小计	农业	林业	水利	南水北调
地方合计	**335630**	**117282**	**11969**	**712270**	**4397983**	**1772949**	**668976**	**1471759**	**14083**
北京市	6067	4299		86410	58117	21644	5687	22007	
天津市	66	5861		7288	32065	5415	1507	14281	
河北省	1182	978	28	5529	123189	59399	18544	38049	6
山西省	12859	3847	110	15374	78651	33487	9187	31042	
内蒙古自治区	22355	2348	160	12657	145009	33939	17838	76043	
辽宁省	1148	4769	62	37678	81264	33682	16543	27935	
其中:大连市		2787		281	15723	6599	2127	5653	
吉林省	13166	1086	234	2019	111304	57949	13697	33143	
黑龙江省	2635				231002		219927		
上海市									
江苏省	5780	6233	408	50679	175898	70668	8310	60961	9611
浙江省	4642	31613	215	59778	504913	308881	31329	107688	
其中:宁波市	1523	2240	132	1121	27549	12381	2708	4213	
安徽省	11265	803	130	11700	55771	27525	4870	19652	
福建省	689	2998	251	4184	135156	54126	28775	39276	
其中:厦门市		1234		644	6001	3795	773	446	
江西省	9680	2761	128	44982	212779	68832	24557	98880	
山东省	20443	6556	2351	32910	200090	108067	18331	57700	1130
其中:青岛市	14522	3608	159	2978	69930	29358	7696	30040	
河南省	16521	462	321	517	64535	10053	11086	42309	2
湖北省	44844	564	1689	38428	95568	30395	15993	46785	4
湖南省	15685	915	281	14233	369869	193048	30302	138232	
广东省	3717	9638	746	52385	540853	195908	38231	271378	
其中:深圳市	310	742		423	2252	159	15	2058	
广西壮族自治区	5554	7434	586	8092	230766	108878	22942	72917	3300
海南省	6352	70		426	77816	25306	5281	32793	
重庆市	18491	2794	131	156381	149141	69612	7959	48442	
四川省	7479	14510	3876	28061	153710	50787	12831	45659	30
贵州省	10008	1067		6022	82210	35543	11965	19369	
云南省	5697	437			81080	21825	34001	22737	
西藏自治区	51886				59642	13415	15392	435	
陕西省	15513	2288	261	23986	109388	46718	10386	28892	
甘肃省	10022	65		3588	31477	12669	5330	7411	
青海省	855	1467		303	54556	23675	7291	16861	
宁夏回族自治区	9481	713	1	7910	95337	33944	3563	28972	
新疆维吾尔自治区	1548	706		750	56827	17559	17321	21910	

二、地方财政预算收支情况

2－179－16

单位:万元

地　区	农林水事务			交通运输			
	扶　贫	农业综合开　发	其他农林水事务支出	小　计	公路水路运　输	铁路运输	民用航空运　输
地方合计	**249720**	**99612**	**120884**	**1457634**	**1086842**	**206967**	**41273**
北京市	170	2385	6224	1920	1898	22	
天津市		158	10704	5478	58	104	
河北省	3585	1507	2099	15616	15556	1	
山西省	1736	2494	705	37103	36711	362	
内蒙古自治区	15114	624	1451	127351	105575	16736	1545
辽宁省	927	1916	261	15756	14648	788	307
其中:大连市		1342	2	4291	4036		255
吉林省	1717	3776	1022	37498	22563		205
黑龙江省		1199	9876	9150			
上海市							
江苏省	391	3801	22156	77639	71709	101	3
浙江省	15353	12650	29012	128615	68914	26069	
其中:宁波市	2840	1800	3607	10200	7717		
安徽省	254	1305	2165	19377	15092	2425	
福建省	10845	400	1734	11097	10539	305	250
其中:厦门市	117		870	1199	1199		
江西省	14553	3791	2166	78552	18510	59933	
山东省	2614	7455	4793	18242	12557	4012	620
其中:青岛市	100	2122	614	5350	4837		
河南省	578	96	411	12134	10964		
湖北省	1094	765	532	20157	19651		
湖南省	5500	327	2460	72226	69360	767	
广东省	15162	15748	4426	183620	71972	66354	30284
其中:深圳市			20	6	6		
广西壮族自治区	21953	99	677	100052	82076	4780	5100
海南省	7619	3015	3802	19476	18876		
重庆市	17156	5772	200	74413	68360		24
四川省	10012	24839	9552	115775	92446	10888	2242
贵州省	13666	465	1202	1892	1887		
云南省	1282	49	1186	11717	11682		
西藏自治区	30400			103252	100160	3092	
陕西省	22145	159	1088	60571	47786	10008	20
甘肃省	5245	495	327	51885	51579		300
青海省	5797	801	131	43004	41940	220	110
宁夏回族自治区	24837	3521	500	3235	2944		263
新疆维吾尔自治区	15		22	831	829		

2－179－17

单位:万元

地区	交通运输	工业、商业、金融等事务					
	其他交通运输支出	小计	采掘业	制造业	建筑业	电力	信息产业
地方合计	**122552**	**3062656**	**110739**	**262301**	**25337**	**30001**	**145284**
北京市		51871		10651			2340
天津市	5316	75974		3346	2746		1287
河北省	59	112076	2043	1648	1	30	2135
山西省	30	122181	2274	389		59	46
内蒙古自治区	3495	87433	1928	11262	6727	4506	20
辽宁省	13	83215	4343	13950	500	2486	4589
其中:大连市		29071	242	5773		2483	2697
吉林省	14730	116943	6567	12196	2944		3783
黑龙江省	9150	25584	15478		763		
上海市							
江苏省	5826	171721	979	6851	597	38	3014
浙江省	33632	378918	2443	129086	17	125	21186
其中:宁波市	2483	30602		3644			3383
安徽省	1860	45294	1899	2654	10	1	1735
福建省	3	68628	68	2311	4	39	2871
其中:厦门市		1990					
江西省	109	112691	277	2825	57		3135
山东省	1053	202850	1624	10358	1058		6961
其中:青岛市	513	55308					2354
河南省	1170	82929	3844	6389			180
湖北省	506	59457		913		11	10870
湖南省	2099	151122	12060	4587	215	3231	8464
广东省	15010	287715	8820	16479	165	4787	14845
其中:深圳市		10270		1902			1251
广西壮族自治区	8096	106995	15301	8255	5	504	1101
海南省	600	17686			2		4886
重庆市	6029	137101	15056	3819		526	11247
四川省	10199	264329	5558	4585	9495	8185	8850
贵州省	5	34668	579				10
云南省	35	48238	498	440		5000	7831
西藏自治区		24243	2006				10835
陕西省	2757	59184	2393	6622	16		3252
甘肃省	6	34740	83	8		94	3063
青海省	734	27463	2294	568	15	309	1037
宁夏回族自治区	28	53982	2324	2109			5650
新疆维吾尔自治区	2	17425				70	61

二、地方财政预算收支情况

2－179－18

单位:万元

地区	工业、商业、金融等事务						
	旅游业	涉外发展	粮油事务	商业流通事务	物资储备	金融业	烟草事务
地方合计	**84743**	**199117**	**208746**	**240124**	**10772**	**56605**	**5384**
北京市	80	1730	49	2345			
天津市	880	4031	719	3047		1139	
河北省	3805	763	928	6156	30	8430	6
山西省	937	892	30578	5805	1	1084	7
内蒙古自治区	533	1653	2618	6344		682	1
辽宁省	2246	6818	4461	4154			15
其中:大连市	1145	3462	79	1131			
吉林省	2136	481	12591	4943	40	18018	
黑龙江省					662		
上海市							
江苏省	4386	16180	5065	5906	207	2961	235
浙江省	5383	26563	20794	23584		1119	51
其中:宁波市	1361	4422	117	1032		9	29
安徽省	1127	10610	1996	3708		543	97
福建省	4809	7504	7146	7603		10	6
其中:厦门市				248			
江西省	5402	541	2398	5002	37		
山东省	3095	22596	9449	30489	2037	6994	
其中:青岛市	876	9756	135	643	19	11	
河南省	1777	2441	3081	17279	7		
湖北省	684	4185	674	5638		254	288
湖南省	5830	6182	9521	14393	32	39	41
广东省	3527	56220	21091	10166	5	358	91
其中:深圳市							
广西壮族自治区	4513	2000	16136	7292	85	5159	15
海南省		2641	368	594			
重庆市	4639	3912	19910	19391	5207	697	3
四川省	8788	5387	16464	36822	2401	9039	3252
贵州省	1267	5224	173	3005			169
云南省	546	1618	222	2820		47	968
西藏自治区	283	2300	3870	1453			
陕西省	274	583	7162	3613	21	32	138
甘肃省	141	70	6602	2199			
青海省	318	497	4489	677			1
宁夏回族自治区	17100	4704	66	2186			
新疆维吾尔自治区	237	791	125	3510			

2-179-19

单位:万元

地　　区	工业、商业、金融等事务						
	安全生产	国有资产监　管	中小企业事　务	可再生资源	能源节约利　用	石油价格改革财政补　贴	其他工业、商业、金融等事务支出
地方合计	**76404**	**34016**	**187978**	**68765**	**531315**	**82768**	**702257**
北京市	1218		9556	4150	17284	34	2434
天津市	10		16123		2624	1003	39019
河北省	1895	259	5976	1914	63362	1651	11044
山西省	1820	379	2622	393	61806	637	12452
内蒙古自治区	242	6055	3033	6337	26405	95	8992
辽宁省	1597	100	5262	7126	15563	1438	8567
其中:大连市	331	25	4240	1815	3630	770	1248
吉林省	580	13112	7763		18405	502	12882
黑龙江省			937	1729		6015	
上海市							
江苏省	976	894	21832	5982	14699	2660	78259
浙江省	6839	154	29121	991	10158	20739	80565
其中:宁波市	443	20	3480	400	1016	5906	5340
安徽省	387	784	4131	474	4702	106	10330
福建省	162	23	6001	1604	8388	1420	18659
其中:厦门市	1		501	463	730	37	10
江西省	452	119	7552	403	19403	411	64677
山东省	4550	300	7692	7054	39205	5047	44341
其中:青岛市	3634	221	625	1355	2697	3785	29197
河南省	188	37	2104	3761	19237	11	22593
湖北省	1779	2	1501	4931	18329	484	8914
湖南省	15235	493	4753	1455	19081		45510
广东省	3657	6829	14293	3555	2887	15355	104585
其中:深圳市	769		2989	371	1137		1851
广西壮族自治区	974	689	10646	1459	9057	2764	21040
海南省	24		220	1243	2104	4091	1513
重庆市	20488	12	925	1097	11243	3182	15747
四川省	4739	3310	7608	2192	86692	11426	29536
贵州省	132	100	2670	1802	8370	135	11032
云南省	113	100	1966	996	17957	585	6531
西藏自治区	1	5	2790		440	167	93
陕西省	964	137	2145	4506	6609	311	20406
甘肃省	7027		1711		9676	94	3972
青海省	149	123	2517			1054	13415
宁夏回族自治区	169		2735	939	11436	1351	3213
新疆维吾尔自治区	37		1793	2672	6193		1936

二、地方财政预算收支情况

2－179－20

单位:万元

地　　区	其他支出				
	小　计	预备费	住房改革支出	预留调资支出	其他支出
地　方　合　计	**18225332**	**22000**	**150894**	**495544**	**17556894**
北京市	180809				180809
天津市	376688				376688
河北省	389500	8761	3125	8367	369247
山西省	461793		534	93399	367860
内蒙古自治区	947283		12755	5542	928986
辽宁省	1022090		33		1022057
其中:大连市	75931		19		75912
吉林省	410564		4439		406125
黑龙江省	913632				913632
上海市					
江苏省	621432		3510	14213	603709
浙江省	1512884	2030	6359	13995	1490500
其中:宁波市	36428	1504	3345	3779	27800
安徽省	184969		190	9181	175598
福建省	809843		4237	8423	797183
其中:厦门市	2114				2114
江西省	1664957		11197	16630	1637130
山东省	1114207		41		1114166
其中:青岛市	265905		41		265864
河南省	175960		47		175913
湖北省	1133259		97	10331	1122831
湖南省	407761		6789	4444	396528
广东省	2594208	11083	49623	12525	2520977
其中:深圳市	2929				2929
广西壮族自治区	239539		7970	779	230790
海南省	72135		474	17750	53911
重庆市	448703		8729	8096	431878
四川省	155673		18976		136697
贵州省	81241		287	3301	77653
云南省	66596		3477	4659	58460
西藏自治区	214830		232		214598
陕西省	829401	66	2173	147488	679674
甘肃省	317575	40		823	316712
青海省	38328			30000	8328
宁夏回族自治区	259301		5600	85598	168103
新疆维吾尔自治区	580171	20			580151

2007 年各省、自治区、直辖市民族自治地区财政收入情况表

2－180－1

单位:万元

地　区	合　计	一、税收收入				
		小　计	增值税	营业税	企业所得税	企业所得税退税
地　方　合　计	**3810036**	**2801384**	**649868**	**895322**	**199868**	**－27**
北京市						
天津市						
河北省	102261	85896	12689	16228	6811	
山西省						
内蒙古自治区						
辽宁省	236665	165944	31058	39158	12276	
其中:大连市						
吉林省	345980	212179	50028	67999	14678	
黑龙江省	20533	17721	7071	2370	4742	
上海市						
江苏省						
浙江省	14071	10590	1918	3880	1016	
其中:宁波市						
安徽省						
福建省						
其中:厦门市						
江西省						
山东省						
其中:青岛市						
河南省						
湖北省	148673	116103	14960	39245	3311	
湖南省	161616	115150	36028	37198	3908	－1
广东省	31858	22205	6583	4965	3327	
其中:深圳市						
广西壮族自治区						
海南省	54851	37463	7081	11865	1618	
重庆市	108440	81155	20954	25059	6158	
四川省	555080	399544	100032	139055	46747	－15
贵州省	454756	336315	53397	134716	20670	－11
云南省	1296163	989772	262076	313347	50459	
西藏自治区						
陕西省						
甘肃省	68925	40377	8751	15018	2954	
青海省	210164	170970	37242	45219	21193	
宁夏回族自治区						
新疆维吾尔自治区						

二、地方财政预算收支情况

2－180－2

单位:万元

地　　区	一、税收收入						
	个　人 所得税	资源税	固定资产 投资方向 调 节 税	城市维护 建 设 税	房产税	印花税	城镇土地 使 用 税
地　方　合　计	**125612**	**162004**	**1**	**277629**	**71634**	**27592**	**45750**
北京市							
天津市							
河北省	5185	31441		3835	1061	1412	1446
山西省							
内蒙古自治区							
辽宁省	8891	25102		10635	2369	1705	13948
其中:大连市							
吉林省	14105	5379	1	23288	10267	1698	4860
黑龙江省	638	647		1124	244	73	368
上海市							
江苏省							
浙江省	1888	160		497	277	122	28
其中:宁波市							
安徽省							
福建省							
其中:厦门市							
江西省							
山东省							
其中:青岛市							
河南省							
湖北省	3164	2797		28151	2665	786	2218
湖南省	6904	1531		9776	2824	1287	406
广东省	671	695		1429	912	141	1398
其中:深圳市							
广西壮族自治区							
海南省	2317	5481		2612	1331	286	527
重庆市	4793	4288		9450	1311	545	817
四川省	23655	16304		20229	7761	4688	2466
贵州省	24769	5865		31323	8062	2499	3209
云南省	18868	30351		110403	25547	10358	12341
西藏自治区							
陕西省							
甘肃省	1379	5248		2852	1878	419	826
青海省	8385	26715		22025	5125	1573	892
宁夏回族自治区							
新疆维吾尔自治区							

2－180－3

单位:万元

地区	一、税收收入						二、非税收入	
	土地增值税	车船税	耕地占用税	契税	烟叶税	其他税收收入	小计	专项收入
地方合计	**29458**	**13606**	**32344**	**102421**	**167870**	**432**	**1008652**	**227379**
北京市								
天津市								
河北省	1277	553	686	3272			16365	5981
山西省								
内蒙古自治区								
辽宁省	2861	1927	2730	10361	2923		70721	10546
其中:大连市								
吉林省	1661	811	2319	13548	1369	168	133801	15717
黑龙江省	3	40	73	328			2812	919
上海市								
江苏省								
浙江省	79	50	30	635	10		3481	404
其中:宁波市								
安徽省								
福建省								
其中:厦门市								
江西省								
山东省								
其中:青岛市								
河南省								
湖北省	998	505	2061	3523	11719		32570	10024
湖南省	730	390	2325	6033	5811		46466	9492
广东省	149	75	784	833	243		9653	1696
其中:深圳市								
广西壮族自治区								
海南省	439	41	824	3036		5	17388	7102
重庆市	478	490	302	1230	5280		27285	8504
四川省	3944	811	1728	10486	21633	20	155536	49569
贵州省	4638	1345	9520	12271	24042		118441	26325
云南省	12101	6074	7127	35641	94840	239	306391	59456
西藏自治区								
陕西省								
甘肃省	28	141	340	543			28548	3174
青海省	72	353	1495	681			39194	18470
宁夏回族自治区								
新疆维吾尔自治区								

二、地方财政预算收支情况

2－180－4

单位:万元

地　　区	二、非税收入				
	行政事业性收费收入	罚没收入	国有资本经营收入	国有资源(资产)有偿使用收入	其他收入
地　方　合　计	**200186**	**205769**	**209717**	**82406**	**83195**
北京市					
天津市					
河北省	3179	6468	442	295	
山西省					
内蒙古自治区					
辽宁省	23798	20141	9282	5295	1659
其中:大连市					
吉林省	29943	16515	61629	9272	725
黑龙江省	351	734	763	45	
上海市					
江苏省					
浙江省	1317	1640		120	
其中:宁波市					
安徽省					
福建省					
其中:厦门市					
江西省					
山东省					
其中:青岛市					
河南省					
湖北省	9420	7603	1393	3072	1058
湖南省	9331	17233	－11	5214	5207
广东省	3400	3073		1460	24
其中:深圳市					
广西壮族自治区					
海南省	2865	1290	2700	3101	330
重庆市	7578	4626	2755	2487	1335
四川省	23944	20132	33968	18822	9101
贵州省	25203	27435	8358	10217	20903
云南省	50023	69335	77240	19384	30953
西藏自治区					
陕西省					
甘肃省	3585	3422	10414	829	7124
青海省	6249	6122	784	2793	4776
宁夏回族自治区					
新疆维吾尔自治区					

2007 年各省、自治区、直辖市民族自治地区财政支出情况表

2 – 181 – 1

单位:万元

地　　区	合　计	一、一般公共服　务	二、外　交	三、国　防	四、公共安全	五、教　育	六、科学技术	七、文化体育与传媒	八、社会保障和就业
地　方　合　计	**14820077**	**2788615**	**2776**	**25766**	**912618**	**3058381**	**81727**	**278123**	**2011927**
北京市									
天津市									
河北省	336139	61469		430	19653	77044	1686	3439	29273
山西省									
内蒙古自治区									
辽宁省	767413	117428		881	44365	168569	4420	11217	119757
其中:大连市									
吉林省	1007714	161014		282	69173	166473	6327	28038	171467
黑龙江省	62044	12872			3454	13720	261	1705	4610
上海市									
江苏省									
浙江省	59560	12249		174	3714	10836	712	1957	2983
其中:宁波市									
安徽省									
福建省									
其中:厦门市									
江西省									
山东省									
其中:青岛市									
河南省									
湖北省	641852	134017		687	43337	154599	5158	9956	51130
湖南省	795802	151495		1389	46716	153581	4111	17031	137028
广东省	104343	19190		200	6697	22891	684	1611	14625
其中:深圳市									
广西壮族自治区									
海南省	280524	50562		736	16883	58670	2541	4538	42822
重庆市	457655	73974		714	21920	104911	2270	5239	60341
四川省	2196346	450061		5845	149566	387712	12332	37549	278634
贵州省	2036180	435474		3560	112617	583561	10237	31140	169516
云南省	4200992	731042	2776	9964	277431	840206	23108	81407	628263
西藏自治区									
陕西省									
甘肃省	782177	155966		491	37187	128312	3679	15541	97756
青海省	1091336	221802		413	59905	187296	4201	27755	203722
宁夏回族自治区									
新疆维吾尔自治区									

2－181－2

单位:万元

地 区	九、医疗卫生	十、环境保护	十一、城乡社区事务	十二、农林水事务	十三、交通运输	十四、工业、商业、金融等事务	十五、其他支出
地方合计	**1021495**	**424484**	**618839**	**1919147**	**630148**	**479857**	**566174**
北京市							
天津市							
河北省	18794	11620	13254	48925	10307	6054	34191
山西省							
内蒙古自治区							
辽宁省	36293	10061	54604	134392	22489	30029	12908
其中:大连市							
吉林省	48349	15262	72552	116447	56279	74114	21937
黑龙江省	2928	603	3340	11378	1283	5823	67
上海市							
江苏省							
浙江省	2781	1014	2690	6388	1221	2659	10182
其中:宁波市							
安徽省							
福建省							
其中:厦门市							
江西省							
山东省							
其中:青岛市							
河南省							
湖北省	44281	12081	28428	77139	27414	14713	38912
湖南省	51140	11423	24306	114226	32481	19144	31731
广东省	6807	375	2616	17218	435	6040	4954
其中:深圳市							
广西壮族自治区							
海南省	18066	6442	16226	40991	1570	6775	13702
重庆市	29300	34232	21332	61659	16872	15273	9618
四川省	149665	165399	71427	257694	60220	62103	108139
贵州省	147033	24678	61503	289134	33670	55038	79019
云南省	327478	73796	159316	473037	299867	147449	125852
西藏自治区							
陕西省							
甘肃省	51107	27902	30321	130559	53220	13646	36490
青海省	87473	29596	56924	139960	12820	20997	38472
宁夏回族自治区							
新疆维吾尔自治区							

2007 年各省、自治区、直辖市财政收入决算分级表

2－182

单位:万元

预 算 科 目	决算数合 计	省 级	地 级	其中:地级直属乡镇	县 级	乡镇级
一、税收收入	192521159	48407052	65849722	5069725	55833679	22430706
增值税	38676217	8431953	12644437	1165223	11795367	5804460
营业税	63795064	18988586	20482224	1785945	17712112	6612142
企业所得税	31365053	11774373	10141652	918065	7005630	2443398
企业所得税退税	－42166	－20133	－14001	－49	－8257	225
个人所得税	12737821	4884271	3825967	263144	2944652	1082931
资源税	2611457	488749	472580	20713	929828	720300
固定资产投资方向调节税	9539	78	2452		6855	154
城市维护建设税	11486986	1048415	5106931	161456	3947734	1383906
房产税	5754590	369543	2395068	165010	2240567	749412
印花税	3166024	518884	1170162	106730	1080266	396712
城镇土地使用税	3854863	284254	1156420	47651	1520929	893260
土地增值税	4030975	386746	1593425	151269	1549343	501461
车船税	681635	5467	283409	26432	281538	111221
耕地占用税	1850376	52082	282803	17452	1063190	452301
契税	12062460	1193784	6303689	239363	3598559	966428
烟叶税	478020		2299	1321	163614	312107
其他税收收入	2245		205		1752	288
二、非税收入	43205022	11599451	13473784	97091	17073778	1058009
专项收入	10881574	3547504	3520856	11582	3485679	327535
行政事业性收费收入	15436908	5939092	4516954	28235	4588867	391995
罚没收入	8120095	1412634	2645851	50985	3980446	81164
国有资本经营收入	4707412	－281717	1582604	1631	3288784	117741
国有资源(资产)有偿使用收入	2525248	750050	834468	4179	892307	48423
其他收入	1533785	231888	373051	479	837695	91151
本年收入合计	**235726181**	**60006503**	**79323506**	**5166816**	**72907457**	**23488715**

2007年各省、自治区、直辖市财政支出决算分级表

2－183

单位：万元

预算科目	决算数合计	省级	地级	其中：地级直属乡镇	县级	乡镇级
一、一般公共服务	63540730	13927770	16175900	1073088	24796994	8640066
二、外交	14957	7556	3435		2436	1530
三、国防	725878	257649	223531	302	237868	6830
四、公共安全	28783267	6932855	10422568	187646	11135791	292053
五、教育	67270585	10688270	13358127	888126	37728635	5495553
六、科学技术	8584403	3374999	2799104	53942	2278860	131440
七、文化体育与传媒	7714251	2715459	2664862	68802	2079730	254200
八、社会保障和就业	51045296	13552417	15062016	644500	19710155	2720708
九、医疗卫生	19557472	3428538	5211468	157958	10325595	591871
十、环境保护	8907005	3521587	2018678	55142	3101861	264879
十一、城乡社区事务	32384917	1932900	15630388	1097909	12890753	1930876
十二、农林水事务	30910061	6603077	5548127	697790	14511671	4247186
十三、交通运输	11331270	4130705	2796742	30183	4211030	192793
十四、工业、商业、金融等事务	28855741	11129252	9457697	1253127	7378828	889964
十五、其他支出	23767076	6008384	9146350	255315	7380953	1231389
本年支出合计	**383392909**	**88211418**	**110518993**	**6463830**	**157771160**	**26891338**

2007 年各省、自治区、直辖市基金预算收入情况表

2－184－1　　　　单位:万元

地　　区	本年基金收入合计	三峡工程建设基金收　入	地方农网还贷资金收　入	煤炭可持续发展基金收入	电源基地建设基金收　入	库区建设基金收入	铁路建设附加费收　入	民航机场管理建设费收入
地方合计	**97499957**		**216104**	**1030244**	**28000**	**23896**	**8796**	**1200**
北京市	3894023					265		
天津市	1721842					291		
河北省	3260831					7724		
山西省	3295647		30000	1030244	28000			
内蒙古自治区	1828577							
辽宁省	6048582							
其中:大连市	1771119							
吉林省	1383095		6886					
黑龙江省	1390189							
上海市	3126046							
江苏省	8127809							
浙江省	10559755							
其中:宁波市	1087782							
安徽省	3527715							
福建省	6029840					721	8796	
其中:厦门市	2751846							
江西省	2451996					451		
山东省	6911984							
其中:青岛市	1872425							
河南省	2735845		2					
湖北省	1765816		326					
湖南省	1706717		7900			875		
广东省	10923593		23			70		
其中:深圳市	2141010							
广西壮族自治区	1584737		52150			5062		
海南省	441644							
重庆市	3458604							
四川省	6454479		60168			1793		
贵州省	862650							
云南省	1370620		11467			17		1200
西藏自治区	30025							
陕西省	704193		47182			1586		
甘肃省	485639					2774		
青海省	116824					2267		
宁夏回族自治区	463622							
新疆维吾尔自治区	837018							

2－184－2

单位:万元

地　　区	养路费收入	公路客货运附加费收入	燃油附加费收入	转让政府还贷道路收费权收入	下放港口以港养港收入	散装水泥专项资金收入	新型墙体材料专项基金收入	中央对外贸易发展基金收入	旅游发展基金收入
地方合计	**1031402**	**1234643**	**50736**	**87504**	**74**	**76601**	**294447**		
北京市	414893					1976	25914		
天津市	193649					2256	6692		
河北省	699246	40878				1344	6062		
山西省	344623	57912				1091	5123		
内蒙古自治区	372073	4149		1698		309	66		
辽宁省	473554	30972				3321	22635		
其中:大连市						1035	2735		
吉林省	169175	17164				1735	3970		
黑龙江省	230685	20384				1466	8005		
上海市	323254					962			
江苏省	763478	87651				7274	21776		
浙江省	724727	104242				5101	23008		
其中:宁波市						179	5093		
安徽省	284300	73075				3897	18661		
福建省	280082	52020				7627	34802		
其中:厦门市	501	6541				1727	10415		
江西省	204108	55398				2897	11195		
山东省	804821	201893				3973	4575		
其中:青岛市	62844	14485				1082	1070		
河南省	478718	81834				2838	12181		
湖北省	247804	46390				4145	8829		
湖南省	248955	59375		9310		3039	6302		
广东省	1045865				1	5166	23004		
其中:深圳市									
广西壮族自治区	240699	47882				1308	4353		
海南省	57140	9723	50736		73	191	239		
重庆市	136031	32306		75763		2140			
四川省	383213	81257		733		6918	33021		
贵州省	132006	26190				857	47		
云南省	287594	62590				2038	3163		
西藏自治区	27190								
陕西省	277459					1202	3045		
甘肃省	126153	24195				361	2154		
青海省	33972	4785				229			
宁夏回族自治区	71232	2409				398	1620		
新疆维吾尔自治区	254703	9969				542	4005		

2－184－3

单位:万元

地　　区	援外合资合作项目基金收入	对外承包工程保函风险专项资金收入	国家茧丝绸发展风险基金收　入	文化事业建设费收　入	地方教育附加收入	地方教育基金收入	国家电影事业发展专项资金收　入
地　方　合　计				**383949**	**1244387**	**96845**	**911**
北京市				61571			
天津市				3664			
河北省				3162	72356		
山西省				2218	1829	10	
内蒙古自治区				2460	39684	6318	
辽宁省				11055	75172		
其中:大连市				3878	15777		
吉林省				3091	190		
黑龙江省				3994			
上海市				76827			
江苏省				19493	209150	24302	
浙江省				25711	374270		292
其中:宁波市				4200	83629		
安徽省				3498	42132		
福建省				13279	59187		
其中:厦门市				4218	17930		
江西省				1815	14846		91
山东省				12991	123582		241
其中:青岛市				3858	18294		
河南省				7572			92
湖北省				3371	1615	40984	
湖南省				7919	20	149	195
广东省				67542	14		
其中:深圳市				14844			
广西壮族自治区				6521	54078	4	
海南省				3938		11	
重庆市				7252			
四川省				11360	61357		
贵州省				3131	24249	127	
云南省				6568	67153	150	
西藏自治区							
陕西省				3064	347	80	
甘肃省				1856	7465		
青海省				824	1997	1	
宁夏回族自治区				1066	13694		
新疆维吾尔自治区				7136		24709	

2－184－4

单位:万元

地　　区	农业发展基金收入	新菜地开发建设基金收入	林业基金收入	育林基金收入	森林植被恢复费	中央水利建设基金收入
地　方　合　计	**18501**	**51799**	**6117**	**249356**	**387254**	
北京市				414	10565	
天津市				119	1	
河北省	126	166		1829	16183	
山西省		270	288	8773	9296	
内蒙古自治区	30			2121	37824	
辽宁省	2209	6152	13	7641	13656	
其中:大连市		1533		10	3684	
吉林省		8452		16677	10663	
黑龙江省		1908		5083	78	
上海市						
江苏省	13721	1054		1265	4075	
浙江省	194	3167		5682	6485	
其中:宁波市	64	229		62	301	
安徽省		1061	1	10632	2508	
福建省	29	4887		27391	22210	
其中:厦门市				14	1112	
江西省			897	35477	24195	
山东省	373			456	1668	
其中:青岛市						
河南省	36	874		8304	8484	
湖北省		9253	159	2923	2456	
湖南省	1504	1354		42560	30312	
广东省		7723	6	7589	37085	
其中:深圳市						
广西壮族自治区		1717	5	27856	22989	
海南省				1571	7895	
重庆市				2352	4002	
四川省	82	254		9988	15610	
贵州省		1344		5078	25412	
云南省	195	83	4747	15422	45741	
西藏自治区						
陕西省		206		597	5290	
甘肃省	2	1830		186	1141	
青海省				10	722	
宁夏回族自治区				1	4002	
新疆维吾尔自治区		44	1	1359	16706	

2－184－5

单位:万元

地　　区	地方水利建设基金收入	南水北调工程基金收入	灌溉水源灌排工程补偿费收入	水资源补偿费收入	残疾人就业保障金收入	政府住房基金收入		
						小计	上缴管理费用	计提廉租住房资金
地方合计	**1899684**	**4197**	**280**	**367398**	**656239**	**410723**	**151142**	**162437**
北京市	45556				116832	70322	18942	48756
天津市	6242				24355			
河北省	40993			5	18773	5420	4737	673
山西省	27246		100	363424	15184	4029	2106	712
内蒙古自治区	49256		1	470	6401	6873	4837	853
辽宁省	76061				22883	30306	5500	3778
其中:大连市	19249				2301	5335		
吉林省	51242			37	11542	6125	4284	1181
黑龙江省	46889				8100	4834	3335	418
上海市								
江苏省	155519	4197		113	44725	59628	7426	39598
浙江省	541430			204	100049	2680	1075	107
其中:宁波市	113463				25662			
安徽省	67777			14	15494	5185	3445	1649
福建省	53255			440	21216	19965	3794	6533
其中:厦门市				77	9351	1653	653	1000
江西省	23624			27	7123	7015	4534	2481
山东省	49826			1	32708	10715	6481	2449
其中:青岛市					8385	470		470
河南省	33752		179	1516	15662	12405	6694	3695
湖北省	9100			14	15861	20318	9934	9591
湖南省	44693			149	10919	5233	2208	2529
广东省	333990			146	56339	48299	21423	13830
其中:深圳市	43814							
广西壮族自治区	101422			209	6950	9589	5374	882
海南省	4564				1238	1301	1295	
重庆市	16445				14968	8219	4178	1368
四川省	12926			28	34493	43148	11990	10284
贵州省	5024			47	7733	3465	2140	1074
云南省				489	8732	13684	7616	6047
西藏自治区								
陕西省	87383				12033	4054	2564	1490
甘肃省				51	4677	3470	2809	661
青海省	1560			4	694	71	16	
宁夏回族自治区	13909			10	3628	414	84	330
新疆维吾尔自治区					16927	3956	2321	1468

2－184－6

单位:万元

地区	政府住房基金收入 其他政府住房基金收入	城市公用事业附加收入	国有土地使用权出让金收入 小计	国有土地使用权出让金收入 土地出让总价款	国有土地使用权出让金收入 补缴的土地价款	国有土地使用权出让金收入 划拨土地收入	国有土地使用权出让金收入 其他土地出让金收入	地方新增建设用地土地有偿使用费收入	国有土地收益基金收入
地方合计	**97144**	**1522963**	**69384188**	**55434377**	**2276716**	**557259**	**11115836**	**2997487**	**2199428**
北京市	2624	179811	2752327	2673486	43027		35814	58064	120000
天津市		15264	1251234	874115			377119	105866	
河北省	10	75181	1955488	1541782	61100	42129	310477	109405	158616
山西省	1211	28541	902284	709675	106295	7470	78844	71088	31855
内蒙古自治区	1183	30979	1210090	789996	20848	2396	396850	22750	1456
辽宁省	21028	53523	4792881	3350181	63306	12194	1367200	200385	78215
其中:大连市	5335	12927	1558638	1105908	45534		407196	55985	
吉林省	660	27205	830938	715779	13589	2096	99474	91046	41498
黑龙江省	1081	14694	965241	440693	27447	9947	487154	25108	38426
上海市		281546	2261949	1779426	460784		21739	95735	25281
江苏省	12604	131036	5895527	4833211	17366	7535	1037415	255282	289168
浙江省	1498	42381	7923902	7379018	158262	45978	340644	271397	248516
其中:宁波市		9129	766166	743258	17256	5583	69	31491	21313
安徽省	91	8923	2712514	2167426	11978	417	532693	107966	123160
福建省	9638	25493	5000555	4636674	141503	55141	167237	142065	160201
其中:厦门市		5803	2478810	2401854	60420	8251	8285	23607	150549
江西省		6793	1757574	1589932	40523	64482	62637	178109	78449
山东省	1785	113033	5054578	4345983	71514	35298	601783	208453	165171
其中:青岛市		6509	1627299	1464098	19637	29568	113996	67903	44764
河南省	2016	51329	1653536	868344	249176	42424	493592	125806	167440
湖北省	793	27391	1141008	634217	2550	3044	501197	113082	32629
湖南省	496	32601	986000	446078	132088	4696	403138	139477	273
广东省	13046	192527	8642707	5923477	357796	16826	2344608	148154	93685
其中:深圳市			2082352				2082352		
广西壮族自治区	3333	11743	855322	505930	26682	10249	312461	96850	25574
海南省	6		273193	148591	12646	70562	41394	25628	2903
重庆市	2673	53564	2759480	2587867	9747	2856	159010	93844	89103
四川省	20874	48056	5305502	4779991	172099	47218	306194	93905	161737
贵州省	251	12839	532205	442929	24559	41383	23334	55738	9736
云南省	21	55	728956	519143	26885	503	182425	54389	23612
西藏自治区			2765				2765	70	
陕西省		18368	135211	1912	619		132680	64339	21792
甘肃省		7664	284775	192988	9017	13087	69683	10941	4405
青海省	55	1804	50903	36084	19		14800	16386	52
宁夏回族自治区		25163	312324	266794	1294	735	43501	4424	6475
新疆维吾尔自治区	167	5456	453219	252655	13997	18593	167974	11735	

2－184－7

单位:万元

地　区	农业土地开发资金收入	大中型水库移民后期扶持基金收入	大中型水库库区基金收入	三峡水库库区基金收入	三峡库区非农业户口移民扶助基金收入	其他政府性基金收入
地方合计	**1267260**		**11408**			**955936**
北京市	35463					50
天津市	64991					47218
河北省	33954					13920
山西省	40203					292016
内蒙古自治区	8182					25387
辽宁省	56839					91109
其中:大连市	15836					72196
吉林省	33396					52063
黑龙江省	14684					610
上海市	60492					
江苏省	130566					8809
浙江省	132120					24197
其中:宁波市	19969					6832
安徽省	44952					1965
福建省	51069					44550
其中:厦门市	21110					18428
江西省	40256					1656
山东省	95912					27014
其中:青岛市	15462					
河南省	41983		416			30886
湖北省	6575					31583
湖南省	13862		10992			42749
广东省	198808					14850
其中:深圳市						
广西壮族自治区	11512					942
海南省	1300					
重庆市	41794					121341
四川省	55526					33404
贵州省	13832					3590
云南省	5012					27563
西藏自治区						
陕西省	3851					17104
甘肃省	1361					178
青海省	264					279
宁夏回族自治区	2573					280
新疆维吾尔自治区	25928					623

2007 年各省、自治区、直辖市基金预算支出情况表

2－185－1

单位:万元

地　　区	本年基金收入合计	三峡工程建设基金支出	地方农网还贷资金支出	煤炭可持续发展基金支出	电源基地建设基金支出	库区建设基金支出	铁路建设附加费支出	民航机场管理建设费支出
地方合计	**86269745**	**178876**	**173148**	**514949**	**17656**	**23568**	**19818**	**10405**
北京市	4181517					168		
天津市	1650207					200		
河北省	3163270							
山西省	2208569			514936	17656			
内蒙古自治区	1838091							
辽宁省	5045109							
其中:大连市	1568940							
吉林省	1237011		5901					
黑龙江省	1383649							
上海市	1316538							
江苏省	7434326					73		20
浙江省	8701716					55		82
其中:宁波市	1005491							
安徽省	3563368					76		
福建省	5366089			13		303	12185	
其中:厦门市	2529347					9		
江西省	2279423					66		
山东省	6172719					986	7633	
其中:青岛市	1496563							
河南省	2596904		2			532		
湖北省	1961247	3792	563					154
湖南省	1685218		7900			2601		
广东省	8392019							
其中:深圳市	1988478							
广西壮族自治区	1512789		39373			7849		
海南省	419067							
重庆市	3339659	175084				1074		2649
四川省	6026961		60556			706		
贵州省	805709		70					
云南省	1367034		8648			35		1500
西藏自治区	39949							
陕西省	721056		50135			999		
甘肃省	479951					2699		6000
青海省	119659					5146		
宁夏回族自治区	466836							
新疆维吾尔自治区	794085							

2－185－2

单位:万元

地　　区	养路费支　出	公路客货运附加费支　出	燃　油附　加费支出	转让政府还贷道路收费权支　出	下放港口以港养港支　出	散装水泥专项资金支　出	新型墙体材料专项基金支出
地　方　合　计	**10086004**	**1199281**	**47604**	**76524**	**115**	**48089**	**168043**
北京市	361070					1207	26081
天津市	193643					744	5530
河北省	694505	32054				1169	4180
山西省	342167	58128				628	2003
内蒙古自治区	326516	3105		1698		214	95
辽宁省	434591	33530				2345	11733
其中:大连市						194	433
吉林省	170238	18384			26	1091	2641
黑龙江省	223869	21836				1287	5558
上海市	312024					679	
江苏省	763260	86143				6037	16666
浙江省	571737	79832				4464	19004
其中:宁波市	8076	1206				130	4813
安徽省	289750	77002				2205	7772
福建省	312769	44085				3877	13537
其中:厦门市	425	4211				1400	10075
江西省	198876	58041				2209	7306
山东省	835301	206057				2613	3467
其中:青岛市	68159	13866				231	907
河南省	513370	61534		512		2138	9622
湖北省	247915	50602				2813	4461
湖南省	234448	59459				1808	4272
广东省	1085442					1543	2329
其中:深圳市	48913						
广西壮族自治区	237103	47678				854	2432
海南省	55910	9706	47604		89	175	33
重庆市	138062	32416		73581		1533	
四川省	342396	79395		733		2829	11516
贵州省	131733	26190				301	11
云南省	290859	73564				1128	1713
西藏自治区	36494						
陕西省	292683					523	2722
甘肃省	119609	23763				336	822
青海省	35172	4785				236	
宁夏回族自治区	70927	2292				286	629
新疆维吾尔自治区	223565	9700				817	1908

2－185－3

单位:万元

地区	中央对外贸易发展基金支出	旅游发展基金支出	援外合资合作项目基金支出	对外承包工程保函风险专项资金支出	国家茧丝绸发展风险基金支出	文化事业建设费支出	地方教育附加支出
地方合计	**457846**	**13985**	**10968**	**698**	**10888**	**323520**	**997899**
北京市	9648					59477	34
天津市	2579					876	
河北省	15573		2024			4549	68368
山西省	8451				420	2305	2022
内蒙古自治区	9999	920	6			2200	18854
辽宁省	46944	110	23		60	10155	33585
其中:大连市	16251					2628	4694
吉林省	16982	42			20	2441	50
黑龙江省	20515					3491	
上海市	10902					65740	
江苏省	24743	125			210	14680	199315
浙江省	26615	224			230	23795	296635
其中:宁波市	7652					4019	74306
安徽省	14821	1528	2004		1260	4378	41786
福建省	16914	5	919			15920	44936
其中:厦门市	5463		21			3697	16782
江西省	11095	165	12		640	2853	13359
山东省	31219		1696		80	8633	118801
其中:青岛市	6639					2349	16675
河南省	16994	1420			630	5980	
湖北省	18949	2600			620	3421	1744
湖南省	21157	30	369		240	7592	82
广东省	28876	20	1620		137	39486	613
其中:深圳市	14888					2433	
广西壮族自治区	6428				1050	4623	59764
海南省	4540					1263	
重庆市	8194	1201		698	1290	7702	48
四川省	18512		481		1460	11281	57616
贵州省	8193	7			400	3127	21654
云南省	5189	1250	311		640	5056	594
西藏自治区	2230						
陕西省	11538				833	2537	344
甘肃省	7596	624	1178		200	2847	4142
青海省	10021	2874			18	1931	1913
宁夏回族自治区	6957	200			230	1269	11581
新疆维吾尔自治区	15472	640	325		220	3912	59

2－185－4

单位:万元

地　　区	地方教育基金支出	国家电影发展专项支出	农业发展基金支出	新菜地开发建设基金支出	林业基金支出	育林基金支出	森林植被恢复费支出	中央水利建设基金支出
地方合计	**93389**	**811**	**26317**	**32730**	**5432**	**214111**	**355948**	**21531**
北京市	158			810		331	4727	500
天津市						72		500
河北省	1006		7	168		1731	11432	1690
山西省	247	22		273	3045	1829	3192	920
内蒙古自治区	7175		32			1822	35071	905
辽宁省	102		889	416	8	6711	23393	1940
其中:大连市						10	5207	180
吉林省			221	4206		15867	17977	460
黑龙江省			178	413		4555	4252	2150
上海市			51	3573				
江苏省	21995		13891	227		958	4124	1700
浙江省	390	292	7696	224		2905	1685	1250
其中:宁波市	390		170	224		76		140
安徽省				541	1	9754	1144	1981
福建省	11		16	1639		23877	18597	1700
其中:厦门市						30	529	100
江西省	19		496		20	30145	31839	1540
山东省		197	241			519	4118	1150
其中:青岛市							446	
河南省		139	37	743		7214	10237	2220
湖北省	37289			11471	159	2821	2450	
湖南省	296	161	978	1058	35	39253	29567	135
广东省	155		656	3870		6254	27664	
其中:深圳市							555	
广西壮族自治区	4			31	5	24461	15073	
海南省	12					1359	7818	
重庆市						2092	6525	
四川省			302	791		9569	14747	
贵州省	92		278	704		4024	15237	
云南省	150		241	83	2158	14262	40642	
西藏自治区								
陕西省	82		3	945		475	5601	
甘肃省			2	476		100	1519	
青海省	1					2	634	
宁夏回族自治区				68		1	1619	790
新疆维吾尔自治区	24205		102		1	1148	15064	

2－185－5

单位:万元

地　　区	地方水利建设基金支出	南水北调工程基金支出	灌溉水源灌排工程补偿费收入	水资源补偿费支出	残疾人就业保障金支出	政府住房基金支出		
						小　计	管理费用支出	廉租住房资金
地方合计	**1946523**		**475**	**102390**	**531859**	**312296**	**119354**	**123875**
北京市	128522				95886	66900	19087	44106
天津市	7000				19248			
河北省	43628				18490	4314	2777	1535
山西省	45580		100	99065	14389	1852	1665	38
内蒙古自治区	37366		21	409	6307	5122	3983	179
辽宁省	84144				15230	9656	6108	1010
其中:大连市	13093				2820	50	50	
吉林省	58215		100	48	8765	4474	4003	280
黑龙江省	43959				5484	5055	3380	558
上海市	425							
江苏省	159887			2	38863	58759	6559	39597
浙江省	474326			223	86694	933	832	101
其中:宁波市	112470				23691			
安徽省	99556				11336	4707	3411	1214
福建省	51885			75	16915	11389	3358	2798
其中:厦门市	40				9114	1641	651	990
江西省	27072			9	4215	5363	4153	995
山东省	69691			350	26661	6884	5305	730
其中:青岛市	22690				5118			
河南省	45971		254	1077	12126	9571	6914	889
湖北省	7580			17	15999	19579	9784	6609
湖南省	50201			199	8935	5873	2455	3302
广东省	265210			119	40681	15538	4131	1766
其中:深圳市	18559							
广西壮族自治区	116294			283	4524	7641	4399	15
海南省	5752				878	874	871	
重庆市	8412				12603	6698	1920	1142
四川省	23543			22	27950	38797	9860	10218
贵州省	3978			6	4138	3508	2044	1214
云南省	12322			486	7222	7134	4656	2455
西藏自治区								
陕西省	55579				7007	4054	2564	1490
甘肃省	50				2541	3555	2766	234
青海省	811				430	186	56	
宁夏回族自治区	19564				3795	84	84	
新疆维吾尔自治区					14547	3796	2229	1400

2－185－6

单位:万元

地区	政府住房基金支出	城市公用事业附加收入	国有土地使用权出让金支出					
	其他政府住房基金支出		小计	征地和拆迁补偿支出	土地开发支出	城市建设支出	农村基础设施建设支出	补助被征地农民支出
地方合计	**69067**	**1275597**	**60440771**	**16090304**	**6602400**	**22366945**	**1844110**	**785855**
北京市	3707	148911	3132135	27189	317447	2028700	80861	6801
天津市		13013	1229738	16370	241097	722457	3096	1330
河北省	2	74390	1838093	412318	85565	842782	26317	21535
山西省	149	15281	714421	163436	43719	190144	66471	3113
内蒙古自治区	960	23607	1247759	222696	151589	503179	14534	3788
辽宁省	2538	41274	4066244	1308490	478946	1513045	77062	35984
其中:大连市		10996	1462400	670677	172286	376003	8531	21429
吉林省	191	31279	732825	221769	58046	355065	2402	2929
黑龙江省	1117	14319	950798	108306	25881	474282	7189	7506
上海市		190886	685215	323364	152261	63632	23614	
江苏省	12603	89186	5434110	1878363	181386	2262642	104482	50270
浙江省		41912	6675031	1732099	926787	2479914	651733	242753
其中:宁波市		11604	692159	311873	46956	230181	22466	8366
安徽省	82	7323	2605986	854530	170407	959353	34110	5881
福建省	5233	39475	4401577	1320175	1032455	1275302	120345	69114
其中:厦门市		5825	2304014	527677	895199	584516	12252	20743
江西省	215	2822	1667648	383608	224501	523697	37782	41724
山东省	849	98008	4296468	2087442	100872	1223771	49658	53118
其中:青岛市		7423	1269143	800118	34378	297357	3581	6860
河南省	1768	46872	1556355	198541	338787	354441	19983	23783
湖北省	3186	30537	1168846	166918	83645	256835	52734	2461
湖南省	116	28887	889873	147598	122636	431791	12717	597
广东省	9641	167503	6396430	998365	932592	1522636	129009	13179
其中:深圳市			1903130					
广西壮族自治区	3227	13966	744050	157895	55174	278722	3601	1832
海南省	3		259568	89361	3674	81116	22402	453
重庆市	3636	42326	2538347	636486	91856	1539116	5538	2974
四川省	18719	53079	4901361	1817966	634549	1576132	269251	184200
贵州省	250	11102	494357	153547	17418	235161	2289	1337
云南省	23	2029	693905	327367	42652	198366	2315	3115
西藏自治区			1225	459			766	
陕西省		9681	134715	1399	16572	78349	4409	874
甘肃省	555	4413	224432	98443	24828	47601	2160	353
青海省	130	4887	43491	24820	4542	1703	418	
宁夏回族自治区		24054	301300	121513	19949	115408	1645	4080
新疆维吾尔自治区	167	4575	414468	89471	22567	231603	15217	771

2－185－7

单位:万元

地区	国有土地使用权出让金支出			新增建设用地土地有偿使用费支出	
	土地出让业务支出	廉租住房支出	其他土地使用权出让金支出	小计	耕地开发专项支出
地方合计	**373519**	**568588**	**11809050**	**2240441**	**985482**
北京市	6255	102000	562882	20	20
天津市	174		245214	111605	
河北省	21001	13254	415321	133703	25268
山西省	19619	4161	223758	41222	9640
内蒙古自治区	4050	285	347638	67849	13310
辽宁省	11988	7166	633563	79103	321
其中:大连市	509	70	212895	8312	
吉林省	13328	1162	78124	73889	67493
黑龙江省	14578	4880	308176	25962	25962
上海市	4148	24586	93610		
江苏省	49939	25243	881785	150071	74798
浙江省	36960	58044	546741	62332	42644
其中:宁波市	625	9882	61810	21637	9051
安徽省	12334	25624	543747	185891	102210
福建省	19866	161969	402351	120883	82165
其中:厦门市	8831	151635	103161	26777	
江西省	12707	14528	429101	114229	18077
山东省	14128	23406	744073	160224	87723
其中:青岛市	491	4609	121749	19837	13586
河南省	30365	5398	585057	43064	25079
湖北省	6159	4626	595468	151226	14805
湖南省	15945	1131	157458	87213	53224
广东省	25582	61078	2713989	86750	66787
其中:深圳市			1903130		
广西壮族自治区	4059	6660	236107	53627	40105
海南省	692	155	61715	15759	3442
重庆市	16242	600	245535	77814	73296
四川省	11680	11125	396458	96087	36111
贵州省	2213	7733	74659	29503	24234
云南省	10101	876	109113	142492	56962
西藏自治区					
陕西省	725		32387	27190	16441
甘肃省	2790	1102	47155	55004	16272
青海省	292	72	11644	70	70
宁夏回族自治区	1425		37280	8644	2327
新疆维吾尔自治区	4174	1724	48941	39015	6696

2－185－8

单位:万元

地区	新增建设用地土地有偿使用费支出		国有土地收益基金支出	
	基本农田建设和保护支出	土地整理支出	小计	征地和拆迁补偿支出
地方合计	**105879**	**1149080**	**1617549**	**859406**
北京市			120000	
天津市	7330	104275		
河北省	20822	87613	135739	110804
山西省	37	31545	6053	2321
内蒙古自治区		54539	1276	926
辽宁省	257	78525	31079	18456
其中:大连市	257	8055		
吉林省		6396	11347	4540
黑龙江省			34041	15871
上海市			17521	
江苏省	318	74955	223522	160800
浙江省		19688	162654	118080
其中:宁波市		12586	18897	15086
安徽省		83681	94209	3504
福建省	29096	9622	123963	90623
其中:厦门市	26777		116107	89386
江西省	2357	93795	56293	44809
山东省	10456	62045	135768	87517
其中:青岛市	2563	3688	48743	46476
河南省		17985	138566	20449
湖北省	3476	132945	30629	14900
湖南省		33989	116	8
广东省	12071	7892	48874	22676
其中:深圳市				
广西壮族自治区		13522	22445	936
海南省	3026	9291	183	167
重庆市	293	4225	38135	28739
四川省	310	59666	134153	110397
贵州省	611	4658	6921	593
云南省	13416	72114	15439	747
西藏自治区				
陕西省	2003	8746	22090	
甘肃省		38732	391	385
青海省			7	
宁夏回族自治区		6317	6135	1158
新疆维吾尔自治区		32319		

2－185－9

单位:万元

地　　区	国有土地收益基金支出		农业土地开发资金支　出	大中型水库移民后期扶持基金支出	大中型水库库区基金支出	三峡水库库区基金支　出	三峡库区非农业户口移民扶助基金支出	其他政府性基金支出
	土地开发支　出	其他支出						
地方合计	**406526**	**351617**	**684354**	**1212672**	**374**	**4726**		**769565**
北京市	120000		17249	7665				18
天津市			50539	4922				9998
河北省	8948	15987	19941	47156				9360
山西省	2246	1486	8922	18704				284736
内蒙古自治区		350	4680	9508				25575
辽宁省	12202	421	24711	50135				36998
其中:大连市			9180	3227				29265
吉林省	2365	4442	12377	21053				26092
黑龙江省	353	17817	11169	4063				695
上海市		17521	29064	458				
江苏省	9364	53358	107015	12662				6082
浙江省	18529	26045	80423	57950				22123
其中:宁波市	3811		15872	2949				5010
安徽省	80475	10230	29177	67052				2128
福建省	30960	2380	21461	51540				15623
其中:厦门市	26721		10321	1455				11311
江西省	3586	7898	11707	29937				1447
山东省	25838	22413	58958	70928				26068
其中:青岛市	2267		7825	6442				70
河南省	41904	76213	18386	66404	160			24774
湖北省	343	15386	2442	107842		4701		30025
湖南省	34	74	22189	163268	181	25		16817
广东省	1532	24666	67960	79919				24370
其中:深圳市								
广西壮族自治区	1589	19920	2198	100064				969
海南省		16	121	6625				798
重庆市	8029	1367	17628	40599				104948
四川省	9535	14221	32786	61239				45054
贵州省	5533	795	7095	27723				5357
云南省	1065	13627	270	19370				18342
西藏自治区								
陕西省	22090		4989	59604				26727
甘肃省	6		1621	15139				892
青海省		7	191	5504	33			1316
宁夏回族自治区		4977	835	4201				1375
新疆维吾尔自治区			18250	1438				858

2007 年各省、自治区、直辖市财政政府性基金收入决算分级表

2－186－1

单位:万元

预算科目	决算数合计	省级	地级	其中:地级直属乡镇	县级	乡镇级
三峡工程建设基金收入						
地方农网还贷资金收入	216104	215980			124	
煤炭可持续发展基金收入	1030244	671071	209147		149736	290
电源基地建设基金收入	28000	28000				
库区建设基金收入	23896	21737	322		1837	
铁路建设附加费收入	8796	8796				
民航机场管理建设费收入	1200	1200				
养路费收入	10331402	9875792	376936		78082	592
公路客货运附加费收入	1234643	1165738	54317		14588	
燃油附加费收入	50736	50685			51	
转让政府还贷道路收费权收入	87504	85073			2431	
下放港口以港养港收入	74	73			1	
散装水泥专项资金收入	76601	14180	44517		17901	3
新型墙体材料专项基金收入	294447	34102	184132		76146	67
中央对外贸易发展基金收入						
旅游发展基金收入						
援外合资合作项目基金收入						
对外承包工程保函风险专项资金收入						
国家茧丝绸发展风险基金收入						
文化事业建设费收入	383949	294654	61803	3012	27260	232
地方教育附加收入	1244387	272646	377088	6092	552049	42604
地方教育基金收入	96845	113	52976		40927	2829
国家电影事业发展专项资金收入	911	911				
农业发展基金收入	18501	106	7368		11027	
新菜地开发建设基金收入	51799	9504	31939		10356	
林业基金收入	6117	1	59		6057	
育林基金收入	249356	34967	34528	14	179274	587
森林植被恢复费	387254	339475	14311	2	33278	190
中央水利建设基金收入						
地方水利建设基金收入	1899684	858677	621868	150	416217	2922
南水北调工程基金收入	4197	4049			148	
灌溉水源灌排工程补偿费收入	280	129	150		1	
水资源补偿费收入	367398	363413	1612		2373	

2-186-2

单位:万元

预算科目	决算数合计	省级	地级	其中:地级直属乡镇	县级	乡镇级
残疾人就业保障金收入	656239	135492	295513	7912	225000	234
政府住房基金收入	410723	95645	297250		17825	3
城市公用事业附加收入	1522963	502048	620990	20785	384511	15414
国有土地使用权出让金收入	69384188	5922934	39894687	123882	22796687	769880
地方新增建设用地土地有偿使用费收入	2997487	2781744	169007		46736	
国有土地收益基金收入	2199428	173971	1272258	278	750065	3134
农业土地开发资金收入	1267260	268292	547142	999	441890	9936
大中型水库移民后期扶持基金收入						
大中型水库库区基金收入	11408	11363	45			
三峡水库库区基金收入						
三峡库区非农业户口移民扶助基金收入						
其他政府性基金收入	955936	160318	561750	388	228381	5487
本年基金收入合计	**97499957**	**24402879**	**45731715**	**163514**	**26510959**	**854404**

2007 年各省、自治区、直辖市财政政府性基金支出决算分级表

2－187－1

单位：万元

预算科目	决算数合计	省级	地级	其中：地级直属乡镇	县级	乡镇级
三峡工程建设基金支出	178876	17221	56112	274	103064	2479
地方农网还贷资金支出	173148	173076			72	
煤炭可持续发展基金支出	514949	313180	107415		91327	3027
电源基地建设基金支出	17656	1883			15680	93
库区建设基金支出	23568	13885	2286		7279	118
铁路建设附加费支出	19818	19818				
民航机场管理建设费支出	10405	9619	704		82	
养路费支出	10086004	8391006	1205303		486050	3645
公路客货运附加费支出	1199281	978669	130047		89418	1147
燃油附加费支出	47604	45518	297		1779	10
转让政府还贷道路收费权支出	76524	74093			2431	
下放港口以港养港支出	115	89			26	
散装水泥专项资金支出	48089	10528	26582		10967	12
新型墙体材料专项基金支出	168043	31243	84674	532	51954	172
中央对外贸易发展基金支出	457846	122102	214478		120417	849
旅游发展基金支出	13985	5966	2855		5149	15
援外合资合作项目基金支出	10968	5984	3951		867	166
对外承包工程保函风险专项资金支出	698				646	52
国家茧丝绸发展风险基金支出	10888	4422	1310		5156	
文化事业建设费支出	323520	192178	82855	937	46719	1768
地方教育附加支出	997899	75771	240135	8823	628202	53791
地方教育基金支出	93389	943	23475		65271	3700
国家电影发展专项支出	811	811				
农业发展基金支出	26317	98	6294	51	15943	3982
新菜地开发建设基金支出	32730		16079		16135	516
林业基金支出	5432	675	914		3838	5
育林基金支出	214111	16594	29555	52	166358	1604
森林植被恢复费支出	355948	92448	73925	111	186502	3073
中央水利建设基金支出	21531	7290	3525		10621	95
地方水利建设基金支出	1946523	505071	585796	6429	818721	36935
南水北调工程基金支出						
灌溉水源灌排工程补偿费支出	475	204	150		121	
水资源补偿费支出	102390	97405	3644		1338	3

2－187－2

单位:万元

预 算 科 目	决算数合 计	省 级	地 级	其中:地级直属乡镇	县 级	乡镇级
残疾人就业保障金支出	531859	90235	230065	12665	208962	2597
政府住房基金支出	312296	79025	220622		12642	7
城市公用事业附加支出	1275597	268785	610786	22341	358798	37228
国有土地使用权出让金支出	60440771	3588530	32458717	289102	22812376	1581148
新增建设用地土地有偿使用费支出	2240441	596871	486338	9404	1133533	23699
国有土地收益基金支出	1617549	143000	976468		480797	17284
农业土地开发资金支出	684354	71807	229323	9482	350232	32992
大中型水库移民后期扶持基金支出	1212672	302065	51078	1340	826545	32984
大中型水库库区基金支出	374	－1413			1787	
三峡水库库区基金支出	4726	4701			25	
三峡库区非农业户口移民扶助基金支出						
其他政府性基金支出	769565	203840	347749	2029	204944	13032
本年基金支出合计	**86269745**	**16555236**	**38513507**	**363572**	**29342774**	**1858228**

三、地方财政一般预算执行情况

三、地方财政一般预算执行情况

2007年1月地方财政一般预算收入完成情况表

3－1

地区	年度预算数（亿元）	累计完成数（亿元）	占年度预算数（%）	与上年同期比较			历年同期进度	
				上年同期数（亿元）	比上年同期增减数（+、-）（亿元）	增减百分比（%）	2005年（%）	2006年（%）
地方合计	**20417.89**	**2318.58**	**11.4**	**1789.69**	**528.89**	**29.6**	**11.4**	**10.8**
北京市	1262.45	179.02	14.2	144.27	34.75	24.1	14.6	14.0
天津市	491.60	54.60	11.1	44.33	10.28	23.2	12.4	11.4
河北省	690.37	75.11	10.9	60.17	14.93	24.8	12.1	10.5
山西省	529.14	59.35	11.2	46.67	12.68	27.2	14.2	11.4
内蒙古自治区	400.12	41.54	10.4	30.11	11.43	38.0	9.6	9.8
辽宁省	942.83	92.15	9.8	73.00	19.15	26.2	11.7	9.8
其中:大连市	227.44	29.67	13.0	21.15	8.53	40.3	13.7	12.2
吉林省	263.89	22.34	8.5	19.81	2.53	12.7	11.0	9.4
黑龙江省	362.05	43.29	12.0	35.50	7.79	21.9	9.5	11.7
上海市	1748.80	226.19	12.9	177.17	49.01	27.7	13.3	11.2
江苏省	1905.75	230.13	12.1	173.88	56.25	32.4	12.4	11.5
浙江省	1453.45	217.85	15.0	179.39	38.45	21.4	16.4	15.0
其中:宁波市	286.17	46.35	16.2	36.15	10.21	28.2	17.8	15.3
安徽省	474.76	47.68	10.0	34.88	12.79	36.7	10.2	9.5
福建省	625.91	76.59	12.2	58.85	17.74	30.1	11.6	11.9
其中:厦门市	167.38	19.70	11.8	16.66	3.05	18.3	15.5	13.6
江西省	344.08	34.22	9.9	26.15	8.08	30.9	8.7	9.3
山东省	1575.81	136.21	8.6	104.48	31.74	30.4	8.7	8.3
其中:青岛市	262.24	23.33	8.9	18.44	4.89	26.5	10.5	9.0
河南省	767.79	66.94	8.7	49.20	17.74	36.0	8.9	8.3
湖北省	540.00	50.51	9.4	39.24	11.27	28.7	9.9	9.2
湖南省	532.10	49.41	9.3	36.79	12.62	34.3	8.9	8.4
广东省	2391.61	277.92	11.6	207.94	69.98	33.7	10.1	10.5
其中:深圳市	541.37	76.22	14.1	43.05	33.17	77.0	7.5	9.4
广西壮族自治区	373.31	32.42	8.7	29.99	2.44	8.1	9.2	9.6
海南省	94.56	9.23	9.8	6.73	2.50	37.2	8.4	8.8
重庆市	329.94	40.32	12.2	26.49	13.83	52.2	10.7	9.4
四川省	675.32	84.39	12.5	52.55	31.85	60.6	10.5	10.1
贵州省	255.11	27.03	10.6	23.68	3.35	14.1	10.8	11.4
云南省	436.50	44.24	10.1	33.30	10.94	32.9	9.7	9.5
西藏自治区	11.75	1.41	12.0	1.08	0.33	30.2	9.6	11.0
陕西省	412.53	41.57	10.1	31.69	9.88	31.2	9.8	10.3
甘肃省	157.58	16.36	10.4	11.33	5.02	44.3	9.3	8.8
青海省	47.44	4.59	9.7	3.19	1.40	44.0	11.6	8.4
宁夏回族自治区	62.83	9.34	14.9	5.76	3.58	62.2	11.1	11.4
新疆维吾尔自治区	258.52	26.63	10.3	22.05	4.57	20.7	10.2	11.0

注:本表年度预算数为各地区年初人代会通过数,以后各表同。

2007 年 1 月地方财政一般预算收入分项完成情况表

3－2

项　　　目	年度预算数（亿元）	累计完成数（亿元）	占年度预算数（%）	与上年同期比较		
				上年同期数（亿元）	比上年同期增减数（+、-）（亿元）	增减百分比（%）
一般预算收入合计	**20417.89**	**2318.58**	**11.4**	**1789.69**	**528.89**	**29.6**
税收收入小计	**16848.26**	**2048.67**	**12.2**	**1580.03**	**468.65**	**29.7**
国内增值税	3712.12	337.44	9.1	278.76	58.68	21.0
营业税	5716.58	751.03	13.1	590.51	160.53	27.2
企业所得税	2492.72	438.54	17.6	310.43	128.11	41.3
企业所得税退税	-0.21	-0.52	250.0	-0.03	-0.50	1991.2
个人所得税	1120.56	133.66	11.9	112.69	20.98	18.6
资源税	250.83	21.35	8.5	15.93	5.42	34.0
固定资产投资方向调节税	0.61	0.07	11.4	0.05	0.02	39.4
城市维护建设税	1068.09	112.20	10.5	89.64	22.56	25.2
房产税	591.36	44.62	7.5	39.47	5.15	13.0
印花税	226.03	31.60	14.0	23.80	7.80	32.8
城镇土地使用税	237.39	16.76	7.1	12.07	4.69	38.9
土地增值税	269.94	34.07	12.6	18.14	15.92	87.8
车船税	65.29	4.45	6.8	5.58	-1.12	-20.2
耕地占用税	158.58	15.88	10.0	9.16	6.72	73.4
契税	888.24	105.10	11.8	72.52	32.57	44.9
烟叶税		2.35		0.88	1.47	166.1
其他税收收入①	50.15	0.08	0.2	0.42	-0.34	-81.1
非税收入小计	**3569.62**	**269.91**	**7.6**	**209.66**	**60.24**	**28.7**
专项收入	891.83	75.23	8.4	58.98	16.25	27.5
行政事业性收费	1364.01	97.07	7.1	72.37	24.70	34.1
罚没收入	691.96	63.83	9.2	47.81	16.02	33.5
国有资本经营收入	280.53	12.58	4.5	15.17	-2.59	-17.1
国有资源（资本）有偿使用收入	131.48	10.56	8.0	4.91	5.65	115.0
其他收入	209.81	10.64	5.1	10.41	0.22	2.1

注：①其他税收收入年度预算数含烟叶税。

2007年1月地方财政一般预算支出完成情况表

3－3

地　区	年度预算数（亿元）	累计完成数（亿元）	占年度预算数（%）	与上年同期比较 上年同期数（亿元）	比上年同期增减数（＋、－）（亿元）	增减百分比（%）	历年同期进度 2005年（%）	2006年（%）
地　方　合　计	**31517.20**	**1443.16**	**4.6**	**1611.81**	**－168.66**	**－10.5**	**5.8**	**6.4**
北京市	1355.40	92.15	6.8	61.44	30.71	50.0	4.8	5.6
天津市	684.94	41.89	6.1	36.59	5.29	14.5	7.7	7.3
河北省	1077.64	40.77	3.8	50.67	－9.90	－19.5	6.4	5.9
山西省	915.41	33.69	3.7	36.07	－2.38	－6.6	5.6	5.4
内蒙古自治区	858.66	41.63	4.8	45.24	－3.62	－8.0	7.5	7.0
辽宁省	1211.76	67.96	5.6	66.99	0.97	1.4	6.4	6.4
其中：大连市	238.27	12.11	5.1	14.57	－2.46	－16.9	5.8	7.7
吉林省	771.39	33.60	4.4	33.45	0.15	0.5	5.4	5.8
黑龙江省	942.43	34.23	3.6	35.41	－1.18	－3.3	5.7	5.3
上海市	1945.10	61.84	3.2	81.53	－19.68	－24.1	4.1	4.6
江苏省	2300.19	100.46	4.4	121.18	－20.73	－17.1	5.0	6.0
浙江省	1646.80	94.50	5.7	124.13	－29.62	－23.9	7.5	9.0
其中：宁波市	322.22	18.33	5.7	21.23	－2.90	－13.7	6.9	7.4
安徽省	871.21	42.76	4.9	45.59	－2.83	－6.2	4.0	6.7
福建省	914.75	43.60	4.8	43.60	0.00	0.0	7.1	6.9
其中：厦门市	177.37	6.95	3.9	5.01	1.94	38.6	5.6	3.8
江西省	877.27	31.15	3.6	40.41	－9.26	－22.9	4.6	5.9
山东省	2291.35	94.16	4.1	95.92	－1.76	－1.8	5.1	5.6
其中：青岛市	351.96	15.88	4.5	15.98	－0.10	－0.6	5.7	6.2
河南省	1351.82	64.30	4.8	63.54	0.76	1.2	5.5	5.8
湖北省	940.00	47.94	5.1	55.26	－7.32	－13.2	6.9	7.9
湖南省	1051.62	55.52	5.3	65.24	－9.72	－14.9	7.6	7.4
广东省	2750.37	137.06	5.0	175.91	－38.85	－22.1	5.6	7.5
其中：深圳市	611.11	34.06	5.6	38.73	－4.67	－12.0	3.7	7.4
广西壮族自治区	750.87	37.62	5.0	48.75	－11.13	－22.8	7.2	8.5
海南省	206.36	10.21	4.9	14.13	－3.92	－27.7	6.7	8.1
重庆市	630.69	22.65	3.6	26.51	－3.86	－14.6	5.7	5.5
四川省	1170.14	55.45	4.7	66.54	－11.08	－16.7	6.8	7.6
贵州省	562.47	29.20	5.2	29.45	－0.25	－0.8	6.6	6.8
云南省	1009.70	33.58	3.3	39.52	－5.94	－15.0	4.6	4.7
西藏自治区	202.90	14.11	7.0	11.48	2.63	22.9	6.1	7.5
陕西省	845.44	24.34	2.9	26.00	－1.66	－6.4	4.5	3.9
甘肃省	450.71	16.55	3.7	18.37	－1.82	－9.9	6.4	5.3
青海省	166.57	9.76	5.9	12.07	－2.31	－19.1	6.4	7.4
宁夏回族自治区	209.35	6.50	3.1	10.46	－3.96	－37.9	7.7	8.0
新疆维吾尔自治区	553.90	23.98	4.3	30.39	－6.41	－21.1	6.7	7.5

2007年1月地方财政一般预算支出分项完成情况表

3－4

科目	年度预算数（亿元）	累计完成数（亿元）	占年度预算数（%）	与上年同期比较		
				上年同期数（亿元）	比上年同期增减数（+、－）（亿元）	增减百分比（%）
一般预算支出合计	**31517.20**	**1443.16**	**4.6**	**1611.81**	**－168.66**	**－10.5**
一般公共服务	5174.61	278.71	5.4	346.26	－67.55	－19.5
外交	0.86	0.04	5.1	0.04	0.00	6.5
国防	54.82	1.23	2.2	3.00	－1.77	－58.9
公共安全	2313.90	133.84	5.8	167.09	－33.25	－19.9
教育	5716.36	339.30	5.9	358.78	－19.48	－5.4
科学技术	723.62	27.73	3.8	17.26	10.47	60.7
文化体育与传媒	598.04	26.64	4.5	29.28	－2.64	－9.0
社会保障和就业	3230.66	213.91	6.6	204.75	9.16	4.5
医疗卫生	1525.72	57.99	3.8	59.07	－1.08	－1.8
环境保护	407.02	11.73	2.9	17.19	－5.46	－31.8
城乡社区事务	2419.72	114.62	4.7	126.72	－12.09	－9.5
农林水事务	2059.04	78.72	3.8	84.40	－5.69	－6.7
交通运输	504.58	22.85	4.5	30.85	－8.00	－25.9
工业、商业、金融等事务	1872.27	62.87	3.4	75.26	－12.39	－16.5
其他支出	4915.99	72.98	1.5	91.86	－18.89	－20.6

2007年1～2月地方财政一般预算收入完成情况表

3－5

地区	年度预算数（亿元）	累计完成数（亿元）	占年度预算数（％）	与上年同期比较			历年同期进度	
				上年同期数（亿元）	比上年同期增减数（＋、－）（亿元）	增减百分比（％）	2005年（％）	2006年（％）
地方合计	**20417.89**	**3758.20**	**18.4**	**2909.70**	**848.50**	**29.2**	**18.2**	**17.6**
北京市	1262.45	260.65	20.6	209.38	51.27	24.5	20.9	20.3
天津市	491.60	87.67	17.8	69.02	18.65	27.0	18.4	17.8
河北省	690.37	122.67	17.8	97.01	25.66	26.5	19.4	16.9
山西省	529.14	93.84	17.7	78.79	15.05	19.1	21.1	19.2
内蒙古自治区	400.12	61.11	15.3	43.96	17.15	39.0	15.6	14.4
辽宁省	942.83	151.62	16.1	112.56	39.06	34.7	16.9	15.1
其中：大连市	227.44	45.42	20.0	30.93	14.49	46.8	18.2	17.9
吉林省	263.89	39.19	14.8	30.55	8.64	28.3	16.4	14.5
黑龙江省	362.05	74.22	20.5	60.44	13.78	22.8	16.2	20.0
上海市	1748.80	374.96	21.4	301.43	73.53	24.4	21.7	19.1
江苏省	1905.75	372.99	19.6	282.35	90.64	32.1	20.2	18.7
浙江省	1453.45	323.46	22.3	262.63	60.83	23.2	24.4	22.0
其中：宁波市	286.17	67.23	23.5	52.11	15.12	29.0	25.8	22.1
安徽省	474.76	84.04	17.7	65.58	18.46	28.1	19.0	17.9
福建省	625.91	125.55	20.1	94.10	31.45	33.4	18.5	19.0
其中：厦门市	167.38	35.10	21.0	27.68	7.42	26.8	25.4	22.6
江西省	344.08	57.14	16.6	43.19	13.95	32.3	14.5	15.4
山东省	1575.81	234.05	14.9	184.50	49.55	26.9	14.9	14.7
其中：青岛市	262.24	41.84	16.0	33.47	8.37	25.0	18.9	16.3
河南省	767.79	116.68	15.2	84.64	32.04	37.9	14.4	14.4
湖北省	540.00	88.72	16.4	68.46	20.26	29.6	15.7	16.0
湖南省	532.10	82.66	15.5	64.00	18.66	29.2	14.5	14.6
广东省	2391.61	444.29	18.6	348.25	96.04	27.6	16.7	17.5
其中：深圳市	541.37	115.43	21.3	81.65	33.78	41.4	16.1	17.9
广西壮族自治区	373.31	58.28	15.6	47.50	10.78	22.7	14.4	15.2
海南省	94.56	15.78	16.7	11.18	4.60	41.2	14.5	14.6
重庆市	329.94	66.17	20.1	43.52	22.65	52.0	16.9	15.4
四川省	675.32	129.57	19.2	88.69	40.88	46.1	16.7	17.1
贵州省	255.11	43.87	17.2	36.88	6.99	19.0	17.4	17.8
云南省	436.50	80.19	18.4	57.64	22.55	39.1	17.6	16.5
西藏自治区	11.75	2.44	20.8	1.88	0.56	29.8	16.7	19.2
陕西省	412.53	66.41	16.1	52.30	14.11	27.0	15.7	16.9
甘肃省	157.58	28.86	18.3	19.47	9.39	48.2	14.4	15.2
青海省	47.44	9.21	19.4	5.18	4.03	77.7	16.5	13.6
宁夏回族自治区	62.83	13.32	21.2	8.63	4.69	54.4	18.6	17.0
新疆维吾尔自治区	258.52	48.58	18.8	36.02	12.56	34.9	15.9	18.0

2007年1~2月地方财政一般预算收入分项完成情况表

3-6

项目	年度预算数（亿元）	累计完成数（亿元）	占年度预算数（%）	与上年同期比较		
				上年同期数（亿元）	比上年同期增减数（+、-）（亿元）	增减百分比（%）
一般预算收入合计	**20417.89**	**3758.20**	**18.4**	**2909.70**	**848.49**	**29.2**
税收收入小计	**16848.26**	**3256.70**	**19.3**	**2519.62**	**737.08**	**29.3**
国内增值税	3712.12	645.89	17.4	532.49	113.41	21.3
营业税	5716.58	1183.49	20.7	904.76	278.73	30.8
企业所得税	2492.72	542.62	21.8	394.22	148.41	37.6
企业所得税退税	-0.21	-0.62	294.9	-0.03	-0.59	2271.5
个人所得税	1120.56	229.12	20.4	205.04	24.08	11.7
资源税	250.83	39.13	15.6	27.53	11.60	42.1
固定资产投资方向调节税	0.61	0.05	8.7	0.04	0.02	41.4
城市维护建设税	1068.09	201.59	18.9	159.95	41.64	26.0
房产税	591.36	69.47	11.7	59.56	9.91	16.6
印花税	226.03	48.26	21.4	35.76	12.49	34.9
城镇土地使用税	237.39	24.24	10.2	16.57	7.67	46.3
土地增值税	269.94	60.01	22.2	31.08	28.93	93.1
车船税	65.29	7.36	11.3	10.18	-2.82	-27.7
耕地占用税	158.58	24.34	15.4	16.46	7.89	47.9
契税	888.24	178.75	20.1	124.14	54.61	44.0
烟叶税		2.93		1.33	1.60	119.9
其他税收收入	50.15	0.05	0.1	0.54	-0.50	-91.7
非税收入小计	**3569.62**	**501.50**	**14.0**	**390.08**	**111.42**	**28.6**
专项收入	891.83	135.66	15.2	111.30	24.37	21.9
行政事业性收费	1364.01	180.78	13.3	137.27	43.51	31.7
罚没收入	691.96	108.77	15.7	82.92	25.85	31.2
国有资本经营收入	280.53	34.82	12.4	29.18	5.64	19.3
国有资源（资本）有偿使用收入	131.48	19.44	14.8	9.25	10.19	110.1
其他收入	209.81	22.02	10.5	20.16	1.86	9.2

2007年1~2月地方财政一般预算支出完成情况表

3-7

地区	年度预算数（亿元）	累计完成数（亿元）	占年度预算数（%）	与上年同期比较：上年同期数（亿元）	与上年同期比较：比上年同期增减数（+、-）（亿元）	与上年同期比较：增减百分比（%）	历年同期进度：2005年（%）	历年同期进度：2006年（%）
地方合计	**31517.20**	**3400.54**	**10.8**	**2686.65**	**713.89**	**26.6**	**11.0**	**10.7**
北京市	1355.40	159.67	11.8	116.31	43.36	37.3	10.7	10.5
天津市	684.94	73.89	10.8	63.41	10.48	16.5	13.6	12.7
河北省	1077.64	99.38	9.2	79.72	19.66	24.7	10.2	9.3
山西省	915.41	74.18	8.1	54.48	19.70	36.2	8.4	8.2
内蒙古自治区	858.66	87.80	10.2	61.66	26.14	42.4	12.8	9.5
辽宁省	1211.76	151.69	12.5	110.22	41.47	37.6	12.7	10.6
其中:大连市	238.27	31.64	13.3	24.89	6.75	27.1	10.5	13.1
吉林省	771.39	63.86	8.3	54.69	9.17	16.8	9.8	9.6
黑龙江省	942.43	81.19	8.6	58.25	22.94	39.4	10.5	8.6
上海市	1945.10	174.65	9.0	152.13	22.52	14.8	9.4	8.6
江苏省	2300.19	253.09	11.0	203.71	49.38	24.2	10.5	10.2
浙江省	1646.80	220.66	13.4	183.11	37.55	20.5	13.6	13.2
其中:宁波市	322.22	40.40	12.5	32.26	8.14	25.2	14.3	11.3
安徽省	871.21	110.90	12.7	76.06	34.84	45.8	11.7	11.2
福建省	914.75	91.08	10.0	76.04	15.04	19.8	12.8	12.1
其中:厦门市	177.37	13.28	7.5	9.95	3.33	33.4	8.8	7.6
江西省	877.27	77.92	8.9	68.93	8.99	13.0	8.5	10.0
山东省	2291.35	202.15	8.8	167.70	34.45	20.5	9.5	9.7
其中:青岛市	351.96	31.29	8.9	27.18	4.11	15.1	10.1	10.5
河南省	1351.82	151.56	11.2	114.89	36.67	31.9	9.9	10.5
湖北省	940.00	127.93	13.6	87.32	40.61	46.5	11.6	12.5
湖南省	1051.62	136.89	13.0	97.56	39.33	40.3	11.5	11.1
广东省	2750.37	320.19	11.6	269.90	50.29	18.6	10.4	11.5
其中:深圳市	611.11	61.04	10.0	60.98	0.06	0.1	7.6	11.7
广西壮族自治区	750.87	96.48	12.8	81.85	14.63	17.9	14.9	14.4
海南省	206.36	28.85	14.0	22.05	6.80	30.8	13.2	12.6
重庆市	630.69	63.77	10.1	49.40	14.37	29.1	12.2	10.2
四川省	1170.14	160.54	13.7	122.89	37.65	30.6	13.2	14.0
贵州省	562.47	74.73	13.3	53.39	21.34	40.0	11.8	12.2
云南省	1009.70	88.50	8.8	68.52	19.98	29.2	8.8	8.1
西藏自治区	202.90	25.96	12.8	19.84	6.12	30.9	13.6	12.9
陕西省	845.44	65.21	7.7	55.89	9.32	16.7	9.0	8.4
甘肃省	450.71	38.55	8.6	34.86	3.69	10.6	10.3	10.1
青海省	166.57	17.78	10.7	14.88	2.90	19.5	9.4	9.1
宁夏回族自治区	209.35	17.67	8.4	15.61	2.06	13.2	12.4	11.9
新疆维吾尔自治区	553.90	63.82	11.5	51.37	12.45	24.2	12.7	12.7

2007年1~2月地方财政一般预算支出分项完成情况表

3-8

科目	年度预算数（亿元）	累计完成数（亿元）	占年度预算数（%）	与上年同期比较		
				上年同期数（亿元）	比上年同期增减数（+、-）（亿元）	增减百分比（%）
一般预算支出合计	**31517.20**	**3400.54**	**10.8**	**2686.65**	**713.89**	**26.6**
一般公共服务	5174.61	672.99	13.0	559.47	113.52	20.3
外交	0.86	0.08	9.5	0.11	-0.03	-24.5
国防	54.82	3.39	6.2	5.02	-1.63	-32.4
公共安全	2313.90	311.45	13.5	265.76	45.69	17.2
教育	5716.36	754.96	13.2	619.98	134.98	21.8
科学技术	723.62	48.38	6.7	38.05	10.33	27.1
文化体育与传媒	598.04	60.81	10.2	50.29	10.53	20.9
社会保障和就业	3230.66	499.16	15.5	344.97	154.19	44.7
医疗卫生	1525.72	125.75	8.2	102.49	23.26	22.7
环境保护	407.02	30.11	7.4	26.55	3.56	13.4
城乡社区事务	2419.72	300.10	12.4	211.27	88.84	42.0
农林水事务	2059.04	182.16	8.8	132.00	50.16	38.0
交通运输	504.58	73.60	14.6	45.28	28.32	62.5
工业、商业、金融等事务	1872.27	163.14	8.7	129.93	33.21	25.6
其他支出	4915.99	174.45	3.5	155.48	18.97	12.2

2007年1～3月地方财政一般预算收入完成情况表

3－9

地区	年度预算数（亿元）	累计完成数（亿元）	占年度预算数（%）	与上年同期比较：上年同期数（亿元）	与上年同期比较：比上年同期增减数（+、-）（亿元）	与上年同期比较：增减百分比（%）	历年同期进度：2005年（%）	历年同期进度：2006年（%）
地方合计	**20417.89**	**5464.61**	**26.8**	**4296.34**	**1168.27**	**27.2**	**26.8**	**25.9**
北京市	1262.45	340.86	27.0	277.29	63.57	22.9	27.6	26.9
天津市	491.60	122.77	25.0	96.49	26.28	27.2	25.8	24.9
河北省	690.37	193.74	28.1	158.97	34.77	21.9	30.9	27.7
山西省	529.14	143.39	27.1	125.52	17.87	14.2	31.9	30.6
内蒙古自治区	400.12	99.56	24.9	71.49	28.07	39.3	24.8	23.4
辽宁省	942.83	221.31	23.5	167.24	54.07	32.3	23.6	22.5
其中：大连市	227.44	59.65	26.2	43.19	16.46	38.1	24.1	25.0
吉林省	263.89	59.95	22.7	47.35	12.60	26.6	24.7	22.5
黑龙江省	362.05	106.87	29.5	87.16	19.71	22.6	24.9	28.8
上海市	1748.80	509.85	29.2	404.77	105.08	26.0	29.9	25.6
江苏省	1905.75	527.91	27.7	396.81	131.10	33.0	28.2	26.2
浙江省	1453.45	440.76	30.3	351.03	89.73	25.6	32.4	29.4
其中：宁波市	286.17	95.29	33.3	71.43	23.86	33.4	33.5	30.3
安徽省	474.76	126.04	26.5	99.47	26.57	26.7	29.1	27.2
福建省	625.91	176.83	28.3	133.01	43.82	32.9	27.1	26.9
其中：厦门市	167.38	48.75	29.1	37.29	11.46	30.7	34.8	30.4
江西省	344.08	88.60	25.8	69.16	19.44	28.1	23.1	24.7
山东省	1575.81	406.36	25.8	321.69	84.67	26.3	26.4	25.7
其中：青岛市	262.24	68.76	26.2	53.21	15.55	29.2	29.3	26.0
河南省	767.79	186.37	24.3	144.72	41.65	28.8	25.1	24.5
湖北省	540.00	135.37	25.1	108.46	26.91	24.8	25.1	25.4
湖南省	532.10	135.86	25.5	108.42	27.44	25.3	25.1	24.8
广东省	2391.61	619.86	25.9	509.22	110.64	21.7	24.5	25.6
其中：深圳市	541.37	160.40	29.6	125.98	34.42	27.3	24.5	27.6
广西壮族自治区	373.31	91.98	24.6	74.31	17.67	23.8	22.3	23.8
海南省	94.56	23.92	25.3	16.75	7.17	42.8	23.1	21.8
重庆市	329.94	92.22	27.9	64.85	27.37	42.2	23.4	22.9
四川省	675.32	191.80	28.4	136.90	54.90	40.1	25.7	26.3
贵州省	255.11	66.70	26.1	55.15	11.55	20.9	25.6	26.6
云南省	436.50	112.22	25.7	84.57	27.65	32.7	24.5	24.2
西藏自治区	11.75	3.70	31.5	2.84	0.86	30.4	25.3	29.0
陕西省	412.53	98.87	24.0	78.98	19.89	25.2	25.0	25.6
甘肃省	157.58	41.50	26.3	29.57	11.93	40.3	23.0	23.1
青海省	47.44	13.88	29.3	9.10	4.78	52.5	23.8	24.0
宁夏回族自治区	62.83	18.03	28.7	12.63	5.40	42.8	28.2	24.9
新疆维吾尔自治区	258.52	67.53	26.1	52.41	15.12	28.9	25.3	26.2

2007 年 1 ~ 3 月地方财政一般预算收入分项完成情况表

3 - 10

项　　目	年度预算数（亿元）	累计完成数（亿元）	占年度预算数（%）	与上年同期比较		
				上年同期数（亿元）	比上年同期增减数（+、-）（亿元）	增减百分比（%）
一般预算收入合计	**20417.89**	**5464.61**	**26.8**	**4296.34**	**1168.27**	**27.2**
税收收入小计	**16848.26**	**4570.59**	**27.1**	**3592.61**	**977.98**	**27.2**
国内增值税	3712.12	939.83	25.3	784.03	155.80	19.9
营业税	5716.58	1598.94	28.0	1241.27	357.68	28.8
企业所得税	2492.72	666.97	26.8	504.17	162.80	32.3
企业所得税退税	-0.21	-0.87	418.4	-0.45	-0.43	96.1
个人所得税	1120.56	362.83	32.4	289.74	73.09	25.2
资源税	250.83	64.08	25.5	46.19	17.88	38.7
固定资产投资方向调节税	0.61	0.15	25.0	0.07	0.08	108.0
城市维护建设税	1068.09	288.83	27.0	231.27	57.56	24.9
房产税	591.36	112.37	19.0	103.69	8.68	8.4
印花税	226.03	65.66	29.1	49.70	15.96	32.1
城镇土地使用税	237.39	46.10	19.4	35.07	11.03	31.4
土地增值税	269.94	88.46	32.8	47.78	40.68	85.1
车船税	65.29	11.23	17.2	18.81	-7.58	-40.3
耕地占用税	158.58	42.71	26.9	32.81	9.91	30.2
契税	888.24	279.89	31.5	206.05	73.84	35.8
烟叶税		3.34		1.78	1.56	87.7
其他税收收入	50.15	0.07	0.1	0.61	-0.54	-88.9
非税收入小计	**3569.62**	**894.02**	**25.0**	**703.73**	**190.29**	**27.0**
专项收入	891.83	219.51	24.6	176.05	43.46	24.7
行政事业性收费	1364.01	329.99	24.2	254.42	75.57	29.7
罚没收入	691.96	172.53	24.9	142.88	29.65	20.8
国有资本经营收入	280.53	77.98	27.8	64.46	13.51	21.0
国有资源（资本）有偿使用收入	131.48	51.75	39.4	27.88	23.87	85.6
其他收入	209.81	42.26	20.1	38.03	4.23	11.1

2007年1~3月地方财政一般预算支出完成情况表

3－11

地区	年度预算数（亿元）	累计完成数（亿元）	占年度预算数（%）	与上年同期比较			历年同期进度	
				上年同期数（亿元）	比上年同期增减数（+、-）（亿元）	增减百分比（%）	2005年（%）	2006年（%）
地方合计	**31517.20**	**5693.72**	**18.1**	**4619.01**	**1074.71**	**23.3**	**18.6**	**18.3**
北京市	1355.40	285.00	21.0	205.36	79.64	38.8	17.7	18.6
天津市	684.94	113.40	16.6	96.57	16.83	17.4	20.6	19.3
河北省	1077.64	199.94	18.6	160.48	39.46	24.6	21.4	18.7
山西省	915.41	136.31	14.9	91.29	45.02	49.3	14.9	13.7
内蒙古自治区	858.66	140.64	16.4	111.34	29.30	26.3	19.6	17.2
辽宁省	1211.76	254.30	21.0	191.48	62.82	32.8	20.3	18.4
其中:大连市	238.27	50.25	21.1	39.71	10.54	26.5	18.0	20.9
吉林省	771.39	123.91	16.1	104.70	19.21	18.4	19.7	18.3
黑龙江省	942.43	157.98	16.8	105.93	52.05	49.1	18.7	15.7
上海市	1945.10	306.69	15.8	295.13	11.56	3.9	17.0	16.6
江苏省	2300.19	410.83	17.9	337.80	73.03	21.6	17.8	16.9
浙江省	1646.80	334.05	20.3	292.21	41.84	14.3	21.2	21.1
其中:宁波市	322.22	63.47	19.7	54.32	9.15	16.8	23.8	19.0
安徽省	871.21	172.89	19.8	133.78	39.11	29.2	19.3	19.7
福建省	914.75	153.69	16.8	132.00	21.69	16.4	21.4	21.0
其中:厦门市	177.37	31.53	17.8	25.09	6.44	25.7	18.9	19.1
江西省	877.27	123.43	14.1	111.40	12.03	10.8	14.7	16.2
山东省	2291.35	347.96	15.2	291.64	56.32	19.3	16.3	16.9
其中:青岛市	351.96	46.04	13.1	41.99	4.05	9.6	16.7	16.3
河南省	1351.82	273.32	20.2	206.45	66.87	32.4	19.4	18.8
湖北省	940.00	194.02	20.6	147.60	46.42	31.5	19.5	21.1
湖南省	1051.62	211.61	20.1	160.55	51.06	31.8	17.8	18.2
广东省	2750.37	494.08	18.0	435.80	58.28	13.4	17.5	18.6
其中:深圳市	611.11	98.95	16.2	91.87	7.07	7.7	13.7	17.6
广西壮族自治区	750.87	168.77	22.5	134.00	34.77	25.9	22.9	23.5
海南省	206.36	42.67	20.7	32.95	9.72	29.5	20.1	18.8
重庆市	630.69	111.36	17.7	83.69	27.67	33.1	20.9	17.2
四川省	1170.14	265.17	22.7	206.90	58.27	28.2	22.0	23.5
贵州省	562.47	115.05	20.5	87.79	27.26	31.0	18.9	20.1
云南省	1009.70	144.65	14.3	123.98	20.67	16.7	16.0	14.7
西藏自治区	202.90	43.86	21.6	27.96	15.90	56.9	20.6	18.2
陕西省	845.44	134.22	15.9	107.77	26.45	24.5	16.5	16.3
甘肃省	450.71	68.18	15.1	62.54	5.64	9.0	19.5	18.2
青海省	166.57	30.48	18.3	23.17	7.31	31.5	17.2	14.2
宁夏回族自治区	209.35	31.28	14.9	26.73	4.55	17.0	18.3	20.3
新疆维吾尔自治区	553.90	103.98	18.8	90.00	13.98	15.5	21.8	22.3

2007 年 1 ~ 3 月地方财政一般预算支出分项完成情况表

3 – 12

科目	年度预算数（亿元）	累计完成数（亿元）	占年度预算数（%）	与上年同期比较		
				上年同期数（亿元）	比上年同期增减数（+、-）（亿元）	增减百分比（%）
一般预算支出合计	**31517.20**	**5693.72**	**18.1**	**4619.01**	**1074.71**	**23.3**
一般公共服务	5174.61	1059.37	20.5	903.10	156.27	17.3
外交	0.86	0.09	10.5	0.20	-0.11	-54.1
国防	54.82	6.72	12.3	9.83	-3.11	-31.7
公共安全	2313.90	474.43	20.5	421.75	52.68	12.5
教育	5716.36	1191.50	20.8	964.54	226.96	23.5
科学技术	723.62	94.87	13.1	64.34	30.53	47.4
文化体育与传媒	598.04	97.07	16.2	86.66	10.40	12.0
社会保障和就业	3230.66	873.27	27.0	628.56	244.72	38.9
医疗卫生	1525.72	227.22	14.9	188.12	39.10	20.8
环境保护	407.02	54.97	13.5	48.51	6.45	13.3
城乡社区事务	2419.72	506.02	20.9	389.59	116.44	29.9
农林水事务	2059.04	297.84	14.5	245.31	52.54	21.4
交通运输	504.58	111.48	22.1	74.47	37.02	49.7
工业、商业、金融等事务	1872.27	384.99	20.6	326.28	58.71	18.0
其他支出	4915.99	313.87	6.4	267.76	46.11	17.2

三、地方财政一般预算执行情况

2007年1~4月地方财政一般预算收入完成情况表

3-13

地区	年度预算数（亿元）	累计完成数（亿元）	占年度预算数（%）	与上年同期比较			历年同期进度	
				上年同期数（亿元）	比上年同期增减数（+、-）（亿元）	增减百分比（%）	2005年（%）	2006年（%）
地方合计	**20417.89**	**7777.32**	**38.1**	**6061.05**	**1716.27**	**28.3**	**37.4**	**36.6**
北京市	1262.45	548.57	43.5	428.31	120.26	28.1	41.6	41.6
天津市	491.60	176.24	35.8	139.30	36.94	26.5	36.5	35.9
河北省	690.37	263.70	38.2	214.40	49.30	23.0	41.2	37.4
山西省	529.14	204.18	38.6	166.65	37.53	22.5	45.1	40.7
内蒙古自治区	400.12	137.73	34.4	97.04	40.69	41.9	32.4	31.7
辽宁省	942.83	315.21	33.4	236.05	79.16	33.5	33.3	31.7
其中:大连市	227.44	85.82	37.7	63.39	22.43	35.4	34.7	36.7
吉林省	263.89	89.42	33.9	67.66	21.76	32.2	34.9	32.1
黑龙江省	362.05	142.64	39.4	125.48	17.16	13.7	35.5	41.4
上海市	1748.80	713.87	40.8	563.60	150.27	26.7	41.5	35.6
江苏省	1905.75	744.88	39.1	555.09	189.79	34.2	38.6	36.7
浙江省	1453.45	617.24	42.5	486.10	131.14	27.0	43.9	40.7
其中:宁波市	286.17	129.43	45.2	96.58	32.85	34.0	44.4	41.0
安徽省	474.76	179.63	37.8	136.70	42.93	31.4	39.7	37.4
福建省	625.91	251.73	40.2	190.55	61.18	32.1	37.7	38.5
其中:厦门市	167.38	67.29	40.2	51.60	15.69	30.4	47.5	42.1
江西省	344.08	125.24	36.4	95.92	29.32	30.6	32.7	34.3
山东省	1575.81	554.56	35.2	447.14	107.42	24.0	35.9	35.7
其中:青岛市	262.24	92.25	35.2	74.61	17.64	23.6	39.4	36.4
河南省	767.79	260.94	34.0	203.23	57.71	28.4	34.8	34.5
湖北省	540.00	187.32	34.7	149.10	38.22	25.6	34.5	34.9
湖南省	532.10	189.47	35.6	154.62	34.85	22.5	33.7	35.4
广东省	2391.61	918.59	38.4	733.97	184.62	25.2	35.2	36.9
其中:深圳市	541.37	239.33	44.2	180.64	58.69	32.5	35.0	39.6
广西壮族自治区	373.31	127.25	34.1	100.77	26.48	26.3	30.6	32.3
海南省	94.56	34.08	36.0	23.48	10.60	45.2	31.9	30.6
重庆市	329.94	126.25	38.3	98.29	27.96	28.4	34.2	34.8
四川省	675.32	265.37	39.3	187.68	77.69	41.4	35.1	36.1
贵州省	255.11	92.03	36.1	74.31	17.72	23.8	35.1	35.9
云南省	436.50	160.86	36.9	123.65	37.21	30.1	34.3	35.3
西藏自治区	11.75	5.24	44.6	4.03	1.21	30.1	36.3	41.2
陕西省	412.53	147.97	35.9	113.85	34.12	30.0	35.5	36.9
甘肃省	157.58	59.64	37.9	42.09	17.55	41.7	32.8	32.9
青海省	47.44	18.55	39.1	12.55	6.00	47.8	31.9	33.0
宁夏回族自治区	62.83	25.70	40.9	17.94	7.76	43.3	39.2	35.4
新疆维吾尔自治区	258.52	93.20	36.1	71.49	21.71	30.4	34.0	35.7

2007 年 1 ~4 月地方财政一般预算收入分项完成情况表

3 - 14

项目	年度预算数（亿元）	累计完成数（亿元）	占年度预算数（%）	与上年同期比较		
				上年同期数（亿元）	比上年同期增减数（+、-）（亿元）	增减百分比（%）
一般预算收入合计	**20417.89**	**7777.32**	**38.1**	**6061.05**	**1716.27**	**28.3**
税收收入小计	**16848.26**	**6595.56**	**39.1**	**5110.54**	**1485.02**	**29.1**
国内增值税	3712.12	1248.34	33.6	1042.15	206.19	19.8
营业税	5716.58	2181.23	38.2	1694.04	487.20	28.8
企业所得税	2492.72	1295.46	52.0	928.38	367.08	39.5
企业所得税退税	-0.21	-1.44	688.2	-0.48	-0.96	200.5
个人所得税	1120.56	482.20	43.0	375.93	106.27	28.3
资源税	250.83	83.30	33.2	60.58	22.72	37.5
固定资产投资方向调节税	0.61	0.21	34.8	0.12	0.09	77.9
城市维护建设税	1068.09	381.95	35.8	305.93	76.01	24.8
房产税	591.36	192.08	32.5	172.05	20.03	11.6
印花税	226.03	90.18	39.9	67.19	22.99	34.2
城镇土地使用税	237.39	80.72	34.0	55.60	25.12	45.2
土地增值税	269.94	121.75	45.1	64.81	56.94	87.9
车船税	65.29	14.97	22.9	24.21	-9.25	-38.2
耕地占用税	158.58	53.93	34.0	40.06		
契税	888.24	367.05	41.3	277.02	90.03	32.5
烟叶税		3.52		2.02	1.50	74.1
其他税收收入	50.15	0.09	0.2	0.91	-0.82	-90.3
非税收入小计	**3569.62**	**1181.76**	**33.1**	**950.51**	**231.25**	**24.3**
专项收入	891.83	295.48	33.1	235.67	59.80	25.4
行政事业性收费	1364.01	443.76	32.5	357.55	86.21	24.1
罚没收入	691.96	232.74	33.6	197.75	34.99	17.7
国有资本经营收入	280.53	96.69	34.5	74.23	22.46	30.3
国有资源（资本）有偿使用收入	131.48	59.84	45.5	35.59	24.24	68.1
其他收入	209.81	53.27	25.4	49.71	3.56	7.2

2007年1~4月地方财政一般预算支出完成情况表

3-15

地区	年度预算数（亿元）	累计完成数（亿元）	占年度预算数（%）	与上年同期比较			历年同期进度	
				上年同期数（亿元）	比上年同期增减数（+、-）（亿元）	增减百分比（%）	2005年（%）	2006年（%）
地方合计	**31517.20**	**8188.29**	**26.0**	**6668.65**	**1519.64**	**22.8**	**26.4**	**26.4**
北京市	1355.40	394.06	29.1	313.81	80.25	25.6	24.9	28.4
天津市	684.94	158.03	23.1	132.71	25.32	19.1	28.7	26.5
河北省	1077.64	325.26	30.2	255.35	69.91	27.4	30.4	29.8
山西省	915.41	199.77	21.8	144.00	55.77	38.7	21.7	21.6
内蒙古自治区	858.66	208.70	24.3	164.77	43.93	26.7	28.5	25.5
辽宁省	1211.76	364.63	30.1	303.24	61.39	20.2	27.5	29.1
其中:大连市	238.27	75.91	31.9	60.22	15.69	26.1	25.2	31.8
吉林省	771.39	184.65	23.9	149.15	35.50	23.8	27.9	26.1
黑龙江省	942.43	222.88	23.6	188.06	34.82	18.5	28.2	27.9
上海市	1945.10	451.05	23.2	417.71	33.34	8.0	23.8	23.5
江苏省	2300.19	557.57	24.2	468.14	89.43	19.1	23.8	23.4
浙江省	1646.80	468.56	28.5	399.63	68.93	17.2	29.3	28.8
其中:宁波市	322.22	92.04	28.6	75.15	16.89	22.5	31.9	26.2
安徽省	871.21	238.45	27.4	191.79	46.66	24.3	27.9	28.3
福建省	914.75	216.08	23.6	190.42	25.66	13.5	28.9	30.3
其中:厦门市	177.37	47.53	26.8	38.55	8.98	23.3	27.0	29.3
江西省	877.27	191.01	21.8	151.37	39.64	26.2	20.1	22.1
山东省	2291.35	496.11	21.7	409.60	86.51	21.1	23.3	23.8
其中:青岛市	351.96	72.39	20.6	59.98	12.41	20.7	23.6	23.3
河南省	1351.82	401.07	29.7	293.85	107.22	36.5	28.1	26.8
湖北省	940.00	280.43	29.8	205.28	75.15	36.6	28.2	29.4
湖南省	1051.62	307.87	29.3	244.59	63.28	25.9	24.9	27.7
广东省	2750.37	694.07	25.2	618.08	75.99	12.3	25.3	26.3
其中:深圳市	611.11	134.39	22.0	125.04	9.35	7.5	21.6	23.9
广西壮族自治区	750.87	236.16	31.5	185.60	50.56	27.2	32.5	32.5
海南省	206.36	56.55	27.4	44.02	12.53	28.5	27.2	25.1
重庆市	630.69	151.59	24.0	121.35	30.24	24.9	29.5	25.0
四川省	1170.14	384.59	32.9	286.25	98.34	34.4	31.1	32.5
贵州省	562.47	156.18	27.8	120.08	36.10	30.1	26.6	27.5
云南省	1009.70	221.26	21.9	174.97	46.29	26.5	23.0	20.8
西藏自治区	202.90	67.30	33.2	38.80	28.50	73.4	27.3	25.3
陕西省	845.44	194.56	23.0	153.16	41.40	27.0	24.4	23.1
甘肃省	450.71	110.53	24.5	92.02	18.51	20.1	28.7	26.7
青海省	166.57	48.50	29.1	40.35	8.15	20.2	27.3	24.8
宁夏回族自治区	209.35	46.64	22.3	39.82	6.82	17.1	28.9	30.3
新疆维吾尔自治区	553.90	154.18	27.8	130.66	23.52	18.0	32.5	32.4

2007 年 1 ~4 月地方财政一般预算支出分项完成情况表

3 – 16

科　　目	年度预算数（亿元）	累计完成数（亿元）	占年度预算数（%）	与上年同期比较		
				上年同期数（亿元）	比上年同期增减数（+、-）（亿元）	增减百分比（%）
一般预算支出合计	**31517. 20**	**8188. 29**	**26. 0**	**6668. 65**	**1519. 63**	**22. 8**
一般公共服务	5174. 61	1526. 34	29. 5	1276. 19	250. 16	19. 6
外交	0. 86	0. 17	19. 3	0. 33	-0. 16	-49. 5
国防	54. 82	13. 61	24. 8	16. 86	-3. 26	-19. 3
公共安全	2313. 90	689. 59	29. 8	599. 77	89. 82	15. 0
教育	5716. 36	1670. 91	29. 2	1319. 93	350. 99	26. 6
科学技术	723. 62	133. 42	18. 4	112. 00	21. 43	19. 1
文化体育与传媒	598. 04	150. 50	25. 2	124. 75	25. 75	20. 6
社会保障和就业	3230. 66	1210. 03	37. 5	897. 92	312. 11	34. 8
医疗卫生	1525. 72	371. 00	24. 3	282. 54	88. 46	31. 3
环境保护	407. 02	78. 25	19. 2	76. 55	1. 70	2. 2
城乡社区事务	2419. 72	701. 47	29. 0	579. 83	121. 65	21. 0
农林水事务	2059. 04	464. 11	22. 5	394. 48	69. 63	17. 7
交通运输	504. 58	160. 65	31. 8	117. 99	42. 66	36. 2
工业、商业、金融等事务	1872. 27	582. 13	31. 1	516. 64	65. 49	12. 7
其他支出	4915. 99	436. 10	8. 9	352. 88	83. 22	23. 6

2007年1~5月地方财政一般预算收入完成情况表

3-17

地　区	年度预算数（亿元）	累计完成数（亿元）	占年度预算数（%）	与上年同期比较			历年同期进度	
				上年同期数（亿元）	比上年同期增减数（+、-）（亿元）	增减百分比（%）	2005年（%）	2006年（%）
地方合计	**20417.89**	**9514.26**	**46.6**	**7405.14**	**2109.12**	**28.5**	**45.6**	**44.7**
北京市	1262.45	649.25	51.4	505.23	144.02	28.5	47.6	49.1
天津市	491.60	215.97	43.9	171.26	44.71	26.1	45.6	44.1
河北省	690.37	322.75	46.8	258.70	64.05	24.8	49.8	45.1
山西省	529.14	256.10	48.4	201.89	54.21	26.9	53.8	49.3
内蒙古自治区	400.12	170.17	42.5	121.99	48.18	39.5	41.0	39.9
辽宁省	942.83	394.94	41.9	291.75	103.19	35.4	41.1	39.2
其中：大连市	227.44	102.83	45.2	75.65	27.18	35.9	41.7	43.7
吉林省	263.89	109.06	41.3	82.59	26.47	32.0	41.6	39.2
黑龙江省	362.05	173.98	48.1	156.13	17.85	11.4	45.1	51.6
上海市	1748.80	871.09	49.8	686.44	184.65	26.9	50.2	43.4
江苏省	1905.75	900.94	47.3	665.43	235.51	35.4	46.8	44.0
浙江省	1453.45	739.84	50.9	577.87	161.97	28.0	51.6	48.4
其中：宁波市	286.17	151.60	53.0	113.12	38.48	34.0	50.1	48.0
安徽省	474.76	222.35	46.8	168.50	53.85	32.0	48.9	46.1
福建省	625.91	303.00	48.4	231.73	71.27	30.8	46.2	46.8
其中：厦门市	167.38	81.34	48.6	61.97	19.37	31.3	56.5	50.5
江西省	344.08	152.58	44.3	118.29	34.29	29.0	40.0	42.2
山东省	1575.81	686.13	43.5	557.11	129.02	23.2	44.4	44.5
其中：青岛市	262.24	109.61	41.8	88.26	21.35	24.2	46.1	43.1
河南省	767.79	333.03	43.4	257.86	75.17	29.2	44.3	43.7
湖北省	540.00	233.43	43.2	186.67	46.76	25.1	42.4	43.7
湖南省	532.10	234.35	44.0	191.50	42.85	22.4	42.4	43.8
广东省	2391.61	1122.23	46.9	893.29	228.94	25.6	43.3	44.9
其中：深圳市	541.37	287.72	53.1	216.58	71.14	32.8	42.4	47.5
广西壮族自治区	373.31	157.27	42.1	126.63	30.64	24.2	38.0	40.5
海南省	94.56	41.21	43.6	28.99	12.22	42.1	41.0	37.8
重庆市	329.94	156.87	47.5	122.72	34.15	27.8	44.4	43.4
四川省	675.32	328.64	48.7	235.64	93.00	39.5	44.2	45.3
贵州省	255.11	112.68	44.2	91.06	21.62	23.7	42.6	43.9
云南省	436.50	196.16	44.9	152.41	43.75	28.7	41.2	43.5
西藏自治区	11.75	6.75	57.5	5.16	1.59	30.9	46.2	52.7
陕西省	412.53	182.06	44.1	139.52	42.54	30.5	44.1	45.2
甘肃省	157.58	74.91	47.5	54.57	20.34	37.3	42.3	42.6
青海省	47.44	22.67	47.8	15.33	7.34	47.9	40.9	40.4
宁夏回族自治区	62.83	30.43	48.4	22.01	8.42	38.2	46.8	43.4
新疆维吾尔自治区	258.52	113.42	43.9	86.88	26.54	30.5	41.6	43.4

2007 年 1 ~5 月地方财政一般预算收入分项完成情况表

3 - 18

项目	年度预算数（亿元）	累计完成数（亿元）	占年度预算数（%）	与上年同期比较		
				上年同期数（亿元）	比上年同期增减数（+、-）（亿元）	增减百分比（%）
一般预算收入合计	**20417.89**	**9514.26**	**46.6**	**7405.14**	**2109.12**	**28.5**
税收收入小计	**16848.26**	**8007.65**	**47.5**	**6191.71**	**1815.94**	**29.3**
国内增值税	3712.12	1564.87	42.2	1300.25	264.62	20.4
营业税	5716.58	2616.41	45.8	2037.78	578.63	28.4
企业所得税	2492.72	1531.78	61.5	1077.80	453.98	42.1
企业所得税退税	-0.21	-1.48	708.2	-0.55	-0.93	167.5
个人所得税	1120.56	575.44	51.4	447.63	127.82	28.6
资源税	250.83	104.78	41.8	76.73	28.05	36.6
固定资产投资方向调节税	0.61	0.29	48.3	0.58	-0.28	-48.9
城市维护建设税	1068.09	470.50	44.1	375.35	95.15	25.4
房产税	591.36	239.52	40.5	223.25	16.27	7.3
印花税	226.03	111.28	49.2	81.57	29.71	36.4
城镇土地使用税	237.39	105.51	44.4	69.26	36.25	52.3
土地增值税	269.94	150.20	55.6	81.37	68.83	84.6
车船税	65.29	17.34	26.6	28.45	-11.11	-39.1
耕地占用税	158.58	63.78	40.2	49.66		
契税	888.24	453.51	51.1	339.36	114.15	33.6
烟叶税		3.82		2.24	1.58	70.9
其他税收收入	50.15	0.09	0.2	1.01	-0.92	-91.3
非税收入小计	**3569.62**	**1506.61**	**42.2**	**1213.43**	**293.17**	**24.2**
专项收入	891.83	379.02	42.5	295.63	83.39	28.2
行政事业性收费	1364.01	571.71	41.9	467.59	104.12	22.3
罚没收入	691.96	294.93	42.6	251.42	43.51	17.3
国有资本经营收入	280.53	123.56	44.0	94.99	28.57	30.1
国有资源（资本）有偿使用收入	131.48	71.09	54.1	41.69	29.39	70.5
其他收入	209.81	66.31	31.6	62.11	4.20	6.8

2007年1～5月地方财政一般预算支出完成情况表

3－19

地　区	年度预算数（亿元）	累计完成数（亿元）	占年度预算数（%）	与上年同期比较			历年同期进度	
				上年同期数（亿元）	比上年同期增减数（+、-）（亿元）	增减百分比（%）	2005年（%）	2006年（%）
地方合计	**31517.20**	**10470.21**	**33.2**	**8319.21**	**2151.00**	**25.9**	**33.2**	**33.0**
北京市	1355.40	492.59	36.3	373.74	118.85	31.8	31.6	33.8
天津市	684.94	188.51	27.5	161.53	26.98	16.7	34.7	32.3
河北省	1077.64	401.71	37.3	316.30	85.41	27.0	37.7	36.9
山西省	915.41	259.64	28.4	189.58	70.06	37.0	28.2	28.5
内蒙古自治区	858.66	265.07	30.9	204.98	60.09	29.3	34.9	31.7
辽宁省	1211.76	453.59	37.4	368.69	84.90	23.0	34.7	35.4
其中：大连市	238.27	88.85	37.3	70.83	18.02	25.4	31.9	37.4
吉林省	771.39	254.58	33.0	183.56	71.02	38.7	35.0	32.1
黑龙江省	942.43	266.26	28.3	223.09	43.17	19.4	36.9	33.1
上海市	1945.10	598.27	30.8	547.30	50.97	9.3	31.8	30.8
江苏省	2300.19	703.46	30.6	578.76	124.70	21.5	29.4	28.9
浙江省	1646.80	568.97	34.5	478.53	90.44	18.9	35.3	34.5
其中：宁波市	322.22	109.70	34.0	88.16	21.54	24.4	37.6	30.8
安徽省	871.21	305.31	35.0	249.08	56.23	22.6	34.7	36.7
福建省	914.75	272.36	29.8	227.88	44.48	19.5	35.7	36.2
其中：厦门市	177.37	59.61	33.6	47.69	11.92	25.0	32.7	36.3
江西省	877.27	248.51	28.3	193.13	55.38	28.7	26.3	28.1
山东省	2291.35	659.06	28.8	530.74	128.32	24.2	29.7	30.8
其中：青岛市	351.96	95.40	27.1	80.46	14.94	18.6	30.7	31.2
河南省	1351.82	560.44	41.5	363.33	197.11	54.3	34.6	33.1
湖北省	940.00	340.08	36.2	266.64	73.44	27.5	34.9	38.2
湖南省	1051.62	378.37	36.0	296.70	81.67	27.5	31.6	33.6
广东省	2750.37	881.77	32.1	772.24	109.53	14.2	31.6	32.9
其中：深圳市	611.11	174.42	28.5	165.23	9.19	5.6	27.9	31.6
广西壮族自治区	750.87	305.90	40.7	223.74	82.16	36.7	39.3	39.2
海南省	206.36	67.57	32.7	53.85	13.72	25.5	31.9	30.8
重庆市	630.69	197.20	31.3	154.28	42.92	27.8	37.9	31.7
四川省	1170.14	474.58	40.6	354.27	120.31	34.0	38.5	40.2
贵州省	562.47	212.57	37.8	149.92	62.65	41.8	34.8	34.4
云南省	1009.70	286.44	28.4	222.89	63.55	28.5	28.5	26.5
西藏自治区	202.90	86.10	42.4	54.83	31.27	57.0	37.4	35.8
陕西省	845.44	258.05	30.5	196.88	61.17	31.1	30.9	29.7
甘肃省	450.71	148.05	32.8	118.64	29.41	24.8	36.5	34.5
青海省	166.57	63.01	37.8	52.01	11.00	21.2	34.2	31.9
宁夏回族自治区	209.35	56.99	27.2	47.64	9.35	19.6	37.5	36.3
新疆维吾尔自治区	553.90	215.21	38.9	164.44	50.77	30.9	41.7	40.8

2007年1~5月地方财政一般预算支出分项完成情况表

3-20

科目	年度预算数（亿元）	累计完成数（亿元）	占年度预算数（%）	与上年同期比较		
				上年同期数（亿元）	比上年同期增减数（+、-）（亿元）	增减百分比（%）
一般预算支出合计	**31517.20**	**10470.21**	**33.2**	**8319.21**	**2151.00**	**25.9**
一般公共服务	5174.61	1902.67	36.8	1572.57	330.10	21.0
外交	0.86	0.21	23.8	0.42	-0.22	-51.6
国防	54.82	19.42	35.4	22.37	-2.95	-13.2
公共安全	2313.90	874.32	37.8	743.75	130.57	17.6
教育	5716.36	2099.06	36.7	1634.44	464.63	28.4
科学技术	723.62	195.06	27.0	141.72	53.34	37.6
文化体育与传媒	598.04	199.33	33.3	159.62	39.71	24.9
社会保障和就业	3230.66	1497.54	46.4	1087.58	409.96	37.7
医疗卫生	1525.72	468.57	30.7	360.12	108.45	30.1
环境保护	407.02	101.63	25.0	99.65	1.97	2.0
城乡社区事务	2419.72	882.74	36.5	735.61	147.12	20.0
农林水事务	2059.04	632.88	30.7	513.87	119.01	23.2
交通运输	504.58	222.63	44.1	150.92	71.71	47.5
工业、商业、金融等事务	1872.27	827.71	44.2	640.44	187.27	29.2
其他支出	4915.99	546.44	11.1	456.11	90.33	19.8

三、地方财政一般预算执行情况

2007年1～6月地方财政一般预算收入完成情况表

3－21

地　　区	年度预算数（亿元）	累计完成数（亿元）	占年度预算数（%）	与上年同期比较			历年同期进度	
				上　年同期数（亿元）	比上年同期增减数（+、-）（亿元）	增　减百分比（%）	2005年（%）	2006年（%）
地　方　合　计	**20417.89**	**11615.65**	**56.9**	**9068.23**	**2547.42**	**28.1**	**55.8**	**54.7**
北京市	1262.45	731.47	57.9	575.75	155.72	27.0	54.1	55.9
天津市	491.60	256.15	52.1	202.19	53.96	26.7	54.4	52.1
河北省	690.37	394.32	57.1	322.80	71.52	22.2	61.8	56.3
山西省	529.14	306.73	58.0	244.51	62.22	25.4	65.4	59.7
内蒙古自治区	400.12	221.91	55.5	165.16	56.75	34.4	57.5	54.0
辽宁省	942.83	506.47	53.7	372.07	134.40	36.1	51.7	50.0
其中:大连市	227.44	133.40	58.7	96.78	36.62	37.8	53.9	56.0
吉林省	263.89	140.27	53.2	104.59	35.68	34.1	51.6	49.6
黑龙江省	362.05	223.55	61.7	196.34	27.21	13.9	58.4	64.8
上海市	1748.80	1031.77	59.0	815.48	216.29	26.5	58.2	51.6
江苏省	1905.75	1092.33	57.3	810.64	281.69	34.7	56.0	53.6
浙江省	1453.45	869.89	59.9	673.39	196.50	29.2	59.1	56.4
其中:宁波市	286.17	177.54	62.0	131.84	45.70	34.7	56.7	56.0
安徽省	474.76	272.53	57.4	211.25	61.28	29.0	60.8	57.8
福建省	625.91	360.17	57.5	277.33	82.84	29.9	54.5	56.0
其中:厦门市	167.38	96.66	57.7	73.41	23.25	31.7	65.1	59.9
江西省	344.08	198.41	57.7	156.49	41.92	26.8	53.7	55.9
山东省	1575.81	861.83	54.7	696.32	165.51	23.8	56.7	55.6
其中:青岛市	262.24	136.57	52.1	111.07	25.50	23.0	59.0	54.2
河南省	767.79	431.21	56.2	335.32	95.89	28.6	58.4	56.9
湖北省	540.00	293.99	54.4	235.29	58.70	24.9	54.6	55.1
湖南省	532.10	306.04	57.5	246.03	60.01	24.4	56.0	56.3
广东省	2391.61	1347.71	56.4	1066.83	280.88	26.3	52.8	53.7
其中:深圳市	541.37	339.02	62.6	250.64	88.38	35.3	52.4	55.0
广西壮族自治区	373.31	209.37	56.1	168.05	41.32	24.6	50.5	53.8
海南省	94.56	49.65	52.5	37.59	12.06	32.1	51.4	49.0
重庆市	329.94	190.02	57.6	154.59	35.43	22.9	53.9	54.7
四川省	675.32	406.96	60.3	294.96	112.00	38.0	55.8	56.7
贵州省	255.11	139.73	54.8	113.55	26.18	23.1	52.1	54.8
云南省	436.50	234.26	53.7	184.08	50.18	27.3	49.6	52.6
西藏自治区	11.75	8.90	75.7	6.84	2.06	30.1	61.6	69.9
陕西省	412.53	235.03	57.0	178.78	56.25	31.5	55.3	57.9
甘肃省	157.58	95.14	60.4	69.36	25.78	37.2	53.7	54.2
青海省	47.44	28.05	59.1	20.45	7.60	37.2	54.3	53.8
宁夏回族自治区	62.83	37.69	60.0	28.09	9.60	34.2	56.6	55.4
新疆维吾尔自治区	258.52	134.10	51.9	104.13	29.97	28.8	50.8	52.1

2007 年 1～6 月地方财政一般预算收入分项完成情况表

3－22

项　　目	年度预算数（亿元）	累计完成数（亿元）	占年度预算数（%）	与上年同期比较		
				上年同期数（亿元）	比上年同期增减数（+、-）（亿元）	增减百分比（%）
一般预算收入合计	**20417.89**	**11615.65**	**56.9**	**9068.23**	**2547.42**	**28.1**
税收收入小计	**16848.26**	**9586.93**	**56.9**	**7441.05**	**2145.88**	**28.8**
国内增值税	3712.12	1934.17	52.1	1600.58	333.59	20.8
营业税	5716.58	3126.90	54.7	2457.84	669.06	27.2
企业所得税	2492.72	1685.19	67.6	1179.54	505.65	42.9
企业所得税退税	-0.21	-1.55	739.9	-0.97	-0.58	60.3
个人所得税	1120.56	671.56	59.9	522.78	148.79	28.5
资源税	250.83	134.05	53.4	101.93	32.13	31.5
固定资产投资方向调节税	0.61	0.38	62.3	0.28	0.10	37.3
城市维护建设税	1068.09	572.44	53.6	463.85	108.59	23.4
房产税	591.36	288.33	48.8	266.82	21.51	8.1
印花税	226.03	143.07	63.3	99.38	43.69	44.0
城镇土地使用税	237.39	138.23	58.2	88.12	50.11	56.9
土地增值税	269.94	192.01	71.1	107.66	84.36	78.4
车船税	65.29	21.08	32.3	32.92	-11.85	-36.0
耕地占用税	158.58	90.45	57.0	77.53		
契税	888.24	585.52	65.9	438.44	147.08	33.5
烟叶税		4.96		3.24	1.72	52.9
其他税收收入	50.15	0.13	0.3	1.11	-0.98	-88.1
非税收入小计	**3569.62**	**2028.72**	**56.8**	**1627.18**	**401.54**	**24.7**
专项收入	891.83	474.91	53.3	372.55	102.36	27.5
行政事业性收费	1364.01	751.29	55.1	616.83	134.46	21.8
罚没收入	691.96	385.51	55.7	326.20	59.31	18.2
国有资本经营收入	280.53	207.22	73.9	153.88	53.34	34.7
国有资源（资本）有偿使用收入	131.48	113.88	86.6	66.71	47.17	70.7
其他收入	209.81	95.91	45.7	91.02	4.89	5.4

2007 年 1 ~6 月地方财政一般预算支出完成情况表

3 – 23

地　　区	年度预算数（亿元）	累计完成数（亿元）	占年度预算数（%）	与上年同期比较			历年同期进度	
				上　年同期数（亿元）	比上年同期增　减　数（+、-）（亿元）	增　减百分比（%）	2005 年（%）	2006 年（%）
地　方　合　计	**31517.20**	**13690.54**	**43.4**	**10737.74**	**2952.80**	**27.5**	**43.4**	**42.6**
北京市	1355.40	650.21	48.0	471.78	178.43	37.8	40.7	42.7
天津市	684.94	241.42	35.2	211.88	29.54	13.9	45.5	42.3
河北省	1077.64	535.21	49.7	402.91	132.30	32.8	49.5	47.0
山西省	915.41	379.00	41.4	267.18	111.82	41.9	38.3	40.2
内蒙古自治区	858.66	352.67	41.1	261.61	91.06	34.8	44.2	40.5
辽宁省	1211.76	615.99	50.8	481.44	134.55	27.9	46.5	46.2
其中：大连市	238.27	129.41	54.3	102.91	26.50	25.7	48.9	54.3
吉林省	771.39	322.02	41.7	235.24	86.78	36.9	43.7	41.1
黑龙江省	942.43	346.48	36.8	298.32	48.16	16.1	49.7	44.3
上海市	1945.10	798.22	41.0	724.38	73.84	10.2	43.1	40.7
江苏省	2300.19	913.82	39.7	724.55	189.27	26.1	37.6	36.2
浙江省	1646.80	726.70	44.1	612.32	114.38	18.7	44.8	44.2
其中：宁波市	322.22	148.14	46.0	120.95	27.19	22.5	45.8	42.2
安徽省	871.21	416.86	47.8	313.48	103.38	33.0	44.9	46.2
福建省	914.75	344.84	37.7	284.87	59.97	21.1	46.9	45.3
其中：厦门市	177.37	77.47	43.7	61.98	15.49	25.0	45.9	47.2
江西省	877.27	317.86	36.2	240.85	77.01	32.0	33.9	35.1
山东省	2291.35	853.60	37.3	699.65	153.95	22.0	39.0	40.6
其中：青岛市	351.96	114.06	32.4	102.08	11.98	11.7	39.3	39.6
河南省	1351.82	729.90	54.0	488.47	241.43	49.4	44.6	44.5
湖北省	940.00	443.92	47.2	344.38	99.54	28.9	44.2	49.3
湖南省	1051.62	509.25	48.4	371.57	137.68	37.1	41.2	42.1
广东省	2750.37	1106.77	40.2	972.39	134.38	13.8	42.6	41.4
其中：深圳市	611.11	221.40	36.2	219.78	1.62	0.7	43.5	42.1
广西壮族自治区	750.87	385.42	51.3	285.61	99.81	34.9	50.4	50.1
海南省	206.36	83.53	40.5	65.55	17.98	27.4	40.7	37.4
重庆市	630.69	254.00	40.3	203.91	50.09	24.6	48.8	41.9
四川省	1170.14	601.35	51.4	448.08	153.27	34.2	50.5	50.9
贵州省	562.47	263.78	46.9	190.20	73.58	38.7	46.1	43.6
云南省	1009.70	365.48	36.2	285.07	80.41	28.2	37.2	33.8
西藏自治区	202.90	120.91	59.6	79.00	41.91	53.1	50.8	51.6
陕西省	845.44	369.83	43.7	276.15	93.68	33.9	43.3	41.7
甘肃省	450.71	208.66	46.3	156.14	52.52	33.6	47.0	45.4
青海省	166.57	90.91	54.6	70.24	20.67	29.4	45.3	43.1
宁夏回族自治区	209.35	75.89	36.3	60.14	15.75	26.2	46.2	45.8
新疆维吾尔自治区	553.90	266.06	48.0	210.39	55.67	26.5	53.4	52.2

2007年1~6月地方财政一般预算支出分项完成情况表

3-24

科目	年度预算数（亿元）	累计完成数（亿元）	占年度预算数（%）	与上年同期比较		
				上年同期数（亿元）	比上年同期增减数（+、-）（亿元）	增减百分比（%）
一般预算支出合计	**31517.20**	**13690.54**	**43.4**	**10737.74**	**2952.80**	**27.5**
一般公共服务	5174.61	2396.42	46.3	2002.85	393.57	19.7
外交	0.86	0.38	43.8	0.53	-0.16	-29.2
国防	54.82	25.91	47.3	28.55	-2.64	-9.2
公共安全	2313.90	1101.30	47.6	922.90	178.40	19.3
教育	5716.36	2661.51	46.6	2044.31	617.20	30.2
科学技术	723.62	272.88	37.7	203.00	69.88	34.4
文化体育与传媒	598.04	260.51	43.6	205.65	54.86	26.7
社会保障和就业	3230.66	1862.32	57.6	1400.90	461.42	32.9
医疗卫生	1525.72	640.32	42.0	466.22	174.10	37.3
环境保护	407.02	150.08	36.9	148.44	1.65	1.1
城乡社区事务	2419.72	1193.61	49.3	981.18	212.42	21.6
农林水事务	2059.04	888.82	43.2	690.89	197.93	28.6
交通运输	504.58	310.06	61.4	207.63	102.43	49.3
工业、商业、金融等事务	1872.27	1177.86	62.9	824.82	353.03	42.8
其他支出	4915.99	748.56	15.2	609.86	138.70	22.7

三、地方财政一般预算执行情况

2007年1~7月地方财政一般预算收入完成情况表

3-25

地区	年度预算数（亿元）	累计完成数（亿元）	占年度预算数（%）	与上年同期比较			历年同期进度	
				上年同期数（亿元）	比上年同期增减数（+、-）（亿元）	增减百分比（%）	2005年（%）	2006年（%）
地方合计	**20417.89**	**13848.72**	**67.8**	**10704.02**	**3144.70**	**29.4**	**65.5**	**64.6**
北京市	1262.45	907.00	71.8	698.67	208.33	29.8	66.0	67.8
天津市	491.60	309.53	63.0	243.42	66.11	27.2	64.7	62.7
河北省	690.37	469.46	68.0	371.80	97.66	26.3	70.9	64.8
山西省	529.14	364.98	69.0	286.59	78.39	27.4	77.4	70.0
内蒙古自治区	400.12	264.49	66.1	195.77	68.72	35.1	69.1	64.0
辽宁省	942.83	604.11	64.1	443.89	160.22	36.1	61.8	59.7
其中:大连市	227.44	159.98	70.3	115.04	44.94	39.1	64.1	66.5
吉林省	263.89	166.94	63.3	123.22	43.72	35.5	60.2	58.5
黑龙江省	362.05	260.37	71.9	227.80	32.57	14.3	68.6	75.2
上海市	1748.80	1268.12	72.5	980.60	287.52	29.3	68.7	62.0
江苏省	1905.75	1305.57	68.5	958.63	346.94	36.2	65.2	63.4
浙江省	1453.45	1044.87	71.9	812.97	231.90	28.5	70.2	68.0
其中:宁波市	286.17	212.89	74.4	162.21	50.68	31.2	67.9	68.8
安徽省	474.76	321.43	67.7	245.65	75.78	30.8	70.9	67.2
福建省	625.91	426.01	68.1	327.22	98.79	30.2	63.8	66.1
其中:厦门市	167.38	114.38	68.3	84.62	29.76	35.2	76.4	69.0
江西省	344.08	227.71	66.2	179.53	48.18	26.8	61.0	64.1
山东省	1575.81	1001.24	63.5	805.91	195.33	24.2	65.3	64.3
其中:青岛市	262.24	159.66	60.9	128.29	31.37	24.5	67.7	62.6
河南省	767.79	504.40	65.7	389.78	114.62	29.4	67.9	66.1
湖北省	540.00	341.38	63.2	273.21	68.17	25.0	63.3	63.9
湖南省	532.10	353.48	66.4	280.39	73.09	26.1	63.6	64.2
广东省	2391.61	1635.16	68.4	1273.27	361.89	28.4	62.7	64.0
其中:深圳市	541.37	418.90	77.4	298.31	120.59	40.4	61.6	65.4
广西壮族自治区	373.31	243.09	65.1	194.64	48.45	24.9	58.2	62.3
海南省	94.56	59.47	62.9	44.12	15.35	34.8	59.7	57.5
重庆市	329.94	227.96	69.1	180.57	47.39	26.2	62.4	63.9
四川省	675.32	472.39	70.0	345.26	127.13	36.8	64.9	66.4
贵州省	255.11	162.41	63.7	131.54	30.87	23.5	60.2	63.5
云南省	436.50	274.57	62.9	213.12	61.45	28.8	58.9	60.9
西藏自治区	11.75	11.10	94.4	8.53	2.57	30.1	76.9	87.1
陕西省	412.53	271.80	65.9	206.18	65.62	31.8	64.8	66.8
甘肃省	157.58	111.14	70.5	80.34	30.80	38.3	62.3	62.7
青海省	47.44	33.01	69.6	24.02	8.99	37.4	63.8	63.2
宁夏回族自治区	62.83	46.62	74.2	33.43	13.19	39.5	68.9	65.9
新疆维吾尔自治区	258.52	158.93	61.5	123.93	35.00	28.2	59.7	62.0

2007 年 1～7 月地方财政一般预算收入分项完成情况表

3－26

项　　目	年度预算数（亿元）	累计完成数（亿元）	占年度预算数（%）	与上年同期比较		
				上年同期数（亿元）	比上年同期增减数（+、-）（亿元）	增减百分比（%）
一般预算收入合计	**20417.89**	**13848.72**	**67.8**	**10704.02**	**3144.70**	**29.4**
税收收入小计	**16848.26**	**11549.42**	**68.5**	**8849.99**	**2699.43**	**30.5**
国内增值税	3712.12	2238.65	60.3	1848.04	390.61	21.1
营业税	5716.58	3759.97	65.8	2925.81	834.16	28.5
企业所得税	2492.72	2246.94	90.1	1547.49	699.46	45.2
企业所得税退税	－0.21	－1.95	930.8	－0.99	－0.95	95.8
个人所得税	1120.56	775.22	69.2	602.30	172.92	28.7
资源税	250.83	153.35	61.1	116.73	36.62	31.4
固定资产投资方向调节税	0.61	0.34	55.4	0.27	0.07	27.3
城市维护建设税	1068.09	671.23	62.8	541.07	130.16	24.1
房产税	591.36	334.78	56.6	304.82	29.97	9.8
印花税	226.03	172.63	76.4	117.65	54.98	46.7
城镇土地使用税	237.39	173.30	73.0	102.09	71.21	69.8
土地增值税	269.94	229.89	85.2	126.04	103.85	82.4
车船税	65.29	25.11	38.5	35.87	－10.75	－30.0
耕地占用税	158.58	97.25	61.3	84.00		
契税	888.24	667.44	75.1	494.20	173.24	35.1
烟叶税		5.15		3.99	1.16	29.2
其他税收收入	50.15	0.11	0.2	0.64	－0.53	－83.0
非税收入小计	**3569.62**	**2299.30**	**64.4**	**1854.03**	**445.27**	**24.0**
专项收入	891.83	558.25	62.6	436.00	122.25	28.0
行政事业性收费	1364.01	854.77	62.7	709.47	145.30	20.5
罚没收入	691.96	441.32	63.8	380.51	60.81	16.0
国有资本经营收入	280.53	222.16	79.2	159.01	63.15	39.7
国有资源（资本）有偿使用收入	131.48	120.20	91.4	69.51	50.68	72.9
其他收入	209.81	102.59	48.9	99.51	3.08	3.1

2007年1~7月地方财政一般预算支出完成情况表

3-27

地　　区	年度预算数（亿元）	累计完成数（亿元）	占年度预算数（%）	与上年同期比较			历年同期进度	
				上年同期数（亿元）	比上年同期增减数（+、-）（亿元）	增减百分比（%）	2005年（%）	2006年（%）
地方合计	**31517.20**	**16111.48**	**51.1**	**12605.70**	**3505.78**	**27.8**	**51.0**	**50.0**
北京市	1355.40	724.27	53.4	537.60	186.67	34.7	51.5	48.6
天津市	684.94	296.30	43.3	248.28	48.02	19.3	54.6	49.6
河北省	1077.64	612.56	56.8	468.82	143.74	30.7	57.9	54.7
山西省	915.41	431.42	47.1	305.02	126.40	41.4	44.6	45.8
内蒙古自治区	858.66	422.18	49.2	309.80	112.38	36.3	52.5	47.9
辽宁省	1211.76	730.75	60.3	573.65	157.10	27.4	54.7	55.1
其中：大连市	238.27	146.89	61.6	116.78	30.11	25.8	57.0	61.6
吉林省	771.39	381.90	49.5	280.04	101.86	36.4	51.5	48.9
黑龙江省	942.43	408.25	43.3	345.50	62.75	18.2	58.2	51.3
上海市	1945.10	936.89	48.2	846.82	90.06	10.6	49.8	47.6
江苏省	2300.19	1078.46	46.9	859.13	219.33	25.5	43.9	42.9
浙江省	1646.80	851.03	51.7	715.85	135.18	18.9	52.2	51.7
其中：宁波市	322.22	171.16	53.1	138.01	33.15	24.0	53.5	48.2
安徽省	871.21	498.84	57.3	375.11	123.73	33.0	53.3	55.3
福建省	914.75	405.18	44.3	334.01	71.17	21.3	54.0	53.1
其中：厦门市	177.37	89.48	50.4	71.44	18.04	25.3	51.6	54.4
江西省	877.27	366.65	41.8	282.28	84.37	29.9	39.6	41.1
山东省	2291.35	1000.94	43.7	814.52	186.42	22.9	45.2	47.3
其中：青岛市	351.96	135.13	38.4	116.89	18.24	15.6	45.5	45.3
河南省	1351.82	841.09	62.2	568.55	272.54	47.9	52.4	51.8
湖北省	940.00	519.88	55.3	405.29	114.59	28.3	51.8	58.0
湖南省	1051.62	600.38	57.1	434.16	166.22	38.3	48.5	49.2
广东省	2750.37	1335.34	48.6	1144.61	190.73	16.7	49.7	48.8
其中：深圳市	611.11	262.67	43.0	251.03	11.64	4.6	50.6	48.1
广西壮族自治区	750.87	441.17	58.8	333.02	108.15	32.5	58.5	58.4
海南省	206.36	99.69	48.3	76.64	23.05	30.1	46.9	43.8
重庆市	630.69	301.76	47.8	240.27	61.49	25.6	56.6	49.4
四川省	1170.14	733.44	62.7	525.39	208.05	39.6	58.5	59.6
贵州省	562.47	312.57	55.6	227.94	84.63	37.1	54.5	52.3
云南省	1009.70	431.29	42.7	334.02	97.27	29.1	43.1	39.6
西藏自治区	202.90	151.89	74.9	93.93	57.96	61.7	66.5	61.3
陕西省	845.44	421.81	49.9	319.60	102.21	32.0	49.6	48.3
甘肃省	450.71	240.88	53.4	187.73	53.15	28.3	58.2	54.5
青海省	166.57	113.57	68.2	84.23	29.34	34.8	51.7	51.7
宁夏回族自治区	209.35	93.14	44.5	72.29	20.85	28.8	56.3	55.0
新疆维吾尔自治区	553.90	327.96	59.2	261.60	66.36	25.4	65.3	64.9

2007 年 1～7 月地方财政一般预算支出分项完成情况表

3－28

科　　目	年度预算数（亿元）	累计完成数（亿元）	占年度预算数（%）	与上年同期比较		
				上年同期数（亿元）	比上年同期增减数（+、-）（亿元）	增减百分比（%）
一般预算支出合计	**31517.20**	**16111.48**	**51.1**	**12605.70**	**3505.78**	**27.8**
一般公共服务	5174.61	2838.30	54.9	2353.59	484.71	20.6
外交	0.86	0.54	62.8	0.65	-0.11	-16.7
国防	54.82	32.38	59.1	31.89	0.49	1.5
公共安全	2313.90	1319.84	57.0	1092.84	227.00	20.8
教育	5716.36	3111.76	54.4	2378.31	733.46	30.8
科学技术	723.62	314.29	43.4	247.18	67.11	27.2
文化体育与传媒	598.04	310.32	51.9	246.95	63.37	25.7
社会保障和就业	3230.66	2166.62	67.1	1610.36	556.26	34.5
医疗卫生	1525.72	779.48	51.1	560.27	219.21	39.1
环境保护	407.02	181.05	44.5	176.39	4.66	2.6
城乡社区事务	2419.72	1386.75	57.3	1133.83	252.92	22.3
农林水事务	2059.04	1071.87	52.1	854.62	217.26	25.4
交通运输	504.58	394.64	78.2	235.98	158.65	67.2
工业、商业、金融等事务	1872.27	1339.91	71.6	976.91	363.00	37.2
其他支出	4915.99	863.72	17.6	705.94	157.78	22.4

三、地方财政一般预算执行情况

2007年1~8月地方财政一般预算收入完成情况表

3-29

地区	年度预算数（亿元）	累计完成数（亿元）	占年度预算数（%）	与上年同期比较			历年同期进度	
				上年同期数（亿元）	比上年同期增减数（+、-）（亿元）	增减百分比（%）	2005年（%）	2006年（%）
地方合计	**20417.89**	**15462.35**	**75.7**	**12092.14**	**3370.21**	**27.9**	**72.9**	**73.0**
北京市	1262.45	1002.93	79.4	766.74	236.19	30.8	72.4	74.5
天津市	491.60	347.93	70.8	273.50	74.43	27.2	72.5	70.4
河北省	690.37	524.31	75.9	416.33	107.98	25.9	78.7	72.6
山西省	529.14	416.05	78.6	463.30	-47.25	-10.2	86.0	113.1
内蒙古自治区	400.12	293.64	73.4	217.78	75.86	34.8	74.3	71.2
辽宁省	942.83	682.39	72.4	500.05	182.34	36.5	69.5	67.2
其中：大连市	227.44	176.73	77.7	128.58	48.15	37.4	70.2	74.4
吉林省	263.89	190.07	72.0	139.55	50.52	36.2	67.8	66.2
黑龙江省	362.05	289.07	79.8	256.71	32.36	12.6	78.9	84.8
上海市	1748.80	1408.68	80.6	1092.56	316.12	28.9	76.4	69.1
江苏省	1905.75	1444.90	75.8	1066.95	377.95	35.4	71.9	70.6
浙江省	1453.45	1151.51	79.2	899.49	252.02	28.0	77.1	75.3
其中：宁波市	286.17	234.42	81.9	178.79	55.63	31.1	74.1	75.9
安徽省	474.76	364.68	76.8	281.87	82.81	29.4	79.9	77.1
福建省	625.91	475.67	76.0	366.06	109.61	29.9	71.4	73.9
其中：厦门市	167.38	129.35	77.3	95.68	33.67	35.2	84.1	78.0
江西省	344.08	255.80	74.3	198.99	56.81	28.6	68.1	71.1
山东省	1575.81	1103.29	70.0	890.08	213.21	24.0	71.9	71.0
其中：青岛市	262.24	175.72	67.0	140.09	35.63	25.4	73.8	68.3
河南省	767.79	570.17	74.3	439.16	131.01	29.8	76.3	74.5
湖北省	540.00	385.41	71.4	308.39	77.02	25.0	71.0	72.2
湖南省	532.10	397.06	74.6	310.39	86.67	27.9	70.8	71.0
广东省	2391.61	1832.29	76.6	1427.16	405.13	28.4	70.3	71.8
其中：深圳市	541.37	458.13	84.6	335.73	122.40	36.5	68.8	73.6
广西壮族自治区	373.31	271.22	72.7	216.37	54.85	25.3	65.1	69.3
海南省	94.56	68.09	72.0	49.54	18.55	37.4	67.3	64.5
重庆市	329.94	256.01	77.6	202.37	53.64	26.5	68.8	71.6
四川省	675.32	530.35	78.5	384.35	146.00	38.0	72.5	73.9
贵州省	255.11	181.31	71.1	146.98	34.33	23.4	68.3	70.9
云南省	436.50	306.77	70.3	238.96	67.81	28.4	65.9	68.3
西藏自治区	11.75	12.68	107.9	9.75	2.93	30.1	89.5	99.6
陕西省	412.53	303.02	73.5	232.53	70.49	30.3	72.5	75.3
甘肃省	157.58	125.22	79.5	90.33	34.89	38.6	71.2	70.5
青海省	47.44	37.71	79.5	27.48	10.23	37.2	72.5	72.4
宁夏回族自治区	62.83	52.52	83.6	37.65	14.87	39.5	77.7	74.2
新疆维吾尔自治区	258.52	181.61	70.2	140.77	40.84	29.0	66.9	70.4

2007 年 1～8 月地方财政一般预算收入分项完成情况表

3－30

项　　目	年度预算数（亿元）	累计完成数（亿元）	占年度预算数（%）	与上年同期比较		
				上年同期数（亿元）	比上年同期增减数（+、-）（亿元）	增减百分比（%）
一般预算收入合计	**20417.89**	**15462.35**	**75.7**	**12092.14**	**3370.21**	**27.9**
税收收入小计	**16848.26**	**12848.60**	**76.3**	**9845.35**	**3003.25**	**30.5**
国内增值税	3712.12	2546.15	68.6	2109.85	436.31	20.7
营业税	5716.58	4232.66	74.0	3284.14	948.52	28.9
企业所得税	2492.72	2336.86	93.7	1614.01	722.85	44.8
企业所得税退税	-0.21	-2.00	956.5	-1.04	-0.96	91.5
个人所得税	1120.56	868.02	77.5	674.32	193.69	28.7
资源税	250.83	174.17	69.4	135.08	39.08	28.9
固定资产投资方向调节税	0.61	0.36	58.5	0.28	0.08	28.6
城市维护建设税	1068.09	759.52	71.1	612.50	147.02	24.0
房产税	591.36	363.93	61.5	331.60	32.33	9.7
印花税	226.03	202.20	89.5	132.70	69.50	52.4
城镇土地使用税	237.39	190.69	80.3	109.76	80.93	73.7
土地增值税	269.94	262.52	97.2	143.41	119.11	83.1
车船税	65.29	30.57	46.8	38.68	-8.11	-21.0
耕地占用税	158.58	105.88	66.8	92.73		
契税	888.24	770.29	86.7	560.99	209.30	37.3
烟叶税		6.65		5.67	0.98	17.3
其他税收收入	50.15	0.13	0.3	0.67	-0.54	-80.1
非税收入小计	**3569.62**	**2613.75**	**73.2**	**2246.78**	**366.97**	**16.3**
专项收入	891.83	646.60	72.5	651.75	-5.15	-0.8
行政事业性收费	1364.01	962.30	70.5	803.49	158.82	19.8
罚没收入	691.96	509.87	73.7	439.57	70.30	16.0
国有资本经营收入	280.53	249.15	88.8	169.90	79.25	46.6
国有资源（资本）有偿使用收入	131.48	132.50	100.8	74.11	58.39	78.8
其他收入	209.81	113.33	54.0	107.97	5.36	5.0

三、地方财政一般预算执行情况

2007年1～8月地方财政一般预算支出完成情况表

3－31

地区	年度预算数（亿元）	累计完成数（亿元）	占年度预算数（%）	与上年同期比较			历年同期进度	
				上年同期数（亿元）	比上年同期增减数（+、-）（亿元）	增减百分比（%）	2005年（%）	2006年（%）
地方合计	**31517.20**	**18588.84**	**59.0**	**14516.69**	**4072.15**	**28.1**	**59.2**	**57.6**
北京市	1355.40	802.84	59.2	607.32	195.52	32.2	53.4	54.9
天津市	684.94	347.62	50.8	281.21	66.41	23.6	60.8	56.2
河北省	1077.64	696.63	64.6	545.55	151.08	27.7	66.1	63.6
山西省	915.41	505.57	55.2	376.17	129.40	34.4	51.4	56.5
内蒙古自治区	858.66	495.91	57.8	367.67	128.24	34.9	61.5	56.8
辽宁省	1211.76	856.06	70.6	648.01	208.05	32.1	65.5	62.2
其中:大连市	238.27	165.77	69.6	131.50	34.27	26.1	63.9	69.3
吉林省	771.39	443.89	57.5	326.32	117.57	36.0	59.4	57.0
黑龙江省	942.43	497.69	52.8	395.37	102.32	25.9	65.9	58.7
上海市	1945.10	1071.51	55.1	966.92	104.59	10.8	56.6	54.4
江苏省	2300.19	1223.76	53.2	977.98	245.78	25.1	49.9	48.8
浙江省	1646.80	974.90	59.2	816.19	158.71	19.4	59.0	58.9
其中:宁波市	322.22	200.03	62.1	157.20	42.83	27.2	60.4	54.9
安徽省	871.21	584.30	67.1	436.87	147.43	33.7	62.0	64.4
福建省	914.75	468.43	51.2	387.88	80.55	20.8	62.0	61.6
其中:厦门市	177.37	100.38	56.6	83.94	16.44	19.6	59.3	63.9
江西省	877.27	424.72	48.4	321.85	102.87	32.0	45.9	46.9
山东省	2291.35	1156.28	50.5	928.20	228.08	24.6	51.7	53.9
其中:青岛市	351.96	159.72	45.4	133.35	26.37	19.8	52.4	51.7
河南省	1351.82	961.72	71.1	659.60	302.12	45.8	63.1	60.1
湖北省	940.00	593.21	63.1	459.46	133.75	29.1	60.7	65.8
湖南省	1051.62	684.42	65.1	509.06	175.36	34.4	57.3	57.7
广东省	2750.37	1542.22	56.1	1318.76	223.46	16.9	58.7	56.2
其中:深圳市	611.11	308.48	50.5	280.84	27.64	9.8	65.6	53.8
广西壮族自治区	750.87	511.29	68.1	377.22	134.07	35.5	69.0	66.1
海南省	206.36	113.86	55.2	88.32	25.54	28.9	54.0	50.4
重庆市	630.69	344.52	54.6	276.66	67.86	24.5	66.1	56.9
四川省	1170.14	847.76	72.4	607.24	240.52	39.6	67.9	68.9
贵州省	562.47	364.20	64.8	266.30	97.90	36.8	68.2	61.1
云南省	1009.70	499.97	49.5	390.10	109.87	28.2	51.5	46.3
西藏自治区	202.90	166.96	82.3	106.66	60.30	56.5	80.3	69.6
陕西省	845.44	484.89	57.4	358.56	126.33	35.2	58.8	54.1
甘肃省	450.71	294.08	65.2	227.91	66.17	29.0	72.2	66.2
青海省	166.57	134.54	80.8	98.91	35.63	36.0	62.8	60.7
宁夏回族自治区	209.35	108.16	51.7	85.18	22.98	27.0	71.4	64.8
新疆维吾尔自治区	553.90	386.94	69.9	303.24	83.70	27.6	80.6	75.2

2007 年 1 ~8 月地方财政一般预算支出分项完成情况表

3 – 32

科目	年度预算数（亿元）	累计完成数（亿元）	占年度预算数（%）	与上年同期比较		
				上年同期数（亿元）	比上年同期增减数（+、–）（亿元）	增减百分比（%）
一般预算支出合计	**31517.20**	**18588.84**	**59.0**	**14516.69**	**4072.16**	**28.1**
一般公共服务	5174.61	3274.43	63.3	2732.32	542.10	19.8
外交	0.86	0.95	110.1	0.82	0.13	15.7
国防	54.82	37.49	68.4	38.94	–1.45	–3.7
公共安全	2313.90	1529.67	66.1	1264.50	265.17	21.0
教育	5716.36	3556.31	62.2	2718.00	838.31	30.8
科学技术	723.62	363.13	50.2	284.46	78.67	27.7
文化体育与传媒	598.04	360.09	60.2	282.92	77.17	27.3
社会保障和就业	3230.66	2457.25	76.1	1827.14	630.11	34.5
医疗卫生	1525.72	924.60	60.6	647.31	277.30	42.8
环境保护	407.02	239.65	58.9	227.16	12.49	5.5
城乡社区事务	2419.72	1593.73	65.9	1280.40	313.33	24.5
农林水事务	2059.04	1291.47	62.7	1014.61	276.87	27.3
交通运输	504.58	471.44	93.4	276.22	195.23	70.7
工业、商业、金融等事务	1872.27	1489.05	79.5	1114.02	375.02	33.7
其他支出	4915.99	999.58	20.3	807.87	191.71	23.7

三、地方财政一般预算执行情况

2007年1~9月地方财政一般预算收入完成情况表

3-33

地　区	年度预算数（亿元）	累计完成数（亿元）	占年度预算数（%）	与上年同期比较：上年同期数（亿元）	与上年同期比较：比上年同期增减数（+、-）（亿元）	与上年同期比较：增减百分比（%）	历年同期进度：2005年（%）	历年同期进度：2006年（%）
地方合计	**20417.89**	**17321.69**	**84.8**	**13480.71**	**3840.98**	**28.5**	**85.3**	**81.3**
北京市	1262.45	1097.14	86.9	836.10	261.03	31.2	81.2	81.2
天津市	491.60	392.95	79.9	305.32	87.62	28.7	88.0	78.6
河北省	690.37	592.60	85.8	468.16	124.45	26.6	90.7	81.7
山西省	529.14	459.73	86.9	517.13	-57.40	-11.1	96.2	126.3
内蒙古自治区	400.12	341.27	85.3	247.40	93.87	37.9	84.7	80.9
辽宁省	942.83	776.05	82.3	564.80	211.26	37.4	81.1	75.9
其中:大连市	227.44	197.60	86.9	144.42	53.18	36.8	84.9	83.5
吉林省	263.89	218.93	83.0	161.43	57.50	35.6	78.0	76.6
黑龙江省	362.05	323.02	89.2	284.88	38.14	13.4	90.3	94.1
上海市	1748.80	1556.81	89.0	1198.47	358.33	29.9	88.0	75.8
江苏省	1905.75	1602.90	84.1	1177.27	425.64	36.2	86.6	77.9
浙江省	1453.45	1271.27	87.5	991.71	279.56	28.2	95.9	83.0
其中:宁波市	286.17	260.65	91.1	198.93	61.72	31.0	99.9	84.4
安徽省	474.76	413.09	87.0	314.46	98.63	31.4	91.8	86.1
福建省	625.91	529.87	84.7	407.33	122.54	30.1	87.9	82.3
其中:厦门市	167.38	145.71	87.1	107.03	38.68	36.1	112.4	87.3
江西省	344.08	285.78	83.1	223.59	62.19	27.8	77.4	79.9
山东省	1575.81	1236.87	78.5	995.09	241.77	24.3	83.5	79.4
其中:青岛市	262.24	197.94	75.5	158.88	39.07	24.6	87.3	77.5
河南省	767.79	644.33	83.9	498.08	146.24	29.4	87.2	84.5
湖北省	540.00	431.96	80.0	345.63	86.33	25.0	79.4	80.9
湖南省	532.10	449.80	84.5	350.15	99.65	28.5	82.2	80.1
广东省	2391.61	2046.97	85.6	1596.58	450.39	28.2	86.1	80.3
其中:深圳市	541.37	499.78	92.3	376.82	122.96	32.6	87.0	82.7
广西壮族自治区	373.31	308.88	82.7	243.60	65.28	26.8	74.7	78.0
海南省	94.56	76.80	81.2	55.31	21.48	38.8	76.1	72.0
重庆市	329.94	311.17	94.3	226.09	85.08	37.6	78.1	80.0
四川省	675.32	592.55	87.7	429.70	162.85	37.9	82.4	82.6
贵州省	255.11	202.43	79.4	163.90	38.53	23.5	77.6	79.1
云南省	436.50	345.39	79.1	271.85	73.54	27.1	74.8	77.7
西藏自治区	11.75	14.37	122.3	11.05	3.32	30.0	103.0	112.9
陕西省	412.53	345.57	83.8	263.65	81.92	31.1	83.3	85.4
甘肃省	157.58	143.75	91.2	101.39	42.36	41.8	81.1	79.2
青海省	47.44	42.09	88.7	30.75	11.34	36.9	82.6	81.0
宁夏回族自治区	62.83	58.47	93.1	42.83	15.64	36.5	89.4	84.5
新疆维吾尔自治区	258.52	208.89	80.8	156.97	51.91	33.1	75.9	78.5

2007 年 1～9 月地方财政一般预算收入分项完成情况表

3－34

项　　目	年度预算数（亿元）	累计完成数（亿元）	占年度预算数（%）	与上年同期比较		
				上年同期数（亿元）	比上年同期增减数（+、-）（亿元）	增减百分比（%）
一般预算收入合计	**20417.89**	**17321.69**	**84.8**	**13480.71**	**3840.98**	**28.5**
税收收入小计	**16848.26**	**14269.72**	**84.7**	**10919.51**	**3350.21**	**30.7**
国内增值税	3712.12	2882.28	77.6	2386.21	496.07	20.8
营业税	5716.58	4743.72	83.0	3653.31	1090.41	29.8
企业所得税	2492.72	2424.30	97.3	1685.08	739.22	43.9
企业所得税退税	-0.21	-2.04	976.7	-1.06	-0.98	91.9
个人所得税	1120.56	965.48	86.2	746.19	219.29	29.4
资源税	250.83	197.96	78.9	152.97	44.99	29.4
固定资产投资方向调节税	0.61	0.50	82.0	0.35	0.15	41.1
城市维护建设税	1068.09	854.60	80.0	689.52	165.09	23.9
房产税	591.36	406.77	68.8	372.61	34.16	9.2
印花税	226.03	230.40	101.9	147.26	83.14	56.5
城镇土地使用税	237.39	213.49	89.9	125.33	88.17	70.4
土地增值税	269.94	297.52	110.2	162.93	134.60	82.6
车船税	65.29	36.83	56.4	41.55	-4.72	-11.4
耕地占用税	158.58	117.97	74.4	106.10		
契税	888.24	882.74	99.4	635.47	247.27	38.9
烟叶税		17.04		14.90	2.14	14.3
其他税收收入	50.15	0.14	0.3	0.79	-0.65	-82.8
非税收入小计	**3569.62**	**3051.98**	**85.5**	**2561.20**	**490.77**	**19.2**
专项收入	891.83	744.43	83.5	742.42	2.02	0.3
行政事业性收费	1364.01	1118.35	82.0	907.36	210.99	23.3
罚没收入	691.96	582.50	84.2	503.77	78.73	15.6
国有资本经营收入	280.53	314.39	112.1	191.35	123.03	64.3
国有资源（资本）有偿使用收入	131.48	166.59	126.7	95.58	71.01	74.3
其他收入	209.81	125.72	59.9	120.73	4.99	4.1

2007年1~9月地方财政一般预算支出完成情况表

3-35

地区	年度预算数（亿元）	累计完成数（亿元）	占年度预算数（%）	与上年同期比较			历年同期进度	
				上年同期数（亿元）	比上年同期增减数（+、-）（亿元）	增减百分比（%）	2005年（%）	2006年（%）
地方合计	**31517.20**	**22023.52**	**69.9**	**17098.37**	**4925.16**	**28.8**	**69.8**	**67.8**
北京市	1355.40	983.69	72.6	770.56	213.13	27.7	68.8	69.7
天津市	684.94	405.77	59.2	321.29	84.47	26.3	69.5	64.2
河北省	1077.64	846.42	78.5	630.47	215.96	34.3	81.0	73.5
山西省	915.41	590.83	64.5	458.02	132.81	29.0	65.0	68.8
内蒙古自治区	858.66	594.93	69.3	419.56	175.37	41.8	74.9	64.9
辽宁省	1211.76	1017.64	84.0	750.75	266.89	35.5	76.7	72.1
其中:大连市	238.27	198.19	83.2	150.67	47.52	31.5	76.3	79.5
吉林省	771.39	516.38	66.9	378.41	137.97	36.5	71.8	66.1
黑龙江省	942.43	594.35	63.1	467.13	127.21	27.2	77.6	69.3
上海市	1945.10	1253.46	64.4	1113.49	139.97	12.6	64.9	62.6
江苏省	2300.19	1409.81	61.3	1123.48	286.33	25.5	57.8	56.1
浙江省	1646.80	1125.44	68.3	943.16	182.28	19.3	68.2	68.1
其中:宁波市	322.22	230.19	71.4	184.05	46.14	25.1	70.4	64.2
安徽省	871.21	707.16	81.2	510.90	196.26	38.4	73.3	75.4
福建省	914.75	554.60	60.6	451.27	103.33	22.9	72.5	71.7
其中:厦门市	177.37	113.71	64.1	97.21	16.50	17.0	71.9	74.0
江西省	877.27	488.49	55.7	369.41	119.08	32.2	53.5	53.8
山东省	2291.35	1331.69	58.1	1055.79	275.90	26.1	60.1	61.3
其中:青岛市	351.96	186.60	53.0	150.12	36.48	24.3	59.7	58.2
河南省	1351.82	1148.96	85.0	851.84	297.12	34.9	75.2	77.6
湖北省	940.00	707.79	75.3	539.35	168.44	31.2	71.8	77.2
湖南省	1051.62	804.43	76.5	583.20	221.24	37.9	66.4	66.1
广东省	2750.37	1820.94	66.2	1533.42	287.51	18.7	68.1	65.3
其中:深圳市	611.11	367.09	60.1	325.36	41.73	12.8	74.4	62.3
广西壮族自治区	750.87	595.68	79.3	440.97	154.71	35.1	78.8	77.3
海南省	206.36	133.47	64.7	104.31	29.16	28.0	64.5	59.6
重庆市	630.69	422.20	66.9	325.86	96.34	29.6	77.6	67.0
四川省	1170.14	975.49	83.4	697.63	277.86	39.8	79.3	79.2
贵州省	562.47	427.26	76.0	324.84	102.42	31.5	78.8	74.5
云南省	1009.70	623.59	61.8	490.67	132.91	27.1	61.2	58.2
西藏自治区	202.90	194.79	96.0	130.82	63.97	48.9	105.5	85.4
陕西省	845.44	596.74	70.6	442.77	153.97	34.8	69.4	66.9
甘肃省	450.71	385.48	85.5	280.15	105.33	37.6	82.7	81.4
青海省	166.57	163.39	98.1	123.39	40.00	32.4	78.1	75.7
宁夏回族自治区	209.35	140.70	67.2	108.63	32.07	29.5	85.1	82.7
新疆维吾尔自治区	553.90	461.96	83.4	356.81	105.14	29.5	94.9	88.5

2007 年 1 ~ 9 月地方财政一般预算支出分项完成情况表

3 - 36

科目	年度预算数（亿元）	累计完成数（亿元）	占年度预算数（%）	与上年同期比较		
				上年同期数（亿元）	比上年同期增减数（+、-）（亿元）	增减百分比（%）
一般预算支出合计	**31517.20**	**22023.52**	**69.9**	**17098.37**	**4925.16**	**28.8**
一般公共服务	5174.61	3814.58	73.7	3165.36	649.22	20.5
外交	0.86	0.80	93.2	0.95	-0.14	-15.1
国防	54.82	43.23	78.9	45.55	-2.32	-5.1
公共安全	2313.90	1780.92	77.0	1467.17	313.75	21.4
教育	5716.36	4168.29	72.9	3173.87	994.42	31.3
科学技术	723.62	439.65	60.8	336.50	103.15	30.7
文化体育与传媒	598.04	437.51	73.2	331.28	106.23	32.1
社会保障和就业	3230.66	2936.55	90.9	2167.09	769.46	35.5
医疗卫生	1525.72	1087.90	71.3	764.25	323.65	42.3
环境保护	407.02	347.70	85.4	323.85	23.85	7.4
城乡社区事务	2419.72	1884.89	77.9	1509.86	375.03	24.8
农林水事务	2059.04	1551.47	75.3	1211.65	339.82	28.0
交通运输	504.58	624.03	123.7	324.46	299.57	92.3
工业、商业、金融等事务	1872.27	1711.94	91.4	1264.98	446.96	35.3
其他支出	4915.99	1194.04	24.3	1011.54	182.50	18.0

2007年1~10月地方财政一般预算收入完成情况表

3－37

地　　区	年度预算数（亿元）	累计完成数（亿元）	占年度预算数（%）	与上年同期比较：上年同期数（亿元）	与上年同期比较：比上年同期增减数（+、－）（亿元）	与上年同期比较：增减百分比（%）	历年同期进度：2005年（%）	历年同期进度：2006年（%）
地方合计	**20417.89**	**19637.84**	**96.2**	**15150.25**	**4487.59**	**29.6**	**95.9**	**91.4**
北京市	1262.45	1308.79	103.7	968.25	340.54	35.2	94.4	94.0
天津市	491.60	452.61	92.1	351.38	101.23	28.8	100.3	90.5
河北省	690.37	666.75	96.6	521.81	144.94	27.8	100.1	91.0
山西省	529.14	505.76	95.6	530.80	－25.04	－4.7	104.4	129.6
内蒙古自治区	400.12	383.70	95.9	276.92	106.78	38.6	92.7	90.6
辽宁省	942.83	881.32	93.5	640.97	240.35	37.5	91.3	86.2
其中：大连市	227.44	225.20	99.0	162.50	62.70	38.6	96.2	94.0
吉林省	263.89	247.83	93.9	182.01	65.82	36.2	86.7	86.4
黑龙江省	362.05	361.95	100.0	317.35	44.60	14.1	103.1	104.8
上海市	1748.80	1776.89	101.6	1356.19	420.70	31.0	98.3	85.8
江苏省	1905.75	1826.11	95.8	1344.85	481.26	35.8	97.8	88.9
浙江省	1453.45	1435.89	98.8	1118.69	317.20	28.4	108.4	93.6
其中：宁波市	286.17	294.41	102.9	225.07	69.34	30.8	113.8	95.5
安徽省	474.76	458.30	96.5	349.76	108.54	31.0	101.8	95.7
福建省	625.91	594.31	95.0	458.57	135.74	29.6	98.7	92.6
其中：厦门市	167.38	160.82	96.1	116.81	44.01	37.7	122.6	95.3
江西省	344.08	317.03	92.1	249.25	67.78	27.2	86.3	89.0
山东省	1575.81	1388.74	88.1	1112.08	276.66	24.9	93.9	88.8
其中：青岛市	262.24	226.28	86.3	178.17	48.11	27.0	98.0	86.9
河南省	767.79	717.12	93.4	553.73	163.39	29.5	97.5	93.9
湖北省	540.00	479.63	88.8	383.55	96.08	25.1	89.9	89.7
湖南省	532.10	500.60	94.1	384.47	116.13	30.2	90.3	88.0
广东省	2391.61	2328.47	97.4	1805.55	522.92	29.0	97.0	90.8
其中：深圳市	541.37	574.20	106.1	425.41	148.79	35.0	97.8	93.3
广西壮族自治区	373.31	344.74	92.3	273.23	71.51	26.2	84.4	87.5
海南省	94.56	87.02	92.0	62.57	24.45	39.1	85.3	81.5
重庆市	329.94	357.65	108.4	253.82	103.83	40.9	88.2	89.8
四川省	675.32	672.95	99.7	481.19	191.76	39.9	91.7	92.5
贵州省	255.11	232.44	91.1	185.58	46.86	25.2	88.8	89.6
云南省	436.50	396.06	90.7	308.91	87.15	28.2	86.1	88.3
西藏自治区	11.75	16.05	136.6	12.32	3.73	30.2	119.1	125.8
陕西省	412.53	391.66	94.9	294.18	97.48	33.1	94.5	95.2
甘肃省	157.58	158.05	100.3	113.20	44.85	39.6	90.1	88.4
青海省	47.44	47.52	100.2	34.36	13.16	38.3	92.2	90.5
宁夏回族自治区	62.83	66.07	105.1	48.75	17.32	35.5	101.0	96.1
新疆维吾尔自治区	258.52	235.81	91.2	175.98	59.83	34.0	85.5	88.0

2007 年 1 ~ 10 月地方财政一般预算收入分项完成情况表

3 – 38

项目	年度预算数（亿元）	累计完成数（亿元）	占年度预算数（%）	与上年同期比较		
				上年同期数（亿元）	比上年同期增减数（+、-）（亿元）	增减百分比（%）
一般预算收入合计	**20417. 89**	**19637. 84**	**96. 2**	**15150. 25**	**4487. 59**	**29. 6**
税收收入小计	**16848. 26**	**16290. 73**	**96. 7**	**12373. 07**	**3917. 66**	**31. 7**
国内增值税	3712. 12	3214. 47	86. 6	2653. 46	561. 01	21. 1
营业税	5716. 58	5386. 81	94. 2	4128. 97	1257. 85	30. 5
企业所得税	2492. 72	2925. 33	117. 4	2021. 15	904. 18	44. 7
企业所得税退税	-0. 21	-2. 09	998. 5	-1. 14	-0. 95	83. 6
个人所得税	1120. 56	1072. 13	95. 7	825. 76	246. 38	29. 8
资源税	250. 83	218. 04	86. 9	169. 93	48. 11	28. 3
固定资产投资方向调节税	0. 61	0. 56	91. 0	0. 47	0. 08	18. 0
城市维护建设税	1068. 09	957. 71	89. 7	772. 90	184. 81	23. 9
房产税	591. 36	476. 05	80. 5	430. 30	45. 74	10. 6
印花税	226. 03	259. 51	114. 8	164. 34	95. 17	57. 9
城镇土地使用税	237. 39	282. 25	118. 9	146. 49	135. 76	92. 7
土地增值税	269. 94	335. 11	124. 1	182. 70	152. 41	83. 4
车船税	65. 29	46. 86	71. 8	43. 96	2. 90	6. 6
耕地占用税	158. 58	125. 74	79. 3	116. 23		
契税	888. 24	960. 02	108. 1	686. 90	273. 11	39. 8
烟叶税		32. 01		29. 03	2. 98	10. 3
其他税收收入	50. 15	0. 22	0. 4	1. 64	-1. 41	-86. 3
非税收入小计	**3569. 62**	**3347. 11**	**93. 8**	**2777. 19**	**569. 92**	**20. 5**
专项收入	891. 83	841. 63	94. 4	788. 51	53. 12	6. 7
行政事业性收费	1364. 01	1220. 85	89. 5	1002. 95	217. 90	21. 7
罚没收入	691. 96	641. 15	92. 7	552. 67	88. 48	16. 0
国有资本经营收入	280. 53	333. 54	118. 9	205. 23	128. 32	62. 5
国有资源（资本）有偿使用收入	131. 48	177. 36	134. 9	99. 71	77. 65	77. 9
其他收入	209. 81	132. 57	63. 2	128. 12	4. 46	3. 5

三、地方财政一般预算执行情况

2007 年 1～10 月地方财政一般预算支出完成情况表

3－39

地区	年度预算数（亿元）	累计完成数（亿元）	占年度预算数（%）	与上年同期比较			历年同期进度	
				上年同期数（亿元）	比上年同期增减数（+、-）（亿元）	增减百分比（%）	2005 年（%）	2006 年（%）
地方合计	**31517.20**	**24663.02**	**78.3**	**19010.15**	**5652.87**	**29.7**	**77.7**	**75.4**
北京市	1355.40	1044.80	77.1	828.40	216.40	26.1	75.0	74.9
天津市	684.94	454.48	66.4	364.31	90.17	24.8	76.7	72.7
河北省	1077.64	965.75	89.6	689.69	276.06	40.0	89.0	80.5
山西省	915.41	657.74	71.9	519.05	138.69	26.7	74.1	78.0
内蒙古自治区	858.66	663.49	77.3	468.96	194.53	41.5	82.4	72.5
辽宁省	1211.76	1137.07	93.8	842.46	294.61	35.0	85.9	80.9
其中：大连市	238.27	227.00	95.3	165.82	61.18	36.9	84.3	87.4
吉林省	771.39	583.56	75.6	423.66	159.90	37.7	79.8	74.0
黑龙江省	942.43	738.21	78.3	518.49	219.72	42.4	85.3	76.9
上海市	1945.10	1403.87	72.2	1233.24	170.63	13.8	72.5	69.3
江苏省	2300.19	1557.22	67.7	1241.43	315.79	25.4	64.6	61.9
浙江省	1646.80	1239.05	75.2	1028.96	210.09	20.4	74.7	74.3
其中：宁波市	322.22	252.90	78.5	199.85	53.05	26.5	76.0	69.8
安徽省	871.21	797.43	91.5	560.84	236.59	42.2	81.3	82.7
福建省	914.75	629.61	68.8	496.48	133.13	26.8	80.7	78.9
其中：厦门市	177.37	136.71	77.1	108.73	27.98	25.7	85.8	82.8
江西省	877.27	544.87	62.1	407.26	137.61	33.8	60.7	59.4
山东省	2291.35	1480.49	64.6	1167.10	313.39	26.9	66.6	67.8
其中：青岛市	351.96	206.60	58.7	164.77	41.83	25.4	66.5	63.9
河南省	1351.82	1303.46	96.4	1028.99	274.47	26.7	87.4	93.8
湖北省	940.00	779.59	82.9	595.35	184.24	30.9	79.6	85.2
湖南省	1051.62	887.67	84.4	636.45	251.22	39.5	73.2	72.1
广东省	2750.37	2018.45	73.4	1679.98	338.47	20.1	74.4	71.6
其中：深圳市	611.11	415.02	67.9	357.60	57.42	16.1	80.4	68.5
广西壮族自治区	750.87	657.90	87.6	482.91	174.99	36.2	87.9	84.7
海南省	206.36	147.97	71.7	111.86	36.11	32.3	69.8	63.9
重庆市	630.69	482.17	76.5	368.53	113.64	30.8	87.6	75.8
四川省	1170.14	1088.77	93.0	789.85	298.92	37.8	89.4	89.7
贵州省	562.47	489.67	87.1	363.14	126.53	34.8	90.2	83.3
云南省	1009.70	701.51	69.5	546.69	154.82	28.3	69.2	64.9
西藏自治区	202.90	206.93	102.0	146.19	60.74	41.5	124.3	95.4
陕西省	845.44	674.02	79.7	482.59	191.43	39.7	78.9	72.9
甘肃省	450.71	456.26	101.2	318.81	137.45	43.1	92.9	92.6
青海省	166.57	187.27	112.4	144.32	42.95	29.8	87.2	88.5
宁夏回族自治区	209.35	156.29	74.7	120.41	35.88	29.8	92.9	91.7
新疆维吾尔自治区	553.90	527.45	95.2	403.74	123.71	30.6	104.7	100.1

2007 年 1～10 月地方财政一般预算支出分项完成情况表

3－40

科目	年度预算数（亿元）	累计完成数（亿元）	占年度预算数（%）	与上年同期比较		
				上年同期数（亿元）	比上年同期增减数（+、－）（亿元）	增减百分比（%）
一般预算支出合计	**31517.20**	**24663.02**	**78.3**	**19010.15**	**5652.87**	**29.7**
一般公共服务	5174.61	4245.12	82.0	3533.89	711.23	20.1
外交	0.86	0.86	99.8	1.07	－0.21	－19.4
国防	54.82	47.69	87.0	52.20	－4.51	－8.6
公共安全	2313.90	1969.42	85.1	1624.31	345.11	21.2
教育	5716.36	4634.51	81.1	3524.01	1110.49	31.5
科学技术	723.62	493.88	68.3	375.36	118.52	31.6
文化体育与传媒	598.04	498.08	83.3	370.22	127.86	34.5
社会保障和就业	3230.66	3357.48	103.9	2419.26	938.22	38.8
医疗卫生	1525.72	1216.60	79.7	860.36	356.25	41.4
环境保护	407.02	425.07	104.4	367.36	57.72	15.7
城乡社区事务	2419.72	2082.02	86.0	1644.75	437.26	26.6
农林水事务	2059.04	1752.26	85.1	1360.10	392.16	28.8
交通运输	504.58	709.05	140.5	398.77	310.28	77.8
工业、商业、金融等事务	1872.27	1898.51	101.4	1385.63	512.89	37.0
其他支出	4915.99	1332.47	27.1	1092.88	239.59	21.9

2007年1～11月地方财政一般预算收入完成情况表

3－41

地区	年度预算数（亿元）	累计完成数（亿元）	占年度预算数（%）	与上年同期比较			历年同期进度	
				上年同期数（亿元）	比上年同期增减数（+、－）（亿元）	增减百分比（%）	2005年（%）	2006年（%）
地方合计	**20417.89**	**21322.38**	**104.4**	**16476.89**	**4845.49**	**29.4**	**104.6**	**99.4**
北京市	1262.45	1394.21	110.4	1028.61	365.60	35.5	101.4	99.9
天津市	491.60	498.90	101.5	384.82	114.08	29.6	109.6	99.1
河北省	690.37	719.55	104.2	563.17	156.38	27.8	107.5	98.2
山西省	529.14	542.27	102.5	554.82	－12.55	－2.3	111.8	135.5
内蒙古自治区	400.12	419.16	104.8	304.45	114.71	37.7	103.6	99.6
辽宁省	942.83	968.32	102.7	704.91	263.41	37.4	100.6	94.8
其中：大连市	227.44	243.25	107.0	175.16	68.09	38.9	104.2	101.3
吉林省	263.89	274.75	104.1	203.49	71.26	35.0	96.6	96.6
黑龙江省	362.05	394.86	109.1	348.71	46.15	13.2	113.8	115.2
上海市	1748.80	1925.89	110.1	1475.57	450.32	30.5	106.0	93.3
江苏省	1905.75	1968.77	103.3	1467.53	501.24	34.2	107.1	97.0
浙江省	1453.45	1537.08	105.8	1193.53	343.55	28.8	116.2	99.9
其中：宁波市	286.17	314.76	110.0	238.84	75.92	31.8	122.4	101.4
安徽省	474.76	497.88	104.9	383.60	114.28	29.8	110.5	105.0
福建省	625.91	635.89	101.6	492.14	143.75	29.2	106.6	99.4
其中：厦门市	167.38	169.86	101.5	123.79	46.07	37.2	130.7	101.0
江西省	344.08	343.62	99.9	270.92	72.70	26.8	94.6	96.8
山东省	1575.81	1512.61	96.0	1209.67	302.94	25.0	102.1	96.6
其中：青岛市	262.24	253.15	96.5	196.97	56.18	28.5	107.4	96.1
河南省	767.79	780.55	101.7	605.57	174.98	28.9	107.7	102.7
湖北省	540.00	527.32	97.7	423.71	103.61	24.5	97.9	99.1
湖南省	532.10	542.08	101.9	417.02	125.06	30.0	98.0	95.4
广东省	2391.61	2532.80	105.9	1971.52	561.28	28.5	105.7	99.2
其中：深圳市	541.37	614.91	113.6	466.09	148.82	31.9	106.9	102.2
广西壮族自治区	373.31	375.88	100.7	300.94	74.94	24.9	94.1	96.3
海南省	94.56	95.52	101.0	71.17	24.35	34.2	94.4	92.7
重庆市	329.94	398.95	120.9	280.81	118.14	42.1	99.8	99.3
四川省	675.32	748.00	110.8	531.42	216.58	40.8	102.2	102.2
贵州省	255.11	255.91	100.3	206.01	49.90	24.2	99.4	99.4
云南省	436.50	433.90	99.4	338.82	95.08	28.1	94.6	96.8
西藏自治区	11.75	18.01	153.2	13.62	4.39	32.2	130.0	139.1
陕西省	412.53	421.57	102.2	319.87	101.70	31.8	103.6	103.6
甘肃省	157.58	175.59	111.4	124.96	50.63	40.5	99.8	97.6
青海省	47.44	51.94	109.5	37.75	14.19	37.6	101.4	99.4
宁夏回族自治区	62.83	71.72	114.1	54.16	17.56	32.4	111.8	106.8
新疆维吾尔自治区	258.52	258.91	100.2	193.60	65.31	33.7	94.9	96.8

2007 年 1 ~ 11 月地方财政一般预算收入分项完成情况表

3 – 42

项　　目	年度预算数（亿元）	累计完成数（亿元）	占年度预算数（%）	与上年同期比较		
				上年同期数（亿元）	比上年同期增减数（+、–）（亿元）	增减百分比（%）
一般预算收入合计	**20417.89**	**21322.38**	**104.4**	**16476.89**	**4845.48**	**29.4**
税收收入小计	**16848.26**	**17660.13**	**104.8**	**13421.50**	**4238.63**	**31.6**
国内增值税	3712.12	3539.65	95.4	2913.87	625.77	21.5
营业税	5716.58	5839.54	102.2	4497.18	1342.36	29.8
企业所得税	2492.72	3036.76	121.8	2087.02	949.73	45.5
企业所得税退税	–0.21	–2.86	1366.8	–1.33	–1.53	115.5
个人所得税	1120.56	1164.24	103.9	895.59	268.65	30.0
资源税	250.83	237.20	94.6	185.95	51.25	27.6
固定资产投资方向调节税	0.61	0.78	128.5	0.58	0.21	35.9
城市维护建设税	1068.09	1044.35	97.8	844.99	199.36	23.6
房产税	591.36	531.63	89.9	477.92	53.71	11.2
印花税	226.03	285.29	126.2	180.24	105.04	58.3
城镇土地使用税	237.39	325.15	137.0	160.42	164.73	102.7
土地增值税	269.94	366.01	135.6	203.03	162.99	80.3
车船税	65.29	56.27	86.2	46.40	9.86	21.3
耕地占用税	158.58	139.20	87.8	127.76		
契税	888.24	1054.16	118.7	761.89	292.27	38.4
烟叶税		42.52		38.03	4.49	11.8
其他税收收入	50.15	0.25	0.5	1.96	–1.71	–87.4
非税收入小计	**3569.62**	**3662.25**	**102.6**	**3055.39**	**606.85**	**19.9**
专项收入	891.83	922.60	103.5	854.03	68.57	8.0
行政事业性收费	1364.01	1336.16	98.0	1119.69	216.47	19.3
罚没收入	691.96	709.85	102.6	612.79	97.06	15.8
国有资本经营收入	280.53	351.32	125.2	221.85	129.46	58.4
国有资源(资本)有偿使用收入	131.48	199.63	151.8	110.29	89.35	81.0
其他收入	209.81	142.68	68.0	136.74	5.94	4.3

2007 年 1~11 月地方财政一般预算支出完成情况表

3-43

地区	年度预算数（亿元）	累计完成数（亿元）	占年度预算数（%）	与上年同期比较 上年同期数（亿元）	比上年同期增减数（+、-）（亿元）	增减百分比（%）	历年同期进度 2005年（%）	2006年（%）
地方合计	**31517.20**	**28223.93**	**89.6**	**21983.40**	**6240.53**	**28.4**	**89.3**	**87.2**
北京市	1355.40	1151.31	84.9	925.49	225.82	24.4	84.3	83.7
天津市	684.94	529.57	77.3	419.27	110.30	26.3	88.0	83.7
河北省	1077.64	1088.87	101.0	809.31	279.56	34.5	103.1	94.4
山西省	915.41	753.79	82.3	623.90	129.89	20.8	86.8	93.8
内蒙古自治区	858.66	751.30	87.5	561.76	189.54	33.7	93.7	86.9
辽宁省	1211.76	1321.50	109.1	987.40	334.10	33.8	100.9	94.8
其中：大连市	238.27	269.23	113.0	206.56	62.67	30.3	100.1	108.9
吉林省	771.39	661.96	85.8	501.46	160.50	32.0	94.7	87.6
黑龙江省	942.43	843.99	89.6	640.32	203.67	31.8	101.6	95.0
上海市	1945.10	1594.41	82.0	1386.14	208.27	15.0	81.9	77.9
江苏省	2300.19	1805.38	78.5	1427.03	378.35	26.5	74.3	71.2
浙江省	1646.80	1404.63	85.3	1160.88	243.75	21.0	85.0	83.8
其中：宁波市	322.22	289.02	89.7	228.58	60.44	26.4	88.5	79.8
安徽省	871.21	901.61	103.5	640.84	260.77	40.7	91.7	94.5
福建省	914.75	717.89	78.5	570.07	147.82	25.9	90.7	90.6
其中：厦门市	177.37	158.43	89.3	122.20	36.23	29.6	99.2	93.0
江西省	877.27	612.81	69.9	473.56	139.25	29.4	68.9	69.0
山东省	2291.35	1677.63	73.2	1313.67	363.96	27.7	75.8	76.3
其中：青岛市	351.96	233.54	66.4	184.49	49.05	26.6	75.0	71.6
河南省	1351.82	1559.94	115.4	1174.46	385.48	32.8	102.2	107.1
湖北省	940.00	895.92	95.3	716.64	179.28	25.0	92.2	102.6
湖南省	1051.62	992.59	94.4	744.90	247.69	33.3	81.6	84.4
广东省	2750.37	2305.61	83.8	1914.81	390.80	20.4	85.2	81.6
其中：深圳市	611.11	480.56	78.6	422.96	57.60	13.6	98.0	81.0
广西壮族自治区	750.87	743.01	99.0	552.11	190.90	34.6	101.2	96.8
海南省	206.36	176.08	85.3	128.45	47.63	37.1	79.5	73.4
重庆市	630.69	568.75	90.2	428.73	140.02	32.7	101.0	88.2
四川省	1170.14	1259.66	107.6	915.11	344.55	37.7	105.7	103.9
贵州省	562.47	560.48	99.6	429.83	130.65	30.4	102.1	98.6
云南省	1009.70	809.13	80.1	645.29	163.84	25.4	80.7	76.6
西藏自治区	202.90	239.01	117.8	168.45	70.56	41.9	132.8	109.9
陕西省	845.44	764.64	90.4	563.97	200.67	35.6	90.2	85.2
甘肃省	450.71	520.96	115.6	378.81	142.15	37.5	106.4	110.1
青海省	166.57	225.99	135.7	171.70	54.29	31.6	106.3	105.3
宁夏回族自治区	209.35	184.18	88.0	139.03	45.15	32.5	105.5	105.8
新疆维吾尔自治区	553.90	601.32	108.6	470.02	131.30	27.9	122.0	116.5

2007 年 1 ~ 11 月地方财政一般预算支出分项完成情况表

3 - 44

科目	年度预算数（亿元）	累计完成数（亿元）	占年度预算数（%）	与上年同期比较		
				上年同期数（亿元）	比上年同期增减数（+、-）（亿元）	增减百分比（%）
一般预算支出合计	**31517.20**	**28223.93**	**89.6**	**21983.40**	**6240.52**	**28.4**
一般公共服务	5174.61	4821.82	93.2	4027.34	794.48	19.7
外交	0.86	1.03	119.0	1.22	-0.20	-16.1
国防	54.82	55.80	101.8	61.22	-5.43	-8.9
公共安全	2313.90	2231.90	96.5	1838.77	393.13	21.4
教育	5716.36	5247.87	91.8	3960.56	1287.31	32.5
科学技术	723.62	582.45	80.5	434.98	147.47	33.9
文化体育与传媒	598.04	555.76	92.9	417.63	138.13	33.1
社会保障和就业	3230.66	3809.93	117.9	2962.39	847.54	28.6
医疗卫生	1525.72	1388.76	91.0	987.98	400.78	40.6
环境保护	407.02	532.73	130.9	450.09	82.64	18.4
城乡社区事务	2419.72	2373.22	98.1	1874.00	499.22	26.6
农林水事务	2059.04	2081.15	101.1	1570.90	510.25	32.5
交通运输	504.58	815.96	161.7	508.65	307.31	60.4
工业、商业、金融等事务	1872.27	2173.45	116.1	1565.83	607.61	38.8
其他支出	4915.99	1552.11	31.6	1321.84	230.27	17.4

2007年1~12月地方财政一般预算收入完成情况表

3-45

地区	年度预算数（亿元）	累计完成数（亿元）	占年度预算数（%）	与上年同期比较			历年同期进度	
				上年同期数（亿元）	比上年同期增减数（+、-）（亿元）	增减百分比（%）	2005年（%）	2006年（%）
地方合计	**20417.89**	**23565.04**	**115.4**	**18280.85**	**5284.19**	**28.9**	**116.3**	**110.3**
北京市	1262.45	1492.64	118.2	1117.15	375.49	33.6	109.2	108.5
天津市	491.60	540.13	109.9	416.77	123.36	29.6	117.3	107.3
河北省	690.37	789.12	114.3	620.16	168.96	27.2	118.4	108.2
山西省	529.14	597.62	112.9	583.08	14.54	2.5	121.8	142.4
内蒙古自治区	400.12	492.28	123.0	343.34	148.94	43.4	123.3	112.3
辽宁省	942.83	1081.99	114.8	816.89	265.10	32.5	116.2	109.8
其中：大连市	227.44	267.79	117.7	195.66	72.13	36.9	116.3	113.1
吉林省	263.89	320.54	121.5	245.05	75.49	30.8	115.1	116.3
黑龙江省	362.05	440.23	121.6	386.58	53.65	13.9	127.8	127.7
上海市	1748.80	2074.48	118.6	1576.07	498.41	31.6	112.6	99.7
江苏省	1905.75	2236.65	117.4	1654.72	581.93	35.2	119.5	109.4
浙江省	1453.45	1649.50	113.5	1296.54	352.96	27.2	124.1	108.5
其中：宁波市	286.17	329.12	115.0	257.07	72.05	28.0	130.0	109.1
安徽省	474.76	543.46	114.5	427.69	115.77	27.1	120.4	117.0
福建省	625.91	700.03	111.8	540.29	159.74	29.6	116.9	109.1
其中：厦门市	167.38	186.58	111.5	136.03	50.55	37.2	137.8	110.9
江西省	344.08	389.59	113.2	304.82	84.77	27.8	112.0	108.9
山东省	1575.81	1674.48	106.3	1355.31	319.17	23.5	114.5	108.2
其中：青岛市	262.24	292.58	111.6	225.77	66.81	29.6	121.9	110.1
河南省	767.79	861.46	112.2	678.35	183.11	27.0	122.3	115.0
湖北省	540.00	590.11	109.3	470.22	119.89	25.5	110.1	110.0
湖南省	532.10	606.35	114.0	477.53	128.82	27.0	113.9	109.3
广东省	2391.61	2785.36	116.5	2175.31	610.05	28.0	117.7	109.4
其中：深圳市	541.37	658.06	121.6	500.88	157.18	31.4	118.2	109.9
广西壮族自治区	373.31	418.81	112.2	342.28	76.53	22.4	106.3	109.6
海南省	94.56	108.35	114.6	81.76	26.59	32.5	109.9	106.5
重庆市	329.94	442.24	134.0	317.27	124.97	39.4	114.1	112.2
四川省	675.32	850.34	125.9	607.15	243.19	40.1	117.4	116.8
贵州省	255.11	284.94	111.7	226.60	58.34	25.7	110.2	109.3
云南省	436.50	486.52	111.5	379.60	106.92	28.2	107.9	108.5
西藏自治区	11.75	20.14	171.4	14.56	5.58	38.3	141.3	148.7
陕西省	412.53	474.48	115.0	362.13	112.35	31.0	118.8	117.2
甘肃省	157.58	190.60	121.0	140.92	49.68	35.3	111.8	110.0
青海省	47.44	56.60	119.3	41.99	14.61	34.8	114.0	110.6
宁夏回族自治区	62.83	80.00	127.3	61.34	18.66	30.4	123.4	121.0
新疆维吾尔自治区	258.52	286.02	110.6	219.39	66.63	30.4	107.3	109.7

2007 年 1 ~ 12 月地方财政一般预算收入分项完成情况表

3 - 46

项　　目	年度预算数（亿元）	累计完成数（亿元）	占年度预算数（%）	与上年同期比较		
				上年同期数（亿元）	比上年同期增减数（+、-）（亿元）	增减百分比（%）
一般预算收入合计	**20417.89**	**23565.04**	**115.4**	**18280.85**	**5284.18**	**28.9**
税收收入小计	**16848.26**	**19245.01**	**114.2**	**14709.39**	**4535.62**	**30.8**
国内增值税	3712.12	3867.62	104.2	3196.36	671.26	21.0
营业税	5716.58	6379.33	111.6	4968.03	1411.30	28.4
企业所得税	2492.72	3127.27	125.5	2164.25	963.02	44.5
企业所得税退税	-0.21	-4.24	2027.4	-1.88	-2.36	125.8
个人所得税	1120.56	1273.77	113.7	981.53	292.24	29.8
资源税	250.83	261.14	104.1	207.10	54.04	26.1
固定资产投资方向调节税	0.61	0.95	156.4	0.74	0.21	28.5
城市维护建设税	1068.09	1148.84	107.6	933.45	215.39	23.1
房产税	591.36	575.51	97.3	514.86	60.65	11.8
印花税	226.03	316.61	140.1	202.55	114.05	56.3
城镇土地使用税	237.39	385.57	162.4	176.81	208.76	118.1
土地增值税	269.94	402.84	149.2	231.46	171.39	74.0
车船税	65.29	68.16	104.4	49.97	18.19	36.4
耕地占用税	158.58	184.94	116.6	171.10		
契税	888.24	1208.65	136.1	867.81	340.84	39.3
烟叶税		47.82		43.14	4.67	10.8
其他税收收入	50.15	0.23	0.5	2.08	-1.85	-88.7
非税收入小计	**3569.62**	**4320.03**	**121.0**	**3571.46**	**748.56**	**21.0**
专项收入	891.83	1087.95	122.0	950.46	137.49	14.5
行政事业性收费	1364.01	1543.54	113.2	1317.96	225.58	17.1
罚没收入	691.96	811.51	117.3	706.38	105.13	14.9
国有资本经营收入	280.53	469.30	167.3	290.37	178.93	61.6
国有资源（资本）有偿使用收入	131.48	253.58	192.9	148.14	105.44	71.2
其他收入	209.81	154.15	73.5	158.16	-4.01	-2.5

2007年1~12月地方财政一般预算支出完成情况表

3-47

地区	年度预算数（亿元）	累计完成数（亿元）	占年度预算数（%）	与上年同期比较：上年同期数（亿元）	比上年同期增减数（+、-）（亿元）	增减百分比（%）	历年同期进度：2005年（%）	2006年（%）
地方合计	**31517.20**	**38120.36**	**121.0**	**30221.60**	**7898.76**	**26.1**	**119.2**	**119.8**
北京市	1355.40	1646.93	121.5	1292.47	354.46	27.4	111.8	116.9
天津市	684.94	665.69	97.2	546.63	119.06	21.8	112.4	109.2
河北省	1077.64	1478.46	137.2	1138.22	340.24	29.9	137.4	132.8
山西省	915.41	1042.62	113.9	911.96	130.66	14.3	124.3	137.1
内蒙古自治区	858.66	1083.57	126.2	810.17	273.40	33.7	135.5	125.3
辽宁省	1211.76	1762.96	145.5	1418.57	344.39	24.3	126.9	136.2
其中:大连市	238.27	344.59	144.6	266.52	78.07	29.3	126.3	140.5
吉林省	771.39	883.76	114.6	718.36	165.40	23.0	128.7	125.5
黑龙江省	942.43	1187.27	126.0	968.53	218.74	22.6	145.4	143.7
上海市	1945.10	2181.68	112.2	1795.57	386.11	21.5	108.4	100.9
江苏省	2300.19	2506.39	109.0	1987.59	518.80	26.1	103.7	99.2
浙江省	1646.80	1806.86	109.7	1466.87	339.99	23.2	108.3	105.9
其中:宁波市	322.22	371.06	115.2	292.70	78.36	26.8	113.5	102.2
安徽省	871.21	1219.36	140.0	915.78	303.58	33.1	119.4	135.1
福建省	914.75	901.22	98.5	722.15	179.07	24.8	111.7	114.8
其中:厦门市	177.37	196.00	110.5	148.37	47.63	32.1	119.2	113.0
江西省	877.27	904.25	103.1	695.32	208.93	30.0	100.5	101.3
山东省	2291.35	2262.46	98.7	1832.62	429.84	23.5	103.3	106.4
其中:青岛市	351.96	321.18	91.3	236.79	84.39	35.6	98.4	91.9
河南省	1351.82	1868.37	138.2	1441.05	427.32	29.7	128.2	131.4
湖北省	940.00	1256.41	133.7	1029.13	227.28	22.1	125.2	147.3
湖南省	1051.62	1326.57	126.1	1035.76	290.81	28.1	110.7	117.4
广东省	2750.37	3147.31	114.4	2524.15	623.16	24.7	112.8	107.5
其中:深圳市	611.11	727.96	119.1	571.42	156.54	27.4	139.7	109.4
广西壮族自治区	750.87	973.72	129.7	719.02	254.70	35.4	126.4	126.1
海南省	206.36	245.37	118.9	175.10	70.27	40.1	105.2	100.0
重庆市	630.69	766.87	121.6	594.97	171.90	28.9	141.8	122.4
四川省	1170.14	1760.91	150.5	1347.50	413.41	30.7	149.5	153.0
贵州省	562.47	787.59	140.0	608.78	178.81	29.4	140.9	139.6
云南省	1009.70	1133.61	112.3	893.53	240.08	26.9	107.2	106.0
西藏自治区	202.90	275.37	135.7	200.20	75.17	37.5	158.4	130.7
陕西省	845.44	1050.71	124.3	821.55	229.16	27.9	122.0	124.0
甘肃省	450.71	675.12	149.8	522.90	152.22	29.1	148.9	151.9
青海省	166.57	281.97	169.3	214.49	67.48	31.5	131.2	131.6
宁夏回族自治区	209.35	241.49	115.4	192.87	48.62	25.2	135.4	146.8
新疆维吾尔自治区	553.90	795.49	143.6	679.78	115.71	17.0	152.2	168.6

2007 年 1 ~12 月地方财政一般预算支出分项完成情况表

3 -48

科　　目	年度预算数（亿元）	累计完成数（亿元）	占年度预算数（%）	与上年同期比较		
				上年同期数（亿元）	比上年同期增减数（+、-）（亿元）	增减百分比（%）
一般预算支出合计	**31517.20**	**38120.36**	**121.0**	**30221.60**	**7898.76**	**26.1**
一般公共服务	5174.61	6329.64	122.3	5374.24	955.39	17.8
外交	0.86	1.55	180.2	1.79	-0.23	-12.9
国防	54.82	71.58	130.6	76.32	-4.74	-6.2
公共安全	2313.90	2862.80	123.7	2350.11	512.68	21.8
教育	5716.36	6670.09	116.7	5111.09	1558.99	30.5
科学技术	723.62	849.54	117.4	631.44	218.10	34.5
文化体育与传媒	598.04	764.64	127.9	585.66	178.98	30.6
社会保障和就业	3230.66	5053.38	156.4	4008.23	1045.15	26.1
医疗卫生	1525.72	1939.54	127.1	1367.61	571.93	41.8
环境保护	407.02	881.71	216.6	696.78	184.93	26.5
城乡社区事务	2419.72	3231.62	133.6	2434.64	796.97	32.7
农林水事务	2059.04	3055.05	148.4	2341.05	714.00	30.5
交通运输	504.58	1119.67	221.9	754.11	365.56	48.5
工业、商业、金融等事务	1872.27	2869.24	153.2	2346.20	523.04	22.3
其他支出	4915.99	2420.31	49.2	2142.32	277.99	13.0

四、地方财政预算外收支情况

四、地方财政预算外收支情况

2007年各省、自治区、直辖市预算外资金收入分类情况表

4－1　　　　　　　　　　　　　　　　　　　　　　　　　　　　　　单位:万元

地　　区	合　计	一、彩票资金收入	二、行政事业性收费收入	三、国有资源(资产)有偿使用收入	四、其他收入	其中:主管部门集中收入	其中:乡镇自筹收入
地　方　合　计	**62899489**	**2979929**	**43739645**	**2296665**	**13883250**	**371180**	**1802512**
北京市	1295473	77807	862912	33257	321497	36965	8428
天津市	631743	54542	337666	98275	141260	22031	24706
河北省	2478475	167006	2196955	36423	78091	9205	31789
山西省	1450489	82154	1158308	29438	180589	13475	24052
内蒙古自治区	969648	69676	820819	10110	69043	833	3131
辽宁省	2486605	163851	1950775	165741	206238	4672	36137
其中:大连市	279183	22924	160088	8901	87270	758	5814
吉林省	927791	128179	720281	53319	26012	1500	151
黑龙江省	1298476	45289	1206515	10569	36103	4372	294
上海市	2762213	116916	2041062	62867	541368	4587	132610
江苏省	7169491	294926	4137021	160298	2577246	45802	921790
浙江省	7154375	183377	3277937	246907	3446154	35648	71006
其中:宁波市	1714772	21793	548193	18721	1126065	13661	51849
安徽省	1337547	111154	1020105	47328	158960	12106	16809
福建省	2325649	99243	1390560	271290	564556	7544	106226
其中:厦门市	263253		41270	139737	82246		1407
江西省	1590728	57578	1299734	70187	163229	1572	10088
山东省	3900433	137889	3400743	161927	199874	60751	23041
其中:青岛市	508737	39994	442749	15228	10766	95	138
河南省	2766886	73091	2452764	28243	212788	6372	17661
湖北省	1922446	105971	1679346	13566	123563	4929	4252
湖南省	2409226	118476	1894451	95864	300435	4139	69110
广东省	7198135	214213	4522431	266500	2194991	70949	247934
其中:深圳市	1302773	52275	633419	160179	456900		17035
广西壮族自治区	2023986	53365	1250036	19940	700645	873	3
海南省	190756	11863	151519	2578	24796	30	45
重庆市	714078	51110	336760	8029	318179	2723	6511
四川省	2514556	139978	1444738	131721	798119	10511	39977
贵州省	750980	29665	581921	11957	127437	2390	357
云南省	781585	119680	551862	15466	94577	4935	4897
西藏自治区	33855	6366	20524	238	6727		
陕西省	1826112	104172	1379320	212464	130156	1133	435
甘肃省	801992	67263	681475	17075	36179	756	99
青海省	118408	16655	97778	1148	2827		
宁夏回族自治区	280796	27380	211372	3723	38321		
新疆维吾尔自治区	786556	51094	661955	10217	63290	377	973

2007 年各省、自治区、直辖市预算外资金支出分类情况表

4－2－1

单位:万元

地　　区	合　计	一、一般公共服　务	二、外　交	三、国　防	四、公共安全	五、教　育	六、科学技术	七、文化体育与传媒
地　方　合　计	**56590813**	**5998828**	**2751**	**35598**	**1024911**	**19312512**	**85998**	**2315079**
北京市	1266110	218121		3	9770	480040	362	44232
天津市	585560	79236		134	5178	241571	259	2263
河北省	2081378	148566		728	35027	884958	434	62665
山西省	1317159	96730		59	17258	466227	280	48556
内蒙古自治区	827101	74316	2479		14176	314519	407	44950
辽宁省	2273120	136202		1828	34028	732334	1052	180109
其中:大连市	249361	28599		44	1364	69056	129	3083
吉林省	807294	49179		1173	6281	420783	189	65950
黑龙江省	1295250	113417		5620	16538	573756	1603	84497
上海市	2415933	122629		44	16797	521056	1718	50322
江苏省	6417295	862313		3629	114329	1866290	10473	364496
浙江省	6044677	903499	66	9068	122553	1581469	20966	165277
其中:宁波市	1294121	161598		606	20927	198997	10200	13494
安徽省	1184910	107373		2353	23477	666196	1125	40469
福建省	2271278	290639	103	3921	37598	612795	2639	111926
其中:厦门市	498677	105418		45	1682	14047	79	1171
江西省	1490927	162471			34169	609775	406	77558
山东省	3738584	293315	8	1156	96375	1187056	9825	124419
其中:青岛市	449576	24212		101	8156	89564	29	18159
河南省	2676041	191159	9	42	38198	1085052	9612	147716
湖北省	1819352	155644	3	907	42216	725913	1222	42062
湖南省	2226602	240745		354	56640	940036	1752	28934
广东省	6053862	614891	68	2688	180351	1952013	11480	135737
其中:深圳市	818224	102470		1351	28928	126091	2726	16947
广西壮族自治区	1858709	143271		83	29131	511427	1265	18504
海南省	177212	13528			4889	108266	95	4309
重庆市	609000	78093		64	6178	185832	139	13610
四川省	2191946	250664		38	14929	912936	2682	162122
贵州省	730594	85908		88	10652	269843	322	58069
云南省	702940	74101		86	5213	336841	810	21690
西藏自治区	25582	7542			1082	7803		1494
陕西省	1696365	311977		86	30531	535118	953	138208
甘肃省	732522	45676		852	6662	241692	115	33085
青海省	111719	13767		236	2815	41878	200	6828
宁夏回族自治区	244301	22845		112	857	54252	2339	13525
新疆维吾尔自治区	717490	91011	15	246	11013	244785	1274	21497

注:本表的预算外资金收入指预算外财政专户资金收入。

四、地方财政预算外收支情况

4－2－2

单位：万元

地　　区	八、社会保障和就业	九、医疗卫生	十、环境保护	十一、城乡社区事务	十二、农林水事务	十三、交通运输	十四、工业、商业、金融等事务	十五、其他支出
地方合计	**1570866**	**1952566**	**431978**	**7710177**	**1873550**	**9378357**	**844425**	**4053217**
北京市	80186	83815	38246	145003	28636	761	4264	132671
天津市	11016	16380	743	168758	4374	10542	2090	43016
河北省	43089	33574	2068	154195	24609	655654	7917	27894
山西省	20285	21723	3526	91836	15071	472967	33127	29514
内蒙古自治区	25698	21575	5554	115919	20674	83411	34816	68607
辽宁省	106226	34795	1921	272795	22101	676811	44492	28426
其中：大连市	9301	6497	15	20983	2324	85673	10147	12146
吉林省	46063	24209	376	53742	13671	114651	2975	8052
黑龙江省	44176	25314	484	169941	25938	215099	6669	12198
上海市	147368	80180	9065	518127	260272	536443	29979	121933
江苏省	210095	198811	36418	1218650	296258	593759	127071	514703
浙江省	144569	121007	33162	1439820	307494	338777	181853	675097
其中：宁波市	36528	18022	4506	498622	65989	100696	66172	97764
安徽省	33520	48286	2998	138292	20327	37319	8166	55009
福建省	37894	69120	8946	131763	50909	477179	49095	386751
其中：厦门市	3386	16530		11701	1902	8020	38551	296145
江西省	24429	85342	9101	85944	23118	325942	11469	41203
山东省	80387	59752	16026	551609	107671	1055421	67457	88107
其中：青岛市	12560	7535	411	121788	5091	62393	40220	59357
河南省	42517	77469	38504	195249	33903	739437	18786	58388
湖北省	63800	80638	6211	169033	26028	444081	12894	48700
湖南省	85049	85823	9750	95673	101849	420178	14779	145040
广东省	130321	410233	169902	935150	186207	504891	72363	747567
其中：深圳市	15618	277123	58568	117957	18323	7007	4282	40833
广西壮族自治区	21608	71277	1228	126432	129893	273196	6273	525121
海南省	1142	603	229	20036	4457	6134	2364	11160
重庆市	16459	25537	714	194731	6993	32639	5988	42023
四川省	65083	59383	1545	335875	58698	193813	51327	82851
贵州省	9060	20940	769	65718	19648	90043	26391	73143
云南省	21520	42089	9565	51683	19634	90728	5410	23570
西藏自治区	293	494	45	447	1568	1844	30	2940
陕西省	8477	14449	14592	139650	15345	469948	5571	11460
甘肃省	14260	107366	559	32556	10853	209530	2830	26486
青海省	1046	3529	2886	837	1691	34222	152	1632
宁夏回族自治区	5923	5778	119	17074	3212	103184	994	14087
新疆维吾尔自治区	29307	23075	6726	73639	32448	169753	6833	5868

五、财政管理体制资料

2007年各省、自治区、直辖市财政体制上解、补助情况表

5－1

单位:亿元

地　　区	本年收入	消费税和增值税税收返还收入	所得税基数返还收入	体制补助收入	一般性转移支付补助	体制上解	出口退税专项上解
地方合计	**23572.62**	**3214.75**	**906.27**	**134.14**	**2503.82**	**538.15**	**252.30**
北京市	1492.64	113.38	46.56			36.63	9.73
天津市	540.44	79.69	26.93			28.56	8.16
河北省	789.12	129.75	30.91		73.97	20.66	3.83
山西省	597.89	76.66	12.29		68.56	7.03	0.11
内蒙古自治区	492.36	56.77	10.70	18.42	113.47		0.63
辽宁省(不含单列市)	814.72	137.69	22.47		63.74	34.87	2.97
大连市	267.98	33.16	12.11			19.27	3.30
吉林省	320.69	67.76	11.92	1.07	108.04		0.50
黑龙江省	440.47	78.79	12.26		111.31	7.61	0.88
上海市	2074.48	262.93	89.82			120.00	28.14
江苏省	2237.73	268.38	76.11			80.72	43.65
浙江省(不含单列市)	1320.38	160.79	67.19			34.92	30.82
宁波市	329.12	38.74	23.42			10.56	13.06
安徽省	543.70	79.08	19.49		144.32	9.36	2.65
福建省(不含单列市)	512.93	69.61	24.34	5.42	34.02		6.79
厦门市	186.53	20.81	10.30			5.42	6.23
江西省	389.85	52.53	7.76	0.45	135.47		1.48
山东省(不含单列市)	1382.59	141.78	54.43	1.59	61.82	2.89	12.13
青岛市	292.80	39.92	12.12			22.14	4.77
河南省	862.08	124.49	29.09		184.90	15.22	2.31
湖北省	590.36	109.07	19.39		134.54	26.92	2.17
湖南省	606.55	112.30	16.99		141.51	12.14	2.18
广东省(不含单列市)	2127.75	255.86	116.29			23.90	37.37
深圳市	658.06	54.85	46.81			2.92	20.41
广西壮族自治区	418.83	73.58	19.39	6.08	129.20		1.34
海南省	108.29	11.69	3.56	1.71	32.24		0.23
重庆市	442.70	50.87	9.68		47.63	16.41	1.39
四川省	850.86	109.76	27.95	3.43	183.58		2.07
贵州省	285.14	53.84	8.27	7.42	131.65		
云南省	486.71	163.77	11.35	6.73	59.94		0.57
西藏自治区	20.14	6.26	0.93	44.80	64.42		0.00
陕西省	475.24	66.06	9.34	1.20	115.13		1.18
甘肃省	190.91	58.74	5.41	1.26	110.68		0.30
青海省	56.71	10.45	1.09	9.86	70.09		
宁夏回族自治区	80.03	10.06	2.32	5.33	56.10		0.11
新疆维吾尔自治区	285.86	34.84	7.27	19.37	127.49		0.82

2007年企业上划、下划情况表

5－2－1

单位:万元

地区	单位名称	经费指标		文件名称
		上划中央	下划地方	
地方合计			**43223.00**	
北京市	中国材料工业科工集团公司办社会职能机构移交		51	财企[2007]17号
	中国石油化工集团公司办社会职能机构移交		18	财企[2007]91号
天津市	中国交通建设集团有限公司办社会职能机构移交		330	财企[2007]39号
	中国建筑工程总公司办社会职能机构移交		360	财企[2007]41号
	中国石油化工集团公司办社会职能机构移交		169	财企[2007]91号
	中国铁路工程总公司办社会职能机构先期移交		183	财企[2007]20号
	中国铁路工程总公司办社会职能机构移交		266	财企[2007]42号
河北省	中国石油化工集团公司办社会职能机构移交		57	财企[2007]91号
	中国建筑工程总公司办社会职能机构移交		253	财企[2007]273号
内蒙古自治区	中国铁路工程总公司办社会职能机构移交		59	财企[2007]12号
	中国铁道建筑总公司办社会职能机构移交		194	财企[2007]13号
	神华集团有限责任公司办社会职能机构移交		3397	财企[2007]305号
辽宁省	辽宁锦华公司、辽宁锦山公司、沈阳东基集团划转		4598	财防[2007]32号
	中国航空工业第一集团公司办社会职能机构移交		810	财防[2007]239号
	沈阳黎明机电仪表公司、沈阳兴华电器制造公司划转		100	财防[2006]340号
	鞍山市钢铁集团公司办社会职能机构移交		3653	财企[2008]4号
	中国铁路工程总公司办社会职能机构移交		143	财企[2007]98号
	中国北方机车车辆集团公司办社会职能机构移交		735	财企[2007]117号
	中国铁路通信信号集团公司办社会职能机构移交		78	财企[2007]116号
	中国化工集团公司办社会职能机构移交		102	财企[2007]161号
	中国铁路工程总公司办社会职能机构移交		142	财企[2007]206号
	中国黄金集团公司办社会职能机构移交		181	财企[2007]224号
	中国石油天然气集团公司办社会职能机构移交		2320	财企[2007]249号
黑龙江省	中国国电集团公司办社会职能机构移交		42	财企[2007]25号
	国家电网公司办社会职能机构移交		157	财企[2007]32号
	中国华电集团公司办社会职能机构移交		151	财企[2007]52号
	中国航空工业第二集团公司办社会职能机构移交		114	财防[2007]223号
	哈尔滨电站设备集团公司办社会职能机构移交		81	财企[2008]3号
	中国第一汽车集团公司办社会职能机构移交		28	财企[2007]24号
江苏省	中国石油化工集团公司办社会职能机构移交		744	财企[2007]91号
	中国航空工业第二集团公司办社会职能机构移交		142	财防[2008]1号
浙江省	中国水利水电建设集团公司办社会职能机构移交		189	财企[2007]306号
宁波市	中国交通建设集团有限公司办社会职能机构移交		19	财企[2007]272号
	中国石油化工集团公司办社会职能机构移交		25	财企[2007]91号
安徽省	中国铁路物资总公司办社会职能机构先期移交		125	财企[2007]27号
	芜湖造船厂划转		500	财防[2007]1号
	中国石油化工集团公司办社会职能机构移交		134	财企[2007]91号

5－2－2

单位:万元

地　　区	单 位 名 称	经费指标		文件名称
		上划中央	下划地方	
安徽省	中国铁路工程总公司办社会职能机构移交		201	财企[2007]200 号
	中国交通建设集团有限公司办社会职能机构移交		18	财企[2007]195 号
江西省	中国石油化工集团公司办社会职能机构移交		94	财企[2007]91 号
	九江仪表厂划转		250	财防[2007]218 号
山东省	中国石油化工集团公司办社会职能机构移交		2100	财企[2007]91 号
河南省	中国石油化工集团公司办社会职能机构移交		1437	财企[2007]91 号
	河南红宇机械厂、河南向东机械厂财务关系划转		1694	财防[2007]30 号
	中国中信集团公司驻豫企业办社会职能机构移交		1333	财金[2008]11 号
湖北省	中国电子信息产业集团公司办社会职能机构移交		30	财企[2007]231 号
	中国石油化工集团公司办社会职能机构移交		518	财企[2007]91 号
	中国葛洲坝集团公司办社会职能机构移交		900	财企[2007]215 号
	中国航空工业第一集团公司办社会职能机构移交		30	财防[2007]2 号
	中国航天科工集团公司办社会职能机构移交		184	财防[2007]4 号
	中国建筑工程总公司办社会职能机构移交		75	财企[2008]1 号
	中国电子信息产业集团公司办社会职能机构移交		131	财企[2007]72 号
	武汉钢铁(集团)公司办社会职能机构移交		237	财企[2007]223 号
	中国普天信息产业集团公司办社会职能机构移交		37	财企[2007]230 号
湖南省	中国石油化工集团公司办社会职能机构移交		412	财企[2007]91 号
	中国航空工业第二集团公司办社会职能机构移交		48	财防[2008]3 号
	中国南方航空动力机械公司划转		800	财防[2006]273 号
福建省	中国石油化工集团公司办社会职能机构移交		15	财企[2007]91 号
广东省	中国海洋石油总公司办社会职能机构移交		2762	财企[2007]29 号
	中国石油化工集团公司办社会职能机构移交		440	财企[2007]50 号
	中国石油化工集团公司办社会职能机构移交		229	财企[2007]91 号
广西自治区	中国石油化工集团公司办社会职能机构移交		6	财企[2007]91 号
重庆市	中国石油化工集团公司办社会职能机构移交		115	财企[2007]91 号
四川省	中国东方电气集团公司办社会职能机构移交		132	财企[2007]44 号
	中国铁道建筑总公司办社会职能机构移交		64	财企[2007]64 号
	中国石油化工集团公司办社会职能机构移交		1	财企[2007]91 号
	中国兵器装备集团公司办社会职能机构移交		78	财防[2007]251 号
	中国第二重型机械集团公司办社会职能机构移交		78	财企[2007]43 号
	中国化工集团公司办社会职能机构移交		427	财企[2007]154 号
	中国化工集团公司办社会职能机构移交(离退休教师)		15	财企[2007]243 号
贵州省	中国化工集团公司办社会职能机构移交		536	财企[2007]31 号
	中国铁路工程总公司办社会职能机构移交		232	财企[2007]55 号
	中国航天科工集团公司办社会职能机构移交		337	财防[2007]3 号
	中国航空工业第一集团公司办社会职能机构移交		450	财防[2007]21 号
	中国诚通控股集团有限公司办社会职能机构移交		113	财企[2008]28 号

5－2－3

单位:万元

地　　区	单　位　名　称	经费指标		文件名称
		上划中央	下划地方	
贵州省	中国建筑工程总公司办社会职能机构移交		106	财企[2008]2号
云南省	中国石油化工集团公司办社会职能机构移交		5	财企[2007]91号
	中国水利水电建设集团公司办社会职能机构移交		425	财企[2007]157号
	中国船舶重工集团公司办社会职能机构移交		209	财防[2008]2号
	中国航天科工集团公司办社会职能机构移交		131	财防[2007]238号
甘肃省	中国铁路通信信号集团公司办社会职能机构移交		270	财企[2007]37号
陕西省	中国核工业集团公司办社会职能机构移交		134	财防[2007]300号
	中国兵器装备集团公司办社会职能机构移交		119	财防[2008]6号
	中国航天科工集团公司办社会职能机构移交		17	财防[2007]301号
	中国兵器工业集团公司办社会职能机构移交		275	财防[2007]302号
	中国航空工业第二集团公司办社会职能机构移交		222	财防[2007]303号
	中国水利水电建设集团公司办社会职能机构移交		91	财企[2008]14号
	中国化工集团公司办社会职能机构移交		21	财企[2008]13号
	中国航空工业第一集团公司办社会职能机构移交		486	财防[2007]304号
	中国核工业建设集团公司第二一建设公司划转		350	财防[2006]323号
	中国铁路工程总公司办社会职能机构移交		1251	财企[2007]271号
	彩虹集团公司办社会职能机构移交		151	财企[2007]355号
	中国黄金集团公司办社会职能机构移交		9	财企[2007]356号
	中国交通建设集团有限公司办社会职能机构移交		19	财企[2007]296号
山西省	中国中信集团公司驻晋企业办社会职能机构移交		1540	财金函[2008]2号
	中国铁路工程总公司办社会职能机构移交		93	财企[2007]81号
新疆自治区	中国核工业集团公司乌鲁木齐汽车修配厂划转		90	财防[2006]271号

2007年事业单位上划、下划情况表

5－3

单位:万元

地区	单位名称	经费指标		文件名称
		上划中央	下划地方	
地方合计			**7431**	
河南省	郑州铁路机械学校和郑州铁路卫生学校划转		2287	财建[2006]209号
甘肃省	兰州铁路机械学校划转		955	财建[2006]208号
四川省	内江铁路机械学校和成都铁路运输学校划转		1741	财建[2006]199号
云南省	昆明铁路机械学校划转		873	财建[2006]197号
新疆自治区	乌鲁木齐铁路运输学校划转		700	财建[2006]198号
吉林省	吉林铁路经济学校划转		875	财建[2006]196号